2018

Código de Processo Penal

e Constituição Federal

ATUALIZE SEU CÓDIGO GRATUITAMENTE

http://legislacao.saraivajur.com.br

Esta edição poderá ser atualizada, semanalmente, pela Internet até 31 de outubro de 2018.

LEGISLAÇÃO BRASILEIRA

2018

Código de Processo Penal

e Constituição Federal

58ª edição

Decreto-lei n. 3.689, de 3 de outubro de 1941, acompanhado de Legislação Complementar, Súmulas e Índices.

saraiva jur

ISBN 978-85-472-2878-1

DADOS INTERNACIONAIS DE CATALOGAÇÃO NA PUBLICAÇÃO (CIP)
ANGÉLICA ILACQUA CRB-8/7057

Brasil

[Leis, etc.]

Código de processo penal e Constituição Federal / obra coletiva de autoria da Editora Saraiva com a colaboração de Livia Céspedes e Fabiana Dias da Rocha. – 58. ed. – São Paulo : Saraiva Educação, 2018.

"Decreto-lei n. 3.689, de 3-10-1941, acompanhado de legislação complementar, súmulas e índices."

1. Brasil - Constituição (1988) 2. Processo penal - Leis e legislação - Brasil I. Céspedes, Livia. II. Rocha, Fabiana Dias da. III. Título.

17-1742 CDU 343.1(81)(094.4)
-342.4 (81)"1988"

Índices para catálogo sistemático:

1. Brasil : Código de processo penal 343.1(81)(094.4)
2. Brasil : Constituição de 1988 342.4(81)"1988"

SOMOS EDUCAÇÃO | saraiva jur

Av. das Nações Unidas, 7221, 1º Andar, Setor B
Pinheiros – São Paulo – SP – CEP 05425-902

SAC
0800-0117875
De 2ª a 6ª, das 8h às 18h
www.editorasaraiva.com.br/contato

Vice-presidente Claudio Lensing
Diretora editorial Flávia Alves Bravin

Gerência
Planejamento e novos projetos Renata Pascual Müller
Concursos Roberto Navarro

Edição Livia Céspedes (coord.)
Fabiana Dias da Rocha (editora)
Maria Cecília Coutinho Martins
Silvio Sandro Soares Junior
Daniel Dantas G. de Oliveira
Nathalia Amaral de Carvalho

Produção editorial Maria Izabel B. B. Bressan (coord.)
Carolina Massanhi
Cecília Devus
Daniele Debora de Souza
Denise Pisaneschi
Ivani Aparecida Martins Cazarim
Ivone Rufino Calabria
Willians Calazans de V. de Melo

Arte e digital Mônica Landi (coord.)
Claudirene de Moura Santos Silva
Guilherme H. M. Salvador
Tiago Dela Rosa
Verônica Pivisan Reis

Planejamento e processos Clarissa Boraschi Maria (coord.)
Juliana Bojczuk Fermino
Kelli Priscila Pinto
Marília Cordeiro

Fernando Penteado
Tatiana dos Santos Romão

Novos projetos Laura Paraíso Buldrini Filogônio
Diagramação Perfekta Soluções Editoriais
Revisão Mair Costola
Comunicação e MKT Carolina Bastos
Elaine Cristina da Silva
Capa Roney Camelo
Produção gráfica Marli Rampim
Impressão e acabamento Intergraf Ind. Gráfica Eireli

Data de fechamento da edição: 8-12-2017

Dúvidas? Acesse www.editorasaraiva.com.br/direito

CL 604661 CAE 624049

2018

Código de Processo Penal

e Constituição Federal

58ª edição

Obra coletiva de autoria da Editora Saraiva com a colaboração
de Livia Céspedes e Fabiana Dias da Rocha

INDICADOR GERAL

APRESENTAÇÃO DOS CÓDIGOS SARAIVA

Pioneira na exemplar técnica desenvolvida de atualização de Códigos e Legislação, como comprova o avançado número de suas edições e versões, a Editora SARAIVA apresenta sua consagrada "Coleção de Códigos", aumentada e atualizada.

Mantivemos, nesta edição, os diferenciais reconhecidos como vantajosos por profissionais, professores e acadêmicos do direito, a saber:

– composição, diagramação e *layout*, que justificam a **portabilidade** e a facilidade da leitura;

– textos na íntegra da **Constituição Federal** e das Emendas Constitucionais;

– temas no alto da página indicando o **assunto tratado** naquele trecho do Código e da legislação complementar;

– **tarjas** laterais, que aceleram a pesquisa;

– **fitas** marcadoras coloridas;

– **destaques** indicando as alterações legislativas de **2017**;

– notas selecionadas de acordo com o **grau de importância (fundamentais e acessórias)**;

– **negrito** para ressaltar artigos, títulos, capítulos, seções, súmulas e índices;

– atualização **semanal via internet**.

Organizar o produto ideal sempre constitui um desafio. Muitos perseguem essa meta. Mas, conjugados os esforços de nossa equipe ao parecer valioso de tantos cultores do Direito, acreditamos que esta ferramenta de trabalho e estudo seja diagnosticada como positiva.

Sempre receptivos a sugestões, desejamos a todos bom uso.

Organizadores

NOTA DOS ORGANIZADORES

ATUALIZE SEU CÓDIGO

Este serviço permite a atualização de sua obra pelo *site* http://legislacao.saraivajur.com.br, de maneira rápida e prática.

Se você já tem cadastro no *site*, basta digitar seu *e-mail* e senha para fazer o *login*. Em seguida acesse a área "atualize seu código". Se ainda não tem cadastro no *site*, clique em "Cadastre-se" e siga as instruções.

Você terá disponíveis as atualizações ocorridas. Para isso, basta clicar no *link Atualize seu Código*, localizado ao lado da imagem da capa da obra em questão.

As atualizações serão disponibilizadas *online* e para *download* semanalmente, até 31 de outubro de 2018.

O serviço fica disponível no *site* entre os meses de fevereiro e dezembro do ano corrente.

DESTAQUE

▬ → dispositivos incluídos e/ou alterados em 2017.

MINISTÉRIOS

Mantivemos a redação original no texto do Código e da Legislação Complementar, com a denominação dos Ministérios vigente à época da norma.

A Lei n. 13.502, de 1.º de novembro de 2017, estabelece a organização básica dos órgãos da Presidência da República e dos Ministérios e dispõe em seu art. 21 sobre a denominação atual dos Ministérios.

MULTAS

Dispõe a Lei n. 7.209, de 11 de julho de 1984: "Art. 2.º São canceladas, na Parte Especial do Código Penal e nas leis especiais alcançadas pelo art. 12 do Código Penal, quaisquer referências a valores de multas, substituindo-se a expressão *multa de* por *multa*".

O citado art. 12 do Código Penal diz: "as regras gerais deste Código aplicam-se aos fatos incriminados por lei especial, se esta não dispuser de modo diverso".

NORMAS ALTERADORAS

Normas alteradoras são aquelas que não possuem texto próprio, mas apenas alteram outros diplomas, ou **cujo texto não é relevante para a obra**. Para facilitar a consulta, já processamos as alterações no texto da norma alterada.

→ Índice Cronológico da Legislação Alteradora:

- dos textos da **Legislação Complementar**: relaciona todas as normas alteradoras de 2017.
- dos textos do **Código e da Constituição Federal**: elenca todas as normas alteradoras constantes no Código ou Constituição Federal.

NOTAS

As notas foram selecionadas de acordo com seu grau de importância, e estão separadas em fundamentais (grafadas com ••) e acessórias (grafadas com •).

NOVO CÓDIGO DE PROCESSO CIVIL

Elaborado por uma comissão de renomados juristas, depois de muita discussão e debate, foi aprovado pelo Senado Federal no final de 2014 e finalmente instituído pela **Lei n. 13.105, de 16 de março de 2015**, um Novo Código de Processo Civil, com entrada em vigor após decorrido um ano de sua publicação (*DOU* de 17-3-2015).

A Editora Saraiva, ciente da repercussão que uma mudança desse molde traz e com o objetivo de proporcionar a melhor experiência de conhecimento e estudo do novo Diploma, preparou a edição desta obra totalmente atualizada com o Novo Código de Processo Civil.

No decorrer da obra, o consulente encontrará diversas notas remissivas ao CPC. Tais referências correspondem ao novo Diploma legal.

Por fim, os Diplomas que constam nesta obra e sofreram alterações pela Lei n. 13.105, de 16 de março de 2015, também já se encontram atualizados.

PODER JUDICIÁRIO

– Os *Tribunais de Apelação*, a partir da promulgação da Constituição Federal de 1946, passaram a denominar-se *Tribunais de Justiça*.

– O *Tribunal Federal de Recursos* foi extinto pela Constituição Federal de 1988, nos termos do art. 27 do ADCT.

– Os *Tribunais de Alçada* foram extintos pela Emenda Constitucional n. 45, de 8 de dezembro de 2004, passando os seus membros a integrar os Tribunais de Justiça dos respectivos Estados.

SIGLAS

– OTN (OBRIGAÇÕES DO TESOURO NACIONAL)

A Lei n. 7.730, de 31 de janeiro de 1989, extinguiu a OTN Fiscal e a OTN de que trata o art. 6.º do Decreto-lei n. 2.284, de 10 de março de 1986.

A Lei n. 7.784, de 28 de junho de 1989, diz em seu art. 2.º que "todas as penalidades previstas na legislação em vigor em quantidades de Obrigações do Tesouro Nacional – OTN serão convertidas para Bônus do Tesouro Nacional – BTN, à razão de 1 para 6,92".

Com a Lei n. 8.177, de 1.º de março de 1991, ficaram extintos, a partir de 1.º de fevereiro de 1991, o BTN (Bônus do Tesouro Nacional), de que trata o art. 5.º da Lei n. 7.777, de 19 de junho de 1989, o BTN Fiscal, instituído pela Lei n. 7.799, de 10 de julho de 1989, e o MVR (Maior Valor de Referência). A mesma Lei n. 8.177/91 criou a TR (Taxa Referencial) e a TRD (Taxa Referencial Diária), que são divulgadas pelo Banco Central do Brasil. A Lei n. 8.660, de 28 de maio de 1993, estabeleceu novos critérios para a fixação da Taxa Referencial – TR e extinguiu a Taxa Referencial Diária – TRD.

A Lei n. 9.365, de 16 de dezembro de 1996, instituiu a Taxa de Juros de Longo Prazo – TJLP.

– URV (UNIDADE REAL DE VALOR)

Com a Lei n. 8.880, de 27 de maio de 1994, foi instituída a Unidade Real de Valor – URV, para integrar o Sistema Monetário Nacional, sendo extinta pela Lei n. 9.069, de 29 de junho de 1995.

– UFIR (UNIDADE FISCAL DE REFERÊNCIA)

A Lei n. 8.383, de 30 de dezembro de 1991, "instituiu a UFIR (Unidade Fiscal de Referência) como medida de valor e parâmetro de atualização monetária de tributos e de valores expressos em cruzeiros na legislação tributária federal, bem como os relativos a multas e penalidades de qualquer natureza".

O art. 43 da Lei n. 9.069, de 29 de junho de 1995, extinguiu, a partir de 1.º de setembro de 1994, a UFIR diária de que trata a Lei n. 8.383, de 30 de dezembro de 1991.

A Lei n. 8.981, de 20 de janeiro de 1995, que altera a legislação tributária, fixa em seu art. 1.º a expressão monetária da Unidade Fiscal de Referência – UFIR.

O art. 6.º da Lei n. 10.192, de 14 de fevereiro de 2001, disciplinou o reajuste semestral da UFIR durante o ano de 1996 e anualmente após 1.º de janeiro de 1997. O § 3.º do art. 29 da Lei n. 10.522, de 19 de julho de 2002, extinguiu a UFIR, estabelecendo a reconversão dos créditos para o Real, para fins de débitos de qualquer natureza com a Fazenda Nacional.

SÚMULAS

Constam deste volume apenas as Súmulas do STF, do TFR e do STJ relacionadas à legislação processual penal.

Sendo assim, a inexistência de súmulas nesta obra não significa que elas tenham sido revogadas ou estejam prejudicadas.

Foram disponibilizadas todas as Súmulas Vinculantes do STF, tendo em vista seu interesse constitucional.

Em virtude de eventual proibição do uso de súmulas em concursos, inserimos nesta edição um recuo na parte destinada a elas, para a utilização de grampeador sem prejuízo do conteúdo da obra.

TEXTOS PARCIAIS

Alguns diplomas da legislação complementar deixam de constar integralmente. Nosso propósito foi o de criar espaço para normas mais utilizadas no dia a dia dos profissionais e acadêmicos. A obra mais ampla atenderá aqueles que, ao longo de tantos anos, vêm prestigiando nossos Códigos.

VALORES

São originais todos os valores citados na legislação constante deste Código.

Como muitos valores não comportavam transformação, em face das inúmeras modificações impostas à nossa moeda, entendemos que esta seria a melhor das medidas. Para conhecimento de nossos consulentes, este o histórico de nossa moeda:

a) O Decreto-lei n. 4.791, de 5 de outubro de 1942, instituiu o CRUZEIRO como unidade monetária brasileira, denominada CENTAVO a sua centésima parte. O cruzeiro passava a corresponder a mil-réis.

b) A Lei n. 4.511, de 1.º de dezembro de 1964, manteve o CRUZEIRO, mas determinou a extinção do CENTAVO.

c) O Decreto-lei n. 1, de 13 de novembro de 1965, instituiu o CRUZEIRO NOVO, correspondendo o cruzeiro até então vigente a um milésimo do cruzeiro novo, restabelecido o centavo. Sua vigência foi fixada para a partir de 13 de fevereiro de 1967, conforme Resolução n. 47, de 8 de fevereiro de 1967, do Banco Central da República do Brasil.

d) A Resolução n. 144, de 31 de março de 1970, do Banco Central do Brasil, determinou que a unidade do sistema monetário brasileiro passasse a denominar-se CRUZEIRO.

e) A Lei n. 7.214, de 15 de agosto de 1984, extinguiu o CENTAVO.

f) O Decreto-lei n. 2.284, de 10 de março de 1986, criou o CRUZADO, em substituição ao CRUZEIRO, correspondendo o cruzeiro a um milésimo do cruzado.

g) A Lei n. 7.730, de 31 de janeiro de 1989, instituiu o CRUZADO NOVO em substituição ao CRUZADO e manteve o CENTAVO. O cruzado novo correspondeu a um mil cruzados.

h) Por determinação da Lei n. 8.024, de 12 de abril de 1990, a moeda nacional passou a denominar-se CRUZEIRO, sem outra modificação, mantido o centavo e correspondendo o cruzeiro a um cruzado novo.

i) A Lei n. 8.697, de 27 de agosto de 1993, alterou a moeda nacional, estabelecendo a denominação CRUZEIRO REAL para a unidade do sistema monetário brasileiro. A unidade equivalia a um mil cruzeiros e sua centésima parte denominava-se CENTAVO.

j) A Lei n. 8.880, de 27 de maio de 1994, dispondo sobre o Programa de Estabilização Econômica e o Sistema Monetário Nacional, instituiu a UNIDADE REAL DE VALOR – URV.

k) A unidade do Sistema Monetário Nacional, por determinação da Lei n. 9.069, de 29 de junho de 1995 (art. 1.º), passou a ser o REAL. As importâncias em dinheiro serão grafadas precedidas do símbolo R$ (art. 1.º, § 1.º). A centésima parte do REAL, denominada "centavo", será escrita sob a forma decimal, precedida da vírgula que segue a unidade (art. 1.º, § 2.º).

Organizadores

ABREVIATURAS

ADC(s) – Ação(ões) Declaratória(s) de Constitucionalidade
ADCT – Ato das Disposições Constitucionais Transitórias
ADI(s) – Ação(ões) Direta(s) de Inconstitucionalidade
ADPF – Arguição de Descumprimento de Preceito Fundamental
AGU – Advocacia-Geral da União
BTN – Bônus do Tesouro Nacional
CADE – Conselho Administrativo de Defesa Econômica
CBA – Código Brasileiro de Aeronáutica (Lei n. 7.565, de 19-12-1986)
CC – Código Civil (Lei n. 10.406, de 10-1-2002)
c/c – combinado com
CCom – Código Comercial (Lei n. 556, de 25-6-1850)
CDC – Código de Proteção e Defesa do Consumidor (Lei n. 8.078, de 11-9-1990)
CE – Código Eleitoral (Lei n. 4.737, de 15-7-1965)
CETRAN – Conselhos Estaduais de Trânsito
CF – Constituição Federal
CGSIM – Comitê para Gestão da Rede Nacional para a Simplificação do Registro e da Legalização de Empresas e Negócios
CGSN – Comitê Gestor do Simples Nacional
CJF – Conselho da Justiça Federal
CLT – Consolidação das Leis do Trabalho
CNAP – Cadastro Nacional de Aprendizagem Profissional
CNDT – Certidão Negativa de Débitos Trabalhistas
CNDU – Conselho Nacional de Desenvolvimento Urbano
CNI – Conselho Nacional de Imigração
CNJ – Conselho Nacional de Justiça
CNMP – Conselho Nacional do Ministério Público
CNPCP – Conselho Nacional de Política Criminal e Penitenciária
COAF – Conselho de Controle de Atividades Financeiras
CONAD – Conselho Nacional Antidrogas
CONAMA – Conselho Nacional do Meio Ambiente
CONANDA – Conselho Nacional dos Direitos da Criança e do Adolescente
CONASP – Conselho Nacional de Segurança Pública
CONTRADIFE – Conselho de Trânsito do Distrito Federal
CONTRAN – Conselho Nacional de Trânsito
CP – Código Penal (Decreto-lei n. 2.848, de 7-12-1940)
CPC – Código de Processo Civil (Lei n. 13.105, de 16-3-2015)
CPM – Código Penal Militar (Decreto-lei n. 1.001, de 21-10-1969)
CPP – Código de Processo Penal (Decreto-lei n. 3.689, de 3-10-1941)
CPPM – Código de Processo Penal Militar (Decreto-lei n. 1.002, de 21-10-1969)
CRPS – Conselho de Recursos da Previdência Social
CTB – Código de Trânsito Brasileiro (Lei n. 9.503, de 23-9-1997)
CTN – Código Tributário Nacional (Lei n. 5.172, de 25-10-1966)
CTPS – Carteira de Trabalho e Previdência Social
CVM – Comissão de Valores Mobiliários
DJE – Diário da Justiça Eletrônico

DJU – Diário da Justiça da União
DNRC – Departamento Nacional de Registro do Comércio
DOU – Diário Oficial da União
DPF – Departamento da Polícia Federal
DPN – Departamento Penitenciário Nacional
DPU – Defensoria Pública da União
EAOAB – Estatuto da Advocacia e da Ordem dos Advogados do Brasil (Lei n. 8.906, de 4-7-1994)
EC – Emenda Constitucional
ECA – Estatuto da Criança e do Adolescente (Lei n. 8.069, de 13-7-1990)
EIRELI – Empresa Individual de Responsabilidade Limitada
FCDF – Fundo Constitucional do Distrito Federal
FGTS – Fundo de Garantia do Tempo de Serviço
FONAJE – Fórum Nacional de Juizados Especiais
FUNAD – Fundo Nacional Antidrogas
INSS – Instituto Nacional do Seguro Social
JARI – Juntas Administrativas de Recursos de Infrações
JEFs – Juizados Especiais Federais
LCP – Lei das Contravenções Penais (Decreto-lei n. 3.688, de 3-10-1941)
LDA – Lei de Direitos Autorais (Lei n. 9.610, de 19-2-1998)
LEF – Lei de Execução Fiscal (Lei n. 6.830, de 22-9-1980)
LEP – Lei de Execução Penal (Lei n. 7.210, de 11-7-1984)
LIG – Letra Imobiliária Garantida
LINDB – Lei de Introdução às Normas do Direito Brasileiro (Decreto-lei n. 4.657, de 4-9-1942)
LOM – Lei Orgânica da Magistratura (Lei Complementar n. 35, de 14-3-1979)
LPI – Lei de Propriedade Industrial (Lei n. 9.279, de 14-5-1996)
LRP – Lei de Registros Públicos (Lei n. 6.015, de 31-12-1973)
LSA – Lei de Sociedades Anônimas (Lei n. 6.404, de 15-12-1976)
MTE – Ministério do Trabalho e Emprego
MVR – Maior Valor de Referência
OIT – Organização Internacional do Trabalho
OJ(s) – Orientação(ões) Jurisprudencial(ais)
OTN – Obrigações do Tesouro Nacional
PIA – Plano Individual de Atendimento
PNC – Plano Nacional de Cultura
PRONAC – Programa Nacional de Apoio à Cultura
PRONAICA – Programa Nacional de Atenção Integral à Criança e ao Adolescente
PRONASCI – Programa Nacional de Segurança Pública com Cidadania
RDC – Regime Diferenciado de Contratações Públicas
RENACH – Registro Nacional de Carteiras de Habilitação
RENAVAM – Registro Nacional de Veículos Automotores
RISTF – Regimento Interno do Supremo Tribunal Federal
s. – seguinte(s)
SDI-1 – Subseção 1 da Seção Especializada em Dissídios Individuais
SDI-2 – Subseção 2 da Seção Especializada em Dissídios Individuais
SDC – Seção Especializada em Dissídios Coletivos
SENAD – Secretaria Nacional Antidrogas
SENAR – Serviço Nacional de Aprendizagem Rural
SINAMOB – Sistema Nacional de Mobilização
SINASE – Sistema Nacional de Atendimento Socioeducativo
SINESP – Sistema Nacional de Informações de Segurança Pública, Prisionais e sobre Drogas

SISNAD – Sistema Nacional de Políticas Públicas sobre Drogas
SNDC – Sistema Nacional de Defesa do Consumidor
SNIIC – Sistema Nacional de Informação e Indicadores Culturais
STF – Supremo Tribunal Federal
STJ – Superior Tribunal de Justiça
STM – Superior Tribunal Militar
SUDAM – Superintendência de Desenvolvimento da Amazônia
SUDECO – Superintendência de Desenvolvimento do Centro-Oeste
SUDENE – Superintendência de Desenvolvimento do Nordeste
SUFRAMA – Superintendência da Zona Franca de Manaus
SUS – Sistema Único de Saúde
TCU – Tribunal de Contas da União
TFR – Tribunal Federal de Recursos
TJLP – Taxa de Juros de Longo Prazo
TR – Taxa Referencial
TRD – Taxa Referencial Diária
TRF – Tribunal Regional Federal
TSE – Tribunal Superior Eleitoral
TST – Tribunal Superior do Trabalho
UFIR – Unidade Fiscal de Referência
URV – Unidade Real de Valor

ÍNDICE CRONOLÓGICO DA LEGISLAÇÃO

LEIS COMPLEMENTARES:

ÍNDICE CRONOLÓGICO DA LEGISLAÇÃO ALTERADORA

I – DO TEXTO DO CÓDIGO:

DECRETO-LEI N. 4.769, DE 1.º DE OUTUBRO DE 1942
Altera o art. 532.

DECRETO-LEI N. 6.109, DE 16 DE DEZEMBRO DE 1943
Altera o art. 712.

LEI N. 263, DE 23 DE FEVEREIRO DE 1948
Altera os arts. 74, 78, 466, 484, 492, 564 e 593.
Revoga os arts. 604, 605 e 606.

LEI N. 1.720-B, DE 3 DE NOVEMBRO DE 1952
Altera o art. 609.

LEI N. 3.181, DE 11 DE JUNHO DE 1957
Altera o art. 295.

LEI N. 3.653, DE 4 DE NOVEMBRO DE 1959
Altera o art. 221.

LEI N. 4.336, DE 1.º DE JUNHO DE 1964
Altera o art. 600.

LEI N. 4.893, DE 9 DE DEZEMBRO DE 1965
Altera o art. 91.

LEI N. 5.126, DE 29 DE SETEMBRO DE 1966
Altera o art. 295.

LEI N. 5.349, DE 3 DE NOVEMBRO DE 1967
Altera os arts. 311, 314, 315 e 316.

DECRETO-LEI N. 504, DE 18 DE MARÇO DE 1969
Altera o art. 624.

LEI N. 5.941, DE 22 DE NOVEMBRO DE 1973
Altera os arts. 408, 474, 594 e 596.

LEI N. 6.416, DE 24 DE MAIO DE 1977
Altera os arts. 219, 221, 310, 313, 322, 323, 324, 387, 453, 687, 689, 696, 697, 698, 706, 707, 710, 711, 717, 718, 724, 725, 727, 730 e 731.

LEI N. 6.900, DE 14 DE ABRIL DE 1981
Altera o art. 20.

LEI N. 7.780, DE 22 DE JUNHO DE 1989
Altera os arts. 325 e 581.

LEI N. 8.035, DE 27 DE ABRIL DE 1990
Altera o art. 325.

LEI N. 8.699, DE 27 DE AGOSTO DE 1993
Altera o art. 24.

LEI N. 8.862, DE 28 DE MARÇO DE 1994
Altera os arts. 6.º, 160, 164 e 181.

LEI N. 9.033, DE 2 DE MAIO DE 1995
Altera o art. 408.

LEI N. 9.043, DE 9 DE MAIO DE 1995
Altera o art. 4.º.

LEI N. 9.061, DE 14 DE JUNHO DE 1995
Altera o art. 809.

LEI N. 9.113, DE 16 DE OUTUBRO DE 1995
Altera o art. 484.

LEI N. 9.271, DE 17 DE ABRIL DE 1996
Altera os arts. 366, 367, 368, 369 e 370.

LEI N. 9.520, DE 27 DE NOVEMBRO DE 1997
Revoga o art. 35 e seu parágrafo único.

LEI N. 10.258, DE 11 DE JULHO DE 2001
Altera o art. 295.

LEI N. 10.628, DE 24 DE DEZEMBRO DE 2002
Altera o art. 84.

LEI N. 10.695, DE 1.º DE JULHO DE 2003
Acrescenta os arts. 530-A a 530-I.

LEI N. 10.792, DE 1.º DE DEZEMBRO DE 2003
Altera os arts. 185, 186, 187, 188, 189, 190, 191, 192, 193, 195, 196, 261 e 360.
Revoga o art. 194.

LEI N. 11.101, DE 9 DE FEVEREIRO DE 2005
Revoga os arts. 503 a 512.

LEI N. 11.113, DE 13 DE MAIO DE 2005
Altera o art. 304.

LEI N. 11.340, DE 7 DE AGOSTO DE 2006
Altera o art. 313.

LEI N. 11.435, DE 28 DE DEZEMBRO DE 2006
Altera os arts. 136, 137, 138, 139, 141 e 143.

LEI N. 11.449, DE 15 DE JANEIRO DE 2007
Altera o art. 306.

LEI N. 11.689, DE 9 DE JUNHO DE 2008
Altera os arts. 406 a 497 e 581.
Revoga o inciso VI do *caput* do art. 581 e os arts. 607 e 608.

LEI N. 11.690, DE 9 DE JUNHO DE 2008
Altera os arts. 155, 156, 157, 159, 201, 210, 212, 217 e 386.

LEI N. 11.719, DE 20 DE JUNHO DE 2008
Acrescenta art. 396-A.
Altera os arts. 63, 257, 265, 362, 363, 366, 383, 384, 387, 394 a 397, 399 a 405 e 531 a 535 e 538.
Revoga os arts. 43, 398, 498 a 502, 537, 539, 540 e 594 e os §§ 1.º a 4.º do art. 538.

LEI N. 11.900, DE 8 DE JANEIRO DE 2009
Altera os arts. 185 e 222, e acrescenta o art. 222-A.

LEI N. 12.403, DE 4 DE MAIO DE 2011
Acrescenta o art. 289-A.
Altera os arts. 282, 283, 289, 299, 300, 306, 310, 311, 312, 313, 314, 315, 317, 318, 319, 320, 321, 322, 323, 324, 325, 334, 335, 336, 337, 341, 343, 344, 345, 346, 350 e 439.
Revoga o art. 298, o inciso IV do art. 313, os §§ 1.º a 3.º do art. 319, os incisos I e II do art. 321, os incisos IV e V do art. 323, o inciso III do art. 324, o § 2.º do art. 325 e os arts. 393 e 595.

LEI N. 12.681, DE 4 DE JULHO DE 2012
Altera o art. 20.

LEI N. 12.694, DE 24 DE JULHO DE 2012
Acrescenta o art. 144-A.

LEI N. 12.736, DE 30 DE NOVEMBRO DE 2012
Altera o art. 387.

LEI N. 13.257, DE 8 DE MARÇO DE 2016
Altera os arts. 6.º, 185, 304 e 318.

LEI N. 13.285, DE 10 DE MAIO DE 2016
Acrescenta o art. 394-A.

LEI N. 13.344, DE 6 DE OUTUBRO DE 2016
Acrescenta os arts. 13-A e 13-B.

LEI N. 13.434, DE 12 DE ABRIL DE 2017
Altera o art. 292.

II – DA LEGISLAÇÃO COMPLEMENTAR (alterações de 2017):

LEI N. 13.425, DE 30 DE MARÇO DE 2017
Altera o art. 65 da Lei n. 8.078/90.

LEI N. 13.441, DE 8 DE MAIO DE 2017
Acrescenta os arts. 190-A, 190-B, 190-C, 190-D e 190-E à Lei n. 8.069/90.

LEI N. 13.466, DE 12 DE JULHO DE 2017
Altera os arts. 3.º e 71 da Lei n. 10.741/03.

DECRETO N. 9.179, DE 23 DE OUTUBRO DE 2017
Acrescenta os arts. 140-A e 142-A ao Decreto n. 6.514/08.
Altera os arts. 139, 140, 141, 143, 144, 145, 146, 147 e 148 do Decreto n. 6.514/08.
Revoga os incisos I e II do *caput* e o parágrafo único do art. 141 e os incisos I, II, III, IV e V do *caput* do art. 146 do Decreto n. 6.514/08.

LEI N. 13.497, DE 26 DE OUTUBRO DE 2017
Altera o art. 1.º da Lei n. 8.072/90.

LEI N. 13.500, DE 26 DE OUTUBRO DE 2017
Altera o art. 3.º da Lei n. 11.473/07.
Altera o art. 6.º da Lei n. 10.826/03.

LEI N. 13.505, DE 8 DE NOVEMBRO DE 2017
Acrescenta os arts. 10-A, 12-A e 12-B à Lei n. 11.340/06.

LEI N. 13.506, DE 13 DE NOVEMBRO DE 2017
Altera o art. 17 da Lei n. 7.492/86.
Altera o art. 16 da Lei n. 9.613/98.

LEI N. 13.509, DE 22 DE NOVEMBRO DE 2017
Acrescenta o art. 197-F à Lei n. 8.069/90.
Altera os arts. 151, 152, 157, 158, 161, 162, 163, 166, 197-C e 197-E da Lei n. 8.069/90.
Revoga o § 2.º do art. 161 e o § 1.º do art. 162 da Lei n. 8.069/90.

Lei de Introdução

LEI DE INTRODUÇÃO

DECRETO-LEI N. 3.931, DE 11 DE DEZEMBRO DE 1941 (*)

Lei de Introdução ao Código de Processo Penal (Decreto-lei n. 3.689, de 3-10-1941).

O Presidente da República, usando da atribuição que lhe confere o art. 180 da Constituição, decreta:

Art. 1.º O Código de Processo Penal aplicar-se-á aos processos em curso a 1.º de janeiro de 1942, observado o disposto nos artigos seguintes, sem prejuízo da validade dos atos realizados sob a vigência da legislação anterior.

Art. 2.º À prisão preventiva e à fiança aplicar-se-ão os dispositivos que forem mais favoráveis.

- *Vide* arts. 311 a 316, sobre prisão preventiva, no CPP.
- *Vide* arts. 321 a 350, sobre fiança, no CPP.

Art. 3.º O prazo já iniciado, inclusive o estabelecido para a interposição de recurso, será regulado pela lei anterior, se esta não prescrever prazo menor do que o fixado no Código de Processo Penal.

Art. 4.º A falta de arguição em prazo já decorrido, ou dentro no prazo iniciado antes da vigência do Código Penal e terminado depois de sua entrada em vigor, sanará a nulidade, se a legislação anterior lhe atribui este efeito.

•• O CP aprovado pelo Decreto-lei n. 2.848, de 7-12-1940, entrou em vigor no dia 1.º-1-1942.

Art. 5.º Se tiver sido intentada ação pública por crime que, segundo o Código Penal, só admite ação privada, esta, salvo decadência intercorrente, poderá prosseguir nos autos daquela, desde que a parte legítima para intentá-la ratifique os atos realizados e promova o andamento do processo.

Art. 6.º As ações penais, em que já se tenha iniciado a produção de prova testemunhal, prosseguirão, até a sentença de primeira instância, com o rito estabelecido na lei anterior.

§ 1.º Nos processos cujo julgamento, segundo a lei anterior, competia ao júri e, pelo Código de Processo Penal, cabe a juiz singular:

a) concluída a inquirição das testemunhas de acusação, proceder-se-á a interrogatório do réu, observado o disposto nos arts. 395 e 396, parágrafo único, do mesmo Código, prosseguindo-se depois de produzida a prova de defesa, de acordo com o que dispõem os arts. 499 e segs.;

b) se, embora concluída a inquirição das testemunhas de acusação, ainda não houver sentença de pronúncia ou impronúncia, prosseguir-se-á na forma da letra anterior;

c) se a sentença de pronúncia houver passado em julgado, ou dela não tiver ainda sido interposto recurso, prosseguir-se-á na forma da letra *a*;

d) se, havendo sentença de impronúncia, esta passar em julgado, só poderá ser instaurado o processo no caso do art. 409, parágrafo único, do Código de Processo Penal;

e) se tiver sido interposto recurso da sentença de pronúncia, aguardar-se-á o julgamento do mesmo, observando-se, afinal, o disposto na letra *b* ou na letra *d*.

§ 2.º Aplicar-se-á o disposto no § 1.º aos processos da competência do juiz singular nos quais exista a pronúncia, segundo a lei anterior.

§ 3.º Subsistem os efeitos da pronúncia, inclusive a prisão.

§ 4.º O julgamento caberá ao júri se, na sentença de pronúncia, houver sido ou for o crime classificado no § 1.º ou § 2.º do art. 295 da Consolidação das Leis Penais.

•• A Consolidação das Leis Penais (Decreto n. 22.213, de 14-12-1932) foi substituída pelo CP de 1940.

Art. 7.º O juiz da pronúncia, ao classificar o crime, consumado ou tentado, não poderá reconhecer a existência de causa especial de diminuição da pena.

Art. 8.º As perícias iniciadas antes de 1.º de janeiro de 1942 prosseguirão de acordo com a legislação anterior.

(*) Publicado no *DOU*, de 13-12-1941.

Art. 9.º Os processos de contravenções, em qualquer caso, prosseguirão na forma da legislação anterior.

• *Vide* arts. 531 e s., sobre processo das contravenções, no CPP.

Art. 10. No julgamento, pelo júri, de crime praticado antes da vigência do Código Penal, observar-se-á o disposto no art. 78 do Decreto-lei n. 167, de 5 de janeiro de 1938, devendo os quesitos ser formulados de acordo com a Consolidação das Leis Penais.

• Citado Decreto-lei regulava a instituição do júri, matéria hoje regida pelos arts. 74, 78, 81, 106, e 406 a 497 do CPP, e art. 5.º, XXXVIII, da CF.

§ 1.º Os quesitos sobre causas de exclusão de crime, ou de isenção de pena, serão sempre formulados de acordo com a lei mais favorável.

§ 2.º Quando as respostas do júri importarem condenação, o presidente do tribunal fará o confronto da pena resultante dessas respostas e da que seria imposta segundo o Código Penal, e aplicará a mais benigna.

§ 3.º Se o confronto das penas concretizadas, segundo uma e outra lei, depender do reconhecimento de algum fato previsto no Código Penal, e que, pelo Código de Processo Penal, deva constituir objeto de quesito, o juiz o formulará.

Art. 11. Já tendo sido interposto recurso de despacho ou de sentença, as condições de admissibilidade, a forma e o julgamento serão regulados pela lei anterior.

Art. 12. No caso do art. 673 do Código de Processo Penal, se tiver sido imposta medida de segurança detentiva ao condenado, este será removido para estabelecimento adequado.

Art. 13. A aplicação da lei nova a fato julgado por sentença condenatória irrecorrível, nos casos previstos no art. 2.º e seu parágrafo, do Código Penal, far-se-á mediante despacho do juiz, de ofício, ou a requerimento do condenado ou do Ministério Público.

• *Vide* Súmula 611 do STF.

§ 1.º Do despacho caberá recurso, em sentido estrito.

§ 2.º O recurso interposto pelo Ministério Público terá efeito suspensivo, no caso de condenação por crime a que a lei anterior comine, no máximo, pena privativa de liberdade, por tempo igual ou superior a 8 (oito) anos.

Art. 14. No caso de infração definida na legislação sobre a caça, verificado que o agente foi, anteriormente, punido, administrativamente, por qualquer infração prevista na mesma legislação, deverão ser os autos remetidos à autoridade judiciária que, mediante portaria, instaurará o processo, na forma do art. 531 do Código de Processo Penal.

• Código de Caça: Lei n. 5.197, de 3-1-1967.

• Crimes Ambientais: *vide* Lei n. 9.605, de 12-2-1998.

Parágrafo único. O disposto neste artigo não exclui a forma de processo estabelecido no Código de Processo Penal, para o caso de prisão em flagrante de contraventor.

Art. 15. No caso do art. 145, IV, do Código de Processo Penal, o documento reconhecido como falso será, antes de desentranhado dos autos, rubricado pelo juiz e pelo escrivão em cada uma de suas folhas.

Art. 16. Esta Lei entrará em vigor no dia 1.º de janeiro de 1942, revogadas as disposições em contrário.

Rio de Janeiro, 11 de dezembro de 1941; 120.º da Independência e 53.º da República.

GETÚLIO VARGAS

Exposição de Motivos

EXPOSIÇÃO DE MOTIVOS DO CÓDIGO DE PROCESSO PENAL (*)

(DECRETO-LEI N. 3.689, DE 3-10-1941)

MINISTÉRIO DA JUSTIÇA E NEGÓCIOS INTERIORES
GABINETE DO MINISTRO

Em 8 de setembro de 1941

Senhor Presidente:

Tenho a honra de passar às mãos de Vossa Excelência o projeto do Código de Processo Penal do Brasil.

Como sabe Vossa Excelência, ficara inicialmente resolvido que a elaboração do projeto de Código único para o processo penal não aguardasse a reforma, talvez demorada, do Código Penal de 90.

Havia um dispositivo constitucional a atender, e sua execução não devia ser indefinidamente retardada. Entretanto, logo após a entrega do primitivo projeto, organizado pela Comissão oficial e afeiçoado à legislação penal substantiva ainda em vigor, foi apresentado pelo Senhor Alcântara Machado, em desempenho da missão que lhe confiara o Governo, o seu anteprojeto de novo Código Penal. A presteza com que o insigne e pranteado professor da Faculdade de Direito de São Paulo deu conta de sua árdua tarefa fez com que se alterasse o plano traçado em relação ao futuro Código de Processo Penal. Desde que já se podia prever para breve tempo a efetiva remodelação da nossa antiquada lei penal material, deixava de ser aconselhado que se convertesse em lei o projeto acima aludido, pois estaria condenado a uma existência efêmera.

Decretado o novo Código Penal, foi então empreendida a elaboração do presente projeto, que resultou de um cuidadoso trabalho de revisão e adaptação do projeto anterior.

Se for convertido em lei, não estará apenas regulada a atuação da justiça penal em correspondência com o referido novo Código e com a Lei de Contravenções (cujo projeto, nesta data, apresento igualmente à apreciação de Vossa Excelência): estará, no mesmo passo, finalmente realizada a homogeneidade do direito judiciário penal no Brasil, segundo reclamava, de há muito, o interesse da boa administração da justiça, aliado ao próprio interesse da unidade nacional.

A REFORMA DO PROCESSO PENAL VIGENTE

II – De par com a necessidade de coordenação sistemática das regras do processo penal num Código único para todo o Brasil, impunha-se o seu ajustamento ao objetivo de maior eficiência e energia da ação repressiva do Estado contra os que delinquem. As nossas vigentes leis de processo penal asseguram aos réus, ainda que colhidos em flagrante ou confundidos pela evidência das provas, um tão extenso catálogo de garantias e favores, que a repressão se torna, necessariamente, defeituosa e retardatária, decorrendo daí um indireto estímulo à expansão da criminalidade. Urge que seja abolida a injustificável primazia do interesse do indivíduo sobre o da tutela social. Não se pode continuar a contemporizar com pseudodireitos individuais em prejuízo do bem comum. O indivíduo, principalmente quando vem de se mostrar rebelde à disciplina jurídico-penal da vida em sociedade, não pode invocar, em face do Estado, outras franquias ou imunidades além daquelas que o assegurem contra o exercício do poder público fora da medida reclamada pelo interesse social. Este o critério que presidiu à elaboração do presente projeto de Código. No seu texto, não são reproduzidas as fórmulas tradicionais de um mal-avisado favorecimento legal aos criminosos. O processo penal é aliviado dos excessos de formalismo e joeirado de certos critérios normativos com que, sob o influxo de um mal-compreendido individualismo ou de um sentimentalismo mais ou menos equívoco, se transige com a necessidade de uma rigorosa e expedita aplicação da justiça penal.

As *nulidades processuais*, reduzidas ao mínimo, deixam de ser o que têm sido até agora, isto é, um meandro técnico por onde se escoa a substância do processo e se perdem o tempo e a gravidade da justiça. É coibido o êxito das fraudes, subterfúgios e alicantinas. É restringida a aplicação do *in dubio pro reo*. É ampliada a noção do *flagrante delito*, para o efeito da prisão provisória. A decretação da prisão

(*) Publicada no *DOU*, de 13-10-1941. Mantivemos aqui o texto original da Exposição de Motivos do Código de Processo Penal de 1941, privilegiando seu valor histórico. Portanto, após inúmeras alterações em seu texto, alguns pontos da Exposição de Motivos estão em desacordo com a norma vigente.

preventiva, que, em certos casos, deixa de ser uma *faculdade*, para ser um *dever* imposto ao juiz, adquire a suficiente elasticidade para tornar-se medida plenamente assecuratória da efetivação da justiça penal. Tratando-se de crime inafiançável, a falta de exibição do mandado não obstará à prisão, desde que o preso seja imediatamente apresentado ao juiz que fez expedir o mandado. É revogado o formalismo complexo da extradição interestadual de criminosos. O prazo da formação da culpa é ampliado, para evitar o atropelo dos processos ou a intercorrente e prejudicial solução de continuidade da detenção provisória dos réus. Não é consagrada a irrestrita proibição do julgamento *ultra petitum*. Todo um capítulo é dedicado às medidas preventivas assecuratórias da reparação do dano *ex delicto*.

Quando da última reforma do processo penal na Itália, o Ministro Rocco, referindo-se a algumas dessas medidas e outras análogas, introduzidas no projeto preliminar, advertia que elas certamente iriam provocar o desagrado daqueles que estavam acostumados a aproveitar e mesmo abusar das inveteradas deficiências e fraquezas da processualística penal até então vigente. A mesma previsão é de ser feita em relação ao presente projeto, mas são também de repetir-se as palavras de Rocco: "Já se foi o tempo em que a alvoroçada coligação de alguns poucos interessados podia frustrar as mais acertadas e urgentes reformas legislativas".

E se, por um lado, os dispositivos do projeto tendem a fortalecer e prestigiar a atividade do Estado na sua função repressiva, é certo, por outro lado, que asseguram, com muito mais eficiência do que a legislação atual, a defesa dos acusados. Ao invés de uma simples faculdade outorgada a estes e sob a condição de sua presença em juízo, a defesa passa a ser, em qualquer caso, uma indeclinável injunção legal, antes, durante e depois da instrução criminal. Nenhum réu, ainda que ausente do distrito da culpa, foragido ou oculto, poderá ser processado sem a intervenção e assistência de um defensor. A pena de revelia não exclui a garantia constitucional da contrariedade do processo. Ao contrário das leis processuais em vigor, o projeto não pactua, em caso algum, com a insídia de uma acusação sem o correlativo da defesa.

SUBSÍDIO DA LEGISLAÇÃO VIGENTE E PROJETOS ANTERIORES

III – À parte as inovações necessárias à aplicação do novo Código Penal e as orientadas no sentido da melhor adaptação das normas processuais à sua própria finalidade, o projeto não altera o direito atual, senão para corrigir imperfeições apontadas pela experiência, dirimir incertezas da jurisprudência ou evitar ensejo à versatilidade dos exegetas. Tanto quanto o permitiu a orientação do projeto, foi aproveitado o material da legislação atual. Muito se respigou em vários dos códigos de processo penal estaduais, e teve-se também em conta não só o projeto elaborado pela Comissão Legislativa nomeada pelo Governo Provisório em 1931, como o projeto de 1936, este já norteado pelo objetivo de unificação do direito processual penal.

A respeito de algumas das inovações introduzidas e da fidelidade do projeto a certas práticas e critérios tradicionais, é feita, a seguir, breve explanação.

A CONSERVAÇÃO DO INQUÉRITO POLICIAL

IV – Foi mantido o inquérito policial como processo preliminar ou preparatório da ação penal, guardadas as suas características atuais. O ponderado exame da realidade brasileira, que não é apenas a dos centros urbanos, senão também a dos remotos distritos das comarcas do interior, desaconselha o repúdio do sistema vigente.

O preconizado *juízo de instrução*, que importaria limitar a função da autoridade policial a prender criminosos, averiguar a materialidade dos crimes e *indicar* testemunhas, só é praticável sob a condição de que as distâncias dentro do seu território de jurisdição sejam fácil e rapidamente superáveis. Para atuar proficuamente em comarcas extensas, e posto que deva ser excluída a hipótese de criação de juizados de instrução em cada sede do distrito, seria preciso que o juiz instrutor possuísse o dom da ubiquidade. De outro modo, não se compreende como poderia presidir a todos os processos nos pontos diversos da sua zona de jurisdição, a grande distância uns dos outros e da sede da comarca, demandando, muitas vezes, com os morosos meios de condução ainda praticados na maior parte do nosso *hinterland*, vários dias de viagem. Seria imprescindível, na prática, a quebra do sistema: nas capitais e nas sedes de comarca em geral, a imediata intervenção do juiz instrutor, ou a *instrução única*; nos distritos longínquos, a continuação do sistema atual. Não cabe, aqui, discutir as proclamadas vantagens do juízo de instrução.

Preliminarmente, a sua adoção entre nós, na atualidade, seria incompatível com o critério de unidade da lei processual. Mesmo, porém, abstraída essa consideração, há em favor do inquérito policial, como *instrução provisória* antecedendo à propositura da ação penal, um argumento dificilmente contestável: é ele uma garantia contra apressados e errôneos juízos, formados quando ainda persiste a trepidação moral causada pelo crime ou antes que seja possível uma exata visão de conjunto dos fatos, nas suas circunstâncias objetivas e subjetivas. Por mais perspicaz e circunspeta, a autoridade que dirige a investigação inicial, quando ainda perdura o alarma provocado pelo crime, está sujeita a equívocos ou falsos juízos *a priori*, ou a sugestões tendenciosas. Não raro, é preciso voltar atrás, refazer tudo, para que a investigação se oriente no rumo certo, até então despercebido. Por que, então, abolir-se o inquérito preliminar ou instrução provisória, expondo-se a justiça criminal aos azares do *detetivismo*, às marchas e contramarchas de uma instrução imediata e única? Pode ser mais expedito o sistema de unidade de instrução, mas o nosso sistema tradicional, com o inquérito preparatório, assegura uma justiça menos aleatória, mais prudente e serena.

A AÇÃO PENAL

V – O projeto atende ao princípio *ne procedat judex ex officio*, que, ditado pela evolução do direito judiciário penal e já consagrado pelo novo Código Penal, reclama a completa separação entre o juiz e o órgão da acusação, devendo caber exclusivamente a este a iniciativa da ação penal. O procedimento *ex officio* só é mantido em relação às *contravenções*, que, dado o caráter essencialmente preventivo que assume, na espécie, a sanção penal, devem ser sujeitas a um processo particularmente célere, sob pena de frustrar-se a finalidade legal. A necessidade de se abolirem, nesse caso, as delongas processuais motivou mesmo a transferência, respeitada pelo projeto de se permitir à autoridade policial, para o efeito de tal processo, excepcional função judiciária.

É devidamente regulada a formalidade da *representação*, de que depende em certos casos, na conformidade do novo Código Penal, a iniciativa do Ministério Público.

São igualmente disciplinados os institutos da *renúncia* e do *perdão*, como causas de extinção da punibilidade nos crimes de ação privada.

Para dirimir dúvidas que costumam surgir no caso de recusa do promotor da justiça em oferecer denúncia, adotou o projeto a seguinte norma: "Se o órgão do Ministério Público, ao invés de apresentar a denúncia, requerer o arquivamento do inquérito policial ou de quaisquer peças de informação, o juiz, no caso de considerar improcedentes as razões invocadas, fará remessa do inquérito ou peças de informação ao Procurador-Geral, e este oferecerá a denúncia, designará outro órgão do Ministério Público para oferecê-la ou insistirá no pedido de arquivamento, ao qual só então estará o juiz obrigado a atender".

A REPARAÇÃO DO DANO "EX DELICTO"

VI – O projeto, ajustando-se ao Código Civil e ao novo Código Penal, mantém a separação entre a ação penal e a ação civil *ex delicto*, rejeitando o instituto ambíguo da constituição de "parte civil" no processo penal. A obrigação de reparar o dano resultante do crime não é uma consequência de caráter *penal*, embora se torne *certa* quando haja sentença condenatória no juízo criminal. A invocada conveniência prática da economia de juízo não compensa o desfavor que acarretaria ao interesse da repressão a interferência de questões de caráter patrimonial no curso do processo penal. É indissimulável o mérito da argumentação de Sá Pereira na "Exposição de Motivos" do seu "Projeto de Código Penal", refutando as razões com que se defende o deslocamento da reparação do dano *ex delicto* para o campo do direito público:

"A meu ver, o que há de verdade nessas alegações não atinge os dois pontos seguintes: 1) que a reparação do dano é matéria de direito civil, e 2) que a repressão sofreria, se, no crime, a pleiteássemos. Se há lesão patrimonial, a reparação há de ser pedida a um outro patrimônio, e se me afigura impossível deslocar esta relação entre dois patrimônios do campo do direito privado para o do direito público, como querem os positivistas. Abrir no processo-crime a necessária margem à ação reparadora seria ou fazer marcharem simultaneamente as duas ações no mesmo processo, o que se tornaria tumultuário, ou paralisar o processo-crime para que o cível o alcançasse no momento final de pronunciamento da sentença que aplicasse a pena e fixasse a indenização. Não creio que a repressão ganhasse com isto alguma coisa; ao contrário, perderia muito de sua prontidão e rapidez".

Limita-se o projeto a outorgar ao juiz da *actio civilis ex delicto* a *faculdade* de sobrestar no curso desta até o pronunciamento do juízo penal. Desde que exista julgamento definitivo no processo-crime, prevalece o disposto no art. 1.525 do Código Civil, isto é, a prejudicialidade daquele sobre o julgamento no cível, relativamente à existência do fato, ou quem seja o seu autor. É expressamente declarado que faz coisa julgada no cível a sentença penal que reconhecer, no caso concreto, qualquer das hipóteses do art. 19 do Código Penal. Não será prejudicial da ação cível a decisão que, no juízo penal: 1) absolver o acusado, sem reconhecer, *categoricamente*, a inexistência material do fato; 2) ordenar o arquivamento do inquérito ou das peças de informação, por insuficiência de prova quanto à existência do crime ou sua autoria; 3) declarar extinta a punibilidade; ou 4) declarar que o fato imputado não é definido como crime.

O projeto não descurou de evitar que se torne ilusório o direito à reparação do dano, instituindo ou regulando eficientemente medidas assecuratórias (sequestro e hipoteca legal dos bens do indiciado ou do responsável civil), antes mesmo do início da ação ou do julgamento definitivo, e determinando a intervenção do Ministério Público, quando o titular do direito à indenização não disponha de recursos pecuniários para exercê-lo. Ficará, assim, sem fundamento a crítica, segundo a qual, pelo sistema do direito pátrio, a reparação do dano *ex delicto* não passa de uma promessa vã ou platônica da lei.

AS PROVAS

VII – O projeto abandonou radicalmente o sistema chamado da *certeza legal*. Atribui ao juiz a faculdade de iniciativa de provas complementares ou supletivas, quer no curso da instrução criminal, quer a final, antes de proferir a sentença. Não serão atendíveis as restrições à prova estabelecidas pela lei civil, salvo quanto ao estado das pessoas; nem é prefixada uma *hierarquia* de provas: na livre apreciação destas, o juiz formará, honesta e lealmente, a sua convicção. A própria confissão do acusado não constitui, fatalmente, *prova plena* de sua culpabilidade. Todas as provas são relativas; nenhuma delas terá, *ex vi legis*, valor decisivo, ou necessariamente maior prestígio que outra. Se é certo que o juiz fica adstrito às provas constantes dos autos, não é menos certo que não fica subordinado a nenhum critério apriorístico no apurar, através delas, a verdade material. O juiz criminal é, assim, restituído à sua própria consciência. Nunca é demais, porém, advertir que *livre convencimento* não quer dizer puro capricho de opinião ou mero arbítrio na apreciação das provas. O juiz está livre de *preconceitos legais* na aferição das provas, mas não pode abstrair-se ou alhear-se ao seu conteúdo. Não estará ele dispensado de *motivar* a sua sentença. E precisamente nisto reside a suficiente garantia do direito das partes e do interesse social.

Por outro lado, o juiz deixará de ser um espectador inerte da produção de provas. Sua intervenção na atividade processual é permitida, não somente para dirigir a marcha da ação penal e julgar a final, mas também para ordenar, de ofício, as provas que lhe parecerem úteis ao esclarecimento da verdade. Para a indagação desta, não estará sujeito a *preclusões*. Enquanto não estiver averiguada a matéria da acusação ou da defesa, e houver uma fonte de prova ainda não explorada, o juiz não deverá pronunciar o *in dubio pro reo* ou o *non liquet*.

Como corolário do sistema de livre convicção do juiz, é rejeitado o velho brocardo *testis unus testis nullus*. Não se compreende a prevenção legal contra a *voix d'un*, quando, tal seja o seu mérito, pode bastar à elucidação da verdade e à certeza moral do juiz. Na atualidade, aliás, a exigência da lei, como se sabe, é contornada por uma simulação prejudicial ao próprio decoro ou gravidade da justiça, qual a consistente em suprir-se o *mínimo legal* de testemunhas com pessoas cuja insciência acerca do objeto do processo é previamente conhecida, e que somente vão a juízo para declarar que nada sabem.

Outra inovação, em matéria de prova, diz respeito ao interrogatório do acusado. Embora mantido o princípio de que *nemo tenetur se detegere* (não estando o acusado na estrita obrigação de responder o que se lhe pergunta), já não será esse termo do processo, como atualmente, uma série de perguntas predeterminadas, sacramentais, a que o acusado dá as respostas de antemão estudadas, para não comprometer-se, mas uma franca oportunidade de obtenção de prova. É facultado ao juiz formular ao acusado quaisquer perguntas que julgue necessárias à pesquisa da verdade, e se é certo que o silêncio do réu não importará confissão, poderá, entretanto, servir, em face de outros indícios, à formação do convencimento do juiz.

O projeto ainda inova quando regula especialmente como meio de prova o "reconhecimento de pessoas e coisas"; quando estabelece a forma de explicação de divergência entre testemunhas presentes e ausentes do distrito da culpa; e, finalmente, quando, ao regular a *busca*, como expediente de consecução de prova, distingue-se em *domiciliar* e *pessoal*, para disciplinar diversamente, como é justo, as duas espécies.

A PRISÃO EM FLAGRANTE E A PRISÃO PREVENTIVA

VIII – A prisão em flagrante e a prisão preventiva são definidas com mais latitude do que na legislação em vigor. O *clamor público* deixa de ser condição necessária para que se equipare ao *estado de flagrância* o caso em que o criminoso, após a prática do crime, está a fugir. Basta que, vindo de cometer o crime, o fugitivo seja perseguido "pela autoridade, pelo ofendido ou por qualquer pessoa, em situação que faça presumir ser autor da infração": preso em tais condições, entende-se preso em flagrante delito. Considera-se, igualmente, em estado de flagrância o indivíduo que, logo em seguida à perpetração do crime, é encontrado "com o instrumento, armas, objetos ou papéis que façam presumir ser autor da infração". O interesse da administração da justiça não pode continuar a ser sacrificado por obsoletos escrúpulos formalísticos, que redundam em assegurar, com prejuízo da futura ação penal, a afrontosa intangibilidade de criminosos surpreendidos na atualidade ainda palpitante do crime e em circunstâncias que evidenciam sua relação com este.

A prisão preventiva, por sua vez, desprende-se dos limites estreitos até agora traçados à sua admissibilidade. Pressuposta a existência de suficientes indícios para imputação da autoria do crime, a prisão preventiva poderá ser decretada toda vez que o reclame o interesse da ordem pública, ou da instrução criminal, ou da efetiva aplicação da lei penal. Tratando-se de crime a que seja cominada pena de reclusão por tempo, no máximo, igual ou superior a 10 (dez) anos, a decretação da prisão preventiva será *obrigatória*, dispensando outro requisito além da prova indiciária contra o acusado. A duração da prisão provisória continua a ser condicionada, até o encerramento da instrução criminal, à efetividade dos atos processuais dentro dos respectivos prazos; mas estes são razoavelmente dilatados.

Vários são os dispositivos do projeto que cuidam de prover à maior praticabilidade da captura de criminosos que já se acham sob decreto de prisão. Assim, a falta de exibição do mandado, como já foi, de início, acentuado, não obstará à prisão, ressalvada a condição de ser o preso conduzido imediatamente à presença da autoridade que decretou a prisão.

A prisão do réu ausente do distrito da culpa, seja qual for o ponto do território nacional em que se encontre, será feita mediante simples precatória de uma autoridade a outra, e até mesmo, nos casos urgentes, mediante entendimento entre estas por via telegráfica ou telefônica, tomadas as necessárias precauções para evitar ludíbrios ou ensejo a maliciosas vinditas. Não se compreende ou não se justifica que os Estados, gravitando dentro da unidade nacional, se oponham mutuamente obstáculos na pronta repressão da delinquência.

A autoridade policial que recebe um mandado de prisão para dar-lhe cumprimento poderá, de sua própria iniciativa, fazer tirar tantas cópias quantas forem necessárias às diligências.

A LIBERDADE PROVISÓRIA

IX – Abolida a pluralidade do direito formal, já não subsiste razão para que a liberdade provisória mediante fiança, que é matéria tipicamente de caráter processual, continue a ser regulada pela lei penal substantiva. O novo Código Penal não cogitou do instituto da fiança, precisamente para que o futuro Código de Processo Penal reivindicasse a regulamentação de assunto que lhe é pertinente. Inovando na legislação atual, o presente projeto cuidou de imprimir à fiança um cunho menos rígido. O *quantum* da fiança continuará subordinado a uma tabela graduada, mas as regras para a sua fixação tornam possível sua justa correspondência aos casos concretos. É declarado que, "para determinar o valor da fiança, a autoridade terá em conta a natureza da infração, as condições pessoais de fortuna e vida pregressa do acusado, as circunstâncias indicativas de sua periculosidade, bem como a importância provável das custas do processo, até final julgamento". Ainda mais: o juiz não estará inexoravelmente adstrito à tarifa legal, podendo aumentar até o triplo a fiança, quando "reconhecer que, em virtude da situação econômica do réu, não assegurará a ação da justiça, embora fixada no máximo".

Não é admitida a fiança fidejussória, mas o projeto contém o seguinte dispositivo, que virá conjurar uma iniquidade frequente no regime legal atual, relativamente aos réus desprovidos de recursos pecuniários: "Nos casos em que couber fiança, o juiz, verificando ser impossível ao réu prestá-la, por motivo de pobreza, poderá conceder-lhe a liberdade provisória...".

Os casos de *inafiançabilidade* são taxativamente previstos, corrigindo-se certas anomalias da lei vigente.

A INSTRUÇÃO CRIMINAL

X – O prazo da instrução criminal ou formação da culpa é ampliado (em cotejo com os estabelecidos atualmente): estando o réu preso, será de 20 (vinte) dias; estando o réu solto ou afiançado, de 40 (quarenta) dias.

Nesses prazos, que começarão a correr da data do interrogatório, ou da em que devera ter-se realizado, terminando com a inquirição da última testemunha de acusação, não será computado o tempo de qualquer impedimento.

O sistema de inquirição das testemunhas é o chamado *presidencial*, isto é, ao juiz que preside à formação da culpa cabe privativamente fazer perguntas diretas à testemunha. As perguntas das partes serão feitas por intermédio do juiz, a cuja censura ficarão sujeitas.

O ACUSADO

XI – Suprindo uma injustificável omissão da atual legislação processual, o projeto autoriza que o acusado, no caso em que não caiba a prisão preventiva, seja forçadamente conduzido à presença da autoridade, quando, regularmente intimado para ato que, sem ele, não possa realizar-se, deixa de comparecer sem motivo justo. Presentemente, essa medida compulsória é aplicável somente à testemunha faltosa, enquanto ao réu é concedido o privilégio de desobedecer à autoridade processante, ainda que a sua presença seja necessária para esclarecer ponto relevante da acusação ou da defesa. Nenhum acusado, ainda que revel, será processado ou julgado sem defensor; mas a sua ausência (salvo tratando-se de crime da competência do Tribunal do Júri) não suspenderá o julgamento, nem o prazo para o recurso, pois, de outro modo, estaria a lei criando uma prerrogativa em favor de réus foragidos, que, garantidos contra o julgamento à revelia, poderiam escapar, indefinidamente, à categoria de reincidentes. Se algum erro judiciário daí provier, poderá ser corrigido pela revisão ou por um decreto de graça.

A SENTENÇA

XII – O projeto, generalizando um princípio já consagrado pela atual Lei do Júri, repudia a proibição de sentença condenatória *ultra petitum* ou a desclassificação *in pejus* do crime imputado. Constituía um dos exageros do liberalismo o transplante dessa proibição, que é própria do direito privado, para a esfera de direito processual penal, que é um ramo do direito público. O interesse da defesa social não pode ser superado pelo unilateralíssimo interesse pessoal dos criminosos. Não se pode reconhecer ao réu, em prejuízo do bem social, estranho *direito adquirido* a um *quantum* de pena injustificadamente diminuta, só porque o Ministério Público, ainda que por equívoco, não tenha pleiteado maior pena. Em razão do antigo sistema, ocorria, frequentemente, a seguinte inconveniência: não podendo retificar a classificação feita na denúncia, para impor ao réu sanção mais grave, o juiz era obrigado a julgar nulo o processo ou improcedente a ação penal, conforme o caso, devendo o Ministério Público apresentar nova denúncia, se é que já não estivesse extinta a punibilidade pela prescrição. Se o réu estava preso, era posto em liberdade, e o êxito do segundo processo tornava-se, as mais das vezes, impossível, dado o intercorrente desaparecimento dos elementos de prova. Inteiramente diversa é a solução dada pelo projeto, que distingue duas hipóteses: o fato apurado no sumário é idêntico ao descrito na denúncia ou queixa, mas esta o classificou erradamente; ou o fato apurado ocorreu em circunstâncias diversas não contidas explícita ou implicitamente na peça inicial do processo, e estas deslocam a classificação. E os dois casos são assim resolvidos: no primeiro, é conferida ao juiz a faculdade de alterar a classificação, ainda que para aplicar pena mais grave; no segundo, se a circunstância apurada não estava contida, explícita ou implicitamente, na denúncia ou queixa, mas não acarreta a nova classificação pena mais grave, deverá o juiz conceder ao acusado o prazo de 8 (oito) dias para alegação e provas, e se importa classificação que acarrete pena mais grave, o juiz baixará o processo, a fim de que o Ministério Público adite a denúncia ou a queixa e, em seguida, marcará novos prazos sucessivos à defesa, para alegações e prova.

Vê-se que o projeto, ao dirimir a questão, atendeu à necessidade de assegurar a defesa e, ao mesmo tempo, impedir que se repudie um processo realizado com todas as formalidades legais.

É declarado, de modo expresso, que, nos crimes de ação pública, o juiz poderá proferir sentença condenatória, ainda que o Ministério Público tenha opinado pela absolvição, bem como reconhecer agravantes, embora nenhuma tenha sido alegada.

Quando o juiz da sentença não for o mesmo que presidiu à instrução criminal, é-lhe facultado ordenar que esta se realize novamente, em sua presença.

A sentença deve ser *motivada*. Com o sistema do relativo arbítrio judicial na aplicação da pena, consagrado pelo novo Código Penal, e o do *livre convencimento* do juiz, adotado pelo presente projeto, é a *motivação* da sentença que oferece garantia contra os excessos, os erros de apreciação, as falhas de raciocínio ou de lógica ou os demais vícios de julgamento. No caso de absolvição, a parte dispositiva da sentença deve conter, de modo preciso, a razão específica pela qual é o réu absolvido. É minudente o projeto, ao regular a *motivação* e o *dispositivo* da sentença.

AS FORMAS DO PROCESSO

XIII – São estabelecidas e devidamente reguladas as várias formas do processo.

O *processo sumário* é limitado às contravenções penais e aos crimes a que seja cominada pena de detenção. Para o efeito da aplicação de medida de segurança, nos casos do parágrafo único do art. 76 do Código Penal, é instituído processo especial.

Ao cuidar do processo por crimes contra a honra (ressalvada a legislação especial sobre os "crimes de imprensa") o projeto contém uma inovação: o juízo preliminar de reconciliação entre as partes. Antes de receber a queixa, o juiz deverá ouvir, separadamente, o querelante e o querelado e, se julgar possível a reconciliação, promoverá um entendimento entre eles, na sua presença. Se efetivamente se reconciliarem, será lavrado termo de desistência e arquivada a queixa. Os processos por calúnia, difamação ou injúria redundam, por vezes, em agravação de uma recíproca hostilidade. É de boa política, portanto, tentar-se, *in limine litis*, o apaziguamento dos ânimos, sem quebra da dignidade ou amor-próprio de qualquer das partes.

O processo por crime de falência é atribuído integralmente ao juízo criminal, ficando suprimido, por sua consequente inutilidade, o termo de pronúncia. Não são convenientes os argumentos em favor da atual dualidade de juízos, um para o processo até pronúncia e outro para o julgamento. Ao invés das singularidades de um processo *anfíbio*, com instrução no juízo cível e julgamento no juízo criminal, é estabelecida a competência deste *ab initio*, restituindo-se-lhe uma função específica e ensejando-se-lhe mais segura visão de conjunto, necessária ao acerto da decisão final.

O JÚRI

XIV – Com algumas alterações, impostas pela lição da experiência e pelo sistema de aplicação da pena adotado pelo novo Código Penal, foi incluído no corpo do projeto o Decreto-lei n. 167, de 5 de janeiro de 1938. Como atestam os aplausos recebidos, de vários pontos do país, pelo Governo da República, e é notório, têm sido excelentes os resultados desse Decreto-lei que veio afeiçoar o tribunal popular à finalidade precípua da defesa social. A aplicação da justiça penal pelo júri deixou de ser uma *abdicação*, para ser uma *delegação* do Estado, controlada e orientada no sentido do superior interesse da sociedade. Privado de sua antiga *soberania*, que redundava, na prática, numa sistemática indulgência para com os criminosos, o júri está, agora, integrado na consciência de suas graves responsabilidades e reabilitado na confiança geral.

A relativa individualização da pena, segundo as normas do estatuto penal que entrará em vigor a 1.º de janeiro do ano vindouro, não pode ser confiada ao *conselho de sentença*, pois exige, além da apreciação do fato criminoso em si mesmo, uma indagação em torno de condições e circunstâncias complexas, que não poderiam ser objeto de quesitos, para respostas *de plano*. Assim, ao conselho de sentença, na conformidade do que dispõe o projeto, apenas incumbirá afirmar ou negar o fato imputado, as circunstâncias elementares ou qualificativas, a desclassificação do crime acaso pedida pela defesa, as causas de aumento ou diminuição especial de pena e as causas de isenção de pena ou de crime. No caso em que as respostas sejam no sentido da condenação, a *medida* da pena caberá exclusivamente ao presidente do tribunal, pois, com o meditado estudo que já tem do processo, estará aparelhado para o ajustamento *in concreto* da pena aplicável ao réu. Também ao presidente do tribunal incumbe, privativamente, pronunciar-se sobre a aplicação de medidas de segurança e penas acessórias.

A decisão do conselho de sentença, prejudicial da sentença proferida pelo juiz-presidente, é reformável, *de meritis*, em grau de apelação, nos estritos casos em que o autoriza a legislação atual; mas do pronunciamento do juiz-presidente cabe apelação segundo a regra geral.

O RECURSO "EX OFFICIO" DA CONCESSÃO DE "HABEAS CORPUS" NA PRIMEIRA INSTÂNCIA

XV – O projeto determina o recurso *ex officio* da sentença proferida pelos juízes inferiores concedendo *habeas corpus*. Não é exato que a Constituição vigente tenha suprimido, implicitamente, essa providência de elementar cautela de administração da justiça penal. A opinião contrária levaria a admitir que tais sentenças são atualmente irrecorríveis, pois delas, pela mesma lógica, não caberia recurso do Ministério Público, ainda que se tornasse obrigatória a intervenção deste nos processos de *habeas corpus*.

A Constituição, em matéria de processo de *habeas corpus*, limita-se a dispor que das decisões *denegatórias* desse *remedium juris*, proferidas "em última ou única instância", há recurso ordinário para o Supremo Tribunal Federal.

A *última instância*, a que se refere o dispositivo constitucional, é o Tribunal de Apelação, sendo evidente que, salvo os casos de competência originária deste, a decisão denegatória de *habeas corpus*, de que há recurso para o Supremo Tribunal, pressupõe um anterior recurso, do juiz inferior para o Tribunal de Apelação. Ora, se admitiu recurso para o Tribunal de Apelação, da sentença do juiz inferior no caso de denegação do *habeas corpus*, não seria compreensível que a Constituição, visceralmente informada no sentido da incontrastável supremacia do interesse social, se propusesse à abolição do recurso *ex officio*, para o mesmo Tribunal de Apelação, da decisão concessiva do *habeas corpus*, também emanada do juiz inferior, que passaria a ser, em tal caso, *instância única*. É facilmente imaginável o desconchavo que daí poderia resultar. Sabe-se que um dos casos taxativos de concessão de *habeas corpus* é o de não constituir infração penal o fato que motiva o constrangimento à liberdade de ir e vir. E não se poderia conjurar, na prática, a seguinte situação aberrante: o juiz inferior, errada ou injustamente, reconhece penalmente lícito o fato imputado ao paciente, e, em consequência, não somente ser este posto em liberdade, como também impedido o prosseguimento da ação penal, sem o pronunciamento da segunda instância.

Não se pode emprestar à Constituição a intenção de expor a semelhante desgarantia o interesse da defesa social. O que ela fez foi apenas deixar bem claro que das decisões sobre *habeas corpus*, proferidas pelos Tribunais de Apelação, como última ou única instância, somente caberá recurso para o Supremo Tribunal quando *denegatórias*. No caso de decisão denegatória, não se tratando de *habeas corpus* originário de tribunal de apelação, haverá, excepcionalmente, *três* instâncias; se a decisão, porém, é concessiva da medida, *duas* apenas, segundo a regra geral, serão as instâncias.

OS NOVOS INSTITUTOS DA LEI PENAL MATERIAL

XVI – O projeto consagra capítulos especiais à detalhada regulamentação dos institutos que, estranhos à lei penal ainda vigente, figuram no novo Código Penal, como sejam as medidas de segurança e a reabilitação, do mesmo modo que provê à disciplina da execução das penas principais e acessórias, dentro da sistemática do referido Código.

AS NULIDADES

XVII – Como já foi dito de início, o projeto é infenso ao excessivo rigorismo formal, que dá ensejo, atualmente, à infindável série das nulidades processuais. Segundo a justa advertência de ilustre processualista italiano, "um bom direito processual penal deve limitar as sanções de nulidade àquele estrito *mínimo* que não pode ser abstraído sem lesar legítimos e graves interesses do Estado e dos cidadãos".

O projeto não deixa respiradouro para o frívolo *curialismo*, que se compraz em espiolhar nulidades. É consagrado o princípio geral de que nenhuma nulidade ocorre se não há prejuízo para a acusação ou a defesa.

Não será declarada a nulidade de nenhum ato processual, quando este não haja influído concretamente na decisão da causa ou na apuração da verdade substancial. Somente em casos excepcionais é declarada insanável a nulidade.

Fora desses casos, ninguém pode invocar direito à irredutível subsistência da nulidade.

Sempre que o juiz deparar com uma causa de nulidade, deve prover imediatamente à sua eliminação, renovando ou retificando o ato irregular, se possível; mas, ainda que o não faça, a nulidade considera-se sanada:

a) pelo silêncio das partes;

b) pela efetiva consecução do escopo visado pelo ato não obstante sua irregularidade;

c) pela aceitação, ainda que tácita, dos efeitos do ato irregular.

Se a parte interessada não argui a irregularidade ou com esta implicitamente se conforma, aceitando-lhe os efeitos, nada mais natural que se entenda haver renunciado ao direito de argui-la. Se toda formalidade processual visa um determinado fim, e este fim é alcançado, apesar de sua irregularidade, evidentemente carece esta de importância. Decidir de outro modo será incidir no despropósito de considerar-se a formalidade um fim em si mesma.

É igualmente firmado o princípio de que não pode arguir a nulidade quem lhe tenha dado causa ou não tenha interesse na sua declaração. Não se compreende que alguém provoque a irregularidade e seja admitido em seguida, a especular com ela; nem tampouco que, no silêncio da parte prejudicada, se permita à outra parte investir-se no direito de pleitear a nulidade.

O ESPÍRITO DO CÓDIGO

XVIII – Do que vem de ser ressaltado, e de vários outros critérios adotados pelo projeto, se evidencia que este se norteou no sentido de obter equilíbrio entre o interesse social e o da defesa individual, entre o direito do Estado à punição dos criminosos e o direito do indivíduo às garantias e seguranças de sua liberdade. Se ele não transige com as sistemáticas restrições ao poder público, não o inspira, entretanto, o espírito de um incondicional autoritarismo do Estado ou de uma sistemática prevenção contra os direitos e garantias individuais.

É justo que, ao finalizar esta Exposição de Motivos, deixe aqui consignada a minha homenagem aos autores do projeto, Drs. Vieira Braga, Nélson Hungria, Narcélio de Queiroz, Roberto Lyra, Desembargador Florêncio de Abreu e o saudoso Professor Cândido Mendes de Almeida, que revelaram rara competência e a mais exata e larga compreensão dos problemas de ordem teórica e de ordem prática que o Código se propõe resolver.

Na redação final do projeto contei com a valiosa colaboração do Dr. Abgar Renault.

Aproveito a oportunidade para renovar a Vossa Excelência os protestos de meu mais profundo respeito.

Francisco Campos

Código de Processo Penal

ÍNDICE SISTEMÁTICO DO CÓDIGO DE PROCESSO PENAL

(DECRETO-LEI N. 3.689, DE 3-10-1941)

LIVRO I
DO PROCESSO EM GERAL

TÍTULO I
DISPOSIÇÕES PRELIMINARES

TÍTULO II
DO INQUÉRITO POLICIAL

TÍTULO III
DA AÇÃO PENAL

TÍTULO IV
DA AÇÃO CIVIL

TÍTULO V
DA COMPETÊNCIA

TÍTULO VI
DAS QUESTÕES E PROCESSOS INCIDENTES

Título XII
DA SENTENÇA

Livro II
DOS PROCESSOS EM ESPÉCIE

Título I
DO PROCESSO COMUM

Título II
DOS PROCESSOS ESPECIAIS

Título III
DOS PROCESSOS DE COMPETÊNCIA DO SUPREMO TRIBUNAL FEDERAL E DOS TRIBUNAIS DE APELAÇÃO

Livro III
DAS NULIDADES E DOS RECURSOS EM GERAL

Título I
DAS NULIDADES

Título II
DOS RECURSOS EM GERAL

Livro IV
DA EXECUÇÃO

Título I
DISPOSIÇÕES GERAIS

Título II
DA EXECUÇÃO DAS PENAS EM ESPÉCIE

Título III
DOS INCIDENTES DA EXECUÇÃO

Título IV
DA GRAÇA, DO INDULTO, DA ANISTIA E DA REABILITAÇÃO

Título V
DA EXECUÇÃO DAS MEDIDAS DE SEGURANÇA

Livro V
DAS RELAÇÕES JURISDICIONAIS COM AUTORIDADE ESTRANGEIRA

Título Único

Livro VI
DISPOSIÇÕES GERAIS

CÓDIGO DE PROCESSO PENAL

DECRETO-LEI N. 3.689, DE 3 DE OUTUBRO DE 1941 (*)

Código de Processo Penal.

O Presidente da República, usando da atribuição que lhe confere o art. 180 da Constituição, decreta a seguinte Lei:

CÓDIGO DE PROCESSO PENAL

LIVRO I
DO PROCESSO EM GERAL

TÍTULO I
DISPOSIÇÕES PRELIMINARES

Art. 1.º O processo penal reger-se-á, em todo o território brasileiro, por este Código, ressalvados:

• *Vide* arts. 5.º, §§ 3.º e 4.º, e 52 da CF.

• *Vide* Decreto n. 4.388, de 25-9-2002, que promulga o Estatuto de Roma do Tribunal Penal Internacional.

I – os tratados, as convenções e regras de direito internacional;

• *Vide* Pacto de São José da Costa Rica, ratificado pelo Decreto n. 678, de 6-11-1992.

• O Decreto n. 3.167, de 14-9-1999, promulga a Convenção sobre a Prevenção e Punição de Crimes contra Pessoas que Gozam de Proteção Internacional.

II – as prerrogativas constitucionais do Presidente da República, dos ministros de Estado, nos crimes conexos com os do Presidente da República, e dos ministros do Supremo Tribunal Federal, nos crimes de responsabilidade (Constituição, arts. 86, 89, § 2.º, e 100);

•• Os artigos citados são da Constituição de 1937. *Vide* arts. 50, § 2.º, 52, I e parágrafo único, 85, 86, § 1.º, II, e 102, I, *b*, da CF.

• *Vide* Lei n. 1.079, de 10-4-1950 (crimes de responsabilidade).

III – os processos da competência da Justiça Militar;

•• CPP Militar: Decreto-lei n. 1.002, de 21-10-1969.

•• Nos termos do art. 124, *caput*, da CF, a competência para processar e julgar os crimes militares é da Justiça Militar.

IV – os processos da competência do tribunal especial (Constituição, art. 122, n. 17);

•• Refere-se o texto à CF de 1937.

• A Lei n. 7.170, de 14-12-1983, dispõe sobre os crimes contra a segurança nacional.

V – os processos por crimes de imprensa.

•• O STF, no julgamento da Arguição de Descumprimento de Preceito Fundamental (ADPF) n. 130-7, em 30-4-2009, declarou a não recepção da Lei n. 5.250, de 9-2-1967 (Lei de Imprensa), pela CF.

Parágrafo único. Aplicar-se-á, entretanto, este Código aos processos referidos nos n. IV e V, quando as leis especiais que os regulam não dispuserem de modo diverso.

Art. 2.º A lei processual penal aplicar-se-á desde logo, sem prejuízo da validade dos atos realizados sob a vigência da lei anterior.

• *Vide* art. 5.º, XXXIX e XL, da CF.

• Os arts. 1.º a 3.º do CP dispõem sobre aplicação da lei penal.

(*) Publicado no *DOU*, de 13-10-1941 e retificado em 24-10-1941.

Art. 3.º A lei processual penal admitirá interpretação extensiva e aplicação analógica, bem como o suplemento dos princípios gerais de direito.

• O art. 1.º do CP dispõe sobre anterioridade da lei.

• Os arts. 4.º e 5.º da LINDB (Decreto-lei n. 4.657, de 4-9-1942) dispõem sobre aplicação e desconhecimento da lei.

Título II
DO INQUÉRITO POLICIAL

Art. 4.º A polícia judiciária será exercida pelas autoridades policiais no território de suas respectivas circunscrições e terá por fim a apuração das infrações penais e da sua autoria.

•• *Caput* com redação determinada pela Lei n. 9.043, de 9-5-1995.

• *Vide* art. 144, § 1.º, IV, da CF.

• *Vide* art. 107 do CPP.

• *Vide* art. 69 da Lei n. 9.099, de 26-9-1995 (Juizados Especiais Cíveis e Criminais).

• *Vide* Súmulas 234 e 444 do STJ.

• Apuração de crimes eleitorais: Resolução n. 22.376, de 17-8-2006, do TSE.

Parágrafo único. A competência definida neste artigo não excluirá a de autoridades administrativas, a quem por lei seja cometida a mesma função.

•• *Vide* Súmula 397 do STF.

• *Vide* arts. 51, IV, e 52, XIII, da CF.

• *Vide* art. 187 da Lei n. 11.101, de 9-2-2005 (regula a recuperação judicial, a extrajudicial e a falência do empresário e da sociedade empresária).

Art. 5.º Nos crimes de ação pública o inquérito policial será iniciado:

I – de ofício;

II – mediante requisição da autoridade judiciária ou do Ministério Público, ou a requerimento do ofendido ou de quem tiver qualidade para representá-lo.

• *Vide* art. 5.º, § 2.º, do CPP.

§ 1.º O requerimento a que se refere o n. II conterá sempre que possível:

• *Vide* art. 12 da Lei n. 11.340, de 7-8-2006 (Lei Maria da Penha).

a) a narração do fato, com todas as circunstâncias;

b) a individualização do indiciado ou seus sinais característicos e as razões de convicção ou de presunção de ser ele o autor da infração, ou os motivos de impossibilidade de o fazer;

c) a nomeação das testemunhas, com indicação de sua profissão e residência.

§ 2.º Do despacho que indeferir o requerimento de abertura de inquérito caberá recurso para o chefe de Polícia.

§ 3.º Qualquer pessoa do povo que tiver conhecimento da existência de infração penal em que caiba ação pública poderá, verbalmente ou por escrito, comunicá-la à autoridade policial, e esta, verificada a procedência das informações, mandará instaurar inquérito.

• O Decreto-lei n. 3.688, de 3-10-1941 (LCP), trata, em seu art. 66, da omissão de comunicação de crime.

§ 4.º O inquérito, nos crimes em que a ação pública depender de representação, não poderá sem ela ser iniciado.

• *Vide* arts. 24 e 25 do CPP.

• *Vide* art. 100, § 3.º, do CP.

§ 5.º Nos crimes de ação privada, a autoridade policial somente poderá proceder a inquérito a requerimento de quem tenha qualidade para intentá-la.

•• *Vide* Lei n. 12.830, de 20-6-2013, que dispõe sobre a investigação criminal conduzida pelo delegado de polícia.

• *Vide* arts. 24 e 30 do CPP.

• *Vide* Súmula 594 do STF.

• *Vide* art. 100 do CP.

Art. 6.º Logo que tiver conhecimento da prática da infração penal, a autoridade policial deverá:

•• *Vide* Lei n. 12.830, de 20-6-2013, que dispõe sobre a investigação criminal conduzida pelo delegado de polícia.

• *Vide* art. 69 da Lei n. 9.099, de 26-9-1995 (Juizados Especiais Cíveis e Criminais).

• *Vide* arts. 10 e 12 da Lei n. 11.340, de 7-8-2006 (Lei Maria da Penha).

I – dirigir-se ao local, providenciando para que não se alterem o estado e conservação das coisas, até a chegada dos peritos criminais;

•• Inciso I com redação determinada pela Lei n. 8.862, de 28-3-1994.

•• *Vide* arts. 158 a 184, deste Código, sobre exame de corpo de delito e perícias.

• A Lei n. 5.970, de 11-12-1973, exclui os casos de acidente de trânsito da aplicação deste artigo.

II – apreender os objetos que tiverem relação com o fato, após liberados pelos peritos criminais;

•• Inciso II com redação determinada pela Lei n. 8.862, de 28-3-1994.

• *Vide* arts. 11, 118, 120, 124 e 240 a 250 do CPP.

• O art. 91, II, *a* e *b*, do CP dispõe sobre efeitos da condenação.

III – colher todas as provas que servirem para o esclarecimento do fato e suas circunstâncias;

•• *Vide* arts. 155 a 250 do CPP, sobre prova.

• *Vide* art. 12, II, da Lei n. 11.340, de 7-8-2006 (Lei Maria da Penha).

IV – ouvir o ofendido;

•• *Vide* art. 201 do CPP, sobre perguntas ao ofendido.

• *Vide* art. 12, I, da Lei n. 11.340, de 7-8-2006 (Lei Maria da Penha).

V – ouvir o indiciado, com observância, no que for aplicável, do disposto no Capítulo III do Título VII, deste Livro, devendo o respectivo termo ser assinado por 2 (duas) testemunhas que lhe tenham ouvido a leitura;

•• *Vide* arts. 185 a 196 do CPP, sobre interrogatório do acusado.

• *Vide* art. 5.º, LXIII, da CF.

• *Vide* art. 8.º, 2, *g*, do Pacto de São José da Costa Rica, ratificado pelo Decreto n. 678, de 6-11-1992.

VI – proceder a reconhecimento de pessoas e coisas e a acareações;

•• *Vide* arts. 226 a 228 (reconhecimento de pessoas e coisas) e 229 e 230 (acareação) do CPP.

VII – determinar, se for caso, que se proceda a exame de corpo de delito e a quaisquer outras perícias;

•• *Vide* arts. 158 a 184 do CPP, sobre exame de corpo de delito e das perícias em geral.

• *Vide* art. 12, IV, da Lei n. 11.340, de 7-8-2006 (Lei Maria da Penha).

VIII – ordenar a identificação do indiciado pelo processo datiloscópico, se possível, e fazer juntar aos autos sua folha de antecedentes;

•• *Vide* Lei n. 12.037, de 1.º-10-2009.

• *Vide* art. 5.º, LVIII, da CF.

• *Vide* art. 12, VI, da Lei n. 11.340, de 7-8-2006 (Lei Maria da Penha).

IX – averiguar a vida pregressa do indiciado, sob o ponto de vista individual, familiar e social, sua condição econômica, sua atitude e estado de ânimo antes e depois do crime e durante ele, e quaisquer outros elementos que contribuírem para a apreciação do seu temperamento e caráter;

•• *Vide* arts. 240 a 250 do CPP, sobre busca e apreensão.

• O art. 59 do CP dispõe sobre os critérios para fixação da pena.

• *Vide* art. 5.º da Lei n. 7.210, de 11-7-1984 (LEP).

X – colher informações sobre a existência de filhos, respectivas idades e se possuem alguma deficiência e o nome e o contato de eventual responsável pelos cuidados dos filhos, indicado pela pessoa presa.

•• Inciso X acrescentado pela Lei n. 13.257, de 8-3-2016.

Art. 7.º Para verificar a possibilidade de haver a infração sido praticada de determinado modo, a autoridade policial poderá proceder à reprodução simulada dos fatos, desde que esta não contrarie a moralidade ou a ordem pública.

Art. 8.º Havendo prisão em flagrante, será observado o disposto no Capítulo II do Título IX deste Livro.

•• *Vide* arts. 292, 294, 301 a 310, 325, § 2.º, 332, 530, 564, III, 569 e 581, V, do CPP, sobre prisão em flagrante.

•• Ainda sobre prisão em flagrante: Decreto-lei n. 6.259, de 10-2-1944, art. 63 (serviços de loterias); Súmulas 145 e 397 do STF; Lei n. 5.010, de 30-5-1966, art. 67 (Justiça Federal de 1.ª Instância); Lei n. 5.197, de 3-1-1967, art. 32 (Código de Caça); Lei Complementar n. 35, de 14-3-1979, art. 33, II (LOM Nacional); CF, art. 53, § 2.º; Lei n. 8.625, de 12-2-1993, art. 40, III (LONMP); Lei Complementar n. 75, de 20-5-1993, art. 18, II, *d* (Estatuto do Ministério Público da União); Lei Complementar n. 80, de 12-1-1994, arts. 44, II, 89, II, e 128, II (Lei de Defensoria Pública); Lei n. 8.906, de 4-7-1994, art. 7.º, IV (Estatuto da Advocacia); Lei n. 9.099, de 26-9-1995, art. 69, parágrafo único (Juizados Especiais); Lei n. 9.503, de 23-9-1997, art. 301 (CTB); e Lei n. 11.343, de 26-8-2006, art. 50 (Drogas).

• *Vide* art. 69, parágrafo único, da Lei n. 9.099, de 26-9-1995 (Juizados Especiais Cíveis e Criminais).

Art. 9.º Todas as peças do inquérito policial serão, num só processado, reduzidas a escrito ou datilografadas e, neste caso, rubricadas pela autoridade.

• *Vide* art. 405, § 1.º, do CPP.

Art. 10. O inquérito deverá terminar no prazo de 10 (dez) dias, se o indiciado tiver sido preso em flagrante, ou estiver preso preventivamente, contado o prazo, nesta hipótese, a partir do dia em que se executar a ordem de prisão, ou no prazo de 30 (trinta) dias, quando estiver solto, mediante fiança ou sem ela.

•• Nos crimes contra a economia popular: prazo de 10 dias, para indiciado solto ou preso (art. 10, § 1.º, da Lei n. 1.521, de 26-12-1951).

•• Nos crimes da Lei de Drogas: prazo de 30 (indiciado preso) e 90 dias (se solto) (art. 51 da Lei n. 11.343, de 23-8-2006).

•• Nos inquéritos atribuídos à polícia federal: prazo de 15 dias (indiciado preso), podendo ser prorrogado por mais 15 (art. 66 da Lei n. 5.010, de 30-5-1966).

•• Nos inquéritos militares: prazo de 20 (indiciado preso) e 40 dias (indiciado solto), podendo, neste último caso, ser prorrogado por mais 20 dias (art. 20 do Decreto-lei n. 1.002, de 21-10-1969).

• *Vide* art. 798, § 1.º, do CPP, sobre contagem do prazo de indiciado solto.

§ 1.º A autoridade fará minucioso relatório do que tiver sido apurado e enviará os autos ao juiz competente.

• *Vide* art. 23 do CPP.

• *Vide* art. 52, I, da Lei n. 11.343, de 23-8-2006 (drogas).

§ 2.º No relatório poderá a autoridade indicar testemunhas que não tiverem sido inquiridas, mencionando o lugar onde possam ser encontradas.

§ 3.º Quando o fato for de difícil elucidação, e o indiciado estiver solto, a autoridade poderá requerer ao juiz a devolução dos autos, para ulteriores diligências, que serão realizadas no prazo marcado pelo juiz.

• *Vide* art. 16 do CPP.

Art. 11. Os instrumentos do crime, bem como os objetos que interessarem à prova, acompanharão os autos do inquérito.

• *Vide* arts. 118 a 124 do CPP, sobre restituição de coisas apreendidas, e arts. 155 a 250, sobre prova.

Art. 12. O inquérito policial acompanhará a denúncia ou queixa, sempre que servir de base a uma ou outra.

• *Vide* arts. 39, § 5.º, 40 e 46 do CPP.

• *Vide* art. 69 da Lei n. 9.099, de 26-9-1995.

Art. 13. Incumbirá ainda à autoridade policial:

•• *Vide* Lei n. 12.830, de 20-6-2013, que dispõe sobre a investigação criminal conduzida pelo delegado de polícia.

• *Vide* arts. 6.º, 7.º e 149, § 1.º, do CPP.

I – fornecer às autoridades judiciárias as informações necessárias à instrução e julgamento dos processos;

II – realizar as diligências requisitadas pelo juiz ou pelo Ministério Público;

III – cumprir os mandados de prisão expedidos pelas autoridades judiciárias;

IV – representar acerca da prisão preventiva.

• *Vide* arts. 285 a 300, 311 a 316 do CPP.

• *Vide* art. 2.º da Lei n. 7.960, de 21-12-1989 (prisão temporária).

• *Vide* art. 20 da Lei n. 11.340, de 7-8-2006 (Lei Maria da Penha).

Art. 13-A. Nos crimes previstos nos arts. 148, 149 e 149-A, no § 3.º do art. 158 e no art. 159 do Decreto-lei n. 2.848, de 7 de dezembro de 1940 (Código Penal), e no art. 239 da Lei n. 8.069, de 13 de julho de 1990 (Estatuto da Criança e do Adolescente), o membro do Ministério Público ou o delegado de polícia poderá requisitar, de quaisquer órgãos do poder público ou de empresas da iniciativa privada, dados e informações cadastrais da vítima ou de suspeitos.

•• *Caput* acrescentado pela Lei n. 13.344, de 6-10-2016.

•• *Vide* Lei n. 13.344, de 6-10-2016.

Parágrafo único. A requisição, que será atendida no prazo de 24 (vinte e quatro) horas, conterá:

•• Parágrafo único, *caput*, acrescentado pela Lei n. 13.344, de 6-10-2016.

I – o nome da autoridade requisitante;

•• Inciso I acrescentado pela Lei n. 13.344, de 6-10-2016.

II – o número do inquérito policial; e

•• Inciso II acrescentado pela Lei n. 13.344, de 6-10-2016.

III – a identificação da unidade de polícia judiciária responsável pela investigação.

•• Inciso III acrescentado pela Lei n. 13.344, de 6-10-2016.

Art. 13-B. Se necessário à prevenção e à repressão dos crimes relacionados ao tráfico de pessoas, o membro do Ministério Público ou o delegado de polícia poderão requisitar, mediante autorização judicial, às empresas prestadoras de serviço de telecomunicações e/ou telemática que disponibilizem imediatamente os meios técnicos adequados – como sinais, informações e outros – que permitam a localização da vítima ou dos suspeitos do delito em curso.

•• *Caput* acrescentado pela Lei n. 13.344, de 6-10-2016.

•• *Vide* Lei n. 13.344, de 6-10-2016.

§ 1.º Para os efeitos deste artigo, sinal significa posicionamento da estação de cobertura, setorização e intensidade de radiofrequência.

•• § 1.º acrescentado pela Lei n. 13.344, de 6-10-2016.

§ 2.º Na hipótese de que trata o *caput*, o sinal:

•• § 2.º, *caput*, acrescentado pela Lei n. 13.344, de 6-10-2016.

I – não permitirá acesso ao conteúdo da comunicação de qualquer natureza, que dependerá de autorização judicial, conforme disposto em lei;

•• Inciso I acrescentado pela Lei n. 13.344, de 6-10-2016.

II – deverá ser fornecido pela prestadora de telefonia móvel celular por período não superior a 30 (trinta) dias, renovável por uma única vez, por igual período;

•• Inciso II acrescentado pela Lei n. 13.344, de 6-10-2016.

III – para períodos superiores àquele de que trata o inciso II, será necessária a apresentação de ordem judicial.

•• Inciso III acrescentado pela Lei n. 13.344, de 6-10-2016.

§ 3.º Na hipótese prevista neste artigo, o inquérito policial deverá ser instaurado no prazo máximo de 72 (setenta e duas) horas, contado do registro da respectiva ocorrência policial.

•• § 3.º acrescentado pela Lei n. 13.344, de 6-10-2016.

§ 4.º Não havendo manifestação judicial no prazo de 12 (doze) horas, a autoridade competente requisitará às empresas prestadoras de serviço de telecomunicações e/ou telemática que disponibilizem imediatamente os meios técnicos adequados – como sinais, informações e outros – que permitam a localização da vítima ou dos suspeitos do delito em curso, com imediata comunicação ao juiz.

•• § 4.º acrescentado pela Lei n. 13.344, de 6-10-2016.

Art. 14. O ofendido, ou seu representante legal, e o indiciado poderão requerer qualquer diligência, que será realizada, ou não, a juízo da autoridade.

• *Vide* art. 5.º, § 2.º, do CPP (aplicação por analogia em caso de denegação).

Art. 15. Se o indiciado for menor, ser-lhe-á nomeado curador pela autoridade policial.

•• *Vide* Lei n. 8.069, de 13-7-1990 (ECA).

•• *Vide* Súmula 352 do STF.

• *Vide* arts. 262 e 564, III, *c*, do CPP.

Art. 16. O Ministério Público não poderá requerer a devolução do inquérito à autoridade policial, senão para novas diligências, imprescindíveis ao oferecimento da denúncia.

• *Vide* art. 129, VIII, da CF.

Art. 17. A autoridade policial não poderá mandar arquivar autos de inquérito.

Art. 18. Depois de ordenado o arquivamento do inquérito pela autoridade judiciária, por falta de base para a denúncia, a autoridade policial poderá proceder a novas pesquisas, se de outras provas tiver notícia.

• *Vide* art. 7.º da Lei n. 1.521, de 26-12-1951 (crimes contra a economia popular).

• *Vide* Súmula 524 do STF.

Art. 19. Nos crimes em que não couber ação pública, os autos do inquérito serão remetidos ao juízo competente, onde aguardarão a iniciativa do ofendido ou de seu representante legal, ou serão entregues ao requerente, se o pedir, mediante traslado.

• *Vide* arts. 30 a 38 e 183 do CPP.

Art. 20. A autoridade assegurará no inquérito o sigilo necessário à elucidação do fato ou exigido pelo interesse da sociedade.

• *Vide* arts. 5.º, XXXIII e LVII, e 103-A, § 3.º, da CF.

• *Vide* art. 7.º, XIV, da Lei n. 8.906, de 4-7-1994 (EAOAB).

• *Vide* Súmula Vinculante 14 do STF.

• *Vide* art. 201, § 6.º, do CPP.

• *Vide* art. 163, § 2.º, da LEP.

Parágrafo único. Nos atestados de antecedentes que lhe forem solicitados, a autoridade policial não poderá mencionar quaisquer anotações referentes a instauração de inquérito contra os requerentes.

•• Parágrafo único com redação determinada pela Lei n. 12.681, de 4-7-2012.

• *Vide* art. 748 do CPP.

Art. 21. A incomunicabilidade do indiciado dependerá sempre de despacho nos autos e somente será permitida quando o interesse da sociedade ou a conveniência da investigação o exigir.

Parágrafo único. A incomunicabilidade, que não excederá de 3 (três) dias, será decretada por despacho fundamentado do juiz, a requerimento da autoridade policial, ou do órgão do Ministério Público, respeitado, em qualquer hipótese, o disposto no art. 89, III, do Estatuto da Ordem dos Advogados do Brasil (Lei n. 4.215, de 27-4-1963).

•• Parágrafo único com redação determinada pela Lei n. 5.010, de 30-5-1966.

•• A Lei n. 4.215, de 27-4-1963, encontra-se revogada pela Lei n. 8.906, de 4-7-1994 (EAOAB).

• *Vide* art. 136, § 3.º, IV, da CF.

• *Vide* art. 7.º, III, da Lei n. 8.906, de 4-7-1994.

• *Vide* art. 4.º, *b*, da Lei n. 4.898, de 9-12-1965 (abuso de autoridade).

Art. 22. No Distrito Federal e nas comarcas em que houver mais de uma circunscrição policial, a autoridade com exercício em uma delas poderá, nos inquéritos a que esteja procedendo, ordenar diligências em circunscrição de outra, independentemente de precatórias ou requisições, e bem assim providenciará, até que compareça a autoridade competente, sobre qualquer fato que ocorra em sua presença, noutra circunscrição.

• *Vide* art. 70 do CPP.

Art. 23. Ao fazer a remessa dos autos do inquérito ao juiz competente, a autoridade policial oficiará ao Instituto de Identificação e Estatística, ou repartição congênere, mencionando o juízo a que tiverem sido distribuídos, e os dados relativos à infração penal e à pessoa do indiciado.

• *Vide* arts. 747 e 809 do CPP.

• *Vide* art. 202 da Lei n. 7.210, de 11-7-1984 (LEP).

• *Vide* Decreto-lei n. 3.992, de 30-12-1941, sobre estatísticas criminais.

TÍTULO III
DA AÇÃO PENAL

Art. 24. Nos crimes de ação pública, esta será promovida por denúncia do Ministério Público, mas dependerá, quando a lei o exigir, de requisição do Ministro da Justiça, ou de representação do ofendido ou de quem tiver qualidade para representá-lo.

• *Vide* arts. 5.º, XXXV, e 129, I, da CF.

• *Vide* arts. 39, 564, III, *a*, e 569 do CPP.

• *Vide* Lei n. 1.079, de 10-4-1950 (crimes de responsabilidade).

• *Vide* arts. 76 e 88 da Lei n. 9.099, de 26-9-1995.

• *Vide* Súmula 714 do STF.

§ 1.º No caso de morte do ofendido ou quando declarado ausente por decisão judicial, o direito de representação passará ao cônjuge, ascendente, descendente ou irmão.

•• Primitivo parágrafo único passado a § 1.º pela Lei n. 8.699, de 27-8-1993.

• *Vide* art. 38, parágrafo único, do CPP.

• *Vide* art. 100, § 4.º, do CP.

• *Vide* Súmula 594 do STF.

§ 2.º Seja qual for o crime, quando praticado em detrimento do patrimônio ou interesse da União, Estado e Município, a ação penal será pública.

•• § 2.º acrescentado pela Lei n. 8.699, de 27-8-1993.

Art. 25. A representação será irretratável, depois de oferecida a denúncia.

• *Vide* art. 16 da Lei n. 11.340, de 7-8-2006 (Lei Maria da Penha).

Art. 26. A ação penal, nas contravenções, será iniciada com o auto de prisão em flagrante ou por meio de portaria expedida pela autoridade judiciária ou policial.

•• *Vide* arts. 5.º, LXI, e 129, I, da CF.

• *Vide* art. 257, I, do CPP.

Art. 27. Qualquer pessoa do povo poderá provocar a iniciativa do Ministério Público, nos casos em que caiba a ação pública, fornecendo-lhe, por escrito, informações sobre o fato e a autoria e indicando o tempo, o lugar e os elementos de convicção.

• *Vide* art. 5.º, § 3.º, do CPP.

Art. 28. Se o órgão do Ministério Público, ao invés de apresentar a denúncia, requerer o arquivamento do inquérito policial ou de quaisquer peças de informação, o juiz, no caso de considerar improcedentes as razões invocadas, fará remessa do inquérito ou peças de informação ao procurador-geral, e este oferecerá a denúncia, designará outro órgão do Ministério Público para oferecê-la, ou insistirá no pedido de arquivamento, ao qual só então estará o juiz obrigado a atender.

• *Vide* art. 17 do CPP.

• *Vide* art. 7.º da Lei n. 1.521, de 26-12-1951 (crimes contra a economia popular).

• *Vide* art. 12, XI, da Lei n. 8.625, de 12-2-1993 (LONMP).

• *Vide* art. 54 da Lei n. 11.343, de 23-8-2006 (Lei de Drogas).

• *Vide* Súmulas 524 e 696 do STF.

Art. 29. Será admitida ação privada nos crimes de ação pública, se esta não for intentada no prazo legal, cabendo ao Ministério Público aditar a queixa, repudiá-la e oferecer denúncia substitutiva, intervir em todos os termos do processo, fornecer elementos de prova, interpor recurso e, a todo tempo, no caso de negligência do querelante, retomar a ação como parte principal.

• *Vide* art. 5.º, LIX, da CF.

• *Vide* arts. 38, 46 e 564, III, *d*, do CPP.

• *Vide* art. 100, § 3.º, do CP.

• *Vide* art. 184 da Lei n. 11.101, de 9-2-2005 (Lei de Falências).

Art. 30. Ao ofendido ou a quem tenha qualidade para representá-lo caberá intentar a ação privada.

• *Vide* arts. 41, 44, 60 e 564, II e III, *a*, do CPP.

• *Vide* art. 74, parágrafo único, da Lei n. 9.099, de 26-9-1995.

Art. 31. No caso de morte do ofendido ou quando declarado ausente por decisão judicial, o direito de oferecer queixa ou prosseguir na ação passará ao cônjuge, ascendente, descendente ou irmão.

• *Vide* arts. 268 e 598 do CPP, sobre intervenção nas ações.

• *Vide* art. 100, § 4.º, do CP.

Art. 32. Nos crimes de ação privada, o juiz, a requerimento da parte que comprovar a sua pobreza, nomeará advogado para promover a ação penal.

• *Vide* art. 5.º, LXXIV, da CF.

• *Vide* arts. 68 e 806 do CPP.

§ 1.º Considerar-se-á pobre a pessoa que não puder prover às despesas do processo, sem privar-se dos recursos indispensáveis ao próprio sustento ou da família.

• *Vide* Lei n. 1.060, de 5-2-1950 (assistência judiciária).

§ 2.º Será prova suficiente de pobreza o atestado da autoridade policial em cuja circunscrição residir o ofendido.

Art. 33. Se o ofendido for menor de 18 (dezoito) anos, ou mentalmente enfermo, ou retardado mental, e não tiver representante legal, ou colidirem os interesses deste com os daquele, o direito de queixa poderá ser exercido por curador especial, nomeado, de ofício ou a requerimento do Ministério Público, pelo juiz competente para o processo penal.

Art. 34. Se o ofendido for menor de 21 (vinte e um) e maior de 18 (dezoito) anos, o direito de queixa poderá ser exercido por ele ou por seu representante legal.

•• O art. 5.º, *caput*, do CC dispõe: "A menoridade cessa aos dezoito anos completos, quando a pessoa fica habilitada à prática de todos os atos da vida civil".

• *Vide* arts. 50, parágrafo único, 52 e 54 do CPP.

Art. 35. (*Revogado pela Lei n. 9.520, de 27-11-1997.*)

Art. 36. Se comparecer mais de uma pessoa com direito de queixa, terá preferência o cônjuge, e, em seguida, o parente mais próximo na ordem de enumeração constante do art. 31, podendo, entretanto, qualquer delas prosseguir na ação, caso o querelante desista da instância ou a abandone.

• *Vide* arts. 38, parágrafo único, e 60, II, do CPP.

Art. 37. As fundações, associações ou sociedades legalmente constituídas poderão exercer a ação penal, devendo ser representadas por quem os respectivos contratos ou estatutos designarem ou, no silêncio destes, pelos seus diretores ou sócios-gerentes.

• *Vide* art. 60, IV, do CPP.

Art. 38. Salvo disposição em contrário, o ofendido, ou seu representante legal, decairá do direito de queixa ou de representação, se não o exercer dentro do prazo de 6 (seis) meses, contado do dia em que vier a saber quem é o autor do crime, ou, no caso do art. 29, do dia em que se esgotar o prazo para oferecimento da denúncia.

• *Vide* art. 91 da Lei n. 9.099, de 26-9-1995.

Parágrafo único. Verificar-se-á a decadência do direito de queixa ou representação, dentro do mesmo prazo, nos casos dos arts. 24, parágrafo único, e 31.

•• A referência hoje deve ser feita ao art. 24, § 1.º, alterado pela Lei n. 8.699, de 27-8-1993.

Art. 39. O direito de representação poderá ser exercido, pessoalmente ou por procurador com poderes especiais, mediante declaração, escrita ou oral, feita ao juiz, ao órgão do Ministério Público, ou à autoridade policial.

• *Vide* arts. 25 e 564, II, do CPP.

• *Vide* art. 12, I, da Lei n. 11.340, de 7-8-2006 (Lei Maria da Penha).

§ 1.º A representação feita oralmente ou por escrito, sem assinatura devidamente autenticada do ofendido, de seu representante legal ou procurador, será reduzida a termo, perante o juiz ou autoridade policial, presente o órgão do Ministério Público, quando a este houver sido dirigida.

§ 2.º A representação conterá todas as informações que possam servir à apuração do fato e da autoria.

• *Vide* art. 569 do CPP.

§ 3.º Oferecida ou reduzida a termo a representação, a autoridade policial procederá a inquérito, ou, não sendo competente, remetê-lo-á à autoridade que o for.

§ 4.º A representação, quando feita ao juiz ou perante este reduzida a termo, será remetida à autoridade policial para que esta proceda a inquérito.

§ 5.º O órgão do Ministério Público dispensará o inquérito, se com a representação forem oferecidos elementos que o habilitem a promover a ação penal, e, neste caso, oferecerá a denúncia no prazo de 15 (quinze) dias.

• *Vide* art. 12 do CPP.

• *Vide* Lei n. 1.408, de 9-8-1951, sobre prazos judiciais.

Art. 40. Quando, em autos ou papéis de que conhecerem, os juízes ou tribunais verificarem a existência de crime de ação pública, remeterão ao Ministério Público as cópias e os documentos necessários ao oferecimento da denúncia.

• *Vide* art. 211 do CPP.

Art. 41. A denúncia ou queixa conterá a exposição do fato criminoso, com todas as suas circunstâncias, a qualificação do acusado ou esclarecimentos pelos quais se possa identificá-lo, a classificação do crime e, quando necessário, o rol das testemunhas.

• *Vide* art. 569 do CPP, sobre omissão de elementos na denúncia ou queixa.

• *Vide* art. 8.º, 2, *b*, do Pacto de São José da Costa Rica, de 6-11-1992.

Art. 42. O Ministério Público não poderá desistir da ação penal.

• *Vide* Lei Complementar n. 75, de 20-5-1993: Estatuto do Ministério Público da União.

• *Vide* Lei n. 8.625, de 12-2-1993: Lei Orgânica Nacional do Ministério Público.

• *Vide* art. 89 da Lei n. 9.099, de 26-9-1995.

Art. 43. (*Revogado pela Lei n. 11.719, de 20-6-2008.*)

Art. 44. A queixa poderá ser dada por procurador com poderes especiais, devendo constar do instrumento do mandato o nome do querelante e a menção do fato criminoso, salvo quando tais esclarecimentos dependerem de diligências que devem ser previamente requeridas no juízo criminal.

•• Mantivemos "querelante" conforme publicação oficial. Entendemos que o correto seria "querelado".

• *Vide* arts. 564, III, *a*, e 568 do CPP.

Art. 45. A queixa, ainda quando a ação penal for privativa do ofendido, poderá ser aditada pelo Ministério Público, a quem caberá intervir em todos os termos subsequentes do processo.

• *Vide* arts. 564, III, *d*, e 572 do CPP.

Art. 46. O prazo para oferecimento da denúncia, estando o réu preso, será de 5 (cinco) dias, contado da data em que o órgão do Ministério Público receber os autos do inquérito policial, e de 15 (quinze) dias, se o réu estiver solto ou afiançado. No último caso, se houver devolução do inquérito à autoridade policial (art. 16), contar-se-á o prazo da data em que o órgão do Ministério Público receber novamente os autos.

• *Vide* arts. 29, 798, § 1.º, do CPP.

• *Vide* art. 357 do CE.

• *Vide* art. 13 da Lei n. 4.898, de 9-12-1965 (abuso de autoridade).

• *Vide* art. 10, § 2.º, da Lei n. 1.521, de 26-12-1951 (crimes contra a economia popular).

• *Vide* art. 187 da Lei n. 11.101, de 9-2-2005 (Lei de Falências).

• *Vide* art. 54, III, da Lei n. 11.343, de 23-8-2006 (Lei de Drogas).

§ 1.º Quando o Ministério Público dispensar o inquérito policial, o prazo para o oferecimento da denúncia contar-se-á da data em que tiver recebido as peças de informações ou a representação.

§ 2.º O prazo para o aditamento da queixa será de 3 (três) dias, contado da data em que o órgão do Ministério Público receber os autos, e, se este não se pronunciar dentro do tríduo, entender-se-á que não tem o que aditar, prosseguindo-se nos demais termos do processo.

Art. 47. Se o Ministério Público julgar necessários maiores esclarecimentos e documentos complementares ou novos elementos de convicção, deverá requisitá-los, diretamente, de quaisquer autoridades ou funcionários que devam ou possam fornecê-los.

• *Vide* art. 129, VI e VIII, da CF.

• *Vide* art. 26 da Lei n. 8.625, de 12-2-1993 (LONMP).

• *Vide* art. 54, II, da Lei n. 11.343, de 23-8-2006 (Lei de Drogas).

Art. 48. A queixa contra qualquer dos autores do crime obrigará ao processo de todos, e o Ministério Público velará pela sua indivisibilidade.

Art. 49. A renúncia ao exercício do direito de queixa, em relação a um dos autores do crime, a todos se estenderá.

• *Vide* art. 74, parágrafo único, da Lei n. 9.099, de 26-9-1995.

Art. 50. A renúncia expressa constará de declaração assinada pelo ofendido, por seu representante legal ou procurador com poderes especiais.

• *Vide* art. 104 do CP.

Parágrafo único. A renúncia do representante legal do menor que houver completado 18 (dezoito) anos não privará este do direito de queixa, nem a renúncia do último excluirá o direito do primeiro.

• *Vide* art. 34 do CPP.

Art. 51. O perdão concedido a um dos querelados aproveitará a todos, sem que produza, todavia, efeito em relação ao que o recusar.

Art. 52. Se o querelante for menor de 21 (vinte e um) e maior de 18 (dezoito) anos, o direito de perdão poderá ser exercido por ele ou por seu representante legal, mas o perdão concedido por um, havendo oposição do outro, não produzirá efeito.

•• O art. 5.º, *caput*, do CC estabelece a maioridade civil aos dezoito anos completos.

Art. 53. Se o querelado for mentalmente enfermo ou retardado mental e não tiver representante legal, ou colidirem os interesses deste com os do querelado, a aceitação do perdão caberá ao curador que o juiz lhe nomear.

• *Vide* art. 33 do CPP.

Art. 54. Se o querelado for menor de 21 (vinte e um) anos, observar-se-á, quanto à aceitação do perdão, o disposto no art. 52.

•• O art. 5.º, *caput*, do CC estabelece a maioridade civil aos dezoito anos completos.

Art. 55. O perdão poderá ser aceito por procurador com poderes especiais.

Art. 56. Aplicar-se-á ao perdão extraprocessual expresso o disposto no art. 50.

• *Vide* art. 106 do CP.

Art. 57. A renúncia tácita e o perdão tácito admitirão todos os meios de prova.

Art. 58. Concedido o perdão, mediante declaração expressa nos autos, o querelado será intimado a dizer, dentro de 3 (três) dias, se o aceita, devendo, ao mesmo tempo, ser cientificado de que o seu silêncio importará aceitação.

• *Vide* art. 106, III, do CP.

Parágrafo único. Aceito o perdão, o juiz julgará extinta a punibilidade.

• *Vide* art. 581, VIII, do CPP (recurso da decisão que considera extinta a punibilidade).

Art. 59. A aceitação do perdão fora do processo constará de declaração assinada pelo querelado, por seu representante legal ou procurador com poderes especiais.

Art. 60. Nos casos em que somente se procede mediante queixa, considerar-se-á perempta a ação penal:

• *Vide* art. 581, VIII, do CPP (recurso da decisão que considera extinta a punibilidade).

I – quando, iniciada esta, o querelante deixar de promover o andamento do processo durante 30 (trinta) dias seguidos;

II – quando, falecendo o querelante, ou sobrevindo sua incapacidade, não comparecer em juízo, para prosseguir no processo, dentro do prazo de 60 (sessenta) dias, qualquer das pessoas a quem couber fazê-lo, ressalvado o disposto no art. 36;

• *Vide* art. 100, § 4.º, do CP.

III – quando o querelante deixar de comparecer, sem motivo justificado, a qualquer ato do processo a que deva estar presente, ou deixar de formular o pedido de condenação nas alegações finais;

• *Vide* art. 403 do CPP.

IV – quando, sendo o querelante pessoa jurídica, esta se extinguir sem deixar sucessor.

Art. 61. Em qualquer fase do processo, o juiz, se reconhecer extinta a punibilidade, deverá declará-lo de ofício.

• *Vide* arts. 67, II, 497, IX, e 581, VIII, do CPP.

Parágrafo único. No caso de requerimento do Ministério Público, do querelante ou do réu, o juiz mandará autuá-lo em apartado, ouvirá a parte contrária e, se o julgar conveniente, concederá o prazo de 5 (cinco) dias para a prova, proferindo a decisão dentro de 5 (cinco) dias ou reservando-se para apreciar a matéria na sentença final.

Art. 62. No caso de morte do acusado, o juiz somente à vista da certidão de óbito, e depois de ouvido o Ministério Público, declarará extinta a punibilidade.

- *Vide* arts. 155, parágrafo único, 581, VIII e IX, do CPP.

Título IV
DA AÇÃO CIVIL

Art. 63. Transitada em julgado a sentença condenatória, poderão promover-lhe a execução, no juízo cível, para o efeito da reparação do dano, o ofendido, seu representante legal ou seus herdeiros.

- *Vide* art. 5.º, V, da CF.
- *Vide* arts. 68, 387, IV, e 630 do CPP.
- *Vide* Súmulas 491 e 562 do STF.
- *Vide* Súmula 37 do STJ.

Parágrafo único. Transitada em julgado a sentença condenatória, a execução poderá ser efetuada pelo valor fixado nos termos do inciso IV do *caput* do art. 387 deste Código sem prejuízo da liquidação para a apuração do dano efetivamente sofrido.

•• Parágrafo único acrescentado pela Lei n. 11.719, de 20-6-2008.

Art. 64. Sem prejuízo do disposto no artigo anterior, a ação para ressarcimento do dano poderá ser proposta no juízo cível, contra o autor do crime e, se for caso, contra o responsável civil.

•• *Vide* a Lei n. 5.970, de 11-12-1973, sobre a aplicação do disposto neste artigo.

Parágrafo único. Intentada a ação penal, o juiz da ação civil poderá suspender o curso desta, até o julgamento definitivo daquela.

Art. 65. Faz coisa julgada no cível a sentença penal que reconhecer ter sido o ato praticado em estado de necessidade, em legítima defesa, em estrito cumprimento de dever legal ou no exercício regular de direito.

- CC (Lei n. 10.406, de 10-1-2002):

"Art. 935. A responsabilidade civil é independente da criminal, não se podendo questionar mais sobre a existência do fato, ou sobre quem seja o autor, quando estas questões se acharem decididas no juízo criminal".

Art. 66. Não obstante a sentença absolutória no juízo criminal, a ação civil poderá ser proposta quando não tiver sido, categoricamente, reconhecida a inexistência material do fato.

- *Vide* art. 386 do CPP.

Art. 67. Não impedirão igualmente a propositura da ação civil:

I – o despacho de arquivamento do inquérito ou das peças de informação;

- *Vide* Súmula 524 do STF.

II – a decisão que julgar extinta a punibilidade;

III – a sentença absolutória que decidir que o fato imputado não constitui crime.

- *Vide* art. 386, I, do CPP.

Art. 68. Quando o titular do direito à reparação do dano for pobre (art. 32, §§ 1.º e 2.º), a execução da sentença condenatória (art. 63) ou a ação civil (art. 64) será promovida, a seu requerimento, pelo Ministério Público.

Título V
DA COMPETÊNCIA

Art. 69. Determinará a competência jurisdicional:

- *Vide* arts. 5.º, LIII, 108, 109 e 124 da CF.
- *Vide* art. 564, I, do CPP.

I – o lugar da infração;

- *Vide* arts. 70 e 71 do CPP, sobre competência pelo lugar da infração.
- *Vide* Súmula 200 do STJ.

II – o domicílio ou residência do réu;

- *Vide* arts. 72 e 73 do CPP, sobre competência pelo domicílio ou residência do réu.

III – a natureza da infração;

• *Vide* art. 74 do CPP, sobre competência pela natureza da infração.

• *Vide* art. 26 da Lei n. 7.492, de 16-6-1986 (sistema financeiro).

• *Vide* Súmulas 42, 122, 140, 165, 208 e 209 do STJ.

IV – a distribuição;

• *Vide* art. 75 do CPP, sobre competência por distribuição.

V – a conexão ou continência;

• *Vide* arts. 76 a 82 do CPP, sobre competência pela conexão ou continência.

VI – a prevenção;

• *Vide* art. 83 do CPP, sobre competência por prevenção.

VII – a prerrogativa de função.

• *Vide* arts. 84 a 87 do CPP, sobre competência pela prerrogativa de função.

Capítulo I
DA COMPETÊNCIA PELO LUGAR DA INFRAÇÃO

Art. 70. A competência será, de regra, determinada pelo lugar em que se consumar a infração, ou, no caso de tentativa, pelo lugar em que for praticado o último ato de execução.

• *Vide* art. 63 da Lei n. 9.099, de 26-9-1995.

• *Vide* Súmula 521 do STF.

• *Vide* Súmulas 200 e 528 do STJ.

§ 1.º Se, iniciada a execução no território nacional, a infração se consumar fora dele, a competência será determinada pelo lugar em que tiver sido praticado, no Brasil, o último ato de execução.

§ 2.º Quando o último ato de execução for praticado fora do território nacional, será competente o juiz do lugar em que o crime, embora parcialmente, tenha produzido ou devia produzir seu resultado.

• *Vide* art. 109, V, da CF.

§ 3.º Quando incerto o limite territorial entre duas ou mais jurisdições, ou quando incerta a jurisdição por ter sido a infração consumada ou tentada nas divisas de duas ou mais jurisdições, a competência firmar-se-á pela prevenção.

• *Vide* art. 83 do CPP.

Art. 71. Tratando-se de infração continuada ou permanente, praticada em território de duas ou mais jurisdições, a competência firmar-se-á pela prevenção.

• *Vide* art. 83 do CPP.

• *Vide* Súmula 151 do STJ.

Capítulo II
DA COMPETÊNCIA PELO DOMICÍLIO OU RESIDÊNCIA DO RÉU

Art. 72. Não sendo conhecido o lugar da infração, a competência regular-se-á pelo domicílio ou residência do réu.

§ 1.º Se o réu tiver mais de uma residência, a competência firmar-se-á pela prevenção.

• *Vide* art. 83 do CPP.

§ 2.º Se o réu não tiver residência certa ou for ignorado o seu paradeiro, será competente o juiz que primeiro tomar conhecimento do fato.

Art. 73. Nos casos de exclusiva ação privada, o querelante poderá preferir o foro de domicílio ou da residência do réu, ainda quando conhecido o lugar da infração.

Capítulo III
DA COMPETÊNCIA PELA NATUREZA DA INFRAÇÃO

Art. 74. A competência pela natureza da infração será regulada pelas leis de organização judiciária, salvo a competência privativa do Tribunal do Júri.

• *Vide* art. 98, I, da CF.

• *Vide* art. 60 da Lei n. 9.099, de 26-9-1995.

• Organização Judiciária do Distrito Federal e Territórios: Lei n. 9.699, de 8-9-1998.

• *Vide* Súmulas 498, 522, 603 e 721 do STF.

• *Vide* Súmulas 38, 42, 47, 48, 53, 62, 73, 75, 104, 107, 140, 147, 165, 172, 208, 209 e 376 do STJ.

§ 1.º Compete ao Tribunal do Júri o julgamento dos crimes previstos nos arts. 121, §§ 1.º e 2.º, 122, parágrafo único, 123, 124, 125, 126 e 127 do Código Penal, consumados ou tentados.

•• § 1.º com redação determinada pela Lei n. 263, de 23-2-1948.

• *Vide* Súmula 603 do STF.

• Reconhecimento da instituição do Tribunal do Júri: art. 5.º, XXXVIII, da CF.

§ 2.º Se, iniciado o processo perante um juiz, houver desclassificação para infração da competência de outro, a este será remetido o processo, salvo se mais graduada for a jurisdição do primeiro, que, em tal caso, terá sua competência prorrogada.

• *Vide* arts. 383 e 384 do CPP (sobre *emendatio* e *mutatio libelli*).

§ 3.º Se o juiz da pronúncia desclassificar a infração para outra atribuída à competência de juiz singular, observar-se-á o disposto no art. 410; mas, se a desclassificação for feita pelo próprio Tribunal do Júri, a seu presidente caberá proferir a sentença (art. 492, § 2.º).

•• Com o advento da Reforma Processual Penal em 2008, a remissão ao art. 410 deve ser feita ao art. 419.

Capítulo IV
DA COMPETÊNCIA POR DISTRIBUIÇÃO

Art. 75. A precedência da distribuição fixará a competência quando, na mesma circunscrição judiciária, houver mais de um juiz igualmente competente.

Parágrafo único. A distribuição realizada para o efeito da concessão de fiança ou da decretação de prisão preventiva ou de qualquer diligência anterior à denúncia ou queixa prevenirá a da ação penal.

• *Vide* arts. 311 a 350 do CPP.

• *Vide* Súmula 706 do STF.

Capítulo V
DA COMPETÊNCIA POR CONEXÃO OU CONTINÊNCIA

Art. 76. A competência será determinada pela conexão:

• *Vide* Súmula 704 do STF.

I – se, ocorrendo duas ou mais infrações, houverem sido praticadas, ao mesmo tempo, por várias pessoas reunidas, ou por várias pessoas em concurso, embora diverso o tempo e o lugar, ou por várias pessoas, umas contra as outras;

II – se, no mesmo caso, houverem sido umas praticadas para facilitar ou ocultar as outras, ou para conseguir impunidade ou vantagem em relação a qualquer delas;

III – quando a prova de uma infração ou de qualquer de suas circunstâncias elementares influir na prova de outra infração.

Art. 77. A competência será determinada pela continência quando:

• *Vide* Súmula 704 do STF.

I – duas ou mais pessoas forem acusadas pela mesma infração;

II – no caso de infração cometida nas condições previstas nos arts. 51, § 1.º, 53, segunda parte, e 54 do Código Penal.

•• Referência a dispositivos originais do CP. A remissão deve ser feita a seus arts. 70 (concurso formal), 73 (erro na execução) e 74 (resultado diverso do pretendido).

Art. 78. Na determinação da competência por conexão ou continência, serão observadas as seguintes regras:

I – no concurso entre a competência do júri e a de outro órgão da jurisdição comum, prevalecerá a competência do júri;

II – no concurso de jurisdições da mesma categoria:

a) preponderará a do lugar da infração, à qual for cominada a pena mais grave;

• *Vide* Súmula 52 do TFR.

• *Vide* Súmula 122 do STJ.

b) prevalecerá a do lugar em que houver ocorrido o maior número de infrações, se as respectivas penas forem de igual gravidade;

c) firmar-se-á a competência pela prevenção, nos outros casos;

III – no concurso de jurisdições de diversas categorias, predominará a de maior graduação;

IV – no concurso entre a jurisdição comum e a especial, prevalecerá esta.

•• Artigo com redação determinada pela Lei n. 263, de 23-2-1948.

• *Vide* Súmula 122 do STJ.

Art. 79. A conexão e a continência importarão unidade de processo e julgamento, salvo:

• *Vide* Súmula 30 do TFR.

• *Vide* Súmula 234 do STJ.

• *Vide* Súmula 704 do STF.

I – no concurso entre a jurisdição comum e a militar;

• *Vide* art. 124 da CF.

• *Vide* Súmula 90 do STJ.

• A Lei n. 9.299, de 7-8-1996, estabelece que os crimes dolosos contra a vida praticados por militar contra civil serão da competência da justiça comum.

II – no concurso entre a jurisdição comum e a do juízo de menores.

• *Vide* art. 228 da CF.

§ 1.º Cessará, em qualquer caso, a unidade do processo, se, em relação a algum corréu, sobrevier o caso previsto no art. 152.

§ 2.º A unidade do processo não importará a do julgamento, se houver corréu foragido que não possa ser julgado à revelia, ou ocorrer a hipótese do art. 461.

•• Com o advento da Reforma do CPP pela Lei n. 11.689, de 9-6-2008, a referência deve ser feita ao art. 469, § 1.º, do CPP.

Art. 80. Será facultativa a separação dos processos quando as infrações tiverem sido praticadas em circunstâncias de tempo ou de lugar diferentes, ou, quando pelo excessivo número de acusados e para não lhes prolongar a prisão provisória, ou por outro motivo relevante, o juiz reputar conveniente a separação.

Art. 81. Verificada a reunião dos processos por conexão ou continência, ainda que no processo da sua competência própria venha o juiz ou tribunal a proferir sentença absolutória ou que desclassifique a infração para outra que não se inclua na sua competência, continuará competente em relação aos demais processos.

Parágrafo único. Reconhecida inicialmente ao júri a competência por conexão ou continência, o juiz, se vier a desclassificar a infração ou impronunciar ou absolver o acusado, de maneira que exclua a competência do júri, remeterá o processo ao juízo competente.

Art. 82. Se, não obstante a conexão ou continência, forem instaurados processos diferentes, a autoridade de jurisdição prevalente deverá avocar os processos que corram perante os outros juízes, salvo se já estiverem com sentença definitiva. Neste caso, a unidade dos processos só se dará, ulteriormente, para o efeito de soma ou de unificação das penas.

• *Vide* arts. 581, XVII, e 674, parágrafo único, do CPP, sobre unificação de penas.

• *Vide* art. 66, III, *a*, da Lei n. 7.210, de 11-7-1984 (LEP).

• *Vide* Súmula 235 do STJ.

Capítulo VI
DA COMPETÊNCIA POR PREVENÇÃO

Art. 83. Verificar-se-á a competência por prevenção toda vez que, concorrendo dois ou mais juízes igualmente competentes ou com jurisdição cumulativa, um deles tiver antecedido aos outros na prática de algum ato do processo ou de medida a este relativa, ainda que anterior ao oferecimento da denúncia ou da queixa (arts. 70, § 3.º, 71, 72, § 2.º, e 78, II, c).

•• *Vide*, ainda, os arts. 69, VI, 72, § 1.º, e 91 do CPP, sobre o assunto.

• *Vide* Súmula 706 do STF.

CAPÍTULO VII
DA COMPETÊNCIA PELA PRERROGATIVA DE FUNÇÃO

• *Vide* Súmulas 245, 396, 451, 702, 704 e 721 do STF.
• *Vide* Súmulas 208 e 209 do STJ.

Art. 84. A competência pela prerrogativa de função é do Supremo Tribunal Federal, do Superior Tribunal de Justiça, dos Tribunais Regionais Federais e Tribunais de Justiça dos Estados e do Distrito Federal, relativamente às pessoas que devam responder perante eles por crimes comuns e de responsabilidade.

•• *Caput* com redação determinada pela Lei n. 10.628, de 24-12-2002.
• *Vide* arts. 102, 105 e 108 da CF.
• *Vide* art. 69, VII, do CPP, sobre prerrogativa de função.

§ 1.º A competência especial por prerrogativa de função, relativa a atos administrativos do agente, prevalece ainda que o inquérito ou a ação judicial sejam iniciados após a cessação do exercício da função pública.

•• § 1.º acrescentado pela Lei n. 10.628, de 24-12-2002.
•• A Lei n. 10.628, de 24-12-2002, que acrescentou este parágrafo, foi declarada inconstitucional pelas ADIs n. 2.797-2 e n. 2.860-0, em 15-9-2005 (*DOU* de 26-9-2005).

§ 2.º A ação de improbidade, de que trata a Lei n. 8.429, de 2 de junho de 1992, será proposta perante o tribunal competente para processar e julgar criminalmente o funcionário ou autoridade na hipótese de prerrogativa de foro em razão do exercício de função pública, observado o disposto no § 1.º.

•• § 2.º acrescentado pela Lei n. 10.628, de 24-12-2002.
•• A Lei n. 10.628, de 24-12-2002, que acrescentou este parágrafo, foi declarada inconstitucional pelas ADIs n. 2.797-2 e n. 2.860-0, em 15-9-2005 (*DOU* de 26-9-2005).

Art. 85. Nos processos por crime contra a honra, em que forem querelantes as pessoas que a Constituição sujeita à jurisdição do Supremo Tribunal Federal e dos Tribunais de Apelação, àquele ou a estes caberá o julgamento, quando oposta e admitida a exceção da verdade.

• *Vide* arts. 138 a 145 do CP, sobre crimes contra a honra.
• *Vide* Súmula 396 do STF.

Art. 86. Ao Supremo Tribunal Federal competirá, privativamente, processar e julgar:

•• *Vide* art. 102 da CF.

I – os seus ministros, nos crimes comuns;

II – os ministros de Estado, salvo nos crimes conexos com os do Presidente da República;

• *Vide* art. 52, I, II e parágrafo único, da CF.

III – o procurador-geral da República, os desembargadores dos Tribunais de Apelação, os ministros do Tribunal de Contas e os embaixadores e ministros diplomáticos, nos crimes comuns e de responsabilidade.

•• Sobre Tribunais de Apelação, *vide* Nota dos Organizadores.
• *Vide* arts. 105, I, *a*, e 108, I, *a*, da CF.

Art. 87. Competirá, originariamente, aos Tribunais de Apelação o julgamento dos governadores ou interventores nos Estados ou Territórios, e prefeito do Distrito Federal, seus respectivos secretários e chefes de Polícia, juízes de instância inferior e órgãos do Ministério Público.

•• Sobre Tribunais de Apelação, *vide* Nota dos Organizadores.

CAPÍTULO VIII
DISPOSIÇÕES ESPECIAIS

Art. 88. No processo por crimes praticados fora do território brasileiro, será competente o juízo da Capital do Estado onde houver por último residido o acusado. Se este nunca tiver residido no Brasil, será competente o juízo da Capital da República.

• *Vide* art. 109, IX, da CF.

Art. 89. Os crimes cometidos em qualquer embarcação nas águas territoriais da República, ou nos rios e lagos fronteiriços, bem como a bordo de embarcações nacionais, em alto-mar, serão processados e julgados pela justiça do primeiro porto brasileiro em que tocar a embarcação, após o crime, ou, quando se afastar do País, pela do último em que houver tocado.

• *Vide* art. 109, IX, da CF.

Art. 90. Os crimes praticados a bordo de aeronave nacional, dentro do espaço aéreo correspondente ao território brasileiro, ou ao alto-mar, ou a bordo de aeronave estrangeira, dentro do espaço aéreo correspondente ao território nacional, serão processados e julgados pela justiça da comarca em cujo território se verificar o pouso após o crime, ou pela da comarca de onde houver partido a aeronave.

• *Vide* art. 109, IX, da CF.

Art. 91. Quando incerta e não se determinar de acordo com as normas estabelecidas nos arts. 89 e 90, a competência se firmará pela prevenção.

•• Artigo com redação determinada pela Lei n. 4.893, de 9-12-1965.

• *Vide* art. 83 do CPP.

TÍTULO VI
DAS QUESTÕES E PROCESSOS INCIDENTES

CAPÍTULO I
DAS QUESTÕES PREJUDICIAIS

Art. 92. Se a decisão sobre a existência da infração depender da solução de controvérsia, que o juiz repute séria e fundada, sobre o estado civil das pessoas, o curso da ação penal ficará suspenso até que no juízo cível seja a controvérsia dirimida por sentença passada em julgado, sem prejuízo, entretanto, da inquirição das testemunhas e de outras provas de natureza urgente.

• *Vide* art. 581, XVI, do CPP.

Parágrafo único. Se for o crime de ação pública, o Ministério Público, quando necessário, promoverá a ação civil ou prosseguirá na que tiver sido iniciada, com a citação dos interessados.

Art. 93. Se o reconhecimento da existência da infração penal depender de decisão sobre questão diversa da prevista no artigo anterior, da competência do juízo cível, e se neste houver sido proposta ação para resolvê-la, o juiz criminal poderá, desde que essa questão seja de difícil solução e não verse sobre direito cuja prova a lei civil limite, suspender o curso do processo, após a inquirição das testemunhas e realização das outras provas de natureza urgente.

§ 1.º O juiz marcará o prazo da suspensão, que poderá ser razoavelmente prorrogado, se a demora não for imputável à parte. Expirado o prazo, sem que o juiz cível tenha proferido decisão, o juiz criminal fará prosseguir o processo, retomando sua competência para resolver, de fato e de direito, toda a matéria da acusação ou da defesa.

§ 2.º Do despacho que denegar a suspensão não caberá recurso.

• *Vide* art. 581, XVI, do CPP.

§ 3.º Suspenso o processo, e tratando-se de crime de ação pública, incumbirá ao Ministério Público intervir imediatamente na causa cível, para o fim de promover-lhe o rápido andamento.

Art. 94. A suspensão do curso da ação penal, nos casos dos artigos anteriores, será decretada pelo juiz, de ofício ou a requerimento das partes.

• *Vide* art. 581, XVI, do CPP, sobre a suspensão do processo, em virtude de questão prejudicial.

CAPÍTULO II
DAS EXCEÇÕES

• *Vide* Súmula 396 do STF.

Art. 95. Poderão ser opostas as exceções de:

I – suspeição;

• *Vide* arts. 96 a 107 e 254 a 256 do CPP, sobre suspeição.

• *Vide* art. 30 da Lei n. 9.099, de 26-9-1995 (Juizados Especiais).

• *Vide* arts. 277 a 287 do Regimento Interno do STF e arts. 272 a 282 do Regimento Interno do STJ, sobre impedimento e suspeição dos Ministros.

• *Vide* Súmula 234 do STJ.

II – incompetência de juízo;

• *Vide* arts. 108, 109 e 581, II, do CPP, sobre incompetência do juízo.

III – litispendência;

IV – ilegitimidade de parte;

• *Vide* art. 358, III, da Lei n. 4.737, de 15-7-1965 (CE).

V – coisa julgada.

• *Vide* arts. 65, 110, 111, 148 e 581, III, do CPP, sobre litispendência, ilegitimidade da parte e coisa julgada.

• Conceitua coisa julgada o art. 6.º, § 3.º, do Decreto-lei n. 4.657, de 4-9-1942 (LINDB).

Art. 96. A arguição de suspeição precederá a qualquer outra, salvo quando fundada em motivo superveniente.

• *Vide* notas ao art. 95, I, do CPP.

• *Vide* arts. 252 e 254 do CPP.

Art. 97. O juiz que espontaneamente afirmar suspeição deverá fazê-lo por escrito, declarando o motivo legal, e remeterá imediatamente o processo ao seu substituto, intimadas as partes.

• *Vide* notas ao art. 95, I, do CPP.

• *Vide* art. 254 do CPP.

Art. 98. Quando qualquer das partes pretender recusar o juiz, deverá fazê-lo em petição assinada por ela própria ou por procurador com poderes especiais, aduzindo as suas razões acompanhadas de prova documental ou do rol de testemunhas.

• *Vide* notas ao art. 95, I, do CPP.

• *Vide* art. 396-A, § 1.º, do CPP (sobre o momento para arguir suspeição).

• *Vide* art. 564, I, do CPP.

Art. 99. Se reconhecer a suspeição, o juiz sustará a marcha do processo, mandará juntar aos autos a petição do recusante com os documentos que a instruam, e por despacho se declarará suspeito, ordenando a remessa dos autos ao substituto.

• *Vide* notas ao art. 95, I, do CPP.

Art. 100. Não aceitando a suspeição, o juiz mandará autuar em apartado a petição, dará sua resposta dentro em 3 (três) dias, podendo instruí-la e oferecer testemunhas, e, em seguida, determinará sejam os autos da exceção remetidos, dentro em 24 (vinte e quatro) horas, ao juiz ou tribunal a quem competir o julgamento.

§ 1.º Reconhecida, preliminarmente, a relevância da arguição, o juiz ou tribunal, com citação das partes, marcará dia e hora para a inquirição das testemunhas, seguindo-se o julgamento, independentemente de mais alegações.

§ 2.º Se a suspeição for de manifesta improcedência, o juiz ou relator a rejeitará liminarmente.

• *Vide* notas ao art. 95, I, do CPP.

Art. 101. Julgada procedente a suspeição, ficarão nulos os atos do processo principal, pagando o juiz as custas, no caso de erro inescusável; rejeitada, evidenciando-se a malícia do excipiente, a este será imposta a multa de duzentos mil-réis a dois contos de réis.

• O CP, arts. 49 a 52, trata da fixação e do cálculo da pena de multa.

• *Vide* notas ao art. 95, I, do CPP.

• *Vide* art. 564, I, do CPP.

Art. 102. Quando a parte contrária reconhecer a procedência da arguição, poderá ser sustado, a seu requerimento, o processo principal, até que se julgue o incidente da suspeição.

• *Vide* notas ao art. 95, I, do CPP.

• *Vide* art. 100 do CPP.

Art. 103. No Supremo Tribunal Federal e nos Tribunais de Apelação, o juiz que se julgar suspeito deverá declará-lo nos autos e, se for revisor, passar o feito ao seu substituto na ordem da precedência, ou, se for relator, apresentar os autos em mesa para nova distribuição.

•• Sobre Tribunais de Apelação, *vide* Nota dos Organizadores.

§ 1.º Se não for relator nem revisor, o juiz que houver de dar-se por suspeito, deverá fazê-lo verbalmente, na sessão de julgamento, registrando-se na ata a declaração.

§ 2.º Se o presidente do tribunal se der por suspeito, competirá ao seu substituto designar dia para o julgamento e presidi-lo.

§ 3.º Observar-se-á, quanto à arguição de suspeição pela parte, o disposto nos arts. 98 a 101, no que lhe for aplicável, atendido, se o juiz a reconhecer, o que estabelece este artigo.

§ 4.º A suspeição, não sendo reconhecida, será julgada pelo tribunal pleno, funcionando como relator o presidente.

§ 5.º Se o recusado for o presidente do tribunal, o relator será o vice-presidente.

• *Vide* notas ao art. 95, I, do CPP.

Art. 104. Se for arguida a suspeição do órgão do Ministério Público, o juiz, depois de ouvi-lo, decidirá, sem recurso, podendo antes admitir a produção de provas no prazo de 3 (três) dias.

• *Vide* notas ao art. 95, I, do CPP.

• *Vide* art. 129, I, da CF.

• *Vide* art. 258 do CPP.

• *Vide* Súmula 234 do STJ.

Art. 105. As partes poderão também arguir de suspeitos os peritos, os intérpretes e os serventuários ou funcionários da justiça, decidindo o juiz de plano e sem recurso, à vista da matéria alegada e prova imediata.

• *Vide* notas ao art. 95, I, do CPP.

• *Vide* arts. 274, 280 e 281 do CPP.

Art. 106. A suspeição dos jurados deverá ser arguida oralmente, decidindo de plano o presidente do Tribunal do Júri, que a rejeitará se, negada pelo recusado, não for imediatamente comprovada, o que tudo constará da ata.

• *Vide* notas ao art. 95, I, do CPP.

• *Vide* arts. 448 a 451, 571, VIII, e 572, I, do CPP.

Art. 107. Não se poderá opor suspeição às autoridades policiais nos atos do inquérito, mas deverão elas declarar-se suspeitas, quando ocorrer motivo legal.

• *Vide* notas ao art. 95, I, do CPP.

• *Vide* arts. 252 e 254 do CPP.

Art. 108. A exceção de incompetência do juízo poderá ser oposta, verbalmente ou por escrito, no prazo de defesa.

• *Vide* art. 5.º, LIII, da CF.

• *Vide* arts. 564, I, e 581, II, do CPP.

§ 1.º Se, ouvido o Ministério Público, for aceita a declinatória, o feito será remetido ao juízo competente, onde, ratificados os atos anteriores, o processo prosseguirá.

• *Vide* art. 567 do CPP.

§ 2.º Recusada a incompetência, o juiz continuará no feito, fazendo tomar por termo a declinatória, se formulada verbalmente.

• *Vide* nota ao art. 95, II, do CPP.

Art. 109. Se em qualquer fase do processo o juiz reconhecer motivo que o torne incompetente, declará-lo-á nos autos, haja ou não alegação da parte, prosseguindo-se na forma do artigo anterior.

• *Vide* arts. 69 a 91 e 581, II, do CPP.

Art. 110. Nas exceções de litispendência, ilegitimidade de parte e coisa julgada, será observado, no que lhes for aplicável, o disposto sobre a exceção de incompetência do juízo.

• *Vide* notas ao art. 95, IV e V, do CPP.

• *Vide* arts. 581, III, e 593, II, do CPP.

§ 1.º Se a parte houver de opor mais de uma dessas exceções, deverá fazê-lo numa só petição ou articulado.

§ 2.º A exceção de coisa julgada somente poderá ser oposta em relação ao fato principal, que tiver sido objeto da sentença.

• *Vide* notas ao art. 95, V, do CPP.

Art. 111. As exceções serão processadas em autos apartados e não suspenderão, em regra, o andamento da ação penal.

CAPÍTULO III
DAS INCOMPATIBILIDADES E IMPEDIMENTOS

Art. 112. O juiz, o órgão do Ministério Público, os serventuários ou funcionários de justiça e os peritos ou intérpretes abster-se-ão de servir no processo, quando houver incompatibilidade ou impedimento legal, que declararão nos autos. Se não se der a abstenção, a incompatibilidade ou impedimento poderá ser arguido pelas partes, seguindo-se o processo estabelecido para a exceção de suspeição.

• *Vide* arts. 252, 253, 255, 258, 451, 798, § 4.º, e 808 do CPP.

• *Vide* Súmula 234 do STJ.

CAPÍTULO IV
DO CONFLITO DE JURISDIÇÃO

•• A CF dispõe sobre conflito de competência nos arts. 102, I, 108, I, e 105, I, *d*.

Art. 113. As questões atinentes à competência resolver-se-ão não só pela exceção própria, como também pelo conflito positivo ou negativo de jurisdição.

• *Vide* arts. 69 a 91 e o art. 95, II, do CPP.

• *Vide* Súmulas 22, 59 e 428 do STJ.

Art. 114. Haverá conflito de jurisdição:

• *Vide* Súmula 59 do STJ.

I – quando duas ou mais autoridades judiciárias se considerarem competentes, ou incompetentes, para conhecer do mesmo fato criminoso;

II – quando entre elas surgir controvérsia sobre unidade de juízo, junção ou separação de processos.

• *Vide* arts. 80 a 82 do CPP.

Art. 115. O conflito poderá ser suscitado:

I – pela parte interessada;

II – pelos órgãos do Ministério Público junto a qualquer dos juízos em dissídio;

III – por qualquer dos juízes ou tribunais em causa.

• *Vide* Súmula 59 do STJ.

Art. 116. Os juízes e tribunais, sob a forma de representação, e a parte interessada, sob a de requerimento, darão parte escrita e circunstanciada do conflito, perante o tribunal competente, expondo os fundamentos e juntando os documentos comprobatórios.

§ 1.º Quando negativo o conflito, os juízes e tribunais poderão suscitá-lo nos próprios autos do processo.

§ 2.º Distribuído o feito, se o conflito for positivo, o relator poderá determinar imediatamente que se suspenda o andamento do processo.

§ 3.º Expedida ou não a ordem de suspensão, o relator requisitará informações às autoridades em conflito, remetendo-lhes cópia do requerimento ou representação.

§ 4.º As informações serão prestadas no prazo marcado pelo relator.

§ 5.º Recebidas as informações, e depois de ouvido o procurador-geral, o conflito será decidido na primeira sessão, salvo se a instrução do feito depender de diligência.

§ 6.º Proferida a decisão, as cópias necessárias serão remetidas, para a sua execução, às autoridades contra as quais tiver sido levantado o conflito ou que o houverem suscitado.

Art. 117. O Supremo Tribunal Federal, mediante avocatória, restabelecerá a sua jurisdição, sempre que exercida por qualquer dos juízes ou tribunais inferiores.

• *Vide* art. 102, I, *o*, da CF.

CAPÍTULO V
DA RESTITUIÇÃO DAS COISAS APREENDIDAS

Art. 118. Antes de transitar em julgado a sentença final, as coisas apreendidas não poderão ser restituídas enquanto interessarem ao processo.

• *Vide* arts. 11 e 240 do CPP.

Art. 119. As coisas a que se referem os arts. 74 e 100 do Código Penal não poderão ser restituídas, mesmo depois de transitar em julgado a sentença final, salvo se pertencerem ao lesado ou a terceiro de boa-fé.

•• Referência a dispositivos originais do CP. A remissão deve ser feita a seu art. 91, II, que estabelece a perda, em favor da União, dos instrumentos ou do produto do crime, como efeito da condenação.

• *Vide* arts. 125, 132, 240, § 1.º, *b*, e 530-G do CPP.

• *Vide* art. 20, § 3.º, I, da Lei n. 7.716, de 5-1-1989 (crimes resultantes de preconceito de raça ou de cor).

• *Vide* art. 25 da Lei n. 10.826, de 22-12-2003 (Lei de Armas).

Art. 120. A restituição, quando cabível, poderá ser ordenada pela autoridade policial ou juiz, mediante termo nos autos, desde que não exista dúvida quanto ao direito do reclamante.

§ 1.º Se duvidoso esse direito, o pedido de restituição autuar-se-á em apartado, assinando-se ao requerente o prazo de 5 (cinco) dias para a prova. Em tal caso, só o juiz criminal poderá decidir o incidente.

§ 2.º O incidente autuar-se-á também em apartado e só a autoridade judicial o resolverá, se as coisas forem apreendidas em poder de terceiro de boa-fé, que será intimado para alegar e provar o seu direito, em prazo igual e sucessivo ao do reclamante, tendo um e outro 2 (dois) dias para arrazoar.

§ 3.º Sobre o pedido de restituição será sempre ouvido o Ministério Público.

§ 4.º Em caso de dúvida sobre quem seja o verdadeiro dono, o juiz remeterá as partes para o juízo cível, ordenando o depósito das coisas em mãos de depositário ou do próprio terceiro que as detinha, se for pessoa idônea.

§ 5.º Tratando-se de coisas facilmente deterioráveis, serão avaliadas e levadas a leilão público, depositando-se o dinheiro apurado, ou entregues ao terceiro que as detinha, se este for pessoa idônea e assinar termo de responsabilidade.

Art. 121. No caso de apreensão de coisa adquirida com os proventos da infração, aplica-se o disposto no art. 133 e seu parágrafo.

• *Vide* art. 133, parágrafo único, do CPP.

Art. 122. Sem prejuízo do disposto nos arts. 120 e 133, decorrido o prazo de 90 (noventa) dias, após transitar em julgado a sentença condenatória, o juiz decretará, se for caso, a perda, em favor da União, das coisas apreendidas (art. 74, II, *a* e *b*, do Código Penal) e ordenará que sejam vendidas em leilão público.

•• Referência a dispositivos originais do CP. A remissão deve ser feita a seu art. 91, II, que estabelece a perda, em favor da União, dos instrumentos ou do produto do crime, como efeito da condenação.

Parágrafo único. Do dinheiro apurado será recolhido ao Tesouro Nacional o que não couber ao lesado ou a terceiro de boa-fé.

Art. 123. Fora dos casos previstos nos artigos anteriores, se dentro no prazo de 90 (noventa) dias, a contar da data em que transitar em julgado a sentença final, condenatória ou absolutória, os objetos apreendidos não forem reclamados ou não pertencerem ao réu, serão vendidos em leilão, depositando-se o saldo à disposição do juízo de ausentes.

• Os arts. 744 e 745 do CPC dispõem sobre os bens dos ausentes.

Art. 124. Os instrumentos do crime, cuja perda em favor da União for decretada, e as coisas confiscadas, de acordo com o disposto no art. 100 do Código Penal, serão inutilizados ou recolhidos a museu criminal, se houver interesse na sua conservação.

•• A referência aqui é feita a dispositivo original do CP não reproduzido na nova Parte Geral do mesmo Código.

• *Vide* arts. 60 a 64 da Lei n. 11.343, de 23-8-2006 (Lei de Drogas).

Capítulo VI
DAS MEDIDAS ASSECURATÓRIAS

•• *Vide* art. 60, *caput*, da Lei n. 11.343, de 23-8-2006.

Art. 125. Caberá o sequestro dos bens imóveis, adquiridos pelo indiciado com os proventos da infração, ainda que já tenham sido transferidos a terceiro.

• *Vide* art. 5.º, XLV, da CF.

• Sequestro de bens de pessoas indiciadas por crimes de que resulta prejuízo para a Fazenda Pública e outros: Decreto-lei n. 3.240, de 8-5-1941.

Art. 126. Para a decretação do sequestro, bastará a existência de indícios veementes da proveniência ilícita dos bens.

Art. 127. O juiz, de ofício, a requerimento do Ministério Público ou do ofendido, ou mediante representação da autoridade policial, poderá ordenar o sequestro, em qualquer fase do processo ou ainda antes de oferecida a denúncia ou queixa.

• *Vide* art. 593, II, do CPP (recurso cabível da decisão que decreta ou nega o sequestro).

Art. 128. Realizado o sequestro, o juiz ordenará a sua inscrição no Registro de Imóveis.

• A Lei n. 6.015, de 31-12-1973, aprovou a LRP e trata do Registro de Imóveis em seu Título V, arts. 167 a 288.

Art. 129. O sequestro autuar-se-á em apartado e admitirá embargos de terceiro.

Art. 130. O sequestro poderá ainda ser embargado:

I – pelo acusado, sob o fundamento de não terem os bens sido adquiridos com os proventos da infração;

II – pelo terceiro, a quem houverem os bens sido transferidos a título oneroso, sob o fundamento de tê-los adquirido de boa-fé.

Parágrafo único. Não poderá ser pronunciada decisão nesses embargos antes de passar em julgado a sentença condenatória.

Art. 131. O sequestro será levantado:

I – se a ação penal não for intentada no prazo de 60 (sessenta) dias, contado da data em que ficar concluída a diligência;

II – se o terceiro, a quem tiverem sido transferidos os bens, prestar caução que assegure a aplicação do disposto no art. 74, II, *b*, segunda parte, do Código Penal;

•• Referência a dispositivo original do CP. A remissão deve ser feita a seu art. 91, II, *b*, que estabelece a perda, em favor da União, do produto do crime, como efeito da condenação.

III – se for julgada extinta a punibilidade ou absolvido o réu, por sentença transitada em julgado.

Art. 132. Proceder-se-á ao sequestro dos bens móveis se, verificadas as condições previstas no art. 126, não for cabível a medida regulada no Capítulo XI do Título VII deste Livro.

• *Vide* arts. 240 a 250 do CPP, sobre busca e apreensão.

Art. 133. Transitada em julgado a sentença condenatória, o juiz, de ofício ou a requerimento do interessado, determinará a avaliação e a venda dos bens em leilão público.

Parágrafo único. Do dinheiro apurado, será recolhido ao Tesouro Nacional o que não couber ao lesado ou a terceiro de boa-fé.

Art. 134. A hipoteca legal sobre os imóveis do indiciado poderá ser requerida pelo ofendido em qualquer fase do processo, desde que haja certeza da infração e indícios suficientes da autoria.

• Os arts. 1.473 a 1.505 do CC dispõem sobre hipoteca.

Art. 135. Pedida a especialização mediante requerimento, em que a parte estimará o valor da responsabilidade civil, e designará e estimará o imóvel ou imóveis que terão de ficar especialmente hipotecados, o juiz mandará logo proceder ao arbitramento do valor da responsabilidade e à avaliação do imóvel ou imóveis.

§ 1.º A petição será instruída com as provas ou indicação das provas em que se fundar a estimação da responsabilidade, com a relação dos imóveis que o responsável possuir, se outros tiver, além dos indicados no requerimento, e com os documentos comprobatórios do domínio.

§ 2.º O arbitramento do valor da responsabilidade e a avaliação dos imóveis designados far-se-ão por perito nomeado pelo juiz, onde não houver avaliador judicial, sendo-lhe facultada a consulta dos autos do processo respectivo.

§ 3.º O juiz, ouvidas as partes no prazo de 2 (dois) dias, que correrá em cartório, poderá corrigir o arbitramento do valor da responsabilidade, se lhe parecer excessivo ou deficiente.

§ 4.º O juiz autorizará somente a inscrição da hipoteca do imóvel ou imóveis necessários à garantia da responsabilidade.

• Sobre o registro das hipotecas legais, judiciais e convencionais trata o art. 167, I, n. 2, da Lei n. 6.015, de 31-12-1973 (LRP).

§ 5.º O valor da responsabilidade será liquidado definitivamente após a condenação, podendo ser requerido novo arbitramento se qualquer das partes não se conformar com o arbitramento anterior à sentença condenatória.

§ 6.º Se o réu oferecer caução suficiente, em dinheiro ou em títulos de dívida pública, pelo valor de sua cotação em Bolsa, o juiz poderá deixar de mandar proceder à inscrição da hipoteca legal.

Art. 136. O arresto do imóvel poderá ser decretado de início, revogando-se, porém, se no prazo de 15 (quinze) dias não for promovido o processo de inscrição da hipoteca legal.

•• Artigo com redação determinada pela Lei n. 11.435, de 28-12-2006.

Art. 137. Se o responsável não possuir bens imóveis ou os possuir de valor insuficiente, poderão ser arrestados bens móveis suscetíveis de penhora, nos termos em que é facultada a hipoteca legal dos imóveis.

•• *Caput* com redação determinada pela Lei n. 11.435, de 28-12-2006.

§ 1.º Se esses bens forem coisas fungíveis e facilmente deterioráveis, proceder-se-á na forma do § 5.º do art. 120.

§ 2.º Das rendas dos bens móveis poderão ser fornecidos recursos arbitrados pelo juiz, para a manutenção do indiciado e de sua família.

Art. 138. O processo de especialização da hipoteca e do arresto correrão em auto apartado.

•• Artigo com redação determinada pela Lei n. 11.435, de 28-12-2006.

Art. 139. O depósito e a administração dos bens arrestados ficarão sujeitos ao regime do processo civil.

•• Artigo com redação determinada pela Lei n. 11.435, de 28-12-2006.

Art. 140. As garantias do ressarcimento do dano alcançarão também as despesas processuais e as penas pecuniárias, tendo preferência sobre estas a reparação do dano ao ofendido.

• *Vide* arts. 804 e 806 do CPP.

Art. 141. O arresto será levantado ou cancelada a hipoteca, se, por sentença irrecorrível, o réu for absolvido ou julgada extinta a punibilidade.

•• Artigo com redação determinada pela Lei n. 11.435, de 28-12-2006.

• *Vide* art. 386 do CPP.

Art. 142. Caberá ao Ministério Público promover as medidas estabelecidas nos arts. 134 e 137, se houver interesse da Fazenda Pública, ou se o ofendido for pobre e o requerer.

• *Vide* art. 134 da CF.

Art. 143. Passando em julgado a sentença condenatória, serão os autos de hipoteca ou arresto remetidos ao juiz do cível (art. 63).

•• Artigo com redação determinada pela Lei n. 11.435, de 28-12-2006.

Art. 144. Os interessados ou, nos casos do art. 142, o Ministério Público poderão requerer no juízo cível, contra o responsável civil, as medidas previstas nos arts. 134, 136 e 137.

Art. 144-A. O juiz determinará a alienação antecipada para preservação do valor dos bens sempre que estiverem sujeitos a qualquer grau de deterioração ou depreciação, ou quando houver dificuldade para sua manutenção.

•• *Caput* acrescentado pela Lei n. 12.694, de 24-7-2012.

§ 1.º O leilão far-se-á preferencialmente por meio eletrônico.

•• § 1.º acrescentado pela Lei n. 12.694, de 24-7-2012.

§ 2.º Os bens deverão ser vendidos pelo valor fixado na avaliação judicial ou por valor maior. Não alcançado o valor estipulado pela administração judicial, será realizado novo leilão, em até 10 (dez) dias contados da realização do primeiro, podendo os bens ser alienados por valor não inferior a 80% (oitenta por cento) do estipulado na avaliação judicial.

•• § 2.º acrescentado pela Lei n. 12.694, de 24-7-2012.

§ 3.º O produto da alienação ficará depositado em conta vinculada ao juízo até a decisão final do processo, procedendo-se à sua conversão em renda para a União, Estado ou Distrito Federal, no caso de condenação, ou, no caso de absolvição, à sua devolução ao acusado.

•• § 3.º acrescentado pela Lei n. 12.694, de 24-7-2012.

§ 4.º Quando a indisponibilidade recair sobre dinheiro, inclusive moeda estrangeira, títulos, valores mobiliários ou cheques emitidos como ordem de pagamento, o juízo determinará a conversão do numerário apreendido em moeda nacional corrente e o depósito das correspondentes quantias em conta judicial.

•• § 4.º acrescentado pela Lei n. 12.694, de 24-7-2012.

§ 5.º No caso da alienação de veículos, embarcações ou aeronaves, o juiz ordenará à autoridade de trânsito ou ao equivalente órgão de registro e controle a expedição de certificado de registro e licenciamento em favor do arrematante, ficando este livre do pagamento de multas, encargos e tributos anteriores, sem prejuízo de execução fiscal em relação ao antigo proprietário.

•• § 5.º acrescentado pela Lei n. 12.694, de 24-7-2012.

§ 6.º O valor dos títulos da dívida pública, das ações das sociedades e dos títulos de crédito negociáveis em bolsa será o da cotação oficial do dia, provada por certidão ou publicação no órgão oficial.

•• § 6.º acrescentado pela Lei n. 12.694, de 24-7-2012.

§ 7.º (*Vetado.*)

•• § 7.º acrescentado pela Lei n. 12.694, de 24-7-2012.

CAPÍTULO VII
DO INCIDENTE DE FALSIDADE

Art. 145. Arguida, por escrito, a falsidade de documento constante dos autos, o juiz observará o seguinte processo:

• *Vide* art. 581, XVIII, do CPP.

I – mandará autuar em apartado a impugnação, e em seguida ouvirá a parte contrária, que, no prazo de 48 (quarenta e oito) horas, oferecerá resposta;

II – assinará o prazo de 3 (três) dias, sucessivamente, a cada uma das partes, para prova de suas alegações;

III – conclusos os autos, poderá ordenar as diligências que entender necessárias;

IV – se reconhecida a falsidade por decisão irrecorrível, mandará desentranhar o documento e remetê-lo, com os autos do processo incidente, ao Ministério Público.

• *Vide* art. 15 da Lei de Introdução ao CPP (Decreto-lei n. 3.931, de 11-12-1941), sobre a rubrica do juiz e do escrivão em documento reconhecido como falso.

Art. 146. A arguição de falsidade, feita por procurador, exige poderes especiais.

Art. 147. O juiz poderá, de ofício, proceder à verificação da falsidade.

Art. 148. Qualquer que seja a decisão, não fará coisa julgada em prejuízo de ulterior processo penal ou civil.

CAPÍTULO VIII
DA INSANIDADE MENTAL DO ACUSADO

• O art. 26 do CP dispõe sobre agentes inimputáveis.

• Sobre exame trata a Lei n. 7.210, de 11-7-1984 (LEP), nos arts. 8.º, 9.º, 100, 112, 175 e 176; sobre doença mental, nos arts. 108, 167 e 183.

Art. 149. Quando houver dúvida sobre a integridade mental do acusado, o juiz ordenará, de ofício ou a requerimento do Ministério Público, do defensor, do curador, do ascendente, descendente, irmão ou cônjuge do acusado, seja este submetido a exame médico-legal.

§ 1.º O exame poderá ser ordenado ainda na fase do inquérito, mediante representação da autoridade policial ao juiz competente.

§ 2.º O juiz nomeará curador ao acusado, quando determinar o exame, ficando suspenso o processo, se já iniciada a ação penal, salvo quanto às diligências que possam ser prejudicadas pelo adiamento.

• Os arts. 26 e 97 do CP dispõem, respectivamente, sobre agentes inimputáveis e sobre as medidas de segurança impostas a eles.

Art. 150. Para o efeito do exame, o acusado, se estiver preso, será internado em manicômio judiciário, onde houver, ou, se estiver solto, e o requererem os peritos, em estabelecimento adequado que o juiz designar.

§ 1.º O exame não durará mais de 45 (quarenta e cinco) dias, salvo se os peritos demonstrarem a necessidade de maior prazo.

§ 2.º Se não houver prejuízo para a marcha do processo, o juiz poderá autorizar sejam os autos entregues aos peritos, para facilitar o exame.

Art. 151. Se os peritos concluírem que o acusado era, ao tempo da infração, irresponsável nos termos do art. 22 do Código Penal, o processo prosseguirá, com a presença do curador.

•• Referência a dispositivo original do CP. A remissão deve ser feita a seu art. 26.

Código de Processo Penal

• O art. 97, § 1.º, do CP dispõe sobre o prazo de cumprimento de medida de segurança imposta a agente inimputável.

• *Vide* Súmula 361 do STF.

Art. 152. Se se verificar que a doença mental sobreveio à infração o processo continuará suspenso até que o acusado se restabeleça, observado o § 2.º do art. 149.

§ 1.º O juiz poderá, nesse caso, ordenar a internação do acusado em manicômio judiciário ou em outro estabelecimento adequado.

• *Vide* art. 5.º, LIV e LVII, da CF.

§ 2.º O processo retomará o seu curso, desde que se restabeleça o acusado, ficando-lhe assegurada a faculdade de reinquirir as testemunhas que houverem prestado depoimento sem a sua presença.

Art. 153. O incidente da insanidade mental processar-se-á em auto apartado, que só depois da apresentação do laudo, será apenso ao processo principal.

Art. 154. Se a insanidade mental sobrevier no curso da execução da pena, observar-se-á o disposto no art. 682.

• *Vide* arts. 99 a 101 e 183 da Lei n. 7.210, de 11-7-1984 (LEP).

Título VII
DA PROVA

• *Vide* art. 5.º, LVI, da CF.

• *Vide* art. 3.º da Lei n. 12.850, de 2-8-2013, sobre investigação e meios de obtenção da prova nos crimes cometidos por organizações criminosas.

Capítulo I
DISPOSIÇÕES GERAIS

Art. 155. O juiz formará sua convicção pela livre apreciação da prova produzida em contraditório judicial, não podendo fundamentar sua decisão exclusivamente nos elementos informativos colhidos na investigação, ressalvadas as provas cautelares, não repetíveis e antecipadas.

•• *Caput* com redação determinada pela Lei n. 11.690, de 9-6-2008.

• *Vide* art. 5.º, LV, da CF.

Parágrafo único. Somente quanto ao estado das pessoas serão observadas as restrições estabelecidas na lei civil.

•• Parágrafo único acrescentado pela Lei n. 11.690, de 9-6-2008.

• *Vide* Súmula 74 do STJ.

Art. 156. A prova da alegação incumbirá a quem a fizer, sendo, porém, facultado ao juiz de ofício:

•• *Caput* com redação determinada pela Lei n. 11.690, de 9-6-2008.

•• *Vide* art. 5.º, LVII, da CF.

• *Vide* art. 81, § 1.º, da Lei n. 9.099, de 26-9-1995 (Juizados Especiais).

I – ordenar, mesmo antes de iniciada a ação penal, a produção antecipada de provas consideradas urgentes e relevantes, observando a necessidade, adequação e proporcionalidade da medida;

•• Inciso I acrescentado pela Lei n. 11.690, de 9-6-2008.

II – determinar, no curso da instrução, ou antes de proferir sentença, a realização de diligências para dirimir dúvida sobre ponto relevante.

•• Inciso II acrescentado pela Lei n. 11.690, de 9-6-2008.

Art. 157. São inadmissíveis, devendo ser desentranhadas do processo, as provas ilícitas, assim entendidas as obtidas em violação a normas constitucionais ou legais.

•• *Caput* com redação determinada pela Lei n. 11.690, de 9-6-2008.

• *Vide* art. 5.º, LVI, da CF.

§ 1.º São também inadmissíveis as provas derivadas das ilícitas, salvo quando não evidenciado o nexo de causalidade entre umas e outras, ou quando as derivadas puderem ser obtidas por uma fonte independente das primeiras.

•• § 1.º acrescentado pela Lei n. 11.690, de 9-6-2008.

§ 2.º Considera-se fonte independente aquela que por si só, seguindo os trâmites típicos e de praxe, próprios da investigação ou instrução criminal, seria capaz de conduzir ao fato objeto da prova.

•• § 2.º acrescentado pela Lei n. 11.690, de 9-6-2008.

§ 3.º Preclusa a decisão de desentranhamento da prova declarada inadmissível, esta será inutilizada por decisão judicial, facultado às partes acompanhar o incidente.

•• § 3.º acrescentado pela Lei n. 11.690, de 9-6-2008.

§ 4.º (*Vetado*.)

Capítulo II
DO EXAME DO CORPO DE DELITO, E DAS PERÍCIAS EM GERAL

• A Resolução n. 1.635, de 9-5-2002, do Conselho Federal de Medicina, estabelece que é vedado ao médico realizar ou nomear e designar médicos a ele subordinados para realizarem exames médico-periciais de corpo de delito em seres humanos no interior dos prédios ou dependências de delegacias, seccionais ou sucursais de Polícia, unidades militares, casas de detenção e presídios ou em seres humanos contidos através de algemas ou qualquer outro meio, exceto quando o periciando oferecer risco à integridade física do médico perito.

Art. 158. Quando a infração deixar vestígios, será indispensável o exame de corpo de delito, direto ou indireto, não podendo supri-lo a confissão do acusado.

• *Vide* art. 167 do CPP.

• *Vide* art. 77, § 1.º, da Lei n. 9.099, de 26-9-1995.

• *Vide* art. 50, § 1.º, da Lei n. 11.343, de 23-8-2006.

Art. 159. O exame de corpo de delito e outras perícias serão realizados por perito oficial, portador de diploma de curso superior.

•• *Caput* com redação determinada pela Lei n. 11.690, de 9-6-2008.

• *Vide* arts. 178 e 280 do CPP.

• *Vide* art. 50, §§ 1.º e 2.º, da Lei n. 11.343, de 23-8-2006.

• *Vide* Lei n. 12.030, de 17-9-2009, que dispõe sobre as perícias oficiais.

• A Súmula 361 do STF perdeu seu efeito após a alteração sofrida por este artigo.

• A Lei n. 12.847, de 2-8-2013, institui o Sistema Nacional de Prevenção e Combate à Tortura.

§ 1.º Na falta de perito oficial, o exame será realizado por 2 (duas) pessoas idôneas, portadoras de diploma de curso superior preferencialmente na área específica, dentre as que tiverem habilitação técnica relacionada com a natureza do exame.

•• § 1.º com redação determinada pela Lei n. 11.690, de 9-6-2008.

•• O art. 2.º da Lei n. 11.690, de 9-6-2008, dispõe: "Art. 2.º Aqueles peritos que ingressaram sem exigência do diploma de curso superior até a data de entrada em vigor desta Lei continuarão a atuar exclusivamente nas respectivas áreas para as quais se habilitaram, ressalvados os peritos médicos".

• *Vide* art. 179 do CPP.

§ 2.º Os peritos não oficiais prestarão o compromisso de bem e fielmente desempenhar o encargo.

•• § 2.º com redação mantida pela Lei n. 11.690, de 9-6-2008.

• *Vide* arts. 275 a 279 do CPP.

§ 3.º Serão facultadas ao Ministério Público, ao assistente de acusação, ao ofendido, ao querelante e ao acusado a formulação de quesitos e indicação de assistente técnico.

•• § 3.º acrescentado pela Lei n. 11.690, de 9-6-2008.

• *Vide* art. 268 do CPP.

§ 4.º O assistente técnico atuará a partir de sua admissão pelo juiz e após a conclusão dos exames e elaboração do laudo pelos peritos oficiais, sendo as partes intimadas desta decisão.

•• § 4.º acrescentado pela Lei n. 11.690, de 9-6-2008.

§ 5.º Durante o curso do processo judicial, é permitido às partes, quanto à perícia:

•• § 5.º, *caput*, acrescentado pela Lei n. 11.690, de 9-6-2008.

I – requerer a oitiva dos peritos para esclarecerem a prova ou para responderem a quesitos, desde que o mandado de intimação e os quesitos ou questões a serem esclarecidas sejam encaminhados com antecedência mínima de 10 (dez) dias, podendo apresentar as respostas em laudo complementar;

•• Inciso I acrescentado pela Lei n. 11.690, de 9-6-2008.

II – indicar assistentes técnicos que poderão apresentar pareceres em prazo a ser fixado pelo juiz ou ser inquiridos em audiência.

•• Inciso II acrescentado pela Lei n. 11.690, de 9-6-2008.

§ 6.º Havendo requerimento das partes, o material probatório que serviu de base à perícia será disponibilizado no ambiente do órgão oficial, que manterá sempre sua guarda, e na presença de perito oficial, para exame pelos assistentes, salvo se for impossível a sua conservação.

•• § 6.º acrescentado pela Lei n. 11.690, de 9-6-2008.

§ 7.º Tratando-se de perícia complexa que abranja mais de uma área de conhecimento especializado, poder-se-á designar a atuação de mais de um perito oficial, e a parte indicar mais de um assistente técnico.

•• § 7.º acrescentado pela Lei n. 11.690, de 9-6-2008.

Art. 160. Os peritos elaborarão o laudo pericial, onde descreverão minuciosamente o que examinarem, e responderão aos quesitos formulados.

•• *Caput* com redação determinada pela Lei n. 8.862, de 28-3-1994.

Parágrafo único. O laudo pericial será elaborado no prazo máximo de 10 (dez) dias, podendo este prazo ser prorrogado, em casos excepcionais, a requerimento dos peritos.

•• Parágrafo único com redação determinada pela Lei n. 8.862, de 28-3-1994.

• *Vide* art. 179, parágrafo único, do CPP.

Art. 161. O exame de corpo de delito poderá ser feito em qualquer dia e a qualquer hora.

• *Vide* art. 5.º, X, da CF.

• *Vide* art. 6.º, VII, do CPP.

Art. 162. A autópsia será feita pelo menos 6 (seis) horas depois do óbito, salvo se os peritos, pela evidência dos sinais de morte, julgarem que possa ser feita antes daquele prazo, o que declararão no auto.

Parágrafo único. Nos casos de morte violenta, bastará o simples exame externo do cadáver, quando não houver infração penal que apurar, ou quando as lesões externas permitirem precisar a causa da morte e não houver necessidade de exame interno para a verificação de alguma circunstância relevante.

Art. 163. Em caso de exumação para exame cadavérico, a autoridade providenciará para que, em dia e hora previamente marcados, se realize a diligência, da qual se lavrará auto circunstanciado.

Parágrafo único. O administrador de cemitério público ou particular indicará o lugar da sepultura, sob pena de desobediência. No caso de recusa ou de falta de quem indique a sepultura, ou de encontrar-se o cadáver em lugar não destinado a inumações, a autoridade procederá às pesquisas necessárias, o que tudo constará do auto.

Art. 164. Os cadáveres serão sempre fotografados na posição em que forem encontrados, bem como, na medida do possível, todas as lesões externas e vestígios deixados no local do crime.

•• Artigo com redação determinada pela Lei n. 8.862, de 28-3-1994.

• *Vide* art. 6.º, I, do CPP.

Art. 165. Para representar as lesões encontradas no cadáver, os peritos, quando possível, juntarão ao laudo do exame provas fotográficas, esquemas ou desenhos, devidamente rubricados.

• *Vide* Súmula 361 do STF.

Art. 166. Havendo dúvida sobre a identidade do cadáver exumado, proceder-se-á ao reconhecimento pelo Instituto de Identificação e Estatística ou repartição congênere ou pela inquirição de testemunhas, lavrando-se auto de reconhecimento e de identidade, no qual se descreverá o cadáver, com todos os sinais e indicações.

Parágrafo único. Em qualquer caso, serão arrecadados e autenticados todos os objetos encontrados, que possam ser úteis para a identificação do cadáver.

Art. 167. Não sendo possível o exame de corpo de delito, por haverem desaparecido os vestígios, a prova testemunhal poderá suprir-lhe a falta.

• *Vide* art. 564, III, *b*, sobre nulidade de atos, do CPP.

Art. 168. Em caso de lesões corporais, se o primeiro exame pericial tiver sido incompleto, proceder-se-á a exame complementar por determinação da autoridade policial ou judiciária, de ofício, ou a requerimento do Ministério Público, do ofendido ou do acusado, ou de seu defensor.

§ 1.º No exame complementar, os peritos terão presente o auto de corpo de delito, a fim de suprir-lhe a deficiência ou retificá-lo.

§ 2.º Se o exame tiver por fim precisar a classificação do delito no art. 129, § 1.º, I, do Código Penal, deverá ser feito logo que decorra o prazo de 30 (trinta) dias, contado da data do crime.

§ 3.º A falta de exame complementar poderá ser suprida pela prova testemunhal.

• *Vide* arts. 202 e s. do CPP.

Art. 169. Para o efeito de exame do local onde houver sido praticada a infração, a autoridade providenciará imediatamente para que não se altere o estado das coisas até a chegada dos peritos, que poderão instruir seus laudos com fotografias, desenhos ou esquemas elucidativos.

• *Vide* art. 6.º, I, do CPP.

• A Lei n. 5.970, de 11-12-1973, exclui os casos de acidente de trânsito da aplicação deste artigo.

Parágrafo único. Os peritos registrarão, no laudo, as alterações do estado das coisas e discutirão, no relatório, as consequências dessas alterações na dinâmica dos fatos.

•• Parágrafo único acrescentado pela Lei n. 8.862, de 28-3-1994.

Art. 170. Nas perícias de laboratório, os peritos guardarão material suficiente para a eventualidade de nova perícia. Sempre que conveniente, os laudos serão ilustrados com provas fotográficas, ou microfotográficas, desenhos ou esquemas.

• *Vide* Súmula 361 do STF.

Art. 171. Nos crimes cometidos com destruição ou rompimento de obstáculo a subtração da coisa, ou por meio de escalada, os peritos, além de descrever os vestígios, indicarão com que instrumentos, por que meios e em que época presumem ter sido o fato praticado.

• *Vide* art. 167 do CPP.

• *Vide* Súmula 361 do STF.

Art. 172. Proceder-se-á, quando necessário, à avaliação de coisas destruídas, deterioradas ou que constituam produto do crime.

• *Vide* art. 387, IV, do CPP (fixação de valor mínimo para indenização).

Parágrafo único. Se impossível a avaliação direta, os peritos procederão à avaliação por meio dos elementos existentes nos autos e dos que resultarem de diligências.

Art. 173. No caso de incêndio, os peritos verificarão a causa e o lugar em que houver começado, o perigo que dele tiver resultado para a vida ou para o patrimônio alheio, a extensão do dano e o seu valor e as demais circunstâncias que interessarem à elucidação do fato.

• *Vide* art. 387, IV, do CPP (fixação de valor mínimo para indenização).

• *Vide* Súmula 361 do STF.

Art. 174. No exame para o reconhecimento de escritos, por comparação de letra, observar-se-á o seguinte:

I – a pessoa a quem se atribua ou se possa atribuir o escrito será intimada para o ato, se for encontrada;

II – para a comparação, poderão servir quaisquer documentos que a dita pessoa reconhecer ou já tiverem sido judicialmente reconhecidos como de seu punho, ou sobre cuja autenticidade não houver dúvida;

III – a autoridade, quando necessário, requisitará, para o exame, os documentos que existirem em arquivos ou estabelecimentos públicos, ou nestes realizará a diligência, se daí não puderem ser retirados;

IV – quando não houver escritos para a comparação ou forem insuficientes os exibidos, a autoridade mandará que a pessoa escreva o que lhe for ditado. Se estiver ausente a pessoa, mas em lugar certo, esta última diligência poderá ser feita por precatória, em que se consignarão as palavras que a pessoa será intimada a escrever.

• *Vide* art. 22 do CPP.

Art. 175. Serão sujeitos a exame os instrumentos empregados para a prática da infração, a fim de se lhes verificar a natureza e a eficiência.

• *Vide* art. 6.º, II, do CPP.

Art. 176. A autoridade e as partes poderão formular quesitos até o ato da diligência.

Art. 177. No exame por precatória, a nomeação dos peritos far-se-á no juízo deprecado. Havendo, porém, no caso de ação privada, acordo das partes, essa nomeação poderá ser feita pelo juiz deprecante.

• *Vide* art. 276 do CPP.

• *Vide* Súmula 361 do STF.

Parágrafo único. Os quesitos do juiz e das partes serão transcritos na precatória.

Art. 178. No caso do art. 159, o exame será requisitado pela autoridade ao diretor da repartição, juntando-se ao processo o laudo assinado pelos peritos.

• *Vide* art. 2.º da Lei n. 12.030, de 17-9-2009.

Art. 179. No caso do § 1.º do art. 159, o escrivão lavrará o auto respectivo, que será assinado pelos peritos e, se presente ao exame, também pela autoridade.

• *Vide* Súmula 361 do STF.

Parágrafo único. No caso do art. 160, parágrafo único, o laudo, que poderá ser datilografado, será subscrito e rubricado em suas folhas por todos os peritos.

Art. 180. Se houver divergência entre os peritos, serão consignadas no auto do exame as declarações e respostas de um e de outro, ou cada um redigirá separadamente o seu laudo, e a autoridade nomeará um terceiro; se este divergir de ambos, a autoridade poderá mandar proceder a novo exame por outros peritos.

Art. 181. No caso de inobservância de formalidades, ou no caso de omissões, obscuridades ou contradições, a autoridade judiciária mandará suprir a formalidade, complementar ou esclarecer o laudo.

•• *Caput* com redação determinada pela Lei n. 8.862, de 28-3-1994.

• *Vide* arts. 566 e 572 do CPP.

Parágrafo único. A autoridade poderá também ordenar que se proceda a novo exame, por outros peritos, se julgar conveniente.

• *Vide* Súmula 361 do STF.

Art. 182. O juiz não ficará adstrito ao laudo, podendo aceitá-lo ou rejeitá-lo, no todo ou em parte.

Art. 183. Nos crimes em que não couber ação pública, observar-se-á o disposto no art. 19.

Art. 184. Salvo o caso de exame de corpo de delito, o juiz ou a autoridade policial negará a perícia requerida pelas partes, quando não for necessária ao esclarecimento da verdade.

• *Vide* art. 400, § 1.º, do CPP.

Capítulo III
DO INTERROGATÓRIO DO ACUSADO

• *Vide* art. 5.º, LIII, LIV, LV e LXIII, da CF, sobre o acusado.

• *Vide* art. 8.º, 1, do Decreto n. 678, de 6-11-1992 (Pacto de São José da Costa Rica).

• *Vide* art. 81 da Lei n. 9.099, de 26-9-1995.

Art. 185. O acusado que comparecer perante a autoridade judiciária, no curso do processo penal, será qualificado e interrogado na presença de seu defensor, constituído ou nomeado.

•• *Caput* com redação determinada pela Lei n. 10.792, de 1.º-12-2003.

• *Vide* arts. 384, 400, 564, III, e 616 do CPP.

• *Vide* arts. 3.º, III, e 7.º da Lei n. 8.038, de 28-5-1990.

• *Vide* Súmula 523 do STF.

§ 1.º O interrogatório do réu preso será realizado, em sala própria, no estabelecimento em que estiver recolhido, desde que estejam garantidas a segurança do juiz, do membro do Ministério Público e dos auxiliares bem como a presença do defensor e a publicidade do ato.

•• § 1.º com redação determinada pela Lei n. 11.900, de 8-1-2009.

• *Vide* arts. 220, 222, 792, § 1.º, do CPP.

§ 2.º Excepcionalmente, o juiz, por decisão fundamentada, de ofício ou a requerimento das partes, poderá realizar o interrogatório do réu preso por sistema de videoconferência ou outro recurso tecnológico de transmissão de sons e imagens em tempo real, desde que a medida seja necessária para atender a uma das seguintes finalidades:

•• § 2.º, *caput*, com redação determinada pela Lei n. 11.900, de 8-1-2009.

• A Resolução n. 105, de 6-4-2010, do CNJ, dispõe sobre a documentação dos depoimentos por meio do sistema audiovisual e realização de interrogatório e inquirição de testemunhas por videoconferência.

• O Provimento n. 10, de 15-3-2013, da Corregedoria-Geral da Justiça Federal, disciplina a oitiva por videoconferência na Justiça Federal.

• A Resolução n. 128, de 22-9-2015, do CNMP, dispõe sobre a adoção de videoconferência na instrução de processos e procedimentos administrativos disciplinares no âmbito do Conselho Nacional do Ministério Público.

I – prevenir risco à segurança pública, quando exista fundada suspeita de que o preso integre organização criminosa ou de que, por outra razão, possa fugir durante o deslocamento;

•• Inciso I acrescentado pela Lei n. 11.900, de 8-1-2009.

II – viabilizar a participação do réu no referido ato processual, quando haja relevante dificuldade para seu comparecimento em juízo, por enfermidade ou outra circunstância pessoal;

•• Inciso II acrescentado pela Lei n. 11.900, de 8-1-2009.

III – impedir a influência do réu no ânimo de testemunha ou da vítima, desde que não seja possível colher o depoimento destas por videoconferência, nos termos do art. 217 deste Código;

•• Inciso III acrescentado pela Lei n. 11.900, de 8-1-2009.

IV – responder à gravíssima questão de ordem pública.

•• Inciso IV acrescentado pela Lei n. 11.900, de 8-1-2009.

§ 3.º Da decisão que determinar a realização de interrogatório por videoconferência, as partes serão intimadas com 10 (dez) dias de antecedência.

•• § 3.º acrescentado pela Lei n. 11.900, de 8-1-2009.

§ 4.º Antes do interrogatório por videoconferência, o preso poderá acompanhar, pelo mesmo sistema tecnológico, a realização de todos os atos da audiência única de instrução e julgamento de que tratam os arts. 400, 411 e 531 deste Código.

•• § 4.º acrescentado pela Lei n. 11.900, de 8-1-2009.

§ 5.º Em qualquer modalidade de interrogatório, o juiz garantirá ao réu o direito de entrevista prévia e reservada com o seu defensor; se realizado por videoconferência, fica também garantido o acesso a canais telefônicos reservados para comunicação entre o defensor que esteja no presídio e o advogado presente na sala de audiência do Fórum, e entre este e o preso.

•• § 5.º acrescentado pela Lei n. 11.900, de 8-1-2009.

§ 6.º A sala reservada no estabelecimento prisional para a realização de atos processuais por sistema de videoconferência será fiscalizada pelos corregedores e pelo juiz de cada causa, como também pelo Ministério Público e pela Ordem dos Advogados do Brasil.

•• § 6.º acrescentado pela Lei n. 11.900, de 8-1-2009.

§ 7.º Será requisitada a apresentação do réu preso em juízo nas hipóteses em que o interrogatório não se realizar na forma prevista nos §§ 1.º e 2.º deste artigo.

•• § 7.º acrescentado pela Lei n. 11.900, de 8-1-2009.

§ 8.º Aplica-se o disposto nos §§ 2.º, 3.º, 4.º e 5.º deste artigo, no que couber, à realização de outros atos processuais que dependam da participação de pessoa que esteja presa, como acareação, reconhecimento de pessoas e coisas, e inquirição de testemunha ou tomada de declarações do ofendido.

•• § 8.º acrescentado pela Lei n. 11.900, de 8-1-2009.

§ 9.º Na hipótese do § 8.º deste artigo, fica garantido o acompanhamento do ato processual pelo acusado e seu defensor.

•• § 9.º acrescentado pela Lei n. 11.900, de 8-1-2009.

§ 10. Do interrogatório deverá constar a informação sobre a existência de filhos, respectivas idades e se possuem alguma deficiência e o nome e o contato de eventual responsável pelos cuidados dos filhos, indicado pela pessoa presa.

•• § 10 acrescentado pela Lei n. 13.257, de 8-3-2016.

Art. 186. Depois de devidamente qualificado e cientificado do inteiro teor da acusação, o acusado será informado pelo juiz, antes de iniciar o interrogatório, do seu direito de permanecer calado e de não responder perguntas que lhe forem formuladas.

•• *Caput* com redação determinada pela Lei n. 10.792, de 1.º-12-2003.

•• *Vide* art. 5.º, LXIII, da CF.

• *Vide* art. 8.º, 2, *b*, do Decreto n. 678, de 6-11-1992 (Pacto de São José da Costa Rica).

Parágrafo único. O silêncio, que não importará em confissão, não poderá ser interpretado em prejuízo da defesa.

•• Parágrafo único acrescentado pela Lei n. 10.792, de 1.º-12-2003.

Art. 187. O interrogatório será constituído de duas partes: sobre a pessoa do acusado e sobre os fatos.

•• *Caput* com redação determinada pela Lei n. 10.792, de 1.º-12-2003.

§ 1.º Na primeira parte o interrogando será perguntado sobre a residência, meios de vida ou profissão, oportunidades sociais, lugar onde exerce a sua atividade, vida pregressa, notadamente se foi preso ou processado alguma vez e, em caso afirmativo, qual o juízo do processo, se houve suspensão condicional ou condenação, qual a pena imposta, se a cumpriu e outros dados familiares e sociais.

•• § 1.º acrescentado pela Lei n. 10.792, de 1.º-12-2003.

§ 2.º Na segunda parte será perguntado sobre:

I – ser verdadeira a acusação que lhe é feita;

II – não sendo verdadeira a acusação, se tem algum motivo particular a que atribuí-la, se conhece a pessoa ou pessoas a quem deva ser imputada a prática do crime, e quais sejam, e se com elas esteve antes da prática da infração ou depois dela;

III – onde estava ao tempo em que foi cometida a infração e se teve notícia desta;

IV – as provas já apuradas;

V – se conhece as vítimas e testemunhas já inquiridas ou por inquirir, e desde quando, e se tem o que alegar contra elas;

VI – se conhece o instrumento com que foi praticada a infração, ou qualquer objeto que com esta se relacione e tenha sido apreendido;

VII – todos os demais fatos e pormenores que conduzam à elucidação dos antecedentes e circunstâncias da infração;

VIII – se tem algo mais a alegar em sua defesa.

•• § 2.º acrescentado pela Lei n. 10.792, de 1.º-12-2003.

Art. 188. Após proceder ao interrogatório, o juiz indagará das partes se restou algum fato para ser esclarecido, formulando as perguntas correspondentes se o entender pertinente e relevante.

•• Artigo com redação determinada pela Lei n. 10.792, de 1.º-12-2003.

Art. 189. Se o interrogando negar a acusação, no todo ou em parte, poderá prestar esclarecimentos e indicar provas.

•• Artigo com redação determinada pela Lei n. 10.792, de 1.º-12-2003.

Art. 190. Se confessar a autoria, será perguntado sobre os motivos e circunstâncias do fato e se outras pessoas concorreram para a infração, e quais sejam.

•• Artigo com redação determinada pela Lei n. 10.792, de 1.º-12-2003.

• *Vide* art. 200 do CPP.

• *Vide* arts. 13 e 14 da Lei n. 9.807, de 13-7-1999 (Lei de Proteção a Vítimas e Testemunhas).

Art. 191. Havendo mais de um acusado, serão interrogados separadamente.

•• Artigo com redação determinada pela Lei n. 10.792, de 1.º-12-2003.

Art. 192. O interrogatório do mudo, do surdo ou do surdo-mudo será feito pela forma seguinte:

I – ao surdo serão apresentadas por escrito as perguntas, que ele responderá oralmente;

II – ao mudo as perguntas serão feitas oralmente, respondendo-as por escrito;

•• Inciso II com redação determinada pela Lei n. 10.792, de 1.º-12-2003.

III – ao surdo-mudo as perguntas serão formuladas por escrito e do mesmo modo dará as respostas.

•• Inciso III com redação determinada pela Lei n. 10.792, de 1.º-12-2003.

Parágrafo único. Caso o interrogando não saiba ler ou escrever, intervirá no ato, como intérprete e sob compromisso, pessoa habilitada a entendê-lo.

•• Parágrafo único com redação determinada pela Lei n. 10.792, de 1.º-12-2003.

• *Vide* art. 281 do CPP.

Art. 193. Quando o interrogando não falar a língua nacional, o interrogatório será feito por meio de intérprete.

•• Artigo com redação determinada pela Lei n. 10.792, de 1.º-12-2003.

Art. 194. (*Revogado pela Lei n. 10.792, de 1.º-12-2003.*)

Art. 195. Se o interrogado não souber escrever, não puder ou não quiser assinar, tal fato será consignado no termo.

•• Artigo com redação determinada pela Lei n. 10.792, de 1.º-12-2003.

• *Vide* art. 405 do CPP.

Art. 196. A todo tempo o juiz poderá proceder a novo interrogatório de ofício ou a pedido fundamentado de qualquer das partes.

•• Artigo com redação determinada pela Lei n. 10.792, de 1.º-12-2003.

• *Vide* arts. 400 e 616 do CPP.

Capítulo IV
DA CONFISSÃO

Art. 197. O valor da confissão se aferirá pelos critérios adotados para os outros elementos de prova, e para a sua apreciação o juiz deverá confrontá-la com as demais provas do processo, verificando se entre ela e estas existe compatibilidade ou concordância.

• *Vide* art. 155 do CPP.

Art. 198. O silêncio do acusado não importará confissão, mas poderá constituir elemento para a formação do convencimento do juiz.

• *Vide* art. 5.º, LXIII, da CF.

• *Vide* art. 186 do CPP.

• *Vide* art. 8.º, 2, *b*, do Decreto n. 678, de 6-11-1992 (Pacto de São José da Costa Rica).

Art. 199. A confissão, quando feita fora do interrogatório, será tomada por termo nos autos, observado o disposto no art. 195.

Art. 200. A confissão será divisível e retratável, sem prejuízo do livre convencimento do juiz, fundado no exame das provas em conjunto.

• *Vide* art. 93, IX, da CF.

Capítulo V
DO OFENDIDO

•• Capítulo V com denominação determinada pela Lei n. 11.690, de 9-6-2008.

Art. 201. Sempre que possível, o ofendido será qualificado e perguntado sobre as circunstâncias da infração, quem seja ou presuma ser o seu autor, as provas que possa indicar, tomando-se por termo as suas declarações.

•• *Caput* com redação mantida pela Lei n. 11.690, de 9-6-2008.

• *Vide* art. 473 do CPP.

§ 1.º Se, intimado para esse fim, deixar de comparecer sem motivo justo, o ofendido poderá ser conduzido à presença da autoridade.

•• Primitivo parágrafo único renumerado pela Lei n. 11.690, de 9-6-2008.

§ 2.º O ofendido será comunicado dos atos processuais relativos ao ingresso e à saída do acusado da prisão, à designação de data para audiência e à sentença e respectivos acórdãos que a mantenham ou modifiquem.

•• § 2.º acrescentado pela Lei n. 11.690, de 9-6-2008.

§ 3.º As comunicações ao ofendido deverão ser feitas no endereço por ele indicado, admitindo-se, por opção do ofendido, o uso de meio eletrônico.

•• § 3.º acrescentado pela Lei n. 11.690, de 9-6-2008.

§ 4.º Antes do início da audiência e durante a sua realização, será reservado espaço separado para o ofendido.

•• § 4.º acrescentado pela Lei n. 11.690, de 9-6-2008.

§ 5.º Se o juiz entender necessário, poderá encaminhar o ofendido para atendimento multidisciplinar, especialmente nas áreas psicossocial, de assistência jurídica e de saúde, a expensas do ofensor ou do Estado.

•• § 5.º acrescentado pela Lei n. 11.690, de 9-6-2008.

§ 6.º O juiz tomará as providências necessárias à preservação da intimidade, vida privada, honra e imagem do ofendido, podendo, inclusive, determinar o segredo de justiça em relação aos dados, depoimentos e outras informações constantes dos autos a seu respeito para evitar sua exposição aos meios de comunicação.

•• § 6.º acrescentado pela Lei n. 11.690, de 9-6-2008.

• *Vide* Lei n. 9.807, de 13-7-1999.

Capítulo VI
DAS TESTEMUNHAS

• *Vide* Lei n. 9.807, de 13-7-1999.

Art. 202. Toda pessoa poderá ser testemunha.

• *Vide* arts. 245, § 7.º, 304, § 3.º, do CPP.

• *Vide* art. 81 da Lei n. 9.099, de 26-9-1995.

Art. 203. A testemunha fará, sob palavra de honra, a promessa de dizer a verdade do que souber e lhe for perguntado, devendo declarar seu nome, sua idade, seu estado e sua residência, sua profissão, lugar onde exerce sua atividade, se é parente, e em que grau, de alguma das partes, ou quais suas relações com qualquer delas, e relatar o que souber, explicando sempre as razões de sua ciência ou as circunstâncias pelas quais possa avaliar-se de sua credibilidade.

Art. 204. O depoimento será prestado oralmente, não sendo permitido à testemunha trazê-lo por escrito.

• *Vide* arts. 221 e 223 do CPP.

Parágrafo único. Não será vedada à testemunha, entretanto, breve consulta a apontamentos.

Art. 205. Se ocorrer dúvida sobre a identidade da testemunha, o juiz procederá à verificação pelos meios ao seu alcance, podendo, entretanto, tomar-lhe o depoimento desde logo.

Art. 206. A testemunha não poderá eximir-se da obrigação de depor. Poderão, entretanto, recusar-se a fazê-lo o ascendente ou descendente, o afim em linha reta, o cônjuge, ainda que desquitado, o irmão e o pai, a mãe, ou o filho adotivo do acusado, salvo quando não for possível, por outro modo, obter-se ou integrar-se a prova do fato e de suas circunstâncias.

•• *Vide* Emenda Constitucional n. 66, de 13-7-2010, que institui o divórcio direto.

Art. 207. São proibidas de depor as pessoas que, em razão de função, ministério, ofício ou profissão, devam guardar segredo, salvo se, desobrigadas pela parte interessada, quiserem dar o seu testemunho.

• Os arts. 448 do CPC e 229 do CC dispõem sobre prova testemunhal.

• *Vide* art. 7.º, XIX, da Lei n. 8.906, de 4-7-1994 (EAOAB).

Art. 208. Não se deferirá o compromisso a que alude o art. 203 aos doentes e deficientes mentais e aos menores de 14 (quatorze) anos, nem às pessoas a que se refere o art. 206.

Art. 209. O juiz, quando julgar necessário, poderá ouvir outras testemunhas, além das indicadas pelas partes.

• *Vide* arts. 410 e 411 do CPP, sobre inquirição de testemunhas.

§ 1.º Se ao juiz parecer conveniente, serão ouvidas as pessoas a que as testemunhas se referirem.

§ 2.º Não será computada como testemunha a pessoa que nada souber que interesse à decisão da causa.

Art. 210. As testemunhas serão inquiridas cada uma de per si, de modo que umas não saibam nem ouçam os depoimentos das outras, devendo o juiz adverti-las das penas cominadas ao falso testemunho.

•• *Caput* com redação mantida pela Lei n. 11.690, de 9-6-2008.

Parágrafo único. Antes do início da audiência e durante a sua realização, serão reservados espaços separados para a garantia da incomunicabilidade das testemunhas.

•• Parágrafo único acrescentado pela Lei n. 11.690, de 9-6-2008.

Art. 211. Se o juiz, ao pronunciar sentença final, reconhecer que alguma testemunha fez afirmação falsa, calou ou negou a verdade, remeterá cópia do depoimento à autoridade policial para a instauração de inquérito.

• *Vide* art. 109, IV, da CF.

• *Vide* art. 40 do CPP.

• *Vide* Súmula 165 do STJ.

Parágrafo único. Tendo o depoimento sido prestado em plenário de julgamento, o juiz, no caso de proferir decisão na audiência (art. 538, § 2.º), o tribunal (art. 561), ou o conselho de sentença, após a votação dos quesitos, poderão fazer apresentar imediatamente a testemunha à autoridade policial.

• O § 2.º do art. 538 e o art. 561 foram revogados.

Art. 212. As perguntas serão formuladas pelas partes diretamente à testemunha, não admitindo o juiz aquelas que puderem induzir a resposta, não tiverem relação com a causa ou importarem na repetição de outra já respondida.

•• *Caput* com redação determinada pela Lei n. 11.690, de 9-6-2008.

Parágrafo único. Sobre os pontos não esclarecidos, o juiz poderá complementar a inquirição.

•• Parágrafo único acrescentado pela Lei n. 11.690, de 9-6-2008.

Art. 213. O juiz não permitirá que a testemunha manifeste suas apreciações pessoais, salvo quando inseparáveis da narrativa do fato.

Art. 214. Antes de iniciado o depoimento, as partes poderão contraditar a testemunha ou arguir circunstâncias ou defeitos, que a tornem suspeita de parcialidade, ou indigna de fé. O juiz fará consignar a contradita ou arguição e a resposta da testemunha, mas só excluirá a testemunha ou não lhe deferirá compromisso nos casos previstos nos arts. 207 e 208.

Art. 215. Na redação do depoimento, o juiz deverá cingir-se, tanto quanto possível, às expressões usadas pelas testemunhas, reproduzindo fielmente as suas frases.

• *Vide* art. 405, § 1.º, do CPP.

Art. 216. O depoimento da testemunha será reduzido a termo, assinado por ela, pelo juiz e pelas partes. Se a testemunha não souber assinar, ou não puder fazê-lo, pedirá a alguém que o faça por ela, depois de lido na presença de ambos.

• *Vide* art. 405, §§ 1.º e 2.º, do CPP.

Art. 217. Se o juiz verificar que a presença do réu poderá causar humilhação, temor, ou sério constrangimento à testemunha ou ao ofendido, de modo que prejudique a verdade do depoimento, fará a inquirição por videoconferência e, somente na impossibilidade dessa forma, determinará a retirada do réu, prosseguindo na inquirição, com a presença do seu defensor.

•• *Caput* com redação determinada pela Lei n. 11.690, de 9-6-2008.

• *Vide* art. 497, VI, do CPP.

Parágrafo único. A adoção de qualquer das medidas previstas no *caput* deste artigo deverá constar do termo, assim como os motivos que a determinaram.

•• Parágrafo único acrescentado pela Lei n. 11.690, de 9-6-2008.

Art. 218. Se, regularmente intimada, a testemunha deixar de comparecer sem motivo justificado, o juiz poderá requisitar à autoridade policial a sua apresentação ou determinar seja conduzida por oficial de justiça, que poderá solicitar o auxílio da força pública.

• *Vide* art. 458 do CPP.

• *Vide* arts. 67 e 78, § 3.º, da Lei n. 9.099, de 26-9-1995.

Art. 219. O juiz poderá aplicar à testemunha faltosa a multa prevista no art. 453, sem prejuízo do processo penal por crime de desobediência, e condená-la ao pagamento das custas da diligência.

•• Artigo com redação determinada pela Lei n. 6.416, de 24-5-1977.

• *Vide* art. 458 do CPP.

Art. 220. As pessoas impossibilitadas, por enfermidade ou por velhice, de comparecer para depor, serão inquiridas onde estiverem.

• *Vide* art. 792, § 2.º, do CPP.

Art. 221. O Presidente e o Vice-Presidente da República, os senadores e deputados federais, os ministros de Estado, os governadores de Estados e Territórios, os secretários de Estado, os prefeitos do Distrito Federal e dos Municípios, os deputados às Assembleias Legislativas Estaduais, os membros do Poder Judiciário, os ministros e juízes dos Tribunais de Contas da União, dos Estados, do Distrito Federal, bem como os do Tribunal Marítimo serão inquiridos em local, dia e hora previamente ajustados entre eles e o juiz.

•• *Caput* com redação determinada pela Lei n. 3.653, de 4-11-1959.

§ 1.º O Presidente e o Vice-Presidente da República, os presidentes do Senado Federal, da Câmara dos Deputados e do Supremo Tribunal Federal poderão optar pela prestação de depoimento por escrito, caso em que as perguntas, formuladas pelas partes e deferidas pelo juiz, lhes serão transmitidas por ofício.

•• § 1.º com redação determinada pela Lei n. 6.416, de 24-5-1977.

§ 2.º Os militares deverão ser requisitados à autoridade superior.

•• § 2.º com redação determinada pela Lei n. 6.416, de 24-5-1977.

§ 3.º Aos funcionários públicos aplicar-se-á o disposto no art. 218, devendo, porém, a expedição do mandado ser imediatamente comunicada ao chefe da repartição em que servirem, com indicação do dia e da hora marcados.

•• § 3.º acrescentado pela Lei n. 6.416, de 24-5-1977.

Art. 222. A testemunha que morar fora da jurisdição do juiz será inquirida pelo juiz do lugar de sua residência, expedindo-se, para esse fim, carta precatória, com prazo razoável, intimadas as partes.

• *Vide* Súmulas 155 do STF e 273 do STJ.

§ 1.º A expedição da precatória não suspenderá a instrução criminal.

•• A Lei n. 11.900, de 8-1-2009, propôs nova redação para este parágrafo, mas teve seu texto vetado. Dispõe o texto vetado: "A carta precatória deve ser devolvida antes da realização da audiência única de instrução e julgamento de que tratam os arts. 400, 411 e 531 deste Código. Todavia, não sendo devolvida a tempo, a realização da referida audiência não será suspensa, salvo mediante requerimento de uma das partes comprovando prejuízo".

§ 2.º Findo o prazo marcado, poderá realizar-se o julgamento, mas, a todo tempo, a precatória, uma vez devolvida, será junta aos outros.

•• A Lei n. 11.900, de 8-1-2009, propôs nova redação para este parágrafo, mas teve seu texto vetado. Dispõe o texto vetado: "A todo tempo, a precatória, uma vez devolvida, será juntada aos autos".

§ 3.º Na hipótese prevista no *caput* deste artigo, a oitiva de testemunha poderá ser realizada por meio de videoconferência ou outro recurso tecnológico de transmissão de sons e imagens em tempo real, permitida a presença do defensor e podendo ser realizada, inclusive, durante a realização da audiência de instrução e julgamento.

•• § 3.º acrescentado pela Lei n. 11.900, de 8-1-2009.

• *Vide* Súmula 523 do STF.

• O Provimento n. 10, de 15-3-2013, da Corregedoria-Geral da Justiça Federal, disciplina a oitiva por videoconferência na Justiça Federal.

• A Resolução n. 128, de 22-9-2015, do CNMP, dispõe sobre a adoção de videoconferência na instrução de processos e procedimentos administrativos disciplinares no âmbito do Conselho Nacional do Ministério Público.

Art. 222-A. As cartas rogatórias só serão expedidas se demonstrada previamente a sua imprescindibilidade, arcando a parte requerente com os custos de envio.

•• *Caput* acrescentado pela Lei n. 11.900, de 8-1-2009.

• *Vide* art. 5.º, LXXIV, da CF.

Parágrafo único. Aplica-se às cartas rogatórias o disposto nos §§ 1.º e 2.º do art. 222 deste Código.

•• Parágrafo único acrescentado pela Lei n. 11.900, de 8-1-2009.

Art. 223. Quando a testemunha não conhecer a língua nacional, será nomeado intérprete para traduzir as perguntas e respostas.

• *Vide* art. 193 do CPP.

Parágrafo único. Tratando-se de mudo, surdo ou surdo-mudo, proceder-se-á na conformidade do art. 192.

Art. 224. As testemunhas comunicarão ao juiz, dentro de 1 (um) ano, qualquer mudança de residência, sujeitando-se, pela simples omissão, às penas do não comparecimento.

• *Vide* arts. 219 e 458 do CPP.

Art. 225. Se qualquer testemunha houver de ausentar-se, ou, por enfermidade ou por velhice, inspirar receio de que ao tempo da instrução criminal já não exista, o juiz poderá, de ofício ou a requerimento de qualquer das partes, tomar-lhe antecipadamente o depoimento.

• *Vide* art. 156 do CPP.

Capítulo VII
DO RECONHECIMENTO DE PESSOAS E COISAS

Art. 226. Quando houver necessidade de fazer-se o reconhecimento de pessoa, proceder-se-á pela seguinte forma:

• *Vide* art. 6.º, VI, do CPP.

I – a pessoa que tiver de fazer o reconhecimento será convidada a descrever a pessoa que deva ser reconhecida;

II – a pessoa, cujo reconhecimento se pretender, será colocada, se possível, ao lado de outras que com ela tiverem qualquer semelhança, convidando-se quem tiver de fazer o reconhecimento a apontá-la;

III – se houver razão para recear que a pessoa chamada para o reconhecimento, por efeito de intimidação ou outra influência, não diga a verdade em face da pessoa que deve ser reconhecida, a autoridade providenciará para que esta não veja aquela;

IV – do ato de reconhecimento lavrar-se-á auto pormenorizado, subscrito pela autoridade, pela pessoa chamada para proceder ao reconhecimento e por duas testemunhas presenciais.

Parágrafo único. O disposto no n. III deste artigo não terá aplicação na fase da instrução criminal ou em plenário de julgamento.

Art. 227. No reconhecimento de objeto, proceder-se-á com as cautelas estabelecidas no artigo anterior, no que for aplicável.

Art. 228. Se várias forem as pessoas chamadas a efetuar o reconhecimento de pessoa ou de objeto, cada uma fará a prova em separado, evitando-se qualquer comunicação entre elas.

Capítulo VIII
DA ACAREAÇÃO

• Sobre acareação, *vide* arts. 22, § 1.º, 28, parágrafo único, 52 e 65 da Lei n. 1.079, de 10-4-1950 (crimes de responsabilidade).

Art. 229. A acareação será admitida entre acusados, entre acusado e testemunha, entre testemunhas, entre acusado ou testemunha e a pessoa ofendida, e entre as pessoas ofendidas, sempre que divergirem, em suas declarações, sobre fatos ou circunstâncias relevantes.

• *Vide* arts. 400 e 531 do CPP.

Parágrafo único. Os acareados serão reperguntados, para que expliquem os pontos de divergências, reduzindo-se a termo o ato de acareação.

Art. 230. Se ausente alguma testemunha, cujas declarações divirjam das de outra, que esteja presente, a esta se darão a conhecer os pontos da divergência, consignando-se no auto o que explicar ou observar. Se subsistir a discordância, expedir-se-á precatória à autoridade do lugar onde resida a testemunha ausente, transcrevendo-se as declarações desta e as da testemunha presente, nos pontos em que divergirem, bem como o texto do referido auto, a fim de que se complete a diligência, ouvindo-se a testemunha ausente, pela mesma forma estabelecida para a testemunha presente. Esta diligência só se realizará quando não importe demora prejudicial ao processo e o juiz a entenda conveniente.

Capítulo IX
DOS DOCUMENTOS

Art. 231. Salvo os casos expressos em lei, as partes poderão apresentar documentos em qualquer fase do processo.

• *Vide* arts. 233, 234 e 479 do CPP.

Art. 232. Consideram-se documentos quaisquer escritos, instrumentos ou papéis, públicos ou particulares.

Parágrafo único. À fotografia do documento, devidamente autenticada, se dará o mesmo valor do original.

• *Vide* art. 237 do CPP.

Art. 233. As cartas particulares, interceptadas ou obtidas por meios criminosos, não serão admitidas em juízo.

• *Vide* art. 5.º, LVI, da CF.

• *Vide* art. 157 do CPP.

Parágrafo único. As cartas poderão ser exibidas em juízo pelo respectivo destinatário, para a defesa de seu direito, ainda que não haja consentimento do signatário.

•• *Vide* art. 5.º, XII e LVII, da CF.

Art. 234. Se o juiz tiver notícia da existência de documento relativo a ponto relevante da acusação ou da defesa, providenciará, independentemente de requerimento de qualquer das partes, para sua juntada aos autos, se possível.

• *Vide* art. 156 do CPP.

Art. 235. A letra e firma dos documentos particulares serão submetidas a exame pericial, quando contestada a sua autenticidade.

• *Vide* art. 174 do CPP.

Art. 236. Os documentos em língua estrangeira, sem prejuízo de sua juntada imediata, serão, se necessário, traduzidos por tradutor público, ou, na falta, por pessoa idônea nomeada pela autoridade.

• *Vide* arts. 193, 223, 281, 784, § 1.º, do CPP.

Art. 237. As públicas-formas só terão valor quando conferidas com o original, em presença da autoridade.

Art. 238. Os documentos originais, juntos a processo findo, quando não exista motivo relevante que justifique a sua conservação nos autos, poderão, mediante requerimento, e ouvido o Ministério Público, ser entregues à parte que os produziu, ficando traslado nos autos.

• *Vide* arts. 118 e s. do CPP.

Capítulo X
DOS INDÍCIOS

Art. 239. Considera-se indício a circunstância conhecida e provada, que, tendo relação com o fato, autorize, por indução, concluir-se a existência de outra ou outras circunstâncias.

Capítulo XI
DA BUSCA E DA APREENSÃO

• A Portaria n. 1.287, de 30-6-2005, do Ministério da Justiça, estabelece instruções sobre a execução de diligências da Polícia Federal para cumprimento de mandados judiciais de busca e apreensão.

Art. 240. A busca será domiciliar ou pessoal.

• *Vide* art. 616 do CPP.

§ 1.º Proceder-se-á à busca domiciliar, quando fundadas razões a autorizarem, para:

• *Vide* art. 5.º, XI, da CF.

a) prender criminosos;

• *Vide* art. 293 do CPP.

b) apreender coisas achadas ou obtidas por meios criminosos;

c) apreender instrumentos de falsificação ou de contrafação e objetos falsificados ou contrafeitos;

d) apreender armas e munições, instrumentos utilizados na prática de crime ou destinados a fim delituoso;

e) descobrir objetos necessários à prova de infração ou à defesa do réu;

f) apreender cartas, abertas ou não, destinadas ao acusado ou em seu poder, quando haja suspeita de que o conhecimento do seu conteúdo possa ser útil à elucidação do fato;

•• *Vide* art. 5.º, XII, da CF.

• *Vide* art. 41, parágrafo único, da Lei n. 7.210, de 11-7-1984 (LEP).

g) apreender pessoas vítimas de crimes;

h) colher qualquer elemento de convicção.

§ 2.º Proceder-se-á à busca pessoal quando houver fundada suspeita de que alguém oculte consigo arma proibida ou objetos mencionados nas letras *b* a *f* e letra *h* do parágrafo anterior.

Art. 241. Quando a própria autoridade policial ou judiciária não a realizar pessoalmente, a busca domiciliar deverá ser precedida da expedição de mandado.

•• *Vide* art. 5.º, XI, da CF.

• *Vide* art. 7.º, II, Lei n. 8.906, de 4-7-1994.

Art. 242. A busca poderá ser determinada de ofício ou a requerimento de qualquer das partes.

Art. 243. O mandado de busca deverá:

I – indicar, o mais precisamente possível, a casa em que será realizada a diligência e o nome do respectivo proprietário ou morador; ou, no caso de busca pessoal, o nome da pessoa que terá de sofrê-la ou os sinais que a identifiquem;

II – mencionar o motivo e os fins da diligência;

III – ser subscrito pelo escrivão e assinado pela autoridade que o fizer expedir.

§ 1.º Se houver ordem de prisão, constará do próprio texto do mandado de busca.

§ 2.º Não será permitida a apreensão de documento em poder do defensor do acusado, salvo quando constituir elemento do corpo de delito.

•• *Vide* art. 7.º, II e §§ 6.º e 7.º, da Lei n. 8.906, de 4-7-1994 (EAOAB).

Art. 244. A busca pessoal independerá de mandado, no caso de prisão ou quando houver fundada suspeita de que a pessoa esteja na posse de arma proibida ou de objetos ou papéis que constituam corpo de delito, ou quando a medida for determinada no curso de busca domiciliar.

Art. 245. As buscas domiciliares serão executadas de dia, salvo se o morador consentir que se realizem à noite, e, antes de penetrarem na casa, os executores mostrarão e lerão o mandado ao morador, ou a quem o represente, intimando-o, em seguida, a abrir a porta.

•• *Vide* art. 5.º, XI, da CF.

• *Vide* art. 293 do CPP.

§ 1.º Se a própria autoridade der a busca, declarará previamente sua qualidade e o objeto da diligência.

§ 2.º Em caso de desobediência, será arrombada a porta e forçada a entrada.

§ 3.º Recalcitrando o morador, será permitido o emprego de força contra coisas existentes no interior da casa, para o descobrimento do que se procura.

• *Vide* art. 292 do CPP.

§ 4.º Observar-se-á o disposto nos §§ 2.º e 3.º, quando ausentes os moradores, devendo, neste caso, ser intimado a assistir à diligência qualquer vizinho, se houver e estiver presente.

§ 5.º Se é determinada a pessoa ou coisa que se vai procurar, o morador será intimado a mostrá-la.

§ 6.º Descoberta a pessoa ou coisa que se procura, será imediatamente apreendida e posta sob custódia da autoridade ou de seus agentes.

§ 7.º Finda a diligência, os executores lavrarão auto circunstanciado, assinando-o com duas testemunhas presenciais, sem prejuízo do disposto no § 4.º.

Art. 246. Aplicar-se-á também o disposto no artigo anterior, quando se tiver de proceder a busca em compartimento habitado ou em aposento ocupado de habitação coletiva ou em compartimento não aberto ao público, onde alguém exercer profissão ou atividade.

•• *Vide* art. 5.º, XI, da CF.

Art. 247. Não sendo encontrada a pessoa ou coisa procurada, os motivos da diligência serão comunicados a quem tiver sofrido a busca, se o requerer.

Art. 248. Em casa habitada, a busca será feita de modo que não moleste os moradores mais do que o indispensável para o êxito da diligência.

•• *Vide* art. 5.º, XI, da CF.

Art. 249. A busca em mulher será feita por outra mulher, se não importar retardamento ou prejuízo da diligência.

Art. 250. A autoridade ou seus agentes poderão penetrar no território de jurisdição alheia, ainda que de outro Estado, quando, para o fim de apreensão, forem no seguimento de pessoa ou coisa, devendo apresentar-se à competente autoridade local, antes da diligência ou após, conforme a urgência desta.

§ 1.º Entender-se-á que a autoridade ou seus agentes vão em seguimento da pessoa ou coisa, quando:

a) tendo conhecimento direto de sua remoção ou transporte, a seguirem sem interrupção, embora depois a percam de vista;

b) ainda que não a tenham avistado, mas sabendo, por informações fidedignas ou circunstâncias indiciárias, que está sendo removida ou transportada em determinada direção, forem ao seu encalço.

§ 2.º Se as autoridades locais tiverem fundadas razões para duvidar da legitimidade das pessoas que, nas referidas diligências, entrarem pelos seus distritos, ou da legalidade dos mandados que apresentarem, poderão exigir as provas dessa legitimidade, mas de modo que não se frustre a diligência.

TÍTULO VIII
DO JUIZ, DO MINISTÉRIO PÚBLICO, DO ACUSADO E DEFENSOR, DOS ASSISTENTES E AUXILIARES DA JUSTIÇA

CAPÍTULO I
DO JUIZ

• Lei Complementar n. 35, de 14-3-1979 (LOM Nacional).

Art. 251. Ao juiz incumbirá prover à regularidade do processo e manter a ordem no curso dos respectivos atos, podendo, para tal fim, requisitar a força pública.

• *Vide* art. 93 da CF.

• *Vide* art. 794 do CPP.

• *Vide* art. 60 da Lei n. 9.099, de 26-9-1995.

Art. 252. O juiz não poderá exercer jurisdição no processo em que:

• *Vide* art. 448, § 2.º, do CPP.

I – tiver funcionado seu cônjuge ou parente, consanguíneo ou afim, em linha reta ou colateral até o terceiro grau, inclusive, como defensor ou advogado, órgão do Ministério Público, autoridade policial, auxiliar da justiça ou perito;

II – ele próprio houver desempenhado qualquer dessas funções ou servido como testemunha;

• *Vide* art. 112 do CPP.

III – tiver funcionado como juiz de outra instância, pronunciando-se, de fato ou de direito, sobre a questão;

• *Vide* art. 112 do CPP.

• *Vide* Súmula 206 do STF.

IV – ele próprio ou seu cônjuge ou parente, consanguíneo ou afim em linha reta ou colateral até o terceiro grau, inclusive, for parte ou diretamente interessado no feito.

Art. 253. Nos juízos coletivos, não poderão servir no mesmo processo os juízes que forem entre si parentes, consanguíneos ou afins, em linha reta ou colateral até o terceiro grau, inclusive.

Art. 254. O juiz dar-se-á por suspeito, e, se não o fizer, poderá ser recusado por qualquer das partes:

• *Vide* art. 564, I, do CPP.

I – se for amigo íntimo ou inimigo capital de qualquer deles;

II – se ele, seu cônjuge, ascendente ou descendente, estiver respondendo a processo por fato análogo, sobre cujo caráter criminoso haja controvérsia;

III – se ele, seu cônjuge, ou parente, consanguíneo, ou afim, até o terceiro grau, inclusive, sustentar demanda ou responder a processo que tenha de ser julgado por qualquer das partes;

IV – se tiver aconselhado qualquer das partes;

V – se for credor ou devedor, tutor ou curador, de qualquer das partes;

VI – se for sócio, acionista ou administrador de sociedade interessada no processo.

Art. 255. O impedimento ou suspeição decorrente de parentesco por afinidade cessará pela dissolução do casamento que lhe tiver dado causa, salvo sobrevindo descendentes; mas, ainda que dissolvido o casamento sem descendentes, não funcionará como juiz o sogro, o padrasto, o cunhado, o genro ou enteado de quem for parte no processo.

• Sobre dissolução da sociedade conjugal trata o art. 2.º e seu parágrafo único da Lei n. 6.515, de 26-12-1977 (Lei do Divórcio).

Art. 256. A suspeição não poderá ser declarada nem reconhecida, quando a parte injuriar o juiz ou de propósito der motivo para criá-la.

•• *Vide* art. 565 do CPP.

Capítulo II
DO MINISTÉRIO PÚBLICO

• *Vide* arts. 127 a 130 da CF.

• *Vide* Lei n. 8.625, de 12-2-1993: LONMP.

Art. 257. Ao Ministério Público cabe:

•• *Caput* com redação determinada pela Lei n. 11.719, de 20-6-2008.

•• *Vide* art. 564, III, *d*, do CPP.

• *Vide* Lei n. 8.625, de 12-2-1993.

• *Vide* arts. 76 e 89 da Lei n. 9.099, de 26-9-1995.

• *Vide* art. 26 da Lei n. 11.340, de 7-8-2006.

• *Vide* Súmula 234 do STJ.

I – promover, privativamente, a ação penal pública, na forma estabelecida neste Código; e

•• Inciso I acrescentado pela Lei n. 11.719, de 20-6-2008.

•• *Vide* art. 42 do CPP.

• *Vide* arts. 24, 28, 29 e 46 do CPP.

II – fiscalizar a execução da lei.

•• Inciso II acrescentado pela Lei n. 11.719, de 20-6-2008.

Art. 258. Os órgãos do Ministério Público não funcionarão nos processos em que o juiz ou qualquer das partes for seu cônjuge, ou parente, consanguíneo ou afim, em linha reta ou colateral, até o terceiro grau, inclusive, e a eles se estendem, no que lhes for aplicável, as prescrições relativas à suspeição e aos impedimentos dos juízes.

• *Vide* Súmula 234 do STJ.

• *Vide* art. 252, I, do CPP.

Capítulo III
DO ACUSADO E SEU DEFENSOR

• *Vide* art. 5.º, LIII, LIV e LV, da CF, sobre o acusado.

Art. 259. A impossibilidade de identificação do acusado com o seu verdadeiro nome ou outros qualificativos não retardará a ação penal, quando certa a identidade física. A qualquer tempo, no curso do processo, do julgamento ou da execução da sentença, se for descoberta a sua qualificação, far-se-á a retificação, por termo, nos autos, sem prejuízo da validade dos atos precedentes.

• *Vide* art. 41 do CPP.

Art. 260. Se o acusado não atender à intimação para o interrogatório, reconhecimento ou qualquer outro ato que, sem ele, não possa ser realizado, a autoridade poderá mandar conduzi-lo à sua presença.

• *Vide* art. 457 do CPP.

• *Vide* arts. 66 a 68, 78, § 1.º, e 80 da Lei n. 9.099, de 26-9-1995 (Juizados Especiais).

Parágrafo único. O mandado conterá, além da ordem de condução, os requisitos mencionados no art. 352, no que lhe for aplicável.

Art. 261. Nenhum acusado, ainda que ausente ou foragido, será processado ou julgado sem defensor.

• *Vide* art. 5.º, LV, da CF.

• *Vide* Súmulas 523 e 708 do STF.

Parágrafo único. A defesa técnica, quando realizada por defensor público ou dativo, será sempre exercida através de manifestação fundamentada.

•• Parágrafo único acrescentado pela Lei n. 10.792, de 1.º-12-2003.

Código de Processo Penal

Art. 262. Ao acusado menor dar-se-á curador.

•• Artigo tacitamente revogado pela Lei n. 10.406, de 10-1-2002 (CC).

• *Vide* nota ao art. 34 do CPP, sobre maioridade civil.

• *Vide* art. 564, III, *c*, do CPP, sobre nomeação de curador de menor.

Art. 263. Se o acusado não o tiver, ser-lhe-á nomeado defensor pelo juiz, ressalvado o seu direito de, a todo tempo, nomear outro de sua confiança, ou a si mesmo defender-se, caso tenha habilitação.

• *Vide* art. 5.º, LV e LXXIV, da CF.

• *Vide* art. 396-A do CPP.

Parágrafo único. O acusado, que não for pobre, será obrigado a pagar os honorários do defensor dativo, arbitrados pelo juiz.

• *Vide* Lei n. 1.060, de 5-2-1950 (assistência judiciária).

Art. 264. Salvo motivo relevante, os advogados e solicitadores serão obrigados, sob pena de multa de cem a quinhentos mil-réis, a prestar seu patrocínio aos acusados, quando nomeados pelo Juiz.

Art. 265. O defensor não poderá abandonar o processo senão por motivo imperioso, comunicado previamente o juiz, sob pena de multa de 10 (dez) a 100 (cem) salários mínimos, sem prejuízo das demais sanções cabíveis.

•• *Caput* com redação determinada pela Lei n. 11.719, de 20-6-2008.

§ 1.º A audiência poderá ser adiada se, por motivo justificado, o defensor não puder comparecer.

•• § 1.º acrescentado pela Lei n. 11.719, de 20-6-2008.

• *Vide* art. 456 do CPP.

§ 2.º Incumbe ao defensor provar o impedimento até a abertura da audiência. Não o fazendo, o juiz não determinará o adiamento de ato algum do processo, devendo nomear defensor substituto, ainda que provisoriamente ou só para o efeito do ato.

•• § 2.º acrescentado pela Lei n. 11.719, de 20-6-2008.

Art. 266. A constituição de defensor independerá de instrumento de mandato, se o acusado o indicar por ocasião do interrogatório.

Art. 267. Nos termos do art. 252, não funcionarão como defensores os parentes do juiz.

CAPÍTULO IV
DOS ASSISTENTES

• *Vide* Súmulas 208, 210 e 448 do STF.

Art. 268. Em todos os termos da ação pública, poderá intervir, como assistente do Ministério Público, o ofendido ou seu representante legal, ou, na falta, qualquer das pessoas mencionadas no art. 31.

• *Vide* art. 391 do CPP.

• *Vide* art. 26 da Lei n. 7.492, de 16-6-1986.

Art. 269. O assistente será admitido enquanto não passar em julgado a sentença e receberá a causa no estado em que se achar.

• *Vide* arts. 271 e 598 do CPP.

• *Vide* arts. 80 e 82 do CDC.

Art. 270. O corréu no mesmo processo não poderá intervir como assistente do Ministério Público.

Art. 271. Ao assistente será permitido propor meios de prova, requerer perguntas às testemunhas, aditar o libelo e os articulados, participar do debate oral e arrazoar os recursos interpostos pelo Ministério Público, ou por ele próprio, nos casos dos arts. 584, § 1.º, e 598.

•• A Lei n. 11.689, de 9-6-2008, que alterou o procedimento relativo aos processos da competência do Tribunal do Júri, extinguiu o libelo.

• *Vide* art. 311 do CPP.

• *Vide* Súmulas 208 e 210 do STF.

§ 1.º O juiz, ouvido o Ministério Público, decidirá acerca da realização das provas propostas pelo assistente.

§ 2.º O processo prosseguirá independentemente de nova intimação do assistente, quando este, intimado, deixar de comparecer a qualquer dos atos da instrução ou do julgamento, sem motivo de força maior devidamente comprovado.

Art. 272. O Ministério Público será ouvido previamente sobre a admissão do assistente.

Art. 273. Do despacho que admitir, ou não, o assistente, não caberá recurso, devendo, entretanto, constar dos autos o pedido e a decisão.

• *Vide* Lei n. 12.016, de 7-8-2009 (mandado de segurança).

Capítulo V
DOS FUNCIONÁRIOS DA JUSTIÇA

Art. 274. As prescrições sobre suspeição dos juízes estendem-se aos serventuários e funcionários da justiça, no que lhes for aplicável.

• *Vide* arts. 105 e 252 a 256 do CPP.

Capítulo VI
DOS PERITOS E INTÉRPRETES

Art. 275. O perito, ainda quando não oficial, estará sujeito à disciplina judiciária.

• *Vide* art. 159 do CPP.

Art. 276. As partes não intervirão na nomeação do perito.

• *Vide* art. 177 do CPP.

• *Vide* art. 3.º da Lei n. 12.030, de 17-9-2009.

Art. 277. O perito nomeado pela autoridade será obrigado a aceitar o encargo, sob pena de multa de cem a quinhentos mil-réis, salvo escusa atendível.

Parágrafo único. Incorrerá na mesma multa o perito que, sem justa causa, provada imediatamente:

a) deixar de acudir à intimação ou ao chamado da autoridade;

b) não comparecer no dia e local designados para o exame;

c) não der o laudo, ou concorrer para que a perícia não seja feita, nos prazos estabelecidos.

Art. 278. No caso de não comparecimento do perito, sem justa causa, a autoridade poderá determinar a sua condução.

• *Vide* arts. 159, § 5.º, I, 400, § 2.º, 411, § 1.º, 473, § 3.º, e 531 do CPP.

Art. 279. Não poderão ser peritos:

I – os que estiverem sujeitos à interdição de direito mencionada nos n. I e IV do art. 69 do Código Penal;

•• Referência a dispositivo original do CP. A remissão deve ser feita a seu art. 47, I (proibição do exercício de cargo, função ou atividade pública e mandato eletivo) e II (proibição do exercício de profissão, atividade ou ofício que dependam de habilitação especial, licença ou autorização do poder público).

II – os que tiverem prestado depoimento no processo ou opinado anteriormente sobre o objeto da perícia;

III – os analfabetos e os menores de 21 (vinte e um) anos.

•• O art. 5.º, *caput*, do CC estabelece a maioridade civil aos dezoito anos completos.

Art. 280. É extensivo aos peritos, no que lhes for aplicável, o disposto sobre suspeição dos juízes.

• *Vide* arts. 105 e 252 a 256 do CPP.

Art. 281. Os intérpretes são, para todos os efeitos, equiparados aos peritos.

Título IX
DA PRISÃO, DAS MEDIDAS CAUTELARES E DA LIBERDADE PROVISÓRIA

•• Título IX com denominação determinada pela Lei n. 12.403, de 4-5-2011.

• *Vide* art. 319 do CPP.

• Sobre prisão temporária: Lei n. 7.960, de 21-12-1989.

• *Vide* Lei n. 11.473, de 10-5-2007.

Capítulo I
DISPOSIÇÕES GERAIS

Art. 282. As medidas cautelares previstas neste Título deverão ser aplicadas observando-se a:

•• *Caput* com redação determinada pela Lei n. 12.403, de 4-5-2011.

I – necessidade para aplicação da lei penal, para a investigação ou a instrução criminal e, nos casos expressamente previstos, para evitar a prática de infrações penais;

•• Inciso I acrescentado pela Lei n. 12.403, de 4-5-2011.

II – adequação da medida à gravidade do crime, circunstâncias do fato e condições pessoais do indiciado ou acusado.

•• Inciso II acrescentado pela Lei n. 12.403, de 4-5-2011.

§ 1.° As medidas cautelares poderão ser aplicadas isolada ou cumulativamente.

•• § 1.° acrescentado pela Lei n. 12.403, de 4-5-2011.

§ 2.° As medidas cautelares serão decretadas pelo juiz, de ofício ou a requerimento das partes ou, quando no curso da investigação criminal, por representação da autoridade policial ou mediante requerimento do Ministério Público.

•• § 2.° acrescentado pela Lei n. 12.403, de 4-5-2011.

§ 3.° Ressalvados os casos de urgência ou de perigo de ineficácia da medida, o juiz, ao receber o pedido de medida cautelar, determinará a intimação da parte contrária, acompanhada de cópia do requerimento e das peças necessárias, permanecendo os autos em juízo.

•• § 3.° acrescentado pela Lei n. 12.403, de 4-5-2011.

§ 4.° No caso de descumprimento de qualquer das obrigações impostas, o juiz, de ofício ou mediante requerimento do Ministério Público, de seu assistente ou do querelante, poderá substituir a medida, impor outra em cumulação, ou, em último caso, decretar a prisão preventiva (art. 312, parágrafo único).

•• § 4.° acrescentado pela Lei n. 12.403, de 4-5-2011.

• *Vide* art. 350, parágrafo único, do CPP.

§ 5.° O juiz poderá revogar a medida cautelar ou substituí-la quando verificar a falta de motivo para que subsista, bem como voltar a decretá-la, se sobrevierem razões que a justifiquem.

•• § 5.° acrescentado pela Lei n. 12.403, de 4-5-2011.

§ 6.° A prisão preventiva será determinada quando não for cabível a sua substituição por outra medida cautelar (art. 319).

•• § 6.° acrescentado pela Lei n. 12.403, de 4-5-2011.

Art. 283. Ninguém poderá ser preso senão em flagrante delito ou por ordem escrita e fundamentada da autoridade judiciária competente, em decorrência de sentença condenatória transitada em julgado ou, no curso da investigação ou do processo, em virtude de prisão temporária ou prisão preventiva.

•• *Caput* com redação determinada pela Lei n. 12.403, de 4-5-2011.

•• *Vide* art. 2.°, § 4.°, da Lei n. 8.072, de 25-7-1990 (crimes hediondos).

• *Vide* art. 5.°, LXI a LXVI, da CF.

• *Vide* arts. 301 a 310 (prisão em flagrante) e 311 a 316 (prisão preventiva) do CPP.

• *Vide* Lei n. 4.898, de 9-12-1965.

• *Vide* Lei n. 7.960, de 21-12-1989 (prisão temporária).

• *Vide* art. 28 da Lei n. 11.343, de 23-8-2006.

§ 1.° As medidas cautelares previstas neste Título não se aplicam à infração a que não for isolada, cumulativa ou alternativamente cominada pena privativa de liberdade.

•• § 1.° acrescentado pela Lei n. 12.403, de 4-5-2011.

§ 2.° A prisão poderá ser efetuada em qualquer dia e a qualquer hora, respeitadas as restrições relativas à inviolabilidade do domicílio.

•• § 2.° acrescentado pela Lei n. 12.403, de 4-5-2011.

Art. 284. Não será permitido o emprego de força, salvo a indispensável no caso de resistência ou de tentativa de fuga do preso.

•• *Vide* Súmula Vinculante 11, que dispõe sobre o uso de algemas.

• *Vide* art. 37, § 6.º, da CF (sobre responsabilidade civil do Estado).

• *Vide* Lei n. 4.898, de 9-12-1965.

Art. 285. A autoridade que ordenar a prisão fará expedir o respectivo mandado.

• *Vide* art. 5.º, LXI e LXIV, da CF.

• *Vide* Lei n. 4.898, de 9-12-1965.

Parágrafo único. O mandado de prisão:

• A Instrução Normativa n. 1, de 10-2-2010, do CNJ, dispõe sobre a indicação de possível foragido ou estadia no exterior quando da expedição de mandado de prisão em face de pessoa condenada, com sentença de pronúncia ou com prisão preventiva decretada no país.

a) será lavrado pelo escrivão e assinado pela autoridade;

b) designará a pessoa, que tiver de ser presa, por seu nome, alcunha ou sinais característicos;

c) mencionará a infração penal que motivar a prisão;

d) declarará o valor da fiança arbitrada, quando afiançável a infração;

e) será dirigido a quem tiver qualidade para dar-lhe execução.

Art. 286. O mandado será passado em duplicata, e o executor entregará ao preso, logo depois da prisão, um dos exemplares com declaração do dia, hora e lugar da diligência. Da entrega deverá o preso passar recibo no outro exemplar; se recusar, não souber ou não puder escrever, o fato será mencionado em declaração, assinada por duas testemunhas.

Art. 287. Se a infração for inafiançável, a falta de exibição do mandado não obstará à prisão, e o preso, em tal caso, será imediatamente apresentado ao juiz que tiver expedido o mandado.

Art. 288. Ninguém será recolhido à prisão, sem que seja exibido o mandado ao respectivo diretor ou carcereiro, a quem será entregue cópia assinada pelo executor ou apresentada a guia expedida pela autoridade competente, devendo ser passado recibo da entrega do preso, com declaração de dia e hora.

• *Vide* art. 4.º, *a*, da Lei n. 4.898, de 9-12-1965.

• *Vide* art. 107 da Lei n. 7.210, de 11-7-1984 (LEP).

Parágrafo único. O recibo poderá ser passado no próprio exemplar do mandado, se este for o documento exibido.

Art. 289. Quando o acusado estiver no território nacional, fora da jurisdição do juiz processante, será deprecada a sua prisão, devendo constar da precatória o inteiro teor do mandado.

•• *Caput* com redação determinada pela Lei n. 12.403, de 4-5-2011.

§ 1.º Havendo urgência, o juiz poderá requisitar a prisão por qualquer meio de comunicação, do qual deverá constar o motivo da prisão, bem como o valor da fiança se arbitrada.

•• § 1.º acrescentado pela Lei n. 12.403, de 4-5-2011.

• *Vide* Lei n. 11.419, de 19-12-2006.

§ 2.º A autoridade a quem se fizer a requisição tomará as precauções necessárias para averiguar a autenticidade da comunicação.

•• § 2.º acrescentado pela Lei n. 12.403, de 4-5-2011.

§ 3.º O juiz processante deverá providenciar a remoção do preso no prazo máximo de 30 (trinta) dias, contados da efetivação da medida.

•• § 3.º acrescentado pela Lei n. 12.403, de 4-5-2011.

Art. 289-A. O juiz competente providenciará o imediato registro do mandado de prisão em banco de dados mantido pelo Conselho Nacional de Justiça para essa finalidade.

•• *Caput* acrescentado pela Lei n. 12.403, de 4-5-2011.

•• *Vide* Resolução n. 137, de 13-7-2011, que regulamenta o disposto neste artigo.

§ 1.º Qualquer agente policial poderá efetuar a prisão determinada no mandado de prisão registrado no Conselho Nacional de Justiça, ainda que fora da competência territorial do juiz que o expediu.

•• § 1.º acrescentado pela Lei n. 12.403, de 4-5-2011.

§ 2.º Qualquer agente policial poderá efetuar a prisão decretada, ainda que sem registro no Conselho Nacional de Justiça, adotando as precauções necessárias para averiguar a autenticidade do mandado e comunicando ao juiz que a decretou, devendo este providenciar, em seguida, o registro do mandado na forma do *caput* deste artigo.

•• § 2.º acrescentado pela Lei n. 12.403, de 4-5-2011.

§ 3.º A prisão será imediatamente comunicada ao juiz do local de cumprimento da medida o qual providenciará a certidão extraída do registro do Conselho Nacional de Justiça e informará ao juízo que a decretou.

•• § 3.º acrescentado pela Lei n. 12.403, de 4-5-2011.

•• *Vide* art. 4.º da Resolução n. 137, de 13-7-2011.

§ 4.º O preso será informado de seus direitos, nos termos do inciso LXIII do art. 5.º da Constituição Federal e, caso o autuado não informe o nome de seu advogado, será comunicado à Defensoria Pública.

•• § 4.º acrescentado pela Lei n. 12.403, de 4-5-2011.

• *Vide* Lei Complementar n. 80, de 12-1-1994 (Defensoria Pública).

§ 5.º Havendo dúvidas das autoridades locais sobre a legitimidade da pessoa do executor ou sobre a identidade do preso, aplica-se o disposto no § 2.º do art. 290 deste Código.

•• § 5.º acrescentado pela Lei n. 12.403, de 4-5-2011.

§ 6.º O Conselho Nacional de Justiça regulamentará o registro do mandado de prisão a que se refere o *caput* deste artigo.

•• § 6.º acrescentado pela Lei n. 12.403, de 4-5-2011.

Art. 290. Se o réu, sendo perseguido, passar ao território de outro município ou comarca, o executor poderá efetuar-lhe a prisão no lugar onde o alcançar, apresentando-o imediatamente à autoridade local, que, depois de lavrado, se for o caso, o auto de flagrante, providenciará para a remoção do preso.

• *Vide* arts. 304, § 1.º, e 308 do CPP.

§ 1.º Entender-se-á que o executor vai em perseguição do réu, quando:

a) tendo-o avistado, for perseguindo-o sem interrupção, embora depois o tenha perdido de vista;

b) sabendo, por indícios ou informações fidedignas, que o réu tenha passado, há pouco tempo, em tal ou qual direção, pelo lugar em que o procure, for no seu encalço.

§ 2.º Quando as autoridades locais tiverem fundadas razões para duvidar da legitimidade da pessoa do executor ou da legalidade do mandado que apresentar, poderão pôr em custódia o réu, até que fique esclarecida a dúvida.

Art. 291. A prisão em virtude de mandado entender-se-á feita desde que o executor, fazendo-se conhecer do réu, lhe apresente o mandado e o intime a acompanhá-lo.

Art. 292. Se houver, ainda que por parte de terceiros, resistência à prisão em flagrante ou à determinada por autoridade competente, o executor e as pessoas que o auxiliarem poderão usar dos meios necessários para defender-se ou para vencer a resistência, do que tudo se lavrará auto subscrito também por duas testemunhas.

Parágrafo único. É vedado o uso de algemas em mulheres grávidas durante os atos médico-hospitalares preparatórios para a realização do parto e durante o trabalho de parto, bem como em mulheres durante o período de puerpério imediato.

•• Parágrafo único acrescentado pela Lei n. 13.434, de 12-4-2017.

Art. 293. Se o executor do mandado verificar, com segurança, que o réu entrou ou se encontra em alguma casa, o morador será intimado a entregá-lo, à vista da ordem de prisão. Se não for obedecido imediatamente, o executor convocará duas testemunhas e, sendo dia, entrará à força na casa, arrombando as portas, se preciso; sendo noite, o executor, depois da intimação ao morador, se não for atendido, fará guardar todas as saídas, tornando a casa incomunicável, e, logo que amanheça, arrombará as portas e efetuará a prisão.

• *Vide* art. 5.º, XI e LXI, da CF.

• *Vide* arts. 240, § 1.º, *a*, 245 e 283 do CPP.

• O art. 150 do CP dispõe sobre violação de domicílio.

• *Vide* Súmula Vinculante 11 do STF.

Parágrafo único. O morador que se recusar a entregar o réu oculto em sua casa será levado à presença da autoridade, para que se proceda contra ele como for de direito.

Art. 294. No caso de prisão em flagrante, observar-se-á o disposto no artigo anterior, no que for aplicável.

• *Vide* art. 5.º, XI, da CF.

• *Vide* art. 303 do CPP.

• *Vide* art. 33 da Lei n. 11.343, de 23-8-2006.

Art. 295. Serão recolhidos a quartéis ou a prisão especial, à disposição da autoridade competente, quando sujeitos a prisão antes de condenação definitiva:

• Sobre prisão especial: art. 437 do CPP (Jurados); Lei n. 2.860, de 31-8-1956 (Dirigentes de entidades sindicais e empregado no exercício de representação profissional ou no cargo de administração sindical); Lei n. 3.313, de 14-11-1957 (Servidores do Departamento Federal de Segurança Pública, com exercício de atividade estritamente policial); Lei n. 3.988, de 24-11-1961 (Pilotos de aeronaves mercantes nacionais); Lei n. 4.878, de 3-12-1965 (Funcionários Policiais Civis da União e do Distrito Federal); Lei n. 5.256, de 6-4-1967 (localidades em que não houver estabelecimento adequado ao recolhimento dos que tenham direito a prisão especial); Lei n. 5.350, de 6-11-1967 (Funcionários da Polícia Civil dos Estados e Territórios Federais, ocupantes de cargos de atividade policial); Lei n. 5.606, de 9-9-1970 (Oficiais da Marinha Mercante); Lei Complementar n. 35, de 14-3-1979, arts. 33, III, e 112, § 2.º (Magistrados e Juízes de Paz); Lei n. 7.102, de 20-6-1983 (Vigilantes e Transportadores de Valores); Lei n. 7.172, de 14-12-1983 (Professores de 1.º e 2.º graus); Lei n. 8.069, de 13-7-1990, art. 135 (Conselheiro Tutelar); Lei n. 8.625, de 12-2-1993, art. 40, V (Membros do Ministério Público); Lei Complementar n. 75, de 20-5-1993, art. 18, II, e (Membros do Ministério Público da União); Lei Complementar n. 80, de 12-1-1994, arts. 44, III, 89, III, e 128, III (Membros da DPU, dos Estados, do Distrito Federal e Territórios); e Lei n. 8.906, de 4-7-1994, art. 7.º, V (Advogados).

• *Vide* Súmula 717 do STF.

I – os ministros de Estado;

II – os governadores ou interventores de Estados ou Territórios, o prefeito do Distrito Federal, seus respectivos secretários, os prefeitos municipais, os vereadores e os chefes de Polícia;

•• Inciso II com redação determinada pela Lei n. 3.181, de 11-6-1957.

III – os membros do Parlamento Nacional, do Conselho de Economia Nacional e das Assembleias Legislativas dos Estados;

• *Vide* art. 53, § 1.º, da CF.

IV – os cidadãos inscritos no "Livro de Mérito";

V – os oficiais das Forças Armadas e os militares dos Estados, do Distrito Federal e dos Territórios;

•• Inciso V com redação determinada pela Lei n. 10.258, de 11-7-2001.

VI – os magistrados;

• *Vide* Lei n. 8.625, de 12-2-1993 (LONMP).

VII – os diplomados por qualquer das faculdades superiores da República;

VIII – os ministros de confissão religiosa;

IX – os ministros do Tribunal de Contas;

X – os cidadãos que já tiverem exercido efetivamente a função de jurado, salvo quando excluídos da lista por motivo de incapacidade para o exercício daquela função;

• *Vide* art. 439 do CPP.

XI – os delegados de polícia e os guardas-civis dos Estados e Territórios, ativos e inativos.

•• Inciso XI com redação determinada pela Lei n. 5.126, de 29-9-1966.

§ 1.º A prisão especial, prevista neste Código ou em outras leis, consiste exclusivamente no recolhimento em local distinto da prisão comum.

•• § 1.º acrescentado pela Lei n. 10.258, de 11-7-2001.

§ 2.º Não havendo estabelecimento específico para o preso especial, este será recolhido em cela distinta do mesmo estabelecimento.

•• § 2.º acrescentado pela Lei n. 10.258, de 11-7-2001.

§ 3.º A cela especial poderá consistir em alojamento coletivo, atendidos os requisitos de salubridade do ambiente, pela concorrência dos fatores de aeração, insolação e condicionamento térmico adequados à existência humana.

•• § 3.º acrescentado pela Lei n. 10.258, de 11-7-2001.

§ 4.º O preso especial não será transportado juntamente com o preso comum.

•• § 4.º acrescentado pela Lei n. 10.258, de 11-7-2001.

§ 5.º Os demais direitos e deveres do preso especial serão os mesmos do preso comum.

•• § 5.º acrescentado pela Lei n. 10.258, de 11-7-2001.

Art. 296. Os inferiores e praças de pré, onde for possível, serão recolhidos à prisão, em estabelecimentos militares, de acordo com os respectivos regulamentos.

Art. 297. Para o cumprimento de mandado expedido pela autoridade judiciária, a autoridade policial poderá expedir tantos outros quantos necessários às diligências, devendo neles ser fielmente reproduzido o teor do mandado original.

Art. 298. (*Revogado pela Lei n. 12.403, de 4-5-2011.*)

Art. 299. A captura poderá ser requisitada, à vista de mandado judicial, por qualquer meio de comunicação, tomadas pela autoridade, a quem se fizer a requisição, as precauções necessárias para averiguar a autenticidade desta.

•• Artigo com redação determinada pela Lei n. 12.403, de 4-5-2011.

• *Vide* Lei n. 11.419, de 19-12-2006 (informatização do processo judicial).

Art. 300. As pessoas presas provisoriamente ficarão separadas das que já estiverem definitivamente condenadas, nos termos da lei de execução penal.

•• *Caput* com redação determinada pela Lei n. 12.403, de 4-5-2011.

• *Vide* art. 84 da Lei n. 7.210, de 11-7-1984 (LEP).

• *Vide* art. 3.º da Lei n. 7.960, de 21-12-1989.

Parágrafo único. O militar preso em flagrante delito, após a lavratura dos procedimentos legais, será recolhido a quartel da instituição a que pertencer, onde ficará preso à disposição das autoridades competentes.

•• Parágrafo único acrescentado pela Lei n. 12.403, de 4-5-2011.

CAPÍTULO II
DA PRISÃO EM FLAGRANTE

•• *Vide* art. 5.º, LXI, LXII, LXIII, LXIV, LXV, LXVI e LXVII, da CF.

Art. 301. Qualquer do povo poderá e as autoridades policiais e seus agentes deverão prender quem quer que seja encontrado em flagrante delito.

•• *Vide* art. 53, § 2.º, da CF.

•• *Vide* art. 7.º, § 3.º, da Lei n. 8.906, de 4-7-1994 (EAOAB).

• *Vide* art. 172, *caput*, da Lei n. 8.069, de 13-7-1990 (ECA).

• *Vide* art. 69, parágrafo único, da Lei n. 9.099, de 26-9-1995 (Juizados Especiais).

• *Vide* art. 301 da Lei n. 9.503, de 23-9-1997 (CTB).

• *Vide* Súmulas 145 e 397 do STF.

Art. 302. Considera-se em flagrante delito quem:

• *Vide* art. 53, II, da Lei n. 11.343, de 23-8-2006.

• *Vide* Súmula 145 do STF.

• *Vide* Lei n. 12.850, de 2-8-2013.

I – está cometendo a infração penal;

II – acaba de cometê-la;

III – é perseguido, logo após, pela autoridade, pelo ofendido ou por qualquer pessoa, em situação que faça presumir ser autor da infração;

IV – é encontrado, logo depois, com instrumentos, armas, objetos ou papéis que façam presumir ser ele autor da infração.

Art. 303. Nas infrações permanentes, entende-se o agente em flagrante delito enquanto não cessar a permanência.

• *Vide* art. 5.º, XI, da CF.

• *Vide* art. 69 da Lei n. 9.099, de 26-9-1995.

Art. 304. Apresentado o preso à autoridade competente, ouvirá esta o condutor e colherá, desde logo, sua assinatura, entregando a este cópia do termo e recibo de entrega do preso. Em seguida, procederá à oitiva das testemunhas que o acompanharem e ao interrogatório do acusado sobre a imputação que lhe é feita, colhendo, após cada oitiva suas respectivas assinaturas, lavrando, a autoridade, afinal, o auto.

•• *Caput* com redação determinada pela Lei n. 11.113, de 13-5-2005.

• *Vide* art. 290, *caput*, do CPP.

§ 1.º Resultando das respostas fundada a suspeita contra o conduzido, a autoridade mandará recolhê-lo à prisão, exceto no caso de livrar-se solto ou de prestar fiança, e prosseguirá nos atos do inquérito ou processo, se para isso for competente; se não o for, enviará os autos à autoridade que o seja.

§ 2.º A falta de testemunhas da infração não impedirá o auto de prisão em flagrante; mas, nesse caso, com o condutor, deverão assiná-lo pelo menos duas pessoas que hajam testemunhado a apresentação do preso à autoridade.

§ 3.º Quando o acusado se recusar a assinar, não souber ou não puder fazê-lo, o auto de prisão em flagrante será assinado por duas testemunhas, que tenham ouvido sua leitura na presença deste.

•• § 3.º com redação determinada pela Lei n. 11.113, de 13-5-2005.

§ 4.º Da lavratura do auto de prisão em flagrante deverá constar a informação sobre a existência de filhos, respectivas idades e se possuem alguma deficiência e o nome e o contato de eventual responsável pelos cuidados dos filhos, indicado pela pessoa presa.

•• § 4.º acrescentado pela Lei n. 13.257, de 8-3-2016.

Art. 305. Na falta ou no impedimento do escrivão, qualquer pessoa designada pela autoridade lavrará o auto, depois de prestado o compromisso legal.

Art. 306. A prisão de qualquer pessoa e o local onde se encontre serão comunicados imediatamente ao juiz competente, ao Ministério Público e à família do preso ou à pessoa por ele indicada.

•• *Caput* com redação determinada pela Lei n. 12.403, de 4-5-2011.

• *Vide* art. 5.º, LXII, LXV e LXVI, da CF.

§ 1.º Em até 24 (vinte e quatro) horas após a realização da prisão, será encaminhado ao juiz competente o auto de prisão em flagrante e, caso o autuado não informe o nome de seu advogado, cópia integral para a Defensoria Pública.

•• § 1.º com redação determinada pela Lei n. 12.403, de 4-5-2011.

• A Resolução n. 213, de 15-12-2015, do CNJ, dispõe sobre a apresentação de toda pessoa presa à autoridade judicial no prazo de 24 horas.

• *Vide* arts. 310, III, e 311 do CPP.

• *Vide* Lei Complementar n. 80, de 12-1-1994 (Defensoria Pública).

§ 2.º No mesmo prazo, será entregue ao preso, mediante recibo, a nota de culpa, assinada pela autoridade, com o motivo da prisão, o nome do condutor e os das testemunhas.

•• § 2.º com redação determinada pela Lei n. 12.403, de 4-5-2011.

Art. 307. Quando o fato for praticado em presença da autoridade, ou contra esta, no exercício de suas funções, constarão do auto a narração deste fato, a voz de prisão, as declarações que fizer o preso e os depoimentos das testemunhas, sendo tudo assinado pela autoridade, pelo preso e pelas testemunhas e remetido imediatamente ao juiz a quem couber tomar conhecimento do fato delituoso, se não o for a autoridade que houver presidido o auto.

• *Vide* Súmula 397 do STF.

Art. 308. Não havendo autoridade no lugar em que se tiver efetuado a prisão, o preso será logo apresentado à do lugar mais próximo.

Art. 309. Se o réu se livrar solto, deverá ser posto em liberdade, depois de lavrado o auto de prisão em flagrante.

• *Vide* art. 5.º, LXV e LXVI, da CF.

• *Vide* art. 321 do CPP.

• *Vide* art. 28 da Lei n. 11.343, de 23-8-2006.

Art. 310. Ao receber o auto de prisão em flagrante, o juiz deverá fundamentadamente:

•• *Caput* com redação determinada pela Lei n. 12.403, de 4-5-2011.

I – relaxar a prisão ilegal; ou

•• Inciso I acrescentado pela Lei n. 12.403, de 4-5-2011.

• *Vide* art. 5.º, LXV, da CF.

II – converter a prisão em flagrante em preventiva, quando presentes os requisitos constantes do art. 312 deste Código, e se revelarem inadequadas ou insuficientes as medidas cautelares diversas da prisão; ou

•• Inciso II acrescentado pela Lei n. 12.403, de 4-5-2011.

III – conceder liberdade provisória, com ou sem fiança.

•• Inciso III acrescentado pela Lei n. 12.403, de 4-5-2011.

Parágrafo único. Se o juiz verificar, pelo auto de prisão em flagrante, que o agente praticou o fato nas condições constantes dos incisos I a III do *caput* do art. 23 do Decreto-lei n. 2.848, de 7 de dezembro de 1940 – Código Penal, poderá, fundamentadamente, conceder ao acusado liberdade provisória, mediante termo de comparecimento a todos os atos processuais, sob pena de revogação.

•• Parágrafo único com redação determinada pela Lei n. 12.403, de 4-5-2011.

• O art. 23 do CP dispõe sobre as hipóteses de exclusão da ilicitude.

Capítulo III
DA PRISÃO PREVENTIVA

• *Vide* art. 2.º da Lei de Introdução ao CPP (Decreto-lei n. 3.931, de 11-12-1941).

• *Vide* Lei n. 7.960, de 21-12-1989, sobre prisão temporária.

Art. 311. Em qualquer fase da investigação policial ou do processo penal, caberá a prisão preventiva decretada pelo juiz, de ofício, se no curso da ação penal, ou a requerimento do Ministério Público, do querelante ou do assistente, ou por representação da autoridade policial.

•• Artigo com redação determinada pela Lei n. 12.403, de 4-5-2011.

• *Vide* Súmulas 21, 52 e 64 do STJ.

Art. 312. A prisão preventiva poderá ser decretada como garantia da ordem pública, da ordem econômica, por conveniência da instrução criminal, ou para assegurar a aplicação da lei penal, quando houver prova da existência do crime e indício suficiente de autoria.

•• *Caput* com redação determinada pela Lei n. 12.403, de 4-5-2011.

•• *Vide* arts. 30 e 31 da Lei n. 7.492, de 16-6-1986 (crimes contra o sistema financeiro).

•• *Vide* art. 1.º, § 6.º, da Lei n. 9.455, de 7-4-1997 (crimes de tortura).

•• *Vide* art. 44, *caput*, da Lei n. 11.343, de 23-8-2006 (drogas).

• *Vide* arts. 321 e 324, IV, do CPP.

• Crimes contra a ordem tributária: Lei n. 8.137, de 27-12-1990.

• *Vide* art. 1.º da Lei n. 8.176, de 8-2-1991 (crimes contra a ordem econômica).

• *Vide* Lei n. 12.850, de 2-8-2013 (organização criminosa).

Parágrafo único. A prisão preventiva também poderá ser decretada em caso de descumprimento de qualquer das obrigações impostas por força de outras medidas cautelares (art. 282, § 4.º).

•• Parágrafo único acrescentado pela Lei n. 12.403, de 4-5-2011.

Art. 313. Nos termos do art. 312 deste Código, será admitida a decretação da prisão preventiva:

•• *Caput* com redação determinada pela Lei n. 12.403, de 4-5-2011.

I – nos crimes dolosos punidos com pena privativa de liberdade máxima superior a 4 (quatro) anos;

•• Inciso I com redação determinada pela Lei n. 12.403, de 4-5-2011.

II – se tiver sido condenado por outro crime doloso, em sentença transitada em julgado, ressalvado o disposto no inciso I do *caput* do art. 64 do Decreto-Lei n. 2.848, de 7 de dezembro de 1940 – Código Penal;

•• Inciso II com redação determinada pela Lei n. 12.403, de 4-5-2011.

III – se o crime envolver violência doméstica e familiar contra a mulher, criança, adolescente, idoso, enfermo ou pessoa com deficiência, para garantir a execução das medidas protetivas de urgência;

•• Inciso III com redação determinada pela Lei n. 12.403, de 4-5-2011.

• *Vide* Lei n. 11.340, de 7-8-2006 (violência doméstica).

• A Lei n. 12.845, de 1.º-8-2013, dispõe sobre o atendimento obrigatório e integral de pessoas em situação de violência sexual.

IV – (*Revogado pela Lei n. 12.403, de 4-5-2011.*)

Parágrafo único. Também será admitida a prisão preventiva quando houver dúvida sobre a identidade civil da pessoa ou quando esta não fornecer elementos suficientes para esclarecê-la, devendo o preso ser colocado imediatamente em liberdade após a identificação, salvo se outra hipótese recomendar a manutenção da medida.

•• Parágrafo único acrescentado pela Lei n. 12.403, de 4-5-2011.

• *Vide* Lei n. 12.037, de 1.º-10-2009 (identificação criminal).

Art. 314. A prisão preventiva em nenhum caso será decretada se o juiz verificar pelas provas constantes dos autos ter o agente praticado o fato nas condições previstas nos incisos I, II e III do *caput* do art. 23 do Decreto-lei n. 2.848, de 7 de dezembro de 1940 – Código Penal.

•• Artigo com redação determinada pela Lei n. 12.403, de 4-5-2011.

• O art. 23 do CP dispõe sobre as hipóteses de exclusão da ilicitude.

Art. 315. A decisão que decretar, substituir ou denegar a prisão preventiva será sempre motivada.

•• Artigo com redação determinada pela Lei n. 12.403, de 4-5-2011.

• *Vide* arts. 5.º, LXI, e 93, IX, da CF.

Art. 316. O juiz poderá revogar a prisão preventiva se, no correr do processo, verificar a falta de motivo para que subsista, bem como de novo decretá-la, se sobrevierem razões que a justifiquem.

•• Artigo com redação determinada pela Lei n. 5.349, de 3-11-1967.

•• *Vide* art. 5.º, LXXV, da CF.

•• *Vide* arts. 647 e s. do CPP.

• *Vide* art. 20, parágrafo único, da Lei n. 11.340, de 7-8-2006.

Capítulo IV
DA PRISÃO DOMICILIAR

•• Capítulo IV com denominação determinada pela Lei n. 12.403, de 4-5-2011.

•• *Vide* art. 117 da Lei n. 7.210, de 11-7-1984 (LEP).

Art. 317. A prisão domiciliar consiste no recolhimento do indiciado ou acusado em sua residência, só podendo dela ausentar-se com autorização judicial.

•• Artigo com redação determinada pela Lei n. 12.403, de 4-5-2011.

Art. 318. Poderá o juiz substituir a prisão preventiva pela domiciliar quando o agente for:

•• *Caput* com redação determinada pela Lei n. 12.403, de 4-5-2011.

I – maior de 80 (oitenta) anos;

•• Inciso I acrescentado pela Lei n. 12.403, de 4-5-2011.

II – extremamente debilitado por motivo de doença grave;

•• Inciso II acrescentado pela Lei n. 12.403, de 4-5-2011.

III – imprescindível aos cuidados especiais de pessoa menor de 6 (seis) anos de idade ou com deficiência;

•• Inciso III acrescentado pela Lei n. 12.403, de 4-5-2011.

IV – gestante;

•• Inciso IV com redação determinada pela Lei n. 13.257, de 8-3-2016.

V – mulher com filho de até 12 (doze) anos de idade incompletos;

•• Inciso V acrescentado pela Lei n. 13.257, de 8-3-2016.

VI – homem, caso seja o único responsável pelos cuidados do filho de até 12 (doze) anos de idade incompletos.

•• Inciso VI acrescentado pela Lei n. 13.257, de 8-3-2016.

Parágrafo único. Para a substituição, o juiz exigirá prova idônea dos requisitos estabelecidos neste artigo.

•• Parágrafo único acrescentado pela Lei n. 12.403, de 4-5-2011.

Capítulo V
DAS OUTRAS MEDIDAS CAUTELARES

•• Capítulo V com denominação determinada pela Lei n. 12.403, de 4-5-2011.

Art. 319. São medidas cautelares diversas da prisão:

•• *Caput* com redação determinada pela Lei n. 12.403, de 4-5-2011.

• *Vide* art. 321 do CPP.

I – comparecimento periódico em juízo, no prazo e nas condições fixadas pelo juiz, para informar e justificar atividades;

•• Inciso I com redação determinada pela Lei n. 12.403, de 4-5-2011.

II – proibição de acesso ou frequência a determinados lugares quando, por circunstâncias relacionadas ao fato, deva o indiciado ou acusado permanecer distante desses locais para evitar o risco de novas infrações;

•• Inciso II com redação determinada pela Lei n. 12.403, de 4-5-2011.

III – proibição de manter contato com pessoa determinada quando, por circunstâncias relacionadas ao fato, deva o indiciado ou acusado dela permanecer distante;

•• Inciso III com redação determinada pela Lei n. 12.403, de 4-5-2011.

IV – proibição de ausentar-se da Comarca quando a permanência seja conveniente ou necessária para a investigação ou instrução;

•• Inciso IV acrescentado pela Lei n. 12.403, de 4-5-2011.

V – recolhimento domiciliar no período noturno e nos dias de folga quando o investigado ou acusado tenha residência e trabalho fixos;

•• Inciso V acrescentado pela Lei n. 12.403, de 4-5-2011.

VI – suspensão do exercício de função pública ou de atividade de natureza econômica ou financeira quando houver justo receio de sua utilização para a prática de infrações penais;

•• Inciso VI acrescentado pela Lei n. 12.403, de 4-5-2011.

VII – internação provisória do acusado nas hipóteses de crimes praticados com violência ou grave ameaça, quando os peritos concluírem ser inimputável ou semi-imputável (art. 26 do Código Penal) e houver risco de reiteração;

•• Inciso VII acrescentado pela Lei n. 12.403, de 4-5-2011.

VIII – fiança, nas infrações que a admitem, para assegurar o comparecimento a atos do processo, evitar a obstrução do seu andamento ou em caso de resistência injustificada à ordem judicial;

•• Inciso VIII acrescentado pela Lei n. 12.403, de 4-5-2011.

IX – monitoração eletrônica.

•• Inciso IX acrescentado pela Lei n. 12.403, de 4-5-2011.

•• *Vide* Decreto n. 7.627, de 24-11-2011, que regulamenta a monitoração eletrônica de pessoas.

• *Vide* arts. 146-B a 146-D da Lei n. 7.210, de 11-7-1984 (LEP).

§§ 1.º a 3.º (*Revogados pela Lei n. 12.403, de 4-5-2011.*)

§ 4.º A fiança será aplicada de acordo com as disposições do Capítulo VI deste Título, podendo ser cumulada com outras medidas cautelares.

•• § 4.º acrescentado pela Lei n. 12.403, de 4-5-2011.

Art. 320. A proibição de ausentar-se do País será comunicada pelo juiz às autoridades encarregadas de fiscalizar as saídas do território nacional, intimando-se o indiciado ou acusado para entregar o passaporte, no prazo de 24 (vinte e quatro) horas.

•• Artigo com redação determinada pela Lei n. 12.403, de 4-5-2011.

Capítulo VI
DA LIBERDADE PROVISÓRIA, COM OU SEM FIANÇA

Art. 321. Ausentes os requisitos que autorizam a decretação da prisão preventiva, o juiz deverá conceder liberdade provisória, impondo, se for o caso, as medidas cautelares previstas no art. 319 deste Código e observados os critérios constantes do art. 282 deste Código.

•• Artigo com redação determinada pela Lei n. 12.403, de 4-5-2011.

•• *Vide* art. 5.º, LXVI, da CF.

Art. 322. A autoridade policial somente poderá conceder fiança nos casos de infração cuja pena privativa de liberdade máxima não seja superior a 4 (quatro) anos.

•• *Caput* com redação determinada pela Lei n. 12.403, de 4-5-2011.

Parágrafo único. Nos demais casos, a fiança será requerida ao juiz, que decidirá em 48 (quarenta e oito) horas.

•• Parágrafo único com redação determinada pela Lei n. 12.403, de 4-5-2011.

•• *Vide* art. 333 do CP.

• *Vide* art. 5.º, LXVI, da CF.

Art. 323. Não será concedida fiança:

•• *Caput* com redação determinada pela Lei n. 12.403, de 4-5-2011.

•• *Vide* art. 380 do CPP.

I – nos crimes de racismo;

•• Inciso I com redação determinada pela Lei n. 12.403, de 4-5-2011.

•• *Vide* art. 5.º, XLII, da CF.

II – nos crimes de tortura, tráfico ilícito de entorpecentes e drogas afins, terrorismo e nos definidos como crimes hediondos;

•• Inciso II com redação determinada pela Lei n. 12.403, de 4-5-2011.

•• *Vide* art. 5.º, XLIII, da CF.

•• *Vide* art. 2.º, II, da Lei n. 8.072, de 25-7-1990 (crimes hediondos).

•• *Vide* art. 1.º, § 6.º, da Lei n. 9.455, de 7-4-1997 (crimes de tortura).

•• *Vide* art. 44 da Lei n. 11.343, de 23-8-2006 (drogas).

• A Lei n. 12.847, de 2-8-2013, institui o Sistema Nacional de Prevenção e Combate à Tortura.

III – nos crimes cometidos por grupos armados, civis ou militares, contra a ordem constitucional e o Estado Democrático;

•• Inciso III com redação determinada pela Lei n. 12.403, de 4-5-2011.

•• *Vide* art. 5.º, XLIV, da CF.

IV e V – (*Revogados pela Lei n. 12.403, de 4-5-2011.*)

Art. 324. Não será, igualmente, concedida fiança:

•• *Caput* com redação determinada pela Lei n. 12.403, de 4-5-2011.

I – aos que, no mesmo processo, tiverem quebrado fiança anteriormente concedida ou infringido, sem motivo justo, qualquer das obrigações a que se referem os arts. 327 e 328 deste Código;

•• Inciso I com redação determinada pela Lei n. 12.403, de 4-5-2011.

• *Vide* art. 341 do CPP.

II – em caso de prisão civil ou militar;

•• Inciso II com redação determinada pela Lei n. 12.403, de 4-5-2011.

III – (*Revogado pela Lei n. 12.403, de 4-5-2011.*)

IV – quando presentes os motivos que autorizam a decretação da prisão preventiva (art. 312).

•• Inciso IV com redação determinada pela Lei n. 12.403, de 4-5-2011.

Art. 325. O valor da fiança será fixado pela autoridade que a conceder nos seguintes limites:

•• *Caput* com redação determinada pela Lei n. 12.403, de 4-5-2011.

•• Havia aqui as alíneas *a* a *c*, revogadas pela Lei n. 12.403, de 4-5-2011, que modificou a redação deste *caput*.

I – de 1 (um) a 100 (cem) salários mínimos, quando se tratar de infração cuja pena privativa de liberdade, no grau máximo, não for superior a 4 (quatro) anos;

•• Inciso I acrescentado pela Lei n. 12.403, de 4-5-2011.

II – de 10 (dez) a 200 (duzentos) salários mínimos, quando o máximo da pena privativa de liberdade cominada for superior a 4 (quatro) anos.

•• Inciso II acrescentado pela Lei n. 12.403, de 4-5-2011.

§ 1.º Se assim recomendar a situação econômica do preso, a fiança poderá ser:

•• § 1.º, *caput*, com redação determinada pela Lei n. 12.403, de 4-5-2011.

I – dispensada, na forma do art. 350 deste Código;

•• Inciso I com redação determinada pela Lei n. 12.403, de 4-5-2011.

II – reduzida até o máximo de 2/3 (dois terços); ou

•• Inciso II com redação determinada pela Lei n. 12.403, de 4-5-2011.

III – aumentada em até 1.000 (mil) vezes.

•• Inciso III acrescentado pela Lei n. 12.403, de 4-5-2011.

§ 2.º (*Revogado pela Lei n. 12.403, de 4-5-2011.*)

Art. 326. Para determinar o valor da fiança, a autoridade terá em consideração a natureza da infração, as condições pessoais de fortuna e vida pregressa do acusado, as circunstâncias indicativas de sua periculosidade, bem como a importância provável das custas do processo, até final julgamento.

Art. 327. A fiança tomada por termo obrigará o afiançado a comparecer perante a autoridade, todas as vezes que for intimado para atos do inquérito e da instrução criminal e para o julgamento. Quando o réu não comparecer, a fiança será havida como quebrada.

• *Vide* arts. 341 a 350 e 581, VII, do CPP.

Art. 328. O réu afiançado não poderá, sob pena de quebramento da fiança, mudar de residência, sem prévia permissão da autoridade processante, ou ausentar-se por mais de 8 (oito) dias de sua residência, sem comunicar àquela autoridade o lugar onde será encontrado.

• *Vide* art. 581, VII, do CPP.

Art. 329. Nos juízos criminais e delegacias de polícia, haverá um livro especial, com termos de abertura e de encerramento, numerado e rubricado em todas as suas folhas pela autoridade, destinado especialmente aos termos de fiança. O termo será lavrado pelo escrivão e assinado pela autoridade e por quem prestar a fiança, e dele extrair-se-á certidão para juntar-se aos autos.

Parágrafo único. O réu e quem prestar a fiança serão pelo escrivão notificados das obrigações e da sanção previstas nos arts. 327 e 328, o que constará dos autos.

Art. 330. A fiança, que será sempre definitiva, consistirá em depósito de dinheiro, pedras, objetos ou metais preciosos, títulos da dívida pública, federal, estadual ou municipal, ou em hipoteca inscrita em primeiro lugar.

§ 1.º A avaliação de imóvel, ou de pedras, objetos ou metais preciosos será feita imediatamente por perito nomeado pela autoridade.

§ 2.º Quando a fiança consistir em caução de títulos da dívida pública, o valor será determinado pela sua cotação em Bolsa, e, sendo nominativos, exigir-se-á prova de que se acham livres de ônus.

Art. 331. O valor em que consistir a fiança será recolhido à repartição arrecadadora federal ou estadual, ou entregue ao depositário público, juntando-se aos autos os respectivos conhecimentos.

Parágrafo único. Nos lugares em que o depósito não se puder fazer de pronto, o valor será entregue ao escrivão ou pessoa abonada, a critério da autoridade, e dentro de 3 (três) dias dar-se-á ao valor o destino que lhe assina este artigo, o que tudo constará do termo de fiança.

Art. 332. Em caso de prisão em flagrante, será competente para conceder a fiança a autoridade que presidir ao respectivo auto, e, em caso de prisão por mandado, o juiz que o houver expedido, ou a autoridade judiciária ou policial a quem tiver sido requisitada a prisão.

• *Vide* art. 5.º, LXVI, da CF.

• *Vide* arts. 285 e 322 do CPP.

Art. 333. Depois de prestada a fiança, que será concedida independentemente de audiência do Ministério Público, este terá vista do processo a fim de requerer o que julgar conveniente.

• *Vide* art. 581, V, do CPP.

Art. 334. A fiança poderá ser prestada enquanto não transitar em julgado a sentença condenatória.

•• Artigo com redação determinada pela Lei n. 12.403, de 4-5-2011.

• *Vide* arts. 413, § 2.º, e 660, § 3.º, do CPP.

Art. 335. Recusando ou retardando a autoridade policial a concessão da fiança, o preso, ou alguém por ele, poderá prestá-la, mediante simples petição, perante o juiz competente, que decidirá em 48 (quarenta e oito) horas.

•• Artigo com redação determinada pela Lei n. 12.403, de 4-5-2011.

• *Vide* art. 648, V, do CPP.

Art. 336. O dinheiro ou objetos dados como fiança servirão ao pagamento das custas, da indenização do dano, da prestação pecuniária e da multa, se o réu for condenado.

•• *Caput* com redação determinada pela Lei n. 12.403, de 4-5-2011.

Parágrafo único. Este dispositivo terá aplicação ainda no caso da prescrição depois da sentença condenatória (art. 110 do Código Penal).

•• Parágrafo único com redação determinada pela Lei n. 12.403, de 4-5-2011.

Art. 337. Se a fiança for declarada sem efeito ou passar em julgado sentença que houver absolvido o acusado ou declarada extinta a ação penal, o valor que a constituir, atualizado, será restituído sem desconto, salvo o disposto no parágrafo único do art. 336 deste Código.

•• Artigo com redação determinada pela Lei n. 12.403, de 4-5-2011.

Art. 338. A fiança que se reconheça não ser cabível na espécie será cassada em qualquer fase do processo.

• *Vide* art. 581, V, do CPP.

Art. 339. Será também cassada a fiança quando reconhecida a existência de delito inafiançável, no caso de inovação na classificação do delito.

• *Vide* arts. 383, 384 e 581, V, do CPP.

• *Vide* Súmula 81 do STJ.

Art. 340. Será exigido o reforço da fiança:

I – quando a autoridade tomar, por engano, fiança insuficiente;

II – quando houver depreciação material ou perecimento dos bens hipotecados ou caucionados, ou depreciação dos metais ou pedras preciosas;

III – quando for inovada a classificação do delito.

Parágrafo único. A fiança ficará sem efeito e o réu será recolhido à prisão, quando, na conformidade deste artigo, não for reforçada.

Art. 341. Julgar-se-á quebrada a fiança quando o acusado:

•• *Caput* com redação determinada pela Lei n. 12.403, de 4-5-2011.

• *Vide* art. 581, VII, do CPP.

I – regularmente intimado para ato do processo, deixar de comparecer, sem motivo justo;

•• Inciso I acrescentado pela Lei n. 12.403, de 4-5-2011.

II – deliberadamente praticar ato de obstrução ao andamento do processo;

•• Inciso II acrescentado pela Lei n. 12.403, de 4-5-2011.

III – descumprir medida cautelar imposta cumulativamente com a fiança;

•• Inciso III acrescentado pela Lei n. 12.403, de 4-5-2011.

• *Vide* art. 319 do CPP.

IV – resistir injustificadamente a ordem judicial;

•• Inciso IV acrescentado pela Lei n. 12.403, de 4-5-2011.

• *Vide* art. 329 do CPP.

V – praticar nova infração penal dolosa.

•• Inciso V acrescentado pela Lei n. 12.403, de 4-5-2011.

Art. 342. Se vier a ser reformado o julgamento em que se declarou quebrada a fiança, esta subsistirá em todos os seus efeitos.

• *Vide* art. 581, VII, do CPP.

Art. 343. O quebramento injustificado da fiança importará na perda de metade do seu valor, cabendo ao juiz decidir sobre a imposição de outras medidas cautelares ou, se for o caso, a decretação da prisão preventiva.

•• Artigo com redação determinada pela Lei n. 12.403, de 4-5-2011.

• *Vide* arts. 319 e 581, VII, do CPP.

Art. 344. Entender-se-á perdido, na totalidade, o valor da fiança, se, condenado, o acusado não se apresentar para o início do cumprimento da pena definitivamente imposta.

•• Artigo com redação determinada pela Lei n. 12.403, de 4-5-2011.

Art. 345. No caso de perda da fiança, o seu valor, deduzidas as custas e mais encargos a que o acusado estiver obrigado, será recolhido ao fundo penitenciário, na forma da lei.

•• Artigo com redação determinada pela Lei n. 12.403, de 4-5-2011.

Art. 346. No caso de quebramento de fiança, feitas as deduções previstas no art. 345 deste Código, o valor restante será recolhido ao fundo penitenciário, na forma da lei.

•• Artigo com redação determinada pela Lei n. 12.403, de 4-5-2011.

Art. 347. Não ocorrendo a hipótese do art. 345, o saldo será entregue a quem houver prestado a fiança, depois de deduzidos os encargos a que o réu estiver obrigado.

Art. 348. Nos casos em que a fiança tiver sido prestada por meio de hipoteca, a execução será promovida no juízo cível pelo órgão do Ministério Público.

Art. 349. Se a fiança consistir em pedras, objetos ou metais preciosos, o juiz determinará a venda por leiloeiro ou corretor.

Art. 350. Nos casos em que couber fiança, o juiz, verificando a situação econômica do preso, poderá conceder-lhe liberdade provisória, sujeitando-o às obrigações constantes dos arts. 327 e 328 deste Código e a outras medidas cautelares, se for o caso.

•• *Caput* com redação determinada pela Lei n. 12.403, de 4-5-2011.

• *Vide* art. 32, § 2.º, do CPP.

Parágrafo único. Se o beneficiado descumprir, sem motivo justo, qualquer das obrigações ou medidas impostas, aplicar-se-á o disposto no § 4.º do art. 282 deste Código.

•• Parágrafo único com redação determinada pela Lei n. 12.403, de 4-5-2011.

TÍTULO X
DAS CITAÇÕES E INTIMAÇÕES

CAPÍTULO I
DAS CITAÇÕES

• *Vide* art. 5.º, LV, da CF.

• *Vide* arts. 564, III, *e*, e 570 a 572 do CPP.

• *Vide* arts. 66 e s. da Lei n. 9.099, de 26-9-1995.

Art. 351. A citação inicial far-se-á por mandado, quando o réu estiver no território sujeito à jurisdição do juiz que a houver ordenado.

Art. 352. O mandado de citação indicará:

• *Vide* arts. 396, *caput*, e 406, *caput*, do CPP.

• *Vide* art. 78 da Lei n. 9.099, de 26-9-1995 (Juizados Especiais).

• *Vide* art. 56, *caput*, da Lei n. 11.343, de 23-8-2006 (drogas).

I – o nome do juiz;

II – o nome do querelante nas ações iniciadas por queixa;

III – o nome do réu, ou, se for desconhecido, os seus sinais característicos;

IV – a residência do réu, se for conhecida;

V – o fim para que é feita a citação;

VI – o juízo e o lugar, o dia e a hora em que o réu deverá comparecer;

VII – a subscrição do escrivão e a rubrica do juiz.

• *Vide* Súmula 366 do STF.

Art. 353. Quando o réu estiver fora do território da jurisdição do juiz processante, será citado mediante precatória.

• *Vide* Súmula 155 do STF.

• *Vide* Súmula 273 do STJ.

Art. 354. A precatória indicará:

I – o juiz deprecado e o juiz deprecante;

II – a sede da jurisdição de um e de outro;

III – o fim para que é feita a citação, com todas as especificações;

IV – o juízo do lugar, o dia e a hora em que o réu deverá comparecer.

Art. 355. A precatória será devolvida ao juiz deprecante, independentemente de traslado, depois de lançado o "cumpra-se" e de feita a citação por mandado do juiz deprecado.

§ 1.º Verificado que o réu se encontra em território sujeito à jurisdição de outro juiz, a este remeterá o juiz deprecado os autos para efetivação da diligência, desde que haja tempo para fazer-se a citação.

§ 2.º Certificado pelo oficial de justiça que o réu se oculta para não ser citado, a precatória será imediatamente devolvida, para o fim previsto no art. 362.

Art. 356. Se houver urgência, a precatória, que conterá em resumo os requisitos enumerados no art. 354, poderá ser expedida por via telegráfica, depois de reconhecida a firma do juiz, o que a estação expedidora mencionará.

Art. 357. São requisitos da citação por mandado:

I – leitura do mandado ao citando pelo oficial e entrega da contrafé, na qual se mencionarão dia e hora da citação;

• *Vide* art. 5.º, XI, da CF.

II – declaração do oficial, na certidão, da entrega da contrafé, e sua aceitação ou recusa.

Art. 358. A citação do militar far-se-á por intermédio do chefe do respectivo serviço.

• *Vide* art. 221, § 2.º, do CPP.

Art. 359. O dia designado para funcionário público comparecer em juízo, como acusado, será notificado assim a ele como ao chefe de sua repartição.

• *Vide* art. 221, § 3.º, do CPP.

Art. 360. Se o réu estiver preso, será pessoalmente citado.

•• Artigo com redação determinada pela Lei n. 10.792, de 1.º-12-2003.

• *Vide* Súmula 351 do STF.

Art. 361. Se o réu não for encontrado, será citado por edital, com o prazo de 15 (quinze) dias.

• *Vide* arts. 366, 396, parágrafo único, e 406, § 1.º, do CPP.

• *Vide* Súmulas 351 e 366 do STF.

Art. 362. Verificando que o réu se oculta para não ser citado, o oficial de justiça certificará a ocorrência e procederá à citação com hora certa, na forma estabelecida nos arts. 227 a 229 da Lei n. 5.869, de 11 de janeiro de 1973 – Código de Processo Civil.

•• *Caput* com redação determinada pela Lei n. 11.719, de 20-6-2008.

•• A referência é feita ao CPC de 1973. Dispositivos correspondentes no CPC de 2015: arts. 252 a 254.

Parágrafo único. Completada a citação com hora certa, se o acusado não comparecer, ser-lhe-á nomeado defensor dativo.

•• Parágrafo único acrescentado pela Lei n. 11.719, de 20-6-2008.

• *Vide* arts. 261 a 267 e 396-A, § 2.º, do CPP.

Art. 363. O processo terá completada a sua formação quando realizada a citação do acusado.

•• *Caput* com redação determinada pela Lei n. 11.719, de 20-6-2008.

I e II – (*Revogados pela Lei n. 11.719, de 20-6-2008.*)

§ 1.º Não sendo encontrado o acusado, será procedida a citação por edital.

•• § 1.º acrescentado pela Lei n. 11.719, de 20-6-2008.

• *Vide* arts. 361, 366, 396, parágrafo único, e 406, § 1.º, do CPP.

§ 2.º (*Vetado.*)

•• § 2.º acrescentado pela Lei n. 11.719, de 20-6-2008.

§ 3.º (*Vetado.*)

•• § 3.º acrescentado pela Lei n. 11.719, de 20-6-2008.

§ 4.º Comparecendo o acusado citado por edital, em qualquer tempo, o processo observará o disposto nos arts. 394 e seguintes deste Código.

•• § 4.º acrescentado pela Lei n. 11.719, de 20-6-2008.

Art. 364. No caso do artigo anterior, n. I, o prazo será fixado pelo juiz entre 15 (quinze) e 90 (noventa) dias, de acordo com as circunstâncias, e, no caso de n. II, o prazo será de 30 (trinta) dias.

• *Vide* art. 361 do CPP.

Art. 365. O edital de citação indicará:

I – o nome do juiz que a determinar;

II – o nome do réu, ou, se não for conhecido, os seus sinais característicos, bem como sua residência e profissão, se constarem do processo;

•• *Vide* art. 259 do CPP.

III – o fim para que é feita a citação;

IV – o juízo e o dia, a hora e o lugar em que o réu deverá comparecer;

V – o prazo, que será contado do dia da publicação do edital na imprensa, se houver, ou da sua afixação.

• *Vide* Súmula 366 do STF.

Parágrafo único. O edital será afixado à porta do edifício onde funcionar o juízo e será publicado pela imprensa, onde houver, devendo a afixação ser certificada pelo oficial que a tiver feito e a publicação provada por exemplar do jornal ou certidão do escrivão, da qual conste a página do jornal com a data da publicação.

Art. 366. Se o acusado, citado por edital, não comparecer, nem constituir advogado, ficarão suspensos o processo e o curso do prazo prescricional, podendo o juiz determinar a produção antecipada das provas consideradas urgentes e, se for o caso, decretar prisão preventiva, nos termos do disposto no art. 312.

•• A Lei n. 11.719, de 20-6-2008, propôs nova redação para este *caput*, porém teve seu texto vetado. O texto vetado dizia: "Art. 366. A citação ainda será feita por edital quando inacessível, por motivo de força maior, o lugar em que estiver o réu".

•• *Vide* Súmulas 415 e 455 do STJ.

§ 1.º e 2.º (*Revogados pela Lei n. 11.719, de 20-6-2008.*)

Art. 367. O processo seguirá sem a presença do acusado que, citado ou intimado pessoalmente para qualquer ato, deixar de comparecer sem motivo justificado, ou, no caso de mudança de residência, não comunicar o novo endereço ao juízo.

•• Artigo com redação determinada pela Lei n. 9.271, de 17-4-1996.

Art. 368. Estando o acusado no estrangeiro, em lugar sabido, será citado mediante carta rogatória, suspendendo-se o curso do prazo de prescrição até o seu cumprimento.

•• Artigo com redação determinada pela Lei n. 9.271, de 17-4-1996.

Art. 369. As citações que houverem de ser feitas em legações estrangeiras serão efetuadas mediante carta rogatória.

•• Artigo com redação determinada pela Lei n. 9.271, de 17-4-1996.

•• *Vide* arts. 783 a 786 do CPP sobre cartas rogatórias.

Capítulo II
DAS INTIMAÇÕES

Art. 370. Nas intimações dos acusados, das testemunhas e demais pessoas que devam tomar conhecimento de qualquer ato, será observado, no que for aplicável, o disposto no Capítulo anterior.

•• *Caput* com redação determinada pela Lei n. 9.271, de 17-4-1996.

•• *Vide* arts. 392 e 570, sobre intimação do réu.

• *Vide* art. 21 da Lei n. 11.340, de 7-8-2006.

• *Vide* Súmulas 155, 310, 431, 707 e 710 do STF.

• *Vide* Súmula 273 do STJ.

§ 1.º A intimação do defensor constituído, do advogado do querelante e do assistente far-se-á por publicação no órgão incumbido da publicidade dos atos judiciais da comarca, incluindo, sob pena de nulidade, o nome do acusado.

•• § 1.º com redação determinada pela Lei n. 9.271, de 17-4-1996.

• *Vide* art. 420, II, do CPP.

• *Vide* art. 67 da Lei n. 9.099, de 26-9-1995.

§ 2.º Caso não haja órgão de publicação dos atos judiciais na comarca, a intimação far-se-á diretamente pelo escrivão, por mandado, ou via postal com comprovante de recebimento, ou por qualquer outro meio idôneo.

•• § 2.º com redação determinada pela Lei n. 9.271, de 17-4-1996.

§ 3.º A intimação pessoal, feita pelo escrivão, dispensará a aplicação a que alude o § 1.º.

•• § 3.º acrescentado pela Lei n. 9.271, de 17-4-1996.

§ 4.º A intimação do Ministério Público e do defensor nomeado será pessoal.

•• § 4.º acrescentado pela Lei n. 9.271, de 17-4-1996.

Art. 371. Será admissível a intimação por despacho na petição em que for requerida, observado o disposto no art. 357.

Art. 372. Adiada, por qualquer motivo, a instrução criminal, o juiz marcará desde logo, na presença das partes e testemunhas, dia e hora para seu prosseguimento, do que se lavrará termo nos autos.

TÍTULO XI
DA APLICAÇÃO PROVISÓRIA DE INTERDIÇÕES DE DIREITOS E MEDIDAS DE SEGURANÇA

•• Prejudicados os arts. 373 a 380 do Título XI do CPP, pelo disposto nos arts. 147, 171 e 172 da LEP (Lei n. 7.210, de 11-7-1984).

•• Sobre penas restritivas de direito e interdição temporária de direito, tratam os arts. 43, 44 e 47 do CP.

Art. 373. A aplicação provisória de interdições de direitos poderá ser determinada pelo juiz, de ofício, ou a requerimento do Ministério Público, do querelante, do assistente, do ofendido, ou de seu representante legal, ainda que este não se tenha constituído como assistente:

I – durante a instrução criminal após a apresentação da defesa ou do prazo concedido para esse fim;

II – na sentença de pronúncia;

III – na decisão confirmatória da pronúncia ou na que, em grau de recurso, pronunciar o réu;

IV – na sentença condenatória recorrível.

§ 1.º No caso do n. I, havendo requerimento de aplicação da medida, o réu ou seu defensor será ouvido no prazo de 2 (dois) dias.

§ 2.º Decretada a medida, serão feitas as comunicações necessárias para a sua execução, na forma do disposto no Capítulo III do Título II do Livro IV.

• *Vide* arts. 691 a 695 do CPP, sobre penas acessórias.

Art. 374. Não caberá recurso do despacho ou da parte da sentença que decretar ou denegar a aplicação provisória de interdições de direitos, mas estas poderão ser substituídas ou revogadas:

I – se aplicadas no curso da instrução criminal, durante esta ou pelas sentenças a que se referem os ns. II, III e IV do artigo anterior;

II – se aplicadas na sentença de pronúncia, pela decisão que, em grau de recurso, a confirmar, total ou parcialmente, ou pela sentença condenatória recorrível;

III – se aplicadas na decisão a que se refere o n. III do artigo anterior, pela sentença condenatória recorrível.

• *Vide* Súmula 23 do TFR.

Art. 375. O despacho que aplicar, provisoriamente, substituir ou revogar interdição de direito, será fundamentado.

Art. 376. A decisão que impronunciar ou absolver o réu fará cessar a aplicação provisória da interdição anteriormente determinada.

Art. 377. Transitando em julgado a sentença condenatória, serão executadas somente as interdições nela aplicadas ou que derivarem da imposição da pena principal.

Art. 378. A aplicação provisória de medida de segurança obedecerá ao disposto nos artigos anteriores, com as modificações seguintes:

I – o juiz poderá aplicar, provisoriamente, a medida de segurança, de ofício, ou a requerimento do Ministério Público;

II – a aplicação poderá ser determinada ainda no curso do inquérito, mediante representação da autoridade policial;

III – a aplicação provisória de medida de segurança, a substituição ou a revogação da anteriormente aplicada poderão ser determinadas, também, na sentença absolutória;

IV – decretada a medida, atender-se-á ao disposto no Título V do Livro IV, no que for aplicável.

Art. 379. Transitando em julgado a sentença, observar-se-á, quanto à execução das medidas de segurança definitivamente aplicadas, o disposto no Título V do Livro IV.

• *Vide* arts. 751 a 779 do CPP, sobre execução das medidas de segurança.

Art. 380. A aplicação provisória de medida de segurança obstará a concessão de fiança, e tornará sem efeito a anteriormente concedida.

TÍTULO XII
DA SENTENÇA

• *Vide* art. 93, IX, da CF.

Art. 381. A sentença conterá:

I – os nomes das partes ou, quando não possível, as indicações necessárias para identificá-las;

II – a exposição sucinta da acusação e da defesa;

• *Vide* art. 564, IV, do CPP.

• *Vide* art. 81, § 3.º, da Lei n. 9.099, de 26-9-1995.

III – a indicação dos motivos de fato e de direito em que se fundar a decisão;

IV – a indicação dos artigos de lei aplicados;

V – o dispositivo;

VI – a data e a assinatura do juiz.

Art. 382. Qualquer das partes poderá, no prazo de 2 (dois) dias, pedir ao juiz que declare a sentença, sempre que nela houver obscuridade, ambiguidade, contradição ou omissão.

• *Vide* art. 798, § 1.º, do CPP.

• *Vide* art. 83 da Lei n. 9.099, de 26-9-1995.

• *Vide* Súmula 710 do STF.

Art. 383. O juiz, sem modificar a descrição do fato contida na denúncia ou queixa, poderá atribuir-lhe definição jurídica diversa, ainda que, em consequência, tenha de aplicar pena mais grave.

•• *Caput* com redação determinada pela Lei n. 11.719, de 20-6-2008.

§ 1.º Se, em consequência de definição jurídica diversa, houver possibilidade de proposta de suspensão condicional do processo, o juiz procederá de acordo com o disposto na lei.

•• § 1.º acrescentado pela Lei n. 11.719, de 20-6-2008.

•• *Vide* Súmulas 696 e 723 do STF.

•• *Vide* Súmulas 243 e 337 do STJ.

• *Vide* art. 89 da Lei n. 9.099, de 26-9-1995 (Juizados Especiais).

§ 2.º Tratando-se de infração da competência de outro juízo, a este serão encaminhados os autos.

•• § 2.º acrescentado pela Lei n. 11.719, de 20-6-2008.

Art. 384. Encerrada a instrução probatória, se entender cabível nova definição jurídica do fato, em consequência de prova existente nos autos de elemento ou circunstância da infração penal não contida na acusação, o Ministério Público deverá aditar a denúncia ou queixa, no prazo de 5 (cinco) dias, se em virtude desta houver sido instaurado o processo em crime de ação pública, reduzindo-se a termo o aditamento, quando feito oralmente.

•• *Caput* com redação determinada pela Lei n. 11.719, de 20-6-2008.

§ 1.º Não procedendo o órgão do Ministério Público ao aditamento, aplica-se o art. 28 deste Código.

•• § 1.º acrescentado pela Lei n. 11.719, de 20-6-2008.

§ 2.º Ouvido o defensor do acusado no prazo de 5 (cinco) dias e admitido o aditamento, o juiz, a requerimento de qualquer das partes, designará dia e hora para continuação da audiência, com inquirição de testemunhas, novo interrogatório do acusado, realização de debates e julgamento.

•• § 2.º acrescentado pela Lei n. 11.719, de 20-6-2008.

§ 3.º Aplicam-se as disposições dos §§ 1.º e 2.º do art. 383 ao *caput* deste artigo.

•• § 3.º acrescentado pela Lei n. 11.719, de 20-6-2008.

§ 4.º Havendo aditamento, cada parte poderá arrolar até 3 (três) testemunhas, no prazo de 5 (cinco) dias, ficando o juiz, na sentença, adstrito aos termos do aditamento.

•• § 4.º acrescentado pela Lei n. 11.719, de 20-6-2008.

§ 5.º Não recebido o aditamento, o processo prosseguirá.

•• § 5.º acrescentado pela Lei n. 11.719, de 20-6-2008.

Art. 385. Nos crimes de ação pública, o juiz poderá proferir sentença condenatória, ainda que o Ministério Público tenha opinado pela absolvição, bem como reconhecer agravantes, embora nenhuma tenha sido alegada.

Art. 386. O juiz absolverá o réu, mencionando a causa na parte dispositiva, desde que reconheça:

I – estar provada a inexistência do fato;

II – não haver prova da existência do fato;

• *Vide* arts. 63 a 68 do CPP.

III – não constituir o fato infração penal;

• *Vide* art. 5.º, LVII, da CF.
• *Vide* arts. 397, III, e 415, III, do CPP.

IV – estar provado que o réu não concorreu para a infração penal;

•• Inciso IV com redação determinada pela Lei n. 11.690, de 9-6-2008.

V – não existir prova de ter o réu concorrido para a infração penal;

•• Inciso V com redação determinada pela Lei n. 11.690, de 9-6-2008.

• *Vide* art. 5.º, LVII, da CF.

VI – existirem circunstâncias que excluam o crime ou isentem o réu de pena (arts. 20, 21, 22, 23, 26 e § 1.º do art. 28, todos do Código Penal), ou mesmo se houver fundada dúvida sobre sua existência;

•• Inciso VI com redação determinada pela Lei n. 11.690, de 9-6-2008.
• *Vide* arts. 65, 397, I e II, e 415 do CPP.

VII – não existir prova suficiente para a condenação.

•• Inciso VII com redação determinada pela Lei n. 11.690, de 9-6-2008.
•• *Vide* art. 5.º, LVI e LVII, da CF.
• *Vide* Súmula 422 do STF.

Parágrafo único. Na sentença absolutória, o juiz:

I – mandará, se for o caso, pôr o réu em liberdade;

• *Vide* art. 596 do CPP.

II – ordenará a cessação das medidas cautelares e provisoriamente aplicadas;

•• Inciso II com redação determinada pela Lei n. 11.690, de 9-6-2008.

III – aplicará medida de segurança, se cabível.

• *Vide* Súmulas 422 e 525 do STF.

Art. 387. O juiz, ao proferir sentença condenatória:

• *Vide* art. 617 do CPP.

I – mencionará as circunstâncias agravantes ou atenuantes definidas no Código Penal, e cuja existência reconhecer;

• CP, arts. 61 e 62 (circunstâncias agravantes), 65 e 66 (circunstâncias atenuantes), e 67 (concurso de circunstâncias agravantes e atenuantes).
• *Vide* Súmula 716 do STF.
• *Vide* Súmulas 241, 440 e 444 do STJ.

II – mencionará as outras circunstâncias apuradas e tudo o mais que deva ser levado em conta na aplicação da pena, de acordo com o disposto nos arts. 59 e 60 do Decreto-lei n. 2.848, de 7 de dezembro de 1940 – Código Penal;

•• Inciso II com redação determinada pela Lei n. 11.719, de 20-6-2008.
• *Vide* art. 492 do CPP.

III – aplicará as penas de acordo com essas conclusões;

•• Inciso III com redação determinada pela Lei n. 11.719, de 20-6-2008.
• *Vide* art. 5.º, XLVI, da CF.

IV – fixará valor mínimo para reparação dos danos causados pela infração, considerando os prejuízos sofridos pelo ofendido;

•• Inciso IV com redação determinada pela Lei n. 11.719, de 20-6-2008.
•• *Vide* arts. 63 e 64 do CPP.

V – atenderá, quanto à aplicação provisória de interdições de direitos e medidas de segurança, ao disposto no Título XI deste Livro;

•• Entendemos prejudicado o disposto neste inciso, pois o citado Título XI deste Livro encontra-se tacitamente revogado pelo advento da Lei n. 7.210, de 11-7-1984.

VI – determinará se a sentença deverá ser publicada na íntegra ou em resumo e designará o jornal em que será feita a publicação (art. 73, § 1.º, do Código Penal).

•• Referência a dispositivo original do CP. A nova Parte Geral não traz correspondente.

§ 1.º O juiz decidirá, fundamentadamente, sobre a manutenção ou, se for o caso, a imposição de prisão preventiva ou de outra medida cautelar, sem prejuízo do conhecimento de apelação que vier a ser interposta

•• Primitivo parágrafo único renumerado pela Lei n. 12.736, de 30-11-2012.

•• *Vide* art. 5.º, LVII, da CF.

• *Vide* arts. 311 a 318, 492, I, e 593 do CPP.

• *Vide* Súmula 347 do STJ.

• *Vide* art. 2.º, § 3.º, da Lei n. 8.072, de 25-7-1990 (crimes hediondos).

• *Vide* art. 59 da Lei n. 11.343, de 23-8-2006 (drogas).

§ 2.º O tempo de prisão provisória, de prisão administrativa ou de internação, no Brasil ou no estrangeiro, será computado para fins de determinação do regime inicial de pena privativa de liberdade.

•• § 2.º acrescentado pela Lei n. 12.736, de 30-11-2012.

Art. 388. A sentença poderá ser datilografada e neste caso o juiz a rubricará em todas as folhas.

Art. 389. A sentença será publicada em mão do escrivão, que lavrará nos autos o respectivo termo, registrando-a em livro especialmente destinado a esse fim.

• *Vide* art. 799 do CPP.

Art. 390. O escrivão, dentro de 3 (três) dias após a publicação, e sob pena de suspensão de 5 (cinco) dias, dará conhecimento da sentença ao órgão do Ministério Público.

• *Vide* arts. 799 e 800, § 4.º, do CPP.

Art. 391. O querelante ou o assistente será intimado da sentença, pessoalmente ou na pessoa de seu advogado. Se nenhum deles for encontrado no lugar da sede do juízo, a intimação será feita mediante edital com o prazo de 10 (dez) dias, afixado no lugar de costume.

• *Vide* arts. 268 a 273 e 370, § 1.º, do CPP.

Art. 392. A intimação da sentença será feita:

• *Vide* art. 798 do CPP.

• *Vide* Súmulas 310 e 710 do STF.

I – ao réu, pessoalmente, se estiver preso;

II – ao réu, pessoalmente, ou ao defensor por ele constituído, quando se livrar solto, ou, sendo afiançável a infração, tiver prestado fiança;

• *Vide* arts. 321 a 324 e 370, §§ 1.º a 4.º, do CPP.

III – ao defensor constituído pelo réu, se este, afiançável, ou não, a infração, expedido o mandado de prisão, não tiver sido encontrado, e assim o certificar o oficial de justiça;

• *Vide* art. 370, §§ 1.º a 4.º, do CPP.

IV – mediante edital, nos casos do n. II, se o réu e o defensor que houver constituído não forem encontrados, e assim o certificar o oficial de justiça;

V – mediante edital, nos casos do n. III, se o defensor que o réu houver constituído também não for encontrado, e assim o certificar o oficial de justiça;

VI – mediante edital, se o réu, não tendo constituído defensor, não for encontrado, e assim o certificar o oficial de justiça.

§ 1.º O prazo do edital será de 90 (noventa) dias, se tiver sido imposta pena privativa de liberdade por tempo igual ou superior a 1 (um) ano, e de 60 (sessenta) dias, nos outros casos.

§ 2.º O prazo para apelação correrá após o término do fixado no edital, salvo se, no curso deste, for feita a intimação por qualquer das outras formas estabelecidas neste artigo.

Art. 393. (*Revogado pela Lei n. 12.403, de 4-5-2011.*)

LIVRO II
DOS PROCESSOS EM ESPÉCIE

TÍTULO I
DO PROCESSO COMUM

CAPÍTULO I
DA INSTRUÇÃO CRIMINAL

Art. 394. O procedimento será comum ou especial.

•• *Caput* com redação determinada pela Lei n. 11.719, de 20-6-2008.

• *Vide* art. 564, I, do CPP.

§ 1.º O procedimento comum será ordinário, sumário ou sumaríssimo:

•• § 1.º, *caput*, acrescentado pela Lei n. 11.719, de 20-6-2008.

I – ordinário, quando tiver por objeto crime cuja sanção máxima cominada for igual ou superior a 4 (quatro) anos de pena privativa de liberdade;

•• Inciso I acrescentado pela Lei n. 11.719, de 20-6-2008.

II – sumário, quando tiver por objeto crime cuja sanção máxima cominada seja inferior a 4 (quatro) anos de pena privativa de liberdade;

•• Inciso II acrescentado pela Lei n. 11.719, de 20-6-2008.

III – sumaríssimo, para as infrações penais de menor potencial ofensivo, na forma da lei.

•• Inciso III acrescentado pela Lei n. 11.719, de 20-6-2008.

•• *Vide* art. 538 do CPP.

•• *Vide* arts. 61 e 77 a 83 da Lei n. 9.099, de 26-9-1995 (Juizados Especiais).

•• *Vide* art. 94 da Lei n. 10.741, de 1.º-10-2003 (Estatuto do Idoso).

• *Vide* art. 41 da Lei n. 11.340, de 7-8-2006 (violência doméstica).

• *Vide* Súmula 428 do STJ.

§ 2.º Aplica-se a todos os processos o procedimento comum, salvo disposições em contrário deste Código ou de lei especial.

•• § 2.º acrescentado pela Lei n. 11.719, de 20-6-2008.

§ 3.º Nos processos de competência do Tribunal do Júri, o procedimento observará as disposições estabelecidas nos arts. 406 a 497 deste Código.

•• § 3.º acrescentado pela Lei n. 11.719, de 20-6-2008.

§ 4.º As disposições dos arts. 395 a 398 deste Código aplicam-se a todos os procedimentos penais de primeiro grau, ainda que não regulados neste Código.

•• § 4.º acrescentado pela Lei n. 11.719, de 20-6-2008.

•• Citado art. 398 deste Código foi revogado pela Lei n. 11.719, de 20-6-2008.

• *Vide* Lei n. 8.038, de 28-5-1990.

• *Vide* Lei n. 8.658, de 26-5-1993.

§ 5.º Aplicam-se subsidiariamente aos procedimentos especial, sumário e sumaríssimo as disposições do procedimento ordinário.

•• § 5.º acrescentado pela Lei n. 11.719, de 20-6-2008.

Art. 394-A. Os processos que apurem a prática de crime hediondo terão prioridade de tramitação em todas as instâncias.

•• Artigo acrescentado pela Lei n. 13.285, de 10-5-2016.

Art. 395. A denúncia ou queixa será rejeitada quando:

•• *Caput* com redação determinada pela Lei n. 11.719, de 20-6-2008.

I – for manifestamente inepta;

•• Inciso I acrescentado pela Lei n. 11.719, de 20-6-2008.

• *Vide* art. 41 do CPP.

II – faltar pressuposto processual ou condição para o exercício da ação penal; ou

•• Inciso II acrescentado pela Lei n. 11.719, de 20-6-2008.

III – faltar justa causa para o exercício da ação penal.

•• Inciso III acrescentado pela Lei n. 11.719, de 20-6-2008.

• *Vide* art. 581, I, do CPP.

• *Vide* art. 82 da Lei n. 9.099, de 26-9-1995.

• *Vide* Súmulas 524, 707 e 709 do STF.

Parágrafo único. (*Revogado pela Lei n. 11.719, de 20-6-2008.*)

•• A Lei n. 11.719, de 20-6-2008, acrescentou este parágrafo único, porém com texto revogado.

Art. 396. Nos procedimentos ordinário e sumário, oferecida a denúncia ou queixa, o juiz, se não a rejeitar liminarmente, recebê-la-á e ordenará a citação do acusado para responder à acusação, por escrito, no prazo de 10 (dez) dias.

•• *Caput* com redação determinada pela Lei n. 11.719, de 20-6-2008.

Parágrafo único. No caso de citação por edital, o prazo para a defesa começará a fluir a partir do comparecimento pessoal do acusado ou do defensor constituído.

•• Parágrafo único com redação determinada pela Lei n. 11.719, de 20-6-2008.

Art. 396-A. Na resposta, o acusado poderá arguir preliminares e alegar tudo o que interesse à sua defesa, oferecer documentos e justificações, especificar as provas pretendidas e arrolar testemunhas, qualificando-as e requerendo sua intimação, quando necessário.

•• *Caput* acrescentado pela Lei n. 11.719, de 20-6-2008.

§ 1.º A exceção será processada em apartado, nos termos dos arts. 95 a 112 deste Código.

•• § 1.º acrescentado pela Lei n. 11.719, de 20-6-2008.

§ 2.º Não apresentada a resposta no prazo legal, ou se o acusado, citado, não constituir defensor, o juiz nomeará defensor para oferecê-la, concedendo-lhe vista dos autos por 10 (dez) dias.

•• § 2.º acrescentado pela Lei n. 11.719, de 20-6-2008.

• *Vide* art. 366 do CPP.

Art. 397. Após o cumprimento do disposto no art. 396-A, e parágrafos, deste Código, o juiz deverá absolver sumariamente o acusado quando verificar:

•• *Caput* com redação determinada pela Lei n. 11.719, de 20-6-2008.

• *Vide* arts. 415 e 593 do CPP.

I – a existência manifesta de causa excludente da ilicitude do fato;

•• Inciso I acrescentado pela Lei n. 11.719, de 20-6-2008.

•• Os arts. 23 a 25 do CP dispõem sobre três causas excludentes de ilicitude: estado de necessidade, legítima defesa e estrito cumprimento de dever legal ou exercício regular de direito.

II – a existência manifesta de causa excludente da culpabilidade do agente, salvo inimputabilidade;

•• Inciso II acrescentado pela Lei n. 11.719, de 20-6-2008.

III – que o fato narrado evidentemente não constitui crime; ou

•• Inciso III acrescentado pela Lei n. 11.719, de 20-6-2008.

•• *Vide* art. 5.º, XXXIX, da CF.

IV – extinta a punibilidade do agente.

•• Inciso IV acrescentado pela Lei n. 11.719, de 20-6-2008.

•• O art. 107 do CP elenca casos de extinção da punibilidade.

• *Vide* arts. 61 e 581, VIII, do CPP.

Art. 398. (*Revogado pela Lei n. 11.719, de 20-6-2008.*)

Art. 399. Recebida a denúncia ou queixa, o juiz designará dia e hora para a audiência, ordenando a intimação do acusado, de seu defensor, do Ministério Público e, se for o caso, do querelante e do assistente.

•• *Caput* com redação determinada pela Lei n. 11.719, de 20-6-2008.

• *Vide* art. 5.º, LV, da CF.

• *Vide* arts. 370 a 372 do CPP.

§ 1.º O acusado preso será requisitado para comparecer ao interrogatório, devendo o poder público providenciar sua apresentação.

•• § 1.º acrescentado pela Lei n. 11.719, de 20-6-2008.

•• *Vide* arts. 260 e 564, III, *e*, do CPP.

• *Vide* arts. 185 a 196 do CPP.

§ 2.º O juiz que presidiu a instrução deverá proferir a sentença.

•• § 2.º acrescentado pela Lei n. 11.719, de 20-6-2008.

•• *Vide* art. 5.º, LIII, da CF.

Art. 400. Na audiência de instrução e julgamento, a ser realizada no prazo máximo de 60 (sessenta) dias, proceder-se-á à tomada de declarações do ofendido, à inquirição das testemunhas arroladas pela acusação e pela defesa, nesta ordem, ressalvado o disposto no art. 222 deste Código, bem como aos esclarecimentos dos peritos, às acareações e ao reconhecimento de pessoas e coisas, interrogando-se, em seguida, o acusado.

•• *Caput* com redação determinada pela Lei n. 11.719, de 20-6-2008.

•• *Vide* art. 533 do CPP.

§ 1.º As provas serão produzidas numa só audiência, podendo o juiz indeferir as consideradas irrelevantes, impertinentes ou protelatórias.

•• § 1.º acrescentado pela Lei n. 11.719, de 20-6-2008.

§ 2.º Os esclarecimentos dos peritos dependerão de prévio requerimento das partes.

•• § 2.º acrescentado pela Lei n. 11.719, de 20-6-2008.

•• *Vide* art. 278 do CPP.

• *Vide* arts. 159, § 5.º, I, e 396-A, *caput*, do CPP.

Art. 401. Na instrução poderão ser inquiridas até 8 (oito) testemunhas arroladas pela acusação e 8 (oito) pela defesa.

•• *Caput* com redação determinada pela Lei n. 11.719, de 20-6-2008.

§ 1.º Nesse número não se compreendem as que não prestem compromisso e as referidas.

•• § 1.º acrescentado pela Lei n. 11.719, de 20-6-2008.

•• *Vide* art. 208 do CPP.

§ 2.º A parte poderá desistir da inquirição de qualquer das testemunhas arroladas, ressalvado o disposto no art. 209 deste Código.

•• § 2.º acrescentado pela Lei n. 11.719, de 20-6-2008.

Art. 402. Produzidas as provas, ao final da audiência, o Ministério Público, o querelante e o assistente e, a seguir, o acusado poderão requerer diligências cuja necessidade se origine de circunstâncias ou fatos apurados na instrução.

•• Artigo com redação determinada pela Lei n. 11.719, de 20-6-2008.

Art. 403. Não havendo requerimento de diligências, ou sendo indeferido, serão oferecidas alegações finais orais por 20 (vinte) minutos, respectivamente, pela acusação e pela defesa, prorrogáveis por mais 10 (dez), proferindo o juiz, a seguir, sentença.

•• *Caput* com redação determinada pela Lei n. 11.719, de 20-6-2008.

§ 1.º Havendo mais de um acusado, o tempo previsto para a defesa de cada um será individual.

•• § 1.º acrescentado pela Lei n. 11.719, de 20-6-2008.

§ 2.º Ao assistente do Ministério Público, após a manifestação desse, serão concedidos 10 (dez) minutos, prorrogando-se por igual período o tempo de manifestação da defesa.

•• § 2.º acrescentado pela Lei n. 11.719, de 20-6-2008.

• *Vide* arts. 268 e s. do CPP.

§ 3.º O juiz poderá, considerada a complexidade do caso ou o número de acusados, conceder às partes o prazo de 5 (cinco) dias sucessivamente para a apresentação de memoriais. Nesse caso, terá o prazo de 10 (dez) dias para proferir a sentença.

•• § 3.º acrescentado pela Lei n. 11.719, de 20-6-2008.

• *Vide* art. 800, § 3.º, do CPP.

Art. 404. Ordenado diligência considerada imprescindível, de ofício ou a requerimento da parte, a audiência será concluída sem as alegações finais.

•• *Caput* com redação determinada pela Lei n. 11.719, de 20-6-2008.

Parágrafo único. Realizada, em seguida, a diligência determinada, as partes apresentarão, no prazo sucessivo de 5 (cinco) dias, suas alegações finais, por memorial, e, no prazo de 10 (dez) dias, o juiz proferirá a sentença.

•• Parágrafo único acrescentado pela Lei n. 11.719, de 20-6-2008.

Art. 405. Do ocorrido em audiência será lavrado termo em livro próprio, assinado pelo juiz e pelas partes, contendo breve resumo dos fatos relevantes nela ocorridos.

•• *Caput* com redação determinada pela Lei n. 11.719, de 20-6-2008.

§ 1.º Sempre que possível, o registro dos depoimentos do investigado, indiciado, ofendido e testemunhas será feito pelos meios ou recursos de gravação magnética, estenotipia, digital ou técnica similar, inclusive audiovisual, destinada a obter maior fidelidade das informações.

•• § 1.º acrescentado pela Lei n. 11.719, de 20-6-2008.

§ 2.º No caso de registro por meio audiovisual, será encaminhado às partes cópia do registro original, sem necessidade de transcrição.

•• § 2.º acrescentado pela Lei n. 11.719, de 20-6-2008.

• A Resolução n. 105, de 6-4-2010, dispõe sobre a documentação dos depoimentos por meio do sistema audiovisual e realização de interrogatório e inquirição de testemunhas por videoconferência.

Capítulo II
DO PROCEDIMENTO RELATIVO AOS PROCESSOS DA COMPETÊNCIA DO TRIBUNAL DO JÚRI

•• Capítulo II com denominação determinada pela Lei n. 11.689, de 9-6-2008.

•• *Vide* art. 5.º, XXXVIII, da CF.

•• *Vide* art. 74, § 1.º, do CPP, sobre a competência do júri.

•• *Vide* Súmulas 156, 162, 206, 603, 712, 713 e 721 do STF.

Seção I
Da Acusação e da Instrução Preliminar

Art. 406. O juiz, ao receber a denúncia ou a queixa, ordenará a citação do acusado para responder a acusação, por escrito, no prazo de 10 (dez) dias.

•• *Caput* com redação determinada pela Lei n. 11.689, de 9-6-2008.

• *Vide* art. 800, II, do CPP.

§ 1.º O prazo previsto no *caput* deste artigo será contado a partir do efetivo cumprimento do mandado ou do comparecimento, em juízo, do acusado ou de defensor constituído, no caso de citação inválida ou por edital.

•• § 1.º com redação determinada pela Lei n. 11.689, de 9-6-2008.

• *Vide* Súmula 710 do STF.

§ 2.º A acusação deverá arrolar testemunhas, até o máximo de 8 (oito), na denúncia ou na queixa.

•• § 2.º com redação determinada pela Lei n. 11.689, de 9-6-2008.

§ 3.º Na resposta, o acusado poderá arguir preliminares e alegar tudo que interesse a sua defesa, oferecer documentos e justificações, especificar as provas pretendidas e arrolar testemunhas, até o máximo de 8 (oito), qualificando-as e requerendo sua intimação, quando necessário.

•• § 3.º com redação determinada pela Lei n. 11.689, de 9-6-2008.

Art. 407. As exceções serão processadas em apartado, nos termos dos arts. 95 a 112 deste Código.

•• Artigo com redação determinada pela Lei n. 11.689, de 9-6-2008.

Art. 408. Não apresentada a resposta no prazo legal, o juiz nomeará defensor para oferecê-la em até 10 (dez) dias, concedendo-lhe vista dos autos.

•• Artigo com redação determinada pela Lei n. 11.689, de 9-6-2008.

Art. 409. Apresentada a defesa, o juiz ouvirá o Ministério Público ou o querelante sobre preliminares e documentos, em 5 (cinco) dias.

•• Artigo com redação determinada pela Lei n. 11.689, de 9-6-2008.

Art. 410. O juiz determinará a inquirição das testemunhas e a realização das diligências requeridas pelas partes, no prazo máximo de 10 (dez) dias.

•• Artigo com redação determinada pela Lei n. 11.689, de 9-6-2008.

Art. 411. Na audiência de instrução, proceder-se-á à tomada de declarações do ofendido, se possível, à inquirição das testemunhas arroladas pela acusação e pela defesa, nesta ordem, bem como aos esclarecimentos dos peritos, às acareações e ao reconhecimento de pessoas e coisas, interrogando-se, em seguida, o acusado e procedendo-se o debate.

•• *Caput* com redação determinada pela Lei n. 11.689, de 9-6-2008.

§ 1.º Os esclarecimentos dos peritos dependerão de prévio requerimento e de deferimento pelo juiz.

•• § 1.º com redação determinada pela Lei n. 11.689, de 9-6-2008.

§ 2.º As provas serão produzidas em uma só audiência, podendo o juiz indeferir as consideradas irrelevantes, impertinentes ou protelatórias.

•• § 2.º com redação determinada pela Lei n. 11.689, de 9-6-2008.

§ 3.º Encerrada a instrução probatória, observar-se-á, se for o caso, o disposto no art. 384 deste Código.

•• § 3.º com redação determinada pela Lei n. 11.689, de 9-6-2008.

§ 4.º As alegações serão orais, concedendo-se a palavra, respectivamente, à acusação e à defesa, pelo prazo de 20 (vinte) minutos, prorrogáveis por mais 10 (dez).

•• § 4.º com redação determinada pela Lei n. 11.689, de 9-6-2008.

§ 5.º Havendo mais de 1 (um) acusado, o tempo previsto para a acusação e a defesa de cada um deles será individual.

•• § 5.º com redação determinada pela Lei n. 11.689, de 9-6-2008.

§ 6.º Ao assistente do Ministério Público, após a manifestação deste, serão concedidos 10 (dez) minutos, prorrogando-se por igual período o tempo de manifestação da defesa.

•• § 6.º com redação determinada pela Lei n. 11.689, de 9-6-2008.

§ 7.º Nenhum ato será adiado, salvo quando imprescindível à prova faltante, determinando o juiz a condução coercitiva de quem deva comparecer.

•• § 7.º com redação determinada pela Lei n. 11.689, de 9-6-2008.

§ 8.º A testemunha que comparecer será inquirida, independentemente da suspensão da audiência, observada em qualquer caso a ordem estabelecida no *caput* deste artigo.

•• § 8.º com redação determinada pela Lei n. 11.689, de 9-6-2008.

• *Vide* art. 536 do CPP.

§ 9.º Encerrados os debates, o juiz proferirá a sua decisão, ou o fará em 10 (dez) dias, ordenando que os autos para isso lhe sejam conclusos.

•• § 9.º com redação determinada pela Lei n. 11.689, de 9-6-2008.

Art. 412. O procedimento será concluído no prazo máximo de 90 (noventa) dias.

•• Artigo com redação determinada pela Lei n. 11.689, de 9-6-2008.

•• *Vide* art. 5.º, LXXVIII, da CF.

Seção II
Da Pronúncia, da Impronúncia e da Absolvição Sumária

Art. 413. O juiz, fundamentadamente, pronunciará o acusado, se convencido da materialidade do fato e da existência de indícios suficientes de autoria ou de participação.

•• *Caput* com redação determinada pela Lei n. 11.689, de 9-6-2008.

• *Vide* art. 5.º, LVII, da CF.

• *Vide* arts. 564, III, *f*, e 581, IV, do CPP.

• *Vide* Súmula 191 do STJ.

§ 1.º A fundamentação da pronúncia limitar-se-á à indicação da materialidade do fato e da existência de indícios suficientes de autoria ou de participação, devendo o juiz declarar o dispositivo legal em que julgar incurso o acusado e especificar as circunstâncias qualificadoras e as causas de aumento de pena.

•• § 1.º com redação determinada pela Lei n. 11.689, de 9-6-2008.

• *Vide* art. 418 do CPP.

• *Vide* art. 7.º do Decreto-lei n. 3.931, de 11-12-1941.

§ 2.º Se o crime for afiançável, o juiz arbitrará o valor da fiança para a concessão ou manutenção da liberdade provisória.

•• § 2.º com redação determinada pela Lei n. 11.689, de 9-6-2008.

• *Vide* arts. 321 a 350 do CPP.

§ 3.º O juiz decidirá, motivadamente, no caso de manutenção, revogação ou substituição da prisão ou medida restritiva de liberdade anteriormente decretada e, tratando-se de acusado solto, sobre a necessidade da decretação da prisão ou imposição de quaisquer das medidas previstas no Título IX do Livro I deste Código.

•• § 3.º com redação determinada pela Lei n. 11.689, de 9-6-2008.

•• *Vide* Súmula 21 do STJ.

Art. 414. Não se convencendo da materialidade do fato ou da existência de indícios suficientes de autoria ou de participação, o juiz, fundamentadamente, impronunciará o acusado.

•• *Caput* com redação determinada pela Lei n. 11.689, de 9-6-2008.

Parágrafo único. Enquanto não ocorrer a extinção da punibilidade, poderá ser formulada nova denúncia ou queixa se houver prova nova.

•• Parágrafo único com redação determinada pela Lei n. 11.689, de 9-6-2008.

•• *Vide* Súmula 524 do STF.

• Sobre extinção da punibilidade dispõe o art. 107 do CP.

Art. 415. O juiz, fundamentadamente, absolverá desde logo o acusado, quando:

•• *Caput* com redação determinada pela Lei n. 11.689, de 9-6-2008.

I – provada a inexistência do fato;

•• Inciso I com redação determinada pela Lei n. 11.689, de 9-6-2008.

II – provado não ser ele autor ou partícipe do fato;

•• Inciso II com redação determinada pela Lei n. 11.689, de 9-6-2008.

III – o fato não constituir infração penal;

•• Inciso III com redação determinada pela Lei n. 11.689, de 9-6-2008.

IV – demonstrada causa de isenção de pena ou de exclusão do crime.

•• Inciso IV com redação determinada pela Lei n. 11.689, de 9-6-2008.

Parágrafo único. Não se aplica o disposto no inciso IV do *caput* deste artigo ao caso de inimputabilidade prevista no *caput* do art. 26 do Decreto-lei n. 2.848, de 7 de dezembro de 1940 – Código Penal, salvo quando esta for a única tese defensiva.

•• Parágrafo único com redação determinada pela Lei n. 11.689, de 9-6-2008.

Art. 416. Contra a sentença de impronúncia ou de absolvição sumária caberá apelação.

•• Artigo com redação determinada pela Lei n. 11.689, de 9-6-2008.

• *Vide* art. 593, I, do CPP.

Art. 417. Se houver indícios de autoria ou de participação de outras pessoas não incluídas na acusação, o juiz, ao pronunciar ou impronunciar o acusado, determinará o retorno dos autos ao Ministério Público, por 15 (quinze) dias, aplicável, no que couber, o art. 80 deste Código.

•• Artigo com redação determinada pela Lei n. 11.689, de 9-6-2008.

• *Vide* art. 28 do CPP.

Art. 418. O juiz poderá dar ao fato definição jurídica diversa da constante da acusação, embora o acusado fique sujeito a pena mais grave.

•• Artigo com redação determinada pela Lei n. 11.689, de 9-6-2008.

• *Vide* art. 383 do CPP.

Art. 419. Quando o juiz se convencer, em discordância com a acusação, da existência de crime diverso dos referidos no § 1.º do art. 74 deste Código e não for competente para o julgamento, remeterá os autos ao juiz que o seja.

•• *Caput* com redação determinada pela Lei n. 11.689, de 9-6-2008.

• *Vide* art. 5.º, LV, da CF.

• *Vide* arts. 81, parágrafo único, e 581, II, do CPP.

• *Vide* Súmula 603 do STF.

Parágrafo único. Remetidos os autos do processo a outro juiz, à disposição deste ficará o acusado preso.

•• Parágrafo único com redação determinada pela Lei n. 11.689, de 9-6-2008.

Art. 420. A intimação da decisão de pronúncia será feita:

•• *Caput* com redação determinada pela Lei n. 11.689, de 9-6-2008.

• *Vide* art. 431 do CPP.

I – pessoalmente ao acusado, ao defensor nomeado e ao Ministério Público;

•• Inciso I com redação determinada pela Lei n. 11.689, de 9-6-2008.

• *Vide* art. 370, § 4.º, do CPP.

II – ao defensor constituído, ao querelante e ao assistente do Ministério Público, na forma do disposto no § 1.º do art. 370 deste Código.

•• Inciso II com redação determinada pela Lei n. 11.689, de 9-6-2008.

Parágrafo único. Será intimado por edital o acusado solto que não for encontrado.

•• Parágrafo único com redação determinada pela Lei n. 11.689, de 9-6-2008.

Art. 421. Preclusa a decisão de pronúncia, os autos serão encaminhados ao juiz-presidente do Tribunal do Júri.

•• *Caput* com redação determinada pela Lei n. 11.689, de 9-6-2008.

§ 1.º Ainda que preclusa a decisão de pronúncia, havendo circunstância superveniente que altere a classificação do crime, o juiz ordenará a remessa dos autos ao Ministério Público.

•• § 1.º com redação determinada pela Lei n. 11.689, de 9-6-2008.

§ 2.º Em seguida, os autos serão conclusos ao juiz para decisão.

•• § 2.º com redação determinada pela Lei n. 11.689, de 9-6-2008.

Seção III
Da Preparação do Processo para Julgamento em Plenário

Art. 422. Ao receber os autos, o presidente do Tribunal do Júri determinará a intimação do órgão do Ministério Público ou do querelante, no caso de queixa, e do defensor, para, no prazo de 5 (cinco) dias, apresentarem rol de testemunhas que irão depor em plenário, até o máximo de 5 (cinco), oportunidade em que poderão juntar documentos e requerer diligência.

•• Artigo com redação determinada pela Lei n. 11.689, de 9-6-2008.

• *Vide* arts. 406, §§ 2.º e 3.º, e 461 do CPP.

Art. 423. Deliberando sobre os requerimentos de provas a serem produzidas ou exibidas no plenário do júri, e adotadas as providências devidas, o juiz-presidente:

•• *Caput* com redação determinada pela Lei n. 11.689, de 9-6-2008.

I – ordenará as diligências necessárias para sanar qualquer nulidade ou esclarecer fato que interesse ao julgamento da causa;

•• Inciso I com redação determinada pela Lei n. 11.689, de 9-6-2008.

II – fará relatório sucinto do processo, determinando sua inclusão em pauta da reunião do Tribunal do Júri.

•• Inciso II com redação determinada pela Lei n. 11.689, de 9-6-2008.

Art. 424. Quando a lei local de organização judiciária não atribuir ao presidente do Tribunal do Júri o preparo para julgamento, o juiz competente remeter-lhe-á os autos do processo preparado até 5 (cinco) dias antes do sorteio a que se refere o art. 433 deste Código.

•• *Caput* com redação determinada pela Lei n. 11.689, de 9-6-2008.

Parágrafo único. Deverão ser remetidos, também, os processos preparados até o encerramento da reunião, para a realização de julgamento.

•• Parágrafo único com redação determinada pela Lei n. 11.689, de 9-6-2008.

Seção IV
Do Alistamento dos Jurados

Art. 425. Anualmente, serão alistados pelo presidente do Tribunal do Júri de 800 (oitocentos) a 1.500 (um mil e quinhentos) jurados nas comarcas de mais de 1.000.000 (um milhão) de habitantes, de 300 (trezentos) a 700 (setecentos) nas comarcas de mais de 100.000 (cem mil) habitantes e de 80 (oitenta) a 400 (quatrocentos) nas comarcas de menor população.

•• *Caput* com redação determinada pela Lei n. 11.689, de 9-6-2008.

§ 1.º Nas comarcas onde for necessário, poderá ser aumentado o número de jurados e, ainda, organizada lista de suplentes, depositadas as cédulas em urna especial, com as cautelas mencionadas na parte final do § 3.º do art. 426 deste Código.

•• § 1.º com redação determinada pela Lei n. 11.689, de 9-6-2008.

§ 2.º O juiz-presidente requisitará às autoridades locais, associações de classe e de bairro, entidades associativas e culturais, instituições de ensino em geral, universidades, sindicatos, repartições públicas e outros núcleos comunitários a indicação de pessoas que reúnam as condições para exercer a função de jurado.

•• § 2.º com redação determinada pela Lei n. 11.689, de 9-6-2008.

Art. 426. A lista geral dos jurados, com indicação das respectivas profissões, será publicada pela imprensa até o dia 10 de outubro de cada ano e divulgada em editais afixados à porta do Tribunal do Júri.

•• *Caput* com redação determinada pela Lei n. 11.689, de 9-6-2008.

§ 1.º A lista poderá ser alterada, de ofício ou mediante reclamação de qualquer do povo ao juiz-presidente até o dia 10 de novembro, data de sua publicação definitiva.

•• § 1.º com redação determinada pela Lei n. 11.689, de 9-6-2008.

§ 2.º Juntamente com a lista, serão transcritos os arts. 436 a 446 deste Código.

•• § 2.º com redação determinada pela Lei n. 11.689, de 9-6-2008.

§ 3.º Os nomes e endereços dos alistados, em cartões iguais, após serem verificados na presença do Ministério Público, de advogado indicado pela Seção local da Ordem dos Advogados do Brasil e de defensor indicado pelas Defensorias Públicas competentes, permanecerão guardados em urna fechada a chave, sob a responsabilidade do juiz-presidente.

•• § 3.º com redação determinada pela Lei n. 11.689, de 9-6-2008.

§ 4.º O jurado que tiver integrado o Conselho de Sentença nos 12 (doze) meses que antecederem à publicação da lista geral fica dela excluído.

•• § 4.º com redação determinada pela Lei n. 11.689, de 9-6-2008.

§ 5.º Anualmente, a lista geral de jurados será, obrigatoriamente, completada.

•• § 5.º com redação determinada pela Lei n. 11.689, de 9-6-2008.

Seção V
Do Desaforamento

Art. 427. Se o interesse da ordem pública o reclamar ou houver dúvida sobre a imparcialidade do júri ou a segurança pessoal do acusado, o Tribunal, a requerimento do Ministério Público, do assistente, do querelante ou do acusado ou mediante representação do juiz competente, poderá determinar o desaforamento do julgamento para outra comarca da mesma região, onde não existam aqueles motivos, preferindo-se as mais próximas.

•• *Caput* com redação determinada pela Lei n. 11.689, de 9-6-2008.

• *Vide* Súmula 712 do STF.

§ 1.º O pedido de desaforamento será distribuído imediatamente e terá preferência de julgamento na Câmara ou Turma competente.

•• § 1.º com redação determinada pela Lei n. 11.689, de 9-6-2008.

§ 2.º Sendo relevantes os motivos alegados, o relator poderá determinar, fundamentadamente, a suspensão do julgamento pelo júri.

•• § 2.º com redação determinada pela Lei n. 11.689, de 9-6-2008.

§ 3.º Será ouvido o juiz-presidente, quando a medida não tiver sido por ele solicitada.

•• § 3.º com redação determinada pela Lei n. 11.689, de 9-6-2008.

§ 4.º Na pendência de recurso contra a decisão de pronúncia ou quando efetivado o julgamento, não se admitirá o pedido de desaforamento, salvo, nesta última hipótese, quanto a fato ocorrido durante ou após a realização de julgamento anulado.

•• § 4.º com redação determinada pela Lei n. 11.689, de 9-6-2008.

• *Vide* art. 581, IV, do CPP.

Art. 428. O desaforamento também poderá ser determinado, em razão do comprovado excesso de serviço, ouvidos o juiz-presidente e a parte contrária, se o julgamento não puder ser realizado no prazo de 6 (seis) meses, contado do trânsito em julgado da decisão de pronúncia.

•• *Caput* com redação determinada pela Lei n. 11.689, de 9-6-2008.

•• *Vide* Súmula 712 do STF.

§ 1.º Para a contagem do prazo referido neste artigo, não se computará o tempo de adiamentos, diligências ou incidentes de interesse da defesa.

•• § 1.º com redação determinada pela Lei n. 11.689, de 9-6-2008.

•• *Vide* Súmula 64 do STJ.

§ 2.º Não havendo excesso de serviço ou existência de processos aguardando julgamento em quantidade que ultrapasse a possibilidade de apreciação pelo Tribunal do Júri, nas reuniões periódicas previstas para o exercício, o acusado poderá requerer ao Tribunal que determine a imediata realização do julgamento.

•• § 2.º com redação determinada pela Lei n. 11.689, de 9-6-2008.

• *Vide* Súmula 21 do STJ.

Seção VI
Da Organização da Pauta

Art. 429. Salvo motivo relevante que autorize alteração na ordem dos julgamentos, terão preferência:

I – os acusados presos;

II – dentre os acusados presos, aqueles que estiverem há mais tempo na prisão;

III – em igualdade de condições, os precedentemente pronunciados.

•• *Caput* e incisos com redação determinada pela Lei n. 11.689, de 9-6-2008.

§ 1.º Antes do dia designado para o primeiro julgamento da reunião periódica, será afixada na porta do edifício do Tribunal do Júri a lista dos processos a serem julgados, obedecida a ordem prevista no *caput* deste artigo.

•• § 1.º com redação determinada pela Lei n. 11.689, de 9-6-2008.

§ 2.º O juiz-presidente reservará datas na mesma reunião periódica para a inclusão de processo que tiver o julgamento adiado.

•• § 2.º com redação determinada pela Lei n. 11.689, de 9-6-2008.

Art. 430. O assistente somente será admitido se tiver requerido sua habilitação até 5 (cinco) dias antes da data da sessão na qual pretenda atuar.

•• Artigo com redação determinada pela Lei n. 11.689, de 9-6-2008.

• *Vide* arts. 268 e 269 do CPP.

Art. 431. Estando o processo em ordem, o juiz-presidente mandará intimar as partes, o ofendido, se for possível, as testemunhas e os peritos, quando houver requerimento, para a sessão de instrução e julgamento, observando, no que couber, o disposto no art. 420 deste Código.

•• Artigo com redação determinada pela Lei n. 11.689, de 9-6-2008.

• *Vide* art. 370 do CPP.

Seção VII
Do Sorteio e da Convocação dos Jurados

Art. 432. Em seguida à organização da pauta, o juiz-presidente determinará a intimação do Ministério Público, da Ordem dos Advogados do Brasil e da Defensoria Pública para acompanharem, em dia e hora designados, o sorteio dos jurados que atuarão na reunião periódica.

•• Artigo com redação determinada pela Lei n. 11.689, de 9-6-2008.

Art. 433. O sorteio, presidido pelo juiz, far-se-á a portas abertas, cabendo-lhe retirar as cédulas até completar o número de 25 (vinte e cinco) jurados, para a reunião periódica ou extraordinária.

•• *Caput* com redação determinada pela Lei n. 11.689, de 9-6-2008.

§ 1.º O sorteio será realizado entre o 15.º (décimo quinto) e o 10.º (décimo) dia útil antecedente à instalação da reunião.

•• § 1.º com redação determinada pela Lei n. 11.689, de 9-6-2008.

§ 2.º A audiência de sorteio não será adiada pelo não comparecimento das partes.

•• § 2.º com redação determinada pela Lei n. 11.689, de 9-6-2008.

§ 3.º O jurado não sorteado poderá ter o seu nome novamente incluído para as reuniões futuras.

•• § 3.º com redação determinada pela Lei n. 11.689, de 9-6-2008.

Art. 434. Os jurados sorteados serão convocados pelo correio ou por qualquer outro meio hábil para comparecer no dia e hora designados para a reunião, sob as penas da lei.

•• *Caput* com redação determinada pela Lei n. 11.689, de 9-6-2008.

Parágrafo único. No mesmo expediente de convocação serão transcritos os arts. 436 a 446 deste Código.

•• Parágrafo único com redação determinada pela Lei n. 11.689, de 9-6-2008.

Art. 435. Serão afixados na porta do edifício do Tribunal do Júri a relação dos jurados convocados, os nomes do acusado e dos procuradores das partes, além do dia, hora e local das sessões de instrução e julgamento.

•• Artigo com redação determinada pela Lei n. 11.689, de 9-6-2008.

Seção VIII
Da Função do Jurado

Art. 436. O serviço do júri é obrigatório. O alistamento compreenderá os cidadãos maiores de 18 (dezoito) anos de notória idoneidade.

•• *Caput* com redação determinada pela Lei n. 11.689, de 9-6-2008.

§ 1.º Nenhum cidadão poderá ser excluído dos trabalhos do júri ou deixar de ser alistado em razão de cor ou etnia, raça, credo, sexo, profissão, classe social ou econômica, origem ou grau de instrução.

•• § 1.º com redação determinada pela Lei n. 11.689, de 9-6-2008.

§ 2.º A recusa injustificada ao serviço do júri acarretará multa no valor de 1 (um) a 10 (dez) salários mínimos, a critério do juiz, de acordo com a condição econômica do jurado.

•• § 2.º com redação determinada pela Lei n. 11.689, de 9-6-2008.

Art. 437. Estão isentos do serviço do júri:

•• *Caput* com redação determinada pela Lei n. 11.689, de 9-6-2008.

I – o Presidente da República e os Ministros de Estado;

•• Inciso I com redação determinada pela Lei n. 11.689, de 9-6-2008.

II – os Governadores e seus respectivos Secretários;

•• Inciso II com redação determinada pela Lei n. 11.689, de 9-6-2008.

III – os membros do Congresso Nacional, das Assembleias Legislativas e das Câmaras Distrital e Municipais;

•• Inciso III com redação determinada pela Lei n. 11.689, de 9-6-2008.

IV – os Prefeitos Municipais;

•• Inciso IV com redação determinada pela Lei n. 11.689, de 9-6-2008.

V – os Magistrados e membros do Ministério Público e da Defensoria Pública;

•• Inciso V com redação determinada pela Lei n. 11.689, de 9-6-2008.

VI – os servidores do Poder Judiciário, do Ministério Público e da Defensoria Pública;

•• Inciso VI com redação determinada pela Lei n. 11.689, de 9-6-2008.

VII – as autoridades e os servidores da polícia e da segurança pública;

•• Inciso VII com redação determinada pela Lei n. 11.689, de 9-6-2008.

VIII – os militares em serviço ativo;

•• Inciso VIII com redação determinada pela Lei n. 11.689, de 9-6-2008.

IX – os cidadãos maiores de 70 (setenta) anos que requeiram sua dispensa;

•• Inciso IX com redação determinada pela Lei n. 11.689, de 9-6-2008.

X – aqueles que o requererem, demonstrando justo impedimento.

•• Inciso X com redação determinada pela Lei n. 11.689, de 9-6-2008.

Art. 438. A recusa ao serviço do júri fundada em convicção religiosa, filosófica ou política importará no dever de prestar serviço alternativo, sob pena de suspensão dos direitos políticos, enquanto não prestar o serviço imposto.

•• *Caput* com redação determinada pela Lei n. 11.689, de 9-6-2008.

§ 1.º Entende-se por serviço alternativo o exercício de atividades de caráter administrativo, assistencial, filantrópico ou mesmo produtivo, no Poder Judiciário, na Defensoria Pública, no Ministério Público ou em entidade conveniada para esses fins.

•• § 1.º com redação determinada pela Lei n. 11.689, de 9-6-2008.

§ 2.º O juiz fixará o serviço alternativo atendendo aos princípios da proporcionalidade e da razoabilidade.

•• § 2.º com redação determinada pela Lei n. 11.689, de 9-6-2008.

• *Vide* art. 15, IV, da CF.

Art. 439. O exercício efetivo da função de jurado constituirá serviço público relevante e estabelecerá presunção de idoneidade moral.

•• Artigo com redação determinada pela Lei n. 12.403, de 4-5-2011.

Art. 440. Constitui também direito do jurado, na condição do art. 439 deste Código, preferência, em igualdade de condições, nas licitações públicas e no provimento, mediante concurso, de cargo ou função pública, bem como nos casos de promoção funcional ou remoção voluntária.

•• Artigo com redação determinada pela Lei n. 11.689, de 9-6-2008.

Art. 441. Nenhum desconto será feito nos vencimentos ou salário do jurado sorteado que comparecer à sessão do júri.

•• Artigo com redação determinada pela Lei n. 11.689, de 9-6-2008.

•• *Vide* art. 459 do CPP.

Art. 442. Ao jurado que, sem causa legítima, deixar de comparecer no dia marcado para a sessão ou retirar-se antes de ser dispensado pelo presidente será aplicada multa de 1 (um) a 10 (dez) salários mínimos, a critério do juiz, de acordo com a sua condição econômica.

•• Artigo com redação determinada pela Lei n. 11.689, de 9-6-2008.

Art. 443. Somente será aceita escusa fundada em motivo relevante devidamente comprovado e apresentada, ressalvadas as hipóteses de força maior, até o momento da chamada dos jurados.

•• Artigo com redação determinada pela Lei n. 11.689, de 9-6-2008.

Art. 444. O jurado somente será dispensado por decisão motivada do juiz-presidente, consignada na ata dos trabalhos.

•• Artigo com redação determinada pela Lei n. 11.689, de 9-6-2008.

Art. 445. O jurado, no exercício da função ou a pretexto de exercê-la, será responsável criminalmente nos mesmos termos em que o são os juízes togados.

•• Artigo com redação determinada pela Lei n. 11.689, de 9-6-2008.

Art. 446. Aos suplentes, quando convocados, serão aplicáveis os dispositivos referentes às dispensas, faltas e escusas e à equiparação de responsabilidade penal prevista no art. 445 deste Código.

•• Artigo com redação determinada pela Lei n. 11.689, de 9-6-2008.

Seção IX
Da Composição do Tribunal do Júri e da Formação do Conselho de Sentença

Art. 447. O Tribunal do Júri é composto por 1 (um) juiz togado, seu presidente e por 25 (vinte e cinco) jurados que serão sorteados dentre os alistados, 7 (sete) dos quais constituirão o Conselho de Sentença em cada sessão de julgamento.

•• Artigo com redação determinada pela Lei n. 11.689, de 9-6-2008.

• *Vide* arts. 252, 253, 425, 426 e 564, III, *i* e *j*, do CPP.

Art. 448. São impedidos de servir no mesmo Conselho:

•• *Caput* com redação determinada pela Lei n. 11.689, de 9-6-2008.

• *Vide* arts. 252 e 253 do CPP.

I – marido e mulher;

•• Inciso I com redação determinada pela Lei n. 11.689, de 9-6-2008.

II – ascendente e descendente;

•• Inciso II com redação determinada pela Lei n. 11.689, de 9-6-2008.

III – sogro e genro ou nora;

•• Inciso III com redação determinada pela Lei n. 11.689, de 9-6-2008.

IV – irmãos e cunhados, durante o cunhadio;

•• Inciso IV com redação determinada pela Lei n. 11.689, de 9-6-2008.

V – tio e sobrinho;

•• Inciso V com redação determinada pela Lei n. 11.689, de 9-6-2008.

VI – padrasto, madrasta ou enteado.

•• Inciso VI com redação determinada pela Lei n. 11.689, de 9-6-2008.

§ 1.º O mesmo impedimento ocorrerá em relação às pessoas que mantenham união estável reconhecida como entidade familiar.

•• § 1.º com redação determinada pela Lei n. 11.689, de 9-6-2008.

§ 2.º Aplicar-se-á aos jurados o disposto sobre os impedimentos, a suspeição e as incompatibilidades dos juízes togados.

•• § 2.º com redação determinada pela Lei n. 11.689, de 9-6-2008.

•• *Vide* art. 252 do CPP.

Art. 449. Não poderá servir o jurado que:

•• *Caput* com redação determinada pela Lei n. 11.689, de 9-6-2008.

I – tiver funcionado em julgamento anterior do mesmo processo, independentemente da causa determinante do julgamento posterior;

•• Inciso I com redação determinada pela Lei n. 11.689, de 9-6-2008.

• *Vide* Súmula 206 do STF.

II – no caso do concurso de pessoas, houver integrado o Conselho de Sentença que julgou o outro acusado;

•• Inciso II com redação determinada pela Lei n. 11.689, de 9-6-2008.

III – tiver manifestado prévia disposição para condenar ou absolver o acusado.

•• Inciso III com redação determinada pela Lei n. 11.689, de 9-6-2008.

Art. 450. Dos impedidos entre si por parentesco ou relação de convivência, servirá o que houver sido sorteado em primeiro lugar.

•• Artigo com redação determinada pela Lei n. 11.689, de 9-6-2008.

Art. 451. Os jurados excluídos por impedimento, suspeição ou incompatibilidade serão considerados para a constituição do número legal exigível para a realização da sessão.

•• Artigo com redação determinada pela Lei n. 11.689, de 9-6-2008.

• *Vide* art. 106 do CPP.

Art. 452. O mesmo Conselho de Sentença poderá conhecer de mais de um processo, no mesmo dia, se as partes o aceitarem, hipótese em que seus integrantes deverão prestar novo compromisso.

•• Artigo com redação determinada pela Lei n. 11.689, de 9-6-2008.

Seção X
Da Reunião e das Sessões do Tribunal do Júri

Art. 453. O Tribunal do Júri reunir-se-á para as sessões de instrução e julgamento nos períodos e na forma estabelecida pela lei local de organização judiciária.

•• Artigo com redação determinada pela Lei n. 11.689, de 9-6-2008.

Art. 454. Até o momento de abertura dos trabalhos da sessão, o juiz-presidente decidirá os casos de isenção e dispensa de jurados e o pedido de adiamento de julgamento, mandando consignar em ata as deliberações.

•• Artigo com redação determinada pela Lei n. 11.689, de 9-6-2008.

• *Vide* art. 93, IX, da CF.

• *Vide* arts. 437 e 443 do CPP.

Art. 455. Se o Ministério Público não comparecer, o juiz-presidente adiará o julgamento para o primeiro dia desimpedido da mesma reunião, cientificadas as partes e as testemunhas.

•• *Caput* com redação determinada pela Lei n. 11.689, de 9-6-2008.

Parágrafo único. Se a ausência não for justificada, o fato será imediatamente comunicado ao Procurador-Geral de Justiça com a data designada para a nova sessão.

•• Parágrafo único com redação determinada pela Lei n. 11.689, de 9-6-2008.

• *Vide* art. 129, § 2.º, da CF.

• *Vide* art. 25, parágrafo único, da Lei n. 8.625, de 12-2-1993.

Art. 456. Se a falta, sem escusa legítima, for do advogado do acusado, e se outro não for por este constituído, o fato será imediatamente comunicado ao presidente da seccional da Ordem dos Advogados do Brasil, com a data designada para a nova sessão.

•• *Caput* com redação determinada pela Lei n. 11.689, de 9-6-2008.

• *Vide* art. 265 do CPP.

§ 1.º Não havendo escusa legítima, o julgamento será adiado somente uma vez, devendo o acusado ser julgado quando chamado novamente.

•• § 1.º com redação determinada pela Lei n. 11.689, de 9-6-2008.

§ 2.º Na hipótese do § 1.º deste artigo, o juiz intimará a Defensoria Pública para o novo julgamento, que será adiado para o primeiro dia desimpedido, observado o prazo mínimo de 10 (dez) dias.

•• § 2.º com redação determinada pela Lei n. 11.689, de 9-6-2008.

• *Vide* Súmula 523 do STF.

Art. 457. O julgamento não será adiado pelo não comparecimento do acusado solto, do assistente ou do advogado do querelante, que tiver sido regularmente intimado.

•• *Caput* com redação determinada pela Lei n. 11.689, de 9-6-2008.

• *Vide* arts. 370, § 1.º, e 564, III, *g*, do CPP.

§ 1.º Os pedidos de adiamento e as justificações de não comparecimento deverão ser, salvo comprovado motivo de força maior, previamente submetidos à apreciação do juiz-presidente do Tribunal do Júri.

•• § 1.º com redação determinada pela Lei n. 11.689, de 9-6-2008.

§ 2.º Se o acusado preso não for conduzido, o julgamento será adiado para o primeiro dia desimpedido da mesma reunião, salvo se houver pedido de dispensa de comparecimento subscrito por ele e seu defensor.

•• § 2.º com redação determinada pela Lei n. 11.689, de 9-6-2008.

Art. 458. Se a testemunha, sem justa causa, deixar de comparecer, o juiz-presidente, sem prejuízo da ação penal pela desobediência, aplicar-lhe-á a multa prevista no § 2.º do art. 436 deste Código.

•• Artigo com redação determinada pela Lei n. 11.689, de 9-6-2008.

• *Vide* art. 330 do CP.

Art. 459. Aplicar-se-á às testemunhas a serviço do Tribunal do Júri o disposto no art. 441 deste Código.

•• Artigo com redação determinada pela Lei n. 11.689, de 9-6-2008.

Art. 460. Antes de constituído o Conselho de Sentença, as testemunhas serão recolhidas a lugar onde umas não possam ouvir os depoimentos das outras.

•• Artigo com redação determinada pela Lei n. 11.689, de 9-6-2008.

• *Vide* art. 210 do CPP.

Art. 461. O julgamento não será adiado se a testemunha deixar de comparecer, salvo se uma das partes tiver requerido a sua intimação por mandado, na oportunidade de que trata o art. 422 deste Código, declarando não prescindir do depoimento e indicando a sua localização.

•• *Caput* com redação determinada pela Lei n. 11.689, de 9-6-2008.

• *Vide* art. 218 do CPP.

§ 1.º Se, intimada, a testemunha não comparecer, o juiz-presidente suspenderá os trabalhos e mandará conduzi-la ou adiará o julgamento para o primeiro dia desimpedido, ordenando a sua condução.

•• § 1.º com redação determinada pela Lei n. 11.689, de 9-6-2008.

• *Vide* art. 330 do CP.

§ 2.º O julgamento será realizado mesmo na hipótese de a testemunha não ser encontrada no local indicado, se assim for certificado por oficial de justiça.

•• § 2.º com redação determinada pela Lei n. 11.689, de 9-6-2008.

Art. 462. Realizadas as diligências referidas nos arts. 454 a 461 deste Código, o juiz-presidente verificará se a urna contém as cédulas dos 25 (vinte e cinco) jurados sorteados, mandando que o escrivão proceda à chamada deles.

•• Artigo com redação determinada pela Lei n. 11.689, de 9-6-2008.

Art. 463. Comparecendo, pelo menos, 15 (quinze) jurados, o juiz-presidente declarará instalados os trabalhos, anunciando o processo que será submetido a julgamento.

•• *Caput* com redação determinada pela Lei n. 11.689, de 9-6-2008.

§ 1.º O oficial de justiça fará o pregão, certificando a diligência nos autos.

•• § 1.º com redação determinada pela Lei n. 11.689, de 9-6-2008.

§ 2.º Os jurados excluídos por impedimento ou suspeição serão computados para a constituição do número legal.

•• § 2.º com redação determinada pela Lei n. 11.689, de 9-6-2008.

Art. 464. Não havendo o número referido no art. 463 deste Código, proceder-se-á ao sorteio de tantos suplentes quantos necessários, e designar-se-á nova data para a sessão do júri.

•• Artigo com redação determinada pela Lei n. 11.689, de 9-6-2008.

• *Vide* art. 564, III, *i*, do CPP.

Art. 465. Os nomes dos suplentes serão consignados em ata, remetendo-se o expediente de convocação, com observância do disposto nos arts. 434 e 435 deste Código.

•• Artigo com redação determinada pela Lei n. 11.689, de 9-6-2008.

Art. 466. Antes do sorteio dos membros do Conselho de Sentença, o juiz-presidente esclarecerá sobre os impedimentos, a suspeição e as incompatibilidades constantes dos arts. 448 e 449 deste Código.

•• *Caput* com redação determinada pela Lei n. 11.689, de 9-6-2008.

§ 1.º O juiz-presidente também advertirá os jurados de que, uma vez sorteados, não poderão comunicar-se entre si e com outrem, nem manifestar sua opinião sobre o processo, sob pena de exclusão do Conselho e multa, na forma do § 2.º do art. 436 deste Código.

•• § 1.º com redação determinada pela Lei n. 11.689, de 9-6-2008.

§ 2.º A incomunicabilidade será certificada nos autos pelo oficial de justiça.

•• § 2.º com redação determinada pela Lei n. 11.689, de 9-6-2008.

Art. 467. Verificando que se encontram na urna as cédulas relativas aos jurados presentes, o juiz-presidente sorteará 7 (sete) dentre eles para a formação do Conselho de Sentença.

•• Artigo com redação determinada pela Lei n. 11.689, de 9-6-2008.

Art. 468. À medida que as cédulas forem sendo retiradas da urna, o juiz-presidente as lerá, e a defesa e, depois dela, o Ministério Público poderão recusar os jurados sorteados, até 3 (três) cada parte, sem motivar a recusa.

•• *Caput* com redação determinada pela Lei n. 11.689, de 9-6-2008.

Parágrafo único. O jurado recusado imotivadamente por qualquer das partes será excluído daquela sessão de instrução e julgamento, prosseguindo-se o sorteio para a composição do Conselho de Sentença com os jurados remanescentes.

•• Parágrafo único com redação determinada pela Lei n. 11.689, de 9-6-2008.

Art. 469. Se forem 2 (dois) ou mais os acusados, as recusas poderão ser feitas por um só defensor.

•• *Caput* com redação determinada pela Lei n. 11.689, de 9-6-2008.

§ 1.º A separação dos julgamentos somente ocorrerá se, em razão das recusas, não for obtido o número mínimo de 7 (sete) jurados para compor o Conselho de Sentença.

•• § 1.º com redação determinada pela Lei n. 11.689, de 9-6-2008.

§ 2.º Determinada a separação dos julgamentos, será julgado em primeiro lugar o acusado a quem foi atribuída a autoria do fato ou, em caso de coautoria, aplicar-se-á o critério de preferência disposto no art. 429 deste Código.

•• § 2.º com redação determinada pela Lei n. 11.689, de 9-6-2008.

Art. 470. Desacolhida a arguição de impedimento, de suspeição ou de incompatibilidade contra o juiz-presidente do Tribunal do Júri, órgão do Ministério Público, jurado ou qualquer funcionário, o julgamento não será suspenso, devendo, entretanto, constar da ata o seu fundamento e a decisão.

•• Artigo com redação determinada pela Lei n. 11.689, de 9-6-2008.

Art. 471. Se, em consequência do impedimento, suspeição, incompatibilidade, dispensa ou recusa, não houver número para a formação do Conselho, o julgamento será adiado para o primeiro dia desimpedido, após sorteados os suplentes, com observância do disposto no art. 464 deste Código.

•• Artigo com redação determinada pela Lei n. 11.689, de 9-6-2008.

Art. 472. Formado o Conselho de Sentença, o presidente, levantando-se, e, com ele, todos os presentes, fará aos jurados a seguinte exortação:

Em nome da lei, concito-vos a examinar esta causa com imparcialidade e a proferir a vossa decisão de acordo com a vossa consciência e os ditames da justiça.

Os jurados, nominalmente chamados pelo presidente, responderão:

Assim o prometo.

•• *Caput* com redação determinada pela Lei n. 11.689, de 9-6-2008.

Parágrafo único. O jurado, em seguida, receberá cópias da pronúncia ou, se for o caso, das decisões posteriores que julgaram admissível a acusação e do relatório do processo.

•• Parágrafo único com redação determinada pela Lei n. 11.689, de 9-6-2008.

Seção XI
Da Instrução em Plenário

Art. 473. Prestado o compromisso pelos jurados, será iniciada a instrução plenária quando o juiz-presidente, o Ministério Público, o assistente, o querelante e o defensor do acusado tomarão, sucessiva e diretamente, as declarações do ofendido, se possível, e inquirirão as testemunhas arroladas pela acusação.

•• *Caput* com redação determinada pela Lei n. 11.689, de 9-6-2008.

§ 1.º Para a inquirição das testemunhas arroladas pela defesa, o defensor do acusado formulará as perguntas antes do Ministério Público e do assistente, mantidos no mais a ordem e os critérios estabelecidos neste artigo.

•• § 1.º com redação determinada pela Lei n. 11.689, de 9-6-2008.

§ 2.º Os jurados poderão formular perguntas ao ofendido e às testemunhas, por intermédio do juiz-presidente.

•• § 2.º com redação determinada pela Lei n. 11.689, de 9-6-2008.

§ 3.º As partes e os jurados poderão requerer acareações, reconhecimento de pessoas e coisas e esclarecimento dos peritos, bem como a leitura de peças que se refiram, exclusivamente, às provas colhidas por carta precatória e às provas cautelares, antecipadas ou não repetíveis.

•• § 3.º com redação determinada pela Lei n. 11.689, de 9-6-2008.

Art. 474. A seguir será o acusado interrogado, se estiver presente, na forma estabelecida no Capítulo III do Título VII do Livro I deste Código, com as alterações introduzidas nesta Seção.

•• *Caput* com redação determinada pela Lei n. 11.689, de 9-6-2008.

• *Vide* art. 564, III, *e*, do CPP.

§ 1.º O Ministério Público, o assistente, o querelante e o defensor, nessa ordem, poderão formular, diretamente, perguntas ao acusado.

•• § 1.º com redação determinada pela Lei n. 11.689, de 9-6-2008.

§ 2.º Os jurados formularão perguntas por intermédio do juiz-presidente.

•• § 2.º com redação determinada pela Lei n. 11.689, de 9-6-2008.

§ 3.º Não se permitirá o uso de algemas no acusado durante o período em que permanecer no plenário do júri, salvo se absolutamente necessário à ordem dos trabalhos, à segurança das testemunhas ou à garantia da integridade física dos presentes.

•• § 3.º com redação determinada pela Lei n. 11.689, de 9-6-2008.

• *Vide* Súmula Vinculante 11.

Art. 475. O registro dos depoimentos e do interrogatório será feito pelos meios ou recursos de gravação magnética, eletrônica, estenotipia ou técnica similar, destinada a obter maior fidelidade e celeridade na colheita da prova.

•• *Caput* com redação determinada pela Lei n. 11.689, de 9-6-2008.

Parágrafo único. A transcrição do registro, após feita a degravação, constará dos autos.

•• Parágrafo único com redação determinada pela Lei n. 11.689, de 9-6-2008.

Seção XII
Dos Debates

Art. 476. Encerrada a instrução, será concedida a palavra ao Ministério Público, que fará a acusação, nos limites da pronúncia ou das decisões posteriores que julgaram admissível a acusação, sustentando, se for o caso, a existência de circunstância agravante.

•• *Caput* com redação determinada pela Lei n. 11.689, de 9-6-2008.

§ 1.º O assistente falará depois do Ministério Público.

•• § 1.º com redação determinada pela Lei n. 11.689, de 9-6-2008.

§ 2.º Tratando-se de ação penal de iniciativa privada, falará em primeiro lugar o querelante e, em seguida, o Ministério Público, salvo se este houver retomado a titularidade da ação, na forma do art. 29 deste Código.

•• § 2.º com redação determinada pela Lei n. 11.689, de 9-6-2008.

§ 3.º Finda a acusação, terá a palavra a defesa.

•• § 3.º com redação determinada pela Lei n. 11.689, de 9-6-2008.

§ 4.º A acusação poderá replicar e a defesa treplicar, sendo admitida a reinquirição de testemunha já ouvida em plenário.

•• § 4.º com redação determinada pela Lei n. 11.689, de 9-6-2008.

Art. 477. O tempo destinado à acusação e à defesa será de uma hora e meia para cada, e de uma hora para a réplica e outro tanto para a tréplica.

•• *Caput* com redação determinada pela Lei n. 11.689, de 9-6-2008.

§ 1.º Havendo mais de um acusador ou mais de um defensor, combinarão entre si a distribuição do tempo, que, na falta de acordo, será dividido pelo juiz-presidente, de forma a não exceder o determinado neste artigo.

•• § 1.º com redação determinada pela Lei n. 11.689, de 9-6-2008.

§ 2.º Havendo mais de 1 (um) acusado, o tempo para a acusação e a defesa será acrescido de 1 (uma) hora e elevado ao dobro o da réplica e da tréplica, observado o disposto no § 1.º deste artigo.

•• § 2.º com redação determinada pela Lei n. 11.689, de 9-6-2008.

Art. 478. Durante os debates as partes não poderão, sob pena de nulidade, fazer referências:

•• *Caput* com redação determinada pela Lei n. 11.689, de 9-6-2008.

I – à decisão de pronúncia, às decisões posteriores que julgaram admissível a acusação ou à determinação do uso de algemas como argumento de autoridade que beneficiem ou prejudiquem o acusado;

•• Inciso I com redação determinada pela Lei n. 11.689, de 9-6-2008.

II – ao silêncio do acusado ou à ausência de interrogatório por falta de requerimento, em seu prejuízo.

•• Inciso II com redação determinada pela Lei n. 11.689, de 9-6-2008.

• *Vide* art. 5.º, LVI, da CF.

• *Vide* art. 186, parágrafo único, do CPP.

Art. 479. Durante o julgamento não será permitida a leitura de documento ou a exibição de objeto que não tiver sido juntado aos autos com a antecedência mínima de 3 (três) dias úteis, dando-se ciência à outra parte.

•• *Caput* com redação determinada pela Lei n. 11.689, de 9-6-2008.

• *Vide* arts. 231 e 798, § 1.º, do CPP.

Parágrafo único. Compreende-se na proibição deste artigo a leitura de jornais ou qualquer outro escrito, bem como a exibição de vídeos, gravações, fotografias, laudos, quadros, croqui ou qualquer outro meio assemelhado, cujo conteúdo versar sobre a matéria de fato submetida à apreciação e julgamento dos jurados.

•• Parágrafo único com redação determinada pela Lei n. 11.689, de 9-6-2008.

Art. 480. A acusação, a defesa e os jurados poderão, a qualquer momento e por intermédio do juiz-presidente, pedir ao orador que indique a folha dos autos onde se encontra a peça por ele lida ou citada, facultando-se, ainda, aos jurados solicitar-lhe, pelo mesmo meio, o esclarecimento de fato por ele alegado.

•• *Caput* com redação determinada pela Lei n. 11.689, de 9-6-2008.

§ 1.º Concluídos os debates, o presidente indagará dos jurados se estão habilitados a julgar ou se necessitam de outros esclarecimentos.

•• § 1.º com redação determinada pela Lei n. 11.689, de 9-6-2008.

§ 2.º Se houver dúvida sobre questão de fato, o presidente prestará esclarecimentos à vista dos autos.

•• § 2.º com redação determinada pela Lei n. 11.689, de 9-6-2008.

§ 3.º Os jurados, nesta fase do procedimento, terão acesso aos autos e aos instrumentos do crime se solicitarem ao juiz-presidente.

•• § 3.º com redação determinada pela Lei n. 11.689, de 9-6-2008.

Art. 481. Se a verificação de qualquer fato, reconhecida como essencial para o julgamento da causa, não puder ser realizada imediatamente, o juiz-presidente dissolverá o Conselho, ordenando a realização das diligências entendidas necessárias.

•• *Caput* com redação determinada pela Lei n. 11.689, de 9-6-2008.

• *Vide* art. 497 do CPP.

Parágrafo único. Se a diligência consistir na produção de prova pericial, o juiz-presidente, desde logo, nomeará perito e formulará quesitos, facultando às partes também formulá-los e indicar assistentes técnicos, no prazo de 5 (cinco) dias.

•• Parágrafo único com redação determinada pela Lei n. 11.689, de 9-6-2008.

Seção XIII
Do Questionário e sua Votação

Art. 482. O Conselho de Sentença será questionado sobre matéria de fato e se o acusado deve ser absolvido.

•• *Caput* com redação determinada pela Lei n. 11.689, de 9-6-2008.

Parágrafo único. Os quesitos serão redigidos em proposições afirmativas, simples e distintas, de modo que cada um deles possa ser respondido com suficiente clareza e necessária precisão. Na sua elaboração, o presidente levará em conta os termos da pronúncia ou das decisões posteriores que julgaram admissível a acusação, do interrogatório e das alegações das partes.

•• Parágrafo único com redação determinada pela Lei n. 11.689, de 9-6-2008.

Art. 483. Os quesitos serão formulados na seguinte ordem, indagando sobre:

•• *Caput* com redação determinada pela Lei n. 11.689, de 9-6-2008.

• *Vide* art. 564, III, *k*, do CPP.

• *Vide* Súmulas 156 e 162 do STF.

I – a materialidade do fato;

•• Inciso I com redação determinada pela Lei n. 11.689, de 9-6-2008.

II – a autoria ou participação;

•• Inciso II com redação determinada pela Lei n. 11.689, de 9-6-2008.

III – se o acusado deve ser absolvido;

•• Inciso III com redação determinada pela Lei n. 11.689, de 9-6-2008.

• *Vide* art. 593, § 3.º, do CPP.

IV – se existe causa de diminuição de pena alegada pela defesa;

•• Inciso IV com redação determinada pela Lei n. 11.689, de 9-6-2008.

• *Vide* art. 593, § 3.º, do CPP.

V – se existe circunstância qualificadora ou causa de aumento de pena reconhecidas na pronúncia ou em decisões posteriores que julgaram admissível a acusação.

•• Inciso V com redação determinada pela Lei n. 11.689, de 9-6-2008.

§ 1.º A resposta negativa, de mais de 3 (três) jurados, a qualquer dos quesitos referidos nos incisos I e II do *caput* deste artigo encerra a votação e implica a absolvição do acusado.

•• § 1.º com redação determinada pela Lei n. 11.689, de 9-6-2008.

•• *Vide* art. 5.º, XXXVIII, *b*, da CF.

§ 2.º Respondidos afirmativamente por mais de 3 (três) jurados os quesitos relativos aos incisos I e II do *caput* deste artigo será formulado quesito com a seguinte redação:

O jurado absolve o acusado?

•• § 2.º com redação determinada pela Lei n. 11.689, de 9-6-2008.

•• *Vide* art. 5.º, XXXVIII, *b*, da CF.

§ 3.º Decidindo os jurados pela condenação, o julgamento prossegue, devendo ser formulados quesitos sobre:

I – causa de diminuição de pena alegada pela defesa;

II – circunstância qualificadora ou causa de aumento de pena, reconhecidas na pronúncia ou em decisões posteriores que julgaram admissível a acusação.

•• § 3.º com redação determinada pela Lei n. 11.689, de 9-6-2008.

§ 4.º Sustentada a desclassificação da infração para outra de competência do juiz singular, será formulado quesito a respeito, para ser respondido após o 2.º (segundo) ou 3.º (terceiro) quesito, conforme o caso.

•• § 4.º com redação determinada pela Lei n. 11.689, de 9-6-2008.

§ 5.º Sustentada a tese de ocorrência do crime na sua forma tentada ou havendo divergência sobre a tipificação do delito, sendo este da competência do Tribunal do Júri, o juiz formulará quesito acerca destas questões, para ser respondido após o segundo quesito.

•• § 5.º com redação determinada pela Lei n. 11.689, de 9-6-2008.

§ 6.º Havendo mais de um crime ou mais de um acusado, os quesitos serão formulados em séries distintas.

•• § 6.º com redação determinada pela Lei n. 11.689, de 9-6-2008.

Art. 484. A seguir, o presidente lerá os quesitos e indagará das partes se têm requerimento ou reclamação a fazer, devendo qualquer deles, bem como a decisão, constar da ata.

•• *Caput* com redação determinada pela Lei n. 11.689, de 9-6-2008.

Parágrafo único. Ainda em plenário, o juiz-presidente explicará aos jurados o significado de cada quesito.

•• Parágrafo único com redação determinada pela Lei n. 11.689, de 9-6-2008.

• *Vide* art. 564, parágrafo único, do CPP.

Art. 485. Não havendo dúvida a ser esclarecida, o juiz-presidente, os jurados, o Ministério Público, o assistente, o querelante, o defensor do acusado, o escrivão e o oficial de justiça dirigir-se-ão à sala especial a fim de ser procedida a votação.

•• *Caput* com redação determinada pela Lei n. 11.689, de 9-6-2008.

• *Vide* art. 5.º, XXXVIII, *b*, da CF.

§ 1.º Na falta de sala especial, o juiz-presidente determinará que o público se retire, permanecendo somente as pessoas mencionadas no *caput* deste artigo.

•• § 1.º com redação determinada pela Lei n. 11.689, de 9-6-2008.

§ 2.º O juiz-presidente advertirá as partes de que não será permitida qualquer intervenção que possa perturbar a livre manifestação do Conselho e fará retirar da sala quem se portar inconvenientemente.

•• § 2.º com redação determinada pela Lei n. 11.689, de 9-6-2008.

• *Vide* art. 251 do CPP.

Art. 486. Antes de proceder-se à votação de cada quesito, o juiz-presidente mandará distribuir aos jurados pequenas cédulas, feitas de papel opaco e facilmente dobráveis, contendo 7 (sete) delas a palavra *sim*, 7 (sete) a palavra *não*.

•• Artigo com redação determinada pela Lei n. 11.689, de 9-6-2008.

Art. 487. Para assegurar o sigilo do voto, o oficial de justiça recolherá em urnas separadas as cédulas correspondentes aos votos e as não utilizadas.

•• Artigo com redação determinada pela Lei n. 11.689, de 9-6-2008.

•• *Vide* art. 5.º, XXXVIII, *b*, da CF.

Art. 488. Após a resposta, verificados os votos e as cédulas não utilizadas, o presidente determinará que o escrivão registre no termo a votação de cada quesito, bem como o resultado do julgamento.

•• *Caput* com redação determinada pela Lei n. 11.689, de 9-6-2008.

• *Vide* art. 491 do CPP.

Parágrafo único. Do termo também constará a conferência das cédulas não utilizadas.

•• Parágrafo único com redação determinada pela Lei n. 11.689, de 9-6-2008.

Art. 489. As decisões do Tribunal do Júri serão tomadas por maioria de votos.

•• Artigo com redação determinada pela Lei n. 11.689, de 9-6-2008.

Art. 490. Se a resposta a qualquer dos quesitos estiver em contradição com outra ou outras já dadas, o presidente, explicando aos jurados em que consiste a contradição, submeterá novamente à votação os quesitos a que se referirem tais respostas.

•• *Caput* com redação determinada pela Lei n. 11.689, de 9-6-2008.

• *Vide* art. 564, parágrafo único, do CPP.

Parágrafo único. Se, pela resposta dada a um dos quesitos, o presidente verificar que ficam prejudicados os seguintes, assim o declarará, dando por finda a votação.

•• Parágrafo único com redação determinada pela Lei n. 11.689, de 9-6-2008.

Art. 491. Encerrada a votação, será o termo a que se refere o art. 488 deste Código assinado pelo presidente, pelos jurados e pelas partes.

•• Artigo com redação determinada pela Lei n. 11.689, de 9-6-2008.

Seção XIV
Da Sentença

Art. 492. Em seguida, o presidente proferirá sentença que:

•• *Caput* com redação determinada pela Lei n. 11.689, de 9-6-2008.

• *Vide* art. 93, IX, da CF.

• *Vide* art. 564, III, *m*, do CPP.

I – no caso de condenação:

•• Inciso I, *caput*, com redação determinada pela Lei n. 11.689, de 9-6-2008.

• *Vide* art. 74, § 3.º, do CPP.

a) fixará a pena-base;

•• Alínea *a* acrescentada pela Lei n. 11.689, de 9-6-2008.

b) considerará as circunstâncias agravantes ou atenuantes alegadas nos debates;

•• Alínea *b* acrescentada pela Lei n. 11.689, de 9-6-2008.

c) imporá os aumentos ou diminuições da pena, em atenção às causas admitidas pelo júri;

•• Alínea *c* acrescentada pela Lei n. 11.689, de 9-6-2008.

d) observará as demais disposições do art. 387 deste Código;

•• Alínea *d* acrescentada pela Lei n. 11.689, de 9-6-2008.

• *Vide* art. 387, § 2.º, do CPP.

e) mandará o acusado recolher-se ou recomendá-lo-á à prisão em que se encontra, se presentes os requisitos da prisão preventiva;

•• Alínea *e* acrescentada pela Lei n. 11.689, de 9-6-2008.

f) estabelecerá os efeitos genéricos e específicos da condenação;

•• Alínea *f* acrescentada pela Lei n. 11.689, de 9-6-2008.

II – no caso de absolvição:

•• Inciso II, *caput*, com redação determinada pela Lei n. 11.689, de 9-6-2008.

a) mandará colocar em liberdade o acusado se por outro motivo não estiver preso;

•• Alínea *a* com redação determinada pela Lei n. 11.689, de 9-6-2008.

• *Vide* art. 386, parágrafo único, I, do CPP.

b) revogará as medidas restritivas provisoriamente decretadas;

•• Alínea *b* com redação determinada pela Lei n. 11.689, de 9-6-2008.

c) imporá, se for o caso, a medida de segurança cabível.

•• Alínea *c* com redação determinada pela Lei n. 11.689, de 9-6-2008.

§ 1.º Se houver desclassificação da infração para outra, de competência do juiz singular, ao presidente do Tribunal do Júri caberá proferir sentença em seguida, aplicando-se, quando o delito resultante da nova tipificação for considerado pela lei como infração penal de menor potencial ofensivo, o disposto nos arts. 69 e seguintes da Lei n. 9.099, de 26 de setembro de 1995.

•• § 1.º com redação determinada pela Lei n. 11.689, de 9-6-2008.

• *Vide* arts. 69 e s. da Lei n. 9.099, de 26-9-1995.

§ 2.º Em caso de desclassificação, o crime conexo que não seja doloso contra a vida será julgado pelo juiz-presidente do Tribunal do Júri, aplicando-se, no que couber, o disposto no § 1.º deste artigo.

•• § 2.º com redação determinada pela Lei n. 11.689, de 9-6-2008.

• *Vide* art. 74, § 3.º, do CPP.

Art. 493. A sentença será lida em plenário pelo presidente antes de encerrada a sessão de instrução e julgamento.

•• Artigo com redação determinada pela Lei n. 11.689, de 9-6-2008.

Seção XV
Da Ata dos Trabalhos

Art. 494. De cada sessão de julgamento o escrivão lavrará ata, assinada pelo presidente e pelas partes.

•• Artigo com redação determinada pela Lei n. 11.689, de 9-6-2008.

Art. 495. A ata descreverá fielmente todas as ocorrências, mencionando obrigatoriamente:

•• *Caput* com redação determinada pela Lei n. 11.689, de 9-6-2008.

I – a data e a hora da instalação dos trabalhos;

•• Inciso I com redação determinada pela Lei n. 11.689, de 9-6-2008.

II – o magistrado que presidiu a sessão e os jurados presentes;

•• Inciso II com redação determinada pela Lei n. 11.689, de 9-6-2008.

III – os jurados que deixaram de comparecer, com escusa ou sem ela, e as sanções aplicadas;

•• Inciso III com redação determinada pela Lei n. 11.689, de 9-6-2008.

IV – o ofício ou requerimento de isenção ou dispensa;

•• Inciso IV com redação determinada pela Lei n. 11.689, de 9-6-2008.

V – o sorteio dos jurados suplentes;

•• Inciso V com redação determinada pela Lei n. 11.689, de 9-6-2008.

VI – o adiamento da sessão, se houver ocorrido, com a indicação do motivo;

•• Inciso VI com redação determinada pela Lei n. 11.689, de 9-6-2008.

VII – a abertura da sessão e a presença do Ministério Público, do querelante e do assistente, se houver, e a do defensor do acusado;

•• Inciso VII com redação determinada pela Lei n. 11.689, de 9-6-2008.

VIII – o pregão e a sanção imposta, no caso de não comparecimento;

•• Inciso VIII com redação determinada pela Lei n. 11.689, de 9-6-2008.

IX – as testemunhas dispensadas de depor;

•• Inciso IX com redação determinada pela Lei n. 11.689, de 9-6-2008.

X – o recolhimento das testemunhas a lugar de onde umas não pudessem ouvir o depoimento das outras;

•• Inciso X com redação determinada pela Lei n. 11.689, de 9-6-2008.

XI – a verificação das cédulas pelo juiz-presidente;

•• Inciso XI com redação determinada pela Lei n. 11.689, de 9-6-2008.

XII – a formação do Conselho de Sentença, com o registro dos nomes dos jurados sorteados e recusas;

•• Inciso XII com redação determinada pela Lei n. 11.689, de 9-6-2008.

XIII – o compromisso e o interrogatório, com simples referência ao termo;

•• Inciso XIII com redação determinada pela Lei n. 11.689, de 9-6-2008.

XIV – os debates e as alegações das partes com os respectivos fundamentos;

•• Inciso XIV com redação determinada pela Lei n. 11.689, de 9-6-2008.

XV – os incidentes;

•• Inciso XV com redação determinada pela Lei n. 11.689, de 9-6-2008.

XVI – o julgamento da causa;

•• Inciso XVI com redação determinada pela Lei n. 11.689, de 9-6-2008.

XVII – a publicidade dos atos da instrução plenária, das diligências e da sentença.

•• Inciso XVII com redação determinada pela Lei n. 11.689, de 9-6-2008.

Art. 496. A falta da ata sujeitará o responsável a sanções administrativa e penal.

•• Artigo com redação determinada pela Lei n. 11.689, de 9-6-2008.

Seção XVI
Das Atribuições do Presidente do Tribunal do Júri

Art. 497. São atribuições do juiz-presidente do Tribunal do Júri, além de outras expressamente referidas neste Código:

•• *Caput* com redação determinada pela Lei n. 11.689, de 9-6-2008.

• *Vide* art. 251 do CPP.

• *Vide* Súmula 523 do STF.

I – regular a polícia das sessões e prender os desobedientes;

•• Inciso I com redação determinada pela Lei n. 11.689, de 9-6-2008.

II – requisitar o auxílio da força pública, que ficará sob sua exclusiva autoridade;

•• Inciso II com redação determinada pela Lei n. 11.689, de 9-6-2008.

III – dirigir os debates, intervindo em caso de abuso, excesso de linguagem ou mediante requerimento de uma das partes;

•• Inciso III com redação determinada pela Lei n. 11.689, de 9-6-2008.

IV – resolver as questões incidentes que não dependam de pronunciamento do júri;

•• Inciso IV com redação determinada pela Lei n. 11.689, de 9-6-2008.

V – nomear defensor ao acusado, quando considerá-lo indefeso, podendo, neste caso, dissolver o Conselho e designar novo dia para o julgamento, com a nomeação ou a constituição de novo defensor;

•• Inciso V com redação determinada pela Lei n. 11.689, de 9-6-2008.

• *Vide* arts. 261 a 267 do CPP.

VI – mandar retirar da sala o acusado que dificultar a realização do julgamento, o qual prosseguirá sem a sua presença;

•• Inciso VI com redação determinada pela Lei n. 11.689, de 9-6-2008.

• *Vide* art. 217 do CPP.

VII – suspender a sessão pelo tempo indispensável à realização das diligências requeridas ou entendidas necessárias, mantida a incomunicabilidade dos jurados;

•• Inciso VII com redação determinada pela Lei n. 11.689, de 9-6-2008.

• *Vide* art. 481 do CPP.

VIII – interromper a sessão por tempo razoável, para proferir sentença e para repouso ou refeição dos jurados;

•• Inciso VIII com redação determinada pela Lei n. 11.689, de 9-6-2008.

• *Vide* art. 564, III, *j*, do CPP.

IX – decidir, de ofício, ouvidos o Ministério Público e a defesa, ou a requerimento de qualquer destes, a arguição de extinção de punibilidade;

•• Inciso IX com redação determinada pela Lei n. 11.689, de 9-6-2008.

X – resolver as questões de direito suscitadas no curso do julgamento;

•• Inciso X com redação determinada pela Lei n. 11.689, de 9-6-2008.

XI – determinar, de ofício ou a requerimento das partes ou de qualquer jurado, as diligências destinadas a sanar nulidade ou a suprir falta que prejudique o esclarecimento da verdade;

•• Inciso XI com redação determinada pela Lei n. 11.689, de 9-6-2008.

XII – regulamentar, durante os debates, a intervenção de uma das partes, quando a outra estiver com a palavra, podendo conceder até 3 (três) minutos para cada aparte requerido, que serão acrescidos ao tempo desta última.

•• Inciso XII com redação determinada pela Lei n. 11.689, de 9-6-2008.

Capítulo III
DO PROCESSO E DO JULGAMENTO DOS CRIMES DA COMPETÊNCIA DO JUIZ SINGULAR

Arts. 498 a 502. (*Revogados pela Lei n. 11.719, de 20-6-2008.*)

Título II
DOS PROCESSOS ESPECIAIS

Capítulo I
DO PROCESSO E DO JULGAMENTO DOS CRIMES DE FALÊNCIA

• *Vide* Lei n. 1.079, de 10-4-1950.

Arts. 503 a 512. (*Revogados pela Lei n. 11.101, de 9-2-2005.*)

•• *Vide* arts. 183 a 188 da Lei n. 11.101, de 9-2-2005 – Lei de Falências e Recuperação de Empresas.

Capítulo II
DO PROCESSO E DO JULGAMENTO DOS CRIMES DE RESPONSABILIDADE DOS FUNCIONÁRIOS PÚBLICOS

Art. 513. Nos crimes de responsabilidade dos funcionários públicos, cujo processo e julgamento competirão aos juízes de direito, a queixa ou a denúncia será instruída com documentos ou justificação que façam presumir a existência do delito ou com declaração fundamentada da impossibilidade de apresentação de qualquer dessas provas.

Art. 514. Nos crimes afiançáveis, estando a denúncia ou queixa em devida forma, o juiz mandará autuá-la e ordenará a notificação do acusado, para responder por escrito, dentro do prazo de 15 (quinze) dias.

• *Vide* arts. 323 e 324 do CPP.

• *Vide* Súmula 330 do STJ.

Parágrafo único. Se não for conhecida a residência do acusado, ou este se achar fora da jurisdição do juiz, ser-lhe-á nomeado defensor, a quem caberá apresentar a resposta preliminar.

Art. 515. No caso previsto no artigo anterior, durante o prazo concedido para a resposta, os autos permanecerão em cartório, onde poderão ser examinados pelo acusado ou por seu defensor.

Parágrafo único. A resposta poderá ser instruída com documentos e justificações.

Art. 516. O juiz rejeitará a queixa ou denúncia, em despacho fundamentado, se convencido, pela resposta do acusado ou do seu defensor, da inexistência do crime ou da improcedência da ação.

• *Vide* arts. 395 e 581, I, do CPP.

Art. 517. Recebida a denúncia ou a queixa, será o acusado citado, na forma estabelecida no Capítulo I do Título X do Livro I.

• *Vide* arts. 351 a 369 do CPP, sobre citações.

Art. 518. Na instrução criminal e nos demais termos do processo, observar-se-á o disposto nos Capítulos I e III, Título I, deste Livro.

•• Os arts. 498 a 502, que constavam do citado Capítulo III do Título I deste Livro, foram revogados pela Lei n. 11.719, de 20-6-2008.

• *Vide*, no CPP, os arts. 394 a 405, sobre instrução criminal.

Capítulo III
DO PROCESSO E DO JULGAMENTO DOS CRIMES DE CALÚNIA E INJÚRIA, DE COMPETÊNCIA DO JUIZ SINGULAR

• *Vide* art. 61 da Lei n. 9.099, de 26-9-1995.

Art. 519. No processo por crime de calúnia ou injúria, para o qual não haja outra forma estabelecida em lei especial, observar-se-á o disposto nos Capítulos I e III, Título I, deste Livro, com as modificações constantes dos artigos seguintes.

• *Vide* arts. 395 a 405 do CPP.

• Os arts. 138 e 140 do CP, respectivamente, dispõem sobre calúnia e injúria.

• *Vide* arts. 60 e 61 da Lei n. 9.099, de 26-9-1995.

Art. 520. Antes de receber a queixa, o juiz oferecerá às partes oportunidade para se reconciliarem, fazendo-as comparecer em juízo e ouvindo-as, separadamente, sem a presença dos seus advogados, não se lavrando termo.

Art. 521. Se depois de ouvir o querelante e o querelado, o juiz achar provável a reconciliação, promoverá entendimento entre eles, na sua presença.

Art. 522. No caso de reconciliação, depois de assinado pelo querelante o termo da desistência, a queixa será arquivada.

Art. 523. Quando for oferecida a exceção da verdade ou da notoriedade do fato imputado, o querelante poderá contestar a exceção no prazo de 2 (dois) dias, podendo ser inquiridas as testemunhas arroladas na queixa, ou outras indicadas naquele prazo, em substituição às primeiras, ou para completar o máximo legal.

Capítulo IV
DO PROCESSO E DO JULGAMENTO DOS CRIMES CONTRA A PROPRIEDADE IMATERIAL

Art. 524. No processo e julgamento dos crimes contra a propriedade imaterial, observar-se-á o disposto nos Capítulos I e III do Título I deste Livro, com as modificações constantes dos artigos seguintes.

•• Sobre crimes em matéria de propriedade industrial vigoram as disposições da Lei n. 9.279, de 14-5-1996, arts. 183 a 195.

• *Vide* arts. 394 a 405 do CPP.

Art. 525. No caso de haver o crime deixado vestígio, a queixa ou a denúncia não será recebida se não for instruída com o exame pericial dos objetos que constituam o corpo de delito.

• *Vide* arts. 158, 395 e 564 do CPP.

Art. 526. Sem a prova de direito à ação, não será recebida a queixa, nem ordenada qualquer diligência preliminarmente requerida pelo ofendido.

• *Vide* arts. 201 e 202, II, Lei n. 9.279, de 14-5-1996.

Art. 527. A diligência de busca ou de apreensão será realizada por dois peritos nomeados pelo juiz, que verificarão a existência de fundamento para a apreensão, e quer esta se realize, quer não, o laudo pericial será apresentado dentro de 3 (três) dias após o encerramento da diligência.

• *Vide* art. 240 a 250 do CPP.

Parágrafo único. O requerente da diligência poderá impugnar o laudo contrário à apreensão, e o juiz ordenará que esta se efetue, se reconhecer a improcedência das razões aduzidas pelos peritos.

Art. 528. Encerradas as diligências, os autos serão conclusos ao juiz para homologação do laudo.

• *Vide* art. 593, II, do CPP.

Art. 529. Nos crimes de ação privativa do ofendido, não será admitida queixa com fundamento em apreensão e em perícia, se decorrido o prazo de 30 (trinta) dias, após a homologação do laudo.

• *Vide* art. 38 do CPP.

Parágrafo único. Será dada vista ao Ministério Público dos autos de busca e apreensão requeridas pelo ofendido, se o crime for de ação pública e não tiver sido oferecida queixa no prazo fixado neste artigo.

Art. 530. Se ocorrer prisão em flagrante e o réu não for posto em liberdade, o prazo a que se refere o artigo anterior será de 8 (oito) dias.

Art. 530-A. O disposto nos arts. 524 a 530 será aplicável aos crimes em que se proceda mediante queixa.

•• Artigo acrescentado pela Lei n. 10.695, de 1.º-7-2003.

Art. 530-B. Nos casos das infrações previstas nos §§ 1.º, 2.º e 3.º do art. 184 do Código Penal, a autoridade policial procederá à apreensão dos bens ilicitamente produzidos ou reproduzidos, em sua totalidade, juntamente com os equipamentos, suportes e materiais que possibilitaram a sua existência, desde que estes se destinem precipuamente à prática do ilícito.

•• Artigo acrescentado pela Lei n. 10.695, de 1.º-7-2003.

•• Os dispositivos citados do CP tratam sobre violação de direitos autorais.

Art. 530-C. Na ocasião da apreensão será lavrado termo, assinado por 2 (duas) ou mais testemunhas, com a descrição de todos os bens apreendidos e informações sobre suas origens, o qual deverá integrar o inquérito policial ou o processo.

•• Artigo acrescentado pela Lei n. 10.695, de 1.º-7-2003.

Art. 530-D. Subsequente à apreensão, será realizada, por perito oficial, ou, na falta deste, por pessoa tecnicamente habilitada, perícia sobre todos os bens apreendidos e elaborado o laudo que deverá integrar o inquérito policial ou o processo.

•• Artigo acrescentado pela Lei n. 10.695, de 1.º-7-2003.

Art. 530-E. Os titulares de direito de autor e os que lhe são conexos serão os fiéis depositários de todos os bens apreendidos, devendo colocá-los à disposição do juiz quando do ajuizamento da ação.

•• Artigo acrescentado pela Lei n. 10.695, de 1.º-7-2003.

Art. 530-F. Ressalvada a possibilidade de se preservar o corpo de delito, o juiz poderá determinar, a requerimento da vítima, a destruição da produção ou reprodução apreendida quando não houver impugnação quanto à sua ilicitude ou quando a ação penal não puder ser iniciada por falta de determinação de quem seja o autor do ilícito.

•• Artigo acrescentado pela Lei n. 10.695, de 1.º-7-2003.

Art. 530-G. O juiz, ao prolatar a sentença condenatória, poderá determinar a destruição dos bens ilicitamente produzidos ou reproduzidos e o perdimento dos equipamentos apreendidos, desde que precipuamente destinados à produção e reprodução dos bens, em favor da Fazenda Nacional, que deverá destruí-los ou doá-los aos Estados, Municípios e Distrito Federal, a instituições públicas de ensino e pesquisa ou de assistência social, bem como incorporá-los, por economia ou interesse público, ao patrimônio da União, que não poderão retorná-los aos canais de comércio.

•• Artigo acrescentado pela Lei n. 10.695, de 1.º-7-2003.

Art. 530-H. As associações de titulares de direitos de autor e os que lhes são conexos poderão, em seu próprio nome, funcionar como assistente da acusação nos crimes previstos no art. 184 do Código Penal, quando praticado em detrimento de qualquer de seus associados.

•• Artigo acrescentado pela Lei n. 10.695, de 1.º-7-2003.

Art. 530-I. Nos crimes em que caiba ação penal pública incondicionada ou condicionada, observar-se-ão as normas constantes dos arts. 530-B, 530-C, 530-D, 530-E, 530-F, 530-G e 530-H.

•• Artigo acrescentado pela Lei n. 10.695, de 1.º-7-2003.

Capítulo V
DO PROCESSO SUMÁRIO

Art. 531. Na audiência de instrução e julgamento, a ser realizada no prazo máximo de 30 (trinta) dias, proceder-se-á à tomada de declarações do ofendido, se possível, à inquirição das testemunhas arroladas pela acusação e pela defesa, nesta ordem, ressalvado o disposto no art. 222 deste Código, bem como aos esclarecimentos dos peritos, às acareações e ao reconhecimento de pessoas e coisas, interrogando-se, em seguida, o acusado e procedendo-se, finalmente, ao debate.

•• Artigo com redação determinada pela Lei n. 11.719, de 20-6-2008.

• *Vide* arts. 209, 395 a 397 e 400 do CPP.

• *Vide* arts. 61, 66 e 77, § 2. º, da Lei n. 9.099, de 26-9-1995.

Art. 532. Na instrução, poderão ser inquiridas até 5 (cinco) testemunhas arroladas pela acusação e 5 (cinco) pela defesa.

•• Artigo com redação determinada pela Lei n. 11.719, de 20-6-2008.

• *Vide* art. 401 do CPP.

Art. 533. Aplica-se ao procedimento sumário o disposto nos parágrafos do art. 400 deste Código.

•• *Caput* com redação determinada pela Lei n. 11.719, de 20-6-2008.

§§ 1.º a 4.º (*Revogados pela Lei n. 11.719, de 20-6-2008.*)

Art. 534. As alegações finais serão orais, concedendo-se a palavra, respectivamente, à acusação e à defesa, pelo prazo de 20 (vinte) minutos, prorrogáveis por mais 10 (dez), proferindo o juiz, a seguir, sentença.

•• *Caput* com redação determinada pela Lei n. 11.719, de 20-6-2008.

• *Vide* art. 403, *caput*, do CPP.

§ 1.º Havendo mais de um acusado, o tempo previsto para a defesa de cada um será individual.

•• § 1.º acrescentado pela Lei n. 11.719, de 20-6-2008.

• *Vide* art. 403, § 1.º, do CPP.

§ 2.º Ao assistente do Ministério Público, após a manifestação deste, serão concedidos 10 (dez) minutos, prorrogando-se por igual período o tempo de manifestação da defesa.

•• § 2.º acrescentado pela Lei n. 11.719, de 20-6-2008.

• *Vide* art. 403, § 2.º, do CPP.

Art. 535. Nenhum ato será adiado, salvo quando imprescindível a prova faltante, determinando o juiz a condução coercitiva de quem deva comparecer.

•• *Caput* com redação determinada pela Lei n. 11.719, de 20-6-2008.

§§ 1.º e 2.º (*Revogados pela Lei n. 11.719, de 20-6-2008.*)

Art. 536. A testemunha que comparecer será inquirida, independentemente da suspensão da audiência, observada em qualquer caso a ordem estabelecida no art. 531 deste Código.

•• Artigo com redação determinada pela Lei n. 11.719, de 20-6-2008.

Art. 537. (*Revogado pela Lei n. 11.719, de 20-6-2008.*)

Art. 538. Nas infrações penais de menor potencial ofensivo, quando o juizado especial criminal encaminhar ao juízo comum as peças existentes para a adoção de outro procedimento, observar-se-á o procedimento sumário previsto neste Capítulo.

•• *Caput* com redação determinada pela Lei n. 11.719, de 20-6-2008.

§§ 1.º a 4.º (*Revogados pela Lei n. 11.719, de 20-6-2008.*)

Arts. 539 e 540. (*Revogados pela Lei n. 11.719, de 20-6-2008.*)

Capítulo VI
DO PROCESSO DE RESTAURAÇÃO DE AUTOS EXTRAVIADOS OU DESTRUÍDOS

Art. 541. Os autos originais de processo penal extraviados ou destruídos, em primeira ou segunda instância, serão restaurados.

§ 1.º Se existir e for exibida cópia autêntica ou certidão do processo, será uma ou outra considerada como original.

§ 2.º Na falta de cópia autêntica ou certidão do processo, o juiz mandará, de ofício, ou a requerimento de qualquer das partes, que:

a) o escrivão certifique o estado do processo, segundo a sua lembrança, e reproduza o que houver a respeito em seus protocolos e registros;

b) sejam requisitadas cópias do que constar a respeito no Instituto Médico-Legal, no Instituto de Identificação e Estatística ou em estabelecimentos congêneres, repartições públicas, penitenciárias ou cadeias;

c) as partes sejam citadas pessoalmente, ou, se não forem encontradas, por edital, com o prazo de 10 (dez) dias, para o processo de restauração dos autos.

§ 3.º Proceder-se-á à restauração na primeira instância, ainda que os autos se tenham extraviado na segunda.

Art. 542. No dia designado, as partes serão ouvidas, mencionando-se em termo circunstanciado os pontos em que estiverem acordes e a exibição e a conferência das certidões e mais reproduções do processo apresentadas e conferidas.

Art. 543. O juiz determinará as diligências necessárias para a restauração, observando-se o seguinte:

I – caso ainda não tenha sido proferida a sentença, reinquirir-se-ão as testemunhas, podendo ser substituídas as que tiverem falecido ou se encontrarem em lugar não sabido;

II – os exames periciais, quando possível, serão repetidos, e de preferência pelos mesmos peritos;

III – a prova documental será reproduzida por meio de cópia autêntica ou, quando impossível, por meio de testemunhas;

IV – poderão também ser inquiridas sobre os atos do processo, que deverá ser restaurado, as autoridades, os serventuários, os peritos e mais pessoas que tenham nele funcionado;

V – o Ministério Público e as partes poderão oferecer testemunhas e produzir documentos, para provar o teor do processo extraviado ou destruído.

Art. 544. Realizadas as diligências que, salvo motivo de força maior, deverão concluir-se dentro de 20 (vinte) dias, serão os autos conclusos para julgamento.

Parágrafo único. No curso do processo, e depois de subirem os autos conclusos para sentença, o juiz poderá, dentro em 5 (cinco) dias, requisitar de autoridades ou de repartições todos os esclarecimentos para a restauração.

Art. 545. Os selos e as taxas judiciárias, já pagos nos autos originais, não serão novamente cobrados.

Art. 546. Os causadores de extravio de autos responderão pelas custas, em dobro, sem prejuízo da responsabilidade criminal.

Art. 547. Julgada a restauração, os autos respectivos valerão pelos originais.

• *Vide* art. 593, II, do CPP.

Parágrafo único. Se no curso da restauração aparecerem os autos originais, nestes continuará o processo, apensos a eles os autos da restauração.

Art. 548. Até à decisão que julgue restaurados os autos, a sentença condenatória em execução continuará a produzir efeito, desde que conste da respectiva guia arquivada na cadeia ou na penitenciária, onde o réu estiver cumprindo a pena, ou de registro que torne a sua existência inequívoca.

Capítulo VII
DO PROCESSO DE APLICAÇÃO DE MEDIDA DE SEGURANÇA POR FATO NÃO CRIMINOSO

•• Após a Reforma Penal da Parte Geral do CP pela Lei n. 7.209, de 11-7-1984, não se aplica mais a medida de segurança prevista neste Capítulo.

• Os arts. 26 e 96 a 99 do CP dispõem respectivamente sobre inimputáveis e medidas de segurança.

Art. 549. Se a autoridade policial tiver conhecimento de fato que, embora não constituindo infração penal, possa determinar a aplicação de medida de segurança (Código Penal, arts. 14 e 27), deverá proceder a inquérito, a fim de apurá-lo e averiguar todos os elementos que possam interessar à verificação da periculosidade do agente.

•• Referência a dispositivos originais do CP. Na Nova Parte Geral, correspondem aos arts. 17 (crime impossível) e 31 (casos de impunibilidade).

Art. 550. O processo será promovido pelo Ministério Público, mediante requerimento que conterá a exposição sucinta do fato, as suas circunstâncias e todos os elementos em que se fundar o pedido.

Art. 551. O juiz, ao deferir o requerimento, ordenará a intimação do interessado para comparecer em juízo, a fim de ser interrogado.

Art. 552. Após o interrogatório ou dentro do prazo de 2 (dois) dias, o interessado ou seu defensor poderá oferecer alegações.

Parágrafo único. O juiz nomeará defensor ao interessado que não o tiver.

Art. 553. O Ministério Público, ao fazer o requerimento inicial, e a defesa, no prazo estabelecido no artigo anterior, poderão requerer exames, diligências e arrolar até três testemunhas.

Art. 554. Após o prazo de defesa ou a realização dos exames e diligências ordenados pelo juiz, de ofício ou a requerimento das partes, será marcada audiência, em que, inquiridas as testemunhas e produzidas alegações orais pelo órgão do Ministério Público e pelo defensor, dentro de 10 (dez) minutos para cada um, o juiz proferirá sentença.

Parágrafo único. Se o juiz não se julgar habilitado a proferir a decisão, designará, desde logo, outra audiência, que se realizará dentro de 5 (cinco) dias, para publicar a sentença.

Art. 555. Quando, instaurado processo por infração penal, o juiz, absolvendo ou impronunciando o réu, reconhecer a existência de qualquer dos fatos previstos no art. 14 ou no art. 27 do Código Penal, aplicar-lhe-á, se for caso, medida de segurança.

•• Referência a dispositivos originais do CP. Na nova Parte Geral, correspondem aos arts. 17 (crime impossível) e 31 (casos de impunibilidade).

TÍTULO III
DOS PROCESSOS DE COMPETÊNCIA DO SUPREMO TRIBUNAL FEDERAL E DOS TRIBUNAIS DE APELAÇÃO

•• Este Título foi revogado pela Lei n. 8.658, de 26-5-1993.

CAPÍTULO I
DA INSTRUÇÃO

Arts. 556 a 560. (*Revogados pela Lei n. 8.658, de 26-5-1993.*)

CAPÍTULO II
DO JULGAMENTO

Arts. 561 e 562. (*Revogados pela Lei n. 8.658, de 26-5-1993.*)

Livro III
DAS NULIDADES E DOS RECURSOS EM GERAL

Título I
DAS NULIDADES

Art. 563. Nenhum ato será declarado nulo, se da nulidade não resultar prejuízo para a acusação ou para a defesa.

• *Vide* Súmula 523 do STF.

Art. 564. A nulidade ocorrerá nos seguintes casos:

I – por incompetência, suspeição ou suborno do juiz;

• *Vide* arts. 69 a 91 e 252 a 256 do CPP, sobre competência e suspeição.

II – por ilegitimidade de parte;

• *Vide* art. 568 do CPP, sobre ilegitimidade.

III – por falta das fórmulas ou dos termos seguintes:

a) a denúncia ou a queixa e a representação e, nos processos de contravenções penais, a portaria ou o auto de prisão em flagrante;

• *Vide* arts. 26 e 39 do CPP, sobre contravenções, representação e denúncia ou queixa.

b) o exame do corpo de delito nos crimes que deixam vestígios, ressalvado o disposto no art. 167;

• *Vide* arts. 158 e s. do CPP.

c) a nomeação de defensor ao réu presente, que o não tiver, ou ao ausente, e de curador ao menor de 21 (vinte e um) anos;

•• O art. 5.º, *caput*, do CC estabelece a maioridade civil aos dezoito anos completos.

• *Vide* Súmulas 352, 523 e 708 do STF.

d) a intervenção do Ministério Público em todos os termos da ação por ele intentada e nos da intentada pela parte ofendida, quando se tratar de crime de ação pública;

• *Vide* arts. 24 e 29 do CPP.

e) a citação do réu para ver-se processar, o seu interrogatório, quando presente, e os prazos concedidos à acusação e à defesa;

• *Vide* arts. 185 a 196 e 351 a 369 do CPP.

• *Vide* Súmulas 707 e 708 do STF.

f) a sentença de pronúncia, o libelo e a entrega da respectiva cópia, com o rol de testemunhas, nos processos perante o Tribunal do Júri;

•• A Lei n. 11.689, de 9-6-2008, que alterou o procedimento relativo aos processos de competência do Tribunal do Júri, extinguiu o libelo.

g) a intimação do réu para a sessão de julgamento, pelo Tribunal do Júri, quando a lei não permitir o julgamento à revelia;

• *Vide* Súmula 712 do STF.

h) a intimação das testemunhas arroladas no libelo e na contrariedade, nos termos estabelecidos pela lei;

i) a presença pelo menos de 15 (quinze) jurados para a constituição do júri;

• *Vide* art. 463 do CPP.

j) o sorteio dos jurados do conselho de sentença em número legal e sua incomunicabilidade;

• *Vide* arts. 433 e 466, § 2.º, do CPP.

k) os quesitos e as respectivas respostas;

• *Vide* arts. 482 a 484 do CPP.

• *Vide* Súmulas 156 e 162 do STF.

l) a acusação e a defesa, na sessão de julgamento;

• *Vide* arts. 455, 456, § 2.º, e 476 a 481 do CPP.

m) a sentença;

• *Vide* arts. 381 e s. do CPP.

n) o recurso de ofício, nos casos em que a lei o tenha estabelecido;

• *Vide* arts. 574 e 576 do CPP.

• *Vide* art. 7.º da Lei n. 1.521, de 26-12-1951.

• *Vide* Súmula 423 do STF.

o) a intimação, nas condições estabelecidas pela lei, para ciência de sentenças e despachos de que caiba recurso;

• *Vide* art. 370 e s. do CPP.

p) no Supremo Tribunal Federal e nos Tribunais de Apelação, o *quorum* legal para o julgamento;

• Sobre Tribunais de Apelação, *vide* Nota dos Organizadores.

IV – por omissão de formalidade que constitua elemento essencial do ato.

Parágrafo único. Ocorrerá ainda a nulidade, por deficiência dos quesitos ou das suas respostas, e contradição entre estas.

•• Parágrafo único acrescentado pela Lei n. 263, de 23-2-1948.

• *Vide* arts. 483 e 490 do CPP.

• *Vide* Súmulas 156 e 162 do STF.

Art. 565. Nenhuma das partes poderá arguir nulidade a que haja dado causa, ou para que tenha concorrido, ou referente a formalidade cuja observância só à parte contrária interesse.

Art. 566. Não será declarada a nulidade de ato processual que não houver influído na apuração da verdade substancial ou na decisão da causa.

• *Vide* Súmulas 352 e 366 do STF.

Art. 567. A incompetência do juízo anula somente os atos decisórios, devendo o processo, quando for declarada a nulidade, ser remetido ao juiz competente.

• *Vide* arts. 109 e 564, I, do CPP.

Art. 568. A nulidade por ilegitimidade do representante da parte poderá ser a todo tempo sanada, mediante ratificação dos atos processuais.

Art. 569. As omissões da denúncia ou da queixa, da representação, ou, nos processos das contravenções penais, da portaria ou do auto de prisão em flagrante, poderão ser supridas a todo o tempo, antes da sentença final.

• *Vide* arts. 24, 25, 39, 40, 41 e 564, II e III, do CPP.

Art. 570. A falta ou a nulidade da citação, da intimação ou notificação estará sanada, desde que o interessado compareça, antes de o ato consumar-se, embora declare que o faz para o único fim de argui-la. O juiz ordenará, todavia, a suspensão ou o adiamento do ato, quando reconhecer que a irregularidade poderá prejudicar direito da parte.

Art. 571. As nulidades deverão ser arguidas:

• *Vide* Súmula 155 do STF.

I – as da instrução criminal dos processos da competência do júri, nos prazos a que se refere o art. 406;

•• *Vide* art. 411 do CPP.

II – as da instrução criminal dos processos de competência do juiz singular e dos processos especiais, salvo os dos Capítulos V e VII do Título II do Livro II, nos prazos a que se refere o art. 500;

•• *Vide* art. 400 do CPP.

III – as do processo sumário, no prazo a que se refere o art. 537, ou, se verificadas depois desse prazo, logo depois de aberta a audiência e apregoadas as partes;

•• Citado art. 537 do CPP foi revogado pela Lei n. 11.719, de 20-6-2008.

•• *Vide* art. 531 do CPP.

•• *Vide* Lei n. 9.099, de 26-9-1995 (Juizados Especiais).

IV – as do processo regulado no Capítulo VII do Título II do Livro II, logo depois de aberta a audiência;

V – as ocorridas posteriormente à pronúncia, logo depois de anunciado o julgamento e apregoadas as partes (art. 447);

•• Com a redação dada ao art. 447 pela Lei n. 11.689, de 9-6-2008, entendemos que a remissão correta seja ao art. 454 do CPP.

VI – as de instrução criminal dos processos de competência do Supremo Tribunal Federal e dos Tribunais de Apelação, nos prazos a que se refere o art. 500;

•• Sobre Tribunal de Apelação, *vide* Nota dos Organizadores.

•• Citado art. 500 do CPP foi revogado pela Lei n. 11.719, de 20-6-2008.

•• *Vide* art. 102 da CF.

•• *Vide* arts. 400 e 610 do CPP.

VII – se verificadas após a decisão da primeira instância, nas razões de recurso ou logo depois de anunciado o julgamento do recurso e apregoadas as partes;

VIII – as do julgamento em plenário, em audiência ou em sessão do tribunal, logo depois de ocorrerem.

Art. 572. As nulidades previstas no art. 564, III, *d* e *e*, segunda parte, *g* e *h*, e IV, considerar-se-ão sanadas:

• *Vide* Súmulas 155, 156 e 162 do STF.

I – se não forem arguidas, em tempo oportuno, de acordo com o disposto no artigo anterior;

II – se, praticado por outra forma, o ato tiver atingido o seu fim;

• *Vide* Súmula 366 do STF.

III – se a parte, ainda que tacitamente, tiver aceito os seus efeitos.

Art. 573. Os atos, cuja nulidade não tiver sido sanada, na forma dos artigos anteriores, serão renovados ou retificados.

§ 1.º A nulidade de um ato, uma vez declarada, causará a dos atos que dele diretamente dependam ou sejam consequência.

§ 2.º O juiz que pronunciar a nulidade declarará os atos a que ela se estende.

Título II
DOS RECURSOS EM GERAL

Capítulo I
DISPOSIÇÕES GERAIS

Art. 574. Os recursos serão voluntários, excetuando-se os seguintes casos, em que deverão ser interpostos, de ofício, pelo juiz:

• *Vide* Súmula 160 do STF.

• *Vide* arts. 564, III, *n*, 576 e 746 do CPP.

• *Vide* art. 7.º da Lei n. 1.521, de 26-12-1951, sobre crimes contra a economia popular.

I – da sentença que conceder *habeas corpus*;

• *Vide* arts. 581, X, e 647 a 667 do CPP.

• *Vide* Súmula 344 do STF.

II – da que absolver desde logo o réu com fundamento na existência de circunstância que exclua o crime ou isente o réu de pena, nos termos do art. 411.

•• O art. 411 foi alterado pela Lei n. 11.689, de 9-6-2008, e não dispõe mais sobre a matéria. Sobre absolvição sumária *vide* arts. 415 e 416 do CPP.

Art. 575. Não serão prejudicados os recursos que, por erro, falta ou omissão dos funcionários, não tiverem seguimento ou não forem apresentados dentro do prazo.

• *Vide* Súmulas 320, 428 e 705 do STF.

Art. 576. O Ministério Público não poderá desistir de recurso que haja interposto.

Art. 577. O recurso poderá ser interposto pelo Ministério Público, ou pelo querelante, ou pelo réu, seu procurador ou seu defensor.

• *Vide* Súmulas 210 e 448 do STF.

Parágrafo único. Não se admitirá, entretanto, recurso da parte que não tiver interesse na reforma ou modificação da decisão.

Art. 578. O recurso será interposto por petição ou por termo nos autos, assinado pelo recorrente ou por seu representante.

• *Vide* arts. 587 e 600, § 4.º, do CPP.

• *Vide* art. 83, § 1.º, da Lei n. 9.099, de 26-9-1995.
• *Vide* Súmulas 160 e 428 do STF.

§ 1.º Não sabendo ou não podendo o réu assinar o nome, o termo será assinado por alguém, a seu rogo, na presença de duas testemunhas.

§ 2.º A petição de interposição de recurso, com o despacho do juiz, será, até o dia seguinte ao último do prazo, entregue ao escrivão, que certificará no termo da juntada a data da entrega.

§ 3.º Interposto por termo o recurso, o escrivão, sob pena de suspensão por 10 (dez) a 30 (trinta) dias, fará conclusos os autos ao juiz, até o dia seguinte ao último do prazo.

Art. 579. Salvo a hipótese de má-fé, a parte não será prejudicada pela interposição de um recurso por outro.

Parágrafo único. Se o juiz, desde logo, reconhecer a impropriedade do recurso interposto pela parte, mandará processá-lo de acordo com o rito do recurso cabível.

Art. 580. No caso de concurso de agentes (Código Penal, art. 25), a decisão do recurso interposto por um dos réus, se fundado em motivos que não sejam de caráter exclusivamente pessoal, aproveitará aos outros.

•• Referência a dispositivo original do CP. *Vide* art. 29 da nova Parte Geral do mesmo Código.

Capítulo II
DO RECURSO EM SENTIDO ESTRITO

Art. 581. Caberá recurso, no sentido estrito, da decisão, despacho ou sentença:

•• *Vide* art. 593, § 4.º, do CPP.
• *Vide* art. 294, parágrafo único, do CTB.

I – que não receber a denúncia ou a queixa;

• *Vide* art. 395 do CPP.
• *Vide* art. 82, § 1.º, da Lei n. 9.099, de 26-9-1995.
• *Vide* Súmula 707 do STF.

II – que concluir pela incompetência do juízo;

• *Vide* art. 564, I, do CPP.
• *Vide* Súmula 33 do STJ.

III – que julgar procedentes as exceções, salvo a de suspeição;

• *Vide* arts. 95 e s. do CPP.

IV – que pronunciar o réu;

•• Inciso IV com redação determinada pela Lei n. 11.689, de 9-6-2008.
• *Vide* art. 413 do CPP.

V – que conceder, negar, arbitrar, cassar ou julgar inidônea a fiança, indeferir requerimento de prisão preventiva ou revogá-la, conceder liberdade provisória ou relaxar a prisão em flagrante;

•• Inciso V com redação determinada pela Lei n. 7.780, de 22-6-1989.
• *Vide* arts. 310 a 316 e 322 a 350 do CPP.

VI – (*Revogado pela Lei n. 11.689, de 9-6-2008.*)

VII – que julgar quebrada a fiança ou perdido o seu valor;

• *Vide* arts. 341 a 347 do CPP.

VIII – que decretar a prescrição ou julgar, por outro modo, extinta a punibilidade;

IX – que indeferir o pedido de reconhecimento da prescrição ou de outra causa extintiva da punibilidade;

X – que conceder ou negar a ordem de *habeas corpus*;

• *Vide* arts. 647 a 667 do CPP.
• *Vide* Súmula 423 do STF.

XI – que conceder, negar ou revogar a suspensão condicional da pena;

• *Vide* arts. 66 e 197 da LEP.

XII – que conceder, negar ou revogar livramento condicional;

•• Do livramento condicional: *vide* arts. 131 a 146 e 197 da Lei n. 7.210, de 11-7-1984.

XIII – que anular o processo da instrução criminal, no todo ou em parte;

XIV – que incluir jurado na lista geral ou desta o excluir;

• *Vide* art. 426, § 1.º, do CPP.

XV – que denegar a apelação ou a julgar deserta;

• *Vide* arts. 593 e s. do CPP.

XVI – que ordenar a suspensão do processo, em virtude de questão prejudicial;

• *Vide* arts. 92 e 93 do CPP.

XVII – que decidir sobre a unificação de penas;

• *Vide* arts. 111 e 197 da Lei n. 7.210, de 11-7-1984.

XVIII – que decidir o incidente de falsidade;

• *Vide* arts. 145 e s. do CPP.

XIX – que decretar medida de segurança, depois de transitar a sentença em julgado;

• Da execução das medidas de segurança: *vide* arts. 171 a 179 e 197 da Lei n. 7.210, de 11-7-1984.

XX – que impuser medida de segurança por transgressão de outra;

•• *Vide* nota ao inciso XIX deste artigo.

XXI – que mantiver ou substituir a medida de segurança, nos casos do art. 774;

•• *Vide* nota ao inciso XIX deste artigo.

XXII – que revogar a medida de segurança;

•• *Vide* nota ao inciso XIX deste artigo.

XXIII – que deixar de revogar a medida de segurança, nos casos em que a lei admita a revogação;

•• *Vide* nota ao inciso XIX deste artigo.

XXIV – que converter a multa em detenção ou em prisão simples.

•• Inciso prejudicado pela Lei n. 9.268, de 1.º-4-1996, que revogou os §§ 1.º e 2.º do art. 51 do CP, dando ao *caput* a seguinte redação: "Transitada em julgado a sentença condenatória, a multa será considerada dívida de valor, aplicando-se-lhe as normas da legislação relativa à dívida ativa da Fazenda Pública, inclusive no que concerne às causas interruptivas e suspensivas da prescrição".

Art. 582. Os recursos serão sempre para o Tribunal de Apelação, salvo nos casos dos n. V, X e XIV.

• Sobre Tribunal de Apelação, *vide* Nota dos Organizadores.

Parágrafo único. O recurso, no caso do n. XIV, será para o presidente do Tribunal de Apelação.

Art. 583. Subirão nos próprios autos os recursos:

I – quando interpostos de ofício;

II – nos casos do art. 581, I, III, IV, VI, VIII e X;

III – quando o recurso não prejudicar o andamento do processo.

Parágrafo único. O recurso da pronúncia subirá em traslado, quando, havendo dois ou mais réus, qualquer deles se conformar com a decisão ou todos não tiverem sido ainda intimados da pronúncia.

Art. 584. Os recursos terão efeito suspensivo nos casos de perda da fiança, de concessão de livramento condicional e dos n. XV, XVII e XXIV do art. 581.

• *Vide* arts. 131 e s. da LEP.

§ 1.º Ao recurso interposto de sentença de impronúncia ou no caso do n. VIII do art. 581, aplicar-se-á o disposto nos arts. 596 e 598.

• *Vide* Súmula 210 do STF.

§ 2.º O recurso da pronúncia suspenderá tão somente o julgamento.

§ 3.º O recurso do despacho que julgar quebrada a fiança suspenderá unicamente o efeito de perda da metade do seu valor.

Art. 585. O réu não poderá recorrer da pronúncia senão depois de preso, salvo se prestar fiança, nos casos em que a lei a admitir.

• *Vide* art. 413, § 3.º, do CPP.

Art. 586. O recurso voluntário poderá ser interposto no prazo de 5 (cinco) dias.

• *Vide* Súmulas 319 e 700 do STF.

Parágrafo único. No caso do art. 581, XIV, o prazo será de 20 (vinte) dias, contado da data da publicação definitiva da lista de jurados.

Art. 587. Quando o recurso houver de subir por instrumento, a parte indicará, no respectivo termo, ou em requerimento avulso, as peças dos autos de que pretenda traslado.

Parágrafo único. O traslado será extraído, conferido e concertado no prazo de 5 (cinco) dias, e dele constarão sempre a decisão recorrida, a certidão de sua intimação, se por outra forma não for possível verificar-se a oportunidade do recurso, e o termo de interposição.

Art. 588. Dentro de 2 (dois) dias, contados da interposição do recurso, ou do dia em que o escrivão, extraído o traslado, o fizer com vista ao recorrente, este oferecerá as razões e, em seguida, será aberta vista ao recorrido por igual prazo.

• *Vide* Súmula 707 do STF.

Parágrafo único. Se o recorrido for o réu, será intimado do prazo na pessoa do defensor.

Art. 589. Com a resposta do recorrido ou sem ela, será o recurso concluso ao juiz, que, dentro de 2 (dois) dias, reformará ou sustentará o seu despacho, mandando instruir o recurso com os traslados que lhe parecerem necessários.

Parágrafo único. Se o juiz reformar o despacho recorrido, a parte contrária, por simples petição, poderá recorrer da nova decisão, se couber recurso, não sendo mais lícito ao juiz modificá-la. Neste caso, independentemente de novos arrazoados, subirá o recurso nos próprios autos ou em traslado.

Art. 590. Quando for impossível ao escrivão extrair o traslado no prazo da lei, poderá o juiz prorrogá-lo até o dobro.

Art. 591. Os recursos serão apresentados ao juiz ou tribunal *ad quem*, dentro de 5 (cinco) dias da publicação da resposta do juiz *a quo*, ou entregues ao Correio dentro do mesmo prazo.

Art. 592. Publicada a decisão do juiz ou do tribunal *ad quem*, deverão os autos ser devolvidos, dentro de 5 (cinco) dias, ao juiz *a quo*.

Capítulo III
DA APELAÇÃO

• *Vide* arts. 397, 581, XV, 598 e 609 do CPP.

• *Vide* arts. 76, § 5.º, e 82 da Lei n. 9.099, de 26-9-1995.

• *Vide* Súmulas 320, 428 e 710 do STF.

Art. 593. Caberá apelação no prazo de 5 (cinco) dias:

I – das sentenças definitivas de condenação ou absolvição proferidas por juiz singular;

• *Vide* art. 102, II, *b*, da CF.

II – das decisões definitivas, ou com força de definitivas, proferidas por juiz singular nos casos não previstos no Capítulo anterior;

• *Vide* arts. 120, § 1.º, 127, 134 a 137 do CPP.

III – das decisões do Tribunal do Júri, quando:

• *Vide* Súmula 713 do STF.

a) ocorrer nulidade posterior à pronúncia;

b) for a sentença do juiz-presidente contrária à lei expressa ou à decisão dos jurados;

c) houver erro ou injustiça no tocante à aplicação da pena ou da medida de segurança;

d) for a decisão dos jurados manifestamente contrária à prova dos autos.

•• *Caput* com redação determinada pela Lei n. 263, de 23-2-1948.

§ 1.º Se a sentença do juiz-presidente for contrária à lei expressa ou divergir das respostas dos jurados aos quesitos, o tribunal *ad quem* fará a devida retificação.

•• § 1.º com redação determinada pela Lei n. 263, de 23-2-1948.

§ 2.º Interposta a apelação com fundamento no n. III, *c*, deste artigo, o tribunal *ad quem*, se lhe der provimento, retificará a aplicação da pena ou da medida de segurança.

•• § 2.º com redação determinada pela Lei n. 263, de 23-2-1948.

§ 3.º Se a apelação se fundar no n. III, *d*, deste artigo, e o tribunal *ad quem* se convencer de que a decisão dos jurados é manifestamente contrária à prova dos autos, dar-lhe-á provimento para sujeitar o réu a novo julgamento; não se admite, porém, pelo mesmo motivo, segunda apelação.

•• § 3.º com redação determinada pela Lei n. 263, de 23-2-1948.

§ 4.º Quando cabível a apelação, não poderá ser usado o recurso em sentido estrito, ainda que somente de parte da decisão se recorra.

•• § 4.º com redação determinada pela Lei n. 263, de 23-2-1948.

Art. 594. (*Revogado pela Lei n. 11.719, de 20-6-2008.*)

Art. 595. (*Revogado pela Lei n. 12.403, de 4-5-2011.*)

Art. 596. A apelação da sentença absolutória não impedirá que o réu seja posto imediatamente em liberdade.

•• *Caput* com redação determinada pela Lei n. 5.941, de 22-11-1973.

Parágrafo único. A apelação não suspenderá a execução da medida de segurança aplicada provisoriamente.

•• Parágrafo único com redação determinada pela Lei n. 5.941, de 22-11-1973, e tacitamente revogado pela Reforma Penal de 1984.

Art. 597. A apelação de sentença condenatória terá efeito suspensivo, salvo o disposto no art. 393, a aplicação provisória de interdições de direitos e de medidas de segurança (arts. 374 e 378), e o caso de suspensão condicional de pena.

Art. 598. Nos crimes de competência do Tribunal do Júri, ou do juiz singular, se da sentença não for interposta apelação pelo Ministério Público no prazo legal, o ofendido ou qualquer das pessoas enumeradas no art. 31, ainda que não se tenha habilitado como assistente, poderá interpor apelação, que não terá, porém, efeito suspensivo.

• *Vide* Súmulas 210 e 713 do STF.

• *Vide* art. 271 do CPP, sobre a interposição de recurso.

Parágrafo único. O prazo para interposição desse recurso será de 15 (quinze) dias e correrá do dia em que terminar o do Ministério Público.

Art. 599. As apelações poderão ser interpostas quer em relação a todo o julgado, quer em relação a parte dele.

• *Vide* Súmula 160 do STF.

Art. 600. Assinado o termo de apelação, o apelante e, depois dele, o apelado terão o prazo de 8 (oito) dias cada um para oferecer razões, salvo nos processos de contravenção, em que o prazo será de 3 (três) dias.

§ 1.º Se houver assistente, este arrazoará, no prazo de 3 (três) dias, após o Ministério Público.

§ 2.º Se a ação penal for movida pela parte ofendida, o Ministério Público terá vista dos autos, no prazo do parágrafo anterior.

§ 3.º Quando forem dois ou mais os apelantes ou apelados, os prazos serão comuns.

§ 4.º Se o apelante declarar, na petição ou no termo, ao interpor a apelação, que deseja arrazoar na superior instância serão os autos remetidos ao tribunal *ad quem* onde será aberta vista às partes, observados os prazos legais, notificadas as partes pela publicação oficial.

•• § 4.º acrescentado pela Lei n. 4.336, de 1.º-6-1964.

Art. 601. Findos os prazos para razões, os autos serão remetidos à instância superior, com as razões ou sem elas, no prazo de 5 (cinco) dias, salvo no caso do art. 603, segunda parte, em que o prazo será de 30 (trinta) dias.

§ 1.º Se houver mais de um réu, e não houverem todos sido julgados, ou não tiverem todos apelado, caberá ao apelante promover extração do traslado dos autos, o qual deverá ser remetido à instância superior no prazo de 30 (trinta) dias, contado da data da entrega das últimas razões de apelação, ou do vencimento do prazo para a apresentação das do apelado.

§ 2.º As despesas do traslado correrão por conta de quem o solicitar, salvo se o pedido for de réu pobre ou do Ministério Público.

Art. 602. Os autos serão, dentro dos prazos do artigo anterior, apresentados ao tribunal *ad quem* ou entregues ao Correio, sob registro.

Art. 603. A apelação subirá nos autos originais e, a não ser no Distrito Federal e nas comarcas que forem sede de Tribunal de Apelação, ficará em cartório traslado dos termos essenciais do processo referidos no art. 564, III.

Arts. 604 a 606. (*Revogados pela Lei n. 263, de 23-2-1948.*)

Capítulo IV
DO PROTESTO POR NOVO JÚRI

Arts. 607 e 608. (*Revogados pela Lei n. 11.689, de 9-6-2008.*)

Capítulo V
DO PROCESSO E DO JULGAMENTO DOS RECURSOS EM SENTIDO ESTRITO E DAS APELAÇÕES, NOS TRIBUNAIS DE APELAÇÃO

•• Tribunais de Apelação: antiga denominação substituída por Tribunais de Justiça.

Art. 609. Os recursos, apelações e embargos serão julgados pelos Tribunais de Justiça, câmaras ou turmas criminais, de acordo com a competência estabelecida nas leis de organização judiciária.

•• *Caput* com redação determinada pela Lei n. 1.720-B, de 3-11-1952.

• Organização Judiciária do Distrito Federal e Territórios: Lei n. 9.699, de 8-9-1998.

Parágrafo único. Quando não for unânime a decisão de segunda instância, desfavorável ao réu, admitem-se embargos infringentes e de nulidade, que poderão ser opostos dentro de 10 (dez) dias, a contar da publicação de acórdão, na forma do art. 613. Se o desacordo for parcial, os embargos serão restritos à matéria objeto de divergência.

•• Parágrafo único com redação determinada pela Lei n. 1.720-B, de 3-11-1952.

• *Vide* Súmula 393 do STF.

Art. 610. Nos recursos em sentido estrito, com exceção do de *habeas corpus*, e nas apelações interpostas das sentenças em processo de contravenção ou de crime a que a lei comine pena de detenção, os autos irão imediatamente com vista ao procurador-geral pelo prazo de 5 (cinco) dias, e, em seguida, passarão, por igual prazo, ao relator, que pedirá designação de dia para o julgamento.

•• Com o advento das Leis n. 9.099, de 26-9-1995, e 10.259, de 12-7-2011, a aplicação deste dispositivo restou prejudicada.

Parágrafo único. Anunciado o julgamento pelo presidente, e apregoadas as partes, com a presença destas ou à sua revelia, o relator fará a exposição do feito e, em seguida, o presidente concederá, pelo prazo de 10 (dez) minutos, a palavra aos advogados ou às partes que a solicitarem e ao procurador-geral, quando o requerer, por igual prazo.

Art. 611. (*Revogado pelo Decreto-lei n. 552, de 25-4-1969.*)

Art. 612. Os recursos de *habeas corpus*, designado o relator, serão julgados na primeira sessão.

• *Vide* arts. 647 a 667 do CPP.

• *Vide* Súmula 431 do STF.

Art. 613. As apelações interpostas das sentenças proferidas em processos por crime a que a lei comine pena de reclusão, deverão ser processadas e julgadas pela forma estabelecida no art. 610, com as seguintes modificações:

I – exarado o relatório nos autos, passarão estes ao revisor, que terá igual prazo para o exame do processo e pedirá designação de dia para o julgamento;

II – os prazos serão ampliados ao dobro;

III – o tempo para os debates será de um quarto de hora.

Art. 614. No caso de impossibilidade de observância de qualquer dos prazos marcados nos arts. 610 e 613, os motivos da demora serão declarados nos autos.

Art. 615. O tribunal decidirá por maioria de votos.

§ 1.º Havendo empate de votos no julgamento de recursos, se o presidente do tribunal, câmara ou turma, não tiver tomado parte na votação, proferirá o voto de desempate; no caso contrário, prevalecerá a decisão mais favorável ao réu.

§ 2.º O acórdão será apresentado à conferência na primeira sessão seguinte à do julgamento, ou no prazo de duas sessões, pelo juiz incumbido de lavrá-lo.

Art. 616. No julgamento das apelações poderá o tribunal, câmara ou turma proceder a novo interrogatório do acusado, reinquirir testemunhas ou determinar outras diligências.

• *Vide* arts. 185 e s. do CPP.

• *Vide* art. 3.º, III, da Lei n. 8.038, de 28-5-1990.

Art. 617. O tribunal, câmara ou turma atenderá nas suas decisões ao disposto nos arts. 383, 386 e 387, no que for aplicável, não podendo, porém, ser agravada a pena, quando somente o réu houver apelado da sentença.

• *Vide* Súmulas 160, 453 e 525 do STF.

Art. 618. Os regimentos dos Tribunais de Apelação estabelecerão as normas complementares para o processo e julgamento dos recursos e apelações.

• Sobre Tribunais de Apelação, *vide* Nota dos Organizadores.

Capítulo VI
DOS EMBARGOS

Art. 619. Aos acórdãos proferidos pelos Tribunais de Apelação, câmaras ou turmas, poderão ser opostos embargos de declaração, no prazo de 2 (dois) dias contado da sua publicação, quando houver na sentença ambiguidade, obscuridade, contradição ou omissão.

• *Vide* art. 382 do CPP.

• *Vide* art. 83, § 2.º, da Lei n. 9.099, de 26-9-1995.

• *Vide* Súmula 710 do STF.

Art. 620. Os embargos de declaração serão deduzidos em requerimento de que constem os pontos em que o acórdão é ambíguo, obscuro, contraditório ou omisso.

• *Vide* art. 578 do CPP.

• *Vide* art. 83, § 2.º, da Lei n. 9.099, de 26-9-1995.

§ 1.º O requerimento será apresentado pelo relator e julgado, independentemente de revisão, na primeira sessão.

§ 2.º Se não preenchidas as condições enumeradas neste artigo, o relator indeferirá desde logo o requerimento.

• *Vide* art. 609, parágrafo único, do CPP sobre embargos infringentes e de nulidade.

Capítulo VII
DA REVISÃO

Art. 621. A revisão dos processos findos será admitida:

I – quando a sentença condenatória for contrária ao texto expresso da lei penal ou à evidência dos autos;

II – quando a sentença condenatória se fundar em depoimentos, exames ou documentos comprovadamente falsos;

• *Vide* arts. 145 e s. do CPP.

III – quando, após a sentença, se descobrirem novas provas de inocência do condenado ou de circunstância que determine ou autorize diminuição especial da pena.

• *Vide* Súmula 611 do STF.

Art. 622. A revisão poderá ser requerida em qualquer tempo, antes da extinção da pena ou após.

Parágrafo único. Não será admissível a reiteração do pedido, salvo se fundado em novas provas.

Art. 623. A revisão poderá ser pedida pelo próprio réu ou por procurador legalmente habilitado ou, no caso de morte do réu, pelo cônjuge, ascendente, descendente ou irmão.

•• *Vide* arts. 127 e 133 da CF.

• *Vide* Súmula 393 do STF.

Art. 624. As revisões criminais serão processadas e julgadas:

I – pelo Supremo Tribunal Federal, quanto às condenações por ele proferidas;

II – pelo Tribunal Federal de Recursos, Tribunais de Justiça ou de Alçada, nos demais casos.

•• *Caput* e incisos com redação determinada pelo Decreto-lei n. 504, de 18-3-1969.

•• Sobre TFR e Tribunais de Alçada, *vide* Nota dos Organizadores.

§ 1.º No Supremo Tribunal Federal e no Tribunal Federal de Recursos o processo e julgamento obedecerão ao que for estabelecido no respectivo regimento interno.

•• § 1.º com redação determinada pelo Decreto-lei n. 504, de 18-3-1969.

•• Sobre TFR, *vide* Nota dos Organizadores.

§ 2.º Nos Tribunais de Justiça ou de Alçada, o julgamento será efetuado pelas câmaras ou turmas criminais, reunidas em sessão conjunta, quando houver mais de uma, e, no caso contrário, pelo tribunal pleno.

•• § 2.º com redação determinada pelo Decreto-lei n. 504, de 18-3-1969.

•• Sobre Tribunais de Alçada, *vide* Nota dos Organizadores.

§ 3.º Nos tribunais onde houver quatro ou mais câmaras ou turmas criminais, poderão ser constituídos dois ou mais grupos de câmaras ou turmas para o julgamento de revisão, obedecido o que for estabelecido no respectivo regimento interno.

•• § 3.º com redação determinada pelo Decreto-lei n. 504, de 18-3-1969.

• *Vide* arts. 102, I, *j*, e 105, I, *e*, da CF.

Art. 625. O requerimento será distribuído a um relator e a um revisor, devendo funcionar como relator um desembargador que não tenha pronunciado decisão em qualquer fase do processo.

§ 1.º O requerimento será instruído com a certidão de haver passado em julgado a sentença condenatória e com as peças necessárias à comprovação dos fatos arguidos.

§ 2.º O relator poderá determinar que se apensem os autos originais, se daí não advier dificuldade à execução normal da sentença.

§ 3.º Se o relator julgar insuficientemente instruído o pedido e inconveniente ao interesse da justiça que se apensem os autos originais, indeferi-lo-á *in limine*, dando recurso para as câmaras reunidas ou para o tribunal, conforme o caso (art. 624, parágrafo único).

•• Prejudicada a referência ao art. 624, parágrafo único, modificado pelo Decreto-lei n. 504, de 18-3-1969.

§ 4.º Interposto o recurso por petição e independentemente de termo, o relator apresentará o processo em mesa para o julgamento e o relatará, sem tomar parte na discussão.

§ 5.º Se o requerimento não for indeferido *in limine*, abrir-se-á vista dos autos ao procurador-geral, que dará parecer no prazo de 10 (dez) dias. Em seguida, examinados os autos, sucessivamente, em igual prazo, pelo relator e revisor, julgar-se-á o pedido na sessão que o presidente designar.

Art. 626. Julgando procedente a revisão, o tribunal poderá alterar a classificação da infração, absolver o réu, modificar a pena ou anular o processo.

Parágrafo único. De qualquer maneira, não poderá ser agravada a pena imposta pela decisão revista.

• *Vide* art. 617 do CPP.

• *Vide* Súmulas 160 e 453 do STF.

Art. 627. A absolvição implicará o restabelecimento de todos os direitos perdidos em virtude da condenação, devendo o tribunal, se for caso, impor a medida de segurança cabível.

• Os arts. 96 a 99 do CP dispõem sobre medidas de segurança.

Art. 628. Os regimentos internos dos Tribunais de Apelação estabelecerão as normas complementares para o processo e julgamento das revisões criminais.

•• Tribunais de Apelação: antiga denominação substituída por Tribunais de Justiça.

Art. 629. À vista da certidão do acórdão que cassar a sentença condenatória, o juiz mandará juntá-la imediatamente aos autos, para inteiro cumprimento da decisão.

Art. 630. O tribunal, se o interessado o requerer, poderá reconhecer o direito a uma justa indenização pelos prejuízos sofridos.

§ 1.º Por essa indenização, que será liquidada no juízo cível, responderá a União, se a condenação tiver sido proferida pela justiça do Distrito Federal ou de Território, ou o Estado, se o tiver sido pela respectiva justiça.

§ 2.º A indenização não será devida:

a) se o erro ou a injustiça da condenação proceder de ato ou falta imputável ao próprio impetrante, como a confissão ou a ocultação de prova em seu poder;

b) se a acusação houver sido meramente privada.

• *Vide* art. 5.º, LXXV, da CF.

Art. 631. Quando, no curso da revisão, falecer a pessoa, cuja condenação tiver de ser revista, o presidente do tribunal nomeará curador para a defesa.

CAPÍTULO VIII
DO RECURSO EXTRAORDINÁRIO

• *Vide* arts. 26 a 28 da Lei n. 8.038, de 28-5-1990.

Arts. 632 a 636. (*Revogados pela Lei n. 3.396, de 2-6-1958.*)

Art. 637. O recurso extraordinário não tem efeito suspensivo, e uma vez arrazoados pelo recorrido os autos do traslado, os originais baixarão à primeira instância, para a execução da sentença.

• *Vide* Súmula 267 do STJ.

Art. 638. O recurso extraordinário será processado e julgado no Supremo Tribunal Federal na forma estabelecida pelo respectivo regimento interno.

CAPÍTULO IX
DA CARTA TESTEMUNHÁVEL

Art. 639. Dar-se-á carta testemunhável:

I – da decisão que denegar o recurso;

II – da que, admitindo embora o recurso, obstar à sua expedição e seguimento para o juízo *ad quem*

• *Vide* art. 581, XV, do CPP.

Art. 640. A carta testemunhável será requerida ao escrivão, ou ao secretário do tribunal, conforme o caso, nas 48 (quarenta e oito) horas seguintes ao despacho que denegar o recurso, indicando o requerente as peças do processo que deverão ser trasladadas.

Art. 641. O escrivão, ou o secretário do tribunal, dará recibo da petição à parte e, no prazo máximo de 5 (cinco) dias, no caso de recurso no sentido estrito, ou de 60 (sessenta) dias, no caso de recurso extraordinário, fará entrega da carta, devidamente conferida e concertada.

Art. 642. O escrivão, ou o secretário do tribunal, que se negar a dar o recibo, ou deixar de entregar, sob qualquer pretexto, o instrumento, será suspenso por 30 (trinta) dias. O juiz, ou o presidente do Tribunal de Apelação, em face de representação do testemunhante, imporá a pena e mandará que seja extraído o instrumento, sob a mesma sanção, pelo substituto do escrivão ou do secretário do tribunal. Se o testemunhante não for atendido, poderá reclamar ao presidente do tribunal *ad quem*, que avocará os autos, para o efeito do julgamento do recurso e imposição da pena.

Art. 643. Extraído e autuado o instrumento, observar-se-á o disposto nos arts. 588 a 592, no caso de recurso em sentido estrito, ou o processo estabelecido para o recurso extraordinário, se deste se tratar.

Art. 644. O tribunal, câmara ou turma a que competir o julgamento da carta, se desta tomar conhecimento, mandará processar o recurso, ou, se estiver suficientemente instruída, decidirá logo, *de meritis*.

Art. 645. O processo da carta testemunhável na instância superior seguirá o processo do recurso denegado.

Art. 646. A carta testemunhável não terá efeito suspensivo.

CAPÍTULO X
DO *HABEAS CORPUS* E SEU PROCESSO

• *Vide*, sobre o *habeas corpus*, os arts. 5.º, LXVIII, LXIX, LXXVII, 102, I, *d* e *i*, e II, *a*, 105, I, *c*, II, *a*, 108, I, *d*, 109, VII, 121, § 3.º, e § 4.º, V, e 142, § 2.º, da CF.

Art. 647. Dar-se-á *habeas corpus* sempre que alguém sofrer ou se achar na iminência de sofrer violência ou coação ilegal na sua liberdade de ir e vir, salvo nos casos de punição disciplinar.

• *Vide* art. 5.º, LVIII, da CF.

• *Vide* arts. 574, I, e 581, X, do CPP.

• *Vide* Súmulas 395, 693 e 694 do STF.

Art. 648. A coação considerar-se-á ilegal:

I – quando não houver justa causa;

• *Vide* Súmula Vinculante 24 do STF.

II – quando alguém estiver preso por mais tempo do que determina a lei;

• *Vide* art. 5.º, LXVIII, da CF.

• *Vide* arts. 10 e 46 do CPP.

III – quando quem ordenar a coação não tiver competência para fazê-lo;

IV – quando houver cessado o motivo que autorizou a coação;

• *Vide* arts. 310 e 316 do CPP.

• *Vide* art. 20, parágrafo único, da Lei n. 11.340, de 7-8-2006.

V – quando não for alguém admitido a prestar fiança, nos casos em que a lei a autoriza;

• *Vide* arts. 323, 324 e 581, V, do CPP.

VI – quando o processo for manifestamente nulo;

• *Vide* arts. 563 a 573 do CPP, sobre nulidades.

VII – quando extinta a punibilidade.

• *Vide* art. 107 do CP.

Art. 649. O juiz ou o tribunal, dentro dos limites da sua jurisdição, fará passar imediatamente a ordem impetrada, nos casos em que tenha cabimento, seja qual for a autoridade coatora.

• *Vide* Súmula 606 do STF.

Art. 650. Competirá conhecer, originariamente, do pedido de *habeas corpus*:

• *Vide* notas ao art. 647 do CPP.

I – ao Supremo Tribunal Federal, nos casos previstos no art. 101, I, *g*, da Constituição;

•• Refere-se à CF de 1937. Corresponde ao art. 102, I, *i*, da atual CF.

•• *Vide* art. 102, I, *d*, da CF.

II – aos Tribunais de Apelação, sempre que os atos de violência ou coação forem atribuídos aos governadores ou interventores dos Estados ou Territórios e ao prefeito do Distrito Federal, ou a seus secretários, ou aos chefes de Polícia.

• Sobre Tribunais de Apelação, *vide* Nota dos Organizadores.

§ 1.º A competência do juiz cessará sempre que a violência ou coação provier de autoridade judiciária de igual ou superior jurisdição.

• *Vide* Súmula 606 do STF.

§ 2.º Não cabe o *habeas corpus* contra a prisão administrativa, atual ou iminente, dos responsáveis por dinheiro ou valor pertencente à Fazenda Pública, alcançados ou omissos em fazer o seu recolhimento nos prazos legais, salvo se o pedido for acompanhado de prova de quitação ou de depósito do alcance verificado, ou se a prisão exceder o prazo legal.

•• Sobre prisão administrativa, *vide* art. 5.º, LXI, da CF.

Art. 651. A concessão do *habeas corpus* não obstará, nem porá termo ao processo, desde que este não esteja em conflito com os fundamentos daquela.

Art. 652. Se o *habeas corpus* for concedido em virtude de nulidade do processo, este será renovado.

Art. 653. Ordenada a soltura do paciente em virtude de *habeas corpus*, será condenada nas custas a autoridade que, por má-fé ou evidente abuso de poder, tiver determinado a coação;

• *Vide* art. 37, § 6.º, da CF.

• *Vide* Lei n. 4.898, de 9-12-1965.

Parágrafo único. Neste caso, será remetida ao Ministério Público cópia das peças necessárias para ser promovida a responsabilidade da autoridade.

Art. 654. O *habeas corpus* poderá ser impetrado por qualquer pessoa, em seu favor ou de outrem, bem como pelo Ministério Público.

• *Vide* arts. 5.º, LXXVII, e 133 da CF.

• *Vide* art. 32, I, da Lei n. 8.625, de 12-2-1993.

• *Vide* art. 1.º, § 1.º, da Lei n. 8.906, de 4-7-1994.

§ 1.º A petição de *habeas corpus* conterá:

a) o nome da pessoa que sofre ou está ameaçada de sofrer violência ou coação e o de quem exercer a violência, coação ou ameaça;

b) a declaração da espécie de constrangimento ou, em caso de simples ameaça de coação, as razões em que funda o seu temor;

c) a assinatura do impetrante, ou de alguém a seu rogo, quando não souber ou não puder escrever, e a designação das respectivas residências.

§ 2.º Os juízes e os tribunais têm competência para expedir de ofício ordem de *habeas corpus*, quando no curso de processo verificarem que alguém sofre ou está na iminência de sofrer coação ilegal.

Art. 655. O carcereiro ou o diretor da prisão, o escrivão, o oficial de justiça ou a autoridade judiciária ou policial que embaraçar ou procrastinar a expedição de ordem de *habeas corpus*, as informações sobre a causa da prisão, a condução e apresentação do paciente, ou a sua soltura, será multado na quantia de duzentos mil-réis a um conto de réis, sem prejuízo das penas em que incorrer. As multas serão impostas pelo juiz do tribunal que julgar o *habeas corpus*, salvo quando se tratar de autoridade judiciária, caso em que caberá ao Supremo Tribunal Federal ou ao Tribunal de Apelação impor as multas.

•• Sobre Tribunal de Apelação, *vide* Nota dos Organizadores.

• Os arts. 319 e 330 do CP tratam respectivamente dos crimes de prevaricação e desobediência.

• *Vide* Lei n. 4.898, de 9-12-1965.

Art. 656. Recebida a petição de *habeas corpus*, o juiz, se julgar necessário, e estiver preso o paciente, mandará que este lhe seja imediatamente apresentado em dia e hora que designar.

Parágrafo único. Em caso de desobediência, será expedido mandado de prisão contra o detentor, que será processado na forma da lei, e o juiz providenciará para que o paciente seja tirado da prisão e apresentado em juízo.

• O art. 330 do CP dispõe sobre o crime de desobediência.

Art. 657. Se o paciente estiver preso, nenhum motivo escusará a sua apresentação, salvo:

I – grave enfermidade do paciente;

II – não estar ele sob a guarda da pessoa a quem se atribui a detenção;

III – se o comparecimento não tiver sido determinado pelo juiz ou pelo tribunal.

Parágrafo único. O juiz poderá ir ao local em que o paciente se encontrar, se este não puder ser apresentado por motivo de doença.

Art. 658. O detentor declarará à ordem de quem o paciente estiver preso.

Art. 659. Se o juiz ou o tribunal verificar que já cessou a violência ou coação ilegal, julgará prejudicado o pedido.

• *Vide* Súmula 695 do STF.

Art. 660. Efetuadas as diligências, e interrogado o paciente, o juiz decidirá, fundamentadamente, dentro de 24 (vinte e quatro) horas.

§ 1.º Se a decisão for favorável ao paciente, será logo posto em liberdade, salvo se por outro motivo dever ser mantido na prisão.

§ 2.º Se os documentos que instruírem a petição evidenciarem a ilegalidade da coação, o juiz ou o tribunal ordenará que cesse imediatamente o constrangimento.

• *Vide* Súmula 431 do STF.

§ 3.º Se a ilegalidade decorrer do fato de não ter sido o paciente admitido a prestar fiança, o juiz arbitrará o valor desta, que poderá ser prestada perante ele, remetendo, neste caso, à autoridade os respectivos autos, para serem anexados aos do inquérito policial ou aos do processo judicial.

§ 4.º Se a ordem de *habeas corpus* for concedida para evitar ameaça de violência ou coação ilegal, dar-se-á ao paciente salvo-conduto assinado pelo juiz.

§ 5.º Será incontinenti enviada cópia da decisão à autoridade que tiver ordenado a prisão ou tiver o paciente à sua disposição, a fim de juntar-se aos autos do processo.

§ 6.º Quando o paciente estiver preso em lugar que não seja o da sede do juízo ou do tribunal que conceder a ordem, o alvará de soltura será expedido pelo telégrafo, se houver, observadas as formalidades estabelecidas no art. 289, parágrafo único, *in fine*, ou por via postal.

Art. 661. Em caso de competência originária do Tribunal de Apelação, a petição de *habeas corpus* será apresentada ao secretário, que a enviará imediatamente ao presidente do tribunal, ou da câmara criminal, ou da turma, que estiver reunida, ou primeiro tiver de reunir-se.

•• Sobre Tribunal de Apelação, *vide* Nota dos Organizadores.

Art. 662. Se a petição contiver os requisitos do art. 654, § 1.º, o presidente, se necessário, requisitará da autoridade indicada como coatora informações por escrito. Faltando, porém, qualquer daqueles requisitos, o presidente mandará preenchê-lo, logo que lhe for apresentada a petição.

Art. 663. As diligências do artigo anterior não serão ordenadas, se o presidente entender que o *habeas corpus* deva ser indeferido *in limine*. Nesse caso, levará a petição ao tribunal, câmara ou turma, para que delibere a respeito.

• *Vide* Súmula 395 do STF.

Art. 664. Recebidas as informações, ou dispensadas, o *habeas corpus* será julgado na primeira sessão, podendo, entretanto, adiar-se o julgamento para a sessão seguinte.

• *Vide* Súmula 431 do STF.

Parágrafo único. A decisão será tomada por maioria de votos. Havendo empate, se o presidente não tiver tomado parte na votação, proferirá voto de desempate; no caso contrário, prevalecerá a decisão mais favorável ao paciente.

Art. 665. O secretário do tribunal lavrará a ordem que, assinada pelo presidente do tribunal, câmara ou turma, será dirigida, por ofício ou telegrama, ao detentor, ao carcereiro ou autoridade que exercer ou ameaçar exercer o constrangimento.

Parágrafo único. A ordem transmitida por telegrama obedecerá ao disposto no art. 289, parágrafo único, *in fine*.

Art. 666. Os regimentos dos Tribunais de Apelação estabelecerão as normas complementares para o processo e julgamento do pedido de *habeas corpus* de sua competência originária.

•• Tribunais de Apelação: antiga denominação substituída por Tribunais de Justiça. *Vide* Nota dos Organizadores.

Art. 667. No processo e julgamento do *habeas corpus* de competência originária do Supremo Tribunal Federal, bem como nos de recurso das decisões de última ou única instância, denegatórias de *habeas corpus*, observar-se-á, no que lhes for aplicável, o disposto nos artigos anteriores, devendo o regimento interno do tribunal estabelecer as regras complementares.

• *Vide* Lei n. 8.038, de 28-5-1990.

• *Vide* Súmula 431 do STF.

Livro IV
DA EXECUÇÃO

•• Após o advento da Lei n. 7.210, de 11-7-1984, este Livro IV restou prejudicado. Ao longo do texto remetemos o consulente aos dispositivos que hoje tratam da matéria.

•• O Decreto n. 5.919, de 3-10-2006, promulga a Convenção Interamericana sobre o Cumprimento de Sentenças Penais no Exterior.

Título I
DISPOSIÇÕES GERAIS

Art. 668. A execução, onde não houver juiz especial, incumbirá ao juiz da sentença, ou, se a decisão for do Tribunal do Júri, ao seu presidente.

Parágrafo único. Se a decisão for de tribunal superior, nos casos de sua competência originária, caberá ao respectivo presidente prover-lhe a execução.

•• *Vide* art. 65 da LEP.

Art. 669. Só depois de passar em julgado, será exequível a sentença, salvo:

I – quando condenatória, para o efeito de sujeitar o réu a prisão, ainda no caso de crime afiançável, enquanto não for prestada a fiança;

II – quando absolutória, para o fim de imediata soltura do réu, desde que não proferida em processo por crime a que a lei comine pena de reclusão, no máximo, por tempo igual ou superior a 8 (oito) anos.

•• *Vide* art. 105 da Lei n. 7.210, de 11-7-1984 (LEP).

Art. 670. No caso de decisão absolutória confirmada ou proferida em grau de apelação, incumbirá ao relator fazer expedir o alvará de soltura, de que dará imediatamente conhecimento ao juiz de primeira instância.

Art. 671. Os incidentes da execução serão resolvidos pelo respectivo juiz.

Art. 672. Computar-se-á na pena privativa da liberdade o tempo:

I – de prisão preventiva no Brasil ou no estrangeiro;

II – de prisão provisória no Brasil ou no estrangeiro;

III – de internação em hospital ou manicômio.

Art. 673. Verificado que o réu, pendente a apelação por ele interposta, já sofreu prisão por tempo igual ao da pena a que foi condenado, o relator do feito mandará pô-lo imediatamente em liberdade, sem prejuízo do julgamento do recurso, salvo se, no caso de crime a que a lei comine pena de reclusão, no máximo, por tempo igual ou superior a 8 (oito) anos, o querelante ou o Ministério Público também houver apelado da sentença condenatória.

Título II
DA EXECUÇÃO DAS PENAS EM ESPÉCIE

Capítulo I
DAS PENAS PRIVATIVAS DE LIBERDADE

•• *Vide* arts. 105 a 146 da Lei n. 7.210, de 11-7-1984.

Art. 674. Transitando em julgado a sentença que impuser pena privativa de liberdade, se o réu já estiver preso, ou vier a ser preso, o juiz ordenará a expedição de carta de guia para o cumprimento da pena.

Parágrafo único. Na hipótese do art. 82, última parte, a expedição da carta de guia será ordenada pelo juiz competente para a soma ou unificação das penas.

Art. 675. No caso de ainda não ter sido expedido mandado de prisão, por tratar-se de infração penal em que o réu se livra solto ou por estar afiançado, o juiz, ou o presidente da câmara ou tribunal, se tiver havido recurso, fará expedir o mandado de prisão, logo que transite em julgado a sentença condenatória.

§ 1.º No caso de reformada pela superior instância, em grau de recurso, a sentença absolutória, estando o réu solto, o presidente da câmara ou do tribunal fará, logo após a sessão de julgamento, remeter ao chefe de Polícia o mandado de prisão do condenado.

§ 2.º Se o réu estiver em prisão especial, deverá, ressalvado o disposto na legislação relativa aos militares, ser expedida ordem para sua imediata remoção para prisão comum, até que se verifique a expedição de carta de guia para o cumprimento da pena.

Art. 676. A carta de guia, extraída pelo escrivão e assinada pelo juiz, que a rubricará em todas as folhas, será remetida ao diretor do estabelecimento em que tenha de ser cumprida a sentença condenatória, e conterá:

I – o nome do réu e a alcunha por que for conhecido;

II – a sua qualificação civil (naturalidade, filiação, idade, estado, profissão), instrução e, se constar, número do registro geral do Instituto de Identificação e Estatística ou de repartição congênere;

III – o teor integral da sentença condenatória e a data da terminação da pena.

Parágrafo único. Expedida carta de guia para cumprimento de uma pena, se o réu estiver cumprindo outra, só depois de terminada a execução desta será aquela executada. Retificar-se-á a carta de guia sempre que sobrevenha modificação quanto ao início da execução ou ao tempo de duração da pena.

Art. 677. Da carta de guia e seus aditamentos se remeterá cópia ao Conselho Penitenciário.

Art. 678. O diretor do estabelecimento, em que o réu tiver de cumprir a pena, passará recibo da carta de guia para juntar-se aos autos do processo.

Art. 679. As cartas de guia serão registradas em livro especial, segundo a ordem cronológica do recebimento, fazendo-se no curso da execução as anotações necessárias.

Art. 680. Computar-se-á no tempo da pena o período em que o condenado, por sentença irrecorrível, permanecer preso em estabelecimento diverso do destinado ao cumprimento dela.

Art. 681. Se impostas cumulativamente penas privativas da liberdade, será executada primeiro a de reclusão, depois a de detenção e por último a de prisão simples.

Art. 682. O sentenciado a que sobrevier doença mental, verificada por perícia médica, será internado em manicômio judiciário, ou, à falta, em outro estabelecimento adequado, onde lhe seja assegurada a custódia.

• *Vide* art. 154 do CPP.

§ 1.º Em caso de urgência, o diretor do estabelecimento penal poderá determinar a remoção do sentenciado, comunicando imediatamente a providência ao juiz, que, em face da perícia médica, ratificará ou revogará a medida.

§ 2.º Se a internação se prolongar até o término do prazo restante da pena e não houver sido imposta medida de segurança detentiva, o indivíduo terá o destino aconselhado pela sua enfermidade, feita a devida comunicação ao juiz de incapazes.

Art. 683. O diretor da prisão a que o réu tiver sido recolhido provisoriamente ou em cumprimento de pena comunicará imediatamente ao juiz o óbito, a fuga ou a soltura do detido ou sentenciado para que fique constando dos autos.

Parágrafo único. A certidão de óbito acompanhará a comunicação.

Art. 684. A recaptura do réu evadido não depende de prévia ordem judicial e poderá ser efetuada por qualquer pessoa.

Art. 685. Cumprida ou extinta a pena, o condenado será posto, imediatamente, em liberdade, mediante alvará do juiz, no qual se ressalvará a hipótese de dever o condenado continuar na prisão por outro motivo legal.

Parágrafo único. Se tiver sido imposta medida de segurança detentiva, o condenado será removido para estabelecimento adequado (art. 762).

Capítulo II
DAS PENAS PECUNIÁRIAS

•• *Vide* arts. 164 a 170 da Lei n. 7.210, de 11-7-1984.

Art. 686. A pena de multa será paga dentro em 10 (dez) dias após haver transitado em julgado a sentença que a impuser.

Parágrafo único. Se interposto recurso da sentença, esse prazo será contado do dia em que o juiz ordenar o cumprimento da decisão da superior instância.

Art. 687. O juiz poderá, desde que o condenado o requeira:

I – prorrogar o prazo do pagamento da multa até 3 (três) meses, se as circunstâncias justificarem essa prorrogação;

II – permitir, nas mesmas circunstâncias, que o pagamento se faça em parcelas mensais, no prazo que fixar, mediante caução real ou fidejussória, quando necessário.

•• Inciso II com redação determinada pela Lei n. 6.416, de 24-5-1977.

§ 1.º O requerimento, tanto no caso do n. I, como no do n. II, será feito dentro do decêndio concedido para o pagamento da multa.

§ 2.º A permissão para o pagamento em parcelas será revogada, se o juiz verificar que o condenado dela se vale para fraudar a execução da pena. Nesse caso, a caução resolver-se-á em valor monetário, devolvendo-se ao condenado o que exceder à satisfação da multa e das custas processuais.

•• § 2.º com redação determinada pela Lei n. 6.416, de 24-5-1977.

Art. 688. Findo o decêndio ou a prorrogação sem que o condenado efetue o pagamento, ou ocorrendo a hipótese prevista no § 2.º do artigo anterior, observar-se-á o seguinte:

I – possuindo o condenado bens sobre os quais possa recair a execução, será extraída certidão da sentença condenatória, a fim de que o Ministério Público proceda à cobrança judicial;

II – sendo o condenado insolvente, far-se-á a cobrança:

a) mediante desconto de quarta parte de sua remuneração (arts. 29, § 1.º, e 37 do Código Penal), quando cumprir pena privativa da liberdade, cumulativamente imposta com a de multa;

•• Referência a dispositivos originais do CP. A remissão deve ser feita a seus arts. 34, § 1.º (regras do regime fechado), e 50 (pagamento da multa).

b) mediante desconto em seu vencimento ou salário, se, cumprida a pena privativa da liberdade, ou concedido o livramento condicional, a multa não houver sido resgatada;

c) mediante esse desconto, se a multa for a única pena imposta ou no caso de suspensão condicional da pena.

§ 1.º O desconto, nos casos das letras *b* e *c*, será feito mediante ordem ao empregador, à repartição competente ou à administração da entidade paraestatal, e, antes de fixá-lo, o juiz requisitará informações e ordenará diligências, inclusive arbitramento, quando necessário, para observância do art. 37, § 3.º, do Código Penal.

•• Referência a dispositivo original do CP. A remissão deve ser feita a seu art. 50, § 2.º: "O desconto não deve incidir sobre os recursos indispensáveis ao sustento do condenado e de sua família".

§ 2.º Sob pena de desobediência e sem prejuízo da execução a que ficará sujeito, o empregador será intimado a recolher mensalmente, até o dia fixado pelo juiz, a importância correspondente ao desconto, em selo penitenciário, que será inutilizado nos autos pelo juiz.

§ 3.º Se o condenado for funcionário estadual ou municipal ou empregado de entidade paraestatal, a importância do desconto será, semestralmente, recolhida ao Tesouro Nacional, delegacia fiscal ou coletoria federal, como receita do selo penitenciário.

§ 4.º As quantias descontadas em folha de pagamento de funcionário federal constituirão renda do selo penitenciário.

Art. 689. A multa será convertida, à razão de dez mil-réis por dia, em detenção ou prisão simples, no caso de crime ou de contravenção:

I – se o condenado solvente frustrar o pagamento da multa;

II – se não forem pagas pelo condenado solvente as parcelas mensais autorizadas sem garantia.

•• Inciso II com redação determinada pela Lei n. 6.416, de 24-5-1977.

§ 1.º Se o juiz reconhecer desde logo a existência de causa para a conversão, a ela procederá de ofício ou a requerimento do Ministério Público, independentemente de audiência do condenado; caso contrário, depois de ouvir o condenado, se encontrado no lugar da sede do juízo, poderá admitir a apresentação de prova pelas partes, inclusive testemunhal, no prazo de 3 (três) dias.

§ 2.º O juiz, desde que transite em julgado a decisão, ordenará a expedição de mandado de prisão ou aditamento à carta de guia, conforme esteja o condenado solto ou em cumprimento de pena privativa da liberdade.

§ 3.º Na hipótese do inciso II deste artigo, a conversão será feita pelo valor das parcelas não pagas.

•• § 3.º com redação determinada pela Lei n. 6.416, de 24-5-1977.

•• A Lei n. 9.268, de 1.º-4-1996, revogou os §§ 1.º e 2.º do art. 51 do CP, dando ao *caput* a seguinte redação: "Transitada em julgado a sentença condenatória, a multa será considerada dívida de valor, aplicando-se-lhe as normas da legislação relativa à dívida ativa da Fazenda Pública, inclusive no que concerne às causas interruptivas e suspensivas da prescrição".

Art. 690. O juiz tornará sem efeito a conversão, expedindo alvará de soltura ou cassando a ordem de prisão, se o condenado, em qualquer tempo:

I – pagar a multa;

II – prestar caução real ou fidejussória que lhe assegure o pagamento.

Parágrafo único. No caso do n. II, antes de homologada a caução, será ouvido o Ministério Público dentro do prazo de 2 (dois) dias.

•• *Vide* nota ao art. 689, § 3.º, do CPP.

Capítulo III
DAS PENAS ACESSÓRIAS

•• As penas acessórias foram extintas pela reforma da Parte Geral do CP em 1984.

Art. 691. O juiz dará à autoridade administrativa competente conhecimento da sentença transitada em julgado, que impuser ou de que resultar a perda da função pública ou a incapacidade temporária para investidura em função pública ou para exercício de profissão ou atividade.

Art. 692. No caso de incapacidade temporária ou permanente para o exercício do pátrio poder, da tutela ou da curatela, o juiz providenciará para que sejam acautelados, no juízo competente, a pessoa e os bens do menor ou do interdito.

•• O CC de 2002 alterou a expressão "pátrio poder" para "poder familiar".

Art. 693. A incapacidade permanente ou temporária para o exercício da autoridade marital ou do pátrio poder será averbada no registro civil.

•• O CC de 2002 alterou a expressão "pátrio poder" para "poder familiar".

Art. 694. As penas acessórias consistentes em interdições de direitos serão comunicadas ao Instituto de Identificação e Estatística ou estabelecimento congênere, figurarão na folha de antecedentes do condenado e serão mencionadas no rol de culpados.

Art. 695. Iniciada a execução das interdições temporárias (art. 72, *a* e *b*, do Código Penal), o juiz, de ofício, a requerimento do Ministério Público ou do condenado, fixará o seu termo final, completando as providências determinadas nos artigos anteriores.

•• Referência a dispositivo original do CP. A nova Parte Geral não traz correspondente.

Título III
DOS INCIDENTES DA EXECUÇÃO

Capítulo I
DA SUSPENSÃO CONDICIONAL DA PENA

•• *Vide* arts. 156 a 163 da Lei n. 7.210, de 11-7-1984.

• Os arts. 77 a 82 do CP dispõem sobre suspensão condicional da pena.

Art. 696. O juiz poderá suspender, por tempo não inferior a 2 (dois) nem superior a 6 (seis) anos, a execução das penas de reclusão e de detenção que não excedam a 2 (dois) anos, ou, por tempo não inferior a 1 (um) nem superior a 3 (três) anos, a execução da pena de prisão simples, desde que o sentenciado:

•• *Caput* com redação determinada pela Lei n. 6.416, de 24-5-1977.

I – não haja sofrido, no País ou no estrangeiro, condenação irrecorrível por outro crime a pena privativa da liberdade, salvo o disposto no parágrafo único do art. 46 do Código Penal;

•• Inciso I com redação determinada pela Lei n. 6.416, de 24-5-1977.

•• Referência a dispositivo original do CP. A remissão deve ser feita a seu art. 64, I: "não prevalece a condenação anterior, se entre a data do cumprimento ou extinção da pena e a infração posterior tiver decorrido período de tempo superior a 5 (cinco) anos, computado o período de prova da suspensão ou do livramento condicional, se não ocorrer revogação".

II – os antecedentes e a personalidade do sentenciado, os motivos e as circunstâncias do crime autorizem a presunção de que não tornará a delinquir.

Parágrafo único. Processado o beneficiário por outro crime ou contravenção, considerar-se-á prorrogado o prazo da suspensão da pena até o julgamento definitivo.

Art. 697. O juiz ou tribunal, na decisão que aplicar pena privativa da liberdade não superior a 2 (dois) anos, deverá pronunciar-se, motivadamente, sobre a suspensão condicional, quer a conceda quer a denegue.

•• Artigo com redação determinada pela Lei n. 6.416, de 24-5-1977.

Art. 698. Concedida a suspensão, o juiz especificará as condições a que fica sujeito o condenado, pelo prazo previsto, começando este a correr da audiência em que se der conhecimento da sentença ao beneficiário e lhe for entregue documento similar ao descrito no art. 724.

•• *Caput* com redação determinada pela Lei n. 6.416, de 24-5-1977.

§ 1.º As condições serão adequadas ao delito e à personalidade do condenado.

•• § 1.º com redação determinada pela Lei n. 6.416, de 24-5-1977.

§ 2.º Poderão ser impostas, além das estabelecidas no art. 767, como normas de conduta e obrigações, as seguintes condições:

I – frequentar curso de habilitação profissional ou de instrução escolar;

II – prestar serviços em favor da comunidade;

III – atender aos encargos de família;

IV – submeter-se a tratamento de desintoxicação.

•• § 2.º com redação determinada pela Lei n. 6.416, de 24-5-1977.

§ 3.º O juiz poderá fixar, a qualquer tempo, de ofício ou a requerimento do Ministério Público, outras condições além das especificadas na sentença e das referidas no parágrafo anterior, desde que as circunstâncias o aconselhem.

•• § 3.º com redação determinada pela Lei n. 6.416, de 24-5-1977.

§ 4.º A fiscalização do cumprimento das condições deverá ser regulada, nos Estados, Territórios e Distrito Federal, por normas supletivas e atribuída a serviço social penitenciário, patronato, conselho de comunidade ou entidades similares, inspecionadas pelo Conselho Penitenciário, pelo Ministério Público ou ambos, devendo o juiz da execução na comarca suprir, por ato, a falta das normas supletivas.

•• § 4.º com redação determinada pela Lei n. 6.416, de 24-5-1977.

§ 5.º O beneficiário deverá comparecer periodicamente à entidade fiscalizadora, para comprovar a observância das condições a que está sujeito, comunicando, também, a sua ocupação, os salários ou proventos de que vive, as economias que conseguiu realizar e as dificuldades materiais ou sociais que enfrenta.

•• § 5.º com redação determinada pela Lei n. 6.416, de 24-5-1977.

§ 6.º A entidade fiscalizadora deverá comunicar imediatamente ao órgão de inspeção, para os fins legais (arts. 730 e 731), qualquer fato capaz de acarretar a revogação do benefício, a prorrogação do prazo ou a modificação das condições.

•• § 6.º com redação determinada pela Lei n. 6.416, de 24-5-1977.

§ 7.º Se for permitido ao beneficiário mudar-se, será feita comunicação ao juiz e à entidade fiscalizadora do local da nova residência, aos quais deverá apresentar-se imediatamente.

•• § 7.º com redação determinada pela Lei n. 6.416, de 24-5-1977.

Art. 699. No caso de condenação pelo Tribunal do Júri, a suspensão condicional da pena competirá ao seu presidente.

Art. 700. A suspensão não compreende a multa, as penas acessórias, os efeitos da condenação nem as custas.

Art. 701. O juiz, ao conceder a suspensão, fixará, tendo em conta as condições econômicas ou profissionais do réu, o prazo para o pagamento, integral ou em prestações, das custas do processo e taxa penitenciária.

Art. 702. Em caso de coautoria, a suspensão poderá ser concedida a uns e negada a outros réus.

Art. 703. O juiz que conceder a suspensão lerá ao réu, em audiência, a sentença respectiva, e o advertirá das consequências de nova infração penal e da transgressão das obrigações impostas.

Art. 704. Quando for concedida a suspensão pela superior instância, a esta caberá estabelecer-lhe as condições, podendo a audiência ser presidida por qualquer membro do tribunal ou câmara, pelo juiz do processo ou por outro designado pelo presidente do tribunal ou câmara.

Art. 705. Se, intimado pessoalmente ou por edital com prazo de 20 (vinte) dias, o réu não comparecer à audiência a que se refere o art. 703, a suspensão ficará sem efeito e será executada imediatamente a pena, salvo prova de justo impedimento, caso em que será marcada nova audiência.

Art. 706. A suspensão também ficará sem efeito se, em virtude de recurso, for aumentada a pena de modo que exclua a concessão do benefício.

•• Artigo com redação determinada pela Lei n. 6.416, de 24-5-1977.

Art. 707. A suspensão será revogada se o beneficiário:

I – é condenado, por sentença irrecorrível, a pena privativa da liberdade;

II – frustra, embora solvente, o pagamento da multa, ou não efetua, sem motivo justificado, a reparação do dano.

•• *Caput* e incisos com redação determinada pela Lei n. 6.416, de 24-5-1977.

Parágrafo único. O juiz poderá revogar a suspensão, se o beneficiário deixa de cumprir qualquer das obrigações constantes da sentença, de observar proibições inerentes à pena acessória, ou é irrecorrivelmente condenado a pena que não seja privativa da liberdade; se não a revogar, deverá advertir o beneficiário, ou exacerbar as condições ou, ainda, prorrogar o período da suspensão até o máximo, se esse limite não foi o fixado.

•• Parágrafo único com redação determinada pela Lei n. 6.416, de 24-5-1977.

Art. 708. Expirado o prazo de suspensão ou a prorrogação, sem que tenha ocorrido motivo de revogação, a pena privativa de liberdade será declarada extinta.

Parágrafo único. O juiz, quando julgar necessário, requisitará, antes do julgamento, nova folha de antecedentes do beneficiário.

Art. 709. A condenação será inscrita, com a nota de suspensão, em livros especiais do Instituto de Identificação e Estatística, ou repartição congênere, averbando-se, mediante comunicação do juiz ou do tribunal, a revogação da suspensão ou a extinção da pena. Em caso de revogação, será feita a averbação definitiva no registro geral.

§ 1.º Nos lugares onde não houver Instituto de Identificação e Estatística ou repartição congênere, o registro e a averbação serão feitos em livro próprio no juízo ou no tribunal.

§ 2.º O registro será secreto, salvo para efeito de informações requisitadas por autoridade judiciária, no caso de novo processo.

§ 3.º Não se aplicará o disposto no § 2.º, quando houver sido imposta ou resultar de condenação pena acessória consistente em interdição de direitos.

Capítulo II
DO LIVRAMENTO CONDICIONAL

•• *Vide* arts. 131 a 146 da Lei n. 7.210, de 11-7-1984 (LEP).

• Os arts. 83 a 90 do CP dispõem sobre livramento condicional.

Art. 710. O livramento condicional poderá ser concedido ao condenado a pena privativa da liberdade igual ou superior a 2 (dois) anos, desde que se verifiquem as condições seguintes:

•• *Caput* com redação determinada pela Lei n. 6.416, de 24-5-1977.

I – cumprimento de mais da metade da pena, ou mais de três quartos, se reincidente o sentenciado;

•• Inciso I com redação determinada pela Lei n. 6.416, de 24-5-1977.

II – ausência ou cessação de periculosidade;

III – bom comportamento durante a vida carcerária;

IV – aptidão para prover à própria subsistência mediante trabalho honesto;

V – reparação do dano causado pela infração, salvo impossibilidade de fazê-lo.

•• Inciso V com redação determinada pela Lei n. 6.416, de 24-5-1977.

Art. 711. As penas que correspondem a infrações diversas podem somar-se, para efeito do livramento.

•• Artigo com redação determinada pela Lei n. 6.416, de 24-5-1977.

Art. 712. O livramento condicional poderá ser concedido mediante requerimento do sentenciado, de seu cônjuge ou de parente em linha reta, ou por proposta do diretor do estabelecimento penal, ou por iniciativa do Conselho Penitenciário.

•• *Caput* com redação determinada pelo Decreto-lei n. 6.109, de 16-12-1943.

Parágrafo único. No caso do artigo anterior, a concessão do livramento competirá ao juiz da execução da pena que o condenado estiver cumprindo.

Art. 713. As condições de admissibilidade, conveniência e oportunidade da concessão do livramento serão verificadas pelo Conselho Penitenciário, a cujo parecer não ficará, entretanto, adstrito o juiz.

Art. 714. O diretor do estabelecimento penal remeterá ao Conselho Penitenciário minucioso relatório sobre:

I – o caráter do sentenciado, revelado pelos seus antecedentes e conduta na prisão;

II – o procedimento do liberando na prisão, sua aplicação ao trabalho e seu trato com os companheiros e funcionários do estabelecimento;

III – suas relações, quer com a família, quer com estranhos;

IV – seu grau de instrução e aptidão profissional, com a indicação dos serviços em que haja sido empregado e da especialização anterior ou adquirida na prisão;

V – sua situação financeira, e seus propósitos quanto ao seu futuro meio de vida, juntando o diretor, quando dada por pessoa idônea, promessa escrita de colocação do liberando, com indicação do serviço e do salário.

Parágrafo único. O relatório será, dentro do prazo de 15 (quinze) dias, remetido ao Conselho, com o prontuário do sentenciado, e, na falta, o Conselho opinará livremente, comunicando à autoridade competente a omissão do diretor da prisão.

Art. 715. Se tiver sido imposta medida de segurança detentiva, o livramento não poderá ser concedido sem que se verifique, mediante exame das condições do sentenciado, a cessação da periculosidade.

Parágrafo único. Consistindo a medida de segurança em internação em casa de custódia e tratamento, proceder-se-á a exame mental do sentenciado.

•• Prejudicado o disposto neste artigo pela Lei n. 7.209, de 11-7-1984.

Art. 716. A petição ou a proposta de livramento será remetida ao juiz ou ao tribunal por ofício do presidente do Conselho Penitenciário, com a cópia do respectivo parecer e do relatório do diretor da prisão.

§ 1.º Para emitir parecer, o Conselho poderá determinar diligências e requisitar os autos do processo.

§ 2.º O juiz ou o tribunal mandará juntar a petição ou a proposta, com o ofício ou documento que a acompanhar, aos autos do processo, e proferirá sua decisão, previamente ouvido o Ministério Público.

Art. 717. Na ausência da condição prevista no art. 710, I, o requerimento será liminarmente indeferido.

•• Artigo com redação determinada pela Lei n. 6.416, de 24-5-1977.

Art. 718. Deferido o pedido, o juiz, ao especificar as condições a que ficará subordinado o livramento, atenderá ao disposto no art. 698, §§ 1.º, 2.º e 5.º.

•• *Caput* com redação determinada pela Lei n. 6.416, de 24-5-1977.

§ 1.º Se for permitido ao liberado residir fora da jurisdição do juiz da execução, remeter-se-á cópia da sentença do livramento à autoridade judiciária do lugar para onde ele se houver transferido, e à entidade de observação cautelar e proteção.

•• § 1.º com redação determinada pela Lei n. 6.416, de 24-5-1977.

§ 2.º O liberado será advertido da obrigação de apresentar-se imediatamente à autoridade judiciária e à entidade de observação cautelar e proteção.

•• § 2.º com redação determinada pela Lei n. 6.416, de 24-5-1977.

Art. 719. O livramento ficará também subordinado à obrigação de pagamento das custas do processo e da taxa penitenciária, salvo caso de insolvência comprovada.

Parágrafo único. O juiz poderá fixar o prazo para o pagamento integral ou em prestações, tendo em consideração as condições econômicas ou profissionais do liberado.

Art. 720. A forma de pagamento da multa, ainda não paga pelo liberando, será determinada de acordo com o disposto no art. 688.

Art. 721. Reformada a sentença denegatória do livramento, os autos baixarão ao juiz da primeira instância, a fim de que determine as condições que devam ser impostas ao liberando.

Art. 722. Concedido o livramento, será expedida carta de guia, com a cópia integral da sentença em duas vias, remetendo-se uma ao diretor do estabelecimento penal e outra ao presidente do Conselho Penitenciário.

Art. 723. A cerimônia do livramento condicional será realizada solenemente, em dia marcado pela autoridade que deva presidi-la, observando-se o seguinte:

I – a sentença será lida ao liberando, na presença dos demais presos, salvo motivo relevante, pelo presidente do Conselho Penitenciário, ou pelo seu representante junto ao estabelecimento penal, ou, na falta, pela autoridade judiciária local;

II – o diretor do estabelecimento penal chamará a atenção do liberando para as condições impostas na sentença de livramento;

III – o preso declarará se aceita as condições.

§ 1.º De tudo, em livro próprio, se lavrará termo, subscrito por quem presidir a cerimônia, e pelo liberando, ou alguém a seu rogo, se não souber ou não puder escrever.

§ 2.º Desse termo, se remeterá cópia ao juiz do processo.

Art. 724. Ao sair da prisão o liberado, ser-lhe-á entregue, além do saldo do seu pecúlio e do que lhe pertencer, uma caderneta que exibirá à autoridade judiciária ou administrativa sempre que lhe for exigido. Essa caderneta conterá:

I – a reprodução da ficha de identidade, ou o retrato do liberado, sua qualificação e sinais característicos;

II – o texto impresso dos artigos do presente capítulo;

III – as condições impostas ao liberado;

IV – a pena acessória a que esteja sujeito.

•• Inciso IV acrescentado pela Lei n. 6.416, de 24-5-1977.

§ 1.º Na falta de caderneta, será entregue ao liberado um salvo-conduto, em que constem as condições do livramento e a pena acessória, podendo substituir-se a ficha de identidade ou o retrato do liberado pela descrição dos sinais que possam identificá-lo.

•• § 1.º acrescentado pela Lei n. 6.416, de 24-5-1977.

§ 2.º Na caderneta e no salvo-conduto deve haver espaço para consignar o cumprimento das condições referidas no art. 718.

•• § 2.º acrescentado pela Lei n. 6.416, de 24-5-1977.

Art. 725. A observação cautelar e proteção realizadas por serviço social penitenciário, patronato, conselho de comunidade ou entidades similares, terá a finalidade de:

•• *Caput* com redação determinada pela Lei n. 6.416, de 24-5-1977.

I – fazer observar o cumprimento da pena acessória, bem como das condições especificadas na sentença concessiva do benefício;

•• Inciso I com redação determinada pela Lei n. 6.416, de 24-5-1977.

II – proteger o beneficiário, orientando-o na execução de suas obrigações e auxiliando-o na obtenção de atividade laborativa.

•• Inciso II com redação determinada pela Lei n. 6.416, de 24-5-1977.

Parágrafo único. As entidades encarregadas de observação cautelar e proteção do liberado apresentarão relatório ao Conselho Penitenciário, para efeito da representação prevista nos arts. 730 e 731.

•• Parágrafo único com redação determinada pela Lei n. 6.416, de 24-5-1977.

Art. 726. Revogar-se-á o livramento condicional, se o liberado vier, por crime ou contravenção, a ser condenado por sentença irrecorrível a pena privativa de liberdade.

Art. 727. O juiz pode, também, revogar o livramento, se o liberado deixar de cumprir qualquer das obrigações constantes da sentença, de observar proibições inerentes à pena acessória ou for irrecorrivelmente condenado, por crime, à pena que não seja privativa da liberdade.

•• *Caput* com redação determinada pela Lei n. 6.416, de 24-5-1977.

Parágrafo único. Se o juiz não revogar o livramento, deverá advertir o liberado ou exacerbar as condições.

•• Parágrafo único com redação determinada pela Lei n. 6.416, de 24-5-1977.

Art. 728. Se a revogação for motivada por infração penal anterior à vigência do livramento, computar-se-á no tempo da pena o período em que esteve solto o liberado, sendo permitida, para a concessão de novo livramento, a soma do tempo das duas penas.

Art. 729. No caso de revogação por outro motivo, não se computará na pena o tempo em que esteve solto o liberado, e tampouco se concederá, em relação à mesma pena, novo livramento.

Art. 730. A revogação do livramento será decretada mediante representação do Conselho Penitenciário, ou a requerimento do Ministério Público, ou de ofício, pelo juiz, que, antes, ouvirá o liberado, podendo ordenar diligências e permitir a produção de prova, no prazo de 5 (cinco) dias.

•• Artigo com redação determinada pela Lei n. 6.416, de 24-5-1977.

Art. 731. O juiz, de ofício, a requerimento do Ministério Público, ou mediante representação do Conselho Penitenciário, poderá modificar as condições ou normas de conduta especificadas na sentença, devendo a respectiva decisão ser lida ao liberado por uma das autoridades ou por um dos funcionários indicados no inciso I do art. 723, observado o disposto nos incisos II e III, e §§ 1.º e 2.º do mesmo artigo.

•• Artigo com redação determinada pela Lei n. 6.416, de 24-5-1977.

Art. 732. Praticada pelo liberado nova infração, o juiz ou o tribunal poderá ordenar a sua prisão, ouvido o Conselho Penitenciário, suspendendo o curso do livramento condicional, cuja revogação ficará, entretanto, dependendo da decisão final no novo processo.

Art. 733. O juiz, de ofício, ou a requerimento do interessado, do Ministério Público, ou do Conselho Penitenciário, julgará extinta a pena privativa de liberdade, se expirar o prazo do livramento sem revogação, ou na hipótese do artigo anterior, for o liberado absolvido por sentença irrecorrível.

TÍTULO IV
DA GRAÇA, DO INDULTO, DA ANISTIA E DA REABILITAÇÃO

CAPÍTULO I
DA GRAÇA, DO INDULTO E DA ANISTIA

•• *Vide* arts. 187 a 193 da Lei n. 7.210, de 11-7-1984 (LEP).

• *Vide* art. 84, XII, da CF.

Art. 734. A graça poderá ser provocada por petição do condenado, de qualquer pessoa do povo, do Conselho Penitenciário, ou do Ministério Público, ressalvada, entretanto, ao Presidente da República, a faculdade de concedê-la espontaneamente.

Art. 735. A petição de graça, acompanhada dos documentos com que o impetrante a instruir, será remetida ao Ministro da Justiça por intermédio do Conselho Penitenciário.

Art. 736. O Conselho Penitenciário, à vista dos autos do processo, e depois de ouvir o diretor do estabelecimento penal a que estiver recolhido o condenado, fará, em relatório, a narração do fato criminoso, examinará as provas, mencionará qualquer formalidade ou circunstância omitida na petição e exporá os antecedentes do condenado e seu procedimento depois de preso, opinando sobre o mérito do pedido.

Art. 737. Processada no Ministério da Justiça, com os documentos e o relatório do Conselho Penitenciário, a petição subirá a despacho do Presidente da República, a quem serão presentes os autos do processo ou a certidão de qualquer de suas peças, se ele o determinar.

Art. 738. Concedida a graça e junta aos autos cópia do decreto, o juiz declarará extinta a pena ou penas, ou ajustará a execução aos termos do decreto, no caso de redução ou comutação de pena.

Art. 739. O condenado poderá recusar a comutação da pena.

Art. 740. Os autos da petição de graça serão arquivados no Ministério da Justiça.

Art. 741. Se o réu for beneficiado por indulto, o juiz, de ofício ou a requerimento do interessado, do Ministério Público ou por iniciativa do Conselho Penitenciário, providenciará de acordo com o disposto no art. 738.

Art. 742. Concedida a anistia após transitar em julgado a sentença condenatória, o juiz, de ofício ou a requerimento do interessado, do Ministério Público ou por iniciativa do Conselho Penitenciário, declarará extinta a pena.

Capítulo II
DA REABILITAÇÃO

•• A Lei n. 7.210, de 11-7-1984, não trata da reabilitação. O CP dispõe sobre a matéria nos arts. 93 a 95.

• Os arts. 93 a 95 do CP dispõem sobre reabilitação.

Art. 743. A reabilitação será requerida ao juiz da condenação, após o decurso de 4 (quatro) ou 8 (oito) anos, pelo menos, conforme se trate de condenado ou reincidente, contados do dia em que houver terminado a execução da pena principal ou da medida de segurança detentiva, devendo o requerente indicar as comarcas em que haja residido durante aquele tempo.

•• Mantivemos "condenado ou reincidente" conforme publicação oficial. Entendemos que o correto seria "condenado primário ou reincidente".

Art. 744. O requerimento será instruído com:

I – certidões comprobatórias de não ter o requerente respondido, nem estar respondendo a processo penal, em qualquer das comarcas em que houver residido durante o prazo a que se refere o artigo anterior;

II – atestados de autoridades policiais ou outros documentos que comprovem ter residido nas comarcas indicadas e mantido, efetivamente, bom comportamento;

III – atestados de bom comportamento fornecidos por pessoas a cujo serviço tenha estado;

IV – quaisquer outros documentos que sirvam como prova de sua regeneração;

V – prova de haver ressarcido o dano causado pelo crime ou persistir a impossibilidade de fazê-lo.

Art. 745. O juiz poderá ordenar as diligências necessárias para apreciação do pedido, cercando-as do sigilo possível e, antes da decisão final, ouvirá o Ministério Público.

Art. 746. Da decisão que conceder a reabilitação haverá recurso de ofício.

• *Vide* Súmula 423 do STF.

Art. 747. A reabilitação, depois de sentença irrecorrível, será comunicada ao Instituto de Identificação e Estatística ou repartição congênere.

Art. 748. A condenação ou condenações anteriores não serão mencionadas na folha de antecedentes do reabilitado, nem em certidão extraída dos livros do juízo, salvo quando requisitadas por juiz criminal.

Art. 749. Indeferida a reabilitação, o condenado não poderá renovar o pedido senão após o decurso de 2 (dois) anos, salvo se o indeferimento tiver resultado de falta ou insuficiência de documentos.

Art. 750. A revogação de reabilitação (Código Penal, art. 120) será decretada pelo juiz, de ofício ou a requerimento do Ministério Público.

•• Referência a dispositivo original do CP. A remissão deve ser feita a seu art. 95: "A reabilitação será revogada, de ofício ou a requerimento do Ministério Público, se o reabilitado for condenado, como reincidente, por decisão definitiva, a pena que não seja de multa".

Título V
DA EXECUÇÃO DAS MEDIDAS DE SEGURANÇA

•• *Vide* arts. 171 a 179 da Lei n. 7.210, de 11-7-1984 (LEP).

•• Medidas de Segurança no CP: arts. 96 a 99, 350, parágrafo único, II, 351 e 352.

• A Resolução n. 4, de 30-7-2010, do CNPCP, dispõe sobre as diretrizes nacionais de atenção aos pacientes judiciários e execução da medida de segurança.

Art. 751. Durante a execução da pena ou durante o tempo em que a ela se furtar o condenado, poderá ser imposta medida de segurança, se:

I – o juiz ou o tribunal, na sentença:

a) omitir sua decretação, nos casos de periculosidade presumida;

b) deixar de aplicá-la ou de excluí-la expressamente;

c) declarar os elementos constantes do processo insuficientes para a imposição ou exclusão da medida e ordenar indagações para a verificação da periculosidade do condenado;

II – tendo sido, expressamente, excluída na sentença a periculosidade do condenado, novos fatos demonstrarem ser ele perigoso.

Art. 752. Poderá ser imposta medida de segurança, depois de transitar em julgado a sentença, ainda quando não iniciada a execução da pena, por motivo diverso de fuga ou ocultação do condenado:

I – no caso da letra *a* do n. I do artigo anterior, bem como no da letra *b*, se tiver sido alegada a periculosidade;

II – no caso da letra *c* do n. I do mesmo artigo.

Art. 753. Ainda depois de transitar em julgado a sentença absolutória, poderá ser imposta a medida de segurança, enquanto não decorrido tempo equivalente ao da sua duração mínima, a indivíduo que a lei presuma perigoso.

Art. 754. A aplicação da medida de segurança, nos casos previstos nos arts. 751 e 752, competirá ao juiz da execução da pena, e, no caso do art. 753, ao juiz da sentença.

Art. 755. A imposição da medida de segurança, nos casos dos arts. 751 a 753, poderá ser decretada de ofício ou a requerimento do Ministério Público.

Parágrafo único. O diretor do estabelecimento penal, que tiver conhecimento de fatos indicativos da periculosidade do condenado a quem não tenha sido imposta medida de segurança, deverá logo comunicá-los ao juiz.

Art. 756. Nos casos do n. I, *a* e *b*, do art. 751, e n. I do art. 752, poderá ser dispensada nova audiência do condenado.

Art. 757. Nos casos do n. I, *c*, e n. II do art. 751 e n. II do art. 752, o juiz, depois de proceder às diligências que julgar convenientes, ouvirá o Ministério Público e concederá ao condenado o prazo de 3 (três) dias para alegações, devendo a prova requerida ou reputada necessária pelo juiz ser produzida dentro em 10 (dez) dias.

§ 1.º O juiz nomeará defensor ao condenado que o requerer.

§ 2.º Se o réu estiver foragido, o juiz procederá às diligências que julgar convenientes, concedendo o prazo de provas, quando requerido pelo Ministério Público.

§ 3.º Findo o prazo de provas, o juiz proferirá a sentença dentro de 3 (três) dias.

Art. 758. A execução da medida de segurança incumbirá ao juiz da execução da sentença.

Art. 759. No caso do art. 753, o juiz ouvirá o curador já nomeado ou que então nomear, podendo mandar submeter o condenado a exame mental, internando-o, desde logo, em estabelecimento adequado.

Art. 760. Para a verificação da periculosidade, no caso do § 3.º do art. 78 do Código Penal, observar-se-á o disposto no art. 757, no que for aplicável.

•• Referência a dispositivo original do CP, sem correspondência na nova Parte Geral.

Art. 761. Para a providência determinada no art. 84, § 2.º, do Código Penal, se as sentenças forem proferidas por juízes diferentes, será competente o juiz que tiver sentenciado por último ou a autoridade de jurisdição prevalente no caso do art. 82.

•• Referência a dispositivo original do CP, sem correspondência na nova Parte Geral.

Art. 762. A ordem de internação, expedida para executar-se medida de segurança detentiva, conterá:

I – a qualificação do internando;

II – o teor da decisão que tiver imposto a medida de segurança;

III – a data em que terminará o prazo mínimo da internação.

Art. 763. Se estiver solto o internando, expedir-se-á mandado de captura, que será cumprido por oficial de justiça ou por autoridade policial.

Art. 764. O trabalho nos estabelecimentos referidos no art. 88, § 1.º, III, do Código Penal, será educativo e remunerado, de modo que assegure ao internado meios de subsistência, quando cessar a internação.

•• Referência a dispositivo original do CP, sem correspondência na nova Parte Geral.

§ 1.º O trabalho poderá ser praticado ao ar livre.

§ 2.º Nos outros estabelecimentos, o trabalho dependerá das condições pessoais do internado.

Art. 765. A quarta parte do salário caberá ao Estado ou, no Distrito Federal e nos Territórios, à União, e o restante será depositado em nome do internado ou, se este preferir, entregue à sua família.

Art. 766. A internação das mulheres será feita em estabelecimento próprio ou em Seção especial.

Art. 767. O juiz fixará as normas de conduta que serão observadas durante a liberdade vigiada.

§ 1.º Serão normas obrigatórias, impostas ao indivíduo sujeito à liberdade vigiada:

a) tomar ocupação, dentro de prazo razoável, se for apto para o trabalho;

b) não mudar do território da jurisdição do juiz, sem prévia autorização deste.

§ 2.º Poderão ser impostas ao indivíduo sujeito à liberdade vigiada, entre outras obrigações, as seguintes:

a) não mudar de habitação sem aviso prévio ao juiz, ou à autoridade incumbida da vigilância;

b) recolher-se cedo à habitação;

c) não trazer consigo armas ofensivas ou instrumentos capazes de ofender;

d) não frequentar casas de bebidas ou de tavolagem, nem certas reuniões, espetáculos ou diversões públicas.

§ 3.º Será entregue ao indivíduo sujeito à liberdade vigiada uma caderneta, de que constarão as obrigações impostas.

Art. 768. As obrigações estabelecidas na sentença serão comunicadas à autoridade policial.

Art. 769. A vigilância será exercida discretamente, de modo que não prejudique o indivíduo a ela sujeito.

Art. 770. Mediante representação da autoridade incumbida da vigilância, a requerimento do Ministério Público ou de ofício, poderá o juiz modificar as normas fixadas ou estabelecer outras.

Art. 771. Para execução do exílio local, o juiz comunicará sua decisão à autoridade policial do lugar ou dos lugares onde o exilado está proibido de permanecer ou de residir.

§ 1.º O infrator da medida será conduzido à presença do juiz que poderá mantê-lo detido até proferir decisão.

§ 2.º Se for reconhecida a transgressão e imposta, consequentemente, a liberdade vigiada, determinará o juiz que a autoridade policial providencie a fim de que o infrator siga imediatamente para o lugar de residência por ele escolhido, e oficiará à autoridade policial desse lugar, observando-se o disposto no art. 768.

Art. 772. A proibição de frequentar determinados lugares será comunicada pelo juiz à autoridade policial, que lhe dará conhecimento de qualquer transgressão.

Art. 773. A medida de fechamento de estabelecimento ou de interdição de associação será comunicada pelo juiz à autoridade policial, para que a execute.

Art. 774. Nos casos do parágrafo único do art. 83 do Código Penal, ou quando a transgressão de uma medida de segurança importar a imposição de outra, observar-se-á o disposto no art. 757, no que for aplicável.

•• Referência a dispositivo original do CP, sem correspondência na nova Parte Geral.

Art. 775. A cessação ou não da periculosidade se verificará ao fim do prazo mínimo de duração da medida de segurança pelo exame das condições da pessoa a que tiver sido imposta, observando-se o seguinte:

I – o diretor do estabelecimento de internação ou a autoridade policial incumbida da vigilância, até 1 (um) mês antes de expirado o prazo de duração mínima da medida, se não for inferior a 1 (um) ano, ou até 15 (quinze) dias nos outros casos, remeterá ao juiz da execução minucioso relatório, que o habilite a resolver sobre a cessação ou permanência da medida;

II – se o indivíduo estiver internado em manicômio judiciário ou em casa de custódia e tratamento, o relatório será acompanhado do laudo de exame pericial feito por 2 (dois) médicos designados pelo diretor do estabelecimento;

III – o diretor do estabelecimento de internação ou a autoridade policial deverá, no relatório, concluir pela conveniência da revogação, ou não, da medida de segurança;

IV – se a medida de segurança for o exílio local ou a proibição de frequentar determinados lugares, o juiz, até 1 (um) mês ou 15 (quinze) dias antes de expirado o prazo mínimo de duração, ordenará as diligências necessárias, para verificar se desapareceram as causas da aplicação da medida;

V – junto aos autos o relatório, ou realizadas as diligências, serão ouvidos sucessivamente o Ministério Público e o curador ou o defensor, no prazo de 3 (três) dias para cada um;

VI – o juiz nomeará curador ou defensor ao interessado que o não tiver;

VII – o juiz, de ofício, ou a requerimento de qualquer das partes, poderá determinar novas diligências, ainda que já expirado o prazo de duração mínima da medida de segurança;

VIII – ouvidas as partes ou realizadas as diligências a que se refere o número anterior o juiz proferirá a sua decisão, no prazo de 3 (três) dias.

Art. 776. Nos exames sucessivos a que se referem o § 1.º, II, e § 2.º do art. 81 do Código Penal, observar-se-á, no que lhes for aplicável, o disposto no artigo anterior.

•• Referência a dispositivo original do CP. A remissão deve ser feita a seu art. 97, § 2.º (perícia médica).

Art. 777. Em qualquer tempo, ainda durante o prazo mínimo de duração da medida de segurança, poderá o tribunal, câmara ou turma, a requerimento do Ministério Público ou do interessado, seu defensor ou curador, ordenar o exame, para a verificação da cessação da periculosidade.

§ 1.º Designado o relator e ouvido o procurador-geral, se a medida não tiver sido por ele requerida, o pedido será julgado na primeira sessão.

§ 2.º Deferido o pedido, a decisão será imediatamente comunicada ao juiz, que requisitará, marcando prazo, o relatório e o exame a que se referem os n. I e II do art. 775 ou ordenará as diligências mencionadas no n. IV do mesmo artigo, prosseguindo de acordo com o disposto nos outros incisos do citado artigo.

Art. 778. Transitando em julgado a sentença de revogação, o juiz expedirá ordem para a desinternação, quando se tratar de medida detentiva, ou para que cesse a vigilância ou a proibição, nos outros casos.

Art. 779. O confisco dos instrumentos e produtos do crime, no caso previsto no art. 100 do Código Penal, será decretado no despacho de arquivamento do inquérito, na sentença de impronúncia ou na sentença absolutória.

•• Referência a dispositivo original do CP. A nova Parte Geral do mesmo Código não reproduziu seus termos.

Livro V
DAS RELAÇÕES JURISDICIONAIS COM AUTORIDADE ESTRANGEIRA

Título Único

Capítulo I
DISPOSIÇÕES GERAIS

Art. 780. Sem prejuízo de convenções ou tratados, aplicar-se-á o disposto neste Título à homologação de sentenças penais estrangeiras e à expedição e ao cumprimento de cartas rogatórias para citações, inquirições e outras diligências necessárias à instrução de processo penal.

Art. 781. As sentenças estrangeiras não serão homologadas, nem as cartas rogatórias cumpridas, se contrárias à ordem pública e aos bons costumes.

Art. 782. O trânsito, por via diplomática, dos documentos apresentados constituirá prova bastante de sua autenticidade.

Capítulo II
DAS CARTAS ROGATÓRIAS

•• *Vide* art. 105, I, *i*, da CF.

• Sobre carta rogatória: arts. 109, X, da CF; 231, VI, 237, 256, § 1.º e 260 a 268 do CPC; 55, VIII, 220, § 1.º e 225 a 229 do Regimento Interno do STF.

• *Vide* Portaria n. 26, de 14-8-1990.

• Convenção Interamericana sobre cartas rogatórias: Decreto n. 1.899, de 9-5-1996.

Art. 783. As cartas rogatórias serão, pelo respectivo juiz, remetidas ao Ministro da Justiça, a fim de ser pedido o seu cumprimento, por via diplomática, às autoridades estrangeiras competentes.

• *Vide* art. 367 do CPP.

Art. 784. As cartas rogatórias emanadas de autoridades estrangeiras competentes não dependem de homologação e serão atendidas se encaminhadas por via diplomática e desde que o crime, segundo a lei brasileira, não exclua a extradição.

•• De acordo com o art. 110 do Decreto n. 86.715, de 10-12-1981, compete ao Departamento de Polícia Federal, por determinação do Ministro da Justiça: I – efetivar a prisão do extraditando; II – proceder à sua entrega ao Estado ao qual houver sido concedida a extradição. Diz, ainda, o parágrafo único: "da entrega do extraditando será lavrado termo, com remessa de cópia ao Departamento Federal de Justiça".

• *Vide* art. 5.º, LII, da CF.

• *Vide* art. 225 do Regimento Interno do STF, sobre carta rogatória.

§ 1.º As rogatórias, acompanhadas de tradução em língua nacional, feita por tradutor oficial ou juramentado, serão, após *exequatur* do presidente do Supremo Tribunal Federal, cumpridas pelo juiz criminal do lugar onde as diligências tenham de efetuar-se, observadas as formalidades prescritas neste Código.

§ 2.º A carta rogatória será pelo presidente do Supremo Tribunal Federal remetida ao presidente do Tribunal de Apelação do Estado, do Distrito Federal, ou do Território, a fim de ser encaminhada ao juiz competente.

•• Sobre Tribunal de Apelação, *vide* Nota dos Organizadores.

§ 3.º Versando sobre crime de ação privada, segundo a lei brasileira, o andamento, após o *exequatur*, dependerá do interessado, a quem incumbirá o pagamento das despesas.

§ 4.º Ficará sempre na secretaria do Supremo Tribunal Federal cópia da carta rogatória.

Art. 785. Concluídas as diligências, a carta rogatória será devolvida ao presidente do Supremo Tribunal Federal, por intermédio do presidente do Tribunal de Apelação, o qual, antes de devolvê-la, mandará completar qualquer diligência ou sanar qualquer nulidade.

•• Sobre Tribunal de Apelação, *vide* Nota dos Organizadores.

• *Vide* art. 105, I, *i*, da CF.

Art. 786. O despacho que conceder o *exequatur* marcará, para o cumprimento da diligência, prazo razoável, que poderá ser excedido, havendo justa causa, ficando esta consignada em ofício dirigido ao presidente do Supremo Tribunal Federal, juntamente com a carta rogatória.

• *Vide* art. 105, I, *i*, da CF.

Capítulo III
DA HOMOLOGAÇÃO DAS SENTENÇAS ESTRANGEIRAS

•• *Vide* arts. 105, I, *i*, e 109, X, da CF.

Art. 787. As sentenças estrangeiras deverão ser previamente homologadas pelo Supremo Tribunal Federal para que produzam os efeitos do art. 7.º do Código Penal.

•• Referência a dispositivo original do CP. A remissão deve ser feita a seu art. 9.º, I e II.

•• Com o advento da Emenda Constitucional n. 45, de 8-12-2004, que alterou o art. 105, I, *i*, da CF, a competência para homologar sentenças estrangeiras passou a ser do STJ.

Art. 788. A sentença penal estrangeira será homologada, quando a aplicação da lei brasileira produzir na espécie as mesmas consequências e concorrerem os seguintes requisitos:

I – estar revestida das formalidades externas necessárias, segundo a legislação do país de origem;

II – haver sido proferida por juiz competente, mediante citação regular, segundo a mesma legislação;

III – ter passado em julgado;

IV – estar devidamente autenticada por cônsul brasileiro;

V – estar acompanhada de tradução, feita por tradutor público.

Art. 789. O procurador-geral da República, sempre que tiver conhecimento da existência de sentença penal estrangeira, emanada de Estado que tenha com o Brasil tratado de extradição e que haja imposto medida de segurança pessoal ou pena acessória que deva ser cumprida no Brasil, pedirá ao Ministro da Justiça providências para a obtenção de elementos que o habilitem a requerer a homologação da sentença.

§ 1.º A homologação de sentença emanada de autoridade judiciária de Estado, que não tiver tratado de extradição com o Brasil, dependerá de requisição do Ministro da Justiça.

§ 2.º Distribuído o requerimento de homologação, o relator mandará citar o interessado para deduzir embargos, dentro de 10 (dez) dias, se residir no Distrito Federal, ou 30 (trinta) dias, no caso contrário.

§ 3.º Se nesse prazo o interessado não deduzir os embargos, ser-lhe-á pelo relator nomeado defensor, o qual dentro de 10 (dez) dias produzirá a defesa.

§ 4.º Os embargos somente poderão fundar-se em dúvida sobre a autenticidade do documento, sobre a inteligência da sentença, ou sobre a falta de qualquer dos requisitos enumerados nos arts. 781 e 788.

§ 5.º Contestados os embargos dentro de 10 (dez) dias, pelo procurador-geral, irá o processo ao relator e ao revisor, observando-se no seu julgamento o Regimento Interno do Supremo Tribunal Federal.

§ 6.º Homologada a sentença, a respectiva carta será remetida ao presidente do Tribunal de Apelação do Distrito Federal, do Estado, ou do Território.

§ 7.º Recebida a carta de sentença, o presidente do Tribunal de Apelação a remeterá ao juiz do lugar de residência do condenado, para a aplicação da medida de segurança ou da pena acessória, observadas as disposições do Título II, Capítulo III, e Título V do Livro IV deste Código.

•• Sobre Tribunal de Apelação, *vide* Nota dos Organizadores.

•• *Vide* art. 109, X, da CF.

Art. 790. O interessado na execução de sentença penal estrangeira, para a reparação do dano, restituição e outros efeitos civis, poderá requerer ao Supremo Tribunal Federal a sua homologação, observando-se o que a respeito prescreve o Código de Processo Civil.

• Código de Processo Civil: Lei n. 13.105, de 16-3-2015.

Livro VI
DISPOSIÇÕES GERAIS

Art. 791. Em todos os juízos e tribunais do crime, além das audiências e sessões ordinárias, haverá as extraordinárias, de acordo com as necessidades do rápido andamento dos feitos.

Art. 792. As audiências, sessões e os atos processuais serão, em regra, públicos e se realizarão nas sedes dos juízos e tribunais, com assistência dos escrivães, do secretário, do oficial de justiça que servir de porteiro, em dia e hora certos, ou previamente designados.

• *Vide* art. 8.º, 5, do Pacto de São José da Costa Rica, ratificado pelo Decreto n. 678, de 6-11-1992.

§ 1.º Se da publicidade da audiência, da sessão ou do ato processual, puder resultar escândalo, inconveniente grave ou perigo de perturbação da ordem, o juiz, ou o tribunal, câmara, ou turma, poderá, de ofício ou a requerimento da parte ou do Ministério Público, determinar que o ato seja realizado a portas fechadas, limitando o número de pessoas que possam estar presentes.

• *Vide* arts. 5.º, LX, e 93, X, da CF.

§ 2.º As audiências, as sessões e os atos processuais, em caso de necessidade, poderão realizar-se na residência do juiz, ou em outra casa por ele especialmente designada.

Art. 793. Nas audiências e nas sessões, os advogados, as partes, os escrivães e os espectadores poderão estar sentados. Todos, porém, se levantarão quando se dirigirem aos juízes ou quando estes se levantarem para qualquer ato do processo.

• *Vide* art. 7.º, XII, da Lei n. 8.906, de 4-7-1994 (EAOAB).

Parágrafo único. Nos atos da instrução criminal, perante os juízes singulares, os advogados poderão requerer sentados.

Art. 794. A polícia das audiências e das sessões compete aos respectivos juízes ou ao presidente do tribunal, câmara, ou turma, que poderão determinar o que for conveniente à manutenção da ordem. Para tal fim, requisitarão força pública, que ficará exclusivamente à sua disposição.

• *Vide* art. 251 do CPP.

Art. 795. Os espectadores das audiências ou das sessões não poderão manifestar-se.

Parágrafo único. O juiz ou o presidente fará retirar da sala os desobedientes, que, em caso de resistência, serão presos e autuados.

• *Vide* art. 251 do CPP.

Art. 796. Os atos de instrução ou julgamento prosseguirão com a assistência do defensor, se o réu se portar inconvenientemente.

• *Vide* art. 217 do CPP.

• *Vide* Súmula 523 do STF.

Art. 797. Excetuadas as sessões de julgamento, que não serão marcadas para domingo ou dia feriado, os demais atos do processo poderão ser praticados em período de férias, em domingos e dias feriados. Todavia, os julgamentos iniciados em dia útil não se interromperão pela superveniência de feriado ou domingo.

Art. 798. Todos os prazos correrão em cartório e serão contínuos e peremptórios, não se interrompendo por férias, domingo ou dia feriado.

•• *Vide* Lei n. 1.408, de 9-8-1951, sobre prazos judiciais.

•• *Vide* Súmula 310 do STF.

§ 1.º Não se computará no prazo o dia do começo, incluindo-se, porém, o do vencimento.

§ 2.º A terminação dos prazos será certificada nos autos pelo escrivão; será, porém, considerado findo o prazo, ainda que omitida aquela formalidade, se feita a prova do dia em que começou a correr.

§ 3.º O prazo que terminar em domingo ou dia feriado considerar-se-á prorrogado até o dia útil imediato.

§ 4.º Não correrão os prazos, se houver impedimento do juiz, força maior, ou obstáculo judicial oposto pela parte contrária.

§ 5.º Salvo os casos expressos, os prazos correrão:

a) da intimação;

• *Vide* arts. 370 e s. do CPP.

• *Vide* Lei n. 1.408, de 9-8-1951.

• *Vide* Súmulas 310 e 710 do STF.

b) da audiência ou sessão em que for proferida a decisão, se a ela estiver presente a parte;

c) do dia em que a parte manifestar nos autos ciência inequívoca da sentença ou despacho.

Art. 799. O escrivão, sob pena de multa de cinquenta a quinhentos mil-réis e, na reincidência, suspensão até 30 (trinta) dias, executará dentro do prazo de 2 (dois) dias os atos determinados em lei ou ordenados pelo juiz.

Art. 800. Os juízes singulares darão seus despachos e decisões dentro dos prazos seguintes, quando outros não estiverem estabelecidos:

I – de 10 (dez) dias, se a decisão for definitiva, ou interlocutória mista;

II – de 5 (cinco) dias, se for interlocutória simples;

III – de 1 (um) dia, se se tratar de despacho de expediente.

§ 1.º Os prazos para o juiz contar-se-ão do termo de conclusão.

§ 2.º Os prazos do Ministério Público contar-se-ão do termo de vista, salvo para a interposição do recurso (art. 798, § 5.º).

§ 3.º Em qualquer instância, declarando motivo justo, poderá o juiz exceder por igual tempo os prazos a ele fixados neste Código.

§ 4.º O escrivão que não enviar os autos ao juiz ou ao órgão do Ministério Público no dia em que assinar termo de conclusão ou de vista estará sujeito à sanção estabelecida no art. 799.

Art. 801. Findos os respectivos prazos, os juízes e os órgãos do Ministério Público, responsáveis pelo retardamento, perderão tantos dias de vencimentos quantos forem os excedidos.

Na contagem do tempo de serviço, para o efeito de promoção e aposentadoria, a perda será do dobro dos dias excedidos.

Art. 802. O desconto referido no artigo antecedente far-se-á à vista da certidão do escrivão do processo ou do secretário do tribunal, que deverão, de ofício, ou a requerimento de qualquer interessado, remetê-la às repartições encarregadas do pagamento e da contagem do tempo de serviço, sob pena de incorrerem, de pleno direito, na multa de quinhentos mil-réis, imposta por autoridade fiscal.

Art. 803. Salvo nos casos expressos em lei, é proibida a retirada de autos do cartório, ainda que em confiança, sob pena de responsabilidade do escrivão.

• *Vide* art. 7.º, XV e XVI, da Lei n. 8.906, de 4-7-1994.

Art. 804. A sentença ou o acórdão, que julgar a ação, qualquer incidente ou recurso, condenará nas custas o vencido.

• *Vide* art. 5.º, LXXIV, da CF.

Art. 805. As custas serão contadas e cobradas de acordo com os regulamentos expedidos pela União e pelos Estados.

Art. 806. Salvo o caso do art. 32, nas ações intentadas mediante queixa, nenhum ato ou diligência se realizará, sem que seja depositada em cartório a importância das custas.

§ 1.º Igualmente, nenhum ato requerido no interesse da defesa será realizado, sem o prévio pagamento das custas, salvo se o acusado for pobre.

• *Vide* art. 32, § 1.º, do CPP.

§ 2.º A falta do pagamento das custas, nos prazos fixados em lei, ou marcados pelo juiz, importará renúncia à diligência requerida ou deserção do recurso interposto.

§ 3.º A falta de qualquer prova ou diligência que deixe de realizar-se em virtude do não pagamento de custas não implicará a nulidade do processo, se a prova de pobreza do acusado só posteriormente foi feita.

Art. 807. O disposto no artigo anterior não obstará à faculdade atribuída ao juiz de determinar de ofício inquirição de testemunhas ou outras diligências.

Art. 808. Na falta ou impedimento do escrivão e seu substituto, servirá pessoa idônea, nomeada pela autoridade, perante quem prestará compromisso, lavrando o respectivo termo.

Art. 809. A estatística judiciária criminal, a cargo do Instituto de Identificação e Estatística ou repartições congêneres, terá por base o *boletim individual*, que é parte integrante dos processos e versará sobre:

• *Vide* Decreto-lei n. 3.992, de 30-12-1941, sobre a execução das estatísticas criminais.

I – os crimes e as contravenções praticados durante o trimestre, com especificação da natureza de cada um, meios utilizados e circunstâncias de tempo e lugar;

II – as armas proibidas que tenham sido apreendidas;

III – o número de delinquentes, mencionadas as infrações que praticaram, sua nacionalidade, sexo, idade, filiação, estado civil, prole, residência, meios de vida e condições econômicas, grau de instrução, religião, e condições de saúde física e psíquica;

IV – o número dos casos de codelinquência;

V – a reincidência e os antecedentes judiciários;

VI – as sentenças condenatórias ou absolutórias, bem como as de pronúncia ou de impronúncia;

VII – a natureza das penas impostas;

VIII – a natureza das medidas de segurança aplicadas;

IX – a suspensão condicional da execução da pena, quando concedida;

X – as concessões ou denegações de *habeas corpus*.

§ 1.º Os dados acima enumerados constituem o mínimo exigível, podendo ser acrescidos de outros elementos úteis ao serviço da estatística criminal.

§ 2.º Esses dados serão lançados semestralmente em mapa e remetidos ao Serviço de Estatística Demográfica Moral e Política do Ministério da Justiça.

•• § 2.º com redação determinada pela Lei n. 9.061, de 14-6-1995.

§ 3.º O *boletim individual* a que se refere este artigo é dividido em três partes destacáveis, conforme modelo anexo a este Código, e será adotado nos Estados, no Distrito Federal e nos Territórios. A primeira parte ficará arquivada no cartório policial; a segunda será remetida ao Instituto de Identificação e Estatística, ou repartição congênere; e a terceira acompanhará o processo, e, depois de passar em julgado a sentença definitiva, lançados os dados finais, será enviada ao referido Instituto ou repartição congênere.

Art. 810. Este Código entrará em vigor no dia 1.º de janeiro de 1942.

Art. 811. Revogam-se as disposições em contrário.

Rio de Janeiro, em 3 de outubro de 1941; 120.º da Independência e 53.º da República.

GETÚLIO VARGAS

Legislação Complementar

DECRETO-LEI N. 2.848, DE 7 DE DEZEMBRO DE 1940 (*)

CÓDIGO PENAL

O Presidente da República, usando da atribuição que lhe confere o art. 180 da Constituição, decreta a seguinte Lei:

PARTE GERAL

....

Título III
DA IMPUTABILIDADE PENAL

Inimputáveis

Art. 26. É isento de pena o agente que, por doença mental ou desenvolvimento mental incompleto ou retardado, era, ao tempo da ação ou da omissão, inteiramente incapaz de entender o caráter ilícito do fato ou de determinar-se de acordo com esse entendimento.

• *Vide* CPP, arts. 151 e 386, V.

• A Lei n. 10.216, de 6-4-2001, dispõe sobre a proteção e os direitos das pessoas portadoras de transtornos mentais e redireciona o modelo assistencial em saúde mental.

Redução de pena

Parágrafo único. A pena pode ser reduzida de um a dois terços, se o agente, em virtude de perturbação de saúde mental ou por desenvolvimento mental incompleto ou retardado não era inteiramente capaz de entender o caráter ilícito do fato ou de determinar-se de acordo com esse entendimento.

•• Parágrafo único com redação determinada pela Lei n. 7.209, de 11-7-1984.

....

Título V
DAS PENAS

Capítulo I
DAS ESPÉCIES DE PENAS

....

Seção I
Das Penas Privativas de Liberdade

Reclusão e detenção

Art. 33. A pena de reclusão deve ser cumprida em regime fechado, semiaberto ou aberto. A de detenção, em regime semiaberto, ou aberto, salvo necessidade de transferência a regime fechado.

•• *Caput* com redação determinada pela Lei n. 7.209, de 11-7-1984.

• *Vide* art. 5.º, XLVIII, da CF, sobre o cumprimento da pena.

• *Vide* arts. 105 a 146 e 180 da Lei n. 7.210, de 11-7-1984.

• *Vide* arts. 53 e 387, § 2.º, do CPP.

§ 1.º Considera-se:

•• § 1.º com redação determinada pela Lei n. 7.209, de 11-7-1984.

a) regime fechado a execução da pena em estabelecimento de segurança máxima ou média;

•• Alínea *a* com redação determinada pela Lei n. 7.209, de 11-7-1984.

• *Vide* arts. 87 a 90 da LEP.

b) regime semiaberto a execução da pena em colônia agrícola, industrial ou estabelecimento similar;

•• Alínea *b* com redação determinada pela Lei n. 7.209, de 11-7-1984.

• *Vide* arts. 91 e 92 da LEP.

c) regime aberto a execução da pena em casa de albergado ou estabelecimento adequado.

•• Alínea *c* com redação determinada pela Lei n. 7.209, de 11-7-1984.

• *Vide* arts. 93 a 95 da LEP.

§ 2.º As penas privativas de liberdade deverão ser executadas em forma progressiva, segundo o mérito do condenado, observados os seguintes critérios e ressalvadas as hipóteses de transferência a regime mais rigoroso:

•• § 2.º com redação determinada pela Lei n. 7.209, de 11-7-1984.

a) o condenado a pena superior a 8 (oito) anos deverá começar a cumpri-la em regime fechado;

•• Alínea *a* com redação determinada pela Lei n. 7.209, de 11-7-1984.

b) o condenado não reincidente, cuja pena seja superior a 4 (quatro) anos e não exceda a 8 (oito), poderá, desde o princípio, cumpri-la em regime semiaberto;

•• Alínea *b* com redação determinada pela Lei n. 7.209, de 11-7-1984.

c) o condenado não reincidente, cuja pena seja igual ou inferior a 4 (quatro) anos, poderá, desde o início, cumpri-la em regime aberto.

•• Alínea *c* com redação determinada pela Lei n. 7.209, de 11-7-1984.

§ 3.º A determinação do regime inicial de cumprimento da pena far-se-á com observância dos critérios previstos no art. 59 deste Código.

•• § 3.º com redação determinada pela Lei n. 7.209, de 11-7-1984.

§ 4.º O condenado por crime contra a administração pública terá a progressão de regime do cum-

(*) Publicado no *DOU*, de 31-12-1940, e retificado em 3-1-1941. Os arts. 100 a 106 têm redação determinada pela Lei n. 7.209, de 11-7-1984.

primento da pena condicionada à reparação do dano que causou, ou à devolução do produto do ilícito praticado, com os acréscimos legais.

•• § 4.º acrescentado pela Lei n. 10.763, de 12-11-2003.

....

Regras do regime aberto

Art. 36. O regime aberto baseia-se na autodisciplina e senso de responsabilidade do condenado.

•• *Caput* com redação determinada pela Lei n. 7.209, de 11-7-1984.

§ 1.º O condenado deverá, fora do estabelecimento e sem vigilância, trabalhar, frequentar curso ou exercer outra atividade autorizada, permanecendo recolhido durante o período noturno e nos dias de folga.

•• § 1.º com redação determinada pela Lei n. 7.209, de 11-7-1984.

§ 2.º O condenado será transferido do regime aberto, se praticar fato definido como crime doloso, se frustrar os fins da execução ou se, podendo, não pagar a multa cumulativamente aplicada.

•• § 2.º com redação determinada pela Lei n. 7.209, de 11-7-1984.

....

Seção II

Das Penas Restritivas de Direitos

Penas restritivas de direitos

Art. 43. As penas restritivas de direitos são:

•• *Caput* com redação determinada pela Lei n. 9.714, de 25-11-1998.

• Execução das penas restritivas de direitos: *vide* Lei n. 7.210, de 11-7-1984, arts. 147 a 155.

I – prestação pecuniária;

•• Inciso I com redação determinada pela Lei n. 9.714, de 25-11-1998.

II – perda de bens e valores;

•• Inciso II com redação determinada pela Lei n. 9.714, de 25-11-1998.

III – (*Vetado*.)

IV – prestação de serviço à comunidade ou a entidades públicas;

•• Inciso IV com redação determinada pela Lei n. 9.714, de 25-11-1998.

V – interdição temporária de direitos;

•• Primitivo inciso II passado a inciso V pela Lei n. 9.714, de 25-11-1998.

VI – limitação de fim de semana.

•• Primitivo inciso III passado a inciso VI pela Lei n. 9.714, de 25-11-1998.

Art. 44. As penas restritivas de direitos são autônomas e substituem as privativas de liberdade, quando:

•• *Caput* com redação determinada pela Lei n. 7.209, de 11-7-1984.

I – aplicada pena privativa de liberdade não superior a 4 (quatro) anos e o crime não for cometido com violência ou grave ameaça à pessoa ou, qualquer que seja a pena aplicada, se o crime for culposo;

•• Inciso I com redação determinada pela Lei n. 9.714, de 25-11-1998.

II – o réu não for reincidente em crime doloso;

•• Inciso II com redação determinada pela Lei n. 9.714, de 25-11-1998.

III – a culpabilidade, os antecedentes, a conduta social e a personalidade do condenado, bem como os motivos e as circunstâncias indicarem que essa substituição seja suficiente.

•• Inciso III com redação determinada pela Lei n. 9.714, de 25-11-1998.

§ 1.º (*Vetado*.)

§ 2.º Na condenação igual ou inferior a 1 (um) ano, a substituição pode ser feita por multa ou por uma pena restritiva de direitos; se superior a 1 (um) ano, a pena privativa de liberdade pode ser substituída por uma pena restritiva de direitos e multa ou por duas restritivas de direitos.

•• § 2.º acrescentado pela Lei n. 9.714, de 25-11-1998.

§ 3.º Se o condenado for reincidente, o juiz poderá aplicar a substituição, desde que, em face de condenação anterior, a medida seja socialmente recomendável e a reincidência não se tenha operado em virtude da prática do mesmo crime.

•• § 3.º acrescentado pela Lei n. 9.714, de 25-11-1998.

§ 4.º A pena restritiva de direitos converte-se em privativa de liberdade quando ocorrer o descumprimento injustificado da restrição imposta. No cálculo da pena privativa de liberdade a executar será deduzido o tempo cumprido da pena restritiva de direitos, respeitado o saldo mínimo de 30 (trinta) dias de detenção ou reclusão.

•• § 4.º acrescentado pela Lei n. 9.714, de 25-11-1998.

§ 5.º Sobrevindo condenação a pena privativa de liberdade, por outro crime, o juiz da execução penal decidirá sobre a conversão, podendo deixar de aplicá-la se for possível ao condenado cumprir a pena substitutiva anterior.

•• § 5.º acrescentado pela Lei n. 9.714, de 25-11-1998.

Conversão das penas restritivas de direitos

Art. 45. Na aplicação da substituição prevista no artigo anterior, proceder-se-á na forma deste e dos arts. 46, 47 e 48.

•• *Caput* com redação determinada pela Lei n. 9.714, de 25-11-1998.

§ 1.º A prestação pecuniária consiste no pagamento em dinheiro à vítima, a seus dependentes ou a entidade pública ou privada com destinação social, de importância fixada pelo juiz, não inferior a 1 (um) salário mínimo nem superior a 360 (trezentos e sessenta) salários mínimos. O valor pago será deduzido do montante de eventual condenação em ação de reparação civil, se coincidentes os beneficiários.

•• § 1.º acrescentado pela Lei n. 9.714, de 25-11-1998.

§ 2.º No caso do parágrafo anterior, se houver aceitação do beneficiário, a prestação pecuniária pode consistir em prestação de outra natureza.

•• § 2.º acrescentado pela Lei n. 9.714, de 25-11-1998.

§ 3.º A perda de bens e valores pertencentes aos condenados dar-se-á, ressalvada a legislação especial, em favor do Fundo Penitenciário Nacional, e seu valor terá como teto – o que for maior – o montante do prejuízo causado ou do provento obtido pelo agente ou por terceiro, em consequência da prática do crime.

•• § 3.º acrescentado pela Lei n. 9.714, de 25-11-1998.

§ 4.º (*Vetado*.)

Prestação de serviços à comunidade ou a entidades públicas

Art. 46. A prestação de serviços à comunidade ou a entidades públicas é aplicável às condenações superiores a 6 (seis) meses de privação da liberdade.

•• *Caput* com redação determinada pela Lei n. 9.714, de 25-11-1998.

§ 1.º A prestação de serviços à comunidade ou a entidades públicas consiste na atribuição de tarefas gratuitas ao condenado.

•• § 1.º acrescentado pela Lei n. 9.714, de 25-11-1998.

§ 2.º A prestação de serviço à comunidade dar-se-á em entidades assistenciais, hospitais, escolas, orfanatos e outros estabelecimentos congêneres, em programas comunitários ou estatais.

•• § 2.º acrescentado pela Lei n. 9.714, de 25-11-1998.

§ 3.º As tarefas a que se refere o § 1.º serão atribuídas conforme as aptidões do condenado, devendo ser cumpridas à razão de 1 (uma) hora de tarefa por dia de condenação, fixadas de modo a não prejudicar a jornada normal de trabalho.

•• § 3.º acrescentado pela Lei n. 9.714, de 25-11-1998.

§ 4.º Se a pena substituída for superior a 1 (um) ano, é facultado ao condenado cumprir a pena substitutiva em menor tempo (art. 55), nunca inferior à metade da pena privativa de liberdade fixada.

•• § 4.º acrescentado pela Lei n. 9.714, de 25-11-1998.

Interdição temporária de direitos

Art. 47. As penas de interdição temporária de direitos são:

•• *Caput* com redação determinada pela Lei n. 7.209, de 11-7-1984.

I – proibição do exercício de cargo, função ou atividade pública, bem como de mandato eletivo;

•• Inciso I com redação determinada pela Lei n. 7.209, de 11-7-1984.

II – proibição do exercício de profissão, atividade ou ofício que dependam de habilitação especial, de licença ou autorização do poder público;

•• Inciso II com redação determinada pela Lei n. 7.209, de 11-7-1984.

III – suspensão de autorização ou de habilitação para dirigir veículo;

•• Inciso III com redação determinada pela Lei n. 7.209, de 11-7-1984.

IV – proibição de frequentar determinados lugares;

•• Inciso IV acrescentado pela Lei n. 9.714, de 25-11-1998.

V – proibição de inscrever-se em concurso, avaliação ou exame públicos.

•• Inciso V acrescentado pela Lei n. 12.550, de 15-12-2011.

Limitação de fim de semana

Art. 48. A limitação de fim de semana consiste na obrigação de permanecer, aos sábados e domingos, por 5 (cinco) horas diárias, em casa de albergado ou outro estabelecimento adequado.

•• *Caput* com redação determinada pela Lei n. 7.209, de 11-7-1984.

• *Vide* arts. 93 a 95, 151 a 153, 158 e 181 da LEP.

Parágrafo único. Durante a permanência poderão ser ministrados ao condenado cursos e palestras ou atribuídas atividades educativas.

•• Parágrafo único com redação determinada pela Lei n. 7.209, de 11-7-1984.

• *Vide* art. 152 da LEP.

....

Seção III

Da Pena de Multa

....

Pagamento da multa

Art. 50. A multa deve ser paga dentro de 10 (dez) dias depois de transitada em julgado a sentença. A requerimento do condenado e conforme as circunstâncias, o juiz pode permitir que o pagamento se realize em parcelas mensais.

•• *Caput* com redação determinada pela Lei n. 7.209, de 11-7-1984.

....

Conversão da multa e revogação

Art. 51. Transitada em julgado a sentença condenatória, a multa será considerada dívida de valor, aplicando-se-lhe as normas da legislação relativa à dívida ativa da Fazenda Pública, inclusive no que concerne às causas interruptivas e suspensivas da prescrição.

•• *Caput* com redação determinada pela Lei n. 9.268, de 1.º-4-1996.

Modo de conversão

§ 1.º (*Revogado pela Lei n. 9.268, de 1.º-4-1996.*)

Revogação da conversão

§ 2.º (*Revogado pela Lei n. 9.268, de 1.º-4-1996.*)

Suspensão da execução da multa

Art. 52. É suspensa a execução da pena de multa, se sobrevém ao condenado doença mental.

•• Artigo com redação determinada pela Lei n. 7.209, de 11-7-1984.

....

CAPÍTULO III

DA APLICAÇÃO DA PENA

Fixação da pena

Art. 59. O juiz, atendendo à culpabilidade, aos antecedentes, à conduta social, à personalidade do agente, aos motivos, às circunstâncias e consequências do crime, bem como ao comportamento da vítima, estabelecerá, conforme seja necessário e suficiente para reprovação e prevenção do crime:

• *Vide* Súmula Vinculante 26 do STF.

• *Vide* art. 2.º da Lei n. 8.072, de 25-7-1990.

I – as penas aplicáveis dentre as cominadas;

II – a quantidade de pena aplicável, dentro dos limites previstos;

III – o regime inicial de cumprimento da pena privativa de liberdade;

IV – a substituição da pena privativa da liberdade aplicada, por outra espécie de pena, se cabível.

•• *Caput* e incisos com redação determinada pela Lei n. 7.209, de 11-7-1984.

Critérios especiais da pena de multa

Art. 60. Na fixação da pena de multa o juiz deve atender, principalmente, à situação econômica do réu.

•• *Caput* com redação determinada pela Lei n. 7.209, de 11-7-1984.

§ 1.º A multa pode ser aumentada até o triplo, se o juiz considerar que, em virtude da situação econômica do réu, é ineficaz, embora aplicada no máximo.

•• § 1.º com redação determinada pela Lei n. 7.209, de 11-7-1984.

Multa substitutiva

§ 2.º A pena privativa de liberdade aplicada, não superior a 6 (seis) meses, pode ser substituída pela de multa, observados os critérios dos incisos II e III do art. 44 deste Código.

•• § 2.º com redação determinada pela Lei n. 7.209, de 11-7-1984.

....

Capítulo IV
DA SUSPENSÃO CONDICIONAL DA PENA

Requisitos da suspensão da pena

Art. 77. A execução da pena privativa de liberdade, não superior a 2 (dois) anos, poderá ser suspensa, por 2 (dois) a 4 (quatro) anos, desde que:

I – o condenado não seja reincidente em crime doloso;

II – a culpabilidade, os antecedentes, a conduta social e personalidade do agente, bem como os motivos e as circunstâncias autorizem a concessão do benefício;

III – não seja indicada ou cabível a substituição prevista no art. 44 deste Código.

•• *Caput* e incisos com redação determinada pela Lei n. 7.209, de 11-7-1984.

§ 1.º A condenação anterior a pena de multa não impede a concessão do benefício.

•• § 1.º com redação determinada pela Lei n. 7.209, de 11-7-1984.

§ 2.º A execução da pena privativa de liberdade, não superior a 4 (quatro) anos, poderá ser suspensa, por 4 (quatro) a 6 (seis) anos, desde que o condenado seja maior de 70 (setenta) anos de idade, ou razões de saúde justifiquem a suspensão.

•• § 2.º com redação determinada pela Lei n. 9.714, de 25-11-1998.

Art. 78. Durante o prazo da suspensão, o condenado ficará sujeito à observação e ao cumprimento das condições estabelecidas pelo juiz.

•• *Caput* com redação determinada pela Lei n. 7.209, de 11-7-1984.

§ 1.º No primeiro ano do prazo, deverá o condenado prestar serviços à comunidade (art. 46) ou submeter-se à limitação de fim de semana (art. 48).

•• § 1.º com redação determinada pela Lei n. 7.209, de 11-7-1984.

§ 2.º Se o condenado houver reparado o dano, salvo impossibilidade de fazê-lo, e se as circunstâncias do art. 59 deste Código lhe forem inteiramente favoráveis, o juiz poderá substituir a exigência do parágrafo anterior pelas seguintes condições, aplicadas cumulativamente:

•• § 2.º, *caput*, com redação determinada pela Lei n. 9.268, de 1.º-4-1996.

a) proibição de frequentar determinados lugares;

•• Alínea *a* com redação determinada pela Lei n. 7.209, de 11-7-1984.

b) proibição de ausentar-se da comarca onde reside, sem autorização do juiz;

•• Alínea *b* com redação determinada pela Lei n. 7.209, de 11-7-1984.

c) comparecimento pessoal e obrigatório a juízo, mensalmente, para informar e justificar suas atividades.

•• Alínea *c* com redação determinada pela Lei n. 7.209, de 11-7-1984.

Art. 79. A sentença poderá especificar outras condições a que fica subordinada a suspensão, desde que adequadas ao fato e à situação pessoal do condenado.

•• Artigo com redação determinada pela Lei n. 7.209, de 11-7-1984.

• *Vide* arts. 158 e 159 da LEP.

Art. 80. A suspensão não se estende às penas restritivas de direitos nem à multa.

•• Artigo com redação determinada pela Lei n. 7.209, de 11-7-1984.

Revogação obrigatória

Art. 81. A suspensão será revogada se, no curso do prazo, o beneficiário:

I – é condenado, em sentença irrecorrível, por crime doloso;

II – frustra, embora solvente, a execução de pena de multa ou não efetua, sem motivo justificado, a reparação do dano;

III – descumpre a condição do § 1.º do art. 78 deste Código.

•• *Caput* e incisos com redação determinada pela Lei n. 7.209, de 11-7-1984.

Revogação facultativa

§ 1.º A suspensão poderá ser revogada se o condenado descumpre qualquer outra condição imposta ou é irrecorrivelmente condenado, por crime culposo ou por contravenção, a pena privativa de liberdade ou restritiva de direitos.

•• § 1.º com redação determinada pela Lei n. 7.209, de 11-7-1984.

Prorrogação do período de prova

§ 2.º Se o beneficiário está sendo processado por outro crime ou contravenção, considera-se prorrogado o prazo da suspensão até o julgamento definitivo.

•• § 2.º com redação determinada pela Lei n. 7.209, de 11-7-1984.

§ 3.º Quando facultativa a revogação, o juiz pode, ao invés de decretá-la, prorrogar o período de prova até o máximo, se este não foi o fixado.

•• § 3.º com redação determinada pela Lei n. 7.209, de 11-7-1984.

Cumprimento das condições

Art. 82. Expirado o prazo sem que tenha havido revogação, considera-se extinta a pena privativa de liberdade.

•• Artigo com redação determinada pela Lei n. 7.209, de 11-7-1984.

CAPÍTULO V
DO LIVRAMENTO CONDICIONAL

Requisitos do livramento condicional

Art. 83. O juiz poderá conceder livramento condicional ao condenado a pena privativa de liberdade igual ou superior a 2 (dois) anos, desde que:

•• *Caput* com redação determinada pela Lei n. 7.209, de 11-7-1984.

I – cumprida mais de um terço da pena se o condenado não for reincidente em crime doloso e tiver bons antecedentes;

•• Inciso I com redação determinada pela Lei n. 7.209, de 11-7-1984.

II – cumprida mais da metade se o condenado for reincidente em crime doloso;

•• Inciso II com redação determinada pela Lei n. 7.209, de 11-7-1984.

III – comprovado comportamento satisfatório durante a execução da pena, bom desempenho no trabalho que lhe foi atribuído e aptidão para prover à própria subsistência mediante trabalho honesto;

•• Inciso III com redação determinada pela Lei n. 7.209, de 11-7-1984.

IV – tenha reparado, salvo efetiva impossibilidade de fazê-lo, o dano causado pela infração;

•• Inciso IV com redação determinada pela Lei n. 7.209, de 11-7-1984.

V – cumpridos mais de dois terços da pena, nos casos de condenação por crime hediondo, prática de tortura, tráfico ilícito de entorpecentes e drogas afins, tráfico de pessoas e terrorismo, se o apenado não for reincidente específico em crimes dessa natureza.

•• Inciso V com redação determinada pela Lei n. 13.344, de 6-10-2016.

Parágrafo único. Para o condenado por crime doloso, cometido com violência ou grave ameaça à pessoa, a concessão do livramento ficará também subordinada à constatação de condições pessoais que façam presumir que o liberado não voltará a delinquir.

•• Parágrafo único com redação determinada pela Lei n. 7.209, de 11-7-1984.

Soma de penas

Art. 84. As penas que correspondem a infrações diversas devem somar-se para efeito do livramento.

•• Artigo com redação determinada pela Lei n. 7.209, de 11-7-1984.

....

Revogação do livramento

Art. 86. Revoga-se o livramento, se o liberado vem a ser condenado a pena privativa de liberdade, em sentença irrecorrível:

I – por crime cometido durante a vigência do benefício;

II – por crime anterior, observado o disposto no art. 84 deste Código.

•• *Caput* e incisos com redação determinada pela Lei n. 7.209, de 11-7-1984.

Revogação facultativa

Art. 87. O juiz poderá, também, revogar o livramento, se o liberado deixar de cumprir qualquer das obrigações constantes da sentença, ou for irrecorrivelmente condenado, por crime ou contravenção, a pena que não seja privativa de liberdade.

•• Artigo com redação determinada pela Lei n. 7.209, de 11-7-1984.

....

TÍTULO VI
DAS MEDIDAS DE SEGURANÇA

....

Imposição da medida de segurança para inimputável

Art. 97. Se o agente for inimputável, o juiz determinará sua internação (art. 26). Se, todavia, o fato previsto como crime for punível com detenção, poderá o juiz submetê-lo a tratamento ambulatorial.

•• *Caput* com redação determinada pela Lei n. 7.209, de 11-7-1984.

• *Vide* Lei n. 7.210, de 11-7-1984, arts. 101, 175 e 178.

Prazo

§ 1.º A internação, ou tratamento ambulatorial, será por tempo indeterminado, perdurando enquanto não for averiguada, mediante perícia médica, a cessação de periculosidade. O prazo mínimo deverá ser de 1 (um) a 3 (três) anos.

•• § 1.º com redação determinada pela Lei n. 7.209, de 11-7-1984.

Perícia médica

§ 2.º A perícia médica realizar-se-á ao termo do prazo mínimo fixado e deverá ser repetida de ano em ano, ou a qualquer tempo, se o determinar o juiz da execução.

•• § 2.º com redação determinada pela Lei n. 7.209, de 11-7-1984.

Desinternação ou liberação condicional

§ 3.º A desinternação, ou a liberação, será sempre condicional devendo ser restabelecida a situação anterior se o agente, antes do decurso de 1 (um) ano, pratica fato indicativo de persistência de sua periculosidade.

•• § 3.º com redação determinada pela Lei n. 7.209, de 11-7-1984.

• *Vide* Lei n. 7.210, de 11-7-1984, art. 178.

§ 4.º Em qualquer fase do tratamento ambulatorial, poderá o juiz determinar a internação do agente, se essa providência for necessária para fins curativos.

•• § 4.º com redação determinada pela Lei n. 7.209, de 11-7-1984.

....

TÍTULO VII
DA AÇÃO PENAL

Ação pública e de iniciativa privada

Art. 100. A ação penal é pública, salvo quando a lei expressamente a declara privativa do ofendido.

• *Vide* art. 184 da Lei n. 11.101, de 9-2-2005.

• *Vide* Súmula 714 do STF.

§ 1.º A ação pública é promovida pelo Ministério Público, dependendo, quando a lei o exige, de representação do ofendido ou de requisição do Ministro da Justiça.

• *Vide* arts. 5.º, § 4.º, e 24 a 39 do CPP.

§ 2.º A ação de iniciativa privada é promovida mediante queixa do ofendido ou de quem tenha qualidade para representá-lo.

§ 3.º A ação de iniciativa privada pode intentar-se nos crimes de ação pública, se o Ministério Público não oferece denúncia no prazo legal.

• *Vide* art. 5.º, LIX, da CF.

§ 4.º No caso de morte do ofendido ou de ter sido declarado ausente por decisão judicial, o direito de oferecer queixa ou de prosseguir na ação passa ao cônjuge, ascendente, descendente ou irmão.

A ação penal no crime complexo

Art. 101. Quando a lei considera como elemento ou circunstâncias do tipo legal fatos que, por si mesmos, constituem crimes, cabe ação pública em relação àquele, desde que, em relação a qualquer destes, se deva proceder por iniciativa do Ministério Público.

Irretratabilidade da representação

Art. 102. A representação será irretratável depois de oferecida a denúncia.

Decadência do direito de queixa ou de representação

Art. 103. Salvo disposição expressa em contrário, o ofendido decai do direito de queixa ou de representação se não o exerce dentro do prazo de 6 (seis) meses, contado do dia em que veio a saber quem é o autor do crime, ou, no caso do § 3.º do art. 100 deste Código, do dia em que se esgota o prazo para oferecimento da denúncia.

• *Vide* Súmula 594 do STF.

Renúncia expressa ou tácita do direito de queixa

Art. 104. O direito de queixa não pode ser exercido quando renunciado expressa ou tacitamente.

Parágrafo único. Importa renúncia tácita ao direito de queixa a prática de ato incompatível com a vontade de exercê-lo; não a implica, todavia, o fato de receber o ofendido a indenização do dano causado pelo crime.

Perdão do ofendido

Art. 105. O perdão do ofendido, nos crimes em que somente se procede mediante queixa, obsta ao prosseguimento da ação.

Art. 106. O perdão, no processo ou fora dele, expresso ou tácito:

I – se concedido a qualquer dos querelados, a todos aproveita;

II – se concedido por um dos ofendidos, não prejudica o direito dos outros;

III – se o querelado o recusa, não produz efeito.

§ 1.º Perdão tácito é o que resulta da prática de ato incompatível com a vontade de prosseguir na ação.

§ 2.º Não é admissível o perdão depois que passa em julgado a sentença condenatória.

....

PARTE ESPECIAL

....

TÍTULO X
DOS CRIMES CONTRA A FÉ PÚBLICA

....

CAPÍTULO III
DA FALSIDADE DOCUMENTAL

....

Falsidade ideológica

Art. 299. Omitir, em documento público ou particular, declaração que dele devia constar, ou nele inserir ou fazer inserir declaração falsa ou diversa da que devia ser escrita, com o fim de prejudicar direito, criar obrigação ou alterar a verdade sobre fato juridicamente relevante:

Pena – reclusão, de 1 (um) a 5 (cinco) anos, e multa, se o documento é público, e reclusão de 1 (um) a 3 (três) anos, e multa, se o documento é particular.

Parágrafo único. Se o agente é funcionário público, e comete o crime prevalecendo-se do cargo, ou se a falsificação ou alteração é de assentamento de registro civil, aumenta-se a pena de sexta parte.

• *Vide* arts. 4.º e 9.º da Lei n. 7.492, de 16-6-1986.

....

TÍTULO XI
DOS CRIMES CONTRA A ADMINISTRAÇÃO PÚBLICA

....

CAPÍTULO II
DOS CRIMES PRATICADOS POR PARTICULAR CONTRA A ADMINISTRAÇÃO EM GERAL

Descaminho

•• Rubrica com redação determinada pela Lei n. 13.008, de 26-6-2014.

Art. 334. Iludir, no todo ou em parte, o pagamento de direito ou imposto devido pela entrada, pela saída ou pelo consumo de mercadoria:

Pena – reclusão, de 1 (um) a 4 (quatro) anos.

•• *Caput* com redação determinada pela Lei n. 13.008, de 26-6-2014.

• *Vide* art. 144, § 1.º, II, da CF.

• A Portaria n. 2.439, de 21-12-2010, da SRFB, estabelece procedimentos a serem observados na comunicação ao Ministério Público Federal de fatos que configurem crimes de contrabando e descaminho.

• *Vide* Súmula 560 do STF.

• *Vide* Súmula 151 do STJ.

§ 1.º Incorre na mesma pena quem:

•• § 1.º com redação determinada pela Lei n. 13.008, de 26-6-2014.

I – pratica navegação de cabotagem, fora dos casos permitidos em lei;

•• Inciso I acrescentado pela Lei n. 13.008, de 26-6-2014.

II – pratica fato assimilado, em lei especial, a descaminho;

•• Inciso II acrescentado pela Lei n. 13.008, de 26-6-2014.

III – vende, expõe à venda, mantém em depósito ou, de qualquer forma, utiliza em proveito próprio ou alheio, no exercício de atividade comercial ou industrial, mercadoria de procedência estrangeira que introduziu clandestinamente no País ou importou fraudulentamente ou que sabe ser produto de introdução clandestina no território nacional ou de importação fraudulenta por parte de outrem;

•• Inciso III acrescentado pela Lei n. 13.008, de 26-6-2014.

IV – adquire, recebe ou oculta, em proveito próprio ou alheio, no exercício de atividade comercial ou industrial, mercadoria de procedência estrangeira, desacompanhada de documentação legal ou acompanhada de documentos que sabe serem falsos.

•• Inciso IV acrescentado pela Lei n. 13.008, de 26-6-2014.

§ 2.º Equipara-se às atividades comerciais, para os efeitos deste artigo, qualquer forma de comércio irregular ou clandestino de mercadorias estrangeiras, inclusive o exercido em residências.

•• § 2.º com redação determinada pela Lei n. 13.008, de 26-6-2014.

§ 3.º A pena aplica-se em dobro se o crime de descaminho é praticado em transporte aéreo, marítimo ou fluvial.

•• § 3.º com redação determinada pela Lei n. 13.008, de 26-6-2014.

Contrabando

•• Rubrica acrescentada pela Lei n. 13.008, de 26-6-2014.

Art. 334-A. Importar ou exportar mercadoria proibida:

Pena – reclusão, de 2 (dois) a 5 (cinco) anos.

•• *Caput* acrescentado pela Lei n. 13.008, de 26-6-2014.

• *Vide* art. 144, § 1.º, II, da CF.

• A Portaria n. 2.439, de 21-12-2010, da SRFB, estabelece procedimentos a serem observados na comunicação ao Ministério Público Federal de fatos que configurem crimes de contrabando e descaminho.

• *Vide* Súmula 560 do STF.

• *Vide* Súmula 151 do STJ.

§ 1.º Incorre na mesma pena quem:

•• § 1.º acrescentado pela Lei n. 13.008, de 26-6-2014.

I – pratica fato assimilado, em lei especial, a contrabando;

•• Inciso I acrescentado pela Lei n. 13.008, de 26-6-2014.

II – importa ou exporta clandestinamente mercadoria que dependa de registro, análise ou autorização de órgão público competente;

•• Inciso II acrescentado pela Lei n. 13.008, de 26-6-2014.

III – reinsere no território nacional mercadoria brasileira destinada à exportação;

•• Inciso III acrescentado pela Lei n. 13.008, de 26-6-2014.

IV – vende, expõe à venda, mantém em depósito ou, de qualquer forma, utiliza em proveito próprio ou alheio, no exercício de atividade comercial ou industrial, mercadoria proibida pela lei brasileira;

•• Inciso IV acrescentado pela Lei n. 13.008, de 26-6-2014.

V – adquire, recebe ou oculta, em proveito próprio ou alheio, no exercício de atividade comercial ou industrial, mercadoria proibida pela lei brasileira.

•• Inciso V acrescentado pela Lei n. 13.008, de 26-6-2014.

§ 2.º Equipara-se às atividades comerciais, para os efeitos deste artigo, qualquer forma de comércio irregular ou clandestino de mercadorias estrangeiras, inclusive o exercido em residências.

•• § 2.º acrescentado pela Lei n. 13.008, de 26-6-2014.

§ 3.º A pena aplica-se em dobro se o crime de contrabando é praticado em transporte aéreo, marítimo ou fluvial.

•• § 3.º acrescentado pela Lei n. 13.008, de 26-6-2014.

DISPOSIÇÕES FINAIS

Art. 361. Este Código entrará em vigor no dia 1.º de janeiro de 1942.

Rio de Janeiro, 7 de dezembro de 1940; 119.º da Independência e 52.º da República.

GETÚLIO VARGAS

DECRETO-LEI N. 3.240, DE 8 DE MAIO DE 1941 (*)

Sujeita a sequestro os bens de pessoas indiciadas por crimes de que resulta prejuízo para a Fazenda Pública, e outros.

O Presidente da República, usando da atribuição que lhe confere o art. 180 da Constituição, decreta:

Art. 1.º Ficam sujeitos a sequestro os bens de pessoa indiciada por crime de que resulta prejuízo para a Fazenda Pública, ou por crime definido no Livro II, Títulos V, VI e VII, da Consolidação das Leis Penais

(*) Publicado no *DOU*, de 10-5-1941.

Legislação Complementar

desde que ele resulte locupletamento ilícito para indiciado.

• O Decreto n. 22.213, de 14-12-1932 (Consolidação das Leis Penais), foi revogado pelo CP de 1940.

Art. 2.º O sequestro é decretado pela autoridade judiciária, sem audiência da parte, a requerimento do Ministério Público fundado em representação da autoridade incumbida do processo administrativo ou do inquérito policial.

§ 1.º A ação penal terá início dentro de noventa dias contados da decretação do sequestro.

§ 2.º O sequestro só pode ser embargado por terceiros.

Art. 3.º Para a decretação do sequestro é necessário que haja indícios veementes da responsabilidade, os quais serão comunicados ao juiz em segredo, por escrito ou por declarações orais reduzidas a termo, e com indicação dos bens que devem ser objeto da medida.

Art. 4.º O sequestro pode recair sobre todos os bens do indiciado, e compreender os bens em poder de terceiros desde que estes os tenham adquirido dolosamente, ou com culpa grave.

Os bens doados após a prática do crime serão sempre compreendidos no sequestro.

§ 1.º Quando se tratar de bens móveis, a autoridade judiciária nomeará depositário, que assinará termo de compromisso de bem e fielmente desempenhar o cargo e de assumir todas as responsabilidades a este inerentes.

§ 2.º Tratando-se de imóveis:

1) o juiz determinará, *ex officio*, a averbação do sequestro no registro de imóveis;

2) o Ministério Público promoverá a hipoteca legal em favor da Fazenda Pública.

Art. 5.º Incumbe ao depositário, além dos demais atos relativos ao cargo:

1) informar à autoridade judiciária da existência de bens ainda não compreendidos no sequestro;

2) fornecer, à custa dos bens arrecadados, pensão módica, arbitrada pela autoridade judiciária, para a manutenção do indiciado e das pessoas que vivem a suas expensas;

3) prestar mensalmente contas da administração.

Art. 6.º Cessa o sequestro, ou a hipoteca:

1) se a ação penal não é iniciada, ou reiniciada no prazo do art. 2.º, parágrafo único;

2) se, por sentença, transitada em julgado, é julgada extinta a ação, ou o réu absolvido.

Art. 7.º A cessação do sequestro, ou da hipoteca, não exclui:

1) tratando-se de pessoa que exerça, ou tenha exercido função pública, à incorporação, à Fazenda Pública, dos bens que foram julgados de aquisição ilegítima;

2) o direito, para a Fazenda Pública de pleitear a reparação do dano de acordo com a lei civil.

Art. 8.º Transitada em julgado, a sentença condenatória importa a perda, em favor da Fazenda Pública, dos bens que forem produto, ou adquiridos com o produto do crime, ressalvado o direito de terceiro de boa-fé.

Art. 9.º Se do crime resulta, para a Fazenda Pública, prejuízo que não seja coberto na forma do artigo anterior, promover-se-á, no juízo competente, a execução da sentença condenatória, a qual recairá sobre tantos bens quantos bastem para ressarci-lo.

Art. 10. Esta Lei aplica-se aos processos criminais já iniciados na data da sua publicação.

Rio de Janeiro, em 8 de maio de 1941; 120.º da Independência e 53.º da República.

GETÚLIO VARGAS

DECRETO-LEI N. 3.992, DE 30 DE DEZEMBRO DE 1941 (*)

Dispõe sobre a execução das estatísticas criminais, a que se refere o art. 809 do Código de Processo Penal.

O Presidente da República, usando da atribuição que lhe confere o art. 180 da Constituição, decreta:

Art. 1.º As estatísticas criminais, policial e judiciária, terão por base o *boletim individual*, que é parte integrante dos processos.

§ 1.º Os dados contidos no *boletim individual*, referentes não só aos crimes e contravenções, como também aos seus autores, constituem o mínimo exigível, podendo ser acrescido de outros elementos úteis à estatística.

§ 2.º O *boletim individual* é dividido em três partes destacáveis, e será adotado no Distrito Federal, nos Estados e nos Territórios. A primeira parte ficará arquivada no cartório policial; a segunda será remetida à repartição incumbida do levantamento da estatística policial; e a terceira acompanhará o processo. Transitada em julgado a decisão final, e lançados os dados respectivos, será a terceira parte destacada e enviada:

a) no Distrito Federal, ao Serviço de Estatística Demográfica, Moral e Política, do Ministério da Justiça e Negócios Interiores; e

b) nos Estados e nos Territórios, aos respectivos órgãos centrais de estatística.

Art. 2.º Depois de devidamente criticadas e apuradas pelos órgãos de estatística competentes, a segunda e terceira partes do *boletim individual* serão remetidas ao serviço de identificação, como elementos complementares do registro e do prontuário do acusado nelas referido.

Art. 3.º O modelo de *boletim individual*, publicado com o Código de Processo Penal, fica substituído pelo que acompanha a presente Lei.

Art. 4.º Esta Lei entra em vigor na data de sua publicação, revogadas as disposições em contrário.

Rio de Janeiro, em 30 de dezembro de 1941.

GETÚLIO VARGAS

(*) Publicado no *DOU*, de 10-1-1942.

..... Delegacia Policial .... Boletim Individual n. ....

(Um para cada indiciado)

Comarca .... Termo ....

I – Do crime ou da contravenção

Distrito judiciário-administrativo onde ocorreu o delito ....

Ocorreu na zona urbana ou rural? .... Data certa ou provável:

dia .... mês .... ano .... Ocorreu de dia ou à noite? ....

Foi praticado em dia de trabalho, domingo, feriado ou dia santificado de festa? ....

.... Lugar da ocorrência. Meio empregado ....

Motivos presumíveis ....

II – Do autor

Nome .... Alcunha ....

Indiciado como incurso no .... Filho ....

(Legítimo, ilegítimo ou legitimado)

de .... e de ....

Sexo .... Idade .... Ano do nascimento .... Estado civil ....

Nacionalidade .... Naturalidade ....Residência ....

Profissão .... Estava desempregado? .... Instrução ....

Religião ou culto .... Cor .... Tem filhos? .... Quantos? ....

São legítimos, ilegítimos ou legitimados? .... Estava alcoolizado ou sob a ação de entorpecentes? .... Iniciado o processo em .... de .... de ....

Preso? ....

(Em flagrante ou preventivamente?)

.... em ..../........./......... Tem antecedentes criminais? .... Foi identificado em ....

de .... de 19............ Recolhido a .... Solto em virtude de *habeas corpus* em .... Solto em virtude de fiança no valor de .... Evadiu-se? ....

III – Da vítima

Nome .... Alcunha ....

Nacionalidade .... Naturalidade ....

Sexo .... Idade .... Estado civil .... Cor ....

Residência ....

Profissão .... Instrução .... Tem filhos? .... Quantos? ....

Dá-se ao vício da embriaguez? ....

IV – Outros elementos

Valor dos danos (nos crimes contra a propriedade) ....

....

Armas apreendidas ....

Os autos foram remetidos ao Juiz Criminal em ....

Polegar direito do indiciado

Local ....

Data ....

O Escrivão ....

(Esta parte ficará arquivada no cartório do Escrivão Policial)

..... Delegacia Policial .... Boletim Individual n. ....

(Um para cada indiciado)

Comarca .... Termo ....

I – Do crime ou da contravenção

Distrito judiciário-administrativo onde ocorreu o delito...

Ocorreu na zona urbana ou rural? .... Data certa ou provável: dia .... mês .... ano .... Ocorreu de dia ou à noite? ....

Foi praticado em dia de trabalho, domingo, feriado ou dia santificado de festa?.............................

.... Lugar da ocorrência. Meio empregado ....

Motivos presumíveis ....

II – Do autor

Nome .... Alcunha ....

Indiciado como incurso no .... Filho ....

(Legítimo, ilegítimo ou legitimado)

de .... e de ....

Sexo .... Idade .... Ano do nascimento .... Estado civil ....

Nacionalidade .... Naturalidade ....Residência ....

Profissão .... Estava desempregado? .... Instrução ....

Religião ou culto .... Cor .... Tem filhos? .... Quantos? ....

São legítimos, ilegítimos ou legitimados? .... Estava alcoolizado ou sob a ação de entorpecentes? .... Iniciado o processo em .... de .... de ....

Preso? ....

(Em flagrante ou preventivamente?)

.... em ....../......../........ Tem antecedentes criminais? .... Foi identificado em ....

de .... de 19.......... Recolhido a .... Solto em virtude de *habeas corpus* em .... Solto em virtude de fiança no valor de .... Evadiu-se? ....

III – Da vítima

Nome .... Alcunha ....

Nacionalidade .... Naturalidade ....

Sexo .... Idade .... Estado civil .... Cor ....

Residência ....

Profissão .... Instrução .... Tem filhos? .... Quantos? ....

Dá-se ao vício da embriaguez? ....

IV – Outros elementos

Valor dos danos (nos crimes contra a propriedade) ....

....

Armas apreendidas ....

Os autos foram remetidos ao Juiz Criminal em ....

Polegar direito do indiciado

Local ....

Data ....

O Escrivão ....

(Esta parte será remetida à repartição incumbida de levantamento da estatística policial-criminal)

..... Delegacia Policial .... Boletim Individual n. ....
Comarca .... Termo ....

I – Quanto ao réu

Nome .... Alcunha .... Filho ....
(Legítimo, ilegítimo ou legitimado)
de .... e de ....
Sexo .... Idade .... Ano do nascimento .... Estado civil ....
Nacionalidade .... Naturalidade ....
Instrução .... Residência .... Profissão ....
Religião ou culto .... Cor .... Tem filhos? ....
Quantos? .... São legítimos, ilegítimos ou legitimados? ....
Iniciado o processo em ..../........./......... por infração prevista no artigo ....
Identificado em ...../...../..... Preso? .... em ..../........./.........
(Em flagrante ou preventivamente?)
Recolhido .... Solto em
(Declarar a prisão aonde foi recolhido)
virtude de fiança, no valor de ....
O Delegado ....

II – Quanto ao processo

ARQUIVAMENTO – Os autos do processo ou inquérito foram arquivados em ..../........./.......... pelo seguinte motivo: ....
AÇÃO PENAL – Iniciada em........./........./........... por infração prevista no artigo ....
....
PRONÚNCIA – Foi pronunciado, em data de ..../......./......., como incurso nas penas do art. ....
IMPRONÚNCIA – Foi impronunciado em data de ..../......./....... ABSOLVIÇÃO *in limine* – Foi absolvido em data de ..../........./.......... PRISÃO – Em data de ..../........./......... FIANÇA – Foi concedida em data de ..../........./.......... JULGAMENTO NA 1.ª INSTÂNCIA – Do Juiz singular, em data de ..../........./......... Do Tribunal do Júri, em data de ..../........./.......... ABSOLVIÇÃO – Foi absolvido em data de ....../....../...... MOTIVO DA ABSOLVIÇÃO ....
CONDENAÇÃO – Em data de ..../........./.........., foi condenado a ....
PRESO em ..../........./......... por ter sido condenado e RECOLHIDO a ....
....
(Declarar a natureza do estabelecimento)
.... SUSPENSÃO CONDICIONAL DA PENA – Em data de ....../....../...... foi .... pelo ....
(Concedida ou negada) *(Juiz ou Tribunal)*
EXTINÇÃO DA PUNIBILIDADE (Decretada no curso do processo, até o julgamento, inclusive) – Em data de ....../....../...... foi decretada a extinção da punibilidade, por ....
....
(Declarar o motivo: perdão, perempção, prescrição etc.)
RECURSOS – Em data de ..../........./......... foi interposto o recurso de ....
....
(Declarar a natureza e a espécie do recurso)
da .... em data de ..../........./......... o julgamento da 1.ª instância
(Decisão recorrida)
foi .... para ....
(Confirmado ou reformado)
....
(Condenar, absolver ou decretar a extinção da punibilidade)

Legislação Complementar

MEDIDA DE SEGURANÇA – Foi aplicada?..
Qual a sua natureza? ....
"HABEAS CORPUS" – Em data de ..../........./........ foi..
.... pelo ....
(Concedido, prejudicado ou denegado) *(Juiz ou Tribunal)*
O RÉU ESTÁ FORAGIDO? ....
....
OBSERVAÇÕES: ....
....
....
Data .... O Escrivão ....

(Esta parte será anexada aos autos do processo, por ocasião de sua remessa ao Juízo Criminal, onde deverá ser preenchida a sua parte final, e, depois de passar em julgado a decisão definitiva, será destacada e remetida: no Distrito Federal, ao Serviço de Estatística Demográfica, Moral e Política do Ministério da Justiça e Negócios Interiores; nos Estados e nos Territórios aos respectivos órgãos centrais de estatística.)

INSTRUÇÕES GERAIS

1. O "Boletim Individual" não será constituído de folhas soltas. Será um livro-talão composto de 200 (duzentos) boletins, de capa resistente (encadernado).

2. O "Boletim Individual" é composto de três partes, a última das quais, medindo 0,33 x 0,22, impresso em papel próprio a ser manuscriturado. Entre a primeira parte e a segunda haverá picote, e, entre a segunda e a terceira além do picote, haverá uma margem de, no mínimo, 4 (quatro) centímetros, destinada a prendê-lo ao processo, por meio de grampos ou de costura comum de autos.

3. A segunda parte só será destacada do talão e remetida à repartição incumbida do levantamento da estatística, quando o processo estiver pronto para ser remetido a juízo.

4. No momento em que o escrivão de Polícia tiver de remeter o processo a juízo, juntará ao mesmo a terceira parte do Boletim, preenchidas as informações que forem de seu conhecimento, à vista dos autos de qualificação dos acusados ou indiciados.

5. A terceira parte do Boletim que foi junta ao processo pelo escrivão de Polícia e remetida a juízo será, depois do julgamento, destacada do processo e remetida ao Serviço de Estatística Demográfica, Moral e Política, no Distrito Federal; nos Estados e Território do Acre, aos órgãos centrais regionais de estatística, anotando, o escrivão, na margem referida no n. 2, a data dessa remessa.

6. O número do "Boletim Individual" será o mesmo para cada uma das três partes de que se compõe.

7. A numeração do "Boletim Individual" é seguida, dentro do mesmo ano. No primeiro dia de janeiro de cada ano, a numeração será reiniciada.

8. O número do "Boletim Individual" será o mesmo do processo. Assim, quando for instaurado o processo n. 1 (inquérito ou flagrante), preencher-se-á o "Boletim Individual n. 1".

9. Não se deverá usar um livro-talão de boletins para inquéritos e outro para flagrantes; ou, um livro-talão para crimes e outro para contravenções. O livro-talão será o mesmo para todos os casos. Quando terminar o primeiro livro-talão de 200 (duzentos) boletins será usado outro, e, assim, sucessivamente.

10. Quando houver mais de um acusado ou indiciado no mesmo processo, serão preenchidos tantos boletins quantos forem eles (acusados ou indiciados), lançando-se, porém, nesses boletins o mesmo número. *Exemplo:* Em um flagrante, ou em um inquérito, em que haja l0 (dez) indiciados, processo esse que seja o 49.º (quadragésimo nono) do ano, dever-se-á lançar, nas três partes de dez "Boletins Individuais", o n. 49. As dez segundas partes desse "Boletim Individual" serão remetidas à repartição de estatística policial criminal, uma vez pronto o processo para ser remetido a juízo, e as dez terceiras partes serão juntas ao processo.

11. Quando a apuração estatística da segunda e da terceira partes do "Boletim Individual" for realizada, os boletins, depois de concluída essa apuração, deverão ser remetidos, sob protocolo, às repartições de identificação criminal, para que sejam incorporados aos prontuários dos acusados.

12. Aos processos, baixados às delegacias de polícia, não se juntará novo "Boletim Individual". Essa circunstância deverá ser anotada no canhoto do livro-talão que fica arquivado na delegacia e comunicada à repartição de estatística policial-criminal.

COMO PREENCHER O BOLETIM INDIVIDUAL

1. *Boletim Individual n.* No ângulo superior direito das três partes do Boletim, pede-se mencionar o

número do processo (inquérito ou flagrante em crime ou contravenção).

2. *Nome*. Quando se verificar que o nome declarado pelo indivíduo, já lançado no canhoto do livro-talão e na segunda parte, não é o mesmo que a individual dactiloscópica, não se deverá raspar o nome errado. Essa circunstância deverá ser anotada, em uma das margens das partes do Boletim onde houver o erro. Na terceira parte (a que se remeterá com o processo para juízo), que só é preenchida uma vez concluído o processo, dever-se-á mencionar o nome da individual dactiloscópica, isto é, o nome certo.

3. *Nacionalidade*. Mencione-se, para o brasileiro, o Estado de nascimento; e, para o estrangeiro, o nome do país de origem. Se naturalizado, declare-se essa circunstância mencionando-se o país em que nasceu.

4. *Idade*. Se o indivíduo contar 21 (vinte e um) anos ou mais até 6 (seis) meses completos, diga-se: 21 (vinte e um) anos; se contar 21 (vinte e um) anos e mais de 6 (seis) meses, diga-se: 22 (vinte e dois) anos, assim se procedendo toda a vez que haja fração de idade.

5. *Instrução*. Adote-se a seguinte classificação: analfabeto; com instrução primária incompleta; com instrução primária completa; com instrução secundária; com instrução profissional; com instrução superior; instrução não declarada.

6. *Estado civil*. Declarar se solteiro, casado, viúvo, desquitado, divorciado.

7. *Profissão*. Declarar o ofício, ocupação ou meio de vida e dizer a principal das ocupações, caso tenha mais de uma. Devem-se evitar as denominações vagas como: *comércio* (dizer se dono do estabelecimento, caixeiro, empregado ou guarda-livros); *operário* ou *trabalhador* (declarar se é ferreiro, pintor, pedreiro, padeiro etc.); nem dizer que é funcionário público, sem mencionar se é federal, estadual ou municipal; nem declarar que é *militar*, sem especificar se é praça ou oficial do Exército, da Armada, da Polícia etc.

8. *Residência*. Mencionem-se o nome da rua e a espécie de residência: habitação coletiva (casa de família, hotel, hospedaria, casa de cômodos, casa de pensão, casa de apartamentos), prostíbulo, prisão, hospital, repartição pública, estabelecimento de ensino, casa de comércio, botequim, taverna, estabelecimento industrial, via pública etc.

9. *Antecedentes*. Os antecedentes serão os que informar o Gabinete de Identificação na folha de antecedentes, devendo ser definida a situação pelas expressões "sim" ou "não".

10. Na resposta à pergunta se estava desempregado, declarar uma das seguintes condições econômicas: miserabilidade – pobreza – pequenos recursos – abastança.

11. *Estava alcoolizado ou sob a ação de entorpecentes?* Declarar, se existirem, as condições de insanidade psíquica ou física – anomalias mentais, alcoolismo, toxicomania.

12. *Lugar da ocorrência*. Especificar em que lugar foi praticado o delito. Mencionem-se o nome da rua e a espécie de residência: habitação coletiva (casa de família, hotel, hospedaria, casa de cômodos, casa de pensão, casa de apartamentos), prostíbulo, prisão, hospital, repartição pública, estabelecimento de ensino, casa de comércio, botequim, taverna, estabelecimento industrial, via pública etc.

LEI N. 1.060, DE 5 DE FEVEREIRO DE 1950 (*)

Estabelece normas para a concessão de assistência judiciária aos necessitados.

O Presidente da República

Faço saber que o Congresso Nacional decreta e eu sanciono a seguinte Lei:

Art. 1.º Os poderes públicos federal e estadual, independentemente da colaboração que possam receber dos Municípios e da Ordem dos Advogados do Brasil – OAB, concederão assistência judiciária aos necessitados, nos termos desta Lei (*Vetado*).

•• Artigo com redação determinada pela Lei n. 7.510, de 4-7-1986.

• *Vide* arts. 5.º, LXXIV, e 24, XIII, da CF.

Arts. 2.º a 4.º *(Revogados pela Lei n. 13.105, de 16-3-2015.)*

Art. 5.º O juiz, se não tiver fundadas razões para indeferir o pedido, deverá julgá-lo de plano, motivando ou não o deferimento, dentro do prazo de 72 (setenta e duas) horas.

§ 1.º Deferido o pedido, o juiz determinará que o serviço de assistência judiciária, organizado e mantido pelo Estado, onde houver, indique, no prazo de 2 (dois) dias úteis, o advogado que patrocinará a causa do necessitado.

§ 2.º Se no Estado não houver serviço de assistência judiciária, por ele mantido, caberá a indica-

(*) Publicada no *DOU*, de 13-2-1950, e republicada em Suplemento de 8-4-1974. O Decreto n. 6.086, de 19-4-2007, promulga o Acordo sobre o Benefício da Justiça Gratuita e Assistência Jurídica Gratuita entre os Estados Partes do Mercosul. A Resolução n. 305, de 7-10-2014, do CJF, dispõe sobre o cadastro e a nomeação de profissionais e o pagamento de honorários a advogados dativos, curadores, peritos, tradutores e intérpretes, em casos de assistência judiciária gratuita, no âmbito da Justiça Federal e da jurisdição federal delegada.

ção à Ordem dos Advogados, por suas seções estaduais, ou subseções municipais.

§ 3.º Nos municípios em que não existem subseções da Ordem dos Advogados do Brasil, o próprio juiz fará a nomeação do advogado que patrocinará a causa do necessitado.

§ 4.º Será preferido para a defesa da causa o advogado que o interessado indicar e que declare aceitar o encargo.

§ 5.º Nos Estados onde a assistência judiciária seja organizada e por eles mantida, o Defensor Público, ou quem exerça cargo equivalente, será intimado pessoalmente de todos os atos do processo, em ambas as instâncias, contando-se-lhes em dobro todos os prazos.

•• § 5.º acrescentado pela Lei n. 7.871, de 8-11-1989.

Arts. 6.º e 7.º *(Revogados pela Lei n. 13.105, de 16-3-2015.)*

Art. 8.º Ocorrendo as circunstâncias mencionadas no artigo anterior, poderá o juiz, *ex officio*, decretar a revogação dos benefícios, ouvida a parte interessada dentro de 48 (quarenta e oito) horas improrrogáveis.

Art. 9.º Os benefícios da assistência judiciária compreendem todos os atos do processo até a decisão final do litígio, em todas as instâncias.

Art. 10. São individuais e concedidos em cada caso ocorrente os benefícios de assistência judiciária, que se não transmitem ao cessionário de direito e se extinguem pela morte do beneficiário, podendo, entretanto, ser concedidos aos herdeiros que continuarem a demanda, e que necessitarem de tais favores na forma estabelecida nesta Lei.

Arts. 11 e 12. *(Revogados pela Lei n. 13.105, de 16-3-2015.)*

Art. 13. Se o assistido puder atender, em parte, às despesas do processo, o juiz mandará pagar as custas, que serão rateadas entre os que tiverem direito ao seu recebimento.

Art. 14. Os profissionais liberais designados para o desempenho do encargo de defensor ou de perito, conforme o caso, salvo justo motivo previsto em lei ou, na sua omissão, a critério da autoridade judiciária competente, são obrigados ao respectivo cumprimento, sob pena de multa de CR$ 1.000,00 (mil cruzeiros) a CR$ 10.000,00 (dez mil cruzeiros), sujeita ao reajustamento estabelecido na Lei n. 6.205, de 29 de abril de 1975, sem prejuízo da sanção disciplinar cabível.

•• *Caput* com redação determinada pela Lei n. 6.465, de 14-11-1977.

•• A Lei n. 7.209, de 11-7-1984, em seu art. 2.º, cancela, na Parte Especial do CP e em algumas leis especiais, quaisquer referências a valores de multas, substituindo-se a expressão "multa de" por "multa".

• O art. 49 do CP dispõe sobre a fixação e o cálculo da pena de multa.

§ 1.º Na falta de indicação pela assistência ou pela própria parte, o juiz solicitará a do órgão de classe respectivo.

•• § 1.º com redação determinada pela Lei n. 6.465, de 14-11-1977.

§ 2.º A multa prevista neste artigo reverterá em benefício do profissional que assumir o encargo na causa.

•• § 2.º com redação determinada pela Lei n. 6.465, de 14-11-1977.

Art. 15. São motivos para a recusa do mandato pelo advogado designado ou nomeado:

1.º) estar impedido de exercer a advocacia;

2.º) ser procurador constituído pela parte contrária ou ter com ela relações profissionais de interesse atual;

3.º) ter necessidade de se ausentar da sede do juízo para atender a outro mandato anteriormente outorgado ou para defender interesses próprios inadiáveis;

4.º) já haver manifestado, por escrito, sua opinião contrária ao direito que o necessitado pretende pleitear;

5.º) haver dado à parte contrária parecer escrito sobre a contenda.

Parágrafo único. A recusa será solicitada ao juiz, que, de plano, a concederá, temporária ou definitivamente, ou a denegará.

Art. 16. Se o advogado, ao comparecer em juízo, não exibir o instrumento de mandato outorgado pelo assistido, o juiz determinará que se exarem na ata da audiência os termos da referida outorga.

Parágrafo único. O instrumento de mandato não será exigido, quando a parte for representada em juízo por advogado integrante de entidade de direito público incumbido, na forma da lei, de prestação de assistência judiciária gratuita, ressalvados:

a) os atos previstos no art. 38 do Código de Processo Civil;

•• A referência é feita ao CPC de 1973. Dispositivo correspondente no CPC de 2015: art. 105.

b) o requerimento de abertura de inquérito por crime de ação privada, a proposição de ação penal privada ou o oferecimento de representação por crime de ação pública condicionada.

•• Parágrafo único acrescentado pela Lei n. 6.248, de 8-10-1975.

Art. 17. *(Revogado pela Lei n. 13.105, de 16-3-2015.)*

Art. 18. Os acadêmicos de direito, a partir da 4.ª série, poderão ser indicados pela assistência judiciária, ou nomeados pelo juiz para auxiliar o patrocínio das causas dos necessitados, ficando sujeitos às mesmas obrigações impostas por esta Lei aos advogados.

Art. 19. Esta Lei entrará em vigor 30 (trinta) dias depois de sua publicação no Diário Oficial da União, revogadas as disposições em contrário.

Rio de Janeiro, 5 de fevereiro de 1950; 129.º da Independência e 62.º da República.

EURICO G. DUTRA

LEI N. 1.079, DE 10 DE ABRIL DE 1950 (*)

Define os crimes de responsabilidade e regula o respectivo processo de julgamento.

O Presidente da República:

Faço saber que o Congresso Nacional decreta e eu sanciono a seguinte Lei:

PARTE PRIMEIRA
DO PRESIDENTE DA REPÚBLICA E MINISTROS DE ESTADO

Art. 1.º São crimes de responsabilidade os que esta Lei especifica.

Art. 2.º Os crimes definidos nesta Lei, ainda quando simplesmente tentados, são passíveis da pena de perda do cargo, com inabilitação, até 5 (cinco) anos, para o exercício de qualquer função pública, imposta pelo Senado Federal nos processos contra o Presidente da República ou ministros de Estado, contra os ministros do Supremo Tribunal Federal ou contra o procurador-geral da República.

Art. 3.º A imposição da pena referida no artigo anterior não exclui o processo e julgamento do acusado por crime comum, na justiça ordinária, nos termos das leis de processo penal.

Art. 4.º São crimes de responsabilidade os atos do Presidente da República que atentarem contra a Constituição Federal, e, especialmente, contra:

I – a existência da União;

II – o livre exercício do Poder Legislativo, do Poder Judiciário e dos poderes constitucionais dos Estados;

III – o exercício dos direitos políticos, individuais e sociais:

IV – a segurança interna do País;

V – a probidade na administração;

VI – a lei orçamentária;

VII – a guarda e o legal emprego dos dinheiros públicos;

VIII – o cumprimento das decisões judiciárias (Constituição, art. 89).

TÍTULO I

CAPÍTULO I
DOS CRIMES CONTRA A EXISTÊNCIA DA UNIÃO

Art. 5.º São crimes de responsabilidade contra a existência política da União:

1) entreter, direta ou indiretamente, inteligência com governo estrangeiro, provocando-o a fazer guerra ou cometer hostilidade contra a República, prometer-lhe assistência ou favor, ou dar-lhe qualquer auxílio nos preparativos ou planos de guerra contra a República;

2) tentar, diretamente e por fatos, submeter a União ou algum dos Estados ou Territórios a domínio estrangeiro, ou dela separar qualquer Estado ou porção do território nacional;

3) cometer ato de hostilidade contra nação estrangeira expondo a República ao perigo da guerra ou comprometendo-lhe a neutralidade;

4) revelar negócios políticos ou militares, que devam ser mantidos secretos a bem da defesa da segurança externa ou dos interesses da Nação;

5) auxiliar, por qualquer modo, nação inimiga a fazer a guerra ou a cometer hostilidade contra a República;

6) celebrar tratados, convenções ou ajustes que comprometam a dignidade da Nação;

7) violar a imunidade dos embaixadores ou ministros estrangeiros acreditados no País;

8) declarar a guerra, salvo os casos de invasão ou agressão estrangeira, ou fazer a paz, sem autorização do Congresso Nacional;

9) não empregar contra o inimigo os meios de defesa de que poderia dispor;

10) permitir o Presidente da República, durante as sessões legislativas e sem autorização do Congresso Nacional, que forças estrangeiras transitem pelo território do País, ou, por motivo de guerra, nele permaneçam temporariamente;

11) violar tratados legitimamente feitos com nações estrangeiras.

CAPÍTULO II
DOS CRIMES CONTRA O LIVRE EXERCÍCIO DOS PODERES CONSTITUCIONAIS

Art. 6.º São crimes de responsabilidade contra o livre exercício dos Poderes Legislativo e Judiciário e dos poderes constitucionais dos Estados:

1) tentar dissolver o Congresso Nacional, impedir a reunião ou tentar impedir por qualquer modo o funcionamento de qualquer de suas Câmaras;

2) usar de violência ou ameaça contra algum representante da Nação para afastá-lo da Câmara a que pertença ou para coagi-lo no modo de exercer o seu mandato bem como conseguir ou tentar conseguir o mesmo objetivo mediante suborno ou outras formas de corrupção;

3) violar as imunidades asseguradas aos membros do Congresso Nacional, das Assembleias Legislativas dos Estados, da Câmara dos Vereadores do Distrito Federal e das Câmaras Municipais;

4) permitir que força estrangeira transite pelo território do País ou nele permaneça quando a isso se oponha o Congresso Nacional;

(*) Publicada no *DOU*, de 12-4-1950. *Vide* Lei n. 7.106, de 28-6-1983, sobre crimes de responsabilidade de governadores do Distrito Federal e Territórios Federais, e seus respectivos secretários. *Vide* arts. 50, § 2.º, e 85 e parágrafo único, da CF.

5) opor-se diretamente e por fatos ao livre exercício do Poder Judiciário, ou obstar, por meios violentos, ao efeito dos seus atos, mandados ou sentenças;

6) usar de violência ou ameaça, para constranger juiz, ou jurado, a proferir ou deixar de proferir despacho, sentença ou voto, ou a fazer ou deixar de fazer ato do seu ofício;

7) praticar contra os poderes estaduais ou municipais ato definido como crime neste artigo;

8) intervir em negócios peculiares aos Estados ou aos Municípios com desobediência às normas constitucionais.

Capítulo III
DOS CRIMES CONTRA O EXERCÍCIO DOS DIREITOS POLÍTICOS, INDIVIDUAIS E SOCIAIS

Art. 7.º São crimes de responsabilidade contra o livre exercício dos direitos políticos, individuais e sociais:

1) impedir por violência, ameaça ou corrupção, o livre exercício do voto;

2) obstar ao livre exercício das funções dos mesários eleitorais;

3) violar o escrutínio de seção eleitoral ou inquinar de nulidade o seu resultado pela subtração, desvio ou inutilização do respectivo material;

4) utilizar o poder federal para impedir a livre execução da lei eleitoral;

5) servir-se das autoridades sob sua subordinação imediata para praticar abuso do poder, ou tolerar que essas autoridades o pratiquem sem repressão sua;

6) subverter ou tentar subverter por meios violentos a ordem política e social;

7) incitar militares à desobediência à lei ou infração à disciplina;

8) provocar animosidade entre as classes armadas ou contra elas, ou delas contra as instituições civis;

9) violar patentemente qualquer direito ou garantia individual constante do art. 141 e bem assim os direitos sociais assegurados no art. 157 da Constituição;

10) tomar ou autorizar, durante o estado de sítio, medidas de repressão que excedam os limites estabelecidos na Constituição.

Capítulo IV
DOS CRIMES CONTRA A SEGURANÇA INTERNA DO PAÍS

Art. 8.º São crimes contra a segurança interna do País:

1) tentar mudar por violência a forma de governo da República;

2) tentar mudar por violência a Constituição Federal ou de algum dos Estados, ou lei da União, de Estado ou Município;

3) decretar o estado de sítio, estando reunido o Congresso Nacional, ou no recesso deste, não havendo comoção interna grave nem fatos que evidenciem estar a mesma a irromper ou não ocorrendo guerra externa;

4) praticar ou concorrer para que se perpetre qualquer dos crimes contra a segurança interna, definidos na legislação penal;

5) não dar as providências de sua competência para impedir ou frustrar a execução desses crimes;

6) ausentar-se do País sem autorização do Congresso Nacional;

7) permitir, de forma expressa ou tácita, a infração de lei federal de ordem pública;

8) deixar de tomar, nos prazos fixados, as providências determinadas por lei ou tratado federal e necessário a sua execução e cumprimento.

Capítulo V
DOS CRIMES CONTRA A PROBIDADE NA ADMINISTRAÇÃO

Art. 9.º São crimes de responsabilidade contra a probidade na administração:

1) omitir ou retardar dolosamente a publicação das leis e resoluções do Poder Legislativo ou dos atos do Poder Executivo;

2) não prestar ao Congresso Nacional, dentro de 60 (sessenta) dias após a abertura da sessão legislativa, as contas relativas ao exercício anterior;

3) não tornar efetiva a responsabilidade dos seus subordinados, quando manifesta em delitos funcionais ou na prática de atos contrários à Constituição;

4) expedir ordens ou fazer requisição de forma contrária às disposições expressas da Constituição;

5) infringir, no provimento dos cargos públicos, as normas legais;

6) usar de violência ou ameaça contra funcionário público para coagi-lo a proceder ilegalmente, bem como utilizar-se de suborno ou de qualquer outra forma de corrupção para o mesmo fim;

7) proceder de modo incompatível com a dignidade, a honra e o decoro do cargo.

Capítulo VI
DOS CRIMES CONTRA A LEI ORÇAMENTÁRIA

Art. 10. São crimes de responsabilidade contra a lei orçamentária:

1) não apresentar ao Congresso Nacional a proposta do orçamento da República dentro dos primeiros dois meses de cada sessão legislativa;

2) exceder ou transportar, sem autorização legal, as verbas do orçamento;

3) realizar o estorno de verbas;

4) infringir, patentemente, e de qualquer modo, dispositivo da lei orçamentária;

5) deixar de ordenar a redução do montante da dívida consolidada, nos prazos estabelecidos em lei,

quando o montante ultrapassar o valor resultante da aplicação do limite máximo fixado pelo Senado Federal;

•• Item 5 acrescentado pela Lei n. 10.028, de 19-10-2000.

6) ordenar ou autorizar a abertura de crédito em desacordo com os limites estabelecidos pelo Senado Federal, sem fundamento na lei orçamentária ou na de crédito adicional ou com inobservância de prescrição legal;

•• Item 6 acrescentado pela Lei n. 10.028, de 19-10-2000.

7) deixar de promover ou de ordenar, na forma da lei, o cancelamento, a amortização ou a constituição de reserva para anular os efeitos de operação de crédito realizada com inobservância de limite, condição ou montante estabelecido em lei;

•• Item 7 acrescentado pela Lei n. 10.028, de 19-10-2000.

8) deixar de promover ou de ordenar a liquidação integral de operação de crédito por antecipação de receita orçamentária, inclusive os respectivos juros e demais encargos, até o encerramento do exercício financeiro;

•• Item 8 acrescentado pela Lei n. 10.028, de 19-10-2000.

9) ordenar ou autorizar, em desacordo com a lei, a realização de operação de crédito com qualquer um dos demais entes da Federação, inclusive suas entidades da administração indireta, ainda que na forma de novação, refinanciamento ou postergação de dívida contraída anteriormente;

•• Item 9 acrescentado pela Lei n. 10.028, de 19-10-2000.

10) captar recursos a título de antecipação de receita de tributo ou contribuição cujo fato gerador ainda não tenha ocorrido;

•• Item 10 acrescentado pela Lei n. 10.028, de 19-10-2000.

11) ordenar ou autorizar a destinação de recursos provenientes da emissão de títulos para finalidade diversa da prevista na lei que a autorizou;

•• Item 11 acrescentado pela Lei n. 10.028, de 19-10-2000.

12) realizar ou receber transferência voluntária em desacordo com limite ou condição estabelecida em lei.

•• Item 12 acrescentado pela Lei n. 10.028, de 19-10-2000.

Capítulo VII
DOS CRIMES CONTRA A GUARDA E LEGAL EMPREGO DOS DINHEIROS PÚBLICOS

Art. 11. São crimes de responsabilidade contra a guarda e o legal emprego dos dinheiros públicos:

1) ordenar despesas não autorizadas por lei ou sem observância das prescrições legais relativas às mesmas;

2) abrir crédito sem fundamento em lei ou sem as formalidades legais;

3) contrair empréstimo, emitir moeda corrente ou apólices, ou efetuar operação de crédito sem autorização legal;

4) alienar imóveis nacionais ou empenhar rendas públicas sem autorização em lei;

5) negligenciar a arrecadação das rendas impostos e taxas, bem como a conservação do patrimônio nacional.

Capítulo VIII
DOS CRIMES CONTRA O CUMPRIMENTO DAS DECISÕES JUDICIÁRIAS

Art. 12. São crimes de responsabilidade contra as decisões judiciárias:

1) impedir, por qualquer meio, o efeito dos atos, mandados ou decisões do Poder Judiciário;

2) recusar o cumprimento das decisões do Poder Judiciário no que depender do exercício das funções do Poder Executivo;

3) deixar de atender a requisição de intervenção federal do Supremo Tribunal Federal ou do Tribunal Superior Eleitoral;

4) impedir ou frustrar pagamento determinado por sentença judiciária.

Título II
DOS MINISTROS DE ESTADO

Art. 13. São crimes de responsabilidade dos ministros de Estado:

1) os atos definidos nesta Lei, quando por eles praticados ou ordenados;

2) os atos previstos nesta Lei que os ministros assinarem com o Presidente da República ou por ordem deste praticarem;

3) a falta de comparecimento sem justificação, perante a Câmara dos Deputados ou o Senado Federal, ou qualquer das suas comissões, quando uma ou outra casa do Congresso os convocar para, pessoalmente, prestarem informações acerca de assunto previamente determinado;

4) não prestarem dentro em 30 (trinta) dias e sem motivo justo, a qualquer das Câmaras do Congresso Nacional, as informações que ela lhes solicitar por escrito, ou prestarem-nas com falsidade.

PARTE SEGUNDA
PROCESSO E JULGAMENTO

Título Único
DO PRESIDENTE DA REPÚBLICA E MINISTROS DE ESTADO

Capítulo I
DA DENÚNCIA

Art. 14. É permitido a qualquer cidadão denunciar o Presidente da República ou ministro de Estado, por crime de responsabilidade, perante a Câmara dos Deputados.

Art. 15. A denúncia só poderá ser recebida enquanto o denunciado não tiver, por qualquer motivo, deixado definitivamente o cargo.

Art. 16. A denúncia assinada pelo denunciante e com a firma reconhecida, deve ser acompanhada dos documentos que a comprovem, ou da declaração de impossibilidade de apresentá-los, com a indicação do local onde possam ser encontrados. Nos crimes de que haja prova testemunhal, a denúncia deverá conter o rol das testemunhas, em número de 5 (cinco) no mínimo.

Art. 17. No processo de crime de responsabilidade, servirá de escrivão um funcionário da secretaria da Câmara dos Deputados, ou do Senado, conforme se achar o mesmo em uma ou outra casa do Congresso Nacional.

Art. 18. As testemunhas arroladas no processo deverão comparecer para prestar o seu depoimento, e a mesa da Câmara dos Deputados ou do Senado, por ordem de quem serão notificadas, tomará as providências legais que se tornarem necessárias para compeli-las à obediência.

Capítulo II
DA ACUSAÇÃO

Art. 19. Recebida a denúncia, será lida no expediente da sessão seguinte e despachada a uma comissão especial eleita, da qual participem, observada a respectiva proporção, representantes de todos os partidos para opinar sobre a mesma.

•• O STF, na Medida Cautelar na ADPF n. 378, de 17-12-2015, declarou este artigo recepcionado pela CF.

Art. 20. A comissão a que alude o artigo anterior se reunirá dentro de 48 (quarenta e oito) horas e, depois de eleger seu presidente e relator, emitirá parecer, dentro do prazo de 10 (dez) dias, sobre se a denúncia deve ser ou não julgada objeto de deliberação. Dentro desse período poderá a comissão proceder às diligências que julgar necessárias ao esclarecimento da denúncia.

•• O STF, na Medida Cautelar na ADPF n. 378, de 17-12-2015, declarou este artigo recepcionado pela CF.

§ 1.º O parecer da comissão especial será lido no expediente da sessão da Câmara dos Deputados e publicado integralmente no Diário do Congresso Nacional e em avulsos, juntamente com a denúncia, devendo as publicações ser distribuídas a todos os deputados.

§ 2.º Quarenta e oito horas após a publicação oficial do parecer da comissão especial será o mesmo incluído, em primeiro lugar, na ordem do dia da Câmara dos Deputados, para uma discussão única.

Art. 21. Cinco representantes de cada partido poderão falar, durante 1 (uma) hora, sobre o parecer, ressalvado ao relator da comissão especial o direito de responder a cada um.

•• O STF, na Medida Cautelar na ADPF n. 378, de 17-12-2015, declarou este artigo recepcionado pela CF.

Art. 22. Encerrada a discussão do parecer, e submetido o mesmo a votação nominal, será a denúncia, com os documentos que a instruam, arquivada, se não for considerada objeto de deliberação. No caso contrário, será remetida por cópia autêntica ao denunciado, que terá o prazo de 20 (vinte) dias para contestá-la e indicar os meios de prova com que pretenda demonstrar a verdade do alegado.

•• O STF, na Medida Cautelar na ADPF n. 378, de 17-12-2015, declarou não recepcionada pela CF a 2.ª parte deste *caput* ("No caso contrário...").

§ 1.º Findo esse prazo e com ou sem a contestação, a comissão especial determinará as diligências requeridas, ou que julgar convenientes, e realizará as sessões necessárias para a tomada do depoimento das testemunhas de ambas as partes, podendo ouvir o denunciante e o denunciado, que poderá assistir pessoalmente, ou por seu procurador, a todas as audiências e diligências realizadas pela comissão, interrogando e contestando as testemunhas e requerendo a reinquirição ou acareação das mesmas.

•• O STF, na Medida Cautelar na ADPF n. 378, de 17-12-2015, declarou não recepcionado pela CF este § 1.º.

§ 2.º Findas essas diligências, a comissão especial proferirá, no prazo de 10 (dez) dias, parecer sobre a procedência ou improcedência da denúncia.

•• O STF, na Medida Cautelar na ADPF n. 378, de 17-12-2015, declarou não recepcionado pela CF este § 2.º.

§ 3.º Publicado e distribuído esse parecer na forma do § 1.º do art. 20, será o mesmo incluído na ordem do dia da sessão imediata para ser submetido a duas discussões, com o interregno de 48 (quarenta e oito) horas entre uma e outra.

•• O STF, na Medida Cautelar na ADPF n. 378, de 17-12-2015, declarou não recepcionado pela CF este § 3.º.

§ 4.º Nas discussões do parecer sobre a procedência ou improcedência da denúncia, cada representante de partido poderá falar uma só vez e durante 1 (uma) hora, ficando as questões de ordem subordinadas ao disposto no § 2.º do art. 20.

•• O STF, na Medida Cautelar na ADPF n. 378, de 17-12-2015, declarou não recepcionado pela CF este § 4.º.

Art. 23. Encerrada a discussão do parecer, será o mesmo submetido a votação nominal, não sendo permitidas, então, questões de ordem, nem encaminhamento de votação.

§ 1.º Se da aprovação do parecer resultar a procedência da denúncia, considerar-se-á decretada a acusação pela Câmara dos Deputados.

•• O STF, na Medida Cautelar na ADPF n. 378, de 17-12-2015, declarou este § 1.º não recepcionado pela CF.

§ 2.º Decretada a acusação, será o denunciado intimado imediatamente pela mesa da Câmara dos Deputados, por intermédio do 1.º secretário.

§ 3.º Se o denunciado estiver ausente do Distrito Federal, a sua intimação será solicitada pela mesa da Câmara dos Deputados, ao presidente do Tribunal de Justiça do Estado em que ele se encontrar.

§ 4.º A Câmara dos Deputados elegerá uma comissão de três membros para acompanhar o julgamento do acusado.

•• O STF, na Medida Cautelar na ADPF n. 378, de 17-12-2015, declarou este § 4.º não recepcionado pela CF.

§ 5.º São efeitos imediatos ao decreto da acusação do Presidente da República, ou de ministro de

Estado, a suspensão do exercício das funções do acusado e da metade do subsídio ou do vencimento, até sentença final.

•• O STF, na Medida Cautelar na ADPF n. 378, de 17-12-2015, declarou este § 5.º não recepcionado pela CF.

§ 6.º Conforme se trate da acusação de crime comum ou de responsabilidade, o processo será enviado ao Supremo Tribunal Federal ou ao Senado Federal.

Capítulo III
DO JULGAMENTO

Art. 24. Recebido no Senado o decreto de acusação com o processo enviado pela Câmara dos Deputados e apresentado o libelo pela comissão acusadora, remeterá o presidente cópia de tudo ao acusado, que, na mesma ocasião e nos termos dos §§ 2.º e 3.º do art. 23, será notificado para comparecer em dia prefixado perante o Senado.

•• O STF, na Medida Cautelar na ADPF n. 378, de 17-12-2015, declarou este artigo parcialmente recepcionado pela CF, a fim de declarar que "o recebimento da denúncia no processo de *impeachment* ocorrerá apenas após a decisão do Plenário do Senado Federal", e ainda que "a votação nominal deverá ser tomada por maioria simples e presente a maioria absoluta de seus membros".

Parágrafo único. Ao presidente do Supremo Tribunal Federal enviar-se-á o processo em original, com a comunicação do dia designado para o julgamento.

Art. 25. O acusado comparecerá, por si ou pelos seus advogados, podendo, ainda, oferecer novos meios de prova.

Art. 26. No caso de revelia, marcará o presidente novo dia para o julgamento e nomeará para a defesa do acusado um advogado, a quem se facultará o exame de todas as peças de acusação.

Art. 27. No dia aprazado para o julgamento, presentes o acusado, seus advogados, ou o defensor nomeado à sua revelia, e a comissão acusadora, o presidente do Supremo Tribunal Federal, abrindo a sessão, mandará ler o processo preparatório, o libelo e os artigos de defesa; em seguida inquirirá as testemunhas, que deverão depor publicamente e fora da presença umas das outras.

Art. 28. Qualquer membro da comissão acusadora ou do Senado, e bem assim o acusado ou seus advogados, poderão requerer que se façam às testemunhas perguntas que julgarem necessárias.

Parágrafo único. A comissão acusadora, ou o acusado ou seus advogados, poderão contestar ou arguir as testemunhas sem contudo interrompê-las e requerer a acareação.

Art. 29. Realizar-se-á a seguir o debate verbal entre a comissão acusadora e o acusado ou os seus advogados pelo prazo que o presidente fixar e que não poderá exceder de 2 (duas) horas.

Art. 30. Findos os debates orais e retiradas as partes, abrir-se-á discussão sobre o objeto da acusação.

Art. 31. Encerrada a discussão o presidente do Supremo Tribunal Federal fará relatório resumido da denúncia e das provas da acusação e da defesa e submeterá à votação nominal dos senadores o julgamento.

Art. 32. Se o julgamento for absolutório produzirá, desde logo, todos os efeitos a favor do acusado.

Art. 33. No caso de condenação, o Senado por iniciativa do presidente fixará o prazo de inabilitação do condenado para o exercício de qualquer função pública; e no caso de haver crime comum deliberará ainda sobre se o presidente o deverá submeter à justiça ordinária, independentemente da ação de qualquer interessado.

Art. 34. Proferida a sentença condenatória, o acusado estará, *ipso facto*, destituído do cargo.

Art. 35. A resolução do Senado constará de sentença que será lavrada, nos autos do processo, pelo presidente do Supremo Tribunal Federal, assinada pelos senadores que funcionarem como juízes, transcrita na ata da sessão e, dentro desta, publicada no *Diário Oficial* e no Diário do Congresso Nacional.

Art. 36. Não pode interferir, em nenhuma fase do processo de responsabilidade do Presidente da República ou dos ministros de Estado, o deputado ou senador:

a) que tiver parentesco consanguíneo ou afim, com o acusado, em linha reta; em linha colateral, os irmãos, cunhados, enquanto durar o cunhadio, e os primos coirmãos;

b) que, como testemunha do processo, tiver deposto de ciência própria.

Art. 37. O Congresso Nacional deverá ser convocado, extraordinariamente, pelo terço de uma de suas câmaras, caso a sessão legislativa se encerre sem que se tenha ultimado o julgamento do Presidente da República, ou de ministro de Estado, bem como no caso de ser necessário o início imediato do processo.

Art. 38. No processo e julgamento do Presidente da República e dos ministros de Estado, serão subsidiários desta Lei naquilo em que lhes forem aplicáveis, assim os regimentos internos da Câmara dos Deputados e do Senado Federal, como o Código de Processo Penal.

•• O STF, na Medida Cautelar na ADPF n. 378, de 17-12-2015, estabeleceu, em interpretação conforme à CF deste artigo, que "é possível a aplicação subsidiária dos Regimentos Internos da Câmara e do Senado ao processo de *impeachment*, desde que sejam compatíveis com os preceitos legais e constitucionais pertinentes".

PARTE TERCEIRA

Título I

Capítulo I
DOS MINISTROS DO SUPREMO TRIBUNAL FEDERAL

Art. 39. São crimes de responsabilidade dos Ministros do Supremo Tribunal Federal:

1) alterar, por qualquer forma, exceto por via de recurso, a decisão ou voto já proferido em sessão do tribunal;

2) proferir julgamento, quando, por lei, seja suspeito na causa;

3) exercer atividade político-partidária;

4) ser patentemente desidioso no cumprimento dos deveres do cargo;

5) proceder de modo incompatível com a honra, dignidade e decoro de suas funções.

Art. 39-A. Constituem, também, crimes de responsabilidade do Presidente do Supremo Tribunal Federal ou de seu substituto quando no exercício da Presidência, as condutas previstas no art. 10 desta Lei, quando por eles ordenadas ou praticadas.

•• *Caput* acrescentado pela Lei n. 10.028, de 19-10-2000.

Parágrafo único. O disposto neste artigo aplica-se aos Presidentes, e respectivos substitutos quando no exercício da Presidência, dos Tribunais Superiores, dos Tribunais de Contas, dos Tribunais Regionais Federais, do Trabalho e Eleitorais, dos Tribunais de Justiça e de Alçada dos Estados e do Distrito Federal, e aos Juízes Diretores de Foro ou função equivalente no primeiro grau de jurisdição.

•• Parágrafo único acrescentado pela Lei n. 10.028, de 19-10-2000.

Capítulo II
DO PROCURADOR-GERAL DA REPÚBLICA

Art. 40. São crimes de responsabilidade do procurador-geral da República:

1) emitir parecer, quando, por lei, seja suspeito na causa;

2) recusar-se a prática de ato que lhe incumba;

3) ser patentemente desidioso no cumprimento de suas atribuições;

4) proceder de modo incompatível com a dignidade e o decoro do cargo.

Art. 40-A. Constituem, também, crimes de responsabilidade do Procurador-Geral da República, ou de seu substituto quando no exercício da chefia do Ministério Público da União, as condutas previstas no art. 10 desta Lei, quando por eles ordenadas ou praticadas.

•• *Caput* acrescentado pela Lei n. 10.028, de 19-10-2000.

Parágrafo único. O disposto neste artigo aplica-se:

•• Parágrafo único, *caput*, acrescentado pela Lei n. 10.028, de 19-10-2000.

I – ao Advogado-Geral da União;

•• Inciso I acrescentado pela Lei n. 10.028, de 19-10-2000.

II – aos Procuradores-Gerais do Trabalho, Eleitoral e Militar, aos Procuradores-Gerais de Justiça dos Estados e do Distrito Federal, aos Procuradores-Gerais dos Estados e do Distrito Federal, e aos membros do Ministério Público da União e dos Estados, da Advocacia-Geral da União, das Procuradorias dos Estados e do Distrito Federal, quando no exercício de função de chefia das unidades regionais ou locais das respectivas instituições.

•• Inciso II acrescentado pela Lei n. 10.028, de 19-10-2000.

Título II
DO PROCESSO E JULGAMENTO

Capítulo I
DA DENÚNCIA

Art. 41. É permitido a todo cidadão denunciar, perante o Senado Federal, os ministros do Supremo Tribunal Federal e o procurador-geral da República, pelos crimes de responsabilidade que cometerem (arts. 39 e 40).

Art. 41-A. Respeitada a prerrogativa de foro que assiste às autoridades a que se referem o parágrafo único do art. 39-A e o inciso II do parágrafo único do art. 40-A, as ações penais contra elas ajuizadas pela prática dos crimes de responsabilidade previstos no art. 10 desta Lei serão processadas e julgadas de acordo com o rito instituído pela Lei n. 8.038, de 28 de maio de 1990, permitido, a todo cidadão, o oferecimento da denúncia.

•• Artigo acrescentado pela Lei n. 10.028, de 19-10-2000.

•• Os arts. 10, 39-A e 40-A desta Lei estabelecem os crimes contra a lei orçamentária, os crimes de responsabilidade dos Ministros do STF, os crimes de responsabilidade do Procurador-Geral da República, do Advogado-Geral da União, dos Procuradores-Gerais do Trabalho, Eleitorais e Militares, dos Procuradores-Gerais de Justiça dos Estados e do Distrito Federal, dos membros do Ministério Público da União e dos Estados, da AGU, das Procuradorias dos Estados e do Distrito Federal, quando no exercício de função de chefia das unidades regionais ou locais das respectivas instituições.

Art. 42. A denúncia só poderá ser recebida se o denunciado não tiver, por qualquer motivo, deixado definitivamente o cargo.

Art. 43. A denúncia, assinada pelo denunciante com a firma reconhecida, deve ser acompanhada dos documentos que a comprovem ou da declaração de impossibilidade de apresentá-los, com a indicação do local onde possam ser encontrados. Nos crimes de que haja prova testemunhal, a denúncia deverá conter o rol das testemunhas, em número de cinco, no mínimo.

Art. 44. Recebida a denúncia pela mesa do Senado, será lida no expediente da sessão seguinte e despachada a uma comissão especial, eleita para opinar sobre a mesma.

Art. 45. A comissão a que alude o artigo anterior, reunir-se-á dentro de 48 (quarenta e oito) horas e, depois de eleger o seu presidente e relator, emitirá parecer no prazo de 10 (dez) dias sobre se a denúncia deve ser, ou não, julgada objeto de deliberação. Dentro desse período poderá a comissão proceder às diligências que julgar necessárias.

Art. 46. O parecer da comissão, com a denúncia e os documentos que a instruírem será lido no expediente de sessão do Senado, publicado no Diário do Congresso Nacional e em avulsos, que deverão ser distribuídos entre os senadores, e dado para ordem do dia da sessão seguinte.

Art. 47. O parecer será submetido a uma só discussão, e a votação nominal, considerando-se aprovado se reunir a maioria simples de votos.

Art. 48. Se o Senado resolver que a denúncia não deve constituir objeto de deliberação, serão os papéis arquivados.

Art. 49. Se a denúncia for considerada objeto de deliberação, a mesa remeterá cópia de tudo ao denunciado, para responder à acusação no prazo de 10 (dez) dias.

Art. 50. Se o denunciado estiver fora do Distrito Federal, a cópia lhe será entregue pelo presidente do Tribunal de Justiça do Estado em que se achar. Caso se ache fora do País ou em lugar incerto e não sabido, o que será verificado pelo 1.º secretário do Senado, a intimação far-se-á por edital, publicado no Diário do Congresso Nacional, com a antecedência de 60 (sessenta) dias, aos quais se acrescerá, em comparecendo o denunciado, o prazo do art. 49.

Art. 51. Findo o prazo para a resposta do denunciado, seja esta recebida, ou não, a comissão dará parecer, dentro de 10 (dez) dias, sobre a procedência ou improcedência da acusação.

Art. 52. Perante a comissão, o denunciante e o denunciado poderão comparecer pessoalmente ou por procurador, assistir a todos os atos e diligências por ela praticados, inquirir, reinquirir, contestar testemunhas e requerer a sua acareação. Para esse efeito, a comissão dará aos interessados conhecimento das suas reuniões e das diligências a que deva proceder, com a indicação de lugar, dia e hora.

Art. 53. Findas as diligências, a comissão emitirá sobre elas o seu parecer, que será publicado e distribuído, com todas as peças que o instruírem, e dado para ordem do dia 48 (quarenta e oito) horas, no mínimo, depois da distribuição.

Art. 54. Esse parecer terá uma só discussão e considerar-se-á aprovado se, em votação nominal, reunir a maioria simples dos votos.

Art. 55. Se o Senado entender que não procede a acusação, serão os papéis arquivados. Caso decida o contrário, a mesa dará imediato conhecimento dessa decisão ao Supremo Tribunal Federal, ao Presidente da República, ao denunciante e ao denunciado.

Art. 56. Se o denunciado não estiver no Distrito Federal, a decisão ser-lhe-á comunicada a requisição da mesa, pelo presidente do Tribunal de Justiça do Estado onde se achar. Se estiver fora do País ou em lugar incerto e não sabido, o que será verificado pelo 1.º secretário do Senado, far-se-á a intimação mediante edital pelo Diário do Congresso Nacional, com a antecedência de 60 (sessenta) dias.

Art. 57. A decisão produzirá desde a data da sua intimação os seguintes efeitos contra o denunciado:

a) ficar suspenso do exercício das suas funções até sentença final;

b) ficar sujeito à acusação criminal;

c) perder, até sentença final, um terço dos vencimentos, que lhe será pago no caso de absolvição.

CAPÍTULO II
DA ACUSAÇÃO E DA DEFESA

Art. 58. Intimado o denunciante ou o seu procurador da decisão a que aludem os três últimos artigos, ser-lhe-á dada vista do processo, na secretaria do Senado, para, dentro de 48 (quarenta e oito) horas, oferecer o libelo acusatório e o rol das testemunhas. Em seguida abrir-se-á vista ao denunciado ou ao seu defensor, pelo mesmo prazo para oferecer a contrariedade e o rol das testemunhas.

Art. 59. Decorridos esses prazos, com o libelo e a contrariedade ou sem eles, serão os autos remetidos, em original, ao presidente do Supremo Tribunal Federal, ou ao seu substituto legal, quando seja ele o denunciado, comunicando-se-lhe o dia designado para o julgamento e convidando-o para presidir a sessão.

Art. 60. O denunciante e o acusado serão notificados pela forma estabelecida no art. 56, para assistirem ao julgamento, devendo as testemunhas ser, por um magistrado, intimadas a comparecer à requisição da mesa.

Parágrafo único. Entre a notificação e o julgamento deverá mediar o prazo mínimo de 10 (dez) dias.

Art. 61. No dia e hora marcados para o julgamento, o Senado reunir-se-á, sob a presidência do presidente do Supremo Tribunal Federal ou do seu substituto legal. Verificada a presença de número legal de senadores, será aberta a sessão e feita a chamada das partes, acusador e acusado, que poderão comparecer pessoalmente ou pelos seus procuradores.

Art. 62. A revelia do acusador não importará transferência do julgamento, nem perempção da acusação.

§ 1.º A revelia do acusado determinará o adiamento do julgamento, para o qual o presidente designará novo dia, nomeando um advogado para defender o revel.

§ 2.º Ao defensor nomeado será facultado o exame de todas as peças do processo.

Art. 63. No dia definitivamente aprazado para o julgamento, verificado o número legal de senadores, será aberta a sessão e facultado o ingresso às partes ou aos seus procuradores. Serão juízes todos os senadores presentes, com exceção dos impedidos nos termos do art. 36.

Parágrafo único. O impedimento poderá ser oposto pelo acusador ou pelo acusado e invocado por qualquer senador.

Art. 64. Constituído o Senado em tribunal de julgamento, o presidente mandará ler o processo e, em seguida, inquirirá publicamente as testemunhas, fora da presença umas das outras.

Art. 65. O acusador e o acusado, ou os seus procuradores, poderão reinquirir as testemunhas, contestá-las sem interrompê-las e requerer a sua acareação. Qualquer senador poderá requerer sejam feitas as perguntas que julgar necessárias.

Art. 66. Finda a inquirição, haverá debate oral, facultadas a réplica e a tréplica entre o acusador e o acusado, pelo prazo que o presidente determinar.

Parágrafo único. Ultimado o debate, retirar-se-ão as partes do recinto da sessão e abrir-se-á uma discussão única entre os senadores sobre o objeto da acusação.

Art. 67. Encerrada a discussão, fará o presidente um relatório resumido dos fundamentos da acusação e da defesa, bem como das respectivas provas, submetendo em seguida o caso a julgamento.

Capítulo III
DA SENTENÇA

Art. 68. O julgamento será feito, em votação nominal pelos senadores desimpedidos que responderão "sim" ou "não" à seguinte pergunta enunciada pelo presidente: "Cometeu o acusado F o crime que lhe é imputado e deve ser condenado à perda do seu cargo?".

Parágrafo único. Se a resposta afirmativa obtiver, pelo menos, dois terços dos votos dos senadores presentes, o presidente fará nova consulta ao plenário sobre o tempo, não excedente de 5 (cinco) anos, durante o qual o condenado deverá ficar inabilitado para o exercício de qualquer função pública.

•• Inabilitação: passou para 8 (oito) anos por força do art. 52, parágrafo único, da CF.

Art. 69. De acordo com a decisão do Senado, o presidente lavrará, nos autos, a sentença que será assinada por ele e pelos senadores, que tiverem tomado parte no julgamento, e transcrita na ata.

Art. 70. No caso de condenação, fica o acusado desde logo destituído do seu cargo. Se a sentença for absolutória, produzirá a imediata reabilitação do acusado, que voltará ao exercício do cargo, com direito à parte dos vencimentos de que tenha sido privado.

Art. 71. Da sentença, dar-se-á imediato conhecimento ao Presidente da República, ao Supremo Tribunal Federal e ao acusado.

Art. 72. Se no dia do encerramento do Congresso Nacional não estiver concluído o processo ou julgamento de ministro do Supremo Tribunal Federal ou do procurador-geral da República, deverá ele ser convocado extraordinariamente pelo terço do Senado Federal.

Art. 73. No processo e julgamento de ministro do Supremo Tribunal, ou do procurador-geral da República, serão subsidiários desta Lei, naquilo em que lhes forem aplicáveis, o Regimento Interno do Senado Federal e o Código de Processo Penal.

PARTE QUARTA

Título Único

•• Título único sem denominação, conforme publicação oficial.

Capítulo I
DOS GOVERNADORES E SECRETÁRIOS DOS ESTADOS

Art. 74. Constituem crimes de responsabilidade dos governadores dos Estados ou dos seus Secretários, quando por eles praticados, os atos definidos como crimes nesta Lei.

Capítulo II
DA DENÚNCIA, ACUSAÇÃO E JULGAMENTO

Art. 75. É permitido a todo cidadão denunciar o governador perante a Assembleia Legislativa, por crime de responsabilidade.

Art. 76. A denúncia, assinada pelo denunciante e com a firma reconhecida, deve ser acompanhada dos documentos que a comprovem, ou da declaração de impossibilidade de apresentá-los, com a indicação do local em que possam ser encontrados. Nos crimes de que houver prova testemunhal, conterá o rol das testemunhas, em número de 5 (cinco) pelo menos.

Parágrafo único. Não será recebida a denúncia depois que o governador, por qualquer motivo, houver deixado definitivamente o cargo.

Art. 77. Apresentada a denúncia e julgada objeto de deliberação, se a Assembleia Legislativa, por maioria absoluta, decretar a procedência da acusação, será o governador imediatamente suspenso de suas funções.

Art. 78. O governador será julgado, nos crimes de responsabilidade, pela forma que determinar a Constituição do Estado e não poderá ser condenado, senão à perda do cargo, com inabilitação, até 5 (cinco) anos, para o exercício de qualquer função pública, sem prejuízo da ação da justiça comum.

•• Inabilitação: passou para 8 (oito) anos por força do art. 52, parágrafo único, da CF.

§ 1.º Quando o tribunal de julgamento for de jurisdição mista, serão iguais, pelo número, os representantes dos órgãos que o integrarem, excluído o presidente, que será o presidente do Tribunal de Justiça.

§ 2.º Em qualquer hipótese, só poderá ser decretada a condenação pelo voto de dois terços dos membros de que se compuser o tribunal de julgamento.

§ 3.º Nos Estados, onde as Constituições não determinarem o processo nos crimes de responsabilidade dos governadores, aplicar-se-á o disposto nesta Lei, devendo, porém, o julgamento ser proferido por um tribunal composto de 5 (cinco) membros do Legislativo e de 5 (cinco) desembargadores, sob a presidência do presidente do Tribunal de Justiça local, que terá direito de voto no caso de empate. A escolha desse tribunal será feita – a dos membros do Legislativo, mediante eleição pela Assembleia; a dos desembargadores, mediante sorteio.

§ 4.º Esses atos deverão ser executados dentro em 5 (cinco) dias contados da data em que a Assembleia enviar ao presidente do Tribunal de Justiça os autos do processo, depois de decretada a procedência da acusação.

Art. 79. No processo e julgamento do governador serão subsidiários desta Lei naquilo em que lhe forem aplicáveis, assim o regimento interno da Assembleia Legislativa e do Tribunal de Justiça, como o Código de Processo Penal.

Parágrafo único. Os secretários de Estado, nos crimes conexos com os dos governadores, serão sujeitos ao mesmo processo e julgamento.

DISPOSIÇÕES GERAIS

Art. 80. Nos crimes de responsabilidade do Presidente da República e dos ministros de Estado, a Câmara dos Deputados é tribunal de pronúncia e o Senado Federal, tribunal de julgamento; nos crimes de responsabilidade dos ministros do Supremo Tribunal Federal e do procurador-geral da República, o Senado Federal é, simultaneamente, tribunal de pronúncia e julgamento.

•• O STF, na Medida Cautelar na ADPF n. 378, de 17-12-2015, declarou não recepcionada pela CF a 1.ª parte deste *caput*.

Parágrafo único. O Senado Federal, na apuração e julgamento dos crimes de responsabilidade, funciona sob a presidência do presidente do Supremo Tribunal, e só proferirá sentença condenatória pelo voto de dois terços dos seus membros.

Art. 81. A declaração de procedência da acusação nos crimes de responsabilidade só poderá ser decretada pela maioria absoluta da Câmara que a proferir.

•• O STF, na Medida Cautelar na ADPF n. 378, de 17-12-2015, declarou este artigo recepcionado pela CF.

Art. 82. Não poderá exceder de 120 (cento e vinte) dias, contados da data da declaração da procedência da acusação, o prazo para o processo e julgamento dos crimes definidos nesta Lei.

Art. 83. Esta Lei entrará em vigor na data da sua publicação, revogadas as disposições em contrário.

Rio de Janeiro, 10 de abril de 1950; 129.º da Independência e 62.º da República.

EURICO G. DUTRA

LEI N. 1.408, DE 9 DE AGOSTO DE 1951 (*)

Prorroga vencimento de prazos judiciais e dá outras providências.

O Presidente da República

Faço saber que o Congresso Nacional decreta e eu sanciono a seguinte Lei:

Art. 1.º Sempre que, por motivo de ordem pública, se fizer necessário o fechamento do Foro, de edifícios anexos ou de quaisquer dependências do serviço judiciário ou o respectivo expediente tiver de ser encerrado antes da hora legal, observar-se-á o seguinte:

a) os prazos serão restituídos aos interessados na medida que houverem sido atingidos pela providência tomada;

b) as audiências, que ficarem prejudicadas, serão realizadas em outro dia mediante designação da autoridade competente.

• *Vide* Súmula 310 do STF.

Art. 2.º O fechamento extraordinário do Foro e dos edifícios anexos e as demais medidas, a que se refere o art. 1.º, poderão ser determinados pelo presidente dos Tribunais de Justiça, nas comarcas onde esses tribunais tiverem a sede e pelos juízes de direito nas respectivas comarcas.

Art. 3.º Os prazos judiciais que se iniciarem ou vencerem aos sábados serão prorrogados por 1 (um) dia útil.

•• Artigo com redação determinada pela Lei n. 4.674, de 15-6-1965.

Art. 4.º Se o jornal, que divulgar o expediente oficial do Foro, se publicar à tarde, serão dilatados de 1 (um) dia os prazos que devam correr de sua inserção nessa folha e feitas, na véspera da realização do ato oficial, as publicações que devam ser efetuadas no dia fixado para esse ato.

Art. 5.º Não haverá expediente no Foro e nos ofícios de justiça, no "Dia da Justiça", nos feriados nacionais, na terça-feira de Carnaval, na Sexta-Feira Santa, e nos dias que a lei estadual designar.

Parágrafo único. Os casamentos e ato de registro civil serão realizados em qualquer dia.

Art. 6.º Esta Lei entrará em vigor na data de sua publicação, revogadas as disposições em contrário.

Rio de Janeiro, 9 de agosto de 1951; 130.º da Independência e 63.º da República.

GETÚLIO VARGAS

(*) Publicada no *DOU*, de 13-8-1951.

LEI N. 1.508, DE 19 DE DEZEMBRO DE 1951 (**)

Regula o processo das contravenções definidas nos arts. 58 e 60 do Decreto-lei n. 6.259, de 10 de fevereiro de 1944.

O Presidente da República

Faço saber que o Congresso Nacional decreta e eu sanciono a seguinte Lei:

Art. 1.º O procedimento sumário das contravenções definidas nos arts. 58 e seu § 1.º e 60 do Decreto-lei n. 6.259, de 10 de fevereiro de 1944, pode ser iniciado por auto de flagrante, denúncia do Ministério Público, ou portaria da autoridade policial ou do juiz.

(**) Publicada no *DOU*, de 20-12-1951.

•• Citados dispositivos referem-se, respectivamente, ao jogo do bicho e ao jogo sobre corridas de cavalos.

• *Vide* Súmula 203 do TFR.

Art. 2.º O auto de flagrante será lavrado por determinação da autoridade judiciária ou policial a que for apresentado o preso, observando-se o disposto no art. 304 do Código do Processo Penal; e, quando policial a autoridade, será por ela imediatamente remetido ao juiz.

§ 1.º Lavrado o auto de flagrante pelo juiz ou recebido o que for remetido pela polícia, o juiz designará, incontinenti, para daí a 5 (cinco) dias, a audiência de instrução e julgamento, notificados da designação o Ministério Público, o réu e seu defensor, designando curador para o réu menor.

§ 2.º O réu, por seu defensor ou curador, poderá requerer, dentro do prazo de 3 (três) dias anteriores à audiência, sejam ouvidas as testemunhas de defesa, em número não superior a três, pedindo sejam notificadas, ou declarando que comparecerão independente de notificação.

§ 3.º Na audiência de instrução e julgamento, o juiz ouvirá o réu e as testemunhas por este arroladas. Em seguida, realizar-se-ão os debates e será proferida a sentença, de acordo com o que estatui o art. 538, §§ 2.º e 3.º, do Código do Processo Penal.

Art. 3.º Quando o processo se iniciar por denúncia do Ministério Público, recebida esta, o juiz designará audiência de instrução e julgamento e mandará citar o réu, observando-se o disposto no § 2.º do artigo precedente.

•• *Caput* com redação determinada pela Lei n. 7.187, de 26-4-1984.

Parágrafo único. Depois de interrogado o réu e inquiridas as testemunhas, o juiz dará a palavra pelo tempo de 20 (vinte) minutos, sucessivamente, ao representante do Ministério Público e ao defensor do réu e em seguida, ou no prazo de 5 (cinco) dias, proferirá a sentença.

•• Parágrafo único acrescentado pela Lei n. 7.187, de 26-4-1984.

Art. 4.º O mesmo procedimento será observado quando a ação for promovida por portaria do juiz. Nesse caso, a portaria conterá a designação da audiência e rol das testemunhas de acusação. Funcionará na audiência de instrução e julgamento o representante do Ministério Público, ao qual, desde então, incumbirá movimentar o processo em todos os seus termos.

Art. 5.º Quando a ação penal se iniciar por portaria da autoridade policial, observar-se-á o disposto no art. 536 do Código de Processo Penal. Depois de ouvido o Ministério Público, designará o juiz dia e hora para a audiência de instrução e julgamento, nos termos do disposto nos §§ 2.º e 3.º do art. 2.º desta Lei.

Art. 6.º Quando qualquer do povo provocar a iniciativa do Ministério Público, nos termos do art. 27 do Código do Processo Penal, para o processo tratado nesta Lei, a representação, depois do registro pelo distribuidor do juízo, será por este enviada, incontinenti, ao Promotor Público, para os fins legais.

Parágrafo único. Se a representação for arquivada, poderá o seu autor interpor recurso no sentido estrito.

Art. 7.º São revogadas as disposições em contrário, e, especialmente, o disposto no art. 58, § 3.º, do Decreto-lei n. 6.259, de 10 de fevereiro de 1944.

Art. 8.º Esta Lei entrará em vigor na data da sua publicação.

Rio de Janeiro, 19 de dezembro de 1951; 130.º da Independência e 63.º da República.

GETÚLIO VARGAS

LEI N. 1.521, DE 26 DE DEZEMBRO DE 1951 (*)

Altera dispositivos da legislação vigente sobre crimes contra a economia popular.

O Presidente da República

Faço saber que o Congresso Nacional decreta e eu sanciono a seguinte Lei:

Art. 1.º Serão punidos, na forma desta Lei, os crimes e as contravenções contra a economia popular. Esta Lei regulará o seu julgamento.

• *Vide* Súmula 498 do STF.

Art. 2.º São crimes desta natureza:

I – recusar individualmente em estabelecimento comercial a prestação de serviços essenciais à subsistência; sonegar mercadoria ou recusar vendê-la a quem esteja em condições de comprar a pronto pagamento;

II – favorecer ou preferir comprador ou freguês em detrimento de outro, ressalvados os sistemas de entrega ao consumo por intermédio de distribuidores ou revendedores;

III – expor à venda ou vender mercadoria ou produto alimentício, cujo fabrico haja desatendido a determinações oficiais, quanto ao peso e composição;

IV – negar ou deixar o fornecedor de serviços essenciais de entregar ao freguês a nota relativa à prestação de serviço, desde que a importância exceda de quinze cruzeiros, e com a indicação do preço, do nome e endereço do estabelecimento, do nome da firma ou responsável, da data e local da transação e do nome e residência do freguês;

V – misturar gêneros e mercadorias de espécies diferentes, expô-los à venda ou vendê-los como puros; misturar gêneros e mercadorias de qualidades desiguais para expô-los à venda ou vendê-los por preço marcado para os de mais alto custo;

VI – transgredir tabelas oficiais de gêneros e mercadorias, ou de serviços essenciais, bem como expor à venda ou oferecer ao público ou vender tais

(*) Publicada no *DOU*, de 27-12-1951. Os valores citados são originais. CDC: Lei n. 8.078, de 11-9-1990.

gêneros, mercadorias ou serviços, por preço superior ao tabelado, assim como não manter afixadas, em lugar visível e de fácil leitura, as tabelas de preços aprovadas pelos órgãos competentes;

VII – negar ou deixar o vendedor de fornecer nota ou caderno de venda de gêneros de primeira necessidade, seja à vista ou a prazo, e cuja importância exceda de dez cruzeiros ou de especificar na nota ou caderno – que serão isentos de selo – o preço da mercadoria vendida, o nome e o endereço do estabelecimento, a firma ou o responsável, a data e local da transação e o nome e residência do freguês;

VIII – celebrar ajuste para impor determinado preço de revenda ou exigir do comprador que não compre de outro vendedor;

IX – obter ou tentar obter ganhos ilícitos em detrimento do povo ou de número indeterminado de pessoas mediante especulações ou processos fraudulentos ("bola de neve", "cadeias", "pichardismo" e quaisquer outros equivalentes);

X – violar contrato de venda a prestações, fraudando sorteios ou deixando de entregar a coisa vendida, sem devolução das prestações pagas, ou descontar destas, nas vendas com reserva de domínio, quando o contrato for rescindido por culpa do comprador, quantia maior do que a correspondente à depreciação do objeto;

XI – fraudar pesos ou medidas padronizados em lei ou regulamentos; possuí-los ou detê-los, para efeitos de comércio, sabendo estarem fraudados.

Pena: detenção de 6 (seis) meses a 2 (dois) anos e multa de dois mil a cinquenta mil cruzeiros.

•• A Lei n. 7.209, de 11-7-1984, em seu art. 2.º, cancela, na Parte Especial do CP e em algumas leis especiais, quaisquer referências a valores de multas, substituindo-se a expressão "multa de" por "multa".

• O art. 49 do CP dispõe sobre a fixação e o cálculo da pena de multa.

Parágrafo único. Na configuração dos crimes previstos nesta Lei, bem como na de qualquer outra de defesa de economia popular, sua guarda e seu emprego considerar-se-ão como de primeira necessidade ou necessários ao consumo do povo, os gêneros, artigos, mercadorias e qualquer outra espécie de coisas ou bens indispensáveis à subsistência do indivíduo em condições higiênicas e ao exercício normal de suas atividades. Estão compreendidos nesta definição os artigos destinados à alimentação, ao vestuário e à iluminação, os terapêuticos ou sanitários, o combustível, a habitação e os materiais de construção.

Art. 3.º São também crimes dessa natureza:

I – destruir ou inutilizar, intencionalmente e sem autorização legal, com o fim de determinar alta de preços, em proveito próprio ou de terceiro, matérias-primas ou produtos necessários ao consumo do povo;

II – abandonar ou fazer abandonar lavoura ou plantações, suspender ou fazer suspender a atividade de fábricas, usinas ou quaisquer estabelecimentos de produção, ou meios de transporte, mediante indenização paga pela desistência da competição;

III – promover ou participar de consórcio, convênio, ajuste, aliança ou fusão de capitais, com o fim de impedir ou dificultar, para o efeito de aumento arbitrário de lucros, a concorrência em matéria de produção, transporte ou comércio;

IV – reter ou açambarcar matérias-primas, meios de produção ou produtos necessários ao consumo do povo, com o fim de dominar o mercado em qualquer ponto do País e provocar a alta dos preços;

V – vender mercadorias abaixo do preço de custo com o fim de impedir a concorrência;

VI – provocar a alta ou baixa de preços de mercadorias, títulos públicos, valores ou salários por meio de notícias falsas, operações fictícias ou qualquer outro artifício;

VII – dar indicações ou fazer afirmações falsas em prospectos ou anúncios, para o fim de substituição, compra ou venda de títulos, ações, ou quotas;

VIII – exercer funções de direção, administração ou gerência de mais de uma empresa ou sociedade do mesmo ramo de indústria ou comércio com o fim de impedir ou dificultar a concorrência;

IX – gerir fraudulenta ou temerariamente bancos ou estabelecimentos bancários, ou de capitalização; sociedades de seguros, pecúlios ou pensões vitalícias; sociedades para empréstimos ou financiamento de construções e de vendas de imóveis a prestações, com ou sem sorteio ou preferência por meio de pontos ou quotas; caixas econômicas; caixas Raiffeisen; caixas mútuas, de beneficência, socorros ou empréstimos; caixas de pecúlio, pensão e aposentadoria; caixas construtoras; cooperativas, sociedades de economia coletiva, levando-as à falência ou à insolvência, ou não cumprindo qualquer das cláusulas contratuais com prejuízo dos interessados;

X – fraudar de qualquer modo escriturações, lançamentos, registros, relatórios, pareceres e outras informações devidas a sócios de sociedades civis ou comerciais, em que o capital seja fracionado em ações ou quotas de valor nominativo igual ou inferior a um mil cruzeiros com o fim de sonegar lucros, dividendos, percentagens, rateios ou bonificações, ou de desfalcar ou desviar fundos de reserva ou reservas técnicas.

Pena – detenção de 2 (dois) anos a 10 (dez) anos e multa de vinte mil a cem mil cruzeiros.

Art. 4.º Constitui crime da mesma natureza a usura pecuniária ou real, assim se considerando:

a) cobrar juros, comissões ou descontos percentuais, sobre dívidas em dinheiro, superiores à taxa permitida por lei; cobrar ágio superior à taxa oficial de câmbio, sobre quantia permutada por moeda estrangeira; ou, ainda, emprestar sob penhor que seja privativo de instituição oficial de crédito;

b) obter ou estipular, em qualquer contrato, abusando da premente necessidade, inexperiência ou leviandade de outra parte, lucro patrimonial que exceda o quinto do valor corrente ou justo da prestação feita ou prometida.

Pena – detenção de 6 (seis) meses a 2 (dois) anos e multa de cinco mil a vinte mil cruzeiros.

§ 1.º Nas mesmas penas incorrerão os procuradores, mandatários ou mediadores que intervierem na operação usurária, bem como os cessionários de crédito usurário que, cientes de sua natureza ilícita, o fizerem valer em sucessiva transmissão ou execução judicial.

§ 2.º São circunstâncias agravantes do crime de usura:

I – ser cometido em época de grave crise econômica;

II – ocasionar grave dano individual;

III – dissimular-se a natureza usurária do contrato;

IV – quando cometido:

a) por militar, funcionário público, ministro de culto religioso; por pessoa cuja condição econômico-social seja manifestamente superior à da vítima;

b) em detrimento de operário ou de agricultor; de menor de 18 (dezoito) anos ou de deficiente mental, interditado ou não.

§ 3.º (*Revogado pela Medida Provisória n. 2.172-32, de 23-8-2001.*)

Art. 5.º Nos crimes definidos nesta Lei, haverá suspensão da pena e livramento condicional em todos os casos permitidos pela legislação comum. Será a fiança concedida nos termos da legislação em vigor, devendo ser arbitrada dentro dos limites de cinco mil cruzeiros a cinquenta mil cruzeiros, na hipótese do art. 2.º e dentro dos limites de dez mil cruzeiros a cem mil cruzeiros, nos demais casos reduzida à metade dentro desses limites, quando o infrator for empregado do estabelecimento comercial ou industrial, ou não ocupe cargo ou posto de direção dos negócios.

•• Artigo com redação determinada pela Lei n. 3.290, de 23-10-1957.

Art. 6.º Verificado qualquer crime contra a economia popular ou contra a saúde pública (Capítulo III do Título VIII do Código Penal) e atendendo à gravidade do fato, sua repercussão e efeitos, o juiz, na sentença, declarará a interdição de direito, determinada no art. 69, IV, do Código Penal, de 6 (seis) meses a 1 (um) ano assim como mediante representação da autoridade policial, poderá decretar, dentro de 48 (quarenta e oito) horas, a suspensão provisória, pelo prazo de 15 (quinze) dias, do exercício da profissão ou atividade do infrator.

•• Referência a dispositivo original do CP. *Vide* art. 47, II, da nova Parte Geral do mesmo Código.

Art. 7.º Os juízes recorrerão de ofício sempre que absolverem os acusados em processo por crime contra a economia popular ou contra a saúde pública, ou quando determinarem o arquivamento dos autos do respectivo inquérito policial.

Art. 8.º Nos crimes contra a saúde pública, os exames periciais serão realizados, no Distrito Federal, pelas repartições da Secretaria-Geral de Saúde e Assistência e da Secretaria da Agricultura, Indústria e Comércio da Prefeitura ou pelo Gabinete de Exames Periciais do Departamento de Segurança Pública e nos Estados e Territórios pelos serviços congêneres, valendo qualquer dos laudos como corpo de delito.

Art. 9.º (*Revogado pela Lei n. 6.649, de 16-5-1979.*)

Art. 10. Terá forma sumária, nos termos do Capítulo V, Título II, Livro II, do Código de Processo Penal, o processo das contravenções e dos crimes contra a economia popular, não submetidos ao julgamento pelo júri.

§ 1.º Os atos policiais (inquérito ou processo iniciado por portaria) deverão terminar no prazo de 10 (dez) dias.

§ 2.º O prazo para oferecimento da denúncia será de 2 (dois) dias, esteja ou não o réu preso.

§ 3.º A sentença do juiz será proferida dentro do prazo de 30 (trinta) dias contados do recebimento dos autos da autoridade policial (art. 536 do Código de Processo Penal).

§ 4.º A retardação injustificada, pura e simples, dos prazos indicados nos parágrafos anteriores, importa em crime de prevaricação (art. 319 do Código Penal).

Art. 11. No Distrito Federal, o processo das infrações penais relativas à economia popular caberá, indistintamente, a todas as varas criminais com exceção das 1.ª e 20.ª, observadas as disposições quanto aos crimes da competência do júri de que trata o art. 12.

Arts. 12 a 30. (*Prejudicados estes dispositivos que tratavam do Tribunal do Júri para os crimes contra a economia popular, em face da Emenda Constitucional n. 1, de 17-10-1969.*)

....

Art. 33. Esta Lei entrará em vigor 60 (sessenta) dias depois de sua publicação, aplicando-se aos processos iniciados na sua vigência.

Art. 34. Revogam-se as disposições em contrário.

Rio de Janeiro, 26 de dezembro de 1951; 130.º da Independência e 63.º da República.

GETÚLIO VARGAS

LEI N. 1.579, DE 18 DE MARÇO DE 1952 (*)

Dispõe sobre as Comissões Parlamentares de Inquérito.

(*) Publicada no *DOU*, de 21-3-1952. *Vide* Lei n. 10.001, de 4-9-2000, sobre a prioridade nos procedimentos a serem adotados pelo Ministério Público e por outros órgãos a respeito das conclusões das comissões parlamentares de inquérito.

O Presidente da República

Faço saber que o Congresso Nacional decreta e eu sanciono a seguinte Lei:

Art. 1.º As Comissões Parlamentares de Inquérito, criadas na forma do § 3.º do art. 58 da Constituição Federal, terão poderes de investigação próprios das autoridades judiciais, além de outros previstos nos regimentos da Câmara dos Deputados e do Senado Federal, com ampla ação nas pesquisas destinadas a apurar fato determinado e por prazo certo.

•• *Caput* com redação determinada pela Lei n. 13.367, de 5-12-2016.

Parágrafo único. A criação de Comissão Parlamentar de Inquérito dependerá de requerimento de um terço da totalidade dos membros da Câmara dos Deputados e do Senado Federal, em conjunto ou separadamente.

•• Parágrafo único com redação determinada pela Lei n. 13.367, de 5-12-2016.

Art. 2.º No exercício de suas atribuições, poderão as Comissões Parlamentares de Inquérito determinar diligências que reputarem necessárias e requerer a convocação de Ministros de Estado, tomar o depoimento de quaisquer autoridades federais, estaduais ou municipais, ouvir os indiciados, inquirir testemunhas sob compromisso, requisitar da administração pública direta, indireta ou fundacional informações e documentos, e transportar-se aos lugares onde se fizer mister a sua presença.

•• Artigo com redação determinada pela Lei n. 13.367, de 5-12-2016.

Art. 3.º Indiciados e testemunhas serão intimados de acordo com as prescrições estabelecidas na legislação penal.

§ 1.º Em caso de não comparecimento da testemunha sem motivo justificado, a sua intimação será solicitada ao juiz criminal da localidade em que resida ou se encontre, nos termos dos arts. 218 e 219 do Decreto-lei n. 3.689, de 3 de outubro de 1941 – Código de Processo Penal.

•• § 1.º com redação determinada pela Lei n. 13.367, de 5-12-2016.

§ 2.º O depoente poderá fazer-se acompanhar de advogado, ainda que em reunião secreta.

•• § 2.º acrescentado pela Lei n. 10.679, de 23-5-2003.

Art. 3.º-A. Caberá ao presidente da Comissão Parlamentar de Inquérito, por deliberação desta, solicitar, em qualquer fase da investigação, ao juízo criminal competente medida cautelar necessária, quando se verificar a existência de indícios veementes da proveniência ilícita de bens.

•• Artigo acrescentado pela Lei n. 13.367, de 5-12-2016.

Art. 4.º Constitui crime:

I – Impedir, ou tentar impedir, mediante violência, ameaça ou assuadas, o regular funcionamento de Comissão Parlamentar de Inquérito, ou livre exercício das atribuições de qualquer dos seus membros.

Pena – a do art. 329 do Código Penal.

II – Fazer afirmação falsa, ou negar ou calar a verdade como testemunha, perito, tradutor ou intérprete, perante a Comissão Parlamentar de Inquérito.

Pena – a do art. 342 do Código Penal.

Art. 5.º As Comissões Parlamentares de Inquérito apresentarão relatório de seus trabalhos à respectiva Câmara, concluindo por projeto de resolução.

§ 1.º Se forem diversos os fatos, objeto de inquérito, a comissão dirá, em separado, sobre cada um, podendo fazê-lo antes mesmo de finda a investigação dos demais.

§ 2.º A incumbência da Comissão Parlamentar de Inquérito termina com a sessão legislativa em que tiver sido outorgada, salvo deliberação da respectiva Câmara, prorrogando-a dentro da legislatura em curso.

Art. 6.º O processo e a instrução dos inquéritos obedecerão ao que prescreve esta Lei, no que lhes for aplicável, às normas do processo penal.

Art. 6.º-A. A Comissão Parlamentar de Inquérito encaminhará relatório circunstanciado, com suas conclusões, para as devidas providências, entre outros órgãos, ao Ministério Público ou à Advocacia-Geral da União, com cópia da documentação, para que promovam a responsabilidade civil ou criminal por infrações apuradas e adotem outras medidas decorrentes de suas funções institucionais.

•• Artigo acrescentado pela Lei n. 13.367, de 5-12-2016.

Art. 7.º Esta Lei entrará em vigor na data de sua publicação, revogadas as disposições em contrário.

Rio de Janeiro, 18 de março de 1952; 131.º da Independência e 64.º da República.

GETÚLIO VARGAS

LEI N. 2.860, DE 31 DE AGOSTO DE 1956 (*)

Estabelece prisão especial para os dirigentes de entidades sindicais e para o empregado no exercício de representação profissional ou no cargo de administração sindical.

O Presidente da República

Faço saber que o Congresso Nacional decreta e eu sanciono a seguinte Lei:

Art. 1.º Terão direito à prisão especial os dirigentes de entidades sindicais de todos os graus e representativas de empregados, empregadores, profissionais liberais, agentes e trabalhadores autônomos.

• *Vide* art. 295 do CPP.

Art. 2.º O empregado eleito para a função de representação profissional ou para cargo de administração sindical, quando sujeito a prisão antes de condenação definitiva, será recolhido a prisão especial à disposição da autoridade competente.

Art. 3.º Esta Lei entrará em vigor na data de sua publicação, revogadas as disposições em contrário.

(*) Publicada no *DOU*, de 3-9-1956.

Rio de Janeiro, 31 de agosto de 1956; 135.º da Independência e 68.º da República.

Juscelino Kubitschek

LEI N. 3.313, DE 14 DE NOVEMBRO DE 1957 (*)

Assegura aos Servidores do Departamento Federal de Segurança Pública, com exercício de atividade estritamente policial, prisão especial, aposentadoria aos vinte e cinco anos de serviço e promoção post mortem.

O Presidente da República

Faço saber que o Congresso Nacional decreta e eu sanciono a seguinte Lei:

Art. 1.º Os servidores do Departamento Federal de Segurança Pública, que exerçam... (*vetado*) ... atividade estritamente policial, terão direito a:

I – prisão especial no quartel da corporação ou repartição em que servirem;

• *Vide* art. 295 do CPP.

....

§ 1.º Em caso de prisão, os servidores, de que trata esta Lei, ficarão à disposição do juízo criminal sob a responsabilidade da autoridade designada pelo Chefe de Polícia para custodiá-los.

....

Art. 3.º Esta Lei entrará em vigor na data de sua publicação, revogadas as disposições em contrário.

Rio de Janeiro, 14 de novembro de 1957; 136.º da Independência e 69.º da República.

Juscelino Kubitschek

LEI N. 3.988, DE 24 DE NOVEMBRO DE 1961 (**)

Estende aos pilotos de aeronaves mercantes nacionais a regalia concedida pelo art. 295 do Código de Processo Penal, que trata da prisão especial.

O Presidente da República

Faço saber que o Congresso Nacional decreta e eu sanciono a seguinte Lei:

Art. 1.º Aos pilotos de aeronaves mercantes nacionais, que já tiverem exercido efetivamente as funções de comando, estende-se a regalia concedida pelo art. 295 do Código de Processo Penal.

Art. 2.º Esta Lei entrará em vigor na data de sua publicação, revogadas as disposições em contrário.

Brasília, 24 de novembro de 1961; 142.º da Independência e 75.º da República.

João Goulart

LEI N. 4.737, DE 15 DE JULHO DE 1965 (***)

Institui o Código Eleitoral.

O Presidente da República

Faço saber que sanciono a seguinte Lei, aprovada pelo Congresso Nacional, nos termos do art. 4.º, *caput*, do Ato Institucional, de 9 de abril de 1964.

....

PARTE QUINTA
DISPOSIÇÕES VÁRIAS

....

Título IV
DISPOSIÇÕES PENAIS

Capítulo I
DISPOSIÇÕES PRELIMINARES

....

Art. 287. Aplicam-se aos fatos incriminados nesta Lei as regras gerais do Código Penal.

....

Capítulo III
DO PROCESSO DAS INFRAÇÕES

• A Resolução TSE n. 23.222, de 4-3-2010, dispõe sobre a apuração de crimes eleitorais.

Art. 355. As infrações penais definidas neste Código são de ação pública.

Art. 356. Todo cidadão que tiver conhecimento de infração penal deste Código deverá comunicá-la ao juiz eleitoral da zona onde a mesma se verificou.

§ 1.º Quando a comunicação for verbal, mandará a autoridade judicial reduzi-la a termo, assinado pelo apresentante e por duas testemunhas, e a remeterá ao órgão do Ministério Público local, que procederá na forma deste Código.

§ 2.º Se o Ministério Público julgar necessários maiores esclarecimentos e documentos complemen-

(*) Publicada no *DOU*, de 16-11-1957.

(**) Publicada no *DOU*, de 11-12-1961, e retificada em 15-12-1961.

(***) Publicada no *DOU*, de 19-7-1965, e retificada em 30-7-1965. A Lei n. 9.504, de 30-9-1997, dispõe em seu art. 90 que se aplicam aos crimes nela definidos o disposto nos arts. 287 e 355 a 364 desta Lei. A Resolução TSE n. 23.219, de 2-3-2010, dispõe sobre a instalação de seções eleitorais especiais em estabelecimentos penais e em unidades de internação de adolescentes.

tares ou outros elementos de convicção, deverá requisitá-los diretamente de quaisquer autoridades ou funcionários que possam fornecê-los.

Art. 357. Verificada a infração penal, o Ministério Público oferecerá a denúncia dentro do prazo de 10 (dez) dias.

§ 1.º Se o órgão do Ministério Público, ao invés de apresentar a denúncia, requerer o arquivamento da comunicação, o juiz, no caso de considerar improcedentes as razões invocadas, fará remessa da comunicação ao procurador regional, e este oferecerá a denúncia, designará outro promotor para oferecê-la, ou insistirá no pedido de arquivamento, ao qual só então estará o juiz obrigado a atender.

§ 2.º A denúncia conterá a exposição do fato criminoso com todas as suas circunstâncias, a qualificação do acusado ou esclarecimentos pelos quais se possa identificá-lo, a classificação do crime e, quando necessário, o rol das testemunhas.

§ 3.º Se o órgão do Ministério Público não oferecer a denúncia no prazo legal representará contra ele a autoridade judiciária, sem prejuízo da apuração da responsabilidade penal.

§ 4.º Ocorrendo a hipótese prevista no parágrafo anterior o juiz solicitará ao procurador regional a designação de outro promotor, que, no mesmo prazo, oferecerá a denúncia.

§ 5.º Qualquer eleitor poderá provocar a representação contra o órgão do Ministério Público se o juiz, no prazo de 10 (dez) dias, não agir de ofício.

Art. 358. A denúncia será rejeitada quando:

I – o fato narrado evidentemente não constituir crime;

II – já estiver extinta a punibilidade, pela prescrição ou outra causa;

III – for manifesta a ilegitimidade da parte ou faltar condição exigida pela lei para o exercício da ação penal.

Parágrafo único. Nos casos do n. III, a rejeição da denúncia não obstará ao exercício da ação penal, desde que promovida por parte legítima ou satisfeita a condição.

Art. 359. Recebida a denúncia, o juiz designará dia e hora para o depoimento pessoal do acusado, ordenando a citação deste e a notificação do Ministério Público.

•• *Caput* com redação determinada pela Lei n. 10.732, de 5-9-2003.

Parágrafo único. O réu ou seu defensor terá o prazo de 10 (dez) dias para oferecer alegações escritas e arrolar testemunhas.

•• Parágrafo único acrescentado pela Lei n. 10.732, de 5-9-2003.

Art. 360. Ouvidas as testemunhas da acusação e da defesa e praticadas as diligências requeridas pelo Ministério Público e deferidas ou ordenadas pelo juiz, abrir-se-á o prazo de 5 (cinco) dias a cada uma das partes – acusação e defesa – para alegações finais.

Art. 361. Decorrido esse prazo, e conclusos os autos ao juiz dentro de 48 (quarenta e oito) horas, terá o mesmo 10 (dez) dias para proferir a sentença.

Art. 362. Das decisões finais de condenação ou absolvição cabe recurso para o Tribunal Regional, a ser interposto no prazo de 10 (dez) dias.

Art. 363. Se a decisão do Tribunal Regional for condenatória, baixarão imediatamente os autos à instância inferior para a execução da sentença, que será feita no prazo de 5 (cinco) dias, contados da data da vista ao Ministério Público.

Parágrafo único. Se o órgão do Ministério Público deixar de promover a execução da sentença serão aplicadas as normas constantes dos §§ 3.º, 4.º e 5.º do art. 357.

Art. 364. No processo e julgamento dos crimes eleitorais e dos comuns que lhes forem conexos, assim como nos recursos e na execução, que lhes digam respeito, aplicar-se-á, como lei subsidiária ou supletiva, o Código de Processo Penal.

....

Brasília, 15 de julho de 1965; 144.º da Independência e 77.º da República.

H. Castello Branco

LEI N. 4.878, DE 3 DE DEZEMBRO DE 1965 (*)

Dispõe sobre o Regime Jurídico Peculiar aos Funcionários Policiais Civis da União e do Distrito Federal.

O Presidente da República

Faço saber que o Congresso Nacional decreta e eu sanciono a seguinte Lei:

....

Art. 40. Preso preventivamente, em flagrante ou em virtude de pronúncia, o funcionário policial, enquanto não perder a condição de funcionário, permanecerá em prisão especial, durante o curso da ação penal e até que a sentença transite em julgado.

• *Vide* art. 295 do CPP.

§ 1.º O funcionário policial nas condições deste artigo ficará recolhido a sala especial da repartição em que sirva, sob a responsabilidade do seu dirigente, sendo-lhe defeso exercer qualquer atividade funcional, ou sair da repartição sem expressa autorização do Juízo a cuja disposição se encontre.

§ 2.º Publicado no *Diário Oficial* o decreto de demissão, será o ex-funcionário encaminhado, desde logo, a estabelecimento penal, onde permanecerá em sala especial, sem qualquer contato com os demais presos não sujeitos ao mesmo regime, e, uma vez condenado, cumprirá a pena que lhe tenha sido imposta, nas condições previstas no parágrafo seguinte.

§ 3.º Transitada em julgado a sentença condenatória, será o funcionário encaminhado a estabeleci-

(*) Publicada no *DOU*, de 6-12-1965. *Vide* Lei n. 5.350, de 6-11-1967.

mento penal, onde cumprirá a pena em dependência isolada dos demais presos não abrangidos por esse regime, mas sujeito, como eles, ao mesmo sistema disciplinar e penitenciário.

§ 4.º Ainda que o funcionário seja condenado às penas acessórias dos itens I e II do art. 68 do Código Penal, cumprirá a pena em dependência isolada dos demais presos, na forma do parágrafo anterior.

•• § 4.º acrescentado pela Lei n. 6.364, de 4-10-1976.

•• Referência prejudicada em face da Reforma de 1984. *Vide* art. 92, I, da nova Parte Geral do CP.

....

Art. 73. Esta Lei entra em vigor na data de sua publicação.

Art. 74. Revogam-se as disposições em contrário.

Brasília, 3 de dezembro de 1965; 144.º da Independência e 77.º da República.

H. CASTELLO BRANCO

LEI N. 4.898, DE 9 DE DEZEMBRO DE 1965 (*)

Regula o direito de representação e o processo de responsabilidade administrativa civil e penal, nos casos de abuso de autoridade.

O Presidente da República

Faço saber que o Congresso Nacional decreta e eu sanciono a seguinte Lei:

Art. 1.º O direito de representação e o processo de responsabilidade administrativa civil e penal, contra as autoridades que, no exercício de suas funções, cometerem abusos, são regulados pela presente Lei.

• *Vide* art. 45 da Lei n. 6.538, de 22-6-1978, o qual dispõe sobre representação em crime contra o serviço postal.

Art. 2.º O direito de representação será exercido por meio de petição:

a) dirigida à autoridade superior que tiver competência legal para aplicar, à autoridade civil ou militar culpada, a respectiva sanção;

b) dirigida ao órgão do Ministério Público que tiver competência para iniciar processo-crime contra a autoridade culpada.

Parágrafo único. A representação será feita em duas vias e conterá a exposição do fato constitutivo do abuso de autoridade, com todas as suas circunstâncias, a qualificação do acusado e o rol de testemunhas, no máximo de três, se as houver.

Art. 3.º Constitui abuso de autoridade qualquer atentado:

• *Vide* Súmula 172 do STJ.

a) à liberdade de locomoção;

b) à inviolabilidade do domicílio;

c) ao sigilo da correspondência;

d) à liberdade de consciência e de crença;

e) ao livre exercício de culto religioso;

f) à liberdade de associação;

g) aos direitos e garantias legais assegurados ao exercício do voto;

h) ao direito de reunião;

i) à incolumidade física do indivíduo;

j) aos direitos e garantias legais assegurados ao exercício profissional.

•• Alínea *j* acrescentada pela Lei n. 6.657, de 5-6-1979.

Art. 4.º Constitui também abuso de autoridade:

a) ordenar ou executar medida privativa da liberdade individual, sem as formalidades legais ou com abuso de poder;

•• O art. 350, *caput*, do CP possui idêntica redação.

• *Vide* Súmula Vinculante 11.

b) submeter pessoa sob sua guarda ou custódia a vexame ou a constrangimento não autorizado em lei;

•• O art. 350, parágrafo único, III, do CP possui idêntica redação.

c) deixar de comunicar, imediatamente, ao juiz competente a prisão ou detenção de qualquer pessoa;

d) deixar o juiz de ordenar o relaxamento de prisão ou detenção ilegal que lhe seja comunicada;

e) levar à prisão e nela deter quem quer que se proponha a prestar fiança, permitida em lei;

f) cobrar o carcereiro ou agente de autoridade policial carceragem, custas, emolumentos ou qualquer outra despesa, desde que a cobrança não tenha apoio em lei, quer quanto à espécie, quer quanto ao seu valor;

g) recusar o carcereiro ou agente de autoridade policial recibo de importância recebida a título de carceragem, custas, emolumentos ou de qualquer outra despesa;

h) o ato lesivo da honra ou do patrimônio de pessoa natural ou jurídica, quando praticado com abuso ou desvio de poder ou sem competência legal;

i) prolongar a execução de prisão temporária, de pena ou de medida de segurança, deixando de expedir em tempo oportuno ou de cumprir imediatamente ordem de liberdade.

•• Alínea *i* acrescentada pela Lei n. 7.960, de 21-12-1989.

• *Vide* Súmula 172 do STJ.

Art. 5.º Considera-se autoridade, para os efeitos desta Lei, quem exerce cargo, emprego ou função pública, de natureza civil, ou militar, ainda que transitoriamente e sem remuneração.

(*) Publicada no *DOU*, de 13-12-1965.
Mantivemos a transcrição desta Lei conforme publicação oficial. Acreditamos, no entanto, ter havido engano de pontuação em vários de seus dispositivos, devendo-se ler "administrativa, civil e penal" onde se vê "administrativa civil e penal".

Art. 6.º O abuso de autoridade sujeitará o seu autor à sanção administrativa, civil e penal.

§ 1.º A sanção administrativa será aplicada de acordo com a gravidade do abuso cometido e consistirá em:

a) advertência;

b) repreensão;

c) suspensão do cargo, função ou posto por prazo de 5 (cinco) a 180 (cento e oitenta) dias, com perda de vencimentos e vantagens;

d) destituição de função;

e) demissão;

f) demissão, a bem do serviço público.

§ 2.º A sanção civil, caso não seja possível fixar o valor do dano, consistirá no pagamento de uma indenização de quinhentos a dez mil cruzeiros.

§ 3.º A sanção penal será aplicada de acordo com as regras dos arts. 42 a 56 do Código Penal e consistirá em:

•• Referência a dispositivos originais do CP. *Vide* arts. 59 a 76 da nova Parte Geral do mesmo Código.

a) multa de cem cruzeiros a cinco mil cruzeiros;

•• A Lei n. 7.209, de 11-7-1984, em seu art. 2.º, cancela, na Parte Especial do CP e em algumas leis especiais, quaisquer referências a valores de multas, substituindo-se a expressão "multa de" por "multa".

b) detenção por 10 (dez) dias a 6 (seis) meses;

c) perda do cargo e a inabilitação para o exercício de qualquer outra função pública por prazo até 3 (três) anos.

§ 4.º As penas previstas no parágrafo anterior poderão ser aplicadas autônoma ou cumulativamente.

§ 5.º Quando o abuso for cometido por agente de autoridade policial, civil ou militar, de qualquer categoria, poderá ser cominada a pena autônoma ou acessória, de não poder o acusado exercer funções de natureza policial ou militar no município da culpa, por prazo de 1 (um) a 5 (cinco) anos.

Art. 7.º Recebida a representação em que for solicitada a aplicação de sanção administrativa, a autoridade civil ou militar competente determinará a instauração de inquérito para apurar o fato.

§ 1.º O inquérito administrativo obedecerá às normas estabelecidas nas leis municipais, estaduais ou federais, civis ou militares, que estabeleçam o respectivo processo.

§ 2.º Não existindo no Município, no Estado ou na legislação militar normas reguladoras do inquérito administrativo serão aplicadas, supletivamente, as disposições dos arts. 219 a 225 da Lei n. 1.711, de 28 de outubro de 1952 (Estatuto dos Funcionários Públicos Civis da União).

•• Citada Lei foi revogada pela Lei n. 8.112, de 11-12-1990.

§ 3.º O processo administrativo não poderá ser sobrestado para o fim de aguardar a decisão da ação penal ou civil.

Art. 8.º A sanção aplicada será anotada na ficha funcional da autoridade civil ou militar.

Art. 9.º Simultaneamente com a representação dirigida à autoridade administrativa ou independentemente dela, poderá ser promovida, pela vítima do abuso, a responsabilidade civil ou penal ou ambas, da autoridade culpada.

Art. 10. (*Vetado*.)

Art. 11. À ação civil serão aplicáveis as normas do Código do Processo Civil.

Art. 12. A ação penal será iniciada, independentemente de inquérito policial ou justificação, por denúncia do Ministério Público, instruída com a representação da vítima do abuso.

•• *Vide* art. 1.º da Lei n. 5.249, de 9-2-1967.

Art. 13. Apresentada ao Ministério Público a representação da vítima, aquele, no prazo de 48 (quarenta e oito) horas, denunciará o réu, desde que o fato narrado constitua abuso de autoridade, e requererá ao juiz a sua citação, e, bem assim, a designação de audiência de instrução e julgamento.

§ 1.º A denúncia do Ministério Público será apresentada em duas vias.

•• § 1.º conforme publicação oficial.

Art. 14. Se o ato ou fato constitutivo do abuso de autoridade houver deixado vestígios o ofendido ou o acusado poderá:

a) promover a comprovação da existência de tais vestígios, por meio de duas testemunhas qualificadas;

b) requerer ao juiz, até 72 (setenta e duas) horas antes da audiência de instrução e julgamento, a designação de um perito para fazer as verificações necessárias.

§ 1.º O perito ou as testemunhas farão o seu relatório e prestarão seus depoimentos verbalmente, ou o apresentarão por escrito, querendo, na audiência de instrução e julgamento.

§ 2.º No caso previsto na letra *a* deste artigo a representação poderá conter a indicação de mais duas testemunhas.

Art. 15. Se o órgão do Ministério Público, ao invés de apresentar a denúncia, requerer o arquivamento da representação, o juiz, no caso de considerar improcedentes as razões invocadas, fará remessa da representação ao procurador-geral e este oferecerá a denúncia, ou designará outro órgão do Ministério Público para oferecê-la ou insistirá no arquivamento, ao qual só então deverá o juiz atender.

Art. 16. Se o órgão do Ministério Público não oferecer a denúncia no prazo fixado nesta Lei, será admitida ação privada. O órgão do Ministério Público poderá porém aditar a queixa, repudiá-la e oferecer denúncia substitutiva e intervir em todos os termos do processo, interpor recursos e, a todo tempo, no caso de negligência do querelante, retomar a ação como parte principal.

Art. 17. Recebidos os autos, o juiz, dentro do prazo de 48 (quarenta e oito) horas, proferirá despacho, recebendo ou rejeitando a denúncia.

§ 1.º No despacho em que receber a denúncia, o juiz designará, desde logo, dia e hora para a audiência de instrução e julgamento, que deverá ser realizada, improrrogavelmente, dentro de 5 (cinco) dias.

§ 2.º A citação do réu para se ver processar, até julgamento final e para comparecer à audiência de instrução e julgamento, será feita por mandado sucinto que será acompanhado da segunda via da representação e da denúncia.

Art. 18. As testemunhas de acusação e defesa poderão ser apresentadas em juízo, independentemente de intimação.

Parágrafo único. Não serão deferidos pedidos de precatória para a audiência ou a intimação de testemunhas ou, salvo o caso previsto no art. 14, *b*, requerimentos para a realização de diligências, perícias ou exames, a não ser que o juiz, em despacho motivado, considere indispensáveis tais providências.

Art. 19. À hora marcada, o juiz mandará que o porteiro dos auditórios ou o oficial de justiça declare aberta a audiência, apregoando em seguida o réu, as testemunhas, o perito, o representante do Ministério Público ou o advogado que tenha subscrito a queixa e o advogado ou defensor do réu.

Parágrafo único. A audiência somente deixará de realizar-se se ausente o juiz.

Art. 20. Se até meia hora depois da hora marcada o juiz não houver comparecido, os presentes poderão retirar-se devendo o ocorrido constar do livro de termos de audiência.

Art. 21. A audiência de instrução e julgamento será pública, se contrariamente não dispuser o juiz, e realizar-se-á em dia útil, entre 10 (dez) e 18 (dezoito) horas, na sede do juízo ou, excepcionalmente, no local que o juiz designar.

Art. 22. Aberta a audiência o juiz fará a qualificação e o interrogatório do réu, se estiver presente.

Parágrafo único. Não comparecendo o réu nem seu advogado, o juiz nomeará imediatamente defensor para funcionar na audiência e nos ulteriores termos do processo.

Art. 23. Depois de ouvidas as testemunhas e o perito, o juiz dará a palavra, sucessivamente, ao Ministério Público ou ao advogado que houver subscrito a queixa e ao advogado ou defensor do réu, pelo prazo de 15 (quinze) minutos para cada um, prorrogável por mais 10 (dez), a critério do juiz.

Art. 24. Encerrado o debate, o juiz proferirá imediatamente a sentença.

Art. 25. Do ocorrido na audiência o escrivão lavrará no livro próprio, ditado pelo juiz, termo que conterá, em resumo, os depoimentos e as alegações da acusação e da defesa, os requerimentos e, por extenso, os despachos e a sentença.

Art. 26. Subscreverão o termo o juiz, o representante do Ministério Público ou o advogado que houver subscrito a queixa, o advogado ou defensor do réu e o escrivão.

Art. 27. Nas comarcas onde os meios de transporte forem difíceis e não permitirem a observância dos prazos fixados nesta Lei, o juiz poderá aumentá-los, sempre motivadamente, até o dobro.

Art. 28. Nos casos omissos, serão aplicáveis as normas do Código de Processo Penal, sempre que compatíveis com o sistema de instrução e julgamento regulado por esta Lei.

Parágrafo único. Das decisões, despachos e sentenças, caberão os recursos e apelações previstas no Código de Processo Penal.

Art. 29. Revogam-se as disposições em contrário.

Brasília, 9 de dezembro de 1965; 144.º da Independência e 77.º da República.

H. A. Castello Branco

LEI N. 5.197, DE 3 DE JANEIRO DE 1967 (*)

Dispõe sobre a proteção à fauna e dá outras providências.

O Presidente da República

Faço saber que o Congresso Nacional decreta e eu sanciono a seguinte Lei:

Art. 1.º Os animais de quaisquer espécies, em qualquer fase do seu desenvolvimento e que vivem naturalmente fora do cativeiro, constituindo a fauna silvestre, bem como seus ninhos, abrigos e criadouros naturais são propriedades do Estado, sendo proibida a sua utilização, perseguição, destruição, caça ou apanha.

•• Dos Crimes contra a Fauna: *vide* arts. 29 a 37 da Lei n. 9.605, de 12-2-1998.

§ 1.º Se peculiaridades regionais comportarem o exercício da caça, a permissão será estabelecida em ato regulamentador do Poder Público federal.

§ 2.º A utilização, perseguição, caça ou apanha de espécies da fauna silvestre em terras de domínio privado, mesmo quando permitidas na forma do parágrafo anterior, poderão ser igualmente proibidas pelos respectivos proprietários, assumindo estes a responsabilidade da fiscalização de seus domínios. Nestas áreas, para a prática do ato de caça é necessário o consentimento expresso ou tácito dos proprietários, nos termos dos arts. 594, 595, 596, 597 e 598 do Código Civil.

(*) Publicada no *DOU*, de 5-1-1967. *Vide* Lei n. 9.605, de 12-2-1998, que dispõe sobre as sanções penais e administrativas derivadas de condutas e atividades lesivas ao meio ambiente, e o Decreto n. 6.514, de 22-7-2008, que dispõe sobre as infrações e sanções administrativas ao meio ambiente e estabelece o processo administrativo federal para apuração destas infrações. A Lei n. 11.959, de 29-6-2009, dispõe sobre a Política Nacional de Desenvolvimento Sustentável da Agricultura e da Pesca e regula as atividades pesqueiras.

•• Os arts. 594, 595, 596, 597 e 598 do CC de 1916 (Lei n. 3.071, de 1.º-1-1916) não apresentam dispositivos correspondentes na Lei n. 10.406, de 10-1-2002 – CC, que revogou aquele diploma.

Art. 2.º É proibido o exercício da caça profissional.

Art. 3.º É proibido o comércio de espécimes da fauna silvestre e de produtos e objetos que impliquem na sua caça, perseguição, destruição ou apanha.

§ 1.º Excetuam-se os espécimes provenientes de criadouros devidamente legalizados.

§ 2.º Será permitida, mediante licença da autoridade competente, a apanha de ovos, larvas e filhotes que se destinem aos estabelecimentos acima referidos, bem como a destruição de animais silvestres considerados nocivos à agricultura ou à saúde pública.

§ 3.º O simples desacompanhamento de comprovação de procedência de peles ou outros produtos de animais silvestres, nos carregamentos de via terrestre, fluvial, marítima ou aérea, que se iniciem ou transitem pelo País, caracterizará, de imediato, o descumprimento do disposto no *caput* deste artigo.

•• § 3.º acrescentado pela Lei n. 9.111, de 10-10-1995.

Art. 4.º Nenhuma espécie poderá ser introduzida no País, sem parecer técnico oficial favorável e licença expedida na forma da lei.

Art. 5.º (*Revogado pela Lei n. 9.985, de 18-7-2000.*)

Art. 6.º O Poder Público estimulará:

a) a formação e o funcionamento de clubes e sociedades amadoristas de caça e de tiro ao vôo, objetivando alcançar o espírito associativista para a prática desse esporte;

b) a construção de criadouros destinados à criação de animais silvestres para fins econômicos e industriais.

Art. 7.º A utilização, perseguição, destruição, caça ou apanha de espécimes da fauna silvestre, quando consentidas na forma desta Lei, serão considerados atos de caça.

•• *Vide* Lei n. 9.605, de 12-2-1998.

Art. 8.º O órgão público federal competente, no prazo de 120 (cento e vinte) dias, publicará e atualizará anualmente:

a) a relação das espécies cuja utilização, perseguição, caça ou apanha será permitida indicando e delimitando as respectivas áreas;

b) a época e o número de dias em que o ato acima será permitido;

c) a quota diária de exemplares cuja utilização, perseguição, caça ou apanha será permitida.

Parágrafo único. Poderão ser, igualmente, objeto de utilização, caça, perseguição ou apanha os animais domésticos que, por abandono, se tornem selvagens ou feras.

Art. 9.º Observado o disposto no art. 8.º e satisfeitas as exigências legais, poderão ser capturados e mantidos em cativeiro espécimes da fauna silvestre.

Art. 10. A utilização, perseguição, destruição, caça ou apanha de espécimes da fauna silvestre são proibidas:

•• *Vide* Lei n. 9.605, de 12-2-1998.

a) com visgos, atiradeiras, fundas, bodoques, veneno, incêndio ou armadilhas que maltratem a caça;

b) com armas a bala, a menos de 3 (três) quilômetros de qualquer via férrea ou rodovia pública;

c) com armas de calibre 22 para animais de porte superior ao tapiti (*Sylvilagus brasiliensis*);

d) com armadilhas constituídas de armas de fogo;

e) nas zonas urbanas, suburbanas, povoados e nas estâncias hidrominerais e climáticas;

f) nos estabelecimentos oficiais e açudes do domínio público, bem como nos terrenos adjacentes, até a distância de 5 (cinco) quilômetros;

g) na faixa de 500 (quinhentos) metros de cada lado do eixo das vias férreas e rodovias públicas;

h) nas áreas destinadas à proteção da fauna, da flora e das belezas naturais;

i) nos jardins zoológicos, nos parques e jardins públicos;

j) fora do período de permissão de caça, mesmo em propriedades privadas;

l) à noite, exceto em casos especiais e no caso de animais nocivos;

m) do interior de veículos de qualquer espécie.

Art. 11. Os Clubes ou Sociedades Amadoristas de Caça e de tiro ao voo poderão ser organizados distintamente ou em conjunto com os de pesca, e só funcionarão validamente após a obtenção da personalidade jurídica, na forma da lei civil e o registro no órgão público federal competente.

Art. 12. As entidades a que se refere o artigo anterior deverão requerer licença especial para seus associados transitarem com arma da caça e de esporte, para uso em suas sedes, durante o período defeso e dentro do perímetro determinado.

Art. 13. Para exercício da caça, é obrigatória a licença anual, de caráter específico e de âmbito regional, expedida pela autoridade competente.

Parágrafo único. A licença para caçar com armas de fogo deverá ser acompanhada do porte de arma emitido pela Polícia Civil.

• A Lei n. 10.826, de 22-12-2003, no art. 6.º, § 5.º, autoriza, nos casos previstos em lei, o porte de arma de fogo na categoria "caçador".

Art. 14. Poderá ser concedida a cientistas, pertencentes a instituições científicas, oficiais ou oficializadas, ou por estas indicadas, licença especial para a coleta de material destinado a fins científicos, em qualquer época.

§ 1.º Quando se tratar de cientistas estrangeiros, devidamente credenciados pelo país de origem, deverá o pedido de licença ser aprovado e encaminhado ao órgão público federal competente, por intermédio de instituição científica oficial do país.

§ 2.º As instituições a que se refere este artigo, para efeito da renovação anual da licença, darão ciência ao órgão público federal competente das atividades dos cientistas licenciados no ano anterior.

§ 3.º As licenças referidas neste artigo não poderão ser utilizadas para fins comerciais ou esportivos.

§ 4.º Aos cientistas das instituições nacionais que tenham, por lei, a atribuição de coletar material zoológico, para fins científicos, serão concedidas licenças permanentes.

Art. 15. O Conselho de Fiscalização das Expedições Artísticas e Científicas do Brasil ouvirá o órgão público federal competente toda vez que, nos processos em julgamento, houver matéria referente à fauna.

Art. 16. Fica instituído o registro das pessoas físicas ou jurídicas que negociem com animais silvestres e seus produtos.

Art. 17. As pessoas físicas ou jurídicas, de que trata o artigo anterior, são obrigadas à apresentação de declaração de estoques e valores, sempre que exigida pela autoridade competente.

Parágrafo único. O não cumprimento do disposto neste artigo, além das penalidades previstas nesta Lei, obriga o cancelamento do registro.

Art. 18. É proibida a exportação, para o Exterior, de peles e couros de anfíbios e répteis, em bruto.

Art. 19. O transporte interestadual e para o Exterior, de animais silvestres, lepidópteros, e outros insetos e seus produtos, depende de guia de trânsito, fornecida pela autoridade competente.

Parágrafo único. Fica isento dessa exigência o material consignado a Instituições Científicas Oficiais.

Art. 20. As licenças de caçadores serão concedidas mediante pagamento de uma taxa anual equivalente a um décimo do salário mínimo mensal.

Parágrafo único. Os turistas pagarão uma taxa equivalente a 1 (um) salário mínimo mensal, e a licença será válida por 30 (trinta) dias.

Art. 21. O registro de pessoas físicas ou jurídicas, a que se refere o art. 16, será feito mediante o pagamento de uma taxa equivalente a meio salário mínimo mensal.

Parágrafo único. As pessoas físicas ou jurídicas de que trata este artigo pagarão, a título de licença, uma taxa anual para as diferentes formas de comércio até o limite de 1 (um) salário mínimo mensal.

Art. 22. O registro de clubes ou sociedades amadoristas, de que trata o art. 11, será concedido mediante pagamento de uma taxa equivalente a meio salário mínimo mensal.

Parágrafo único. As licenças de trânsito com arma de caça e de esporte, referidas no art. 12, estarão sujeitas ao pagamento de uma taxa anual equivalente a um vigésimo do salário mínimo mensal.

Art. 23. Far-se-á, com a cobrança da taxa equivalente a dois décimos do salário mínimo mensal, o registro dos criadouros.

Art. 24. O pagamento das licenças, registros e taxas previstos nesta Lei será recolhido ao Banco do Brasil S.A., em conta especial, a crédito do Fundo Federal Agropecuário, sob o título "Recursos da Fauna".

Art. 25. A União fiscalizará diretamente pelo órgão executivo específico, do Ministério da Agricultura, ou em convênio com os Estados e Municípios, a aplicação das normas desta Lei, podendo, para tanto, criar os serviços indispensáveis.

Parágrafo único. A fiscalização da caça pelos órgãos especializados não exclui a ação da autoridade policial ou das Forças Armadas por iniciativa própria.

Art. 26. Todos os funcionários, no exercício da fiscalização da caça, são equiparados aos agentes de segurança pública, sendo-lhes assegurado o porte de armas.

Art. 27. Constitui crime punível com pena de reclusão de 2 (dois) a 5 (cinco) anos a violação do disposto nos arts. 2.º, 3.º, 17 e 18 desta Lei.

•• *Caput* com redação determinada pela Lei n. 7.653, de 12-2-1988.

•• *Vide* Lei n. 9.605, de 12-2-1998.

§ 1.º É considerada crime punível com a pena de reclusão de 1 (um) a 3 (três) anos a violação do disposto no art. 1.º e seus §§ 4.º, 8.º e suas alíneas *a*, *b* e *c*, 10 e suas alíneas *a*, *b*, *c*, *d*, *e*, *f*, *g*, *h*, *i*, *j*, *l* e *m*, e 14 e seu § 3.º desta Lei.

•• § 1.º com redação determinada pela Lei n. 7.653, de 12-2-1988.

•• *Vide* Lei n. 9.605, de 12-2-1998.

§ 2.º Incorre na pena prevista no *caput* deste artigo quem provocar, pelo uso direto ou indireto de agrotóxicos ou de qualquer outra substância química, o perecimento de espécimes da fauna ictiológica existente em rios, lagos, açudes, lagoas, baías ou mar territorial brasileiro.

•• § 2.º com redação determinada pela Lei n. 7.653, de 12-2-1988.

•• *Vide* Lei n. 9.605, de 12-2-1998.

§ 3.º Incide na pena prevista no § 1.º deste artigo quem praticar pesca predatória, usando instrumento proibido, explosivo, erva ou substância química de qualquer natureza.

•• § 3.º com redação determinada pela Lei n. 7.653, de 12-2-1988.

•• *Vide* Lei n. 9.605, de 12-2-1998.

§ 4.º (*Revogado pela Lei n. 7.679, de 23-11-1988.*)

§ 5.º Quem, de qualquer maneira, concorrer para os crimes previstos no *caput* e no § 1.º deste artigo incidirá nas penas a eles cominadas.

•• § 5.º com redação determinada pela Lei n. 7.653, de 12-2-1988.

•• *Vide* Lei n. 9.605, de 12-2-1998.

§ 6.º Se o autor da infração considerada crime nesta Lei for estrangeiro, será expulso do País, após o cumprimento da pena que lhe foi imposta (*vetado*), devendo a autoridade judiciária ou administrativa remeter, ao Ministério da Justiça, cópia da decisão cominativa da pena aplicada, no prazo de 30 (trinta) dias do trânsito em julgado de sua decisão.

•• § 6.º com redação determinada pela Lei n. 7.653, de 12-2-1988.

•• *Vide* Lei n. 9.605, de 12-2-1998.

Art. 28. Além das contravenções estabelecidas no artigo precedente, subsistem os dispositivos sobre contravenções e crimes previstos no Código Penal e nas demais leis, com as penalidades neles contidas.

•• *Vide* Lei n. 9.605, de 12-2-1998.

Art. 29. São circunstâncias que agravam a pena, afora aquelas constantes do Código Penal e da Lei das Contravenções Penais, as seguintes:

a) cometer a infração em período defeso à caça ou durante a noite;

b) empregar fraude ou abuso de confiança;

c) aproveitar indevidamente licença de autoridade;

d) incidir a infração sobre animais silvestres e seus produtos oriundos de áreas onde a caça é proibida.

Art. 30. As penalidades incidirão sobre os autores, sejam eles:

a) direto;

b) arrendatários, parceiros, posseiros, gerentes, administradores, diretores, promitentes compradores ou proprietários das áreas, desde que praticadas por prepostos ou subordinados e no interesse dos proponentes ou dos superiores hierárquicos;

c) autoridades que por ação ou omissão consentirem na prática do ato ilegal, ou que cometerem abusos do poder.

Parágrafo único. Em caso de ações penais simultâneas pelo mesmo fato, iniciadas por várias autoridades, o juiz reunirá os processos na jurisdição em que se firmar a competência.

Art. 31. A ação penal independe de queixa, mesmo em se tratando de lesão em propriedade privada, quando os bens atingidos são animais silvestres e seus produtos, instrumentos de trabalho, documentos e atos relacionados com a proteção da fauna disciplinada nesta Lei.

•• *Vide* arts. 26 a 28 da Lei n. 9.605, de 12-2-1998.

Art. 32. São autoridades competentes para instaurar, presidir e proceder a inquéritos policiais, lavrar autos de prisão em flagrante e intentar a ação penal, nos casos de crimes ou de contravenções previstas nesta Lei ou em outras leis que tenham por objeto os animais silvestres, seus produtos, instrumentos e documentos relacionados com os mesmos, as indicadas no Código de Processo Penal.

•• *Vide* arts. 26 a 28 da Lei n. 9.605, de 12-2-1998.

Art. 33. A autoridade apreenderá os produtos da caça e/ou da pesca bem como os instrumentos utilizados na infração, e se estes, por sua natureza ou volume, não puderem acompanhar o inquérito, serão entregues ao depositário público local, se houver, e, na sua falta, ao que for nomeado pelo Juiz.

•• *Caput* com redação determinada pela Lei n. 7.653, de 12-2-1988.

•• *Vide* Lei n. 9.605, de 12-2-1998.

Parágrafo único. Em se tratando de produtos perecíveis, poderão ser os mesmos doados a instituições científicas, penais, hospitais e/ou casas de caridade mais próximas.

•• Parágrafo único com redação determinada pela Lei n. 7.653, de 12-2-1988.

Art. 34. Os crimes previstos nesta Lei são inafiançáveis e serão apurados mediante processo sumário, aplicando-se, no que couber, as normas do Título II, Capítulo V, do Código de Processo Penal.

•• Artigo com redação determinada pela Lei n. 7.653, de 12-2-1988.

•• *Vide* Lei n. 9.605, de 12-2-1998.

• *Vide* Súmula 203 do TFR.

Art. 35. Dentro de 2 (dois) anos a partir da promulgação desta Lei, nenhuma autoridade poderá permitir a adoção de livros escolares de leitura que não contenham textos sobre a proteção da fauna, aprovados pelo Conselho Federal de Educação.

§ 1.º Os programas de ensino de nível primário e médio deverão contar pelo menos com 2 (duas) aulas anuais sobre a matéria a que se refere o presente artigo.

§ 2.º Igualmente os programas de rádio e televisão deverão incluir textos e dispositivos aprovados pelo órgão público federal competente, no limite mínimo de 5 (cinco) minutos semanais, distribuídos ou não, em diferentes dias.

Art. 36. Fica instituído o Conselho Nacional de Proteção à Fauna, com sede em Brasília, como órgão consultivo e normativo da política de proteção à fauna do País.

Parágrafo único. O Conselho, diretamente subordinado ao Ministério da Agricultura, terá sua composição e atribuições estabelecidas por decreto do Poder Executivo.

• O Decreto n. 97.633, de 10-4-1989, que dispõe sobre o Conselho Nacional de Proteção à Fauna – CNPF, determina que este é integrado ao Instituto Brasileiro do Meio Ambiente e dos Recursos Naturais Renováveis – IBAMA.

Art. 37. O Poder Executivo regulamentará a presente Lei, no que for julgado necessário à sua execução.

Art. 38. Esta Lei entra em vigor na data de sua publicação, revogados o Decreto-lei n. 5.894, de 20 de outubro de 1943, e demais disposições em contrário.

H. CASTELLO BRANCO

LEI N. 5.249, DE 9 DE FEVEREIRO DE 1967 (*)

Dispõe sobre a ação pública de crimes de responsabilidade.

O Presidente da República

Faço saber que o Congresso Nacional decreta e eu sanciono a seguinte Lei:

Art. 1.º A falta de representação do ofendido, nos casos de abuso previstos na Lei n. 4.898, de 9 de dezembro de 1965, não obsta a iniciativa ou o curso de ação pública.

• Citada Lei consta deste volume.

Art. 2.º A presente Lei entra em vigor na data de sua publicação.

Art. 3.º Revogam-se as disposições em contrário.

Brasília, 9 de fevereiro de 1967; 146.º da Independência e 79.º da República.

H. Castello Branco

DECRETO-LEI N. 201, DE 27 DE FEVEREIRO DE 1967 (**)

Dispõe sobre a responsabilidade dos prefeitos e vereadores, e dá outras providências.

O Presidente da República, usando da atribuição que lhe confere o § 2.º do art. 9.º do Ato Institucional n. 4, de 7 de dezembro de 1966, decreta:

Art. 1.º São crimes de responsabilidade dos prefeitos municipais, sujeitos ao julgamento do Poder Judiciário, independentemente do pronunciamento da Câmara dos Vereadores:

• *Vide* Súmulas 208 e 209 do STJ e 703 do STF.

I – apropriar-se de bens ou rendas públicas, ou desviá-los em proveito próprio ou alheio;

II – utilizar-se, indevidamente, em proveito próprio ou alheio, de bens, rendas ou serviços públicos;

III – desviar, ou aplicar indevidamente, rendas ou verbas públicas;

IV – empregar subvenções, auxílios, empréstimos ou recursos de qualquer natureza, em desacordo com os planos ou programas a que se destinam;

V – ordenar ou efetuar despesas não autorizadas por lei, ou realizá-las em desacordo com as normas financeiras pertinentes;

VI – deixar de prestar contas anuais da administração financeira do Município à Câmara de Vereadores, ou ao órgão que a Constituição do Estado indicar, nos prazos e condições estabelecidos;

VII – deixar de prestar contas, no devido tempo, ao órgão competente, da aplicação de recursos, empréstimos, subvenções ou auxílios internos ou externos, recebidos a qualquer título;

VIII – contrair empréstimos, emitir apólices, ou obrigar o Município por títulos de crédito, sem autorização da Câmara, ou em desacordo com a lei;

IX – conceder empréstimos, auxílios ou subvenções sem autorização da Câmara, ou em desacordo com a lei;

X – alienar ou onerar bens imóveis, ou rendas municipais, sem autorização da Câmara, ou em desacordo com a lei;

XI – adquirir bens, ou realizar serviços e obras, sem concorrência ou coleta de preços, nos casos exigidos em lei;

XII – antecipar ou inverter a ordem de pagamento a credores do Município, sem vantagem para o Erário;

XIII – nomear, admitir ou designar servidor, contra expressa disposição de lei;

XIV – negar execução a lei federal, estadual ou municipal, ou deixar de cumprir ordem judicial, sem dar o motivo da recusa ou da impossibilidade, por escrito, à autoridade competente;

XV – deixar de fornecer certidões de atos ou contratos municipais, dentro do prazo estabelecido em lei;

• *Vide* Súmula 164 do STJ.

XVI – deixar de ordenar a redução do montante da dívida consolidada, nos prazos estabelecidos em lei, quando o montante ultrapassar o valor resultante da aplicação do limite máximo fixado pelo Senado Federal;

•• Inciso XVI acrescentado pela Lei n. 10.028, de 19-10-2000.

XVII – ordenar ou autorizar a abertura de crédito em desacordo com os limites estabelecidos pelo Senado Federal, sem fundamento na lei orçamentária ou na de crédito adicional ou com inobservância de prescrição legal;

•• Inciso XVII acrescentado pela Lei n. 10.028, de 19-10-2000.

XVIII – deixar de promover ou de ordenar, na forma da lei, o cancelamento, a amortização ou a constituição de reserva para anular os efeitos de operação de crédito realizada com inobservância de limite, condição ou montante estabelecido em lei;

•• Inciso XVIII acrescentado pela Lei n. 10.028, de 19-10-2000.

XIX – deixar de promover ou de ordenar a liquidação integral de operação de crédito por antecipação de receita orçamentária, inclusive os respectivos juros e demais encargos, até o encerramento do exercício financeiro;

(*) Publicada no *DOU*, de 10-2-1967.

(**) Publicado no *DOU*, de 27 de fevereiro, e retificado em 14-3-1967.

•• Inciso XIX acrescentado pela Lei n. 10.028, de 19-10-2000.

XX – ordenar ou autorizar, em desacordo com a lei, a realização de operação de crédito com qualquer um dos demais entes da Federação, inclusive suas entidades da administração indireta, ainda que na forma de novação, refinanciamento ou postergação de dívida contraída anteriormente;

•• Inciso XX acrescentado pela Lei n. 10.028, de 19-10-2000.

XXI – captar recursos a título de antecipação de receita de tributo ou contribuição cujo fato gerador ainda não tenha ocorrido;

•• Inciso XXI acrescentado pela Lei n. 10.028, de 19-10-2000.

XXII – ordenar ou autorizar a destinação de recursos provenientes da emissão de títulos para finalidade diversa da prevista na lei que a autorizou;

•• Inciso XXII acrescentado pela Lei n. 10.028, de 19-10-2000.

XXIII – realizar ou receber transferência voluntária em desacordo com limite ou condição estabelecida em lei.

•• Inciso XXIII acrescentado pela Lei n. 10.028, de 19-10-2000.

§ 1.º Os crimes definidos neste artigo são de ação pública, punidos os dos itens I e II, com a pena de reclusão, de 2 (dois) a 12 (doze) anos, e os demais, com a pena de detenção, de 3 (três) meses a 3 (três) anos.

§ 2.º A condenação definitiva em qualquer dos crimes definidos neste artigo, acarreta a perda do cargo e a inabilitação, pelo prazo de 5 (cinco) anos, para o exercício de cargo ou função pública, eletivo ou de nomeação, sem prejuízo da reparação civil do dano causado ao patrimônio público ou particular.

Art. 2.º O processo dos crimes definidos no artigo anterior é o comum do juízo singular, estabelecido pelo Código de Processo Penal, com as seguintes modificações:

I – antes de receber a denúncia, o juiz ordenará a notificação do acusado para apresentar defesa prévia, no prazo de 5 (cinco) dias. Se o acusado não for encontrado para a notificação, ser-lhe-á nomeado defensor, a quem caberá apresentar a defesa, dentro no mesmo prazo;

II – ao receber a denúncia, o juiz manifestar-se-á, obrigatória e motivadamente, sobre a prisão preventiva do acusado, nos casos dos itens I e II do artigo anterior, e sobre o seu afastamento do exercício do cargo durante a instrução criminal, em todos os casos;

III – do despacho, concessivo ou denegatório, de prisão preventiva, ou de afastamento do cargo do acusado, caberá recurso, em sentido estrito, para o tribunal competente, no prazo de 5 (cinco) dias em autos apartados. O recurso do despacho que decretar a prisão preventiva ou o afastamento do cargo terá efeito suspensivo.

§ 1.º Os órgãos federais, estaduais ou municipais, interessados na apuração da responsabilidade do prefeito, podem requerer a abertura de inquérito policial ou a instauração da ação penal pelo Ministério Público, bem como intervir, em qualquer fase do processo, como assistente da acusação.

§ 2.º Se as providências para a abertura do inquérito policial ou instauração da ação penal não forem atendidas pela autoridade policial ou pelo Ministério Público estadual, poderão ser requeridas ao procurador-geral da República.

....

Art. 9.º O presente Decreto-lei entrará em vigor na data de sua publicação, revogadas as Leis n. 211, de 7 de janeiro de 1948, e 3.528, de 3 de janeiro de 1959, e demais disposições em contrário.

Brasília, 27 de fevereiro de 1967; 146.º da Independência e 79.º da República.

H. Castello Branco

LEI N. 5.256, DE 6 DE ABRIL DE 1967 (*)

Dispõe sobre a prisão especial.

O Presidente da República

Faço saber que o Congresso Nacional decreta e eu sanciono a seguinte Lei:

Art. 1.º Nas localidades em que não houver estabelecimento adequado ao recolhimento dos que tenham direito a prisão especial, o juiz, considerando a gravidade das circunstâncias do crime, ouvido o representante do Ministério Público, poderá autorizar a prisão do réu ou indiciado na própria residência, de onde o mesmo não poderá afastar-se sem prévio consentimento judicial.

• *Vide* art. 295 do CPP.

Art. 2.º A prisão domiciliar não exonera o réu ou indiciado da obrigação de comparecer aos atos policiais ou judiciais para os quais for convocado, ficando ainda sujeito a outras limitações que o juiz considerar indispensáveis à investigação policial e à instrução criminal.

Art. 3.º Por ato de ofício do juiz, a requerimento do Ministério Público ou da autoridade policial, o beneficiário da prisão domiciliar poderá ser submetido a vigilância policial, exercida sempre com discrição e sem constrangimento para o réu ou indiciado e sua família.

Art. 4.º A violação de qualquer das condições impostas na conformidade da presente Lei implicará na perda do benefício da prisão domiciliar, devendo o réu ou indiciado ser recolhido a estabelecimen-

(*) Publicada no *DOU*, de 7, e retificada em 19-4-1967.

to penal, onde permanecerá separado dos demais presos.

Parágrafo único. Neste caso, o diretor do estabelecimento poderá aproveitar o réu ou indiciado nas tarefas administrativas da prisão.

Art. 5.º Esta Lei entra em vigor na data de sua publicação.

Art. 6.º Revogam-se as disposições em contrário.

Brasília, 6 de abril de 1967; 146.º da Independência e 79.º da República.

A. Costa e Silva

LEI N. 5.350, DE 6 DE NOVEMBRO DE 1967 (*)

Estende aos funcionários da Polícia Civil dos Estados e Territórios Federais, ocupantes de cargos de atividade policial, o regime de prisão especial estabelecido pela Lei n. 4.878, de 3 de dezembro de 1965.

O Presidente da República

Faço saber que o Congresso Nacional decreta e eu sanciono a seguinte Lei:

Art. 1.º Fica estendido aos funcionários da Polícia Civil dos Estados e Territórios Federais, ocupantes de cargos de atividade policial, o regime de prisão especial estabelecido pela Lei n. 4.878, de 3 de dezembro de 1965, em seu art. 40 e respectivos parágrafos, para os funcionários da Polícia Civil da União e do Distrito Federal.

• *Vide* art. 295 do CPP.

Art. 2.º Esta Lei entra em vigor na data de sua publicação.

Art. 3.º Revogam-se as disposições em contrário.

Brasília, 6 de novembro de 1967; 146.º da Independência de 79.º da República.

A. Costa e Silva

LEI N. 5.433, DE 8 DE MAIO DE 1968 (**)

Regula a microfilmagem de documentos oficiais e dá outras providências.

O Presidente da República

Faço saber que o Congresso Nacional decreta e eu sanciono a seguinte Lei:

Art. 1.º É autorizada, em todo o território nacional, a microfilmagem de documentos particulares e oficiais arquivados, estes de órgãos federais, estaduais e municipais.

§ 1.º Os microfilmes de que trata esta Lei, assim como as certidões, os traslados e as cópias fotográficas obtidas diretamente dos filmes produzirão os mesmos efeitos legais dos documentos originais em juízo ou fora dele.

§ 2.º Os documentos microfilmados poderão, a critério da autoridade competente, ser eliminados por incineração, destruição mecânica ou por outro processo adequado que assegure a sua desintegração.

§ 3.º A incineração dos documentos microfilmados ou sua transferência para outro local far-se-á mediante lavratura de termo por autoridade competente, em livro próprio.

§ 4.º Os filmes negativos resultantes de microfilmagem ficarão arquivados na repartição detentora do arquivo, vedada sua saída sob qualquer pretexto.

§ 5.º A eliminação ou transferência para outro local dos documentos microfilmados far-se-á mediante lavratura de termo em livro próprio pela autoridade competente.

§ 6.º Os originais dos documentos ainda em trânsito, microfilmados, não poderão ser eliminados antes de seu arquivamento.

§ 7.º Quando houver conveniência, ou por medida de segurança, poderão excepcionalmente ser microfilmados documentos ainda não arquivados desde que autorizados por autoridade competente.

Art. 2.º Os documentos de valor histórico não deverão ser eliminados, podendo ser arquivados em local diverso da repartição detentora dos mesmos.

Art. 3.º O Poder Executivo regulamentará, no prazo de 90 (noventa) dias, a presente Lei, indicando as autoridades competentes, nas esferas federais, estaduais e municipais para a autenticação de traslados e certidões originárias de microfilmagem de documentos oficiais.

§ 1.º O decreto de regulamentação determinará, igualmente, quais os cartórios e órgãos públicos capacitados para efetuarem a microfilmagem de documentos particulares, bem como os requisitos que a microfilmagem realizada por aqueles cartórios e órgãos públicos deve preencher para serem autenticados, a fim de produzirem efeitos jurídicos, em juízo ou fora dele, quer os microfilmes, quer os seus traslados e certidões originárias.

§ 2.º Prescreverá também o decreto as condições que os cartórios competentes terão de cumprir para a autenticação de microfilmes realizados por particulares, para produzir efeitos jurídicos contra terceiros.

(*) Publicada no *DOU*, de 8-11-1967.

(**) Publicada no *DOU*, de 10-5-1968. Regulamentada pelo Decreto n. 1.799, de 30-1-1996.

Art. 4.º É indispensável o reconhecimento da firma da autoridade que autenticar os documentos oficiais arquivados, para efeito de microfilmagem e os traslados e certidões originais de microfilmes.

Art. 5.º Esta Lei entra em vigor na data de sua publicação.

Art. 6.º Revogam-se as disposições em contrário.

Brasília, 8 de maio de 1968; 147.º da Independência e 80.º da República.

A. Costa e Silva

DECRETO-LEI N. 552, DE 25 DE ABRIL DE 1969 (*)

Dispõe sobre a concessão de vista ao Ministério Público nos processos de habeas corpus.

O Presidente da República, usando das atribuições que lhe confere o § 1.º do art. 2.º do Ato Institucional n. 5, de 13 de dezembro de 1968, decreta:

Art. 1.º Ao Ministério Público será sempre concedida, nos tribunais federais ou estaduais, vista dos autos relativos a processos de *habeas corpus*, originários ou em grau de recurso pelo prazo de 2 (dois) dias.

§ 1.º Findo esse prazo, os autos, com ou sem parecer, serão conclusos ao relator para julgamento, independentemente de pauta.

§ 2.º A vista ao Ministério Público será concedida após a prestação das informações pela autoridade coatora, salvo se o relator entender desnecessário solicitá-las, ou se, solicitadas, não tiverem sido prestadas.

§ 3.º No julgamento dos processos a que se refere este artigo será assegurada a intervenção oral do representante do Ministério Público.

Art. 2.º Este Decreto-lei entrará em vigor na data de sua publicação, revogados o art. 611 do Código de Processo Penal e demais disposições em contrário.

Brasília, 25 de abril de 1969; 148.º da Independência e 81.º da República.

A. Costa e Silva

LEI N. 5.606, DE 9 DE SETEMBRO DE 1970 (**)

Outorga a regalia de prisão especial aos oficiais da Marinha Mercante.

O Presidente da República

(*) Publicado no *DOU*, de 28-4-1969. *Vide* arts. 127 a 130 da CF.

(**) Publicada no *DOU*, de 10-9-1970.

Faço saber que o Congresso Nacional decreta e eu sanciono a seguinte Lei:

Art. 1.º É extensiva aos oficiais da Marinha Mercante a regalia concedida pelo art. 295 do Código de Processo Penal.

Art. 2.º Esta Lei entrará em vigor na data de sua publicação, revogadas as disposições em contrário.

Brasília, 9 de setembro de 1970; 149.º da Independência e 82.º da República.

Emílio G. Médici

LEI N. 5.970, DE 11 DE DEZEMBRO DE 1973 (***)

Exclui da aplicação do disposto nos arts. 6.º, I, 64 e 169 do Código de Processo Penal, os casos de acidente de trânsito, e dá outras providências.

•• A redação do inciso I do art. 6.º, do CPP, foi alterada pela Lei n. 8.862, de 28-3-1994.

O Presidente da República

Faço saber que o Congresso Nacional decreta e eu sanciono a seguinte Lei:

Art. 1.º Em caso de acidente de trânsito, a autoridade ou agente policial que primeiro tomar conhecimento do fato poderá autorizar, independentemente de exame do local, a imediata remoção das pessoas que tenham sofrido lesão, bem como dos veículos nele envolvidos, se estiverem no leito da via pública e prejudicarem o tráfego.

Parágrafo único. Para autorizar a remoção, a autoridade ou agente policial lavrará boletim da ocorrência, nele consignando o fato, as testemunhas que o presenciaram e todas as demais circunstâncias necessárias ao esclarecimento da verdade.

Art. 2.º Esta Lei entra em vigor na data de sua publicação, revogadas as disposições em contrário.

Brasília, 11 de dezembro de 1973; 152.º da Independência e 85.º da República.

Emílio G. Médici

LEI N. 6.538, DE 22 DE JUNHO DE 1978 (****)

Dispõe sobre os serviços postais.

O Presidente da República

Faço saber que o Congresso Nacional decreta e eu sanciono a seguinte Lei:

....

(***) Publicada no *DOU*, de 13-12-1973.

(****) Publicada no *DOU*, de 23-6-1978.

TÍTULO V
DOS CRIMES CONTRA O SERVIÇO POSTAL E O SERVIÇO DE TELEGRAMA

Art. 45. A autoridade administrativa, a partir da data em que tiver ciência da prática de crime relacionado com o serviço postal ou com o serviço de telegrama, é obrigada a representar, no prazo de 10 (dez) dias, ao Ministério Público Federal contra o autor ou autores do ilícito penal, sob pena de responsabilidade.

Art. 46. O Ministério das Comunicações colaborará com a entidade policial, fornecendo provas que foram colhidas em inquéritos ou processos administrativos e, quando possível, indicando servidor para efetuar perícias e acompanhar os agentes policiais em suas diligências.

....

DISPOSIÇÕES FINAIS

....

Art. 49. Esta Lei entrará em vigor na data de sua publicação, revogadas as disposições em contrário.

Brasília, em 22 de junho de 1978; 157.º da Independência e 90.º da República.

ERNESTO GEISEL

LEI COMPLEMENTAR N. 35, DE 14 DE MARÇO DE 1979 (*)

Dispõe sobre a Lei Orgânica da Magistratura Nacional.

O Presidente da República

Faço saber que o Congresso Nacional decreta e eu sanciono a seguinte Lei Complementar:

TÍTULO I
DO PODER JUDICIÁRIO

•• Sobre o Poder Judiciário, tratam os arts. 92 a 126 da CF.

CAPÍTULO I
DOS ÓRGÃOS DO PODER JUDICIÁRIO

Art. 1.º O Poder Judiciário é exercido pelos seguintes órgãos:

I – Supremo Tribunal Federal;

II – Conselho Nacional da Magistratura;

III – Tribunal Federal de Recursos e juízes federais;

IV – tribunais e juízes militares;

V – tribunais e juízes eleitorais;

VI – tribunais e juízos do trabalho;

VII – tribunais e juízes estaduais;

VIII – tribunal e juízes do Distrito Federal e dos Territórios.

Art. 2.º O Supremo Tribunal Federal, com sede na Capital da União e jurisdição em todo o território nacional, compõe-se de 11 (onze) ministros vitalícios, nomeados pelo Presidente da República, depois de aprovada a escolha pelo Senado Federal, dentre cidadãos maiores de 35 (trinta e cinco) anos, de notável saber jurídico e reputação ilibada.

Art. 3.º O Conselho Nacional da Magistratura, com sede na Capital da União e jurisdição em todo o território nacional, compõe-se de 7 (sete) ministros do Supremo Tribunal Federal, por este escolhidos, mediante votação nominal para um período de 2 (dois) anos, inadmitida a recusa do encargo.

§ 1.º A eleição far-se-á juntamente com a do presidente e vice-presidente do Supremo Tribunal Federal, os quais passam a integrar, automaticamente, o Conselho, nele exercendo as funções de presidente e vice-presidente, respectivamente.

§ 2.º Os ministros não eleitos poderão ser convocados pelo presidente, observada a ordem decrescente de antiguidade, para substituir os membros do Conselho, nos casos de impedimento ou afastamento temporário.

§ 3.º Junto ao Conselho funcionará o procurador-geral da República.

Art. 4.º O Tribunal Federal de Recursos, com sede na Capital da União e jurisdição em todo o território nacional, compõe-se de 27 (vinte e sete) ministros vitalícios, nomeados pelo Presidente da República, após aprovada a escolha pelo Senado Federal, salvo quanto à dos juízes federais, sendo 15 (quinze) dentre juízes federais, indicados em lista tríplice pelo próprio tribunal; 4 (quatro) dentre membros do Ministério Público federal; 4 (quatro) dentre advogados maiores de 35 (trinta e cinco) anos, de notável saber jurídico e de reputação ilibada; e 4 (quatro) dentre magistrados ou membros do Ministério Público dos Estados e do Distrito Federal.

Art. 5.º Os juízes federais serão nomeados pelo Presidente da República, escolhidos, sempre que possível, em lista tríplice, organizada pelo Tribunal Federal de Recursos, dentre os candidatos com idade superior a 25 (vinte e cinco) anos, de reconhecida idoneidade moral, aprovados em concurso público de provas e títulos, além da satisfação de outros requisitos especificados em lei.

§ 1.º Cada Estado, bem como o Distrito Federal, constitui uma Seção Judiciária, que tem por sede a respectiva Capital, e varas localizadas segundo o estabelecido em lei.

• A Lei Complementar n. 20, de 1.º-7-1974, dispõe sobre a criação de Estados e Territórios, estabelecendo, em seu art. 8.º, que os

(*) Publicada no *DOU*, de 14-3-1979. A Emenda Constitucional n. 45, de 8-12-2004, aprovou a Reforma do Judiciário.

Estados do Rio de Janeiro e da Guanabara passam a constituir um único Estado, sob a denominação de Estado do Rio de Janeiro, a partir de 15-3-1977; a Lei Complementar n. 31, de 11-10-1977, cria o Estado de Mato Grosso do Sul, pelo desmembramento de área do Estado de Mato Grosso (art. 1.º); a Lei Complementar n. 41, de 22-12-1981, cria o Estado de Rondônia, e a CF (art. 13 do ADCT) cria o Estado do Tocantins.

§ 2.º Nos Territórios do Amapá, Roraima e Rondônia, a jurisdição e as atribuições cometidas aos juízes federais caberão aos juízes da justiça local, na forma que a lei dispuser. O Território de Fernando de Noronha está compreendido na Seção Judiciária do Estado de Pernambuco.

Art. 6.º O Superior Tribunal Militar, com sede na Capital da União e jurisdição em todo o território nacional, compõe-se de 15 (quinze) ministros vitalícios, nomeados pelo Presidente da República, depois de aprovada a escolha pelo Senado Federal, sendo 3 (três) dentre oficiais-generais da Marinha, 4 (quatro) dentre oficiais-generais do Exército e 3 (três) dentre oficiais-generais da Aeronáutica, todos da ativa, e 5 (cinco) dentre civis, maiores de 35 (trinta e cinco) anos, dos quais 3 (três) cidadãos de notório saber jurídico e idoneidade moral, com mais de 10 (dez) anos de prática forense, e 2 (dois) juízes-auditores ou membros do Ministério Público da Justiça Militar, de comprovado saber jurídico.

Art. 7.º São órgãos da Justiça Militar da União, além do Superior Tribunal Militar, os juízes-auditores e os Conselhos de Justiça, cujos números, organização e competência são definidos em lei.

Art. 8.º O Tribunal Superior Eleitoral, com sede na Capital da União e jurisdição em todo o território nacional, é composto de 7 (sete) juízes, dos quais 3 (três) ministros do Supremo Tribunal Federal e 2 (dois) ministros do Tribunal Federal de Recursos, escolhidos pelo respectivo tribunal, mediante eleição, pelo voto secreto, e 2 (dois) nomeados pelo Presidente da República, dentre 6 (seis) advogados de notável saber jurídico e idoneidade moral, indicados pelo Supremo Tribunal Federal.

Art. 9.º Os Tribunais Regionais Eleitorais, com sede na Capital do Estado em que tenham jurisdição e no Distrito Federal, compõem-se de 4 (quatro) juízes eleitos, pelo voto secreto, pelo respectivo Tribunal de Justiça, sendo 2 (dois) dentre desembargadores e 2 (dois) dentre juízes de direito; 1 (um) juiz federal, escolhido pelo Tribunal Federal de Recursos, se na Seção Judiciária houver mais de um, e, por nomeação do Presidente da República, de 2 (dois) dentre 6 (seis) cidadãos de notável saber jurídico e idoneidade moral, indicados pelo Tribunal de Justiça.

Art. 10. Os juízes do Tribunal Superior Eleitoral e dos Tribunais Regionais Eleitorais, bem como os respectivos substitutos, escolhidos na mesma ocasião e por igual processo, salvo motivo justificado, servirão, obrigatoriamente, por 2 (dois) anos, no mínimo, e nunca por mais de dois biênios consecutivos.

Art. 11. Os juízes de direito exercem as funções de juízes eleitorais, nos termos da lei.

§ 1.º A lei pode outorgar a outros juízes competência para funções não decisórias.

§ 2.º Para a apuração de eleições, constituir-se-ão Juntas Eleitorais, presididas por juiz de direito, e cujos membros, indicados conforme dispuser a legislação eleitoral, serão aprovados pelo Tribunal Regional Eleitoral e nomeados pelo seu presidente.

Art. 12. O Tribunal Superior do Trabalho, com sede na Capital da União e jurisdição em todo o território nacional, compõe-se de 17 (dezessete) ministros, nomeados pelo Presidente da República, 11 (onze) dos quais togados e vitalícios, depois de aprovada a escolha pelo Senado Federal, sendo 7 (sete) dentre magistrados da Justiça do Trabalho, 2 (dois) dentre advogados no exercício efetivo da profissão, e 2 (dois) dentre membros do Ministério Público da Justiça do Trabalho, maiores de 35 (trinta e cinco) anos, de notável saber jurídico e reputação ilibada, e 6 (seis) classistas temporários, em representação paritária dos empregadores e dos trabalhadores, de conformidade com a lei, e vedada a recondução por mais de dois períodos de 3 (três) anos.

Art. 13. Os Tribunais Regionais do Trabalho, com sede, jurisdição e número definidos em lei, compõem-se de dois terços de juízes togados e vitalícios e um terço de juízes classistas e temporários, todos nomeados pelo Presidente da República, observada, quanto aos juízes togados, a proporcionalidade fixada no art. 12 relativamente aos juízes de carreira, advogados e membros do Ministério Público da Justiça do Trabalho e, em relação aos juízes classistas, a proibição constante da parte final do artigo anterior.

Art. 14. As Juntas de Conciliação e Julgamento têm a sede, a jurisdição e a composição definidas em lei, assegurada a paridade de representação entre empregadores e trabalhadores, e inadmitida a recondução dos representantes classistas por mais de dois períodos de 3 (três) anos.

•• Com o advento da Emenda Constitucional n. 24, de 9-12-1999, que extinguiu a figura do juiz classista na Justiça do Trabalho, as Juntas de Conciliação e Julgamento passaram à denominação de Varas do Trabalho.

§ 1.º Nas comarcas onde não for instituída Junta de Conciliação e Julgamento, poderá a lei atribuir as suas funções aos juízes de direito.

•• Com o advento da Emenda Constitucional n. 24, de 9-12-1999, que extinguiu a figura do juiz classista na Justiça do Trabalho, as Juntas de Conciliação e Julgamento passaram à denominação de Varas do Trabalho.

§ 2.º Poderão ser criados por lei outros órgãos da Justiça do Trabalho.

Art. 15. Os órgãos do Poder Judiciário da União (art. 1.º, I a VI) têm a organização e a competência definidas na Constituição, na lei e, quanto aos tribunais, ainda, no respectivo Regimento Interno.

Art. 16. Os Tribunais de Justiça dos Estados, com sede nas respectivas Capitais e jurisdição no território estadual, e os Tribunais de Alçada, onde forem criados, têm a composição, a organização e a competência estabelecidas na Constituição, nesta Lei, na legislação estadual e nos seus Regimentos Internos.

Parágrafo único. Nos Tribunais de Justiça com mais de vinte e cinco desembargadores, será constituído órgão especial, com o mínimo de onze e o máximo de vinte e cinco membros, para o exercício das atribuições administrativas e jurisdicionais, da competência do tribunal pleno, bem como para uniformização da jurisprudência no caso de divergência entre suas seções.

Art. 17. Os juízes de direito, onde não houver juízes substitutos, e estes, onde os houver, serão nomeados mediante concurso público de provas e títulos.

§ 1.º (*Vetado.*)

§ 2.º Antes de decorrido o biênio do estágio, e desde que seja apresentada a proposta do tribunal ao Chefe do Poder Executivo, para o ato de exoneração, o juiz substituto ficará automaticamente afastado de suas funções e perderá o direito a vitaliciedade, ainda que o ato de exoneração seja assinado após o decurso daquele período.

§ 3.º Os juízes de direito e os juízes substitutos têm a sede, a jurisdição e a competência fixadas em lei.

§ 4.º Poderão os Estados instituir, mediante proposta do respectivo Tribunal de Justiça, ou órgão especial, juízes togados, com investidura limitada no tempo e competência para o julgamento de causas de pequeno valor e crimes a que não seja cominada pena de reclusão, bem como para a substituição dos juízes vitalícios.

§ 5.º Podem, ainda, os Estados criar justiça de paz temporária, competente para o processo de habilitação e celebração de casamento.

Art. 18. São órgãos da Justiça Militar estadual os Tribunais de Justiça e os Conselhos de Justiça, cujas composição, organização e competência são definidas na Constituição e na lei.

Parágrafo único. Nos Estados de Minas Gerais, Paraná, Rio Grande do Sul e São Paulo, a segunda instância da Justiça Militar estadual é constituída pelo respectivo Tribunal Militar, integrado por oficiais do mais alto posto da Polícia Militar e por civis, sempre em número ímpar, excedendo os primeiros aos segundos em uma unidade.

Art. 19. O Tribunal de Justiça do Distrito Federal e dos Territórios, com sede na Capital da União, tem a composição, a organização e a competência estabelecidas em lei.

Art. 20. Os juízes de direito e os juízes substitutos da Justiça do Distrito Federal e dos Territórios, vitalícios após 2 (dois) anos de exercício, investidos mediante concurso público de provas e títulos, e os juízes togados temporários, todos nomeados pelo Presidente da República, têm a sede, a jurisdição e a competência prescritas em lei.

Capítulo II
DOS TRIBUNAIS

Art. 21. Compete aos tribunais, privativamente:

I – eleger seus presidentes e demais titulares de sua direção, observado o disposto na presente Lei;

II – organizar seus serviços auxiliares, provendo-lhes os cargos, na forma da lei; propor ao Poder Legislativo a criação ou a extinção de cargos e a fixação dos respectivos vencimentos;

III – elaborar seus regimentos internos e neles estabelecer, observada esta Lei, a competência de suas câmaras ou turmas isoladas, grupos, seções ou outros órgãos com funções jurisdicionais ou administrativas;

IV – conceder licença e férias, nos termos da lei, aos seus membros e aos juízes e serventuários que lhes são imediatamente subordinados;

V – exercer a direção e a disciplina dos órgãos e serviços que lhes forem subordinados;

VI – julgar, originariamente, os mandados de segurança contra seus atos, os dos respectivos presidentes e os de suas câmaras, turmas ou seções.

Capítulo III
DOS MAGISTRADOS

Art. 22. São vitalícios:

I – a partir da posse:

a) os ministros do Supremo Tribunal Federal;

b) os ministros do Tribunal Federal de Recursos;

c) os ministros do Superior Tribunal Militar;

d) os ministros e juízes togados do Tribunal Superior do Trabalho e dos Tribunais Regionais do Trabalho;

e) os desembargadores, os juízes dos Tribunais de Alçada e dos Tribunais de segunda instância da Justiça Militar dos Estados;

•• Alínea *e* com redação determinada pela Lei Complementar n. 37, de 13-11-1979.

II – após 2 (dois) anos de exercício:

a) os juízes federais;

b) os juízes-auditores e juízes-auditores substitutos da Justiça Militar da União;

c) os juízes do trabalho presidentes de Junta de Conciliação e Julgamento e os juízes do trabalho substitutos;

d) os juízes de direito e os juízes substitutos da Justiça dos Estados, do Distrito Federal e dos Territórios, bem assim os juízes-auditores da Justiça Militar dos Estados.

•• Inciso II e alíneas com redação determinada pela Lei Complementar n. 37, de 13-11-1979.

§ 1.º Os juízes mencionados no inciso II deste artigo, mesmo que não hajam adquirido a vitaliciedade, não poderão perder o cargo senão por proposta do tribunal ou do órgão especial competente, adotada pelo voto de dois terços de seus membros efetivos.

•• § 1.º com redação determinada pela Lei Complementar n. 37, de 13-11-1979.

§ 2.º Os juízes a que se refere o inciso II deste artigo, mesmo que não hajam adquirido a vitaliciedade, poderão praticar todos os atos reservados por lei aos juízes vitalícios.

•• § 2.º com redação determinada pela Lei Complementar n. 37, de 13-11-1979.

Art. 23. Os juízes e membros de tribunais e Juntas Eleitorais, no exercício de suas funções e no que lhes for aplicável, gozarão de plenas garantias e serão inamovíveis.

Art. 24. O juiz togado, de investidura temporária (art. 17, § 4.º), poderá ser demitido, em caso de falta grave, por proposta do tribunal ou do órgão especial, adotada pelo voto de dois terços de seus membros efetivos.

Parágrafo único. O *quorum* de dois terços de membros efetivos do tribunal, ou de seu órgão especial, será apurado em relação ao número de desembargadores em condições legais de votar, como tal se considerando os não atingidos por impedimento ou suspeição e os não licenciados por motivo de saúde.

Título II
DAS GARANTIAS DA MAGISTRATURA E DAS PRERROGATIVAS DO MAGISTRADO

Capítulo I
DAS GARANTIAS DA MAGISTRATURA

Seção I
Da Vitaliciedade

Art. 25. Salvo as restrições expressas na Constituição, os magistrados gozam das garantias de vitaliciedade, inamovibilidade e irredutibilidade de vencimentos.

Art. 26. O magistrado vitalício somente perderá o cargo (*Vetado*):

I – em ação penal por crime comum ou de responsabilidade;

II – em procedimento administrativo para a perda do cargo nas hipóteses seguintes:

a) exercício, ainda que em disponibilidade, de qualquer outra função, salvo um cargo de magistério superior, público ou particular;

b) recebimento, a qualquer título e sob qualquer pretexto, de percentagens ou custas nos processos sujeitos a seu despacho e julgamento;

c) exercício de atividade político-partidária.

§ 1.º O exercício de cargo de magistério superior, público ou particular, somente será permitido se houver correlação de matérias e compatibilidade de horários, vedado, em qualquer hipótese, o desempenho de função de direção administrativa ou técnica de estabelecimento de ensino.

• A Resolução n. 34, de 24-4-2007, do CNJ, dispõe sobre o exercício de atividades do magistério pelos integrantes da magistratura nacional.

§ 2.º Não se considera exercício do cargo o desempenho de função docente em curso oficial de preparação para judicatura ou aperfeiçoamento de magistrados.

Art. 27. O procedimento para a decretação da perda do cargo terá início por determinação do tribunal, ou do seu órgão especial, a que pertença ou esteja subordinado o magistrado, de ofício ou mediante representação fundamentada do Poder Executivo ou Legislativo, do Ministério Público ou do Conselho Federal ou Seccional da Ordem dos Advogados do Brasil.

§ 1.º Em qualquer hipótese, a instauração do processo proceder-se-á da defesa prévia do magistrado, no prazo de 15 (quinze) dias, contado da entrega da cópia do teor da acusação e das provas existentes, que lhe remeterá o presidente do tribunal, mediante ofício, nas 48 (quarenta e oito) horas imediatamente seguintes à apresentação da acusação.

§ 2.º Findo o prazo da defesa prévia, haja ou não sido apresentada, o presidente, no dia útil imediato, convocará o tribunal ou o seu órgão especial para que, em sessão secreta, decida sobre a instauração do processo, e, caso determinada esta, no mesmo dia distribuirá o feito e fará entregá-lo ao relator.

§ 3.º O tribunal ou o seu órgão especial, na sessão em que ordenar a instauração do processo, como no curso dele, poderá afastar o magistrado do exercício das suas funções, sem prejuízo dos vencimentos e das vantagens, até a decisão final.

§ 4.º As provas requeridas e deferidas, bem como as que o relator determinar de ofício, serão produzidas no prazo de 20 (vinte) dias, cientes o Ministério Público, o magistrado ou o procurador por ele constituído, a fim de que possam delas participar.

§ 5.º Finda a instrução, o Ministério Público e o magistrado ou seu procurador terão, sucessivamente, vista dos autos por 10 (dez) dias, para razões.

§ 6.º O julgamento será realizado em sessão secreta do tribunal ou de seu órgão especial, depois de relatório oral, e a decisão no sentido da penalização do magistrado só será tomada pelo voto de dois terços dos membros do colegiado, em escrutínio secreto.

§ 7.º Da decisão publicar-se-á somente a conclusão.

§ 8.º Se a decisão concluir pela perda do cargo, será comunicada, imediatamente, ao Poder Executivo, para a formalização do ato.

Art. 28. O magistrado vitalício poderá ser compulsoriamente aposentado ou posto em disponibilidade, nos termos da Constituição e da presente Lei.

Art. 29. Quando, pela natureza ou gravidade da infração penal, se torne aconselhável o recebimento de denúncia ou de queixa contra magistrado, o tribunal, ou seu órgão especial, poderá, em decisão tomada pelo voto de dois terços de seus membros, determinar o afastamento do cargo do magistrado denunciado.

Seção II
Da Inamovibilidade

Art. 30. O juiz não poderá ser removido ou promovido senão com seu assentimento, manifestado na forma da lei, ressalvado o disposto no art. 45, I.

Art. 31. Em caso de mudança da sede do juízo será facultado ao juiz remover-se para ela ou para comarca de igual entrância, ou obter a disponibilidade com vencimentos integrais.

Seção III
Da Irredutibilidade de Vencimentos

Art. 32. Os vencimentos dos magistrados são irredutíveis, sujeitos, entretanto, aos impostos gerais, inclusive o de renda, e aos impostos extraordinários.

Parágrafo único. A irredutibilidade dos vencimentos dos magistrados não impede os descontos fixados em lei, em base igual à estabelecida para os servidores públicos, para fins previdenciários.

Capítulo II
DAS PRERROGATIVAS DO MAGISTRADO

Art. 33. São prerrogativas do magistrado:

I – ser ouvido como testemunha em dia, hora e local previamente ajustados com a autoridade ou juiz de instância igual ou inferior;

II – não ser preso senão por ordem escrita do tribunal ou do órgão especial competente para o julgamento, salvo em flagrante de crime inafiançável, caso em que a autoridade fará imediata comunicação e apresentação do magistrado ao presidente do tribunal a que esteja vinculado (*Vetado*);

III – ser recolhido a prisão especial, ou a sala especial de Estado-Maior, por ordem e à disposição do tribunal ou do órgão especial competente, quando sujeito a prisão antes do julgamento final;

• *Vide* art. 295 do CPP.

IV – não estar sujeito a notificação ou a intimação para comparecimento, salvo se expedida por autoridade judicial;

V – portar arma de defesa pessoal.

Parágrafo único. Quando, no curso de investigação, houver indício da prática de crime por parte do magistrado, a autoridade policial, civil ou militar, remeterá os respectivos autos ao tribunal ou órgão especial competente para o julgamento, a fim de que prossiga na investigação.

Art. 34. Os membros do Supremo Tribunal Federal, do Tribunal Federal de Recursos, do Superior Tribunal Militar, do Tribunal Superior Eleitoral e do Tribunal Superior do Trabalho têm o título de ministro; os dos Tribunais de Justiça, o de desembargador; sendo o de juiz privativo dos integrantes dos outros tribunais e da magistratura de primeira instância.

Título III
DA DISCIPLINA JUDICIÁRIA

•• O CNJ, em sessão ordinária do dia 6-8-2008, aprova o Código de Ética da Magistratura Nacional.

Capítulo I
DOS DEVERES DO MAGISTRADO

Art. 35. São deveres do magistrado:

I – cumprir e fazer cumprir, com independência, serenidade e exatidão, as disposições legais e atos de ofício;

II – não exceder injustificadamente os prazos para sentenciar ou despachar;

•• Os arts. 139, II, 143, II e parágrafo único, 226, 227 e 235 do CPC dispõem sobre excesso de prazo.

III – determinar as providências necessárias para que os atos processuais se realizem nos prazos legais;

IV – tratar com urbanidade as partes, os membros do Ministério Público, os advogados, as testemunhas, os funcionários e auxiliares da justiça, e atender aos que o procurarem, a qualquer momento, quando se trate de providência que reclame e possibilite solução de urgência;

V – residir na sede da comarca, salvo autorização do órgão disciplinar a que estiver subordinado;

VI – comparecer pontualmente à hora de iniciar-se o expediente ou a sessão, e não se ausentar injustificadamente antes de seu término;

VII – exercer assídua fiscalização sobre os subordinados, especialmente no que se refere à cobrança de custas e emolumentos, embora não haja reclamação das partes;

VIII – manter conduta irrepreensível na vida pública e particular.

Art. 36. É vedado ao magistrado:

I – exercer o comércio ou participar de sociedade comercial, inclusive de economia mista, exceto como acionista ou quotista;

II – exercer cargo de direção ou técnico de sociedade civil, associação ou fundação, de qualquer natureza ou finalidade, salvo de associação de classe, e sem remuneração;

III – manifestar, por qualquer meio de comunicação, opinião sobre processo pendente de julgamento, seu ou de outrem, ou juízo depreciativo sobre despachos, votos ou sentenças, de órgãos judiciais, ressalvada a crítica nos autos e em obras técnicas ou no exercício do magistério.

Parágrafo único. (*Vetado*.)

Art. 37. Os tribunais farão publicar, mensalmente, no órgão oficial, dados estatísticos sobre seus trabalhos no mês anterior, entre os quais: o número de votos que cada um de seus membros, nominalmente indicado, proferiu como relator e revisor; o número de feitos que lhe foram distribuídos no mesmo período; o número de processos que recebeu em consequência de pedido de vista ou como revisor; a relação dos feitos que lhe foram conclusos para voto, despacho e lavratura de acórdão, ainda não devolvidos, embora decorridos os prazos legais, com as datas das respectivas conclusões.

Parágrafo único. Compete ao presidente do tribunal velar pela regularidade e pela exatidão das publicações.

Art. 38. Sempre que, encerrada a sessão, restarem em pauta ou em mesa mais de 20 (vinte) feitos sem julgamento, o presidente fará realizar uma ou mais sessões extraordinárias, destinadas ao julgamento daqueles processos.

Art. 39. Os juízes remeterão, até o dia 10 de cada mês, ao órgão corregedor competente de segunda instância, informação a respeito dos feitos em seu poder, cujos prazos para despacho ou decisão hajam sido excedidos, bem como indicação do número de sentenças proferidas no mês anterior.

Capítulo II
DAS PENALIDADES

Art. 40. A atividade censória de tribunais e conselhos é exercida com o resguardo devido à dignidade e à independência do magistrado.

Art. 41. Salvo os casos de impropriedade ou excesso de linguagem, o magistrado não pode ser punido ou prejudicado pelas opiniões que manifestar ou pelo teor das decisões que proferir.

Art. 42. São penas disciplinares:

I – advertência;

II – censura;

III – remoção compulsória;

IV – disponibilidade com vencimentos proporcionais ao tempo de serviço;

V – aposentadoria compulsória com vencimentos proporcionais ao tempo de serviço;

VI – demissão.

Parágrafo único. As penas de advertência e de censura somente são aplicáveis aos juízes de primeira instância.

Art. 43. A pena de advertência aplicar-se-á reservadamente, por escrito, no caso de negligência no cumprimento dos deveres do cargo.

Art. 44. A pena de censura será aplicada reservadamente, por escrito, no caso de reiterada negligência no cumprimento dos deveres do cargo, ou no de procedimento incorreto, se a infração não justificar punição mais grave.

Parágrafo único. O juiz punido com a pena de censura não poderá figurar em lista de promoção por merecimento pelo prazo de 1 (um) ano, contado da imposição da pena.

Art. 45. O tribunal ou seu órgão especial poderá determinar, por motivo de interesse público, em escrutínio secreto e pelo voto de dois terços de seus membros efetivos:

I – a remoção de juiz de instância inferior;

II – a disponibilidade de membro do próprio tribunal ou de juiz de instância inferior, com vencimentos proporcionais ao tempo de serviço.

Parágrafo único. Na determinação de *quorum* de decisão aplicar-se-á o disposto no parágrafo único do art. 24.

•• A Resolução n. 12, de 26-3-1990, do Senado Federal, suspende, de acordo com a decisão proferida pelo STF, em acórdão de 5-3-1986, a execução deste parágrafo único, nos termos do que dispõe o art. 52, X, da CF.

Art. 46. O procedimento para a decretação da remoção ou disponibilidade de magistrado obedecerá ao prescrito no art. 27 desta Lei.

Art. 47. A pena de demissão será aplicada:

I – aos magistrados vitalícios, nos casos previstos no art. 26, I e II;

II – aos juízes nomeados mediante concurso de provas e títulos, enquanto não adquirirem a vitaliciedade, e aos juízes togados temporários, em caso de falta grave, inclusive nas hipóteses previstas no art. 56.

Art. 48. Os regimentos internos dos tribunais estabelecerão o procedimento para a apuração de faltas puníveis com advertência ou censura.

Capítulo III
DA RESPONSABILIDADE CIVIL DO MAGISTRADO

•• O art. 143 do CPC dispõe sobre responsabilidade por perdas e danos do juiz.

Art. 49. Responderá por perdas e danos o magistrado, quando:

I – no exercício de suas funções, proceder com dolo ou fraude;

II – recusar, omitir ou retardar, sem justo motivo, providência que deva ordenar de ofício, ou a requerimento das partes.

Parágrafo único. Reputar-se-ão verificadas as hipóteses previstas no inciso II somente depois que a parte, por intermédio do escrivão, requerer ao magistrado que determine a providência, e este não lhe atender o pedido dentro de 10 (dez) dias.

Capítulo IV
DO CONSELHO NACIONAL DA MAGISTRATURA

Art. 50. Ao Conselho Nacional da Magistratura cabe conhecer de reclamações contra membros de tribunais, podendo avocar processos disciplinares contra juízes de primeira instância e, em qualquer caso, determinar a disponibilidade ou a aposentadoria de uns e outros, com vencimentos proporcionais ao tempo de serviço.

Art. 51. Ressalvado o poder de avocação, a que se refere o artigo anterior, o exercício das atribuições específicas do Conselho Nacional da Magistratura não prejudica a competência disciplinar dos tribunais, estabelecida em lei, nem interfere nela.

Art. 52. A reclamação contra membro de tribunal será formulada em petição, devidamente fundamentada e acompanhada de elementos comprobatórios das alegações.

§ 1.º A petição a que se refere este artigo deve ter firma reconhecida, sob pena de arquivamento liminar, salvo se assinada pelo procurador-geral da República, pelo presidente do Conselho Federal ou Seccional da Ordem dos Advogados do Brasil ou pelo procurador-geral da Justiça do Estado.

§ 2.º Distribuída a reclamação, poderá o relator, desde logo, propor ao Conselho o arquivamento, se considerar manifesta a sua improcedência.

§ 3.º Caso o relator não use da faculdade prevista no parágrafo anterior, mandará ouvir o reclamado, no prazo de 15 (quinze) dias, a fim de que, por si ou por procurador, alegue, querendo, o que entender conveniente a bem de seu direito.

§ 4.º Com a resposta do reclamado, ou sem ela, deliberará o Conselho sobre o arquivamento ou a conveniência de melhor instrução do processo, fixando prazo para a produção de provas e para as diligências que determinar.

§ 5.º Se desnecessárias outras provas ou diligências, e se o Conselho não concluir pelo arquivamento da reclamação, abrir-se-á vista para alegações, sucessivamente, pelo prazo de 10 (dez) dias, ao reclamado, ou a seu advogado, e ao procurador-geral da República.

§ 6.º O julgamento será realizado em sessão secreta do Conselho, com a presença de todos os seus membros, publicando-se somente a conclusão do acórdão.

§ 7.º Em todos os atos e termos do processo, poderá o reclamado fazer-se acompanhar ou representar por advogado, devendo o procurador-geral da República oficiar neles como fiscal da lei.

Art. 53. A avocação de processo disciplinar contra juiz de instância inferior dar-se-á mediante representação fundamentada do procurador-geral da República, do presidente do Conselho Federal ou Seccional da Ordem dos Advogados do Brasil ou do procurador-geral da Justiça do Estado, oferecida dentro de 60 (sessenta) dias da ciência da decisão disciplinar final do órgão a que estiver sujeito o juiz, ou, a qualquer tempo, se, decorridos mais de 3 (três) meses do início do processo, não houver sido proferido o julgamento.

§ 1.º Distribuída a representação, mandará o relator ouvir, em 15 (quinze) dias, o juiz e o órgão disciplinar que proferiu a decisão ou que deveria havê-la proferido.

§ 2.º Findo o prazo de 15 (quinze) dias, com ou sem as informações, deliberará o Conselho Nacional da Magistratura sobre o arquivamento da representação ou a avocação do processo, procedendo-se, neste caso, na conformidade dos §§ 4.º a 7.º do artigo anterior.

Art. 54. O processo e o julgamento das representações e reclamações serão sigilosos, para resguardar a dignidade do magistrado, sem prejuízo de poder o relator delegar a instrução a juiz de posição funcional igual ou superior à do indiciado.

Art. 55. As reuniões do Conselho Nacional da Magistratura serão secretas, cabendo a um de seus membros, designado pelo presidente, lavrar-lhes as respectivas atas, das quais constarão os nomes dos juízes presentes e, em resumo, os processos apreciados e as decisões adotadas.

Art. 56. O Conselho Nacional da Magistratura poderá determinar a aposentadoria, com vencimentos proporcionais ao tempo de serviço, do magistrado:

I – manifestamente negligente no cumprimento dos deveres do cargo;

II – de procedimento incompatível com a dignidade, a honra e o decoro de suas funções;

III – de escassa ou insuficiente capacidade de trabalho, ou cujo proceder funcional seja incompatível com o bom desempenho das atividades do Poder Judiciário.

Art. 57. O Conselho Nacional da Magistratura poderá determinar a disponibilidade de magistrado, com vencimentos proporcionais ao tempo de serviço, no caso em que a gravidade das faltas a que se reporta o artigo anterior não justifique a decretação da aposentadoria.

§ 1.º O magistrado, posto em disponibilidade por determinação do Conselho, somente poderá pleitear o seu aproveitamento, decorridos 2 (dois) anos do afastamento.

• *Vide* art. 106, § 4.º, desta Lei.

§ 2.º O pedido, devidamente instruído e justificado, acompanhado de parecer do tribunal competente, ou de seu órgão especial, será apreciado pelo Conselho Nacional da Magistratura, após parecer do procurador-geral da República. Deferido o pedido, o aproveitamento far-se-á a critério do tribunal ou seu órgão especial.

§ 3.º Na hipótese deste artigo, o tempo de disponibilidade não será computado, senão para efeito de aposentadoria.

§ 4.º O aproveitamento de magistrado, posto em disponibilidade nos termos do item IV do art. 42 e do item II do art. 45, observará as normas dos parágrafos deste artigo.

Art. 58. A aplicação da pena de disponibilidade ou aposentadoria será imediatamente comunicada ao presidente do tribunal a que pertencer ou a que estiver sujeito o magistrado, para imediato afastamento das suas funções. Igual comunicação far-se-á ao Chefe do Poder Executivo competente, a fim de que formalize o ato de declaração da disponibilidade ou aposentadoria do magistrado.

Art. 59. O Conselho Nacional da Magistratura, se considerar existente crime de ação pública, pelo que constar de reclamação ou representação, remeterá ao Ministério Público cópia das peças que entender necessárias ao oferecimento da denúncia ou à instauração de inquérito policial.

Art. 60. O Conselho Nacional da Magistratura estabelecerá, em seu regimento interno, disposições complementares das constantes deste Capítulo.

TÍTULO IV
DOS VENCIMENTOS, VANTAGENS E DIREITOS DOS MAGISTRADOS

CAPÍTULO I
DOS VENCIMENTOS E VANTAGENS PECUNIÁRIAS

Art. 61. Os vencimentos dos magistrados são fixados em lei, em valor certo, atendido o que estatui o art. 32, parágrafo único.

Parágrafo único. À magistratura de primeira instância da União assegurar-se-ão vencimentos não inferiores a dois terços dos valores fixados para os membros de segunda instância respectiva, assegurados aos ministros do Supremo Tribunal Federal vencimentos pelo menos iguais aos dos ministros de Estado, e garantidos aos juízes vitalícios do mesmo grau de jurisdição iguais vencimentos.

Art. 62. Os ministros militares e togados do Superior Tribunal Militar, bem como os ministros do Tribunal Superior do Trabalho, têm vencimentos iguais aos dos ministros do Tribunal Federal de Recursos.

Art. 63. Os vencimentos dos desembargadores dos Tribunais de Justiça dos Estados e do Tribunal de Justiça do Distrito Federal e dos Territórios não serão inferiores, no primeiro caso, aos dos secretários de Estado, e no segundo, aos dos secretários de Governo do Distrito Federal, não podendo ultrapassar, porém, os fixados para os ministros do Supremo Tribunal Federal. Os juízes vitalícios dos Estados têm os seus vencimentos fixados com diferença não excedente a 20% (vinte por cento) de uma para outra entrância, atribuindo-se aos da entrância mais elevada não menos de dois terços dos vencimentos dos desembargadores.

§ 1.º Os juízes de direito da Justiça do Distrito Federal e dos Territórios têm seus vencimentos fixados em proporção não inferior a dois terços do que percebem os desembargadores e os juízes substitutos, da mesma justiça, em percentual não inferior a 20% (vinte por cento) dos vencimentos daqueles.

§ 2.º Para o efeito de equivalência e limite de vencimentos previstos neste artigo, são excluídas de cômputo apenas as vantagens de caráter pessoal ou de natureza transitória.

Art. 64. Os vencimentos dos magistrados estaduais serão pagos na mesma data fixada para o pagamento dos vencimentos dos secretários de Estado ou dos subsídios dos membros do Poder Legislativo, considerando-se que desatende às garantias do Poder Judiciário atraso que ultrapasse o décimo dia útil do mês seguinte ao vencimento.

Art. 65. Além dos vencimentos, poderão ser outorgadas, aos magistrados, nos termos da lei, as seguintes vantagens:

• *Vide* art. 145 desta Lei.

I – ajuda de custo, para despesas de transporte e mudança;

II – ajuda de custo, para moradia, nas localidades em que não houver residência oficial à disposição do Magistrado;

•• Inciso II com redação determinada pela Lei Complementar n. 54, de 22-12-1986.

III – salário-família;

IV – diárias;

V – representação;

VI – gratificação pela prestação de serviço à Justiça Eleitoral;

VII – gratificação pela prestação de serviço à Justiça do Trabalho, nas comarcas onde não forem instituídas Juntas de Conciliação e Julgamento;

VIII – gratificação adicional de 5% (cinco por cento) por quinquênio de serviço, até o máximo de sete;

IX – gratificação de magistério, por aula proferida em curso oficial de preparação para a magistratura ou em Escola Oficial de Aperfeiçoamento de Magistrados (arts. 78, § 1.º, e 87, § 1.º), exceto quando receba remuneração específica para esta atividade;

X – gratificação pelo efetivo exercício em comarca de difícil provimento, assim definida e indicada em lei.

§ 1.º A verba de representação, salvo quando concedida em razão do exercício de cargo em função temporária, integra os vencimentos para todos os efeitos legais.

§ 2.º É vedada a concessão de adicionais ou vantagens pecuniárias não previstas na presente Lei, bem como em bases e limites superiores aos nela fixados.

§ 3.º Caberá ao respectivo Tribunal, para aplicação do disposto nos incisos I e II deste artigo, conceder ao Magistrado auxílio-transporte em até 25% (vinte e cinco por cento), auxílio-moradia em até 30% (trinta por cento), calculados os respectivos percentuais sobre os vencimentos e cessando qualquer benefício indireto que, ao mesmo título, venha sendo recebido (*Vetado*).

•• § 3.º acrescentado pela Lei Complementar n. 54, de 22-12-1986.

•• A Resolução n. 31, de 27-4-1993, do Senado Federal, suspende a execução deste parágrafo.

Capítulo II
DAS FÉRIAS

Art. 66. Os magistrados terão direito a férias anuais, por 60 (sessenta) dias, coletivas ou individuais.

§ 1.º Os membros dos tribunais, salvo os dos Tribunais Regionais do Trabalho, que terão férias individuais, gozarão de férias coletivas, nos períodos de 2 a 31 de janeiro e de 2 a 31 de julho. Os juízes de primeiro grau gozarão de férias coletivas ou individuais, conforme dispuser a lei.

§ 2.º Os tribunais iniciarão e encerrarão seus trabalhos, respectivamente, nos primeiro e último dias úteis de cada período, com a realização de sessão.

Art. 67. Se a necessidade do serviço judiciário lhes exigir a contínua presença nos tribunais, gozarão de 30 (trinta) dias consecutivos de férias individuais, por semestre:

I – os presidentes e vice-presidentes dos tribunais;

II – os corregedores;

III – os juízes das turmas ou câmaras de férias.

§ 1.º As férias individuais não podem fracionar-se em períodos inferiores a 30 (trinta) dias, e somente podem acumular-se, por imperiosa necessidade do serviço e pelo máximo de 2 (dois) meses.

§ 2.º É vedado o afastamento do tribunal ou de qualquer de seus órgãos judicantes, em gozo de férias individuais, no mesmo período, de juízes em número que possa comprometer o *quorum* de julgamento.

§ 3.º As turmas ou câmaras de férias terão a composição e competência estabelecidas no regimento interno do tribunal.

Art. 68. Durante as férias coletivas, nos tribunais em que não houver turma ou câmara de férias, poderá o presidente, ou seu substituto legal, decidir de pedidos de liminar em mandado de segurança, determinar liberdade provisória ou sustação de ordem de prisão, e demais medidas que reclamem urgência.

Capítulo III
DAS LICENÇAS

Art. 69. Conceder-se-á licença:

I – para tratamento de saúde;

II – por motivo de doença em pessoa da família;

III – para repouso à gestante;

IV – (*Vetado*.)

Art. 70. A licença para tratamento de saúde por prazo superior a 30 (trinta) dias, bem como as prorrogações que importem em licença por período ininterrupto, também superior a 30 (trinta) dias, dependem de inspeção por junta médica.

Art. 71. O magistrado licenciado não pode exercer qualquer das suas funções jurisdicionais ou administrativas, nem exercitar qualquer função pública ou particular (*Vetado*).

§ 1.º Os períodos de licenças concedidos aos magistrados não terão limites inferiores aos reconhecidos por lei ao funcionalismo da mesma pessoa de direito público.

•• § 1.º com redação determinada pela Lei Complementar n. 37, de 13-11-1979.

§ 2.º Salvo contraindicação médica, o magistrado licenciado poderá proferir decisões em processos que, antes da licença, lhe hajam sido conclusos para julgamento ou tenham recebido o seu visto como relator ou revisor.

•• § 2.º com redação determinada pela Lei Complementar n. 37, de 13-11-1979.

Capítulo IV
DAS CONCESSÕES

Art. 72. Sem prejuízo do vencimento, remuneração ou de qualquer direito ou vantagem legal, o magistrado poderá afastar-se de suas funções até 8 (oito) dias consecutivos por motivo de:

I – casamento;

II – falecimento de cônjuge, ascendente, descendente ou irmão.

Art. 73. Conceder-se-á afastamento ao magistrado, sem prejuízo de seus vencimentos e vantagens:

I – para frequência a cursos ou seminários de aperfeiçoamento e estudos, a critério do tribunal ou de seu órgão especial, pelo prazo máximo de 2 (dois) anos;

•• Inciso I com redação determinada pela Lei Complementar n. 37, de 13-11-1979.

• A Resolução n. 64, de 16-12-2008, do CNJ, dispõe sobre o afastamento de magistrados para fins de aperfeiçoamento profissional, a que se refere este inciso.

II – para a prestação de serviços, exclusivamente à Justiça Eleitoral;

III – para exercer a presidência de associação de classe.

•• Inciso III acrescentado pela Lei Complementar n. 60, de 6-10-1989.

Capítulo V
DA APOSENTADORIA

Art. 74. A aposentadoria dos magistrados vitalícios será compulsória, aos 70 (setenta) anos de idade ou por invalidez comprovada, e facultativa, após 30 (trinta) anos de serviço público, com vencimentos integrais, ressalvado o disposto nos arts. 50 e 56.

Parágrafo único. Lei ordinária disporá sobre a aposentadoria dos juízes temporários de qualquer instância.

Art. 75. Os proventos da aposentadoria serão reajustados na mesma proporção dos aumentos de vencimentos concedidos, a qualquer título, aos magistrados em atividade.

Art. 76. Os tribunais disciplinarão, nos regimentos internos, o processo de verificação da invalidez do magistrado para o fim de aposentadoria, com a observância dos seguintes requisitos:

I – o processo terá início a requerimento do magistrado, por ordem do presidente do tribunal, de ofício, em cumprimento de deliberação do tribunal ou de seu órgão especial ou por provocação da Corregedoria de Justiça;

II – tratando-se de incapacidade mental, o presidente do tribunal nomeará curador ao paciente, sem prejuízo da defesa que este queira oferecer pessoalmente, ou por procurador que constituir;

III – o paciente deverá ser afastado, desde logo, do exercício do cargo, até final decisão, devendo ficar concluído o processo no prazo de 60 (sessenta) dias;

IV – a recusa do paciente em submeter-se a perícia médica permitirá o julgamento baseado em quaisquer outras provas;

V – o magistrado que, por 2 (dois) anos consecutivos, afastar-se, ao todo, por 6 (seis) meses ou mais, para tratamento de saúde, deverá submeter-se, ao requerer nova licença para igual fim, dentro de 2 (dois) anos, a exame para verificação de invalidez;

VI – se o tribunal ou seu órgão especial concluir pela incapacidade do magistrado, comunicará imediatamente a decisão ao Poder Executivo, para os devidos fins.

Art. 77. Computar-se-á, para efeito de aposentadoria e disponibilidade, o tempo de exercício da advocacia, até o máximo de 15 (quinze) anos, em favor dos ministros do Supremo Tribunal Federal e dos membros dos demais tribunais que tenham sido nomeados para os lugares reservados a advogados, nos termos da Constituição Federal.

TÍTULO V
DA MAGISTRATURA DE CARREIRA

CAPÍTULO I
DO INGRESSO

Art. 78. O ingresso na magistratura de carreira dar-se-á mediante nomeação, após concurso público de provas e títulos, organizado e realizado com a participação do Conselho Seccional da Ordem dos Advogados do Brasil.

§ 1.º A lei pode exigir dos candidatos, para a inscrição no concurso, título de habilitação em curso oficial de preparação para a magistratura.

§ 2.º Os candidatos serão submetidos a investigação, relativa aos aspectos moral e social, e a exame de sanidade física e mental, conforme dispuser a lei.

§ 3.º Serão indicados para nomeação, pela ordem de classificação, candidatos em número correspondente às vagas, mais dois, para cada vaga, sempre que possível.

Art. 79. O juiz, no ato da posse, deverá apresentar a declaração pública de seus bens, e prestará o compromisso de desempenhar com retidão as funções do cargo, cumprindo a Constituição e as leis.

CAPÍTULO II
DA PROMOÇÃO, DA REMOÇÃO E DO ACESSO

Art. 80. A lei regulará o processo de promoção, prescrevendo a observância dos critérios de antiguidade e de merecimento, alternadamente, e o da indicação dos candidatos à promoção por merecimento, em lista tríplice, sempre que possível.

§ 1.º Na Justiça dos Estados:

I – apurar-se-ão na entrância a antiguidade e o merecimento, este em lista tríplice, sendo obrigatória a promoção do juiz que figurar pela quinta vez consecutiva em lista de merecimento; havendo empate na antiguidade, terá precedência o juiz mais antigo na carreira;

•• O novo texto proposto pela Lei Complementar n. 37, de 13-11-1979, foi vetado. Mantivemos o texto primitivo da Lei Complementar n. 35/79.

II – para efeito da composição da lista tríplice, o merecimento será apurado na entrância e aferido com prevalência de critérios de ordem objetiva, na forma do regulamento baixado pelo Tribunal de Justiça, tendo-se em conta a conduta do juiz, sua operosidade no exercício do cargo, número de vezes que tenha figurado na lista, tanto para entrância a prover, como para as anteriores, bem como o aproveitamento em cursos de aperfeiçoamento;

III – no caso de antiguidade, o Tribunal de Justiça, ou seu órgão especial, somente poderá recusar o juiz mais antigo pelo voto da maioria absoluta de seus membros, repetindo-se a votação até fixar-se a indicação;

IV – somente após 2 (dois) anos de exercício na entrância, poderá o juiz ser promovido, salvo se não houver, com tal requisito, quem aceite o lugar vago, ou se forem recusados, pela maioria absoluta dos membros do Tribunal de Justiça, ou de seu órgão especial, candidatos que hajam completado o período.

§ 2.º Aplica-se, no que couber, aos juízes togados da Justiça do Trabalho, o disposto no parágrafo anterior.

Art. 81. Na magistratura de carreira dos Estados, ao provimento inicial e à promoção por merecimento precederá a remoção.

§ 1.º A remoção far-se-á mediante escolha pelo Poder Executivo, sempre que possível, de nome constante de lista tríplice, organizada pelo Tribunal de Justiça e contendo os nomes dos candidatos com mais de 2 (dois) anos de efetivo exercício na entrância.

§ 2.º A juízo do Tribunal de Justiça, ou de seu órgão especial, poderá, ainda, ser provida, pelo mesmo critério fixado no parágrafo anterior, vaga decorrente de remoção, destinando-se a seguinte, obrigatoriamente, ao provimento por promoção.

Art. 82. Para cada vaga destinada ao preenchimento por promoção ou por remoção, abrir-se-á inscrição distinta, sucessivamente, com a indicação da comarca ou vara a ser provida.

Parágrafo único. Ultimado o preenchimento das vagas, se mais de uma deva ser provida por merecimento, a lista conterá número de juízes igual ao das vagas mais dois.

Art. 83. A notícia da ocorrência de vaga a ser preenchida, mediante promoção ou remoção, deve ser imediatamente veiculada pelo órgão oficial próprio, com a indicação, no caso de provimento através de promoção, das que devam ser preenchidas segundo o critério de antiguidade ou de merecimento.

Art. 84. O acesso de juízes federais ao Tribunal Federal de Recursos far-se-á por escolha do Presidente da República dentre os indicados em lista tríplice, elaborada pelo tribunal.

Art. 85. O acesso de juízes-auditores e membros do Ministério Público da Justiça Militar ao Superior Tribunal Militar far-se-á por livre escolha do Presidente da República.

Art. 86. O acesso dos juízes do trabalho presidentes de Juntas de Conciliação e Julgamento ao Tribunal Regional do Trabalho, e dos juízes do trabalho substitutos àqueles cargos, far-se-á, alternadamente, por antiguidade e por merecimento, este através de lista tríplice votada por juízes vitalícios do tribunal e encaminhada ao Presidente da República.

Art. 87. Na Justiça dos Estados e do Distrito Federal e dos Territórios, o acesso dos juízes de direito aos Tribunais de Justiça far-se-á, alternadamente, por antiguidade e merecimento.

§ 1.º A lei poderá condicionar o acesso por merecimento aos tribunais, como a promoção por igual critério, à frequência, com aprovação, a curso ministrado por escola oficial de aperfeiçoamento de magistrados.

§ 2.º O disposto no parágrafo anterior aplica-se ao acesso dos juízes federais ao Tribunal Federal de Recursos.

Art. 88. Nas promoções ou acessos, havendo mais de uma vaga a ser preenchida por merecimento, a lista conterá, se possível, número de magistrados igual ao das vagas mais dois para cada uma delas.

Título VI
DO TRIBUNAL FEDERAL DE RECURSOS

Capítulo Único

•• O TFR foi extinto pela CF.

Art. 89. O Tribunal Federal de Recursos funciona:

I – em tribunal pleno;

II – em seções de turmas especializadas;

III – em turmas especializadas.

§ 1.º Compete ao tribunal pleno processar e julgar:

a) os juízes federais, os juízes dos Tribunais Regionais do Trabalho e os da primeira instância da Justiça do Trabalho, bem como os membros dos Tribunais de Conta dos Estados e do Distrito Federal e os do Ministério Público da União, nos crimes comuns e nos de responsabilidade;

b) os mandados de segurança e *habeas corpus* contra ato de ministro de Estado, do diretor-geral da Polícia Federal, do presidente do próprio tribunal ou de suas turmas ou seções;

c) os conflitos de jurisdição entre as seções;

d) as revisões criminais e ações rescisórias de seus próprios julgados.

§ 2.º Compete, ainda, ao tribunal pleno:

a) uniformizar a jurisprudência em caso de divergência na interpretação do direito entre as seções;

b) declarar a inconstitucionalidade de lei ou ato normativo;

c) eleger, pela maioria dos seus ministros, em votação secreta, o presidente, o vice-presidente e os membros do Conselho de Justiça Federal, com mandato de 2 (dois) anos, vedada a reeleição;

d) exercer as funções administrativas que lhe forem atribuídas pela lei ou no Regimento Interno;

e) dar posse aos seus ministros e aos titulares da sua direção.

§ 3.º O vice-presidente do tribunal e o corregedor-geral da Justiça Federal participarão do tribunal pleno, também com as funções de relator e revisor.

§ 4.º Haverá no Tribunal Federal de Recursos duas seções, constituídas, cada uma, pelos integrantes das turmas da respectiva área de especialização, na forma estabelecida no Regimento Interno. As seções serão presididas, uma pelo vice-presidente do tribunal e a outra pelo corregedor-geral da Justiça Federal, que nelas terão apenas voto de qualidade.

§ 5.º A cada uma das seções incumbirá processar e julgar:

a) os embargos infringentes ou de divergência das decisões das turmas da respectiva área de especialização;

b) os conflitos de jurisdição relativamente às matérias das respectivas áreas de especialização;

c) a uniformização da jurisprudência quando ocorrer divergência na interpretação do direito entre as turmas que a integram;

d) os mandados de segurança contra ato de juiz federal;

e) as revisões criminais e as ações rescisórias dos julgados de primeiro grau, da própria seção ou das respectivas turmas.

§ 6.º Haverá no Tribunal Federal de Recursos seis turmas especializadas compostas de 4 (quatro) ministros cada uma, votando apenas 3 (três) deles, na forma prevista na lei ou no Regimento Interno.

§ 7.º O presidente, o vice-presidente e o corregedor-geral da Justiça Federal não integrarão turma, podendo a ela comparecer para julgar feitos a que estejam vinculados.

Art. 90. O Regimento Interno disporá sobre as áreas de especialização do Tribunal Federal de Recursos e o número de turmas especializadas de cada uma das seções, bem assim sobre a forma de distribuição dos processos.

§ 1.º Com finalidade de abreviar o julgamento, o Regimento Interno poderá também prever casos em que será dispensada a remessa do feito ao revisor, desde que o recurso verse matéria predominantemente de direito.

§ 2.º O relator julgará pedido ou recurso que manifestamente haja perdido objeto, bem assim, mandará arquivar ou negará seguimento a pedido ou recurso manifestamente intempestivo ou incabível ou, ainda, que contrariar as questões predominantemente de direito, súmula do tribunal ou do Supremo Tribunal Federal. Deste despacho caberá agravo, em 5 (cinco) dias, para o órgão do tribunal competente, para o julgamento do pedido ou recurso, que será julgado na primeira sessão seguinte, não participando o relator da votação.

TÍTULO VII
DA JUSTIÇA DO TRABALHO

• Os arts. 643 a 735 do Decreto-lei n. 5.452, de 1.º-5-1943 (CLT), dispõem sobre Justiça do Trabalho.

CAPÍTULO ÚNICO

Art. 91. Os cargos da magistratura do trabalho são os seguintes:

I – ministro do Tribunal Superior do Trabalho;

II – juiz do Tribunal Regional do Trabalho;

III – juiz do trabalho presidente de Junta de Conciliação e Julgamento;

•• Com o advento da Emenda Constitucional n. 24, de 9-12-1999, que extinguiu a figura do juiz classista na Justiça do Trabalho, as Juntas de Conciliação e Julgamento passaram à denominação de Varas do Trabalho.

IV – juiz do trabalho substituto.

Art. 92. O ingresso na magistratura do trabalho dar-se-á no cargo de juiz do trabalho substituto.

Art. 93. Aplica-se à Justiça do Trabalho, inclusive quanto à convocação de Juiz de Tribunal Regional do Trabalho para substituir Ministro do Tribunal Superior do Trabalho, o disposto no art. 118 desta Lei.

•• *Caput* com redação determinada pela Lei Complementar n. 54, de 22-12-1986.

Parágrafo único. O sorteio, para efeito de substituição nos Tribunais Regionais do Trabalho, será feito entre os juízes presidentes de Junta de Conciliação e Julgamento da sede da Região respectiva.

Art. 94. Aos cargos de direção do Tribunal Superior do Trabalho e dos Tribunais Regionais do Trabalho aplica-se o disposto no art. 102 e seu parágrafo único.

TÍTULO VIII
DA JUSTIÇA DOS ESTADOS

CAPÍTULO I
DA ORGANIZAÇÃO JUDICIÁRIA

Art. 95. Os Estados organizarão a sua justiça com observância do disposto na Constituição Federal e na presente Lei.

Art. 96. Para a administração da justiça, a lei dividirá o território do Estado em comarcas, podendo agrupá-las em circunscrição e dividi-las em distritos.

Art. 97. Para a criação, extinção e classificação de comarcas, a legislação estadual estabelecerá critérios uniformes, levando em conta:

I – a extensão territorial;

II – o número de habitantes;

III – o número de eleitores;

IV – a receita tributária;

V – o movimento forense.

§ 1.º Os critérios a serem fixados, conforme previsto no *caput* deste artigo, deverão orientar, conforme índices também estabelecidos em lei estadual, o desdobramento de juízos ou a criação de novas varas, nas comarcas de maior importância.

§ 2.º Os índices mínimos estabelecidos em lei poderão ser dispensados, para efeito do disposto no *caput* deste artigo, em relação a município com precários meios de comunicação.

Art. 98. Quando o regular exercício das funções do Poder Judiciário for impedido por falta de recursos decorrente de injustificada redução de sua proposta orçamentária, ou pela não satisfação oportuna das dotações que lhe correspondam, caberá ao Tribunal de Justiça, pela maioria absoluta de seus membros, solicitar ao Supremo Tribunal Federal a intervenção da União no Estado.

CAPÍTULO II
DOS TRIBUNAIS DE JUSTIÇA

Art. 99. Compõem o Órgão Especial a que se refere o parágrafo único do art. 16 o presidente, o vice-presidente do Tribunal de Justiça e o corregedor da justiça, que exercerão nele iguais funções, os desembargadores de maior antiguidade no cargo, respeitada a representação de advogados e membros do Ministério Público, e inadmitida a recusa do encargo.

§ 1.º Na composição do Órgão Especial observar-se-á, tanto quanto possível, a representação, em número paritário, de todas as câmaras, turmas ou seções especializadas.

§ 2.º Os desembargadores não integrantes do órgão especial, observada a ordem decrescente de antiguidade, poderão ser convocados pelo presidente para substituir os que o componham, nos casos de afastamento ou impedimento.

Art. 100. Na composição de qualquer tribunal, um quinto dos lugares será preenchido por advogados, em efetivo exercício da profissão, e membros do Ministério Público, todos de notório merecimento e idoneidade moral, com 10 (dez) anos, pelo menos, de prática forense.

§ 1.º Os lugares reservados a membros do Ministério Público ou advogados serão preenchidos, respectivamente, por membros do Ministério Público ou por advogados, indicados em lista tríplice pelo Tribunal de Justiça ou seu órgão especial.

§ 2.º Nos tribunais em que for ímpar o número de vagas destinadas ao quinto constitucional, uma delas será, alternada e sucessivamente, preenchida por advogado e por membro do Ministério Público, de tal forma que, também sucessiva e alternadamente, os representantes de uma dessas classes superem os da outra em uma unidade.

§ 3.º Nos Estados em que houver Tribunal de Alçada, constitui este, para efeito de acesso ao Tribunal de Justiça, a mais alta entrância da magistratura estadual.

§ 4.º Os juízes que integrem os Tribunais de Alçada somente concorrerão às vagas no Tribunal de Justiça correspondente à classe dos magistrados.

• *Vide* art. 143 desta Lei.

§ 5.º Não se consideram membros do Ministério Público, para preenchimento de vagas nos tribunais, os juristas estranhos à carreira, nomeados em comissão para o cargo de procurador-geral ou outro de chefia.

•• Foi proposto um § 6.º para este artigo pela Lei Complementar n. 37, de 13-11-1979, porém este foi vetado.

Art. 101. Os tribunais compor-se-ão de câmaras ou turmas, especializadas ou agrupadas em seções especializadas. A composição e competência das câmaras ou turmas serão fixadas na lei e no Regimento Interno.

§ 1.º Salvo nos casos de embargos infringentes ou de divergência, do julgamento das câmaras ou turmas participarão apenas três dos seus membros, se maior o número de composição de umas ou outras.

§ 2.º As seções especializadas serão integradas, conforme disposto no Regimento Interno, pelas turmas ou câmaras da respectiva área de especialização.

§ 3.º A cada uma das seções caberá processar e julgar:

a) os embargos infringentes ou de divergência das decisões das turmas da respectiva área de especialização;

b) os conflitos de jurisdição relativamente às matérias das respectivas áreas de especialização;

c) a uniformização da jurisprudência, quando ocorrer divergência na interpretação do direito entre as turmas que a integram;

d) os mandados de segurança contra ato de juiz de direito;

e) as revisões criminais e as ações rescisórias dos julgamentos de primeiro grau, da própria seção ou das respectivas turmas.

§ 4.º Cada câmara, turma ou seção especializada funcionará como tribunal distinto das demais, cabendo ao tribunal pleno, ou ao seu órgão especial, onde houver, o julgamento dos feitos que, por lei, excedam a competência de seção.

Art. 102. Os tribunais, pela maioria dos seus membros efetivos, por votação secreta, elegerão dentre seus juízes mais antigos, em número correspondente ao dos cargos de direção, os titulares destes, com mandato por 2 (dois) anos, proibida a reeleição. Quem tiver exercido quaisquer cargos de direção por 4 (quatro) anos, ou o de presidente, não figurará mais entre os elegíveis, até que se esgotem todos os nomes, na ordem de antiguidade. É obrigatória a aceitação do cargo, salvo recusa manifestada e aceita antes da eleição.

Parágrafo único. O disposto neste artigo não se aplica ao juiz eleito, para completar período de mandato inferior a 1 (um) ano.

Art. 103. O presidente e o corregedor da Justiça não integrarão as câmaras ou turmas. A lei estadual poderá estender a mesma proibição também aos vice-presidentes.

§ 1.º Nos tribunais com mais de trinta desembargadores a lei de organização judiciária poderá prever a existência de mais de um vice-presidente, com as funções que a lei e o Regimento Interno determinarem, observado quanto a eles, inclusive, o disposto no *caput* deste artigo.

§ 2.º Nos Estados com mais de cem comarcas e duzentas varas poderá haver até dois corregedores, com as funções que a lei e o Regimento Interno determinarem.

Art. 104. Haverá nos Tribunais de Justiça um Conselho de Magistratura, com função disciplinar, do qual serão membros natos o presidente, o vice-presidente e o corregedor, não devendo, tanto quanto possível, seus demais integrantes ser escolhidos dentre os outros do respectivo órgão especial, onde houver. A composição, a competência e o funcionamento desse Conselho, que terá como órgão superior o tribunal pleno ou o órgão especial, serão estabelecidos no Regimento Interno.

Art. 105. A lei estabelecerá o número mínimo de comarcas a serem visitadas, anualmente, pelo corregedor, em correição-geral ordinária, sem prejuízo das correições extraordinárias, gerais ou parciais, que entenda fazer, ou haja de realizar por determinação do Conselho da Magistratura.

Art. 106. Dependerá de proposta do Tribunal de Justiça, ou de seu órgão especial, a alteração numérica dos membros do próprio tribunal ou dos tribunais inferiores de segunda instância e dos juízes de direito de primeira instância.

§ 1.º Somente será majorado o número dos membros do tribunal se o total de processos distribuídos e julgados, durante o ano anterior, superar o índice de 300 (trezentos) feitos por juiz.

§ 2.º Se o total de processos judiciais distribuídos no Tribunal de Justiça, durante o ano anterior, superar o índice de 600 (seiscentos) feitos por juiz e não for proposto o aumento de número de desembargadores, o acúmulo de serviços não excluirá a aplicação das sanções previstas nos arts. 56 e 57 desta Lei.

§ 3.º Para efeito do cálculo a que se referem os parágrafos anteriores, não serão computados os membros do tribunal que, pelo exercício de cargos de direção, não integrarem as câmaras, turmas ou seções, ou que, integrando-as, nelas não servirem como relator ou revisor.

§ 4.º Elevado o número de membros do Tribunal de Justiça ou o dos tribunais inferiores de segunda instância, ou neles ocorrendo vaga, serão previamente aproveitados os em disponibilidade, salvo o disposto no § 2.º do art. 202 da Constituição Federal e no § 1.º do art. 57 desta Lei, nas vagas reservadas aos magistrados.

§ 5.º No caso do parágrafo anterior, havendo mais de um concorrente à mesma vaga, terá preferência o de maior tempo de disponibilidade, e, sendo este o mesmo, o de maior antiguidade, sucessivamente, na substituição e no cargo.

Art. 107. É vedada a convocação ou designação de juiz para exercer cargo ou função nos tribunais, ressalvada a substituição ocasional de seus integrantes (art. 118).

Capítulo III
DOS TRIBUNAIS DE ALÇADA

•• De acordo com o art. 4.º da Emenda Constitucional n. 45, de 8-12-2004 (Reforma do Judiciário), ficam extintos os Tribunais de Alçada.

Art. 108. Poderão ser criados nos Estados, mediante proposta dos respectivos Tribunais de Justiça, tribunais inferiores de segunda instância, denominados Tribunais de Alçada, observados os seguintes requisitos:

I – ter o Tribunal de Justiça número de desembargadores igual ou superior a trinta;

II – haver o número de processos distribuídos no Tribunal de Justiça, nos dois últimos anos, superado o índice de 300 (trezentos) feitos por desembargador, em cada ano;

III – limitar-se a competência do Tribunal de Alçada, em matéria cível, a recursos:

a) em quaisquer ações relativas à locação de imóveis, bem assim nas possessórias;

b) nas ações relativas à matéria fiscal da competência dos municípios;

c) nas ações de acidentes do trabalho;

d) nas ações de procedimento sumaríssimo, em razão da matéria;

e) nas execuções por título extrajudicial, exceto as relativas à matéria fiscal da competência dos Estados;

•• Inciso III e alíneas com redação determinada pela Lei Complementar n. 37, de 13-11-1979.

IV – limitar-se a competência do Tribunal de Alçada, em matéria penal, a *habeas corpus* e recursos:

a) nos crimes contra o patrimônio, seja qual for a natureza da pena cominada;

b) nas demais infrações a que não seja cominada pena de reclusão, isolada, cumulativa ou alternativamente, excetuados os crimes ou contravenções relativas a tóxicos ou entorpecentes, e a falência.

•• Inciso IV e alíneas com redação determinada pela Lei Complementar n. 37, de 13-11-1979.

Parágrafo único. Nos Estados em que houver mais de um Tribunal de Alçada, caberá privativamente a um deles, pelo menos, exercer a competência prevista no inciso IV deste artigo.

•• Parágrafo único com redação determinada pela Lei Complementar n. 37, de 13-11-1979.

Art. 109. Nos casos de conexão ou continência entre ações de competência do Tribunal de Justiça e do Tribunal de Alçada, prorrogar-se-á a do primeiro, o mesmo ocorrendo quando, em matéria penal, houver desclassificação para crime de competência do último.

Art. 110. Os Tribunais de Alçada terão jurisdição na totalidade ou em parte do território do Estado, e sede na Capital ou em cidade localizada na área de sua jurisdição.

Parágrafo único. Aplica-se, no que couber, aos Tribunais de Alçada, o disposto nos arts. 100, *caput*, §§ 1.º, 2.º e 5.º, 101 e 102.

Art. 111. Nos Estados com mais de um Tribunal de Alçada é assegurado aos seus juízes o direito de remoção de um para outro tribunal, mediante prévia aprovação do Tribunal de Justiça, observado o quinto constitucional.

Capítulo IV
DA JUSTIÇA DE PAZ

Art. 112. A Justiça de Paz temporária, criada por lei, mediante proposta do Tribunal de Justiça, tem competência somente para o processo de habilitação e a celebração do casamento.

§ 1.º O juiz de paz será nomeado pelo governador, mediante escolha em lista tríplice, organizada pelo presidente do Tribunal de Justiça, ouvido o juiz de direito da comarca, e composta de eleitores residentes no distrito, não pertencentes a órgão de direção ou de ação de partido político. Os demais nomes constantes da lista tríplice serão nomeados primeiro e segundo suplentes.

§ 2.º O exercício efetivo da função de juiz de paz constitui serviço público relevante e assegurará prisão especial, em caso de crime comum, até definitivo julgamento.

• *Vide* art. 295 do CPP.

§ 3.º Nos casos de falta, ausência ou impedimento do juiz de paz e de seus suplentes, caberá ao juiz de direito da comarca a nomeação de juiz de paz *ad hoc*.

Art. 113. A impugnação à regularidade do processo de habilitação matrimonial e a contestação a impedimento oposto serão decididas pelo juiz de direito.

Título IX
DA SUBSTITUIÇÃO NOS TRIBUNAIS

Art. 114. O presidente do tribunal é substituído pelo vice-presidente, e este e o corregedor, pelos demais membros, na ordem decrescente de antiguidade.

Art. 115. (*Revogado pela Lei Complementar n. 54, de 22-12-1986.*)

Art. 116. Quando o afastamento for por período igual ou superior a 3 (três) dias, serão redistribuídos, mediante oportuna compensação, os *habeas corpus*, os mandados de segurança e os feitos que, consoante fundada alegação do interessado, reclamem solução urgente. Em caso de vaga, ressalvados esses processos, os demais serão atribuídos ao nomeado para preenchê-la.

Art. 117. Para compor o *quorum* de julgamento, o magistrado, nos casos de ausência ou impedimento eventual, será substituído por outro da mesma câmara ou turma, na ordem de antiguidade, ou, se impossível, de outra, de preferência da mesma seção especializada, na forma prevista no Regimento Interno. Na ausência de critérios objetivos, a convocação far-se-á mediante sorteio público, realizado pelo presidente da câmara, turma ou seção especializada.

Art. 118. Em caso de vaga ou afastamento, por prazo superior a 30 (trinta) dias, de membro dos Tribunais Superiores, dos Tribunais Regionais, dos Tribunais de Justiça e dos Tribunais de Alçada (*Vetado*) poderão ser convocados Juízes, em Substituição (*Vetado*) escolhidos (*Vetado*) por decisão da maioria absoluta do Tribunal respectivo, ou, se houver, de seu Órgão Especial.

•• *Caput* com redação determinada pela Lei Complementar n. 54, de 22-12-1986.

§ 1.º A convocação far-se-á mediante sorteio público dentre:

I – os juízes federais, para o Tribunal Federal de Recursos;

II – o corregedor e juízes-auditores para a substituição de ministro togado do Superior Tribunal Militar;

III – os juízes da comarca da Capital para os Tribunais de Justiça dos Estados onde não houver Tribunal de Alçada e, onde houver, dentre os membros deste para os Tribunais de Justiça e dentre os juízes da comarca da sede do Tribunal de Alçada para o mesmo;

IV – os juízes de direito do Distrito Federal, para o Tribunal de Justiça do Distrito Federal e dos Territórios;

V – os juízes presidentes de Junta de Conciliação e Julgamento da sede da Região para os Tribunais Regionais do Trabalho.

§ 2.º Não poderão ser convocados juízes punidos com as penas previstas no art. 42, I, II, III e IV, nem os que estejam respondendo ao procedimento previsto no art. 27.

§ 3.º A convocação de juiz de tribunal do trabalho, para substituir ministro do Tribunal Superior do Trabalho, obedecerá ao disposto neste artigo.

§ 4.º Em nenhuma hipótese, salvo vacância do cargo, haverá redistribuição de processos aos juízes convocados.

•• § 4.º acrescentado pela Lei Complementar n. 54, de 22-12-1986.

Art. 119. A redistribuição de feitos, a substituição nos casos de ausência ou impedimento eventual e a convocação para completar *quorum* de julgamento não autorizam a concessão de qualquer vantagem, salvo diárias e transporte, se for o caso.

Título X
DISPOSIÇÕES FINAIS E TRANSITÓRIAS

Art. 120. Os Regimentos Internos dos tribunais disporão sobre a devolução e julgamento dos feitos, no sentido de que, ressalvadas as preferências legais, se obedeça, tanto quanto possível, na organização das pautas, a igualdade numérica entre os processos em que o juiz funcione como relator e revisor.

Art. 121. Nos julgamentos, o pedido de vista não impede votem os juízes que se tenham por habilitados a fazê-lo, e o juiz que o formular restituirá os autos ao presidente dentro em 10 (dez) dias, no máximo, contados do dia do pedido, devendo prosseguir o julgamento do feito na primeira sessão subsequente a este prazo.

Art. 122. Os presidentes e vice-presidentes de tribunal, assim como os corregedores, não poderão participar de Tribunal Eleitoral.

Art. 123. Poderão ter seus mandatos prorrogados, por igual período, o presidente, o vice-presidente e o corregedor que, por força de disposição regimental, estejam, na data da publicação desta Lei, cumprindo mandato de 1 (um) ano.

Art. 124. O Magistrado que for convocado para substituir, em primeira ou segunda instância, perceberá a diferença de vencimentos correspondentes ao cargo que passa a exercer, inclusive diárias e transporte, se for o caso.

•• Artigo com redação determinada pela Lei Complementar n. 54, de 22-12-1986.

Art. 125. O presidente do tribunal, de comum acordo com o vice-presidente, poderá delegar-lhe atribuições.

Art. 126. O Conselho da Justiça Federal compõe-se do presidente e do vice-presidente do Tribunal Federal de Recursos, e de mais três ministros eleitos pelo tribunal, com mandato de 2 (dois) anos.

Parágrafo único. O Tribunal Federal de Recursos ao eleger os três ministros que integrarão o Conselho, indicará, dentre eles, o corregedor-geral, bem como elegerá os respectivos suplentes.

Art. 127. Nas Justiças da União, dos Estados e do Distrito Federal e dos Territórios, poderão existir outros órgãos com funções disciplinares e de correição, nos termos da lei, ressalvadas as competências dos previstos nesta.

Art. 128. Nos tribunais, não poderão ter assento na mesma turma, câmara ou seção, cônjuges e parentes consanguíneos ou afins em linha reta, bem como em linha colateral até o terceiro grau.

Parágrafo único. Nas sessões do tribunal pleno ou órgão que o substituir, onde houver, o primeiro dos membros mutuamente impedidos, que votar, excluirá a participação do outro no julgamento.

Art. 129. O magistrado, pelo exercício em órgão disciplinar ou de correição, nenhuma vantagem pecuniária perceberá, salvo transporte e diária para alimentação e pousada, quando se deslocar de sua sede.

Art. 130. (*Revogado pela Lei Complementar n. 37, de 13-11-1979.*)

Art. 131. Ao magistrado que responder a processo disciplinar, findo este, dar-se-á certidão de suas peças, se o requerer.

Art. 132. Aplicam-se à Justiça do Distrito Federal e dos Territórios, no que couber, as normas referentes à Justiça dos Estados.

Art. 133. O presidente do Supremo Tribunal Federal adotará as providências necessárias à instalação do Conselho Nacional da Magistratura no prazo de 30 (trinta) dias, contado da entrada em vigor desta Lei.

Art. 134. Concluídas as instalações que possam atender à nova composição do Tribunal Federal de Recursos, serão preenchidos 8 (oito) cargos de ministro, para completar o número de 27 (vinte e sete), nos termos do art. 4.º, devendo o presidente do tribunal, no prazo de 30 (trinta) dias, tornar efetiva a reorganização determinada nesta Lei e promover a adaptação do Regimento Interno às regras nela estabelecidas.

Parágrafo único. As disposições dos arts. 115 e 118 da Lei Complementar n. 35, de 14 de março de 1979, não se aplicarão ao Tribunal Federal de Recursos, enquanto não forem preenchidos os oito cargos de ministro, para completar o número de vinte e sete, nos termos previstos neste artigo.

•• Parágrafo único com redação determinada pela Lei Complementar n. 37, de 13-11-1979.

Art. 135. O mandato dos membros do Conselho Nacional da Magistratura eleitos no prazo do artigo anterior, com início na data da sua eleição, terminará juntamente com o do presidente e do vice-presidente do Supremo Tribunal Federal eleitos em substituição aos atuais.

Art. 136. Para efeito do aumento do número de desembargadores, previsto no art. 106, § 1.º, poderá ser computado o número de processos distribuídos durante o ano anterior, e que, por força desta Lei, passaram à competência dos Tribunais de Justiça.

Art. 137. Os cargos de desembargadores criados após a promulgação da Emenda Constitucional n. 7, de 13 de abril de 1977, e ainda não providos à data da vigência desta Lei, somente o serão uma vez satisfeito o requisito constante no art. 106, § 1.º.

Art. 138. Aos juízes togados, nomeados mediante concurso de provas e ainda sujeitos a concurso de títulos consoante as legislações estaduais, computar-se-á, no período de 2 (dois) anos de estágio para aquisição da vitaliciedade, o tempo de exercício anterior a 13 de abril de 1977.

Art. 139. Dentro de 6 (seis) meses, contados da vigência desta Lei, os Estados adaptarão sua organização judiciária aos preceitos nela estabelecidos e aos constantes da Constituição Federal.

§ 1.º Nos Estados em que houver Tribunal de Alçada, os Tribunais de Justiça observarão, quanto à competência, o disposto no art. 108, III e IV.

•• § 1.º com redação determinada pela Lei Complementar n. 37, de 13-11-1979.

§ 2.º Os Tribunais de Justiça e os de Alçada conservarão, residualmente, sua competência, para o processo e julgamento dos feitos e recursos que houverem sido entregues, nas respectivas secretarias, até a data da entrada em vigor da lei estadual de adaptação prevista no art. 202 da Constituição, ainda que não tenham sido registrados ou autuados.

•• § 2.º com redação determinada pela Lei Complementar n. 37, de 13-11-1979.

Art. 140. Vencido o prazo do artigo anterior, ficarão extintos os cargos de juiz substituto de segunda instância, qualquer que seja a sua denominação, e seus ocupantes, em disponibilidade, com vencimentos integrais até serem aproveitados.

§ 1.º O aproveitamento far-se-á por promoção ao Tribunal de Justiça ou ao Tribunal de Alçada, conforme o caso, respeitado o quinto constitucional, alternadamente, pelos critérios de antiguidade e merecimento, e, enquanto não for possível, nas varas da comarca da Capital, de entrância igual à dos ocupantes dos cargos extintos.

§ 2.º No Estado do Rio de Janeiro, nas primeiras vagas que ocorrerem ou vierem a ser criadas no Tribunal de Justiça, ressalvada a faculdade do Governador, de prévio aproveitamento dos atuais desembargadores em disponibilidade (Emenda Constitucional n. 7, art. 202, § 2.º) e observado o quinto constitucional, serão aproveitados os atuais juízes de direito substitutos de desembargador, sem prejuízo da antiguidade que tiverem os demais juízes de direito de entrância especial, na oportunidade do acesso ao tribunal.

§ 3.º Os juízes substitutos dos Tribunais de Alçada do mesmo Estado serão aproveitados nas primeiras vagas que ocorrerem ou vierem a ser criadas em qualquer desses tribunais, observados os mesmos critérios deste artigo.

§ 4.º Os juízes que, na data da entrada em vigor desta Lei, estejam no exercício de função substituinte, mediante convocação temporária, reassumirão o exercício das varas de que sejam titulares.

§ 5.º É vedado o aproveitamento por forma diversa da prevista nos artigos anteriores, inclusive como assessor, assistente ou auxiliar de desembargador ou de juiz de Tribunal de Alçada.

Art. 141. Independentemente do disposto no § 3.º, do art. 100, desta Lei, fica assegurado o acesso aos Tribunais de Justiça, pelo critério de antiguidade, de todos os juízes de direito que, à data da promulgação desta Lei, integrem a mais elevada entrância, desde que, segundo as disposições estaduais então vigentes, tenham igual ou maior antiguidade do que a daqueles que integram os Tribunais de Alçada, ressalvada a recusa prevista no inciso III, do art. 144, da Constituição Federal.

Art. 142. No Estado do Rio de Janeiro a aplicação do disposto no § 3.º do art. 100 não poderá afetar a antiguidade que tiverem, na data da entrada em vigor desta Lei, os juízes que atualmente compõem a entrância especial, entre os quais se incluem os juízes que integram os Tribunais de Alçada.

Art. 143. O disposto no § 4.º do art. 100 não se aplica às vagas correntes antes da data da entrada em vigor desta Lei.

Art. 144. (*Vetado*.)

Art. 145. As gratificações e adicionais atualmente atribuídos a magistrados, não previstos no art. 65, ou excedentes das percentagens e limites nele fixados, ficam extintos e seus valores atuais passam a ser percebidos como vantagem pessoal inalterável no seu *quantum*, a ser absorvida em futuros aumentos ou reajustes de vencimentos.

Parágrafo único. A absorção a que se refere este artigo não se aplica ao excesso decorrente do número de quinquênios e não excederá de 20% (vinte por cento) em cada aumento ou reajuste de vencimento.

Art. 146. Esta Lei entrará em vigor 60 (sessenta) dias após sua publicação.

Art. 147. Revogam-se as disposições em contrário.

Brasília, em 14 de março de 1979; 158.º da Independência e 91.º da República.

ERNESTO GEISEL

REGIMENTO INTERNO DO STF (*)

Disposição Inicial

Art. 1.º Este Regimento estabelece a composição e a competência dos órgãos do Supremo Tribunal Federal, regula o processo e o julgamento dos feitos que lhe são atribuídos pela Constituição da República e a disciplina dos seus serviços.

PARTE I
DA ORGANIZAÇÃO E COMPETÊNCIA

TÍTULO I
DO TRIBUNAL

CAPÍTULO I
DA COMPOSIÇÃO DO TRIBUNAL

Art. 2.º O Tribunal compõe-se de onze Ministros, tem sede na Capital da República e jurisdição em todo o Território Nacional.

Parágrafo único. O Presidente e Vice-Presidente são eleitos pelo Tribunal, dentre os Ministros.

Art. 3.º São órgãos do Tribunal o Plenário, as Turmas e o Presidente.

Art. 4.º As Turmas são constituídas de cinco Ministros.

§ 1.º A Turma é presidida pelo Ministro mais antigo dentre seus membros, por um período de um ano, vedada a recondução, até que todos os seus integrantes hajam exercido a Presidência, observada a ordem decrescente de antiguidade.

•• § 1.º com redação determinada pela Emenda Regimental n. 25, de 26-6-2008.

§ 2.º É facultado ao Ministro mais antigo recusar a Presidência, desde que o faça antes da proclamação de sua escolha.

•• § 2.º com redação determinada pela Emenda Regimental n. 25, de 26-6-2008.

§ 3.º Na hipótese de vacância do cargo de Presidente de Turma, assumir-lhe-á, temporariamente, a Presidência o Ministro mais antigo que nela tiver assento.

•• § 3.º com redação determinada pela Emenda Regimental n. 25, de 26-6-2008.

§ 4.º A escolha do Presidente da Turma, observado o critério estabelecido no § 1.º deste artigo, dar-se-á na última sessão ordinária da Turma que preceder a cessação ordinária do mandato anual, ressalvada a situação prevista no parágrafo seguinte.

(*) Publicado no *DJU*, de 27-10-1980. O RISTF refere-se à CF de 1967, alterada pela Emenda Constitucional n. 1, de 1969. *Vide* arts. 101 a 103-A da CF. A Emenda Constitucional n. 45, de 8-12-2004, aprovou a Reforma do Judiciário.

•• § 4.º com redação determinada pela Emenda Regimental n. 25, de 26-6-2008.

§ 5.º Se a Presidência da Turma vagar-se por outro motivo, a escolha a que se refere o § 4.º deste artigo dar-se-á na sessão ordinária imediatamente posterior à ocorrência da vaga, hipótese em que o novo Presidente exercerá, por inteiro, o mandato de um ano a contar da data de sua investidura.

•• § 5.º acrescentado pela Emenda Regimental n. 25, de 26-6-2008.

§ 6.º Considera-se empossado o sucessor, em qualquer das situações a que se referem os §§ 4.º e 5.º deste artigo, na mesma data de sua escolha para a Presidência da Turma, com início e exercício do respectivo mandato a partir da primeira sessão subsequente.

•• § 6.º acrescentado pela Emenda Regimental n. 25, de 26-6-2008.

§ 7.º O Presidente da Turma é substituído, nas suas ausências ou impedimentos eventuais ou temporários, pelo Ministro mais antigo dentre os membros que a compõem.

•• § 7.º acrescentado pela Emenda Regimental n. 25, de 26-6-2008.

§ 8.º O Presidente do Tribunal, ao deixar o cargo, passa a integrar a Turma de que sai o novo Presidente.

•• § 8.º acrescentado pela Emenda Regimental n. 25, de 26-6-2008.

§ 9.º O Ministro que for eleito Vice-Presidente permanece em sua Turma.

•• § 9.º acrescentado pela Emenda Regimental n. 25, de 26-6-2008.

§ 10. O Ministro que se empossa no Supremo Tribunal Federal integra Turma onde existe a vaga.

•• § 10 acrescentado pela Emenda Regimental n. 25, de 26-6-2008.

CAPÍTULO II
DA COMPETÊNCIA DO PLENÁRIO

Art. 5.º Compete ao Plenário processar e julgar originariamente:

I – nos crimes comuns, o Presidente da República, o Vice-Presidente da República, o Presidente do Senado Federal, o Presidente da Câmara dos Deputados, os Ministros do Supremo Tribunal Federal e o Procurador-Geral da República, bem como apreciar pedidos de arquivamento por atipicidade de conduta;

•• Inciso I com redação determinada pela Emenda Regimental n. 49, de 3-6-2014.

II – (*Revogado pela Emenda Regimental n. 49, de 3-6-2014.*)

III – os litígios entre Estados estrangeiros ou organismos internacionais e a União, os Estados, o Distrito Federal ou os Territórios;

IV – as causas e conflitos entre a União, os Estados, o Distrito Federal e os Territórios ou entre uns e outros, inclusive os respectivos órgãos da administração indireta;

V – os mandados de segurança contra atos do Presidente da República, das Mesas da Câmara e do Senado Federal, do Supremo Tribunal Federal, bem como os impetrados pela União contra atos de governos estaduais, ou por um Estado contra outro;

•• Inciso V com redação determinada pela Emenda Regimental n. 49, de 3-6-2014.

VI – a declaração de suspensão de direitos prevista no art. l54 da Constituição;

VII – a representação do Procurador-Geral da República, por inconstitucionalidade ou para interpretação de lei ou ato normativo federal ou estadual;

VIII – a requisição de intervenção federal nos Estados, ressalvada a competência do Tribunal Superior Eleitoral prevista no art. 11, § 1.º, *b*, da Constituição;

IX – o pedido de avocação e as causas avocadas a que se refere o art. 119, I, *o*, da Constituição;

X – o pedido de medida cautelar nas representações oferecidas pelo Procurador-Geral da República;

XI – as ações contra atos individuais do Presidente do Conselho Nacional de Justiça e do Presidente do Conselho Nacional do Ministério Público.

•• Inciso XI acrescentado pela Emenda Regimental n. 49, de 3-6-2014.

Art. 6.º Também compete ao Plenário:

I – processar e julgar originariamente:

a) o *habeas corpus*, quando for coator ou paciente o Presidente da República, a Câmara, o Senado, o próprio Tribunal ou qualquer de seus Ministros, o Conselho Nacional da Magistratura, o Procurador-Geral da República, ou quando a coação provier do Tribunal Superior Eleitoral, ou, nos casos do art. 129, § 2.º, da Constituição, do Superior Tribunal Militar, bem assim quando se relacionar com extradição requisitada por Estado estrangeiro;

b) a revisão criminal de julgado do Tribunal;

c) a ação rescisória de julgados do Tribunal;

d a f) (*Revogadas pela Emenda Regimental n. 45, de 10-6-2011.*)

g) (*Revogada pela Emenda Regimental n. 49, de 3-6-2014.*)

h) as arguições de suspeição;

i) (*Revogada pela Emenda Regimental n. 45, de 10-6-2011.*)

II – julgar:

a) além do disposto no art. 5.º, VII, as arguições de inconstitucionalidade suscitadas nos demais processos;

b) os processos remetidos pelas Turmas e os incidentes de execução que, de acordo com o art. 343, lhe forem submetidos;

c) os *habeas corpus* remetidos ao seu julgamento pelo relator;

d) o agravo regimental contra ato do Presidente e contra despacho do Relator nos processos de sua competência;

III – julgar em recurso ordinário:

a) os *habeas corpus* denegados pelo Tribunal Superior Eleitoral ou, nos casos do art. 129, § 2.º, da Constituição, pelo Superior Tribunal Militar;

Legislação Complementar

b) os *habeas corpus* denegados pelo Tribunal Federal de Recursos, quando for coator Ministro de Estado;

c) a ação penal julgada pelo Superior Tribunal Militar, quando o acusado for Governador ou Secretário de Estado;

d) as causas em que forem partes Estado estrangeiro ou organismo internacional, de um lado, e, de outro, município ou pessoa domiciliada ou residente no País;

IV – julgar, em grau de embargos, os processos decididos pelo Plenário ou pelas Turmas, nos casos previstos neste Regimento.

Parágrafo único. Nos casos das letras *a* e *b* do inciso III, o recurso ordinário não poderá ser substituído por pedido originário.

Art. 7.º Compete ainda ao Plenário:

I – eleger o Presidente e o Vice-Presidente do Tribunal e os membros do Conselho Nacional da Magistratura;

II – eleger, dentre os Ministros, os que devam compor o Tribunal Superior Eleitoral e organizar, para o mesmo fim, as listas de advogados de notável saber jurídico e idoneidade moral a serem submetidas ao Presidente da República;

III – elaborar e votar o Regimento do Tribunal e nele dispor sobre os recursos do art. 119, III, *a* e *d*, da Constituição, atendendo à natureza, espécie ou valor pecuniário das causas em que forem interpostos, bem como à relevância da questão federal;

IV – resolver as dúvidas que forem submetidas pelo Presidente ou pelos Ministros sobre a ordem do serviço ou a interpretação e a execução do Regimento;

V – criar comissões temporárias;

VI – conceder licença ao Presidente e, por mais de 3 (três) meses, aos Ministros;

VII – deliberar sobre a inclusão, alteração e cancelamento de enunciados da Súmula da Jurisprudência Predominante do Supremo Tribunal Federal;

VIII – decidir, administrativamente, sobre o encaminhamento de solicitação de opinião consultiva ao Tribunal Permanente de Revisão do Mercosul, mediante prévio e necessário juízo de admissibilidade do pedido e sua pertinência processual a ser relatado pelo Presidente do Supremo Tribunal Federal.

•• Inciso VIII acrescentado pela Emenda Regimental n. 48, de 3-4-2012.

Art. 8.º Compete ao Plenário e às Turmas, nos feitos de sua competência:

I – julgar o agravo regimental, o de instrumento, os embargos declaratórios e as medidas cautelares;

II – censurar ou advertir os juízes das instâncias inferiores e condená-los nas custas, sem prejuízo da competência do Conselho Nacional da Magistratura;

III – homologar as desistências requeridas em sessão, antes de iniciada a votação;

IV – representar à autoridade competente quando, em autos ou documentos de que conhecer, houver indício de crime de ação pública;

V – mandar riscar expressões desrespeitosas em requerimentos, pareceres ou quaisquer alegações submetidos ao Tribunal.

Capítulo III
DA COMPETÊNCIA DAS TURMAS

Art. 9.º Além do disposto no art. 8.º, compete às Turmas:

I – processar e julgar originariamente:

a) o *habeas corpus*, quando o coator ou paciente for Tribunal, funcionário ou autoridade, cujos atos estejam diretamente subordinados à jurisdição do Supremo Tribunal Federal, ou se tratar de crime sujeito à mesma jurisdição em única instância, ressalvada a competência do Plenário;

b) os incidentes de execução que, de acordo com o art. 343, III, lhes forem submetidos;

c) a reclamação que vise a preservar a competência do Tribunal ou a garantir a autoridade de suas decisões ou Súmulas Vinculantes;

•• Alínea *c* com redação determinada pela Emenda Regimental n. 49, de 3-6-2014.

d) os mandados de segurança contra atos do Tribunal de Contas da União e do Procurador-Geral da República;

•• Alínea *d* com redação determinada pela Emenda Regimental n. 49, de 3-6-2014.

e) os mandados de injunção contra atos do Tribunal de Contas da União e dos Tribunais Superiores;

•• Alínea *e* acrescentada pela Emenda Regimental n. 45, de 10-6-2011.

f) os *habeas data* contra atos do Tribunal de Contas da União e do Procurador-Geral da República;

•• Alínea *f* acrescentada pela Emenda Regimental n. 45, de 10-6-2011.

g) a ação em que todos os membros da magistratura sejam direta ou indiretamente interessados, e aquela em que mais da metade dos membros do tribunal de origem estejam impedidos ou sejam direta ou indiretamente interessados;

•• Alínea *g* acrescentada pela Emenda Regimental n. 45, de 10-6-2011.

h) a extradição requisitada por Estado estrangeiro;

•• Alínea *h* acrescentada pela Emenda Regimental n. 45, de 10-6-2011.

i) as ações contra o Conselho Nacional de Justiça ou contra o Conselho Nacional do Ministério Público, ressalvada a competência do Plenário;

•• Alínea *i* acrescentada pela Emenda Regimental n. 49, de 3-6-2014.

j) nos crimes comuns, os Deputados e Senadores, ressalvada a competência do Plenário, bem como apreciar pedidos de arquivamento por atipicidade de conduta;

•• Alínea *j* acrescentada pela Emenda Regimental n. 49, de 3-6-2014.

k) nos crimes comuns e de responsabilidade, os Ministros de Estado e os Comandantes da Marinha, do Exército e da Aeronáutica, ressalvado o disposto no art. 52, I, da Constituição Federal, os membros dos Tribunais Superiores, os do Tribunal de Contas da União e os chefes de missão diplomática de caráter permanente, bem como apreciar pedidos de arquivamento por atipicidade da conduta;

•• Alínea *k* acrescentada pela Emenda Regimental n. 49, de 3-6-2014.

II – julgar em recurso ordinário:

a) os *habeas corpus* denegados em única ou última instância pelos tribunais locais ou federais, ressalvada a competência do Plenário;

b) a ação penal nos casos do art. 129, § 1.º, da Constituição, ressalvada a hipótese prevista no art. 6.º, III, c;

III – julgar, em recurso extraordinário, as causas a que se referem os arts. 119, III, 139 e 143 da Constituição, observado o disposto no art. 11 e seu parágrafo único.

Parágrafo único. No caso da letra *a* do inciso II, o recurso ordinário não poderá ser substituído por pedido originário.

Art. 10. A Turma que tiver conhecimento da causa ou de algum de seus incidentes, inclusive de agravo para subida de recurso denegado ou procrastinado na instância de origem, tem jurisdição preventa para os recursos, reclamações e incidentes posteriores, mesmo em execução, ressalvada a competência do Plenário e do Presidente do Tribunal.

•• *Caput* com redação determinada pela Emenda Regimental n. 9, de 8-10-2001.

§ 1.º Prevalece o disposto neste artigo, ainda que a Turma haja submetido a causa, ou algum de seus incidentes, ao julgamento do Plenário.

§ 2.º A prevenção, se não reconhecida de ofício, poderá ser arguida por qualquer das partes ou pelo Procurador-Geral até o início do julgamento pela outra Turma.

§ 3.º Desaparecerá a prevenção se da Turma não fizer parte nenhum dos Ministros que funcionaram em julgamento anterior ou se tiver havido total alteração da composição das Turmas.

§ 4.º Salvo o caso do parágrafo anterior, prevenção do Relator que deixe o Tribunal comunica-se à Turma.

•• § 4.º acrescentado pela Emenda Regimental n. 34, de 7-8-2009.

Art. 11. A Turma remeterá o feito ao julgamento do Plenário independente de acórdão e de nova pauta:

I – quando considerar relevante a arguição de inconstitucionalidade ainda não decidida pelo Plenário e o Relator não lhe houver afetado o julgamento;

II – quando, não obstante decidida pelo Plenário a questão de inconstitucionalidade, algum Ministro propuser o seu reexame;

III – quando algum Ministro propuser revisão da jurisprudência compendiada na Súmula.

Parágrafo único. Poderá a Turma proceder da mesma forma, nos casos do art. 22, parágrafo único, quando não o houver feito o Relator.

Capítulo IV
DO PRESIDENTE E DO VICE-PRESIDENTE

Art. 12. O Presidente e o Vice-Presidente têm mandato por 2 (dois) anos, vedada a reeleição para o período imediato.

§ 1.º Proceder-se-á à eleição, por voto secreto, na segunda sessão ordinária do mês anterior ao da expiração do mandato, ou na segunda sessão ordinária imediatamente posterior à ocorrência de vaga por outro motivo.

§ 2.º O *quorum* para a eleição é de oito Ministros; se não alcançado, será designada sessão extraordinária para a data mais próxima, convocados os Ministros ausentes.

§ 3.º Considera-se presente à eleição o Ministro, mesmo licenciado, que enviar seu voto, em sobrecarta fechada, que será aberta publicamente pelo Presidente, depositando-se a cédula na urna, sem quebra do sigilo.

§ 4.º Está eleito, em primeiro escrutínio, o Ministro que obtiver número de votos superior à metade dos membros do Tribunal.

§ 5.º Em segundo escrutínio, concorrerão somente os 2 (dois) Ministros mais votados no primeiro.

§ 6.º Não alcançada, no segundo escrutínio, a maioria a que se refere o § 4.º, proclamar-se-á eleito, dentre os 2 (dois), o mais antigo.

§ 7.º Realizar-se-á a posse, em sessão solene, em dia e hora marcados naquela em que se proceder à eleição.

§ 8.º Os mandatos do Presidente e do Vice-Presidente estender-se-ão até a posse dos respectivos sucessores, se marcada para data excedente do biênio.

Art. 13. São atribuições do Presidente:

I – velar pelas prerrogativas do Tribunal;

II – representá-lo perante os demais poderes e autoridades;

III – dirigir-lhe os trabalhos e presidir-lhe as sessões plenárias, cumprindo e fazendo cumprir este Regimento;

IV – (*Suprimido pela Emenda Regimental n. 18, de 2-8-2006.*)

V – despachar:

a) antes da distribuição, o pedido de assistência judiciária;

b) a reclamação por erro de ata referente a sessão que lhe caiba presidir;

c) como Relator, nos termos dos arts. 544, § 3.º, e 557 do Código de Processo Civil, até eventual distribuição, os agravos de instrumento, recursos extraordinários e petições ineptos ou de outro modo manifestamente inadmissíveis, inclusive por incompetência, intempestividade, deserção, prejuízo ou ausência de preliminar formal e fundamentada de repercussão geral, bem como aqueles cuja matéria seja destituída de repercussão geral, conforme jurisprudência do Tribunal;

•• Alínea *c* com redação determinada pela Emenda Regimental n. 24, de 20-5-2008;

•• A referência é feita ao CPC de 1973. A matéria e tratada pelos arts. 932, 1.021 e 1.042 do CPC de 2015.

d) como Relator, nos termos do art. 38 da Lei n. 8.038/90, até eventual distribuição, os *habeas corpus* que sejam inadmissíveis por incompetência manifesta, encaminhando os autos ao órgão que repute competente;

•• Alínea *d* com redação determinada pela Emenda Regimental n. 41, de 16-9-2010.

VI – executar e fazer cumprir os seus despachos, suas decisões monocráticas, suas resoluções, suas ordens e os acórdãos transitados em julgado e por ele relatados, bem como as deliberações do Tribunal tomadas em sessão administrativa e outras de interesse institucional, facultada a delegação de atribuições para a prática de atos processuais não decisórios;

•• Inciso VI com redação determinada pela Emenda Regimental n. 41, de 16-9-2010.

VII – decidir questões de ordem, ou submetê-las ao Tribunal, quando entender necessário;

VIII – decidir questões urgentes nos períodos de recesso ou de férias;

•• Inciso VIII com redação determinada pela Emenda Regimental n. 26, de 22-10-2008.

IX – proferir voto de qualidade nas decisões do Plenário, para as quais o Regimento Interno não preveja solução diversa, quando o empate na votação decorra de ausência de Ministro em virtude de:

•• Inciso IX, *caput*, com redação determinada pela Emenda Regimental n. 35, de 2-12-2009.

a) impedimento ou suspeição;

•• Alínea *a* acrescentada pela Emenda Regimental n. 35, de 2-12-2009.

b) vaga ou licença médica superior a 30 (trinta) dias, quando seja urgente a matéria e não se possa convocar o Ministro licenciado.

•• Alínea *b* acrescentada pela Emenda Regimental n. 35, de 2-12-2009.

X – dar posse aos Ministros e conceder-lhes transferência de Turma;

XI – conceder licença aos Ministros, de até 3 (três) meses, e aos servidores do Tribunal;

XII – nomear e dar posse ao Diretor-Geral, ao Secretário-Geral da Presidência, aos Secretários e aos Assessores-Chefes;

•• Inciso XII com redação determinada pela Emenda Regimental n. 50, de 19-4-2016.

XIII – superintender a ordem e a disciplina do Tribunal, bem como aplicar penalidades aos seus servidores;

XIV – apresentar ao Tribunal relatório circunstanciado dos trabalhos do ano;

XV – relatar a arguição de suspeição oposta a Ministro;

XVI – assinar a correspondência destinada ao Presidente da República; ao Vice-Presidente da República; ao Presidente do Senado Federal; aos Presidentes dos Tribunais Superiores, entre estes incluído o Tribunal de Contas da União; ao Procurador-Geral da República; aos Governadores dos Estados, do Distrito Federal; aos Chefes de Governo estrangeiro e seus representantes no Brasil; às autoridades públicas, em resposta a pedidos de informação sobre assunto pertinente ao Poder Judiciário e ao Supremo Tribunal Federal, ressalvado o disposto no inciso XVI do art. 21;

•• Inciso XVI com redação determinada pela Emenda Regimental n. 7, de 6-4-1998.

XVI-A – designar magistrados para atuação como Juiz Auxiliar do Supremo Tribunal Federal em auxílio à Presidência e aos Ministros, sem prejuízo dos direitos e vantagens de seu cargo, além dos definidos pelo Presidente em ato próprio;

•• Inciso XVI-A com redação determinada pela Emenda Regimental n. 32, de 7-8-2009.

•• Inciso XVI-A regulamentado pela Resolução n. 413, de 1.º-10-2009.

XVII – convocar audiência pública para ouvir o depoimento de pessoas com experiência e autoridade em determinada matéria, sempre que entender necessário o esclarecimento de questões ou circunstâncias de fato, com repercussão geral e de interesse público relevante, debatidas no âmbito do Tribunal;

•• Inciso XVII acrescentado pela Emenda Regimental n. 29, de 18-2-2009.

XVIII – decidir, de forma irrecorrível, sobre a manifestação de terceiros, subscrita por procurador habilitado, em audiências públicas ou em qualquer processo em curso no âmbito da Presidência;

•• Inciso XVIII acrescentado pela Emenda Regimental n. 29, de 18-2-2009.

XIX – praticar os demais atos previstos na lei e no Regimento.

•• Inciso XIX renumerado pela Emenda Regimental n. 29, de 18-2-2009.

Parágrafo único. O Presidente poderá delegar a outro Ministro o exercício da faculdade prevista no inciso VIII.

Art. 14. O Vice-Presidente substitui o Presidente nas licenças, ausências e impedimentos eventuais. Em caso de vaga, assume a presidência até a posse do novo titular.

Capítulo V
DOS MINISTROS

....

Seção II
Do Relator

Art. 21. São atribuições do Relator:

I – ordenar e dirigir o processo;

II – executar e fazer cumprir os seus despachos, suas decisões monocráticas, suas ordens e seus acórdãos transitados em julgado, bem como determinar às autoridades judiciárias e administrativas providências relativas ao andamento e à instrução dos processos de sua competência, facultada a delegação de atribuições para a prática de atos processuais não decisórios a outros Tribunais e a juízos de primeiro grau de jurisdição;

•• Inciso II com redação determinada pela Emenda Regimental n. 41, de 16-9-2010.

III – submeter ao Plenário, à Turma ou aos Presidentes, conforme a competência, questões de ordem para o bom andamento dos processos;

IV – submeter ao Plenário ou à Turma, nos processos da competência respectiva, medidas cautelares necessárias à proteção de direito suscetível de grave dano de incerta reparação, ou ainda destinadas a garantir a eficácia da ulterior decisão da causa;

V – determinar, em caso de urgência, as medidas do inciso anterior, *ad referendum* do Plenário ou da Turma;

V-A – decidir questões urgentes no plantão judicial realizado nos dias de sábado, domingo, feriados e naqueles em que o Tribunal o determinar, na forma regulamentada em Resolução;

•• Inciso V-A acrescentado pela Emenda Regimental n. 42, de 2-12-2010.

VI – determinar, em agravo de instrumento, a subida, com as razões das partes, de recurso denegado ou procrastinado, para melhor exame;

VII – requisitar os autos originais, quando necessário;

VIII – homologar as desistências, ainda que o feito se ache em mesa para julgamento;

IX – julgar prejudicado pedido ou recurso que haja perdido o objeto;

X – pedir dia para julgamento dos feitos nos quais estiver habilitado a proferir voto, ou passá-los ao Revisor, com o relatório, se for o caso;

XI – remeter *habeas corpus* ou recurso de *habeas corpus* ao julgamento do Plenário;

XII – assinar cartas de sentença;

XIII – delegar atribuições a outras autoridades judiciárias, nos casos previstos em lei e neste Regimento;

XIV – apresentar em mesa para julgamento os feitos que independam de pauta;

XV – determinar a instauração de inquérito a pedido do Procurador-Geral da República, da autoridade policial ou do ofendido, bem como o seu arquivamento, quando o requerer o Procurador-Geral da República, ou quando verificar:

•• Inciso XV, *caput*, com redação determinada pela Emenda Regimental n. 44, de 2-6-2011.

a) a existência manifesta de causa excludente da ilicitude do fato;

•• Alínea *a* acrescentada pela Emenda Regimental n. 44, de 2-6-2011.

b) a existência manifesta de causa excludente da culpabilidade do agente, salvo inimputabilidade;

•• Alínea *b* acrescentada pela Emenda Regimental n. 44, de 2-6-2011.

c) que o fato narrado evidentemente não constitui crime;

•• Alínea *c* acrescentada pela Emenda Regimental n. 44, de 2-6-2011.

d) extinta a punibilidade do agente; ou

•• Alínea *d* acrescentada pela Emenda Regimental n. 44, de 2-6-2011.

e) ausência de indícios mínimos de autoria ou materialidade;

•• Alínea *e* acrescentada pela Emenda Regimental n. 44, de 2-6-2011.

XVI – assinar a correspondência oficial, em nome do Supremo Tribunal Federal, nas matérias e nos processos sujeitos à sua competência jurisdicional, podendo dirigir-se a qualquer autoridade pública, inclusive aos Chefes dos Poderes da República;

•• Inciso XVI com redação determinada pela Emenda Regimental n. 7, de 6-4-1998.

XVII – convocar audiência pública para ouvir o depoimento de pessoas com experiência e autoridade em determinada matéria, sempre que entender necessário o esclarecimento de questões ou circunstâncias de fato, com repercussão geral ou de interesse público relevante;

•• Inciso XVII acrescentado pela Emenda Regimental n. 29, de 18-2-2009.

XVIII – decidir, de forma irrecorrível, sobre a manifestação de terceiros, subscrita por procurador habilitado, em audiências públicas ou nos processos de sua relatoria;

•• Inciso XVIII acrescentado pela Emenda Regimental n. 29, de 18-2-2009.

XIX – julgar o pedido de assistência judiciária;

•• Inciso XIX acrescentado pela Emenda Regimental n. 33, de 7-8-2009.

XX – praticar os demais atos que lhe incumbam ou sejam facultados em lei e no Regimento.

•• Inciso XIX renumerado pela Emenda Regimental n. 33, de 7-8-2009.

§ 1.º Poderá o(a) Relator(a) negar seguimento a pedido ou recurso manifestamente inadmissível, improcedente ou contrário à jurisprudência dominante ou à súmula do Tribunal, deles não conhecer em caso de incompetência manifesta, encaminhando os autos ao órgão que repute competente, bem como cassar ou reformar, liminarmente, acórdão contrário à orientação firmada nos termos do art. 543-B do Código de Processo Civil.

•• § 1.º com redação determinada pela Emenda Regimental n. 21, de 30-4-2007.

•• A referência é feita ao CPC de 1973. Dispositivos correspondentes no CPC de 2015: arts. 1.035, § 8.º, 1.036, *caput* e § 1.º, e 1.039 (Repercussão geral).

§ 2.º Poderá ainda o Relator, em caso de manifesta divergência com a Súmula, prover, desde logo, o recurso extraordinário.

•• § 2.º acrescentado pela Emenda Regimental n. 2, de 4-12-1985.

§ 3.º Ao pedir dia para julgamento ou apresentar o feito em mesa, indicará o Relator, nos autos, se o submete ao Plenário ou à Turma, salvo se pela simples designação da classe estiver fixado o órgão competente.

•• Primitivo § 2.º renumerado pela Emenda Regimental n. 2, de 4-12-1985.

§ 4.º O Relator comunicará à Presidência, para fins do art. 328 deste Regimento, as matérias sobre as quais proferir decisões de sobrestamento ou devolução de autos, nos termos do art. 543-B do CPC.

•• § 4.º acrescentado pela Emenda Regimental n. 22, de 30-11-2007.

•• A referência é feita ao CPC de 1973. Dispositivos correspondentes no CPC de 2015: arts. 1.035, § 8.º, 1.036, *caput* e § 1.º, e 1.039.

Art. 21-A. Compete ao relator convocar juízes ou desembargadores para a realização do interrogatório e de outros atos da instrução dos inquéritos criminais e ações penais originárias, na sede do tribunal ou no local onde se deva produzir o ato, bem como definir os limites de sua atuação.

•• *Caput* acrescentado pela Emenda Regimental n. 36, de 2-12-2009.

§ 1.º Caberá ao magistrado instrutor, convocado na forma do *caput*:

•• § 1.º, *caput*, acrescentado pela Emenda Regimental n. 36, de 2-12-2009.

I – designar e realizar as audiências de interrogatório, inquirição de testemunhas, acareação, transação, suspensão condicional do processo, admonitórias e outras;

•• Inciso I acrescentado pela Emenda Regimental n. 36, de 2-12-2009.

II – requisitar testemunhas e determinar condução coercitiva, caso necessário;

•• Inciso II acrescentado pela Emenda Regimental n. 36, de 2-12-2009.

III – expedir e controlar o cumprimento das cartas de ordem;

•• Inciso III acrescentado pela Emenda Regimental n. 36, de 2-12-2009.

IV – determinar intimações e notificações;

•• Inciso IV acrescentado pela Emenda Regimental n. 36, de 2-12-2009.

V – decidir questões incidentes durante a realização dos atos sob sua responsabilidade;

•• Inciso V acrescentado pela Emenda Regimental n. 36, de 2-12-2009.

VI – requisitar documentos ou informações existentes em bancos de dados;

•• Inciso VI acrescentado pela Emenda Regimental n. 36, de 2-12-2009.

VII – fixar ou prorrogar prazos para a prática de atos durante a instrução;

•• Inciso VII acrescentado pela Emenda Regimental n. 36, de 2-12-2009.

VIII – realizar inspeções judiciais;

•• Inciso VIII acrescentado pela Emenda Regimental n. 36, de 2-12-2009.

IX – requisitar, junto aos órgãos locais do Poder Judiciário, o apoio de pessoal, equipamentos e instalações adequados para os atos processuais que devam ser produzidos fora da sede do Tribunal;

•• Inciso IX acrescentado pela Emenda Regimental n. 36, de 2-12-2009.

X – exercer outras funções que lhes sejam delegadas pelo relator ou pelo Tribunal e relacionadas à instrução dos inquéritos criminais e das ações penais originárias.

•• Inciso X acrescentado pela Emenda Regimental n. 36, de 2-12-2009.

§ 2.º As decisões proferidas pelo magistrado instrutor, no exercício das atribuições previstas no parágrafo anterior, ficam sujeitas ao posterior controle do relator, de ofício ou mediante provocação do interessado, no prazo de 5 (cinco) dias contados da ciência do ato.

•• § 2.º acrescentado pela Emenda Regimental n. 36, de 2-12-2009.

Art. 22. O Relator submeterá o feito ao julgamento do Plenário, quando houver relevante arguição de inconstitucionalidade ainda não decidida.

Parágrafo único. Poderá o Relator proceder na forma deste artigo:

a) quando houver matéria em que divirjam as Turmas entre si ou alguma delas em relação ao Plenário;

b) quando, em razão da relevância da questão jurídica ou da necessidade de prevenir divergência entre as Turmas, convier pronunciamento do Plenário.

Seção III
Do Revisor

Art. 23. Há revisão nos seguintes processos:

I – ação rescisória;

II – revisão criminal;

III – ação penal originária prevista no art. 5.º, I e II;

IV – recurso ordinário criminal previsto no art. 6.º, III, *c*;

V – declaração de suspensão de direitos do art. 5.º, VI.

Parágrafo único. Nos embargos relativos aos processos referidos, não haverá revisão.

Art. 24. Será Revisor o Ministro que se seguir ao Relator na ordem decrescente de antiguidade.

Parágrafo único. Em caso de substituição definitiva do Relator, será também substituído o Revisor, consoante o disposto neste artigo.

Art. 25. Compete ao Revisor:

I – sugerir ao Relator medidas ordinatórias do processo que tenham sido omitidas;

II – confirmar, completar ou retificar o relatório;

III – pedir dia para julgamento dos feitos nos quais estiver habilitado a proferir voto.

Capítulo VI
DAS COMISSÕES

Art. 26. As Comissões colaboram no desempenho dos encargos do Tribunal.

Art. 27. As Comissões são:

I – Permanentes;

II – Temporárias.

§ 1.º São Permanentes:

I – a Comissão de Regimento;

II – a Comissão de Jurisprudência;

III – a Comissão de Documentação;

IV – a Comissão de Coordenação.

§ 2.º As Comissões Temporárias podem ser criadas pelo Plenário ou pelo Presidente e se extinguem preenchido o fim a que se destinem.

§ 3.º As Comissões Permanentes compõem-se de três membros, podendo funcionar com a presença de dois, sendo que a Comissão de Regimento possui um membro-suplente.

§ 4.º As Comissões Temporárias podem ter qualquer número de membros.

....

Art. 32. São atribuições da Comissão de Jurisprudência:

I – selecionar os acórdãos que devam publicar-se em seu inteiro teor na Revista Trimestral de Jurisprudência, preferindo os indicados pelos Relatores;

II – promover a divulgação, em sumário, das decisões não publicadas na íntegra, bem como a edição de um boletim interno, para conhecimento, antes da publicação dos acórdãos, das questões jurídicas decididas pelas Turmas e pelo Plenário;

III – providenciar a publicação, abreviada ou por extenso, das decisões sobre matéria constitucional, em volumes seriados;

IV – velar pela expansão, atualização e publicação da Súmula;

V – superintender:

a) os serviços de sistematização e divulgação da jurisprudência do Tribunal;

b) a edição da Revista Trimestral de Jurisprudência e outras publicações, bem como de índices que facilitem a pesquisa de julgados ou processos;

VI – emitir pronunciamento sobre pedido de inscrição como repertório autorizado.

....

Capítulo VIII
DA POLÍCIA DO TRIBUNAL

•• A Resolução n. 564, de 6-11-2015, regulamenta o exercício do poder de polícia previsto nestes artigos.

Art. 42. O Presidente responde pela polícia do Tribunal. No exercício dessa atribuição pode requisitar o auxílio de outras autoridades, quando necessário.

Art. 43. Ocorrendo infração à lei penal na sede ou dependência do Tribunal, o Presidente instaurará inquérito, se envolver autoridade ou pessoa sujeita à sua jurisdição, ou delegará esta atribuição a outro Ministro.

§ 1.º Nos demais casos, o Presidente poderá proceder na forma deste artigo ou requisitar a instauração de inquérito à autoridade competente.

§ 2.º O Ministro incumbido do inquérito designará escrivão dentre os servidores do Tribunal.

Art. 44. A polícia das sessões e das audiências compete ao seu Presidente.

Art. 45. Os inquéritos administrativos serão realizados consoante as normas próprias.

Capítulo IX
DA REPRESENTAÇÃO POR DESOBEDIÊNCIA OU DESACATO

Art. 46. Sempre que tiver conhecimento de desobediência à ordem emanada do Tribunal ou de seus Ministros, no exercício da função, ou de desacato ao Tribunal ou a seus Ministros, o Presidente comunicará o fato ao órgão competente do Ministério Público, provendo-o dos elementos de que dispuser para propositura da ação penal.

Art. 47. Decorrido o prazo de 30 (trinta) dias, sem que tenha sido instaurada a ação penal, o Presidente dará ciência ao Tribunal, em sessão secreta, para as providências que julgar necessárias.

Título II
DA PROCURADORIA-GERAL DA REPÚBLICA

Art. 48. O Procurador-Geral da República toma assento à mesa, à direita do Presidente.

Parágrafo único. Os Subprocuradores-Gerais poderão oficiar junto às Turmas mediante delegação do Procurador-Geral.

Art. 49. O Procurador-Geral manifestar-se-á nas oportunidades previstas em lei e neste Regimento.

Art. 50. Sempre que couber ao Procurador-Geral manifestar-se, o Relator mandará abrir-lhe vista antes de pedir dia para julgamento ou passar os autos ao Revisor.

§ 1.º Quando não fixado diversamente neste Regimento, será de quinze dias o prazo para o Procurador-Geral manifestar-se.

§ 2.º Excedido o prazo, o Relator poderá requisitar os autos, facultando, se ainda oportuna, a posterior juntada do parecer.

§ 3.º Caso omitida a vista, considerar-se-á sanada a falta se não for arguida até a abertura da sessão de julgamento, exceto em ação penal originária ou inquérito de que possa resultar responsabilidade penal.

Art. 51. Nos processos em que atuar como representante judicial da União, ou como titular da ação penal, o Procurador-Geral tem os mesmos poderes e ônus que as partes, ressalvadas as disposições expressas em lei ou neste Regimento.

Art. 52. O Procurador-Geral terá vista dos autos:

I – nas representações e outras arguições de inconstitucionalidade;

II – nas causas avocadas;

III – nos processos oriundos de Estados estrangeiros;

IV – nos litígios entre Estado estrangeiro ou organismo internacional e a União, os Estados, o Distrito Federal e os Territórios;

V – nas ações penais originárias;

VI – nas ações cíveis originárias;

VII – nos conflitos de jurisdição ou competência e de atribuições;

VIII – nos *habeas corpus* originários e nos recursos de *habeas corpus*;

IX – nos mandados de segurança;

X – nas revisões criminais e ações rescisórias;

XI – nos pedidos de intervenção federal;

XII – nos inquéritos de que possa resultar responsabilidade penal;

XIII – nos recursos criminais;

XIV – nos outros processos em que a lei impuser a intervenção do Ministério Público;

XV – nos demais processos, quando, pela relevância da matéria, ele a requerer, ou for determinada pelo Relator, Turma ou Plenário.

Parágrafo único. Salvo na ação penal originária ou nos inquéritos, poderá o Relator dispensar a vista ao Procurador-Geral quando houver urgência, ou quando sobre a matéria versada no processo já houver o Plenário firmado jurisprudência.

Art. 53. O Procurador-Geral poderá pedir preferência para julgamento de processo em pauta.

PARTE II
DO PROCESSO

TÍTULO I
DISPOSIÇÕES GERAIS

CAPÍTULO I
DO REGISTRO E CLASSIFICAÇÃO

Art. 54. As petições iniciais e os processos remetidos, ou incidentes, serão protocolados no dia da entrada, na ordem de recebimento, e registrados no primeiro dia útil imediato.

Art. 55. O registro far-se-á em numeração contínua e seriada em cada uma das classes seguintes:

I – Ação Cível Originária;

II – Ação Penal;

III – Ação Rescisória;

IV – Agravo de Instrumento;

V – Apelação Cível;

VI – Arguição de Relevância;

VII – Arguição de Suspeição;

VIII – Carta Rogatória;

IX – Comunicação;

X – Conflito de Atribuições;

XI – Conflito de Jurisdição;

XII – Extradição;

XIII – *Habeas Corpus*;

XIV – Inquérito;

XV – Intervenção Federal;

XVI – Mandado de Segurança;

XVII – Pedido de Avocação;

XVIII – Petição;

XIX – Processo Administrativo;

XX – Reclamação;

XXI – Recurso Criminal;

XXII – Recurso Extraordinário;

XXIII – Representação;

XXIV – Revisão Criminal;

XXV – Sentença Estrangeira;

XXVI – Suspensão de Direitos;

XXVII – Suspensão de Segurança;

XXVIII – Proposta de Súmula Vinculante.

•• Inciso XXVIII acrescentado pela Emenda Regimental n. 46, de 6-7-2011.

Art. 56. O Presidente resolverá, mediante instrução normativa, as dúvidas que se suscitarem na classificação dos feitos, observando-se as seguintes normas:

I – na classe *habeas corpus* serão incluídos os pedidos originários e os recursos, inclusive os da Justiça Eleitoral;

II – na classe Recurso Extraordinário serão incluídos:

a) os recursos eleitorais e trabalhistas fundados em inconstitucionalidade;

b) os recursos extraordinários criminais;

c) os recursos extraordinários em mandado de segurança;

III – na classe Recurso Criminal serão incluídos os recursos criminais ordinários;

IV – na classe Ação Penal serão incluídas as ações penais privadas;

V – na classe Inquérito serão incluídos os policiais e os administrativos, de que possa resultar responsabilidade penal, e que só passarão à classe Ação Penal após o recebimento da denúncia ou queixa;

VI – a classe Intervenção Federal compreende os pedidos autônomos e os formulados em execução de julgado do Tribunal; estes últimos serão autuados em apenso, salvo se os autos principais tiverem sido enviados a outra instância;

VII – na classe Processo Administrativo serão incluídos os que devam ser apreciados pelo Tribunal; os que devam ser submetidos ao Presidente ou ao Diretor-Geral obedecerão à classificação estabelecida pelo Presidente;

VIII – na classe Pedido de Avocação se compreende o julgamento das causas avocadas;

IX – os expedientes que não tenham classificação específica nem sejam acessórios ou incidentes serão incluídos na classe Petição, se contiverem requerimento, ou na classe Comunicação, em qualquer outro caso;

X – não se altera a classe do processo:

a) pela interposição de embargos ou agravo regimental;

b) pela exceção de suspeição de juiz de outra instância;

c) pela arguição de inconstitucionalidade formulada incidentemente pelas partes ou pelo Procurador-Geral;

d) pela reclamação por erro de ata;

e) pelos pedidos incidentes ou acessórios;

f) pelos pedidos de execução, salvo a intervenção federal;

XI – far-se-á na autuação nota distintiva do recurso ou incidente, quando este não alterar a classe e o número do processo.

CAPÍTULO II
DO PREPARO E DA DESERÇÃO

Art. 57. Salvo os casos de isenção, compete às partes antecipar o pagamento do respectivo preparo.

•• *Caput* com redação determinada pela Emenda Regimental n. 42, de 2-12-2010.

Parágrafo único. O preparo compreende o recolhimento de custas e das despesas de todos os atos do processo, inclusive o porte de remessa e retorno, quando for o caso.

•• Parágrafo único com redação determinada pela Emenda Regimental n. 42, de 2-12-2010.

Art. 58. Quando autor e réu recorrerem, cada recurso estará sujeito a preparo integral.

§ 1.º Tratando-se de litisconsortes necessários, bastará que um dos recursos seja preparado, para que todos sejam julgados, ainda que não coincidam suas pretensões.

§ 2.º O assistente é equiparado para esse efeito ao litisconsorte.

§ 3.º O terceiro prejudicado que recorrer fará o preparo do seu recurso, independentemente do preparo dos recursos que, porventura, tenham sido interpostos pelo autor ou pelo réu.

Art. 59. O recolhimento do preparo:

I – quando se tratar de recurso, será feito no tribunal de origem, perante as suas secretarias e no prazo previsto na lei processual;

II – quando se tratar de feitos de competência originária, será comprovado no ato de seu protocolo.

•• *Caput* e incisos com redação determinada pela Emenda Regimental n. 42, de 2-12-2010.

§ 1.º Nenhum recurso subirá ao Supremo Tribunal Federal, salvo caso de isenção, sem a prova do respectivo preparo e do pagamento das despesas de remessa e retorno, no prazo legal.

§ 2.º O preparo efetuar-se-á, mediante guia, à repartição arrecadadora competente, juntando-se aos autos o comprovante.

§ 3.º A não comprovação do pagamento do preparo no ato do protocolo da ação originária ou seu pagamento parcial serão certificados nos autos pela Secretaria Judiciária.

•• § 3.º com redação determinada pela Emenda Regimental n. 42, de 2-12-2010.

Art. 60. Com ou sem o preparo, os autos serão distribuídos ao Relator ou registrados à Presidência, de acordo com a respectiva competência, salvo os casos definidos neste Regimento.

•• Artigo com redação determinada pela Emenda Regimental n. 42, de 2-12-2010.

Art. 61. Cabe às partes prover o pagamento antecipado das despesas dos atos que realizem ou requeiram no processo, ficando o vencido, afinal, responsável pelas custas e despesas pagas pelo vencedor.

§ 1.º Haverá isenção do preparo:

I – nos conflitos de jurisdição, nos *habeas corpus* e nos demais processos criminais, salvo a ação penal privada;

II – nos pedidos e recursos formulados ou interpostos pelo Procurador-Geral da República, pela Fazenda Pública em geral ou por beneficiário de assistência judiciária.

§ 2.º Nas causas em que forem partes Estados estrangeiros e organismos internacionais, prevalecerá o que dispuserem os tratados ratificados pelo Brasil.

Art. 62. A assistência judiciária, perante o Tribunal, será requerida ao Presidente antes da distribuição; nos demais casos, ao Relator.

Art. 63. Sem prejuízo da nomeação, quando couber, de defensor ou curador dativo, o pedido de assistência judiciária será deferido ou não, de acordo com a legislação em vigor.

Parágrafo único. Prevalecerá no Tribunal a assistência judiciária já concedida em outra instância.

Art. 64. O pagamento dos preços cobrados pelo fornecimento de cópias, autenticadas ou não, ou de certidões por fotocópia ou meio equivalente será antecipado ou garantido com depósito na Secretaria, consoante tabela aprovada pelo Presidente.

Art. 65. A deserção do recurso por falta de preparo será declarada:

I – pelo Presidente, antes da distribuição;

II – pelo Relator;

III – pelo Plenário ou pela Turma, ao conhecer do feito.

Parágrafo único. Do despacho que declarar a deserção caberá agravo regimental.

Capítulo III
DA DISTRIBUIÇÃO

Art. 66. A distribuição será feita por sorteio ou prevenção, mediante sistema informatizado, acionado automaticamente, em cada classe de processo.

•• *Caput* com redação determinada pela Emenda Regimental n. 38, de 11-2-2010.

§ 1.º O sistema informatizado de distribuição automática e aleatória de processos é público, e seus dados são acessíveis aos interessados.

•• § 1.º acrescentado pela Emenda Regimental n. 18, de 2-8-2006.

§ 2.º Sorteado o Relator, ser-lhe-ão imediatamente conclusos os autos.

•• § 2.º acrescentado pela Emenda Regimental n. 18, de 2-8-2006.

Art. 67. Far-se-á a distribuição entre todos os Ministros, inclusive os ausentes ou licenciados por até 30 (trinta) dias, excetuado o Presidente.

§ 1.º Não haverá distribuição a cargo vago e a Ministro licenciado ou em missão oficial por mais de trinta dias, impondo-se a compensação dos feitos livremente distribuídos ao Ministro que vier assumir o cargo ou retornar da licença ou missão oficial, salvo se o Tribunal dispensar a compensação.

•• § 1.º com redação determinada pela Emenda Regimental n. 42, de 2-12-2010.

§ 2.º Será compensada a distribuição que deixar de ser feita ao Vice-Presidente quando substituir o Presidente.

•• § 2.º com redação determinada pela Emenda Regimental n. 42, de 2-12-2010.

§ 3.º Declarado o impedimento ou a suspeição pelo Relator ou pelo Tribunal, a Secretaria Judiciária procederá, *ex officio*, a novo sorteio, compensando-se a distribuição.

•• § 3.º com redação determinada pela Emenda Regimental n. 49, de 3-6-2014.

§ 4.º Haverá também compensação, quando o processo tiver de ser distribuído por prevenção a determinado Ministro.

•• Primitivo § 3.º renumerado pela Emenda Regimental n. 2, de 4-12-1985.

§ 5.º Ainda quando prevento, o Ministro que estiver ocupando a Presidência do Tribunal Superior Eleitoral será excluído da distribuição de processos com medida liminar, com posterior compensação, durante os três meses anteriores e o mês posterior ao pleito eleitoral.

•• § 5.º com redação determinada pela Emenda Regimental n. 42, de 2-12-2010.

§ 6.º A prevenção deve ser alegada pela parte na primeira oportunidade que se lhe apresente, sob pena de preclusão.

•• § 6.º acrescentado pela Emenda Regimental n. 34, de 7-8-2009.

§ 7.º O processo que retornar ao Tribunal, por alegado erro material em decisão transitada em julgado, será encaminhado ao Relator ou ao sucessor.

•• § 7.º acrescentado pela Emenda Regimental n. 34, de 7-8-2009.

§ 8.º O processo que tiver como objeto ato de Ministro do Tribunal será distribuído com sua exclusão.

•• § 8.º acrescentado pela Emenda Regimental n. 34, de 7-8-2009.

§ 9.º O Ministro que tiver exercido a Presidência do Conselho Nacional de Justiça será excluído da distribuição de processo no qual se impugne ato por ele praticado em tal exercício.

•• § 9.º acrescentado pela Emenda Regimental n. 34, de 7-8-2009.

§ 10. Nos períodos de recesso e de férias, os processos de que trata o parágrafo anterior serão encaminhados ao Vice-Presidente.

•• § 10 acrescentado pela Emenda Regimental n. 34, de 7-8-2009.

§ 11. O processo de acervo de cargo vago que determinar a prevenção de outro feito será redistribuído ao Relator sorteado para o processo prevento, com compensação.

•• § 11 acrescentado pela Emenda Regimental n. 42, de 2-12-2010.

§ 12 A prevenção do Ministro Vice-Presidente, ainda quando no exercício da Presidência, não o exclui da distribuição.

•• § 12 acrescentado pela Emenda Regimental n. 42, de 2-12-2010.

Art. 68. Em *habeas corpus*, mandado de segurança, reclamação, extradição, conflitos de jurisdição e de atribuições, diante de risco grave de perecimento de direito ou na hipótese de a prescrição da pretensão punitiva ocorrer nos seis meses seguintes ao início da licença, ausência ou vacância, poderá o Presidente determinar a redistribuição, se o requerer o interessado ou o Ministério Público, quando o Relator estiver licenciado, ausente ou o cargo estiver vago por mais de trinta dias.

•• *Caput* com redação determinada pela Emenda Regimental n. 42, de 2-12-2010.

§ 1.º Em caráter excepcional poderá o Presidente do Tribunal, nos demais feitos, fazer uso da faculdade prevista neste artigo.

§ 2.º (*Revogado pela Emenda Regimental n. 42, de 2-12-2010.*)

§ 3.º Far-se-á compensação, salvo dispensa do Tribunal, quando cessar a licença ou ausência ou preenchido o cargo vago.

•• § 3.º com redação determinada pela Emenda Regimental n. 42, de 2-12-2010.

Art. 69. A distribuição da ação ou do recurso gera prevenção para todos os processos a eles vinculados por conexão ou continência.

•• *Caput* com redação determinada pela Emenda Regimental n. 34, de 7-8-2009.

§ 1.º O conhecimento excepcional de processo por outro Ministro que não o prevento prorroga-lhe a competência nos termos do § 6.º do art. 67.

•• § 1.º com redação determinada pela Emenda Regimental n. 34, de 7-8-2009.

§ 2.º Não se caracterizará prevenção, se o Relator, sem ter apreciado liminar, nem o mérito da causa, não conhecer do pedido, declinar da competência, ou homologar pedido de desistência por decisão transitada em julgado.

•• § 2.º com redação determinada pela Emenda Regimental n. 34, de 7-8-2009.

Art. 70. Será distribuída ao Relator do feito principal a reclamação que tenha como causa de pedir o descumprimento de decisão cujos efeitos sejam restritos às partes.

•• *Caput* com redação determinada pela Emenda Regimental n. 34, de 7-8-2009.

§ 1.º Será objeto de livre distribuição a reclamação que tenha como causa de pedir o descumprimento de súmula vinculante ou de decisão dotada de efeito *erga omnes*.

•• § 1.º acrescentado pela Emenda Regimental n. 34, de 7-8-2009.

§ 2.º Se o Relator da causa principal já não integrar o Tribunal, a reclamação será distribuída ao sucessor.

•• § 2.º acrescentado pela Emenda Regimental n. 34, de 7-8-2009.

§ 3.º Se o Relator assumir a Presidência do Tribunal, a reclamação será redistribuída ao Ministro que o substituir na Turma.

•• § 3.º acrescentado pela Emenda Regimental n. 34, de 7-8-2009.

§ 4.º Será distribuída ao Presidente a reclamação que tiver como causa de pedir a usurpação da sua competência ou o descumprimento de decisão sua.

•• § 4.º acrescentado pela Emenda Regimental n. 34, de 7-8-2009.

§ 5.º Julgada procedente a reclamação por usurpação da competência, fica prevento o Relator para o processo avocado.

•• § 5.º acrescentado pela Emenda Regimental n. 34, de 7-8-2009.

§ 6.º A reclamação, que tiver como causa de pedir a usurpação da competência por prerrogativa de foro, será distribuída ao Relator de *habeas corpus* oriundo do mesmo inquérito ou ação penal.

•• § 6.º acrescentado pela Emenda Regimental n. 34, de 7-8-2009.

Art. 71. Os embargos declaratórios e as questões incidentes terão como Relator o do processo principal.

Art. 72. O prolator do despacho impugnado será o Relator do agravo regimental.

Art. 73. A arguição de suspeição a Ministro terá como Relator o Presidente do Tribunal, ou o Vice-Presidente, se aquele for o recusado.

Art. 74. A ação penal será distribuída ao mesmo Relator do inquérito.

§ 1.º O inquérito ou a ação penal, que retornar ao Tribunal por restabelecimento da competência por prerrogativa de foro, será distribuído ao Relator original.

•• § 1.º acrescentado pela Emenda Regimental n. 34, de 7-8-2009.

§ 2.º Na hipótese anterior, se o relator original já não estiver no Tribunal, o processo será distribuído livremente.

•• § 2.º acrescentado pela Emenda Regimental n. 34, de 7-8-2009.

Art. 75. O Ministro eleito Presidente continuará como Relator ou Revisor do processo em que tiver lançado o relatório ou aposto o seu visto.

Art. 76. Se a decisão embargada for de uma Turma, far-se-á a distribuição dos embargos dentre os Ministros da outra; se do Plenário, serão excluídos da distribuição o Relator e o Revisor.

Art. 77. Na distribuição de ação rescisória e de revisão criminal, será observado o critério estabelecido no artigo anterior.

Parágrafo único. Tratando-se de recurso extraordinário eleitoral, de *habeas corpus* contra ato do Tribunal Superior Eleitoral, ou de recurso de *habeas corpus* denegado pelo mesmo Tribunal, serão excluídos da distribuição, se possível, os Ministros que ali tenham funcionado no mesmo processo, ou no processo originário.

Art. 77-A. Serão distribuídos ao mesmo Relator a ação cautelar e o processo ou recurso principais.

•• Artigo acrescentado pela Emenda Regimental n. 34, de 7-8-2009.

Art. 77-B. Na ação direta de inconstitucionalidade, na ação direta de inconstitucionalidade por omissão, na ação declaratória de constitucionalidade e na arguição de descumprimento de preceito fundamental, aplica-se a regra de distribuição por prevenção quando haja coincidência total ou parcial de objetos.

•• Artigo acrescentado pela Emenda Regimental n. 34, de 7-8-2009.

Art. 77-C. Serão distribuídos ao mesmo Relator requerimento de prisão preventiva para extradição e outro pedido de extradição da mesma pessoa, ainda que formulado por Estado diferente.

•• *Caput* acrescentado pela Emenda Regimental n. 34, de 7-8-2009.

Parágrafo único. Fica prevento para reiteração de pedido de extradição o Relator que tenha negado seguimento ao primeiro pedido por decisão transitada em julgado.

•• Parágrafo único acrescentado pela Emenda Regimental n. 34, de 7-8-2009.

Art. 77-D. Serão distribuídos por prevenção os *habeas corpus* oriundos do mesmo inquérito ou ação penal.

•• *Caput* acrescentado pela Emenda Regimental n. 34, de 7-8-2009.

§ 1.º A prevenção para *habeas corpus* relativo a ações penais distintas oriundas de um mesmo inquérito observará os critérios de conexão e de continência.

•• § 1.º acrescentado pela Emenda Regimental n. 34, de 7-8-2009.

§ 2.º O Relator da reclamação que tenha como causa de pedir a usurpação da competência em inquérito ou ação penal, fica prevento para *habeas corpus* a eles relativo.

•• § 2.º acrescentado pela Emenda Regimental n. 34, de 7-8-2009.

§ 3.º *Habeas corpus* contra ato praticado em inquérito ou ação penal em trâmite no Tribunal será distribuído com exclusão do respectivo Relator.

•• § 3.º acrescentado pela Emenda Regimental n. 34, de 7-8-2009.

§ 4.º Os inquéritos e as ações penais, que passem a ser de competência do Tribunal em virtude de prerrogativa de foro, serão distribuídos por prevenção ao Relator de *habeas corpus* a eles relativo.

•• § 4.º acrescentado pela Emenda Regimental n. 34, de 7-8-2009.

§ 5.º O Relator da revisão criminal fica prevento para *habeas corpus* relativo ao mesmo processo.

•• § 5.º acrescentado pela Emenda Regimental n. 34, de 7-8-2009.

CAPÍTULO IV
DOS ATOS E FORMALIDADES

Seção I
Disposições Gerais

Art. 78. O ano judiciário no Tribunal divide-se em dois períodos, recaindo as férias em janeiro e julho.

§ 1.º Constituem recesso os feriados forenses compreendidos entre os dias 20 de dezembro e 6 de janeiro, inclusive.

•• § 1.º com redação determinada pela Emenda Regimental n. 50, de 19-4-2016.

§ 2.º Sem prejuízo do disposto no inciso VIII do art. 13 e inciso V-A do art. 21, suspendem-se os trabalhos do Tribunal durante o recesso e as férias, bem como nos sábados, domingos, feriados e nos dias em que o Tribunal o determinar.

•• § 2.º com redação determinada pela Emenda Regimental n. 42, de 2-12-2010.

§ 3.º Os Ministros indicarão seu endereço para eventual convocação durante as férias ou recesso.

Art. 79. Os atos processuais serão autenticados, conforme o caso, mediante a assinatura ou a rubrica do Presidente, dos Ministros ou dos servidores para tal fim qualificados.

§ 1.º É exigida a assinatura usual nos acórdãos, na correspondência oficial, no fecho das cartas de sentença e nas certidões.

§ 2.º Os livros necessários ao expediente serão rubricados pelo Presidente ou por funcionário designado.

§ 3.º As rubricas e assinaturas usuais dos servidores serão registradas em livro próprio, para identificação do signatário.

Art. 80. As peças que devam integrar ato ordinatório ou executório poderão ser-lhe anexadas em cópia autenticada.

Art. 81. A critério do Presidente do Tribunal, dos Presidentes das Turmas ou do Relator, conforme o caso, a notificação de ordens ou decisões será feita:

I – por servidor credenciado da Secretaria;

II – por via postal ou por qualquer modo eficaz de telecomunicação, com as cautelas necessárias à autenticação da mensagem e do seu recebimento.

Parágrafo único. Poder-se-á admitir a resposta pela forma indicada no inciso II deste artigo.

Art. 82. Da publicação do expediente de cada processo constará, além do nome das partes e o de seu advogado, o número sequencial indicativo de sua posição na edição respectiva.

•• *Caput* com redação determinada pela Emenda Regimental n. 6, de 12-6-1996.

§ 1.º Nos recursos, figurarão os nomes dos advogados constituídos pelas partes no processo, salvo se constituído perante o Tribunal outro advogado que requeira a menção de seu nome nas publicações.

•• § 1.º com redação determinada pela Emenda Regimental n. 6, de 12-6-1996.

§ 2.º É suficiente a indicação do nome de um dos advogados, quando a parte houver constituído mais de um, ou o constituído substabelecer a outro com reserva de poderes.

•• § 2.º com redação determinada pela Emenda Regimental n. 6, de 12-6-1996.

§ 3.º As publicações dos expedientes dos diversos processos serão acompanhadas, em cada edição do *Diário da Justiça*, do índice alfabético dos nomes de todos os advogados neles indicados e do índice numérico dos feitos cujo expediente constar da edição, ambos referidos aos números sequenciais mencionados no *caput* deste artigo.

•• § 3.º com redação determinada pela Emenda Regimental n. 6, de 12-6-1996.

§ 4.º Quando a parte não estiver representada por advogado, constará do índice alfabético o seu nome.

•• § 4.º acrescentado pela Emenda Regimental n. 6, de 12-6-1996.

§ 5.º O erro ou omissão das referências correspondentes a determinado processo nos índices alfabético ou numérico implicará a ineficácia da respectiva publicação.

•• § 5.º acrescentado pela Emenda Regimental n. 6, de 12-6-1996.

§ 6.º A retificação de publicação no *Diário da Justiça*, com efeito de intimação, decorrente de incorreções ou omissões, será providenciada pela Secretaria, *ex officio*, ou mediante despacho do Presidente ou do Relator, conforme dispuser ato normativo da Presidência do Tribunal.

•• § 6.º acrescentado pela Emenda Regimental n. 6, de 12-6-1996.

Art. 83. A publicação da pauta de julgamento antecederá quarenta e oito horas, pelo menos, à sessão em que os processos possam ser chamados.

§ 1.º Independem de pauta:

I – as questões de ordem sobre a tramitação dos processos;

II – o julgamento do processo remetido pela Turma ao Plenário;

III – o julgamento de *habeas corpus*, de conflitos de jurisdição ou competência e de atribuições, de embargos declaratórios, de agravo regimental e de agravo de instrumento.

§ 2.º Havendo expressa concordância das partes, poderá ser dispensada a inclusão de outros processos na pauta de julgamento.

Art. 84. Os editais destinados a divulgação de ato poderão conter, apenas, o essencial à defesa ou resposta, observados os requisitos processuais.

§ 1.º A parte que requerer a publicação nos termos deste artigo fornecerá o respectivo resumo, respondendo pelas suas deficiências.

§ 2.º O prazo do edital será determinado entre 20 (vinte) e 60 (sessenta) dias, a critério do Relator, e correrá da data de sua publicação, por uma só vez, no *Diário da Justiça*.

§ 3.º A publicação do edital deverá ser feita no prazo de 20 (vinte) dias contados de sua expedição, certificada nos autos, sob pena de extinguir-se o processo, sem julgamento do mérito, se a parte, intimada pelo *Diário da Justiça*, não suprir a falta em 10 (dez) dias.

§ 4.º O prazo para a defesa ou resposta começará a correr do termo do prazo determinado no edital.

Art. 85. Nenhuma publicação terá efeito de citação ou intimação, quando ocorrida durante o recesso ou as férias do Tribunal.

Art. 86. A vista às partes transcorre na Secretaria, podendo o advogado retirar autos nos casos previstos em lei, mediante recibo, pelo prazo de 5 (cinco) dias se outro não lhe for assinado, observando-se, em relação ao Procurador-Geral, o disposto nos arts. 50 e 52.

§ 1.º Os advogados constituídos após a remessa do processo ao Tribunal poderão, a requerimento, ter vista dos autos, na oportunidade e pelo prazo que o Relator estabelecer.

§ 2.º O Relator indeferirá o pedido, se houver justo motivo.

Art. 87. Aos Ministros julgadores será distribuída cópia do relatório antecipadamente:

I – nas representações por inconstitucionalidade ou para interpretação de lei ou ato normativo federal ou estadual;

II – nos feitos em que haja Revisor;

III – nas causas evocadas;

IV – nos demais feitos, a critério do Relator.

Seção II
Das Atas e da Reclamação por Erro

Art. 88. As atas serão submetidas a aprovação na sessão seguinte.

Art. 89. Contra erro contido em ata, poderá o interessado reclamar, dentro de 48 (quarenta e oito) horas, em petição dirigida ao Presidente do Tribunal ou da Turma, conforme o caso.

§ 1.º Não se admitirá a reclamação a pretexto de modificar o julgado.

§ 2.º A reclamação não suspenderá o prazo para recurso, salvo o disposto no art. 91.

Art. 90. A petição será entregue ao protocolo, e por este encaminhada ao encarregado da ata, que levará a despacho no mesmo dia, com sua informação.

Art. 91. Se o pedido for julgado procedente, far-se-á retificação da ata e nova publicação.

Art. 92. O despacho que julgar a reclamação será irrecorrível.

Seção III
Das Decisões

Art. 93. As conclusões do Plenário e das Turmas, em suas decisões, constarão de acórdão, do qual fará parte a transcrição do áudio do julgamento.

•• *Caput* com redação determinada pela Emenda Regimental n. 26, de 22-10-2008.

•• A Resolução n. 379, de 22-10-2008, estabelece que a transcrição do aúdio dos julgamentos, a que se refere este artigo, deverá ser implantada em 30 dias no Plenário e em 90 dias nas Turmas.

Parágrafo único. Dispensam acórdão as decisões de remessa de processo ao Plenário e de provimento de agravo de instrumento.

Art. 94. Nos processos julgados no Pleno e nas Turmas, o Relator subscreverá o acórdão, registrando o nome do Presidente.

•• Artigo com redação determinada pela Emenda Regimental n. 16, de 25-8-2005.

Art. 95. A publicação do acórdão, por suas conclusões e ementa, far-se-á, para todos os efeitos, no *Diário da Justiça*.

Parágrafo único. Salvo motivo justificado, a publicação no *Diário da Justiça* far-se-á dentro do prazo de 60 (sessenta) dias, a partir da sessão em que tenha sido proclamado o resultado do julgamento.

Art. 96. Em cada julgamento a transcrição do áudio registrará o relatório, a discussão, os votos fundamentados, bem como as perguntas feitas aos advogados e suas respostas, e será juntada aos autos com o acórdão, depois de revista e rubricada.

•• *Caput* com redação determinada pela Emenda Regimental n. 26, de 22-10-2008.

•• *Vide* nota ao art. 93, *caput*, do RISTF.

§ 1.º Após a sessão de julgamento, a Secretaria das Sessões procederá à transcrição da discussão, dos votos orais, bem como das perguntas feitas aos advogados e suas respostas.

•• § 1.º com redação determinada pela Emenda Regimental n. 26, de 22-10-2008.

§ 2.º Os gabinetes dos Ministros liberarão o relatório, os votos escritos e a transcrição da discussão, no prazo de vinte dias contados da sessão de julgamento.

•• § 2.º com redação determinada pela Emenda Regimental n. 26, de 22-10-2008.

§ 3.º A Secretaria das Sessões procederá à transcrição do áudio do relatório e dos votos lidos que não tenham sido liberados no prazo do § 2.º, com a ressalva de que não foram revistos.

•• § 3.º com redação determinada pela Emenda Regimental n. 26, de 22-10-2008.

§ 4.º A Secretaria das Sessões encaminhará os autos ao Relator sorteado ou ao Relator para o acórdão, para elaboração deste e da ementa no prazo de dez dias.

•• § 4.º com redação determinada pela Emenda Regimental n. 26, de 22-10-2008.

§ 5.º A transcrição do áudio dos feitos julgados conjuntamente será trasladada para os autos do chamado em primeiro lugar e anexada aos demais em cópia autêntica.

•• § 5.º com redação determinada pela Emenda Regimental n. 26, de 22-10-2008.

§ 6.º As inexatidões materiais e os erros de escrita ou de cálculo, contidos na decisão, podem ser corrigidos por despacho do Relator, mediante reclamação, quando referentes à ata, ou por via de embargos de declaração, quando couberem.

•• § 6.º acrescentado pela Emenda Regimental n. 26, de 22-10-2008.

§ 7.º O Relator sorteado ou o Relator para o acórdão poderá autorizar, antes da publicação, a divulgação, em texto ou áudio, do teor do julgamento.

•• § 7.º acrescentado pela Emenda Regimental n. 26, de 22-10-2008.

Art. 97. Também se juntará aos autos, como parte integrante do acórdão, um extrato da ata que conterá:

I – a decisão proclamada pelo Presidente;

II – os nomes do Presidente, do Relator, ou, quando vencido, do que for designado, dos demais Ministros que tiverem participado do julgamento, e do Procurador-Geral ou Subprocurador-Geral, quando presente;

III – os nomes dos Ministros impedidos e ausentes;

IV – os nomes dos advogados que tiverem feito sustentação oral.

Art. 98. O acórdão de julgamento em sessão secreta será lavrado pelo autor do primeiro voto vencedor, que não se mencionará, e conterá, de forma sucinta, a exposição da controvérsia, a fundamentação adotada e o dispositivo, bem como o enunciado da conclusão de voto divergente, se houver.

Parágrafo único. O acórdão será assinado pelo Presidente, que lhe rubricará todas as folhas, e pelos Ministros que houverem participado do julgamento, na ordem decrescente de antiguidade.

Seção IV
Da Jurisprudência

Art. 99. São repositórios oficiais da jurisprudência do Tribunal:

I – o *Diário da Justiça*, a Revista Trimestral de Jurisprudência, a Súmula da Jurisprudência Predominante do Supremo Tribunal Federal e outras publicações por ele editadas, bem como as de outras entidades, que venham a ser autorizadas mediante convênio;

II – para períodos anteriores, as seguintes publicações: Supremo Tribunal Federal – Jurisprudência (1892-1898); Revista do Supremo Tribunal Federal; Jurisprudência do Supremo Tribunal Federal, a primeira e a última editadas pela Imprensa Nacional.

Parágrafo único. Além dos consagrados por sua tradição, são repositórios autorizados para indicação de julgados, perante o Tribunal, os repertórios, revistas e periódicos, registrados de conformidade com ato normativo baixado pela Presidência.

Art. 100. Constarão do *Diário da Justiça* a ementa e conclusões de todos os acórdãos; e, dentre eles, a Comissão de Jurisprudência selecionará os que devam publicar-se em seu inteiro teor na Revista Trimestral de Jurisprudência.

Parágrafo único. A distribuição gratuita das publicações do Tribunal far-se-á de acordo com os planos organizados (Decreto-lei n. 102, de 13 de janeiro de 1967, alterado pela Lei n. 6.201, de 16 de abril de 1975).

Art. 101. A declaração de constitucionalidade ou inconstitucionalidade de lei ou ato normativo, pronunciada por maioria qualificada, aplica-se aos novos feitos submetidos às Turmas ou ao Plenário, salvo o disposto no art. 103.

Art. 102. A jurisprudência assentada pelo Tribunal será compendiada na Súmula do Supremo Tribunal Federal.

§ 1.º A inclusão de enunciados na Súmula, bem como a sua alteração ou cancelamento, será deliberada em Plenário, por maioria absoluta.

§ 2.º Os verbetes cancelados ou alterados guardarão a respectiva numeração com a nota correspondente, tomando novos números os que forem modificados.

§ 3.º Os adendos e emendas à Súmula, datados e numerados em séries separadas e sucessivas, serão publicados 3 (três) vezes consecutivas no *Diário da Justiça*.

§ 4.º A citação da Súmula, pelo número correspondente, dispensará, perante o Tribunal, a referência a outros julgados no mesmo sentido.

Art. 103. Qualquer dos Ministros pode propor a revisão da jurisprudência assentada em matéria constitucional e da compendiada na Súmula, procedendo-se ao sobrestamento do feito, se necessário.

Capítulo V
DOS PRAZOS

Art. 104. Os prazos no Tribunal correm da publicação do ato ou do aviso no *Diário da Justiça*, salvo o disposto nos parágrafos seguintes.

§ 1.º As intimações decorrentes de publicação de ato ou aviso consideram-se feitas no dia da circulação do *Diário da Justiça*.

§ 2.º Os prazos somente começam a correr a partir do primeiro dia útil após a intimação.

§ 3.º As decisões ou despachos designativos de prazos podem determinar que estes corram da intimação pessoal ou da ciência por outro meio eficaz.

§ 4.º Os prazos marcados em correspondência postal, telegráfica ou telefônica correm do seu recebimento, a menos que, sendo confirmativa ou *pro-memoria*, tal comunicação se refira a prazo com data diversa para o seu começo.

§ 5.º Considera-se prorrogado o prazo até o primeiro dia útil imediato, se o vencimento cair em feriado, ou em dia em que for determinado o fechamento da Secretaria ou o encerramento do expediente antes da hora normal.

§ 6.º As citações obedecerão ao disposto nas leis processuais.

Art. 105. Não correm os prazos nos períodos de férias e recesso, salvo as hipóteses previstas em lei ou neste Regimento.

§ 1.º Nos casos deste artigo, os prazos começam ou continuam a fluir no dia de reabertura do expediente.

§ 2.º Também não corre prazo, havendo obstáculo judicial ou motivo de força maior comprovado, reconhecido pelo Tribunal.

§ 3.º As informações oficiais, apresentadas fora do prazo por justo motivo, podem ser admitidas, se ainda oportuna a sua apreciação.

§ 4.º Ficam inalterados, durante os recessos forenses e as férias do Tribunal, os prazos determinados pela Presidência no exercício da competência prevista no art. 13, VIII, deste Regimento Interno.

•• § 4.º acrescentado pela Emenda Regimental n. 37, de 11-2-2010.

Art. 106. Mediante pedido conjunto de ambas as partes, inclusive por telegrama ou radiograma, o Relator pode admitir redução ou prorrogação de prazo dilatório por tempo razoável.

Parágrafo único. Na hipótese deste artigo, cabe às partes diligenciar o conhecimento do despacho concessivo ou denegatório, independente de publicação ou intimação.

Art. 107. O prazo para o preparo que deva ser feito no Supremo Tribunal Federal é de 10 (dez) dias.

Art. 108. Os prazos para diligência serão fixados nos atos que as ordenarem, salvo disposição em contrário deste Regimento.

Art. 109. Os prazos para editais são os fixados neste Regimento e na lei.

Art. 110. Os prazos não especificados neste Regimento:

I – serão fixados pelo Tribunal, pelo Presidente, pelas Turmas ou por seus Presidentes, ou pelo Relator, conforme o caso;

II – não tendo sido fixado prazo, nos termos do item anterior, este será de 15 (quinze) dias para contestação e de 5 (cinco) dias para interposição de recurso ou qualquer outro ato.

Parágrafo único. O Procurador-Geral da República e a Fazenda Pública em geral têm prazo em quádruplo para contestação e em dobro para interposição de recurso, observando-se, no mais, o que dispõem a lei e o Regimento.

Art. 111. Os prazos para os Ministros, salvo acúmulo de serviço, são os seguintes:

I – 10 (dez) dias para atos administrativos e despachos em geral;

II – 20 (vinte) dias para o visto do Revisor;

III – 30 (trinta) dias para o visto do Relator.

Art. 112. Salvo disposição em contrário, os servidores do Tribunal terão o prazo de 48 (quarenta e oito) horas para os atos do processo.

Título II
DAS PROVAS

Capítulo I
DISPOSIÇÕES GERAIS

Art. 113. A proposição, admissão e produção de provas no Tribunal obedecerão às leis processuais, observados os preceitos especiais deste Título.

Capítulo II
DOS DOCUMENTOS E INFORMAÇÕES

Art. 114. Se a parte não puder instruir, desde logo, suas alegações, por impedimento ou demora em obter certidões ou cópias autenticadas de notas ou registros em repartições ou estabelecimentos públicos, o Relator conceder-lhe-á prazo para esse fim. Se houver recusa no fornecimento, o Relator as requisitará.

Art. 115. Nos recursos interpostos em instância inferior, não se admitirá juntada de documentos desde que recebidos os autos no Tribunal, salvo:

I – para comprovação de textos legais ou de precedentes judiciais, desde que estes últimos não se destinem a suprir, tardiamente, pressuposto recursal não observado;

II – para prova de fatos supervenientes, inclusive decisões em processos conexos, que afetem ou prejudiquem os direitos postulados;

III – em cumprimento de determinação do Relator, do Plenário ou da Turma.

§ 1.º O disposto neste artigo aplica-se aos recursos interpostos perante o Tribunal.

§ 2.º Após o julgamento, serão devolvidos às partes os documentos que estiverem juntos por linha, salvo se deliberada a sua anexação aos autos.

Art. 116. Em caso de impugnação, as partes comprovarão a fidelidade da transcrição de textos de leis e demais atos do poder público, bem como a vigência e o teor de normas pertinentes à causa, quando emanarem de Estado estrangeiro, de organismo internacional ou, no Brasil, de Estado e Municípios.

Art. 117. A parte será intimada por publicação no *Diário da Justiça* ou, se o Relator o determinar, pela forma indicada no art. 81, para falar sobre documento junto pela parte contrária, após sua última intervenção no processo.

Art. 118. O advogado prestará os esclarecimentos pedidos pelos Ministros, durante o julgamento, sobre peças dos autos e sobre citações que tiver feito de textos legais, precedentes judiciais e trabalhos doutrinários.

Capítulo III
DA APRESENTAÇÃO DE PESSOAS E OUTRAS DILIGÊNCIAS

Art. 119. No processo em que se fizer necessária a presença da parte ou de terceiro, o Plenário, a Turma ou o Relator poderá, independente de outras sanções legais, expedir ordem de condução da pessoa que, intimada, deixar de comparecer sem motivo justificado.

Art. 120. Observar-se-ão as formalidades da lei na realização de exames periciais, arbitramentos, buscas e apreensões, na exibição e conferência de documentos e em quaisquer outras diligências determinadas ou deferidas pelo Plenário, pela Turma ou pelo Relator.

Capítulo IV
DOS DEPOIMENTOS

Art. 121. Os depoimentos poderão ser gravados e, depois de transcritos, serão assinados pelo Relator e pelo depoente.

•• *Caput* com redação determinada pela Emenda Regimental n. 26, de 22-10-2008.

•• *Vide* nota ao art. 93, *caput*, deste Regimento Interno.

Parágrafo único. Aplica-se o disposto neste artigo ao interrogatório dos acusados.

Título III
DAS SESSÕES

Capítulo I
DISPOSIÇÕES GERAIS

Art. 122. Haverá sessões ordinárias, do Plenário e das Turmas, nos dias designados, e extraordinárias, mediante convocação.

Art. 123. As sessões ordinárias do Plenário terão início às 14 horas e terminarão às 18 horas, com intervalo de 30 (trinta) minutos, podendo ser prorrogadas sempre que o serviço o exigir.

•• *Caput* com redação determinada pela Emenda Regimental n. 7, de 6-4-1998.

§ 1.º As sessões ordinárias das Turmas terão início às 14 horas e terminarão às 18 horas, com intervalo de 30 (trinta) minutos, podendo ser prorrogadas sempre que o serviço o exigir.

•• § 1.º acrescentado pela Emenda Regimental n. 7, de 6-4-1998.

§ 2.º As sessões extraordinárias terão início à hora designada e serão encerradas quando cumprido o fim a que se destinem.

•• Primitivo parágrafo único transformado em § 2.º pela Emenda Regimental n. 7, de 6-4-1998.

Art. 124. As sessões serão públicas, salvo quando este Regimento determinar que sejam secretas, ou assim o deliberar o Plenário ou a Turma.

Parágrafo único. Os advogados ocuparão a tribuna para formularem requerimento, produzirem sustentação oral, ou responderem às perguntas que lhes forem feitas pelos Ministros.

Art. 125. Nas sessões do Plenário e das Turmas, observar-se-á a seguinte ordem:

I – verificação do número de Ministros;

II – discussão e aprovação da ata anterior;

III – indicações e propostas;

IV – julgamento dos processos em mesa.

Art. 126. Os processos conexos poderão ser objeto de um só julgamento.

Parágrafo único. Se houver mais de um Relator, os relatórios serão feitos sucessivamente, antes do debate e julgamento.

Art. 127. Podem ser julgados conjuntamente os processos que versarem a mesma questão jurídica, ainda que apresentem peculiaridades.

Parágrafo único. Na hipótese deste artigo, os relatórios sucessivos reportar-se-ão ao anterior, indicando as peculiaridades do caso.

Art. 128. Os julgamentos a que o Regimento não der prioridade realizar-se-ão, sempre que possível, de conformidade com a ordem crescente de numeração dos feitos em cada classe.

§ 1.º Os processos serão chamados pela ordem de antiguidade decrescente dos respectivos Relatores. O critério da numeração referir-se-á a cada Relator.

§ 2.º O Presidente poderá dar preferência aos julgamentos nos quais os advogados devam produzir sustentação oral.

Art. 129. Em caso de urgência, o Relator poderá indicar preferência para o julgamento.

Art. 130. Poderá ser deferida preferência a requerimento do Procurador-Geral, de julgamento relativo a processos em que houver medida cautelar.

Art. 131. Nos julgamentos, o Presidente do Plenário ou da Turma, feito o relatório, dará a palavra, sucessivamente, ao autor, recorrente, peticionário ou impetrante, e ao réu, recorrido ou impetrado, para sustentação oral.

§ 1.º O assistente somente poderá produzir sustentação oral quando já admitido.

§ 2.º Não haverá sustentação oral nos julgamentos de agravo, embargos declaratórios, arguição de suspeição e medida cautelar.

§ 3.º Admitida a intervenção de terceiros no processo de controle concentrado de constitucionalidade, fica-lhes facultado produzir sustentação oral, aplicando-se, quando for o caso, a regra do § 2.º do art. 132 deste Regimento.

•• § 3.º acrescentado pela Emenda Regimental n. 15, de 30-3-2004.

§ 4.º No julgamento conjunto de causas ou recursos sobre questão idêntica, a sustentação oral por mais de um advogado obedecerá ao disposto no § 2.º do art. 132.

•• § 4.º acrescentado pela Emenda Regimental n. 20, de 16-10-2006.

Art. 132. Cada uma das partes falará pelo tempo máximo de 15 (quinze) minutos, excetuada a ação penal originária, na qual o prazo será de 1 (uma) hora, prorrogável pelo Presidente.

§ 1.º O Procurador-Geral terá prazo igual ao das partes, falando em primeiro lugar se a União for autora ou recorrente.

§ 2.º Se houver litisconsortes não representados pelo mesmo advogado, o prazo, que se contará em dobro, será dividido igualmente entre os do mesmo grupo, se diversamente entre eles não se convencionar.

§ 3.º O opoente terá prazo próprio para falar, igual ao das partes.

§ 4.º Havendo assistente, na ação penal pública, falará depois do Procurador-Geral, a menos que o recurso seja deste.

§ 5.º O Procurador-Geral falará depois do autor da ação penal privada.

§ 6.º Se, em ação penal, houver recurso de corréus em posição antagônica, cada grupo terá prazo completo para falar.

§ 7.º Nos processos criminais, havendo corréus que sejam coautores, se não tiverem o mesmo defensor, o prazo será contado em dobro e dividido igualmente entre os defensores, salvo se estes convencionarem outra divisão do tempo.

Art. 133. Cada Ministro poderá falar duas vezes sobre o assunto em discussão e mais uma vez, se for o caso, para explicar a modificação do voto. Nenhum falará sem autorização do Presidente, nem interromperá a quem estiver usando a palavra, salvo para apartes, quando solicitados e concedidos.

Parágrafo único. Os apartes constarão do acórdão, salvo se cancelados pelo Ministro aparteante, caso em que será anotado o cancelamento.

•• Parágrafo único acrescentado pela Emenda Regimental n. 40, de 5-8-2010.

Art. 134. Se algum dos Ministros pedir vista dos autos, deverá apresentá-los, para prosseguimento da votação, até a segunda sessão ordinária subsequente.

•• Artigo regulamentado pela Resolução n. 278, do STF, de 15-12-2003.

§ 1.º Ao reencetar-se o julgamento, serão computados os votos já proferidos pelos Ministros, ainda que não compareçam ou hajam deixado o exercício do cargo.

§ 2.º Não participarão do julgamento os Ministros que não tenham assistido ao relatório ou aos debates, salvo quando se derem por esclarecidos.

•• § 2.º com redação determinada pela Emenda Regimental n. 2, de 4-12-1985.

§ 3.º Se, para o efeito do *quorum* ou desempate na votação, for necessário o voto de Ministro nas condições do parágrafo anterior, serão renovados o relatório e a sustentação oral, computando-se os votos anteriormente proferidos.

Art. 135. Concluído o debate oral, o Presidente tomará os votos do Relator, do Revisor, se houver, e dos outros Ministros, na ordem inversa da antiguidade.

§ 1.º Os Ministros poderão antecipar o voto se o Presidente autorizar.

§ 2.º Encerrada a votação, o Presidente proclamará a decisão.

§ 3.º Se o Relator for vencido, ficará designado o Revisor para redigir o acórdão.

§ 4.º Se não houver Revisor, ou se este também ficar vencido, designar-se-á para redigir o acórdão o Ministro que houver proferido o primeiro voto prevalecente, ressalvado o disposto no art. 324, § 3.º, deste Regimento.

•• § 4.º com redação determinada pela Emenda Regimental n. 49, de 3-6-2014.

Art. 136. As questões preliminares serão julgadas antes do mérito, deste não se conhecendo se incompatível com a decisão daquelas.

§ 1.º Sempre que, no curso do relatório, ou antes dele, algum dos Ministros suscitar preliminar, será ela, antes de julgada, discutida pelas partes, que poderão usar da palavra pelo prazo regimental. Se não acolhida a preliminar, prosseguir-se-á no julgamento.

§ 2.º Quando a preliminar versar nulidade suprível, converter-se-á o julgamento em diligência e o Relator, se for necessário, ordenará a remessa dos autos ao juiz de primeira instância ou ao Presidente do Tribunal *a quo* para os fins de direito.

Art. 137. Rejeitada a preliminar, ou se com ela for compatível a apreciação do mérito, seguir-se-ão a discussão e julgamento da matéria principal, pronunciando-se sobre esta os juízes vencidos na preliminar.

Art. 138. Preferirá aos demais, na sua classe, o processo, em mesa, cujo julgamento tenha sido iniciado.

Art. 139. O julgamento, uma vez iniciado, ultimar-se-á na mesma sessão, ainda que excedida a hora regimental.

Art. 140. O Plenário ou a Turma poderá converter o julgamento em diligência, quando necessária à decisão da causa.

....

CAPÍTULO III
DAS SESSÕES DO PLENÁRIO

Art. 143. O Plenário, que se reúne com a presença mínima de 6 (seis) Ministros, é dirigido pelo Presidente do Tribunal.

Parágrafo único. O *quorum* para a votação de matéria constitucional e para a eleição do Presidente e do Vice-Presidente, dos membros do Conselho Nacional da Magistratura e do Tribunal Superior Eleitoral é de 8 (oito) Ministros.

Art. 144. Nas sessões do Plenário, o Presidente tem assento à mesa, na parte central, ficando o Procurador-Geral à sua direita. Os demais Ministros sentar-se-ão, pela ordem decrescente de antiguidade, alternadamente, nos lugares laterais, a começar pela direita.

Art. 145. Terão prioridade, no julgamento do Plenário, observados os arts. 128 a 130 e 138:

I – os *habeas corpus*;

II – os pedidos de extradição;

III – as causas criminais e, dentre estas, as de réu preso;

IV – os conflitos de jurisdição;

V – os recursos oriundos do Tribunal Superior Eleitoral;

VI – os mandados de segurança;

VII – as reclamações;

VIII – as representações;

IX – os pedidos de avocação e as causas avocadas.

Art. 146. Havendo, por ausência ou falta de um Ministro, nos termos do art. 13, IX, empate na votação de matéria cuja solução dependa de maioria absoluta, considerar-se-á julgada a questão proclamando-se a solução contrária à pretendida ou à proposta.

•• *Caput* com redação determinada pela Emenda Regimental n. 35, de 2-12-2009.

Parágrafo único. No julgamento de *habeas corpus* e de recursos de *habeas corpus* proclamar-se-á, na hipótese de empate, a decisão mais favorável ao paciente.

•• Parágrafo único com redação determinada pela Emenda Regimental n. 35, de 2-12-2009.

CAPÍTULO IV
DAS SESSÕES DAS TURMAS

Art. 147. As Turmas reúnem-se com a presença, pelo menos, de 3 (três) Ministros.

Art. 148. Nas sessões das Turmas, o Presidente tem assento à mesa, na parte central, ficando o Procurador-Geral à sua direita. Os demais Ministros sentar-se-ão, pela ordem decrescente de antiguidade, alternadamente, nos lugares laterais, a começar pela direita.

Parágrafo único. Quando o Presidente do Tribunal comparecer à sessão de Turma para julgar processo a que estiver vinculado, ou do qual houver pedido vista, assumir-lhe-á a presidência pelo tempo correspondente ao julgamento.

Art. 149. Terão prioridade, no julgamento, observados os arts. 128 a 130 e 138:

I – os *habeas corpus*;

II – as causas criminais, dentre estas as de réu preso;

III – as reclamações.

•• Inciso III acrescentado pela Emenda Regimental n. 9, de 8-10-2001.

Art. 150. O Presidente da Turma terá sempre direito a voto.

§ 1.º Se ocorrer empate, será adiada a decisão até tomar-se o voto do Ministro que esteve ausente.

§ 2.º Persistindo a ausência, ou havendo vaga, impedimento ou licença de Ministro da Turma, por mais de 1 (um) mês, convocar-se-á Ministro da outra, na ordem decrescente de antiguidade.

§ 3.º Nos *habeas corpus* e recursos em matéria criminal, exceto o recurso extraordinário, havendo empate, prevalecerá a decisão mais favorável ao paciente ou réu.

....

TÍTULO IV
DAS AUDIÊNCIAS

Art. 154. Serão públicas as audiências:

I – (*Suprimido pela Emenda Regimental n. 18, de 2-8-2006.*)

II – para instrução de processo, salvo motivo relevante;

III – para ouvir o depoimento das pessoas de que tratam os arts. 13, inciso XVII, e 21, inciso XVII, deste Regimento.

•• Inciso III acrescentado pela Emenda Regimental n. 29, de 18-2-2009.

Parágrafo único. A audiência prevista no inciso III observará o seguinte procedimento:

•• Parágrafo único, *caput*, acrescentado pela Emenda Regimental n. 29, de 18-2-2009.

I – o despacho que a convocar será amplamente divulgado e fixará prazo para a indicação das pessoas a serem ouvidas;

•• Inciso I acrescentado pela Emenda Regimental n. 29, de 18-2-2009.

II – havendo defensores e opositores relativamente à matéria objeto da audiência, será garantida a participação das diversas correntes de opinião;

•• Inciso II acrescentado pela Emenda Regimental n. 29, de 18-2-2009.

III – caberá ao Ministro que presidir a audiência pública selecionar as pessoas que serão ouvidas, divulgar a lista dos habilitados, determinando a ordem dos trabalhos e fixando o tempo que cada um disporá para se manifestar;

•• Inciso III acrescentado pela Emenda Regimental n. 29, de 18-2-2009.

IV – o depoente deverá limitar-se ao tema ou questão em debate;

•• Inciso IV acrescentado pela Emenda Regimental n. 29, de 18-2-2009.

V – a audiência pública será transmitida pela TV Justiça e pela Rádio Justiça;

•• Inciso V acrescentado pela Emenda Regimental n. 29, de 18-2-2009.

VI – os trabalhos da audiência pública serão registrados e juntados aos autos do processo, quando for o caso, ou arquivados no âmbito da Presidência;

•• Inciso VI acrescentado pela Emenda Regimental n. 29, de 18-2-2009.

VII – os casos omissos serão resolvidos pelo Ministro que convocar a audiência.

•• Inciso VII acrescentado pela Emenda Regimental n. 29, de 18-2-2009.

Art. 155. O Ministro que presidir a audiência deliberará sobre o que lhe for requerido.

§ 1.º Respeitada a prerrogativa dos advogados, nenhum dos presentes se dirigirá ao Presidente da audiência, a não ser de pé e com sua licença.

§ 2.º O secretário da audiência fará constar em ata o que nela ocorrer.

TÍTULO V
DOS PROCESSOS SOBRE COMPETÊNCIA

CAPÍTULO I
DA RECLAMAÇÃO

Art. 156. Caberá reclamação do Procurador-Geral da República, ou do interessado na causa, para preservar a competência do Tribunal ou garantir a autoridade das suas decisões.

Parágrafo único. A reclamação será instruída com prova documental.

• *Vide* Súmula 734 do STF.

Art. 157. O Relator requisitará informações da autoridade, a quem for imputada prática do ato impugnado, que as prestará no prazo de 5 (cinco) dias.

Art. 158. O Relator poderá determinar a suspensão do curso do processo em que se tenha verificado o ato reclamado, ou a remessa dos respectivos autos ao Tribunal.

Art. 159. Qualquer interessado poderá impugnar o pedido do reclamante.

Art. 160. Decorrido o prazo para informações, dar-se-á vista ao Procurador-Geral, quando a reclamação não tenha sido por ele formulada.

Art. 161. Julgando procedente a reclamação, o Plenário ou a Turma poderá:

•• *Caput* com redação determinada pela Emenda Regimental n. 9, de 8-10-2001.

I – avocar o conhecimento do processo em que se verifique usurpação de sua competência;

II – ordenar que lhe sejam remetidos, com urgência, os autos do recurso para ele interposto;

III – cassar decisão exorbitante de seu julgado, ou determinar medida adequada à observância de sua jurisdição.

Parágrafo único. O Relator poderá julgar a reclamação quando a matéria for objeto de jurisprudência consolidada do Tribunal.

•• Parágrafo único acrescentado pela Emenda Regimental n. 13, de 25-3-2004.

Art. 162. O Presidente do Tribunal ou da Turma determinará o imediato cumprimento da decisão, lavrando-se o acórdão posteriormente.

•• Artigo com redação determinada pela Emenda Regimental n. 9, de 8-10-2001.

CAPÍTULO II
DO CONFLITO DE JURISDIÇÃO OU COMPETÊNCIA E DE ATRIBUIÇÕES

Art. 163. O conflito de jurisdição ou competência poderá ocorrer entre autoridades judiciárias; o de atribuições, entre autoridades judiciárias e administrativas.

Art. 164. Dar-se-á conflito nos casos previstos nas leis processuais.

Art. 165. O conflito poderá ser suscitado pela parte interessada, pelo Ministério Público ou por qualquer das autoridades conflitantes.

Art. 166. Poderá o Relator, de ofício, ou a requerimento de qualquer das partes, determinar, quando o conflito for positivo, seja sobrestado o processo, e, neste caso, bem assim no de conflito negativo, designar um dos órgãos para resolver, em caráter provisório, as medidas urgentes.

Art. 167. Sempre que necessário, o Relator mandará ouvir as autoridades em conflito, no prazo de 10 (dez) dias.

Art. 168. Prestadas ou não as informações, o Relator dará vista do processo ao Procurador-Geral e, a seguir, apresentá-lo-á em mesa para julgamento.

§ 1.º Na decisão do conflito, compreender-se-á como expresso o que nela virtualmente se contenha ou dela resulte.

§ 2.º Da decisão de conflito não caberá recurso.

§ 3.º No caso de conflito positivo, o Presidente poderá determinar o imediato cumprimento da decisão, lavrando-se o acórdão, posteriormente.

TÍTULO VI
DA DECLARAÇÃO DE INCONSTITUCIONALIDADE E DA INTERPRETAÇÃO DE LEI

• A Lei n. 9.868, de 10-11-1999, dispõe sobre o processo e julgamento da ADIn e da ADC perante o STF.

CAPÍTULO I
DA DECLARAÇÃO DE INCONSTITUCIONALIDADE DE LEI OU ATO NORMATIVO

Art. 169. O Procurador-Geral da República poderá submeter ao Tribunal, mediante representação, o exame de lei ou ato normativo federal ou estadual, para que seja declarada a sua inconstitucionalidade.

§ 1.º Proposta a representação, não se admitirá desistência, ainda que afinal o Procurador-Geral se manifeste pela sua improcedência.

•• Primitivo parágrafo único renumerado pela Emenda Regimental n. 2, de 4-12-1985.

§ 2.º Não se admitirá assistência a qualquer das partes.

•• § 2.º acrescentado pela Emenda Regimental n. 2, de 4-12-1985.

Art. 170. O Relator pedirá informações à autoridade da qual tiver emanado o ato, bem como ao Congresso Nacional ou à Assembleia Legislativa, se for o caso.

§ 1.º Se houver pedido de medida cautelar, o Relator submetê-la-á ao Plenário e somente após a decisão solicitará as informações.

§ 2.º As informações serão prestadas no prazo de 30 (trinta) dias, contados do recebimento do pedido, podendo ser dispensadas, em caso de urgência, pelo Relator, *ad referendum* do Tribunal.

§ 3.º Se, ao receber os autos, ou no curso do processo, o Relator entender que a decisão é urgente, em face do relevante interesse de ordem pública que envolve, poderá, com prévia ciência das partes, submetê-lo ao conhecimento do Tribunal, que terá a faculdade de julgá-lo com os elementos de que dispuser.

Art. 171. Recebidas as informações, será aberta vista ao Procurador-Geral, pelo prazo de 15 (quinze) dias, para emitir parecer.

Art. 172. Decorrido o prazo do artigo anterior, ou dispensadas as informações em razão da urgência, o Relator, lançado o relatório, do qual a Secretaria remeterá cópia a todos os Ministros, pedirá dia para julgamento.

Art. 173. Efetuado o julgamento, com o *quorum* do art. 143, parágrafo único, proclamar-se-á a inconstitucionalidade ou a constitucionalidade do preceito ou do ato impugnados, se num ou noutro sentido se tiverem manifestado 6 (seis) Ministros.

Parágrafo único. Se não for alcançada a maioria necessária à declaração de inconstitucionalidade, estando licenciados ou ausentes Ministros em número que possa influir no julgamento, este será suspenso a fim de aguardar-se o comparecimento dos Ministros ausentes, até que se atinja o *quorum*.

Art. 174. Proclamada a constitucionalidade na forma do artigo anterior, julgar-se-á improcedente a representação.

•• Artigo com redação determinada pela Emenda Regimental n. 2, de 4-12-1985.

Art. 175. Julgada procedente a representação e declarada a inconstitucionalidade total ou parcial de Constituição Estadual, de lei ou decreto federal ou estadual, de resolução de órgão judiciário ou legislativo, bem como de qualquer outro ato normativo federal ou estadual ou de autoridade da Administração direta ou indireta, far-se-á comunicação à autoridade ou órgão responsável pela expedição do ato normativo impugnado.

Parágrafo único. Se a declaração de inconstitucionalidade de lei, ou ato estadual se fundar nos incisos VI e VII do art. 10 da Constituição, a comunicação será feita, logo após a decisão, à autoridade interessada, bem como, depois do trânsito em julgado, ao Presidente da República, para os efeitos do § 2.° do art. 11 da Constituição.

Art. 176. Arguida a inconstitucionalidade de lei ou ato normativo federal, estadual ou municipal, em qualquer outro processo submetido ao Plenário, será ela julgada em conformidade com o disposto nos arts. 172 a 174, depois de ouvido o Procurador-Geral.

§ 1.° Feita a arguição em processo de competência da Turma, e considerada relevante, será ele submetido ao Plenário, independente de acórdão, depois de ouvido o Procurador-Geral.

§ 2.° De igual modo procederão o Presidente do Tribunal e os das Turmas, se a inconstitucionalidade for alegada em processo de sua competência.

Art. 177. O Plenário julgará a prejudicial de inconstitucionalidade e as demais questões da causa.

Art. 178. Declarada, incidentalmente, a inconstitucionalidade, na forma prevista nos arts. 176 e 177, far-se-á a comunicação, logo após a decisão, à autoridade ou órgão interessado, bem como, depois do trânsito em julgado, ao Senado Federal, para os efeitos do art. 42, VII, da Constituição.

Capítulo II
DA INTERPRETAÇÃO DE LEI

Art. 179. O Procurador-Geral da República poderá submeter ao Tribunal o exame de lei ou ato normativo federal ou estadual, para que este lhe fixe a interpretação.

Art. 180. A representação será instruída com o texto integral da lei ou do ato normativo e conterá os motivos que justificam a necessidade de sua interpretação prévia, bem como o entendimento que lhe dá o representante.

Art. 181. Proposta a representação, dela não poderá desistir o Procurador-Geral.

•• *Caput* com redação determinada pela Emenda Regimental n. 2, de 4-12-1985.

Parágrafo único. Não se admitirá assistência a qualquer das partes.

•• Parágrafo único acrescentado pela Emenda Regimental n. 2, de 4-12-1985.

Art. 182. O Relator, se entender que não há motivos que justifiquem a necessidade da interpretação prévia, poderá indeferir, liminarmente, a representação, em despacho fundamentado, do qual caberá agravo regimental.

Art. 183. Se não indeferir liminarmente a representação, o Relator solicitará informações à autoridade da qual tiver emanado o ato, bem como ao Congresso Nacional ou à Assembleia Legislativa, se for o caso.

Parágrafo único. As informações, prestadas no prazo de trinta dias, serão acompanhadas, em se tratando de lei, de cópia de todas as peças do processo legislativo.

Art. 184. Recebidas as informações, o Relator, lançado o relatório do qual a Secretaria remeterá cópia a todos os Ministros, pedirá dia para julgamento.

Art. 185. Efetuado o julgamento, com o *quorum* do parágrafo único do art. 143, proclamar-se-á a interpretação que tiver apoio de, pelo menos, seis Ministros.

§ 1.° Se não for alcançada a maioria necessária, estando licenciados ou ausentes Ministros em número que possa influir no julgamento, este será suspenso a fim de aguardar-se o comparecimento desses Ministros, até que se atinja o *quorum*.

§ 2.° Na hipótese de os votos se dividirem entre mais de duas interpretações, proceder-se-á, em outra sessão designada pelo Presidente, à segunda votação restrita à escolha, pelo *quorum* de seis Ministros, pelo menos, de uma dentre as duas interpretações anteriormente mais votadas.

Art. 186. A interpretação adotada no julgamento da representação será imediatamente comunicada, pelo Presidente do Tribunal, à autoridade a quem tiverem sido solicitadas as informações.

Art. 187. A partir da publicação do acórdão, por suas conclusões e ementa, no *Diário da Justiça da União*, a interpretação nele fixada terá força vinculante para todos os efeitos.

Título VII
DAS GARANTIAS CONSTITUCIONAIS

Capítulo I
DO *HABEAS CORPUS*

•• Sobre *habeas corpus vide* arts. 647 a 667 do CPP.

Art. 188. Dar-se-á *habeas corpus* sempre que alguém sofrer ou se achar ameaçado de sofrer violência ou coação em sua liberdade de locomoção, por ilegalidade ou abuso de poder.

Art. 189. O *habeas corpus* pode ser impetrado:

I – por qualquer pessoa, em seu favor ou de outrem;

II – pelo Ministério Público.

Art. 190. A petição de *habeas corpus* deverá conter:

I – o nome do impetrante, bem como o do paciente e do coator;

II – os motivos do pedido e, quando possível, a prova documental dos fatos alegados;

III – a assinatura do impetrante ou de alguém a seu rogo, se não souber ou não puder escrever.

Art. 191. O Relator requisitará informações do apontado coator e, sem prejuízo do disposto no art. 21, IV e V, poderá:

I – sendo relevante a matéria, nomear advogado para acompanhar e defender oralmente o pedido, se o impetrante não for diplomado em direito;

II – ordenar diligências necessárias à instrução do pedido, no prazo que estabelecer, se a deficiência deste não for imputável ao impetrante;

III – determinar a apresentação do paciente à sessão do julgamento, se entender conveniente;

IV – no *habeas corpus* preventivo, expedir salvo-conduto em favor do paciente, até decisão do feito, se houver grave risco de consumar-se a violência.

Art. 192. Quando a matéria for objeto de jurisprudência consolidada do tribunal, o Relator poderá desde logo denegar ou conceder a ordem, ainda que de ofício, à vista da documentação da petição inicial ou do teor das informações.

•• *Caput* com redação determinada pela Emenda Regimental n. 30, de 29-5-2009.

§ 1.º Não se verificando a hipótese do *caput*, instruído o processo e ouvido o Procurador-Geral em 2 (dois) dias, o Relator apresentará o feito em mesa para julgamento na primeira sessão da Turma ou do Plenário, observando-se, quanto à votação, o disposto nos arts. 146, parágrafo único, e 150, § 3.º.

•• § 1.º acrescentado pela Emenda Regimental n. 30, de 29-5-2009.

§ 2.º Não apresentado o processo na primeira sessão, o impetrante poderá requerer seja cientificado pelo Gabinete, por qualquer via, da data do julgamento.

•• § 2.º acrescentado pela Emenda Regimental n. 30, de 29-5-2009.

§ 3.º Não se conhecerá de pedido desautorizado pelo paciente.

•• § 3.º acrescentado pela Emenda Regimental n. 30, de 29-5-2009.

Art. 193. O Tribunal poderá, de ofício:

I – usar da faculdade prevista no art. 191, III;

II – expedir ordem de *habeas corpus* quando, no curso de qualquer processo, verificar que alguém sofre ou se acha ameaçado de sofrer violência ou coação em sua liberdade de locomoção, por ilegalidade ou abuso de poder.

Art. 194. A decisão concessiva de *habeas corpus* será imediatamente comunicada às autoridades a quem couber cumpri-la, sem prejuízo da remessa de cópia autenticada do acórdão.

Parágrafo único. A comunicação mediante ofício, telegrama ou radiograma, bem como o salvo-conduto, em caso de ameaça de violência ou coação, serão firmados pelo Presidente do Tribunal ou da Turma.

Art. 195. Ordenada a soltura do paciente, em virtude de *habeas corpus*, a autoridade que, por má-fé ou evidente abuso de poder, tiver determinado a coação será condenada nas custas, remetendo-se ao Ministério Público traslado das peças necessárias à apuração de sua responsabilidade penal.

Art. 196. O carcereiro ou o diretor da prisão, o escrivão, o oficial de justiça ou a autoridade judiciária, policial ou militar que embaraçarem ou procrastinarem o encaminhamento do pedido de *habeas corpus*, as informações sobre a causa da violência, coação ou ameaça, ou a condução e apresentação do paciente, serão multados na forma da legislação processual vigente, sem prejuízo de outras sanções penais e administrativas.

Art. 197. Havendo desobediência ou retardamento abusivo no cumprimento da ordem de *habeas corpus*, por parte do detentor ou carcereiro, o Presidente do Tribunal expedirá mandado de prisão contra o desobediente e oficiará ao Ministério Público, a fim de que promova a ação penal.

Parágrafo único. Na hipótese deste artigo, o Tribunal ou o seu Presidente tomarão as providências necessárias ao cumprimento da decisão, com emprego dos meios legais cabíveis, e determinarão, se necessário, a apresentação do paciente ao Relator ou a magistrado local por ele designado.

Art. 198. As fianças que se tiverem de prestar perante o Tribunal, em virtude de *habeas corpus*, serão processadas pelo Relator, a menos que este delegue essa atribuição a outro magistrado.

Art. 199. Se, pendente o processo de *habeas corpus*, cessar a violência ou coação, julgar-se-á prejudicado o pedido, podendo, porém, o Tribunal declarar a ilegalidade do ato e tomar as providências cabíveis para punição do responsável.

CAPÍTULO II
DO MANDADO DE SEGURANÇA

Art. 200. Conceder-se-á mandado de segurança para proteger direito líquido e certo não amparado por *habeas corpus*, quando a autoridade responsável pela ilegalidade ou abuso de poder estiver sob a jurisdição do Tribunal.

Parágrafo único. O direito de pedir segurança extingue-se após 120 (cento e vinte) dias da ciência, pelo interessado, do ato impugnado.

Art. 201. Não se dará mandado de segurança quando estiver em causa:

I – ato de que caiba recurso administrativo com efeito suspensivo, independente de caução;

II – despacho ou decisão judicial, de que caiba recurso, ou que seja suscetível de correição;

III – ato disciplinar, salvo se praticado por autoridade incompetente ou com inobservância de formalidade essencial.

Art. 202. A petição inicial, que deverá preencher os requisitos dos arts. 282 e 283 do Código de Processo Civil, será apresentada em duas vias, e os documentos que instruírem a primeira deverão ser reproduzidos, por cópia, na segunda, salvo o disposto no art. 114 deste Regimento.

•• A referência é feita ao CPC de 1973. Dispositivos correspondentes no CPC de 2015: arts. 319 e 320.

Art. 203. O Relator mandará notificar a autoridade coatora para prestar informações no prazo previsto em lei.

§ 1.º Quando relevante o fundamento e do ato impugnado puder resultar a ineficácia da medida, caso deferida, o Relator determinar-lhe-á a suspensão, salvo nos casos vedados em lei.

§ 2.º A notificação será instruída com a segunda via da inicial e cópias dos documentos, bem como do despacho concessivo da liminar, se houver.

Art. 204. A medida liminar vigorará pelo prazo de 90 (noventa) dias, contado de sua efetivação e prorrogável por mais 30 (trinta) dias, se o acúmulo de serviço o justificar.

Parágrafo único. Se, por ação ou omissão, o beneficiário da liminar der causa à procrastinação do julgamento do pedido, poderá o Relator revogar a medida.

Art. 205. Recebidas as informações ou transcorrido o respectivo prazo, sem o seu oferecimento, o Relator, após vista ao Procurador-Geral, pedirá dia para julgamento, ou, quando a matéria for objeto de jurisprudência consolidada do Tribunal, julgará o pedido.

•• *Caput* com redação determinada pela Emenda Regimental n. 28, de 18-2-2009.

Parágrafo único. O julgamento de mandado de segurança contra ato do Presidente do Supremo Tribunal Federal ou do Conselho Nacional da Magistratura será presidido pelo Vice-Presidente ou, no caso de ausência ou impedimento, pelo Ministro mais antigo dentre os presentes à sessão. Se lhe couber votar, nos termos do art. 146, I a III e V, e seu voto produzir empate, observar-se-á o seguinte:

I – não havendo votado algum Ministro, por motivo de ausência ou licença que não deva perdurar por mais de 3 (três) meses, aguardar-se-á o seu voto;

II – havendo votado todos os Ministros, salvo os impedidos ou licenciados por período remanescente superior a 3 (três) meses, prevalecerá o ato impugnado.

Art. 206. A concessão ou a denegação de segurança na vigência de medida liminar serão imediatamente comunicadas à autoridade apontada como coatora.

Título VIII
DOS PROCESSOS ORIUNDOS DE ESTADOS ESTRANGEIROS

Capítulo I
DA EXTRADIÇÃO

Art. 207. Não se concederá extradição sem prévio pronunciamento do Supremo Tribunal Federal sobre a legalidade e a procedência do pedido, observada a legislação vigente.

Art. 208. Não terá andamento o pedido de extradição sem que o extraditando seja preso e colocado à disposição do Tribunal.

Art. 209. O Relator designará dia e hora para o interrogatório do extraditando e requisitará a sua apresentação.

Art. 210. No interrogatório, ou logo após, intimar-se-á o defensor do extraditando para apresentar defesa escrita no prazo de 10 (dez) dias.

§ 1.º O Relator dará advogado ao extraditando que não o tiver, e curador, se for o caso.

§ 2.º Será substituído o defensor, constituído ou dativo, que não apresentar a defesa no prazo deste artigo.

Art. 211. É facultado ao Relator delegar o interrogatório do extraditando a juiz do local onde estiver preso.

Parágrafo único. Para o fim deste artigo, serão os autos remetidos ao juiz delegado, que os devolverá, uma vez apresentada a defesa ou exaurido o prazo.

Art. 212. Junta a defesa e aberta vista por 10 (dez) dias ao Procurador-Geral, o Relator pedirá dia para julgamento.

Parágrafo único. O Estado requerente da extradição poderá ser representado por advogado para acompanhar o processo perante o Tribunal.

Art. 213. O extraditando permanecerá na prisão, à disposição do Tribunal, até o julgamento final.

Art. 214. No processo de extradição, não se suspende no recesso e nas férias o prazo fixado por lei para o cumprimento de diligência determinada pelo Relator ou pelo Tribunal.

Capítulo II
DA HOMOLOGAÇÃO DE SENTENÇA ESTRANGEIRA

•• *Vide* art. 105, I, *i*, da CF.

Art. 215. A sentença estrangeira não terá eficácia no Brasil sem a prévia homologação pelo Supremo Tribunal Federal ou por seu Presidente.

•• Artigo com redação determinada pela Emenda Regimental n. 1, de 25-11-1981.

Art. 216. Não será homologada sentença que ofenda a soberania nacional, a ordem pública e os bons costumes.

Art. 217. Constituem requisitos indispensáveis à homologação da sentença estrangeira:

I – haver sido proferida por juiz competente;

II – terem sido as partes citadas ou haver-se legalmente verificado a revelia;

III – ter passado em julgado e estar revestida das formalidades necessárias à execução no lugar em que foi proferida;

IV – estar autenticada pelo cônsul brasileiro e acompanhada de tradução oficial.

Art. 218. A homologação será requerida pela parte interessada, devendo a petição inicial conter as indicações constantes da lei processual, e ser instruída com a certidão ou cópia autêntica do texto integral da sentença estrangeira e com outros documentos indispensáveis, devidamente traduzidos e autenticados.

•• Suprimido o parágrafo único deste artigo pela Emenda Regimental n. 1, de 25-11-1981.

Art. 219. Se a petição inicial não preencher os requisitos exigidos no artigo anterior ou apresentar defeitos ou irregularidades que dificultem o julgamento, o Presidente mandará que o requerente a emende ou complete, no prazo de 10 (dez) dias, sob pena de indeferimento.

Parágrafo único. Se o requerente não promover, no prazo marcado, mediante intimação ao advogado, ato ou diligência que lhe for determinado no curso do processo, será este julgado extinto pelo Presidente ou pelo Plenário conforme o caso.

•• Parágrafo único com redação determinada pela Emenda Regimental n. 1, de 25-11-1981.

Art. 220. Autuados a petição e os documentos, o Presidente mandará citar o requerido para, em 15 (quinze) dias, contestar o pedido.

§ 1.º O requerido será citado por oficial de justiça, se domiciliado no Brasil, expedindo-se, para isso, carta de ordem; se domiciliado no estrangeiro, pela forma estabelecida na lei do País, expedindo-se carta rogatória.

§ 2.º Certificado pelo oficial de justiça ou afirmado, em qualquer caso, pelo requerente, que o citando se encontra em lugar ignorado, incerto ou inacessível, a citação far-se-á mediante edital.

Art. 221. A contestação somente poderá versar sobre a autenticidade dos documentos, a inteligência da sentença e a observância dos requisitos indicados nos arts. 217 e 218.

§ 1.º Revel ou incapaz o requerido, dar-se-lhe-á curador especial que será pessoalmente notificado.

§ 2.º Apresentada a contestação, será admitida réplica em 5 (cinco) dias.

§ 3.º Transcorrido o prazo da contestação ou da réplica, oficiará o Procurador-Geral no prazo de 10 (dez) dias.

Art. 222. Se o requerido, o curador especial ou o Procurador-Geral não impugnarem o pedido de homologação, sobre ele decidirá o Presidente.

•• *Caput* com redação determinada pela Emenda Regimental n. 1, de 25-11-1981.

Parágrafo único. Da decisão do Presidente que negar a homologação cabe agravo regimental.

•• Parágrafo único acrescentado pela Emenda Regimental n. 1, de 25-11-1981.

Art. 223. Havendo impugnação à homologação, o processo será distribuído para julgamento pelo Plenário.

•• *Caput* com redação determinada pela Emenda Regimental n. 1, de 25-11-1981.

Parágrafo único. Caberão ao Relator os demais atos relativos ao andamento e à instrução do processo e o pedido de dia para julgamento.

•• Parágrafo único com redação determinada pela Emenda Regimental n. 1, de 25-11-1981.

Art. 224. A execução far-se-á por carta de sentença, no juízo competente, observadas as regras estabelecidas para a execução de julgado nacional da mesma natureza.

Capítulo III
DA CARTA ROGATÓRIA

•• *Vide* art. 105, I, *i*, da CF.

Art. 225. Compete ao Presidente do Tribunal conceder *exequatur* a cartas rogatórias de Juízos ou Tribunais estrangeiros.

Art. 226. Recebida a rogatória, o interessado residente no país será intimado, podendo, no prazo de 5 (cinco) dias, impugná-la.

•• *Caput* com redação determinada pela Emenda Regimental n. 2, de 4-12-1985.

§ 1.º Findo esse prazo, abrir-se-á vista ao Procurador-Geral, que também poderá impugnar o cumprimento da rogatória.

•• § 1.º acrescentado pela Emenda Regimental n. 2, de 4-12-1985.

§ 2.º A impugnação só será admitida se a rogatória atentar contra a soberania nacional ou a ordem pública, ou se lhe faltar autenticidade.

•• § 2.º acrescentado pela Emenda Regimental n. 2, de 4-12-1985.

Art. 227. Concedido o *exequatur*, seguir-se-á a remessa da rogatória ao juízo no qual deva ser cumprida.

Parágrafo único. Da concessão ou denegação do *exequatur* cabe agravo regimental.

Art. 228. No cumprimento da carta rogatória cabem embargos relativos a quaisquer atos que lhe sejam referentes, opostos no prazo de 10 (dez) dias, por qualquer interessado ou pelo Ministério Público local, julgando-os o Presidente, após audiência do Procurador-Geral.

•• *Caput* com redação determinada pela Emenda Regimental n. 2, de 4-12-1985.

Parágrafo único. Da decisão que julgar os embargos cabe agravo regimental.

•• Parágrafo único com redação determinada pela Emenda Regimental n. 2, de 4-12-1985.

Art. 229. Cumprida a rogatória, será devolvida ao Supremo Tribunal Federal, no prazo de 10 (dez) dias, e por este remetida, em igual prazo, por via diplomática, ao Juízo ou Tribunal de origem.

Título IX
DAS AÇÕES ORIGINÁRIAS

Capítulo I
DA AÇÃO PENAL ORIGINÁRIA

Art. 230. A denúncia nos crimes de ação pública, a queixa nos de ação privada, bem como a representação, quando indispensável ao exercício da primeira, obedecerão ao que dispõe a lei processual.

Art. 230-A. Ao receber inquérito oriundo de instância inferior, o Relator verificará a competência do Supremo Tribunal Federal, recebendo-o no estado em que se encontrar.

•• Artigo acrescentado pela Emenda Regimental n. 44, de 2-6-2011.

Art. 230-B. O Tribunal não processará comunicação de crime, encaminhando-a à Procuradoria-Geral da República.

•• Artigo acrescentado pela Emenda Regimental n. 44, de 2-6-2011.

Art. 230-C. Instaurado o inquérito, a autoridade policial deverá em sessenta dias reunir os elementos necessários à conclusão das investigações, efetuando as inquirições e realizando as demais diligências necessárias à elucidação dos fatos, apresentando, ao final, peça informativa.

•• *Caput* acrescentado pela Emenda Regimental n. 44, de 2-6-2011.

§ 1.º O Relator poderá deferir a prorrogação do prazo sob requerimento fundamentado da autoridade policial ou do Procurador-Geral da República, que deverão indicar as diligências que faltam ser concluídas.

•• § 1.º acrescentado pela Emenda Regimental n. 44, de 2-6-2011.

§ 2.º Os requerimentos de prisão, busca e apreensão, quebra de sigilo telefônico, bancário, fiscal, e telemático, interceptação telefônica, além de outras medidas invasivas, serão processados e apreciados, em autos apartados e sob sigilo, pelo Relator.

•• § 2.º acrescentado pela Emenda Regimental n. 44, de 2-6-2011.

Art. 231. Apresentada a peça informativa pela autoridade policial, o Relator encaminhará os autos ao Procurador-Geral da República, que terá quinze dias para oferecer a denúncia ou requerer o arquivamento.

•• *Caput* com redação determinada pela Emenda Regimental n. 44, de 2-6-2011.

§ 1.º As diligências complementares ao inquérito podem ser requeridas pelo Procurador-Geral ao Relator, interrompendo o prazo deste artigo, se deferidas.

§ 2.º As diligências complementares não interrompem o prazo para oferecimento da denúncia, se o indiciado estiver preso.

§ 3.º Na hipótese do parágrafo anterior, se as diligências forem indispensáveis ao oferecimento da denúncia, o Relator determinará o relaxamento da prisão do indiciado; se não o forem, mandará, depois de oferecida a denúncia, que se realizem em separado, sem prejuízo da prisão e do processo.

§ 4.º O Relator tem competência para determinar o arquivamento, quando o requerer o Procurador-Geral da República ou quando verificar:

•• § 4.º com redação determinada pela Emenda Regimental n. 44, de 2-6-2011.

a) a existência manifesta de causa excludente da ilicitude do fato;

•• Alínea *a* acrescentada pela Emenda Regimental n. 44, de 2-6-2011.

b) a existência manifesta de causa excludente da culpabilidade do agente, salvo inimputabilidade;

•• Alínea *b* acrescentada pela Emenda Regimental n. 44, de 2-6-2011.

c) que o fato narrado evidentemente não constitui crime;

•• Alínea *c* acrescentada pela Emenda Regimental n. 44, de 2-6-2011.

d) extinta a punibilidade do agente; ou

•• Alínea *d* acrescentada pela Emenda Regimental n. 44, de 2-6-2011.

e) ausência de indícios mínimos de autoria ou materialidade, nos casos em que forem descumpridos os prazos para a instrução do inquérito ou para oferecimento de denúncia.

•• Alínea *e* acrescentada pela Emenda Regimental n. 44, de 2-6-2011.

§ 5.º Se o indiciado estiver preso, o prazo a que se refere o *caput* será de cinco dias.

•• § 5.º acrescentado pela Emenda Regimental n. 44, de 2-6-2011.

§ 6.º O inquérito arquivado por falta de indícios mínimos de autoria ou materialidade poderá ser reaberto, caso surjam novos elementos.

•• § 6.º acrescentado pela Emenda Regimental n. 44, de 2-6-2011.

Art. 232. Se o inquérito versar sobre a prática de crime de ação privada, o Relator determinará seja aguardada a iniciativa do ofendido ou de quem por lei esteja autorizado a oferecer queixa.

Parágrafo único. Verificando a extinção da punibilidade, ainda que não haja iniciativa do ofendido, o Relator, após ouvir o Procurador-Geral da República, poderá arquivar o feito.

•• Parágrafo único com redação determinada pela Emenda Regimental n. 44, de 2-6-2011.

Art. 233. O Relator, antes do recebimento ou da rejeição da denúncia ou da queixa, mandará notificar o acusado para oferecer resposta escrita no prazo de 15 (quinze) dias.

§ 1.º A notificação será feita na forma da lei processual penal.

•• § 1.º com redação determinada pela Emenda Regimental n. 44, de 2-6-2011.

§ 2.º Com a notificação, será entregue ao acusado cópia da denúncia ou queixa, do despacho do Relator e dos documentos por este indicados.

•• § 2.º com redação determinada pela Emenda Regimental n. 44, de 2-6-2011.

§ 3.º Se desconhecido o paradeiro do acusado, será este notificado por edital, com o prazo de 5 (cinco) dias, para que apresente a resposta prevista neste artigo.

Art. 234. Apresentada, ou não, a resposta, o Relator pedirá dia para que o Plenário ou a Turma, conforme o caso, delibere sobre o recebimento ou a rejeição da denúncia ou da queixa.

•• *Caput* com redação determinada pela Emenda Regimental n. 49, de 3-6-2014.

§ 1.º É facultada a sustentação oral, pelo tempo máximo de 15 (quinze) minutos, no julgamento de que trata este artigo.

•• § 1.º acrescentado pela Emenda Regimental n. 2, de 4-12-1985.

§ 2.º Encerrados os debates, o Tribunal passará a deliberar em sessão pública.

•• § 2.º com redação determinada pela Emenda Regimental n. 44, de 2-6-2011.

Art. 235. Recebida a denúncia ou a queixa, o Relator designará dia e hora para o interrogatório, mandando citar o acusado e intimar o Procurador-Geral, bem como o querelante ou o assistente, se for o caso.

•• *Caput* com redação determinada pela Emenda Regimental n. 2, de 4-12-1985.

Parágrafo único. Ao receber ação penal oriunda de instância inferior, o Relator verificará a competência do Supremo Tribunal Federal, recebendo-a no estado em que se encontrar.

•• Parágrafo único acrescentado pela Emenda Regimental n. 44, de 2-6-2011.

Art. 236. Requerida a suspensão do exercício de mandato parlamentar, nos termos do art. 32, § 58, da Constituição, o Tribunal, dada vista à defesa pelo prazo de 15 (quinze) dias, julgará o pedido, observado o procedimento previsto no artigo anterior.

•• *Caput* com redação determinada pela Emenda Regimental n. 2, de 4-12-1985.

Parágrafo único. O pedido, de que trata este artigo, será processado em apartado, como incidente, e não obstará o prosseguimento da ação penal.

•• Parágrafo único com redação determinada pela Emenda Regimental n. 2, de 4-12-1985.

Art. 237. Não comparecendo o acusado, ou não constituindo advogado, o Relator nomear-lhe-á defensor.

Art. 238. O prazo para a defesa prévia será de 5 (cinco) dias e contar-se-á do interrogatório ou da intimação do defensor dativo.

Art. 239. A instrução do processo obedecerá, no que couber, ao procedimento comum do Código de Processo Penal.

§ 1.º O Relator poderá delegar o interrogatório do réu e qualquer dos atos de instrução a juiz ou membro de outro Tribunal, que tenha competência territorial no local onde devam ser produzidos.

•• Primitivo parágrafo único renumerado pela Emenda Regimental n. 2, de 4-12-1985.

§ 2.º Na hipótese de a Câmara dos Deputados ou o Senado Federal comunicar ao Tribunal que, por iniciativa de sua Mesa, resolveu sustar o processo, o Plenário decidirá sobre a suspensão deste.

•• § 2.º acrescentado pela Emenda Regimental n. 2, de 4-12-1985.

Art. 240. Terminada a inquirição de testemunhas, o Relator dará vista sucessiva à acusação e à defesa, pelo prazo de 5 (cinco) dias, para requererem diligências, em razão de circunstâncias ou fatos apurados na instrução.

Art. 241. Concluídas as diligências acaso deferidas, mandará o Relator dar vista às partes para alegações, pelo prazo de 15 (quinze) dias, sendo comum o prazo do acusador e do assistente, bem como o dos corréus.

Art. 242. Findos os prazos do artigo anterior, e após ouvir o Procurador-Geral na ação penal privada, pelo prazo de 15 (quinze) dias, o Relator poderá ordenar diligências para sanar nulidade ou suprir falta que prejudique a apuração da verdade.

Art. 243. Observado o disposto no artigo anterior, o Relator lançará o relatório e passará os autos ao Revisor, que pedirá dia para julgamento.

Parágrafo único. A Secretaria remeterá cópia do relatório aos Ministros logo após o pedido de dia formulado pelo Revisor.

Art. 244. A requerimento das partes ou do Procurador-Geral, o Relator poderá admitir que deponham, na sessão de julgamento, testemunhas arroladas com antecedência de 15 (quinze) dias, intimadas na forma da lei e do Regimento.

Art. 245. Na sessão de julgamento observar-se-á o seguinte:

I – o Relator apresentará o relatório lavrado e, se houver, o aditamento ou retificação do Revisor;

II – as testemunhas arroladas serão inquiridas pelo Relator e, facultativamente, pelos demais Ministros; em primeiro lugar, as de acusação e, depois, as de defesa;

III – admitir-se-ão, a seguir, perguntas do Procurador-Geral e das partes;

IV – ouvir-se-ão os peritos para esclarecimentos previamente ordenados pelo Relator, de ofício, ou a requerimento das partes ou do Procurador-Geral;

V – findas as inquirições e efetuadas quaisquer diligências que o Tribunal houver determinado, será dada a palavra à acusação e à defesa, pelo tempo de uma hora, prorrogável pelo Presidente;

VI – na ação penal privada, o Procurador-Geral falará por último, por 30 (trinta) minutos;

VII – encerrados os debates, o Tribunal passará a deliberar em sessão secreta, sem a presença das partes e do Procurador-Geral, e proclamará o resultado do julgamento em sessão pública.

§ 1.º O julgamento efetuar-se-á, em uma ou mais sessões, a critério do Tribunal.

§ 2.º Nomear-se-á defensor *ad hoc* se o advogado constituído pelo réu ou o defensor anteriormente nomeado não comparecer à sessão de julgamento, a qual será adiada se aquele o requerer para exame dos autos.

Art. 246. Aplica-se o art. 105 aos prazos fixados neste Capítulo, salvo se o acusado estiver preso ou se a ação penal estiver na iminência de extinguir-se pela prescrição.

....

Capítulo V
DA REVISÃO CRIMINAL

Art. 263. Será admitida a revisão, pelo Tribunal, dos processos criminais findos, em que a condenação tiver sido por ele proferida ou mantida no julgamento de ação penal originária ou recurso criminal ordinário:

I – quando a decisão condenatória for contrária ao texto expresso da lei penal ou à evidência dos autos;

II – quando a decisão condenatória se fundar em depoimentos, exames ou documentos comprovadamente falsos;

III – quando, após a decisão condenatória, se descobrirem novas provas de inocência do condenado ou de circunstância que determine ou autorize diminuição especial da pena.

Parágrafo único. No caso do inciso I, primeira parte, caberá a revisão, pelo Tribunal, de processo em que a condenação tiver sido por ele proferida ou mantida no julgamento de recurso extraordinário, se seu fundamento coincidir com a questão federal apreciada.

Art. 264. A revisão poderá ser requerida a qualquer tempo, depois de transitada em julgado a decisão condenatória, esteja ou não extinta a pena.

Parágrafo único. Não é admissível reiteração do pedido, com o mesmo fundamento, salvo se fundado em novas provas.

Art. 265. A revisão poderá ser pedida pelo próprio condenado ou seu procurador legalmente habilitado, ou, falecido aquele, pelo seu cônjuge, ascendente, descendente ou irmão.

Parágrafo único. Aplica-se ao processo de revisão o disposto nos incisos I e II do art. 191 deste Regimento.

Art. 266. O pedido de revisão será sempre instruído com o inteiro teor, autenticado, da decisão condenatória, com a prova de haver esta passado em julgado e com os documentos comprobatórios das alegações em que se fundar, indicadas, igualmente, as provas que serão produzidas.

Parágrafo único. Se a decisão impugnada for confirmatória de outras, estas deverão, também, vir comprovadas no seu inteiro teor.

Art. 267. O Relator admitirá ou não as provas requeridas e determinará a produção de outras que entender necessárias, facultado o agravo regimental.

Parágrafo único. A qualquer tempo, o Relator poderá solicitar informações ao juiz da execução e requisitar os autos do processo sob revisão.

Art. 268. Instruído o processo, o Relator ouvirá o requerente e o Procurador-Geral, no prazo de 5 (cinco) dias para cada um, e, lançado o relatório, passará os autos ao revisor que pedirá dia para o julgamento.

Parágrafo único. Quando a condenação houver sido imposta em ação penal originária, o julgamento da revisão atenderá ao disposto no art. 245, VII, deste Regimento.

Art. 269. Se julgar procedente a revisão, o Tribunal poderá absolver o acusado, alterar a classificação da infração, modificar a pena ou anular o processo.

Parágrafo único. A pena imposta pela decisão revista não poderá ser agravada.

Art. 270. À vista da certidão do acórdão que houver cassado ou reformado a decisão condenatória, o juiz da execução mandará juntá-la aos autos, para seu cumprimento, determinando desde logo o que for de sua competência.

Art. 271. A absolvição implicará o restabelecimento de todos os direitos perdidos em virtude da condenação, devendo o Tribunal, se for o caso, impor a medida de segurança cabível.

Art. 272. O Tribunal, se o interessado o requerer, poderá reconhecer, na forma da lei, o direito a uma justa indenização pelos prejuízos sofridos.

....

Título X
DOS PROCESSOS INCIDENTES

Capítulo I
DOS IMPEDIMENTOS E DA SUSPEIÇÃO

Art. 277. Os Ministros declarar-se-ão impedidos ou suspeitos nos casos previstos em lei.

Parágrafo único. Não estão impedidos os Ministros que, no Tribunal Superior Eleitoral, tenham funcionado no mesmo processo ou no processo originário, os quais devem ser excluídos, se possível, da distribuição.

•• Primitivo § 1.º renumerado pela Emenda Regimental n. 2, de 4-12-1985, que suprimiu o § 2.º.

Art. 278. A suspeição será arguida perante o Presidente, ou o Vice-Presidente, se aquele for o recusado.

Parágrafo único. A petição será instruída com os documentos comprobatórios da arguição e o rol de testemunhas.

Art. 279. A suspeição do Relator poderá ser suscitada até 5 (cinco) dias após a distribuição; a do

Revisor, em igual prazo, após a conclusão dos autos; e a dos demais Ministros, até o início do julgamento.

Art. 280. O Presidente mandará arquivar a petição, se manifesta a sua improcedência.

Art. 281. Será ilegítima a arguição de suspeição, quando provocada pelo excipiente, ou quando houver ele praticado ato que importe na aceitação do Ministro.

Art. 282. Se admitir a arguição, o Presidente ouvirá o Ministro recusado e, a seguir, inquirirá as testemunhas indicadas, submetendo o incidente ao Tribunal em sessão secreta.

Art. 283. O Ministro que não reconhecer a suspeição funcionará até o julgamento da arguição.

Parágrafo único. A afirmação de suspeição pelo arguido, ainda que por outro fundamento, põe fim ao incidente.

Art. 284. A arguição será sempre individual, não ficando os demais Ministros impedidos de apreciá-la, ainda que também recusados.

Art. 285. Afirmada a suspeição pelo arguido, ou declarada pelo Tribunal, ter-se-ão por nulos os atos por ele praticados.

Art. 286. Não se fornecerá, salvo ao arguente e ao arguido, certidão de qualquer peça do processo de suspeição, antes de afirmada pelo arguido ou declarada pelo Tribunal.

Parágrafo único. Da certidão constará obrigatoriamente o nome de quem a requereu, bem assim o desfecho que houver tido a arguição.

Art. 287. Aplicar-se-á aos impedimentos dos Ministros o processo estabelecido para a suspeição, no que couber.

Capítulo II
DA HABILITAÇÃO INCIDENTE

Art. 288. Em caso de falecimento de alguma das partes:

I – o cônjuge, herdeiro ou legatário requererá sua habilitação, bem como a citação da outra parte para contestá-la no prazo de 15 (quinze) dias;

II – qualquer dos outros interessados poderá requerer a citação do cônjuge, herdeiro ou legatário para providenciarem sua habilitação em 15 (quinze) dias.

§ 1.º No caso do inciso II deste artigo, se a parte não providenciar a habilitação, o processo correrá à revelia.

§ 2.º Na hipótese do parágrafo anterior nomear-se-á curador ao revel, oficiando também o Procurador-Geral.

Art. 289. A citação far-se-á na pessoa do procurador constituído nos autos, mediante publicação no *Diário da Justiça*, ou à parte, pessoalmente, se não estiver representada no processo.

Art. 290. Quando incertos os sucessores, a citação far-se-á por edital.

Art. 291. O cessionário ou sub-rogado poderão habilitar-se, apresentando o documento da cessão ou sub-rogação e pedindo a citação dos interessados.

Parágrafo único. O cessionário de herdeiro somente após a habilitação deste poderá apresentar-se.

Art. 292. O Relator, se contestado o pedido, facultará às partes sumária produção de provas, em 5 (cinco) dias, e julgará, em seguida, a habilitação.

Art. 293. Não dependerá de decisão do Relator, processando-se nos autos da causa principal, o pedido de habilitação:

I – do cônjuge e herdeiros necessários que provem por documento sua qualidade e o óbito do falecido;

II – fundado em sentença, com trânsito em julgado, que atribua ao requerente a qualidade de herdeiro ou sucessor;

III – do herdeiro que for incluído sem qualquer oposição no inventário;

IV – quando estiver declarada a ausência ou determinada a arrecadação da herança jacente;

V – quando oferecidos os artigos de habilitação, a parte reconhecer a procedência do pedido e não houver oposição de terceiro.

Art. 294. O cessionário ou o adquirente podem prosseguir na causa, juntando aos autos o respectivo título e provando a sua identidade, caso em que sucederão ao cedente ou ao credor originário que houverem falecido.

Art. 295. Já havendo pedido de dia para julgamento, não se decidirá o requerimento de habilitação.

Art. 296. A parte que não se habilitar perante o Tribunal poderá fazê-lo em outra instância.

Capítulo III
DA SUSPENSÃO DE SEGURANÇA

Art. 297. Pode o Presidente, a requerimento do Procurador-Geral, ou da pessoa jurídica de direito público interessada, e para evitar grave lesão à ordem, à saúde, à segurança e à economia pública, suspender, em despacho fundamentado, a execução de liminar, ou da decisão concessiva de mandado de segurança, proferida em única ou última instância, pelos tribunais locais ou federais.

§ 1.º O Presidente pode ouvir o impetrante, em 5 (cinco) dias, e o Procurador-Geral, quando não for o requerente, em igual prazo.

§ 2.º Do despacho que conceder a suspensão caberá agravo regimental.

§ 3.º A suspensão de segurança vigorará enquanto pender o recurso, ficando sem efeito, se a decisão concessiva for mantida pelo Supremo Tribunal Federal ou transitarem em julgado.

• *Vide* Súmula 626 do STF.

Capítulo IV
DA RECONSTITUIÇÃO DE AUTOS PERDIDOS

Art. 298. O pedido de reconstituição de autos, no Tribunal, será apresentado ao Presidente e distribuído ao Relator do processo desaparecido ou ao seu substituto.

Art. 299. A parte contrária será citada para contestar o pedido no prazo de 5 (cinco) dias, cabendo ao Relator exigir as cópias, contrafés e reproduções dos atos e documentos que estiverem em seu poder.

Parágrafo único. Se o citado concordar com a reconstituição, lavrar-se-á o respectivo auto que, assinado pelas partes e homologado pelo Relator, suprirá o processo desaparecido.

Art. 300. O Relator determinará as diligências necessárias, solicitando informações e cópias autênticas, se for o caso, a outros juízes e tribunais.

Art. 301. O julgamento de reconstituição caberá ao Plenário ou à Turma competente para o processo extraviado.

Art. 302. Quem tiver dado causa à perda ou extravio responderá pelas despesas da reconstituição.

Art. 303. Julgada a reconstituição, o processo seguirá os trâmites normais.

Parágrafo único. Encontrado o processo original, nele prosseguirá o feito, apensando-se os autos reconstituídos.

Título XI
DOS RECURSOS

Capítulo I
DISPOSIÇÕES GERAIS

Art. 304. Admitir-se-ão medidas cautelares nos recursos, independentemente dos seus efeitos.

Art. 305. Não caberá recurso da deliberação da Turma ou do Relator que remeter processo ao julgamento do Plenário, ou que determinar, em agravo de instrumento, o processamento de recurso denegado ou procrastinado.

Art. 306. Os recursos serão processados, na instância de origem, pelas normas da legislação aplicável, observados os arts. 59, 307 e 308 deste Regimento.

Capítulo II
DOS RECURSOS CRIMINAIS

Seção I
Dos Recursos Ordinários

Art. 307. Caberá recurso ordinário para o Tribunal, no prazo de 3 (três) dias (art. 565 do Código de Processo Penal Militar), de decisão de única ou última instância da Justiça Militar, nos casos do art. 129, §§ 1.° e 2.°, da Constituição.

Art. 308. Recebido o recurso, abrir-se-á vista às partes, sucessivamente, por 5 (cinco) dias, para o oferecimento de razões, na instância de origem (art. 566 do Código de Processo Penal Militar).

Art. 309. Distribuído o recurso, a Secretaria, imediatamente, fará os autos com vista ao Procurador-Geral. Devolvidos e conclusos ao Relator, este pedirá dia para julgamento, no Plenário ou na Turma, conforme o caso.

Parágrafo único. Na hipótese do art. 6.°, III, *c*, lançado o relatório, passará os autos ao Revisor que pedirá dia para julgamento. Logo após, a Secretaria remeterá cópia do relatório aos Ministros.

Seção II
Do Recurso de *Habeas Corpus*

Art. 310. O recurso ordinário para o Tribunal, das decisões denegatórias de *habeas corpus*, será interposto no prazo de 5 (cinco) dias, nos próprios autos em que se houver proferido a decisão recorrida, com as razões do pedido de reforma.

Art. 311. Distribuído o recurso, a Secretaria, imediatamente, fará os autos com vista ao Procurador-Geral, pelo prazo de 2 (dois) dias. Conclusos ao Relator, este submeterá o feito a julgamento do Plenário ou da Turma, conforme o caso.

Art. 312. Aplicar-se-á, no que couber, ao processamento do recurso o disposto com relação ao pedido originário de *habeas corpus*.

Capítulo III
DOS AGRAVOS

Seção I
Do Agravo de Instrumento

Art. 313. Caberá agravo de instrumento:

I – de decisão de juiz de primeira instância nas causas a que se refere o art. 6.°, III, *d*, nos casos admitidos na legislação processual;

II – de despacho de Presidente de Tribunal que não admitir recurso da competência do Supremo Tribunal Federal;

III – quando se retardar, injustificadamente, por mais de trinta dias, o despacho a que se refere o inciso anterior, ou a remessa do processo ao Tribunal.

Parágrafo único. Na petição do agravo a que se refere o inciso I deste artigo, poderá o agravante requerer que o agravo fique retido nos autos, a fim de que o Tribunal dele conheça, preliminarmente, por ocasião do julgamento da apelação, desde que assim o solicite nas razões ou contrarrazões desta.

Art. 314. O agravo de instrumento obedecerá, no Juízo ou Tribunal de origem, às normas da legislação processual vigente.

Art. 315. Distribuído o agravo e ouvido, se necessário, o Procurador-Geral, o Relator o colocará em mesa para julgamento, sem prejuízo das atribuições que lhe confere o art. 21, nos incisos VI e IX e no seu § 1.°.

Parágrafo único. Quando interposto contra despacho que houver indeferido o processamento de arguição de relevância, o agravo de instrumento prescindirá de Relator e será julgado em Conselho, observando-se, no que couber, o disposto no art. 328, incisos VII a X.

Art. 316. O provimento de agravo de instrumento, ou a determinação do Relator para que subam os autos, não prejudica o exame e o julgamento, no momento oportuno, do cabimento do recurso denegado.

§ 1.º O provimento será registrado na ata e certificado nos autos, juntando-se ulteriormente a transcrição do áudio.

•• § 1.º com redação determinada pela Emenda Regimental n. 26, de 22-10-2008.

•• *Vide* nota ao art. 93, *caput*, deste Regimento Interno.

§ 2.º O provimento do agravo de instrumento e a determinação do Relator para que suba o recurso serão comunicados ao tribunal de origem pelo Presidente do Tribunal para processamento do recurso.

§ 3.º Se os autos principais tiverem subido em virtude de recurso da parte contrária, serão devolvidos à origem para processamento do recurso admitido.

Seção II
Do Agravo Regimental

Art. 317. Ressalvadas as exceções previstas neste Regimento, caberá agravo regimental, no prazo de cinco dias de decisão do Presidente do Tribunal, de Presidente de Turma ou do Relator, que causar prejuízo ao direito da parte.

§ 1.º A petição conterá, sob pena de rejeição liminar, as razões do pedido de reforma da decisão agravada.

§ 2.º O agravo regimental será protocolado e, sem qualquer outra formalidade, submetido ao prolator do despacho, que poderá reconsiderar o seu ato ou submeter o agravo ao julgamento do Plenário ou da Turma, a quem caiba a competência, computando-se também o seu voto.

§ 3.º Provido o agravo, o Plenário ou a Turma determinará o que for de direito.

§ 4.º O agravo regimental não terá efeito suspensivo.

§ 5.º O agravo interno poderá, a critério do relator, ser submetido a julgamento por meio eletrônico, observada a respectiva competência da Turma ou do Plenário.

•• § 5.º acrescentado pela Emenda Regimental n. 51, de 22-6-2016.

Capítulo V
DO RECURSO EXTRAORDINÁRIO

Art. 321. O recurso extraordinário para o Tribunal será interposto no prazo estabelecido na lei processual pertinente, com indicação do dispositivo que o autorize, dentre os casos previstos nos arts. 102, III, *a*, *b*, *c*, e 121, § 3.º, da Constituição Federal.

•• *Caput* com redação determinada pela Emenda Regimental n. 12, de 12-12-2003.

§ 1.º Se na causa tiverem sido vencidos autor e réu, qualquer deles poderá aderir ao recurso da outra parte nos termos da lei processual civil.

§ 2.º Aplicam-se ao recurso adesivo as normas de admissibilidade, preparo e julgamento do recurso extraordinário, não sendo processado ou conhecido quando houver desistência do recurso principal, ou for este declarado inadmissível ou deserto.

§ 3.º Se o recurso extraordinário for admitido pelo Tribunal ou pelo Relator do agravo de instrumento, o recorrido poderá interpor recurso adesivo juntamente com a apresentação de suas contrarrazões.

§ 4.º O recurso extraordinário não tem efeito suspensivo.

§ 5.º *(Revogado pela Emenda Regimental n. 21, de 30-4-2007.)*

Art. 322. O Tribunal recusará recurso extraordinário cuja questão constitucional não oferecer repercussão geral, nos termos deste capítulo.

•• *Caput* com redação determinada pela Emenda Regimental n. 21, de 30-4-2007.

Parágrafo único. Para efeito da repercussão geral, será considerada a existência, ou não, de questões que, relevantes do ponto de vista econômico, político, social ou jurídico, ultrapassem os interesses subjetivos das partes.

•• Parágrafo único com redação determinada pela Emenda Regimental n. 21, de 30-4-2007.

Art. 323. Quando não for caso de inadmissibilidade do recurso por outra razão, o(a) Relator(a) ou o Presidente submeterá, por meio eletrônico, aos demais ministros, cópia de sua manifestação sobre a existência, ou não, de repercussão geral.

•• *Caput* com redação determinada pela Emenda Regimental n. 42, de 2-12-2010.

§ 1.º Nos processos em que o Presidente atuar como relator, sendo reconhecida a existência de repercussão geral, seguir-se-á livre distribuição para o julgamento de mérito.

•• § 1.º com redação determinada pela Emenda Regimental n. 42, de 2-12-2010.

§ 2.º Tal procedimento não terá lugar, quando o recurso versar questão cuja repercussão já houver sido reconhecida pelo Tribunal, ou quando impugnar decisão contrária a súmula ou a jurisprudência dominante, casos em que se presume a existência de repercussão geral.

•• § 2.º com redação determinada pela Emenda Regimental n. 42, de 2-12-2010.

§ 3.º Mediante decisão irrecorrível, poderá o(a) Relator(a) admitir de ofício ou a requerimento, em prazo que fixar, a manifestação de terceiros, subscrita por procurador habilitado, sobre a questão da repercussão geral.

•• § 3.º acrescentado pela Emenda Regimental n. 42, de 2-12-2010.

Art. 323-A. O julgamento de mérito de questões com repercussão geral, nos casos de reafirmação de jurisprudência dominante da Corte, também poderá ser realizado por meio eletrônico.

•• Artigo acrescentado pela Emenda Regimental n. 42, de 2-12-2010.

Art. 324. Recebida a manifestação do(a) Relator(a), os demais ministros encaminhar-lhe-ão, também por meio eletrônico, no prazo comum de 20 (vinte) dias, manifestação sobre a questão da repercussão geral.

•• *Caput* com redação determinada pela Emenda Regimental n. 31, de 29-5-2009.

§ 1.º Decorrido o prazo sem manifestações suficientes para recusa do recurso, reputar-se-á existente a repercussão geral.

•• § 1.º acrescentado pela Emenda Regimental n. 31, de 29-5-2009.

§ 2.º Não incide o disposto no parágrafo anterior quando o Relator declare que a matéria é infraconstitucional, caso em que a ausência de pronunciamento no prazo será considerada como manifestação de inexistência de repercussão geral, autorizando a aplicação do art. 543-A, § 5.º, do Código de Processo Civil, se alcançada a maioria de dois terços de seus membros.

•• § 2.º com redação determinada pela Emenda Regimental n. 47, de 24-2-2012.

•• A referência é feita ao CPC de 1973. Dispositivo correspondente no CPC de 2015: art. 1.035, § 8.º.

§ 3.º No julgamento realizado por meio eletrônico, se vencido o Relator, redigirá o acórdão o Ministro sorteado na redistribuição, dentre aqueles que divergiram ou não se manifestaram, a quem competirá a relatoria do recurso para exame do mérito e de incidentes processuais.

•• § 3.º com redação determinada pela Emenda Regimental n. 49, de 3-6-2014.

Art. 325. O(A) Relator(a) juntará cópia das manifestações aos autos, quando não se tratar de processo informatizado, e, uma vez definida a existência da repercussão geral, julgará o recurso ou pedirá dia para seu julgamento, após vista ao Procurador-Geral, se necessária; negada a existência, formalizará e subscreverá decisão de recusa do recurso.

•• *Caput* com redação determinada pela Emenda Regimental n. 21, de 30-4-2007.

Parágrafo único. O teor da decisão preliminar sobre a existência da repercussão geral, que deve integrar a decisão monocrática ou o acórdão, constará sempre das publicações dos julgamentos no *Diário Oficial*, com menção clara à matéria do recurso.

•• Parágrafo único acrescentado pela Emenda Regimental n. 21, de 30-4-2007.

Art. 325-A. Reconhecida a repercussão geral, serão distribuídos ou redistribuídos ao relator do recurso paradigma, por prevenção, os processos relacionados ao mesmo tema.

•• Artigo acrescentado pela Emenda Regimental n. 42, de 2-12-2010.

Art. 326. Toda decisão de inexistência de repercussão geral é irrecorrível e, valendo para todos os recursos sobre questão idêntica, deve ser comunicada, pelo(a) Relator(a), à Presidência do Tribunal, para os fins do artigo subsequente e do art. 329.

•• Artigo com redação determinada pela Emenda Regimental n. 21, de 30-4-2007.

Art. 327. A Presidência do Tribunal recusará recursos que não apresentem preliminar formal e fundamentada de repercussão geral, bem como aqueles cuja matéria carecer de repercussão geral, segundo precedente do Tribunal, salvo se a tese tiver sido revista ou estiver em procedimento de revisão.

•• *Caput* com redação determinada pela Emenda Regimental n. 21, de 30-4-2007.

§ 1.º Igual competência exercerá o(a) Relator(a) sorteado, quando o recurso não tiver sido liminarmente recusado pela Presidência.

•• § 1.º com redação determinada pela Emenda Regimental n. 21, de 30-4-2007.

§ 2.º Da decisão que recusar recurso, nos termos deste artigo, caberá agravo.

•• § 2.º com redação determinada pela Emenda Regimental n. 21, de 30-4-2007.

Art. 328. Protocolado ou distribuído recurso cuja questão for suscetível de reproduzir-se em múltiplos feitos, a Presidência do Tribunal ou o(a) Relator(a), de ofício ou a requerimento da parte interessada, comunicará o fato aos tribunais ou turmas de juizado especial, a fim de que observem o disposto no art. 543-B do Código de Processo Civil, podendo pedir-lhes informações, que deverão ser prestadas em 5 (cinco) dias, e sobrestar todas as demais causas com questão idêntica.

•• *Caput* com redação determinada pela Emenda Regimental n. 21, de 30-4-2007.

•• A referência é feita ao CPC de 1973. Dispositivos correspondentes no CPC de 2015: arts. 1.035, § 8.º, 1.036, *caput* e § 1.º, e 1.039 (Repercussão geral).

Parágrafo único. Quando se verificar subida ou distribuição de múltiplos recursos com fundamento em idêntica controvérsia, a Presidência do Tribunal ou o(a) Relator(a) selecionará um ou mais representativos da questão e determinará a devolução dos demais aos tribunais ou turmas de juizado especial de origem, para aplicação dos parágrafos do art. 543-B do Código de Processo Civil.

•• Parágrafo único acrescentado pela Emenda Regimental n. 21, de 30-4-2007.

Art. 328-A. Nos casos previstos no art. 543-B, *caput*, do Código de Processo Civil, o Tribunal de origem não emitirá juízo de admissibilidade sobre os recursos extraordinários já sobrestados, nem sobre os que venham a ser interpostos, até que o Supremo Tribunal Federal decida os que tenham sido selecionados nos termos do § 1.º daquele artigo.

•• *Caput* acrescentado pela Emenda Regimental n. 23, de 11-3-2008.

•• A referência é feita ao CPC de 1973. Dispositivos correspondentes no CPC de 2015: art. 1.036, *caput*.

§ 1.º Nos casos anteriores, o Tribunal de origem sobrestará os agravos de instrumento contra decisões que não tenham admitido os recursos extraordinários, julgando-os prejudicados nas hipóteses do art. 543-B, § 2.º, e, quando coincidente o teor dos julgamentos, § 3.º.

•• § 1.º com redação determinada pela Emenda Regimental n. 27, de 28-11-2008.

•• A referência é feita ao CPC de 1973. Dispositivos correspondentes no CPC de 2015: arts. 1.035, § 8.º, e 1.039, parágrafo único.

§ 2.º Julgado o mérito do recurso extraordinário em sentido contrário ao dos acórdãos recorridos, o Tribunal de origem remeterá ao Supremo Tribunal Federal os agravos em que não se retratar.

•• § 2.º acrescentado pela Emenda Regimental n. 23, de 11-3-2008.

Art. 329. A Presidência do Tribunal promoverá ampla e específica divulgação do teor das decisões sobre repercussão geral, bem como formação e atualização de banco eletrônico de dados a respeito.

•• Artigo com redação determinada pela Emenda Regimental n. 21, de 30-4-2007.

Capítulo VI
DOS EMBARGOS

Seção I
Dos Embargos de Divergência e dos Embargos Infringentes

Art. 330. Cabem embargos de divergência à decisão de Turma que, em recurso extraordinário ou em agravo de instrumento, divergir de julgado de outra Turma ou do Plenário na interpretação do direito federal.

Art. 331. A divergência será comprovada mediante certidão, cópia autenticada ou pela citação do repositório de jurisprudência, oficial ou credenciado, inclusive em mídia eletrônica, em que tiver sido publicada a decisão divergente, ou ainda pela reprodução de julgado disponível na internet, com indicação da respectiva fonte, mencionando, em qualquer caso, as circunstâncias que identifiquem ou assemelhem os casos confrontados.

•• *Caput* com redação determinada pela Emenda Regimental n. 26, de 22-10-2008.

Parágrafo único. (*Revogado pela Emenda Regimental n. 26, de 22-10-2008.*)

Art. 332. Não cabem embargos, se a jurisprudência do Plenário ou de ambas as Turmas estiver firmada no sentido da decisão embargada, salvo o disposto no art. 103.

Art. 333. Cabem embargos infringentes à decisão não unânime do Plenário ou da Turma:

I – que julgar procedente a ação penal;

II – que julgar improcedente a revisão criminal;

III – que julgar a ação rescisória;

IV – que julgar a representação de inconstitucionalidade;

V – que, em recurso criminal ordinário, for desfavorável ao acusado.

Parágrafo único. O cabimento dos embargos, em decisão do Plenário, depende da existência, no mínimo, de quatro votos divergentes, salvo nos casos de julgamento criminal em sessão secreta.

•• Parágrafo único com redação determinada pela Emenda Regimental n. 2, de 4-12-1985.

Art. 334. Os embargos de divergência e os embargos infringentes serão opostos no prazo de quinze dias, perante a Secretaria, e juntos aos autos, independentemente de despacho.

Art. 335. Interpostos os embargos, o Relator abrirá vista ao recorrido, por quinze dias, para contrarrazões.

•• *Caput* com redação determinada pela Emenda Regimental n. 47, de 24-2-2012.

§ 1.º Transcorrido o prazo do *caput*, o Relator do acórdão embargado apreciará a admissibilidade do recurso.

•• § 1.º com redação determinada pela Emenda Regimental n. 47, de 24-2-2012.

§ 2.º Da decisão que não admitir os embargos, caberá agravo, em cinco dias, para o órgão competente para o julgamento do recurso.

•• § 2.º com redação determinada pela Emenda Regimental n. 47, de 24-2-2012.

§ 3.º Admitidos os embargos, proceder-se-á à distribuição nos termos do art. 76.

•• § 3.º com redação determinada pela Emenda Regimental n. 47, de 24-2-2012.

Art. 336. Na sessão de julgamento, aplicar-se-ão, supletivamente, as normas do processo originário, observado o disposto no art. 146.

Parágrafo único. Recebidos os embargos de divergência, o Plenário julgará a matéria restante, salvo nos casos do art. 313, I e II, quando determinará a subida do recurso principal.

Seção II
Dos Embargos de Declaração

Art. 337. Cabem embargos de declaração, quando houver no acórdão obscuridade, dúvida, contradição ou omissão que devam ser sanadas.

§ 1.º Os embargos declaratórios serão interpostos no prazo de cinco dias.

§ 2.º Independentemente de distribuição ou preparo, a petição será dirigida ao Relator do acórdão que, sem qualquer outra formalidade, a submeterá a julgamento na primeira sessão da Turma ou do Plenário, conforme o caso.

§ 3.º Os embargos de declaração poderão, a critério do relator, ser submetidos a julgamento por meio eletrônico, observada a respectiva competência da Turma ou do Plenário.

•• § 3.º acrescentado pela Emenda Regimental n. 51, de 22-6-2016.

Art. 338. Se os embargos forem recebidos, a nova decisão se limitará a corrigir a inexatidão, ou a sanar a obscuridade, dúvida, omissão ou contradição, salvo se algum outro aspecto da causa tiver de ser apreciado como consequência necessária.

Art. 339. Os embargos declaratórios suspendem o prazo para interposição de outro recurso, salvo na hipótese do § 2.º deste artigo.

§ 1.º O prazo para a interposição de outro recurso, nos termos deste artigo, é suspenso na data de interposição dos embargos de declaração, e o que lhe sobejar começa a correr do primeiro dia útil seguinte à publicação da decisão proferida nos mesmos embargos.

§ 2.º Quando meramente protelatórios, assim declarados expressamente, será o embargante condenado a pagar ao embargado multa não excedente de um por cento sobre o valor da causa.

TÍTULO XII
DA EXECUÇÃO

....

CAPÍTULO III
DA CARTA DE SENTENÇA

Art. 347. Será extraída carta de sentença, a requerimento do interessado, para execução da decisão:

I – quando deferida a homologação de sentença estrangeira;

II – quando o interessado não a houver providenciado na instância de origem e pender de julgamento do Tribunal recurso sem efeito suspensivo.

Art. 348. O pedido será dirigido ao Presidente ou ao Relator, que o apreciará.

Art. 349. A carta de sentença conterá as peças indicadas na lei processual e outras que o requerente indicar; será autenticada pelo funcionário encarregado e assinada pelo Presidente ou Relator.

....

TÍTULO XIII
DA SÚMULA VINCULANTE

• Título XIII acrescentado pela Emenda Regimental n. 46, de 6-7-2011.

Art. 354-A. Recebendo proposta de edição, revisão ou cancelamento de Súmula Vinculante, a Secretaria Judiciária a autuará e registrará ao Presidente, para apreciação, no prazo de 5 (cinco) dias, quanto à adequação formal da proposta.

•• Artigo acrescentado pela Emenda Regimental n. 46, de 6-7-2011.

Art. 354-B. Verificado o atendimento dos requisitos formais, a Secretaria Judiciária publicará edital no sítio do Tribunal e no Diário da Justiça Eletrônico, para ciência e manifestação de interessados no prazo de 5 (cinco) dias, encaminhando a seguir os autos ao Procurador-Geral da República.

•• Artigo acrescentado pela Emenda Regimental n. 46, de 6-7-2011.

Art. 354-C. Devolvidos os autos com a manifestação do Procurador-Geral da República, o Presidente submeterá as manifestações e a proposta de edição, revisão ou cancelamento de Súmula aos Ministros da Comissão de Jurisprudência, em meio eletrônico, para que se manifestem no prazo comum de 15 (quinze) dias; decorrido o prazo, a proposta, com ou sem manifestação, será submetida, também por meio eletrônico, aos demais Ministros, pelo mesmo prazo comum.

•• Artigo acrescentado pela Emenda Regimental n. 46, de 6-7-2011.

Art. 354-D. Decorrido o prazo do art. 354-C, o Presidente submeterá a proposta à deliberação do Tribunal Pleno, mediante inclusão em pauta.

•• Artigo acrescentado pela Emenda Regimental n. 46, de 6-7-2011.

Art. 354-E. A proposta de edição, revisão ou cancelamento de Súmula Vinculante poderá versar sobre questão com repercussão geral reconhecida, caso em que poderá ser apresentada por qualquer Ministro logo após o julgamento de mérito do processo, para deliberação imediata do Tribunal Pleno na mesma sessão.

•• Artigo acrescentado pela Emenda Regimental n. 46, de 6-7-2011.

Art. 354-F. O teor da proposta de Súmula aprovada, que deve constar do acórdão, conterá cópia dos debates que lhe deram origem, integrando-o, e constarão das publicações dos julgamentos no Diário da Justiça Eletrônico.

•• Artigo acrescentado pela Emenda Regimental n. 46, de 6-7-2011.

Art. 354-G. A proposta de edição, revisão ou cancelamento de Súmula tramitará sob a forma eletrônica, e as informações correspondentes ficarão disponíveis aos interessados no sítio do STF.

•• Artigo acrescentado pela Emenda Regimental n. 46, de 6-7-2011.

PARTE IV
DISPOSIÇÕES FINAIS

TÍTULO ÚNICO
DAS EMENDAS REGIMENTAIS E DEMAIS ATOS NORMATIVOS OU INDIVIDUAIS, E DISPOSIÇÕES GERAIS E TRANSITÓRIAS

•• Epígrafe com redação determinada pela Emenda Regimental n. 1, de 25-11-1981.

....

CAPÍTULO II
DISPOSIÇÕES GERAIS E TRANSITÓRIAS

....

Art. 368. Este Regimento entrará em vigor em 1.º de dezembro de 1980.

Parágrafo único. As decisões proferidas até 30 de novembro de 1980 continuará aplicável o art. 308 do Regimento Interno aprovado a 18 de junho de 1970, com as modificações introduzidas pelas Emendas Regimentais posteriores.

Art. 369. Revogam-se o Regimento Interno aprovado a 18 de junho de 1970, as Emendas Regimentais que lhe alteraram a redação, e as Emendas Regimentais, n. 6 de 9 de março de 1978, 7, de 23 de agosto de 1978, e 8, de 7 de junho de 1979, bem assim as demais disposições em contrário.

Sala das Sessões, em 15 de outubro de 1980.

(a) Antonio Neder – Presidente; *Xavier de Albuquerque* – Vice-Presidente; *Djaci Falcão; Thompson Flores; Leitão de Abreu; Cordeiro Guerra; Moreira Alves; Cunha Peixoto; Soares Muñoz; Decio Miranda; Rafael Mayer.*

LEI N. 7.102, DE 20 DE JUNHO DE 1983 (*)

Dispõe sobre segurança para estabelecimentos financeiros, estabelece normas para constituição e funcionamento das empresas particulares que exploram serviços de vigilância e de transporte de valores, e dá outras providências.

O Presidente da República

Faço saber que o Congresso Nacional decreta e eu sanciono a seguinte Lei:

....

Art. 10. São considerados como segurança privada as atividades desenvolvidas em prestação de serviços com a finalidade de:

I – proceder a vigilância patrimonial das instituições financeiras e de outros estabelecimentos, públicos ou privados, bem como a segurança de pessoas físicas;

II – realizar o transporte de valores ou garantir o transporte de qualquer outro tipo de carga.

•• *Caput* e incisos com redação determinada pela Lei n. 8.863, de 28-3-1994.

....

§ 2.º As empresas especializadas em prestação de serviços de segurança, vigilância e transporte de valores, constituídas sob a forma de empresas privadas, além das hipóteses previstas nos incisos do *caput* deste artigo, poderão se prestar ao exercício das atividades de segurança privada a pessoas; a estabelecimentos comerciais, industriais, de prestação de serviços e residenciais; a entidades sem fins lucrativos, e órgãos e empresas públicas.

•• § 2.º com redação determinada pela Lei n. 8.863, de 28-3-1994.

§ 3.º Serão regidas por esta Lei, pelos regulamentos dela decorrentes e pelas disposições da legislação civil, comercial, trabalhista, previdenciária e penal, as empresas definidas no parágrafo anterior.

•• § 3.º com redação determinada pela Lei n. 8.863, de 28-3-1994.

§ 4.º As empresas que tenham objeto econômico diverso da vigilância ostensiva e do transporte de valores, que utilizem pessoal de quadro funcional próprio, para execução dessas atividades, ficam obrigadas ao cumprimento do disposto nesta Lei e demais legislações pertinentes.

•• § 4.º com redação determinada pela Lei n. 8.863, de 28-3-1994.

....

Art. 15. Vigilante, para os efeitos desta Lei, é o empregado contratado para execução das atividades definidas nos incisos I e II do *caput* e §§ 2.º, 3.º e 4.º do art. 10.

•• Artigo com redação determinada pela Lei n. 8.863, de 28-3-1994.

....

Art. 19. É assegurado ao vigilante:

....

III – prisão especial por ato decorrente do serviço;

• *Vide* art. 295 do CPP.

....

Art. 23. As empresas especializadas e os cursos de formação de vigilantes que infringirem disposições desta Lei ficarão sujeitos às seguintes penalidades, aplicáveis pelo Ministério da Justiça, ou, mediante convênio, pelas Secretarias de Segurança Pública, conforme a gravidade da infração, levando-se em conta a reincidência e a condição econômica do infrator:

I – advertência;

II – multa de quinhentas até cinco mil UFIR;

•• Inciso II com redação determinada pela Lei n. 9.017, de 30-3-1995.

• Sobre UFIR, *vide* Nota dos Organizadores.

III – proibição temporária de funcionamento; e

IV – cancelamento do registro para funcionar.

Parágrafo único. Incorrerão nas penas previstas neste artigo as empresas e os estabelecimentos financeiros responsáveis pelo extravio de armas e munições.

....

Art. 27. Revogam-se os Decretos-leis n. 1.034, de 21 de outubro de 1969, e n. 1.103, de 6 de abril de 1970, e as demais disposições em contrário.

Brasília, em 20 de junho de 1983; 162.º da Independência e 95.º da República.

João Figueiredo

LEI N. 7.106, DE 28 DE JUNHO DE 1983 (**)

Define os crimes de responsabilidade do governador do Distrito Federal, dos governado-

(*) Publicada no *DOU*, de 21-6-1983, retificada em 13-4-1995.

(**) Publicada no *DOU*, de 29-6-1983. *Vide* Lei n. 1.079, de 10-4-1950, sobre os crimes de responsabilidade. *Vide* art. 105, I, *a*, da CF.

res dos Territórios Federais e de seus respectivos secretários, e dá outras providências.

O Presidente da República

Faço saber que o Congresso Nacional decreta e eu sanciono a seguinte Lei:

Art. 1.º São crimes de responsabilidade do governador do Distrito Federal ou de seus secretários, quando por eles praticados, os definidos na Lei n. 1.079, de 10 de abril de 1950, ou ainda quando simplesmente tentados.

Art. 2.º É facultado a qualquer cidadão denunciar o governador ou secretário do Governo do Distrito Federal perante o Senado Federal.

Art. 3.º Recebida pelo presidente do Senado Federal, a denúncia, devidamente acompanhada dos elementos que a comprovem, ou da declaração de impossibilidade de apresentá-los, mas com a indicação do local em que possam ser encontrados, será remetida à Comissão de Constituição e Justiça e às que devam examinar-lhe o mérito, depois do que o Senado Federal, por maioria absoluta, poderá decretar a procedência da acusação e a consequente suspensão do governador de suas funções.

Art. 4.º Declarada a procedência da acusação e suspensão do governador, a Comissão Especial, constituída por cinco senadores e cinco desembargadores do Tribunal de Justiça, presidida pelo presidente do Tribunal de Justiça do Distrito Federal, no prazo improrrogável de 90 (noventa) dias, concluirá pela condenação, ou não, do governador à perda do cargo, com inabilitação até 5 (cinco) anos para o exercício de qualquer função política, sem prejuízo da ação da justiça comum.

Art. 5.º O governador do Distrito Federal e os secretários do Governo, nos crimes conexos com os daquele, responderão, até 2 (dois) anos após haverem deixado o cargo, pelos atos que, consumados ou tentados, a lei considere crime de responsabilidade praticados no exercício da função pública.

§ 1.º Aplica-se o disposto neste artigo aos dirigentes de autarquias, órgãos e entidades do complexo administrativo do Distrito Federal.

§ 2.º Na hipótese do parágrafo anterior, a denúncia, a acusação e o julgamento se farão de acordo com a norma do processo administrativo, pelo órgão competente.

Art. 6.º As disposições da presente Lei aplicam-se aos governadores e secretários dos Territórios Federais.

Art. 7.º Esta Lei entra em vigor na data de sua publicação.

Art. 8.º Revogam-se as disposições em contrário.

Brasília, em 28 de junho de 1983; 162.º da Independência e 95.º da República.

JOÃO FIGUEIREDO

LEI N. 7.172, DE 14 DE DEZEMBRO DE 1983 (*)

Outorga a regalia da prisão especial aos professores do ensino de 1.º e 2.º graus.

O Presidente da República

Faço saber que o Congresso Nacional decreta e eu sanciono a seguinte Lei:

Art. 1.º É extensiva aos professores do ensino de 1.º e 2.º graus a regalia concedida pelo art. 295 do Código de Processo Penal, posto em vigor pelo Decreto-lei n. 3.689, de 3 de outubro de 1941.

• *Vide* art. 295 do CPP.

Art. 2.º Esta Lei entra em vigor na data de sua publicação.

Art. 3.º Revogam-se as disposições em contrário.

JOÃO FIGUEIREDO

LEI N. 7.210, DE 11 DE JULHO DE 1984 (**)

Institui a Lei de Execução Penal.

O Presidente da República

Faço saber que o Congresso Nacional decreta e eu sanciono a seguinte Lei:

TÍTULO I
DO OBJETO E DA APLICAÇÃO DA LEI DE EXECUÇÃO PENAL

Art. 1.º A execução penal tem por objetivo efetivar as disposições de sentença ou decisão criminal e proporcionar condições para a harmônica integração social do condenado e do internado.

Art. 2.º A jurisdição penal dos juízes ou tribunais da justiça ordinária, em todo o território nacional, será exercida, no processo de execução, na conformidade desta Lei e do Código de Processo Penal.

• *Vide* Súmula 192 do STJ.

Parágrafo único. Esta Lei aplicar-se-á igualmente ao preso provisório e ao condenado pela Justiça Eleitoral ou Militar, quando recolhido a estabelecimento sujeito à jurisdição ordinária.

(*) Publicada no *DOU*, de 15-12-1983.

(**) Publicada no *DOU*, de 13-7-1984. *Vide* Lei n. 12.714, de 14-9-2012, sobre o acompanhamento informatizado das penas. A Resolução n. 14, de 11-11-1994, do CNPCP, dispõe sobre regras mínimas para o tratamento de preso no Brasil. A Lei n. 12.847, de 2-8-2013, institui o Sistema Nacional de Prevenção e Combate à Tortura.

Art. 3.º Ao condenado e ao internado serão assegurados todos os direitos não atingidos pela sentença ou pela lei.

• *Vide* arts. 3.º, IV, 4.º, VIII, 5.º, III a X, XII, XVII a XXX, XXXIV, *a* e *b*, XLII, XLIV, XLIX e LXXIV da CF.

Parágrafo único. Não haverá qualquer distinção de natureza racial, social, religiosa ou política.

Art. 4.º O Estado deverá recorrer à cooperação da comunidade nas atividades de execução da pena e da medida de segurança.

• *Vide* arts. 78 e 81 desta Lei.

TÍTULO II
DO CONDENADO E DO INTERNADO

CAPÍTULO I
DA CLASSIFICAÇÃO

Art. 5.º Os condenados serão classificados, segundo os seus antecedentes e personalidade, para orientar a individualização da execução penal.

• *Vide* art. 5.º, XLVI, da CF.

Art. 6.º A classificação será feita por Comissão Técnica de Classificação que elaborará o programa individualizador da pena privativa de liberdade adequada ao condenado ou preso provisório.

•• Artigo com redação determinada pela Lei n. 10.792, de 1.º-12-2003.

Art. 7.º A Comissão Técnica de Classificação, existente em cada estabelecimento, será presidida pelo diretor e composta, no mínimo, por dois chefes de serviço, um psiquiatra, um psicólogo e um assistente social, quando se tratar de condenado à pena privativa da liberdade.

• A Resolução n. 12, de 25-5-2011, do Conselho Federal de Psicologia, regulamenta a atuação de psicólogo no âmbito do sistema prisional.

Parágrafo único. Nos demais casos a Comissão atuará junto ao Juízo da Execução e será integrada por fiscais do Serviço Social.

Art. 8.º O condenado ao cumprimento de pena privativa de liberdade, em regime fechado, será submetido a exame criminológico para a obtenção dos elementos necessários a uma adequada classificação e com vistas à individualização da execução.

• *Vide* Súmula 439 do STJ.

• *Vide* art. 84 desta Lei.

Parágrafo único. Ao exame de que trata este artigo poderá ser submetido o condenado ao cumprimento da pena privativa de liberdade em regime semiaberto.

• *Vide* art. 174 desta Lei.

Art. 9.º A Comissão, no exame para a obtenção de dados reveladores da personalidade, observando a ética profissional e tendo sempre presentes peças ou informações do processo, poderá:

I – entrevistar pessoas;

II – requisitar, de repartições ou estabelecimentos privados, dados e informações a respeito do condenado;

III – realizar outras diligências e exames necessários.

• *Vide* art. 174 desta Lei.

Art. 9.º-A. Os condenados por crime praticado, dolosamente, com violência de natureza grave contra pessoa, ou por qualquer dos crimes previstos no art. 1.º da Lei n. 8.072, de 25 de julho de 1990, serão submetidos, obrigatoriamente, à identificação do perfil genético, mediante extração de DNA – ácido desoxirribonucleico, por técnica adequada e indolor.

•• *Caput* acrescentado pela Lei n. 12.654, de 28-5-2012.

• *Vide* art. 5.º, parágrafo único, da Lei n. 12.037, de 1.º-10-2009.

§ 1.º A identificação do perfil genético será armazenada em banco de dados sigiloso, conforme regulamento a ser expedido pelo Poder Executivo.

•• § 1.º acrescentado pela Lei n. 12.654, de 28-5-2012.

•• *Vide* Decreto n. 7.950, de 12-3-2013, que institui o Banco Nacional de Perfis Genéticos e a Rede Integrada de Bancos de Perfis Genéticos.

§ 2.º A autoridade policial, federal ou estadual, poderá requerer ao juiz competente, no caso de inquérito instaurado, o acesso ao banco de dados de identificação de perfil genético.

•• § 2.º acrescentado pela Lei n. 12.654, de 28-5-2012.

CAPÍTULO II
DA ASSISTÊNCIA

Seção I
Disposições Gerais

Art. 10. A assistência ao preso e ao internado é dever do Estado, objetivando prevenir o crime e orientar o retorno à convivência em sociedade.

Parágrafo único. A assistência estende-se ao egresso.

Art. 11. A assistência será:

I – material;

II – à saúde;

• A Portaria Interministerial n. 628, dos Ministérios do Estado da Saúde e da Justiça, de 2-4-2002, aprova o Plano Nacional de Saúde no Sistema Penitenciário.

III – jurídica;

• *Vide* art. 5.º, LXXIV, da CF.

IV – educacional;

V – social;

VI – religiosa.

• *Vide* art. 5.º, VII, da CF.

• A Lei n. 9.982, de 14-7-2000, dispõe sobre a prestação de assistência religiosa nas entidades hospitalares públicas e privadas, bem como nos estabelecimentos prisionais civis e militares.

Seção II
Da Assistência Material

Art. 12. A assistência material ao preso e ao internado consistirá no fornecimento de alimentação, vestuário e instalações higiênicas.

Art. 13. O estabelecimento disporá de instalações e serviços que atendam aos presos nas suas necessidades pessoais, além de locais destinados à venda de produtos e objetos permitidos e não fornecidos pela Administração.

Seção III
Da Assistência à Saúde

• A Portaria Interministerial n. 628, dos Ministérios do Estado da Saúde e da Justiça, de 2-4-2002, aprova o Plano Nacional de Saúde no Sistema Penitenciário.

Art. 14. A assistência à saúde do preso e do internado, de caráter preventivo e curativo, compreenderá atendimento médico, farmacêutico e odontológico.

• *Vide* arts. 41, VII, e 43 desta Lei.

§ 1.º (*Vetado*.)

§ 2.º Quando o estabelecimento penal não estiver aparelhado para prover a assistência médica necessária, esta será prestada em outro local, mediante autorização da direção do estabelecimento.

• *Vide* art. 120, II, desta Lei.

§ 3.º Será assegurado acompanhamento médico à mulher, principalmente no pré-natal e no pós-parto, extensivo ao recém-nascido.

•• § 3.º acrescentado pela Lei n. 11.942, de 28-5-2009.

Seção IV
Da Assistência Jurídica

Art. 15. A assistência jurídica é destinada aos presos e aos internados sem recursos financeiros para constituir advogado.

• *Vide* art. 5.º, LXXIV, da CF, e Lei n. 1.060, de 5-2-1950.

• *Vide* Súmula 533 do STJ.

Art. 16. As Unidades da Federação deverão ter serviços de assistência jurídica, integral e gratuita, pela Defensoria Pública, dentro e fora dos estabelecimentos penais.

•• *Caput* com redação determinada pela Lei n. 12.313, de 19-8-2010.

• A Lei Complementar n. 80, de 12-1-1994, organiza a DPU, do Distrito Federal e dos Territórios e prescreve normas gerais para sua organização nos Estados.

• *Vide* Súmula 533 do STJ.

§ 1.º As Unidades da Federação deverão prestar auxílio estrutural, pessoal e material à Defensoria Pública, no exercício de suas funções, dentro e fora dos estabelecimentos penais.

•• § 1.º acrescentado pela Lei n. 12.313, de 19-8-2010.

§ 2.º Em todos os estabelecimentos penais, haverá local apropriado destinado ao atendimento pelo Defensor Público.

•• § 2.º acrescentado pela Lei n. 12.313, de 19-8-2010.

§ 3.º Fora dos estabelecimentos penais, serão implementados Núcleos Especializados da Defensoria Pública para a prestação de assistência jurídica integral e gratuita aos réus, sentenciados em liberdade, egressos e seus familiares, sem recursos financeiros para constituir advogado.

•• § 3.º acrescentado pela Lei n. 12.313, de 19-8-2010.

Seção V
Da Assistência Educacional

• O Decreto n. 7.626, de 24-11-2011, institui o Plano Estratégico de Educação no âmbito do Sistema Prisional.

Art. 17. A assistência educacional compreenderá a instrução escolar e a formação profissional do preso e do internado.

• *Vide* arts. 205 e 208 da CF.

• *Vide* arts. 122, II, 126 e s. desta Lei.

• *Vide* Súmula 341 do STJ.

Art. 18. O ensino de primeiro grau será obrigatório, integrando-se no sistema escolar da unidade federativa.

Art. 18-A. O ensino médio, regular ou supletivo, com formação geral ou educação profissional de nível médio, será implantado nos presídios, em obediência ao preceito constitucional de sua universalização.

•• *Caput* acrescentado pela Lei n. 13.163, de 9-9-2015.

§ 1.º O ensino ministrado aos presos e presas integrar-se-á ao sistema estadual e municipal de ensino e será mantido, administrativa e financeiramente, com o apoio da União, não só com os recursos destinados à educação, mas pelo sistema estadual de justiça ou administração penitenciária.

•• § 1.º acrescentado pela Lei n. 13.163, de 9-9-2015.

§ 2.º Os sistemas de ensino oferecerão aos presos e às presas cursos supletivos de educação de jovens e adultos.

•• § 2.º acrescentado pela Lei n. 13.163, de 9-9-2015.

§ 3.º A União, os Estados, os Municípios e o Distrito Federal incluirão em seus programas de educação à distância e de utilização de novas tecnologias de ensino, o atendimento aos presos e às presas.

•• § 3.º acrescentado pela Lei n. 13.163, de 9-9-2015.

Art. 19. O ensino profissional será ministrado em nível de iniciação ou de aperfeiçoamento técnico.

•• A Lei n. 13.163, de 9-9-2015, propôs nova redação para esse artigo, todavia teve o seu texto vetado.

Parágrafo único. A mulher condenada terá ensino profissional adequado à sua condição.

Art. 20. As atividades educacionais podem ser objeto de convênio com entidades públicas ou particulares, que instalem escolas ou ofereçam cursos especializados.

Art. 21. Em atendimento às condições locais, dotar-se-á cada estabelecimento de uma biblioteca, para uso de todas as categorias de reclusos, provida de livros instrutivos, recreativos e didáticos.

Art. 21-A. O censo penitenciário deverá apurar:

•• *Caput* acrescentado pela Lei n. 13.163, de 9-9-2015.

I – o nível de escolaridade dos presos e das presas;

•• Inciso I acrescentado pela Lei n. 13.163, de 9-9-2015.

II – a existência de cursos nos níveis fundamental e médio e o número de presos e presas atendidos;

•• Inciso II acrescentado pela Lei n. 13.163, de 9-9-2015.

III – a implementação de cursos profissionais em nível de iniciação ou aperfeiçoamento técnico e o número de presos e presas atendidos;

•• Inciso III acrescentado pela Lei n. 13.163, de 9-9-2015.

IV – a existência de bibliotecas e as condições de seu acervo;

•• Inciso IV acrescentado pela Lei n. 13.163, de 9-9-2015.

V – outros dados relevantes para o aprimoramento educacional de presos e presas.

•• Inciso V acrescentado pela Lei n. 13.163, de 9-9-2015.

Seção VI
Da Assistência Social

Art. 22. A assistência social tem por finalidade amparar o preso e o internado e prepará-los para o retorno à liberdade.

Art. 23. Incumbe ao serviço de assistência social:

I – conhecer os resultados dos diagnósticos e exames;

II – relatar, por escrito, ao diretor do estabelecimento, os problemas e as dificuldades enfrentados pelo assistido;

III – acompanhar o resultado das permissões de saídas e das saídas temporárias;

IV – promover, no estabelecimento, pelos meios disponíveis, a recreação;

V – promover a orientação do assistido, na fase final do cumprimento da pena, e do liberando, de modo a facilitar o seu retorno à liberdade;

VI – providenciar a obtenção de documentos, dos benefícios da previdência social e do seguro por acidente no trabalho;

VII – orientar e amparar, quando necessário, a família do preso, do internado e da vítima.

Seção VII
Da Assistência Religiosa

• *Vide* art. 5.º, VI e VII, da CF.

• A Lei n. 9.982, de 14-7-2000, dispõe sobre a prestação de assistência religiosa nas entidades hospitalares públicas e privadas, bem como nos estabelecimentos prisionais civis e militares.

• A Resolução n. 8, de 9-11-2011, do CNPCP, fixa diretrizes para a assistência religiosa nos estabelecimentos prisionais.

Art. 24. A assistência religiosa, com liberdade de culto, será prestada aos presos e aos internados, permitindo-se-lhes a participação nos serviços organizados no estabelecimento penal, bem como a posse de livros de instrução religiosa.

§ 1.º No estabelecimento haverá local apropriado para os cultos religiosos.

§ 2.º Nenhum preso ou internado poderá ser obrigado a participar de atividade religiosa.

• *Vide* art. 5.º, VI, da CF.

Seção VIII
Da Assistência ao Egresso

Art. 25. A assistência ao egresso consiste:

I – na orientação e apoio para reintegrá-lo à vida em liberdade;

II – na concessão, se necessário, de alojamento e alimentação, em estabelecimento adequado, pelo prazo de 2 (dois) meses.

Parágrafo único. O prazo estabelecido no inciso II poderá ser prorrogado uma única vez, comprovado, por declaração do assistente social, o empenho na obtenção de emprego.

Art. 26. Considera-se egresso para os efeitos desta Lei:

I – o liberado definitivo, pelo prazo de 1 (um) ano a contar da saída do estabelecimento;

II – o liberado condicional, durante o período de prova.

Art. 27. O serviço de assistência social colaborará com o egresso para a obtenção de trabalho.

Capítulo III
DO TRABALHO

Seção I
Disposições Gerais

Art. 28. O trabalho do condenado, como dever social e condição de dignidade humana, terá finalidade educativa e produtiva.

•• *Vide* art. 200 desta Lei.

• *Vide* arts. 5.º, XLVII, *c*, e 6.º da CF.

§ 1.º Aplicam-se à organização e aos métodos de trabalho as precauções relativas à segurança e à higiene.

§ 2.º O trabalho do preso não está sujeito ao regime da Consolidação das Leis do Trabalho.

Art. 29. O trabalho do preso será remunerado, mediante prévia tabela, não podendo ser inferior a três quartos do salário mínimo.

§ 1.º O produto da remuneração pelo trabalho deverá atender:

a) à indenização dos danos causados pelo crime, desde que determinados judicialmente e não reparados por outros meios;

b) à assistência à família;

c) a pequenas despesas pessoais;

d) ao ressarcimento ao Estado das despesas realizadas com a manutenção do condenado, em proporção a ser fixada e sem prejuízo da destinação prevista nas letras anteriores.

§ 2.º Ressalvadas outras aplicações legais, será depositada a parte restante para constituição do pecúlio, em cadernetas de poupança, que será entregue ao condenado quando posto em liberdade.

Art. 30. As tarefas executadas como prestação de serviço à comunidade não serão remuneradas.

Seção II
Do Trabalho Interno

Art. 31. O condenado à pena privativa de liberdade está obrigado ao trabalho na medida de suas aptidões e capacidade.

Parágrafo único. Para o preso provisório, o trabalho não é obrigatório e só poderá ser executado no interior do estabelecimento.

Art. 32. Na atribuição do trabalho deverão ser levadas em conta a habilitação, a condição pessoal e as necessidades futuras do preso, bem como as oportunidades oferecidas pelo mercado.

§ 1.º Deverá ser limitado, tanto quanto possível, o artesanato sem expressão econômica, salvo nas regiões de turismo.

§ 2.º Os maiores de 60 (sessenta) anos poderão solicitar ocupação adequada à sua idade.

§ 3.º Os doentes ou deficientes físicos somente exercerão atividades apropriadas ao seu estado.

Art. 33. A jornada normal de trabalho não será inferior a 6 (seis), nem superior a 8 (oito) horas, com descanso nos domingos e feriados.

Parágrafo único. Poderá ser atribuído horário especial de trabalho aos presos designados para os serviços de conservação e manutenção do estabelecimento penal.

Art. 34. O trabalho poderá ser gerenciado por fundação, ou empresa pública, com autonomia administrativa, e terá por objetivo a formação profissional do condenado.

§ 1.º Nessa hipótese, incumbirá à entidade gerenciadora promover e supervisionar a produção, com critérios e métodos empresariais, encarregar-se de sua comercialização, bem como suportar despesas, inclusive pagamento de remuneração adequada.

•• Primitivo parágrafo único renumerado pela Lei n. 10.792, de 1.º-12-2003.

§ 2.º Os governos federal, estadual e municipal poderão celebrar convênio com a iniciativa privada, para implantação de oficinas de trabalho referentes a setores de apoio dos presídios.

•• § 2.º acrescentado pela Lei n. 10.792, de 1.º-12-2003.

Art. 35. Os órgãos da administração direta ou indireta da União, Estados, Territórios, Distrito Federal e dos Municípios adquirirão, com dispensa de concorrência pública, os bens ou produtos do trabalho prisional, sempre que não for possível ou recomendável realizar-se a venda a particulares.

Parágrafo único. Todas as importâncias arrecadadas com as vendas reverterão em favor da fundação ou empresa pública a que alude o artigo anterior ou, na sua falta, do estabelecimento penal.

Seção III
Do Trabalho Externo

• *Vide* Súmula 40 do STJ.

Art. 36. O trabalho externo será admissível para os presos em regime fechado somente em serviço ou obras públicas realizadas por órgãos da administração direta ou indireta, ou entidades privadas, desde que tomadas as cautelas contra a fuga e em favor da disciplina.

§ 1.º O limite máximo do número de presos será de 10% (dez por cento) do total de empregados na obra.

§ 2.º Caberá ao órgão da administração, à entidade ou à empresa empreiteira a remuneração desse trabalho.

§ 3.º A prestação de trabalho a entidade privada depende do consentimento expresso do preso.

Art. 37. A prestação de trabalho externo, a ser autorizada pela direção do estabelecimento, dependerá de aptidão, disciplina e responsabilidade, além do cumprimento mínimo de um sexto da pena.

Parágrafo único. Revogar-se-á a autorização de trabalho externo ao preso que vier a praticar fato definido como crime, for punido por falta grave, ou tiver comportamento contrário aos requisitos estabelecidos neste artigo.

CAPÍTULO IV
DOS DEVERES, DOS DIREITOS E DA DISCIPLINA

Seção I
Dos Deveres

Art. 38. Cumpre ao condenado, além das obrigações legais inerentes ao seu estado, submeter-se às normas de execução da pena.

Art. 39. Constituem deveres do condenado:

I – comportamento disciplinado e cumprimento fiel da sentença;

•• *Vide* Decreto n. 6.049, art. 44, XIX.

II – obediência ao servidor e respeito a qualquer pessoa com quem deva relacionar-se;

• *Vide* arts. 50, VI, e 51, III, desta Lei.

III – urbanidade e respeito no trato com os demais condenados;

IV – conduta oposta aos movimentos individuais ou coletivos de fuga ou de subversão à ordem ou à disciplina;

V – execução do trabalho, das tarefas e das ordens recebidas;

• *Vide* arts. 50, VI, e 51, III, desta Lei.

VI – submissão à sanção disciplinar imposta;

VII – indenização à vítima ou aos seus sucessores;

• *Vide* art. 5.º, XLV, da CF.

VIII – indenização ao Estado, quando possível, das despesas realizadas com a sua manutenção, mediante desconto proporcional da remuneração do trabalho;

IX – higiene pessoal e asseio da cela ou alojamento;

X – conservação dos objetos de uso pessoal.

Parágrafo único. Aplica-se ao preso provisório, no que couber, o disposto neste artigo.

Seção II
Dos Direitos

Art. 40. Impõe-se a todas as autoridades o respeito à integridade física e moral dos condenados e dos presos provisórios.

•• *Vide* art. 1.º, II, da Lei n. 9.455, de 7-4-1997.

• *Vide* art. 5.º, III e XLIX, da CF.

• *Vide* art. 5.º, item 1, do Decreto n. 678, de 6-11-1992 (Pacto de São José da Costa Rica).

Art. 41. Constituem direitos do preso:

I – alimentação suficiente e vestuário;

II – atribuição de trabalho e sua remuneração;

• *Vide* art. 6.º da CF.

III – previdência social;

IV – constituição de pecúlio;

V – proporcionalidade na distribuição do tempo para o trabalho, o descanso e a recreação;

VI – exercício das atividades profissionais, intelectuais, artísticas e desportivas anteriores, desde que compatíveis com a execução da pena;

VII – assistência material, à saúde, jurídica, educacional, social e religiosa;

• *Vide* notas ao art. 11 desta Lei.

VIII – proteção contra qualquer forma de sensacionalismo;

• *Vide* art. 5.º, X, da CF.

• *Vide* art. 5.º, X, da CF.

• *Vide* arts. 11, itens 1 e 2, e 14, item 3, do Decreto n. 678, de 6-11-1992 (Pacto de São José da Costa Rica).

IX – entrevista pessoal e reservada com o advogado;

• A Resolução n. 8, de 30-5-2006, do CNPCP, recomenda, em obediência às garantias e princípios constitucionais, que a inviolabilidade da privacidade nas entrevistas do preso com seu advogado seja assegurada em todas as unidades prisionais.

• *Vide* art. 7.º, III, do EAOAB.

X – visita do cônjuge, da companheira, de parentes e amigos em dias determinados;

• A Resolução n. 4, de 29-6-2011, do CNPCP, regulamenta o direito à visita íntima a pessoa presa recolhida nos estabelecimentos prisionais, em ambiente reservado, com privacidade e inviolabilidade asseguradas às relações heteroafetivas e homoafetivas.

• A Portaria n. 155, de 29-5-2013, do DPN, aprova o Regulamento de visitas aos presos custodiados nas penitenciárias federais.

• *Vide* art. 5.º, XXXIV, da CF.

XI – chamamento nominal;

XII – igualdade de tratamento salvo quanto às exigências da individualização da pena;

XIII – audiência especial com o diretor do estabelecimento;

XIV – representação e petição a qualquer autoridade, em defesa de direito;

• *Vide* art. 5.º, XXXIV, da CF.

XV – contato com o mundo exterior por meio de correspondência escrita, da leitura e de outros meios de informação que não comprometam a moral e os bons costumes;

XVI – atestado de pena a cumprir, emitido anualmente, sob pena da responsabilidade da autoridade judiciária competente.

•• Inciso XVI acrescentado pela Lei n. 10.713, de 13-8-2003.

Parágrafo único. Os direitos previstos nos incisos V, X e XV poderão ser suspensos ou restringidos mediante ato motivado do diretor do estabelecimento.

• *Vide* art. 53, III, desta Lei.

•• *Vide* Decreto n. 6.049, de 27-2-2007, art. 46, III.

Art. 42. Aplica-se ao preso provisório e ao submetido à medida de segurança, no que couber, o disposto nesta Seção.

Art. 43. É garantida a liberdade de contratar médico de confiança pessoal do internado ou do submetido a tratamento ambulatorial, por seus familiares ou dependentes, a fim de orientar e acompanhar o tratamento.

Parágrafo único. As divergências entre o médico oficial e o particular serão resolvidas pelo juiz de execução.

Seção III
Da Disciplina

Subseção I
Disposições gerais

• *Vide* art. 5.º da Lei n. 10.792, de 1.º-12-2003.

Art. 44. A disciplina consiste na colaboração com a ordem, na obediência às determinações das autoridades e seus agentes e no desempenho do trabalho.

Parágrafo único. Estão sujeitos à disciplina o condenado à pena privativa de liberdade ou restritiva de direitos e o preso provisório.

Art. 45. Não haverá falta nem sanção disciplinar sem expressa e anterior previsão legal ou regulamentar.

§ 1.º As sanções não poderão colocar em perigo a integridade física e moral do condenado.

• *Vide* art. 5.º, XLIX, da CF.

• *Vide* art. 57 desta Lei.

• *Vide* art. 1.º, § 1.º, da Lei n. 9.455, de 7-4-1997.

§ 2.º É vedado o emprego de cela escura.

§ 3.º São vedadas as sanções coletivas.

Art. 46. O condenado ou denunciado, no início

da execução da pena ou da prisão, será cientificado das normas disciplinares.

Art. 47. O poder disciplinar, na execução da pena privativa de liberdade, será exercido pela autoridade administrativa conforme as disposições regulamentares.

• A Portaria n. 38, de 10-3-2008, do DPN, dispõe sobre disciplina carcerária.

• *Vide* arts. 54 e 58, parágrafo único, desta Lei.

• *Vide* Súmula 533 do STJ.

Art. 48. Na execução das penas restritivas de direitos, o poder disciplinar será exercido pela autoridade administrativa a que estiver sujeito o condenado.

• *Vide* Súmula 533 do STJ.

Parágrafo único. Nas faltas graves, a autoridade representará ao juiz da execução para os fins dos arts. 118, I, 125, 127, 181, §§ 1.º, *d*, e 2.º desta Lei.

Subseção II

Das faltas disciplinares

Art. 49. As faltas disciplinares classificam-se em leves, médias e graves. A legislação local especificará as leves e médias, bem assim as respectivas sanções.

Parágrafo único. Pune-se a tentativa com a sanção correspondente à falta consumada.

Art. 50. Comete falta grave o condenado à pena privativa de liberdade que:

• *Vide* Súmulas 441 e 533 do STJ.

I – incitar ou participar de movimento para subverter a ordem ou a disciplina;

II – fugir;

III – possuir, indevidamente, instrumento capaz de ofender a integridade física de outrem;

IV – provocar acidente de trabalho;

V – descumprir, no regime aberto, as condições impostas;

VI – inobservar os deveres previstos nos incisos II e V do art. 39 desta Lei;

VII – tiver em sua posse, utilizar ou fornecer aparelho telefônico, de rádio ou similar, que permita a comunicação com outros presos ou com o ambiente externo.

•• Inciso VII acrescentado pela Lei n. 11.466, de 28-3-2007.

Parágrafo único. O disposto neste artigo aplica-se, no que couber, ao preso provisório.

Art. 51. Comete falta grave o condenado à pena restritiva de direitos que:

• *Vide* Súmula 533 do STJ.

I – descumprir, injustificadamente, a restrição imposta;

II – retardar, injustificadamente, o cumprimento da obrigação imposta;

III – inobservar os deveres previstos nos incisos II e V do art. 39 desta Lei.

Art. 52. A prática de fato previsto como crime doloso constitui falta grave e, quando ocasione subversão da ordem ou disciplina internas, sujeita o preso provisório, ou condenado, sem prejuízo da sanção penal, ao regime disciplinar diferenciado, com as seguintes características:

•• *Caput* com redação determinada pela Lei n. 10.792, de 1.º-12-2003.

• *Vide* Súmula 526 do STJ.

I – duração máxima de trezentos e sessenta dias, sem prejuízo de repetição da sanção por nova falta grave de mesma espécie, até o limite de um sexto da pena aplicada;

•• Inciso I acrescentado pela Lei n. 10.792, de 1.º-12-2003.

II – recolhimento em cela individual;

•• Inciso II acrescentado pela Lei n. 10.792, de 1.º-12-2003.

III – visitas semanais de duas pessoas, sem contar as crianças, com duração de duas horas;

•• Inciso III acrescentado pela Lei n. 10.792, de 1.º-12-2003.

• A Portaria n. 155, de 29-5-2013, do DPN, aprova o Regulamento de visitas aos presos custodiados nas penitenciárias federais.

IV – o preso terá direito à saída da cela por 2 horas diárias para banho de sol.

•• Inciso IV acrescentado pela Lei n. 10.792, de 1.º-12-2003.

§ 1.º O regime disciplinar diferenciado também poderá abrigar presos provisórios ou condenados, nacionais ou estrangeiros, que apresentem alto risco para a ordem e a segurança do estabelecimento penal ou da sociedade.

•• § 1.º acrescentado pela Lei n. 10.792, de 1.º-12-2003.

§ 2.º Estará igualmente sujeito ao regime disciplinar diferenciado o preso provisório ou o condenado sob o qual recaiam fundadas suspeitas de envolvimento ou participação, a qualquer título, em organizações criminosas, quadrilha ou bando.

•• § 2.º acrescentado pela Lei n. 10.792, de 1.º-12-2003.

Subseção III

Das sanções e das recompensas

Art. 53. Constituem sanções disciplinares:

• *Vide* Súmulas 533 e 534 do STJ.

I – advertência verbal;

II – repreensão;

III – suspensão ou restrição de direitos (art. 41, parágrafo único);

IV – isolamento na própria cela, ou em local adequado, nos estabelecimentos que possuam alojamento coletivo, observado o disposto no art. 88 desta Lei;

V – inclusão no regime disciplinar diferenciado.

•• Inciso V acrescentado pela Lei n. 10.792, de 1.º-12-2003.

• *Vide* art. 57, parágrafo único, desta Lei.

Art. 54. As sanções dos incisos I a IV do art. 53 serão aplicadas por ato motivado do diretor do estabelecimento e a do inciso V, por prévio e fundamentado despacho do juiz competente.

•• *Caput* com redação determinada pela Lei n. 10.792, de 1.º-12-2003.

• *Vide* Súmula 533 do STJ.

§ 1.º A autorização para a inclusão do preso em regime disciplinar dependerá de requerimento circunstanciado elaborado pelo diretor do estabelecimento ou outra autoridade administrativa.

•• § 1.º acrescentado pela Lei n. 10.792, de 1.º-12-2003.

§ 2.º A decisão judicial sobre inclusão de preso em regime disciplinar será precedida de manifestação do Ministério Público e da defesa e prolatada no prazo máximo de quinze dias.

•• § 2.º acrescentado pela Lei n. 10.792, de 1.º-12-2003.

Art. 55. As recompensas têm em vista o bom comportamento reconhecido em favor do condenado, de sua colaboração com a disciplina e de sua dedicação ao trabalho.

Art. 56. São recompensas:

I – o elogio;

II – a concessão de regalias.

Parágrafo único. A legislação local e os regulamentos estabelecerão a natureza e a forma de concessão de regalias.

Subseção IV
Da aplicação das sanções

Art. 57. Na aplicação das sanções disciplinares, levar-se-ão em conta a natureza, os motivos, as circunstâncias e as consequências do fato, bem como a pessoa do faltoso e seu tempo de prisão.

•• *Caput* com redação determinada pela Lei n. 10.792, de 1.º-12-2003.

• *Vide* art. 127 desta Lei.

• *Vide* Súmula 533 do STJ.

Parágrafo único. Nas faltas graves, aplicam-se as sanções previstas nos incisos III a V do art. 53 desta Lei.

•• Parágrafo único com redação determinada pela Lei n. 10.792, de 1.º-12-2003.

• *Vide* Súmula 534 do STJ.

Art. 58. O isolamento, a suspensão e a restrição de direitos não poderão exceder a trinta dias, ressalvada a hipótese do regime disciplinar diferenciado.

•• *Caput* com redação determinada pela Lei n. 10.792, de 1.º-12-2003.

• *Vide* Súmula Vinculante 9 do STF.

Parágrafo único. O isolamento será sempre comunicado ao juiz da execução.

Subseção V
Do procedimento disciplinar

Art. 59. Praticada a falta disciplinar, deverá ser instaurado o procedimento para sua apuração, conforme regulamento, assegurado o direito de defesa.

• *Vide* Súmula Vinculante 5 do STF.

• *Vide* Súmula 533 do STJ.

Parágrafo único. A decisão será motivada.

Art. 60. A autoridade administrativa poderá decretar o isolamento preventivo do faltoso pelo prazo de até dez dias. A inclusão do preso no regime disciplinar diferenciado, no interesse da disciplina e da averiguação do fato, dependerá de despacho do juiz competente.

•• *Caput* com redação determinada pela Lei n. 10.792, de 1.º-12-2003.

Parágrafo único. O tempo de isolamento ou inclusão preventiva no regime disciplinar diferenciado será computado no período de cumprimento da sanção disciplinar.

•• Parágrafo único com redação determinada pela Lei n. 10.792, de 1.º-12-2003.

Título III
DOS ÓRGÃOS DA EXECUÇÃO PENAL

Capítulo I
DISPOSIÇÕES GERAIS

Art. 61. São órgãos da execução penal:

I – o Conselho Nacional de Política Criminal e Penitenciária;

II – o Juízo da Execução;

III – o Ministério Público;

IV – o Conselho Penitenciário;

V – os Departamentos Penitenciários;

VI – o Patronato;

VII – o Conselho da Comunidade;

• A Resolução n. 96, de 27-10-2009, do CNJ, institui o Projeto Começar de Novo no âmbito do Poder Judiciário, com o objetivo de promover ações de reinserção social de presos, egressos do sistema carcerário e de cumpridores de medidas e penas alternativas.

VIII – a Defensoria Pública.

•• Inciso VIII acrescentado pela Lei n. 12.313, de 19-8-2010.

Capítulo II
DO CONSELHO NACIONAL DE POLÍTICA CRIMINAL E PENITENCIÁRIA

• A Resolução n. 2, de 30-3-1999, do CNPCP, define e reafirma regras para a organização dos Conselhos Penitenciários dos Estados e do Distrito Federal.

Art. 62. O Conselho Nacional de Política Criminal e Penitenciária, com sede na Capital da República, é subordinado ao Ministério da Justiça.

Art. 63. O Conselho Nacional de Política Criminal e Penitenciária será integrado por 13 (treze) membros designados através de ato do Ministério da Justiça, dentre professores e profissionais da área do Direito Penal, Processual Penal, Penitenciário e ciências correlatas, bem como por representantes da comunidade e dos Ministérios da área social.

Parágrafo único. O mandato dos membros do Conselho terá duração de 2 (dois) anos, renovado um terço em cada ano.

Art. 64. Ao Conselho Nacional de Política Criminal e Penitenciária, no exercício de suas atividades, em âmbito federal ou estadual, incumbe:

I – propor diretrizes da política criminal quanto

a prevenção do delito, administração da justiça criminal e execução das penas e das medidas de segurança;

• A Resolução n. 16, de 17-12-2003, do CNPCP, dispõe sobre as diretrizes básicas de política criminal e penitenciária.

II – contribuir na elaboração de planos nacionais de desenvolvimento, sugerindo as metas e prioridades da política criminal e penitenciária;

III – promover a avaliação periódica do sistema criminal para a sua adequação às necessidades do País;

IV – estimular e promover a pesquisa criminológica;

V – elaborar programa nacional penitenciário de formação e aperfeiçoamento do servidor;

• A Resolução n. 4, de 19-7-1999, do CNPCP, cria a Escola Penitenciária Nacional, sob a égide do Conselho.

VI – estabelecer regras sobre a arquitetura e construção de estabelecimentos penais e casas de albergados;

VII – estabelecer os critérios para a elaboração da estatística criminal;

VIII – inspecionar e fiscalizar os estabelecimentos penais, bem assim informar-se, mediante relatórios do Conselho Penitenciário, requisições, visitas ou outros meios, acerca do desenvolvimento da execução penal nos Estados, Territórios e Distrito Federal, propondo às autoridades dela incumbidas as medidas necessárias ao seu aprimoramento;

IX – representar ao juiz da execução ou à autoridade administrativa para instauração de sindicância ou procedimento administrativo, em caso de violação das normas referentes à execução penal;

X – representar à autoridade competente para a interdição, no todo ou em parte, de estabelecimento penal.

Capítulo III
DO JUÍZO DA EXECUÇÃO

Art. 65. A execução penal competirá ao juiz indicado na lei local de organização judiciária e, na sua ausência, ao da sentença.

•• *Vide* art. 668 do CPP.

• *Vide* Súmula 192 do STJ.

Art. 66. Compete ao juiz da execução:

• *Vide* Súmula 192 do STJ.

I – aplicar aos casos julgados lei posterior que de qualquer modo favorecer o condenado;

• *Vide* art. 5.º, XL, da CF.

II – declarar extinta a punibilidade;

III – decidir sobre:

a) soma ou unificação de penas;

b) progressão ou regressão nos regimes;

c) detração e remição da pena;

• *Vide* art. 126 desta Lei.

d) suspensão condicional da pena;

• *Vide* art. 156 desta Lei.

e) livramento condicional;

• *Vide* art. 131 desta Lei.

• *Vide* arts. 83 a 90 do CP.

f) incidentes da execução;

IV – autorizar saídas temporárias;

• *Vide* arts. 120 a 125 desta Lei.

• *Vide* Súmula 520 do STJ.

V – determinar:

a) a forma de cumprimento da pena restritiva de direitos e fiscalizar sua execução;

• *Vide* art. 148 desta Lei.

b) a conversão da pena restritiva de direitos e de multa em privativa de liberdade;

•• A Lei n. 9.268, de 1.º-4-1996, que altera o art. 51 do CP, extinguiu a conversão da pena de multa em pena privativa de liberdade.

c) a conversão da pena privativa de liberdade em restritiva de direitos;

• *Vide* art. 44 do CP.

d) a aplicação da medida de segurança, bem como a substituição da pena por medida de segurança;

e) a revogação da medida de segurança;

• *Vide* arts. 175 a 179 desta Lei.

f) a desinternação e o restabelecimento da situação anterior;

g) o cumprimento de pena ou medida de segurança em outra comarca;

h) a remoção do condenado na hipótese prevista no § 1.º do art. 86 desta Lei;

i) (*Vetada*.)

•• Alínea *i* acrescentada pela Lei n. 12.258, de 15-6-2010.

VI – zelar pelo correto cumprimento da pena e da medida de segurança;

VII – inspecionar, mensalmente, os estabelecimentos penais, tomando providências para o adequado funcionamento e promovendo, quando for o caso, a apuração de responsabilidade;

VIII – interditar, no todo ou em parte, estabelecimento penal que estiver funcionando em condições inadequadas ou com infringência aos dispositivos desta Lei;

IX – compor e instalar o Conselho da Comunidade;

X – emitir anualmente atestado de pena a cumprir.

•• Inciso X acrescentado pela Lei n. 10.713, de 13-8-2003.

Capítulo IV
DO MINISTÉRIO PÚBLICO

• *Vide* Lei n. 8.625, de 12-2-1993: LONMP.

Art. 67. O Ministério Público fiscalizará a execução da pena e da medida de segurança, oficiando no processo executivo e nos incidentes da execução.

• *Vide* art. 127 da CF.

• *Vide* art. 196 desta Lei.

Art. 68. Incumbe, ainda, ao Ministério Público:

I – fiscalizar a regularidade formal das guias de recolhimento e de internamento;

• *Vide* art. 173, § 1.º, desta Lei.

II – requerer:

a) todas as providências necessárias ao desenvolvimento do processo executivo;

b) a instauração dos incidentes de excesso ou desvio de execução;

c) a aplicação de medida de segurança, bem como a substituição da pena por medida de segurança;

d) a revogação da medida de segurança;

e) a conversão de penas, a progressão ou regressão nos regimes e a revogação da suspensão condicional da pena e do livramento condicional;

f) a internação, a desinternação e o restabelecimento da situação anterior;

III – interpor recursos de decisões proferidas pela autoridade judiciária, durante a execução.

Parágrafo único. O órgão do Ministério Público visitará mensalmente os estabelecimentos penais, registrando a sua presença em livro próprio.

•• A Resolução n. 56, de 22-6-2010, do CNMP, dispõe sobre a uniformização das inspeções em estabelecimentos penais pelos membros do Ministério Público.

Capítulo V
DO CONSELHO PENITENCIÁRIO

Art. 69. O Conselho Penitenciário é órgão consultivo e fiscalizador da execução da pena.

§ 1.º O Conselho será integrado por membros nomeados pelo governador do Estado, do Distrito Federal e dos Territórios, dentre professores e profissionais da área de Direito Penal, Processual Penal, Penitenciário e ciências correlatas, bem como por representantes da comunidade. A legislação federal e estadual regulará o seu funcionamento.

§ 2.º O mandato dos membros do Conselho Penitenciário terá a duração de 4 (quatro) anos.

Art. 70. Incumbe ao Conselho Penitenciário:

I – emitir parecer sobre indulto e comutação de pena, excetuada a hipótese de pedido de indulto com base no estado de saúde do preso;

•• Inciso I com redação determinada pela Lei n. 10.792, de 1.º-12-2003.

II – inspecionar os estabelecimentos e serviços penais;

III – apresentar, no primeiro trimestre de cada ano, ao Conselho Nacional de Política Criminal e Penitenciária, relatório dos trabalhos efetuados no exercício anterior;

• A Resolução n. 1, de 7-4-1998, do CNPCP, aprova o modelo de relatório anual previsto neste inciso.

IV – supervisionar os patronatos, bem como a assistência aos egressos.

Capítulo VI
DOS DEPARTAMENTOS PENITENCIÁRIOS

Seção I
Do Departamento Penitenciário Nacional

Art. 71. O Departamento Penitenciário Nacional, subordinado ao Ministério da Justiça, é órgão executivo da Política Penitenciária Nacional e de apoio administrativo e financeiro do Conselho Nacional de Política Criminal e Penitenciária.

•• *Vide* Decreto n. 6.049, de 27-2-2007, que aprova o Regulamento Penitenciário Federal.

Art. 72. São atribuições do Departamento Penitenciário Nacional:

I – acompanhar a fiel aplicação das normas de execução penal em todo o território nacional;

II – inspecionar e fiscalizar periodicamente os estabelecimentos e serviços penais;

III – assistir tecnicamente as unidades federativas na implementação dos princípios e regras estabelecidos nesta Lei;

IV – colaborar com as unidades federativas, mediante convênios, na implantação de estabelecimentos e serviços penais;

V – colaborar com as unidades federativas para a realização de cursos de formação de pessoal penitenciário e de ensino profissionalizante do condenado e do internado;

VI – estabelecer, mediante convênios com as unidades federativas, o cadastro nacional das vagas existentes em estabelecimentos locais destinadas ao cumprimento de penas privativas de liberdade aplicadas pela justiça de outra unidade federativa, em especial para presos sujeitos a regime disciplinar.

•• Inciso VI acrescentado pela Lei n. 10.792, de 1.º-12-2003.

Parágrafo único. Incumbem também ao Departamento a coordenação e supervisão dos estabelecimentos penais e de internamento federais.

Seção II
Do Departamento Penitenciário Local

Art. 73. A legislação local poderá criar Departamento Penitenciário ou órgão similar, com as atribuições que estabelecer.

Art. 74. O Departamento Penitenciário local, ou órgão similar, tem por finalidade supervisionar e coordenar os estabelecimentos penais da unidade da Federação a que pertencer.

Seção III
Da Direção e do Pessoal dos Estabelecimentos Penais

Art. 75. O ocupante do cargo de diretor de estabelecimento deverá satisfazer os seguintes requisitos:

I – ser portador de diploma de nível superior de Direito, ou Psicologia, ou Ciências Sociais, ou Pedagogia, ou Serviços Sociais;

II – possuir experiência administrativa na área;

III – ter idoneidade moral e reconhecida aptidão para o desempenho da função.

Parágrafo único. O diretor deverá residir no estabelecimento, ou nas proximidades, e dedicará tempo integral à sua função.

Art. 76. O Quadro do Pessoal Penitenciário será organizado em diferentes categorias funcionais, segundo as necessidades do serviço, com especificação de atribuições relativas às funções de direção, chefia e assessoramento do estabelecimento e às demais funções.

Art. 77. A escolha do pessoal administrativo, especializado, de instrução técnica e de vigilância atenderá a vocação, preparação profissional e antecedentes pessoais do candidato.

§ 1.º O ingresso do pessoal penitenciário, bem como a progressão ou a ascensão funcional dependerão de cursos específicos de formação, procedendo-se à reciclagem periódica dos servidores em exercício.

§ 2.º No estabelecimento para mulheres somente se permitirá o trabalho de pessoal do sexo feminino, salvo quando se tratar de pessoal técnico especializado.

Capítulo VII
DO PATRONATO

Art. 78. O Patronato público ou particular destina-se a prestar assistência aos albergados e aos egressos (art. 26).

Art. 79. Incumbe também ao Patronato:

I – orientar os condenados à pena restritiva de direitos;

II – fiscalizar o cumprimento das penas de prestação de serviço à comunidade e de limitação de fim de semana;

III – colaborar na fiscalização do cumprimento das condições da suspensão e do livramento condicional.

Capítulo VIII
DO CONSELHO DA COMUNIDADE

•• A Resolução n. 10, de 8-11-2004, do CNPCP, estabelece regras para a organização dos Conselhos da Comunidade.

Art. 80. Haverá, em cada comarca, um Conselho da Comunidade composto, no mínimo, por 1 (um) representante de associação comercial ou industrial, 1 (um) advogado indicado pela Seção da Ordem dos Advogados do Brasil, 1 (um) Defensor Público indicado pelo Defensor Público Geral e 1 (um) assistente social escolhido pela Delegacia Seccional do Conselho Nacional de Assistentes Sociais.

•• *Caput* com redação determinada pela Lei n. 12.313, de 19-8-2010.

Parágrafo único. Na falta da representação prevista neste artigo, ficará a critério do juiz da execução a escolha dos integrantes do Conselho.

Art. 81. Incumbe ao Conselho da Comunidade:

I – visitar, pelo menos mensalmente, os estabelecimentos penais existentes na comarca;

II – entrevistar presos;

III – apresentar relatórios mensais ao juiz da execução e ao Conselho Penitenciário;

IV – diligenciar a obtenção de recursos materiais e humanos para melhor assistência ao preso ou internado, em harmonia com a direção do estabelecimento.

Capítulo IX
DA DEFENSORIA PÚBLICA

•• Capítulo IX acrescentado pela Lei n. 12.313, de 19-8-2010.

• A Lei Complementar n. 80, de 12-1-1994, organiza a DPU, do Distrito Federal e dos Territórios e prescreve normas gerais para sua organização nos Estados.

Art. 81-A. A Defensoria Pública velará pela regular execução da pena e da medida de segurança, oficiando, no processo executivo e nos incidentes da execução, para a defesa dos necessitados em todos os graus e instâncias, de forma individual e coletiva.

•• Artigo acrescentado pela Lei n. 12.313, de 19-8-2010.

Art. 81-B. Incumbe, ainda, à Defensoria Pública:

•• *Caput* acrescentado pela Lei n. 12.313, de 19-8-2010.

I – requerer:

•• Inciso I, *caput*, acrescentado pela Lei n. 12.313, de 19-8-2010.

a) todas as providências necessárias ao desenvolvimento do processo executivo;

•• Alínea *a* acrescentada pela Lei n. 12.313, de 19-8-2010.

b) a aplicação aos casos julgados de lei posterior que de qualquer modo favorecer o condenado;

•• Alínea *b* acrescentada pela Lei n. 12.313, de 19-8-2010.

c) a declaração de extinção da punibilidade;

•• Alínea *c* acrescentada pela Lei n. 12.313, de 19-8-2010.

d) a unificação de penas;

•• Alínea *d* acrescentada pela Lei n. 12.313, de 19-8-2010.

e) a detração e remição da pena;

•• Alínea e acrescentada pela Lei n. 12.313, de 19-8-2010.

f) a instauração dos incidentes de excesso ou desvio de execução;

•• Alínea *f* acrescentada pela Lei n. 12.313, de 19-8-2010.

g) a aplicação de medida de segurança e sua revogação, bem como a substituição da pena por medida de segurança;

•• Alínea *g* acrescentada pela Lei n. 12.313, de 19-8-2010.

h) a conversão de penas, a progressão nos regimes, a suspensão condicional da pena, o livramento condicional, a comutação de pena e o indulto;

•• Alínea *h* acrescentada pela Lei n. 12.313, de 19-8-2010.

i) a autorização de saídas temporárias;

•• Alínea *i* acrescentada pela Lei n. 12.313, de 19-8-2010.

j) a internação, a desinternação e o restabelecimento da situação anterior;

•• Alínea *j* acrescentada pela Lei n. 12.313, de 19-8-2010.

k) o cumprimento de pena ou medida de segurança em outra comarca;

•• Alínea *k* acrescentada pela Lei n. 12.313, de 19-8-2010.

l) a remoção do condenado na hipótese prevista no § 1.º do art. 86 desta Lei;

•• Alínea *l* acrescentada pela Lei n. 12.313, de 19-8-2010.

II – requerer a emissão anual do atestado de pena a cumprir;

•• Inciso II acrescentado pela Lei n. 12.313, de 19-8-2010.

III – interpor recursos de decisões proferidas pela autoridade judiciária ou administrativa durante a execução;

•• Inciso III acrescentado pela Lei n. 12.313, de 19-8-2010.

IV – representar ao Juiz da execução ou à autoridade administrativa para instauração de sindicância ou procedimento administrativo em caso de violação das normas referentes à execução penal;

•• Inciso IV acrescentado pela Lei n. 12.313, de 19-8-2010.

V – visitar os estabelecimentos penais, tomando providências para o adequado funcionamento, e requerer, quando for o caso, a apuração de responsabilidade;

•• Inciso V acrescentado pela Lei n. 12.313, de 19-8-2010.

VI – requerer à autoridade competente a interdição, no todo ou em parte, de estabelecimento penal.

•• Inciso VI acrescentado pela Lei n. 12.313, de 19-8-2010.

Parágrafo único. O órgão da Defensoria Pública visitará periodicamente os estabelecimentos penais, registrando a sua presença em livro próprio.

•• Parágrafo único acrescentado pela Lei n. 12.313, de 19-8-2010.

TÍTULO IV
DOS ESTABELECIMENTOS PENAIS

CAPÍTULO I
DISPOSIÇÕES GERAIS

• *Vide* art. 5.º, XLVIII, da CF.

• A Resolução n. 47, de 18-12-2007, do CNJ, dispõe sobre a inspeção nos estabelecimentos penais pelos juízes de execução criminal.

Art. 82. Os estabelecimentos penais destinam-se ao condenado, ao submetido à medida de segurança, ao preso provisório e ao egresso.

§ 1.º A mulher e o maior de 60 (sessenta) anos, separadamente, serão recolhidos a estabelecimento próprio e adequado à sua condição pessoal.

•• § 1.º com redação determinada pela Lei n. 9.460, de 4-6-1997.

§ 2.º O mesmo conjunto arquitetônico poderá abrigar estabelecimentos de destinação diversa desde que devidamente isolados.

Art. 83. O estabelecimento penal, conforme a sua natureza, deverá contar em suas dependências com áreas e serviços destinados a dar assistência, educação, trabalho, recreação e prática esportiva.

§ 1.º Haverá instalação destinada a estágio de estudantes universitários.

•• § 1.º acrescentado pela Lei n. 9.046, de 18-5-1995.

§ 2.º Os estabelecimentos penais destinados a mulheres serão dotados de berçário, onde as condenadas possam cuidar de seus filhos, inclusive amamentá-los, no mínimo, até 6 (seis) meses de idade.

•• § 2.º com redação determinada pela Lei n. 11.942, de 28-5-2009.

• *Vide* art. 5.º, L, da CF.

§ 3.º Os estabelecimentos de que trata o § 2.º deste artigo deverão possuir, exclusivamente, agentes do sexo feminino na segurança de suas dependências internas.

•• § 3.º acrescentado pela Lei n. 12.121, de 15-12-2009.

§ 4.º Serão instaladas salas de aulas destinadas a cursos do ensino básico e profissionalizante.

•• § 4.º acrescentado pela Lei n. 12.245, de 24-5-2010.

• A Resolução n. 2, de 19-5-2010, dispõe sobre as Diretrizes Nacionais para a oferta de educação para jovens e adultos em situação de privação de liberdade nos estabelecimentos penais.

§ 5.º Haverá instalação destinada à Defensoria Pública.

•• § 5.º acrescentado pela Lei n. 12.313, de 19-8-2010.

Art. 83-A. Poderão ser objeto de execução indireta as atividades materiais acessórias, instrumentais ou complementares desenvolvidas em estabelecimentos penais, e notadamente:

•• *Caput* acrescentado pela Lei n. 13.190, de 19-11-2015.

I – serviços de conservação, limpeza, informática, copeiragem, portaria, recepção, reprografia, telecomunicações, lavanderia e manutenção de prédios, instalações e equipamentos internos e externos;

•• Inciso I acrescentado pela Lei n. 13.190, de 19-11-2015.

II – serviços relacionados à execução de trabalho pelo preso.

•• Inciso II acrescentado pela Lei n. 13.190, de 19-11-2015.

§ 1.º A execução indireta será realizada sob supervisão e fiscalização do poder público.

•• § 1.º acrescentado pela Lei n. 13.190, de 19-11-2015.

§ 2.º Os serviços relacionados neste artigo poderão compreender o fornecimento de materiais, equipamentos, máquinas e profissionais.

•• § 2.º acrescentado pela Lei n. 13.190, de 19-11-2015.

Art. 83-B. São indelegáveis as funções de direção, chefia e coordenação no âmbito do sistema penal, bem como todas as atividades que exijam o exercício do poder de polícia, e notadamente:

•• *Caput* acrescentado pela Lei n. 13.190, de 19-11-2015.

I – classificação de condenados;

•• Inciso I acrescentado pela Lei n. 13.190, de 19-11-2015.

II – aplicação de sanções disciplinares;

•• Inciso II acrescentado pela Lei n. 13.190, de 19-11-2015.

III – controle de rebeliões;

•• Inciso III acrescentado pela Lei n. 13.190, de 19-11-2015.

IV – transporte de presos para órgãos do Poder Judiciário, hospitais e outros locais externos aos estabelecimentos penais.

•• Inciso IV acrescentado pela Lei n. 13.190, de 19-11-2015.

Art. 84. O preso provisório ficará separado do condenado por sentença transitada em julgado.

§ 1.º Os presos provisórios ficarão separados de acordo com os seguintes critérios:

•• § 1.º, *caput*, com redação determinada pela Lei n. 13.167, de 6-10-2015.

I – acusados pela prática de crimes hediondos ou equiparados;

•• Inciso I acrescentado pela Lei n. 13.167, de 6-10-2015.

II – acusados pela prática de crimes cometidos com violência ou grave ameaça à pessoa;

•• Inciso II acrescentado pela Lei n. 13.167, de 6-10-2015.

III – acusados pela prática de outros crimes ou contravenções diversos dos apontados nos incisos I e II.

•• Inciso III acrescentado pela Lei n. 13.167, de 6-10-2015.

§ 2.º O preso que, ao tempo do fato, era funcionário da administração da justiça criminal ficará em dependência separada.

• *Vide* art. 106, § 3.º, desta Lei.

• *Vide* art. 5.º, item 4, do Decreto n. 678, de 6-11-1992 (Pacto de São José da Costa Rica).

§ 3.º Os presos condenados ficarão separados de acordo com os seguintes critérios:

•• § 3.º acrescentado pela Lei n. 13.167, de 6-10-2015.

I – ondenados pela prática de crimes hediondos ou equiparados;

•• Inciso I acrescentado pela Lei n. 13.167, de 6-10-2015.

II – eincidentes condenados pela prática de crimes cometidos com violência ou grave ameaça à pessoa;

•• Inciso II acrescentado pela Lei n. 13.167, de 6-10-2015.

III – rimários condenados pela prática de crimes cometidos com violência ou grave ameaça à pessoa;

•• Inciso III acrescentado pela Lei n. 13.167, de 6-10-2015.

IV – emais condenados pela prática de outros crimes ou contravenções em situação diversa das previstas nos incisos I, II e III.

•• Inciso IV acrescentado pela Lei n. 13.167, de 6-10-2015.

§ 4.º O preso que tiver sua integridade física, moral ou psicológica ameaçada pela convivência com os demais presos ficará segregado em local próprio.

•• § 4.º acrescentado pela Lei n. 13.167, de 6-10-2015.

Art. 85. O estabelecimento penal deverá ter lotação compatível com a sua estrutura e finalidade.

•• *Vide* Súmula Vinculante 56.

Parágrafo único. O Conselho Nacional de Política Criminal e Penitenciária determinará o limite máximo de capacidade do estabelecimento, atendendo a sua natureza e peculiaridades.

Art. 86. As penas privativas de liberdade aplicadas pela justiça de uma unidade federativa podem ser executadas em outra unidade, em estabelecimento local ou da União.

• *Vide* Súmulas 718 e 719 do STF.

§ 1.º A União Federal poderá construir estabelecimento penal em local distante da condenação para recolher os condenados, quando a medida se justifique no interesse da segurança pública ou do próprio condenado.

•• § 1.º com redação determinada pela Lei n. 10.792, de 1.º-12-2003.

• *Vide* art. 66, V, *h*, desta Lei.

§ 2.º Conforme a natureza do estabelecimento, nele poderão trabalhar os liberados ou egressos que se dediquem a obras públicas ou ao aproveitamento de terras ociosas.

§ 3.º Caberá ao juiz competente, a requerimento da autoridade administrativa definir o estabelecimento prisional adequado para abrigar o preso provisório ou condenado, em atenção ao regime e aos requisitos estabelecidos.

•• § 3.º acrescentado pela Lei n. 10.792, de 1.º-12-2003.

Capítulo II
DA PENITENCIÁRIA

Art. 87. A Penitenciária destina-se ao condenado à pena de reclusão, em regime fechado.

Parágrafo único. A União Federal, os Estados, o Distrito Federal e os Territórios poderão construir Penitenciárias destinadas, exclusivamente, aos presos provisórios e condenados que estejam em regime fechado, sujeitos ao regime disciplinar diferenciado, nos termos do art. 52 desta Lei.

•• Parágrafo único acrescentado pela Lei n. 10.792, de 1.º-12-2003.

Art. 88. O condenado será alojado em cela individual que conterá dormitório, aparelho sanitário e lavatório.

Parágrafo único. São requisitos básicos da unidade celular:

a) salubridade do ambiente pela concorrência dos fatores de aeração, insolação e condicionamento térmico adequado à existência humana;

• *Vide* art. 92, *caput*, desta Lei.

b) área mínima de 6 m² (seis metros quadrados).

• *Vide* arts. 53, IV, 99, parágrafo único, e 104 desta Lei.

Art. 89. Além dos requisitos referidos no art. 88, a penitenciária de mulheres será dotada de seção para gestante e parturiente e de creche para abrigar crianças maiores de 6 (seis) meses e menores de 7 (sete) anos, com a finalidade de assistir a criança desamparada cuja responsável estiver presa.

•• *Caput* com redação determinada pela Lei n. 11.942, de 28-5-2009.

•• *Vide* art. 208, IV, da CF.

• *Vide* art. 5.º, L, da CF.

Parágrafo único. São requisitos básicos da seção e da creche referidas neste artigo:

•• Parágrafo único, *caput*, acrescentado pela Lei n. 11.942, de 28-5-2009.

I – atendimento por pessoal qualificado, de acordo com as diretrizes adotadas pela legislação educacional e em unidades autônomas; e

•• Inciso I acrescentado pela Lei n. 11.942, de 28-5-2009.

II – horário de funcionamento que garanta a melhor assistência à criança e à sua responsável.

•• Inciso II acrescentado pela Lei n. 11.942, de 28-5-2009.

Art. 90. A penitenciária de homens será construída em local afastado do centro urbano a distância que não restrinja a visitação.

CAPÍTULO III
DA COLÔNIA AGRÍCOLA, INDUSTRIAL OU SIMILAR

Art. 91. A Colônia Agrícola, Industrial ou similar destina-se ao cumprimento da pena em regime semiaberto.

Art. 92. O condenado poderá ser alojado em compartimento coletivo, observados os requisitos da letra *a* do parágrafo único do art. 88 desta Lei.

Parágrafo único. São também requisitos básicos das dependências coletivas:

a) a seleção adequada dos presos;

b) o limite de capacidade máxima que atenda os objetivos de individualização da pena.

CAPÍTULO IV
DA CASA DO ALBERGADO

Art. 93. A Casa do Albergado destina-se ao cumprimento de pena privativa de liberdade, em regime aberto, e da pena de limitação de fim de semana.

Art. 94. O prédio deverá situar-se em centro urbano, separado dos demais estabelecimentos, e caracterizar-se pela ausência de obstáculos físicos contra a fuga.

Art. 95. Em cada região haverá, pelo menos, uma Casa de Albergado, a qual deverá conter, além dos aposentos para acomodar os presos, local adequado para cursos e palestras.

Parágrafo único. O estabelecimento terá instalações para os serviços de fiscalização e orientação dos condenados.

CAPÍTULO V
DO CENTRO DE OBSERVAÇÃO

Art. 96. No Centro de Observação realizar-se-ão os exames gerais e o criminológico, cujos resultados serão encaminhados à Comissão Técnica de Classificação.

Parágrafo único. No Centro poderão ser realizadas pesquisas criminológicas.

Art. 97. O Centro de Observação será instalado em unidade autônoma ou em anexo a estabelecimento penal.

Art. 98. Os exames poderão ser realizados pela Comissão Técnica de Classificação, na falta do Centro de Observação.

CAPÍTULO VI
DO HOSPITAL DE CUSTÓDIA E TRATAMENTO PSIQUIÁTRICO

Art. 99. O Hospital de Custódia e Tratamento Psiquiátrico destina-se aos inimputáveis e semi-imputáveis referidos no art. 26 e seu parágrafo único do Código Penal.

•• *Vide* art. 26 do CP.

Parágrafo único. Aplica-se ao Hospital, no que couber, o disposto no parágrafo único do art. 88 desta Lei.

Art. 100. O exame psiquiátrico e os demais exames necessários ao tratamento são obrigatórios para todos os internados.

Art. 101. O tratamento ambulatorial, previsto no art. 97, segunda parte, do Código Penal, será realizado no Hospital de Custódia e Tratamento Psiquiátrico ou em outro local com dependência médica adequada.

•• *Vide* art. 97 do CP.

CAPÍTULO VII
DA CADEIA PÚBLICA

Art. 102. A Cadeia Pública destina-se ao recolhimento de presos provisórios.

• *Vide* art. 5.º, item 4, do Decreto n. 678, de 6-11-1992 (Pacto de São José da Costa Rica).

Art. 103. Cada comarca terá, pelo menos, uma Cadeia Pública a fim de resguardar o interesse da administração da justiça criminal e a permanência do preso em local próximo ao seu meio social e familiar.

Art. 104. O estabelecimento de que trata este Capítulo será instalado próximo de centro urbano, observando-se na construção as exigências mínimas referidas no art. 88 e seu parágrafo único desta Lei.

TÍTULO V
DA EXECUÇÃO DAS PENAS EM ESPÉCIE

CAPÍTULO I
DAS PENAS PRIVATIVAS DE LIBERDADE

• A Resolução n. 113, de 20-4-2010, do CNJ, dispõe sobre o procedimento relativo à execução de pena privativa de liberdade e de medida de segurança.

• A Resolução n. 2, de 24-6-2016, do CNPCP, dispõe sobre a criação e regulamentação do Cadastro Único de Pessoas Privadas de Liberdade da Unidade Penal – CadUPL.

Seção I
Disposições Gerais

Art. 105. Transitando em julgado a sentença que aplicar pena privativa de liberdade, se o réu estiver ou vier a ser preso, o juiz ordenará a expedição de guia de recolhimento para a execução.

• *Vide* Súmulas 716 e 717 do STF.

Art. 106. A guia de recolhimento, extraída pelo escrivão, que a rubricará em todas as folhas e a assinará com o juiz, será remetida à autoridade administrativa incumbida da execução e conterá:

I – o nome do condenado;

II – a sua qualificação civil e o número do registro geral no órgão oficial de identificação;

III – o inteiro teor da denúncia e da sentença condenatória, bem como certidão do trânsito em julgado;

IV – a informação sobre os antecedentes e o grau de instrução;

V – a data da terminação da pena;

VI – outras peças do processo reputadas indispensáveis ao adequado tratamento penitenciário.

§ 1.º Ao Ministério Público se dará ciência da guia de recolhimento.

§ 2.º A guia de recolhimento será retificada sempre que sobrevier modificação quanto ao início da execução, ou ao tempo de duração da pena.

§ 3.º Se o condenado, ao tempo do fato, era funcionário da administração da justiça criminal, far-se-á, na guia, menção dessa circunstância, para fins do disposto no § 2.º do art. 84 desta Lei.

Art. 107. Ninguém será recolhido, para cumprimento de pena privativa de liberdade, sem a guia expedida pela autoridade judiciária.

§ 1.º A autoridade administrativa incumbida da execução passará recibo da guia de recolhimento, para juntá-la aos autos do processo, e dará ciência dos seus termos ao condenado.

§ 2.º As guias de recolhimento serão registradas em livro especial, segundo a ordem cronológica do recebimento, e anexadas ao prontuário do condenado, aditando-se, no curso da execução, o cálculo das remições e de outras retificações posteriores.

Art. 108. O condenado a quem sobrevier doença mental será internado em Hospital de Custódia e Tratamento Psiquiátrico.

Art. 109. Cumprida ou extinta a pena, o condenado será posto em liberdade, mediante alvará do juiz, se por outro motivo não estiver preso.

Seção II
Dos Regimes

Art. 110. O juiz, na sentença, estabelecerá o regime no qual o condenado iniciará o cumprimento da pena privativa de liberdade, observado o disposto no art. 33 e seus parágrafos do Código Penal.

•• *Vide* art. 33 do CP.

• *Vide* Súmulas 718 e 719 do STF e 269 e 440 do STJ.

Art. 111. Quando houver condenação por mais de um crime, no mesmo processo ou em processos distintos, a determinação do regime de cumprimento será feita pelo resultado da soma ou unificação das penas, observada, quando for o caso, a detração ou remição.

• *Vide* art. 126 desta Lei.

• *Vide* Súmula 717 do STF.

Parágrafo único. Sobrevindo condenação no curso da execução, somar-se-á pena ao restante da que está sendo cumprida, para determinação do regime.

• *Vide* art. 118, II, desta Lei.

Art. 112. A pena privativa de liberdade será executada em forma progressiva com a transferência para regime menos rigoroso, a ser determinada pelo juiz, quando o preso tiver cumprido ao menos um sexto da pena no regime anterior e ostentar bom comportamento carcerário, comprovado pelo diretor do estabelecimento, respeitadas as normas que vedam a progressão.

•• *Caput* com redação determinada pela Lei n. 10.792, de 1.º-12-2003.

•• *Vide* art. 2.º, § 2.º, da Lei n. 8.072, de 25-7-1990, que prevê a progressão do regime, no caso dos condenados aos crimes hediondos, a prática de tortura, o tráfico ilícito de entorpecentes e o terrorismo, após o cumprimento de 2/5 (dois quintos) da pena, se primário, e 3/5 (três quintos), se reincidente.

• *Vide* Súmula 716 do STF.

• *Vide* Súmula Vinculante 26.

• *Vide* Súmulas 439, 491, 534 e 535 do STJ.

§ 1.º A decisão será sempre motivada e precedida de manifestação do Ministério Público e do defensor.

•• § 1.º acrescentado pela Lei n. 10.792, de 1.º-12-2003.

§ 2.º Idêntico procedimento será adotado na concessão de livramento condicional, indulto e comutação de penas, respeitados os prazos previstos nas normas vigentes.

•• § 2.º acrescentado pela Lei n. 10.792, de 1.º-12-2003.

Art. 113. O ingresso do condenado em regime aberto supõe a aceitação de seu programa e das condições impostas pelo juiz.

Art. 114. Somente poderá ingressar no regime aberto o condenado que:

I – estiver trabalhando ou comprovar a possibilidade de fazê-lo imediatamente;

II – apresentar, pelos seus antecedentes ou pelo resultado dos exames a que foi submetido, fundados indícios de que irá ajustar-se, com autodisciplina e senso de responsabilidade, ao novo regime.

Parágrafo único. Poderão ser dispensadas do trabalho as pessoas referidas no art. 117 desta Lei.

Art. 115. O juiz poderá estabelecer condições especiais para a concessão de regime aberto, sem prejuízo das seguintes condições gerais e obrigatórias:

•• A Lei n. 12.258, de 15-6-2010, propôs nova redação para este artigo, porém teve seu texto vetado.

• *Vide* Súmula 493 do STJ.

I – permanecer no local que for designado, durante o repouso e nos dias de folga;

II – sair para o trabalho e retornar, nos horários fixados;

III – não se ausentar da cidade onde reside, sem autorização judicial;

IV – comparecer a juízo, para informar e justificar as suas atividades, quando for determinado.

Art. 116. O juiz poderá modificar as condições estabelecidas, de ofício, a requerimento do Ministério Público, da autoridade administrativa ou do condenado, desde que as circunstâncias assim o recomendem.

Art. 117. Somente se admitirá o recolhimento do beneficiário de regime aberto em residência particular quando se tratar de:

I – condenado maior de 70 (setenta) anos;

II – condenado acometido de doença grave;

III – condenada com filho menor ou deficiente físico ou mental;

IV – condenada gestante.

• *Vide* art. 114, parágrafo único, desta Lei.

Art. 118. A execução da pena privativa de liberdade ficará sujeita à forma regressiva, com a transferência para qualquer dos regimes mais rigorosos, quando o condenado:

I – praticar fato definido como crime doloso ou falta grave;

• *Vide* art. 48, parágrafo único, desta Lei.

• *Vide* Súmulas 526, 533 e 534 do STJ.

II – sofrer condenação, por crime anterior, cuja pena, somada ao restante da pena em execução, torne incabível o regime (art. 111).

§ 1.º O condenado será transferido do regime aberto se, além das hipóteses referidas nos incisos anteriores, frustrar os fins da execução ou não pagar, podendo, a multa cumulativamente imposta.

§ 2.º Nas hipóteses do inciso I e do parágrafo anterior, deverá ser ouvido, previamente, o condenado.

Art. 119. A legislação local poderá estabelecer normas complementares para o cumprimento da pena privativa de liberdade em regime aberto (art. 36, § 1.º, do Código Penal).

•• *Vide* art. 36 do CP.

Seção III
Das Autorizações de Saída

Subseção I
Da permissão de saída

Art. 120. Os condenados que cumprem pena em regime fechado ou semiaberto e os presos provisórios poderão obter permissão para sair do estabelecimento, mediante escolta, quando ocorrer um dos seguintes fatos:

I – falecimento ou doença grave do cônjuge, companheira, ascendente, descendente ou irmão;

II – necessidade de tratamento médico (parágrafo único do art. 14).

•• Acreditamos ter havido engano na publicação oficial ao mencionar, neste inciso, o parágrafo único do art. 14, quando, a rigor, deveria fazer referência ao § 2.º.

Parágrafo único. A permissão de saída será concedida pelo diretor do estabelecimento onde se encontra o preso.

Art. 121. A permanência do preso fora do estabelecimento terá duração necessária à finalidade da saída.

Subseção II
Da saída temporária

Art. 122. Os condenados que cumprem pena em regime semiaberto poderão obter autorização para saída temporária do estabelecimento, sem vigilância direta, nos seguintes casos:

I – visita à família;

II – frequência a curso supletivo profissionalizante, bem como de instrução do segundo grau ou superior, na comarca do Juízo da Execução;

• *Vide* art. 17 desta Lei.

III – participação em atividades que concorram para o retorno ao convívio social.

Parágrafo único. A ausência de vigilância direta não impede a utilização de equipamento de monitoração eletrônica pelo condenado, quando assim determinar o juiz da execução.

•• Parágrafo único acrescentado pela Lei n. 12.258, de 15-6-2010.

Art. 123. A autorização será concedida por ato motivado do juiz da execução, ouvidos o Ministério Público e a administração penitenciária, e dependerá da satisfação dos seguintes requisitos:

• *Vide* Súmula 520 do STJ.

I – comportamento adequado;

II – cumprimento mínimo de um sexto da pena, se o condenado for primário, e um quarto, se reincidente;

• *Vide* Súmula 40 do STJ.

III – compatibilidade do benefício com os objetivos da pena.

Art. 124. A autorização será concedida por prazo não superior a 7 (sete) dias, podendo ser renovada por mais quatro vezes durante o ano.

§ 1.º Ao conceder a saída temporária, o juiz imporá ao beneficiário as seguintes condições, entre outras que entender compatíveis com as circunstâncias do caso e a situação pessoal do condenado:

•• § 1.º, *caput*, acrescentado pela Lei n. 12.258, de 15-6-2010.

I – fornecimento do endereço onde reside a família a ser visitada ou onde poderá ser encontrado durante o gozo do benefício;

•• Inciso I acrescentado pela Lei n. 12.258, de 15-6-2010.

II – recolhimento à residência visitada, no período noturno;

•• Inciso II acrescentado pela Lei n. 12.258, de 15-6-2010.

III – proibição de frequentar bares, casas noturnas e estabelecimentos congêneres.

•• Inciso III acrescentado pela Lei n. 12.258, de 15-6-2010.

§ 2.º Quando se tratar de frequência a curso profissionalizante, de instrução de ensino médio ou superior, o tempo de saída será o necessário para o cumprimento das atividades discentes.

•• § 2.º acrescentado pela Lei n. 12.258, de 15-6-2010.

§ 3.º Nos demais casos, as autorizações de saída somente poderão ser concedidas com prazo mínimo de 45 (quarenta e cinco) dias de intervalo entre uma e outra.

•• § 3.º acrescentado pela Lei n. 12.258, de 15-6-2010.

Art. 125. O benefício será automaticamente revogado quando o condenado praticar fato definido como crime doloso, for punido por falta grave, desatender as condições impostas na autorização ou revelar baixo grau de aproveitamento do curso.

Parágrafo único. A recuperação do direito à saída temporária dependerá da absolvição no processo penal, do cancelamento da punição disciplinar ou da demonstração do merecimento do condenado.

• *Vide* art. 48, parágrafo único, desta Lei.

Seção IV
Da Remição

Art. 126. O condenado que cumpre a pena em regime fechado ou semiaberto poderá remir, por trabalho ou por estudo, parte do tempo de execução da pena.

•• *Caput* com redação determinada pela Lei n. 12.433, de 29-6-2011.

•• *Vide* Súmula 562 do STJ.

• A Portaria Conjunta n. 276, de 20-6-2012, da Justiça Federal e do DPN, disciplina o Projeto da Remição pela Leitura no Sistema Penitenciário Federal, pelo qual o preso pode remir 4 dias de sua pena por obra lida e avaliada, até 12 obras por ano, num total de 48 dias de remição da pena num período de 12 meses.

• *Vide* Súmula 341 do STJ.

• *Vide* art. 17 desta Lei.

§ 1.º A contagem de tempo referida no *caput* será feita à razão de:

•• § 1.º, *caput*, com redação determinada pela Lei n. 12.433, de 29-6-2011.

I – 1 (um) dia de pena a cada 12 (doze) horas de frequência escolar – atividade de ensino fundamental, médio, inclusive profissionalizante, ou superior, ou ainda de requalificação profissional – divididas, no mínimo, em 3 (três) dias;

•• Inciso I acrescentado pela Lei n. 12.433, de 29-6-2011.

II – 1 (um) dia de pena a cada 3 (três) dias de trabalho.

• Inciso II acrescentado pela Lei n. 12.433, de 29-6-2011.

§ 2.º As atividades de estudo a que se refere o § 1.º deste artigo poderão ser desenvolvidas de forma presencial ou por metodologia de ensino a distância e deverão ser certificadas pelas autoridades educacionais competentes dos cursos frequentados.

•• § 2.º com redação determinada pela Lei n. 12.433, de 29-6-2011.

§ 3.º Para fins de cumulação dos casos de remição, as horas diárias de trabalho e de estudo serão definidas de forma a se compatibilizarem.

•• § 3.º com redação determinada pela Lei n. 12.433, de 29-6-2011.

§ 4.º O preso impossibilitado, por acidente, de prosseguir no trabalho ou nos estudos continuará a beneficiar-se com a remição.

•• § 4.º acrescentado pela Lei n. 12.433, de 29-6-2011.

§ 5.º O tempo a remir em função das horas de estudo será acrescido de 1/3 (um terço) no caso de conclusão do ensino fundamental, médio ou superior durante o cumprimento da pena, desde que certificada pelo órgão competente do sistema de educação.

• § 5.º acrescentado pela Lei n. 12.433, de 29-6-2011.

§ 6.º O condenado que cumpre pena em regime aberto ou semiaberto e o que usufrui liberdade condicional poderão remir, pela frequência a curso de ensino regular ou de educação profissional, parte do tempo de execução da pena ou do período de prova, observado o disposto no inciso I do § 1.º deste artigo.

•• § 6.º acrescentado pela Lei n. 12.433, de 29-6-2011.

§ 7.º O disposto neste artigo aplica-se às hipóteses de prisão cautelar.

•• § 7.º acrescentado pela Lei n. 12.433, de 29-6-2011.

§ 8.º A remição será declarada pelo juiz da execução, ouvidos o Ministério Público e a defesa.

•• § 8.º acrescentado pela Lei n. 12.433, de 29-6-2011.

Art. 127. Em caso de falta grave, o juiz poderá revogar até 1/3 (um terço) do tempo remido, observado o disposto no art. 57, recomeçando a contagem a partir da data da infração disciplinar.

•• Artigo com redação determinada pela Lei n. 12.433, de 29-6-2011.

• *Vide* art. 48, parágrafo único, desta Lei.

• *Vide* Súmulas 534 e 535 do STJ.

Art. 128. O tempo remido será computado como pena cumprida, para todos os efeitos.

• Artigo com redação determinada pela Lei n. 12.433, de 29-6-2011.

Art. 129. A autoridade administrativa encaminhará mensalmente ao juízo da execução cópia do registro de todos os condenados que estejam trabalhando ou estudando, com informação dos dias de trabalho ou das horas de frequência escolar ou de atividades de ensino de cada um deles.

• *Caput* com redação determinada pela Lei n. 12.433, de 29-6-2011.

§ 1.º O condenado autorizado a estudar fora do estabelecimento penal deverá comprovar mensalmente, por meio de declaração da respectiva unidade de ensino, a frequência e o aproveitamento escolar.

•• § 1.º acrescentado pela Lei n. 12.433, de 29-6-2011.

§ 2.º Ao condenado dar-se-á a relação de seus dias remidos.

• § 2.º acrescentado pela Lei n. 12.433, de 29-6-2011.

Art. 130. Constitui o crime do art. 299 do Código Penal declarar ou atestar falsamente prestação de serviço para fim de instruir pedido de remição.

•• *Vide* art. 299 do CP.

Seção V
Do Livramento Condicional

Art. 131. O livramento condicional poderá ser concedido pelo juiz da execução, presentes os requisitos do art. 83, incisos e parágrafo único, do Código Penal, ouvidos o Ministério Público e o Conselho Penitenciário.

•• *Vide* art. 83 do CP.

• *Vide* Súmula 441 do STJ.

Art. 132. Deferido o pedido, o juiz especificará as condições a que fica subordinado o livramento.

§ 1.º Serão sempre impostas ao liberado condicional as obrigações seguintes:

a) obter ocupação lícita, dentro de prazo razoável se for apto para o trabalho;

b) comunicar periodicamente ao juiz sua ocupação;

c) não mudar do território da comarca do Juízo da Execução, sem prévia autorização deste.

§ 2.º Poderão ainda ser impostas ao liberado condicional, entre outras obrigações, as seguintes:

a) não mudar de residência sem comunicação ao juiz e à autoridade incumbida da observação cautelar e de proteção;

b) recolher-se à habitação em hora fixada;

c) não frequentar determinados lugares;

• *Vide* arts. 138, § 3.º, e 178 desta Lei.

d) (*Vetada*.)

•• Alínea *d* acrescentada pela Lei n. 12.258, de 15-6-2010.

Art. 133. Se for permitido ao liberado residir fora da comarca do Juízo da Execução, remeter-se-á cópia da sentença do livramento ao juízo do lugar para onde ele se houver transferido e à autoridade incumbida da observação cautelar e de proteção.

• *Vide* art. 178 desta Lei.

Art. 134. O liberado será advertido da obrigação de apresentar-se imediatamente às autoridades referidas no artigo anterior.

Art. 135. Reformada a sentença denegatória do livramento, os autos baixarão ao Juízo da Execução, para as providências cabíveis.

Art. 136. Concedido o benefício, será expedida a carta de livramento com a cópia integral da sentença em duas vias, remetendo-se uma à autoridade administrativa incumbida da execução e outra ao Conselho Penitenciário.

Art. 137. A cerimônia do livramento condicional será realizada solenemente no dia marcado pelo presidente do Conselho Penitenciário, no estabelecimento onde está sendo cumprida a pena, observando-se o seguinte:

I – a sentença será lida ao liberando, na presença dos demais condenados, pelo presidente do Conselho Penitenciário ou membro por ele designado, ou, na falta, pelo juiz;

II – a autoridade administrativa chamará a atenção do liberando para as condições impostas na sentença de livramento;

III – o liberando declarará se aceita as condições.

§ 1.º De tudo, em livro próprio, será lavrado termo subscrito por quem presidir a cerimônia e pelo liberando, ou alguém a seu rogo, se não souber ou não puder escrever.

§ 2.º Cópia desse termo deverá ser remetida ao juiz da execução.

Art. 138. Ao sair o liberado do estabelecimento penal, ser-lhe-á entregue, além do saldo de seu pecúlio e do que lhe pertencer, uma caderneta, que exibirá à autoridade judiciária ou administrativa, sempre que lhe for exigida.

§ 1.º A caderneta conterá:

a) a identificação do liberado;

b) o texto impresso do presente Capítulo;

c) as condições impostas.

§ 2.º Na falta de caderneta, será entregue ao liberado um salvo-conduto, em que constem as condições do livramento, podendo substituir-se a ficha de identificação ou o seu retrato pela descrição dos sinais que possam identificá-lo.

§ 3.º Na caderneta e no salvo-conduto deverá haver espaço para consignar-se o cumprimento das condições referidas no art. 132 desta Lei.

Art. 139. A observação cautelar e a proteção realizadas por serviço social penitenciário, Patronato ou Conselho da Comunidade terão a finalidade de:

I – fazer observar o cumprimento das condições especificadas na sentença concessiva do benefício;

II – proteger o beneficiário, orientando-o na execução de suas obrigações e auxiliando-o na obtenção de atividade laborativa.

Parágrafo único. A entidade encarregada da observação cautelar e da proteção do liberado apresentará relatório ao Conselho Penitenciário, para efeito da representação prevista nos arts. 143 e 144 desta Lei.

Art. 140. A revogação do livramento condicional dar-se-á nas hipóteses previstas nos arts. 86 e 87 do Código Penal.

•• *Vide* arts. 86 e 87 do CP.

Parágrafo único. Mantido o livramento condicional, na hipótese da revogação facultativa, o juiz deverá advertir o liberado ou agravar as condições.

Art. 141. Se a revogação for motivada por infração penal anterior à vigência do livramento, computar-se-á como tempo de cumprimento da pena o período de prova, sendo permitida, para a concessão de novo livramento, a soma do tempo das duas penas.

Art. 142. No caso de revogação por outro motivo, não se computará na pena o tempo em que esteve solto o liberado, e tampouco se concederá, em relação à mesma pena, novo livramento.

• *Vide* Súmula 535 do STJ.

Art. 143. A revogação será decretada a requerimento do Ministério Público, mediante representação do Conselho Penitenciário, ou de ofício, pelo juiz, ouvido o liberado.

• *Vide* art. 139, parágrafo único, desta Lei.

Art. 144. O Juiz, de ofício, a requerimento do Ministério Público, da Defensoria Pública ou mediante representação do Conselho Penitenciário, e ouvido o liberado, poderá modificar as condições especificadas na sentença, devendo o respectivo ato decisório ser lido ao liberado por uma das autoridades ou funcionários indicados no inciso I do *caput* do art. 137 desta Lei, observado o disposto nos incisos II e III e §§ 1.º e 2.º do mesmo artigo.

•• Artigo com redação determinada pela Lei n. 12.313, de 19-8-2010.

• *Vide* art. 139, parágrafo único, desta Lei.

Art. 145. Praticada pelo liberado outra infração penal, o juiz poderá ordenar a sua prisão, ouvidos o Conselho Penitenciário e o Ministério Público, suspendendo o curso do livramento condicional, cuja revogação, entretanto, ficará dependendo da decisão final.

Art. 146. O juiz, de ofício, a requerimento do interessado, do Ministério Público ou mediante representação do Conselho Penitenciário, julgará extinta a pena privativa de liberdade, se expirar o prazo do livramento sem revogação.

Seção VI
Da Monitoração Eletrônica

•• Seção VI acrescentada pela Lei n. 12.258, de 15-6-2010.

•• *Vide* Decreto n. 7.627, de 24-11-2011, que regulamenta a monitoração eletrônica de pessoas.

Art. 146-A. (*Vetado.*)

•• Artigo acrescentado pela Lei n. 12.258, de 15-6-2010.

Art. 146-B. O juiz poderá definir a fiscalização por meio da monitoração eletrônica quando:

•• *Caput* acrescentado pela Lei n. 12.258, de 15-6-2010.

I – (*Vetado.*)

•• Inciso I acrescentado pela Lei n. 12.258, de 15-6-2010.

II – autorizar a saída temporária no regime semiaberto;

•• Inciso II acrescentado pela Lei n. 12.258, de 15-6-2010.

III – (*Vetado.*)

•• Inciso III acrescentado pela Lei n. 12.258, de 15-6-2010.

IV – determinar a prisão domiciliar;

•• Inciso IV acrescentado pela Lei n. 12.258, de 15-6-2010.

V – (*Vetado.*)

•• Inciso V acrescentado pela Lei n. 12.258, de 15-6-2010.

Parágrafo único. (*Vetado.*)

•• Parágrafo único acrescentado pela Lei n. 12.258, de 15-6-2010.

Art. 146-C. O condenado será instruído acerca dos cuidados que deverá adotar com o equipamento eletrônico e dos seguintes deveres:

•• *Caput* acrescentado pela Lei n. 12.258, de 15-6-2010.

I – receber visitas do servidor responsável pela monitoração eletrônica, responder aos seus contatos e cumprir suas orientações;

•• Inciso I acrescentado pela Lei n. 12.258, de 15-6-2010.

II – abster-se de remover, de violar, de modificar, de danificar de qualquer forma o dispositivo de monitoração eletrônica ou de permitir que outrem o faça;

•• Inciso II acrescentado pela Lei n. 12.258, de 15-6-2010.

III – (*Vetado.*)

•• Inciso III acrescentado pela Lei n. 12.258, de 15-6-2010.

Parágrafo único. A violação comprovada dos deveres previstos neste artigo poderá acarretar, a critério do juiz da execução, ouvidos o Ministério Público e a defesa:

•• Parágrafo único, *caput*, acrescentado pela Lei n. 12.258, de 15-6-2010.

I – a regressão do regime;

•• Inciso I acrescentado pela Lei n. 12.258, de 15-6-2010.

II – a revogação da autorização de saída temporária;

•• Inciso II acrescentado pela Lei n. 12.258, de 15-6-2010.

III – (*Vetado.*)

•• Inciso III acrescentado pela Lei n. 12.258, de 15-6-2010.

IV – (*Vetado.*)

•• Inciso IV acrescentado pela Lei n. 12.258, de 15-6-2010.

V – (*Vetado.*)

•• Inciso V acrescentado pela Lei n. 12.258, de 15-6-2010.

VI – a revogação da prisão domiciliar;

•• Inciso VI acrescentado pela Lei n. 12.258, de 15-6-2010.

VII – advertência, por escrito, para todos os casos em que o juiz da execução decida não aplicar alguma das medidas previstas nos incisos de I a VI deste parágrafo.

•• Inciso VII acrescentado pela Lei n. 12.258, de 15-6-2010.

Art. 146-D. A monitoração eletrônica poderá ser revogada:

•• *Caput* acrescentado pela Lei n. 12.258, de 15-6-2010.

I – quando se tornar desnecessária ou inadequada;

•• Inciso I acrescentado pela Lei n. 12.258, de 15-6-2010.

II – se o acusado ou condenado violar os deveres a que estiver sujeito durante a sua vigência ou cometer falta grave.

•• Inciso II acrescentado pela Lei n. 12.258, de 15-6-2010.

Capítulo II
DAS PENAS RESTRITIVAS DE DIREITO

•• De acordo com a alteração determinada pela Lei n. 9.714, de 25-11-1998, as penas restritivas de direito são: I – prestação pecuniária; II – perda de bens e valores; III – (*Vetado*); IV – prestação de serviço à comunidade ou a entidades públicas; V – interdição temporária de direitos; e VI – limitação de fim de semana.

Seção I
Disposições Gerais

Art. 147. Transitada em julgado a sentença que aplicou a pena restritiva de direitos, o juiz de execução, de ofício ou a requerimento do Ministério Público, promoverá a execução, podendo, para tanto, requisitar, quando necessário, a colaboração de entidades públicas ou solicitá-la a particulares.

Art. 148. Em qualquer fase da execução, poderá o juiz, motivadamente, alterar a forma de cumprimento das penas de prestação de serviços à comunidade e de limitação de fim de semana, ajustando-as às condições pessoais do condenado e às características do estabelecimento, da entidade ou do programa comunitário ou estatal.

Seção II
Da Prestação de Serviços à Comunidade

Art. 149. Caberá ao juiz da execução:

I – designar a entidade ou programa comunitário ou estatal, devidamente credenciado ou convencionado, junto ao qual o condenado deverá trabalhar gratuitamente, de acordo com as suas aptidões;

II – determinar a intimação do condenado, cientificando-o da entidade, dias e horário em que deverá cumprir a pena;

III – alterar a forma de execução, a fim de ajustá-la às modificações ocorridas na jornada de trabalho.

§ 1.º O trabalho terá a duração de 8 (oito) horas semanais e será realizado aos sábados, domingos e feriados, ou em dias úteis, de modo a não prejudicar a jornada normal de trabalho, nos horários estabelecidos pelo juiz.

§ 2.º A execução terá início a partir da data do primeiro comparecimento.

Art. 150. A entidade beneficiada com a prestação de serviços encaminhará mensalmente, ao juiz da execução, relatório circunstanciado das atividades do condenado, bem como, a qualquer tempo, comunicação sobre ausência ou falta disciplinar.

• *Vide* art. 181, § 1.º, *b*, desta Lei.

Seção III

Da Limitação de Fim de Semana

Art. 151. Caberá ao juiz da execução determinar a intimação do condenado, cientificando-o do local, dias e horário em que deverá cumprir a pena.

Parágrafo único. A execução terá início a partir da data do primeiro comparecimento.

Art. 152. Poderão ser ministrados ao condenado, durante o tempo de permanência, cursos e palestras, ou atribuídas atividades educativas.

Parágrafo único. Nos casos de violência doméstica contra a mulher, o juiz poderá determinar o comparecimento obrigatório do agressor a programas de recuperação e reeducação.

•• Parágrafo único acrescentado pela Lei n. 11.340, de 7-8-2006.

Art. 153. O estabelecimento designado encaminhará, mensalmente, ao juiz da execução, relatório, bem assim comunicará, a qualquer tempo, a ausência ou falta disciplinar do condenado.

Seção IV

Da Interdição Temporária de Direitos

Art. 154. Caberá ao juiz da execução comunicar à autoridade competente a pena aplicada, determinada a intimação do condenado.

§ 1.º Na hipótese de pena de interdição do art. 47, I, do Código Penal, a autoridade deverá, em 24 (vinte e quatro) horas, contadas do recebimento do ofício, baixar ato, a partir do qual a execução terá seu início.

§ 2.º Nas hipóteses do art. 47, II e III, do Código Penal, o Juízo da Execução determinará a apreensão dos documentos, que autorizam o exercício do direito interditado.

•• *Vide* art. 47 do CP.

Art. 155. A autoridade deverá comunicar imediatamente ao juiz da execução o descumprimento da pena.

Parágrafo único. A comunicação prevista neste artigo poderá ser feita por qualquer prejudicado.

Capítulo III
DA SUSPENSÃO CONDICIONAL

Art. 156. O juiz poderá suspender, pelo período de 2 (dois) a 4 (quatro) anos, a execução da pena privativa de liberdade, não superior a 2 (dois) anos, na forma prevista nos arts. 77 a 82 do Código Penal.

• Os arts. 77 a 82 do CP dispõem sobre a suspensão condicional da pena.

Art. 157. O juiz ou tribunal, na sentença que aplicar pena privativa de liberdade, na situação determinada no artigo anterior, deverá pronunciar-se, motivadamente, sobre a suspensão condicional, quer a conceda, quer a denegue.

Art. 158. Concedida a suspensão, o juiz especificará as condições a que fica sujeito o condenado, pelo prazo fixado, começando este a correr da audiência prevista no art. 160 desta Lei.

§ 1.º As condições serão adequadas ao fato e à situação pessoal do condenado, devendo ser incluída entre as mesmas a de prestar serviços à comunidade, ou limitação de fim de semana, salvo hipótese do art. 78, § 2.º, do Código Penal.

• *Vide* nota ao art. 156 desta Lei.

§ 2.º O juiz poderá, a qualquer tempo, de ofício, a requerimento do Ministério Público ou mediante proposta do Conselho Penitenciário, modificar as condições e regras estabelecidas na sentença, ouvido o condenado.

§ 3.º A fiscalização do cumprimento das condições, regulada nos Estados, Territórios e Distrito Federal por normas supletivas, será atribuída a serviço social penitenciário, Patronato, Conselho da Comunidade ou instituição beneficiada com a prestação de serviços, inspecionados pelo Conselho Penitenciário, pelo Ministério Público, ou ambos, devendo o juiz da execução suprir, por ato, a falta das normas supletivas.

§ 4.º O beneficiário, ao comparecer periodicamente à entidade fiscalizadora, para comprovar a observância das condições a que está sujeito, comunicará, também, a sua ocupação e os salários ou proventos de que vive.

§ 5.º A entidade fiscalizadora deverá comunicar imediatamente ao órgão de inspeção, para os fins legais, qualquer fato capaz de acarretar a revogação do benefício, a prorrogação do prazo ou a modificação das condições.

§ 6.º Se for permitido ao beneficiário mudar-se, será feita comunicação ao juiz e à entidade fiscalizadora do local da nova residência, aos quais o primeiro deverá apresentar-se imediatamente.

Art. 159. Quando a suspensão condicional da pena for concedida por tribunal, a este caberá estabelecer as condições do benefício.

§ 1.º De igual modo proceder-se-á quando o tribunal modificar as condições estabelecidas na sentença recorrida.

§ 2.º O tribunal, ao conceder a suspensão condicional da pena, poderá, todavia, conferir ao Juízo da Execução a incumbência de estabelecer as condições do benefício, e, em qualquer caso, a de realizar a audiência admonitória.

Art. 160. Transitada em julgado a sentença condenatória, o juiz a lerá ao condenado, em audiência, advertindo-o das consequências de nova infração penal e do descumprimento das condições impostas.

• *Vide* art. 158, *caput*, desta Lei.

Art. 161. Se, intimado pessoalmente ou por edital com prazo de 20 (vinte) dias, o réu não comparecer injustificadamente à audiência admonitória, a suspensão ficará sem efeito e será executada imediatamente a pena.

Art. 162. A revogação da suspensão condicional da pena e a prorrogação do período de prova dar-se-ão na forma do art. 81 e respectivos parágrafos do Código Penal.

• *Vide* nota ao art. 156 desta Lei.

Art. 163. A sentença condenatória será registrada, com a nota de suspensão, em livro especial do juízo a que couber a execução da pena.

§ 1.º Revogada a suspensão ou extinta a pena, será o fato averbado à margem do registro.

§ 2.º O registro e a averbação serão sigilosos, salvo para efeito de informações requisitadas por órgão judiciário ou pelo Ministério Público, para instruir processo penal.

Capítulo IV
DA PENA DE MULTA

Art. 164. Extraída certidão da sentença condenatória com trânsito em julgado, que valerá como título executivo judicial, o Ministério Público requererá, em autos apartados, a citação do condenado para, no prazo de 10 (dez) dias, pagar o valor da multa ou nomear bens à penhora.

• A Lei n. 11.971, de 6-7-2009, dispõe sobre as certidões expedidas pelos Ofícios do Registro de Distribuição e Distribuidores Judiciais.

§ 1.º Decorrido o prazo sem o pagamento da multa, ou o depósito da respectiva importância, proceder-se-á à penhora de tantos bens quantos bastem para garantir a execução.

§ 2.º A nomeação de bens à penhora e a posterior execução seguirão o que dispuser a lei processual civil.

•• O art. 51 do CP, alterado pela Lei n. 9.268, de 1.º-4-1996, dispõe que transitada em julgado a sentença condenatória, a multa será considerada dívida de valor, aplicando-se-lhe as normas da legislação relativa à dívida ativa da Fazenda Pública, inclusive no que concerne às causas interruptivas e suspensivas da prescrição.

• *Vide* art. 166 desta Lei.

Art. 165. Se a penhora recair em bem imóvel, os autos apartados serão remetidos ao juízo cível para prosseguimento.

Art. 166. Recaindo a penhora em outros bens, dar-se-á prosseguimento nos termos do § 2.º do art. 164 desta Lei.

Art. 167. A execução da pena de multa será suspensa quando sobrevier ao condenado doença mental (art. 52 do Código Penal).

•• *Vide* art. 52 do CP.

Art. 168. O juiz poderá determinar que a cobrança da multa se efetue mediante desconto no vencimento ou salário do condenado, nas hipóteses do art. 50, § 1.º, do Código Penal, observando-se o seguinte:

I – o limite máximo do desconto mensal será o da quarta parte da remuneração e o mínimo o de um décimo;

II – o desconto será feito mediante ordem do juiz a quem de direito;

III – o responsável pelo desconto será intimado a recolher mensalmente, até o dia fixado pelo juiz, a importância determinada.

•• *Vide* art. 50 do CP.

• *Vide* art. 170, *caput*, desta Lei.

Art. 169. Até o término do prazo a que se refere o art. 164 desta Lei, poderá o condenado requerer ao juiz o pagamento da multa em prestações mensais, iguais e sucessivas.

§ 1.º O juiz, antes de decidir, poderá determinar diligências para verificar a real situação econômica do condenado e, ouvido o Ministério Público, fixará o número de prestações.

§ 2.º Se o condenado for impontual ou se melhorar de situação econômica, o juiz, de ofício ou a requerimento do Ministério Público, revogará o benefício executando-se a multa, na forma prevista neste Capítulo, ou prosseguindo-se na execução já iniciada.

Art. 170. Quando a pena de multa for aplicada cumulativamente com pena privativa da liberdade, enquanto esta estiver sendo executada, poderá aquela ser cobrada mediante desconto na remuneração do condenado (art. 168).

§ 1.º Se o condenado cumprir a pena privativa de liberdade ou obtiver livramento condicional, sem haver resgatado a multa, far-se-á a cobrança nos termos deste Capítulo.

§ 2.º Aplicar-se-á o disposto no parágrafo anterior aos casos em que for concedida a suspensão condicional da pena.

Título VI
DA EXECUÇÃO DAS MEDIDAS DE SEGURANÇA

Capítulo I
DISPOSIÇÕES GERAIS

• A Resolução n. 113, de 20-4-2010, do CNJ, dispõe sobre o procedimento relativo à execução de pena privativa de liberdade e de medida de segurança.

Art. 171. Transitada em julgado a sentença que aplicar medida de segurança, será ordenada a expedição de guia para a execução.

Art. 172. Ninguém será internado em Hospital de Custódia e Tratamento Psiquiátrico, ou submetido a tratamento ambulatorial, para cumprimento de medida de segurança, sem a guia expedida pela autoridade judiciária.

Art. 173. A guia de internamento ou de tratamento ambulatorial, extraída pelo escrivão, que a rubricará em todas as folhas e a subscreverá com o juiz, será remetida à autoridade administrativa incumbida da execução e conterá:

I – a qualificação do agente e o número do registro geral do órgão oficial de identificação;

II – o inteiro teor da denúncia e da sentença que tiver aplicado a medida de segurança, bem como a certidão do trânsito em julgado;

III – a data em que terminará o prazo mínimo de internação, ou do tratamento ambulatorial;

IV – outras peças do processo reputadas indispensáveis ao adequado tratamento ou internamento.

§ 1.º Ao Ministério Público será dada ciência da guia de recolhimento e de sujeição a tratamento.

• *Vide* art. 68, I, desta Lei.

§ 2.º A guia será retificada sempre que sobrevier modificação quanto ao prazo de execução.

Art. 174. Aplicar-se-á, na execução da medida de segurança, naquilo que couber, o disposto nos arts. 8.º e 9.º desta Lei.

Capítulo II
DA CESSAÇÃO DA PERICULOSIDADE

Art. 175. A cessação da periculosidade será averiguada no fim do prazo mínimo de duração da medida de segurança, pelo exame das condições pessoais do agente, observando-se o seguinte:

I – a autoridade administrativa, até 1 (um) mês antes de expirar o prazo de duração mínima da medida, remeterá ao juiz minucioso relatório que o habilite a resolver sobre a revogação ou permanência da medida;

II – o relatório será instruído com o laudo psiquiátrico;

III – juntado aos autos o relatório ou realizadas as diligências, serão ouvidos, sucessivamente, o Ministério Público e o curador ou defensor, no prazo de 3 (três) dias para cada um;

IV – o juiz nomeará curador ou defensor para o agente que não o tiver;

V – o juiz, de ofício ou a requerimento de qualquer das partes, poderá determinar novas diligências, ainda que expirado o prazo de duração mínima da medida de segurança;

VI – ouvidas as partes ou realizadas as diligências a que se refere o inciso anterior, o juiz proferirá a sua decisão, no prazo de 5 (cinco) dias.

Art. 176. Em qualquer tempo, ainda no decorrer do prazo mínimo de duração da medida de segurança, poderá o juiz da execução, diante de requerimento fundamentado do Ministério Público ou do interessado, seu procurador ou defensor, ordenar o exame para que se verifique a cessação da periculosidade, procedendo-se nos termos do artigo anterior.

• *Vide* Súmula 520 do STF.

Art. 177. Nos exames sucessivos para verificar-se a cessação da periculosidade, observar-se-á, no que lhes for aplicável, o disposto no artigo anterior.

Art. 178. Nas hipóteses de desinternação ou de liberação (art. 97, § 3.º, do Código Penal), aplicar-se-á o disposto nos arts. 132 e 133 desta Lei.

•• *Vide* art. 97 do CP.

Art. 179. Transitada em julgado a sentença, o juiz expedirá ordem para a desinternação ou a liberação.

Título VII
DOS INCIDENTES DE EXECUÇÃO

Capítulo I
DAS CONVERSÕES

Art. 180. A pena privativa de liberdade, não superior a 2 (dois) anos, poderá ser convertida em restritiva de direitos, desde que:

I – o condenado a esteja cumprindo em regime aberto;

II – tenha sido cumprido pelo menos um quarto da pena;

III – os antecedentes e a personalidade do condenado indiquem ser a conversão recomendável.

Art. 181. A pena restritiva de direitos será convertida em privativa de liberdade nas hipóteses e na forma do art. 45 e seus incisos do Código Penal.

•• Com o advento da Lei n. 9.714, de 25-11-1998, a referência é ao art. 44, § 4.º, do CP, presente nesta obra.

§ 1.º A pena de prestação de serviços à comunidade será convertida quando o condenado:

• *Vide* art. 150 desta Lei.

a) não for encontrado por estar em lugar incerto e não sabido, ou desatender a intimação por edital;

b) não comparecer, injustificadamente, à entidade ou programa em que deva prestar serviço;

c) recusar-se, injustificadamente, a prestar o serviço que lhe foi imposto;

d) praticar falta grave;

• *Vide* art. 48, parágrafo único, desta Lei.

e) sofrer condenação por outro crime à pena privativa de liberdade, cuja execução não tenha sido suspensa.

§ 2.º A pena de limitação de fim de semana será convertida quando o condenado não comparecer ao estabelecimento designado para o cumprimento da pena, recusar-se a exercer a atividade determinada pelo juiz ou se ocorrer qualquer das hipóteses das letras *a*, *d* e *e* do parágrafo anterior.

• *Vide* art. 48, parágrafo único, desta Lei.

§ 3.º A pena de interdição temporária de direitos será convertida quando o condenado exercer, injustificadamente, o direito interditado ou se ocorrer qualquer das hipóteses das letras *a* e *e* do § 1.º deste artigo.

Art. 182. (*Revogado pela Lei n. 9.268, de 1.º-4-1996.*)

Art. 183. Quando, no curso da execução da pena privativa de liberdade, sobrevier doença mental ou perturbação da saúde mental, o Juiz, de ofício, a requerimento do Ministério Público, da Defensoria

Pública ou da autoridade administrativa, poderá determinar a substituição da pena por medida de segurança.

•• Artigo com redação determinada pela Lei n. 12.313, de 19-8-2010.

•• *Vide* art. 41 do CP.

Art. 184. O tratamento ambulatorial poderá ser convertido em internação se o agente revelar incompatibilidade com a medida.

Parágrafo único. Nesta hipótese, o prazo mínimo de internação será de 1 (um) ano.

Capítulo II
DO EXCESSO OU DESVIO

Art. 185. Haverá excesso ou desvio de execução sempre que algum ato for praticado além dos limites fixados na sentença, em normas legais ou regulamentares.

Art. 186. Podem suscitar o incidente de excesso ou desvio de execução:

I – o Ministério Público;

II – o Conselho Penitenciário;

III – o sentenciado;

IV – qualquer dos demais órgãos da execução penal.

Capítulo III
DA ANISTIA E DO INDULTO

Art. 187. Concedida a anistia, o juiz, de ofício, a requerimento do interessado ou do Ministério Público, por proposta da autoridade administrativa ou do Conselho Penitenciário, declarará extinta a punibilidade.

Art. 188. O indulto individual poderá ser provocado por petição do condenado, por iniciativa do Ministério Público, do Conselho Penitenciário, ou da autoridade administrativa.

Art. 189. A petição do indulto, acompanhada dos documentos que a instruírem, será entregue ao Conselho Penitenciário, para a elaboração de parecer e posterior encaminhamento ao Ministério da Justiça.

Art. 190. O Conselho Penitenciário, à vista dos autos do processo e do prontuário, promoverá as diligências que entender necessárias e fará, em relatório, a narração do ilícito penal e dos fundamentos da sentença condenatória, a exposição dos antecedentes do condenado e do procedimento deste depois da prisão, emitindo seu parecer sobre o mérito do pedido e esclarecendo qualquer formalidade ou circunstâncias omitidas na petição.

Art. 191. Processada no Ministério da Justiça com documentos e o relatório do Conselho Penitenciário, a petição será submetida a despacho do Presidente da República, a quem serão presentes os autos do processo ou a certidão de qualquer de suas peças, se ele o determinar.

Art. 192. Concedido o indulto e anexada aos autos cópia do decreto, o juiz declarará extinta a pena ou ajustará a execução aos termos do decreto, no caso de comutação.

Art. 193. Se o sentenciado for beneficiado por indulto coletivo, o juiz, de ofício, a requerimento do interessado, do Ministério Público, ou por iniciativa do Conselho Penitenciário ou da autoridade administrativa, providenciará de acordo com o disposto no artigo anterior.

Título VIII
DO PROCEDIMENTO JUDICIAL

Art. 194. O procedimento correspondente às situações previstas nesta Lei será judicial, desenvolvendo-se perante o Juízo da Execução.

• *Vide* Súmula 192 do STJ.

Art. 195. O procedimento judicial iniciar-se-á de ofício, a requerimento do Ministério Público, do interessado, de quem o represente, de seu cônjuge, parente ou descendente, mediante proposta do Conselho Penitenciário, ou, ainda, da autoridade administrativa.

Art. 196. A portaria ou petição será autuada ouvindo-se, em 3 (três) dias, o condenado e o Ministério Público, quando não figurem como requerentes da medida.

§ 1.º Sendo desnecessária a produção de prova, o juiz decidirá de plano, em igual prazo.

§ 2.º Entendendo indispensável a realização de prova pericial ou oral, o juiz a ordenará, decidindo após a produção daquela ou na audiência designada.

Art. 197. Das decisões proferidas pelo juiz caberá recurso de agravo, sem efeito suspensivo.

• *Vide* Súmula 700 do STF.

Título IX
DAS DISPOSIÇÕES FINAIS E TRANSITÓRIAS

Art. 198. É defesa ao integrante dos órgãos da execução penal, e ao servidor, a divulgação de ocorrência que perturbe a segurança e a disciplina dos estabelecimentos, bem como exponha o preso a inconveniente notoriedade, durante o cumprimento da pena.

Art. 199. O emprego de algemas será disciplinado por decreto federal.

• *Vide* arts. 1.º, III, e 5.º, III, X e XLIX, da CF.

• *Vide* Súmula Vinculante 11 do STF.

•• Artigo regulamentado pelo Decreto n. 8.858, de 26-9-2016.

Art. 200. O condenado por crime político não está obrigado ao trabalho.

Art. 201. Na falta de estabelecimento adequado, o cumprimento da prisão civil e da prisão administrativa se efetivará em seção especial da Cadeia Pública.

• *Vide* art. 5.º, LXI, da CF.

Art. 202. Cumprida ou extinta a pena, não constarão da folha corrida, atestados ou certidões fornecidas por autoridade policial ou por auxiliares da Justiça, qualquer notícia ou referência à condenação, salvo para instruir processo pela prática de nova infração penal ou outros casos expressos em lei.

Art. 203. No prazo de 6 (seis) meses, a contar da publicação desta Lei, serão editadas as normas complementares ou regulamentares, necessárias à eficácia dos dispositivos não autoaplicáveis.

§ 1.º Dentro do mesmo prazo deverão as unidades federativas, em convênio com o Ministério da Justiça, projetar a adaptação, construção e equipamento de estabelecimentos e serviços penais previstos nesta Lei.

§ 2.º Também, no mesmo prazo, deverá ser providenciada a aquisição ou desapropriação de prédios para instalação de casas de albergados.

§ 3.º O prazo a que se refere o *caput* deste artigo poderá ser ampliado, por ato do Conselho Nacional de Política Criminal e Penitenciária, mediante justificada solicitação, instruída com os projetos de reforma ou de construção de estabelecimentos.

§ 4.º O descumprimento injustificado dos deveres estabelecidos para as unidades federativas implicará na suspensão de qualquer ajuda financeira a elas destinada pela União, para atender às despesas de execução das penas e medidas de segurança.

Art. 204. Esta Lei entra em vigor concomitantemente com a lei de reforma da Parte Geral do Código Penal, revogadas as disposições em contrário, especialmente a Lei n. 3.274, de 2 de outubro de 1957.

Brasília, em 11 de julho de 1984; 163.º da Independência e 96.º da República.

JOÃO FIGUEIREDO

LEI N. 7.492, DE 16 DE JUNHO DE 1986 (*)

Define os crimes contra o sistema financeiro nacional e dá outras providências.

O Presidente da República

Faço saber que o Congresso Nacional decreta e eu sanciono a seguinte Lei:

Art. 1.º Considera-se instituição financeira, para efeito desta Lei, a pessoa jurídica de direito público ou privado, que tenha como atividade principal ou acessória, cumulativamente ou não, a captação, intermediação ou aplicação de recursos financeiros (*vetado*) de terceiros, em moeda nacional ou estrangeira, ou a custódia, emissão, distribuição, negociação, intermediação ou administração de valores mobiliários.

Parágrafo único. Equipara-se à instituição financeira:

I – a pessoa jurídica que capte ou administre seguros, câmbio, consórcio, capitalização ou qualquer tipo de poupança, ou recursos de terceiros;

II – a pessoa natural que exerça quaisquer das atividades referidas neste artigo, ainda que de forma eventual.

DOS CRIMES CONTRA O SISTEMA FINANCEIRO NACIONAL

Art. 2.º Imprimir, reproduzir ou, de qualquer modo, fabricar ou pôr em circulação, sem autorização escrita da sociedade emissora, certificado, cautela ou outro documento representativo de título ou valor mobiliário:

Pena – Reclusão, de 2 (dois) a 8 (oito) anos, e multa.

Parágrafo único. Incorre na mesma pena quem imprime, fabrica, divulga, distribui ou faz distribuir prospecto ou material de propaganda relativo aos papéis referidos neste artigo.

Art. 3.º Divulgar informação falsa ou prejudicialmente incompleta sobre instituição financeira:

Pena – Reclusão, de 2 (dois) a 6 (seis) anos, e multa.

Art. 4.º Gerir fraudulentamente instituição financeira:

Pena – Reclusão, de 3 (três) a 12 (doze) anos, e multa.

Parágrafo único. Se a gestão é temerária:

Pena – Reclusão, de 2 (dois) a 8 (oito) anos, e multa.

Art. 5.º Apropriar-se, quaisquer das pessoas mencionadas no art. 25 desta Lei, de dinheiro, título, valor ou qualquer outro bem móvel de que tem a posse, ou desviá-lo em proveito próprio ou alheio:

Pena – Reclusão, de 2 (dois) a 6 (seis) anos, e multa.

Parágrafo único. Incorre na mesma pena qualquer das pessoas mencionadas no art. 25 desta Lei, que negociar direito, título ou qualquer outro bem móvel ou imóvel de que tem a posse, sem autorização de quem de direito.

Art. 6.º Induzir ou manter em erro, sócio, investidor ou repartição pública competente, relativamente a operação ou situação financeira, sonegando-lhe informação ou prestando-a falsamente:

Pena – Reclusão, de 2 (dois) a 6 (seis) anos, e multa.

Art. 7.º Emitir, oferecer ou negociar, de qualquer modo, títulos ou valores mobiliários:

I – falsos ou falsificados;

II – sem registro prévio de emissão junto à autoridade competente, em condições divergentes das constantes do registro ou irregularmente registrados;

III – sem lastro ou garantia suficientes, nos termos da legislação;

IV – sem autorização prévia da autoridade competente, quando legalmente exigida:

(*) Publicada no *DOU*, de 18-6-1986. Prisão temporária por casos de crimes contra o sistema financeiro: Lei n. 7.960, de 21-12-1989. A Resolução n. 314, de 12-5-2003, do CJF, dispõe sobre a especialização de varas federais criminais para processar e julgar, na Justiça Federal, crimes contra o sistema financeiro nacional e de lavagem ou ocultação de bens, direitos e valores.

Pena – Reclusão, de 2 (dois) a 8 (oito) anos, e multa.

Art. 8.º Exigir, em desacordo com a legislação (*vetado*), juro, comissão ou qualquer tipo de remuneração sobre operação de crédito ou de seguro, administração de fundo mútuo ou fiscal ou de consórcio, serviço de corretagem ou distribuição de títulos ou valores mobiliários:

Pena – Reclusão, de 1 (um) a 4 (quatro) anos, e multa.

Art. 9.º Fraudar a fiscalização ou o investidor, inserindo ou fazendo inserir, em documento comprobatório de investimento em títulos ou valores mobiliários, declaração falsa ou diversa da que dele deveria constar:

Pena – Reclusão, de 1 (um) a 5 (cinco) anos, e multa.

Art. 10. Fazer inserir elemento falso ou omitir elemento exigido pela legislação, em demonstrativos contábeis de instituição financeira, seguradora ou instituição integrante do sistema de distribuição de títulos de valores mobiliários:

Pena – Reclusão, de 1 (um) a 5 (cinco) anos, e multa.

Art. 11. Manter ou movimentar recurso ou valor paralelamente à contabilidade exigida pela legislação:

Pena – Reclusão, de 1 (um) a 5 (cinco) anos, e multa.

Art. 12. Deixar, o ex-administrador de instituição financeira, de apresentar, ao interventor, liquidante, ou síndico, nos prazos e condições estabelecidas em lei as informações, declarações ou documentos de sua responsabilidade:

Pena – Reclusão, de 1 (um) a 4 (quatro) anos, e multa.

Art. 13. Desviar (*vetado*) bem alcançado pela indisponibilidade legal resultante de intervenção, liquidação extrajudicial ou falência de instituição financeira:

Pena – Reclusão, de 2 (dois) a 6 (seis) anos, e multa.

Parágrafo único. Na mesma pena incorre o interventor, o liquidante ou o síndico que se apropriar de bem abrangido pelo *caput* deste artigo, ou desviá-lo em proveito próprio ou alheio.

Art. 14. Apresentar, em liquidação extrajudicial, ou em falência de instituição financeira, declaração de crédito ou reclamação falsa, ou juntar a elas título falso ou simulado:

Pena – Reclusão, de 2 (dois) a 8 (oito) anos, e multa.

Parágrafo único. Na mesma pena incorre o ex-administrador ou falido que reconhecer, como verdadeiro, crédito que não o seja.

Art. 15. Manifestar-se falsamente o interventor, o liquidante ou o síndico (*vetado*) a respeito de assunto relativo a intervenção, liquidação extrajudicial ou falência de instituição financeira:

Pena – Reclusão, de 2 (dois) a 8 (oito) anos, e multa.

Art. 16. Fazer operar, sem a devida autorização, ou com autorização obtida mediante declaração (*vetado*) falsa, instituição financeira, inclusive de distribuição de valores mobiliários ou de câmbio:

Pena – Reclusão, de 1 (um) a 4 (quatro) anos, e multa.

Art. 17. Tomar ou receber crédito, na qualidade de qualquer das pessoas mencionadas no art. 25, ou deferir operações de crédito vedadas, observado o disposto no art. 34 da Lei n. 4.595, de 31 de dezembro de 1964:

•• *Caput* com redação determinada pela Lei n. 13.506, de 13-11-2017.

Pena – Reclusão, de 2 (dois) a 6 (seis) anos, e multa.

Parágrafo único. Incorre na mesma pena quem:

I – em nome próprio, como controlador ou na condição de administrador da sociedade, conceder ou receber adiantamento de honorários, remuneração, salário ou qualquer outro pagamento, nas condições referidas neste artigo;

II – de forma disfarçada, promover a distribuição ou receber lucros de instituição financeira.

Art. 18. Violar sigilo de operação ou de serviço prestado por instituição financeira ou integrante do sistema de distribuição de títulos mobiliários de que tenha conhecimento, em razão de ofício:

Pena – Reclusão, de 1 (um) a 4 (quatro) anos, e multa.

Art. 19. Obter, mediante fraude, financiamento em instituição financeira:

Pena – Reclusão, de 2 (dois) a 6 (seis) anos, e multa.

Parágrafo único. A pena é aumentada de 1/3 (um terço) se o crime é cometido em detrimento de instituição financeira oficial ou por ela credenciada para o repasse de financiamento.

Art. 20. Aplicar, em finalidade diversa da prevista em lei ou contrato, recursos provenientes de financiamento concedido por instituição financeira oficial ou por instituição credenciada para repassá-lo:

Pena – Reclusão, de 2 (dois) a 6 (seis) anos, e multa.

Art. 21. Atribuir-se, ou atribuir a terceiro, falsa identidade, para realização de operação de câmbio:

Pena – Detenção, de 1 (um) a 4 (quatro) anos, e multa.

Parágrafo único. Incorre na mesma pena quem, para o mesmo fim, sonega informação que devia prestar ou presta informação falsa.

Art. 22. Efetuar operação de câmbio não autorizada, com o fim de promover evasão de divisas do País:

Pena – Reclusão, de 2 (dois) a 6 (seis) anos, e multa.

Parágrafo único. Incorre na mesma pena quem, a qualquer título, promove, sem autorização legal, a saída de moeda ou divisa para o exterior, ou nele mantiver depósitos não declarados à repartição federal competente.

Art. 23. Omitir, retardar ou praticar, o funcionário público, contra disposição expressa de lei, ato de ofício necessário ao regular funcionamento do sistema financeiro nacional, bem como a preservação dos interesses e valores da ordem econômico-financeira:

Pena – Reclusão, de 1 (um) a 4 (quatro) anos, e multa.

Art. 24. (*Vetado.*)

DA APLICAÇÃO E DO PROCEDIMENTO CRIMINAL

Art. 25. São penalmente responsáveis, nos termos desta Lei, o controlador e os administradores de instituição financeira, assim considerados os diretores, gerentes (*vetado*).

§ 1.º Equiparam-se aos administradores de instituição financeira (*vetado*) o interventor, o liquidante ou o síndico.

•• Primitivo parágrafo único transformado em § 1.º pela Lei n. 9.080, de 19-7-1995.

§ 2.º Nos crimes previstos nesta Lei, cometidos em quadrilha ou coautoria, o coautor ou partícipe que através de confissão espontânea revelar à autoridade policial ou judicial toda a trama delituosa terá a sua pena reduzida de 1 (um) a 2/3 (dois terços).

•• § 2.º acrescentado pela Lei n. 9.080, de 19-7-1995.

Art. 26. A ação penal, nos crimes previstos nesta Lei, será promovida pelo Ministério Público Federal, perante a Justiça Federal.

Parágrafo único. Sem prejuízo do disposto no art. 268 do Código de Processo Penal, aprovado pelo Decreto-lei n. 3.689, de 3 de outubro de 1941, será admitida a assistência da Comissão de Valores Mobiliários – CVM, quando o crime tiver sido praticado no âmbito de atividade sujeita à disciplina e à fiscalização dessa Autarquia, e do Banco Central do Brasil quando, fora daquela hipótese, houver sido cometido na órbita de atividade sujeita à sua disciplina e fiscalização.

Art. 27. Quando a denúncia não for intentada no prazo legal, o ofendido poderá representar ao Procurador-Geral da República, para que este a ofereça, designe outro órgão do Ministério Público para oferecê-la ou determine o arquivamento das peças de informação recebidas.

Art. 28. Quando, no exercício de suas atribuições legais, o Banco Central do Brasil ou a Comissão de Valores Mobiliários – CVM, verificar a ocorrência de crime previsto nesta Lei, disso deverá informar ao Ministério Público Federal, enviando-lhe os documentos necessários à comprovação do fato.

Parágrafo único. A conduta de que trata este artigo será observada pelo interventor, liquidante ou síndico que, no curso de intervenção, liquidação extrajudicial ou falência, verificar a ocorrência de crime de que trata esta Lei.

Art. 29. O órgão do Ministério Público Federal, sempre que julgar necessário, poderá requisitar, a qualquer autoridade, informação, documento ou diligência relativa à prova dos crimes previstos nesta Lei.

Parágrafo único. O sigilo dos serviços e operações financeiras não pode ser invocado como óbice ao atendimento da requisição prevista no *caput* deste artigo.

Art. 30. Sem prejuízo do disposto no art. 312 do Código de Processo Penal, aprovado pelo Decreto-lei n. 3.689, de 3 de outubro de 1941, a prisão preventiva do acusado da prática de crime previsto nesta Lei poderá ser decretada em razão da magnitude da lesão causada (*vetado*).

Art. 31. Nos crimes previstos nesta Lei e punidos com pena de reclusão, o réu não poderá prestar fiança, nem apelar antes de ser recolhido à prisão, ainda que primário e de bons antecedentes, se estiver configurada situação que autoriza a prisão preventiva.

Art. 32. (*Vetado.*)

Art. 33. Na fixação da pena de multa relativa aos crimes previstos nesta Lei, o limite a que se refere o § 1.º do art. 49 do Código Penal, aprovado pelo Decreto-lei n. 2.848, de 7 de dezembro de 1940, pode ser estendido até o décuplo, se verificada a situação nele cogitada.

Art. 34. Esta Lei entra em vigor na data de sua publicação.

Art. 35. Revogam-se as disposições em contrário.

Brasília, em 16 de junho de 1986; 165.º da Independência e 98.º da República.

José Sarney

LEI N. 7.716, DE 5 DE JANEIRO DE 1989 (*)

Define os crimes resultantes de preconceitos de raça ou de cor.

O Presidente da República

Faço saber que o Congresso Nacional decreta e eu sanciono a seguinte Lei:

Art. 1.º Serão punidos, na forma desta Lei, os crimes resultantes de discriminação ou preconceito de raça, cor, etnia, religião ou procedência nacional.

•• Artigo com redação determinada pela Lei n. 9.459, de 13-5-1997.

Art. 2.º (*Vetado.*)

(*) Publicada no *DOU*, de 6, e retificada em 9-1-1989.

Art. 3.º Impedir ou obstar o acesso de alguém, devidamente habilitado, a qualquer cargo da Administração Direta ou Indireta, bem como das concessionárias de serviços públicos:

Pena – reclusão de 2 (dois) a 5 (cinco) anos.

Parágrafo único. Incorre na mesma pena quem, por motivo de discriminação de raça, cor, etnia, religião ou procedência nacional, obstar a promoção funcional.

•• Parágrafo único acrescentado pela Lei n. 12.288, de 20-7-2010.

Art. 4.º Negar ou obstar emprego em empresa privada:

Pena – reclusão de 2 (dois) a 5 (cinco) anos.

§ 1.º Incorre na mesma pena quem, por motivo de discriminação de raça ou de cor ou práticas resultantes do preconceito de descendência ou origem nacional ou étnica:

•• § 1.º, *caput*, acrescentado pela Lei n. 12.288, de 20-7-2010.

I – deixar de conceder os equipamentos necessários ao empregado em igualdade de condições com os demais trabalhadores;

•• Inciso I acrescentado pela Lei n. 12.288, de 20-7-2010.

II – impedir a ascensão funcional do empregado ou obstar outra forma de benefício profissional;

•• Inciso II acrescentado pela Lei n. 12.288, de 20-7-2010.

III – proporcionar ao empregado tratamento diferenciado no ambiente de trabalho, especialmente quanto ao salário.

•• Inciso III acrescentado pela Lei n. 12.288, de 20-7-2010.

§ 2.º Ficará sujeito às penas de multa e de prestação de serviços à comunidade, incluindo atividades de promoção da igualdade racial, quem, em anúncios ou qualquer outra forma de recrutamento de trabalhadores, exigir aspectos de aparência próprios de raça ou etnia para emprego cujas atividades não justifiquem essas exigências.

•• § 2.º acrescentado pela Lei n. 12.288, de 20-7-2010.

Art. 5.º Recusar ou impedir acesso a estabelecimento comercial, negando-se a servir, atender ou receber cliente ou comprador:

Pena – reclusão de 1 (um) a 3 (três) anos.

Art. 6.º Recusar, negar ou impedir a inscrição ou ingresso de aluno em estabelecimento de ensino público ou privado de qualquer grau:

Pena – reclusão de 3 (três) a 5 (cinco) anos.

Parágrafo único. Se o crime for praticado contra menor de 18 (dezoito) anos a pena é agravada de 1/3 (um terço).

Art. 7.º Impedir o acesso ou recusar hospedagem em hotel, pensão, estalagem, ou qualquer estabelecimento similar:

Pena – reclusão de 3 (três) a 5 (cinco) anos.

Art. 8.º Impedir o acesso ou recusar atendimento em restaurantes, bares, confeitarias, ou locais semelhantes abertos ao público:

Pena – reclusão de 1 (um) a 3 (três) anos.

Art. 9.º Impedir o acesso ou recusar atendimento em estabelecimentos esportivos, casas de diversões, ou clubes sociais abertos ao público:

Pena – reclusão de 1 (um) a 3 (três) anos.

Art. 10. Impedir o acesso ou recusar atendimento em salões de cabeleireiros, barbearias, termas ou casas de massagem ou estabelecimentos com as mesmas finalidades:

Pena – reclusão de 1 (um) a 3 (três) anos.

Art. 11. Impedir o acesso às entradas sociais em edifícios públicos ou residenciais e elevadores ou escada de acesso aos mesmos:

Pena – reclusão de 1 (um) a 3 (três) anos.

Art. 12. Impedir o acesso ou uso de transportes públicos, como aviões, navios, barcas, barcos, ônibus, trens, metrô ou qualquer outro meio de transporte concedido:

Pena – reclusão de 1 (um) a 3 (três) anos.

Art. 13. Impedir ou obstar o acesso de alguém ao serviço em qualquer ramo das Forças Armadas:

Pena – reclusão de 2 (dois) a 4 (quatro) anos.

Art. 14. Impedir ou obstar, por qualquer meio ou forma, o casamento ou convivência familiar e social:

Pena – reclusão de 2 (dois) a 4 (quatro) anos.

Art. 15. (*Vetado.*)

Art. 16. Constitui efeito da condenação a perda do cargo ou função pública, para o servidor público, e a suspensão do funcionamento do estabelecimento particular por prazo não superior a 3 (três) meses.

Art. 17. (*Vetado.*)

Art. 18. Os efeitos de que tratam os arts. 16 e 17 desta Lei não são automáticos, devendo ser motivadamente declarados na sentença.

Art. 19. (*Vetado.*)

Art. 20. Praticar, induzir ou incitar a discriminação ou preconceito de raça, cor, etnia, religião ou procedência nacional:

Pena – reclusão de 1 (um) a 3 (três) anos e multa.

•• *Caput* com redação determinada pela Lei n. 9.459, de 13-5-1997.

§ 1.º Fabricar, comercializar, distribuir ou veicular símbolos, emblemas, ornamentos, distintivos, propaganda que utilizem a cruz suástica ou gamada, para fins de divulgação do nazismo:

Pena – reclusão de 2 (dois) a 5 (cinco) anos e multa.

•• § 1.º com redação determinada pela Lei n. 9.459, de 13-5-1997.

§ 2.º Se qualquer dos crimes previstos no *caput* é cometido por intermédio dos meios de comunicação social ou publicação de qualquer natureza:

Pena – reclusão de 2 (dois) a 5 (cinco) anos e multa.

•• § 2.º com redação determinada pela Lei n. 9.459, de 13-5-1997.

§ 3.º No caso do parágrafo anterior, o juiz poderá determinar, ouvido o Ministério Público ou a pedido deste, ainda antes do inquérito policial, sob pena de desobediência:

•• § 3.º, *caput*, com redação determinada pela Lei n. 9.459, de 13-5-1997.

I – o recolhimento imediato ou a busca e apreensão dos exemplares do material respectivo;

•• Inciso I com redação determinada pela Lei n. 9.459, de 13-5-1997.

II – a cessação das respectivas transmissões radiofônicas, televisivas, eletrônicas ou da publicação por qualquer meio;

•• Inciso II com redação determinada pela Lei n. 12.735, de 30-11-2012, em vigor 120 dias após a publicação (*DOU* de 3-12-2012.).

III – a interdição das respectivas mensagens ou páginas de informação na rede mundial de computadores.

•• Inciso III acrescentado pela Lei n. 12.288, de 20-7-2010.

§ 4.º Na hipótese do § 2.º, constitui efeito de condenação, após o trânsito em julgado da decisão, a destruição do material apreendido.

•• § 4.º com redação determinada pela Lei n. 9.459, de 13-5-1997.

Art. 21. Esta Lei entra em vigor na data de sua publicação.

Art. 22. Revogam-se as disposições em contrário.

Brasília, 5 de janeiro de 1989; 168.º da Independência e 101.º da República.

JOSÉ SARNEY

REGIMENTO INTERNO DO STJ (*)

O Superior Tribunal de Justiça, no uso de suas atribuições, resolve aprovar o seguinte Regimento Interno:

PARTE I
DA COMPOSIÇÃO, ORGANIZAÇÃO E COMPETÊNCIA

TÍTULO I
DO TRIBUNAL

CAPÍTULO I
DA COMPOSIÇÃO E ORGANIZAÇÃO

Art. 1.º O Superior Tribunal de Justiça, com sede na Capital Federal e jurisdição em todo o território nacional, compõe-se de trinta e três Ministros.

• *Vide* art. 33 deste Regimento Interno.

Art. 2.º O Tribunal funciona:

• Estrutura orgânica do STJ: Resolução n. 9, de 29-7-2011.

I – em Plenário e pelo seu órgão especial (Constituição, art. 93, XI), denominado Corte Especial;

• Citado dispositivo constitucional consta desta obra.

II – em Seções especializadas;

III – em Turmas especializadas.

§ 1.º O Plenário, constituído da totalidade dos Ministros, é presidido pelo Presidente do Tribunal.

§ 2.º A Corte Especial será integrada pelos quinze Ministros mais antigos e presidida pelo Presidente do Tribunal.

•• § 2.º com redação determinada pela Emenda Regimental n. 9, de 24-9-2008.

I – pelo Vice-Presidente do Tribunal, pelo Corregedor do Conselho Nacional de Justiça e pelo Coordenador-Geral da Justiça Federal;

•• Inciso I com redação determinada pela Emenda Regimental n. 8, de 3-8-2005.

II – pelos seis Ministros mais antigos de cada Seção, apurada a antiguidade no Tribunal.

•• Inciso II com redação determinada pela Emenda Regimental n. 4, de 2-12-1993.

§ 3.º Há no Tribunal três Seções, integradas pelos componentes das Turmas da respectiva área de especialização. As Seções são presididas pelo Ministro mais antigo, por um período de dois anos, vedada a recondução, até que todos os componentes da Seção hajam exercido a presidência.

§ 4.º As Seções compreendem seis Turmas, constituídas de cinco Ministros cada uma. A Primeira e a Segunda Turmas compõem a Primeira Seção; a Terceira e a Quarta Turmas, a Segunda Seção; e a Quinta e a Sexta Turmas, a Terceira Seção. O Ministro mais antigo integrante da Turma é o seu presidente, observada a disposição do parágrafo anterior quanto à periodicidade.

•• § 4.º com redação determinada pela Emenda Regimental n. 4, de 2-12-1993.

§ 5.º Na composição das Turmas, observar-se-á a opção feita pelo Ministro, atendendo-se à ordem de antiguidade.

§ 6.º Para os fins dos §§ 3.º e 4.º deste artigo, considerar-se-á a antiguidade dos Ministros no respectivo órgão fracionário.

•• § 6.º acrescentado pela Emenda Regimental n. 4, de 2-12-1993.

Art. 3.º O Presidente e o Vice-Presidente são eleitos pelo Plenário, dentre os seus membros; o Corregedor-Geral da Justiça Federal é o Ministro mais antigo entre os membros efetivos do Conselho da Justiça Federal.

•• *Caput* com redação determinada pela Emenda Regimental n. 22, de 16-3-2016.

§ 1.º O Presidente, o Vice-Presidente e o Corregedor-Geral da Justiça Federal integram apenas o Plenário e a Corte Especial.

•• § 1.º com redação determinada pela Emenda Regimental n. 22, de 16-3-2016.

§ 2.º O Presidente, o Vice-Presidente e o Corregedor-Geral da Justiça Federal, ao concluírem seus mandatos, retornarão às Turmas, observado o seguinte:

•• § 2.º com redação determinada pela Emenda Regimental n. 22, de 16-3-2016.

(*) Publicado no *DJU*, de 7-7-1989, e republicados dispositivos no *DJU*, de 17-8-1989. A Emenda Constitucional n. 45, de 8-12-2004, aprovou a Reforma do Judiciário.

I – o Presidente e o Corregedor-Geral integrarão, respectivamente, a Turma de que saírem o novo Presidente do Tribunal e o novo Corregedor-Geral; se o novo Presidente for o Vice-Presidente ou o Corregedor-Geral, o Presidente que deixar o cargo comporá a Turma da qual provier o novo Vice-Presidente ou o novo Corregedor-Geral;

•• Inciso I com redação determinada pela Emenda Regimental n. 22, de 16-3-2016.

II – o Vice-Presidente, ao deixar o cargo, se não for ocupar o de Presidente do Tribunal, passará a integrar a Turma da qual sair o novo Vice-Presidente.

•• Primitiva alínea *b* passada a inciso II pela Emenda Regimental n. 4, de 2-12-1993.

§ 3.º O Ministro que houver exercido o cargo de Presidente do Superior Tribunal de Justiça não poderá ocupar outro cargo ou função administrativa no âmbito do Tribunal, no Conselho da Justiça Federal, no Conselho Nacional de Justiça, na Escola Nacional de Formação e Aperfeiçoamento de Magistrados Ministro Sálvio de Figueiredo Teixeira e no Tribunal Superior Eleitoral, salvo presidência de Turma e Seção.

•• § 3.º acrescentado pela Emenda Regimental n. 15, de 17-9-2014.

§ 4.º Os Ministros não poderão exercer mais de uma função administrativa cumulativamente, exceto no caso de todas já terem sido preenchidas e nos casos previstos em lei.

•• § 4.º acrescentado pela Emenda Regimental n. 15, de 17-9-2014.

§ 5.º Não há vedação para acumulação de cargo administrativo com suplência nem de cargo administrativo com função jurisdicional, inclusive quando se tratar do Tribunal Superior Eleitoral, salvo para o exercício dos cargos de Corregedor-Geral da Justiça Eleitoral, Corregedor Nacional de Justiça, Corregedor-Geral da Justiça Federal, Ministro Ouvidor do Superior Tribunal de Justiça e Diretor-Geral da Escola Nacional de Formação e Aperfeiçoamento de Magistrados Ministro Sálvio de Figueiredo Teixeira.

•• § 5.º acrescentado pela Emenda Regimental n. 15, de 17-9-2014.

§ 6.º Não será elegível o Ministro para os cargos de Presidente e Vice-Presidente do Tribunal, Corregedor Nacional de Justiça, membro efetivo do Conselho da Justiça Federal, Diretor-Geral da Escola Nacional de Formação e Aperfeiçoamento de Magistrados Ministro Sálvio de Figueiredo Teixeira, Ministro Ouvidor do Superior Tribunal de Justiça e membro efetivo e suplente do Tribunal Superior Eleitoral, caso Ministro mais novo em ordem de antiguidade já tenha exercido o mesmo cargo ou função.

•• § 6.º acrescentado pela Emenda Regimental n. 15, de 17-9-2014.

Art. 4.º O Ministro empossado integrará a Turma onde se deu a vaga para a qual foi nomeado, ou ocupará vaga resultante da transferência de Ministro (art. 32).

Art. 5.º O Conselho de Administração será integrado pelos onze Ministros mais antigos e presidido pelo Presidente do Tribunal, competindo-lhe decidir sobre matéria administrativa, nos termos deste Regimento.

•• Artigo com redação determinada pela Emenda Regimental n. 9, de 24-9-2008.

Art. 6.º Junto ao Tribunal funciona o Conselho da Justiça Federal, com atuação em todo o território nacional, cabendo-lhe a supervisão administrativa e orçamentária da Justiça Federal de primeiro e segundo graus.

•• Artigo com redação determinada pela Emenda Regimental n. 4, de 2-12-1994.

Art. 7.º O Conselho da Justiça Federal é integrado pelo Presidente, Vice-Presidente e três Ministros do Tribunal, eleitos por dois anos, e pelos Presidentes dos cinco Tribunais Regionais Federais.

•• *Caput* com redação determinada pela Emenda Regimental n. 4, de 2-12-1994.

§ 1.º O Presidente do Tribunal preside o Conselho da Justiça Federal.

•• § 1.º acrescentado pela Emenda Regimental n. 4, de 2-12-1994.

§ 2.º Ao escolher os três Ministros que integrarão o Conselho, o Tribunal elegerá, também, os respectivos suplentes.

•• § 2.º acrescentado pela Emenda Regimental n. 4, de 2-12-1994.

CAPÍTULO II
DA COMPETÊNCIA DO PLENÁRIO, DA CORTE ESPECIAL, DAS SEÇÕES E DAS TURMAS

Seção I
Das Áreas de Especialização

Art. 8.º Há no Tribunal 3 (três) áreas de especialização estabelecidas em razão da matéria.

•• *Caput* com redação determinada pela Emenda Regimental n. 2, de 4-6-1992.

Parágrafo único. A competência da Corte Especial não está sujeita à especialização.

Art. 9.º A competência das Seções e das respectivas Turmas é fixada em função da natureza da relação jurídica litigiosa.

§ 1.º À Primeira Seção cabe processar e julgar os feitos relativos a:

I – licitações e contratos administrativos;

II – nulidade ou anulabilidade de atos administrativos;

III – ensino superior;

IV – inscrição e exercício profissionais;

V – direito sindical;

VI – nacionalidade;

VII – desapropriação, inclusive a indireta;

VIII – responsabilidade civil do Estado;

IX – tributos de modo geral, impostos, taxas, contribuições e empréstimos compulsórios;

X – preços públicos e multas de qualquer natureza;

XI – servidores públicos civis e militares;

•• Inciso XI com redação determinada pela Emenda Regimental n. 11, de 6-4-2010.

XII – *habeas corpus* referentes às matérias de sua competência;

•• Inciso XII acrescentado pela Emenda Regimental n. 11, de 6-4-2010.

XIII – benefícios previdenciários, inclusive os decorrentes de acidentes do trabalho;

•• Inciso XIII com redação determinada pela Emenda Regimental n. 14, de 5-12-2011.

•• O art. 5.º da Emenda Regimental n. 14, de 5-12-2011, determina que não haverá redistribuição dos feitos em decorrência das alterações de competência resultantes desta Emenda.

XIV – direito público em geral.

•• Inciso XIV acrescentado pela Emenda Regimental n. 14, de 5-12-2011.

•• *Vide* nota ao inciso anterior.

§ 2.º À Segunda Seção cabe processar e julgar os feitos relativos a:

•• § 2.º, *caput*, com redação determinada pela Emenda Regimental n. 2, de 4-6-1992.

I – domínio, posse e direitos reais sobre coisa alheia, salvo quando se tratar de desapropriação;

•• Inciso I com redação determinada pela Emenda Regimental n. 2, de 4-6-1992.

II – obrigações em geral de direito privado, mesmo quando o Estado participar do contrato;

•• Inciso II com redação determinada pela Emenda Regimental n. 2, de 4-6-1992.

III – responsabilidade civil, salvo quando se tratar de responsabilidade civil do Estado;

•• Inciso III com redação determinada pela Emenda Regimental n. 2, de 4-6-1992.

IV – direito de família e sucessões;

•• Inciso IV com redação determinada pela Emenda Regimental n. 2, de 4-6-1992.

V – direito do trabalho;

•• Inciso V com redação determinada pela Emenda Regimental n. 2, de 4-6-1992.

VI – propriedade industrial, mesmo quando envolverem arguição de nulidade do registro;

•• Inciso VI com redação determinada pela Emenda Regimental n. 2, de 4-6-1992.

VII – constituição, dissolução e liquidação de sociedade;

•• Inciso VII com redação determinada pela Emenda Regimental n. 2, de 4-6-1992.

VIII – comércio em geral, inclusive o marítimo e o aéreo, bolsas de valores, instituições financeiras e mercado de capitais;

•• Inciso VIII com redação determinada pela Emenda Regimental n. 2, de 4-6-1992.

IX – falências e concordatas;

•• Inciso IX com redação determinada pela Emenda Regimental n. 2, de 4-6-1992.

X – títulos de crédito;

•• Inciso X com redação determinada pela Emenda Regimental n. 2, de 4-6-1992.

XI – registros públicos, mesmo quando o Estado participar da demanda;

•• Inciso XI com redação determinada pela Emenda Regimental n. 2, de 4-6-1992.

XII – locação predial urbana;

•• Inciso XII com redação determinada pela Emenda Regimental n. 11, de 6-4-2010.

XIII – *habeas corpus* referentes às matérias de sua competência;

•• Inciso XIII acrescentado pela Emenda Regimental n. 11, de 6-4-2010.

XIV – direito privado em geral.

•• Inciso XIV acrescentado pela Emenda Regimental n. 11, de 6-4-2010.

§ 3.º À Terceira Seção cabe processar e julgar os feitos relativos à matéria penal em geral, salvo os casos de competência originária da Corte Especial e os *habeas corpus* de competência das Turmas que compõem a Primeira e a Segunda Seção.

•• § 3.º com redação determinada pela Emenda Regimental n. 14, de 5-12-2011.

•• O art. 5.º da Emenda Regimental n. 14, de 5-12-2011, determina que não haverá redistribuição dos feitos em decorrência das alterações de competência resultantes desta Emenda.

Seção II
Da Competência do Plenário

Art. 10. Compete ao Plenário:

• *Vide* art. 336 deste Regimento Interno.

I – dar posse aos membros do Tribunal;

II – eleger o Presidente e o Vice-Presidente do Tribunal, os Ministros membros do Conselho da Justiça Federal, titulares e suplentes, e o Diretor da Revista do Tribunal, dando-lhes posse;

•• Inciso II com redação determinada pela Emenda Regimental n. 4, de 2-12-1993.

III – eleger, dentre os Ministros do Tribunal, os que devam compor o Tribunal Superior Eleitoral, na condição de membros efetivos e substitutos;

IV – decidir sobre a disponibilidade e aposentadoria de membro do Tribunal, por interesse público;

• *Vide* art. 171, parágrafo único, deste Regimento Interno.

V – votar o Regimento Interno e as suas emendas;

• *Vide* art. 171, parágrafo único, deste Regimento Interno.

VI – elaborar as listas tríplices dos Juízes, Desembargadores, advogados e membros do Ministério Público que devam compor o Tribunal (Constituição, art. 104 e seu parágrafo único);

• *Vide* art. 171, parágrafo único, deste Regimento Interno.

VII – propor ao Poder Legislativo a alteração do número de membros do Tribunal e dos Tribunais Regionais Federais, a criação e a extinção de cargos, e a fixação de vencimentos de seus membros, dos Juízes dos Tribunais Regionais e dos Juízes Federais, bem assim a criação ou extinção de Tribunal Regional Federal e a alteração da organização e divisão judiciárias;

•• Inciso VII com redação determinada pela Emenda Regimental n. 4, de 2-12-1993.

VIII – aprovar o Regimento Interno do Conselho da Justiça Federal;

•• Inciso VIII acrescentado pela Emenda Regimental n. 4, de 2-12-1993.

IX – eleger, dentre os Ministros do Tribunal, o que deve compor o Conselho Nacional de Justiça, observada a ordem de antiguidade;

•• Inciso IX acrescentado pela Emenda Regimental n. 15, de 17-9-2014.

X – indicar, na forma do inciso XXXII e do parágrafo único do art. 21, um juiz federal e um juiz de Tribunal Regional Federal para as vagas do Conselho Nacional de Justiça e um juiz para a vaga do Conselho Nacional do Ministério Público.

•• Inciso X acrescentado pela Emenda Regimental n. 15, de 17-9-2014.

Seção III
Da Competência da Corte Especial

Art. 11. Compete à Corte Especial processar e julgar:

I – nos crimes comuns, os Governadores dos Estados e do Distrito Federal, e, nestes e nos de responsabilidade, os Desembargadores dos Tribunais de Justiça dos Estados e do Distrito Federal, os membros dos Tribunais de Contas dos Estados e do Distrito Federal, os dos Tribunais Regionais Federais, dos Tribunais Regionais Eleitorais e do Trabalho, os membros dos Conselhos ou Tribunais de Contas dos Municípios e os do Ministério Público da União que oficiem perante Tribunais;

II – os *habeas corpus*, quando for paciente qualquer das pessoas mencionadas no inciso anterior;

III – os mandados de injunção, quando a elaboração da norma regulamentadora for atribuição de órgão, entidade ou autoridade federal, da administração direta ou indireta, excetuados os casos de competência do Supremo Tribunal Federal e dos órgãos da Justiça Militar, da Justiça Eleitoral, da Justiça do Trabalho e da Justiça Federal;

IV – os mandados de segurança e os *habeas data* contra ato do próprio Tribunal ou de qualquer de seus órgãos;

V – as revisões criminais e as ações rescisórias de seus próprios julgados;

VI – o incidente de assunção de competência quando a matéria for comum a mais de uma seção;

•• Inciso VI com redação determinada pela Emenda Regimental n. 24, de 28-9-2016.

VII – a exceção da verdade, quando o querelante, em virtude de prerrogativa de função, deva ser julgado originariamente pelo Tribunal;

VIII – a requisição de intervenção federal nos Estados e no Distrito Federal, ressalvada a competência do Supremo Tribunal Federal e do Tribunal Superior Eleitoral (Constituição, art. 36, II e IV);

IX – as arguições de inconstitucionalidade de lei ou ato normativo suscitadas nos processos submetidos ao julgamento do Tribunal;

X – as reclamações para a preservação de sua competência e garantia de suas decisões;

XI – as questões incidentes, em processos da competência das Seções ou Turmas, as quais lhe tenham sido submetidas (art. 16);

XII – os conflitos de competência entre relatores ou Turmas integrantes de Seções diversas, ou entre estas;

XIII – os embargos de divergência, se a divergência for entre Turmas de Seções diversas, entre Seções, entre Turma e Seção que não integre ou entre Turma e Seção com a própria Corte Especial;

•• Inciso XIII com redação determinada pela Emenda Regimental n. 24, de 28-9-2016.

XIV – (*Revogado pela Emenda Regimental n. 22, de 16-3-2016.*)

XV – as suspeições e impedimentos levantados contra Ministro em processo de sua competência;

XVI – o recurso especial repetitivo.

•• Inciso XVI acrescentado pela Emenda Regimental n. 24, de 28-9-2016.

Parágrafo único. Compete, ainda, à Corte Especial:

I – prorrogar o prazo para a posse e o início do exercício dos Ministros, na forma da lei;

II – dirimir as dúvidas que lhe forem submetidas pelo Presidente ou pelos Ministros, sobre a interpretação e execução de norma regimental ou a ordem dos processos de sua competência;

III – conceder licença ao Presidente e aos Ministros, bem assim julgar os processos de verificação de invalidez de seus membros;

IV – constituir comissões, bem como aprovar a designação do Ministro Coordenador do Centro de Soluções Consensuais de Conflitos do Superior Tribunal de Justiça;

•• Inciso IV com redação determinada pela Emenda Regimental n. 23, de 28-9-2016.

V – elaborar e encaminhar a proposta orçamentária do Superior Tribunal de Justiça, bem como aprovar e encaminhar as propostas orçamentárias dos Tribunais Regionais Federais, da Justiça Federal de primeiro grau e do Conselho da Justiça Federal;

•• Inciso V com redação determinada pela Emenda Regimental n. 4, de 2-12-1993.

VI – deliberar sobre a substituição de Ministro, nos termos do art. 56;

•• Inciso VI com redação determinada pela Emenda Regimental n. 3, de 8-8-1993.

VII – sumular a jurisprudência uniforme comum às Seções e deliberar sobre a alteração e o cancelamento de suas súmulas;

VIII – apreciar e encaminhar ao Poder Legislativo propostas de criação ou extinção de cargos do quadro de servidores do Tribunal e a fixação dos respectivos vencimentos, bem como do Conselho da Justiça Federal e da Justiça Federal de primeiro e segundo graus;

•• Inciso VIII com redação determinada pela Emenda Regimental n. 4, de 2-12-1993.

IX – apreciar e encaminhar ao Poder Legislativo projeto de lei sobre o regimento de custas da Justiça Federal e do Superior Tribunal de Justiça;

•• Inciso IX com redação determinada pela Emenda Regimental n. 22, de 16-3-2016.

X – (*Suprimido pela Emenda Regimental n. 9, de 24-9-2008.*)

Seção IV
Da Competência das Seções

Art. 12. Compete às Seções processar e julgar:

I – os mandados de segurança, os *habeas corpus* e o *habeas data* contra ato de Ministro de Estado;

II – as revisões criminais e as ações rescisórias de seus julgados e das Turmas que compõem a respectiva área da especialização;

III – as reclamações para a preservação de suas competências e garantia da autoridade de suas decisões e das Turmas;

IV – os conflitos de competência entre quaisquer tribunais, ressalvada a competência do Supremo Tribunal Federal (Constituição, art. 102, I, *o*), bem assim entre Tribunal e Juízes a ele não vinculados e Juízes vinculados a Tribunais diversos;

V – os conflitos de competência entre relatores e Turmas integrantes da Seção;

VI – os conflitos de atribuições entre autoridades administrativas e judiciárias da União, ou entre autoridades judiciárias de um Estado e administrativas de outro, ou do Distrito Federal, ou entre as deste e da União;

VII – as questões incidentes em processos da competência das Turmas da respectiva área de especialização, as quais lhes tenham sido submetidas por essas;

VIII – as suspeições e os impedimentos levantados contra os Ministros, salvo em se tratando de processo da competência da Corte Especial;

IX – o incidente de assunção de competência quando a matéria for restrita a uma Seção;

•• Inciso IX com redação determinada pela Emenda Regimental n. 24, de 28-9-2016.

X – o recurso especial repetitivo.

•• Inciso X acrescentado pela Emenda Regimental n. 24, de 28-9-2016.

Parágrafo único. Compete, ainda, às Seções:

I – julgar embargos de divergência, quando as Turmas divergirem entre si ou de decisão da Seção que integram;

•• Inciso I com redação determinada pela Emenda Regimental n. 24, de 28-9-2016.

II – julgar feitos de competência de Turma, e por esta remetidos (art. 14);

III – sumular a jurisprudência uniforme das Turmas da respectiva área de especialização e deliberar sobre a alteração e o cancelamento de súmulas.

Seção V
Da Competência das Turmas

Art. 13. Compete às Turmas:

I – processar e julgar, originariamente:

a) os *habeas corpus*, quando for coator Governador de Estado e do Distrito Federal, Desembargador dos Tribunais de Justiça dos Estados e do Distrito Federal, membro dos Tribunais de Contas dos Estados e do Distrito Federal, dos Tribunais Regionais Federais, dos Tribunais Regionais Eleitorais e do Trabalho, dos Conselhos ou Tribunais de Contas dos Municípios e do Ministério Público da União que oficie perante Tribunais;

b) os *habeas corpus*, quando o coator for Tribunal cujos atos estejam diretamente subordinados à jurisdição do Superior Tribunal de Justiça;

II – julgar em recurso ordinário:

a) os *habeas corpus* decididos em única ou última instância pelos Tribunais Regionais Federais ou pelos Tribunais dos Estados, do Distrito Federal e Territórios, quando denegatória a decisão;

b) os mandados de segurança decididos em única instância pelos Tribunais Regionais Federais ou pelos Tribunais dos Estados, do Distrito Federal e Territórios, quando denegatória a decisão;

III – julgar os recursos ordinários e os agravos nas causas em que forem partes Estado estrangeiro ou organismo internacional de um lado e, do outro, Município ou pessoa residente ou domiciliada no país;

•• Inciso III com redação determinada pela Emenda Regimental n. 24, de 28-9-2016.

IV – julgar, em recurso especial, as causas decididas em única ou última instância pelos Tribunais Regionais Federais ou pelos Tribunais dos Estados, do Distrito Federal e Territórios, quando a decisão recorrida:

a) contrariar tratado ou lei federal, ou negar-lhes vigência;

b) julgar válida lei ou ato de governo local contestado em face de lei federal;

c) der à lei federal interpretação divergente da que lhe haja atribuído outro Tribunal.

Art. 14. As Turmas remeterão os feitos de sua competência à Seção de que são integrantes:

• *Vide* art. 12, parágrafo único, II, deste Regimento Interno.

I – quando algum dos Ministros propuser revisão da jurisprudência assentada em Súmula pela Seção;

II – quando convier pronunciamento da Seção, em razão da relevância da questão, e para prevenir divergência entre as Turmas da mesma Seção;

III – nos incidentes de assunção de competência.

•• Inciso III com redação determinada pela Emenda Regimental n. 24, de 28-9-2016.

Parágrafo único. A remessa do feito à Seção far-se-á independentemente de acórdão, salvo no caso do item III (art. 118, § 1.º).

Seção VI
Disposições Comuns

Art. 15. À Corte Especial, às Seções e às Turmas cabe, ainda, nos processos de sua competência:

I – julgar os agravos, os embargos de declaração e as demais arguições;

•• Inciso I com redação determinada pela Emenda Regimental n. 22, de 16-3-2016.

II – julgar os incidentes de execução que lhes forem submetidos;

III – julgar a restauração de autos físicos ou eletrônicos desaparecidos;

•• Inciso III com redação determinada pela Emenda Regimental n. 22, de 16-3-2016.

IV – representar à autoridade competente, quando, em autos ou documentos de que conhecer, houver indício de crime de ação pública.

Art. 16. As Seções e as Turmas remeterão os feitos de sua competência à Corte Especial:

• *Vide* art. 11, XI, deste Regimento Interno.

I – quando acolherem a arguição de inconstitucionalidade, desde que a matéria ainda não tenha sido decidida pela Corte Especial;

II – quando algum dos Ministros propuser revisão da jurisprudência assentada em súmula pela Corte Especial;

III – (*Revogado pela Emenda Regimental n. 22, de 16-3-2016.*)

IV – quando convier pronunciamento da Corte Especial em razão da relevância da questão jurídica, ou da necessidade de prevenir divergência entre as Seções.

Parágrafo único. A remessa do feito à Corte Especial far-se-á independentemente de acórdão, salvo nos casos dos itens I e III.

Capítulo III
DO PRESIDENTE E DO VICE-PRESIDENTE

Seção I
Disposições Gerais

Art. 17. O Presidente e o Vice-Presidente têm mandato por dois anos, a contar da posse, vedada a reeleição.

• *Vide* art. 132 deste Regimento Interno.

§ 1.º O disposto neste artigo aplica-se aos Ministros efetivos e suplentes do Conselho da Justiça Federal e ao Diretor da Revista.

•• § 1.º com redação determinada pela Emenda Regimental n. 4, de 2-12-1993.

§ 2.º A eleição, por voto secreto do Plenário, dar-se-á 30 (trinta) dias antes do término do biênio; a posse, no último dia desse. Se as respectivas datas não recaírem em dia útil, a eleição ou a posse serão transferidas para o primeiro dia útil seguinte.

•• § 2.º com redação determinada pela Emenda Regimental n. 5, de 23-5-1995.

§ 3.º A eleição far-se-á com a presença de, pelo menos, dois terços dos membros do Tribunal, inclusive o Presidente. Não se verificando *quorum*, será designada sessão extraordinária para a data mais próxima, convocados os Ministros ausentes. Ministro licenciado não participará da eleição.

§ 4.º Considera-se eleito, em primeiro escrutínio, o Ministro que obtiver a maioria absoluta dos votos dos membros do Tribunal. Em segundo escrutínio, concorrerão somente os dois Ministros mais votados no primeiro, concorrendo, entretanto, todos os nomes com igual número de votos na última posição a considerar. Se nenhum reunir a maioria absoluta de sufrágios, proclamar-se-á eleito o mais votado, ou o mais antigo, no caso de empate.

§ 5.º A eleição do Presidente precederá à do Vice-Presidente, quando ambas se realizarem na mesma sessão.

Art. 18. O Vice-Presidente assumirá a Presidência quando ocorrer vacância e imediatamente convocará o Plenário para, no prazo máximo de 30 (trinta) dias, fazer a eleição.

•• *Caput* com redação determinada pela Emenda Regimental n. 5, de 23-5-1995.

• *Vide* art. 22 deste Regimento Interno.

§ 1.º O eleito tomará posse no prazo de 15 (quinze) dias, exercendo o mandato pelo período fixado no art. 17.

•• § 1.º acrescentado pela Emenda Regimental n. 5, de 23-5-1995.

§ 2.º No caso de o Vice-Presidente ser eleito Presidente, na mesma sessão eleger-se-á o seu sucessor, aplicando-se-lhe o disposto no parágrafo anterior.

•• § 2.º acrescentado pela Emenda Regimental n. 5, de 23-5-1995.

Art. 19. Se ocorrer vaga no cargo de Vice-Presidente, será o Plenário convocado a fazer eleição. O eleito completará o período do seu antecessor, salvo o caso previsto no § 2.º do artigo anterior.

•• Artigo com redação determinada pela Emenda Regimental n. 5, de 23-5-1995.

Art. 20. A eleição, por votação secreta, do Corregedor Nacional de Justiça, dos membros do Conselho da Justiça Federal e de seus suplentes e do Ministro Diretor da Revista far-se-á juntamente com a do Presidente e do Vice-Presidente, salvo se, por qualquer motivo, não houver coincidência do mandato, caso em que a eleição se realizará no prazo máximo de trinta dias antes do término do biênio.

•• *Caput* com redação determinada pela Emenda Regimental n. 15, de 17-9-2014.

Parágrafo único. Ocorrendo vaga em qualquer desses cargos, o Plenário será convocado a fazer eleição, assegurado ao eleito o mandato de 2 (dois) anos.

•• Parágrafo único acrescentado pela Emenda Regimental n. 5, de 23-5-1995.

Seção II
Das Atribuições do Presidente

Art. 21. São atribuições do Presidente:

I – representar o Tribunal perante os Poderes da República, dos Estados e dos Municípios, e demais autoridades;

II – velar pelas prerrogativas do Tribunal, cumprindo e fazendo cumprir o seu Regimento Interno;

III – dirigir os trabalhos do Tribunal, presidindo as sessões plenárias e da Corte Especial;

IV – convocar as sessões extraordinárias do Plenário e da Corte Especial;

V – designar dia para julgamento dos processos da competência do Plenário e da Corte Especial;

VI – proferir, no Plenário e na Corte Especial, o voto de desempate;

VII – relatar o agravo interposto de sua decisão;

•• Inciso VII com redação determinada pela Emenda Regimental n. 22, de 16-3-2016.

VIII – manter a ordem nas sessões, adotando, para isso, as providências necessárias;

IX – submeter questões de ordem ao Tribunal;

X – determinar as providências necessárias ao cumprimento das ordens e das decisões do Tribunal, ressalvadas as atribuições dos Presidentes das Seções, das Turmas e dos relatores;

•• Inciso X com redação determinada pela Emenda Regimental n. 22, de 16-3-2016.

XI – assinar, com o relator, os acórdãos da Corte Especial, bem assim as cartas de sentença e as rogatórias;

XII – (*Revogado pela Emenda Regimental n. 10, de 11-11-2009.*)

XIII – decidir:

a) as petições de recursos para o Supremo Tribunal Federal, resolvendo os incidentes que se suscitarem;

b) os pedidos de suspensão da execução de medida liminar ou de sentença, sendo ele o relator das reclamações para preservar a sua competência ou garantir a autoridade das suas decisões nesses feitos;

•• Alínea *b* com redação determinada pela Emenda Regimental n. 7, de 1.º-3-2004.

c) durante o recesso do Tribunal ou nas férias coletivas dos seus membros, os pedidos de liminar em mandado de segurança, podendo, ainda, determinar liberdade provisória ou sustação de ordem de prisão, e demais medidas que reclamem urgência;

d) sobre pedidos de livramento condicional, bem assim sobre os incidentes em processos de indulto, anistia e graça;

e) sobre deserção de recursos não preparados no Tribunal;

f) sobre a expedição de ordens de pagamento devido pela Fazenda Pública, despachando os precatórios;

g) sobre o sequestro, no caso do art. 731 do Código de Processo Civil;

•• A referência é feita ao CPC de 1973. Sem correspondência no CPC de 2015.

h) os pedidos de extração de carta de sentença;

i) *(Revogada pela Emenda Regimental n. 24, de 28-9-2016.)*

j) as reclamações, por erro da ata do Plenário e da Corte Especial, e na publicação de acórdãos;

k) *(Revogada pela Emenda Regimental n. 24, de 28-9-2016.)*

l) sobre dúvidas suscitadas pela Secretaria do Tribunal relacionadas a distribuição de feitos e a incidentes referentes à redistribuição disciplinada no art. 72;

•• Alínea *l* acrescentada pela Emenda Regimental n. 24, de 28-9-2016.

m) sobre os pedidos de suspensão de processos em incidente de resolução de demandas repetitivas;

•• Alínea *m* acrescentada pela Emenda Regimental n. 24, de 28-9-2016.

n) sobre a necessidade de determinar, na autuação do feito, a identificação do nome da parte apenas por suas iniciais, nas hipóteses em que, expressamente, a lei indicar ser indispensável a restrição à publicidade de seu nome como meio para a proteção de bem objeto de sigilo no processo.

•• Alínea *n* acrescentada pela Emenda Regimental n. 24, de 28-9-2016.

XIV – proferir os despachos do expediente;

XV – dar posse aos Ministros durante o recesso do Tribunal ou nas férias, e conceder-lhes transferências de Seção ou Turma;

XVI – conceder licença aos Ministros *ad referendum* da Corte Especial;

XVII – criar comissões temporárias e designar os seus membros e ainda os das comissões permanentes, bem como designar o Ministro Coordenador do Centro de Soluções Consensuais de Conflitos do Superior Tribunal de Justiça, com aprovação da Corte Especial;

•• Inciso XVII com redação determinada pela Emenda Regimental n. 23, de 28-9-2016.

XVIII – determinar, em cumprimento de deliberação do Tribunal, o início do processo de verificação da invalidez de Ministro;

XIX – nomear curador ao paciente, na hipótese do item anterior, se se tratar de incapacidade mental, bem assim praticar os demais atos preparatórios do procedimento;

XX – baixar as resoluções e instruções normativas referentes à deliberação do Plenário, da Corte Especial ou do Conselho de Administração, bem como as que digam respeito à rotina dos trabalhos de distribuição;

• Estrutura orgânica do STJ: Resolução n. 9, de 29-6-2011.

XXI – baixar os atos indispensáveis à disciplina dos serviços e à polícia do Tribunal;

• A Instrução Normativa n. 3, de 28-10-2009, do STJ, regulamenta os procedimentos judiciais e administrativos.

XXII – adotar as providências necessárias à elaboração da proposta orçamentária do Tribunal e encaminhar pedidos de abertura de créditos adicionais e especiais;

XXIII – resolver as dúvidas suscitadas na classificação dos feitos e papéis registrados na Secretaria do Tribunal, baixando as instruções necessárias;

XXIV – rubricar os livros necessários ao expediente ou designar funcionário para fazê-lo;

XXV – assinar os atos de provimento e vacância dos cargos e empregos da Secretaria do Tribunal, dando posse aos servidores;

XXVI – assinar os atos relativos à vida funcional dos servidores;

•• Inciso XXVI com redação determinada pela Emenda Regimental n. 4, de 2-12-1993.

XXVII – impor penas disciplinares aos servidores da Secretaria;

XXVIII – delegar, nos termos da lei, competência ao Diretor-Geral da Secretaria do Tribunal, para a prática de atos administrativos;

•• Inciso XXVIII com redação determinada pela Emenda Regimental n. 4, de 2-12-1993.

XXIX – velar pela regularidade e exatidão das publicações dos dados estatísticos sobre os trabalhos do Tribunal a cada mês;

XXX – apresentar ao Tribunal, no mês de fevereiro, relatório circunstanciado dos trabalhos efetuados no ano decorrido, bem como mapas dos julgados;

XXXI – praticar todos os demais atos de gestão necessários ao funcionamento dos serviços administrativos;

•• Inciso XXXI com redação determinada pela Emenda Regimental n. 4, de 2-12-1993.

XXXII – fixar a data de início do procedimento de escolha e indicação de um juiz federal e de um juiz do Tribunal Regional Federal para as vagas do Conselho Nacional de Justiça e de um juiz para a vaga do Conselho Nacional do Ministério Público.

•• Inciso XXXII acrescentado pela Emenda Regimental n. 15, de 17-9-2014.

Parágrafo único. O procedimento previsto neste inciso terá início até sessenta dias do término do mandato do conselheiro, ou, caso não cumprido integralmente, logo após a vacância do cargo, observadas as seguintes disposições:

•• Parágrafo único, *caput*, com redação determinada pela Emenda Regimental n. 15, de 17-9-2014.

I – os magistrados de primeiro e segundo graus interessados em ocupar uma das vagas disponíveis deverão apresentar seus currículos ao Superior Tribunal de Justiça e serão convocados mediante:

•• Inciso I acrescentado pela Emenda Regimental n. 15, de 17-9-2014.

a) publicação no *Diário da Justiça Eletrônico*;

•• Alínea *a* acrescentada pela Emenda Regimental n. 15, de 17-9-2014.

b) divulgação na página eletrônica do Superior Tribunal de Justiça na rede mundial de computadores (internet);

•• Alínea *b* acrescentada pela Emenda Regimental n. 15, de 17-9-2014.

c) comunicação aos respectivos Tribunais, para que divulguem, por todos os meios disponíveis, o prazo e a forma de inscrição aos juízes de primeiro e segundo graus a eles vinculados, informando à Presidência do Superior Tribunal de Justiça as medidas efetivamente tomadas para a divulgação da convocação;

•• Alínea *c* acrescentada pela Emenda Regimental n. 15, de 17-9-2014.

II – o prazo para encaminhamento dos currículos será de dez dias, se outro não fixar a Presidência, contados da data da publicação da convocação no Diário da Justiça Eletrônico;

•• Inciso II acrescentado pela Emenda Regimental n. 15, de 17-9-2014.

III – o currículo deverá ser encaminhado ao Superior Tribunal de Justiça por via eletrônica, e seu conteúdo deverá ser preenchido em formulário padronizado posto à disposição na página eletrônica;

•• Inciso III acrescentado pela Emenda Regimental n. 15, de 17-9-2014.

IV – encerrado o prazo, a Presidência colocará os currículos à disposição dos Ministros e convocará sessão do Plenário para a escolha do nome;

•• Inciso IV acrescentado pela Emenda Regimental n. 15, de 17-9-2014.

V – a lista de magistrados inscritos, com links para os respectivos currículos, será colocada à disposição do público, inclusive na página eletrônica;

•• Inciso V acrescentado pela Emenda Regimental n. 15, de 17-9-2014.

VI – a indicação será definida em sessão do Plenário, por votação secreta, cabendo a cada Ministro votar em um juiz ou em um desembargador por vaga;

•• Inciso VI acrescentado pela Emenda Regimental n. 15, de 17-9-2014.

VII – será indicado o juiz ou o desembargador que obtiver a maioria absoluta dos votos;

•• Inciso VII acrescentado pela Emenda Regimental n. 15, de 17-9-2014.

VIII – não sendo alcançada a maioria absoluta de votos por nenhum juiz ou desembargador, seguir-se-á um segundo sufrágio, em que concorrerão os candidatos que tiverem obtido as duas maiores votações na etapa anterior, sendo indicado o que obtiver a maioria simples dos votos;

•• Inciso VIII acrescentado pela Emenda Regimental n. 15, de 17-9-2014.

IX – em caso de empate no segundo sufrágio, será indicado o juiz ou o desembargador mais antigo na carreira e, persistindo o empate, o mais idoso;

•• Inciso IX acrescentado pela Emenda Regimental n. 15, de 17-9-2014.

X – o nome do juiz ou do desembargador escolhido será publicado no *Diário da Justiça Eletrônico* e divulgado na página eletrônica do Superior Tribunal de Justiça.

•• Inciso X acrescentado pela Emenda Regimental n. 15, de 17-9-2014.

Art. 21-A. O Presidente do Tribunal, por indicação do relator, poderá convocar magistrado vitalício para a realização de atos de instrução das sindicâncias, inquéritos, ações e demais procedimentos penais originários, na sede do STJ ou no local onde se deva produzir o ato, bem como definir os limites de sua atuação.

•• *Caput* acrescentado pela Emenda Regimental n. 21, de 3-2-2016.

§ 1.º Caberá ao magistrado instrutor convocado na forma do *caput*:

•• § 1.º, *caput*, acrescentado pela Emenda Regimental n. 21, de 3-2-2016.

I – designar e realizar as audiências de interrogatório, inquirição de testemunhas, acareação, transação, suspensão condicional do processo, admonitórias e outras;

•• Inciso I acrescentado pela Emenda Regimental n. 21, de 3-2-2016.

II – requisitar testemunhas e determinar condução coercitiva, caso necessário;

•• Inciso II acrescentado pela Emenda Regimental n. 21, de 3-2-2016.

III – expedir e controlar o cumprimento das cartas de ordem;

•• Inciso III acrescentado pela Emenda Regimental n. 21, de 3-2-2016.

IV – determinar intimações e notificações;

•• Inciso IV acrescentado pela Emenda Regimental n. 21, de 3-2-2016.

V – decidir questões incidentes durante a realização dos atos sob sua responsabilidade;

•• Inciso V acrescentado pela Emenda Regimental n. 21, de 3-2-2016.

VI – requisitar documentos ou informações existentes em bancos de dados;

•• Inciso VI acrescentado pela Emenda Regimental n. 21, de 3-2-2016.

VII – fixar ou prorrogar prazos para a prática de atos durante a instrução;

•• Inciso VII acrescentado pela Emenda Regimental n. 21, de 3-2-2016.

VIII – realizar inspeções judiciais;

•• Inciso VIII acrescentado pela Emenda Regimental n. 21, de 3-2-2016.

IX – requisitar aos órgãos locais do Poder Judiciário apoio de pessoal e de equipamentos e instalações adequados para os atos processuais que devam ser produzidos fora da sede do Tribunal;

•• Inciso IX acrescentado pela Emenda Regimental n. 21, de 3-2-2016.

X – exercer outras funções que lhe sejam delegadas pelo relator ou pelo Tribunal.

•• Inciso X acrescentado pela Emenda Regimental n. 21, de 3-2-2016.

§ 2.º As decisões proferidas pelo magistrado instrutor no exercício das atribuições previstas no parágrafo anterior ficam sujeitas a posterior controle do relator, de ofício ou mediante provocação do interessado, no prazo de cinco dias da ciência do ato.

•• § 2.º acrescentado pela Emenda Regimental n. 21, de 3-2-2016.

§ 3.º A convocação de magistrados instrutores vigerá pelo prazo de seis meses, prorrogável por igual período, até o máximo de dois anos, a critério do relator, sem prejuízo das vantagens e direitos de seu cargo de origem, ficando condicionada à disponibilidade orçamentária.

•• § 3.º acrescentado pela Emenda Regimental n. 21, de 3-2-2016.

§ 4.º O número máximo de juízes instrutores no Tribunal é restrito a treze, um para cada gabinete de Ministro integrante da Corte Especial, excluídos o Presidente e o Corregedor Nacional de Justiça.

•• § 4.º acrescentado pela Emenda Regimental n. 21, de 3-2-2016.

Art. 21-B. O Presidente do Tribunal poderá convocar magistrados vitalícios até o número de sete, para atuarem como juízes auxiliares em apoio à Presidência, aos membros do Conselho da Justiça Federal e à Escola Nacional de Formação e Aperfeiçoamento de Magistrados Ministro Sálvio de Figueiredo Teixeira.

•• *Caput* acrescentado pela Emenda Regimental n. 21, de 3-2-2016.

§ 1.º O Presidente poderá nomear, dentre os convocados, um juiz federal para exercer a função de Secretário-Geral do Conselho da Justiça Federal.

•• § 1.º acrescentado pela Emenda Regimental n. 21, de 3-2-2016.

§ 2.º O Presidente ainda poderá nomear, dentre os convocados, um juiz para prestar auxílio à Escola Nacional de Formação e Aperfeiçoamento de Magistrados Ministro Sálvio de Figueiredo Teixeira.

•• § 2.º acrescentado pela Emenda Regimental n. 21, de 3-2-2016.

§ 3.º A convocação de juiz auxiliar vigerá pelo prazo de um ano, prorrogável por igual período, sem prejuízo dos direitos e vantagens de seu cargo de origem, ficando condicionada à disponibilidade orçamentária.

•• § 3.º acrescentado pela Emenda Regimental n. 21, de 3-2-2016.

Art. 21-C. Sem prejuízo dos arts. 21-A e 21-B, os Ministros podem indicar ao Presidente a convocação de um magistrado vitalício para auxiliá-los nos afazeres de seus gabinetes, em caráter excepcional, quando o justificado acúmulo de serviço o exigir.

•• *Caput* acrescentado pela Emenda Regimental n. 21, de 3-2-2016.

Parágrafo único. A convocação de juiz auxiliar vigerá pelo prazo de um ano, prorrogável por igual período, sem prejuízo dos direitos e vantagens de seu cargo de origem, ficando condicionada à disponibilidade orçamentária.

•• Parágrafo único acrescentado pela Emenda Regimental n. 21, de 3-2-2016.

Art. 21-D. Serão regulados por resolução as convocações, direitos, vantagens, vencimentos e dispensas dos magistrados instrutores e auxiliares.

•• Artigo acrescentado pela Emenda Regimental n. 21, de 3-2-2016.

Art. 21-E. São atribuições do Presidente antes da distribuição:

•• *Caput* acrescentado pela Emenda Regimental n. 24, de 28-9-2016.

I – apreciar e homologar pedidos de desistência, de autocomposição das partes e de habilitação em razão de falecimento de qualquer das partes;

•• Inciso I acrescentado pela Emenda Regimental n. 24, de 28-9-2016.

II – apreciar os pedidos de gratuidade da justiça nos feitos de competência originária;

•• Inciso II acrescentado pela Emenda Regimental n. 24, de 28-9-2016.

III – determinar o cancelamento do registro do feito se a parte, intimada na pessoa de seu advogado, não realizar o pagamento, em quinze dias, das custas e despesas de ingresso;

•• Inciso III acrescentado pela Emenda Regimental n. 24, de 28-9-2016.

IV – apreciar os *habeas corpus* e as revisões criminais inadmissíveis por incompetência manifesta, encaminhando os autos ao órgão que repute competente;

•• Inciso IV acrescentado pela Emenda Regimental n. 24, de 28-9-2016.

V – não conhecer de recurso inadmissível, prejudicado ou que não tiver impugnado especificamente todos os fundamentos da decisão recorrida;

•• Inciso V acrescentado pela Emenda Regimental n. 24, de 28-9-2016.

VI – negar provimento a recurso que for contrário a súmula do Supremo Tribunal Federal ou do Superior Tribunal de Justiça, a acórdão proferido em julgamento de recursos repetitivos ou a entendimento firmado em incidente de assunção de competência;

•• Inciso VI acrescentado pela Emenda Regimental n. 24, de 28-9-2016.

VII – dar provimento a recurso se a decisão recorrida for contrária a súmula do Supremo Tribunal Federal ou do Superior Tribunal de Justiça, a acórdão proferido em julgamento de recursos repetitivos ou a entendimento firmado em incidente de assunção de competência;

•• Inciso VII acrescentado pela Emenda Regimental n. 24, de 28-9-2016.

VIII – determinar a devolução ao Tribunal de origem dos recursos fundados em controvérsia idêntica àquela já submetida ao rito de julgamento de casos repetitivos para adoção das medidas cabíveis;

•• Inciso VIII acrescentado pela Emenda Regimental n. 24, de 28-9-2016.

IX – remeter o processo ao Supremo Tribunal Federal após juízo positivo de admissibilidade quando entender versar o recurso especial sobre matéria constitucional, dando vista ao recorrente pelo prazo de quinze dias para que demonstre a existência de repercussão geral e manifeste-se sobre a questão constitucional, bem como vista à parte adversa para, por igual prazo, apresentar contrarrazões.

•• Inciso IX acrescentado pela Emenda Regimental n. 24, de 28-9-2016.

§ 1.º Opostos embargos de declaração contra decisão do Presidente, caberá a ele a sua análise.

•• § 1.º acrescentado pela Emenda Regimental n. 24, de 28-9-2016.

§ 2.º Interposto agravo interno contra a decisão do Presidente proferida no exercício das competências previstas neste artigo, os autos serão distribuídos, observado o disposto no art. 9.º deste Regimento, caso não haja retratação da decisão agravada.

•• § 2.º acrescentado pela Emenda Regimental n. 24, de 28-9-2016.

§ 3.º O Presidente do Tribunal poderá delegar ao Vice-Presidente e aos Presidentes das Seções, dentro de suas respectivas áreas de atuação, a análise das matérias previstas neste artigo, observado o que dispõem os §§ 1.º e 2.º.

•• § 3.º acrescentado pela Emenda Regimental n. 24, de 28-9-2016.

§ 4.º A delegação de que trata o § 3.º far-se-á mediante ato do Presidente do Tribunal, se houver concordância dos delegatários.

•• § 4.º acrescentado pela Emenda Regimental n. 24, de 28-9-2016.

§ 5.º Os Presidentes das Seções poderão indicar ao Presidente do Tribunal, para subdelegação, um membro integrante da respectiva Seção.

•• § 5.º acrescentado pela Emenda Regimental n. 24, de 28-9-2016.

Seção III
Das Atribuições do Vice-Presidente

Art. 22. Ao Vice-Presidente incumbe substituir o Presidente nas férias, licenças, ausências e impedimentos eventuais, e sucedê-lo, no caso de vaga, na forma do art. 18.

§ 1.º O Vice-Presidente integra o Plenário e a Corte Especial também nas funções de relator e revisor.

§ 2.º Ao Vice-Presidente incumbe, ainda:

I – por delegação do Presidente:

a) decidir as petições de recursos para o Supremo Tribunal Federal, resolvendo os incidentes que se suscitarem;

b) auxiliar na supervisão e fiscalização dos serviços da Secretaria do Tribunal;

c) (*Revogada pela Emenda Regimental n. 10, de 11-11-2009.*)

d) decidir as matérias previstas no art. 21-E deste Regimento.

•• Alínea *d* acrescentada pela Emenda Regimental n. 24, de 28-9-2016.

II – exercer, no Conselho da Justiça Federal, as funções que lhe competirem, de acordo com o Regimento Interno.

§ 3.º A Delegação das atribuições previstas no item I do parágrafo anterior far-se-á mediante ato do Presidente e de comum acordo com o Vice-Presidente.

Capítulo IV
DAS ATRIBUIÇÕES DO CORREGEDOR-GERAL DA JUSTIÇA FEDERAL

•• Capítulo IV com redação determinada pela Emenda Regimental n. 22, de 16-3-2016.

Art. 23. O Corregedor-Geral exercerá, no Conselho da Justiça Federal, as atribuições que lhe couberem, na conformidade da lei e do seu Regimento Interno e integrará o Plenário e a Corte Especial também nas funções de relator e revisor.

•• Artigo com redação determinada pela Emenda Regimental n. 22, de 16-3-2016.

Capítulo V
DAS ATRIBUIÇÕES DO PRESIDENTE DE SEÇÃO

Art. 24. Compete ao Presidente de Seção:

I – presidir as sessões, onde terá apenas o voto de desempate;

II – manter a ordem nas sessões;

III – convocar sessões extraordinárias;

IV – mandar incluir em pauta os processos de sua Seção e assinar as atas das sessões;

V – assinar os ofícios executórios e quaisquer comunicações referentes aos processos julgados pela respectiva Seção;

•• Primitivo inciso VI transformado em V pela Emenda Regimental n. 6, de 12-8-2002.

VI – indicar ao Presidente funcionários da Secretaria do Tribunal a serem designados para os cargos de direção de sua Seção;

•• Primitivo inciso VII transformado em VI pela Emenda Regimental n. 6, de 12-8-2002.

VII – assinar a correspondência de sua Seção.

•• Primitivo inciso VIII transformado em VII pela Emenda Regimental n. 6, de 12-8-2002.

VIII – decidir, por delegação do Presidente do Tribunal e no âmbito de sua atuação, as matérias previstas no art. 21-E deste Regimento.

•• Inciso VIII acrescentado pela Emenda Regimental n. 24, de 28-9-2016.

Capítulo VI
DAS ATRIBUIÇÕES DO PRESIDENTE DE TURMA

Art. 25. Compete ao Presidente de Turma:

I – presidir as sessões de sua Turma, onde terá participação também na condição de relator, revisor ou vogal;

II – manter a ordem nas sessões;

III – convocar as sessões extraordinárias;

IV – mandar incluir em pauta os processos da respectiva Turma e assinar as atas das sessões;

V – assinar os ofícios executórios e quaisquer comunicações referentes aos processos julgados pela respectiva Turma;

•• Primitivo inciso VI transformado em V pela Emenda Regimental n. 6, de 12-8-2002.

VI – indicar ao Presidente funcionários da Secretaria do Tribunal a serem designados para os cargos de direção de sua Turma;

•• Primitivo inciso VII transformado em VI pela Emenda Regimental n. 6, de 12-8-2002.

VII – assinar a correspondência de sua Turma.

•• Primitivo inciso VIII transformado em VII pela Emenda Regimental n. 6, de 12-8-2002.

Capítulo VII
DOS MINISTROS

Seção I
Disposições Gerais

Art. 26. A indicação, pelo Superior Tribunal de Justiça, de Juízes, Desembargadores, advogados e membros do Ministério Público, a serem nomeados pelo Presidente da República, para comporem o Tribunal, far-se-á em lista tríplice.

§ 1.º Ocorrendo vaga destinada a advogado ou a membro do Ministério Público, o Presidente do Tribunal, nos cinco dias seguintes solicitará ao órgão de representação da classe que providencie a lista sêxtupla dos candidatos, observados os requisitos constitucionais (Constituição, art. 104, parágrafo único).

§ 2.º Tratando-se de vaga a ser preenchida por Juiz ou Desembargador, o Presidente solicitará aos Tribunais Regionais Federais e aos Tribunais de Justiça que enviem, no prazo de dez dias, relação dos magistrados que contem mais de trinta e cinco e menos de sessenta e cinco anos de idade, com indicação das datas de nascimento (Constituição, art. 104, parágrafo único).

• Citado dispositivo constitucional consta desta obra.

§ 3.º Recebida a lista sêxtupla ou esgotado o prazo indicado no parágrafo anterior, convocará o Presidente, de imediato, sessão do Tribunal para elaboração da lista tríplice.

§ 4.º Para a composição da lista tríplice, o Tribunal reunir-se-á, em sessão pública, com o *quorum* de dois terços de seus membros, além do Presidente.

§ 5.º Somente constará de lista tríplice o candidato que obtiver, em primeiro ou subsequente escrutínio, a maioria absoluta dos votos dos membros do Tribunal, observado o disposto no art. 27, § 3.º.

•• § 5.º com redação determinada pela Emenda Regimental n. 1, de 23-5-1991.

§ 6.º Os candidatos figurarão na lista de acordo com a ordem decrescente dos sufrágios que obtiverem, respeitado, também, o número de ordem do escrutínio. Em caso de empate, terá preferência o mais idoso.

•• § 6.º com redação determinada pela Emenda Regimental n. 1, de 23-5-1991.

§ 7.º A escolha dos nomes que comporão lista tríplice far-se-á em votação secreta, realizando-se tantos escrutínios quantos forem necessários.

§ 8.º Para colocação dos nomes na lista, em caso de empate, far-se-á o desempate em favor do candidato mais idoso; se ainda persistir o empate, adotar-se-á o critério do tempo de serviço público no cargo, para os magistrados e membros do Ministério Público, ou o tempo de inscrição na Ordem como advogado, para os advogados.

Art. 27. Aberta a sessão, será ela transformada em conselho, para que o Tribunal aprecie aspectos gerais referentes à escolha dos candidatos, seus currículos, vida pregressa e se satisfazem os requisitos constitucionais exigidos. Os membros do Tribunal receberão, quando possível, com antecedência de, no mínimo, setenta e duas horas da data da sessão, relação dos candidatos, instruída com cópia dos respectivos currículos.

§ 1.º Tornada pública a sessão, o Presidente designará a Comissão Escrutinadora, que será integrada por três membros do Tribunal.

§ 2.º Existindo mais de uma vaga a ser preenchida por advogado ou membro do Ministério Público, para cada lista sêxtupla, será elaborada lista tríplice, observando-se o que dispõe o § 3.º deste artigo.

§ 3.º Tratando-se de lista tríplice única, cada Ministro, no primeiro escrutínio, votará em três nomes. Ter-se-á como constituída, se, em primeiro escrutínio, três ou mais candidatos obtiverem maioria absoluta dos votos do Tribunal, hipótese em que figurarão na lista, pela ordem decrescente de sufrágios, os nomes dos três mais votados. Em caso contrário, efetuar-se-á segundo escrutínio e, se necessário, novos escrutínios, concorrendo, em cada um, candidatos em número correspondente ao dobro dos nomes a serem inseridos, ainda, na lista, de acordo com a ordem da votação alcançada no escrutínio anterior, incluídos, entretanto, todos os nomes com igual número de votos na última posição a ser considerada. Restando, apenas, uma vaga a preencher, será considerado escolhido o candidato mais votado, com preferência ao mais idoso, em caso de empate.

•• § 3.º com redação determinada pela Emenda Regimental n. 1, de 23-5-1991.

§ 4.º Se existirem duas ou mais vagas a serem providas dentre Juízes ou Desembargadores, o Tribunal deliberará, preliminarmente, se as listas se constituirão, cada uma, com três nomes distintos, ou se, composta a primeira com três nomes, a segunda e subsequentes deverão ser integradas pelos dois nomes remanescentes da lista anterior, acrescidos de mais um nome.

§ 5.º Se o Tribunal deliberar que, em cada lista, constarão três nomes distintos, cada Ministro, no primeiro escrutínio, votará em tantos nomes quantos necessários à constituição das listas tríplices. Nesse caso, na organização simultânea das listas, os nomes que obtiverem, em primeiro escrutínio, maioria absoluta dos votos dos membros do Tribunal, figurarão, pela ordem decrescente de votos, em primeiro lugar, em cada uma das listas, de acordo com sua numeração, e nos lugares subsequentes das listas, horizontalmente considerados, pela mesma ordem, da primeira à última. Se, no primeiro escrutínio, não se preencherem todos os lugares das diversas listas, proceder-se-á a segundo e, se necessário, a novos escrutínios, na forma definida na última parte do § 3.º deste artigo, distribuindo-se, nas listas, os nomes escolhidos, de acordo com a ordem prevista para o primeiro escrutínio. No segundo e subsequentes escrutínios, cada Ministro votará em tantos nomes quantos faltarem para serem incluídos nas listas.

§ 6.º Se o Tribunal deliberar que, na constituição das listas, será adotado o critério previsto na segunda hipótese do § 4.º deste artigo, cada Ministro, em primeiro escrutínio, votará em tantos nomes quantas forem as vagas a preencher e em mais dois. Nessa hipótese, na organização simultânea das listas, atendido o disposto no § 5.º do art. 27, a primeira será integrada, na ordem decrescente dos sufrágios alcançados, por três nomes; a segunda lista constituir-se-á dos dois nomes remanescentes da primeira, mais o nome que tenha obtido a quarta votação; a terceira lista dar-se-á por composta dos dois nomes remanescentes da lista anterior, mais o nome que haja obtido a quinta votação, respeitada a ordem dos escrutínios, e assim sucessivamente. Se, no primeiro escrutínio, não se preencherem todos os lugares das diversas listas, nos termos deste parágrafo, proceder-se-á a segundo e a novos escrutínios, na forma definida no parágrafo anterior e na última parte do § 3.º deste artigo.

§ 7.º No ofício de encaminhamento ao Poder Executivo, da lista tríplice única ou das diversas listas tríplices, far-se-á referência ao número de votos obtidos pelos indicados e à ordem do escrutínio em que se deu a escolha.

Art. 28. Os Ministros tomarão posse, no prazo de 30 (trinta) dias, em sessão plenária e solene do Tribunal, podendo fazê-lo perante o Presidente, em período de recesso ou férias.

•• *Caput* com redação determinada pela Emenda Regimental n. 1, de 23-5-1991.

§ 1.º No ato da posse, o Ministro prestará compromisso de bem desempenhar os deveres do cargo, e de bem cumprir e fazer cumprir a Constituição e as leis do País.

§ 2.º Do compromisso, lavrar-se-á, em livro especial, termo que será assinado pelo Presidente, pelo empossado e pelo Diretor-Geral da Secretaria.

§ 3.º Somente será dada posse ao Ministro que antes haja provado:

a) ser brasileiro;

b) contar mais de trinta e cinco e menos de sessenta e cinco anos de idade;

c) satisfazer aos demais requisitos inscritos em lei.

§ 4.º O prazo para a posse poderá ser prorrogado pela Corte Especial, na forma da lei.

Art. 29. Os Ministros têm as prerrogativas, garantias, direitos e incompatibilidades inerentes ao exercício da Magistratura.

§ 1.º Os Ministros receberão o tratamento de Excelência e usarão vestes talares, nas sessões solenes, e capas, nas sessões ordinárias ou extraordinárias; conservarão o título e as honras correspondentes, mesmo depois da aposentadoria.

•• Primitivo parágrafo único renumerado pela Emenda Regimental n. 1, de 23-5-1991.

§ 2.º A Presidência do Tribunal velará pela preservação dos direitos, interesses e prerrogativas dos Ministros aposentados.

•• § 2.º acrescentado pela Emenda Regimental n. 1, de 23-5-1991.

Art. 30. A antiguidade do Ministro no Tribunal, para sua colocação nas sessões, distribuição de serviços, revisão dos processos, substituições e outros quaisquer efeitos legais ou regimentais, é regulada na seguinte ordem:

I – pela posse;

II – pela nomeação;

III – pela idade.

Parágrafo único. Respeitar-se-á, no Superior Tribunal de Justiça, a antiguidade que vinha sendo observada no Tribunal Federal de Recursos, em relação aos seus Ministros.

Art. 31. Havendo, dentre os Ministros do Tribunal, cônjuges, parentes consanguíneos ou afins, em linha reta ou no terceiro grau da linha colateral, integrarão Seções diferentes, e o primeiro que conhecer da causa impede que o outro participe do julgamento quando da competência da Corte Especial.

Art. 32. Os Ministros têm direito de transferir-se para Seção ou Turma, onde haja vaga, antes da posse de novo Ministro, ou, em caso de permuta, para qualquer outra. Havendo mais de um pedido, terá preferência o do mais antigo.

• *Vide* art. 4.º deste Regimento Interno.

Art. 33. Os Ministros têm jurisdição em todo o território nacional e domicílio no Distrito Federal.

•• *Caput* com redação determinada pela Emenda Regimental n. 7, de 1.º-3-2004.

Parágrafo único. É dever dos Ministros, entre outros estabelecidos em lei e neste Regimento:

I – manter residência no Distrito Federal;

II – comparecer às sessões de julgamento, nelas permanecendo até o seu final, salvo com autorização prévia do Presidente do órgão julgador.

•• Parágrafo único acrescentado pela Emenda Regimental n. 7, de 1.º-3-2004.

Seção II
Do Relator

Art. 34. São atribuições do relator:

I – ordenar e dirigir o processo;

II – determinar às autoridades judiciárias e administrativas, sujeitas à sua jurisdição, providências relativas ao andamento e à instrução do processo, exceto se forem da competência da Corte Especial, da Seção, da Turma ou de seus Presidentes;

• O Ato n. 34, de 2-3-2005, dispõe sobre o fornecimento de certidão de andamento processual via *on-line*, no âmbito do STJ.

III – delegar atribuições a autoridades judiciárias de instância inferior, nos casos previstos em lei ou neste Regimento;

IV – submeter à Corte Especial, à Seção, à Turma, ou aos Presidentes, conforme a competência, questões de ordem para o bom andamento dos processos;

V – submeter à Corte Especial, à Seção, à Turma, nos processos da competência respectiva, medidas cautelares ou tutelas provisórias necessárias à proteção de direito suscetível de grave dano de incerta reparação ou ainda destinadas a garantir a eficácia da ulterior decisão da causa;

•• Inciso V com redação determinada pela Emenda Regimental n. 24, de 28-9-2016.

VI – determinar, em caso de urgência, as medidas ou tutelas do inciso anterior, *ad referendum* da Corte Especial, da Seção ou da Turma;

•• Inciso VI com redação determinada pela Emenda Regimental n. 24, de 28-9-2016.

VII – decidir o agravo interposto de decisão que inadmitir recurso especial;

•• Inciso VII com redação determinada pela Emenda Regimental n. 22, de 16-3-2016.

VIII – requisitar os autos originais, quando necessário;

IX – apreciar e homologar pedidos de desistência, de autocomposição das partes e de habilitação em razão de falecimento de qualquer das partes, ainda que o feito se ache em pauta ou em mesa para julgamento;

•• Inciso IX com redação determinada pela Emenda Regimental n. 24, de 28-9-2016.

X – pedir dia para julgamento dos feitos que lhe couberem por distribuição, ou passá-los ao revisor, com o relatório, se for o caso;

XI – julgar prejudicado pedido ou recurso que haja perdido o objeto;

XII – propor à Seção ou à Turma seja o processo submetido à Corte Especial ou à Seção, conforme o caso;

XIII – decidir o pedido de carta de sentença e assiná-la;

XIV – apresentar em mesa para julgamento os feitos que independem de pauta;

XV – redigir o acórdão, quando o seu voto for o vencedor no julgamento;

XVI – determinar a autuação do agravo como recurso especial;

XVII – determinar o arquivamento de inquérito, ou peças informativas, quando o requerer o Ministério Público, ou submeter o requerimento à decisão do órgão competente do Tribunal;

XVIII – distribuídos os autos:

•• Inciso XVIII com redação determinada pela Emenda Regimental n. 22, de 16-3-2016.

a) não conhecer do recurso ou pedido inadmissível, prejudicado ou daquele que não tiver impugnado especificamente todos os fundamentos da decisão recorrida;

•• Alínea *a* acrescentada pela Emenda Regimental n. 22, de 16-3-2016.

b) negar provimento ao recurso ou pedido que for contrário a tese fixada em julgamento de recurso repetitivo ou de repercussão geral, a entendimento firmado em incidente de assunção de competência, a súmula do Supremo Tribunal Federal ou do Superior Tribunal de Justiça ou, ainda, a jurisprudência dominante acerca do tema;

•• Alínea *b* acrescentada pela Emenda Regimental n. 22, de 16-3-2016.

c) dar provimento ao recurso se o acórdão recorrido for contrário a tese fixada em julgamento de recurso repetitivo ou de repercussão geral, a entendimento firmado em incidente de assunção de competência, a súmula do Supremo Tribunal Federal ou do Superior Tribunal de Justiça ou, ainda, a jurisprudência dominante acerca do tema;

•• Alínea *c* acrescentada pela Emenda Regimental n. 22, de 16-3-2016.

XIX – decidir o mandado de segurança quando for inadmissível, prejudicado ou quando se conformar com tese fixada em julgamento de recurso repetitivo ou de repercussão geral, a entendimento firmado em incidente de assunção de competência, a súmula do Superior Tribunal de Justiça ou do Supremo Tribunal Federal, a jurisprudência dominante acerca do tema ou as confrontar;

•• Inciso XIX com redação determinada pela Emenda Regimental n. 24, de 28-9-2016.

XX – decidir o *habeas corpus* quando for inadmissível, prejudicado ou quando a decisão impugnada se conformar com tese fixada em julgamento de recurso repetitivo ou de repercussão geral, a entendimento firmado em incidente de assunção de competência, a súmula do Superior Tribunal de Justiça ou do Supremo Tribunal Federal, a jurisprudência dominante acerca do tema ou as confrontar;

•• Inciso XX com redação determinada pela Emenda Regimental n. 24, de 28-9-2016.

XXI – decidir o agravo de instrumento interposto com base no art. 1.027, §1.º, do CPC.

•• Inciso XXI acrescentado pela Emenda Regimental n. 22, de 16-3-2016.

XXII – decidir o conflito de competência quando for inadmissível, prejudicado ou quando se conformar com tese fixada em julgamento de recurso repetitivo ou de repercussão geral, a entendimento firmado em incidente de assunção de competência, a súmula do Superior Tribunal de Justiça ou do Supremo Tribunal Federal, a jurisprudência dominante acerca do tema ou as confrontar;

•• Inciso XXII acrescentado pela Emenda Regimental n. 24, de 28-9-2016.

XXIII – remeter o processo ao Supremo Tribunal Federal após juízo positivo de admissibilidade quando entender versar o recurso especial sobre matéria constitucional, dando vista ao recorrente pelo prazo de quinze dias para que demonstre a existência de repercussão geral e manifeste-se sobre a questão constitucional, bem como vista à parte adversa para, por igual prazo, apresentar contrarrazões;

•• Inciso XXIII acrescentado pela Emenda Regimental n. 24, de 28-9-2016.

XXIV – determinar a devolução ao Tribunal de origem dos recursos especiais fundados em controvérsia idêntica àquela já submetida ao rito de julgamento de casos repetitivos para adoção das medidas cabíveis;

•• Inciso XXIV acrescentado pela Emenda Regimental n. 24, de 28-9-2016.

XXV – julgar recurso fundado em nulidade da decisão recorrida por vício de procedimento;

•• Inciso XXV acrescentado pela Emenda Regimental n. 24, de 28-9-2016.

XXVI – executar e fazer cumprir os despachos, as decisões monocráticas, as ordens e os acórdãos transitados em julgado nas ações penais, inquéritos e demais procedimentos penais originários de sua relatoria, bem como determinar às autoridades judiciárias e administrativas providências relativas ao andamento e à instrução de processos, facultada a delegação de atribuições para a prática de atos processuais previstos no art. 21-A deste Regimento a outros Tribunais e a juízos de primeiro grau de jurisdição, ficando as decisões proferidas sujeitas a posterior controle do relator, de ofício ou mediante provocação do interessado, no prazo de cinco dias da ciência do ato.

•• Inciso XXVI acrescentado pela Emenda Regimental n. 24, de 28-9-2016.

Seção III
Do Revisor

Art. 35. Sujeitam-se a revisão os seguintes processos:

•• *Caput* com redação determinada pela Emenda Regimental n. 1, de 23-5-1991.

I – ação rescisória;

•• Inciso I com redação determinada pela Emenda Regimental n. 1, de 23-5-1991.

II – ação penal originária;

•• Inciso II com redação determinada pela Emenda Regimental n. 1, de 23-5-1991.

III – revisão criminal.

•• Inciso III com redação determinada pela Emenda Regimental n. 1, de 23-5-1991.

Art. 36. Será revisor o Ministro que se seguir ao relator, na ordem decrescente de antiguidade, no órgão julgador.

Parágrafo único. Em caso de substituição definitiva do relator, será também substituído o revisor, na conformidade do disposto neste artigo.

•• Parágrafo único acrescentado pela Emenda Regimental n. 4, de 2-12-1993.

Art. 37. Compete ao revisor:

I – sugerir ao relator medidas ordinatórias do processo, que tenham sido omitidas;

II – confirmar, completar ou retificar o relatório;

III – pedir dia para julgamento;

IV – determinar a juntada de petição, enquanto os autos lhe estiverem conclusos, submetendo, conforme o caso, desde logo, a matéria à consideração do relator.

Capítulo VIII
DO CONSELHO DE ADMINISTRAÇÃO

Art. 38. Ao Conselho de Administração incumbe:

I – deliberar sobre a organização dos serviços administrativos da Secretaria do Tribunal;

•• Inciso I com redação determinada pela Emenda Regimental n. 4, de 2-12-1993.

II – dispor sobre os cargos de direção e assessoramento superiores, as funções de direção e assistência intermediárias e as funções de representação de gabinete, a forma do respectivo provimento, os níveis de vencimentos e gratificação, dentro dos limites estabelecidos em lei;

III – aprovar os critérios para as progressões e ascensões funcionais dos servidores da Secretaria do Tribunal;

IV – deliberar sobre as demais matérias administrativas e referentes a servidores do Tribunal, que lhe sejam submetidas pelo Presidente;

V – exercer as atribuições administrativas não previstas na competência do Plenário, da Corte Especial ou do Presidente ou as que lhe hajam sido delegadas;

VI – (*Revogado pela Emenda Regimental n. 19, de 11-11-2015.*)

Parágrafo único. Para ausentar-se do território nacional, o ministro deverá comunicar o fato, em regra, com a antecedência mínima de 15 dias, ao Conselho de Administração, salvo quando se tratar de férias, licença, recesso ou feriado.

•• Parágrafo único acrescentado pela Emenda Regimental n. 19, de 11-11-2015.

Art. 39. Dos atos e decisões do Conselho de Administração não cabe recurso administrativo.

CAPÍTULO IX
DAS COMISSÕES

Art. 40. As comissões, permanentes ou temporárias, colaboram no desempenho dos encargos do Tribunal.

§ 1.º São comissões permanentes:

I – a Comissão de Regimento Interno;

II – a Comissão de Jurisprudência;

III – a Comissão de Documentação;

IV – a Comissão de Coordenação;

•• § 1.º com redação determinada pela Emenda Regimental n. 2, de 4-6-1992.

V – a Comissão Gestora de Precedentes.

•• Inciso V acrescentado pela Emenda Regimental n. 26, de 13-12-2016.

§ 2.º As Comissões permanentes serão integradas de 3 (três) Ministros efetivos e 1 (um) suplente, salvo a de Jurisprudência, que será composta de 6 (seis) Ministros efetivos, respeitada, em todos os casos, a paridade de representação de cada uma das Seções do Tribunal.

•• § 2.º com redação determinada pela Emenda Regimental n. 2, de 4-6-1992.

§ 3.º As Comissões temporárias, que podem ser criadas pela Corte Especial ou pelo Presidente do Tribunal e ter qualquer número de membros, extinguem-se, preenchido o fim a que se destinem.

•• § 3.º acrescentado pela Emenda Regimental n. 2, de 4-6-1992.

Art. 41. O Presidente designará os membros das comissões, submetendo-os à aprovação da Corte Especial.

§ 1.º A comissão será presidida pelo Ministro mais antigo dentre os seus integrantes.

§ 2.º (*Revogado pela Emenda Regimental n. 15, de 17-9-2014.*)

Art. 42. As comissões permanentes ou temporárias poderão:

I – sugerir ao Presidente do Tribunal normas de serviço relativas à matéria de sua competência;

II – entender-se, por seu Presidente, com outras autoridades ou instituições, nos assuntos de sua competência, por delegação do Presidente do Tribunal.

Art. 43. À Comissão de Regimento Interno cabe:

I – velar pela atualização do Regimento, propondo emendas ao texto em vigor e emitindo parecer sobre as emendas de iniciativa de outra comissão ou de Ministro;

II – opinar em processo administrativo, quando consultada pelo Presidente.

Art. 44. À Comissão de Jurisprudência cabe:

I – velar pela expansão, atualização e publicação da Súmula da Jurisprudência Predominante do Tribunal;

II – supervisionar os serviços de sistematização da jurisprudência do Tribunal, sugerindo medidas que facilitem a pesquisa de julgados ou processos;

III – orientar iniciativas de coleta e divulgação dos trabalhos dos Ministros que já se afastaram definitivamente do Tribunal;

IV – propor à Corte Especial ou à Seção que seja compendiada em súmula a jurisprudência do Tribunal, quando verificar que as Turmas não divergem na interpretação do direito;

V – sugerir medidas destinadas a abreviar a publicação dos acórdãos.

Art. 45. À Comissão de Documentação cabe:

I – supervisionar a administração dos serviços da biblioteca, do arquivo e do museu do Tribunal, sugerindo ao Presidente medidas tendentes ao seu aperfeiçoamento;

•• Inciso I com redação determinada pela Emenda Regimental n. 7, de 1.º-3-2004.

II – acompanhar a política de guarda e conservação de processos, livros, periódicos e documentos históricos do Tribunal;

•• Inciso II com redação determinada pela Emenda Regimental n. 7, de 1.º-3-2004.

III – manter, na Secretaria de Documentação, serviço de documentação para recolher elementos que sirvam de subsídio à história do Tribunal, com pastas individuais contendo dados biográficos e bibliográficos dos Ministros;

•• Inciso III com redação determinada pela Emenda Regimental n. 7, de 1.º-3-2004.

IV – deliberar sobre questões que excedam a esfera de competência administrativa da Secretaria de Documentação.

•• Inciso IV acrescentado pela Emenda Regimental n. 7, de 1.º-3-2004.

Art. 46. À Comissão de Coordenação cabe:

I – sugerir ao Presidente medidas tendentes à modernização administrativa do Tribunal;

II – sugerir aos Presidentes do Tribunal, das Seções e das Turmas, medidas destinadas a aumentar o rendimento das sessões, abreviar a publicação dos acórdãos e facilitar a tarefa dos advogados;

III – supervisionar os serviços de informática, fiscalizando a sua execução e propondo as providências para a sua atualização e aperfeiçoamento.

Art. 46-A. À Comissão Gestora de Precedentes cabe:

•• *Caput* acrescentado pela Emenda Regimental n. 26, de 13-12-2016.

I – supervisionar os trabalhos do Núcleo de Gerenciamento de Precedentes – Nugep, em especial os relacionados à gestão dos casos repetitivos e dos incidentes de assunção de competência, bem como ao controle e ao acompanhamento de processos sobrestados na Corte em razão da aplicação da sistemática dos recursos repetitivos e da repercussão geral;

•• Inciso I acrescentado pela Emenda Regimental n. 26, de 13-12-2016.

Legislação Complementar

II – sugerir ao Presidente do Tribunal medidas para o aperfeiçoamento da formação e da divulgação dos precedentes qualificados, conforme disposto no Código de Processo Civil;

•• Inciso II acrescentado pela Emenda Regimental n. 26, de 13-12-2016.

III – sugerir aos Presidentes do Tribunal e das Seções medidas destinadas a ampliar a afetação de processos aos ritos dos recursos repetitivos e da assunção de competência;

•• Inciso III acrescentado pela Emenda Regimental n. 26, de 13-12-2016.

IV – desenvolver trabalho de inteligência, em conjunto com o Conselho Nacional de Justiça, com os Tribunais Regionais Federais e com os Tribunais de Justiça, a fim de identificar matérias com potencial de repetitividade ou com relevante questão de direito, de grande repercussão social, aptas a serem submetidas ao Superior Tribunal de Justiça sob a sistemática dos recursos repetitivos e da assunção de competência;

•• Inciso IV acrescentado pela Emenda Regimental n. 26, de 13-12-2016.

V – acompanhar, inclusive antes da distribuição, os processos que possuam matéria com potencial de repetitividade ou com relevante questão de direito, de grande repercussão social, a fim de propor ao Presidente do Tribunal medidas para a racionalização dos julgamentos desta Corte por meio de definições de teses jurídicas em recursos repetitivos ou em assunção de competência;

•• Inciso V acrescentado pela Emenda Regimental n. 26, de 13-12-2016.

VI – deliberar sobre questões que excedam a esfera de competência administrativa do Núcleo de Gerenciamento de Precedentes – Nugep, além de outras atribuições referentes a casos repetitivos e a incidentes de assunção de competência.

•• Inciso VI acrescentado pela Emenda Regimental n. 26, de 13-12-2016.

CAPÍTULO X
DO CONSELHO DA JUSTIÇA FEDERAL

Art. 47. Ao Conselho da Justiça Federal, que funciona junto ao Tribunal, cabe exercer a supervisão administrativa e orçamentária da Justiça Federal de primeiro e segundo graus.

•• Artigo com redação determinada pela Emenda Regimental n. 4, de 2-12-1993.

Art. 48. O Conselho da Justiça Federal elaborará o seu Regimento Interno e o submeterá à aprovação do Plenário do Tribunal.

•• Artigo com redação determinada pela Emenda Regimental n. 4, de 2-12-1993.

Art. 49. Dos atos e decisões do Conselho da Justiça Federal não cabe recurso administrativo.

CAPÍTULO XI
DAS LICENÇAS, SUBSTITUIÇÕES E CONVOCAÇÕES

Art. 50. A licença é requerida pelo Ministro com a indicação do prazo e do dia do início.

§ 1.º Salvo contraindicação médica, o Ministro licenciado poderá proferir decisões em processos de que, antes da licença, haja pedido vista, ou que tenha recebido o seu visto como relator ou revisor.

§ 2.º O Ministro licenciado pode reassumir o cargo, a qualquer tempo, entendendo-se que desistiu do restante do prazo.

§ 3.º Se a licença for para tratamento da própria saúde, o Ministro somente poderá reassumir o cargo, antes do término do prazo, se não houver contraindicação médica.

Art. 51. Nas ausências ou impedimentos eventuais ou temporários, a substituição no Tribunal dar-se-á da seguinte maneira:

I – o Presidente do Tribunal, pelo Vice-Presidente, e este, pelos demais Ministros, na ordem decrescente de antiguidade;

II – o Presidente da Seção, pelo Ministro que o seguir na antiguidade dentre os seus membros;

III – o Presidente da Turma, pelo Ministro que o seguir na antiguidade dentre os seus membros;

IV – os Presidentes das Comissões, pelo mais antigo dentre os seus membros;

V – qualquer dos membros das Comissões, pelo suplente;

VI – o Corregedor-Geral da Justiça Federal, pelo Ministro mais antigo integrante do Conselho da Justiça Federal.

•• Inciso VI com redação determinada pela Emenda Regimental n. 22, de 16-3-2016.

Art. 52. O relator é substituído:

I – no caso de impedimento, ausência ou obstáculos eventuais, em se cogitando da adoção de medidas urgentes, pelo revisor, se houver, ou pelo Ministro imediato em antiguidade, no Plenário, na Corte Especial, na Seção ou na Turma, conforme a competência;

II – quando vencido, em sessão de julgamento, pelo Ministro designado para redigir o acórdão;

• *Vide* art. 101 deste Regimento Interno.

III – em caso de ausência por mais de trinta dias, mediante redistribuição;

IV – em caso de transferência para outra Seção, salvo quanto aos processos em que tiver lançado seu visto, e, bem assim, quando de aposentadoria, exoneração ou morte:

a) pelo Ministro que preencher sua vaga na Turma;

b) pelo Ministro que tiver proferido o primeiro voto vencedor, condizente com o do relator, para lavrar ou assinar os acórdãos dos julgamentos anteriores à abertura da vaga;

c) pela mesma forma da letra *b* deste inciso, e, enquanto não preenchida sua vaga, para assinar carta de sentença e admitir recurso.

•• Inciso IV com redação determinada pela Emenda Regimental n. 1, de 23-5-1991.

Art. 53. O revisor é substituído, em caso de vaga, impedimento ou licença por mais de trinta dias, na Corte Especial, Seção ou Turma, pelo Ministro que o seguir em antiguidade.

Art. 54. (*Revogado pela Emenda Regimental n. 22, de 16-3-2016.*)

Art. 55. Para as sessões da Corte Especial, nos casos de impedimento de Ministros dela integrantes, serão convocados outros Ministros, obedecida a ordem de antiguidade.

•• *Caput* com redação determinada pela Emenda Regimental n. 1, de 23-5-1991.

Parágrafo único. Para completar *quorum* em uma das Seções serão convocados Ministros de outra Seção, e, em uma das Turmas, Ministros de outra Turma, de preferência da mesma Seção, observada, quando possível, a ordem de antiguidade, de modo a que a substituição seja feita por Ministro que ocupe, em sua Seção ou Turma, posição correspondente à do substituído.

•• Parágrafo único acrescentado pela Emenda Regimental n. 1, de 23-5-1991.

Art. 56. Em caso de vaga ou de afastamento de Ministro por prazo superior a trinta dias, poderá fazer-se a substituição pelo Corregedor-Geral ou ser convocado Juiz de Tribunal Regional Federal ou Desembargador, sempre pelo voto da maioria absoluta dos membros da Corte Especial.

•• *Caput* com redação determinada pela Emenda Regimental n. 24, de 28-9-2016.

Parágrafo único. O magistrado convocado receberá a diferença de vencimento correspondente ao cargo de Ministro, inclusive diárias e transporte, se for o caso.

CAPÍTULO XII
DA POLÍCIA DO TRIBUNAL

Art. 57. O Presidente, no exercício da atribuição referente à polícia do Tribunal, poderá requisitar o auxílio de outras autoridades, quando necessário.

Art. 58. Ocorrendo infração à lei penal na sede ou dependências do Tribunal, o Presidente instaurará inquérito, se envolver autoridade ou pessoa sujeita à sua jurisdição, ou delegará esta atribuição a outro Ministro.

§ 1.º Nos demais casos, o Presidente poderá proceder na forma deste artigo ou requisitar a instauração de inquérito à autoridade competente.

§ 2.º O Ministro incumbido do inquérito designará secretário dentre os servidores do Tribunal.

Art. 59. A polícia das sessões e das audiências compete ao seu Presidente.

CAPÍTULO XIII
DA REPRESENTAÇÃO POR DESOBEDIÊNCIA OU DESACATO

Art. 60. Sempre que tiver conhecimento de desobediência a ordem emanada do Tribunal ou de seus Ministros, no exercício da função, ou de desacato ao Tribunal, ou a seus Ministros, o Presidente comunicará o fato ao órgão competente do Ministério Público, provendo-o dos elementos de que dispuser para a propositura da ação penal.

Parágrafo único. Decorrido o prazo de trinta dias, sem que tenha sido instaurada a ação penal, o Presidente dará ciência ao Tribunal, em sessão secreta, para as providências que julgar necessárias.

TÍTULO II
DO MINISTÉRIO PÚBLICO

Art. 61. Perante o Tribunal, funciona o Procurador-Geral da República, ou o Subprocurador-Geral, mediante delegação do Procurador-Geral.

Art. 62. O Ministério Público Federal manifestar-se-á nas oportunidades previstas em lei e neste Regimento.

Art. 63. Nos processos em que atuar como titular da ação penal, o Procurador-Geral ou o Subprocurador-Geral têm os mesmos poderes e ônus que as partes, ressalvadas as disposições expressas em lei ou neste Regimento.

Art. 64. O Ministério Público terá vista dos autos:

I – nas arguições de inconstitucionalidade;

II – nos incidentes de assunção de competência;

•• Inciso II com redação determinada pela Emenda Regimental n. 24, de 28-9-2016.

III – nos mandados de segurança, mandados de injunção, *habeas corpus* e *habeas data*, originários ou em grau de recurso;

IV – nas ações penais originárias e nas revisões criminais;

V – nos conflitos de competência e de atribuições;

VI – nas ações rescisórias e apelações cíveis;

VII – nos pedidos de intervenção federal;

VIII – nas notícias-crime;

•• Inciso VIII com redação determinada pela Emenda Regimental n. 4, de 2-12-1993.

IX – nos inquéritos de que possa resultar responsabilidade penal;

•• Inciso IX com redação determinada pela Emenda Regimental n. 4, de 2-12-1993.

X – nos recursos criminais;

•• Inciso X com redação determinada pela Emenda Regimental n. 4, de 2-12-1993.

XI – nas reclamações que não houver formulado;

•• Inciso XI com redação determinada pela Emenda Regimental n. 4, de 2-12-1993.

XII – nos outros processos em que a lei impuser a intervenção do Ministério Público;

•• Inciso XII com redação determinada pela Emenda Regimental n. 4, de 2-12-1993.

XIII – nos demais feitos quando, pela relevância da matéria, ele a requerer, ou for determinada pelo relator.

•• Inciso XIII acrescentado pela Emenda Regimental n. 4, de 2-12-1993.

Parágrafo único. Salvo na ação penal originária ou nos inquéritos, poderá o relator, quando houver urgência, ou quando sobre a matéria versada no processo já houver a Corte Especial firmado jurisprudência, tomar o parecer do Ministério Público oralmente.

•• Parágrafo único com redação determinada pela Emenda Regimental n. 4, de 2-12-1993.

Art. 65. O Procurador-Geral ou Subprocurador-Geral poderão pedir preferência para julgamento de processo em pauta.

Título III
DA DEFENSORIA PÚBLICA

•• Título III acrescentado pela Emenda Regimental n. 19, de 11-11-2015.

Art. 65-A. Perante o Tribunal, atuarão os defensores públicos:

•• *Caput* acrescentado pela Emenda Regimental n. 19, de 11-11-2015.

I – em processos oriundos:

•• Inciso I, *caput*, acrescentado pela Emenda Regimental n. 19, de 11-11-2015.

a) da Defensoria Pública da União nos Estados e no Distrito Federal;

•• Alínea *a* acrescentada pela Emenda Regimental n. 19, de 11-11-2015.

b) das Defensorias Públicas dos Estados e do Distrito Federal;

•• Alínea *b* acrescentada pela Emenda Regimental n. 19, de 11-11-2015.

II – nos casos de curadoria especial;

•• Inciso II acrescentado pela Emenda Regimental n. 19, de 11-11-2015.

III – em processos nos quais houver parte desassistida por advogado ou patrocinada por advogado dativo.

•• Inciso III acrescentado pela Emenda Regimental n. 19, de 11-11-2015.

Art. 65-B. O relator do recurso especial repetitivo poderá autorizar manifestação da Defensoria Pública na condição de *amicus curiae*.

•• Artigo acrescentado pela Emenda Regimental n. 19, de 11-11-2015.

PARTE II
DO PROCESSO

Título I
DISPOSIÇÕES GERAIS

Capítulo I
DO REGISTRO E CLASSIFICAÇÃO DOS FEITOS

Art. 66. As petições e os processos serão registrados no protocolo da Secretaria do Tribunal no mesmo dia do recebimento.

• *Vide* Súmula 216 do STJ.

Parágrafo único. O Presidente do Tribunal, mediante instrução normativa, disciplinará o uso de meio eletrônico na tramitação de processos judiciais, comunicação de atos e transmissão de peças processuais, com observância da lei processual.

•• Parágrafo único com redação determinada pela Emenda Regimental n. 22, de 16-3-2016.

Art. 67. O registro far-se-á em numeração contínua e seriada em cada uma das classes seguintes:

I – Ação Penal (APn);

II – Ação Rescisória (AR);

III – Agravo de Instrumento (Ag);

IV – Recurso Ordinário (RO);

•• Inciso IV com redação determinada pela Emenda Regimental n. 24, de 28-9-2016.

V – Comunicação (Com);

VI – Conflito de Competência (CC);

VII – Conflito de Atribuições (CAt);

VIII – Exceção de Impedimento (ExImp);

IX – Exceção de Suspeição (ExSusp);

X – Exceção da Verdade (ExVerd);

XI – *Habeas Corpus* (HC);

XII – *Habeas Data* (HD);

XIII – Inquérito (Inq);

•• Inciso XIII com redação determinada pela Emenda Regimental n. 4, de 2-12-1993.

XIV – Interpelação Judicial (IJ);

•• Inciso XIV com redação determinada pela Emenda Regimental n. 4, de 2-12-1993.

XV – Intervenção Federal (IF);

•• Inciso XV com redação determinada pela Emenda Regimental n. 4, de 2-12-1993.

XVI – Mandado de Injunção (MI);

•• Inciso XVI com redação determinada pela Emenda Regimental n. 4, de 2-12-1993.

XVII – Mandado de Segurança (MS);

•• Inciso XVII com redação determinada pela Emenda Regimental n. 4, de 2-12-1993.

XVIII – Pedido de Tutela Provisória (TP);

•• Inciso XVIII com redação determinada pela Emenda Regimental n. 24, de 28-9-2016.

XIX – Petição (Pet);

•• Anterior inciso XX renumerado pela Emenda Regimental n. 7, de 1.º-3-2004.

XX – Precatório (Prc);

•• Anterior inciso XXI renumerado pela Emenda Regimental n. 7, de 1.º-3-2004.

XXI – Processo Administrativo (PA);

•• Anterior inciso XXII renumerado pela Emenda Regimental n. 7, de 1.º-3-2004.

XXII – Reclamação (Rcl);

•• Anterior inciso XXIII renumerado pela Emenda Regimental n. 7, de 1.º-3-2004.

XXIII – Recurso Especial (REsp);

•• Anterior inciso XXIV renumerado pela Emenda Regimental n. 7, de 1.º-3-2004.

XXIV – Representação (Rp);

•• Anterior inciso XXV renumerado pela Emenda Regimental n. 7, de 1.º-3-2004.

XXV – Recurso em *Habeas Corpus* (RHC);

•• Anterior inciso XXVI renumerado pela Emenda Regimental n. 7, de 1.º-3-2004.

XXVI – Recurso em Mandado de Segurança (RMS);

•• Anterior inciso XXVII renumerado pela Emenda Regimental n. 7, de 1.º-3-2004.

XXVII – Revisão Criminal (RvCr);

•• Anterior inciso XXVIII renumerado pela Emenda Regimental n. 7, de 1.º-3-2004.

XXVIII – Sindicância (Sd);

•• Inciso XXVIII acrescentado pela Emenda Regimental n. 7, de 1.º-3-2004.

XXIX – Suspensão de Liminar e de Sentença (SLS);

•• Inciso XXIX acrescentado pela Emenda Regimental n. 7, de 1.º-3-2004.

XXX – Suspensão de Segurança (SS).

•• Anterior inciso XXIX renumerado pela Emenda Regimental n. 7, de 1.º-3-2004.

XXXI – Homologação de Decisão Estrangeira (HDE);

•• Inciso XXXI com redação determinada pela Emenda Regimental n. 24, de 28-9-2016.

XXXII – Carta Rogatória (CR);

•• Inciso XXXII acrescentado pela Emenda Regimental n. 18, de 17-12-2014.

XXXIII – Agravo em Recurso Especial (AREsp);

•• Inciso XXXIII acrescentado pela Emenda Regimental n. 22, de 16-3-2016.

XXXIV – Embargos de Divergência em Recurso Especial (EREsp);

•• Inciso XXXIV acrescentado pela Emenda Regimental n. 22, de 16-3-2016.

XXXV – Embargos de Divergência em Agravo em Recurso Especial (EAREsp);

•• Inciso XXXV acrescentado pela Emenda Regimental n. 22, de 16-3-2016.

XXXVI – Suspensão em Incidente de Resolução de Demandas Repetitivas (SIRDR);

•• Inciso XXXVI acrescentado pela Emenda Regimental n. 22, de 16-3-2016.

XXXVII – Medidas Protetivas de Urgência – Lei Maria da Penha (MPUMP);

•• Inciso XXXVII acrescentado pela Emenda Regimental n. 22, de 16-3-2016.

XXXVIII – Medidas Protetivas – Estatuto do Idoso (MPEI);

•• Inciso XXXVIII acrescentado pela Emenda Regimental n. 22, de 16-3-2016.

XXXIX – Pedido de Busca e Apreensão Criminal (PBAC);

•• Inciso XXXIX acrescentado pela Emenda Regimental n. 22, de 16-3-2016.

XL – Pedido de Prisão Preventiva (PePrPr);

•• Inciso XL acrescentado pela Emenda Regimental n. 22, de 16-3-2016.

XLI – Pedido de Prisão Temporária (PePrTe);

•• Inciso XLI acrescentado pela Emenda Regimental n. 22, de 16-3-2016.

XLII – Pedido de Quebra de Sigilo de Dados e/ou Telefônico (QuebSig);

•• Inciso XLII acrescentado pela Emenda Regimental n. 22, de 16-3-2016.

XLIII – Medidas Investigativas sobre Organizações Criminosas (MISOC);

•• Inciso XLIII acrescentado pela Emenda Regimental n. 22, de 16-3-2016.

XLIV – Cautelar Inominada Criminal (CauInomCrim);

•• Inciso XLIV acrescentado pela Emenda Regimental n. 22, de 16-3-2016.

XLV – Alienação de Bens do Acusado (AlienBac);

•• Inciso XLV acrescentado pela Emenda Regimental n. 22, de 16-3-2016.

XLVI – Embargos de Terceiro (ET);

•• Inciso XLVI acrescentado pela Emenda Regimental n. 22, de 16-3-2016.

XLVII – Embargos do Acusado (EmbAc);

•• Inciso XLVII acrescentado pela Emenda Regimental n. 22, de 16-3-2016.

XLVIII – Insanidade Mental do Acusado (InsanAc);

•• Inciso XLVIII acrescentado pela Emenda Regimental n. 22, de 16-3-2016.

XLIX – Restituição de Coisas Apreendidas (ReCoAp);

•• Inciso XLIX acrescentado pela Emenda Regimental n. 22, de 16-3-2016.

L – Pedido de Uniformização de Interpretação de Lei (PUIL).

•• Inciso L acrescentado pela Emenda Regimental n. 22, de 16-3-2016.

Parágrafo único. O Presidente resolverá, mediante instrução normativa, as dúvidas que se suscitarem na classificação dos feitos e papéis, observando-se as seguintes normas:

•• Primitivo § 1.º passado a parágrafo único pela Emenda Regimental n. 4, de 2-12-1993.

I – na classe Comunicação (Com), incluem-se as comunicações de prisão;

II – na classe Recurso Especial (REsp), incluem-se os recursos especiais de modo geral: cíveis, criminais, em mandado de segurança e em *habeas corpus*;

III – a classe Recurso Ordinário (RO) compreende o recurso ordinário interposto nas causas em que forem partes Estado estrangeiro ou organismo internacional de um lado e, do outro, Município ou pessoa residente ou domiciliada no País;

•• Inciso III com redação determinada pela Emenda Regimental n. 24, de 28-9-2016.

IV – as classes Recurso em *Habeas Corpus* (RHC) e Recurso em Mandado de Segurança (RMS) compreendem os recursos ordinários interpostos na forma do disposto no art. 105, II, *a* e *b*, da Constituição;

•• Inciso IV com redação determinada pela Emenda Regimental n. 4, de 2-12-1993.

IV-A – a classe Suspensão em Incidente de Resolução de Demandas Repetitivas (SIRDR) compreende o pedido de suspensão de todos os processos individuais ou coletivos em curso no território nacional que versem sobre a questão objeto do incidente já instaurado;

•• Inciso IV-A acrescentado pela Emenda Regimental n. 22, de 16-3-2016.

V – na classe Inquérito (Inq), são incluídos os policiais e os administrativos que possam resultar em responsabilidade penal, e que só passarão à classe Ação Penal (APn) após oferecimento da denúncia ou queixa;

•• Inciso V com redação determinada pela Emenda Regimental n. 4, de 2-12-1993.

VI – na classe Sindicância (Sd), são incluídas as administrativas ou policiais, assim como quaisquer informações relativas à prática de ilícitos;

•• Inciso VI com redação determinada pela Emenda Regimental n. 7, de 1.º-3-2004.

VII – a classe Intervenção Federal (IF) compreende os pedidos autônomos e os formulados em execução de julgado do Tribunal; estes últimos serão autuados em apenso, salvo se os autos principais tiverem sido enviados a outra instância;

VIII – os expedientes que não tenham classificação específica, nem sejam acessórios ou incidentes, serão incluídos na classe Petição (Pet), se contiverem requerimento, ou na classe Comunicação (Com), em qualquer outro caso;

VIII-A – a classe Pedido de Uniformização de Interpretação de Lei (PUIL) compreende a medida interposta contra decisão:

•• Inciso VIII-A com redação determinada pela Emenda Regimental n. 24, de 28-9-2016.

a) da Turma Nacional de Uniformização no âmbito da Justiça Federal que, em questões de direito material, contrarie súmula ou jurisprudência dominante no Superior Tribunal de Justiça;

•• Alínea *a* acrescentada pela Emenda Regimental n. 24, de 28-9-2016.

b) da Turma Recursal dos Juizados Especiais da Fazenda Pública no âmbito dos Estados, do Distrito Federal, dos Territórios e dos Municípios quando as Turmas de diferentes Estados derem a lei federal interpretações divergentes, ou quando a decisão proferida estiver em contrariedade com súmula do Superior Tribunal de Justiça; e

•• Alínea *b* acrescentada pela Emenda Regimental n. 24, de 28-9-2016.

c) das Turmas de Uniformização dos Juizados Especiais da Fazenda Pública no âmbito dos Estados, do Distrito Federal, dos Territórios e dos Municípios quando a orientação adotada pelas Turmas de Uniformização contrariar súmula do Superior Tribunal de Justiça;

•• Alínea *c* acrescentada pela Emenda Regimental n. 24, de 28-9-2016.

VIII-B – a classe Pedido de Tutela Provisória (TP) compreende o pedido de tutela provisória de urgência de caráter antecedente;

•• Inciso VIII-B acrescentado pela Emenda Regimental n. 24, de 28-9-2016.

IX – não se altera a classe do processo:

a) pela oposição de Embargos de Declaração (EDcl) e pela interposição de Agravo Interno (AgInt);

•• Alínea *a* com redação determinada pela Emenda Regimental n. 22, de 16-3-2016.

b) pelos pedidos incidentes ou acessórios, inclusive pela interposição de exceções de impedimento e de suspeição;

c) pela arguição de inconstitucionalidade formulada incidentemente pelas partes;

d) pelos pedidos de execução, salvo a intervenção federal;

X – far-se-á na autuação nota distintiva do recurso ou incidente, quando este não alterar a classe e o número do processo.

Capítulo II
DA DISTRIBUIÇÃO

Art. 68. Os processos da competência do Tribunal serão distribuídos por classe, tendo, cada uma, designação distintiva e numeração segundo a ordem em que houverem sido apresentados os feitos, observando-se as classes mencionadas no art. 67.

Parágrafo único. Fazendo-se a distribuição pelo computador, além da numeração por classe, adotar-se-á numeração geral, que poderá ser a que tomou o feito na instância inferior, desde que integrada no sistema de computação eletrônica do Tribunal.

Art. 69. Far-se-á a distribuição dos feitos da competência do Tribunal mediante sorteio automático, por sistema informatizado, observados os princípios da publicidade e da alternatividade, bem como a instrução normativa prevista no art. 21, XX, deste Regimento.

•• *Caput* com redação determinada pela Emenda Regimental n. 22, de 16-3-2016.

Parágrafo único. O registro ao Presidente do Tribunal equipara-se em seus efeitos à distribuição regular.

•• Parágrafo único acrescentado pela Emenda Regimental n. 22, de 16-3-2016.

Art. 70. Far-se-á a distribuição entre todos os Ministros, inclusive os licenciados por até trinta dias.

§ 1.º A distribuição poderá ser dispensada pela Corte Especial.

§ 2.º Não será compensada a distribuição que deixar de ser feita ao Vice-Presidente, quando substituir o Presidente.

§ 3.º Em caso de impedimento do relator, será feito novo sorteio, compensando-se a distribuição.

§ 4.º Haverá também compensação quando o processo tiver de ser distribuído, por prevenção, a determinado Ministro.

§ 5.º O Ministro que se deva aposentar por implemento de idade ficará excluído da distribuição, a requerimento seu, durante os 60 (sessenta) dias que antecederem o afastamento; aplica-se a mesma regra ao que requerer aposentadoria, suspendendo-se a distribuição a partir da apresentação do requerimento e pelo prazo máximo de 60 (sessenta) dias. Se ocorrer desistência do pedido, proceder-se-á a compensação.

•• § 5.º acrescentado pela Emenda Regimental n. 4, de 2-12-1993.

§ 6.º Suspende-se a distribuição de processos, sem posterior compensação, aos Ministros que compõem o Tribunal Superior Eleitoral na condição de membros efetivos, nos seguintes termos:

•• § 6.º acrescentado pela Emenda Regimental n. 22, de 16-3-2016.

I – para o Corregedor da Justiça Eleitoral, entre os noventa dias anteriores e os trinta posteriores à data fixada para a realização das eleições;

•• Inciso I acrescentado pela Emenda Regimental n. 22, de 16-3-2016.

II – para o outro membro efetivo, entre os sessenta dias anteriores e os trinta posteriores à data fixada para a realização das eleições.

•• Inciso II acrescentado pela Emenda Regimental n. 22, de 16-3-2016.

Art. 71. A distribuição da ação, do recurso ou do incidente torna preventa a competência do relator para todos os feitos posteriores referentes ao mesmo processo ou a processo conexo, inclusive na fase de cumprimento de decisão; a distribuição do inquérito e da sindicância, bem como a realizada para efeito da concessão de fiança ou de decretação de prisão preventiva ou de qualquer diligência anterior à denúncia ou queixa, prevenirá a da ação penal.

•• *Caput* com redação determinada pela Emenda Regimental n. 24, de 28-9-2016.

§ 1.º Se o relator deixar o Tribunal ou transferir-se de Seção, a prevenção será do órgão julgador.

§ 2.º Vencido o relator, a prevenção referir-se-á ao Ministro designado para lavrar o acórdão.

§ 3.º Se o recurso tiver subido por decisão do relator no agravo de instrumento, ser-lhe-á distribuído ou ao seu sucessor.

§ 4.º A prevenção, se não for reconhecida de ofício, poderá ser arguida por qualquer das partes ou pelo órgão do Ministério Público, até o início do julgamento.

§ 5.º Observar-se-á a regra da distribuição por prevenção de processo para o Presidente de Seção e para as hipóteses previstas no art. 70, §§ 5.º e 6.º.

•• § 5.º acrescentado pela Emenda Regimental n. 24, de 28-9-2016.

§ 6.º Há prevenção nas ações e nos recursos decorrentes do mesmo procedimento policial investigatório, ainda que derivados de inquéritos diversos.

•• § 6.º acrescentado pela Emenda Regimental n. 24, de 28-9-2016.

Art. 72. Nos casos de afastamento de Ministro, proceder-se-á da seguinte forma:

•• *Caput* com redação determinada pela Emenda Regimental n. 1, de 23-5-1991.

I – se o afastamento for por prazo entre quatro e trinta dias, os processos considerados de natureza urgente, consoante fundada alegação do interessado, serão redistribuídos aos demais integrantes da respectiva Seção ou, se for o caso, da Corte Especial, com oportuna compensação;

•• Inciso I com redação determinada pela Emenda Regimental n. 22, de 16-3-2016.

II – se o afastamento for por prazo superior a trinta dias e não for convocado substituto, será suspensa a distribuição ao Ministro afastado, e os processos a seu cargo, considerados de natureza urgente, consoante fundada alegação do interessado, serão redistribuídos aos demais integrantes da respectiva Seção ou, se for o caso, da Corte Especial, com oportuna compensação;

•• Inciso II com redação determinada pela Emenda Regimental n. 22, de 16-3-2016.

III – se o afastamento for por prazo superior a 30 (trinta) dias e for convocado substituto, não haverá redistribuição, e o substituto receberá os processos que lhe forem distribuídos e os do substituído; nesta última hipótese, renova-se, se for caso, o pedido de data para o julgamento ou o relatório.

•• Inciso III acrescentado pela Emenda Regimental n. 1, de 23-5-1991.

Parágrafo único. Quando o Ministro afastado já houver proferido decisão em processo de competência de Turma, a redistribuição mencionada nas hipóteses dos incisos I e II far-se-á somente entre os membros daquele Órgão Julgador.

•• Parágrafo único acrescentado pela Emenda Regimental n. 22, de 16-3-2016.

Art. 73. Os embargos declaratórios e as questões incidentes terão como relator o Ministro que redigiu o acórdão embargado.

•• Artigo com redação determinada pela Emenda Regimental n. 7, de 1.º-3-2004.

Art. 74. No caso de embargos de divergência, apenas se fará o sorteio de novo relator.

•• Artigo com redação determinada pela Emenda Regimental n. 22, de 16-3-2016.

Art. 75. O prolator da decisão impugnada será o relator do agravo regimental, com direito a voto.

Art. 76. Na arguição de suspeição a Ministro, observar-se-á o disposto no art. 276.

•• Artigo com redação determinada pela Emenda Regimental n. 1, de 23-5-1991.

Art. 77. O Ministro eleito Presidente, Vice-Presidente ou Corregedor-Geral da Justiça Federal continuará como relator ou revisor do processo em que tiver lançado o relatório ou aposto o seu visto.

•• Artigo com redação determinada pela Emenda Regimental n. 22, de 16-3-2016.

Art. 78. Se a decisão embargada for de uma Turma, far-se-á distribuição dos embargos dentre os Ministros da outra; se da Corte Especial, serão excluídos da distribuição o relator e o revisor.

Art. 79. Na distribuição de ação rescisória e de revisão criminal, será observado o critério estabelecido no artigo anterior.

Parágrafo único. A distribuição do mandado de segurança contra ato do próprio Tribunal far-se-á de preferência a Ministro que não haja participado da decisão impugnada.

•• Parágrafo único acrescentado pela Emenda Regimental n. 2, de 4-6-1992.

Art. 80. O Ministro a quem tocar a distribuição é o preparador e relator do processo.

Capítulo III
DOS ATOS E FORMALIDADES

Seção I
Disposições Gerais

Art. 81. O ano judiciário no Tribunal divide-se em dois períodos, recaindo as férias dos Ministros nos períodos de 2 a 31 de janeiro e de 2 a 31 de julho.

§ 1.º O Tribunal iniciará e encerrará seus trabalhos, respectivamente, no primeiro e no último dia útil de cada período, com a realização de sessão da Corte Especial.

§ 2.º Além dos fixados em lei, serão feriados no Tribunal:

I – os dias compreendidos no período de 20 de dezembro a 6 de janeiro;

•• Inciso I com redação determinada pela Emenda Regimental n. 16, de 19-11-2014.

II – os dias da Semana Santa, compreendidos desde a quarta-feira até o domingo de Páscoa;

III – os dias de segunda e terça-feira de carnaval;

IV – os dias 11 de agosto, 1.º e 2 de novembro e 8 de dezembro.

Art. 82. Se a necessidade do serviço judiciário lhes exigir a contínua presença no Tribunal, gozarão trinta dias consecutivos de férias individuais, por semestre:

I – o Presidente e o Vice-Presidente;

II – o Corregedor-Geral da Justiça Federal.

•• Inciso II com redação determinada pela Emenda Regimental n. 22, de 16-3-2016.

Art. 83. Suspendem-se as atividades judicantes do Tribunal nos feriados, nas férias coletivas e nos dias em que o Tribunal o determinar.

§ 1.º Nas hipóteses previstas neste artigo, poderá o Presidente ou seu substituto legal decidir pedidos de liminar em mandado de segurança e *habeas corpus*, determinar liberdade provisória ou sustação de ordem de prisão, e demais medidas que reclamem urgência.

§ 2.º Os Ministros indicarão seu endereço para eventual convocação durante as férias.

Art. 84. Os atos e termos do processo serão autenticados, conforme o caso, mediante a assinatura ou rubrica dos Ministros ou a dos servidores para tal fim qualificados, podendo ser produzidos, transmitidos, armazenados e assinados por meio eletrônico, na forma da lei.

•• *Caput* com redação determinada pela Emenda Regimental n. 22, de 16-3-2016.

§§ 1.º a 3.º (*Revogados pela Emenda Regimental n. 22, de 16-3-2016.*)

Art. 85. As peças que devam integrar ato ordinatório, instrutório ou executório poderão ser a ele anexadas em cópia autenticada.

Art. 86. Se as nulidades ou irregularidades no processamento dos feitos forem sanáveis, proceder-se-á pelo modo menos oneroso para as partes e para o serviço do Tribunal.

Art. 87. A critério do Presidente do Tribunal, dos Presidentes das Seções, das Turmas ou do relator, a comunicação oficial dos atos será feita:

•• *Caput* com redação determinada pela Emenda Regimental n. 22, de 16-3-2016.

I – por servidor credenciado da Secretaria, na forma da lei processual;

•• Inciso I com redação determinada pela Emenda Regimental n. 22, de 16-3-2016.

II – por meio eletrônico, via postal ou qualquer outro modo eficaz de telecomunicação, com as cautelas necessárias à autenticação da mensagem e do seu recebimento.

•• Inciso II com redação determinada pela Emenda Regimental n. 22, de 16-3-2016.

Parágrafo único. Poder-se-á admitir a resposta pela forma indicada no inciso II deste artigo.

Art. 88. Da autuação e da publicação do expediente de cada processo constará, além do nome das partes e o de seu advogado, o da respectiva sociedade a que pertença, desde que esta esteja devidamente registrada na Ordem dos Advogados do Brasil.

•• *Caput* com redação determinada pela Emenda Regimental n. 22, de 16-3-2016.

§ 1.º Constando dos autos pedido expresso para que as comunicações dos atos processuais sejam feitas especificamente em nome dos advogados ou das sociedades indicadas, a Secretaria adotará as medidas necessárias ao seu atendimento, conforme a lei processual.

•• § 1.º com redação determinada pela Emenda Regimental n. 22, de 16-3-2016.

§ 2.º O Presidente do Tribunal, mediante ato próprio, disciplinará o cadastramento das sociedades de advogados perante o Superior Tribunal de Justiça, para atender aos fins previstos na legislação processual.

•• § 2.º com redação determinada pela Emenda Regimental n. 22, de 16-3-2016.

Art. 89. As pautas do Plenário, da Corte Especial, das Seções e das Turmas serão organizadas pelos Secretários, com aprovação dos respectivos Presidentes.

Art. 90. A publicação da pauta de julgamento antecederá cinco dias úteis, pelo menos, à sessão em que os processos poderão ser chamados e será certificada nos autos.

•• *Caput* com redação determinada pela Emenda Regimental n. 20, de 2-12-2015.

§ 1.º A pauta de julgamento será afixada na entrada da sala em que se realizará a sessão de julgamento.

•• § 1.º com redação determinada pela Emenda Regimental n. 20, de 2-12-2015.

§ 2.º Serão incluídos em nova pauta os processos que não tiverem sido julgados, salvo aqueles expressamente adiados para a primeira sessão seguinte, observado o disposto no parágrafo único do art. 150 deste Regimento.

•• § 2.º com redação determinada pela Emenda Regimental n. 20, de 2-12-2015.

Art. 91. Independem de pauta:

I – o julgamento de *habeas corpus*, recursos de *habeas corpus*, conflitos de competência e de atribuições e exceções de suspeição e impedimento;

•• Inciso I com redação determinada pela Emenda Regimental n. 22, de 16-3-2016.

II – as questões de ordem sobre o processamento de feitos.

Parágrafo único. A regra deste artigo não se aplica ao processo cuja matéria tenha sido objeto de audiência pública nos termos do inciso I do art. 185 deste Regimento.

•• Parágrafo único com redação determinada pela Emenda Regimental n. 22, de 16-3-2016.

Art. 92. Os editais destinados à divulgação do ato poderão conter, apenas, o essencial à defesa ou à resposta, observados os requisitos processuais.

§ 1.º A parte que requerer a publicação nos termos deste artigo fornecerá o respectivo resumo, respondendo pelas suas deficiências, nos termos da lei processual.

•• § 1.º com redação determinada pela Emenda Regimental n. 22, de 16-3-2016.

§ 2.º O prazo do edital será determinado entre vinte e sessenta dias, a critério do relator, e correrá da data de sua publicação no *Diário da Justiça eletrônico*, com observância da lei processual.

•• § 2.º com redação determinada pela Emenda Regimental n. 22, de 16-3-2016.

§ 3.º A publicação do edital deverá ser feita no prazo de vinte dias, contados de sua expedição, e certificada nos autos, sob pena de extinguir-se o processo sem resolução do mérito, se a parte, intimada pelo *Diário da Justiça eletrônico*, não suprir a falta em dez dias.

•• § 3.º com redação determinada pela Emenda Regimental n. 22, de 16-3-2016.

§ 4.º O prazo para a defesa ou resposta começará a correr do termo do prazo determinado no edital.

Art. 93. Nenhuma publicação terá efeito de citação ou intimação, quando ocorrida nos feriados ou nas férias do Tribunal, salvo nos casos do art. 83, § 1.º.

Art. 94. A vista às partes transcorre na Secretaria, podendo o advogado retirar autos nos casos previstos em lei, mediante recibo.

§ 1.º Os advogados constituídos após a remessa do processo ao Tribunal poderão, a requerimento, ter vista dos autos, na oportunidade e pelo prazo que o relator estabelecer.

§ 2.º O relator indeferirá o pedido, se houver justo motivo.

Seção II
Das Atas e da Reclamação por Erro

Art. 95. As atas serão lidas e submetidas à aprovação na sessão seguinte.

Art. 96. Contra erro contido em ata, poderá o interessado reclamar, dentro de quarenta e oito horas, em petição dirigida ao Presidente do Tribunal, da Seção ou da Turma, conforme o caso.

§ 1.º Não se admitirá a reclamação quando importar modificação do julgado.

§ 2.º A reclamação não suspenderá o prazo para recurso, salvo o disposto no art. 98.

Art. 97. A petição será entregue ao protocolo, e por este encaminhada ao encarregado da ata, que a levará a despacho no mesmo dia com sua informação.

Art. 98. Se o pedido for julgado procedente, far-se-á retificação da ata e nova publicação.

• *Vide* art. 96, § 2.º, deste Regimento Interno.

Art. 99. A decisão que julgar a reclamação será irrecorrível.

Seção III
Das Decisões e Notas Taquigráficas

Art. 100. As conclusões da Corte Especial, da Seção e da Turma, em suas decisões, constarão de acórdão no qual o relator se reportará às notas taquigráficas do julgamento, que dele farão parte integrante.

Parágrafo único. Dispensam acórdão:

I – a remessa do feito à Seção ou à Corte Especial, em razão da relevância da questão jurídica, ou da necessidade de prevenir divergência entre as Turmas;

II – a remessa do feito à Corte Especial, ou à Seção respectiva, para o fim de ser compendiada em Súmula a jurisprudência do Tribunal, ou para revisão da Súmula;

III – a conversão do julgamento em diligência;

IV – se o órgão julgador do Tribunal o determinar.

Art. 101. Subscreve o acórdão o relator que o lavrou, e, na Corte Especial, também o Ministro que presidiu o julgamento. Se o relator for vencido na questão principal, ficará designado o revisor para redigir o acórdão. Se não houver revisor, ou se este também tiver sido vencido, será designado para redigir o acórdão o Ministro que proferiu o primeiro voto vencedor (art. 52, II).

•• *Caput* com redação determinada pela Emenda Regimental n. 6, de 12-8-2002.

§ 1.º Se o relator, por ausência ou outro motivo relevante, não o puder fazer, lavrará o acórdão o revisor, ou o Ministro que o seguir na ordem de antiguidade.

§ 2.º Se o Ministro que presidiu o julgamento na Corte Especial, por ausência ou outro motivo relevante, não puder assinar o acórdão, apenas o relator o fará, mencionando-se, no local da assinatura do Presidente, a circunstância.

•• § 2.º com redação determinada pela Emenda Regimental n. 6, de 12-8-2002.

Art. 102. A publicação do acórdão por suas conclusões e ementa far-se-á, para intimar as partes, no *Diário da Justiça eletrônico*.

•• *Caput* com redação determinada pela Emenda Regimental n. 22, de 16-3-2016.

Parágrafo único. As partes serão intimadas, das decisões em que se tiver dispensado o acórdão, pela publicação da ata da sessão de julgamento.

Art. 103. Em cada julgamento, as notas taquigráficas registrarão o relatório, a discussão, os votos fundamentados, bem como as perguntas feitas aos advogados e suas respostas, e serão juntadas aos autos, com o acórdão, depois de revistas e rubricadas.

§ 1.º Prevalecerão as notas taquigráficas, se o seu teor não coincidir com o do acórdão.

§ 2.º As inexatidões materiais e os erros de escrita ou cálculo contidos na decisão poderão ser corrigidos por despacho do relator, ou por via de embargos de declaração, quando couberem.

§ 3.º Encaminhadas as notas taquigráficas ao Gabinete do Ministro, este as devolverá no prazo improrrogável de vinte dias, devidamente revisadas e rubricadas.

§ 4.º Decorridos vinte dias do recebimento das notas taquigráficas, contados da data da entrada no Gabinete do Ministro, os autos serão conclusos ao relator, para que lavre o acórdão.

§ 5.º Se a nota taquigráfica não devolvida disser respeito ao relator, será o processo ao mesmo concluso, com cópia da nota taquigráfica não revista, para lavratura do acórdão.

§ 6.º A publicação do acórdão no *Diário da Justiça eletrônico* far-se-á no prazo máximo de trinta dias, contado a partir da data da sessão em que tiver sido proclamado o resultado do julgamento.

•• § 6.º acrescentado pela Emenda Regimental n. 19, de 11-11-2015.

§ 7.º Escoado o prazo de que trata o parágrafo anterior sem que tenha sido publicado o acórdão, a secretaria do órgão julgador providenciará, nos dez dias subsequentes, a publicação das respectivas notas taquigráficas, independentemente de revisão, adotando-se como ementa o extrato da certidão de julgamento.

•• § 7.º acrescentado pela Emenda Regimental n. 19, de 11-11-2015.

§ 8.º O prazo de publicação ficará suspenso nos períodos de recesso e de férias coletivas.

•• § 8.º acrescentado pela Emenda Regimental n. 19, de 11-11-2015.

Art. 104. Também se juntará aos autos, como parte integrante do acórdão, a minuta do julgamento, que conterá:

I – a decisão proclamada pelo Presidente;

II – os nomes do Presidente do órgão julgador, do relator, ou, quando vencido, do que for designado, dos demais Ministros que tiverem participado do julgamento e do Subprocurador-Geral, quando presente;

III – os nomes dos Ministros impedidos e ausentes;

IV – os nomes dos advogados que tiverem feito sustentação oral.

Art. 104-A. Os acórdãos proferidos em julgamento de incidente de assunção de competência e de recursos especiais repetitivos deverão, nos termos do § 3.º do art. 1.038, c/c art. 984, § 2.º, do Código de Processo Civil, conter:

•• *Caput* acrescentado pela Emenda Regimental n. 24, de 28-9-2016.

I – os fundamentos relevantes da questão jurídica discutida, favoráveis ou contrários, entendidos esses como a conclusão dos argumentos deduzidos no processo capazes de, em tese, respectivamente, confirmar ou infirmar a conclusão adotada pelo órgão julgador;

•• Inciso I acrescentado pela Emenda Regimental n. 24, de 28-9-2016.

II – a definição dos fundamentos determinantes do julgado;

•• Inciso II acrescentado pela Emenda Regimental n. 24, de 28-9-2016.

III – a tese jurídica firmada pelo órgão julgador, em destaque;

•• Inciso III acrescentado pela Emenda Regimental n. 24, de 28-9-2016.

IV – a solução dada ao caso concreto pelo órgão julgador.

•• Inciso IV acrescentado pela Emenda Regimental n. 24, de 28-9-2016.

§ 1.º Para definição dos fundamentos determinantes do julgado, o processo poderá ter etapas diferentes de deliberação, caso o órgão julgador, mesmo com votos convergentes, tenha adotado fundamentos diversos para a solução da causa.

•• § 1.º acrescentado pela Emenda Regimental n. 24, de 28-9-2016.

§ 2.º O Presidente do órgão julgador, identificando que o(s) fundamento(s) determinante(s) para o julgamento da causa não possui(em) a adesão da maioria dos votos dos Ministros, convocará, na mesma sessão de julgamento, nova etapa de deliberação, que contemplará apenas a definição do(s) fundamento(s) determinante(s).

•• § 2.º acrescentado pela Emenda Regimental n. 24, de 28-9-2016.

Seção IV
Dos Prazos

Art. 105. A contagem dos prazos observará o disposto na lei processual.

•• *Caput* com redação determinada pela Emenda Regimental n. 22, de 16-3-2016.

§§ 1.º e 2.º (*Revogados pela Emenda Regimental n. 22, de 16-3-2016.*)

Art. 106. Não correm os prazos no período aludido no art. 81, § 2.º, I, e nas férias, salvo nas hipóteses previstas em lei.

•• *Caput* com redação determinada pela Emenda Regimental n. 1, de 23-5-1991.

§ 1.º Nos casos deste artigo, os prazos começam ou continuam a fluir no dia de reabertura do expediente.

§ 2.º Também não corre prazo nas hipóteses previstas em lei, quando houver obstáculo criado em detrimento da parte ou for comprovado motivo de força maior, reconhecido pelo Tribunal.

•• § 2.º com redação determinada pela Emenda Regimental n. 22, de 16-3-2016.

§ 3.º As informações oficiais apresentadas fora do prazo por justo motivo poderão ser admitidas, se ainda oportuna a sua apreciação.

Art. 107. Mediante pedido conjunto das partes, o relator poderá admitir prorrogação de prazo por tempo razoável.

Art. 108. Os prazos para diligências serão fixados nos atos que as ordenarem, salvo disposição em contrário deste Regimento.

Art. 109. Os prazos não especificados em lei ou neste Regimento serão fixados pela Corte Especial, pelo Presidente, pelas Seções, pelas Turmas, ou por seus Presidentes, ou pelo relator, conforme o caso.

§ 1.º Computar-se-á em dobro o prazo para manifestações nos autos, quando forem partes o Ministério Público, a Defensoria Pública, a União, os Estados, o Distrito Federal, os Municípios ou suas respectivas autarquias e fundações de direito público.

•• § 1.º com redação determinada pela Emenda Regimental n. 24, de 28-9-2016.

§ 2.º O Ministério Público, a Defensoria Pública e os entes públicos mencionados no § 1.º serão intimados pessoalmente, mediante carga, nos autos físicos, ou por meio eletrônico, contando-se-lhes em dobro todos os prazos.

•• § 2.º com redação determinada pela Emenda Regimental n. 24, de 28-9-2016.

§ 3.º Não se aplica o prazo em dobro ao Ministério Público quando se tratar de processo criminal.

•• § 3.º acrescentado pela Emenda Regimental n. 24, de 28-9-2016.

Art. 110. Os prazos para os Ministros, salvo acúmulo de serviço, se de outra forma não dispuser a lei processual ou este Regimento, são os seguintes:

•• *Caput* com redação determinada pela Emenda Regimental n. 22, de 16-3-2016.

I – dez dias para atos administrativos e para decisões interlocutórias;

•• Inciso I com redação determinada pela Emenda Regimental n. 22, de 16-3-2016.

II – vinte dias para o "visto" do revisor;

III – trinta dias para o "visto" do relator.

Art. 111. Salvo disposição em contrário, os servidores do Tribunal terão o prazo de cinco dias para executar os atos do processo, inclusive para certificar a data do trânsito em julgado da decisão e, na sequência, independentemente de despacho e conforme o caso, arquivar os autos, remeter ao Supremo Tribunal Federal ou baixar ao juízo de origem.

•• Artigo com redação determinada pela Emenda Regimental n. 22, de 16-3-2016.

Seção V
Das Despesas Processuais

• *Vide* Súmula 187 do STJ.

Art. 112. No Tribunal, serão devidas custas nos processos de sua competência originária e recursal, nos termos da lei.

•• *Caput* com redação determinada pela Emenda Regimental n. 9, de 24-9-2008.

§ 1.º Não são custas os preços cobrados pelo fornecimento de cópias autenticadas ou não, ou de certidões e traslados por fotocópia ou processo equivalente de reprodução.

§ 2.º O pagamento dos preços será antecipado ou garantido com depósito, consoante tabela aprovada pelo Presidente.

• A Portaria n. 57, de 10-6-2005, do STJ, publica a tabela de preços a que se refere este artigo.

§ 3.º O Presidente do Tribunal, anualmente, fará expedir a tabela de custas atualizada segundo o índice estabelecido em lei.

•• § 3.º acrescentado pela Emenda Regimental n. 9, de 24-9-2008.

§ 4.º É dispensado o recolhimento do porte de remessa e de retorno no processo em autos eletrônicos.

•• § 4.º acrescentado pela Emenda Regimental n. 22, de 16-3-2016.

§ 5.º O Presidente do Tribunal, mediante instrução normativa, disciplinará o regime de cobrança do porte de remessa e retorno dos autos dos processos que tiverem de ser digitalizados.

•• § 5.º acrescentado pela Emenda Regimental n. 22, de 16-3-2016.

Art. 113. O preparo de recurso da competência do Supremo Tribunal Federal será feito no prazo e na forma do disposto na lei processual, bem como no Regimento Interno e na Tabela de Custas do Supremo Tribunal Federal.

•• Artigo com redação determinada pela Emenda Regimental n. 22, de 16-3-2016.

Seção VI
Da Assistência Judiciária

Art. 114. O requerimento dos benefícios da assistência judiciária, no Tribunal, será apresentado ao Presidente ou ao relator, conforme o estado da causa, na norma da Lei n. 1.060/50, com as alterações introduzidas pela Lei n. 7.510/86.

• A Lei n. 1.060, de 5-2-1950, estabelece normas para a concessão de assistência judiciária aos necessitados.

Art. 115. Sem prejuízo da nomeação, quando couber, de defensor ou curador dativo, o pedido de assistência judiciária será decidido de acordo com a legislação em vigor.

§ 1.º Não cabe recurso da decisão que se proferir, mas a Corte Especial, a Seção ou a Turma, ao conhecerem do feito, poderão conceder o benefício negado.

§ 2.º Prevalecerá no Tribunal a assistência judiciária já concedida em outra instância.

Art. 116. Nos crimes de ação privada, o Presidente ou o relator, a requerimento da parte necessitada, oficiará à Defensoria Pública da União para que promova a ação penal quando de competência originária do Tribunal, ou intimará membro da Defensoria Pública a prosseguir no processo quando em grau de recurso.

•• Artigo com redação determinada pela Emenda Regimental n. 19, de 11-11-2015.

Seção VII
Dos Dados Estatísticos

Art. 117. Serão divulgados, mensalmente, dados estatísticos sobre os trabalhos do Tribunal no mês anterior, entre os quais: o número de votos que cada Ministro, nominalmente indicado, proferiu como relator ou revisor, o número de feitos que lhe foram distribuídos no mesmo período e o número de processos que recebeu em consequência de pedido de vista ou como revisor.

Parágrafo único. Os dados estatísticos solicitados pelo Conselho Nacional de Justiça serão transmitidos eletronicamente.

•• Parágrafo único acrescentado pela Emenda Regimental n. 22, de 16-3-2016.

Capítulo IV
DA JURISPRUDÊNCIA

Seção I
Da Uniformização de Jurisprudência

Arts. 118 a 121. (*Revogados pela Emenda Regimental n. 22, de 16-3-2016.*)

Seção I-A
Do Registro e da Formação dos Precedentes Qualificados

•• Seção I-A acrescentada pela Emenda Regimental n. 24, de 28-9-2016.

Art. 121-A. Os acórdãos proferidos em julgamento de incidente de assunção de competência e de recursos especiais repetitivos bem como os enunciados de súmulas do Superior Tribunal de Justiça constituem, segundo o art. 927 do Código de Processo Civil, precedentes qualificados de estrita observância pelos Juízes e Tribunais.

•• *Caput* acrescentado pela Emenda Regimental n. 24, de 28-9-2016.

§ 1.º Os incidentes de assunção de competência e os processos afetados para julgamento sob o rito dos recursos especiais repetitivos serão organizados e divulgados por meio de enunciados de temas com numeração sequencial, contendo o registro da matéria a ser decidida e, após o julgamento, a tese firmada e seus fundamentos determinantes.

•• § 1.º acrescentado pela Emenda Regimental n. 24, de 28-9-2016.

§ 2.º Os precedentes qualificados deverão ser divulgados na internet, de forma sistematizada, com a indicação precisa das informações relacionadas a todas as fases percorridas de seu procedimento.

•• § 2.º acrescentado pela Emenda Regimental n. 24, de 28-9-2016.

Seção II
Da Súmula

Art. 122. A jurisprudência firmada pelo Tribunal será compendiada na Súmula do Superior Tribunal de Justiça.

§ 1.º Poderão ser inscritos na súmula os enunciados correspondentes às decisões firmadas por unanimidade dos membros componentes da Corte Especial ou da Seção, em um caso, por maioria absoluta em pelo menos dois julgamentos concordantes.

•• § 1.º com redação determinada pela Emenda Regimental n. 24, de 28-9-2016.

§ 2.º A inclusão da matéria objeto de julgamento na Súmula da Jurisprudência do Tribunal será deliberada pela Corte Especial ou pela Seção, por maioria absoluta dos seus membros.

§ 3.º Se a Seção entender que a matéria a ser sumulada é comum às Seções, remeterá o feito à Corte Especial.

Art. 123. Os enunciados da Súmula, seus adendos e emendas, datados e numerados, serão publicados três vezes no *Diário da União*, em datas próximas.

Parágrafo único. As edições ulteriores da Súmula incluirão os adendos e emendas.

Art. 124. A citação da Súmula pelo número correspondente dispensará, perante o Tribunal, a referência a outros julgados no mesmo sentido.

Art. 125. Os enunciados da Súmula prevalecem e serão revistos na forma estabelecida neste Regimento Interno.

§ 1.º Qualquer dos Ministros poderá propor, em novos feitos, a revisão da jurisprudência compendiada na Súmula, sobrestando-se o julgamento, se necessário.

§ 2.º Se algum dos Ministros propuser revisão da jurisprudência compendiada na Súmula, em julgamento perante a Turma, esta, se acolher a proposta, remeterá o feito ao julgamento da Corte Especial, ou da Seção, dispensada a lavratura do acórdão, juntando-se, entretanto, as notas taquigráficas e tomando-se o parecer do Ministério Público Federal.

§ 3.º A alteração ou o cancelamento do enunciado da Súmula serão deliberados na Corte Especial ou nas Seções, conforme o caso, por maioria absoluta dos seus membros, com a presença de, no mínimo, dois terços de seus componentes.

§ 4.º Ficarão vagos, com a nota correspondente, para efeito de eventual restabelecimento, os números dos enunciados que o Tribunal cancelar ou alterar, tomando os que forem modificados novos números da série.

Art. 126. Qualquer Ministro poderá propor, na Turma, a remessa do feito à Corte Especial, ou à Seção, para o fim de ser compendiada em Súmula a jurisprudência do Tribunal, quando verificar que as Turmas não divergem na interpretação do direito.

§ 1.º Na hipótese referida neste artigo, dispensam-se a lavratura de acórdão e a juntada de notas taquigráficas, certificada nos autos a decisão da Turma.

§ 2.º O processo e o julgamento observarão, no que couber, o disposto nos arts. 271-B e seguintes deste Regimento.

•• § 2.º com redação determinada pela Emenda Regimental n. 24, de 28-9-2016.

§ 3.º A Comissão de Jurisprudência poderá, também, propor à Corte Especial ou à Seção que seja compendiada em Súmula a jurisprudência do Tribunal, quando verificar que as Turmas não divergem na interpretação do direito.

§ 4.º Proferido o julgamento, em decisão tomada pela maioria absoluta dos membros que integram o Órgão Julgador, o relator deverá redigir o projeto de súmula, a ser aprovado pelo Tribunal na mesma sessão ou na primeira sessão ordinária seguinte.

•• § 4.º acrescentado pela Emenda Regimental n. 22, de 16-3-2016.

Art. 127. Quando convier pronunciamento da Corte Especial ou da Seção, em razão da relevância da questão jurídica, ou da necessidade de prevenir divergências entre as Turmas, o relator, ou outro Ministro, no julgamento de qualquer recurso, poderá propor a remessa do feito à apreciação da Seção respectiva, ou da Corte Especial, se a matéria for comum às Seções.

§ 1.º Acolhida a proposta, a Turma remeterá o feito ao julgamento da Seção ou da Corte Especial, dispensada a lavratura do acórdão. Com as notas taquigráficas, os autos irão ao Presidente do órgão do Tribunal, para designar a sessão de julgamento. A Secretaria expedirá cópias autenticadas do relatório e das notas taquigráficas e fará sua distribuição aos Ministros que compuserem o órgão competente para o julgamento.

§ 2.º Proferido o julgamento, cópia do acórdão será, no prazo da sua publicação, remetida à Comissão de Jurisprudência, para elaboração de projeto de Súmula, se for o caso.

Seção III
Da Divulgação da Jurisprudência

•• Seção com redação determinada pela Emenda Regimental n. 1, de 23-5-1991.

Art. 128. A jurisprudência do Tribunal será divulgada pelas seguintes publicações:

I – *Diário da Justiça eletrônico*;

•• Inciso I com redação determinada pela Emenda Regimental n. 22, de 16-3-2016.

• A Resolução n. 8, de 20-9-2007, institui o *DJe* do STJ – DJ *on-line*.

II – (*Revogado pela Emenda Regimental n. 10, de 11-11-2009*);

III – Revista do Superior Tribunal de Justiça;

IV – repositórios autorizados.

•• Artigo com redação determinada pela Emenda Regimental n. 1, de 23-5-1991.

Art. 129. Serão publicadas no *Diário da Justiça eletrônico* as ementas de todos os acórdãos do Tribunal e as decisões dos relatores, sem prejuízo de sua divulgação em meio eletrônico diverso.

•• *Caput* com redação determinada pela Emenda Regimental n. 22, de 16-3-2016.

•• A referência é feita ao CPC de 1973. Dispositivo correspondente no CPC de 2015: art. 272, *caput* e § 2.º.

§ 1.º Autorizando o relator, as suas decisões poderão ser publicadas por ementas.

•• § 1.º acrescentado pela Emenda Regimental n. 6, de 12-8-2002.

§ 2.º Quando de idêntico conteúdo, as decisões e as ementas de acórdãos e de decisões poderão ser publicadas com única redação, indicando-se o número dos respectivos processos.

•• § 2.º acrescentado pela Emenda Regimental n. 6, de 12-8-2002.

Art. 130. (*Revogado pela Emenda Regimental n. 10, de 11-11-2009*).

Art. 131. Na Revista do Superior Tribunal de Justiça serão publicados em seu inteiro teor:

I – os acórdãos selecionados pelo Ministro Diretor;

II – os atos normativos expedidos pelo Tribunal e pelo Conselho de Justiça Federal;

III – as Súmulas editadas pela Corte e pelas Seções.

•• *Caput* e incisos com redação determinada pela Emenda Regimental n. 1, de 23-5-1991.

§ 1.º As decisões sobre matéria constitucional e as que ensejarem a edição de Súmulas serão, também, publicadas em volumes seriados, distintos da publicação normal da Revista.

•• § 1.º com redação determinada pela Emenda Regimental n. 1, de 23-5-1991.

§ 2.º A Comissão de Jurisprudência colaborará na seleção dos acórdãos a publicar, dando-se preferência aos que forem indicados pelos respectivos relatores.

•• § 2.º com redação determinada pela Emenda Regimental n. 1, de 23-5-1991.

§ 3.º A Revista poderá editar números especiais, para memória de eventos relevantes do Tribunal.

•• § 3.º com redação determinada pela Emenda Regimental n. 1, de 23-5-1991.

Art. 132. A direção da Revista é exercida por um Ministro, escolhido pelo Tribunal, nos termos do art. 17 deste Regimento.

•• *Caput* com redação determinada pela Emenda Regimental n. 4, de 2-12-1993.

Parágrafo único. No caso de vacância, o Tribunal escolherá outro Ministro para completar o período.

•• Parágrafo único com redação determinada pela Emenda Regimental n. 1, de 23-5-1991.

Art. 133. São repositórios autorizados as publicações de entidades oficiais ou particulares, habilitadas na forma deste Regimento.

•• Artigo com redação determinada pela Emenda Regimental n. 1, de 23-5-1991.

• A Instrução Normativa n. 1, de 16-4-2002, do STJ, dispõe sobre o registro dos repositórios autorizados e credenciados da jurisprudência do STJ.

Art. 134. Para a habilitação prevista no artigo anterior, o representante ou editor responsável pela publicação solicitará inscrição por escrito ao Ministro Diretor da Revista, com os seguintes elementos:

• *Vide* nota ao artigo anterior.

I – denominação, sede e endereço da pessoa jurídica que edita a revista;

II – nome de seu diretor ou responsável;

III – um exemplar dos 3 (três) números antecedentes ao mês do pedido de inscrição, dispensáveis no caso de a Biblioteca do Tribunal já os possuir;

IV – compromisso de os acórdãos selecionados para publicação corresponderem, na íntegra, às cópias fornecidas, gratuitamente, pelo Tribunal, autorizada a supressão do nome das partes e seus advogados.

•• *Caput* e incisos com redação determinada pela Emenda Regimental n. 1, de 23-5-1991.

Parágrafo único. Poderão ser credenciadas como repositório da jurisprudência, para os efeitos do § 1.º, *b*, do art. 255 deste Regimento, publicações especializadas, sem a obrigação de divulgar a jurisprudência deste Tribunal.

•• Parágrafo único com redação determinada pela Emenda Regimental n. 1, de 23-5-1991.

Art. 135. O deferimento da inscrição implicará a obrigação de fornecer, gratuitamente, 2 (dois) exemplares de cada publicação subsequente à Biblioteca do Tribunal.

•• Artigo com redação determinada pela Emenda Regimental n. 1, de 23-5-1991.

Art. 136. A inscrição poderá ser cancelada a qualquer tempo, por conveniência do Tribunal.

•• Artigo com redação determinada pela Emenda Regimental n. 1, de 23-5-1991.

Art. 137. As publicações inscritas poderão mencionar seu registro como repositórios autorizados de divulgação dos julgados do Tribunal.

•• Artigo com redação determinada pela Emenda Regimental n. 1, de 23-5-1991.

Art. 138. A direção da Revista manterá em dia o registro das inscrições e cancelamentos, articulando-se com a Biblioteca para efeito de acompanhar o atendimento da obrigação prevista no art. 135.

•• Artigo com redação determinada pela Emenda Regimental n. 1, de 23-5-1991.

TÍTULO II
DAS PROVAS

CAPÍTULO I
DISPOSIÇÃO GERAL

Art. 139. A proposição, admissão e produção de provas, no Tribunal, obedecerão às leis processuais, observados os preceitos especiais deste título.

CAPÍTULO II
DOS DOCUMENTOS E INFORMAÇÕES

Art. 140. Se a parte não puder instruir, desde logo, suas alegações, por impedimento ou demora em obter certidões ou cópias autenticadas de notas ou registros em estabelecimentos públicos, o relator conceder-lhe-á prazo para esse fim ou as requisitará diretamente àqueles estabelecimentos.

Art. 141. (*Revogado pela Emenda Regimental n. 22, de 16-3-2016.*)

Art. 142. Em caso de impugnação, ou por determinação do relator, as partes deverão provar a fidelidade da transcrição de textos de leis e demais atos do poder público, bem como a vigência e o teor de normas pertinentes à causa, quando emanarem de Estado estrangeiro, de organismo internacional, ou, no Brasil, de Estados e Municípios.

Art. 143. A parte será intimada por publicação no *Diário da Justiça eletrônico* ou, se o relator o determinar, pela forma indicada no art. 87 deste Regimento, para pronunciar-se sobre documento juntado pela parte contrária, após a última intervenção dela no processo.

•• Artigo com redação determinada pela Emenda Regimental n. 22, de 16-3-2016.

Art. 144. Os Ministros poderão solicitar esclarecimentos ao advogado, durante o julgamento, sobre peças dos autos e sobre as citações que tiver feito de textos legais, de precedentes judiciais e de trabalhos doutrinários.

CAPÍTULO III
DA APRESENTAÇÃO DE PESSOAS E OUTRAS DILIGÊNCIAS

Art. 145. Quando, em qualquer processo, for necessária a apresentação da parte ou de terceiro que não tiver atendido à notificação, a Corte Especial, a Seção, a Turma ou o relator poderá expedir ordem de condução de recalcitrante.

Art. 146. Observar-se-ão as formalidades da lei na realização de exames periciais, arbitramentos, buscas e apreensões, na exibição e conferência de documentos e em quaisquer outras diligências determinadas ou deferidas pela Corte Especial, pela Seção, pela Turma ou pelo relator.

CAPÍTULO IV
DOS DEPOIMENTOS

Art. 147. Os depoimentos poderão ser taquigrafados ou estenotipados, com ou sem apoio de registro audiovisual, sendo as tiras, ou notas respectivas, rubricadas no ato pelo relator, pelo depoente, pelo membro do Ministério Público e pelos advogados e, depois de traduzidas, serão os respectivos termos devidamente assinados.

•• *Caput* com redação determinada pela Emenda Regimental n. 22, de 16-3-2016.

§ 1.º Admite-se a prática de atos processuais por meio de videoconferência ou de outro recurso tecnológico de transmissão de sons e imagens em tempo real.

•• § 1.º acrescentado pela Emenda Regimental n. 22, de 16-3-2016.

§ 2.º Aplica-se o disposto neste artigo ao interrogatório.

•• § 2.º acrescentado pela Emenda Regimental n. 22, de 16-3-2016.

TÍTULO III
DAS SESSÕES

CAPÍTULO I
DISPOSIÇÕES GERAIS

Art. 148. O Plenário reúne-se, mediante convocação do Presidente, quando houver matéria em pauta.

Parágrafo único. Haverá sessão da Corte Especial, de Seção ou de Turmas nos dias designados e, extraordinariamente, mediante convocação especial.

Art. 149. Nas sessões, o Presidente tem assento na parte central da mesa de julgamento, ficando o representante do Ministério Público à sua direita. Os demais Ministros sentar-se-ão, pela ordem de antiguidade, alternadamente, nos lugares laterais, a começar pela direita.

§ 1.º Se o Presidente do Tribunal comparecer à Seção ou à Turma, para julgar processo a que estiver vinculado, assumirá a sua presidência.

§ 2.º Havendo juiz convocado, este tomará o lugar do Ministro mais moderno; se houver mais de um juiz convocado, a antiguidade será regulada na seguinte ordem:

a) pela data da convocação;

b) pela posse no Tribunal de origem.

Art. 150. As sessões ordinárias começarão às quatorze horas, podendo ser prorrogadas após as dezoito horas, sempre que o serviço o exigir.

Parágrafo único. Em caso de acúmulo de processos pendentes de julgamento, poderá a Seção ou a Turma marcar o prosseguimento da sessão para o subsequente dia livre, considerando-se intimados os interessados, mediante o anúncio em sessão.

•• Parágrafo único com redação determinada pela Emenda Regimental n. 1, de 23-5-1991.

Art. 151. As sessões e votações serão públicas, ressalvada a hipótese prevista no art. 93, IX, da Constituição Federal e as disposições inscritas nos arts. 182, 183 e 184 deste Regimento.

§ 1.º Os advogados ocuparão a tribuna para formular requerimento, produzir sustentação oral, ou para responder às perguntas que lhes forem feitas pelos Ministros.

§ 2.º Aos advogados é facultado requerer que conste de ata sua presença na sessão de julgamento, podendo prestar esclarecimentos em matéria de fato.

§ 3.º Os advogados deverão usar beca sempre que ocuparem a tribuna.

Art. 152. Nas sessões do Plenário, da Corte Especial, de Seção e de Turma, observar-se-á a seguinte ordem, no que couber:

I – verificação do número de Ministros;

II – leitura, discussão e aprovação da ata da sessão anterior;

III – indicações e propostas;

IV – julgamento dos processos.

Art. 153. Os processos conexos poderão ser objeto de um só julgamento, fazendo-se a oportuna apensação.

Parágrafo único. Os processos que versem sobre a mesma questão jurídica, ainda que apresentem aspectos peculiares, poderão ser julgados conjuntamente.

•• Parágrafo único acrescentado pela Emenda Regimental n. 1, de 23-5-1991.

Art. 154. No julgamento das ações penais originárias, das revisões criminais, dos pedidos de intervenção federal, dos recursos especiais, dos embargos de divergência, dos recursos ordinários, dos mandados de segurança, dos recursos ordinários em mandados de segurança, dos mandados de injunção e das ações rescisórias, o relator distribuirá, sempre que possível, por meio eletrônico, cópia do relatório aos demais integrantes do órgão julgador.

•• Artigo com redação determinada pela Emenda Regimental n. 24, de 28-9-2016.

Art. 155. Os julgamentos a que este Regimento ou a lei não derem prioridade serão realizados, preferencialmente, segundo a ordem de conclusão dos feitos, nos termos da legislação processual.

•• *Caput* com redação determinada pela Emenda Regimental n. 22, de 16-3-2016.

Parágrafo único. (*Revogado pela Emenda Regimental n. 22, de 16-3-2016.*)

Art. 156. A Secretaria atenderá, preferencialmente, à ordem cronológica de recebimento dos pronunciamentos judiciais para sua publicação e efetivação, nos termos da legislação processual.

•• Artigo com redação determinada pela Emenda Regimental n. 22, de 16-3-2016.

Art. 157. Quando deferida preferência solicitada pelo representante do Ministério Público, para processo em que houver medida liminar ou acautelatória, o julgamento far-se-á com prioridade.

Art. 158. Desejando proferir sustentação oral, o interessado deverá requerê-la à Coordenadoria do Órgão Julgador até dois dias úteis após a publicação da pauta de julgamento, sem prejuízo das preferências legais e regimentais, excetuadas as hipóteses de recursos com julgamento em mesa que admitam sustentação oral, a ser requerida até o início da sessão.

•• *Caput* com redação determinada pela Emenda Regimental n. 25, de 13-12-2016.

§ 1.º Terão preferência para a sustentação oral, na seguinte ordem, mediante comprovação de sua condição, aqueles com necessidades especiais; as gestantes, as lactantes, enquanto perdurar o estado gravídico ou o período de amamentação; as adotantes, as que derem à luz, pelo período de 120 dias (art. 7-A da Lei n. 8.906, de 4 de julho de 1994); e os idosos com idade igual ou superior a sessenta anos.

•• § 1.º acrescentado pela Emenda Regimental n. 25, de 13-12-2016.

§ 2.º O Plenário poderá disciplinar o uso de videoconferência ou de outro recurso tecnológico de transmissão de sons e imagens em tempo real, para realização das sustentações orais requeridas no prazo previsto no *caput* deste artigo.

•• § 2.º acrescentado pela Emenda Regimental n. 25, de 13-12-2016.

Art. 159. Não haverá sustentação oral no julgamento de:

•• *Caput* com redação determinada pela Emenda Regimental n. 22, de 16-3-2016.

I – embargos declaratórios;

•• Inciso I acrescentado pela Emenda Regimental n. 22, de 16-3-2016.

II – arguição de suspeição;

•• Inciso II acrescentado pela Emenda Regimental n. 22, de 16-3-2016.

III – tutela de urgência requerida no Superior Tribunal de Justiça, em caráter antecedente;

•• Inciso III acrescentado pela Emenda Regimental n. 22, de 16-3-2016.

IV – agravo, salvo expressa disposição legal em contrário;

•• Inciso IV acrescentado pela Emenda Regimental n. 22, de 16-3-2016.

V – exceção de suspeição;

•• Inciso V acrescentado pela Emenda Regimental n. 22, de 16-3-2016.

VI – exceção de impedimento;

•• Inciso VI acrescentado pela Emenda Regimental n. 22, de 16-3-2016.

VII – medidas protetivas de urgência – Lei Maria da Penha;

•• Inciso VII acrescentado pela Emenda Regimental n. 22, de 16-3-2016.

VIII – medidas protetivas – Estatuto do Idoso;

•• Inciso VIII acrescentado pela Emenda Regimental n. 22, de 16-3-2016.

IX – pedido de busca e apreensão criminal;

•• Inciso IX acrescentado pela Emenda Regimental n. 22, de 16-3-2016.

X – pedido de quebra de sigilo de dados e/ou telefônico;

•• Inciso X acrescentado pela Emenda Regimental n. 22, de 16-3-2016.

XI – cautelar inominada criminal;

•• Inciso XI acrescentado pela Emenda Regimental n. 22, de 16-3-2016.

XII – alienação de bens do acusado;

•• Inciso XII acrescentado pela Emenda Regimental n. 22, de 16-3-2016.

XIII – embargos de terceiro;

•• Inciso XIII acrescentado pela Emenda Regimental n. 22, de 16-3-2016.

XIV – embargos do acusado;

•• Inciso XIV acrescentado pela Emenda Regimental n. 22, de 16-3-2016.

XV – insanidade mental do acusado;

•• Inciso XV acrescentado pela Emenda Regimental n. 22, de 16-3-2016.

XVI – restituição de coisas apreendidas;

•• Inciso XVI acrescentado pela Emenda Regimental n. 22, de 16-3-2016.

XVII – pedido de uniformização de interpretação de lei;

•• Inciso XVII acrescentado pela Emenda Regimental n. 22, de 16-3-2016.

XVIII – prisão preventiva;

•• Inciso XVIII acrescentado pela Emenda Regimental n. 22, de 16-3-2016.

XIX – prisão temporária.

•• Inciso XIX acrescentado pela Emenda Regimental n. 22, de 16-3-2016.

§ 1.º Nos demais julgamentos, o Presidente da Corte Especial, da Seção ou da Turma, feito o relatório dará a palavra, sucessivamente, ao autor, recorrente ou impetrante, e ao réu, recorrido ou impetrado, para sustentação de suas alegações.

• *Vide* art. 160, *caput*, deste Regimento Interno.

§ 2.º Se o representante do Ministério Público estiver agindo como fiscal da lei, fará uso da palavra após o recorrente e o recorrido.

Art. 160. Nos casos do § 1.º do artigo anterior, cada uma das partes falará pelo tempo máximo de quinze minutos, excetuado o julgamento da ação penal originária, na qual o prazo será de uma hora (art. 229, V).

§ 1.º O representante do Ministério Público terá prazo igual ao das partes, quando em tal situação processual estiver agindo.

§ 2.º Se houver litisconsortes não representados pelo mesmo advogado, o prazo será contado em dobro e dividido igualmente entre os do mesmo grupo, se diversamente não o convencionarem.

§ 3.º O opoente falará após as partes originárias e pelo mesmo prazo.

§ 4.º O assistente, na ação penal pública, falará depois do representante do Ministério Público, a menos que o recurso seja dele.

§ 5.º O representante do Ministério Público falará depois do autor da ação penal privada.

§ 6.º Se, em ação penal, houver recurso de corréus, em posição antagônica, cada grupo terá prazo completo para falar.

§ 7.º Nos processos criminais, havendo corréus que sejam coautores do delito, se não tiverem o mesmo defensor, o prazo será contado em dobro e dividido igualmente entre os defensores, salvo se convencionarem outra divisão do tempo.

§ 8.º Admitida a intervenção de terceiros nas hipóteses de recurso especial repetitivo, fica-lhes facultado produzir sustentação oral, observado o § 2.º deste artigo.

•• § 8.º acrescentado pela Emenda Regimental n. 20, de 2-12-2015.

Art. 161. Cada Ministro poderá falar duas vezes sobre o assunto em discussão e mais uma vez, se for o caso, para explicar a modificação de voto. Nenhum falará sem que o Presidente lhe conceda a palavra, nem interromperá aquele que a estiver usando.

Parágrafo único. Em qualquer fase do julgamento, posterior ao relatório ou à sustentação oral, poderão os julgadores pedir esclarecimentos ao relator, ao revisor e aos advogados dos litigantes, quando presentes, sobre fatos e circunstâncias pertinentes à matéria em debate, ou, ainda, pedir vista dos autos, caso em que o julgamento será suspenso. Surgindo questão nova, o próprio relator poderá pedir a suspensão do julgamento.

•• Parágrafo único acrescentado pela Emenda Regimental n. 1, de 23-5-1991.

Art. 162. Nos julgamentos, o pedido de vista não impede votem os Ministros que se tenham por habilitados a fazê-lo, e o Ministro que o formular restituirá os autos ao Presidente do Órgão Julgador dentro de, no máximo, sessenta dias a contar do momento em que os autos lhe forem disponibilizados, devendo prosseguir o julgamento do feito na sessão subsequente ao fim do prazo, com ou sem o voto-vista.

•• *Caput* com redação determinada pela Emenda Regimental n. 17, de 17-12-2014.

•• A Resolução n. 4, de 20-4-2015, do STJ, regulamenta este dispositivo.

•• O art. 2.º da Emenda Regimental n. 17, de 17-12-2014 (*DJE* de 19-12-2014), dispõe:

> "Art. 2.º Os autos com pedido de vista já formulado deverão ser restituídos ao Presidente do Órgão Julgador em, no máximo, cento e vinte dias a contar da publicação desta emenda, prosseguindo-se o julgamento do feito na primeira sessão subsequente ao fim desse prazo, com ou sem voto-vista".

§ 1.º O prazo a que se refere o *caput* poderá ser prorrogado por trinta dias, mediante requerimento fundamentado ao Colegiado.

•• § 1.º com redação determinada pela Emenda Regimental n. 17, de 17-12-2014.

•• *Vide* nota ao *caput* deste artigo.

§ 2.º O prazo de restituição dos autos ficará suspenso nos períodos de recesso e de férias coletivas.

•• § 2.º com redação determinada pela Emenda Regimental n. 17, de 17-12-2014.

•• *Vide* nota ao *caput* deste artigo.

§ 3.º O julgamento que tiver sido iniciado prosseguirá, computando-se os votos já proferidos pelos Ministros, mesmo que não compareçam ou hajam deixado o exercício do cargo, ainda que o Ministro afastado seja o relator.

•• § 3.º com redação determinada pela Emenda Regimental n. 17, de 17-12-2014.

§ 4.º Não participará do julgamento o Ministro que não tiver assistido ao relatório, salvo se se declarar habilitado a votar.

•• § 4.º com redação determinada pela Emenda Regimental n. 17, de 17-12-2014.

§ 5.º Se, para efeito do *quorum* ou desempate na votação, for necessário o voto de Ministro que não tenha assistido à leitura do relatório, esta será renovada, bem como a sustentação oral, computando-se os votos anteriormente proferidos.

•• § 5.º com redação determinada pela Emenda Regimental n. 17, de 17-12-2014.

§ 6.º Se estiver ausente o Ministro que houver comparecido ao início do julgamento, mas ainda não tiver votado, o seu voto será dispensado, desde que obtidos suficientes votos concordantes sobre todas as questões (arts. 174, 178 e 181).

•• § 6.º acrescentado pela Emenda Regimental n. 17, de 17-12-2014.

§ 7.º Ausente o Presidente que iniciou o julgamento, este prosseguirá sob a presidência de seu substituto. Na Corte Especial ou na Seção, a substituição será feita por quem não houver proferido voto.

•• § 7.º acrescentado pela Emenda Regimental n. 17, de 17-12-2014.

Art. 163. Concluído o debate oral, o Presidente tomará os votos do relator, do revisor, se houver, e dos outros Ministros, que os seguirem na ordem decrescente de antiguidade. Esgotada a lista, o imediato ao Ministro mais moderno será o mais antigo. Encerrada a votação, o Presidente proclamará a decisão.

Art. 164. As questões preliminares serão julgadas antes do mérito, deste não se conhecendo se incompatível com a decisão daquelas.

§ 1.º Se, antes ou no curso do relatório, algum dos Ministros suscitar preliminar, será ela, antes de julgada, discutida pelas partes, que poderão usar da palavra. Se não for acolhida, o relator fará o relatório, prosseguindo-se no julgamento.

§ 2.º Quando a preliminar versar nulidade suprível, converter-se-á o julgamento em diligência e o relator, se for necessário, ordenará a remessa dos autos à instância inferior, para os fins de direito.

Art. 165. Se for rejeitada a preliminar, ou, se embora acolhida, não vedar a apreciação do mérito, seguir-se-ão a discussão e o julgamento da matéria principal, e sobre ela também proferirão votos os Ministros vencidos na anterior conclusão.

Art. 166. Preferirá aos demais, com dia designado, o processo cujo julgamento houver sido suspenso, salvo se o adiamento tiver resultado de vista e se estiver aguardando a devolução dos autos.

Art. 167. O julgamento, uma vez iniciado, ultimar-se-á na mesma sessão, ainda que excedida a hora regimental.

Art. 168. A Corte Especial, a Seção ou a Turma poderão converter o julgamento em diligência, quando necessária à decisão da causa. Neste caso, o feito será novamente incluído em pauta.

•• Artigo com redação determinada pela Emenda Regimental n. 1, de 23-5-1991.

Capítulo II
DAS SESSÕES SOLENES

Art. 169. O Tribunal, pelo seu Plenário, reúne-se em sessão solene:

I – para dar posse aos Ministros e aos titulares de sua direção;

II – para celebrar acontecimentos de alta relevância, mediante convocação do Presidente.

Art. 170. O cerimonial das sessões será regulado por ato do Presidente.

Capítulo III
DAS SESSÕES DO PLENÁRIO

Art. 171. O Plenário, que se reúne com a presença da maioria absoluta dos seus membros, é dirigido pelo Presidente do Tribunal.

Parágrafo único. Quando o Plenário se reunir para apreciar e deliberar a respeito das matérias inscritas no art. 10, II, IV, V, VI e VII, deste Regimento, será observado o *quorum* de dois terços dos membros do Tribunal.

Capítulo IV
DAS SESSÕES DA CORTE ESPECIAL

Art. 172. A Corte Especial, que se reúne com a presença da maioria absoluta de seus membros, é dirigida pelo Presidente do Tribunal.

Parágrafo único. No julgamento de matéria constitucional, intervenção federal, ação penal originária, sumulação de jurisprudência e alteração ou cancelamento de enunciado de súmula e incidente de assunção de competência, será exigida a presença de dois terços de seus membros.

•• Parágrafo único com redação determinada pela Emenda Regimental n. 24, de 28-9-2016.

Art. 173. Terão prioridade no julgamento da Corte Especial:

I – as causas criminais, havendo réu preso;

II – o mandado de segurança, o mandado de injunção e o *habeas data*;

III – a requisição de intervenção federal nos Estados;

IV – as reclamações;

V – os conflitos de competência e de atribuições;

VI – recurso especial repetitivo.

•• Inciso VI acrescentado pela Emenda Regimental n. 22, de 16-3-2016.

Art. 174. Excetuados os casos em que se exige o voto de maioria qualificada, as decisões serão tomadas pelo voto da maioria dos Ministros.

Art. 175. O Presidente não proferirá voto, salvo:

I – nos casos em que o julgamento depender de *quorum* qualificado para apuração do resultado;

II – em matéria administrativa;

III – nos demais casos, quando ocorrer empate.

Capítulo V
DAS SESSÕES DAS SEÇÕES

Art. 176. As Seções se reúnem com a presença da maioria absoluta de seus integrantes.

Parágrafo único. No julgamento da sumulação de jurisprudência e alteração ou cancelamento de súmula e incidente de assunção de competência, será exigida a presença de dois terços de seus membros.

•• Parágrafo único com redação determinada pela Emenda Regimental n. 24, de 28-9-2016.

Art. 177. Terão prioridade no julgamento da Seção:

I – as causas criminais, havendo réu preso;

II – os *habeas corpus*;

III – o mandado de segurança e o *habeas data*;

IV – os conflitos de competência e de atribuições;

V – recurso especial repetitivo.

•• Inciso V acrescentado pela Emenda Regimental n. 22, de 16-3-2016.

Art. 178. Excetuados os casos em que se exige o voto da maioria absoluta dos seus membros, as decisões serão tomadas pelo voto da maioria dos Ministros.

Capítulo VI
DAS SESSÕES DAS TURMAS

Art. 179. As Turmas reúnem-se com a presença de, pelo menos, três Ministros.

Art. 180. Terão prioridade no julgamento das Turmas:

I – as causas criminais, havendo réu preso;

II – os *habeas corpus*.

Art. 181. A decisão da Turma será tomada pelo voto da maioria absoluta dos seus membros.

§ 1.º O Presidente da Turma participa dos seus julgamentos com as funções de relator, revisor e vogal.

§ 2.º Não alcançada a maioria de que trata este artigo, será adiado o julgamento para o fim de ser tomado o voto do Ministro ausente.

§ 3.º Persistindo a ausência, ou havendo vaga, impedimento ou licença, por mais de um mês, convocar-se-á Ministro de outra Turma (art. 55).

§ 4.º No *habeas corpus* e no recurso em *habeas corpus*, havendo empate, prevalecerá a decisão mais favorável ao paciente.

Capítulo VII
DAS SESSÕES ADMINISTRATIVAS E DE CONSELHO

Art. 182. Observado o disposto no art. 151, serão reservadas as sessões:

I – quando o Presidente ou algum dos Ministros pedir que a Corte Especial, a Seção ou Turma se reúna em Conselho;

II – quando convocadas pelo Presidente para assunto administrativo ou da economia interna do Tribunal.

Art. 183. As sessões do Conselho de Administração serão reservadas.

Parágrafo único. Nenhuma pessoa, além dos Ministros, será admitida às sessões reservadas do Conselho de Administração e nos casos do inciso II do artigo anterior.

Art. 184. As decisões tomadas em sessão administrativa serão motivadas, sendo as disciplinares tomadas pelo voto da maioria absoluta dos membros do órgão julgador.

Título III-A
DO JULGAMENTO VIRTUAL

•• Título III-A acrescentado pela Emenda Regimental n. 27, de 13-12-2016.

Capítulo I
DISPOSIÇÕES GERAIS

•• Capítulo I acrescentado pela Emenda Regimental n. 27, de 13-12-2016.

Art. 184-A. Ficam criados Órgãos Julgadores virtuais, correspondentes à Corte Especial, às Seções e às Turmas do Superior Tribunal de Justiça, com finalidade de julgamento eletrônico de recursos, excetuados os de natureza criminal.

•• *Caput* acrescentado pela Emenda Regimental n. 27, de 13-12-2016.

Parágrafo único. Os seguintes recursos podem ser submetidos ao julgamento virtual:

•• Parágrafo único acrescentado pela Emenda Regimental n. 27, de 13-12-2016.

I – Embargos de Declaração;

•• Inciso I acrescentado pela Emenda Regimental n. 27, de 13-12-2016.

II – Agravo Interno;

•• Inciso II acrescentado pela Emenda Regimental n. 27, de 13-12-2016.

III – Agravo Regimental.

•• Inciso III acrescentado pela Emenda Regimental n. 27, de 13-12-2016.

Art. 184-B. As sessões virtuais devem estar disponíveis para acesso às partes, a seus advogados, aos defensores públicos e ao Ministério Público na página do Superior Tribunal de Justiça na internet, mediante a identificação por certificado digital.

•• Artigo acrescentado pela Emenda Regimental n. 27, de 13-12-2016.

Art. 184-C. As sessões virtuais contemplarão as seguintes etapas:

•• *Caput* acrescentado pela Emenda Regimental n. 27, de 13-12-2016.

I – inclusão do processo, pelo relator, na plataforma eletrônica para julgamento;

•• Inciso I acrescentado pela Emenda Regimental n. 27, de 13-12-2016.

II – publicação da pauta no *Diário da Justiça eletrônico* com a informação da inclusão do processo;

•• Inciso II acrescentado pela Emenda Regimental n. 27, de 13-12-2016.

III – início das sessões virtuais, que coincidirá com as sessões ordinárias dos respectivos Órgãos Colegiados, restringindo-se, no caso das Turmas, às sessões ordinárias de terça-feira;

•• Inciso III acrescentado pela Emenda Regimental n. 27, de 13-12-2016.

IV – fim do julgamento, que corresponderá ao sétimo dia corrido do início do julgamento.

•• Inciso IV acrescentado pela Emenda Regimental n. 27, de 13-12-2016.

Capítulo II
DO PROCEDIMENTO PARA JULGAMENTO VIRTUAL

•• Capítulo II acrescentado pela Emenda Regimental n. 27, de 13-12-2016.

Art. 184-D. O relator no julgamento virtual incluirá os dados do processo na plataforma eletrônica do STJ com a indicação do Órgão Julgador, acompanhados do relatório e do voto do processo.

•• *Caput* acrescentado pela Emenda Regimental n. 27, de 13-12-2016.

Parágrafo único. A pauta será publicada no *Diário da Justiça eletrônico* cinco dias úteis antes do início da sessão de julgamento virtual, prazo no qual:

•• Parágrafo único acrescentado pela Emenda Regimental n. 27, de 13-12-2016.

I – é facultado aos integrantes do Órgão Julgador expressar a não concordância com o julgamento virtual;

•• Inciso I acrescentado pela Emenda Regimental n. 27, de 13-12-2016.

II – as partes, por meio de advogado devidamente constituído, bem como o Ministério Público e os defensores públicos poderão apresentar memoriais e, de forma fundamentada, manifestar oposição ao julgamento virtual ou solicitar sustentação oral, observado o disposto no art. 159.

•• Inciso II acrescentado pela Emenda Regimental n. 27, de 13-12-2016.

Art. 184-E. Transcorrido o prazo previsto no parágrafo único do art. 184-D, de maneira automática, será liberada a consulta ao relatório e voto do relator aos Ministros integrantes do respectivo Órgão Julgador que decidirão, no prazo de sete dias corridos, os processos incluídos na sessão de julgamento eletrônico.

•• Artigo acrescentado pela Emenda Regimental n. 27, de 13-12-2016.

Art. 184-F. A não manifestação do Ministro no prazo de sete dias corridos previstos no art. 184-E acarretará a adesão integral ao voto do relator.

•• *Caput* acrescentado pela Emenda Regimental n. 27, de 13-12-2016.

§ 1.º O disposto no *caput* não se aplica ao Ministro que deixar de votar por motivo de impedimento ou suspeição ou por licença ou afastamento que perdurem os cinco últimos dias de votação.

•• § 1.º acrescentado pela Emenda Regimental n. 27, de 13-12-2016.

§ 2.º O processo será excluído da pauta de julgamento virtual nas hipóteses em que, no prazo do parágrafo único do art. 184-D, qualquer integrante do Órgão Julgador expresse não concordância com o julgamento virtual, se acolhida a oposição feita por qualquer das partes, pelo defensor público ou pelo Ministério Público ou se houver o deferimento de sustentação oral.

•• § 2.º acrescentado pela Emenda Regimental n. 27, de 13-12-2016.

§ 3.º Aplicam-se ao julgamento virtual, no que couber, as disposições dos arts. 55 e 103, §§ 6.º e 8.º.

•• § 3.º acrescentado pela Emenda Regimental n. 27, de 13-12-2016.

Art. 184-G. Findo o prazo de sete dias corridos de que trata o art. 184-E, o sistema contará os votos e lançará, de forma automatizada, na plataforma eletrônica, o resultado do julgamento.

•• Artigo acrescentado pela Emenda Regimental n. 27, de 13-12-2016.

Art. 184-H. Caberá às Coordenadorias dos Órgãos Julgadores a finalização dos acórdãos relativos aos processos julgados em sessões virtuais, disponibilizando-os, lavrados, para assinatura dos Ministros.

•• Artigo acrescentado pela Emenda Regimental n. 27, de 13-12-2016.

TÍTULO IV
DAS AUDIÊNCIAS

Art. 185. Serão públicas as audiências:

I – do Presidente ou do relator para ouvir pessoas ou entidades com experiência e conhecimento em matéria de interesse para a fixação ou alteração de tese repetitiva ou de enunciado de súmula;

•• Inciso I com redação determinada pela Emenda Regimental n. 22, de 16-3-2016.

II – do relator, para instrução do processo, salvo exceção legal.

Art. 186. O Ministro que presidir a audiência deliberará sobre o que lhe for requerido, ressalvada a competência da Corte Especial, da Seção, da Turma e dos demais Ministros.

§ 1.º Respeitada a prerrogativa dos advogados e dos membros do Ministério Público, nenhum dos presentes se dirigirá ao Presidente da audiência, a não ser de pé e com a sua licença.

§ 2.º O Secretário da audiência fará constar em ata o que nela ocorrer.

§ 3.º A audiência pública prevista no inciso I do art. 185 será presidida pelo Ministro que a convocou, facultada a delegação a outro Ministro.

•• § 3.º acrescentado pela Emenda Regimental n. 22, de 16-3-2016.

§ 4.º O Ministro que convocou a audiência prevista no inciso I do art. 185 divulgará, com antecedência mínima de 30 (trinta) dias, as orientações gerais sobre o procedimento a ser adotado, observado o seguinte:

•• § 4.º acrescentado pela Emenda Regimental n. 22, de 16-3-2016.

I – o despacho convocatório da audiência pública será amplamente divulgado e delimitará a(s) questão(ões) objeto de debate, fixará prazo para a indicação das pessoas a serem ouvidas e determinará a notificação dos Ministros do respectivo Órgão Julgador e o encaminhamento de convites a pessoas ou a entidades que possuam estreita relação com a questão a ser apresentada;

•• Inciso I acrescentado pela Emenda Regimental n. 22, de 16-3-2016.

II – será garantida a participação de pessoas ou de entidades que defendam diferentes opiniões relativas à matéria objeto da audiência pública;

•• Inciso II acrescentado pela Emenda Regimental n. 22, de 16-3-2016.

III – caberá ao Ministro que presidir a audiência pública selecionar as pessoas que serão ouvidas, divulgar a lista dos habilitados, determinar a ordem dos trabalhos, fixar o tempo de que cada um disporá para se manifestar e zelar, na medida do possível, pela garantia de pluralidade de expositores;

•• Inciso III acrescentado pela Emenda Regimental n. 22, de 16-3-2016.

IV – os depoentes deverão limitar-se à questão em debate;

•• Inciso IV acrescentado pela Emenda Regimental n. 22, de 16-3-2016.

V – os trabalhos da audiência pública serão registrados e juntados aos autos do processo e ao projeto de súmula e disponibilizados no sítio eletrônico do Tribunal;

•• Inciso V acrescentado pela Emenda Regimental n. 22, de 16-3-2016.

VI – os casos omissos serão resolvidos pelo Ministro que convocou a audiência.

•• Inciso VI acrescentado pela Emenda Regimental n. 22, de 16-3-2016.

TÍTULO V
DOS PROCESSOS SOBRE COMPETÊNCIA

CAPÍTULO I
DA RECLAMAÇÃO

Art. 187. Para preservar a competência do Tribunal, garantir a autoridade de suas decisões e a observância de julgamento proferido em incidente de assunção de competência, caberá reclamação da parte interessada ou do Ministério Público desde que, na primeira hipótese, haja esgotado a instância ordinária.

•• *Caput* com redação determinada pela Emenda Regimental n. 24, de 28-9-2016.

Parágrafo único. A reclamação, dirigida ao Presidente do Tribunal e instruída com prova documental, será autuada e distribuída ao relator da causa principal, sempre que possível.

Art. 188. Ao despachar a reclamação, o relator:

I – requisitará informações da autoridade a quem for imputada a prática do ato impugnado, a qual as prestará no prazo de dez dias;

II – ordenará, se necessário, para evitar dano irreparável, a suspensão do processo ou do ato impugnado;

III – determinará a citação do beneficiário da decisão impugnada, que terá 15 (quinze) dias para apresentar contestação.

•• Inciso III acrescentado pela Emenda Regimental n. 22, de 16-3-2016.

Art. 189. Qualquer interessado poderá impugnar o pedido do reclamante.

Art. 190. O Ministério Público, nas reclamações que não houver formulado, terá vista do processo por 5 (cinco) dias, após o decurso do prazo para informações e para oferecimento da contestação pelo beneficiário do ato impugnado.

•• Artigo com redação determinada pela Emenda Regimental n. 22, de 16-3-2016.

Art. 191. Julgando procedente a reclamação, o Tribunal cassará a decisão exorbitante de seu julgado ou determinará medida adequada à preservação de sua competência.

Art. 192. O Presidente determinará o imediato cumprimento da decisão, lavrando-se o acórdão posteriormente.

CAPÍTULO II
DO CONFLITO DE COMPETÊNCIA E DE ATRIBUIÇÕES

Art. 193. O conflito de competência poderá ocorrer entre autoridades judiciárias; o de atribuições, entre autoridades judiciárias e administrativas.

Art. 194. Dar-se-á o conflito nos casos previstos nas leis processuais.

Art. 195. O conflito poderá ser suscitado pela parte interessada, pelo Ministério Público, ou por qualquer das autoridades conflitantes.

Art. 196. Poderá o relator, de ofício, ou a requerimento de qualquer das partes, determinar, quando o conflito for positivo, seja sobrestado o processo, e, neste caso, bem assim no de conflito negativo, designar um dos órgãos para resolver, em caráter provisório, as medidas urgentes.

Art. 197. Sempre que necessário, o relator mandará ouvir as autoridades em conflito no prazo de dez dias.

Art. 198. Prestadas ou não as informações, o relator dará vista do processo ao Ministério Público, pelo prazo de 15 (quinze) dias, e, após, apresentá-lo-á em mesa para julgamento.

•• *Caput* com redação determinada pela Emenda Regimental n. 1, de 23-5-1991.

§ 1.º Da decisão será dada ciência, antes mesmo da lavratura do acórdão, por via telegráfica, aos órgãos envolvidos no conflito.

§ 2.º No caso de conflito entre relatores ou Turmas integrantes de Seções diversas, ou entre estas, feita a distribuição, proceder-se-á, no que couber, na forma estabelecida no presente capítulo.

TÍTULO VI
DA DECLARAÇÃO DE INCONSTITUCIONALIDADE DE LEI OU DE ATO NORMATIVO DO PODER PÚBLICO

Art. 199. Se, por ocasião do julgamento perante a Corte Especial, for arguida a inconstitucionalidade de lei ou ato normativo do poder público, suspender-se-á o julgamento, a fim de ser tomado o parecer do Ministério Público, no prazo de quinze dias.

§ 1.º Devolvidos os autos e lançado o relatório, serão eles encaminhados ao Presidente da Corte Especial para designar a sessão de julgamento. A Secretaria distribuirá cópias autenticadas do relatório aos Ministros.

§ 2.º Proclamar-se-á a inconstitucionalidade ou a constitucionalidade do preceito ou ato impugnado, se num ou noutro sentido se tiver manifestado a maioria absoluta dos membros da Corte Especial.

§ 3.º Se não for alcançada a maioria absoluta necessária à declaração de inconstitucionalidade, estando ausentes Ministros em número que possa influir no julgamento, este será suspenso, a fim de aguardar-se o comparecimento dos Ministros ausentes, até que se atinja o *quorum*; não atingido, desta forma, o *quorum*, será convocado Ministro não integrante da Corte, observada a ordem de antiguidade (art. 162, § 3.º).

§ 4.º Cópia do acórdão será, no prazo para sua publicação, remetida à Comissão de Jurisprudência que, após registrá-lo, ordenará a sua publicação na Revista do Tribunal.

Art. 200. A Seção ou a Turma remeterá o feito ao julgamento da Corte Especial quando a maioria acolher arguição de inconstitucionalidade por ela ainda não decidida.

§ 1.º Acolhida a arguição, será publicado o acórdão, ouvido, em seguida, o representante do Ministério Público, em quinze dias.

§ 2.º Devolvidos os autos, observar-se-á o disposto nos §§ 1.º e 3.º do artigo anterior.

§ 3.º O relator, ainda que não integre a Corte Especial, dela participará no julgamento do incidente, excluindo-se o Ministro mais moderno.

Título VII
DAS GARANTIAS CONSTITUCIONAIS

Capítulo I
DO *HABEAS CORPUS*

Art. 201. O relator requisitará informações do apontado coator, no prazo que fixar, podendo, ainda:

• *Vide* art. 246 deste Regimento Interno.

I – nomear advogado para acompanhar e defender oralmente o pedido, se o impetrante não for bacharel em Direito;

II – ordenar diligências necessárias a instrução do pedido;

III – se convier ouvir o paciente, determinar sua apresentação à sessão do julgamento;

IV – no *habeas corpus* preventivo, expedir salvo-conduto em favor do paciente, até decisão do feito, se houver grave risco de consumar-se a violência.

Art. 202. Instruído o processo e ouvido o Ministério Público em dois dias, o relator o colocará em mesa para julgamento, na primeira sessão da Turma, da Seção ou da Corte Especial, ou, se a matéria for objeto de jurisprudência consolidada do Superior Tribunal de Justiça ou do Supremo Tribunal Federal, poderá decidir monocraticamente.

•• *Caput* com redação determinada pela Emenda Regimental n. 16, de 19-11-2014.

§ 1.º Opondo-se o paciente, não se conhecerá do pedido.

§ 2.º Às comunicações de prisão aplicam-se o procedimento previsto neste artigo e, no que couber, as disposições do presente capítulo.

Art. 203. O Tribunal poderá, de ofício:

I – se convier ouvir o paciente, determinar sua apresentação à sessão de julgamento;

II – expedir ordem de *habeas corpus*, quando, no curso de qualquer processo, verificar que alguém sofre ou está na iminência de sofrer coação ilegal.

Art. 204. A decisão concessiva de *habeas corpus* será imediatamente comunicada às autoridades a quem couber cumpri-la, sem prejuízo da remessa de cópia do acórdão.

§ 1.º A comunicação, mediante ofício ou telegrama, bem como o salvo-conduto, em caso de ameaça de violência ou coação, serão firmados pelo Presidente do órgão julgador que tiver concedido a ordem.

§ 2.º Na hipótese de anulação do processo, poderá o Tribunal ou o Juiz aguardar o recebimento da cópia do acórdão para o efeito de renovação dos atos processuais.

Art. 205. Ordenada a soltura do paciente, em virtude de *habeas corpus*, a autoridade que, por má-fé ou evidente abuso de poder, tiver determinado a coação, será condenada nas custas, remetendo-se ao Ministério Público traslado das peças necessárias à propositura da ação penal.

Art. 206. O carcereiro ou o diretor da prisão, o escrivão, o oficial de justiça ou a autoridade judiciária, policial ou militar, que embaraçarem ou procrastinarem o encaminhamento do pedido de *habeas corpus*, ou as informações sobre a causa da violência, coação ou ameaça, serão multados na forma da legislação processual vigente, sem prejuízo de outras sanções penais ou administrativas.

Art. 207. Havendo desobediência ou retardamento abusivo no cumprimento da ordem de *habeas corpus*, de parte do detentor ou carcereiro, o Presidente do Tribunal, Seção ou da Turma expedirá mandado contra o desobediente e oficiará ao Ministério Público, a fim de que promova a ação penal.

Parágrafo único. Na hipótese deste artigo, a Seção, a Turma ou respectivo Presidente tomará as providências necessárias ao cumprimento da decisão, com emprego dos meios legais cabíveis, e determinará, se necessário, a apresentação do paciente ao relator ou ao Juiz por ele designado.

Art. 208. As fianças que tiverem de ser prestadas perante o Tribunal serão processadas e julgadas pelo relator, a menos que este delegue essa atribuição a outro magistrado.

Art. 209. Se, pendente o processo de *habeas corpus*, cessar a violência ou coação, julgar-se-á prejudicado o pedido, podendo, porém, o Tribunal declarar a ilegalidade do ato e tomar as providências cabíveis para punição do responsável.

Art. 210. Quando o pedido for manifestamente incabível, ou for manifesta a incompetência do Tribunal para dele tomar conhecimento originariamente, ou for reiteração de outro com os mesmos fundamentos, o relator o indeferirá liminarmente.

Capítulo II
DO MANDADO DE SEGURANÇA

Art. 211. O mandado de segurança, de competência originária do Tribunal, terá seu processo iniciado por petição em duplicata que preencherá os requisitos legais e conterá a indicação precisa da autoridade a quem se atribua o ato impugnado.

§ 1.º A segunda via da inicial será instruída com cópias de todos os documentos, autenticadas pelo requerente e conferidas pela Secretaria do Tribunal.

§ 2.º Se o requerente afirmar que o documento necessário à prova de suas alegações se acha em repartição ou estabelecimento público, ou em poder de autoridade que lhe recuse certidão, o relator requisitará, preliminarmente, por ofício, a exibição do documento, em original ou cópia autenticada, no prazo de dez dias. Se a autoridade indicada pelo requerente for a coatora, a requisição se fará no próprio instrumento da notificação.

§ 3.º Nos casos do parágrafo anterior, a Secretaria do Tribunal mandará extrair tantas cópias do documento quantas se tornarem necessárias à instrução do processo.

Art. 212. Se for manifesta a incompetência do Tribunal, ou manifestamente incabível a segurança, ou se a petição inicial não atender aos requisitos legais, ou excedido o prazo estabelecido no art. 18, da Lei n. 1.533, de 1951, poderá o relator indeferir, desde logo, o pedido.

•• A Lei n. 1.533, de 31-12-1951, foi revogada pela Lei n. 12.016, de 7-8-2009, que passou a disciplinar o mandado de segurança individual e coletivo e manteve, em seu art. 23, disposição idêntica à citada: "Art. 23. O direito de requerer mandado de segurança extinguir-se-á decorridos 120 (cento e vinte) dias, contados da ciência, pelo interessado, do ato impugnado".

Art. 213. Ao despachar a inicial, o relator mandará ouvir a autoridade apontada coatora, mediante ofício, acompanhado da segunda via da petição, instruída com as cópias dos documentos, a fim de que preste informações, no prazo de dez dias.

§ 1.º Se o relator entender relevante o fundamento do pedido, e do ato impugnado puder resultar a ineficácia da medida, caso deferida, ordenará a respectiva suspensão liminar até o julgamento.

§ 2.º Havendo litisconsortes, a citação far-se-á, também, mediante ofício, para o que serão apresentadas tantas cópias quantos forem os citados. O ofício será remetido pelo correio, através de carta registrada, com aviso de recepção, a fim de ser juntado aos autos.

§ 3.º A Secretaria juntará aos autos cópia autenticada do ofício e prova de sua remessa ao destinatário.

Art. 214. Transcorrido o prazo de dez dias do pedido de informações, com ou sem estas, serão os autos encaminhados ao Ministério Público que emitirá parecer no prazo de cinco dias.

Parágrafo único. Devolvidos os autos, o relator, em cinco dias, pedirá dia para julgamento, ou, se a matéria for objeto de jurisprudência consolidada do Superior Tribunal de Justiça ou do Supremo Tribunal Federal, poderá decidir monocraticamente.

•• Parágrafo único com redação determinada pela Emenda Regimental n. 16, de 19-11-2014.

Art. 215. Os processos de mandado de segurança terão prioridade sobre todos os feitos, salvo *habeas corpus*.

CAPÍTULO III
DO MANDADO DE INJUNÇÃO E DO *HABEAS DATA*

Art. 216. No mandado de injunção e no *habeas data*, serão observadas as normas da legislação de regência. Enquanto estas não forem promulgadas, observar-se-ão, no que couber, o Código de Processo Civil e a Lei n. 1.533, de 1951.

•• A Lei n. 1.533, de 31-12-1951, foi revogada pela Lei n. 12.016, de 7-8-2009, que passou a disciplinar o mandado de segurança individual e coletivo.

• *Habeas data*: Lei n. 9.507, de 12-11-1997.

TÍTULO VII-A
DOS PROCESSOS ORIUNDOS DE ESTADOS ESTRANGEIROS

•• Título VII-A acrescentado pela Emenda Regimental n. 18, de 17-12-2014.

CAPÍTULO I
DA HOMOLOGAÇÃO DE DECISÃO ESTRANGEIRA

•• Capítulo I com redação determinada pela Emenda Regimental n. 24, de 28-9-2016.

Art. 216-A. É atribuição do Presidente do Tribunal homologar decisão estrangeira, ressalvado o disposto no art. 216-K.

•• *Caput* com redação determinada pela Emenda Regimental n. 24, de 28-9-2016.

§ 1.º Serão homologados os provimentos não judiciais que, pela lei brasileira, tiverem natureza de sentença.

•• § 1.º acrescentado pela Emenda Regimental n. 18, de 17-12-2014.

§ 2.º As decisões estrangeiras poderão ser homologadas parcialmente.

•• § 2.º com redação determinada pela Emenda Regimental n. 24, de 28-9-2016.

Art. 216-B. A decisão estrangeira não terá eficácia no Brasil sem a prévia homologação do Superior Tribunal de Justiça.

•• Artigo com redação determinada pela Emenda Regimental n. 24, de 28-9-2016.

Art. 216-C. A homologação da decisão estrangeira será proposta pela parte requerente, devendo a petição inicial conter os requisitos indicados na lei processual, bem como os previstos no art. 216-D, e ser instruída com o original ou cópia autenticada da decisão homologanda e de outros documentos indispensáveis, devidamente traduzidos por tradutor oficial ou juramentado no Brasil e chancelados pela autoridade consular brasileira competente, quando for o caso.

•• Artigo com redação determinada pela Emenda Regimental n. 24, de 28-9-2016.

Art. 216-D. A decisão estrangeira deverá:

•• *Caput* com redação determinada pela Emenda Regimental n. 24, de 28-9-2016.

I – ter sido proferida por autoridade competente;

•• Inciso I acrescentado pela Emenda Regimental n. 18, de 17-12-2014.

II – conter elementos que comprovem terem sido as partes regularmente citadas ou ter sido legalmente verificada a revelia;

•• Inciso II acrescentado pela Emenda Regimental n. 18, de 17-12-2014.

III – ter transitado em julgado.

•• Inciso III acrescentado pela Emenda Regimental n. 18, de 17-12-2014.

Art. 216-E. Se a petição inicial não preencher os requisitos exigidos nos artigos anteriores ou apresentar defeitos ou irregularidades que dificultem o julgamento do mérito, o Presidente assinará prazo razoável para que o requerente a emende ou complete.

•• *Caput* acrescentado pela Emenda Regimental n. 18, de 17-12-2014.

Parágrafo único. Após a intimação, se o requerente ou o seu procurador não promover, no prazo assinalado, ato ou diligência que lhe for determinada no curso do processo, será este arquivado pelo Presidente.

•• Parágrafo único acrescentado pela Emenda Regimental n. 18, de 17-12-2014.

Art. 216-F. Não será homologada a decisão estrangeira que ofender a soberania nacional, a dignidade da pessoa humana e/ou a ordem pública.

•• Artigo com redação determinada pela Emenda Regimental n. 24, de 28-9-2016.

Art. 216-G. Admitir-se-á a tutela provisória nos procedimentos de homologação de decisão estrangeira.

•• Artigo com redação determinada pela Emenda Regimental n. 24, de 28-9-2016.

Art. 216-H. A parte interessada será citada para, no prazo de quinze dias, contestar o pedido.

•• *Caput* acrescentado pela Emenda Regimental n. 18, de 17-12-2014.

Parágrafo único. A defesa somente poderá versar sobre a inteligência da decisão alienígena e a observância dos requisitos indicados nos arts. 216-C, 216-D e 216-F.

•• Parágrafo único acrescentado pela Emenda Regimental n. 18, de 17-12-2014.

Art. 216-I. Revel ou incapaz o requerido, dar-se-lhe-á curador especial, que será pessoalmente notificado.

•• Artigo acrescentado pela Emenda Regimental n. 18, de 17-12-2014.

Art. 216-J. Apresentada contestação, serão admitidas réplica e tréplica em cinco dias.

•• Artigo acrescentado pela Emenda Regimental n. 18, de 17-12-2014.

Art. 216-K. Contestado o pedido, o processo será distribuído para julgamento pela Corte Especial, cabendo ao relator os demais atos relativos ao andamento e à instrução do processo.

•• *Caput* acrescentado pela Emenda Regimental n. 18, de 17-12-2014.

Parágrafo único. O relator poderá decidir monocraticamente nas hipóteses em que já houver jurisprudência consolidada da Corte Especial a respeito do tema.

•• Parágrafo único acrescentado pela Emenda Regimental n. 18, de 17-12-2014.

Art. 216-L. O Ministério Público terá vista dos autos pelo prazo de quinze dias, podendo impugnar o pedido.

•• Artigo com redação determinada pela Emenda Regimental n. 24, de 28-9-2016.

Art. 216-M. Das decisões do Presidente ou do relator caberá agravo.

•• Artigo acrescentado pela Emenda Regimental n. 18, de 17-12-2014.

Art. 216-N. A decisão estrangeira homologada será executada por carta de sentença no Juízo Federal competente.

•• Artigo com redação determinada pela Emenda Regimental n. 24, de 28-9-2016.

CAPÍTULO II
DA CONCESSÃO DE *EXEQUATUR* A CARTAS ROGATÓRIAS

•• Capítulo II acrescentado pela Emenda Regimental n. 18, de 17-12-2014.

Art. 216-O. É atribuição do Presidente conceder *exequatur* a cartas rogatórias, ressalvado o disposto no art. 216-T.

•• *Caput* acrescentado pela Emenda Regimental n. 18, de 17-12-2014.

§ 1.º Será concedido *exequatur* à carta rogatória que tiver por objeto atos decisórios ou não decisórios.

•• § 1.º acrescentado pela Emenda Regimental n. 18, de 17-12-2014.

§ 2.º Os pedidos de cooperação jurídica internacional que tiverem por objeto atos que não ensejem juízo deliberatório do Superior Tribunal de Justiça, ainda que denominados de carta rogatória, serão encaminhados ou devolvidos ao Ministério da Justiça para as providências necessárias ao cumprimento por auxílio direto.

•• § 2.º acrescentado pela Emenda Regimental n. 18, de 17-12-2014.

Art. 216-P. Não será concedido *exequatur* à carta rogatória que ofender a soberania nacional, a dignidade da pessoa humana e/ou a ordem pública.

•• Artigo acrescentado pela Emenda Regimental n. 18, de 17-12-2014.

Art. 216-Q. A parte requerida será intimada para, no prazo de quinze dias, impugnar o pedido de concessão do *exequatur*.

•• *Caput* acrescentado pela Emenda Regimental n. 18, de 17-12-2014.

§ 1.º A medida solicitada por carta rogatória poderá ser realizada sem ouvir a parte requerida, quando sua intimação prévia puder resultar na ineficiência da cooperação internacional.

•• § 1.º acrescentado pela Emenda Regimental n. 18, de 17-12-2014.

§ 2.º No processo de concessão do *exequatur*, a defesa somente poderá versar sobre a autenticidade dos documentos, a inteligência da decisão e a observância dos requisitos previstos neste Regimento.

•• § 2.º acrescentado pela Emenda Regimental n. 18, de 17-12-2014.

Art. 216-R. Revel ou incapaz a parte requerida, dar-se-lhe-á curador especial.

•• Artigo acrescentado pela Emenda Regimental n. 18, de 17-12-2014.

Art. 216-S. O Ministério Público terá vista dos autos nas cartas rogatórias pelo prazo de quinze dias, podendo impugnar o pedido de concessão do *exequatur*.

•• Artigo com redação determinada pela Emenda Regimental n. 24, de 28-9-2016.

Art. 216-T. Havendo impugnação ao pedido de concessão de *exequatur* a carta rogatória de ato decisório, o Presidente poderá determinar a distribuição dos autos do processo para julgamento pela Corte Especial.

•• Artigo acrescentado pela Emenda Regimental n. 18, de 17-12-2014.

Art. 216-U. Das decisões do Presidente ou do relator na concessão de *exequatur* a carta rogatória caberá agravo.

•• Artigo acrescentado pela Emenda Regimental n. 18, de 17-12-2014.

Art. 216-V. Após a concessão do *exequatur*, a carta rogatória será remetida ao Juízo Federal competente para cumprimento.

•• *Caput* acrescentado pela Emenda Regimental n. 18, de 17-12-2014.

§ 1.º Das decisões proferidas pelo Juiz Federal competente no cumprimento da carta rogatória caberão embargos, que poderão ser opostos pela parte interessada ou pelo Ministério Público Federal no prazo de dez dias, julgando-os o Presidente deste Tribunal.

•• § 1.º acrescentado pela Emenda Regimental n. 18, de 17-12-2014.

§ 2.º Os embargos de que trata o parágrafo anterior poderão versar sobre qualquer ato referente ao cumprimento da carta rogatória, exceto sobre a própria concessão da medida ou o seu mérito.

•• § 2.º acrescentado pela Emenda Regimental n. 18, de 17-12-2014.

Art. 216-W. Da decisão que julgar os embargos cabe agravo.

•• *Caput* acrescentado pela Emenda Regimental n. 18, de 17-12-2014.

Parágrafo único. O Presidente ou o relator do agravo, quando possível, poderá ordenar diretamente o atendimento à medida solicitada.

•• Parágrafo único acrescentado pela Emenda Regimental n. 18, de 17-12-2014.

Art. 216-X. Cumprida a carta rogatória ou verificada a impossibilidade de seu cumprimento, será devolvida ao Presidente deste Tribunal no prazo de dez dias, e ele a remeterá, em igual prazo, por meio do Ministério da Justiça ou do Ministério das Relações Exteriores, à autoridade estrangeira de origem.

•• Artigo acrescentado pela Emenda Regimental n. 18, de 17-12-2014.

TÍTULO VIII
DAS AÇÕES ORIGINÁRIAS

CAPÍTULO I
DA AÇÃO PENAL ORIGINÁRIA

Art. 217. Nos crimes de ação penal pública, o Ministério Público terá o prazo de quinze dias para oferecer denúncia ou pedir arquivamento do inquérito ou das peças informativas.

§ 1.º Diligências complementares poderão ser deferidas pelo relator, com interrupção do prazo deste artigo.

§ 2.º Se o indiciado estiver preso:

a) o prazo para oferecimento da denúncia será de cinco dias;

b) as diligências complementares não interromperão o prazo, salvo se o relator, ao deferi-las, determinar o relaxamento da prisão.

Art. 218. O relator será o juiz da instrução, que se realizará segundo o disposto neste capítulo, no Código de Processo Penal, no que for aplicável, e neste Regimento Interno.

Parágrafo único. O relator terá as atribuições que a legislação penal confere aos juízes singulares, podendo submeter diretamente à decisão do órgão colegiado competente as questões surgidas durante a instrução.

•• Parágrafo único com redação determinada pela Emenda Regimental n. 2, de 4-6-1992.

Art. 219. Competirá ao relator:

I – determinar o arquivamento do inquérito ou das peças informativas, quando o requerer o Ministério Público, ou submeter o requerimento à decisão da Corte Especial;

II – decretar a extinção da punibilidade nos casos previstos em lei.

Art. 220. Apresentada a denúncia ou a queixa ao Tribunal, far-se-á a notificação do acusado para oferecer resposta no prazo de quinze dias.

§ 1.º Com a notificação, serão entregues ao acusado cópia da denúncia ou da queixa, do despacho do relator e dos documentos por este indicados.

§ 2.º Se desconhecido o paradeiro do acusado, ou se este criar dificuldades para que o oficial cumpra a diligência, proceder-se-á a sua notificação por edital, contendo o teor resumido da acusação, para que compareça ao Tribunal, em cinco dias, onde terá vista dos autos pelo prazo de quinze dias, a fim de apresentar a resposta prevista neste artigo.

Art. 221. Se, com a resposta, forem apresentados novos documentos, será intimada a parte contrária para sobre eles se manifestar no prazo de cinco dias.

Parágrafo único. Na ação penal de iniciativa privada, será ouvido, em igual prazo, o Ministério Público.

Art. 222. A seguir, o relator pedirá dia para que a Corte Especial delibere sobre o recebimento ou a rejeição da denúncia ou da queixa, ou sobre a improcedência da acusação, se a decisão não depender de outras provas.

§ 1.º No julgamento de que trata este artigo, será facultada sustentação oral pelo prazo de quinze minutos, primeiro à acusação, depois à defesa.

§ 2.º Encerrados os debates, a Corte Especial passará a deliberar, determinando o Presidente as pessoas que poderão permanecer no recinto, observado o disposto no art. 229, VI.

Art. 223. Recebida a denúncia ou a queixa, o relator designará dia e hora para o interrogatório, mandando citar o acusado ou querelado, e intimar o órgão do Ministério Público, bem como o querelante ou o assistente, se for o caso.

Art. 224. O prazo para defesa prévia será de cinco dias, contado do interrogatório ou da intimação do defensor dativo.

Art. 225. A instrução obedecerá, no que couber, ao procedimento comum do Código de Processo Penal.

§ 1.º O relator poderá delegar a realização do interrogatório ou de outro ato da instrução a Juiz ou membro de Tribunal do local de cumprimento da carta de ordem.

§ 2.º Por expressa determinação do relator, as intimações poderão ser feitas por carta registrada com aviso de recebimento.

Art. 226. Concluída a inquirição de testemunhas, serão intimadas a acusação e a defesa, para requerimento de diligências no prazo de cinco dias.

Art. 227. Realizadas as diligências ou não sendo estas requeridas nem determinadas pelo relator, serão intimadas a acusação e a defesa para, sucessivamente, apresentarem, no prazo de quinze dias, alegações escritas.

§ 1.º Será comum o prazo do acusador e do assistente, bem como o dos corréus.

§ 2.º Na ação penal de iniciativa privada, o Ministério Público terá vista, por igual prazo, após as alegações das partes.

§ 3.º O relator poderá, após as alegações escritas, determinar, de ofício, a realização de provas reputadas imprescindíveis para o julgamento da causa.

Art. 228. Finda a instrução, o relator dará vista do processo às partes, pelo prazo de cinco dias, para requererem o que considerarem conveniente apresentar na sessão de julgamento.

§ 1.º O relator apreciará e decidirá esses requerimentos para, em seguida, lançando relatório nos autos, encaminhá-los ao revisor, que pedirá dia para o julgamento.

§ 2.º Ao designar a sessão de julgamento, o Presidente determinará a intimação das partes e das testemunhas cujos depoimentos o relator tenha deferido.

§ 3.º A Secretaria expedirá cópias do relatório e fará sua distribuição aos Ministros.

Art. 229. Na sessão de julgamento, observar-se-á o seguinte:

I – a Corte Especial reunir-se-á com a presença de pelo menos dois terços de seus membros, excluído o Presidente;

II – aberta a sessão, apregoadas as partes e as testemunhas arroladas e admitidas, lançado o querelante que deixar de comparecer (Código de Processo Penal, art. 29) e, salvo o caso do art. 60, III, do Código de Processo Penal, proceder-se-á às demais diligências preliminares;

III – a seguir, o relator apresentará relatório do feito, resumindo as principais peças dos autos e a prova produzida. Se algum dos Ministros solicitar a leitura integral dos autos ou de partes deles, o relator poderá ordenar seja ela efetuada pelo Secretário;

IV – o relator passará a inquirir as testemunhas cujos depoimentos tenha deferido, podendo reperguntá-las os outros Ministros, o órgão do Ministério Público e as partes;

V – findas as inquirições e efetuadas as diligências que o relator ou Tribunal houver determinado, o Presidente dará a palavra, sucessivamente, ao querelante, se houver, ao órgão do Ministério Público e ao acusado, ou ao seu defensor, para sustentação oral, podendo cada um ocupar a tribuna durante uma hora, assegurado ao assistente um quarto do tempo da acusação;

• *Vide* art. 160, *caput*, deste Regimento Interno.

VI – encerrados os debates, a Corte Especial passará a proferir o julgamento, podendo o Presidente limitar a presença no recinto às partes e aos seus advogados, ou somente a estes, se o interesse público o exigir.

• *Vide* art. 222, § 2.º, deste Regimento Interno.

Art. 230. O julgamento efetuar-se-á em uma ou mais sessões, a critério do Tribunal, observado, no que for aplicável, o disposto no Título XII do Livro I, do Código de Processo Penal (arts. 381 a 393 do Código de Processo Penal).

Art. 231. O acórdão será lavrado pelo relator e, se vencido este, pelo Ministro que for designado (art. 52, II).

•• Artigo com redação determinada pela Emenda Regimental n. 1, de 23-5-1991.

Art. 232. Nos casos em que somente se procede mediante queixa, considerar-se-á perempta a ação penal quando o querelante deixar de comparecer, sem motivo justificado, a qualquer ato a que deva estar presente, ou deixar de formular o pedido de condenação nas alegações finais, tudo na forma da lei processual.

Capítulo II
DA AÇÃO RESCISÓRIA

Art. 233. A ação rescisória terá início por petição escrita, acompanhada de tantas cópias quantos forem os réus.

Art. 234. Distribuída a inicial, preenchendo esta os requisitos legais (Código de Processo Civil, arts. 319, 320, 330, 332 e 968), o relator mandará citar o réu, assinando-lhe prazo nunca inferior a 15 (quinze) dias nem superior a 30 (trinta), para responder aos termos da ação.

•• Artigo com redação determinada pela Emenda Regimental n. 22, de 16-3-2016.

•• Os artigos citados do CPC dispõem:

"Art. 319. A petição inicial indicará:

I – o juízo a que é dirigida;

II – os nomes, os prenomes, o estado civil, a existência de união estável, a profissão, o número de inscrição no Cadastro de Pessoas Físicas ou no Cadastro Nacional da Pessoa Jurídica, o endereço eletrônico, o domicílio e a residência do autor e do réu;

III – o fato e os fundamentos jurídicos do pedido;

IV – o pedido com as suas especificações;

V – o valor da causa;

VI – as provas com que o autor pretende demonstrar a verdade dos fatos alegados;

VII – a opção do autor pela realização ou não de audiência de conciliação ou de mediação.

§ 1.º Caso não disponha das informações previstas no inciso II, poderá o autor, na petição inicial, requerer ao juiz diligências necessárias a sua obtenção.

§ 2.º A petição inicial não será indeferida se, a despeito da falta de informações a que se refere o inciso II, for possível a citação do réu.

§ 3.º A petição inicial não será indeferida pelo não atendimento ao disposto no inciso II deste artigo se a obtenção de tais informações tornar impossível ou excessivamente oneroso o acesso à justiça.

Art. 320. A petição inicial será instruída com os documentos indispensáveis à propositura da ação.

....

Art. 330. A petição inicial será indeferida quando:

I – for inepta;

II – a parte for manifestamente ilegítima;

III – o autor carecer de interesse processual;

IV – não atendidas as prescrições dos arts. 106 e 321.

§ 1.º Considera-se inepta a petição inicial quando:

I – lhe faltar pedido ou causa de pedir;

II – o pedido for indeterminado, ressalvadas as hipóteses legais em que se permite o pedido genérico;

III – da narração dos fatos não decorrer logicamente a conclusão;

IV – contiver pedidos incompatíveis entre si.

§ 2.º Nas ações que tenham por objeto a revisão de obrigação decorrente de empréstimo, de financiamento ou de alienação de bens, o autor terá de, sob pena de inépcia, discriminar na petição inicial, dentre as obrigações contratuais, aquelas que pretende controverter, além de quantificar o valor incontroverso do débito.

§ 3.º Na hipótese do § 2.º, o valor incontroverso deverá continuar a ser pago no tempo e modo contratados.

....

Art. 332. Nas causas que dispensem a fase instrutória, o juiz, independentemente da citação do réu, julgará liminarmente improcedente o pedido que contrariar:

I – enunciado de súmula do Supremo Tribunal Federal ou do Superior Tribunal de Justiça;

II – acórdão proferido pelo Supremo Tribunal Federal ou pelo Superior Tribunal de Justiça em julgamento de recursos repetitivos;

III – entendimento firmado em incidente de resolução de demandas repetitivas ou de assunção de competência;

IV – enunciado de súmula de tribunal de justiça sobre direito local.

§ 1.º O juiz também poderá julgar liminarmente improcedente o pedido se verificar, desde logo, a ocorrência de decadência ou de prescrição.

§ 2.º Não interposta a apelação, o réu será intimado do trânsito em julgado da sentença, nos termos do art. 241.

§ 3.º Interposta a apelação, o juiz poderá retratar-se em 5 (cinco) dias.

§ 4.º Se houver retratação, o juiz determinará o prosseguimento do processo, com a citação do réu, e, se não houver retratação, determinará a citação do réu para apresentar contrarrazões, no prazo de 15 (quinze) dias.

....

Art. 968. A petição inicial será elaborada com observância dos requisitos essenciais do art. 319, devendo o autor:

I – cumular ao pedido de rescisão, se for o caso, o de novo julgamento do processo;

II – depositar a importância de cinco por cento sobre o valor da causa, que se converterá em multa caso a ação seja, por unanimidade de votos, declarada inadmissível ou improcedente.

§ 1.º Não se aplica o disposto no inciso II à União, aos Estados, ao Distrito Federal, aos Municípios, às suas respectivas autarquias e fundações de direito público, ao Ministério Público, à Defensoria Pública e aos que tenham obtido o benefício de gratuidade da justiça.

§ 2.º O depósito previsto no inciso II do *caput* deste artigo não será superior a 1.000 (mil) salários mínimos.

§ 3.º Além dos casos previstos no art. 330, a petição inicial será indeferida quando não efetuado o depósito exigido pelo inciso II do *caput* deste artigo.

§ 4.º Aplica-se à ação rescisória o disposto no art. 332.

§ 5.º Reconhecida a incompetência do tribunal para julgar a ação rescisória, o autor será intimado para emendar a petição inicial, a fim de adequar o objeto da ação rescisória, quando a decisão apontada como rescindenda:

I – não tiver apreciado o mérito e não se enquadrar na situação prevista no § 2.º do art. 966;

II – tiver sido substituída por decisão posterior.

§ 6.º Na hipótese do § 5.º, após a emenda da petição inicial, será permitido ao réu complementar os fundamentos de defesa, e, em seguida, os autos serão remetidos ao tribunal competente".

Art. 235. Contestada a ação, ou transcorrido o prazo, o relator fará o saneamento do processo, deliberando sobre as provas requeridas.

Art. 236. O relator poderá delegar competência a Juiz ou a membro de outro Tribunal do local onde deva ser produzida a prova, fixando prazo para a devolução dos autos.

Art. 237. Concluída a instrução, o relator abrirá vista, sucessivamente, ao autor e ao réu pelo prazo de dez dias, para razões finais, cabendo ao representante do Ministério Público emitir parecer após o prazo para as razões finais do autor e do réu; em seguida, o relator pedirá dia para julgamento.

•• *Caput* com redação determinada pela Emenda Regimental n. 24, de 28-9-2016.

Parágrafo único. A Secretaria, ao ser incluído o feito em pauta, expedirá cópias autenticadas do relatório e as distribuirá entre os Ministros que compuserem o órgão do Tribunal competente para o julgamento.

Art. 238. A escolha de relator recairá, sempre que possível, em Ministro que não haja participado do julgamento rescindendo.

•• Artigo com redação determinada pela Emenda Regimental n. 24, de 28-9-2016.

CAPÍTULO III
DA REVISÃO CRIMINAL

Art. 239. À Corte Especial caberá a revisão de decisões criminais que tiver proferido, e à Seção, das decisões suas e das Turmas.

Art. 240. No caso do inciso I, primeira parte, do art. 621 do Código de Processo Penal, caberá a revisão, pelo Tribunal, do processo em que a condenação tiver sido por ele proferida ou mantida no julgamento de recurso especial, se seu fundamento coincidir com a questão federal apreciada.

Art. 241. A revisão terá início por uma petição instruída com a certidão de haver passado em julgado a decisão condenatória e com as peças necessárias à comprovação dos fatos arguidos, e será processada e julgada na forma da lei processual.

Art. 242. Dirigida ao Presidente, será a petição distribuída, quando possível, a um relator que não haja participado do julgamento objeto da revisão.

§ 1.º O relator poderá determinar que se apensem os autos originais, se daí não advier dificuldade à execução normal da sentença.

§ 2.º Não estando a petição suficientemente instruída, e julgando o relator inconveniente ao interesse da Justiça que se apensem os autos originais, este a indeferirá liminarmente.

Art. 243. Se a petição for recebida, será ouvido o Ministério Público, que dará parecer no prazo de dez dias. Em seguida, o relator, lançando relatório, passará os autos ao revisor, que pedirá dia para julgamento.

Parágrafo único. A Secretaria expedirá cópias do relatório e fará a sua distribuição aos Ministros.

TÍTULO IX
DOS RECURSOS

CAPÍTULO I
DOS RECURSOS ORDINÁRIOS

Seção I
Do Recurso Ordinário em *Habeas Corpus*

Art. 244. O recurso ordinário em *habeas corpus* será interposto na forma e no prazo estabelecidos na legislação processual vigente.

Art. 245. Distribuído o recurso, a Secretaria fará os autos com vista ao Ministério Público pelo prazo de dois dias.

Parágrafo único. Conclusos os autos ao relator, este submeterá o feito a julgamento na primeira sessão que se seguir à data da conclusão.

Art. 246. Será aplicado, no que couber, ao processo e julgamento do recurso, o disposto com relação ao pedido originário de *habeas corpus* (arts. 201 e seguintes).

Seção II
Do Recurso Ordinário em Mandado de Segurança

Art. 247. Aplicam-se ao recurso ordinário em mandado de segurança, quanto aos requisitos de admissibilidade e ao procedimento no Tribunal recorrido, as regras do art. 1.028 do Código de Processo Civil.

•• Artigo com redação determinada pela Emenda Regimental n. 22, de 16-3-2016.

• *Vide* art. 249 deste Regimento Interno.

Art. 248. Distribuído o recurso, a Secretaria fará os autos com vista ao Ministério Público pelo prazo de cinco dias.

Parágrafo único. Conclusos os autos ao relator, este pedirá dia para julgamento.

Seção III
Do Recurso Ordinário em Processos em que for Parte Estado Estrangeiro

•• Seção III com redação determinada pela Emenda Regimental n. 22, de 16-3-2016.

Art. 249. Aplicam-se ao recurso ordinário, quanto aos requisitos de admissibilidade e ao procedimento no Juízo de origem, as normas do Código de Processo Civil relativas à apelação, no que couber.

•• Artigo com redação determinada pela Emenda Regimental n. 22, de 16-3-2016.

Art. 250. Distribuído o recurso ordinário, será aberta vista ao Ministério Público pelo prazo de 20 (vinte) dias.

•• *Caput* com redação determinada pela Emenda Regimental n. 22, de 16-3-2016.

Parágrafo único. Conclusos os autos ao relator, este pedirá dia para julgamento.

Art. 251. O recurso ordinário não será incluído em pauta antes do agravo de instrumento interposto do mesmo processo.

•• Artigo com redação determinada pela Emenda Regimental n. 22, de 16-3-2016.

Art. 252. (*Revogado pela Emenda Regimental n. 22, de 16-3-2016.*)

Seção IV
Do Agravo em Recurso Especial

•• Seção IV com redação determinada pela Emenda Regimental n. 16, de 19-11-2014.

Art. 253. O agravo interposto de decisão que não admitiu o recurso especial obedecerá, no Tribunal de origem, às normas da legislação processual vigente.

•• *Caput* com redação determinada pela Emenda Regimental n. 16, de 19-11-2014.

Parágrafo único. Distribuído o agravo e ouvido, se necessário, o Ministério Público no prazo de cinco dias, o relator poderá:

•• Parágrafo único com redação determinada pela Emenda Regimental n. 16, de 19-11-2014.

I – não conhecer do agravo inadmissível, prejudicado ou daquele que não tenha impugnado especificamente todos os fundamentos da decisão recorrida;

•• Inciso I com redação determinada pela Emenda Regimental n. 22, de 16-3-2016.

II – conhecer do agravo para:

•• Inciso II com redação determinada pela Emenda Regimental n. 22, de 16-3-2016.

a) não conhecer do recurso especial inadmissível, prejudicado ou daquele que não tenha impugnado especificamente todos os fundamentos da decisão recorrida;

•• Alínea *a* com redação determinada pela Emenda Regimental n. 22, de 16-3-2016.

b) negar provimento ao recurso especial que for contrário a tese fixada em julgamento de recurso repetitivo ou de repercussão geral, a entendimento firmado em incidente de assunção de competência, a súmula do Supremo Tribunal Federal ou do Superior Tribunal de Justiça ou, ainda, a jurisprudência dominante acerca do tema;

•• Alínea *b* com redação determinada pela Emenda Regimental n. 22, de 16-3-2016.

c) dar provimento ao recurso especial se o acórdão recorrido for contrário a tese fixada em julgamento de recurso repetitivo ou de repercussão geral, a entendimento firmado em incidente de assunção de competência, a súmula do Supremo Tribunal Federal ou do Superior Tribunal de Justiça ou, ainda, a jurisprudência dominante acerca do tema.

•• Alínea *c* com redação determinada pela Emenda Regimental n. 22, de 16-3-2016.

d) determinar sua autuação como recurso especial quando não verificada qualquer das hipóteses previstas nas alíneas *b* e *c*, observando-se, daí em diante, o procedimento relativo a esse recurso.

Seção V
Do Agravo de Instrumento

•• Seção V acrescentada pela Emenda Regimental n. 16, de 19-11-2014.

Art. 254. O agravo interposto de decisão interlocutória nas causas em que forem partes Estado estrangeiro ou organismo internacional de um lado e, do outro, Município ou pessoa residente ou domiciliada no País seguirá o disposto na legislação processual em vigor.

•• Artigo com redação determinada pela Emenda Regimental n. 16, de 19-11-2014.

Capítulo II
DO RECURSO ESPECIAL

Art. 255. O recurso especial será interposto na forma e no prazo estabelecido na legislação processual vigente e recebido no efeito devolutivo, salvo quando interposto do julgamento de mérito do incidente de resolução de demandas repetitivas, hipótese em que terá efeito suspensivo.

•• *Caput* com redação determinada pela Emenda Regimental n. 22, de 16-3-2016.

§ 1.º Quando o recurso fundar-se em dissídio jurisprudencial, o recorrente fará a prova da divergência com a certidão, cópia ou citação do repositório de jurisprudência, oficial ou credenciado, inclusive em mídia eletrônica, em que houver sido publicado o acórdão divergente, ou ainda com a reprodução de julgado disponível na internet, com indicação da respectiva fonte, devendo-se, em qualquer caso, mencionar as circunstâncias que identifiquem ou assemelhem os casos confrontados.

•• § 1.º com redação determinada pela Emenda Regimental n. 22, de 16-3-2016.

• *Vide* art. 266, § 1.º, deste Regimento Interno.

§ 2.º (*Revogado pela Emenda Regimental n. 22, de 16-3-2016.*)

§ 3.º São repositórios oficiais de jurisprudência, para o fim do § 1.º deste artigo, a Revista Trimestral de Jurisprudência do Supremo Tribunal Federal, a Revista do Superior Tribunal de Justiça e a Revista do Tribunal Federal de Recursos e, autorizados ou credenciados, os habilitados na forma do art. 134 e seu parágrafo único deste Regimento.

•• § 3.º com redação determinada pela Emenda Regimental n. 22, de 16-3-2016.

§ 4.º Distribuído o recurso, o relator, após vista ao Ministério Público, se necessário, pelo prazo de vinte dias, poderá:

•• § 4.º com redação determinada pela Emenda Regimental n. 24, de 28-9-2016.

I – não conhecer do recurso especial inadmissível, prejudicado ou que não tiver impugnado especificamente os fundamentos da decisão recorrida;

•• Inciso I com redação determinada pela Emenda Regimental n. 24, de 28-9-2016.

II – negar provimento ao recurso especial que for contrário a tese fixada em julgamento de recurso repetitivo ou de repercussão geral, a entendimento firmado em incidente de assunção de competência, ou, ainda, a súmula ou jurisprudência consolidada do Supremo Tribunal Federal ou do Superior Tribunal de Justiça;

•• Inciso II com redação determinada pela Emenda Regimental n. 24, de 28-9-2016.

III – dar provimento ao recurso especial após vista ao recorrido, se o acórdão recorrido for contrário a tese fixada em julgamento de recurso repetitivo ou de repercussão geral, a entendimento firmado em incidente de assunção de competência ou, ainda, a súmula ou jurisprudência consolidada do Supremo Tribunal Federal ou do Superior Tribunal de Justiça.

•• Inciso III com redação determinada pela Emenda Regimental n. 24, de 28-9-2016.

§ 5.º No julgamento do recurso especial, verificar-se-á, preliminarmente, se o recurso é cabível. Decidida a preliminar pela negativa, a Turma não conhecerá do recurso; se pela afirmativa, julgará a causa, aplicando o direito à espécie, com observância da regra prevista no art. 10 do Código de Processo Civil.

•• § 5.º acrescentado pela Emenda Regimental n. 24, de 28-9-2016.

§ 6.º Julgado o recurso especial criminal, a decisão favorável ao réu preso será imediatamente comunicada às autoridades a quem couber cumpri-la, sem prejuízo da remessa de cópia do acórdão.

•• § 6.º acrescentado pela Emenda Regimental n. 24, de 28-9-2016.

Capítulo II-A
DO RECURSO ESPECIAL REPETITIVO

•• Capítulo II-A acrescentado pela Emenda Regimental n. 24, de 28-9-2016.

Seção I

Do Recurso Especial Representativo da Controvérsia

•• Seção I acrescentada pela Emenda Regimental n. 24, de 28-9-2016.

Art. 256. Havendo multiplicidade de recursos especiais com fundamento em idêntica questão de direito, caberá ao presidente ou ao vice-presidente dos Tribunais de origem (Tribunal de Justiça ou Tribunal Regional Federal), conforme o caso, admitir dois ou mais recursos especiais representativos da controvérsia, que serão encaminhados ao Superior Tribunal de Justiça, ficando os demais processos, individuais ou coletivos, suspensos até o pronunciamento do STJ.

•• *Caput* com redação determinada pela Emenda Regimental n. 24, de 28-9-2016.

§ 1.º Os recursos especiais representativos da controvérsia serão selecionados pelo Tribunal de origem, que deverá levar em consideração o preenchimento dos requisitos de admissibilidade e, preferencialmente:

•• § 1.º acrescentado pela Emenda Regimental n. 24, de 28-9-2016.

I – a maior diversidade de fundamentos constantes do acórdão e dos argumentos no recurso especial;

•• Inciso I acrescentado pela Emenda Regimental n. 24, de 28-9-2016.

II – a questão de mérito que puder tornar prejudicadas outras questões suscitadas no recurso;

•• Inciso II acrescentado pela Emenda Regimental n. 24, de 28-9-2016.

III – a divergência, se existente, entre órgãos julgadores do Tribunal de origem, caso em que deverá ser observada a representação de todas as teses em confronto.

•• Inciso III acrescentado pela Emenda Regimental n. 24, de 28-9-2016.

§ 2.º O Tribunal de origem, no juízo de admissibilidade:

•• § 2.º acrescentado pela Emenda Regimental n. 24, de 28-9-2016.

I – delimitará a questão de direito a ser processada e julgada sob o rito do recurso especial repetitivo, com a indicação dos respectivos códigos de assuntos da Tabela Processual Unificada do Conselho Nacional de Justiça;

•• Inciso I acrescentado pela Emenda Regimental n. 24, de 28-9-2016.

II – informará, objetivamente, a situação fática específica na qual surgiu a controvérsia;

•• Inciso II acrescentado pela Emenda Regimental n. 24, de 28-9-2016.

III – indicará, precisamente, os dispositivos legais em que se fundou o acórdão recorrido;

•• Inciso III acrescentado pela Emenda Regimental n. 24, de 28-9-2016.

IV – informará a quantidade de processos que ficarão suspensos na origem com a mesma questão de direito em tramitação no STJ;

•• Inciso IV acrescentado pela Emenda Regimental n. 24, de 28-9-2016.

V – informará se outros recursos especiais representativos da mesma controvérsia estão sendo remetidos conjuntamente, destacando, na decisão de admissibilidade de cada um deles, os números dos demais;

•• Inciso V acrescentado pela Emenda Regimental n. 24, de 28-9-2016.

VI – explicitará, na parte dispositiva, que o recurso especial foi admitido como representativo da controvérsia.

•• Inciso VI acrescentado pela Emenda Regimental n. 24, de 28-9-2016.

Art. 256-A. No Superior Tribunal de Justiça, os recursos especiais encaminhados pelos Tribunais de origem como representativos da controvérsia deverão receber identificação própria no sistema informatizado e, após as etapas de autuação e classificação, ser registrados ao Presidente do STJ.

•• Artigo acrescentado pela Emenda Regimental n. 24, de 28-9-2016.

Art. 256-B. Compete ao Presidente do STJ:

•• *Caput* acrescentado pela Emenda Regimental n. 24, de 28-9-2016.

I – oficiar ao presidente ou ao vice-presidente do Tribunal de origem, conforme o caso, para complementar informações do recurso especial representativo da controvérsia;

•• Inciso I acrescentado pela Emenda Regimental n. 24, de 28-9-2016.

II – abrir vista dos autos ao Ministério Público Federal para que, no prazo improrrogável de quinze dias, manifeste-se exclusivamente a respeito dos pressupostos de admissibilidade do recurso especial como representativo da controvérsia.

•• Inciso II acrescentado pela Emenda Regimental n. 24, de 28-9-2016.

Art. 256-C. Com ou sem o parecer do Ministério Público Federal, o processo será concluso ao Presidente do STJ para que, no prazo de vinte dias, em despacho irrecorrível, decida se o recurso especial representativo da controvérsia preenche os requisitos do art. 256 deste Regimento.

•• Artigo acrescentado pela Emenda Regimental n. 24, de 28-9-2016.

Art. 256-D. Caso o Presidente do STJ admita o recurso especial, determinará a distribuição dos autos nos seguintes termos:

•• *Caput* acrescentado pela Emenda Regimental n. 24, de 28-9-2016.

I – por dependência, para os recursos especiais representativos da controvérsia que contiverem a mesma questão de direito;

•• Inciso I acrescentado pela Emenda Regimental n. 24, de 28-9-2016.

II – de forma livre, mediante sorteio automático, para as demais hipóteses.

•• Inciso II acrescentado pela Emenda Regimental n. 24, de 28-9-2016.

Parágrafo único. O Superior Tribunal de Justiça manterá, em sua página na internet, em destaque, relação dos recursos especiais representativos da controvérsia aptos, com a respectiva descrição da questão de direito e com o número sequencial correspondente à controvérsia.

•• Parágrafo único acrescentado pela Emenda Regimental n. 24, de 28-9-2016.

Art. 256-E. Compete ao relator do recurso especial representativo da controvérsia, no prazo máximo de sessenta dias úteis a contar da data de conclusão do processo, reexaminar a admissibilidade do recurso representativo da controvérsia a fim de:

•• *Caput* acrescentado pela Emenda Regimental n. 24, de 28-9-2016.

I – rejeitar, de forma fundamentada, a indicação do recurso especial como representativo da controvérsia devido à ausência dos pressupostos recursais genéricos ou específicos e ao não cumprimento dos requisitos regimentais, observado o disposto no art. 256-F deste Regimento;

•• Inciso I acrescentado pela Emenda Regimental n. 24, de 28-9-2016.

II – propor à Corte Especial ou à Seção a afetação do recurso especial representativo da controvérsia para julgamento sob o rito dos recursos repetitivos, nos termos do Código de Processo Civil e da Seção II deste Capítulo.

•• Inciso II acrescentado pela Emenda Regimental n. 24, de 28-9-2016.

Art. 256-F. Caso o relator inadmita o recurso especial como representativo da controvérsia devido à ausência dos pressupostos recursais genéricos ou específicos ou ao não cumprimento dos requisitos previstos neste Regimento, indicará recursos especiais existentes em seu acervo em substituição ao recurso inadmitido ou determinará a comunicação ao presidente ou vice-presidente do Tribunal de origem para que remeta ao STJ, em substituição, dois ou mais recursos especiais aptos que tratem da mesma questão de direito.

•• *Caput* acrescentado pela Emenda Regimental n. 24, de 28-9-2016.

§ 1.º Será inadmitido na origem recurso especial que apresente o mesmo óbice de admissibilidade reconhecido pelo Presidente do STJ ou pelo relator no julgamento de recurso representativo de idêntica questão de direito.

•• § 1.º acrescentado pela Emenda Regimental n. 24, de 28-9-2016.

§ 2.º Os recursos especiais aptos encaminhados pelo Tribunal de origem em substituição, nos termos do *caput* deste artigo, seguirão, no STJ, o mesmo procedimento do recurso representativo da controvérsia.

•• § 2.º acrescentado pela Emenda Regimental n. 24, de 28-9-2016.

§ 3.º Os recursos anteriormente suspensos nos Tribunais de origem permanecerão nessa condição, contendo a indicação do número sequencial da controvérsia de que trata o parágrafo único do art. 256-D deste Regimento.

•• § 3.º acrescentado pela Emenda Regimental n. 24, de 28-9-2016.

§ 4.º Caso o relator inadmita o recurso especial representativo da controvérsia porque a matéria não é apta a julgamento repetitivo ou porque não caracterizada a multiplicidade de recursos capaz de ensejar a afetação do processo para julgamento pelo sistema dos recursos repetitivos à Seção ou à Corte Especial, os processos suspensos em todo o território nacional retomarão seu curso normal.

•• § 4.º acrescentado pela Emenda Regimental n. 24, de 28-9-2016.

Art. 256-G. Não adotadas as providências previstas nos incisos I e II do art. 256-E deste Regimento no prazo estabelecido no seu *caput*, presumir-se-á que o recurso especial representativo da controvérsia teve sua indicação rejeitada pelo relator.

•• *Caput* acrescentado pela Emenda Regimental n. 24, de 28-9-2016.

§ 1.º A rejeição, expressa ou presumida, do recurso especial representativo da controvérsia será comunicada aos Ministros do STJ e aos presidentes ou vice-presidentes dos Tribunais de origem.

•• § 1.º acrescentado pela Emenda Regimental n. 24, de 28-9-2016.

§ 2.º Os processos suspensos em todo o território nacional em razão de recurso especial representativo da controvérsia rejeitado retomarão seu curso normal.

•• § 2.º acrescentado pela Emenda Regimental n. 24, de 28-9-2016.

Art. 256-H. Os recursos especiais interpostos em julgamento de mérito do incidente de resolução de demandas repetitivas serão processados nos termos desta Seção, não se aplicando a presunção prevista no art. 256-G deste Regimento.

•• Artigo acrescentado pela Emenda Regimental n. 24, de 28-9-2016.

Seção II
Da Competência para Afetação e do Procedimento Preparatório para o Julgamento do Recurso Especial Repetitivo

•• Seção II acrescentada pela Emenda Regimental n. 24, de 28-9-2016.

Art. 256-I. O recurso especial representativo da controvérsia apto, bem como o recurso especial distribuído cuja multiplicidade de processos com idêntica questão de direito seja reconhecida pelo relator, nos termos do art. 1.037 do Código de Processo Civil, será submetido pela Seção ou pela Corte Especial, conforme o caso, ao rito dos recursos repetitivos para julgamento, observadas as regras previstas no Capítulo II-B do Título IX da Parte I do Regimento Interno.

•• *Caput* acrescentado pela Emenda Regimental n. 24, de 28-9-2016.

Parágrafo único. O Superior Tribunal de Justiça manterá, em sua página na internet, em destaque, relação dos recursos especiais afetados, com a respectiva descrição da questão de direito e com o número sequencial correspondente ao tema afetado.

•• Parágrafo único acrescentado pela Emenda Regimental n. 24, de 28-9-2016.

Art. 256-J. O relator poderá solicitar informações aos Tribunais de origem a respeito da questão afetada e autorizar, em decisão irrecorrível, ante a relevância da matéria, a manifestação escrita de pessoas naturais ou jurídicas, órgãos ou entidades especializadas, com representatividade adequada, a serem prestadas no prazo improrrogável de quinze dias.

•• Artigo acrescentado pela Emenda Regimental n. 24, de 28-9-2016.

Art. 256-K. A fim de instruir o procedimento, pode o relator, nos termos dos arts. 185 e 186 deste Regimento, fixar data para ouvir pessoas ou entidades com experiência e conhecimento na matéria em audiência pública.

•• Artigo acrescentado pela Emenda Regimental n. 24, de 28-9-2016.

Art. 256-L. Publicada a decisão de afetação, os demais recursos especiais em tramitação no STJ fundados em idêntica questão de direito:

•• *Caput* acrescentado pela Emenda Regimental n. 24, de 28-9-2016.

I – se já distribuídos, serão devolvidos ao Tribunal de origem, para nele permanecerem suspensos, por meio de decisão fundamentada do relator;

•• Inciso I acrescentado pela Emenda Regimental n. 24, de 28-9-2016.

II – se ainda não distribuídos, serão devolvidos ao Tribunal de origem por decisão fundamentada do Presidente do STJ.

•• Inciso II acrescentado pela Emenda Regimental n. 24, de 28-9-2016.

Art. 256-M. Após a publicação da decisão de afetação, será concedida vista dos autos ao Ministério Público Federal pelo prazo de quinze dias.

•• *Caput* acrescentado pela Emenda Regimental n. 24, de 28-9-2016.

Parágrafo único. Com ou sem o parecer do Ministério Público Federal, o processo será concluso ao relator para elaboração do voto.

•• Parágrafo único acrescentado pela Emenda Regimental n. 24, de 28-9-2016.

Seção III
Do Julgamento do Recurso Especial Repetitivo

•• Seção III acrescentada pela Emenda Regimental n. 24, de 28-9-2016.

Art. 256-N. Após a liberação do relator, o processo será incluído na pauta para julgamento na Seção ou na Corte Especial.

•• *Caput* acrescentado pela Emenda Regimental n. 24, de 28-9-2016.

§ 1.º O julgamento de recurso especial repetitivo terá preferência sobre os demais processos, ressalvados os casos de réu preso e os pedidos de *habeas corpus* e de mandado de segurança.

•• § 1.º acrescentado pela Emenda Regimental n. 24, de 28-9-2016.

§ 2.º Deve ser observado o prazo máximo de um ano para o julgamento do tema repetitivo, a contar da data da publicação da afetação.

•• § 2.º acrescentado pela Emenda Regimental n. 24, de 28-9-2016.

§ 3.º Quando o órgão julgador decidir questão relativa ao procedimento de recursos repetitivos ou à aplicação da sistemática da repercussão geral no Tribunal, os documentos relacionados ao julgamento serão disponibilizados ao Núcleo de Gerenciamento de Precedentes – Nugep.

•• § 3.º acrescentado pela Emenda Regimental n. 24, de 28-9-2016.

Art. 256-O. Desafetado o processo da sistemática do recurso repetitivo, deverão constar da decisão ou do resultado do julgamento as consequências desse ato e sua motivação.

•• *Caput* acrescentado pela Emenda Regimental n. 24, de 28-9-2016.

§ 1.º Caso não seja cancelado o tema, a decisão de que trata o *caput* explicitará, ainda, se há necessidade de envio de novos recursos representativos da controvérsia tratando da mesma questão de direito, em substituição, para julgamento do mérito do tema.

•• § 1.º acrescentado pela Emenda Regimental n. 24, de 28-9-2016.

§ 2.º A Secretaria comunicará o teor da decisão proferida nos termos do *caput* e do § 1.º deste artigo aos Ministros integrantes do respectivo órgão julgador e aos Tribunais de origem.

•• § 2.º acrescentado pela Emenda Regimental n. 24, de 28-9-2016.

§ 3.º Os recursos especiais enviados em substituição serão distribuídos por dependência ao Ministro que determinou a desafetação do recurso especial ou ao sucessor do acervo, excetuada a hipótese de o Ministro não compor mais o órgão julgador competente para apreciar a matéria ou de alteração de competência para apreciação da matéria, caso em que o recurso será distribuído entre os integrantes do órgão julgador competente para apreciar a questão.

•• § 3.º acrescentado pela Emenda Regimental n. 24, de 28-9-2016.

§ 4.º Na hipótese do § 2.º deste artigo, os recursos anteriormente suspensos permanecerão nessa condição, vinculados ao número do tema no STJ.

•• § 4.º acrescentado pela Emenda Regimental n. 24, de 28-9-2016.

§ 5.º Caso seja cancelado o tema, os processos suspensos em todo o território nacional retomarão seu curso normal.

•• § 5.º acrescentado pela Emenda Regimental n. 24, de 28-9-2016.

Art. 256-P. O Presidente do respectivo órgão julgador velará pelo cumprimento dos prazos previstos neste capítulo.

•• *Caput* acrescentado pela Emenda Regimental n. 24, de 28-9-2016.

Parágrafo único. A fim de dar cumprimento ao disposto no *caput*, quando ultrapassados oito meses a contar da publicação da decisão de afetação, o Presidente do órgão julgador determinará que seja cientificado o relator ou o Ministro que tiver pedido vista, respeitados os prazos do art. 162 deste Regimento.

•• Parágrafo único acrescentado pela Emenda Regimental n. 24, de 28-9-2016.

Art. 256-Q. No julgamento de mérito do tema repetitivo, o relator ou o Ministro relator para acórdão delimitará objetivamente a tese firmada pelo órgão julgador.

•• *Caput* acrescentado pela Emenda Regimental n. 24, de 28-9-2016.

§ 1.º Alterada a tese firmada no julgamento de recurso interposto contra o acórdão citado no *caput*, proceder-se-á à nova delimitação com os fundamentos determinantes da tese.

•• § 1.º acrescentado pela Emenda Regimental n. 24, de 28-9-2016.

§ 2.º A decisão de que trata o § 1.º deste artigo será objeto de comunicação aos Ministros do órgão julgador, ao Presidente do STJ e aos presidentes ou vice-presidentes dos Tribunais de origem.

•• § 2.º acrescentado pela Emenda Regimental n. 24, de 28-9-2016.

§ 3.º O acórdão deverá ser redigido nos termos do art. 104-A deste Regimento.

•• § 3.º acrescentado pela Emenda Regimental n. 24, de 28-9-2016.

Seção IV
Da Publicação do Acórdão

•• Seção IV acrescentada pela Emenda Regimental n. 24, de 28-9-2016.

Art. 256-R. O acórdão proferido no julgamento do recurso especial repetitivo gerará as seguintes consequências nos demais recursos especiais fundados em idêntica questão de direito:

•• *Caput* acrescentado pela Emenda Regimental n. 24, de 28-9-2016.

I – se já distribuídos e não devolvidos à origem por trazerem outras questões além da afetada, serão julgados pelo relator, observada a tese firmada no julgamento de mérito do respetivo tema;

•• Inciso I acrescentado pela Emenda Regimental n. 24, de 28-9-2016.

II – se ainda não distribuídos e não devolvidos à origem, serão julgados pelo Presidente do STJ;

•• Inciso II acrescentado pela Emenda Regimental n. 24, de 28-9-2016.

III – se suspensos nas instâncias de origem, aplicam-se os arts. 1.040 e 1.041 do Código de Processo Civil.

•• Inciso III acrescentado pela Emenda Regimental n. 24, de 28-9-2016.

Parágrafo único. O disposto no inciso III aplica-se a todos os processos que tratem de idêntica questão de direito, mesmo que não tenham sido objeto de suspensão.

•• Parágrafo único acrescentado pela Emenda Regimental n. 24, de 28-9-2016.

Seção V
Da Revisão de Entendimento Firmado em Tema Repetitivo

•• Seção V acrescentada pela Emenda Regimental n. 24, de 28-9-2016.

Art. 256-S. É cabível a revisão de entendimento consolidado em enunciado de tema repetitivo, por proposta de Ministro integrante do respectivo órgão julgador ou de representante do Ministério Público Federal que oficie perante o Superior Tribunal de Justiça.

•• *Caput* acrescentado pela Emenda Regimental n. 24, de 28-9-2016.

§ 1.º A revisão ocorrerá nos próprios autos do processo julgado sob o rito dos recursos repetitivos, caso ainda esteja em tramitação, ou será objeto de questão de ordem, independentemente de processo a ela vinculado.

•• § 1.º acrescentado pela Emenda Regimental n. 24, de 28-9-2016.

§ 2.º A revisão de entendimento terá como relator o Ministro integrante do órgão julgador que a propôs ou o seu Presidente nos casos de proposta formulada pelo representante do Ministério Público Federal.

•• § 2.º acrescentado pela Emenda Regimental n. 24, de 28-9-2016.

§ 3.º O acórdão proferido na questão de ordem será inserido, como peça eletrônica complementar, no(s) processo(s) relacionado(s) ao enunciado de tema repetitivo.

•• § 3.º acrescentado pela Emenda Regimental n. 24, de 28-9-2016.

Art. 256-T. O procedimento de revisão de entendimento será iniciado por:

•• *Caput* acrescentado pela Emenda Regimental n. 24, de 28-9-2016.

I – decisão do Ministro proponente com a indicação expressa de se tratar de proposta de revisão de enunciado de tema repetitivo e exposição dos fundamentos da alteração da tese anteriormente firmada;

•• Inciso I acrescentado pela Emenda Regimental n. 24, de 28-9-2016.

II – petição do representante do Ministério Público Federal dirigida ao relator do processo que ensejou a criação do tema, ou ao Presidente do órgão julgador, dependendo do caso, com os requisitos previstos no inciso I.

•• Inciso II acrescentado pela Emenda Regimental n. 24, de 28-9-2016.

§ 1.º No prazo de vinte dias, o relator do processo que ensejou a criação do tema ou o Presidente do órgão julgador decidirá se a proposta de revisão de entendimento preenche os requisitos deste artigo.

•• § 1.º acrescentado pela Emenda Regimental n. 24, de 28-9-2016.

§ 2.º Nos casos de propostas formuladas por Ministro do STJ, será concedida vista dos autos ao Ministério Público Federal pelo prazo improrrogável de quinze dias para manifestação sobre a revisão proposta.

•• § 2.º acrescentado pela Emenda Regimental n. 24, de 28-9-2016.

Art. 256-U. Com ou sem o parecer do Ministério Público Federal, o processo será concluso ao relator ou ao Presidente do órgão julgador, conforme o caso, para julgamento.

•• *Caput* acrescentado pela Emenda Regimental n. 24, de 28-9-2016.

Parágrafo único. A revisão deve observar, em relação ao julgamento e à publicação do acórdão, o disposto nas Seções III e IV deste Capítulo.

•• Parágrafo único acrescentado pela Emenda Regimental n. 24, de 28-9-2016.

Art. 256-V. O Presidente do órgão julgador poderá propor, em questão de ordem, a revisão de entendimento consolidado em enunciado de tema repetitivo para adequação ao entendimento do Supremo Tribunal Federal em repercussão geral, em ação de controle concentrado de constitucionalidade, em enunciado de súmula vinculante e em incidente de assunção de competência.

•• *Caput* acrescentado pela Emenda Regimental n. 24, de 28-9-2016.

§ 1.º A revisão ocorrerá nos próprios autos do recurso julgado sob o rito dos repetitivos, caso ainda esteja em tramitação, ou será objeto de questão de ordem, independentemente de processo a ela vinculado.

•• § 1.º acrescentado pela Emenda Regimental n. 24, de 28-9-2016.

§ 2.º O acórdão proferido na questão de ordem será inserido, como peça eletrônica complementar, no(s) processo(s) relacionado(s) ao tema repetitivo.

•• § 2.º acrescentado pela Emenda Regimental n. 24, de 28-9-2016.

Seção VI
Das Disposições Finais

•• Seção VI acrescentada pela Emenda Regimental n. 24, de 28-9-2016.

Art. 256-W. O Superior Tribunal de Justiça publicará, em sua página na internet, até o dia 15 de cada mês, relatório com o quantitativo de decisões proferidas pela Presidência com fundamento nos incisos I e II do art. 1.040 do Código de Processo Civil.

•• *Caput* acrescentado pela Emenda Regimental n. 24, de 28-9-2016.

Parágrafo único. O relatório previsto no *caput* será encaminhado eletronicamente ao Conselho Nacional de Justiça.

•• Parágrafo único acrescentado pela Emenda Regimental n. 24, de 28-9-2016.

Art. 256-X. As competências atribuídas ao Presidente do STJ neste capítulo podem ser delegadas ao Vice-Presidente e aos Presidentes das Seções, dentro de suas respectivas áreas de atuação.

•• *Caput* acrescentado pela Emenda Regimental n. 24, de 28-9-2016.

§ 1.º A delegação de que trata o *caput* far-se-á mediante ato do Presidente do Tribunal, se houver concordância do Presidente do respectivo Órgão Fracionário.

•• § 1.º acrescentado pela Emenda Regimental n. 24, de 28-9-2016.

§ 2.º Os Presidentes das Seções poderão indicar ao Presidente do Tribunal, para subdelegação, um membro integrante da respectiva Seção.

•• § 2.º acrescentado pela Emenda Regimental n. 24, de 28-9-2016.

Capítulo II-B
DA AFETAÇÃO DE PROCESSOS À SISTEMÁTICA DOS RECURSOS REPETITIVOS E DA ADMISSÃO DE INCIDENTE DE ASSUNÇÃO DE COMPETÊNCIA EM MEIO ELETRÔNICO

•• Capítulo II-B acrescentado pela Emenda Regimental n. 24, de 28-9-2016.

Art. 257. É obrigatório ao relator o uso da ferramenta eletrônica de afetação do recurso especial à sistemática dos repetitivos e de admissão do incidente de assunção de competência, nos termos desse capítulo.

•• Artigo com redação determinada pela Emenda Regimental n. 24, de 28-9-2016.

Art. 257-A. Incluída pelo relator, em meio eletrônico, a proposta de afetação ou de admissão do processo à sistemática dos recursos repetitivos ou da assunção de competência, os demais Ministros do respectivo órgão julgador terão o prazo de sete dias corridos para se manifestar sobre a proposição.

•• *Caput* com redação determinada pela Emenda Regimental n. 24, de 28-9-2016.

§ 1.º Para a afetação ou admissão eletrônica, os Ministros deverão observar, entre outros requisitos, se o processo veicula matéria de competência do STJ, se preenche os pressupostos recursais genéricos e específicos, se não possui vício grave que impeça o seu conhecimento e, no caso da afetação do recurso à sistemática dos repetitivos, se possui multiplicidade de processos com idêntica questão de direito ou potencial de multiplicidade.

•• § 1.º acrescentado pela Emenda Regimental n. 24, de 28-9-2016.

§ 2.º Caso a maioria dos Ministros integrantes do respectivo órgão julgador decidam, na sessão eletrônica, pelo não preenchimento dos requisitos previstos no § 1.º, a questão não será afetada ou admitida para julgamento repetitivo ou como assunção de competência, retornando os autos ao relator para decisão.

•• § 2.º acrescentado pela Emenda Regimental n. 24, de 28-9-2016.

§ 3.º Rejeitada a proposta de afetação ou de admissão porque a questão não é de competência do STJ, a matéria discutida no processo não será objeto de nova inclusão para afetação ou admissão eletrônica.

•• § 3.º acrescentado pela Emenda Regimental n. 24, de 28-9-2016.

Art. 257-B. Não sendo o caso de impedimento ou suspeição, ou de licença ou afastamento que perdurem pelos cinco últimos dias de votação, a não manifestação do Ministro no prazo do art. 257-A deste Regimento acarretará a adesão à manifestação de afetação ou de admissão apresentada pelo relator.

•• Artigo acrescentado pela Emenda Regimental n. 24, de 28-9-2016.

Art. 257-C. Findo o prazo de que trata o art. 257-A deste Regimento, o sistema contabilizará as manifestações e lançará, de forma automatizada, na plataforma eletrônica, suma com o resultado da deliberação colegiada sobre a afetação do processo à sistemática dos recursos repetitivos ou a admissão do incidente de assunção de competência.

•• *Caput* acrescentado pela Emenda Regimental n. 24, de 28-9-2016.

Parágrafo único. Será afetado para julgamento pela sistemática dos recursos repetitivos ou admitido o incidente de assunção de competência à Corte Especial ou à Seção o processo que contar com o voto da maioria simples dos Ministros.

•• Parágrafo único acrescentado pela Emenda Regimental n. 24, de 28-9-2016.

Art. 257-D. Afetado o recurso ou admitido o incidente, os dados serão incluídos no sistema informatizado do Tribunal, sendo-lhe atribuído número sequencial referente ao enunciado de tema.

•• Artigo acrescentado pela Emenda Regimental n. 24, de 28-9-2016.

Art. 257-E. Será publicada, no *Diário da Justiça eletrônico*, a decisão colegiada pela afetação do recurso ou pela admissão do incidente, acompanhada das manifestações porventura apresentadas pelos demais Ministros.

•• Artigo acrescentado pela Emenda Regimental n. 24, de 28-9-2016.

Capítulo III
DOS RECURSOS DE DECISÕES PROFERIDAS NO TRIBUNAL

Seção I
Do Agravo Regimental em Matéria Penal

•• Seção I com redação determinada pela Emenda Regimental n. 24, de 28-9-2016.

Art. 258. A parte que se considerar agravada por decisão do Presidente da Corte Especial, de Seção, de Turma ou de relator, à exceção do indeferimento de liminar em procedimento de *habeas corpus* e recurso ordinário em *habeas corpus*, poderá requerer, dentro de cinco dias, a apresentação do feito em mesa relativo à matéria penal em geral, para que a Corte Especial, a Seção ou a Turma sobre ela se pronuncie, confirmando-a ou reformando-a.

•• *Caput* com redação determinada pela Emenda Regimental n. 24, de 28-9-2016.

§ 1.º O órgão do Tribunal competente para conhecer do agravo é o que seria competente para o julgamento do pedido ou recurso.

§ 2.º Não cabe agravo regimental da decisão do relator que der provimento a agravo de instrumento, para determinar a subida de recurso não admitido.

§ 3.º O agravo regimental será submetido ao prolator da decisão, que poderá reconsiderá-la ou submeter o agravo ao julgamento da Corte Especial, da Seção ou da Turma, conforme o caso, computando-se também o seu voto.

•• § 3.º acrescentado pela Emenda Regimental n. 24, de 28-9-2016.

§ 4.º Se a decisão agravada for do Presidente da Corte Especial ou da Seção, o julgamento será presidido por seu substituto, que votará no caso de empate.

•• § 4.º acrescentado pela Emenda Regimental n. 24, de 28-9-2016.

Seção I-A
Do Agravo Interno

•• Seção I-A com redação determinada pela Emenda Regimental n. 24, de 28-9-2016.

Art. 259. Contra decisão proferida por Ministro caberá agravo interno para que o respectivo órgão colegiado sobre ela se pronuncie, confirmando-a ou reformando-a.

•• *Caput* com redação determinada pela Emenda Regimental n. 24, de 28-9-2016.

§ 1.º O órgão do Tribunal competente para conhecer do agravo é o que seria competente para o julgamento do pedido ou recurso.

•• § 1.º acrescentado pela Emenda Regimental n. 24, de 28-9-2016.

§ 2.º Na petição de agravo interno, o recorrente impugnará especificadamente os fundamentos da decisão agravada.

•• § 2.º acrescentado pela Emenda Regimental n. 24, de 28-9-2016.

§ 3.º O agravo será dirigido ao relator, que intimará o agravado para manifestar-se sobre o recurso no prazo de quinze dias, ao final do qual, não havendo retratação, o relator levá-lo-á a julgamento pelo órgão colegiado, com inclusão em pauta.

•• § 3.º acrescentado pela Emenda Regimental n. 24, de 28-9-2016.

§ 4.º Quando o agravo interno for declarado manifestamente inadmissível ou improcedente em votação unânime, o órgão colegiado, em decisão fundamentada, condenará o agravante a pagar ao agravado multa fixada entre 1% e 5% do valor atualizado da causa.

•• § 4.º acrescentado pela Emenda Regimental n. 24, de 28-9-2016.

§ 5.º A interposição de qualquer outro recurso está condicionada ao depósito prévio do valor da multa prevista no § 4.º, à exceção da Fazenda Pública e do beneficiário de gratuidade da justiça, que farão o pagamento ao final.

•• § 5.º acrescentado pela Emenda Regimental n. 24, de 28-9-2016.

§ 6.º O agravo interno será submetido ao prolator da decisão, que poderá reconsiderá-la ou submeter o agravo ao julgamento da Corte Especial, da Seção ou da Turma, conforme o caso, computando-se também o seu voto.

•• § 6.º acrescentado pela Emenda Regimental n. 24, de 28-9-2016.

§ 7.º Se a decisão agravada for do Presidente da Corte Especial ou da Seção, o julgamento será presidido por seu substituto, que votará no caso de empate.

•• § 7.º acrescentado pela Emenda Regimental n. 24, de 28-9-2016.

Seção II
Dos Embargos Infringentes

Arts. 260 a 262. (*Revogados pela Emenda Regimental n. 22, de 16-3-2016.*)

Seção III
Dos Embargos de Declaração

Art. 263. Cabem embargos de declaração contra qualquer decisão judicial, a serem opostos no prazo legal, para:

•• *Caput* com redação determinada pela Emenda Regimental n. 22, de 16-3-2016.

I – esclarecer obscuridade ou eliminar contradição;

•• Inciso I acrescentado pela Emenda Regimental n. 22, de 16-3-2016.

II – suprir omissão de ponto ou questão sobre a qual devia pronunciar-se o Órgão Julgador de ofício ou a requerimento; ou

•• Inciso II acrescentado pela Emenda Regimental n. 22, de 16-3-2016.

III – corrigir erro material.

•• Inciso III acrescentado pela Emenda Regimental n. 22, de 16-3-2016.

§ 1.º O embargado será intimado para, querendo, manifestar-se, no prazo legal, sobre os embargos opostos, caso seu eventual acolhimento possa implicar a modificação da decisão embargada.

•• § 1.º com redação determinada pela Emenda Regimental n. 22, de 16-3-2016.

§ 2.º (*Revogado pela Emenda Regimental n. 22, de 16-3-2016.*)

Art. 264. Os embargos de declaração serão incluídos em pauta, salvo se opostos nas classes previstas no art. 91 deste Regimento ou nas demais classes criminais.

•• *Caput* com redação determinada pela Emenda Regimental n. 24, de 28-9-2016.

§ 1.º Se os embargos de declaração forem opostos contra decisão de relator ou outra decisão unipessoal, o Órgão Julgador da decisão embargada decidi-los-á monocraticamente.

•• § 1.º acrescentado pela Emenda Regimental n. 22, de 16-3-2016.

§ 2.º Quando manifestamente protelatórios os embargos de declaração, na forma do § 4.º do art. 1.026 do Código de Processo Civil, condenar-se-á o embargante, em decisão fundamentada, a pagar ao embargado multa não excedente a 2% sobre o valor atualizado da causa.

•• § 2.º acrescentado pela Emenda Regimental n. 22, de 16-3-2016.

Art. 265. Os embargos de declaração interrompem o prazo para a interposição de recursos por qualquer das partes, salvo quando manifestamente protelatórios, na forma do § 4.º do art. 1.026 do Código de Processo Civil.

•• *Caput* com redação determinada pela Emenda Regimental n. 22, de 16-3-2016.

Parágrafo único. (*Revogado pela Emenda Regimental n. 22, de 16-3-2016.*)

Seção IV
Dos Embargos de Divergência

Art. 266. Cabem embargos de divergência contra acórdão de Órgão Fracionário que, em recurso especial, divergir do julgamento atual de qualquer outro Órgão Jurisdicional deste Tribunal, sendo:

•• *Caput* com redação determinada pela Emenda Regimental n. 22, de 16-3-2016.

I – os acórdãos, embargado e paradigma, de mérito;

•• Inciso I acrescentado pela Emenda Regimental n. 22, de 16-3-2016.

II – um acórdão de mérito e outro que não tenha conhecido do recurso, embora tenha apreciado a controvérsia.

•• Inciso II acrescentado pela Emenda Regimental n. 22, de 16-3-2016.

§ 1.º Poderão ser confrontadas teses jurídicas contidas em julgamentos de recursos e de ações de competência originária.

•• § 1.º com redação determinada pela Emenda Regimental n. 22, de 16-3-2016.

§ 2.º A divergência que autoriza a interposição de embargos de divergência pode verificar-se na aplicação do direito material ou do direito processual.

•• § 2.º com redação determinada pela Emenda Regimental n. 22, de 16-3-2016.

§ 3.º Cabem embargos de divergência quando o acórdão paradigma for do mesmo Órgão Fracionário que proferiu a decisão embargada, desde que sua composição tenha sofrido alteração em mais da metade de seus membros.

•• § 3.º com redação determinada pela Emenda Regimental n. 22, de 16-3-2016.

§ 4.º O recorrente provará a divergência com certidão, cópia ou citação de repositório oficial ou credenciado de jurisprudência, inclusive em mídia eletrônica, em que foi publicado o acórdão divergente, ou com a reprodução de julgado disponível na internet, indicando a respectiva fonte, e mencionará as circunstâncias que identificam ou assemelham os casos confrontados.

•• § 4.º com redação determinada pela Emenda Regimental n. 22, de 16-3-2016.

Art. 266-A. Os embargos de divergência serão juntados aos autos independentemente de despacho, e sua oposição interrompe o prazo para interposição de recurso extraordinário por qualquer das partes.

•• Artigo acrescentado pela Emenda Regimental n. 22, de 16-3-2016.

Art. 266-B. Se os embargos de divergência não forem providos ou não alterarem a conclusão do julgamento anterior, o recurso extraordinário interposto pela outra parte antes da publicação do julgamento dos embargos de divergência será processado e julgado independentemente de ratificação.

•• Artigo acrescentado pela Emenda Regimental n. 22, de 16-3-2016.

Art. 266-C. Sorteado o relator, ele poderá indeferir os embargos de divergência liminarmente se intempestivos ou se não comprovada ou não configurada a divergência jurisprudencial atual, ou negar-lhes provimento caso a tese deduzida no recurso seja contrária a fixada em julgamento de recurso repetitivo ou de repercussão geral, a entendimento firmado em incidente de assunção de competência, a súmula do Supremo Tribunal Federal ou do Superior Tribunal de Justiça ou, ainda, a jurisprudência dominante acerca do tema.

•• Artigo acrescentado pela Emenda Regimental n. 22, de 16-3-2016.

Art. 266-D. O Ministério Público, quando necessário seu pronunciamento sobre os embargos de divergência, terá vista dos autos por 20 (vinte) dias.

•• Artigo acrescentado pela Emenda Regimental n. 22, de 16-3-2016.

Art. 267. Admitidos os embargos de divergência em decisão fundamentada, promover-se-á a publicação, no *Diário da Justiça eletrônico*, do termo de vista ao embargado, para apresentar impugnação nos 15 (quinze) dias subsequentes.

•• *Caput* com redação determinada pela Emenda Regimental n. 22, de 16-3-2016.

Parágrafo único. Impugnados ou não os embargos, serão os autos conclusos ao relator, que pedirá a inclusão do feito na pauta de julgamento.

Capítulo IV
DOS RECURSOS PARA O SUPREMO TRIBUNAL FEDERAL

Art. 268. Das decisões do Tribunal são cabíveis os seguintes recursos para o Supremo Tribunal Federal:

I – recurso ordinário, nos casos previstos no art. 102, II, *a*, da Constituição;

II – recurso extraordinário, nos casos previstos no art. 102, III, *a*, *b* e *c*, da Constituição.

Art. 269. Os recursos serão processados, no âmbito do Tribunal, na conformidade da legislação processual vigente e do Regimento Interno do Supremo Tribunal Federal.

Art. 270. O Presidente do Tribunal decidirá a respeito da admissibilidade do recurso.

Parágrafo único. Da decisão que não admitir o recurso, caberá agravo para o Supremo Tribunal Federal, salvo quando fundado na aplicação de entendimento firmado em regime de repercussão geral ou em julgamento de recurso repetitivo.

•• Parágrafo único com redação determinada pela Emenda Regimental n. 24, de 28-9-2016.

Título X
DOS PROCESSOS INCIDENTES

Capítulo I
DA SUSPENSÃO DE SEGURANÇA, DE LIMINAR E DE SENTENÇA

•• Capítulo com denominação determinada pela Emenda Regimental n. 7, de 1.º-3-2004.

Art. 271. Poderá o Presidente do Tribunal, a requerimento da pessoa jurídica de direito público interessada ou do Procurador-Geral da República, e para evitar grave lesão à ordem, à saúde, à segurança e à economia públicas, suspender, em despacho fundamentado, a execução de liminar ou de decisão concessiva de mandado de segurança, proferida, em única ou última instância, pelos Tribunais Regionais Federais ou pelos Tribunais dos Estados e do Distrito Federal.

Igualmente, em caso de manifesto interesse público ou de flagrante ilegitimidade e para evitar grave lesão à ordem, à saúde, à segurança e à economia públicas, poderá o Presidente do Tribunal suspender, em despacho fundamentado, a requerimento do Ministério Público ou da pessoa jurídica de direito público interessada, a execução da liminar nas ações movidas contra o Poder Público ou seus agentes que for concedida ou mantida pelos Tribunais Regionais Federais ou pelos Tribunais dos Estados e do Distrito Federal, inclusive em tutela antecipada, bem como suspender a execução de sentença proferida em processo de ação cautelar inominada, em processo de ação popular e em ação civil pública, enquanto não transitada em julgado.

•• *Caput* com redação determinada pela Emenda Regimental n. 7, de 1.º-3-2004.

§ 1.º O Presidente poderá ouvir o impetrante, em 5 (cinco) dias, e, o Procurador-Geral, quando este não for o requerente, em igual prazo.

•• § 1.º com redação determinada pela Emenda Regimental n. 1, de 23-5-1991.

§ 2.º Da decisão a que se refere este artigo caberá agravo regimental, no prazo de cinco dias, para a Corte Especial.

•• § 2.º com redação determinada pela Emenda Regimental n. 12, de 1.º-9-2010.

§ 3.º A suspensão vigorará enquanto pender o recurso, ficando sem efeito se a decisão concessiva for mantida pelo Superior Tribunal de Justiça ou transitar em julgado.

•• § 3.º acrescentado pela Emenda Regimental n. 1, de 23-5-1991.

Capítulo I-A
DA SUSPENSÃO DE PROCESSOS EM INCIDENTE DE RESOLUÇÃO DE DEMANDAS REPETITIVAS

•• Capítulo I-A acrescentado pela Emenda Regimental n. 22, de 16-3-2016.

Art. 271-A. Poderá o Presidente do Tribunal, a requerimento do Ministério Público, da Defensoria Pública ou das partes de incidente de resolução de demandas repetitivas em tramitação, considerando razões de segurança jurídica ou de excepcional interesse social, suspender, em decisão fundamentada, todos os processos individuais ou coletivos em curso no território nacional que versem sobre a questão objeto do incidente.

•• *Caput* acrescentado pela Emenda Regimental n. 22, de 16-3-2016.

§ 1.º A parte de processo em curso em localidade de competência territorial diversa daquela em que tramita o incidente de resolução de demandas repetitivas deverá comprovar a inadmissão do incidente no Tribunal com jurisdição sobre o estado ou região em que tramite a sua demanda.

•• § 1.º acrescentado pela Emenda Regimental n. 22, de 16-3-2016.

§ 2.º O Presidente poderá ouvir, no prazo de 5 (cinco) dias, o relator do incidente no Tribunal de origem e o Ministério Público Federal.

•• § 2.º acrescentado pela Emenda Regimental n. 22, de 16-3-2016.

§ 3.º A suspensão vigorará até o trânsito em julgado da decisão proferida no incidente de resolução de demanda repetitiva.

•• § 3.º acrescentado pela Emenda Regimental n. 22, de 16-3-2016.

Capítulo I-B
DO INCIDENTE DE ASSUNÇÃO DE COMPETÊNCIA

•• Capítulo I-B acrescentado pela Emenda Regimental n. 24, de 28-9-2016.

Art. 271-B. O relator ou o Presidente proporá, de ofício ou a requerimento da parte, do Ministério Público ou da Defensoria Pública, na forma preconizada pelo Capítulo II-B do Título IX da Parte I do Regimento Interno, mediante decisão irrecorrível, a assunção de competência de julgamento de recurso, de remessa necessária ou de processo de competência originária que envolver relevante questão de direito, com grande repercussão social, sem repetição em múltiplos processos.

•• *Caput* acrescentado pela Emenda Regimental n. 24, de 28-9-2016.

§ 1.º A Corte Especial ou a Seção, conforme o caso, admitirá o recurso, a remessa necessária ou o processo de competência originária se reconhecer interesse público na assunção de competência.

•• § 1.º acrescentado pela Emenda Regimental n. 24, de 28-9-2016.

§ 2.º A desistência ou o abandono do processo não impedem o exame do mérito.

•• § 2.º acrescentado pela Emenda Regimental n. 24, de 28-9-2016.

§ 3.º Se não for o requerente, o Ministério Público intervirá obrigatoriamente no processo e deverá assumir sua titularidade em caso de desistência ou de abandono.

•• § 3.º acrescentado pela Emenda Regimental n. 24, de 28-9-2016.

Art. 271-C. Na decisão que determinou a assunção de competência, o relator ou o Presidente identificará com precisão a questão a ser submetida a julgamento.

•• Artigo acrescentado pela Emenda Regimental n. 24, de 28-9-2016.

Art. 271-D. O relator ou o Presidente ouvirá as partes e os demais interessados, inclusive pessoas, órgãos e entidades com interesse na controvérsia, que, no prazo comum de quinze dias, poderão requerer a juntada de documentos, bem como as diligências necessárias para a elucidação da questão de direito controvertida; em seguida, manifestar-se-á o Ministério Público Federal no mesmo prazo.

•• *Caput* acrescentado pela Emenda Regimental n. 24, de 28-9-2016.

§ 1.º A fim de instruir o procedimento, pode o Presidente ou o relator, nos termos dos arts. 185 e 186 deste Regimento, fixar data para ouvir pessoas ou entidades com experiência e conhecimento na matéria em audiência pública.

•• § 1.º acrescentado pela Emenda Regimental n. 24, de 28-9-2016.

§ 2.º Concluídas as diligências, o Presidente ou o relator solicitará dia para julgamento do processo.

•• § 2.º acrescentado pela Emenda Regimental n. 24, de 28-9-2016.

Art. 271-E. No julgamento do incidente de assunção de competência, a Corte Especial e as Seções se reunirão com o *quorum* mínimo de dois terços de seus membros.

•• Artigo acrescentado pela Emenda Regimental n. 24, de 28-9-2016.

Art. 271-F. O acórdão deverá ser redigido nos termos do art. 104-A deste Regimento.

•• Artigo acrescentado pela Emenda Regimental n. 24, de 28-9-2016.

Art. 271-G. O acórdão proferido, em assunção de competência, pela Corte Especial vinculará todos os órgãos do Tribunal e, pela Seção, vinculará as Turmas e Ministros que a compõem, exceto se houver revisão de tese.

•• *Caput* acrescentado pela Emenda Regimental n. 24, de 28-9-2016.

Parágrafo único. O Superior Tribunal de Justiça manterá, em sua página na internet, em destaque, relação dos incidentes de assunção de competência pendentes de julgamento e julgados, com a indicação da respectiva descrição da questão de direito e com o número sequencial do incidente.

•• Parágrafo único acrescentado pela Emenda Regimental n. 24, de 28-9-2016.

Capítulo II
DOS IMPEDIMENTOS E DA SUSPEIÇÃO

Art. 272. Os Ministros se declararão impedidos ou suspeitos nos casos previstos em lei.

Parágrafo único. Poderá o Ministro, ainda, dar-se por suspeito se afirmar a existência de motivo de ordem íntima que, em consciência, o iniba de julgar.

Art. 273. Se a suspeição ou impedimento for do relator ou revisor, tal fato será declarado por despacho nos autos. Se for do relator, irá o processo ao Presidente, para nova distribuição; se do revisor, o processo passará ao Ministro que o seguir na ordem de antiguidade.

Parágrafo único. Nos demais casos, o Ministro declarará o seu impedimento verbalmente, registrando-se na ata a declaração.

Art. 274. A arguição de suspeição do relator poderá ser suscitada até quinze dias após a distribuição, quando fundada em motivo preexistente; no caso de motivo superveniente, o prazo de quinze dias será contado do fato que a ocasionou. A do revisor, em igual prazo, após a conclusão; a dos demais Ministros, até o início do julgamento.

Art. 275. A suspeição deverá ser deduzida em petição assinada pela própria parte, ou procurador com poderes especiais, indicando os fatos que a motivaram e acompanhada de prova documental e rol de testemunhas, se houver.

Art. 276. Se o Ministro averbado de suspeito for o relator e reconhecer a suspeição, por despacho nos autos, ordenará a remessa deles ao Presidente, para nova distribuição; se for o revisor, passará ao Ministro que o seguir na ordem de antiguidade.

• *Vide* art. 76 deste Regimento Interno.

§ 1.º Não aceitando a suspeição, o Ministro continuará vinculado ao feito. Neste caso, será suspenso o julgamento até a solução do incidente, que será autuado em apartado, com designação de relator.

•• Primitivo parágrafo único renumerado pela Emenda Regimental n. 1, de 23-5-1991.

§ 2.º Em matéria penal, nos processos de competência originária da Corte Especial, será relator o Presidente do Tribunal ou o Vice-Presidente se aquele for o recusado.

•• § 2.º com redação determinada pela Emenda Regimental n. 22, de 16-3-2016.

Art. 277. Autuada e distribuída a petição, e se reconhecida, preliminarmente, a relevância da arguição, o relator mandará ouvir o Ministro recusado, no prazo de dez dias, e, com ou sem resposta, ordenará o processo, colhendo as provas.

§ 1.º Se a suspeição for de manifesta improcedência, o relator a rejeitará liminarmente.

§ 2.º A afirmação de suspeição pelo arguido, ainda que por outro fundamento, põe fim ao incidente.

Art. 278. Preenchidas as formalidades do artigo anterior, o relator levará o incidente à mesa, na primeira sessão, quando se procederá ao julgamento, sem a presença do Ministro recusado.

Parágrafo único. Competirá à Seção da qual participe o Ministro recusado o julgamento do incidente, a menos que este haja sido suscitado em processo da competência da Corte Especial, caso em que a esta competirá o julgamento.

Art. 279. Reconhecida a procedência da suspeição, se haverá por nulo o que tiver sido processado perante o Ministro recusado, após o fato que ocasionou a suspeição. Caso contrário, o arguente será condenado ao pagamento das custas.

Parágrafo único. Será ilegítima a suspeição quando o arguente a tiver provocado ou, depois de manifestada a causa, praticar qualquer ato que importe a aceitação do Ministro recusado.

Art. 280. Afirmados o impedimento ou a suspeição pelo arguido, ter-se-ão por nulos os atos por ele praticados.

Art. 281. A arguição será sempre individual, não ficando os demais Ministros impedidos de apreciá-la, ainda que também recusados.

Art. 282. Não se fornecerá, salvo ao arguente e ao arguido, certidão de qualquer peça do processo de suspeição.

Parágrafo único. Da certidão constará, obrigatoriamente, o nome do requerente e a decisão que houver sido proferida.

Capítulo III
DA HABILITAÇÃO INCIDENTE

Art. 283. A habilitação incidente será processada na forma da lei processual.

Art. 284. O relator, se contestado o pedido, facultará às partes sumária produção de provas, em cinco dias, e julgará, em seguida, a habilitação, cabendo agravo regimental da decisão.

Art. 285. Não dependerá de decisão do relator o pedido de habilitação:

I – do cônjuge e herdeiros necessários que provem por documento sua qualidade e o óbito do *de cujus*, e promovam a citação dos interessados para a renovação da instância;

II – fundado em sentença, com trânsito em julgado, que atribua ao requerente a qualidade de herdeiro necessário ou sucessor;

III – quando confessado ou não impugnado pela outra parte o parentesco, e se não houver oposição de terceiro.

Art. 286. Já havendo pedido de dia para julgamento, não se decidirá o requerimento de habilitação.

Art. 287. A parte que não se habilitar perante o Tribunal, poderá fazê-lo na instância inferior.

Capítulo IV
DA TUTELA PROVISÓRIA

•• Capítulo IV com redação determinada pela Emenda Regimental n. 22, de 16-3-2016.

Art. 288. Admitir-se-ão tutela de urgência ou tutela da evidência requeridas em caráter antecedente ou incidental na forma da lei processual.

•• *Caput* com redação determinada pela Emenda Regimental n. 22, de 16-3-2016.

§ 1.º A petição inicial da ação que visa à prestação de tutela de urgência em caráter antecedente será apensada oportunamente ao processo a que se refere.

•• § 1.º com redação determinada pela Emenda Regimental n. 22, de 16-3-2016.

§ 2.º O relator poderá apreciar a liminar e a própria tutela de urgência, ou submetê-las ao Órgão Julgador competente.

•• § 2.º com redação determinada pela Emenda Regimental n. 22, de 16-3-2016.

Capítulo V
DA MEDIAÇÃO

•• Capítulo V acrescentado pela Emenda Regimental n. 23, de 28-9-2016.

Art. 288-A. O Centro de Soluções Consensuais de Conflitos do Superior Tribunal de Justiça, responsável por realizar sessões e audiências de conciliação e mediação e por desenvolver programas destinados a auxiliar, orientar e estimular a autocomposição, será coordenado pelo Ministro designado pelo Presidente.

•• Artigo acrescentado pela Emenda Regimental n. 23, de 28-9-2016.

Parágrafo único. O Presidente, por proposta do Ministro Coordenador, disciplinará a criação e o funcionamento do Centro, bem como a inscrição, a remuneração, os impedimentos, a forma de desligamento e os afastamentos dos mediadores, com observância das normas de regência.

•• Parágrafo único acrescentado pela Emenda Regimental n. 23, de 28-9-2016.

Art. 288-B. O mediador judicial será designado pelo Ministro Coordenador dentre aqueles que constarem do cadastro de mediadores mantido pelo Centro de Soluções Consensuais de Conflitos do Superior Tribunal de Justiça ou de cadastro de âmbito nacional.

•• Artigo acrescentado pela Emenda Regimental n. 23, de 28-9-2016.

§ 1.º O relator poderá solicitar ao Centro a indicação de mediador para auxiliá-lo também em procedimento de conciliação.

•• § 1.º acrescentado pela Emenda Regimental n. 23, de 28-9-2016.

§ 2.º O relator pode encaminhar o processo de ofício para a mediação.

•• § 2.º acrescentado pela Emenda Regimental n. 23, de 28-9-2016.

Art. 288-C. É admitido o uso da mediação para solução das controvérsias sujeitas à competência do Tribunal que versem sobre direitos disponíveis ou sobre direitos indisponíveis que admitam transação, conforme a legislação de regência, resguardada a gratuidade da mediação aos necessitados.

•• Artigo acrescentado pela Emenda Regimental n. 23, de 28-9-2016.

Capítulo VI
DA DESCONSIDERAÇÃO DA PERSONALIDADE JURÍDICA

•• Capítulo VI acrescentado pela Emenda Regimental n. 24, de 28-9-2016.

Art. 288-D. O incidente de desconsideração da personalidade jurídica será instaurado a pedido da parte ou do Ministério Público, quando lhe couber intervir no processo, e é cabível em todas as fases da ação de competência originária.

•• *Caput* acrescentado pela Emenda Regimental n. 24, de 28-9-2016.

§ 1.º Compete ao relator apreciar o pedido de desconsideração da personalidade jurídica, que deve ser fundamentado e demonstrar o preenchimento dos pressupostos específicos previstos em lei.

•• § 1.º acrescentado pela Emenda Regimental n. 24, de 28-9-2016.

§ 2.º A instauração do incidente de desconsideração da personalidade jurídica suspenderá o processo e será comunicada imediatamente à Secretaria Judiciária, para as anotações devidas.

•• § 2.º acrescentado pela Emenda Regimental n. 24, de 28-9-2016.

§ 3.º Dispensa-se a instauração do incidente se a desconsideração da personalidade jurídica for requerida na petição inicial de ação de competência originária, hipótese em que haverá imediata distribuição, será citado o sócio ou a pessoa jurídica e não se suspenderá o processo.

•• § 3.º acrescentado pela Emenda Regimental n. 24, de 28-9-2016.

Art. 288-E. Instaurado o incidente, o sócio ou a pessoa jurídica será citado para manifestar-se e requerer as provas cabíveis no prazo de quinze dias.

•• Artigo acrescentado pela Emenda Regimental n. 24, de 28-9-2016.

Art. 288-F. Concluída a instrução, se necessária, o incidente será resolvido pelo relator por decisão interlocutória, sujeita a agravo interno.

•• Artigo acrescentado pela Emenda Regimental n. 24, de 28-9-2016.

Art. 288-G. Aplica-se o disposto neste Capítulo à hipótese de desconsideração inversa da personalidade jurídica.

•• Artigo acrescentado pela Emenda Regimental n. 24, de 28-9-2016.

Título XI
DOS PROCEDIMENTOS ADMINISTRATIVOS

Capítulo I
DA ELEIÇÃO DE MEMBROS DO TRIBUNAL SUPERIOR ELEITORAL

Art. 289. A eleição, em escrutínio secreto, de Ministro para integrar o Tribunal Superior Eleitoral, é feita na primeira sessão do Plenário a que se seguir a comunicação de extinção de mandato, feita pelo Presidente do Tribunal Superior Eleitoral.

Parágrafo único. Não podem ser eleitos membros efetivos ou suplentes o Presidente, o Vice-Presidente, o Corregedor Nacional de Justiça, o Corregedor-Geral da Justiça Federal, o Diretor-Geral da Escola Nacional de Formação e Aperfeiçoamento de Magistrados Ministro Sálvio de Figueiredo Teixeira e o Ministro Ouvidor do Superior Tribunal de Justiça, observado o disposto nos §§ 5.º e 6.º do art. 3.º deste Regimento.

•• Parágrafo único com redação determinada pela Emenda Regimental n. 15, de 17-9-2014.

Capítulo II
DA DISPONIBILIDADE E DA APOSENTADORIA POR INTERESSE PÚBLICO

Art. 290. O Tribunal poderá determinar por motivo de interesse público, em escrutínio secreto e pelo voto de dois terços de seus membros, a disponibilidade ou a aposentadoria de Ministro do Tribunal, assegurada ampla defesa.

Capítulo III
DA VERIFICAÇÃO DE INVALIDEZ

Art. 291. O processo de verificação da invalidez do magistrado, para o fim de aposentadoria, terá início a seu requerimento, ou por ordem do Presidente do Tribunal, de ofício, ou em cumprimento de deliberação do Tribunal.

§ 1.º Instaurado o processo de verificação da invalidez, o paciente será afastado, desde logo, do exercício do cargo, até final decisão, devendo ficar concluído o processo no prazo de sessenta dias.

§ 2.º Tratando-se de incapacidade mental, o Presidente nomeará curador ao paciente, sem prejuízo da defesa que este queira oferecer pessoalmente, ou por procurador que constituir.

Art. 292. Como preparador do processo, funcionará o Presidente do Tribunal, até as razões finais, inclusive, efetuando-se, depois delas, a sua distribuição.

Art. 293. O paciente será notificado, por ofício do Presidente, para alegar, em dez dias, prorrogáveis por mais dez, o que entender a bem de seus direitos, podendo juntar documentos. Com o ofício, será remetida cópia da ordem inicial.

Art. 294. Decorrido o prazo do artigo antecedente, com a resposta, ou sem ela, o Presidente nomeará uma junta de três médicos para proceder ao exame do paciente e ordenará as demais diligências necessárias à averiguação do caso.

Parágrafo único. A recusa do paciente em submeter-se à perícia médica permitirá o julgamento baseado em quaisquer outras provas.

Art. 295. Concluídas as diligências, poderá o paciente, ou o seu curador, apresentar alegações no prazo de dez dias. Os autos, a seguir, serão informados pela Secretaria e distribuídos.

Art. 296. O julgamento será feito pela Corte Especial, participando o Presidente da votação.

• *Vide* art. 300 deste Regimento Interno.

Art. 297. A decisão do Tribunal, pela incapacidade do magistrado, será tomada pelo voto da maioria absoluta dos seus membros.

Art. 298. A decisão que concluir pela incapacidade do magistrado será imediatamente comunicada ao Poder Executivo, para os devidos fins.

Art. 299. O magistrado que, por dois anos consecutivos, afastar-se, ao todo, por seis meses ou mais, para tratamento de saúde, deverá submeter-se, ao requerer nova licença para igual fim, dentro de dois anos, a exame para verificação de invalidez.

Art. 300. Na hipótese de a verificação da invalidez houver sido requerida pelo magistrado, o processo, após parecer da junta médica designada pelo Presidente do Tribunal, será informado pela Secretaria e distribuído a um Ministro, observando-se as normas inscritas nos arts. 296 e seguintes.

Título XII
DO CUMPRIMENTO DAS DECISÕES DO TRIBUNAL

•• Título XII com redação determinada pela Emenda Regimental n. 22, de 16-3-2016.

Capítulo I
DISPOSIÇÕES GERAIS

Art. 301. As determinações necessárias ao cumprimento das decisões competem:

•• *Caput* com redação determinada pela Emenda Regimental n. 22, de 16-3-2016.

I – ao Presidente, quanto às decisões que houver proferido e quanto às decisões tomadas pelo Plenário, pela Corte Especial e pelo Conselho de Administração.

•• Inciso I com redação determinada pela Emenda Regimental n. 22, de 16-3-2016.

II – ao Presidente da Seção, quanto aos acórdãos e às decisões desta e às suas decisões individuais;

•• Inciso II com redação determinada pela Emenda Regimental n. 22, de 16-3-2016.

III – ao Presidente de Turma, quanto aos acórdãos e às decisões desta e às suas decisões individuais;

•• Inciso III acrescentado pela Emenda Regimental n. 22, de 16-3-2016.

IV – ao relator, quanto às suas decisões acautelatórias ou de instrução e direção do processo.

•• Inciso IV acrescentado pela Emenda Regimental n. 22, de 16-3-2016.

Parágrafo único. As disposições deste artigo não se aplicam às ações penais originárias.

•• Parágrafo único acrescentado pela Emenda Regimental n. 24, de 28-9-2016.

Art. 302. (*Revogado pela Emenda Regimental n. 22, de 16-3-2016.*)

Art. 302-A. Nas ações penais originárias, os atos de execução e de cumprimento das decisões e acórdãos transitados em julgado serão requisitados diretamente ao Ministro que funcionou como relator do processo na fase de conhecimento.

•• Artigo acrescentado pela Emenda Regimental n. 24, de 28-9-2016.

Art. 303. Os atos executivos de cumprimento das decisões do Tribunal serão requisitados ou delegados a quem os deva praticar.

•• Artigo com redação determinada pela Emenda Regimental n. 22, de 16-3-2016.

Art. 304. As impugnações ao cumprimento das decisões e os eventuais incidentes poderão ser levados à apreciação:

•• *Caput* com redação determinada pela Emenda Regimental n. 22, de 16-3-2016.

I – da Corte Especial, pelo Presidente, pelo relator, pela Seção ou pela Turma ou por seus Presidentes;

II – da Seção, por seu Presidente ou pelo relator;

III – da Turma, por seu Presidente ou pelo relator.

Art. 305. O cumprimento das decisões do Tribunal atenderá, no que couber, à legislação processual.

•• Artigo com redação determinada pela Emenda Regimental n. 22, de 16-3-2016.

Capítulo II
DA CARTA DE SENTENÇA PENAL

•• Capítulo II acrescentado pela Emenda Regimental n. 24, de 28-9-2016.

Art. 306. A carta de sentença deve conter, pelo menos, as seguintes peças e informações:

•• *Caput* com redação determinada pela Emenda Regimental n. 24, de 28-9-2016.

I – qualificação completa do executado;

•• Inciso I com redação determinada pela Emenda Regimental n. 24, de 28-9-2016.

II – interrogatório do executado na polícia e em juízo, conforme o caso;

•• Inciso II com redação determinada pela Emenda Regimental n. 24, de 28-9-2016.

III – cópia da denúncia;

•• Inciso III acrescentado pela Emenda Regimental n. 24, de 28-9-2016.

IV – cópia da sentença, voto(s) e acórdão(s) e respectivo(s) termo(s) de publicação, inclusive contendo, se for o caso, a menção expressa ao deferimento de detração que importe determinação de regime de cumprimento de pena mais benéfico do que o legalmente cabível sem a detração, pelo próprio juízo do processo de conhecimento, nos termos do art. 387, § 2.º, do Código de Processo Penal, acrescentado pela Lei n. 12.736/2012;

•• Inciso IV acrescentado pela Emenda Regimental n. 24, de 28-9-2016.

V – informação sobre os endereços em que o executado possa ser localizado, os antecedentes criminais e o grau de instrução;

•• Inciso V acrescentado pela Emenda Regimental n. 24, de 28-9-2016.

VI – instrumentos de mandato, substabelecimentos, despachos de nomeação de defensores dativos ou de intimação da Defensoria Pública;

•• Inciso VI acrescentado pela Emenda Regimental n. 24, de 28-9-2016.

VII – certidões de trânsito em julgado da condenação para a acusação e para a defesa;

•• Inciso VII acrescentado pela Emenda Regimental n. 24, de 28-9-2016.

VIII – cópia do mandado de prisão temporária e/ou preventiva, com a respectiva certidão da data do cumprimento, para cômputo da detração;

•• Inciso VIII acrescentado pela Emenda Regimental n. 24, de 28-9-2016.

IX – cópia de eventual alvará de soltura, com a certidão da data do cumprimento da ordem de soltura, para cômputo da detração, caso esta já não tenha sido apreciada pelo Juízo do processo de conhecimento para determinação do regime de cumprimento de pena, nos termos do art. 387, § 2.°, do Código de Processo Penal, acrescentado pela Lei n. 12.736/2012;

•• Inciso IX acrescentado pela Emenda Regimental n. 24, de 28-9-2016.

X – nome e endereço do curador, se houver;

•• Inciso X acrescentado pela Emenda Regimental n. 24, de 28-9-2016.

XI – informações acerca do estabelecimento prisional em que o condenado encontra-se recolhido e para o qual deve ser removido, na hipótese de deferimento de detração que importe determinação de regime de cumprimento de pena mais benéfico do que o legalmente cabível sem a detração pelo próprio juízo do processo de conhecimento, nos termos do art. 387, § 2.°, do Código de Processo Penal, acrescentado pela Lei n. 12.736/2012;

•• Inciso XI acrescentado pela Emenda Regimental n. 24, de 28-9-2016.

XII – cópias da decisão de pronúncia e da certidão de preclusão em se tratando de condenação em crime doloso contra a vida;

•• Inciso XII acrescentado pela Emenda Regimental n. 24, de 28-9-2016.

XIII – certidão carcerária;

•• Inciso XIII acrescentado pela Emenda Regimental n. 24, de 28-9-2016.

XIV – cópias de outras peças do processo reputadas indispensáveis à adequada execução da pena, a critério do relator.

•• Inciso XIV acrescentado pela Emenda Regimental n. 24, de 28-9-2016.

Art. 307. (*Revogado pela Emenda Regimental n. 24, de 28-9-2016.*)

Art. 308. (*Revogado pela Emenda Regimental n. 24, de 28-9-2016.*)

Capítulo III
DO CUMPRIMENTO DE DECISÃO DO TRIBUNAL QUE RECONHEÇA A EXIGIBILIDADE DE OBRIGAÇÃO DE PAGAR QUANTIA CERTA PELA FAZENDA PÚBLICA

•• Capítulo III com redação determinada pela Emenda Regimental n. 22, de 16-3-2016.

Art. 309. A execução por quantia certa fundada em decisão proferida contra a Fazenda Pública em ação da competência originária do Tribunal observará o disposto na lei processual.

•• *Caput* com redação determinada pela Emenda Regimental n. 22, de 16-3-2016.

I e II – (*Revogados pela Emenda Regimental n. 22, de 16-3-2016.*)

§ 1.° A Fazenda Pública será intimada na pessoa de seu representante judicial por carga ou meio eletrônico, para, querendo, no prazo de 30 (trinta) dias e nos próprios autos, impugnar o cumprimento de decisão.

•• § 1.° acrescentado pela Emenda Regimental n. 22, de 16-3-2016.

§ 2.° Se não houver impugnação no prazo regimental ou se forem rejeitadas as arguições da executada, observar-se-á o disposto na lei processual.

•• § 2.° acrescentado pela Emenda Regimental n. 22, de 16-3-2016.

Art. 310. As requisições de pagamento das somas ao qual a Fazenda Pública for condenada serão dirigidas ao Presidente do Tribunal, que determinará as providências ao devedor para depósito ou alocação orçamentária.

•• Artigo com redação determinada pela Emenda Regimental n. 22, de 16-3-2016.

Art. 311. O Presidente do Tribunal determinará o pagamento integral das requisições e autorizará, a requerimento do credor e exclusivamente para os casos de preterimento de seu direito de precedência ou de não alocação orçamentária do valor necessário à satisfação do seu débito, o sequestro da quantia respectiva.

•• Artigo com redação determinada pela Emenda Regimental n. 22, de 16-3-2016.

Capítulo IV
DA INTERVENÇÃO FEDERAL NOS ESTADOS

Art. 312. A requisição de intervenção federal, prevista nos arts. 34, VI, e 36, II e IV, da Constituição, será promovida:

I – de ofício, ou mediante pedido do Presidente do Tribunal de Justiça do Estado, ou do Presidente de Tribunal Federal, quando se tratar de prover a execução de ordem ou decisão judicial, com ressalva, conforme a matéria, da competência do Supremo Tribunal Federal ou do Tribunal Superior Eleitoral (Constituição, art. 34, VI, e art. 36, II);

II – de ofício, ou mediante pedido da parte interessada, quando se tratar de prover a execução de ordem ou decisão do Superior Tribunal de Justiça (Constituição, art. 34, VI, e art. 36, II);

III – mediante representação do Procurador-Geral da República, quando se tratar de prover a execução de lei federal (Constituição, art. 34, VI, e art. 36, IV).

Art. 313. O Presidente, ao receber o pedido:

I – tomará as providências oficiais que lhe parecerem adequadas para remover, administrativamente, a causa do pedido;

II – mandará arquivá-lo, se for manifestamente infundado, cabendo da sua decisão agravo regimental.

Art. 314. Realizada a gestão prevista no inc. I do artigo anterior, solicitadas informações à autoridade estadual, que as deverá prestar, no prazo de 30 (trinta) dias, e ouvido o Procurador-Geral, em igual prazo, o pedido será distribuído a um relator.

•• *Caput* com redação determinada pela Emenda Regimental n. 1, de 23-5-1991.

Parágrafo único. Tendo em vista o interesse público, poderá a Corte Especial limitar a presença no recinto às partes e seus advogados, ou somente a estes.

•• Parágrafo único acrescentado pela Emenda Regimental n. 1, de 23-5-1991.

Art. 315. Julgado procedente o pedido, o Presidente do Tribunal comunicará imediatamente a decisão aos órgãos interessados do Poder Público e requisitará a intervenção ao Presidente da República.

PARTE III
DOS SERVIÇOS ADMINISTRATIVOS

TÍTULO I
DA SECRETARIA DO TRIBUNAL

Art. 316. À Secretaria do Tribunal incumbe a execução dos serviços administrativos do Tribunal.

§ 1.º O Diretor-Geral da Secretaria do Tribunal, com formação superior, será nomeado em comissão pelo Presidente do Tribunal.

•• § 1.º acrescentado pela Emenda Regimental n. 12, de 1.º-9-2010.

§ 2.º Compete ao Diretor-Geral supervisionar, coordenar e dirigir todas as atividades administrativas da Secretaria, observadas as orientações estabelecidas pelo Presidente e de acordo com as deliberações do Tribunal.

•• § 2.º acrescentado pela Emenda Regimental n. 12, de 1.º-9-2010.

Art. 317. A organização da Secretaria do Tribunal será fixada em resolução do Conselho de Administração (art. 38, I), cabendo ao Presidente, em ato próprio, especificar as atribuições das diversas unidades, bem assim de seus diretores, chefes e servidores.

Art. 318. O Diretor-Geral da Secretaria, em suas férias, faltas e impedimentos, será substituído por Diretor de Secretaria, com os requisitos exigidos para o cargo, e designado pelo Presidente.

Art. 319. Além das atribuições estabelecidas no ato do Presidente a que se refere o art. 317, incumbe ao Diretor-Geral da Secretaria:

•• *Caput* com redação determinada pela Emenda Regimental n. 4, de 2-12-1993.

I – apresentar ao Presidente as petições e papéis dirigidos ao Tribunal;

II – despachar com o Presidente o expediente da Secretaria;

III – manter sob sua direta fiscalização, e permanentemente atualizado, o assentamento funcional dos Ministros;

IV – relacionar-se, pessoalmente, com os Ministros no encaminhamento dos assuntos administrativos referentes a seus gabinetes, ressalvada a competência do Presidente;

V – secretariar, salvo dispensa do Presidente, as sessões administrativas do Plenário e do Conselho de Administração, lavrando as respectivas atas e assinando-as com o Presidente;

•• Inciso V com redação determinada pela Emenda Regimental n. 4, de 2-12-1993.

VI – exercer outras atribuições que lhe sejam delegadas pelo Presidente.

Art. 320. O Secretário do Plenário e da Corte Especial, das Seções e das Turmas serão designados pelo Presidente do Tribunal, dentre funcionários do Quadro de Pessoal da Secretaria, e mediante indicação do respectivo Presidente, em se tratando das Seções e Turmas.

Art. 321. Os secretários dos órgãos julgadores, o Diretor-Geral, qualquer diretor, chefe ou servidor da Secretaria, que tiverem de servir nas sessões do Plenário, da Corte Especial, Seção ou Turma, ou a elas comparecer a serviço, usarão capa e vestuário condigno.

TÍTULO II
DO GABINETE DO PRESIDENTE

Art. 322. Ao Gabinete da Presidência do Tribunal incumbe o exercício das atividades de apoio administrativo à execução das funções do Presidente e a assessoria no planejamento e fixação das diretrizes para a administração do Tribunal, bem assim, no desempenho de suas demais atribuições previstas em lei e neste Regimento, inclusive no que concerne às funções de auditoria e de representação oficial e social do Tribunal.

•• *Caput* com redação determinada pela Emenda Regimental n. 4, de 2-12-1993.

Parágrafo único. Ao Secretário-Geral da Presidência, bacharel em Direito, Administração ou Economia, nomeado em comissão, compete supervisionar e coordenar as atividades administrativas, e de assessoramento e planejamento do Gabinete, de acordo com a orientação estabelecida pelo Presidente.

•• Parágrafo único com redação determinada pela Emenda Regimental n. 1, de 23-5-1991.

Art. 323. A organização administrativa e dos órgãos de assessoramento, planejamento e auditoria do Gabinete será estabelecida por ato do Presidente.

Art. 324. Para a realização de trabalhos urgentes, o Gabinete poderá requisitar o auxílio do serviço taquigráfico do Tribunal.

TÍTULO III
DO GABINETE DOS MINISTROS

Art. 325. Cada Ministro disporá de um gabinete para executar os serviços administrativos e de assessoramento jurídico.

§ 1.° Os servidores do Gabinete, de estrita confiança do Ministro, serão por este indicados ao Presidente, que os designará para nele terem exercício.

§ 2.° O Assessor de Ministro, bacharel em Direito, nomeado em comissão pelo Presidente, mediante indicação do Ministro, poderá ser recrutado do Quadro de Pessoal da Secretaria, ou não, e permanecerá em exercício, enquanto bem servir, a critério do Ministro.

§ 3.° No caso de afastamento definitivo do Ministro, o Assessor permanecerá no exercício das respectivas funções até o encerramento dos trabalhos do Gabinete, não podendo, porém, esse exercício prolongar-se por mais de sessenta dias, devendo, de qualquer modo, cessar à data da nomeação do novo titular.

Art. 326. Ao Assessor cabe executar trabalhos e tarefas que lhe forem atribuídos pelo Ministro.

Art. 327. O horário do pessoal do Gabinete, observada a duração legal e as peculiaridades do serviço, será o estabelecido pelo Ministro.

Parágrafo único. Para trabalhos urgentes, o Ministro poderá requisitar o auxílio do serviço taquigráfico do Tribunal, inclusive para "degravação" de mídias constantes de processos eletrônicos.

•• Parágrafo único com redação determinada pela Emenda Regimental n. 16, de 19-11-2014.

TÍTULO IV
DA SECRETARIA DO CONSELHO DA JUSTIÇA FEDERAL

Arts. 328 a 331. (*Revogados pela Emenda Regimental n. 4, de 2-12-1993.*)

PARTE IV
DISPOSIÇÕES FINAIS

TÍTULO I
DAS EMENDAS AO REGIMENTO

Art. 332. A iniciativa de emenda ao Regimento Interno cabe a qualquer membro ou Comissão do Tribunal.

Parágrafo único. A proposta de emenda que não for de iniciativa da Comissão de Regimento será encaminhada a ela, que dará seu parecer, dentro de dez dias. Nos casos urgentes, esse prazo poderá ser reduzido.

Art. 333. Quando ocorrer mudança na legislação que determine alteração do Regimento Interno esta será proposta ao Tribunal pela Comissão de Regimento, no prazo de dez dias, contados da vigência da lei.

Art. 334. As emendas considerar-se-ão aprovadas se obtiverem o voto favorável de dois terços dos membros do Tribunal, não entrando em vigor antes de sua publicação no *Diário da Justiça eletrônico*.

•• Artigo com redação determinada pela Emenda Regimental n. 22, de 16-3-2016.

Art. 335. As emendas aprovadas serão numeradas ordinalmente.

TÍTULO II
DAS DISPOSIÇÕES GERAIS E TRANSITÓRIAS

Art. 336. Ocorrendo alteração do número de Ministros, previsto na data da publicação deste Regimento, a competência do Plenário limitar-se-á às eleições do Presidente do Tribunal, do Vice-Presidente, dos membros do Conselho da Justiça Federal e do Diretor da Revista, transferindo-se para a Corte Especial as demais competências elencadas no art. 10.

Art. 337. O Tribunal presta homenagem aos Ministros:

I – por motivo de afastamento definitivo do seu serviço;

II – por motivo de falecimento;

III – para celebrar centenário de nascimento.

Parágrafo único. Por deliberação da Corte Especial, tomada com a presença de dois terços dos seus membros e pelo voto da maioria absoluta dos seus integrantes, o Tribunal pode homenagear pessoa estranha e falecida, de excepcional relevo no governo do País, na administração da Justiça ou no aperfeiçoamento das instituições jurídicas.

Art. 338. O Presidente do Tribunal, mediante instrução normativa, disciplinará a remessa aos Tribunais Regionais Federais, dos feitos da competência destes e que se encontrem na Secretaria do Superior Tribunal de Justiça, pendentes de julgamento.

Art. 339. O Conselho da Justiça Federal elaborará o seu Regimento Interno e o submeterá à aprovação da Corte Especial, no prazo de cento e vinte dias da vigência deste Regimento.

Art. 340. Os embargos de declaração, interpostos de acórdãos proferidos em processos dos quais o Tribunal haja perdido a competência para julgar, serão encaminhados ao Tribunal Regional Federal respectivo.

Art. 341. Os acórdãos proferidos pelo Tribunal Federal de Recursos e ainda não publicados, serão incluídos no expediente de publicação do Tribunal, e aguardarão, na Secretaria deste, a interposição de recurso.

Parágrafo único. Interposto o recurso, serão os autos encaminhados ao Tribunal Regional Federal respectivo, para o seu processamento. Igual procedimento será adotado em relação a recursos interpostos de acórdãos do Tribunal Federal de Recursos, que estejam sendo processados na Secretaria do Superior Tribunal de Justiça.

Art. 342. Os feitos da competência do Tribunal Federal de Recursos e incluídos na competência do Superior Tribunal de Justiça serão redistribuídos.

Art. 343. Os precatórios de requisição de pagamento das somas a que a Fazenda Pública tiver sido condenada, e em andamento na Secretaria do Tribunal, serão objeto de resolução a ser baixada pela Presidência do Tribunal.

Art. 344. Este Regimento Interno entrará em vigor quinze dias após a sua publicação, revogadas as disposições em contrário.

Superior Tribunal de Justiça, 22 de junho de 1989.

Ministro *Evandro Gueiros Leite*, Presidente

Ministro *Washington Bolívar de Brito*, Vice-Presidente

LEI N. 7.960, DE 21 DE DEZEMBRO DE 1989 (*)

Dispõe sobre prisão temporária.

O Presidente da República

Faço saber que o Congresso Nacional decreta e eu sanciono a seguinte Lei:

Art. 1.° Caberá prisão temporária:

I – quando imprescindível para as investigações do inquérito policial;

II – quando o indiciado não tiver residência fixa ou não fornecer elementos necessários ao esclarecimento de sua identidade;

III – quando houver fundadas razões, de acordo com qualquer prova admitida na legislação penal, de autoria ou participação do indiciado nos seguintes crimes:

a) homicídio doloso (art. 121, *caput*, e seu § 2.°);

b) sequestro ou cárcere privado (art. 148, *caput*, e seus §§ 1.° e 2.°);

c) roubo (art. 157, *caput*, e seus §§ 1.°, 2.° e 3.°);

d) extorsão (art. 158, *caput*, e seus §§ 1.° e 2.°);

• A Lei n. 11.923, de 17-4-2009, acrescentou § 3.° ao art. 158 do CP, que dispõe sobre sequestro-relâmpago.

e) extorsão mediante sequestro (art. 159, *caput*, e seus §§ 1.°, 2.° e 3.°);

f) estupro (art. 213, *caput*, e sua combinação com o art. 223, *caput*, e parágrafo único);

•• A Lei n. 12.015, de 7-8-2009, alterou a redação do art. 213 e revogou o art. 223 do CP.

g) atentado violento ao pudor (art. 214, *caput*, e sua combinação com o art. 223, *caput*, e parágrafo único);

•• A Lei n. 12.015, de 7-8-2009, revogou os arts. 214 e 223 do CP, passando a matéria a ser tratada pelo art. 213.

h) rapto violento (art. 219, e sua combinação com o art. 223, *caput*, e parágrafo único);

•• Os arts. 219 e 223 do CP foram revogados, respectivamente, pelas Leis n. 11.106, de 28-3-2005, e n. 12.015, de 7-8-2009.

i) epidemia com resultado de morte (art. 267, § 1.°);

j) envenenamento de água potável ou substância alimentícia ou medicinal qualificado pela morte (art. 270, *caput*, combinado com o art. 285);

l) quadrilha ou bando (art. 288), todos do Código Penal;

• *Vide* Lei n. 12.850, de 2-8-2013, que dispõe sobre organizações criminosas.

m) genocídio (arts. 1.°, 2.° e 3.° da Lei n. 2.889, de 1.° de outubro de 1956), em qualquer de suas formas típicas;

n) tráfico de drogas (art. 12 da Lei n. 6.368, de 21 de outubro de 1976);

•• A Lei n. 6.368, de 21-10-1976, foi revogada pela Lei n. 11.343, de 23-8-2006, que dispõe sobre a matéria no art. 33.

o) crimes contra o sistema financeiro (Lei n. 7.492, de 16 de junho de 1986);

p) crimes previstos na Lei de Terrorismo.

•• Alínea *p* acrescentada pela Lei n. 13.260, de 16-3-2016.

•• *Vide* Lei n. 13.260, de 16-3-2016, que dispõe sobre terrorismo.

Art. 2.° A prisão temporária será decretada pelo Juiz, em face da representação da autoridade policial ou de requerimento do Ministério Público, e terá o prazo de 5 (cinco) dias, prorrogável por igual período em caso de extrema e comprovada necessidade.

§ 1.° Na hipótese de representação da autoridade policial, o Juiz, antes de decidir, ouvirá o Ministério Público.

§ 2.° O despacho que decretar a prisão temporária deverá ser fundamentado e prolatado dentro do prazo de 24 (vinte e quatro) horas, contadas a partir do recebimento da representação ou do requerimento.

§ 3.° O Juiz poderá, de ofício, ou a requerimento do Ministério Público e do Advogado, determinar que o preso lhe seja apresentado, solicitar informações e esclarecimentos da autoridade policial e submetê-lo a exame de corpo de delito.

§ 4.° Decretada a prisão temporária, expedir-se-á mandado de prisão, em duas vias, uma das quais será entregue ao indiciado e servirá como nota de culpa.

§ 5.° A prisão somente poderá ser executada depois da expedição de mandado judicial.

§ 6.° Efetuada a prisão, a autoridade policial informará o preso dos direitos previstos no art. 5.° da Constituição Federal.

§ 7.° Decorrido o prazo de 5 (cinco) dias de detenção, o preso deverá ser posto imediatamente em liberdade, salvo se já tiver sido decretada sua prisão preventiva.

Art. 3.° Os presos temporários deverão permanecer, obrigatoriamente, separados dos demais detentos.

(*) Publicada no *DOU*, de 22-12-1989. *Vide* art. 2.°, § 4.°, da Lei n. 8.072, de 25-7-1990 (crimes hediondos).

Art. 4.º O art. 4.º da Lei n. 4.898, de 9 de dezembro de 1965, fica acrescido da alínea *i*, com a seguinte redação:

•• Alteração já processada no diploma modificado.

Art. 5.º Em todas as comarcas e seções judiciárias haverá um plantão permanente de 24 (vinte e quatro) horas do Poder Judiciário e do Ministério Público para apreciação dos pedidos de prisão temporária.

Art. 6.º Esta Lei entra em vigor na data de sua publicação.

Art. 7.º Revogam-se as disposições em contrário.

Brasília, em 21 de dezembro de 1989; 168.º da Independência e 101.º da República.

José Sarney

DECRETO N. 98.961, DE 15 DE FEVEREIRO DE 1990 (*)

Dispõe sobre expulsão de estrangeiro condenado por tráfico de entorpecentes e drogas afins.

O Presidente da República, no uso da atribuição que lhe confere o art. 84, IV, da Constituição, decreta:

Art. 1.º O inquérito de expulsão de estrangeiro condenado por uso indevido ou tráfico ilícito de entorpecentes e drogas afins obedecerá ao rito procedimental estabelecido nos arts. 68 e 71 da Lei n. 6.815, de 19 de agosto de 1980, e nos arts. 100 a 105 do Decreto n. 86.715, de 10 de dezembro de 1981, mas somente será encaminhado com parecer final ao Ministro da Justiça mediante certidão do cumprimento integral de pena privativa de liberdade.

•• A Lei n. 6.815, de 19-8-1980, regulamentada pelo Decreto n. 86.715, de 10-12-1981, foi revogada pela Lei n. 13.445, de 24-5-2017 (Lei de Migração).

•• *Vide* Lei n. 11.343, de 23-8-2006, que dispõe sobre o tráfico ilícito de drogas.

§ 1.º Permitir-se-á certidão do cumprimento da pena nos sessenta dias anteriores ao respectivo término, mas o decreto de expulsão será executado no dia seguinte ao último da condenação.

§ 2.º Na hipótese de atraso do decreto de expulsão, caberá ao Ministério da Justiça requerer, ao Juiz competente, a prisão, para efeito de expulsão, do estrangeiro de que trata este Decreto.

Art. 2.º As condições de expulsabilidade serão aquelas existentes na data da infração penal, apuradas no inquérito, não se considerando as alterações ocorridas após a prática do delito.

Art. 3.º Se, antes do cumprimento da pena, for conveniente ao interesse nacional a expulsão do estrangeiro, condenado por uso indevido ou tráfico de entorpecentes ou drogas afins, o Ministro da Justiça fará exposição fundamentada ao Presidente da República, que decidirá na forma do art. 66 da Lei n. 6.815, de 19 de agosto de 1980.

Art. 4.º Nos casos em que o Juízo de Execução conceder ao estrangeiro, de que trata este Decreto, regime penal mais benigno do que aquele fixado na decisão condenatória, caberá ao Ministério da Justiça requerer ao Ministério Público providências para que seja restabelecida a autoridade da sentença transitada em julgado.

Art. 5.º Este Decreto entra em vigor na data de sua publicação.

Art. 6.º Revogam-se as disposições em contrário.

Brasília, 15 de fevereiro de 1990; 169.º da Independência e 102.º da República.

José Sarney

(*) Publicado no *DOU*, de 16 e republicado em 19-2-1990.

LEI N. 8.038, DE 28 DE MAIO DE 1990 (**)

Institui normas procedimentais para os processos que especifica, perante o Superior Tribunal de Justiça e o Supremo Tribunal Federal.

O Presidente da República

Faço saber que o Congresso Nacional decreta e eu sanciono a seguinte Lei:

Título I
PROCESSOS DE COMPETÊNCIA ORIGINÁRIA

Capítulo I
AÇÃO PENAL ORIGINÁRIA

• *Vide* art. 1.º da Lei n. 8.658, de 26-5-1993.

Art. 1.º Nos crimes de ação penal pública, o Ministério Público terá o prazo de 15 (quinze) dias para oferecer denúncia ou pedir arquivamento do inquérito ou das peças informativas.

§ 1.º Diligências complementares poderão ser deferidas pelo relator, com interrupção do prazo deste artigo.

§ 2.º Se o indiciado estiver preso:

a) o prazo para oferecimento da denúncia será de 5 (cinco) dias;

b) as diligências complementares não interromperão o prazo, salvo se o relator, ao deferi-las, determinar o relaxamento da prisão.

Art. 2.º O relator, escolhido na forma regimental, será o juiz da instrução, que se realizará segundo o disposto neste capítulo, no Código de Processo Penal, no que for aplicável, e no Regimento Interno do Tribunal.

Parágrafo único. O relator terá as atribuições que a legislação processual confere aos juízes singulares.

(**) Publicada no *DOU*, de 29-5-1990.

Art. 3.º Compete ao relator:

I – determinar o arquivamento do inquérito ou de peças informativas, quando o requerer o Ministério Público, ou submeter o requerimento à decisão competente do Tribunal;

II – decretar a extinção da punibilidade, nos casos previstos em lei;

III – convocar desembargadores de Turmas Criminais dos Tribunais de Justiça ou dos Tribunais Regionais Federais, bem como juízes de varas criminais da Justiça dos Estados e da Justiça Federal, pelo prazo de 6 (seis) meses, prorrogável por igual período, até o máximo de 2 (dois) anos, para a realização do interrogatório e de outros atos da instrução, na sede do tribunal ou no local onde se deva produzir o ato.

•• Inciso III acrescentado pela Lei n. 12.019, de 21-8-2009.

• A Emenda Regimental n. 36, de 2-12-2009, regulamenta a aplicação no âmbito do STF do disposto neste inciso.

• A Resolução n. 3, de 21-2-2014, do STJ, regulamenta a aplicação do disposto neste inciso no âmbito do Superior Tribunal de Justiça.

Art. 4.º Apresentada a denúncia ou a queixa ao Tribunal, far-se-á a notificação do acusado para oferecer resposta no prazo de 15 (quinze) dias.

§ 1.º Com a notificação, serão entregues ao acusado cópia da denúncia ou da queixa, do despacho do relator e dos documentos por este indicados.

§ 2.º Se desconhecido o paradeiro do acusado, ou se este criar dificuldades para que o oficial cumpra a diligência, proceder-se-á a sua notificação por edital, contendo o teor resumido da acusação, para que compareça ao Tribunal, em 5 (cinco) dias, onde terá vista dos autos pelo prazo de 15 (quinze) dias, a fim de apresentar a resposta prevista neste artigo.

Art. 5.º Se, com a resposta, forem apresentados novos documentos, será intimada a parte contrária para sobre eles se manifestar, no prazo de 5 (cinco) dias.

Parágrafo único. Na ação penal de iniciativa privada, será ouvido, em igual prazo, o Ministério Público.

Art. 6.º A seguir, o relator pedirá dia para que o Tribunal delibere sobre o recebimento, a rejeição da denúncia ou da queixa, ou a improcedência da acusação, se a decisão não depender de outras provas.

§ 1.º No julgamento de que trata este artigo, será facultada sustentação oral pelo prazo de 15 (quinze) minutos, primeiro à acusação, depois à defesa.

§ 2.º Encerrados os debates, o Tribunal passará a deliberar, determinando o Presidente as pessoas que poderão permanecer no recinto, observado o disposto no inciso II do art. 12 desta Lei.

Art. 7.º Recebida a denúncia ou a queixa, o relator designará dia e hora para o interrogatório, mandando citar o acusado ou querelado e intimar o órgão do Ministério Público, bem como querelante ou o assistente, se for o caso.

Art. 8.º O prazo para defesa prévia será de 5 (cinco) dias, contado do interrogatório ou da intimação do defensor dativo.

Art. 9.º A instrução obedecerá, no que couber, ao procedimento comum do Código de Processo Penal.

§ 1.º O relator poderá delegar a realização do interrogatório ou de outro ato da instrução ao juiz ou membro de tribunal com competência territorial no local de cumprimento da carta de ordem.

§ 2.º Por expressa determinação do relator, as intimações poderão ser feitas por carta registrada com aviso de recebimento.

Art. 10. Concluída a inquirição de testemunhas, serão intimadas a acusação e a defesa, para requerimento de diligências no prazo de 5 (cinco) dias.

Art. 11. Realizadas as diligências, ou não sendo estas requeridas nem determinadas pelo relator, serão intimadas a acusação e a defesa para, sucessivamente, apresentarem, no prazo de 15 (quinze) dias, alegações escritas.

§ 1.º Será comum o prazo do acusador e do assistente, bem como o dos corréus.

§ 2.º Na ação penal de iniciativa privada, o Ministério Público terá vista, por igual prazo, após as alegações das partes.

§ 3.º O relator poderá, após as alegações escritas, determinar de ofício a realização de provas reputadas imprescindíveis para o julgamento da causa.

Art. 12. Finda a instrução, o Tribunal procederá ao julgamento, na forma determinada pelo regimento interno, observando-se o seguinte:

I – a acusação e a defesa terão, sucessivamente, nessa ordem, prazo de uma hora para sustentação oral, assegurado ao assistente um quarto do tempo da acusação;

II – encerrados os debates, o Tribunal passará a proferir o julgamento, podendo o Presidente limitar a presença no recinto às partes e seus advogados, ou somente a estes, se o interesse público exigir.

CAPÍTULO II
RECLAMAÇÃO

Arts. 13 a 18. (*Revogados pela Lei n. 13.105, de 16-3-2015.*)

CAPÍTULO III
INTERVENÇÃO FEDERAL

Art. 19. A requisição de intervenção federal prevista nos incisos II e IV do art. 36 da Constituição Federal será promovida:

I – de ofício, ou mediante pedido de Presidente de Tribunal de Justiça do Estado, ou de Presidente de Tribunal Federal, quando se tratar de prover a execução de ordem ou decisão judicial, com ressalva, conforme a matéria, da competência do Supremo Tribunal Federal ou do Tribunal Superior Eleitoral;

II – de ofício, ou mediante pedido da parte interessada, quando se tratar de prover a execução de ordem ou decisão do Superior Tribunal de Justiça;

III – mediante representação do Procurador-Geral da República, quando se tratar de prover a execução de lei federal.

Art. 20. O Presidente, ao receber o pedido:

I – tomará as providências que lhe parecerem adequadas para remover, administrativamente, a causa do pedido;

II – mandará arquivá-lo, se for manifestamente infundado, cabendo do seu despacho agravo regimental.

Art. 21. Realizada a gestão prevista no inciso I do artigo anterior, solicitadas informações à autoridade estadual e ouvido o Procurador-Geral, o pedido será distribuído a um relator.

Parágrafo único. Tendo em vista o interesse público, poderá ser permitida a presença no recinto às partes e seus advogados, ou somente a estes.

Art. 22. Julgado procedente o pedido, o Presidente do Superior Tribunal de Justiça comunicará, imediatamente, a decisão aos órgãos do poder público interessados e requisitará a intervenção ao Presidente da República.

CAPÍTULO IV
HABEAS CORPUS

Art. 23. Aplicam-se ao *Habeas Corpus* perante o Superior Tribunal de Justiça as normas do Livro III, Título II, Capítulo X do Código de Processo Penal.

CAPÍTULO V
OUTROS PROCEDIMENTOS

Art. 24. Na ação rescisória, nos conflitos de competência, de jurisdição e de atribuições, na revisão criminal e no mandado de segurança, será aplicada a legislação processual em vigor.

Parágrafo único. No mandado de injunção e no *habeas data*, serão observadas, no que couber, as normas do mandado de segurança, enquanto não editada legislação específica.

•• Rito processual do *habeas data*: *vide* Lei n. 9.507, de 12-11-1997.

•• Mandado de injunção individual e coletivo: *vide* Lei n. 13.300, de 23-6-2016.

Art. 25. Salvo quando a causa tiver por fundamento matéria constitucional, compete ao Presidente do Superior Tribunal de Justiça, a requerimento do Procurador-Geral da República ou da pessoa jurídica de direito público interessada, e para evitar grave lesão à ordem, à saúde, à segurança e à economia pública, suspender, em despacho fundamentado, a execução de liminar ou de decisão concessiva de mandado de segurança, proferida, em única ou última instância, pelos tribunais regionais federais ou pelos Tribunais dos Estados e do Distrito Federal.

§ 1.º O Presidente pode ouvir o impetrante, em 5 (cinco) dias, e o Procurador-Geral quando não for o requerente, em igual prazo.

§ 2.º Do despacho que conceder a suspensão caberá agravo regimental.

§ 3.º A suspensão de segurança vigorará enquanto pender o recurso, ficando sem efeito, se a decisão concessiva for mantida pelo Superior Tribunal de Justiça ou transitar em julgado.

• *Vide* Súmula 626 do STF.

TÍTULO II
RECURSOS

CAPÍTULO I
RECURSO EXTRAORDINÁRIO E RECURSO ESPECIAL

Arts. 26 a 29. (*Revogados pela Lei n. 13.105, de 16-3-2015.*)

CAPÍTULO II
RECURSO ORDINÁRIO EM *HABEAS CORPUS*

Art. 30. O recurso ordinário para o Superior Tribunal de Justiça, das decisões denegatórias de *Habeas Corpus*, proferidas pelos tribunais regionais federais ou pelos Tribunais dos Estados e do Distrito Federal, será interposto no prazo de 5 (cinco) dias, com as razões do pedido de reforma.

Art. 31. Distribuído o recurso, a Secretaria, imediatamente, fará os autos com vista ao Ministério Público, pelo prazo de 2 (dois) dias.

Parágrafo único. Conclusos os autos ao relator, este submeterá o feito a julgamento independentemente de pauta.

Art. 32. Será aplicado, no que couber, ao processo e julgamento do recurso, o disposto com relação ao pedido originário de *Habeas Corpus*.

CAPÍTULO III
RECURSO ORDINÁRIO EM MANDADO DE SEGURANÇA

Art. 33. O recurso ordinário para o Superior Tribunal de Justiça, das decisões denegatórias de mandado de segurança, proferidas em única instância pelos tribunais regionais federais ou pelos Tribunais de Estados e do Distrito Federal, será interposto no prazo de 15 (quinze) dias, com as razões do pedido de reforma.

• *Vide* Súmula 202 do STJ.

Art. 34. Serão aplicadas, quanto aos requisitos de admissibilidade e ao procedimento no Tribunal recorrido, as regras do Código de Processo Civil relativas à apelação.

Art. 35. Distribuído o recurso, a Secretaria, imediatamente, fará os autos com vista ao Ministério Público, pelo prazo de 5 (cinco) dias.

Parágrafo único. Conclusos os autos ao relator, este pedirá dia para julgamento.

CAPÍTULO IV
APELAÇÃO CÍVEL E AGRAVO DE INSTRUMENTO

Art. 36. Nas causas em que forem partes, de um lado, Estado estrangeiro ou organismo internacional e, de outro, município ou pessoa domiciliada ou residente no País, caberá:

I – apelação da sentença;

II – agravo de instrumento, das decisões interlocutórias.

Art. 37. Os recursos mencionados no artigo anterior serão interpostos para o Superior Tribunal de Justiça, aplicando-se-lhes, quanto aos requisitos de admissibilidade e ao procedimento, o disposto no Código de Processo Civil.

•• A referência é feita ao CPC de 1973. Dispositivos correspondentes no CPC de 2015: arts. 1.015 a 1.020 (agravo de instrumento).

TÍTULO III
DISPOSIÇÕES GERAIS

Art. 38. (*Revogado pela Lei n. 13.105, de 16-3-2015.*)

Art. 39. Da decisão do Presidente do Tribunal, de Seção, de Turma ou de Relator que causar gravame à parte, caberá agravo para o órgão especial, Seção ou Turma, conforme o caso, no prazo de 5 (cinco) dias.

Art. 40. Haverá revisão, no Superior Tribunal de Justiça, nos seguintes processos:

I – ação rescisória;

II – ação penal originária;

III – revisão criminal.

Art. 41. Em caso de vaga ou afastamento de Ministro do Superior Tribunal de Justiça, por prazo superior a 30 (trinta) dias, poderá ser convocado Juiz de Tribunal Regional Federal ou Desembargador, para substituição, pelo voto da maioria absoluta dos seus membros.

Art. 41-A. A decisão de Turma, no Superior Tribunal de Justiça, será tomada pelo voto da maioria absoluta de seus membros.

Parágrafo único. Em *habeas corpus* originário ou recursal, havendo empate, prevalecerá a decisão mais favorável ao paciente.

•• Artigo acrescentado pela Lei n. 9.756, de 17-12-1998.

Art. 41-B. As despesas do porte de remessa e retorno dos autos serão recolhidas mediante documento de arrecadação, de conformidade com instruções e tabela expedidas pelo Supremo Tribunal Federal e pelo Superior Tribunal de Justiça.

Parágrafo único. A secretaria do tribunal local zelará pelo recolhimento das despesas postais.

•• Artigo acrescentado pela Lei n. 9.756, de 17-12-1998.

....

Art. 43. Esta Lei entra em vigor na data de sua publicação.

Art. 44. Revogam-se as disposições em contrário, especialmente os arts. 541 a 546 do Código de Processo Civil e a Lei n. 3.396, de 2 de junho de 1958.

Brasília, em 28 de maio de 1990; 169.º da Independência e 102.º da República.

FERNANDO COLLOR DE MELLO

LEI N. 8.069, DE 13 DE JULHO DE 1990 (*)

Dispõe sobre o Estatuto da Criança e do Adolescente, e dá outras providências.

O Presidente da República

Faço saber que o Congresso Nacional decreta e eu sanciono a seguinte Lei:

....

LIVRO I
PARTE GERAL

TÍTULO I
DAS DISPOSIÇÕES PRELIMINARES

....

Art. 2.º Considera-se criança, para os efeitos desta Lei, a pessoa até 12 (doze) anos de idade incompletos, e adolescente aquela entre 12 (doze) e 18 (dezoito) anos de idade.

•• O art. 5.º, *caput*, do CC (Lei n. 10.406, de 10-1-2002) dispõe: "A menoridade cessa aos dezoito anos completos, quando a pessoa fica habilitada à prática de todos os atos da vida civil".

•• A Lei n. 12.852, de 5-8-2013 (Estatuto da Juventude), dispõe em seu art. 1.º, § 1.º: "Para efeitos desta Lei, são consideradas jovens as pessoas com idade entre 15 (quinze) e 29 (vinte e nove) anos de idade".

Parágrafo único. Nos casos expressos em lei, aplica-se excepcionalmente este Estatuto às pessoas entre 18 (dezoito) e 21 (vinte e um) anos de idade.

•• A Lei n. 12.852, de 5-8-2013 (Estatuto da Juventude), dispõe em seu art. 1.º, § 2.º: "Aos adolescentes com idade entre 15 (quinze) e 18 (dezoito) anos aplica-se a Lei n. 8.069, de 13 de julho de 1990 – Estatuto da Criança e do Adolescente, e, excepcionalmente, este Estatuto, quando não conflitar com as normas de proteção integral do adolescente".

....

LIVRO II
PARTE ESPECIAL

....

(*) Publicada no *DOU*, de 16-7-1990, e retificada em 27-9-1990. O Decreto n. 99.710, de 21-11-1990, promulga a Convenção sobre os Direitos da Criança. Os Decretos n. 5.006 e n. 5.007, de 8-3-2004, promulgam os Protocolos Facultativos à Convenção sobre os Direitos da Criança relativos ao envolvimento de crianças em conflitos armados, e à venda de crianças, à prostituição infantil e à pornografia infantil, respectivamente. A Lei n. 12.852, de 5-8-2013, institui o Estatuto da Juventude.

Título III

....

Capítulo III
DAS GARANTIAS PROCESSUAIS

•• *Vide* arts. 7.º a 12 da Lei n. 13.431, de 4-4-2017 (sistema de garantia de direitos da criança e do adolescente vítima ou testemunha de violência).

Art. 110. Nenhum adolescente será privado de sua liberdade sem o devido processo legal.

• *Vide* Súmula 265 do STJ.

• *Vide* art. 5.º, LIV, da CF.

Art. 111. São asseguradas ao adolescente, entre outras, as seguintes garantias:

• *Vide* art. 49 da Lei n. 12.594, de 18-1-2012 (Sinase).

I – pleno e formal conhecimento da atribuição de ato infracional, mediante citação ou meio equivalente;

II – igualdade na relação processual, podendo confrontar-se com vítimas e testemunhas e produzir todas as provas necessárias à sua defesa;

III – defesa técnica por advogado;

IV – assistência judiciária gratuita e integral aos necessitados, na forma da lei;

• *Vide* arts. 5.º, LXXIV, e 134 da CF.

• *Vide* Lei n. 1.060, de 5-2-1950.

V – direito de ser ouvido pessoalmente pela autoridade competente;

• *Vide* Súmula 265 do STJ.

VI – direito de solicitar a presença de seus pais ou responsável em qualquer fase do procedimento.

Capítulo IV
DAS MEDIDAS SOCIOEDUCATIVAS

•• *Vide* Lei n. 12.594, de 18-1-2012 (Sinase).

• *Vide* Súmulas 338 e 342 do STJ.

Seção I
Disposições Gerais

Art. 112. Verificada a prática de ato infracional, a autoridade competente poderá aplicar ao adolescente as seguintes medidas:

I – advertência;

II – obrigação de reparar o dano;

III – prestação de serviços à comunidade;

IV – liberdade assistida;

V – inserção em regime de semiliberdade;

VI – internação em estabelecimento educacional;

VII – qualquer uma das previstas no art. 101, I a VI.

§ 1.º A medida aplicada ao adolescente levará em conta a sua capacidade de cumpri-la, as circunstâncias e a gravidade da infração.

§ 2.º Em hipótese alguma e sob pretexto algum, será admitida a prestação de trabalho forçado.

§ 3.º Os adolescentes portadores de doença ou deficiência mental receberão tratamento individual e especializado, em local adequado às suas condições.

Art. 113. Aplica-se a este Capítulo o disposto nos arts. 99 e 100.

Art. 114. A imposição das medidas previstas nos incisos II a VI do art. 112 pressupõe a existência de provas suficientes da autoria e da materialidade da infração, ressalvada a hipótese de remissão, nos termos do art. 127.

Parágrafo único. A advertência poderá ser aplicada sempre que houver prova da materialidade e indícios suficientes da autoria.

Seção II
Da Advertência

Art. 115. A advertência consistirá em admoestação verbal, que será reduzida a termo e assinada.

Seção III
Da Obrigação de Reparar o Dano

Art. 116. Em se tratando de ato infracional com reflexos patrimoniais, a autoridade poderá determinar, se for o caso, que o adolescente restitua a coisa, promova o ressarcimento do dano, ou, por outra forma, compense o prejuízo da vítima.

• *Vide* art. 932, I e II, do CC.

Parágrafo único. Havendo manifesta impossibilidade, a medida poderá ser substituída por outra adequada.

Seção IV
Da Prestação de Serviços à Comunidade

Art. 117. A prestação de serviços comunitários consiste na realização de tarefas gratuitas de interesse geral, por período não excedente a 6 (seis) meses, junto a entidades assistenciais, hospitais, escolas e outros estabelecimentos congêneres, bem como em programas comunitários ou governamentais.

Parágrafo único. As tarefas serão atribuídas conforme as aptidões do adolescente, devendo ser cumpridas durante jornada máxima de 8 (oito) horas semanais, aos sábados, domingos e feriados ou em dias úteis, de modo a não prejudicar a frequência à escola ou à jornada normal de trabalho.

Seção V
Da Liberdade Assistida

Art. 118. A liberdade assistida será adotada sempre que se afigurar a medida mais adequada para o fim de acompanhar, auxiliar e orientar o adolescente.

§ 1.º A autoridade designará pessoa capacitada para acompanhar o caso, a qual poderá ser recomendada por entidade ou programa de atendimento.

§ 2.º A liberdade assistida será fixada pelo prazo mínimo de 6 (seis) meses, podendo a qualquer tempo ser prorrogada, revogada ou substituída por outra medida, ouvido o orientador, o Ministério Público e o defensor.

Art. 119. Incumbe ao orientador, com o apoio e a supervisão da autoridade competente, a realização dos seguintes encargos, entre outros:

I – promover socialmente o adolescente e sua família, fornecendo-lhes orientação e inserindo-os, se necessário, em programa oficial ou comunitário de auxílio e assistência social;

II – supervisionar a frequência e o aproveitamento escolar do adolescente, promovendo, inclusive, sua matrícula;

III – diligenciar no sentido da profissionalização do adolescente e de sua inserção no mercado de trabalho;

IV – apresentar relatório do caso.

Seção VI
Do Regime de Semiliberdade

Art. 120. O regime de semiliberdade pode ser determinado desde o início, ou como forma de transição para o meio aberto, possibilitada a realização de atividades externas, independentemente de autorização judicial.

§ 1.º É obrigatória a escolarização e a profissionalização, devendo, sempre que possível, ser utilizados os recursos existentes na comunidade.

§ 2.º A medida não comporta prazo determinado, aplicando-se, no que couber, as disposições relativas à internação.

Seção VII
Da Internação

Art. 121. A internação constitui medida privativa da liberdade, sujeita aos princípios de brevidade, excepcionalidade e respeito à condição peculiar de pessoa em desenvolvimento.

§ 1.º Será permitida a realização de atividades externas, a critério da equipe técnica da entidade, salvo expressa determinação judicial em contrário.

• *Vide* art. 50 da Lei n. 12.594, de 18-1-2012 (Sinase).

§ 2.º A medida não comporta prazo determinado, devendo sua manutenção ser reavaliada, mediante decisão fundamentada, no máximo a cada 6 (seis) meses.

§ 3.º Em nenhuma hipótese o período máximo de internação excederá a 3 (três) anos.

§ 4.º Atingido o limite estabelecido no parágrafo anterior, o adolescente deverá ser liberado, colocado em regime de semiliberdade ou de liberdade assistida.

§ 5.º A liberação será compulsória aos 21 (vinte e um) anos de idade.

§ 6.º Em qualquer hipótese a desinternação será precedida de autorização judicial, ouvido o Ministério Público.

§ 7.º A determinação judicial mencionada no § 1.º poderá ser revista a qualquer tempo pela autoridade judiciária.

•• § 7.º acrescentado pela Lei n. 12.594, de 18 de janeiro 2012.

Art. 122. A medida de internação só poderá ser aplicada quando:

• *Vide* Súmula 492 do STJ.

I – tratar-se de ato infracional cometido mediante grave ameaça ou violência a pessoa;

II – por reiteração no cometimento de outras infrações graves;

III – por descumprimento reiterado e injustificável da medida anteriormente imposta.

§ 1.º O prazo de internação na hipótese do inciso III deste artigo não poderá ser superior a 3 (três) meses, devendo ser decretada judicialmente após o devido processo legal.

•• § 1.º com redação determinada pela Lei n. 12.594, de 18-1-2012.

§ 2.º Em nenhuma hipótese será aplicada a internação, havendo outra medida adequada.

Art. 123. A internação deverá ser cumprida em entidade exclusiva para adolescentes, em local distinto daquele destinado ao abrigo, obedecida rigorosa separação por critérios de idade, compleição física e gravidade da infração.

Parágrafo único. Durante o período de internação, inclusive provisória, serão obrigatórias atividades pedagógicas.

Art. 124. São direitos do adolescente privado de liberdade, entre outros, os seguintes:

I – entrevistar-se pessoalmente com o representante do Ministério Público;

II – peticionar diretamente a qualquer autoridade;

• *Vide* art. 5.º, XXXIV, *a*, da CF.

III – avistar-se reservadamente com seu defensor;

IV – ser informado de sua situação processual, sempre que solicitada;

V – ser tratado com respeito e dignidade;

VI – permanecer internado na mesma localidade ou naquela mais próxima ao domicílio de seus pais ou responsável;

VII – receber visitas, ao menos semanalmente;

VIII – corresponder-se com seus familiares e amigos;

IX – ter acesso aos objetos necessários à higiene e asseio pessoal;

X – habitar alojamento em condições adequadas de higiene e salubridade;

XI – receber escolarização e profissionalização;

XII – realizar atividades culturais, esportivas e de lazer;

XIII – ter acesso aos meios de comunicação social;

XIV – receber assistência religiosa, segundo a sua crença, e desde que assim o deseje;

XV – manter a posse de seus objetos pessoais e dispor de local seguro para guardá-los, recebendo comprovante daqueles porventura depositados em poder da entidade;

XVI – receber, quando de sua desinternação, os documentos pessoais indispensáveis à vida em sociedade.

§ 1.º Em nenhum caso haverá incomunicabilidade.

§ 2.º A autoridade judiciária poderá suspender temporariamente a visita, inclusive de pais ou responsável, se existirem motivos sérios e fundados de sua prejudicialidade aos interesses do adolescente.

Art. 125. É dever do Estado zelar pela integridade física e mental dos internos, cabendo-lhe adotar as medidas adequadas de contenção e segurança.

CAPÍTULO V
DA REMISSÃO

Art. 126. Antes de iniciado o procedimento judicial para apuração de ato infracional, o representante do Ministério Público poderá conceder a remissão, como forma de exclusão do processo, atendendo às circunstâncias e consequências do fato, ao contexto social, bem como à personalidade do adolescente e sua maior ou menor participação no ato infracional.

Parágrafo único. Iniciado o procedimento, a concessão da remissão pela autoridade judiciária importará na suspensão ou extinção do processo.

Art. 127. A remissão não implica necessariamente o reconhecimento ou comprovação da responsabilidade, nem prevalece para efeito de antecedentes, podendo incluir eventualmente a aplicação de qualquer das medidas previstas em lei, exceto a colocação em regime de semiliberdade e a internação.

Art. 128. A medida aplicada por força da remissão poderá ser revista judicialmente, a qualquer tempo, mediante pedido expresso do adolescente ou de seu representante legal, ou do Ministério Público.

TÍTULO IV
DAS MEDIDAS PERTINENTES AOS PAIS OU RESPONSÁVEL

Art. 129. São medidas aplicáveis aos pais ou responsável:

I – encaminhamento a serviços e programas oficiais ou comunitários de proteção, apoio e promoção da família;

•• Inciso I com redação determinada pela Lei n. 13.257, de 8-3-2016.

II – inclusão em programa oficial ou comunitário de auxílio, orientação e tratamento a alcoólatras e toxicômanos;

III – encaminhamento a tratamento psicológico ou psiquiátrico;

IV – encaminhamento a cursos ou programas de orientação;

V – obrigação de matricular o filho ou pupilo e acompanhar sua frequência e aproveitamento escolar;

VI – obrigação de encaminhar a criança ou adolescente a tratamento especializado;

VII – advertência;

VIII – perda da guarda;

IX – destituição da tutela;

X – suspensão ou destituição do poder familiar.

•• A Lei n. 12.010, de 3-8-2009, em seu art. 3.º, determinou a substituição da expressão "pátrio poder", constante no ECA, por "poder familiar".

Parágrafo único. Na aplicação das medidas previstas nos incisos IX e X deste artigo, observar-se-á o disposto nos arts. 23 e 24.

Art. 130. Verificada a hipótese de maus-tratos, opressão ou abuso sexual impostos pelos pais ou responsável, a autoridade judiciária poderá determinar, como medida cautelar, o afastamento do agressor da moradia comum.

Parágrafo único. Da medida cautelar constará, ainda, a fixação provisória dos alimentos de que necessitem a criança ou o adolescente dependentes do agressor.

•• Parágrafo único acrescentado pela Lei n. 12.415, de 9-6-2011.

TÍTULO V
DO CONSELHO TUTELAR

CAPÍTULO I
DISPOSIÇÕES GERAIS

Art. 131. O Conselho Tutelar é órgão permanente e autônomo, não jurisdicional, encarregado pela sociedade de zelar pelo cumprimento dos direitos da criança e do adolescente, definidos nesta Lei.

• Os arts. 45 e s. da Lei n. 12.852, de 5-8-2013 (Estatuto da Juventude), definem os Conselhos de Juventude e suas atribuições.

Art. 132. Em cada Município e em cada Região Administrativa do Distrito Federal haverá, no mínimo, 1 (um) Conselho Tutelar como órgão integrante da administração pública local, composto de 5 (cinco) membros, escolhidos pela população local para mandato de 4 (quatro) anos, permitida 1 (uma) recondução, mediante novo processo de escolha.

•• Artigo com redação determinada pela Lei n. 12.696, de 25-7-2012.

Art. 133. Para a candidatura a membro do Conselho Tutelar, serão exigidos os seguintes requisitos:

I – reconhecida idoneidade moral;

II – idade superior a 21 (vinte e um) anos;

III – residir no município.

Art. 134. Lei municipal ou distrital disporá sobre o local, dia e horário de funcionamento do Conselho Tutelar, inclusive quanto à remuneração dos respectivos membros, aos quais é assegurado o direito a:

•• *Caput* com redação determinada pela Lei n. 12.696, de 25-7-2012.

I – cobertura previdenciária;

•• Inciso I acrescentado pela Lei n. 12.696, de 25-7-2012.

II – gozo de férias anuais remuneradas, acrescidas de 1/3 (um terço) do valor da remuneração mensal;

•• Inciso II acrescentado pela Lei n. 12.696, de 25-7-2012.

III – licença-maternidade;

•• Inciso III acrescentado pela Lei n. 12.696, de 25-7-2012.

IV – licença-paternidade;

•• Inciso IV acrescentado pela Lei n. 12.696, de 25-7-2012.

V – gratificação natalina.

•• Inciso V acrescentado pela Lei n. 12.696, de 25-7-2012.

Parágrafo único. Constará da lei orçamentária municipal e da do Distrito Federal previsão dos recursos necessários ao funcionamento do Conselho Tutelar e à remuneração e formação continuada dos conselheiros tutelares.

•• Parágrafo único com redação determinada pela Lei n. 12.696, de 25-7-2012.

Art. 135. O exercício efetivo da função de conselheiro constituirá serviço público relevante e estabelecerá presunção de idoneidade moral.

•• Artigo com redação determinada pela Lei n. 12.696, de 25-7-2012.

Capítulo II
DAS ATRIBUIÇÕES DO CONSELHO

Art. 136. São atribuições do Conselho Tutelar:

I – atender as crianças e adolescentes nas hipóteses previstas nos arts. 98 e 105, aplicando as medidas previstas no art. 101, I a VII;

II – atender e aconselhar os pais ou responsável, aplicando as medidas previstas no art. 129, I a VII;

III – promover a execução de suas decisões, podendo para tanto:

a) requisitar serviços públicos nas áreas de saúde, educação, serviço social, previdência, trabalho e segurança;

b) representar junto à autoridade judiciária nos casos de descumprimento injustificado de suas deliberações;

IV – encaminhar ao Ministério Público notícia de fato que constitua infração administrativa ou penal contra os direitos da criança ou adolescente;

V – encaminhar à autoridade judiciária os casos de sua competência;

VI – providenciar a medida estabelecida pela autoridade judiciária, dentre as previstas no art. 101, de I a VI, para o adolescente autor de ato infracional;

VII – expedir notificações;

VIII – requisitar certidões de nascimento e de óbito de criança ou adolescente quando necessário;

IX – assessorar o Poder Executivo local na elaboração da proposta orçamentária para planos e programas de atendimento dos direitos da criança e do adolescente;

X – representar, em nome da pessoa e da família, contra a violação dos direitos previstos no art. 220, § 3.º, II, da Constituição Federal;

XI – representar ao Ministério Público para efeito das ações de perda ou suspensão do poder familiar, após esgotadas as possibilidades de manutenção da criança ou do adolescente junto à família natural;

•• Inciso XI com redação determinada pela Lei n. 12.010, de 3-8-2009.

XII – promover e incentivar, na comunidade e nos grupos profissionais, ações de divulgação e treinamento para o reconhecimento de sintomas de maus-tratos em crianças e adolescentes.

•• Inciso XII acrescentado pela Lei n. 13.046, de 1.º-12-2014.

Parágrafo único. Se, no exercício de suas atribuições, o Conselho Tutelar entender necessário o afastamento do convívio familiar, comunicará incontinenti o fato ao Ministério Público, prestando-lhe informações sobre os motivos de tal entendimento e as providências tomadas para a orientação, o apoio e a promoção social da família.

•• Parágrafo único acrescentado pela Lei n. 12.010, de 3-8-2009.

Art. 137. As decisões do Conselho Tutelar somente poderão ser revistas pela autoridade judiciária a pedido de quem tenha legítimo interesse.

Capítulo III
DA COMPETÊNCIA

Art. 138. Aplica-se ao Conselho Tutelar a regra de competência constante do art. 147.

Capítulo IV
DA ESCOLHA DOS CONSELHEIROS

Art. 139. O processo para a escolha dos membros do Conselho Tutelar será estabelecido em lei municipal e realizado sob a responsabilidade do Conselho Municipal dos Direitos da Criança e do Adolescente, e a fiscalização do Ministério Público.

•• *Caput* com redação determinada pela Lei n. 8.242, de 12-10-1991.

§ 1.º O processo de escolha dos membros do Conselho Tutelar ocorrerá em data unificada em todo o território nacional a cada 4 (quatro) anos, no primeiro domingo do mês de outubro do ano subsequente ao da eleição presidencial.

•• § 1.º acrescentado pela Lei n. 12.696, de 25-7-2012.

§ 2.º A posse dos conselheiros tutelares ocorrerá no dia 10 de janeiro do ano subsequente ao processo de escolha.

•• § 2.º acrescentado pela Lei n. 12.696, de 25-7-2012.

§ 3.º No processo de escolha dos membros do Conselho Tutelar, é vedado ao candidato doar, oferecer, prometer ou entregar ao eleitor bem ou vantagem pessoal de qualquer natureza, inclusive brindes de pequeno valor.

•• § 3.º acrescentado pela Lei n. 12.696, de 25-7-2012.

Capítulo V
DOS IMPEDIMENTOS

Art. 140. São impedidos de servir no mesmo Conselho marido e mulher, ascendentes e descendentes, sogro e genro ou nora, irmãos, cunhados, durante o cunhadio, tio e sobrinho, padrasto ou madrasta e enteado.

Parágrafo único. Estende-se o impedimento do conselheiro, na forma deste artigo, em relação à autoridade judiciária e ao representante do Ministério Público com atuação na Justiça da Infância e da Juventude, em exercício na Comarca, Foro Regional ou Distrital.

Título VI
DO ACESSO À JUSTIÇA

Capítulo I
DISPOSIÇÕES GERAIS

Art. 141. É garantido o acesso de toda criança ou adolescente à Defensoria Pública, ao Ministério Público e ao Poder Judiciário, por qualquer de seus órgãos.

§ 1.º A assistência judiciária gratuita será prestada aos que dela necessitarem, através de defensor público ou advogado nomeado.

• *Vide* arts. 5.º, LXXIV, e 134 da CF.

• *Vide* Lei n. 1.060, de 5-2-1950.

§ 2.º As ações judiciais da competência da Justiça da Infância e da Juventude são isentas de custas e emolumentos, ressalvada a hipótese de litigância de má-fé.

Art. 142. Os menores de 16 (dezesseis) anos serão representados e os maiores de 16 (dezesseis) e menores de 21 (vinte e um) anos assistidos por seus pais, tutores ou curadores, na forma da legislação civil ou processual.

Parágrafo único. A autoridade judiciária dará curador especial à criança ou adolescente, sempre que os interesses destes colidirem com os de seus pais ou responsável, ou quando carecer de representação ou assistência legal ainda que eventual.

Art. 143. É vedada a divulgação de atos judiciais, policiais e administrativos que digam respeito a crianças e adolescentes a que se atribua autoria de ato infracional.

Parágrafo único. Qualquer notícia a respeito do fato não poderá identificar a criança ou adolescente, vedando-se fotografia, referência a nome, apelido, filiação, parentesco, residência e, inclusive, iniciais do nome e sobrenome.

•• Parágrafo único com redação determinada pela Lei n. 10.764, de 12-11-2003.

Art. 144. A expedição de cópia ou certidão de atos a que se refere o artigo anterior somente será deferida pela autoridade judiciária competente, se demonstrado o interesse e justificada a finalidade.

Capítulo II
DA JUSTIÇA DA INFÂNCIA E DA JUVENTUDE

• A Lei n. 10.515, de 11-7-2002, institui o Dia Nacional da Juventude, a ser celebrado em todo o território brasileiro, anualmente, no dia 12 de agosto.

Seção I
Disposições Gerais

Art. 145. Os Estados e o Distrito Federal poderão criar varas especializadas e exclusivas da infância e da juventude, cabendo ao Poder Judiciário estabelecer sua proporcionalidade por número de habitantes, dotá-las de infraestrutura e dispor sobre o atendimento, inclusive em plantões.

Seção II
Do Juiz

Art. 146. A autoridade a que se refere esta Lei é o Juiz da Infância e da Juventude, ou o Juiz que exerce essa função, na forma da Lei de Organização Judiciária local.

Art. 147. A competência será determinada:

I – pelo domicílio dos pais ou responsável;

II – pelo lugar onde se encontre a criança ou adolescente, à falta dos pais ou responsável.

§ 1.º Nos casos de ato infracional, será competente a autoridade do lugar da ação ou omissão, observadas as regras de conexão, continência e prevenção.

§ 2.º A execução das medidas poderá ser delegada à autoridade competente da residência dos pais ou responsável, ou do local onde sediar-se a entidade que abrigar a criança ou adolescente.

§ 3.º Em caso de infração cometida através de transmissão simultânea de rádio ou televisão, que atinja mais de uma comarca, será competente, para aplicação da penalidade, a autoridade judiciária do local da sede estadual da emissora ou rede, tendo a sentença eficácia para todas as transmissoras ou retransmissoras do respectivo Estado.

Art. 148. A Justiça da Infância e da Juventude é competente para:

I – conhecer de representações promovidas pelo Ministério Público, para apuração de ato infracional atribuído a adolescente, aplicando as medidas cabíveis;

II – conceder a remissão, como forma de suspensão ou extinção do processo;

III – conhecer de pedidos de adoção e seus incidentes;

IV – conhecer de ações civis fundadas em interesses individuais, difusos ou coletivos afetos à criança e ao adolescente, observado o disposto no art. 209;

V – conhecer de ações decorrentes de irregularidades em entidades de atendimento, aplicando as medidas cabíveis;

VI – aplicar penalidades administrativas nos casos de infrações contra norma de proteção a criança ou adolescentes;

VII – conhecer de casos encaminhados pelo Conselho Tutelar, aplicando as medidas cabíveis.

Parágrafo único. Quando se tratar de criança ou adolescente nas hipóteses do art. 98, é também competente a Justiça da Infância e da Juventude para o fim de:

a) conhecer de pedidos de guarda e tutela;

b) conhecer de ações de destituição do poder familiar, perda ou modificação da tutela ou guarda;

•• A Lei n. 12.010, de 3-8-2009, em seu art. 3.º, determinou a substituição da expressão "pátrio poder", constante no ECA, por "poder familiar".

c) suprir a capacidade ou o consentimento para o casamento;

d) conhecer de pedidos baseados em discordância paterna ou materna, em relação ao exercício do poder familiar;

•• A Lei n. 12.010, de 3-8-2009, em seu art. 3.º, determinou a substituição da expressão "pátrio poder", constante no ECA, por "poder familiar".

e) conceder a emancipação, nos termos da lei civil, quando faltarem os pais;

f) designar curador especial em casos de apresentação de queixa ou representação, ou de outros procedimentos judiciais ou extrajudiciais em que haja interesses de criança ou adolescente;

g) conhecer de ações de alimentos;

h) determinar o cancelamento, a retificação e o suprimento dos registros de nascimento e óbito.

Art. 149. Compete à autoridade judiciária disciplinar, através de portaria, ou autorizar, mediante alvará:

I – a entrada e permanência de criança ou adolescente, desacompanhado dos pais ou responsável, em:

a) estádio, ginásio e campo desportivo;

b) bailes ou promoções dançantes;

c) boate ou congêneres;

d) casa que explore comercialmente diversões eletrônicas;

e) estúdios cinematográficos, de teatro, rádio e televisão;

II – a participação de criança e adolescente em:

a) espetáculos públicos e seus ensaios;

b) certames de beleza.

§ 1.º Para os fins do disposto neste artigo, a autoridade judiciária levará em conta, dentre outros fatores:

a) os princípios desta Lei;

b) as peculiaridades locais;

c) a existência de instalações adequadas;

d) o tipo de frequência habitual ao local;

e) a adequação do ambiente a eventual participação ou frequência de crianças e adolescentes;

f) a natureza do espetáculo.

§ 2.º As medidas adotadas na conformidade deste artigo deverão ser fundamentadas, caso a caso, vedadas as determinações de caráter geral.

Seção III
Dos Serviços Auxiliares

Art. 150. Cabe ao Poder Judiciário, na elaboração de sua proposta orçamentária, prever recursos para manutenção de equipe interprofissional, destinada a assessorar a Justiça da Infância e da Juventude.

Art. 151. Compete à equipe interprofissional, dentre outras atribuições que lhe forem reservadas pela legislação local, fornecer subsídios por escrito, mediante laudos, ou verbalmente, na audiência, e bem assim desenvolver trabalhos de aconselhamento, orientação, encaminhamento, prevenção e outros, tudo sob a imediata subordinação à autoridade judiciária, assegurada a livre manifestação do ponto de vista técnico.

Parágrafo único. Na ausência ou insuficiência de servidores públicos integrantes do Poder Judiciário responsáveis pela realização dos estudos psicossociais ou de quaisquer outras espécies de avaliações técnicas exigidas por esta Lei ou por determinação judicial, a autoridade judiciária poderá proceder à nomeação de perito, nos termos do art. 156 da Lei n. 13.105, de 16 de março de 2015 (Código de Processo Civil).

•• Parágrafo único acrescentado pela Lei n. 13.509, de 22-11-2017.

Capítulo III
DOS PROCEDIMENTOS

•• *Vide* arts. 7.º a 12 da Lei n. 13.431, de 4-4-2017, que dispõem sobre a escuta especializada e o depoimento especial da criança e do adolescente vítima ou testemunha de violência.

Seção I
Disposições Gerais

Art. 152. Aos procedimentos regulados nesta Lei aplicam-se subsidiariamente as normas gerais previstas na legislação processual pertinente.

§ 1.º É assegurada, sob pena de responsabilidade, prioridade absoluta na tramitação dos processos e procedimentos previstos nesta Lei, assim como na execução dos atos e diligências judiciais a eles referentes.

•• Parágrafo único renumerado pela Lei n. 13.509, de 22-11-2017.

• O Provimento n. 36, de 5-5-2014, do CNJ, dispõe sobre a estrutura e procedimentos das Varas da Infância e Juventude.

§ 2.º Os prazos estabelecidos nesta Lei e aplicáveis aos seus procedimentos são contados em dias corridos, excluído o dia do começo e incluído o dia do vencimento, vedado o prazo em dobro para a Fazenda Pública e o Ministério Público.

•• § 2.º acrescentado pela Lei n. 13.509, de 22-11-2017.

Art. 153. Se a medida judicial a ser adotada não corresponder a procedimento previsto nesta ou em outra lei, a autoridade judiciária poderá investigar os fatos e ordenar de ofício as providências necessárias, ouvido o Ministério Público.

Parágrafo único. O disposto neste artigo não se aplica para o fim de afastamento da criança ou do adolescente de sua família de origem e em outros procedimentos necessariamente contenciosos.

•• Parágrafo único acrescentado pela Lei n. 12.010, de 3-8-2009.

Art. 154. Aplica-se às multas o disposto no art. 214.

Seção II
Da Perda e da Suspensão do Pátrio Poder

Art. 155. O procedimento para perda ou suspensão do poder familiar terá início por provocação do Ministério Público ou de quem tenha legítimo interesse.

•• A Lei n. 12.010, de 3-8-2009, em seu art. 3.º, determinou a substituição da expressão "pátrio poder", constante no ECA, por "poder familiar".

Art. 156. A petição inicial indicará:

I – a autoridade judiciária a que for dirigida;

II – o nome, o estado civil, a profissão e a residência do requerente e do requerido, dispensada a qualificação em se tratando de pedido formulado por representante do Ministério Público;

III – a exposição sumária do fato e o pedido;

IV – as provas que serão produzidas, oferecendo, desde logo, o rol de testemunhas e documentos.

Art. 157. Havendo motivo grave, poderá a autoridade judiciária, ouvido o Ministério Público, decretar a suspensão do poder familiar, liminar ou incidentalmente, até o julgamento definitivo da causa, ficando a criança ou adolescente confiado a pessoa idônea, mediante termo de responsabilidade.

•• A Lei n. 12.010, de 3-8-2009, em seu art. 3.º, determinou a substituição da expressão "pátrio poder", constante no ECA, por "poder familiar".

§ 1.º Recebida a petição inicial, a autoridade judiciária determinará, concomitantemente ao despacho de citação e independentemente de requerimento do interessado, a realização de estudo social ou perícia por equipe interprofissional ou multidisciplinar para comprovar a presença de uma das causas de suspensão ou destituição do poder familiar, ressalvado o disposto no § 10 do art. 101 desta Lei, e observada a Lei n. 13.431, de 4 de abril de 2017.

•• § 1.º acrescentado pela Lei n. 13.509, de 22-11-2017.

§ 2.º Em sendo os pais oriundos de comunidades indígenas, é ainda obrigatória a intervenção, junto à equipe interprofissional ou multidisciplinar referida no § 1.º deste artigo, de representantes do órgão federal responsável pela política indigenista, observado o disposto no § 6.º do art. 28 desta Lei.

•• § 2.º acrescentado pela Lei n. 13.509, de 22-11-2017.

Art. 158. O requerido será citado para, no prazo de 10 (dez) dias, oferecer resposta escrita, indicando as provas a serem produzidas e oferecendo desde logo o rol de testemunhas e documentos.

§ 1.º A citação será pessoal, salvo se esgotados todos os meios para sua realização.

•• § 1.º acrescentado pela Lei n. 12.962, de 8-4-2014.

§ 2.º O requerido privado de liberdade deverá ser citado pessoalmente.

•• § 2.º acrescentado pela Lei n. 12.962, de 8-4-2014.

§ 3.º Quando, por 2 (duas) vezes, o oficial de justiça houver procurado o citando em seu domicílio ou residência sem o encontrar, deverá, havendo suspeita de ocultação, informar qualquer pessoa da família ou, em sua falta, qualquer vizinho do dia útil em que voltará a fim de efetuar a citação, na hora que designar, nos termos do art. 252 e seguintes da Lei n. 13.105, de 16 de março de 2015 (Código de Processo Civil).

•• § 3.º acrescentado pela Lei n. 13.509, de 22-11-2017.

§ 4.º Na hipótese de os genitores encontrarem-se em local incerto ou não sabido, serão citados por edital no prazo de 10 (dez) dias, em publicação única, dispensado o envio de ofícios para a localização.

•• § 4.º acrescentado pela Lei n. 13.509, de 22-11-2017.

Art. 159. Se o requerido não tiver possibilidade de constituir advogado, sem prejuízo do próprio sustento e de sua família, poderá requerer, em cartório, que lhe seja nomeado dativo, ao qual incumbirá a apresentação de resposta, contando-se o prazo a partir da intimação do despacho de nomeação.

Parágrafo único. Na hipótese de requerido privado de liberdade, o oficial de justiça deverá perguntar, no momento da citação pessoal, se deseja que lhe seja nomeado defensor.

•• Parágrafo único acrescentado pela Lei n. 12.962, de 8-4-2014.

Art. 160. Sendo necessário, a autoridade judiciária requisitará de qualquer repartição ou órgão público a apresentação de documento que interesse à causa, de ofício ou a requerimento das partes ou do Ministério Público.

Art. 161. Se não for contestado o pedido e tiver sido concluído o estudo social ou a perícia realizada por equipe interprofissional ou multidisciplinar, a autoridade judiciária dará vista dos autos ao Ministério Público, por 5 (cinco) dias, salvo quando este for o requerente, e decidirá em igual prazo.

•• *Caput* com redação determinada pela Lei n. 13.509, de 22-11-2017.

§ 1.º A autoridade judiciária, de ofício ou a requerimento das partes ou do Ministério Público, determinará a oitiva de testemunhas que comprovem a presença de uma das causas de suspensão ou destituição do poder familiar previstas nos arts. 1.637 e 1.638 da Lei n. 10.406, de 10 de janeiro de 2002 (Código Civil), ou no art. 24 desta Lei.

•• § 1.º com redação determinada pela Lei n. 13.509, de 22-11-2017.

§ 2.º (*Revogado pela Lei n. 13.509, de 22-11-2017.*)

§ 3.º Se o pedido importar em modificação de guarda, será obrigatória, desde que possível e razoável, a oitiva da criança ou adolescente, respeitado seu estágio de desenvolvimento e grau de compreensão sobre as implicações da medida.

•• § 3.º acrescentado pela Lei n. 12.010, de 3-8-2009.

§ 4.º É obrigatória a oitiva dos pais sempre que eles forem identificados e estiverem em local conhecido, ressalvados os casos de não comparecimento perante a Justiça quando devidamente citados.

•• § 4.º com redação determinada pela Lei n. 13.509, de 22-11-2017.

§ 5.º Se o pai ou a mãe estiverem privados de liberdade, a autoridade judicial requisitará sua apresentação para a oitiva.

•• § 5.º acrescentado pela Lei n. 12.962, de 8-4-2014.

Art. 162. Apresentada a resposta, a autoridade judiciária dará vista dos autos ao Ministério Público, por 5 (cinco) dias, salvo quando este for o requerente, designando, desde logo, audiência de instrução e julgamento.

§ 1.º *(Revogado pela Lei n. 13.509, de 22-11-2017.)*

§ 2.º Na audiência, presentes as partes e o Ministério Público, serão ouvidas as testemunhas, colhendo-se oralmente o parecer técnico, salvo quando apresentado por escrito, manifestando-se sucessivamente o requerente, o requerido e o Ministério Público, pelo tempo de 20 (vinte) minutos cada um, prorrogável por mais 10 (dez) minutos.

•• § 2.º com redação determinada pela Lei n. 13.509, de 22-11-2017.

§ 3.º A decisão será proferida na audiência, podendo a autoridade judiciária, excepcionalmente, designar data para sua leitura no prazo máximo de 5 (cinco) dias.

•• § 3.º acrescentado pela Lei n. 13.509, de 22-11-2017.

§ 4.º Quando o procedimento de destituição de poder familiar for iniciado pelo Ministério Público, não haverá necessidade de nomeação de curador especial em favor da criança ou adolescente.

•• § 4.º acrescentado pela Lei n. 13.509, de 22-11-2017.

Art. 163. O prazo máximo para conclusão do procedimento será de 120 (cento e vinte) dias, e caberá ao juiz, no caso de notória inviabilidade de manutenção do poder familiar, dirigir esforços para preparar a criança ou o adolescente com vistas à colocação em família substituta.

•• *Caput* com redação determinada pela Lei n. 13.509, de 22-11-2017.

Parágrafo único. A sentença que decretar a perda ou a suspensão do poder familiar será averbada à margem do registro de nascimento da criança ou do adolescente.

•• Parágrafo único acrescentado pela Lei n. 12.010, de 3-8-2009.

Seção III
Da Destituição da Tutela

Art. 164. Na destituição da tutela, observar-se-á o procedimento para a remoção de tutor previsto na lei processual civil e, no que couber, o disposto na seção anterior.

Seção IV
Da Colocação em Família Substituta

Art. 165. São requisitos para a concessão de pedidos de colocação em família substituta:

I – qualificação completa do requerente e de seu eventual cônjuge, ou companheiro, com expressa anuência deste;

II – indicação de eventual parentesco do requerente e de seu cônjuge, ou companheiro, com a criança ou adolescente, especificando se tem ou não parente vivo;

III – qualificação completa da criança ou adolescente e de seus pais, se conhecidos;

IV – indicação do cartório onde foi inscrito nascimento, anexando, se possível, uma cópia da respectiva certidão;

V – declaração sobre a existência de bens, direitos ou rendimentos relativos à criança ou ao adolescente.

Parágrafo único. Em se tratando de adoção, observar-se-ão também os requisitos específicos.

• A Lei n. 10.421, de 15-4-2002, estende à mãe adotiva o direito à licença-maternidade e ao salário-maternidade.

Art. 166. Se os pais forem falecidos, tiverem sido destituídos ou suspensos do poder familiar, ou houverem aderido expressamente ao pedido de colocação em família substituta, este poderá ser formulado diretamente em cartório, em petição assinada pelos próprios requerentes, dispensada a assistência de advogado.

•• *Caput* com redação determinada pela Lei n. 12.010, de 3-8-2009.

§ 1.º Na hipótese de concordância dos pais, o juiz:

•• § 1.º, *caput*, com redação determinada pela Lei n. 13.509, de 22-11-2017.

I – na presença do Ministério Público, ouvirá as partes, devidamente assistidas por advogado ou por defensor público, para verificar sua concordância com a adoção, no prazo máximo de 10 (dez) dias, contado da data do protocolo da petição ou da entrega da criança em juízo, tomando por termo as declarações; e

•• Inciso I acrescentado pela Lei n. 13.509, de 22-11-2017.

II – declarará a extinção do poder familiar.

•• Inciso II acrescentado pela Lei n. 13.509, de 22-11-2017.

§ 2.º O consentimento dos titulares do poder familiar será precedido de orientações e esclarecimentos prestados pela equipe interprofissional da Justiça da Infância e da Juventude, em especial, no caso de adoção, sobre a irrevogabilidade da medida.

•• § 2.º acrescentado pela Lei n. 12.010, de 3-8-2009.

§ 3.º São garantidos a livre manifestação de vontade dos detentores do poder familiar e o direito ao sigilo das informações.

•• § 3.º com redação determinada pela Lei n. 13.509, de 22-11-2017.

§ 4.º O consentimento prestado por escrito não terá validade se não for ratificado na audiência a que se refere o § 1.º deste artigo.

•• § 4.º com redação determinada pela Lei n. 13.509, de 22-11-2017.

§ 5.º O consentimento é retratável até a data da realização da audiência especificada no § 1.º deste artigo, e os pais podem exercer o arrependimento no prazo de 10 (dez) dias, contado da data de prolação da sentença de extinção do poder familiar.

•• § 5.º com redação determinada pela Lei n. 13.509, de 22-11-2017.

§ 6.º O consentimento somente terá valor se for dado após o nascimento da criança.

•• § 6.º acrescentado pela Lei n. 12.010, de 3-8-2009.

§ 7.º A família natural e a família substituta receberão a devida orientação por intermédio de equipe técnica interprofissional a serviço da Justiça da Infância e da Juventude, preferencialmente com apoio dos técnicos responsáveis pela execução da

Legislação Complementar

política municipal de garantia do direito à convivência familiar.

•• § 7.º com redação determinada pela Lei n. 13.509, de 22-11-2017.

Art. 167. A autoridade judiciária, de ofício ou a requerimento das partes ou do Ministério Público, determinará a realização de estudo social ou, se possível, perícia por equipe interprofissional, decidindo sobre a concessão de guarda provisória, bem como, no caso de adoção, sobre o estágio de convivência.

Parágrafo único. Deferida a concessão da guarda provisória ou do estágio de convivência, a criança ou o adolescente será entregue ao interessado, mediante termo de responsabilidade.

•• Parágrafo único acrescentado pela Lei n. 12.010, de 3-8-2009.

Art. 168. Apresentado o relatório social ou o laudo pericial, e ouvida, sempre que possível, a criança ou o adolescente, dar-se-á vista dos autos ao Ministério Público, pelo prazo de 5 (cinco) dias, decidindo a autoridade judiciária em igual prazo.

Art. 169. Nas hipóteses em que a destituição da tutela, a perda ou a suspensão do poder familiar constituir pressuposto lógico da medida principal de colocação em família substituta, será observado o procedimento contraditório previstos nas Seções II e III deste Capítulo.

•• A Lei n. 12.010, de 3-8-2009, em seu art. 3.º, determinou a substituição da expressão "pátrio poder", constante no ECA, por "poder familiar".

Parágrafo único. A perda ou a modificação da guarda poderá ser decretada nos mesmos autos do procedimento, observado o disposto no art. 35.

Art. 170. Concedida a guarda ou a tutela, observar-se-á o disposto no art. 32, e, quanto à adoção, o contido no art. 47.

Parágrafo único. A colocação de criança ou adolescente sob a guarda de pessoa inscrita em programa de acolhimento familiar será comunicada pela autoridade judiciária à entidade por este responsável no prazo máximo de 5 (cinco) dias.

•• Parágrafo único acrescentado pela Lei n. 12.010, de 3-8-2009.

Seção V
Da Apuração de Ato Infracional Atribuído a Adolescente

Art. 171. O adolescente apreendido por força de ordem judicial será, desde logo, encaminhado à autoridade judiciária.

Art. 172. O adolescente apreendido em flagrante de ato infracional será, desde logo, encaminhado à autoridade policial competente.

Parágrafo único. Havendo repartição policial especializada para atendimento de adolescente e em se tratando de ato infracional praticado em coautoria com maior, prevalecerá a atribuição da repartição especializada, que, após as providências necessárias e conforme o caso, encaminhará o adulto à repartição policial própria.

Art. 173. Em caso de flagrante de ato infracional cometido mediante violência ou grave ameaça a pessoa, a autoridade policial, sem prejuízo do disposto nos arts. 106, parágrafo único, e 107, deverá:

I – lavrar auto de apreensão, ouvidos as testemunhas e o adolescente;

II – apreender o produto e os instrumentos da infração;

III – requisitar os exames ou perícias necessários à comprovação da materialidade e autoria da infração.

Parágrafo único. Nas demais hipóteses de flagrante, a lavratura do auto poderá ser substituída por boletim de ocorrência circunstanciada.

Art. 174. Comparecendo qualquer dos pais ou responsável, o adolescente será prontamente liberado pela autoridade policial, sob termo de compromisso e responsabilidade de sua apresentação ao representante do Ministério Público, no mesmo dia ou, sendo impossível, no primeiro dia útil imediato, exceto quando, pela gravidade do ato infracional e sua repercussão social, deva o adolescente permanecer sob internação para garantia de sua segurança pessoal ou manutenção da ordem pública.

Art. 175. Em caso de não liberação, a autoridade policial encaminhará, desde logo, o adolescente ao representante do Ministério Público, juntamente com cópia do auto de apreensão ou boletim de ocorrência.

§ 1.º Sendo impossível a apresentação imediata, a autoridade policial encaminhará o adolescente a entidade de atendimento, que fará a apresentação ao representante do Ministério Público no prazo de 24 (vinte e quatro) horas.

§ 2.º Nas localidades onde não houver entidade de atendimento, a apresentação far-se-á pela autoridade policial. À falta de repartição policial especializada, o adolescente aguardará a apresentação em dependência separada da destinada a maiores, não podendo, em qualquer hipótese, exceder o prazo referido no parágrafo anterior.

Art. 176. Sendo o adolescente liberado, a autoridade policial encaminhará imediatamente ao representante do Ministério Público cópia do auto de apreensão ou boletim de ocorrência.

Art. 177. Se, afastada a hipótese de flagrante, houver indícios de participação de adolescente na prática de ato infracional, a autoridade policial encaminhará ao representante do Ministério Público relatório das investigações e demais documentos.

Art. 178. O adolescente a quem se atribua autoria de ato infracional não poderá ser conduzido ou transportado em compartimento fechado de veículo policial, em condições atentatórias à sua dignidade, ou que impliquem risco à sua integridade física ou mental, sob pena de responsabilidade.

Art. 179. Apresentado o adolescente, o representante do Ministério Público, no mesmo dia e à vista do auto de apreensão, boletim de ocorrência ou relatório policial, devidamente autuados pelo cartório judicial e com informação sobre os antecedentes do adolescente, procederá imediata e informalmente à sua oitiva e, em sendo possível, de seus pais ou responsável, vítima e testemunhas.

Parágrafo único. Em caso de não apresentação, o representante do Ministério Público notificará os pais ou responsável para apresentação do adolescente, podendo requisitar o concurso das Polícias Civil e Militar.

Art. 180. Adotadas as providências a que alude o artigo anterior, o representante do Ministério Público poderá:

I – promover o arquivamento dos autos;

II – conceder a remissão;

III – representar à autoridade judiciária para aplicação de medida socioeducativa.

Art. 181. Promovido o arquivamento dos autos ou concedida a remissão pelo representante do Ministério Público, mediante termo fundamentado, que conterá o resumo dos fatos, os autos serão conclusos à autoridade judiciária para homologação.

§ 1.° Homologado o arquivamento ou a remissão, a autoridade judiciária determinará, conforme o caso, o cumprimento da medida.

§ 2.° Discordando, a autoridade judiciária fará remessa dos autos ao Procurador-Geral de Justiça, mediante despacho fundamentado, e este oferecerá representação, designará outro membro do Ministério Público para apresentá-la, ou ratificará o arquivamento ou a remissão, que só então estará a autoridade judiciária obrigada a homologar.

Art. 182. Se, por qualquer razão, o representante do Ministério Público não promover o arquivamento ou conceder a remissão, oferecerá representação à autoridade judiciária, propondo a instauração de procedimento para aplicação da medida socioeducativa que se afigurar a mais adequada.

§ 1.° A representação será oferecida por petição, que conterá o breve resumo dos fatos e a classificação do ato infracional e, quando necessário, o rol de testemunhas, podendo ser deduzida oralmente, em sessão diária instalada pela autoridade judiciária.

§ 2.° A representação independe de prova pré-constituída da autoria e materialidade.

Art. 183. O prazo máximo e improrrogável para a conclusão do procedimento, estando o adolescente internado provisoriamente, será de 45 (quarenta e cinco) dias.

Art. 184. Oferecida a representação, a autoridade judiciária designará audiência de apresentação do adolescente, decidindo, desde logo, sobre a decretação ou manutenção da internação, observado o disposto no art. 108 e parágrafo.

§ 1.° O adolescente e seus pais ou responsável serão cientificados do teor da representação, e notificados a comparecer à audiência, acompanhados de advogado.

§ 2.° Se os pais ou responsável não forem localizados, a autoridade judiciária dará curador especial ao adolescente.

§ 3.° Não sendo localizado o adolescente, a autoridade judiciária expedirá mandado de busca e apreensão, determinando o sobrestamento do feito, até a efetiva apresentação.

§ 4.° Estando o adolescente internado, será requisitada a sua apresentação, sem prejuízo da notificação dos pais ou responsável.

Art. 185. A internação, decretada ou mantida pela autoridade judiciária, não poderá ser cumprida em estabelecimento prisional.

§ 1.° Inexistindo na comarca entidade com as características definidas no art. 123, o adolescente deverá ser imediatamente transferido para a localidade mais próxima.

§ 2.° Sendo impossível a pronta transferência, o adolescente aguardará sua remoção em repartição policial, desde que em seção isolada dos adultos e com instalações apropriadas, não podendo ultrapassar o prazo máximo de 5 (cinco) dias, sob pena de responsabilidade.

Art. 186. Comparecendo o adolescente, seus pais ou responsável, a autoridade judiciária procederá à oitiva dos mesmos, podendo solicitar opinião de profissional qualificado.

§ 1.° Se a autoridade judiciária entender adequada a remissão, ouvirá o representante do Ministério Público, proferindo decisão.

§ 2.° Sendo o fato grave, passível de aplicação de medida de internação ou colocação em regime de semiliberdade, a autoridade judiciária, verificando que o adolescente não possui advogado constituído, nomeará defensor, designando, desde logo, audiência em continuação, podendo determinar a realização de diligências e estudo do caso.

§ 3.° O advogado constituído ou o defensor nomeado, no prazo de 3 (três) dias contado da audiência de apresentação, oferecerá defesa prévia e rol de testemunhas.

§ 4.° Na audiência em continuação, ouvidas as testemunhas arroladas na representação e na defesa prévia, cumpridas as diligências e juntado o relatório da equipe interprofissional, será dada a palavra ao representante do Ministério Público e ao defensor, sucessivamente, pelo tempo de 20 (vinte) minutos para cada um, prorrogável por mais 10 (dez), a critério da autoridade judiciária, que em seguida proferirá decisão.

Art. 187. Se o adolescente, devidamente notificado, não comparecer, injustificadamente, à audiência de apresentação, a autoridade judiciária designará nova data, determinando sua condução coercitiva.

Art. 188. A remissão, como forma de extinção ou suspensão do processo, poderá ser aplicada em qualquer fase do procedimento, antes da sentença.

Art. 189. A autoridade judiciária não aplicará qualquer medida, desde que reconheça na sentença:

I – estar provada a inexistência do fato;

II – não haver prova da existência do fato;

III – não constituir o fato ato infracional;

IV – não existir prova de ter o adolescente concorrido para o ato infracional.

Parágrafo único. Na hipótese deste artigo, estando o adolescente internado, será imediatamente colocado em liberdade.

Art. 190. A intimação da sentença que aplicar medida de internação ou regime de semiliberdade será feita:

I – ao adolescente e ao seu defensor;

II – quando não for encontrado o adolescente, a seus pais ou responsável, sem prejuízo do defensor.

§ 1.º Sendo outra a medida aplicada, a intimação far-se-á unicamente na pessoa do defensor.

§ 2.º Recaindo a intimação na pessoa do adolescente, deverá este manifestar se deseja ou não recorrer da sentença.

Seção V-A
Da Infiltração de Agentes de Polícia para a Investigação de Crimes contra a Dignidade Sexual de Criança e de Adolescente

•• Seção V-A acrescentada pela Lei n. 13.441, de 8-5-2017.

Art. 190-A. A infiltração de agentes de polícia na internet com o fim de investigar os crimes previstos nos arts. 240, 241, 241-A, 241-B, 241-C e 241-D desta Lei e nos arts. 154-A, 217-A, 218, 218-A e 218-B do Decreto-Lei n. 2.848, de 7 de dezembro de 1940 (Código Penal), obedecerá às seguintes regras:

•• *Caput* acrescentado pela Lei n. 13.441, de 8-5-2017.

I – será precedida de autorização judicial devidamente circunstanciada e fundamentada, que estabelecerá os limites da infiltração para obtenção de prova, ouvido o Ministério Público;

•• Inciso I acrescentado pela Lei n. 13.441, de 8-5-2017.

II – dar-se-á mediante requerimento do Ministério Público ou representação de delegado de polícia e conterá a demonstração de sua necessidade, o alcance das tarefas dos policiais, os nomes ou apelidos das pessoas investigadas e, quando possível, os dados de conexão ou cadastrais que permitam a identificação dessas pessoas;

•• Inciso II acrescentado pela Lei n. 13.441, de 8-5-2017.

III – não poderá exceder o prazo de 90 (noventa) dias, sem prejuízo de eventuais renovações, desde que o total não exceda a 720 (setecentos e vinte) dias e seja demonstrada sua efetiva necessidade, a critério da autoridade judicial.

•• Inciso III acrescentado pela Lei n. 13.441, de 8-5-2017.

§ 1.º A autoridade judicial e o Ministério Público poderão requisitar relatórios parciais da operação de infiltração antes do término do prazo de que trata o inciso II do § 1.º deste artigo.

•• § 1.º acrescentado pela Lei n. 13.441, de 8-5-2017.

§ 2.º Para efeitos do disposto no inciso I do § 1.º deste artigo, consideram-se:

•• § 2.º, *caput*, acrescentado pela Lei n. 13.441, de 8-5-2017.

I – dados de conexão: informações referentes a hora, data, início, término, duração, endereço de Protocolo de Internet (IP) utilizado e terminal de origem da conexão;

•• Inciso I acrescentado pela Lei n. 13.441, de 8-5-2017.

II – dados cadastrais: informações referentes a nome e endereço de assinante ou de usuário registrado ou autenticado para a conexão a quem endereço de IP, identificação de usuário ou código de acesso tenha sido atribuído no momento da conexão.

•• Inciso II acrescentado pela Lei n. 13.441, de 8-5-2017.

§ 3.º A infiltração de agentes de polícia na internet não será admitida se a prova puder ser obtida por outros meios.

•• § 3.º acrescentado pela Lei n. 13.441, de 8-5-2017.

Art. 190-B. As informações da operação de infiltração serão encaminhadas diretamente ao juiz responsável pela autorização da medida, que zelará por seu sigilo.

•• *Caput* acrescentado pela Lei n. 13.441, de 8-5-2017.

Parágrafo único. Antes da conclusão da operação, o acesso aos autos será reservado ao juiz, ao Ministério Público e ao delegado de polícia responsável pela operação, com o objetivo de garantir o sigilo das investigações.

•• Parágrafo único acrescentado pela Lei n. 13.441, de 8-5-2017.

Art. 190-C. Não comete crime o policial que oculta a sua identidade para, por meio da internet, colher indícios de autoria e materialidade dos crimes previstos nos arts. 240, 241, 241-A, 241-B, 241-C e 241-D desta Lei e nos arts. 154-A, 217-A, 218, 218-A e 218-B do Decreto-Lei n. 2.848, de 7 de dezembro de 1940 (Código Penal).

•• *Caput* acrescentado pela Lei n. 13.441, de 8-5-2017.

Parágrafo único. O agente policial infiltrado que deixar de observar a estrita finalidade da investigação responderá pelos excessos praticados.

•• Parágrafo único acrescentado pela Lei n. 13.441, de 8-5-2017.

Art. 190-D. Os órgãos de registro e cadastro público poderão incluir nos bancos de dados próprios, mediante procedimento sigiloso e requisição da autoridade judicial, as informações necessárias à efetividade da identidade fictícia criada.

•• *Caput* acrescentado pela Lei n. 13.441, de 8-5-2017.

Parágrafo único. O procedimento sigiloso de que trata esta Seção será numerado e tombado em livro específico.

•• Parágrafo único acrescentado pela Lei n. 13.441, de 8-5-2017.

Art. 190-E. Concluída a investigação, todos os atos eletrônicos praticados durante a operação deverão ser registrados, gravados, armazenados e encaminhados ao juiz e ao Ministério Público, juntamente com relatório circunstanciado.

•• *Caput* acrescentado pela Lei n. 13.441, de 8-5-2017.

Parágrafo único. Os atos eletrônicos registrados citados no *caput* deste artigo serão reunidos em autos apartados e apensados ao processo criminal juntamente com o inquérito policial, assegurando-se a preservação da identidade do agente policial infiltrado e a intimidade das crianças e dos adolescentes envolvidos.

•• Parágrafo único acrescentado pela Lei n. 13.441, de 8-5-2017.

Seção VI
Da Apuração de Irregularidades em Entidade de Atendimento

Art. 191. O procedimento de apuração de irregularidades em entidade governamental e não governamental terá início mediante portaria da autoridade judiciária ou representação do Ministério Público ou do Conselho Tutelar, onde conste, necessariamente, resumo dos fatos.

Parágrafo único. Havendo motivo grave, poderá a autoridade judiciária, ouvido o Ministério Público, decretar liminarmente o afastamento provisório do dirigente da entidade, mediante decisão fundamentada.

Art. 192. O dirigente da entidade será citado para, no prazo de 10 (dez) dias, oferecer resposta escrita, podendo juntar documentos e indicar as provas a produzir.

Art. 193. Apresentada ou não a resposta, e sendo necessário, a autoridade judiciária designará audiência de instrução e julgamento, intimando as partes.

§ 1.º Salvo manifestação em audiência, as partes e o Ministério Público terão 5 (cinco) dias para oferecer alegações finais, decidindo a autoridade judiciária em igual prazo.

§ 2.º Em se tratando de afastamento provisório ou definitivo de dirigente de entidade governamental, a autoridade judiciária oficiará à autoridade administrativa imediatamente superior ao afastado, marcando prazo para a substituição.

§ 3.º Antes de aplicar qualquer das medidas, a autoridade judiciária poderá fixar prazo para a remoção das irregularidades verificadas. Satisfeitas as exigências, o processo será extinto, sem julgamento de mérito.

§ 4.º A multa e a advertência serão impostas ao dirigente da entidade ou programa de atendimento.

Seção VII
Da Apuração de Infração Administrativa às Normas de Proteção à Criança e ao Adolescente

Art. 194. O procedimento para imposição de penalidade administrativa por infração às normas de proteção à criança e ao adolescente terá início por representação do Ministério Público, ou do Conselho Tutelar, ou auto de infração elaborado por servidor efetivo ou voluntário credenciado, e assinado por 2 (duas) testemunhas, se possível.

§ 1.º No procedimento iniciado com o auto de infração, poderão ser usadas fórmulas impressas, especificando-se a natureza e as circunstâncias da infração.

§ 2.º Sempre que possível, à verificação da infração seguir-se-á a lavratura do auto, certificando-se, em caso contrário, dos motivos do retardamento.

Art. 195. O requerido terá prazo de 10 (dez) dias para apresentação de defesa, contado da data da intimação, que será feita:

I – pelo autuante, no próprio auto, quando este for lavrado na presença do requerido;

II – por oficial de justiça ou funcionário legalmente habilitado, que entregará cópia do auto ou da representação ao requerido, ou a seu representante legal, lavrando certidão;

III – por via postal, com aviso de recebimento, se não for encontrado o requerido ou seu representante legal;

IV – por edital, com prazo de 30 (trinta) dias, se incerto ou não sabido o paradeiro do requerido ou de seu representante legal.

Art. 196. Não sendo apresentada a defesa no prazo legal, a autoridade judiciária dará vista dos autos ao Ministério Público, por 5 (cinco) dias, decidindo em igual prazo.

Art. 197. Apresentada a defesa, a autoridade judiciária procederá na conformidade do artigo anterior, ou, sendo necessário, designará audiência de instrução e julgamento.

Parágrafo único. Colhida a prova oral, manifestar-se-ão sucessivamente o Ministério Público e o procurador do requerido, pelo tempo de 20 (vinte) minutos para cada um, prorrogável por mais 10 (dez), a critério da autoridade judiciária, que em seguida proferirá sentença.

Seção VIII
Da Habilitação de Pretendentes à Adoção

•• Seção VIII acrescentada pela Lei n. 12.010, de 3-8-2009.

Art. 197-A. Os postulantes à adoção, domiciliados no Brasil, apresentarão petição inicial na qual conste:

I – qualificação completa;

II – dados familiares;

III – cópias autenticadas de certidão de nascimento ou casamento, ou declaração relativa ao período de união estável;

IV – cópias da cédula de identidade e inscrição no Cadastro de Pessoas Físicas;

V – comprovante de renda e domicílio;

VI – atestados de sanidade física e mental;

VII – certidão de antecedentes criminais;

VIII – certidão negativa de distribuição cível.

•• Artigo acrescentado pela Lei n. 12.010, de 3-8-2009.

Art. 197-B. A autoridade judiciária, no prazo de 48 (quarenta e oito) horas, dará vista dos autos ao Ministério Público, que no prazo de 5 (cinco) dias poderá:

I – apresentar quesitos a serem respondidos pela equipe interprofissional encarregada de elaborar o estudo técnico a que se refere o art. 197-C desta Lei;

II – requerer a designação de audiência para oitiva dos postulantes em juízo e testemunhas;

III – requerer a juntada de documentos complementares e a realização de outras diligências que entender necessárias.

•• Artigo acrescentado pela Lei n. 12.010, de 3-8-2009.

Art. 197-C. Intervirá no feito, obrigatoriamente, equipe interprofissional a serviço da Justiça da Infância e da Juventude, que deverá elaborar estudo psicossocial, que conterá subsídios que permitam aferir a capacidade e o preparo dos postulantes para o exercício de uma paternidade ou maternidade responsável, à luz dos requisitos e princípios desta Lei.

•• *Caput* acrescentado pela Lei n. 12.010, de 3-8-2009.

§ 1.º É obrigatória a participação dos postulantes em programa oferecido pela Justiça da Infância e da Juventude, preferencialmente com apoio dos técnicos responsáveis pela execução da política municipal de garantia do direito à convivência familiar e dos grupos de apoio à adoção devidamente habilitados perante a Justiça da Infância e da Juventude, que inclua preparação psicológica, orientação e estímulo à adoção inter-racial, de crianças ou de adolescentes com deficiência, com doenças crônicas ou com necessidades específicas de saúde, e de grupos de irmãos.

•• § 1.º com redação determinada pela Lei n. 13.509, de 22-11-2017.

§ 2.º Sempre que possível e recomendável, a etapa obrigatória da preparação referida no § 1.º deste artigo incluirá o contato com crianças e adolescentes em regime de acolhimento familiar ou institucional, a ser realizado sob orientação, supervisão e avaliação da equipe técnica da Justiça da Infância e da Juventude e dos grupos de apoio à adoção, com apoio dos técnicos responsáveis pelo programa de acolhimento familiar e institucional e pela execução da política municipal de garantia do direito à convivência familiar.

•• § 2.º com redação determinada pela Lei n. 13.509, de 22-11-2017.

§ 3.º É recomendável que as crianças e os adolescentes acolhidos institucionalmente ou por família acolhedora sejam preparados por equipe interprofissional antes da inclusão em família adotiva.

•• § 3.º acrescentado pela Lei n. 13.509, de 22-11-2017.

Art. 197-D. Certificada nos autos a conclusão da participação no programa referido no art. 197-C desta Lei, a autoridade judiciária, no prazo de 48 (quarenta e oito) horas, decidirá acerca das diligências requeridas pelo Ministério Público e determinará a juntada do estudo psicossocial, designando, conforme o caso, audiência de instrução e julgamento.

•• *Caput* acrescentado pela Lei n. 12.010, de 3-8-2009.

Parágrafo único. Caso não sejam requeridas diligências, ou sendo essas indeferidas, a autoridade judiciária determinará a juntada do estudo psicossocial, abrindo a seguir vista dos autos ao Ministério Público, por 5 (cinco) dias, decidindo em igual prazo.

•• Parágrafo único acrescentado pela Lei n. 12.010, de 3-8-2009.

Art. 197-E. Deferida a habilitação, o postulante será inscrito nos cadastros referidos no art. 50 desta Lei, sendo a sua convocação para a adoção feita de acordo com ordem cronológica de habilitação e conforme a disponibilidade de crianças ou adolescentes adotáveis.

•• *Caput* acrescentado pela Lei n. 12.010, de 3-8-2009.

§ 1.º A ordem cronológica das habilitações somente poderá deixar de ser observada pela autoridade judiciária nas hipóteses previstas no § 13 do art. 50 desta Lei, quando comprovado ser essa a melhor solução no interesse do adotando.

•• § 1.º acrescentado pela Lei n. 12.010, de 3-8-2009.

§ 2.º A habilitação à adoção deverá ser renovada no mínimo trienalmente mediante avaliação por equipe interprofissional.

•• § 2.º com redação determinada pela Lei n. 13.509, de 22-11-2017.

§ 3.º Quando o adotante candidatar-se a uma nova adoção, será dispensável a renovação da habilitação, bastando a avaliação por equipe interprofissional.

•• § 3.º acrescentado pela Lei n. 13.509, de 22-11-2017.

§ 4.º Após 3 (três) recusas injustificadas, pelo habilitado, à adoção de crianças ou adolescentes indicados dentro do perfil escolhido, haverá reavaliação da habilitação concedida.

•• § 4.º acrescentado pela Lei n. 13.509, de 22-11-2017.

§ 5.º A desistência do pretendente em relação à guarda para fins de adoção ou a devolução da criança ou do adolescente depois do trânsito em julgado da sentença de adoção importará na sua exclusão dos cadastros de adoção e na vedação de renovação da habilitação, salvo decisão judicial fundamentada, sem prejuízo das demais sanções previstas na legislação vigente.

•• § 5.º acrescentado pela Lei n. 13.509, de 22-11-2017.

Art. 197-F. O prazo máximo para conclusão da habilitação à adoção será de 120 (cento e vinte) dias, prorrogável por igual período, mediante decisão fundamentada da autoridade judiciária.

•• Artigo acrescentado pela Lei n. 13.509, de 22-11-2017.

Capítulo IV
DOS RECURSOS

Art. 198. Nos procedimentos afetos à Justiça da Infância e da Juventude, inclusive os relativos à execução das medidas socioeducativas, adotar-se-

-á o sistema recursal da Lei n. 5.869, de 11 de janeiro de 1973 (Código de Processo Civil), com as seguintes adaptações:

•• *Caput* com redação determinada pela Lei n. 12.594, de 18-1-2012.

I – os recursos serão interpostos independentemente de preparo;

II – em todos os recursos, salvo nos embargos de declaração, o prazo para o Ministério Público e para a defesa será sempre de 10 (dez) dias;

•• Inciso II com redação determinada pela Lei n. 12.594, de 18-1-2012.

III – os recursos terão preferência de julgamento e dispensarão revisor;

IV a VI – (*Revogados pela Lei n. 12.010, de 3-8-2009.*)

VII – antes de determinar a remessa dos autos à superior instância, no caso de apelação, ou do instrumento, no caso de agravo, a autoridade judiciária proferirá despacho fundamentado, mantendo ou reformando a decisão, no prazo de 5 (cinco) dias;

VIII – mantida a decisão apelada ou agravada, o escrivão remeterá os autos ou o instrumento à superior instância dentro de 24 (vinte e quatro) horas, independentemente de novo pedido do recorrente; se a reformar, a remessa dos autos dependerá de pedido expresso da parte interessada ou do Ministério Público, no prazo de 5 (cinco) dias, contados da intimação.

Art. 199. Contra as decisões proferidas com base no art. 149 caberá recurso de apelação.

Art. 199-A. A sentença que deferir a adoção produz efeito desde logo, embora sujeita a apelação, que será recebida exclusivamente no efeito devolutivo, salvo se se tratar de adoção internacional ou se houver perigo de dano irreparável ou de difícil reparação ao adotando.

•• Artigo acrescentado pela Lei n. 12.010, de 3-8-2009.

Art. 199-B. A sentença que destituir ambos ou qualquer dos genitores do poder familiar fica sujeita a apelação, que deverá ser recebida apenas no efeito devolutivo.

•• Artigo acrescentado pela Lei n. 12.010, de 3-8-2009.

Art. 199-C. Os recursos nos procedimentos de adoção e de destituição de poder familiar, em face da relevância das questões, serão processados com prioridade absoluta, devendo ser imediatamente distribuídos, ficando vedado que aguardem, em qualquer situação, oportuna distribuição, e serão colocados em mesa para julgamento sem revisão e com parecer urgente do Ministério Público.

•• Artigo acrescentado pela Lei n. 12.010, de 3-8-2009.

Art. 199-D. O relator deverá colocar o processo em mesa para julgamento no prazo máximo de 60 (sessenta) dias, contado da sua conclusão.

•• *Caput* acrescentado pela Lei n. 12.010, de 3-8-2009.

Parágrafo único. O Ministério Público será intimado da data do julgamento e poderá na sessão, se entender necessário, apresentar oralmente seu parecer.

•• Parágrafo único acrescentado pela Lei n. 12.010, de 3-8-2009.

Art. 199-E. O Ministério Público poderá requerer a instauração de procedimento para apuração de responsabilidades se constatar o descumprimento das providências e do prazo previstos nos artigos anteriores.

•• Artigo acrescentado pela Lei n. 12.010, de 3-8-2009.

Capítulo V
DO MINISTÉRIO PÚBLICO

Art. 200. As funções do Ministério Público, previstas nesta Lei, serão exercidas nos termos da respectiva Lei Orgânica.

• *Vide* Lei n. 8.625, de 12-2-1993.

Art. 201. Compete ao Ministério Público:

I – conceder a remissão como forma de exclusão do processo;

II – promover e acompanhar os procedimentos relativos às infrações atribuídas a adolescentes;

III – promover e acompanhar as ações de alimentos e os procedimentos de suspensão e destituição do pátrio poder, nomeação e remoção de tutores, curadores e guardiães, bem como oficiar em todos os demais procedimentos da competência da Justiça da Infância e da Juventude;

IV – promover, de ofício ou por solicitação dos interessados, a especialização e a inscrição de hipoteca legal e a prestação de contas dos tutores, curadores e quaisquer administradores de bens de crianças e adolescentes nas hipóteses do art. 98;

V – promover o inquérito civil e a ação civil pública para a proteção dos interesses individuais, difusos ou coletivos relativos à infância e à adolescência, inclusive os definidos no art. 220, § 3.º, II, da Constituição Federal;

VI – instaurar procedimentos administrativos e, para instruí-los:

a) expedir notificações para colher depoimentos ou esclarecimentos e, em caso de não comparecimento injustificado, requisitar condução coercitiva, inclusive pela polícia civil ou militar;

b) requisitar informações, exames, perícias e documentos de autoridades municipais, estaduais e federais, da administração direta ou indireta, bem como promover inspeções e diligências investigatórias;

c) requisitar informações e documentos a particulares e instituições privadas;

VII – instaurar sindicâncias, requisitar diligências investigatórias e determinar a instauração de inquérito policial, para apuração de ilícitos ou infrações às normas de proteção à infância e à juventude;

VIII – zelar pelo efetivo respeito aos direitos e garantias legais assegurados às crianças e adolescentes, promovendo as medidas judiciais e extrajudiciais cabíveis;

IX – impetrar mandado de segurança, de injunção e *habeas corpus*, em qualquer juízo, instância ou tribunal, na defesa dos interesses sociais e individuais indisponíveis afetos à criança e ao adolescente;

X – representar ao juízo visando à aplicação de penalidade por infrações cometidas contra as normas de proteção à infância e à juventude, sem prejuízo da promoção da responsabilidade civil e penal do infrator, quando cabível;

XI – inspecionar as entidades públicas e particulares de atendimento e os programas de que trata esta Lei, adotando de pronto as medidas administrativas ou judiciais necessárias à remoção de irregularidades porventura verificadas;

XII – requisitar força policial, bem como a colaboração dos serviços médicos, hospitalares, educacionais e de assistência social, públicos ou privados, para o desempenho de suas atribuições.

§ 1.º A legitimação do Ministério Público para as ações cíveis previstas neste artigo não impede a de terceiros, nas mesmas hipóteses, segundo dispuserem a Constituição e esta Lei.

§ 2.º As atribuições constantes deste artigo não excluem outras, desde que compatíveis com a finalidade do Ministério Público.

§ 3.º O representante do Ministério Público, no exercício de suas funções, terá livre acesso a todo local onde se encontre criança ou adolescente.

§ 4.º O representante do Ministério Público será responsável pelo uso indevido das informações e documentos que requisitar, nas hipóteses legais de sigilo.

§ 5.º Para o exercício da atribuição de que trata o inciso VIII deste artigo, poderá o representante do Ministério Público:

a) reduzir a termo as declarações do reclamante, instaurando o competente procedimento, sob sua presidência;

b) entender-se diretamente com a pessoa ou autoridade reclamada, em dia, local e horário previamente notificados ou acertados;

c) efetuar recomendações visando à melhoria dos serviços públicos e de relevância pública afetos à criança e ao adolescente, fixando prazo razoável para sua perfeita adequação.

Art. 202. Nos processos e procedimentos em que não for parte, atuará obrigatoriamente o Ministério Público na defesa dos direitos e interesses de que cuida esta Lei, hipótese em que terá vista dos autos depois das partes, podendo juntar documentos e requerer diligências, usando os recursos cabíveis.

Art. 203. A intimação do Ministério Público, em qualquer caso, será feita pessoalmente.

Art. 204. A falta de intervenção do Ministério Público acarreta a nulidade do feito, que será declarada de ofício pelo juiz ou a requerimento de qualquer interessado.

Art. 205. As manifestações processuais do representante do Ministério Público deverão ser fundamentadas.

Capítulo VI
DO ADVOGADO

Art. 206. A criança ou o adolescente, seus pais ou responsável, e qualquer pessoa que tenha legítimo interesse na solução da lide poderão intervir nos procedimentos de que trata esta Lei, através de advogado, o qual será intimado para todos os atos, pessoalmente ou por publicação oficial, respeitado o segredo de justiça.

Parágrafo único. Será prestada assistência judiciária integral e gratuita àqueles que dela necessitarem.

Art. 207. Nenhum adolescente a quem se atribua a prática de ato infracional, ainda que ausente ou foragido, será processado sem defensor.

§ 1.º Se o adolescente não tiver defensor, ser-lhe-á nomeado pelo juiz, ressalvado o direito de, a todo tempo, constituir outro de sua preferência.

§ 2.º A ausência do defensor não determinará o adiamento de nenhum ato do processo, devendo o juiz nomear substituto, ainda que provisoriamente, ou para o só efeito do ato.

§ 3.º Será dispensada a outorga de mandato, quando se tratar de defensor nomeado ou, sendo constituído, tiver sido indicado por ocasião de ato formal com a presença da autoridade judiciária.

....

Art. 262. Enquanto não instalados os Conselhos Tutelares, as atribuições a eles conferidas serão exercidas pela autoridade judiciária.

....

Art. 266. Esta Lei entra em vigor 90 (noventa) dias após sua publicação.

Parágrafo único. Durante o período de vacância deverão ser promovidas atividades e campanhas de divulgação e esclarecimentos acerca do disposto nesta Lei.

Art. 267. Revogam-se as Leis n. 4.513, de 1964, e 6.697, de 10 de outubro de 1979 (Código de Menores), e as demais disposições em contrário.

Brasília, em 13 de julho de 1990; 169.º da Independência e 102.º da República.

Fernando Collor

LEI N. 8.072, DE 25 DE JULHO DE 1990 (*)

(*) Publicada no *DOU*, de 26-7-1990. A Lei n. 9.677, de 2-7-1998, altera dispositivos do CP, incluindo na classificação dos delitos considerados hediondos crimes contra a saúde pública.

Dispõe sobre os crimes hediondos, nos termos do art. 5.º, XLIII, da Constituição Federal, e determina outras providências.

O Presidente da República

Faço saber que o Congresso Nacional decreta e eu sanciono a seguinte Lei:

Art. 1.º São considerados hediondos os seguintes crimes, todos tipificados no Decreto-lei n. 2.848, de 7 de dezembro de 1940 – Código Penal, consumados ou tentados:

•• *Caput* com redação determinada pela Lei n. 8.930, de 6-9-1994.

•• *Vide* art. 9.º-A da Lei n. 7.210, de 11-7-1984 (LEP).

I – homicídio (art. 121), quando praticado em atividade típica de grupo de extermínio, ainda que cometido por um só agente, e homicídio qualificado (art. 121, § 2.º, incisos I, II, III, IV, V, VI e VII);

•• Inciso I com redação determinada pela Lei n. 13.142, de 6-7-2015.

I-A – lesão corporal dolosa de natureza gravíssima (art. 129, § 2.º) e lesão corporal seguida de morte (art. 129, § 3.º), quando praticadas contra autoridade ou agente descrito nos arts. 142 e 144 da Constituição Federal, integrantes do sistema prisional e da Força Nacional de Segurança Pública, no exercício da função ou em decorrência dela, ou contra seu cônjuge, companheiro ou parente consanguíneo até terceiro grau, em razão dessa condição;

•• Inciso I-A acrescentado pela Lei n. 13.142, de 6-7-2015.

II – latrocínio (art. 157, § 3.º, *in fine*);

•• Inciso II com redação determinada pela Lei n. 8.930, de 6-9-1994.

III – extorsão qualificada pela morte (art. 158, § 2.º);

•• Inciso III com redação determinada pela Lei n. 8.930, de 6-9-1994.

IV – extorsão mediante sequestro e na forma qualificada (art. 159, *caput*, e §§ 1.º, 2.º e 3.º);

•• Inciso IV com redação determinada pela Lei n. 8.930, de 6-9-1994.

• *Vide* Lei n. 10.446, de 8-5-2002.

V – estupro (art. 213, *caput* e §§ 1.º e 2.º);

•• Inciso V com redação determinada pela Lei n. 12.015, de 7-8-2009.

VI – estupro de vulnerável (art. 217-A, *caput* e §§ 1.º, 2.º, 3.º e 4.º);

•• Inciso VI com redação determinada pela Lei n. 12.015, de 7-8-2009.

VII – epidemia com resultado morte (art. 267, § 1.º);

•• Inciso VII com redação determinada pela Lei n. 8.930, de 6-9-1994.

VII-A – (*Vetado*);

•• Inciso VII-A acrescentado pela Lei n. 9.695, de 20-8-1998.

VII-B – falsificação, corrupção, adulteração ou alteração de produto destinado a fins terapêuticos ou medicinais (art. 273, *caput*, e § 1.º, § 1.º A, § 1.º B, com a redação dada pela Lei n. 9.677, de 2-7-1998);

•• Inciso VII-B acrescentado pela Lei n. 9.695, de 20-8-1998.

VIII – favorecimento da prostituição ou de outra forma de exploração sexual de criança ou adolescente ou de vulnerável (art. 218-B, *caput*, e §§ 1.º e 2.º).

•• Inciso VIII acrescentado pela Lei n. 12.978, de 21-5-2014.

Parágrafo único. Consideram-se também hediondos o crime de genocídio previsto nos arts. 1.º, 2.º e 3.º da Lei n. 2.889, de 1.º de outubro de 1956, e o de posse ou porte ilegal de arma de fogo de uso restrito, previsto no art. 16 da Lei n. 10.826, de 22 de dezembro de 2003, todos tentados ou consumados.

•• Parágrafo único com redação determinada pela Lei n. 13.497, de 26-10-2017.

Art. 2.º Os crimes hediondos, a prática da tortura, o tráfico ilícito de entorpecentes e drogas afins e o terrorismo são insuscetíveis de:

•• *Vide* art. 5.º, XLIII, da CF.

•• *Vide* Lei n. 9.455, de 7-4-1997.

•• *Vide* Lei n. 11.343, de 23-8-2006.

• Convenção para prevenir e punir os atos de terrorismo configurados em delitos contra as pessoas e a extorsão conexa, quando tiverem eles transcendência internacional: Decreto n. 3.018, de 6-4-1999.

• O Decreto n. 5.639, de 26-12-2005, promulga a Convenção Interamericana contra o Terrorismo.

I – anistia, graça e indulto;

II – fiança.

•• Inciso II com redação determinada pela Lei n. 11.464, de 28-3-2007.

§ 1.º A pena por crime previsto neste artigo será cumprida inicialmente em regime fechado.

•• § 1.º com redação determinada pela Lei n. 11.464, de 28-3-2007.

• *Vide* art. 1.º, § 7.º, da Lei n. 9.455, de 7-4-1997.

§ 2.º A progressão de regime, no caso dos condenados aos crimes previstos neste artigo, dar-se-á após o cumprimento de 2/5 (dois quintos) da pena, se o apenado for primário, e de 3/5 (três quintos), se reincidente.

•• § 2.º acrescentado pela Lei n. 11.464, de 28-3-2007.

§ 3.º Em caso de sentença condenatória, o juiz decidirá fundamentadamente se o réu poderá apelar em liberdade.

•• Primitivo § 2.º renumerado pela Lei n. 11.464, de 28-3-2007.

§ 4.º A prisão temporária, sobre a qual dispõe a Lei n. 7.960, de 21 de dezembro de 1989, nos crimes previstos neste artigo, terá o prazo de 30 (trinta) dias, prorrogável por igual período em caso de extrema e comprovada necessidade.

•• Primitivo § 3.º renumerado pela Lei n. 11.464, de 28-3-2007.

Art. 3.º A União manterá estabelecimentos penais, de segurança máxima, destinados ao cumprimento de penas impostas a condenados de alta periculosidade, cuja permanência em presídios estaduais ponha em risco a ordem ou incolumidade pública.

....

Art. 8.º Será de 3 (três) a 6 (seis) anos de reclusão a pena prevista no art. 288 do Código Penal, quando se tratar de crimes hediondos, prática da tortura, tráfico ilícito de entorpecentes e drogas afins ou terrorismo.

Parágrafo único. O participante e o associado que denunciar à autoridade o bando ou quadrilha, possibilitando seu desmantelamento, terá a pena reduzida de 1 (um) a 2/3 (dois terços).

....

Art. 10. O art. 35 da Lei n. 6.368, de 21 de outubro de 1976, passa a vigorar acrescido de parágrafo único, com a seguinte redação:

•• Alteração prejudicada pela revogação da Lei n. 6.368, de 21-10-1976, pela Lei n. 11.343, de 23-8-2006.

....

Art. 12. Esta Lei entra em vigor na data de sua publicação.

Art. 13. Revogam-se as disposições em contrário.

Brasília, em 25 de julho de 1990; 169.º da Independência e 102.º da República.

FERNANDO COLLOR

PORTARIA N. 26, DE 14 DE AGOSTO DE 1990 (*)

Dispõe sobre a transmissão das cartas rogatórias.

O Chefe do Departamento Consular e Jurídico do Ministério das Relações Exteriores e o Secretário Nacional dos Direitos da Cidadania e Justiça do Ministério da Justiça, no uso de suas atribuições legais:

Considerando o disposto no art. 102, I, *h*, da Constituição, combinado com os arts. 210 a 212 do Código de Processo Civil; 783 a 786 do Código de Processo Penal; 225 a 229 do Regimento Interno do Supremo Tribunal Federal, bem assim com as Convenções, Tratados e Acordos Internacionais firmados pela República Federativa do Brasil com Países estrangeiros, sobre comunicação de Cartas Rogatórias;

•• Prejudicada a referência à alínea *h* do inciso I do art. 102 da Constituição, revogada pela Emenda Constitucional n. 45, de 8-12-2004. *Vide* art. 105, I, *i*, da CF.

•• A referência é feita ao CPC de 1973. A matéria é tratada pelos arts. 260 e s. do CPC de 2015.

Considerando os inúmeros procedimentos indispensáveis à instrução dos feitos, referentes a Cartas Rogatórias encaminhadas ao Ministério da Justiça, com vistas à remessa ao Ministério das Relações Exteriores, para, via diplomática, serem transmitidas aos Juízes Rogados;

Considerando a necessidade de se abreviar a formalização das Cartas Rogatórias para sua transmissão ao Ministério das Relações Exteriores, a fim de serem cumpridas nos Países destinatários;

Considerando a urgência de evitar-se que o Ministério das Relações Exteriores restitua as Cartas Rogatórias ao Ministério da Justiça, por falta de elementos essenciais e, consequentemente, que as mesmas sejam devolvidas aos Juízes Rogantes, solicitando os dados básicos à efetivação das medidas judiciais no Juízo Rogado resolvem determinar a divulgação da seguinte lista de condições que possibilitarão, sem maiores delongas, a transmissão, via diplomática, das Cartas Rogatórias aos Países destinatários:

(*) Publicada no *DOU*, de 16-8-1990.

1 – original e uma cópia, em português, da Carta Rogatória e dos documentos julgados indispensáveis pelo Juízo Rogante;

2 – original e uma cópia da tradução da Carta Rogatória e dos documentos julgados indispensáveis pelo Juízo Rogante, para o vernáculo do País Rogado;

3 – original e uma cópia da denúncia em português;

4 – original e uma cópia da tradução e da denúncia, para o vernáculo do País destinatário;

5 – nome e endereço completos da pessoa a ser citada, notificada, intimada ou inquirida no Juízo Rogado;

6 – nome e endereço completos da pessoa responsável, no destino, pelo pagamento das despesas processuais, decorrentes do cumprimento da Carta Rogatória no País destinatário;

7 – designação de audiência com antecedência mínima de 240 (duzentos e quarenta) dias, a contar da expedição da Carta Rogatória, pelo Juízo Rogante;

8 – nas Cartas Rogatórias para inquirição é indispensável que as perguntas sejam formuladas pelo Juízo Rogante – original em português, com uma cópia, e tradução para o vernáculo do País Rogado, com uma cópia;

9 – indicação na Carta Rogatória de que o interessado é beneficiário da Justiça Gratuita, quando for o caso;

10 – nas Cartas Rogatórias para cumprimento nos Estados Unidos da América devem ser observadas as seguintes condições e demais indicações emanadas do Departamento de Estado Norte-Americano:

a) devem ser fornecidos nome e endereço completos do destinatário da comunicação judicial;

b) não existe gratuidade;

c) a assistência de profissional apressa a execução das Cartas Rogatórias, embora não constitua pré-requisito;

d) não é exigida a autenticação consular no País Rogante;

e) nos casos de tomada de depoimento, é indispensável a formulação de quesitos pelo Juízo Rogante;

f) somente serão aceitas para cumprimento as Cartas Rogatórias expedidas por Órgão do Poder Judiciário;

g) não aceita Cartas Rogatórias referentes a medidas executórias; penhora; sequestro; busca e apreensão; averbação; prisão – que deve ser feita pelo procedimento próprio – pedido de extradição;

h) a homologação de sentença estrangeira depende da legislação do Estado;

i) nas citatórias: cheque de US$ 15.00 (quinze dólares) para cada uma das pessoas a ser citada, em favor de *Treasure of the United States*, expedido pela Seção de Câmbio de estabelecimento bancário, nacional ou estrangeiro sediado no Brasil, cujo prazo de validade é de 2 (dois) meses – caso ultrapasse tal tempo deverá ser renovado;

j) nas interrogatórias: cheque de US$ 100.00 (cem dólares), em favor de *Brazilian Embassy*, expedido pela Seção de Câmbio de estabelecimento bancário, nacional ou estrangeiro sediado no Brasil, cujo prazo de validade é de 2 (dois) meses – caso ultrapasse tal período deverá ser renovado; como caução das custas – adianta-se que a diferença entre os US$ 100.00 (cem dólares) e as custas reais serão devolvidas ou cobradas *a posteriori*, conforme o caso;

k) as custas, nas Cartas Rogatórias expedidas em processos movidos pelo Ministério Público, serão pagas pela Embaixada do Brasil em Washington (Verba de Manutenção de Chancelaria);

l) nas Cartas Rogatórias Citatórias com data certa, a apresentação ao Departamento de Estado Norte-Americano só é aceita com pelo menos 45 (quarenta e cinco) dias de antecedência à data de audiência. Para maior segurança é recomendável que a audiência seja designada com antecedência de 240 (duzentos e quarenta) dias;

m) nas interrogatórias, os quesitos deverão ser formulados pelo Juízo Rogante brasileiro e constar do traslado em português e da tradução para o inglês;

n) em caso de citação, o Departamento de Estado Norte-Americano condiciona a transmissão das Cartas Rogatórias à concessão, à pessoa a ser citada, pelo Juízo Rogante, do prazo de 45 (quarenta e cinco) dias para contestação, a contar do recebimento da comunicação judicial. Essa exigência não conflita, na prática, com os prazos estabelecidos pela lei brasileira, já que estes últimos só começam a ser contados a partir da data em que se juntar a Carta Rogatória cumprida aos autos de origem;

o) indispensáveis 2 (dois) traslados originais da Carta Rogatória, incluindo a petição inicial e demais documentos julgados necessários pelo Juízo Rogante, em português;

p) indispensáveis 2 (dois) traslados originais da tradução, por tradutor juramentado, de todos os documentos integrantes da Carta Rogatória;

q) necessárias 2 (duas) cópias dos traslados em português; e

r) necessárias 2 (duas) cópias dos traslados da tradução para o inglês.

11 – os pedidos de busca e apreensão de veículos no Paraguai obedecem ao Decreto n. 97.560, de 8 de março de 1989, in *Diário Oficial da União* de 9 seguinte, Seção I, que promulgou o Acordo firmado pelo Brasil e pelo Paraguai sobre veículos roubados ou furtados, aprovado pelo Decreto Legislativo n. 73, de 2 de dezembro de 1988, pelo qual, após os trâmites legais, o Consulado-Geral do Brasil em Assunção é instruído a gestionar, junto à Alfândega paraguaia, a apreensão e a restituição do veículo descrito;

12 – a prestação de Alimentos no Estrangeiro é regida pela Convenção, aprovada pelo Decreto Legislativo n. 10, de 1958, e promulgada pelo Decreto n. 56.826, de 2 de setembro de 1965, in *Diário Oficial da União* de 8 seguinte, sendo a Procuradoria-Geral da República a Autoridade Remetente e Instituição Intermediária;

13 – todo pedido de auxílio judiciário em matéria penal endereçado à Suíça, consoante indicações do Departamento Federal da Justiça e Polícia da Confederação Suíça, deve respeitar as condições e conter as indicações seguintes:

13.1 – *Base legal*:

a) Convenção europeia de auxílio judiciário em matéria penal de 20 de abril de 1959/outro Acordo contendo as disposições sobre auxílio judiciário; ou

b) Tratado bilateral; ou

c) Declaração/acordo de reciprocidade.

13.2 – *Autoridade requerente*:

a) designar a autoridade encarregada do inquérito ou da investigação penal; e

b) indicar o órgão/a autoridade penal competente de onde se originou o pedido.

13.3 – *Objeto do requerimento*:

a) inquérito ou procedimento penal iniciado perante uma autoridade judiciária; ou

b) inquérito preliminar de uma autoridade encarregada da instrução das infrações dentro da medida ou se é possível fazer apelação ao juiz penal no curso do procedimento estrangeiro.

13.4 – *Pessoas demandadas/culpadas*:

a) indicar, também, precisamente, de forma que possibilite a identificação da pessoa demandada/culpada (nome, prenome, nacionalidade, data e lugar de nascimento, profissão, endereço etc.).

13.5 – *Exposição dos fatos e qualificação jurídica*:

a) descrever os fatos essenciais, indicando o lugar, a data e a maneira pela qual a infração foi cometida. Quando o estado dos fatos for complexo ou se aconteceu em coautoria, um resumo dos fatos principais; e

b) indicar a qualificação jurídica dos fatos (assassinato, roubo, estelionato etc.).

13.6 – *Motivo do requerimento*:

a) demonstrar a relação do processo estrangeiro com as medidas solicitadas;

b) indicar, de forma precisa, as provas requeridas e as diligências solicitadas (bloqueio da conta X junto ao banco Y; penhora/remessa dos documentos XY; oitiva da testemunha Z etc.);

c) no caso de inquirir pessoas, elaborar um questionário;

d) em caso de investigação, de busca, de penhora e de remessa, juntar um atestado da legalidade das medidas no Estado requerente (não se aplica aos Estados com os quais não existe acordo de auxílio judiciário em matéria penal).

13.7 – *Aplicação do direito processual estrangeiro para a execução* (exceção):

a) mencionar a razão de se aplicar o dispositivo legal estrangeiro para a execução; e *b*) reproduzir o dispositivo legal em questão.

13.8 – *Presença de pessoas participantes ao procedimento desde a execução (exceção)*:

a) justificar a presença da pessoa desde a execução; e

b) descrever de maneira precisa a identidade e a função da pessoa.

13.9 – *Forma do requerimento*:

a) escrito;

b) a legalização dos documentos oficiais não é necessária.

13.10 – *Língua/tradução*:

a) redigir o requerimento na língua alemã, francesa ou italiana; ou

b) juntar uma tradução em uma destas três línguas oficiais.

13.11 – *Forma de remessa*:

a) por via diplomática ao *Office Fédéral de La Police du Département de Justice et Police à Berne*, a não ser que uma outra forma de remessa seja conveniente (por intermédio do Ministro da Justiça ou por correspondência direta com a autoridade requerida);

b) em caso de urgência por intermédio da INTERPOL; o requerimento deve, então, ser confirmado, encaminhando o original pela via ordinária ao *Office Fédéral de La Police*.

LEI N. 8.078, DE 11 DE SETEMBRO DE 1990 (*)

Dispõe sobre a proteção do consumidor e dá outras providências.

O Presidente da República

Faço saber que o Congresso Nacional decreta e eu sanciono a seguinte Lei:

Título I
DOS DIREITOS DO CONSUMIDOR

....

Capítulo IV
DA QUALIDADE DE PRODUTOS E SERVIÇOS, DA PREVENÇÃO E DA REPARAÇÃO DOS DANOS

....

Seção IV
Da Decadência e da Prescrição

Art. 26. O direito de reclamar pelos vícios aparentes ou de fácil constatação caduca em:

I – 30 (trinta) dias, tratando-se de fornecimento de serviço e de produto não duráveis;

II – 90 (noventa) dias, tratando-se de fornecimento de serviço e de produto duráveis.

§ 1.º Inicia-se a contagem do prazo decadencial a partir da entrega efetiva do produto ou do término da execução dos serviços.

§ 2.º Obstam a decadência:

I – a reclamação comprovadamente formulada pelo consumidor perante o fornecedor de produtos e serviços até a resposta negativa correspondente, que deve ser transmitida de forma inequívoca;

II – (*vetado*);

III – a instauração de inquérito civil, até seu encerramento.

§ 3.º Tratando-se de vício oculto, o prazo decadencial inicia-se no momento em que ficar evidenciado o defeito.

Art. 27. Prescreve em 5 (cinco) anos a pretensão à reparação pelos danos causados por fato do produto ou do serviço prevista na Seção II deste Capítulo, iniciando-se a contagem do prazo a partir do conhecimento do dano e de sua autoria.

Parágrafo único. (*Vetado.*)

....

Título II
DAS INFRAÇÕES PENAIS

Art. 61. Constituem crimes contra as relações de consumo previstas neste Código, sem prejuízo do disposto no Código Penal e leis especiais, as condutas tipificadas nos artigos seguintes.

Art. 62. (*Vetado.*)

Art. 63. Omitir dizeres ou sinais ostensivos sobre a nocividade ou periculosidade de produtos, nas embalagens, nos invólucros, recipientes ou publicidade:

Pena – Detenção de 6 (seis) meses a 2 (dois) anos e multa.

§ 1.º Incorrerá nas mesmas penas quem deixar de alertar, mediante recomendações escritas ostensivas, sobre a periculosidade do serviço a ser prestado.

§ 2.º Se o crime é culposo:

(*) Publicada no *DOU*, de 12-9-1990, em Suplemento. Retificada no *DOU*, de 10-1-2007. O Decreto n. 2.181, de 20-3-1997, dispõe sobre a organização do SNDC e estabelece as normas gerais de aplicação das sanções administrativas. A Lei n. 9.791, de 24-3-1999, dispõe sobre a obrigatoriedade de as concessionárias de serviços públicos estabelecerem ao consumidor e ao usuário datas opcionais para escolherem os dias de vencimento de seus débitos. O Decreto n. 5.903, de 20-9-2006, dispõe sobre as práticas infracionais que atentam contra o direito básico do consumidor de obter informação adequada e clara sobre produtos e serviços de que trata esta Lei. O Decreto n. 6.523, de 31-7-2008, fixa normas gerais sobre o Serviço de Atendimento ao Consumidor – SAC. A Lei n. 12.414, de 9-6-2011, disciplina a formação e consulta a bancos de dados com informações de adimplemento, de pessoas naturais ou jurídicas, para formação de histórico de crédito (cadastro positivo). O Decreto n. 7.962, de 15-3-2013, regulamenta esta Lei para dispor sobre a contratação no comércio eletrônico. O Decreto n. 7.963, de 15-3-2013, institui o Plano Nacional de Consumo e Cidadania e cria a Câmara Nacional das Relações de Consumo.

Pena – Detenção de 1 (um) a 6 (seis) meses ou multa.

Art. 64. Deixar de comunicar à autoridade competente e aos consumidores a nocividade ou periculosidade de produtos cujo conhecimento seja posterior à sua colocação no mercado:

Pena – Detenção de 6 (seis) meses a 2 (dois) anos e multa.

• Vigilância sanitária a que ficam sujeitos os medicamentos, as drogas, os insumos farmacêuticos e correlatos, cosméticos, saneantes e outros produtos: Lei n. 6.360, de 23-9-1976.

• A Lei n. 6.437, de 20-8-1977, configura infrações à legislação sanitária federal e estabelece as sanções respectivas.

• Sistema Nacional e Agência Nacional de Vigilância Sanitária: Lei n. 9.782, de 26-1-1999.

Parágrafo único. Incorrerá nas mesmas penas quem deixar de retirar do mercado, imediatamente quando determinado pela autoridade competente, os produtos nocivos ou perigosos, na forma deste artigo.

Art. 65. Executar serviço de alto grau de periculosidade, contrariando determinação de autoridade competente:

Pena – Detenção de 6 (seis) meses a 2 (dois) anos e multa.

§ 1.º As penas deste artigo são aplicáveis sem prejuízo das correspondentes à lesão corporal e à morte.

•• Parágrafo único renumerado pela Lei n. 13.425, de 30-3-2017.

§ 2.º A prática do disposto no inciso XIV do art. 39 desta Lei também caracteriza o crime previsto no *caput* deste artigo.

•• § 2.º acrescentado pela Lei n. 13.425, de 30-3-2017.

Art. 66. Fazer afirmação falsa ou enganosa, ou omitir informação relevante sobre a natureza, característica, qualidade, quantidade, segurança, desempenho, durabilidade, preço ou garantia de produtos ou serviços:

• A Lei n. 12.849, de 2-8-2013, dispõe sobre a obrigatoriedade de as fábricas de produtos que contenham látex natural gravarem em suas embalagens advertência sobre a presença dessa substância.

Pena – Detenção de 3 (três) meses a 1 (um) ano e multa.

§ 1.º Incorrerá nas mesmas penas quem patrocinar a oferta.

§ 2.º Se o crime é culposo:

Pena – Detenção de 1 (um) a 6 (seis) meses ou multa.

Art. 67. Fazer ou promover publicidade que sabe ou deveria saber ser enganosa ou abusiva:

Pena – Detenção de 3 (três) meses a 1 (um) ano e multa.

Parágrafo único. (*Vetado*.)

Art. 68. Fazer ou promover publicidade que sabe ou deveria saber ser capaz de induzir o consumidor a se comportar de forma prejudicial ou perigosa a sua saúde ou segurança:

Pena – Detenção de 6 (seis) meses a 2 (dois) anos e multa.

Parágrafo único. (*Vetado*.)

Art. 69. Deixar de organizar dados fáticos, técnicos e científicos que dão base à publicidade:

Pena – Detenção de 1 (um) a 6 (seis) meses ou multa.

Art. 70. Empregar, na reparação de produtos, peças ou componentes de reposição usados, sem autorização do consumidor:

Pena – Detenção de 3 (três) meses a 1 (um) ano e multa.

Art. 71. Utilizar, na cobrança de dívidas, de ameaça, coação, constrangimento físico ou moral, afirmações falsas, incorretas ou enganosas ou de qualquer outro procedimento que exponha o consumidor, injustificadamente, a ridículo ou interfira com seu trabalho, descanso ou lazer:

Pena – Detenção de 3 (três) meses a 1 (um) ano e multa.

Art. 72. Impedir ou dificultar o acesso do consumidor às informações que sobre ele constem em cadastros, banco de dados, fichas e registros:

Pena – Detenção de 6 (seis) meses a 1 (um) ano ou multa.

Art. 73. Deixar de corrigir imediatamente informação sobre consumidor constante de cadastro, banco de dados, fichas ou registros que sabe ou deveria saber ser inexata:

Pena – Detenção de 1 (um) a 6 (seis) meses ou multa.

Art. 74. Deixar de entregar ao consumidor o termo de garantia adequadamente preenchido e com especificação clara de seu conteúdo:

Pena – Detenção de 1 (um) a 6 (seis) meses ou multa.

Art. 75. Quem, de qualquer forma, concorrer para os crimes referidos neste Código incide nas penas a esses cominadas na medida de sua culpabilidade, bem como o diretor, administrador ou gerente da pessoa jurídica que promover, permitir ou por qualquer modo aprovar o fornecimento, oferta, exposição à venda ou manutenção em depósito de produtos ou a oferta e prestação de serviços nas condições por ele proibidas.

Art. 76. São circunstâncias agravantes dos crimes tipificados neste Código:

I – serem cometidos em época de grave crise econômica ou por ocasião de calamidade;

II – ocasionarem grave dano individual ou coletivo;

III – dissimular-se a natureza ilícita do procedimento;

IV – quando cometidos:

a) por servidor público, ou por pessoa cuja condição econômico-social seja manifestamente superior à da vítima;

b) em detrimento de operário ou rurícola; de menor de 18 (dezoito) ou maior de 60 (sessenta) anos ou de pessoas portadoras de deficiência mental, interditadas ou não;

V – serem praticados em operações que envolvam alimentos, medicamentos ou quaisquer outros produtos ou serviços essenciais.

Art. 77. A pena pecuniária prevista nesta Secção será fixada em dias-multa, correspondente ao mínimo e ao máximo de dias de duração da pena privativa da liberdade cominada ao crime. Na individualização desta multa, o juiz observará o disposto no art. 60, § 1.º, do Código Penal.

• Citado dispositivo estabelece que "A multa pode ser aumentada até o triplo, se o juiz considerar que, em virtude da situação econômica do réu, é ineficaz, embora aplicada no máximo".

Art. 78. Além das penas privativas de liberdade e de multa, podem ser impostas, cumulativa ou alternadamente, observado o disposto nos arts. 44 a 47, do Código Penal:

I – a interdição temporária de direitos;

II – a publicação em órgãos de comunicação de grande circulação ou audiência, às expensas do condenado, de notícia sobre os fatos e a condenação;

III – a prestação de serviços à comunidade.

Art. 79. O valor da fiança, nas infrações de que trata este Código, será fixado pelo juiz, ou pela autoridade que presidir o inquérito, entre 100 (cem) e 200.000 (duzentas mil) vezes o valor do Bônus do Tesouro Nacional – BTN, ou índice equivalente que venha substituí-lo.

Parágrafo único. Se assim recomendar a situação econômica do indiciado ou réu, a fiança poderá ser:

a) reduzida até a metade de seu valor mínimo;

b) aumentada pelo juiz até 20 (vinte) vezes.

Art. 80. No processo penal atinente aos crimes previstos neste Código, bem como a outros crimes e contravenções que envolvam relações de consumo, poderão intervir, como assistentes do Ministério Público, os legitimados indicados no art. 82, III e IV, aos quais também é facultado propor ação penal subsidiária, se a denúncia não for oferecida no prazo legal.

Título III
DA DEFESA DO CONSUMIDOR EM JUÍZO

•• O Decreto n. 8.573, de 19-11-2015, dispõe sobre o consumidor.gov.br, sistema alternativo de solução de conflitos de consumo, e dá outras providências.

•• SNDC: Decreto n. 2.181, de 20-3-1997.

Capítulo I
DISPOSIÇÕES GERAIS

Art. 81. A defesa dos interesses e direitos dos consumidores e das vítimas poderá ser exercida em juízo individualmente, ou a título coletivo.

Parágrafo único. A defesa coletiva será exercida quando se tratar de:

I – interesses ou direitos difusos, assim entendidos, para efeitos deste Código, os transindividuais, de natureza indivisível, de que sejam titulares pessoas indeterminadas e ligadas por circunstâncias de fato;

II – interesses ou direitos coletivos, assim entendidos, para efeitos deste Código, os transindividuais de natureza indivisível de que seja titular grupo, categoria ou classe de pessoas ligadas entre si ou com a parte contrária por uma relação jurídica base;

III – interesses ou direitos individuais homogêneos, assim entendidos os decorrentes de origem comum.

Art. 82. Para os fins do art. 81, parágrafo único, são legitimados concorrentemente:

•• *Caput* com redação determinada pela Lei n. 9.008, de 21-3-1995.

•• O art. 47 da Lei n. 12.529, de 30-11-2011, estabelece que os prejudicados, por si ou pelos legitimados referidos neste artigo, poderão ingressar em juízo para obter a cessação de práticas que constituam infração da ordem econômica, bem como o recebimento de indenização por perdas e danos sofridos, independentemente do inquérito ou processo administrativo, que não será suspenso em virtude do ajuizamento de ação.

I – o Ministério Público;

II – a União, os Estados, os Municípios e o Distrito Federal;

III – as entidades e órgãos da administração pública, direta ou indireta, ainda que sem personalidade jurídica, especificamente destinados à defesa dos interesses e direitos protegidos por este Código;

IV – as associações legalmente constituídas há pelo menos 1 (um) ano e que incluam entre seus fins institucionais a defesa dos interesses e direitos protegidos por este Código, dispensada a autorização assemblear.

§ 1.º O requisito da pré-constituição pode ser dispensado pelo juiz, nas ações previstas nos arts. 91 e segs., quando haja manifesto interesse social evidenciado pela dimensão ou característica do dano, ou pela relevância do bem jurídico a ser protegido.

§ 2.º (*Vetado*.)

§ 3.º (*Vetado*.)

....

Capítulo II
DAS AÇÕES COLETIVAS PARA A DEFESA DE INTERESSES INDIVIDUAIS HOMOGÊNEOS

Art. 91. Os legitimados de que trata o art. 82 poderão propor, em nome próprio e no interesse das vítimas ou seus sucessores, ação civil coletiva de responsabilidade pelos danos individualmente sofridos, de acordo com o disposto nos artigos seguintes.

•• Artigo com redação determinada pela Lei n. 9.008, de 21-3-1995.

Art. 92. O Ministério Público, se não ajuizar a ação, atuará sempre como fiscal da lei.

Parágrafo único. (*Vetado*.)

Art. 93. Ressalvada a competência da Justiça Federal, é competente para a causa a justiça local:

I – no foro do lugar onde ocorreu ou deva ocorrer o dano, quando de âmbito local;

II – no foro da Capital do Estado ou no do Distrito Federal, para os danos de âmbito nacional ou regional, aplicando-se as regras do Código de Processo Civil aos casos de competência concorrente.

Art. 94. Proposta a ação, será publicado edital no órgão oficial, a fim de que os interessados possam intervir no processo como litisconsortes, sem prejuízo de ampla divulgação pelos meios de comunicação social por parte dos órgãos de defesa do consumidor.

Art. 95. Em caso de procedência do pedido, a condenação será genérica, fixando a responsabilidade do réu pelos danos causados.

Art. 96. (*Vetado.*)

Art. 97. A liquidação e a execução de sentença poderão ser promovidas pela vítima e seus sucessores, assim como pelos legitimados de que trata o art. 82.

Parágrafo único. (*Vetado.*)

Art. 98. A execução poderá ser coletiva, sendo promovida pelos legitimados de que trata o art. 82, abrangendo as vítimas cujas indenizações já tiverem sido fixadas em sentença de liquidação, sem prejuízo do ajuizamento de outras execuções.

•• *Caput* com redação determinada pela Lei n. 9.008, de 21-3-1995.

§ 1.º A execução coletiva far-se-á com base em certidão das sentenças de liquidação, da qual deverá constar a ocorrência ou não do trânsito em julgado.

§ 2.º É competente para a execução o juízo:

I – da liquidação da sentença ou da ação condenatória, no caso de execução individual;

II – da ação condenatória, quando coletiva a execução.

Art. 99. Em caso de concurso de créditos decorrentes de condenação prevista na Lei n. 7.347, de 24 de julho de 1985, e de indenizações pelos prejuízos individuais resultantes do mesmo evento danoso, estas terão preferência no pagamento.

Parágrafo único. Para efeito do disposto neste artigo, a destinação da importância recolhida ao Fundo criado pela Lei n. 7.347, de 24 de julho de 1985, ficará sustada enquanto pendentes de decisão de segundo grau as ações de indenização pelos danos individuais, salvo na hipótese de o patrimônio do devedor ser manifestamente suficiente para responder pela integralidade das dívidas.

Art. 100. Decorrido o prazo de 1 (um) ano sem habilitação de interessados em número compatível com a gravidade do dano, poderão os legitimados do art. 82 promover a liquidação e execução da indenização devida.

Parágrafo único. O produto da indenização devida reverterá para o Fundo criado pela Lei n. 7.347, de 24 de julho de 1985.

....

CAPÍTULO IV
DA COISA JULGADA

Art. 103. Nas ações coletivas de que trata este Código, a sentença fará coisa julgada:

I – *erga omnes*, exceto se o pedido for julgado improcedente por insuficiência de provas, hipótese em que qualquer legitimado poderá intentar outra ação, com idêntico fundamento, valendo-se de nova prova, na hipótese do inciso I do parágrafo único do art. 81;

II – *ultra partes*, mas limitadamente ao grupo, categoria ou classe, salvo improcedência por insuficiência de provas, nos termos do inciso anterior, quando se tratar da hipótese prevista no inciso II do parágrafo único do art. 81;

III – *erga omnes*, apenas no caso de procedência do pedido, para beneficiar todas as vítimas e seus sucessores, na hipótese do inciso III do parágrafo único do art. 81.

§ 1.º Os efeitos da coisa julgada previstos nos incisos I e II não prejudicarão interesses e direitos individuais dos integrantes da coletividade, do grupo, categoria ou classe.

§ 2.º Na hipótese prevista no inciso III, em caso de improcedência do pedido, os interessados que não tiverem intervindo no processo como litisconsortes poderão propor ação de indenização a título individual.

§ 3.º Os efeitos da coisa julgada de que cuida o art. 16, combinado com o art. 13 da Lei n. 7.347, de 24 de julho de 1985, não prejudicarão as ações de indenização por danos pessoalmente sofridos, propostas individualmente ou na forma prevista neste Código, mas, se procedente o pedido, beneficiarão as vítimas e seus sucessores, que poderão proceder à liquidação e à execução, nos termos dos arts. 96 a 99.

§ 4.º Aplica-se o disposto no parágrafo anterior à sentença penal condenatória.

Art. 104. As ações coletivas, previstas nos incisos I e II do parágrafo único do art. 81, não induzem litispendência para as ações individuais, mas os efeitos da coisa julgada *erga omnes* ou *ultra partes* a que aludem os incisos II e III do artigo anterior não beneficiarão os autores das ações individuais, se não for requerida sua suspensão no prazo de 30 (trinta) dias, a contar da ciência nos autos do ajuizamento da ação coletiva.

•• Mantivemos a remissão aos incisos I e II do parágrafo único do art. 81, conforme publicação oficial. Entendemos que o correto seria a remissão aos incisos II e III do parágrafo único do art. 81.

....

Art. 119. Revogam-se as disposições em contrário.

Brasília, em 11 de setembro de 1990; 169.º da Independência e 102.º da República.

FERNANDO COLLOR

LEI N. 8.257, DE 26 DE NOVEMBRO DE 1991 (*)

Dispõe sobre a expropriação das glebas nas quais se localizem culturas ilegais de plantas psicotrópicas e dá outras providências.

O Presidente da República

Faço saber que o Congresso Nacional decreta e eu sanciono a seguinte Lei:

Art. 1.º As glebas de qualquer região do País onde forem localizadas culturas ilegais de plantas psicotrópicas serão imediatamente expropriadas e especificamente destinadas ao assentamento de colonos, para o cultivo de produtos alimentícios e medicamentosos, sem qualquer indenização ao proprietário e sem prejuízo de outras sanções previstas em lei, conforme o art. 243 da Constituição Federal.

• Citado dispositivo consta deste volume.

• *Vide* art. 32 da Lei n. 11.343, de 23-8-2006.

Parágrafo único. Todo e qualquer bem de valor econômico apreendido em decorrência do tráfico ilícito de entorpecentes e drogas afins será confiscado e reverterá em benefício de instituições e pessoal especializado no tratamento e recuperação de viciados e no aparelhamento e custeio de atividades de fiscalização, controle, prevenção e repressão do crime de tráfico dessas substâncias.

Art. 2.º Para efeito desta Lei, plantas psicotrópicas são aquelas que permitem a obtenção de substância entorpecente proscrita, plantas estas elencadas no rol emitido pelo órgão sanitário competente do Ministério da Saúde.

Parágrafo único. A autorização para a cultura de plantas psicotrópicas será concedida pelo órgão competente do Ministério da Saúde, atendendo exclusivamente a finalidades terapêuticas e científicas.

Art. 3.º A cultura das plantas psicotrópicas caracteriza-se pelo preparo da terra destinada a semeadura, ou plantio, ou colheita.

Art. 4.º As glebas referidas nesta Lei, sujeitas à expropriação, são aquelas possuídas a qualquer título.

Parágrafo único. (*Vetado*.)

Art. 5.º (*Vetado*.)

Art. 6.º A ação expropriatória seguirá o procedimento judicial estabelecido nesta Lei.

Art. 7.º Recebida a inicial, o juiz determinará a citação dos expropriados, no prazo de 5 (cinco) dias.

§ 1.º Ao ordenar a citação, o juiz nomeará perito.

§ 2.º Após a investidura, o perito terá 8 (oito) dias de prazo para entregar o laudo em cartório.

Art. 8.º O prazo para contestação e indicação de assistentes técnicos será de 10 (dez) dias, a contar da data da juntada do mandado de citação aos autos.

Art. 9.º O juiz determinará audiência de instrução e julgamento para dentro de 15 (quinze) dias, a contar da data da contestação.

Art. 10. O juiz poderá imitir, liminarmente, a União na posse do imóvel expropriando, garantindo-se o contraditório pela realização de audiência de justificação.

Art. 11. Na audiência de instrução e julgamento cada parte poderá indicar até 5 (cinco) testemunhas.

Art. 12. É vedado o adiamento da audiência, salvo motivo de força maior, devidamente justificado.

Parágrafo único. Se a audiência, pela impossibilidade da produção de toda a prova oral no mesmo dia, tiver que ser postergada, em nenhuma hipótese será ela marcada para data posterior a 3 (três) dias.

Art. 13. Encerrada a instrução, o juiz prolatará a sentença em 5 (cinco) dias.

Art. 14. Da sentença caberá recurso na forma da lei processual.

Art. 15. Transitada em julgado a sentença expropriatória, o imóvel será incorporado ao patrimônio da União.

Parágrafo único. Se a gleba expropriada nos termos desta Lei, após o trânsito em julgado da sentença, não puder ter em 120 (cento e vinte) dias a destinação prevista no art. 1.º, ficará incorporada ao patrimônio da União, reservada, até que sobrevenham as condições necessárias àquela utilização.

Art. 16. (*Vetado*.)

Art. 17. A expropriação de que trata esta Lei prevalecerá sobre direitos reais de garantia, não se admitindo embargos de terceiro, fundados em dívida hipotecária, anticrética ou pignoratícia.

Arts. 18 e 19. (*Vetados*.)

Art. 20. O não cumprimento dos prazos previstos nesta Lei sujeitará o funcionário público responsável ou o perito judicial a multa diária, a ser fixada pelo juiz.

Arts. 21 e 22. (*Vetados*.)

Art. 23. Aplicam-se subsidiariamente as normas do Código de Processo Civil.

Art. 24. Esta Lei entra em vigor na data de sua publicação.

Art. 25. Revogam-se as disposições em contrário.

Brasília, em 26 de novembro de 1991; 170.º da Independência e 103.º da República.

FERNANDO COLLOR

(*) Publicada no *DOU*, de 27-11-1991. Regulamentada pelo Decreto n. 577, de 24-6-1992.

LEI N. 8.429, DE 2 DE JUNHO DE 1992 (*)

Dispõe sobre as sanções aplicáveis aos agentes públicos nos casos de enriquecimento ilícito no exercício de mandato, cargo, emprego ou função na administração pública direta, indireta ou fundacional e dá outras providências.

O Presidente da República

Faço saber que o Congresso Nacional decreta e eu sanciono a seguinte Lei:

Capítulo I
DAS DISPOSIÇÕES GERAIS

• *Vide* Decreto n. 983, de 12-11-1993.

Art. 1.º Os atos de improbidade praticados por qualquer agente público, servidor ou não, contra a administração direta, indireta ou fundacional de qualquer dos Poderes da União, dos Estados, do Distrito Federal, dos Municípios, de Território, de empresa incorporada ao patrimônio público ou de entidade para cuja criação ou custeio o erário haja concorrido ou concorra com mais de 50% (cinquenta por cento) do patrimônio ou da receita anual, serão punidos na forma desta Lei.

• *Vide* art. 84, §§ 1.º e 2.º, do CPP, sobre competência pela prerrogativa de função.

• *Vide* arts. 85 e s. da CF.

Parágrafo único. Estão também sujeitos às penalidades desta Lei os atos de improbidade praticados contra o patrimônio de entidade que receba subvenção, benefício ou incentivo, fiscal ou creditício, de órgão público bem como daquelas para cuja criação ou custeio o erário haja concorrido ou concorra com menos de 50% (cinquenta por cento) do patrimônio ou da receita anual, limitando-se, nestes casos, a sanção patrimonial à repercussão do ilícito sobre a contribuição dos cofres públicos.

• *Vide* art. 37, § 4.º, da CF.

Art. 2.º Reputa-se agente público, para os efeitos desta Lei, todo aquele que exerce, ainda que transitoriamente ou sem remuneração, por eleição, nomeação, designação, contratação ou qualquer outra forma de investidura ou vínculo, mandato, cargo, emprego ou função nas entidades mencionadas no artigo anterior.

• *Vide* arts. 85, V, e 102, I, *c*, da CF.

• *Vide* Lei n. 1.079, de 10-4-1950.

Art. 3.º As disposições desta Lei são aplicáveis, no que couber, àquele que, mesmo não sendo agente público, induza ou concorra para a prática do ato de improbidade ou dele se beneficie sob qualquer forma direta ou indireta.

Art. 4.º Os agentes públicos de qualquer nível ou hierarquia são obrigados a velar pela estrita observância dos princípios de legalidade, impessoalidade, moralidade e publicidade no trato dos assuntos que lhes são afetos.

• *Vide* art. 37, *caput*, da CF.

Art. 5.º Ocorrendo lesão ao patrimônio público por ação ou omissão, dolosa ou culposa, do agente ou de terceiro, dar-se-á o integral ressarcimento do dano.

Art. 6.º No caso de enriquecimento ilícito, perderá o agente público ou terceiro beneficiário os bens ou valores acrescidos ao seu patrimônio.

Art. 7.º Quando o ato de improbidade causar lesão ao patrimônio público ou ensejar enriquecimento ilícito, caberá à autoridade administrativa responsável pelo inquérito representar ao Ministério Público, para a indisponibilidade dos bens do indiciado.

Parágrafo único. A indisponibilidade a que se refere o *caput* deste artigo recairá sobre bens que assegurem o integral ressarcimento do dano, ou sobre o acréscimo patrimonial resultante do enriquecimento ilícito.

Art. 8.º O sucessor daquele que causar lesão ao patrimônio público ou se enriquecer ilicitamente está sujeito às cominações desta Lei até o limite do valor da herança.

Capítulo II
DOS ATOS DE IMPROBIDADE ADMINISTRATIVA

• O Decreto n. 4.410, de 7-10-2002, promulga a Convenção Interamericana contra a Corrupção, de 29-3-1996.

Seção I
Dos Atos de Improbidade Administrativa que Importam Enriquecimento Ilícito

Art. 9.º Constitui ato de improbidade administrativa importando enriquecimento ilícito auferir qualquer tipo de vantagem patrimonial indevida em razão do exercício de cargo, mandato, função, emprego ou atividade nas entidades mencionadas no art. 1.º desta Lei, e notadamente:

•• *Vide* art. 8.º do Decreto n. 5.483, de 30-6-2005.

• *Vide* art. 12, I, desta Lei.

I – receber, para si ou para outrem, dinheiro, bem móvel ou imóvel, ou qualquer outra vantagem econômica, direta ou indireta, a título de comissão, percentagem, gratificação ou presente de quem tenha interesse, direto ou indireto, que possa ser atingido ou amparado por ação ou omissão decorrente das atribuições do agente público;

II – perceber vantagem econômica, direta ou indireta, para facilitar a aquisição, permuta ou locação de bem móvel ou imóvel, ou a contratação de serviços pelas entidades referidas no art. 1.º por preço superior ao valor de mercado;

III – perceber vantagem econômica, direta ou indireta, para facilitar a alienação, permuta ou locação de bem público ou o fornecimento de serviço por

(*) Publicada no *DOU*, de 3-6-1992.

ente estatal por preço inferior ao valor de mercado;

IV – utilizar, em obra ou serviço particular, veículos, máquinas, equipamentos ou material de qualquer natureza, de propriedade ou à disposição de qualquer das entidades mencionadas no art. 1.° desta Lei, bem como o trabalho de servidores públicos, empregados ou terceiros contratados por essas entidades;

V – receber vantagem econômica de qualquer natureza, direta ou indireta, para tolerar a exploração ou a prática de jogos de azar, de lenocínio, de narcotráfico, de contrabando, de usura ou de qualquer outra atividade ilícita, ou aceitar promessa de tal vantagem;

VI – receber vantagem econômica de qualquer natureza, direta ou indireta, para fazer declaração falsa sobre medição ou avaliação em obras públicas ou qualquer outro serviço, ou sobre quantidade, peso, medida, qualidade ou característica de mercadorias ou bens fornecidos a qualquer das entidades mencionadas no art. 1.° desta Lei;

VII – adquirir, para si ou para outrem, no exercício de mandato, cargo, emprego ou função pública, bens de qualquer natureza cujo valor seja desproporcional à evolução do patrimônio ou à renda do agente público;

VIII – aceitar emprego, comissão ou exercer atividade de consultoria ou assessoramento para pessoa física ou jurídica que tenha interesse suscetível de ser atingido ou amparado por ação ou omissão decorrente das atribuições do agente público, durante a atividade;

IX – perceber vantagem econômica para intermediar a liberação ou aplicação de verba pública de qualquer natureza;

X – receber vantagem econômica de qualquer natureza, direta ou indiretamente, para omitir ato de ofício, providência ou declaração a que esteja obrigado;

XI – incorporar, por qualquer forma, ao seu patrimônio bens, rendas, verbas ou valores integrantes do acervo patrimonial das entidades mencionadas no art. 1.° desta Lei;

XII – usar, em proveito próprio, bens, rendas, verbas ou valores integrantes do acervo patrimonial das entidades mencionadas no art. 1.° desta Lei.

Seção II
Dos Atos de Improbidade Administrativa que Causam Prejuízo ao Erário

Art. 10. Constitui ato de improbidade administrativa que causa lesão ao erário qualquer ação ou omissão, dolosa ou culposa, que enseje perda patrimonial, desvio, apropriação, malbaratamento ou dilapidação dos bens ou haveres das entidades referidas no art. 1.° desta Lei, e notadamente:

• *Vide* art. 12, II, desta Lei.

I – facilitar ou concorrer por qualquer forma para a incorporação ao patrimônio particular, de pessoa física ou jurídica, de bens, rendas, verbas ou valores integrantes do acervo patrimonial das entidades mencionadas no art. 1.° desta Lei;

II – permitir ou concorrer para que pessoa física ou jurídica privada utilize bens, rendas, verbas ou valores integrantes do acervo patrimonial das entidades mencionadas no art. 1.° desta Lei, sem a observância das formalidades legais ou regulamentares aplicáveis à espécie;

III – doar à pessoa física ou jurídica bem como ao ente despersonalizado, ainda que de fins educativos ou assistenciais, bens, rendas, verbas ou valores do patrimônio de qualquer das entidades mencionadas no art. 1.° desta Lei, sem observância das formalidades legais e regulamentares aplicáveis à espécie;

IV – permitir ou facilitar a alienação, permuta ou locação de bem integrante do patrimônio de qualquer das entidades referidas no art. 1.° desta Lei, ou ainda a prestação de serviço por parte delas, por preço inferior ao de mercado;

V – permitir ou facilitar a aquisição, permuta ou locação de bem ou serviço por preço superior ao de mercado;

VI – realizar operação financeira sem observância das normas legais e regulamentares ou aceitar garantia insuficiente ou inidônea;

VII – conceder benefício administrativo ou fiscal sem a observância das formalidades legais ou regulamentares aplicáveis à espécie;

VIII – frustrar a licitude de processo licitatório ou de processo seletivo para celebração de parcerias com entidades sem fins lucrativos, ou dispensá-los indevidamente;

•• Inciso VIII com redação determinada pela Lei n. 13.019, de 31-7-2014.

IX – ordenar ou permitir a realização de despesas não autorizadas em lei ou regulamento;

X – agir negligentemente na arrecadação de tributo ou renda, bem como no que diz respeito à conservação do patrimônio público;

XI – liberar verba pública sem a estrita observância das normas pertinentes ou influir de qualquer forma para a sua aplicação irregular;

XII – permitir, facilitar ou concorrer para que terceiro se enriqueça ilicitamente;

XIII – permitir que se utilize, em obra ou serviço particular, veículos, máquinas, equipamentos ou material de qualquer natureza, de propriedade ou à disposição de qualquer das entidades mencionadas no art. 1.° desta Lei, bem como o trabalho de servidor público, empregados ou terceiros contratados por essas entidades;

XIV – celebrar contrato ou outro instrumento que tenha por objeto a prestação de serviços públicos por meio da gestão associada sem observar as formalidades previstas na lei;

•• Inciso XIV acrescentado pela Lei n. 11.107, de 6-4-2005.

XV – celebrar contrato de rateio de consórcio público sem suficiente e prévia dotação orçamentária, ou sem observar as formalidades previstas na lei;

•• Inciso XV acrescentado pela Lei n. 11.107, de 6-4-2005.

XVI – facilitar ou concorrer, por qualquer forma, para a incorporação, ao patrimônio particular de pessoa física ou jurídica, de bens, rendas, verbas ou valores públicos transferidos pela administração pública a entidades privadas mediante celebração de parcerias, sem a observância das formalidades legais ou regulamentares aplicáveis à espécie;

•• Inciso XVI acrescentado pela Lei n. 13.019, de 31-7-2014.

XVII – permitir ou concorrer para que pessoa física ou jurídica privada utilize bens, rendas, verbas ou valores públicos transferidos pela administração pública a entidade privada mediante celebração de parcerias, sem a observância das formalidades legais ou regulamentares aplicáveis à espécie;

•• Inciso XVII acrescentado pela Lei n. 13.019, de 31-7-2014.

XVIII – celebrar parcerias da administração pública com entidades privadas sem a observância das formalidades legais ou regulamentares aplicáveis à espécie;

•• Inciso XVIII acrescentado pela Lei n. 13.019, de 31-7-2014.

XIX – agir negligentemente na celebração, fiscalização e análise das prestações de contas de parcerias firmadas pela administração pública com entidades privadas;

•• Inciso XIX acrescentado pela Lei n. 13.019, de 31-7-2014.

•• Sobre vigência, *vide* 2.ª nota ao art. 10, VIII, desta Lei.

XX – liberar recursos de parcerias firmadas pela administração pública com entidades privadas sem a estrita observância das normas pertinentes ou influir de qualquer forma para a sua aplicação irregular;

•• Inciso XX acrescentado pela Lei n. 13.019, de 31-7-2014.

•• Sobre vigência, *vide* 2.ª nota ao art. 10, VIII, desta Lei.

XXI – liberar recursos de parcerias firmadas pela administração pública com entidades privadas sem a estrita observância das normas pertinentes ou influir de qualquer forma para a sua aplicação irregular.

•• Inciso XXI acrescentado pela Lei n. 13.019, de 31-7-2014.

•• Sobre vigência, *vide* 2.ª nota ao art. 10, VIII, desta Lei.

•• Redação conforme publicação oficial.

Seção II-A
Dos Atos de Improbidade Administrativa Decorrentes de Concessão ou Aplicação Indevida de Benefício Financeiro ou Tributário

•• Seção II-A acrescentada pela Lei Complementar n. 157, de 29-12-2016.

Art. 10-A. Constitui ato de improbidade administrativa qualquer ação ou omissão para conceder, aplicar ou manter benefício financeiro ou tributário contrário ao que dispõem o *caput* e o § 1.º do art. 8.º-A da Lei Complementar n. 116, de 31 de julho de 2003.

•• Artigo acrescentado pela Lei Complementar n. 157, de 29-12-2016.

Seção III
Dos Atos de Improbidade Administrativa que Atentam Contra os Princípios da Administração Pública

Art. 11. Constitui ato de improbidade administrativa que atenta contra os princípios da administração pública qualquer ação ou omissão que viole os deveres de honestidade, imparcialidade, legalidade, e lealdade às instituições, e notadamente:

• *Vide* art. 37, *caput*, da CF.

• *Vide* art. 12, III, desta Lei.

I – praticar ato visando fim proibido em lei ou regulamento ou diverso daquele previsto na regra de competência;

II – retardar ou deixar de praticar, indevidamente, ato de ofício;

III – revelar fato ou circunstância de que tem ciência em razão das atribuições e que deva permanecer em segredo;

IV – negar publicidade aos atos oficiais;

V – frustrar a licitude de concurso público;

• *Vide* art. 37, II, III e IV, da CF.

VI – deixar de prestar contas quando esteja obrigado a fazê-lo;

VII – revelar ou permitir que chegue ao conhecimento de terceiro, antes da respectiva divulgação oficial, teor de medida política ou econômica capaz de afetar o preço de mercadoria, bem ou serviço;

VIII – descumprir as normas relativas à celebração, fiscalização e aprovação de contas de parcerias firmadas pela administração pública com entidades privadas;

•• Inciso VIII acrescentado pela Lei n. 13.019, de 31-7-2014.

IX – deixar de cumprir a exigência de requisitos de acessibilidade previstos na legislação.

•• Inciso IX acrescentado pela Lei n. 13.146, de 6-7-2015.

Capítulo III
DAS PENAS

Art. 12. Independentemente das sanções penais, civis e administrativas previstas na legislação específica, está o responsável pelo ato de improbidade sujeito às seguintes cominações, que podem ser aplicadas isolada ou cumulativamente, de acordo com a gravidade do fato:

•• *Caput* com redação determinada pela Lei n. 12.120, de 15-12-2009.

• *Vide* art. 37, § 4.º, da CF.

I – na hipótese do art. 9.º, perda dos bens ou valores acrescidos ilicitamente ao patrimônio, ressarcimento integral do dano, quando houver, perda da função pública, suspensão dos direitos políticos de 8 (oito) a 10 (dez) anos, pagamento de multa civil de até 3 (três) vezes o valor do acréscimo patrimo-

Legislação Complementar

nial e proibição de contratar com o Poder Público ou receber benefícios ou incentivos fiscais ou creditícios, direta ou indiretamente, ainda que por intermédio de pessoa jurídica da qual seja sócio majoritário, pelo prazo de 10 (dez) anos;

II – na hipótese do art. 10, ressarcimento integral do dano, perda dos bens ou valores acrescidos ilicitamente ao patrimônio, se concorrer esta circunstância, perda da função pública, suspensão dos direitos políticos de 5 (cinco) a 8 (oito) anos, pagamento de multa civil de até 2 (duas) vezes o valor do dano e proibição de contratar com o Poder Público ou receber benefícios ou incentivos fiscais ou creditícios, direta ou indiretamente, ainda que por intermédio de pessoa jurídica da qual seja sócio majoritário, pelo prazo de 5 (cinco) anos;

III – na hipótese do art. 11, ressarcimento integral do dano, se houver, perda da função pública, suspensão dos direitos políticos de 3 (três) a 5 (cinco) anos, pagamento de multa civil de até 100 (cem) vezes o valor da remuneração percebida pelo agente e proibição de contratar com o Poder Público ou receber benefícios ou incentivos fiscais ou creditícios, direta ou indiretamente, ainda que por intermédio de pessoa jurídica da qual seja sócio majoritário, pelo prazo de 3 (três) anos;

IV – na hipótese prevista no art. 10-A, perda da função pública, suspensão dos direitos políticos de 5 (cinco) a 8 (oito) anos e multa civil de até 3 (três) vezes o valor do benefício financeiro ou tributário concedido.

•• Inciso IV acrescentado pela Lei Complementar n. 157, de 29-12-2016.

Parágrafo único. Na fixação das penas previstas nesta Lei o juiz levará em conta a extensão do dano causado, assim como o proveito patrimonial obtido pelo agente.

Capítulo IV
DA DECLARAÇÃO DE BENS

Art. 13. A posse e o exercício de agente público ficam condicionados à apresentação de declaração dos bens e valores que compõem o seu patrimônio privado, a fim de ser arquivada no Serviço de Pessoal competente.

•• Artigo regulamentado pelo Decreto n. 5.483, de 30-6-2005.

§ 1.º A declaração compreenderá imóveis, móveis, semoventes, dinheiro, títulos, ações, e qualquer outra espécie de bens e valores patrimoniais, localizados no País ou no exterior, e, quando for o caso, abrangerá os bens e valores patrimoniais do cônjuge ou companheiro, dos filhos e de outras pessoas que vivam sob a dependência econômica do declarante, excluídos apenas os objetos e utensílios de uso doméstico.

§ 2.º A declaração de bens será anualmente atualizada e na data em que o agente público deixar o exercício do mandato, cargo, emprego ou função.

§ 3.º Será punido com a pena de demissão, a bem do serviço público, sem prejuízo de outras sanções cabíveis, o agente público que se recusar a prestar declaração dos bens, dentro do prazo determinado, ou que a prestar falsa.

• *Vide* art. 5.º do Decreto n. 5.483, de 30-6-2005.

§ 4.º O declarante, a seu critério, poderá entregar cópia da declaração anual de bens apresentada à Delegacia da Receita Federal na conformidade da legislação do Imposto sobre a Renda e proventos de qualquer natureza, com as necessárias atualizações, para suprir a exigência contida no *caput* e no § 2.º deste artigo.

Capítulo V
DO PROCEDIMENTO ADMINISTRATIVO E DO PROCESSO JUDICIAL

Art. 14. Qualquer pessoa poderá representar à autoridade administrativa competente para que seja instaurada investigação destinada a apurar a prática de ato de improbidade.

§ 1.º A representação, que será escrita ou reduzida a termo e assinada, conterá a qualificação do representante, as informações sobre o fato e sua autoria e a indicação das provas de que tenha conhecimento.

§ 2.º A autoridade administrativa rejeitará a representação, em despacho fundamentado, se esta não contiver as formalidades estabelecidas no § 1.º deste artigo. A rejeição não impede a representação ao Ministério Público, nos termos do art. 22 desta Lei.

§ 3.º Atendidos os requisitos da representação, a autoridade determinará a imediata apuração dos fatos que, em se tratando de servidores federais, será processada na forma prevista nos arts. 148 a 182 da Lei n. 8.112, de 11 de dezembro de 1990, e, em se tratando de servidor militar, de acordo com os respectivos regulamentos disciplinares.

Art. 15. A comissão processante dará conhecimento ao Ministério Público e ao Tribunal ou Conselho de Contas da existência de procedimento administrativo para apurar a prática de ato de improbidade.

Parágrafo único. O Ministério Público ou Tribunal ou Conselho de Contas poderá, a requerimento, designar representante para acompanhar o procedimento administrativo.

Art. 16. Havendo fundados indícios de responsabilidade, a comissão representará ao Ministério Público ou à procuradoria do órgão para que requeira ao juízo competente a decretação do sequestro dos bens do agente ou terceiro que tenha enriquecido ilicitamente ou causado dano ao patrimônio público.

§ 1.º O pedido de sequestro será processado de acordo com o disposto nos arts. 822 e 825 do Código de Processo Civil.

•• A referência é feita ao CPC de 1973. Sem correspondência no CPC de 2015.

§ 2.º Quando for o caso, o pedido incluirá a investigação, o exame e o bloqueio de bens, contas bancárias e aplicações financeiras mantidas pelo indiciado no exterior, nos termos da lei e dos tratados internacionais.

Art. 17. A ação principal, que terá o rito ordinário, será proposta pelo Ministério Público ou pela pessoa jurídica interessada, dentro de 30 (trinta) dias da efetivação da medida cautelar.

§ 1.º É vedada a transação, acordo ou conciliação nas ações de que trata o *caput*.

§ 2.º A Fazenda Pública, quando for o caso, promoverá as ações necessárias à complementação do ressarcimento do patrimônio público.

§ 3.º No caso de a ação principal ter sido proposta pelo Ministério Público, aplica-se, no que couber, o disposto no § 3.º do art. 6.º da Lei n. 4.717, de 29 de junho de 1965.

•• § 3.º com redação determinada pela Lei n. 9.366, de 16-12-1996.

§ 4.º O Ministério Público, se não intervier no processo como parte, atuará, obrigatoriamente, como fiscal da lei, sob pena de nulidade.

§ 5.º A propositura da ação prevenirá a jurisdição do juízo para todas as ações posteriormente intentadas que possuam a mesma causa de pedir ou o mesmo objeto.

•• § 5.º acrescentado pela Medida Provisória n. 2.180-35, de 24-8-2001.

§ 6.º A ação será instruída com documentos ou justificação que contenham indícios suficientes da existência do ato de improbidade ou com razões fundamentadas da impossibilidade de apresentação de qualquer dessas provas, observada a legislação vigente, inclusive as disposições inscritas nos arts. 16 a 18 do Código de Processo Civil.

•• § 6.º acrescentado pela Medida Provisória n. 2.225-45, de 4-9-2001.

•• A referência é feita ao CPC de 1973. Dispositivo correspondente no CPC de 2015: arts. 79 a 81.

§ 7.º Estando a inicial em devida forma, o juiz mandará autuá-la e ordenará a notificação do requerido, para oferecer manifestação por escrito, que poderá ser instruída com documentos e justificações, dentro do prazo de quinze dias.

•• § 7.º acrescentado pela Medida Provisória n. 2.225-45, de 4-9-2001.

§ 8.º Recebida a manifestação, o juiz, no prazo de trinta dias, em decisão fundamentada, rejeitará a ação, se convencido da inexistência do ato de improbidade, da improcedência da ação ou da inadequação da via eleita.

•• § 8.º acrescentado pela Medida Provisória n. 2.225-45, de 4-9-2001.

§ 9.º Recebida a petição inicial, será o réu citado para apresentar contestação.

•• § 9.º acrescentado pela Medida Provisória n. 2.225-45, de 4-9-2001.

§ 10. Da decisão que receber a petição inicial, caberá agravo de instrumento.

•• § 10 acrescentado pela Medida Provisória n. 2.225-45, de 4-9-2001.

§ 11. Em qualquer fase do processo, reconhecida a inadequação da ação de improbidade, o juiz extinguirá o processo sem julgamento do mérito.

•• § 11 acrescentado pela Medida Provisória n. 2.225-45, de 4-9-2001.

§ 12. Aplica-se aos depoimentos ou inquirições realizadas nos processos regidos por esta Lei o disposto no art. 221, *caput* e § 1.º, do Código de Processo Penal.

•• § 12 acrescentado pela Medida Provisória n. 2.225-45, de 4-9-2001.

§ 13. Para os efeitos deste artigo, também se considera pessoa jurídica interessada o ente tributante que figurar no polo ativo da obrigação tributária de que tratam o § 4.º do art. 3.º e o art. 8.º-A da Lei Complementar n. 116, de 31 de julho de 2003.

•• § 13 acrescentado pela Lei Complementar n. 157, de 29-12-2016.

Art. 18. A sentença que julgar procedente ação civil de reparação de dano ou decretar a perda dos bens havidos ilicitamente determinará o pagamento ou a reversão dos bens, conforme o caso, em favor da pessoa jurídica prejudicada pelo ilícito.

Capítulo VI
DAS DISPOSIÇÕES PENAIS

Art. 19. Constitui crime a representação por ato de improbidade contra agente público ou terceiro beneficiário quando o autor da denúncia o sabe inocente.

Pena – detenção de 6 (seis) a 10 (dez) meses e multa.

Parágrafo único. Além da sanção penal, o denunciante está sujeito a indenizar o denunciado pelos danos materiais, morais ou à imagem que houver provocado.

Art. 20. A perda da função pública e a suspensão dos direitos políticos só se efetivam com o trânsito em julgado da sentença condenatória.

Parágrafo único. A autoridade judicial ou administrativa competente poderá determinar o afastamento do agente público do exercício do cargo, emprego ou função, sem prejuízo da remuneração, quando a medida se fizer necessária à instrução processual.

Art. 21. A aplicação das sanções previstas nesta Lei independe:

I – da efetiva ocorrência de dano ao patrimônio público, salvo quanto à pena de ressarcimento;

•• Inciso I com redação determinada pela Lei n. 12.120, de 15-12-2009.

• *Vide* art. 37, § 5.º, da CF.

II – da aprovação ou rejeição das contas pelo órgão de controle interno ou pelo Tribunal ou Conselho de Contas.

Art. 22. Para apurar qualquer ilícito previsto nesta Lei, o Ministério Público, de ofício, a requerimento de autoridade administrativa ou mediante representação formulada de acordo com o disposto no art. 14, poderá requisitar a instauração de inquérito policial ou procedimento administrativo.

Capítulo VII
DA PRESCRIÇÃO

Art. 23. As ações destinadas a levar a efeito as sanções previstas nesta Lei podem ser propostas:

I – até 5 (cinco) anos após o término do exercício de mandato, de cargo em comissão ou de função de confiança;

II – dentro do prazo prescricional previsto em lei específica para faltas disciplinares puníveis com demissão a bem do serviço público, nos casos de exercício de cargo efetivo ou emprego;

III – até cinco anos da data da apresentação à administração pública da prestação de contas final pelas entidades referidas no parágrafo único do art. 1.º desta Lei.

•• Inciso III acrescentado pela Lei n. 13.019, de 31-7-2014.

Capítulo VIII
DAS DISPOSIÇÕES FINAIS

Art. 24. Esta Lei entra em vigor na data de sua publicação.

Art. 25. Ficam revogadas as Leis n. 3.164, de 1.º de junho de 1957, e 3.502, de 21 de dezembro de 1958, e demais disposições em contrário.

Rio de Janeiro, 2 de junho de 1992; 171.º da Independência e 104.º da República.

Fernando Collor

DECRETO N. 577, DE 24 DE JUNHO DE 1992 (*)

Dispõe sobre a expropriação das glebas, onde forem encontradas culturas ilegais de plantas psicotrópicas, e dá outras providências.

O Presidente da República, no uso da atribuição que lhe confere o art. 84, IV, da Constituição, e tendo em vista o que dispõe a Lei n. 8.257, de 26 de novembro de 1991, decreta:

Art. 1.º Compete à Polícia Federal promover as diligências necessárias à localização de culturas ilegais de plantas psicotrópicas, a fim de que seja promovida a imediata expropriação do imóvel em que forem localizadas e que será especialmente destinado ao assentamento de colonos, para o cultivo de produtos alimentícios e medicamentosos, sem qualquer indenização ao proprietário, ao possuidor ou ocupante a qualquer título, sem prejuízo de outras sanções previstas em lei.

• *Vide* art. 32 da Lei n. 11.343, de 23-8-2006.

(*) Publicado no *DOU*, de 25-6-1992.

Art. 2.º Para os devidos efeitos, plantas psicotrópicas são aquelas que permitem a obtenção de substâncias entorpecentes proscritas, catalogadas em portaria do Ministério da Saúde.

Art. 3.º A autoridade policial articular-se-á com a autoridade responsável pela representação judicial da União e com o Instituto Nacional de Colonização e Reforma Agrária – INCRA, a fim de serem providenciadas medidas que possibilitem o pronto ajuizamento da ação expropriatória prevista na Lei n. 8.257, de 26 de novembro de 1991, com pedido de imissão de posse liminar, nos termos do art. 10 da mesma Lei e efetiva ocupação do imóvel.

Art. 4.º O procedimento terá início com a remessa de cópia do inquérito policial e o recolhimento de dados que integrarão o relatório técnico.

Parágrafo único. O relatório técnico conterá:

a) a caracterização do imóvel onde foi localizada a cultura ilegal de plantas psicotrópicas, mediante indicação, pelo menos, da denominação e das confrontações e das vias de acesso;

b) descrição da área onde localizada a cultura;

c) comprovação da existência do cultivo ilegal;

d) indicação e qualificação do proprietário ou do possuidor do imóvel, bem como as de todos os seus ocupantes e de outras pessoas nele presentes no momento da lavratura do auto de apreensão;

e) relação de bens móveis encontrados na área e apreendidos.

Art. 5.º O relatório técnico a que se refere o art. 4.º será elaborado no prazo de 8 (oito) dias e, juntamente com a cópia do inquérito policial, e outras peças que a autoridade policial julgar necessárias, formará processo que será enviado ao responsável pela representação judicial da União, com cópia para o INCRA, a fim de que seja ajuizada a ação expropriatória.

Art. 6.º Fica o INCRA investido de poderes para imitir-se, em nome da União, na posse do imóvel expropriando, devendo, para tanto, adotar as medidas cabíveis e indicar ao responsável pela representação judicial da União o assistente técnico, nos termos do art. 8.º da Lei n. 8.257, de 26 de novembro de 1991.

Art. 7.º Transitada em julgado a sentença, o INCRA adotará as providências necessárias à incorporação do imóvel ao Patrimônio da União, inclusive apresentando relatório circunstanciado da situação do imóvel.

Art. 8.º Todo e qualquer bem de valor econômico apreendido em decorrência do tráfico ilícito de entorpecentes e drogas afins será confiscado e reverterá em benefício de instituições especializadas no tratamento e custeio de atividades de fiscalização, controle, prevenção e repressão do crime de tráfico dessas substâncias.

Parágrafo único. Os recursos referidos neste artigo terão a destinação prevista no art. 4.º, da Lei n. 7.560, de 19 de dezembro de 1986, de acordo com a regulamentação baixada pelo Decreto n. 95.650, de 19 de janeiro de 1988.

Art. 9.º A Polícia Federal e o INCRA poderão firmar entre si e com os Estados, Municípios, órgãos e entidades das respectivas administrações os convênios e ajustes com o objetivo de dar agilidade e garantia às providências de ocupação dos imóveis e assentamento dos colonos.

Parágrafo único. O convênio a que se refere este artigo poderá conter cláusula de fiscalização do imóvel, quando ocorrer a hipótese do parágrafo único do art. 15 da Lei n. 8.257, de 26 de novembro de 1991.

Art. 10. Os Ministros de Estado da Justiça e da Agricultura e Reforma Agrária baixarão as instruções complementares necessárias à execução do disposto neste Decreto.

Art. 11. Este Decreto entra em vigor na data de sua publicação.

Brasília, 24 de junho de 1992; 171.º da Independência e 104.º da República.

FERNANDO COLLOR

DECRETO N. 678, DE 6 DE NOVEMBRO DE 1992 (*)

Promulga a Convenção Americana sobre Direitos Humanos (Pacto de São José da Costa Rica), de 22 de novembro de 1969.

O Vice-Presidente da República, no exercício do cargo de Presidente da República, no uso da atribuição que lhe confere o art. 84, VIII, da Constituição, e considerando que a Convenção Americana sobre Direitos Humanos (Pacto de São José da Costa Rica), adotada no âmbito da Organização dos Estados Americanos, em São José da Costa Rica, em 22 de novembro de 1969, entrou em vigor internacional em 18 de julho de 1978, na forma do segundo parágrafo de seu art. 74; considerando que o Governo brasileiro depositou a Carta de Adesão a essa Convenção em 25 de setembro de 1992; considerando que a Convenção Americana sobre Direitos Humanos (Pacto de São José da Costa Rica) entrou em vigor, para o Brasil, em 25 de setembro de 1992, de conformidade com o disposto no segundo parágrafo de seu art. 74; decreta:

Art. 1.º A Convenção Americana sobre Direitos Humanos (Pacto de São José da Costa Rica), celebrada em São José da Costa Rica, em 22 de novembro de 1969, apensa por cópia ao presente Decreto, deverá ser cumprida tão inteiramente como nela se contém.

Art. 2.º Ao depositar a Carta de Adesão a esse ato internacional, em 25 de setembro de 1992, o Governo brasileiro fez a seguinte declaração interpretativa: "O Governo do Brasil entende que os arts. 43 e 48, *d*, não incluem o direito automático de visitas e inspeções *in loco* da Comissão Interamericana de Direitos Humanos, as quais dependerão da anuência expressa do Estado".

Art. 3.º O presente Decreto entra em vigor na data de sua publicação.

Brasília, 6 de novembro de 1992; 171.º da Independência e 104.º da República.

ITAMAR FRANCO

(*) Publicado no *DOU*, de 9-11-1992.

ANEXO AO DECRETO QUE PROMULGA A CONVENÇÃO AMERICANA SOBRE DIREITOS HUMANOS

(Pacto de São José da Costa Rica) – MRE
Convenção Americana sobre Direitos Humanos

PARTE I
DEVERES DOS ESTADOS E DIREITOS PROTEGIDOS

CAPÍTULO I
ENUMERAÇÃO DE DEVERES

Art. 1.º Obrigações de Respeitar os Direitos

1. Os Estados-Partes nesta Convenção comprometem-se a respeitar os direitos e liberdades nela reconhecidos e a garantir seu livre e pleno exercício a toda pessoa que esteja sujeita à sua jurisdição, sem discriminação alguma por motivo de raça, cor, sexo, idioma, religião, opiniões políticas ou de qualquer outra natureza, origem nacional ou social, posição econômica, nascimento ou qualquer outra condição social.

2. Para os efeitos desta Convenção, pessoa é todo ser humano.

Art. 2.º Dever de Adotar Disposições de Direito Interno

Se o exercício dos direitos e liberdades mencionados no art. 1.º ainda não estiver garantido por disposições legislativas ou de outra natureza, os Estados-Partes comprometem-se a adotar, de acordo com as suas normas constitucionais e com as disposições desta Convenção, as medidas legislativas ou de outra natureza que forem necessárias para tornar efetivos tais direitos e liberdades.

CAPÍTULO II
DIREITOS CIVIS E POLÍTICOS

Art. 3.º Direito ao Reconhecimento da Personalização Jurídica

Toda pessoa tem direito ao reconhecimento de sua personalidade jurídica.

Art. 4.º Direito à vida

1. Toda pessoa tem o direito de que se respeite sua vida. Esse direito deve ser protegido pela lei e, em geral, desde o momento da concepção. Nin-

guém pode ser privado da vida arbitrariamente.

2. Nos países que não houverem abolido a pena de morte, esta só poderá ser imposta pelos delitos mais graves, em cumprimento de sentença final de tribunal competente e em conformidade com lei que estabeleça tal pena, promulgada antes de haver o delito sido cometido. Tampouco se estenderá sua aplicação a delitos aos quais não se aplique atualmente.

3. Não se pode restabelecer a pena de morte nos Estados que a hajam abolido.

4. Em nenhum caso pode a pena de morte ser aplicada por delitos políticos, nem por delitos comuns conexos com delitos políticos.

5. Não se deve impor a pena de morte a pessoa que, no momento da perpetração do delito, for menor de dezoito anos, ou maior de setenta, nem aplicá-la a mulher em estado de gravidez.

6. Toda pessoa condenada à morte tem direito a solicitar anistia, indulto ou comutação da pena, os quais podem ser concedidos em todos os casos. Não se pode executar a pena de morte enquanto o pedido estiver pendente de decisão ante a autoridade competente.

Art. 5.º Direito à Integridade Pessoal

1. Toda pessoa tem o direito de que se respeite sua integridade física, psíquica e moral.

• *Vide* art. 40 da LEP.

2. Ninguém deve ser submetido a torturas, nem a penas ou tratos cruéis, desumanos ou degradantes. Toda pessoa privada da liberdade deve ser tratada com o respeito devido à dignidade inerente ao ser humano.

3. A pena não pode passar da pessoa do delinquente.

4. Os processados devem ficar separados dos condenados, salvo em circunstâncias excepcionais, e ser submetidos a tratamento adequado à sua condição de pessoas não condenadas.

5. Os menores, quando puderem ser processados, devem ser separados dos adultos e conduzidos a tribunal especializado, com a maior rapidez possível, para seu tratamento.

• *Vide* art. 84 da LEP.

6. As penas privativas da liberdade devem ter por finalidade essencial a reforma e a readaptação social dos condenados.

Art. 6.º Proibição da Escravidão e da Servidão

1. Ninguém pode ser submetido a escravidão ou a servidão, e tanto estas como o tráfico de escravos e o tráfico de mulheres são proibidos em todas as formas.

2. Ninguém deve ser constrangido a executar trabalho forçado ou obrigatório. Nos países em que se prescreve, para certos delitos, pena privativa da liberdade acompanhada de trabalhos forçados, esta disposição não pode ser interpretada no sentido de que proíbe o cumprimento da dita pena, imposta por juiz ou tribunal competente. O trabalho forçado não deve afetar a dignidade nem a capacidade física e intelectual do recluso.

3. Não constituem trabalhos forçados ou obrigatórios para os efeitos deste artigo:

a) os trabalhos ou serviços normalmente exigidos de pessoa reclusa em cumprimento de sentença ou resolução formal expedida pela autoridade judiciária competente. Tais trabalhos ou serviços devem ser executados sob a vigilância e controle das autoridades públicas, e os indivíduos que os executarem não devem ser postos à disposição de particulares, companhias ou pessoas jurídicas de caráter privado;

b) o serviço militar e, nos países onde se admite a isenção por motivos de consciência, o serviço nacional que a lei estabelecer em lugar daquele;

c) o serviço imposto em casos de perigo ou calamidade que ameace a existência ou o bem-estar da comunidade; e

d) o trabalho ou serviço que faça parte das obrigações cívicas normais.

Art. 7.º Direito à Liberdade Pessoal

1. Toda pessoa tem direito à liberdade e à segurança pessoais.

2. Ninguém pode ser privado de sua liberdade física, salvo pelas causas e nas condições previamente fixadas pelas constituições políticas dos Estados-Partes ou pelas leis de acordo com elas promulgadas.

3. Ninguém pode ser submetido a detenção ou encarceramento arbitrários.

4. Toda pessoa detida ou retida deve ser informada das razões da sua detenção e notificada, sem demora, da acusação ou acusações formuladas contra ela.

5. Toda pessoa detida ou retida deve ser conduzida, sem demora, à presença de um juiz ou outra autoridade autorizada pela lei a exercer funções judiciais e tem direito a ser julgada dentro de um prazo razoável ou a ser posta em liberdade, sem prejuízo de que prossiga o processo. Sua liberdade pode ser condicionada a garantias que assegurem o seu comparecimento em juízo.

• A Resolução n. 213, de 15-12-2015, do CNJ, dispõe sobre a apresentação de toda pessoa presa à autoridade judicial no prazo de 24 horas.

6. Toda pessoa privada da liberdade tem direito a recorrer a um juiz ou tribunal competente, a fim de que este decida, sem demora, sobre a legalidade de sua prisão ou detenção e ordene sua soltura se a prisão ou a detenção forem ilegais. Nos Estados-Partes cujas leis preveem que toda pessoa que se vir ameaçada de ser privada de sua liberdade tem direito a recorrer a um juiz ou tribunal competente a fim de que este decida sobre a legalidade de tal ameaça, tal recurso não pode ser restringido nem abolido. O recurso pode ser interposto pela própria pessoa ou por outra pessoa.

7. Ninguém deve ser detido por dívida. Este princípio não limita os mandados de autoridade judiciá-

ria competente expedidos em virtude de inadimplemento de obrigação alimentar.

Art. 8.º Garantias Judiciais

1. Toda pessoa tem direito a ser ouvida, com as devidas garantias e dentro de um prazo razoável, por um juiz ou tribunal competente, independente e imparcial, estabelecido anteriormente por lei, na apuração de qualquer acusação penal formulada contra ela, ou para que se determinem seus direitos ou obrigações de natureza civil, trabalhista, fiscal ou de qualquer outra natureza.

2. Toda pessoa acusada de delito tem direito a que se presuma sua inocência enquanto não se comprove legalmente sua culpa. Durante o processo, toda pessoa tem direito, em plena igualdade, às seguintes garantias mínimas:

a) direito do acusado de ser assistido gratuitamente por tradutor ou intérprete, se não compreender ou não falar o idioma do juízo ou tribunal;

b) comunicação prévia e pormenorizada ao acusado da acusação formulada;

c) concessão ao acusado do tempo e dos meios adequados para a preparação de sua defesa;

d) direito do acusado de defender-se pessoalmente ou de ser assistido por um defensor de sua escolha e de comunicar-se, livremente e em particular, com seu defensor;

e) direito irrenunciável de ser assistido por um defensor proporcionado pelo Estado, remunerado ou não, segundo a legislação interna, se o acusado não se defender ele próprio nem nomear defensor dentro do prazo estabelecido pela lei;

f) direito da defesa de inquirir as testemunhas presentes no tribunal e de obter o comparecimento, como testemunhas ou peritos, de outras pessoas que possam lançar luz sobre os fatos;

g) direito de não ser obrigado a depor contra si mesma, nem a declarar-se culpada; e

h) direito de recorrer da sentença para juiz ou tribunal superior.

3. A confissão do acusado só é válida se feita sem coação de nenhuma natureza.

4. O acusado absolvido por sentença passada em julgado não poderá ser submetido a novo processo pelos mesmos fatos.

5. O processo penal deve ser público, salvo no que for necessário para preservar os interesses da justiça.

Art. 9.º Princípio da Legalidade e da Retroatividade

Ninguém pode ser condenado por ações ou omissões que, no momento em que forem cometidas, não sejam delituosas, de acordo com o direito aplicável. Tampouco se pode impor pena mais grave que a aplicável no momento da perpetração do delito. Se depois da perpetração do delito a lei dispuser a imposição de pena mais leve, o delinquente será por isso beneficiado.

Art. 10. Direito a Indenização

Toda pessoa tem direito de ser indenizada conforme a lei, no caso de haver sido condenada em sentença passada em julgado, por erro judiciário.

Art. 11. Proteção da Honra e da Dignidade

• *Vide* art. 5.º, X, da CF.

1. Toda pessoa tem direito ao respeito de sua honra e ao reconhecimento de sua dignidade.

2. Ninguém pode ser objeto de ingerências arbitrárias ou abusivas em sua vida privada, na de sua família, em seu domicílio ou em sua correspondência, nem de ofensas ilegais à sua honra ou reputação.

3. Toda pessoa tem direito à proteção da lei contra tais ingerências ou tais ofensas.

Art. 12. Liberdade de Consciência e de Religião

1. Toda pessoa tem direito à liberdade de consciência e de religião. Esse direito implica a liberdade de conservar sua religião ou suas crenças, ou de mudar de religião ou de crenças, bem como a liberdade de professar e divulgar sua religião ou suas crenças, individual ou coletivamente, tanto em público como em privado.

2. Ninguém pode ser objeto de medidas restritivas que possam limitar sua liberdade de conservar sua religião ou suas crenças, ou de mudar de religião ou de crenças.

3. A liberdade de manifestar a própria religião e as próprias crenças está sujeita unicamente às limitações prescritas pela lei e que sejam necessárias para proteger a segurança, a ordem, a saúde ou a moral públicas ou os direitos ou liberdades das demais pessoas.

4. Os pais, e quando for o caso os tutores, têm direito a que seus filhos ou pupilos recebam a educação religiosa e moral que esteja acorde com suas próprias convicções.

Art. 13. Liberdade de Pensamento e de Expressão

1. Toda pessoa tem direito à liberdade de pensamento e de expressão. Esse direito compreende a liberdade de buscar, receber e difundir informações e ideias de toda natureza, sem consideração de fronteiras, verbalmente ou por escrito, ou em forma impressa ou artística, ou por qualquer outro processo de sua escolha.

2. O exercício do direito previsto no inciso precedente não pode estar sujeito a censura prévia, mas a responsabilidades ulteriores, que devem ser expressamente fixadas pela lei a ser necessárias para assegurar:

a) o respeito aos direitos ou à reputação das demais pessoas; ou

b) a proteção da segurança nacional, da ordem pública, ou da saúde ou da moral públicas.

3. Não se pode restringir o direito de expressão por vias ou meios indiretos, tais como o abuso de controles oficiais ou particulares de papel de imprensa, de

frequências radioelétricas ou de equipamentos e aparelhos usados na difusão de informação, nem por quaisquer outros meios destinados a obstar a comunicação e a circulação de ideias e opiniões.

4. A lei pode submeter os espetáculos públicos a censura prévia, com o objetivo exclusivo de regular o acesso a eles, para proteção moral da infância e da adolescência, sem prejuízo do disposto no inciso 2.º.

5. A lei deve proibir toda propaganda a favor da guerra, bem como toda apologia ao ódio nacional, racial ou religioso que constitua incitação à discriminação, à hostilidade, ao crime ou à violência.

Art. 14. Direito de Retificação ou Resposta

1. Toda pessoa atingida por informações inexatas ou ofensivas emitidas em seu prejuízo por meios de difusão legalmente regulamentados e que se dirijam ao público em geral, tem direito a fazer, pelo mesmo órgão de difusão, sua retificação ou resposta, nas condições que estabeleça a lei.

2. Em nenhum caso a retificação ou a resposta eximirão das outras responsabilidades legais em que se houver incorrido.

3. Para a efetiva proteção da honra e da reputação, toda publicação ou empresa jornalística, cinematográfica, de rádio ou televisão, deve ter uma pessoa responsável que não seja protegida por imunidades nem goze de foro especial.

• *Vide* art. 5.º, X, da CF.

Art. 15. Direito de Reunião

É reconhecido o direito de reunião pacífica e sem armas. O exercício de tal direito só pode estar sujeito às restrições previstas pela lei e que sejam necessárias, numa sociedade democrática, no interesse da segurança nacional, da segurança ou da ordem públicas, ou para proteger a saúde ou a moral públicas ou os direitos e liberdades das demais pessoas.

Art. 16. Liberdade de Associação

1. Todas as pessoas têm o direito de associar-se livremente com fins ideológicos, religiosos, políticos, econômicos, trabalhistas, sociais, culturais, desportivos ou de qualquer outra natureza.

2. O exercício de tal direito só pode estar sujeito às restrições previstas pela lei que sejam necessárias, numa sociedade democrática, no interesse da segurança nacional, da segurança ou da ordem públicas, ou para proteger a saúde ou a moral públicas ou os direitos e liberdades das demais pessoas.

3. O disposto neste artigo não impede a imposição de restrições legais, e mesmo a privação do exercício do direito de associação, aos membros das forças armadas e da polícia.

Art. 17. Proteção da Família

1. A família é o elemento natural e fundamental da sociedade e deve ser protegida pela sociedade e pelo Estado.

2. É reconhecido o direito do homem e da mulher de contraírem casamento e de fundarem uma família, se tiverem a idade e as condições para isso exigidas pelas leis internas, na medida em que não afetem estas o princípio da não discriminação estabelecido nesta Convenção.

3. O casamento não pode ser celebrado sem o livre e pleno consentimento dos contraentes.

4. Os Estados-Partes devem tomar medidas apropriadas no sentido de assegurar a igualdade de direitos e a adequada equivalência de responsabilidades dos cônjuges quanto ao casamento, durante o casamento e em caso de dissolução do mesmo. Em caso de dissolução, serão adotadas disposições que assegurem a proteção necessária aos filhos, com base unicamente no interesse e conveniência dos mesmos.

5. A lei deve reconhecer iguais direitos tanto aos filhos nascidos fora do casamento como aos nascidos dentro do casamento.

Art. 18. Direito ao Nome

Toda pessoa tem direito a um prenome e aos nomes de seus pais ou ao de um destes. A lei deve regular a forma de assegurar a todos esse direito, mediante nomes fictícios, se for necessário.

Art. 19. Direito da Criança

Toda criança tem direito às medidas de proteção que a sua condição de menor requer por parte da sua família, da sociedade e do Estado.

Art. 20. Direito à Nacionalidade

1. Toda pessoa tem direito a uma nacionalidade.

2. Toda pessoa tem direito à nacionalidade do Estado em cujo território houver nascido, se não tiver direito a outra.

3. A ninguém se deve privar arbitrariamente de sua nacionalidade nem do direito de mudá-la.

Art. 21. Direito à Propriedade Privada

1. Toda pessoa tem direito ao uso e gozo dos seus bens. A lei pode subordinar esse uso e gozo ao interesse social.

2. Nenhuma pessoa pode ser privada de seus bens, salvo mediante o pagamento de indenização justa, por motivo de utilidade pública ou de interesse social e nos casos e na forma estabelecidos pela lei.

3. Tanto a usura como qualquer outra forma de exploração do homem pelo homem devem ser reprimidas pela lei.

Art. 22. Direito de Circulação e de Residência

1. Toda pessoa que se ache legalmente no território de um Estado tem direito de circular nele e de nele residir em conformidade com as disposições legais.

2. Toda pessoa tem o direito de sair livremente de qualquer país, inclusive do próprio.

3. O exercício dos direitos acima mencionados não pode ser restringido senão em virtude de lei, na medida indispensável, numa sociedade democrática, para prevenir infrações penais ou para proteger a segurança nacional, a segurança ou a ordem pú-

blicas, a moral ou a saúde públicas, ou os direitos e liberdades das demais pessoas.

4. O exercício dos direitos reconhecidos no inciso 1.° pode também ser restringido pela lei, em zonas determinadas, por motivo de interesse público.

5. Ninguém pode ser expulso do território do Estado do qual for nacional, nem ser privado do direito de nele entrar.

6. O estrangeiro que se ache legalmente no território de um Estado-Parte nesta Convenção só poderá dele ser expulso em cumprimento de decisão adotada de acordo com a lei.

7. Toda pessoa tem o direito de buscar e receber asilo em território estrangeiro, em caso de perseguição por delitos políticos ou comuns conexos com delitos políticos e de acordo com a legislação de cada Estado e com os convênios internacionais.

8. Em nenhum caso o estrangeiro pode ser expulso ou entregue a outro país, seja ou não de origem, onde seu direito à vida ou à liberdade pessoal esteja em risco de violação por causa da sua raça, nacionalidade, religião, condição social ou de suas opiniões políticas.

9. É proibida a expulsão coletiva de estrangeiros.

Art. 23. Direitos Políticos

1. Todos os cidadãos devem gozar dos seguintes direitos e oportunidades:

a) de participar da direção dos assuntos públicos, diretamente ou por meio de representantes livremente eleitos;

b) de votar e ser eleitos em eleições periódicas autênticas, realizadas por sufrágio universal e igual e por voto secreto que garanta a livre expressão da vontade dos eleitores; e

c) de ter acesso, em condições gerais de igualdade, às funções públicas de seu país.

2. A lei pode regular o exercício dos direitos e oportunidades e a que se refere o inciso anterior, exclusivamente por motivos de idade, nacionalidade, residência, idioma, instrução, capacidade civil ou mental, ou condenação, por juiz competente, em processo penal.

Art. 24. Igualdade perante a Lei

Todas as pessoas são iguais perante a lei. Por conseguinte, têm direito, sem discriminação, a igual proteção da lei.

Art. 25. Proteção Judicial

1. Toda pessoa tem direito a um recurso simples e rápido ou a qualquer outro recurso efetivo, perante os juízes ou tribunais competentes, que a proteja contra atos que violem seus direitos fundamentais reconhecidos pela constituição, pela lei ou pela presente Convenção, mesmo quando tal violação seja cometida por pessoas que estejam atuando no exercício de suas funções oficiais.

2. Os Estados-Partes comprometem-se:

a) a assegurar que a autoridade competente prevista pelo sistema legal do Estado decida sobre os direitos de toda pessoa que interpuser tal recurso;

b) a desenvolver as possibilidades de recurso judicial; e

c) a assegurar o cumprimento, pelas autoridades competentes, de toda decisão em que se tenha considerado procedente o recurso.

Capítulo III
DIREITOS ECONÔMICOS, SOCIAIS E CULTURAIS

Art. 26. Desenvolvimento Progressivo

Os Estados-Partes comprometem-se a adotar providências, tanto no âmbito interno como mediante cooperação internacional, especialmente econômica e técnica, a fim de conseguir progressivamente a plena efetividade dos direitos que decorrem das normas econômicas, sociais e sobre educação, ciência e cultura, constantes da Carta da Organização dos Estados Americanos, reformada pelo Protocolo de Buenos Aires, na medida dos recursos disponíveis, por via legislativa ou por outros meios apropriados.

Capítulo IV
SUSPENSÃO DE GARANTIAS, INTERPRETAÇÃO E APLICAÇÃO

Art. 27. Suspensão de Garantias

1. Em caso de guerra, de perigo público, ou de outra emergência que ameace a independência ou segurança do Estado-Parte, este poderá adotar disposições que, na medida e pelo tempo estritamente limitados às exigências da situação, suspendam as obrigações contraídas em virtude desta Convenção, desde que tais disposições não sejam incompatíveis com as demais obrigações que lhe impõe o Direito Internacional e não encerrem discriminação alguma fundada em motivos de raça, cor, sexo, idioma, religião ou origem social.

2. A disposição precedente não autoriza a suspensão dos direitos determinados nos seguintes arts.: 3.° (Direito ao Reconhecimento da Personalidade Jurídica), 4.° (Direito à Vida), 5.° (Direito à Integridade Pessoal), 6.° (Proibição da Escravidão e Servidão), 9.° (Princípio da Legalidade e da Retroatividade), 12 (Liberdade de Consciência e de Religião), 17 (Proteção da Família), 18 (Direito ao Nome), 19 (Direitos da Criança), 20 (Direito à Nacionalidade) e 23 (Direitos Políticos), nem das garantias indispensáveis para a proteção de tais direitos.

3. Todo Estado-Parte que fizer uso do direito de suspensão deverá informar imediatamente os outros Estados-Partes na presente Convenção, por intermédio do Secretário-Geral da Organização dos Estados Americanos, das disposições cuja aplicação haja suspendido, dos motivos determinantes da suspensão e da data em que haja dado por terminada tal suspensão.

Art. 28. Cláusula Federal

1. Quando se tratar de um Estado-Parte constituído como Estado federal, o governo nacional do alu-

dido Estado-Parte cumprirá todas as disposições da presente Convenção, relacionadas com as matérias sobre as quais exerce competência legislativa e judicial.

2. No tocante às disposições relativas às matérias que correspondem à competência das entidades componentes da federação, o governo nacional deve tomar imediatamente as medidas pertinentes, em conformidade com sua constituição e suas leis, a fim de que as autoridades competentes das referidas entidades possam adotar as disposições cabíveis para o cumprimento desta Convenção.

3. Quando dois ou mais Estados-Partes decidirem constituir entre eles uma federação ou outro tipo de associação, diligenciarão no sentido de que o pacto comunitário respectivo contenha as disposições necessárias para que continuem sendo efetivas no novo Estado assim organizado as normas da presente Convenção.

Art. 29. Normas de Interpretação

Nenhuma disposição desta Convenção pode ser interpretada no sentido de:

a) permitir a qualquer dos Estados-Partes, grupo ou pessoa, suprimir o gozo e exercício dos direitos e liberdades reconhecidos na Convenção ou limitá-los em maior medida do que a nela prevista;

b) limitar o gozo e exercício de qualquer direito ou liberdade que possam ser reconhecidos de acordo com as leis de qualquer dos Estados-Partes ou de acordo com outra convenção em que seja parte um dos referidos Estados;

c) excluir outros direitos e garantias que são inerentes ao ser humano ou que decorrem da forma democrática representativa de governo; e

d) excluir ou limitar o efeito que possam produzir a Declaração Americana dos Direitos e Deveres do Homem e outros atos internacionais da mesma natureza.

Art. 30. Alcance das Restrições

As restrições permitidas, de acordo com esta Convenção, ao gozo e exercício dos direitos e liberdades nela reconhecidos, não podem ser aplicadas senão de acordo com leis que forem promulgadas por motivo de interesse geral e com o propósito para o qual houverem sido estabelecidas.

Art. 31. Reconhecimento de Outros Direitos

Poderão ser incluídos no regime de proteção desta Convenção outros direitos e liberdades que forem reconhecidos de acordo com os processos estabelecidos nos arts. 69 e 70.

Capítulo V
DEVERES DAS PESSOAS

Art. 32. Correlação entre Deveres e Direitos

1. Toda pessoa tem deveres para com a família, a comunidade e a humanidade.

2. Os direitos de cada pessoa são limitados pelos direitos dos demais, pela segurança de todos e pelas justas exigências do bem comum, numa sociedade democrática.

PARTE II
MEIOS DE PROTEÇÃO

Capítulo VI
ÓRGÃOS COMPETENTES

Art. 33

São competentes para conhecer dos assuntos relacionados com o cumprimento dos compromissos assumidos pelos Estados-Partes nesta Convenção:

a) a Comissão Interamericana de Direitos Humanos, doravante denominada a Comissão; e

b) a Corte Interamericana de Direitos Humanos, doravante denominada a Corte.

Capítulo VII
COMISSÃO INTERAMERICANA DE DIREITOS HUMANOS

Seção I
Organização

Art. 34

A Comissão Interamericana de Direitos Humanos compor-se-á de sete membros, que deverão ser pessoas de alta autoridade moral e de reconhecido saber em matéria de direitos humanos.

Art. 35

A Comissão representa todos os Membros da Organização dos Estados Americanos.

Art. 36

1. Os membros da Comissão serão eleitos a título pessoal, pela Assembleia Geral da Organização, de uma lista de candidatos propostos pelos governos dos Estados-Membros.

2. Cada um dos referidos governos pode propor até três candidatos, nacionais do Estado que os propuser ou de qualquer outro Estado-Membro da Organização dos Estados Americanos. Quando for proposta uma lista de três candidatos, pelo menos um deles deverá ser nacional de Estado diferente do proponente.

Art. 37

1. Os membros da Comissão serão eleitos por quatro anos e só poderão ser reeleitos uma vez, porém o mandato de três dos membros designados na primeira eleição expirará ao cabo de dois anos. Logo depois da referida eleição, serão determinados por sorteio, na Assembleia Geral, os nomes desses três membros.

2. Não pode fazer parte da Comissão mais de um nacional de um mesmo Estado.

Art. 38

As vagas que ocorrerem na Comissão, que não se devam à expiração normal do mandato, serão preenchidas pelo Conselho Permanente da Organização, de acordo com o que dispuser o Estatuto da Comissão.

Art. 39

A Comissão elaborará seu estatuto e submetê-lo-á à aprovação da Assembleia Geral e expedirá seu próprio regulamento.

Art. 40

Os serviços de secretaria da Comissão devem ser desempenhados pela unidade funcional especializada que faz parte da Secretaria-Geral da Organização e deve dispor dos recursos necessários para cumprir as tarefas que lhe forem confiadas pela Comissão.

Seção II
Funções

Art. 41

A Comissão tem a função principal de promover a observância e a defesa dos direitos humanos e, no exercício do seu mandato, tem as seguintes funções e atribuições:

a) estimular a consciência dos direitos humanos nos povos da América;

b) formular recomendações aos governos dos Estados-Membros, quando o considerar conveniente, no sentido de que adotem medidas progressivas em prol dos direitos humanos no âmbito de suas leis internas e seus preceitos constitucionais, bem como disposições apropriadas para promover o devido respeito a esses direitos;

c) preparar os estudos ou relatórios que considerar convenientes para o desempenho de suas funções;

d) solicitar aos governos dos Estados-Membros que lhe proporcionem informações sobre as medidas que adotarem em matéria de direitos humanos;

e) atender às consultas que, por meio da Secretaria-Geral da Organização dos Estados Americanos, lhe formularem os Estados-Membros sobre questões relacionadas com os direitos humanos e, dentro de suas possibilidades, prestar-lhes o assessoramento que eles lhe solicitarem;

f) atuar com respeito às petições e outras comunicações, no exercício de sua autoridade, de conformidade com o disposto nos arts. 44 a 51 desta Convenção; e

g) apresentar um relatório anual à Assembleia Geral da Organização dos Estados Americanos.

Art. 42

Os Estados-Partes devem remeter à Comissão cópia dos relatórios e estudos que, em seus respectivos campos, submetem anualmente às Comissões Executivas do Conselho Interamericano Econômico e Social e do Conselho Interamericano de Educação, Ciência e Cultura, a fim de que aquela vele por que se promovam os direitos decorrentes das normas econômicas, sociais e sobre educação, ciência e cultura, constantes da Carta da Organização dos Estados Americanos, reformada pelo Protocolo de Buenos Aires.

Art. 43

Os Estados-Partes obrigam-se a proporcionar à Comissão as informações que esta lhes solicitar sobre a maneira pela qual o seu direito interno assegura a aplicação efetiva de quaisquer disposições desta Convenção.

Seção III
Competência

Art. 44

Qualquer pessoa ou grupo de pessoas, ou entidade não governamental legalmente reconhecida em um ou mais Estados-Membros da Organização, pode apresentar à Comissão petições que contenham denúncias ou queixas de violação desta Convenção por um Estado-Parte.

Art. 45

1. Todo Estado-Parte pode, no momento do depósito do seu instrumento de ratificação desta Convenção ou de adesão a ela, ou em qualquer momento posterior, declarar que reconhece a competência da Comissão para receber e examinar as comunicações em que um Estado-Parte alegue haver outro Estado-Parte incorrido em violações dos direitos humanos estabelecidos nesta Convenção.

2. As comunicações feitas em virtude deste artigo só podem ser admitidas e examinadas se forem apresentadas por um Estado-Parte que haja feito uma declaração pela qual reconheça a referida competência da Comissão. A Comissão não admitirá nenhuma comunicação contra um Estado-Parte que não haja feito tal declaração.

3. As declarações sobre reconhecimento de competência podem ser feitas para que esta vigore por tempo indefinido, por período determinado ou para casos específicos.

4. As declarações serão depositadas na Secretaria-Geral da Organização dos Estados Americanos, a qual encaminhará cópia das mesmas aos Estados-Membros da referida Organização.

Art. 46

1. Para que uma petição ou comunicação apresentada de acordo com os arts. 44 ou 45 seja admitida pela Comissão, será necessário:

a) que hajam sido interpostos e esgotados os recursos da jurisdição interna, de acordo com os princípios de direito internacional geralmente reconhecidos;

b) que seja apresentada dentro do prazo de seis meses, a partir da data em que o presumido prejudicado em seus direitos tenha sido notificado da decisão definitiva;

c) que a matéria da petição ou comunicação não esteja pendente de outro processo de solução internacional; e

d) que, no caso do art. 44, a petição contenha o nome, a nacionalidade, a profissão, o domicílio e a assinatura da pessoa ou pessoas ou do representante legal da entidade que submeter a petição.

2. As disposições das alíneas *a* e *b* do inciso 1 deste artigo não se aplicarão quando:

a) não existir, na legislação interna do Estado de que se tratar, o devido processo legal para a proteção do direito ou direitos que se alegue tenham sido violados;

b) não se houver permitido ao presumido prejudicado em seus direitos o acesso aos recursos da jurisdição interna, ou houver sido ele impedido de esgotá-los; e

c) houver demora injustificada na decisão sobre os mencionados recursos.

Art. 47

A Comissão declarará inadmissível toda petição ou comunicação apresentada de acordo com os arts. 44 ou 45 quando:

a) não preencher algum dos requisitos estabelecidos no art. 46;

b) não expuser fatos que caracterizem violação dos direitos garantidos por esta Convenção;

c) pela exposição do próprio peticionário ou do Estado, for manifestamente infundada a petição ou comunicação ou for evidente sua total improcedência; ou

d) for substancialmente reprodução de petição ou comunicação anterior, já examinada pela Comissão ou por outro organismo internacional.

Seção IV
Processo

Art. 48

1. A Comissão, ao receber uma petição ou comunicação na qual se alegue violação de qualquer dos direitos consagrados nesta Convenção, procederá da seguinte maneira:

a) se reconhecer a admissibilidade da petição ou comunicação, solicitará informações ao Governo do Estado ao qual pertença a autoridade apontada como responsável pela violação alegada e transcreverá as partes pertinentes da petição ou comunicação. As referidas informações devem ser enviadas dentro de um prazo razoável, fixado pela Comissão ao considerar as circunstâncias de cada caso;

b) recebidas as informações, ou transcorrido o prazo fixado sem que sejam elas recebidas, verificará se existem ou subsistem os motivos da petição ou comunicação. No caso de não existirem ou não subsistirem, mandará arquivar o expediente;

c) poderá também declarar a inadmissibilidade ou a improcedência da petição ou comunicação, com base em informação ou prova superveniente;

d) se o expediente não houver sido arquivado, e com o fim de comprovar os fatos, a Comissão procederá, com conhecimento das partes, a um exame do assunto exposto na petição ou comunicação. Se for necessário e conveniente, a Comissão procederá a uma investigação para cuja eficaz realização solicitará, e os Estados interessados lhe proporcionarão todas as facilidades necessárias;

e) poderá pedir aos Estados interessados qualquer informação pertinente e receberá, se isso lhe for solicitado, as exposições verbais ou escritas que apresentarem os interessados; e

f) pôr-se-á à disposição das partes interessadas, a fim de chegar a uma solução amistosa do assunto, fundada no respeito aos direitos humanos reconhecidos nesta Convenção.

2. Entretanto, em casos graves e urgentes, pode ser realizada uma investigação, mediante prévio consentimento do Estado em cujo território se alegue haver sido cometida a violação, tão somente com a apresentação de uma petição ou comunicação que reúna todos os requisitos formais de admissibilidade.

Art. 49

Se se houver chegado a uma solução amistosa de acordo com as disposições do inciso 1, *f*, do art. 48, a Comissão redigirá um relatório que será encaminhado ao peticionário e aos Estados-Partes nesta Convenção e, posteriormente, transmitido, para sua publicação, ao Secretário-Geral da Organização dos Estados Americanos. O referido relatório conterá uma breve exposição dos fatos e da solução alcançada. Se qualquer das partes no caso o solicitar, ser-lhe-á proporcionada a mais ampla informação possível.

Art. 50

1. Se não se chegar a uma solução, e dentro do prazo que for fixado pelo Estatuto da Comissão, esta redigirá um relatório no qual exporá os fatos e suas conclusões. Se o relatório não representar, no todo ou em parte, o acordo unânime dos membros da Comissão, qualquer deles poderá agregar ao referido relatório seu voto em separado. Também se agregarão ao relatório as exposições verbais ou escritas que houverem sido feitas pelos interessados em virtude do inciso 1, *e*, do art. 48.

2. O relatório será encaminhado aos Estados interessados, aos quais não será facultado publicá-lo.

3. Ao encaminhar o relatório, a Comissão pode formular as proposições e recomendações que julgar adequadas.

Art. 51

1. Se no prazo de três meses, a partir da remessa aos Estados interessados do relatório da Comissão, o assunto não houver sido solucionado ou submetido à decisão da Corte pela Comissão ou pelo Estado interessado, aceitando sua competência, a Comissão poderá emitir, pelo voto da maioria absoluta dos seus membros, sua opinião e conclusões sobre a questão submetida à sua consideração.

2. A Comissão fará as recomendações pertinentes e fixará um prazo dentro do qual o Estado deve tomar as medidas que lhe competirem para remediar a situação examinada.

3. Transcorrido o prazo fixado, a Comissão decidirá, pelo voto da maioria absoluta dos seus membros, se o Estado tomou ou não medidas adequadas e se publica ou não seu relatório.

CAPÍTULO VIII
CORTE INTERAMERICANA DE DIREITOS HUMANOS

Seção I
Organização

Art. 52

1. A Corte compor-se-á de sete juízes, nacionais dos Estados-Membros da Organização, eleitos a título pessoal dentre juristas da mais alta autoridade moral, de reconhecida competência em matéria de direitos humanos, que reúnam as condições requeridas para o exercício das mais elevadas funções judiciais, de acordo com a lei do Estado do qual sejam nacionais, ou do Estado que os propuser como candidatos.

2. Não deve haver dois juízes da mesma nacionalidade.

Art. 53

1. Os juízes da Corte serão eleitos, em votação secreta e pelo voto da maioria absoluta dos Estados-Partes na Convenção, na Assembleia Geral da Organização, de uma lista de candidatos propostos pelos mesmos Estados.

2. Cada um dos Estados-Partes pode propor até três candidatos, nacionais do Estado que os propuser ou de qualquer outro Estado-Membro da Organização dos Estados Americanos. Quando se propuser uma lista de três candidatos, pelo menos um deles deverá ser nacional de Estado diferente do proponente.

Art. 54

1. Os juízes da Corte serão eleitos por um período de seis anos e só poderão ser reeleitos uma vez. O mandato de três dos juízes designados na primeira eleição expirará ao cabo de três anos. Imediatamente depois da referida eleição, determinar-se-ão por sorteio, na Assembleia Geral, os nomes desses três juízes.

2. O juiz eleito para substituir outro cujo mandato não haja expirado, completará o período deste.

3. Os juízes permanecerão em suas funções até o término dos seus mandatos. Entretanto, continuarão funcionando nos casos de que já houverem tomado conhecimento e que se encontrem em fase de sentença e, para tais efeitos, não serão substituídos pelos novos juízes eleitos.

Art. 55

1. O juiz que for nacional de algum dos Estados-Partes no caso submetido à Corte conservará o seu direito de conhecer o mesmo.

2. Se um dos juízes chamados a conhecer do caso for de nacionalidade de um dos Estados-Partes, outro Estado-Parte no caso poderá designar uma pessoa de sua escolha para integrar a Corte na qualidade de juiz *ad hoc*.

3. Se, dentre os juízes chamados a conhecer do caso, nenhum for da nacionalidade dos Estados-Partes, cada um destes poderá designar um juiz *ad hoc*.

4. O juiz *ad hoc* deve reunir os requisitos indicados no art. 52.

5. Se vários Estados-Partes na Convenção tiverem o mesmo interesse no caso, serão considerados como uma só parte, para o fins das disposições anteriores. Em caso de dúvida, a Corte decidirá.

Art. 56

O *quorum* para as deliberações da Corte é constituído por cinco juízes.

Art. 57

A Comissão comparecerá em todos os casos perante a Corte.

Art. 58

1. A Corte terá sua sede no lugar que for determinado, na Assembleia Geral da Organização, pelos Estados-Partes na Convenção, mas poderá realizar reuniões no território de qualquer Estado-Membro da Organização dos Estados Americanos em que o considerar conveniente pela maioria dos seus membros e mediante prévia aquiescência do Estado respectivo. Os Estados-Partes na Convenção podem, na Assembleia Geral, por dois terços dos seus votos, mudar a sede da Corte.

2. A Corte designará seu Secretário.

3. O Secretário residirá na sede da Corte e deverá assistir às reuniões que ela realizar fora da mesma.

Art. 59

A Secretaria da Corte será por esta estabelecida e funcionará sob a direção do Secretário da Corte, de acordo com as normas administrativas da Secretaria-Geral da Organização em tudo o que não for incompatível com a independência da Corte. Seus funcionários serão nomeados pelo Secretário-Geral da Organização, em consulta com o Secretário da Corte.

Art. 60

A Corte elaborará seu estatuto e submetê-lo-á à aprovação da Assembleia Geral e expedirá seu regimento.

Seção II
Competência e Funções

Art. 61

1. Somente os Estados-Partes e a Comissão têm direito de submeter caso à decisão da Corte.

2. Para que a Corte possa conhecer de qualquer caso, é necessário que sejam esgotados os processos previstos nos arts. 48 a 50.

Art. 62

1. Todo Estado-Parte pode, no momento do depósito do seu instrumento de ratificação desta Convenção ou de adesão a ela, ou em qualquer momento posterior, declarar que reconhece como obrigatória, de pleno direito e sem convenção especial, a competência da Corte em todos os casos relativos à interpretação ou aplicação desta Convenção.

2. A declaração pode ser feita incondicionalmente, ou sob condição de reciprocidade, por prazo determinado ou para casos específicos. Deverá ser

apresentada ao Secretário-Geral da Organização, que encaminhará cópias da mesma aos outros Estados-Membros da Organização e ao Secretário da Corte.

3. A Corte tem competência para conhecer de qualquer caso relativo à interpretação e aplicação das disposições desta Convenção que lhe seja submetido, desde que os Estados-Partes no caso tenham reconhecido ou reconheçam a referida competência, seja por declaração especial, como preveem os incisos anteriores, seja por convenção especial.

- O Decreto n. 4.463, de 8-11-2002, reconhece como obrigatória, de pleno direito e por prazo indeterminado, a competência da Corte Interamericana de Direitos Humanos, sob reserva de reciprocidade, em todos os casos relativos à interpretação ou aplicação desta Convenção, de acordo com este artigo.

Art. 63

1. Quando decidir que houve violação de um direito ou liberdade protegido nesta Convenção, a Corte determinará que se assegure ao prejudicado o gozo do seu direito ou liberdade violados. Determinará também, se isso for procedente, que sejam reparadas as consequências da medida ou situação que haja configurado a violação desses direitos, bem como o pagamento de indenização justa à parte lesada.

2. Em casos de extrema gravidade e urgência, e quando se fizer necessário evitar danos irreparáveis às pessoas, a Corte, nos assuntos de que estiver conhecendo, poderá tomar as medidas provisórias que considerar pertinentes. Se se tratar de assuntos que ainda não estiverem submetidos ao seu conhecimento, poderá atuar a pedido da Comissão.

Art. 64

1. Os Estados-Membros da Organização poderão consultar a Corte sobre a interpretação desta Convenção ou de outros tratados concernentes à proteção dos direitos humanos nos Estados Americanos. Também poderão consultá-la, no que lhes compete, os órgãos enumerados no Capítulo X da Carta da Organização dos Estados Americanos, reformada pelo Protocolo de Buenos Aires.

2. A Corte, a pedido de um Estado-Membro da Organização, poderá emitir pareceres sobre a compatibilidade entre qualquer de suas leis internas e os mencionados instrumentos internacionais.

Art. 65

A Corte submeterá à consideração da Assembleia Geral da Organização, em cada período ordinário de sessões, um relatório sobre suas atividades no ano anterior. De maneira especial, e com as recomendações pertinentes, indicará os casos em que um Estado não tenha dado cumprimento a suas sentenças.

Seção III
Processo

Art. 66

1. A sentença da Corte deve ser fundamentada.

2. Se a sentença não expressar no todo ou em parte a opinião unânime dos juízes, qualquer deles terá direito a que se agregue à sentença o seu voto dissidente ou individual.

Art. 67

A sentença da Corte será definitiva e inapelável. Em caso de divergência sobre o sentido ou alcance da sentença, a Corte interpretá-la-á, a pedido de qualquer das partes, desde que o pedido seja apresentado dentro de noventa dias a partir da data da notificação da sentença.

Art. 68

1. Os Estados-Partes na Convenção comprometem-se a cumprir a decisão da Corte em todo caso em que forem partes.

2. A parte da sentença que determinar indenização compensatória poderá ser executada no país respectivo pelo processo interno vigente para a execução de sentenças contra o Estado.

Art. 69

A sentença da Corte deve ser notificada às partes no caso e transmitida aos Estados-Partes na Convenção.

Capítulo IX
DISPOSIÇÕES COMUNS

Art. 70

1. Os juízes da Corte e os membros da Comissão gozam, desde o momento de sua eleição e enquanto durar o seu mandato, das imunidades reconhecidas aos agentes diplomáticos pelo Direito Internacional. Durante o exercício dos seus cargos gozam, além disso, dos privilégios diplomáticos necessários para o desempenho de suas funções.

2. Não se poderá exigir responsabilidade em tempo algum dos juízes da Corte, nem dos membros da Comissão, por votos e opiniões emitidos no exercício de suas funções.

Art. 71

Os cargos de juiz da Corte ou de membro da Comissão são incompatíveis com outras atividades que possam afetar sua independência ou imparcialidade conforme o que for determinado nos respectivos estatutos.

Art. 72

Os juízes da Corte e os membros da Comissão perceberão honorários e despesas de viagem na forma e nas condições que determinarem os seus estatutos, levando em conta a importância e independência de suas funções. Tais honorários e despesas de viagem serão fixados no orçamento-programa da Organização dos Estados Americanos, no qual devem ser incluídas, além disso, as despesas da Corte e da sua Secretaria. Para tais efeitos, a Corte elaborará o seu próprio projeto de orçamento e submetê-lo-á à aprovação da Assembleia Geral, por intermédio da Secretaria-Geral. Esta última não poderá nele introduzir modificações.

Art. 73

Somente por solicitação da Comissão ou da Corte, conforme o caso, cabe à Assembleia Geral da Organização resolver sobre as sanções aplicáveis aos membros da Comissão ou aos juízes da Corte que incorrerem nos casos previstos nos respectivos estatutos. Para expedir uma resolução, será necessária maioria de dois terços dos votos dos Estados-Membros da Organização, no caso dos membros da Comissão; e, além disso, de dois terços dos votos dos Estados-Partes na Convenção, se se tratar dos juízes da Corte.

PARTE III
DISPOSIÇÕES GERAIS E TRANSITÓRIAS

Capítulo X
ASSINATURA, RATIFICAÇÃO, RESERVA, EMENDA, PROTOCOLO E DENÚNCIA

Art. 74

1. Esta Convenção fica aberta à assinatura e à ratificação ou adesão de todos os Estados-Membros da Organização dos Estados Americanos.

2. A ratificação desta Convenção ou a adesão a ela efetuar-se-á mediante depósito de um instrumento de ratificação ou de adesão na Secretaria-Geral da Organização dos Estados Americanos. Esta Convenção entrará em vigor logo que onze Estados houverem depositado os seus respectivos instrumentos de ratificação ou de adesão. Com referência a qualquer outro Estado que a ratificar ou que a ela aderir ulteriormente, a Convenção entrará em vigor na data do depósito do seu instrumento de ratificação ou de adesão.

3. O Secretário-Geral informará todos os Estados-Membros da Organização sobre a entrada em vigor da Convenção.

Art. 75

Esta Convenção só pode ser objeto de reservas em conformidade com as disposições da Convenção de Viena sobre Direito dos Tratados, assinada em 23 de maio de 1969.

Art. 76

1. Qualquer Estado-Parte, diretamente, e a Comissão ou a Corte, por intermédio do Secretário-Geral, podem submeter à Assembleia Geral, para o que julgarem conveniente, proposta de emenda a esta Convenção.

2. As emendas entrarão em vigor para os Estados que ratificarem as mesmas na data em que houver sido depositado o respectivo instrumento de ratificação que corresponda ao número de dois terços dos Estados-Partes nesta Convenção. Quanto aos outros Estados-Partes, entrarão em vigor na data em que depositarem eles os seus respectivos instrumentos de ratificação.

Art. 77

1. De acordo com a faculdade estabelecida no art. 31, qualquer Estado-Parte e a Comissão podem submeter à consideração dos Estados-Partes reunidos por ocasião da Assembleia Geral, projetos de protocolos adicionais a esta Convenção, com a finalidade de incluir progressivamente no regime de proteção da mesma outros direitos e liberdades.

2. Cada protocolo deve estabelecer as modalidades de sua entrada em vigor e será aplicado somente entre os Estados-Partes no mesmo.

Art. 78

1. Os Estados-Partes poderão denunciar esta Convenção depois de expirado um prazo de cinco anos, a partir da data de entrada em vigor da mesma e mediante aviso prévio de um ano, notificando o Secretário-Geral da Organização, o qual deve informar as outras Partes.

2. Tal denúncia não terá o efeito de desligar o Estado-Parte interessado das obrigações contidas nesta Convenção, no que diz respeito a qualquer ato que, podendo constituir violação dessas obrigações, houver sido cometido por ele anteriormente à data na qual a denúncia produzir efeito.

Capítulo XI
DISPOSIÇÕES TRANSITÓRIAS

Seção I
Comissão Interamericana de Direitos Humanos

Art. 79

Ao entrar em vigor esta Convenção, o Secretário-Geral pedirá por escrito a cada Estado-Membro da Organização que apresente, dentro de um prazo de noventa dias, seus candidatos a membro da Comissão Interamericana de Direitos Humanos. O Secretário-Geral preparará uma lista por ordem alfabética dos candidatos apresentados e a encaminhará aos Estados-Membros da Organização pelo menos trinta dias antes da Assembleia Geral seguinte.

Art. 80

A eleição dos membros da Comissão far-se-á dentre os candidatos que figurem na lista a que se refere o art. 79, por votação secreta da Assembleia Geral, e serão declarados eleitos os candidatos que obtiverem maior número de votos e a maioria absoluta dos votos dos representantes dos Estados-Membros. Se, para eleger todos os membros da Comissão, for necessário realizar várias votações, serão eliminados sucessivamente, na forma que for determinada pela Assembleia Geral, os candidatos que receberem menor número de votos.

Seção II
Corte Interamericana de Direitos Humanos

Art. 81

Ao entrar em vigor esta Convenção, o Secretário-Geral solicitará por escrito a cada Estado-Parte que apresente, dentro de um prazo de noventa dias, seus candidatos a juiz da Corte Interamericana de Direitos Humanos. O Secretário-Geral preparará uma lista por ordem alfabética dos candidatos apresentados e a encaminhará aos Estados-Partes pelo menos trinta dias antes da Assembleia Geral seguinte.

Art. 82

A eleição dos juízes da Corte far-se-á dentre os candidatos que figurem na lista a que se refere o art. 81, por votação secreta dos Estados-Partes, na Assembleia Geral, e serão declarados eleitos os candidatos que obtiverem maior número de votos e a maioria absoluta dos votos dos representantes dos Estados-Partes. Se, para eleger todos os juízes da Corte, for necessário realizar várias votações, serão eliminados sucessivamente, na forma que for determinada pelos Estados-Partes, os candidatos que receberem menor número de votos.

DECLARAÇÕES E RESERVAS

Declaração do Chile

A Delegação do Chile apõe sua assinatura a esta Convenção, sujeita à sua posterior aprovação parlamentar e ratificação, em conformidade com as normas constitucionais vigentes.

Declaração do Equador

A Delegação do Equador tem a honra de assinar a Convenção Americana sobre Direitos Humanos. Não crê necessário especificar reserva alguma, deixando a salvo tão somente a faculdade geral constante da mesma Convenção, que deixa aos governos a liberdade de ratificá-la.

Reserva do Uruguai

O art. 80, § 2.º, da Constituição da República Oriental do Uruguai, estabelece que se suspende a cidadania "pela condição de legalmente processado em causa criminal de que possa resultar *pena de penitenciária*. Essa limitação ao exercício dos direitos reconhecidos no art. 23 da Convenção não está prevista entre as circunstâncias que a tal respeito prevê o art. 23, § 2.º, motivo por que a Delegação do Uruguai formula a reserva pertinente.

Em fé do que, os plenipotenciários abaixo-assinados, cujos plenos poderes foram encontrados em boa e devida forma, assinam esta Convenção, que se denominará "Pacto de São José da Costa Rica", na cidade de São José, Costa Rica, em vinte e dois de novembro de mil novecentos e sessenta e nove.

Declaração Interpretativa do Brasil

Ao depositar a Carta de Adesão à Convenção Americana sobre Direitos Humanos (Pacto de São José da Costa Rica), em 25 de setembro de 1992, o Governo brasileiro fez a seguinte declaração interpretativa sobre os arts. 43 e 48, *d:*

"O Governo do Brasil entende que os arts. 43 e 48, *d*, não incluem o direito automático de visitas e inspeções *in loco* da Comissão Interamericana de Direitos Humanos, as quais dependerão da anuência expressa do Estado".

LEI N. 8.625, DE 12 DE FEVEREIRO DE 1993 (*)

Institui a Lei Orgânica Nacional do Ministério Público, dispõe sobre normas gerais para a organização do Ministério Público dos Estados e dá outras providências.

O Presidente da República

Faço saber que o Congresso Nacional decreta e eu sanciono a seguinte Lei:

CAPÍTULO I
DAS DISPOSIÇÕES GERAIS

Art. 1.º O Ministério Público é instituição permanente, essencial à função jurisdicional do Estado, incumbindo-lhe a defesa da ordem jurídica, do regime democrático e dos interesses sociais e individuais indisponíveis.

Parágrafo único. São princípios institucionais do Ministério Público a unidade, a indivisibilidade e a independência funcional.

Art. 2.º Lei complementar, denominada Lei Orgânica do Ministério Público, cuja iniciativa é facultada aos Procuradores-Gerais de Justiça dos Estados, estabelecerá, no âmbito de cada uma dessas unidades federativas, normas específicas de organização, atribuições e estatuto do respectivo Ministério Público.

Parágrafo único. A organização, atribuições e estatuto do Ministério Público do Distrito Federal e Territórios serão objeto da Lei Orgânica do Ministério Público da União.

- A Lei Complementar n. 75, de 20-5-1993, dispõe sobre a organização, as atribuições e o estatuto do Ministério Público da União.

Art. 3.º Ao Ministério Público é assegurada autonomia funcional, administrativa e financeira, cabendo-lhe, especialmente:

I – praticar atos próprios de gestão;

II – praticar atos e decidir sobre a situação funcional e administrativa do pessoal, ativo e inativo, da carreira e dos serviços auxiliares, organizados em quadros próprios;

III – elaborar suas folhas de pagamento e expedir os competentes demonstrativos;

IV – adquirir bens e contratar serviços, efetuando a respectiva contabilização;

V – propor ao Poder Legislativo a criação e a extinção de seus cargos, bem como a fixação e o reajuste dos vencimentos de seus membros;

VI – propor ao Poder Legislativo a criação e a extinção dos cargos de seus serviços auxiliares, bem

(*) Publicada no *DOU*, de 15-2-1993.

como a fixação e o reajuste dos vencimentos de seus servidores;

VII – prover os cargos iniciais da carreira e dos serviços auxiliares, bem como nos casos de remoção, promoção e demais formas de provimento derivado;

VIII – editar atos de aposentadoria, exoneração e outros que importem em vacância de cargos de carreira e dos serviços auxiliares, bem como os de disponibilidade de membros do Ministério Público e de seus servidores;

IX – organizar suas secretarias e os serviços auxiliares das Procuradorias e Promotorias de Justiça;

X – compor os seus órgãos de administração;

XI – elaborar seus regimentos internos;

XII – exercer outras competências dela decorrentes.

Parágrafo único. As decisões do Ministério Público fundadas em sua autonomia funcional, administrativa e financeira, obedecidas as formalidades legais, têm eficácia plena e executoriedade imediata, ressalvada a competência constitucional do Poder Judiciário e do Tribunal de Contas.

Art. 4.º O Ministério Público elaborará sua proposta orçamentária dentro dos limites estabelecidos na Lei de Diretrizes Orçamentárias, encaminhando-a diretamente ao Governador do Estado, que a submeterá ao Poder Legislativo.

§ 1.º Os recursos correspondentes às suas dotações orçamentárias próprias e globais, compreendidos os créditos suplementares e especiais, ser-lhe-ão entregues até o dia 20 (vinte) de cada mês, sem vinculação a qualquer tipo de despesa.

§ 2.º A fiscalização contábil, financeira, orçamentária, operacional e patrimonial do Ministério Público, quanto à legalidade, legitimidade, economicidade, aplicação de dotações e recursos próprios e renúncia de receitas, será exercida pelo Poder Legislativo, mediante controle externo e pelo sistema de controle interno estabelecido na Lei Orgânica.

CAPÍTULO II
DA ORGANIZAÇÃO DO MINISTÉRIO PÚBLICO

Seção I
Dos Órgãos de Administração

Art. 5.º São órgãos da Administração Superior do Ministério Público:

I – a Procuradoria-Geral de Justiça;

II – o Colégio de Procuradores de Justiça;

III – o Conselho Superior do Ministério Público;

IV – a Corregedoria-Geral do Ministério Público.

Art. 6.º São também órgãos de Administração do Ministério Público:

I – as Procuradorias de Justiça;

II – as Promotorias de Justiça.

Seção II
Dos Órgãos de Execução

Art. 7.º São órgãos de execução do Ministério Público:

I – o Procurador-Geral de Justiça;

II – o Conselho Superior do Ministério Público;

III – os Procuradores de Justiça;

IV – os Promotores de Justiça.

Seção III
Dos Órgãos Auxiliares

Art. 8.º São órgãos auxiliares do Ministério Público, além de outros criados pela Lei Orgânica:

I – os Centros de Apoio Operacional;

II – a Comissão de Concurso;

III – o Centro de Estudos e Aperfeiçoamento Funcional;

IV – os órgãos de apoio administrativo;

V – os estagiários.

CAPÍTULO III
DOS ÓRGÃOS DE ADMINISTRAÇÃO

Seção I
Da Procuradoria-Geral de Justiça

Art. 9.º Os Ministérios Públicos dos Estados formarão lista tríplice, dentre integrantes da carreira, na forma da lei respectiva, para escolha de seu Procurador-Geral, que será nomeado pelo Chefe do Poder Executivo, para mandato de 2 (dois) anos, permitida uma recondução, observado o mesmo procedimento.

§ 1.º A eleição da lista tríplice far-se-á mediante voto plurinominal de todos os integrantes da carreira.

§ 2.º A destituição do Procurador-Geral de Justiça, por iniciativa do Colégio de Procuradores, deverá ser precedida de autorização de 1/3 (um terço) dos membros da Assembleia Legislativa.

§ 3.º Nos seus afastamentos e impedimentos o Procurador-Geral de Justiça será substituído na forma da Lei Orgânica.

§ 4.º Caso o Chefe do Poder Executivo não efetive a nomeação do Procurador-Geral de Justiça, nos 15 (quinze) dias que se seguirem ao recebimento da lista tríplice, será investido automaticamente no cargo o membro do Ministério Público mais votado, para exercício do mandato.

Art. 10. Compete ao Procurador-Geral de Justiça:

I – exercer a chefia do Ministério Público, representando-o judicial e extrajudicialmente;

II – integrar, como membro nato, e presidir o Colégio de Procuradores de Justiça e o Conselho Superior do Ministério Público;

III – submeter ao Colégio de Procuradores de Justiça as propostas de criação e extinção de cargos e serviços auxiliares e de orçamento anual;

IV – encaminhar ao Poder Legislativo os projetos de lei de iniciativa do Ministério Público;

V – praticar atos e decidir questões relativas à administração geral e execução orçamentária do Ministério Público;

VI – prover os cargos iniciais da carreira e dos serviços auxiliares, bem como nos casos de remoção, promoção, convocação e demais formas de provimento derivado;

VII – editar atos de aposentadoria, exoneração e outros que importem em vacância de cargos da carreira ou dos serviços auxiliares e atos de disponibilidade de membros do Ministério Público e de seus servidores;

VIII – delegar suas funções administrativas;

IX – designar membros do Ministério Público para:

a) exercer as atribuições de dirigente dos Centros de Apoio Operacional;

b) ocupar cargo de confiança junto aos órgãos da Administração Superior;

c) integrar organismos estatais afetos a sua área de atuação;

d) oferecer denúncia ou propor ação civil pública nas hipóteses de não confirmação de arquivamento de inquérito policial ou civil, bem como de quaisquer peças de informação;

e) acompanhar inquérito policial ou diligência investigatória, devendo recair a escolha sobre o membro do Ministério Público com atribuição para, em tese, oficiar no feito, segundo as regras ordinárias de distribuição de serviços;

f) assegurar a continuidade dos serviços, em caso de vacância, afastamento temporário, ausência, impedimento ou suspeição de titular de cargo, ou com consentimento deste;

g) por ato excepcional e fundamentado, exercer as funções processuais afetas a outro membro da instituição, submetendo sua decisão previamente ao Conselho Superior do Ministério Público;

h) oficiar perante a Justiça Eleitoral de primeira instância, ou junto ao Procurador Regional Eleitoral, quando por este solicitado;

X – dirimir conflitos de atribuições entre membros do Ministério Público, designando quem deva oficiar no feito;

XI – decidir processo disciplinar contra membro do Ministério Público, aplicando as sanções cabíveis;

XII – expedir recomendações, sem caráter normativo aos órgãos do Ministério Público, para o desempenho de suas funções;

XIII – encaminhar aos Presidentes dos Tribunais as listas sêxtuplas a que se referem os arts. 94, *caput*, e 104, parágrafo único, II, da Constituição Federal;

XIV – exercer outras atribuições previstas em lei.

Art. 11. O Procurador-Geral de Justiça poderá ter em seu Gabinete, no exercício de cargo de confiança, Procuradores ou Promotores de Justiça da mais elevada entrância ou categoria, por ele designados.

Seção II
Do Colégio de Procuradores de Justiça

Art. 12. O Colégio de Procuradores de Justiça é composto por todos os Procuradores de Justiça, competindo-lhe:

I – opinar, por solicitação do Procurador-Geral de Justiça ou de 1/4 (um quarto) de seus integrantes, sobre matéria relativa à autonomia do Ministério Público, bem como sobre outras de interesse institucional;

II – propor ao Procurador-Geral de Justiça a criação de cargos e serviços auxiliares, modificações na Lei Orgânica e providências relacionadas ao desempenho das funções institucionais;

III – aprovar a proposta orçamentária anual do Ministério Público, elaborada pela Procuradoria-Geral de Justiça, bem como os projetos de criação de cargos e serviços auxiliares;

IV – propor ao Poder Legislativo a destituição do Procurador-Geral de Justiça, pelo voto de 2/3 (dois terços) de seus membros e por iniciativa da maioria absoluta de seus integrantes em caso de abuso de poder, conduta incompatível ou grave omissão nos deveres do cargo, assegurada ampla defesa;

V – eleger o Corregedor-Geral do Ministério Público;

VI – destituir o Corregedor-Geral do Ministério Público, pelo voto de 2/3 (dois terços) de seus membros, em caso de abuso de poder, conduta incompatível ou grave omissão nos deveres do cargo, por representação do Procurador-Geral de Justiça ou da maioria de seus integrantes, assegurada ampla defesa;

VII – recomendar ao Corregedor-Geral do Ministério Público a instauração de procedimento administrativo disciplinar contra membro do Ministério Público;

VIII – julgar recurso contra decisão:

a) de vitaliciamento, ou não, de membro do Ministério Público;

b) condenatória em procedimento administrativo disciplinar;

c) proferida em reclamação sobre o quadro geral de antiguidade;

d) de disponibilidade e remoção de membro do Ministério Público, por motivo de interesse público;

e) de recusa prevista no § 3.º do art. 15 desta Lei;

IX – decidir sobre pedido de revisão de procedimento administrativo disciplinar;

X – deliberar por iniciativa de 1/4 (um quarto) de seus integrantes ou do Procurador-Geral de Justiça, que este ajuíze ação cível de decretação de perda do cargo de membro vitalício do Ministério Público nos casos previstos nesta Lei;

XI – rever, mediante requerimento de legítimo interessado, nos termos da Lei Orgânica, decisão de arquivamento de inquérito policial ou peças de informação determinada pelo Procurador-Geral de Justiça, nos casos de sua atribuição originária;

XII – elaborar seu regimento interno;

XIII – desempenhar outras atribuições que lhe forem conferidas por lei.

Parágrafo único. As decisões do Colégio de Procuradores de Justiça serão motivadas e publicadas, por extrato, salvo nas hipóteses legais de sigilo ou por deliberação da maioria de seus integrantes.

Art. 13. Para exercer as atribuições do Colégio de Procuradores de Justiça com número superior a 40 (quarenta) Procuradores de Justiça, poderá ser constituído Órgão Especial, cuja composição e número de integrantes a Lei Orgânica fixará.

Parágrafo único. O disposto neste artigo não se aplica às hipóteses previstas nos incisos I, IV, V e VI do artigo anterior, bem como a outras atribuições a serem deferidas à totalidade do Colégio de Procuradores de Justiça pela Lei Orgânica.

Seção III

Do Conselho Superior do Ministério Público

Art. 14. Lei Orgânica de cada Ministério Público disporá sobre a composição, inelegibilidade e prazos de sua cessação, posse e duração do mandato dos integrantes do Conselho Superior do Ministério Público, respeitadas as seguintes disposições:

I – o Conselho Superior terá como membros natos apenas o Procurador-Geral de Justiça e o Corregedor-Geral do Ministério Público;

II – são elegíveis somente Procuradores de Justiça que não estejam afastados da carreira;

III – o eleitor poderá votar em cada um dos elegíveis até o número de cargos postos em eleição, na forma da lei complementar estadual.

Art. 15. Ao Conselho Superior do Ministério Público compete:

I – elaborar as listas sêxtuplas a que se referem os arts. 94, *caput*, e 104, parágrafo único, II, da Constituição Federal;

II – indicar ao Procurador-Geral de Justiça, em lista tríplice, os candidatos a remoção ou promoção por merecimento;

III – eleger, na forma da Lei Orgânica, os membros do Ministério Público que integrarão a Comissão de Concurso de ingresso na carreira;

IV – indicar o nome do mais antigo membro do Ministério Público para remoção ou promoção por antiguidade;

V – indicar ao Procurador-Geral de Justiça Promotores de Justiça para substituição por convocação;

VI – aprovar os pedidos de remoção por permuta entre membros do Ministério Público;

VII – decidir sobre vitaliciamento de membros do Ministério Público;

VIII – determinar por voto de 2/3 (dois terços) de seus integrantes a disponibilidade ou remoção de membros do Ministério Público, por interesse público, assegurada ampla defesa;

IX – aprovar o quadro geral de antiguidade do Ministério Público e decidir sobre reclamações formuladas a esse respeito;

X – sugerir ao Procurador-Geral a edição de recomendações, sem caráter vinculativo, aos órgãos do Ministério Público para o desempenho de suas funções e a adoção de medidas convenientes ao aprimoramento dos serviços;

XI – autorizar o afastamento de membro do Ministério Público para frequentar curso ou seminário de aperfeiçoamento e estudo, no País ou no exterior;

XII – elaborar seu regimento interno;

XIII – exercer outras atribuições previstas em lei.

§ 1.º As decisões do Conselho Superior do Ministério Público serão motivadas e publicadas, por extrato, salvo nas hipóteses legais de sigilo ou por deliberação da maioria de seus integrantes.

§ 2.º A remoção e a promoção voluntária por antiguidade e por merecimento, bem como a convocação, dependerão de prévia manifestação escrita do interessado.

§ 3.º Na indicação por antiguidade, o Conselho Superior do Ministério Público somente poderá recusar o membro do Ministério Público mais antigo pelo voto de 2/3 (dois terços) de seus integrantes, conforme procedimento próprio, repetindo-se a votação até fixar-se a indicação, após o julgamento de eventual recurso interposto com apoio na alínea e do inciso VIII do art. 12 desta Lei.

Seção IV

Da Corregedoria-Geral do Ministério Público

Art. 16. O Corregedor-Geral do Ministério Público será eleito pelo Colégio de Procuradores, dentre os Procuradores de Justiça, para mandato de 2 (dois) anos, permitida uma recondução, observado o mesmo procedimento.

Parágrafo único. O Corregedor-Geral do Ministério Público é membro nato do Colégio de Procuradores de Justiça e do Conselho Superior do Ministério Público.

Art. 17. A Corregedoria-Geral do Ministério Público é o órgão orientador e fiscalizador das atividades funcionais e da conduta dos membros do Ministério Público, incumbindo-lhe, dentre outras atribuições:

I – realizar correições e inspeções;

II – realizar inspeções nas Procuradorias de Justiça, remetendo relatório reservado ao Colégio de Procuradores de Justiça;

III – propor ao Conselho Superior do Ministério Público, na forma da Lei Orgânica, o não vitaliciamento de membro do Ministério Público;

IV – fazer recomendações, sem caráter vinculativo, a órgão de execução;

V – instaurar, de ofício ou por provocação dos demais órgãos da Administração Superior do Ministério Público, processo disciplinar contra membro da instituição, presidindo-o e aplicando as sanções administrativas cabíveis, na forma da Lei Orgânica;

VI – encaminhar ao Procurador-Geral de Justiça os processos administrativos disciplinares que, na forma da Lei Orgânica, incumba a este decidir;

VII – remeter aos demais órgãos da Administração Superior do Ministério Público informações necessárias ao desempenho de suas atribuições;

VIII – apresentar ao Procurador-Geral de Justiça, na primeira quinzena de fevereiro, relatório com dados estatísticos sobre as atividades das Procuradorias e Promotorias de Justiça, relativas ao ano anterior.

Art. 18. O Corregedor-Geral do Ministério Público será assessorado por Promotores de Justiça da mais elevada entrância ou categoria, por ele indicados e designados pelo Procurador-Geral de Justiça.

Parágrafo único. Recusando-se o Procurador-Geral de Justiça a designar os Promotores de Justiça que lhe foram indicados, o Corregedor-Geral do Ministério Público poderá submeter a indicação à deliberação do Colégio de Procuradores.

Seção V
Das Procuradorias de Justiça

Art. 19. As Procuradorias de Justiça são órgãos de Administração do Ministério Público, com cargos de Procurador de Justiça e serviços auxiliares necessários ao desempenho das funções que lhe forem cometidas pela Lei Orgânica.

§ 1.º É obrigatória a presença de Procurador de Justiça nas sessões de julgamento dos processos da respectiva Procuradoria de Justiça.

§ 2.º Os Procuradores de Justiça exercerão inspeção permanente dos serviços dos Promotores de Justiça nos autos em que oficiem, remetendo seus relatórios à Corregedoria-Geral do Ministério Público.

Art. 20. Os Procuradores de Justiça das Procuradorias de Justiça civis e criminais, que oficiem junto ao mesmo Tribunal, reunir-se-ão para fixar orientações jurídicas, sem caráter vinculativo, encaminhando-as ao Procurador-Geral de Justiça.

Art. 21. A divisão interna dos serviços das Procuradorias de Justiça sujeitar-se-á a critérios objetivos definidos pelo Colégio de Procuradores, que visem à distribuição equitativa dos processos por sorteio, observadas, para esse efeito, as regras de proporcionalidade, especialmente a alternância fixada em função da natureza, volume e espécie dos feitos.

Parágrafo único. A norma deste artigo só não incidirá nas hipóteses em que os Procuradores de Justiça definam, consensualmente, conforme critérios próprios, a divisão interna dos serviços.

Art. 22. À Procuradoria de Justiça compete, na forma da Lei Orgânica, dentre outras atribuições:

I – escolher o Procurador de Justiça responsável pelos serviços administrativos da Procuradoria;

II – propor ao Procurador-Geral de Justiça a escala de férias de seus integrantes;

III – solicitar ao Procurador-Geral de Justiça, em caso de licença de Procurador de Justiça ou afastamento de suas funções junto à Procuradoria de Justiça, que convoque Promotor de Justiça da mais elevada entrância ou categoria para substituí-lo.

Seção VI
Das Promotorias de Justiça

Art. 23. As Promotorias de Justiça são órgãos de administração do Ministério Público com pelo menos um cargo de Promotor de Justiça e serviços auxiliares necessários ao desempenho das funções que lhe forem cometidas pela Lei Orgânica.

§ 1.º As Promotorias de Justiça poderão ser judiciais ou extrajudiciais, especializadas, gerais ou cumulativas.

§ 2.º As atribuições das Promotorias de Justiça e dos cargos dos Promotores de Justiça que a integram serão fixadas mediante proposta do Procurador-Geral de Justiça, aprovada pelo Colégio de Procuradores de Justiça.

§ 3.º A exclusão, inclusão ou outra modificação nas atribuições das Promotorias de Justiça ou dos cargos dos Promotores de Justiça que a integram serão efetuadas mediante proposta do Procurador-Geral de Justiça, aprovada por maioria absoluta do Colégio de Procuradores.

Art. 24. O Procurador-Geral de Justiça poderá, com a concordância do Promotor de Justiça titular, designar outro Promotor para funcionar em feito determinado, de atribuição daquele.

Capítulo IV
DAS FUNÇÕES DOS ÓRGÃOS DE EXECUÇÃO

Seção I
Das Funções Gerais

• *Vide* arts. 73 a 77 da Lei n. 10.741, de 1.º-10-2003.

Art. 25. Além das funções previstas nas Constituições Federal e Estadual, na Lei Orgânica e em outras leis, incumbe, ainda, ao Ministério Público:

I – propor ação de inconstitucionalidade de leis ou atos normativos estaduais ou municipais, face à Constituição Estadual;

II – promover a representação de inconstitucionalidade para efeito de intervenção do Estado nos Municípios;

III – promover, privativamente, a ação penal pública, na forma da lei;

IV – promover o inquérito civil e a ação civil pública, na forma da lei:

•• A Resolução n. 23, de 17-9-2007, do CNMP, regulamenta este inciso, disciplinando, no âmbito do Ministério Público, a instauração e tramitação do inquérito civil.

a) para a proteção, prevenção e reparação dos danos causados ao meio ambiente, ao consumidor, aos bens e direitos de valor artístico, estético, histórico, turístico e paisagístico, e a outros interesses difusos, coletivos e individuais indisponíveis e homogêneos;

b) para a anulação ou declaração de nulidade de

atos lesivos ao patrimônio público ou à moralidade administrativa do Estado ou de Município, de suas administrações indiretas ou fundacionais ou de entidades privadas de que participem;

V – manifestar-se nos processos em que sua presença seja obrigatória por lei e, ainda, sempre que cabível a intervenção, para assegurar o exercício de suas funções institucionais, não importando a fase ou grau de jurisdição em que se encontrem os processos;

VI – exercer a fiscalização dos estabelecimentos prisionais e dos que abriguem idosos, menores, incapazes ou pessoas portadoras de deficiência;

VII – deliberar sobre a participação em organismos estatais de defesa do meio ambiente, neste compreendido o do trabalho, do consumidor, de política penal e penitenciária e outros afetos à sua área de atuação;

VIII – ingressar em juízo, de ofício, para responsabilizar os gestores do dinheiro público condenados por tribunais e conselhos de contas;

IX – interpor recursos ao Supremo Tribunal Federal e ao Superior Tribunal de Justiça;

X e XI – (*Vetados.*)

Parágrafo único. É vedado o exercício das funções do Ministério Público a pessoas a ele estranhas, sob pena de nulidade do ato praticado.

Art. 26. No exercício de suas funções, o Ministério Público poderá:

•• A Resolução n. 13, de 2-10-2006, do CNMP, regulamenta este artigo, disciplinando a instauração e tramitação do Procedimento Investigatório Criminal.

I – instaurar inquéritos civis e outras medidas e procedimentos administrativos pertinentes e, para instruí-los:

•• *Vide* nota ao art. 25, IV, desta Lei.

a) expedir notificações para colher depoimento ou esclarecimentos e, em caso de não comparecimento injustificado, requisitar condução coercitiva, inclusive pela Polícia Civil ou Militar, ressalvadas as prerrogativas previstas em lei;

b) requisitar informações, exames periciais e documentos de autoridades federais, estaduais e municipais, bem como dos órgãos e entidades da administração direta, indireta ou fundacional, de qualquer dos Poderes da União, dos Estados, do Distrito Federal e dos Municípios;

c) promover inspeções e diligências investigatórias junto às autoridades, órgãos e entidades a que se refere a alínea anterior;

II – requisitar informações e documentos a entidades privadas, para instruir procedimentos ou processo em que oficie;

III – requisitar à autoridade competente a instauração de sindicância ou procedimento administrativo cabível;

IV – requisitar diligências investigatórias e a instauração de inquérito policial e de inquérito policial militar, observado o disposto no art. 129, VIII, da Constituição Federal, podendo acompanhá-los;

V – praticar atos administrativos executórios, de caráter preparatório;

VI – dar publicidade dos procedimentos administrativos não disciplinares que instaurar e das medidas adotadas;

VII – sugerir ao Poder competente a edição de normas e a alteração da legislação em vigor, bem como a adoção de medidas propostas, destinadas à prevenção e controle da criminalidade;

VIII – manifestar-se em qualquer fase dos processos, acolhendo solicitação do juiz, da parte ou por sua iniciativa, quando entender existente interesse em causa que justifique a intervenção.

§ 1.º As notificações e requisições previstas neste artigo, quando tiverem como destinatários o Governador do Estado, os membros do Poder Legislativo e os desembargadores, serão encaminhadas pelo Procurador-Geral de Justiça.

§ 2.º O membro do Ministério Público será responsável pelo uso indevido das informações e documentos que requisitar, inclusive nas hipóteses legais de sigilo.

§ 3.º Serão cumpridas gratuitamente as requisições feitas pelo Ministério Público às autoridades, órgãos e entidades da Administração Pública direta, indireta ou fundacional, de qualquer dos Poderes da União, dos Estados, do Distrito Federal e dos Municípios.

§ 4.º A falta ao trabalho, em virtude de atendimento a notificação ou requisição, na forma do inciso I deste artigo, não autoriza desconto de vencimentos ou salário, considerando-se de efetivo exercício, para todos os efeitos, mediante comprovação escrita do membro do Ministério Público.

§ 5.º Toda representação ou petição formulada ao Ministério Público será distribuída entre os membros da instituição que tenham atribuições para apreciá-la, observados os critérios fixados pelo Colégio de Procuradores.

Art. 27. Cabe ao Ministério Público exercer a defesa dos direitos assegurados nas Constituições Federal e Estadual, sempre que se cuidar de garantir-lhe o respeito:

I – pelos poderes estaduais ou municipais;

II – pelos órgãos da Administração Pública Estadual ou Municipal, direta ou indireta;

III – pelos concessionários e permissionários de serviço público estadual ou municipal;

IV – por entidades que exerçam outra função delegada do Estado ou do Município ou executem serviço de relevância pública.

Parágrafo único. No exercício das atribuições a que se refere este artigo, cabe ao Ministério Público, entre outras providências:

I – receber notícias de irregularidades, petições ou reclamações de qualquer natureza, promover as apurações cabíveis que lhes sejam próprias e dar-lhes as soluções adequadas;

II – zelar pela celeridade e racionalização dos procedimentos administrativos;

III – dar andamento, no prazo de 30 (trinta) dias, às notícias de irregularidades, petições ou reclamações referidas no inciso I;

IV – promover audiências públicas e emitir relatórios, anual ou especiais, e recomendações dirigidas aos órgãos e entidades mencionadas no *caput* deste artigo, requisitando ao destinatário sua divulgação adequada e imediata, assim como resposta por escrito.

Art. 28. (*Vetado.*)

Seção II
Do Procurador-Geral de Justiça

Art. 29. Além das atribuições previstas nas Constituições Federal e Estadual, na Lei Orgânica e em outras leis, compete ao Procurador-Geral de Justiça:

I – representar aos Tribunais locais por inconstitucionalidade de leis ou atos normativos estaduais ou municipais, face à Constituição Estadual;

II – representar para fins de intervenção do Estado no Município, com o objetivo de assegurar a observância de princípios indicados na Constituição Estadual ou prover a execução de lei, de ordem ou de decisão judicial;

III – representar o Ministério Público nas sessões plenárias dos Tribunais;

IV – (*Vetado.*)

V – ajuizar ação penal de competência originária dos Tribunais, nela oficiando;

VI – oficiar nos processos de competência originária dos Tribunais, nos limites estabelecidos na Lei Orgânica;

VII – determinar o arquivamento de representação, notícia de crime, peças de informação, conclusão de comissões parlamentares de inquérito ou inquérito policial, nas hipóteses de suas atribuições legais;

VIII – exercer as atribuições do art. 129, II e III, da Constituição Federal, quando a autoridade reclamada for o Governador do Estado, o Presidente da Assembleia Legislativa ou os Presidentes de Tribunais, bem como quando contra estes, por ato praticado em razão de suas funções, deva ser ajuizada a competente ação;

IX – delegar a membro do Ministério Público suas funções de órgão de execução.

Seção III
Do Conselho Superior do Ministério Público

Art. 30. Cabe ao Conselho Superior do Ministério Público rever o arquivamento de inquérito civil, na forma da lei.

Seção IV
Dos Procuradores de Justiça

Art. 31. Cabe aos Procuradores de Justiça exercer as atribuições junto aos Tribunais, desde que não cometidas ao Procurador-Geral de Justiça, e inclusive por delegação deste.

Seção V
Dos Promotores de Justiça

Art. 32. Além de outras funções cometidas nas Constituições Federal e Estadual, na Lei Orgânica e demais leis, compete aos Promotores de Justiça, dentro de suas esferas de atribuições:

I – impetrar *habeas corpus* e mandado de segurança e requerer correição parcial, inclusive perante os Tribunais locais competentes;

II – atender a qualquer do povo, tomando as providências cabíveis;

III – oficiar perante a Justiça Eleitoral de primeira instância, com as atribuições do Ministério Público Eleitoral previstas na Lei Orgânica do Ministério Público da União que forem pertinentes, além de outras estabelecidas na legislação eleitoral e partidária.

Capítulo V
DOS ÓRGÃOS AUXILIARES

Seção I
Dos Centros de Apoio Operacional

Art. 33. Os Centros de Apoio Operacional são órgãos auxiliares da atividade funcional do Ministério Público, competindo-lhes, na forma da Lei Orgânica:

I – estimular a integração e o intercâmbio entre órgãos de execução que atuem na mesma área de atividade e que tenham atribuições comuns;

II – remeter informações técnico-jurídicas, sem caráter vinculativo, aos órgãos ligados à sua atividade;

III – estabelecer intercâmbio permanente com entidades ou órgãos públicos ou privados que atuem em áreas afins, para obtenção de elementos técnicos especializados necessários ao desempenho de suas funções;

IV – remeter, anualmente, ao Procurador-Geral de Justiça relatório das atividades do Ministério Público relativas às suas áreas de atribuições;

V – exercer outras funções compatíveis com suas finalidades, vedado o exercício de qualquer atividade de órgão de execução, bem como a expedição de atos normativos a estes dirigidos.

Seção II
Da Comissão de Concurso

Art. 34. À Comissão de Concurso, órgão auxiliar de natureza transitória, incumbe realizar a seleção de candidatos ao ingresso na carreira do Ministério Público, na forma da Lei Orgânica e observado o art. 129, § 3.º, da Constituição Federal.

Parágrafo único. A Lei Orgânica definirá o critério de escolha do Presidente da Comissão de Concurso de ingresso na carreira, cujos demais integrantes serão eleitos na forma do art. 15, III, desta Lei.

Seção III
Do Centro de Estudos e Aperfeiçoamento Funcional

Art. 35. O Centro de Estudos e Aperfeiçoamento Funcional é órgão auxiliar do Ministério Público destinado a realizar cursos, seminários, congressos, simpósios, pesquisas, atividades, estudos e publicações visando ao aprimoramento profissional e cultural dos membros da instituição, de seus auxiliares e funcionários, bem como a melhor execução de seus serviços e racionalização de seus recursos materiais.

Parágrafo único. A Lei Orgânica estabelecerá a organização, funcionamento e demais atribuições do Centro de Estudos e Aperfeiçoamento Funcional.

Seção IV
Dos Órgãos de Apoio Administrativo

Art. 36. Lei de iniciativa do Procurador-Geral de Justiça disciplinará os órgãos e serviços auxiliares de apoio administrativo, organizados em quadro próprio de carreiras, com os cargos que atendam às suas peculiaridades e às necessidades da administração e das atividades funcionais.

Seção V
Dos Estagiários

Art. 37. Os estagiários do Ministério Público, auxiliares das Promotorias de Justiça, serão nomeados pelo Procurador-Geral de Justiça, para período não superior a 3 (três) anos.

Parágrafo único. A Lei Orgânica disciplinará a seleção, investidura, vedações e dispensa dos estagiários, que serão alunos dos 3 (três) últimos anos do curso de bacharelado de Direito, de escolas oficiais ou reconhecidas.

CAPÍTULO VI
DAS GARANTIAS E PRERROGATIVAS DOS MEMBROS DO MINISTÉRIO PÚBLICO

Art. 38. Os membros do Ministério Público sujeitam-se a regime jurídico especial e têm as seguintes garantias:

I – vitaliciedade, após 2 (dois) anos de exercício, não podendo perder o cargo senão por sentença judicial transitada em julgado;

II – inamovibilidade, salvo por motivo de interesse público;

III – irredutibilidade de vencimentos, observado, quanto à remuneração, o disposto na Constituição Federal.

§ 1.º O membro vitalício do Ministério Público somente perderá o cargo por sentença judicial transitada em julgado, proferida em ação civil própria, nos seguintes casos:

I – prática de crime incompatível com o exercício do cargo, após decisão judicial transitada em julgado;

II – exercício da advocacia;

III – abandono do cargo por prazo superior a 30 (trinta) dias corridos.

§ 2.º A ação civil para a decretação da perda do cargo será proposta pelo Procurador-Geral de Justiça perante o Tribunal de Justiça local, após autorização do Colégio de Procuradores, na forma da Lei Orgânica.

Art. 39. Em caso de extinção do órgão de execução, da Comarca ou mudança da sede da Promotoria de Justiça, será facultado ao Promotor de Justiça remover-se para outra Promotoria de igual entrância ou categoria, ou obter a disponibilidade com vencimentos integrais e a contagem do tempo de serviço como se em exercício estivesse.

§ 1.º O membro do Ministério Público em disponibilidade remunerada continuará sujeito às vedações constitucionais e será classificado em quadro especial, provendo-se a vaga que ocorrer.

§ 2.º A disponibilidade, nos casos previstos no *caput* deste artigo, outorga ao membro do Ministério Público o direito à percepção de vencimentos e vantagens integrais e à contagem do tempo de serviço como se em exercício estivesse.

Art. 40. Constituem prerrogativas dos membros do Ministério Público, além de outras previstas na Lei Orgânica:

I – ser ouvido, como testemunha ou ofendido, em qualquer processo ou inquérito, em dia, hora e local previamente ajustados com o Juiz ou a autoridade competente;

II – estar sujeito a intimação ou convocação para comparecimento, somente se expedida pela autoridade judiciária ou por órgão da Administração Superior do Ministério Público competente, ressalvadas as hipóteses constitucionais;

III – ser preso somente por ordem judicial escrita, salvo em flagrante de crime inafiançável, caso em que a autoridade fará, no prazo máximo de 24 (vinte e quatro) horas, a comunicação e a apresentação do membro do Ministério Público ao Procurador-Geral de Justiça;

IV – ser processado e julgado originariamente pelo Tribunal de Justiça de seu Estado, nos crimes comuns e de responsabilidade, ressalvada exceção de ordem constitucional;

V – ser custodiado ou recolhido à prisão domiciliar ou à sala especial de Estado Maior, por ordem e à disposição do Tribunal competente, quando sujeito a prisão antes do julgamento final;

• *Vide* art. 295 do CPP.

VI – ter assegurado o direito de acesso, retificação e complementação dos dados e informações relativos à sua pessoa, existentes nos órgãos da instituição, na forma da Lei Orgânica.

Art. 41. Constituem prerrogativas dos membros do Ministério Público, no exercício de sua função, além de outras previstas na Lei Orgânica:

I – receber o mesmo tratamento jurídico e protocolar dispensado aos membros do Poder Judiciário junto aos quais oficiem;

II – não ser indiciado em inquérito policial, observado o disposto no parágrafo único deste artigo;

III – ter vista dos autos após distribuição às Turmas ou Câmaras e intervir nas sessões de julgamento, para sustentação oral ou esclarecimento de matéria de fato;

IV – receber intimação pessoal em qualquer processo e grau de jurisdição, através da entrega dos autos com vista;

V – gozar de inviolabilidade pelas opiniões que externar ou pelo teor de suas manifestações processuais ou procedimentos, nos limites de sua independência funcional;

VI – ingressar e transitar livremente:

a) nas salas de sessões de Tribunais, mesmo além dos limites que separam a parte reservada aos Magistrados;

b) nas salas e dependências de audiências, secretarias, cartórios, tabelionatos, ofícios da justiça, inclusive dos registros públicos, delegacias de polícia e estabelecimento de internação coletiva;

c) em qualquer recinto público ou privado, ressalvada a garantia constitucional de inviolabilidade de domicílio;

VII – examinar, em qualquer Juízo ou Tribunal, autos de processos findos ou em andamento, ainda que conclusos à autoridade, podendo copiar peças e tomar apontamentos;

VIII – examinar, em qualquer repartição policial, autos de flagrante ou inquérito, findos ou em andamento, ainda que conclusos à autoridade, podendo copiar peças e tomar apontamentos;

IX – ter acesso ao indiciado preso, a qualquer momento, mesmo quando decretada a sua incomunicabilidade;

X – usar as vestes talares e as insígnias privativas do Ministério Público;

XI – tomar assento à direita dos Juízes de primeira instância ou do Presidente do Tribunal, Câmara ou Turma.

Parágrafo único. Quando, no curso de investigação, houver indício da prática de infração penal por parte de membro do Ministério Público, a autoridade policial, civil ou militar, remeterá, imediatamente, sob pena de responsabilidade, os respectivos autos ao Procurador-Geral de Justiça, a quem competirá dar prosseguimento à apuração.

Art. 42. Os membros do Ministério Público terão carteira funcional, expedida na forma da Lei Orgânica, valendo em todo o território nacional como cédula de identidade, e porte de arma, independentemente, neste caso, de qualquer ato formal de licença ou autorização.

CAPÍTULO VII
DOS DEVERES E VEDAÇÕES DOS MEMBROS DO MINISTÉRIO PÚBLICO

Art. 43. São deveres dos membros do Ministério Público, além de outros previstos em lei:

I – manter ilibada conduta pública e particular;

II – zelar pelo prestígio da Justiça, por suas prerrogativas e pela dignidade de suas funções;

III – indicar os fundamentos jurídicos de seus pronunciamentos processuais, elaborando relatório em sua manifestação final ou recursal;

IV – obedecer aos prazos processuais;

V – assistir aos atos judiciais, quando obrigatória ou conveniente a sua presença;

VI – desempenhar, com zelo e presteza, as suas funções;

VII – declarar-se suspeito ou impedido, nos termos da lei;

VIII – adotar, nos limites de suas atribuições, as providências cabíveis face à irregularidade de que tenha conhecimento ou que ocorra nos serviços a seu cargo;

IX – tratar com urbanidade as partes, testemunhas, funcionários e auxiliares da Justiça;

X – residir, se titular, na respectiva Comarca;

XI – prestar informações solicitadas pelos órgãos da instituição;

XII – identificar-se em suas manifestações funcionais;

XIII – atender aos interessados, a qualquer momento, nos casos urgentes;

XIV – acatar, no plano administrativo, as decisões dos órgãos da Administração Superior do Ministério Público.

Art. 44. Aos membros do Ministério Público se aplicam as seguintes vedações:

I – receber, a qualquer título e sob qualquer pretexto, honorários, percentagens ou custas processuais;

II – exercer advocacia;

III – exercer o comércio ou participar de sociedade comercial, exceto como cotista ou acionista;

IV – exercer, ainda que em disponibilidade, qualquer outra função pública, salvo uma de Magistério;

V – exercer atividade político-partidária, ressalvada a filiação e as exceções previstas em lei.

•• O STF, na ADI n. 1.377-7 (*DOU* de 16-2-2006), conferiu ao inciso V do art. 44 da Lei n. 8.625, de 12-2-1993, sem redução de texto, interpretação conforme à CF, definindo "como única exegese constitucionalmente possível aquela que apenas admite a filiação partidária de representante do Ministério Público dos Estados-membros, se realizada nas hipóteses de afastamento, do integrante do *Parquet*, de suas funções institucionais, mediante licença, nos termos da Lei".

Parágrafo único. Não constituem acumulação, para os efeitos do inciso IV deste artigo, as atividades exercidas em organismos estatais afetos à área de atuação do Ministério Público, em Centro de Estudo e Aperfeiçoamento de Ministério Público, em entidades de representação de classe e o exercício de cargos de confiança na sua administração e nos órgãos auxiliares.

Capítulo VIII
DOS VENCIMENTOS, VANTAGENS E DIREITOS

Art. 45. O membro do Ministério Público, convocado ou designado para substituição, terá direito à diferença de vencimento entre o seu cargo e o que ocupar.

Art. 46. A revisão da remuneração dos membros do Ministério Público far-se-á na forma da lei estadual.

Art. 47. Os vencimentos dos membros do Ministério Público serão fixados com diferença não excedente a 10% (dez por cento) de uma para outra entrância ou categoria, ou da entrância mais elevada para o cargo de Procurador-Geral de Justiça, garantindo-se aos Procuradores de Justiça não menos de 95% (noventa e cinco por cento) dos vencimentos atribuídos ao Procurador-Geral.

Art. 48. A remuneração dos membros dos Ministérios Públicos dos Estados observará, como limite máximo, os valores percebidos como remuneração, em espécie, a qualquer título, pelos membros do Poder Judiciário local.

Art. 49. Os vencimentos do Procurador-Geral de Justiça, em cada Estado, para efeito do disposto no § 1.º do art. 39 da Constituição Federal, guardarão equivalência com os vencimentos dos Desembargadores dos Tribunais de Justiça.

•• O STF, na ADI n. 1.274-6 (*DOU* de 26-2-2003), declarou a inconstitucionalidade deste artigo.

Art. 50. Além dos vencimentos, poderão ser outorgadas, a membro do Ministério Público, nos termos da lei, as seguintes vantagens:

I – ajuda de custo, para despesas de transporte e mudança;

II – auxílio-moradia, nas Comarcas em que não haja residência oficial condigna para o membro do Ministério Público;

III – salário-família;

IV – diárias;

V – verba de representação de Ministério Público;

VI – gratificação pela prestação de serviço à Justiça Eleitoral, equivalente àquela devida ao Magistrado ante o qual oficiar;

VII – gratificação pela prestação de serviço à Justiça do Trabalho, nas Comarcas em que não haja Junta de Conciliação e Julgamento;

•• Com o advento da Emenda Constitucional n. 24, de 9-12-1999, que modificou os arts. 111, 112, 113, 115, 116 e revogou o art. 117 da CF, deixaram de existir as Juntas de Conciliação e Julgamento, abolindo-se, assim, a figura do juiz classista na Justiça do Trabalho. Em seu lugar, estabeleceu-se a jurisdição singular de juiz togado, que a exercerá nas Varas do Trabalho.

VIII – gratificação adicional por ano de serviço, incidente sobre o vencimento básico e a verba de representação, observado o disposto no § 3.º deste artigo e no inciso XIV do art. 37 da Constituição Federal;

IX – gratificação pelo efetivo exercício em Comarca de difícil provimento, assim definida e indicada em lei ou em ato do Procurador-Geral de Justiça;

X – gratificação pelo exercício cumulativo de cargos ou funções;

XI – verba de representação pelo exercício de cargos de direção ou de confiança junto aos órgãos da Administração Superior;

XII – outras vantagens previstas em lei, inclusive as concedidas aos servidores públicos em geral.

§ 1.º Aplicam-se aos membros do Ministério Público os direitos sociais previstos no art. 7.º, VIII, XII, XVII, XVIII e XIX, da Constituição Federal.

§ 2.º Computar-se-á, para efeito de aposentadoria, disponibilidade e adicionais por tempo de serviço, o tempo de exercício da advocacia, até o máximo de 15 (quinze) anos.

§ 3.º Constitui parcela dos vencimentos, para todos os efeitos, a gratificação de representação de Ministério Público.

Art. 51. O direito a férias anuais, coletivas e individuais, do membro do Ministério Público, será igual ao dos Magistrados, regulando a Lei Orgânica a sua concessão e aplicando-se o disposto no art. 7.º, XVII, da Constituição Federal.

Art. 52. Conceder-se-á licença:

I – para tratamento de saúde;

II – por motivo de doença de pessoa da família;

III – à gestante;

IV – paternidade;

V – em caráter especial;

VI – para casamento, até 8 (oito) dias;

VII – por luto, em virtude de falecimento do cônjuge, ascendente, descendente, irmãos, sogros, noras e genros, até 8 (oito) dias;

VIII – em outros casos previstos em lei.

Parágrafo único. A Lei Orgânica disciplinará as licenças referidas neste artigo, não podendo o membro do Ministério Público, nessas situações, exercer qualquer de suas funções.

Art. 53. São considerados como de efetivo exercício, para todos os efeitos legais, exceto para vitaliciamento, os dias em que o membro do Ministério Público estiver afastado de suas funções em razão:

I – de licença prevista no artigo anterior;

II – de férias;

III – de cursos ou seminários de aperfeiçoamento e estudos, no País ou no exterior, de duração máxima de 2 (dois) anos e mediante prévia autorização do Conselho Superior do Ministério Público;

IV – de período de trânsito;

V – de disponibilidade remunerada, exceto para promoção, em caso de afastamento decorrente de punição;

VI – de designação do Procurador-Geral de Justiça para:

a) realização de atividade de relevância para a instituição;

b) direção de Centro de Estudos e Aperfeiçoamento Funcional do Ministério Público;

VII – de exercício de cargos ou de funções de direção de associação representativa de classe, na forma da Lei Orgânica;

VIII – de exercício das atividades previstas no parágrafo único do art. 44 desta Lei;

IX – de outras hipóteses definidas em lei.

Art. 54. O membro do Ministério Público será aposentado, com proventos integrais, compulsoriamente, por invalidez ou aos 70 (setenta) anos de idade, e, facultativamente, aos 30 (trinta) anos de serviço, após 5 (cinco) anos de efetivo exercício na carreira.

Art. 55. Os proventos da aposentadoria, que corresponderão à totalidade dos vencimentos percebidos no serviço ativo, a qualquer título, serão revistos na mesma proporção e na mesma data, sempre que se modificar a remuneração dos membros do Ministério Público em atividade, sendo também estendidos aos inativos quaisquer benefícios ou vantagens posteriormente concedidos àqueles, inclusive quando decorrentes de transformação ou reclassificação do cargo ou função em que se deu a aposentadoria.

Parágrafo único. Os proventos dos membros do Ministério Público aposentados serão pagos na mesma ocasião em que o forem os vencimentos dos membros do Ministério Público em atividade, figurando em folha de pagamento expedida pelo Ministério Público.

Art. 56. A pensão por morte, igual à totalidade dos vencimentos ou proventos percebidos pelos membros em atividade ou inatividade do Ministério Público, será reajustada na mesma data e proporção daqueles.

Parágrafo único. A pensão obrigatória não impedirá a percepção de benefícios decorrentes de contribuição voluntária para qualquer entidade de previdência.

Art. 57. Ao cônjuge sobrevivente e, em sua falta, aos herdeiros ou dependentes de membro do Ministério Público, ainda que aposentado ou em disponibilidade, será pago o auxílio-funeral, em importância igual a 1 (um) mês de vencimentos ou proventos percebidos pelo falecido.

Art. 58. Para os fins deste Capítulo, equipara-se à esposa a companheira, nos termos da lei.

Capítulo IX
DA CARREIRA

• A Lei n. 11.415, de 15-12-2006, dispõe sobre as Carreiras dos Servidores do Ministério Público da União e fixa os valores de sua remuneração.

Art. 59. O ingresso nos cargos iniciais da carreira dependerá da aprovação prévia em concurso público de provas e títulos, organizado e realizado pela Procuradoria-Geral de Justiça, com participação da Ordem dos Advogados do Brasil.

§ 1.º É obrigatória a abertura do concurso de ingresso quando o número de vagas atingir a 1/5 (um quinto) dos cargos iniciais da carreira.

§ 2.º Assegurar-se-ão ao candidato aprovado a nomeação e a escolha do cargo, de acordo com a ordem de classificação no concurso.

§ 3.º São requisitos para o ingresso na carreira, dentre outros estabelecidos pela Lei Orgânica:

I – ser brasileiro;

II – ter concluído o curso de bacharelado em Direito, em escola oficial ou reconhecida;

III – estar quite com o serviço militar;

IV – estar em gozo dos direitos políticos.

§ 4.º O candidato nomeado deverá apresentar, no ato de sua posse, declaração de seus bens e prestar compromisso de desempenhar, com retidão, as funções do cargo e de cumprir a Constituição e as leis.

Art. 60. Suspende-se, até definitivo julgamento, o exercício funcional de membro do Ministério Público quando, antes do decurso do prazo de 2 (dois) anos, houver impugnação de seu vitaliciamento.

§ 1.º A Lei Orgânica disciplinará o procedimento de impugnação, cabendo ao Conselho Superior do Ministério Público decidir, no prazo máximo de 60 (sessenta) dias, sobre o não vitaliciamento e ao Colégio de Procuradores, em 30 (trinta) dias, eventual recurso.

§ 2.º Durante a tramitação do procedimento de impugnação, o membro do Ministério Público perceberá vencimentos integrais, contando-se para todos os efeitos o tempo de suspensão do exercício funcional, no caso de vitaliciamento.

Art. 61. A Lei Orgânica regulamentará o regime de remoção e promoção dos membros do Ministério Público, observados os seguintes princípios:

I – promoção voluntária, por antiguidade e merecimento, alternadamente, de uma para outra entrância ou categoria e da entrância ou categoria mais elevada para o cargo de Procurador de Justiça, aplicando-se, por assemelhação, o disposto no art. 93, III e VI, da Constituição Federal;

II – apurar-se-á a antiguidade na entrância e o merecimento pela atuação do membro do Ministério Público em toda a carreira, com prevalência de critérios de ordem objetiva, levando-se inclusive em conta sua conduta, operosidade e dedicação no exercício do cargo, presteza e segurança nas suas manifestações processuais, o número de vezes que já tenha participado de listas, bem como a frequência e o aproveitamento em cursos oficiais, ou reconhecidos, de aperfeiçoamento;

III – obrigatoriedade de promoção do Promotor de Justiça que figure por 3 (três) vezes consecutivas ou 5 (cinco) alternadas em lista de merecimento;

IV – a promoção por merecimento pressupõe 2 (dois) anos de exercício na respectiva entrância ou categoria e integrar o Promotor de Justiça a primeira quinta parte da lista de antiguidade, salvo se não houver com tais requisitos quem aceite o lugar vago, ou quando o número limitado de membros do Ministério Público inviabilizar a formação de lista tríplice;

V – a lista de merecimento resultará dos 3 (três) nomes mais votados, desde que obtida maioria de votos, procedendo-se, para alcançá-la, a tantas votações quantas necessárias, examinados em primeiro lugar os nomes dos remanescentes de lista anterior;

VI – não sendo caso de promoção obrigatória, a escolha recairá no membro do Ministério Público mais votado, observada a ordem dos escrutínios, prevalecendo, em caso de empate, a antiguidade na entrância ou categoria, salvo se preferir o Conselho Superior delegar a competência ao Procurador-Geral de Justiça.

Art. 62. Verificada a vaga para remoção ou promoção, o Conselho Superior do Ministério Público expedirá, no prazo máximo de 60 (sessenta) dias, edital para preenchimento do cargo, salvo se ainda não instalado.

Art. 63. Para cada vaga destinada ao preenchimento por remoção ou promoção, expedir-se-á edital distinto, sucessivamente, com a indicação do cargo correspondente à vaga a ser preenchida.

Art. 64. Será permitida a remoção por permuta entre membros do Ministério Público da mesma entrância ou categoria, observado, além do disposto na Lei Orgânica:

I – pedido escrito e conjunto, formulado por ambos os pretendentes;

II – a renovação de remoção por permuta somente permitida após o decurso de 2 (dois) anos;

III – que a remoção por permuta não confere direito a ajuda de custo.

Art. 65. A Lei Orgânica poderá prever a substituição por convocação, em caso de licença do titular de cargo da carreira ou de afastamento de suas funções junto à Procuradoria ou Promotoria de Justiça, somente podendo ser convocados membros do Ministério Público.

Art. 66. A reintegração, que decorrerá de sentença transitada em julgado, é o retorno do membro do Ministério Público ao cargo, com ressarcimento dos vencimentos e vantagens deixados de perceber em razão do afastamento, inclusive a contagem do tempo de serviço.

§ 1.º Achando-se provido o cargo no qual será reintegrado o membro do Ministério Público, o seu ocupante passará à disponibilidade, até posterior aproveitamento.

§ 2.º O membro do Ministério Público reintegrado será submetido a inspeção médica e, se considerado incapaz, será aposentado compulsoriamente, com as vantagens a que teria direito se efetivada a reintegração.

Art. 67. A reversão dar-se-á na entrância em que se aposentou o membro do Ministério Público, em vaga a ser provida pelo critério de merecimento, observados os requisitos legais.

Art. 68. O aproveitamento é o retorno do membro do Ministério Público em disponibilidade ao exercício funcional.

§ 1.º O membro do Ministério Público será aproveitado no órgão de execução que ocupava quando posto em disponibilidade, salvo se aceitar outro de igual entrância ou categoria, ou se for promovido.

§ 2.º Ao retornar à atividade, será o membro do Ministério Público submetido a inspeção médica e, se julgado incapaz, será aposentado compulsoriamente, com as vantagens a que teria direito se efetivado o seu retorno.

Capítulo X
DAS DISPOSIÇÕES FINAIS E TRANSITÓRIAS

Art. 69. Os Ministérios Públicos dos Estados adequarão suas tabelas de vencimentos ao disposto nesta Lei, visando à revisão da remuneração dos seus membros e servidores.

Art. 70. Fica instituída a gratificação pela prestação de serviço à Justiça Eleitoral, de que trata o art. 50, VI, desta Lei.

Art. 71. (*Vetado.*)

Art. 72. Ao membro ou servidor do Ministério Público é vedado manter, sob sua chefia imediata, em cargo ou função de confiança, cônjuge, companheiro, ou parente até o segundo grau civil.

Art. 73. Para exercer as funções junto à Justiça Eleitoral, por solicitação do Procurador-Geral da República, os membros do Ministério Público do Estado serão designados, se for o caso, pelo respectivo Procurador-Geral de Justiça.

§ 1.º Não ocorrendo designação, exclusivamente para os serviços eleitorais, na forma do *caput* deste artigo, o Promotor Eleitoral será o membro do Ministério Público local que oficie perante o Juízo incumbido daqueles serviços.

§ 2.º Havendo impedimento ou recusa justificável, o Procurador-Geral de Justiça designará o substituto.

Art. 74. Para fins do disposto no art. 104, parágrafo único, II, da Constituição Federal e observado o que dispõe o art. 15, I, desta Lei, a lista sêxtupla de membros do Ministério Público será organizada pelo Conselho Superior de cada Ministério Público dos Estados.

Art. 75. Compete ao Procurador-Geral de Justiça, ouvido o Conselho Superior do Ministério Público, autorizar o afastamento da carreira de membro do Ministério Público que tenha exercido a opção de que trata o art. 29, § 3.º, do Ato das Disposições Constitucionais Transitórias, para exercer o cargo, emprego ou função de nível equivalente ou maior na administração direta ou indireta.

Parágrafo único. O período de afastamento da carreira estabelecido neste artigo será considerado de efetivo exercício, para todos os efeitos legais, exceto para remoção ou promoção por merecimento.

Art. 76. A Procuradoria-Geral de Justiça deverá propor, no prazo de 1 (um) ano da promulgação desta Lei, a criação ou transformação de cargos correspondentes às funções não atribuídas aos cargos já existentes.

Parágrafo único. Aos Promotores de Justiça que executem as funções previstas neste artigo assegurar-se-á preferência no concurso de remoção.

Art. 77. No âmbito do Ministério Público, para os fins do disposto no art. 37, XI, da Constituição Federal, ficam estabelecidos como limite de remuneração os valores percebidos em espécie, a qualquer título, pelo Procurador-Geral de Justiça.

Art. 78. O Ministério Público poderá firmar convênios com as associações de membros de instituição com vistas à manutenção de serviços assistenciais e culturais a seus associados.

Art. 79. O disposto nos arts. 57 e 58 desta Lei aplica-se, a partir de sua publicação, aos proventos e pensões anteriormente concedidos, não gerando efeitos financeiros anteriormente à sua vigência.

Art. 80. Aplicam-se aos Ministérios Públicos dos Estados, subsidiariamente, as normas da Lei Orgânica do Ministério Público da União.

Art. 81. Os Estados adaptarão a organização de seu Ministério Público aos preceitos desta Lei, no prazo de 120 (cento e vinte) dias a contar de sua publicação.

Art. 82. O dia 14 de dezembro será considerado "Dia Nacional do Ministério Público".

Art. 83. Esta Lei entra em vigor na data de sua publicação.

Art. 84. Revogam-se as disposições em contrário.

Brasília, 12 de fevereiro de 1993; 172.º da Independência e 105.º da República.

ITAMAR FRANCO

LEI N. 8.653, DE 10 DE MAIO DE 1993 (*)

Dispõe sobre o transporte de presos e dá outras providências.

(*) Publicada no *DOU*, de 11-5-1993.

O Presidente da República

Faço saber que o Congresso Nacional decreta e eu sanciono a seguinte Lei:

Art. 1.º É proibido o transporte de presos em compartimento de proporções reduzidas, com ventilação deficiente ou ausência de luminosidade.

- A Resolução n. 2, de 1.º-6-2012, do CNPCP, dispõe, em consonância com esta Lei, que é proibido o transporte de pessoas presas ou internadas em condições ou situações que lhes causem sofrimentos físicos ou morais, sob pena de responsabilidade administrativa, civil e criminal.

Art. 2.º (*Vetado*.)

Art. 3.º Esta Lei entra em vigor na data de sua publicação.

Art. 4.º Revogam-se as disposições em contrário.

Brasília, 10 de maio de 1993; 172.º da Independência e 105.º da República.

ITAMAR FRANCO

LEI COMPLEMENTAR N. 75, DE 20 DE MAIO DE 1993 (**)

Dispõe sobre a organização, as atribuições e o Estatuto do Ministério Público da União.

O Presidente da República

Faço saber que o Congresso Nacional decreta e eu sanciono a seguinte Lei Complementar:

TÍTULO I
DAS DISPOSIÇÕES GERAIS

CAPÍTULO I
DA DEFINIÇÃO, DOS PRINCÍPIOS E DAS FUNÇÕES INSTITUCIONAIS

Art. 1.º O Ministério Público da União, organizado por esta Lei Complementar, é instituição permanente, essencial à função jurisdicional do Estado, incumbindo-lhe a defesa da ordem jurídica, do regime democrático, dos interesses sociais e dos interesses individuais indisponíveis.

Art. 2.º Incumbem ao Ministério Público as medidas necessárias para garantir o respeito dos Poderes Públicos e dos serviços de relevância pública aos direitos assegurados pela Constituição Federal.

Art. 3.º O Ministério Público da União exercerá o controle externo da atividade policial tendo em vista:

- A Resolução n. 129, de 22-9-2015, do CNMP, estabelece regras mínimas de atuação do Ministério Público no controle externo da investigação de morte decorrente de intervenção policial.

(**) Publicada no *DOU*, de 21-5-1993. A Lei n. 9.628, de 14-4-1998, dispõe sobre a criação da Escola Superior do Ministério Público da União, com sede em Brasília, Distrito Federal, diretamente vinculada ao Procurador-Geral da República. A Portaria n. 358, de 2-6-1998, republica o Regimento Interno do Ministério Público Federal.

a) o respeito aos fundamentos do Estado Democrático de Direito, aos objetivos fundamentais da República Federativa do Brasil, aos princípios informadores das relações internacionais, bem como aos direitos assegurados na Constituição Federal e na lei;

b) a preservação da ordem pública, da incolumidade das pessoas e do patrimônio público;

c) a prevenção e a correção de ilegalidade ou de abuso de poder;

d) a indisponibilidade da persecução penal;

e) a competência dos órgãos incumbidos da segurança pública.

Art. 4.º São princípios institucionais do Ministério Público da União a unidade, a indivisibilidade e a independência funcional.

Art. 5.º São funções institucionais do Ministério Público da União:

I – a defesa da ordem jurídica, do regime democrático, dos interesses sociais e dos interesses individuais indisponíveis, considerados, dentre outros, os seguintes fundamentos e princípios:

a) a soberania e a representatividade popular;

b) os direitos políticos;

c) os objetivos fundamentais da República Federativa do Brasil;

d) a indissolubilidade da União;

e) a independência e a harmonia dos Poderes da União;

f) a autonomia dos Estados, do Distrito Federal e dos Municípios;

g) as vedações impostas à União, aos Estados, ao Distrito Federal e aos Municípios;

h) a legalidade, a impessoalidade, a moralidade e a publicidade, relativas à administração pública direta, indireta ou fundacional, de qualquer dos Poderes da União;

II – zelar pela observância dos princípios constitucionais relativos:

a) ao sistema tributário, às limitações do poder de tributar, à repartição do poder impositivo e das receitas tributárias e aos direitos do contribuinte;

b) às finanças públicas;

c) à atividade econômica, à política urbana, agrícola, fundiária e de reforma agrária e ao sistema financeiro nacional;

d) à seguridade social, à educação, à cultura e ao desporto, à ciência e à tecnologia, à comunicação social e ao meio ambiente;

e) à segurança pública;

III – a defesa dos seguintes bens e interesses:

a) o patrimônio nacional;

b) o patrimônio público e social;

c) o patrimônio cultural brasileiro;

d) o meio ambiente;

e) os direitos e interesses coletivos, especialmente das comunidades indígenas, da família, da criança, do adolescente e do idoso;

IV – zelar pelo efetivo respeito dos Poderes Públicos da União, dos serviços de relevância pública e dos meios de comunicação social aos princípios, garantias, condições, direitos, deveres e vedações previstos na Constituição Federal e na lei, relativos à comunicação social;

V – zelar pelo efetivo respeito dos Poderes Públicos da União e dos serviços de relevância pública quanto:

a) aos direitos assegurados na Constituição Federal relativos às ações e aos serviços de saúde e à educação;

b) aos princípios da legalidade, da impessoalidade, da moralidade e da publicidade;

VI – exercer outras funções previstas na Constituição Federal e na lei.

§ 1.º Os órgãos do Ministério Público da União devem zelar pela observância dos princípios e competências da Instituição, bem como pelo livre exercício de suas funções.

§ 2.º Somente a lei poderá especificar as funções atribuídas pela Constituição Federal e por esta Lei Complementar ao Ministério Público da União, observados os princípios e normas nelas estabelecidos.

CAPÍTULO II
DOS INSTRUMENTOS DE ATUAÇÃO

Art. 6.º Compete ao Ministério Público da União:

I – promover a ação direta de inconstitucionalidade e o respectivo pedido de medida cautelar;

II – promover a ação direta de inconstitucionalidade por omissão;

III – promover a arguição de descumprimento de preceito fundamental decorrente da Constituição Federal;

IV – promover a representação para intervenção federal nos Estados e no Distrito Federal;

V – promover, privativamente, a ação penal pública, na forma da lei;

•• A Resolução n. 87, de 6-4-2010, do Conselho Superior do Ministério Público, regulamenta este inciso, disciplinando, no âmbito do Ministério Público, a instauração e a tramitação do inquérito civil.

VI – impetrar *habeas corpus* e mandado de segurança;

VII – promover o inquérito civil e a ação civil pública para:

•• A Resolução n. 87, de 6-4-2010, do Conselho Superior do Ministério Público, regulamenta este inciso, disciplinando, no âmbito do Ministério Público, a instauração e a tramitação do inquérito civil.

a) a proteção dos direitos constitucionais;

b) a proteção do patrimônio público e social, do meio ambiente, dos bens e direitos de valor artístico, estético, histórico, turístico e paisagístico;

c) a proteção dos interesses individuais indisponíveis, difusos e coletivos, relativos às comunidades indígenas, à família, à criança, ao adolescente, ao idoso, às minorias étnicas e ao consumidor;

d) outros interesses individuais indisponíveis, homogêneos, sociais, difusos e coletivos;

VIII – promover outras ações, nelas incluído o mandado de injunção sempre que a falta de norma regulamentadora torne inviável o exercício dos direitos e liberdades constitucionais e das prerrogativas inerentes à nacionalidade, à soberania e à cidadania, quando difusos os interesses a serem protegidos;

IX – promover ação visando ao cancelamento de naturalização, em virtude de atividade nociva ao interesse nacional;

X – promover a responsabilidade dos executores ou agentes do estado de defesa ou do estado de sítio, pelos ilícitos cometidos no período de sua duração;

XI – defender judicialmente os direitos e interesses das populações indígenas, incluídos os relativos às terras por elas tradicionalmente habitadas, propondo as ações cabíveis;

XII – propor ação civil coletiva para defesa de interesses individuais homogêneos;

XIII – propor ações de responsabilidade do fornecedor de produtos e serviços;

XIV – promover outras ações necessárias ao exercício de suas funções institucionais, em defesa da ordem jurídica, do regime democrático e dos interesses sociais e individuais indisponíveis, especialmente quanto:

a) ao Estado de Direito e às instituições democráticas;

b) à ordem econômica e financeira;

c) à ordem social;

d) ao patrimônio cultural brasileiro;

e) à manifestação de pensamento, de criação, de expressão ou de informação;

f) à probidade administrativa;

g) ao meio ambiente;

XV – manifestar-se em qualquer fase dos processos, acolhendo solicitação do juiz ou por sua iniciativa, quando entender existente interesse em causa que justifique a intervenção;

XVI – (*Vetado*.)

XVII – propor as ações cabíveis para:

a) perda ou suspensão de direitos políticos, nos casos previstos na Constituição Federal;

b) declaração de nulidade de atos ou contratos geradores do endividamento externo da União, de suas autarquias, fundações e demais entidades controladas pelo Poder Público Federal, ou com repercussão direta ou indireta em suas finanças;

c) dissolução compulsória de associações, inclusive de partidos políticos, nos casos previstos na Constituição Federal;

d) cancelamento de concessão ou de permissão, nos casos previstos na Constituição Federal;

e) declaração de nulidade de cláusula contratual que contrarie direito do consumidor;

XVIII – representar:

a) ao órgão judicial competente para quebra de sigilo da correspondência e das comunicações telegráficas, de dados e das comunicações telefônicas, para fins de investigação criminal ou instrução processual penal, bem como manifestar-se sobre representação a ele dirigida para os mesmos fins;

b) ao Congresso Nacional, visando ao exercício das competências deste ou de qualquer de suas Casas ou comissões;

c) ao Tribunal de Contas da União, visando ao exercício das competências deste;

d) ao órgão judicial competente, visando à aplicação de penalidade por infrações cometidas contra as normas de proteção à infância e à juventude, sem prejuízo da promoção da responsabilidade civil e penal do infrator, quando cabível;

XIX – promover a responsabilidade:

a) da autoridade competente, pelo não exercício das incumbências, constitucional e legalmente impostas ao Poder Público da União, em defesa do meio ambiente, de sua preservação e de sua recuperação;

b) de pessoas físicas ou jurídicas, em razão da prática de atividade lesiva ao meio ambiente, tendo em vista a aplicação de sanções penais e a reparação dos danos causados;

XX – expedir recomendações, visando à melhoria dos serviços públicos e de relevância pública, bem como ao respeito, aos interesses, direitos e bens cuja defesa lhe cabe promover, fixando prazo razoável para a adoção das providências cabíveis.

§ 1.º Será assegurada a participação do Ministério Público da União, como instituição observadora, na forma e nas condições estabelecidas em ato do Procurador-Geral da República, em qualquer órgão da administração pública direta, indireta ou fundacional da União, que tenha atribuições correlatas às funções da Instituição.

§ 2.º A lei assegurará a participação do Ministério Público da União nos órgãos colegiados estatais, federais ou do Distrito Federal, constituídos para defesa de direitos e interesses relacionados com as funções da Instituição.

Art. 7.º Incumbe ao Ministério Público da União, sempre que necessário ao exercício de suas funções institucionais:

I – instaurar inquérito civil e outros procedimentos administrativos correlatos;

•• *Vide* nota ao art. 6.º, VII, desta Lei.

II – requisitar diligências investigatórias e a instauração de inquérito policial e de inquérito policial militar, podendo acompanhá-los e apresentar provas;

III – requisitar à autoridade competente a instauração de procedimentos administrativos, ressalvados os de natureza disciplinar, podendo acompanhá-los e produzir provas.

Art. 8.º Para o exercício de suas atribuições, o Ministério Público da União poderá, nos procedimentos de sua competência:

•• A Resolução n. 13, de 2-10-2006, do CNMP, regulamenta este artigo, disciplinando a instauração e tramitação do Procedimento Investigatório Criminal.

•• A Resolução n. 107, de 6-4-2010, do Conselho Superior do Ministério Público, regulamenta este artigo, disciplinando a tramitação direta dos inquéritos policiais no âmbito do Ministério Público Federal.

I – notificar testemunhas e requisitar sua condução coercitiva, no caso de ausência injustificada;

II – requisitar informações, exames, perícias e documentos de autoridades da Administração Pública direta ou indireta;

III – requisitar da Administração Pública serviços temporários de seus servidores e meios materiais necessários para a realização de atividades específicas;

IV – requisitar informações e documentos a entidades privadas;

V – realizar inspeções e diligências investigatórias;

VI – ter livre acesso a qualquer local público ou privado, respeitadas as normas constitucionais pertinentes à inviolabilidade do domicílio;

VII – expedir notificações e intimações necessárias aos procedimentos e inquéritos que instaurar;

VIII – ter acesso incondicional a qualquer banco de dados de caráter público ou relativo a serviço de relevância pública;

IX – requisitar o auxílio de força policial.

§ 1.º O membro do Ministério Público será civil e criminalmente responsável pelo uso indevido das informações e documentos que requisitar; a ação penal, na hipótese, poderá ser proposta também pelo ofendido, subsidiariamente, na forma da lei processual penal.

§ 2.º Nenhuma autoridade poderá opor ao Ministério Público, sob qualquer pretexto, a exceção de sigilo, sem prejuízo da subsistência do caráter sigiloso da informação, do registro, do dado ou do documento que lhe seja fornecido.

§ 3.º A falta injustificada e o retardamento indevido do cumprimento das requisições do Ministério Público implicarão a responsabilidade de quem lhe der causa.

§ 4.º As correspondências, notificações, requisições e intimações do Ministério Público quando tiverem como destinatário o Presidente da República, o Vice-Presidente da República, membro do Congresso Nacional, Ministro do Supremo Tribunal Federal, Ministro de Estado, Ministro de Tribunal Superior, Ministro do Tribunal de Contas da União ou chefe de missão diplomática de caráter permanente serão encaminhadas e levadas a efeito pelo Procurador-Geral da República ou outro órgão do Ministério Público a quem essa atribuição seja delegada, cabendo às autoridades mencionadas fixar data, hora e local em que puderem ser ouvidas, se for o caso.

§ 5.º As requisições do Ministério Público serão feitas fixando-se prazo razoável de até 10 (dez) dias úteis para atendimento, prorrogável mediante solicitação justificada.

Capítulo III
DO CONTROLE EXTERNO DA ATIVIDADE POLICIAL

• A Resolução n. 129, de 22-9-2015, do CNMP, estabelece regras mínimas de atuação do Ministério Público no controle externo da investigação de morte decorrente de intervenção policial.

Art. 9.º O Ministério Público da União exercerá o controle externo da atividade policial por meio de medidas judiciais e extrajudiciais, podendo:

•• A Resolução n. 20, de 28-5-2007, do CNMP, regulamenta este artigo, disciplinando o controle externo da atividade policial.

I – ter livre ingresso em estabelecimentos policiais ou prisionais;

II – ter acesso a quaisquer documentos relativos à atividade-fim policial;

III – representar à autoridade competente pela adoção de providências para sanar a omissão indevida, ou para prevenir ou corrigir ilegalidade ou abuso de poder;

IV – requisitar à autoridade competente a instauração de inquérito policial sobre a omissão ou fato ilícito ocorrido no exercício da atividade policial;

V – promover a ação penal por abuso de poder.

Art. 10. A prisão de qualquer pessoa, por parte de autoridade federal ou do Distrito Federal e Territórios, deverá ser comunicada imediatamente ao Ministério Público competente, com indicação do lugar onde se encontra o preso e cópia dos documentos comprobatórios da legalidade da prisão.

Capítulo IV
DA DEFESA DOS DIREITOS CONSTITUCIONAIS

Art. 11. A defesa dos direitos constitucionais do cidadão visa à garantia do seu efetivo respeito pelos Poderes Públicos e pelos prestadores de serviços de relevância pública.

Art. 12. O Procurador dos Direitos do Cidadão agirá de ofício ou mediante representação, notificando a autoridade questionada para que preste informação, no prazo que assinar.

Art. 13. Recebidas ou não as informações e instruído o caso, se o Procurador dos Direitos do Cidadão concluir que direitos constitucionais foram ou estão sendo desrespeitados, deverá notificar o responsável para que tome as providências necessárias a prevenir a repetição ou que determine a cessação do desrespeito verificado.

Art. 14. Não atendida, no prazo devido, a notificação prevista no artigo anterior, a Procuradoria dos Direitos do Cidadão representará ao poder ou autoridade competente para promover a responsabilidade pela ação ou omissão inconstitucionais.

Art. 15. É vedado aos órgãos de defesa dos direitos constitucionais do cidadão promover em juízo a defesa de direitos individuais lesados.

§ 1.º Quando a legitimidade para a ação decorrente da inobservância da Constituição Federal, verificada pela Procuradoria, couber a outro órgão do Ministério Público, os elementos de informação ser-lhe-ão remetidos.

§ 2.º Sempre que o titular do direito lesado não puder constituir advogado e a ação cabível não incumbir ao Ministério Público, o caso, com os elementos colhidos, será encaminhado à Defensoria Pública competente.

Art. 16. A lei regulará os procedimentos da atuação do Ministério Público na defesa dos direitos constitucionais do cidadão.

CAPÍTULO V
DAS GARANTIAS E DAS PRERROGATIVAS

Art. 17. Os membros do Ministério Público da União gozam das seguintes garantias:

I – vitaliciedade, após 2 (dois) anos de efetivo exercício, não podendo perder o cargo senão por sentença judicial transitada em julgado;

II – inamovibilidade, salvo por motivo de interesse público, mediante decisão do Conselho Superior, por voto de 2/3 (dois terços) de seus membros, assegurada ampla defesa;

III – (*Vetado*.)

Art. 18. São prerrogativas dos membros do Ministério Público da União:

I – institucionais:

a) sentar-se no mesmo plano e imediatamente à direita dos juízes singulares ou presidentes dos órgãos judiciários perante os quais oficiem;

b) usar vestes talares;

c) ter ingresso e trânsito livres, em razão de serviço, em qualquer recinto público ou privado, respeitada a garantia constitucional da inviolabilidade do domicílio;

d) a prioridade em qualquer serviço de transporte ou comunicação, público ou privado, no território nacional, quando em serviço de caráter urgente;

e) o porte de arma, independentemente de autorização;

• *Vide* Lei n. 10.826, de 22-12-2003.

f) carteira de identidade especial, de acordo com modelo aprovado pelo Procurador-Geral da República e por ele expedida, nela se consignando as prerrogativas constantes do inciso I, alíneas *c*, *d* e *e* e do inciso II, alíneas *d*, *e* e *f*, deste artigo;

• A Portaria n. 608, de 13-10-2004, do Ministério Público da União, altera os modelos de identidade especial e cédula de identidade funcional dos seus membros.

II – processuais:

a) do Procurador-Geral da República, ser processado e julgado, nos crimes comuns, pelo Supremo Tribunal Federal e pelo Senado Federal, nos crimes de responsabilidade;

b) do membro do Ministério Público da União que oficie perante tribunais, ser processado e julgado, nos crimes comuns e de responsabilidade, pelo Superior Tribunal de Justiça;

c) do membro do Ministério Público da União que oficie perante juízos de primeira instância, ser processado e julgado, nos crimes comuns e de responsabilidade, pelos Tribunais Regionais Federais, ressalvada a competência da Justiça Eleitoral;

d) ser preso ou detido somente por ordem escrita do tribunal competente ou em razão de flagrante de crime inafiançável, caso em que a autoridade fará imediata comunicação àquele tribunal e ao Procurador-Geral da República, sob pena de responsabilidade;

e) ser recolhido à prisão especial ou à sala especial de Estado-Maior, com direito a privacidade e à disposição do tribunal competente para o julgamento, quando sujeito a prisão antes da decisão final; e a dependência separada no estabelecimento em que tiver de ser cumprida a pena;

• *Vide* art. 295 do CPP.

f) não ser indiciado em inquérito policial, observado o disposto no parágrafo único deste artigo;

g) ser ouvido, como testemunha, em dia, hora e local previamente ajustados com o magistrado ou a autoridade competente;

h) receber intimação pessoalmente nos autos em qualquer processo e grau de jurisdição nos feitos em que tiver que oficiar.

Parágrafo único. Quando, no curso de investigação, houver indício da prática de infração penal por membro do Ministério Público da União, a autoridade policial, civil ou militar, remeterá imediatamente os autos ao Procurador-Geral da República, que designará membro do Ministério Público para prosseguimento da apuração do fato.

Art. 19. O Procurador-Geral da República terá as mesmas honras e tratamento dos Ministros do Supremo Tribunal Federal; e os demais membros da instituição, as que forem reservadas aos magistrados perante os quais oficiem.

Art. 20. Os órgãos do Ministério Público da União terão presença e palavra asseguradas em todas as sessões dos colegiados em que oficiem.

Art. 21. As garantias e prerrogativas dos membros do Ministério Público da União são inerentes ao exercício de suas funções e irrenunciáveis.

Parágrafo único. As garantias e prerrogativas previstas nesta Lei Complementar não excluem as que sejam estabelecidas em outras leis.

CAPÍTULO VI
DA AUTONOMIA DO MINISTÉRIO PÚBLICO

Art. 22. Ao Ministério Público da União é assegurada autonomia funcional, administrativa e financeira, cabendo-lhe:

I – propor ao Poder Legislativo a criação e extinção de seus cargos e serviços auxiliares, bem como a fixação dos vencimentos de seus membros e servidores;

II – prover os cargos de suas carreiras e dos serviços auxiliares;

III – organizar os serviços auxiliares;

IV – praticar atos próprios de gestão.

Art. 23. O Ministério Público da União elaborará sua proposta orçamentária dentro dos limites da lei de diretrizes orçamentárias.

§ 1.º Os recursos correspondentes às suas dotações orçamentárias, compreendidos os créditos suplementares e especiais, ser-lhe-ão entregues até o dia 20 (vinte) de cada mês.

§ 2.º A fiscalização contábil, financeira, orçamentária, operacional e patrimonial do Ministério Público da União será exercida pelo Congresso Nacional, mediante controle externo, com o auxílio do Tribunal de Contas da União, segundo o disposto no Título IV, Capítulo I, Seção IX, da Constituição Federal, e por sistema próprio de controle interno.

§ 3.º As contas referentes ao exercício anterior serão prestadas, anualmente, dentro de 60 (sessenta) dias da abertura da sessão legislativa do Congresso Nacional.

CAPÍTULO VII
DA ESTRUTURA

Art. 24. O Ministério Público da União compreende:

I – o Ministério Público Federal;

II – o Ministério Público do Trabalho;

III – o Ministério Público Militar;

IV – o Ministério Público do Distrito Federal e Territórios.

Parágrafo único. A estrutura básica do Ministério Público da União será organizada por regulamento, nos termos da lei.

CAPÍTULO VIII
DO PROCURADOR-GERAL DA REPÚBLICA

Art. 25. O Procurador-Geral da República é o chefe do Ministério Público da União, nomeado pelo Presidente da República dentre integrantes da carreira, maiores de 35 (trinta e cinco) anos, após a aprovação de seu nome pela maioria absoluta do Senado Federal, para mandato de 2 (dois) anos, permitida a recondução, precedida de nova decisão do Senado Federal.

Parágrafo único. A exoneração, de ofício, do Procurador-Geral da República, por iniciativa do Presidente da República, deverá ser precedida de autorização da maioria absoluta do Senado Federal, em votação secreta.

Art. 26. São atribuições do Procurador-Geral da República, como Chefe do Ministério Público da União:

I – representar a instituição;

II – propor ao Poder Legislativo os projetos de lei sobre o Ministério Público da União;

III – apresentar a proposta de orçamento do Ministério Público da União, compatibilizando os anteprojetos dos diferentes ramos da Instituição, na forma da lei de diretrizes orçamentárias;

IV – nomear e dar posse ao Vice-Procurador-Geral da República, ao Procurador-Geral do Trabalho, ao Procurador-Geral da Justiça Militar, bem como dar posse ao Procurador-Geral de Justiça do Distrito Federal e Territórios;

V – encaminhar ao Presidente da República a lista tríplice para nomeação do Procurador-Geral de Justiça do Distrito Federal e Territórios;

VI – encaminhar aos respectivos Presidentes as listas sêxtuplas para composição dos Tribunais Regionais Federais, do Tribunal de Justiça do Distrito Federal e Territórios, do Superior Tribunal de Justiça, do Tribunal Superior do Trabalho e dos Tribunais Regionais do Trabalho;

VII – dirimir conflitos de atribuição entre integrantes de ramos diferentes do Ministério Público da União;

VIII – praticar atos de gestão administrativa, financeira e de pessoal;

IX – prover e desprover os cargos das carreiras do Ministério Público da União e de seus serviços auxiliares;

X – arbitrar o valor das vantagens devidas aos membros do Ministério Público da União, nos casos previstos nesta Lei Complementar;

XI – fixar o valor das bolsas devidas aos estagiários;

XII – exercer outras atribuições previstas em lei;

XIII – exercer o poder regulamentar, no âmbito do Ministério Público da União, ressalvadas as competências estabelecidas nesta Lei Complementar para outros órgãos nela instituídos.

§ 1.º O Procurador-Geral da República poderá delegar aos Procuradores-Gerais as atribuições previstas nos incisos VII e VIII deste artigo.

§ 2.º A delegação também poderá ser feita ao Diretor-Geral da Secretaria do Ministério Público da União para a prática de atos de gestão administrativa, financeira e de pessoal, estes apenas em relação aos servidores e serviços auxiliares.

Art. 27. O Procurador-Geral da República designará, dentre os integrantes da carreira, maiores de 35 (trinta e cinco) anos, o Vice-Procurador-Geral da República, que o substituirá em seus impedimentos. No caso de vacância, exercerá o cargo o Vice-Presidente do Conselho Superior do Ministério Público Federal, até o provimento definitivo do cargo.

CAPÍTULO IX
DO CONSELHO DE ASSESSORAMENTO SUPERIOR DO MINISTÉRIO PÚBLICO DA UNIÃO

Art. 28. O Conselho de Assessoramento Superior do Ministério Público da União, sob a presidência do Procurador-Geral da República, será integrado pelo Vice-Procurador-Geral da República, pelo Procurador-Geral do Trabalho, pelo Procurador-Geral da Justiça Militar e pelo Procurador-Geral de Justiça do Distrito Federal e Territórios.

Art. 29. As reuniões do Conselho de Assessoramento Superior do Ministério Público da União serão convocadas pelo Procurador-Geral da República, podendo solicitá-las qualquer de seus membros.

Art. 30. O Conselho de Assessoramento Superior do Ministério Público da União deverá opinar sobre as matérias de interesse geral da Instituição, e em especial sobre:

I – projetos de lei de interesse comum do Ministério Público da União, neles incluídos:

a) os que visem a alterar normas gerais da Lei Orgânica do Ministério Público da União;

b) a proposta de orçamento do Ministério Público da União;

c) os que proponham a fixação dos vencimentos nas carreiras e nos serviços auxiliares;

II – a organização e o funcionamento da Diretoria-Geral e dos Serviços da Secretaria do Ministério Público da União.

Art. 31. O Conselho de Assessoramento Superior poderá propor aos Conselhos Superiores dos diferentes ramos do Ministério Público da União medidas para uniformizar os atos decorrentes de seu poder normativo.

CAPÍTULO X
DAS CARREIRAS

Art. 32. As carreiras dos diferentes ramos do Ministério Público da União são independentes entre si, tendo cada uma delas organização própria, na forma desta Lei Complementar.

Art. 33. As funções do Ministério Público da União só podem ser exercidas por integrantes da respectiva carreira, que deverão residir onde estiverem lotados.

Art. 34. A lei estabelecerá o número de cargos das carreiras do Ministério Público da União e os ofícios em que serão exercidas suas funções.

CAPÍTULO XI
DOS SERVIÇOS AUXILIARES

Art. 35. A Secretaria do Ministério Público da União é dirigida pelo seu Diretor-Geral de livre escolha do Procurador-Geral da República e demissível *ad nutum*, incumbindo-lhe os serviços auxiliares de apoio técnico e administrativo à Instituição.

Art. 36. O pessoal dos serviços auxiliares será organizado em quadro próprio de carreira, sob regime estatutário, para apoio técnico-administrativo adequado às atividades específicas da Instituição.

TÍTULO II
DOS RAMOS DO MINISTÉRIO PÚBLICO DA UNIÃO

CAPÍTULO I
DO MINISTÉRIO PÚBLICO FEDERAL

Seção I
Da Competência, dos Órgãos e da Carreira

Art. 37. O Ministério Público Federal exercerá as suas funções:

I – nas causas de competência do Supremo Tribunal Federal, do Superior Tribunal de Justiça, dos Tribunais Regionais Federais e dos Juízes Federais, e dos Tribunais e Juízes Eleitorais;

II – nas causas de competência de quaisquer juízes e tribunais, para defesa de direitos e interesses dos índios e das populações indígenas, do meio ambiente, de bens e direitos de valor artístico, estético, histórico, turístico e paisagístico, integrantes do patrimônio nacional;

III – (*Vetado.*)

Parágrafo único. O Ministério Público Federal será parte legítima para interpor recurso extraordinário das decisões da Justiça dos Estados nas representações de inconstitucionalidade.

Art. 38. São funções institucionais do Ministério Público Federal as previstas nos Capítulos I, II, III e IV do Título I, incumbindo-lhe, especialmente:

I – instaurar inquérito civil e outros procedimentos administrativos correlatos;

II – requisitar diligências investigatórias e instauração de inquérito policial, podendo acompanhá-los e apresentar provas;

III – requisitar à autoridade competente a instauração de procedimentos administrativos, ressalvados os de natureza disciplinar, podendo acompanhá-los e produzir provas;

IV – exercer o controle externo da atividade das polícias federais, na forma do art. 9.º;

V – participar dos Conselhos Penitenciários;

VI – integrar os órgãos colegiados previstos no § 2.º do art. 6.º, quando componentes da estrutura administrativa da União;

VII – fiscalizar a execução da pena, nos processos de competência da Justiça Federal e da Justiça Eleitoral.

Art. 39. Cabe ao Ministério Público Federal exercer a defesa dos direitos constitucionais do cidadão, sempre que se cuidar de garantir-lhes o respeito:

I – pelos Poderes Públicos Federais;

II – pelos órgãos da administração pública federal direta ou indireta;

III – pelos concessionários e permissionários de serviço público federal;

IV – por entidades que exerçam outra função delegada da União.

Art. 40. O Procurador-Geral da República designará, dentre os Subprocuradores-Gerais da República e mediante prévia aprovação do nome pelo Conselho Superior, o Procurador Federal dos Direitos do Cidadão, para exercer as funções do ofício pelo prazo de 2 (dois) anos, permitida uma recondução, precedida de nova decisão do Conselho Superior.

§ 1.º Sempre que possível, o Procurador não acumulará o exercício de suas funções com outras do Ministério Público Federal.

§ 2.º O Procurador somente será dispensado, antes do termo de sua investidura, por iniciativa do Procurador-Geral da República, anuindo a maioria absoluta do Conselho Superior.

Art. 41. Em cada Estado e no Distrito Federal será designado, na forma do art. 49, III, órgão do Ministério Público Federal para exercer as funções do ofício de Procurador Regional dos Direitos do Cidadão.

Parágrafo único. O Procurador Federal dos Direitos do Cidadão expedirá instruções para o exercício das funções dos ofícios de Procurador dos Direitos do Cidadão, respeitado o princípio da independência funcional.

Art. 42. A execução da medida prevista no art. 14 incumbe ao Procurador Federal dos Direitos do Cidadão.

Art. 43. São órgãos do Ministério Público Federal:

I – o Procurador-Geral da República;

II – o Colégio de Procuradores da República;

III – o Conselho Superior do Ministério Público Federal;

IV – as Câmaras de Coordenação e Revisão do Ministério Público Federal;

V – a Corregedoria do Ministério Público Federal;

VI – os Subprocuradores-Gerais da República;

VII – os Procuradores Regionais da República;

VIII – os Procuradores da República.

Parágrafo único. As Câmaras de Coordenação e Revisão poderão funcionar isoladas ou reunidas, integrando Conselho Institucional, conforme dispuser o seu regimento.

Art. 44. A carreira do Ministério Público Federal é constituída pelos cargos de Subprocurador-Geral da República, Procurador Regional da República e Procurador da República.

Parágrafo único. O cargo inicial da carreira é o de Procurador da República e o do último nível o de Subprocurador-Geral da República.

Seção II
Da Chefia do Ministério Público Federal

Art. 45. O Procurador-Geral da República é o Chefe do Ministério Público Federal.

Art. 46. Incumbe ao Procurador-Geral da República exercer as funções do Ministério Público junto ao Supremo Tribunal Federal, manifestando-se previamente em todos os processos de sua competência.

Parágrafo único. O Procurador-Geral da República proporá perante o Supremo Tribunal Federal:

I – a ação direta de inconstitucionalidade de lei ou ato normativo federal ou estadual e o respectivo pedido de medida cautelar;

II – a representação para intervenção federal nos Estados e no Distrito Federal, nas hipóteses do art. 34, VII, da Constituição Federal;

III – as ações cíveis e penais cabíveis.

Art. 47. O Procurador-Geral da República designará os Subprocuradores-Gerais da República que exercerão, por delegação, suas funções junto aos diferentes órgãos jurisdicionais do Supremo Tribunal Federal.

• A Resolução n. 81, de 19-9-2005, do Ministério Público da União, regulamenta a convocação de Procurador Regional da República para substituição de Subprocurador-Geral da República, em casos de afastamento ou vacância.

§ 1.º As funções do Ministério Público Federal junto aos Tribunais Superiores da União, perante os quais lhe compete atuar, somente poderão ser exercidas por titular do cargo de Subprocurador-Geral da República.

§ 2.º Em caso de vaga ou afastamento de Subprocurador-Geral da República, por prazo superior a 30 (trinta) dias, poderá ser convocado Procurador Regional da República para substituição, pelo voto da maioria do Conselho Superior.

§ 3.º O Procurador Regional da República convocado receberá a diferença de vencimento correspondente ao cargo de Subprocurador-Geral da República, inclusive diárias e transporte, se for o caso.

Art. 48. Incumbe ao Procurador-Geral da República propor perante o Superior Tribunal de Justiça:

I – a representação para intervenção federal nos Estados e no Distrito Federal, no caso de recusa à execução de lei federal;

II – a ação penal, nos casos previstos no art. 105, I, *a*, da Constituição Federal.

Parágrafo único. A competência prevista neste artigo poderá ser delegada a Subprocurador-Geral da República.

Art. 49. São atribuições do Procurador-Geral da República, como Chefe do Ministério Público Federal:

I – representar o Ministério Público Federal;

II – integrar, como membro nato, e presidir o Colégio de Procuradores da República, o Conselho Superior do Ministério Público Federal e a Comissão de Concurso;

III – designar o Procurador Federal dos Direitos do Cidadão e os titulares da Procuradoria nos Estados e no Distrito Federal;

IV – designar um dos membros e o Coordenador

de cada uma das Câmaras de Coordenação e Revisão do Ministério Público Federal;

V – nomear o Corregedor-Geral do Ministério Público Federal, segundo lista formada pelo Conselho Superior;

VI – designar, observados os critérios da lei e os estabelecidos pelo Conselho Superior, os ofícios em que exercerão suas funções os membros do Ministério Público Federal;

VII – designar:

a) o Chefe da Procuradoria Regional da República, dentre os Procuradores Regionais da República lotados na respectiva Procuradoria Regional;

b) o Chefe da Procuradoria da República nos Estados e no Distrito Federal, dentre os Procuradores da República lotados na respectiva unidade;

VIII – decidir, em grau de recurso, os conflitos de atribuições entre órgãos do Ministério Público Federal;

IX – determinar a abertura de correição, sindicância ou inquérito administrativo;

X – determinar instauração de inquérito ou processo administrativo contra servidores dos serviços auxiliares;

XI – decidir processo disciplinar contra membro da carreira ou servidor dos serviços auxiliares, aplicando as sanções cabíveis;

XII – decidir, atendendo à necessidade do serviço, sobre:

a) remoção a pedido ou por permuta;

b) alteração parcial da lista bienal de designações;

XIII – autorizar o afastamento de membros do Ministério Público Federal, depois de ouvido o Conselho Superior, nas hipóteses previstas em lei;

XIV – dar posse aos membros do Ministério Público Federal;

XV – designar membro do Ministério Público Federal para:

a) funcionar nos órgãos em que a participação da Instituição seja legalmente prevista, ouvido o Conselho Superior;

b) integrar comissões técnicas ou científicas, relacionadas às funções da Instituição, ouvido o Conselho Superior;

c) assegurar a continuidade dos serviços, em caso de vacância, afastamento temporário, ausência, impedimento ou suspeição do titular, na inexistência ou falta do substituto designado;

d) funcionar perante juízos que não os previstos no inciso I do art. 37 desta Lei Complementar;

e) acompanhar procedimentos administrativos e inquéritos policiais instaurados em áreas estranhas à sua competência específica, desde que relacionados a fatos de interesse da Instituição;

XVI – homologar, ouvido o Conselho Superior, o resultado do concurso para ingresso na carreira;

XVII – fazer publicar aviso de existência de vaga na lotação e na relação bienal de designações;

XVIII – elaborar a proposta orçamentária do Ministério Público Federal, submetendo-a, para aprovação, ao Conselho Superior;

XIX – organizar a prestação de contas do exercício anterior;

XX – praticar atos de gestão administrativa, financeira e de pessoal;

XXI – elaborar o relatório das atividades do Ministério Público Federal;

XXII – coordenar as atividades do Ministério Público Federal;

XXIII – exercer outras atividades previstas em lei.

Art. 50. As atribuições do Procurador-Geral da República, previstas no artigo anterior, poderão ser delegadas:

I – a Coordenador de Câmara de Coordenação e Revisão, as dos incisos XV, alínea *c*, e XXII;

II – aos Chefes das Procuradorias Regionais da República e aos Chefes das Procuradorias da República nos Estados e no Distrito Federal, as dos incisos I, XV, alínea *c*, XX e XXII.

Art. 51. A ação penal pública contra o Procurador-Geral da República, quando no exercício do cargo, caberá ao Subprocurador-Geral da República que for designado pelo Conselho Superior do Ministério Público Federal.

Seção III
Do Colégio de Procuradores da República

• A Resolução n. 56, de 21-2-2000, do Conselho Superior do Ministério Público Federal, estabelece o Regimento Interno do Colégio de Procuradores da República.

Art. 52. O Colégio de Procuradores da República, presidido pelo Procurador-Geral da República, é integrado por todos os membros da carreira em atividade no Ministério Público Federal.

Art. 53. Compete ao Colégio de Procuradores da República:

I – elaborar, mediante voto plurinominal, facultativo e secreto, a lista sêxtupla para a composição do Superior Tribunal de Justiça, sendo elegíveis os membros do Ministério Público Federal, com mais de 10 (dez) anos na carreira, tendo mais de 35 (trinta e cinco) e menos de 65 (sessenta e cinco) anos de idade;

• A Resolução n. 111, de 1.º-3-2011, do Conselho Superior do Ministério Público, dispõe sobre eleição dos membros do Ministério Público Federal pelo Colégio de Procuradores da República para integrar lista sêxtupla para a composição do STJ e dos TRFs.

II – elaborar, mediante voto plurinominal, facultativo e secreto, a lista sêxtupla para a composição dos Tribunais Regionais Federais, sendo elegíveis os membros do Ministério Público Federal, com mais de 10 (dez) anos de carreira, que contem mais de 30 (trinta) e menos de 65 (sessenta e cinco) anos de idade, sempre que possível lotados na respectiva região;

• *Vide* nota ao inciso I deste artigo.

III – eleger, dentre os Subprocuradores-Gerais da República e mediante voto plurinominal, facultativo e secreto, 4 (quatro) membros do Conselho Superior do Ministério Público Federal;

IV – opinar sobre assuntos gerais de interesse da instituição.

§ 1.º Para os fins previstos nos incisos I, II e III deste artigo, prescindir-se-á de reunião do Colégio de Procuradores, procedendo-se segundo dispuser o seu Regimento Interno e exigindo-se o voto da maioria absoluta dos eleitores.

§ 2.º Excepcionalmente, em caso de interesse relevante da Instituição, o Colégio de Procuradores reunir-se-á em local designado pelo Procurador-Geral da República, desde que convocado por ele ou pela maioria de seus membros.

§ 3.º O Regimento Interno do Colégio de Procuradores da República disporá sobre seu funcionamento.

Seção IV
Do Conselho Superior do Ministério Público Federal

Art. 54. O Conselho Superior do Ministério Público Federal, presidido pelo Procurador-Geral da República, tem a seguinte composição:

I – o Procurador-Geral da República e o Vice-Procurador-Geral da República, que o integram como membros natos;

II – quatro Subprocuradores-Gerais da República eleitos, para mandato de 2 (dois) anos, na forma do art. 53, III, permitida uma reeleição;

III – quatro Subprocuradores-Gerais da República eleitos, para mandato de 2 (dois) anos, por seus pares, mediante voto plurinominal, facultativo e secreto, permitida uma reeleição.

§ 1.º Serão suplentes dos membros de que tratam os incisos II e III, os demais votados, em ordem decrescente, observados os critérios gerais de desempate.

§ 2.º O Conselho Superior elegerá o seu Vice-Presidente, que substituirá o Presidente em seus impedimentos e em caso de vacância.

Art. 55. O Conselho Superior do Ministério Público Federal reunir-se-á, ordinariamente, uma vez por mês, em dia previamente fixado, e, extraordinariamente, quando convocado pelo Procurador-Geral da República, ou por proposta da maioria de seus membros.

Art. 56. Salvo disposição em contrário, as deliberações do Conselho Superior serão tomadas por maioria de votos, presente a maioria absoluta dos seus membros.

§ 1.º Em caso de empate, prevalecerá o voto do Presidente, exceto em matéria de sanções, caso em que prevalecerá a solução mais favorável ao acusado.

§ 2.º As deliberações do Conselho Superior serão publicadas no *Diário da Justiça*, exceto quando o Regimento Interno determinar sigilo.

Art. 57. Compete ao Conselho Superior do Ministério Público Federal:

I – exercer o poder normativo no âmbito do Ministério Público Federal, observados os princípios desta Lei Complementar, especialmente para elaborar e aprovar:

a) o seu Regimento Interno, o do Colégio de Procuradores da República e os das Câmaras de Coordenação e Revisão do Ministério Público Federal;

b) as normas e as instruções para o concurso de ingresso na carreira;

c) as normas sobre as designações para os diferentes ofícios do Ministério Público Federal;

d) os critérios para distribuição de inquéritos, procedimentos administrativos e quaisquer outros feitos, no Ministério Público Federal;

• A Resolução n. 61, de 20-3-2001, do Conselho Superior do Ministério Público Federal, dispõe sobre a dispensa de distribuição e o parecer em processos oriundos do STJ, versando sobre matéria de direito privado.

e) os critérios de promoção por merecimento, na carreira;

• A Resolução n. 3, de 6-9-1993, do Conselho Superior do Ministério Público Federal, dispõe sobre critérios de merecimento para promoção na carreira.

f) o procedimento para avaliar o cumprimento das condições do estágio probatório;

II – aprovar o nome do Procurador Federal dos Direitos do Cidadão;

III – indicar integrantes das Câmaras de Coordenação e Revisão;

IV – aprovar a destituição do Procurador Regional Eleitoral;

V – destituir, por iniciativa do Procurador-Geral da República e pelo voto de 2/3 (dois terços) de seus membros, antes do término do mandato, o Corregedor-Geral;

VI – elaborar a lista tríplice para Corregedor-Geral do Ministério Público Federal;

VII – elaborar a lista tríplice destinada à promoção por merecimento;

VIII – aprovar a lista de antiguidade dos membros do Ministério Público Federal e decidir sobre as reclamações a ela concernentes;

IX – indicar o membro do Ministério Público Federal para promoção por antiguidade, observado o disposto no art. 93, II, *d*, da Constituição Federal;

X – designar o Subprocurador-Geral da República para conhecer de inquérito, peças de informação ou representação sobre crime comum atribuível ao Procurador-Geral da República e, sendo o caso, promover a ação penal;

XI – opinar sobre a designação de membro do Ministério Público Federal para:

a) funcionar nos órgãos em que a participação da Instituição seja legalmente prevista;

b) integrar comissões técnicas ou científicas relacionadas às funções da Instituição;

XII – opinar sobre o afastamento temporário de membro do Ministério Público Federal;

XIII – autorizar a designação, em caráter excepcional, de membros do Ministério Público Federal, para exercício de atribuições processuais perante juízos, tribunais ou ofícios diferentes dos estabelecidos para cada categoria;

XIV – determinar a realização de correições e sindicâncias e apreciar os relatórios correspondentes;

XV – determinar a instauração de processos administrativos em que o acusado seja membro do Ministério Público Federal, apreciar seus relatórios e propor as medidas cabíveis;

XVI – determinar o afastamento preventivo do exercício de suas funções, do membro do Ministério Público Federal, indiciado ou acusado em processo disciplinar, e o seu retorno;

XVII – designar a comissão de processo administrativo em que o acusado seja membro do Ministério Público Federal;

XVIII – decidir sobre o cumprimento do estágio probatório por membro do Ministério Público Federal, encaminhando cópia da decisão ao Procurador-Geral da República, quando for o caso, para ser efetivada sua exoneração;

XIX – decidir sobre remoção e disponibilidade de membro do Ministério Público Federal, por motivo de interesse público;

XX – autorizar, pela maioria absoluta de seus membros, que o Procurador-Geral da República ajuíze a ação de perda de cargo contra membro vitalício do Ministério Público Federal, nos casos previstos nesta Lei;

XXI – opinar sobre os pedidos de reversão de membro da carreira;

XXII – opinar sobre o encaminhamento de proposta de lei de aumento do número de cargos da carreira;

XXIII – deliberar sobre a realização de concurso para o ingresso na carreira, designar os membros da Comissão de Concurso e opinar sobre a homologação dos resultados;

XXIV – aprovar a proposta orçamentária que integrará o projeto de orçamento do Ministério Público da União;

XXV – exercer outras funções estabelecidas em lei.

§ 1.º O Procurador-Geral e qualquer membro do Conselho Superior estão impedidos de participar das decisões deste nos casos previstos nas leis processuais para o impedimento e a suspeição de membro do Ministério Público.

§ 2.º As deliberações relativas aos incisos I, alíneas *a* e *e*, IV, XIII, XV, XVI, XVII, XIX e XXI somente poderão ser tomadas com o voto favorável de 2/3 (dois terços) dos membros do Conselho Superior.

Seção V
Das Câmaras de Coordenação e Revisão do Ministério Público Federal

Art. 58. As Câmaras de Coordenação e Revisão do Ministério Público Federal são os órgãos setoriais de coordenação, de integração e de revisão do exercício funcional na instituição.

Art. 59. As Câmaras de Coordenação e Revisão serão organizadas por função ou por matéria, através de ato normativo.

Parágrafo único. O Regimento Interno, que disporá sobre o funcionamento das Câmaras de Coordenação e Revisão, será elaborado pelo Conselho Superior.

Art. 60. As Câmaras de Coordenação e Revisão serão compostas por 3 (três) membros do Ministério Público Federal, sendo 1 (um) indicado pelo Procurador-Geral da República e 2 (dois) pelo Conselho Superior, juntamente com seus suplentes, para um mandato de 2 (dois) anos, dentre integrantes do último grau da carreira, sempre que possível.

Art. 61. Dentre os integrantes da Câmara de Coordenação e Revisão, um deles será designado pelo Procurador-Geral para a função executiva de Coordenador.

Art. 62. Compete às Câmaras de Coordenação e Revisão:

I – promover a integração e a coordenação dos órgãos institucionais que atuem em ofícios ligados ao setor de sua competência, observado o princípio da independência funcional;

II – manter intercâmbio com órgãos ou entidades que atuem em áreas afins;

III – encaminhar informações técnico-jurídicas aos órgãos institucionais que atuem em seu setor;

IV – manifestar-se sobre o arquivamento de inquérito policial, inquérito parlamentar ou peças de informação, exceto nos casos de competência originária do Procurador-Geral;

V – resolver sobre a distribuição especial de feitos que, por sua contínua reiteração, devam receber tratamento uniforme;

VI – resolver sobre a distribuição especial de inquéritos, feitos e procedimentos, quando a matéria, por sua natureza ou relevância, assim o exigir;

VII – decidir os conflitos de atribuições entre os órgãos do Ministério Público Federal.

Parágrafo único. A competência fixada nos incisos V e VI será exercida segundo critérios objetivos previamente estabelecidos pelo Conselho Superior.

Seção VI
Da Corregedoria do Ministério Público Federal

Art. 63. A Corregedoria do Ministério Público Federal, dirigida pelo Corregedor-Geral é o órgão fiscalizador das atividades funcionais e da conduta dos membros do Ministério Público.

Art. 64. O Corregedor-Geral será nomeado pelo Procurador-Geral da República dentre os Subprocuradores-Gerais da República, integrantes de lista tríplice elaborada pelo Conselho Superior, para mandato de 2 (dois) anos, renovável uma vez.

§ 1.º Não poderão integrar a lista tríplice os membros do Conselho Superior.

§ 2.º Serão suplentes do Corregedor-Geral os demais integrantes da lista tríplice, na ordem em que os designar o Procurador-Geral.

§ 3.º O Corregedor-Geral poderá ser destituído por iniciativa do Procurador-Geral, antes do término do mandato, pelo Conselho Superior, observado o disposto no inciso V do art. 57.

Art. 65. Compete ao Corregedor-Geral do Ministério Público Federal:

I – participar, sem direito a voto, das reuniões do Conselho Superior;

II – realizar, de ofício, ou por determinação do Procurador-Geral ou do Conselho Superior, correições e sindicâncias, apresentando os respectivos relatórios;

III – instaurar inquérito contra integrante da carreira e propor ao Conselho Superior a instauração do processo administrativo consequente;

IV – acompanhar o estágio probatório dos membros do Ministério Público Federal;

V – propor ao Conselho Superioqr a exoneração de membro do Ministério Público Federal que não cumprir as condições do estágio probatório.

Seção VII

Dos Subprocuradores-Gerais da República

Art. 66. Os Subprocuradores-Gerais da República serão designados para oficiar junto ao Supremo Tribunal Federal, ao Superior Tribunal de Justiça, ao Tribunal Superior Eleitoral e nas Câmaras de Coordenação e Revisão.

§ 1.º No Supremo Tribunal Federal e no Tribunal Superior Eleitoral, os Subprocuradores-Gerais da República atuarão por delegação do Procurador-Geral da República.

§ 2.º A designação de Subprocurador-Geral da República para oficiar em órgãos jurisdicionais diferentes dos previstos para a categoria dependerá de autorização do Conselho Superior.

Art. 67. Cabe aos Subprocuradores-Gerais da República, privativamente, o exercício das funções de:

I – Vice-Procurador-Geral da República;

II – Vice-Procurador-Geral Eleitoral;

III – Corregedor-Geral do Ministério Público Federal;

IV – Procurador Federal dos Direitos do Cidadão;

V – Coordenador de Câmara de Coordenação e Revisão.

Seção VIII

Dos Procuradores Regionais da República

Art. 68. Os Procuradores Regionais da República serão designados para oficiar junto aos Tribunais Regionais Federais.

Parágrafo único. A designação de Procurador Regional da República para oficiar em órgãos jurisdicionais diferentes dos previstos para a categoria dependerá de autorização do Conselho Superior.

Art. 69. Os Procuradores Regionais da República serão lotados nos ofícios nas Procuradorias Regionais da República.

- A Lei n. 8.721, de 27-10-1993, dispõe sobre a reestruturação das Procuradorias Regionais da República.
- As Leis n. 9.035, de 3-5-1995, e n. 9.037, de 5-5-1995, dispõem sobre a criação, no âmbito do Ministério Público Federal, de Procuradorias da República em Municípios do Interior.

Seção IX

Dos Procuradores da República

Art. 70. Os Procuradores da República serão designados para oficiar junto aos Juízes Federais e junto aos Tribunais Regionais Eleitorais, onde não tiver sede a Procuradoria Regional da República.

Parágrafo único. A designação de Procurador da República para oficiar em órgãos jurisdicionais diferentes dos previstos para a categoria dependerá de autorização do Conselho Superior.

Art. 71. Os Procuradores da República serão lotados nos ofícios nas Procuradorias da República nos Estados e no Distrito Federal.

Seção X

Das Funções Eleitorais do Ministério Público Federal

Art. 72. Compete ao Ministério Público Federal exercer, no que couber, junto à Justiça Eleitoral, as funções do Ministério Público, atuando em todas as fases e instâncias do processo eleitoral.

Parágrafo único. O Ministério Público Federal tem legitimação para propor, perante o juízo competente, as ações para declarar ou decretar a nulidade de negócios jurídicos ou atos da administração pública, infringentes de vedações legais destinadas a proteger a normalidade e a legitimidade das eleições, contra a influência do poder econômico ou o abuso do poder político ou administrativo.

Art. 73. O Procurador-Geral Eleitoral é o Procurador-Geral da República.

Parágrafo único. O Procurador-Geral Eleitoral designará, dentre os Subprocuradores-Gerais da República, o Vice-Procurador-Geral Eleitoral, que o substituirá em seus impedimentos e exercerá o cargo em caso de vacância, até o provimento definitivo.

Art. 74. Compete ao Procurador-Geral Eleitoral exercer as funções do Ministério Público nas causas de competência do Tribunal Superior Eleitoral.

Parágrafo único. Além do Vice-Procurador-Geral Eleitoral, o Procurador-Geral poderá designar, por necessidade de serviço, membros do Ministério Público Federal para oficiarem, com sua aprovação, perante o Tribunal Superior Eleitoral.

Art. 75. Incumbe ao Procurador-Geral Eleitoral:

I – designar o Procurador Regional Eleitoral em cada Estado e no Distrito Federal;

II – acompanhar os procedimentos do Corregedor-Geral Eleitoral;

III – dirimir conflitos de atribuições;

IV – requisitar servidores da União e de suas autarquias, quando o exigir a necessidade do serviço, sem prejuízo dos direitos e vantagens inerentes ao exercício de seus cargos ou empregos.

Art. 76. O Procurador Regional Eleitoral, juntamente com o seu substituto, será designado pelo Procurador-Geral Eleitoral, dentre os Procuradores Regionais da República no Estado e no Distrito Federal, ou, onde não houver, dentre os Procuradores da República vitalícios, para um mandato de 2 (dois) anos.

§ 1.º O Procurador Regional Eleitoral poderá ser reconduzido uma vez.

§ 2.º O Procurador Regional Eleitoral poderá ser destituído, antes do término do mandato, por iniciativa do Procurador-Geral Eleitoral, anuindo a maioria absoluta do Conselho Superior do Ministério Público Federal.

Art. 77. Compete ao Procurador Regional Eleitoral exercer as funções do Ministério Público nas causas de competência do Tribunal Regional Eleitoral respectivo, além de dirigir, no Estado, as atividades do setor.

Parágrafo único. O Procurador-Geral Eleitoral poderá designar, por necessidade de serviço, outros membros do Ministério Público Federal para oficiar, sob a coordenação do Procurador Regional, perante os Tribunais Regionais Eleitorais.

Art. 78. As funções eleitorais do Ministério Público Federal perante os Juízes e Juntas Eleitorais serão exercidas pelo Promotor Eleitoral.

Art. 79. O Promotor Eleitoral será o membro do Ministério Público local que oficie junto ao Juízo incumbido do serviço eleitoral de cada Zona.

Parágrafo único. Na inexistência de Promotor que oficie perante a Zona Eleitoral, ou havendo impedimento ou recusa justificada, o Chefe do Ministério Público local indicará ao Procurador Regional Eleitoral o substituto a ser designado.

Art. 80. A filiação a partido político impede o exercício de funções eleitorais por membro do Ministério Público, até 2 (dois) anos do seu cancelamento.

•• O STF, na ADI n. 1.371-8, de 3-6-1998 (*DOU* de 22-10-2003), deu para este artigo, sem redução do texto, interpretação conforme a Constituição, para fixar como única exegese constitucionalmente possível aquela que apenas admite filiação partidária se o membro do Ministério Público estiver afastado de suas funções institucionais, devendo cancelar sua filiação partidária antes de reassumir essas funções, não podendo, ainda, desempenhar funções pertinentes ao Ministério Público Eleitoral senão dois anos após o cancelamento dessa mesma filiação político-partidária.

Seção XI

Das Unidades de Lotação e de Administração

Art. 81. Os ofícios na Procuradoria-Geral da República, nas Procuradorias Regionais da República e nas Procuradorias da República nos Estados e no Distrito Federal são unidades de lotação e de administração do Ministério Público Federal.

Parágrafo único. Nos municípios do interior onde tiverem sede juízos federais, a lei criará unidades da Procuradoria da República no respectivo Estado.

Art. 82. A estrutura básica das unidades de lotação e de administração será organizada por regulamento, nos termos da lei.

CAPÍTULO II
DO MINISTÉRIO PÚBLICO DO TRABALHO

Seção I
Da Competência, dos Órgãos e da Carreira

Art. 83. Compete ao Ministério Público do Trabalho o exercício das seguintes atribuições junto aos órgãos da Justiça do Trabalho:

I – promover as ações que lhe sejam atribuídas pela Constituição Federal e pelas leis trabalhistas;

II – manifestar-se em qualquer fase do processo trabalhista, acolhendo solicitação do juiz ou por sua iniciativa, quando entender existente interesse público que justifique a intervenção;

III – promover a ação civil pública no âmbito da Justiça do Trabalho, para defesa de interesses coletivos, quando desrespeitados os direitos sociais constitucionalmente garantidos;

IV – propor as ações cabíveis para declaração de nulidade de cláusula de contrato, acordo coletivo ou convenção coletiva que viole as liberdades individuais ou coletivas ou os direitos individuais indisponíveis dos trabalhadores;

V – propor as ações necessárias à defesa dos direitos e interesses dos menores, incapazes e índios, decorrentes das relações de trabalho;

VI – recorrer das decisões da Justiça do Trabalho, quando entender necessário, tanto nos processos em que for parte, como naqueles em que oficiar como fiscal da lei, bem como pedir revisão dos Enunciados da Súmula de Jurisprudência do Tribunal Superior do Trabalho;

VII – funcionar nas sessões dos Tribunais Trabalhistas, manifestando-se verbalmente sobre a matéria em debate, sempre que entender necessário, sendo-lhe assegurado o direito de vista dos processos em julgamento, podendo solicitar as requisições e diligências que julgar convenientes;

VIII – instaurar instância em caso de greve, quando a defesa da ordem jurídica ou o interesse público assim o exigir;

IX – promover ou participar da instrução e conciliação em dissídios decorrentes da paralisação de serviços de qualquer natureza, oficiando obrigatoriamente nos processos, manifestando sua concordância ou discordância, em eventuais acordos firmados antes da homologação, resguardado o direito de recorrer em caso de violação à lei e à Constituição Federal;

X – promover mandado de injunção, quando a competência for da Justiça do Trabalho;

XI – atuar como árbitro, se assim for solicitado pelas partes, nos dissídios de competência da Justiça do Trabalho;

• A Resolução n. 44, de 27-5-1999, dispõe sobre a atividade de arbitragem no âmbito do Ministério Público do Trabalho.

XII – requerer as diligências que julgar convenientes para o correto andamento dos processos e para a melhor solução das lides trabalhistas;

XIII – intervir obrigatoriamente em todos os feitos nos segundo e terceiro graus de jurisdição da Justiça do Trabalho, quando a parte for pessoa jurídica de Direito Público, Estado estrangeiro ou organismo internacional.

Art. 84. Incumbe ao Ministério Público do Trabalho, no âmbito das suas atribuições, exercer as funções institucionais previstas nos Capítulos I, II, III e IV do Título I, especialmente:

I – integrar os órgãos colegiados previstos no § 1.º do art. 6.º, que lhes sejam pertinentes;

II – instaurar inquérito civil e outros procedimentos administrativos, sempre que cabíveis, para assegurar a observância dos direitos sociais dos trabalhadores;

III – requisitar à autoridade administrativa federal competente, dos órgãos de proteção ao trabalho, a instauração de procedimentos administrativos, podendo acompanhá-los e produzir provas;

IV – ser cientificado pessoalmente das decisões proferidas pela Justiça do Trabalho, nas causas em que o órgão tenha intervindo ou emitido parecer escrito;

V – exercer outras atribuições que lhe forem conferidas por lei, desde que compatíveis com sua finalidade.

Art. 85. São órgãos do Ministério Público do Trabalho:

I – o Procurador-Geral do Trabalho;

II – o Colégio de Procuradores do Trabalho;

III – o Conselho Superior do Ministério Público do Trabalho;

IV – a Câmara de Coordenação e Revisão do Ministério Público do Trabalho;

V – a Corregedoria do Ministério Público do Trabalho;

VI – os Subprocuradores-Gerais do Trabalho;

VII – os Procuradores Regionais do Trabalho;

VIII – os Procuradores do Trabalho.

Art. 86. A carreira do Ministério Público do Trabalho será constituída pelos cargos de Subprocurador-Geral do Trabalho, Procurador Regional do Trabalho e Procurador do Trabalho.

Parágrafo único. O cargo inicial da carreira é o de Procurador do Trabalho e o do último nível o de Subprocurador-Geral do Trabalho.

Seção II
Do Procurador-Geral do Trabalho

Art. 87. O Procurador-Geral do Trabalho é o Chefe do Ministério Público do Trabalho.

Art. 88. O Procurador-Geral do Trabalho será nomeado pelo Procurador-Geral da República, dentre integrantes da Instituição, com mais de 35 (trinta e cinco) anos de idade e de 5 (cinco) anos na carreira, integrantes de lista tríplice escolhida mediante voto plurinominal, facultativo e secreto, pelo Colégio de Procuradores para um mandato de 2 (dois) anos, permitida uma recondução, observado o mesmo processo. Caso não haja número suficiente de candidatos com mais de 5 (cinco) anos na carreira, poderá concorrer à lista tríplice quem contar mais de 2 (dois) anos na carreira.

Parágrafo único. A exoneração do Procurador-Geral do Trabalho, antes do término do mandato, será proposta ao Procurador-Geral da República pelo Conselho Superior, mediante deliberação obtida com base em voto secreto de 2/3 (dois terços) de seus integrantes.

Art. 89. O Procurador-Geral do Trabalho designará, dentre os Subprocuradores-Gerais do Trabalho, o Vice-Procurador-Geral do Trabalho, que o substituirá em seus impedimentos. Em caso de vacância, exercerá o cargo o Vice-Presidente do Conselho Superior, até o seu provimento definitivo.

Art. 90. Compete ao Procurador-Geral do Trabalho exercer as funções atribuídas ao Ministério Público do Trabalho junto ao Plenário do Tribunal Superior do Trabalho, propondo as ações cabíveis e manifestando-se nos processos de sua competência.

Art. 91. São atribuições do Procurador-Geral do Trabalho:

I – representar o Ministério Público do Trabalho;

II – integrar, como membro nato, e presidir o Colégio de Procuradores do Trabalho, o Conselho Superior do Ministério Público do Trabalho e a Comissão de Concurso;

III – nomear o Corregedor-Geral do Ministério Público do Trabalho, segundo lista tríplice formada pelo Conselho Superior;

IV – designar um dos membros e o Coordenador da Câmara de Coordenação e Revisão do Ministério Público do Trabalho;

V – designar, observados os critérios da lei e os estabelecidos pelo Conselho Superior, os ofícios em que exercerão suas funções os membros do Ministério Público do Trabalho;

VI – designar o Chefe da Procuradoria Regional do Trabalho dentre os Procuradores Regionais do Trabalho lotados na respectiva Procuradoria Regional;

VII – decidir, em grau de recurso, os conflitos de atribuição entre os órgãos do Ministério Público do Trabalho;

VIII – determinar a abertura de correição, sindicância ou inquérito administrativo;

IX – determinar a instauração de inquérito ou processo administrativo contra servidores dos serviços auxiliares;

X – decidir processo disciplinar contra membro da carreira ou servidor dos serviços auxiliares, aplicando as sanções que sejam de sua competência;

XI – decidir, atendendo a necessidade do serviço, sobre:

a) remoção a pedido ou por permuta;

b) alteração parcial da lista bienal de designações;

XII – autorizar o afastamento de membros do Ministério Público do Trabalho, ouvido o Conselho Superior, nos casos previstos em lei;

XIII – dar posse aos membros do Ministério Público do Trabalho;

XIV – designar membro do Ministério Público do Trabalho para:

a) funcionar nos órgãos em que a participação da Instituição seja legalmente prevista, ouvido o Conselho Superior;

b) integrar comissões técnicas ou científicas, relacionadas às funções da Instituição, ouvido o Conselho Superior;

c) assegurar a continuidade dos serviços, em caso de vacância, afastamento temporário, ausência, impedimento ou suspeição do titular, na inexistência ou falta do substituto designado;

XV – homologar, ouvido o Conselho Superior, o resultado do concurso para ingresso na carreira;

XVI – fazer publicar aviso de existência de vaga, na lotação e na relação bienal de designações;

XVII – propor ao Procurador-Geral da República, ouvido o Conselho Superior, a criação e extinção de cargos da carreira e dos ofícios em que devam ser exercidas suas funções;

XVIII – elaborar a proposta orçamentária do Ministério Público do Trabalho, submetendo-a, para aprovação, ao Conselho Superior;

XIX – encaminhar ao Procurador-Geral da República a proposta orçamentária do Ministério Público do Trabalho, após sua aprovação pelo Conselho Superior;

XX – organizar a prestação de contas do exercício anterior, encaminhando-a ao Procurador-Geral da República;

XXI – praticar atos de gestão administrativa, financeira e de pessoal;

XXII – elaborar o relatório de atividades do Ministério Público do Trabalho;

XXIII – coordenar as atividades do Ministério Público do Trabalho;

XXIV – exercer outras atribuições previstas em lei.

Art. 92. As atribuições do Procurador-Geral do Trabalho, previstas no artigo anterior, poderão ser delegadas:

I – ao Coordenador da Câmara de Coordenação e Revisão, as dos incisos XIV, alínea c, e XXIII;

II – aos Chefes das Procuradorias Regionais do Trabalho nos Estados e no Distrito Federal, as dos incisos I, XIV, alínea c, XXI e XXIII.

Seção III
Do Colégio de Procuradores do Trabalho

Art. 93. O Colégio de Procuradores do Trabalho, presidido pelo Procurador-Geral do Trabalho, é integrado por todos os membros da carreira em atividade no Ministério Público do Trabalho.

Art. 94. São atribuições do Colégio de Procuradores do Trabalho:

I – elaborar, mediante voto plurinominal, facultativo e secreto, a lista tríplice para a escolha do Procurador-Geral do Trabalho;

II – elaborar, mediante voto plurinominal, facultativo e secreto, a lista sêxtupla para a composição do Tribunal Superior do Trabalho, sendo elegíveis os membros do Ministério Público do Trabalho com mais de 10 (dez) anos na carreira, tendo mais de 35 (trinta e cinco) e menos de 65 (sessenta e cinco) anos de idade;

III – elaborar, mediante voto plurinominal, facultativo e secreto, a lista sêxtupla para os Tribunais Regionais do Trabalho, dentre os Procuradores com mais de 10 (dez) anos de carreira;

IV – eleger, dentre os Subprocuradores-Gerais do Trabalho e mediante voto plurinominal, facultativo e secreto, quatro membros do Conselho Superior do Ministério Público do Trabalho.

§ 1.º Para os fins previstos nos incisos deste artigo, prescindir-se-á de reunião do Colégio de Procuradores, procedendo-se segundo dispuser o seu Regimento Interno, exigido o voto da maioria absoluta dos eleitores.

§ 2.º Excepcionalmente, em caso de interesse relevante da Instituição, o Colégio de Procuradores reunir-se-á em local designado pelo Procurador-Geral do Trabalho, desde que convocado por ele ou pela maioria de seus membros.

§ 3.º O Regimento Interno do Colégio de Procuradores do Trabalho disporá sobre seu funcionamento.

Seção IV
Do Conselho Superior do Ministério Público do Trabalho

Art. 95. O Conselho Superior do Ministério Público do Trabalho, presidido pelo Procurador-Geral do Trabalho, tem a seguinte composição:

I – o Procurador-Geral do Trabalho e o Vice-Procurador-Geral do Trabalho, que o integram como membros natos;

II – quatro Subprocuradores-Gerais do Trabalho, eleitos para um mandato de 2 (dois) anos, pelo Colégio de Procuradores do Trabalho, mediante voto plurinominal, facultativo e secreto, permitida uma reeleição;

III – quatro Subprocuradores-Gerais do Trabalho, eleitos para um mandato de 2 (dois) anos, por seus pares, mediante voto plurinominal, facultativo e secreto, permitida uma reeleição.

§ 1.º Serão suplentes dos membros de que tratam os incisos II e III os demais votados, em ordem decrescente, observados os critérios gerais de desempate.

§ 2.º O Conselho Superior elegerá o seu Vice-Presidente, que substituirá o Presidente em seus impedimentos e em caso de vacância.

Art. 96. O Conselho Superior do Ministério Público do Trabalho reunir-se-á ordinariamente, uma vez por mês, em dia previamente fixado, e, extraordinariamente, quando convocado pelo Procurador-Geral do Trabalho ou por proposta da maioria absoluta de seus membros.

Art. 97. Salvo disposição em contrário, as deliberações do Conselho Superior serão tomadas por maioria de votos, presente a maioria absoluta dos seus membros.

§ 1.º Em caso de empate, prevalecerá o voto do Presidente, exceto em matéria de sanções, caso em que prevalecerá a solução mais favorável ao acusado.

§ 2.º As deliberações do Conselho Superior serão publicadas no *Diário da Justiça*, exceto quando o Regimento Interno determinar sigilo.

Art. 98. Compete ao Conselho Superior do Ministério Público do Trabalho:

- A Resolução n. 121, de 5-5-2015, dispõe sobre o Regimento Interno do Conselho Superior do Ministério Público do Trabalho.

I – exercer o poder normativo no âmbito do Ministério Público do Trabalho, observados os princípios desta Lei Complementar, especialmente para elaborar e aprovar:

a) o seu Regimento Interno, o do Colégio de Procuradores do Trabalho e o da Câmara de Coordenação e Revisão do Ministério Público do Trabalho;

b) as normas e as instruções para o concurso de ingresso na carreira;

c) as normas sobre as designações para os diferentes ofícios do Ministério Público do Trabalho;

d) os critérios para distribuição de procedimentos administrativos e quaisquer outros feitos no Ministério Público do Trabalho;

e) os critérios de promoção por merecimento na carreira;

f) o procedimento para avaliar o cumprimento das condições do estágio probatório;

- A Resolução n. 43, de 27-5-1999, do Conselho Superior do Ministério Público do Trabalho, estabelece procedimento para avaliar o cumprimento do estágio probatório dos membros do Ministério Público do Trabalho.

II – indicar os integrantes da Câmara de Coordenação e Revisão do Ministério Público do Trabalho;

III – propor a exoneração do Procurador-Geral do Trabalho;

IV – destituir, por iniciativa do Procurador-Geral do Trabalho e pelo voto de 2/3 (dois terços) de seus membros, antes do término do mandato, o Corregedor-Geral;

V – elaborar a lista tríplice destinada à promoção por merecimento;

VI – elaborar a lista tríplice para Corregedor-Geral do Ministério Público do Trabalho;

VII – aprovar a lista de antiguidade do Ministério Público do Trabalho e decidir sobre as reclamações a ela concernentes;

VIII – indicar o membro do Ministério Público do Trabalho para promoção por antiguidade, observado o disposto no art. 93, II, *d*, da Constituição Federal;

IX – opinar sobre a designação de membro do Ministério Público do Trabalho para:

a) funcionar nos órgãos em que a participação da Instituição seja legalmente prevista;

b) integrar comissões técnicas ou científicas relacionadas às funções da Instituição;

X – opinar sobre o afastamento temporário de membro do Ministério Público do Trabalho;

XI – autorizar a designação, em caráter excepcional, de membros do Ministério Público do Trabalho, para exercício de atribuições processuais perante juízos, tribunais ou ofícios diferentes dos estabelecidos para cada categoria;

XII – determinar a realização de correições e sindicâncias e apreciar os relatórios correspondentes;

XIII – determinar a instauração de processos administrativos em que o acusado seja membro do Ministério Público do Trabalho, apreciar seus relatórios e propor as medidas cabíveis;

XIV – determinar o afastamento do exercício de suas funções, de membro do Ministério Público do Trabalho, indiciado ou acusado em processo disciplinar, e o seu retorno;

XV – designar a comissão de processo administrativo em que o acusado seja membro do Ministério Público do Trabalho;

XVI – decidir sobre o cumprimento do estágio probatório por membro do Ministério Público do Trabalho, encaminhando cópia da decisão ao Procurador-Geral da República, quando for o caso, para ser efetivada sua exoneração;

XVII – decidir sobre remoção e disponibilidade de membro do Ministério Público do Trabalho, por motivo de interesse público;

XVIII – autorizar, pela maioria absoluta de seus membros, que o Procurador-Geral da República ajuíze a ação de perda de cargo contra membro vitalício do Ministério Público do Trabalho, nos casos previstos em lei;

XIX – opinar sobre os pedidos de reversão de membro da carreira;

XX – aprovar a proposta de lei para o aumento do número de cargos da carreira e dos ofícios;

XXI – deliberar sobre a realização de concurso para o ingresso na carreira, designar os membros da Comissão de Concurso e opinar sobre a homologação dos resultados;

XXII – aprovar a proposta orçamentária que integrará o projeto de orçamento do Ministério Público da União;

XXIII – exercer outras funções atribuídas em lei.

§ 1.º Aplicam-se ao Procurador-Geral e aos demais membros do Conselho Superior as normas processuais em geral, pertinentes aos impedimentos e suspeição dos membros do Ministério Público.

§ 2.º As deliberações relativas aos incisos I, alíneas *a* e *e*, XI, XIII, XIV, XV e XVII somente poderão ser tomadas com o voto favorável de 2/3 (dois terços) dos membros do Conselho Superior.

Seção V
Da Câmara de Coordenação e Revisão do Ministério Público do Trabalho

Art. 99. A Câmara de Coordenação e Revisão do Ministério Público do Trabalho é um órgão de coordenação, de integração e de revisão do exercício funcional na Instituição.

Art. 100. A Câmara de Coordenação e Revisão do Ministério Público do Trabalho será organizada por ato normativo, e o Regimento Interno, que disporá sobre seu funcionamento, será elaborado pelo Conselho Superior.

Art. 101. A Câmara de Coordenação e Revisão do Ministério Público do Trabalho será composta por 3 (três) membros do Ministério Público do Trabalho, sendo 1 (um) indicado pelo Procurador-Geral do Trabalho e 2 (dois) pelo Conselho Superior do Ministério Público do Trabalho, juntamente com seus suplentes, para um mandato de 2 (dois) anos, sempre que possível, dentre integrantes do último grau da carreira.

Art. 102. Dentre os integrantes da Câmara de Coordenação e Revisão, um deles será designado pelo Procurador-Geral para a função executiva de Coordenador.

Art. 103. Compete à Câmara de Coordenação e Revisão do Ministério Público do Trabalho:

I – promover a integração e a coordenação dos órgãos institucionais do Ministério Público do Trabalho, observado o princípio da independência funcional;

II – manter intercâmbio com órgãos ou entidades que atuem em áreas afins;

III – encaminhar informações técnico-jurídicas aos órgãos institucionais do Ministério Público do Trabalho;

IV – resolver sobre a distribuição especial de feitos e procedimentos, quando a matéria, por sua natureza ou relevância, assim o exigir;

V – resolver sobre a distribuição especial de feitos, que por sua contínua reiteração, devam receber tratamento uniforme;

VI – decidir os conflitos de atribuição entre os órgãos do Ministério Público do Trabalho.

Parágrafo único. A competência fixada nos incisos IV e V será exercida segundo critérios objetivos previamente estabelecidos pelo Conselho Superior.

Seção VI
Da Corregedoria do Ministério Público do Trabalho

Art. 104. A Corregedoria do Ministério Público do Trabalho, dirigida pelo Corregedor-Geral, é o órgão fiscalizador das atividades funcionais e da conduta dos membros do Ministério Público.

Art. 105. O Corregedor-Geral será nomeado pelo Procurador-Geral do Trabalho dentre os Subprocuradores-Gerais do Trabalho, integrantes de lista tríplice elaborada pelo Conselho Superior, para mandato de 2 (dois) anos, renovável uma vez.

§ 1.º Não poderão integrar a lista tríplice os membros do Conselho Superior.

§ 2.º Serão suplentes do Corregedor-Geral os demais integrantes da lista tríplice, na ordem em que os designar o Procurador-Geral.

§ 3.º O Corregedor-Geral poderá ser destituído, por iniciativa do Procurador-Geral, antes do término do mandato, pelo voto de 2/3 (dois terços) dos membros do Conselho Superior.

Art. 106. Incumbe ao Corregedor-Geral do Ministério Público:

I – participar, sem direito a voto, das reuniões do Conselho Superior;

II – realizar, de ofício ou por determinação do Procurador-Geral ou do Conselho Superior, correições e sindicâncias, apresentando os respectivos relatórios;

III – instaurar inquérito contra integrante da carreira e propor ao Conselho Superior a instauração do processo administrativo consequente;

IV – acompanhar o estágio probatório dos membros do Ministério Público do Trabalho;

V – propor ao Conselho Superior a exoneração de membro do Ministério Público do Trabalho que não cumprir as condições do estágio probatório.

Seção VII
Dos Subprocuradores-Gerais do Trabalho

Art. 107. Os Subprocuradores-Gerais do Trabalho serão designados para oficiar junto ao Tribunal

Superior do Trabalho e nos ofícios na Câmara de Coordenação e Revisão.

Parágrafo único. A designação de Subprocurador-Geral do Trabalho para oficiar em órgãos jurisdicionais diferentes do previsto para a categoria dependerá de autorização do Conselho Superior.

Art. 108. Cabe aos Subprocuradores-Gerais do Trabalho, privativamente, o exercício das funções de:

I – Corregedor-Geral do Ministério Público do Trabalho;

II – Coordenador da Câmara de Coordenação e Revisão do Ministério Público do Trabalho.

Art. 109. Os Subprocuradores-Gerais do Trabalho serão lotados nos ofícios na Procuradoria-Geral do Trabalho.

Seção VIII
Dos Procuradores Regionais do Trabalho

Art. 110. Os Procuradores Regionais do Trabalho serão designados para oficiar junto aos Tribunais Regionais do Trabalho.

Parágrafo único. Em caso de vaga ou de afastamento de Subprocurador-Geral do Trabalho por prazo superior a 30 (trinta) dias, poderá ser convocado pelo Procurador-Geral, mediante aprovação do Conselho Superior, Procurador Regional do Trabalho para substituição.

Art. 111. Os Procuradores Regionais do Trabalho serão lotados nos ofícios nas Procuradorias Regionais do Trabalho nos Estados e no Distrito Federal.

Seção IX
Dos Procuradores do Trabalho

Art. 112. Os Procuradores do Trabalho serão designados para funcionar junto aos Tribunais Regionais do Trabalho e, na forma das leis processuais, nos litígios trabalhistas que envolvam, especialmente, interesses de menores e incapazes.

Parágrafo único. A designação de Procurador do Trabalho para oficiar em órgãos jurisdicionais diferentes dos previstos para a categoria dependerá de autorização do Conselho Superior.

Art. 113. Os Procuradores do Trabalho serão lotados nos ofícios nas Procuradorias Regionais do Trabalho nos Estados e no Distrito Federal.

Seção X
Das Unidades de Lotação e de Administração

Art. 114. Os ofícios na Procuradoria-Geral do Trabalho e nas Procuradorias Regionais do Trabalho nos Estados e no Distrito Federal são unidades de lotação e de administração do Ministério Público do Trabalho.

Art. 115. A estrutura básica das unidades de lotação e de administração será organizada por regulamento, nos termos da lei.

CAPÍTULO III
DO MINISTÉRIO PÚBLICO MILITAR

Seção I
Da Competência, dos Órgãos e da Carreira

Art. 116. Compete ao Ministério Público Militar o exercício das seguintes atribuições junto aos órgãos da Justiça Militar:

I – promover, privativamente, a ação penal pública;

II – promover a declaração de indignidade ou de incompatibilidade para o oficialato;

III – manifestar-se em qualquer fase do processo, acolhendo solicitação do juiz ou por sua iniciativa, quando entender existente interesse público que justifique a intervenção.

Art. 117. Incumbe ao Ministério Público Militar:

I – requisitar diligências investigatórias e a instauração de inquérito policial-militar, podendo acompanhá-los e apresentar provas;

II – exercer o controle externo da atividade da polícia judiciária militar.

Art. 118. São órgãos do Ministério Público Militar:

I – o Procurador-Geral da Justiça Militar;

II – o Colégio de Procuradores da Justiça Militar;

III – o Conselho Superior do Ministério Público Militar;

IV – a Câmara de Coordenação e Revisão do Ministério Público Militar;

V – a Corregedoria do Ministério Público Militar;

VI – os Subprocuradores-Gerais da Justiça Militar;

VII – os Procuradores da Justiça Militar;

VIII – os Promotores da Justiça Militar.

Art. 119. A carreira do Ministério Público Militar é constituída pelos cargos de Subprocurador-Geral da Justiça Militar, Procurador da Justiça Militar e Promotor da Justiça Militar.

Parágrafo único. O cargo inicial da carreira é o de Promotor da Justiça Militar e o do último nível é o de Subprocurador-Geral da Justiça Militar.

Seção II
Do Procurador-Geral da Justiça Militar

Art. 120. O Procurador-Geral da Justiça Militar é o Chefe do Ministério Público Militar.

Art. 121. O Procurador-Geral da Justiça Militar será nomeado pelo Procurador-Geral da República, dentre integrantes da Instituição, com mais de 35 (trinta e cinco) anos de idade e de 5 (cinco) anos na carreira, escolhidos em lista tríplice mediante voto plurinominal, facultativo e secreto, pelo Colégio de Procuradores, para um mandato de 2 (dois) anos, permitida uma recondução, observado o mesmo processo. Caso não haja número suficiente de candidatos com mais de 5 (cinco) anos na carreira, poderá concorrer à lista tríplice quem contar mais de 2 (dois) anos na carreira.

Parágrafo único. A exoneração do Procurador-Geral da Justiça Militar, antes do término do mandato, será proposta pelo Conselho Superior ao Procurador-Geral da República, mediante deliberação obtida com base em voto secreto de 2/3 (dois terços) de seus integrantes.

Art. 122. O Procurador-Geral da Justiça Militar designará, dentre os Subprocuradores-Gerais, o Vice-Procurador-Geral da Justiça Militar, que o substituirá em seus impedimentos. Em caso de vacância, exercerá o cargo o Vice-Presidente do Conselho Superior, até o seu provimento definitivo.

Art. 123. Compete ao Procurador-Geral da Justiça Militar exercer as funções atribuídas ao Ministério Público Militar junto ao Superior Tribunal Militar, propondo as ações cabíveis e manifestando-se nos processos de sua competência.

Art. 124. São atribuições do Procurador-Geral da Justiça Militar:

I – representar o Ministério Público Militar;

II – integrar, como membro nato, e presidir o Colégio de Procuradores da Justiça Militar, o Conselho Superior do Ministério Público da Justiça Militar e a Comissão de Concurso;

III – nomear o Corregedor-Geral do Ministério Público Militar, segundo lista tríplice elaborada pelo Conselho Superior;

IV – designar um dos membros e o Coordenador da Câmara de Coordenação e Revisão do Ministério Público Militar;

V – designar, observados os critérios da lei e os estabelecidos pelo Conselho Superior, os ofícios em que exercerão suas funções os membros do Ministério Público Militar;

VI – decidir, em grau de recurso, os conflitos de atribuições entre os órgãos do Ministério Público Militar;

VII – determinar a abertura de correição, sindicância ou inquérito administrativo;

VIII – determinar a instauração de inquérito ou processo administrativo contra servidores dos serviços auxiliares;

IX – decidir processo disciplinar contra membro da carreira ou servidor dos serviços auxiliares, aplicando as sanções que sejam de sua competência;

X – decidir, atendida a necessidade do serviço, sobre:

a) remoção a pedido ou por permuta;

b) alteração parcial da lista bienal de designações;

XI – autorizar o afastamento de membros do Ministério Público Militar, ouvido o Conselho Superior, nas hipóteses da lei;

XII – dar posse aos membros do Ministério Público Militar;

XIII – designar membro do Ministério Público Militar para:

a) funcionar nos órgãos em que a participação da instituição seja legalmente prevista, ouvido o Conselho Superior;

b) integrar comissões técnicas ou científicas, relacionadas às funções da Instituição, ouvido o Conselho Superior;

c) assegurar a continuidade dos serviços, em caso de vacância, afastamento temporário, ausência, impedimento ou suspeição do titular, na inexistência ou falta do substituto designado;

XIV – homologar, ouvido o Conselho Superior, o resultado do concurso para ingresso na carreira;

XV – fazer publicar o aviso de existência de vaga, na lotação e na relação bienal de designações;

XVI – propor ao Procurador-Geral da República, ouvido o Conselho Superior, a criação e extinção de cargos da carreira e dos ofícios em que devam ser exercidas suas funções;

XVII – elaborar a proposta orçamentária do Ministério Público Militar, submetendo-a ao Conselho Superior;

XVIII – encaminhar ao Procurador-Geral da República a proposta orçamentária do Ministério Público Militar, após sua aprovação pelo Conselho Superior;

XIX – organizar a prestação de contas do exercício anterior, encaminhando-a ao Procurador-Geral da República;

XX – praticar atos de gestão administrativa, financeira e de pessoal;

XXI – elaborar o relatório de atividades do Ministério Público Militar;

XXII – coordenar as atividades do Ministério Público Militar;

XXIII – exercer outras atribuições previstas em lei.

Art. 125. As atribuições do Procurador-Geral da Justiça Militar, previstas no artigo anterior, poderão ser delegadas:

I – ao Coordenador da Câmara de Coordenação e Revisão, as dos incisos XIII, alínea c, e XXII;

II – a Procurador da Justiça Militar, as dos incisos I e XX.

Seção III
Do Colégio de Procuradores da Justiça Militar

Art. 126. O Colégio de Procuradores da Justiça Militar, presidido pelo Procurador-Geral da Justiça Militar, é integrado por todos os membros da carreira em atividade no Ministério Público da Justiça Militar.

Art. 127. Compete ao Colégio de Procuradores da Justiça Militar:

I – elaborar, mediante voto plurinominal, facultativo e secreto, lista tríplice para a escolha do Procurador-Geral da Justiça Militar;

II – opinar sobre assuntos gerais de interesse da Instituição.

§ 1.º Para os fins previstos no inciso I, prescindir-se-á de reunião do Colégio de Procuradores, procedendo-se segundo dispuser o seu Regimento Interno, exigido o voto da maioria absoluta dos eleitores.

§ 2.º Excepcionalmente, em caso de interesse relevante da Instituição, o Colégio de Procuradores reunir-se-á em local designado pelo Procurador-Geral da Justiça Militar, desde que convocado por ele ou pela maioria de seus membros.

§ 3.º O Regimento Interno do Colégio de Procuradores Militares disporá sobre seu funcionamento.

Seção IV
Do Conselho Superior do Ministério Público Militar

Art. 128. O Conselho Superior do Ministério Público Militar, presidido pelo Procurador-Geral da Justiça Militar, tem a seguinte composição:

I – o Procurador-Geral da Justiça Militar e o Vice-Procurador-Geral da Justiça Militar;

II – os Subprocuradores-Gerais da Justiça Militar.

Parágrafo único. O Conselho Superior elegerá o seu Vice-Presidente, que substituirá o Presidente em seus impedimentos e em caso de vacância.

Art. 129. O Conselho Superior do Ministério Público Militar reunir-se-á, ordinariamente, uma vez por mês, em dia previamente fixado, e, extraordinariamente, quando convocado pelo Procurador-Geral da Justiça Militar ou por proposta da maioria absoluta de seus membros.

Art. 130. Salvo disposição em contrário, as deliberações do Conselho Superior serão tomadas por maioria de votos, presente a maioria absoluta dos seus membros.

§ 1.º Em caso de empate, prevalecerá o voto do Presidente, exceto em matéria de sanções, caso em que prevalecerá a solução mais favorável ao acusado.

§ 2.º As deliberações do Conselho Superior serão publicadas no *Diário da Justiça*, exceto quando o Regimento Interno determine sigilo.

Art. 131. Compete ao Conselho Superior do Ministério Público Militar:

I – exercer o poder normativo no âmbito do Ministério Público Militar, observados os princípios desta Lei Complementar, especialmente para elaborar e aprovar:

a) o seu Regimento Interno, o do Colégio de Procuradores da Justiça Militar e o da Câmara de Coordenação e Revisão do Ministério Público Militar;

b) as normas e as instruções para o concurso de ingresso na carreira;

c) as normas sobre as designações para os diferentes ofícios do Ministério Público Militar;

d) os critérios para distribuição de inquéritos e quaisquer outros feitos, no Ministério Público Militar;

e) os critérios de promoção por merecimento na carreira;

f) o procedimento para avaliar o cumprimento das condições do estágio probatório;

II – indicar os integrantes da Câmara de Coordenação e Revisão do Ministério Público Militar;

III – propor a exoneração do Procurador-Geral da Justiça Militar;

IV – destituir, por iniciativa do Procurador-Geral do Ministério Público Militar e pelo voto de 2/3 (dois terços) de seus membros, antes do término do mandato, o Corregedor-Geral;

V – elaborar a lista tríplice destinada à promoção por merecimento;

VI – elaborar a lista tríplice para Corregedor-Geral do Ministério Público Militar;

VII – aprovar a lista de antiguidade do Ministério Público Militar e decidir sobre as reclamações a ela concernentes;

VIII – indicar o membro do Ministério Público Militar para promoção por antiguidade, observado o disposto no art. 93, II, *d*, da Constituição Federal;

IX – opinar sobre a designação de membro do Ministério Público Militar para:

a) funcionar nos órgãos em que a participação da Instituição seja legalmente prevista;

b) integrar comissões técnicas ou científicas relacionadas às funções da Instituição;

X – opinar sobre o afastamento temporário de membro do Ministério Público Militar;

XI – autorizar a designação, em caráter excepcional, de membro do Ministério Público Militar, para exercício de atribuições processuais perante juízos, tribunais ou ofícios diferentes dos estabelecidos para cada categoria;

XII – determinar a realização de correições e sindicâncias e apreciar os relatórios correspondentes;

XIII – determinar a instauração de processos administrativos em que o acusado seja membro do Ministério Público Militar, apreciar seus relatórios e propor as medidas cabíveis;

XIV – determinar o afastamento preventivo do exercício de suas funções, de membro do Ministério Público Militar, indiciado ou acusado em processo disciplinar, e seu retorno;

XV – designar a comissão de processo administrativo em que o acusado seja membro do Ministério Público Militar;

XVI – decidir sobre o cumprimento do estágio probatório por membro do Ministério Público Militar, encaminhando cópia da decisão ao Procurador-Geral da República, quando for o caso, para ser efetivada sua exoneração;

XVII – decidir sobre remoção e disponibilidade de membro do Ministério Público Militar, por motivo de interesse público;

XVIII – autorizar, pela maioria absoluta de seus membros, que o Procurador-Geral da República ajuíze ação de perda de cargo contra membro vitalício do Ministério Público Militar, nos casos previstos nesta Lei Complementar;

XIX – opinar sobre os pedidos de reversão de membro da carreira;

XX – aprovar a proposta de lei para o aumento do número de cargos da carreira e dos ofícios;

XXI – deliberar sobre a realização de concurso para ingresso na carreira, designar os membros da Comissão de Concurso e opinar sobre a homologação dos resultados;

XXII – exercer outras funções atribuídas em lei.

§ 1.º Aplicam-se ao Procurador-Geral e aos demais membros do Conselho Superior as normas processuais em geral, pertinentes aos impedimentos e suspeição dos membros do Ministério Público.

§ 2.º As deliberações relativas aos incisos I, alíneas *a* e *e*, XI, XIII, XIV, XV e XVII somente poderão ser tomadas com o voto favorável de 2/3 (dois terços) dos membros do Conselho Superior.

Seção V
Da Câmara de Coordenação e Revisão do Ministério Público Militar

Art. 132. A Câmara de Coordenação e Revisão do Ministério Público Militar é o órgão de coordenação, de integração e de revisão do exercício funcional na Instituição.

Art. 133. A Câmara de Coordenação e Revisão do Ministério Público Militar será organizada por ato normativo e o Regimento Interno, que disporá sobre seu funcionamento, será elaborado e aprovado pelo Conselho Superior.

Art. 134. A Câmara de Coordenação e Revisão do Ministério Público Militar será composta por 3 (três) membros do Ministério Público Militar, sendo 1 (um) indicado pelo Procurador-Geral da Justiça Militar e 2 (dois) pelo Conselho Superior do Ministério Público Militar, juntamente com seus suplentes, para um mandato de 2 (dois) anos, sempre que possível, dentre integrantes do último grau da carreira.

Art. 135. Dentre os integrantes da Câmara de Coordenação e Revisão, um deles será designado pelo Procurador-Geral para a função executiva de Coordenador.

Art. 136. Compete à Câmara de Coordenação e Revisão do Ministério Público Militar:

I – promover a integração e a coordenação dos órgãos institucionais do Ministério Público Militar, observado o princípio da independência funcional;

II – manter intercâmbio com órgãos ou entidades que atuem em áreas afins;

III – encaminhar informações técnico-jurídicas aos órgãos institucionais do Ministério Público Militar;

IV – manifestar-se sobre o arquivamento de inquérito policial militar, exceto nos casos de competência originária do Procurador-Geral;

V – resolver sobre a distribuição especial de inquéritos e quaisquer outros feitos, quando a matéria, por sua natureza ou relevância, assim o exigir;

VI – decidir os conflitos de atribuição entre os órgãos do Ministério Público Militar.

Parágrafo único. A competência fixada no inciso V será exercida segundo critérios objetivos previamente estabelecidos pelo Conselho Superior.

Seção VI
Da Corregedoria do Ministério Público Militar

Art. 137. A Corregedoria do Ministério Público Militar, dirigida pelo Corregedor-Geral, é o órgão fiscalizador das atividades funcionais e da conduta dos membros do Ministério Público.

Art. 138. O Corregedor-Geral do Ministério Público Militar será nomeado pelo Procurador-Geral da Justiça Militar dentre os Subprocuradores-Gerais da Justiça Militar, integrantes de lista tríplice elaborada pelo Conselho Superior, para mandato de 2 (dois) anos, renovável uma vez.

§ 1.º Serão suplentes do Corregedor-Geral os demais integrantes da lista tríplice, na ordem em que os designar o Procurador-Geral.

§ 2.º O Corregedor-Geral poderá ser destituído, por iniciativa do Procurador-Geral, antes do término do mandato, pelo voto de 2/3 (dois terços) dos membros do Conselho Superior.

Art. 139. Incumbe ao Corregedor-Geral do Ministério Público:

I – realizar, de ofício, ou por determinação do Procurador-Geral ou do Conselho Superior, correições e sindicâncias, apresentando os respectivos relatórios;

II – instaurar inquérito contra integrante da carreira e propor ao Conselho Superior a instauração do processo administrativo consequente;

III – acompanhar o estágio probatório dos membros do Ministério Público Militar;

IV – propor ao Conselho Superior a exoneração de membro do Ministério Público Militar que não cumprir as condições do estágio probatório.

Seção VII
Dos Subprocuradores-Gerais da Justiça Militar

Art. 140. Os Subprocuradores-Gerais da Justiça Militar serão designados para oficiar junto ao Superior Tribunal Militar e à Câmara de Coordenação e Revisão.

Parágrafo único. A designação de Subprocurador-Geral Militar para oficiar em órgãos jurisdicionais diferentes do previsto para a categoria dependerá de autorização do Conselho Superior.

Art. 141. Cabe aos Subprocuradores-Gerais da Justiça Militar, privativamente, o exercício das funções de:

I – Corregedor-Geral do Ministério Público Militar;

II – Coordenador da Câmara de Coordenação e Revisão do Ministério Público Militar.

Art. 142. Os Subprocuradores-Gerais da Justiça Militar serão lotados nos ofícios na Procuradoria-Geral da Justiça Militar.

Seção VIII

Dos Procuradores da Justiça Militar

Art. 143. Os Procuradores da Justiça Militar serão designados para oficiar junto às Auditorias Militares.

§ 1.º Em caso de vaga ou afastamento do Subprocurador-Geral da Justiça Militar por prazo superior a 30 (trinta) dias, poderá ser convocado pelo Procurador-Geral, mediante aprovação pelo Conselho Superior, Procurador da Justiça Militar e, nenhum desses aceitando, poderá ser convocado Promotor da Justiça Militar, para substituição.

§ 2.º O Procurador da Justiça Militar convocado, ou o Promotor da Justiça Militar, receberá a diferença de vencimentos, correspondente ao cargo de Subprocurador-Geral da Justiça Militar, inclusive diárias e transporte se for o caso.

Art. 144. Os Procuradores da Justiça Militar serão lotados nos ofícios nas Procuradorias da Justiça Militar.

Seção IX

Dos Promotores da Justiça Militar

Art. 145. Os Promotores da Justiça Militar serão designados para oficiar junto às Auditorias Militares.

Parágrafo único. Em caso de vaga ou afastamento de Procurador da Justiça Militar por prazo superior a 30 (trinta) dias, poderá ser convocado pelo Procurador-Geral, mediante aprovação do Conselho Superior, Promotor da Justiça Militar, para a substituição.

Art. 146. Os Promotores da Justiça Militar serão lotados nos ofícios nas Procuradorias da Justiça Militar.

Seção X

Das Unidades de Lotação e de Administração

Art. 147. Os ofícios na Procuradoria-Geral da Justiça Militar e nas Procuradorias da Justiça Militar são unidades de lotação e de administração do Ministério Público Militar.

Art. 148. A estrutura das unidades de lotação e de administração será organizada por regulamento, nos termos da lei.

CAPÍTULO IV

DO MINISTÉRIO PÚBLICO DO DISTRITO FEDERAL E TERRITÓRIOS

Seção I

Da Competência, dos Órgãos e da Carreira

Art. 149. O Ministério Público do Distrito Federal e Territórios exercerá as suas funções nas causas de competência do Tribunal de Justiça e dos Juízes do Distrito Federal e Territórios.

Art. 150. Incumbe ao Ministério Público do Distrito Federal e Territórios:

I – instaurar inquérito civil e outros procedimentos administrativos correlatos;

II – requisitar diligências investigatórias e a instauração de inquérito policial, podendo acompanhá-los e apresentar provas;

III – requisitar à autoridade competente a instauração de procedimentos administrativos, ressalvados os de natureza disciplinar, podendo acompanhá-los e produzir provas;

IV – exercer o controle externo da atividade da polícia do Distrito Federal e da dos Territórios;

V – participar dos Conselhos Penitenciários;

VI – participar, como Instituição observadora, na forma e nas condições estabelecidas em ato do Procurador-Geral da República, de qualquer órgão da administração pública direta, indireta ou fundacional do Distrito Federal, que tenha atribuições correlatas às funções da Instituição;

VII – fiscalizar a execução da pena, nos processos de competência da Justiça do Distrito Federal e Territórios.

Art. 151. Cabe ao Ministério Público do Distrito Federal e Territórios exercer a defesa dos direitos constitucionais do cidadão, sempre que se cuide de garantir-lhes o respeito:

I – pelos Poderes Públicos do Distrito Federal e dos Territórios;

II – pelos órgãos da administração pública, direta ou indireta, do Distrito Federal e dos Territórios;

III – pelos concessionários e permissionários do serviço público do Distrito Federal e dos Territórios;

IV – por entidades que exerçam outra função delegada do Distrito Federal e dos Territórios.

Art. 152. O Procurador-Geral de Justiça designará, dentre os Procuradores de Justiça e mediante prévia aprovação do nome pelo Conselho Superior, o Procurador Distrital dos Direitos do Cidadão, para servir pelo prazo de 2 (dois) anos, permitida a recondução, precedida de nova decisão do Conselho Superior.

§ 1.º Sempre que possível, o Procurador Distrital não acumulará o exercício de suas funções com outras do Ministério Público.

§ 2.º O Procurador Distrital somente será dispensado, antes do termo de sua investidura, por iniciativa do Procurador-Geral de Justiça, anuindo a maioria absoluta do Conselho Superior.

Art. 153. São órgãos do Ministério Público do Distrito Federal e Territórios:

I – o Procurador-Geral de Justiça;

II – o Colégio de Procuradores e Promotores de Justiça;

III – o Conselho Superior do Ministério Público do Distrito Federal e Territórios;

IV – a Corregedoria do Ministério Público do Distrito Federal e Territórios;

V – as Câmaras de Coordenação e Revisão do Ministério Público do Distrito Federal e Territórios;

VI – os Procuradores de Justiça;

VII – os Promotores de Justiça;

VIII – os Promotores de Justiça Adjuntos.

Art. 154. A carreira do Ministério Público do Distrito Federal e Territórios é constituída pelos cargos de Procurador de Justiça, Promotor de Justiça e Promotor de Justiça Adjunto.

Parágrafo único. O cargo inicial da carreira é o de Promotor de Justiça Adjunto e o último o de Procurador de Justiça.

Seção II
Do Procurador-Geral de Justiça

Art. 155. O Procurador-Geral de Justiça é o Chefe do Ministério Público do Distrito Federal e Territórios.

Art. 156. O Procurador-Geral de Justiça será nomeado pelo Presidente da República dentre integrantes de lista tríplice elaborada pelo Colégio de Procuradores e Promotores de Justiça, para mandato de 2 (dois) anos, permitida uma recondução, precedida de nova lista tríplice.

§ 1.º Concorrerão à lista tríplice os membros do Ministério Público do Distrito Federal com mais de 5 (cinco) anos de exercício nas funções da carreira e que não tenham sofrido, nos últimos 4 (quatro) anos, qualquer condenação definitiva ou não estejam respondendo a processo penal ou administrativo.

§ 2.º O Procurador-Geral poderá ser destituído, antes do término do mandato, por deliberação da maioria absoluta do Senado Federal, mediante representação do Presidente da República.

Art. 157. O Procurador-Geral designará, dentre os Procuradores de Justiça, o Vice-Procurador-Geral de Justiça, que o substituirá em seus impedimentos. Em caso de vacância, exercerá o cargo o Vice-Presidente do Conselho Superior, até o seu provimento definitivo.

Art. 158. Compete ao Procurador-Geral de Justiça exercer as funções atribuídas ao Ministério Público no Plenário do Tribunal de Justiça do Distrito Federal e Territórios, propondo as ações cabíveis e manifestando-se nos processos de sua competência.

Art. 159. Incumbe ao Procurador-Geral de Justiça, como Chefe do Ministério Público:

I – representar o Ministério Público do Distrito Federal e Territórios;

II – integrar, como membro nato, o Colégio de Procuradores e Promotores de Justiça, o Conselho Superior e a Comissão de Concurso;

III – designar o Procurador Distrital dos Direitos do Cidadão;

IV – designar um dos membros e o Coordenador de cada uma das Câmaras de Coordenação e Revisão do Ministério Público do Distrito Federal e Territórios;

V – nomear o Corregedor-Geral do Ministério Público do Distrito Federal e Territórios;

VI – decidir, em grau de recurso, os conflitos de atribuições entre órgãos do Ministério Público do Distrito Federal e Territórios;

VII – determinar a abertura de correição, sindicância ou inquérito administrativo;

VIII – determinar a instauração de inquérito ou processo administrativo contra servidores dos serviços auxiliares;

IX – decidir processo disciplinar contra membro da carreira ou servidor dos serviços auxiliares, aplicando as sanções que sejam de sua competência;

X – decidir, atendendo a necessidade do serviço, sobre:

a) remoção a pedido ou por permuta;

b) alteração parcial da lista bienal de designações;

XI – autorizar o afastamento de membros do Ministério Público do Distrito Federal e Territórios, ouvido o Conselho Superior, nos casos previstos em lei;

XII – dar posse aos membros do Ministério Público do Distrito Federal e Territórios;

XIII – designar membro do Ministério Público do Distrito Federal e Territórios para:

a) funcionar nos órgãos em que a participação da Instituição seja legalmente prevista, ouvido o Conselho Superior;

b) integrar comissões técnicas ou científicas, relacionadas às funções da Instituição, ouvido o Conselho Superior;

c) assegurar a continuidade dos serviços, em caso de vacância, afastamento temporário, ausência, impedimento ou suspeição do titular, na inexistência ou falta do substituto designado;

d) acompanhar procedimentos administrativos e inquéritos policiais, instaurados em áreas estranhas à sua competência específica, desde que relacionados a fatos de interesse da Instituição;

XIV – homologar, ouvido o Conselho Superior, o resultado de concurso para ingresso na carreira;

XV – fazer publicar o aviso de existência de vaga, na lotação e na relação bienal de designações;

XVI – propor ao Procurador-Geral da República, ouvido o Conselho Superior, a criação e a extinção de cargos da carreira e dos ofícios em que devam ser exercidas suas funções;

XVII – elaborar a proposta orçamentária do Ministério Público do Distrito Federal e Territórios, submetendo-a ao Conselho Superior;

XVIII – encaminhar ao Procurador-Geral da República a proposta orçamentária do Ministério Público do Distrito Federal e Territórios, após sua aprovação pelo Conselho Superior;

XIX – organizar a prestação de contas do exercício anterior, encaminhando-a ao Procurador-Geral da República;

XX – praticar atos de gestão administrativa, financeira e de pessoal;

XXI – elaborar o relatório de atividades do Ministério Público do Distrito Federal e Territórios;

XXII – coordenar as atividades do Ministério Público do Distrito Federal e Territórios;

XXIII – exercer outras atribuições previstas em lei.

Art. 160. As atribuições do Procurador-Geral de Justiça, previstas nos incisos XIII, alíneas *c*, *d*, XXII e XXIII, do artigo anterior, poderão ser delegadas a Coordenador de Câmara de Coordenação e Revisão.

Seção III
Do Colégio de Procuradores e Promotores de Justiça

Art. 161. O Colégio de Procuradores e Promotores de Justiça, presidido pelo Procurador-Geral de Justiça, é integrado por todos os membros da carreira em atividade no Ministério Público do Distrito Federal e Territórios.

Art. 162. Compete ao Colégio de Procuradores e Promotores de Justiça:

I – elaborar, mediante voto plurinominal, facultativo e secreto, a lista tríplice para o cargo de Procurador-Geral de Justiça;

II – opinar sobre assuntos gerais de interesse da Instituição;

III – elaborar, mediante voto plurinominal, facultativo e secreto, lista sêxtupla para a composição do Tribunal de Justiça do Distrito Federal e Territórios, sendo elegíveis os membros do Ministério Público do Distrito Federal e Territórios com mais de 10 (dez) anos de carreira;

IV – eleger, dentre os Procuradores de Justiça e mediante voto plurinominal, facultativo e secreto, 4 (quatro) membros do Conselho Superior do Ministério Público do Distrito Federal e Territórios;

V – elaborar, mediante voto plurinominal, facultativo e secreto, lista sêxtupla para a composição do Superior Tribunal de Justiça, sendo elegíveis os membros do Ministério Público do Distrito Federal e Territórios, com mais de 35 (trinta e cinco) e menos de 65 (sessenta e cinco) anos de idade.

§ 1.º Para os fins previstos nos incisos I, II, III, IV e V, prescindir-se-á de reunião do Colégio de Procuradores e Promotores de Justiça, procedendo-se segundo dispuser o seu Regimento Interno, exigido o voto da maioria absoluta dos eleitores.

§ 2.º Excepcionalmente, em caso de interesse relevante da Instituição, o Colégio de Procuradores e Promotores de Justiça reunir-se-á em local designado pelo Procurador-Geral de Justiça, desde que convocado por ele ou pela maioria de seus membros.

§ 3.º O Regimento Interno do Colégio de Procuradores e Promotores de Justiça disporá sobre seu funcionamento.

Seção IV
Do Conselho Superior do Ministério Público do Distrito Federal e Territórios

Art. 163. O Conselho Superior do Ministério Público do Distrito Federal e Territórios, presidido pelo Procurador-Geral de Justiça, tem a seguinte composição:

I – o Procurador-Geral de Justiça e o Vice-Procurador-Geral de Justiça, que o integram como membros natos;

II – quatro Procuradores de Justiça, eleitos, para mandato de 2 (dois) anos, na forma do inciso IV do artigo anterior, permitida uma reeleição;

III – quatro Procuradores de Justiça, eleitos para um mandato de 2 (dois) anos, por seus pares, mediante voto plurinominal, facultativo e secreto, permitida uma reeleição.

§ 1.º Serão suplentes dos membros de que tratam os incisos II e III os demais votados, em ordem decrescente, observados os critérios gerais de desempate.

§ 2.º O Conselho Superior elegerá o seu Vice-Presidente, que substituirá o Presidente em seus impedimentos e em caso de vacância.

Art. 164. O Conselho Superior do Ministério Público do Distrito Federal e Territórios reunir-se-á, ordinariamente, uma vez por mês, em dia previamente fixado, e extraordinariamente, quando convocado pelo Procurador-Geral de Justiça ou por proposta da maioria absoluta de seus membros.

Art. 165. Salvo disposição em contrário, as deliberações do Conselho Superior serão tomadas por maioria de votos, presente a maioria absoluta de seus membros.

Art. 166. Compete ao Conselho Superior do Ministério Público do Distrito Federal e Territórios:

I – exercer o poder normativo no âmbito do Ministério Público do Distrito Federal e Territórios, observados os princípios desta Lei Complementar, especialmente para elaborar e aprovar:

a) o seu Regimento Interno, o do Colégio de Procuradores e Promotores de Justiça do Distrito Federal e Territórios e o das Câmaras de Coordenação e Revisão do Ministério Público do Distrito Federal e Territórios;

• A Resolução n. 170, de 9-5-2014, aprova o Regimento Interno do Conselho Superior do Ministério Público do Distrito Federal e Territórios.

b) as normas e as instruções para o concurso de ingresso na carreira;

c) as normas sobre as designações para os diferentes ofícios do Ministério Público do Distrito Federal e Territórios;

d) os critérios para distribuição de inquéritos, procedimentos administrativos e quaisquer outros feitos no Ministério Público do Distrito Federal e Territórios;

e) os critérios de promoção por merecimento, na carreira;

f) o procedimento para avaliar o cumprimento das condições do estágio probatório;

II – aprovar o nome do Procurador Distrital dos Direitos do Cidadão;

III – indicar os integrantes das Câmaras de Coordenação e Revisão;

IV – destituir, por iniciativa do Procurador-Geral e pelo voto de 2/3 (dois terços) de seus membros, o Corregedor-Geral;

V – elaborar a lista tríplice destinada à promoção por merecimento;

VI – elaborar a lista tríplice para Corregedor-Geral do Ministério Público do Distrito Federal e Territórios;

VII – aprovar a lista de antiguidade do Ministério Público do Distrito Federal e Territórios e decidir sobre as reclamações a ela concernentes;

VIII – indicar o membro do Ministério Público do Distrito Federal e Territórios para promoção por antiguidade, observado o disposto no art. 93, II, *d*, da Constituição Federal;

IX – opinar sobre a designação de membro do Ministério Público do Distrito Federal e Territórios para:

a) funcionar nos órgãos em que a participação da Instituição seja legalmente prevista;

b) integrar comissões técnicas ou científicas relacionadas às funções da Instituição;

X – opinar sobre o afastamento temporário de membro do Ministério Público do Distrito Federal e Territórios;

XI – determinar a realização de correições e sindicâncias e apreciar os relatórios correspondentes;

XII – determinar a instauração de processos administrativos em que o acusado seja membro do Ministério Público do Distrito Federal e Territórios, apreciar seus relatórios e propor as medidas cabíveis;

XIII – determinar o afastamento preventivo do exercício de suas funções, de membro do Ministério Público do Distrito Federal e Territórios, indiciado ou acusado em processo disciplinar, e seu retorno;

XIV – autorizar a designação, em caráter excepcional, de membros do Ministério Público do Distrito Federal e Territórios, para exercício de atribuições processuais perante juízos, tribunais ou ofícios diferentes dos estabelecidos para cada categoria;

XV – designar a comissão de processo administrativo em que o acusado seja membro do Ministério Público do Distrito Federal e Territórios;

XVI – decidir sobre o cumprimento do estágio probatório por membro do Ministério Público do Distrito Federal e Territórios, propondo ao Procurador-Geral da República, quando for o caso, a sua exoneração;

XVII – decidir sobre remoção e disponibilidade de membro do Ministério Público do Distrito Federal e Territórios, por motivo de interesse público;

XVIII – autorizar, pela maioria absoluta de seus membros, que o Procurador-Geral da República ajuíze ação de perda de cargo contra membro vitalício do Ministério Público do Distrito Federal e Territórios, nos casos previstos em lei;

XIX – opinar sobre os pedidos de reversão de membro da carreira;

XX – aprovar proposta de lei para o aumento do número de cargos da carreira e dos ofícios;

XXI – deliberar sobre a realização de concurso para ingresso na carreira, designar os membros da Comissão de Concurso e opinar sobre a homologação dos resultados;

XXII – aprovar a proposta orçamentária que integrará o projeto de orçamento do Ministério Público da União;

XXIII – exercer outras funções atribuídas em lei.

Parágrafo único. O Procurador-Geral de Justiça e os membros do Conselho Superior estarão impedidos de participar das decisões deste nos casos previstos nas leis processuais para o impedimento e a suspeição de membros do Ministério Público.

Seção V
Das Câmaras de Coordenação e Revisão do Ministério Público do Distrito Federal e Territórios

Art. 167. As Câmaras de Coordenação e Revisão do Ministério Público do Distrito Federal e Territórios são órgãos setoriais de coordenação, de integração e de revisão do exercício funcional na Instituição.

Art. 168. As Câmaras de Coordenação e Revisão serão organizadas por função ou por matéria, através de ato normativo.

Parágrafo único. O Regimento Interno, que disporá sobre o funcionamento das Câmaras de Coordenação e Revisão, será elaborado e aprovado pelo Conselho Superior.

Art. 169. As Câmaras de Coordenação e Revisão do Ministério Público do Distrito Federal e Territórios serão compostas por 3 (três) membros do Ministério Público do Distrito Federal e Territórios, sendo 1 (um) indicado pelo Procurador-Geral de Justiça e 2 (dois) pelo Conselho Superior do Ministério Público do Distrito Federal e Territórios, juntamente com seus suplentes, para um mandato de 2 (dois) anos, sempre que possível, dentre integrantes do último grau da carreira.

Art. 170. Dentre os integrantes da respectiva Câmara de Coordenação e Revisão, 1 (um) será designado pelo Procurador-Geral para a função executiva de Coordenador.

Art. 171. Compete às Câmaras de Coordenação e Revisão:

I – promover a integração e a coordenação dos órgãos institucionais que atuem em ofícios ligados à sua atividade setorial, observado o princípio da independência funcional;

II – manter intercâmbio com órgãos ou entidades que atuem em áreas afins;

III – encaminhar informações técnico-jurídicas aos órgãos institucionais que atuem em seu setor;

IV – homologar a promoção de arquivamento de inquérito civil ou peças de informação ou designar outro órgão do Ministério Público para fazê-lo;

V – manifestar-se sobre o arquivamento de inquérito policial, inquérito parlamentar ou peças de informação, exceto nos casos de competência originária do Procurador-Geral;

VI – resolver sobre a distribuição especial de inquéritos, feitos e procedimentos, quando a matéria, por sua natureza ou relevância, assim o exigir;

VII – resolver sobre a distribuição especial de feitos, que, por sua contínua reiteração, devam receber tratamento uniforme;

VIII – decidir os conflitos de atribuição entre os órgãos do Ministério Público do Distrito Federal e Territórios.

Parágrafo único. A competência fixada nos incisos VI e VII será exercida segundo critérios objetivos previamente estabelecidos pelo Conselho Superior.

Seção VI
Da Corregedoria do Ministério Público do Distrito Federal e Territórios

Art. 172. A Corregedoria do Ministério Público do Distrito Federal e Territórios, dirigida pelo Corregedor-Geral, é o órgão fiscalizador das atividades funcionais e da conduta dos membros do Ministério Público do Distrito Federal e Territórios.

Art. 173. O Corregedor-Geral do Ministério Público do Distrito Federal e Territórios será nomeado pelo Procurador-Geral dentre os Procuradores de Justiça integrantes de lista tríplice elaborada pelo Conselho Superior, para mandato de 2 (dois) anos, renovável uma vez.

§ 1.º Não poderão integrar a lista tríplice os membros do Conselho Superior.

§ 2.º Serão suplentes do Corregedor-Geral os demais integrantes da lista tríplice, na ordem em que os designar o Procurador-Geral.

§ 3.º O Corregedor-Geral poderá ser destituído por iniciativa do Procurador-Geral, antes do término do mandato, pelo Conselho Superior, observado o disposto no inciso IV do art. 166.

Art. 174. Compete ao Corregedor-Geral do Ministério Público do Distrito Federal e Territórios:

I – participar, sem direito a voto, das reuniões do Conselho Superior;

II – realizar, de ofício ou por determinação do Procurador-Geral ou do Conselho Superior, correições e sindicâncias, apresentando os respectivos relatórios;

III – instaurar inquérito contra integrante da carreira e propor ao Conselho Superior a instauração do processo administrativo consequente;

IV – acompanhar o estágio probatório dos membros do Ministério Público do Distrito Federal e Territórios;

V – propor ao Conselho Superior a exoneração de membro do Ministério Público do Distrito Federal e Territórios que não cumprir as condições do estágio probatório.

Seção VII
Dos Procuradores de Justiça

Art. 175. Os Procuradores de Justiça serão designados para oficiar junto ao Tribunal de Justiça e nas Câmaras de Coordenação e Revisão.

Parágrafo único. A designação de Procurador de Justiça para oficiar em órgãos jurisdicionais diferentes do previsto para a categoria dependerá de autorização do Conselho Superior.

Art. 176. Cabe aos Procuradores de Justiça, privativamente, o exercício das funções de:

I – Corregedor-Geral do Ministério Público do Distrito Federal e Territórios;

II – Procurador Distrital dos Direitos do Cidadão;

III – Coordenador de Câmara de Coordenação e Revisão.

Art. 177. Os Procuradores de Justiça serão lotados nos ofícios na Procuradoria-Geral da Justiça do Distrito Federal e Territórios.

Seção VIII
Dos Promotores de Justiça

Art. 178. Os Promotores de Justiça serão designados para oficiar junto às Varas da Justiça do Distrito Federal e Territórios.

Parágrafo único. Os Promotores de Justiça serão lotados nos ofícios previstos para as Promotorias de Justiça.

Seção IX
Dos Promotores de Justiça Adjuntos

Art. 179. Os Promotores de Justiça Adjuntos serão designados para oficiar junto às Varas da Justiça do Distrito Federal e Territórios.

Parágrafo único. Os Promotores de Justiça Adjuntos serão lotados nos ofícios previstos para as Promotorias de Justiça.

Seção X
Das Unidades de Lotação e de Administração

Art. 180. Os ofícios na Procuradoria-Geral da Justiça do Distrito Federal e Territórios e nas Promotorias de Justiça serão unidades de lotação e de administração do Ministério Público do Distrito Federal e Territórios.

Art. 181. A estrutura básica da Procuradoria-Geral de Justiça será organizada por regulamento, nos termos da lei.

TÍTULO III
DAS DISPOSIÇÕES ESTATUTÁRIAS ESPECIAIS

CAPÍTULO I
DA CARREIRA

Seção I
Do Provimento

Art. 182. Os cargos do Ministério Público da União, salvo os de Procurador-Geral da República, Procurador-Geral do Trabalho, Procurador-Geral da Justiça Militar e Procurador-Geral de Justiça do Distrito Federal e Territórios, são de provimento vitalício e constituem as carreiras independentes de cada ramo.

Art. 183. Os cargos das classes iniciais serão providos por nomeação, em caráter vitalício, mediante concurso público específico para cada ramo.

Art. 184. A vitaliciedade somente será alcançada após 2 (dois) anos de efetivo exercício.

Art. 185. É vedada a transferência ou aproveitamento nos cargos do Ministério Público da União, mesmo de um para outro de seus ramos.

Seção II
Do Concurso

Art. 186. O concurso público de provas e títulos para ingresso em cada carreira do Ministério Público da União terá âmbito nacional, destinando-se ao preenchimento de todas as vagas existentes e das que ocorrerem no prazo de eficácia.

Parágrafo único. O concurso será realizado, obrigatoriamente, quando o número de vagas exceder a 10% (dez por cento) do quadro respectivo e, facultativamente, a juízo do Conselho Superior competente.

Art. 187. Poderão inscrever-se no concurso bacharéis em Direito há pelo menos 2 (dois) anos, de comprovada idoneidade moral.

• A Resolução n. 40, de 26-5-2009, do CNMP, regulamenta o conceito de atividade jurídica para concursos públicos de ingresso nas carreiras do Ministério Público e dá outras providências.

Art. 188. O concurso obedecerá ao regulamento elaborado pelo Conselho Superior competente, observado o disposto no art. 31.

Art. 189. A Comissão de Concurso será integrada pelo Procurador-Geral, seu Presidente, por 2 (dois) membros do respectivo ramo do Ministério Público e por 1 (um) jurista de reputação ilibada, indicados pelo Conselho Superior e por 1 (um) advogado indicado pelo Conselho Federal da Ordem dos Advogados do Brasil.

Art. 190. O edital de abertura do concurso conterá a relação dos cargos vagos, com a respectiva lotação, e fixará, para as inscrições, prazo não inferior a 30 (trinta) dias, contado de sua publicação no *Diário Oficial*.

Art. 191. Não serão nomeados os candidatos aprovados no concurso, que tenham completado 65 (sessenta e cinco) anos ou que venham a ser considerados inaptos para o exercício do cargo em exame de higidez física e mental.

Art. 192. O Procurador-Geral competente, ouvido o Conselho Superior, decidirá sobre a homologação do concurso, dentro de 30 (trinta) dias, contados da publicação do resultado final.

Art. 193. O prazo de eficácia do concurso, para efeito de nomeação, será de 2 (dois) anos contados da publicação do ato homologatório, prorrogável uma vez pelo mesmo período.

Art. 194. A nomeação dos candidatos habilitados no concurso obedecerá à ordem de classificação.

§ 1.º Os candidatos aprovados, na ordem de classificação, escolherão a lotação de sua preferência, na relação das vagas que, após o resultado do concurso, o Conselho Superior decidir que devam ser providas inicialmente.

§ 2.º O candidato aprovado poderá renunciar à nomeação correspondente à sua classificação, antecipadamente ou até o termo final do prazo de posse, caso em que o renunciante será deslocado para último lugar na lista dos classificados.

Seção III
Da Posse e do Exercício

Art. 195. O prazo para a posse nos cargos do Ministério Público da União é de 30 (trinta) dias, contado da publicação do ato de nomeação, prorrogável por mais 60 (sessenta) dias, mediante comunicação do nomeado, antes de findo o primeiro prazo.

Parágrafo único. O empossado prestará compromisso de bem cumprir os deveres do cargo, em ato solene, presidido pelo Procurador-Geral.

Art. 196. Para entrar no exercício do cargo, o empossado terá o prazo de 30 (trinta) dias, prorrogável por igual período, mediante comunicação, antes de findo o prazo inicial.

Seção IV
Do Estágio Probatório

Art. 197. Estágio probatório é o período dos 2 (dois) primeiros anos de efetivo exercício do cargo pelo membro do Ministério Público da União.

Art. 198. Os membros do Ministério Público da União, durante o estágio probatório, somente poderão perder o cargo mediante decisão da maioria absoluta do respectivo Conselho Superior.

Seção V
Das Promoções

Art. 199. As promoções far-se-ão, alternadamente, por antiguidade e merecimento.

• A Resolução n. 46, de 27-5-1999, do Conselho Superior do Ministério Público do Trabalho, dispõe sobre critérios de elaboração da lista tríplice para promoção por merecimento e estabelece prazos para a realização das referidas promoções e das indicações para promoção por antiguidade.

§ 1.º A promoção deverá ser realizada até 30 (trinta) dias da ocorrência da vaga; não decretada no prazo legal, a promoção produzirá efeitos a partir do termo final dele.

§ 2.º Para todos os efeitos, será considerado promovido o membro do Ministério Público da União que vier a falecer ou se aposentar sem que tenha sido efetivada, no prazo legal, a promoção que cabia por antiguidade, ou por força do § 3.º do artigo subsequente.

§ 3.º É facultada a recusa de promoção, sem prejuízo do critério de preenchimento da vaga recusada.

§ 4.º É facultada a renúncia à promoção, em qualquer tempo, desde que haja vaga na categoria imediatamente anterior.

Art. 200. O merecimento, para efeito de promoção, será apurado mediante critérios de ordem objetiva, fixados em regulamento elaborado pelo Conselho Superior do respectivo ramo, observado o disposto no art. 31 desta Lei Complementar.

• *Vide* nota ao art. 57, I, *e*, desta Lei.

§ 1.º À promoção por merecimento só poderão concorrer os membros do Ministério Público da União com pelo menos 2 (dois) anos de exercício na categoria e integrantes da primeira quinta parte da lista de antiguidade, salvo se não houver com tais requisitos quem aceite o lugar vago; em caso de recusa, completar-se-á a fração incluindo-se outros integrantes da categoria, na sequência da ordem de antiguidade.

§ 2.º Não poderá concorrer à promoção por merecimento quem tenha sofrido penalidade de censura ou suspensão, no período de 1 (um) ano imediatamente anterior à ocorrência da vaga, em caso de censura; ou de 2 (dois) anos, em caso de suspensão.

§ 3.º Será obrigatoriamente promovido quem houver figurado por 3 (três) vezes consecutivas, ou 5 (cinco) alternadas, na lista tríplice elaborada pelo Conselho Superior.

Art. 201. Não poderá concorrer à promoção por merecimento, até 1 (um) dia após o regresso, o membro do Ministério Público da União afastado da carreira para:

I – exercer cargo eletivo ou a ele concorrer;

II – exercer outro cargo público permitido por lei.

Art. 202. (*Vetado*.)

§ 1.º A lista de antiguidade será organizada no primeiro trimestre de cada ano, aprovada pelo Conselho Superior e publicada no *Diário Oficial* até o último dia do mês seguinte.

§ 2.º O prazo para reclamação contra a lista de antiguidade será de 30 (trinta) dias, contado da publicação.

§ 3.º O desempate na classificação por antiguidade será determinado, sucessivamente, pelo tempo de serviço na respectiva carreira do Ministério Público da União, pelo tempo de serviço público federal, pelo tempo de serviço público em geral e pela idade dos candidatos, em favor do mais idoso; na classificação inicial, o primeiro desempate será determinado pela classificação no concurso.

§ 4.º Na indicação à promoção por antiguidade, o Conselho Superior somente poderá recusar o mais antigo pelo voto de 2/3 (dois terços) de seus integrantes, repetindo-se a votação até fixar-se a indicação.

Seção VI
Dos Afastamentos

Art. 203. Sem prejuízo dos vencimentos, vantagens, ou qualquer direito, o membro do Ministério Público da União poderá afastar-se de suas funções:

I – até 8 (oito) dias consecutivos, por motivo de casamento;

II – até 8 (oito) dias consecutivos, por motivo de falecimento de cônjuge ou companheiro, ascendente ou descendente, irmão ou pessoa que viva sob sua dependência econômica;

III – até 5 (cinco) dias úteis, para comparecimento a encontros ou congressos, no âmbito da Instituição ou promovidos pela entidade de classe a que pertença, atendida a necessidade do serviço.

Art. 204. O membro do Ministério Público da União poderá afastar-se do exercício de suas funções para:

I – frequentar cursos de aperfeiçoamento e estudos, no País ou no exterior, por prazo não superior a 2 (dois) anos, prorrogável, no máximo, por igual período;

• A Resolução n. 50, de 19-3-1999, arts. 1.º a 12, dispõe sobre o afastamento de membros do Ministério Público Federal para cursos de aperfeiçoamento e estudos.

II – comparecer a seminários ou congressos, no País ou no exterior;

• A Resolução n. 50, de 19-3-1999, arts. 13 a 16, dispõe sobre o afastamento de membros do Ministério Público Federal para participação em seminários ou congressos.

III – ministrar cursos e seminários destinados ao aperfeiçoamento dos membros da Instituição;

IV – exercer cargo eletivo nos casos previstos em lei ou a ele concorrer, observadas as seguintes condições:

a) o afastamento será facultativo e sem remuneração, durante o período entre a escolha como candidato a cargo eletivo em convenção partidária e a véspera do registro da candidatura na Justiça Eleitoral;

b) o afastamento será obrigatório a partir do dia do registro da candidatura pela Justiça;

V – ausentar-se do País em missão oficial.

§ 1.º O afastamento, salvo na hipótese do inciso IV, só se dará mediante autorização do Procurador-Geral, depois de ouvido o Conselho Superior e atendida a necessidade de serviço.

§ 2.º Os casos de afastamento previstos neste artigo dar-se-ão sem prejuízo dos vencimentos, vantagens ou qualquer direito inerente ao cargo, assegurada, no caso do inciso IV, a escolha da remuneração preferida, sendo o tempo de afastamento considerado de efetivo exercício para todos os fins e efeitos de direito.

§ 3.º Não se considera de efetivo exercício, para fins de estágio probatório, o período de afastamento do membro do Ministério Público da União.

§ 4.º Ao membro do Ministério Público da União que haja se afastado de suas funções para o fim previsto no inciso I não será concedida exoneração ou licença para tratar de interesses particulares antes de decorrido período igual ao de afastamento, ressalvada a hipótese de ressarcimento do que houver recebido a título de vencimentos e vantagens em virtude do afastamento.

Seção VII
Da Reintegração

Art. 205. A reintegração, que decorrerá de decisão judicial passada em julgado, é o reingresso do membro do Ministério Público da União na carreira, com ressarcimento dos vencimentos e vantagens deixados de perceber em razão da demissão, contando-se o tempo de serviço correspondente ao afastamento.

§ 1.º O titular do cargo no qual se deva dar a reintegração será reconduzido àquele que anteriormente ocupava, o mesmo acontecendo com o titular do cargo para o qual deva ocorrer a recondução; sendo da classe inicial o cargo objeto da reintegração ou da recondução, seu titular ficará em disponibilidade, com proventos idênticos à remuneração que venceria, se em atividade estivesse.

§ 2.º A disponibilidade prevista no parágrafo anterior cessará com o aproveitamento obrigatório na primeira vaga que venha a ocorrer na classe inicial.

§ 3.º O reconduzido, caso tenha sido promovido por merecimento, fará jus à promoção na primeira vaga a ser provida por idêntico critério, atribuindo-se-lhe, quanto à antiguidade na classe, os efeitos de sua promoção anterior.

§ 4.º O reintegrado será submetido ao exame médico exigido para o ingresso na carreira, e, verificando-se sua inaptidão para exercício do cargo, será aposentado, com as vantagens a que teria direito, se efetivada a reintegração.

Seção VIII
Da Reversão e da Readmissão

Arts. 206 e 207. (*Vetados.*)

Capítulo II
DOS DIREITOS

Seção I
Da Vitaliciedade e da Inamovibilidade

Art. 208. Os membros do Ministério Público da União, após 2 (dois) anos de efetivo exercício, só poderão ser demitidos por decisão judicial transitada em julgado.

Parágrafo único. A propositura de ação para perda de cargo, quando decorrente de proposta do Conselho Superior depois de apreciado o processo administrativo, acarretará o afastamento do membro do Ministério Público da União do exercício de suas funções, com a perda dos vencimentos e das vantagens pecuniárias do respectivo cargo.

Art. 209. Os membros do Ministério Público da União são inamovíveis, salvo motivo de interesse público, na forma desta Lei Complementar.

Art. 210. A remoção, para efeito desta Lei Complementar, é qualquer alteração de lotação.

Parágrafo único. A remoção será feita de ofício, a pedido singular ou por permuta.

Art. 211. A remoção de ofício, por iniciativa do Procurador-Geral, ocorrerá somente por motivo de interesse público, mediante decisão do Conselho Superior, pelo voto de 2/3 (dois terços) de seus membros, assegurada ampla defesa.

Art. 212. A remoção a pedido singular atenderá à conveniência do serviço, mediante requerimento apresentado nos 15 (quinze) dias seguintes à publicação de aviso da existência de vaga; ou, decorrido este prazo, até 15 (quinze) dias após a publicação da deliberação do Conselho Superior sobre a realização de concurso para ingresso na carreira.

§ 1.º O aviso será publicado no *Diário Oficial*, dentro de 15 (quinze) dias da vacância.

§ 2.º Havendo mais de um candidato à remoção, ao fim do primeiro prazo previsto no *caput* deste artigo, será removido o de maior antiguidade; após o decurso deste prazo, prevalecerá a ordem cronológica de entrega dos pedidos.

Art. 213. A remoção por permuta será concedida mediante requerimento dos interessados.

Seção II
Das Designações

Art. 214. A designação é o ato que discrimina as funções que sejam compatíveis com as previstas nesta Lei Complementar, para cada classe das diferentes carreiras.

Parágrafo único. A designação para o exercício de funções diferentes das previstas para cada classe, nas respectivas carreiras, somente será admitida por interesse do serviço, exigidas a anuência do designado e a autorização do Conselho Superior.

Art. 215. As designações serão feitas observados os critérios da lei e os estabelecidos pelo Conselho Superior:

I – para o exercício de função definida por esta Lei Complementar;

II – para o exercício de função nos ofícios definidos em lei.

Art. 216. As designações, salvo quando estabelecido outro critério por esta Lei Complementar, serão feitas por lista, no último mês do ano, para vigorar por um biênio, facultada a renovação.

Art. 217. A alteração da lista poderá ser feita, antes do termo do prazo, por interesse do serviço, havendo:

I – provimento de cargo;

II – desprovimento de cargo;

III – criação de ofício;

IV – extinção de ofício;

V – pedido do designado;

VI – pedido de permuta.

Art. 218. A alteração parcial da lista, antes do termo do prazo, quando modifique a função do designado, sem a sua anuência, somente será admitida nas seguintes hipóteses:

I – extinção, por lei, da função ou ofício para o qual estava designado;

II – nova lotação, em decorrência de:

a) promoção; e

b) remoção;

III – afastamento ou disponibilidade;

IV – aprovação pelo Conselho Superior, de proposta do Procurador-Geral, pelo voto secreto de 2/3 (dois terços) de seus membros.

Parágrafo único. A garantia estabelecida neste artigo não impede a acumulação eventual de ofícios ou que sejam ampliadas as funções do designado.

Art. 219. (*Vetado*.)

Seção III
Das Férias e Licenças

Art. 220. Os membros do Ministério Público terão direito a férias de 60 (sessenta) dias por ano, contínuos ou divididos em 2 (dois) períodos iguais, salvo acúmulo por necessidade de serviço e pelo máximo de 2 (dois) anos.

§ 1.º Os períodos de gozo de férias dos membros do Ministério Público da União, que oficiem perante Tribunais, deverão ser simultâneos com os das férias coletivas destes, salvo motivo relevante ou o interesse do serviço.

§ 2.º Independentemente de solicitação, será paga ao membro do Ministério Público da União, por ocasião das férias, importância correspondente a 1/3 (um terço) da remuneração do período em que as mesmas devam ser gozadas.

§ 3.º O pagamento da remuneração das férias será efetuado até 2 (dois) dias antes do início de gozo do respectivo período, facultada a conversão de 1/3 (um terço) das mesmas em abono pecuniário, requerido com pelo menos 60 (sessenta) dias de antecedência, nele considerado o valor do acréscimo previsto no parágrafo anterior.

§ 4.º Em caso de exoneração, será devida ao membro do Ministério Público da União indenização relativa ao período de férias a que tiver direito e ao incompleto, na proporção de 1/12 (um doze avos) por mês de efetivo exercício, ou fração superior a 14 (quatorze) dias, calculada com base na remuneração do mês em que for publicado o ato exoneratório.

Art. 221. O direito a férias será adquirido após o primeiro ano de exercício.

Art. 222. Conceder-se-á aos membros do Ministério Público da União licença:

I – por motivo de doença em pessoa da família;

II – por motivo de afastamento do cônjuge ou companheiro;

III – prêmio por tempo de serviço;

IV – para tratar de interesses particulares;

V – para desempenho de mandato classista.

§ 1.º A licença prevista no inciso I será precedida de exame por médico ou junta médica oficial, considerando-se pessoas da família o cônjuge ou companheiro, o padrasto, a madrasta, o ascendente, o descendente, o enteado, o colateral consanguíneo ou afim até o segundo grau civil. A licença estará submetida, ainda, às seguintes condições:

a) somente será deferida se a assistência direta do membro do Ministério Público da União for indispensável e não puder ser dada simultaneamente com o exercício do cargo;

b) será concedida sem prejuízo dos vencimentos, vantagens ou qualquer direito inerente ao cargo, salvo para contagem de tempo de serviço em estágio probatório, até 90 (noventa) dias, podendo ser prorrogada por igual prazo nas mesmas condições. Excedida a prorrogação, a licença será considerada como para tratar de interesses particulares.

§ 2.º A licença prevista no inciso II poderá ser concedida quando o cônjuge ou companheiro for deslocado para outro ponto do território nacional, para o exterior ou para exercício de mandato eletivo dos Poderes Executivo e Legislativo; será por prazo indeterminado e sem remuneração, salvo se o membro do Ministério Público da União puder ser lotado, provisoriamente, em ofício vago no local para onde tenha se deslocado e compatível com seu cargo, caso em que a licença será convertida em remoção provisória.

§ 3.º A licença prevista no inciso III será devida após cada quinquênio ininterrupto de exercício, pelo prazo de 3 (três) meses, observadas as seguintes condições:

a) será convertida em pecúnia em favor dos beneficiários do membro do Ministério Público da União falecido, que não a tiver gozado;

b) não será devida a quem houver sofrido penalidade de suspensão durante o período aquisitivo ou tiver gozado as licenças previstas nos incisos II e IV;

c) será concedida sem prejuízo dos vencimentos, vantagens ou qualquer direito inerente ao cargo;

d) para efeito de aposentadoria, será contado em dobro o período não gozado.

§ 4.º A licença prevista no inciso IV poderá ser concedida ao membro do Ministério Público da União vitalício, pelo prazo de até 2 (dois) anos consecutivos, sem remuneração, observadas as seguintes condições:

a) poderá ser interrompida, a qualquer tempo, a pedido do interessado ou no interesse do serviço;

b) não será concedida nova licença antes de decorridos 2 (dois) anos do término da anterior.

§ 5.º A licença prevista no inciso V será devida ao membro do Ministério Público da União investido em mandato em confederação, federação, associação de classe de âmbito nacional ou sindicato representativo da categoria, observadas as seguintes condições:

a) somente farão jus à licença os eleitos para cargos de direção ou representação nas referidas entidades, até o máximo de 3 (três) por entidade;

b) a licença terá duração igual à do mandato, podendo ser prorrogada, no caso, por reeleição, e por uma única vez;

c) será concedida sem prejuízo dos vencimentos, vantagens ou qualquer direito inerente ao cargo.

§ 6.º É vedado o exercício de atividade remunerada durante o período da licença prevista no inciso I.

§ 7.º A licença concedida dentro de 60 (sessenta) dias do término de outra da mesma espécie será considerada como prorrogação.

Art. 223. Conceder-se-á aos membros do Ministério Público da União, além das previstas no artigo anterior, as seguintes licenças:

I – para tratamento de saúde, a pedido ou de ofício, com base em perícia médica, observadas as seguintes condições:

a) a licença será concedida sem prejuízo dos vencimentos e vantagens do cargo;

b) a perícia será feita por médico ou junta médica oficial, se necessário, na residência do examinado ou no estabelecimento hospitalar em que estiver internado;

c) inexistindo médico oficial, será aceito atestado passado por médico particular;

d) findo o prazo da licença, o licenciado será submetido a inspeção médica oficial, que concluirá pela volta ao serviço, pela prorrogação da licença ou pela aposentadoria;

e) a existência de indícios de lesões orgânicas ou funcionais é motivo de inspeção médica;

II – por acidente em serviço, observadas as seguintes condições:

a) configura acidente em serviço o dano físico ou mental que se relacione, mediata ou imediatamente, com as funções exercidas;

b) equipara-se ao acidente em serviço o dano decorrente de agressão não provocada e sofrida no exercício funcional, bem como o dano sofrido em trânsito a ele pertinente;

c) a licença será concedida sem prejuízo dos vencimentos e vantagens inerentes ao exercício do cargo;

d) o acidentado em serviço, que necessite de tratamento especializado, não disponível em instituição pública, poderá ser tratado em instituição privada, à conta de recursos públicos, desde que o tratamento seja recomendado por junta médica oficial;

e) a prova do acidente deverá ser feita no prazo de 10 (dez) dias, contado de sua ocorrência, prorrogável quando as circunstâncias o exigirem;

III – à gestante, por 120 (cento e vinte) dias, observadas as seguintes condições:

a) poderá ter início no primeiro dia do nono mês de gestação, salvo antecipação por prescrição médica;

b) no caso de nascimento prematuro, a licença terá início a partir do parto;

c) no caso de natimorto, decorridos 30 (trinta) dias do evento a mãe será submetida a exame médico e, se julgada apta, reassumirá as suas funções;

d) em caso de aborto atestado por médico oficial, a licença dar-se-á por 30 (trinta) dias, a partir da sua ocorrência;

IV – pelo nascimento ou adoção de filho, o pai ou adotante, até 5 (cinco) dias consecutivos;

V – pela adoção ou a obtenção de guarda judicial de criança até 1 (um) ano de idade, o prazo da licença do adotante ou detentor da guarda será de 30 (trinta) dias.

Seção IV
Dos Vencimentos e Vantagens

Art. 224. Os membros do Ministério Público da União receberão o vencimento, a representação e as gratificações previstas em lei.

§ 1.º Sobre os vencimentos incidirá a gratificação adicional por tempo de serviço, à razão de 1% (um por cento) por ano de serviço público efetivo, sendo computado o tempo de advocacia, até o máximo de 15 (quinze) anos, desde que não cumulativo com tempo de serviço público.

§ 2.º (*Vetado*.)

§ 3.º Os vencimentos serão fixados com diferença não superior a 10% (dez por cento) de uma para outra das classes de cada carreira.

§ 4.º Os Subprocuradores-Gerais do Ministério Público da União terão os mesmos vencimentos e vantagens.

Art. 225. Os vencimentos do Procurador-Geral da República são os de Subprocurador-Geral da República, acrescidos de 20% (vinte por cento), não podendo exceder os valores percebidos como remuneração, em espécie, a qualquer título, por Ministros do Supremo Tribunal Federal.

Parágrafo único. O acréscimo previsto neste artigo não se incorpora aos vencimentos do cargo de Procurador-Geral da República.

Art. 226. (*Vetado.*)

Art. 227. Os membros do Ministério Público da União farão jus, ainda, às seguintes vantagens:

I – ajuda de custo em caso de:

a) remoção de ofício, promoção ou nomeação que importe em alteração do domicílio legal, para atender às despesas de instalação na nova sede de exercício em valor correspondente a até 3 (três) meses de vencimentos;

b) serviço fora da sede de exercício, por período superior a 30 (trinta) dias, em valor correspondente a 1/30 (um trinta avos) dos vencimentos, pelos dias em que perdurar o serviço, sem prejuízo da percepção de diárias;

II – diárias, por serviço eventual fora da sede, de valor mínimo equivalente a 1/30 (um trinta avos) dos vencimentos para atender às despesas de locomoção, alimentação e pousada;

III – transporte:

a) pessoal e dos dependentes, bem como de mobiliário, em caso de remoção, promoção ou nomeação, previstas na alínea *a* do inciso I;

b) pessoal, no caso de qualquer outro deslocamento a serviço, fora da sede de exercício;

IV – auxílio-doença, no valor de 1 (um) mês de vencimento, quando ocorrer licença para tratamento de saúde por mais de 12 (doze) meses, ou invalidez declarada no curso deste prazo;

V – salário-família;

VI – *pro labore* pela atividade de magistério, por hora-aula proferida em cursos, seminários ou outros eventos destinados ao aperfeiçoamento dos membros da Instituição;

VII – assistência médico-hospitalar, extensiva aos inativos, pensionistas e dependentes, assim entendida como o conjunto de atividades relacionadas com a prevenção, conservação ou recuperação da saúde, abrangendo serviços profissionais médicos, paramédicos, farmacêuticos e odontológicos, bem como o fornecimento e a aplicação dos meios e dos cuidados essenciais à saúde;

VIII – auxílio-moradia, em caso de lotação em local cujas condições de moradia sejam particularmente difíceis ou onerosas, assim definido em ato do Procurador-Geral da República;

IX – gratificação natalina, correspondente a 1/12 (um doze avos) da remuneração a que fizer jus no mês de dezembro, por mês de exercício no respectivo ano, considerando-se como mês integral a fração igual ou superior a 15 (quinze) dias.

§ 1.º A gratificação natalina será paga até o dia 20 (vinte) do mês de dezembro de cada ano.

§ 2.º Em caso de exoneração antes do mês de dezembro, a gratificação natalina será proporcional aos meses de exercício e calculada com base na remuneração do mês em que ocorrer a exoneração.

§ 3.º A gratificação natalina não será considerada para cálculo de qualquer vantagem pecuniária.

§ 4.º Em caso de nomeação, as vantagens previstas nos incisos I, alínea *a*, e III, alínea *a*, são extensivas ao membro do Ministério Público da União sem vínculo estatutário imediatamente precedente, desde que seu último domicílio voluntário date de mais de 12 (doze) meses.

§ 5.º (*Vetado.*)

§ 6.º A assistência médico-hospitalar de que trata o inciso VII será proporcionada pela União, de preferência através de seus serviços, de acordo com normas e condições reguladas por ato do Procurador-Geral da República, sem prejuízo da assistência devida pela previdência social.

§ 7.º (*Vetado.*)

§ 8.º À família do membro do Ministério Público da União que falecer no prazo de 1 (um) ano a partir de remoção de ofício, promoção ou nomeação de que tenha resultado mudança de domicílio legal serão devidos a ajuda de custo e o transporte para a localidade de origem, no prazo de 1 (um) ano, contado do óbito.

Art. 228. Salvo por imposição legal, ou ordem judicial, nenhum desconto incidirá sobre a remuneração ou provento e a pensão devida aos membros do Ministério Público da União ou a seus beneficiários.

§ 1.º Mediante autorização do devedor, poderá haver consignação em folha de pagamento a favor de terceiro.

§ 2.º As reposições e indenizações em favor do erário serão descontadas em parcelas mensais de valor não excedente à décima parte da remuneração ou provento, em valores atualizados.

Art. 229. O membro do Ministério Público da União que, estando em débito com o erário, for demitido, exonerado ou que tiver sua aposentadoria ou disponibilidade cassada, terá o prazo de 60 (sessenta) dias para quitar o débito.

Parágrafo único. Não ocorrendo a quitação do débito no prazo estabelecido neste artigo, deverá ele ser inscrito em dívida ativa.

Art. 230. A remuneração, o provento e a pensão dos membros do Ministério Público da União e de seus beneficiários não serão objeto de arresto, sequestro ou penhora, salvo em caso de dívida de alimentos, resultante de decisão judicial.

Seção V
Da Aposentadoria e da Pensão

Art. 231. O membro do Ministério Público da União será aposentado, compulsoriamente, por invalidez ou aos 70 (setenta) anos de idade, e facultativamente aos 30 (trinta) anos de serviço, após 5 (cinco) anos de exercício efetivo na carreira.

§ 1.º Será contado como tempo de serviço para aposentadoria, não cumulativamente, até o limite de 15 (quinze) anos, o tempo de exercício da advocacia.

§ 2.º O membro do Ministério Público da União poderá ainda ser aposentado, voluntariamente, aos 65 (sessenta e cinco) anos de idade, se homem, e aos 60 (sessenta), se mulher, com proventos proporcionais ao tempo de serviço.

§ 3.º Ao membro do Ministério Público da União, do sexo feminino, é facultada a aposentadoria, com proventos proporcionais, aos 25 (vinte e cinco) anos de serviço.

•• O STF, na ADI n. 994-0, de 10-12-1998 (*DOU* de 13-10-2003), declarou a inconstitucionalidade deste § 3.º.

§ 4.º A aposentadoria por invalidez será precedida de licença para tratamento de saúde por período não excedente a 24 (vinte e quatro) meses, salvo quando o laudo médico concluir pela incapacidade definitiva para o exercício de suas funções.

§ 5.º Será aposentado o membro do Ministério Público que, após 24 (vinte e quatro) meses contínuos de licença para tratamento de saúde, for considerado inválido para o exercício de suas funções; não terá efeito interruptivo desse prazo qualquer período de exercício das funções inferior a 30 (trinta) dias.

Art. 232. Os proventos da aposentadoria serão integrais.

Parágrafo único. Para o cálculo dos proventos da aposentadoria serão considerados os vencimentos do cargo imediatamente superior ao último exercido pelo aposentado; caso a aposentadoria se dê no último nível da carreira, os vencimentos deste serão acrescidos do percentual de 20% (vinte por cento).

Art. 233. Os proventos da aposentadoria serão revistos na mesma proporção e data em que se modificar a remuneração dos membros do Ministério Público em atividade, sendo também estendidos aos inativos quaisquer benefícios e vantagens novas asseguradas à carreira, ainda que por força de transformação ou reclassificação do cargo.

Art. 234. O aposentado conservará as prerrogativas previstas no art. 18, inciso I, alínea *e*, e inciso II, alínea *e*, bem como carteira de identidade especial, de acordo com o modelo aprovado pelo Procurador-Geral da República e por ele expedida, contendo expressamente tais prerrogativas e o registro da situação de aposentado.

Art. 235. A pensão por morte, devida pelo órgão previdenciário aos dependentes de membros do Ministério Público da União, corresponderá à totalidade dos vencimentos ou proventos do falecido, assegurada a revisão do benefício, na forma do art. 233.

CAPÍTULO III
DA DISCIPLINA

Seção I
Dos Deveres e Vedações

Art. 236. O membro do Ministério Público da União, em respeito à dignidade de suas funções e à da Justiça, deve observar as normas que regem o seu exercício e especialmente:

I – cumprir os prazos processuais;

II – guardar segredo sobre assunto de caráter sigiloso que conheça em razão do cargo ou função;

III – velar por suas prerrogativas institucionais e processuais;

IV – prestar informações aos órgãos da administração superior do Ministério Público, quando requisitadas;

V – atender ao expediente forense e participar dos atos judiciais, quando for obrigatória a sua presença; ou assistir a outros, quando conveniente ao interesse do serviço;

VI – declarar-se suspeito ou impedido, nos termos da lei;

VII – adotar as providências cabíveis em face das irregularidades de que tiver conhecimento ou que ocorrerem nos serviços a seu cargo;

VIII – tratar com urbanidade as pessoas com as quais se relacione em razão do serviço;

IX – desempenhar com zelo e probidade as suas funções;

X – guardar decoro pessoal.

Art. 237. É vedado ao membro do Ministério Público da União:

I – receber, a qualquer título e sob qualquer pretexto, honorários, percentagens ou custas processuais;

II – exercer a advocacia;

III – exercer o comércio ou participar de sociedade comercial, exceto como cotista ou acionista;

IV – exercer, ainda que em disponibilidade, qualquer outra função pública, salvo uma de magistério;

V – exercer atividade político-partidária, ressalvada a filiação e o direito de afastar-se para exercer cargo eletivo ou a ele concorrer.

•• O STF, na ADI n. 1.371-8, de 3-6-1998 (*DOU* de 22-10-2003), deu para este inciso, sem redução do texto, "interpretação conforme a Constituição, no sentido de que a filiação partidária de membro do Ministério Público da União somente pode efetivar-se nas hipóteses de afastamento de suas funções institucionais, mediante licença, nos termos da lei".

Seção II
Dos Impedimentos e Suspeições

Art. 238. Os impedimentos e as suspeições dos membros do Ministério Público são os previstos em lei.

Seção III
Das Sanções

Art. 239. Os membros do Ministério Público são passíveis das seguintes sanções disciplinares:

I – advertência;

II – censura;

III – suspensão;

IV – demissão; e

V – cassação de aposentadoria ou de disponibilidade.

Art. 240. As sanções previstas no artigo anterior serão aplicadas:

I – a de advertência, reservadamente e por escrito, em caso de negligência no exercício das funções;

II – a de censura, reservadamente e por escrito, em caso de reincidência em falta anteriormente punida com advertência ou de descumprimento de dever legal;

III – a de suspensão, até 45 (quarenta e cinco) dias, em caso de reincidência em falta anteriormente punida com censura;

IV – a de suspensão, de 45 (quarenta e cinco) a 90 (noventa) dias, em caso de inobservância das vedações impostas por esta Lei Complementar ou de reincidência em falta anteriormente punida com suspensão até 45 (quarenta e cinco) dias;

V – as de demissão, nos casos de:

a) lesão aos cofres públicos, dilapidação do patrimônio nacional ou de bens confiados à sua guarda;

b) improbidade administrativa, nos termos do art. 37, § 4.º, da Constituição Federal;

c) condenação por crime praticado com abuso de poder ou violação de dever para com a Administração Pública, quando a pena aplicada for igual ou superior a 2 (dois) anos;

d) incontinência pública e escandalosa que comprometa gravemente, por sua habitualidade, a dignidade da Instituição;

e) abandono de cargo;

f) revelação de assunto de caráter sigiloso, que conheça em razão do cargo ou função, comprometendo a dignidade de suas funções ou da Justiça;

g) aceitação ilegal de cargo ou função pública;

h) reincidência no descumprimento do dever legal, anteriormente punido com a suspensão prevista no inciso anterior;

VI – cassação de aposentadoria ou de disponibilidade, nos casos de falta punível com demissão, praticada quando no exercício do cargo ou função.

§ 1.º A suspensão importa, enquanto durar, na perda dos vencimentos e das vantagens pecuniárias inerentes ao exercício do cargo, vedada a sua conversão em multa.

§ 2.º Considera-se reincidência, para os efeitos desta Lei Complementar, a prática de nova infração, dentro de 4 (quatro) anos após cientificado o infrator do ato que lhe tenha imposto sanção disciplinar.

§ 3.º Considera-se abandono do cargo a ausência do membro do Ministério Público ao exercício de suas funções, sem causa justificada, por mais de 30 (trinta) dias consecutivos.

§ 4.º Equipara-se ao abandono de cargo a falta injustificada por mais de 60 (sessenta) dias intercalados, no período de 12 (doze) meses.

§ 5.º A demissão poderá ser convertida, uma única vez, em suspensão, nas hipóteses previstas nas alíneas *a* e *h* do inciso V, quando de pequena gravidade o fato ou irrelevantes os danos causados, atendido o disposto no art. 244.

Art. 241. Na aplicação das penas disciplinares, considerar-se-ão os antecedentes do infrator, a natureza e a gravidade da infração, as circunstâncias em que foi praticada e os danos que dela resultaram ao serviço ou à dignidade da Instituição ou da Justiça.

Art. 242. As infrações disciplinares serão apuradas em processo administrativo; quando lhes forem cominadas penas de demissão, de cassação de aposentadoria ou de disponibilidade, a imposição destas dependerá, também, de decisão judicial com trânsito em julgado.

Art. 243. Compete ao Procurador-Geral de cada ramo do Ministério Público da União aplicar a seus membros as penas de advertência, censura e suspensão.

Seção IV
Da Prescrição

Art. 244. Prescreverá:

I – em 1 (um) ano, a falta punível com advertência ou censura;

II – em 2 (dois) anos, a falta punível com suspensão;

III – em 4 (quatro) anos, a falta punível com demissão e cassação de aposentadoria ou de disponibilidade.

Parágrafo único. A falta, prevista na lei penal como crime, prescreverá juntamente com este.

Art. 245. A prescrição começa a correr:

I – do dia em que a falta for cometida; ou

II – do dia em que tenha cessado a continuação ou permanência, nas faltas continuadas ou permanentes.

Parágrafo único. Interrompem a prescrição a instauração de processo administrativo e a citação para a ação de perda do cargo.

Seção V
Da Sindicância

Art. 246. A sindicância é o procedimento que tem por objeto a coleta sumária de dados para instauração, se necessário, de inquérito administrativo.

Seção VI
Do Inquérito Administrativo

Art. 247. O inquérito administrativo, de caráter sigiloso, será instaurado pelo Corregedor-Geral, mediante portaria, em que designará comissão de 3 (três) membros para realizá-lo, sempre que tomar conhecimento de infração disciplinar.

§ 1.º A comissão, que poderá ser presidida pelo Corregedor-Geral, será composta de integrantes da carreira, vitalícios, e de classe igual ou superior à do indiciado.

§ 2.º As publicações relativas a inquérito administrativo conterão o respectivo número, omitido o nome do indiciado, que será cientificado pessoalmente.

Art. 248. O prazo para a conclusão do inquérito e apresentação do relatório final é de 30 (trinta) dias, prorrogável, no máximo, por igual período.

Art. 249. A comissão procederá à instrução do inquérito, podendo ouvir o indiciado e testemunhas, requisitar perícias e documentos e promover diligências, sendo-lhe facultado o exercício das prerrogativas outorgadas ao Ministério Público da União, por esta Lei Complementar, para instruir procedimentos administrativos.

Art. 250. Concluída a instrução do inquérito, abrir-se-á vista dos autos ao indiciado, para se manifestar, no prazo de 15 (quinze) dias.

Art. 251. A comissão encaminhará o inquérito ao Conselho Superior, acompanhado de seu parecer conclusivo, pelo arquivamento ou pela instauração de processo administrativo.

§ 1.º O parecer que concluir pela instauração do processo administrativo formulará a súmula de acusação, que conterá a exposição do fato imputado, com todas as suas circunstâncias e a capitulação legal da infração.

§ 2.º O inquérito será submetido à deliberação do Conselho Superior, que poderá:

I – determinar novas diligências, se o considerar insuficientemente instruído;

II – determinar o seu arquivamento;

III – instaurar processo administrativo, caso acolha a súmula de acusação;

IV – encaminhá-lo ao Corregedor-Geral, para formular a súmula da acusação, caso não acolha a proposta de arquivamento.

Seção VII
Do Processo Administrativo

Art. 252. O processo administrativo, instaurado por decisão do Conselho Superior, será contraditório, assegurada ampla defesa ao acusado.

§ 1.º A decisão que instaurar processo administrativo designará comissão composta de 3 (três) membros escolhidos dentre os integrantes da carreira, vitalícios, e de classe igual ou superior à do acusado, indicará o presidente e mencionará os motivos de sua constituição.

§ 2.º Da comissão de processo administrativo não poderá participar quem haja integrado a precedente comissão de inquérito.

§ 3.º As publicações relativas a processo administrativo conterão o respectivo número, omitido o nome do acusado, que será cientificado pessoalmente.

Art. 253. O prazo para a conclusão do processo administrativo e apresentação do relatório final é de 90 (noventa) dias, prorrogável, no máximo, por 30 (trinta) dias, contados da publicação da decisão que o instaurar.

Art. 254. A citação será pessoal, com entrega de cópia da portaria, do relatório final do inquérito e da súmula da acusação, cientificado o acusado do dia, da hora e do local do interrogatório.

§ 1.º Não sendo encontrado o acusado em seu domicílio, proceder-se-á à citação por edital, publicado no *Diário Oficial*, com o prazo de 15 (quinze) dias.

§ 2.º O acusado, por si ou através de defensor que nomear, poderá oferecer defesa prévia, no prazo de 15 (quinze) dias, contado do interrogatório, assegurando-se-lhe vista dos autos no local em que funcione a comissão.

§ 3.º Se o acusado não tiver apresentado defesa, a comissão nomeará defensor, dentre os integrantes da carreira e de classe igual ou superior à sua, reabrindo-se-lhe o prazo fixado no parágrafo anterior.

§ 4.º Em defesa prévia, poderá o acusado requerer a produção de provas orais, documentais e periciais, inclusive pedir a repetição daquelas já produzidas no inquérito.

§ 5.º A comissão poderá indeferir, fundamentadamente, as provas desnecessárias ou requeridas com intuito manifestamente protelatório.

Art. 255. Encerrada a produção de provas, a comissão abrirá vista dos autos ao acusado, para oferecer razões finais, no prazo de 15 (quinze) dias.

Art. 256. Havendo mais de um acusado, os prazos para defesa serão comuns e em dobro.

Art. 257. Em qualquer fase do processo, será assegurada à defesa a extração de cópia das peças dos autos.

Art. 258. Decorrido o prazo para razões finais, a comissão remeterá o processo, dentro de 15 (quinze) dias, ao Conselho Superior, instruído com relatório dos seus trabalhos.

Art. 259. O Conselho Superior do Ministério Público, apreciando o processo administrativo, poderá:

I – determinar novas diligências, se o considerar insuficientemente instruído, caso em que, efetivadas estas, proceder-se-á de acordo com os arts. 264 e 265;

II – propor o seu arquivamento ao Procurador-Geral;

III – propor ao Procurador-Geral a aplicação de sanções que sejam de sua competência;

IV – propor ao Procurador-Geral da República o ajuizamento de ação civil para:

a) demissão de membro do Ministério Público da União com garantia de vitaliciedade;

b) cassação de aposentadoria ou disponibilidade.

Parágrafo único. Não poderá participar da deliberação do Conselho Superior quem haja oficiado na sindicância, ou integrado as comissões do inquérito ou do processo administrativo.

Art. 260. Havendo prova da infração e indícios suficientes de sua autoria, o Conselho Superior poderá determinar, fundamentadamente, o afastamento preventivo do indiciado, enquanto sua permanência for inconveniente ao serviço ou prejudicial à apuração dos fatos.

§ 1.º O afastamento do indiciado não poderá ocorrer quando ao fato imputado corresponderem somente as penas de advertência ou de censura.

§ 2.º O afastamento não ultrapassará o prazo de 120 (cento e vinte) dias, salvo em caso de alcance.

§ 3.º O período de afastamento será considerado como de serviço efetivo, para todos os efeitos.

Art. 261. Aplicam-se, subsidiariamente, ao processo disciplinar, as normas do Código de Processo Penal.

Seção VIII
Da Revisão do Processo Administrativo

Art. 262. Cabe, em qualquer tempo, a revisão do processo de que houver resultado a imposição de penalidade administrativa:

I – quando se aduzam fatos ou circunstâncias suscetíveis de provar inocência ou de justificar a imposição de sanção mais branda; ou

II – quando a sanção se tenha fundado em prova falsa.

Art. 263. A instauração do processo de revisão poderá ser determinada de ofício, a requerimento do próprio interessado, ou, se falecido, do seu cônjuge ou companheiro, ascendente, descendente ou irmão.

Art. 264. O processo de revisão terá o rito do processo administrativo.

Parágrafo único. Não poderá integrar a comissão revisora quem haja atuado em qualquer fase do processo revisando.

Art. 265. Julgada procedente a revisão, será tornada sem efeito a sanção aplicada, com o restabelecimento, em sua plenitude, dos direitos por ela atingidos, exceto se for o caso de aplicar-se penalidade menor.

Título IV
DAS DISPOSIÇÕES FINAIS E TRANSITÓRIAS

Arts. 266 e 267. (*Vetados.*)

Art. 268. Ficam criados 6 (seis) cargos de Subprocurador-Geral da República.

Art. 269. Ficam criados 74 (setenta e quatro) cargos de Procurador Regional da República.

§ 1.º O primeiro provimento de todos os cargos de Procurador Regional da República será considerado simultâneo, independentemente da data dos atos de promoção.

§ 2.º Os vencimentos iniciais do cargo de Procurador Regional da República serão iguais aos do cargo de Procurador de Justiça do Distrito Federal.

Art. 270. Os atuais Procuradores da República de 1.ª Categoria, que ingressaram na carreira até a data da promulgação da Constituição Federal, terão seus cargos transformados em cargos de Procurador Regional da República, mantidos seus titulares e lotações.

§ 1.º Os cargos transformados na forma deste artigo, excedentes do limite previsto no artigo anterior, serão extintos à medida que vagarem.

§ 2.º Os Procuradores da República ocupantes dos cargos transformados na forma deste artigo poderão ser designados para oficiar perante os Juízes Federais e os Tribunais Regionais Eleitorais.

Art. 271. Os cargos de Procurador da República de 1.ª Categoria não alcançados pelo artigo anterior e os atuais cargos de Procurador da República de 2.ª Categoria são transformados em cargos de Procurador da República.

§ 1.º Na nova classe, para efeito de antiguidade, os atuais Procuradores da República de 1.ª Categoria precederão os de 2.ª Categoria; estes manterão na nova classe a atual ordem de antiguidade.

§ 2.º Os vencimentos iniciais do cargo de Procurador da República serão iguais aos do atual cargo de Procurador da República de 1.ª Categoria.

Art. 272. São transformados em cargos de Procurador do Trabalho de 1.ª Categoria 100 (cem) cargos de Procurador do Trabalho de 2.ª Categoria.

Art. 273. Os cargos de Procurador do Trabalho de 1.ª e de 2.ª Categoria passam a denominar-se, respectivamente, Procurador Regional do Trabalho e Procurador do Trabalho.

§ 1.º Até que sejam criados novos cargos de Subprocurador-Geral do Trabalho, os atuais Procuradores do Trabalho de 1.ª Categoria, cujo cargo passa a denominar-se Procurador Regional do Trabalho e que estejam atuando junto ao Tribunal Superior do Trabalho, ali permanecerão exercendo suas atribuições.

§ 2.º Os vencimentos iniciais dos cargos de Procurador Regional do Trabalho e de Procurador do Trabalho serão iguais aos dos cargos de Procurador Regional da República e de Procurador da República, respectivamente.

Art. 274. Os cargos de Procurador Militar de 1.ª e 2.ª Categoria passam a denominar-se, respectivamente, Procurador da Justiça Militar e Promotor da Justiça Militar.

Parágrafo único. Até que sejam criados novos cargos de Subprocurador-Geral da Justiça Militar, os atuais Procuradores Militares da 1.ª Categoria, cujos cargos passam a denominar-se Procuradores da Justiça Militar e que estejam atuando junto ao Superior Tribunal Militar, ali permanecerão exercendo suas atribuições.

Art. 275. O cargo de Promotor de Justiça Substituto passa a denominar-se Promotor de Justiça Adjunto.

Art. 276. Na falta da lei prevista no art. 16, a atuação do Ministério Público na defesa dos direitos constitucionais do cidadão observará, além das disposições desta Lei Complementar, as normas baixadas pelo Procurador-Geral da República.

Art. 277. As promoções nas carreiras do Ministério Público da União, na vigência desta Lei Complementar, serão precedidas da adequação das listas de antiguidade aos critérios de desempate nela estabelecidos.

Art. 278. Não se farão promoções nas carreiras do Ministério Público da União antes da instalação do Conselho Superior do ramo respectivo.

Art. 279. As primeiras eleições, para composição do Conselho Superior de cada ramo do Ministério Público da União e para elaboração das listas tríplices para Procurador-Geral do Trabalho, Procurador-Geral da Justiça Militar e Procurador-Geral de Justiça, serão convocadas pelo Procurador-Geral da República, para se realizarem no prazo de 90 (noventa) dias da promulgação desta Lei Complementar.

§ 1.º O Procurador-Geral da República disporá, em ato normativo, sobre as eleições previstas neste artigo, devendo a convocação anteceder de 30 (trinta) dias a data de sua realização.

§ 2.º Os Conselhos Superiores serão instalados no prazo de 15 (quinze) dias, contado do encerramento da apuração.

Art. 280. Entre os eleitos para a primeira composição do Conselho Superior de cada ramo do Ministério Público da União, os 2 (dois) mais votados, em cada eleição, terão mandato de 2 (dois) anos; os menos votados, de 1 (um) ano.

Art. 281. Os membros do Ministério Público da União, nomeados antes de 5 de outubro de 1988, poderão optar entre o novo regime jurídico e o anterior à promulgação da Constituição Federal, quanto às garantias, vantagens e vedações do cargo.

Parágrafo único. A opção poderá ser exercida dentro de 2 (dois) anos, contados da promulgação desta Lei Complementar, podendo a retratação ser feita no prazo de 10 (dez) anos.

Art. 282. Os Procuradores da República nomeados antes de 5 de outubro de 1988 deverão optar, de forma irretratável, entre as carreiras do Ministério Público Federal e da Advocacia-Geral da União.

§ 1.º (*Vetado.*)

§ 2.º Não manifestada a opção, no prazo estabelecido no parágrafo anterior, o silêncio valerá como opção tácita pela carreira do Ministério Público Federal.

Art. 283. Será criada por lei a Escola Superior do Ministério Público da União, como órgão auxiliar da Instituição.

Art. 284. Poderão ser admitidos como estagiários no Ministério Público da União estudantes de Direito inscritos na Ordem dos Advogados do Brasil.

Parágrafo único. As condições de admissão e o valor da bolsa serão fixados pelo Procurador-Geral da República, sendo a atividade dos estagiários regulada pelo Conselho Superior de cada ramo.

Art. 285. (*Vetado.*)

Art. 286. As despesas decorrentes desta Lei Complementar correrão à conta das dotações constantes do Orçamento da União.

Art. 287. Aplicam-se subsidiariamente aos membros do Ministério Público da União as disposições gerais referentes aos servidores públicos, respeitadas, quando for o caso, as normas especiais contidas nesta Lei Complementar.

§ 1.º O regime de remuneração estabelecido nesta Lei Complementar não prejudica a percepção de vantagens concedidas, em caráter geral, aos servidores públicos civis da União.

§ 2.º O disposto neste artigo não poderá importar em restrições ao regime jurídico instituído nesta Lei Complementar ou na imposição de condições com ele incompatíveis.

Art. 288. Os membros do Ministério Público Federal, cuja promoção para o cargo final de carreira tenha acarretado a sua remoção para o Distrito Federal, poderão, no prazo de 30 (trinta) dias da promulgação desta Lei Complementar, renunciar à referida promoção e retornar ao Estado de origem, ocupando o cargo de Procurador Regional da República.

Art. 289. Sempre que ocorrer a criação simultânea de mais de um cargo de mesmo nível nas carreiras do Ministério Público da União, o provimento dos mesmos, mediante promoção, presumir-se-á simultâneo, independentemente da data dos atos de promoção.

Art. 290. Os membros do Ministério Público da União terão mantida em caráter provisório a sua lotação, enquanto não entrarem em vigor a lei e o ato a que se referem os arts. 34 e 214.

Parágrafo único. O disposto neste artigo não obsta as alterações de lotação decorrentes de remoção, promoção ou designação previstas nesta Lei Complementar.

Arts. 291 e 292. (*Vetados.*)

Art. 293. Ao membro ou servidor do Ministério Público da União é vedado manter, sob sua chefia imediata, em cargo ou função de confiança, cônjuge, companheiro, ou parente até o segundo grau civil.

Art. 294. Esta Lei Complementar entra em vigor na data de sua publicação.

Art. 295. Revogam-se as disposições em contrário.

Brasília, 20 de maio de 1993; 172.º da Independência e 105.º da República.

ITAMAR FRANCO

LEI N. 8.658, DE 26 DE MAIO DE 1993 (*)

Dispõe sobre a aplicação, nos Tribunais de Justiça e nos Tribunais Regionais Federais, das normas da Lei n. 8.038, de 28 de maio de 1990, sobre ações penais originárias.

O Presidente da Câmara dos Deputados no exercício do cargo de Presidente da República

Faço saber que o Congresso Nacional decreta e eu sanciono a seguinte Lei:

Art. 1.º As normas dos arts. 1.º a 12, inclusive, da Lei n. 8.038, de 28 de maio de 1990, aplicam-se às ações penais de competência originária dos Tribunais de Justiça dos Estados e do Distrito Federal, e dos Tribunais Regionais Federais.

Art. 2.º Esta Lei entra em vigor na data de sua publicação.

Art. 3.º Revogam-se o Título III do Livro II do Decreto-lei n. 3.689, de 3 de outubro de 1941, e demais disposições em contrário.

Brasília, 26 de maio de 1993; 172.º da Independência e 105.º da República.

INOCÊNCIO OLIVEIRA

LEI N. 8.666, DE 21 DE JUNHO DE 1993 (**)

Regulamenta o art. 37, XXI, da Constituição Federal, institui normas de licitações e contratos da Administração Pública e dá outras providências.

O Presidente da República

Faço saber que o Congresso Nacional decreta e eu sanciono a seguinte Lei:

(*) Publicada no *DOU*, de 27-5-1993.

(**) Publicada no *DOU*, de 22-6-1993, republicada em 6-7-1994 e retificada em 2-7-2003. A Lei n. 10.520, de 17-7-2002, institui, no âmbito da União, Estados, Distrito Federal e Municípios, nos termos do art. 37, XXI, da CF, modalidade de licitação denominada *pregão*, para aquisição de bens e serviços comuns, e dá outras providências.

....

CAPÍTULO IV
DAS SANÇÕES ADMINISTRATIVAS E DA TUTELA JUDICIAL

Seção I
Das Disposições Gerais

Art. 81. A recusa injustificada do adjudicatário em assinar o contrato, aceitar ou retirar o instrumento equivalente, dentro do prazo estabelecido pela Administração, caracteriza o descumprimento total da obrigação assumida, sujeitando-o às penalidades legalmente estabelecidas.

Parágrafo único. O disposto neste artigo não se aplica aos licitantes convocados nos termos do art. 64, § 2.º, desta Lei, que não aceitarem a contratação, nas mesmas condições propostas pelo primeiro adjudicatário, inclusive quanto ao prazo e preço.

Art. 82. Os agentes administrativos que praticarem atos em desacordo com os preceitos desta Lei ou visando a frustrar os objetivos da licitação sujeitam-se às sanções previstas nesta Lei e nos regulamentos próprios, sem prejuízo das responsabilidades civil e criminal que seu ato ensejar.

• *Vide* Lei n. 4.898, de 9-12-1965, sobre abuso de autoridade.

• *Vide* Lei n. 8.429, de 2-6-1992, sobre improbidade administrativa.

Art. 83. Os crimes definidos nesta Lei, ainda que simplesmente tentados, sujeitam os seus autores, quando servidores públicos, além das sanções penais, à perda do cargo, emprego, função ou mandato eletivo.

Art. 84. Considera-se servidor público, para os fins desta Lei, aquele que exerce, mesmo que transitoriamente ou sem remuneração, cargo, função ou emprego público.

§ 1.º Equipara-se a servidor público, para os fins desta Lei, quem exerce cargo, emprego ou função em entidade paraestatal, assim consideradas, além das fundações, empresas públicas e sociedades de economia mista, as demais entidades sob controle, direto ou indireto, do Poder Público.

§ 2.º A pena imposta será acrescida da terça parte, quando os autores dos crimes previstos nesta Lei forem ocupantes de cargo em comissão ou de função de confiança em órgão da Administração direta, autarquia, empresa pública, sociedade de economia mista, fundação pública, ou outra entidade controlada direta ou indiretamente pelo Poder Público.

Art. 85. As infrações penais previstas nesta Lei pertinem às licitações e aos contratos celebrados pela União, Estados, Distrito Federal, Municípios, e respectivas autarquias, empresas públicas, sociedades de economia mista, fundações públicas, e quaisquer outras entidades sob seu controle direto ou indireto.

Seção II
Das Sanções Administrativas

Art. 86. O atraso injustificado na execução do contrato sujeitará o contratado à multa de mora, na forma prevista no instrumento convocatório ou no contrato.

• A Portaria n. 50, de 27-2-2013, do Departamento Penitenciário Nacional, estabelece procedimento uniforme para a aplicação das sanções administrativas previstas neste artigo.

§ 1.º A multa a que alude este artigo não impede que a Administração rescinda unilateralmente o contrato e aplique as outras sanções previstas nesta Lei.

§ 2.º A multa, aplicada após regular processo administrativo, será descontada da garantia do respectivo contratado.

§ 3.º Se a multa for de valor superior ao valor da garantia prestada, além da perda desta, responderá o contratado pela sua diferença, a qual será descontada dos pagamentos eventualmente devidos pela Administração ou ainda, quando for o caso, cobrada judicialmente.

Art. 87. Pela inexecução total ou parcial do contrato a Administração poderá, garantida a prévia defesa, aplicar ao contratado as seguintes sanções:

• *Vide* art. 5.º, LV, da CF.

• A Portaria n. 50, de 27-2-2013, do Departamento Penitenciário Nacional, estabelece procedimento uniforme para a aplicação das sanções administrativas previstas neste artigo.

I – advertência;

II – multa, na forma prevista no instrumento convocatório ou no contrato;

III – suspensão temporária de participação em licitação e impedimento de contratar com a Administração, por prazo não superior a 2 (dois) anos;

IV – declaração de inidoneidade para licitar ou contratar com a Administração Pública enquanto perdurarem os motivos determinantes da punição ou até que seja promovida a reabilitação perante a própria autoridade que aplicou a penalidade, que será concedida sempre que o contratado ressarcir a Administração pelos prejuízos resultantes e após decorrido o prazo da sanção aplicada com base no inciso anterior.

• A Lei n. 12.232, de 29-4-2010, dispõe sobre as Normas Gerais para Licitação e Contratação pela Administração Pública de Serviços de Publicidade Prestados por Intermédio de Agências de Propaganda.

• O Decreto n. 7.581, de 11-10-2011, regulamenta o Regime Diferenciado de Contratações Públicas – RDC.

§ 1.º Se a multa aplicada for superior ao valor da garantia prestada, além da perda desta, responderá o contratado pela sua diferença, que será descontada dos pagamentos eventualmente devidos pela Administração ou cobrada judicialmente.

§ 2.º As sanções previstas nos incisos I, III e IV deste artigo poderão ser aplicadas juntamente com a do inciso II, facultada a defesa prévia do interessado, no respectivo processo, no prazo de 5 (cinco) dias úteis.

§ 3.º A sanção estabelecida no inciso IV deste artigo é de competência exclusiva do Ministro de Estado, do Secretário Estadual ou Municipal, conforme o caso, facultada a defesa do interessado no respectivo processo, no prazo de 10 (dez) dias da abertura de vista, podendo a reabilitação ser requerida após 2 (dois) anos de sua aplicação.

Art. 88. As sanções previstas nos incisos III e IV do artigo anterior poderão também ser aplicadas às empresas ou aos profissionais que, em razão dos contratos regidos por esta Lei:

• A Portaria n. 50, de 27-2-2013, do Departamento Penitenciário Nacional, estabelece procedimento uniforme para a aplicação das sanções administrativas previstas neste artigo.

I – tenham sofrido condenação definitiva por praticarem, por meios dolosos, fraude fiscal no recolhimento de quaisquer tributos;

II – tenham praticado atos ilícitos visando a frustrar os objetivos da licitação;

III – demonstrem não possuir idoneidade para contratar com a Administração em virtude de atos ilícitos praticados.

Seção III
Dos Crimes e das Penas

Art. 89. Dispensar ou inexigir licitação fora das hipóteses previstas em lei, ou deixar de observar as formalidades pertinentes à dispensa ou à inexigibilidade:

Pena – detenção, de 3 (três) a 5 (cinco) anos, e multa.

• *Vide* art. 99 desta Lei.

Parágrafo único. Na mesma pena incorre aquele que, tendo comprovadamente concorrido para a consumação da ilegalidade, beneficiou-se da dispensa ou inexigibilidade ilegal, para celebrar contrato com o Poder Público.

Art. 90. Frustrar ou fraudar, mediante ajuste, combinação ou qualquer outro expediente, o caráter competitivo do procedimento licitatório, com o intuito de obter, para si ou para outrem, vantagem decorrente da adjudicação do objeto da licitação:

Pena – detenção, de 2 (dois) a 4 (quatro) anos, e multa.

Art. 91. Patrocinar, direta ou indiretamente, interesse privado perante a Administração, dando causa à instauração de licitação ou à celebração de contrato, cuja invalidação vier a ser decretada pelo Poder Judiciário:

Pena – detenção, de 6 (seis) meses a 2 (dois) anos, e multa.

Art. 92. Admitir, possibilitar ou dar causa a qualquer modificação ou vantagem, inclusive prorrogação contratual, em favor do adjudicatário, durante a execução dos contratos celebrados com o Poder Público, sem autorização em lei, no ato convocatório da licitação ou nos respectivos instrumentos contratuais, ou, ainda, pagar fatura com preterição da ordem cronológica de sua exigibilidade, observado o disposto no art. 121 desta Lei:

Pena – detenção, de 2 (dois) a 4 (quatro) anos, e multa.

•• *Caput* com redação determinada pela Lei n. 8.883, de 8-6-1994.

Parágrafo único. Incide na mesma pena o contratado que, tendo comprovadamente concorrido para a consumação da ilegalidade, obtém vantagem indevida ou se beneficia, injustamente, das modificações ou prorrogações contratuais.

Art. 93. Impedir, perturbar ou fraudar a realização de qualquer ato de procedimento licitatório:

Pena – detenção, de 6 (seis) meses a 2 (dois) anos, e multa.

Art. 94. Devassar o sigilo de proposta apresentada em procedimento licitatório, ou proporcionar a terceiro o ensejo de devassá-lo:

Pena – detenção, de 2 (dois) a 3 (três) anos, e multa.

Art. 95. Afastar ou procurar afastar licitante, por meio de violência, grave ameaça, fraude ou oferecimento de vantagem de qualquer tipo:

Pena – detenção, de 2 (dois) a 4 (quatro) anos, e multa, além da pena correspondente à violência.

Parágrafo único. Incorre na mesma pena quem se abstém ou desiste de licitar, em razão da vantagem oferecida.

Art. 96. Fraudar, em prejuízo da Fazenda Pública, licitação instaurada para aquisição ou venda de bens ou mercadorias, ou contrato dela decorrente:

I – elevando arbitrariamente os preços;

II – vendendo, como verdadeira ou perfeita, mercadoria falsificada ou deteriorada;

III – entregando uma mercadoria por outra;

IV – alterando substância, qualidade ou quantidade da mercadoria fornecida;

V – tornando, por qualquer modo, injustamente, mais onerosa a proposta ou a execução do contrato:

Pena – detenção, de 3 (três) a 6 (seis) anos, e multa.

Art. 97. Admitir à licitação ou celebrar contrato com empresa ou profissional declarado inidôneo:

Pena – detenção, de 6 (seis) meses a 2 (dois) anos, e multa.

Parágrafo único. Incide na mesma pena aquele que, declarado inidôneo, venha a licitar ou a contratar com a Administração.

Art. 98. Obstar, impedir ou dificultar, injustamente, a inscrição de qualquer interessado nos registros cadastrais ou promover indevidamente a alteração, suspensão ou cancelamento de registro do inscrito:

Pena – detenção, de 6 (seis) meses a 2 (dois) anos, e multa.

• *Vide* art. 99 desta Lei.

Art. 99. A pena de multa cominada nos arts. 89 a 98 desta Lei consiste no pagamento de quantia fixada na sentença e calculada em índices percentuais, cuja base corresponderá ao valor da vantagem efetivamente obtida ou potencialmente auferível pelo agente.

§ 1.º Os índices a que se refere este artigo não poderão ser inferiores a 2% (dois por cento), nem superiores a 5% (cinco por cento) do valor do contrato licitado ou celebrado com dispensa ou inexigibilidade de licitação.

§ 2.º O produto da arrecadação da multa reverterá, conforme o caso, à Fazenda Federal, Distrital, Estadual ou Municipal.

Seção IV
Do Processo e do Procedimento Judicial

Art. 100. Os crimes definidos nesta Lei são de ação penal pública incondicionada, cabendo ao Ministério Público promovê-la.

• *Vide* art. 129, I, da CF.

• *Vide* art. 24 do CPP.

Art. 101. Qualquer pessoa poderá provocar, para os efeitos desta Lei, a iniciativa do Ministério Público, fornecendo-lhe, por escrito, informações sobre o fato e sua autoria, bem como as circunstâncias em que se deu a ocorrência.

• *Vide* art. 27 do CPP.

Parágrafo único. Quando a comunicação for verbal, mandará a autoridade reduzi-la a termo, assinado pelo apresentante e por duas testemunhas.

Art. 102. Quando em autos ou documentos de que conhecerem, os magistrados, os membros dos Tribunais ou Conselhos de Contas ou os titulares dos órgãos integrantes do sistema de controle interno de qualquer dos Poderes, verificarem a existência dos crimes definidos nesta Lei remeterão ao Ministério Público as cópias e os documentos necessários ao oferecimento da denúncia.

Art. 103. Será admitida ação penal privada subsidiária da pública, se esta não for ajuizada no prazo legal, aplicando-se, no que couber, o disposto nos arts. 29 e 30 do Código de Processo Penal.

Art. 104. Recebida a denúncia e citado o réu, terá este o prazo de 10 (dez) dias para apresentação de defesa escrita, contado da data do seu interrogatório, podendo juntar documentos, arrolar as testemunhas que tiver, em número não superior a 5 (cinco), e indicar as demais provas que pretenda produzir.

Art. 105. Ouvidas as testemunhas da acusação e da defesa e praticadas as diligências instrutórias deferidas ou ordenadas pelo juiz, abrir-se-á, sucessivamente, o prazo de 5 (cinco) dias a cada parte para alegações finais.

Art. 106. Decorrido esse prazo, e conclusos os autos dentro de 24 (vinte e quatro) horas, terá o juiz 10 (dez) dias para proferir a sentença.

Art. 107. Da sentença cabe apelação, interponível no prazo de 5 (cinco) dias.

Art. 108. No processamento e julgamento das infrações penais definidas nesta Lei, assim como nos recursos e nas execuções que lhes digam respeito, aplicar-se-ão, subsidiariamente, o Código de Processo Penal e a Lei de Execução Penal.

....

Capítulo VI
DISPOSIÇÕES FINAIS E TRANSITÓRIAS

Art. 125. Esta Lei entra em vigor na data de sua publicação.

Art. 126. Revogam-se as disposições em contrário, especialmente os Decretos-leis n. 2.300, de 21 de novembro de 1986, 2.348, de 24 de julho de 1987, 2.360, de 16 de setembro de 1987, a Lei n. 8.220, de 4 de setembro de 1991, e o art. 83 da Lei n. 5.194, de 24 de dezembro de 1966.

Brasília, 21 de junho de 1993; 172.º da Independência e 105.º da República.

Itamar Franco

DECRETO N. 983, DE 12 DE NOVEMBRO DE 1993 (*)

Dispõe sobre a colaboração dos órgãos e entidades da administração pública federal com o Ministério Público Federal na repressão a todas as formas de improbidade administrativa.

O Presidente da República, no uso da atribuição que lhe confere o art. 84, IV, da Constituição, e tendo em vista o disposto na Lei n. 8.429, de 2 de junho de 1992, decreta:

Art. 1.º Os órgãos e entidades da administração pública federal direta, indireta e fundacional, observadas as respectivas áreas de competência, cooperarão, de ofício ou em face de requerimento fundamentado, com o Ministério Público Federal na repressão a todas as formas de improbidade administrativa.

Art. 2.º Para os fins previstos na Lei n. 8.429, de 2 de junho de 1992, os órgãos integrantes da estrutura do Ministério da Fazenda, inclusive as entidades vinculadas e supervisionadas, por iniciativa do Ministério Público Federal, realizarão as diligências, perícias, levantamentos, coleta de dados e informações pertinentes à instrução de procedimento que tenha por finalidade apurar enriquecimento ilícito de agente público, fornecendo os meios de prova necessários ao ajuizamento da ação competente.

• Citado diploma consta deste volume.

Parágrafo único. Quando os dados envolverem matéria protegida pelo sigilo fiscal ou bancário, observar-se-á o disposto na legislação pertinente.

(*) Publicado no *DOU*, de 16-11-1993.

Art. 3.º Este Decreto entra em vigor na data de sua publicação.

Brasília, 12 de novembro de 1993; 172.º da Independência e 105.º da República.

Itamar Franco

LEI COMPLEMENTAR N. 80, DE 12 DE JANEIRO DE 1994 (**)

Organiza a Defensoria Pública da União, do Distrito Federal e dos Territórios e prescreve normas gerais para sua organização nos Estados, e dá outras providências.

O Presidente da República

Faço saber que o Congresso Nacional decreta e eu sanciono a seguinte Lei:

Título I
DISPOSIÇÕES GERAIS

•• Título com denominação determinada pela Lei Complementar n. 132, de 7-10-2009.

Art. 1.º A Defensoria Pública é instituição permanente, essencial à função jurisdicional do Estado, incumbindo-lhe, como expressão e instrumento do regime democrático, fundamentalmente, a orientação jurídica, a promoção dos direitos humanos e a defesa, em todos os graus, judicial e extrajudicial, dos direitos individuais e coletivos, de forma integral e gratuita, aos necessitados, assim considerados na forma do inciso LXXIV do art. 5.º da Constituição Federal.

•• Artigo com redação determinada pela Lei Complementar n. 132, de 7-10-2009.

Art. 2.º A Defensoria Pública abrange:

I – a Defensoria Pública da União;

II – a Defensoria Pública do Distrito Federal e dos Territórios;

III – as Defensorias Públicas dos Estados.

Art. 3.º São princípios institucionais da Defensoria Pública a unidade, a indivisibilidade e a independência funcional.

Parágrafo único. (*Vetado.*)

Art. 3.º-A. São objetivos da Defensoria Pública:

•• *Caput* acrescentado pela Lei Complementar n. 132, de 7-10-2009.

I – a primazia da dignidade da pessoa humana e a redução das desigualdades sociais;

(**) Publicada no *DOU*, de 13-1-1994. A Lei n. 9.020, de 30-3-1995, dispõe sobre a implantação, em caráter emergencial e provisório, da DPU. A Lei n. 10.448, de 9-5-2002, institui o Dia Nacional da Defensoria Pública, a ser comemorado, anualmente, no dia 19 de maio. A Resolução n. 63, de 3-7-2012, regulamenta os órgãos de atuação da DPU.

•• Inciso I acrescentado pela Lei Complementar n. 132, de 7-10-2009.

II – a afirmação do Estado Democrático de Direito;

•• Inciso II acrescentado pela Lei Complementar n. 132, de 7-10-2009.

III – a prevalência e efetividade dos direitos humanos; e

•• Inciso III acrescentado pela Lei Complementar n. 132, de 7-10-2009.

IV – a garantia dos princípios constitucionais da ampla defesa e do contraditório.

•• Inciso IV acrescentado pela Lei Complementar n. 132, de 7-10-2009.

Art. 4.º São funções institucionais da Defensoria Pública, dentre outras:

I – prestar orientação jurídica e exercer a defesa dos necessitados, em todos os graus;

•• Inciso I com redação determinada pela Lei Complementar n. 132, de 7-10-2009.

II – promover, prioritariamente, a solução extrajudicial dos litígios, visando à composição entre as pessoas em conflito de interesses, por meio de mediação, conciliação, arbitragem e demais técnicas de composição e administração de conflitos;

•• Inciso II com redação determinada pela Lei Complementar n. 132, de 7-10-2009.

III – promover a difusão e a conscientização dos direitos humanos, da cidadania e do ordenamento jurídico;

•• Inciso III com redação determinada pela Lei Complementar n. 132, de 7-10-2009.

IV – prestar atendimento interdisciplinar, por meio de órgãos ou de servidores de suas Carreiras de apoio para o exercício de suas atribuições;

•• Inciso IV com redação determinada pela Lei Complementar n. 132, de 7-10-2009.

V – exercer, mediante o recebimento dos autos com vista, a ampla defesa e o contraditório em favor de pessoas naturais e jurídicas, em processos administrativos e judiciais, perante todos os órgãos e em todas as instâncias, ordinárias ou extraordinárias, utilizando todas as medidas capazes de propiciar a adequada e efetiva defesa de seus interesses;

•• Inciso V com redação determinada pela Lei Complementar n. 132, de 7-10-2009.

VI – representar aos sistemas internacionais de proteção dos direitos humanos, postulando perante seus órgãos;

•• Inciso VI com redação determinada pela Lei Complementar n. 132, de 7-10-2009.

VII – promover ação civil pública e todas as espécies de ações capazes de propiciar a adequada tutela dos direitos difusos, coletivos ou individuais homogêneos quando o resultado da demanda puder beneficiar grupo de pessoas hipossuficientes;

•• Inciso VII com redação determinada pela Lei Complementar n. 132, de 7-10-2009.

VIII – exercer a defesa dos direitos e interesses individuais, difusos, coletivos e individuais homogêneos e dos direitos do consumidor, na forma do inciso LXXIV do art. 5.º da Constituição Federal;

•• Inciso VIII com redação determinada pela Lei Complementar n. 132, de 7-10-2009.

IX – impetrar *habeas corpus*, mandado de injunção, *habeas data* e mandado de segurança ou qualquer outra ação em defesa das funções institucionais e prerrogativas de seus órgãos de execução;

•• Inciso IX com redação determinada pela Lei Complementar n. 132, de 7-10-2009.

X – promover a mais ampla defesa dos direitos fundamentais dos necessitados, abrangendo seus direitos individuais, coletivos, sociais, econômicos, culturais e ambientais, sendo admissíveis todas as espécies de ações capazes de propiciar sua adequada e efetiva tutela;

•• Inciso X com redação determinada pela Lei Complementar n. 132, de 7-10-2009.

XI – exercer a defesa dos interesses individuais e coletivos da criança e do adolescente, do idoso, da pessoa portadora de necessidades especiais, da mulher vítima de violência doméstica e familiar e de outros grupos sociais vulneráveis que mereçam proteção especial do Estado;

•• Inciso XI com redação determinada pela Lei Complementar n. 132, de 7-10-2009.

XII e XIII – (*Vetados*.)

XIV – acompanhar inquérito policial, inclusive com a comunicação imediata da prisão em flagrante pela autoridade policial, quando o preso não constituir advogado;

•• Inciso XIV acrescentado pela Lei Complementar n. 132, de 7-10-2009.

XV – patrocinar ação penal privada e a subsidiária da pública;

•• Inciso XV acrescentado pela Lei Complementar n. 132, de 7-10-2009.

XVI – exercer a curadoria especial nos casos previstos em lei;

•• Inciso XVI acrescentado pela Lei Complementar n. 132, de 7-10-2009.

XVII – atuar nos estabelecimentos policiais, penitenciários e de internação de adolescentes, visando a assegurar às pessoas, sob quaisquer circunstâncias, o exercício pleno de seus direitos e garantias fundamentais;

•• Inciso XVII acrescentado pela Lei Complementar n. 132, de 7-10-2009.

XVIII – atuar na preservação e reparação dos direitos de pessoas vítimas de tortura, abusos sexuais, discriminação ou qualquer outra forma de opressão ou violência, propiciando o acompanhamento e o atendimento interdisciplinar das vítimas;

•• Inciso XVIII acrescentado pela Lei Complementar n. 132, de 7-10-2009.

XIX – atuar nos Juizados Especiais;

•• Inciso XIX acrescentado pela Lei Complementar n. 132, de 7-10-2009.

XX – participar, quando tiver assento, dos conselhos federais, estaduais e municipais afetos às funções institucionais da Defensoria Pública, respeitadas as atribuições de seus ramos;

•• Inciso XX acrescentado pela Lei Complementar n. 132, de 7-10-2009.

XXI – executar e receber as verbas sucumbenciais decorrentes de sua atuação, inclusive quando devidas por quaisquer entes públicos, destinando-as a fundos geridos pela Defensoria Pública e destinados, exclusivamente, ao aparelhamento da Defensoria Pública e à capacitação profissional de seus membros e servidores;

•• Inciso XXI acrescentado pela Lei Complementar n. 132, de 7-10-2009.

XXII – convocar audiências públicas para discutir matérias relacionadas às suas funções institucionais.

•• Inciso XXII acrescentado pela Lei Complementar n. 132, de 7-10-2009.

§ 1.º (*Vetado*.)

§ 2.º As funções institucionais da Defensoria Pública serão exercidas inclusive contra as Pessoas Jurídicas de Direito Público.

§ 3.º (*Vetado*.)

§ 4.º O instrumento de transação, mediação ou conciliação referendado pelo Defensor Público valerá como título executivo extrajudicial, inclusive quando celebrado com a pessoa jurídica de direito público.

•• § 4.º acrescentado pela Lei Complementar n. 132, de 7-10-2009.

§ 5.º A assistência jurídica integral e gratuita custeada ou fornecida pelo Estado será exercida pela Defensoria Pública.

•• § 5.º acrescentado pela Lei Complementar n. 132, de 7-10-2009.

§ 6.º A capacidade postulatória do Defensor Público decorre exclusivamente de sua nomeação e posse no cargo público.

•• § 6.º acrescentado pela Lei Complementar n. 132, de 7-10-2009.

• *Vide* art. 3.º, § 1.º, da Lei n. 8.906, de 4-7-1994 (EAOAB).

§ 7.º Aos membros da Defensoria Pública é garantido sentar-se no mesmo plano do Ministério Público.

•• § 7.º acrescentado pela Lei Complementar n. 132, de 7-10-2009.

§ 8.º Se o Defensor Público entender inexistir hipótese de atuação institucional, dará imediata ciência ao Defensor Público-Geral, que decidirá a controvérsia, indicando, se for o caso, outro Defensor Público para atuar.

•• § 8.º acrescentado pela Lei Complementar n. 132, de 7-10-2009.

§ 9.º O exercício do cargo de Defensor Público é comprovado mediante apresentação de carteira funcional expedida pela respectiva Defensoria Pública, conforme modelo previsto nesta Lei Complementar, a qual valerá como documento de identidade e terá fé pública em todo o território nacional.

•• § 9.º acrescentado pela Lei Complementar n. 132, de 7-10-2009.

§ 10. O exercício do cargo de Defensor Público é indelegável e privativo de membro da Carreira.

•• § 10 acrescentado pela Lei Complementar n. 132, de 7-10-2009.

§ 11. Os estabelecimentos a que se refere o inciso XVII do *caput* reservarão instalações adequadas ao atendimento jurídico dos presos e internos por parte dos Defensores Públicos, bem como a esses fornecerão apoio administrativo, prestarão as informações solicitadas e assegurarão acesso à documentação dos presos e internos, aos quais é assegurado o direito de entrevista com os Defensores Públicos.

•• § 11 acrescentado pela Lei Complementar n. 132, de 7-10-2009.

Art. 4.º-A. São direitos dos assistidos da Defensoria Pública, além daqueles previstos na legislação estadual ou em atos normativos internos:

•• *Caput* acrescentado pela Lei Complementar n. 132, de 7-10-2009.

I – a informação sobre:

•• Inciso I, *caput*, acrescentado pela Lei Complementar n. 132, de 7-10-2009.

a) localização e horário de funcionamento dos órgãos da Defensoria Pública;

•• Alínea *a* acrescentada pela Lei Complementar n. 132, de 7-10-2009.

b) a tramitação dos processos e os procedimentos para a realização de exames, perícias e outras providências necessárias à defesa de seus interesses;

•• Alínea *b* acrescentada pela Lei Complementar n. 132, de 7-10-2009.

II – a qualidade e a eficiência do atendimento;

•• Inciso II acrescentado pela Lei Complementar n. 132, de 7-10-2009.

III – o direito de ter sua pretensão revista no caso de recusa de atuação pelo Defensor Público;

•• Inciso III acrescentado pela Lei Complementar n. 132, de 7-10-2009.

IV – o patrocínio de seus direitos e interesses pelo defensor natural;

•• Inciso IV acrescentado pela Lei Complementar n. 132, de 7-10-2009.

V – a atuação de Defensores Públicos distintos, quando verificada a existência de interesses antagônicos ou colidentes entre destinatários de suas funções.

•• Inciso V acrescentado pela Lei Complementar n. 132, de 7-10-2009.

TÍTULO II
DA ORGANIZAÇÃO DA DEFENSORIA PÚBLICA DA UNIÃO

CAPÍTULO I
DA ESTRUTURA

Art. 5.º A Defensoria Pública da União compreende:

I – órgãos de administração superior:

a) a Defensoria Pública-Geral da União;

b) a Subdefensoria Pública-Geral da União;

c) o Conselho Superior da Defensoria Pública da União;

d) a Corregedoria-Geral da Defensoria Pública da União;

II – órgãos de atuação:

a) as Defensorias Públicas da União nos Estados, no Distrito Federal e nos Territórios;

b) os Núcleos da Defensoria Pública da União;

III – órgãos de execução:

a) os Defensores Públicos Federais nos Estados, no Distrito Federal e nos Territórios.

•• Alínea *a* com redação determinada pela Lei Complementar n. 132, de 7-10-2009.

Seção I
Do Defensor Público-Geral Federal e do Subdefensor Público-Geral Federal

•• Seção I com denominação determinada pela Lei Complementar n. 132, de 7-10-2009.

Art. 6.º A Defensoria Pública da União tem por chefe o Defensor Público-Geral Federal, nomeado pelo Presidente da República, dentre membros estáveis da Carreira e maiores de 35 (trinta e cinco) anos, escolhidos em lista tríplice formada pelo voto direto, secreto, plurinominal e obrigatório de seus membros, após a aprovação de seu nome pela maioria absoluta dos membros do Senado Federal, para mandato de 2 (dois) anos, permitida uma recondução, precedida de nova aprovação do Senado Federal.

•• *Caput* com redação determinada pela Lei Complementar n. 132, de 7-10-2009.

§§ 1.º e 2.º (*Vetados.*)

Art. 7.º O Defensor Público-Geral Federal será substituído, em suas faltas, impedimentos, licenças e férias, pelo Subdefensor Público-Geral Federal, nomeado pelo Presidente da República, dentre os integrantes da Categoria Especial da Carreira, escolhidos pelo Conselho Superior, para mandato de 2 (dois) anos.

•• *Caput* com redação determinada pela Lei Complementar n. 132, de 7-10-2009.

Parágrafo único. A União poderá, segundo suas necessidades, ter mais de um Subdefensor Público-Geral Federal.

•• Parágrafo único com redação determinada pela Lei Complementar n. 132, de 7-10-2009.

Art. 8.º São atribuições do Defensor Público-Geral, dentre outras:

I – dirigir a Defensoria Pública da União, superintender e coordenar suas atividades e orientar-lhe a atuação;

II – representar a Defensoria Pública da União judicial e extrajudicialmente;

III – velar pelo cumprimento das finalidades da Instituição;

IV – integrar, como membro nato, e presidir o Conselho Superior da Defensoria Pública da União;

V – submeter ao Conselho Superior proposta de criação ou de alteração do Regimento Interno da Defensoria Pública-Geral da União;

•• Inciso V com redação determinada pela Lei Complementar n. 132, de 7-10-2009.

VI – autorizar os afastamentos dos membros da Defensoria Pública da União;

VII – estabelecer a lotação e a distribuição dos membros e dos servidores da Defensoria Pública da União;

VIII – dirimir conflitos de atribuições entre membros da Defensoria Pública da União, com recurso para seu Conselho Superior;

IX – proferir decisões nas sindicâncias e processos administrativos disciplinares promovidos pela Corregedoria-Geral da Defensoria Pública da União;

X – instaurar processo disciplinar contra membros e servidores da Defensoria Pública da União, por recomendação de seu Conselho Superior;

XI – abrir concursos públicos para ingresso na carreira da Defensoria Pública da União;

XII – determinar correições extraordinárias;

XIII – praticar atos de gestão administrativa, financeira e de pessoal;

XIV – convocar o Conselho Superior da Defensoria Pública da União;

XV – designar membro da Defensoria Pública da União para exercício de suas atribuições em órgão de atuação diverso do de sua lotação ou, em caráter excepcional, perante Juízos, Tribunais ou Ofícios diferentes dos estabelecidos para cada categoria;

XVI – requisitar de qualquer autoridade pública e de seus agentes, certidões, exames, perícias, vistorias, diligências, processos, documentos, informações, esclarecimentos e demais providências necessárias à atuação da Defensoria Pública;

XVII – aplicar a pena da remoção compulsória, aprovada pelo voto de 2/3 (dois terços) do Conselho Superior da Defensoria Pública da União, assegurada ampla defesa;

XVIII – delegar atribuições a autoridade que lhe seja subordinada, na forma da lei;

XIX – requisitar força policial para assegurar a incolumidade física dos membros da Defensoria Pública da União, quando estes se encontrarem ameaçados em razão do desempenho de suas atribuições institucionais;

•• Inciso XIX acrescentado pela Lei Complementar n. 132, de 7-10-2009.

XX – apresentar plano de atuação da Defensoria Pública da União ao Conselho Superior.

•• Inciso XX acrescentado pela Lei Complementar n. 132, de 7-10-2009.

Parágrafo único. Ao Subdefensor Público-Geral Federal, além da atribuição prevista no art. 7.º desta Lei Complementar, compete:

•• Parágrafo único, *caput*, com redação determinada pela Lei Complementar n. 132, de 7-10-2009.

I – auxiliar o Defensor Público-Geral nos assuntos de interesse da Instituição;

II – desincumbir-se das tarefas e delegações que lhe forem determinadas pelo Defensor Público-Geral.

Seção II

Do Conselho Superior da Defensoria Pública da União

• A Resolução n. 51, de 5-7-2011, aprova o Regimento Interno do Conselho Superior da DPU.

Art. 9.º A composição do Conselho Superior da Defensoria Pública da União deve incluir obrigatoriamente o Defensor Público-Geral Federal, o Subdefensor Público-Geral Federal e o Corregedor-Geral Federal, como membros natos, e, em sua maioria, representantes estáveis da Carreira, 2 (dois) por categoria, eleitos pelo voto direto, plurinominal, obrigatório e secreto de todos integrantes da Carreira.

•• *Caput* com redação determinada pela Lei Complementar n. 132, de 7-10-2009.

§ 1.º O Conselho Superior é presidido pelo Defensor Público-Geral, que, além do seu voto de membro, tem o de qualidade, exceto em matéria de remoção e promoção, sendo as deliberações tomadas por maioria de votos.

§ 2.º As eleições serão realizadas em conformidade com as instruções baixadas pelo Defensor Público-Geral.

§ 3.º Os membros do Conselho Superior são eleitos para mandato de 2 (dois) anos, mediante voto nominal, direto e secreto.

§ 4.º São elegíveis os Defensores Públicos Federais que não estejam afastados da Carreira, para mandato de 2 (dois) anos, permitida 1 (uma) reeleição.

•• § 4.º com redação determinada pela Lei Complementar n. 132, de 7-10-2009.

§ 5.º São suplentes dos membros eleitos de que trata o *caput* deste artigo os demais votados, em ordem decrescente.

§ 6.º Qualquer membro, exceto os natos, pode desistir de sua participação no Conselho Superior, assumindo, imediatamente, o cargo, o respectivo suplente.

Art. 10. Ao Conselho Superior da Defensoria Pública da União compete:

I – exercer o poder normativo no âmbito da Defensoria Pública da União;

II – opinar, por solicitação do Defensor Público-Geral, sobre matéria pertinente à autonomia funcional e administrativa da Defensoria Pública da União;

III – elaborar lista tríplice destinada à promoção por merecimento;

IV – aprovar a lista de antiguidade dos membros da Defensoria Pública da União e decidir sobre as reclamações a ela concernentes;

V – recomendar ao Defensor Público-Geral a instauração de processo disciplinar contra membros e servidores da Defensoria Pública da União;

VI – conhecer e julgar recurso contra decisão em processo administrativo disciplinar;

VII – decidir sobre pedido de revisão de processo administrativo disciplinar;

VIII – decidir acerca da remoção voluntária dos integrantes da carreira da Defensoria Pública da União;

IX – decidir sobre a avaliação do estágio probatório dos membros da Defensoria Pública da União, submetendo sua decisão à homologação do Defensor Público-Geral;

• A Resolução n. 57, de 6-2-2012, do Conselho Superior da DPU, estabelece normas para o procedimento de avaliação do estágio probatório dos Defensores Públicos Federais.

X – decidir acerca da destituição do Corregedor-Geral, por voto de 2/3 (dois terços) de seus membros, assegurada ampla defesa;

XI – deliberar sobre a organização de concurso para ingresso na carreira e designar os representantes da Defensoria Pública da União que integrarão a Comissão de Concurso;

XII – organizar os concursos para provimento dos cargos da Carreira de Defensor Público Federal e editar os respectivos regulamentos;

•• Inciso XII com redação determinada pela Lei Complementar n. 132, de 7-10-2009.

XIII – recomendar correições extraordinárias;

XIV – indicar os 6 (seis) nomes dos membros da classe mais elevada da Carreira para que o Presidente da República nomeie, dentre esses, o Subdefensor Público-Geral Federal e o Corregedor-Geral Federal da Defensoria Pública da União;

•• Inciso XIV com redação determinada pela Lei Complementar n. 132, de 7-10-2009.

XV – editar as normas regulamentando a eleição para Defensor Público-Geral Federal.

•• Inciso XV acrescentado pela Lei Complementar n. 132, de 7-10-2009.

Parágrafo único. As decisões do Conselho Superior serão motivadas e publicadas, salvo as hipóteses legais de sigilo.

Seção III

Da Corregedoria-Geral da Defensoria Pública da União

Art. 11. A Corregedoria-Geral da Defensoria Pública da União é órgão de fiscalização da atividade funcional e da conduta dos membros e dos servidores da Defensoria Pública da União.

Art. 12. A Corregedoria-Geral da Defensoria Pública da União é exercida pelo Corregedor-Geral, indicado dentre os integrantes da classe mais elevada da carreira pelo Conselho Superior e nomeado pelo Presidente da República para mandato de 2 (dois) anos.

Parágrafo único. O Corregedor-Geral poderá ser destituído, antes do término do mandato, por proposta do Defensor Público-Geral, pelo voto de 2/3 (dois terços) dos membros do Conselho Superior, assegurada ampla defesa.

Art. 13. À Corregedoria-Geral da Defensoria Pública da União compete:

I – realizar correições e inspeções funcionais;

II – sugerir ao Defensor Público-Geral o afastamento de Defensor Público que esteja sendo submetido a correição, sindicância ou processo administrativo disciplinar, quando cabível;

III – propor, fundamentadamente, ao Conselho Superior a suspensão do estágio probatório de membros da Defensoria Pública da União;

IV – receber e processar as representações contra os membros da Defensoria Pública da União, encaminhando-as, com parecer, ao Conselho Superior;

V – apresentar ao Defensor Público-Geral, em janeiro de cada ano, relatório das atividades desenvolvidas no ano anterior;

VI – propor a instauração de processo disciplinar contra membros da Defensoria Pública da União e seus servidores;

VII – acompanhar o estágio probatório dos membros da Defensoria Pública da União;

VIII – propor a exoneração de membros da Defensoria Pública da União que não cumprirem as condições do estágio probatório.

Seção IV
Da Defensoria Pública da União nos Estados, no Distrito Federal e nos Territórios

Art. 14. A Defensoria Pública da União atuará nos Estados, no Distrito Federal e nos Territórios, junto às Justiças Federal, do Trabalho, Eleitoral, Militar, Tribunais Superiores e instâncias administrativas da União.

§ 1.º A Defensoria Pública da União deverá firmar convênios com as Defensorias Públicas dos Estados e do Distrito Federal, para que estas, em seu nome, atuem junto aos órgãos de primeiro e segundo graus de jurisdição referidos no *caput*, no desempenho das funções que lhe são cometidas por esta Lei Complementar.

•• § 1.º acrescentado pela Lei Complementar n. 98, de 3-12-1999.

§ 2.º Não havendo na unidade federada Defensoria Pública constituída nos moldes desta Lei Complementar, é autorizado o convênio com a entidade pública que desempenhar essa função, até que seja criado o órgão próprio.

•• § 2.º acrescentado pela Lei Complementar n. 98, de 3-12-1999.

§ 3.º A prestação de assistência judiciária pelos órgãos próprios da Defensoria Pública da União dar-se-á, preferencialmente, perante o Supremo Tribunal Federal e os Tribunais superiores.

•• § 3.º acrescentado pela Lei Complementar n. 98, de 3-12-1999.

Art. 15. Os órgãos de atuação da Defensoria Pública da União em cada Estado, no Distrito Federal e nos Territórios serão dirigidos por Defensor Público-Chefe, designado pelo Defensor Público-Geral, dentre os integrantes da carreira.

Parágrafo único. Ao Defensor Público-Chefe, sem prejuízo de suas funções institucionais, compete, especialmente:

I – coordenar as atividades desenvolvidas pelos Defensores Públicos Federais que atuem em sua área de competência;

•• Inciso I com redação determinada pela Lei Complementar n. 132, de 7-10-2009.

II – sugerir ao Defensor Público-Geral providências para o aperfeiçoamento das atividades institucionais em sua área de competência;

III – deferir ao membro da Defensoria Pública da União sob sua coordenação direitos e vantagens legalmente autorizados, por expressa delegação de competência do Defensor Público-Geral;

IV – solicitar providências correicionais ao Defensor Público-Geral, em sua área de competência;

V – remeter, semestralmente, ao Corregedor-Geral, relatório das atividades na sua área de competência.

Art. 15-A. A organização da Defensoria Pública da União deve primar pela descentralização, e sua atuação deve incluir atendimento interdisciplinar, bem como a tutela dos interesses individuais, difusos, coletivos e individuais homogêneos.

•• Artigo acrescentado pela Lei Complementar n. 132, de 7-10-2009.

Seção V
Dos Núcleos da Defensoria Pública da União nos Estados, no Distrito Federal e nos Territórios

Art. 16. A Defensoria Pública da União nos Estados, no Distrito Federal e nos Territórios poderá atuar por meio de Núcleos.

Art. 17. Os Núcleos são dirigidos por Defensor Público-Chefe, nos termos do art. 15 desta Lei Complementar.

Seção VI
Dos Defensores Públicos Federais

•• Seção VI com denominação determinada pela Lei Complementar n. 132, de 7-10-2009.

Art. 18. Aos Defensores Públicos Federais incumbe o desempenho das funções de orientação, postulação e defesa dos direitos e interesses dos necessitados, cabendo-lhes, especialmente:

•• *Caput* com redação determinada pela Lei Complementar n. 132, de 7-10-2009.

I – atender às partes e aos interessados;

II – postular a concessão de gratuidade de justiça para os necessitados;

III – tentar a conciliação das partes, antes de promover a ação cabível;

IV – acompanhar e comparecer aos atos processuais e impulsionar os processos;

V – interpor recurso para qualquer grau de jurisdição e promover revisão criminal, quando cabível;

• A Resolução n. 4, de 12-8-2002, do Conselho Superior da Defensoria Pública, dispõe sobre a competência funcional para interposição de recursos e impetração de mandados de segurança.

VI – sustentar, oralmente ou por memorial, os recursos interpostos e as razões apresentadas por intermédio da Defensoria Pública da União;

VII – defender os acusados em processo disciplinar;

VIII – participar, com direito de voz e voto, do Conselho Penitenciário;

•• Inciso VIII acrescentado pela Lei Complementar n. 132, de 7-10-2009.

IX – certificar a autenticidade de cópias de documentos necessários à instrução de processo administrativo ou judicial, à vista da apresentação dos originais;

•• Inciso IX acrescentado pela Lei Complementar n. 132, de 7-10-2009.

X – atuar nos estabelecimentos penais sob a administração da União, visando ao atendimento jurídico permanente dos presos e sentenciados, competindo à administração do sistema penitenciário federal reservar instalações seguras e adequadas aos seus trabalhos, franquear acesso a todas as dependências do estabelecimento independentemente de prévio agendamento, fornecer apoio administrativo, prestar todas as informações solicitadas, assegurar o acesso à documentação dos presos e internos, aos quais não poderá, sob fundamento algum, negar o direito de entrevista com os membros da Defensoria Pública da União.

•• Inciso X acrescentado pela Lei Complementar n. 132, de 7-10-2009.

Capítulo II
DA CARREIRA

Art. 19. A Defensoria Pública da União é integrada pela Carreira de Defensor Público Federal, composta de 3 (três) categorias de cargos efetivos:

•• *Caput* com redação determinada pela Lei Complementar n. 132, de 7-10-2009.

I – Defensor Público Federal de 2.ª Categoria (inicial);

•• Inciso I com redação determinada pela Lei Complementar n. 132, de 7-10-2009.

II – Defensor Público Federal de 1.ª Categoria (intermediária);

•• Inciso II com redação determinada pela Lei Complementar n. 132, de 7-10-2009.

III – Defensor Público Federal de Categoria Especial (final).

•• Inciso III com redação determinada pela Lei Complementar n. 132, de 7-10-2009.

Art. 20. Os Defensores Públicos Federais de 2.ª Categoria atuarão junto aos Juízos Federais, aos Juízos do Trabalho, às Juntas e aos Juízes Eleitorais, aos Juízes Militares, às Auditorias Militares, ao Tribunal Marítimo e às instâncias administrativas.

•• Artigo com redação determinada pela Lei Complementar n. 132, de 7-10-2009.

Art. 21. Os Defensores Públicos Federais de 1.ª Categoria atuarão nos Tribunais Regionais Federais, nas Turmas dos Juizados Especiais Federais, nos Tribunais Regionais do Trabalho e nos Tribunais Regionais Eleitorais.

•• Artigo com redação determinada pela Lei Complementar n. 132, de 7-10-2009.

Art. 22. Os Defensores Públicos Federais de Categoria Especial atuarão no Superior Tribunal de Justiça, no Tribunal Superior do Trabalho, no Tribunal Superior Eleitoral, no Superior Tribunal Militar e na Turma Nacional de Uniformização dos Juizados Especiais Federais.

•• *Caput* com redação determinada pela Lei Complementar n. 132, de 7-10-2009.

Parágrafo único. (*Vetado*.)

Art. 23. O Defensor Público-Geral atuará junto ao Supremo Tribunal Federal.

Seção I
Do Ingresso na Carreira

Art. 24. O ingresso na Carreira da Defensoria Pública da União far-se-á mediante aprovação prévia em concurso público, de âmbito nacional, de provas e títulos, com a participação da Ordem dos Advogados do Brasil, no cargo inicial de Defensor Público Federal de 2.ª Categoria.

•• *Caput* com redação determinada pela Lei Complementar n. 132, de 7-10-2009.

§ 1.º Do regulamento do concurso constarão os programas das disciplinas sobre as quais versarão as provas, bem como outras disposições pertinentes à sua organização e realização.

§ 2.º O edital de abertura de inscrições no concurso indicará, obrigatoriamente, o número de cargos vagos na categoria inicial da carreira.

Art. 25. O concurso de ingresso realizar-se-á, obrigatoriamente, quando o número de vagas exceder a 1/5 (um quinto) dos cargos iniciais da carreira e, facultativamente, quando o exigir o interesse da administração.

Art. 26. O candidato, no momento da inscrição, deve possuir registro na Ordem dos Advogados do Brasil, ressalvada a situação dos proibidos de obtê-la, e comprovar, no mínimo, 2 (dois) anos de prática forense, devendo indicar sua opção por uma das unidades da Federação onde houver vaga.

•• A Lei Complementar n. 132, de 7-10-2009, propôs nova redação para este *caput*, todavia sofreu veto presidencial.

§ 1.º Considera-se como atividade jurídica o exercício da advocacia, o cumprimento de estágio de Direito reconhecido por lei e o desempenho de cargo, emprego ou função, de nível superior, de atividades eminentemente jurídicas.

•• § 1.º com redação determinada pela Lei Complementar n. 132, de 7-10-2009.

§ 2.º Os candidatos proibidos de inscrição na Ordem dos Advogados do Brasil comprovarão o registro até a posse no cargo de Defensor Público.

•• A Lei Complementar n. 132, de 7-10-2009, propôs revogar este § 2.º, todavia sofreu veto presidencial.

Art. 26-A. Aos aprovados no concurso deverá ser ministrado curso oficial de preparação à Carreira, objetivando o treinamento específico para o desempenho das funções técnico-jurídicas e noções de outras disciplinas necessárias à consecução dos princípios institucionais da Defensoria Pública.

•• Artigo acrescentado pela Lei Complementar n. 132, de 7-10-2009.

Art. 27. O concurso será realizado perante bancas examinadoras constituídas pelo Conselho Superior.

Seção II
Da Nomeação, da Lotação e da Distribuição

Art. 28. O candidato aprovado no concurso público para ingresso na carreira da Defensoria Pública será nomeado pelo Presidente da República para cargo inicial da carreira, respeitada a ordem de classificação e o número de vagas existentes.

Art. 29. Os Defensores Públicos Federais serão lotados e distribuídos pelo Defensor Público-Geral Federal, assegurado aos nomeados para os cargos iniciais o direito de escolha do órgão de atuação, desde que vago e obedecida a ordem de classificação no concurso.

•• Artigo com redação determinada pela Lei Complementar n. 132, de 7-10-2009.

Seção III
Da Promoção

Art. 30. A promoção consiste no acesso imediato dos membros efetivos da Defensoria Pública da União de uma categoria para outra da carreira.

Art. 31. As promoções obedecerão aos critérios de antiguidade e merecimento alternadamente.

§ 1.º A antiguidade será apurada na categoria e determinada pelo tempo de efetivo exercício na mesma.

§ 2.º A promoção por merecimento dependerá de lista tríplice para cada vaga, organizada pelo Conselho Superior, em sessão secreta, com ocupantes da lista de antiguidade, em seu primeiro terço.

§ 3.º Os membros da Defensoria Pública somente poderão ser promovidos após 2 (dois) anos de efetivo exercício na categoria, dispensado o interstício se não houver quem preencha tal requisito ou se quem o preencher recusar a promoção.

§ 4.º As promoções serão efetivadas por ato do Defensor Público-Geral Federal.

•• § 4.º com redação determinada pela Lei Complementar n. 132, de 7-10-2009.

Art. 32. É facultada a recusa de promoção, sem prejuízo do critério para o preenchimento da vaga recusada.

•• A Lei Complementar n. 132, de 7-10-2009, propôs nova redação para este artigo, todavia sofreu veto presidencial.

Art. 33. O Conselho Superior fixará os critérios de ordem objetiva para a aferição de merecimento dos membros da Instituição, considerando-se, entre outros, a eficiência e a presteza demonstradas no desempenho da função e a aprovação em cursos de aperfeiçoamento, de natureza jurídica, promovidos pela instituição, ou por estabelecimentos de ensino superior oficialmente reconhecidos.

§ 1.º Os cursos de aperfeiçoamento de que trata este artigo compreenderão, necessariamente, as seguintes atividades:

a) apresentação de trabalho escrito sobre assunto de relevância jurídica;

b) defesa oral do trabalho que tenha sido aceito por banca examinadora.

§ 2.º Não poderá concorrer à promoção por merecimento quem tenha sofrido penalidade de advertência ou suspensão, no período de 1 (um) ano imediatamente anterior à ocorrência da vaga, em caso de advertência, ou de 2 (dois) anos, em caso de suspensão.

§ 3.º É obrigatória a promoção do Defensor Público que figurar por 3 (três) vezes consecutivas ou 5 (cinco) alternadas em lista de merecimento, ressalvada a hipótese do § 2.º.

CAPÍTULO III
DA INAMOVIBILIDADE E DA REMOÇÃO

Art. 34. Os membros da Defensoria Pública da União são inamovíveis, salvo se apenados com remoção compulsória, na forma desta Lei Complementar.

Art. 35. A remoção será feita a pedido ou por permuta, sempre entre membros da mesma categoria da carreira.

Art. 36. A remoção compulsória somente será aplicada com prévio parecer do Conselho Superior, assegurada ampla defesa em processo administrativo disciplinar.

Art. 37. A remoção a pedido far-se-á mediante requerimento ao Defensor Público-Geral, nos 15 (quinze) dias seguintes à publicação, no *Diário Oficial*, do aviso de existência de vaga.

§ 1.º Findo o prazo fixado no *caput* deste artigo e, havendo mais de um candidato à remoção, será removido o mais antigo na categoria e, ocorrendo empate, sucessivamente, o mais antigo na carreira, no serviço público da União, no serviço público em geral, o mais idoso e o mais bem classificado no concurso para ingresso na Defensoria Pública.

§ 2.º A remoção precederá o preenchimento da vaga por promoção.

Art. 38. Quando por permuta, a remoção será concedida mediante requerimento do interessado, atendida a conveniência do serviço e observada a ordem de antiguidade na Carreira.

•• Artigo com redação determinada pela Lei Complementar n. 132, de 7-10-2009.

CAPÍTULO IV
DOS DIREITOS, DAS GARANTIAS E DAS PRERROGATIVAS DOS MEMBROS DA DEFENSORIA PÚBLICA DA UNIÃO

Seção I
Da Remuneração

Art. 39. À lei cabe fixar a remuneração dos cargos da carreira da Defensoria Pública da União, observado o disposto no art. 135 da Constituição Federal.

§ 1.º (*Vetado.*)

§ 2.º Os membros da Defensoria Pública da União têm os direitos assegurados pela Lei n. 8.112, de 11 de dezembro de 1990, e nesta Lei Complementar.

•• § 2.º com redação determinada pela Lei Complementar n. 98, de 3-12-1999.

I – (*Revogados pela Lei Complementar n. 98, de 3-12-1999.*)

II – (*Vetado.*)

III a VI – (*Revogados pela Lei Complementar n. 98, de 3-12-1999.*)

VII – (*Vetado.*)

VIII – (*Revogado pela Lei Complementar n. 98, de 3-12-1999.*)

Seção II
Das Férias e do Afastamento

Art. 40. (*Revogado pela Lei Complementar n. 98, de 3-12-1999.*)

Art. 41. As férias dos membros da Defensoria Pública da União serão concedidas pelas chefias a que estiverem subordinados.

Art. 42. O afastamento para estudo ou missão no interesse da Defensoria Pública da União será autorizado pelo Defensor Público-Geral.

§ 1.º O afastamento de que trata este artigo somente será concedido pelo Defensor Público-Geral, após o estágio probatório e pelo prazo máximo de 2 (dois) anos.

§ 2.º Quando o interesse público o exigir, o afastamento poderá ser interrompido a juízo do Defensor Público-Geral.

• A Resolução n. 65, de 3-7-2012, do Conselho Superior da DPU, dispõe sobre a concessão de afastamentos e de licenças para capacitação no âmbito da Defensoria Pública da União.

Art. 42-A. É assegurado o direito de afastamento para exercício de mandato em entidade de classe de âmbito nacional, de maior representatividade, sem prejuízo dos vencimentos, vantagens ou qualquer direito inerente ao cargo.

•• *Caput* acrescentado pela Lei Complementar n. 132, de 7-10-2009.

§ 1.º O afastamento será concedido ao presidente da entidade de classe e terá duração igual à do mandato, devendo ser prorrogado no caso de reeleição.

•• § 1.º acrescentado pela Lei Complementar n. 132, de 7-10-2009.

§ 2.º O afastamento para exercício de mandato será contado como tempo de serviço para todos os efeitos legais.

•• § 2.º acrescentado pela Lei Complementar n. 132, de 7-10-2009.

Seção III
Das Garantias e das Prerrogativas

Art. 43. São garantias dos membros da Defensoria Pública da União:

• O Decreto n. 7.360, de 18-11-2010, institui modelo de carteira funcional dos membros da carreira de Defensor Público, assegurando aos seus titulares as prerrogativas previstas neste artigo.

I – a independência funcional no desempenho de suas atribuições;

II – a inamovibilidade;

III – a irredutibilidade de vencimentos;

IV – a estabilidade.

Art. 44. São prerrogativas dos membros da Defensoria Pública da União:

I – receber, inclusive quando necessário, mediante entrega dos autos com vista, intimação pessoal em qualquer processo e grau de jurisdição ou instância administrativa, contando-se-lhes em dobro todos os prazos;

•• Inciso I com redação determinada pela Lei Complementar n. 132, de 7-10-2009.

II – não ser preso, senão por ordem judicial escrita, salvo em flagrante, caso em que a autoridade fará imediata comunicação ao Defensor Público-Geral;

III – ser recolhido a prisão especial ou a sala especial de Estado-Maior, com direito a privacidade e, após sentença condenatória transitada em julgado, ser recolhido em dependência separada, no estabelecimento em que tiver de ser cumprida a pena;

• *Vide* art. 295 do CPP.

IV – usar vestes talares e as insígnias privativas da Defensoria Pública;

V – (*Vetado.*)

VI – ter vista pessoal dos processos fora dos cartórios e secretarias, ressalvadas as vedações legais;

VII – comunicar-se, pessoal e reservadamente, com seus assistidos, ainda quando esses se acharem presos ou detidos, mesmo incomunicáveis, tendo livre ingresso em estabelecimentos policiais, prisionais e de internação coletiva, independentemente de prévio agendamento;

•• Inciso VII com redação determinada pela Lei Complementar n. 132, de 7-10-2009.

VIII – examinar, em qualquer repartição pública, autos de flagrantes, inquéritos e processos, assegurada a obtenção de cópias e podendo tomar apontamentos;

•• Inciso VIII com redação determinada pela Lei Complementar n. 132, de 7-10-2009.

IX – manifestar-se em autos administrativos ou judiciais por meio de cota;

X – requisitar de autoridade pública e de seus agentes exames, certidões, perícias, vistorias, diligências, processos, documentos, informações, esclarecimentos e providências necessárias ao exercício de suas atribuições;

XI – representar a parte, em feito administrativo ou judicial, independentemente de mandato, ressalvados os casos para os quais a lei exija poderes especiais;

XII – deixar de patrocinar ação, quando ela for manifestamente incabível ou inconveniente aos interesses da parte sob seu patrocínio, comunicando o fato ao Defensor Público-Geral, com as razões de seu proceder;

XIII – ter o mesmo tratamento reservado aos magistrados e demais titulares dos cargos das funções essenciais à justiça;

XIV – ser ouvido como testemunha, em qualquer processo ou procedimento, em dia, hora e local previamente ajustados com a autoridade competente;

XV e XVI – (*Vetados*.)

Parágrafo único. Quando, no curso de investigação policial, houver indício de prática de infração penal por membro da Defensoria Pública da União, a autoridade policial, civil ou militar, comunicará, imediatamente, o fato ao Defensor Público-Geral, que designará membro da Defensoria Pública para acompanhar a apuração.

CAPÍTULO V
DOS DEVERES, DAS PROIBIÇÕES, DOS IMPEDIMENTOS E DA RESPONSABILIDADE FUNCIONAL

Seção I
Dos Deveres

Art. 45. São deveres dos membros da Defensoria Pública da União:

I – residir na localidade onde exercem suas funções;

• A Resolução n. 92, do Conselho Superior da DPU, regulamenta o disposto neste inciso.

II – desempenhar, com zelo e presteza, os serviços a seu cargo;

III – representar ao Defensor Público-Geral sobre as irregularidades de que tiver ciência, em razão do cargo;

IV – prestar informações aos órgãos de administração superior da Defensoria Pública da União, quando solicitadas;

V – atender ao expediente forense e participar dos atos judiciais, quando for obrigatória a sua presença;

VI – declarar-se suspeito ou impedido, nos termos da lei;

VII – interpor os recursos cabíveis para qualquer instância ou Tribunal e promover revisão criminal, sempre que encontrar fundamentos na lei, jurisprudência ou prova dos autos, remetendo cópia à Corregedoria-Geral.

Seção II
Das Proibições

Art. 46. Além das proibições decorrentes do exercício de cargo público, aos membros da Defensoria Pública da União é vedado:

I – exercer a advocacia fora das atribuições institucionais;

• A Resolução n. 10, de 6-7-2005, do Conselho Superior da DPU, dispõe que a vedação ao exercício da advocacia, fora das atribuições institucionais, aos membros da DPU, independe da data da nomeação para o cargo ou da opção pela carreira.

II – requerer, advogar, ou praticar em Juízo ou fora dele, atos que de qualquer forma colidam com as funções inerentes ao seu cargo, ou com os preceitos éticos de sua profissão;

III – receber, a qualquer título e sob qualquer pretexto, honorários, percentagens ou custas processuais, em razão de suas atribuições;

IV – exercer o comércio ou participar de sociedade comercial, exceto como cotista ou acionista;

V – exercer atividade político-partidária, enquanto atuar junto à justiça eleitoral.

Seção III
Dos Impedimentos

Art. 47. Ao membro da Defensoria Pública da União é defeso exercer suas funções em processo ou procedimento:

I – em que seja parte ou, de qualquer forma, interessado;

II – em que haja atuado como representante da parte, perito, Juiz, membro do Ministério Público, Autoridade Policial, Escrivão de Polícia, Auxiliar de Justiça ou prestado depoimento como testemunha;

III – em que for interessado cônjuge ou companheiro, parente consanguíneo ou afim em linha reta ou colateral, até o 3.º (terceiro) grau;

IV – no qual haja postulado como advogado de qualquer das pessoas mencionadas no inciso anterior;

V – em que qualquer das pessoas mencionadas no inciso III funcione ou haja funcionado como Magistrado, membro do Ministério Público, Autoridade Policial, Escrivão de Polícia ou Auxiliar de Justiça;

VI – em que houver dado à parte contrária parecer verbal ou escrito sobre o objeto da demanda;

VII – em outras hipóteses previstas em lei.

Art. 48. Os membros da Defensoria Pública da União não podem participar de comissão, banca de concurso, ou qualquer decisão, quando o julgamento ou votação disser respeito a seu cônjuge ou companheiro, ou parente consanguíneo ou afim em linha reta ou colateral, até o terceiro grau.

Seção IV
Da Responsabilidade Funcional

Art. 49. A atividade funcional dos membros da Defensoria Pública da União está sujeita a:

I – correição ordinária, realizada anualmente pelo Corregedor-Geral e por seus auxiliares, para verificar a regularidade e eficiência dos serviços;

II – correição extraordinária, realizada pelo Corregedor-Geral e por seus auxiliares, de ofício ou por determinação do Defensor Público-Geral.

§ 1.º Cabe ao Corregedor-Geral, concluída a correição, apresentar ao Defensor Público-Geral relatório dos fatos apurados e das providências a serem adotadas.

§ 2.º Qualquer pessoa pode representar ao Corregedor-Geral sobre os abusos, erros ou omissões dos membros da Defensoria Pública da União.

Art. 50. Constituem infrações disciplinares, além de outras definidas em Lei Complementar, a violação dos deveres funcionais e vedações contidas nesta Lei Complementar, bem como a prática de crime contra a Administração Pública ou ato de improbidade administrativa.

§ 1.º Os membros da Defensoria Pública da União são passíveis das seguintes sanções:

I – advertência;

II – suspensão por até 90 (noventa) dias;

III – remoção compulsória;

IV – demissão;

V – cassação da aposentadoria.

§ 2.º A advertência será aplicada por escrito nos casos de violação dos deveres e das proibições funcionais, quando o fato não justificar a imposição de pena mais grave.

§ 3.º A suspensão será aplicada em caso de reincidência em falta punida com advertência ou quando a infração dos deveres ou das proibições funcionais, pela sua gravidade, justificar a sua imposição.

§ 4.º A remoção compulsória será aplicada sempre que a falta praticada, pela sua gravidade e repercussão, tornar incompatível a permanência do faltoso no órgão de atuação de sua lotação.

§ 5.º A pena de demissão será aplicável nas hipóteses previstas em lei, e no caso de reincidência em falta punida com suspensão ou remoção compulsória.

§ 6.º As penas de demissão e cassação da aposentadoria serão aplicadas pelo Presidente da República e as demais pelo Defensor Público-Geral, garantida sempre a ampla defesa, sendo obrigatório o inquérito administrativo nos casos de aplicação de remoção compulsória, suspensão, demissão e cassação da aposentadoria.

§ 7.º Prescrevem em 2 (dois) anos, a contar da data em que foram cometidas, as faltas puníveis com advertência, suspensão e remoção compulsória, aplicando-se, quanto às demais, os prazos previstos em lei.

Art. 51. A qualquer tempo poderá ser requerida revisão do processo disciplinar, quando se aduzirem fatos novos ou circunstâncias suscetíveis de provar a inocência do apenado ou de justificar a imposição de pena mais branda.

§ 1.º Poderá requerer a instauração de processo revisional o próprio interessado ou, se falecido ou interdito, o seu cônjuge ou companheiro, ascendente, descendente ou irmão.

§ 2.º Se for procedente a revisão, será tornado sem efeito o ato punitivo ou aplicada a penalidade adequada restabelecendo-se os direitos atingidos pela punição, na sua plenitude.

TÍTULO III
DA ORGANIZAÇÃO DA DEFENSORIA PÚBLICA DO DISTRITO FEDERAL E DOS TERRITÓRIOS

CAPÍTULO I
DA ESTRUTURA

Art. 52. A Defensoria Pública do Distrito Federal e dos Territórios é organizada e mantida pela União.

Art. 53. A Defensoria Pública do Distrito Federal e dos Territórios compreende:

I – órgãos de administração superior:

a) a Defensoria Pública-Geral do Distrito Federal e dos Territórios;

b) a Subdefensoria Pública-Geral do Distrito Federal e dos Territórios;

c) o Conselho Superior da Defensoria Pública do Distrito Federal e dos Territórios;

d) a Corregedoria-Geral da Defensoria Pública do Distrito Federal e dos Territórios;

II – órgãos de atuação:

a) as Defensorias Públicas do Distrito Federal e dos Territórios;

b) os Núcleos da Defensoria Pública do Distrito Federal e dos Territórios;

III – órgãos de execução: os Defensores Públicos do Distrito Federal e dos Territórios.

Seção I
Do Defensor Público-Geral e do Subdefensor Público-Geral do Distrito Federal e dos Territórios

Art. 54. A Defensoria Pública do Distrito Federal e dos Territórios tem por Chefe o Defensor Público-Geral, nomeado pelo Presidente da República, dentre membros estáveis da Carreira e maiores de 35 (trinta e cinco) anos, escolhidos em lista tríplice formada pelo voto direto, secreto, plurinominal e obrigatório de seus membros, para mandato de 2 (dois) anos, permitida 1 (uma) recondução.

•• *Caput* com redação determinada pela Lei Complementar n. 132, de 7-10-2009.

§ 1.º (*Vetado.*)

•• Parágrafo único renumerado pela Lei Complementar n. 132, de 7-10-2009.

§ 2.º (*Vetado.*)

•• A Lei Complementar n. 132, de 7-10-2009, acrescentou este § 2.º, todavia sofreu veto presidencial.

Art. 55. O Defensor Público-Geral será substituído, em suas faltas, impedimentos, licenças e férias, pelo Subdefensor Público-Geral, nomeado pelo Presidente da República, dentre os integrantes da Categoria Especial da carreira, escolhidos pelo Conselho Superior, para mandato de 2 (dois) anos.

Art. 56. São atribuições do Defensor Público-Geral:

I – dirigir a Defensoria Pública do Distrito Federal e dos Territórios, superintender e coordenar suas atividades e orientar-lhe a atuação;

II – representar a Defensoria Pública do Distrito Federal e dos Territórios judicial e extrajudicialmente;

III – velar pelo cumprimento das finalidades da Instituição;

IV – integrar, como membro nato, e presidir o Conselho Superior da Defensoria Pública do Distrito Federal e dos Territórios;

V – baixar o Regimento Interno da Defensoria Pública-Geral do Distrito Federal e dos Territórios;

VI – autorizar os afastamentos dos membros da Defensoria Pública do Distrito Federal e dos Territórios;

VII – estabelecer a lotação e a distribuição dos membros e servidores da Defensoria Pública do Distrito Federal e dos Territórios;

VIII – dirimir conflitos de atribuições entre membros da Defensoria Pública do Distrito Federal e dos Territórios, com recurso para seu Conselho Superior;

IX – proferir decisões nas sindicâncias e processos administrativos disciplinares promovidos pela Corregedoria-Geral do Distrito Federal e dos Territórios;

X – instaurar processo disciplinar contra membros e servidores da Defensoria Pública do Distrito Federal e dos Territórios;

XI – abrir concursos públicos para ingresso na carreira da Defensoria Pública do Distrito Federal e dos Territórios;

XII – determinar correições extraordinárias;

XIII – praticar atos de gestão administrativa, financeira e de pessoal;

XIV – convocar o Conselho Superior da Defensoria Pública do Distrito Federal e dos Territórios e dar execução às suas deliberações;

XV – designar membro da Defensoria Pública do Distrito Federal e dos Territórios para exercício de suas atribuições em órgão de atuação diverso do de sua lotação ou, em caráter excepcional, perante Juízos, Tribunais ou Ofícios diferentes dos estabelecidos para cada categoria;

XVI – requisitar de qualquer autoridade pública e de seus agentes, certidões, exames, perícias, vistorias, diligências, processos, documentos, informações, esclarecimentos e demais providências necessárias à atuação da Defensoria Pública;

XVII – aplicar a pena de remoção compulsória, aprovada pelo voto de 2/3 (dois terços) do Conselho Superior, aos membros da Defensoria Pública do Distrito Federal e dos Territórios;

XVIII – delegar atribuições a autoridade que lhe seja subordinada, na forma da lei.

Parágrafo único. Ao Subdefensor Público-Geral, além da atribuição prevista no art. 55 desta Lei Complementar, compete:

a) auxiliar o Defensor Público-Geral nos assuntos de interesse da Instituição;

b) desincumbir-se das tarefas e delegações que lhe forem determinadas pelo Defensor Público-Geral.

Seção II
Do Conselho Superior da Defensoria Pública do Distrito Federal e dos Territórios

Art. 57. A composição do Conselho Superior da Defensoria Pública do Distrito Federal e dos Territórios deve incluir obrigatoriamente o Defensor Público-Geral, o Subdefensor Público-Geral e o Corregedor-Geral, como membros natos, e, em sua maioria, representantes estáveis da Carreira, 2 (dois) por categoria, eleitos pelo voto direto, plurinominal, secreto e obrigatório, de todos os integrantes da Carreira.

•• *Caput* com redação determinada pela Lei Complementar n. 132, de 7-10-2009.

§ 1.º O Conselho Superior é presidido pelo Defensor Público-Geral, que terá voto de qualidade, exceto em matéria disciplinar.

•• § 1.º com redação determinada pela Lei Complementar n. 132, de 7-10-2009.

§ 2.º As eleições serão realizadas em conformidade com as instruções baixadas pelo Conselho Superior.

•• § 2.º com redação determinada pela Lei Complementar n. 132, de 7-10-2009.

§ 3.º Os membros do Conselho Superior são eleitos para mandato de 2 (dois) anos, permitida 1 (uma) reeleição.

•• § 3.º com redação determinada pela Lei Complementar n. 132, de 7-10-2009.

§ 4.º São elegíveis os Defensores Públicos do Distrito Federal e dos Territórios que não estejam afastados da carreira.

§ 5.º São suplentes dos membros eleitos de que trata o *caput* deste artigo os demais votados, em ordem decrescente.

§ 6.º Qualquer membro, exceto o nato, pode desistir de sua participação no Conselho Superior, assumindo, imediatamente, o cargo, o respectivo suplente.

§ 7.º O presidente da entidade de classe de âmbito distrital de maior representatividade dos membros da Defensoria Pública do Distrito Federal e dos Territórios terá assento e voz nas reuniões do Conselho Superior.

•• § 7.º acrescentado pela Lei Complementar n. 132, de 7-10-2009.

Art. 58. Ao Conselho Superior da Defensoria Pública do Distrito Federal e dos Territórios compete:

I – exercer o poder normativo no âmbito da Defensoria Pública do Distrito Federal e dos Territórios;

II – opinar, por solicitação do Defensor Público-Geral, sobre matéria pertinente à autonomia funcional e administrativa da Defensoria Pública do Distrito Federal e dos Territórios;

III – elaborar lista tríplice destinada à promoção por merecimento;

IV – aprovar a lista de antiguidade dos membros da Defensoria Pública do Distrito Federal e dos Territórios e decidir sobre as reclamações a ela concernentes;

V – recomendar ao Defensor Público-Geral a instauração de processo disciplinar contra membros e servidores da Defensoria Pública do Distrito Federal e dos Territórios;

VI – conhecer e julgar recurso contra decisão em processo administrativo-disciplinar;

VII – decidir sobre pedido de revisão de processo administrativo-disciplinar;

VIII – decidir acerca da remoção dos integrantes da carreira da Defensoria Pública do Distrito Federal e dos Territórios;

IX – decidir sobre a avaliação do estágio probatório dos membros da Defensoria Pública do Distrito Federal e dos Territórios, submetendo sua decisão à homologação do Defensor Público-Geral;

X – decidir, por voto de 2/3 (dois terços) de seus membros, acerca da destituição do Corregedor-Geral;

XI – deliberar sobre a organização de concurso para ingresso na carreira e designar os representantes da Defensoria Pública do Distrito Federal e dos Territórios que integrarão a Comissão de Concurso;

XII – organizar os concursos para provimento dos cargos da carreira de Defensor Público do Distrito Federal e dos Territórios e os seus respectivos regulamentos;

XIII – recomendar correições extraordinárias;

XIV – indicar os 6 (seis) nomes dos membros da classe mais elevada da carreira para que o Presidente da República nomeie, dentre estes, o Subdefensor Público-Geral e o Corregedor-Geral;

XV – editar as normas regulamentando a eleição para Defensor Público-Geral.

•• Inciso XV acrescentado pela Lei Complementar n. 132, de 7-10-2009.

Parágrafo único. As decisões do Conselho Superior serão motivadas e publicadas, salvo as hipóteses legais de sigilo.

Seção III
Da Corregedoria-Geral da Defensoria Pública do Distrito Federal e dos Territórios

Art. 59. A Corregedoria-Geral da Defensoria Pública do Distrito Federal e dos Territórios é órgão de fiscalização da atividade funcional e da conduta dos membros e dos servidores da Defensoria Pública do Distrito Federal e dos Territórios.

Art. 60. A Corregedoria-Geral da Defensoria Pública do Distrito Federal e dos Territórios é exercida pelo Corregedor-Geral, indicado dentre os integrantes da classe mais elevada da carreira pelo Conselho Superior e nomeado pelo Presidente da República, para mandato de 2 (dois) anos.

Parágrafo único. O Corregedor-Geral poderá ser destituído por proposta do Defensor Público-Geral, pelo voto de 2/3 (dois terços) dos membros do Conselho Superior, antes do término do mandato.

Art. 61. À Corregedoria-Geral da Defensoria Pública do Distrito Federal e dos Territórios compete:

I – realizar correições e inspeções funcionais;

II – sugerir ao Defensor Público-Geral o afastamento de Defensor Público que esteja sendo submetido a correição, sindicância ou processo administrativo disciplinar, quando cabível;

III – propor, fundamentadamente, ao Conselho Superior a suspensão do estágio probatório de membros da Defensoria Pública do Distrito Federal e dos Territórios;

IV – receber e processar as representações contra os membros da Defensoria Pública do Distrito Federal e dos Territórios, encaminhando-as, com parecer, ao Conselho Superior;

V – apresentar ao Defensor Público-Geral, em janeiro de cada ano, relatório das atividades desenvolvidas no ano anterior;

VI – propor a instauração de processo disciplinar contra membros da Defensoria Pública do Distrito Federal e dos Territórios e seus servidores;

VII – acompanhar o estágio probatório dos membros da Defensoria Pública do Distrito Federal e dos Territórios;

VIII – propor a exoneração de membros da Defensoria Pública do Distrito Federal e dos Territórios que não cumprirem as condições do estágio probatório.

Seção IV

Dos Núcleos da Defensoria Pública do Distrito Federal e dos Territórios

Art. 62. A Defensoria Pública do Distrito Federal e dos Territórios exercerá suas funções institucionais através de Núcleos.

Art. 63. Os Núcleos da Defensoria Pública do Distrito Federal e dos Territórios são dirigidos por Defensor Público-Chefe, designado pelo Defensor Público-Geral, dentre integrantes da carreira, competindo-lhe, no exercício de suas funções institucionais:

I – prestar, no Distrito Federal e nos Territórios, assistência jurídica, judicial e extrajudicial, integral e gratuita, aos necessitados;

II – integrar e orientar as atividades desenvolvidas pelos Defensores Públicos que atuem em sua área de competência;

III – remeter, semestralmente, ao Corregedor-Geral, relatório de suas atividades;

IV – exercer as funções que lhe forem delegadas pelo Defensor Público-Geral.

Seção IV

Dos Defensores Públicos do Distrito Federal e dos Territórios

•• Mantivemos Seção IV conforme publicação oficial.

Art. 64. Aos Defensores Públicos do Distrito Federal e dos Territórios incumbe o desempenho das funções de orientação, postulação e defesa dos direitos e interesses dos necessitados, em todos os graus de jurisdição e instâncias administrativas, cabendo-lhes, especialmente:

I – atender às partes e aos interessados;

II – postular a concessão de gratuidade de justiça para os necessitados;

III – tentar a conciliação das partes, antes de promover a ação cabível;

IV – acompanhar e comparecer aos atos processuais e impulsionar os processos;

V – interpor recurso para qualquer grau de jurisdição e promover Revisão Criminal, quando cabível;

VI – sustentar, oralmente ou por memorial, os recursos interpostos e as razões apresentadas por intermédio da Defensoria Pública do Distrito Federal e dos Territórios;

VII – defender os acusados em processo disciplinar;

VIII – participar, com direito a voz e voto, do Conselho Penitenciário;

•• Inciso VIII acrescentado pela Lei Complementar n. 132, de 7-10-2009.

IX – certificar a autenticidade de cópias de documentos necessários à instrução de processo administrativo ou judicial, à vista da apresentação dos originais;

•• Inciso IX acrescentado pela Lei Complementar n. 132, de 7-10-2009.

X – atuar nos estabelecimentos penais sob a administração do Distrito Federal, visando ao atendimento jurídico permanente dos presos e sentenciados, competindo à administração do sistema penitenciário distrital reservar instalações seguras e adequadas aos seus trabalhos, franquear acesso a todas as dependências do estabelecimento, independentemente de prévio agendamento, fornecer apoio administrativo, prestar todas as informações solicitadas e assegurar o acesso à documentação dos presos e internos, aos quais não poderá, sob fundamento algum, negar o direito de entrevista com os membros da Defensoria Pública do Distrito Federal.

•• Inciso X acrescentado pela Lei Complementar n. 132, de 7-10-2009.

CAPÍTULO II
DA CARREIRA

Art. 65. A Defensoria Pública do Distrito Federal e dos Territórios é integrada pela carreira de Defensor Público do Distrito Federal e dos Territórios, composta de 3 (três) categorias de cargos efetivos:

I – Defensor Público do Distrito Federal e dos Territórios de 2.ª Categoria (inicial);

II – Defensor Público do Distrito Federal e dos Territórios de 1.ª Categoria (intermediária);

III – Defensor Público do Distrito Federal e dos Territórios de Categoria Especial (final).

Art. 66. Os Defensores Públicos do Distrito Federal de 2.ª Categoria atuarão nos Núcleos das Cidades Satélites, junto aos Juízes de Direito e às instâncias administrativas do Distrito Federal e dos Territórios, ou em função de auxílio ou substituição nos Núcleos do Plano Piloto.

Art. 67. Os Defensores Públicos do Distrito Federal e dos Territórios de 1.ª Categoria atuarão nos Núcleos do Plano Piloto, junto aos Juízes de Direito e às instâncias administrativas do Distrito Federal e dos Territórios, ou em função de auxílio ou substituição junto ao Tribunal de Justiça do Distrito Federal e Territórios.

Art. 68. Os Defensores Públicos do Distrito Federal e dos Territórios de Categoria Especial atuarão junto ao Tribunal de Justiça do Distrito Federal e Territórios, e aos Tribunais Superiores, quando couber (art. 22, parágrafo único).

Seção I

Do Ingresso na Carreira

Art. 69. O ingresso na Carreira da Defensoria Pública do Distrito Federal e dos Territórios far-se-á mediante aprovação prévia em concurso público, de provas e títulos, com a participação da Ordem dos Advogados do Brasil, no cargo inicial de Defensor Público do Distrito Federal e dos Territórios de 2.ª Categoria.

§ 1.º Do regulamento do concurso constarão os programas das disciplinas sobre as quais versarão as provas, bem como outras disposições pertinentes à sua organização e realização.

§ 2.º O edital de abertura de inscrições no concurso indicará, obrigatoriamente, o número de cargos vagos na categoria inicial da carreira.

Art. 70. O concurso de ingresso realizar-se-á, obrigatoriamente, quando o número de vagas exceder a 1/5 (um quinto) dos cargos iniciais da carreira e, facultativamente, quando o exigir o interesse da administração.

Art. 71. O candidato, no momento da inscrição, deve possuir registro na Ordem dos Advogados do Brasil, ressalvada a situação dos proibidos de obtê-la, e comprovar, no mínimo, 2 (dois) anos de prática forense.

§ 1.º Considera-se como prática forense o exercício profissional de consultoria, assessoria, o cumprimento de estágio nas Defensorias Públicas e o desempenho de cargo, emprego ou função de nível superior, de atividades eminentemente jurídicas.

§ 2.º Os candidatos proibidos de inscrição na Ordem dos Advogados do Brasil comprovarão o registro até a posse no cargo de Defensor Público.

Art. 72. O concurso será realizado perante bancas examinadoras constituídas pelo Conselho Superior.

Seção II
Da Nomeação, da Lotação e da Distribuição

Art. 73. O candidato aprovado no concurso público para ingresso na carreira da Defensoria Pública será nomeado pelo Presidente da República para cargo inicial da carreira, respeitada a ordem de classificação e o número de vagas existentes.

Art. 74. Os Defensores Públicos do Distrito Federal e dos Territórios serão lotados e distribuídos pelo Defensor Público-Geral, assegurado aos nomeados para os cargos iniciais o direito de escolha do órgão de atuação, desde que vago e obedecida a ordem de classificação no concurso.

Seção III
Da Promoção

Art. 75. A promoção consiste no acesso imediato dos membros efetivos da Defensoria Pública do Distrito Federal e dos Territórios de uma categoria para outra da carreira.

Art. 76. As promoções obedecerão aos critérios de antiguidade e merecimento alternadamente.

§ 1.º A antiguidade será apurada na categoria e determinada pelo tempo de efetivo exercício na mesma.

§ 2.º A promoção por merecimento dependerá de lista tríplice para cada vaga, organizada pelo Conselho Superior, em sessão secreta, com ocupantes da lista de antiguidade, em seu primeiro terço.

§ 3.º Os membros da Defensoria Pública do Distrito Federal e dos Territórios somente poderão ser promovidos depois de 2 (dois) anos de efetivo exercício na categoria, dispensado o interstício se não houver quem preencha tal requisito ou se quem o preencher recusar a promoção.

§ 4.º As promoções serão efetivadas por ato do Defensor Público-Geral.

Art. 77. É facultada a recusa à promoção, sem prejuízo do critério para o preenchimento da vaga recusada.

Art. 78. O Conselho Superior fixará os critérios de ordem objetiva para a aferição de merecimento dos membros da Instituição, considerando-se, entre outros, a eficiência e a presteza demonstradas no desempenho da função e a aprovação em cursos de aperfeiçoamento, de natureza jurídica, promovidos pela Instituição, ou por estabelecimentos de ensino superior, oficialmente reconhecidos.

§ 1.º Os cursos de aperfeiçoamento de que trata este artigo compreenderão, necessariamente, as seguintes atividades:

a) apresentação de trabalho escrito sobre assunto de relevância jurídica;

b) defesa oral do trabalho que tenha sido aceito por banca examinadora.

§ 2.º Não poderá concorrer à promoção por merecimento quem tenha sofrido penalidade de advertência ou suspensão; no período de 1 (um) ano imediatamente anterior à ocorrência da vaga, no caso de advertência; ou de 2 (dois) anos, em caso de suspensão.

§ 3.º É obrigatória a promoção do Defensor Público que figurar por 3 (três) vezes consecutivas ou 5 (cinco) alternadas em lista de merecimento, ressalvada a hipótese do § 2.º.

Capítulo III
DA INAMOVIBILIDADE E DA REMOÇÃO

Art. 79. Os membros da Defensoria Pública do Distrito Federal e dos Territórios são inamovíveis, salvo se apenados com remoção compulsória, na forma desta Lei Complementar.

Art. 80. A remoção será feita a pedido ou por permuta, sempre entre membros da mesma categoria da carreira.

Art. 81. A remoção compulsória somente será aplicada com prévio parecer do Conselho Superior, assegurada ampla defesa em processo administrativo disciplinar.

Art. 82. A remoção a pedido far-se-á mediante requerimento ao Defensor Público-Geral, nos 15 (quinze) dias seguintes à publicação, no *Diário Oficial*, do aviso de existência da vaga.

§ 1.º Findo o prazo fixado no *caput* deste artigo e, havendo mais de um candidato à remoção, será removido o mais antigo na categoria e, ocorrendo empate, sucessivamente, o mais antigo na carreira, no serviço público da União, no serviço público em geral, o mais idoso e o mais bem classificado no concurso para ingresso na Defensoria Pública.

§ 2.º A remoção precederá o preenchimento de vaga por promoção.

Art. 83. Quando por permuta, a remoção será concedida mediante requerimento dos interessados, atendida a conveniência do serviço.

CAPÍTULO IV

DOS DIREITOS, DAS GARANTIAS E DAS PRERROGATIVAS DOS MEMBROS DA DEFENSORIA PÚBLICA DO DISTRITO FEDERAL E DOS TERRITÓRIOS

Seção I

Da Remuneração

Art. 84. À lei cabe fixar a remuneração dos cargos da carreira da Defensoria Pública do Distrito Federal e dos Territórios, observado o disposto no art. 135 da Constituição Federal.

§ 1.º (*Vetado.*)

§ 2.º Os membros da Defensoria Pública do Distrito Federal e dos Territórios têm os direitos assegurados pela Lei n. 8.112, de 1990, e nesta Lei Complementar.

•• § 2.º com redação determinada pela Lei Complementar n. 98, de 3-12-1999.

I – (*Revogado pela Lei Complementar n. 98, de 3-12-1999.*)

II – (*Vetado.*)

III a VI – (*Revogados pela Lei Complementar n. 98, de 3-12-1999.*)

VII – (*Vetado.*)

VIII – (*Revogado pela Lei Complementar n. 98, de 3-12-1999.*)

Seção II

Das Férias e do Afastamento

Art. 85. (*Revogado pela Lei Complementar n. 98, de 3-12-1999.*)

Art. 86. As férias dos membros da Defensoria Pública do Distrito Federal e dos Territórios serão concedidas pelas chefias a que estiverem subordinados.

Art. 87. O afastamento para estudo ou missão no interesse da Defensoria Pública do Distrito Federal e dos Territórios será autorizado pelo Defensor Público-Geral.

§ 1.º O afastamento de que trata este artigo somente será concedido pelo Defensor Público-Geral, após o estágio probatório e pelo prazo máximo de 2 (dois) anos.

§ 2.º Quando o interesse público o exigir, o afastamento poderá ser interrompido a juízo do Defensor Público-Geral.

Art. 87-A. É assegurado o direito de afastamento para exercício de mandato em entidade de classe de âmbito nacional e distrital, de maior representatividade, sem prejuízo dos vencimentos, vantagens ou qualquer direito inerente ao cargo.

•• *Caput* acrescentado pela Lei Complementar n. 132, de 7-10-2009.

§ 1.º O afastamento será concedido ao presidente da entidade de classe e terá duração igual à do mandato, devendo ser prorrogado no caso de reeleição.

•• § 1.º acrescentado pela Lei Complementar n. 132, de 7-10-2009.

§ 2.º O afastamento para exercício de mandato será contado como tempo de serviço para todos os efeitos legais.

•• § 2.º acrescentado pela Lei Complementar n. 132, de 7-10-2009.

Seção III

Das Garantias e das Prerrogativas

Art. 88. São garantias dos membros da Defensoria Pública do Distrito Federal e dos Territórios:

I – a independência funcional no desempenho de suas atribuições;

II – a inamovibilidade;

III – a irredutibilidade de vencimentos;

IV – a estabilidade.

Art. 89. São prerrogativas dos membros da Defensoria Pública do Distrito Federal e dos Territórios:

I – receber, inclusive quando necessário, mediante entrega dos autos com vista, intimação pessoal em qualquer processo e grau de jurisdição ou instância administrativa, contando-se-lhes em dobro todos os prazos;

•• Inciso I com redação determinada pela Lei Complementar n. 132, de 7-10-2009.

II – não ser preso, senão por ordem judicial escrita, salvo em flagrante, caso em que a autoridade fará imediata comunicação ao Defensor Público-Geral;

III – ser recolhido a prisão especial ou a sala especial de Estado-Maior, com direito a privacidade e, após sentença condenatória transitada em julgado, ser recolhido em dependência separada, no estabelecimento em que tiver de ser cumprida a pena;

• *Vide* art. 295 do CPP.

IV – usar vestes talares e as insígnias privativas da Defensoria Pública;

V – (*Vetado.*)

VI – ter vista pessoal dos processos fora dos cartórios e secretarias, ressalvadas as vedações legais;

VII – comunicar-se, pessoal e reservadamente, com seus assistidos, ainda quando esses se acharem presos ou detidos, mesmo incomunicáveis, tendo livre ingresso em estabelecimentos policiais, prisionais e de internação coletiva, independentemente de prévio agendamento;

•• Inciso VII com redação determinada pela Lei Complementar n. 132, de 7-10-2009.

VIII – examinar, em qualquer repartição pública, autos de flagrante, inquéritos e processos, assegurada a obtenção de cópias e podendo tomar apontamentos;

•• Inciso VIII com redação determinada pela Lei Complementar n. 132, de 7-10-2009.

IX – manifestar-se em autos administrativos ou judiciais por meio de cota;

X – requisitar de autoridade pública ou de seus agentes exames, certidões, perícias, vistorias, diligências, processos, documentos, informações, esclarecimentos e providências necessárias ao exercício de suas atribuições;

XI – representar a parte, em feito administrativo ou judicial, independentemente de mandato, ressalvados os casos para os quais a lei exija poderes especiais;

XII – deixar de patrocinar ação, quando ela for manifestamente incabível ou inconveniente aos interesses da parte sob seu patrocínio, comunicando o fato ao Defensor Público-Geral, com as razões de seu proceder;

XIII – ter o mesmo tratamento reservado aos Magistrados e demais titulares dos cargos das funções essenciais à justiça;

XIV – ser ouvido como testemunha, em qualquer processo ou procedimento, em dia, hora e local previamente ajustados com a autoridade competente;

XV – (*Vetado*.)

XVI – ter acesso a qualquer banco de dados de caráter público, bem como a locais que guardem pertinência com suas atribuições.

•• Inciso XVI acrescentado pela Lei Complementar n. 132, de 7-10-2009.

Parágrafo único. Quando, no curso de investigação policial, houver indício de prática de infração penal por membro da Defensoria Pública do Distrito Federal e dos Territórios, a autoridade policial, civil ou militar, comunicará imediatamente o fato ao Defensor Público-Geral, que designará membro da Defensoria Pública para acompanhar a apuração.

Capítulo V
DOS DEVERES, DAS PROIBIÇÕES, DOS IMPEDIMENTOS E DA RESPONSABILIDADE FUNCIONAL

Seção I
Dos Deveres

Art. 90. São deveres dos membros da Defensoria Pública do Distrito Federal e dos Territórios:

I – residir na localidade onde exercem suas funções;

II – desempenhar, com zelo e presteza, os serviços a seu cargo;

III – representar ao Defensor Público-Geral sobre as irregularidades de que tiver ciência em razão do cargo;

IV – prestar informações aos órgãos de administração superior da Defensoria Pública do Distrito Federal e dos Territórios, quando solicitadas;

V – atender ao expediente forense e participar dos atos judiciais, quando for obrigatória a sua presença;

VI – declarar-se suspeito, ou impedido, nos termos da lei;

VII – interpor os recursos cabíveis para qualquer instância ou Tribunal e promover revisão criminal, sempre que encontrar fundamentos na lei, jurisprudência ou prova dos autos, remetendo cópia à Corregedoria-Geral.

Seção II
Das Proibições

Art. 91. Além das proibições decorrentes do exercício de cargo público, aos membros da Defensoria Pública do Distrito Federal e dos Territórios é vedado:

I – exercer a advocacia fora das atribuições institucionais;

II – requerer, advogar, ou praticar em Juízo ou fora dele, atos que de qualquer forma colidam com as funções inerentes ao seu cargo, ou com os preceitos éticos de sua profissão;

III – receber, a qualquer título e sob qualquer pretexto, honorários, percentagens ou custas processuais, em razão de suas atribuições;

IV – exercer o comércio ou participar de sociedade comercial, exceto como cotista ou acionista;

V – exercer atividade político-partidária, enquanto atuar junto à Justiça Eleitoral.

Seção III
Dos Impedimentos

Art. 92. Ao membro da Defensoria Pública do Distrito Federal e dos Territórios é defeso exercer suas funções em processo ou procedimento:

I – em que seja parte ou, de qualquer forma, interessado;

II – em que haja atuado como representante da parte, perito, Juiz, membro do Ministério Público, Autoridade Policial, Escrivão de Polícia, Auxiliar de Justiça ou prestado depoimento como testemunha;

III – em que for interessado cônjuge ou companheiro, parente consanguíneo ou afim em linha reta ou colateral, até o 3.º (terceiro) grau;

IV – no qual haja postulado como advogado de qualquer das pessoas mencionadas no inciso anterior;

V – em que qualquer das pessoas mencionadas no inciso III funcione ou haja funcionado como Magistrado, membro do Ministério Público, Autoridade Policial, Escrivão de Polícia ou Auxiliar de Justiça;

VI – em que houver dado à parte contrária parecer verbal ou escrito sobre o objeto da demanda;

VII – em outras hipóteses previstas em lei.

Art. 93. Os membros da Defensoria Pública do Distrito Federal e dos Territórios não podem participar de comissão, banca de concurso, ou de qualquer decisão, quando o julgamento ou votação disser respeito a seu cônjuge ou companheiro, ou parente consanguíneo ou afim em linha reta ou colateral, até o 3.º (terceiro) grau.

Seção IV
Da Responsabilidade Funcional

Art. 94. A atividade funcional dos membros da Defensoria Pública do Distrito Federal e dos Territórios está sujeita a:

I – correição ordinária, realizada anualmente pelo Corregedor-Geral e por seus auxiliares, para verificar a regularidade e eficiência dos serviços;

II – correição extraordinária, realizada pelo Corregedor-Geral e por seus auxiliares, de ofício ou por determinação do Defensor Público-Geral.

§ 1.º Cabe ao Corregedor-Geral, concluída a correição, apresentar ao Defensor Público-Geral relatório dos fatos apurados e das providências a serem adotadas.

§ 2.º Qualquer pessoa pode representar ao Corregedor-Geral sobre os abusos, erros ou omissões dos membros da Defensoria Pública do Distrito Federal e dos Territórios.

Art. 95. Constituem infrações disciplinares, além de outras definidas em lei, a violação dos deveres funcionais e vedações contidas nesta Lei Complementar, bem como a prática de crime contra a Administração Pública ou ato de improbidade administrativa.

§ 1.º Os membros da Defensoria Pública do Distrito Federal e dos Territórios são passíveis das seguintes sanções:

I – advertência;

II – suspensão por até 90 (noventa) dias;

III – remoção compulsória;

IV – demissão;

V – cassação da aposentadoria.

§ 2.º A advertência será aplicada por escrito nos casos de violação aos deveres e das proibições funcionais, quando o fato não justificar a imposição de pena mais grave.

§ 3.º A suspensão será aplicada em caso de reincidência em falta punida com advertência ou quando a infração dos deveres e das proibições funcionais, pela sua gravidade, justificar a sua imposição.

§ 4.º A remoção compulsória será aplicada sempre que a falta praticada, pela sua gravidade e repercussão, tornar incompatível a permanência do faltoso no órgão de atuação de sua lotação.

§ 5.º A pena de demissão será aplicável nas hipóteses previstas em lei, e no caso de reincidência em falta punida com suspensão ou remoção compulsória.

§ 6.º As penas de demissão e cassação da aposentadoria serão aplicadas pelo Presidente da República e as demais pelo Defensor Público-Geral, garantida sempre ampla defesa, sendo obrigatório o inquérito administrativo nos casos de aplicação de remoção compulsória, suspensão, demissão e cassação de aposentadoria.

§ 7.º Prescrevem em 2 (dois) anos, a contar da data em que foram cometidas, as faltas puníveis com advertência, suspensão e remoção compulsória, aplicando-se, quanto às demais, os prazos previstos em lei.

Art. 96. A qualquer tempo poderá ser requerida revisão do processo disciplinar, quando se aduzirem fatos novos ou circunstâncias suscetíveis de provar a inocência do apenado ou de justificar a imposição de pena mais branda.

§ 1.º Poderá requerer a instauração de processo revisional o próprio interessado ou, se falecido ou interdito, o seu cônjuge ou companheiro, ascendente, descendente ou irmão.

§ 2.º Se for procedente a revisão, será tornado sem efeito o ato punitivo ou aplicada a penalidade adequada, restabelecendo-se os direitos atingidos pela punição, na sua plenitude.

Título IV
DAS NORMAS GERAIS PARA A ORGANIZAÇÃO DA DEFENSORIA PÚBLICA DOS ESTADOS

Capítulo I
DA ORGANIZAÇÃO

Art. 97. A Defensoria Pública dos Estados organizar-se-á de acordo com as normas gerais estabelecidas nesta Lei Complementar.

Art. 97-A. À Defensoria Pública do Estado é assegurada autonomia funcional, administrativa e iniciativa para elaboração de sua proposta orçamentária, dentro dos limites estabelecidos na lei de diretrizes orçamentárias, cabendo-lhe, especialmente:

•• *Caput* acrescentado pela Lei Complementar n. 132, de 7-10-2009.

I – abrir concurso público e prover os cargos de suas Carreiras e dos serviços auxiliares;

•• Inciso I acrescentado pela Lei Complementar n. 132, de 7-10-2009.

II – organizar os serviços auxiliares;

•• Inciso II acrescentado pela Lei Complementar n. 132, de 7-10-2009.

III – praticar atos próprios de gestão;

•• Inciso III acrescentado pela Lei Complementar n. 132, de 7-10-2009.

IV – compor os seus órgãos de administração superior e de atuação;

•• Inciso IV acrescentado pela Lei Complementar n. 132, de 7-10-2009.

V – elaborar suas folhas de pagamento e expedir os competentes demonstrativos;

•• Inciso V acrescentado pela Lei Complementar n. 132, de 7-10-2009.

VI – praticar atos e decidir sobre situação funcional e administrativa do pessoal, ativo e inativo da Carreira, e dos serviços auxiliares, organizados em quadros próprios;

•• Inciso VI acrescentado pela Lei Complementar n. 132, de 7-10-2009.

VII – exercer outras competências decorrentes de sua autonomia.

•• Inciso VII acrescentado pela Lei Complementar n. 132, de 7-10-2009.

Art. 97-B. A Defensoria Pública do Estado elaborará sua proposta orçamentária atendendo aos seus princípios, às diretrizes e aos limites definidos na lei de diretrizes orçamentárias, encaminhando-a ao Chefe do Poder Executivo para consolidação e encaminhamento ao Poder Legislativo.

•• *Caput* acrescentado pela Lei Complementar n. 132, de 7-10-2009.

§ 1.º Se a Defensoria Pública do Estado não encaminhar a respectiva proposta orçamentária dentro do prazo estabelecido na lei de diretrizes orçamentárias, o Poder Executivo considerará, para fins de consolidação da proposta orçamentária anual, os valores aprovados na lei orçamentária vigente, ajustados de acordo com os limites estipulados na forma do *caput*.

•• § 1.º acrescentado pela Lei Complementar n. 132, de 7-10-2009.

§ 2.º Se a proposta orçamentária de que trata este artigo for encaminhada em desacordo com os limites estipulados no *caput*, o Poder Executivo procederá aos ajustes necessários para fim de consolidação da proposta orçamentária anual.

•• § 2.º acrescentado pela Lei Complementar n. 132, de 7-10-2009.

§ 3.º Durante a execução orçamentária do exercício, não poderá haver a realização de despesas que extrapolem os limites estabelecidos na lei de diretrizes orçamentárias, exceto se previamente autorizadas, mediante a abertura de créditos suplementares ou especiais.

•• § 3.º acrescentado pela Lei Complementar n. 132, de 7-10-2009.

§ 4.º Os recursos correspondentes às suas dotações orçamentárias próprias e globais, compreendidos os créditos suplementares e especiais, ser-lhe-ão entregues, até o dia 20 (vinte) de cada mês, na forma do art. 168 da Constituição Federal.

•• § 4.º acrescentado pela Lei Complementar n. 132, de 7-10-2009.

§ 5.º As decisões da Defensoria Pública do Estado, fundadas em sua autonomia funcional e administrativa, obedecidas as formalidades legais, têm eficácia plena e executoriedade imediata, ressalvada a competência constitucional do Poder Judiciário e do Tribunal de Contas.

•• § 5.º acrescentado pela Lei Complementar n. 132, de 7-10-2009.

§ 6.º A fiscalização contábil, financeira, orçamentária, operacional e patrimonial da Defensoria Pública do Estado, quanto à legalidade, legitimidade, aplicação de dotações e recursos próprios e renúncia de receitas, será exercida pelo Poder Legislativo, mediante controle externo e pelo sistema de controle interno estabelecido em lei.

•• § 6.º acrescentado pela Lei Complementar n. 132, de 7-10-2009.

Art. 98. A Defensoria Pública dos Estados compreende:

I – órgãos de administração superior:

a) a Defensoria Pública-Geral do Estado;

b) a Subdefensoria Pública-Geral do Estado;

c) o Conselho Superior da Defensoria Pública do Estado;

d) a Corregedoria-Geral da Defensoria Pública do Estado;

II – órgãos de atuação:

a) as Defensorias Públicas do Estado;

b) os Núcleos da Defensoria Pública do Estado;

III – órgãos de execução:

a) os Defensores Públicos do Estado;

•• Mantivemos alínea *a* conforme publicação oficial.

IV – órgão auxiliar: Ouvidoria-Geral da Defensoria Pública do Estado.

•• Inciso IV acrescentado pela Lei Complementar n. 132, de 7-10-2009.

Seção I
Do Defensor Público-Geral e do Subdefensor Público-Geral do Estado

Art. 99. A Defensoria Pública do Estado tem por chefe o Defensor Público-Geral, nomeado pelo Governador do Estado, dentre membros estáveis da Carreira e maiores de 35 (trinta e cinco) anos, escolhidos em lista tríplice formada pelo voto direto, secreto, plurinominal e obrigatório de seus membros, para mandato de 2 (dois) anos, permitida uma recondução.

•• *Caput* com redação determinada pela Lei Complementar n. 132, de 7-10-2009.

§ 1.º O Defensor Público-Geral será substituído em suas faltas, licenças, férias e impedimentos pelo Subdefensor Público-Geral, por ele nomeado dentre integrantes estáveis da Carreira, na forma da legislação estadual.

•• § 1.º com redação determinada pela Lei Complementar n. 132, de 7-10-2009.

§ 2.º Os Estados, segundo suas necessidades, poderão ter mais de um Subdefensor Público-Geral.

§ 3.º O Conselho Superior editará as normas regulamentando a eleição para a escolha do Defensor Público-Geral.

•• § 3.º acrescentado pela Lei Complementar n. 132, de 7-10-2009.

§ 4.º Caso o Chefe do Poder Executivo não efetive a nomeação do Defensor Público-Geral nos 15 (quinze) dias que se seguirem ao recebimento da lista tríplice, será investido automaticamente no cargo o Defensor Público mais votado para exercício do mandato.

•• § 4.º acrescentado pela Lei Complementar n. 132, de 7-10-2009.

Art. 100. Ao Defensor Público-Geral do Estado compete dirigir a Defensoria Pública do Estado, superintender e coordenar suas atividades, orientando sua atuação, e representando-a judicial e extrajudicialmente.

Art. 101. A composição do Conselho Superior da Defensoria Pública do Estado deve incluir obrigatoriamente o Defensor Público-Geral, o Subdefensor Público-Geral, o Corregedor-Geral e o Ouvidor-Geral, como membros natos, e, em sua maioria, representantes estáveis da Carreira, eleitos pelo voto direto, plurinominal, obrigatório e secreto de seus membros, em número e forma a serem fixados em lei estadual.

•• *Caput* com redação determinada pela Lei Complementar n. 132, de 7-10-2009.

§ 1.º O Conselho Superior é presidido pelo Defensor Público-Geral, que terá voto de qualidade, exceto em matéria disciplinar.

•• § 1.º acrescentado pela Lei Complementar n. 132, de 7-10-2009.

§ 2.º As eleições serão realizadas em conformidade com as instruções baixadas pelo Conselho Superior da Defensoria Pública do Estado.

•• § 2.º acrescentado pela Lei Complementar n. 132, de 7-10-2009.

§ 3.º Os membros do Conselho Superior são eleitos para mandato de 2 (dois) anos, permitida uma reeleição.

•• § 3.º acrescentado pela Lei Complementar n. 132, de 7-10-2009.

§ 4.º São elegíveis os membros estáveis da Defensoria Pública que não estejam afastados da Carreira.

•• § 4.º acrescentado pela Lei Complementar n. 132, de 7-10-2009.

§ 5.º O presidente da entidade de classe de maior representatividade dos membros da Defensoria Pública do Estado terá assento e voz nas reuniões do Conselho Superior.

•• § 5.º acrescentado pela Lei Complementar n. 132, de 7-10-2009.

Art. 102. Ao Conselho Superior compete exercer as atividades consultivas, normativas e decisórias a serem previstas na lei estadual.

§ 1.º Caberá ao Conselho Superior decidir sobre a fixação ou a alteração de atribuições dos órgãos de atuação da Defensoria Pública e, em grau de recurso, sobre matéria disciplinar e os conflitos de atribuições entre membros da Defensoria Pública, sem prejuízo de outras atribuições.

•• § 1.º acrescentado pela Lei Complementar n. 132, de 7-10-2009.

§ 2.º Caberá ao Conselho Superior aprovar o plano de atuação da Defensoria Pública do Estado, cujo projeto será precedido de ampla divulgação.

•• § 2.º acrescentado pela Lei Complementar n. 132, de 7-10-2009.

§ 3.º As decisões do Conselho Superior serão motivadas e publicadas, e suas sessões deverão ser públicas, salvo nas hipóteses legais de sigilo, e realizadas, no mínimo, bimestralmente, podendo ser convocada por qualquer conselheiro, caso não realizada dentro desse prazo.

•• § 3.º acrescentado pela Lei Complementar n. 132, de 7-10-2009.

Seção III
Da Corregedoria-Geral da Defensoria Pública do Estado

•• Mantivemos Seção III conforme publicação oficial.

Art. 103. A Corregedoria-Geral é órgão de fiscalização da atividade funcional e da conduta dos membros e dos servidores da Instituição.

Art. 104. A Corregedoria-Geral é exercida pelo Corregedor-Geral indicado dentre os integrantes da classe mais elevada da Carreira, em lista tríplice formada pelo Conselho Superior, e nomeado pelo Defensor Público-Geral para mandato de 2 (dois) anos, permitida 1 (uma) recondução.

•• *Caput* com redação determinada pela Lei Complementar n. 132, de 7-10-2009.

§ 1.º O Corregedor-Geral poderá ser destituído por proposta do Defensor Público-Geral, pelo voto de 2/3 (dois terços) do Conselho Superior, antes do término do mandato.

•• Primitivo parágrafo único renumerado pela Lei Complementar n. 132, de 7-10-2009.

§ 2.º A lei estadual poderá criar um ou mais cargos de Subcorregedor, fixando as atribuições e especificando a forma de designação.

•• § 2.º acrescentado pela Lei Complementar n. 132, de 7-10-2009.

Art. 105. À Corregedoria-Geral da Defensoria Pública do Estado compete:

I – realizar correições e inspeções funcionais;

II – sugerir ao Defensor Público-Geral o afastamento de Defensor Público que esteja sendo submetido a correição, sindicância ou processo administrativo disciplinar, quando cabível;

III – propor, fundamentadamente, ao Conselho Superior a suspensão do estágio probatório de membro da Defensoria Pública do Estado;

IV – apresentar ao Defensor Público-Geral, em janeiro de cada ano, relatório das atividades desenvolvidas no ano anterior;

V – receber e processar as representações contra os membros da Defensoria Pública do Estado, encaminhando-as, com parecer, ao Conselho Superior;

VI – propor a instauração de processo disciplinar contra membros da Defensoria Pública do Estado e seus servidores;

VII – acompanhar o estágio probatório dos membros da Defensoria Pública do Estado;

VIII – propor a exoneração de membros da Defensoria Pública do Estado que não cumprirem as condições do estágio probatório;

IX – baixar normas, no limite de suas atribuições, visando à regularidade e ao aperfeiçoamento das atividades da Defensoria Pública, resguardada a independência funcional de seus membros;

•• Inciso IX acrescentado pela Lei Complementar n. 132, de 7-10-2009.

X – manter atualizados os assentamentos funcionais e os dados estatísticos de atuação dos membros da Defensoria Pública, para efeito de aferição de merecimento;

•• Inciso X acrescentado pela Lei Complementar n. 132, de 7-10-2009.

XI – expedir recomendações aos membros da Defensoria Pública sobre matéria afeta à competência da Corregedoria-Geral da Defensoria Pública;

•• Inciso XI acrescentado pela Lei Complementar n. 132, de 7-10-2009.

XII – desempenhar outras atribuições previstas em lei ou no regulamento interno da Defensoria Pública.

•• Inciso XII acrescentado pela Lei Complementar n. 132, de 7-10-2009.

Seção III-A
Da Ouvidoria-Geral da Defensoria Pública do Estado

•• Seção III-A acrescentada pela Lei Complementar n. 132, de 7-10-2009.

Art. 105-A. A Ouvidoria-Geral é órgão auxiliar da Defensoria Pública do Estado, de promoção da qualidade dos serviços prestados pela Instituição.

•• *Caput* acrescentado pela Lei Complementar n. 132, de 7-10-2009.

Parágrafo único. A Ouvidoria-Geral contará com servidores da Defensoria Pública do Estado e com a estrutura definida pelo Conselho Superior após proposta do Ouvidor-Geral.

•• Parágrafo único acrescentado pela Lei Complementar n. 132, de 7-10-2009.

Art. 105-B. O Ouvidor-Geral será escolhido pelo Conselho Superior, dentre cidadãos de reputação ilibada, não integrante da Carreira, indicados em lista tríplice formada pela sociedade civil, para mandato de 2 (dois) anos, permitida 1 (uma) recondução.

•• *Caput* acrescentado pela Lei Complementar n. 132, de 7-10-2009.

§ 1.º O Conselho Superior editará normas regulamentando a forma de elaboração da lista tríplice.

•• § 1.º acrescentado pela Lei Complementar n. 132, de 7-10-2009.

§ 2.º O Ouvidor-Geral será nomeado pelo Defensor Público-Geral do Estado.

•• § 2.º acrescentado pela Lei Complementar n. 132, de 7-10-2009.

§ 3.º O cargo de Ouvidor-Geral será exercido em regime de dedicação exclusiva.

•• § 3.º acrescentado pela Lei Complementar n. 132, de 7-10-2009.

Art. 105-C À Ouvidoria-Geral compete:

•• *Caput* acrescentado pela Lei Complementar n. 132, de 7-10-2009.

I – receber e encaminhar ao Corregedor-Geral representação contra membros e servidores da Defensoria Pública do Estado, assegurada a defesa preliminar;

•• Inciso I acrescentado pela Lei Complementar n. 132, de 7-10-2009.

II – propor aos órgãos de administração superior da Defensoria Pública do Estado medidas e ações que visem à consecução dos princípios institucionais e ao aperfeiçoamento dos serviços prestados;

•• Inciso II acrescentado pela Lei Complementar n. 132, de 7-10-2009.

III – elaborar e divulgar relatório semestral de suas atividades, que conterá também as medidas propostas aos órgãos competentes e a descrição dos resultados obtidos;

•• Inciso III acrescentado pela Lei Complementar n. 132, de 7-10-2009.

IV – participar, com direito a voz, do Conselho Superior da Defensoria Pública do Estado;

•• Inciso IV acrescentado pela Lei Complementar n. 132, de 7-10-2009.

V – promover atividades de intercâmbio com a sociedade civil;

•• Inciso V acrescentado pela Lei Complementar n. 132, de 7-10-2009.

VI – estabelecer meios de comunicação direta entre a Defensoria Pública e a sociedade, para receber sugestões e reclamações, adotando as providências pertinentes e informando o resultado aos interessados;

•• Inciso VI acrescentado pela Lei Complementar n. 132, de 7-10-2009.

VII – contribuir para a disseminação das formas de participação popular no acompanhamento e na fiscalização da prestação dos serviços realizados pela Defensoria Pública;

•• Inciso VII acrescentado pela Lei Complementar n. 132, de 7-10-2009.

VIII – manter contato permanente com os vários órgãos da Defensoria Pública do Estado, estimulando-os a atuar em permanente sintonia com os direitos dos usuários;

•• Inciso VIII acrescentado pela Lei Complementar n. 132, de 7-10-2009.

IX – coordenar a realização de pesquisas periódicas e produzir estatísticas referentes ao índice de satisfação dos usuários, divulgando os resultados.

•• Inciso IX acrescentado pela Lei Complementar n. 132, de 7-10-2009.

Parágrafo único. As representações podem ser apresentadas por qualquer pessoa, inclusive pelos próprios membros e servidores da Defensoria Pública do Estado, entidade ou órgão público.

•• Parágrafo único acrescentado pela Lei Complementar n. 132, de 7-10-2009.

Seção IV
Da Defensoria Pública do Estado

Art. 106. A Defensoria Pública do Estado prestará assistência jurídica aos necessitados, em todos os graus de jurisdição e instâncias administrativas do Estado.

Parágrafo único. À Defensoria Pública do Estado caberá interpor recursos aos Tribunais Superiores, quando cabíveis.

Art. 106-A. A organização da Defensoria Pública do Estado deve primar pela descentralização, e sua atuação deve incluir atendimento interdisciplinar, bem como a tutela dos interesses individuais, difusos, coletivos e individuais homogêneos.

•• Artigo acrescentado pela Lei Complementar n. 132, de 7-10-2009.

Seção V
Dos Núcleos da Defensoria Pública do Estado

Art. 107. A Defensoria Pública do Estado poderá atuar por intermédio de núcleos ou núcleos especializados, dando-se prioridade, de todo modo, às regiões com maiores índices de exclusão social e adensamento populacional.

•• Artigo com redação determinada pela Lei Complementar n. 132, de 7-10-2009.

Seção VI

Dos Defensores Públicos dos Estados

Art. 108. Aos membros da Defensoria Pública do Estado incumbe, sem prejuízo de outras atribuições estabelecidas pelas Constituições Federal e Estadual, pela Lei Orgânica e por demais diplomas legais, a orientação jurídica e a defesa dos seus assistidos, no âmbito judicial, extrajudicial e administrativo.

•• *Caput* com redação determinada pela Lei Complementar n. 132, de 7-10-2009.

Parágrafo único. São, ainda, atribuições dos Defensores Públicos Estaduais:

•• Parágrafo único, *caput*, acrescentado pela Lei Complementar n. 132, de 7-10-2009.

I – atender às partes e aos interessados;

•• Inciso I acrescentado pela Lei Complementar n. 132, de 7-10-2009.

II – participar, com direito a voz e voto, dos Conselhos Penitenciários;

•• Inciso II acrescentado pela Lei Complementar n. 132, de 7-10-2009.

III – certificar a autenticidade de cópias de documentos necessários à instrução de processo administrativo ou judicial, à vista da apresentação dos originais;

•• Inciso III acrescentado pela Lei Complementar n. 132, de 7-10-2009.

IV – atuar nos estabelecimentos prisionais, policiais, de internação e naqueles reservados a adolescentes, visando ao atendimento jurídico permanente dos presos provisórios, sentenciados, internados e adolescentes, competindo à administração estadual reservar instalações seguras e adequadas aos seus trabalhos, franquear acesso a todas as dependências do estabelecimento independentemente de prévio agendamento, fornecer apoio administrativo, prestar todas as informações solicitadas e assegurar o acesso à documentação dos assistidos, aos quais não poderá, sob fundamento algum, negar o direito de entrevista com os membros da Defensoria Pública do Estado.

•• Inciso IV acrescentado pela Lei Complementar n. 132, de 7-10-2009.

Seção VII

Dos Órgãos Auxiliares

Art. 109. Cabe à lei estadual disciplinar os órgãos e serviços auxiliares de apoio administrativo, organizando-o em quadro próprio, com cargos que atendam às peculiaridades e às necessidades da administração e das atividades funcionais da Instituição.

CAPÍTULO II

DA CARREIRA

Art. 110. A Defensoria Pública do Estado é integrada pela carreira de Defensor Público do Estado, composta das categorias de cargos efetivos necessárias ao cumprimento das suas funções institucionais, na forma a ser estabelecida na legislação estadual.

Art. 111. O Defensor Público do Estado atuará, na forma do que dispuser a legislação estadual, junto a todos os Juízos de 1.º (primeiro) grau de jurisdição, núcleos, órgãos judiciários de 2.º (segundo) grau de jurisdição, instâncias administrativas e Tribunais Superiores (art. 22, parágrafo único).

Seção I

Do Ingresso na Carreira

Art. 112. O ingresso nos cargos iniciais da carreira far-se-á mediante aprovação prévia em concurso público de provas e títulos, com a participação da Ordem dos Advogados do Brasil.

§ 1.º Do regulamento do concurso constarão os programas das disciplinas sobre as quais versarão as provas, bem como outras disposições pertinentes à sua organização e realização.

§ 2.º O edital de abertura de inscrições no concurso indicará, obrigatoriamente, o número de cargos vagos na categoria inicial da carreira.

Art. 112-A. Aos aprovados no concurso deverá ser ministrado curso oficial de preparação à Carreira, objetivando o treinamento específico para o desempenho das funções técnico-jurídicas e noções de outras disciplinas necessárias à consecução dos princípios institucionais da Defensoria Pública.

•• Artigo acrescentado pela Lei Complementar n. 132, de 7-10-2009.

Seção II

Da Nomeação e da Escolha das Vagas

Art. 113. O candidato aprovado no concurso público para ingresso na carreira da Defensoria Pública do Estado será nomeado pelo Governador do Estado para cargo inicial da carreira, respeitada a ordem de classificação e o número de vagas existentes.

Art. 114. O candidato aprovado poderá renunciar à nomeação correspondente à sua classificação, antecipadamente ou até o termo final do prazo de posse, caso em que, optando o renunciante, será deslocado para o último lugar da lista de classificados.

Seção III

Da Promoção

Art. 115. A promoção consiste no acesso imediato dos membros efetivos da Defensoria Pública do Estado de uma categoria para outra da carreira.

Art. 116. As promoções serão efetivadas por ato do Defensor Público-Geral do Estado, obedecidos, alternadamente, os critérios de antiguidade e merecimento.

§ 1.º É facultada a recusa à promoção, sem prejuízo do critério do preenchimento da vaga recusada.

§ 2.º A antiguidade será apurada na categoria e determinada pelo tempo de efetivo exercício na mesma.

§ 3.º A promoção por merecimento dependerá de lista tríplice para cada vaga, elaborada pelo Conselho Superior, em sessão secreta, com ocupantes do primeiro terço da lista de antiguidade.

§ 4.º Os membros da Defensoria Pública do Estado somente poderão ser promovidos após 2 (dois) anos de efetivo exercício na categoria, dispensado o interstício se não houver quem preencha tal requisito, ou se quem o preencher recusar a promoção.

§ 5.º É obrigatória a promoção do Defensor Público que figurar por 3 (três) vezes consecutivas ou 5 (cinco) alternadas em lista de merecimento, ressalvada a hipótese do art. 117, § 2.º.

Art. 117. O Conselho Superior fixará os critérios de ordem objetiva para a aferição de merecimento dos membros da Instituição, considerando-se, entre outros, a eficiência e a presteza demonstradas no desempenho da função e a aprovação em cursos de aperfeiçoamento, de natureza jurídica, promovidos pela Instituição, ou por estabelecimentos de ensino superior, oficialmente reconhecidos.

§ 1.º Os cursos de aperfeiçoamento de que trata este artigo compreenderão, necessariamente, as seguintes atividades:

a) apresentação de trabalho escrito sobre assunto de relevância jurídica;

b) defesa oral do trabalho que tenha sido aceito por banca examinadora.

§ 2.º A lei estadual estabelecerá os prazos durante os quais estará impedido de concorrer à promoção por merecimento o membro da Instituição que tiver sofrido imposição de penalidade em processo administrativo disciplinar.

CAPÍTULO III
DA INAMOVIBILIDADE E DA REMOÇÃO

Art. 118. Os membros da Defensoria Pública do Estado são inamovíveis, salvo se apenados com remoção compulsória, na forma da lei estadual.

Art. 119. A remoção será feita a pedido ou por permuta, sempre entre membros da mesma categoria da carreira.

Art. 120. A remoção compulsória somente será aplicada com prévio parecer do Conselho Superior, assegurada ampla defesa em processo administrativo disciplinar.

Art. 121. A remoção a pedido far-se-á mediante requerimento ao Defensor Público-Geral, nos 15 (quinze) dias seguintes à publicação, no *Diário Oficial*, do aviso de existência de vaga.

Parágrafo único. Findo o prazo fixado neste artigo e, havendo mais de um candidato à remoção, será removido o mais antigo na categoria e, ocorrendo empate, sucessivamente, o mais antigo na carreira, no serviço público do Estado, no serviço público em geral, o mais idoso e o mais bem classificado no concurso para ingresso na Defensoria Pública.

Art. 122. A remoção precederá o preenchimento da vaga por merecimento.

Art. 123. Quando por permuta, a remoção será concedida mediante requerimento dos interessados, respeitada a antiguidade dos demais, na forma da lei estadual.

•• *Caput* com redação determinada pela Lei Complementar n. 132, de 7-10-2009.

Parágrafo único. O Defensor Público-Geral dará ampla divulgação aos pedidos de permuta.

•• Parágrafo único acrescentado pela Lei Complementar n. 132, de 7-10-2009.

CAPÍTULO IV
DOS DIREITOS, DAS GARANTIAS E DAS PRERROGATIVAS DOS MEMBROS DA DEFENSORIA PÚBLICA DOS ESTADOS

Seção I
Da Remuneração

Art. 124. À lei estadual cabe fixar a remuneração dos cargos da carreira do respectivo Estado, observado o disposto no art. 135 da Constituição Federal.

§ 1.º (*Vetado*.)

§ 2.º Os membros das Defensorias Públicas dos Estados têm os direitos assegurados pela legislação da respectiva unidade da Federação e nesta Lei Complementar.

•• § 2.º com redação determinada pela Lei Complementar n. 98, de 3-12-1999.

I – (*Revogado pela Lei Complementar n. 98, de 3-12-1999*.)

II – (*Vetado*.)

III a VI – (*Revogados pela Lei Complementar n. 98, de 3-12-1999*.)

VII – (*Vetado*.)

VIII – (*Revogado pela Lei Complementar n. 98, de 3-12-1999*.)

Seção II
Das Férias e do Afastamento

Art. 125. As férias dos membros da Defensoria Pública do Estado serão concedidas de acordo com a lei estadual.

Art. 126. O afastamento para estudo ou missão, no interesse da Defensoria Pública do Estado, será autorizado pelo Defensor Público-Geral.

§ 1.º O afastamento de que trata este artigo somente será concedido pelo Defensor Público-Geral, após estágio probatório e pelo prazo máximo de 2 (dois) anos.

§ 2.º Quando o interesse público o exigir, o afastamento poderá ser interrompido a juízo do Defensor Público-Geral.

Art. 126-A. É assegurado o direito de afastamento para exercício de mandato em entidade de classe de âmbito estadual ou nacional, de maior representatividade, sem prejuízo dos vencimentos, vantagens ou qualquer direito inerente ao cargo.

•• *Caput* acrescentado pela Lei Complementar n. 132, de 7-10-2009.

§ 1.º O afastamento será concedido ao presidente da entidade de classe e terá duração igual à do mandato, devendo ser prorrogado no caso de reeleição.

•• § 1.º acrescentado pela Lei Complementar n. 132, de 7-10-2009.

§ 2.º O afastamento para exercício de mandato será contado como tempo de serviço para todos os efeitos legais.

•• § 2.º acrescentado pela Lei Complementar n. 132, de 7-10-2009.

§ 3.º Lei estadual poderá estender o afastamento a outros membros da diretoria eleita da entidade.

•• § 3.º acrescentado pela Lei Complementar n. 132, de 7-10-2009.

Seção III
Das Garantias e das Prerrogativas

Art. 127. São garantias dos membros da Defensoria Pública do Estado, sem prejuízo de outras que a lei estadual estabelecer:

I – a independência funcional no desempenho de suas atribuições;

II – a inamovibilidade;

III – a irredutibilidade de vencimentos;

IV – a estabilidade.

Art. 128. São prerrogativas dos membros da Defensoria Pública do Estado, dentre outras que a lei local estabelecer:

I – receber, inclusive quando necessário, mediante entrega dos autos com vista, intimação pessoal em qualquer processo e grau de jurisdição ou instância administrativa, contando-se-lhes em dobro todos os prazos;

•• Inciso I com redação determinada pela Lei Complementar n. 132, de 7-10-2009.

II – não ser preso, senão por ordem judicial escrita, salvo em flagrante, caso em que a autoridade fará imediata comunicação ao Defensor Público-Geral;

III – ser recolhido a prisão especial ou a sala especial de Estado-Maior, com direito a privacidade e, após sentença condenatória transitada em julgado, ser recolhido em dependência separada, no estabelecimento em que tiver de ser cumprida a pena;

• *Vide* art. 295 do CPP.

IV – usar vestes talares e as insígnias privativas da Defensoria Pública;

V – (*Vetado*.)

VI – comunicar-se, pessoal e reservadamente, com seus assistidos, ainda quando estes se acharem presos ou detidos, mesmo incomunicáveis, tendo livre ingresso em estabelecimentos policiais, prisionais e de internação coletiva, independentemente de prévio agendamento;

•• Inciso VI com redação determinada pela Lei Complementar n. 132, de 7-10-2009.

VII – ter vista pessoal dos processos fora dos cartórios e secretarias, ressalvadas as vedações legais;

VIII – examinar, em qualquer repartição pública, autos de flagrantes, inquéritos e processos, assegurada a obtenção de cópias e podendo tomar apontamentos;

•• Inciso VIII com redação determinada pela Lei Complementar n. 132, de 7-10-2009.

IX – manifestar-se em autos administrativos ou judiciais por meio de cota;

X – requisitar de autoridade pública ou de seus agentes exames, certidões, perícias, vistorias, diligências, processos, documentos, informações, esclarecimentos e providências necessárias ao exercício de suas atribuições;

XI – representar a parte, em feito administrativo ou judicial, independentemente de mandato, ressalvados os casos para os quais a lei exija poderes especiais;

XII – deixar de patrocinar ação, quando ela for manifestamente incabível ou inconveniente aos interesses da parte sob seu patrocínio, comunicando o fato ao Defensor Público-Geral, com as razões de seu proceder;

XIII – ter o mesmo tratamento reservado aos Magistrados e demais titulares dos cargos das funções essenciais à justiça;

XIV – ser ouvido como testemunha, em qualquer processo ou procedimento, em dia, hora e local previamente ajustados com a autoridade competente;

XV e XVI – (*Vetados*.)

Parágrafo único. Quando, no curso de investigação policial, houver indício de prática de infração penal por membro da Defensoria Pública do Estado, a autoridade policial, civil ou militar, comunicará imediatamente o fato ao Defensor Público-Geral, que designará membro da Defensoria Pública para acompanhar a apuração.

CAPÍTULO V
DOS DEVERES, DAS PROIBIÇÕES, DOS IMPEDIMENTOS E DA RESPONSABILIDADE FUNCIONAL

Seção I
Dos Deveres

Art. 129. São deveres dos membros da Defensoria Pública dos Estados:

I – residir na localidade onde exercem suas funções, na forma do que dispuser a lei estadual;

II – desempenhar com zelo e presteza, dentro dos prazos, os serviços a seu cargo e os que, na forma da lei, lhes sejam atribuídos pelo Defensor Público-Geral;

III – representar ao Defensor Público-Geral sobre as irregularidades de que tiver ciência, em razão do cargo;

IV – prestar informações aos órgãos de administração superior da Defensoria Pública do Estado, quando solicitadas;

V – atender ao expediente forense e participar dos atos judiciais, quando for obrigatória a sua presença;

VI – declarar-se suspeito ou impedido, nos termos da lei;

VII – interpor os recursos cabíveis para qualquer instância ou Tribunal e promover revisão criminal, sempre que encontrar fundamentos na lei, jurisprudência ou prova dos autos, remetendo cópia à Corregedoria-Geral.

Seção II
Das Proibições

Art. 130. Além das proibições decorrentes do exercício de cargo público, aos membros da Defensoria Pública dos Estados é vedado:

I – exercer a advocacia fora das atribuições institucionais;

II – requerer, advogar, ou praticar em Juízo ou fora dele, atos que de qualquer forma colidam com as funções inerentes ao seu cargo, ou com os preceitos éticos de sua profissão;

III – receber, a qualquer título e sob qualquer pretexto, honorários, percentagens ou custas processuais, em razão de suas atribuições;

IV – exercer o comércio ou participar de sociedade comercial, exceto como cotista ou acionista;

V – exercer atividade político-partidária, enquanto atuar junto à Justiça Eleitoral.

Seção III
Dos Impedimentos

Art. 131. É defeso ao membro da Defensoria Pública do Estado exercer suas funções em processo ou procedimento:

I – em que seja parte ou, de qualquer forma, interessado;

II – em que haja atuado como representante da parte, perito, Juiz, membro do Ministério Público, Autoridade Policial, Escrivão de Polícia, Auxiliar de Justiça ou prestado depoimento como testemunha;

III – em que for interessado cônjuge ou companheiro, parente consanguíneo ou afim em linha reta ou colateral, até o 3.º (terceiro) grau;

IV – no qual haja postulado como advogado de qualquer das pessoas mencionadas no inciso anterior;

V – em que qualquer das pessoas mencionadas no inciso III funcione ou haja funcionado como Magistrado, membro do Ministério Público, Autoridade Policial, Escrivão de Polícia ou Auxiliar de Justiça;

VI – em que houver dado à parte contrária parecer verbal ou escrito sobre o objeto da demanda;

VII – em outras hipóteses previstas em lei.

Art. 132. Os membros da Defensoria Pública do Estado não podem participar de comissão, banca de concurso, ou de qualquer decisão, quando o julgamento ou votação disser respeito a seu cônjuge ou companheiro, ou parente consanguíneo ou afim em linha reta ou colateral, até o 3.º (terceiro) grau.

Seção IV
Da Responsabilidade Funcional

Art. 133. A atividade funcional dos membros da Defensoria Pública dos Estados está sujeita a:

I – correição ordinária, realizada anualmente pelo Corregedor-Geral e por seus auxiliares, para verificar a regularidade e eficiência dos serviços;

II – correição extraordinária, realizada pelo Corregedor-Geral e por seus auxiliares, para verificar a regularidade e eficiência dos serviços.

§ 1.º Cabe ao Corregedor-Geral, concluída a correição, apresentar ao Defensor Público-Geral relatório dos fatos apurados e das providências a serem adotadas.

§ 2.º Qualquer pessoa pode representar ao Corregedor-Geral sobre os abusos, erros ou omissões dos membros da Defensoria Pública dos Estados.

Art. 134. A lei estadual estabelecerá as infrações disciplinares, com as respectivas sanções, procedimentos cabíveis e prazos prescricionais.

§ 1.º A lei estadual preverá a pena de remoção compulsória nas hipóteses que estabelecer, e sempre que a falta praticada, pela sua gravidade e repercussão, tornar incompatível a permanência do faltoso no órgão de atuação de sua lotação.

§ 2.º Caberá ao Defensor Público-Geral aplicar as penalidades previstas em lei, exceto no caso de demissão e cassação de aposentadoria, em que será competente para aplicá-las o Governador do Estado.

§ 3.º Nenhuma penalidade será aplicada sem que se garanta ampla defesa, sendo obrigatório o inquérito administrativo nos casos de aplicação de remoção compulsória.

Art. 135. A lei estadual preverá a revisão disciplinar, estabelecendo as hipóteses de cabimento e as pessoas habilitadas a requerê-la.

Parágrafo único. Procedente a revisão, será tornado sem efeito o ato punitivo ou aplicada a penalidade adequada, restabelecendo-se os direitos atingidos pela punição, na sua plenitude.

Título V
DAS DISPOSIÇÕES FINAIS E TRANSITÓRIAS

Art. 136. Os Defensores Públicos Federais, bem como os do Distrito Federal, estão sujeitos ao regime jurídico desta Lei Complementar e gozam de independência no exercício de suas funções, aplicando-se-lhes, subsidiariamente, o instituído pela Lei n. 8.112, de 11 de dezembro de 1990.

•• Artigo com redação determinada pela Lei Complementar n. 132, de 7-10-2009.

Art. 137. Aos Defensores Públicos investidos na função até a data da instalação da Assembleia Nacional Constituinte é assegurado o direito de opção pela carreira, garantida a inamovibilidade e vedado o exercício da advocacia fora das atribuições constitucionais.

Parágrafo único. (*Vetado.*)

Art. 138. Os atuais cargos de Advogado de Ofício e de Advogado de Ofício Substituto da Justiça Militar e de Advogado de Ofício da Procuradoria Especial da Marinha, cujos ocupantes tenham sido aprovados em concurso público de provas ou de provas e títulos e optem pela carreira, são transformados em cargos de Defensor Público da União.

§ 1.º Os cargos a que se refere este artigo passam a integrar o Quadro Permanente da Defensoria Pública da União, nos seguintes termos:

I – os cargos de Advogado de Ofício Substituto da Justiça Militar passam a denominar-se Defensor Público da União de 1.ª Categoria;

II – os cargos de Advogado de Ofício da Justiça Militar passam a denominar-se Defensor Público da União de Categoria Especial;

III – os cargos de Advogado de Ofício da Procuradoria Especial da Marinha passam a denominar-se Defensor Público da União de 1.ª Categoria.

§ 2.º Os cargos de Defensor Público cujos ocupantes optarem pela carreira são transformados em cargos integrantes do Quadro Permanente da Defensoria Pública da União, respeitadas as diferenças existentes entre eles, de conformidade com o disposto na Lei n. 7.384, de 18 de outubro de 1985, que reestruturou em carreira a Defensoria de Ofício da Justiça Militar Federal.

§ 3.º São estendidos aos inativos os benefícios e vantagens decorrentes da transformação dos cargos previstos nesta Lei Complementar, nos termos da Constituição Federal, art. 40, § 4.º.

§ 4.º O disposto neste artigo somente surtirá efeitos financeiros a partir da vigência da lei a que se refere o parágrafo único do art. 146, observada a existência de prévia dotação orçamentária.

Art. 139. É assegurado aos ocupantes de cargos efetivos de assistente jurídico, lotados no Centro de Assistência Judiciária da Procuradoria-Geral do Distrito Federal, o ingresso, mediante opção, na carreira da Defensoria Pública do Distrito Federal e dos Territórios.

Parágrafo único. Serão estendidos aos inativos em situação idêntica os benefícios e vantagens previstos nesta Lei Complementar.

Art. 140. Os concursos públicos para preenchimento dos cargos transformados em cargos do Quadro Permanente da Defensoria Pública da União, cujo prazo de validade não se tenha expirado, habilitam os aprovados, obedecida a ordem de classificação, a preenchimento das vagas existentes no Quadro Permanente da Defensoria Pública da União.

Art. 141. As leis estaduais estenderão os benefícios e vantagens decorrentes da aplicação do art. 137 desta Lei Complementar aos inativos aposentados como titulares dos cargos transformados em cargos do Quadro de Carreira de Defensor Público.

Art. 142. Os Estados adaptarão a organização de suas Defensorias Públicas aos preceitos desta Lei Complementar, no prazo de 180 (cento e oitenta) dias.

Art. 143. À Comissão de Concurso incumbe realizar a seleção dos candidatos ao ingresso na Carreira da Defensoria Pública da União, do Distrito Federal e dos Territórios.

Art. 144. Cabe à lei dispor sobre os órgãos e serviços auxiliares de apoio administrativo, que serão organizados em quadro próprio, composto de cargos que atendam às peculiaridades e às necessidades da administração e das atividades funcionais da Instituição.

Art. 145. As Defensorias Públicas da União, do Distrito Federal e dos Territórios e dos Estados adotarão providências no sentido de selecionar, como estagiários, os acadêmicos de Direito que, comprovadamente, estejam matriculados nos 4 (quatro) últimos semestres de cursos mantidos por estabelecimentos de ensino oficialmente reconhecidos.

§ 1.º Os estagiários serão designados pelo Defensor Público-Geral, pelo período de 1 (um) ano, podendo este prazo ser prorrogado por igual período.

§ 2.º Os estagiários poderão ser dispensados do estágio, antes de decorrido o prazo de sua duração, nas seguintes hipóteses:

a) a pedido;

b) por prática de ato que justifique seu desligamento.

§ 3.º O tempo de estágio será considerado serviço público relevante e como prática forense.

Art. 146. Os preceitos desta Lei Complementar aplicam-se imediatamente aos membros da Defensoria de Ofício da Justiça Militar, que continuarão subordinados, administrativamente, ao Superior Tribunal Militar, até a nomeação e posse do Defensor Público-Geral da União.

Parágrafo único. Após a aprovação das dotações orçamentárias necessárias para fazer face às despesas decorrentes desta Lei Complementar, o Poder Executivo enviará projeto de lei dimensionando o Quadro Permanente dos agentes das Defensorias Públicas da União, do Distrito Federal e dos Territórios, e de seu pessoal de apoio.

Art. 147. Ficam criados os cargos, de natureza especial, de Defensor Público-Geral e de Subdefensor Público-Geral da União e de Defensor Público-Geral e de Subdefensor Público-Geral do Distrito Federal e dos Territórios.

•• Dispõe o art. 15 da Lei Complementar n. 132, de 7-10-2009: "Os cargos de natureza especial de Defensor Público-Geral e de Subdefensor Público-Geral da União, criados pelo disposto no art. 147 da Lei Complementar n. 80, de 12-1-1994, passam a ser denominados, respectivamente, Defensor Público-Geral Federal e Subdefensor Público-Geral Federal".

Art. 148. Esta Lei Complementar entra em vigor na data de sua publicação.

Art. 149. Revogam-se as disposições em contrário.

Brasília, 12 de janeiro de 1994; 173.º da Independência e 106.º da República.

ITAMAR FRANCO

DECRETO LEGISLATIVO N. 16, DE 24 DE MARÇO DE 1994 (*)

Submete à condição suspensiva a renúncia de parlamentar contra o qual pende procedimento fundado nos incisos I e II do art. 55 da Constituição e determina outras providências.

O Congresso Nacional decreta:

Art. 1.º A renúncia de parlamentar sujeito à investigação por qualquer órgão do Poder Legislativo, ou que tenha contra si procedimento já instaurado ou protocolado junto à Mesa da respectiva Casa, para apuração das faltas a que se referem os incisos I e II do art. 55 da Constituição Federal, fica sujeita à condição suspensiva, só produzindo efeitos se a decisão final não concluir pela perda do mandato.

Parágrafo único. Sendo a decisão final pela perda do mandato parlamentar, a declaração da renúncia será arquivada.

Art. 2.º Este Decreto Legislativo entra em vigor na data de sua publicação.

Senado Federal, em 24 de março de 1994.

SENADOR *HUMBERTO LUCENA*

LEI N. 8.906, DE 4 DE JULHO DE 1994 (**)

Dispõe sobre o Estatuto da Advocacia e a Ordem dos Advogados do Brasil – OAB.

O Presidente da República

Faço saber que o Congresso Nacional decreta e eu sanciono a seguinte Lei:

TÍTULO I
DA ADVOCACIA

CAPÍTULO I
DA ATIVIDADE DE ADVOCACIA

Art. 1.º São atividades privativas de advocacia:

I – a postulação a qualquer órgão do Poder Judiciário e aos juizados especiais;

•• O STF, na ADI n. 1.127-8, de 17-5-2006 (*DOU* de 26-5-2006), declarou a inconstitucionalidade da expressão "qualquer" constante deste inciso.

II – as atividades de consultoria, assessoria e direção jurídicas.

§ 1.º Não se inclui na atividade privativa de advocacia a impetração de *habeas corpus* em qualquer instância ou tribunal.

§ 2.º Os atos e contratos constitutivos de pessoas jurídicas, sob pena de nulidade, só podem ser admitidos a registro, nos órgãos competentes, quando visados por advogados.

•• De acordo com o art. 9.º, § 2.º, da Lei Complementar n. 123, de 14-12-2006 (Estatuto da Microempresa e da Empresa de Pequeno Porte), não se aplica às microempresas e às empresas de pequeno porte o disposto neste parágrafo.

§ 3.º É vedada a divulgação de advocacia em conjunto com outra atividade.

Art. 2.º O advogado é indispensável à administração da justiça.

§ 1.º No seu ministério privado, o advogado presta serviço público e exerce função social.

§ 2.º No processo judicial, o advogado contribui, na postulação de decisão favorável ao seu constituinte, ao convencimento do julgador, e seus atos constituem múnus público.

§ 3.º No exercício da profissão, o advogado é inviolável por seus atos e manifestações, nos limites desta Lei.

Art. 3.º O exercício da atividade de advocacia no território brasileiro e a denominação de advogado são privativos dos inscritos na Ordem dos Advogados do Brasil – OAB.

§ 1.º Exercem atividade de advocacia, sujeitando-se ao regime desta Lei, além do regime próprio a que se subordinem, os integrantes da Advocacia-Geral da União, da Procuradoria da Fazenda Nacional, da Defensoria Pública e das Procuradorias e Consultorias Jurídicas dos Estados, do Distrito Federal, dos Municípios e das respectivas entidades de administração indireta e fundacional.

•• A Resolução n. 55, de 3-10-2011, do Conselho Superior da DPU, dispõe, em seu art. 1.º, que: "a capacidade postulatória dos membros da DPU decorre exclusivamente de sua nomeação e posse no cargo público, sendo prescindível a inscrição na Ordem dos Advogados do Brasil para o exercício de suas atribuições institucionais e legais (Lei Complementar n. 80, art. 4.º, § 6.º)".

§ 2.º O estagiário de advocacia, regularmente inscrito, pode praticar os atos previstos no art. 1.º, na forma do Regulamento Geral, em conjunto com advogado e sob responsabilidade deste.

Art. 4.º São nulos os atos privativos de advogado praticados por pessoa não inscrita na OAB, sem prejuízo das sanções civis, penais e administrativas.

Parágrafo único. São também nulos os atos praticados por advogado impedido – no âmbito do impedimento – suspenso, licenciado ou que passar a exercer atividade incompatível com a advocacia.

(*) Publicado no *DOU*, de 25-3-1994.

(**) Publicada no *DOU*, de 5-7-1994. A Resolução n. 2, de 2-9-1994, do Conselho Federal da Ordem dos Advogados do Brasil, estabelece disposições transitórias relativas à aplicabilidade desta Lei. Publicado no *Diário da Justiça da União*, de 16-11-1994, o Regulamento Geral do Estatuto da Advocacia e da OAB (Título I) e, em 1.º-3-1995, o Código de Ética e Disciplina da OAB. O Provimento n. 95, de 16-10-2000, dispõe sobre o Cadastro Nacional dos Advogados.

Art. 5.º O advogado postula, em juízo ou fora dele, fazendo prova do mandato.

§ 1.º O advogado, afirmando urgência, pode atuar sem procuração, obrigando-se a apresentá-la no prazo de 15 (quinze) dias, prorrogável por igual período.

§ 2.º A procuração para o foro em geral habilita o advogado a praticar todos os atos judiciais, em qualquer juízo ou instância, salvo os que exijam poderes especiais.

§ 3.º O advogado que renunciar ao mandato continuará, durante os 10 (dez) dias seguintes à notificação da renúncia, a representar o mandante, salvo se for substituído antes do término desse prazo.

CAPÍTULO II
DOS DIREITOS DO ADVOGADO

Art. 6.º Não há hierarquia nem subordinação entre advogados, magistrados e membros do Ministério Público, devendo todos tratar-se com consideração e respeito recíprocos.

Parágrafo único. As autoridades, os servidores públicos e os serventuários da justiça devem dispensar ao advogado, no exercício da profissão, tratamento compatível com a dignidade da advocacia e condições adequadas a seu desempenho.

Art. 7.º São direitos do advogado:

I – exercer, com liberdade, a profissão em todo o território nacional;

II – a inviolabilidade de seu escritório ou local de trabalho, bem como de seus instrumentos de trabalho, de sua correspondência escrita, eletrônica, telefônica e telemática, desde que relativas ao exercício da advocacia;

•• Inciso II com redação determinada pela Lei n. 11.767, de 7-8-2008.

• O Provimento OAB n. 127, de 7-12-2008, dispõe sobre a participação da OAB no cumprimento da decisão judicial que determinar a quebra da inviolabilidade de que trata este inciso.

III – comunicar-se com seus clientes, pessoal e reservadamente, mesmo sem procuração, quando estes se acharem presos, detidos ou recolhidos em estabelecimentos civis ou militares, ainda que considerados incomunicáveis;

• A Resolução n. 8, de 30-5-2006, do CNPCP, recomenda, em obediência às garantias e princípios constitucionais, que a inviolabilidade da privacidade nas entrevistas do preso com seu advogado seja assegurada em todas as unidades prisionais.

• *Vide* art. 41, IX, da LEP.

IV – ter a presença de representante da OAB, quando preso em flagrante, por motivo ligado ao exercício da advocacia, para lavratura do auto respectivo, sob pena de nulidade e, nos demais casos, a comunicação expressa à seccional da OAB;

V – não ser recolhido preso, antes de sentença transitada em julgado, senão em sala de Estado Maior, com instalações e comodidades condignas, assim reconhecidas pela OAB, e, na sua falta, em prisão domiciliar;

•• O STF, na ADI n. 1.127-8, de 17-5-2006 (*DOU* de 26-5-2006), declarou a inconstitucionalidade da expressão "assim reconhecidas pela OAB" constante deste inciso.

• *Vide* art. 295 do CPP.

VI – ingressar livremente:

a) nas salas de sessões dos tribunais, mesmo além dos cancelos que separam a parte reservada aos magistrados;

b) nas salas e dependências de audiências, secretarias, cartórios, ofícios de justiça, serviços notariais e de registro, e, no caso de delegacias e prisões, mesmo fora da hora de expediente e independentemente da presença de seus titulares;

c) em qualquer edifício ou recinto em que funcione repartição judicial ou outro serviço público onde o advogado deva praticar ato ou colher prova ou informação útil ao exercício da atividade profissional, dentro do expediente ou fora dele, e ser atendido, desde que se ache presente qualquer servidor ou empregado;

d) em qualquer assembleia ou reunião de que participe ou possa participar o seu cliente, ou perante a qual este deva comparecer, desde que munido de poderes especiais;

VII – permanecer sentado ou em pé e retirar-se de quaisquer locais indicados no inciso anterior, independentemente de licença;

VIII – dirigir-se diretamente aos magistrados nas salas e gabinetes de trabalho, independentemente de horário previamente marcado ou outra condição, observando-se a ordem de chegada;

IX – sustentar oralmente as razões de qualquer recurso ou processo, nas sessões de julgamento, após o voto do relator, em instância judicial ou administrativa, pelo prazo de 15 (quinze) minutos, salvo se prazo maior for concedido;

•• O STF, nas ADIs n. 1.105-7 e 1.127-8, de 17-5-2006 (*DOU* de 26-5-2006), declarou a inconstitucionalidade deste inciso.

X – usar da palavra, pela ordem, em qualquer juízo ou tribunal, mediante intervenção sumária, para esclarecer equívoco ou dúvida surgida em relação a fatos, documentos ou afirmações que influam no julgamento, bem como para replicar acusação ou censura que lhe forem feitas;

XI – reclamar, verbalmente ou por escrito, perante qualquer juízo, tribunal ou autoridade, contra a inobservância de preceito de lei, regulamento ou regimento;

XII – falar, sentado ou em pé, em juízo, tribunal ou órgão de deliberação coletiva da Administração Pública ou do Poder Legislativo;

XIII – examinar, em qualquer órgão dos Poderes Judiciário e Legislativo, ou da Administração Pública em geral, autos de processos findos ou em andamento, mesmo sem procuração, quando não estejam sujeitos a sigilo, assegurada a obtenção de cópias, podendo tomar apontamentos;

• A Portaria n. 221, de 21-5-2013, do TSE, assegura às partes, ao advogado e ao estagiário o fornecimento de cópias de peças de processos findos ou em andamento.

XIV – examinar, em qualquer instituição responsável por conduzir investigação, mesmo sem procuração, autos de flagrante e de investigações de qualquer natureza, findos ou em andamento, ainda que conclusos à autoridade, podendo copiar peças e tomar apontamentos, em meio físico ou digital;

•• Inciso XIV com redação determinada pela Lei n. 13.245, de 12-1-2016.

XV – ter vista dos processos judiciais ou administrativos de qualquer natureza, em cartório ou na repartição competente, ou retirá-los pelos prazos legais;

• *Vide* art. 23, parágrafo único, da Lei n. 12.850, de 2-8-2013.

XVI – retirar autos de processos findos, mesmo sem procuração, pelo prazo de 10 (dez) dias;

• A Portaria n. 221, de 21-5-2013, do TSE, assegura às partes, ao advogado e ao estagiário o fornecimento de cópias de peças de processos findos ou em andamento.

XVII – ser publicamente desagravado, quando ofendido no exercício da profissão ou em razão dela;

XVIII – usar os símbolos privativos da profissão de advogado;

XIX – recusar-se a depor como testemunha em processo no qual funcionou ou deva funcionar, ou sobre fato relacionado com pessoa de quem seja ou foi advogado, mesmo quando autorizado ou solicitado pelo constituinte, bem como sobre fato que constitua sigilo profissional;

XX – retirar-se do recinto onde se encontre aguardando pregão para ato judicial, após 30 (trinta) minutos do horário designado e ao qual ainda não tenha comparecido autoridade que deva presidir a ele, mediante comunicação protocolizada em juízo;

XXI – assistir a seus clientes investigados durante a apuração de infrações, sob pena de nulidade absoluta do respectivo interrogatório ou depoimento e, subsequentemente, de todos os elementos investigatórios e probatórios dele decorrentes ou derivados, direta ou indiretamente, podendo, inclusive, no curso da respectiva apuração:

•• Inciso XXI, *caput*, acrescentado pela Lei n. 13.245, de 12-1-2016.

a) apresentar razões e quesitos;

•• Alínea *a* acrescentada pela Lei n. 13.245, de 12-1-2016.

b) (*Vetada*.)

•• Alínea *b* acrescentada pela Lei n. 13.245, de 12-1-2016.

§ 1.º Não se aplica o disposto nos incisos XV e XVI:

1) aos processos sob regime de segredo de justiça;

2) quando existirem nos autos documentos originais de difícil restauração ou ocorrer circunstância relevante que justifique a permanência dos autos no cartório, secretaria ou repartição, reconhecida pela autoridade em despacho motivado, proferido de ofício, mediante representação ou a requerimento da parte interessada;

3) até o encerramento do processo, ao advogado que houver deixado de devolver os respectivos autos no prazo legal, e só o fizer depois de intimado.

§ 2.º O advogado tem imunidade profissional, não constituindo injúria, difamação ou desacato puníveis qualquer manifestação de sua parte, no exercício de sua atividade, em juízo ou fora dele, sem prejuízo das sanções disciplinares perante a OAB, pelos excessos que cometer.

•• O STF, na ADI n. 1.127-8, de 17-5-2006 (*DOU* de 26-5-2006), declarou a inconstitucionalidade da expressão "ou desacato" constante deste parágrafo.

§ 3.º O advogado somente poderá ser preso em flagrante, por motivo de exercício da profissão, em caso de crime inafiançável, observado o disposto no inciso IV deste artigo.

§ 4.º O Poder Judiciário e o Poder Executivo devem instalar, em todos os juizados, fóruns, tribunais, delegacias de polícia e presídios, salas especiais permanentes para os advogados, com uso e controle assegurados à OAB.

•• O STF, na ADI n. 1.127-8, de 17-5-2006 (*DOU* de 26-5-2006), declarou a inconstitucionalidade da expressão "e controle" constante deste parágrafo.

§ 5.º No caso de ofensa a inscrito na OAB, no exercício da profissão ou de cargo ou função de órgão da OAB, o conselho competente deve promover o desagravo público do ofendido, sem prejuízo da responsabilidade criminal em que incorrer o infrator.

•• A Lei n. 11.767, de 7-8-2008, propôs nova redação para este § 5.º, mas teve seu texto vetado.

§ 6.º Presentes indícios de autoria e materialidade da prática de crime por parte de advogado, a autoridade judiciária competente poderá decretar a quebra da inviolabilidade de que trata o inciso II do *caput* deste artigo, em decisão motivada, expedindo mandado de busca e apreensão, específico e pormenorizado, a ser cumprido na presença de representante da OAB, sendo, em qualquer hipótese, vedada a utilização dos documentos, das mídias e dos objetos pertencentes a clientes do advogado averiguado, bem como dos demais instrumentos de trabalho que contenham informações sobre clientes.

•• § 6.º acrescentado pela Lei n. 11.767, de 7-8-2008.

§ 7.º A ressalva constante do § 6.º deste artigo não se estende a clientes do advogado averiguado que estejam sendo formalmente investigados como seus partícipes ou coautores pela prática do mesmo crime que deu causa à quebra da inviolabilidade.

•• § 7.º acrescentado pela Lei n. 11.767, de 7-8-2008.

§§ 8.º e 9.º (*Vetados*.)

§ 10. Nos autos sujeitos a sigilo, deve o advogado apresentar procuração para o exercício dos direitos de que trata o inciso XIV.

•• § 10 acrescentado pela Lei n. 13.245, de 12-1-2016.

§ 11. No caso previsto no inciso XIV, a autoridade competente poderá delimitar o acesso do advogado aos elementos de prova relacionados a diligências em andamento e ainda não documentados nos autos, quando houver risco de comprometimento da eficiência, da eficácia ou da finalidade das diligências.

•• § 11 acrescentado pela Lei n. 13.245, de 12-1-2016.

§ 12. A inobservância aos direitos estabelecidos no inciso XIV, o fornecimento incompleto de autos ou o fornecimento de autos em que houve a retirada de peças já incluídas no caderno investigativo implicará responsabilização criminal e funcional por abuso de autoridade do responsável que impedir o acesso do advogado com o intuito de prejudicar o exercício da defesa, sem prejuízo do direito subjetivo do advogado de requerer acesso aos autos ao juiz competente.

•• § 12 acrescentado pela Lei n. 13.245, de 12-1-2016.

Art. 7.º-A. São direitos da advogada:

•• *Caput* acrescentado pela Lei n. 13.363, de 25-11-2016.

I – gestante:

•• Inciso I, *caput,* acrescentado pela Lei n. 13.363, de 25-11-2016.

a) entrada em tribunais sem ser submetida a detectores de metais e aparelhos de raios X;

•• Alínea *a* acrescentada pela Lei n. 13.363, de 25-11-2016.

b) reserva de vaga em garagens dos fóruns dos tribunais;

•• Alínea *b* acrescentada pela Lei n. 13.363, de 25-11-2016.

II – lactante, adotante ou que der à luz, acesso a creche, onde houver, ou a local adequado ao atendimento das necessidades do bebê;

•• Inciso II acrescentado pela Lei n. 13.363, de 25-11-2016.

III – gestante, lactante, adotante ou que der à luz, preferência na ordem das sustentações orais e das audiências a serem realizadas a cada dia, mediante comprovação de sua condição;

•• Inciso III acrescentado pela Lei n. 13.363, de 25-11-2016.

IV – adotante ou que der à luz, suspensão de prazos processuais quando for a única patrona da causa, desde que haja notificação por escrito ao cliente.

•• Inciso IV acrescentado pela Lei n. 13.363, de 25-11-2016.

§ 1.º Os direitos previstos à advogada gestante ou lactante aplicam-se enquanto perdurar, respectivamente, o estado gravídico ou o período de amamentação.

•• § 1.º acrescentado pela Lei n. 13.363, de 25-11-2016.

§ 2.º Os direitos assegurados nos incisos II e III deste artigo à advogada adotante ou que der à luz serão concedidos pelo prazo previsto no art. 392 do Decreto-lei n. 5.452, de 1.º de maio de 1943 (Consolidação das Leis do Trabalho).

•• § 2.º acrescentado pela Lei n. 13.363, de 25-11-2016.

•• Dispõe o art. 392, *caput*, da CLT: "A empregada gestante tem direito à licença-maternidade de 120 (cento e vinte) dias, sem prejuízo do emprego e do salário".

§ 3.º O direito assegurado no inciso IV deste artigo à advogada adotante ou que der à luz será concedido pelo prazo previsto no § 6.º do art. 313 da Lei n. 13.105, de 16 de março de 2015 (Código de Processo Civil).

•• § 3.º acrescentado pela Lei n. 13.363, de 25-11-2016.

CAPÍTULO III
DA INSCRIÇÃO

Art. 8.º Para inscrição como advogado é necessário:

I – capacidade civil;

II – diploma ou certidão de graduação em direito, obtido em instituição de ensino oficialmente autorizada e credenciada;

III – título de eleitor e quitação do serviço militar, se brasileiro;

IV – aprovação em Exame de Ordem;

• O Provimento n. 144, de 13-6-2011, do Conselho Federal da OAB, dispõe sobre o Exame de Ordem.

V – não exercer atividade incompatível com a advocacia;

VI – idoneidade moral;

VII – prestar compromisso perante o Conselho.

§ 1.º O Exame de Ordem é regulamentado em provimento do Conselho Federal da OAB.

§ 2.º O estrangeiro ou brasileiro, quando não graduado em direito no Brasil, deve fazer prova do título de graduação, obtido em instituição estrangeira, devidamente revalidado, além de atender aos demais requisitos previstos neste artigo.

§ 3.º A inidoneidade moral, suscitada por qualquer pessoa, deve ser declarada mediante decisão que obtenha no mínimo 2/3 (dois terços) dos votos de todos os membros do conselho competente, em procedimento que observe os termos do processo disciplinar.

§ 4.º Não atende ao requisito de idoneidade moral aquele que tiver sido condenado por crime infamante, salvo reabilitação judicial.

Art. 9.º Para inscrição como estagiário é necessário:

I – preencher os requisitos mencionados nos incisos I, III, V, VI e VII do art. 8.º;

II – ter sido admitido em estágio profissional de advocacia.

§ 1.º O estágio profissional de advocacia, com duração de 2 (dois) anos, realizado nos últimos anos do curso jurídico, pode ser mantido pelas respectivas instituições de ensino superior, pelos Conselhos da OAB, ou por setores, órgãos jurídicos e escritórios de advocacia credenciados pela OAB, sendo obrigatório o estudo deste Estatuto e do Código de Ética e Disciplina.

§ 2.º A inscrição do estagiário é feita no Conselho Seccional em cujo território se localize seu curso jurídico.

§ 3.º O aluno de curso jurídico que exerça atividade incompatível com a advocacia pode frequentar o estágio ministrado pela respectiva instituição de ensino superior, para fins de aprendizagem, vedada a inscrição na OAB.

§ 4.º O estágio profissional poderá ser cumprido por bacharel em Direito que queira se inscrever na Ordem.

Art. 10. A inscrição principal do advogado deve ser feita no Conselho Seccional em cujo território pretende estabelecer o seu domicílio profissional, na forma do Regulamento Geral.

§ 1.º Considera-se domicílio profissional a sede principal da atividade de advocacia, prevalecendo, na dúvida, o domicílio da pessoa física do advogado.

§ 2.º Além da principal, o advogado deve promover a inscrição suplementar nos Conselhos Seccionais em cujos territórios passar a exercer habitualmente a profissão, considerando-se habitualidade a intervenção judicial que exceder de 5 (cinco) causas por ano.

§ 3.º No caso de mudança efetiva de domicílio profissional para outra unidade federativa, deve o advogado requerer a transferência de sua inscrição para o Conselho Seccional correspondente.

§ 4.º O Conselho Seccional deve suspender o pedido de transferência ou de inscrição suplementar, ao verificar a existência de vício ou ilegalidade na inscrição principal, contra ela representando ao Conselho Federal.

Art. 11. Cancela-se a inscrição do profissional que:

I – assim o requerer;

II – sofrer penalidade de exclusão;

III – falecer;

IV – passar a exercer, em caráter definitivo, atividade incompatível com a advocacia;

V – perder qualquer um dos requisitos necessários para inscrição.

§ 1.º Ocorrendo uma das hipóteses dos incisos II, III e IV, o cancelamento deve ser promovido, de ofício, pelo Conselho competente ou em virtude de comunicação por qualquer pessoa.

§ 2.º Na hipótese de novo pedido de inscrição – que não restaura o número de inscrição anterior – deve o interessado fazer prova dos requisitos dos incisos I, V, VI e VII do art. 8.º.

§ 3.º Na hipótese do inciso II deste artigo, o novo pedido de inscrição também deve ser acompanhado de provas de reabilitação.

Art. 12. Licencia-se o profissional que:

I – assim o requerer, por motivo justificado;

II – passar a exercer, em caráter temporário, atividade incompatível com o exercício da advocacia;

III – sofrer doença mental considerada curável.

Art. 13. O documento de identidade profissional, na forma prevista no Regulamento Geral, é de uso obrigatório no exercício da atividade de advogado ou de estagiário e constitui prova de identidade civil para todos os fins legais.

Art. 14. É obrigatória a indicação do nome e do número de inscrição em todos os documentos assinados pelo advogado, no exercício de sua atividade.

Parágrafo único. É vedado anunciar ou divulgar qualquer atividade relacionada com o exercício da advocacia ou o uso da expressão "escritório de advocacia", sem indicação expressa do nome e do número de inscrição dos advogados que o integrem ou o número de registro da sociedade de advogados na OAB.

CAPÍTULO IV
DA SOCIEDADE DE ADVOGADOS

• O Provimento OAB n. 170, de 24-2-2016, dispõe sobre as sociedades unipessoais de advocacia.

Art. 15. Os advogados podem reunir-se em sociedade simples de prestação de serviços de advocacia ou constituir sociedade unipessoal de advocacia, na forma disciplinada nesta Lei e no regulamento geral.

•• *Caput* com redação determinada pela Lei n. 13.247, de 12-1-2016.

§ 1.º A sociedade de advogados e a sociedade unipessoal de advocacia adquirem personalidade jurídica com o registro aprovado dos seus atos constitutivos no Conselho Seccional da OAB em cuja base territorial tiver sede.

•• § 1.º com redação determinada pela Lei n. 13.247, de 12-1-2016.

§ 2.º Aplica-se à sociedade de advogados e à sociedade unipessoal de advocacia o Código de Ética e Disciplina, no que couber.

•• § 2.º com redação determinada pela Lei n. 13.247, de 12-1-2016.

§ 3.º As procurações devem ser outorgadas individualmente aos advogados e indicar a sociedade de que façam parte.

§ 4.º Nenhum advogado pode integrar mais de uma sociedade de advogados, constituir mais de uma sociedade unipessoal de advocacia, ou integrar, simultaneamente, uma sociedade de advogados e uma sociedade unipessoal de advocacia, com sede ou filial na mesma área territorial do respectivo Conselho Seccional.

•• § 4.º com redação determinada pela Lei n. 13.247, de 12-1-2016.

§ 5.º O ato de constituição de filial deve ser averbado no registro da sociedade e arquivado no Conselho Seccional onde se instalar, ficando os sócios, inclusive o titular da sociedade unipessoal de advocacia, obrigados à inscrição suplementar.

•• § 5.º com redação determinada pela Lei n. 13.247, de 12-1-2016.

§ 6.º Os advogados sócios de uma mesma sociedade profissional não podem representar em juízo clientes de interesses opostos.

§ 7.º A sociedade unipessoal de advocacia pode resultar da concentração por um advogado das quotas de uma sociedade de advogados, independentemente das razões que motivaram tal concentração.

•• § 7.º acrescentado pela Lei n. 13.247, de 12-1-2016.

Art. 16. Não são admitidas a registro nem podem funcionar todas as espécies de sociedades de advogados que apresentem forma ou características de sociedade empresária, que adotem denominação de fantasia, que realizem atividades estranhas à advocacia, que incluam como sócio ou titular de sociedade unipessoal de advocacia pessoa não inscrita como advogado ou totalmente proibida de advogar.

•• *Caput* com redação determinada pela Lei n. 13.247, de 12-1-2016.

§ 1.º A razão social deve ter, obrigatoriamente, o nome de, pelo menos, um advogado responsável pela sociedade, podendo permanecer o de sócio falecido, desde que prevista tal possibilidade no ato constitutivo.

§ 2.º O licenciamento do sócio para exercer atividade incompatível com a advocacia em caráter temporário deve ser averbado no registro da sociedade, não alterando sua constituição.

§ 3.º É proibido o registro, nos cartórios de registro civil de pessoas jurídicas e nas juntas comerciais, de sociedade que inclua, entre outras finalidades, a atividade de advocacia.

§ 4.º A denominação da sociedade unipessoal de advocacia deve ser obrigatoriamente formada pelo nome do seu titular, completo ou parcial, com a expressão 'Sociedade Individual de Advocacia'.

•• § 4.º acrescentado pela Lei n. 13.247, de 12-1-2016.

Art. 17. Além da sociedade, o sócio e o titular da sociedade individual de advocacia respondem subsidiária e ilimitadamente pelos danos causados aos clientes por ação ou omissão no exercício da advocacia, sem prejuízo da responsabilidade disciplinar em que possam incorrer.

•• Artigo com redação determinada pela Lei n. 13.247, de 12-1-2016.

Capítulo V
DO ADVOGADO EMPREGADO

• Dispõe o art. 4.º da Lei n. 9.527, de 10-12-1997:

"Art. 4.º As disposições constantes do Capítulo V, Título I, da Lei n. 8.906, de 4-7-1994, não se aplicam à Administração Pública direta da União, dos Estados, do Distrito Federal e dos Municípios, bem como às suas autarquias, às fundações instituídas pelo Poder Público, às empresas e às sociedades de economia mista".

Art. 18. A relação de emprego, na qualidade de advogado, não retira a isenção técnica nem reduz a independência profissional inerentes à advocacia.

Parágrafo único. O advogado empregado não está obrigado à prestação de serviços profissionais de interesse pessoal dos empregadores, fora da relação de emprego.

Art. 19. O salário mínimo profissional do advogado será fixado em sentença normativa, salvo se ajustado em acordo ou convenção coletiva de trabalho.

Art. 20. A jornada de trabalho do advogado empregado, no exercício da profissão, não poderá exceder a duração diária de 4 (quatro) horas contínuas e a de 20 (vinte) horas semanais, salvo acordo ou convenção coletiva ou em caso de dedicação exclusiva.

§ 1.º Para efeitos deste artigo, considera-se como período de trabalho o tempo em que o advogado estiver à disposição do empregador, aguardando ou executando ordens, no seu escritório ou em atividades externas, sendo-lhe reembolsadas as despesas feitas com transporte, hospedagem e alimentação.

§ 2.º As horas trabalhadas que excederem a jornada normal são remuneradas por um adicional não inferior a 100% (cem por cento) sobre o valor da hora normal, mesmo havendo contrato escrito.

§ 3.º As horas trabalhadas no período das 20 (vinte) horas de um dia até as 5 (cinco) horas do dia seguinte são remuneradas como noturnas, acrescidas do adicional de 25% (vinte e cinco por cento).

Art. 21. Nas causas em que for parte o empregador, ou pessoa por este representada, os honorários de sucumbência são devidos aos advogados empregados.

•• O STF julgou parcialmente procedente, em 20-5-2009, a ADI n. 1.194-4 (*DOU* de 28-9-2006), para dar interpretação conforme à CF, estabelecendo que os honorários de sucumbência podem ser tanto do advogado quanto da sociedade ou de ambos, dependendo de disposição contratual.

Parágrafo único. Os honorários de sucumbência, percebidos por advogado empregado de sociedade de advogados são partilhados entre ele e a empregadora, na forma estabelecida em acordo.

Capítulo VI
DOS HONORÁRIOS ADVOCATÍCIOS

Art. 22. A prestação de serviço profissional assegura aos inscritos na OAB o direito aos honorários convencionados, aos fixados por arbitramento judicial e aos de sucumbência.

§ 1.º O advogado, quando indicado para patrocinar causa de juridicamente necessitado, no caso de impossibilidade da Defensoria Pública no local da prestação de serviço, tem direito aos honorários fixados pelo juiz, segundo tabela organizada pelo Conselho Seccional da OAB, e pagos pelo Estado.

§ 2.º Na falta de estipulação ou de acordo, os honorários são fixados por arbitramento judicial, em remuneração compatível com o trabalho e o valor econômico da questão, não podendo ser inferiores aos estabelecidos na tabela organizada pelo Conselho Seccional da OAB.

• *Vide* Súmula 201 do STJ.

§ 3.º Salvo estipulação em contrário, 1/3 (um terço) dos honorários é devido no início do serviço, outro terço até a decisão de primeira instância e o restante no final.

§ 4.º Se o advogado fizer juntar aos autos o seu contrato de honorários antes de expedir-se o mandado de levantamento ou precatório, o juiz deve determinar que lhe sejam pagos diretamente, por dedução da quantia a ser recebida pelo constituinte, salvo se este provar que já os pagou.

§ 5.º O disposto neste artigo não se aplica quando se tratar de mandato outorgado por advogado para defesa em processo oriundo de ato ou omissão praticada no exercício da profissão.

Art. 23. Os honorários incluídos na condenação, por arbitramento ou sucumbência, pertencem ao advogado, tendo este direito autônomo para executar a sentença nesta parte, podendo requerer que o precatório, quando necessário, seja expedido em seu favor.

Art. 24. A decisão judicial que fixar ou arbitrar honorários e o contrato escrito que os estipular são títulos executivos e constituem crédito privilegiado na falência, concordata, concurso de credores, insolvência civil e liquidação extrajudicial.

§ 1.º A execução dos honorários pode ser promovida nos mesmos autos da ação em que tenha atuado o advogado, se assim lhe convier.

§ 2.º Na hipótese de falecimento ou incapacidade civil do advogado, os honorários de sucumbência, proporcionais ao trabalho realizado, são recebidos por seus sucessores ou representantes legais.

§ 3.º É nula qualquer disposição, cláusula, regulamento ou convenção individual ou coletiva que retire do advogado o direito ao recebimento dos honorários de sucumbência.

•• O STF, em 20-5-2009, na ADI n. 1.194-4 (*DOU* de 28-9-2006), declarou a inconstitucionalidade deste parágrafo.

§ 4.º O acordo feito pelo cliente do advogado e a parte contrária, salvo aquiescência do profissional, não lhe prejudica os honorários, quer os convencionados, quer os concedidos por sentença.

Art. 25. Prescreve em 5 (cinco) anos a ação de cobrança de honorários de advogado, contado o prazo:

I – do vencimento do contrato, se houver;

II – do trânsito em julgado da decisão que os fixar;

III – da ultimação do serviço extrajudicial;

IV – da desistência ou transação;

V – da renúncia ou revogação do mandato.

Art. 25-A. Prescreve em cinco anos a ação de prestação de contas pelas quantias recebidas pelo advogado de seu cliente, ou de terceiros por conta dele (art. 34, XXI).

•• Artigo acrescentado pela Lei n. 11.902, de 12-1-2009.

Art. 26. O advogado substabelecido, com reserva de poderes, não pode cobrar honorários sem a intervenção daquele que lhe conferiu o substabelecimento.

Capítulo VII
DAS INCOMPATIBILIDADES E IMPEDIMENTOS

Art. 27. A incompatibilidade determina a proibição total, e o impedimento, a proibição parcial do exercício da advocacia.

Art. 28. A advocacia é incompatível, mesmo em causa própria, com as seguintes atividades:

I – chefe do Poder Executivo e membros da Mesa do Poder Legislativo e seus substitutos legais;

II – membros de órgãos do Poder Judiciário, do Ministério Público, dos tribunais e conselhos de contas, dos juizados especiais, da justiça de paz, juízes classistas, bem como de todos os que exerçam função de julgamento em órgãos de deliberação coletiva da administração pública direta ou indireta;

•• O STF, na ADI n. 1.127-8, de 17-5-2006 (*DOU* de 26-5-2006), determina que sejam excluídos da abrangência deste inciso os juízes eleitorais e seus suplentes.

III – ocupantes de cargos ou funções de direção em órgãos da Administração Pública direta ou indireta, em suas fundações e em suas empresas controladas ou concessionárias de serviço público;

IV – ocupantes de cargos ou funções vinculados direta ou indiretamente a qualquer órgão do Poder Judiciário e os que exercem serviços notariais e de registro;

V – ocupantes de cargos ou funções vinculados direta ou indiretamente a atividade policial de qualquer natureza;

VI – militares de qualquer natureza, na ativa;

VII – ocupantes de cargos ou funções que tenham competência de lançamento, arrecadação ou fiscalização de tributos e contribuições parafiscais;

VIII – ocupantes de funções de direção e gerência em instituições financeiras, inclusive privadas.

§ 1.º A incompatibilidade permanece mesmo que o ocupante do cargo ou função deixe de exercê-lo temporariamente.

§ 2.º Não se incluem nas hipóteses do inciso III os que não detenham poder de decisão relevante sobre interesses de terceiro, a juízo do Conselho competente da OAB, bem como a administração acadêmica diretamente relacionada ao magistério jurídico.

Art. 29. Os Procuradores Gerais, Advogados Gerais, Defensores Gerais e dirigentes de órgãos jurídicos da Administração Pública direta, indireta e fundacional são exclusivamente legitimados para o exercício da advocacia vinculada à função que exerçam, durante o período da investidura.

Art. 30. São impedidos de exercer a advocacia:

I – os servidores da administração direta, indireta e fundacional, contra a Fazenda Pública que os remunere ou à qual seja vinculada a entidade empregadora;

• A Resolução n. 27, de 10-3-2008, do CNMP, disciplina a vedação do exercício da advocacia por parte dos servidores do Ministério Público dos Estados e da União.

II – os membros do Poder Legislativo, em seus diferentes níveis, contra ou a favor das pessoas jurídicas de direito público, empresas públicas, sociedades de economia mista, fundações públicas, entidades paraestatais ou empresas concessionárias ou permissionárias de serviço público.

Parágrafo único. Não se incluem nas hipóteses do inciso I os docentes dos cursos jurídicos.

Capítulo VIII
DA ÉTICA DO ADVOGADO

Art. 31. O advogado deve proceder de forma que o torne merecedor de respeito e que contribua para o prestígio da classe e da advocacia.

§ 1.º O advogado, no exercício da profissão, deve manter independência em qualquer circunstância.

§ 2.º Nenhum receio de desagradar a magistrado ou a qualquer autoridade, nem de incorrer em impopularidade, deve deter o advogado no exercício da profissão.

Art. 32. O advogado é responsável pelos atos que, no exercício profissional, praticar com dolo ou culpa.

Parágrafo único. Em caso de lide temerária, o advogado será solidariamente responsável com seu cliente, desde que coligado com este para lesar a parte contrária, o que será apurado em ação própria.

Art. 33. O advogado obriga-se a cumprir rigorosamente os deveres consignados no Código de Ética e Disciplina.

Parágrafo único. O Código de Ética e Disciplina regula os deveres do advogado para com a comunidade, o cliente, o outro profissional e, ainda, a publicidade, a recusa do patrocínio, o dever de assistência jurídica, o dever geral de urbanidade e os respectivos procedimentos disciplinares.

Capítulo IX
DAS INFRAÇÕES E SANÇÕES DISCIPLINARES

Art. 34. Constitui infração disciplinar:

I – exercer a profissão, quando impedido de fazê-lo, ou facilitar, por qualquer meio, o seu exercício aos não inscritos, proibidos ou impedidos;

II – manter sociedade profissional fora das normas e preceitos estabelecidos nesta Lei;

III – valer-se de agenciador de causas, mediante participação nos honorários a receber;

IV – angariar ou captar causas, com ou sem a intervenção de terceiros;

V – assinar qualquer escrito destinado a processo judicial ou para fim extrajudicial que não tenha feito, ou em que não tenha colaborado;

VI – advogar contra literal disposição de lei, presumindo-se a boa-fé quando fundamentado na inconstitucionalidade, na injustiça da lei ou em pronunciamento judicial anterior;

VII – violar, sem justa causa, sigilo profissional;

VIII – estabelecer entendimento com a parte adversa sem autorização do cliente ou ciência do advogado contrário;

IX – prejudicar, por culpa grave, interesse confiado ao seu patrocínio;

X – acarretar, conscientemente, por ato próprio, a anulação ou a nulidade do processo em que funcione;

XI – abandonar a causa sem justo motivo ou antes de decorridos 10 (dez) dias da comunicação da renúncia;

XII – recusar-se a prestar, sem justo motivo, assistência jurídica, quando nomeado em virtude de impossibilidade da Defensoria Pública;

XIII – fazer publicar na imprensa, desnecessária e habitualmente, alegações forenses ou relativas a causas pendentes;

XIV – deturpar o teor de dispositivo de lei, de citação doutrinária ou de julgado, bem como de depoimentos, documentos e alegações da parte contrária, para confundir o adversário ou iludir o juiz da causa;

XV – fazer, em nome do constituinte, sem autorização escrita deste, imputação a terceiro de fato definido como crime;

XVI – deixar de cumprir, no prazo estabelecido, determinação emanada do órgão ou autoridade da Ordem, em matéria da competência desta, depois de regularmente notificado;

XVII – prestar concurso a clientes ou a terceiros para realização de ato contrário à lei ou destinado a fraudá-la;

XVIII – solicitar ou receber de constituinte qualquer importância para aplicação ilícita ou desonesta;

XIX – receber valores, da parte contrária ou de terceiro, relacionados com o objeto do mandato, sem expressa autorização do constituinte;

XX – locupletar-se, por qualquer forma, à custa do cliente ou da parte adversa, por si ou interposta pessoa;

XXI – recusar-se, injustificadamente, a prestar contas ao cliente de quantias recebidas dele ou de terceiros por conta dele;

XXII – reter, abusivamente, ou extraviar autos recebidos com vista ou em confiança;

XXIII – deixar de pagar as contribuições, multas e preços de serviços devidos à OAB, depois de regularmente notificado a fazê-lo;

XXIV – incidir em erros reiterados que evidenciem inépcia profissional;

XXV – manter conduta incompatível com a advocacia;

XXVI – fazer falsa prova de qualquer dos requisitos para inscrição na OAB;

XXVII – tornar-se moralmente inidôneo para o exercício da advocacia;

XXVIII – praticar crime infamante;

XXIX – praticar, o estagiário, ato excedente de sua habilitação.

Parágrafo único. Inclui-se na conduta incompatível:

a) prática reiterada de jogo de azar, não autorizado por lei;

b) incontinência pública e escandalosa;

c) embriaguez ou toxicomania habituais.

Art. 35. As sanções disciplinares consistem em:

I – censura;

II – suspensão;

III – exclusão;

IV – multa.

Parágrafo único. As sanções devem constar dos assentamentos do inscrito, após o trânsito em julgado da decisão, não podendo ser objeto de publicidade a de censura.

Art. 36. A censura é aplicável nos casos de:

I – infrações definidas nos incisos I a XVI e XXIX do art. 34;

II – violação a preceito do Código de Ética e Disciplina;

III – violação a preceito desta Lei, quando para a infração não se tenha estabelecido sanção mais grave.

Parágrafo único. A censura pode ser convertida em advertência, em ofício reservado, sem registro nos assentamentos do inscrito, quando presente circunstância atenuante.

Art. 37. A suspensão é aplicável nos casos de:

I – infrações definidas nos incisos XVII a XXV do art. 34;

II – reincidência em infração disciplinar.

§ 1.º A suspensão acarreta ao infrator a interdição do exercício profissional, em todo o território nacional, pelo prazo de 30 (trinta) dias a 12 (doze) meses, de acordo com os critérios de individualização previstos neste capítulo.

§ 2.º Nas hipóteses dos incisos XXI e XXIII do art. 34, a suspensão perdura até que satisfaça integralmente a dívida, inclusive com correção monetária.

§ 3.º Na hipótese do inciso XXIV do art. 34, a suspensão perdura até que preste novas provas de habilitação.

Art. 38. A exclusão é aplicável nos casos de:

I – aplicação, por três vezes, de suspensão;

II – infrações definidas nos incisos XXVI a XXVIII do art. 34.

Parágrafo único. Para a aplicação da sanção disciplinar de exclusão é necessária a manifestação favorável de 2/3 (dois terços) dos membros do Conselho Seccional competente.

Art. 39. A multa, variável entre o mínimo correspondente ao valor de uma anuidade e o máximo de seu décuplo, é aplicável cumulativamente com a censura ou suspensão, em havendo circunstâncias agravantes.

Art. 40. Na aplicação das sanções disciplinares são consideradas, para fins de atenuação, as seguintes circunstâncias, entre outras:

I – falta cometida na defesa de prerrogativa profissional;

II – ausência de punição disciplinar anterior;

III – exercício assíduo e proficiente de mandato ou cargo em qualquer órgão da OAB;

IV – prestação de relevantes serviços à advocacia ou à causa pública.

Parágrafo único. Os antecedentes profissionais do inscrito, as atenuantes, o grau de culpa por ele revelada, as circunstâncias e as consequências da infração são considerados para o fim de decidir:

a) sobre a conveniência da aplicação cumulativa da multa e de outra sanção disciplinar;

b) sobre o tempo de suspensão e o valor da multa aplicáveis.

Art. 41. É permitido ao que tenha sofrido qualquer sanção disciplinar requerer, um ano após seu cumprimento, a reabilitação, em face de provas efetivas de bom comportamento.

Parágrafo único. Quando a sanção disciplinar resultar da prática de crime, o pedido de reabilitação depende também da correspondente reabilitação criminal.

Art. 42. Fica impedido de exercer o mandato o profissional a quem forem aplicadas as sanções disciplinares de suspensão ou exclusão.

Art. 43. A pretensão à punibilidade das infrações disciplinares prescreve em 5 (cinco) anos, contados da data da constatação oficial do fato.

§ 1.º Aplica-se a prescrição a todo processo disciplinar paralisado por mais de 3 (três) anos, pendente de despacho ou julgamento, devendo ser arquivado de ofício, ou a requerimento da parte interessada, sem prejuízo de serem apuradas as responsabilidades pela paralisação.

§ 2.º A prescrição interrompe-se:

I – pela instauração de processo disciplinar ou pela notificação válida feita diretamente ao representado;

II – pela decisão condenatória recorrível de qualquer órgão julgador da OAB.

Título II
DA ORDEM DOS ADVOGADOS DO BRASIL

Capítulo I
DOS FINS E DA ORGANIZAÇÃO

Art. 44. A Ordem dos Advogados do Brasil – OAB, serviço público, dotada de personalidade jurídica e forma federativa, tem por finalidade:

I – defender a Constituição, a ordem jurídica do Estado democrático de direito, os direitos humanos, a justiça social, e pugnar pela boa aplicação das leis, pela rápida administração da justiça e pelo aperfeiçoamento da cultura e das instituições jurídicas;

II – promover, com exclusividade, a representação, a defesa, a seleção e a disciplina dos advogados em toda a República Federativa do Brasil.

§ 1.º A OAB não mantém com órgãos da Administração Pública qualquer vínculo funcional ou hierárquico.

§ 2.º O uso da sigla "OAB" é privativo da Ordem dos Advogados do Brasil.

Art. 45. São órgãos da OAB:

I – o Conselho Federal;

II – os Conselhos Seccionais;

III – as Subseções;

IV – as Caixas de Assistência dos Advogados.

§ 1.º O Conselho Federal, dotado de personalidade jurídica própria, com sede na capital da República, é o órgão supremo da OAB.

§ 2.º Os Conselhos Seccionais, dotados de personalidade jurídica própria, têm jurisdição sobre os respectivos territórios dos Estados-membros, do Distrito Federal e dos Territórios.

§ 3.º As Subseções são partes autônomas do Conselho Seccional, na forma desta Lei e de seu ato constitutivo.

§ 4.º As Caixas de Assistência dos Advogados, dotadas de personalidade jurídica própria, são criadas pelos Conselhos Seccionais, quando estes contarem com mais de 1.500 (mil e quinhentos) inscritos.

§ 5.º A OAB, por constituir serviço público, goza de imunidade tributária total em relação a seus bens, rendas e serviços.

§ 6.º Os atos conclusivos dos órgãos da OAB, salvo quando reservados ou de administração interna, devem ser publicados na imprensa oficial ou afixados no fórum, na íntegra ou em resumo.

Art. 46. Compete à OAB fixar e cobrar, de seus inscritos, contribuições, preços de serviços e multas.

Parágrafo único. Constitui título executivo extrajudicial a certidão passada pela diretoria do Conselho competente, relativa a crédito previsto neste artigo.

Art. 47. O pagamento da contribuição anual à OAB isenta os inscritos nos seus quadros do pagamento obrigatório da contribuição sindical.

Art. 48. O cargo de conselheiro ou de membro de diretoria de órgão da OAB é de exercício gratuito e obrigatório, considerado serviço público relevante, inclusive para fins de disponibilidade e aposentadoria.

Art. 49. Os Presidentes dos Conselhos e das Subseções da OAB têm legitimidade para agir, judicial e extrajudicialmente, contra qualquer pessoa que infringir as disposições ou os fins desta Lei.

Parágrafo único. As autoridades mencionadas no *caput* deste artigo têm, ainda, legitimidade para intervir, inclusive como assistentes, nos inquéritos e processos em que sejam indiciados, acusados ou ofendidos os inscritos na OAB.

Art. 50. Para os fins desta Lei, os Presidentes dos Conselhos da OAB e das Subseções podem requisitar cópias de peças de autos e documentos a qualquer tribunal, magistrado, cartório e órgão da Administração Pública direta, indireta e fundacional.

•• O STF, na ADI n. 1.127-8, de 17-5-2006 (*DOU* de 26-5-2006), dá interpretação a este artigo, sem redução de texto, nos seguintes termos: "de modo a fazer compreender a palavra 'requisitar' como dependente de motivação, compatibilização com as finalidades da lei e atendimento de custos desta requisição. Ficam ressalvados, desde já, os documentos cobertos por sigilo".

Capítulo II
DO CONSELHO FEDERAL

Art. 51. O Conselho Federal compõe-se:

I – dos conselheiros federais, integrantes das delegações de cada unidade federativa;

II – dos seus ex-presidentes, na qualidade de membros honorários vitalícios.

§ 1.º Cada delegação é formada por 3 (três) conselheiros federais.

§ 2.º Os ex-presidentes têm direito apenas a voz nas sessões.

Art. 52. Os presidentes dos Conselhos Seccionais, nas sessões do Conselho Federal, têm lugar reservado junto à delegação respectiva e direito somente a voz.

Art. 53. O Conselho Federal tem sua estrutura e funcionamento definidos no Regulamento Geral da OAB.

§ 1.º O Presidente, nas deliberações do Conselho, tem apenas o voto de qualidade.

§ 2.º O voto é tomado por delegação, e não pode ser exercido nas matérias de interesse da unidade que represente.

§ 3.º Na eleição para a escolha da Diretoria do Conselho Federal, cada membro da delegação terá direito a 1 (um) voto, vedado aos membros honorários vitalícios.

•• § 3.º acrescentado pela Lei n. 11.179, de 22-9-2005.

Art. 54. Compete ao Conselho Federal:

I – dar cumprimento efetivo às finalidades da OAB;

II – representar, em juízo ou fora dele, os interesses coletivos ou individuais dos advogados;

III – velar pela dignidade, independência, prerrogativas e valorização da advocacia;

IV – representar, com exclusividade, os advogados brasileiros nos órgãos e eventos internacionais da advocacia;

V – editar e alterar o Regulamento Geral, o Código de Ética e Disciplina, e os Provimentos que julgar necessários;

VI – adotar medidas para assegurar o regular funcionamento dos Conselhos Seccionais;

VII – intervir nos Conselhos Seccionais, onde e quando constatar grave violação desta Lei ou do Regulamento Geral;

VIII – cassar ou modificar, de ofício ou mediante representação, qualquer ato, de órgão ou autoridade da OAB, contrário a esta Lei, ao Regulamento Geral, ao Código de Ética e Disciplina, e aos Provimentos, ouvida a autoridade ou o órgão em causa;

IX – julgar, em grau de recurso, as questões decididas pelos Conselhos Seccionais, nos casos previstos neste Estatuto e no Regulamento Geral;

X – dispor sobre a identificação dos inscritos na OAB e sobre os respectivos símbolos privativos;

XI – apreciar o relatório anual e deliberar sobre o balanço e as contas de sua diretoria;

XII – homologar ou mandar suprir relatório anual, o balanço e as contas dos Conselhos Seccionais;

XIII – elaborar as listas constitucionalmente previstas, para o preenchimento dos cargos nos tribunais judiciários de âmbito nacional ou interestadual, com advogados que estejam em pleno exercício da profissão, vedada a inclusão de nome de membro do próprio Conselho ou de outro órgão da OAB;

• O Provimento n. 102, de 9-3-2004, do Conselho Federal da OAB, dispõe sobre a indicação, em lista sêxtupla, de advogados que devam integrar os Tribunais Judiciários e Administrativos.

XIV – ajuizar ação direta de inconstitucionalidade de normas legais e atos normativos, ação civil pública, mandado de segurança coletivo, mandado de injunção e demais ações cuja legitimação lhe seja outorgada por lei;

XV – colaborar com o aperfeiçoamento dos cursos jurídicos, e opinar, previamente, nos pedidos apresentados aos órgãos competentes para criação, reconhecimento ou credenciamento desses cursos;

XVI – autorizar, pela maioria absoluta das delegações, a oneração ou alienação de seus bens imóveis;

XVII – participar de concursos públicos, nos casos previstos na Constituição e na lei, em todas as suas fases, quando tiverem abrangência nacional ou interestadual;

XVIII – resolver os casos omissos neste Estatuto.

Parágrafo único. A intervenção referida no inciso VII deste artigo depende de prévia aprovação por 2/3 (dois terços) das delegações, garantido o amplo direito de defesa do Conselho Seccional respectivo, nomeando-se diretoria provisória para o prazo que se fixar.

Art. 55. A diretoria do Conselho Federal é composta de um Presidente, de um Vice-Presidente, de um Secretário-Geral, de um Secretário-Geral Adjunto e de um Tesoureiro.

§ 1.º O Presidente exerce a representação nacional e internacional da OAB, competindo-lhe convocar o Conselho Federal, presidi-lo, representá-lo ativa e passivamente, em juízo ou fora dele, promover-lhe a administração patrimonial e dar execução às suas decisões.

§ 2.º O Regulamento Geral define as atribuições dos membros da Diretoria e a ordem de substituição em caso de vacância, licença, falta ou impedimento.

§ 3.º Nas deliberações do Conselho Federal, os membros da diretoria votam como membros de suas delegações, cabendo ao Presidente, apenas, o voto de qualidade e o direito de embargar a decisão, se esta não for unânime.

Capítulo III
DO CONSELHO SECCIONAL

Art. 56. O Conselho Seccional compõe-se de conselheiros em número proporcional ao de seus inscritos, segundo critérios estabelecidos no Regulamento Geral.

§ 1.º São membros honorários vitalícios os seus ex-presidentes, somente com direito a voz em suas sessões.

§ 2.º O Presidente do Instituto dos Advogados local é membro honorário, somente com direito a voz nas sessões do Conselho.

§ 3.º Quando presentes às sessões do Conselho Seccional, o Presidente do Conselho Federal, os Conselheiros Federais integrantes da respectiva delegação, o Presidente da Caixa de Assistência dos Advogados e os Presidentes das Subseções, têm direito a voz.

Art. 57. O Conselho Seccional exerce e observa, no respectivo território, as competências, vedações e funções atribuídas ao Conselho Federal, no que couber e no âmbito de sua competência material e territorial, e as normas gerais estabelecidas nesta Lei, no Regulamento Geral, no Código de Ética e Disciplina, e nos Provimentos.

Art. 58. Compete privativamente ao Conselho Seccional:

I – editar seu Regimento Interno e Resoluções;

II – criar as Subseções e a Caixa de Assistência dos Advogados;

III – julgar, em grau de recurso, as questões decididas por seu Presidente, por sua diretoria, pelo Tribunal de Ética e Disciplina, pelas diretorias das Subseções e da Caixa de Assistência dos Advogados;

IV – fiscalizar a aplicação da receita, apreciar o relatório anual e deliberar sobre o balanço e as contas de sua diretoria, das diretorias das Subseções e da Caixa de Assistência dos Advogados;

V – fixar a tabela de honorários, válida para todo o território estadual;

VI – realizar o Exame de Ordem;

VII – decidir os pedidos de inscrição nos quadros de advogados e estagiários;

VIII – manter cadastro de seus inscritos;

IX – fixar, alterar e receber contribuições obrigatórias, preços de serviços e multas;

X – participar da elaboração dos concursos públicos, em todas as suas fases, nos casos previstos na Constituição e nas leis, no âmbito do seu território;

XI – determinar, com exclusividade, critérios para o traje dos advogados, no exercício profissional;

XII – aprovar e modificar seu orçamento anual;

XIII – definir a composição e o funcionamento do Tribunal de Ética e Disciplina, e escolher seus membros;

XIV – eleger as listas, constitucionalmente previstas, para preenchimento dos cargos nos tribunais judiciários, no âmbito de sua competência e na forma do Provimento do Conselho Federal, vedada a inclusão de membros do próprio Conselho e de qualquer órgão da OAB;

• O Provimento n. 102, de 9-3-2004, do Conselho Federal da OAB, dispõe sobre a indicação, em lista sêxtupla, de advogados que devam integrar os Tribunais Judiciários e Administrativos.

XV – intervir nas Subseções e na Caixa de Assistência dos Advogados;

XVI – desempenhar outras atribuições previstas no Regulamento Geral.

Art. 59. A diretoria do Conselho Seccional tem composição idêntica e atribuições equivalentes às do Conselho Federal, na forma do Regimento Interno daquele.

Capítulo IV
DA SUBSEÇÃO

Art. 60. A Subseção pode ser criada pelo Conselho Seccional, que fixa sua área territorial e seus limites de competência e autonomia.

§ 1.º A área territorial da Subseção pode abranger um ou mais municípios, ou parte de município, inclusive da capital do Estado, contando com um mínimo de 15 (quinze) advogados, nela profissionalmente domiciliados.

§ 2.º A Subseção é administrada por uma diretoria, com atribuições e composição equivalentes às da diretoria do Conselho Seccional.

§ 3.º Havendo mais de cem advogados, a Subseção pode ser integrada, também, por um Conselho em número de membros fixado pelo Conselho Seccional.

§ 4.º Os quantitativos referidos nos §§ 1.º e 3.º deste artigo podem ser ampliados, na forma do Regimento Interno do Conselho Seccional.

§ 5.º Cabe ao Conselho Seccional fixar, em seu orçamento, dotações específicas destinadas à manutenção das Subseções.

§ 6.º O Conselho Seccional, mediante o voto de 2/3 (dois terços) de seus membros, pode intervir nas Subseções, onde constatar grave violação desta Lei ou do Regimento Interno daquele.

Art. 61. Compete à Subseção, no âmbito de seu território:

I – dar cumprimento efetivo às finalidades da OAB;

II – velar pela dignidade, independência e valorização da advocacia, e fazer valer as prerrogativas do advogado;

III – representar a OAB perante os poderes constituídos;

IV – desempenhar as atribuições previstas no Regulamento Geral ou por delegação de competência do Conselho Seccional.

Parágrafo único. Ao Conselho da Subseção, quando houver, compete exercer as funções e atribuições do Conselho Seccional, na forma do Regimento Interno deste, e ainda:

a) editar seu Regimento Interno, a ser referendado pelo Conselho Seccional;

b) editar resoluções, no âmbito de sua competência;

c) instaurar e instruir processos disciplinares, para julgamento pelo Tribunal de Ética e Disciplina;

d) receber pedido de inscrição nos quadros de advogado e estagiário, instruindo e emitindo parecer prévio, para decisão do Conselho Seccional.

Capítulo V
DA CAIXA DE ASSISTÊNCIA DOS ADVOGADOS

Art. 62. A Caixa de Assistência dos Advogados, com personalidade jurídica própria, destina-se a prestar assistência aos inscritos no Conselho Seccional a que se vincule.

§ 1.º A Caixa é criada e adquire personalidade jurídica com a aprovação e registro de seu Estatuto pelo respectivo Conselho Seccional da OAB, na forma do Regulamento Geral.

§ 2.º A Caixa pode, em benefício dos advogados, promover a seguridade complementar.

§ 3.º Compete ao Conselho Seccional fixar contribuição obrigatória devida por seus inscritos, destinada à manutenção do disposto no parágrafo anterior, incidente sobre atos decorrentes do efetivo exercício da advocacia.

§ 4.º A diretoria da Caixa é composta de 5 (cinco) membros, com atribuições definidas no seu Regimento Interno.

§ 5.º Cabe à Caixa a metade da receita das anuidades recebidas pelo Conselho Seccional, considerado o valor resultante após as deduções regulamentares obrigatórias.

§ 6.º Em caso de extinção ou desativação da Caixa, seu patrimônio se incorpora ao do Conselho Seccional respectivo.

§ 7.º O Conselho Seccional, mediante voto de 2/3 (dois terços) de seus membros, pode intervir na Caixa de Assistência dos Advogados, no caso de descumprimento de suas finalidades, designando diretoria provisória, enquanto durar a intervenção.

Capítulo VI
DAS ELEIÇÕES E DOS MANDATOS

Art. 63. A eleição dos membros de todos os órgãos da OAB será realizada na segunda quinzena do mês de novembro, do último ano do mandato, mediante cédula única e votação direta dos advogados regularmente inscritos.

§ 1.º A eleição, na forma e segundo os critérios e procedimentos estabelecidos no Regulamento Geral, é de comparecimento obrigatório para todos os advogados inscritos na OAB.

§ 2.º O candidato deve comprovar situação regular junto à OAB, não ocupar cargo exonerável *ad nutum*, não ter sido condenado por infração disciplinar, salvo reabilitação, e exercer efetivamente a profissão há mais de 5 (cinco) anos.

Art. 64. Consideram-se eleitos os candidatos integrantes da chapa que obtiver a maioria dos votos válidos.

§ 1.º A chapa para o Conselho Seccional deve ser composta dos candidatos ao Conselho e à sua Diretoria e, ainda, à delegação ao Conselho Federal e à Diretoria da Caixa de Assistência dos Advogados para eleição conjunta.

§ 2.º A chapa para a Subseção deve ser composta com os candidatos à diretoria, e de seu Conselho quando houver.

Art. 65. O mandato em qualquer órgão da OAB é de 3 (três) anos, iniciando-se em 1.º (primeiro) de janeiro do ano seguinte ao da eleição, salvo o Conselho Federal.

Parágrafo único. Os conselheiros federais eleitos iniciam seus mandatos em 1.º (primeiro) de fevereiro do ano seguinte ao da eleição.

Art. 66. Extingue-se o mandato automaticamente, antes do seu término, quando:

I – ocorrer qualquer hipótese de cancelamento de inscrição ou de licenciamento do profissional;

II – o titular sofrer condenação disciplinar;

III – o titular faltar, sem motivo justificado, a 3 (três) reuniões ordinárias consecutivas de cada órgão deliberativo do Conselho ou da diretoria da Subseção ou da Caixa de Assistência dos Advogados, não podendo ser reconduzido no mesmo período de mandato.

Parágrafo único. Extinto qualquer mandato, nas hipóteses deste artigo, cabe ao Conselho Seccional escolher o substituto, caso não haja suplente.

Art. 67. A eleição da Diretoria do Conselho Federal, que tomará posse no dia 1.º de fevereiro, obedecerá às seguintes regras:

Legislação Complementar

I – será admitido registro, junto ao Conselho Federal, de candidatura à presidência, desde 6 (seis) meses até 1 (um) mês antes da eleição;

II – o requerimento de registro deverá vir acompanhado do apoiamento de, no mínimo, 6 (seis) Conselhos Seccionais;

III – até 1 (um) mês antes das eleições, deverá ser requerido o registro da chapa completa, sob pena de cancelamento da candidatura respectiva;

IV – no dia 31 de janeiro do ano seguinte ao da eleição, o Conselho Federal elegerá, em reunião presidida pelo conselheiro mais antigo, por voto secreto e para mandato de 3 (três) anos, sua diretoria, que tomará posse no dia seguinte;

•• Inciso IV com redação determinada pela Lei n. 11.179, de 22-9-2005.

V – será considerada eleita a chapa que obtiver maioria simples dos votos dos Conselheiros Federais, presente a metade mais 1 (um) dos seus membros.

•• Inciso V com redação determinada pela Lei n. 11.179, de 22-9-2005.

Parágrafo único. Com exceção do candidato a Presidente, os demais integrantes da chapa deverão ser conselheiros federais eleitos.

Título III
DO PROCESSO NA OAB

Capítulo I
DISPOSIÇÕES GERAIS

Art. 68. Salvo disposição em contrário, aplicam-se subsidiariamente ao processo disciplinar as regras da legislação processual penal comum e, aos demais processos, as regras gerais do procedimento administrativo comum e da legislação processual civil, nessa ordem.

Art. 69. Todos os prazos necessários à manifestação de advogados, estagiários e terceiros, nos processos em geral da OAB, são de 15 (quinze) dias, inclusive para interposição de recursos.

§ 1.º Nos casos de comunicação por ofício reservado, ou de notificação pessoal, o prazo se conta a partir do dia útil imediato ao da notificação do recebimento.

§ 2.º Nos casos de publicação na imprensa oficial do ato ou da decisão, o prazo inicia-se no 1.º (primeiro) dia útil seguinte.

Capítulo II
DO PROCESSO DISCIPLINAR

Art. 70. O poder de punir disciplinarmente os inscritos na OAB compete exclusivamente ao Conselho Seccional em cuja base territorial tenha ocorrido a infração, salvo se a falta for cometida perante o Conselho Federal.

•• *Vide* arts. 51 e 52 do Código de Ética e Disciplina da OAB.

• A Resolução n. 1, de 20-9-2011, da OAB, determina em seu art. 1.º que compete às Turmas da Segunda Câmara processar e julgar, originariamente, os processos ético-disciplinares em casos de falta perante o Conselho Federal.

§ 1.º Cabe ao Tribunal de Ética e Disciplina, do Conselho Seccional competente, julgar os processos disciplinares, instruídos pelas Subseções ou por relatores do próprio Conselho.

§ 2.º A decisão condenatória irrecorrível deve ser imediatamente comunicada ao Conselho Seccional onde o representado tenha inscrição principal, para constar dos respectivos assentamentos.

§ 3.º O Tribunal de Ética e Disciplina do Conselho onde o acusado tenha inscrição principal pode suspendê-lo preventivamente, em caso de repercussão prejudicial à dignidade da advocacia, depois de ouvi-lo em sessão especial para a qual deve ser notificado a comparecer, salvo se não atender à notificação. Neste caso, o processo disciplinar deve ser concluído no prazo máximo de 90 (noventa) dias.

Art. 71. A jurisdição disciplinar não exclui a comum e, quando o fato constituir crime ou contravenção, deve ser comunicado às autoridades competentes.

Art. 72. O processo disciplinar instaura-se de ofício ou mediante representação de qualquer autoridade ou pessoa interessada.

§ 1.º O Código de Ética e Disciplina estabelece os critérios de admissibilidade da representação e os procedimentos disciplinares.

§ 2.º O processo disciplinar tramita em sigilo, até o seu término, só tendo acesso às suas informações as partes, seus defensores e a autoridade judiciária competente.

Art. 73. Recebida a representação, o Presidente deve designar relator, a quem compete a instrução do processo e o oferecimento de parecer preliminar a ser submetido ao Tribunal de Ética e Disciplina.

§ 1.º Ao representado deve ser assegurado amplo direito de defesa, podendo acompanhar o processo em todos os termos, pessoalmente ou por intermédio de procurador, oferecendo defesa prévia após ser notificado, razões finais após a instrução e defesa oral perante o Tribunal de Ética e Disciplina, por ocasião do julgamento.

§ 2.º Se, após a defesa prévia, o relator se manifestar pelo indeferimento liminar da representação, este deve ser decidido pelo Presidente do Conselho Seccional, para determinar seu arquivamento.

§ 3.º O prazo para defesa prévia pode ser prorrogado por motivo relevante, a juízo do relator.

§ 4.º Se o representado não for encontrado, ou for revel, o Presidente do Conselho ou da Subseção deve designar-lhe defensor dativo.

§ 5.º É também permitida a revisão do processo disciplinar, por erro de julgamento ou por condenação baseada em falsa prova.

Art. 74. O Conselho Seccional pode adotar as medidas administrativas e judiciais pertinentes, objetivando a que o profissional suspenso ou excluído devolva os documentos de identificação.

CAPÍTULO III
DOS RECURSOS

Art. 75. Cabe recurso ao Conselho Federal de todas as decisões definitivas proferidas pelo Conselho Seccional, quando não tenham sido unânimes ou, sendo unânimes, contrariem esta Lei, decisão do Conselho Federal ou de outro Conselho Seccional e, ainda, o Regulamento Geral, o Código de Ética e Disciplina e os Provimentos.

Parágrafo único. Além dos interessados, o Presidente do Conselho Seccional é legitimado a interpor o recurso referido neste artigo.

Art. 76. Cabe recurso ao Conselho Seccional de todas as decisões proferidas por seu Presidente, pelo Tribunal de Ética e Disciplina, ou pela diretoria da Subseção ou da Caixa de Assistência dos Advogados.

Art. 77. Todos os recursos têm efeito suspensivo, exceto quando tratarem de eleições (arts. 63 e seguintes), de suspensão preventiva decidida pelo Tribunal de Ética e Disciplina, e de cancelamento da inscrição obtida com falsa prova.

Parágrafo único. O Regulamento Geral disciplina o cabimento de recursos específicos, no âmbito de cada órgão julgador.

TÍTULO IV
DAS DISPOSIÇÕES GERAIS
E TRANSITÓRIAS

Art. 78. Cabe ao Conselho Federal da OAB, por deliberação de 2/3 (dois terços), pelo menos, das delegações, editar o Regulamento Geral deste Estatuto, no prazo de 6 (seis) meses, contados da publicação desta Lei.

Art. 79. Aos servidores da OAB, aplica-se o regime trabalhista.

§ 1.º Aos servidores da OAB, sujeitos ao regime da Lei n. 8.112, de 11 de dezembro de 1990, é concedido o direito de opção pelo regime trabalhista, no prazo de 90 (noventa) dias a partir da vigência desta Lei, sendo assegurado aos optantes o pagamento de indenização, quando da aposentadoria, correspondente a 5 (cinco) vezes o valor da última remuneração.

§ 2.º Os servidores que não optarem pelo regime trabalhista serão posicionados no quadro em extinção, assegurado o direito adquirido ao regime legal anterior.

Art. 80. Os Conselhos Federal e Seccionais devem promover trienalmente as respectivas Conferências, em data não coincidente com o ano eleitoral, e, periodicamente, reunião do colégio de presidentes a eles vinculados, com finalidade consultiva.

Art. 81. Não se aplicam aos que tenham assumido originariamente o cargo de Presidente do Conselho Federal ou dos Conselhos Seccionais, até a data da publicação desta Lei, as normas contidas no Título II, acerca da composição desses Conselhos, ficando assegurado o pleno direito de voz e voto em suas sessões.

Art. 82. Aplicam-se as alterações previstas nesta Lei, quanto a mandatos, eleições, composição e atribuições dos órgãos da OAB, a partir do término do mandato dos atuais membros, devendo os Conselhos Federal e Seccionais disciplinarem os respectivos procedimentos de adaptação.

Parágrafo único. Os mandatos dos membros dos órgãos da OAB, eleitos na 1.ª (primeira) eleição sob a vigência desta Lei, e na forma do Capítulo VI do Título II, terão início no dia seguinte ao término dos atuais mandatos, encerrando-se em 31 de dezembro do 3.º (terceiro) ano do mandato e em 31 de janeiro do 3.º (terceiro) ano do mandato, neste caso com relação ao Conselho Federal.

Art. 83. Não se aplica o disposto no art. 28, inciso II, desta Lei, aos membros do Ministério Público que, na data de promulgação da Constituição, se incluam na previsão do art. 29, § 3.º, do seu Ato das Disposições Constitucionais Transitórias.

Art. 84. O estagiário, inscrito no respectivo quadro, fica dispensado do Exame de Ordem, desde que comprove, em até 2 (dois) anos da promulgação desta Lei, o exercício e resultado do estágio profissional ou a conclusão, com aproveitamento, do estágio de "Prática Forense e Organização Judiciária", realizado junto à respectiva faculdade, na forma da legislação em vigor.

Art. 85. O Instituto dos Advogados Brasileiros e as instituições a ele filiadas têm qualidade para promover perante a OAB o que julgarem do interesse dos advogados em geral ou de qualquer dos seus membros.

Art. 86. Esta Lei entra em vigor na data de sua publicação.

Art. 87. Revogam-se as disposições em contrário, especialmente a Lei n. 4.215, de 27 de abril de 1963, a Lei n. 5.390, de 23 de fevereiro de 1968, o Decreto-lei n. 505, de 18 de março de 1969, a Lei n. 5.681, de 20 de julho de 1971, a Lei n. 5.842, de 6 de dezembro de 1972, a Lei n. 5.960, de 10 de dezembro de 1973, a Lei n. 6.743, de 5 de dezembro de 1979, a Lei n. 6.884, de 9 de dezembro de 1980, a Lei n. 6.994, de 26 de maio de 1982, mantidos os efeitos da Lei n. 7.346, de 22 de julho de 1985.

Brasília, 4 de julho de 1994; 173.º da Independência e 106.º da República.

ITAMAR FRANCO

CÓDIGO DE ÉTICA E DISCIPLINA DA ORDEM DOS ADVOGADOS DO BRASIL – OAB (*)

O Conselho Federal da Ordem dos Advogados do Brasil, ao instituir o Código de Ética e Disciplina, norteou-se por princípios que formam a consciência profissional do advogado e representam imperativos de sua conduta, os quais se traduzem nos seguintes

(*) Aprovado pela Resolução n. 2, de 19-10-2015, do CFOAB. Publicado no *DOU*, de 4-11-2015, em vigor 180 (cento e oitenta) dias após a publicação.

mandamentos: lutar sem receio pelo primado da Justiça; pugnar pelo cumprimento da Constituição e pelo respeito à Lei, fazendo com que o ordenamento jurídico seja interpretado com retidão, em perfeita sintonia com os fins sociais a que se dirige e as exigências do bem comum; ser fiel à verdade para poder servir à Justiça como um de seus elementos essenciais; proceder com lealdade e boa-fé em suas relações profissionais e em todos os atos do seu ofício; empenhar-se na defesa das causas confiadas ao seu patrocínio, dando ao constituinte o amparo do Direito, e proporcionando-lhe a realização prática de seus legítimos interesses; comportar-se, nesse mister, com independência e altivez, defendendo com o mesmo denodo humildes e poderosos; exercer a advocacia com o indispensável senso profissional, mas também com desprendimento, jamais permitindo que o anseio de ganho material sobreleve a finalidade social do seu trabalho; aprimorar-se no culto dos princípios éticos e no domínio da ciência jurídica, de modo a tornar-se merecedor da confiança do cliente e da sociedade como um todo, pelos atributos intelectuais e pela probidade pessoal; agir, em suma, com a dignidade e a correção dos profissionais que honram e engrandecem a sua classe.

Inspirado nesses postulados, o Conselho Federal da Ordem dos Advogados do Brasil, no uso das atribuições que lhe são conferidas pelos arts. 33 e 54, V, da Lei n. 8.906, de 4 de julho de 1994, aprova e edita este Código, exortando os advogados brasileiros à sua fiel observância.

TÍTULO I
DA ÉTICA DO ADVOGADO

CAPÍTULO I
DOS PRINCÍPIOS FUNDAMENTAIS

Art. 1.º O exercício da advocacia exige conduta compatível com os preceitos deste Código, do Estatuto, do Regulamento Geral, dos Provimentos e com os princípios da moral individual, social e profissional.

Art. 2.º O advogado, indispensável à administração da Justiça, é defensor do Estado Democrático de Direito, dos direitos humanos e garantias fundamentais, da cidadania, da moralidade, da Justiça e da paz social, cumprindo-lhe exercer o seu ministério em consonância com a sua elevada função pública e com os valores que lhe são inerentes.

Parágrafo único. São deveres do advogado:

I – preservar, em sua conduta, a honra, a nobreza e a dignidade da profissão, zelando pelo caráter de essencialidade e indispensabilidade da advocacia;

II – atuar com destemor, independência, honestidade, decoro, veracidade, lealdade, dignidade e boa-fé;

III – velar por sua reputação pessoal e profissional;

IV – empenhar-se, permanentemente, no aperfeiçoamento pessoal e profissional;

V – contribuir para o aprimoramento das instituições, do Direito e das leis;

VI – estimular, a qualquer tempo, a conciliação e a mediação entre os litigantes, prevenindo, sempre que possível, a instauração de litígios;

VII – desaconselhar lides temerárias, a partir de um juízo preliminar de viabilidade jurídica;

VIII – abster-se de:

a) utilizar de influência indevida, em seu benefício ou do cliente;

b) vincular seu nome ou nome social a empreendimentos sabidamente escusos;

•• Alínea *b* com redação determinada pela Resolução n. 7, de 7-6-2016.

c) emprestar concurso aos que atentem contra a ética, a moral, a honestidade e a dignidade da pessoa humana;

d) entender-se diretamente com a parte adversa que tenha patrono constituído, sem o assentimento deste;

e) ingressar ou atuar em pleitos administrativos ou judiciais perante autoridades com as quais tenha vínculos negociais ou familiares;

f) contratar honorários advocatícios em valores aviltantes;

IX – pugnar pela solução dos problemas da cidadania e pela efetivação dos direitos individuais, coletivos e difusos;

X – adotar conduta consentânea com o papel de elemento indispensável à administração da Justiça;

XI – cumprir os encargos assumidos no âmbito da Ordem dos Advogados do Brasil ou na representação da classe;

XII – zelar pelos valores institucionais da OAB e da advocacia;

XIII – ater-se, quando no exercício da função de defensor público, à defesa dos necessitados.

Art. 3.º O advogado deve ter consciência de que o Direito é um meio de mitigar as desigualdades para o encontro de soluções justas e que a lei é um instrumento para garantir a igualdade de todos.

Art. 4.º O advogado, ainda que vinculado ao cliente ou constituinte, mediante relação empregatícia ou por contrato de prestação permanente de serviços, ou como integrante de departamento jurídico, ou de órgão de assessoria jurídica, público ou privado, deve zelar pela sua liberdade e independência.

Parágrafo único. É legítima a recusa, pelo advogado, do patrocínio de causa e de manifestação, no âmbito consultivo, de pretensão concernente a direito que também lhe seja aplicável ou contrarie orientação que tenha manifestado anteriormente.

Art. 5.º O exercício da advocacia é incompatível com qualquer procedimento de mercantilização.

Art. 6.º É defeso ao advogado expor os fatos em Juízo ou na via administrativa falseando deliberadamente a verdade e utilizando de má-fé.

Art. 7.º É vedado o oferecimento de serviços profissionais que implique, direta ou indiretamente, angariar ou captar clientela.

Capítulo II
DA ADVOCACIA PÚBLICA

Art. 8.º As disposições deste Código obrigam igualmente os órgãos de advocacia pública, e advogados públicos, incluindo aqueles que ocupem posição de chefia e direção jurídica.

§ 1.º O advogado público exercerá suas funções com independência técnica, contribuindo para a solução ou redução de litigiosidade, sempre que possível.

§ 2.º O advogado público, inclusive o que exerce cargo de chefia ou direção jurídica, observará nas relações com os colegas, autoridades, servidores e o público em geral, o dever de urbanidade, tratando a todos com respeito e consideração, ao mesmo tempo em que preservará suas prerrogativas e o direito de receber igual tratamento das pessoas com as quais se relacione.

Capítulo III
DAS RELAÇÕES COM O CLIENTE

Art. 9.º O advogado deve informar o cliente, de modo claro e inequívoco, quanto a eventuais riscos da sua pretensão, e das consequências que poderão advir da demanda. Deve, igualmente, denunciar, desde logo, a quem lhe solicite parecer ou patrocínio, qualquer circunstância que possa influir na resolução de submeter-lhe a consulta ou confiar-lhe a causa.

Art. 10. As relações entre advogado e cliente baseiam-se na confiança recíproca. Sentindo o advogado que essa confiança lhe falta, é recomendável que externe ao cliente sua impressão e, não se dissipando as dúvidas existentes, promova, em seguida, o substabelecimento do mandato ou a ele renuncie.

Art. 11. O advogado, no exercício do mandato, atua como patrono da parte, cumprindo-lhe, por isso, imprimir à causa orientação que lhe pareça mais adequada, sem se subordinar a intenções contrárias do cliente, mas, antes, procurando esclarecê-lo quanto à estratégia traçada.

Art. 12. A conclusão ou desistência da causa, tenha havido, ou não, extinção do mandato, obriga o advogado a devolver ao cliente bens, valores e documentos que lhe hajam sido confiados e ainda estejam em seu poder, bem como a prestar-lhe contas, pormenorizadamente, sem prejuízo de esclarecimentos complementares que se mostrem pertinentes e necessários.

Parágrafo único. A parcela dos honorários paga pelos serviços até então prestados não se inclui entre os valores a ser devolvidos.

Art. 13. Concluída a causa ou arquivado o processo, presume-se cumprido e extinto o mandato.

Art. 14. O advogado não deve aceitar procuração de quem já tenha patrono constituído, sem prévio conhecimento deste, salvo por motivo plenamente justificável ou para adoção de medidas judiciais urgentes e inadiáveis.

Art. 15. O advogado não deve deixar ao abandono ou ao desamparo as causas sob seu patrocínio, sendo recomendável que, em face de dificuldades insuperáveis ou inércia do cliente quanto a providências que lhe tenham sido solicitadas, renuncie ao mandato.

Art. 16. A renúncia ao patrocínio deve ser feita sem menção do motivo que a determinou, fazendo cessar a responsabilidade profissional pelo acompanhamento da causa, uma vez decorrido o prazo previsto em lei (EAOAB, art. 5.º, § 3.º).

§ 1.º A renúncia ao mandato não exclui responsabilidade por danos eventualmente causados ao cliente ou a terceiros.

§ 2.º O advogado não será responsabilizado por omissão do cliente quanto a documento ou informação que lhe devesse fornecer para a prática oportuna de ato processual do seu interesse.

Art. 17. A revogação do mandato judicial por vontade do cliente não o desobriga do pagamento das verbas honorárias contratadas, assim como não retira o direito do advogado de receber o quanto lhe seja devido em eventual verba honorária de sucumbência, calculada proporcionalmente em face do serviço efetivamente prestado.

Art. 18. O mandato judicial ou extrajudicial não se extingue pelo decurso de tempo, salvo se o contrário for consignado no respectivo instrumento.

Art. 19. Os advogados integrantes da mesma sociedade profissional, ou reunidos em caráter permanente para cooperação recíproca, não podem representar, em juízo ou fora dele, clientes com interesses opostos.

Art. 20. Sobrevindo conflitos de interesse entre seus constituintes e não conseguindo o advogado harmonizá-los, caber-lhe-á optar, com prudência e discrição, por um dos mandatos, renunciando aos demais, resguardado sempre o sigilo profissional.

Art. 21. O advogado, ao postular em nome de terceiros, contra ex-cliente ou ex-empregador, judicial e extrajudicialmente, deve resguardar o sigilo profissional.

Art. 22. Ao advogado cumpre abster-se de patrocinar causa contrária à validade ou legitimidade de ato jurídico em cuja formação haja colaborado ou intervindo de qualquer maneira; da mesma forma, deve declinar seu impedimento ou o da sociedade que integre quando houver conflito de interesses motivado por intervenção anterior no trato de assunto que se prenda ao patrocínio solicitado.

Art. 23. É direito e dever do advogado assumir a defesa criminal, sem considerar sua própria opinião sobre a culpa do acusado.

Parágrafo único. Não há causa criminal indigna de defesa, cumprindo ao advogado agir, como defensor, no sentido de que a todos seja concedido tratamento condizente com a dignidade da pessoa humana, sob a égide das garantias constitucionais.

Art. 24. O advogado não se sujeita à imposição do cliente que pretenda ver com ele atuando outros advogados, nem fica na contingência de aceitar a indicação de outro profissional para com ele trabalhar no processo.

Art. 25. É defeso ao advogado funcionar no mesmo processo, simultaneamente, como patrono e preposto do empregador ou cliente.

Art. 26. O substabelecimento do mandato, com reserva de poderes, é ato pessoal do advogado da causa.

§ 1.º O substabelecimento do mandato sem reserva de poderes exige o prévio e inequívoco conhecimento do cliente.

§ 2.º O substabelecido com reserva de poderes deve ajustar antecipadamente seus honorários com o substabelecente.

Capítulo IV
DAS RELAÇÕES COM OS COLEGAS, AGENTES POLÍTICOS, AUTORIDADES, SERVIDORES PÚBLICOS E TERCEIROS

Art. 27. O advogado observará, nas suas relações com os colegas de profissão, agentes políticos, autoridades, servidores públicos e terceiros em geral, o dever de urbanidade, tratando a todos com respeito e consideração, ao mesmo tempo em que preservará seus direitos e prerrogativas, devendo exigir igual tratamento de todos com quem se relacione.

§ 1.º O dever de urbanidade há de ser observado, da mesma forma, nos atos e manifestações relacionados aos pleitos eleitorais no âmbito da Ordem dos Advogados do Brasil.

§ 2.º No caso de ofensa à honra do advogado ou à imagem da instituição, adotar-se-ão as medidas cabíveis, instaurando-se processo ético-disciplinar e dando-se ciência às autoridades competentes para apuração de eventual ilícito penal.

Art. 28. Consideram-se imperativos de uma correta atuação profissional o emprego de linguagem escorreita e polida, bem como a observância da boa técnica jurídica.

Art. 29. O advogado que se valer do concurso de colegas na prestação de serviços advocatícios, seja em caráter individual, seja no âmbito de sociedade de advogados ou de empresa ou entidade em que trabalhe, dispensar-lhes-á tratamento condigno, que não os torne subalternos seus nem lhes avilte os serviços prestados mediante remuneração incompatível com a natureza do trabalho profissional ou inferior ao mínimo fixado pela Tabela de Honorários que for aplicável.

Parágrafo único. Quando o aviltamento de honorários for praticado por empresas ou entidades públicas ou privadas, os advogados responsáveis pelo respectivo departamento ou gerência jurídica serão instados a corrigir o abuso, inclusive intervindo junto aos demais órgãos competentes e com poder de decisão da pessoa jurídica de que se trate, sem prejuízo das providências que a Ordem dos Advogados do Brasil possa adotar com o mesmo objetivo.

Capítulo V
DA ADVOCACIA *PRO BONO*

•• O Provimento OAB n. 166, de 9-11-2015, dispõe sobre a advocacia *pro bono*.

Art. 30. No exercício da advocacia *pro bono*, e ao atuar como defensor nomeado, conveniado ou dativo, o advogado empregará o zelo e a dedicação habituais, de forma que a parte por ele assistida se sinta amparada e confie no seu patrocínio.

§ 1.º Considera-se advocacia *pro bono* a prestação gratuita, eventual e voluntária de serviços jurídicos em favor de instituições sociais sem fins econômicos e aos seus assistidos, sempre que os beneficiários não dispuserem de recursos para a contratação de profissional.

§ 2.º A advocacia *pro bono* pode ser exercida em favor de pessoas naturais que, igualmente, não dispuserem de recursos para, sem prejuízo do próprio sustento, contratar advogado.

§ 3.º A advocacia *pro bono* não pode ser utilizada para fins político-partidários ou eleitorais, nem beneficiar instituições que visem a tais objetivos, ou como instrumento de publicidade para captação de clientela.

Capítulo VI
DO EXERCÍCIO DE CARGOS E FUNÇÕES NA OAB E NA REPRESENTAÇÃO DA CLASSE

Art. 31. O advogado, no exercício de cargos ou funções em órgãos da Ordem dos Advogados do Brasil ou na representação da classe junto a quaisquer instituições, órgãos ou comissões, públicos ou privados, manterá conduta consentânea com as disposições deste Código e que revele plena lealdade aos interesses, direitos e prerrogativas da classe dos advogados que representa.

Art. 32. Não poderá o advogado, enquanto exercer cargos ou funções em órgãos da OAB ou representar a classe junto a quaisquer instituições, órgãos ou comissões, públicos ou privados, firmar contrato oneroso de prestação de serviços ou fornecimento de produtos com tais entidades nem adquirir bens imóveis ou móveis infungíveis de quaisquer órgãos da OAB, ou a estes aliená-los.

•• *Caput* com redação determinada pela Resolução n. 4, de 7-6-2016.

Parágrafo único. Não há impedimento ao exercício remunerado de atividade de magistério na Escola Nacional de Advocacia – ENA, nas Escolas de Advocacia – ESAs e nas Bancas do Exame de Ordem, observados os princípios da moralidade e da modicidade dos valores estabelecidos a título de remuneração.

•• Parágrafo único acrescentado pela Resolução n. 4, de 7-6-2016.

Art. 33. Salvo em causa própria, não poderá o advogado, enquanto exercer cargos ou funções em órgãos da OAB ou tiver assento, em qualquer condição, nos seus Conselhos, atuar em processos que tramitem perante a entidade nem oferecer pareceres destinados a instruí-los.

Parágrafo único. A vedação estabelecida neste artigo não se aplica aos dirigentes de Seccionais quando atuem, nessa qualidade, como legitimados a recorrer nos processos em trâmite perante os órgãos da OAB.

Art. 34. Ao submeter seu nome à apreciação do Conselho Federal ou dos Conselhos Seccionais com vistas à inclusão em listas destinadas ao provimento de vagas reservadas à classe nos tribunais, no Conselho Nacional de Justiça, no Conselho Nacional do Ministério Público e em outros colegiados, o candidato assumirá o compromisso de respeitar os direitos e prerrogativas do advogado, não praticar nepotismo nem agir em desacordo com a moralidade administrativa e com os princípios deste Código, no exercício de seu mister.

Capítulo VII
DO SIGILO PROFISSIONAL

Art. 35. O advogado tem o dever de guardar sigilo dos fatos de que tome conhecimento no exercício da profissão.

Parágrafo único. O sigilo profissional abrange os fatos de que o advogado tenha tido conhecimento em virtude de funções desempenhadas na Ordem dos Advogados do Brasil.

Art. 36. O sigilo profissional é de ordem pública, independendo de solicitação de reserva que lhe seja feita pelo cliente.

§ 1.º Presumem-se confidenciais as comunicações de qualquer natureza entre advogado e cliente.

§ 2.º O advogado, quando no exercício das funções de mediador, conciliador e árbitro, se submete às regras de sigilo profissional.

Art. 37. O sigilo profissional cederá em face de circunstâncias excepcionais que configurem justa causa, como nos casos de grave ameaça ao direito à vida e à honra ou que envolvam defesa própria.

Art. 38. O advogado não é obrigado a depor, em processo ou procedimento judicial, administrativo ou arbitral, sobre fatos a cujo respeito deva guardar sigilo profissional.

Capítulo VIII
DA PUBLICIDADE PROFISSIONAL

•• O Provimento n. 94, de 5-9-2000, da Ordem dos Advogados do Brasil, dispõe sobre a publicidade, a propaganda e a informação da advocacia.

• *Vide* art. 1.º, § 3.º, da Lei n. 8.906, de 4-7-1994.

Art. 39. A publicidade profissional do advogado tem caráter meramente informativo e deve primar pela discrição e sobriedade, não podendo configurar captação de clientela ou mercantilização da profissão.

Art. 40. Os meios utilizados para a publicidade profissional hão de ser compatíveis com a diretriz estabelecida no artigo anterior, sendo vedados:

I – a veiculação da publicidade por meio de rádio, cinema e televisão;

II – o uso de *outdoors*, painéis luminosos ou formas assemelhadas de publicidade;

III – as inscrições em muros, paredes, veículos, elevadores ou em qualquer espaço público;

IV – a divulgação de serviços de advocacia juntamente com a de outras atividades ou a indicação de vínculos entre uns e outras;

V – o fornecimento de dados de contato, como endereço e telefone, em colunas ou artigos literários, culturais, acadêmicos ou jurídicos, publicados na imprensa, bem assim quando de eventual participação em programas de rádio ou televisão, ou em veiculação de matérias pela internet, sendo permitida a referência a *e-mail*;

VI – a utilização de mala direta, a distribuição de panfletos ou formas assemelhadas de publicidade, com o intuito de captação de clientela.

Parágrafo único. Exclusivamente para fins de identificação dos escritórios de advocacia, é permitida a utilização de placas, painéis luminosos e inscrições em suas fachadas, desde que respeitadas as diretrizes previstas no artigo 39.

Art. 41. As colunas que o advogado mantiver nos meios de comunicação social ou os textos que por meio deles divulgar não deverão induzir o leitor a litigar nem promover, dessa forma, captação de clientela.

Art. 42. É vedado ao advogado:

I – responder com habitualidade a consulta sobre matéria jurídica, nos meios de comunicação social;

II – debater, em qualquer meio de comunicação, causa sob o patrocínio de outro advogado;

III – abordar tema de modo a comprometer a dignidade da profissão e da instituição que o congrega;

IV – divulgar ou deixar que sejam divulgadas listas de clientes e demandas;

V – insinuar-se para reportagens e declarações públicas.

Art. 43. O advogado que eventualmente participar de programa de televisão ou de rádio, de entrevista na imprensa, de reportagem televisionada ou veiculada por qualquer outro meio, para manifestação profissional, deve visar a objetivos exclusivamente ilustrativos, educacionais e instrutivos, sem propósito de promoção pessoal ou profissional, vedados pronunciamentos sobre métodos de trabalho usados por seus colegas de profissão.

Parágrafo único. Quando convidado para manifestação pública, por qualquer modo e forma, visando ao esclarecimento de tema jurídico de interesse geral, deve o advogado evitar insinuações com o sentido de promoção pessoal ou profissional, bem como o debate de caráter sensacionalista.

Art. 44. Na publicidade profissional que promover ou nos cartões e material de escritório de que se utilizar, o advogado fará constar seu nome, nome social ou o da sociedade de advogados, o número ou os números de inscrição na OAB.

•• *Caput* com redação determinada pela Resolução n. 7, de 7-6-2016.

§ 1.º Poderão ser referidos apenas os títulos acadêmicos do advogado e as distinções honoríficas relacionadas à vida profissional, bem como as instituições jurídicas de que faça parte, e as especialidades a que se dedicar, o endereço, *e-mail*, *site*, página eletrônica, QR *code*, logotipo e a fotografia do escritório, o horário de atendimento e os idiomas em que o cliente poderá ser atendido.

§ 2.º É vedada a inclusão de fotografias pessoais ou de terceiros nos cartões de visitas do advogado, bem como menção a qualquer emprego, cargo ou função ocupado, atual ou pretérito, em qualquer órgão ou instituição, salvo o de professor universitário.

Art. 45. São admissíveis como formas de publicidade o patrocínio de eventos ou publicações de caráter científico ou cultural, assim como a divulgação de boletins, por meio físico ou eletrônico, sobre matéria cultural de interesse dos advogados, desde que sua circulação fique adstrita a clientes e a interessados do meio jurídico.

Art. 46. A publicidade veiculada pela internet ou por outros meios eletrônicos deverá observar as diretrizes estabelecidas neste capítulo.

Parágrafo único. A telefonia e a internet podem ser utilizadas como veículo de publicidade, inclusive para o envio de mensagens a destinatários certos, desde que estas não impliquem o oferecimento de serviços ou representem forma de captação de clientela.

Art. 47. As normas sobre publicidade profissional constantes deste capítulo poderão ser complementadas por outras que o Conselho Federal aprovar, observadas as diretrizes do presente Código.

CAPÍTULO IX
DOS HONORÁRIOS PROFISSIONAIS

•• Honorários advocatícios: *vide* arts. 21 a 26, e 34, III, da Lei n. 8.906, de 4-7-1994.

• *Vide* Súmula 201 do STJ.

Art. 48. A prestação de serviços profissionais por advogado, individualmente ou integrado em sociedades, será contratada, preferentemente, por escrito.

§ 1.º O contrato de prestação de serviços de advocacia não exige forma especial, devendo estabelecer, porém, com clareza e precisão, o seu objeto, os honorários ajustados, a forma de pagamento, a extensão do patrocínio, esclarecendo se este abrangerá todos os atos do processo ou limitar-se-á a determinado grau de jurisdição, além de dispor sobre a hipótese de a causa encerrar-se mediante transação ou acordo.

§ 2.º A compensação de créditos, pelo advogado, de importâncias devidas ao cliente, somente será admissível quando o contrato de prestação de serviços a autorizar ou quando houver autorização especial do cliente para esse fim, por este firmada.

§ 3.º O contrato de prestação de serviços poderá dispor sobre a forma de contratação de profissionais para serviços auxiliares, bem como sobre o pagamento de custas e emolumentos, os quais, na ausência de disposição em contrário, presumem-se devam ser atendidos pelo cliente. Caso o contrato preveja que o advogado antecipe tais despesas, ser-lhe-á lícito reter o respectivo valor atualizado, no ato de prestação de contas, mediante comprovação documental.

§ 4.º As disposições deste capítulo aplicam-se à mediação, à conciliação, à arbitragem ou a qualquer outro método adequado de solução dos conflitos.

§ 5.º É vedada, em qualquer hipótese, a diminuição dos honorários contratados em decorrência da solução do litígio por qualquer mecanismo adequado de solução extrajudicial.

§ 6.º Deverá o advogado observar o valor mínimo da Tabela de Honorários instituída pelo respectivo Conselho Seccional onde for realizado o serviço, inclusive aquele referente às diligências, sob pena de caracterizar-se aviltamento de honorários.

§ 7.º O advogado promoverá, preferentemente, de forma destacada a execução dos honorários contratuais ou sucumbenciais.

Art. 49. Os honorários profissionais devem ser fixados com moderação, atendidos os elementos seguintes:

I – a relevância, o vulto, a complexidade e a dificuldade das questões versadas;

II – o trabalho e o tempo a ser empregados;

III – a possibilidade de ficar o advogado impedido de intervir em outros casos, ou de se desavir com outros clientes ou terceiros;

IV – o valor da causa, a condição econômica do cliente e o proveito para este resultante do serviço profissional;

V – o caráter da intervenção, conforme se trate de serviço a cliente eventual, frequente ou constante;

VI – o lugar da prestação dos serviços, conforme se trate do domicílio do advogado ou de outro;

VII – a competência do profissional;

VIII – a praxe do foro sobre trabalhos análogos.

Art. 50. Na hipótese da adoção de cláusula *quota litis*, os honorários devem ser necessariamente representados por pecúnia e, quando acrescidos dos honorários da sucumbência, não podem ser superiores às vantagens advindas a favor do cliente.

§ 1.º A participação do advogado em bens particulares do cliente só é admitida em caráter excepcional, quando esse, comprovadamente, não tiver condições pecuniárias de satisfazer o débito de honorários e ajustar com o seu patrono, em instrumento contratual, tal forma de pagamento.

§ 2.º Quando o objeto do serviço jurídico versar sobre prestações vencidas e vincendas, os honorários advocatícios poderão incidir sobre o valor de umas e outras, atendidos os requisitos da moderação e da razoabilidade.

Art. 51. Os honorários da sucumbência e os honorários contratuais, pertencendo ao advogado que houver atuado na causa, poderão ser por ele executados, assistindo-lhe direito autônomo para promover a execução do capítulo da sentença que os estabelecer ou para postular, quando for o caso, a expedição de precatório ou requisição de pequeno valor em seu favor.

§ 1.º No caso de substabelecimento, a verba correspondente aos honorários da sucumbência será repartida entre o substabelecente e o substabelecido, proporcionalmente à atuação de cada um no processo ou conforme haja sido entre eles ajustado.

§ 2.º Quando for o caso, a Ordem dos Advogados do Brasil ou os seus Tribunais de Ética e Disciplina poderão ser solicitados a indicar mediador que contribua no sentido de que a distribuição dos honorários da sucumbência, entre advogados, se faça segundo o critério estabelecido no § 1.º.

§ 3.º Nos processos disciplinares que envolverem divergência sobre a percepção de honorários da sucumbência, entre advogados, deverá ser tentada a conciliação destes, preliminarmente, pelo relator.

Art. 52. O crédito por honorários advocatícios, seja do advogado autônomo, seja de sociedade de advogados, não autoriza o saque de duplicatas ou qualquer outro título de crédito de natureza mercantil, podendo, apenas, ser emitida fatura, quando o cliente assim pretender, com fundamento no contrato de prestação de serviços, a qual, porém, não poderá ser levada a protesto.

Parágrafo único. Pode, todavia, ser levado a protesto o cheque ou a nota promissória emitido pelo cliente em favor do advogado, depois de frustrada a tentativa de recebimento amigável.

Art. 53. É lícito ao advogado ou à sociedade de advogados empregar, para o recebimento de honorários, sistema de cartão de crédito, mediante credenciamento junto a empresa operadora do ramo.

Parágrafo único. Eventuais ajustes com a empresa operadora que impliquem pagamento antecipado não afetarão a responsabilidade do advogado perante o cliente, em caso de rescisão do contrato de prestação de serviços, devendo ser observadas as disposições deste quanto à hipótese.

Art. 54. Havendo necessidade de promover arbitramento ou cobrança judicial de honorários, deve o advogado renunciar previamente ao mandato que recebera do cliente em débito.

Título II
DO PROCESSO DISCIPLINAR

Capítulo I
DOS PROCEDIMENTOS

Art. 55. O processo disciplinar instaura-se de ofício ou mediante representação do interessado.

§ 1.º A instauração, de ofício, do processo disciplinar dar-se-á em função do conhecimento do fato, quando obtido por meio de fonte idônea ou em virtude de comunicação da autoridade competente.

§ 2.º Não se considera fonte idônea a que consistir em denúncia anônima.

Art. 56. A representação será formulada ao Presidente do Conselho Seccional ou ao Presidente da Subseção, por escrito ou verbalmente, devendo, neste último caso, ser reduzida a termo.

Parágrafo único. Nas Seccionais cujos Regimentos Internos atribuírem competência ao Tribunal de Ética e Disciplina para instaurar o processo ético disciplinar, a representação poderá ser dirigida ao seu Presidente ou será a este encaminhada por qualquer dos dirigentes referidos no *caput* deste artigo que a houver recebido.

Art. 57. A representação deverá conter:

I – a identificação do representante, com a sua qualificação civil e endereço;

II – a narração dos fatos que a motivam, de forma que permita verificar a existência, em tese, de infração disciplinar;

III – os documentos que eventualmente a instruam e a indicação de outras provas a ser produzidas, bem como, se for o caso, o rol de testemunhas, até o máximo de cinco;

IV – a assinatura do representante ou a certificação de quem a tomou por termo, na impossibilidade de obtê-la.

Art. 58. Recebida a representação, o Presidente do Conselho Seccional ou o da Subseção, quando esta dispuser de Conselho, designa relator, por sorteio, um de seus integrantes, para presidir a instrução processual.

§ 1.º Os atos de instrução processual podem ser delegados ao Tribunal de Ética e Disciplina, conforme dispuser o regimento interno do Conselho Seccional, caso em que caberá ao seu Presidente, por sorteio, designar relator.

§ 2.º Antes do encaminhamento dos autos ao relator, serão juntadas a ficha cadastral do representado e certidão negativa ou positiva sobre a existência de punições anteriores, com menção das faltas atribuídas. Será providenciada, ainda, certidão sobre a existência ou não de representações em andamento, a qual, se positiva, será acompanhada da informação sobre as faltas imputadas.

§ 3.º O relator, atendendo aos critérios de admissibilidade, emitirá parecer propondo a instauração de processo disciplinar ou o arquivamento liminar da representação, no prazo de 30 (trinta) dias, sob pena de redistribuição do feito pelo Presidente do Conselho Seccional ou da Subseção para outro relator, observando-se o mesmo prazo.

§ 4.º O Presidente do Conselho competente ou, conforme o caso, o do Tribunal de Ética e Disciplina, proferirá despacho declarando instaurado o processo disciplinar ou determinando o arquivamento da representação, nos termos do parecer do relator ou segundo os fundamentos que adotar.

§ 5.º A representação contra membros do Conselho Federal e Presidentes de Conselhos Seccionais é processada e julgada pelo Conselho Federal, sendo competente a Segunda Câmara reunida em sessão plenária. A representação contra membros da diretoria do Conselho Federal, Membros Honorários Vitalícios e detentores da Medalha Rui Barbosa será processada e julgada pelo Conselho Federal, sendo competente o Conselho Pleno.

§ 6.º A representação contra dirigente de Subseção é processada e julgada pelo Conselho Seccional.

§ 7.º Os Conselhos Seccionais poderão instituir Comissões de Admissibilidade no âmbito dos Tribunais de Ética e Disciplina, compostas por seus membros ou por Conselheiros Seccionais, com atribuição de análise prévia dos pressupostos de admissibilidade das representações ético-disciplinares, podendo propor seu arquivamento liminar.

•• § 7.º acrescentado pela Resolução n. 4, de 7-6-2016.

Art. 59. Compete ao relator do processo disciplinar determinar a notificação dos interessados para prestar esclarecimentos ou a do representado para apresentar defesa prévia, no prazo de 15 (quinze) dias, em qualquer caso.

• A Resolução n. 1, de 20-9-2011, da OAB, determina em seu art. 1.º que compete às Turmas da Segunda Câmara processar e julgar, originariamente, os processos ético-disciplinares em casos de falta perante o Conselho Federal.

§ 1.º A notificação será expedida para o endereço constante do cadastro de inscritos do Conselho Seccional, observando-se, quanto ao mais, o disposto no Regulamento Geral.

§ 2.º Se o representado não for encontrado ou ficar revel, o Presidente do Conselho competente ou, conforme o caso, o do Tribunal de Ética e Disciplina designar-lhe-á defensor dativo.

§ 3.º Oferecida a defesa prévia, que deve ser acompanhada dos documentos que possam instruí-la e do rol de testemunhas, até o limite de 5 (cinco), será proferido despacho saneador e, ressalvada a hipótese do § 2.º do art. 73 do EAOAB, designada, se for o caso, audiência para oitiva do representante, do representado e das testemunhas.

§ 4.º O representante e o representado incumbir-se-ão do comparecimento de suas testemunhas, salvo se, ao apresentarem o respectivo rol, requererem, por motivo justificado, sejam elas notificadas a comparecer à audiência de instrução do processo.

§ 5.º O relator pode determinar a realização de diligências que julgar convenientes, cumprindo-lhe dar andamento ao processo, de modo que este se desenvolva por impulso oficial.

§ 6.º O relator somente indeferirá a produção de determinado meio de prova quando esse for ilícito, impertinente, desnecessário ou protelatório, devendo fazê-lo fundamentadamente.

§ 7.º Concluída a instrução, o relator profere parecer preliminar, a ser submetido ao Tribunal de Ética e Disciplina, dando enquadramento legal aos fatos imputados ao representado.

§ 8.º Abre-se, em seguida, prazo comum de 15 (quinze) dias para apresentação de razões finais.

Art. 60. O Presidente do Tribunal de Ética e Disciplina, após o recebimento do processo, devidamente instruído, designa, por sorteio, relator para proferir voto.

§ 1.º Se o processo já estiver tramitando perante o Tribunal de Ética e Disciplina ou perante o Conselho competente, o relator não será o mesmo designado na fase de instrução.

§ 2.º O processo será incluído em pauta na primeira sessão de julgamentos após a distribuição ao relator.

•• § 2.º com redação determinada pela Resolução n. 1, de 24-2-2016.

§ 3.º O representante e o representado são notificados pela Secretaria do Tribunal, com 15 (quinze) dias de antecedência, para comparecerem à sessão de julgamento.

§ 4.º Na sessão de julgamento, após o voto do relator, é facultada a sustentação oral pelo tempo de 15 (quinze) minutos, primeiro pelo representante e, em seguida, pelo representado.

Art. 61. Do julgamento do processo disciplinar lavrar-se-á acórdão, do qual constarão, quando procedente a representação, o enquadramento legal da infração, a sanção aplicada, o quórum de instalação e o de deliberação, a indicação de haver sido esta adotada com base no voto do relator ou em voto divergente, bem como as circunstâncias agravantes ou atenuantes consideradas e as razões determinantes de eventual conversão da censura aplicada em advertência sem registro nos assentamentos do inscrito.

Art. 62. Nos acórdãos serão observadas, ainda, as seguintes regras:

§ 1.º O acórdão trará sempre a ementa, contendo a essência da decisão.

§ 2.º O autor do voto divergente que tenha prevalecido figurará como redator para o acórdão.

§ 3.º O voto condutor da decisão deverá ser lançado nos autos, com os seus fundamentos.

§ 4.º O voto divergente, ainda que vencido, deverá ter seus fundamentos lançados nos autos, em voto escrito ou em transcrição na ata de julgamento do voto oral proferido, com seus fundamentos.

§ 5.º Será atualizado nos autos o relatório de antecedentes do representado, sempre que o relator o determinar.

Art. 63. Na hipótese prevista no art. 70, § 3.º, do EAOAB, em sessão especial designada pelo Presidente do Tribunal, serão facultadas ao representado ou ao seu defensor a apresentação de defesa, a produção de prova e a sustentação oral.

Art. 64. As consultas submetidas ao Tribunal de Ética e Disciplina receberão autuação própria, sendo designado relator, por sorteio, para o seu exame, podendo o Presidente, em face da complexidade da questão, designar, subsequentemente, revisor.

Parágrafo único. O relator e o revisor têm prazo de 10 (dez) dias cada um para elaboração de seus pareceres, apresentando-os na primeira sessão seguinte, para deliberação.

Art. 65. As sessões do Tribunal de Ética e Disciplina obedecerão ao disposto no respectivo Regimento Interno, aplicando-se-lhes, subsidiariamente, o do Conselho Seccional.

Art. 66. A conduta dos interessados, no processo disciplinar, que se revele temerária ou caracterize a intenção de alterar a verdade dos fatos, assim como a interposição de recursos com intuito manifestamente protelatório, contrariam os princípios deste Código, sujeitando os responsáveis à correspondente sanção.

Art. 67. Os recursos contra decisões do Tribunal de Ética e Disciplina, ao Conselho Seccional, regem-se pelas disposições do Estatuto da Advocacia e da Ordem dos Advogados do Brasil, do Regulamento Geral e do Regimento Interno do Conselho Seccional.

Parágrafo único. O Tribunal dará conhecimento de todas as suas decisões ao Conselho Seccional, para que determine periodicamente a publicação de seus julgados.

Art. 68. Cabe revisão do processo disciplinar, na forma prevista no Estatuto da Advocacia e da Ordem dos Advogados do Brasil (art. 73, § 5.º).

§ 1.º Tem legitimidade para requerer a revisão o advogado punido com a sanção disciplinar.

§ 2.º A competência para processar e julgar o processo de revisão é do órgão de que emanou a condenação final.

§ 3.º Quando o órgão competente for o Conselho Federal, a revisão processar-se-á perante a Segunda Câmara, reunida em sessão plenária.

§ 4.º Observar-se-á, na revisão, o procedimento do processo disciplinar, no que couber.

§ 5.º O pedido de revisão terá autuação própria, devendo os autos respectivos ser apensados aos do processo disciplinar a que se refira.

§ 6.º O pedido de revisão não suspende os efeitos da decisão condenatória, salvo quando o relator, ante a relevância dos fundamentos e o risco de consequências irreparáveis para o requerente, conceder tutela cautelar para que se suspenda a execução.

•• § 6.º acrescentado pela Resolução n. 4, de 7-6-2016.

§ 7.º A parte representante somente será notificada para integrar o processo de revisão quando o relator entender que deste poderá resultar dano ao interesse jurídico que haja motivado a representação.

•• § 7.º acrescentado pela Resolução n. 4, de 7-6-2016.

Art. 69. O advogado que tenha sofrido sanção disciplinar poderá requerer reabilitação, no prazo e nas condições previstos no Estatuto da Advocacia e da Ordem dos Advogados do Brasil (art. 41).

§ 1.º A competência para processar e julgar o pedido de reabilitação é do Conselho Seccional em que tenha sido aplicada a sanção disciplinar. Nos casos de competência originária do Conselho Federal, perante este tramitará o pedido de reabilitação.

§ 2.º Observar-se-á, no pedido de reabilitação, o procedimento do processo disciplinar, no que couber.

§ 3.º O pedido de reabilitação terá autuação própria, devendo os autos respectivos ser apensados aos do processo disciplinar a que se refira.

§ 4.º O pedido de reabilitação será instruído com provas de bom comportamento, no exercício da advocacia e na vida social, cumprindo à Secretaria do Conselho competente certificar, nos autos, o efetivo cumprimento da sanção disciplinar pelo requerente.

§ 5.º Quando o pedido não estiver suficientemente instruído, o relator assinará prazo ao requerente para que complemente a documentação; não cumprida a determinação, o pedido será liminarmente arquivado.

CAPÍTULO II
DOS ÓRGÃOS DISCIPLINARES

Seção I
Dos Tribunais de Ética e Disciplina

• *Vide* arts. 58, III, parágrafo único, *c*, 68 e 70 a 74 da Lei n. 8.906, de 4-7-1994.

Art. 70. O Tribunal de Ética e Disciplina poderá funcionar dividido em órgãos fracionários, de acordo com seu regimento interno.

Art. 71. Compete aos Tribunais de Ética e Disciplina:

I – julgar, em primeiro grau, os processos ético-disciplinares;

II – responder a consultas formuladas, em tese, sobre matéria ético-disciplinar;

III – exercer as competências que lhe sejam conferidas pelo Regimento Interno da Seccional ou por este Código para a instauração, instrução e julgamento de processos ético-disciplinares;

IV – suspender, preventivamente, o acusado, em caso de conduta suscetível de acarretar repercussão prejudicial à advocacia, nos termos do Estatuto da Advocacia e da Ordem dos Advogados do Brasil;

V – organizar, promover e ministrar cursos, palestras, seminários e outros eventos da mesma natureza acerca da ética profissional do advogado ou estabelecer parcerias com as Escolas de Advocacia, com o mesmo objetivo;

VI – atuar como órgão mediador ou conciliador nas questões que envolvam:

a) dúvidas e pendências entre advogados;

• O Provimento OAB n. 83, de 17-6-1996, dispõe sobre processos éticos de representação por advogado contra advogado.

b) partilha de honorários contratados em conjunto ou decorrentes de substabelecimento, bem como os que resultem de sucumbência, nas mesmas hipóteses;

c) controvérsias surgidas quando da dissolução de sociedade de advogados.

Seção II
Das Corregedorias-Gerais

Art. 72. As Corregedorias-Gerais integram o sistema disciplinar da Ordem dos Advogados do Brasil.

§ 1.º O Secretário-Geral Adjunto exerce, no âmbito do Conselho Federal, as funções de Corregedor-Geral, cuja competência é definida em Provimento.

§ 2.º Nos Conselhos Seccionais, as Corregedorias-Gerais terão atribuições da mesma natureza, observando, no que couber, Provimento do Conselho Federal sobre a matéria.

§ 3.º A Corregedoria-Geral do Processo Disciplinar coordenará ações do Conselho Federal e dos Conselhos Seccionais voltadas para o objetivo de reduzir a ocorrência das infrações disciplinares mais frequentes.

TÍTULO III
DAS DISPOSIÇÕES GERAIS E TRANSITÓRIAS

Art. 73. O Conselho Seccional deve oferecer os meios e o suporte de apoio material, logístico, de informática e de pessoal necessários ao pleno funcionamento e ao desenvolvimento das atividades do Tribunal de Ética e Disciplina.

§ 1.º Os Conselhos Seccionais divulgarão, trimestralmente, na internet, a quantidade de processos ético-disciplinares em andamento e as punições decididas em caráter definitivo, preservadas as regras de sigilo.

§ 2.º A divulgação das punições referidas no parágrafo anterior destacará cada infração tipificada no artigo 34 da Lei n. 8.906/94.

Art. 74. Em até 180 (cento e oitenta) dias após o início da vigência do presente Código de Ética e Disciplina da OAB, os Conselhos Seccionais e os Tribunais de Ética e Disciplina deverão elaborar ou rever seus Regimentos Internos, adaptando-os às novas regras e disposições deste Código. No caso dos Tribunais de Ética e Disciplina, os Regimentos Internos serão submetidos à aprovação do respectivo Conselho Seccional e, subsequentemente, do Conselho Federal.

Art. 75. A pauta de julgamentos do Tribunal é publicada em órgão oficial e no quadro de avisos gerais, na sede do Conselho Seccional, com antecedência de 15 (quinze) dias, devendo ser dada prioridade, nos julgamentos, aos processos cujos interessados estiverem presentes à respectiva sessão.

Art. 76. As disposições deste Código obrigam igualmente as sociedades de advogados, os consultores e as sociedades consultoras em direito estrangeiro e os estagiários, no que lhes forem aplicáveis.

Art. 77. As disposições deste Código aplicam-se, no que couber, à mediação, à conciliação e à arbitragem, quando exercidas por advogados.

Art. 78. Os autos do processo disciplinar podem ter caráter virtual, mediante adoção de processo eletrônico.

Parágrafo único. O Conselho Federal da OAB regulamentará em Provimento o processo ético-disciplinar por meio eletrônico.

•• O Provimento OAB n. 176, de 27-6-2017, regulamenta o processo ético-disciplinar de que trata este parágrafo único.

Art. 79. Este Código entra em vigor a 1.º de setembro de 2016, cabendo ao Conselho Federal e aos Conselhos Seccionais, bem como às Subseções da OAB, promover-lhe ampla divulgação.

•• Artigo com redação determinada pela Resolução n. 3, de 12-4-2016.

Art. 80. Fica revogado o Código de Ética e Disciplina editado em 13 de fevereiro de 1995, bem como as demais disposições em contrário.

Brasília, 19 de outubro de 2015.

Marcus Vinicius Furtado Coêlho

LEI N. 9.051, DE 18 DE MAIO DE 1995 (*)

Dispõe sobre a expedição de certidões para a defesa de direitos e esclarecimentos de situações.

O Presidente da República

Faço saber que o Congresso Nacional decreta e eu sanciono a seguinte Lei:

Art. 1.º As certidões para a defesa de direitos e esclarecimentos de situações, requeridas aos órgãos da administração centralizada ou autárquica, às empresas públicas, às sociedades de economia mista e às fundações públicas da União, dos Estados, do Distrito Federal e dos Municípios, deverão ser expedidas no prazo improrrogável de 15 (quinze) dias, contado do registro do pedido no órgão expedidor.

Art. 2.º Nos requerimentos que objetivam a obtenção das certidões a que se refere esta Lei, deverão os interessados fazer constar esclarecimentos relativos aos fins e razões do pedido.

Art. 3.º (*Vetado.*)

Art. 4.º Esta Lei entra em vigor na data de sua publicação.

Art. 5.º Revogam-se as disposições em contrário.

Brasília, 18 de maio de 1995; 174.º da Independência e 107.º da República.

FERNANDO HENRIQUE CARDOSO

LEI N. 9.099, DE 26 DE SETEMBRO DE 1995 (**)

Dispõe sobre os Juizados Especiais Cíveis e Criminais e dá outras providências.

(*) Publicada no *DOU*, de 19-5-1995.

(**) Publicada no *DOU*, de 27-9-1995. *Vide* Lei n. 10.259, de 12-7-2001, que dispõe sobre a instituição dos

O Presidente da República

Faço saber que o Congresso Nacional decreta e eu sanciono a seguinte Lei:

CAPÍTULO I

DISPOSIÇÕES GERAIS

Art. 1.º Os Juizados Especiais Cíveis e Criminais, órgãos da Justiça Ordinária, serão criados pela União, no Distrito Federal e nos Territórios, e pelos Estados, para conciliação, processo, julgamento e execução, nas causas de sua competência.

• *Vide* art. 98, I, da CF.
• *Vide* Lei n. 10.259, de 12-7-2001.

Art. 2.º O processo orientar-se-á pelos critérios da oralidade, simplicidade, informalidade, economia processual e celeridade, buscando, sempre que possível, a conciliação ou a transação.

CAPÍTULO II

DOS JUIZADOS ESPECIAIS CÍVEIS

Seção I

Da Competência

• *Vide* Súmula 203 do STJ.

Art. 3.º O Juizado Especial Cível tem competência para conciliação, processo e julgamento das causas cíveis de menor complexidade, assim consideradas:

I – as causas cujo valor não exceda a 40 (quarenta) vezes o salário mínimo;

•• O Decreto n. 8.948, de 29-12-2016, estabelece que, a partir de 1.º-1-2017, o salário mínimo será de R$ 937,00 (novecentos e trinta e sete reais).

• Do valor da causa no CPC: arts. 291 a 293.

II – as enumeradas no art. 275, inciso II, do Código de Processo Civil;

•• A referência é feita a dispositivo do CPC de 1973. Sem correspondência no CPC de 2015.

•• O art. 1.063 do CPC de 2015 estabelece que, até a edição de lei específica, os juizados especiais cíveis previstos na Lei n. 9.099, de 26-9-1995, continuam competentes para o processamento e julgamento das causas previstas no art. 275, II, do CPC de 1973. Citado artigo dispunha:

"Art. 275. Observar-se-á o procedimento sumário:

....

II – nas causas, qualquer que seja o valor:

a) de arrendamento rural e de parceria agrícola;

b) de cobrança ao condômino de quaisquer quantias devidas ao condomínio;

c) de ressarcimento por danos em prédio urbano ou rústico;

d) de ressarcimento por danos causados em acidente de veículo de via terrestre;

e) de cobrança de seguro, relativamente aos danos causados em acidente de veículo, ressalvados os casos de processo de execução;

f) de cobrança de honorários dos profissionais liberais, ressalvado o disposto em legislação especial;

g) que versem sobre revogação de doação;

h) nos demais casos previstos em lei.

....".

III – a ação de despejo para uso próprio;

IV – as ações possessórias sobre bens imóveis de valor não excedente ao fixado no inciso I deste artigo.

§ 1.º Compete ao Juizado Especial promover a execução:

I – dos seus julgados;

II – dos títulos executivos extrajudiciais, no valor de até 40 (quarenta) vezes o salário mínimo, observado o disposto no § 1.º do art. 8.º desta Lei.

§ 2.º Ficam excluídas da competência do Juizado Especial as causas de natureza alimentar, falimentar, fiscal e de interesse da Fazenda Pública, e também as relativas a acidentes de trabalho, a resíduos e ao estado e capacidade das pessoas, ainda que de cunho patrimonial.

§ 3.º A opção pelo procedimento previsto nesta Lei importará em renúncia ao crédito excedente ao limite estabelecido neste artigo, excetuada a hipótese de conciliação.

Art. 4.º É competente, para as causas previstas nesta Lei, o Juizado do foro:

I – do domicílio do réu ou, a critério do autor, do local onde aquele exerça atividades profissionais ou econômicas ou mantenha estabelecimento, filial, agência, sucursal ou escritório;

II – do lugar onde a obrigação deva ser satisfeita;

III – do domicílio do autor ou do local do ato ou fato, nas ações para reparação de dano de qualquer natureza.

Parágrafo único. Em qualquer hipótese, poderá a ação ser proposta no foro previsto no inciso I deste artigo.

Seção II

Do Juiz, dos Conciliadores e dos Juízes Leigos

Art. 5.º O juiz dirigirá o processo com liberdade para determinar as provas a serem produzidas, para apreciá-las e para dar especial valor às regras de experiência comum ou técnica.

Art. 6.º O juiz adotará em cada caso a decisão que reputar mais justa e equânime, atendendo aos fins sociais da lei e às exigências do bem comum.

Art. 7.º Os conciliadores e juízes leigos são auxiliares da Justiça, recrutados, os primeiros, preferentemente, entre os bacharéis em Direito, e os segundos, entre advogados com mais de 5 (cinco) anos de experiência.

Parágrafo único. Os juízes leigos ficarão impedidos de exercer a advocacia perante os Juizados Especiais, enquanto no desempenho de suas funções.

Juizados Especiais Cíveis e Criminais no âmbito da Justiça Federal. O Provimento n. 22, de 5-9-2012, da Corregedoria Nacional de Justiça, define medidas de aprimoramento relacionadas ao Sistema dos Juizados Especiais.

Seção III
Das Partes

Art. 8.º Não poderão ser partes, no processo instituído por esta Lei, o incapaz, o preso, as pessoas jurídicas de direito público, as empresas públicas da União, a massa falida e o insolvente civil.

§ 1.º Somente serão admitidas a propor ação perante o Juizado Especial:

•• § 1.º, *caput*, com redação determinada pela Lei n. 12.126, de 16-12-2009.

I – as pessoas físicas capazes, excluídos os cessionários de direito de pessoas jurídicas;

•• Inciso I acrescentado pela Lei n. 12.126, de 16-12-2009.

II – as pessoas enquadradas como microempreendedores individuais, microempresas e empresas de pequeno porte na forma da Lei Complementar n. 123, de 14 de dezembro de 2006;

•• Inciso II com redação determinada pela Lei Complementar n. 147, de 7-8-2014.

III – as pessoas jurídicas qualificadas como Organização da Sociedade Civil de Interesse Público, nos termos da Lei n. 9.790, de 23 de março de 1999;

•• Inciso III acrescentado pela Lei n. 12.126, de 16-12-2009.

IV – as sociedades de crédito ao microempreendedor, nos termos do art. 1.º da Lei n. 10.194, de 14 de fevereiro de 2001.

•• Inciso IV acrescentado pela Lei n. 12.126, de 16-12-2009.

§ 2.º O maior de 18 (dezoito) anos poderá ser autor, independentemente de assistência, inclusive para fins de conciliação.

Art. 9.º Nas causas de valor até 20 (vinte) salários mínimos, as partes comparecerão pessoalmente, podendo ser assistidas por advogado; nas de valor superior, a assistência é obrigatória.

§ 1.º Sendo facultativa a assistência, se uma das partes comparecer assistida por advogado, ou se o réu for pessoa jurídica ou firma individual, terá a outra parte, se quiser, assistência judiciária prestada por órgão instituído junto ao Juizado Especial, na forma da lei local.

§ 2.º O juiz alertará as partes da conveniência do patrocínio por advogado, quando a causa o recomendar.

§ 3.º O mandato ao advogado poderá ser verbal, salvo quanto aos poderes especiais.

• Sobre poderes especiais do mandato judicial: art. 105 do CPC.

§ 4.º O réu, sendo pessoa jurídica ou titular de firma individual, poderá ser representado por preposto credenciado, munido de carta de preposição com poderes para transigir, sem haver necessidade de vínculo empregatício.

•• § 4.º com redação determinada pela Lei n. 12.137, de 18-12-2009.

Art. 10. Não se admitirá, no processo, qualquer forma de intervenção de terceiro nem de assistência. Admitir-se-á o litisconsórcio.

• Do litisconsórcio no CPC: arts. 113 a 118.

Art. 11. O Ministério Público intervirá nos casos previstos em lei.

Seção IV
Dos Atos Processuais

Art. 12. Os atos processuais serão públicos e poderão realizar-se em horário noturno, conforme dispuserem as normas de organização judiciária.

Art. 13. Os atos processuais serão válidos sempre que preencherem as finalidades para as quais forem realizados, atendidos os critérios indicados no art. 2.º desta Lei.

§ 1.º Não se pronunciará qualquer nulidade sem que tenha havido prejuízo.

§ 2.º A prática de atos processuais em outras comarcas poderá ser solicitada por qualquer meio idôneo de comunicação.

§ 3.º Apenas os atos considerados essenciais serão registrados resumidamente, em notas manuscritas, datilografadas, taquigrafadas ou estenotipadas. Os demais atos poderão ser gravados em fita magnética ou equivalente, que será inutilizada após o trânsito em julgado da decisão.

§ 4.º As normas locais disporão sobre a conservação das peças do processo e demais documentos que o instruem.

Seção V
Do Pedido

Art. 14. O processo instaurar-se-á com a apresentação do pedido, escrito ou oral, à Secretaria do Juizado.

§ 1.º Do pedido constarão, de forma simples e em linguagem acessível:

I – o nome, a qualificação e o endereço das partes;

II – os fatos e os fundamentos, de forma sucinta;

III – o objeto e seu valor.

§ 2.º É lícito formular pedido genérico quando não for possível determinar, desde logo, a extensão da obrigação.

• Sobre pedido genérico no CPC: art. 324.

§ 3.º O pedido oral será reduzido a escrito pela Secretaria do Juizado, podendo ser utilizado o sistema de fichas ou formulários impressos.

Art. 15. Os pedidos mencionados no art. 3.º desta Lei poderão ser alternativos ou cumulados; nesta última hipótese, desde que conexos e a soma não ultrapasse o limite fixado naquele dispositivo.

• Sobre pedido alternativo e cumulado no CPC: arts. 325 e 327.

Art. 16. Registrado o pedido, independentemente de distribuição e autuação, a Secretaria do Juizado designará a sessão de conciliação, a realizar-se no prazo de 15 (quinze) dias.

Art. 17. Comparecendo inicialmente ambas as partes, instaurar-se-á, desde logo, a sessão de conciliação, dispensados o registro prévio de pedido e a citação.

Parágrafo único. Havendo pedidos contrapostos, poderá ser dispensada a contestação formal e ambos serão apreciados na mesma sentença.

Seção VI
Das Citações e Intimações

Art. 18. A citação far-se-á:

I – por correspondência, com aviso de recebimento em mão própria;

II – tratando-se de pessoa jurídica ou firma individual, mediante entrega ao encarregado da recepção, que será obrigatoriamente identificado;

III – sendo necessário, por oficial de justiça, independentemente de mandado ou carta precatória.

§ 1.º A citação conterá cópia do pedido inicial, dia e hora para comparecimento do citando e advertência de que, não comparecendo este, considerar-se-ão verdadeiras as alegações iniciais, e será proferido julgamento, de plano.

§ 2.º Não se fará citação por edital.

§ 3.º O comparecimento espontâneo suprirá a falta ou nulidade da citação.

Art. 19. As intimações serão feitas na forma prevista para citação, ou por qualquer outro meio idôneo de comunicação.

§ 1.º Dos atos praticados na audiência, considerar-se-ão desde logo cientes as partes.

§ 2.º As partes comunicarão ao juízo as mudanças de endereço ocorridas no curso do processo, reputando-se eficazes as intimações enviadas ao local anteriormente indicado, na ausência da comunicação.

Seção VII
Da Revelia

Art. 20. Não comparecendo o demandado à sessão de conciliação ou à audiência de instrução e julgamento, reputar-se-ão verdadeiros os fatos alegados no pedido inicial, salvo se o contrário resultar da convicção do juiz.

Seção VIII
Da Conciliação e do Juízo Arbitral

• Sobre arbitragem: Lei n. 9.307, de 23-9-1996.

Art. 21. Aberta a sessão, o juiz togado ou leigo esclarecerá as partes presentes sobre as vantagens da conciliação, mostrando-lhes os riscos e as consequências do litígio, especialmente quanto ao disposto no § 3.º do art. 3.º desta Lei.

Art. 22. A conciliação será conduzida pelo juiz togado ou leigo ou por conciliador sob sua orientação.

Parágrafo único. Obtida a conciliação, esta será reduzida a escrito e homologada pelo juiz togado, mediante sentença com eficácia de título executivo.

Art. 23. Não comparecendo o demandado, o juiz togado proferirá sentença.

Art. 24. Não obtida a conciliação, as partes poderão optar, de comum acordo, pelo juízo arbitral, na forma prevista nesta Lei.

§ 1.º O juízo arbitral considerar-se-á instaurado, independentemente de termo de compromisso, com a escolha do árbitro pelas partes. Se este não estiver presente, o juiz convocá-lo-á e designará, de imediato, a data para a audiência de instrução.

§ 2.º O árbitro será escolhido dentre os juízes leigos.

Art. 25. O árbitro conduzirá o processo com os mesmos critérios do juiz, na forma dos arts. 5.º e 6.º desta Lei, podendo decidir por equidade.

Art. 26. Ao término da instrução, ou nos 5 (cinco) dias subsequentes, o árbitro apresentará o laudo ao juiz togado para homologação por sentença irrecorrível.

Seção IX
Da Instrução e Julgamento

Art. 27. Não instituído o juízo arbitral, proceder-se-á imediatamente à audiência de instrução e julgamento, desde que não resulte prejuízo para a defesa.

Parágrafo único. Não sendo possível sua realização imediata, será a audiência designada para um dos 15 (quinze) dias subsequentes, cientes, desde logo, as partes e testemunhas eventualmente presentes.

Art. 28. Na audiência de instrução e julgamento serão ouvidas as partes, colhida a prova e, em seguida, proferida a sentença.

Art. 29. Serão decididos de plano todos os incidentes que possam interferir no regular prosseguimento da audiência. As demais questões serão decididas na sentença.

Parágrafo único. Sobre os documentos apresentados por uma das partes, manifestar-se-á imediatamente a parte contrária, sem interrupção da audiência.

Seção X
Da Resposta do Réu

Art. 30. A contestação, que será oral ou escrita, conterá toda matéria de defesa, exceto arguição de suspeição ou impedimento do juiz, que se processará na forma da legislação em vigor.

Art. 31. Não se admitirá a reconvenção. É lícito ao réu, na contestação, formular pedido em seu favor, nos limites do art. 3.º desta Lei, desde que fundado nos mesmos fatos que constituem objeto da controvérsia.

Parágrafo único. O autor poderá responder ao pedido do réu na própria audiência ou requerer a designação da nova data, que será desde logo fixada, cientes todos os presentes.

Seção XI
Das Provas

Art. 32. Todos os meios de prova moralmente legítimos, ainda que não especificados em lei, são hábeis para provar a veracidade dos fatos alegados pelas partes.

Art. 33. Todas as provas serão produzidas na audiência de instrução e julgamento, ainda que não requeridas previamente, podendo o juiz limitar ou excluir as que considerar excessivas, impertinentes ou protelatórias.

Art. 34. As testemunhas, até o máximo de 3 (três) para cada parte, comparecerão à audiência de instrução e julgamento levadas pela parte que as tenha arrolado, independentemente de intimação, ou mediante esta, se assim for requerido.

§ 1.º O requerimento para intimação das testemunhas será apresentado à Secretaria no mínimo 5 (cinco) dias antes da audiência de instrução e julgamento.

§ 2.º Não comparecendo a testemunha intimada, o juiz poderá determinar sua imediata condução, valendo-se, se necessário, do concurso da força pública.

Art. 35. Quando a prova do fato exigir, o juiz poderá inquirir técnicos de sua confiança, permitida às partes a apresentação de parecer técnico.

Parágrafo único. No curso da audiência, poderá o juiz, de ofício ou a requerimento das partes, realizar inspeção em pessoas ou coisas, ou determinar que o faça pessoa de sua confiança, que lhe relatará informalmente o verificado.

Art. 36. A prova oral não será reduzida a escrito, devendo a sentença referir, no essencial, os informes trazidos nos depoimentos.

Art. 37. A instrução poderá ser dirigida por juiz leigo, sob a supervisão de juiz togado.

Seção XII
Da Sentença

Art. 38. A sentença mencionará os elementos de convicção do juiz, com breve resumo dos fatos relevantes ocorridos em audiência, dispensado o relatório.

Parágrafo único. Não se admitirá sentença condenatória por quantia ilíquida, ainda que genérico o pedido.

Art. 39. É ineficaz a sentença condenatória na parte que exceder a alçada estabelecida nesta Lei.

•• *Vide* art. 3.º desta Lei.

Art. 40. O juiz leigo que tiver dirigido a instrução proferirá sua decisão e imediatamente a submeterá ao juiz togado, que poderá homologá-la, proferir outra em substituição ou, antes de se manifestar, determinar a realização de atos probatórios indispensáveis.

Art. 41. Da sentença, excetuada a homologatória de conciliação ou laudo arbitral, caberá recurso para o próprio Juizado.

§ 1.º O recurso será julgado por uma turma composta por 3 (três) juízes togados, em exercício no primeiro grau de jurisdição, reunidos na sede do Juizado.

§ 2.º No recurso, as partes serão obrigatoriamente representadas por advogado.

Art. 42. O recurso será interposto no prazo de 10 (dez) dias, contados da ciência da sentença, por petição escrita, da qual constarão as razões e o pedido do recorrente.

§ 1.º O preparo será feito, independentemente de intimação, nas 48 (quarenta e oito) horas seguintes à interposição, sob pena de deserção.

§ 2.º Após o preparo, a Secretaria intimará o recorrido para oferecer resposta escrita no prazo de 10 (dez) dias.

Art. 43. O recurso terá somente efeito devolutivo, podendo o juiz dar-lhe efeito suspensivo, para evitar dano irreparável para a parte.

Art. 44. As partes poderão requerer a transcrição da gravação da fita magnética a que alude o § 3.º do art. 13 desta Lei, correndo por conta do requerente as despesas respectivas.

Art. 45. As partes serão intimadas da data da sessão de julgamento.

Art. 46. O julgamento em segunda instância constará apenas da ata, com a indicação suficiente do processo, fundamentação sucinta e parte dispositiva. Se a sentença for confirmada pelos próprios fundamentos, a súmula do julgamento servirá de acórdão.

• *Vide* Súmulas 203 do STJ e 640 do STF.

Art. 47. (*Vetado.*)

Seção XIII
Dos Embargos de Declaração

Art. 48. Caberão embargos de declaração contra sentença ou acórdão nos casos previstos no Código de Processo Civil.

•• *Caput* com redação determinada pela Lei n. 13.105, de 16-3-2015.

• Embargos de Declaração: arts. 1.022 a 1.026 do CPC.

Parágrafo único. Os erros materiais podem ser corrigidos de ofício.

Art. 49. Os embargos de declaração serão interpostos por escrito ou oralmente, no prazo de 5 (cinco) dias, contados da ciência da decisão.

Art. 50. Os embargos de declaração interrompem o prazo para a interposição de recurso.

•• Artigo com redação determinada pela Lei n. 13.105, de 16-3-2015.

Seção XIV
Da Extinção do Processo sem Julgamento do Mérito

Art. 51. Extingue-se o processo, além dos casos previstos em Lei:

I – quando o autor deixar de comparecer a qualquer das audiências do processo;

II – quando inadmissível o procedimento instituído por esta Lei ou seu prosseguimento, após a conciliação;

III – quando for reconhecida a incompetência territorial;

IV – quando sobrevier qualquer dos impedimentos previstos no art. 8.° desta Lei;

V – quando, falecido o autor, a habilitação depender de sentença ou não se der no prazo de 30 (trinta) dias;

VI – quando, falecido o réu, o autor não promover a citação dos sucessores no prazo de 30 (trinta) dias da ciência do fato.

§ 1.° A extinção do processo independerá, em qualquer hipótese, de prévia intimação pessoal das partes.

§ 2.° No caso do inciso I deste artigo, quando comprovar que a ausência decorre de força maior, a parte poderá ser isentada, pelo juiz, do pagamento de custas.

Seção XV
Da Execução

Art. 52. A execução da sentença processar-se-á no próprio Juizado, aplicando-se, no que couber, o disposto no Código de Processo Civil, com as seguintes alterações:

I – as sentenças serão necessariamente líquidas, contendo a conversão em Bônus do Tesouro Nacional – BTN ou índice equivalente;

• Sobre extinção do BTN e instituição da UFIR, *vide* Nota dos Organizadores.

II – os cálculos de conversão de índices, de honorários, de juros e de outras parcelas serão efetuados por servidor judicial;

III – a intimação da sentença será feita, sempre que possível, na própria audiência em que for proferida. Nessa intimação, o vencido será instado a cumprir a sentença tão logo ocorra seu trânsito em julgado, e advertido dos efeitos do seu descumprimento (inciso V);

IV – não cumprida voluntariamente a sentença transitada em julgado, e tendo havido solicitação do interessado, que poderá ser verbal, proceder-se-á desde logo à execução, dispensada nova citação;

V – nos casos de obrigação de entregar, de fazer, ou de não fazer, o juiz, na sentença ou na fase de execução, cominará multa diária, arbitrada de acordo com as condições econômicas do devedor, para a hipótese de inadimplemento. Não cumprida a obrigação, o credor poderá requerer a elevação da multa ou a transformação da condenação em perdas e danos, que o juiz de imediato arbitrará, seguindo-se a execução por quantia certa, incluída a multa vencida de obrigação de dar, quando evidenciada a malícia do devedor na execução do julgado;

VI – na obrigação de fazer, o juiz pode determinar o cumprimento por outrem, fixado o valor que o devedor deve depositar para as despesas, sob pena de multa diária;

VII – na alienação forçada dos bens, o juiz poderá autorizar o devedor, o credor ou a terceira pessoa idônea a tratar da alienação do bem penhorado, a qual se aperfeiçoará em juízo até a data fixada para a praça ou leilão. Sendo o preço inferior ao da avaliação, as partes serão ouvidas. Se o pagamento não for à vista, será oferecida caução idônea, nos casos de alienação de bem móvel, ou hipotecado o imóvel;

VIII – é dispensada a publicação de editais em jornais, quando se tratar de alienação de bens de pequeno valor;

IX – o devedor poderá oferecer embargos, nos autos da execução, versando sobre:

a) falta ou nulidade da citação no processo, se ele correu à revelia;

b) manifesto excesso de execução;

c) erro de cálculo;

d) causa impeditiva, modificativa ou extintiva da obrigação, superveniente à sentença.

Art. 53. A execução de título executivo extrajudicial, no valor de até 40 (quarenta) salários mínimos, obedecerá ao disposto no Código de Processo Civil, com as modificações introduzidas por esta Lei.

§ 1.° Efetuada a penhora, o devedor será intimado a comparecer à audiência de conciliação, quando poderá oferecer embargos (art. 52, IX), por escrito ou verbalmente.

§ 2.° Na audiência, será buscado o meio mais rápido e eficaz para a solução do litígio, se possível com dispensa da alienação judicial, devendo o conciliador propor, entre outras medidas cabíveis, o pagamento do débito a prazo ou a prestação, a dação em pagamento ou a imediata adjudicação do bem penhorado.

§ 3.° Não apresentados os embargos em audiência, ou julgados improcedentes, qualquer das partes poderá requerer ao juiz a adoção de uma das alternativas do parágrafo anterior.

§ 4.° Não encontrado o devedor ou inexistindo bens penhoráveis, o processo será imediatamente extinto, devolvendo-se os documentos ao autor.

Seção XVI
Das Despesas

Art. 54. O acesso ao Juizado Especial independerá, em primeiro grau de jurisdição, do pagamento de custas, taxas ou despesas.

Parágrafo único. O preparo do recurso, na forma do § 1.° do art. 42 desta Lei, compreenderá todas as despesas processuais, inclusive aquelas dispensadas em primeiro grau de jurisdição, ressalvada a hipótese de assistência judiciária gratuita.

• Assistência Judiciária: Lei n. 1.060, de 5-2-1950.

Art. 55. A sentença de primeiro grau não condenará o vencido em custas e honorários de advogado, ressalvados os casos de litigância de má-fé. Em segundo grau, o recorrente, vencido, pagará as custas e honorários de advogado, que serão fixados entre 10% (dez por cento) e 20% (vinte por cento) do valor da condenação ou, não havendo condenação, do valor corrigido da causa.

Parágrafo único. Na execução não serão contadas custas, salvo quando:

I – reconhecida a litigância de má-fé;

• Da litigância de má-fé no CPC: art. 80.

II – improcedentes os embargos do devedor;

III – tratar-se de execução de sentença que tenha sido objeto de recurso improvido do devedor.

Seção XVII
Disposições Finais

Art. 56. Instituído o Juizado Especial, serão implantadas as curadorias necessárias e o serviço de assistência judiciária.

Art. 57. O acordo extrajudicial, de qualquer natureza ou valor, poderá ser homologado, no juízo competente, independentemente de termo, valendo a sentença como título executivo judicial.

Parágrafo único. Valerá como título extrajudicial o acordo celebrado pelas partes, por instrumento escrito, referendado pelo órgão competente do Ministério Público.

Art. 58. As normas de organização judiciária local poderão estender a conciliação prevista nos arts. 22 e 23 a causas não abrangidas por esta Lei.

Art. 59. Não se admitirá ação rescisória nas causas sujeitas ao procedimento instituído por esta Lei.

Capítulo III
DOS JUIZADOS ESPECIAIS CRIMINAIS

DISPOSIÇÕES GERAIS

•• *Vide* art. 48, § 1.º, da Lei n. 11.343, de 23-8-2006.

Art. 60. O Juizado Especial Criminal, provido por juízes togados ou togados e leigos, tem competência para a conciliação, o julgamento e a execução das infrações penais de menor potencial ofensivo, respeitadas as regras de conexão e continência.

•• *Caput* com redação determinada pela Lei n. 11.313, de 28-6-2006.

Parágrafo único. Na reunião de processos, perante o juízo comum ou o tribunal do júri, decorrentes da aplicação das regras de conexão e continência, observar-se-ão os institutos da transação penal e da composição dos danos civis.

•• Parágrafo único acrescentado pela Lei n. 11.313, de 28-6-2006.

Art. 61. Consideram-se infrações penais de menor potencial ofensivo, para os efeitos desta Lei, as contravenções penais e os crimes a que a lei comine pena máxima não superior a 2 (dois) anos, cumulada ou não com multa.

•• Artigo com redação determinada pela Lei n. 11.313, de 28-6-2006.

• *Vide* art. 94 da Lei n. 10.741, de 1.º-10-2003.

Art. 62. O processo perante o Juizado Especial orientar-se-á pelos critérios da oralidade, informalidade, economia processual e celeridade, objetivando, sempre que possível, a reparação dos danos sofridos pela vítima e a aplicação de pena não privativa de liberdade.

Seção I
Da Competência e dos Atos Processuais

Art. 63. A competência do Juizado será determinada pelo lugar em que foi praticada a infração penal.

Art. 64. Os atos processuais serão públicos e poderão realizar-se em horário noturno e em qualquer dia da semana, conforme dispuserem as normas de organização judiciária.

Art. 65. Os atos processuais serão válidos sempre que preencherem as finalidades para as quais foram realizados, atendidos os critérios indicados no art. 62 desta Lei.

§ 1.º Não se pronunciará qualquer nulidade sem que tenha havido prejuízo.

§ 2.º A prática de atos processuais em outras comarcas poderá ser solicitada por qualquer meio hábil de comunicação.

§ 3.º Serão objeto de registro escrito exclusivamente os atos havidos por essenciais. Os atos realizados em audiência de instrução e julgamento poderão ser gravados em fita magnética ou equivalente.

Art. 66. A citação será pessoal e far-se-á no próprio Juizado, sempre que possível, ou por mandado.

Parágrafo único. Não encontrado o acusado para ser citado, o juiz encaminhará as peças existentes ao juízo comum para adoção do procedimento previsto em lei.

Art. 67. A intimação far-se-á por correspondência, com aviso de recebimento pessoal ou, tratando-se de pessoa jurídica ou firma individual, mediante entrega ao encarregado da recepção, que será obrigatoriamente identificado, ou, sendo necessário, por oficial de justiça, independentemente de mandado ou carta precatória, ou ainda por qualquer meio idôneo de comunicação.

Parágrafo único. Dos atos praticados em audiência considerar-se-ão desde logo cientes as partes, os interessados e defensores.

Art. 68. Do ato de intimação do autor do fato e do mandado de citação do acusado, constará a necessidade de seu comparecimento acompanhado de advogado, com a advertência de que, na sua falta, ser-lhe-á designado defensor público.

Seção II
Da Fase Preliminar

Art. 69. A autoridade policial que tomar conhecimento da ocorrência lavrará termo circunstanciado e o encaminhará imediatamente ao Juizado, com o autor do fato e a vítima, providenciando-se as requisições dos exames periciais necessários.

Parágrafo único. Ao autor do fato que, após a lavratura do termo, for imediatamente encaminhado ao juizado ou assumir o compromisso de a ele comparecer, não se imporá prisão em flagrante, nem se exigirá fiança. Em caso de violência doméstica, o juiz poderá determinar, como medida de cautela, seu afastamento do lar, domicílio ou local de convivência com a vítima.

•• Parágrafo único com redação determinada pela Lei n. 10.455, de 13-5-2002.

•• *Vide* art. 41 da Lei n. 11.340, de 7-8-2006.

Art. 70. Comparecendo o autor do fato e a vítima, e não sendo possível a realização imediata da audiência preliminar, será designada data próxima, da qual ambos sairão cientes.

Art. 71. Na falta do comparecimento de qualquer dos envolvidos, a Secretaria providenciará sua intimação e, se for o caso, a do responsável civil, na forma dos arts. 67 e 68 desta Lei.

Art. 72. Na audiência preliminar, presente o representante do Ministério Público, o autor do fato e a vítima e, se possível, o responsável civil, acompanhados por seus advogados, o juiz esclarecerá sobre a possibilidade da composição dos danos e da aceitação da proposta de aplicação imediata de pena não privativa de liberdade.

Art. 73. A conciliação será conduzida pelo juiz ou por conciliador sob sua orientação.

Parágrafo único. Os conciliadores são auxiliares da Justiça, recrutados, na forma da lei local, preferentemente entre bacharéis em Direito, excluídos os que exerçam funções na administração da Justiça Criminal.

Art. 74. A composição dos danos civis será reduzida a escrito e, homologada pelo juiz mediante sentença irrecorrível, terá eficácia de título a ser executado no juízo civil competente.

• *Vide* Lei n. 9.503, de 23-9-1997.

Parágrafo único. Tratando-se de ação penal de iniciativa privada ou de ação penal pública condicionada à representação, o acordo homologado acarreta a renúncia ao direito de queixa ou representação.

Art. 75. Não obtida a composição dos danos civis, será dada imediatamente ao ofendido a oportunidade de exercer o direito de representação verbal, que será reduzida a termo.

Parágrafo único. O não oferecimento da representação na audiência preliminar não implica decadência do direito, que poderá ser exercido no prazo previsto em lei.

•• Sobre prazo decadencial no CPP: art. 38.

Art. 76. Havendo representação ou tratando-se de crime de ação penal pública incondicionada, não sendo caso de arquivamento, o Ministério Público poderá propor a aplicação imediata de pena restritiva de direitos ou multas, a ser especificada na proposta.

•• Sobre penas no CP: restritiva de direitos (arts. 43 a 48); de multa (arts. 49 a 52).

•• *Vide* art. 48, § 5.º, da Lei n. 11.343, de 23-8-2006.

•• *Vide* Súmula Vinculante 35.

§ 1.º Nas hipóteses de ser a pena de multa a única aplicável, o juiz poderá reduzi-la até a metade.

§ 2.º Não se admitirá a proposta se ficar comprovado:

I – ter sido o autor da infração condenado, pela prática de crime, à pena privativa de liberdade, por sentença definitiva;

II – ter sido o agente beneficiado anteriormente, no prazo de 5 (cinco) anos, pela aplicação de pena restritiva ou multa, nos termos deste artigo;

III – não indicarem os antecedentes, a conduta social e a personalidade do agente, bem como os motivos e as circunstâncias, ser necessária e suficiente a adoção da medida.

§ 3.º Aceita a proposta pelo autor da infração e seu defensor, será submetida à apreciação do juiz.

§ 4.º Acolhendo a proposta do Ministério Público aceita pelo autor da infração, o juiz aplicará a pena restritiva de direitos ou multa, que não importará em reincidência, sendo registrada apenas para impedir novamente o mesmo benefício no prazo de 5 (cinco) anos.

§ 5.º Da sentença prevista no parágrafo anterior caberá a apelação referida no art. 82 desta Lei.

§ 6.º A imposição da sanção de que trata o § 4.º deste artigo não constará de certidão de antecedentes criminais, salvo para os fins previstos no mesmo dispositivo, e não terá efeitos civis, cabendo aos interessados propor ação cabível no juízo cível.

Seção III
Do Procedimento Sumariíssimo

Art. 77. Na ação penal de iniciativa pública, quando não houver aplicação de pena, pela ausência do autor do fato, ou pela não ocorrência da hipótese prevista no art. 76 desta Lei, o Ministério Público oferecerá ao juiz, de imediato, denúncia oral, se não houver necessidade de diligências imprescindíveis.

§ 1.º Para o oferecimento da denúncia, que será elaborada com base no termo de ocorrência referido no art. 69 desta Lei, com dispensa do inquérito policial, prescindir-se-á do exame do corpo de delito quando a materialidade do crime estiver aferida por boletim médico ou prova equivalente.

§ 2.º Se a complexidade ou circunstâncias do caso não permitirem a formulação da denúncia, o Ministério Público poderá requerer ao juiz o encaminhamento das peças existentes, na forma do parágrafo único do art. 66 desta Lei.

§ 3.º Na ação penal de iniciativa do ofendido poderá ser oferecida queixa oral, cabendo ao juiz verificar se a complexidade e as circunstâncias do caso determinam a adoção das providências previstas no parágrafo único do art. 66 desta Lei.

Art. 78. Oferecida a denúncia ou queixa, será reduzida a termo, entregando-se cópia ao acusado, que com ela ficará citado e imediatamente cientificado da designação de dia e hora para a audiência de instrução e julgamento, da qual também tomarão ciência o Ministério Público, o ofendido, o responsável civil e seus advogados.

§ 1.º Se o acusado não estiver presente, será citado na forma dos arts. 66 e 68 desta Lei e cientificado da data da audiência de instrução e julgamento, devendo a ela trazer suas testemunhas ou apresentar requerimento para intimação, no mínimo 5 (cinco) dias antes de sua realização.

§ 2.º Não estando presentes o ofendido e o responsável civil, serão intimados nos termos do art. 67 desta Lei para comparecerem à audiência de instrução e julgamento.

§ 3.º As testemunhas arroladas serão intimadas na forma prevista no art. 67 desta Lei.

Art. 79. No dia e hora designados para a audiência de instrução e julgamento, se na fase preliminar não tiver havido possibilidade de tentativa de conciliação e de oferecimento de proposta pelo Ministério Público, proceder-se-á nos termos dos arts. 72, 73, 74 e 75 desta Lei.

Art. 80. Nenhum ato será adiado, determinando o juiz, quando imprescindível, a condução coercitiva de quem deva comparecer.

Art. 81. Aberta a audiência, será dada a palavra ao defensor para responder à acusação, após o que o juiz receberá, ou não, a denúncia ou queixa; havendo recebimento, serão ouvidas as vítimas e as testemunhas de acusação e defesa, interrogando-se a seguir o acusado, se presente, passando-se imediatamente aos debates orais e à prolação da sentença.

§ 1.º Todas as provas serão produzidas na audiência de instrução e julgamento, podendo o juiz limitar ou excluir as que considerar excessivas, impertinentes ou protelatórias.

§ 2.º De todo o ocorrido na audiência será lavrado termo, assinado pelo juiz e pelas partes, contendo breve resumo dos fatos relevantes ocorridos em audiência e a sentença.

§ 3.º A sentença, dispensado o relatório, mencionará os elementos de convicção do juiz.

Art. 82. Da decisão de rejeição da denúncia ou queixa e da sentença caberá apelação, que poderá ser julgada por turma composta de 3 (três) juízes em exercício no primeiro grau de jurisdição, reunidos na sede do Juizado.

§ 1.º A apelação será interposta no prazo de 10 (dez) dias, contados da ciência da sentença pelo Ministério Público, pelo réu e seu defensor, por petição escrita, da qual constarão as razões e o pedido do recorrente.

§ 2.º O recorrido será intimado para oferecer resposta escrita no prazo de 10 (dez) dias.

§ 3.º As partes poderão requerer a transcrição da gravação da fita magnética a que alude o § 3.º do art. 65 desta Lei.

§ 4.º As partes serão intimadas da data da sessão de julgamento pela imprensa.

§ 5.º Se a sentença for confirmada pelos próprios fundamentos, a súmula do julgamento servirá de acórdão.

Art. 83. Cabem embargos de declaração quando, em sentença ou acórdão, houver obscuridade, contradição ou omissão.

•• *Caput* com redação determinada pela Lei n. 13.105, de 16-3-2015.

§ 1.º Os embargos de declaração serão opostos por escrito ou oralmente, no prazo de 5 (cinco) dias, contados da ciência da decisão.

§ 2.º Os embargos de declaração interrompem o prazo para a interposição de recurso.

•• § 2.º com redação determinada pela Lei n. 13.105, de 16-3-2015.

§ 3.º Os erros materiais podem ser corrigidos de ofício.

Seção IV
Da Execução

Art. 84. Aplicada exclusivamente pena de multa, seu cumprimento far-se-á mediante pagamento na Secretaria do Juizado.

Parágrafo único. Efetuado o pagamento, o juiz declarará extinta a punibilidade, determinando que a condenação não fique constando dos registros criminais, exceto para fins de requisição judicial.

Art. 85. Não efetuado o pagamento de multa, será feita a conversão em pena privativa de liberdade, ou restritiva de direitos, nos termos previstos em lei.

•• Dispõe o *caput* do art. 51 do CP: "Transitada em julgado a sentença condenatória, a multa será considerada dívida de valor, aplicando-se-lhe as normas da legislação relativa à dívida ativa da Fazenda Pública, inclusive no que concerne às causas interruptivas e suspensivas da prescrição".

Art. 86. A execução das penas privativas de liberdade e restritivas de direitos, ou de multa cumulada com estas, será processada perante o órgão competente, nos termos da lei.

Seção V
Das Despesas Processuais

Art. 87. Nos casos de homologação do acordo civil e aplicação de pena restritiva de direitos ou multa (arts. 74 e 76, § 4.º), as despesas processuais serão reduzidas, conforme dispuser lei estadual.

Seção VI
Disposições Finais

Art. 88. Além das hipóteses do Código Penal e da legislação especial, dependerá de representação a ação penal relativa aos crimes de lesões corporais leves e lesões culposas.

• Das lesões corporais no CP: art. 129.

• *Vide* Lei n. 9.503, de 23-9-1997.

Art. 89. Nos crimes em que a pena mínima cominada for igual ou inferior a 1 (um) ano, abrangidas ou não por esta Lei, o Ministério Público, ao oferecer a denúncia, poderá propor a suspensão do processo, por 2 (dois) a 4 (quatro) anos, desde que o acusado não esteja sendo processado ou não tenha sido condenado por outro crime, presentes os demais requisitos que autorizariam a suspensão condicional da pena (art. 77 do Código Penal).

• *Vide* Súmulas 696 e 723 do STF.

• *Vide* Súmulas 243, 337 e 536 do STJ.

§ 1.º Aceita a proposta pelo acusado e seu defensor, na presença do juiz, este, recebendo a denúncia, poderá suspender o processo, submetendo o acusado a período de prova, sob as seguintes condições:

I – reparação do dano, salvo impossibilidade de fazê-lo;

II – proibição de frequentar determinados lugares;

III – proibição de ausentar-se da comarca onde reside, sem autorização do juiz;

IV – comparecimento pessoal e obrigatório a juízo, mensalmente, para informar e justificar suas atividades.

§ 2.º O juiz poderá especificar outras condições a que fica subordinada a suspensão, desde que adequadas ao fato e à situação pessoal do acusado.

§ 3.º A suspensão será revogada se, no curso do prazo, o beneficiário vier a ser processado por outro crime ou não efetuar, sem motivo justificado, a reparação do dano.

§ 4.º A suspensão poderá ser revogada se o acusado vier a ser processado, no curso do prazo, por contravenção, ou descumprir qualquer outra condição imposta.

§ 5.º Expirado o prazo sem revogação, o juiz declarará extinta a punibilidade.

§ 6.º Não correrá a prescrição durante o prazo de suspensão do processo.

§ 7.º Se o acusado não aceitar a proposta prevista neste artigo, o processo prosseguirá em seus ulteriores termos.

Art. 90. As disposições desta Lei não se aplicam aos processos penais cuja instrução já estiver iniciada.

•• O STF, na ADI n. 1.719-9, de 18-6-2007 (*DJ* de 3-8-2007), dá interpretação a este artigo conforme à CF, para excluir de sua abrangência as normas de direito penal constantes desta Lei mais favoráveis aos réus.

Art. 90-A. As disposições desta Lei não se aplicam no âmbito da Justiça Militar.

•• Artigo acrescentado pela Lei n. 9.839, de 27-9-1999.

Art. 91. Nos casos em que esta Lei passa a exigir representação para a propositura da ação penal pública, o ofendido ou seu representante legal será intimado para oferecê-la no prazo de 30 (trinta) dias, sob pena de decadência.

Art. 92. Aplicam-se subsidiariamente as disposições dos Códigos Penal e de Processo Penal, no que não forem incompatíveis com esta Lei.

CAPÍTULO IV
DISPOSIÇÕES FINAIS COMUNS

Art. 93. Lei Estadual disporá sobre o Sistema de Juizados Especiais Cíveis e Criminais, sua organização, composição e competência.

Art. 94. Os serviços de cartório poderão ser prestados, e as audiências realizadas fora da sede da Comarca, em bairros ou cidades a ela pertencentes, ocupando instalações de prédios públicos, de acordo com audiências previamente anunciadas.

Art. 95. Os Estados, Distrito Federal e Territórios criarão e instalarão os Juizados Especiais no prazo de 6 (seis) meses, a contar da vigência desta Lei.

Parágrafo único. No prazo de 6 (seis) meses, contado da publicação desta Lei, serão criados e instalados os Juizados Especiais Itinerantes, que deverão dirimir, prioritariamente, os conflitos existentes nas áreas rurais ou nos locais de menor concentração populacional.

•• Parágrafo único acrescentado pela Lei n. 12.726, de 16-10-2012.

Art. 96. Esta Lei entra em vigor no prazo de 60 (sessenta) dias após a sua publicação.

Art. 97. Ficam revogadas a Lei n. 4.611, de 2 de abril de 1965, e a Lei n. 7.244, de 7 de novembro de 1984.

Brasília, 26 de setembro de 1995; 174.º da Independência e 107.º da República.

FERNANDO HENRIQUE CARDOSO

DECRETO N. 1.799, DE 30 DE JANEIRO DE 1996 (*)

Regulamenta a Lei n. 5.433, de 8 de maio de 1968, que regula a microfilmagem de documentos oficiais, e dá outras providências.

O Presidente da República, no uso da atribuição que lhe confere o art. 84, IV, da Constituição, e tendo em vista o disposto no art. 3.º da Lei n. 5.433, de 8 de maio de 1968, decreta:

Art. 1.º A microfilmagem, em todo Território Nacional, autorizada pela Lei n. 5.433, de 8 de maio de 1968, abrange os documentos oficiais ou públicos, de qualquer espécie e em qualquer suporte, produzidos e recebidos pelos órgãos dos Poderes Executivo, Judiciário e Legislativo, inclusive da Administração indireta da União, dos Estados, do Distrito Federal e dos Municípios, e os documentos particulares ou privados, de pessoas físicas ou jurídicas.

Art. 2.º A emissão de cópias, traslados e certidões extraídas de microfilmes, bem assim a autenticação desses documentos, para que possam produzir efeitos legais, em juízo ou fora dele, é regulada por este Decreto.

Art. 3.º Entende-se por microfilme, para fins deste Decreto, o resultado do processo de reprodução em filme, de documentos, dados e imagens, por meios fotográficos ou eletrônicos, em diferentes graus de redução.

Art. 4.º A microfilmagem será feita em equipamentos que garantam a fiel reprodução das infor-

(*) Publicado no *DOU*, de 31-1-1996.

mações, sendo permitida a utilização de qualquer microforma.

Parágrafo único. Em se tratando da utilização de microfichas, além dos procedimentos previstos neste Decreto, tanto a original como a cópia terão, na sua parte superior, área reservada à titulação, à identificação e à numeração sequencial, legíveis com a vista desarmada, e fotogramas destinados à indexação.

Art. 5.º A microfilmagem, de qualquer espécie, será feita sempre em filme original, com o mínimo de 180 (cento e oitenta) linhas por milímetro de definição, garantida a segurança e a qualidade de imagem e de reprodução.

§ 1.º Será obrigatória, para efeito de segurança, a extração de filme cópia do filme original.

§ 2.º Fica vedada a utilização de filmes atualizáveis, de qualquer tipo, tanto para a confecção do original, como para a extração de cópias.

§ 3.º O armazenamento do filme original deverá ser feito em local diferente do seu filme cópia.

Art. 6.º Na microfilmagem poderá ser utilizado qualquer grau de redução, garantida a legibilidade e a qualidade de reprodução.

Parágrafo único. Quando se tratar de original cujo tamanho ultrapasse a dimensão máxima do campo fotográfico do equipamento em uso, a microfilmagem poderá ser feita por etapas, sendo obrigatória a repetição de uma parte da imagem anterior na imagem subsequente, de modo que se possa identificar, por superposição, a continuidade entre as seções adjacentes microfilmadas.

Art. 7.º Na microfilmagem de documentos, cada série será precedida de imagem de abertura, com os seguintes elementos:

I – identificação do detentor dos documentos, a serem microfilmados;

II – número do microfilme, se for o caso;

III – local e data da microfilmagem;

IV – registro no Ministério da Justiça;

V – ordenação, identificação e resumo da série de documentos a serem microfilmados;

VI – menção, quando for o caso, de que a série de documentos a serem microfilmados é continuação da série contida em microfilme anterior;

VII – identificação do equipamento utilizado, da unidade filmadora e do grau de redução;

VIII – nome por extenso, qualificação funcional, se for o caso, e assinatura do detentor dos documentos a serem microfilmados;

IX – nome por extenso, qualificação funcional e assinatura do responsável pela unidade, cartório ou empresa executora da microfilmagem.

Art. 8.º No final da microfilmagem de cada série, será reproduzida a imagem de encerramento, imediatamente após o último documento, com os seguintes elementos:

I – identificação do detentor dos documentos microfilmados;

II – informações complementares relativas ao inciso V do artigo anterior;

III – termo de encerramento atestando a fiel observância às disposições deste Decreto;

IV – menção, quando for o caso, de que a série de documentos microfilmados continua em microfilme posterior;

V – nome por extenso, qualificação funcional e assinatura do responsável pela unidade, cartório ou empresa executora da microfilmagem.

Art. 9.º Os documentos da mesma série ou sequência, eventualmente omitidos quando da microfilmagem, ou aqueles cujas imagens não apresentarem legibilidade, por falha de operação ou por problema técnico, serão reproduzidos posteriormente, não sendo permitido corte ou inserção no filme original.

§ 1.º A microfilmagem destes documentos será precedida de uma imagem de observação, com os seguintes elementos:

a) identificação do microfilme, local e data;

b) descrição das irregularidades constatadas;

c) nome por extenso, qualificação funcional e assinatura do responsável pela unidade, cartório ou empresa executora da microfilmagem.

§ 2.º É obrigatório fazer indexação remissiva para recuperar as informações e assegurar a localização dos documentos.

§ 3.º Caso a complementação não satisfaça os padrões de qualidade exigidos, a microfilmagem dessa série de documentos deverá ser repetida integralmente.

Art. 10. Para o processamento dos filmes, serão utilizados equipamentos e técnicas que assegurem ao filme alto poder de definição, densidade uniforme e durabilidade.

Art. 11. Os documentos, em tramitação ou em estudo, poderão, a critério da autoridade competente, ser microfilmados, não sendo permitida a sua eliminação até a definição de sua destinação final.

Art. 12. A eliminação de documentos, após a microfilmagem, dar-se-á por meios que garantam sua inutilização, sendo a mesma precedida de lavratura de termo próprio e após a revisão e extração de filme cópia.

Parágrafo único. A eliminação de documentos oficiais ou públicos só deverá ocorrer se prevista na tabela de temporalidade do órgão, aprovada pela autoridade competente na esfera de sua atuação e respeitado o disposto no art. 9.º da Lei n. 8.159, de 8 de janeiro de 1991.

Art. 13. Os documentos oficiais ou públicos, com valor de guarda permanente, não poderão ser eliminados após a microfilmagem, devendo ser recolhidos ao arquivo público de sua esfera de atuação ou preservados pelo próprio órgão detentor.

Art. 14. Os traslados, as certidões e as cópias em papel ou em filme de documentos microfilmados, para produzirem efeitos legais em juízo ou fora dele, deverão estar autenticados pela autoridade competente detentora do filme original.

§ 1.º Em se tratando de cópia em filme, extraída de microfilmes de documentos privados, deverá ser emitido termo próprio, no qual constará que o filme que o acompanha é cópia fiel do filme original, cuja autenticação far-se-á nos cartórios que satisfizerem os requisitos especificados no artigo seguinte.

§ 2.º Em se tratando de cópia em papel, extraída de microfilmes de documentos privados a autenticação far-se-á por meio de carimbo, aposto em cada folha, nos cartórios que satisfizerem os requisitos especificados no artigo seguinte.

§ 3.º A cópia em papel, de que trata o parágrafo anterior, poderá ser extraída utilizando-se qualquer meio de reprodução, desde que sejam asseguradas a sua fidelidade e a sua qualidade de leitura.

Art. 15. A microfilmagem de documentos poderá ser feita por empresas e cartórios habilitados nos termos deste Decreto.

Parágrafo único. Para exercer a atividade de microfilmagem de documentos, as empresas e cartórios a que se refere este artigo, além da legislação a que estão sujeitos, deverão requerer registro no Ministério da Justiça e sujeitar-se à fiscalização que por este será exercida quanto ao cumprimento do disposto no presente Decreto.

• A Portaria n. 12, de 8-6-2009, da Secretaria Nacional de Justiça, dispõe sobre o registro e a fiscalização do exercício da atividade de microfilmagem de documentos.

Art. 16. As empresas e os cartórios que se dedicarem à microfilmagem de documentos de terceiros, fornecerão, obrigatoriamente, um documento de garantia, declarando:

I – que a microfilmagem foi executada de acordo com o disposto neste Decreto;

II – que se responsabilizam pelo padrão de qualidade do serviço executado;

III – que o usuário passa a ser responsável pelo manuseio e conservação das microformas.

Art. 17. Os microfilmes e filmes cópias, produzidos no exterior, somente terão valor legal, em juízo ou fora dele, quando:

I – autenticados por autoridade estrangeira competente;

II – tiverem reconhecida, pela autoridade consular brasileira, a firma da autoridade estrangeira que os houver autenticado;

III – forem acompanhados de tradução oficial.

Art. 18. Os microfilmes originais e os filmes cópias resultantes de microfilmagem de documentos sujeitos à fiscalização, ou necessários à prestação de contas, deverão ser mantidos pelos prazos de prescrição a que estariam sujeitos os seus respectivos originais.

Art. 19. As infrações às normas deste Decreto, por parte dos cartórios e empresas registrados no Ministério da Justiça sujeitarão o infrator, observada a gravidade do fato, às penalidades de advertência ou suspensão do registro, sem prejuízo das sanções penais e civis cabíveis.

Parágrafo único. No caso de reincidência por falta grave, o registro para microfilmar será cassado definitivamente.

Art. 20. O Ministério da Justiça expedirá as instruções que se fizerem necessárias ao cumprimento deste Decreto.

Art. 21. Revoga-se o Decreto n. 64.398, de 24 de abril de 1969.

Art. 22. Este Decreto entra em vigor na data de sua publicação.

Brasília, 30 de janeiro de 1996; 175.º da Independência e 108.º da República.

FERNANDO HENRIQUE CARDOSO

LEI N. 9.279, DE 14 DE MAIO DE 1996 (*)

Regula direitos e obrigações relativos à propriedade industrial.

O Presidente da República

Faço saber que o Congresso Nacional decreta e eu sanciono a seguinte Lei:

....

TÍTULO V
DOS CRIMES CONTRA A PROPRIEDADE INDUSTRIAL

CAPÍTULO I
DOS CRIMES CONTRA AS PATENTES

Art. 183. Comete crime contra patente de invenção ou de modelo de utilidade quem:

I – fabrica produto que seja objeto de patente de invenção ou de modelo de utilidade, sem autorização do titular; ou

II – usa meio ou processo que seja objeto de patente de invenção, sem autorização do titular.

Pena – detenção, de 3 (três) meses a 1 (um) ano, ou multa.

Art. 184. Comete crime contra patente de invenção ou de modelo de utilidade quem:

I – exporta, vende, expõe ou oferece à venda, tem em estoque, oculta ou recebe, para utilização com fins econômicos, produto fabricado com violação de patente de invenção ou de modelo de utilidade, ou obtido por meio ou processo patenteado; ou

II – importa produto que seja objeto de patente de invenção ou de modelo de utilidade ou obtido por meio ou processo patenteado no País, para os

(*) Publicada no *DOU*, de 15-5-1996.

fins previstos no inciso anterior, e que não tenha sido colocado no mercado externo diretamente pelo titular da patente ou com seu consentimento.

Pena – detenção, de 1 (um) a 3 (três) meses, ou multa.

Art. 185. Fornecer componente de um produto patenteado, ou material ou equipamento para realizar um processo patenteado, desde que a aplicação final do componente, material ou equipamento induza, necessariamente, à exploração do objeto da patente.

Pena – detenção, de 1 (um) a 3 (três) meses, ou multa.

Art. 186. Os crimes deste Capítulo caracterizam-se ainda que a violação não atinja todas as reivindicações da patente ou se restrinja à utilização de meios equivalentes ao objeto da patente.

Capítulo II
DOS CRIMES CONTRA OS DESENHOS INDUSTRIAIS

Art. 187. Fabricar, sem autorização do titular, produto que incorpore desenho industrial registrado, ou imitação substancial que possa induzir em erro ou confusão.

Pena – detenção, de 3 (três) meses a 1 (um) ano, ou multa.

Art. 188. Comete crime contra registro de desenho industrial quem:

I – exporta, vende, expõe ou oferece à venda, tem em estoque, oculta ou recebe, para utilização com fins econômicos, objeto que incorpore ilicitamente desenho industrial registrado, ou imitação substancial que possa induzir em erro ou confusão; ou

II – importa produto que incorpore desenho industrial registrado no País, ou imitação substancial que possa induzir em erro ou confusão, para os fins previstos no inciso anterior, e que não tenha sido colocado no mercado externo diretamente pelo titular ou com seu consentimento.

Pena – detenção, de 1 (um) a 3 (três) meses, ou multa.

Capítulo III
DOS CRIMES CONTRA AS MARCAS

Art. 189. Comete crime contra registro de marca quem:

I – reproduz, sem autorização do titular, no todo ou em parte, marca registrada, ou imita-a de modo que possa induzir confusão; ou

II – altera marca registrada de outrem já aposta em produto colocado no mercado.

Pena – detenção, de 3 (três) meses a 1 (um) ano, ou multa.

Art. 190. Comete crime contra registro de marca quem importa, exporta, vende, oferece ou expõe à venda, oculta ou tem em estoque:

I – produto assinalado com marca ilicitamente reproduzida ou imitada, de outrem, no todo ou em parte; ou

II – produto de sua indústria ou comércio, contido em vasilhame, recipiente ou embalagem que contenha marca legítima de outrem.

Pena – detenção, de 1 (um) a 3 (três) meses, ou multa.

Capítulo IV
DOS CRIMES COMETIDOS POR MEIO DE MARCA, TÍTULO DE ESTABELECIMENTO E SINAL DE PROPAGANDA

Art. 191. Reproduzir ou imitar, de modo que possa induzir em erro ou confusão, armas, brasões ou distintivos oficiais nacionais, estrangeiros ou internacionais, sem a necessária autorização, no todo ou em parte, em marca, título de estabelecimento, nome comercial, insígnia ou sinal de propaganda, ou usar essas reproduções ou imitações com fins econômicos.

Pena – detenção, de 1 (um) a 3 (três) meses, ou multa.

Parágrafo único. Incorre na mesma pena quem vende ou expõe ou oferece à venda produtos assinalados com essas marcas.

Capítulo V
DOS CRIMES CONTRA INDICAÇÕES GEOGRÁFICAS E DEMAIS INDICAÇÕES

Art. 192. Fabricar, importar, exportar, vender, expor ou oferecer à venda ou ter em estoque produto que apresente falsa indicação geográfica.

Pena – detenção, de 1 (um) a 3 (três) meses, ou multa.

Art. 193. Usar, em produto, recipiente, invólucro, cinta, rótulo, fatura, circular, cartaz ou em outro meio de divulgação ou propaganda, termos retificativos, tais como "tipo", "espécie", "gênero", "sistema", "semelhante", "sucedâneo", "idêntico", ou equivalente, não ressalvando a verdadeira procedência do produto.

Pena – detenção, de 1 (um) a 3 (três) meses, ou multa.

Art. 194. Usar marca, nome comercial, título de estabelecimento, insígnia, expressão ou sinal de propaganda ou qualquer outra forma que indique procedência que não a verdadeira, ou vender ou expor à venda produto com esses sinais.

Pena – detenção, de 1 (um) a 3 (três) meses, ou multa.

Capítulo VI
DOS CRIMES DE CONCORRÊNCIA DESLEAL

Art. 195. Comete crime de concorrência desleal quem:

I – publica, por qualquer meio, falsa afirmação, em detrimento de concorrente, com o fim de obter vantagem;

II – presta ou divulga, acerca de concorrente, falsa informação, com o fim de obter vantagem;

III – emprega meio fraudulento, para desviar, em proveito próprio ou alheio, clientela de outrem;

IV – usa expressão ou sinal de propaganda alheios, ou os imita, de modo a criar confusão entre os produtos ou estabelecimentos;

V – usa, indevidamente, nome comercial, título de estabelecimento ou insígnia alheios ou vende, expõe ou oferece à venda ou tem em estoque produto com essas referências;

VI – substitui, pelo seu próprio nome ou razão social, em produto de outrem, o nome ou razão social deste, sem o seu consentimento;

VII – atribui-se, como meio de propaganda, recompensa ou distinção que não obteve;

VIII – vende ou expõe ou oferece à venda, em recipiente ou invólucro de outrem, produto adulterado ou falsificado, ou dele se utiliza para negociar com produto da mesma espécie, embora não adulterado ou falsificado, se o fato não constitui crime mais grave;

IX – dá ou promete dinheiro ou outra utilidade a empregado de concorrente, para que o empregado, faltando ao dever do emprego, lhe proporcione vantagem;

X – recebe dinheiro ou outra utilidade, ou aceita promessa de paga ou recompensa, para, faltando ao dever de empregado, proporcionar vantagem a concorrente do empregador;

XI – divulga, explora ou utiliza-se, sem autorização, de conhecimentos, informações ou dados confidenciais, utilizáveis na indústria, comércio ou prestação de serviços, excluídos aqueles que sejam de conhecimento público ou que sejam evidentes para um técnico no assunto, a que teve acesso mediante relação contratual ou empregatícia, mesmo após o término do contrato;

XII – divulga, explora ou utiliza-se, sem autorização, de conhecimentos ou informações a que se refere o inciso anterior, obtidos por meios ilícitos ou a que teve acesso mediante fraude; ou

XIII – vende, expõe ou oferece à venda produto, declarando ser objeto de patente depositada, ou concedida, ou de desenho industrial registrado, que não o seja, ou menciona-o, em anúncio ou papel comercial, como depositado ou patenteado, ou registrado, sem o ser;

XIV – divulga, explora ou utiliza-se, sem autorização, de resultados de testes ou outros dados não divulgados, cuja elaboração envolva esforço considerável e que tenham sido apresentados a entidades governamentais como condição para aprovar a comercialização de produtos.

Pena – detenção, de 3 (três) meses a 1 (um) ano, ou multa.

§ 1.º Inclui-se nas hipóteses a que se referem os incisos XI e XII o empregador, sócio ou administrador da empresa, que incorrer nas tipificações estabelecidas nos mencionados dispositivos.

§ 2.º O disposto no inciso XIV não se aplica quanto à divulgação por órgão governamental competente para autorizar a comercialização de produto, quando necessário para proteger o público.

Capítulo VII
DAS DISPOSIÇÕES GERAIS

Art. 196. As penas de detenção previstas nos Capítulos I, II e III deste Título serão aumentadas de um terço à metade se:

I – o agente é ou foi representante, mandatário, preposto, sócio ou empregado do titular da patente ou do registro, ou, ainda, do seu licenciado; ou

II – a marca alterada, reproduzida ou imitada for de alto renome, notoriamente conhecida, de certificação ou coletiva.

Art. 197. As penas de multa previstas neste Título serão fixadas, no mínimo, em 10 (dez) e, no máximo, em 360 (trezentos e sessenta) dias-multa, de acordo com a sistemática do Código Penal.

Parágrafo único. A multa poderá ser aumentada ou reduzida, em até 10 (dez) vezes, em face das condições pessoais do agente e da magnitude da vantagem auferida, independentemente da norma estabelecida no artigo anterior.

Art. 198. Poderão ser apreendidos, de ofício ou a requerimento do interessado, pelas autoridades alfandegárias, no ato de conferência, os produtos assinalados com marcas falsificadas, alteradas ou imitadas ou que apresentem falsa indicação de procedência.

Art. 199. Nos crimes previstos neste Título somente se procede mediante queixa, salvo quanto ao crime do art. 191, em que a ação penal será pública.

Art. 200. A ação penal e as diligências preliminares de busca e apreensão, nos crimes contra a propriedade industrial, regulam-se pelo disposto no Código de Processo Penal, com as modificações constantes dos artigos deste Capítulo.

Art. 201. Na diligência de busca e apreensão, em crime contra patente que tenha por objeto a invenção de processo, o oficial do juízo será acompanhado por perito, que verificará, preliminarmente, a existência do ilícito, podendo o juiz ordenar a apreensão de produtos obtidos pelo contrafator com o emprego do processo patenteado.

Art. 202. Além das diligências preliminares de busca e apreensão, o interessado poderá requerer:

I – apreensão de marca falsificada, alterada ou imitada onde for preparada ou onde quer que seja encontrada, antes de utilizada para fins criminosos; ou

II – destruição de marca falsificada nos volumes ou produtos que a contiverem, antes de serem distribuídos, ainda que fiquem destruídos os envoltórios ou os próprios produtos.

Art. 203. Tratando-se de estabelecimentos industriais ou comerciais legalmente organizados e que estejam funcionando publicamente, as diligências preliminares limitar-se-ão à vistoria e apreensão dos produtos, quando ordenadas pelo juiz, não podendo ser paralisada a sua atividade licitamente exercida.

Art. 204. Realizada a diligência de busca e apreensão, responderá por perdas e danos a parte que a tiver requerido de má-fé, por espírito de emulação, mero capricho ou erro grosseiro.

Art. 205. Poderá constituir matéria de defesa na ação penal a alegação de nulidade da patente ou registro em que a ação se fundar. A absolvição do réu, entretanto, não importará a nulidade da patente ou do registro, que só poderá ser demandada pela ação competente.

Art. 206. Na hipótese de serem reveladas, em juízo, para a defesa dos interesses de qualquer das partes, informações que se caracterizem como confidenciais, sejam segredo de indústria ou de comércio, deverá o juiz determinar que o processo prossiga em segredo de justiça, vedado o uso de tais informações também à outra parte para outras finalidades.

Art. 207. Independentemente da ação criminal, o prejudicado poderá intentar as ações cíveis que considerar cabíveis na forma do Código de Processo Civil.

Art. 208. A indenização será determinada pelos benefícios que o prejudicado teria auferido se a violação não tivesse ocorrido.

Art. 209. Fica ressalvado ao prejudicado o direito de haver perdas e danos em ressarcimento de prejuízos causados por atos de violação de direitos de propriedade industrial e atos de concorrência desleal não previstos nesta Lei, tendentes a prejudicar a reputação ou os negócios alheios, a criar confusão entre estabelecimentos comerciais, industriais ou prestadores de serviço, ou entre os produtos e serviços postos no comércio.

§ 1.º Poderá o juiz, nos autos da própria ação, para evitar dano irreparável ou de difícil reparação, determinar liminarmente a sustação da violação ou de ato que a enseje, antes da citação do réu, mediante, caso julgue necessário, caução em dinheiro ou garantia fidejussória.

§ 2.º Nos casos de reprodução ou de imitação flagrante de marca registrada, o juiz poderá determinar a apreensão de todas as mercadorias, produtos, objetos, embalagens, etiquetas e outros que contenham a marca falsificada ou imitada.

Art. 210. Os lucros cessantes serão determinados pelo critério mais favorável ao prejudicado, dentre os seguintes:

I – os benefícios que o prejudicado teria auferido se a violação não tivesse ocorrido; ou

II – os benefícios que foram auferidos pelo autor da violação do direito; ou

III – a remuneração que o autor da violação teria pago ao titular do direito violado pela concessão de uma licença que lhe permitisse legalmente explorar o bem.

....

Art. 243. Esta Lei entra em vigor na data de sua publicação quanto às matérias disciplinadas nos arts. 230, 231, 232 e 239, e 1 (um) ano após sua publicação quanto aos demais artigos.

Art. 244. Revogam-se a Lei n. 5.772, de 21 de dezembro de 1971, a Lei n. 6.348, de 7 de julho de 1976, os arts. 187 a 196 do Decreto-lei n. 2.848, de 7 de dezembro de 1940, os arts. 169 a 189 do Decreto-lei n. 7.903, de 27 de agosto de 1945, e as demais disposições em contrário.

Brasília, 14 de maio de 1996; 175.º da Independência e 108.º da República.

FERNANDO HENRIQUE CARDOSO

DECRETO N. 1.925, DE 10 DE JUNHO DE 1996 (*)

Promulga a Convenção Interamericana sobre prova e informação acerca do Direito Estrangeiro, concluída em Montevidéu, Uruguai, em 8 de maio de 1979.

O Presidente da República, no uso das atribuições que lhe confere o art. 84, inciso VIII, da Constituição Federal, e

Considerando que a Convenção Interamericana sobre Prova e Informação Acerca do Direito Estrangeiro foi concluída em Montevidéu, Uruguai, em 8 de maio de 1979;

Considerando que a Convenção ora promulgada foi oportunamente submetida ao Congresso Nacional, que a aprovou por meio do Decreto Legislativo n. 46, de 10 de abril de 1995;

Considerando que o Governo brasileiro depositou carta de ratificação do instrumento multilateral em epígrafe, em 27 de novembro de 1995, passando o mesmo a vigorar, para o Brasil, em 26 de dezembro de 1995, na forma de seu artigo 15; decreta:

Art. 1.º A Convenção Interamericana sobre Prova e Informação Acerca do Direito Estrangeiro, concluída em Montevidéu, Uruguai, em 8 de maio de 1979, apensa por cópia ao presente Decreto, deverá ser cumprida tão inteiramente como nela se contém.

Art. 2.º O presente Decreto entra em vigor na data de sua publicação.

(*) Publicado no *DOU*, de 11-6-1996.

Brasília, 10 de junho de 1996; 175.º da Independência e 108.º da República.

Fernando Henrique Cardoso

Anexo ao Decreto que Promulga a Convenção Interamericana sobre Prova e Informação Acerca do Direito Estrangeiro/MRE

Convenção Interamericana sobre Prova e Informação Acerca do Direito Estrangeiro

Os Governos dos Estados Membros da Organização dos Estados Americanos, desejosos de concluir uma Convenção sobre prova e informação acerca do direito estrangeiro, convieram no seguinte:

Art. 1.º Esta Convenção tem por objeto estabelecer normas sobre a cooperação internacional entre os Estados-Partes para a obtenção de elementos de prova e informação a respeito do direito de cada um deles.

Art. 2.º De acordo com as disposições desta Convenção, as autoridades de cada um dos Estados-Partes proporcionarão às autoridades dos demais Estados que o solicitarem os elementos de prova ou informação sobre o texto, vigência, sentido e alcance legal do seu direito.

Art. 3.º A cooperação internacional na matéria de que trata esta Convenção será prestada por qualquer dos meios de prova idôneos previstos tanto na lei do Estado requerente como na do Estado requerido.

Serão considerados meios idôneos para os efeitos desta Convenção, entre outros, os seguintes:

a) a prova documental, consistente em cópias autenticadas de textos legais com indicação de sua vigência, ou precedentes judiciais;

b) a prova pericial, consistente em pareceres de advogados ou de técnicos na matéria;

c) as informações do Estado requerido sobre o texto, vigência, sentido e alcance legal do seu direito acerca de aspectos determinados.

Art. 4.º As autoridades jurisdicionais dos Estados-Partes nesta Convenção poderão solicitar as informações a que se refere a alínea *c* do art. 3.º.

Os Estados-Partes poderão estender a aplicação desta Convenção aos pedidos de informações de outras autoridades.

Sem prejuízo do acima estipulado, poder-se-á atender às solicitações de outras autoridades que se refiram aos elementos de prova indicados nas alíneas *a* e *b* do art. 3.º.

Art. 5.º Das solicitações a que se refere esta Convenção deverá constar o seguinte:

a) autoridade da qual provêm e a natureza do assunto;

b) indicação precisa dos elementos de prova que são solicitados;

c) determinação de cada um dos pontos a que se referir a consulta, com indicação do seu sentido e do seu alcance, acompanhada de uma exposição dos fatos pertinentes para sua devida compreensão.

A autoridade requerida deverá responder a cada um dos pontos que forem objeto da consulta, de conformidade com o que for solicitado e na forma mais completa possível.

As solicitações serão redigidas no idioma oficial do Estado requerido ou serão acompanhadas de tradução para o referido idioma. A resposta será redigida no idioma do Estado requerido.

Art. 6.º Cada Estado-Parte ficará obrigado a responder às consultas dos demais Estados-Partes de acordo com esta Convenção, por intermédio de sua autoridade central, a qual poderá transmitir as referidas consultas a outros órgãos do mesmo Estado.

O Estado que prestar as informações a que se refere o art. 3.º, *c*, não será responsável pelas opiniões emitidas nem ficará obrigado a aplicar ou fazer aplicar o direito segundo o conteúdo da resposta dada.

O Estado que receber as informações a que se refere o art. 3.º, *c*, não ficará obrigado a aplicar ou fazer aplicar o direito segundo o conteúdo da resposta recebida.

Art. 7.º As solicitações a que se refere esta Convenção poderão ser dirigidas diretamente pelas autoridades jurisdicionais ou por intermédio da autoridade central do Estado requerente à correspondente autoridade central do Estado requerido, sem necessidade de legalização.

A autoridade central de cada Estado-Parte receberá as consultas formuladas pelas autoridades do seu Estado e as transmitirá à autoridade central do Estado requerido.

Art. 8.º Esta Convenção não restringirá as disposições de convenções que nesta matéria tenham sido subscritas ou que venham a ser subscritas no futuro em caráter bilateral ou multilateral pelos Estados-Partes, nem as práticas mais favoráveis que os referidos Estados possam observar.

Art. 9.º Para os fins desta Convenção, cada Estado-Parte designará uma autoridade central.

A designação deverá ser comunicada à Secretaria-Geral da Organização dos Estados Americanos no momento do depósito do instrumento de ratificação ou de adesão para que seja comunicada aos demais Estados-Partes.

Os Estados-Partes poderão modificar a qualquer momento a designação de sua autoridade central.

Art. 10. Os Estados Partes não ficarão obrigados a responder às consultas de outro Estado-Parte quando os interesses dos referidos Estados estiverem afetados pela questão que der origem ao pedido de informação ou quando a resposta puder afetar a sua segurança ou soberania.

Art. 11. Esta Convenção ficará aberta à assinatura dos Estados-Membros da Organização dos Estados Americanos.

Art. 12. Esta Convenção está sujeita a ratificação. Os instrumentos de ratificação serão depositados na Secretaria-Geral da Organização dos Estados Americanos.

Art. 13. Esta Convenção ficará aberta à adesão de qualquer outro Estado. Os instrumentos de adesão serão depositados na Secretaria-Geral da Organização dos Estados Americanos.

Art. 14. Cada Estado poderá formular reservas a esta Convenção no momento de assiná-la, ratificá-la ou a ela aderir, desde que a reserva verse sobre uma ou mais disposições específicas e que não seja incompatível com o objeto e fim da Convenção.

Art. 15. Esta Convenção entrará em vigor no trigésimo dia a partir da data em que haja sido depositado o segundo instrumento de ratificação.

Para cada Estado que ratificar a Convenção ou a ela aderir depois de haver sido depositado o segundo instrumento de ratificação, a Convenção entrará em vigor no trigésimo dia a partir da data em que tal Estado haja depositado seu instrumento de ratificação ou adesão.

Art. 16. Os Estados-Partes que tenham duas ou mais unidades territoriais em que vigorem sistemas jurídicos diferentes com relação a questões de que trata esta Convenção poderão declarar, no momento da assinatura, ratificação ou adesão, que a Convenção se aplicará a todas as suas unidades territoriais ou somente a uma ou mais delas.

Tais declarações poderão ser modificadas mediante declarações ulteriores, que especificarão expressamente à ou às unidades territoriais a que se aplicará esta Convenção. Tais declarações ulteriores serão transmitidas à Secretaria-Geral da Organização dos Estados Americanos e surtirão efeito trinta dias depois de recebidas.

Art. 17. Esta Convenção vigorará por prazo indefinido, mas qualquer dos Estados-Partes poderá denunciá-la. O instrumento de denúncia será depositado na Secretaria-Geral da Organização dos Estados Americanos. Transcorrido um ano, contado a partir da data do depósito do instrumento de denúncia, cessarão os efeitos da Convenção para o Estado denunciante, continuando ela subsistente para os demais Estados-Partes.

Art. 18. O instrumento original desta Convenção, cujos textos em português, espanhol, francês e inglês são igualmente autênticos, será depositado na Secretaria-Geral da Organização dos Estados Americanos, que enviará cópia autenticada do seu texto para o respectivo registro e publicação à Secretaria das Nações Unidas, de conformidade com o artigo 102 da sua Carta constitutiva. À Secretaria-Geral da Organização, e aos Estados que houverem aderido à Convenção, as assinaturas e os depósitos de instrumentos de ratificação, de adesão e de denúncia, bem como as reservas que houver. Outrossim, transmitirá aos mesmos a informação a que se refere o artigo 9 e as declarações previstas no artigo 16 desta Convenção.

Em fé do que, os plenipotenciários infra-assinados, devidamente autorizados por seus respectivos Governos, firmam esta Convenção.

Feita na Cidade de Montevidéu, República Oriental do Uruguai, no dia oito de maio de mil novecentos e setenta e nove.

LEI N. 9.289, DE 4 DE JULHO DE 1996 (*)

Dispõe sobre as custas devidas à União, na Justiça Federal de primeiro e segundo graus e dá outras providências.

O Presidente da República

Faço saber que o Congresso Nacional decreta e eu sanciono a seguinte Lei:

Art. 1.º As custas devidas à União, na Justiça Federal de primeiro e segundo graus, são cobradas de acordo com as normas estabelecidas nesta Lei.

§ 1.º Rege-se pela legislação estadual respectiva a cobrança de custas nas causas ajuizadas perante a Justiça Estadual, no exercício da jurisdição federal.

§ 2.º As custas previstas nas tabelas anexas não excluem as despesas estabelecidas na legislação processual não disciplinadas por esta Lei.

Art. 2.º O pagamento das custas é feito mediante documento de arrecadação das receitas federais, na Caixa Econômica Federal – CEF, ou, não existindo agência desta instituição no local, em outro banco oficial.

Art. 3.º Incumbe ao Diretor de Secretaria fiscalizar o exato recolhimento das custas.

Art. 4.º São isentos de pagamento de custas:

I – a União, os Estados, os Municípios, os Territórios Federais, o Distrito Federal e as respectivas autarquias e fundações;

II – os que provarem insuficiência de recursos e os beneficiários da assistência judiciária gratuita;

III – o Ministério Público;

IV – os autores nas ações populares, nas ações civis públicas e nas ações coletivas de que trata o Código de Defesa do Consumidor, ressalvada a hipótese de litigância de má-fé.

Parágrafo único. A isenção prevista neste artigo não alcança as entidades fiscalizadoras do exercício profissional, nem exime as pessoas jurídicas referidas no inciso I da obrigação de reembolsar as despesas judiciais feitas pela parte vencedora.

Art. 5.º Não são devidas custas nos processos de *habeas corpus* e *habeas data*.

Art. 6.º Nas ações penais subdivididas, as custas são pagas a final pelo réu, se condenado.

(*) Publicada no *DOU*, de 5-7-1996. Republicada em 8-7-1996.

Art. 7.º A reconvenção e os embargos à execução não se sujeitam ao pagamento de custas.

Art. 8.º Os recursos dependentes de instrumento sujeitam-se ao pagamento das despesas de traslado.

Parágrafo único. Se o recurso for unicamente de qualquer das pessoas jurídicas referidas no inciso I do art. 4.º, o pagamento das custas e dos traslados será efetuado a final pelo vencido, salvo se este também for isento.

Art. 9.º Em caso de incompetência, redistribuído o feito a outro juiz federal, não haverá novo pagamento de custas, nem haverá restituição quando se declinar da competência para outros órgãos jurisdicionais.

Art. 10. A remuneração do perito, do intérprete e do tradutor será fixada pelo Juiz em despacho fundamentado, ouvidas as partes e à vista da proposta de honorários apresentada, considerados o local da prestação do serviço, a natureza, a complexidade e o tempo estimado do trabalho a realizar, aplicando-se, no que couber, o disposto no art. 33 do Código de Processo Civil.

•• A referência é feita ao CPC de 1973. Dispositivo correspondente no CPC de 2015: art. 95.

Art. 11. Os depósitos de pedras e metais preciosos e de quantias em dinheiro e a amortização ou liquidação de dívida ativa serão recolhidos, sob responsabilidade da parte, diretamente na Caixa Econômica Federal, ou, na sua inexistência no local, em outro banco oficial, os quais manterão guias próprias para tal finalidade.

§ 1.º Os depósitos efetuados em dinheiro observarão as mesmas regras das cadernetas de poupança, no que se refere à remuneração básica e ao prazo.

§ 2.º O levantamento dos depósitos a que se refere este artigo dependerá de alvará ou de ofício do Juiz.

Art. 12. A unidade utilizada para o cálculo das custas previstas nesta Lei é a mesma utilizada para os débitos de natureza fiscal, considerando-se o valor fixado no primeiro dia do mês.

Art. 13. Não se fará levantamento de caução ou de fiança sem o pagamento das custas.

Art. 14. O pagamento das custas e contribuições devidas nos feitos e nos recursos que se processam nos próprios autos efetua-se da forma seguinte:

I – o autor ou requerente pagará metade das custas e contribuições tabeladas, por ocasião da distribuição do feito, ou, não havendo distribuição, logo após o despacho da inicial;

II – aquele que recorrer da sentença adiantará a outra metade das custas, comprovando o adiantamento no ato de interposição do recurso, sob pena de deserção, observado o disposto nos §§ 1.º a 7.º do art. 1.007 do Código de Processo Civil;

•• Inciso II com redação determinada pela Lei n. 13.105, de 16-3-2015.

•• Citado art. 1.007 do CPC dispõe:

"Art. 1.007. No ato de interposição do recurso, o recorrente comprovará, quando exigido pela legislação pertinente, o respectivo preparo, inclusive porte de remessa e de retorno, sob pena de deserção.

§ 1.º São dispensados de preparo, inclusive porte de remessa e de retorno, os recursos interpostos pelo Ministério Público, pela União, pelo Distrito Federal, pelos Estados, pelos Municípios, e respectivas autarquias, e pelos que gozam de isenção legal.

§ 2.º A insuficiência no valor do preparo, inclusive porte de remessa e de retorno, implicará deserção se o recorrente, intimado na pessoa de seu advogado, não vier a supri-lo no prazo de 5 (cinco) dias.

§ 3.º É dispensado o recolhimento do porte de remessa e de retorno no processo em autos eletrônicos.

§ 4.º O recorrente que não comprovar, no ato de interposição do recurso, o recolhimento do preparo, inclusive porte de remessa e de retorno, será intimado, na pessoa de seu advogado, para realizar o recolhimento em dobro, sob pena de deserção.

§ 5.º É vedada a complementação se houver insuficiência parcial do preparo, inclusive porte de remessa e de retorno, no recolhimento realizado na forma do § 4.º.

§ 6.º Provando o recorrente justo impedimento, o relator relevará a pena de deserção, por decisão irrecorrível, fixando-lhe prazo de 5 (cinco) dias para efetuar o preparo.

§ 7.º O equívoco no preenchimento da guia de custas não implicará a aplicação da pena de deserção, cabendo ao relator, na hipótese de dúvida quanto ao recolhimento, intimar o recorrente para sanar o vício no prazo de 5 (cinco) dias".

III – não havendo recurso, e cumprindo o vencido desde logo a sentença, reembolsará ao vencedor as custas e contribuições por este adiantadas, ficando obrigado ao pagamento previsto no inciso II;

IV – se o vencido, embora não recorrendo da sentença, oferecer defesa à sua execução, ou embaraçar seu cumprimento, deverá pagar a outra metade, no prazo marcado pelo juiz, não excedente de 3 (três) dias, sob pena de não ter apreciada sua defesa ou impugnação.

§ 1.º O abandono ou desistência de feito, ou a existência de transação que lhe ponha termo, em qualquer fase do processo, não dispensa o pagamento das custas e contribuições já exigíveis, nem dá direito a restituição.

§ 2.º Somente com o pagamento de importância igual à paga até o momento pelo autor serão admitidos o assistente, o litisconsorte ativo voluntário e o oponente.

§ 3.º Nas ações em que o valor estimado for inferior ao da liquidação, a parte não pode prosseguir na execução sem efetuar o pagamento da diferença de custas e contribuições, recalculadas de acordo com a importância a final apurada ou resultante da condenação definitiva.

§ 4.º As custas e contribuições serão reembolsadas a final pelo vencido, ainda que seja uma das entidades referidas no inciso I do art. 4.º, nos termos da decisão que o condenar, ou pelas partes, na proporção de seus quinhões, nos processos divisórios e demarcatórios, ou suportadas por quem tiver dado causa ao procedimento judicial.

§ 5.º Nos recursos a que se refere este artigo o pagamento efetuado por um recorrente não aproveita aos demais, salvo se representados pelo mesmo advogado.

Art. 15. A indenização de transporte, de que trata o art. 60 da Lei n. 8.112, de 11 de dezembro de 1990, destinada ao ressarcimento de despesas realizadas com a utilização do meio próprio de locomoção para a execução de serviços externos, será paga aos Oficiais de Justiça Avaliadores da Justiça Federal de primeiro e segundo graus, de acordo com critérios estabelecidos pelo Conselho da Justiça Federal, que fixará também o percentual correspondente.

Parágrafo único. Para efeito do disposto neste artigo, consideram-se como serviço externo as atividades exercidas no cumprimento das diligências fora das dependências dos Tribunais Regionais Federais ou das Seções Judiciárias em que os Oficiais de Justiça estejam lotados.

Art. 16. Extinto o processo, se a parte responsável pelas custas, devidamente intimada, não as pagar dentro de 15 (quinze) dias, o Diretor da Secretaria encaminhará os elementos necessários à Procuradoria da Fazenda Nacional, para sua inscrição como dívida ativa da União.

Art. 17. Esta Lei entra em vigor na data de sua publicação.

Art. 18. Revogam-se as disposições em contrário, em especial a Lei n. 6.032, de 30 de abril de 1974, alterada pelas Leis n. 6.789, de 28 de maio de 1980, e 7.400, de 6 de novembro de 1985.

Brasília, 4 de julho de 1996; 175.º da Independência e 108.º da República.

FERNANDO HENRIQUE CARDOSO

TABELA DE CUSTAS

TABELA I
DAS AÇÕES CÍVEIS EM GERAL

• A Lei n. 10.522, de 19-7-2002, em seu art. 29, § 3.º, extinguiu a UFIR, estabelecendo a reconversão dos créditos para o Real, para os fins de débitos de qualquer natureza com a Fazenda Nacional.

a) Ações cíveis em geral:

um por cento sobre o valor da causa, com o mínimo de dez UFIR e o máximo de mil e oitocentas UFIR;

b) processo cautelar e procedimentos de jurisdição voluntária:

cinquenta por cento dos valores constantes da letra *a*;

c) causas de valor inestimável e cumprimento de carta rogatória:

dez UFIR.

TABELA II
DAS AÇÕES CRIMINAIS EM GERAL

• *Vide* nota na Tabela I.

a) Ações penais em geral, pelo vencido, a final:

duzentas e oitenta UFIR;

b) ações penais privadas:

cem UFIR;

c) notificações, interpelações e procedimentos cautelares:

cinquenta UFIR.

TABELA III
DA ARREMATAÇÃO, ADJUDICAÇÃO E REMIÇÃO

• *Vide* nota na Tabela I.

Arrematação, adjudicação e remição:

meio por cento do respectivo valor, com o mínimo de dez UFIR e o máximo de mil e oitocentas UFIR.

Observação:

As custas serão pagas pela interessada antes da assinatura do auto correspondente.

TABELA IV
DAS CERTIDÕES E CARTAS DE SENTENÇAS

• *Vide* nota na Tabela I.

Certidões em geral, por folha expedida:

a) mediante processamento eletrônico de dados:

quarenta por cento do valor da UFIR;

b) por cópia reprográfica:

dez por cento do valor da UFIR.

LEI N. 9.296, DE 24 DE JULHO DE 1996 (*)

Regulamenta o inciso XII, parte final, do art. 5.º da Constituição Federal.

O Presidente da República

Faço saber que o Congresso Nacional decreta e eu sanciono a seguinte Lei:

Art. 1.º A interceptação de comunicações telefônicas, de qualquer natureza, para prova em investigação criminal e em instrução processual penal, observará o disposto nesta Lei e dependerá de ordem do juiz competente da ação principal, sob segredo de justiça.

Parágrafo único. O disposto nesta Lei aplica-se à interceptação do fluxo de comunicações em sistemas de informática e telemática.

(*) Publicada no *DOU*, de 25-7-1996. A Resolução n. 59, de 9-9-2008, do CNJ, disciplina e uniformiza as rotinas visando ao aperfeiçoamento do procedimento de interceptação de comunicações telefônicas e de sistemas de informática e telemática nos órgãos jurisdicionais do Poder Judiciário a que se refere esta Lei. A Recomendação n. 29, de 22-9-2015, do Conselho Nacional do Ministério Público, dispõe sobre diretrizes de atuação dos membros do Ministério Público com a finalidade de evitar a entrada e permanência de aparelhos celulares em unidades prisionais.

Art. 2.º Não será admitida a interceptação de comunicações telefônicas quando ocorrer qualquer das seguintes hipóteses:

I – não houver indícios razoáveis da autoria ou participação em infração penal;

II – a prova puder ser feita por outros meios disponíveis;

III – o fato investigado constituir infração penal punida, no máximo, com pena de detenção.

Parágrafo único. Em qualquer hipótese deve ser descrita com clareza a situação objeto da investigação, inclusive com a indicação e qualificação dos investigados, salvo impossibilidade manifesta, devidamente justificada.

Art. 3.º A interceptação das comunicações telefônicas poderá ser determinada pelo juiz, de ofício ou a requerimento:

I – da autoridade policial, na investigação criminal;

II – do representante do Ministério Público, na investigação criminal e na instrução processual penal.

Art. 4.º O pedido de interceptação de comunicação telefônica conterá a demonstração de que a sua realização é necessária à apuração de infração penal, com indicação dos meios a serem empregados.

§ 1.º Excepcionalmente, o juiz poderá admitir que o pedido seja formulado verbalmente, desde que estejam presentes os pressupostos que autorizem a interceptação, caso em que a concessão será condicionada à sua redução a termo.

§ 2.º O juiz, no prazo máximo de 24 (vinte e quatro) horas, decidirá sobre o pedido.

Art. 5.º A decisão será fundamentada, sob pena de nulidade, indicando também a forma de execução da diligência, que não poderá exceder o prazo de 15 (quinze) dias, renovável por igual tempo uma vez comprovada a indispensabilidade do meio de prova.

Art. 6.º Deferido o pedido, a autoridade policial conduzirá os procedimentos de interceptação, dando ciência ao Ministério Público, que poderá acompanhar a sua realização.

§ 1.º No caso de a diligência possibilitar a gravação da comunicação interceptada, será determinada a sua transcrição.

§ 2.º Cumprida a diligência, a autoridade policial encaminhará o resultado da interceptação ao juiz, acompanhado de auto circunstanciado, que deverá conter o resumo das operações realizadas.

§ 3.º Recebidos esses elementos, o juiz determinará a providência do art. 8.º, ciente o Ministério Público.

Art. 7.º Para os procedimentos de interceptação de que trata esta Lei, a autoridade policial poderá requisitar serviços e técnicos especializados às concessionárias de serviço público.

Art. 8.º A interceptação de comunicação telefônica, de qualquer natureza, ocorrerá em autos apartados, apensados aos autos do inquérito policial ou do processo criminal, preservando-se o sigilo das diligências, gravações e transcrições respectivas.

Parágrafo único. A apensação somente poderá ser realizada imediatamente antes do relatório da autoridade, quando se tratar de inquérito policial (Código de Processo Penal, art. 10, § 1.º) ou na conclusão do processo ao juiz para o despacho decorrente do disposto nos arts. 407, 502 ou 538 do Código de Processo Penal.

•• Os arts. 407 e 538 do CPP foram alterados pelas Leis n. 11.689/2008 e 11.719/2008, respectivamente. O art. 502 foi revogado pela Lei n. 11.719/2008.

Art. 9.º A gravação que não interessar à prova será inutilizada por decisão judicial, durante o inquérito, a instrução processual ou após esta, em virtude de requerimento do Ministério Público ou da parte interessada.

Parágrafo único. O incidente de inutilização será assistido pelo Ministério Público, sendo facultada a presença do acusado ou de seu representante legal.

Art. 10. Constitui crime realizar interceptação de comunicações telefônicas, de informática ou telemática, ou quebrar segredo da Justiça, sem autorização judicial ou com objetivos não autorizados em lei.

Pena: reclusão, de 2 (dois) a 4 (quatro) anos, e multa.

Art. 11. Esta Lei entra em vigor na data de sua publicação.

Art. 12. Revogam-se as disposições em contrário.

Brasília, 24 de julho de 1996; 175.º da Independência e 108.º da República.

FERNANDO HENRIQUE CARDOSO

LEI N. 9.455, DE 7 DE ABRIL DE 1997 (*)

Define os crimes de tortura e dá outras providências.

O Presidente da República

Faço saber que o Congresso Nacional decreta e eu sanciono a seguinte Lei:

(*) Publicada no *DOU*, de 8-4-1997. O Decreto n. 40, de 15-2-1991, promulga a Convenção contra a Tortura e outros Tratamentos ou Penas Cruéis, Desumanos ou Degradantes, e o Decreto n. 6.085, de 19-4-2007, promulga o Protocolo facultativo a esta Convenção. A Lei n. 12.847, de 2-8-2013, institui o Sistema Nacional de Prevenção e Combate à Tortura e cria o Comitê Nacional de Prevenção e Combate à Tortura e o Mecanismo Nacional de Prevenção e Combate à Tortura. O Decreto n. 8.154, de 16-12-2013, regulamenta o funcionamento do Sistema Nacional de Prevenção e Combate à Tortura, a composição e o funcionamento do Comitê Nacional de Prevenção e Combate à Tortura e dispõe sobre o Mecanismo Nacional de Prevenção e Combate à Tortura.

Art. 1.º Constitui crime de tortura:

I – constranger alguém com emprego de violência ou grave ameaça, causando-lhe sofrimento físico ou mental:

a) com o fim de obter informação, declaração ou confissão da vítima ou de terceira pessoa;

b) para provocar ação ou omissão de natureza criminosa;

c) em razão de discriminação racial ou religiosa;

II – submeter alguém, sob sua guarda, poder ou autoridade, com emprego de violência ou grave ameaça, a intenso sofrimento físico ou mental, como forma de aplicar castigo pessoal ou medida de caráter preventivo.

Pena – reclusão, de 2 (dois) a 8 (oito) anos.

§ 1.º Na mesma pena incorre quem submete pessoa presa ou sujeita a medida de segurança a sofrimento físico ou mental, por intermédio da prática de ato não previsto em lei ou não resultante de medida legal.

• *Vide* art. 45, § 1.º, da LEP.

§ 2.º Aquele que se omite em face dessas condutas, quando tinha o dever de evitá-las ou apurá-las, incorre na pena de detenção de 1 (um) a 4 (quatro) anos.

§ 3.º Se resulta lesão corporal de natureza grave ou gravíssima, a pena é de reclusão de 4 (quatro) a 10 (dez) anos; se resulta morte, a reclusão é de 8 (oito) a 16 (dezesseis) anos.

§ 4.º Aumenta-se a pena de 1/6 (um sexto) até 1/3 (um terço):

I – se o crime é cometido por agente público;

II – se o crime é cometido contra criança, gestante, portador de deficiência, adolescente ou maior de 60 (sessenta) anos;

•• Inciso II com redação determinada pela Lei n. 10.741, de 1.º-10-2003.

III – se o crime é cometido mediante sequestro.

§ 5.º A condenação acarretará a perda do cargo, função ou emprego público e a interdição para seu exercício pelo dobro do prazo da pena aplicada.

§ 6.º O crime de tortura é inafiançável e insuscetível de graça ou anistia.

§ 7.º O condenado por crime previsto nesta Lei, salvo a hipótese do § 2.º, iniciará o cumprimento da pena em regime fechado.

•• *Vide* art. 2.º, § 1.º, da Lei n. 8.072, de 25-7-1990.

Art. 2.º O disposto nesta Lei aplica-se ainda quando o crime não tenha sido cometido em território nacional, sendo a vítima brasileira ou encontrando-se o agente em local sob jurisdição brasileira.

Art. 3.º Esta Lei entra em vigor na data de sua publicação.

Art. 4.º Revoga-se o art. 233 da Lei n. 8.069, de 13 de julho de 1990 – Estatuto da Criança e do Adolescente.

Brasília, 7 de abril de 1997; 176.º da Independência e 109.º da República.

FERNANDO HENRIQUE CARDOSO

LEI N. 9.503, DE 23 DE SETEMBRO DE 1997 (*)

Institui o Código de Trânsito Brasileiro.

O Presidente da República

Faço saber que o Congresso Nacional decreta e eu sanciono a seguinte Lei:

CAPÍTULO I
DISPOSIÇÕES PRELIMINARES

Art. 1.º O trânsito de qualquer natureza nas vias terrestres do território nacional, abertas à circulação, rege-se por este Código.

§ 1.º Considera-se trânsito a utilização das vias por pessoas, veículos e animais, isolados ou em grupos, conduzidos ou não, para fins de circulação, parada, estacionamento e operação de carga ou descarga.

§ 2.º O trânsito, em condições seguras, é um direito de todos e dever dos órgãos e entidades componentes do Sistema Nacional de Trânsito, a estes cabendo, no âmbito das respectivas competências, adotar as medidas destinadas a assegurar esse direito.

§ 3.º Os órgãos e entidades componentes do Sistema Nacional de Trânsito respondem, no âmbito das respectivas competências, objetivamente, por danos causados aos cidadãos em virtude de ação, omissão ou erro na execução e manutenção de programas, projetos e serviços que garantam o exercício do direito do trânsito seguro.

§ 4.º (*Vetado.*)

§ 5.º Os órgãos e entidades de trânsito pertencentes ao Sistema Nacional de Trânsito darão prioridade em suas ações à defesa da vida, nela incluída a preservação da saúde e do meio ambiente.

....

CAPÍTULO XV
DAS INFRAÇÕES

Art. 165. Dirigir sob a influência de álcool ou de qualquer outra substância psicoativa que determine dependência:

Infração – gravíssima;

Penalidade – multa (dez vezes) e suspensão do direito de dirigir por 12 (doze) meses.

Medida administrativa – recolhimento do documento de habilitação e retenção do veículo, observado o disposto no § 4.º do art. 270 da Lei n. 9.503, de 23 de setembro de 1997 – do Código de Trânsito Brasileiro.

•• *Caput* com redação determinada pela Lei n. 12.760, de 20-12-2012.

• *Vide* arts. 276 e 277, §§ 2.º e 3.º, desta Lei.

(*) Publicada no *DOU*, de 24-9-1997, e retificada em 25-9-1997. Deixamos de publicar os Anexos desta Lei por não atenderem à proposta desta obra.

Parágrafo único. Aplica-se em dobro a multa prevista no *caput* em caso de reincidência no período de até 12 (doze) meses.

•• Parágrafo único com redação determinada pela Lei n. 12.760, de 20-12-2012.

Art. 165-A. Recusar-se a ser submetido a teste, exame clínico, perícia ou outro procedimento que permita certificar influência de álcool ou outra substância psicoativa, na forma estabelecida pelo art. 277:

•• *Caput* acrescentado pela Lei n. 13.281, de 4-5-2016.

Infração – gravíssima;

•• Infração acrescentada pela Lei n. 13.281, de 4-5-2016.

Penalidade – multa (dez vezes) e suspensão do direito de dirigir por 12 (doze) meses;

•• Penalidade acrescentada pela Lei n. 13.281, de 4-5-2016.

Medida administrativa – recolhimento do documento de habilitação e retenção do veículo, observado o disposto no § 4.º do art. 270.

•• Medida administrativa acrescentada pela Lei n. 13.281, de 4-5-2016.

Parágrafo único. Aplica-se em dobro a multa prevista no *caput* em caso de reincidência no período de até 12 (doze) meses.

•• Parágrafo único acrescentado pela Lei n. 13.281, de 4-5-2016.

....

Capítulo XVI
DAS PENALIDADES

Art. 256. A autoridade de trânsito, na esfera das competências estabelecidas neste Código e dentro de sua circunscrição, deverá aplicar, às infrações nele previstas, as seguintes penalidades:

I – advertência por escrito;

II – multa;

III – suspensão do direito de dirigir;

IV – (*Revogado pela Lei n. 13.281, de 4-5-2016.*)

V – cassação da Carteira Nacional de Habilitação;

VI – cassação da Permissão para Dirigir;

VII – frequência obrigatória em curso de reciclagem.

§ 1.º A aplicação das penalidades previstas neste Código não elide as punições originárias de ilícitos penais decorrentes de crimes de trânsito, conforme disposições de lei.

§ 2.º (*Vetado.*)

§ 3.º A imposição da penalidade será comunicada aos órgãos ou entidades executivos de trânsito responsáveis pelo licenciamento do veículo e habilitação do condutor.

....

Capítulo XVII
DAS MEDIDAS ADMINISTRATIVAS

....

Art. 276. Qualquer concentração de álcool por litro de sangue ou por litro de ar alveolar sujeita o condutor às penalidades previstas no art. 165.

•• *Caput* com redação determinada pela Lei n. 12.760, de 20-12-2012.

•• *Vide* Decreto n. 6.488, de 19-6-2008, que regulamenta este artigo.

Parágrafo único. O CONTRAN disciplinará as margens de tolerância quando a infração for apurada por meio de aparelho de medição, observada a legislação metrológica.

•• Parágrafo único com redação determinada pela Lei n. 12.760, de 20-12-2012.

•• Parágrafo único regulamentado pela Deliberação CONTRAN n. 133, de 21-12-2012.

Art. 277. O condutor de veículo automotor envolvido em acidente de trânsito ou que for alvo de fiscalização de trânsito poderá ser submetido a teste, exame clínico, perícia ou outro procedimento que, por meios técnicos ou científicos, na forma disciplinada pelo CONTRAN, permita certificar influência de álcool ou outra substância psicoativa que determine dependência.

•• *Caput* com redação determinada pela Lei n. 12.760, de 20-12-2012.

§ 1.º (*Revogado pela Lei n. 12.760, de 20-12-2012.*)

§ 2.º A infração prevista no art. 165 também poderá ser caracterizada mediante imagem, vídeo, constatação de sinais que indiquem, na forma disciplinada pelo CONTRAN, alteração da capacidade psicomotora ou produção de quaisquer outras provas em direito admitidas.

•• § 2.º com redação determinada pela Lei n. 12.760, de 20-12-2012.

§ 3.º Serão aplicadas as penalidades e medidas administrativas estabelecidas no art. 165-A deste Código ao condutor que se recusar a se submeter a qualquer dos procedimentos previstos no *caput* deste artigo.

•• § 3.º com redação determinada pela Lei n. 13.281, de 4-5-2016.

....

Capítulo XIX
DOS CRIMES DE TRÂNSITO

Seção I
Disposições Gerais

Art. 291. Aos crimes cometidos na direção de veículos automotores, previstos neste Código, aplicam-se as normas gerais do Código Penal e do Código de Processo Penal, se este Capítulo não dispuser de modo diverso, bem como a Lei n.9.099, de 26 de setembro de 1995, no que couber.

• *Vide* art. 61 da Lei n. 9.099, de 26-9-1995, que considera infração de menor potencial ofensivo os crimes com pena máxima não superior a dois anos, ou multa.

§ 1.º Aplica-se aos crimes de trânsito de lesão corporal culposa o disposto nos arts. 74, 76 e 88 da Lei n. 9.099, de 26 de setembro de 1995, exceto se o agente estiver:

•• § 1.º, *caput*, acrescentado pela Lei n. 11.705, de 19-6-2008.

I – sob a influência de álcool ou qualquer outra substância psicoativa que determine dependência;

•• Inciso I acrescentado pela Lei n. 11.705, de 19-6-2008.

II – participando, em via pública, de corrida, disputa ou competição automobilística, de exibição ou demonstração de perícia em manobra de veículo automotor, não autorizada pela autoridade competente;

•• Inciso II acrescentado pela Lei n. 11.705, de 19-6-2008.

III – transitando em velocidade superior à máxima permitida para a via em 50 km/h (cinquenta quilômetros por hora).

•• Inciso III acrescentado pela Lei n. 11.705, de 19-6-2008.

§ 2.º Nas hipóteses previstas no § 1.º deste artigo, deverá ser instaurado inquérito policial para a investigação da infração penal.

•• § 2.º acrescentado pela Lei n. 11.705, de 19-6-2008.

Art. 292. A suspensão ou a proibição de se obter a permissão ou a habilitação para dirigir veículo automotor pode ser imposta isolada ou cumulativamente com outras penalidades.

•• Artigo com redação determinada pela Lei n. 12.971, de 9-5-2014.

Art. 293. A penalidade de suspensão ou de proibição de se obter a permissão ou a habilitação, para dirigir veículo automotor, tem a duração de 2 (dois) meses a 5 (cinco) anos.

§ 1.º Transitada em julgado a sentença condenatória, o réu será intimado a entregar à autoridade judiciária, em 48 (quarenta e oito) horas, a Permissão para Dirigir ou a Carteira de Habilitação.

§ 2.º A penalidade de suspensão ou de proibição de se obter a permissão ou a habilitação para dirigir veículo automotor não se inicia enquanto o sentenciado, por efeito de condenação penal, estiver recolhido a estabelecimento prisional.

Art. 294. Em qualquer fase da investigação ou da ação penal, havendo necessidade para garantia da ordem pública, poderá o juiz, como medida cautelar, de ofício, ou a requerimento do Ministério Público ou ainda mediante representação da autoridade policial, decretar, em decisão motivada, a suspensão da permissão ou da habilitação para dirigir veículo automotor, ou a proibição de sua obtenção.

Parágrafo único. Da decisão que decretar a suspensão ou a medida cautelar, ou da que indeferir o requerimento do Ministério Público, caberá recurso em sentido estrito, sem efeito suspensivo.

• *Vide* art. 581 do CPP.

Art. 295. A suspensão para dirigir veículo automotor ou a proibição de se obter a permissão ou a habilitação será sempre comunicada pela autoridade judiciária ao Conselho Nacional de Trânsito – CONTRAN, e ao órgão de trânsito do Estado em que o indiciado ou réu for domiciliado ou residente.

Art. 296. Se o réu for reincidente na prática de crime previsto neste Código, o juiz aplicará a penalidade de suspensão da permissão ou habilitação para dirigir veículo automotor, sem prejuízo das demais sanções penais cabíveis.

•• Artigo com redação determinada pela Lei n. 11.705, de 19-6-2008.

Art. 297. A penalidade de multa reparatória consiste no pagamento, mediante depósito judicial em favor da vítima, ou seus sucessores, de quantia calculada com base no disposto no § 1.º do art. 49 do Código Penal, sempre que houver prejuízo material resultante do crime.

§ 1.º A multa reparatória não poderá ser superior ao valor do prejuízo demonstrado no processo.

§ 2.º Aplica-se à multa reparatória o disposto nos arts. 50 a 52 do Código Penal.

§ 3.º Na indenização civil do dano, o valor da multa reparatória será descontado.

Art. 298. São circunstâncias que sempre agravam as penalidades dos crimes de trânsito ter o condutor do veículo cometido a infração:

I – com dano potencial para duas ou mais pessoas ou com grande risco de grave dano patrimonial a terceiros;

II – utilizando o veículo sem placas, com placas falsas ou adulteradas;

III – sem possuir Permissão para Dirigir ou Carteira de Habilitação;

IV – com Permissão para Dirigir ou Carteira de Habilitação de categoria diferente da do veículo;

V – quando a sua profissão ou atividade exigir cuidados especiais com o transporte de passageiros ou de carga;

VI – utilizando veículo em que tenham sido adulterados equipamentos ou características que afetem a sua segurança ou o seu funcionamento de acordo com os limites de velocidade prescritos nas especificações do fabricante;

VII – sobre faixa de trânsito temporária ou permanentemente destinada a pedestres.

Arts. 299 e 300. (*Vetados*.)

Art. 301. Ao condutor de veículo, nos casos de acidentes de trânsito de que resulte vítima, não se imporá a prisão em flagrante, nem se exigirá fiança, se prestar pronto e integral socorro àquela.

•• A Lei n. 11.705, de 19-6-2008, propôs o acréscimo de parágrafo único a este artigo, porém o texto foi vetado.

Seção II
Dos Crimes em Espécie

Art. 302. Praticar homicídio culposo na direção de veículo automotor:

Penas – detenção, de 2 (dois) a 4 (quatro) anos, e suspensão ou proibição de se obter a permissão ou a habilitação para dirigir veículo automotor.

§ 1.º No homicídio culposo cometido na direção de veículo automotor, a pena é aumentada de 1/3 (um terço) à metade, se o agente:

•• § 1.º renumerado pela Lei n. 12.971, de 9-5-2014.

I – não possuir Permissão para Dirigir ou Carteira de Habilitação;

•• Inciso I com redação determinada pela Lei n. 12.971, de 9-5-2014.

II – praticá-lo em faixa de pedestres ou na calçada;

•• Inciso II com redação determinada pela Lei n. 12.971, de 9-5-2014.

III – deixar de prestar socorro, quando possível fazê-lo sem risco pessoal, à vítima do acidente;

•• Inciso III com redação determinada pela Lei n. 12.971, de 9-5-2014.

IV – no exercício de sua profissão ou atividade, estiver conduzindo veículo de transporte de passageiros;

•• Inciso IV com redação determinada pela Lei n. 12.971, de 9-5-2014.

V – (*Revogado pela Lei n. 11.705, de 19-6-2008.*)

§ 2.º (*Revogado pela Lei n. 13.281, de 4-5-2016.*)

Art. 303. Praticar lesão corporal culposa na direção de veículo automotor:

Penas – detenção, de 6 (seis) meses a 2 (dois) anos e suspensão ou proibição de se obter a permissão ou a habilitação para dirigir veículo automotor.

Parágrafo único. Aumenta-se a pena de 1/3 (um terço) à metade, se ocorrer qualquer das hipóteses do § 1.º do art. 302.

•• Parágrafo único com redação determinada pela Lei n. 12.971, de 9-5-2014.

• Lesão corporal culposa no CP: art. 129, § 6.º.

Art. 304. Deixar o condutor do veículo, na ocasião do acidente, de prestar imediato socorro à vítima, ou, não podendo fazê-lo diretamente, por justa causa, deixar de solicitar auxílio da autoridade pública:

Penas – detenção, de 6 (seis) meses a 1 (um) ano, ou multa, se o fato não constituir elemento de crime mais grave.

Parágrafo único. Incide nas penas previstas neste artigo o condutor do veículo, ainda que a sua omissão seja suprida por terceiros ou que se trate de vítima com morte instantânea ou com ferimentos leves.

• Omissão de socorro no CP: art. 135.

Art. 305. Afastar-se o condutor do veículo do local do acidente, para fugir à responsabilidade penal ou civil que lhe possa ser atribuída:

Penas – detenção, de 6 (seis) meses a 1 (um) ano, ou multa.

Art. 306. Conduzir veículo automotor com capacidade psicomotora alterada em razão da influência de álcool ou de outra substância psicoativa que determine dependência:

•• *Caput* com redação determinada pela Lei n. 12.760, de 20-12-2012.

•• *Vide* Decreto n. 6.488, de 19-6-2008, que regulamenta este artigo.

Penas – detenção, de 6 (seis) meses a 3 (três) anos, multa e suspensão ou proibição de se obter a permissão ou a habilitação para dirigir veículo automotor.

§ 1.º As condutas previstas no *caput* serão constatadas por:

•• § 1.º, *caput*, acrescentado pela Lei n. 12.760, de 20-12-2012.

I – concentração igual ou superior a 6 decigramas de álcool por litro de sangue ou igual ou superior a 0,3 miligrama de álcool por litro de ar alveolar; ou

•• Inciso I acrescentado pela Lei n. 12.760, de 20-12-2012.

II – sinais que indiquem, na forma disciplinada pelo CONTRAN, alteração da capacidade psicomotora.

•• Inciso II acrescentado pela Lei n. 12.760, de 20-12-2012.

§ 2.º A verificação do disposto neste artigo poderá ser obtida mediante teste de alcoolemia ou toxicológico, exame clínico, perícia, vídeo, prova testemunhal ou outros meios de prova em direito admitidos, observado o direito à contraprova.

•• § 2.º com redação determinada pela Lei n. 12.971, de 9-5-2014.

§ 3.º O Contran disporá sobre a equivalência entre os distintos testes de alcoolemia ou toxicológicos para efeito de caracterização do crime tipificado neste artigo.

•• § 3.º com redação determinada pela Lei n. 12.971, de 9-5-2014.

Art. 307. Violar a suspensão ou a proibição de se obter a permissão ou a habilitação para dirigir veículo automotor imposta com fundamento neste Código:

Penas – detenção, de 6 (seis) meses a 1 (um) ano e multa, com nova imposição adicional de idêntico prazo de suspensão ou de proibição.

Parágrafo único. Nas mesmas penas incorre o condenado que deixa de entregar, no prazo estabelecido no § 1.º do art. 293, a Permissão para Dirigir ou a Carteira de Habilitação.

Art. 308. Participar, na direção de veículo automotor, em via pública, de corrida, disputa ou competição automobilística não autorizada pela autoridade competente, gerando situação de risco à incolumidade pública ou privada:

•• *Caput* com redação determinada pela Lei n. 12.971, de 9-5-2014.

Penas – detenção, de 6 (seis) meses a 3 (três) anos, multa e suspensão ou proibição de se obter a permissão ou a habilitação para dirigir veículo automotor.

•• Penas com redação determinada pela Lei n. 12.971, de 9-5-2014.

§ 1.º Se da prática do crime previsto no *caput* resultar lesão corporal de natureza grave, e as circunstâncias demonstrarem que o agente não quis o resultado nem assumiu o risco de produzi-lo, a pena privativa de liberdade é de reclusão, de 3 (três) a 6 (seis) anos, sem prejuízo das outras penas previstas neste artigo.

•• § 1.º acrescentado pela Lei n. 12.971, de 9-5-2014.

§ 2.º Se da prática do crime previsto no *caput* resultar morte, e as circunstâncias demonstrarem que o agente não quis o resultado nem assumiu o risco de produzi-lo, a pena privativa de liberdade é de reclusão de 5 (cinco) a 10 (dez) anos, sem prejuízo das outras penas previstas neste artigo.

•• § 2.º acrescentado pela Lei n. 12.971, de 9-5-2014.

Art. 309. Dirigir veículo automotor, em via pública, sem a devida Permissão para Dirigir ou Habilitação ou, ainda, se cassado o direito de dirigir, gerando perigo de dano:

Penas – detenção, de 6 (seis) meses a 1 (um) ano, ou multa.

•• *Vide* Súmula 720 do STF.

Art. 310. Permitir, confiar ou entregar a direção de veículo automotor a pessoa não habilitada, com habilitação cassada ou com o direito de dirigir suspenso, ou, ainda, a quem, por seu estado de saúde, física ou mental, ou por embriaguez, não esteja em condições de conduzi-lo com segurança:

•• *Vide* Súmula 575 do STJ.

Penas – detenção, de 6 (seis) meses a 1 (um) ano, ou multa.

Art. 310-A. (*Vetado.*)

•• Artigo acrescentado pela Lei n. 12.619, de 30-4-2012.

Art. 311. Trafegar em velocidade incompatível com a segurança nas proximidades de escolas, hospitais, estações de embarque e desembarque de passageiros, logradouros estreitos, ou onde haja grande movimentação ou concentração de pessoas, gerando perigo de dano:

Penas – detenção, de 6 (seis) meses a 1 (um) ano, ou multa.

Art. 312. Inovar artificiosamente, em caso de acidente automobilístico com vítima, na pendência do respectivo procedimento policial preparatório, inquérito policial ou processo penal, o estado de lugar, de coisa ou de pessoa, a fim de induzir a erro o agente policial, o perito, ou juiz:

Penas – detenção, de 6 (seis) meses a 1 (um) ano, ou multa.

Parágrafo único. Aplica-se o disposto neste artigo, ainda que não iniciados, quando da inovação, o procedimento preparatório, o inquérito ou o processo aos quais se refere.

Art. 312-A. Para os crimes relacionados nos arts. 302 a 312 deste Código, nas situações em que o juiz aplicar a substituição de pena privativa de liberdade por pena restritiva de direitos, esta deverá ser de prestação de serviço à comunidade ou a entidades públicas, em uma das seguintes atividades:

•• *Caput* acrescentado pela Lei n. 13.281, de 4-5-2016.

I – trabalho, aos fins de semana, em equipes de resgate dos corpos de bombeiros e em outras unidades móveis especializadas no atendimento a vítimas de trânsito;

•• Inciso I acrescentado pela Lei n. 13.281, de 4-5-2016.

II – trabalho em unidades de pronto-socorro de hospitais da rede pública que recebem vítimas de acidente de trânsito e politraumatizados;

•• Inciso II acrescentado pela Lei n. 13.281, de 4-5-2016.

III – trabalho em clínicas ou instituições especializadas na recuperação de acidentados de trânsito;

•• Inciso III acrescentado pela Lei n. 13.281, de 4-5-2016.

IV – outras atividades relacionadas ao resgate, atendimento e recuperação de vítimas de acidentes de trânsito.

•• Inciso IV acrescentado pela Lei n. 13.281, de 4-5-2016.

Capítulo XX
DISPOSIÇÕES FINAIS E TRANSITÓRIAS

....

Art. 329. Os condutores dos veículos de que tratam os arts. 135 e 136, para exercerem suas atividades, deverão apresentar, previamente, certidão negativa do registro de distribuição criminal relativamente aos crimes de homicídio, roubo, estupro e corrupção de menores, renovável a cada 5 (cinco) anos, junto ao órgão responsável pela respectiva concessão ou autorização.

• Os arts. 135 e 136 dispõem sobre veículos de aluguel, destinados ao transporte individual ou coletivo de passageiros de linhas regulares ou empregados, e sobre veículos destinados à condução coletiva de escolares.

....

Art. 340. Este Código entra em vigor 120 (cento e vinte) dias após a data de sua publicação.

Art. 341. Ficam revogadas as Leis n. 5.108, de 21 de setembro de 1966, 5.693, de 16 de agosto de 1971, 5.820, de 10 de novembro de 1972, 6.124, de 25 de outubro de 1974, 6.308, de 15 de dezembro de 1975, 6.369, de 27 de outubro de 1976, 6.731, de 4 de dezembro de 1979, 7.031, de 20 de setembro de 1982, 7.052, de 2 de dezembro de 1982, 8.102, de 10 de dezembro de 1990, os arts. 1.º a 6.º e 11 do Decreto-lei n. 237, de 28 de fevereiro de 1967, e os Decretos-leis n. 584, de 16 de maio de 1969, 912, de 2 de outubro de 1969, e 2.448, de 21 de julho de 1988.

Brasília, 23 de setembro de 1997; 176.º da Independência e 109.º da República.

Fernando Henrique Cardoso

LEI N. 9.507, DE 12 DE NOVEMBRO DE 1997 (*)

Regula o direito de acesso a informações e disciplina o rito processual do habeas data.

O Presidente da República

Faço saber que o Congresso Nacional decreta e eu sanciono a seguinte Lei:

Art. 1.º (*Vetado.*)

Parágrafo único. Considera-se de caráter público todo registro ou banco de dados contendo informações que sejam ou que possam ser transmitidas a terceiros ou que não sejam de uso privativo do órgão ou entidade produtora ou depositária das informações.

Art. 2.º O requerimento será apresentado ao órgão ou entidade depositária do registro ou banco de dados e será deferido ou indeferido no prazo de 48 (quarenta e oito) horas.

Parágrafo único. A decisão será comunicada ao requerente em 24 (vinte e quatro) horas.

Art. 3.º Ao deferir o pedido, o depositário do registro ou do banco de dados marcará dia e hora para que o requerente tome conhecimento das informações.

Parágrafo único. (*Vetado.*)

Art. 4.º Constatada a inexatidão de qualquer dado a seu respeito, o interessado, em petição acom-

(*) Publicada no *DOU*, de 13-11-1997. A Lei n. 12.527, de 18-11-2011, regula o acesso a informações previsto nos arts. 5.º, XXXIII, 37, § 3.º, II, e 216, § 2.º, da CF.

panhada de documentos comprobatórios, poderá requerer sua retificação.

§ 1.º Feita a retificação em, no máximo, 10 (dez) dias após a entrada do requerimento, a entidade ou órgão depositário do registro ou da informação dará ciência ao interessado.

§ 2.º Ainda que não se constate a inexatidão do dado, se o interessado apresentar explicação ou contestação sobre o mesmo, justificando possível pendência sobre o fato objeto do dado, tal explicação será anotada no cadastro do interessado.

Arts. 5.º e 6.º (*Vetados.*)

Art. 7.º Conceder-se-á *habeas data*:

I – para assegurar o conhecimento de informações relativas à pessoa do impetrante, constantes de registro ou banco de dados de entidades governamentais ou de caráter público;

II – para a retificação de dados, quando não se prefira fazê-lo por processo sigiloso, judicial ou administrativo;

III – para a anotação nos assentamentos do interessado, de contestação ou explicação sobre dado verdadeiro mas justificável e que esteja sob pendência judicial ou amigável.

Art. 8.º A petição inicial, que deverá preencher os requisitos dos arts. 282 a 285 do Código de Processo Civil, será apresentada em 2 (duas) vias, e os documentos que instruírem a primeira serão reproduzidos por cópia na segunda.

•• A referência é feita ao CPC de 1973. Dispositivo correspondente no CPC de 2015: arts. 319, 320, 321 e 334.

Parágrafo único. A petição inicial deverá ser instruída com prova:

I – da recusa ao acesso às informações ou do decurso de mais de 10 (dez) dias sem decisão;

II – da recusa em fazer-se a retificação ou do decurso de mais de 15 (quinze) dias, sem decisão; ou

III – da recusa em fazer-se a anotação a que se refere o § 2.º do art. 4.º ou do decurso de mais de 15 (quinze) dias sem decisão.

Art. 9.º Ao despachar a inicial, o juiz ordenará que se notifique o coator do conteúdo da petição, entregando-lhe a segunda via apresentada pelo impetrante, com as cópias dos documentos, a fim de que, no prazo de 10 (dez) dias, preste as informações que julgar necessárias.

Art. 10. A inicial será desde logo indeferida, quando não for o caso de *habeas data*, ou se lhe faltar algum dos requisitos previstos nesta Lei.

Parágrafo único. Do despacho de indeferimento caberá recurso previsto no art. 15.

Art. 11. Feita a notificação, o serventuário em cujo cartório corra o feito, juntará aos autos cópia autêntica do ofício endereçado ao coator, bem como a prova da sua entrega a este ou da recusa, seja de recebê-lo, seja de dar recibo.

Art. 12. Findo o prazo a que se refere o art. 9.º, e ouvido o representante do Ministério Público dentro de 5 (cinco) dias, os autos serão conclusos ao juiz para decisão a ser proferida em 5 (cinco) dias.

Art. 13. Na decisão, se julgar procedente o pedido, o juiz marcará data e horário para que o coator:

I – apresente ao impetrante as informações a seu respeito, constantes de registros ou bancos de dados; ou

II – apresente em juízo a prova da retificação ou da anotação feita nos assentamentos do impetrante.

Art. 14. A decisão será comunicada ao coator, por correio, com aviso de recebimento, ou por telegrama, radiograma ou telefonema, conforme o requerer o impetrante.

Parágrafo único. Os originais, no caso de transmissão telegráfica, radiofônica ou telefônica deverão ser apresentados à agência expedidora, com a firma do juiz devidamente reconhecida.

Art. 15. Da sentença que conceder ou negar o *habeas data* cabe apelação.

Parágrafo único. Quando a sentença conceder o *habeas data*, o recurso terá efeito meramente devolutivo.

Art. 16. Quando o *habeas data* for concedido e o Presidente do Tribunal ao qual competir o conhecimento do recurso ordenar ao juiz a suspensão da execução da sentença, desse seu ato caberá agravo para o Tribunal a que presida.

Art. 17. Nos casos de competência do Supremo Tribunal Federal e dos demais Tribunais caberá ao relator a instrução do processo.

Art. 18. O pedido de *habeas data* poderá ser renovado se a decisão denegatória não lhe houver apreciado o mérito.

Art. 19. Os processos de *habeas data* terão prioridade sobre todos os atos judiciais, exceto *habeas corpus* e mandado de segurança. Na instância superior, deverão ser levados a julgamento na primeira sessão que se seguir à data em que, feita a distribuição, forem conclusos ao relator.

Parágrafo único. O prazo para a conclusão não poderá exceder de 24 (vinte e quatro) horas, a contar da distribuição.

Art. 20. O julgamento do *habeas data* compete:

I – originariamente:

a) ao Supremo Tribunal Federal, contra atos do Presidente da República, das Mesas da Câmara dos Deputados e do Senado Federal, do Tribunal de Contas da União, do Procurador-Geral da República e do próprio Supremo Tribunal Federal;

b) ao Superior Tribunal de Justiça, contra atos de Ministro de Estado ou do próprio Tribunal;

c) aos Tribunais Regionais Federais contra atos do próprio Tribunal ou de juiz federal;

d) a juiz federal, contra ato de autoridade federal, excetuados os casos de competência dos tribunais federais;

e) a tribunais estaduais, segundo o disposto na Constituição do Estado;

f) a juiz estadual, nos demais casos;

II – em grau de recurso:

a) ao Supremo Tribunal Federal, quando a decisão denegatória for proferida em única instância pelos Tribunais Superiores;

b) ao Superior Tribunal de Justiça, quando a decisão for proferida em única instância pelos Tribunais Regionais Federais;

c) aos Tribunais Regionais Federais, quando a decisão for proferida por juiz federal;

d) aos Tribunais Estaduais e ao do Distrito Federal e Territórios, conforme dispuserem a respectiva Constituição e a lei que organizar a Justiça do Distrito Federal;

III – mediante recurso extraordinário ao Supremo Tribunal Federal, nos casos previstos na Constituição.

Art. 21. São gratuitos o procedimento administrativo para acesso a informações e retificação de dados e para anotação de justificação, bem como a ação de *habeas data.*

Art. 22. Esta Lei entra em vigor na data de sua publicação.

Art. 23. Revogam-se as disposições em contrário.

Brasília, 12 de novembro de 1997; 176.º da Independência e 109.º da República.

FERNANDO HENRIQUE CARDOSO

LEI N. 9.605, DE 12 DE FEVEREIRO DE 1998 (*)

Dispõe sobre as sanções penais e administrativas derivadas de condutas e atividades lesivas ao meio ambiente, e dá outras providências.

O Presidente da República

Faço saber que o Congresso Nacional decreta e eu sanciono a seguinte Lei:

CAPÍTULO I
DISPOSIÇÕES GERAIS

Art. 1.º (*Vetado.*)

Art. 2.º Quem, de qualquer forma, concorre para a prática dos crimes previstos nesta Lei, incide nas penas a estes cominadas, na medida da sua culpabilidade, bem como o diretor, o administrador, o membro de conselho e de órgão técnico, o auditor, o gerente, o preposto ou mandatário de pessoa jurídica, que, sabendo da conduta criminosa de outrem, deixar de impedir a sua prática, quando podia agir para evitá-la.

Art. 3.º As pessoas jurídicas serão responsabilizadas administrativa, civil e penalmente conforme o disposto nesta Lei, nos casos em que a infração seja cometida por decisão de seu representante legal ou contratual, ou de seu órgão colegiado, no interesse ou benefício da sua entidade.

Parágrafo único. A responsabilidade das pessoas jurídicas não exclui a das pessoas físicas, autoras, coautoras ou partícipes do mesmo fato.

Art. 4.º Poderá ser desconsiderada a pessoa jurídica sempre que sua personalidade for obstáculo ao ressarcimento de prejuízos causados à qualidade do meio ambiente.

Art. 5.º (*Vetado.*)

CAPÍTULO II
DA APLICAÇÃO DA PENA

Art. 6.º Para imposição e gradação da penalidade, a autoridade competente observará:

I – a gravidade do fato, tendo em vista os motivos da infração e suas consequências para a saúde pública e para o meio ambiente;

II – os antecedentes do infrator quanto ao cumprimento da legislação de interesse ambiental;

III – a situação econômica do infrator, no caso de multa.

Art. 7.º As penas restritivas de direitos são autônomas e substituem as privativas de liberdade quando:

I – tratar-se de crime culposo ou for aplicada a pena privativa de liberdade inferior a 4 (quatro) anos;

II – a culpabilidade, os antecedentes, a conduta social e a personalidade do condenado, bem como os motivos e as circunstâncias do crime indicarem que a substituição seja suficiente para efeitos de reprovação e prevenção do crime.

Parágrafo único. As penas restritivas de direitos a que se refere este artigo terão a mesma duração da pena privativa de liberdade substituída.

Art. 8.º As penas restritivas de direito são:

I – prestação de serviços à comunidade;

II – interdição temporária de direitos;

III – suspensão parcial ou total de atividades;

IV – prestação pecuniária;

V – recolhimento domiciliar.

Art. 9.º A prestação de serviços à comunidade consiste na atribuição ao condenado de tarefas gratuitas junto a parques e jardins públicos e unidades de conservação, e, no caso de dano da coisa particular, pública ou tombada, na restauração desta, se possível.

Art. 10. As penas de interdição temporária de direito são a proibição de o condenado contratar com o Poder Público, de receber incentivos fiscais ou

(*) Publicada no *DOU*, de 13, e retificada em 17-2-1998. A Lei n. 9.795, de 27-4-1999, regulamentada pelo Decreto n. 4.281, de 25-6-2002, dispõe sobre a educação ambiental e institui a Política Nacional de Educação Ambiental.

quaisquer outros benefícios, bem como de participar de licitações, pelo prazo de 5 (cinco) anos, no caso de crimes dolosos, e de 3 (três) anos, no de crimes culposos.

Art. 11. A suspensão de atividades será aplicada quando estas não estiverem obedecendo às prescrições legais.

Art. 12. A prestação pecuniária consiste no pagamento em dinheiro à vítima ou à entidade pública ou privada com fim social, de importância, fixada pelo juiz, não inferior a 1 (um) salário mínimo nem superior a 360 (trezentos e sessenta) salários mínimos. O valor pago será deduzido do montante de eventual reparação civil a que for condenado o infrator.

Art. 13. O recolhimento domiciliar baseia-se na autodisciplina e senso de responsabilidade do condenado, que deverá, sem vigilância, trabalhar, frequentar curso ou exercer atividade autorizada, permanecendo recolhido nos dias e horários de folga em residência ou em qualquer local destinado a sua moradia habitual, conforme estabelecido na sentença condenatória.

Art. 14. São circunstâncias que atenuam a pena:

I – baixo grau de instrução ou escolaridade do agente;

II – arrependimento do infrator, manifestado pela espontânea reparação do dano, ou limitação significativa da degradação ambiental causada;

III – comunicação prévia pelo agente do perigo iminente de degradação ambiental;

IV – colaboração com os agentes encarregados da vigilância e do controle ambiental.

Art. 15. São circunstâncias que agravam a pena, quando não constituem ou qualificam o crime:

I – reincidência nos crimes de natureza ambiental;

II – ter o agente cometido a infração:

a) para obter vantagem pecuniária;

b) coagindo outrem para a execução material da infração;

c) afetando ou expondo a perigo, de maneira grave, a saúde pública ou o meio ambiente;

d) concorrendo para danos à propriedade alheia;

e) atingindo áreas de unidades de conservação ou áreas sujeitas, por ato do Poder Público, a regime especial de uso;

f) atingindo áreas urbanas ou quaisquer assentamentos humanos;

g) em período de defeso à fauna;

h) em domingos ou feriados;

i) à noite;

j) em épocas de seca ou inundações;

l) no interior do espaço territorial especialmente protegido;

m) com o emprego de métodos cruéis para abate ou captura de animais;

n) mediante fraude ou abuso de confiança;

o) mediante abuso do direito de licença, permissão ou autorização ambiental;

p) no interesse de pessoa jurídica mantida, total ou parcialmente, por verbas públicas ou beneficiada por incentivos fiscais;

q) atingindo espécies ameaçadas, listadas em relatórios oficiais das autoridades competentes;

r) facilitada por funcionário público no exercício de suas funções.

Art. 16. Nos crimes previstos nesta Lei, a suspensão condicional da pena pode ser aplicada nos casos de condenação a pena privativa de liberdade não superior a 3 (três) anos.

Art. 17. A verificação da reparação a que se refere o § 2.º do art. 78 do Código Penal será feita mediante laudo de reparação do dano ambiental, e as condições a serem impostas pelo juiz deverão relacionar-se com a proteção ao meio ambiente.

Art. 18. A multa será calculada segundo os critérios do Código Penal; se revelar-se ineficaz, ainda que aplicada no valor máximo, poderá ser aumentada até 3 (três) vezes, tendo em vista o valor da vantagem econômica auferida.

Art. 19. A perícia de constatação do dano ambiental, sempre que possível, fixará o montante do prejuízo causado para efeitos de prestação de fiança e cálculo de multa.

Parágrafo único. A perícia produzida no inquérito civil ou no juízo cível poderá ser aproveitada no processo penal, instaurando-se o contraditório.

Art. 20. A sentença penal condenatória, sempre que possível, fixará o valor mínimo para reparação dos danos causados pela infração, considerando os prejuízos sofridos pelo ofendido ou pelo meio ambiente.

Parágrafo único. Transitada em julgado a sentença condenatória, a execução poderá efetuar-se pelo valor fixado nos termos do *caput*, sem prejuízo da liquidação para apuração do dano efetivamente sofrido.

Art. 21. As penas aplicáveis isolada, cumulativa ou alternativamente às pessoas jurídicas, de acordo com o disposto no art. 3.º, são:

I – multa;

II – restritivas de direitos;

III – prestação de serviços à comunidade.

Art. 22. As penas restritivas de direitos da pessoa jurídica são:

I – suspensão parcial ou total de atividades;

II – interdição temporária de estabelecimento, obra ou atividade;

III – proibição de contratar com o Poder Público, bem como dele obter subsídios, subvenções ou doações.

§ 1.º A suspensão de atividades será aplicada quando estas não estiverem obedecendo às disposições legais ou regulamentares, relativas à proteção do meio ambiente.

§ 2.º A interdição será aplicada quando o estabelecimento, obra ou atividade estiver funcionando sem a devida autorização, ou em desacordo com a concedida, ou com violação de disposição legal ou regulamentar.

§ 3.º A proibição de contratar com o Poder Público e dele obter subsídios, subvenções ou doações não poderá exceder o prazo de 10 (dez) anos.

Art. 23. A prestação de serviços à comunidade pela pessoa jurídica consistirá em:

I – custeio de programas e de projetos ambientais;

II – execução de obras de recuperação de áreas degradadas;

III – manutenção de espaços públicos;

IV – contribuições a entidades ambientais ou culturais públicas.

Art. 24. A pessoa jurídica constituída ou utilizada, preponderantemente, com o fim de permitir, facilitar ou ocultar a prática de crime definido nesta Lei terá decretada sua liquidação forçada, seu patrimônio será considerado instrumento do crime e como tal perdido em favor do Fundo Penitenciário Nacional.

Capítulo III
DA APREENSÃO DO PRODUTO E DO INSTRUMENTO DE INFRAÇÃO ADMINISTRATIVA OU DE CRIME

Art. 25. Verificada a infração, serão apreendidos seus produtos e instrumentos, lavrando-se os respectivos autos.

§ 1.º Os animais serão prioritariamente libertados em seu *habitat* ou, sendo tal medida inviável ou não recomendável por questões sanitárias, entregues a jardins zoológicos, fundações ou entidades assemelhadas, para guarda e cuidados sob a responsabilidade de técnicos habilitados.

•• § 1.º com redação determinada pela Lei n. 13.052, de 8-12-2014.

• A Resolução n. 457, de 25-6-2013, do CONAMA, dispõe sobre o depósito e a guarda provisórios de animais silvestres apreendidos ou resgatados pelos órgãos ambientais integrantes do Sistema Nacional do Meio Ambiente, como também oriundos de entrega espontânea, quando houver justificada impossibilidade das destinações previstas neste parágrafo.

• A Instrução Normativa n. 23, de 31-12-2014, do IBAMA, define as diretrizes e os procedimentos para a destinação de animais silvestres apreendidos, resgatados por autoridade competente ou entregues voluntariamente pela população, bem como para o funcionamento dos Centros de Triagem de Animais Silvestres do IBAMA – CETAS.

§ 2.º Até que os animais sejam entregues às instituições mencionadas no § 1.º deste artigo, o órgão autuante zelará para que eles sejam mantidos em condições adequadas de acondicionamento e transporte que garantam o seu bem-estar físico.

•• § 2.º acrescentado pela Lei n. 13.052, de 8-12-2014.

§ 3.º Tratando-se de produtos perecíveis ou madeiras, serão estes avaliados e doados a instituições científicas, hospitalares, penais e outras com fins beneficentes.

•• § 3.º renumerado pela Lei n. 13.052, de 8-12-2014.

§ 4.º Os produtos e subprodutos da fauna não perecíveis serão destruídos ou doados a instituições científicas, culturais ou educacionais.

•• § 4.º renumerado pela Lei n. 13.052, de 8-12-2014.

§ 5.º Os instrumentos utilizados na prática da infração serão vendidos, garantida a sua descaracterização por meio da reciclagem.

•• § 5.º renumerado pela Lei n. 13.052, de 8-12-2014.

Capítulo IV
DA AÇÃO E DO PROCESSO PENAL

Art. 26. Nas infrações penais previstas nesta Lei, a ação penal é pública incondicionada.

Parágrafo único. (*Vetado.*)

Art. 27. Nos crimes ambientais de menor potencial ofensivo, a proposta de aplicação imediata de pena restritiva de direitos ou multa, prevista no art. 76 da Lei n. 9.099, de 26 de setembro de 1995, somente poderá ser formulada desde que tenha havido a prévia composição do dano ambiental, de que trata o art. 74 da mesma lei, salvo em caso de comprovada impossibilidade.

Art. 28. As disposições do art. 89 da Lei n. 9.099, de 26 de setembro de 1995, aplicam-se aos crimes de menor potencial ofensivo definidos nesta Lei, com as seguintes modificações:

• *Vide* citado dispositivo constante deste volume.

I – a declaração de extinção de punibilidade, de que trata o § 5.º do artigo referido no *caput*, dependerá de laudo de constatação de reparação do dano ambiental, ressalvada a impossibilidade prevista no inciso I do § 1.º do mesmo artigo;

II – na hipótese de o laudo de constatação comprovar não ter sido completa a reparação, o prazo de suspensão do processo será prorrogado, até o período máximo previsto no artigo referido no *caput*, acrescido de mais 1 (um) ano, com suspensão do prazo da prescrição;

III – no período de prorrogação, não se aplicarão as condições dos incisos II, III e IV do § 1.º do artigo mencionado no *caput*;

IV – findo o prazo de prorrogação, proceder-se-á à lavratura de novo laudo de constatação de reparação do dano ambiental, podendo, conforme seu resultado, ser novamente prorrogado o período de suspensão, até o máximo previsto no inciso II deste artigo, observado o disposto no inciso III;

V – esgotado o prazo máximo de prorrogação, a declaração de extinção de punibilidade dependerá de laudo de constatação que comprove ter o acusado tomado as providências necessárias à reparação integral do dano.

Capítulo V
DOS CRIMES CONTRA O MEIO AMBIENTE

Seção I
Dos Crimes contra a Fauna

Art. 29. Matar, perseguir, caçar, apanhar, utilizar espécimes da fauna silvestre, nativos ou em rota migratória, sem a devida permissão, licença ou autorização da autoridade competente, ou em desacordo com a obtida:

Pena – detenção de 6 (seis) meses a 1 (um) ano, e multa.

§ 1.º Incorre nas mesmas penas:

I – quem impede a procriação da fauna, sem licença, autorização ou em desacordo com a obtida;

II – quem modifica, danifica ou destrói ninho, abrigo ou criadouro natural;

III – quem vende, expõe à venda, exporta ou adquire, guarda, tem em cativeiro ou depósito, utiliza ou transporta ovos, larvas ou espécimes da fauna silvestre, nativa ou em rota migratória, bem como produtos e objetos dela oriundos, provenientes de criadouros não autorizados ou sem a devida permissão, licença ou autorização da autoridade competente.

§ 2.º No caso de guarda doméstica de espécie silvestre não considerada ameaçada de extinção, pode o juiz, considerando as circunstâncias, deixar de aplicar a pena.

§ 3.º São espécimes da fauna silvestre todos aqueles pertencentes às espécies nativas, migratórias e quaisquer outras, aquáticas ou terrestres, que tenham todo ou parte de seu ciclo de vida ocorrendo dentro dos limites do território brasileiro, ou águas jurisdicionais brasileiras.

§ 4.º A pena é aumentada de metade, se o crime é praticado:

I – contra espécie rara ou considerada ameaçada de extinção, ainda que somente no local da infração;

II – em período proibido à caça;

III – durante a noite;

IV – com abuso de licença;

V – em unidade de conservação;

VI – com emprego de métodos ou instrumentos capazes de provocar destruição em massa.

§ 5.º A pena é aumentada até o triplo, se o crime decorre do exercício de caça profissional.

§ 6.º As disposições deste artigo não se aplicam aos atos de pesca.

Art. 30. Exportar para o exterior peles e couros de anfíbios e répteis em bruto, sem a autorização da autoridade ambiental competente:

Pena – reclusão, de 1 (um) a 3 (três) anos, e multa.

Art. 31. Introduzir espécime animal no País, sem parecer técnico oficial favorável e licença expedida por autoridade competente:

Pena – detenção, de 3 (três) meses a 1 (um) ano, e multa.

Art. 32. Praticar ato de abuso, maus-tratos, ferir ou mutilar animais silvestres, domésticos ou domesticados, nativos ou exóticos:

Pena – detenção, de 3 (três) meses a 1 (um) ano, e multa.

§ 1.º Incorre nas mesmas penas quem realiza experiência dolorosa ou cruel em animal vivo, ainda que para fins didáticos ou científicos, quando existirem recursos alternativos.

§ 2.º A pena é aumentada de 1/6 (um sexto) a 1/3 (um terço), se ocorre morte do animal.

Art. 33. Provocar, pela emissão de efluentes ou carreamento de materiais, o perecimento de espécimes da fauna aquática existentes em rios, lagos, açudes, lagoas, baías ou águas jurisdicionais brasileiras:

Pena – detenção, de 1 (um) a 3 (três) anos, ou multa, ou ambas cumulativamente.

Parágrafo único. Incorre nas mesmas penas:

I – quem causa degradação em viveiros, açudes ou estações de aquicultura de domínio público;

II – quem explora campos naturais de invertebrados aquáticos e algas, sem licença, permissão ou autorização da autoridade competente;

III – quem fundeia embarcações ou lança detritos de qualquer natureza sobre bancos de moluscos ou corais, devidamente demarcados em carta náutica.

Art. 34. Pescar em período no qual a pesca seja proibida ou em lugares interditados por órgão competente:

Pena – detenção, de 1 (um) ano a 3 (três) anos, ou multa, ou ambas as penas cumulativamente.

Parágrafo único. Incorre nas mesmas penas quem:

I – pesca espécies que devam ser preservadas ou espécimes com tamanhos inferiores aos permitidos;

II – pesca quantidades superiores às permitidas, ou mediante a utilização de aparelhos, petrechos, técnicas e métodos não permitidos;

III – transporta, comercializa, beneficia ou industrializa espécimes provenientes da coleta, apanha e pesca proibidas.

Art. 35. Pescar mediante a utilização de:

I – explosivos ou substâncias que, em contato com a água, produzam efeito semelhante;

II – substâncias tóxicas, ou outro meio proibido pela autoridade competente:

Pena – reclusão, de 1 (um) ano a 5 (cinco) anos.

Art. 36. Para os efeitos desta Lei, considera-se pesca todo ato tendente a retirar, extrair, coletar, apanhar, apreender ou capturar espécimes dos grupos dos peixes, crustáceos, moluscos e vegetais hidróbios, suscetíveis ou não de aproveitamento econômico, ressalvadas as espécies ameaçadas de extinção, constantes nas listas oficiais da fauna e da flora.

Art. 37. Não é crime o abate de animal, quando realizado:

I – em estado de necessidade, para saciar a fome do agente ou de sua família;

II – para proteger lavouras, pomares e rebanhos da ação predatória ou destruidora de animais, desde que legal e expressamente autorizado pela autoridade competente;

III – (*Vetado*.)

IV – por ser nocivo o animal, desde que assim caracterizado pelo órgão competente.

Seção II
Dos Crimes contra a Flora

Art. 38. Destruir ou danificar floresta considerada de preservação permanente, mesmo que em formação, ou utilizá-la com infringência das normas de proteção:

Pena – detenção, de 1 (um) a 3 (três) anos, ou multa, ou ambas as penas cumulativamente.

Parágrafo único. Se o crime for culposo, a pena será reduzida à metade.

Art. 38-A. Destruir ou danificar vegetação primária ou secundária, em estágio avançado ou médio de regeneração, do Bioma Mata Atlântica, ou utilizá-la com infringência das normas de proteção:

Pena – detenção, de 1 (um) a 3 (três) anos, ou multa, ou ambas as penas cumulativamente.

•• *Caput* acrescentado pela Lei n. 11.428, de 22-12-2006.

Parágrafo único. Se o crime for culposo, a pena será reduzida à metade.

•• Parágrafo único acrescentado pela Lei n. 11.428, de 22-12-2006.

Art. 39. Cortar árvores em floresta considerada de preservação permanente, sem permissão da autoridade competente:

Pena – detenção, de 1 (um) a 3 (três) anos, ou multa, ou ambas as penas cumulativamente.

Art. 40. Causar dano direto ou indireto às Unidades de Conservação e às áreas de que trata o art. 27 do Decreto n. 99.274, de 6 de junho de 1990, independentemente de sua localização.

Pena – reclusão de 1 (um) a 5 (cinco) anos.

§ 1.º Entende-se por Unidades de Conservação de Proteção Integral as Estações Ecológicas, as Reservas Biológicas, os Parques Nacionais, os Monumentos Naturais e os Refúgios de Vida Silvestre.

•• § 1.º com redação determinada pela Lei n. 9.985, de 18-7-2000.

§ 2.º A ocorrência de dano afetando espécies ameaçadas de extinção no interior das Unidades de Conservação de Proteção Integral será considerada circunstância agravante para a fixação da pena.

•• § 2.º com redação determinada pela Lei n. 9.985, de 18-7-2000.

§ 3.º Se o crime for culposo, a pena será reduzida à metade.

Art. 40-A. (*Vetado*.)

•• *Caput* acrescentado pela Lei n. 9.985, de 18-7-2000.

§ 1.º Entende-se por Unidades de Conservação de Uso Sustentável as Áreas de Proteção Ambiental, as Áreas de Relevante Interesse Ecológico, as Florestas Nacionais, as Reservas Extrativistas, as Reservas de Fauna, as Reservas de Desenvolvimento Sustentável e as Reservas Particulares do Patrimônio Natural.

•• § 1.º acrescentado pela Lei n. 9.985, de 18-7-2000.

§ 2.º A ocorrência de dano afetando espécies ameaçadas de extinção no interior das Unidades de Conservação de Uso Sustentável será considerada circunstância agravante para a fixação da pena.

•• § 2.º acrescentado pela Lei n. 9.985, de 18-7-2000.

§ 3.º Se o crime for culposo, a pena será reduzida à metade.

•• § 3.º acrescentado pela Lei n. 9.985, de 18-7-2000.

Art. 41. Provocar incêndio em mata ou floresta:

Pena – reclusão, de 2 (dois) a 4 (quatro) anos, e multa.

Parágrafo único. Se o crime é culposo, a pena é de detenção de 6 (seis) meses a 1 (um) ano, e multa.

Art. 42. Fabricar, vender, transportar ou soltar balões que possam provocar incêndios nas florestas e demais formas de vegetação, em áreas urbanas ou qualquer tipo de assentamento humano:

Pena – detenção, de 1 (um) a 3 (três) anos, ou multa, ou ambas as penas cumulativamente.

Art. 43. (*Vetado*.)

Art. 44. Extrair de florestas de domínio público ou consideradas de preservação permanente, sem prévia autorização, pedra, areia, cal ou qualquer espécie de minerais:

Pena – detenção, de 6 (seis) meses a 1 (um) ano, e multa.

Art. 45. Cortar ou transformar em carvão madeira de lei, assim classificada por ato do Poder Público, para fins industriais, energéticos ou para qualquer outra exploração, econômica ou não, em desacordo com as determinações legais:

Pena – reclusão, de 1 (um) a 2 (dois) anos, e multa.

Art. 46. Receber ou adquirir, para fins comerciais ou industriais, madeira, lenha, carvão e outros produtos de origem vegetal, sem exigir a exibição de licença do vendedor, outorgada pela autoridade competente, e sem munir-se da via que deverá acompanhar o produto até final beneficiamento:

Pena – detenção, de 6 (seis) meses a 1 (um) ano, e multa.

Parágrafo único. Incorre nas mesmas penas quem vende, expõe à venda, tem em depósito, transporta ou guarda madeira, lenha, carvão e outros produtos de origem vegetal, sem licença válida para todo o tempo da viagem ou do armazenamento, outorgada pela autoridade competente.

Art. 47. (*Vetado*.)

Art. 48. Impedir ou dificultar a regeneração natural de florestas e demais formas de vegetação:

Pena – detenção, de 6 (seis) meses a 1 (um) ano, e multa.

Art. 49. Destruir, danificar, lesar ou maltratar, por qualquer modo ou meio, plantas de ornamentação de logradouros públicos ou em propriedade privada alheia:

Pena – detenção, de 3 (três) meses a 1 (um) ano, ou multa, ou ambas as penas cumulativamente.

Parágrafo único. No crime culposo, a pena é de 1 (um) a 6 (seis) meses, ou multa.

Art. 50. Destruir ou danificar florestas nativas ou plantadas ou vegetação fixadora de dunas, protetora de mangues, objeto de especial preservação:

Pena – detenção, de 3 (três) meses a 1 (um) ano, e multa.

Art. 50-A. Desmatar, explorar economicamente ou degradar floresta, plantada ou nativa, em terras de domínio público ou devolutas, sem autorização do órgão competente:

Pena – reclusão de 2 (dois) a 4 (quatro) anos e multa.

•• *Caput* acrescentado pela Lei n. 11.284, de 2-3-2006.

§ 1.º Não é crime a conduta praticada quando necessária à subsistência imediata pessoal do agente ou de sua família.

•• § 1.º acrescentado pela Lei n. 11.284, de 2-3-2006.

§ 2.º Se a área explorada for superior a 1.000 ha (mil hectares), a pena será aumentada de 1 (um) ano por milhar de hectare.

•• § 2.º acrescentado pela Lei n. 11.284, de 2-3-2006.

Art. 51. Comercializar motosserra ou utilizá-la em florestas e nas demais formas de vegetação, sem licença ou registro da autoridade competente:

Pena – detenção, de 3 (três) meses a 1 (um) ano, e multa.

Art. 52. Penetrar em Unidades de Conservação conduzindo substâncias ou instrumentos próprios para caça ou para exploração de produtos ou subprodutos florestais, sem licença da autoridade competente:

Pena – detenção, de 6 (seis) meses a 1 (um) ano, e multa.

Art. 53. Nos crimes previstos nesta Seção, a pena é aumentada de 1/6 (um sexto) a 1/3 (um terço) se:

I – do fato resulta a diminuição de águas naturais, a erosão do solo ou a modificação do regime climático;

II – o crime é cometido:

a) no período de queda das sementes;

b) no período de formação de vegetações;

c) contra espécies raras ou ameaçadas de extinção, ainda que a ameaça ocorra somente no local da infração;

d) em época de seca ou inundação;

e) durante a noite, em domingo ou feriado.

Seção III
Da Poluição e outros Crimes Ambientais

• A Resolução n. 375, de 29-8-2006, do CONAMA, define critérios e procedimentos para o uso agrícola de lodos de esgoto gerados em estações de tratamento de esgoto sanitário e seus produtos derivados, visando benefícios à agricultura e evitando riscos à saúde pública e ao ambiente. O não cumprimento do disposto nesta Resolução sujeitará os infratores, entre outras, às penalidades e sanções, respectivamente, previstas nesta Lei.

Art. 54. Causar poluição de qualquer natureza em níveis tais que resultem ou possam resultar em danos à saúde humana, ou que provoquem a mortandade de animais ou a destruição significativa da flora:

Pena – reclusão, de 1 (um) a 4 (quatro) anos, e multa.

§ 1.º Se o crime é culposo:

Pena – detenção, de 6 (seis) meses a 1 (um) ano, e multa.

§ 2.º Se o crime:

I – tornar uma área, urbana ou rural, imprópria para a ocupação humana;

II – causar poluição atmosférica que provoque a retirada, ainda que momentânea, dos habitantes das áreas afetadas, ou que cause danos diretos à saúde da população;

III – causar poluição hídrica que torne necessária a interrupção do abastecimento público de água de uma comunidade;

IV – dificultar ou impedir o uso público das praias;

V – ocorrer por lançamento de resíduos sólidos, líquidos ou gasosos, ou detritos, óleos ou substâncias oleosas, em desacordo com as exigências estabelecidas em leis ou regulamentos:

Pena – reclusão, de 1 (um) a 5 (cinco) anos.

§ 3.º Incorre nas mesmas penas previstas no parágrafo anterior quem deixar de adotar, quando assim o exigir a autoridade competente, medidas de precaução em caso de risco de dano ambiental grave ou irreversível.

Art. 55. Executar pesquisa, lavra ou extração de recursos minerais sem a competente autorização, permissão, concessão ou licença, ou em desacordo com a obtida:

Pena – detenção, de 6 (seis) meses a 1 (um) ano, e multa.

Parágrafo único. Nas mesmas penas incorre quem deixa de recuperar a área pesquisada ou explorada, nos termos da autorização, permissão, licença, concessão ou determinação do órgão competente.

Art. 56. Produzir, processar, embalar, importar, exportar, comercializar, fornecer, transportar, armazenar, guardar, ter em depósito ou usar produto ou substância tóxica, perigosa ou nociva à saúde humana ou ao meio ambiente, em desacordo com as exigências estabelecidas em leis ou nos seus regulamentos:

Pena – reclusão, de 1 (um) a 4 (quatro) anos, e multa.

§ 1.º Nas mesmas penas incorre quem:

•• § 1.º, *caput*, com redação determinada pela Lei n. 12.305, de 2-8-2010.

I – abandona os produtos ou substâncias referidos no *caput* ou os utiliza em desacordo com as normas ambientais ou de segurança;

•• Inciso I acrescentado pela Lei n. 12.305, de 2-8-2010.

II – manipula, acondiciona, armazena, coleta, transporta, reutiliza, recicla ou dá destinação final a resíduos perigosos de forma diversa da estabelecida em lei ou regulamento.

•• Inciso II acrescentado pela Lei n. 12.305, de 2-8-2010.

§ 2.º Se o produto ou a substância for nuclear ou radioativa, a pena é aumentada de 1/6 (um sexto) a 1/3 (um terço).

§ 3.º Se o crime é culposo:

Pena – detenção, de 6 (seis) meses a 1 (um) ano, e multa.

Art. 57. (*Vetado.*)

Art. 58. Nos crimes dolosos previstos nesta Seção, as penas serão aumentadas:

I – de 1/6 (um sexto) a 1/3 (um terço), se resulta dano irreversível à flora ou ao meio ambiente em geral;

II – de 1/3 (um terço) até a metade, se resulta lesão corporal de natureza grave em outrem;

III – até o dobro, se resultar a morte de outrem.

Parágrafo único. As penalidades previstas neste artigo somente serão aplicadas se do fato não resultar crime mais grave.

Art. 59. (*Vetado.*)

Art. 60. Construir, reformar, ampliar, instalar ou fazer funcionar, em qualquer parte do território nacional, estabelecimentos, obras ou serviços potencialmente poluidores, sem licença ou autorização dos órgãos ambientais competentes, ou contrariando as normas legais e regulamentares pertinentes:

Pena – detenção, de 1 (um) a 6 (seis) meses, ou multa, ou ambas as penas cumulativamente.

Art. 61. Disseminar doença ou praga ou espécies que possam causar dano à agricultura, à pecuária, à fauna, à flora ou aos ecossistemas:

Pena – reclusão, de 1 (um) a 4 (quatro) anos, e multa.

Seção IV
Dos Crimes Contra o Ordenamento Urbano e o Patrimônio Cultural

Art. 62. Destruir, inutilizar ou deteriorar:

I – bem especialmente protegido por lei, ato administrativo ou decisão judicial;

II – arquivo, registro, museu, biblioteca, pinacoteca, instalação científica ou similar protegido por lei, ato administrativo ou decisão judicial:

Pena – reclusão, de 1 (um) a 3 (três) anos, e multa.

Parágrafo único. Se o crime for culposo, a pena é de 6 (seis) meses a 1 (um) ano de detenção, sem prejuízo da multa.

Art. 63. Alterar o aspecto ou estrutura de edificação ou local especialmente protegido por lei, ato administrativo ou decisão judicial, em razão de seu valor paisagístico, ecológico, turístico, artístico, histórico, cultural, religioso, arqueológico, etnográfico ou monumental, sem autorização da autoridade competente ou em desacordo com a concedida:

Pena – reclusão, de 1 (um) a 3 (três) anos, e multa.

Art. 64. Promover construção em solo não edificável, ou no seu entorno, assim considerado em razão de seu valor paisagístico, ecológico, artístico, turístico, histórico, cultural, religioso, arqueológico, etnográfico ou monumental, sem autorização da autoridade competente ou em desacordo com a concedida:

Pena – detenção, de 6 (seis) meses a 1 (um) ano, e multa.

Art. 65. Pichar ou por outro meio conspurcar edificação ou monumento urbano:

Pena – detenção, de 3 (três) meses a 1 (um) ano, e multa.

•• *Caput* com redação determinada pela Lei n. 12.408, de 25-5-2011.

• A Lei n. 12.408, de 25-5-2011, determina que as embalagens de tinta do tipo aerossol deverão conter, de forma legível e destacada, as expressões "PICHAÇÃO É CRIME (ART. 65 DA LEI N. 9.605/98). PROIBIDA A VENDA A MENORES DE 18 ANOS".

§ 1.º Se o ato for realizado em monumento ou coisa tombada em virtude do seu valor artístico, arqueológico ou histórico, a pena é de 6 (seis) meses a 1 (um) ano de detenção e multa.

•• § 1.º acrescentado pela Lei n. 12.408, de 25-5-2011.

• *Vide* art. 216 da CF.

• A Lei n. 3.924, de 26-7-1961, dispõe sobre monumentos arqueológicos e pré-históricos.

§ 2.º Não constitui crime a prática de grafite realizada com o objetivo de valorizar o patrimônio público ou privado mediante manifestação artística, desde que consentida pelo proprietário e, quando couber, pelo locatário ou arrendatário do bem privado e, no caso de bem público, com a autorização do órgão competente e a observância das posturas municipais e das normas editadas pelos órgãos governamentais responsáveis pela preservação e conservação do patrimônio histórico e artístico nacional.

•• § 2.º acrescentado pela Lei n. 12.408, de 25-5-2011.

Seção V
Dos Crimes Contra a Administração Ambiental

Art. 66. Fazer o funcionário público afirmação falsa ou enganosa, omitir a verdade, sonegar informações ou dados técnico-científicos em procedimentos de autorização ou de licenciamento ambiental:

Pena – reclusão, de 1 (um) a 3 (três) anos, e multa.

•• A Lei n. 11.428, de 22-12-2006, propôs o acréscimo de um parágrafo único para este artigo, mas teve o seu texto vetado.

Art. 67. Conceder o funcionário público licença, autorização ou permissão em desacordo com as normas ambientais, para as atividades, obras ou serviços cuja realização depende de ato autorizativo do Poder Público:

Pena – detenção, de 1 (um) a 3 (três) anos, e multa.

Parágrafo único. Se o crime é culposo, a pena é de 3 (três) meses a 1 (um) ano de detenção, sem prejuízo da multa.

Art. 68. Deixar, aquele que tiver o dever legal ou contratual de fazê-lo, de cumprir obrigação de relevante interesse ambiental:

Pena – detenção, de 1 (um) a 3 (três) anos, e multa.

Parágrafo único. Se o crime é culposo, a pena é de 3 (três) meses a 1 (um) ano, sem prejuízo da multa.

Art. 69. Obstar ou dificultar a ação fiscalizadora do Poder Público no trato de questões ambientais:

Pena – detenção, de 1 (um) a 3 (três) anos, e multa.

Art. 69-A. Elaborar ou apresentar, no licenciamento, concessão florestal ou qualquer outro procedimento administrativo, estudo, laudo ou relatório ambiental total ou parcialmente falso ou enganoso, inclusive por omissão:

Pena – reclusão, de 3 (três) a 6 (seis) anos, e multa.

•• *Caput* acrescentado pela Lei n. 11.284, de 2-3-2006.

§ 1.º Se o crime é culposo:

Pena – detenção, de 1 (um) a 3 (três) anos.

•• § 1.º acrescentado pela Lei n. 11.284, de 2-3-2006.

§ 2.º A pena é aumentada de 1/3 (um terço) a 2/3 (dois terços), se há dano significativo ao meio ambiente, em decorrência do uso da informação falsa, incompleta ou enganosa.

•• § 2.º acrescentado pela Lei n. 11.284, de 2-3-2006.

Capítulo VI
DA INFRAÇÃO ADMINISTRATIVA

•• *Vide* Decreto n. 6.514, de 22-7-2008.

Art. 70. Considera-se infração administrativa ambiental toda ação ou omissão que viole as regras jurídicas de uso, gozo, promoção, proteção e recuperação do meio ambiente.

§ 1.º São autoridades competentes para lavrar auto de infração ambiental e instaurar processo administrativo os funcionários de órgãos ambientais integrantes do Sistema Nacional de Meio Ambiente – SISNAMA, designados para as atividades de fiscalização, bem como os agentes das Capitanias dos Portos, do Ministério da Marinha.

§ 2.º Qualquer pessoa, constatando infração ambiental, poderá dirigir representação às autoridades relacionadas no parágrafo anterior, para efeito do exercício do seu poder de polícia.

§ 3.º A autoridade ambiental que tiver conhecimento de infração ambiental é obrigada a promover a sua apuração imediata, mediante processo administrativo próprio, sob pena de corresponsabilidade.

§ 4.º As infrações ambientais são apuradas em processo administrativo próprio, assegurado o direito de ampla defesa e o contraditório, observadas as disposições desta Lei.

Art. 71. O processo administrativo para apuração de infração ambiental deve observar os seguintes prazos máximos:

I – 20 (vinte) dias para o infrator oferecer defesa ou impugnação contra o auto de infração, contados da data da ciência da autuação;

II – 30 (trinta) dias para a autoridade competente julgar o auto de infração, contados da data da sua lavratura, apresentada ou não a defesa ou impugnação;

III – 20 (vinte) dias para o infrator recorrer da decisão condenatória à instância superior do Sistema Nacional do Meio Ambiente – SISNAMA, ou à Diretoria de Portos e Costas, do Ministério da Marinha, de acordo com o tipo de autuação;

IV – 5 (cinco) dias para o pagamento de multa, contados da data do recebimento da notificação.

Art. 72. As infrações administrativas são punidas com as seguintes sanções, observado o disposto no art. 6.º:

• A Lei n. 12.408, de 25-5-2011, proíbe a comercialização de tintas em embalagens do tipo aerossol em todo o território nacional a menores de 18 anos. O descumprimento a esta determinação, independentemente de outras cominações legais, sujeita o infrator às sanções previstas neste artigo.

I – advertência;

II – multa simples;

III – multa diária;

IV – apreensão dos animais, produtos e subprodutos da fauna e flora, instrumentos, petrechos, equipamentos ou veículos de qualquer natureza utilizados na infração;

V – destruição ou inutilização do produto;

VI – suspensão de venda e fabricação do produto;

VII – embargo de obra ou atividade;

•• A Instrução Normativa n. 1, de 29-2-2008, do Ministério do Meio Ambiente, regulamenta os procedimentos administrativos em relação ao embargo previsto neste inciso.

VIII – demolição de obra;

IX – suspensão parcial ou total de atividades;

X – (*Vetado*.)

XI – restritiva de direitos.

§ 1.º Se o infrator cometer, simultaneamente, duas ou mais infrações, ser-lhe-ão aplicadas, cumulativamente, as sanções a elas cominadas.

§ 2.º A advertência será aplicada pela inobservância das disposições desta Lei e da legislação em vigor, ou de preceitos regulamentares, sem prejuízo das demais sanções previstas neste artigo.

§ 3.º A multa simples será aplicada sempre que o agente, por negligência ou dolo:

I – advertido por irregularidades que tenham sido praticadas, deixar de saná-las, no prazo assinalado por órgão competente do SISNAMA ou pela Capitania dos Portos, do Ministério da Marinha;

II – opuser embaraço à fiscalização dos órgãos do SISNAMA ou da Capitania dos Portos, do Ministério da Marinha.

§ 4.º A multa simples pode ser convertida em serviços de preservação, melhoria e recuperação da qualidade do meio ambiente.

• A Instrução Normativa n. 10, 7-12-2012, do IBAMA, regula os procedimentos para apuração de infrações administrativas por condutas e atividades lesivas ao meio ambiente, a imposição das sanções, a defesa, o sistema recursal e a cobrança de multas no âmbito do IBAMA.

§ 5.º A multa diária será aplicada sempre que o cometimento da infração se prolongar no tempo.

§ 6.º A apreensão e destruição referidas nos incisos IV e V do *caput* obedecerão ao disposto no art. 25 desta Lei.

§ 7.º As sanções indicadas nos incisos VI a IX do *caput* serão aplicadas quando o produto, a obra, a atividade ou o estabelecimento não estiverem obedecendo às prescrições legais ou regulamentares.

§ 8.º As sanções restritivas de direito são:

I – suspensão de registro, licença ou autorização;

II – cancelamento de registro, licença ou autorização;

III – perda ou restrição de incentivos e benefícios fiscais;

IV – perda ou suspensão da participação em linhas de financiamento em estabelecimentos oficiais de crédito;

V – proibição de contratar com a Administração Pública, pelo período de até 3 (três) anos.

Art. 73. Os valores arrecadados em pagamento de multas por infração ambiental serão revertidos ao Fundo Nacional do Meio Ambiente, criado pela Lei n. 7.797, de 10 de julho de 1989, Fundo Naval, criado pelo Decreto n. 20.923, de 8 de janeiro de 1932, fundos estaduais ou municipais de meio ambiente, ou correlatos, conforme dispuser o órgão arrecadador.

Art. 74. A multa terá por base a unidade, hectare, metro cúbico, quilograma ou outra medida pertinente, de acordo com o objeto jurídico lesado.

Art. 75. O valor da multa de que trata este Capítulo será fixado no regulamento desta Lei e corrigido periodicamente, com base nos índices estabelecidos na legislação pertinente, sendo o mínimo de R$ 50,00 (cinquenta reais) e o máximo de R$ 50.000.000,00 (cinquenta milhões de reais).

Art. 76. O pagamento de multa imposta pelos Estados, Municípios, Distrito Federal ou Territórios substitui a multa federal na mesma hipótese de incidência.

Capítulo VII
DA COOPERAÇÃO INTERNACIONAL PARA A PRESERVAÇÃO DO MEIO AMBIENTE

Art. 77. Resguardados a soberania nacional, a ordem pública e os bons costumes, o Governo brasileiro prestará, no que concerne ao meio ambiente, a necessária cooperação a outro país, sem qualquer ônus, quando solicitado para:

I – produção de prova;

II – exame de objetos e lugares;

III – informações sobre pessoas e coisas;

IV – presença temporária da pessoa presa, cujas declarações tenham relevância para a decisão de uma causa;

V – outras formas de assistência permitidas pela legislação em vigor ou pelos tratados de que o Brasil seja parte.

§ 1.º A solicitação de que trata este artigo será dirigida ao Ministério da Justiça, que a remeterá, quando necessário, ao órgão judiciário competente para decidir a seu respeito, ou a encaminhará à autoridade capaz de atendê-la.

§ 2.º A solicitação deverá conter:

I – o nome e a qualificação da autoridade solicitante;

II – o objeto e o motivo de sua formulação;

III – a descrição sumária do procedimento em curso no país solicitante;

IV – a especificação da assistência solicitada;

V – a documentação indispensável ao seu esclarecimento, quando for o caso.

Art. 78. Para a consecução dos fins visados nesta Lei e especialmente para a reciprocidade da cooperação internacional, deve ser mantido sistema de comunicações apto a facilitar o intercâmbio rápido e seguro de informações com órgãos de outros países.

Capítulo VIII
DISPOSIÇÕES FINAIS

Art. 79. Aplicam-se subsidiariamente a esta Lei as disposições do Código Penal e do Código de Processo Penal.

Art. 79-A. Para o cumprimento do disposto nesta Lei, os órgãos ambientais integrantes do SISNAMA, responsáveis pela execução de programas e projetos e pelo controle e fiscalização dos estabelecimentos e das atividades suscetíveis de degradarem a qualidade ambiental, ficam autorizados a celebrar, com força de título executivo extrajudicial, termo de compromisso com pessoas físicas ou jurídicas responsáveis pela construção, instalação, ampliação e funcionamento de estabelecimentos e atividades utilizadores de recursos ambientais, considerados efetiva ou potencialmente poluidores.

•• *Caput* acrescentado pela Medida Provisória n. 2.163-41, de 23-8-2001.

§ 1.º O termo de compromisso a que se refere este artigo destinar-se-á, exclusivamente, a permitir que as pessoas físicas e jurídicas mencionadas no *caput* possam promover as necessárias correções de suas atividades, para o atendimento das exigências impostas pelas autoridades ambientais competentes, sendo obrigatório que o respectivo instrumento disponha sobre:

I – o nome, a qualificação e o endereço das partes compromissadas e dos respectivos representantes legais;

II – o prazo de vigência do compromisso, que, em função da complexidade das obrigações nele fixadas, poderá variar entre o mínimo de noventa dias e o máximo de três anos, com possibilidade de prorrogação por igual período;

III – a descrição detalhada de seu objeto, o valor do investimento previsto e o cronograma físico de execução e de implantação das obras e serviços exigidos, com metas trimestrais a serem atingidas;

IV – as multas que podem ser aplicadas à pessoa física ou jurídica compromissada e os casos de rescisão, em decorrência do não cumprimento das obrigações nele pactuadas;

V – o valor da multa de que trata o inciso IV não poderá ser superior ao valor do investimento previsto;

VI – o foro competente para dirimir litígios entre as partes.

•• § 1.º acrescentado pela Medida Provisória n. 2.163-41, de 23-8-2001.

§ 2.º No tocante aos empreendimentos em curso até o dia 30 de março de 1998, envolvendo construção, instalação, ampliação e funcionamento de estabelecimentos e atividades utilizadores de recursos ambientais, considerados efetiva ou potencialmente poluidores, a assinatura do termo de compromisso deverá ser requerida pelas pessoas físicas e jurídicas interessadas, até o dia 31 de dezembro de 1998, mediante requerimento escrito protocolizado junto aos órgãos competentes do SISNAMA, devendo ser firmado pelo dirigente máximo do estabelecimento.

•• § 2.º acrescentado pela Medida Provisória n. 2.163-41, de 23-8-2001.

§ 3.º Da data da protocolização do requerimento previsto no § 2.º e enquanto perdurar a vigência do correspondente termo de compromisso, ficarão suspensas, em relação aos fatos que deram causa à celebração do instrumento, a aplicação de sanções administrativas contra a pessoa física ou jurídica que o houver firmado.

•• § 3.º acrescentado pela Medida Provisória n. 2.163-41, de 23-8-2001.

§ 4.º A celebração do termo de compromisso de que trata este artigo não impede a execução de eventuais multas aplicadas antes da protocolização do requerimento.

•• § 4.º acrescentado pela Medida Provisória n. 2.163-41, de 23-8-2001.

§ 5.º Considera-se rescindido de pleno direito o termo de compromisso, quando descumprida qualquer de suas cláusulas, ressalvado o caso fortuito ou de força maior.

•• § 5.º acrescentado pela Medida Provisória n. 2.163-41, de 23-8-2001.

§ 6.º O termo de compromisso deverá ser firmado em até 90 (noventa) dias, contados da protocolização do requerimento.

•• § 6.º acrescentado pela Medida Provisória n. 2.163-41, de 23-8-2001.

§ 7.º O requerimento de celebração do termo de compromisso deverá conter as informações necessárias à verificação da sua viabilidade técnica e jurídica, sob pena de indeferimento do plano.

•• § 7.º acrescentado pela Medida Provisória n. 2.163-41, de 23-8-2001.

§ 8.º Sob pena de ineficácia, os termos de compromisso deverão ser publicados no órgão oficial competente, mediante extrato.

•• § 8.º acrescentado pela Medida Provisória n. 2.163-41, de 23-8-2001.

Art. 80. O Poder Executivo regulamentará esta Lei no prazo de 90 (noventa) dias a contar de sua publicação.

Art. 81. (*Vetado.*)

Art. 82. Revogam-se as disposições em contrário.

Brasília, 12 de fevereiro de 1998; 177.º da Independência e 110.º da República.

FERNANDO HENRIQUE CARDOSO

LEI N. 9.609, DE 19 DE FEVEREIRO DE 1998 (*)

Dispõe sobre a proteção da propriedade intelectual de programa de computador, sua comercialização no País, e dá outras providências.

O Presidente da República

Faço saber que o Congresso Nacional decreta e eu sanciono a seguinte Lei:

CAPÍTULO I
DISPOSIÇÕES PRELIMINARES

Art. 1.º Programa de computador é a expressão de um conjunto organizado de instruções em linguagem natural ou codificada, contida em suporte físico de qualquer natureza, de emprego necessário em máquinas automáticas de tratamento da informação, dispositivos, instrumentos ou equipamentos periféricos, baseados em técnica digital ou análoga, para fazê-los funcionar de modo e para fins determinados.

....

CAPÍTULO V
DAS INFRAÇÕES E DAS PENALIDADES

(*) Publicada no *DOU*, de 20, e retificada em 25-2-1998. O Decreto n. 5.244, de 14-10-2004, dispõe sobre a composição e funcionamento do Conselho Nacional de Combate à Pirataria e Delitos contra a Propriedade Intelectual.

Art. 12. Violar direitos de autor de programa de computador:

Pena – detenção, de 6 (seis) meses a 2 (dois) anos, ou multa.

§ 1.º Se a violação consistir na reprodução, por qualquer meio, de programa de computador, no todo ou em parte, para fins de comércio, sem autorização expressa do autor ou de quem o represente:

Pena – reclusão de 1 (um) a 4 (quatro) anos e multa.

§ 2.º Na mesma pena do parágrafo anterior incorre quem vende, expõe à venda, introduz no País, adquire, oculta ou tem em depósito, para fins de comércio, original ou cópia de programa de computador, produzido com violação de direito autoral.

§ 3.º Nos crimes previstos neste artigo, somente se procede mediante queixa, salvo:

I – quando praticados em prejuízo de entidade de direito público, autarquia, empresa pública, sociedade de economia mista ou fundação instituída pelo Poder Público;

II – quando, em decorrência de ato delituoso, resultar sonegação fiscal, perda de arrecadação tributária ou prática de quaisquer dos crimes contra a ordem tributária ou contra as relações de consumo.

§ 4.º No caso do inciso II do parágrafo anterior, a exigibilidade do tributo, ou contribuição social e qualquer acessório, processar-se-á independentemente de representação.

Art. 13. A ação penal e as diligências preliminares de busca e apreensão, nos casos de violação de direito de autor de programa de computador, serão precedidas de vistoria, podendo o juiz ordenar a apreensão das cópias produzidas ou comercializadas com violação de direito de autor, suas versões e derivações, em poder do infrator ou de quem as esteja expondo, mantendo em depósito, reproduzindo ou comercializando.

Art. 14. Independentemente da ação penal, o prejudicado poderá intentar ação para proibir ao infrator a prática do ato incriminado, com cominação de pena pecuniária para o caso de transgressão do preceito.

§ 1.º A ação de abstenção de prática de ato poderá ser cumulada com a de perdas e danos pelos prejuízos decorrentes da infração.

• A Resolução n. 21, de 20-12-2012, do COAF, dispõe sobre os procedimentos a serem observados pelas pessoas reguladas pelo COAF, na forma deste § 1.º

§ 2.º Independentemente de ação cautelar preparatória, o juiz poderá conceder medida liminar proibindo ao infrator a prática do ato incriminado, nos termos deste artigo.

§ 3.º Nos procedimentos cíveis, as medidas cautelares de busca e apreensão observarão o disposto no artigo anterior.

§ 4.º Na hipótese de serem apresentadas, em juízo, para a defesa dos interesses de qualquer das partes, informações que se caracterizem como confidenciais, deverá o juiz determinar que o processo prossiga em segredo de justiça, vedado o uso de tais informações também à outra parte para outras finalidades.

§ 5.º Será responsabilizado por perdas e danos aquele que requerer e promover as medidas previstas neste e nos arts. 12 e 13, agindo de má-fé ou por espírito de emulação, capricho ou erro grosseiro, nos termos dos arts. 16, 17 e 18 do Código de Processo Civil.

•• A referência é feita ao CPC de 1973. Dispositivo correspondente no CPC de 2015: arts. 79, 80 e 81.

Capítulo VI
DISPOSIÇÕES FINAIS

Art. 15. Esta Lei entra em vigor na data de sua publicação.

Art. 16. Fica revogada a Lei n. 7.646, de 18 de dezembro de 1987.

Brasília, 19 de fevereiro de 1998; 177.º da Independência e 110.º da República.

Fernando Henrique Cardoso

LEI N. 9.613, DE 3 DE MARÇO DE 1998 (*)

Dispõe sobre os crimes de “lavagem” ou ocultação de bens, direitos e valores; a prevenção da utilização do sistema financeiro para os ilícitos previstos nesta Lei; cria o Conselho de Controle de Atividades Financeiras – COAF, e dá outras providências.

O Presidente da República

Faço saber que o Congresso Nacional decreta e eu sanciono a seguinte Lei:

Capítulo I
DOS CRIMES DE “LAVAGEM” OU OCULTAÇÃO DE BENS, DIREITOS E VALORES

Art. 1.º Ocultar ou dissimular a natureza, origem, localização, disposição, movimentação ou propriedade de bens, direitos ou valores provenientes, direta ou indiretamente, de infração penal.

•• *Caput* com redação determinada pela Lei n. 12.683, de 9-7-2012.

(*) Publicada no *DOU*, de 4-3-1998. A Circular n. 3.858, de 14-11-2017, do Banco Central do Brasil, regulamenta os parâmetros para a aplicação das penalidades administrativas previstas nesta Lei. O Decreto n. 6.974, de 7-10-2009, promulga o Tratado de Cooperação Jurídica em matéria penal entre o Brasil e a Suíça.

I a VIII – (*Revogados pela Lei n. 12.683, de 9-7-2012.*)

Pena: reclusão, de 3 (três) a 10 (dez) anos, e multa.

§ 1.º Incorre na mesma pena quem, para ocultar ou dissimular a utilização de bens, direitos ou valores provenientes de infração penal:

•• § 1.º, *caput*, com redação determinada pela Lei n. 12.683, de 9-7-2012.

I – os converte em ativos lícitos;

II – os adquire, recebe, troca, negocia, dá ou recebe em garantia, guarda, tem em depósito, movimenta ou transfere;

III – importa ou exporta bens com valores não correspondentes aos verdadeiros.

§ 2.º Incorre, ainda, na mesma pena quem:

•• § 2.º, *caput*, com redação determinada pela Lei n. 12.683, de 9-7-2012.

I – utiliza, na atividade econômica ou financeira, bens, direitos ou valores provenientes de infração penal;

•• Inciso I com redação determinada pela Lei n. 12.683, de 9-7-2012.

II – participa de grupo, associação ou escritório tendo conhecimento de que sua atividade principal ou secundária é dirigida à prática de crimes previstos nesta Lei.

§ 3.º A tentativa é punida nos termos do parágrafo único do art. 14 do Código Penal.

§ 4.º A pena será aumentada de um a dois terços, se os crimes definidos nesta Lei forem cometidos de forma reiterada ou por intermédio de organização criminosa.

•• § 4.º com redação determinada pela Lei n. 12.683, de 9-7-2012.

§ 5.º A pena poderá ser reduzida de um a dois terços e ser cumprida em regime aberto ou semiaberto, facultando-se ao juiz deixar de aplicá-la ou substituí-la, a qualquer tempo, por pena restritiva de direitos, se o autor, coautor ou partícipe colaborar espontaneamente com as autoridades, prestando esclarecimentos que conduzam à apuração das infrações penais, à identificação dos autores, coautores e partícipes, ou à localização dos bens, direitos ou valores objeto do crime.

•• § 5.º com redação determinada pela Lei n. 12.683, de 9-7-2012.

CAPÍTULO II
DISPOSIÇÕES PROCESSUAIS ESPECIAIS

Art. 2.º O processo e julgamento dos crimes previstos nesta Lei:

I – obedecem às disposições relativas ao procedimento comum dos crimes punidos com reclusão, da competência do juiz singular;

II – independem do processo e julgamento das infrações penais antecedentes, ainda que praticados em outro país, cabendo ao juiz competente para os crimes previstos nesta Lei a decisão sobre a unidade de processo e julgamento;

•• Inciso II com redação determinada pela Lei n. 12.683, de 9-7-2012.

III – são da competência da Justiça Federal:

a) quando praticados contra o sistema financeiro e a ordem econômico-financeira, ou em detrimento de bens, serviços ou interesses da União, ou de suas entidades autárquicas ou empresas públicas;

b) quando a infração penal antecedente for de competência da Justiça Federal.

•• Alínea *b* com redação determinada pela Lei n. 12.683, de 9-7-2012.

§ 1.º A denúncia será instruída com indícios suficientes da existência da infração penal antecedente, sendo puníveis os fatos previstos nesta Lei, ainda que desconhecido ou isento de pena o autor, ou extinta a punibilidade da infração penal antecedente.

•• § 1.º com redação determinada pela Lei n. 12.683, de 9-7-2012.

§ 2.º No processo por crime previsto nesta Lei, não se aplica o disposto no art. 366 do Decreto-Lei n. 3.689, de 3 de outubro de 1941 (Código de Processo Penal), devendo o acusado que não comparecer nem constituir advogado ser citado por edital, prosseguindo o feito até o julgamento, com a nomeação de defensor dativo.

•• § 2.º com redação determinada pela Lei n. 12.683, de 9-7-2012.

• *Vide* Súmula 455 do STJ.

Art. 3.º (*Revogado pela Lei n. 12.683, de 9-7-2012.*)

Art. 4.º O juiz, de ofício, a requerimento do Ministério Público ou mediante representação do delegado de polícia, ouvido o Ministério Público em 24 (vinte e quatro) horas, havendo indícios suficientes de infração penal, poderá decretar medidas assecuratórias de bens, direitos ou valores do investigado ou acusado, ou existentes em nome de interpostas pessoas, que sejam instrumento, produto ou proveito dos crimes previstos nesta Lei ou das infrações penais antecedentes.

•• *Caput* com redação determinada pela Lei n. 12.683, de 9-7-2012.

§ 1.º Proceder-se-á à alienação antecipada para preservação do valor dos bens sempre que estiverem sujeitos a qualquer grau de deterioração ou depreciação, ou quando houver dificuldade para sua manutenção.

•• § 1.º com redação determinada pela Lei n. 12.683, de 9-7-2012.

§ 2.º O juiz determinará a liberação total ou parcial dos bens, direitos e valores quando comprovada a licitude de sua origem, mantendo-se a constrição dos bens, direitos e valores necessários e suficientes à reparação dos danos e ao pagamento de prestações pecuniárias, multas e custas decorrentes da infração penal.

•• § 2.º com redação determinada pela Lei n. 12.683, de 9-7-2012.

§ 3.º Nenhum pedido de liberação será conhecido sem o comparecimento pessoal do acusado ou de interposta pessoa a que se refere o *caput* deste artigo, podendo o juiz determinar a prática de atos necessários à conservação de bens, direitos ou valores, sem prejuízo do disposto no § 1.º.

•• § 3.º com redação determinada pela Lei n. 12.683, de 9-7-2012.

§ 4.º Poderão ser decretadas medidas assecuratórias sobre bens, direitos ou valores para reparação do dano decorrente da infração penal antecedente ou da prevista nesta Lei ou para pagamento de prestação pecuniária, multa e custas.

•• § 4.º com redação determinada pela Lei n. 12.683, de 9-7-2012.

Art. 4.º-A. A alienação antecipada para preservação de valor de bens sob constrição será decretada pelo juiz, de ofício, a requerimento do Ministério Público ou por solicitação da parte interessada, mediante petição autônoma, que será autuada em apartado e cujos autos terão tramitação em separado em relação ao processo principal.

•• *Caput* acrescentado pela Lei n. 12.683, de 9-7-2012.

§ 1.º O requerimento de alienação deverá conter a relação de todos os demais bens, com a descrição e a especificação de cada um deles, e informações sobre quem os detém e local onde se encontram.

•• § 1.º acrescentado pela Lei n. 12.683, de 9-7-2012.

§ 2.º O juiz determinará a avaliação dos bens, nos autos apartados, e intimará o Ministério Público.

•• § 2.º acrescentado pela Lei n. 12.683, de 9-7-2012.

§ 3.º Feita a avaliação e dirimidas eventuais divergências sobre o respectivo laudo, o juiz, por sentença, homologará o valor atribuído aos bens e determinará sejam alienados em leilão ou pregão, preferencialmente eletrônico, por valor não inferior a 75% (setenta e cinco por cento) da avaliação.

•• § 3.º acrescentado pela Lei n. 12.683, de 9-7-2012.

§ 4.º Realizado o leilão, a quantia apurada será depositada em conta judicial remunerada, adotando-se a seguinte disciplina:

•• § 4.º, *caput*, acrescentado pela Lei n. 12.683, de 9-7-2012.

I – nos processos de competência da Justiça Federal e da Justiça do Distrito Federal:

•• Inciso I, *caput*, acrescentado pela Lei n. 12.683, de 9-7-2012.

a) os depósitos serão efetuados na Caixa Econômica Federal ou em instituição financeira pública, mediante documento adequado para essa finalidade;

•• Alínea *a* acrescentada pela Lei n. 12.683, de 9-7-2012.

b) os depósitos serão repassados pela Caixa Econômica Federal ou por outra instituição financeira pública para a Conta Única do Tesouro Nacional, independentemente de qualquer formalidade, no prazo de 24 (vinte e quatro) horas; e

•• Alínea *b* acrescentada pela Lei n. 12.683, de 9-7-2012.

c) os valores devolvidos pela Caixa Econômica Federal ou por instituição financeira pública serão debitados à Conta Única do Tesouro Nacional, em subconta de restituição;

•• Alínea *c* acrescentada pela Lei n. 12.683, de 9-7-2012.

II – nos processos de competência da Justiça dos Estados:

•• Inciso II, *caput*, acrescentado pela Lei n. 12.683, de 9-7-2012.

a) os depósitos serão efetuados em instituição financeira designada em lei, preferencialmente pública, de cada Estado ou, na sua ausência, em instituição financeira pública da União;

•• Alínea *a* acrescentada pela Lei n. 12.683, de 9-7-2012.

b) os depósitos serão repassados para a conta única de cada Estado, na forma da respectiva legislação.

•• Alínea *b* acrescentada pela Lei n. 12.683, de 9-7-2012.

§ 5.º Mediante ordem da autoridade judicial, o valor do depósito, após o trânsito em julgado da sentença proferida na ação penal, será:

•• § 5.º, *caput*, acrescentado pela Lei n. 12.683, de 9-7-2012.

I – em caso de sentença condenatória, nos processos de competência da Justiça Federal e da Justiça do Distrito Federal, incorporado definitivamente ao patrimônio da União, e, nos processos de competência da Justiça Estadual, incorporado ao patrimônio do Estado respectivo;

•• Inciso I acrescentado pela Lei n. 12.683, de 9-7-2012.

II – em caso de sentença absolutória extintiva de punibilidade, colocado à disposição do réu pela instituição financeira, acrescido da remuneração da conta judicial.

•• Inciso II acrescentado pela Lei n. 12.683, de 9-7-2012.

§ 6.º A instituição financeira depositária manterá controle dos valores depositados ou devolvidos.

•• § 6.º acrescentado pela Lei n. 12.683, de 9-7-2012.

§ 7.º Serão deduzidos da quantia apurada no leilão todos os tributos e multas incidentes sobre o bem alienado, sem prejuízo de iniciativas que, no âmbito da competência de cada ente da Federação, venham a desonerar bens sob constrição judicial daqueles ônus.

•• § 7.º acrescentado pela Lei n. 12.683, de 9-7-2012.

§ 8.º Feito o depósito a que se refere o § 4.º deste artigo, os autos da alienação serão apensados aos do processo principal.

•• § 8.º acrescentado pela Lei n. 12.683, de 9-7-2012.

§ 9.º Terão apenas efeito devolutivo os recursos interpostos contra as decisões proferidas no curso do procedimento previsto neste artigo.

•• § 9.º acrescentado pela Lei n. 12.683, de 9-7-2012.

§ 10. Sobrevindo o trânsito em julgado de sentença penal condenatória, o juiz decretará, em favor, conforme o caso, da União ou do Estado:

•• § 10, *caput*, acrescentado pela Lei n. 12.683, de 9-7-2012.

I – a perda dos valores depositados na conta remunerada e da fiança;

•• Inciso I acrescentado pela Lei n. 12.683, de 9-7-2012.

II – a perda dos bens não alienados antecipadamente e daqueles aos quais não foi dada destinação prévia; e

•• Inciso II acrescentado pela Lei n. 12.683, de 9-7-2012.

III – a perda dos bens não reclamados no prazo de 90 (noventa) dias após o trânsito em julgado da sentença condenatória, ressalvado o direito de lesado ou terceiro de boa-fé.

•• Inciso III acrescentado pela Lei n. 12.683, de 9-7-2012.

§ 11. Os bens a que se referem os incisos II e III do § 10 deste artigo serão adjudicados ou levados a leilão, depositando-se o saldo na conta única do respectivo ente.

•• § 11 acrescentado pela Lei n. 12.683, de 9-7-2012.

§ 12. O juiz determinará ao registro público competente que emita documento de habilitação à circulação e utilização dos bens colocados sob o uso e custódia das entidades a que se refere o *caput* deste artigo.

•• § 12 acrescentado pela Lei n. 12.683, de 9-7-2012.

§ 13. Os recursos decorrentes da alienação antecipada de bens, direitos e valores oriundos do crime de tráfico ilícito de drogas e que tenham sido objeto de dissimulação e ocultação nos termos desta Lei permanecem submetidos à disciplina definida em lei específica.

•• § 13 acrescentado pela Lei n. 12.683, de 9-7-2012.

Art. 4.º-B. A ordem de prisão de pessoas ou as medidas assecuratórias de bens, direitos ou valores poderão ser suspensas pelo juiz, ouvido o Ministério Público, quando a sua execução imediata puder comprometer as investigações.

•• Artigo acrescentado pela Lei n. 12.683, de 9-7-2012.

Art. 5.º Quando as circunstâncias o aconselharem, o juiz, ouvido o Ministério Público, nomeará pessoa física ou jurídica qualificada para a administração dos bens, direitos ou valores sujeitos a medidas assecuratórias, mediante termo de compromisso.

•• Artigo com redação determinada pela Lei n. 12.683, de 9-7-2012.

Art. 6.º A pessoa responsável pela administração dos bens:

•• *Caput* com redação determinada pela Lei n. 12.683, de 9-7-2012.

I – fará jus a uma remuneração, fixada pelo juiz, que será satisfeita com o produto dos bens objeto da administração;

II – prestará, por determinação judicial, informações periódicas da situação dos bens sob sua administração, bem como explicações e detalhamentos sobre investimentos e reinvestimentos realizados.

Parágrafo único. Os atos relativos à administração dos bens sujeitos a medidas assecuratórias serão levados ao conhecimento do Ministério Público, que requererá o que entender cabível.

•• Parágrafo único com redação determinada pela Lei n. 12.683, de 9-7-2012.

Capítulo III
DOS EFEITOS DA CONDENAÇÃO

Art. 7.º São efeitos da condenação, além dos previstos no Código Penal:

I – a perda, em favor da União – e dos Estados, nos casos de competência da Justiça Estadual –, de todos os bens, direitos e valores relacionados, direta ou indiretamente, à prática dos crimes previstos nesta Lei, inclusive aqueles utilizados para prestar a fiança, ressalvado o direito do lesado ou de terceiro de boa-fé;

•• Inciso I com redação determinada pela Lei n. 12.683, de 9-7-2012.

II – a interdição do exercício de cargo ou função pública de qualquer natureza e de diretor, de membro de conselho de administração ou de gerência das pessoas jurídicas referidas no art. 9.º, pelo dobro do tempo da pena privativa de liberdade aplicada.

§ 1.º A União e os Estados, no âmbito de suas competências, regulamentarão a forma de destinação dos bens, direitos e valores cuja perda houver sido declarada, assegurada, quanto aos processos de competência da Justiça Federal, a sua utilização pelos órgãos federais encarregados da prevenção, do combate, da ação penal e do julgamento dos crimes previstos nesta Lei, e, quanto aos processos de competência da Justiça Estadual, a preferência dos órgãos locais com idêntica função.

•• § 1.º acrescentado pela Lei n. 12.683, de 9-7-2012.

§ 2.º Os instrumentos do crime sem valor econômico cuja perda em favor da União ou do Estado for decretada serão inutilizados ou doados a museu criminal ou a entidade pública, se houver interesse na sua conservação.

•• § 2.º acrescentado pela Lei n. 12.683, de 9-7-2012.

Capítulo IV
DOS BENS, DIREITOS OU VALORES ORIUNDOS DE CRIMES PRATICADOS NO ESTRANGEIRO

Art. 8.º O juiz determinará, na hipótese de existência de tratado ou convenção internacional e por solicitação de autoridade estrangeira competente, medidas assecuratórias sobre bens, direitos ou valores oriundos de crimes descritos no art. 1.º praticados no estrangeiro.

•• *Caput* com redação determinada pela Lei n. 12.683, de 9-7-2012.

§ 1.º Aplica-se o disposto neste artigo, independentemente de tratado ou convenção internacional, quando o governo do país da autoridade solicitante prometer reciprocidade ao Brasil.

§ 2.º Na falta de tratado ou convenção, os bens, direitos ou valores privados sujeitos a medidas assecuratórias por solicitação de autoridade estrangeira competente ou os recursos provenientes da sua alienação serão repartidos entre o Estado requerente e o Brasil, na proporção de metade, ressalvado o direito do lesado ou de terceiro de boa-fé.

•• § 2.º com redação determinada pela Lei n. 12.683, de 9-7-2012.

Capítulo V
DAS PESSOAS SUJEITAS AO MECANISMO DE CONTROLE

•• Capítulo com redação determinada pela Lei n. 12.683, de 9-7-2012.

Art. 9.º Sujeitam-se às obrigações referidas nos arts. 10 e 11 as pessoas físicas e jurídicas que tenham, em caráter permanente ou eventual, como atividade principal ou acessória, cumulativamente ou não:

•• *Caput* com redação determinada pela Lei n. 12.683, de 9-7-2012.

I – a captação, intermediação e aplicação de recursos financeiros de terceiros, em moeda nacional ou estrangeira;

II – a compra e venda de moeda estrangeira ou ouro como ativo financeiro ou instrumento cambial;

III – a custódia, emissão, distribuição, liquidação, negociação, intermediação ou administração de títulos ou valores mobiliários.

Parágrafo único. Sujeitam-se às mesmas obrigações:

I – as bolsas de valores, as bolsas de mercadorias ou futuros e os sistemas de negociação do mercado de balcão organizado;

•• Inciso I com redação determinada pela Lei n. 12.683, de 9-7-2012.

II – as seguradoras, as corretoras de seguros e as entidades de previdência complementar ou de capitalização;

III – as administradoras de cartões de credenciamento ou cartões de crédito, bem como as administradoras de consórcios para aquisição de bens ou serviços;

IV – as administradoras ou empresas que se utilizem de cartão ou qualquer outro meio eletrônico, magnético ou equivalente, que permita a transferência de fundos;

V – as empresas de arrendamento mercantil (*leasing*) e as de fomento comercial (*factoring*);

VI – as sociedades que efetuem distribuição de dinheiro ou quaisquer bens móveis, imóveis, mercadorias, serviços, ou, ainda, concedam descontos na sua aquisição, mediante sorteio ou método assemelhado;

VII – as filiais ou representações de entes estrangeiros que exerçam no Brasil qualquer das atividades listadas neste artigo, ainda que de forma eventual;

VIII – as demais entidades cujo funcionamento dependa de autorização de órgão regulador dos mercados financeiro, de câmbio, de capitais e de seguros;

IX – as pessoas físicas ou jurídicas, nacionais ou estrangeiras, que operem no Brasil como agentes, dirigentes, procuradoras, comissionárias ou por qualquer forma representem interesses de ente estrangeiro que exerça qualquer das atividades referidas neste artigo;

X – as pessoas físicas ou jurídicas que exerçam atividades de promoção imobiliária ou compra e venda de imóveis;

•• Inciso X com redação determinada pela Lei n. 12.683, de 9-7-2012.

XI – as pessoas físicas ou jurídicas que comercializem joias, pedras e metais preciosos, objetos de arte e antiguidades;

XII – as pessoas físicas ou jurídicas que comercializem bens de luxo ou de alto valor, intermedeiem a sua comercialização ou exerçam atividades que envolvam grande volume de recursos em espécie;

•• Inciso XII com redação determinada pela Lei n. 12.683, de 9-7-2012.

XIII – as juntas comerciais e os registros públicos;

•• Inciso XIII acrescentado pela Lei n. 12.683, de 9-7-2012.

XIV – as pessoas físicas ou jurídicas que prestem, mesmo que eventualmente, serviços de assessoria, consultoria, contadoria, auditoria, aconselhamento ou assistência, de qualquer natureza, em operações:

•• Inciso XIV, *caput*, acrescentado pela Lei n. 12.683, de 9-7-2012.

a) de compra e venda de imóveis, estabelecimentos comerciais ou industriais ou participações societárias de qualquer natureza;

•• Alínea *a* acrescentada pela Lei n. 12.683, de 9-7-2012.

b) de gestão de fundos, valores mobiliários ou outros ativos;

•• Alínea *b* acrescentada pela Lei n. 12.683, de 9-7-2012.

c) de abertura ou gestão de contas bancárias, de poupança, investimento ou de valores mobiliários;

•• Alínea *c* acrescentada pela Lei n. 12.683, de 9-7-2012.

d) de criação, exploração ou gestão de sociedades de qualquer natureza, fundações, fundos fiduciários ou estruturas análogas;

•• Alínea *d* acrescentada pela Lei n. 12.683, de 9-7-2012.

e) financeiras, societárias ou imobiliárias; e

•• Alínea *e* acrescentada pela Lei n. 12.683, de 9-7-2012.

f) de alienação ou aquisição de direitos sobre contratos relacionados a atividades desportivas ou artísticas profissionais;

•• Alínea *f* acrescentada pela Lei n. 12.683, de 9-7-2012.

XV – pessoas físicas ou jurídicas que atuem na promoção, intermediação, comercialização, agenciamento ou negociação de direitos de transferência de atletas, artistas ou feiras, exposições ou eventos similares;

•• Inciso XV acrescentado pela Lei n. 12.683, de 9-7-2012.

XVI – as empresas de transporte e guarda de valores;

•• Inciso XVI acrescentado pela Lei n. 12.683, de 9-7-2012.

XVII – as pessoas físicas ou jurídicas que comercializem bens de alto valor de origem rural ou animal ou intermedeiem a sua comercialização; e

•• Inciso XVII acrescentado pela Lei n. 12.683, de 9-7-2012.

XVIII – as dependências no exterior das entidades mencionadas neste artigo, por meio de sua matriz no Brasil, relativamente a residentes no País.

•• Inciso XVIII acrescentado pela Lei n. 12.683, de 9-7-2012.

•• A Lei Complementar n. 155, de 27-10-2016, propôs o acréscimo de um inciso XIX para este parágrafo único, porém teve o texto vetado.

....

CAPÍTULO VII
DA COMUNICAÇÃO DE OPERAÇÕES FINANCEIRAS

• A Circular n. 445, de 2-7-2012, da Superintendência de Seguros Privados – SUSEP, dispõe sobre os controles internos específicos para a prevenção e combate dos crimes de "lavagem" ou ocultação de bens, direitos e valores, ou os crimes que com eles possam relacionar-se, o acompanhamento das operações realizadas e as propostas de operações com pessoas politicamente expostas, bem como a prevenção e coibição do financiamento ao terrorismo.

Art. 11. As pessoas referidas no art. 9.º:

I – dispensarão especial atenção às operações que, nos termos de instruções emanadas das autoridades competentes, possam constituir-se em sérios indícios dos crimes previstos nesta Lei, ou com eles relacionar-se;

• *Vide* art. 2.º, § 6.º, da Lei Complementar n. 105, de 10-1-2001.

....

Capítulo VIII
DA RESPONSABILIDADE ADMINISTRATIVA

Art. 12. Às pessoas referidas no art. 9.º, bem como aos administradores das pessoas jurídicas, que deixem de cumprir as obrigações previstas nos arts. 10 e 11 serão aplicadas, cumulativamente ou não, pelas autoridades competentes, as seguintes sanções:

•• A Circular n. 3.858, de 14-11-2017, do Banco Central do Brasil, dispõe sobre os parâmetros para a aplicação das penalidades administrativas de que trata este artigo.

I – advertência;

II – multa pecuniária variável não superior:

•• Inciso II, *caput*, com redação determinada pela Lei n. 12.683, de 9-7-2012.

a) ao dobro do valor da operação;

•• Alínea *a* acrescentada pela Lei n. 12.683, de 9-7-2012.

b) ao dobro do lucro real obtido ou que presumivelmente seria obtido pela realização da operação; ou

•• Alínea *b* acrescentada pela Lei n. 12.683, de 9-7-2012.

c) ao valor de R$ 20.000.000,00 (vinte milhões de reais);

•• Alínea *c* acrescentada pela Lei n. 12.683, de 9-7-2012.

III – inabilitação temporária, pelo prazo de até 10 (dez) anos, para o exercício do cargo de administrador das pessoas jurídicas referidas no art. 9.º;

IV – cassação ou suspensão da autorização para o exercício de atividade, operação ou funcionamento.

•• Inciso IV com redação determinada pela Lei n. 12.683, de 9-7-2012.

§ 1.º A pena de advertência será aplicada por irregularidade no cumprimento das instruções referidas nos incisos I e II do art. 10.

§ 2.º A multa será aplicada sempre que as pessoas referidas no art. 9.º, por culpa ou dolo:

•• § 2.º, *caput*, com redação determinada pela Lei n. 12.683, de 9-7-2012.

I – deixarem de sanar as irregularidades objeto de advertência, no prazo assinalado pela autoridade competente;

II – não cumprirem o disposto nos incisos I a IV do art. 10;

•• Inciso II com redação determinada pela Lei n. 12.683, de 9-7-2012.

III – deixarem de atender, no prazo estabelecido, a requisição formulada nos termos do inciso V do art. 10;

•• Inciso III com redação determinada pela Lei n. 12.683, de 9-7-2012.

IV – descumprirem a vedação ou deixarem de fazer a comunicação a que se refere o art. 11.

§ 3.º A inabilitação temporária será aplicada quando forem verificadas infrações graves quanto ao cumprimento das obrigações constantes desta Lei ou quando ocorrer reincidência específica, devidamente caracterizada em transgressões anteriormente punidas com multa.

§ 4.º A cassação da autorização será aplicada nos casos de reincidência específica de infrações anteriormente punidas com a pena prevista no inciso III do *caput* deste artigo.

Art. 13. O procedimento para a aplicação das sanções previstas neste Capítulo será regulado por decreto, assegurados o contraditório e a ampla defesa.

Capítulo IX
DO CONSELHO DE CONTROLE DE ATIVIDADES FINANCEIRAS

Art. 14. É criado, no âmbito do Ministério da Fazenda, o Conselho de Controle de Atividades Financeiras – COAF, com a finalidade de disciplinar, aplicar penas administrativas, receber, examinar e identificar as ocorrências suspeitas de atividades ilícitas previstas nesta Lei, sem prejuízo da competência de outros órgãos e entidades.

• *Vide* art. 2.º, § 6.º, da Lei Complementar n. 105, de 10-1-2001.

§ 1.º As instruções referidas no art. 10 destinadas às pessoas mencionadas no art. 9.º, para as quais não exista órgão próprio fiscalizador ou regulador, serão expedidas pelo COAF, competindo-lhe, para esses casos, a definição das pessoas abrangidas e a aplicação das sanções enumeradas no art. 12.

• A Resolução n. 21, de 20-12-2012, do COAF, dispõe sobre os procedimentos a serem observados pelas pessoas reguladas pelo COAF, na forma deste § 1.º.

§ 2.º O COAF deverá, ainda, coordenar e propor mecanismos de cooperação e de troca de informações que viabilizem ações rápidas e eficientes no combate à ocultação ou dissimulação de bens, direitos e valores.

§ 3.º O COAF poderá requerer aos órgãos da Administração Pública as informações cadastrais bancárias e financeiras de pessoas envolvidas em atividades suspeitas.

•• § 3.º acrescentado pela Lei n. 10.701, de 9-7-2003.

Art. 15. O COAF comunicará às autoridades competentes para a instauração dos procedimentos cabíveis, quando concluir pela existência de crimes previstos nesta Lei, de fundados indícios de sua prática, ou de qualquer outro ilícito.

Art. 16. O Coaf será composto por servidores públicos de reputação ilibada e reconhecida competência, designados em ato do Ministro de Estado da Fazenda, dentre os integrantes do quadro de pessoal efetivo do Banco Central do Brasil, da Comissão de Valores Mobiliários, da Superintendência de Seguros Privados, da Procuradoria-Geral da Fazenda Nacional, da Secretaria da Receita Federal do Brasil, da Agência Brasileira de Inteligência, do Ministério das Relações Exteriores, do Ministério da Justiça, do Departamento de Polícia Federal, do Ministério da Previdência Social e da Controladoria-Geral da União, atendendo à indicação dos respectivos Ministros de Estado.

•• *Caput* com redação determinada pela Lei n. 12.683, de 9-7-2012.

§ 1.º O Presidente do Conselho será nomeado pelo Presidente da República, por indicação do Ministro de Estado da Fazenda.

§ 2.º Caberá recurso das decisões do Coaf relativas às aplicações de penas administrativas ao Conselho de Recursos do Sistema Financeiro Nacional.

•• § 2.º com redação determinada pela Lei n. 13.506, de 13-11-2017.

Art. 17. O COAF terá organização e funcionamento definidos em estatuto aprovado por decreto do Poder Executivo.

•• O Decreto n. 2.799, de 8-10-1998, aprova o Estatuto do COAF, conforme determina este artigo.

CAPÍTULO X

DISPOSIÇÕES GERAIS

•• Capítulo acrescentado pela Lei n. 12.683, de 9-7-2012.

Art. 17-A. Aplicam-se, subsidiariamente, as disposições do Decreto-Lei n. 3.689, de 3 de outubro de 1941 (Código de Processo Penal), no que não forem incompatíveis com esta Lei.

•• Artigo acrescentado pela Lei n. 12.683, de 9-7-2012.

Art. 17-B. A autoridade policial e o Ministério Público terão acesso, exclusivamente, aos dados cadastrais do investigado que informam qualificação pessoal, filiação e endereço, independentemente de autorização judicial, mantidos pela Justiça Eleitoral, pelas empresas telefônicas, pelas instituições financeiras, pelos provedores de internet e pelas administradoras de cartão de crédito.

•• Artigo acrescentado pela Lei n. 12.683, de 9-7-2012.

Art. 17-C. Os encaminhamentos das instituições financeiras e tributárias em resposta às ordens judiciais de quebra ou transferência de sigilo deverão ser, sempre que determinado, em meio informático, e apresentados em arquivos que possibilitem a migração de informações para os autos do processo sem redigitação.

•• Artigo acrescentado pela Lei n. 12.683, de 9-7-2012.

Art. 17-D. Em caso de indiciamento de servidor público, este será afastado, sem prejuízo de remuneração e demais direitos previstos em lei, até que o juiz competente autorize, em decisão fundamentada, o seu retorno.

•• Artigo acrescentado pela Lei n. 12.683, de 9-7-2012.

Art. 17-E. A Secretaria da Receita Federal do Brasil conservará os dados fiscais dos contribuintes pelo prazo mínimo de 5 (cinco) anos, contado a partir do início do exercício seguinte ao da declaração de renda respectiva ou ao do pagamento do tributo.

•• Artigo acrescentado pela Lei n. 12.683, de 9-7-2012.

Art. 18. Esta Lei entra em vigor na data de sua publicação.

Brasília, 3 de março de 1998; 177.º da Independência e 110.º da República.

FERNANDO HENRIQUE CARDOSO

DECRETO N. 2.626, DE 15 DE JUNHO DE 1998 (*)

Promulga o Protocolo de Medidas Cautelares, concluído em Ouro Preto, em 16 de dezembro de 1994.

O Presidente da República, no uso das atribuições que lhe confere o art. 84, VIII, da Constituição Federal,

Considerando que o Protocolo de Medidas Cautelares foi concluído em Ouro Preto, em 16 de dezembro de 1994;

Considerando que o Congresso Nacional aprovou o ato multilateral em epígrafe por meio do Decreto Legislativo n. 192, de 15 de dezembro de 1995;

Considerando que o Governo brasileiro depositou o Instrumento de Ratificação do Protocolo em 18 de março de 1997, passando o mesmo a vigorar para o Brasil em 18 de abril de 1997; decreta:

Art. 1.º O Protocolo de Medidas Cautelares, concluído em Ouro Preto, em 16 de dezembro de 1994, será executado e cumprido tão inteiramente como nele se contém.

Art. 2.º Este Decreto entra em vigor na data de sua publicação.

Brasília, em 15 de junho de 1998; 177.º da Independência e 110.º da República.

FERNANDO HENRIQUE CARDOSO

ANEXO AO DECRETO QUE PROMULGA O PROTOCOLO DE MEDIDAS CAUTELARES/MRE

Protocolo de Medidas Cautelares

Os Governos da República Argentina, da República Federativa do Brasil, da República do Paraguai e da República Oriental do Uruguai, doravante denominados Estados-Partes;

Considerando que o Tratado de Assunção, firmado em 26 de março de 1991, estabelece o compromisso dos Estados-Partes de harmonizar suas legislações nas áreas pertinentes;

Reafirmando a vontade dos Estados-Partes de acordar soluções jurídicas comuns para o fortalecimento do processo de integração;

(*) Publicado no *DOU*, de 16-6-1998.

Convencidos da importância e da necessidade de oferecer ao setor privado dos Estados-Partes, um quadro de segurança jurídica que garanta soluções justas às controvérsias privadas e torne viável a cooperação cautelar entre os Estados-Partes do Tratado de Assunção,

Acordam

Objeto do Protocolo
Artigo 1.º

O presente Protocolo tem objetivo regulamentar entre os Estados-Partes do Tratado de Assunção o cumprimento de medidas cautelares destinadas a impedir a irreparabilidade de um dano em relação às pessoas, bens e obrigações de dar, de fazer ou de não fazer.

Artigo 2.º

A medida cautelar poderá ser solicitada em processos ordinários, de execução, especiais ou extraordinários, de natureza civil, comercial, trabalhista e em processos penais, quanto à reparação civil.

Artigo 3.º

Admitir-se-ão medidas cautelares preparatórias, incidentais de uma ação principal e as que garantam a execução de uma sentença.

Âmbito de Aplicação
Artigo 4.º

As autoridades jurisdicionais dos Estados-Partes do Tratado de Assunção darão cumprimento às medidas cautelares decretadas por Juízes ou Tribunais de outros Estados-Partes, competentes na esfera internacional, adotando as providências necessárias, de acordo com a lei do lugar onde sejam situados os bens ou residam as pessoas objeto da medida.

Lei Aplicável
Artigo 5.º

A admissibilidade da medida cautelar será regulada pelas leis e julgada pelos Juízes ou Tribunais do Estado requerente.

Artigo 6.º

A execução da medida cautelar e sua contracautela ou respectiva garantia serão processadas pelos Juízes ou Tribunais do Estado requerido, segundo suas leis.

Artigo 7.º

Serão também regidas pelas leis e julgadas pelos Juízes ou Tribunais do Estado requerido:

a) as modificações que no curso do processo se justificarem para o seu correto cumprimento e, se for o caso, sua redução ou sua substituição;

b) as sanções em decorrência de litigância de má-fé; e

c) as questões relativas a domínio e demais direitos reais.

Artigo 8.º

O Juiz ou Tribunal do Estado requerido poderá recusar cumprimento ou, se for o caso, determinar o levantamento da medida, quando verificada sua absoluta improcedência, nos termos deste Protocolo.

Oposição
Artigo 9.º

O presumido devedor da obrigação ou terceiros interessados que se considerarem prejudicados poderão opor-se à medida perante a autoridade judicial requerida. Sem prejuízo da manutenção da medida cautelar, dita autoridade restituirá o procedimento ao Juiz ou Tribunal de origem, para que decida sobre a oposição segundo suas leis, com exceção do disposto na alínea *c* do art. 7.º.

Autonomia da Cooperação Cautelar
Artigo 10

O cumprimento de uma medida cautelar pela autoridade jurisdicional requerida não implica o compromisso de reconhecimento ou execução da sentença definitiva estrangeira proferida no processo principal.

Cooperação Cautelar na Execução da Sentença
Artigo 11

O Juiz ou Tribunal, a quem for solicitado o cumprimento de uma sentença estrangeira, poderá determinar as medidas cautelares garantidoras da execução, de conformidade com as suas leis.

Medidas Cautelares em Matéria de Menores
Artigo 12

Quando a medida cautelar se referir à custódia de menores, o Juiz ou Tribunal do Estado requerido poderá limitar o alcance da medida exclusivamente ao seu território, à espera da decisão definitiva do Juiz ou Tribunal do processo principal.

Interposição da Demanda no Processo Principal
Artigo 13

A interposição da demanda no processo principal, fora do prazo previsto na legislação do Estado requerente, produzirá a plena ineficácia da medida preparatória concedida.

Obrigação de Informar
Artigo 14

O Juiz ou Tribunal do Estado requerente comunicará ao do Estado requerido:

a) ao transmitir a rogatória, o prazo – contado a partir da efetivação da medida cautelar – dentro do qual o pedido da ação principal deverá ser apresentado ou interposto;

b) o mais breve possível, a data da apresentação, ou a não apresentação da demanda no processo principal.

Artigo 15

O Juiz ou Tribunal do Estado requerido comunicará, imediatamente, ao Estado requerente, a data em que foi dado cumprimento à medida cautelar solicitada, ou as razões pelas quais deixou de ser cumprida.

Cooperação Interna
Artigo 16

Se a autoridade jurisdicional requerida se julgar incompetente para proceder o trâmite da carta rogatória, transmitirá de ofício os documentos e antecedentes do caso à autoridade jurisdicional competente de seu Estado.

Ordem Pública
Artigo 17

A autoridade jurisdicional do Estado requerido poderá recusar o cumprimento de uma carta rogatória referente a medidas cautelares, quando estas sejam manifestamente contrárias a sua ordem pública.

Meio Empregado para Formulação do Pedido
Artigo 18

A solicitação de medidas cautelares será formulada através de "exhortos" ou cartas rogatórias, termos equivalentes para os fins do presente Protocolo.

Transmissão e Diligenciamento
Artigo 19

A carta rogatória relativa ao cumprimento de uma medida cautelar será transmitida pela via diplomática ou consular, por intermédio da respectiva Autoridade Central ou das partes interessadas.

Quando a transmissão for efetuada pela via diplomática ou consular, ou por intermédio das autoridades centrais, não se exigirá o requisito da legalização.

Quando a carta rogatória for encaminhada por intermédio da parte interessada, deverá ser legalizada perante os agentes diplomáticos ou consulares do Estado requerido, salvo se, entre os Estados requerente e requerido, haja sido suprimido o requisito da legalização ou substituído por outra formalidade.

Os Juízes ou Tribunais das zonas fronteiriças dos Estados-Partes poderão transmitir-se, de forma direta, os "exhortos" ou cartas rogatórias previstos neste Protocolo, sem necessidade de legalização.

Não será aplicado no cumprimento das medidas cautelares o procedimento homologatório das sentenças estrangeiras.

Autoridade Central
Artigo 20

Cada Estado-Parte designará uma Autoridade Central encarregada de receber e transmitir as solicitações de cooperação cautelar.

Documentos e Informações
Artigo 21

As cartas rogatórias conterão:

a) a identificação e o domicílio do juiz ou tribunal que determinou a ordem;

b) cópia autenticada da petição da medida cautelar, e da demanda principal, se houver;

c) documentos que fundamentem a petição;

d) ordem fundamentada que determine a medida cautelar;

e) informação acerca das normas que estabeleçam algum procedimento especial que a autoridade jurisdicional requeira ou solicite que se observe; e

f) indicação da pessoa que no Estado requerido deverá arcar com os gastos e custas judiciais devidas, salvo as exceções previstas no art. 25. Será facultativa à autoridade do Estado requerido dar tramitação à carta rogatória que careça de indicação acerca da pessoa que deva atender às despesas e custas, quando ocorrerem.

As cartas rogatórias e os documentos que as acompanham deverão estar revestidos das formalidades externas necessárias para serem considerados autênticos no Estado de onde procedem.

A medida cautelar será cumprida, a não ser que lhe faltem requisitos, documentos ou informações consideradas fundamentais, que tornem inadmissível sua procedência. Nesta hipótese, o Juiz ou Tribunal requerido comunicar-se-á imediatamente com o requerente, para que, com urgência, sejam sanados os referidos defeitos.

Artigo 22

Quando as circunstâncias do caso o justifiquem, de acordo com a apreciação do Juiz ou Tribunal requerente, a rogatória informará acerca da existência e do domicílio das defensórias de ofício competentes.

Tradução
Artigo 23

As cartas rogatórias e os documentos que as acompanham deverão ser redigidos no idioma do Estado requerente e serão acompanhados de uma tradução no idioma do Estado requerido.

Custas e Despesas
Artigo 24

As custas judiciais e demais despesas serão de responsabilidade da parte solicitante da medida cautelar.

Artigo 25

Ficam excetuadas das obrigações estabelecidas no artigo anterior as medidas cautelares requeridas em matéria de alimentos provisionais, localização e restituição de menores e aquelas que solicitem as pessoas que, no Estado requerente, tenham obtido o benefício da justiça gratuita.

Disposições Finais
Artigo 26

Este Protocolo não restringirá a aplicação de disposições mais favoráveis para a cooperação contidas em outras Convenções sobre medidas cautelares que estejam em vigor com caráter bilateral ou multilateral entre os Estados-Partes.

Artigo 27

As controvérsias que surgirem entre os Estados-Partes em decorrência da aplicação, interpretação ou descumprimento das disposições contidas no presente Protocolo serão resolvidas mediante negociações diplomáticas diretas.

Se, mediante tais negociações, não se alcançar acordo ou se a controvérsia só for solucionada parcialmente, aplicar-se-ão os procedimentos previstos no Sistema de Solução de Controvérsias vigente entre os Estados-Partes do Tratado de Assunção.

Artigo 28

Os Estados-Partes ao depositar o instrumento de ratificação ao presente Protocolo comunicarão a designação da Autoridade Central ao Governo depositário, o qual dará conhecimento aos demais Estados-Partes.

Artigo 29

O presente Protocolo, parte integrante do Tratado de Assunção, será submetido aos procedimentos constitucionais de aprovação de cada Estado-Parte e entrará em vigor 30 (trinta) dias após o depósito do segundo instrumento de ratificação, com relação aos dois primeiros Estados-Partes que o ratifiquem.

Para os demais signatários, entrará em vigor no 30.º (trigésimo) dia posterior ao depósito do respectivo instrumento de ratificação.

Artigo 30

A adesão por parte de um Estado ao Tratado de Assunção implicará de pleno direito a adesão ao presente Protocolo.

Artigo 31

O Governo da República do Paraguai será o depositário do presente Protocolo e dos instrumentos de ratificação e enviará cópias devidamente autenticadas dos mesmos aos Governos dos demais Estados-Partes.

Outrossim, o Governo da República do Paraguai notificará aos Governos dos demais Estado-Partes da data de entrada em vigor do presente Protocolo e a data do depósito dos instrumentos de ratificação.

Feito em Ouro Preto, aos 16 dias do mês de dezembro de 1994, em um original nos idiomas português e espanhol, sendo ambos os mesmos textos igualmente autênticos.

DECRETO N. 2.730, DE 10 DE AGOSTO DE 1998 (*)

Dispõe sobre o encaminhamento ao Ministério Público Federal da representação fiscal para fins penais de que trata o art. 83 da Lei n. 9.430, de 27 de dezembro de 1996.

O Presidente da República, no uso da atribuição que lhe confere o art. 84, IV, da Constituição, e tendo em vista o disposto no art. 83 da Lei n. 9.430, de 27 de dezembro de 1996, decreta:

Art. 1.º O Auditor-Fiscal do Tesouro Nacional formalizará representação fiscal, para os fins do art. 83 da Lei n. 9.430, de 27 de dezembro de 1996, em autos separados e protocolizada na mesma data da lavratura do auto de infração, sempre que, no curso de ação fiscal de que resulte lavratura de auto de infração de exigência de crédito de tributos e contribuições administrados pela Secretaria da Receita Federal do Ministério da Fazenda ou decorrente de apreensão de bens sujeitos à pena de perdimento, constatar fato que configure, em tese:

•• A Secretaria da Receita Federal passa a denominar-se Secretaria da Receita Federal do Brasil, por força da Lei n. 11.457, de 16-3-2007.

• Dispõe o citado dispositivo:

"Art. 83. A representação fiscal para fins penais relativa aos crimes contra a ordem tributária previstos nos arts. 1.º e 2.º da Lei n. 8.137, de 27 de dezembro de 1990, e aos crimes contra a Previdência Social, previstos nos arts. 168-A e 337-A do Decreto-lei n. 2.848, de 7 de dezembro de 1940 (Código Penal), será encaminhada ao Ministério Público depois de proferida a decisão final, na esfera administrativa, sobre a exigência fiscal do crédito tributário correspondente.

§ 1.º Na hipótese de concessão de parcelamento do crédito tributário, a representação fiscal para fins penais somente será encaminhada ao Ministério Público após a exclusão da pessoa física ou jurídica do parcelamento.

§ 2.º É suspensa a pretensão punitiva do Estado referente aos crimes previstos no *caput*, durante o período em que a pessoa física ou a pessoa jurídica relacionada com o agente dos aludidos crimes estiver incluída no parcelamento, desde que o pedido de parcelamento tenha sido formalizado antes do recebimento da denúncia criminal.

§ 3.º A prescrição criminal não corre durante o período de suspensão da pretensão punitiva.

§ 4.º Extingue-se a punibilidade dos crimes referidos no *caput* quando a pessoa física ou a pessoa jurídica relacionada

(*) Publicado no *DOU*, de 11-8-1998.

Legislação Complementar

com o agente efetuar o pagamento integral dos débitos oriundos de tributos, inclusive acessórios, que tiverem sido objeto de concessão de parcelamento.

§ 5.º O disposto nos §§ 1.º a 4.º não se aplica nas hipóteses de vedação legal de parcelamento.

§ 6.º As disposições contidas no *caput* do art. 34 da Lei n. 9.249, de 26 de dezembro de 1995, aplicam-se aos processos administrativos e aos inquéritos e processos em curso, desde que não recebida a denúncia pelo juiz".

I – crime contra a ordem tributária tipificado nos arts. 1.º ou 2.º da Lei n. 8.137, de 27 de dezembro de 1990;

• A Lei n. 8.137, de 27-12-1990, que define os crimes contra a ordem tributária, econômica e contra as relações de consumo, dispõe: "Art. 1.º Constitui crime contra a ordem tributária suprimir ou reduzir tributo, ou contribuição social e qualquer acessório, mediante as seguintes condutas: I – omitir informação, ou prestar declaração falsa às autoridades fazendárias; II – fraudar a fiscalização tributária, inserindo elementos inexatos, ou omitindo operação de qualquer natureza, em documento ou livro exigido pela lei fiscal; III – falsificar ou alterar nota fiscal, fatura, duplicata, nota de venda, ou qualquer outro documento relativo à operação tributável; IV – elaborar, distribuir, fornecer, emitir ou utilizar documento que saiba ou deva saber falso ou inexato; V – negar ou deixar de fornecer, quando obrigatório, nota fiscal ou documento equivalente, relativa a venda de mercadoria ou prestação de serviço, efetivamente realizada, ou fornecê-la em desacordo com a legislação. Pena – reclusão, de 2 (dois) a 5 (cinco) anos, e multa. Parágrafo único. A falta de atendimento da exigência da autoridade, no prazo de 10 (dez) dias, que poderá ser convertido em horas em razão da maior ou menor complexidade da matéria ou da dificuldade quanto ao atendimento da exigência, caracteriza a infração prevista no inciso V. Art. 2.º Constitui crime da mesma natureza: I – fazer declaração falsa ou omitir declaração sobre rendas, bens ou fatos, ou empregar outra fraude, para eximir-se, total ou parcialmente, de pagamento de tributo; II – deixar de recolher, no prazo legal, valor de tributo ou de contribuição social, descontado ou cobrado, na qualidade de sujeito passivo de obrigação e que deveria recolher aos cofres públicos; III – exigir, pagar ou receber, para si ou para o contribuinte beneficiário, qualquer percentagem sobre a parcela dedutível ou deduzida de imposto ou de contribuição como incentivo fiscal; IV – deixar de aplicar, ou aplicar em desacordo com o estatuído, incentivo fiscal ou parcelas de imposto liberadas por órgão ou entidade de desenvolvimento; V – utilizar ou divulgar programa de processamento de dados que permita ao sujeito passivo da obrigação tributária possuir informação contábil diversa daquela que é, por lei, fornecida à Fazenda Pública. Pena – detenção, de 6 (seis) meses a 2 (dois) anos, e multa".

II – crime de contrabando ou descaminho.

•• *Vide* art. 334 do CP.

• O Decreto n. 2.781, de 14-9-1998, institui o Programa Nacional de Combate ao Contrabando e ao Descaminho.

Art. 2.º Encerrado o processo administrativo-fiscal, os autos da representação fiscal para fins penais serão remetidos ao Ministério Público Federal, se:

I – mantida a imputação de multa agravada, o crédito de tributos e contribuições, inclusive acessórios, não for extinto pelo pagamento;

II – aplicada, administrativamente, a pena de perdimento de bens, estiver configurado, em tese, crime de contrabando ou descaminho.

Art. 3.º O Secretário da Receita Federal disciplinará os procedimentos necessários à execução deste Decreto.

•• *Vide* nota ao art. 1.º deste Decreto.

• A Portaria n. 326, de 15-3-2005, da Secretaria da Receita Federal, estabelece procedimentos a serem observados na comunicação, ao Ministério Público Federal, de fatos que configurem ilícitos penais contra a ordem tributária, contra a administração pública federal ou em detrimento da fazenda nacional, relacionados com as atividades da Secretaria da Receita Federal.

Art. 4.º Este Decreto entra em vigor na data de sua publicação.

Art. 5.º Fica revogado o Decreto n. 982, de 12 de novembro de 1993.

Brasília, 10 de agosto de 1998; 177.º da Independência e 110.º da República.

FERNANDO HENRIQUE CARDOSO

LEI N. 9.800, DE 26 DE MAIO DE 1999 (*)

Permite às partes a utilização de sistema de transmissão de dados para a prática de atos processuais.

O Presidente da República

Faço saber que o Congresso Nacional decreta e eu sanciono a seguinte Lei:

Art. 1.º É permitida às partes a utilização de sistema de transmissão de dados e imagens tipo fac-símile ou outro similar, para a prática de atos processuais que dependam de petição escrita.

Art. 2.º A utilização de sistema de transmissão de dados e imagens não prejudica o cumprimento dos prazos, devendo os originais ser entregues em juízo, necessariamente, até 5 (cinco) dias da data de seu término.

Parágrafo único. Nos atos não sujeitos a prazo, os originais deverão ser entregues, necessariamente, até 5 (cinco) dias da data da recepção do material.

Art. 3.º Os juízes poderão praticar atos de sua competência à vista de transmissões efetuadas na forma desta Lei, sem prejuízo do disposto no artigo anterior.

Art. 4.º Quem fizer uso de sistema de transmissão torna-se responsável pela qualidade e fidelidade do material transmitido, e por sua entrega ao órgão judiciário.

Parágrafo único. Sem prejuízo de outras sanções, o usuário do sistema será considerado litigante de má-fé se não houver perfeita concordância entre o original remetido pelo fac-símile e o original entregue em juízo.

Art. 5.º O disposto nesta Lei não obriga a que os órgãos judiciários disponham de equipamentos para recepção.

(*) Publicada no *DOU*, de 27-5-1999. *Vide* Lei n. 11.419, de 19-12-2006, que dispõe sobre a informatização do processo judicial.

Art. 6.º Esta Lei entra em vigor 30 (trinta) dias após a data de sua publicação.

Brasília, 26 de maio de 1999; 178.º da Independência e 111.º da República.

FERNANDO HENRIQUE CARDOSO

LEI N. 9.807, DE 13 DE JULHO DE 1999 (*)

Estabelece normas para a organização e a manutenção de programas especiais de proteção a vítimas e a testemunhas ameaçadas, institui o Programa Federal de Assistência a Vítimas e a Testemunhas Ameaçadas e dispõe sobre a proteção de acusados ou condenados que tenham voluntariamente prestado efetiva colaboração à investigação policial e ao processo criminal.

O Presidente da República

Faço saber que o Congresso Nacional decreta e eu sanciono a seguinte Lei:

CAPÍTULO I
DA PROTEÇÃO ESPECIAL A VÍTIMAS E A TESTEMUNHAS

Art. 1.º As medidas de proteção requeridas por vítimas ou por testemunhas de crimes que estejam coagidas ou expostas a grave ameaça em razão de colaborarem com a investigação ou processo criminal serão prestadas pela União, pelos Estados e pelo Distrito Federal, no âmbito das respectivas competências, na forma de programas especiais organizados com base nas disposições desta Lei.

• *Vide* art. 49 da Lei n. 11.343, de 23-8-2006.

§ 1.º A União, os Estados e o Distrito Federal poderão celebrar convênios, acordos, ajustes ou termos de parceria entre si ou com entidades não governamentais objetivando a realização dos programas.

§ 2.º A supervisão e a fiscalização dos convênios, acordos, ajustes e termos de parceria de interesse da União ficarão a cargo do órgão do Ministério da Justiça com atribuições para a execução da política de direitos humanos.

Art. 2.º A proteção concedida pelos programas e as medidas dela decorrentes levarão em conta a gravidade da coação ou da ameaça à integridade física ou psicológica, a dificuldade de preveni-las ou reprimi-las pelos meios convencionais e a sua importância para a produção da prova.

§ 1.º A proteção poderá ser dirigida ou estendida ao cônjuge ou companheiro, ascendentes, descendentes e dependentes que tenham convivência habitual com a vítima ou testemunha, conforme o especificamente necessário em cada caso.

§ 2.º Estão excluídos da proteção os indivíduos cuja personalidade ou conduta seja incompatível com as restrições de comportamento exigidas pelo programa, os condenados que estejam cumprindo pena e os indiciados ou acusados sob prisão cautelar em qualquer de suas modalidades. Tal exclusão não trará prejuízo a eventual prestação de medidas de preservação da integridade física desses indivíduos por parte dos órgãos de segurança pública.

§ 3.º O ingresso no programa, as restrições de segurança e demais medidas por ele adotadas terão sempre a anuência da pessoa protegida, ou de seu representante legal.

§ 4.º Após ingressar no programa, o protegido ficará obrigado ao cumprimento das normas por ele prescritas.

§ 5.º As medidas e providências relacionadas com os programas serão adotadas, executadas e mantidas em sigilo pelos protegidos e pelos agentes envolvidos em sua execução.

Art. 3.º Toda admissão no programa ou exclusão dele será precedida de consulta ao Ministério Público sobre o disposto no art. 2.º e deverá ser subsequentemente comunicada à autoridade policial ou ao juiz competente.

Art. 4.º Cada programa será dirigido por um conselho deliberativo em cuja composição haverá representantes do Ministério Público, do Poder Judiciário e de órgãos públicos e privados relacionados com a segurança pública e a defesa dos direitos humanos.

• A Resolução n. 93, de 14-3-2013, do CNMP, dispõe sobre a atuação do MP nos programas especiais de proteção a vítimas e a testemunhas ameaçadas.

§ 1.º A execução das atividades necessárias ao programa ficará a cargo de um dos órgãos representados no conselho deliberativo, devendo os agentes dela incumbidos ter formação e capacitação profissional compatíveis com suas tarefas.

§ 2.º Os órgãos policiais prestarão a colaboração e o apoio necessários à execução de cada programa.

Art. 5.º A solicitação objetivando ingresso no programa poderá ser encaminhada ao órgão executor:

I – pelo interessado;

II – por representante do Ministério Público;

III – pela autoridade policial que conduz a investigação criminal;

IV – pelo juiz competente para a instrução do processo criminal;

V – por órgãos públicos e entidades com atribuições de defesa dos direitos humanos.

§ 1.º A solicitação será instruída com a qualificação da pessoa a ser protegida e com informações

(*) Publicada no *DOU*, de 14-7-1999. A Portaria n. 1.772, de 16-8-2011, da Secretaria de Direitos Humanos, dá publicidade ao Manual Geral de Procedimentos do Sistema Nacional de Proteção a Vítimas e Testemunhas Ameaçadas.

sobre a sua vida pregressa, o fato delituoso e a coação ou ameaça que a motiva.

§ 2.º Para fins de instrução do pedido, o órgão executor poderá solicitar, com a aquiescência do interessado:

I – documentos ou informações comprobatórios de sua identidade, estado civil, situação profissional, patrimônio e grau de instrução, e da pendência de obrigações civis, administrativas, fiscais, financeiras ou penais;

II – exames ou pareceres técnicos sobre a sua personalidade, estado físico ou psicológico.

§ 3.º Em caso de urgência e levando em consideração a procedência, gravidade e a iminência da coação ou ameaça, a vítima ou testemunha poderá ser colocada provisoriamente sob a custódia de órgão policial, pelo órgão executor, no aguardo de decisão do conselho deliberativo, com comunicação imediata a seus membros e ao Ministério Público.

Art. 6.º O conselho deliberativo decidirá sobre:

I – o ingresso do protegido no programa ou a sua exclusão;

II – as providências necessárias ao cumprimento do programa.

Parágrafo único. As deliberações do conselho serão tomadas por maioria absoluta de seus membros e sua execução ficará sujeita à disponibilidade orçamentária.

Art. 7.º Os programas compreendem, dentre outras, as seguintes medidas, aplicáveis isolada ou cumulativamente em benefício da pessoa protegida, segundo a gravidade e as circunstâncias de cada caso:

I – segurança na residência, incluindo o controle de telecomunicações;

II – escolta e segurança nos deslocamentos da residência, inclusive para fins de trabalho ou para a prestação de depoimentos;

III – transferência de residência ou acomodação provisória em local compatível com a proteção;

IV – preservação da identidade, imagem e dados pessoais;

V – ajuda financeira mensal para prover as despesas necessárias à subsistência individual ou familiar, no caso de a pessoa protegida estar impossibilitada de desenvolver trabalho regular ou de inexistência de qualquer fonte de renda;

VI – suspensão temporária das atividades funcionais, sem prejuízo dos respectivos vencimentos ou vantagens, quando servidor público ou militar;

VII – apoio e assistência social, médica e psicológica;

VIII – sigilo em relação aos atos praticados em virtude da proteção concedida;

IX – apoio do órgão executor do programa para o cumprimento de obrigações civis e administrativas que exijam o comparecimento pessoal.

Parágrafo único. A ajuda financeira mensal terá um teto fixado pelo conselho deliberativo no início de cada exercício financeiro.

Art. 8.º Quando entender necessário, poderá o conselho deliberativo solicitar ao Ministério Público que requeira ao juiz a concessão de medidas cautelares direta ou indiretamente relacionadas com a eficácia da proteção.

Art. 9.º Em casos excepcionais e considerando as características e gravidade da coação ou ameaça, poderá o conselho deliberativo encaminhar requerimento da pessoa protegida ao juiz competente para registros públicos objetivando a alteração de nome completo.

§ 1.º A alteração de nome completo poderá estender-se às pessoas mencionadas no § 1.º do art. 2.º desta Lei, inclusive aos filhos menores, e será precedida das providências necessárias ao resguardo de direitos de terceiros.

§ 2.º O requerimento será sempre fundamentado e o juiz ouvirá previamente o Ministério Público, determinando, em seguida, que o procedimento tenha rito sumaríssimo e corra em segredo de justiça.

§ 3.º Concedida a alteração pretendida, o juiz determinará na sentença, observando o sigilo indispensável à proteção do interessado:

I – a averbação no registro original de nascimento da menção de que houve alteração de nome completo em conformidade com o estabelecido nesta Lei, com expressa referência à sentença autorizatória e ao juiz que a exarou e sem a aposição do nome alterado;

II – a determinação aos órgãos competentes para o fornecimento dos documentos decorrentes da alteração;

III – a remessa da sentença ao órgão nacional competente para o registro único de identificação civil, cujo procedimento obedecerá às necessárias restrições de sigilo.

§ 4.º O conselho deliberativo, resguardado o sigilo das informações, manterá controle sobre a localização do protegido cujo nome tenha sido alterado.

§ 5.º Cessada a coação ou ameaça que deu causa à alteração, ficará facultado ao protegido solicitar ao juiz competente o retorno à situação anterior, com a alteração para o nome original, em petição que será encaminhada pelo conselho deliberativo e terá manifestação prévia do Ministério Público.

Art. 10. A exclusão da pessoa protegida de programa de proteção a vítimas e a testemunhas poderá ocorrer a qualquer tempo:

I – por solicitação do próprio interessado;

II – por decisão do conselho deliberativo, em consequência de:

a) cessação dos motivos que ensejaram a proteção;

b) conduta incompatível do protegido.

Art. 11. A proteção oferecida pelo programa terá a duração máxima de 2 (dois) anos.

Parágrafo único. Em circunstâncias excepcionais, perdurando os motivos que autorizam a admissão, a permanência poderá ser prorrogada.

Art. 12. Fica instituído, no âmbito do órgão do Ministério da Justiça com atribuições para a execução da política de direitos humanos, o Programa Federal de Assistência a Vítimas e a Testemunhas Ameaçadas, a ser regulamentado por decreto do Poder Executivo.

•• Artigo regulamentado pelo Decreto n. 3.518, de 20-6-2000.

Capítulo II
DA PROTEÇÃO AOS RÉUS COLABORADORES

Art. 13. Poderá o juiz, de ofício ou a requerimento das partes, conceder o perdão judicial e a consequente extinção da punibilidade ao acusado que, sendo primário, tenha colaborado efetiva e voluntariamente com a investigação e o processo criminal, desde que dessa colaboração tenha resultado:

I – a identificação dos demais coautores ou partícipes da ação criminosa;

II – a localização da vítima com a sua integridade física preservada;

III – a recuperação total ou parcial do produto do crime.

Parágrafo único. A concessão do perdão judicial levará em conta a personalidade do beneficiado e a natureza, circunstâncias, gravidade e repercussão social do fato criminoso.

Art. 14. O indiciado ou acusado que colaborar voluntariamente com a investigação policial e o processo criminal na identificação dos demais coautores ou partícipes do crime, na localização da vítima com vida e na recuperação total ou parcial do produto do crime, no caso de condenação, terá pena reduzida de 1 (um) a 2/3 (dois terços).

• *Vide* arts. 4.º e s. da Lei n. 12.850, de 2-8-2013..

Art. 15. Serão aplicadas em benefício do colaborador, na prisão ou fora dela, medidas especiais de segurança e proteção a sua integridade física, considerando ameaça ou coação eventual ou efetiva.

§ 1.º Estando sob prisão temporária, preventiva ou em decorrência de flagrante delito, o colaborador será custodiado em dependência separada dos demais presos.

§ 2.º Durante a instrução criminal, poderá o juiz competente determinar em favor do colaborador qualquer das medidas previstas no art. 8.º desta Lei.

§ 3.º No caso de cumprimento da pena em regime fechado, poderá o juiz criminal determinar medidas especiais que proporcionem a segurança do colaborador em relação aos demais apenados.

DISPOSIÇÕES GERAIS

....

Art. 19. A União poderá utilizar estabelecimentos especialmente destinados ao cumprimento de pena de condenados que tenham prévia e voluntariamente prestado a colaboração de que trata esta Lei.

Parágrafo único. Para fins de utilização desses estabelecimentos, poderá a União celebrar convênios com os Estados e o Distrito Federal.

Art. 19-A. Terão prioridade na tramitação o inquérito e o processo criminal em que figure indiciado, acusado, vítima ou réu colaboradores, vítima ou testemunha protegidas pelos programas de que trata esta Lei.

•• *Caput* acrescentado pela Lei n. 12.483, de 8-9-2011.

• A Resolução n. 93, de 14-3-2013, do CNMP, dispõe sobre a atuação do MP nos programas especiais de proteção a vítimas e a testemunhas ameaçadas.

Parágrafo único. Qualquer que seja o rito processual criminal, o juiz, após a citação, tomará antecipadamente o depoimento das pessoas incluídas nos programas de proteção previstos nesta Lei, devendo justificar a eventual impossibilidade de fazê-lo no caso concreto ou o possível prejuízo que a oitiva antecipada traria para a instrução criminal.

•• Parágrafo único acrescentado pela Lei n. 12.483, de 8-9-2011.

Art. 20. As despesas decorrentes da aplicação desta Lei, pela União, correrão à conta de dotação consignada no orçamento.

Art. 21. Esta Lei entra em vigor na data de sua publicação.

Brasília, 13 de julho de 1999; 178.º da Independência e 111.º da República.

Fernando Henrique Cardoso

LEI N. 9.868, DE 10 DE NOVEMBRO DE 1999 (*)

Dispõe sobre o processo e julgamento da ação direta de inconstitucionalidade e da ação declaratória de constitucionalidade perante o Supremo Tribunal Federal.

O Presidente da República

Faço saber que o Congresso Nacional decreta e eu sanciono a seguinte Lei:

Capítulo I
DA AÇÃO DIRETA DE INCONSTITUCIONALIDADE E DA AÇÃO DECLARATÓRIA DE CONSTITUCIONALIDADE

Art. 1.º Esta Lei dispõe sobre o processo e julgamento da ação direta de inconstitucionalidade e da

(*) Publicada no *DOU*, de 11-11-1999. *Vide* Lei n. 9.882, de 3-12-1999, e arts. 102 e 103 da CF.

ação declaratória de constitucionalidade perante o Supremo Tribunal Federal.

Capítulo II
DA AÇÃO DIRETA DE INCONSTITUCIONALIDADE

Seção I
Da Admissibilidade e do Procedimento da Ação Direta de Inconstitucionalidade

Art. 2.º Podem propor a ação direta de inconstitucionalidade:

•• *Vide* art. 103 da CF.

•• *Vide* arts. 12-A e 13 desta Lei.

I – o Presidente da República;

II – a Mesa do Senado Federal;

III – a Mesa da Câmara dos Deputados;

IV – a Mesa de Assembleia Legislativa ou a Mesa da Câmara Legislativa do Distrito Federal;

V – o Governador de Estado ou o Governador do Distrito Federal;

VI – o Procurador-Geral da República;

VII – o Conselho Federal da Ordem dos Advogados do Brasil;

VIII – partido político com representação no Congresso Nacional;

IX – confederação sindical ou entidade de classe de âmbito nacional.

Parágrafo único. (*Vetado*.)

Art. 3.º A petição indicará:

I – o dispositivo da lei ou do ato normativo impugnado e os fundamentos jurídicos do pedido em relação a cada uma das impugnações;

II – o pedido, com suas especificações.

Parágrafo único. A petição inicial, acompanhada de instrumento de procuração, quando subscrita por advogado, será apresentada em duas vias, devendo conter cópias da lei ou do ato normativo impugnado e dos documentos necessários para comprovar a impugnação.

Art. 4.º A petição inicial inepta, não fundamentada e a manifestamente improcedente serão liminarmente indeferidas pelo relator.

Parágrafo único. Cabe agravo da decisão que indeferir a petição inicial.

Art. 5.º Proposta a ação direta, não se admitirá desistência.

Parágrafo único. (*Vetado*.)

Art. 6.º O relator pedirá informações aos órgãos ou às autoridades das quais emanou a lei ou o ato normativo impugnado.

Parágrafo único. As informações serão prestadas no prazo de 30 (trinta) dias contado do recebimento do pedido.

Art. 7.º Não se admitirá intervenção de terceiros no processo de ação direta de inconstitucionalidade.

§ 1.º (*Vetado*.)

§ 2.º O relator, considerando a relevância da matéria e a representatividade dos postulantes, poderá, por despacho irrecorrível, admitir, observado o prazo fixado no parágrafo anterior, a manifestação de outros órgãos ou entidades.

Art. 8.º Decorrido o prazo das informações, serão ouvidos, sucessivamente, o Advogado-Geral da União e o Procurador-Geral da República, que deverão manifestar-se, cada qual, no prazo de 15 (quinze) dias.

Art. 9.º Vencidos os prazos do artigo anterior, o relator lançará o relatório, com cópia a todos os Ministros, e pedirá dia para julgamento.

§ 1.º Em caso de necessidade de esclarecimento de matéria ou circunstância de fato ou de notória insuficiência das informações existentes nos autos, poderá o relator requisitar informações adicionais, designar perito ou comissão de peritos para que emita parecer sobre a questão, ou fixar data para, em audiência pública, ouvir depoimentos de pessoas com experiência e autoridade na matéria.

§ 2.º O relator poderá, ainda, solicitar informações aos Tribunais Superiores, aos Tribunais federais e aos Tribunais estaduais acerca da aplicação da norma impugnada no âmbito de sua jurisdição.

§ 3.º As informações, perícias e audiências a que se referem os parágrafos anteriores serão realizadas no prazo de 30 (trinta) dias, contado da solicitação do relator.

Seção II
Da Medida Cautelar em Ação Direta de Inconstitucionalidade

• *Vide* art. 102, I, *p*, da CF.

Art. 10. Salvo no período de recesso, a medida cautelar na ação direta será concedida por decisão da maioria absoluta dos membros do Tribunal, observado o disposto no art. 22, após a audiência dos órgãos ou autoridades dos quais emanou a lei ou ato normativo impugnado, que deverão pronunciar-se no prazo de 5 (cinco) dias.

§ 1.º O relator, julgando indispensável, ouvirá o Advogado-Geral da União e o Procurador-Geral da República, no prazo de 3 (três) dias.

§ 2.º No julgamento do pedido de medida cautelar, será facultada sustentação oral aos representantes judiciais do requerente e das autoridades ou órgãos responsáveis pela expedição do ato, na forma estabelecida no Regimento do Tribunal.

§ 3.º Em caso de excepcional urgência, o Tribunal poderá deferir a medida cautelar sem a audiência dos órgãos ou das autoridades das quais emanou a lei ou o ato normativo impugnado.

Art. 11. Concedida a medida cautelar, o Supremo Tribunal Federal fará publicar em seção especial do *Diário Oficial da União* e do *Diário da Justiça da União* a parte dispositiva da decisão, no prazo de 10 (dez) dias, devendo solicitar as informações à autoridade da qual tiver emanado o ato, observando-se, no que couber, o procedimento estabelecido na Seção I deste Capítulo.

§ 1.º A medida cautelar, dotada de eficácia contra todos, será concedida com efeito *ex nunc*, salvo se o Tribunal entender que deva conceder-lhe eficácia retroativa.

§ 2.º A concessão da medida cautelar torna aplicável a legislação anterior acaso existente, salvo expressa manifestação em sentido contrário.

Art. 12. Havendo pedido de medida cautelar, o relator, em face da relevância da matéria e de seu especial significado para a ordem social e a segurança jurídica, poderá, após a prestação das informações, no prazo de 10 (dez) dias, e a manifestação do Advogado-Geral da União e do Procurador-Geral da República, sucessivamente, no prazo de 5 (cinco) dias, submeter o processo diretamente ao Tribunal, que terá a faculdade de julgar definitivamente a ação.

CAPÍTULO II-A
DA AÇÃO DIRETA DE INCONSTITUCIONALIDADE POR OMISSÃO

•• Capítulo II-A acrescentado pela Lei n. 12.063, de 27-10-2009.

Seção I
Da Admissibilidade e do Procedimento da Ação Direta de Inconstitucionalidade por Omissão

•• Seção I acrescentada pela Lei n. 12.063, de 27-10-2009.

Art. 12-A. Podem propor a ação direta de inconstitucionalidade por omissão os legitimados à propositura da ação direta de inconstitucionalidade e da ação declaratória de constitucionalidade.

•• Artigo acrescentado pela Lei n. 12.063, de 27-10-2009.

Art. 12-B. A petição indicará:

•• *Caput* acrescentado pela Lei n. 12.063, de 27-10-2009.

I – a omissão inconstitucional total ou parcial quanto ao cumprimento de dever constitucional de legislar ou quanto à adoção de providência de índole administrativa;

•• Inciso I acrescentado pela Lei n. 12.063, de 27-10-2009.

II – o pedido, com suas especificações.

•• Inciso II acrescentado pela Lei n. 12.063, de 27-10-2009.

Parágrafo único. A petição inicial, acompanhada de instrumento de procuração, se for o caso, será apresentada em 2 (duas) vias, devendo conter cópias dos documentos necessários para comprovar a alegação de omissão.

•• Parágrafo único acrescentado pela Lei n. 12.063, de 27-10-2009.

Art. 12-C. A petição inicial inepta, não fundamentada, e a manifestamente improcedente serão liminarmente indeferidas pelo relator.

•• *Caput* acrescentado pela Lei n. 12.063, de 27-10-2009.

Parágrafo único. Cabe agravo da decisão que indeferir a petição inicial.

•• Parágrafo único acrescentado pela Lei n. 12.063, de 27-10-2009.

Art. 12-D. Proposta a ação direta de inconstitucionalidade por omissão, não se admitirá desistência.

•• Artigo acrescentado pela Lei n. 12.063, de 27-10-2009.

Art. 12-E. Aplicam-se ao procedimento da ação direta de inconstitucionalidade por omissão, no que couber, as disposições constantes da Seção I do Capítulo II desta Lei.

•• *Caput* acrescentado pela Lei n. 12.063, de 27-10-2009.

§ 1.º Os demais titulares referidos no art. 2.º desta Lei poderão manifestar-se, por escrito, sobre o objeto da ação e pedir a juntada de documentos reputados úteis para o exame da matéria, no prazo das informações, bem como apresentar memoriais.

•• § 1.º acrescentado pela Lei n. 12.063, de 27-10-2009.

§ 2.º O relator poderá solicitar a manifestação do Advogado-Geral da União, que deverá ser encaminhada no prazo de 15 (quinze) dias.

•• § 2.º acrescentado pela Lei n. 12.063, de 27-10-2009.

§ 3.º O Procurador-Geral da República, nas ações em que não for autor, terá vista do processo, por 15 (quinze) dias, após o decurso do prazo para informações.

•• § 3.º acrescentado pela Lei n. 12.063, de 27-10-2009.

Seção II
Da Medida Cautelar em Ação Direta de Inconstitucionalidade por Omissão

•• Seção II acrescentada pela Lei n. 12.063, de 27-10-2009.

Art. 12-F. Em caso de excepcional urgência e relevância da matéria, o Tribunal, por decisão da maioria absoluta de seus membros, observado o disposto no art. 22, poderá conceder medida cautelar, após a audiência dos órgãos ou autoridades responsáveis pela omissão inconstitucional, que deverão pronunciar-se no prazo de 5 (cinco) dias.

•• *Caput* acrescentado pela Lei n. 12.063, de 27-10-2009.

§ 1.º A medida cautelar poderá consistir na suspensão da aplicação da lei ou do ato normativo questionado, no caso de omissão parcial, bem como na suspensão de processos judiciais ou de procedimentos administrativos, ou ainda em outra providência a ser fixada pelo Tribunal.

•• § 1.º acrescentado pela Lei n. 12.063, de 27-10-2009.

§ 2.º O relator, julgando indispensável, ouvirá o Procurador-Geral da República, no prazo de 3 (três) dias.

•• § 2.º acrescentado pela Lei n. 12.063, de 27-10-2009.

§ 3.º No julgamento do pedido de medida cautelar, será facultada sustentação oral aos representantes judiciais do requerente e das autoridades ou órgãos responsáveis pela omissão inconstitucional, na forma estabelecida no Regimento do Tribunal.

•• § 3.º acrescentado pela Lei n. 12.063, de 27-10-2009.

Art. 12-G. Concedida a medida cautelar, o Supremo Tribunal Federal fará publicar, em seção especial do *Diário Oficial da União* e do *Diário da Justiça da União*, a parte dispositiva da decisão no prazo de 10 (dez) dias, devendo solicitar as informações à autoridade ou ao órgão responsável pela omissão inconstitucional, observando-se, no que couber, o procedimento estabelecido na Seção I do Capítulo II desta Lei.

•• Artigo acrescentado pela Lei n. 12.063, de 27-10-2009.

Seção III

Da Decisão na Ação Direta de Inconstitucionalidade por Omissão

•• Seção III acrescentado pela Lei n. 12.063, de 27-10-2009.

Art. 12-H. Declarada a inconstitucionalidade por omissão, com observância do disposto no art. 22, será dada ciência ao Poder competente para a adoção das providências necessárias.

•• *Caput* acrescentado pela Lei n. 12.063, de 27-10-2009.

§ 1.º Em caso de omissão imputável a órgão administrativo, as providências deverão ser adotadas no prazo de 30 (trinta) dias, ou em prazo razoável a ser estipulado excepcionalmente pelo Tribunal, tendo em vista as circunstâncias específicas do caso e o interesse público envolvido.

•• § 1.º acrescentado pela Lei n. 12.063, de 27-10-2009.

§ 2.º Aplica-se à decisão da ação direta de inconstitucionalidade por omissão, no que couber, o disposto no Capítulo IV desta Lei.

•• § 2.º acrescentado pela Lei n. 12.063, de 27-10-2009.

Capítulo III
DA AÇÃO DECLARATÓRIA DE CONSTITUCIONALIDADE

Seção I

Da Admissibilidade e do Procedimento da Ação Declaratória de Constitucionalidade

Art. 13. Podem propor a ação declaratória de constitucionalidade de lei ou ato normativo federal:

•• *Vide* art. 103 da CF, que dispõe sobre os legitimados para propor ADI ou ADC.

I – o Presidente da República;

II – a Mesa da Câmara dos Deputados;

III – a Mesa do Senado Federal;

IV – o Procurador-Geral da República.

Art. 14. A petição inicial indicará:

I – o dispositivo da lei ou do ato normativo questionado e os fundamentos jurídicos do pedido;

II – o pedido, com suas especificações;

III – a existência de controvérsia judicial relevante sobre a aplicação da disposição objeto da ação declaratória.

Parágrafo único. A petição inicial, acompanhada de instrumento de procuração, quando subscrita por advogado, será apresentada em duas vias, devendo conter cópias do ato normativo questionado e dos documentos necessários para comprovar a procedência do pedido de declaração de constitucionalidade.

Art. 15. A petição inicial inepta, não fundamentada e a manifestamente improcedente serão liminarmente indeferidas pelo relator.

Parágrafo único. Cabe agravo da decisão que indeferir a petição inicial.

Art. 16. Proposta a ação declaratória, não se admitirá desistência.

Art. 17. (*Vetado*.)

Art. 18. Não se admitirá intervenção de terceiros no processo de ação declaratória de constitucionalidade.

§§ 1.º e 2.º (*Vetados*.)

Art. 19. Decorrido o prazo do artigo anterior, será aberta vista ao Procurador-Geral da República, que deverá pronunciar-se no prazo de 15 (quinze) dias.

Art. 20. Vencido o prazo do artigo anterior, o relator lançará o relatório, com cópia a todos os Ministros, e pedirá dia para julgamento.

§ 1.º Em caso de necessidade de esclarecimento de matéria ou circunstância de fato ou de notória insuficiência das informações existentes nos autos, poderá o relator requisitar informações adicionais, designar perito ou comissão de peritos para que emita parecer sobre a questão ou fixar data para, em audiência pública, ouvir depoimentos de pessoas com experiência e autoridade na matéria.

§ 2.º O relator poderá solicitar, ainda, informações aos Tribunais Superiores, aos Tribunais federais e aos Tribunais estaduais acerca da aplicação da norma questionada no âmbito de sua jurisdição.

§ 3.º As informações, perícias e audiências a que se referem os parágrafos anteriores serão realizadas no prazo de 30 (trinta) dias, contado da solicitação do relator.

Seção II

Da Medida Cautelar em Ação Declaratória de Constitucionalidade

Art. 21. O Supremo Tribunal Federal, por decisão da maioria absoluta de seus membros, poderá deferir pedido de medida cautelar na ação declaratória de constitucionalidade, consistente na determinação de que os juízes e os Tribunais suspendam o julgamento dos processos que envolvam a aplicação da lei ou do ato normativo objeto da ação até seu julgamento definitivo.

Parágrafo único. Concedida a medida cautelar, o Supremo Tribunal Federal fará publicar em seção especial do *Diário Oficial da União* a parte dispositiva da decisão, no prazo de 10 (dez) dias, devendo o Tribunal proceder ao julgamento da ação no prazo de 180 (cento e oitenta) dias, sob pena de perda de sua eficácia.

CAPÍTULO IV
DA DECISÃO NA AÇÃO DIRETA DE INCONSTITUCIONALIDADE E NA AÇÃO DECLARATÓRIA DE CONSTITUCIONALIDADE

Art. 22. A decisão sobre a constitucionalidade ou a inconstitucionalidade da lei ou do ato normativo somente será tomada se presentes na sessão pelo menos oito Ministros.

Art. 23. Efetuado o julgamento, proclamar-se-á a constitucionalidade ou a inconstitucionalidade da disposição ou da norma impugnada se num ou noutro sentido se tiverem manifestado pelo menos seis Ministros, quer se trate de ação direta de inconstitucionalidade ou de ação declaratória de constitucionalidade.

Parágrafo único. Se não for alcançada a maioria necessária à declaração de constitucionalidade ou de inconstitucionalidade, estando ausentes Ministros em número que possa influir no julgamento, este será suspenso a fim de aguardar-se o comparecimento dos Ministros ausentes, até que se atinja o número necessário para prolação da decisão num ou noutro sentido.

Art. 24. Proclamada a constitucionalidade, julgar-se-á improcedente a ação direta ou procedente eventual ação declaratória; e, proclamada a inconstitucionalidade, julgar-se-á procedente a ação direta ou improcedente eventual ação declaratória.

Art. 25. Julgada a ação, far-se-á a comunicação à autoridade ou ao órgão responsável pela expedição do ato.

Art. 26. A decisão que declara a constitucionalidade ou a inconstitucionalidade da lei ou do ato normativo em ação direta ou em ação declaratória é irrecorrível, ressalvada a interposição de embargos declaratórios, não podendo, igualmente, ser objeto de ação rescisória.

Art. 27. Ao declarar a inconstitucionalidade de lei ou ato normativo, e tendo em vista razões de segurança jurídica ou de excepcional interesse social, poderá o Supremo Tribunal Federal, por maioria de dois terços de seus membros, restringir os efeitos daquela declaração ou decidir que ela só tenha eficácia a partir de seu trânsito em julgado ou de outro momento que venha a ser fixado.

Art. 28. Dentro do prazo de 10 (dez) dias após o trânsito em julgado da decisão, o Supremo Tribunal Federal fará publicar em seção especial do *Diário da Justiça* e do *Diário Oficial da União* a parte dispositiva do acórdão.

Parágrafo único. A declaração de constitucionalidade ou de inconstitucionalidade, inclusive a interpretação conforme a Constituição e a declaração parcial de inconstitucionalidade sem redução de texto, têm eficácia contra todos e efeito vinculante em relação aos órgãos do Poder Judiciário e à Administração Pública federal, estadual e municipal.

....

Art. 31. Esta Lei entra em vigor na data de sua publicação.

Brasília, 10 de novembro de 1999; 178.º da Independência e 111.º da República.

FERNANDO HENRIQUE CARDOSO

LEI N. 9.882, DE 3 DE DEZEMBRO DE 1999 (*)

Dispõe sobre o processo e julgamento da arguição de descumprimento de preceito fundamental, nos termos do § 1.º do art. 102 da Constituição Federal.

O Presidente da República

Faço saber que o Congresso Nacional decreta e eu sanciono a seguinte Lei:

Art. 1.º A arguição prevista no § 1.º do art. 102 da Constituição Federal será proposta perante o Supremo Tribunal Federal, e terá por objeto evitar ou reparar lesão a preceito fundamental, resultante de ato do Poder Público.

Parágrafo único. Caberá também arguição de descumprimento de preceito fundamental:

I – quando for relevante o fundamento da controvérsia constitucional sobre lei ou ato normativo federal, estadual ou municipal, incluídos os anteriores à Constituição;

•• O STF, em 5-12-2001, concedeu liminar na ADIn n. 2.231, para excluir da aplicação deste inciso controvérsia constitucional concretamente já posta em juízo.

II – (*Vetado.*)

Art. 2.º Podem propor arguição de descumprimento de preceito fundamental:

I – os legitimados para a ação direta de inconstitucionalidade;

II – (*Vetado.*)

§ 1.º Na hipótese do inciso II, faculta-se ao interessado, mediante representação, solicitar a propositura de arguição de descumprimento de preceito fundamental ao Procurador-Geral da República, que, examinando os fundamentos jurídicos do pedido, decidirá do cabimento do seu ingresso em juízo.

§ 2.º (*Vetado.*)

Art. 3.º A petição inicial deverá conter:

I – a indicação do preceito fundamental que se considera violado;

II – a indicação do ato questionado;

III – a prova da violação do preceito fundamental;

IV – o pedido, com suas especificações;

V – se for o caso, a comprovação da existência de controvérsia judicial relevante sobre a aplicação do preceito fundamental que se considera violado.

Parágrafo único. A petição inicial, acompanha-

(*) Publicada no *DOU*, de 6-12-1999.

da de instrumento de mandato, se for o caso, será apresentada em 2 (duas) vias, devendo conter cópias do ato questionado e dos documentos necessários para comprovar a impugnação.

Art. 4.º A petição inicial será indeferida liminarmente, pelo relator, quando não for o caso de arguição de descumprimento de preceito fundamental, faltar algum dos requisitos prescritos nesta Lei ou for inepta.

§ 1.º Não será admitida arguição de descumprimento de preceito fundamental quando houver qualquer outro meio eficaz de sanar a lesividade.

§ 2.º Da decisão de indeferimento da petição inicial caberá agravo, no prazo de 5 (cinco) dias.

Art. 5.º O Supremo Tribunal Federal, por decisão da maioria absoluta de seus membros, poderá deferir pedido de medida liminar na arguição de descumprimento de preceito fundamental.

§ 1.º Em caso de extrema urgência ou perigo de lesão grave, ou ainda, em período de recesso, poderá o relator conceder a liminar, *ad referendum* do Tribunal Pleno.

§ 2.º O relator poderá ouvir os órgãos ou autoridades responsáveis pelo ato questionado, bem como o Advogado-Geral da União ou o Procurador-Geral da República, no prazo comum de 5 (cinco) dias.

§ 3.º A liminar poderá consistir na determinação de que juízes e tribunais suspendam o andamento de processo ou os efeitos de decisões judiciais, ou de qualquer outra medida que apresente relação com a matéria objeto da arguição de descumprimento de preceito fundamental, salvo se decorrentes da coisa julgada.

•• O STF, em 5-12-2001, concedeu liminar na ADIn n. 2.231, para suspender este parágrafo.

§ 4.º (*Vetado.*)

Art. 6.º Apreciado o pedido de liminar, o relator solicitará as informações às autoridades responsáveis pela prática do ato questionado, no prazo de 10 (dez) dias.

§ 1.º Se entender necessário, poderá o relator ouvir as partes nos processos que ensejaram a arguição, requisitar informações adicionais, designar perito ou comissão de peritos para que emita parecer sobre a questão, ou ainda, fixar data para declarações, em audiência pública, de pessoas com experiência e autoridade na matéria.

§ 2.º Poderão ser autorizadas, a critério do relator, sustentação oral e juntada de memoriais, por requerimento dos interessados no processo.

Art. 7.º Decorrido o prazo das informações, o relator lançará o relatório, com cópia a todos os ministros, e pedirá dia para julgamento.

Parágrafo único. O Ministério Público, nas arguições que não houver formulado, terá vista do processo, por 5 (cinco) dias, após o decurso do prazo para informações.

Art. 8.º A decisão sobre a arguição de descumprimento de preceito fundamental somente será tomada se presentes na sessão pelo menos 2/3 (dois terços) dos Ministros.

§§ 1.º e 2.º (*Vetados.*)

Art. 9.º (*Vetado.*)

Art. 10. Julgada a ação, far-se-á comunicação às autoridades ou órgãos responsáveis pela prática dos atos questionados, fixando-se as condições e o modo de interpretação e aplicação do preceito fundamental.

§ 1.º O presidente do Tribunal determinará o imediato cumprimento da decisão, lavrando-se o acórdão posteriormente.

§ 2.º Dentro do prazo de 10 (dez) dias contado a partir do trânsito em julgado da decisão, sua parte dispositiva será publicada em seção especial do *Diário da Justiça* e do *Diário Oficial da União*.

§ 3.º A decisão terá eficácia contra todos e efeito vinculante relativamente aos demais órgãos do Poder Público.

Art. 11. Ao declarar a inconstitucionalidade de lei ou ato normativo, no processo de arguição de descumprimento de preceito fundamental, e tendo em vista razões de segurança jurídica ou de excepcional interesse social, poderá o Supremo Tribunal Federal, por maioria de 2/3 (dois terços) de seus membros, restringir os efeitos daquela declaração ou decidir que ela só tenha eficácia a partir de seu trânsito em julgado ou de outro momento que venha a ser fixado.

Art. 12. A decisão que julgar procedente ou improcedente o pedido em arguição de descumprimento de preceito fundamental é irrecorrível, não podendo ser objeto de ação rescisória.

Art. 13. Caberá reclamação contra o descumprimento da decisão proferida pelo Supremo Tribunal Federal, na forma do seu Regimento Interno.

Art. 14. Esta Lei entra em vigor na data de sua publicação.

Brasília, 3 de dezembro de 1999; 178.º da Independência e 111.º da República.

FERNANDO HENRIQUE CARDOSO

LEI N. 10.001, DE 4 DE SETEMBRO DE 2000 (*)

Dispõe sobre a prioridade nos procedimentos a serem adotados pelo Ministério Público e por outros órgãos a respeito das conclusões das Comissões Parlamentares de Inquérito.

(*) Publicada no *DOU*, de 5-9-2000. *Vide* Lei n. 1.579, de 18-3-1952.

O Presidente da República

Faço saber que o Congresso Nacional decreta e eu sanciono a seguinte Lei:

Art. 1.º Os Presidentes da Câmara dos Deputados, do Senado Federal ou do Congresso Nacional encaminharão o relatório da Comissão Parlamentar de Inquérito respectiva, e a resolução que o aprovar, aos chefes do Ministério Público da União ou dos Estados, ou ainda às autoridades administrativas ou judiciais com poder de decisão, conforme o caso, para a prática de atos de sua competência.

Art. 2.º A autoridade a quem for encaminhada a resolução informará ao remetente, no prazo de 30 (trinta) dias, as providências adotadas ou a justificativa pela omissão.

Parágrafo único. A autoridade que presidir processo ou procedimento, administrativo ou judicial, instaurado em decorrência de conclusões de Comissão Parlamentar de Inquérito, comunicará, semestralmente, a fase em que se encontra, até a sua conclusão.

Art. 3.º O processo ou procedimento referido no art. 2.º terá prioridade sobre qualquer outro, exceto sobre aquele relativo a pedido de *habeas corpus*, *habeas data* e mandado de segurança.

Art. 4.º O descumprimento das normas desta Lei sujeita a autoridade a sanções administrativas, civis e penais.

Art. 5.º Esta Lei entra em vigor na data de sua publicação.

Brasília, 4 de setembro de 2000; 179.º da Independência e 112.º da República.

FERNANDO HENRIQUE CARDOSO

LEI COMPLEMENTAR N. 105, DE 10 DE JANEIRO DE 2001 (*)

Dispõe sobre o sigilo das operações de instituições financeiras e dá outras providências.

O Presidente da República

Faço saber que o Congresso Nacional decreta e eu sanciono a seguinte Lei Complementar:

Art. 1.º As instituições financeiras conservarão sigilo em suas operações ativas e passivas e serviços prestados.

§ 1.º São consideradas instituições financeiras, para os efeitos desta Lei Complementar:

I – os bancos de qualquer espécie;

II – distribuidoras de valores mobiliários;

III – corretoras de câmbio e de valores mobiliários;

IV – sociedades de crédito, financiamento e investimentos;

V – sociedades de crédito imobiliário;

VI – administradoras de cartões de crédito;

VII – sociedades de arrendamento mercantil;

VIII – administradoras de mercado de balcão organizado;

IX – cooperativas de crédito;

X – associações de poupança e empréstimo;

XI – bolsas de valores e de mercadorias e futuros;

XII – entidades de liquidação e compensação;

XIII – outras sociedades que, em razão da natureza de suas operações, assim venham a ser consideradas pelo Conselho Monetário Nacional.

§ 2.º As empresas de fomento comercial ou *factoring*, para os efeitos desta Lei Complementar, obedecerão às normas aplicáveis às instituições financeiras previstas no § 1.º.

§ 3.º Não constitui violação do dever de sigilo:

I – a troca de informações entre instituições financeiras, para fins cadastrais, inclusive por intermédio de centrais de risco, observadas as normas baixadas pelo Conselho Monetário Nacional e pelo Banco Central do Brasil;

II – o fornecimento de informações constantes de cadastro de emitentes de cheques sem provisão de fundos e de devedores inadimplentes, a entidades de proteção ao crédito, observadas as normas baixadas pelo Conselho Monetário Nacional e pelo Banco Central do Brasil;

III – o fornecimento das informações de que trata o § 2.º do art. 11 da Lei n. 9.311, de 24 de outubro de 1996;

• A Lei n. 9.311, de 24-10-1996, dispunha sobre a CPMF.

IV – a comunicação, às autoridades competentes, da prática de ilícitos penais ou administrativos, abrangendo o fornecimento de informações sobre operações que envolvam recursos provenientes de qualquer prática criminosa;

V – a revelação de informações sigilosas com o consentimento expresso dos interessados;

VI – a prestação de informações nos termos e condições estabelecidos nos arts. 2.º, 3.º, 4.º, 5.º, 6.º, 7.º e 9.º desta Lei Complementar.

§ 4.º A quebra de sigilo poderá ser decretada, quando necessária para apuração de ocorrência de qualquer ilícito, em qualquer fase do inquérito ou do processo judicial, e especialmente nos seguintes crimes:

I – de terrorismo;

• *Vide* art. 5.º, XLIII, da CF e Lei n. 8.072, de 25-7-1990.

II – de tráfico ilícito de substâncias entorpecentes ou drogas afins;

• *Vide* Lei n. 11.343, de 26-8-2006.

III – de contrabando ou tráfico de armas, munições ou material destinado a sua produção;

• *Vide* Lei n. 10.826, de 22-12-2003.

IV – de extorsão mediante sequestro;

• *Vide* Lei n. 8.072, de 25-7-1990.

(*) Publicada no *DOU*, de 11-1-2001.

V – contra o sistema financeiro nacional;

• *Vide* Lei n. 7.492, de 16-6-1986.

VI – contra a Administração Pública;

• *Vide* Lei n. 8.429, de 2-6-1992.

VII – contra ordem tributária e a previdência social;

•• A Lei n. 8.137, de 27-12-1990, define crimes contra a ordem tributária, econômica e contra as relações de consumo.

VIII – lavagem de dinheiro ou ocultação de bens, direitos e valores;

• *Vide* Lei n. 9.613, de 3-3-1998.

IX – praticado por organização criminosa.

• *Vide* Lei n. 12.850, de 2-8-2013.

Art. 2.º O dever de sigilo é extensivo ao Banco Central do Brasil, em relação às operações que realizar e às informações que obtiver no exercício de suas atribuições.

§ 1.º O sigilo, inclusive quanto a contas de depósitos, aplicações e investimentos mantidos em instituições financeiras, não pode ser oposto ao Banco Central do Brasil:

I – no desempenho de suas funções de fiscalização, compreendendo a apuração, a qualquer tempo, de ilícitos praticados por controladores, administradores, membros de conselhos estatutários, gerentes, mandatários e prepostos de instituições financeiras;

II – ao proceder a inquérito em instituição financeira submetida a regime especial.

§ 2.º As comissões encarregadas dos inquéritos a que se refere o inciso II do § 1.º poderão examinar quaisquer documentos relativos a bens, direitos e obrigações das instituições financeiras, de seus controladores, administradores, membros de conselhos estatutários, gerentes, mandatários e prepostos, inclusive contas correntes e operações com outras instituições financeiras.

§ 3.º O disposto neste artigo aplica-se à Comissão de Valores Mobiliários, quando se tratar de fiscalização de operações e serviços no mercado de valores mobiliários, inclusive nas instituições financeiras que sejam companhias abertas.

§ 4.º O Banco Central do Brasil e a Comissão de Valores Mobiliários, em suas áreas de competência, poderão firmar convênios:

I – com outros órgãos públicos fiscalizadores de instituições financeiras, objetivando a realização de fiscalizações conjuntas, observadas as respectivas competências;

II – com bancos centrais ou entidades fiscalizadoras de outros países, objetivando:

a) a fiscalização de filiais e subsidiárias de instituições financeiras estrangeiras, em funcionamento no Brasil e de filiais e subsidiárias, no exterior, de instituições financeiras brasileiras;

b) a cooperação mútua e o intercâmbio de informações para a investigação de atividades ou operações que impliquem aplicação, negociação, ocultação ou transferência de ativos financeiros e de valores mobiliários relacionados com a prática de condutas ilícitas.

§ 5.º O dever de sigilo de que trata esta Lei Complementar estende-se aos órgãos fiscalizadores mencionados no § 4.º e a seus agentes.

§ 6.º O Banco Central do Brasil, a Comissão de Valores Mobiliários e os demais órgãos de fiscalização, nas áreas de suas atribuições, fornecerão ao Conselho de Controle de Atividades Financeiras – COAF, de que trata o art. 14 da Lei n. 9.613, de 3 de março de 1998, as informações cadastrais e de movimento de valores relativos às operações previstas no inciso I do art. 11 da referida Lei.

• Citados dispositivos constam deste volume.

Art. 3.º Serão prestadas pelo Banco Central do Brasil, pela Comissão de Valores Mobiliários e pelas instituições financeiras as informações ordenadas pelo Poder Judiciário, preservado o seu caráter sigiloso mediante acesso restrito às partes, que delas não poderão servir-se para fins estranhos à lide.

§ 1.º Dependem de prévia autorização do Poder Judiciário a prestação de informações e o fornecimento de documentos sigilosos solicitados por comissão de inquérito administrativo destinada a apurar responsabilidade de servidor público por infração praticada no exercício de suas atribuições, ou que tenha relação com as atribuições do cargo em que se encontre investido.

§ 2.º Nas hipóteses do § 1.º, o requerimento de quebra de sigilo independe da existência de processo judicial em curso.

§ 3.º Além dos casos previstos neste artigo o Banco Central do Brasil e a Comissão de Valores Mobiliários fornecerão à Advocacia-Geral da União as informações e os documentos necessários à defesa da União nas ações em que seja parte.

Art. 4.º O Banco Central do Brasil e a Comissão de Valores Mobiliários, nas áreas de suas atribuições, e as instituições financeiras fornecerão ao Poder Legislativo Federal as informações e os documentos sigilosos que, fundamentadamente, se fizerem necessários ao exercício de suas respectivas competências constitucionais e legais.

§ 1.º As comissões parlamentares de inquérito, no exercício de sua competência constitucional e legal de ampla investigação, obterão as informações e documentos sigilosos de que necessitarem, diretamente das instituições financeiras, ou por intermédio do Banco Central do Brasil ou da Comissão de Valores Mobiliários.

• *Vide* Leis ns. 1.579, de 18-3-1952, e 10.001, de 4-9-2000.

§ 2.º As solicitações de que trata este artigo deverão ser previamente aprovadas pelo Plenário da Câmara dos Deputados, do Senado Federal, ou do plenário de suas respectivas comissões parlamentares de inquérito.

Art. 5.º O Poder Executivo disciplinará, inclusive quanto à periodicidade e aos limites de valor, os critérios segundo os quais as instituições financeiras informarão à administração tributária da União, as operações financeiras efetuadas pelos usuários de seus serviços.

•• Artigo regulamentado pelo Decreto n. 4.489, de 28-11-2002.

§ 1.º Consideram-se operações financeiras, para os efeitos deste artigo:

I – depósitos à vista e a prazo, inclusive em conta de poupança;

II – pagamentos efetuados em moeda corrente ou em cheques;

III – emissão de ordens de crédito ou documentos assemelhados;

IV – resgates em contas de depósitos à vista ou a prazo, inclusive de poupança;

V – contratos de mútuo;

VI – descontos de duplicatas, notas promissórias e outros títulos de crédito;

VII – aquisições e vendas de títulos de renda fixa ou variável;

VIII – aplicações em fundos de investimentos;

IX – aquisições de moeda estrangeira;

X – conversões de moeda estrangeira em moeda nacional;

XI – transferências de moeda e outros valores para o exterior;

XII – operações com ouro, ativo financeiro;

XIII – operações com cartão de crédito;

XIV – operações de arrendamento mercantil; e

XV – quaisquer outras operações de natureza semelhante que venham a ser autorizadas pelo Banco Central do Brasil, Comissão de Valores Mobiliários ou outro órgão competente.

§ 2.º As informações transferidas na forma do *caput* deste artigo restringir-se-ão a informes relacionados com a identificação dos titulares das operações e os montantes globais mensalmente movimentados, vedada a inserção de qualquer elemento que permita identificar a sua origem ou a natureza dos gastos a partir deles efetuados.

§ 3.º Não se incluem entre as informações de que trata este artigo as operações financeiras efetuadas pelas administrações direta e indireta da União, dos Estados, do Distrito Federal e dos Municípios.

§ 4.º Recebidas as informações de que trata este artigo, se detectados indícios de falhas, incorreções ou omissões, ou de cometimento de ilícito fiscal, a autoridade interessada poderá requisitar as informações e os documentos de que necessitar, bem como realizar fiscalização ou auditoria para a adequada apuração dos fatos.

§ 5.º As informações a que se refere este artigo serão conservadas sob sigilo fiscal, na forma da legislação em vigor.

Art. 6.º As autoridades e os agentes fiscais tributários da União, dos Estados, do Distrito Federal e dos Municípios somente poderão examinar documentos, livros e registros de instituições financeiras, inclusive os referentes a contas de depósitos e aplicações financeiras, quando houver processo administrativo instaurado ou procedimento fiscal em curso e tais exames sejam considerados indispensáveis pela autoridade administrativa competente.

•• Artigo regulamentado pelo Decreto n. 3.724, de 10-1-2001.

Parágrafo único. O resultado dos exames, as informações e os documentos a que se refere este artigo serão conservados em sigilo, observada a legislação tributária.

Art. 7.º Sem prejuízo do disposto no § 3.º do art. 2.º, a Comissão de Valores Mobiliários, instaurado inquérito administrativo, poderá solicitar à autoridade judiciária competente o levantamento do sigilo junto às instituições financeiras de informações e documentos relativos a bens, direitos e obrigações de pessoa física ou jurídica submetida ao seu poder disciplinar.

Parágrafo único. O Banco Central do Brasil e a Comissão de Valores Mobiliários, manterão permanente intercâmbio de informações acerca dos resultados das inspeções que realizarem, dos inquéritos que instaurarem e das penalidades que aplicarem, sempre que as informações forem necessárias ao desempenho de suas atividades.

Art. 8.º O cumprimento das exigências e formalidades previstas nos arts. 4.º, 6.º e 7.º, será expressamente declarado pelas autoridades competentes nas solicitações dirigidas ao Banco Central do Brasil, à Comissão de Valores Mobiliários ou às instituições financeiras.

Art. 9.º Quando, no exercício de suas atribuições, o Banco Central do Brasil e a Comissão de Valores Mobiliários verificarem a ocorrência de crime definido em lei como de ação pública, ou indícios da prática de tais crimes, informarão ao Ministério Público, juntando à comunicação os documentos necessários à apuração ou comprovação dos fatos.

§ 1.º A comunicação de que trata este artigo será efetuada pelos Presidentes do Banco Central do Brasil e da Comissão de Valores Mobiliários, admitida delegação de competência, no prazo máximo de quinze dias, a contar do recebimento do processo, com manifestação dos respectivos serviços jurídicos.

§ 2.º Independentemente do disposto no *caput* deste artigo, o Banco Central do Brasil e a Comissão de Valores Mobiliários comunicarão aos órgãos públicos competentes as irregularidades e os ilícitos administrativos de que tenham conhecimento, ou indícios de sua prática, anexando os documentos pertinentes.

Art. 10. A quebra de sigilo, fora das hipóteses autorizadas nesta Lei Complementar, constitui crime e sujeita os responsáveis à pena de reclusão, de um a quatro anos, e multa, aplicando-se, no que couber, o Código Penal, sem prejuízo de outras sanções cabíveis.

Parágrafo único. Incorre nas mesmas penas quem omitir, retardar injustificadamente ou prestar falsamente as informações requeridas nos termos desta Lei Complementar.

Art. 11. O servidor público que utilizar ou viabilizar a utilização de qualquer informação obtida em decorrência da quebra de sigilo de que trata esta Lei Complementar responde pessoal e diretamente pelos danos decorrentes, sem prejuízo da responsabilidade objetiva da entidade pública, quando comprovado que o servidor agiu de acordo com orientação oficial.

Art. 12. Esta Lei Complementar entra em vigor na data de sua publicação.

Art. 13. Revoga-se o art. 38 da Lei n. 4.595, de 31 de dezembro de 1964.

Brasília, 10 de janeiro de 2001, 180.º da Independência e 113.º da República.

FERNANDO HENRIQUE CARDOSO

LEI N. 10.259, DE 12 DE JULHO DE 2001 (*)

Dispõe sobre a instituição dos Juizados Especiais Cíveis e Criminais no âmbito da Justiça Federal.

O Presidente da República:

Faço saber que o Congresso Nacional decreta e eu sanciono a seguinte Lei:

Art. 1.º São instituídos os Juizados Especiais Cíveis e Criminais da Justiça Federal, aos quais se aplica, no que não conflitar com esta Lei, o disposto na Lei n. 9.099, de 26 de setembro de 1995.

• *Vide* art. 98, § 1.º, da CF.

Art. 2.º Compete ao Juizado Especial Federal Criminal processar e julgar os feitos de competência da Justiça Federal relativos às infrações de menor potencial ofensivo, respeitadas as regras de conexão e continência.

•• *Caput* com redação determinada pela Lei n. 11.313, de 28-6-2006.

•• *Vide* art. 61 da Lei n. 9.099, de 26-9-1995.

• *Vide* Súmula 428 do STJ.

Parágrafo único. Na reunião de processos, perante o juízo comum ou o tribunal do júri, decorrente da aplicação das regras de conexão e continência, observar-se-ão os institutos da transação penal e da composição dos danos civis.

•• Parágrafo único com redação determinada pela Lei n. 11.313, de 28-6-2006.

(*) Publicada no *DOU*, de 13-7-2001. *Vide* Lei n. 9.099, de 26-9-1995, que dispõe sobre os Juizados Especiais Cíveis e Criminais no âmbito da Justiça Estadual.

Art. 3.º Compete ao Juizado Especial Federal Cível processar, conciliar e julgar causas de competência da Justiça Federal até o valor de sessenta salários mínimos, bem como executar as suas sentenças.

•• O Decreto n. 8.948, de 29-12-2016, estabelece que, a partir de 1.º-1-2017, o salário mínimo será de R$ 937,00 (novecentos e trinta e sete reais).

• *Vide* Súmula 428 do STJ.

§ 1.º Não se incluem na competência do Juizado Especial Cível as causas:

I – referidas no art. 109, II, III e XI, da Constituição Federal, as ações de mandado de segurança, de desapropriação, de divisão e demarcação, populares, execuções fiscais e por improbidade administrativa e as demandas sobre direitos ou interesses difusos, coletivos ou individuais homogêneos;

II – sobre bens imóveis da União, autarquias e fundações públicas federais;

III – para a anulação ou cancelamento de ato administrativo federal, salvo o de natureza previdenciária e o de lançamento fiscal;

IV – que tenham como objeto a impugnação da pena de demissão imposta a servidores públicos civis ou de sanções disciplinares aplicadas a militares.

§ 2.º Quando a pretensão versar sobre obrigações vincendas, para fins de competência do Juizado Especial, a soma de doze parcelas não poderá exceder o valor referido no art. 3.º, *caput*.

§ 3.º No foro onde estiver instalada Vara do Juizado Especial, a sua competência é absoluta.

Art. 4.º O Juiz poderá, de ofício ou a requerimento das partes, deferir medidas cautelares no curso do processo, para evitar dano de difícil reparação.

Art. 5.º Exceto nos casos do art. 4.º, somente será admitido recurso de sentença definitiva.

Art. 6.º Podem ser partes no Juizado Especial Federal Cível:

I – como autores, as pessoas físicas e as microempresas e empresas de pequeno porte, assim definidas na Lei n. 9.317, de 5 de dezembro de 1996;

•• O art. 74 da Lei Complementar n. 123, de 14-12-2006, que institui o Estatuto Nacional da Microempresa e da Empresa de Pequeno Porte e revoga a Lei n. 9.317, de 5-12-1996, dispõe: "Art. 74. Aplica-se às microempresas e às empresas de pequeno porte de que trata esta Lei Complementar o disposto no § 1.º do art. 8.º da Lei n. 9.099, de 26-9-1995, e no inciso I do *caput* do art. 6.º da Lei n. 10.259, de 12-7-2001, as quais, assim como as pessoas físicas capazes, passam a ser admitidas como proponentes de ação perante o Juizado Especial, excluídos os cessionários de direito de pessoas jurídicas".

• *Vide* art. 8.º, § 1.º, da Lei n. 9.099, de 26-9-1995.

II – como rés, a União, autarquias, fundações e empresas públicas federais.

• *Vide* art. 9.º, § 4.º, da Lei n. 9.099, de 26-9-1995.

• A Portaria n. 505, de 19-6-2002, da AGU, dispõe que os órgãos jurídicos das entidades previstas neste inciso poderão transigir, deixar de recorrer, desistir de recursos interpostos ou concordar com a desistência do pedido, no âmbito dos JEFs.

Art. 7.º As citações e intimações da União serão feitas na forma prevista nos arts. 35 a 38 da Lei Complementar n. 73, de 10 de fevereiro de 1993.

• A Lei Complementar n. 73, de 10-2-1993, institui a Lei Orgânica da AGU e dá outras providências. Dispõem os citados dispositivos:

"Art. 35. A União é citada nas causas em que seja interessada, na condição de autora, ré, assistente, oponente, recorrente ou recorrida, na pessoa:

I – do Advogado-Geral da União, privativamente, nas hipóteses de competência do Supremo Tribunal Federal;

II – do Procurador-Geral da União, nas hipóteses de competência dos tribunais superiores;

III – do Procurador-Regional da União, nas hipóteses de competência dos demais tribunais;

IV – do Procurador-Chefe ou do Procurador-Seccional da União, nas hipóteses de competência dos juízos de primeiro grau.

Art. 36. Nas causas de que trata o art. 12, a União será citada na pessoa:

I – (*Vetado*);

II – do Procurador-Regional da Fazenda Nacional, nas hipóteses de competência dos demais tribunais;

III – do Procurador-Chefe ou do Procurador-Seccional da Fazenda Nacional nas hipóteses de competência dos juízos de primeiro grau.

Art. 37. Em caso de ausência das autoridades referidas nos arts. 35 e 36, a citação se dará na pessoa do substituto eventual.

Art. 38. As intimações e notificações são feitas nas pessoas do advogado da União ou do Procurador da Fazenda Nacional que oficie nos respectivos autos".

Parágrafo único. A citação das autarquias, fundações e empresas públicas será feita na pessoa do representante máximo da entidade, no local onde proposta a causa, quando ali instalado seu escritório ou representação; se não, na sede da entidade.

Art. 8.º As partes serão intimadas da sentença, quando não proferida esta na audiência em que estiver presente seu representante, por ARMP (aviso de recebimento em mão própria).

§ 1.º As demais intimações das partes serão feitas na pessoa dos advogados ou dos Procuradores que oficiem nos respectivos autos, pessoalmente ou por via postal.

§ 2.º Os tribunais poderão organizar serviço de intimação das partes e de recepção de petições por meio eletrônico.

•• A Resolução n. 28, de 13-10-2008, do CJF, dispõe sobre a intimação eletrônica das partes, Ministério Público, procuradores, advogados e defensores públicos, no âmbito dos JEFs.

Art. 9.º Não haverá prazo diferenciado para a prática de qualquer ato processual pelas pessoas jurídicas de direito público, inclusive a interposição de recursos, devendo a citação para audiência de conciliação ser efetuada com antecedência mínima de trinta dias.

Art. 10. As partes poderão designar, por escrito, representantes para a causa, advogado ou não.

•• O STF, na ADI n. 3.168-6, de 8-6-2006 (*DOU* de 17-8-2007), afasta a inconstitucionalidade deste dispositivo, "desde que excluídos os feitos criminais e respeitado o teto estabelecido no art. 3.º, sem prejuízo da aplicação subsidiária integral dos parágrafos do art. 9.º da Lei n. 9.099, de 26-9-1995".

Parágrafo único. Os representantes judiciais da União, autarquias, fundações e empresas públicas federais, bem como os indicados na forma do *caput*, ficam autorizados a conciliar, transigir ou desistir, nos processos da competência dos Juizados Especiais Federais.

•• Artigo regulamentado pelo Decreto n. 4.250, de 27-5-2002.

Art. 11. A entidade pública ré deverá fornecer ao Juizado a documentação de que disponha para o esclarecimento da causa, apresentando-a até a instalação da audiência de conciliação.

Parágrafo único. Para a audiência de composição dos danos resultantes de ilícito criminal (arts. 71, 72 e 74 da Lei n. 9.099, de 26 de setembro de 1995), o representante da entidade que comparecer terá poderes para acordar, desistir ou transigir, na forma do art. 10.

Art. 12. Para efetuar o exame técnico necessário à conciliação ou ao julgamento da causa, o Juiz nomeará pessoa habilitada, que apresentará o laudo até cinco dias antes da audiência, independentemente de intimação das partes.

§ 1.º Os honorários do técnico serão antecipados à conta de verba orçamentária do respectivo Tribunal e, quando vencida na causa a entidade pública, seu valor será incluído na ordem de pagamento a ser feita em favor do Tribunal.

§ 2.º Nas ações previdenciárias e relativas à assistência social, havendo designação de exame, serão as partes intimadas para, em dez dias, apresentar quesitos e indicar assistentes.

Art. 13. Nas causas de que trata esta Lei, não haverá reexame necessário.

Art. 14. Caberá pedido de uniformização de interpretação de lei federal quando houver divergência entre decisões sobre questões de direito material proferidas por Turmas Recursais na interpretação da lei.

• A Resolução n. 345, de 2-6-2015, dispõe sobre o regimento interno da Turma Nacional de Uniformização dos Juizados Especiais Federais.

§ 1.º O pedido fundado em divergência entre Turmas da mesma Região será julgado em reunião conjunta das Turmas em conflito, sob a presidência do Juiz Coordenador.

§ 2.º O pedido fundado em divergência entre decisões de turmas de diferentes regiões ou da proferida em contrariedade a súmula ou jurisprudência dominante do STJ será julgado por Turma de Uniformização, integrada por juízes de Turmas Recursais, sob a presidência do Coordenador da Justiça Federal.

§ 3.º A reunião de juízes domiciliados em cidades diversas será feita pela via eletrônica.

§ 4.º Quando a orientação acolhida pela Turma

de Uniformização, em questões de direito material, contrariar súmula ou jurisprudência dominante no Superior Tribunal de Justiça – STJ, a parte interessada poderá provocar a manifestação deste, que dirimirá a divergência.

§ 5.º No caso do § 4.º, presente a plausibilidade do direito invocado e havendo fundado receio de dano de difícil reparação, poderá o relator conceder, de ofício ou a requerimento do interessado, medida liminar determinando a suspensão dos processos nos quais a controvérsia esteja estabelecida.

§ 6.º Eventuais pedidos de uniformização idênticos, recebidos subsequentemente em quaisquer Turmas Recursais, ficarão retidos nos autos, aguardando-se pronunciamento do Superior Tribunal de Justiça.

§ 7.º Se necessário, o relator pedirá informações ao Presidente da Turma Recursal ou Coordenador da Turma de Uniformização e ouvirá o Ministério Público, no prazo de cinco dias. Eventuais interessados, ainda que não sejam partes no processo, poderão se manifestar, no prazo de trinta dias.

§ 8.º Decorridos os prazos referidos no § 7.º, o relator incluirá o pedido em pauta na Seção, com preferência sobre todos os demais feitos, ressalvados os processos com réus presos, os *habeas corpus* e os mandados de segurança.

§ 9.º Publicado o acórdão respectivo, os pedidos retidos referidos no § 6.º serão apreciados pelas Turmas Recursais, que poderão exercer juízo de retratação ou declará-los prejudicados, se veicularem tese não acolhida pelo Superior Tribunal de Justiça.

§ 10. Os Tribunais Regionais, o Superior Tribunal de Justiça e o Supremo Tribunal Federal, no âmbito de suas competências, expedirão normas regulamentando a composição dos órgãos e os procedimentos a serem adotados para o processamento e o julgamento do pedido de uniformização e do recurso extraordinário.

Art. 15. O recurso extraordinário, para os efeitos desta Lei, será processado e julgado segundo o estabelecido nos §§ 4.º a 9.º do art. 14, além da observância das normas do Regimento.

• *Vide* nota ao art. 14, *caput*, desta Lei.

Art. 16. O cumprimento do acordo ou da sentença, com trânsito em julgado, que imponham obrigação de fazer, não fazer ou entrega de coisa certa, será efetuado mediante ofício do Juiz à autoridade citada para a causa, com cópia da sentença ou do acordo.

Art. 17. Tratando-se de obrigação de pagar quantia certa, após o trânsito em julgado da decisão, o pagamento será efetuado no prazo de sessenta dias, contados da entrega da requisição, por ordem do Juiz, à autoridade citada para a causa, na agência mais próxima da Caixa Econômica Federal ou do Banco do Brasil, independentemente de precatório.

§ 1.º Para os efeitos do § 3.º do art. 100 da Constituição Federal, as obrigações ali definidas como de pequeno valor, a serem pagas independentemente de precatório, terão como limite o mesmo valor estabelecido nesta Lei para a competência do Juizado Especial Federal Cível (art. 3.º, *caput*).

§ 2.º Desatendida a requisição judicial, o Juiz determinará o sequestro do numerário suficiente ao cumprimento da decisão.

§ 3.º São vedados o fracionamento, repartição ou quebra do valor da execução, de modo que o pagamento se faça, em parte, na forma estabelecida no § 1.º deste artigo, e, em parte, mediante expedição do precatório, e a expedição de precatório complementar ou suplementar do valor pago.

§ 4.º Se o valor da execução ultrapassar o estabelecido no § 1.º, o pagamento far-se-á, sempre, por meio do precatório, sendo facultado à parte exequente a renúncia ao crédito do valor excedente, para que possa optar pelo pagamento do saldo sem o precatório, da forma lá prevista.

Art. 18. Os Juizados Especiais serão instalados por decisão do Tribunal Regional Federal. O Juiz presidente do Juizado designará os conciliadores pelo período de dois anos, admitida a recondução. O exercício dessas funções será gratuito, assegurados os direitos e prerrogativas do jurado (art. 437 do Código de Processo Penal).

•• Com o advendo da Reforma do CPP pela Lei n. 11.689, de 9-6-2008, o disposto no art. 437 passou a ser tratado pelo art. 439.

• A Resolução n. 32, de 13-11-2008, do CJF, regulamenta a atividade de Conciliador nos JEFs.

Parágrafo único. Serão instalados Juizados Especiais Adjuntos nas localidades cujo movimento forense não justifique a existência de Juizado Especial, cabendo ao Tribunal designar a Vara onde funcionará.

Art. 19. No prazo de seis meses, a contar da publicação desta Lei, deverão ser instalados os Juizados Especiais nas capitais dos Estados e no Distrito Federal.

Parágrafo único. Na capital dos Estados, no Distrito Federal e em outras cidades onde for necessário, neste último caso, por decisão do Tribunal Regional Federal, serão instalados Juizados com competência exclusiva para ações previdenciárias.

Art. 20. Onde não houver Vara Federal, a causa poderá ser proposta no Juizado Especial Federal mais próximo do foro definido no art. 4.º da Lei n. 9.099, de 26 de setembro de 1995, vedada a aplicação desta Lei no juízo estadual.

Art. 21. As Turmas Recursais serão instituídas por decisão do Tribunal Regional Federal, que definirá sua composição e área de competência, podendo abranger mais de uma seção.

§§ 1.º e 2.º (*Revogados pela Lei n. 12.665, de 13-6-2012.*)

Art. 22. Os Juizados Especiais serão coordenados

por Juiz do respectivo Tribunal Regional, escolhido por seus pares, com mandato de dois anos.

Parágrafo único. O Juiz Federal, quando o exigirem as circunstâncias, poderá determinar o funcionamento do Juizado Especial em caráter itinerante, mediante autorização prévia do Tribunal Regional Federal, com antecedência de dez dias.

Art. 23. O Conselho da Justiça Federal poderá limitar, por até três anos, contados a partir da publicação desta Lei, a competência dos Juizados Especiais Cíveis, atendendo à necessidade da organização dos serviços judiciários ou administrativos.

Art. 24. O Centro de Estudos Judiciários do Conselho da Justiça Federal e as Escolas de Magistratura dos Tribunais Regionais Federais criarão programas de informática necessários para subsidiar a instrução das causas submetidas aos Juizados e promoverão cursos de aperfeiçoamento destinados aos seus magistrados e servidores.

Art. 25. Não serão remetidas aos Juizados Especiais as demandas ajuizadas até a data de sua instalação.

Art. 26. Competirá aos Tribunais Regionais Federais prestar o suporte administrativo necessário ao funcionamento dos Juizados Especiais.

Art. 27. Esta Lei entra em vigor seis meses após a data de sua publicação.

Brasília, 12 de julho de 2001; 180.º da Independência e 113.º da República.

FERNANDO HENRIQUE CARDOSO

LEI N. 10.446, DE 8 DE MAIO DE 2002 (*)

Dispõe sobre infrações penais de repercussão interestadual ou internacional que exigem repressão uniforme, para os fins do disposto no inciso I do § 1.º do art. 144 da Constituição.

O Presidente da República

Faço saber que o Congresso Nacional decreta e eu sanciono a seguinte Lei:

Art. 1.º Na forma do inciso I do § 1.º do art. 144 da Constituição, quando houver repercussão interestadual ou internacional que exija repressão uniforme, poderá o Departamento de Polícia Federal do Ministério da Justiça, sem prejuízo da responsabilidade dos órgãos de segurança pública arrolados no art. 144 da Constituição Federal, em especial das Polícias Militares e Civis dos Estados, proceder à investigação, dentre outras, das seguintes infrações penais:

I – sequestro, cárcere privado e extorsão mediante sequestro (arts. 148 e 159 do Código Penal), se o agente foi impelido por motivação política ou quando praticado em razão da função pública exercida pela vítima;

II – formação de cartel (incisos I, *a*, II, III e VII do art. 4.º da Lei n. 8.137, de 27-12-1990);

•• A alínea *a*, bem como os incisos III e VII do art. 4.º da Lei n. 8.137, de 27-12-1990, mencionados neste inciso, encontram-se revogados pela Lei n. 12.529, de 30-11-2011.

• A Lei n. 8.137, de 27-12-1990, define crimes contra a ordem tributária, econômica e contra as relações de consumo, e dá outras providências.

III – relativas à violação a direitos humanos, que a República Federativa do Brasil se comprometeu a reprimir em decorrência de tratados internacionais de que seja parte; e

IV – furto, roubo ou receptação de cargas, inclusive bens e valores, transportadas em operação interestadual ou internacional, quando houver indícios da atuação de quadrilha ou bando em mais de um Estado da Federação;

• A Lei Complementar n. 121, de 9-2-2006, cria o Sistema Nacional de Prevenção, Fiscalização e Repressão ao Furto e Roubo de Veículos e Cargas.

V – falsificação, corrupção, adulteração ou alteração de produto destinado a fins terapêuticos ou medicinais e venda, inclusive pela internet, depósito ou distribuição do produto falsificado, corrompido, adulterado ou alterado (art. 273 do Decreto-lei n. 2.848, de 7 de dezembro de 1940 – Código Penal);

•• Inciso V acrescentado pela Lei n. 12.894, de 17-12-2013.

VI – furto, roubo ou dano contra instituições financeiras, incluindo agências bancárias ou caixas eletrônicos, quando houver indícios da atuação de associação criminosa em mais de um Estado da Federação.

•• Inciso VI acrescentado pela Lei n. 13.124, de 21-5-2015.

Parágrafo único. Atendidos os pressupostos do *caput*, o Departamento de Polícia Federal procederá à apuração de outros casos, desde que tal providência seja autorizada ou determinada pelo Ministro de Estado da Justiça.

Art. 2.º Esta Lei entra em vigor na data de sua publicação.

Brasília, 8 de maio de 2002; 181.º da Independência e 114.º da República.

FERNANDO HENRIQUE CARDOSO

DECRETO N. 4.388, DE 25 DE SETEMBRO DE 2002 (**)

Promulga o Estatuto de Roma do Tribunal Penal Internacional.

(*) Publicada no *DOU*, de 9-5-2002. A Portaria n. 624, de 4-6-2002, do Ministério da Justiça, dispõe sobre a criação de Força-Tarefa para investigação e desarticulação do crime organizado e infrações penais de repercussão interestadual que exigem repressão uniforme e dá outras providências.

(**) Publicado no *DOU*, de 26-9-2002.

O Presidente da República, no uso da atribuição que lhe confere o art. 84, VIII, da Constituição,

Considerando que o Congresso Nacional aprovou o texto do Estatuto de Roma do Tribunal Penal Internacional, por meio do Decreto Legislativo n. 112, de 6 de junho de 2002;

Considerando que o mencionado Ato Internacional entrou em vigor internacional em 1.º de julho de 2002, e passou a vigorar, para o Brasil, em 1.º de setembro de 2002, nos termos de seu art. 126, decreta:

Art. 1.º O Estatuto de Roma do Tribunal Penal Internacional, apenso por cópia ao presente Decreto, será executado e cumprido tão inteiramente como nele se contém.

Art. 2.º São sujeitos à aprovação do Congresso Nacional quaisquer atos que possam resultar em revisão do referido Acordo, assim como quaisquer ajustes complementares que, nos termos do art. 49, I, da Constituição, acarretem encargos ou compromissos gravosos ao patrimônio nacional.

Art. 3.º Este Decreto entra em vigor na data de sua publicação.

Brasília, 25 de setembro de 2002; 181.º da Independência e 114.º da República.

Fernando Henrique Cardoso

Estatuto de Roma do Tribunal Penal Internacional

....

Capítulo I
CRIAÇÃO DO TRIBUNAL

Artigo 1.º
O Tribunal

É criado, pelo presente instrumento, um Tribunal Penal Internacional ("o Tribunal"). O Tribunal será uma instituição permanente, com jurisdição sobre as pessoas responsáveis pelos crimes de maior gravidade com alcance internacional, de acordo com o presente Estatuto, e será complementar às jurisdições penais nacionais. A competência e o funcionamento do Tribunal reger-se-ão pelo presente Estatuto.

Artigo 2.º
Relação do Tribunal com as Nações Unidas

A relação entre o Tribunal e as Nações Unidas será estabelecida através de um acordo a ser aprovado pela Assembleia dos Estados-Partes no presente Estatuto e, em seguida, concluído pelo Presidente do Tribunal em nome deste.

Artigo 3.º
Sede do Tribunal

1. A sede do Tribunal será na Haia, Países Baixos ("o Estado anfitrião").

2. O Tribunal estabelecerá um acordo de sede com o Estado anfitrião, a ser aprovado pela Assembleia dos Estados-Partes e em seguida concluído pelo Presidente do Tribunal em nome deste.

3. Sempre que entender conveniente, o Tribunal poderá funcionar em outro local, nos termos do presente Estatuto.

Artigo 4.º
Regime Jurídico e Poderes do Tribunal

1. O Tribunal terá personalidade jurídica internacional. Possuirá, igualmente, a capacidade jurídica necessária ao desempenho das suas funções e à prossecução dos seus objetivos.

2. O Tribunal poderá exercer os seus poderes e funções nos termos do presente Estatuto, no território de qualquer Estado-Parte e, por acordo especial, no território de qualquer outro Estado.

Capítulo II
COMPETÊNCIA, ADMISSIBILIDADE E DIREITO APLICÁVEL

Artigo 5.º
Crimes da Competência do Tribunal

1. A competência do Tribunal restringir-se-á aos crimes mais graves, que afetam a comunidade internacional no seu conjunto. Nos termos do presente Estatuto, o Tribunal terá competência para julgar os seguintes crimes:

a) o crime de genocídio;

b) crimes contra a humanidade;

c) crimes de guerra;

d) o crime de agressão.

2. O Tribunal poderá exercer a sua competência em relação ao crime de agressão desde que, nos termos dos arts. 121 e 123, seja aprovada uma disposição em que se defina o crime e se enunciem as condições em que o Tribunal terá competência relativamente a este crime. Tal disposição deve ser compatível com as disposições pertinentes da Carta das Nações Unidas.

Artigo 6.º
Crime de Genocídio

Para os efeitos do presente Estatuto, entende-se por "genocídio" qualquer um dos atos que a seguir se enumeram, praticado com intenção de destruir, no todo ou em parte, um grupo nacional, étnico, racial ou religioso, enquanto tal:

a) homicídio de membros do grupo;

b) ofensas graves à integridade física ou mental de membros do grupo;

c) sujeição intencional do grupo a condições de vida com vista a provocar a sua destruição física, total ou parcial;

d) imposição de medidas destinadas a impedir nascimentos no seio do grupo;

e) transferência, à força, de crianças do grupo para outro grupo.

Artigo 7.º
Crimes contra a Humanidade

1. Para os efeitos do presente Estatuto, entende-se por "crime contra a humanidade" qualquer um dos atos seguintes, quando cometido no quadro de um ataque, generalizado ou sistemático, contra qualquer população civil, havendo conhecimento desse ataque:

a) homicídio;

b) extermínio;

c) escravidão;

d) deportação ou transferência forçada de uma população;

e) prisão ou outra forma de privação da liberdade física grave, em violação das normas fundamentais de direito internacional;

f) tortura;

g) agressão sexual, escravatura sexual, prostituição forçada, gravidez forçada, esterilização forçada ou qualquer outra forma de violência no campo sexual de gravidade comparável;

h) perseguição de um grupo ou coletividade que possa ser identificado, por motivos políticos, raciais, nacionais, étnicos, culturais, religiosos ou de gênero, tal como definido no parágrafo 3.º, ou em função de outros critérios universalmente reconhecidos como inaceitáveis no direito internacional, relacionados com qualquer ato referido neste parágrafo ou com qualquer crime da competência do Tribunal;

i) desaparecimento forçado de pessoas;

j) crime de *apartheid*;

k) outros atos desumanos de caráter semelhante, que causem intencionalmente grande sofrimento, ou afetem gravemente a integridade física ou a saúde física ou mental.

2. Para efeitos do parágrafo 1.º:

a) por "ataque contra uma população civil" entende-se qualquer conduta que envolva a prática múltipla de atos referidos no parágrafo 1.º contra uma população civil, de acordo com a política de um Estado ou de uma organização de praticar esses atos ou tendo em vista a prossecução dessa política;

b) o "extermínio" compreende a sujeição intencional a condições de vida, tais como a privação do acesso a alimentos ou medicamentos, com vista a causar a destruição de uma parte da população;

c) por "escravidão" entende-se o exercício, relativamente a uma pessoa, de um poder ou de um conjunto de poderes que traduzam um direito de propriedade sobre uma pessoa, incluindo o exercício desse poder no âmbito do tráfico de pessoas, em particular mulheres e crianças;

d) por "deportação ou transferência à força de uma população" entende-se o deslocamento forçado de pessoas, através da expulsão ou outro ato coercivo, da zona em que se encontram legalmente, sem qualquer motivo reconhecido no direito internacional;

e) por "tortura" entende-se o ato por meio do qual uma dor ou sofrimentos agudos, físicos ou mentais, são intencionalmente causados a uma pessoa que esteja sob a custódia ou o controle do acusado; este termo não compreende a dor ou os sofrimentos resultantes unicamente de sanções legais, inerentes a essas sanções ou por elas ocasionadas;

f) por "gravidez à força" entende-se a privação ilegal de liberdade de uma mulher que foi engravidada à força, com o propósito de alterar a composição étnica de uma população ou de cometer outras violações graves do direito internacional. Esta definição não pode, de modo algum, ser interpretada como afetando as disposições de direito interno relativas à gravidez;

g) por "perseguição" entende-se a privação intencional e grave de direitos fundamentais em violação do direito internacional, por motivos relacionados com a identidade do grupo ou da coletividade em causa;

h) por "crime de *apartheid*" entende-se qualquer ato desumano análogo aos referidos no parágrafo 1.º, praticado no contexto de um regime institucionalizado de opressão e domínio sistemático de um grupo racial sobre um ou outros grupos nacionais e com a intenção de manter esse regime;

i) por "desaparecimento forçado de pessoas" entende-se a detenção, a prisão ou o sequestro de pessoas por um Estado ou uma organização política ou com a autorização, o apoio ou a concordância destes, seguidos de recusa a reconhecer tal estado de privação de liberdade ou a prestar qualquer informação sobre a situação ou localização dessas pessoas, com o propósito de lhes negar a proteção da lei por um prolongado período de tempo.

3. Para efeitos do presente Estatuto, entende-se que o termo "gênero" abrange os sexos masculino e feminino, dentro do contexto da sociedade, não lhe devendo ser atribuído qualquer outro significado.

Artigo 8.º
Crimes de Guerra

1. O Tribunal terá competência para julgar os crimes de guerra, em particular quando cometidos como parte integrante de um plano ou de uma política ou como parte de uma prática em larga escala desse tipo de crimes.

2. Para os efeitos do presente Estatuto, entende-se por "crimes de guerra":

a) as violações graves às Convenções de Genebra, de 12 de agosto de 1949, a saber, qualquer um dos seguintes atos, dirigidos contra pessoas ou bens protegidos nos termos da Convenção de Genebra que for pertinente:

i) homicídio doloso;

ii) tortura ou outros tratamentos desumanos, incluindo as experiências biológicas;

iii) o ato de causar intencionalmente grande sofrimento ou ofensas graves à integridade física ou à saúde;

iv) destruição ou a apropriação de bens em larga escala, quando não justificadas por quaisquer necessidades militares e executadas de forma ilegal e arbitrária;

v) o ato de compelir um prisioneiro de guerra ou outra pessoa sob proteção a servir nas forças armadas de uma potência inimiga;

vi) privação intencional de um prisioneiro de guerra ou de outra pessoa sob proteção do seu direito a um julgamento justo e imparcial;

vii) deportação ou transferência ilegais, ou a privação ilegal de liberdade;

viii) tomada de reféns;

b) outras violações graves das leis e costumes aplicáveis em conflitos armados internacionais no âmbito do direito internacional, a saber, qualquer um dos seguintes atos:

i) dirigir intencionalmente ataques à população civil em geral ou civis que não participem diretamente nas hostilidades;

ii) dirigir intencionalmente ataques a bens civis, ou seja bens que não sejam objetivos militares;

iii) dirigir intencionalmente ataques ao pessoal, instalações, material, unidades ou veículos que participem numa missão de manutenção da paz ou de assistência humanitária, de acordo com a Carta das Nações Unidas, sempre que estes tenham direito à proteção conferida aos civis ou aos bens civis pelo direito internacional aplicável aos conflitos armados;

iv) lançar intencionalmente um ataque, sabendo que o mesmo causará perdas acidentais de vidas humanas ou ferimentos na população civil, danos em bens de caráter civil ou prejuízos extensos, duradouros e graves no meio ambiente que se revelem claramente excessivos em relação à vantagem militar global concreta e direta que se previa;

v) atacar ou bombardear, por qualquer meio, cidades, vilarejos, habitações ou edifícios que não estejam defendidos e que não sejam objetivos militares;

vi) matar ou ferir um combatente que tenha deposto armas ou que, não tendo mais meios para se defender, se tenha incondicionalmente rendido;

vii) utilizar indevidamente uma bandeira de trégua, a bandeira nacional, as insígnias militares ou o uniforme do inimigo ou das Nações Unidas, assim como os emblemas distintivos das Convenções de Genebra, causando deste modo a morte ou ferimentos graves;

viii) a transferência, direta ou indireta, por uma potência ocupante de parte da sua população civil para o território que ocupa ou a deportação ou transferência da totalidade ou de parte da população do território ocupado, dentro ou para fora desse território;

ix) dirigir intencionalmente ataques a edifícios consagrados ao culto religioso, à educação, às artes, às ciências ou à beneficência, monumentos históricos, hospitais e lugares onde se agrupem doentes e feridos, sempre que não se trate de objetivos militares;

x) submeter pessoas que se encontrem sob o domínio de uma parte beligerante a mutilações físicas ou a qualquer tipo de experiências médicas ou científicas que não sejam motivadas por um tratamento médico, dentário ou hospitalar, nem sejam efetuadas no interesse dessas pessoas, e que causem a morte ou coloquem seriamente em perigo a sua saúde;

xi) matar ou ferir à traição pessoas pertencentes à nação ou ao exército inimigo;

xii) declarar que não será dado quartel;

xiii) destruir ou apreender bens do inimigo, a menos que tais destruições ou apreensões sejam imperativamente determinadas pelas necessidades da guerra;

xiv) declarar abolidos, suspensos ou não admissíveis em tribunal os direitos e ações dos nacionais da parte inimiga;

xv) obrigar os nacionais da parte inimiga a participar em operações bélicas dirigidas contra o seu próprio país, ainda que eles tenham estado ao serviço daquela parte beligerante antes do início da guerra;

xvi) saquear uma cidade ou uma localidade, mesmo quando tomada de assalto;

xvii) utilizar veneno ou armas envenenadas;

xviii) utilizar gases asfixiantes, tóxicos ou outros gases ou qualquer líquido, material ou dispositivo análogo;

xix) utilizar balas que se expandem ou achatam facilmente no interior do corpo humano, tais como balas de revestimento duro que não cobre totalmente o interior ou possui incisões;

xx) utilizar armas, projéteis; materiais e métodos de combate que, pela sua própria natureza, causem ferimentos supérfluos ou sofrimentos desnecessários ou que surtam efeitos indiscriminados, em violação do direito internacional aplicável aos conflitos armados, na medida em que tais armas, projéteis, materiais e métodos de combate sejam objeto de uma proibição geral e estejam incluídos em um anexo ao presente Estatuto, em virtude de uma alteração aprovada em conformidade com o disposto nos arts. 121 e 123;

xxi) ultrajar a dignidade da pessoa, em particular por meio de tratamentos humilhantes e degradantes;

xxii) cometer atos de violação, escravidão sexual, prostituição forçada, gravidez à força, tal como definida na alínea *f)* do parágrafo 2.º do art. 7.º, esterilização à força e qualquer outra forma de violência sexual que constitua também um desrespeito grave às Convenções de Genebra;

xxiii) utilizar a presença de civis ou de outras pessoas protegidas para evitar que determinados pontos, zonas ou forças militares sejam alvo de operações militares;

xxiv) dirigir intencionalmente ataques a edifícios, material, unidades e veículos sanitários, assim como o pessoal que esteja usando os emblemas distintivos das Convenções de Genebra, em conformidade com o direito internacional;

xxv) provocar deliberadamente a inanição da população civil como método de guerra, privando-a dos bens indispensáveis à sua sobrevivência, impedindo, inclusive, o envio de socorros, tal como previsto nas Convenções de Genebra;

xxvi) recrutar ou alistar menores de 15 anos nas forças armadas nacionais ou utilizá-los para participar ativamente nas hostilidades;

• O Decreto n. 5.006, de 8-3-2004, promulga o Protocolo facultativo à Convenção sobre os Direitos da Criança relativo ao envolvimento de crianças em conflitos armados.

c) em caso de conflito armado que não seja de índole internacional, as violações graves do art. 3.º comum às quatro Convenções de Genebra, de 12 de agosto de 1949, a saber, qualquer um dos atos que a seguir se indicam, cometidos contra pessoas que não participem diretamente nas hostilidades, incluindo os membros das forças armadas que tenham deposto armas e os que tenham ficado impedidos de continuar a combater devido a doença, lesões, prisão ou qualquer outro motivo:

i) atos de violência contra a vida e contra a pessoa, em particular o homicídio sob todas as suas formas, as mutilações, os tratamentos cruéis e a tortura;

ii) ultrajes à dignidade da pessoa, em particular por meio de tratamentos humilhantes e degradantes;

iii) a tomada de reféns;

iv) as condenações proferidas e as execuções efetuadas sem julgamento prévio por um tribunal regularmente constituído e que ofereça todas as garantias judiciais geralmente reconhecidas como indispensáveis;

d) a alínea *c)* do parágrafo 2.º do presente artigo aplica-se aos conflitos armados que não tenham caráter internacional e, por conseguinte, não se aplica a situações de distúrbio e de tensão internas, tais como motins, atos de violência esporádicos ou isolados ou outros de caráter semelhante;

e) as outras violações graves das leis e costumes aplicáveis aos conflitos armados que não têm caráter internacional, no quadro do direito internacional, a saber qualquer um dos seguintes atos:

i) dirigir intencionalmente ataques à população civil em geral ou civis que não participem diretamente nas hostilidades;

ii) dirigir intencionalmente ataques a edifícios, material, unidades e veículos sanitários, bem como ao pessoal que esteja usando os emblemas distintivos das Convenções de Genebra, em conformidade com o direito internacional;

iii) dirigir intencionalmente ataques ao pessoal, instalações, material, unidades ou veículos que participem numa missão de manutenção da paz ou de assistência humanitária, de acordo com a Carta das Nações Unidas, sempre que estes tenham direito à proteção conferida pelo direito internacional dos conflitos armados aos civis e aos bens civis;

iv) atacar intencionalmente edifícios consagrados ao culto religioso, à educação, às artes, às ciências ou à beneficência, monumentos históricos, hospitais e lugares onde se agrupem doentes e feridos, sempre que não se trate de objetivos militares;

v) saquear um aglomerado populacional ou um local, mesmo quando tomado de assalto;

vi) cometer atos de agressão sexual, escravidão sexual, prostituição forçada, gravidez à força, tal como definida na alínea *f)* do parágrafo 2.º do art. 7.º; esterilização à força ou qualquer outra forma de violência sexual que constitua uma violação grave do art. 3.º comum às quatro Convenções de Genebra;

vii) recrutar ou alistar menores de 15 anos nas forças armadas nacionais ou em grupos, ou utilizá-los para participar ativamente nas hostilidades;

viii) ordenar a deslocação da população civil por razões relacionadas com o conflito, salvo se assim o exigirem a segurança dos civis em questão ou razões militares imperiosas;

ix) matar ou ferir à traição um combatente de uma parte beligerante;

x) declarar que não será dado quartel;

xi) submeter pessoas que se encontrem sob o domínio de outra parte beligerante a mutilações físicas ou a qualquer tipo de experiências médicas ou científicas que não sejam motivadas por um tratamento médico, dentário ou hospitalar nem sejam efetuadas no interesse dessa pessoa, e que causem a morte ou ponham seriamente a sua saúde em perigo;

xii) destruir ou apreender bens do inimigo, a menos que as necessidades da guerra assim o exijam;

f) a alínea *e)* do parágrafo 2.º do presente artigo aplicar-se-á aos conflitos armados que não tenham caráter internacional e, por conseguinte, não se aplicará a situações de distúrbio e de tensão internas, tais como motins, atos de violência esporádicos ou isolados ou outros de caráter semelhante; aplicar-se-á, ainda, a conflitos armados que tenham lugar no território de um Estado, quando exista um conflito armado prolongado entre as autoridades governamentais e grupos armados organizados ou entre estes grupos.

3. O disposto nas alíneas *c)* e *e)* do parágrafo 2.º, em nada afetará a responsabilidade que incumbe a todo o Governo de manter e de restabelecer a ordem pública no Estado, e de defender a unidade e a integridade territorial do Estado por qualquer meio legítimo.

Artigo 9.º
Elementos Constitutivos dos Crimes

1. Os elementos constitutivos dos crimes que auxiliarão o Tribunal a interpretar e a aplicar os arts. 6.º, 7.º e 8.º do presente Estatuto, deverão ser adotados por uma maioria de dois terços dos membros da Assembleia dos Estados-Partes.

2. As alterações aos elementos constitutivos dos crimes poderão ser propostas por:

a) qualquer Estado-Parte;

b) os juízes, através de deliberação tomada por maioria absoluta;

c) o Procurador.

As referidas alterações entram em vigor depois de aprovadas por uma maioria de dois terços dos membros da Assembleia dos Estados-Partes.

3. Os elementos constitutivos dos crimes e respectivas alterações deverão ser compatíveis com as disposições contidas no presente Estatuto.

Artigo 10

Nada no presente capítulo deverá ser interpretado como limitando ou afetando, de alguma maneira, as normas existentes ou em desenvolvimento de direito internacional com fins distintos dos do presente Estatuto.

Artigo 11
Competência *Ratione Temporis*

1. O Tribunal só terá competência relativamente aos crimes cometidos após a entrada em vigor do presente Estatuto.

2. Se um Estado se tornar Parte no presente Estatuto depois da sua entrada em vigor, o Tribunal só poderá exercer a sua competência em relação a crimes cometidos depois da entrada em vigor do presente Estatuto relativamente a esse Estado, a menos que este tenha feito uma declaração nos termos do parágrafo 3.º do art. 12.

Artigo 12
Condições Prévias ao Exercício da Jurisdição

1. O Estado que se torne Parte no presente Estatuto, aceitará a jurisdição do Tribunal relativamente aos crimes a que se refere o art. 5.º.

2. Nos casos referidos nos parágrafos *a)* ou *c)* do art. 13, o Tribunal poderá exercer a sua jurisdição se um ou mais Estados a seguir identificados forem Partes no presente Estatuto ou aceitarem a competência do Tribunal de acordo com o disposto no parágrafo 3.º:

a) Estado em cujo território tenha tido lugar a conduta em causa, ou, se o crime tiver sido cometido a bordo de um navio ou de uma aeronave, o Estado de matrícula do navio ou aeronave;

b) Estado de que seja nacional a pessoa a quem é imputado um crime.

3. Se a aceitação da competência do Tribunal por um Estado que não seja Parte no presente Estatuto for necessária nos termos do parágrafo 2.º, pode o referido Estado, mediante declaração depositada junto do Secretário, consentir em que o Tribunal exerça a sua competência em relação ao crime em questão. O Estado que tiver aceito a competência do Tribunal colaborará com este, sem qualquer demora ou exceção, de acordo com o disposto no Capítulo IX.

Artigo 13
Exercício da Jurisdição

O Tribunal poderá exercer a sua jurisdição em relação a qualquer um dos crimes a que se refere o art. 5.º, de acordo com o disposto no presente Estatuto, se:

a) um Estado-Parte denunciar ao Procurador, nos termos do art. 14, qualquer situação em que haja indícios de ter ocorrido a prática de um ou vários desses crimes;

b) o Conselho de Segurança, agindo nos termos do Capítulo VII da Carta das Nações Unidas, denunciar ao Procurador qualquer situação em que haja indícios de ter ocorrido a prática de um ou vários desses crimes; ou

c) o Procurador tiver dado início a um inquérito sobre tal crime, nos termos do disposto no art. 15.

Artigo 14
Denúncia por um Estado-Parte

1. Qualquer Estado-Parte poderá denunciar ao Procurador uma situação em que haja indícios de ter ocorrido a prática de um ou vários crimes da competência do Tribunal e solicitar ao Procurador que a investigue, com vista a determinar se uma ou mais pessoas identificadas deverão ser acusadas da prática desses crimes.

2. O Estado que proceder à denúncia deverá, tanto quanto possível, especificar as circunstâncias relevantes do caso e anexar toda a documentação de que disponha.

Artigo 15
Procurador

1. O Procurador poderá, por sua própria iniciativa, abrir um inquérito com base em informações sobre a prática de crimes da competência do Tribunal.

2. O Procurador apreciará a seriedade da informação recebida. Para tal, poderá recolher informações suplementares junto aos Estados, aos órgãos da Organização das Nações Unidas, às Organizações Intergovernamentais ou Não Governamentais ou

outras fontes fidedignas que considere apropriadas, bem como recolher depoimentos escritos ou orais na sede do Tribunal.

3. Se concluir que existe fundamento suficiente para abrir um inquérito, o Procurador apresentará um pedido de autorização nesse sentido ao Juízo de Instrução, acompanhado da documentação de apoio que tiver reunido. As vítimas poderão apresentar representações no Juízo de Instrução, de acordo com o Regulamento Processual.

4. Se, após examinar o pedido e a documentação que o acompanha, o Juízo de Instrução considerar que há fundamento suficiente para abrir um Inquérito e que o caso parece caber na jurisdição do Tribunal, autorizará a abertura do inquérito, sem prejuízo das decisões que o Tribunal vier a tomar posteriormente em matéria de competência e de admissibilidade.

5. A recusa do Juízo de Instrução em autorizar a abertura do inquérito não impedirá o Procurador de formular ulteriormente outro pedido com base em novos fatos ou provas respeitantes à mesma situação.

6. Se, depois da análise preliminar a que se referem os parágrafos 1.° e 2.°, o Procurador concluir que a informação apresentada não constitui fundamento suficiente para um inquérito, o Procurador informará quem a tiver apresentado de tal entendimento. Tal não impede que o Procurador examine, à luz de novos fatos ou provas, qualquer outra informação que lhe venha a ser comunicada sobre o mesmo caso.

Artigo 16

Adiamento do Inquérito e do Procedimento Criminal

Nenhum inquérito ou procedimento crime poderá ter início ou prosseguir os seus termos, com base no presente Estatuto, por um período de doze meses a contar da data em que o Conselho de Segurança assim o tiver solicitado em resolução aprovada nos termos do disposto no Capítulo VII da Carta das Nações Unidas; o pedido poderá ser renovado pelo Conselho de Segurança nas mesmas condições.

Artigo 17

Questões Relativas à Admissibilidade

1. Tendo em consideração o décimo parágrafo do preâmbulo e o art. 1.°, o Tribunal decidirá sobre a não admissibilidade de um caso se:

•• O citado décimo parágrafo do preâmbulo dispõe que o Tribunal Penal Internacional será complementar às jurisdições penais nacionais.

a) o caso for objeto de inquérito ou de procedimento criminal por parte de um Estado que tenha jurisdição sobre o mesmo, salvo se este não tiver vontade de levar a cabo o inquérito ou o procedimento ou, não tenha capacidade para o fazer;

b) o caso tiver sido objeto de inquérito por um Estado com jurisdição sobre ele e tal Estado tenha decidido não dar seguimento ao procedimento criminal contra a pessoa em causa, a menos que esta decisão resulte do fato de esse Estado não ter vontade de proceder criminalmente ou da sua incapacidade real para o fazer;

c) a pessoa em causa já tiver sido julgada pela conduta a que se refere a denúncia, e não puder ser julgada pelo Tribunal em virtude do disposto no parágrafo 3.° do art. 20;

d) o caso não for suficientemente grave para justificar a ulterior intervenção do Tribunal.

2. A fim de determinar se há ou não vontade de agir num determinado caso, o Tribunal, tendo em consideração as garantias de um processo equitativo reconhecidas pelo direito internacional, verificará a existência de uma ou mais das seguintes circunstâncias:

a) o processo ter sido instaurado ou estar pendente ou a decisão ter sido proferida no Estado com o propósito de subtrair a pessoa em causa à sua responsabilidade criminal por crimes da competência do Tribunal, nos termos do disposto no art. 5.°;

b) ter havido demora injustificada no processamento, a qual, dadas as circunstâncias, se mostra incompatível com a intenção de fazer responder a pessoa em causa perante a justiça;

c) o processo não ter sido ou não estar sendo conduzido de maneira independente ou imparcial, e ter estado ou estar sendo conduzido de uma maneira que, dadas as circunstâncias, seja incompatível com a intenção de levar a pessoa em causa perante a justiça.

3. A fim de determinar se há incapacidade de agir num determinado caso, o Tribunal verificará se o Estado, por colapso total ou substancial da respectiva administração da justiça ou por indisponibilidade desta, não estará em condições de fazer comparecer o acusado, de reunir os meios de prova e depoimentos necessários ou não estará, por outros motivos, em condições de concluir o processo.

Artigo 18

Decisões Preliminares sobre Admissibilidade

1. Se uma situação for denunciada ao Tribunal nos termos do art. 13, parágrafo *a)*, e o Procurador determinar que existem fundamentos para abrir um inquérito ou der início a um inquérito de acordo com os arts. 13, parágrafo *c)* e 15, deverá notificar todos os Estados Partes e os Estados que, de acordo com a informação disponível, teriam jurisdição sobre esses crimes. O Procurador poderá proceder à notificação a título confidencial e, sempre que o considere necessário com vista a proteger pessoas, impedir a destruição de provas ou a fuga de pessoas, poderá limitar o âmbito da informação a transmitir aos Estados.

2. No prazo de um mês após a recepção da referida notificação, qualquer Estado poderá informar o Tribunal de que está procedendo, ou já procedeu, a um inquérito sobre nacionais seus ou outras pessoas sob a sua jurisdição, por atos que possam constituir crimes a que se refere o art. 5.º e digam respeito à informação constante na respectiva notificação. A pedido desse Estado, o Procurador transferirá para ele o inquérito sobre essas pessoas, a menos que, a pedido do Procurador, o Juízo de Instrução decida autorizar o inquérito.

3. A transferência do inquérito poderá ser reexaminada pelo Procurador seis meses após a data em que tiver sido decidida ou, a todo o momento, quando tenha ocorrido uma alteração significativa de circunstâncias, decorrente da falta de vontade ou da incapacidade efetiva do Estado de levar a cabo o inquérito.

4. O Estado interessado ou o Procurador poderão interpor recurso para o Juízo de Recursos da decisão proferida por um Juízo de Instrução, tal como previsto no art. 82. Este recurso poderá seguir uma forma sumária.

5. Se o Procurador transferir o inquérito, nos termos do parágrafo 2.º, poderá solicitar ao Estado interessado que o informe periodicamente do andamento do mesmo e de qualquer outro procedimento subsequente. Os Estados Partes responderão a estes pedidos sem atrasos injustificados.

6. O Procurador poderá, enquanto aguardar uma decisão a proferir no Juízo de Instrução, ou a todo o momento se tiver transferido o inquérito nos termos do presente artigo, solicitar ao tribunal de instrução, a título excepcional, que o autorize a efetuar as investigações que considere necessárias para preservar elementos de prova, quando exista uma oportunidade única de obter provas relevantes ou um risco significativo de que essas provas possam não estar disponíveis numa fase ulterior.

7. O Estado que tenha recorrido de uma decisão do Juízo de Instrução nos termos do presente artigo poderá impugnar a admissibilidade de um caso nos termos do art. 19, invocando fatos novos relevantes ou uma alteração significativa de circunstâncias.

Artigo 19

Impugnação da Jurisdição do Tribunal ou da Admissibilidade do Caso

1. O Tribunal deverá certificar-se de que detém jurisdição sobre todos os casos que lhe sejam submetidos. O Tribunal poderá pronunciar-se de ofício sobre a admissibilidade do caso em conformidade com o art. 17.

2. Poderão impugnar a admissibilidade do caso, por um dos motivos referidos no art. 17, ou impugnar a jurisdição do Tribunal:

a) o acusado ou a pessoa contra a qual tenha sido emitido um mandado ou ordem de detenção ou de comparecimento, nos termos do art. 58;

b) um Estado que detenha o poder de jurisdição sobre um caso, pelo fato de o estar investigando ou julgando, ou por já o ter feito antes; ou

c) um Estado cuja aceitação da competência do Tribunal seja exigida, de acordo com o art. 12.

3. O Procurador poderá solicitar ao Tribunal que se pronuncie sobre questões de jurisdição ou admissibilidade. Nas ações relativas a jurisdição ou admissibilidade, aqueles que tiverem denunciado um caso ao abrigo do art. 13, bem como as vítimas, poderão também apresentar as suas observações ao Tribunal.

4. A admissibilidade de um caso ou a jurisdição do Tribunal só poderão ser impugnadas uma única vez por qualquer pessoa ou Estado a que se faz referência no parágrafo 2.º. A impugnação deverá ser feita antes do julgamento ou no seu início. Em circunstâncias excepcionais, o Tribunal poderá autorizar que a impugnação se faça mais de uma vez ou depois do início do julgamento. As impugnações à admissibilidade de um caso feitas no início do julgamento, ou posteriormente com a autorização do Tribunal, só poderão fundamentar-se no disposto no parágrafo 1.º, alínea *c)* do art. 17.

5. Os Estados a que se referem as alíneas *b)* e *c)* do parágrafo 2.º do presente artigo deverão deduzir impugnação logo que possível.

6. Antes da confirmação da acusação, a impugnação da admissibilidade de um caso ou da jurisdição do Tribunal será submetida ao Juízo de Instrução e, após confirmação, ao Juízo de Julgamento em Primeira Instância. Das decisões relativas à jurisdição ou admissibilidade caberá recurso para o Juízo de Recursos, de acordo com o art. 82.

7. Se a impugnação for feita pelo Estado referido nas alíneas *b)* e *c)* do parágrafo 2.º, o Procurador suspenderá o inquérito até que o Tribunal decida em conformidade com o art. 17.

8. Enquanto aguardar uma decisão, o Procurador poderá solicitar ao Tribunal autorização para:

a) proceder às investigações necessárias previstas no parágrafo 6.º do art. 18;

b) recolher declarações ou o depoimento de uma testemunha ou completar o recolhimento e o exame das provas que tenha iniciado antes da impugnação; e

c) impedir, em colaboração com os Estados interessados, a fuga de pessoas em relação às quais já tenha solicitado um mandado de detenção, nos termos do art. 58.

9. A impugnação não afetará a validade de nenhum ato realizado pelo Procurador, nem de nenhuma decisão ou mandado anteriormente emitido pelo Tribunal.

10. Se o Tribunal tiver declarado que um caso não é admissível, de acordo com o art. 17, o Procurador poderá pedir a revisão dessa decisão, após se ter certificado de que surgiram novos fatos que invalidam

os motivos pelos quais o caso havia sido considerado inadmissível nos termos do art. 17.

11. Se o Procurador, tendo em consideração as questões referidas no art. 17, decidir transferir um inquérito, poderá pedir ao Estado em questão que o mantenha informado do seguimento do processo. Esta informação deverá, se esse Estado o solicitar, ser mantida confidencial. Se o Procurador decidir, posteriormente, abrir um inquérito, comunicará a sua decisão ao Estado para o qual foi transferido o processo.

Artigo 20

Ne bis in idem

1. Salvo disposição contrária do presente Estatuto, nenhuma pessoa poderá ser julgada pelo Tribunal por atos constitutivos de crimes pelos quais este já a tenha condenado ou absolvido.

2. Nenhuma pessoa poderá ser julgada por outro tribunal por um crime mencionado no art. 5.º, relativamente ao qual já tenha sido condenada ou absolvida pelo Tribunal.

3. O Tribunal não poderá julgar uma pessoa que já tenha sido julgada por outro tribunal, por atos também punidos pelos arts. 6.º, 7.º ou 8.º, a menos que o processo nesse outro tribunal:

a) tenha tido por objetivo subtrair o acusado à sua responsabilidade criminal por crimes da competência do Tribunal; ou

b) não tenha sido conduzido de forma independente ou imparcial, em conformidade com as garantias de um processo equitativo reconhecidas pelo direito internacional, ou tenha sido conduzido de uma maneira que, no caso concreto, se revele incompatível com a intenção de submeter a pessoa à ação da justiça.

Artigo 21

Direito Aplicável

1. O Tribunal aplicará:

a) em primeiro lugar, o presente Estatuto, os Elementos Constitutivos do Crime e o Regulamento Processual;

b) em segundo lugar, se for o caso, os tratados e os princípios e normas de direito internacional aplicáveis, incluindo os princípios estabelecidos no direito internacional dos conflitos armados;

c) na falta destes, os princípios gerais do direito que o Tribunal retire do direito interno dos diferentes sistemas jurídicos existentes, incluindo, se for o caso, o direito interno dos Estados que exerceriam normalmente a sua jurisdição relativamente ao crime, sempre que esses princípios não sejam incompatíveis com o presente Estatuto, com o direito internacional, nem com as normas e padrões internacionalmente reconhecidos.

2. O Tribunal poderá aplicar princípios e normas de direito tal como já tenham sido por si interpretados em decisões anteriores.

3. A aplicação e interpretação do direito, nos termos do presente artigo, deverá ser compatível com os direitos humanos internacionalmente reconhecidos, sem discriminação alguma baseada em motivos tais como o gênero, definido no parágrafo 3.º do art. 7.º, a idade, a raça, a cor, a religião ou o credo, a opinião política ou outra, a origem nacional, étnica ou social, a situação econômica, o nascimento ou outra condição.

Capítulo III

PRINCÍPIOS GERAIS DE DIREITO PENAL

Artigo 22

Nullum crimen sine lege

1. Nenhuma pessoa será considerada criminalmente responsável, nos termos do presente Estatuto, a menos que a sua conduta constitua, no momento em que tiver lugar, um crime da competência do Tribunal.

2. A previsão de um crime será estabelecida de forma precisa e não será permitido o recurso à analogia. Em caso de ambiguidade, será interpretada a favor da pessoa objeto de inquérito, acusada ou condenada.

3. O disposto no presente artigo em nada afetará a tipificação de uma conduta como crime nos termos do direito internacional, independentemente do presente Estatuto.

Artigo 23

Nulla poena sine lege

Qualquer pessoa condenada pelo Tribunal só poderá ser punida em conformidade com as disposições do presente Estatuto.

Artigo 24

Não retroatividade *ratione personae*

1. Nenhuma pessoa será considerada criminalmente responsável, de acordo com o presente Estatuto, por uma conduta anterior à entrada em vigor do presente Estatuto.

2. Se o direito aplicável a um caso for modificado antes de proferida sentença definitiva, aplicar-se-á o direito mais favorável à pessoa objeto de inquérito, acusada ou condenada.

Artigo 25

Responsabilidade Criminal Individual

1. De acordo com o presente Estatuto, o Tribunal será competente para julgar as pessoas físicas.

2. Quem cometer um crime da competência do Tribunal será considerado individualmente responsável e poderá ser punido de acordo com o presente Estatuto.

3. Nos termos do presente Estatuto, será considerado criminalmente responsável e poderá ser punido pela prática de um crime da competência do Tribunal quem:

a) cometer esse crime individualmente ou em conjunto ou por intermédio de outrem, quer essa pessoa seja, ou não, criminalmente responsável;

b) ordenar, solicitar ou instigar à prática desse crime, sob forma consumada ou sob a forma de tentativa;

c) com o propósito de facilitar a prática desse crime, for cúmplice ou encobridor, ou colaborar de algum modo na prática ou na tentativa de prática do crime, nomeadamente pelo fornecimento dos meios para a sua prática;

d) contribuir de alguma outra forma para a prática ou tentativa de prática do crime por um grupo de pessoas que tenha um objetivo comum. Esta contribuição deverá ser intencional e ocorrer, conforme o caso:

i) com o propósito de levar a cabo a atividade ou o objetivo criminal do grupo, quando um ou outro impliquem a prática de um crime da competência do Tribunal; ou

ii) com o conhecimento da intenção do grupo de cometer o crime;

e) no caso de crime de genocídio, incitar, direta e publicamente, à sua prática;

f) tentar cometer o crime mediante atos que contribuam substancialmente para a sua execução, ainda que não se venha a consumar devido a circunstâncias alheias à sua vontade. Porém, quem desistir da prática do crime, ou impedir de outra forma que este se consuma, não poderá ser punido em conformidade com o presente Estatuto pela tentativa, se renunciar total e voluntariamente ao propósito delituoso.

4. O disposto no presente Estatuto sobre a responsabilidade criminal das pessoas físicas em nada afetará a responsabilidade do Estado, de acordo com o direito internacional.

Artigo 26

Exclusão da Jurisdição Relativamente a Menores de 18 Anos

O Tribunal não terá jurisdição sobre pessoas que, à data da alegada prática do crime, não tenham ainda completado 18 anos de idade.

Artigo 27

Irrelevância da Qualidade Oficial

1. O presente Estatuto será aplicável de forma igual a todas as pessoas sem distinção alguma baseada na qualidade oficial. Em particular, a qualidade oficial de Chefe de Estado ou de Governo, de membro de Governo ou do Parlamento, de representante eleito ou de funcionário público, em caso algum eximirá a pessoa em causa de responsabilidade criminal nos termos do presente Estatuto, nem constituirá de *per se* motivo de redução da pena.

2. As imunidades ou normas de procedimento especiais decorrentes da qualidade oficial de uma pessoa; nos termos do direito interno ou do direito internacional, não deverão obstar a que o Tribunal exerça a sua jurisdição sobre essa pessoa.

Artigo 28

Responsabilidade dos Chefes Militares e Outros Superiores Hierárquicos

Além de outras fontes de responsabilidade criminal previstas no presente Estatuto, por crimes da competência do Tribunal:

a) o chefe militar, ou a pessoa que atue efetivamente como chefe militar, será criminalmente responsável por crimes da competência do Tribunal que tenham sido cometidos por forças sob o seu comando e controle efetivos ou sob a sua autoridade e controle efetivos, conforme o caso, pelo fato de não exercer um controle apropriado sobre essas forças quando:

i) esse chefe militar ou essa pessoa tinha conhecimento ou, em virtude das circunstâncias do momento, deveria ter tido conhecimento de que essas forças estavam a cometer ou preparavam-se para cometer esses crimes; e

ii) esse chefe militar ou essa pessoa não tenha adotado todas as medidas necessárias e adequadas ao seu alcance para prevenir ou reprimir a sua prática, ou para levar o assunto ao conhecimento das autoridades competentes, para efeitos de inquérito e procedimento criminal;

b) nas relações entre superiores hierárquicos e subordinados, não referidos na alínea *a*), o superior hierárquico será criminalmente responsável pelos crimes da competência do Tribunal que tiverem sido cometidos por subordinados sob a sua autoridade e controle efetivos, pelo fato de não ter exercido um controle apropriado sobre esses subordinados, quando:

a) o superior hierárquico teve conhecimento ou deliberadamente não levou em consideração a informação que indicava claramente que os subordinados estavam a cometer ou se preparavam para cometer esses crimes;

b) esses crimes estavam relacionados com atividades sob a sua responsabilidade e controle efetivos; e

c) o superior hierárquico não adotou todas as medidas necessárias e adequadas ao seu alcance para prevenir ou reprimir a sua prática ou para levar o assunto ao conhecimento das autoridades competentes, para efeitos de inquérito e procedimento criminal.

Artigo 29
Imprescritibilidade

Os crimes da competência do Tribunal não prescrevem.

Artigo 30
Elementos Psicológicos

1. Salvo disposição em contrário, nenhuma pessoa poderá ser criminalmente responsável e punida por um crime da competência do Tribunal, a menos que atue com vontade de o cometer e conhecimento dos seus elementos materiais.

2. Para os efeitos do presente artigo, entende-se que atua intencionalmente quem:

a) relativamente a uma conduta, se propuser adotá-la;

b) relativamente a um efeito do crime, se propuser causá-lo ou estiver ciente de que ele terá lugar em uma ordem normal dos acontecimentos.

3. Nos termos do presente artigo, entende-se por "conhecimento" a consciência de que existe uma circunstância ou de que um efeito irá ter lugar, em uma ordem normal dos acontecimentos. As expressões "ter conhecimento" e "com conhecimento" deverão ser entendidas em conformidade.

Artigo 31
Causas de Exclusão da Responsabilidade Criminal

Sem prejuízo de outros fundamentos para a exclusão de responsabilidade criminal previstos no presente Estatuto, não será considerada criminalmente responsável a pessoa que, no momento da prática de determinada conduta:

a) sofrer de enfermidade ou deficiência mental que a prive da capacidade para avaliar a ilicitude ou a natureza da sua conduta, ou da capacidade para controlar essa conduta a fim de não violar a lei;

b) estiver em estado de intoxicação que a prive da capacidade para avaliar a ilicitude ou a natureza da sua conduta, ou da capacidade para controlar essa conduta a fim de não transgredir a lei, a menos que se tenha intoxicado voluntariamente em circunstâncias que lhe permitiam ter conhecimento de que, em consequência da intoxicação, poderia incorrer numa conduta tipificada como crime da competência do Tribunal, ou, de que haveria o risco de tal suceder;

c) agir em defesa própria ou de terceiro com razoabilidade ou, em caso de crimes de guerra, em defesa de um bem que seja essencial para a sua sobrevivência ou de terceiro ou de um bem que seja essencial à realização de uma missão militar, contra o uso iminente e ilegal da força, de forma proporcional ao grau de perigo para si, para terceiro ou para os bens protegidos. O fato de participar em uma força que realize uma operação de defesa não será causa bastante de exclusão de responsabilidade criminal, nos termos desta alínea;

d) tiver incorrido numa conduta que presumivelmente constitui crime da competência do Tribunal, em consequência de coação decorrente de uma ameaça iminente de morte ou ofensas corporais graves para si ou para outrem, e em que se veja compelida a atuar de forma necessária e razoável para evitar essa ameaça, desde que não tenha a intenção de causar um dano maior que aquele que se propunha evitar. Essa ameaça tanto poderá:

i) ter sido feita por outras pessoas; ou

ii) ser constituída por outras circunstâncias alheias à sua vontade.

2. O Tribunal determinará se os fundamentos de exclusão da responsabilidade criminal previstos no presente Estatuto serão aplicáveis no caso em apreço.

3. No julgamento, o Tribunal poderá levar em consideração outros fundamentos de exclusão da responsabilidade criminal; distintos dos referidos no parágrafo 1.º, sempre que esses fundamentos resultem do direito aplicável em conformidade com o art. 21. O processo de exame de um fundamento de exclusão deste tipo será definido no Regulamento Processual.

•• A numeração deste artigo está de acordo com a publicação no *DOU*.

Artigo 32
Erro de Fato ou Erro de Direito

1. O erro de fato só excluirá a responsabilidade criminal se eliminar o dolo requerido pelo crime.

2. O erro de direito sobre se determinado tipo de conduta constitui crime da competência do Tribunal não será considerado fundamento de exclusão de responsabilidade criminal. No entanto, o erro de direito poderá ser considerado fundamento de exclusão de responsabilidade criminal se eliminar o dolo requerido pelo crime ou se decorrer do art. 33 do presente Estatuto.

Artigo 33
Decisão Hierárquica e Disposições Legais

1. Quem tiver cometido um crime da competência do Tribunal, em cumprimento de uma decisão emanada de um Governo ou de um superior hierárquico, quer seja militar ou civil, não será isento de responsabilidade criminal, a menos que:

a) estivesse obrigado por lei a obedecer a decisões emanadas do Governo ou superior hierárquico em questão;

b) não tivesse conhecimento de que a decisão era ilegal; e

c) a decisão não fosse manifestamente ilegal.

2. Para os efeitos do presente artigo, qualquer decisão de cometer genocídio ou crimes contra a hu-

manidade será considerada como manifestamente ilegal.

Capítulo IV
COMPOSIÇÃO E ADMINISTRAÇÃO DO TRIBUNAL

Artigo 34
Órgãos do Tribunal

O Tribunal será composto pelos seguintes órgãos:

a) a Presidência;

b) uma Seção de Recursos, uma Seção de Julgamento em Primeira Instância e uma Seção de Instrução;

c) o Gabinete do Procurador;

d) a Secretaria.

Artigo 35
Exercício das Funções de Juiz

1. Os juízes serão eleitos membros do Tribunal para exercer funções em regime de exclusividade e deverão estar disponíveis para desempenhar o respectivo cargo desde o início do seu mandato.

2. Os juízes que comporão a Presidência desempenharão as suas funções em regime de exclusividade desde a sua eleição.

3. A Presidência poderá, em função do volume de trabalho do Tribunal, e após consulta dos seus membros, decidir periodicamente em que medida é que será necessário que os restantes juízes desempenhem as suas funções em regime de exclusividade. Estas decisões não prejudicarão o disposto no art. 40.

4. Os ajustes de ordem financeira relativos aos juízes que não tenham de exercer os respectivos cargos em regime de exclusividade serão adotados em conformidade com o disposto no art. 49.

Artigo 36
Qualificações, Candidatura e Eleição dos Juízes

1. Sob reserva do disposto no parágrafo 2.º, o Tribunal será composto por 18 juízes.

2. *a*) A Presidência, agindo em nome do Tribunal, poderá propor o aumento do número de juízes referido no parágrafo 1.º fundamentando as razões pelas quais considera necessária e apropriada tal medida. O Secretário comunicará imediatamente a proposta a todos os Estados-Partes;

b) A proposta será seguidamente apreciada em sessão da Assembleia dos Estados-Partes convocada nos termos do art. 112 e deverá ser considerada adotada se for aprovada na sessão por maioria de dois terços dos membros da Assembleia dos Estados-Partes; a proposta entrará em vigor na data fixada pela Assembleia dos Estados-Partes;

c) i) logo que seja aprovada a proposta de aumento do número de juízes, de acordo com o disposto na alínea *b*), a eleição dos juízes adicionais terá lugar no período seguinte de sessões da Assembleia dos Estados-Partes, nos termos dos parágrafos 3.º a 8.º do presente artigo e do parágrafo 2.º do art. 37;

ii) após a aprovação e a entrada em vigor de uma proposta de aumento do número de juízes, de acordo com o disposto nas alíneas *b*) e *c*) i), a Presidência poderá, a qualquer momento, se o volume de trabalho do Tribunal assim o justificar, propor que o número de juízes seja reduzido, mas nunca para um número inferior ao fixado no parágrafo 1.º. A proposta será apreciada de acordo com o procedimento definido nas alíneas *a*) e *b*). Caso a proposta seja aprovada, o número de juízes será progressivamente reduzido, à medida que expirem os mandatos e até que se alcance o número previsto.

3. *a*) Os juízes serão eleitos dentre pessoas de elevada idoneidade moral, imparcialidade e integridade, que reúnam os requisitos para o exercício das mais altas funções judiciais nos seus respectivos países.

b) Os candidatos a juízes deverão possuir:

i) reconhecida competência em direito penal e direito processual penal e a necessária experiência em processos penais na qualidade de juiz, procurador, advogado ou outra função semelhante; ou

ii) reconhecida competência em matérias relevantes de direito internacional, tais como o direito internacional humanitário e os direitos humanos, assim como vasta experiência em profissões jurídicas com relevância para a função judicial do Tribunal;

c) os candidatos a juízes deverão possuir um excelente conhecimento e serem fluentes em, pelo menos, uma das línguas de trabalho do Tribunal.

4. *a*) Qualquer Estado-Parte no presente Estatuto poderá propor candidatos às eleições para juiz do Tribunal mediante:

i) o procedimento previsto para propor candidatos aos mais altos cargos judiciais do país; ou

ii) o procedimento previsto no Estatuto da Corte Internacional de Justiça para propor candidatos a esse Tribunal.

As propostas de candidatura deverão ser acompanhadas de uma exposição detalhada comprovativa de que o candidato possui os requisitos enunciados no parágrafo 3.º;

b) qualquer Estado-Parte poderá apresentar uma candidatura de uma pessoa que não tenha necessariamente a sua nacionalidade, mas que seja nacional de um Estado-Parte;

c) a Assembleia dos Estados-Partes poderá decidir constituir, se apropriado, uma Comissão consultiva para o exame das candidaturas, neste caso, a Assembleia dos Estados-Partes determinará a composição e o mandato da Comissão.

5. Para efeitos da eleição, serão estabelecidas duas listas de candidatos:

A lista A, com os nomes dos candidatos que reúnam os requisitos enunciados na alínea *b*) i) do parágrafo 3.º; e

A lista B, com os nomes dos candidatos que reúnam os requisitos enunciados na alínea *b)* ii) do parágrafo 3.º.

O candidato que reúna os requisitos constantes de ambas as listas, poderá escolher em qual delas deseja figurar. Na primeira eleição de membros do Tribunal, pelo menos nove juízes serão eleitos entre os candidatos da lista A e pelo menos cinco entre os candidatos da lista B. As eleições subsequentes serão organizadas por forma a que se mantenha no Tribunal uma proporção equivalente de juízes de ambas as listas.

6. *a)* Os juízes serão eleitos por escrutínio secreto, em sessão da Assembleia dos Estados-Partes convocada para esse efeito, nos termos do art. 112. Sob reserva do disposto no parágrafo 7.º, serão eleitos os 18 candidatos que obtenham o maior número de votos e uma maioria de dois terços dos Estados-Partes presentes e votantes.

b) No caso em que da primeira votação não resulte eleito um número suficiente de juízes, proceder-se-á a nova votação, de acordo com os procedimentos estabelecidos na alínea *a)*, até provimento dos lugares restantes.

7. O Tribunal não poderá ter mais de um juiz nacional do mesmo Estado. Para este efeito, a pessoa que for considerada nacional de mais de um Estado será considerada nacional do Estado onde exerce habitualmente os seus direitos civis e políticos.

8. *a)* Na seleção dos juízes, os Estados-Partes ponderarão sobre a necessidade de assegurar que a composição do Tribunal inclua:

i) a representação dos principais sistemas jurídicos do mundo;

ii) uma representação geográfica equitativa; e

iii) uma representação justa de juízes do sexo feminino e do sexo masculino;

b) Os Estados-Partes levarão igualmente em consideração a necessidade de assegurar a presença de juízes especializados em determinadas matérias incluindo, entre outras, a violência contra mulheres ou crianças.

9. *a)* Salvo o disposto na alínea *b)*, os juízes serão eleitos por um mandato de nove anos e não poderão ser reeleitos, salvo o disposto na alínea *c)* e no parágrafo 2.º do art. 37;

b) Na primeira eleição, um terço dos juízes eleitos será selecionado por sorteio para exercer um mandato de três anos; outro terço será selecionado, também por sorteio, para exercer um mandato de seis anos; e os restantes exercerão um mandato de nove anos;

c) Um juiz selecionado para exercer um mandato de três anos, em conformidade com a alínea *b)*, poderá ser reeleito para um mandato completo.

10. Não obstante o disposto no parágrafo 9.º, um juiz afeto a um Juízo de Julgamento em Primeira Instância ou de Recurso, em conformidade com o art. 39, permanecerá em funções até à conclusão do julgamento ou do recurso dos casos que tiver a seu cargo.

Artigo 37
Vagas

1. Caso ocorra uma vaga, realizar-se-á uma eleição para o seu provimento, de acordo com o art. 36.

2. O juiz eleito para prover uma vaga, concluirá o mandato do seu antecessor e, se esse período for igual ou inferior a três anos, poderá ser reeleito para um mandato completo, nos termos do art. 36.

Artigo 38
A Presidência

1. O Presidente, o Primeiro Vice-Presidente e o Segundo Vice-Presidente serão eleitos por maioria absoluta dos juízes. Cada um desempenhará o respectivo cargo por um período de três anos ou até ao termo do seu mandato como juiz, conforme o que expirar em primeiro lugar. Poderão ser reeleitos uma única vez.

2. O Primeiro Vice-Presidente substituirá o Presidente em caso de impossibilidade ou recusa deste. O Segundo Vice-Presidente substituirá o Presidente em caso de impedimento ou recusa deste ou do Primeiro Vice-Presidente.

3. O Presidente, o Primeiro Vice-Presidente e o Segundo Vice-Presidente constituirão a Presidência, que ficará encarregada:

a) da adequada administração do Tribunal, com exceção do Gabinete do Procurador; e

b) das restantes funções que lhe forem conferidas de acordo com o presente Estatuto.

4. Embora eximindo-se da sua responsabilidade nos termos do parágrafo 3.º *a)*, a Presidência atuará em coordenação com o Gabinete do Procurador e deverá obter a aprovação deste em todos os assuntos de interesse comum.

Artigo 39
Juízos

1. Após a eleição dos juízes e logo que possível, o Tribunal deverá organizar-se nas seções referidas no art. 34 *b)*. A Seção de Recursos será composta pelo Presidente e quatro juízes, a Seção de Julgamento em Primeira Instância por, pelo menos, seis juízes e a Seção de Instrução por, pelo menos, seis juízes. Os juízes serão adstritos às Seções de acordo com a natureza das funções que corresponderem a cada um e com as respectivas qualificações e experiência, por forma a que cada Seção disponha de um conjunto adequado de especialistas em direito penal e processual penal e em direito internacional. A Seção de Julgamento em Primeira Instância e a Seção de Instrução serão predominantemente compostas por juízes com experiência em processo penal.

2. *a*) As funções judiciais do Tribunal serão desempenhadas em cada Seção pelos juízos.

b) i) O Juízo de Recursos será composto por todos os juízes da Seção de Recursos;

ii) As funções do Juízo de Julgamento em Primeira Instância serão desempenhadas por três juízes da Seção de Julgamento em Primeira Instância;

iii) As funções do Juízo de Instrução serão desempenhadas por três juízes da Seção de Instrução ou por um só juiz da referida Seção, em conformidade com o presente Estatuto e com o Regulamento Processual;

c) Nada no presente número obstará a que se constituam simultaneamente mais de um Juízo de Julgamento em Primeira Instância ou Juízo de Instrução, sempre que a gestão eficiente do trabalho do Tribunal assim o exigir.

3. *a*) Os juízes adstritos às Seções de Julgamento em Primeira Instância e de Instrução desempenharão o cargo nessas Seções por um período de três anos ou, decorrido esse período, até à conclusão dos casos que lhes tenham sido cometidos pela respectiva Seção;

b) Os juízes adstritos à Seção de Recursos desempenharão o cargo nessa Seção durante todo o seu mandato.

4. Os juízes adstritos à Seção de Recursos desempenharão o cargo unicamente nessa Seção. Nada no presente artigo obstará a que sejam adstritos temporariamente juízes da Seção de Julgamento em Primeira Instância à Seção de Instrução, ou inversamente, se a Presidência entender que a gestão eficiente do trabalho do Tribunal assim o exige; porém, o juiz que tenha participado na fase instrutória não poderá, em caso algum, fazer parte do Juízo de Julgamento em Primeira Instância encarregado do caso.

Artigo 40
Independência dos Juízes

1. Os juízes serão independentes no desempenho das suas funções.

2. Os juízes não desenvolverão qualquer atividade que possa ser incompatível com o exercício das suas funções judiciais ou prejudicar a confiança na sua independência.

3. Os juízes que devam desempenhar os seus cargos em regime de exclusividade na sede do Tribunal não poderão ter qualquer outra ocupação de natureza profissional.

4. As questões relativas à aplicação dos parágrafos 2.º e 3.º serão decididas por maioria absoluta dos juízes. Nenhum juiz participará na decisão de uma questão que lhe diga respeito.

Artigo 41
Impedimento e Desqualificação de Juízes

1. A Presidência poderá, a pedido de um juiz, declarar seu impedimento para o exercício de alguma das funções que lhe confere o presente Estatuto, em conformidade com o Regulamento Processual.

2. *a*) Nenhum juiz pode participar num caso em que, por qualquer motivo, seja posta em dúvida a sua imparcialidade. Será desqualificado, em conformidade com o disposto neste número, entre outras razões, se tiver intervindo anteriormente, a qualquer título, em um caso submetido ao Tribunal ou em um procedimento criminal conexo em nível nacional que envolva a pessoa objeto de inquérito ou procedimento criminal. Pode ser igualmente desqualificado por qualquer outro dos motivos definidos no Regulamento Processual;

b) O Procurador ou a pessoa objeto de inquérito ou procedimento criminal poderá solicitar a desqualificação de um juiz em virtude do disposto no presente número;

c) As questões relativas à desqualificação de juízes serão decididas por maioria absoluta dos juízes. O juiz cuja desqualificação for solicitada, poderá pronunciar-se sobre a questão, mas não poderá tomar parte na decisão.

Artigo 42
O Gabinete do Procurador

1. O Gabinete do Procurador atuará de forma independente, enquanto órgão autônomo do Tribunal. Competir-lhe-á recolher comunicações e qualquer outro tipo de informação, devidamente fundamentada, sobre crimes da competência do Tribunal, a fim de os examinar e investigar e de exercer a ação penal junto ao Tribunal. Os membros do Gabinete do Procurador não solicitarão nem cumprirão ordens de fontes externas ao Tribunal.

2. O Gabinete do Procurador será presidido pelo Procurador, que terá plena autoridade para dirigir e administrar o Gabinete do Procurador, incluindo o pessoal, as instalações e outros recursos. O Procurador será coadjuvado por um ou mais Procuradores-Adjuntos, que poderão desempenhar qualquer uma das funções que incumbam àquele, em conformidade com o disposto no presente Estatuto. O Procurador e os Procuradores-Adjuntos terão nacionalidades diferentes e desempenharão o respectivo cargo em regime de exclusividade.

3. O Procurador e os Procuradores-Adjuntos deverão ter elevada idoneidade moral, elevado nível de competência e vasta experiência prática em matéria de processo penal. Deverão possuir um excelente conhecimento e serem fluentes em, pelo menos, uma das línguas de trabalho do Tribunal.

4. O Procurador será eleito por escrutínio secreto e por maioria absoluta de votos dos membros da Assembleia dos Estados-Partes. Os Procuradores-Adjuntos serão eleitos da mesma forma, de entre uma lista de candidatos apresentada pelo Procurador. O Procurador proporá três candidatos para cada cargo de Procurador-Adjunto a prover. A menos que, ao tempo da eleição, seja fixado um período mais

curto, o Procurador e os Procuradores-Adjuntos exercerão os respectivos cargos por um período de nove anos e não poderão ser reeleitos.

5. O Procurador e os Procuradores-Adjuntos não deverão desenvolver qualquer atividade que possa interferir com o exercício das suas funções ou afetar a confiança na sua independência e não poderão desempenhar qualquer outra função de caráter profissional.

6. A Presidência poderá, a pedido do Procurador ou de um Procurador-Adjunto, escusá-lo de intervir num determinado caso.

7. O Procurador e os Procuradores-Adjuntos não poderão participar em qualquer processo em que, por qualquer motivo, a sua imparcialidade possa ser posta em causa. Serão recusados, em conformidade com o disposto no presente número, entre outras razões, se tiverem intervindo anteriormente, a qualquer título, num caso submetido ao Tribunal ou num procedimento crime conexo em nível nacional, que envolva a pessoa objeto de inquérito ou procedimento criminal.

8. As questões relativas à recusa do Procurador ou de um Procurador-Adjunto serão decididas pelo Juízo de Recursos.

a) A pessoa objeto de inquérito ou procedimento criminal poderá solicitar, a todo o momento, a recusa do Procurador ou de um Procurador-Adjunto, pelos motivos previstos no presente artigo;

b) O Procurador ou o Procurador-Adjunto, segundo o caso, poderão pronunciar-se sobre a questão.

9. O Procurador nomeará assessores jurídicos especializados em determinadas áreas incluindo, entre outras, as da violência sexual ou violência por motivos relacionados com a pertença a um determinado gênero e da violência contra as crianças.

Artigo 43
A Secretaria

1. A Secretaria será responsável pelos aspectos não judiciais da administração e do funcionamento do Tribunal, sem prejuízo das funções e atribuições do Procurador definidas no art. 42.

2. A Secretaria será dirigida pelo Secretário, principal responsável administrativo do Tribunal. O Secretário exercerá as suas funções na dependência do Presidente do Tribunal.

3. O Secretário e o Secretário-Adjunto deverão ser pessoas de elevada idoneidade moral e possuir um elevado nível de competência e um excelente conhecimento e domínio de, pelo menos, uma das línguas de trabalho do Tribunal.

4. Os juízes elegerão o Secretário em escrutínio secreto, por maioria absoluta, tendo em consideração as recomendações da Assembleia dos Estados-Partes. Se necessário, elegerão um Secretário-Adjunto, por recomendação do Secretário e pela mesma forma.

5. O Secretário será eleito por um período de cinco anos para exercer funções em regime de exclusividade e só poderá ser reeleito uma vez. O Secretário-Adjunto será eleito por um período de cinco anos, ou por um período mais curto se assim o decidirem os juízes por deliberação tomada por maioria absoluta, e exercerá as suas funções de acordo com as exigências de serviço.

6. O Secretário criará, no âmbito da Secretaria, uma Unidade de Apoio às Vítimas e Testemunhas. Esta Unidade, em conjunto com o Gabinete do Procurador, adotará medidas de proteção e dispositivos de segurança e prestará assessoria e outro tipo de assistência às testemunhas e vítimas que compareçam perante o Tribunal e a outras pessoas ameaçadas em virtude do testemunho prestado por aquelas. A Unidade incluirá pessoal especializado para atender as vítimas de traumas, nomeadamente os relacionados com crimes de violência sexual.

Artigo 44
O Pessoal

1. O Procurador e o Secretário nomearão o pessoal qualificado necessário aos respectivos serviços, nomeadamente, no caso do Procurador, o pessoal encarregado de efetuar diligências no âmbito do inquérito.

2. No tocante ao recrutamento de pessoal, o Procurador e o Secretário assegurarão os mais altos padrões de eficiência, competência e integridade, tendo em consideração, *mutatis mutandis,* os critérios estabelecidos no parágrafo 8.° do art. 36.

3. O Secretário, com o acordo da Presidência e do Procurador, proporá o Estatuto do Pessoal, que fixará as condições de nomeação, remuneração e cessação de funções do pessoal do Tribunal. O Estatuto do Pessoal será aprovado pela Assembleia dos Estados-Partes.

4. O Tribunal poderá, em circunstâncias excepcionais, recorrer aos serviços de pessoal colocado à sua disposição, a título gratuito, pelos Estados-Partes, organizações intergovernamentais e organizações não governamentais, com vista a colaborar com qualquer um dos órgãos do Tribunal. O Procurador poderá anuir a tal eventualidade em nome do Gabinete do Procurador. A utilização do pessoal disponibilizado a título gratuito ficará sujeita às diretivas estabelecidas pela Assembleia dos Estados-Partes.

Artigo 45
Compromisso Solene

Antes de assumir as funções previstas no presente Estatuto, os juízes, o Procurador, os Procuradores-Adjuntos, o Secretário e o Secretário-Adjunto declararão solenemente, em sessão pública, que exercerão as suas funções imparcial e conscienciosamente.

Artigo 46
Cessação de Funções

1. Um Juiz, o Procurador, um Procurador-Adjunto, o Secretário ou o Secretário-Adjunto cessará as respectivas funções, por decisão adotada de acordo com o disposto no parágrafo 2.°, nos casos em que:

a) se conclua que a pessoa em causa incorreu em falta grave ou incumprimento grave das funções conferidas pelo presente Estatuto, de acordo com o previsto no Regulamento Processual; ou

b) a pessoa em causa se encontre impossibilitada de desempenhar as funções definidas no presente Estatuto.

2. A decisão relativa à cessação de funções de um juiz, do Procurador ou de um Procurador-Adjunto, de acordo com o parágrafo 1.°, será adotada pela Assembleia dos Estados-Partes em escrutínio secreto:

a) no caso de um juiz, por maioria de dois terços dos Estados-Partes, com base em recomendação adotada por maioria de dois terços dos restantes juízes;

b) no caso do Procurador, por maioria absoluta dos Estados-Partes;

c) no caso de um Procurador-Adjunto, por maioria absoluta dos Estados-Partes, com base na recomendação do Procurador.

3. A decisão relativa à cessação de funções do Secretário ou do Secretário-Adjunto, será adotada por maioria absoluta de votos dos juízes.

4. Os juízes, o Procurador, os Procuradores-Adjuntos, o Secretário ou o Secretário-Adjunto, cuja conduta ou idoneidade para o exercício das funções inerentes ao cargo em conformidade com o presente Estatuto tiver sido contestada ao abrigo do presente artigo, terão plena possibilidade de apresentar e obter meios de prova e produzir alegações de acordo com o Regulamento Processual; não poderão, no entanto, participar, de qualquer outra forma, na apreciação do caso.

Artigo 47

Medidas Disciplinares

Os juízes, o Procurador, os Procuradores-Adjuntos, o Secretário ou o Secretário-Adjunto que tiverem cometido uma falta menos grave que a prevista no parágrafo 1.° do art. 46 incorrerão em responsabilidade disciplinar nos termos do Regulamento Processual.

Artigo 48

Privilégios e Imunidades

1. O Tribunal gozará, no território dos Estados-Partes, dos privilégios e imunidades que se mostrem necessários ao cumprimento das suas funções.

2. Os juízes, o Procurador, os Procuradores-Adjuntos e o Secretário gozarão, no exercício das suas funções ou em relação a estas, dos mesmos privilégios e imunidades reconhecidos aos chefes das missões diplomáticas, continuando a usufruir de absoluta imunidade judicial relativamente às suas declarações, orais ou escritas, e aos atos que pratiquem no desempenho de funções oficiais após o termo do respectivo mandato.

3. O Secretário-Adjunto, o pessoal do Gabinete do Procurador e o pessoal da Secretaria gozarão dos mesmos privilégios e imunidades e das facilidades necessárias ao cumprimento das respectivas funções, nos termos do acordo sobre os privilégios e imunidades do Tribunal.

4. Os advogados, peritos, testemunhas e outras pessoas, cuja presença seja requerida na sede do Tribunal, beneficiarão do tratamento que se mostre necessário ao funcionamento adequado deste, nos termos do acordo sobre os privilégios e imunidades do Tribunal.

5. Os privilégios e imunidades poderão ser levantados:

a) no caso de um juiz ou do Procurador, por decisão adotada por maioria absoluta dos juízes;

b) no caso do Secretário, pela Presidência;

c) no caso dos Procuradores-Adjuntos e do pessoal do Gabinete do Procurador, pelo Procurador;

d) no caso do Secretário-Adjunto e do pessoal da Secretaria, pelo Secretário.

Artigo 49

Vencimentos, Subsídios e Despesas

Os juízes, o Procurador, os Procuradores-Adjuntos, o Secretário e o Secretário-Adjunto auferirão os vencimentos e terão direito aos subsídios e ao reembolso de despesas que forem estabelecidos em Assembleia dos Estados-Partes. Estes vencimentos e subsídios não serão reduzidos no decurso do mandato.

Artigo 50

Línguas Oficiais e Línguas de Trabalho

1. As línguas árabe, chinesa, espanhola, francesa, inglesa e russa serão as línguas oficiais do Tribunal. As sentenças proferidas pelo Tribunal, bem como outras decisões sobre questões fundamentais submetidas ao Tribunal, serão publicadas nas línguas oficiais. A Presidência, de acordo com os critérios definidos no Regulamento Processual, determinará quais as decisões que poderão ser consideradas como decisões sobre questões fundamentais, para os efeitos do presente parágrafo.

2. As línguas francesa e inglesa serão as línguas de trabalho do Tribunal. O Regulamento Processual definirá os casos em que outras línguas oficiais poderão ser usadas como línguas de trabalho.

3. A pedido de qualquer Parte ou qualquer Estado que tenha sido admitido a intervir num processo, o Tribunal autorizará o uso de uma língua que não seja a francesa ou a inglesa, sempre que considere que tal autorização se justifica.

Artigo 51

Regulamento Processual

1. O Regulamento Processual entrará em vigor mediante a sua aprovação por uma maioria de dois terços dos votos dos membros da Assembleia dos Estados-Partes.

2. Poderão propor alterações ao Regulamento Processual:

a) qualquer Estado-Parte;

b) os juízes, por maioria absoluta; ou

c) o Procurador.

Estas alterações entrarão em vigor mediante a aprovação por uma maioria de dois terços dos votos dos membros da Assembleia dos Estados-Partes.

3. Após a aprovação do Regulamento Processual, em casos urgentes em que a situação concreta suscitada em Tribunal não se encontre prevista no Regulamento Processual, os juízes poderão, por maioria de dois terços, estabelecer normas provisórias a serem aplicadas até que a Assembleia dos Estados-Partes as aprove, altere ou rejeite na sessão ordinária ou extraordinária seguinte.

4. O Regulamento Processual, e respectivas alterações, bem como quaisquer normas provisórias, deverão estar em consonância com o presente Estatuto. As alterações ao Regulamento Processual, assim como as normas provisórias aprovadas em conformidade com o parágrafo 3.°, não serão aplicadas com caráter retroativo em detrimento de qualquer pessoa que seja objeto de inquérito ou de procedimento criminal, ou que tenha sido condenada.

5. Em caso de conflito entre as disposições do Estatuto e as do Regulamento Processual, o Estatuto prevalecerá.

Artigo 52
Regimento do Tribunal

1. De acordo com o presente Estatuto e com o Regulamento Processual, os juízes aprovarão, por maioria absoluta, o Regimento necessário ao normal funcionamento do Tribunal.

2. O Procurador e o Secretário serão consultados sobre a elaboração do Regimento ou sobre qualquer alteração que lhe seja introduzida.

3. O Regimento do Tribunal e qualquer alteração posterior entrarão em vigor mediante a sua aprovação, salvo decisão em contrário dos juízes. Imediatamente após a adoção, serão circulados pelos Estados-Partes para observações e continuarão em vigor se, dentro de seis meses, não forem formuladas objeções pela maioria dos Estados-Partes.

Capítulo V
INQUÉRITO E PROCEDIMENTO CRIMINAL

Artigo 53
Abertura do Inquérito

1. O Procurador, após examinar a informação de que dispõe, abrirá um inquérito, a menos que considere que, nos termos do presente Estatuto, não existe fundamento razoável para proceder ao mesmo. Na sua decisão, o Procurador terá em conta se:

a) a informação de que dispõe constitui fundamento razoável para crer que foi, ou está sendo, cometido um crime da competência do Tribunal;

b) o caso é ou seria admissível nos termos do art. 17; e

c) tendo em consideração a gravidade do crime e os interesses das vítimas, não existirão, contudo, razões substanciais para crer que o inquérito não serve os interesses da justiça.

Se decidir que não há motivo razoável para abrir um inquérito e se esta decisão se basear unicamente no disposto na alínea *c)*, o Procurador informará o Juízo de Instrução.

2. Se, concluído o inquérito, o Procurador chegar à conclusão de que não há fundamento suficiente para proceder criminalmente, na medida em que:

a) não existam elementos suficientes, de fato ou de direito, para requerer a emissão de um mandado de detenção ou notificação para comparência, de acordo com o art. 58;

b) o caso seja inadmissível, de acordo com o art. 17; ou

c) o procedimento não serviria o interesse da justiça, consideradas todas as circunstâncias, tais como a gravidade do crime, os interesses das vítimas e a idade ou o estado de saúde do presumível autor e o grau de participação no alegado crime, comunicará a sua decisão, devidamente fundamentada, ao Juízo de Instrução e ao Estado que lhe submeteu o caso, de acordo com o art. 14, ou ao Conselho de Segurança, se se tratar de um caso previsto no parágrafo *b)* do art. 13.

3. *a)* A pedido do Estado que tiver submetido o caso, nos termos do art. 14, ou do Conselho de Segurança, nos termos do parágrafo *b)* do art. 13, o Juízo de Instrução poderá examinar a decisão do Procurador de não proceder criminalmente em conformidade com os parágrafos 1.° ou 2.° e solicitar-lhe que reconsidere essa decisão;

b) Além disso, o Juízo de Instrução poderá, oficiosamente, examinar a decisão do Procurador de não proceder criminalmente, se essa decisão se basear unicamente no disposto no parágrafo 1.°, *c)*, e no parágrafo 2.°, *c)*. Nesse caso, a decisão do Procurador só produzirá efeitos se confirmada pelo Juízo de Instrução.

4. O Procurador poderá, a todo o momento, reconsiderar a sua decisão de abrir um inquérito ou proceder criminalmente, com base em novos fatos ou novas informações.

Artigo 54
Funções e Poderes do Procurador em Matéria de Inquérito

1. O Procurador deverá:

a) a fim de estabelecer a verdade dos fatos, alargar o inquérito a todos os fatos e provas pertinentes para a determinação da responsabilidade criminal, em conformidade com o presente Estatuto e, para esse efeito, investigar, de igual modo, as circunstâncias que interessam quer à acusação, quer à defesa;

b) adotar as medidas adequadas para assegurar a eficácia do inquérito e do procedimento criminal relativamente aos crimes da jurisdição do Tribunal e, na sua atuação, o Procurador terá em conta os interesses e a situação pessoal das vítimas e testemunhas, incluindo a idade, o gênero tal como definido no parágrafo 3.º do art. 7.º, e o estado de saúde; terá igualmente em conta a natureza do crime, em particular quando envolva violência sexual, violência por motivos relacionados com a pertença a um determinado gênero e violência contra as crianças; e

c) respeitar plenamente os direitos conferidos às pessoas pelo presente Estatuto.

2. O Procurador poderá realizar investigações no âmbito de um inquérito no território de um Estado:

a) de acordo com o disposto na Parte IX; ou

b) mediante autorização do Juízo de Instrução, dada nos termos do parágrafo 3.º, alínea *d)*, do art. 57.

3. O Procurador poderá:

a) reunir e examinar provas;

b) convocar e interrogar pessoas objeto de inquérito e convocar e tomar o depoimento de vítimas e testemunhas;

c) procurar obter a cooperação de qualquer Estado ou organização intergovernamental ou instrumento intergovernamental, de acordo com a respectiva competência e/ou mandato;

d) celebrar acordos ou convênios compatíveis com o presente Estatuto, que se mostrem necessários para facilitar a cooperação de um Estado, de uma organização intergovernamental ou de uma pessoa;

e) concordar em não divulgar, em qualquer fase do processo, documentos ou informação que tiver obtido, com a condição de preservar o seu caráter confidencial e com o objetivo único de obter novas provas, a menos que quem tiver facilitado a informação consinta na sua divulgação; e

f) adotar ou requerer que se adotem as medidas necessárias para assegurar o caráter confidencial da informação, a proteção de pessoas ou a preservação da prova.

Artigo 55

Direitos das Pessoas no Decurso do Inquérito

1. No decurso de um inquérito aberto nos termos do presente Estatuto:

a) nenhuma pessoa poderá ser obrigada a depor contra si própria ou a declarar-se culpada;

b) nenhuma pessoa poderá ser submetida a qualquer forma de coação, intimidação ou ameaça, tortura ou outras formas de penas ou tratamentos cruéis, desumanos ou degradantes; e

c) qualquer pessoa que for interrogada numa língua que não compreenda ou não fale fluentemente, será assistida, gratuitamente, por um intérprete competente e disporá das traduções que são necessárias às exigências de equidade;

d) nenhuma pessoa poderá ser presa ou detida arbitrariamente, nem ser privada da sua liberdade, salvo pelos motivos previstos no presente Estatuto e em conformidade com os procedimentos nele estabelecidos.

2. Sempre que existam motivos para crer que uma pessoa cometeu um crime da competência do Tribunal e que deve ser interrogada pelo Procurador ou pelas autoridades nacionais, em virtude de um pedido feito em conformidade com o disposto na Parte IX do presente Estatuto, essa pessoa será informada, antes do interrogatório, de que goza ainda dos seguintes direitos:

a) a ser informada antes de ser interrogada de que existem indícios de que cometeu um crime da competência do Tribunal;

b) a guardar silêncio, sem que tal seja tido em consideração para efeitos de determinação da sua culpa ou inocência;

c) a ser assistida por um advogado da sua escolha ou, se não o tiver, a solicitar que lhe seja designado um defensor dativo, em todas as situações em que o interesse da justiça assim o exija e sem qualquer encargo se não possuir meios suficientes para lhe pagar; e

d) a ser interrogada na presença do seu advogado, a menos que tenha renunciado voluntariamente ao direito de ser assistida por um advogado.

Artigo 56

Intervenção do Juízo de Instrução em Caso de Oportunidade Única de Proceder a um Inquérito

1. *a)* Sempre que considere que um inquérito oferece uma oportunidade única de recolher depoimentos ou declarações de uma testemunha ou de examinar, reunir ou verificar provas, o Procurador comunicará esse fato ao Juízo de Instrução;

b) Nesse caso, o Juízo de Instrução, a pedido do Procurador, poderá adotar as medidas que entender necessárias para assegurar a eficácia e a integridade do processo e, em particular, para proteger os direitos de defesa;

c) Salvo decisão em contrário do Juízo de Instrução, o Procurador transmitirá a informação relevante à pessoa que tenha sido detida, ou que tenha comparecido na sequência de notificação emitida no âmbito do inquérito a que se refere a alínea *a)*, para que possa ser ouvida sobre a matéria em causa.

2. As medidas a que se faz referência na alínea *b)* do parágrafo 1.º poderão consistir em:

a) fazer recomendações ou proferir despachos sobre o procedimento a seguir;

b) ordenar que seja lavrado o processo;

c) nomear um perito;

d) autorizar o advogado de defesa do detido, ou de quem tiver comparecido no Tribunal na sequência de notificação, a participar no processo ou, no caso dessa detenção ou comparecimento não se ter ainda verificado ou não tiver ainda sido designado advogado, a nomear outro defensor que se encarregará dos interesses da defesa e os representará;

e) encarregar um dos seus membros ou, se necessário, outro juiz disponível da Seção de Instrução ou da Seção de Julgamento em Primeira Instância, de formular recomendações ou proferir despachos sobre o recolhimento e a preservação de meios de prova e a inquirição de pessoas;

f) adotar todas as medidas necessárias para reunir ou preservar meios de prova.

3. *a*) Se o Procurador não tiver solicitado as medidas previstas no presente artigo mas o Juízo de Instrução considerar que tais medidas serão necessárias para preservar meios de prova que lhe pareçam essenciais para a defesa no julgamento, o Juízo consultará o Procurador a fim de saber se existem motivos poderosos para este não requerer as referidas medidas. Se, após consulta, o Juízo concluir que a omissão de requerimento de tais medidas é injustificada, poderá adotar essas medidas de ofício;

b) o Procurador poderá recorrer da decisão do Juízo de Instrução de ofício, nos termos do presente número. O recurso seguirá uma forma sumária.

4. A admissibilidade dos meios de prova preservados ou recolhidos para efeitos do processo ou o respectivo registro, em conformidade com o presente artigo, reger-se-ão, em julgamento, pelo disposto no art. 69, e terão o valor que lhes for atribuído pelo Juízo de Julgamento em Primeira Instância.

Artigo 57

Funções e Poderes do Juízo de Instrução

1. Salvo disposição em contrário contida no presente Estatuto, o Juízo de Instrução exercerá as suas funções em conformidade com o presente artigo.

2. *a*) Para os despachos do Juízo de Instrução proferidos ao abrigo dos arts. 15, 18, 19, 54, parágrafo 2.°, 61, parágrafo 7.°, e 72, deve concorrer maioria de votos dos juízes que o compõem;

b) Em todos os outros casos, um único juiz do Juízo de Instrução poderá exercer as funções definidas no presente Estatuto, salvo disposição em contrário contida no Regulamento Processual ou decisão em contrário do Juízo de Instrução tomada por maioria de votos.

3. Independentemente das outras funções conferidas pelo presente Estatuto, o Juízo de Instrução poderá:

a) a pedido do Procurador, proferir os despachos e emitir os mandados que se revelem necessários para um inquérito;

b) a pedido de qualquer pessoa que tenha sido detida ou tenha comparecido na sequência de notificação expedida nos termos do art. 58, proferir despachos, incluindo medidas tais como as indicadas no art. 56, ou procurar obter, nos termos do disposto na Parte IX, a cooperação necessária para auxiliar essa pessoa a preparar a sua defesa;

c) sempre que necessário, assegurar a proteção e o respeito pela privacidade de vítimas e testemunhas, a preservação da prova, a proteção de pessoas detidas ou que tenham comparecido na sequência de notificação para comparecimento, assim como a proteção de informação que afete a segurança nacional;

d) autorizar o Procurador a adotar medidas específicas no âmbito de um inquérito, no território de um Estado-Parte sem ter obtido a cooperação deste nos termos do disposto na Parte IX, caso o Juízo de Instrução determine que, tendo em consideração, na medida do possível, a posição do referido Estado, este último não está manifestamente em condições de satisfazer um pedido de cooperação face à incapacidade de todas as autoridades ou órgãos do seu sistema judiciário com competência para dar seguimento a um pedido de cooperação formulado nos termos do disposto na Parte IX;

e) quando tiver emitido um mandado de detenção ou uma notificação para comparecimento nos termos do art. 58, e levando em consideração o valor das provas e os direitos das partes em questão, em conformidade com o disposto no presente Estatuto e no Regulamento Processual, procurar obter a cooperação dos Estados, nos termos do parágrafo 1.°, *k*) do art. 93, para adoção de medidas cautelares que visem à apreensão, em particular no interesse superior das vítimas.

Artigo 58

Mandado de Detenção e Notificação para Comparecimento do Juízo de Instrução

1. A todo o momento após a abertura do inquérito, o Juízo de Instrução poderá, a pedido do Procurador, emitir um mandado de detenção contra uma pessoa se, após examinar o pedido e as provas ou outras informações submetidas pelo Procurador, considerar que:

a) existem motivos suficientes para crer que essa pessoa cometeu um crime da competência do Tribunal; e

b) a detenção dessa pessoa se mostra necessária para:

i) garantir o seu comparecimento em tribunal;

ii) garantir que não obstruirá, nem porá em perigo, o inquérito ou a ação do Tribunal; ou

iii) se for o caso, impedir que a pessoa continue a cometer esse crime ou um crime conexo que seja da competência do Tribunal e tenha a sua origem nas mesmas circunstâncias.

2. Do requerimento do Procurador deverão constar os seguintes elementos:

a) o nome da pessoa em causa e qualquer outro elemento útil de identificação;

b) a referência precisa do crime da competência do Tribunal que a pessoa tenha presumivelmente cometido;

c) uma descrição sucinta dos fatos que alegadamente constituem o crime;

d) um resumo das provas e de qualquer outra informação que constitua motivo suficiente para crer que a pessoa cometeu o crime; e

e) os motivos pelos quais o Procurador considere necessário proceder à detenção daquela pessoa.

3. Do mandado de detenção deverão constar os seguintes elementos:

a) o nome da pessoa em causa e qualquer outro elemento útil de identificação;

b) a referência precisa do crime da competência do Tribunal que justifique o pedido de detenção; e

c) uma descrição sucinta dos fatos que alegadamente constituem o crime.

4. O mandado de detenção manter-se-á válido até decisão em contrário do Tribunal.

5. Com base no mandado de detenção, o Tribunal poderá solicitar a prisão preventiva ou a detenção e entrega da pessoa em conformidade com o disposto na Parte IX do presente Estatuto.

6. O Procurador poderá solicitar ao Juízo de Instrução que altere o mandado de detenção no sentido de requalificar os crimes aí indicados ou de adicionar outros. O Juízo de Instrução alterará o mandado de detenção se considerar que existem motivos suficientes para crer que a pessoa cometeu quer os crimes na forma que se indica nessa requalificação, quer os novos crimes.

7. O Procurador poderá solicitar ao Juízo de Instrução que, em vez de um mandado de detenção, emita uma notificação para comparecimento. Se o Juízo considerar que existem motivos suficientes para crer que a pessoa cometeu o crime que lhe é imputado e que uma notificação para comparecimento será suficiente para garantir a sua presença efetiva em tribunal, emitirá uma notificação para que a pessoa compareça, com ou sem a imposição de medidas restritivas de liberdade (distintas da detenção) se previstas no direito interno. Da notificação para comparecimento deverão constar os seguintes elementos:

a) o nome da pessoa em causa e qualquer outro elemento útil de identificação;

b) a data de comparecimento;

c) a referência precisa ao crime da competência do Tribunal que a pessoa alegadamente tenha cometido; e

d) uma descrição sucinta dos fatos que alegadamente constituem o crime.

Esta notificação será diretamente feita à pessoa em causa.

Artigo 59

Procedimento de Detenção no Estado da Detenção

1. O Estado-Parte que receber um pedido de prisão preventiva ou de detenção e entrega, adotará imediatamente as medidas necessárias para proceder à detenção, em conformidade com o respectivo direito interno e com o disposto na Parte IX.

2. O detido será imediatamente levado à presença da autoridade judiciária competente do Estado da detenção que determinará se, de acordo com a legislação desse Estado:

a) o mandado de detenção é aplicável à pessoa em causa;

b) a detenção foi executada de acordo com a lei;

c) os direitos do detido foram respeitados.

3. O detido terá direito a solicitar à autoridade competente do Estado da detenção autorização para aguardar a sua entrega em liberdade.

4. Ao decidir sobre o pedido, a autoridade competente do Estado da detenção determinará se, em face da gravidade dos crimes imputados, se verificam circunstâncias urgentes e excepcionais que justifiquem a liberdade provisória e se existem as garantias necessárias para que o Estado de detenção possa cumprir a sua obrigação de entregar a pessoa ao Tribunal. Essa autoridade não terá competência para examinar se o mandado de detenção foi regularmente emitido, nos termos das alíneas *a)* e *b)* do parágrafo 1.º do art. 58.

5. O pedido de liberdade provisória será notificado ao Juízo de Instrução, o qual fará recomendações à autoridade competente do Estado da detenção. Antes de tomar uma decisão, a autoridade competente do Estado da detenção terá em conta essas recomendações, incluindo as relativas a medidas adequadas para impedir a fuga da pessoa.

6. Se a liberdade provisória for concedida, o Juízo de Instrução poderá solicitar informações periódicas sobre a situação de liberdade provisória.

7. Uma vez que o Estado da detenção tenha ordenado a entrega, o detido será colocado, o mais rapidamente possível, à disposição do Tribunal.

Artigo 60

Início da Fase Instrutória

1. Logo que uma pessoa seja entregue ao Tribunal ou nele compareça voluntariamente em cumprimento de uma notificação para comparecimento, o Juízo de Instrução deverá assegurar-se de que essa pessoa foi informada dos crimes que lhe são imputados e dos direitos que o presente Estatuto lhe confere, incluindo o direito de solicitar autorização para aguardar o julgamento em liberdade.

2. A pessoa objeto de um mandado de detenção poderá solicitar autorização para aguardar julgamento em liberdade. Se o Juízo de Instrução considerar

verificadas as condições enunciadas no parágrafo 1.º do art. 58, a detenção será mantida. Caso contrário, a pessoa será posta em liberdade, com ou sem condições.

3. O Juízo de Instrução reexaminará periodicamente a sua decisão quanto à liberdade provisória ou à detenção, podendo fazê-lo a todo o momento, a pedido do Procurador ou do interessado. Ao tempo da revisão, o Juízo poderá modificar a sua decisão quanto à detenção, à liberdade provisória ou às condições desta, se considerar que a alteração das circunstâncias o justifica.

4. O Juízo de Instrução certificar-se-á de que a detenção não será prolongada por período não razoável devido a demora injustificada por parte do Procurador. Caso se produza a referida demora, o Tribunal considerará a possibilidade de pôr o interessado em liberdade, com ou sem condições.

5. Se necessário, o Juízo de Instrução poderá emitir um mandado de detenção para garantir o comparecimento de uma pessoa que tenha sido posta em liberdade.

Artigo 61

Apreciação da Acusação Antes do Julgamento

1. Salvo o disposto no parágrafo 2.º, e em um prazo razoável após a entrega da pessoa ao Tribunal ou ao seu comparecimento voluntário perante este, o Juízo de Instrução realizará uma audiência para apreciar os fatos constantes da acusação com base nos quais o Procurador pretende requerer o julgamento. A audiência ocorrerá lugar na presença do Procurador e do acusado, assim como do defensor deste.

2. O Juízo de Instrução, de ofício ou a pedido do Procurador, poderá realizar a audiência na ausência do acusado, a fim de apreciar os fatos constantes da acusação com base nos quais o Procurador pretende requerer o julgamento, se o acusado:

a) tiver renunciado ao seu direito a estar presente; ou

b) tiver fugido ou não for possível encontrá-lo, tendo sido tomadas todas as medidas razoáveis para assegurar o seu comparecimento em Tribunal e para o informar dos fatos constantes da acusação e da realização de uma audiência para apreciação dos mesmos.

Neste caso, o acusado será representado por um defensor, se o Juízo de Instrução decidir que tal servirá os interesses da justiça.

3. Num prazo razoável antes da audiência, o acusado:

a) receberá uma cópia do documento especificando os fatos constantes da acusação com base nos quais o Procurador pretende requerer o julgamento; e

b) será informado das provas que o Procurador pretende apresentar em audiência.

O Juízo de Instrução poderá proferir despacho sobre a divulgação de informação para efeitos da audiência.

4. Antes da audiência, o Procurador poderá reabrir o inquérito e alterar ou retirar parte dos fatos constantes da acusação. O acusado será notificado de qualquer alteração ou retirada em tempo razoável, antes da realização da audiência. No caso de retirada de parte dos fatos constantes da acusação, o Procurador informará o Juízo de Instrução dos motivos da mesma.

5. Na audiência, o Procurador produzirá provas satisfatórias dos fatos constantes da acusação, nos quais baseou a sua convicção de que o acusado cometeu o crime que lhe é imputado. O Procurador poderá basear-se em provas documentais ou um resumo das provas, não sendo obrigado a chamar as testemunhas que irão depor no julgamento.

6. Na audiência, o acusado poderá:

a) contestar as acusações;

b) impugnar as provas apresentadas pelo Procurador; e

c) apresentar provas.

7. Com base nos fatos apreciados durante a audiência, o Juízo de Instrução decidirá se existem provas suficientes de que o acusado cometeu os crimes que lhe são imputados. De acordo com essa decisão, o Juízo de Instrução:

a) declarará procedente a acusação na parte relativamente à qual considerou terem sido reunidas provas suficientes e remeterá o acusado para o juízo de Julgamento em Primeira Instância, a fim de aí ser julgado pelos fatos confirmados;

b) não declarará procedente a acusação na parte relativamente à qual considerou não terem sido reunidas provas suficientes;

c) adiará a audiência e solicitará ao Procurador que considere a possibilidade de:

i) apresentar novas provas ou efetuar novo inquérito relativamente a um determinado fato constante da acusação; ou

ii) modificar parte da acusação, se as provas reunidas parecerem indicar que um crime distinto, da competência do Tribunal, foi cometido.

8. A declaração de não procedência relativamente a parte de uma acusação, proferida pelo Juízo de Instrução, não obstará a que o Procurador solicite novamente a sua apreciação, na condição de apresentar provas adicionais.

9. Tendo os fatos constantes da acusação sido declarados procedentes, e antes do início do julgamento, o Procurador poderá, mediante autorização do Juízo de Instrução e notificação prévia do acusado, alterar alguns fatos constantes da acusação. Se o Procurador pretender acrescentar novos fatos ou substituí-los por outros de natureza mais grave, deverá, nos termos do presente artigo, requerer uma audiência para a respectiva apreciação. Após o iní-

cio do julgamento, o Procurador poderá retirar a acusação, com autorização do Juízo de Instrução.

10. Qualquer mandado emitido deixará de ser válido relativamente aos fatos constantes da acusação que tenham sido declarados não procedentes pelo Juízo de Instrução ou que tenham sido retirados pelo Procurador.

11. Tendo a acusação sido declarada procedente nos termos do presente artigo, a Presidência designará um Juízo de Julgamento em Primeira Instância que, sob reserva do disposto no parágrafo 9.º do presente artigo e no parágrafo 4.º do art. 64, se encarregará da fase seguinte do processo e poderá exercer as funções do Juízo de Instrução que se mostrem pertinentes e apropriadas nessa fase do processo.

Capítulo VI
O JULGAMENTO

Artigo 62
Local do Julgamento

Salvo decisão em contrário, o julgamento terá lugar na sede do Tribunal.

Artigo 63
Presença do Acusado em Julgamento

1. O acusado estará presente durante o julgamento.

2. Se o acusado, presente em tribunal, perturbar persistentemente a audiência, o Juízo de Julgamento em Primeira Instância poderá ordenar a sua remoção da sala e providenciar para que acompanhe o processo e dê instruções ao seu defensor a partir do exterior da mesma, utilizando, se necessário, meios técnicos de comunicação. Estas medidas só serão adotadas em circunstâncias excepcionais e pelo período estritamente necessário, após se terem esgotado outras possibilidades razoáveis.

Artigo 64
Funções e Poderes do Juízo de Julgamento em Primeira Instância

1. As funções e poderes do Juízo de Julgamento em Primeira Instância, enunciadas no presente artigo, deverão ser exercidas em conformidade com o presente Estatuto e o Regulamento Processual.

2. O Juízo de Julgamento em Primeira Instância zelará para que o julgamento seja conduzido de maneira equitativa e célere, com total respeito dos direitos do acusado e tendo em devida conta a proteção das vítimas e testemunhas.

3. O Juízo de Julgamento em Primeira Instância a que seja submetido um caso nos termos do presente Estatuto:

a) consultará as partes e adotará as medidas necessárias para que o processo se desenrole de maneira equitativa e célere;

b) determinará qual a língua, ou quais as línguas, a utilizar no julgamento; e

c) sob reserva de qualquer outra disposição pertinente do presente Estatuto, providenciará pela revelação de quaisquer documentos ou da informação que não tenha sido divulgada anteriormente, com suficiente antecedência relativamente ao início do julgamento, a fim de permitir a sua preparação adequada para o julgamento.

4. O Juízo de Julgamento em Primeira Instância poderá, se mostrar necessário para o seu funcionamento eficaz e imparcial, remeter questões preliminares ao Juízo de Instrução ou, se necessário, a um outro juiz disponível da Seção de Instrução.

5. Mediante notificação às partes, o Juízo de Julgamento em Primeira Instância poderá, conforme se lhe afigure mais adequado, ordenar que as acusações contra mais de um acusado sejam deduzidas conjunta ou separadamente.

6. No desempenho das suas funções, antes ou no decurso de um julgamento, o Juízo de Julgamento em Primeira Instância poderá, se necessário:

a) exercer qualquer uma das funções do Juízo de Instrução consignadas no parágrafo 11 do art. 61;

b) ordenar a comparência e a audição de testemunhas e a apresentação de documentos e outras provas, obtendo para tal, se necessário, o auxílio de outros Estados, conforme previsto no presente Estatuto;

c) adotar medidas para a proteção da informação confidencial;

d) ordenar a apresentação de provas adicionais às reunidas antes do julgamento ou às apresentadas no decurso do julgamento pelas partes;

e) adotar medidas para a proteção do acusado, testemunhas e vítimas; e

f) decidir sobre qualquer outra questão pertinente.

7. A audiência de julgamento será pública. No entanto, o Juízo de Julgamento em Primeira Instância poderá decidir que determinadas diligências se efetuem à porta fechada, em conformidade com os objetivos enunciados no art. 68 ou com vista a proteger informação de caráter confidencial ou restrita que venha a ser apresentada como prova.

8. *a*) No início da audiência de julgamento, o Juízo de Julgamento em Primeira Instância ordenará a leitura ao acusado, dos fatos constantes da acusação previamente confirmados pelo Juízo de Instrução. O Juízo de Julgamento em Primeira Instância deverá certificar-se de que o acusado compreende a natureza dos fatos que lhe são imputados e dar-lhe a oportunidade de os confessar, de acordo com o disposto no art. 65, ou de se declarar inocente;

b) durante o julgamento, o juiz presidente poderá dar instruções sobre a condução da audiência, nomeadamente para assegurar que esta se desenrole de maneira equitativa e imparcial. Salvo qualquer orientação do juiz presidente, as partes poderão apresentar provas em conformidade com as disposições do presente Estatuto.

9. O Juízo de Julgamento em Primeira Instância poderá, inclusive, de ofício ou a pedido de uma das partes, a saber:

a) decidir sobre a admissibilidade ou pertinência das provas; e

b) tomar todas as medidas necessárias para manter a ordem na audiência.

10. O Juízo de Julgamento em Primeira Instância providenciará para que o Secretário proceda a um registro completo da audiência de julgamento onde sejam fielmente relatadas todas as diligências efetuadas, registro que deverá manter e preservar.

Artigo 65

Procedimento em Caso de Confissão

1. Se o acusado confessar nos termos do parágrafo 8.°, *a*), do art. 64, o Juízo de Julgamento em Primeira Instância apurará:

a) se o acusado compreende a natureza e as consequências da sua confissão;

b) se essa confissão foi feita livremente, após devida consulta ao seu advogado de defesa; e

c) se a confissão é corroborada pelos fatos que resultam:

i) da acusação deduzida pelo Procurador e aceita pelo acusado;

ii) de quaisquer meios de prova que confirmam os fatos constantes da acusação deduzida pelo Procurador e aceita pelo acusado; e

iii) de quaisquer outros meios de prova, tais como depoimentos de testemunhas, apresentados pelo Procurador ou pelo acusado.

2. Se o Juízo de Julgamento em Primeira Instância estimar que estão reunidas as condições referidas no parágrafo 1.°, considerará que a confissão, juntamente com quaisquer provas adicionais produzidas, constitui um reconhecimento de todos os elementos essenciais constitutivos do crime pelo qual o acusado se declarou culpado e poderá condená-lo por esse crime.

3. Se o Juízo de Julgamento em Primeira Instância estimar que não estão reunidas as condições referidas no parágrafo 1.°, considerará a confissão como não tendo tido lugar e, nesse caso, ordenará que o julgamento prossiga de acordo com o procedimento comum estipulado no presente Estatuto, podendo transmitir o processo a outro Juízo de Julgamento em Primeira Instância.

4. Se o Juízo de Julgamento em Primeira Instância considerar necessária, no interesse da justiça, e em particular no interesse das vítimas, uma explanação mais detalhada dos fatos integrantes do caso, poderá:

a) solicitar ao Procurador que apresente provas adicionais, incluindo depoimentos de testemunhas; ou

b) ordenar que o processo prossiga de acordo com o procedimento comum estipulado no presente Estatuto, caso em que considerará a confissão como não tendo tido lugar e poderá transmitir o processo a outro Juízo de Julgamento em Primeira Instância.

5. Quaisquer consultas entre o Procurador e a defesa, no que diz respeito à alteração dos fatos constantes da acusação, à confissão ou à pena a ser imposta, não vincularão o Tribunal.

Artigo 66

Presunção de Inocência

1. Toda a pessoa se presume inocente até prova da sua culpa perante o Tribunal, de acordo com o direito aplicável.

2. Incumbe ao Procurador o ônus da prova da culpa do acusado.

3. Para proferir sentença condenatória, o Tribunal deve estar convencido de que o acusado é culpado, além de qualquer dúvida razoável.

Artigo 67

Direitos do Acusado

1. Durante a apreciação de quaisquer fatos constantes da acusação, o acusado tem direito a ser ouvido em audiência pública, levando em conta o disposto no presente Estatuto, a uma audiência conduzida de forma equitativa e imparcial e às seguintes garantias mínimas, em situação de plena igualdade:

a) a ser informado, sem demora e de forma detalhada, numa língua que compreenda e fale fluentemente, da natureza, motivo e conteúdo dos fatos que lhe são imputados;

b) a dispor de tempo e de meios adequados para a preparação da sua defesa e a comunicar-se livre e confidencialmente com um defensor da sua escolha;

c) a ser julgado sem atrasos indevidos;

d) salvo o disposto no parágrafo 2.° do art. 63, o acusado terá direito a estar presente na audiência de julgamento e a defender-se a si próprio ou a ser assistido por um defensor da sua escolha; se não o tiver, a ser informado do direito de o tribunal lhe nomear um defensor sempre que o interesse da justiça o exija, sendo tal assistência gratuita se o acusado carecer de meios suficientes para remunerar o defensor assim nomeado;

e) a inquirir ou a fazer inquirir as testemunhas de acusação e a obter o comparecimento das testemunhas de defesa e a inquirição destas nas mesmas condições que as testemunhas de acusação. O acusado terá também direito a apresentar defesa e a oferecer qualquer outra prova admissível, de acordo com o presente Estatuto;

f) a ser assistido gratuitamente por um intérprete competente e a serem-lhe facultadas as traduções necessárias que a equidade exija, se não compreender perfeitamente ou não falar a língua utilizada em qualquer ato processual ou documento produzido em tribunal;

g) a não ser obrigado a depor contra si próprio, nem a declarar-se culpado, e a guardar silêncio, sem que este seja levado em conta na determinação da sua culpa ou inocência;

h) a prestar declarações não ajuramentadas, oralmente ou por escrito, em sua defesa; e

i) a que não lhe seja imposta quer a inversão do ônus da prova, quer a impugnação.

2. Além de qualquer outra revelação de informação prevista no presente Estatuto, o Procurador comunicará à defesa, logo que possível, as provas que tenha em seu poder ou sob o seu controle e que, no seu entender, revelem ou tendam a revelar a inocência do acusado, ou a atenuar a sua culpa, ou que possam afetar a credibilidade das provas de acusação. Em caso de dúvida relativamente à aplicação do presente número, cabe ao Tribunal decidir.

Artigo 68

Proteção das Vítimas e das Testemunhas e sua Participação no Processo

1. O Tribunal adotará as medidas adequadas para garantir a segurança, o bem-estar físico e psicológico, a dignidade e a vida privada das vítimas e testemunhas. Para tal, o Tribunal levará em conta todos os fatores pertinentes, incluindo a idade, o gênero tal como definido no parágrafo 3.º do art. 7.º, e o estado de saúde, assim como a natureza do crime, em particular, mas não apenas quando este envolva elementos de agressão sexual, de violência relacionada com a pertença a um determinado gênero ou de violência contra crianças. O Procurador adotará estas medidas, nomeadamente durante o inquérito e o procedimento criminal. Tais medidas não poderão prejudicar nem ser incompatíveis com os direitos do acusado ou com a realização de um julgamento equitativo e imparcial.

2. Enquanto excepção ao princípio do caráter público das audiências estabelecido no art. 67, qualquer um dos Juízos que compõem o Tribunal poderá, a fim de proteger as vítimas e as testemunhas ou o acusado, decretar que um ato processual se realize, no todo ou em parte, à porta fechada ou permitir a produção de prova por meios eletrônicos ou outros meios especiais. Estas medidas aplicar-se-ão, nomeadamente, no caso de uma vítima de violência sexual ou de um menor que seja vítima ou testemunha, salvo decisão em contrário adotada pelo Tribunal, ponderadas todas as circunstâncias, particularmente a opinião da vítima ou da testemunha.

3. Se os interesses pessoais das vítimas forem afetados, o Tribunal permitir-lhes-á que expressem as suas opiniões e preocupações em fase processual que entenda apropriada e por forma a não prejudicar os direitos do acusado nem a ser incompatível com estes ou com a realização de um julgamento equitativo e imparcial. Os representantes legais das vítimas poderão apresentar as referidas opiniões e preocupações quando o Tribunal o considerar oportuno e em conformidade com o Regulamento Processual.

4. A Unidade de Apoio às Vítimas e Testemunhas poderá aconselhar o Procurador e o Tribunal relativamente a medidas adequadas de proteção, mecanismos de segurança, assessoria e assistência a que se faz referência no parágrafo 6.º do art. 43.

5. Quando a divulgação de provas ou de informação, de acordo com o presente Estatuto, representar um grave perigo para a segurança de uma testemunha ou da sua família, o Procurador poderá, para efeitos de qualquer diligência anterior ao julgamento, não apresentar as referidas provas ou informação, mas antes um resumo das mesmas. As medidas desta natureza deverão ser postas em prática de uma forma que não seja prejudicial aos direitos do acusado ou incompatível com estes e com a realização de um julgamento equitativo e imparcial.

6. Qualquer Estado poderá solicitar que sejam tomadas as medidas necessárias para assegurar a proteção dos seus funcionários ou agentes, bem como a proteção de toda a informação de caráter confidencial ou restrito.

Artigo 69

Prova

1. Em conformidade com o Regulamento Processual e antes de depor, qualquer testemunha se comprometerá a fazer o seu depoimento com verdade.

2. A prova testemunhal deverá ser prestada pela própria pessoa no decurso do julgamento, salvo quando se apliquem as medidas estabelecidas no artigo 68 ou no Regulamento Processual. De igual modo, o Tribunal poderá permitir que uma testemunha preste declarações oralmente ou por meio de gravação em vídeo ou áudio, ou que sejam apresentados documentos ou transcrições escritas, nos termos do presente Estatuto e de acordo com o Regulamento Processual. Estas medidas não poderão prejudicar os direitos do acusado, nem ser incompatíveis com eles.

3. As partes poderão apresentar provas que interessem ao caso, nos termos do art. 64. O Tribunal será competente para solicitar de ofício a produção de todas as provas que entender necessárias para determinar a veracidade dos fatos.

4. O Tribunal poderá decidir sobre a relevância ou admissibilidade de qualquer prova, tendo em conta, entre outras coisas, o seu valor probatório e qualquer prejuízo que possa acarretar para a realização de um julgamento equitativo ou para a avaliação equitativa dos depoimentos de uma testemunha, em conformidade com o Regulamento Processual.

5. O Tribunal respeitará e atenderá aos privilégios de confidencialidade estabelecidos no Regulamento Processual.

6. O Tribunal não exigirá prova dos fatos do domínio público, mas poderá fazê-los constar dos autos.

7. Não serão admissíveis as provas obtidas com violação do presente Estatuto ou das normas de direitos humanos internacionalmente reconhecidas quando:

a) essa violação suscite sérias dúvidas sobre a fiabilidade das provas; ou

b) a sua admissão atente contra a integridade do processo ou resulte em grave prejuízo deste.

8. O Tribunal, ao decidir sobre a relevância ou admissibilidade das provas apresentadas por um Estado, não poderá pronunciar-se sobre a aplicação do direito interno desse Estado.

Artigo 70

Infrações contra a Administração da Justiça

1. O Tribunal terá competência para conhecer das seguintes infrações contra a sua administração da justiça, quando cometidas intencionalmente:

a) prestação de falso testemunho, quando há a obrigação de dizer a verdade, de acordo com o parágrafo 1.º do art. 69;

b) apresentação de provas, tendo a parte conhecimento de que são falsas ou que foram falsificadas;

c) suborno de uma testemunha, impedimento ou interferência no seu comparecimento ou depoimento, represálias contra uma testemunha por esta ter prestado depoimento, destruição ou alteração de provas ou interferência nas diligências de obtenção de prova;

d) entrave, intimidação ou corrupção de um funcionário do Tribunal, com a finalidade de o obrigar ou o induzir a não cumprir as suas funções ou a fazê-lo de maneira indevida;

e) represálias contra um funcionário do Tribunal, em virtude das funções que ele ou outro funcionário tenham desempenhado; e

f) solicitação ou aceitação de suborno na qualidade de funcionário do Tribunal, e em relação com o desempenho das respectivas funções oficiais.

2. O Regulamento Processual estabelecerá os princípios e procedimentos que regularão o exercício da competência do Tribunal relativamente às infrações a que se faz referência no presente artigo. As condições de cooperação internacional com o Tribunal, relativamente ao procedimento que adote de acordo com o presente artigo, reger-se-ão pelo direito interno do Estado requerido.

3. Em caso de decisão condenatória, o Tribunal poderá impor uma pena de prisão não superior a cinco anos, ou de multa, de acordo com o Regulamento Processual, ou ambas.

4. *a)* Cada Estado-Parte tornará extensivas as normas penais de direito interno que punem as infrações contra a realização da justiça às infrações contra a administração da justiça a que se faz referência no presente artigo, e que sejam cometidas no seu território ou por um dos seus nacionais;

b) A pedido do Tribunal, qualquer Estado-Parte submeterá, sempre que o entender necessário, o caso à apreciação das suas autoridades competentes para fins de procedimento criminal. Essas autoridades conhecerão do caso com diligência e acionarão os meios necessários para a sua eficaz condução.

Artigo 71

Sanções por Desrespeito ao Tribunal

1. Em caso de atitudes de desrespeito ao Tribunal, tal como perturbar a audiência ou recusar-se deliberadamente a cumprir as suas instruções, o Tribunal poderá impor sanções administrativas que não impliquem privação de liberdade, como, por exemplo, a expulsão temporária ou permanente da sala de audiências, a multa ou outra medida similar prevista no Regulamento Processual.

2. O processo de imposição das medidas a que se refere o número anterior reger-se-á pelo Regulamento Processual.

Artigo 72

Proteção de Informação Relativa à Segurança Nacional

1. O presente artigo aplicar-se-á a todos os casos em que a divulgação de informação ou de documentos de um Estado possa, no entender deste, afetar os interesses da sua segurança nacional. Tais casos incluem os abrangidos pelas disposições constantes dos parágrafos 2.º e 3.º do art. 56, parágrafo 3.º do art. 61, parágrafo 3.º do art. 64, parágrafo 2.º do art. 67, parágrafo 6.º do art. 68, parágrafo 6.º do art. 87 e do art. 93, assim como os que se apresentem em qualquer outra fase do processo em que uma tal divulgação possa estar em causa.

2. O presente artigo aplicar-se-á igualmente aos casos em que uma pessoa a quem tenha sido solicitada a prestação de informação ou provas, se tenha recusado a apresentá-las ou tenha entregue a questão ao Estado, invocando que tal divulgação afetaria os interesses da segurança nacional do Estado, e o Estado em causa confirme que, no seu entender, essa divulgação afetaria os interesses da sua segurança nacional.

3. Nada no presente artigo afetará os requisitos de confidencialidade a que se referem as alíneas *e)* e *f)* do parágrafo 3.º do art. 54, nem a aplicação do art. 73.

4. Se um Estado tiver conhecimento de que informações ou documentos do Estado estão a ser, ou poderão vir a ser, divulgados em qualquer fase do processo, e considerar que essa divulgação afetaria os seus interesses de segurança nacional, tal Estado terá o direito de intervir com vista a ver alcançada a resolução desta questão em conformidade com o presente artigo.

5. O Estado que considere que a divulgação de determinada informação poderá afetar os seus interesses de segurança nacional adotará, em conjunto com o Procurador, a defesa, o Juízo de Instrução ou o Juízo de Julgamento em Primeira Instância, conforme o caso, todas as medidas razoavelmente possíveis para encontrar uma solução através da concertação. Estas medidas poderão incluir:

a) a alteração ou o esclarecimento dos motivos do pedido;

b) uma decisão do Tribunal relativa à relevância das informações ou dos elementos de prova solicitados, ou uma decisão sobre se as provas, ainda que relevantes, não poderiam ser ou ter sido obtidas junto de fonte distinta do Estado requerido;

c) a obtenção da informação ou de provas de fonte distinta ou em uma forma diferente; ou

d) um acordo sobre as condições em que a assistência poderá ser prestada, incluindo, entre outras, a disponibilização de resumos ou exposições, restrições à divulgação, recurso ao procedimento à porta fechada ou à revelia de uma das partes, ou aplicação de outras medidas de proteção permitidas pelo Estatuto ou pelo Regulamento Processual.

6. Realizadas todas as diligências razoavelmente possíveis com vista a resolver a questão por meio de concertação, e se o Estado considerar não haver meios nem condições para que as informações ou os documentos possam ser fornecidos ou revelados sem prejuízo dos seus interesses de segurança nacional, notificará o Procurador ou o Tribunal nesse sentido, indicando as razões precisas que fundamentaram a sua decisão, a menos que a descrição específica dessas razões prejudique, necessariamente, os interesses de segurança nacional do Estado.

7. Posteriormente, se decidir que a prova é relevante e necessária para a determinação da culpa ou inocência do acusado, o Tribunal poderá adotar as seguintes medidas:

a) quando a divulgação da informação ou do documento for solicitada no âmbito de um pedido de cooperação, nos termos da Parte IX do presente Estatuto ou nas circunstâncias a que se refere o parágrafo 2.° do presente artigo, e o Estado invocar o motivo de recusa estatuído no parágrafo 4.° do art. 93:

i) o Tribunal poderá, antes de chegar a qualquer uma das conclusões a que se refere o ponto ii) da alínea *a)* do parágrafo 7.°, solicitar consultas suplementares com o fim de ouvir o Estado, incluindo, se for caso disso, a sua realização à porta fechada ou à revelia de uma das partes;

ii) se o Tribunal concluir que, ao invocar o motivo de recusa estatuído no parágrafo 4.° do art. 93, dadas as circunstâncias do caso, o Estado requerido não está a atuar de harmonia com as obrigações impostas pelo presente Estatuto, poderá remeter a questão nos termos do parágrafo 7.° do art. 87, especificando as razões da sua conclusão; e

iii) o Tribunal poderá tirar as conclusões, que entender apropriadas, em razão das circunstâncias, ao julgar o acusado, quanto à existência ou inexistência de um fato; ou

b) em todas as restantes circunstâncias:

i) ordenar a revelação; ou

ii) se não ordenar a revelação, inferir, no julgamento do acusado, quanto à existência ou inexistência de um fato, conforme se mostrar apropriado.

Artigo 73

Informação ou Documentos Disponibilizados por Terceiros

Se um Estado-Parte receber um pedido do Tribunal para que lhe forneça uma informação ou um documento que esteja sob sua custódia, posse ou controle, e que lhe tenha sido comunicado a título confidencial por um Estado, uma organização intergovernamental ou uma organização internacional, tal Estado-Parte deverá obter o consentimento do seu autor para a divulgação dessa informação ou documento. Se o autor for um Estado-Parte, este poderá consentir em divulgar a referida informação ou documento ou comprometer-se a resolver a questão com o Tribunal, salvaguardando-se o disposto no art. 72. Se o autor não for um Estado-Parte e não consentir em divulgar a informação ou o documento, o Estado requerido comunicará ao Tribunal que não lhe será possível fornecer a informação ou o documento em causa, devido à obrigação previamente assumida com o respectivo autor de preservar o seu caráter confidencial.

Artigo 74

Requisitos para a Decisão

1. Todos os juízes do Juízo de Julgamento em Primeira Instância estarão presentes em cada uma das fases do julgamento e nas deliberações. A Presidência poderá designar, conforme o caso, um ou vários juízes substitutos, em função das disponibilidades, para estarem presentes em todas as fases do julgamento, bem como para substituírem qualquer membro do Juízo de Julgamento em Primeira Instância que se encontre impossibilitado de continuar a participar no julgamento.

2. O Juízo de Julgamento em Primeira Instância fundamentará a sua decisão com base na apreciação das provas e do processo no seu conjunto. A decisão não exorbitará dos fatos e circunstâncias descritos na acusação ou nas alterações que lhe tenham sido feitas. O Tribunal fundamentará a sua decisão exclusivamente nas provas produzidas ou examinadas em audiência de julgamento.

3. Os juízes procurarão tomar uma decisão por unanimidade e, não sendo possível, por maioria.

4. As deliberações do Juízo de Julgamento em Primeira Instância serão e permanecerão secretas.

5. A decisão será proferida por escrito e conterá uma exposição completa e fundamentada da apreciação das provas e as conclusões do Juízo de Julgamento em Primeira Instância. Será proferida uma só decisão pelo Juízo de Julgamento em Primeira Instância. Se não houver unanimidade, a decisão do Juízo de Julgamento em Primeira Instância conterá as opiniões tanto da maioria como da minoria dos juízes. A leitura da decisão ou de uma sua súmula far-se-á em audiência pública.

Artigo 75
Reparação em Favor das Vítimas

1. O Tribunal estabelecerá princípios aplicáveis às formas de reparação, tais como a restituição, a indenização ou a reabilitação, que hajam de ser atribuídas às vítimas ou aos titulares desse direito. Nesta base, o Tribunal poderá, de ofício ou por requerimento, em circunstâncias excepcionais, determinar a extensão e o nível dos danos, da perda ou do prejuízo causados às vítimas ou aos titulares do direito à reparação, com a indicação dos princípios nos quais fundamentou a sua decisão.

2. O Tribunal poderá lavrar despacho contra a pessoa condenada, no qual determinará a reparação adequada a ser atribuída às vítimas ou aos titulares de tal direito. Esta reparação poderá, nomeadamente, assumir a forma de restituição, indenização ou reabilitação. Se for caso disso, o Tribunal poderá ordenar que a indenização atribuída a título de reparação seja paga por intermédio do Fundo previsto no art. 79.

3. Antes de lavrar qualquer despacho ao abrigo do presente artigo, o Tribunal poderá solicitar e levar em consideração as pretensões formuladas pela pessoa condenada, pelas vítimas, por outras pessoas interessadas ou por outros Estados interessados, bem como as observações formuladas em nome dessas pessoas ou desses Estados.

4. Ao exercer os poderes conferidos pelo presente artigo, o Tribunal poderá, após a condenação por crime que seja da sua competência, determinar se, para fins de aplicação dos despachos que lavrar ao abrigo do presente artigo, será necessário tomar quaisquer medidas em conformidade com o parágrafo 1.º do art. 93.

5. Os Estados-Partes observarão as decisões proferidas nos termos deste artigo como se as disposições do art. 109 se aplicassem ao presente artigo.

6. Nada no presente artigo será interpretado como prejudicando os direitos reconhecidos às vítimas pelo direito interno ou internacional.

Artigo 76
Aplicação da Pena

1. Em caso de condenação, o Juízo de Julgamento em Primeira Instância determinará a pena a aplicar tendo em conta os elementos de prova e as exposições relevantes produzidos no decurso do julgamento.

2. Salvo nos casos em que seja aplicado o art. 65 e antes de concluído o julgamento, o Juízo de Julgamento em Primeira Instância poderá, oficiosamente, e deverá, a requerimento do Procurador ou do acusado, convocar uma audiência suplementar, a fim de conhecer de quaisquer novos elementos de prova ou exposições relevantes para a determinação da pena, de harmonia com o Regulamento Processual.

3. Sempre que o parágrafo 2.º for aplicável, as pretensões previstas no art. 75 serão ouvidas pelo Juízo de Julgamento em Primeira Instância no decorrer da audiência suplementar referida no parágrafo 2.º e, se necessário, no decorrer de qualquer nova audiência.

4. A sentença será proferida em audiência pública e, sempre que possível, na presença do acusado.

CAPÍTULO VII
AS PENAS

Artigo 77
Penas Aplicáveis

1. Sem prejuízo do disposto no art. 110, o Tribunal pode impor à pessoa condenada por um dos crimes previstos no art. 5.º do presente Estatuto uma das seguintes penas:

a) pena de prisão por um número determinado de anos, até ao limite máximo de 30 anos; ou

b) pena de prisão perpétua, se o elevado grau de ilicitude do fato e as condições pessoais do condenado o justificarem.

•• *Vide* art. 5.º, XLVII, *b*, da CF.

2. Além da pena de prisão, o Tribunal poderá aplicar:

a) uma multa, de acordo com os critérios previstos no Regulamento Processual;

b) a perda de produtos, bens e haveres provenientes, direta ou indiretamente, do crime, sem prejuízo dos direitos de terceiros que tenham agido de boa-fé.

Artigo 78
Determinação da Pena

1. Na determinação da pena, o Tribunal atenderá, em harmonia com o Regulamento Processual, a fatores tais como a gravidade do crime e as condições pessoais do condenado.

2. O Tribunal descontará, na pena de prisão que vier a aplicar, o período durante o qual o acusado esteve sob detenção por ordem daquele. O Tribunal poderá ainda descontar qualquer outro período de detenção que tenha sido cumprido em razão de uma conduta constitutiva do crime.

3. Se uma pessoa for condenada pela prática de

vários crimes, o Tribunal aplicará penas de prisão parcelares relativamente a cada um dos crimes e uma pena única, na qual será especificada a duração total da pena de prisão. Esta duração não poderá ser inferior à da pena parcelar mais elevada e não poderá ser superior a 30 anos de prisão ou ir além da pena de prisão perpétua prevista no art. 77, parágrafo 1.º, alínea *b)*.

Artigo 79
Fundo em Favor das Vítimas

1. Por decisão da Assembleia dos Estados-Partes, será criado um Fundo a favor das vítimas de crimes da competência do Tribunal, bem como das respectivas famílias.

2. O Tribunal poderá ordenar que o produto das multas e quaisquer outros bens declarados perdidos revertam para o Fundo.

3. O Fundo será gerido em harmonia com os critérios a serem adotados pela Assembleia dos Estados-Partes.

Artigo 80
Não Interferência no Regime de Aplicação de Penas Nacionais e nos Direitos Internos

Nada no presente Capítulo prejudicará a aplicação, pelos Estados, das penas previstas nos respectivos direitos internos, ou a aplicação da legislação de Estados que não preveja as penas referidas neste capítulo.

Capítulo VIII
RECURSO E REVISÃO

Artigo 81
Recurso da Sentença Condenatória ou Absolutória ou da Pena

1. A sentença proferida nos termos do art. 74 é recorrível em conformidade com o disposto no Regulamento Processual nos seguintes termos:

a) o Procurador poderá interpor recurso com base num dos seguintes fundamentos:

i) vício processual;

ii) erro de fato; ou

iii) erro de direito;

b) o condenado ou o Procurador, no interesse daquele; poderá interpor recurso com base num dos seguintes fundamentos:

i) vício processual;

ii) erro de fato;

iii) erro de direito; ou

iv) qualquer outro motivo suscetível de afetar a equidade ou a regularidade do processo ou da sentença.

2. *a)* O Procurador ou o condenado poderá, em conformidade com o Regulamento Processual, interpor recurso da pena decretada invocando desproporção entre esta e o crime;

b) Se, ao conhecer de recurso interposto da pena decretada, o Tribunal considerar que há fundamentos suscetíveis de justificar a anulação, no todo ou em parte, da sentença condenatória, poderá convidar o Procurador e o condenado a motivarem a sua posição nos termos da alínea *a)* ou *b)* do parágrafo 1.º do art. 81, após o que poderá pronunciar-se sobre a sentença condenatória nos termos do art. 83;

c) O mesmo procedimento será aplicado sempre que o Tribunal, ao conhecer de recurso interposto unicamente da sentença condenatória, considerar haver fundamentos comprovativos de uma redução da pena nos termos da alínea *a)* do parágrafo 2.º.

3. *a)* Salvo decisão em contrário do Juízo de Julgamento em Primeira Instância, o condenado permanecerá sob prisão preventiva durante a tramitação do recurso;

b) Se o período de prisão preventiva ultrapassar a duração da pena decretada, o condenado será posto em liberdade; todavia, se o Procurador também interpuser recurso, a libertação ficará sujeita às condições enunciadas na alínea *c)* infra;

c) Em caso de absolvição, o acusado será imediatamente posto em liberdade, sem prejuízo das seguintes condições:

i) em circunstâncias excepcionais e tendo em conta, nomeadamente, o risco de fuga, a gravidade da infração e as probabilidades de o recurso ser julgado procedente, o Juízo de Julgamento em Primeira Instância poderá, a requerimento do Procurador, ordenar que o acusado seja mantido em regime de prisão preventiva durante a tramitação do recurso;

ii) a decisão proferida pelo juízo de julgamento em primeira instância nos termos da subalínea i), será recorrível em harmonia com o Regulamento Processual.

4. Sem prejuízo do disposto nas alíneas *a)* e *b)* do parágrafo 3.º, a execução da sentença condenatória ou da pena ficará suspensa pelo período fixado para a interposição do recurso, bem como durante a fase de tramitação do recurso.

Artigo 82
Recurso de Outras Decisões

1. Em conformidade com o Regulamento Processual, qualquer uma das Partes poderá recorrer das seguintes decisões:

a) decisão sobre a competência ou a admissibilidade do caso;

b) decisão que autorize ou recuse a libertação da pessoa objeto de inquérito ou de procedimento criminal;

c) decisão do Juízo de Instrução de agir por iniciativa própria, nos termos do parágrafo 3.º do art. 56;

d) decisão relativa a uma questão suscetível de afetar significativamente a tramitação equitativa e célere do processo ou o resultado do julgamento, e cuja resolução imediata pelo Juízo de Recursos poderia, no entender do Juízo de Instrução ou do Juízo de Julgamento em Primeira Instância, acelerar a marcha do processo.

2. Quer o Estado interessado quer o Procurador poderão recorrer da decisão proferida pelo Juízo de Instrução, mediante autorização deste, nos termos do art. 57, parágrafo 3.°, alínea *d)*. Este recurso adotará uma forma sumária.

3. O recurso só terá efeito suspensivo se o Juízo de Recursos assim o ordenar, mediante requerimento, em conformidade com o Regulamento Processual.

4. O representante legal das vítimas, o condenado ou o proprietário de boa-fé de bens que hajam sido afetados por um despacho proferido ao abrigo do art. 75 poderá recorrer de tal despacho, em conformidade com o Regulamento Processual.

Artigo 83
Processo Sujeito a Recurso

1. Para os fins do procedimento referido no art. 81 e no presente artigo, o Juízo de Recursos terá todos os poderes conferidos ao Juízo de Julgamento em Primeira Instância.

2. Se o Juízo de Recursos concluir que o processo sujeito a recurso padece de vícios tais que afetem a regularidade da decisão ou da sentença, ou que a decisão ou a sentença recorridas estão materialmente afetadas por erros de fato ou de direito, ou vício processual, ela poderá:

a) anular ou modificar a decisão ou a pena; ou

b) ordenar um novo julgamento perante um outro Juízo de Julgamento em Primeira Instância.

Para os fins mencionados, poderá o Juízo de Recursos reenviar uma questão de fato para o Juízo de Julgamento em Primeira Instância à qual foi submetida originariamente, a fim de que esta decida a questão e lhe apresente um relatório, ou pedir, ela própria, elementos de prova para decidir. Tendo o recurso da decisão ou da pena sido interposto somente pelo condenado, ou pelo Procurador no interesse daquele, não poderão aquelas ser modificadas em prejuízo do condenado.

3. Se, ao conhecer, do recurso de uma pena, o Juízo de Recursos considerar que a pena é desproporcionada relativamente ao crime, poderá modificá-la nos termos do Capítulo VII.

4. O acórdão do Juízo de Recursos será tirado por maioria dos juízes e proferido em audiência pública. O acórdão será sempre fundamentado. Não havendo unanimidade, deverá conter as opiniões da parte maioria e da minoria de juízes; contudo, qualquer juiz poderá exprimir uma opinião separada ou discordante sobre uma questão de direito.

5. O Juízo de Recursos poderá emitir o seu acórdão na ausência da pessoa absolvida ou condenada.

Artigo 84
Revisão da Sentença Condenatória ou da Pena

1. O condenado ou, se este tiver falecido, o cônjuge sobrevivo, os filhos, os pais ou qualquer pessoa que, em vida do condenado, dele tenha recebido incumbência expressa, por escrito, nesse sentido, ou o Procurador no seu interesse, poderá submeter ao Juízo de Recursos um requerimento solicitando a revisão da sentença condenatória ou da pena pelos seguintes motivos:

a) a descoberta de novos elementos de prova:

i) de que não dispunha ao tempo do julgamento, sem que essa circunstância pudesse ser imputada, no todo ou em parte, ao requerente; e

ii) de tal forma importantes que, se tivessem ficado provados no julgamento, teriam provavelmente conduzido a um veredicto diferente;

b) a descoberta de que elementos de prova, apreciados no julgamento e decisivos para a determinação da culpa, eram falsos ou tinham sido objeto de contrafação ou falsificação;

c) um ou vários dos juízes que intervieram na sentença condenatória ou confirmaram a acusação hajam praticado atos de conduta reprovável ou de incumprimento dos respectivos deveres de tal forma graves que justifiquem a sua cessação de funções nos termos do art. 46.

2. O Juízo de Recursos rejeitará o pedido se o considerar manifestamente infundado. Caso contrário, poderá o Juízo, se julgar oportuno:

a) convocar de novo o Juízo de Julgamento em Primeira Instância que proferiu a sentença inicial;

b) constituir um novo Juízo de Julgamento em Primeira Instância; ou

c) manter a sua competência para conhecer da causa, a fim de determinar se, após a audição das partes nos termos do Regulamento Processual, haverá lugar à revisão da sentença.

Artigo 85
Indenização do Detido ou Condenado

1. Quem tiver sido objeto de detenção ou prisão ilegal terá direito a reparação.

2. Sempre que uma decisão final seja posteriormente anulada em razão de fatos novos ou recentemente descobertos que apontem inequivocamente para um erro judiciário, a pessoa que tiver cumprido pena em resultado de tal sentença condenatória será indenizada, em conformidade com a lei, a menos que fique provado que a não revelação, em tempo útil, do fato desconhecido lhe seja imputável, no todo ou em parte.

3. Em circunstâncias excepcionais e em face de fatos que conclusivamente demonstrem a existência de erro judiciário grave e manifesto, o Tribunal poderá, no uso do seu poder discricionário, atribuir uma indenização, de acordo com os critérios enunciados no Regulamento Processual, à pessoa que, em virtude de sentença absolutória ou de extinção da instância por tal motivo, haja sido posta em liberdade.

Capítulo IX
COOPERAÇÃO INTERNACIONAL E AUXÍLIO JUDICIÁRIO

Artigo 86
Obrigação Geral de Cooperar

Os Estados-Partes deverão, em conformidade com o disposto no presente Estatuto, cooperar plenamente com o Tribunal no inquérito e no procedimento contra crimes da competência deste.

Artigo 87
Pedidos de Cooperação: Disposições Gerais

1. *a)* O Tribunal estará habilitado a dirigir pedidos de cooperação aos Estados-Partes. Estes pedidos serão transmitidos pela via diplomática ou por qualquer outra via apropriada escolhida pelo Estado-Parte no momento de ratificação, aceitação, aprovação ou adesão ao presente Estatuto.

Qualquer Estado-Parte poderá alterar posteriormente a escolha feita nos termos do Regulamento Processual.

b) Se for caso disso, e sem prejuízo do disposto na alínea *a)*, os pedidos poderão ser igualmente transmitidos pela Organização Internacional de Polícia Criminal (INTERPOL) ou por qualquer outra organização regional competente.

2. Os pedidos de cooperação e os documentos comprovativos que os instruam serão redigidos na língua oficial do Estado requerido ou acompanhados de uma tradução nessa língua, ou numa das línguas de trabalho do Tribunal ou acompanhados de uma tradução numa dessas línguas, de acordo com a escolha feita pelo Estado requerido no momento da ratificação, aceitação, aprovação ou adesão ao presente Estatuto.

Qualquer alteração posterior será feita de harmonia com o Regulamento Processual.

3. O Estado requerido manterá a confidencialidade dos pedidos de cooperação e dos documentos comprovativos que os instruam, salvo quando a sua revelação for necessária para a execução do pedido.

4. Relativamente aos pedidos de auxílio formulados ao abrigo do presente Capítulo, o Tribunal poderá, nomeadamente em matéria de proteção da informação, tomar as medidas necessárias à garantia da segurança e do bem-estar físico ou psicológico das vítimas, das potenciais testemunhas e dos seus familiares. O Tribunal poderá solicitar que as informações fornecidas ao abrigo do presente Capítulo sejam comunicadas e tratadas por forma a que a segurança e o bem-estar físico ou psicológico das vítimas, das potenciais testemunhas e dos seus familiares sejam devidamente preservados.

5. *a)* O Tribunal poderá convidar qualquer Estado que não seja Parte no presente Estatuto a prestar auxílio ao abrigo do presente Capítulo com base num convênio *ad hoc*, num acordo celebrado com esse Estado ou por qualquer outro modo apropriado.

b) Se, após a celebração de um convênio *ad hoc* ou de um acordo com o Tribunal, um Estado que não seja Parte no presente Estatuto se recusar a cooperar nos termos de tal convênio ou acordo, o Tribunal dará conhecimento desse fato à Assembleia dos Estados-Partes ou ao Conselho de Segurança, quando tiver sido este a referenciar o fato ao Tribunal.

6. O Tribunal poderá solicitar informações ou documentos a qualquer organização intergovernamental. Poderá igualmente requerer outras formas de cooperação e auxílio a serem acordadas com tal organização e que estejam em conformidade com a sua competência ou o seu mandato.

7. Se, contrariamente ao disposto no presente Estatuto, um Estado-Parte recusar um pedido de cooperação formulado pelo Tribunal, impedindo-o assim de exercer os seus poderes e funções nos termos do presente Estatuto, o Tribunal poderá elaborar um relatório e remeter a questão à Assembleia dos Estados-Partes ou ao Conselho de Segurança, quando tiver sido este a submeter o fato ao Tribunal.

Artigo 88
Procedimentos Previstos no Direito Interno

Os Estados-Partes deverão assegurar-se de que o seu direito interno prevê procedimentos que permitam responder a todas as formas de cooperação especificadas neste Capítulo.

Artigo 89
Entrega de Pessoas ao Tribunal

1. O Tribunal poderá dirigir um pedido de detenção e entrega de uma pessoa, instruído com os documentos comprovativos referidos no art. 91, a qualquer Estado em cujo território essa pessoa se possa encontrar, e solicitar a cooperação desse Estado na detenção e entrega da pessoa em causa. Os Estados-Partes darão satisfação aos pedidos de detenção e de entrega em conformidade com o presente Capítulo e com os procedimentos previstos nos respectivos direitos internos.

2. Sempre que a pessoa cuja entrega é solicitada impugnar a sua entrega perante um tribunal nacional com base no princípio *ne bis in idem* previsto no artigo 20, o Estado requerido consultará, de imediato, o Tribunal para determinar se houve uma decisão relevante sobre a admissibilidade. Se o caso for considerado admissível, o Estado requerido dará seguimento ao pedido. Se estiver pendente decisão sobre a admissibilidade, o Estado requerido poderá diferir a execução do pedido até que o Tribunal se pronuncie.

3. *a)* Os Estados-Partes autorizarão, de acordo com os procedimentos previstos na respectiva legislação nacional, o trânsito, pelo seu território, de uma pessoa entregue ao Tribunal por um outro Estado, salvo quando o trânsito por esse Estado impedir ou retardar a entrega.

b) Um pedido de trânsito formulado pelo Tribunal será transmitido em conformidade com o art. 87. Do pedido de trânsito constarão:

i) a identificação da pessoa transportada;

ii) um resumo dos fatos e da respectiva qualificação jurídica;

iii) o mandado de detenção e entrega.

c) A pessoa transportada será mantida sob custódia no decurso do trânsito.

d) Nenhuma autorização será necessária se a pessoa for transportada por via aérea e não esteja prevista qualquer aterrissagem no território do Estado de trânsito.

e) Se ocorrer uma aterrissagem imprevista no território do Estado de trânsito, poderá este exigir ao Tribunal a apresentação de um pedido de trânsito nos termos previstos na alínea *b)*. O Estado de trânsito manterá a pessoa sob detenção até a recepção do pedido de trânsito e a efetivação do trânsito. Todavia, a detenção ao abrigo da presente alínea não poderá prolongar-se para além das 96 horas subsequentes à aterrissagem imprevista se o pedido não for recebido dentro desse prazo.

4. Se a pessoa reclamada for objeto de procedimento criminal ou estiver cumprindo uma pena no Estado requerido por crime diverso do que motivou o pedido de entrega ao Tribunal, este Estado consultará o Tribunal após ter decidido anuir ao pedido.

Artigo 90

Pedidos Concorrentes

1. Um Estado-Parte que, nos termos do artigo 89, receba um pedido de entrega de uma pessoa formulado pelo Tribunal, e receba igualmente, de qualquer outro Estado, um pedido de extradição relativo à mesma pessoa, pelos mesmos fatos que motivaram o pedido de entrega por parte do Tribunal, deverá notificar o Tribunal e o Estado requerente de tal fato.

2. Se o Estado requerente for um Estado-Parte, o Estado requerido dará prioridade ao pedido do Tribunal:

a) se o Tribunal tiver decidido, nos termos dos arts. 18 ou 19, da admissibilidade do caso a que respeita o pedido de entrega, e tal determinação tiver levado em conta o inquérito ou o procedimento criminal conduzido pelo Estado requerente relativamente ao pedido de extradição por este formulado; ou

b) se o Tribunal tiver tomado a decisão referida na alínea *a)* em conformidade com a notificação feita pelo Estado requerido, em aplicação do parágrafo 1.º.

3. Se o Tribunal não tiver tomado uma decisão nos termos da alínea *a)* do parágrafo 2.º, o Estado requerido poderá, se assim o entender, estando pendente a determinação do Tribunal nos termos da alínea *b)* do parágrafo 2.º, dar seguimento ao pedido de extradição formulado pelo Estado requerente sem, contudo, extraditar a pessoa até que o Tribunal decida sobre a admissibilidade do caso. A decisão do Tribunal seguirá a forma sumária.

4. Se o Estado requerente não for Parte no presente Estatuto, o Estado requerido, desde que não esteja obrigado por uma norma internacional a extraditar o acusado para o Estado requerente, dará prioridade ao pedido de entrega formulado pelo Tribunal, no caso de este se ter decidido pela admissibilidade do caso.

5. Quando um caso previsto no parágrafo 4.º não tiver sido declarado admissível pelo Tribunal, o Estado requerido poderá, se assim o entender, dar seguimento ao pedido de extradição formulado pelo Estado requerente.

6. Relativamente aos casos em que o disposto no parágrafo 4.º seja aplicável, mas o Estado requerido se veja obrigado, por força de uma norma internacional, a extraditar a pessoa para o Estado requerente que não seja Parte no presente Estatuto, o Estado requerido decidirá se procederá à entrega da pessoa em causa ao Tribunal ou se a extraditará para o Estado requerente. Na sua decisão, o Estado requerido terá em conta todos os fatores relevantes, incluindo, entre outros:

a) a ordem cronológica dos pedidos;

b) os interesses do Estado requerente, incluindo, se relevante, se o crime foi cometido no seu território bem como a nacionalidade das vítimas e da pessoa reclamada; e

c) a possibilidade de o Estado requerente vir a proceder posteriormente à entrega da pessoa ao Tribunal.

7. Se um Estado-Parte receber um pedido de entrega de uma pessoa formulado pelo Tribunal e um pedido de extradição formulado por um outro Estado-Parte relativamente à mesma pessoa, por fatos diferentes dos que constituem o crime objeto do pedido de entrega:

a) o Estado requerido dará prioridade ao pedido do Tribunal, se não estiver obrigado por uma norma internacional a extraditar a pessoa para o Estado requerente;

b) o Estado requerido terá de decidir se entrega a pessoa ao Tribunal ou a extradita para o Estado requerente, se estiver obrigado por uma norma internacional a extraditar a pessoa para o Estado requerente. Na sua decisão, o Estado requerido considerará todos os fatores relevantes, incluindo, entre outros, os constantes do parágrafo 6.º; todavia, deverá dar especial atenção à natureza e à gravidade dos fatos em causa.

8. Se, em conformidade com a notificação prevista no presente artigo, o Tribunal se tiver pronunciado pela inadmissibilidade do caso e, posteriormente, a extradição para o Estado requerente for recusada, o Estado requerido notificará o Tribunal dessa decisão.

Artigo 91
Conteúdo do Pedido de
Detenção e de Entrega

1. O pedido de detenção e de entrega será formulado por escrito. Em caso de urgência, o pedido poderá ser feito através de qualquer outro meio de que fique registro escrito, devendo, no entanto, ser confirmado através dos canais previstos na alínea *a)* do parágrafo 1.º do art. 87.

2. O pedido de detenção e entrega de uma pessoa relativamente à qual o Juízo de Instrução tiver emitido um mandado de detenção ao abrigo do art. 58, deverá conter ou ser acompanhado dos seguintes documentos:

a) uma descrição da pessoa procurada, contendo informação suficiente que permita a sua identificação, bem como informação sobre a sua provável localização;

b) uma cópia do mandado de detenção; e

c) os documentos, declarações e informações necessários para satisfazer os requisitos do processo de entrega pelo Estado requerido; contudo, tais requisitos não deverão ser mais rigorosos do que os que devem ser observados em caso de um pedido de extradição em conformidade com tratados ou convênios celebrados entre o Estado requerido e outros Estados, devendo, se possível, ser menos rigorosos face à natureza específica de que se reveste o Tribunal.

3. Se o pedido respeitar à detenção e à entrega de uma pessoa já condenada, deverá conter ou ser acompanhado dos seguintes documentos:

a) uma cópia do mandado de detenção dessa pessoa;

b) uma cópia da sentença condenatória;

c) elementos que demonstrem que a pessoa procurada é a mesma a que se refere a sentença condenatória; e

d) se a pessoa já tiver sido condenada, uma cópia da sentença e, em caso de pena de prisão, a indicação do período que já tiver cumprido, bem como o período que ainda lhe falte cumprir.

4. Mediante requerimento do Tribunal, um Estado-Parte manterá, no que respeite a questões genéricas ou a uma questão específica, consultas com o Tribunal sobre quaisquer requisitos previstos no seu direito interno que possam ser aplicados nos termos da alínea *c)* do parágrafo 2.º. No decurso de tais consultas, o Estado-Parte informará o Tribunal dos requisitos específicos constantes do seu direito interno.

Artigo 92
Prisão Preventiva

1. Em caso de urgência, o Tribunal poderá solicitar a prisão preventiva da pessoa procurada até a apresentação do pedido de entrega e os documentos de apoio referidos no art. 91.

2. O pedido de prisão preventiva será transmitido por qualquer meio de que fique registro escrito e conterá:

a) uma descrição da pessoa procurada, contendo informação suficiente que permita a sua identificação, bem como informação sobre a sua provável localização;

b) uma exposição sucinta dos crimes pelos quais a pessoa é procurada, bem como dos fatos alegadamente constitutivos de tais crimes incluindo, se possível, a data e o local da sua prática;

c) uma declaração que certifique a existência de um mandado de detenção ou de uma decisão condenatória contra a pessoa procurada; e

d) uma declaração de que o pedido de entrega relativo à pessoa procurada será enviado posteriormente.

3. Qualquer pessoa mantida sob prisão preventiva poderá ser posta em liberdade se o Estado requerido não tiver recebido, em conformidade com o art. 91, o pedido de entrega e os respectivos documentos no prazo fixado pelo Regulamento Processual. Todavia, essa pessoa poderá consentir na sua entrega antes do termo do período se a legislação do Estado requerido o permitir. Nesse caso, o Estado requerido procede à entrega da pessoa reclamada ao Tribunal, o mais rapidamente possível.

4. O fato de a pessoa reclamada ter sido posta em liberdade em conformidade com o parágrafo 3.º não obstará a que seja de novo detida e entregue se o pedido de entrega e os documentos em apoio, vierem a ser apresentados posteriormente.

Artigo 93
Outras Formas de Cooperação

1. Em conformidade com o disposto no presente Capítulo e nos termos dos procedimentos previstos nos respectivos direitos internos, os Estados-Partes darão seguimento aos pedidos formulados pelo Tribunal para concessão de auxílio, no âmbito de inquéritos ou procedimentos criminais, no que se refere a:

a) identificar uma pessoa e o local onde se encontra, ou localizar objetos;

b) reunir elementos de prova, incluindo os depoimentos prestados sob juramento, bem como produzir elementos de prova, incluindo perícias e relatórios de que o Tribunal necessita;

c) interrogar qualquer pessoa que seja objeto de inquérito ou de procedimento criminal;

d) notificar documentos, nomeadamente documentos judiciários;

e) facilitar o comparecimento voluntário, perante o Tribunal, de pessoas que deponham na qualidade de testemunhas ou de peritos;

f) proceder à transferência temporária de pessoas, em conformidade com o parágrafo 7.º;

g) realizar inspeções, nomeadamente a exumação e o exame de cadáveres enterrados em fossas comuns;

h) realizar buscas e apreensões;

i) transmitir registros e documentos, nomeadamente registros e documentos oficiais;

j) proteger vítimas e testemunhas, bem como preservar elementos de prova;

k) identificar, localizar e congelar ou apreender o produto de crimes, bens, haveres e instrumentos ligados aos crimes, com vista à sua eventual declaração de perda, sem prejuízo dos direitos de terceiros de boa-fé; e

l) prestar qualquer outra forma de auxílio não proibida pela legislação do Estado requerido, destinada a facilitar o inquérito e o julgamento por crimes da competência do Tribunal.

2. O Tribunal tem poderes para garantir à testemunha ou ao perito que perante ele compareça de que não serão perseguidos, detidos ou sujeitos a qualquer outra restrição da sua liberdade pessoal, por fato ou omissão anteriores à sua saída do território do Estado requerido.

3. Se a execução de uma determinada medida de auxílio constante de um pedido apresentado ao abrigo do parágrafo 1.º não for permitida no Estado requerido em virtude de um princípio jurídico fundamental de aplicação geral, o Estado em causa iniciará sem demora consultas com o Tribunal com vista à solução dessa questão. No decurso das consultas, serão consideradas outras formas de auxílio, bem como as condições da sua realização. Se, concluídas as consultas, a questão não estiver resolvida, o Tribunal alterará o conteúdo do pedido conforme se mostrar necessário.

4. Nos termos do disposto no art. 72, um Estado-Parte só poderá recusar, no todo ou em parte, um pedido de auxílio formulado pelo Tribunal se tal pedido se reportar unicamente à produção de documentos ou à divulgação de elementos de prova que atentem contra a sua segurança nacional.

5. Antes de denegar o pedido de auxílio previsto na alínea *l)* do parágrafo 1.º, o Estado requerido considerará se o auxílio poderá ser concedido sob determinadas condições ou se poderá sê-lo em data ulterior ou sob uma outra forma, com a ressalva de que, se o Tribunal ou o Procurador aceitarem tais condições, deverão observá-las.

6. O Estado requerido que recusar um pedido de auxílio comunicará, sem demora, os motivos ao Tribunal ou ao Procurador.

7. *a)* O Tribunal poderá pedir a transferência temporária de uma pessoa detida para fins de identificação ou para obter um depoimento ou outra forma de auxílio. A transferência realizar-se-á sempre que:

i) a pessoa der o seu consentimento, livremente e com conhecimento de causa; e

ii) o Estado requerido concordar com a transferência, sem prejuízo das condições que esse Estado e o Tribunal possam acordar;

b) a pessoa transferida permanecerá detida. Esgotado o fim que determinou a transferência, o Tribunal reenviá-la-á imediatamente para o Estado requerido.

8. *a)* O Tribunal garantirá a confidencialidade dos documentos e das informações recolhidas, exceto se necessários para o inquérito e os procedimentos descritos no pedido;

b) o Estado requerido poderá, se necessário, comunicar os documentos ou as informações ao Procurador a título confidencial. O Procurador só poderá utilizá-los para recolher novos elementos de prova;

c) o Estado requerido poderá, de ofício ou a pedido do Procurador, autorizar a divulgação posterior de tais documentos ou informações; os quais poderão ser utilizados como meios de prova, nos termos do disposto nos Capítulos V e VI e no Regulamento Processual.

9. *a)* i) Se um Estado-Parte receber pedidos concorrentes formulados pelo Tribunal e por um outro Estado, no âmbito de uma obrigação internacional, e cujo objeto não seja nem a entrega nem a extradição, esforçar-se-á, mediante consultas com o Tribunal e esse outro Estado, por dar satisfação a ambos os pedidos adiando ou estabelecendo determinadas condições a um ou outro pedido, se necessário.

ii) Não sendo possível, os pedidos concorrentes observarão os princípios fixados no art. 90.

b) Todavia, sempre que o pedido formulado pelo Tribunal respeitar a informações, bens ou pessoas que estejam sob o controle de um Estado terceiro ou de uma organização internacional ao abrigo de um acordo internacional, os Estados requeridos informarão o Tribunal em conformidade, este dirigirá o seu pedido ao Estado terceiro ou à organização internacional.

10. *a)* Mediante pedido, o Tribunal cooperará com um Estado-Parte e prestar-lhe-á auxílio na condução de um inquérito ou julgamento relacionado com fatos que constituam um crime da jurisdição do Tribunal ou que constituam um crime grave à luz do direito interno do Estado requerente.

b) i) O auxílio previsto na alínea *a)* deve compreender, a saber:

a. a transmissão de depoimentos, documentos e outros elementos de prova recolhidos no decurso do inquérito ou do julgamento conduzidos pelo Tribunal; e

b. o interrogatório de qualquer pessoa detida por ordem do Tribunal;

ii) no caso previsto na alínea *b)*, i), a;

a. a transmissão dos documentos e de outros elementos de prova obtidos com o auxílio de um Estado necessita do consentimento desse Estado;

b. a transmissão de depoimentos, documentos e outros elementos de prova fornecidos quer por uma testemunha, quer por um perito, será feita em conformidade com o disposto no art. 68;

c. o Tribunal poderá, em conformidade com as condições enunciadas neste número, deferir um pedido de auxílio formulado por um Estado que não seja parte no presente Estatuto.

Artigo 94
Suspensão da Execução de um Pedido Relativamente a um Inquérito ou a Procedimento Criminal em Curso

1. Se a imediata execução de um pedido prejudicar o desenrolar de um inquérito ou de um procedimento criminal relativos a um caso diferente daquele a que se reporta o pedido, o Estado requerido poderá suspender a execução do pedido por tempo determinado, acordado com o Tribunal. Contudo, a suspensão não deve prolongar-se além do necessário para que o inquérito ou o procedimento criminal em causa sejam efetuados no Estado requerido. Este, antes de decidir suspender a execução do pedido, verificará se o auxílio não poderá ser concedido de imediato sob determinadas condições.

2. Se for decidida a suspensão de execução do pedido em conformidade com o parágrafo 1.º, o Procurador poderá, no entanto, solicitar que sejam adotadas medidas para preservar os elementos de prova, nos termos da alínea *j)* do parágrafo 1.º do art. 93.

Artigo 95
Suspensão da Execução de um Pedido por Impugnação de Admissibilidade

Se o Tribunal estiver apreciando uma impugnação de admissibilidade, de acordo com os arts. 18 ou 19, o Estado requerido poderá suspender a execução de um pedido formulado ao abrigo do presente Capítulo enquanto aguarda que o Tribunal se pronuncie, a menos que o Tribunal tenha especificamente ordenado que o Procurador continue a reunir elementos de prova, nos termos dos arts. 18 ou 19.

Artigo 96
Conteúdo do Pedido sob Outras Formas de Cooperação Previstas no Art. 93

1. Todo o pedido relativo a outras formas de cooperação previstas no art. 93 será formulado por escrito. Em caso de urgência, o pedido poderá ser feito por qualquer meio que permita manter um registro escrito, desde que seja confirmado através dos canais indicados na alínea *a)* do parágrafo 1.º do art. 87.

2. O pedido deverá conter, ou ser instruído com os seguintes documentos:

a) um resumo do objeto do pedido, bem como da natureza do auxílio solicitado, incluindo os fundamentos jurídicos e os motivos do pedido;

b) informações tão completas quanto possível sobre a pessoa ou o lugar a identificar ou a localizar, por forma a que o auxílio solicitado possa ser prestado;

c) uma exposição sucinta dos fatos essenciais que fundamentam o pedido;

d) a exposição dos motivos e a explicação pormenorizada dos procedimentos ou das condições a respeitar;

e) toda a informação que o Estado requerido possa exigir de acordo com o seu direito interno para dar seguimento ao pedido; e

f) toda a informação útil para que o auxílio possa ser concedido.

3. A requerimento do Tribunal, um Estado-Parte manterá, no que respeita a questões genéricas ou a uma questão específica, consultas com o Tribunal sobre as disposições aplicáveis do seu direito interno, susceptíveis de serem aplicadas em conformidade com a alínea *e)* do parágrafo 2.º. No decurso de tais consultas, o Estado-Parte informará o Tribunal das disposições específicas constantes do seu direito interno.

4. O presente artigo aplicar-se-á, se for caso disso, a qualquer pedido de auxílio dirigido ao Tribunal.

Artigo 97
Consultas

Sempre que, ao abrigo do presente Capítulo, um Estado-Parte receba um pedido e verifique que este suscita dificuldades que possam obviar à sua execução ou impedi-la, o Estado em causa iniciará, sem demora, as consultas com o Tribunal com vista à solução desta questão. Tais dificuldades podem revestir as seguintes formas:

a) informações insuficientes para dar seguimento ao pedido;

b) no caso de um pedido de entrega, o paradeiro da pessoa reclamada continuar desconhecido a despeito de todos os esforços ou a investigação realizada permitiu determinar que a pessoa que se encontra no Estado Requerido não é manifestamente a pessoa identificada no mandado; ou

c) o Estado requerido ver-se-ia compelido, para cumprimento do pedido na sua forma atual, a violar uma obrigação constante de um tratado anteriormente celebrado com outro Estado.

Artigo 98
Cooperação Relativa à Renúncia, à Imunidade e ao Consentimento na Entrega

1. O Tribunal pode não dar seguimento a um pedido de entrega ou de auxílio por força do qual o Estado requerido devesse atuar de forma incompatível com as obrigações que lhe incumbem à luz do direito internacional em matéria de imunidade dos Estados ou de imunidade diplomática de pessoa ou de bens de um Estado terceiro, a menos

que obtenha, previamente a cooperação desse Estado terceiro com vista ao levantamento da imunidade.

2. O Tribunal pode não dar seguimento à execução de um pedido de entrega por força do qual o Estado requerido devesse atuar de forma incompatível com as obrigações que lhe incumbem em virtude de acordos internacionais à luz dos quais o consentimento do Estado de envio é necessário para que uma pessoa pertencente a esse Estado seja entregue ao Tribunal, a menos que o Tribunal consiga, previamente, obter a cooperação do Estado de envio para consentir na entrega.

Artigo 99
Execução dos Pedidos Apresentados ao Abrigo dos Arts. 93 e 96

1. Os pedidos de auxílio serão executados de harmonia com os procedimentos previstos na legislação interna do Estado requerido e, a menos que o seu direito interno o proíba, na forma especificada no pedido, aplicando qualquer procedimento nele indicado ou autorizando as pessoas nele indicadas a estarem presentes e a participarem na execução do pedido.

2. Em caso de pedido urgente, os documentos e os elementos de prova produzidos na resposta serão, a requerimento do Tribunal, enviados com urgência.

3. As respostas do Estado requerido serão transmitidas na sua língua e forma originais.

4. Sem prejuízo dos demais artigos do presente Capítulo, sempre que for necessário para a execução com sucesso de um pedido, e não haja que recorrer a medidas coercitivas, nomeadamente quando se trate de ouvir ou levar uma pessoa a depor de sua livre vontade, mesmo sem a presença das autoridades do Estado-Parte requerido se tal for determinante para a execução do pedido, ou quando se trate de examinar, sem proceder a alterações, um lugar público ou um outro local público, o Procurador poderá dar cumprimento ao pedido diretamente no território de um Estado, de acordo com as seguintes modalidades:

a) quando o Estado requerido for o Estado em cujo território haja indícios de ter sido cometido o crime e existir uma decisão sobre a admissibilidade tal como previsto nos arts. 18 e 19, o Procurador poderá executar diretamente o pedido, depois de ter levado a cabo consultas tão amplas quanto possível com o Estado requerido;

b) em outros casos, o Procurador poderá executar o pedido após consultas com o Estado-Parte requerido e tendo em conta as condições ou as preocupações razoáveis que esse Estado tenha eventualmente argumentado. Sempre que o Estado requerido verificar que a execução de um pedido nos termos da presente alínea suscita dificuldades, consultará de imediato o Tribunal para resolver a questão.

5. As disposições que autorizam a pessoa ouvida ou interrogada pelo Tribunal ao abrigo do art. 72, a invocar as restrições previstas para impedir a divulgação de informações confidenciais relacionadas com a segurança nacional, aplicar-se-ão de igual modo à execução dos pedidos de auxílio referidos no presente artigo.

Artigo 100
Despesas

1. As despesas ordinárias decorrentes da execução dos pedidos no território do Estado requerido serão por este suportadas, com exceção das seguintes, que correrão a cargo do Tribunal:

a) as despesas relacionadas com as viagens e a proteção das testemunhas e dos peritos ou com a transferência de detidos ao abrigo do art. 93;

b) as despesas de tradução, de interpretação e de transcrição;

c) as despesas de deslocação e de estada dos juízes, do Procurador, dos Procuradores-Adjuntos, do Secretário, do Secretário-Adjunto e dos membros do pessoal de todos os órgãos do Tribunal;

d) os custos das perícias ou dos relatórios periciais solicitados pelo Tribunal;

e) as despesas decorrentes do transporte das pessoas entregues ao Tribunal pelo Estado de detenção; e

f) após consulta, quaisquer despesas extraordinárias decorrentes da execução de um pedido.

2. O disposto no parágrafo 1.º aplicar-se-á, sempre que necessário, aos pedidos dirigidos pelos Estados-Partes ao Tribunal. Neste caso, o Tribunal tomará a seu cargo as despesas ordinárias decorrentes da execução.

Artigo 101
Regra da Especialidade

1. Nenhuma pessoa entregue ao Tribunal nos termos do presente Estatuto poderá ser perseguida, condenada ou detida por condutas anteriores à sua entrega, salvo quando estas constituam crimes que tenham fundamentado a sua entrega.

2. O Tribunal poderá solicitar uma derrogação dos requisitos estabelecidos no parágrafo 1.º ao Estado que lhe tenha entregue uma pessoa e, se necessário, facultar-lhe-á, em conformidade com o art. 91, informações complementares. Os Estados-Partes estarão habilitados a conceder uma derrogação ao Tribunal e deverão envidar esforços nesse sentido.

Artigo 102
Termos Usados

Para os fins do presente Estatuto:

a) por "entrega", entende-se a entrega de uma pessoa por um Estado ao Tribunal nos termos do presente Estatuto;

b) por "extradição", entende-se a entrega de uma pessoa por um Estado a outro Estado conforme previsto em um tratado, em uma convenção ou no direito interno.

Capítulo X
EXECUÇÃO DA PENA

Artigo 103
Função dos Estados na Execução das Penas Privativas de Liberdade

1. *a)* As penas privativas de liberdade serão cumpridas num Estado indicado pelo Tribunal a partir de uma lista de Estados que lhe tenham manifestado a sua disponibilidade para receber pessoas condenadas.

b) Ao declarar a sua disponibilidade para receber pessoas condenadas, um Estado poderá formular condições acordadas com o Tribunal e em conformidade com o presente Capítulo.

c) O Estado indicado no âmbito de um determinado caso dará prontamente a conhecer se aceita ou não a indicação do Tribunal.

2. *a)* O Estado da execução informará o Tribunal de qualquer circunstância, incluindo o cumprimento de quaisquer condições acordadas nos termos do parágrafo 1.º, que possam afetar materialmente as condições ou a duração da detenção. O Tribunal será informado com, pelo menos, 45 dias de antecedência sobre qualquer circunstância dessa natureza, conhecida ou previsível. Durante este período, o Estado da execução não tomará qualquer medida que possa ser contrária às suas obrigações ao abrigo do art. 110.

b) Se o Tribunal não puder aceitar as circunstâncias referidas na alínea *a)*, deverá informar o Estado da execução e proceder em harmonia com o parágrafo 1.º do art. 104.

3. Sempre que exercer o seu poder de indicação em conformidade com o parágrafo 1.º, o Tribunal levará em consideração:

a) o princípio segundo o qual os Estados-Partes devem partilhar da responsabilidade na execução das penas privativas de liberdade, em conformidade com os princípios de distribuição equitativa estabelecidos no Regulamento Processual;

b) a aplicação de normas convencionais do direito internacional amplamente aceitas, que regulam o tratamento dos reclusos;

c) a opinião da pessoa condenada; e

d) a nacionalidade da pessoa condenada;

e) outros fatores relativos às circunstâncias do crime, às condições pessoais da pessoa condenada ou à execução efetiva da pena, adequadas à indicação do Estado da execução.

4. Se nenhum Estado for designado nos termos do parágrafo 1.º, a pena privativa de liberdade será cumprida num estabelecimento prisional designado pelo Estado anfitrião, em conformidade com as condições estipuladas no acordo que determinou o local da sede previsto no parágrafo 2.º do art. 3.º. Neste caso, as despesas relacionadas com a execução da pena ficarão a cargo do Tribunal.

Artigo 104
Alteração da Indicação do Estado da Execução

1. O Tribunal poderá, a qualquer momento, decidir transferir um condenado para uma prisão de um outro Estado.

2. A pessoa condenada pelo Tribunal poderá, a qualquer momento, solicitar-lhe que a transfira do Estado encarregado da execução.

Artigo 105
Execução da Pena

1. Sem prejuízo das condições que um Estado haja estabelecido nos termos do art. 103, parágrafo 1.º, alínea *b)*, a pena privativa de liberdade é vinculativa para os Estados-Partes, não podendo estes modificá-la em caso algum.

2. Será da exclusiva competência do Tribunal pronunciar-se sobre qualquer pedido de revisão ou recurso. O Estado da execução não obstará a que o condenado apresente um tal pedido.

Artigo 106
Controle da Execução da Pena e das Condições de Detenção

1. A execução de uma pena privativa de liberdade será submetida ao controle do Tribunal e observará as regras convencionais internacionais amplamente aceitas em matéria de tratamento dos reclusos.

2. As condições de detenção serão reguladas pela legislação do Estado da execução e observarão as regras convencionais internacionais amplamente aceitas em matéria de tratamento dos reclusos. Em caso algum devem ser menos ou mais favoráveis do que as aplicáveis aos reclusos condenados no Estado da execução por infrações análogas.

3. As comunicações entre o condenado e o Tribunal serão livres e terão caráter confidencial.

Artigo 107
Transferência do Condenado depois de Cumprida a Pena

1. Cumprida a pena, a pessoa que não seja nacional do Estado da execução poderá, de acordo com a legislação desse mesmo Estado, ser transferida para um outro Estado obrigado a aceitá-la ou ainda para um outro Estado que aceite acolhê-la tendo em conta a vontade expressa pela pessoa em ser transferida para esse Estado; a menos que o Estado da execução autorize essa pessoa a permanecer no seu território.

2. As despesas relativas à transferência do condenado para um outro Estado nos termos do parágrafo 1.º serão suportadas pelo Tribunal se nenhum Estado as tomar a seu cargo.

3. Sem prejuízo do disposto no art. 108, o Estado da execução poderá igualmente, em harmonia com o seu direito interno, extraditar ou entregar por qualquer outro modo a pessoa a um Estado que tenha solicitado a sua extradição ou a sua entrega para fins de julgamento ou de cumprimento de uma pena.

Artigo 108
Restrições ao Procedimento Criminal ou à Condenação por Outras Infrações

1. A pessoa condenada que esteja detida no Estado da execução não poderá ser objeto de procedimento criminal, condenação ou extradição para um Estado terceiro em virtude de uma conduta anterior à sua transferência para o Estado da execução, a menos que o Tribunal tenha dado a sua aprovação a tal procedimento, condenação ou extradição, a pedido do Estado da execução.

2. Ouvido o condenado, o Tribunal pronunciar-se-á sobre a questão.

3. O parágrafo 1.º deixará de ser aplicável se o condenado permanecer voluntariamente no território do Estado da execução por um período superior a 30 dias após o cumprimento integral da pena proferida pelo Tribunal, ou se regressar ao território desse Estado após dele ter saído.

Artigo 109
Execução das Penas de Multa e das Medidas de Perda

1. Os Estados-Partes aplicarão as penas de multa, bem como as medidas de perda ordenadas pelo Tribunal ao abrigo do Capítulo VII, sem prejuízo dos direitos de terceiros de boa-fé e em conformidade com os procedimentos previstos no respectivo direito interno.

2. Sempre que um Estado-Parte não possa tornar efetiva a declaração de perda, deverá tomar medidas para recuperar o valor do produto, dos bens ou dos haveres cuja perda tenha sido declarada pelo Tribunal, sem prejuízo dos direitos de terceiros de boa-fé.

3. Os bens, ou o produto da venda de bens imóveis ou, se for caso disso, da venda de outros bens, obtidos por um Estado-Parte por força da execução de uma decisão do Tribunal, serão transferidos para o Tribunal.

Artigo 110
Reexame pelo Tribunal da Questão de Redução de Pena

1. O Estado da execução não poderá libertar o recluso antes de cumprida a totalidade da pena proferida pelo Tribunal.

2. Somente o Tribunal terá a faculdade de decidir sobre qualquer redução da pena e, ouvido o condenado, pronunciar-se-á a tal respeito.

3. Quando a pessoa já tiver cumprido dois terços da pena, ou 25 anos de prisão em caso de pena de prisão perpétua, o Tribunal reexaminará a pena para determinar se haverá lugar a sua redução. Tal reexame só será efetuado transcorrido o período acima referido.

4. No reexame a que se refere o parágrafo 3.º, o Tribunal poderá reduzir a pena se constatar que se verificam uma ou várias das condições seguintes:

a) a pessoa tiver manifestado, desde o início e de forma contínua, a sua vontade em cooperar com o Tribunal no inquérito e no procedimento;

b) a pessoa tiver, voluntariamente, facilitado a execução das decisões e despachos do Tribunal em outros casos, nomeadamente ajudando-o a localizar bens sobre os quais recaíam decisões de perda, de multa ou de reparação que poderão ser usados em benefício das vítimas; ou

c) outros fatores que conduzam a uma clara e significativa alteração das circunstâncias suficiente para justificar a redução da pena, conforme previsto no Regulamento Processual;

5. Se, no reexame inicial a que se refere o parágrafo 3.º, o Tribunal considerar não haver motivo para redução da pena, ele reexaminará subsequentemente a questão da redução da pena com a periodicidade e nos termos previstos no Regulamento Processual.

Artigo 111
Evasão

Se um condenado se evadir do seu local de detenção e fugir do território do Estado da execução, este poderá, depois de ter consultado o Tribunal, pedir ao Estado no qual se encontra localizado o condenado que o entregue em conformidade com os acordos bilaterais ou multilaterais em vigor, ou requerer ao Tribunal que solicite a entrega dessa pessoa ao abrigo do Capítulo IX. O Tribunal poderá, ao solicitar a entrega da pessoa, determinar que esta seja entregue ao Estado no qual se encontrava a cumprir a sua pena, ou a outro Estado por ele indicado.

CAPÍTULO XI
ASSEMBLEIA DOS ESTADOS-PARTES

Artigo 112
Assembleia dos Estados-Partes

1. É constituída, pelo presente instrumento, uma Assembleia dos Estados-Partes. Cada um dos Estados-Partes nela disporá de um representante, que poderá ser coadjuvado por substitutos e assessores. Outros Estados signatários do Estatuto ou da Ata Final poderão participar nos trabalhos da Assembleia na qualidade de observadores.

2. A Assembleia:

a) examinará e adotará, se adequado, as recomendações da Comissão Preparatória;

b) promoverá junto à Presidência, ao Procurador e ao Secretário as linhas orientadoras gerais no que toca à administração do Tribunal;

c) examinará os relatórios e as atividades da Mesa estabelecidos nos termos do parágrafo 3.º e tomará as medidas apropriadas;

d) examinará e aprovará o orçamento do Tribunal;

e) decidirá, se for caso disso, alterar o número de juízes nos termos do art. 36;

f) examinará, em harmonia com os parágrafos 5.º e 7.º do art. 87, qualquer questão relativa à não cooperação dos Estados;

g) desempenhará qualquer outra função compatível com as disposições do presente Estatuto ou do Regulamento Processual.

3. *a)* A Assembleia será dotada de uma Mesa composta por um presidente, dois vice-presidentes e 18 membros por ela eleitos por períodos de três anos;

b) a Mesa terá um caráter representativo, atendendo nomeadamente ao princípio da distribuição geográfica equitativa e à necessidade de assegurar uma representação adequada dos principais sistemas jurídicos do mundo;

c) a Mesa reunir-se-á as vezes que forem necessárias, mas, pelo menos, uma vez por ano. Assistirá a Assembleia no desempenho das suas funções.

4. A Assembleia poderá criar outros órgãos subsidiários que julgue necessários, nomeadamente um mecanismo de controle independente que proceda a inspeções, avaliações e inquéritos em ordem a melhorar a eficiência e economia da administração do Tribunal.

5. O Presidente do Tribunal, o Procurador e o Secretário ou os respectivos representantes poderão participar, sempre que julguem oportuno, nas reuniões da Assembleia e da Mesa.

6. A Assembleia reunir-se-á na sede do Tribunal ou na sede da Organização das Nações Unidas uma vez por ano e, sempre que as circunstâncias o exigirem, reunir-se-á em sessão extraordinária. A menos que o presente Estatuto estabeleça em contrário, as sessões extraordinárias são convocadas pela Mesa, de ofício ou a pedido de um terço dos Estados-Partes.

7. Cada um dos Estados-Partes disporá de um voto. Todos os esforços deverão ser envidados para que as decisões da Assembleia e da Mesa sejam adotadas por consenso. Se tal não for possível, e a menos que o Estatuto estabeleça em contrário:

a) as decisões sobre as questões de fundo serão tomadas por maioria de dois terços dos membros presentes e votantes, sob a condição que a maioria absoluta dos Estados-Partes constitua *quorum* para o escrutínio;

b) as decisões sobre as questões de procedimento serão tomadas por maioria simples dos Estados-Partes presentes e votantes.

8. O Estado-Parte em atraso no pagamento da sua contribuição financeira para as despesas do Tribunal não poderá votar nem na Assembleia nem na Mesa se o total das suas contribuições em atraso igualar ou exceder a soma das contribuições correspondentes aos dois anos anteriores completos por ele devidos. A Assembleia Geral poderá, no entanto, autorizar o Estado em causa a votar na Assembleia ou na Mesa se ficar provado que a falta de pagamento é devida a circunstâncias alheias ao controle do Estado-Parte.

9. A Assembleia adotará o seu próprio Regimento.

10. As línguas oficiais e de trabalho da Assembleia dos Estados-Partes serão as línguas oficiais e de trabalho da Assembleia Geral da Organização das Nações Unidas.

Capítulo XII
FINANCIAMENTO

Artigo 113
Regulamento Financeiro

Salvo disposição expressa em contrário, todas as questões financeiras atinentes ao Tribunal e às reuniões da Assembleia dos Estados-Partes, incluindo a sua Mesa e os seus órgãos subsidiários, serão reguladas pelo presente Estatuto, pelo Regulamento Financeiro e pelas normas de gestão financeira adotados pela Assembleia dos Estados-Partes.

Artigo 114
Pagamento de Despesas

As despesas do Tribunal e da Assembleia dos Estados-Partes, incluindo a sua Mesa e os seus órgãos subsidiários, serão pagas pelos fundos do Tribunal.

Artigo 115
Fundos do Tribunal e da Assembleia dos Estados-Partes

As despesas do Tribunal e da Assembleia dos Estados-Partes, incluindo a sua Mesa e os seus órgãos subsidiários, inscritas no orçamento aprovado pela Assembleia dos Estados-Partes, serão financiadas:

a) pelas quotas dos Estados-Partes;

b) pelos fundos provenientes da Organização das Nações Unidas, sujeitos à aprovação da Assembleia Geral, nomeadamente no que diz respeito às despesas relativas a questões remetidas para o Tribunal pelo Conselho de Segurança.

Artigo 116
Contribuições Voluntárias

Sem prejuízo do art. 115, o Tribunal poderá receber e utilizar, a título de fundos adicionais, as contribuições voluntárias dos Governos, das organizações internacionais, dos particulares, das empresas e demais entidades, de acordo com os critérios estabelecidos pela Assembleia dos Estados-Partes nesta matéria.

Artigo 117
Cálculo das Quotas

As quotas dos Estados-Partes serão calculadas em conformidade com uma tabela de quotas que tenha sido acordada, com base na tabela adotada pela Organização das Nações Unidas para o seu orçamento ordinário, e adaptada de harmonia com os princípios nos quais se baseia tal tabela.

Artigo 118
Verificação Anual de Contas

Os relatórios, livros e contas do Tribunal, incluindo os balanços financeiros anuais, serão verificados anualmente por um revisor de contas independente.

CAPÍTULO XIII
CLÁUSULAS FINAIS

Artigo 119
Resolução de Diferendos

1. Qualquer diferendo relativo às funções judiciais do Tribunal será resolvido por decisão do Tribunal.

2. Quaisquer diferendos entre dois ou mais Estados-Partes relativos à interpretação ou à aplicação do presente Estatuto, que não forem resolvidos pela via negocial num período de três meses após o seu início, serão submetidos à Assembleia dos Estados-Partes. A Assembleia poderá procurar resolver o diferendo ou fazer recomendações relativas a outros métodos de resolução, incluindo a submissão do diferendo à Corte Internacional de Justiça, em conformidade com o Estatuto dessa Corte.

Artigo 120
Reservas

Não são admitidas reservas a este Estatuto.

Artigo 121
Alterações

1. Expirado o período de sete anos após a entrada em vigor do presente Estatuto, qualquer Estado-Parte poderá propor alterações ao Estatuto. O texto das propostas de alterações será submetido ao Secretário-Geral da Organização das Nações Unidas, que o comunicará sem demora a todos os Estados-Partes.

2. Decorridos pelo menos três meses após a data desta notificação, a Assembleia dos Estados-Partes decidirá na reunião seguinte, por maioria dos seus membros presentes e votantes, se deverá examinar a proposta. A Assembleia poderá tratar desta proposta, ou convocar uma Conferência de Revisão se a questão suscitada o justificar.

3. A adoção de uma alteração numa reunião da Assembleia dos Estados-Partes ou numa Conferência de Revisão exigirá a maioria de dois terços dos Estados-Partes, quando não for possível chegar a um consenso.

4. Sem prejuízo do disposto no parágrafo 5.º, qualquer alteração entrará em vigor, para todos os Estados-Partes, um ano depois que sete oitavos de entre eles tenham depositado os respectivos instrumentos de ratificação ou de aceitação junto do Secretário-Geral da Organização das Nações Unidas.

5. Qualquer alteração aos arts. 5.º, 6.º, 7.º e 8.º do presente Estatuto entrará em vigor, para todos os Estados-Partes que a tenham aceitado, um ano após o depósito dos seus instrumentos de ratificação ou de aceitação. O Tribunal não exercerá a sua competência relativamente a um crime abrangido pela alteração sempre que este tiver sido cometido por nacionais de um Estado-Parte que não tenha aceitado a alteração, ou no território desse Estado-Parte.

6. Se uma alteração tiver sido aceita por sete oitavos dos Estados-Partes nos termos do parágrafo 4.º, qualquer Estado-Parte que não a tenha aceito poderá retirar-se do Estatuto com efeito imediato, não obstante o disposto no parágrafo 1.º do art. 127, mas sem prejuízo do disposto no parágrafo 2.º do art. 127, mediante notificação da sua retirada o mais tardar um ano após a entrada em vigor desta alteração.

7. O Secretário-Geral da Organização das Nações Unidas comunicará a todos os Estados-Partes quaisquer alterações que tenham sido adotadas em reunião da Assembleia dos Estados-Partes ou numa Conferência de Revisão.

Artigo 122
Alteração de Disposições de Caráter Institucional

1. Não obstante o art. 121, parágrafo 1.º, qualquer Estado-Parte poderá, em qualquer momento, propor alterações às disposições do Estatuto, de caráter exclusivamente institucional, a saber, arts. 35, 36, parágrafos 8.º e 9.º, arts. 37, 38, 39, parágrafos 1.º (as primeiras duas frases), 2.º e 4.º, art. 42, parágrafos 4.º a 9.º, art. 43, parágrafos 2.º e 3.º e arts. 44, 46, 47 e 49. O texto de qualquer proposta será submetido ao Secretário-Geral da Organização das Nações Unidas ou a qualquer outra pessoa designada pela Assembleia dos Estados-Partes, que o comunicará sem demora a todos os Estados-Partes e aos outros participantes na Assembleia.

2. As alterações apresentadas nos termos deste artigo, sobre as quais não seja possível chegar a um consenso, serão adotadas pela Assembleia dos Estados-Partes ou por uma Conferência de Revisão, por uma maioria de dois terços dos Estados-Partes. Tais alterações entrarão em vigor, para todos os Estados-Partes, seis meses após a sua adoção pela Assembleia ou, conforme o caso, pela Conferência de Revisão.

Artigo 123
Revisão do Estatuto

1. Sete anos após a entrada em vigor do presente Estatuto, o Secretário-Geral da Organização das

Nações Unidas convocará uma Conferência de Revisão para examinar qualquer alteração ao presente Estatuto. A revisão poderá incidir nomeadamente, mas não exclusivamente, sobre a lista de crimes que figura no art. 5.º. A Conferência estará aberta aos participantes na Assembleia dos Estados-Partes, nas mesmas condições.

2. A todo o momento ulterior, a requerimento de um Estado-Parte e para os fins enunciados no parágrafo 1.º, o Secretário-Geral da Organização das Nações Unidas, mediante aprovação da maioria dos Estados-Partes, convocará uma Conferência de Revisão.

3. A adoção e a entrada em vigor de qualquer alteração ao Estatuto examinada numa Conferência de Revisão serão reguladas pelas disposições do art. 121, parágrafos 3.º a 7.º.

Artigo 124
Disposição Transitória

Não obstante o disposto nos parágrafos 1.º e 2.º do art. 12, um Estado que se torne Parte no presente Estatuto, poderá declarar que, durante um período de sete anos a contar da data da entrada em vigor do Estatuto no seu território, não aceitará a competência do Tribunal relativamente à categoria de crimes referidos no art. 8.º, quando haja indícios de que um crime tenha sido praticado por nacionais seus ou no seu território. A declaração formulada ao abrigo deste artigo poderá ser retirada a qualquer momento. O disposto neste artigo será reexaminado na Conferência de Revisão a convocar em conformidade com o parágrafo 1.º do art. 123.

Artigo 125
Assinatura, Ratificação, Aceitação, Aprovação ou Adesão

1. O presente Estatuto estará aberto à assinatura de todos os Estados na sede da Organização das Nações Unidas para a Alimentação e a Agricultura, em Roma, a 17 de julho de 1998, continuando aberto à assinatura no Ministério dos Negócios Estrangeiros de Itália, em Roma, até 17 de outubro de 1998. Após esta data, o Estatuto continuará aberto na sede da Organização das Nações Unidas, em Nova Iorque, até 31 de dezembro de 2000.

2. O presente Estatuto ficará sujeito a ratificação, aceitação ou aprovação dos Estados signatários. Os instrumentos de ratificação, aceitação ou aprovação serão depositados junto do Secretário-Geral da Organização das Nações Unidas.

3. O presente Estatuto ficará aberto à adesão de qualquer Estado. Os instrumentos de adesão serão depositados junto do Secretário-Geral da Organização das Nações Unidas.

Artigo 126
Entrada em Vigor

1. O presente Estatuto entrará em vigor no primeiro dia do mês seguinte ao termo de um período de 60 dias após a data do depósito do sexagésimo instrumento de ratificação, de aceitação, de aprovação ou de adesão junto do Secretário-Geral da Organização das Nações Unidas.

2. Em relação ao Estado que ratifique, aceite ou aprove o Estatuto, ou a ele adira após o depósito do sexagésimo instrumento de ratificação, de aceitação, de aprovação ou de adesão, o Estatuto entrará em vigor no primeiro dia do mês seguinte ao termo de um período de 60 dias após a data do depósito do respectivo instrumento de ratificação, de aceitação, de aprovação ou de adesão.

Artigo 127
Retirada

1. Qualquer Estado-Parte poderá, mediante notificação escrita e dirigida ao Secretário-Geral da Organização das Nações Unidas, retirar-se do presente Estatuto. A retirada produzirá efeitos um ano após a data de recepção da notificação, salvo se esta indicar uma data ulterior.

2. A retirada não isentará o Estado das obrigações que lhe incumbem em virtude do presente Estatuto enquanto Parte do mesmo, incluindo as obrigações financeiras que tiver assumido, não afetando também a cooperação com o Tribunal no âmbito de inquéritos e de procedimentos criminais relativamente aos quais o Estado tinha o dever de cooperar e que se iniciaram antes da data em que a retirada começou a produzir efeitos; a retirada em nada afetará a prossecução da apreciação das causas que o Tribunal já tivesse começado a apreciar antes da data em que a retirada começou a produzir efeitos.

Artigo 128
Textos Autênticos

O original do presente Estatuto, cujos textos em árabe, chinês, espanhol, francês, inglês e russo fazem igualmente fé, será depositado junto do Secretário-Geral das Nações Unidas, que enviará cópia autenticada a todos os Estados.

Em fé do que, os abaixo assinados, devidamente autorizados pelos respectivos Governos, assinaram o presente Estatuto.

Feito em Roma, aos dezessete dias do mês de julho de mil novecentos e noventa e oito.

LEI N. 10.741, DE 1.º DE OUTUBRO DE 2003 (*)

Dispõe sobre o Estatuto do Idoso e dá outras providências.

O Presidente da República

(*) Publicada no *DOU*, de 3-10-2003.

Faço saber que o Congresso Nacional decreta e eu sanciono a seguinte Lei:

TÍTULO I
DISPOSIÇÕES PRELIMINARES

Art. 1.º É instituído o Estatuto do Idoso, destinado a regular os direitos assegurados às pessoas com idade igual ou superior a 60 (sessenta) anos.

Art. 2.º O idoso goza de todos os direitos fundamentais inerentes à pessoa humana, sem prejuízo da proteção integral de que trata esta Lei, assegurando-se-lhe, por lei ou por outros meios, todas as oportunidades e facilidades, para preservação de sua saúde física e mental e seu aperfeiçoamento moral, intelectual, espiritual e social, em condições de liberdade e dignidade.

• *Vide* art. 5.º da CF.

Art. 3.º É obrigação da família, da comunidade, da sociedade e do Poder Público assegurar ao idoso, com absoluta prioridade, a efetivação do direito à vida, à saúde, à alimentação, à educação, à cultura, ao esporte, ao lazer, ao trabalho, à cidadania, à liberdade, à dignidade, ao respeito e à convivência familiar e comunitária.

• Da Família, da Criança, do Adolescente e do Idoso: arts. 226 a 230 da CF.

§ 1.º A garantia de prioridade compreende:

•• Parágrafo único, *caput*, renumerado pela Lei n. 13.466, de 12-7-2017.

I – atendimento preferencial imediato e individualizado junto aos órgãos públicos e privados prestadores de serviços à população;

II – preferência na formulação e na execução de políticas sociais públicas específicas;

III – destinação privilegiada de recursos públicos nas áreas relacionadas com a proteção ao idoso;

IV – viabilização de formas alternativas de participação, ocupação e convívio do idoso com as demais gerações;

V – priorização do atendimento do idoso por sua própria família, em detrimento do atendimento asilar, exceto dos que não a possuam ou careçam de condições de manutenção da própria sobrevivência;

VI – capacitação e reciclagem dos recursos humanos nas áreas de geriatria e gerontologia e na prestação de serviços aos idosos;

VII – estabelecimento de mecanismos que favoreçam a divulgação de informações de caráter educativo sobre os aspectos biopsicossociais de envelhecimento;

VIII – garantia de acesso à rede de serviços de saúde e de assistência social locais;

IX – prioridade no recebimento da restituição do Imposto de Renda.

•• Inciso IX acrescentado pela Lei n. 11.765, de 5-8-2008.

§ 2.º Dentre os idosos, é assegurada prioridade especial aos maiores de oitenta anos, atendendo-se suas necessidades sempre preferencialmente em relação aos demais idosos.

•• § 2.º acrescentado pela Lei n. 13.466, de 12-7-2017.

Art. 4.º Nenhum idoso será objeto de qualquer tipo de negligência, discriminação, violência, crueldade ou opressão, e todo atentado aos seus direitos, por ação ou omissão, será punido na forma da lei.

§ 1.º É dever de todos prevenir a ameaça ou violação aos direitos do idoso.

§ 2.º As obrigações previstas nesta Lei não excluem da prevenção outras decorrentes dos princípios por ela adotados.

Art. 5.º A inobservância das normas de prevenção importará em responsabilidade à pessoa física ou jurídica nos termos da lei.

Art. 6.º Todo cidadão tem o dever de comunicar à autoridade competente qualquer forma de violação a esta Lei que tenha testemunhado ou de que tenha conhecimento.

Art. 7.º Os Conselhos Nacional, Estaduais, do Distrito Federal e Municipais do Idoso, previstos na Lei n. 8.842, de 4 de janeiro de 1994, zelarão pelo cumprimento dos direitos do idoso, definidos nesta Lei.

• A Lei n. 8.842, de 4-1-1994, dispõe sobre a Política Nacional do Idoso.

TÍTULO II
DOS DIREITOS FUNDAMENTAIS

....

CAPÍTULO IV
DO DIREITO À SAÚDE

....

Art. 19. Os casos de suspeita ou confirmação de violência praticada contra idosos serão objeto de notificação compulsória pelos serviços de saúde públicos e privados à autoridade sanitária, bem como serão obrigatoriamente comunicados por eles a quaisquer dos seguintes órgãos:

•• *Caput* com redação determinada pela Lei n. 12.461, de 26-7-2011.

I – autoridade policial;

II – Ministério Público;

....

§ 1.º Para os efeitos desta Lei, considera-se violência contra o idoso qualquer ação ou omissão praticada em local público ou privado que lhe cause morte, dano ou sofrimento físico ou psicológico.

•• § 1.º acrescentado pela Lei n. 12.461, de 26-7-2011.

....

TÍTULO III
DAS MEDIDAS DE PROTEÇÃO

CAPÍTULO I
DAS DISPOSIÇÕES GERAIS

Art. 43. As medidas de proteção ao idoso são aplicáveis sempre que os direitos reconhecidos nesta Lei forem ameaçados ou violados:

I – por ação ou omissão da sociedade ou do Estado;

II – por falta, omissão ou abuso da família, curador ou entidade de atendimento;

III – em razão de sua condição pessoal.

CAPÍTULO II
DAS MEDIDAS ESPECÍFICAS DE PROTEÇÃO

Art. 44. As medidas de proteção ao idoso previstas nesta Lei poderão ser aplicadas, isolada ou cumulativamente, e levarão em conta os fins sociais a que se destinam e o fortalecimento dos vínculos familiares e comunitários.

Art. 45. Verificada qualquer das hipóteses previstas no art. 43, o Ministério Público ou o Poder Judiciário, a requerimento daquele, poderá determinar, dentre outras, as seguintes medidas:

I – encaminhamento à família ou curador, mediante termo de responsabilidade;

II – orientação, apoio e acompanhamento temporários;

III – requisição para tratamento de sua saúde, em regime ambulatorial, hospitalar ou domiciliar;

IV – inclusão em programa oficial ou comunitário de auxílio, orientação e tratamento a usuários dependentes de drogas lícitas ou ilícitas, ao próprio idoso ou à pessoa de sua convivência que lhe cause perturbação;

V – abrigo em entidade;

VI – abrigo temporário.

TÍTULO IV
DA POLÍTICA DE ATENDIMENTO AO IDOSO

....

CAPÍTULO II
DAS ENTIDADES DE ATENDIMENTO AO IDOSO

....

Art. 49. As entidades que desenvolvam programas de institucionalização de longa permanência adotarão os seguintes princípios:

I – preservação dos vínculos familiares;

II – atendimento personalizado e em pequenos grupos;

III – manutenção do idoso na mesma instituição, salvo em caso de força maior;

IV – participação do idoso nas atividades comunitárias, de caráter interno e externo;

V – observância dos direitos e garantias dos idosos;

VI – preservação da identidade do idoso e oferecimento de ambiente de respeito e dignidade.

Parágrafo único. O dirigente de instituição prestadora de atendimento ao idoso responderá civil e criminalmente pelos atos que praticar em detrimento do idoso, sem prejuízo das sanções administrativas.

Art. 50. Constituem obrigações das entidades de atendimento:

I – celebrar contrato escrito de prestação de serviço com o idoso, especificando o tipo de atendimento, as obrigações da entidade e prestações decorrentes do contrato, com os respectivos preços, se for o caso;

II – observar os direitos e as garantias de que são titulares os idosos;

III – fornecer vestuário adequado, se for pública, e alimentação suficiente;

IV – oferecer instalações físicas em condições adequadas de habitabilidade;

V – oferecer atendimento personalizado;

VI – diligenciar no sentido da preservação dos vínculos familiares;

VII – oferecer acomodações apropriadas para recebimento de visitas;

VIII – proporcionar cuidados à saúde, conforme a necessidade do idoso;

IX – promover atividades educacionais, esportivas, culturais e de lazer;

X – propiciar assistência religiosa àqueles que desejarem, de acordo com suas crenças;

XI – proceder a estudo social e pessoal de cada caso;

XII – comunicar à autoridade competente de saúde toda ocorrência de idoso portador de doenças infectocontagiosas;

XIII – providenciar ou solicitar que o Ministério Público requisite os documentos necessários ao exercício da cidadania àqueles que não os tiverem, na forma da lei;

XIV – fornecer comprovante de depósito dos bens móveis que receberem dos idosos;

XV – manter arquivo de anotações onde constem data e circunstâncias do atendimento, nome do idoso, responsável, parentes, endereços, cidade, relação de seus pertences, bem como o valor de contribuições, e suas alterações, se houver, e demais dados que possibilitem sua identificação e a individualização do atendimento;

XVI – comunicar ao Ministério Público, para as providências cabíveis, a situação de abandono moral ou material por parte dos familiares;

XVII – manter no quadro de pessoal profissionais com formação específica.

Art. 51. As instituições filantrópicas ou sem fins lucrativos prestadoras de serviço ao idoso terão direito à assistência judiciária gratuita.

• *Vide* Lei n. 1.060, de 5-2-1950.

Capítulo III
DA FISCALIZAÇÃO DAS ENTIDADES DE ATENDIMENTO

Art. 52. As entidades governamentais e não governamentais de atendimento ao idoso serão fiscalizadas pelos Conselhos do Idoso, Ministério Público, Vigilância Sanitária e outros previstos em lei.

....

Art. 54. Será dada publicidade das prestações de contas dos recursos públicos e privados recebidos pelas entidades de atendimento.

Art. 55. As entidades de atendimento que descumprirem as determinações desta Lei ficarão sujeitas, sem prejuízo da responsabilidade civil e criminal de seus dirigentes ou prepostos, às seguintes penalidades, observado o devido processo legal:

I – as entidades governamentais:

a) advertência;

b) afastamento provisório de seus dirigentes;

c) afastamento definitivo de seus dirigentes;

d) fechamento de unidade ou interdição de programa;

II – as entidades não governamentais:

a) advertência;

b) multa;

c) suspensão parcial ou total do repasse de verbas públicas;

d) interdição de unidade ou suspensão de programa;

e) proibição de atendimento a idosos a bem do interesse público.

§ 1.º Havendo danos aos idosos abrigados ou qualquer tipo de fraude em relação ao programa, caberá o afastamento provisório dos dirigentes ou a interdição da unidade e a suspensão do programa.

§ 2.º A suspensão parcial ou total do repasse de verbas públicas ocorrerá quando verificada a má aplicação ou desvio de finalidade dos recursos.

§ 3.º Na ocorrência de infração por entidade de atendimento, que coloque em risco os direitos assegurados nesta Lei, será o fato comunicado ao Ministério Público, para as providências cabíveis, inclusive para promover a suspensão das atividades ou dissolução da entidade, com a proibição de atendimento a idosos a bem do interesse público, sem prejuízo das providências a serem tomadas pela Vigilância Sanitária.

§ 4.º Na aplicação das penalidades, serão consideradas a natureza e a gravidade da infração cometida, os danos que dela provierem para o idoso, as circunstâncias agravantes ou atenuantes e os antecedentes da entidade.

Capítulo IV
DAS INFRAÇÕES ADMINISTRATIVAS

Art. 56. Deixar a entidade de atendimento de cumprir as determinações do art. 50 desta Lei:

Pena – multa de R$ 500,00 (quinhentos reais) a R$ 3.000,00 (três mil reais), se o fato não for caracterizado como crime, podendo haver a interdição do estabelecimento até que sejam cumpridas as exigências legais.

Parágrafo único. No caso de interdição do estabelecimento de longa permanência, os idosos abrigados serão transferidos para outra instituição, a expensas do estabelecimento interditado, enquanto durar a interdição.

Art. 57. Deixar o profissional de saúde ou o responsável por estabelecimento de saúde ou instituição de longa permanência de comunicar à autoridade competente os casos de crimes contra idoso de que tiver conhecimento:

Pena – multa de R$ 500,00 (quinhentos reais) a R$ 3.000,00 (três mil reais), aplicada em dobro no caso de reincidência.

Art. 58. Deixar de cumprir as determinações desta Lei sobre a prioridade no atendimento ao idoso:

Pena – multa de R$ 500,00 (quinhentos reais) a R$ 1.000,00 (um mil reais) e multa civil a ser estipulada pelo juiz, conforme o dano sofrido pelo idoso.

Capítulo V
DA APURAÇÃO ADMINISTRATIVA DE INFRAÇÃO ÀS NORMAS DE PROTEÇÃO AO IDOSO

Art. 59. Os valores monetários expressos no Capítulo IV serão atualizados anualmente, na forma da lei.

Art. 60. O procedimento para a imposição de penalidade administrativa por infração às normas de proteção ao idoso terá início com requisição do Ministério Público ou auto de infração elaborado por servidor efetivo e assinado, se possível, por duas testemunhas.

§ 1.º No procedimento iniciado com o auto de infração poderão ser usadas fórmulas impressas, especificando-se a natureza e as circunstâncias da infração.

§ 2.º Sempre que possível, à verificação da infração seguir-se-á a lavratura do auto, ou este será lavrado dentro de 24 (vinte e quatro) horas, por motivo justificado.

Art. 61. O autuado terá prazo de 10 (dez) dias para a apresentação da defesa, contado da data da intimação, que será feita:

I – pelo autuante, no instrumento de autuação, quando for lavrado na presença do infrator;

II – por via postal, com aviso de recebimento.

Art. 62. Havendo risco para a vida ou à saúde do idoso, a autoridade competente aplicará à entidade de atendimento as sanções regulamentares, sem prejuízo da iniciativa e das providências que vierem a ser adotadas pelo Ministério Público ou pelas demais instituições legitimadas para a fiscalização.

Art. 63. Nos casos em que não houver risco para a vida ou a saúde da pessoa idosa abrigada, a autoridade competente aplicará à entidade de atendimento as sanções regulamentares, sem prejuízo da iniciativa e das providências que vierem a ser adotadas pelo Ministério Público ou pelas demais instituições legitimadas para a fiscalização.

Capítulo VI
DA APURAÇÃO JUDICIAL DE IRREGULARIDADES EM ENTIDADE DE ATENDIMENTO

Art. 64. Aplicam-se, subsidiariamente, ao procedimento administrativo de que trata este Capítulo as disposições das Leis n. 6.437, de 20 de agosto de 1977, e 9.784, de 29 de janeiro de 1999.

• A Lei n. 6.437, de 20-8-1977, configura infrações à legislação sanitária federal, estabelece sanções respectivas e dá outras providências.

• A Lei n. 9.784, de 29-1-1999, regula o processo administrativo no âmbito da Administração Pública Federal.

Art. 65. O procedimento de apuração de irregularidade em entidade governamental e não governamental de atendimento ao idoso terá início mediante petição fundamentada de pessoa interessada ou iniciativa do Ministério Público.

Art. 66. Havendo motivo grave, poderá a autoridade judiciária, ouvido o Ministério Público, decretar liminarmente o afastamento provisório do dirigente da entidade ou outras medidas que julgar adequadas, para evitar lesão aos direitos do idoso, mediante decisão fundamentada.

Art. 67. O dirigente da entidade será citado para, no prazo de 10 (dez) dias, oferecer resposta escrita, podendo juntar documentos e indicar as provas a produzir.

Art. 68. Apresentada a defesa, o juiz procederá na conformidade do art. 69 ou, se necessário, designará audiência de instrução e julgamento, deliberando sobre a necessidade de produção de outras provas.

§ 1.º Salvo manifestação em audiência, as partes e o Ministério Público terão 5 (cinco) dias para oferecer alegações finais, decidindo a autoridade judiciária em igual prazo.

§ 2.º Em se tratando de afastamento provisório ou definitivo de dirigente de entidade governamental, a autoridade judiciária oficiará a autoridade administrativa imediatamente superior ao afastado, fixando-lhe prazo de 24 (vinte e quatro) horas para proceder à substituição.

§ 3.º Antes de aplicar qualquer das medidas, a autoridade judiciária poderá fixar prazo para a remoção das irregularidades verificadas. Satisfeitas as exigências, o processo será extinto, sem julgamento do mérito.

§ 4.º A multa e a advertência serão impostas ao dirigente da entidade ou ao responsável pelo programa de atendimento.

Título V
DO ACESSO À JUSTIÇA

Capítulo I
DISPOSIÇÕES GERAIS

Art. 69. Aplica-se, subsidiariamente, às disposições deste Capítulo, o procedimento sumário previsto no Código de Processo Civil, naquilo que não contrarie os prazos previstos nesta Lei.

Art. 70. O Poder Público poderá criar varas especializadas e exclusivas do idoso.

Art. 71. É assegurada prioridade na tramitação dos processos e procedimentos e na execução dos atos e diligências judiciais em que figure como parte ou interveniente pessoa com idade igual ou superior a 60 (sessenta) anos, em qualquer instância.

§ 1.º O interessado na obtenção da prioridade a que alude este artigo, fazendo prova de sua idade, requererá o benefício à autoridade judiciária competente para decidir o feito, que determinará as providências a serem cumpridas, anotando-se essa circunstância em local visível nos autos do processo.

§ 2.º A prioridade não cessará com a morte do beneficiado, estendendo-se em favor do cônjuge supérstite, companheiro ou companheira, com união estável, maior de 60 (sessenta) anos.

§ 3.º A prioridade se estende aos processos e procedimentos na Administração Pública, empresas prestadoras de serviços públicos e instituições financeiras, ao atendimento preferencial junto à Defensoria Pública da União, dos Estados e do Distrito Federal em relação aos Serviços de Assistência Judiciária.

• DPU: Lei Complementar n. 80, de 12-1-1994.

§ 4.º Para o atendimento prioritário será garantido ao idoso o fácil acesso aos assentos e caixas, identificados com a destinação a idosos em local visível e caracteres legíveis.

§ 5.º Dentre os processos de idosos, dar-se-á prioridade especial aos maiores de oitenta anos.

•• § 5.º acrescentado pela Lei n. 13.466, de 12-7-2017.

Capítulo II
DO MINISTÉRIO PÚBLICO

....

Art. 73. As funções do Ministério Público, previstas nesta Lei, serão exercidas nos termos da respectiva Lei Orgânica.

• A Lei n. 8.625, de 12-2-1993, institui a LONMP.

Art. 74. Compete ao Ministério Público:

I – instaurar o inquérito civil e a ação civil pública para a proteção dos direitos e interesses difusos ou coletivos, individuais indisponíveis e individuais homogêneos do idoso;

II – promover e acompanhar as ações de alimentos, de interdição total ou parcial, de designação de curador especial, em circunstâncias que justifiquem a medida e oficiar em todos os feitos em que se discutam os direitos de idosos em condições de risco;

III – atuar como substituto processual do idoso em situação de risco, conforme o disposto no art. 43 desta Lei;

IV – promover a revogação de instrumento procuratório do idoso, nas hipóteses previstas no art. 43 desta Lei, quando necessário ou o interesse público justificar;

V – instaurar procedimento administrativo e, para instruí-lo:

a) expedir notificações, colher depoimentos ou esclarecimentos e, em caso de não comparecimento injustificado da pessoa notificada, requisitar condução coercitiva, inclusive pela Polícia Civil ou Militar;

b) requisitar informações, exames, perícias e documentos de autoridades municipais, estaduais e federais, da administração direta e indireta, bem como promover inspeções e diligências investigatórias;

c) requisitar informações e documentos particulares de instituições privadas;

VI – instaurar sindicâncias, requisitar diligências investigatórias e a instauração de inquérito policial, para a apuração de ilícitos ou infrações às normas de proteção ao idoso;

VII – zelar pelo efetivo respeito aos direitos e garantias legais assegurados ao idoso, promovendo as medidas judiciais e extrajudiciais cabíveis;

VIII – inspecionar as entidades públicas e particulares de atendimento e os programas de que trata esta Lei, adotando de pronto as medidas administrativas ou judiciais necessárias à remoção de irregularidades porventura verificadas;

IX – requisitar força policial, bem como a colaboração dos serviços de saúde, educacionais e de assistência social, públicos, para o desempenho de suas atribuições;

X – referendar transações envolvendo interesses e direitos dos idosos previstos nesta Lei.

§ 1.º A legitimação do Ministério Público para as ações cíveis previstas neste artigo não impede a de terceiros, nas mesmas hipóteses, segundo dispuser a lei.

§ 2.º As atribuições constantes deste artigo não excluem outras, desde que compatíveis com a finalidade e atribuições do Ministério Público.

§ 3.º O representante do Ministério Público, no exercício de suas funções, terá livre acesso a toda entidade de atendimento ao idoso.

Art. 75. Nos processos e procedimentos em que não for parte, atuará obrigatoriamente o Ministério Público na defesa dos direitos e interesses de que cuida esta Lei, hipóteses em que terá vista dos autos depois das partes, podendo juntar documentos, requerer diligências e produção de outras provas, usando os recursos cabíveis.

Art. 76. A intimação do Ministério Público, em qualquer caso, será feita pessoalmente.

Art. 77. A falta de intervenção do Ministério Público acarreta a nulidade do feito, que será declarada de ofício pelo juiz ou a requerimento de qualquer interessado.

Capítulo III
DA PROTEÇÃO JUDICIAL DOS INTERESSES DIFUSOS, COLETIVOS E INDIVIDUAIS INDISPONÍVEIS OU HOMOGÊNEOS

•• A Lei n. 10.259, de 12-7-2001, que institui os Juizados Especiais Cíveis e Criminais no âmbito da Justiça Federal, dispõe em seu art. 3.º, § 1.º, I, que não se incluem na competência desses Juizados as demandas sobre direitos ou interesses difusos, coletivos ou individuais homogêneos.

Art. 78. As manifestações processuais do representante do Ministério Público deverão ser fundamentadas.

Art. 79. Regem-se pelas disposições desta Lei as ações de responsabilidade por ofensa aos direitos assegurados ao idoso, referentes à omissão ou ao oferecimento insatisfatório de:

I – acesso às ações e serviços de saúde;

II – atendimento especializado ao idoso portador de deficiência ou com limitação incapacitante;

III – atendimento especializado ao idoso portador de doença infectocontagiosa;

IV – serviço de assistência social visando ao amparo do idoso.

Parágrafo único. As hipóteses previstas neste artigo não excluem da proteção judicial outros interesses difusos, coletivos, individuais indisponíveis ou homogêneos, próprios do idoso, protegidos em lei.

Art. 80. As ações previstas neste Capítulo serão propostas no foro do domicílio do idoso, cujo juízo terá competência absoluta para processar a causa, ressalvadas as competências da Justiça Federal e a competência originária dos Tribunais Superiores.

Art. 81. Para as ações cíveis fundadas em interesses difusos, coletivos, individuais indisponíveis ou homogêneos, consideram-se legitimados, concorrentemente:

I– o Ministério Público;

II – a União, os Estados, o Distrito Federal e os Municípios;

III – a Ordem dos Advogados do Brasil;

IV – as associações legalmente constituídas há pelo menos 1 (um) ano e que incluam entre os fins institucionais a defesa dos interesses e direitos da pessoa idosa, dispensada a autorização da assembleia, se houver prévia autorização estatutária.

§ 1.º Admitir-se-á litisconsórcio facultativo entre os Ministérios Públicos da União e dos Estados na defesa dos interesses e direitos de que cuida esta Lei.

§ 2.º Em caso de desistência ou abandono da ação por associação legitimada, o Ministério Público ou outro legitimado deverá assumir a titularidade ativa.

Art. 82. Para defesa dos interesses e direitos protegidos por esta Lei, são admissíveis todas as espécies de ação pertinentes.

Parágrafo único. Contra atos ilegais ou abusivos de autoridade pública ou agente de pessoa jurídica no exercício de atribuições de Poder Público, que lesem direito líquido e certo previsto nesta Lei, caberá ação mandamental, que se regerá pelas normas da lei do mandado de segurança.

Art. 83. Na ação que tenha por objeto o cumprimento de obrigação de fazer ou não fazer, o juiz concederá a tutela específica da obrigação ou determinará providências que assegurem o resultado prático equivalente ao adimplemento.

§ 1.º Sendo relevante o fundamento da demanda e havendo justificado receio de ineficácia do provimento final, é lícito ao juiz conceder a tutela liminarmente ou após justificação prévia, na forma do art. 273 do Código de Processo Civil.

•• A referência é feita ao CPC de 1973. Sobre Tutela Provisória: arts. 294 a 311 do CPC de 2015.

§ 2.º O juiz poderá, na hipótese do § 1.º ou na sentença, impor multa diária ao réu, independentemente do pedido do autor, se for suficiente ou compatível com a obrigação, fixando prazo razoável para o cumprimento do preceito.

§ 3.º A multa só será exigível do réu após o trânsito em julgado da sentença favorável ao autor, mas será devida desde o dia em que se houver configurado.

Art. 84. Os valores das multas previstas nesta Lei reverterão ao Fundo do Idoso, onde houver, ou na falta deste, ao Fundo Municipal de Assistência Social, ficando vinculados ao atendimento ao idoso.

• A Lei n. 12.213, de 20-1-2010, institui o Fundo Nacional do Idoso.

Parágrafo único. As multas não recolhidas até 30 (trinta) dias após o trânsito em julgado da decisão serão exigidas por meio de execução promovida pelo Ministério Público, nos mesmos autos, facultada igual iniciativa aos demais legitimados em caso de inércia daquele.

Art. 85. O juiz poderá conferir efeito suspensivo aos recursos, para evitar dano irreparável à parte.

Art. 86. Transitada em julgado a sentença que impuser condenação ao Poder Público, o juiz determinará a remessa de peças à autoridade competente, para apuração da responsabilidade civil e administrativa do agente a que se atribua a ação ou omissão.

Art. 87. Decorridos 60 (sessenta) dias do trânsito em julgado da sentença condenatória favorável ao idoso sem que o autor lhe promova a execução, deverá fazê-lo o Ministério Público, facultada, igual iniciativa aos demais legitimados, como assistentes ou assumindo o polo ativo, em caso de inércia desse órgão.

Art. 88. Nas ações de que trata este Capítulo, não haverá adiantamento de custas, emolumentos, honorários periciais e quaisquer outras despesas.

Parágrafo único. Não se imporá sucumbência ao Ministério Público.

Art. 89. Qualquer pessoa poderá, e o servidor deverá, provocar a iniciativa do Ministério Público, prestando-lhe informações sobre os fatos que constituam objeto de ação civil e indicando-lhe os elementos de convicção.

Art. 90. Os agentes públicos em geral, os juízes e tribunais, no exercício de suas funções, quando tiverem conhecimento de fatos que possam configurar crime de ação pública contra idoso ou ensejar a propositura de ação para sua defesa, devem encaminhar as peças pertinentes ao Ministério Público, para as providências cabíveis.

• *Vide* arts. 24 a 62 do CPP.

Art. 91. Para instruir a petição inicial, o interessado poderá requerer às autoridades competentes as certidões e informações que julgar necessárias, que serão fornecidas no prazo de 10 (dez) dias.

Art. 92. O Ministério Público poderá instaurar sob sua presidência, inquérito civil, ou requisitar, de qualquer pessoa, organismo público ou particular, certidões, informações, exames ou perícias, no prazo que assinalar, o qual não poderá ser inferior a 10 (dez) dias.

§ 1.º Se o órgão do Ministério Público, esgotadas todas as diligências, se convencer da inexistência de fundamento para a propositura da ação civil ou de peças informativas, determinará o seu arquivamento, fazendo-o fundamentadamente.

§ 2.º Os autos do inquérito civil ou as peças de informação arquivados serão remetidos, sob pena de se incorrer em falta grave, no prazo de 3 (três) dias, ao Conselho Superior do Ministério Público ou à Câmara de Coordenação e Revisão do Ministério Público.

§ 3.º Até que seja homologado ou rejeitado o arquivamento, pelo Conselho Superior do Ministério Público ou por Câmara de Coordenação e Revisão do Ministério Público, as associações legitimadas poderão apresentar razões escritas ou documentos, que serão juntados ou anexados às peças de informação.

§ 4.º Deixando o Conselho Superior ou a Câmara de Coordenação e Revisão do Ministério Público de homologar a promoção de arquivamento, será designado outro membro do Ministério Público para o ajuizamento da ação.

Título VI
DOS CRIMES

Capítulo I
DISPOSIÇÕES GERAIS

....

Art. 94. Aos crimes previstos nesta Lei, cuja pena máxima privativa de liberdade não ultrapasse 4 (quatro) anos, aplica-se o procedimento previsto na Lei

n. 9.099, de 26 de setembro de 1995, e, subsidiariamente, no que couber, as disposições do Código Penal e do Código de Processo Penal.

•• O STF, em 16-6-2010, julgou parcialmente procedente a ADI n. 3.096 (*DOU* de 27-9-2010), para dar interpretação conforme à CF, com redução de texto, para suprimir a expressão "do Código Penal e", no sentido de aplicar-se apenas o procedimento sumaríssimo previsto na Lei n. 9.099/95, e não outros benefícios previstos.

• Citado diploma consta deste volume.

CAPÍTULO II
DOS CRIMES EM ESPÉCIE

Art. 95. Os crimes definidos nesta Lei são de ação penal pública incondicionada, não se lhes aplicando os arts. 181 e 182 do Código Penal.

• Os arts. 181 e 182 do CP dispõem sobre casos de isenção de pena para os crimes contra o patrimônio.

• Sobre ação penal, *vide* arts. 24 a 62 do CPP e 100 do CP.

....

Art. 101. Deixar de cumprir, retardar ou frustrar, sem justo motivo, a execução de ordem judicial expedida nas ações em que for parte ou interveniente o idoso:

Pena – detenção de 6 (seis) meses a 1 (um) ano e multa.

....

TÍTULO VII
DISPOSIÇÕES FINAIS E TRANSITÓRIAS

Art. 109. Impedir ou embaraçar ato do representante do Ministério Público ou de qualquer outro agente fiscalizador:

Pena – reclusão de 6 (seis) meses a 1 (um) ano e multa.

....

Art. 112. O inciso II do § 4.º do art. 1.º da Lei n. 9.455, de 7 de abril de 1997, passa a vigorar com a seguinte redação:

•• Alteração já processada no diploma modificado.

Art. 113. O inciso III do art. 18 da Lei n. 6.368, de 21 de outubro de 1976, passa a vigorar com a seguinte redação:

•• Alteração prejudicada em face da revogação do diploma modificado.

....

Art. 118. Esta Lei entra em vigor decorridos 90 (noventa) dias da sua publicação, ressalvado o disposto no *caput* do art. 36, que vigorará a partir de 1.º de janeiro de 2004.

• Citado art. 36 dispõe: "O acolhimento de idosos em situação de risco social, por adulto ou núcleo familiar, caracteriza a dependência econômica, para os efeitos legais".

Brasília, 1.º de outubro de 2003; 182.º da Independência e 115.º da República.

LUIZ INÁCIO LULA DA SILVA

LEI N. 10.792, DE 1.º DE DEZEMBRO DE 2003 (*)

Altera a Lei n. 7.210, de 11 de junho de 1984 – Lei de Execução Penal e o Decreto-lei n. 3.689, de 3 de outubro de 1941 – Código de Processo Penal e dá outras providências.

O Presidente da República

Faço saber que o Congresso Nacional decreta e eu sanciono a seguinte Lei:

Art. 1.º A Lei n. 7.210, de 11 de junho de 1984 – Lei de Execução Penal, passa a vigorar com as seguintes alterações:

•• Alterações já processadas no diploma modificado.

Art. 2.º O Decreto-lei n. 3.689, de 3 de outubro de 1941 – Código de Processo Penal, passa a vigorar com as seguintes alterações:

•• Alterações já processadas no diploma modificado.

Art. 3.º Os estabelecimentos penitenciários disporão de aparelho detector de metais, aos quais devem se submeter todos que queiram ter acesso ao referido estabelecimento, ainda que exerçam qualquer cargo ou função pública.

Art. 4.º Os estabelecimentos penitenciários, especialmente os destinados ao regime disciplinar diferenciado, disporão, dentre outros equipamentos de segurança, de bloqueadores de telecomunicação para telefones celulares, radiotransmissores e outros meios, definidos no art. 60, § 1.º, da Lei n. 9.472, de 16 de julho de 1997.

Art. 5.º Nos termos do disposto no inciso I do art. 24 da Constituição da República, observados os arts. 44 a 60 da Lei n. 7.210, de 11 de junho de 1984, os Estados e o Distrito Federal poderão regulamentar o regime disciplinar diferenciado, em especial para:

I – estabelecer o sistema de rodízio entre os agentes penitenciários que entrem em contato direto com os presos provisórios e condenados;

II – assegurar o sigilo sobre a identidade e demais dados pessoais dos agentes penitenciários lotados nos estabelecimentos penais de segurança máxima;

III – restringir o acesso dos presos provisórios e condenados aos meios de comunicação de informação;

IV – disciplinar o cadastramento e agendamento prévio das entrevistas dos presos provisórios ou condenados com seus advogados, regularmente constituídos nos autos da ação penal ou processo de execução criminal, conforme o caso;

(*) Publicada no *DOU*, de 2-12-2003. Redação conforme publicação oficial – a data correta da Lei n. 7.210 é 11-7-1984. *Vide* Súmula 441 do STJ.

V – elaborar programa de atendimento diferenciado aos presos provisórios e condenados, visando a sua reintegração ao regime comum e recompensando-lhes o bom comportamento durante o período de sanção disciplinar.

Art. 6.º No caso de motim, o Diretor do Estabelecimento Prisional poderá determinar a transferência do preso, comunicando-a ao juiz competente no prazo de até vinte e quatro horas.

Art. 7.º A União definirá os padrões mínimos do presídio destinado ao cumprimento de regime disciplinar.

Art. 8.º A União priorizará, quando da construção de presídios federais, os estabelecimentos que se destinem a abrigar presos provisórios ou condenados sujeitos a regime disciplinar diferenciado.

Art. 9.º Esta Lei entra em vigor na data de sua publicação.

Art. 10. Revoga-se o art. 194 do Decreto-lei n. 3.689, de 3 de outubro de 1941.

Brasília, 1.º de dezembro de 2003; 182.º da Independência e 115.º da República.

LUIZ INÁCIO LULA DA SILVA

LEI N. 10.826, DE 22 DE DEZEMBRO DE 2003 (*)

Dispõe sobre registro, posse e comercialização de armas de fogo e munição, sobre o Sistema Nacional de Armas – Sinarm, define crimes e dá outras providências.

O Presidente da República

Faço saber que o Congresso Nacional decreta e eu sanciono a seguinte Lei:

CAPÍTULO I
DO SISTEMA NACIONAL DE ARMAS

Art. 1.º O Sistema Nacional de Armas – Sinarm, instituído no Ministério da Justiça, no âmbito da Polícia Federal, tem circunscrição em todo o território nacional.

Art. 2.º Ao Sinarm compete:

I – identificar as características e a propriedade de armas de fogo, mediante cadastro;

II – cadastrar as armas de fogo produzidas, importadas e vendidas no País;

III – cadastrar as autorizações de porte de arma de fogo e as renovações expedidas pela Polícia Federal;

IV – cadastrar as transferências de propriedade, extravio, furto, roubo e outras ocorrências suscetíveis de alterar os dados cadastrais, inclusive as decorrentes de fechamento de empresas de segurança privada e de transporte de valores;

V – identificar as modificações que alterem as características ou o funcionamento de arma de fogo;

VI – integrar no cadastro os acervos policiais já existentes;

VII – cadastrar as apreensões de armas de fogo, inclusive as vinculadas a procedimentos policiais e judiciais;

VIII – cadastrar os armeiros em atividade no País, bem como conceder licença para exercer a atividade;

IX – cadastrar mediante registro os produtores, atacadistas, varejistas, exportadores e importadores autorizados de armas de fogo, acessórios e munições;

X – cadastrar a identificação do cano da arma, as características das impressões de raiamento e de microestriamento de projétil disparado, conforme marcação e testes obrigatoriamente realizados pelo fabricante;

XI – informar às Secretarias de Segurança Pública dos Estados e do Distrito Federal os registros e autorizações de porte de armas de fogo nos respectivos territórios, bem como manter o cadastro atualizado para consulta.

Parágrafo único. As disposições deste artigo não alcançam as armas de fogo das Forças Armadas e Auxiliares, bem como as demais que constem dos seus registros próprios.

• A Portaria Normativa n. 1.369, de 25-11-2004, do Ministério da Defesa, autoriza a emissão de Certificado de Registro de Arma de Fogo pelos Comandos da Marinha, do Exército e da Aeronáutica, que poderá valer como autorização para Porte de Arma de Fogo, e dá outras providências.

CAPÍTULO II
DO REGISTRO

Art. 3.º É obrigatório o registro de arma de fogo no órgão competente.

Parágrafo único. As armas de fogo de uso restrito serão registradas no Comando do Exército, na forma do regulamento desta Lei.

• *Vide* art. 18 do Decreto n. 5.123, de 1.º-7-2004.

Art. 4.º Para adquirir arma de fogo de uso permitido o interessado deverá, além de declarar a efetiva necessidade, atender aos seguintes requisitos:

I – comprovação de idoneidade, com a apresentação de certidões negativas de antecedentes criminais fornecidas pela Justiça Federal, Estadual, Militar e Eleitoral e de não estar respondendo a inquérito policial ou a processo criminal, que poderão ser fornecidas por meios eletrônicos;

•• Inciso I com redação determinada pela Lei n. 11.706, de 19-6-2008.

II – apresentação de documento comprobatório de ocupação lícita e de residência certa;

III – comprovação de capacidade técnica e de aptidão psicológica para o manuseio de arma de fogo, atestadas na forma disposta no regulamento desta Lei.

(*) Publicada no *DOU*, de 23-12-2003. Regulamentada pelo Decreto n. 5.123, de 1.º-7-2004. A Instrução Normativa n. 23, de 1.º-9-2005, do Departamento da Polícia Federal, estabelece procedimentos para o cumprimento desta Lei.

• A Instrução Normativa n. 78, de 10-2-2014, do Departamento de Polícia Federal, estabelece procedimentos para o credenciamento, fiscalização da aplicação e correção dos exames psicológicos realizados por psicólogos credenciados, responsáveis pela expedição do laudo que ateste a aptidão psicológica para o manuseio de arma de fogo.

§ 1.º O Sinarm expedirá autorização de compra de arma de fogo após atendidos os requisitos anteriormente estabelecidos, em nome do requerente e para a arma indicada, sendo intransferível esta autorização.

§ 2.º A aquisição de munição somente poderá ser feita no calibre correspondente à arma registrada e na quantidade estabelecida no regulamento desta Lei.

•• § 2.º com redação determinada pela Lei n. 11.706, de 19-6-2008.

§ 3.º A empresa que comercializar arma de fogo em território nacional é obrigada a comunicar a venda à autoridade competente, como também a manter banco de dados com todas as características da arma e cópia dos documentos previstos neste artigo.

§ 4.º A empresa que comercializa armas de fogo, acessórios e munições responde legalmente por essas mercadorias, ficando registradas como de sua propriedade enquanto não forem vendidas.

§ 5.º A comercialização de armas de fogo, acessórios e munições entre pessoas físicas somente será efetivada mediante autorização do Sinarm.

§ 6.º A expedição da autorização a que se refere o § 1.º será concedida, ou recusada com a devida fundamentação, no prazo de 30 (trinta) dias úteis, a contar da data do requerimento do interessado.

§ 7.º O registro precário a que se refere o § 4.º prescinde do cumprimento dos requisitos dos incisos I, II e III deste artigo.

§ 8.º Estará dispensado das exigências constantes do inciso III do *caput* deste artigo, na forma do regulamento, o interessado em adquirir arma de fogo de uso permitido que comprove estar autorizado a portar arma com as mesmas características daquela a ser adquirida.

•• § 8.º acrescentado pela Lei n. 11.706, de 19-6-2008.

Art. 5.º O certificado de Registro de Arma de Fogo, com validade em todo o território nacional, autoriza o seu proprietário a manter a arma de fogo exclusivamente no interior de sua residência ou domicílio, ou dependência desses, ou, ainda, no seu local de trabalho, desde que seja ele o titular ou o responsável legal pelo estabelecimento ou empresa.

•• *Caput* com redação determinada pela Lei n. 10.884, de 17-6-2004.

§ 1.º O certificado de registro de arma de fogo será expedido pela Polícia Federal e será precedido de autorização do Sinarm.

§ 2.º Os requisitos de que tratam os incisos I, II e III do art. 4.º deverão ser comprovados periodicamente, em período não inferior a 3 (três) anos, na conformidade do estabelecido no regulamento desta Lei, para a renovação do Certificado de Registro de Arma de Fogo.

§ 3.º O proprietário de arma de fogo com certificados de registro de propriedade expedido por órgão estadual ou do Distrito Federal até a data da publicação desta Lei que não optar pela entrega espontânea prevista no art. 32 desta Lei deverá renová-lo mediante o pertinente registro federal, até o dia 31 de dezembro de 2008, ante a apresentação de documento de identificação pessoal e comprovante de residência fixa, ficando dispensado do pagamento de taxas e do cumprimento das demais exigências constantes dos incisos I a III do *caput* do art. 4.º desta Lei.

•• § 3.º com redação determinada pela Lei n. 11.706, de 19-6-2008.

•• A Lei n. 11.922, de 13-4-2009, prorrogou para 31-12-2009 o prazo de que trata este parágrafo.

§ 4.º Para fins do cumprimento do disposto no § 3.º deste artigo, o proprietário de arma de fogo poderá obter, no Departamento de Polícia Federal, certificado de registro provisório, expedido na rede mundial de computadores – internet, na forma do regulamento e obedecidos os procedimentos a seguir:

•• § 4.º, *caput*, acrescentado pela Lei n. 11.706, de 19-6-2008.

I – emissão de certificado de registro provisório pela internet, com validade inicial de 90 (noventa) dias; e

•• Inciso I acrescentado pela Lei n. 11.706, de 19-6-2008.

II – revalidação pela unidade do Departamento de Polícia Federal do certificado de registro provisório pelo prazo que estimar como necessário para a emissão definitiva do certificado de registro de propriedade.

•• Inciso II acrescentado pela Lei n. 11.706, de 19-6-2008.

CAPÍTULO III
DO PORTE

Art. 6.º É proibido o porte de arma de fogo em todo o território nacional, salvo para os casos previstos em legislação própria e para:

• *Vide* arts. 33 a 37 do Decreto n. 5.123, de 1.º-7-2004.

I – os integrantes das Forças Armadas;

II – os integrantes de órgãos referidos nos incisos I, II, III, IV e V do *caput* do art. 144 da Constituição Federal e os da Força Nacional de Segurança Pública (FNSP);

•• Inciso II com redação determinada pela Lei n. 13.500, de 26-10-2017.

III – os integrantes das guardas municipais das capitais dos Estados e dos Municípios com mais de 500.000 (quinhentos mil) habitantes, nas condições estabelecidas no regulamento desta Lei;

• *Vide* arts. 40 a 44 do Decreto n. 5.123, de 1.º-7-2004.

• A Portaria n. 365, de 15-8-2006, do Departamento de Polícia Federal, disciplina a autorização para o porte de arma de fogo para os integrantes das Guardas Municipais.

• A Lei n. 13.022, de 8-8-2014, dispõe sobre o Estatuto Geral das Guardas Municipais.

IV – os integrantes das guardas municipais dos Municípios com mais de 50.000 (cinquenta mil) e menos de 500.000 (quinhentos mil) habitantes, quando em serviço;

•• Inciso IV com redação determinada pela Lei n. 10.867, de 12-5-2004.

• *Vide* nota ao inciso anterior.

V – os agentes operacionais da Agência Brasileira de Inteligência e os agentes do Departamento de Segurança do Gabinete de Segurança Institucional da Presidência da República;

• A Portaria n. 5, de 8-4-2008, estabelece os procedimentos relativos às condições para a utilização de armas de fogo institucional por agentes do Departamento de Segurança do Gabinete da Segurança Institucional da Presidência da República.

VI – os integrantes dos órgãos policiais referidos no art. 51, IV, e no art. 52, XIII, da Constituição Federal;

• Os dispositivos mencionados referem-se, respectivamente, aos órgãos policiais da Câmara dos Deputados e do Senado Federal.

VII – os integrantes do quadro efetivo dos agentes e guardas prisionais, os integrantes das escoltas de presos e as guardas portuárias;

VIII – as empresas de segurança privada e de transporte de valores constituídas, nos termos desta Lei;

• *Vide* arts. 38 e 39 do Decreto n. 5.123, de 1.º-7-2004.

IX – para os integrantes das entidades de desporto legalmente constituídas, cujas atividades esportivas demandem o uso de armas de fogo, na forma do regulamento desta Lei, observando-se, no que couber, a legislação ambiental;

X – integrantes das Carreiras de Auditoria da Receita Federal do Brasil e de Auditoria-Fiscal do Trabalho, cargos de Auditor-Fiscal e Analista Tributário;

•• Inciso X com redação determinada pela Lei n. 11.501, de 11-7-2007.

XI – os tribunais do Poder Judiciário descritos no art. 92 da Constituição Federal e os Ministérios Públicos da União e dos Estados, para uso exclusivo de servidores de seus quadros pessoais que efetivamente estejam no exercício de funções de segurança, na forma de regulamento a ser emitido pelo Conselho Nacional de Justiça – CNJ e pelo Conselho Nacional do Ministério Público – CNMP.

•• Inciso XI acrescentado pela Lei n. 12.694, de 24-7-2012.

§ 1.º As pessoas previstas nos incisos I, II, III, V e VI do *caput* deste artigo terão direito de portar arma de fogo de propriedade particular ou fornecida pela respectiva corporação ou instituição, mesmo fora de serviço, nos termos do regulamento desta Lei, com validade em âmbito nacional para aquelas constantes dos incisos I, II, V e VI.

•• § 1.º com redação determinada pela Lei n. 11.706, de 19-6-2008.

•• A Lei n. 12.865, de 9-10-2013, propôs nova redação para este § 1.º, porém teve seu texto vetado.

§ 1.º-A. (*Revogado pela Lei n. 11.706, de 19-6-2008.*)

§ 1.º-B. Os integrantes do quadro efetivo de agentes e guardas prisionais poderão portar arma de fogo de propriedade particular ou fornecida pela respectiva corporação ou instituição, mesmo fora de serviço, desde que estejam:

•• § 1.º-B, *caput*, acrescentado pela Lei n. 12.993, de 17-6-2014.

•• A Portaria n. 34, de 15-1-2016, do Ministério da Justiça, dispõe sobre regras e procedimentos para a emissão pelo Departamento Penitenciário Nacional de autorização de porte de arma de fogo para os integrantes da carreira de agente penitenciário federal.

I – submetidos a regime de dedicação exclusiva;

•• Inciso I acrescentado pela Lei n. 12.993, de 17-6-2014.

II – sujeitos à formação funcional, nos termos do regulamento; e

•• Inciso II acrescentado pela Lei n. 12.993, de 17-6-2014.

III – subordinados a mecanismos de fiscalização e de controle interno.

•• Inciso III acrescentado pela Lei n. 12.993, de 17-6-2014.

§ 1º-C. (*Vetado.*)

•• A Lei n. 12.993, de 17-6-2014, propôs o acréscimo deste parágrafo, todavia teve seu texto vetado.

§ 2.º A autorização para o porte de arma de fogo aos integrantes das instituições descritas nos incisos V, VI, VII e X do *caput* deste artigo está condicionada à comprovação do requisito a que se refere o inciso III do *caput* do art. 4.º desta Lei nas condições estabelecidas no regulamento desta Lei.

•• § 2.º com redação determinada pela Lei n. 11.706, de 19-6-2008.

§ 3.º A autorização para o porte de arma de fogo das guardas municipais está condicionada à formação funcional de seus integrantes em estabelecimentos de ensino de atividade policial, à existência de mecanismos de fiscalização e de controle interno, nas condições estabelecidas no regulamento desta Lei, observada a supervisão do Ministério da Justiça.

•• § 3.º com redação determinada pela Lei n. 10.884, de 17-6-2004.

§ 4.º Os integrantes das Forças Armadas, das polícias federais e estaduais e do Distrito Federal, bem como os militares dos Estados e do Distrito Federal, ao exercerem o direito descrito no art. 4.º, ficam dispensados do cumprimento do disposto nos incisos I, II e III do mesmo artigo, na forma do regulamento desta Lei.

§ 5.º Aos residentes em áreas rurais, maiores de 25 (vinte e cinco) anos que comprovem depender do emprego de arma de fogo para prover sua subsistência alimentar familiar será concedido pela Polícia Federal o porte de arma de fogo, na categoria caçador para subsistência, de uma arma de uso permitido, de tiro simples, com 1 (um) ou 2 (dois) canos, de alma lisa e de calibre igual ou inferior a 16 (dezesseis), desde que o interessado comprove a efetiva necessidade em requerimento ao qual deverão ser anexados os seguintes documentos:

•• § 5.º, *caput*, com redação determinada pela Lei n. 11.706, de 19-6-2008.

I – documento de identificação pessoal;

•• Inciso I acrescentado pela Lei n. 11.706, de 19-6-2008.

II – comprovante de residência em área rural; e

•• Inciso II acrescentado pela Lei n. 11.706, de 19-6-2008.

III – atestado de bons antecedentes.

•• Inciso III acrescentado pela Lei n. 11.706, de 19-6-2008.

§ 6.º O caçador para subsistência que der outro uso à sua arma de fogo, independentemente de outras tipificações penais, responderá, conforme o caso, por porte ilegal ou por disparo de arma de fogo de uso permitido.

•• § 6.º com redação determinada pela Lei n. 11.706, de 19-6-2008.

§ 7.º Aos integrantes das guardas municipais dos Municípios que integram regiões metropolitanas será autorizado porte de arma de fogo, quando em serviço.

•• § 7.º acrescentado pela Lei n. 11.706, de 19-6-2008.

• A Lei n. 13.022, de 8-8-2014, dispõe sobre o Estatuto Geral das Guardas Municipais.

Art. 7.º As armas de fogo utilizadas pelos empregados das empresas de segurança privada e de transporte de valores, constituídas na forma da lei, serão de propriedade, responsabilidade e guarda das respectivas empresas, somente podendo ser utilizadas quando em serviço, devendo essas observar as condições de uso e de armazenagem estabelecidas pelo órgão competente, sendo o certificado de registro e a autorização de porte expedidos pela Polícia Federal em nome da empresa.

§ 1.º O proprietário ou diretor responsável de empresa de segurança privada e de transporte de valores responderá pelo crime previsto no parágrafo único do art. 13 desta Lei, sem prejuízo das demais sanções administrativas e civis, se deixar de registrar ocorrência policial e de comunicar à Polícia Federal perda, furto, roubo ou outras formas de extravio de armas de fogo, acessórios e munições que estejam sob sua guarda, nas primeiras 24 (vinte e quatro) horas depois de ocorrido o fato.

§ 2.º A empresa de segurança e de transporte de valores deverá apresentar documentação comprobatória do preenchimento dos requisitos constantes do art. 4.º desta Lei quanto aos empregados que portarão arma de fogo.

§ 3.º A listagem dos empregados das empresas referidas neste artigo deverá ser atualizada semestralmente junto ao Sinarm.

Art. 7.º-A. As armas de fogo utilizadas pelos servidores das instituições descritas no inciso XI do art. 6.º serão de propriedade, responsabilidade e guarda das respectivas instituições, somente podendo ser utilizadas quando em serviço, devendo estas observar as condições de uso e de armazenagem estabelecidas pelo órgão competente, sendo o certificado de registro e a autorização de porte expedidos pela Polícia Federal em nome da instituição.

•• *Caput* acrescentado pela Lei n. 12.694, de 24-7-2012.

§ 1.º A autorização para o porte de arma de fogo de que trata este artigo independe do pagamento de taxa.

•• § 1.º acrescentado pela Lei n. 12.694, de 24-7-2012.

§ 2.º O presidente do tribunal ou o chefe do Ministério Público designará os servidores de seus quadros pessoais no exercício de funções de segurança que poderão portar arma de fogo, respeitado o limite máximo de 50% (cinquenta por cento) do número de servidores que exerçam funções de segurança.

•• § 2.º acrescentado pela Lei n. 12.694, de 24-7-2012.

§ 3.º O porte de arma pelos servidores das instituições de que trata este artigo fica condicionado à apresentação de documentação comprobatória do preenchimento dos requisitos constantes do art. 4.º desta Lei, bem como à formação funcional em estabelecimentos de ensino de atividade policial e à existência de mecanismos de fiscalização e de controle interno, nas condições estabelecidas no regulamento desta Lei.

•• § 3.º acrescentado pela Lei n. 12.694, de 24-7-2012.

§ 4.º A listagem dos servidores das instituições de que trata este artigo deverá ser atualizada semestralmente no Sinarm.

•• § 4.º acrescentado pela Lei n. 12.694, de 24-7-2012.

§ 5.º As instituições de que trata este artigo são obrigadas a registrar ocorrência policial e a comunicar à Polícia Federal eventual perda, furto, roubo ou outras formas de extravio de armas de fogo, acessórios e munições que estejam sob sua guarda, nas primeiras 24 (vinte e quatro) horas depois de ocorrido o fato.

•• § 5.º acrescentado pela Lei n. 12.694, de 24-7-2012.

Art. 8.º As armas de fogo utilizadas em entidades desportivas legalmente constituídas devem obedecer às condições de uso e de armazenagem estabelecidas pelo órgão competente, respondendo o possuidor ou o autorizado a portar a arma pela sua guarda na forma do regulamento desta Lei.

Art. 9.º Compete ao Ministério da Justiça a autorização do porte de arma para os responsáveis pela segurança de cidadãos estrangeiros em visita ou sediados no Brasil e, ao Comando do Exército, nos termos do regulamento desta Lei, o registro e a concessão de porte de trânsito de arma de fogo para colecionadores, atiradores e caçadores e de representantes estrangeiros em competição internacional oficial de tiro realizada no território nacional.

Art. 10. A autorização para o porte de arma de fogo de uso permitido, em todo o território nacional, é de competência da Polícia Federal e somente será concedida após autorização do Sinarm.

§ 1.º A autorização prevista neste artigo poderá ser concedida com eficácia temporária e territorial limitada, nos termos de atos regulamentares, e dependerá de o requerente:

I – demonstrar a sua efetiva necessidade por exercício de atividade profissional de risco ou de ameaça à sua integridade física;

II – atender às exigências previstas no art. 4.º desta Lei;

III – apresentar documentação de propriedade de arma de fogo, bem como o seu devido registro no órgão competente.

§ 2.º A autorização de porte de arma de fogo, prevista neste artigo, perderá automaticamente sua eficácia caso o portador dela seja detido ou abordado em estado de embriaguez ou sob efeito de substâncias químicas ou alucinógenas.

Art. 11. Fica instituída a cobrança de taxas, nos valores constantes do Anexo desta Lei, pela prestação de serviços relativos:

I – ao registro de arma de fogo;

II – à renovação de registro de arma de fogo;

III – à expedição de segunda via de registro de arma de fogo;

IV – à expedição de porte federal de arma de fogo;

V – à renovação de porte de arma de fogo;

VI – à expedição de segunda via de porte federal de arma de fogo.

§ 1.º Os valores arrecadados destinam-se ao custeio e à manutenção das atividades do Sinarm, da Polícia Federal e do Comando do Exército, no âmbito de suas respectivas responsabilidades.

§ 2.º São isentas do pagamento das taxas previstas neste artigo as pessoas e as instituições a que se referem os incisos I a VII e X e o § 5.º do art. 6.º desta Lei.

•• § 2.º com redação determinada pela Lei n. 11.706, de 19-6-2008.

Art. 11-A. O Ministério da Justiça disciplinará a forma e as condições do credenciamento de profissionais pela Polícia Federal para comprovação da aptidão psicológica e da capacidade técnica para o manuseio de arma de fogo.

•• *Caput* acrescentado pela Lei n. 11.706, de 19-6-2008.

§ 1.º Na comprovação da aptidão psicológica, o valor cobrado pelo psicólogo não poderá exceder ao valor médio dos honorários profissionais para realização de avaliação psicológica constante do item 1.16 da tabela do Conselho Federal de Psicologia.

•• § 1.º acrescentado pela Lei n. 11.706, de 19-6-2008.

§ 2.º Na comprovação da capacidade técnica, o valor cobrado pelo instrutor de armamento e tiro não poderá exceder R$ 80,00 (oitenta reais), acrescido do custo da munição.

•• § 2.º acrescentado pela Lei n. 11.706, de 19-6-2008.

§ 3.º A cobrança de valores superiores aos previstos nos §§ 1.º e 2.º deste artigo implicará o descredenciamento do profissional pela Polícia Federal.

•• § 3.º acrescentado pela Lei n. 11.706, de 19-6-2008.

CAPÍTULO IV
DOS CRIMES E DAS PENAS

Posse irregular de arma de fogo de uso permitido

Art. 12. Possuir ou manter sob sua guarda arma de fogo, acessório ou munição, de uso permitido, em desacordo com determinação legal ou regulamentar, no interior de sua residência ou dependência desta, ou, ainda no seu local de trabalho, desde que seja o titular ou o responsável legal do estabelecimento ou empresa:

Pena – detenção, de 1 (um) a 3 (três) anos, e multa.

Omissão de cautela

Art. 13. Deixar de observar as cautelas necessárias para impedir que menor de 18 (dezoito) anos ou pessoa portadora de deficiência mental se apodere de arma de fogo que esteja sob sua posse ou que seja de sua propriedade:

Pena – detenção, de 1 (um) a 2 (dois) anos, e multa.

Parágrafo único. Nas mesmas penas incorrem o proprietário ou diretor responsável de empresa de segurança e transporte de valores que deixarem de registrar ocorrência policial e de comunicar à Polícia Federal perda, furto, roubo ou outras formas de extravio de arma de fogo, acessório ou munição que estejam sob sua guarda, nas primeiras 24 (vinte e quatro) horas depois de ocorrido o fato.

Porte ilegal de arma de fogo de uso permitido

Art. 14. Portar, deter, adquirir, fornecer, receber, ter em depósito, transportar, ceder, ainda que gratuitamente, emprestar, remeter, empregar, manter sob guarda ou ocultar arma de fogo, acessório ou munição, de uso permitido, sem autorização e em desacordo com determinação legal ou regulamentar:

Pena – reclusão, de 2 (dois) a 4 (quatro) anos, e multa.

Parágrafo único. O crime previsto neste artigo é inafiançável, salvo quando a arma de fogo estiver registrada em nome do agente.

•• O STF, na ADI n. 3.112-1, de 2-5-2007 (*DOU* de 10-5-2007), declara a inconstitucionalidade deste parágrafo único.

Disparo de arma de fogo

Art. 15. Disparar arma de fogo ou acionar munição em lugar habitado ou em suas adjacências, em via pública ou em direção a ela, desde que essa conduta não tenha como finalidade a prática de outro crime:

Pena – reclusão, de 2 (dois) a 4 (quatro) anos, e multa.

Parágrafo único. O crime previsto neste artigo é inafiançável.

•• O STF, na ADI n. 3.112-1, de 2-5-2007 (*DOU* de 10-5-2007), declara a inconstitucionalidade deste parágrafo único.

Posse ou porte ilegal de arma de fogo de uso restrito

Art. 16. Possuir, deter, portar, adquirir, fornecer, receber, ter em depósito, transportar, ceder, ainda que gratuitamente, emprestar, remeter, empregar, manter sob sua guarda ou ocultar arma de fogo, acessório ou munição de uso proibido ou restrito, sem autorização e em desacordo com determinação legal ou regulamentar:

Pena – reclusão, de 3 (três) a 6 (seis) anos, e multa.

Parágrafo único. Nas mesmas penas incorre quem:

I – suprimir ou alterar marca, numeração ou qualquer sinal de identificação de arma de fogo ou artefato;

II – modificar as características de arma de fogo, de forma a torná-la equivalente a arma de fogo de uso proibido ou restrito ou para fins de dificultar ou de qualquer modo induzir a erro autoridade policial, perito ou juiz;

III – possuir, deter, fabricar ou empregar artefato explosivo ou incendiário, sem autorização ou em desacordo com determinação legal ou regulamentar;

IV – portar, possuir, adquirir, transportar ou fornecer arma de fogo com numeração, marca ou qualquer outro sinal de identificação raspado, suprimido ou adulterado;

V – vender, entregar ou fornecer, ainda que gratuitamente, arma de fogo, acessório, munição ou explosivo a criança ou adolescente; e

VI – produzir, recarregar ou reciclar, sem autorização legal, ou adulterar, de qualquer forma, munição ou explosivo.

Comércio ilegal de arma de fogo

Art. 17. Adquirir, alugar, receber, transportar, conduzir, ocultar, ter em depósito, desmontar, montar, remontar, adulterar, vender, expor à venda, ou de qualquer forma utilizar, em proveito próprio ou alheio, no exercício de atividade comercial ou industrial, arma de fogo, acessório ou munição, sem autorização ou em desacordo com determinação legal ou regulamentar:

Pena – reclusão, de 4 (quatro) a 8 (oito) anos, e multa.

Parágrafo único. Equipara-se à atividade comercial ou industrial, para efeito deste artigo, qualquer forma de prestação de serviços, fabricação ou comércio irregular ou clandestino, inclusive o exercido em residência.

Tráfico internacional de arma de fogo

Art. 18. Importar, exportar, favorecer a entrada ou saída do território nacional, a qualquer título, de arma de fogo, acessório ou munição, sem autorização da autoridade competente:

Pena – reclusão de 4 (quatro) a 8 (oito) anos, e multa.

Art. 19. Nos crimes previstos nos arts. 17 e 18, a pena é aumentada da metade se a arma de fogo, acessório ou munição forem de uso proibido ou restrito.

Art. 20. Nos crimes previstos nos arts. 14, 15, 16, 17 e 18, a pena é aumentada da metade se forem praticados por integrante dos órgãos e empresas referidas nos arts. 6.º, 7.º e 8.º desta Lei.

Art. 21. Os crimes previstos nos arts. 16, 17 e 18 são insuscetíveis de liberdade provisória.

•• O STF, na ADI n. 3.112-1, de 2-5-2007 (*DOU* de 10-5-2007), declara a inconstitucionalidade deste artigo.

CAPÍTULO V
DISPOSIÇÕES GERAIS

Art. 22. O Ministério da Justiça poderá celebrar convênios com os Estados e o Distrito Federal para o cumprimento do disposto nesta Lei.

Art. 23. A classificação legal, técnica e geral bem como a definição das armas de fogo e demais produtos controlados, de usos proibidos, restritos, permitidos ou obsoletos e de valor histórico serão disciplinadas em ato do chefe do Poder Executivo Federal, mediante proposta do Comando do Exército.

•• *Caput* com redação determinada pela Lei n. 11.706, de 19-6-2008.

§ 1.º Todas as munições comercializadas no País deverão estar acondicionadas em embalagens com sistema de código de barras, gravado na caixa, visando possibilitar a identificação do fabricante e do adquirente, entre outras informações definidas pelo regulamento desta Lei.

§ 2.º Para os órgãos referidos no art. 6.º, somente serão expedidas autorizações de compra de munição com identificação do lote e do adquirente no culote dos projéteis, na forma do regulamento desta Lei.

§ 3.º As armas de fogo fabricadas a partir de 1 (um) ano da data de publicação desta Lei conterão dispositivo intrínseco de segurança e de identificação, gravado no corpo da arma, definido pelo regulamento desta Lei, exclusive para os órgãos previstos no art. 6.º.

§ 4.º As instituições de ensino policial e as guardas municipais referidas nos incisos III e IV do *caput* do art. 6.º desta Lei e no seu § 7.º poderão adquirir insumos e máquinas de recarga de munição para o fim exclusivo de suprimento de suas atividades, mediante autorização concedida nos termos definidos em regulamento.

•• § 4.º acrescentado pela Lei n. 11.706, de 19-6-2008.

Art. 24. Excetuadas as atribuições a que se refere o art. 2.º desta Lei, compete ao Comando do Exército autorizar e fiscalizar a produção, exportação, importação, desembaraço alfandegário e o comércio de armas de fogo e demais produtos controlados, inclusive o registro e o porte de trânsito de arma de fogo de colecionadores, atiradores e caçadores.

Art. 25. As armas de fogo apreendidas, após a elaboração do laudo pericial e sua juntada aos autos, quando não mais interessarem à persecução penal serão encaminhadas pelo juiz competente ao Comando do Exército, no prazo máximo de 48 (quarenta e oito) horas, para destruição ou doação aos órgãos de segurança pública ou às Forças Armadas, na forma do regulamento desta Lei.

•• *Caput* com redação determinada pela Lei n. 11.706, de 19-6-2008.

• A Resolução n. 134, de 21-6-2011, do CNJ, dispõe sobre o depósito judicial de armas de fogo e munições e a sua destinação.

§ 1.º As armas de fogo encaminhadas ao Comando do Exército que receberem parecer favorável à doação, obedecidos o padrão e a dotação de cada Força Armada ou órgão de segurança pública, atendidos os critérios de prioridade estabelecidos pelo Ministério da Justiça e ouvido o Comando do Exército, serão arroladas em relatório reservado trimestral a ser encaminhado àquelas instituições, abrindo-se-lhes prazo para manifestação de interesse.

•• § 1.º acrescentado pela Lei n. 11.706, de 19-6-2008.

§ 2.º O Comando do Exército encaminhará a relação das armas a serem doadas ao juiz competente, que determinará o seu perdimento em favor da instituição beneficiada.

•• § 2.º acrescentado pela Lei n. 11.706, de 19-6-2008.

§ 3.º O transporte das armas de fogo doadas será de responsabilidade da instituição beneficiada, que procederá ao seu cadastramento no Sinarm ou no Sigma.

•• § 3.º acrescentado pela Lei n. 11.706, de 19-6-2008.

§ 4.º (*Vetado*.)

•• § 4.º acrescentado pela Lei n. 11.706, de 19-6-2008.

§ 5.º O Poder Judiciário instituirá instrumentos para o encaminhamento ao Sinarm ou ao Sigma, conforme se trate de arma de uso permitido ou de uso restrito, semestralmente, da relação de armas acauteladas em juízo, mencionando suas características e o local onde se encontram.

•• § 5.º acrescentado pela Lei n. 11.706, de 19-6-2008.

Art. 26. São vedadas a fabricação, a venda, a comercialização e a importação de brinquedos, réplicas e simulacros de armas de fogo, que com estas se possam confundir.

•• Artigo regulamentado pela Portaria n. 2, de 26-2-2010, do Ministério da Defesa.

Parágrafo único. Excetuam-se da proibição as réplicas e os simulacros destinados à instrução, ao adestramento, ou à coleção de usuário autorizado, nas condições fixadas pelo Comando do Exército.

Art. 27. Caberá ao Comando do Exército autorizar, excepcionalmente, a aquisição de armas de fogo de uso restrito.

Parágrafo único. O disposto neste artigo não se aplica às aquisições dos Comandos Militares.

Art. 28. É vedado ao menor de 25 (vinte e cinco) anos adquirir arma de fogo, ressalvados os integrantes das entidades constantes dos incisos I, II, III, V, VI, VII e X do *caput* do art. 6.º desta Lei.

•• Artigo com redação determinada pela Lei n. 11.706, de 19-6-2008.

Art. 29. As autorizações de porte de armas de fogo já concedidas expirar-se-ão 90 (noventa) dias após a publicação desta Lei.

•• A Lei n. 10.884, de 17-6-2004, determina que o termo inicial do prazo previsto neste artigo passa a fluir a partir da data de publicação do Decreto que o regulamentar, não ultrapassando, para ter efeito, a data limite de 23-6-2004.

Parágrafo único. O detentor de autorização com prazo de validade superior a 90 (noventa) dias poderá renová-la, perante a Polícia Federal, nas condições dos arts. 4.º, 6.º e 10 desta Lei, no prazo de 90 (noventa) dias após sua publicação, sem ônus para o requerente.

Art. 30. Os possuidores e proprietários de arma de fogo de uso permitido ainda não registrada deverão solicitar seu registro até o dia 31 de dezembro de 2008, mediante apresentação de documento de identificação pessoal e comprovante de residência fixa, acompanhados de nota fiscal de compra ou comprovação da origem lícita da posse, pelos meios de prova admitidos em direito, ou declaração firmada na qual constem as características da arma e a sua condição de proprietário, ficando este dispensado do pagamento de taxas e do cumprimento das demais exigências constantes dos incisos I a III do *caput* do art. 4.º desta Lei.

•• *Caput* com redação determinada pela Lei n. 11.706, de 19-6-2008.

•• A Lei n. 11.922, de 13-4-2009, prorrogou para 31-12-2009 o prazo de que trata este artigo.

Parágrafo único. Para fins do cumprimento do disposto no *caput* deste artigo, o proprietário de arma de fogo poderá obter, no Departamento de Polícia Federal, certificado de registro provisório, expedido na forma do § 4.º do art. 5.º desta Lei.

•• Parágrafo único acrescentado pela Lei n. 11.706, de 19-6-2008.

Art. 31. Os possuidores e proprietários de armas de fogo adquiridas regularmente poderão, a qualquer tempo, entregá-las à Polícia Federal, mediante recibo e indenização, nos termos do regulamento desta Lei.

• A Portaria n. 45, de 12-2-2008, do Departamento de Polícia Federal, dispõe sobre a entrega de arma de fogo e a respectiva indenização.

Art. 32. Os possuidores e proprietários de arma de fogo poderão entregá-la, espontaneamente, mediante recibo, e, presumindo-se de boa-fé, serão indenizados, na forma do regulamento, ficando extinta a punibilidade de eventual posse irregular da referida arma.

•• *Caput* com redação determinada pela Lei n. 11.706, de 19-6-2008.

Parágrafo único. (*Revogado pela Lei n. 11.706, de 19-6-2008.*)

Art. 33. Será aplicada multa de R$ 100.000,00 (cem mil reais) a R$ 300.000,00 (trezentos mil reais), conforme especificar o regulamento desta Lei:

I – à empresa de transporte aéreo, rodoviário, ferroviário, marítimo, fluvial ou lacustre que deliberadamente, por qualquer meio, faça, promova, facilite ou permita o transporte de arma ou munição sem a devida autorização ou com inobservância das normas de segurança;

II – à empresa de produção ou comércio de armamentos que realize publicidade para venda, estimulando o uso indiscriminado de armas de fogo, exceto nas publicações especializadas.

Art. 34. Os promotores de eventos em locais fechados, com aglomeração superior a 1.000 (um mil) pessoas, adotarão, sob pena de responsabilidade, as providências necessárias para evitar o ingresso de pessoas armadas, ressalvados os eventos garantidos pelo inciso VI do art. 5.º da Constituição Federal.

Parágrafo único. As empresas responsáveis pela prestação dos serviços de transporte internacional e interestadual de passageiros adotarão as providências necessárias para evitar o embarque de passageiros armados.

CAPÍTULO VI
DISPOSIÇÕES FINAIS

Art. 35. É proibida a comercialização de arma de fogo e munição em todo o território nacional, salvo para as entidades previstas no art. 6.º desta Lei.

§ 1.º Este dispositivo, para entrar em vigor, dependerá de aprovação mediante referendo popular, a ser realizado em outubro de 2005.

•• O Decreto Legislativo n. 780, de 7-7-2005, autorizou a realização do referendo previsto neste parágrafo que consistiu na seguinte questão: "o comércio de armas de fogo e munição deve ser proibido no Brasil?". A resposta vencedora a esta questão foi NÃO, devidamente proclamada pelo TSE.

§ 2.º Em caso de aprovação do referendo popular, o disposto neste artigo entrará em vigor na data de publicação de seu resultado pelo Tribunal Superior Eleitoral.

Art. 36. É revogada a Lei n. 9.437, de 20 de fevereiro de 1997.

Art. 37. Esta Lei entra em vigor na data de sua publicação.

Brasília, 22 de dezembro de 2003; 182.º da Independência e 115.º da República.

LUIZ INÁCIO LULA DA SILVA

ANEXO

TABELA DE TAXAS

ATO ADMINISTRATIVO	R$
I – Registro de arma de fogo: – até 31 de dezembro de 2008 – a partir de 1.º de janeiro de 2009	Gratuito (art. 30) 60,00
II – Renovação do certificado de registro de arma de fogo: – até 31 de dezembro de 2008 – a partir de 1.º de janeiro de 2009	Gratuito (art. 5.º, § 3.º) 60,00
III – Registro de arma de fogo para empresa de segurança privada e de transporte de valores	60,00
IV – Renovação do certificado de registro de arma de fogo para empresa de segurança privada e de transporte de valores: – até 30 de junho de 2008 – de 1.º de julho de 2008 a 31 de outubro de 2008 – a partir de 1.º de novembro de 2008	 30,00 45,00 60,00
V – Expedição de porte de arma de fogo	1.000,00
VI – Renovação de porte de arma de fogo	1.000,00
VII – Expedição de segunda via de certificado de registro de arma de fogo	60,00
VIII – Expedição de segunda via de porte de arma de fogo	60,00

•• Anexo com redação determinada pela Lei n. 11.706, de 19-6-2008.

DECRETO N. 5.123, DE 1.º DE JULHO DE 2004 (*)

Regulamenta a Lei n. 10.826, de 22 de dezembro de 2003, que dispõe sobre registro, posse e comercialização de armas de fogo e munição, sobre o Sistema Nacional de Armas – SINARM e define crimes.

O Presidente da República, no uso da atribuição que lhe confere o art. 84, IV, da Constituição, e tendo em vista o disposto na Lei n. 10.826, de 22 de dezembro de 2003, decreta:

(*) Publicado no *DOU*, de 2-7-2004.

CAPÍTULO I
DOS SISTEMAS DE CONTROLE DE ARMAS DE FOGO

Art. 1.º O Sistema Nacional de Armas – SINARM, instituído no Ministério da Justiça, no âmbito da Polícia Federal, com circunscrição em todo o território nacional e competência estabelecida pelo *caput* e incisos do art. 2.º da Lei n. 10.826, de 22 de dezembro de 2003, tem por finalidade manter cadastro geral, integrado e permanente das armas de fogo importadas, produzidas e vendidas no país, de competência do SINARM, e o controle dos registros dessas armas.

§ 1.º Serão cadastradas no SINARM:

I – as armas de fogo institucionais, constantes de registros próprios:

a) da Polícia Federal;

b) da Polícia Rodoviária Federal;

c) das Polícias Civis;

d) dos órgãos policiais da Câmara dos Deputados e do Senado Federal, referidos nos arts. 51, IV, e 52, XIII da Constituição;

• Citados dispositivos constitucionais constam deste volume.

e) dos integrantes do quadro efetivo dos agentes e guardas prisionais, dos integrantes das escoltas de presos e das Guardas Portuárias;

f) das Guardas Municipais; e

g) dos órgãos públicos não mencionados nas alíneas anteriores, cujos servidores tenham autorização legal para portar arma de fogo em serviço, em razão das atividades que desempenhem, nos termos do *caput* do art. 6.º da Lei n. 10.826, de 2003;

II – as armas de fogo apreendidas, que não constem dos cadastros do SINARM ou Sistema de Gerenciamento Militar de Armas – SIGMA, inclusive as vinculadas a procedimentos policiais e judiciais, mediante comunicação das autoridades competentes à Polícia Federal;

III – as armas de fogo de uso restrito dos integrantes dos órgãos, instituições e corporações mencionados no inciso II do art. 6.º da Lei n. 10.826, de 2003; e

IV – as armas de fogo de uso restrito, salvo aquelas mencionadas no inciso II, do § 1.º, do art. 2.º deste Decreto.

§ 2.º Serão registradas na Polícia Federal e cadastradas no SINARM:

I – as armas de fogo adquiridas pelo cidadão com atendimento aos requisitos do art. 4.º da Lei n. 10.826, de 2003;

II – as armas de fogo das empresas de segurança privada e de transporte de valores; e

III – as armas de fogo de uso permitido dos integrantes dos órgãos, instituições e corporações mencionados no inciso II do art. 6.º da Lei n. 10.826, de 2003.

§ 3.º A apreensão das armas de fogo a que se refere o inciso II do § 1.º deste artigo deverá ser imediatamente comunicada à Polícia Federal, pela autoridade competente, podendo ser recolhidas aos depósitos do Comando do Exército, para guarda, a critério da mesma autoridade.

§ 4.º O cadastramento das armas de fogo de que trata o inciso I do § 1.º observará as especificações e os procedimentos estabelecidos pelo Departamento de Polícia Federal.

•• § 4.º acrescentado pelo Decreto n. 6.715, de 29-12-2008.

Art. 2.º O SIGMA, instituído no Ministério da Defesa, no âmbito do Comando do Exército, com circunscrição em todo o território nacional, tem por finalidade manter cadastro geral, permanente e integrado das armas de fogo importadas, produzidas e vendidas no país, de competência do SIGMA, e das armas de fogo que constem dos registros próprios.

§ 1.º Serão cadastradas no SIGMA:

I – as armas de fogo institucionais, de porte e portáteis, constantes de registros próprios:

a) das Forças Armadas;

b) das Polícias Militares e Corpos de Bombeiros Militares;

c) da Agência Brasileira de Inteligência; e

d) do Gabinete de Segurança Institucional da Presidência da República;

II – as armas de fogo dos integrantes das Forças Armadas, da Agência Brasileira de Inteligência e do Gabinete de Segurança Institucional da Presidência da República, constantes de registros próprios;

III – as informações relativas às exportações de armas de fogo, munições e demais produtos controlados, devendo o Comando do Exército manter sua atualização;

IV – as armas de fogo importadas ou adquiridas no país para fins de testes e avaliação técnica; e

V – as armas de fogo obsoletas.

§ 2.º Serão registradas no Comando do Exército e cadastradas no SIGMA:

I – as armas de fogo de colecionadores, atiradores e caçadores; e

II – as armas de fogo das representações diplomáticas.

Art. 3.º Entende-se por registros próprios, para os fins deste Decreto, os feitos pelas instituições, órgãos e corporações em documentos oficiais de caráter permanente.

Art. 4.º A aquisição de armas de fogo, diretamente da fábrica, será precedida de autorização do Comando do Exército.

Art. 5.º Os dados necessários ao cadastro mediante registro, a que se refere o inciso IX do art. 2.º da Lei n. 10.826, de 2003, serão fornecidos ao SINARM pelo Comando do Exército.

Art. 6.º Os dados necessários ao cadastro da identificação do cano da arma, das características das impressões de raiamento e microestriamento de projétil disparado, a marca do percutor e extrator no estojo do cartucho deflagrado pela arma de que trata o inciso X do art. 2.º da Lei n. 10.826, de 2003, serão disciplinados em norma específica da Polícia Federal, ouvido o Comando do Exército, cabendo às fábricas de armas de fogo o envio das informações necessárias ao órgão responsável da Polícia Federal.

Parágrafo único. A norma específica de que trata este artigo será expedida no prazo de cento e oitenta dias.

Art. 7.º As fábricas de armas de fogo fornecerão à Polícia Federal, para fins de cadastro, quando da saída do estoque, relação das armas produzidas, que devam constar do SINARM, na conformidade do art. 2.º da Lei n. 10.826, de 2003, com suas características e os dados dos adquirentes.

Art. 8.º As empresas autorizadas a comercializar armas de fogo encaminharão à Polícia Federal, quarenta e oito horas após a efetivação da venda, os dados que identifiquem a arma e o comprador.

Art. 9.º Os dados do SINARM e do SIGMA serão interligados e compartilhados no prazo máximo de um ano.

Parágrafo único. Os Ministros da Justiça e da Defesa estabelecerão no prazo máximo de um ano os níveis de acesso aos cadastros mencionados no *caput*.

Capítulo II
DA ARMA DE FOGO

Seção I
Das Definições

Art. 10. Arma de fogo de uso permitido é aquela cuja utilização é autorizada a pessoas físicas, bem como a pessoas jurídicas, de acordo com as normas do Comando do Exército e nas condições previstas na Lei n. 10.826, de 2003.

Art. 11. Arma de fogo de uso restrito é aquela de uso exclusivo das Forças Armadas, de instituições de segurança pública e de pessoas físicas e jurídicas habilitadas, devidamente autorizadas pelo Comando do Exército, de acordo com legislação específica.

Seção II
Da Aquisição e do Registro da Arma de Fogo de Uso Permitido

Art. 12. Para adquirir arma de fogo de uso permitido o interessado deverá:

I – declarar efetiva necessidade;

II – ter, no mínimo, vinte e cinco anos;

III – apresentar original e cópia, ou cópia autenticada, de documento de identificação pessoal;

•• Inciso III com redação determinada pelo Decreto n. 6.715, de 29-12-2008.

IV – comprovar, em seu pedido de aquisição do Certificado de Registro de Arma de Fogo e periodicamente, a idoneidade e a inexistência de inquérito policial ou processo criminal, por meio de certidões de antecedentes criminais da Justiça Federal, Estadual, Militar e Eleitoral, que poderão ser fornecidas por meio eletrônico;

•• Inciso IV com redação determinada pelo Decreto n. 8.935, de 19-12-2016.

V – apresentar documento comprobatório de ocupação lícita e de residência certa;

VI – comprovar, em seu pedido de aquisição do Certificado de Registro de Arma de Fogo e periodicamente, a capacidade técnica para o manuseio de arma de fogo; e

•• Inciso VI com redação determinada pelo Decreto n. 8.935, de 19-12-2016.

VII – comprovar aptidão psicológica para o manuseio de arma de fogo, atestada em laudo conclusivo fornecido por psicólogo do quadro da Polícia Federal ou por esta credenciado.

• A Instrução Normativa n. 78, de 10-2-2014, do Departamento de Polícia Federal, estabelece procedimentos para o credenciamento, fiscalização da aplicação e correção dos exames psicológicos realizados por psicólogos credenciados, responsáveis pela expedição do laudo que ateste a aptidão psicológica para o manuseio de arma de fogo.

§ 1.º A declaração de que trata o inciso I do *caput* deverá explicitar os fatos e circunstâncias justificadoras do pedido, que serão examinados pela Polícia Federal segundo as orientações a serem expedidas pelo Ministério da Justiça.

•• § 1.º com redação determinada pelo Decreto n. 6.715, de 29-12-2008.

§ 2.º O indeferimento do pedido deverá ser fundamentado e comunicado ao interessado em documento próprio.

§ 3.º O comprovante de capacitação técnica, de que trata o inciso VI do *caput*, deverá ser expedido por instrutor de armamento e tiro credenciado pela Polícia Federal e deverá atestar, necessariamente:

•• § 3.º, *caput*, com redação determinada pelo Decreto n. 6.715, de 29-12-2008.

I – conhecimento da conceituação e normas de segurança pertinentes à arma de fogo;

II – conhecimento básico dos componentes e partes da arma de fogo; e

III – habilidade do uso da arma de fogo demonstrada, pelo interessado, em estande de tiro credenciado pelo Comando do Exército.

§ 4.º Após a apresentação dos documentos referidos nos incisos III a VII do *caput*, havendo manifestação favorável do órgão competente mencionada no § 1.º, será expedida, pelo SINARM, no prazo máximo de trinta dias, em nome do interessado, a autorização para a aquisição da arma de fogo indicada.

§ 5.º É intransferível a autorização para a aquisição da arma de fogo, de que trata o § 4.º deste artigo.

§ 6.º Está dispensado da comprovação dos requisitos a que se referem os incisos VI e VII do *caput* o interessado em adquirir arma de fogo de uso permitido que comprove estar autorizado a portar arma da mesma espécie daquela a ser adquirida, desde que o porte de arma de fogo esteja válido e o interessado tenha se submetido a avaliações em período não superior a um ano, contado do pedido de aquisição.

•• § 6.º acrescentado pelo Decreto n. 6.715, de 29-12-2008.

Art. 13. A transferência de propriedade da arma de fogo, por qualquer das formas em direito admitidas, entre particulares, sejam pessoas físicas ou jurídicas, estará sujeita à prévia autorização da Polícia Federal, aplicando-se ao interessado na aquisição as disposições do art. 12 deste Decreto.

Parágrafo único. A transferência de arma de fogo registrada no Comando do Exército será autorizada pela instituição e cadastrada no SIGMA.

Art. 14. É obrigatório o registro da arma de fogo, no SINARM ou no SIGMA, excetuadas as obsoletas.

Art. 15. O registro da arma de fogo de uso permitido deverá conter, no mínimo, os seguintes dados:

I – do interessado:

a) nome, filiação, data e local de nascimento;

b) endereço residencial;

c) endereço da empresa ou órgão em que trabalhe;

d) profissão;

e) número da cédula de identidade, data da expedição, órgão expedidor e Unidade da Federação; e

f) número do Cadastro de Pessoa Física – CPF ou Cadastro Nacional de Pessoa Jurídica – CNPJ;

II – da arma:

a) número do cadastro no SINARM;

b) identificação do fabricante e do vendedor;

c) número e data da nota fiscal de venda;

d) espécie, marca, modelo e número de série;

e) calibre e capacidade de cartuchos;

f) tipo de funcionamento;

g) quantidade de canos e comprimento;

h) tipo de alma (lisa ou raiada);

i) quantidade de raias e sentido; e

j) número de série gravado no cano da arma.

Art. 16. O Certificado de Registro de Arma de Fogo expedido pela Polícia Federal, precedido de cadastro no SINARM, tem validade em todo o território nacional e autoriza o seu proprietário a manter a arma de fogo exclusivamente no interior de sua residência ou dependência desta, ou, ainda, no seu local de trabalho, desde que seja ele o titular ou o responsável legal pelo estabelecimento ou empresa.

•• *Caput* com redação determinada pelo Decreto n. 6.715, de 29-12-2008.

§ 1.º Para os efeitos do disposto no *caput* deste artigo considerar-se-á titular do estabelecimento ou empresa todo aquele assim definido em contrato social, e responsável legal o designado em contrato individual de trabalho, com poderes de gerência.

§ 2.º Os requisitos de que tratam os incisos IV, V e VII do art. 12 deverão ser comprovados, periodicamente, a cada cinco anos, junto à Polícia Federal, para fins de renovação do Certificado de Registro.

•• § 2.º com redação determinada pelo Decreto n. 8.935, de 19-12-2016.

§ 2.º-A. O requisito de que trata o inciso VI do art. 12 deverá ser comprovado, periodicamente, a cada duas renovações, junto à Polícia Federal.

•• § 2.º-A acrescentado pelo Decreto n. 8.935, de 19-12-2016.

§ 3.º (*Revogado pelo Decreto n. 6.715, de 29-12-2008.*)

§ 4.º O disposto nos § 2.º e § 2.º-A não se aplica, para a aquisição e a renovação do Certificado de Registro de Arma de Fogo, aos integrantes dos órgãos, das instituições e das corporações, mencionados nos incisos I e II do *caput* do art. 6.º da Lei n. 10.826, de 2003.

•• § 4.º com redação determinada pelo Decreto n. 8.935, de 19-12-2016.

Art. 17. O proprietário de arma de fogo é obrigado a comunicar, imediatamente, à unidade policial local, o extravio, furto ou roubo de arma de fogo ou do Certificado de Registro de Arma de Fogo, bem como a sua recuperação.

•• *Caput* com redação determinada pelo Decreto n. 6.715, de 29-12-2008.

§ 1.º A unidade policial deverá, em quarenta e oito horas, remeter as informações coletadas à Polícia Federal, para fins de cadastro no SINARM.

•• § 1.º com redação determinada pelo Decreto n. 6.715, de 29-12-2008.

§ 2.º No caso de arma de fogo de uso restrito, a Polícia Federal repassará as informações ao Comando do Exército, para fins de cadastro no SIGMA.

•• § 2.º com redação determinada pelo Decreto n. 6.715, de 29-12-2008.

Seção III
Da Aquisição e Registro da Arma de Fogo de Uso Restrito

Art. 18. Compete ao Comando do Exército autorizar a aquisição e registrar as armas de fogo de uso restrito.

§ 1.º As armas de que trata o *caput* serão cadastradas no SIGMA e no SINARM, conforme o caso.

§ 2.º O registro de arma de fogo de uso restrito, de que trata o *caput* deste artigo, deverá conter as seguintes informações:

I – do interessado:

a) nome, filiação, data e local de nascimento;

b) endereço residencial;

c) endereço da empresa ou órgão em que trabalhe;

d) profissão;

e) número da cédula de identidade, data da expedição, órgão expedidor e Unidade da Federação; e

f) número do Cadastro de Pessoa Física – CPF ou Cadastro Nacional de Pessoa Jurídica – CNPJ;

II – da arma:

a) número do cadastro no SINARM;

b) identificação do fabricante e do vendedor;

c) número e data da nota fiscal de venda;

d) espécie, marca, modelo e número de série;

e) calibre e capacidade de cartuchos;

f) tipo de funcionamento;

g) quantidade de canos e comprimento;

h) tipo de alma (lisa ou raiada);

i) quantidade de raias e sentido; e

j) número de série gravado no cano da arma.

§ 3.º Os requisitos de que tratam os incisos IV, V, VI e VII do art. 12 deste Decreto deverão ser comprovados periodicamente, a cada três anos, junto ao Comando do Exército, para fins de renovação do Certificado de Registro.

§ 4.º Não se aplica aos integrantes dos órgãos, instituições e corporações mencionados nos incisos I e II do art. 6.º da Lei n. 10.826, de 2003, o disposto no § 3.º deste artigo.

Seção IV
Do Comércio Especializado de Armas de Fogo e Munições

Art. 19. É proibida a venda de armas de fogo, munições e demais produtos controlados, de uso restrito, no comércio.

Art. 20. O estabelecimento que comercializar arma de fogo de uso permitido em território nacional é obrigado a comunicar à Polícia Federal, mensalmente, as vendas que efetuar e a quantidade de armas em estoque, respondendo legalmente por essas mercadorias, que ficarão registradas como de sua propriedade, de forma precária, enquanto não forem vendidas, sujeitos seus responsáveis às penas previstas em lei.

•• Artigo com redação determinada pelo Decreto n. 6.715, de 29-12-2008.

Art. 21. A comercialização de acessórios de armas de fogo e de munições, incluídos estojos, espoletas, pólvora e projéteis, só poderá ser efetuada em estabelecimento credenciado pela Polícia Federal e pelo comando do Exército que manterão um cadastro dos comerciantes.

§ 1.º Quando se tratar de munição industrializada, a venda ficará condicionada à apresentação pelo adquirente, do Certificado de Registro de Arma de Fogo válido, e ficará restrita ao calibre correspondente à arma registrada.

§ 2.º Os acessórios e a quantidade de munição que cada proprietário de arma de fogo poderá adquirir serão fixados em Portaria do Ministério da Defesa, ouvido o Ministério da Justiça.

• A Portaria Normativa n. 1.811, de 18-12-2006, do Ministério da Defesa, define a quantidade de munição e os acessórios que cada proprietário de arma de fogo poderá adquirir.

§ 3.º O estabelecimento mencionado no *caput* deste artigo deverá manter à disposição da Polícia Federal e do Comando do Exército os estoques e a relação das vendas efetuadas mensalmente, pelo prazo de cinco anos.

CAPÍTULO III
DO PORTE E DO TRÂNSITO DA ARMA DE FOGO

Seção I
Do Porte

Art. 22. O Porte de Arma de Fogo de uso permitido, vinculado ao prévio registro da arma e ao cadastro no SINARM, será expedido pela Polícia Federal, em todo o território nacional, em caráter excepcional, desde que atendidos os requisitos previstos nos incisos I, II e III do § 1.º do art. 10 da Lei n. 10.826, de 2003.

•• *Caput* com redação determinada pelo Decreto n. 6.715, de 29-12-2008.

Parágrafo único. A taxa estipulada para o Porte de Arma de Fogo somente será recolhida após a análise e a aprovação dos documentos apresentados.

Art. 23. O Porte de Arma de Fogo é documento obrigatório para a condução da arma e deverá conter os seguintes dados:

I – abrangência territorial;

II – eficácia temporal;

III – características da arma;

IV – número do cadastro da arma no SINARM;

•• Inciso IV com redação determinada pelo Decreto n. 6.715, de 29-12-2008.

V – identificação do proprietário da arma; e

VI – assinatura, cargo e função da autoridade concedente.

Art. 24. O Porte de Arma de Fogo é pessoal, intransferível e revogável a qualquer tempo, sendo válido apenas com relação à arma nele especificada e com a apresentação do documento de identificação do portador.

•• Artigo com redação determinada pelo Decreto n. 6.715, de 29-12-2008.

Art. 24-A. Para portar a arma de fogo adquirida nos termos do § 6.º do art. 12, o proprietário deverá solicitar a expedição do respectivo documento de porte, que observará o disposto no art. 23 e terá a mesma validade do documento referente à primeira arma.

•• Artigo acrescentado pelo Decreto n. 6.715, de 29-12-2008.

Art. 25. O titular do Porte de Arma de Fogo deverá comunicar imediatamente:

I – a mudança de domicílio, ao órgão expedidor do Porte de Arma de Fogo; e

II – o extravio, furto ou roubo da arma de fogo, à Unidade Policial mais próxima e, posteriormente, à Polícia Federal.

Parágrafo único. A inobservância do disposto neste artigo implicará na suspensão do Porte de Arma de Fogo, por prazo a ser estipulado pela autoridade concedente.

Art. 26. O titular de porte de arma de fogo para defesa pessoal concedido nos termos do art. 10 da Lei n. 10.826, de 2003, não poderá conduzi-la ostensivamente ou com ela adentrar ou permanecer em locais públicos, tais como igrejas, escolas, estádios desportivos, clubes, agências bancárias ou outros locais onde haja aglomeração de pessoas em virtude de eventos de qualquer natureza.

•• *Caput* com redação determinada pelo Decreto n. 6.715, de 29-12-2008.

§ 1.º A inobservância do disposto neste artigo implicará na cassação do Porte de Arma de Fogo e na apreensão da arma, pela autoridade competente, que adotará as medidas legais pertinentes.

§ 2.º Aplica-se o disposto no § 1.º deste artigo, quando o titular do Porte de Arma de Fogo esteja portando o armamento em estado de embriaguez ou sob o efeito de drogas ou medicamentos que provoquem alteração do desempenho intelectual ou motor.

Art. 27. Será concedido pela Polícia Federal, nos termos do § 5.º do art. 6.º da Lei n. 10.826, de 2003, o Porte de Arma de Fogo, na categoria "caçador de subsistência", de uma arma portátil, de uso permitido, de tiro simples, com um ou dois canos, de alma lisa e de calibre igual ou inferior a 16, desde que o interessado comprove a efetiva necessidade em requerimento ao qual deverão ser anexados os seguintes documentos:

I – documento comprobatório de residência em área rural ou certidão equivalente expedida por órgão municipal;

•• Inciso I com redação determinada pelo Decreto n. 6.715, de 29-12-2008.

II – original e cópia, ou cópia autenticada, do documento de identificação pessoal; e

•• Inciso II com redação determinada pelo Decreto n. 6.715, de 29-12-2008.

III – atestado de bons antecedentes.

Parágrafo único. Aplicam-se ao portador do Porte de Arma de Fogo mencionado neste artigo as demais obrigações estabelecidas neste Decreto.

Art. 28. O proprietário de arma de fogo de uso permitido registrada, em caso de mudança de domicílio ou outra situação que implique o transporte da arma, deverá solicitar guia de trânsito à Polícia Federal para as armas de fogo cadastradas no SINARM, na forma estabelecida pelo Departamento de Polícia Federal.

•• Artigo com redação determinada pelo Decreto n. 6.715, de 29-12-2008.

Art. 29. Observado o princípio da reciprocidade previsto em convenções internacionais, poderá ser autorizado o Porte de Arma de Fogo pela Polícia Federal, a diplomatas de missões diplomáticas e consulares acreditadas junto ao Governo Brasileiro, e a agentes de segurança de dignitários estrangeiros durante a permanência no país, independentemente dos requisitos estabelecidos neste Decreto.

Capítulo III

Seção I

Art. 29-A. Caberá ao Departamento de Polícia Federal estabelecer os procedimentos relativos à concessão e renovação do Porte de Arma de Fogo.

•• Artigo acrescentado pelo Decreto n. 6.715, de 29-12-2008.

Seção II
Dos Atiradores, Caçadores e Colecionadores

Subseção I
Da prática de tiro desportivo

Art. 30. As agremiações esportivas e as empresas de instrução de tiro, os colecionadores, atiradores e caçadores serão registrados no Comando do Exército, ao qual caberá estabelecer normas e verificar o cumprimento das condições de segurança dos depósitos das armas de fogo, munições e equipamentos de recarga.

§ 1.º As armas pertencentes às entidades mencionadas no *caput* e seus integrantes terão autorização para porte de trânsito (guia de tráfego) a ser expedida pelo Comando do Exército.

§ 2.º A prática de tiro desportivo por menores de dezoito anos deverá ser autorizada judicialmente e deve restringir-se aos locais autorizados pelo Comando do Exército, utilizando arma da agremiação ou do responsável quando por este acompanhado.

§ 3.º A prática de tiro desportivo por maiores de dezoito anos e menores de vinte e cinco anos pode ser feita utilizando arma de sua propriedade, registrada com amparo na Lei n. 9.437, de 20 de fevereiro de 1997, de agremiação ou arma registrada e cedida por outro desportista.

• A Lei n. 9.437, de 20-2-1997, foi revogada pela Lei n. 10.826, de 22-12-2003.

Art. 31. A entrada de arma de fogo e munição no país, como bagagem de atletas, para competições internacionais será autorizada pelo Comando do Exército.

§ 1.º O Porte de Trânsito das armas a serem utilizadas por delegações estrangeiras em competição oficial de tiro no país será expedido pelo Comando do Exército.

§ 2.º Os responsáveis e os integrantes pelas delegações estrangeiras e brasileiras em competição oficial de tiro no país transportarão suas armas desmuniciadas.

Subseção II
Dos colecionadores e caçadores

Art. 32. O Porte de Trânsito das armas de fogo de colecionadores e caçadores será expedido pelo Comando do Exército.

Parágrafo único. Os colecionadores e caçadores transportarão suas armas desmuniciadas.

Subseção III
Dos integrantes e das instituições mencionadas no art. 6.º da Lei n. 10.826, de 2003

Art. 33. O Porte de Arma de Fogo é deferido aos militares das Forças Armadas, aos policiais federais e estaduais e do Distrito Federal, civis e militares, aos Corpos de Bombeiros Militares, bem como aos policiais da Câmara dos Deputados e do Senado Federal em razão do desempenho de suas funções institucionais.

§ 1.º O Porte de Arma de Fogo das praças das Forças Armadas e dos Policiais e Corpos de Bombeiros Militares é regulado em norma específica, por atos dos Comandantes das Forças Singulares e dos Comandantes-Gerais das Corporações.

§ 2.º Os integrantes das polícias civis estaduais e das Forças Auxiliares, quando no exercício de suas funções institucionais ou em trânsito, poderão portar arma de fogo fora da respectiva unidade federativa, desde que expressamente autorizados pela instituição a que pertençam, por prazo determinado, conforme estabelecido em normas próprias.

Art. 33-A. A autorização para o porte de arma de fogo previsto em legislação própria, na forma do *caput* do art. 6.º da Lei n.10.826, de 2003, está condicionada ao atendimento dos requisitos previstos no inciso III do *caput* do art. 4.º da mencionada Lei.

•• Artigo acrescentado pelo Decreto n. 6.715, de 29-12-2008.

Art. 34. Os órgãos, instituições e corporações mencionados nos incisos I, II, III, V, VI, VII e X do *caput* do art. 6.º da Lei n. 10.826, de 2003, estabelecerão, em normativos internos, os procedimentos relativos às condições para a utilização das armas de fogo de sua propriedade, ainda que fora do serviço.

•• *Caput* com redação determinada pelo Decreto n. 6.146, de 3-7-2007.

§ 1.º As instituições mencionadas no inciso IV do art. 6.º da Lei n. 10.826, de 2003, estabelecerão em normas próprias os procedimentos relativos às condições para a utilização, em serviço, das armas de fogo de sua propriedade.

§ 2.º As instituições, órgãos e corporações nos procedimentos descritos no *caput*, disciplinarão as normas gerais de uso de arma de fogo de sua propriedade, fora do serviço, quando se tratar de locais onde haja aglomeração de pessoas, em virtude de evento de qualquer natureza, tais como no interior de igrejas, escolas, estádios desportivos, clubes, públicos e privados.

§ 3.º Os órgãos e instituições que tenham os portes de arma de seus agentes públicos ou políticos estabelecidos em lei própria, na forma do *caput* do art. 6.º da Lei n. 10.826, de 2003, deverão encaminhar à Polícia Federal a relação dos autorizados a portar arma de fogo, observando-se, no que couber, o disposto no art. 26.

•• § 3.º acrescentado pelo Decreto n. 6.715, de 29-12-2008.

§ 4.º Não será concedida a autorização para o porte de arma de fogo de que trata o art. 22 a integrantes de órgãos, instituições e corporações não autorizados a portar arma de fogo fora de serviço, exceto se comprovarem o risco à sua integridade física, observando-se o disposto no art. 11 da Lei n. 10.826, de 2003.

•• § 4.º acrescentado pelo Decreto n. 6.715, de 29-12-2008.

§ 5.º O porte de que tratam os incisos V, VI e X do *caput* do art. 6.º da Lei n. 10.826, de 2003, e aquele previsto em lei própria, na forma do *caput* do mencionado artigo, serão concedidos, exclusivamente, para defesa pessoal, sendo vedado aos seus respectivos titulares o porte ostensivo da arma de fogo.

•• § 5.º acrescentado pelo Decreto n. 6.715, de 29-12-2008.

§ 6.º A vedação prevista no parágrafo 5.º não se aplica aos servidores designados para execução da atividade fiscalizatória do Instituto Brasileiro do Meio Ambiente e dos Recursos Naturais Renováveis – IBAMA e do Instituto Chico Mendes de Conservação da Biodiversidade – Instituto Chico Mendes.

•• § 6.º acrescentado pelo Decreto n. 6.817, de 7-4-2009.

Art. 35. Poderá ser autorizado, em casos excepcionais, pelo órgão competente, o uso, em serviço, de arma de fogo, de propriedade particular do integrante dos órgãos, instituições ou corporações mencionadas no inciso II do art. 6.º da Lei n. 10.826, de 2003.

§ 1.º A autorização mencionada no *caput* será regulamentada em ato próprio do órgão competente.

§ 2.º A arma de fogo de que trata este artigo deverá ser conduzida com o seu respectivo Certificado de Registro.

Art. 35-A. As armas de fogo particulares de que trata o art. 35, e as institucionais não brasonadas, deverão ser conduzidas com o seu respectivo Certificado de Registro ou termo de cautela decorrente de autorização judicial para uso, sob pena de aplicação das sanções penais cabíveis.

•• Artigo acrescentado pelo Decreto n. 6.715, de 29-12-2008.

Art. 36. A capacidade técnica e a aptidão psicológica para o manuseio de armas de fogo, para os integrantes das instituições descritas nos incisos III, IV, V, VI, VII e X do *caput* do art. 6.º da Lei n. 10.826, de 2003, serão atestadas pela própria instituição, depois de cumpridos os requisitos técnicos e psicológicos estabelecidos pela Polícia Federal.

•• *Caput* com redação determinada pelo Decreto n. 6.146, de 3-7-2007.

Parágrafo único. Caberá à Polícia Federal expedir o Porte de Arma de Fogo para os guardas portuários.

•• Parágrafo único com redação determinada pelo Decreto n. 8.935, de 19-12-2016.

• A Instrução Normativa n. 78, de 10-2-2014, do Departamento de Polícia Federal, estabelece procedimentos para o credenciamento, fiscalização da aplicação e correção dos exames psicológicos realizados por psicólogos credenciados, responsáveis pela expedição do laudo que ateste a aptidão psicológica para o manuseio de arma de fogo.

Art. 37. Os integrantes das Forças Armadas e os servidores dos órgãos, instituições e corporações mencionados nos incisos II, V e VI do *caput* do art. 6.º da Lei n. 10.826, de 2003, transferidos para a reserva remunerada ou aposentados, para conservarem a autorização de porte de arma de fogo de sua propriedade deverão submeter-se, a cada cinco anos, aos testes de avaliação psicológica a que faz menção o inciso III do *caput* do art. 4.º da Lei n. 10.826, de 2003.

•• *Caput* com redação determinada pelo Decreto n. 8.935, de 19-12-2016.

§ 1.º O cumprimento destes requisitos será atestado pelas instituições, órgãos e corporações de vinculação.

§ 2.º Não se aplicam aos integrantes da reserva não remunerada das Forças Armadas e Auxiliares, as prerrogativas mencionadas no *caput*.

Subseção IV
Das empresas de segurança privada e de transporte de valores

Art. 38. A autorização para o uso de arma de fogo expedida pela Polícia Federal, em nome das empresas de segurança privada e de transporte de valores, será precedida, necessariamente, da comprovação do preenchimento de todos os requisitos constantes do art. 4.º da Lei n. 10.826, de 2003, pelos empregados autorizados a portar arma de fogo.

§ 1.º A autorização de que trata o *caput* é válida apenas para a utilização da arma de fogo em serviço.

§ 2.º As empresas de que trata o *caput* encaminharão, trimestralmente, à Polícia Federal, para cadastro no SINARM, a relação nominal dos empregados autorizados a portar arma de fogo.

•• § 2.º com redação determinada pelo Decreto n. 6.715, de 29-12-2008.

§ 3.º A transferência de armas de fogo, por qualquer motivo, entre estabelecimentos da mesma empresa ou para empresa diversa, deverão ser previamente autorizados pela Polícia Federal.

§ 4.º Durante o trâmite do processo de transferência de armas de fogo de que trata o § 3.º, a Polícia Federal poderá, em caráter excepcional, autorizar a empresa adquirente a utilizar as armas em fase de aquisição, em seus postos de serviço, antes da expedição do novo Certificado de Registro.

•• § 4.º acrescentado pelo Decreto n. 6.715, de 29-12-2008.

Art. 39. É de responsabilidade das empresas de segurança privada e de transportes de valores a guarda e armazenagem das armas, munições e acessórios de sua propriedade, nos termos da legislação específica.

Parágrafo único. A perda, furto, roubo ou outras formas de extravio de arma de fogo, acessório e munições que estejam sob a guarda das empresas de segurança privada e de transporte de valores deverá ser comunicada à Polícia Federal, no prazo máximo de vinte e quatro horas, após a ocorrência do fato, sob pena de responsabilização do proprietário ou diretor responsável.

Subseção V
Das Guardas Municipais

• A Lei n. 13.022, de 8-8-2014, dispõe sobre o Estatuto Geral das Guardas Municipais.

• A Portaria n. 365, de 15-8-2006, do Departamento de Polícia Federal, disciplina a autorização para o porte de arma de fogo para os integrantes das Guardas Municipais.

Art. 40. Cabe ao Ministério da Justiça, por intermédio da Polícia Federal, diretamente ou mediante convênio com os órgãos de segurança pública dos Estados, do Distrito Federal ou dos Municípios, nos termos do § 3.º do art. 6.º da Lei n. 10.826, de 2003:

•• *Caput* com redação determinada pelo Decreto n. 6.715, de 29-12-2008.

I – conceder autorização para o funcionamento dos cursos de formação de guardas municipais;

II – fixar o currículo dos cursos de formação;

III – conceder Porte de Arma de Fogo;

IV – fiscalizar os cursos mencionados no inciso II; e

V – fiscalizar e controlar o armamento e a munição utilizados.

Parágrafo único. As competências previstas nos incisos I e II deste artigo não serão objeto de convênio.

Art. 41. Compete ao Comando do Exército autorizar a aquisição de armas de fogo e de munições para as Guardas Municipais.

Art. 42. O Porte de Arma de Fogo aos profissionais citados nos incisos III e IV, do art. 6.º, da Lei n. 10.826, de 2003, será concedido desde que comprovada a realização de treinamento técnico de, no mínimo, sessenta horas para armas de repetição e cem horas para arma semiautomática.

§ 1.º O treinamento de que trata o *caput* desse artigo deverá ter, no mínimo, sessenta e cinco por cento de conteúdo prático.

§ 2.º O curso de formação dos profissionais das Guardas Municipais deverá conter técnicas de tiro defensivo e defesa pessoal.

§ 3.º Os profissionais da Guarda Municipal deverão ser submetidos a estágio de qualificação profissional por, no mínimo, oitenta horas ao ano.

§ 4.º Não será concedido aos profissionais das Guardas Municipais Porte de Arma de Fogo de calibre restrito, privativos das forças policiais e forças armadas.

Art. 43. O profissional da Guarda Municipal com Porte de Arma de Fogo deverá ser submetido, a cada dois anos, a teste de capacidade psicológica e, sempre que estiver envolvido em evento de disparo de arma de fogo em via pública, com ou sem vítimas, deverá apresentar relatório circunstanciado, ao Comando da Guarda Civil e ao Órgão Corregedor para justificar o motivo da utilização da arma.

• A Instrução Normativa n. 78, de 10-2-2014, do Departamento de Polícia Federal, estabelece procedimentos para o credenciamento, fiscalização da aplicação e correção dos exames psicológicos realizados por psicólogos credenciados, responsáveis pela expedição do laudo que ateste a aptidão psicológica para o manuseio de arma de fogo.

Art. 44. A Polícia Federal poderá conceder Porte de Arma de Fogo, nos termos do § 3.º do art. 6.º, da Lei n. 10.826, de 2003, às Guardas Municipais dos municípios que tenham criado corregedoria própria e autônoma, para a apuração de infrações disciplinares atribuídas aos servidores integrantes do Quadro da Guarda Municipal.

Parágrafo único. A concessão a que se refere o *caput* dependerá, também, da existência de Ouvidoria, como órgão permanente, autônomo e independente, com competência para fiscalizar, investigar, auditorar e propor políticas de qualificação das atividades desenvolvidas pelos integrantes das Guardas Municipais.

Art. 45. (*Revogado pelo Decreto n. 5.871, de 10-8-2006.*)

CAPÍTULO IV
DAS DISPOSIÇÕES GERAIS, FINAIS E TRANSITÓRIAS

Seção I
Das Disposições Gerais

Art. 46. O Ministro da Justiça designará as autoridades policiais competentes, no âmbito da Polícia Federal, para autorizar a aquisição e conceder o Porte de Arma de Fogo, que terá validade máxima de cinco anos.

Art. 47. O Ministério da Justiça, por intermédio da Polícia Federal, poderá celebrar convênios com os órgãos de segurança pública dos Estados e do Distrito Federal para possibilitar a integração, ao SINARM, dos acervos policiais de armas de fogo já existentes, em cumprimento ao disposto no inciso VI do art. 2.º da Lei n. 10.826, de 2003.

•• Artigo com redação determinada pelo Decreto n. 6.715, de 29-12-2008.

Art. 48. Compete ao Ministério da Defesa e ao Ministério da Justiça:

I – estabelecer as normas de segurança a serem observadas pelos prestadores de serviços de transporte aéreo de passageiros, para controlar o embarque de passageiros armados e fiscalizar o seu cumprimento;

II – regulamentar as situações excepcionais do interesse da ordem pública, que exijam de policiais federais, civis e militares, integrantes das Forças Armadas e agentes do Departamento de Segurança do Gabinete de Segurança Institucional da Presidência da República, o Porte de Arma de Fogo a bordo de aeronaves; e

III – estabelecer, nas ações preventivas com vistas à segurança da aviação civil, os procedimentos de restrição e condução de armas por pessoas com a prerrogativa de Porte de Arma de Fogo em áreas restritas aeroportuárias, ressalvada a competência da Polícia Federal, prevista no inciso III do § 1.º do art. 144 da Constituição.

• Citado dispositivo constitucional consta deste volume.

Parágrafo único. As áreas restritas aeroportuárias são aquelas destinadas à operação de um aeroporto, cujos acessos são controlados, para os fins de segurança e proteção da aviação civil.

Art. 49. A classificação legal, técnica e geral e a definição das armas de fogo e demais produtos controlados, de uso restrito ou permitido são as constantes do Regulamento para a Fiscalização de Produtos Controlados e sua legislação complementar.

Parágrafo único. Compete ao Comando do Exército promover a alteração do Regulamento mencionado no *caput*, com o fim de adequá-lo aos termos deste Decreto.

Art. 50. Compete, ainda, ao Comando do Exército:

I – autorizar e fiscalizar a produção e o comércio de armas, munições e demais produtos controlados, em todo o território nacional;

II – estabelecer as dotações em armamento e munição das corporações e órgãos previstos nos incisos II, III, IV, V, VI e VII do art. 6.º da Lei n. 10.826, de 2003; e

III – estabelecer normas, ouvido o Ministério da Justiça, em cento e oitenta dias:

a) para que todas as munições estejam acondicionadas em embalagens com sistema de código de barras, gravado na caixa, visando possibilitar a identificação do fabricante e do adquirente;

b) para que as munições comercializadas para os órgãos referidos no art. 6.º da Lei n. 10.826, de 2003, contenham gravação na base dos estojos que permita identificar o fabricante, o lote de venda e o adquirente;

c) para definir os dispositivos de segurança e identificação previstos no § 3.º do art. 23 da Lei n. 10.826, de 2003; e

IV – expedir regulamentação específica para o controle da fabricação, importação, comércio, trânsito e utilização de simulacros de armas de fogo, conforme o art. 26 da Lei n. 10.826, de 2003.

•• Inciso IV regulamentado pela Portaria n. 2, de 26-2-2010, do Ministério da Defesa.

Art. 51. A importação de armas de fogo, munições e acessórios de uso restrito está sujeita ao regime de licenciamento não automático prévio ao embarque da mercadoria no exterior e dependerá da anuência do Comando do Exército.

§ 1.º A autorização é concedida por meio do Certificado Internacional de Importação.

§ 2.º A importação desses produtos somente será autorizada para os órgãos de segurança pública e para colecionadores, atiradores e caçadores nas condições estabelecidas em normas específicas.

Art. 52. Os interessados pela importação de armas de fogo, munições e acessórios, de uso restrito, ao preencherem a Licença de Importação no Sistema Integrado de Comércio Exterior – SISCOMEX, deverão informar as características específicas dos produtos importados, ficando o desembaraço aduaneiro sujeito à satisfação desse requisito.

Art. 53. As importações realizadas pelas Forças Armadas dependem de autorização prévia do Ministério da Defesa e serão por este controladas.

• A Portaria Normativa n. 115, de 19-1-2011, do Ministério da Defesa, dispõe sobre a importação, pelas Forças Armadas, de armas de fogo, suas partes e peças, munições e acessórios.

Art. 54. A importação de armas de fogo, munições e acessórios de uso permitido e demais produtos controlados está sujeita, no que couber, às condições estabelecidas nos arts. 51 e 52 deste Decreto.

Art. 55. A Secretaria da Receita Federal e o Comando do Exército fornecerão à Polícia Federal, as informações relativas às importações de que trata o art. 54 e que devam constar do cadastro de armas do SINARM.

Art. 56. O Comando do Exército poderá autorizar a entrada temporária no país, por prazo definido, de armas de fogo, munições e acessórios para fins de demonstração, exposição, conserto, mostruário ou testes, mediante requerimento do interessado ou de seus representantes legais ou, ainda, das representações diplomáticas do país de origem.

§ 1.º A importação sob o regime de admissão temporária deverá ser autorizada por meio do Certificado Internacional de Importação.

§ 2.º Terminado o evento que motivou a importação, o material deverá retornar ao seu país de origem, não podendo ser doado ou vendido no território nacional, exceto a doação para os museus das Forças Armadas e das instituições policiais.

§ 3.º A Receita Federal fiscalizará a entrada e saída desses produtos.

§ 4.º O desembaraço alfandegário das armas e munições trazidas por agentes de segurança de dignitários estrangeiros, em visita ao país, será feito pela Receita Federal, com posterior comunicação ao Comando do Exército.

Art. 57. Fica vedada a importação de armas de fogo, seus acessórios e peças, de munições e seus componentes, por meio do serviço postal e similares.

Parágrafo único. Fica autorizada, em caráter excepcional, a importação de peças de armas de fogo, com exceção de armações, canos e ferrolho, por meio do serviço postal e similares.

Art. 58. O Comando do Exército autorizará a exportação de armas, munições e demais produtos controlados.

§ 1.º A autorização das exportações enquadradas nas diretrizes de exportação de produtos de defesa rege-se por legislação específica, a cargo do Ministério da Defesa.

§ 2.º Considera-se autorizada a exportação quando efetivado o respectivo Registro de Exportação, no Sistema de Comércio Exterior – SISCOMEX.

Art. 59. O exportador de armas de fogo, munições ou demais produtos controlados deverá apresentar como prova da venda ou transferência do produto, um dos seguintes documentos:

I – Licença de Importação (LI), expedida por autoridade competente do país de destino; ou

II – Certificado de Usuário Final (*End User*), expedido por autoridade competente do país de destino, quando for o caso.

Art. 60. As exportações de armas de fogo, munições ou demais produtos controlados considerados de valor histórico somente serão autorizadas pelo Comando do Exército após consulta aos órgãos competentes.

Parágrafo único. O Comando do Exército estabelecerá, em normas específicas, os critérios para definição do termo "valor histórico".

Art. 61. O Comando do Exército cadastrará no SIGMA os dados relativos às exportações de armas, munições e demais produtos controlados, mantendo-os devidamente atualizados.

Art. 62. Fica vedada a exportação de armas de fogo, de seus acessórios e peças, de munição e seus componentes, por meio do serviço postal e similares.

Art. 63. O desembaraço alfandegário de armas e munições, peças e demais produtos controlados será autorizado pelo Comando do Exército.

Parágrafo único. O desembaraço alfandegário de que trata este artigo abrange:

I – operações de importação e exportação, sob qualquer regime;

II – internação de mercadorias em entrepostos aduaneiros;

III – nacionalização de mercadorias entrepostadas;

IV – ingresso e saída de armamento e munição de atletas brasileiros e estrangeiros inscritos em competições nacionais ou internacionais;

V – ingresso e saída de armamento e munição;

VI – ingresso e saída de armamento e munição de órgãos de segurança estrangeiros, para participação em operações, exercícios e instruções de natureza oficial; e

VII – as armas de fogo, munições, suas partes e peças, trazidos como bagagem acompanhada ou desacompanhada.

Art. 64. O desembaraço alfandegário de armas de fogo e munição somente será autorizado após o cumprimento de normas específicas sobre marcação, a cargo do Comando do Exército.

Art. 65. As armas de fogo apreendidas, observados os procedimentos relativos à elaboração do laudo pericial e quando não mais interessarem à persecução penal, serão encaminhadas pelo juiz competente ao Comando do Exército, no prazo máximo de quarenta e oito horas, para destruição ou doação aos órgãos de segurança pública ou às Forças Armadas.

•• *Caput* com redação determinada pelo Decreto n. 8.938, de 21-12-2016.

§ 1.º A doação de que trata este artigo restringe-se às armas de fogo portáteis previstas no art. 3.º, *caput*, incisos XXXVII, XLIX, LIII e LXI, do Anexo ao Decreto n. 3.665, de 20 de novembro de 2000 - Regulamento para a Fiscalização de Produtos Controlados (R-105).

•• § 1.º com redação determinada pelo Decreto n. 8.938, de 21-12-2016.

§ 2.º Os órgãos de segurança pública ou das Forças Armadas responsáveis pela apreensão manifestarão interesse pelas armas de fogo de que trata o § 1.º, respectivamente, ao Ministério da Justiça e Cidadania ou ao Comando do Exército, no prazo de até dez dias, contado da data de envio das armas ao Comando do Exército, na forma prevista no *caput*.

•• § 2.º com redação determinada pelo Decreto n. 8.938, de 21-12-2016.

§ 3.º A relação das armas a serem doadas e a indicação das instituições beneficiárias serão elaboradas, desde que:

•• § 3.º, *caput*, com redação determinada pelo Decreto n. 8.938, de 21-12-2016.

I – verificada a necessidade de destinação do armamento;

•• Inciso I acrescentado pelo Decreto n. 8.938, de 21-12-2016.

II – obedecidos o padrão e a dotação de cada órgão; e

•• Inciso II acrescentado pelo Decreto n. 8.938, de 21-12-2016.

III – atendidos os critérios de priorização estabelecidos pelo Ministério da Justiça e Cidadania, nos termos do § 1.º do art. 25 da Lei n. 10.826, de 2003.

•• Inciso III acrescentado pelo Decreto n. 8.938, de 21-12-2016.

• A Portaria n. 356, de 27-4-2017, do Ministério da Justiça e Segurança Pública, regulamenta este inciso para dispor sobre os critérios de priorização para a doação e armas apreendidas aos órgãos de segurança pública e às Forças Armadas.

§ 4.º Os critérios de que trata o inciso III do § 3.º deverão considerar a priorização de atendimento ao órgão que efetivou a apreensão.

•• § 4.º com redação determinada pelo Decreto n. 8.938, de 21-12-2016.

§ 5.º A análise da presença dos requisitos estabelecidos no § 3.º será realizada no prazo de até cinco dias, contado da data de manifestação de interesse de que trata o § 2.º, pela Secretaria Nacional de Segurança Pública do Ministério da Justiça e Cidadania, caso a manifestação tenha sido apresentada pelos órgãos de segurança pública, ou pelo Comando do Exército, caso a manifestação tenha sido apresentada pelas Forças Armadas.

•• § 5.º acrescentado pelo Decreto n. 8.938, de 21-12-2016.

§ 6.º Cumpridos os requisitos de que trata o § 3.º, o Comando do Exército encaminhará, no prazo de até vinte dias, a relação das armas ao juiz competente, que determinará o seu perdimento em favor da instituição beneficiária.

•• § 6.º acrescentado pelo Decreto n. 8.938, de 21-12-2016.

§ 7.º Na hipótese de não haver manifestação expressa do órgão que realizou a apreensão das armas de que trata o § 1.º, os demais órgãos de segurança pública ou das Forças Armadas poderão manifestar interesse pelas armas, no prazo de trinta dias, contado da data de recebimento do relatório a que se refere o art. 25, § 1.º, da Lei n. 10.826, de 2003, cabendo-lhes encaminhar pedido de doação ao Comando do Exército.

•• § 7.º acrescentado pelo Decreto n. 8.938, de 21-12-2016.

§ 8.º O Comando do Exército apreciará o pedido de doação de que trata o § 7.º, observados os requisitos estabelecidos no § 3.º, e encaminhará, no prazo de sessenta dias, contado da data de divulgação do relatório a que se refere o art. 25, § 1.º, da Lei n. 10.826, de 2003, a relação das armas a serem doadas, para que o juiz competente determine o seu perdimento, nos termos do § 6.º.

•• § 8.º acrescentado pelo Decreto n. 8.938, de 21-12-2016.

§ 9.º As armas de fogo de valor histórico ou obsoletas, objetos de doação nos termos deste artigo, poderão ser destinadas pelo juiz competente a museus das Forças Armadas ou de instituições policiais, indicados pelo Comando do Exército.

•• § 9.º acrescentado pelo Decreto n. 8.938, de 21-12-2016.

§ 10. As armas de fogo de uso permitido apreendidas poderão ser devolvidas pela autoridade competente aos seus legítimos proprietários se cumpridos os requisitos estabelecidos no art. 4.º da Lei n. 10.826, de 2003.

•• § 10 acrescentado pelo Decreto n. 8.938, de 21-12-2016.

§ 11. A decisão sobre o destino final das armas de fogo não doadas nos termos deste Decreto caberá ao Comando do Exército, que deverá concluir pela sua destruição ou pela doação às Forças Armadas.

•• § 11 acrescentado pelo Decreto n. 8.938, de 21-12-2016.

§ 12. Ato conjunto do Ministro de Estado da Defesa e do Ministro de Estado da Justiça e Cidadania disciplinará o procedimento de doação de munições e acessórios apreendidos.

•• § 12 acrescentado pelo Decreto n. 8.938, de 21-12-2016.

Art. 66. A solicitação de informações sobre a origem de armas de fogo, munições e explosivos deverá ser encaminhada diretamente ao órgão controlador da Polícia Federal ou do Comando do Exército.

Art. 67. No caso de falecimento ou interdição do proprietário de arma de fogo, o administrador da herança ou curador, conforme o caso, deverá providenciar a transferência da propriedade da arma mediante alvará judicial ou autorização firmada por todos os herdeiros, desde que maiores e capazes, aplicando-se ao herdeiro ou interessado na aquisição as disposições do art. 12.

•• *Caput* com redação determinada pelo Decreto n. 6.715, de 29-12-2008.

§ 1.º O administrador da herança ou o curador comunicará à Polícia Federal ou ao Comando do Exército, conforme o caso, a morte ou interdição do proprietário da arma de fogo.

•• § 1.º com redação determinada pelo Decreto n. 6.715, de 29-12-2008.

§ 2.º Nos casos previstos no *caput* deste artigo, a arma deverá permanecer sob a guarda e responsabilidade do administrador da herança ou curador, depositada em local seguro, até a expedição do Certificado de Registro e entrega ao novo proprietário.

§ 3.º A inobservância do disposto no § 2.º implicará a apreensão da arma pela autoridade competente, aplicando-se ao administrador da herança ou ao curador as sanções penais cabíveis.

•• § 3.º com redação determinada pelo Decreto n. 6.715, de 29-12-2008.

Art. 67-A. Serão cassadas as autorizações de posse e de porte de arma de fogo do titular a quem seja imputada a prática de crime doloso.

•• *Caput* acrescentado pelo Decreto n. 6.715, de 29-12-2008.

§ 1.º Nos casos previstos no *caput*, o proprietário deverá entregar a arma de fogo à Polícia Federal, mediante indenização na forma do art. 68, ou providenciar sua transferência no prazo máximo de sessenta dias, aplicando-se, ao interessado na aquisição, as disposições do art. 4.º da Lei n. 10.826, de 2003.

•• § 1.º acrescentado pelo Decreto n. 6.715, de 29-12-2008.

§ 2.º A cassação da autorização de posse ou de porte de arma de fogo será determinada a partir do indiciamento do investigado no inquérito policial ou do recebimento da denúncia ou queixa pelo juiz.

•• § 2.º acrescentado pelo Decreto n. 6.715, de 29-12-2008.

§ 3.º Aplica-se o disposto neste artigo a todas as armas de fogo de propriedade do indiciado ou acusado.

•• § 3.º acrescentado pelo Decreto n. 6.715, de 29-12-2008.

Art. 67-B. No caso do não atendimento dos requisitos previstos no art. 12, para a renovação do Certificado de Registro da arma de fogo, o proprietário deverá entregar a arma à Polícia Federal, mediante indenização na forma do art. 68, ou providenciar sua transferência para terceiro, no prazo máximo de sessenta dias, aplicando-se, ao interessado na aquisição, as disposições do art. 4.º da Lei n. 10.826, de 2003.

•• *Caput* acrescentado pelo Decreto n. 6.715, de 29-12-2008.

Parágrafo único. A inobservância do disposto no *caput* implicará a apreensão da arma de fogo pela Polícia Federal ou órgão público por esta credenciado, aplicando-se ao proprietário as sanções penais cabíveis.

•• Parágrafo único acrescentado pelo Decreto n. 6.715, de 29-12-2008.

Seção II
Das Disposições Finais e Transitórias

Art. 68. O valor da indenização de que tratam os arts. 31 e 32 da Lei n. 10.826, de 2003, bem como o procedimento para pagamento, será fixado pelo Ministério da Justiça.

• A Portaria n. 45, de 12-2-2008, do Departamento de Polícia Federal, dispõe sobre a entrega de arma de fogo e a respectiva indenização.

Parágrafo único. Os recursos financeiros necessários para o cumprimento do disposto nos arts. 31 e 32 da Lei n. 10.826, de 2003, serão custeados por dotação específica constante do orçamento do Ministério da Justiça.

•• Parágrafo único com redação determinada pelo Decreto n. 7.473, de 5-5-2011.

Art. 69. Presumir-se-á a boa-fé dos possuidores e proprietários de armas de fogo que espontaneamente entregá-las na Polícia Federal ou nos postos de recolhimento credenciados, nos termos do art. 32 da Lei n. 10.826, de 2003.

•• Artigo com redação determinada pelo Decreto n. 7.473, de 5-5-2011.

Art. 70. A entrega da arma de fogo, acessório ou munição, de que tratam os arts. 31 e 32 da Lei n. 10.826, de 2003, deverá ser feita na Polícia Federal ou nos órgãos e entidades credenciados pelo Ministério da Justiça.

•• *Caput* com redação determinada pelo Decreto n. 7.473, de 5-5-2011.

§ 1.º Para o transporte da arma de fogo até o local de entrega, será exigida guia de trânsito, expedida pela Polícia Federal, ou órgão por ela credenciado, contendo as especificações mínimas estabelecidas pelo Ministério da Justiça.

•• § 1.º com redação determinada pelo Decreto n. 7.473, de 5-5-2011.

§ 2.º A guia de trânsito poderá ser expedida pela rede mundial de computadores – Internet, na forma disciplinada pelo Departamento de Polícia Federal.

•• § 2.º acrescentado pelo Decreto n. 6.715, de 29-12-2008.

§ 3.º A guia de trânsito não autoriza o porte da arma, mas apenas o seu transporte, desmuniciada e acondicionada de maneira que não possa ser feito o seu pronto uso e, somente, no percurso nela autorizado.

•• § 3.º acrescentado pelo Decreto n. 6.715, de 29-12-2008.

§ 4.º O transporte da arma de fogo sem a guia de trânsito ou o transporte com a guia, mas sem a observância do que nela estiver estipulado, poderá sujeitar o infrator às sanções penais cabíveis.

•• § 4.º acrescentado pelo Decreto n. 6.715, de 29-12-2008.

Art. 70-A. Para o registro da arma de fogo de uso permitido ainda não registrada de que trata o art. 30 da Lei n. 10.826, de 2003, deverão ser apresentados pelo requerente os documentos previstos no art. 70-C e original e cópia, ou cópia autenticada, da nota fiscal de compra ou de comprovação da origem lícita da posse, pelos meios de prova admitidos em direito, ou declaração firmada na qual constem as características da arma e a sua condição de proprietário.

•• Artigo acrescentado pelo Decreto n. 6.715, de 29-12-2008.

Art. 70-B. Para a renovação do Certificado de Registro de Arma de Fogo de que trata o § 3.º do art. 5.º da Lei n. 10.826, de 2003, deverão ser apresentados pelo requerente os documentos previstos no art. 70-C e cópia do referido Certificado ou, se for o caso, do boletim de ocorrência comprovando o seu extravio.

•• Artigo acrescentado pelo Decreto n. 6.715, de 29-12-2008.

Art. 70-C. Para a renovação do Certificado de Registro de Arma de Fogo ou para o registro da arma de fogo de que tratam, respectivamente, o § 3.º do art. 5.º e o art. 30 da Lei n. 10.826, de 2003, o requerente deverá:

I – ter, no mínimo, vinte e cinco anos de idade;

II – apresentar originais e cópias, ou cópias autenticadas, do documento de identificação pessoal e do comprovante de residência fixa;

III – apresentar o formulário SINARM devidamente preenchido; e

IV – apresentar o certificado de registro provisório e comprovar os dados pessoais informados, caso o procedimento tenha sido iniciado pela rede mundial de computadores – Internet.

•• *Caput* e incisos acrescentados pelo Decreto n. 6.715, de 29-12-2008.

§ 1.º O procedimento de registro da arma de fogo, ou sua renovação, poderá ser iniciado por meio do preenchimento do formulário SINARM na rede mundial de computadores – Internet, cujo comprovante de preenchimento impresso valerá como certificado de registro provisório, pelo prazo de noventa dias.

•• § 1.º acrescentado pelo Decreto n. 6.715, de 29-12-2008.

§ 2.º No ato do preenchimento do formulário pela rede mundial de computadores – Internet, o requerente deverá escolher a unidade da Polícia Federal, ou órgão por ela credenciado, na qual entregará pessoalmente a documentação exigida para o registro ou renovação.

•• § 2.º acrescentado pelo Decreto n. 6.715, de 29-12-2008.

§ 3.º Caso o requerente deixe de apresentar a documentação exigida para o registro ou renovação na unidade da Polícia Federal, ou órgão por ela credenciado, escolhida dentro do prazo de noventa dias, o certificado de registro provisório, que será expedido pela rede mundial de computadores – Internet uma única vez, perderá a validade, tornando irregular a posse da arma.

•• § 3.º acrescentado pelo Decreto n. 6.715, de 29-12-2008.

§ 4.º No caso da perda de validade do certificado de registro provisório, o interessado deverá se dirigir imediatamente à unidade da Polícia Federal, ou órgão por ela credenciado, para a regularização de sua situação.

•• § 4.º acrescentado pelo Decreto n. 6.715, de 29-12-2008.

§ 5.º Aplica-se o disposto no art. 70-B à renovação dos registros de arma de fogo cujo certificado tenha sido expedido pela Polícia Federal, inclusive aqueles com vencimento até o prazo previsto no § 3.º do art. 5.º da Lei n. 10.826, de 2003, ficando o proprietário isento do pagamento de taxa nas condições e prazos da Tabela constante do Anexo à referida Lei.

•• § 5.º acrescentado pelo Decreto n. 6.715, de 29-12-2008.

§ 6.º Nos requerimentos de registro ou de renovação de Certificado de Registro de Arma de Fogo em que se constate a existência de cadastro anterior em nome de terceiro, será feita no SINARM a transferência da arma para o novo proprietário.

•• § 6.º acrescentado pelo Decreto n. 6.715, de 29-12-2008.

§ 7.º Nos requerimentos de registro ou de renovação de Certificado de Registro de Arma de Fogo em que se constate a existência de cadastro anterior em nome de terceiro e a ocorrência de furto, roubo, apreensão ou extravio, será feita no SINARM a transferência da arma para o novo proprietário e a respectiva arma de fogo deverá ser entregue à Polícia Federal para posterior encaminhamento à autoridade policial ou judicial competente.

•• § 7.º acrescentado pelo Decreto n. 6.715, de 29-12-2008.

§ 8.º No caso do requerimento de renovação do Certificado de Registro de que trata o § 6.º, além dos documentos previstos no art. 70-B, deverá ser comprovada a origem lícita da posse, pelos meios de prova admitidos em direito, ou, ainda, apresentada declaração firmada na qual constem as características da arma e a sua condição de proprietário.

•• § 8.º acrescentado pelo Decreto n. 6.715, de 29-12-2008.

§ 9.º Nos casos previstos neste artigo, além dos dados de identificação do proprietário, o Certificado de Registro provisório e o definitivo deverão conter, no mínimo, o número de série da arma de fogo, a marca, a espécie e o calibre.

•• § 9.º acrescentado pelo Decreto n. 6.715, de 29-12-2008.

Art. 70-D. Não se aplicam as disposições do § 6.º do art. 70-C às armas de fogo cujos Certificados de Registros tenham sido expedidos pela Polícia Federal a partir da vigência deste Decreto e cujas transferências de propriedade dependam de prévia autorização.

•• Artigo acrescentado pelo Decreto n. 6.715, de 29-12-2008.

Art. 70-E. As armas de fogo entregues na campanha do desarmamento não serão submetidas a perícia, salvo se estiverem com o número de série ilegível ou houver dúvidas quanto à sua caracterização como arma de fogo, podendo, nesse último caso, serem submetidas a simples exame de constatação.

•• *Caput* acrescentado pelo Decreto n. 6.715, de 29-12-2008.

Parágrafo único. As armas de fogo de que trata o *caput* serão, obrigatoriamente, destruídas.

•• Parágrafo único acrescentado pelo Decreto n. 6.715, de 29-12-2008.

Art. 70-F. Não poderão ser registradas ou terem seu registro renovado as armas de fogo adulteradas ou com o número de série suprimido.

•• *Caput* acrescentado pelo Decreto n. 6.715, de 29-12-2008.

Parágrafo único. Nos prazos previstos nos arts. 5.º, § 3.º, e 30 da Lei n. 10.826, de 2003, as armas de que trata o *caput* serão recolhidas, mediante indenização, e encaminhadas para destruição.

•• Parágrafo único acrescentado pelo Decreto n. 6.715, de 29-12-2008.

Art. 70-G. Compete ao Ministério da Justiça estabelecer os procedimentos necessários à execução da campanha do desarmamento e ao Departamento de Polícia Federal a regularização de armas de fogo.

•• Artigo com redação determinada pelo Decreto n. 7.473, de 5-5-2011.

Art. 70-H. As disposições sobre entrega de armas de que tratam os arts. 31 e 32 da Lei n. 10.826, de 2003, não se aplicam às empresas de segurança privada e transporte de valores.

•• Artigo acrescentado pelo Decreto n. 6.715, de 29-12-2008.

Art. 71. Será aplicada pelo órgão competente pela fiscalização multa no valor de:

I – R$ 100.000,00 (cem mil reais):

a) à empresa de transporte aéreo, rodoviário, ferroviário, marítimo, fluvial ou lacustre que permita o transporte de arma de fogo, munição ou acessórios, sem a devida autorização, ou com inobservância das normas de segurança; e

b) à empresa de produção ou comércio de armamentos que realize publicidade estimulando a venda e o uso indiscriminado de armas de fogo, acessórios e munição, exceto nas publicações especializadas;

II – R$ 200.000,00 (duzentos mil reais), sem prejuízo das sanções penais cabíveis:

a) à empresa de transporte aéreo, rodoviário, ferroviário, marítimo, fluvial ou lacustre que deliberadamente, por qualquer meio, faça, promova ou facilite o transporte de arma ou munição sem a devida autorização ou com inobservância das normas de segurança; e

b) à empresa de produção ou comércio de armamentos, na reincidência da hipótese mencionada no inciso I, alínea *b*; e

III – R$ 300.000,00 (trezentos mil reais), sem prejuízo das sanções penais cabíveis, na hipótese de reincidência da conduta prevista na alínea *a*, do inciso I, e nas alíneas *a* e *b*, do inciso II.

Art. 72. A empresa de segurança e de transporte de valores ficará sujeita às penalidades de que trata o art. 23 da Lei n. 7.102, de 20 de junho de 1983, quando deixar de apresentar, nos termos do art. 7.°, §§ 2.° e 3.°, da Lei n. 10.826, de 2003:

• Citados dispositivos constam deste volume.

I – a documentação comprobatória do preenchimento dos requisitos constantes do art. 4.° da Lei n. 10.826, de 2003, quanto aos empregados que portarão arma de fogo; ou

II – semestralmente, ao SINARM, a listagem atualizada de seus empregados.

Art. 73. (*Revogado pelo Decreto n. 6.146, de 3-7-2007.*)

Art. 74. Os recursos arrecadados em razão das taxas e das sanções pecuniárias de caráter administrativo previstas neste Decreto serão aplicados na forma prevista no § 1.° do art. 11 da Lei n. 10.826, de 2003.

Parágrafo único. As receitas destinadas ao SINARM serão recolhidas ao Banco do Brasil S.A., na conta "Fundo para Aparelhamento e Operacionalização das Atividades-Fim da Polícia Federal", e serão alocadas para o reaparelhamento, manutenção e custeio das atividades de controle e fiscalização da circulação de armas de fogo e de repressão a seu tráfico ilícito, a cargo da Polícia Federal.

•• Parágrafo único com redação determinada pelo Decreto n. 6.715, de 29-12-2008.

Art. 75. Serão concluídos em sessenta dias, a partir da publicação deste Decreto, os processos de doação, em andamento no Comando do Exército, das armas de fogo apreendidas e recolhidas na vigência da Lei n. 9.437, de 20 de fevereiro de 1997.

•• A Lei n. 9.437, de 20-2-1997, foi revogada pela Lei n. 10.826, de 22-12-2003.

Art. 76. Este Decreto entra em vigor na data de sua publicação.

Art. 77. Ficam revogados os Decretos n. 2.222, de 8 de maio de 1997, 2.532, de 30 de março de 1998, e 3.305, de 23 de dezembro de 1999.

Brasília, 1.° de julho de 2004; 183.° da Independência e 116.° da República.

LUIZ INÁCIO LULA DA SILVA

RESOLUÇÃO N. 77, DE 14 DE SETEMBRO DE 2004 (*)

Regulamenta o art. 8.° da Lei Complementar n. 75, de 20 de maio de 1993, disciplinando, no âmbito do Ministério Público Federal, a instauração e tramitação do Procedimento Investigatório Criminal.

O Conselho Superior do Ministério Público Federal, no exercício da atribuição prevista no art. 57, I, da Lei Complementar n. 75, de 20 de maio de 1993, resolve:

TÍTULO I
DO PROCEDIMENTO INVESTIGATÓRIO CRIMINAL PELO MINISTÉRIO PÚBLICO FEDERAL

CAPÍTULO I
CONCEITO E OBJETO

Art. 1.° O procedimento investigatório criminal é instrumento de coleta de dados, instaurado pelo Ministério Público Federal, destinado a apurar a ocorrência de infrações penais de natureza pública, servindo como preparação e embasamento para o juízo de propositura, ou não, da ação penal respectiva.

Parágrafo único. O procedimento investigatório criminal não é condição de procedibilidade para o ajuizamento de ações penais pelo Ministério Público

(*) Publicada no *DJ*, de 17-9-2004.

Federal e não impede a atuação de outros órgãos ou instituições com poderes investigatórios criminais.

CAPÍTULO II
INSTAURAÇÃO

Art. 2.º O procedimento investigatório criminal poderá ser instaurado de ofício, por membro do Ministério Público Federal no âmbito de suas atribuições criminais, ao tomar conhecimento da infração penal por qualquer meio, ainda que informal, ou em razão de provocação.

Parágrafo único. O procedimento deverá ser instaurado sempre que houver determinação da 2.ª Câmara de Coordenação e Revisão do Ministério Público Federal, nos casos em que tenha discordado da manifestação de arquivamento de peças informativas, promovido por órgão da Instituição.

Art. 3.º A notícia-crime, sempre que possível, deverá conter a qualificação completa do noticiante e informações detalhadas sobre os fatos a serem investigados.

Art. 4.º O procedimento investigatório criminal será protocolado, autuado e distribuído, observado o princípio da impessoalidade.

Art. 5.º De posse de peças informativas, o membro do Ministério Público Federal poderá:

I – promover a ação penal cabível;

II – encaminhar as peças para o Juizado Especial Criminal, caso a infração seja de menor potencial ofensivo;

III – instaurar procedimento investigatório criminal para apuração do fato e suas circunstâncias;

IV – requisitar a instauração de inquérito policial;

V – promover, fundamentadamente, o respectivo arquivamento.

Art. 6.º O procedimento investigatório criminal será instaurado por portaria fundamentada, devidamente registrada e autuada, que mencionará, de forma resumida e sem referência a nome de pessoas, o fato que o Ministério Público Federal pretende elucidar.

Parágrafo único. Se, durante a instrução do procedimento investigatório criminal, for constatada a necessidade da investigação de outros fatos, o membro do Ministério Público Federal poderá aditar a portaria inicial ou determinar a extração de peças para instauração de outro procedimento.

Art. 7.º Da instauração do procedimento investigatório criminal far-se-á comunicação imediata e escrita à 2.ª Câmara de Coordenação e Revisão do Ministério Público Federal.

CAPÍTULO III
INSTRUÇÃO

Art. 8.º Na condução das investigações, o órgão do Ministério Público Federal poderá, sem prejuízo de outras providências inerentes às suas atribuições funcionais previstas em lei:

I – notificar testemunhas e requisitar sua condução coercitiva, nos casos de ausência injustificada (LC 75/93, art. 8.º, I);

II – requisitar informações, exames, perícias e documentos de autoridade da administração pública direta ou indireta (LC 75/93, art. 8.º, II), observado o disposto no art. 8.º, § 4.º, da LC 75/93;

III – requisitar informações e documentos a entidades privadas (LC 75, art. 8.º, IV);

IV – realizar inspeções e diligências investigatórias (LC 75/93, art. 8.º, V);

V – expedir notificações e intimações (LC 75/93, art. 8.º, VII).

§ 1.º O prazo fixado para resposta às requisições do Ministério Público Federal será de 10 (dez) dias úteis, a contar do recebimento, salvo em caso de relevância e urgência ou em casos de complementação de informações.

§ 2.º Ressalvadas as hipóteses de urgência, as notificações para comparecimento devem ser efetivadas com antecedência mínima de 48 horas, respeitadas, em qualquer caso, as prerrogativas legais ou processuais pertinentes.

§ 3.º A notificação deverá mencionar o fato investigado e a faculdade do notificado de se fazer acompanhar por advogado.

§ 4.º No exercício de suas funções, ou para assegurar o cumprimento de suas determinações, o membro do Ministério Público Federal poderá requisitar o auxílio de força policial (LC 75/93, art. 8.º, IX).

Art. 9.º Determinada a autoria do fato investigado, o membro do Ministério Público Federal responsável pelo procedimento investigatório criminal proferirá despacho que deverá conter a identificação do autor e os motivos que conduziram a essa conclusão.

Parágrafo único. Sempre que possível, o autor do fato investigado será convidado a apresentar as informações que considerar adequadas, oportunidade em que poderá requerer diligências, cabendo ao órgão do Ministério Público Federal apreciar, em despacho fundamentado, a conveniência e oportunidade da sua realização.

Art. 10. As diligências que devam ser realizadas fora dos limites territoriais da Unidade em que se realizar a investigação serão deprecadas ao respectivo órgão do Ministério Público Federal, que terá prazo de 20 (vinte) dias para o seu cumprimento, ressalvadas as situações motivadas de urgência.

Art. 11. Para fins de instrução do procedimento investigatório criminal ou ajuizamento de ação penal dele decorrente, as cópias de documentos originais poderão ser autenticadas pelo órgão do Ministério Público Federal ou servidor designado.

CAPÍTULO IV
ENCERRAMENTO

Art. 12. O procedimento investigatório criminal deverá ser encerrado no prazo de 30 (trinta) dias, contado de sua instauração, prorrogável por decisão fundamentada do membro do Ministério Público Federal responsável pela sua condução, à vista da imprescindibilidade da realização ou conclusão de diligências.

Parágrafo único. Dar-se-á ciência da prorrogação, imediatamente e por escrito, à 2.ª Câmara de Coordenação e Revisão do Ministério Público Federal.

CAPÍTULO V
DA PUBLICIDADE

Art. 13. Os atos e peças do procedimento investigatório criminal são públicos, nos termos desta Resolução, salvo disposição legal em contrário ou por razões de interesse público.

§ 1.º A publicidade consistirá:

I – na expedição de certidão, a pedido do investigado, seu advogado ou procurador, da vítima ou seu representante legal, do Poder Judiciário, de outro órgão do Ministério Público ou de terceiro diretamente interessado;

II – na concessão de vistas dos autos, mediante requerimento fundamentado e por deferimento do órgão encarregado do procedimento investigatório criminal às pessoas referidas no inciso I, ressalvadas as hipóteses de sigilo legal ou judicialmente decretado;

III – na extração de cópias, mediante requerimento fundamentado e por deferimento do órgão encarregado do procedimento investigatório criminal, às expensas do requerente e somente às pessoas referidas no inciso I, ressalvadas as hipóteses de sigilo legal e judicialmente decretado.

§ 2.º É prerrogativa do membro do Ministério Público Federal responsável pela condução do procedimento investigatório criminal, quando o caso exigir e mediante decisão fundamentada, decretar o sigilo das investigações, garantido ao investigado a obtenção, por cópia autenticada, de depoimento que tenha prestado e dos atos de que tenha, pessoalmente, participado.

CAPÍTULO VI
ARQUIVAMENTO E RECURSOS

Art. 14. Se o órgão do Ministério Público Federal, esgotadas todas as diligências, se convencer da inexistência de fundamento para a propositura da ação penal pública, promoverá o arquivamento dos autos do procedimento investigatório criminal ou das peças informativas, fazendo-o fundamentadamente.

§ 1.º Nos casos em que a abertura do procedimento investigatório criminal se der por representação, o interessado será cientificado formalmente da promoção de arquivamento e da faculdade de apresentar razões e documentos que serão juntados aos autos para nova apreciação do Ministério Público Federal.

§ 2.º Os autos do procedimento investigatório criminal ou das peças informativas arquivadas serão remetidos, no prazo de 5 (cinco) dias, à 2.ª Câmara de Coordenação e Revisão do Ministério Público Federal.

Art. 15. Poderá o órgão do Ministério Público Federal, no caso de conhecimento superveniente de nova prova que altere os motivos do arquivamento, determinar a reabertura da investigação, de ofício e por decisão fundamentada, sem prejuízo da comunicação prevista no art. 7.º.

TÍTULO II
DAS DISPOSIÇÕES FINAIS E TRANSITÓRIAS

Art. 16. Na instrução do procedimento investigatório criminal, aplicam-se, subsidiariamente, as normas do Código de Processo Penal e a legislação especial pertinente.

Art. 17. Cada Unidade do Ministério Público Federal, por seu setor criminal, manterá controle atualizado do andamento de seus procedimentos investigatórios criminais, sem prejuízo do controle efetuado pela 2.ª Câmara de Coordenação e Revisão.

Art. 18. Esta Resolução entra em vigor na data de sua publicação.

Claudio Lemos Fonteles
Presidente

LEI N. 11.101, DE 9 DE FEVEREIRO DE 2005 (*)

Regula a recuperação judicial, a extrajudicial e a falência do empresário e da sociedade empresária.

O Presidente da República

Faço saber que o Congresso Nacional decreta e eu sanciono a seguinte Lei:

CAPÍTULO I
DISPOSIÇÕES PRELIMINARES

Art. 1.º Esta Lei disciplina a recuperação judicial, a recuperação extrajudicial e a falência do empresário e da sociedade empresária, doravante referidos simplesmente como devedor.

Art. 2.º Esta Lei não se aplica a:

I – empresa pública e sociedade de economia mista;

II – instituição financeira pública ou privada, cooperativa de crédito, consórcio, entidade de previdência complementar, sociedade operadora de plano de assistência à saúde, sociedade seguradora,

(*) Publicada no *DOU*, de 9-2-2005 – Edição Extra.

sociedade de capitalização e outras entidades legalmente equiparadas às anteriores.

Art. 3.º É competente para homologar o plano de recuperação extrajudicial, deferir a recuperação judicial ou decretar a falência o juízo do local do principal estabelecimento do devedor ou da filial de empresa que tenha sede fora do Brasil.

Art. 4.º (*Vetado.*)

Capítulo II
DISPOSIÇÕES COMUNS À RECUPERAÇÃO JUDICIAL E À FALÊNCIA

....

Seção III
Do Administrador Judicial e do Comitê de Credores

....

Art. 22. Ao administrador judicial compete, sob a fiscalização do juiz e do Comitê, além de outros deveres que esta Lei lhe impõe:

....

III – na falência:

....

e) apresentar, no prazo de 40 (quarenta) dias, contado da assinatura do termo de compromisso, prorrogável por igual período, relatório sobre as causas e circunstâncias que conduziram à situação de falência, no qual apontará a responsabilidade civil e penal dos envolvidos, observado o disposto no art. 186 desta Lei;

....

§ 4.º Se o relatório de que trata a alínea e do inciso III do *caput* deste artigo apontar responsabilidade penal de qualquer dos envolvidos, o Ministério Público será intimado para tomar conhecimento de seu teor.

....

Capítulo III
DA RECUPERAÇÃO JUDICIAL

Seção I
Disposições Gerais

Art. 47. A recuperação judicial tem por objetivo viabilizar a superação da situação de crise econômico-financeira do devedor, a fim de permitir a manutenção da fonte produtora, do emprego dos trabalhadores e dos interesses dos credores, promovendo, assim, a preservação da empresa, sua função social e o estímulo à atividade econômica.

Art. 48. Poderá requerer recuperação judicial o devedor que, no momento do pedido, exerça regularmente suas atividades há mais de 2 (dois) anos e que atenda aos seguintes requisitos, cumulativamente:

I – não ser falido e, se o foi, estejam declaradas extintas, por sentença transitada em julgado, as responsabilidades daí decorrentes;

II – não ter, há menos de 5 (cinco) anos, obtido concessão de recuperação judicial;

III – não ter, há menos de 5 (cinco) anos, obtido concessão de recuperação judicial com base no plano especial de que trata a Seção V deste Capítulo;

•• Inciso III com redação determinada pela Lei Complementar n. 147, de 7-8-2014.

IV – não ter sido condenado ou não ter, como administrador ou sócio controlador, pessoa condenada por qualquer dos crimes previstos nesta Lei.

§ 1.º A recuperação judicial também poderá ser requerida pelo cônjuge sobrevivente, herdeiros do devedor, inventariante ou sócio remanescente.

•• § 1.º renumerado pela Lei n. 12.873, de 24 de outubro de 2013.

§ 2.º Tratando-se de exercício de atividade rural por pessoa jurídica, admite-se a comprovação do prazo estabelecido no *caput* deste artigo por meio da Declaração de Informações Econômico-fiscais da Pessoa Jurídica – DIPJ que tenha sido entregue tempestivamente.

•• § 2.º acrescentado pela Lei n. 12.873, de 24 de outubro de 2013.

....

Capítulo V
DA FALÊNCIA

Seção I
Disposições Gerais

Art. 75. A falência, ao promover o afastamento do devedor de suas atividades, visa a preservar e otimizar a utilização produtiva dos bens, ativos e recursos produtivos, inclusive os intangíveis, da empresa.

Parágrafo único. O processo de falência atenderá aos princípios da celeridade e da economia processual.

....

Art. 79. Os processos de falência e os seus incidentes preferem a todos os outros na ordem dos feitos, em qualquer instância.

....

Seção IV
Do Procedimento para a Decretação da Falência

....

Art. 99. A sentença que decretar a falência do devedor, dentre outras determinações:

....

VII – determinará as diligências necessárias para salvaguardar os interesses das partes envolvidas, podendo ordenar a prisão preventiva do falido ou de seus administradores quando requerida com fundamento em provas da prática de crime definido nesta Lei;

....

XIII – ordenará a intimação do Ministério Público e a comunicação por carta às Fazendas Públicas Federal e de todos os Estados e Municípios em que o devedor tiver estabelecimento, para que tomem conhecimento da falência.

....

Art. 101. Quem por dolo requerer a falência de outrem será condenado, na sentença que julgar improcedente o pedido, a indenizar o devedor, apurando-se as perdas e danos em liquidação de sentença.

§ 1.º Havendo mais de 1 (um) autor do pedido de falência, serão solidariamente responsáveis aqueles que se conduziram na forma prevista no *caput* deste artigo.

§ 2.º Por ação própria, o terceiro prejudicado também pode reclamar indenização dos responsáveis.

Seção V
Da Inabilitação Empresarial, dos Direitos e Deveres do Falido

Art. 102. O falido fica inabilitado para exercer qualquer atividade empresarial a partir da decretação da falência e até a sentença que extingue suas obrigações, respeitado o disposto no § 1.º do art. 181 desta Lei.

Parágrafo único. Findo o período de inabilitação, o falido poderá requerer ao juiz da falência que proceda à respectiva anotação em seu registro.

Art. 103. Desde a decretação da falência ou do sequestro, o devedor perde o direito de administrar os seus bens ou deles dispor.

Parágrafo único. O falido poderá, contudo, fiscalizar a administração da falência, requerer as providências necessárias para a conservação de seus direitos ou dos bens arrecadados e intervir nos processos em que a massa falida seja parte ou interessada, requerendo o que for de direito e interpondo os recursos cabíveis.

Art. 104. A decretação da falência impõe ao falido os seguintes deveres:

....

III – não se ausentar do lugar onde se processa a falência sem motivo justo e comunicação expressa ao juiz, e sem deixar procurador bastante, sob as penas cominadas na lei;

....

V – entregar, sem demora, todos os bens, livros, papéis e documentos ao administrador judicial, indicando-lhe, para serem arrecadados, os bens que porventura tenha em poder de terceiros;

VI – prestar as informações reclamadas pelo juiz, administrador judicial, credor ou Ministério Público sobre circunstâncias e fatos que interessem à falência;

....

Parágrafo único. Faltando ao cumprimento de quaisquer dos deveres que esta Lei lhe impõe, após intimado pelo juiz a fazê-lo, responderá o falido por crime de desobediência.

....

Seção XII
Do Encerramento da Falência e da Extinção das Obrigações do Falido

Art. 154. Concluída a realização de todo o ativo, e distribuído o produto entre os credores, o administrador judicial apresentará suas contas ao juiz no prazo de 30 (trinta) dias.

....

§ 3.º Decorrido o prazo do aviso e realizadas as diligências necessárias à apuração dos fatos, o juiz intimará o Ministério Público para manifestar-se no prazo de 5 (cinco) dias, findo o qual o administrador judicial será ouvido se houver impugnação ou parecer contrário do Ministério Público.

....

Art. 155. Julgadas as contas do administrador judicial, ele apresentará o relatório final da falência no prazo de 10 (dez) dias, indicando o valor do ativo e o do produto de sua realização, o valor do passivo e o dos pagamentos feitos aos credores, e especificará justificadamente as responsabilidades com que continuará o falido.

Art. 156. Apresentado o relatório final, o juiz encerrará a falência por sentença.

Parágrafo único. A sentença de encerramento será publicada por edital e dela caberá apelação.

Art. 157. O prazo prescricional relativo às obrigações do falido recomeça a correr a partir do dia em que transitar em julgado a sentença do encerramento da falência.

Art. 158. Extingue as obrigações do falido:

I – o pagamento de todos os créditos;

II – o pagamento, depois de realizado todo o ativo, de mais de 50% (cinquenta por cento) dos créditos quirografários, sendo facultado ao falido o depósito da quantia necessária para atingir essa porcentagem se para tanto não bastou a integral liquidação do ativo;

III – o decurso do prazo de 5 (cinco) anos, contado do encerramento da falência, se o falido não tiver sido condenado por prática de crime previsto nesta Lei;

IV – o decurso do prazo de 10 (dez) anos, contado do encerramento da falência, se o falido tiver sido condenado por prática de crime previsto nesta Lei.

Art. 159. Configurada qualquer das hipóteses do art. 158 desta Lei, o falido poderá requerer ao juízo da falência que suas obrigações sejam declaradas extintas por sentença.

§ 1.º O requerimento será autuado em apartado com os respectivos documentos e publicado por edital no órgão oficial e em jornal de grande circulação.

§ 2.º No prazo de 30 (trinta) dias contado da publicação do edital, qualquer credor pode opor-se ao pedido do falido.

§ 3.º Findo o prazo, o juiz, em 5 (cinco) dias, proferirá sentença e, se o requerimento for anterior ao encerramento da falência, declarará extintas as obrigações na sentença de encerramento.

§ 4.º A sentença que declarar extintas as obrigações será comunicada a todas as pessoas e entidades informadas da decretação da falência.

§ 5.º Da sentença cabe apelação.

§ 6.º Após o trânsito em julgado, os autos serão apensados aos da falência.

Art. 160. Verificada a prescrição ou extintas as obrigações nos termos desta Lei, o sócio de responsabilidade ilimitada também poderá requerer que seja declarada por sentença a extinção de suas obrigações na falência.

....

Capítulo VII

DISPOSIÇÕES PENAIS

....

Seção II

Disposições Comuns

Art. 179. Na falência, na recuperação judicial e na recuperação extrajudicial de sociedades, os seus sócios, diretores, gerentes, administradores e conselheiros, de fato ou de direito, bem como o administrador judicial, equiparam-se ao devedor ou falido para todos os efeitos penais decorrentes desta Lei, na medida de sua culpabilidade.

Art. 180. A sentença que decreta a falência, concede a recuperação judicial ou concede a recuperação extrajudicial de que trata o art. 163 desta Lei é condição objetiva de punibilidade das infrações penais descritas nesta Lei.

Art. 181. São efeitos da condenação por crime previsto nesta Lei:

I – a inabilitação para o exercício de atividade empresarial;

II – o impedimento para o exercício de cargo ou função em conselho de administração, diretoria ou gerência das sociedades sujeitas a esta Lei;

III – a impossibilidade de gerir empresa por mandato ou por gestão de negócio.

§ 1.º Os efeitos de que trata este artigo não são automáticos, devendo ser motivadamente declarados na sentença, e perdurarão até 5 (cinco) anos após a extinção da punibilidade, podendo, contudo, cessar antes pela reabilitação penal.

§ 2.º Transitada em julgado a sentença penal condenatória, será notificado o Registro Público de Empresas para que tome as medidas necessárias para impedir novo registro em nome dos inabilitados.

Art. 182. A prescrição dos crimes previstos nesta Lei reger-se-á pelas disposições do Decreto-lei n. 2.848, de 7 de dezembro de 1940 – Código Penal, começando a correr do dia da decretação da falência, da concessão da recuperação judicial ou da homologação do plano de recuperação extrajudicial.

Parágrafo único. A decretação da falência do devedor interrompe a prescrição cuja contagem tenha iniciado com a concessão da recuperação judicial ou com a homologação do plano de recuperação extrajudicial.

Seção III

Do Procedimento Penal

Art. 183. Compete ao juiz criminal da jurisdição onde tenha sido decretada a falência, concedida a recuperação judicial ou homologado o plano de recuperação extrajudicial, conhecer da ação penal pelos crimes previstos nesta Lei.

Art. 184. Os crimes previstos nesta Lei são de ação penal pública incondicionada.

Parágrafo único. Decorrido o prazo a que se refere o art. 187, § 1.º, sem que o representante do Ministério Público ofereça denúncia, qualquer credor habilitado ou o administrador judicial poderá oferecer ação penal privada subsidiária da pública, observado o prazo decadencial de 6 (seis) meses.

Art. 185. Recebida a denúncia ou a queixa, observar-se-á o rito previsto nos arts. 531 a 540 do Decreto-lei n. 3.689, de 3 de outubro de 1941 – Código de Processo Penal.

Art. 186. No relatório previsto na alínea *e* do inciso III do *caput* do art. 22 desta Lei, o administrador judicial apresentará ao juiz da falência exposição circunstanciada, considerando as causas da falência, o procedimento do devedor, antes e depois da sentença, e outras informações detalhadas a respeito da conduta do devedor e de outros responsáveis, se houver, por atos que possam constituir crime relacionado com a recuperação judicial ou com a falência, ou outro delito conexo a estes.

Parágrafo único. A exposição circunstanciada será instruída com laudo do contador encarregado do exame da escrituração do devedor.

Art. 187. Intimado da sentença que decreta a falência ou concede a recuperação judicial, o Ministério Público, verificando a ocorrência de qualquer crime previsto nesta Lei, promoverá imediatamente a competente ação penal ou, se entender necessário, requisitará a abertura de inquérito policial.

§ 1.º O prazo para oferecimento da denúncia regula-se pelo art. 46 do Decreto-lei n. 3.689, de 3 de outubro de 1941 – Código de Processo Penal, salvo se o Ministério Público, estando o réu solto ou afiançado, decidir aguardar a apresentação da exposição circunstanciada de que trata o art. 186 desta Lei, devendo, em seguida, oferecer a denúncia em 15 (quinze) dias.

§ 2.º Em qualquer fase processual, surgindo indícios da prática dos crimes previstos nesta Lei, o juiz da falência ou da recuperação judicial ou da recuperação extrajudicial cientificará o Ministério Público.

Art. 188. Aplicam-se subsidiariamente as disposições do Código de Processo Penal, no que não forem incompatíveis com esta Lei.

Capítulo VIII
DISPOSIÇÕES FINAIS E TRANSITÓRIAS

....

Art. 190. Todas as vezes que esta Lei se referir a devedor ou falido, compreender-se-á que a disposição também se aplica aos sócios ilimitadamente responsáveis.

Art. 191. Ressalvadas as disposições específicas desta Lei, as publicações ordenadas serão feitas preferencialmente na imprensa oficial e, se o devedor ou a massa falida comportar, em jornal ou revista de circulação regional ou nacional, bem como em quaisquer outros periódicos que circulem em todo o país.

Parágrafo único. As publicações ordenadas nesta Lei conterão a epígrafe "recuperação judicial de", "recuperação extrajudicial de" ou "falência de".

Art. 192. Esta Lei não se aplica aos processos de falência ou de concordata ajuizados anteriormente ao início de sua vigência, que serão concluídos nos termos do Decreto-lei n. 7.661, de 21 de junho de 1945.

§ 1.° Fica vedada a concessão de concordata suspensiva nos processos de falência em curso, podendo ser promovida a alienação dos bens da massa falida assim que concluída sua arrecadação, independentemente da formação do quadro-geral de credores e da conclusão do inquérito judicial.

....

§ 4.° Esta Lei aplica-se às falências decretadas em sua vigência resultantes de convolação de concordatas ou de pedidos de falência anteriores, às quais se aplica, até a decretação, o Decreto-lei n. 7.661, de 21 de junho de 1945, observado, na decisão que decretar a falência, o disposto no art. 99 desta Lei.

§ 5.° O juiz poderá autorizar a locação ou arrendamento de bens imóveis ou móveis a fim de evitar a sua deterioração, cujos resultados reverterão em favor da massa.

•• § 5.° acrescentado pela Lei n. 11.127, de 28-6-2005.

....

Art. 197. Enquanto não forem aprovadas as respectivas leis específicas, esta Lei aplica-se subsidiariamente, no que couber, aos regimes previstos no Decreto-lei n. 73, de 21 de novembro de 1966, na Lei n. 6.024, de 13 de março de 1974, no Decreto-lei n. 2.321, de 25 de fevereiro de 1987, e na Lei n. 9.514, de 20 de novembro de 1997.

Art. 198. Os devedores proibidos de requerer concordata nos termos da legislação específica em vigor na data da publicação desta Lei ficam proibidos de requerer recuperação judicial ou extrajudicial nos termos desta Lei.

....

Art. 200. Ressalvado o disposto no art. 192 desta Lei, ficam revogados o Decreto-lei n. 7.661, de 21 de junho de 1945, e os arts. 503 a 512 do Decreto-lei n. 3.689, de 3 de outubro de 1941 – Código de Processo Penal.

Art. 201. Esta Lei entra em vigor 120 (cento e vinte) dias após sua publicação.

Brasília, 9 de fevereiro de 2005; 184.° da Independência e 117.° da República.

Luiz Inácio Lula da Silva

DECRETO N. 5.483, DE 30 DE JUNHO DE 2005 (*)

Regulamenta, no âmbito do Poder Executivo Federal, o art. 13 da Lei n. 8.429, de 2 de junho de 1992, institui a sindicância patrimonial e dá outras providências.

O Presidente da República, no uso das atribuições que lhe confere o art. 84, incisos IV e VI, alínea *a*, da Constituição, e tendo em vista o disposto na Lei n. 8.429, de 2 de junho de 1992, decreta:

Art. 1.° A declaração dos bens e valores que integram o patrimônio privado de agente público, no âmbito do Poder Executivo Federal, bem como sua atualização, conforme previsto na Lei n. 8.429, de 2 de junho de 1992, observarão as normas deste Decreto.

Art. 2.° A posse e o exercício de agente público em cargo, emprego ou função da administração pública direta ou indireta ficam condicionados à apresentação, pelo interessado, de declaração dos bens e valores que integram o seu patrimônio, bem como os do cônjuge, companheiro, filhos ou outras pessoas que vivam sob a sua dependência econômica, excluídos apenas os objetos e utensílios de uso doméstico.

Parágrafo único. A declaração de que trata este artigo compreenderá imóveis, móveis, semoventes, dinheiro, títulos, ações e qualquer outra espécie de bens e valores patrimoniais localizados no País ou no exterior.

Art. 3.° Os agentes públicos de que trata este Decreto atualizarão, em formulário próprio, anualmente e no momento em que deixarem o cargo, emprego ou função, a declaração dos bens e valores, com a indicação da respectiva variação patrimonial ocorrida.

§ 1.° A atualização anual de que trata o *caput* será realizada no prazo de até quinze dias após a data limite fixada pela Secretaria da Receita Federal do Ministério da Fazenda para a apresentação da Declaração de Ajuste Anual do Imposto de Renda Pessoa Física.

§ 2.° O cumprimento do disposto no § 4.° do art. 13 da Lei n. 8.429, de 1992, poderá, a critério do agente público, realizar-se mediante autorização de acesso à declaração anual apresentada à Secretaria da Receita Federal, com as respectivas retificações.

(*) Publicado no *DOU*, de 1.°-7-2005.

Art. 4.º O serviço de pessoal competente manterá arquivo das declarações e autorizações previstas neste Decreto até cinco anos após a data em que o agente público deixar o cargo, emprego ou função.

Art. 5.º Será instaurado processo administrativo disciplinar contra o agente público que se recusar a apresentar declaração dos bens e valores na data própria, ou que a prestar falsa, ficando sujeito à penalidade prevista no § 3.º do art. 13 da Lei n. 8.429, de 1992.

Art. 6.º Os órgãos de controle interno fiscalizarão o cumprimento da exigência de entrega das declarações regulamentadas por este Decreto, a ser realizado pelo serviço de pessoal competente.

Art. 7.º A Controladoria-Geral da União, no âmbito do Poder Executivo Federal, poderá analisar, sempre que julgar necessário, a evolução patrimonial do agente público, a fim de verificar a compatibilidade desta com os recursos e disponibilidades que compõem o seu patrimônio, na forma prevista na Lei n. 8.429, de 1992, observadas as disposições especiais da Lei n. 8.730, de 10 de novembro de 1993.

• A Lei n. 8.730, de 10-11-1993, estabelece a obrigatoriedade da declaração de bens e rendas para o exercício de cargos, empregos e funções nos Poderes Executivo, Legislativo e Judiciário.

Parágrafo único. Verificada a incompatibilidade patrimonial, na forma estabelecida no *caput*, a Controladoria-Geral da União instaurará procedimento de sindicância patrimonial ou requisitará sua instauração ao órgão ou entidade competente.

Art. 8.º Ao tomar conhecimento de fundada notícia ou de indícios de enriquecimento ilícito, inclusive evolução patrimonial incompatível com os recursos e disponibilidades do agente público, nos termos do art. 9.º da Lei n. 8.429, de 1992, a autoridade competente determinará a instauração de sindicância patrimonial, destinada à apuração dos fatos.

Parágrafo único. A sindicância patrimonial de que trata este artigo será instaurada, mediante portaria, pela autoridade competente ou pela Controladoria-Geral da União.

Art. 9.º A sindicância patrimonial constituir-se-á em procedimento sigiloso e meramente investigatório, não tendo caráter punitivo.

§ 1.º O procedimento de sindicância patrimonial será conduzido por comissão composta por dois ou mais servidores ou empregados efetivos de órgãos ou entidades da administração federal.

§ 2.º O prazo para conclusão do procedimento de sindicância patrimonial será de trinta dias, contados da data da publicação do ato que constituir a comissão, podendo ser prorrogado, por igual período ou por período inferior, pela autoridade competente pela instauração, desde que justificada a necessidade.

§ 3.º Concluídos os trabalhos da sindicância patrimonial, a comissão responsável por sua condução fará relatório sobre os fatos apurados, opinando pelo seu arquivamento ou, se for o caso, por sua conversão em processo administrativo disciplinar.

Art. 10. Concluído o procedimento de sindicância nos termos deste Decreto, dar-se-á imediato conhecimento do fato ao Ministério Público Federal, ao Tribunal de Contas da União, à Controladoria-Geral da União, à Secretaria da Receita Federal e ao Conselho de Controle de Atividades Financeiras.

Art. 11. Nos termos e condições a serem definidos em convênio, a Secretaria da Receita Federal poderá fornecer à Controladoria-Geral da União, em meio eletrônico, cópia da declaração anual do agente público que houver optado pelo cumprimento da obrigação, na forma prevista no § 2.º do art. 3.º deste Decreto.

§ 1.º Compete à Controladoria-Geral da União informar à Secretaria da Receita Federal o rol dos optantes, nos termos do § 2.º do art. 3.º deste Decreto, com o respectivo número de inscrição no Cadastro de Pessoas Físicas e o exercício ao qual correspondem as mencionadas declarações.

§ 2.º Caberá à Controladoria-Geral da União adotar medidas que garantam a preservação do sigilo das informações recebidas, relativas à situação econômica ou financeira do agente público ou de terceiros e à natureza e ao estado de seus negócios ou atividades.

Art. 12. Para a realização dos procedimentos previstos neste Decreto, poderão ser utilizados recursos de tecnologia da informação.

Art. 13. A Controladoria-Geral da União e o Ministério do Planejamento, Orçamento e Gestão expedirão, no prazo de noventa dias, as instruções necessárias para o cumprimento deste Decreto no âmbito do Poder Executivo Federal, salvo em relação ao convênio a que se refere o art. 11.

Art. 14. Caberá aos titulares dos órgãos e entidades da administração pública federal direta ou indireta, sob pena de responsabilidade, velar pela estrita observância do disposto neste Decreto.

Art. 15. Este Decreto entra em vigor na data de sua publicação.

Art. 16. Fica revogado o Decreto n. 978, de 10 de novembro de 1993.

Brasília, 30 de junho de 2005; 184.º da Independência e 117.º da República.

Luiz Inácio Lula da Silva

LEI N. 11.340, DE 7 DE AGOSTO DE 2006 (*)

(*) Publicada no *DOU*, de 8-8-2006. O presidente Luiz Inácio Lula da Silva batizou esta norma como "Lei Maria da Penha", em homenagem à biofarmacêutica Maria da Penha Maia, símbolo da luta contra a violência doméstica no Brasil.

Cria mecanismos para coibir a violência doméstica e familiar contra a mulher, nos termos do § 8.º do art. 226 da Constituição Federal, da Convenção sobre a Eliminação de Todas as Formas de Discriminação contra as Mulheres e da Convenção Interamericana para Prevenir, Punir e Erradicar a Violência contra a Mulher; dispõe sobre a criação dos Juizados de Violência Doméstica e Familiar contra a Mulher; altera o Código de Processo Penal, o Código Penal e a Lei de Execução Penal; e dá outras providências.

O Presidente da República

Faço saber que o Congresso Nacional decreta e eu sanciono a seguinte Lei:

TÍTULO I
DISPOSIÇÕES PRELIMINARES

Art. 1.º Esta Lei cria mecanismos para coibir e prevenir a violência doméstica e familiar contra a mulher, nos termos do § 8.º do art. 226 da Constituição Federal, da Convenção sobre a Eliminação de Todas as Formas de Violência contra a Mulher, da Convenção Interamericana para Prevenir, Punir e Erradicar a Violência contra a Mulher e de outros tratados internacionais ratificados pela República Federativa do Brasil; dispõe sobre a criação dos Juizados de Violência Doméstica e Familiar contra a Mulher; e estabelece medidas de assistência e proteção às mulheres em situação de violência doméstica e familiar.

•• O STF, na ADC n. 19, de 9-2-2012, declarou a constitucionalidade deste artigo.

Art. 2.º Toda mulher, independentemente de classe, raça, etnia, orientação sexual, renda, cultura, nível educacional, idade e religião, goza dos direitos fundamentais inerentes à pessoa humana, sendo-lhe asseguradas as oportunidades e facilidades para viver sem violência, preservar sua saúde física e mental e seu aperfeiçoamento moral, intelectual e social.

• *Vide* art. 3.º, IV, da CF.

Art. 3.º Serão asseguradas às mulheres as condições para o exercício efetivo dos direitos à vida, à segurança, à saúde, à alimentação, à educação, à cultura, à moradia, ao acesso à justiça, ao esporte, ao lazer, ao trabalho, à cidadania, à liberdade, à dignidade, ao respeito e à convivência familiar e comunitária.

• *Vide* art. 5.º da CF.

§ 1.º O poder público desenvolverá políticas que visem garantir os direitos humanos das mulheres no âmbito das relações domésticas e familiares no sentido de resguardá-las de toda forma de negligência, discriminação, exploração, violência, crueldade e opressão.

§ 2.º Cabe à família, à sociedade e ao poder público criar as condições necessárias para o efetivo exercício dos direitos enunciados no *caput*.

• *Vide* arts. 226 a 230 da CF.

Art. 4.º Na interpretação desta Lei, serão considerados os fins sociais a que ela se destina e, especialmente, as condições peculiares das mulheres em situação de violência doméstica e familiar.

TÍTULO II
DA VIOLÊNCIA DOMÉSTICA E FAMILIAR CONTRA A MULHER

CAPÍTULO I
DISPOSIÇÕES GERAIS

Art. 5.º Para os efeitos desta Lei, configura violência doméstica e familiar contra a mulher qualquer ação ou omissão baseada no gênero que lhe cause morte, lesão, sofrimento físico, sexual ou psicológico e dano moral ou patrimonial:

•• *Vide* Súmula 600 do STJ.

I – no âmbito da unidade doméstica, compreendida como o espaço de convívio permanente de pessoas, com ou sem vínculo familiar, inclusive as esporadicamente agregadas;

II – no âmbito da família, compreendida como a comunidade formada por indivíduos que são ou se consideram aparentados, unidos por laços naturais, por afinidade ou por vontade expressa;

III – em qualquer relação íntima de afeto, na qual o agressor conviva ou tenha convivido com a ofendida, independentemente de coabitação.

Parágrafo único. As relações pessoais enunciadas neste artigo independem de orientação sexual.

Art. 6.º A violência doméstica e familiar contra a mulher constitui uma das formas de violação dos direitos humanos.

• *Vide* art. 4.º, II, da CF.

CAPÍTULO II
DAS FORMAS DE VIOLÊNCIA DOMÉSTICA E FAMILIAR CONTRA A MULHER

Art. 7.º São formas de violência doméstica e familiar contra a mulher, entre outras:

•• *Vide* Súmula 600 do STJ.

I – a violência física, entendida como qualquer conduta que ofenda sua integridade ou saúde corporal;

• O Decreto-lei n. 2.848, de 7-12-1940 (CP), dispõe sobre os crimes contra a pessoa (arts. 121 a 154).

II – a violência psicológica, entendida como qualquer conduta que lhe cause dano emocional e diminuição da autoestima ou que lhe prejudique e perturbe o pleno desenvolvimento ou que vise degradar ou controlar suas ações, comportamentos, crenças e decisões, mediante ameaça, constrangimento, humilhação, manipulação, isolamento, vigilância constante, perseguição contumaz, insulto, chantagem, ridicularização, exploração e limitação do direito de ir e vir ou qualquer outro meio que lhe cause prejuízo à saúde psicológica e à autodeterminação;

• O Decreto-lei n. 2.848, de 7-12-1940 (CP), dispõe sobre os crimes contra a liberdade individual (arts. 146 a 149).

III – a violência sexual, entendida como qualquer conduta que a constranja a presenciar, a manter ou a participar de relação sexual não desejada, mediante intimidação, ameaça, coação ou uso da força; que a induza a comercializar ou a utilizar, de qualquer modo, a sua sexualidade, que a impeça de usar qualquer método contraceptivo ou que a force ao matrimônio, à gravidez, ao aborto ou à prostituição, mediante coação, chantagem, suborno ou manipulação; ou que limite ou anule o exercício de seus direitos sexuais e reprodutivos;

• O Decreto-lei n. 2.848, de 7-12-1940 (CP), dispõe sobre os crimes contra a dignidade sexual (arts. 213 a 234-C).

• A Lei n. 12.845, de 1.º-8-2013, dispõe sobre o atendimento obrigatório e integral de pessoas em situação de violência sexual.

IV – a violência patrimonial, entendida como qualquer conduta que configure retenção, subtração, destruição parcial ou total de seus objetos, instrumentos de trabalho, documentos pessoais, bens, valores e direitos ou recursos econômicos, incluindo os destinados a satisfazer suas necessidades;

• O Decreto-lei n. 2.848, de 7-12-1940 (CP), dispõe sobre os crimes contra o patrimônio (arts. 155 a 183).

V – a violência moral, entendida como qualquer conduta que configure calúnia, difamação ou injúria.

• O Decreto-lei n. 2.848, de 7-12-1940 (CP), dispõe sobre os crimes contra a honra (arts. 138 a 145).

Título III
DA ASSISTÊNCIA À MULHER EM SITUAÇÃO DE VIOLÊNCIA DOMÉSTICA E FAMILIAR

Capítulo I
DAS MEDIDAS INTEGRADAS DE PREVENÇÃO

Art. 8.º A política pública que visa coibir a violência doméstica e familiar contra a mulher far-se-á por meio de um conjunto articulado de ações da União, dos Estados, do Distrito Federal e dos Municípios e de ações não governamentais, tendo por diretrizes:

I – a integração operacional do Poder Judiciário, do Ministério Público e da Defensoria Pública com as áreas de segurança pública, assistência social, saúde, educação, trabalho e habitação;

II – a promoção de estudos e pesquisas, estatísticas e outras informações relevantes, com a perspectiva de gênero e de raça ou etnia, concernentes às causas, às consequências e à frequência da violência doméstica e familiar contra a mulher, para a sistematização de dados, a serem unificados nacionalmente, e a avaliação periódica dos resultados das medidas adotadas;

III – o respeito, nos meios de comunicação social, dos valores éticos e sociais da pessoa e da família, de forma a coibir os papéis estereotipados que legitimem ou exacerbem a violência doméstica e familiar, de acordo com o estabelecido no inciso III do art. 1.º, no inciso IV do art. 3.º e no inciso IV do art. 221 da Constituição Federal;

• *Vide* citados dispositivos constantes deste volume.

IV – a implementação de atendimento policial especializado para as mulheres, em particular nas Delegacias de Atendimento à Mulher;

V – a promoção e a realização de campanhas educativas de prevenção da violência doméstica e familiar contra a mulher, voltadas ao público escolar e à sociedade em geral, e a difusão desta Lei e dos instrumentos de proteção aos direitos humanos das mulheres;

VI – a celebração de convênios, protocolos, ajustes, termos ou outros instrumentos de promoção de parceria entre órgãos governamentais ou entre estes e entidades não governamentais, tendo por objetivo a implementação de programas de erradicação da violência doméstica e familiar contra a mulher;

VII – a capacitação permanente das Polícias Civil e Militar, da Guarda Municipal, do Corpo de Bombeiros e dos profissionais pertencentes aos órgãos e às áreas enunciados no inciso I quanto às questões de gênero e de raça ou etnia;

VIII – a promoção de programas educacionais que disseminem valores éticos de irrestrito respeito à dignidade da pessoa humana com a perspectiva de gênero e de raça ou etnia;

IX – o destaque, nos currículos escolares de todos os níveis de ensino, para os conteúdos relativos aos direitos humanos, à equidade de gênero e de raça ou etnia e ao problema da violência doméstica e familiar contra a mulher.

Capítulo II
DA ASSISTÊNCIA À MULHER EM SITUAÇÃO DE VIOLÊNCIA DOMÉSTICA E FAMILIAR

• O Decreto n. 8.086, de 30-8-2013, institui o Programa Mulher: Viver sem Violência, que objetiva integrar e ampliar os serviços públicos existentes voltados às mulheres em situação de violência.

Art. 9.º A assistência à mulher em situação de violência doméstica e familiar será prestada de forma articulada e conforme os princípios e as diretrizes previstos na Lei Orgânica da Assistência Social, no Sistema Único de Saúde, no Sistema Único de Segurança Pública, entre outras normas e políticas públicas de proteção, e emergencialmente quando for o caso.

• *Vide* arts. 144, 196 a 200, 203 e 204 da CF.

• A Lei n. 8.742, de 7-12-1993, dispõe sobre a organização da Assistência Social.

• A Lei n. 13.239, de 30-12-2015, dispõe sobre a oferta e a realização, no âmbito do SUS, de cirurgia plástica reparadora de sequelas de lesões causadas por atos de violência contra a mulher.

§ 1.º O juiz determinará, por prazo certo, a inclusão da mulher em situação de violência doméstica e familiar no cadastro de programas assistenciais do governo federal, estadual e municipal.

§ 2.º O juiz assegurará à mulher em situação de violência doméstica e familiar, para preservar sua integridade física e psicológica:

I – acesso prioritário à remoção quando servidora pública, integrante da administração direta ou indireta;

II – manutenção do vínculo trabalhista, quando necessário o afastamento do local de trabalho, por até seis meses.

§ 3.º A assistência à mulher em situação de violência doméstica e familiar compreenderá o acesso aos benefícios decorrentes do desenvolvimento científico e tecnológico, incluindo os serviços de contracepção de emergência, a profilaxia das Doenças Sexualmente Transmissíveis (DST) e da Síndrome da Imunodeficiência Adquirida (AIDS) e outros procedimentos médicos necessários e cabíveis nos casos de violência sexual.

• A Lei n. 12.845, de 1.º-8-2013, dispõe sobre o atendimento obrigatório e integral de pessoas em situação de violência sexual.

Capítulo III
DO ATENDIMENTO PELA AUTORIDADE POLICIAL

Art. 10. Na hipótese da iminência ou da prática de violência doméstica e familiar contra a mulher, a autoridade policial que tomar conhecimento da ocorrência adotará, de imediato, as providências legais cabíveis.

Parágrafo único. Aplica-se o disposto no *caput* deste artigo ao descumprimento de medida protetiva de urgência deferida.

Art. 10-A. É direito da mulher em situação de violência doméstica e familiar o atendimento policial e pericial especializado, ininterrupto e prestado por servidores – preferencialmente do sexo feminino – previamente capacitados.

•• *Caput* acrescentado pela Lei n. 13.505, de 8-11-2017.

§ 1.º A inquirição de mulher em situação de violência doméstica e familiar ou de testemunha de violência doméstica, quando se tratar de crime contra a mulher, obedecerá às seguintes diretrizes:

•• § 1.º, *caput*, acrescentado pela Lei n. 13.505, de 8-11-2017.

I – salvaguarda da integridade física, psíquica e emocional da depoente, considerada a sua condição peculiar de pessoa em situação de violência doméstica e familiar;

•• Inciso I acrescentado pela Lei n. 13.505, de 8-11-2017.

II – garantia de que, em nenhuma hipótese, a mulher em situação de violência doméstica e familiar, familiares e testemunhas terão contato direto com investigados ou suspeitos e pessoas a eles relacionadas;

•• Inciso II acrescentado pela Lei n. 13.505, de 8-11-2017.

III – não revitimização da depoente, evitando sucessivas inquirições sobre o mesmo fato nos âmbitos criminal, cível e administrativo, bem como questionamentos sobre a vida privada.

•• Inciso III acrescentado pela Lei n. 13.505, de 8-11-2017.

§ 2.º Na inquirição de mulher em situação de violência doméstica e familiar ou de testemunha de delitos de que trata esta Lei, adotar-se-á, preferencialmente, o seguinte procedimento:

•• § 2.º, *caput*, acrescentado pela Lei n. 13.505, de 8-11-2017.

I – a inquirição será feita em recinto especialmente projetado para esse fim, o qual conterá os equipamentos próprios e adequados à idade da mulher em situação de violência doméstica e familiar ou testemunha e ao tipo e à gravidade da violência sofrida;

•• Inciso I acrescentado pela Lei n. 13.505, de 8-11-2017.

II – quando for o caso, a inquirição será intermediada por profissional especializado em violência doméstica e familiar designado pela autoridade judiciária ou policial;

•• Inciso II acrescentado pela Lei n. 13.505, de 8-11-2017.

III – o depoimento será registrado em meio eletrônico ou magnético, devendo a degravação e a mídia integrar o inquérito.

•• Inciso III acrescentado pela Lei n. 13.505, de 8-11-2017.

Art. 11. No atendimento à mulher em situação de violência doméstica e familiar, a autoridade policial deverá, entre outras providências:

I – garantir proteção policial, quando necessário, comunicando de imediato ao Ministério Público e ao Poder Judiciário;

II – encaminhar a ofendida ao hospital ou posto de saúde e ao Instituto Médico Legal;

III – fornecer transporte para a ofendida e seus dependentes para abrigo ou local seguro, quando houver risco de vida;

IV – se necessário, acompanhar a ofendida para assegurar a retirada de seus pertences do local da ocorrência ou do domicílio familiar;

V – informar à ofendida os direitos a ela conferidos nesta Lei e os serviços disponíveis.

Art. 12. Em todos os casos de violência doméstica e familiar contra a mulher, feito o registro da ocorrência, deverá a autoridade policial adotar, de imediato, os seguintes procedimentos, sem prejuízo daqueles previstos no Código de Processo Penal:

I – ouvir a ofendida, lavrar o boletim de ocorrência e tomar a representação a termo, se apresentada;

•• O STF julgou procedente a ADI n. 4.424, de 9-2-2012 (*DOU* de 17-12-2012), para, dando interpretação conforme a CF a este inciso, "assentar a natureza incondicionada da ação penal em caso de crime de lesão, pouco importando a extensão desta, praticado contra a mulher no ambiente doméstico".

II – colher todas as provas que servirem para o esclarecimento do fato e de suas circunstâncias;

III – remeter, no prazo de 48 (quarenta e oito) horas, expediente apartado ao juiz com o pedido da ofendida, para a concessão de medidas protetivas de urgência;

IV – determinar que se proceda ao exame de corpo de delito da ofendida e requisitar outros exames periciais necessários;

V – ouvir o agressor e as testemunhas;

VI – ordenar a identificação do agressor e fazer juntar aos autos sua folha de antecedentes criminais, indicando a existência de mandado de prisão ou registro de outras ocorrências policiais contra ele;

VII – remeter, no prazo legal, os autos do inquérito policial ao juiz e ao Ministério Público.

§ 1.º O pedido da ofendida será tomado a termo pela autoridade policial e deverá conter:

I – qualificação da ofendida e do agressor;

II – nome e idade dos dependentes;

III – descrição sucinta do fato e das medidas protetivas solicitadas pela ofendida.

§ 2.º A autoridade policial deverá anexar ao documento referido no § 1.º o boletim de ocorrência e cópia de todos os documentos disponíveis em posse da ofendida.

§ 3.º Serão admitidos como meios de prova os laudos ou prontuários médicos fornecidos por hospitais e postos de saúde.

Art. 12-A. Os Estados e o Distrito Federal, na formulação de suas políticas e planos de atendimento à mulher em situação de violência doméstica e familiar, darão prioridade, no âmbito da Polícia Civil, à criação de Delegacias Especializadas de Atendimento à Mulher (Deams), de Núcleos Investigativos de Feminicídio e de equipes especializadas para o atendimento e a investigação das violências graves contra a mulher.

•• Artigo acrescentado pela Lei n. 13.505, de 8-11-2017.

Art. 12-B. (*Vetado*.)

•• *Caput* acrescentado pela Lei n. 13.505, de 8-11-2017.

§ 1.º (*Vetado*.)

•• § 1.º acrescentado pela Lei n. 13.505, de 8-11-2017.

§ 2.º (*Vetado*.)

•• § 2.º acrescentado pela Lei n. 13.505, de 8-11-2017.

§ 3.º A autoridade policial poderá requisitar os serviços públicos necessários à defesa da mulher em situação de violência doméstica e familiar e de seus dependentes.

•• § 3.º acrescentado pela Lei n. 13.505, de 8-11-2017.

TÍTULO IV
DOS PROCEDIMENTOS

CAPÍTULO I
DISPOSIÇÕES GERAIS

Art. 13. Ao processo, ao julgamento e à execução das causas cíveis e criminais decorrentes da prática de violência doméstica e familiar contra a mulher aplicar-se-ão as normas dos Códigos de Processo Penal e Processo Civil e da legislação específica relativa à criança, ao adolescente e ao idoso que não conflitarem com o estabelecido nesta Lei.

• ECA: *vide* Lei n. 8.069, de 13-7-1990.

• Estatuto do Idoso: *vide* Lei n. 10.741, de 1.º-10-2003.

Art. 14. Os Juizados de Violência Doméstica e Familiar contra a Mulher, órgãos da Justiça Ordinária com competência cível e criminal, poderão ser criados pela União, no Distrito Federal e nos Territórios, e pelos Estados, para o processo, o julgamento e a execução das causas decorrentes da prática de violência doméstica e familiar contra a mulher.

Parágrafo único. Os atos processuais poderão realizar-se em horário noturno, conforme dispuserem as normas de organização judiciária.

Art. 15. É competente, por opção da ofendida, para os processos cíveis regidos por esta Lei, o Juizado:

I – do seu domicílio ou de sua residência;

II – do lugar do fato em que se baseou a demanda;

III – do domicílio do agressor.

Art. 16. Nas ações penais públicas condicionadas à representação da ofendida de que trata esta Lei, só será admitida a renúncia à representação perante o juiz, em audiência especialmente designada com tal finalidade, antes do recebimento da denúncia e ouvido o Ministério Público.

•• O STF julgou procedente a ADI n. 4.424, de 9-2-2012 (*DOU* de 17-12-2012), para, dando interpretação conforme a CF a este inciso, "assentar a natureza incondicionada da ação penal em caso de crime de lesão, pouco importando a extensão desta, praticado contra a mulher no ambiente doméstico".

•• *Vide* Súmula 542 do STJ.

Art. 17. É vedada a aplicação, nos casos de violência doméstica e familiar contra a mulher, de penas de cesta básica ou outras de prestação pecuniária, bem como a substituição de pena que implique o pagamento isolado de multa.

CAPÍTULO II
DAS MEDIDAS PROTETIVAS DE URGÊNCIA

Seção I
Disposições Gerais

Art. 18. Recebido o expediente com o pedido da ofendida, caberá ao juiz, no prazo de 48 (quarenta e oito) horas:

I – conhecer do expediente e do pedido e decidir sobre as medidas protetivas de urgência;

II – determinar o encaminhamento da ofendida ao órgão de assistência judiciária, quando for o caso;

III – comunicar ao Ministério Público para que adote as providências cabíveis.

Art. 19. As medidas protetivas de urgência poderão ser concedidas pelo juiz, a requerimento do Ministério Público ou a pedido da ofendida.

§ 1.º As medidas protetivas de urgência poderão ser concedidas de imediato, independentemente de audiência das partes e de manifestação do Ministério Público, devendo este ser prontamente comunicado.

§ 2.º As medidas protetivas de urgência serão aplicadas isolada ou cumulativamente, e poderão ser substituídas a qualquer tempo por outras de maior eficácia, sempre que os direitos reconhecidos nesta Lei forem ameaçados ou violados.

§ 3.º Poderá o juiz, a requerimento do Ministério Público ou a pedido da ofendida, conceder novas medidas protetivas de urgência ou rever aquelas já concedidas, se entender necessário à proteção da ofendida, de seus familiares e de seu patrimônio, ouvido o Ministério Público.

Art. 20. Em qualquer fase do inquérito policial ou da instrução criminal, caberá a prisão preventiva do agressor, decretada pelo juiz, de ofício, a requerimento do Ministério Público ou mediante representação da autoridade policial.

• CPP: arts. 4.º a 23 (inquérito policial) e arts. 394 a 405 (instrução criminal).

Parágrafo único. O juiz poderá revogar a prisão preventiva se, no curso do processo, verificar a falta de motivo para que subsista, bem como de novo decretá-la, se sobrevierem razões que a justifiquem.

• CPP: arts. 311 a 316 (prisão preventiva).

Art. 21. A ofendida deverá ser notificada dos atos processuais relativos ao agressor, especialmente dos pertinentes ao ingresso e à saída da prisão, sem prejuízo da intimação do advogado constituído ou do defensor público.

Parágrafo único. A ofendida não poderá entregar intimação ou notificação ao agressor.

Seção II
Das Medidas Protetivas de Urgência que Obrigam o Agressor

Art. 22. Constatada a prática de violência doméstica e familiar contra a mulher, nos termos desta Lei, o juiz poderá aplicar, de imediato, ao agressor, em conjunto ou separadamente, as seguintes medidas protetivas de urgência, entre outras:

I – suspensão da posse ou restrição do porte de armas, com comunicação ao órgão competente, nos termos da Lei n. 10.826, de 22 de dezembro de 2003;

• Citada norma consta deste volume (Estatuto do Desarmamento).

II – afastamento do lar, domicílio ou local de convivência com a ofendida;

III – proibição de determinadas condutas, entre as quais:

a) aproximação da ofendida, de seus familiares e das testemunhas, fixando o limite mínimo de distância entre estes e o agressor;

b) contato com a ofendida, seus familiares e testemunhas por qualquer meio de comunicação;

c) frequentação de determinados lugares a fim de preservar a integridade física e psicológica da ofendida;

IV – restrição ou suspensão de visitas aos dependentes menores, ouvida a equipe de atendimento multidisciplinar ou serviço similar;

V – prestação de alimentos provisionais ou provisórios.

• A Lei n. 5.478, de 25-7-1968, dispõe sobre ação de alimentos.

§ 1.º As medidas referidas neste artigo não impedem a aplicação de outras previstas na legislação em vigor, sempre que a segurança da ofendida ou as circunstâncias o exigirem, devendo a providência ser comunicada ao Ministério Público.

§ 2.º Na hipótese de aplicação do inciso I, encontrando-se o agressor nas condições mencionadas no *caput* e incisos do art. 6.º da Lei n. 10.826, de 22 de dezembro de 2003, o juiz comunicará ao respectivo órgão, corporação ou instituição as medidas protetivas de urgência concedidas e determinará a restrição do porte de armas, ficando o superior imediato do agressor responsável pelo cumprimento da determinação judicial, sob pena de incorrer nos crimes de prevaricação ou de desobediência, conforme o caso.

• Citada norma consta deste volume (Estatuto do Desarmamento).

§ 3.º Para garantir a efetividade das medidas protetivas de urgência, poderá o juiz requisitar, a qualquer momento, auxílio da força policial.

§ 4.º Aplica-se às hipóteses previstas neste artigo, no que couber, o disposto no *caput* e nos §§ 5.º e 6.º do art. 461 da Lei n. 5.869, de 11 de janeiro de 1973 (Código de Processo Civil).

•• A referência é feita ao CPC de 1973. Dispositivo correspondente no CPC de 2015: arts. 497, *caput*, 536, *caput* e § 1.º, e 537, *caput*, e § 1.º, *caput*, e inciso I.

Seção III
Das Medidas Protetivas de Urgência à Ofendida

Art. 23. Poderá o juiz, quando necessário, sem prejuízo de outras medidas:

I – encaminhar a ofendida e seus dependentes a programa oficial ou comunitário de proteção ou de atendimento;

II – determinar a recondução da ofendida e a de seus dependentes ao respectivo domicílio, após afastamento do agressor;

III – determinar o afastamento da ofendida do lar, sem prejuízo dos direitos relativos a bens, guarda dos filhos e alimentos;

IV – determinar a separação de corpos.

Art. 24. Para a proteção patrimonial dos bens da sociedade conjugal ou daqueles de propriedade particular da mulher, o juiz poderá determinar, liminarmente, as seguintes medidas, entre outras:

I – restituição de bens indevidamente subtraídos pelo agressor à ofendida;

II – proibição temporária para a celebração de atos e contratos de compra, venda e locação de propriedade em comum, salvo expressa autorização judicial;

III – suspensão das procurações conferidas pela ofendida ao agressor;

IV – prestação de caução provisória, mediante depósito judicial, por perdas e danos materiais decorrentes da prática de violência doméstica e familiar contra a ofendida.

Parágrafo único. Deverá o juiz oficiar ao cartório competente para os fins previstos nos incisos II e III deste artigo.

Capítulo III
DA ATUAÇÃO DO MINISTÉRIO PÚBLICO

- *Vide* arts. 127 a 130-A da CF.
- *Vide* Lei n. 8.625, de 12-2-1993 (LONMP).

Art. 25. O Ministério Público intervirá, quando não for parte, nas causas cíveis e criminais decorrentes da violência doméstica e familiar contra a mulher.

Art. 26. Caberá ao Ministério Público, sem prejuízo de outras atribuições, nos casos de violência doméstica e familiar contra a mulher, quando necessário:

I – requisitar força policial e serviços públicos de saúde, de educação, de assistência social e de segurança, entre outros;

II – fiscalizar os estabelecimentos públicos e particulares de atendimento à mulher em situação de violência doméstica e familiar, e adotar, de imediato, as medidas administrativas ou judiciais cabíveis no tocante a quaisquer irregularidades constatadas;

III – cadastrar os casos de violência doméstica e familiar contra a mulher.

Capítulo IV
DA ASSISTÊNCIA JUDICIÁRIA

Art. 27. Em todos os atos processuais, cíveis e criminais, a mulher em situação de violência doméstica e familiar deverá estar acompanhada de advogado, ressalvado o previsto no art. 19 desta Lei.

Art. 28. É garantido a toda mulher em situação de violência doméstica e familiar o acesso aos serviços de Defensoria Pública ou de Assistência Judiciária Gratuita, nos termos da lei, em sede policial e judicial, mediante atendimento específico e humanizado.

- *Vide* art. 5.º, LXXIV, da CF.
- A Lei n. 1.060, de 5-2-1950, dispõe sobre assistência judiciária gratuita.
- *Vide* Lei n. 8.906, de 4-7-1994 (EAOAB).
- A Lei Complementar n. 80, de 12-1-1994, dispõe sobre defensoria pública.

Título V
DA EQUIPE DE ATENDIMENTO MULTIDISCIPLINAR

Art. 29. Os Juizados de Violência Doméstica e Familiar contra a Mulher que vierem a ser criados poderão contar com uma equipe de atendimento multidisciplinar, a ser integrada por profissionais especializados nas áreas psicossocial, jurídica e de saúde.

Art. 30. Compete à equipe de atendimento multidisciplinar, entre outras atribuições que lhe forem reservadas pela legislação local, fornecer subsídios por escrito ao juiz, ao Ministério Público e à Defensoria Pública, mediante laudos ou verbalmente em audiência, e desenvolver trabalhos de orientação, encaminhamento, prevenção e outras medidas, voltados para a ofendida, o agressor e os familiares, com especial atenção às crianças e aos adolescentes.

- *Vide* Lei n. 8.069, de 13-7-1990 (ECA).

Art. 31. Quando a complexidade do caso exigir avaliação mais aprofundada, o juiz poderá determinar a manifestação de profissional especializado, mediante a indicação da equipe de atendimento multidisciplinar.

Art. 32. O Poder Judiciário, na elaboração de sua proposta orçamentária, poderá prever recursos para a criação e manutenção da equipe de atendimento multidisciplinar, nos termos da Lei de Diretrizes Orçamentárias.

Título VI
DISPOSIÇÕES TRANSITÓRIAS

Art. 33. Enquanto não estruturados os Juizados de Violência Doméstica e Familiar contra a Mulher, as varas criminais acumularão as competências cível e criminal para conhecer e julgar as causas decorrentes da prática de violência doméstica e familiar contra a mulher, observadas as previsões do Título IV desta Lei, subsidiada pela legislação processual pertinente.

•• O STF, na ADC n. 19, de 9-2-2012, declarou a constitucionalidade deste artigo.

Parágrafo único. Será garantido o direito de preferência, nas varas criminais, para o processo e o julgamento das causas referidas no *caput*.

Título VII
DISPOSIÇÕES FINAIS

Art. 34. A instituição dos Juizados de Violência Doméstica e Familiar contra a Mulher poderá ser acompanhada pela implantação das curadorias necessárias e do serviço de assistência judiciária.

Art. 35. A União, o Distrito Federal, os Estados e os Municípios poderão criar e promover, no limite das respectivas competências:

I – centros de atendimento integral e multidisciplinar para mulheres e respectivos dependentes em situação de violência doméstica e familiar;

II – casas-abrigos para mulheres e respectivos dependentes menores em situação de violência doméstica e familiar;

III – delegacias, núcleos de defensoria pública, serviços de saúde e centros de perícia médico-legal especializados no atendimento à mulher em situação de violência doméstica e familiar;

IV – programas e campanhas de enfrentamento da violência doméstica e familiar;

V – centros de educação e de reabilitação para os agressores.

Art. 36. A União, os Estados, o Distrito Federal e os Municípios promoverão a adaptação de seus órgãos e de seus programas às diretrizes e aos princípios desta Lei.

Art. 37. A defesa dos interesses e direitos transindividuais previstos nesta Lei poderá ser exercida, concorrentemente, pelo Ministério Público e por associação de atuação na área, regularmente constituída há pelo menos um ano, nos termos da legislação civil.

Parágrafo único. O requisito da pré-constituição poderá ser dispensado pelo juiz quando entender que não há outra entidade com representatividade adequada para o ajuizamento da demanda coletiva.

Art. 38. As estatísticas sobre a violência doméstica e familiar contra a mulher serão incluídas nas bases de dados dos órgãos oficiais do Sistema de Justiça e Segurança a fim de subsidiar o sistema nacional de dados e informações relativo às mulheres.

Parágrafo único. As Secretarias de Segurança Pública dos Estados e do Distrito Federal poderão remeter suas informações criminais para a base de dados do Ministério da Justiça.

Art. 39. A União, os Estados, o Distrito Federal e os Municípios, no limite de suas competências e nos termos das respectivas leis de diretrizes orçamentárias, poderão estabelecer dotações orçamentárias específicas, em cada exercício financeiro, para a implementação das medidas estabelecidas nesta Lei.

Art. 40. As obrigações previstas nesta Lei não excluem outras decorrentes dos princípios por ela adotados.

Art. 41. Aos crimes praticados com violência doméstica e familiar contra a mulher, independentemente da pena prevista, não se aplica a Lei n. 9.099, de 26 de setembro de 1995.

•• O STF, na ADC n. 19, de 9-2-2012, declarou a constitucionalidade deste artigo.

• A Lei n. 9.099 dispõe sobre os Juizados Especiais Cíveis e Criminais.

• *Vide* Súmula 536 do STJ.

Art. 42. O art. 313 do Decreto-lei n. 3.689, de 3 de outubro de 1941 (Código de Processo Penal), passa a vigorar acrescido do seguinte inciso IV:

•• Alteração já processada no diploma modificado.

Art. 43. A alínea *f* do inciso II do art. 61 do Decreto-lei n. 2.848, de 7 de dezembro de 1940 (Código Penal), passa a vigorar com a seguinte redação:

"Art. 61. ....

....

II – ....

....

• Dispõem o *caput* e o inciso II do art. 61 do CP: 'Circunstâncias agravantes – são circunstâncias que sempre agravam a pena, quando não constituem ou qualificam o crime: ...II – ter o agente cometido o crime: ...'.

f) com abuso de autoridade ou prevalecendo-se de relações domésticas, de coabitação ou de hospitalidade, ou com violência contra a mulher na forma da lei específica;

....".

Art. 44. O art. 129 do Decreto-lei n. 2.848, de 7 de dezembro de 1940 (Código Penal), passa a vigorar com as seguintes alterações:

"Art. 129. ....

•• O dispositivo acima dispõe sobre lesão corporal.

§ 9.° Se a lesão for praticada contra ascendente, descendente, irmão, cônjuge ou companheiro, ou com quem conviva ou tenha convivido, ou, ainda, prevalecendo-se o agente das relações domésticas, de coabitação ou de hospitalidade:

Pena – detenção, de 3 (três) meses a 3 (três) anos.

....

§ 11. Na hipótese do § 9.° deste artigo, a pena será aumentada de um terço se o crime for cometido contra pessoa portadora de deficiência".

Art. 45. O art. 152 da Lei n. 7.210, de 11 de julho de 1984 (Lei de Execução Penal), passa a vigorar com a seguinte redação:

•• Alteração já processada no diploma modificado.

Art. 46. Esta Lei entra em vigor 45 (quarenta e cinco) dias após sua publicação.

Brasília, 7 de agosto de 2006; 185.° da Independência e 118.° da República.

LUIZ INÁCIO LULA DA SILVA

LEI N. 11.343, DE 23 DE AGOSTO DE 2006 (*)

Institui o Sistema Nacional de Políticas Públicas sobre Drogas – Sisnad; prescreve medidas para prevenção do uso indevido, atenção e reinserção social de usuários e dependentes de drogas; estabelece normas para repressão à produção não autorizada e ao tráfico ilícito de drogas; define crimes e dá outras providências.

(*) Publicada no *DOU*, de 24-8-2006. Regulamentada pelo Decreto n. 5.912, de 27-9-2006. O Decreto n. 154, de 26-6-1991 (Convenção de Viena), promulga a Convenção Contra o Tráfico Ilícito de Entorpecentes e Substâncias Psicotrópicas. O Decreto n. 7.179, de 20-5-2010, institui o Plano Integrado de Enfrentamento ao *Crack* e outras Drogas, e cria o seu Comitê Gestor. A Resolução n. 1, de 19-8-2015, do Conad regulamenta, no âmbito do Sisnad, as entidades que realizam o acolhimento de pessoas, em caráter voluntário, com problemas associados ao uso nocivo ou dependência de substância psicoativa, caracterizadas como comunidades terapêuticas.

O Presidente da República

Faço saber que o Congresso Nacional decreta e eu sanciono a seguinte Lei:

Título I
DISPOSIÇÕES PRELIMINARES

Art. 1.º Esta Lei institui o Sistema Nacional de Políticas Públicas sobre Drogas – Sisnad; prescreve medidas para prevenção do uso indevido, atenção e reinserção social de usuários e dependentes de drogas; estabelece normas para repressão à produção não autorizada e ao tráfico ilícito de drogas e define crimes.

Parágrafo único. Para fins desta Lei, consideram-se como drogas as substâncias ou os produtos capazes de causar dependência, assim especificados em lei ou relacionados em listas atualizadas periodicamente pelo Poder Executivo da União.

•• A Portaria n. 344, de 12-5-1998, do Ministério da Saúde, aprova o Regulamento Técnico sobre substâncias e medicamentos sujeitos a controle especial.

Art. 2.º Ficam proibidas, em todo o território nacional, as drogas, bem como o plantio, a cultura, a colheita e a exploração de vegetais e substratos dos quais possam ser extraídas ou produzidas drogas, ressalvada a hipótese de autorização legal ou regulamentar, bem como o que estabelece a Convenção de Viena, das Nações Unidas, sobre Substâncias Psicotrópicas, de 1971, a respeito de plantas de uso estritamente ritualístico-religioso.

•• O Decreto n. 79.388, de 14-3-1977, promulga a Convenção sobre Substâncias Psicotrópicas.

Parágrafo único. Pode a União autorizar o plantio, a cultura e a colheita dos vegetais referidos no *caput* deste artigo, exclusivamente para fins medicinais ou científicos, em local e prazo predeterminados, mediante fiscalização, respeitadas as ressalvas supramencionadas.

Título II
DO SISTEMA NACIONAL DE POLÍTICAS PÚBLICAS SOBRE DROGAS

•• *Vide* Decreto n. 5.912, de 27-9-2006.

Art. 3.º O Sisnad tem a finalidade de articular, integrar, organizar e coordenar as atividades relacionadas com:

I – a prevenção do uso indevido, a atenção e a reinserção social de usuários e dependentes de drogas;

• *Vide* arts. 18 a 30 desta Lei.

• A Resolução n. 1, de 19-8-2015, do Conad regulamenta, no âmbito do Sisnad, as entidades que realizam o acolhimento de pessoas, em caráter voluntário, com problemas associados ao uso nocivo ou dependência de substância psicoativa, caracterizadas como comunidades terapêuticas.

II – a repressão da produção não autorizada e do tráfico ilícito de drogas.

• *Vide* arts. 31 a 64 desta Lei.

Capítulo I
DOS PRINCÍPIOS E DOS OBJETIVOS DO SISTEMA NACIONAL DE POLÍTICAS PÚBLICAS SOBRE DROGAS

Art. 4.º São princípios do Sisnad:

I – o respeito aos direitos fundamentais da pessoa humana, especialmente quanto à sua autonomia e à sua liberdade;

• *Vide* arts. 3.º e 5.º da CF.

II – o respeito à diversidade e às especificidades populacionais existentes;

III – a promoção dos valores éticos, culturais e de cidadania do povo brasileiro, reconhecendo-os como fatores de proteção para o uso indevido de drogas e outros comportamentos correlacionados;

IV – a promoção de consensos nacionais, de ampla participação social, para o estabelecimento dos fundamentos e estratégias do Sisnad;

V – a promoção da responsabilidade compartilhada entre Estado e Sociedade, reconhecendo a importância da participação social nas atividades do Sisnad;

VI – o reconhecimento da intersetorialidade dos fatores correlacionados com o uso indevido de drogas, com a sua produção não autorizada e o seu tráfico ilícito;

VII – a integração das estratégias nacionais e internacionais de prevenção do uso indevido, atenção e reinserção social de usuários e dependentes de drogas e de repressão à sua produção não autorizada e ao seu tráfico ilícito;

VIII – a articulação com os órgãos do Ministério Público e dos Poderes Legislativo e Judiciário visando à cooperação mútua nas atividades do Sisnad;

IX – a adoção de abordagem multidisciplinar que reconheça a interdependência e a natureza complementar das atividades de prevenção do uso indevido, atenção e reinserção social de usuários e dependentes de drogas, repressão da produção não autorizada e do tráfico ilícito de drogas;

X – a observância do equilíbrio entre as atividades de prevenção do uso indevido, atenção e reinserção social de usuários e dependentes de drogas e de repressão à sua produção não autorizada e ao seu tráfico ilícito, visando a garantir a estabilidade e o bem-estar social;

XI – a observância às orientações e normas emanadas do Conselho Nacional Antidrogas – Conad.

Art. 5.º O Sisnad tem os seguintes objetivos:

I – contribuir para a inclusão social do cidadão, visando a torná-lo menos vulnerável a assumir comportamentos de risco para o uso indevido de drogas, seu tráfico ilícito e outros comportamentos correlacionados;

II – promover a construção e a socialização do conhecimento sobre drogas no país;

III – promover a integração entre as políticas de prevenção do uso indevido, atenção e reinserção social de usuários e dependentes de drogas e de repressão à sua produção não autorizada e ao tráfico ilícito e as políticas públicas setoriais dos órgãos do Poder Executivo da União, Distrito Federal, Estados e Municípios;

IV – assegurar as condições para a coordenação, a integração e a articulação das atividades de que trata o art. 3.º desta Lei.

CAPÍTULO II
DA COMPOSIÇÃO E DA ORGANIZAÇÃO DO SISTEMA NACIONAL DE POLÍTICAS PÚBLICAS SOBRE DROGAS

Art. 6.º *(Vetado.)*

Art. 7.º A organização do Sisnad assegura a orientação central e a execução descentralizada das atividades realizadas em seu âmbito, nas esferas federal, distrital, estadual e municipal e se constitui matéria definida no regulamento desta Lei.

Art. 8.º *(Vetado.)*

CAPÍTULO III
(Vetado.)

Arts. 9.º a 14. *(Vetados.)*

CAPÍTULO IV
DA COLETA, ANÁLISE E DISSEMINAÇÃO DE INFORMAÇÕES SOBRE DROGAS

Art. 15. *(Vetado.)*

Art. 16. As instituições com atuação nas áreas da atenção à saúde e da assistência social que atendam usuários ou dependentes de drogas devem comunicar ao órgão competente do respectivo sistema municipal de saúde os casos atendidos e os óbitos ocorridos, preservando a identidade das pessoas, conforme orientações emanadas da União.

Art. 17. Os dados estatísticos nacionais de repressão ao tráfico ilícito de drogas integrarão sistema de informações do Poder Executivo.

TÍTULO III
DAS ATIVIDADES DE PREVENÇÃO DO USO INDEVIDO, ATENÇÃO E REINSERÇÃO SOCIAL DE USUÁRIOS E DEPENDENTES DE DROGAS

CAPÍTULO I
DA PREVENÇÃO

Art. 18. Constituem atividades de prevenção do uso indevido de drogas, para efeito desta Lei, aquelas direcionadas para a redução dos fatores de vulnerabilidade e risco e para a promoção e o fortalecimento dos fatores de proteção.

Art. 19. As atividades de prevenção do uso indevido de drogas devem observar os seguintes princípios e diretrizes:

I – o reconhecimento do uso indevido de drogas como fator de interferência na qualidade de vida do indivíduo e na sua relação com a comunidade à qual pertence;

II – a adoção de conceitos objetivos e de fundamentação científica como forma de orientar as ações dos serviços públicos comunitários e privados e de evitar preconceitos e estigmatização das pessoas e dos serviços que as atendam;

III – o fortalecimento da autonomia e da responsabilidade individual em relação ao uso indevido de drogas;

IV – o compartilhamento de responsabilidades e a colaboração mútua com as instituições do setor privado e com os diversos segmentos sociais, incluindo usuários e dependentes de drogas e respectivos familiares, por meio do estabelecimento de parcerias;

V – a adoção de estratégias preventivas diferenciadas e adequadas às especificidades socioculturais das diversas populações, bem como das diferentes drogas utilizadas;

VI – o reconhecimento do "não uso", do "retardamento do uso" e da redução de riscos como resultados desejáveis das atividades de natureza preventiva, quando da definição dos objetivos a serem alcançados;

VII – o tratamento especial dirigido às parcelas mais vulneráveis da população, levando em consideração as suas necessidades específicas;

VIII – a articulação entre os serviços e organizações que atuam em atividades de prevenção do uso indevido de drogas e a rede de atenção a usuários e dependentes de drogas e respectivos familiares;

IX – o investimento em alternativas esportivas, culturais, artísticas, profissionais, entre outras, como forma de inclusão social e de melhoria da qualidade de vida;

X – o estabelecimento de políticas de formação continuada na área da prevenção do uso indevido de drogas para profissionais de educação nos 3 (três) níveis de ensino;

XI – a implantação de projetos pedagógicos de prevenção do uso indevido de drogas, nas instituições de ensino público e privado, alinhados às Diretrizes Curriculares Nacionais e aos conhecimentos relacionados a drogas;

XII – a observância das orientações e normas emanadas do Conad;

XIII – o alinhamento às diretrizes dos órgãos de controle social de políticas setoriais específicas.

Parágrafo único. As atividades de prevenção do uso indevido de drogas dirigidas à criança e ao adolescente deverão estar em consonância com as diretrizes emanadas pelo Conselho Nacional dos Direitos da Criança e do Adolescente – Conanda.

- Conanda: Lei n. 8.242, de 12-10-1991.
- O Decreto n. 5.089, de 20-5-2004, dispõe sobre a composição, estruturação, competências e funcionamento do Conanda.

CAPÍTULO II
DAS ATIVIDADES DE ATENÇÃO E DE REINSERÇÃO SOCIAL DE USUÁRIOS OU DEPENDENTES DE DROGAS

• O art. 4.º, II, do CC, determina que os viciados em tóxicos são incapazes relativamente a certos atos da vida civil, ou à maneira de os exercer.

Art. 20. Constituem atividades de atenção ao usuário e dependente de drogas e respectivos familiares, para efeito desta Lei, aquelas que visem à melhoria da qualidade de vida e à redução dos riscos e dos danos associados ao uso de drogas.

Art. 21. Constituem atividades de reinserção social do usuário ou do dependente de drogas e respectivos familiares, para efeito desta Lei, aquelas direcionadas para sua integração ou reintegração em redes sociais.

Art. 22. As atividades de atenção e as de reinserção social do usuário e do dependente de drogas e respectivos familiares devem observar os seguintes princípios e diretrizes:

I – respeito ao usuário e ao dependente de drogas, independentemente de quaisquer condições, observados os direitos fundamentais da pessoa humana, os princípios e diretrizes do Sistema Único de Saúde e da Política Nacional de Assistência Social;

II – a adoção de estratégias diferenciadas de atenção e reinserção social do usuário e do dependente de drogas e respectivos familiares que considerem as suas peculiaridades socioculturais;

III – definição de projeto terapêutico individualizado, orientado para a inclusão social e para a redução de riscos e de danos sociais e à saúde;

IV – atenção ao usuário ou dependente de drogas e aos respectivos familiares, sempre que possível, de forma multidisciplinar e por equipes multiprofissionais;

V – observância das orientações e normas emanadas do Conad;

VI – o alinhamento às diretrizes dos órgãos de controle social de políticas setoriais específicas.

Art. 23. As redes dos serviços de saúde da União, dos Estados, do Distrito Federal, dos Municípios desenvolverão programas de atenção ao usuário e ao dependente de drogas, respeitadas as diretrizes do Ministério da Saúde e os princípios explicitados no art. 22 desta Lei, obrigatória a previsão orçamentária adequada.

Art. 24. A União, os Estados, o Distrito Federal e os Municípios poderão conceder benefícios às instituições privadas que desenvolverem programas de reinserção no mercado de trabalho, do usuário e do dependente de drogas encaminhados por órgão oficial.

Art. 25. As instituições da sociedade civil, sem fins lucrativos, com atuação nas áreas da atenção à saúde e da assistência social, que atendam usuários ou dependentes de drogas poderão receber recursos do Funad, condicionados à sua disponibilidade orçamentária e financeira.

Art. 26. O usuário e o dependente de drogas que, em razão da prática de infração penal, estiverem cumprindo pena privativa de liberdade ou submetidos a medida de segurança, têm garantidos os serviços de atenção à sua saúde, definidos pelo respectivo sistema penitenciário.

CAPÍTULO III
DOS CRIMES E DAS PENAS

• *Vide* art. 1.º do Decreto-lei n. 3.914, de 9-12-1941 (Lei de Introdução ao CP e à LCP).

Art. 27. As penas previstas neste Capítulo poderão ser aplicadas isolada ou cumulativamente, bem como substituídas a qualquer tempo, ouvidos o Ministério Público e o defensor.

Art. 28. Quem adquirir, guardar, tiver em depósito, transportar ou trouxer consigo, para consumo pessoal, drogas sem autorização ou em desacordo com determinação legal ou regulamentar será submetido às seguintes penas:

I – advertência sobre os efeitos das drogas;

II – prestação de serviços à comunidade;

III – medida educativa de comparecimento a programa ou curso educativo.

§ 1.º Às mesmas medidas submete-se quem, para seu consumo pessoal, semeia, cultiva ou colhe plantas destinadas à preparação de pequena quantidade de substância ou produto capaz de causar dependência física ou psíquica.

• *Vide* art. 33, § 1.º, II, desta Lei.

§ 2.º Para determinar se a droga destinava-se a consumo pessoal, o juiz atenderá à natureza e à quantidade da substância apreendida, ao local e às condições em que se desenvolveu a ação, às circunstâncias sociais e pessoais, bem como à conduta e aos antecedentes do agente.

§ 3.º As penas previstas nos incisos II e III do *caput* deste artigo serão aplicadas pelo prazo máximo de 5 (cinco) meses.

§ 4.º Em caso de reincidência, as penas previstas nos incisos II e III do *caput* deste artigo serão aplicadas pelo prazo máximo de 10 (dez) meses.

§ 5.º A prestação de serviços à comunidade será cumprida em programas comunitários, entidades educacionais ou assistenciais, hospitais, estabelecimentos congêneres, públicos ou privados sem fins lucrativos, que se ocupem, preferencialmente, da prevenção do consumo ou da recuperação de usuários e dependentes de drogas.

§ 6.º Para garantia do cumprimento das medidas educativas a que se refere o *caput*, nos incisos I, II e III, a que injustificadamente se recuse o agente, poderá o juiz submetê-lo, sucessivamente a:

I – admoestação verbal;

II – multa.

§ 7.º O juiz determinará ao Poder Público que coloque à disposição do infrator, gratuitamente, estabelecimento de saúde, preferencialmente ambulatorial, para tratamento especializado.

Art. 29. Na imposição da medida educativa a que se refere o inciso II do § 6.º do art. 28, o juiz, atendendo à reprovabilidade da conduta, fixará o número de dias-multa, em quantidade nunca inferior a 40 (quarenta) nem superior a 100 (cem), atribuindo depois a cada um, segundo a capacidade econômica do agente, o valor de um trinta avos até 3 (três) vezes o valor do maior salário mínimo.

Parágrafo único. Os valores decorrentes da imposição da multa a que se refere o § 6.º do art. 28 serão creditados à conta do Fundo Nacional Antidrogas.

Art. 30. Prescrevem em 2 (dois) anos a imposição e a execução das penas, observado, no tocante à interrupção do prazo, o disposto nos arts. 107 e seguintes do Código Penal.

TÍTULO IV
DA REPRESSÃO À PRODUÇÃO NÃO AUTORIZADA E AO TRÁFICO ILÍCITO DE DROGAS

CAPÍTULO I
DISPOSIÇÕES GERAIS

Art. 31. É indispensável a licença prévia da autoridade competente para produzir, extrair, fabricar, transformar, preparar, possuir, manter em depósito, importar, exportar, reexportar, remeter, transportar, expor, oferecer, vender, comprar, trocar, ceder ou adquirir, para qualquer fim, drogas ou matéria-prima destinada à sua preparação, observadas as demais exigências legais.

Art. 32. As plantações ilícitas serão imediatamente destruídas pelo delegado de polícia na forma do art. 50-A, que recolherá quantidade suficiente para exame pericial, de tudo lavrando auto de levantamento das condições encontradas, com a delimitação do local, asseguradas as medidas necessárias para a preservação da prova.

•• *Caput* com redação determinada pela Lei n. 12.961, de 4-4-2014.

§§ 1.º e 2.º *(Revogados pela Lei n. 12.961, de 4-4-2014.)*

§ 3.º Em caso de ser utilizada a queimada para destruir a plantação, observar-se-á, além das cautelas necessárias à proteção ao meio ambiente, o disposto no Decreto n. 2.661, de 8 de julho de 1998, no que couber, dispensada a autorização prévia do órgão próprio do Sistema Nacional do Meio Ambiente – Sisnama.

§ 4.º As glebas cultivadas com plantações ilícitas serão expropriadas, conforme o disposto no art. 243 da Constituição Federal, de acordo com a legislação em vigor.

•• *Vide* Lei n. 8.257, de 26-11-1991, que dispõe sobre a expropriação das glebas nas quais se localizam culturas ilegais de plantas psicotrópicas.

CAPÍTULO II
DOS CRIMES

Art. 33. Importar, exportar, remeter, preparar, produzir, fabricar, adquirir, vender, expor à venda, oferecer, ter em depósito, transportar, trazer consigo, guardar, prescrever, ministrar, entregar a consumo ou fornecer drogas, ainda que gratuitamente, sem autorização ou em desacordo com determinação legal ou regulamentar:

Pena – reclusão de 5 (cinco) a 15 (quinze) anos e pagamento de 500 (quinhentos) a 1.500 (mil e quinhentos) dias-multa.

•• *Vide* arts. 40 e 44 desta Lei.

• *Vide* Súmula 711 do STF.

• *Vide* Súmula 528 do STJ.

§ 1.º Nas mesmas penas incorre quem:

I – importa, exporta, remete, produz, fabrica, adquire, vende, expõe à venda, oferece, fornece, tem em depósito, transporta, traz consigo ou guarda, ainda que gratuitamente, sem autorização ou em desacordo com determinação legal ou regulamentar, matéria-prima, insumo ou produto químico destinado à preparação de drogas;

II – semeia, cultiva ou faz a colheita, sem autorização ou em desacordo com determinação legal ou regulamentar, de plantas que se constituam em matéria-prima para a preparação de drogas;

• *Vide* art. 28, § 1.º, desta Lei.

III – utiliza local ou bem de qualquer natureza de que tem a propriedade, posse, administração, guarda ou vigilância, ou consente que outrem dele se utilize, ainda que gratuitamente, sem autorização ou em desacordo com determinação legal ou regulamentar, para o tráfico ilícito de drogas.

§ 2.º Induzir, instigar ou auxiliar alguém ao uso indevido de droga:

•• O STF julgou procedente, em 23-11-2011, a ADI n. 4.274-2 (*DOU* de 2-12-2011), dando a este § 2.º interpretação conforme a CF, "para dele excluir qualquer significado que enseje a proibição de manifestações e debates públicos acerca da descriminalização ou legalização do uso de drogas ou de qualquer substância que leve o ser humano ao entorpecimento episódico, ou então viciado, das suas faculdades psicofísicas".

Pena – detenção, de 1 (um) a 3 (três) anos, e multa de 100 (cem) a 300 (trezentos) dias-multa.

• *Vide* art. 89 da Lei n. 9.099, de 26-9-1995.

§ 3.º Oferecer droga, eventualmente e sem objetivo de lucro, a pessoa de seu relacionamento, para juntos a consumirem:

Pena – detenção, de 6 (seis) meses a 1 (um) ano, e pagamento de 700 (setecentos) a 1.500 (mil e quinhentos) dias-multa, sem prejuízo das penas previstas no art. 28.

• *Vide* art. 61 da Lei n. 9.099, de 26-9-1995.

§ 4.º Nos delitos definidos no *caput* e no § 1.º deste artigo, as penas poderão ser reduzidas de um sexto a dois terços, vedada a conversão em penas restritivas de direitos, desde que o agente seja primário, de bons antecedentes, não se dedique às atividades criminosas nem integre organização criminosa.

•• A Resolução n. 5, de 15-2-2012, do Senado Federal, suspende a execução da expressão "vedada a conversão em penas restritivas de direitos" contida neste parágrafo.

• *Vide* Súmula 501 do STJ.

Art. 34. Fabricar, adquirir, utilizar, transportar, oferecer, vender, distribuir, entregar a qualquer título, possuir, guardar ou fornecer, ainda que gratuitamente, maquinário, aparelho, instrumento ou qualquer objeto destinado à fabricação, preparação, produção ou transformação de drogas, sem autorização ou em desacordo com determinação legal ou regulamentar:

Pena – reclusão, de 3 (três) a 10 (dez) anos, e pagamento de 1.200 (mil e duzentos) a 2.000 (dois mil) dias-multa.

•• *Vide* art. 40 desta Lei (causas de aumento da pena).

Art. 35. Associarem-se duas ou mais pessoas para o fim de praticar, reiteradamente ou não, qualquer dos crimes previstos nos arts. 33, *caput* e § 1.º, e 34 desta Lei:

Pena – reclusão, de 3 (três) a 10 (dez) anos, e pagamento de 700 (setecentos) a 1.200 (mil e duzentos) dias-multa.

•• *Vide* art. 40 desta Lei (causas de aumento da pena).

Parágrafo único. Nas mesmas penas do *caput* deste artigo incorre quem se associa para a prática reiterada do crime definido no art. 36 desta Lei.

Art. 36. Financiar ou custear a prática de qualquer dos crimes previstos nos arts. 33, *caput* e § 1.º, e 34 desta Lei:

Pena – reclusão, de 8 (oito) a 20 (vinte) anos, e pagamento de 1.500 (mil e quinhentos) a 4.000 (quatro mil) dias-multa.

•• *Vide* art. 40 desta Lei (causas de aumento da pena).

Art. 37. Colaborar, como informante, com grupo, organização ou associação destinados à prática de qualquer dos crimes previstos nos arts. 33, *caput* e § 1.º, e 34 desta Lei:

Pena – reclusão, de 2 (dois) a 6 (seis) anos, e pagamento de 300 (trezentos) a 700 (setecentos) dias-multa.

•• *Vide* art. 40 desta Lei (causas de aumento da pena).

Art. 38. Prescrever ou ministrar, culposamente, drogas, sem que delas necessite o paciente, ou fazê-lo em doses excessivas ou em desacordo com determinação legal ou regulamentar:

Pena – detenção, de 6 (seis) meses a 2 (dois) anos, e pagamento de 50 (cinquenta) a 200 (duzentos) dias-multa.

• *Vide* art. 61 da Lei n. 9.099, de 26-9-1995.

Parágrafo único. O juiz comunicará a condenação ao Conselho Federal da categoria profissional a que pertença o agente.

Art. 39. Conduzir embarcação ou aeronave após o consumo de drogas, expondo a dano potencial a incolumidade de outrem:

•• *Vide* arts. 291 e 306 da Lei n. 9.503, de 23-9-1997.

Pena – detenção, de 6 (seis) meses a 3 (três) anos, além da apreensão do veículo, cassação da habilitação respectiva ou proibição de obtê-la, pelo mesmo prazo da pena privativa de liberdade aplicada, e pagamento de 200 (duzentos) a 400 (quatrocentos) dias-multa.

Parágrafo único. As penas de prisão e multa, aplicadas cumulativamente com as demais, serão de 4 (quatro) a 6 (seis) anos e de 400 (quatrocentos) a 600 (seiscentos) dias-multa, se o veículo referido no *caput* deste artigo for de transporte coletivo de passageiros.

Art. 40. As penas previstas nos arts. 33 a 37 desta Lei são aumentadas de um sexto a dois terços, se:

I – a natureza, a procedência da substância ou do produto apreendido e as circunstâncias do fato evidenciarem a transnacionalidade do delito;

• *Vide* Súmula 528 do STJ.

II – o agente praticar o crime prevalecendo-se de função pública ou no desempenho de missão de educação, poder familiar, guarda ou vigilância;

• Poder familiar: arts. 1.630 a 1.638 do CC.

III – a infração tiver sido cometida nas dependências ou imediações de estabelecimentos prisionais, de ensino ou hospitalares, de sedes de entidades estudantis, sociais, culturais, recreativas, esportivas, ou beneficentes, de locais de trabalho coletivo, de recintos onde se realizem espetáculos ou diversões de qualquer natureza, de serviços de tratamento de dependentes de drogas ou de reinserção social, de unidades militares ou policiais ou em transportes públicos;

IV – o crime tiver sido praticado com violência, grave ameaça, emprego de arma de fogo, ou qualquer processo de intimidação difusa ou coletiva;

V – caracterizado o tráfico entre Estados da Federação ou entre estes e o Distrito Federal;

VI – sua prática envolver ou visar a atingir criança ou adolescente ou a quem tenha, por qualquer motivo, diminuída ou suprimida a capacidade de entendimento e determinação;

VII – o agente financiar ou custear a prática do crime.

Art. 41. O indiciado ou acusado que colaborar voluntariamente com a investigação policial e o processo criminal na identificação dos demais coautores ou partícipes do crime e na recuperação total ou parcial do produto do crime, no caso de condenação, terá pena reduzida de um terço a dois terços.

Art. 42. O juiz, na fixação das penas, considerará, com preponderância sobre o previsto no art. 59 do Código Penal, a natureza e a quantidade da substância ou do produto, a personalidade e a conduta social do agente.

• Dispõe citado dispositivo: "O juiz atendendo à culpabilidade, aos antecedentes, à conduta social, à personalidade do agente, aos motivos, às circunstâncias e consequências do crime, bem como ao comportamento da vítima, estabelecerá, conforme seja necessário e suficiente para reprovação e prevenção do crime: I – as penas aplicáveis dentre as cominadas; II – a quantidade de pena aplicável, dentro dos limites previstos; III – o regime inicial de cumprimento da pena privativa de liberdade; IV – a substituição da pena privativa da liberdade aplicada, por outra espécie de pena, se cabível".

Art. 43. Na fixação da multa a que se referem os arts. 33 a 39 desta Lei, o juiz, atendendo ao que dispõe o art. 42 desta Lei, determinará o número de dias-multa, atribuindo a cada um, segundo as condições econômicas dos acusados, valor não inferior a um trinta avos nem superior a 5 (cinco) vezes o maior salário mínimo.

Parágrafo único. As multas, que em caso de concurso de crimes serão impostas sempre cumulativamente, podem ser aumentadas até o décuplo se, em virtude da situação econômica do acusado, considerá-las o juiz ineficazes, ainda que aplicadas no máximo.

Art. 44. Os crimes previstos nos arts. 33, *caput* e § 1.º, e 34 a 37 desta Lei são inafiançáveis e insuscetíveis de *sursis*, graça, indulto, anistia e liberdade provisória, vedada a conversão de suas penas em restritivas de direitos.

•• *Vide* 1.ª nota ao art. 33, § 4.º, desta Lei.

•• *Vide* art. 5.º, XLIII, da CF.

•• *Vide* art. 2.º da Lei n. 8.072, de 25-7-1990.

• Penas restritivas de direitos: arts. 43 a 48 do CP (Decreto-lei n. 2.848, de 7-12-1940).

• *Sursis:* arts. 77 a 82 do CP e arts. 156 a 163 da LEP (Lei n. 7.210, de 11-7-1984).

• Liberdade Provisória: arts. 321 a 350 do CPP (Decreto-lei n. 3.689, de 3-10-1941).

• Anistia e Indulto: arts. 187 a 193 da LEP (Lei n. 7.210, de 11-7-1984).

Parágrafo único. Nos crimes previstos no *caput* deste artigo, dar-se-á o livramento condicional após o cumprimento de dois terços da pena, vedada sua concessão ao reincidente específico.

• O art. 83, V, do CP ratifica o disposto neste parágrafo único.

Art. 45. É isento de pena o agente que, em razão da dependência, ou sob o efeito, proveniente de caso fortuito ou força maior, de droga, era, ao tempo da ação ou da omissão, qualquer que tenha sido a infração penal praticada, inteiramente incapaz de entender o caráter ilícito do fato ou de determinar-se de acordo com esse entendimento.

• O art. 28 do CP trata da imputabilidade penal.

Parágrafo único. Quando absolver o agente, reconhecendo, por força pericial, que este apresentava, à época do fato previsto neste artigo, as condições referidas no *caput* deste artigo, poderá determinar o juiz, na sentença, o seu encaminhamento para tratamento médico adequado.

Art. 46. As penas podem ser reduzidas de um terço a dois terços se, por força das circunstâncias previstas no art. 45 desta Lei, o agente não possuía, ao tempo da ação ou da omissão, a plena capacidade de entender o caráter ilícito do fato ou de determinar-se de acordo com esse entendimento.

•• O art. 28 do CP trata da imputabilidade penal.

Art. 47. Na sentença condenatória, o juiz, com base em avaliação que ateste a necessidade de encaminhamento do agente para tratamento, realizada por profissional de saúde com competência específica na forma da lei, determinará que a tal se proceda, observado o disposto no art. 26 desta Lei.

Capítulo III
DO PROCEDIMENTO PENAL

Art. 48. O procedimento relativo aos processos por crimes definidos neste Título rege-se pelo disposto neste Capítulo, aplicando-se, subsidiariamente, as disposições do Código de Processo Penal e da Lei de Execução Penal.

• CPP: *vide* Decreto-lei n. 3.689, de 3-10-1941.

• LEP: *vide* Lei n. 7.210, de 11-7-1984.

§ 1.º O agente de qualquer das condutas previstas no art. 28 desta Lei, salvo se houver concurso com os crimes previstos nos arts. 33 a 37 desta Lei, será processado e julgado na forma dos arts. 60 e seguintes da Lei n. 9.099, de 26 de setembro de 1995, que dispõe sobre os Juizados Especiais Criminais.

• Citados dispositivos constam neste volume.

§ 2.º Tratando-se da conduta prevista no art. 28 desta Lei, não se imporá prisão em flagrante, devendo o autor do fato ser imediatamente encaminhado ao juízo competente ou, na falta deste, assumir o compromisso de a ele comparecer, lavrando-se termo circunstanciado e providenciando-se as requisições dos exames e perícias necessários.

§ 3.º Se ausente a autoridade judicial, as providências previstas no § 2.º deste artigo serão tomadas de imediato pela autoridade policial, no local em que se encontrar, vedada a detenção do agente.

§ 4.º Concluídos os procedimentos de que trata o § 2.º deste artigo, o agente será submetido a exame de corpo de delito, se o requerer ou se a autoridade de polícia judiciária entender conveniente, e em seguida liberado.

§ 5.º Para os fins do disposto no art. 76 da Lei n. 9.099, de 1995, que dispõe sobre os Juizados Especiais Criminais, o Ministério Público poderá propor a aplicação imediata de pena prevista no art. 28 desta Lei, a ser especificada na proposta.

• Citado dispositivo consta neste volume.

Art. 49. Tratando-se de condutas tipificadas nos arts. 33, *caput* e § 1.º, e 34 a 37 desta Lei, o juiz, sempre que as circunstâncias o recomendem, empregará os instrumentos protetivos de colaboradores e testemunhas previstos na Lei n. 9.807, de 13 de julho de 1999.

• Citada Lei consta neste volume.

Seção I
Da Investigação

Art. 50. Ocorrendo prisão em flagrante, a autoridade de polícia judiciária fará, imediatamente, comunicação ao juiz competente, remetendo-lhe cópia do auto lavrado, do qual será dada vista ao órgão do Ministério Público, em 24 (vinte e quatro) horas.

§ 1.º Para efeito da lavratura do auto de prisão em flagrante e estabelecimento da materialidade do delito, é suficiente o laudo de constatação da natureza e quantidade da droga, firmado por perito oficial ou, na falta deste, por pessoa idônea.

§ 2.º O perito que subscrever o laudo a que se refere o § 1.º deste artigo não ficará impedido de participar da elaboração do laudo definitivo.

§ 3.º Recebida cópia do auto de prisão em flagrante, o juiz, no prazo de 10 (dez) dias, certificará a regularidade formal do laudo de constatação e determinará a destruição das drogas apreendidas, guardando-se amostra necessária à realização do laudo definitivo.

•• § 3.º acrescentado pela Lei n. 12.961, de 4-4-2014.

§ 4.º A destruição das drogas será executada pelo delegado de polícia competente no prazo de 15 (quinze) dias na presença do Ministério Público e da autoridade sanitária.

•• § 4.º acrescentado pela Lei n. 12.961, de 4-4-2014.

§ 5.º O local será vistoriado antes e depois de efetivada a destruição das drogas referida no § 3.º, sendo lavrado auto circunstanciado pelo delegado de polícia, certificando-se neste a destruição total delas.

•• § 5.º acrescentado pela Lei n. 12.961, de 4-4-2014.

Art. 50-A. A destruição de drogas apreendidas sem a ocorrência de prisão em flagrante será feita por incineração, no prazo máximo de 30 (trinta) dias contado da data da apreensão, guardando-se amostra necessária à realização do laudo definitivo, aplicando-se, no que couber, o procedimento dos §§ 3.º a 5.º do art. 50.

•• Artigo acrescentado pela Lei n. 12.961, de 4-4-2014.

Art. 51. O inquérito policial será concluído no prazo de 30 (trinta) dias, se o indiciado estiver preso, e de 90 (noventa) dias, quando solto.

Parágrafo único. Os prazos a que se refere este artigo podem ser duplicados pelo juiz, ouvido o Ministério Público, mediante pedido justificado da autoridade de polícia judiciária.

Art. 52. Findos os prazos a que se refere o art. 51 desta Lei, a autoridade de polícia judiciária, remetendo os autos do inquérito ao juízo:

I – relatará sumariamente as circunstâncias do fato, justificando as razões que a levaram à classificação do delito, indicando a quantidade e natureza da substância ou do produto apreendido, o local e as condições em que se desenvolveu a ação criminosa, as circunstâncias da prisão, a conduta, a qualificação e os antecedentes do agente; ou

II – requererá sua devolução para a realização de diligências necessárias.

Parágrafo único. A remessa dos autos far-se-á sem prejuízo de diligências complementares:

I – necessárias ou úteis à plena elucidação do fato, cujo resultado deverá ser encaminhado ao juízo competente até 3 (três) dias antes da audiência de instrução e julgamento;

II – necessárias ou úteis à indicação dos bens, direitos e valores de que seja titular o agente, ou que figurem em seu nome, cujo resultado deverá ser encaminhado ao juízo competente até 3 (três) dias antes da audiência de instrução e julgamento.

Art. 53. Em qualquer fase da persecução criminal relativa aos crimes previstos nesta Lei, são permitidos, além dos previstos em lei, mediante autorização judicial e ouvido o Ministério Público, os seguintes procedimentos investigatórios:

• *Vide* art. 3.º, I a VIII, da Lei n. 12.850, de 2-8-2013.

• *Vide* art. 5.º, XXXV, LIII, LIV, LV e LVII, da CF.

I – a infiltração por agentes de polícia, em tarefas de investigação, constituída pelos órgãos especializados pertinentes;

•• *Vide* arts. 10 e s. da Lei n. 12.850, de 2-8-2013.

II – a não atuação policial sobre os portadores de drogas, seus precursores químicos ou outros produtos utilizados em sua produção, que se encontrem no território brasileiro, com a finalidade de identificar e responsabilizar maior número de integrantes de operações de tráfico e distribuição, sem prejuízo da ação penal cabível.

Parágrafo único. Na hipótese do inciso II deste artigo, a autorização será concedida desde que sejam conhecidos o itinerário provável e a identificação dos agentes do delito ou de colaboradores.

Seção II
Da Instrução Criminal

Art. 54. Recebidos em juízo os autos do inquérito policial, de Comissão Parlamentar de Inquérito ou peças de informação, dar-se-á vista ao Ministério Público para, no prazo de 10 (dez) dias, adotar uma das seguintes providências:

I – requerer o arquivamento;

II – requisitar as diligências que entender necessárias;

III – oferecer denúncia, arrolar até 5 (cinco) testemunhas e requerer as demais provas que entender pertinentes.

Art. 55. Oferecida a denúncia, o juiz ordenará a notificação do acusado para oferecer defesa prévia, por escrito, no prazo de 10 (dez) dias.

§ 1.º Na resposta, consistente em defesa preliminar e exceções, o acusado poderá arguir preliminares e invocar todas as razões de defesa, oferecer documentos e justificações, especificar as provas que pretende produzir e, até o número de 5 (cinco), arrolar testemunhas.

§ 2.º As exceções serão processadas em apartado, nos termos dos arts. 95 a 113 do Decreto-lei n. 3.689, de 3 de outubro de 1941 – Código de Processo Penal.

• *Vide* citados dispositivos constantes neste volume.

§ 3.º Se a resposta não for apresentada no prazo, o juiz nomeará defensor para oferecê-la em 10 (dez) dias, concedendo-lhe vista dos autos no ato de nomeação.

§ 4.º Apresentada a defesa, o juiz decidirá em 5 (cinco) dias.

§ 5.º Se entender imprescindível, o juiz, no prazo máximo de 10 (dez) dias, determinará a apresentação do preso, realização de diligências, exames e perícias.

Art. 56. Recebida a denúncia, o juiz designará dia e hora para a audiência de instrução e julgamento, ordenará a citação pessoal do acusado, a intimação do Ministério Público, do assistente, se for o caso, e requisitará os laudos periciais.

§ 1.° Tratando-se de condutas tipificadas como infração do disposto nos arts. 33, *caput* e § 1.°, e 34 a 37 desta Lei, o juiz, ao receber a denúncia, poderá decretar o afastamento cautelar do denunciado de suas atividades, se for funcionário público, comunicando ao órgão respectivo.

§ 2.° A audiência a que se refere o *caput* deste artigo será realizada dentro dos 30 (trinta) dias seguintes ao recebimento da denúncia, salvo se determinada a realização de avaliação para atestar dependência de drogas, quando se realizará em 90 (noventa) dias.

Art. 57. Na audiência de instrução e julgamento, após o interrogatório do acusado e a inquirição das testemunhas, será dada a palavra, sucessivamente, ao representante do Ministério Público e ao defensor do acusado, para sustentação oral, pelo prazo de 20 (vinte) minutos para cada um, prorrogável por mais 10 (dez), a critério do juiz.

Parágrafo único. Após proceder ao interrogatório, o juiz indagará das partes se restou algum fato para ser esclarecido, formulando as perguntas correspondentes se o entender pertinente e relevante.

Art. 58. Encerrados os debates, proferirá o juiz sentença de imediato, ou o fará em 10 (dez) dias, ordenando que os autos para isso lhe sejam conclusos.

§§ 1.° e 2.° *(Revogados pela Lei n. 12.961, de 4-4-2014.)*

Art. 59. Nos crimes previstos nos arts. 33, *caput* e § 1.°, e 34 a 37 desta Lei, o réu não poderá apelar sem recolher-se à prisão, salvo se for primário e de bons antecedentes, assim reconhecido na sentença condenatória.

•• *Vide* art. 2.°, § 2.°, da Lei n. 8.072, de 25-7-1990.

CAPÍTULO IV
DA APREENSÃO, ARRECADAÇÃO E DESTINAÇÃO DE BENS DO ACUSADO

Art. 60. O juiz, de ofício, a requerimento do Ministério Público ou mediante representação da autoridade de polícia judiciária, ouvido o Ministério Público, havendo indícios suficientes, poderá decretar, no curso do inquérito ou da ação penal, a apreensão e outras medidas assecuratórias relacionadas aos bens móveis e imóveis ou valores consistentes em produtos dos crimes previstos nesta Lei, ou que constituam proveito auferido com sua prática, procedendo-se na forma dos arts. 125 a 144 do Decreto-lei n. 3.689, de 3 de outubro de 1941 – Código de Processo Penal.

• *Vide* citados dispositivos constantes neste volume.

§ 1.° Decretadas quaisquer das medidas previstas neste artigo, o juiz facultará ao acusado que, no prazo de 5 (cinco) dias, apresente ou requeira a produção de provas acerca da origem lícita do produto, bem ou valor objeto da decisão.

§ 2.° Provada a origem lícita do produto, bem ou valor, o juiz decidirá pela sua liberação.

§ 3.° Nenhum pedido de restituição será conhecido sem o comparecimento pessoal do acusado, podendo o juiz determinar a prática de atos necessários à conservação de bens, direitos ou valores.

§ 4.° A ordem de apreensão ou sequestro de bens, direitos ou valores poderá ser suspensa pelo juiz, ouvido o Ministério Público, quando a sua execução imediata possa comprometer as investigações.

Art. 61. Não havendo prejuízo para a produção da prova dos fatos e comprovado o interesse público ou social, ressalvado o disposto no art. 62 desta Lei, mediante autorização do juízo competente, ouvido o Ministério Público e cientificada a Senad, os bens apreendidos poderão ser utilizados pelos órgãos ou pelas entidades que atuam na prevenção do uso indevido, na atenção e reinserção social de usuários e dependentes de drogas e na repressão à produção não autorizada e ao tráfico ilícito de drogas, exclusivamente no interesse dessas atividades.

Parágrafo único. Recaindo a autorização sobre veículos, embarcações ou aeronaves, o juiz ordenará à autoridade de trânsito ou ao equivalente órgão de registro e controle a expedição de certificado provisório de registro e licenciamento, em favor da instituição à qual tenha deferido o uso, ficando esta livre do pagamento de multas, encargos e tributos anteriores, até o trânsito em julgado da decisão que decretar o seu perdimento em favor da União.

Art. 62. Os veículos, embarcações, aeronaves e quaisquer outros meios de transporte, os maquinários, utensílios, instrumentos e objetos de qualquer natureza, utilizados para a prática dos crimes definidos nesta Lei, após a sua regular apreensão, ficarão sob custódia da autoridade de polícia judiciária, excetuadas as armas, que serão recolhidas na forma de legislação específica.

•• Sobre armas de fogo *vide* art. 25 da Lei n. 10.826, de 22-12-2003 (Estatuto do Desarmamento).

• *Vide* art. 61 desta Lei.

§ 1.° Comprovado o interesse público na utilização de qualquer dos bens mencionados neste artigo, a autoridade de polícia judiciária poderá deles fazer uso, sob sua responsabilidade e com o objetivo de sua conservação, mediante autorização judicial, ouvido o Ministério Público.

§ 2.° Feita a apreensão a que se refere o *caput* deste artigo, e tendo recaído sobre dinheiro ou cheques emitidos como ordem de pagamento, a autoridade de polícia judiciária que presidir o inquérito deverá, de imediato, requerer ao juízo competente a intimação do Ministério Público.

§ 3.° Intimado, o Ministério Público deverá requerer ao juízo, em caráter cautelar, a conversão do numerário apreendido em moeda nacional, se for o caso, a compensação dos cheques emitidos após a instrução do inquérito, com cópias autênticas dos respectivos títulos, e o depósito das correspondentes quantias em conta judicial, juntando-se aos autos o recibo.

§ 4.º Após a instauração da competente ação penal, o Ministério Público, mediante petição autônoma, requererá ao juízo competente que, em caráter cautelar, proceda à alienação dos bens apreendidos, excetuados aqueles que a União, por intermédio da Senad, indicar para serem colocados sob uso e custódia da autoridade de polícia judiciária, de órgãos de inteligência ou militares, envolvidos nas ações de prevenção ao uso indevido de drogas e operações de repressão à produção não autorizada e ao tráfico ilícito de drogas, exclusivamente no interesse dessas atividades.

§ 5.º Excluídos os bens que se houver indicado para os fins previstos no § 4.º deste artigo, o requerimento de alienação deverá conter a relação de todos os demais bens apreendidos, com a descrição e a especificação de cada um deles, e informações sobre quem os tem sob custódia e o local onde se encontram.

§ 6.º Requerida a alienação dos bens, a respectiva petição será autuada em apartado, cujos autos terão tramitação autônoma em relação aos da ação penal principal.

§ 7.º Autuado o requerimento de alienação, os autos serão conclusos ao juiz, que, verificada a presença de nexo de instrumentalidade entre o delito e os objetos utilizados para a sua prática e risco de perda de valor econômico pelo decurso do tempo, determinará a avaliação dos bens relacionados, cientificará a Senad e intimará a União, o Ministério Público e o interessado, este, se for o caso, por edital com prazo de 5 (cinco) dias.

§ 8.º Feita a avaliação e dirimidas eventuais divergências sobre o respectivo laudo, o juiz, por sentença, homologará o valor atribuído aos bens e determinará sejam alienados em leilão.

§ 9.º Realizado o leilão, permanecerá depositada em conta judicial a quantia apurada, até o final da ação penal respectiva, quando será transferida ao Funad, juntamente com os valores de que trata o § 3.º deste artigo.

§ 10. Terão apenas efeito devolutivo os recursos interpostos contra as decisões proferidas no curso do procedimento previsto neste artigo.

§ 11. Quanto aos bens indicados na forma do § 4.º deste artigo, recaindo a autorização sobre veículos, embarcações ou aeronaves, o juiz ordenará à autoridade de trânsito ou ao equivalente órgão de registro e controle a expedição de certificado provisório de registro e licenciamento, em favor da autoridade de polícia judiciária ou órgão aos quais tenha deferido o uso, ficando estes livres do pagamento de multas, encargos e tributos anteriores, até o trânsito em julgado da decisão que decretar o seu perdimento em favor da União.

Art. 63. Ao proferir a sentença de mérito, o juiz decidirá sobre o perdimento do produto, bem ou valor apreendido, sequestrado ou declarado indisponível.

§ 1.º Os valores apreendidos em decorrência dos crimes tipificados nesta Lei e que não forem objeto de tutela cautelar, após decretado o seu perdimento em favor da União, serão revertidos diretamente ao Funad.

§ 2.º Compete à Senad a alienação dos bens apreendidos e não leiloados em caráter cautelar, cujo perdimento já tenha sido decretado em favor da União.

§ 3.º A Senad poderá firmar convênios de cooperação, a fim de dar imediato cumprimento ao estabelecido no § 2.º deste artigo.

§ 4.º Transitada em julgado a sentença condenatória, o juiz do processo, de ofício ou a requerimento do Ministério Público, remeterá à Senad relação dos bens, direitos e valores declarados perdidos em favor da União, indicando, quanto aos bens, o local em que se encontram e a entidade ou o órgão em cujo poder estejam, para os fins de sua destinação nos termos da legislação vigente.

Art. 64. A União, por intermédio da Senad, poderá firmar convênio com os Estados, com o Distrito Federal e com organismos orientados para a prevenção do uso indevido de drogas, a atenção e a reinserção social de usuários ou dependentes e a atuação na repressão à produção não autorizada e ao tráfico ilícito de drogas, com vistas na liberação de equipamentos e de recursos por ela arrecadados, para a implantação e execução de programas relacionados à questão das drogas.

TÍTULO V
DA COOPERAÇÃO INTERNACIONAL

- *Vide* art. 5.º, LI, da CF.
- Convenção para a Repressão do Tráfico Ilícito das Drogas Nocivas (1936): Decreto n. 2.994, de 17-8-1938.
- Convenção Única sobre Entorpecentes (1961): Decreto n. 54.216, de 27-8-1964.
- Convenção sobre Substâncias Psicotrópicas (1971): Decreto n. 79.388, de 14-3-1977.
- Convenção contra o Tráfico Ilícito de Entorpecentes e Substâncias Psicotrópicas (1988): Decreto n. 154, de 26-6-1991.

Art. 65. De conformidade com os princípios da não intervenção em assuntos internos, da igualdade jurídica e do respeito à integridade territorial dos Estados e às leis e aos regulamentos nacionais em vigor, e observado o espírito das Convenções das Nações Unidas e outros instrumentos jurídicos internacionais relacionados à questão das drogas, de que o Brasil é parte, o governo brasileiro prestará, quando solicitado, cooperação a outros países e organismos internacionais e, quando necessário, deles solicitará a colaboração, nas áreas de:

I – intercâmbio de informações sobre legislações, experiências, projetos e programas voltados para atividades de prevenção do uso indevido, de atenção e de reinserção social de usuários e dependentes de drogas;

II – intercâmbio de inteligência policial sobre produção e tráfico de drogas e delitos conexos, em especial o tráfico de armas, a lavagem de dinheiro e o desvio de precursores químicos;

III – intercâmbio de informações policiais e judiciais sobre produtores e traficantes de drogas e seus precursores químicos.

TÍTULO VI
DISPOSIÇÕES FINAIS E TRANSITÓRIAS

Art. 66. Para fins do disposto no parágrafo único do art. 1.º desta Lei, até que seja atualizada a terminologia da lista mencionada no preceito, denominam-se drogas substâncias entorpecentes, psicotrópicas, precursoras e outras sob controle especial, da Portaria SVS/MS n. 344, de 12 de maio de 1998.

• Portaria SVS/MS n. 344, de 12-5-1998: Regulamento Técnico sobre Substâncias e Medicamentos sujeitos a Controle Especial.

Art. 67. A liberação dos recursos previstos na Lei n. 7.560, de 19 de dezembro de 1986, em favor de Estados e do Distrito Federal, dependerá de sua adesão e respeito às diretrizes básicas contidas nos convênios firmados e do fornecimento de dados necessários à atualização do sistema previsto no art. 17 desta Lei, pelas respectivas polícias judiciárias.

• Citado diploma legal dispõe sobre a instituição do Fundo de Prevenção, Recuperação e de Combate às Drogas de Abuso e sobre os bens apreendidos e adquiridos com produtos de tráfico ilícito de drogas ou atividades correlatas.

Art. 68. A União, os Estados, o Distrito Federal e os Municípios poderão criar estímulos fiscais e outros, destinados às pessoas físicas e jurídicas que colaborem na prevenção do uso indevido de drogas, atenção e reinserção social de usuários e dependentes e na repressão da produção não autorizada e do tráfico ilícito de drogas.

Art. 69. No caso de falência ou liquidação extrajudicial de empresas ou estabelecimentos hospitalares, de pesquisa, de ensino, ou congêneres, assim como nos serviços de saúde que produzirem, venderem, adquirirem, consumirem, prescreverem ou fornecerem drogas ou de qualquer outro em que existam essas substâncias ou produtos, incumbe ao juízo perante o qual tramite o feito:

• Sobre falência *vide* Lei n. 11.101, de 9-2-2005 (dispositivos).

I – determinar, imediatamente à ciência da falência ou liquidação, sejam lacradas suas instalações;

II – ordenar à autoridade sanitária competente a urgente adoção das medidas necessárias ao recebimento e guarda, em depósito, das drogas arrecadadas;

III – dar ciência ao órgão do Ministério Público, para acompanhar o feito.

§ 1.º Da licitação para alienação de substâncias ou produtos não proscritos referidos no inciso II do *caput* deste artigo, só podem participar pessoas jurídicas regularmente habilitadas na área de saúde ou de pesquisa científica que comprovem a destinação lícita a ser dada ao produto a ser arrematado.

§ 2.º Ressalvada a hipótese de que trata o § 3.º deste artigo, o produto não arrematado será, ato contínuo à hasta pública, destruído pela autoridade sanitária, na presença dos Conselhos Estaduais sobre Drogas e do Ministério Público.

§ 3.º Figurando entre o praceado e não arrematadas especialidades farmacêuticas em condições de emprego terapêutico, ficarão elas depositadas sob a guarda do Ministério da Saúde, que as destinará à rede pública de saúde.

Art. 70. O processo e o julgamento dos crimes previstos nos arts. 33 a 37 desta Lei, se caracterizado ilícito transnacional, são da competência da Justiça Federal.

Parágrafo único. Os crimes praticados nos Municípios que não sejam sede de vara federal serão processados e julgados na vara federal da circunscrição respectiva.

Art. 71. (*Vetado.*)

Art. 72. Encerrado o processo penal ou arquivado o inquérito policial, o juiz, de ofício, mediante representação do delegado de polícia ou a requerimento do Ministério Público, determinará a destruição das amostras guardadas para contraprova, certificando isso nos autos.

•• Artigo com redação determinada pela Lei n. 12.961, de 4-4-2014.

Art. 73. A União poderá estabelecer convênios com os Estados e o com o Distrito Federal, visando à prevenção e repressão do tráfico ilícito e do uso indevido de drogas, e com os Municípios, com o objetivo de prevenir o uso indevido delas e de possibilitar a atenção e reinserção social de usuários e dependentes de drogas.

•• Artigo com redação determinada pela Lei n. 12.219, de 31-3-2010.

Art. 74. Esta Lei entra em vigor 45 (quarenta e cinco) dias após a sua publicação.

Art. 75. Revogam-se a Lei n. 6.368, de 21 de outubro de 1976, e a Lei n. 10.409, de 11 de janeiro de 2002.

Brasília, 23 de agosto de 2006; 185.º da Independência e 118.º da República.

LUIZ INÁCIO LULA DA SILVA

DECRETO N. 5.912, DE 27 DE SETEMBRO DE 2006 (*)

Regulamenta a Lei n. 11.343, de 23 de agosto de 2006, que trata das políticas públicas so-

(*) Publicado no *DOU*, de 28-9-2006.

bre drogas e da instituição do Sistema Nacional de Políticas Públicas sobre Drogas – SISNAD, e dá outras providências.

O Presidente da República, no uso das atribuições que lhe confere o art. 84, incisos IV e VI, alínea *a*, da Constituição, e tendo em vista o disposto na Lei n. 11.343, de 23 de agosto de 2006, decreta:

CAPÍTULO I
DA FINALIDADE E DA ORGANIZAÇÃO DO SISNAD

Art. 1.º O Sistema Nacional de Políticas Públicas sobre Drogas – SISNAD, instituído pela Lei n. 11.343, de 23 de agosto de 2006, tem por finalidade articular, integrar, organizar e coordenar as atividades relacionadas com:

I – a prevenção do uso indevido, atenção e reinserção social de usuários e dependentes de drogas; e

II – a repressão da produção não autorizada e do tráfico ilícito de drogas.

Art. 2.º Integram o SISNAD:

I – o Conselho Nacional Antidrogas – CONAD, órgão normativo e de deliberação coletiva do sistema, vinculado ao Ministério da Justiça;

•• Inciso I com redação determinada pelo Decreto n. 7.426, de 7-1-2011.

• A Portaria n. 473, de 27-2-2014, do Ministério da Justiça, aprova o Regimento Interno do CONAD.

II – a Secretaria Nacional Antidrogas – SENAD, na qualidade de secretaria-executiva do colegiado;

III – o conjunto de órgãos e entidades públicos que exerçam atividades de que tratam os incisos I e II do art. 1.º:

a) do Poder Executivo federal;

b) dos Estados, dos Municípios e do Distrito Federal, mediante ajustes específicos; e

IV – as organizações, instituições ou entidades da sociedade civil que atuam nas áreas da atenção à saúde e da assistência social e atendam usuários ou dependentes de drogas e respectivos familiares, mediante ajustes específicos.

Art. 3.º A organização do SISNAD assegura a orientação central e a execução descentralizada das atividades realizadas em seu âmbito, nas esferas federal e, mediante ajustes específicos, estadual, municipal e do Distrito Federal, dispondo para tanto do Observatório Brasileiro de Informações sobre Drogas, unidade administrativa da Estrutura Regimental aprovada pelo Decreto n. 5.772, de 8 de maio de 2006.

CAPÍTULO II
DA COMPETÊNCIA E DA COMPOSIÇÃO DO CONAD

Art. 4.º Compete ao CONAD, na qualidade de órgão superior do SISNAD:

I – acompanhar e atualizar a política nacional sobre drogas, consolidada pela SENAD;

II – exercer orientação normativa sobre as atividades previstas no art. 1.º;

III – acompanhar e avaliar a gestão dos recursos do Fundo Nacional Antidrogas – FUNAD e o desempenho dos planos e programas da política nacional sobre drogas;

IV – propor alterações em seu Regimento Interno; e

V – promover a integração ao SISNAD dos órgãos e entidades congêneres dos Estados, dos Municípios e do Distrito Federal.

Art. 5.º São membros do CONAD, com direito a voto:

I – o Ministro de Estado da Justiça, que o presidirá;

•• Inciso I com redação determinada pelo Decreto n. 7.426, de 7-1-2011.

II – o Secretário Nacional de Políticas sobre Drogas;

•• Inciso II com redação determinada pelo Decreto n. 7.426, de 7-1-2011.

III – um representante da área técnica da Secretaria Nacional de Políticas sobre Drogas, indicado pelo Secretário;

•• Inciso III com redação determinada pelo Decreto n. 7.426, de 7-1-2011.

IV – representantes dos seguintes órgãos, indicados pelos seus respectivos titulares:

a) um da Secretaria Especial dos Direitos Humanos da Presidência da República;

b) um do Ministério da Educação;

c) um do Ministério da Defesa;

d) um do Ministério das Relações Exteriores;

e) um do Ministério do Desenvolvimento Social e Combate à Fome;

f) dois do Ministério da Saúde, sendo um da Agência Nacional de Vigilância Sanitária;

g) dois do Ministério da Justiça, sendo um do Departamento de Polícia Federal e um da Secretaria Nacional de Segurança Pública;

h) dois do Ministério da Fazenda, sendo um da Secretaria da Receita Federal e um do Conselho de Controle de Atividades Financeiras;

V – um representante dos Conselhos Estaduais de Entorpecentes ou Antidrogas, indicado pelo Presidente do CONAD;

VI – representantes de organizações, instituições ou entidades nacionais da sociedade civil:

a) um jurista, de comprovada experiência em assuntos de drogas, indicado pelo Conselho Federal da Ordem dos Advogados do Brasil – OAB-Federal;

b) um médico, de comprovada experiência e atuação na área de drogas, indicado pelo Conselho Federal de Medicina – CFM;

c) um psicólogo, de comprovada experiência voltada para a questão de drogas, indicado pelo Conselho Federal de Psicologia – CFP;

d) um assistente social, de comprovada experiência voltada para a questão de drogas, indicado pelo Conselho Federal de Serviço Social – CFESS;

e) um enfermeiro, de comprovada experiência e atuação na área de drogas, indicado pelo Conselho Federal de Enfermagem – COFEN;

f) um educador, com comprovada experiência na prevenção do uso de drogas na escola, indicado pelo Conselho Federal de Educação – CFE;

g) um cientista, com comprovada produção científica na área de drogas, indicado pela Sociedade Brasileira para o Progresso da Ciência – SBPC;

h) um estudante indicado pela União Nacional dos Estudantes – UNE;

VII – profissionais ou especialistas, de manifesta sensibilidade na questão das drogas, indicados pelo Presidente do CONAD:

a) um de imprensa, de projeção nacional;

b) um antropólogo;

c) um do meio artístico, de projeção nacional; e

d) dois de organizações do Terceiro Setor, de abrangência nacional, de comprovada atuação na área de redução da demanda de drogas.

§ 1.º Cada membro titular do CONAD, de que tratam os incisos III a VII, terá seu respectivo suplente, que o substituirá em suas ausências e impedimentos, todos designados pelo Ministro de Estado da Justiça;

•• § 1.º com redação determinada pelo Decreto n. 7.426, de 7-1-2011.

§ 2.º Em suas ausências e impedimentos, o Presidente do CONAD será substituído pelo Secretário Nacional de Políticas sobre Drogas, e este, por um suplente por ele indicado e designado na forma do § 1.º.

•• § 2.º com redação determinada pelo Decreto n. 7.426, de 7-1-2011.

Art. 6.º Os membros titulares e suplentes referidos nos incisos III a VII do art. 5.º terão mandato de dois anos, permitida uma única recondução.

Art. 7.º Os membros referidos nos incisos III a VII do art. 5.º perderão o mandato, antes do prazo de dois anos, nos seguintes casos:

I – por renúncia; e

II – pela ausência imotivada em três reuniões consecutivas do Conselho.

Parágrafo único. No caso de perda do mandato, será designado novo Conselheiro para a função.

Art. 8.º As reuniões ordinárias do CONAD, ressalvadas as situações de excepcionalidade, deverão ser convocadas com antecedência mínima de cinco dias úteis, com pauta previamente comunicada aos seus integrantes.

Art. 9.º O CONAD deliberará por maioria simples de votos, cabendo ao seu Presidente utilizar o voto de qualidade para fins de desempate.

Art. 10. O CONAD formalizará suas deliberações por meio de resoluções, que serão publicadas no *Diário Oficial da União*.

Parágrafo único. Observado o disposto no art. 3.º, as deliberações do CONAD serão cumpridas pelos órgãos e entidades integrantes do SISNAD, sob acompanhamento da SENAD e do Departamento de Polícia Federal, em suas respectivas áreas de competência.

Art. 11. O Presidente do CONAD poderá constituir grupos técnicos com a finalidade de assessorá-lo no exercício de suas atribuições, assim como convidar especialista, sem direito a voto, para prestar informações ou acompanhar as reuniões do colegiado, cujas despesas com viagem serão suportadas na forma do art. 20.

Parágrafo único. Será convidado a participar das reuniões do colegiado um membro do Ministério Público Federal, na qualidade de observador e com direito a voz.

Art. 12. O CONAD definirá em ato próprio, mediante proposta aprovada pela maioria absoluta de seus integrantes e homologada pelo seu Presidente, as normas complementares relativas à sua organização e funcionamento.

Capítulo III
DAS ATRIBUIÇÕES DO PRESIDENTE DO CONAD

Art. 13. São atribuições do Presidente do CONAD, entre outras previstas no Regimento Interno:

I – convocar e presidir as reuniões do colegiado; e

II – solicitar estudos, informações e posicionamento sobre temas de relevante interesse público.

Capítulo IV
DAS COMPETÊNCIAS ESPECÍFICAS DOS ÓRGÃOS E ENTIDADES QUE COMPÕEM O SISNAD

Art. 14. Para o cumprimento do disposto neste Decreto, são competências específicas dos órgãos e entidades que compõem o SISNAD:

I – do Ministério da Saúde:

a) publicar listas atualizadas periodicamente das substâncias ou produtos capazes de causar dependência;

b) baixar instruções de caráter geral ou específico sobre limitação, fiscalização e controle da produção, do comércio e do uso das drogas;

c) autorizar o plantio, a cultura e a colheita dos vegetais dos quais possam ser extraídas ou produzidas drogas, exclusivamente para fins medicinais ou científicos, em local e prazo predeterminados, mediante fiscalização, ressalvadas as hipóteses de autorização legal ou regulamentar;

d) assegurar a emissão da indispensável licença prévia, pela autoridade sanitária competente, para produzir, extrair, fabricar, transformar, preparar, possuir, manter em depósito, importar, exportar, reexportar, remeter, transportar, expor, oferecer, vender, comprar, trocar, ceder ou adquirir, para qualquer fim, drogas ou matéria-prima destinada à sua preparação, observadas as demais exigências legais;

e) disciplinar a política de atenção aos usuários e dependentes de drogas, bem como aos seus familiares, junto à rede do Sistema Único de Saúde – SUS;

f) disciplinar as atividades que visem à redução de danos e riscos sociais e à saúde;

g) disciplinar serviços públicos e privados que desenvolvam ações de atenção às pessoas que façam uso ou sejam dependentes de drogas e seus familiares;

h) gerir, em articulação com a SENAD, o banco de dados das instituições de atenção à saúde e de assistência social que atendam usuários ou dependentes de drogas;

II – do Ministério da Educação:

a) propor e implementar, em articulação com o Ministério da Saúde, a Secretaria Especial dos Direitos Humanos da Presidência da República e a SENAD, políticas de formação continuada para os profissionais de educação nos três níveis de ensino que abordem a prevenção ao uso indevido de drogas;

b) apoiar os dirigentes das instituições de ensino público e privado na elaboração de projetos pedagógicos alinhados às Diretrizes Curriculares Nacionais e aos princípios de prevenção do uso indevido de drogas, de atenção e reinserção social de usuários e dependentes, bem como seus familiares;

III – do Ministério da Justiça:

•• Inciso III, *caput*, com redação determinada pelo Decreto n. 7.426, de 7-1-2011.

a) articular e coordenar as atividades de repressão da produção não autorizada e do tráfico ilícito de drogas;

•• Alínea *a* com redação determinada pelo Decreto n. 7.426, de 7-1-2011.

b) propor a atualização da política nacional sobre drogas na esfera de sua competência;

•• Alínea *b* com redação determinada pelo Decreto n. 7.426, de 7-1-2011.

c) instituir e gerenciar o sistema nacional de dados estatísticos de repressão ao tráfico ilícito de drogas;

•• Alínea *c* com redação determinada pelo Decreto n. 7.426, de 7-1-2011.

d) (*Revogada pelo Decreto n. 7.434, de 21-1-2011.*)

e) articular e coordenar as atividades de prevenção do uso indevido, a atenção e a reinserção social de usuários e dependentes de drogas;

•• Alínea *e* acrescentada pelo Decreto n. 7.426, de 7-1-2011.

f) (*Revogada pelo Decreto n. 7.434, de 21-1-2011.*)

g) gerir o FUNAD e o Observatório Brasileiro de Informações sobre Drogas;

•• Alínea *g* acrescentada pelo Decreto n. 7.426, de 7-1-2011.

IV – (*Revogado pelo Decreto n. 7.426, de 7-1-2011.*)

V – dos órgãos formuladores de políticas sociais, identificar e regulamentar rede nacional das instituições da sociedade civil, sem fins lucrativos, que atendam usuários ou dependentes de drogas e respectivos familiares.

Parágrafo único. As competências específicas dos Ministérios e órgãos de que trata este artigo se estendem, quando for o caso, aos órgãos e entidades que lhes sejam vinculados.

Art. 15. No âmbito de suas respectivas competências, os órgãos e entidades de que trata o art. 2.º atentarão para:

I – o alinhamento das suas respectivas políticas públicas setoriais ao disposto nos princípios e objetivos do SISNAD, de que tratam os arts. 4.º e 5.º da Lei n. 11.343, de 2006;

II – as orientações e normas emanadas do CONAD; e

III – a colaboração nas atividades de prevenção do uso indevido, atenção e reinserção social de usuários e dependentes de drogas.

Capítulo V
DA GESTÃO DAS INFORMAÇÕES

Art. 16. O Observatório Brasileiro de Informações sobre Drogas reunirá e centralizará informações e conhecimentos atualizados sobre drogas, incluindo dados de estudos, pesquisas e levantamentos nacionais, produzindo e divulgando informações, fundamentadas cientificamente, que contribuam para o desenvolvimento de novos conhecimentos aplicados às atividades de prevenção do uso indevido, de atenção e de reinserção social de usuários e dependentes de drogas e para a criação de modelos de intervenção baseados nas necessidades específicas das diferentes populações-alvo, respeitadas suas características socioculturais.

§ 1.º Respeitado o caráter sigiloso das informações, fará parte do banco de dados central de que trata este artigo base de dados atualizada das instituições de atenção à saúde ou de assistência social que atendam usuários ou dependentes de drogas, bem como das de ensino e pesquisa que participem de tais atividades.

§ 2.º Os órgãos e entidades da administração pública federal prestarão as informações de que necessitar o Observatório Brasileiro de Informações sobre Drogas, obrigando-se a atender tempestivamente às requisições da SENAD.

Art. 17. Será estabelecido mecanismo de intercâmbio de informações com os Estados, os Municípios e o Distrito Federal, com o objetivo de se evitar duplicidade de ações no apoio às atividades de que trata este Decreto, executadas nas respectivas unidades federadas.

Art. 18. As instituições com atuação nas áreas da atenção à saúde e da assistência social que atendam usuários ou dependentes de drogas devem comunicar ao órgão competente do respectivo sistema municipal de saúde os casos atendidos e os óbitos ocorridos, preservando a identidade das pessoas, conforme orientações emanadas do CONAD.

CAPÍTULO VI
DAS DISPOSIÇÕES FINAIS

Art. 19. Os membros do CONAD não farão jus a nenhuma remuneração, sendo seus serviços considerados de relevante interesse público.

Art. 20. As despesas com viagem de conselheiros poderão correr à conta do FUNAD, em conformidade com o disposto no art. 5.º da Lei n. 7.560, de 19 de dezembro de 1986, sem prejuízo da assunção de tais despesas pelos respectivos órgãos e entidades que representem.

Art. 21. Este Decreto entra em vigor em 8 de outubro de 2006, data de início da vigência da Lei n. 11.343, de 2006.

Art. 22. Ficam revogados os Decretos n. 3.696, de 21 de dezembro de 2000, e 4.513, de 13 de dezembro de 2002.

Brasília, 27 de setembro de 2006; 185.º da Independência e 118.º da República.

LUIZ INÁCIO LULA DA SILVA

LEI N. 11.417, DE 19 DE DEZEMBRO DE 2006 (*)

Regulamenta o art. 103-A da Constituição Federal e altera a Lei n. 9.784, de 29 de janeiro de 1999, disciplinando a edição, a revisão e o cancelamento de enunciado de súmula vinculante pelo Supremo Tribunal Federal, e dá outras providências.

O Presidente da República:

Faço saber que o Congresso Nacional decreta e eu sanciono a seguinte Lei:

Art. 1.º Esta Lei disciplina a edição, a revisão e o cancelamento de enunciado de súmula vinculante pelo Supremo Tribunal Federal e dá outras providências.

Art. 2.º O Supremo Tribunal Federal poderá, de ofício ou por provocação, após reiteradas decisões sobre matéria constitucional, editar enunciado de súmula que, a partir de sua publicação na imprensa oficial, terá efeito vinculante em relação aos demais órgãos do Poder Judiciário e à administração pública direta e indireta, nas esferas federal, estadual e municipal, bem como proceder à sua revisão ou cancelamento, na forma prevista nesta Lei.

§ 1.º O enunciado da súmula terá por objeto a validade, a interpretação e a eficácia de normas determinadas, acerca das quais haja, entre órgãos judiciários ou entre esses e a administração pública, controvérsia atual que acarrete grave insegurança jurídica e relevante multiplicação de processos sobre idêntica questão.

§ 2.º O Procurador-Geral da República, nas propostas que não houver formulado, manifestar-se-á previamente à edição, revisão ou cancelamento de enunciado de súmula vinculante.

§ 3.º A edição, a revisão e o cancelamento de enunciado de súmula com efeito vinculante dependerão de decisão tomada por 2/3 (dois terços) dos membros do Supremo Tribunal Federal, em sessão plenária.

§ 4.º No prazo de 10 (dez) dias após a sessão em que editar, rever ou cancelar enunciado de súmula com efeito vinculante, o Supremo Tribunal Federal fará publicar, em seção especial do *Diário da Justiça* e do *Diário Oficial da União*, o enunciado respectivo.

Art. 3.º São legitimados a propor a edição, a revisão ou o cancelamento de enunciado de súmula vinculante:

I – o Presidente da República;

II – a Mesa do Senado Federal;

III – a Mesa da Câmara dos Deputados;

IV – o Procurador-Geral da República;

V – o Conselho Federal da Ordem dos Advogados do Brasil;

VI – o Defensor Público-Geral da União;

VII – partido político com representação no Congresso Nacional;

VIII – confederação sindical ou entidade de classe de âmbito nacional;

IX – a Mesa de Assembleia Legislativa ou da Câmara Legislativa do Distrito Federal;

X – o Governador de Estado ou do Distrito Federal;

XI – os Tribunais Superiores, os Tribunais de Justiça de Estados ou do Distrito Federal e Territórios, os Tribunais Regionais Federais, os Tribunais Regionais do Trabalho, os Tribunais Regionais Eleitorais e os Tribunais Militares.

§ 1.º O Município poderá propor, incidentalmente ao curso de processo em que seja parte, a edição, a revisão ou o cancelamento de enunciado de súmula vinculante, o que não autoriza a suspensão do processo.

§ 2.º No procedimento de edição, revisão ou cancelamento de enunciado da súmula vinculante, o relator poderá admitir, por decisão irrecorrível, a manifestação de terceiros na questão, nos termos do Regimento Interno do Supremo Tribunal Federal.

Art. 4.º A súmula com efeito vinculante tem eficácia imediata, mas o Supremo Tribunal Federal, por

(*) Publicada no *DOU*, de 20-12-2006.

decisão de 2/3 (dois terços) dos seus membros, poderá restringir os efeitos vinculantes ou decidir que só tenha eficácia a partir de outro momento, tendo em vista razões de segurança jurídica ou de excepcional interesse público.

Art. 5.º Revogada ou modificada a lei em que se fundou a edição de enunciado de súmula vinculante, o Supremo Tribunal Federal, de ofício ou por provocação, procederá à sua revisão ou cancelamento, conforme o caso.

Art. 6.º A proposta de edição, revisão ou cancelamento de enunciado de súmula vinculante não autoriza a suspensão dos processos em que se discuta a mesma questão.

Art. 7.º Da decisão judicial ou do ato administrativo que contrariar enunciado de súmula vinculante, negar-lhe vigência ou aplicá-lo indevidamente caberá reclamação ao Supremo Tribunal Federal, sem prejuízo dos recursos ou outros meios admissíveis de impugnação.

§ 1.º Contra omissão ou ato da administração pública, o uso da reclamação só será admitido após esgotamento das vias administrativas.

§ 2.º Ao julgar procedente a reclamação, o Supremo Tribunal Federal anulará o ato administrativo ou cassará a decisão judicial impugnada, determinando que outra seja proferida com ou sem aplicação da súmula, conforme o caso.

....

Art. 10. O procedimento de edição, revisão ou cancelamento de enunciado de súmula com efeito vinculante obedecerá, subsidiariamente, ao disposto no Regimento Interno do Supremo Tribunal Federal.

Art. 11. Esta Lei entra em vigor 3 (três) meses após a sua publicação.

Brasília, 19 de dezembro de 2006; 185.º da Independência e 118.º da República.

LUIZ INÁCIO LULA DA SILVA

LEI N. 11.419, DE 19 DE DEZEMBRO DE 2006 (*)

Dispõe sobre a informatização do processo judicial; altera a Lei n. 5.869, de 11 de janeiro de 1973 – Código de Processo Civil; e dá outras providências.

O Presidente da República:

Faço saber que o Congresso Nacional decreta e eu sanciono a seguinte Lei:

(*) Publicada no *DOU*, de 20-12-2006. A Resolução n. 1, de 10-2-2010, regulamenta o processo judicial eletrônico no âmbito do STJ. A Resolução n. 427, de 20-4-2010, regulamenta o processo eletrônico no âmbito do STF (e-STF).

CAPÍTULO I
DA INFORMATIZAÇÃO DO PROCESSO JUDICIAL

Art. 1.º O uso de meio eletrônico na tramitação de processos judiciais, comunicação de atos e transmissão de peças processuais será admitido nos termos desta Lei.

§ 1.º Aplica-se o disposto nesta Lei, indistintamente, aos processos civil, penal e trabalhista, bem como aos juizados especiais, em qualquer grau de jurisdição.

§ 2.º Para o disposto nesta Lei, considera-se:

I – meio eletrônico qualquer forma de armazenamento ou tráfego de documentos e arquivos digitais;

II – transmissão eletrônica toda forma de comunicação a distância com a utilização de redes de comunicação, preferencialmente a rede mundial de computadores;

III – assinatura eletrônica as seguintes formas de identificação inequívoca do signatário:

a) assinatura digital baseada em certificado digital emitido por Autoridade Certificadora credenciada, na forma de lei específica;

b) mediante cadastro de usuário no Poder Judiciário, conforme disciplinado pelos órgãos respectivos.

Art. 2.º O envio de petições, de recursos e a prática de atos processuais em geral por meio eletrônico serão admitidos mediante uso de assinatura eletrônica, na forma do art. 1.º desta Lei, sendo obrigatório o credenciamento prévio no Poder Judiciário, conforme disciplinado pelos órgãos respectivos.

§ 1.º O credenciamento no Poder Judiciário será realizado mediante procedimento no qual esteja assegurada a adequada identificação presencial do interessado.

§ 2.º Ao credenciado será atribuído registro e meio de acesso ao sistema, de modo a preservar o sigilo, a identificação e a autenticidade de suas comunicações.

§ 3.º Os órgãos do Poder Judiciário poderão criar um cadastro único para o credenciamento previsto neste artigo.

Art. 3.º Consideram-se realizados os atos processuais por meio eletrônico no dia e hora do seu envio ao sistema do Poder Judiciário, do que deverá ser fornecido protocolo eletrônico.

Parágrafo único. Quando a petição eletrônica for enviada para atender prazo processual, serão consideradas tempestivas as transmitidas até as 24 (vinte e quatro) horas do seu último dia.

CAPÍTULO II
DA COMUNICAÇÃO ELETRÔNICA DOS ATOS PROCESSUAIS

Art. 4.º Os tribunais poderão criar *Diário da Justiça* eletrônico, disponibilizado em sítio da rede mundial de computadores, para publicação de atos judiciais e administrativos próprios e dos órgãos a eles subordinados, bem como comunicações em geral.

§ 1.º O sítio e o conteúdo das publicações de que trata este artigo deverão ser assinados digitalmente com base em certificado emitido por Autoridade Certificadora credenciada na forma da lei específica.

§ 2.º A publicação eletrônica na forma deste artigo substitui qualquer outro meio e publicação oficial, para quaisquer efeitos legais, à exceção dos casos que, por lei, exigem intimação ou vista pessoal.

§ 3.º Considera-se como data da publicação o primeiro dia útil seguinte ao da disponibilização da informação no *Diário da Justiça* eletrônico.

§ 4.º Os prazos processuais terão início no primeiro dia útil que seguir ao considerado como data da publicação.

§ 5.º A criação do *Diário da Justiça* eletrônico deverá ser acompanhada de ampla divulgação, e o ato administrativo correspondente será publicado durante 30 (trinta) dias no *diário oficial* em uso.

Art. 5.º As intimações serão feitas por meio eletrônico em portal próprio aos que se cadastrarem na forma do art. 2.º desta Lei, dispensando-se a publicação no órgão oficial, inclusive eletrônico.

§ 1.º Considerar-se-á realizada a intimação no dia em que o intimando efetivar a consulta eletrônica ao teor da intimação, certificando-se nos autos a sua realização.

§ 2.º Na hipótese do § 1.º deste artigo, nos casos em que a consulta se dê em dia não útil, a intimação será considerada como realizada no primeiro dia útil seguinte.

§ 3.º A consulta referida nos §§ 1.º e 2.º deste artigo deverá ser feita em até 10 (dez) dias corridos contados da data do envio da intimação, sob pena de considerar-se a intimação automaticamente realizada na data do término desse prazo.

§ 4.º Em caráter informativo, poderá ser efetivada remessa de correspondência eletrônica, comunicando o envio da intimação e a abertura automática do prazo processual nos termos do § 3.º deste artigo, aos que manifestarem interesse por esse serviço.

§ 5.º Nos casos urgentes em que a intimação feita na forma deste artigo possa causar prejuízo a quaisquer das partes ou nos casos em que for evidenciada qualquer tentativa de burla ao sistema, o ato processual deverá ser realizado por outro meio que atinja a sua finalidade, conforme determinado pelo juiz.

§ 6.º As intimações feitas na forma deste artigo, inclusive da Fazenda Pública, serão consideradas pessoais para todos os efeitos legais.

Art. 6.º Observadas as formas e as cautelas do art. 5.º desta Lei, as citações, inclusive da Fazenda Pública, excetuadas as dos Direitos Processuais Criminal e Infracional, poderão ser feitas por meio eletrônico, desde que a íntegra dos autos seja acessível ao citando.

Art. 7.º As cartas precatórias, rogatórias, de ordem e, de um modo geral, todas as comunicações oficiais que transitem entre órgãos do Poder Judiciário, bem como entre os deste e os dos demais Poderes, serão feitas preferentemente por meio eletrônico.

Capítulo III
DO PROCESSO ELETRÔNICO

Art. 8.º Os órgãos do Poder Judiciário poderão desenvolver sistemas eletrônicos de processamento de ações judiciais por meio de autos total ou parcialmente digitais, utilizando, preferencialmente, a rede mundial de computadores e acesso por meio de redes internas e externas.

Parágrafo único. Todos os atos processuais do processo eletrônico serão assinados eletronicamente na forma estabelecida nesta Lei.

Art. 9.º No processo eletrônico, todas as citações, intimações e notificações, inclusive da Fazenda Pública, serão feitas por meio eletrônico, na forma desta Lei.

§ 1.º As citações, intimações, notificações e remessas que viabilizem o acesso à íntegra do processo correspondente serão consideradas vista pessoal do interessado para todos os efeitos legais.

§ 2.º Quando, por motivo técnico, for inviável o uso do meio eletrônico para a realização de citação, intimação ou notificação, esses atos processuais poderão ser praticados segundo as regras ordinárias, digitalizando-se o documento físico, que deverá ser posteriormente destruído.

Art. 10. A distribuição da petição inicial e a juntada da contestação, dos recursos e das petições em geral, todos em formato digital, nos autos de processo eletrônico, podem ser feitas diretamente pelos advogados públicos e privados, sem necessidade da intervenção do cartório ou secretaria judicial, situação em que a autuação deverá se dar de forma automática, fornecendo-se recibo eletrônico de protocolo.

§ 1.º Quando o ato processual tiver que ser praticado em determinado prazo, por meio de petição eletrônica, serão considerados tempestivos os efetivados até as 24 (vinte e quatro) horas do último dia.

§ 2.º No caso do § 1.º deste artigo, se o Sistema do Poder Judiciário se tornar indisponível por motivo técnico, o prazo fica automaticamente prorrogado para o primeiro dia útil seguinte à resolução do problema.

§ 3.º Os órgãos do Poder Judiciário deverão manter equipamentos de digitalização e de acesso à rede mundial de computadores à disposição dos interessados para distribuição de peças processuais.

Art. 11. Os documentos produzidos eletronicamente e juntados aos processos eletrônicos com garantia da origem e de seu signatário, na forma estabelecida nesta Lei, serão considerados originais para todos os efeitos legais.

§ 1.º Os extratos digitais e os documentos digitalizados e juntados aos autos pelos órgãos da Justiça e seus auxiliares, pelo Ministério Público e seus auxiliares, pelas procuradorias, pelas autoridades policiais, pelas repartições públicas em geral e por advogados públicos e privados têm a mesma força probante dos originais, ressalvada a alegação motivada e fundamentada de adulteração antes ou durante o processo de digitalização.

§ 2.º A arguição de falsidade do documento original será processada eletronicamente na forma da lei processual em vigor.

§ 3.º Os originais dos documentos digitalizados, mencionados no § 2.º deste artigo, deverão ser preservados pelo seu detentor até o trânsito em julgado da sentença ou, quando admitida, até o final do prazo para interposição de ação rescisória.

§ 4.º (*Vetado*.)

§ 5.º Os documentos cuja digitalização seja tecnicamente inviável devido ao grande volume ou por motivo de ilegibilidade deverão ser apresentados ao cartório ou secretaria no prazo de 10 (dez) dias contados do envio de petição eletrônica comunicando o fato, os quais serão devolvidos à parte após o trânsito em julgado.

§ 6.º Os documentos digitalizados juntados em processo eletrônico somente estarão disponíveis para acesso por meio da rede externa para suas respectivas partes processuais e para o Ministério Público, respeitado o disposto em lei para as situações de sigilo e de segredo de justiça.

Art. 12. A conservação dos autos do processo poderá ser efetuada total ou parcialmente por meio eletrônico.

§ 1.º Os autos dos processos eletrônicos deverão ser protegidos por meio de sistemas de segurança de acesso e armazenados em meio que garanta a preservação e integridade dos dados, sendo dispensada a formação de autos suplementares.

§ 2.º Os autos de processos eletrônicos que tiverem de ser remetidos a outro juízo ou instância superior que não disponham de sistema compatível deverão ser impressos em papel, autuados na forma dos arts. 166 a 168 da Lei n. 5.869, de 11 de janeiro de 1973 – Código de Processo Civil, ainda que de natureza criminal ou trabalhista, ou pertinentes a juizado especial.

•• A referência é feita ao CPC de 1973. Dispositivos correspondentes no CPC de 2015 dispõem:

"Art. 206. Ao receber a petição inicial de processo, o escrivão ou o chefe de secretaria a autuará, mencionando o juízo, a natureza do processo, o número de seu registro, os nomes das partes e a data de seu início, e procederá do mesmo modo em relação aos volumes em formação.

Art. 207. O escrivão ou o chefe de secretaria numerará e rubricará todas as folhas dos autos.

Parágrafo único. À parte, ao procurador, ao membro do Ministério Público, ao defensor público e aos auxiliares da justiça é facultado rubricar as folhas correspondentes aos atos em que intervierem.

Art. 208. Os termos de juntada, vista, conclusão e outros semelhantes constarão de notas datadas e rubricadas pelo escrivão ou pelo chefe de secretaria".

§ 3.º No caso do § 2.º deste artigo, o escrivão ou o chefe de secretaria certificará os autores ou a origem dos documentos produzidos nos autos, acrescentando, ressalvada a hipótese de existir segredo de justiça, a forma pela qual o banco de dados poderá ser acessado para aferir a autenticidade das peças e das respectivas assinaturas digitais.

§ 4.º Feita a autuação na forma estabelecida no § 2.º deste artigo, o processo seguirá a tramitação legalmente estabelecida para os processos físicos.

§ 5.º A digitalização de autos em mídia não digital, em tramitação ou já arquivados, será precedida de publicação de editais de intimações ou da intimação pessoal das partes e de seus procuradores, para que, no prazo preclusivo de 30 (trinta) dias, se manifestem sobre o desejo de manterem pessoalmente a guarda de algum dos documentos originais.

Art. 13. O magistrado poderá determinar que sejam realizados por meio eletrônico a exibição e o envio de dados e de documentos necessários à instrução do processo.

§ 1.º Consideram-se cadastros públicos, para os efeitos deste artigo, dentre outros existentes ou que venham a ser criados, ainda que mantidos por concessionárias de serviço público ou empresas privadas, os que contenham informações indispensáveis ao exercício da função judicante.

§ 2.º O acesso de que trata este artigo dar-se-á por qualquer meio tecnológico disponível, preferentemente o de menor custo, considerada sua eficiência.

§ 3.º (*Vetado*.)

Capítulo IV
DISPOSIÇÕES GERAIS E FINAIS

Art. 14. Os sistemas a serem desenvolvidos pelos órgãos do Poder Judiciário deverão usar, preferencialmente, programas com código aberto, acessíveis ininterruptamente por meio da rede mundial de computadores, priorizando-se a sua padronização.

Parágrafo único. Os sistemas devem buscar identificar os casos de ocorrência de prevenção, litispendência e coisa julgada.

Art. 15. Salvo impossibilidade que comprometa o acesso à justiça, a parte deverá informar, ao distribuir a petição inicial de qualquer ação judicial, o número no cadastro de pessoas físicas ou jurídicas, conforme o caso, perante a Secretaria da Receita Federal.

Parágrafo único. Da mesma forma, as peças de acusação criminais deverão ser instruídas pelos membros do Ministério Público ou pelas autoridades policiais com os números de registros dos acusados no Instituto Nacional de Identificação do Ministério da Justiça, se houver.

Art. 16. Os livros cartorários e demais repositórios dos órgãos do Poder Judiciário poderão ser gerados e armazenados em meio totalmente eletrônico.

Art. 17. (*Vetado.*)

Art. 18. Os órgãos do Poder Judiciário regulamentarão esta Lei, no que couber, no âmbito de suas respectivas competências.

Art. 19. Ficam convalidados os atos processuais praticados por meio eletrônico até a data de publicação desta Lei, desde que tenham atingido sua finalidade e não tenha havido prejuízo para as partes.

....

Art. 21. (*Vetado.*)

Art. 22. Esta Lei entra em vigor 90 (noventa) dias depois de sua publicação.

Brasília, 19 de dezembro de 2006; 185.º da Independência e 118.º da República.

LUIZ INÁCIO LULA DA SILVA

DECRETO N. 6.049, DE 27 DE FEVEREIRO DE 2007 (*)

Aprova o Regulamento Penitenciário Federal.

O Presidente da República, no uso da atribuição que lhe confere o art. 84, incisos IV e VI, alínea *a*, da Constituição, e tendo em vista o disposto nas Leis n. 7.210, de 11 de julho de 1984, e 10.693, de 25 de junho de 2003, decreta:

Art. 1.º Fica aprovado o Regulamento Penitenciário Federal, na forma do Anexo a este Decreto.

Art. 2.º Este Decreto entra em vigor na data de sua publicação.

Brasília, 27 de fevereiro de 2007; 186.º da Independência e 119.º da República.

LUIZ INÁCIO LULA DA SILVA

ANEXO

REGULAMENTO PENITENCIÁRIO FEDERAL

(*) Publicado no *DOU*, de 28-2-2007.

TÍTULO I
DA ORGANIZAÇÃO, DA FINALIDADE, DAS CARACTERÍSTICAS E DA ESTRUTURA DOS ESTABELECIMENTOS PENAIS FEDERAIS

CAPÍTULO I
DA ORGANIZAÇÃO

Art. 1.º O Sistema Penitenciário Federal é constituído pelos estabelecimentos penais federais, subordinados ao Departamento Penitenciário Nacional do Ministério da Justiça.

Art. 2.º Compete ao Departamento Penitenciário Nacional, no exercício da atribuição que lhe confere o parágrafo único do art. 72 da Lei n. 7.210, de 11 de julho de 1984 – Lei de Execução Penal, a supervisão, coordenação e administração dos estabelecimentos penais federais.

CAPÍTULO II
DA FINALIDADE

Art. 3.º Os estabelecimentos penais federais têm por finalidade promover a execução administrativa das medidas restritivas de liberdade dos presos, provisórios ou condenados, cuja inclusão se justifique no interesse da segurança pública ou do próprio preso.

Art. 4.º Os estabelecimentos penais federais também abrigarão presos, provisórios ou condenados, sujeitos ao regime disciplinar diferenciado, previsto no art. 1.º da Lei n. 10.792, de 1.º de dezembro de 2003.

• Citada Lei consta deste volume.

Art. 5.º Os presos condenados não manterão contato com os presos provisórios e serão alojados em alas separadas.

CAPÍTULO III
DAS CARACTERÍSTICAS

Art. 6.º O estabelecimento penal federal tem as seguintes características:

I – destinação a presos provisórios e condenados em regime fechado;

II – capacidade para até duzentos e oito presos;

III – segurança externa e guaritas de responsabilidade dos Agentes Penitenciários Federais;

IV – segurança interna que preserve os direitos do preso, a ordem e a disciplina;

V – acomodação do preso em cela individual; e

VI – existência de locais de trabalho, de atividades socioeducativas e culturais, de esporte, de prática religiosa e de visitas, dentro das possibilidades do estabelecimento penal.

CAPÍTULO IV
DA ESTRUTURA

Art. 7.º A estrutura organizacional e a competência das unidades que compõem os estabelecimentos penais federais serão disciplinadas no regimento interno do Departamento Penitenciário Nacional.

• A Portaria n. 674, de 20-3-2008, aprova o Regimento Interno do Departamento Penitenciário Nacional – DEPEN.

Art. 8.º Os estabelecimentos penais federais terão a seguinte estrutura básica:

I – Diretoria do Estabelecimento Penal;

II – Divisão de Segurança e Disciplina;

III – Divisão de Reabilitação;

IV – Serviço de Saúde; e

V – Serviço de Administração.

TÍTULO II
DOS AGENTES PENITENCIÁRIOS FEDERAIS

Art. 9.º A carreira de Agente Penitenciário Federal é disciplinada pela Lei n. 10.693, de 25 de junho de 2003, que define as atribuições gerais dos ocupantes do cargo.

Art. 10. Os direitos e deveres dos agentes penitenciários federais são definidos no Regime Jurídico dos Servidores Públicos Civis da União, Lei n. 8.112, de 11 de dezembro de 1990, sem prejuízo da observância de outras disposições legais e regulamentares aplicáveis.

Art. 11. O Departamento Penitenciário Nacional editará normas complementares dos procedimentos e das rotinas carcerários, da forma de atuação, das obrigações e dos encargos dos Agentes Penitenciários nos estabelecimentos penais federais.

Parágrafo único. A diretoria do Sistema Penitenciário Federal adotará as providências para elaboração de manual de procedimentos operacionais das rotinas carcerárias, para cumprimento do disposto neste Regulamento.

....

TÍTULO IV
DAS FASES EVOLUTIVAS INTERNAS, DA CLASSIFICAÇÃO E DA INDIVIDUALIZAÇÃO DA EXECUÇÃO DA PENA

Art. 15. A execução administrativa da pena, respeitados os requisitos legais, obedecerá às seguintes fases:

I – procedimentos de inclusão; e

II – avaliação pela Comissão Técnica de Classificação para o desenvolvimento do processo da execução da pena.

Art. 16. Para orientar a individualização da execução penal, os condenados serão classificados segundo os seus antecedentes e personalidade.

§ 1.º A classificação e a individualização da execução da pena de que trata o *caput* será feita pela Comissão Técnica de Classificação.

§ 2.º O Ministério da Justiça definirá os procedimentos da Comissão Técnica de Classificação.

Art. 17. A inclusão do preso em estabelecimento penal federal dar-se-á por ordem judicial, ressalvadas as exceções previstas em lei.

• A Resolução n. 557, de 8-5-2007, do CJF, regulamenta os procedimentos de inclusão e de transferência de pessoas presas para unidades do Sistema Penitenciário Federal.

§ 1.º A efetiva inclusão do preso em estabelecimento penal federal concretizar-se-á somente após a conferência dos seus dados de identificação com o ofício de apresentação.

§ 2.º No ato de inclusão, o preso ficará sujeito às regras de identificação e de funcionamento do estabelecimento penal federal previstas pelo Ministério da Justiça.

• A Portaria n. 1.191, de 19-6-2008, do Ministério da Justiça, disciplina os procedimentos administrativos a serem efetivados durante a inclusão de presos nas penitenciárias federais.

§ 3.º Na inclusão do preso em estabelecimento penal federal, serão observados os seguintes procedimentos:

I – comunicação à família do preso ou pessoa por ele indicada, efetuada pelo setor de assistência social do estabelecimento penal federal, acerca da localização onde se encontra;

II – prestação de informações escritas ao preso, e verbais aos analfabetos ou com dificuldades de comunicação, sobre as normas que orientarão o seu tratamento, as imposições de caráter disciplinar, bem como sobre os seus direitos e deveres; e

III – certificação das condições físicas e mentais do preso pelo estabelecimento penal federal.

Art. 18. Quando o preso for oriundo dos sistemas penitenciários dos Estados ou do Distrito Federal, deverão acompanhá-lo no ato da inclusão no Sistema Penitenciário Federal a cópia do prontuário penitenciário, os seus pertences e informações acerca do pecúlio disponível.

Art. 19. Quando no ato de inclusão forem detectados indícios de violação da integridade física ou moral do preso, ou verificado quadro de debilidade do seu estado de saúde, tal fato deverá ser imediatamente comunicado ao diretor do estabelecimento penal federal.

Parágrafo único. Recebida a comunicação, o diretor do estabelecimento penal federal deverá adotar as providências cabíveis, sob pena de responsabilidade.

TÍTULO V
DA ASSISTÊNCIA AO PRESO E AO EGRESSO

Art. 20. A assistência material, à saúde, jurídica, educacional, social, psicológica e religiosa prestada ao preso e ao egresso obedecerá aos procedimentos consagrados pela legislação vigente, observadas as disposições complementares deste Regulamento.

Art. 21. A assistência material será prestada pelo estabelecimento penal federal por meio de programa de atendimento às necessidades básicas do preso.

Art. 22. A assistência à saúde consiste no desenvolvimento de ações visando garantir a correta aplicação de normas e diretrizes da área de saúde, será de caráter preventivo e curativo e compreenderá os atendimentos médico, farmacêutico, odontológico, ambulatorial e hospitalar, dentro do estabelecimento penal federal ou instituição do sistema de saúde pública, nos termos de orientação do Departamento Penitenciário Nacional.

Art. 23. A assistência psiquiátrica e psicológica será prestada por profissionais da área, por intermédio de programas envolvendo o preso e seus familiares e a instituição, no âmbito dos processos de ressocialização e reintegração social.

Art. 24. Aos presos submetidos ao regime disciplinar diferenciado serão assegurados atendimento psiquiátrico e psicológico, com a finalidade de:

•• Regime Disciplinar Diferenciado: Lei n. 10.792, de 1.º-12-2003.

I – determinar o grau de responsabilidade pela conduta faltosa anterior, ensejadora da aplicação do regime diferenciado; e

II – acompanhar, durante o período da sanção, os eventuais efeitos psíquicos de uma reclusão severa, cientificando as autoridades superiores das eventuais ocorrências advindas do referido regime.

Art. 25. A assistência educacional compreenderá a instrução escolar, ensino básico e fundamental, profissionalização e desenvolvimento sociocultural.

§ 1.º O ensino básico e fundamental será obrigatório, integrando-se ao sistema escolar da unidade federativa, em consonância com o regime de trabalho do estabelecimento penal federal e às demais atividades socioeducativas e culturais.

§ 2.º O ensino profissionalizante poderá ser ministrado em nível de iniciação ou de aperfeiçoamento técnico, atendendo-se às características da população urbana e rural, segundo aptidões individuais e demanda do mercado.

§ 3.º O ensino deverá se estender aos presos em regime disciplinar diferenciado, preservando sua condição carcerária e de isolamento em relação aos demais presos, por intermédio de programa específico de ensino voltado para presos nesse regime.

§ 4.º O estabelecimento penal federal disporá de biblioteca para uso geral dos presos, provida de livros de literatura nacional e estrangeira, técnicos, inclusive jurídicos, didáticos e recreativos.

§ 5.º O estabelecimento penal federal poderá, por meio dos órgãos competentes, promover convênios com órgãos ou entidades, públicos ou particulares, visando à doação por estes entes de livros ou programas de bibliotecas volantes para ampliação de sua biblioteca.

Art. 26. É assegurada a liberdade de culto e de crença, garantindo a participação de todas as religiões interessadas, atendidas as normas de segurança e os programas instituídos pelo Departamento Penitenciário Federal.

Art. 27. A assistência ao egresso consiste na orientação e apoio para reintegrá-lo à vida em liberdade.

Art. 28. A assistência ao egresso poderá ser providenciada pelos sistemas penitenciários estaduais ou distrital, onde resida sua família, mediante convênio estabelecido entre a União e os Estados ou o Distrital Federal, a fim de facilitar o acompanhamento e a implantação de programas de apoio ao egresso.

Art. 29. Após entrevista e encaminhamento realizados pela Comissão Técnica de Classificação e ratificados pelo diretor do estabelecimento penal federal, poderá o preso se apresentar à autoridade administrativa prisional no Estado ou no Distrito Federal onde residam seus familiares para a obtenção da assistência.

§ 1.º O egresso somente obterá a prestação assistencial no Estado ou no Distrito Federal onde residam, comprovadamente, seus familiares.

§ 2.º O Estado ou o Distrito Federal, onde residam os familiares do preso, deve estar conveniado com a União para a prestação de assistência descentralizada ao egresso.

Art. 30. Consideram-se egressos para os efeitos deste Regulamento:

I – o liberado definitivo, pelo prazo de um ano a contar da saída do estabelecimento penal; e

II – o liberado condicional, durante o período de prova.

TÍTULO VI
DO REGIME DISCIPLINAR ORDINÁRIO

CAPÍTULO I
DAS RECOMPENSAS E REGALIAS, DOS DIREITOS E DOS DEVERES DOS PRESOS

Seção I
Das Recompensas e Regalias

Art. 31. As recompensas têm como pressuposto o bom comportamento reconhecido do condenado ou do preso provisório, de sua colaboração com a disciplina e de sua dedicação ao trabalho.

Parágrafo único. As recompensas objetivam motivar a boa conduta, desenvolver os sentidos de responsabilidade e promover o interesse e a cooperação do preso definitivo ou provisório.

Art. 32. São recompensas:

I – o elogio; e

II – a concessão de regalias.

Art. 33. Será considerado para efeito de elogio a prática de ato de excepcional relevância humanitária ou do interesse do bem comum.

Parágrafo único. O elogio será formalizado em portaria do diretor do estabelecimento penal federal.

Art. 34. Constituem regalias, concedidas aos presos pelo diretor do estabelecimento penal federal:

I – assistir a sessões de cinema, teatro, *shows* e outras atividades socioculturais, em épocas especiais, fora do horário normal;

II – assistir a sessões de jogos esportivos em épocas especiais, fora do horário normal;

III – praticar esportes em áreas específicas; e

IV – receber visitas extraordinárias, devidamente autorizadas.

Parágrafo único. Poderão ser acrescidas, pelo diretor do estabelecimento penal federal, outras regalias de forma progressiva, acompanhando as diversas fases de cumprimento da pena.

Art. 35. As regalias poderão ser suspensas ou restringidas, isolada ou cumulativamente, por cometimento de conduta incompatível com este Regulamento, mediante ato motivado da diretoria do estabelecimento penal federal.

§ 1.º Os critérios para controlar e garantir ao preso a concessão e o gozo da regalia de que trata o *caput* serão estabelecidos pela administração do estabelecimento penal federal.

§ 2.º A suspensão ou a restrição de regalias deverá ter estrita observância na reabilitação da conduta faltosa do preso, sendo retomada ulteriormente à reabilitação a critério do diretor do estabelecimento penal federal.

Seção II
Dos Direitos dos Presos

Art. 36. Ao preso condenado ou provisório incluso no Sistema Penitenciário Federal serão assegurados todos os direitos não atingidos pela sentença ou pela lei.

Art. 37. Constituem direitos básicos e comuns dos presos condenados ou provisórios:

I – alimentação suficiente e vestuário;

II – atribuição de trabalho e sua remuneração;

III – Previdência Social;

IV – constituição de pecúlio;

V – proporcionalidade na distribuição do tempo para o trabalho, o descanso e a recreação;

VI – exercício das atividades profissionais, intelectuais, artísticas e desportivas anteriores, desde que compatíveis com a execução da pena;

VII – assistências material, à saúde, jurídica, educacional, social, psicológica e religiosa;

VIII – proteção contra qualquer forma de sensacionalismo;

IX – entrevista pessoal e reservada com o advogado;

X – visita do cônjuge, da companheira, de parentes e amigos em dias determinados;

XI – chamamento nominal;

XII – igualdade de tratamento, salvo quanto às exigências da individualização da pena;

XIII – audiência especial com o diretor do estabelecimento penal federal;

XIV – representação e petição a qualquer autoridade, em defesa de direito; e

XV – contato com o mundo exterior por meio de correspondência escrita, da leitura e de outros meios de informação que não comprometam a moral e os bons costumes.

Parágrafo único. Diante da dificuldade de comunicação, deverá ser identificado entre os agentes, os técnicos, os médicos e outros presos quem possa acompanhar e assistir o preso com proveito, no sentido de compreender melhor suas carências, para traduzi-las com fidelidade à pessoa que irá entrevistá-lo ou tratá-lo.

Seção III
Dos Deveres dos Presos

Art. 38. Constituem deveres dos presos condenados ou provisórios:

I – respeitar as autoridades constituídas, servidores públicos, funcionários e demais presos;

II – cumprir as normas de funcionamento do estabelecimento penal federal;

III – manter comportamento adequado em todo o decurso da execução da pena federal;

IV – submeter-se à sanção disciplinar imposta;

V – manter conduta oposta aos movimentos individuais ou coletivos de fuga ou de subversão à ordem ou à disciplina;

VI – não realizar manifestações coletivas que tenham o objetivo de reivindicação ou reclamação;

VII – indenizar ao Estado e a terceiros pelos danos materiais a que der causa, de forma culposa ou dolosa;

VIII – zelar pela higiene pessoal e asseio da cela ou de qualquer outra parte do estabelecimento penal federal;

IX – devolver ao setor competente, quando de sua soltura, os objetos fornecidos pelo estabelecimento penal federal e destinados ao uso próprio;

X – submeter-se à requisição das autoridades judiciais, policiais e administrativas, bem como dos profissionais de qualquer área técnica para exames ou entrevistas;

XI – trabalhar no decorrer de sua pena; e

XII – não portar ou não utilizar aparelho de telefonia móvel celular ou qualquer outro aparelho de comunicação com o meio exterior, bem como seus componentes ou acessórios.

Capítulo II
DA DISCIPLINA

Art. 39. Os presos estão sujeitos à disciplina, que consiste na obediência às normas e determinações estabelecidas por autoridade competente e no respeito às autoridades e seus agentes no desempenho de suas atividades funcionais.

Art. 40. A ordem e a disciplina serão mantidas pelos servidores e funcionários do estabelecimento penal federal por intermédio dos meios legais e regulamentares adequados.

Art. 41. Não haverá falta nem sanção disciplinar sem expressa e anterior previsão legal ou regulamentar.

Capítulo III
DAS FALTAS DISCIPLINARES

Art. 42. As faltas disciplinares, segundo sua natureza, classificam-se em:

I – leves;

II – médias; e

III – graves.

Parágrafo único. As disposições deste Regulamento serão igualmente aplicadas quando a falta disciplinar ocorrer fora do estabelecimento penal federal, durante a movimentação do preso.

Seção I
Das Faltas Disciplinares de Natureza Leve

Art. 43. Considera-se falta disciplinar de natureza leve:

I – comunicar-se com visitantes sem a devida autorização;

II – manusear equipamento de trabalho sem autorização ou sem conhecimento do encarregado, mesmo a pretexto de reparos ou limpeza;

III – utilizar-se de bens de propriedade do Estado, de forma diversa para a qual recebeu;

IV – estar indevidamente trajado;

V – usar material de serviço para finalidade diversa da qual foi prevista, se o fato não estiver previsto como falta grave;

VI – remeter correspondência, sem registro regular pelo setor competente;

VII – provocar perturbações com ruídos e vozerios ou vaias; e

VIII – desrespeito às demais normas de funcionamento do estabelecimento penal federal, quando não configurar outra classe de falta.

Seção II
Das Faltas Disciplinares de Natureza Média

Art. 44. Considera-se falta disciplinar de natureza média:

I – atuar de maneira inconveniente, faltando com os deveres de urbanidade frente às autoridades, aos funcionários, a outros sentenciados ou aos particulares no âmbito do estabelecimento penal federal;

II – fabricar, fornecer ou ter consigo objeto ou material cuja posse seja proibida em ato normativo do Departamento Penitenciário Nacional;

III – desviar ou ocultar objetos cuja guarda lhe tenha sido confiada;

IV – simular doença para eximir-se de dever legal ou regulamentar;

V – divulgar notícia que possa perturbar a ordem ou a disciplina;

VI – dificultar a vigilância em qualquer dependência do estabelecimento penal federal;

VII – perturbar a jornada de trabalho, a realização de tarefas, o repouso noturno ou a recreação;

VIII – inobservar os princípios de higiene pessoal, da cela e das demais dependências do estabelecimento penal federal;

IX – portar ou ter, em qualquer lugar do estabelecimento penal federal, dinheiro ou título de crédito;

X – praticar fato previsto como crime culposo ou contravenção, sem prejuízo da sanção penal;

XI – comunicar-se com presos em cela disciplinar ou regime disciplinar diferenciado ou entregar-lhes qualquer objeto, sem autorização;

XII – opor-se à ordem de contagem da população carcerária, não respondendo ao sinal convencional da autoridade competente;

XIII – recusar-se a deixar a cela, quando determinado, mantendo-se em atitude de rebeldia;

XIV – praticar atos de comércio de qualquer natureza;

XV – faltar com a verdade para obter qualquer vantagem;

XVI – transitar ou permanecer em locais não autorizados;

XVII – não se submeter às requisições administrativas, judiciais e policiais;

XVIII – descumprir as datas e horários das rotinas estipuladas pela administração para quaisquer atividades no estabelecimento penal federal; e

XIX – ofender os incisos I, III, IV e VI a X do art. 39 da Lei n. 7.210, de 1984.

Seção III
Das Faltas Disciplinares de Natureza Grave

Art. 45. Considera-se falta disciplinar de natureza grave, consoante disposto na Lei n. 7.210, de 1984, e legislação complementar:

I – incitar ou participar de movimento para subverter a ordem ou a disciplina;

II – fugir;

III – possuir indevidamente instrumento capaz de ofender a integridade física de outrem;

IV – provocar acidente de trabalho;

V – deixar de prestar obediência ao servidor e respeito a qualquer pessoa com quem deva relacionar-se;

VI – deixar de executar o trabalho, as tarefas e as ordens recebidas; e

VII – praticar fato previsto como crime doloso.

CAPÍTULO IV
DA SANÇÃO DISCIPLINAR

Art. 46. Os atos de indisciplina serão passíveis das seguintes penalidades:

I – advertência verbal;

II – repreensão;

III – suspensão ou restrição de direitos, observadas as condições previstas no art. 41, parágrafo único, da Lei n. 7.210, de 1984;

IV – isolamento na própria cela ou em local adequado; e

V – inclusão no regime disciplinar diferenciado.

§ 1.º A advertência verbal é punição de caráter educativo, aplicável às infrações de natureza leve.

§ 2.º A repreensão é sanção disciplinar revestida de maior rigor no aspecto educativo, aplicável em casos de infração de natureza média, bem como aos reincidentes de infração de natureza leve.

Art. 47. Às faltas graves correspondem as sanções de suspensão ou restrição de direitos, ou isolamento.

Art. 48. A prática de fato previsto como crime doloso e que ocasione subversão da ordem ou da disciplina internas sujeita o preso, sem prejuízo da sanção penal, ao regime disciplinar diferenciado.

Art. 49. Compete ao diretor do estabelecimento penal federal a aplicação das sanções disciplinares referentes às faltas médias e leves, ouvido o Conselho Disciplinar, e à autoridade judicial, as referentes às faltas graves.

Art. 50. A suspensão ou restrição de direitos e o isolamento na própria cela ou em local adequado não poderão exceder a trinta dias, mesmo nos casos de concurso de infrações disciplinares, sem prejuízo da aplicação do regime disciplinar diferenciado.

§ 1.º O preso, antes e depois da aplicação da sanção disciplinar consistente no isolamento, será submetido a exame médico que ateste suas condições de saúde.

§ 2.º O relatório médico resultante do exame de que trata o § 1.º será anexado no prontuário do preso.

Art. 51. Pune-se a tentativa com a sanção correspondente à falta consumada.

Parágrafo único. O preso que concorrer para o cometimento da falta disciplinar incidirá nas sanções cominadas à sua culpabilidade.

CAPÍTULO V
DAS MEDIDAS CAUTELARES ADMINISTRATIVAS

Art. 52. O diretor do estabelecimento penal federal poderá determinar em ato motivado, como medida cautelar administrativa, o isolamento preventivo do preso, por período não superior a dez dias.

Art. 53. Ocorrendo rebelião, para garantia da segurança das pessoas e coisas, poderá o diretor do estabelecimento penal federal, em ato devidamente motivado, suspender as visitas aos presos por até quinze dias, prorrogável uma única vez por até igual período.

TÍTULO VII
DAS NORMAS DE APLICAÇÃO DO REGIME DISCIPLINAR DIFERENCIADO

Art. 54. Sem prejuízo das normas do regime disciplinar ordinário, a sujeição do preso, provisório ou condenado, ao regime disciplinar diferenciado será feita em estrita observância às disposições legais.

•• Regime Disciplinar Diferenciado: Lei n. 10.792, de 1.º-12-2003.

Art. 55. O diretor do estabelecimento penal federal, na solicitação de inclusão de preso no regime disciplinar diferenciado, instruirá o expediente com o termo de declarações da pessoa visada e de sua defesa técnica, se possível.

Art. 56. O diretor do estabelecimento penal federal em que se cumpre o regime disciplinar diferenciado poderá recomendar ao diretor do Sistema Penitenciário Federal que requeira à autoridade judiciária a reconsideração da decisão de incluir o preso no citado regime ou tenha por desnecessário ou inconveniente o prosseguimento da sanção.

Art. 57. O cumprimento do regime disciplinar diferenciado exaure a sanção e nunca poderá ser invocado para fundamentar novo pedido de inclusão ou desprestigiar o mérito do sentenciado, salvo, neste último caso, quando motivado pela má conduta denotada no curso do regime e sua persistência no sistema comum.

Art. 58. O cumprimento do regime disciplinar diferenciado em estabelecimento penal federal, além das características elencadas nos incisos I a VI do art. 6.º, observará o que segue:

I – duração máxima de trezentos e sessenta dias, sem prejuízo de repetição da sanção, nos termos da lei;

II – banho de sol de duas horas diárias;

III – uso de algemas nas movimentações internas e externas, dispensadas apenas nas áreas de visita, banho de sol, atendimento assistencial e, quando houver, nas áreas de trabalho e estudo;

IV – sujeição do preso aos procedimentos de revista pessoal, de sua cela e seus pertences, sempre que for necessária sua movimentação interna e externa, sem prejuízo das inspeções periódicas; e

V – visita semanal de duas pessoas, sem contar as crianças, com duração de duas horas.

TÍTULO VIII
DO PROCEDIMENTO DE APURAÇÃO DE FALTAS DISCIPLINARES, DA CLASSIFICAÇÃO DA CONDUTA E DA REABILITAÇÃO

Capítulo I
DO PROCEDIMENTO DE APURAÇÃO DE FALTAS DISCIPLINARES

Art. 59. Para os fins deste Regulamento, entende-se como procedimento de apuração de faltas disciplinares a sequência de atos adotados para apurar determinado fato.

Parágrafo único. Não poderá atuar como encarregado ou secretário, em qualquer ato do procedimento, amigo íntimo ou desafeto, parente consanguíneo ou afim, em linha reta ou colateral, até o terceiro grau inclusive, cônjuge, companheiro ou qualquer integrante do núcleo familiar do denunciante ou do acusado.

Art. 60. Ao preso é garantido o direito de defesa, com os recursos a ele inerentes.

Seção I
Da Instauração do Procedimento

Art. 61. O servidor que presenciar ou tomar conhecimento de falta de qualquer natureza praticada por preso redigirá comunicado do evento com a descrição minuciosa das circunstâncias do fato e dos dados dos envolvidos e o encaminhará ao diretor do estabelecimento penal federal para a adoção das medidas cautelares necessárias e demais providências cabíveis.

§ 1.º O comunicado do evento deverá ser redigido no ato do conhecimento da falta, constando o fato no livro de ocorrências do plantão.

§ 2.º Nos casos em que a falta disciplinar do preso estiver relacionada com a má conduta de servidor público, será providenciada a apuração do fato envolvendo o servidor em procedimento separado, observadas as disposições pertinentes da Lei n. 8.112, de 1990.

• A Lei n. 8.112, de 11-12-1990, dispõe sobre o Regime Jurídico dos Servidores Públicos da União, das Autarquias e das Fundações Públicas Federais.

Art. 62. Quando a falta disciplinar constituir também ilícito penal, deverá ser comunicada às autoridades competentes.

Art. 63. O procedimento disciplinar será instaurado por meio de portaria do diretor do estabelecimento penal federal.

Parágrafo único. A portaria inaugural deverá conter a descrição sucinta dos fatos, constando o tempo, modo, lugar, indicação da falta e demais informações pertinentes, bem como, sempre que possível, a identificação dos seus autores com o nome completo e a respectiva matrícula.

Art. 64. O procedimento deverá ser concluído em até trinta dias.

Art. 65. A investigação preliminar será adotada quando não for possível a individualização imediata da conduta faltosa do preso ou na hipótese de não restar comprovada a autoria do fato, designando, se necessário, servidor para apurar preliminarmente os fatos.

§ 1.º Na investigação preliminar, deverá ser observada a pertinência dos fatos e a materialidade da conduta faltosa, inquirindo os presos, servidores e funcionários, bem como apresentada toda a documentação pertinente.

§ 2.º Findos os trabalhos preliminares, será elaborado relatório.

Seção II
Da Instrução do Procedimento

Art. 66. Caberá à autoridade que presidir o procedimento elaborar o termo de instalação dos trabalhos e, quando houver designação de secretário, o termo de compromisso deste em separado, providenciando o que segue:

I – designação de data, hora e local da audiência;

II – citação do preso e intimação de seu defensor, cientificando-os sobre o comparecimento em audiência na data e hora designadas; e

III – intimação das testemunhas.

§ 1.º Na impossibilidade de citação do preso definitivo ou provisório, decorrente de fuga, ocorrerá o sobrestamento do procedimento até a recaptura, devendo ser informado o juízo competente.

§ 2.º No caso de o preso não possuir defensor constituído, será providenciada a imediata comunicação à área de assistência jurídica do estabelecimento penal federal para designação de defensor público.

Seção III
Da Audiência

Art. 67. Na data previamente designada, será realizada audiência, facultada a apresentação de defesa preliminar, prosseguindo-se com o interrogatório do preso e a oitiva das testemunhas, seguida da defesa final oral ou por escrito.

§ 1.º A autoridade responsável pelo procedimento informará o acusado do seu direito de permanecer calado e de não responder às perguntas que lhe forem formuladas, dando-se continuidade à audiência.

§ 2.º O silêncio, que não importará em confissão, não poderá ser interpretado em prejuízo da defesa.

§ 3.º Nos casos em que o preso não estiver em isolamento preventivo e diante da complexidade do caso, a defesa final poderá ser substituída pela apresentação de contestação escrita, caso em que a autoridade concederá prazo hábil, improrrogável, para o seu oferecimento, observados os prazos para conclusão do procedimento.

§ 4.º Na ata de audiência, serão registrados resumidamente os atos essenciais, as afirmações fundamentais e as informações úteis à apuração dos fatos.

§ 5.º Serão decididos, de plano, todos os incidentes e exceções que possam interferir no prosseguimento da audiência e do procedimento, e as demais questões serão decididas no relatório da autoridade disciplinar.

Art. 68. Se o preso comparecer na audiência desacompanhado de advogado, ser-lhe-á designado pela autoridade defensor para a promoção de sua defesa.

Art. 69. A testemunha não poderá eximir-se da obrigação de depor, salvo no caso de proibição legal e de impedimento.

§ 1.º O servidor que, sem justa causa, se recusar a depor, ficará sujeito às sanções cabíveis.

§ 2.º As testemunhas arroladas serão intimadas pelo correio, salvo quando a parte interessada se comprometer em providenciar o comparecimento destas.

Seção IV
Do Relatório

Art. 70. Encerradas as fases de instrução e defesa, a autoridade designada para presidir o procedimento apresentará relatório final, no prazo de três dias, contados a partir da data da realização da audiência, opinando fundamentalmente sobre a aplicação da sanção disciplinar ou a absolvição do preso, e encaminhará os autos para apreciação do diretor do estabelecimento penal federal.

Parágrafo único. Nos casos em que reste comprovada autoria de danos, capazes de ensejar responsabilidade penal ou civil, deverá a autoridade, em seu relatório, manifestar-se, conclusivamente, propondo o encaminhamento às autoridades competentes.

Seção V
Da Decisão

Art. 71. O diretor do estabelecimento penal federal, após avaliar o procedimento, proferirá decisão final no prazo de dois dias contados da data do recebimento dos autos.

Parágrafo único. O diretor do estabelecimento penal federal ordenará, antes de proferir decisão final, diligências imprescindíveis ao esclarecimento do fato.

Art. 72. Na decisão do diretor do estabelecimento penal federal a respeito de qualquer infração disciplinar, deverão constar as seguintes providências:

I – ciência por escrito ao preso e seu defensor;

II – registro em ficha disciplinar;

III – juntada de cópia do procedimento disciplinar no prontuário do preso;

IV – remessa do procedimento ao juízo competente, nos casos de isolamento preventivo e falta grave; e

V – comunicação à autoridade policial competente, quando a conduta faltosa constituir ilícito penal.

Parágrafo único. Sobre possível responsabilidade civil por danos causados ao patrimônio do Estado, serão remetidas cópias do procedimento ao Departamento Penitenciário Nacional para a adoção das medidas cabíveis, visando a eventual reparação do dano.

Seção VI
Do Recurso

Art. 73. No prazo de cinco dias, caberá recurso da decisão de aplicação de sanção disciplinar consistente em isolamento celular, suspensão ou restrição de direitos, ou de repreensão.

§ 1.º A este recurso não se atribuirá efeito suspensivo, devendo ser julgado pela diretoria do Sistema Penitenciário Federal em cinco dias.

§ 2.º Da decisão que aplicar a penalidade de advertência verbal, caberá pedido de reconsideração no prazo de quarenta e oito horas.

Seção VII
Das Disposições Gerais

Art. 74. Os prazos do procedimento disciplinar, nos casos em que não for necessária a adoção do isolamento preventivo do preso, poderão ser prorrogados uma única vez por até igual período.

Parágrafo único. A prorrogação de prazo de que trata o *caput* não se aplica ao prazo estipulado para a conclusão dos trabalhos sindicantes.

Art. 75. O não comparecimento do defensor constituído do preso, independentemente do motivo, a qualquer ato do procedimento, não acarretará a suspensão dos trabalhos ou prorrogação dos prazos, devendo ser nomeado outro defensor para acompanhar aquele ato específico.

Capítulo II
DA CLASSIFICAÇÃO DA CONDUTA E DA REABILITAÇÃO

Art. 76. A conduta do preso recolhido em estabelecimento penal federal será classificada como:

I – ótima;

II – boa;

III – regular; ou

IV – má.

Art. 77. Ótimo comportamento carcerário é aquele decorrente de prontuário sem anotações de falta disciplinar, desde o ingresso do preso no estabelecimento penal federal até o momento da requisição do atestado de conduta, somado à anotação de uma ou mais recompensas.

Art. 78. Bom comportamento carcerário é aquele decorrente de prontuário sem anotações de falta disciplinar, desde o ingresso do preso no estabelecimento penal federal até o momento da requisição do atestado de conduta.

Parágrafo único. Equipara-se ao bom comportamento carcerário o do preso cujo prontuário registra a prática de faltas, com reabilitação posterior de conduta.

Art. 79. Comportamento regular é o do preso cujo prontuário registra a prática de faltas médias ou leves, sem reabilitação de conduta.

Art. 80. Mau comportamento carcerário é o do preso cujo prontuário registra a prática de falta grave, sem reabilitação de conduta.

Art. 81. O preso terá os seguintes prazos para reabilitação da conduta, a partir do término do cumprimento da sanção disciplinar:

I – três meses, para as faltas de natureza leve;

II – seis meses, para as faltas de natureza média;

III – doze meses, para as faltas de natureza grave; e

IV – vinte e quatro meses, para as faltas de natureza grave que forem cometidas com grave violência à pessoa ou com a finalidade de incitamento à participação em movimento para subverter a ordem e a disciplina que ensejarem a aplicação de regime disciplinar diferenciado.

Art. 82. O cometimento da falta disciplinar de qualquer natureza durante o período de reabilitação acarretará a imediata anulação do tempo de reabilitação até então cumprido.

§ 1.º Com a prática de nova falta disciplinar, exigir-se-á novo tempo para reabilitação, que deverá ser somado ao tempo estabelecido para a falta anterior.

§ 2.º O diretor do estabelecimento penal federal não expedirá o atestado de conduta enquanto tramitar procedimento disciplinar para apuração de falta.

Art. 83. Caberá recurso, sem efeito suspensivo, no prazo de cinco dias, dirigido à diretoria do Sistema Penitenciário Federal, contra decisão que atestar conduta.

TÍTULO IX
DOS MEIOS DE COERÇÃO

Art. 84. Os meios de coerção só serão permitidos quando forem inevitáveis para proteger a vida humana e para o controle da ordem e da disciplina do estabelecimento penal federal, desde que tenham sido esgotadas todas as medidas menos extremas para se alcançar este objetivo.

Parágrafo único. Os servidores e funcionários que recorrerem ao uso da força, limitar-se-ão a utilizar a mínima necessária, devendo informar imediatamente ao diretor do estabelecimento penal federal sobre o incidente.

Art. 85. A sujeição a instrumentos tais como algemas, correntes, ferros e coletes de força nunca deve ser aplicada como punição.

Parágrafo único. A utilização destes instrumentos será disciplinada pelo Ministério da Justiça.

Art. 86. As armas de fogo letais não serão usadas, salvo quando estritamente necessárias.

§ 1.º É proibido o porte de arma de fogo letal nas áreas internas do estabelecimento penal federal.

§ 2.º As armas de fogo letais serão portadas pelos agentes penitenciários federais exclusivamente em movimentações externas e nas ações de guarda e vigilância do estabelecimento penal federal, das muralhas, dos alambrados e das guaritas que compõem as suas edificações.

Art. 87. Somente será permitido ao estabelecimento penal federal utilizar cães para auxiliar na vigilância e no controle da ordem e da disciplina após cumprirem todos os requisitos exigidos em ato do Ministério da Justiça que tratar da matéria.

Art. 88. Outros meios de coerção poderão ser adotados, desde que disciplinada sua finalidade e uso pelo Ministério da Justiça.

Art. 89. Poderá ser criado grupo de intervenção, composto por agentes penitenciários, para desempenhar ação preventiva e resposta rápida diante de atos de insubordinação dos presos, que possam conduzir a uma situação de maior proporção ou com efeito prejudicial sobre a disciplina e ordem do estabelecimento penal federal.

Art. 90. O diretor do estabelecimento penal federal, nos casos de denúncia de tortura, lesão corporal, maus-tratos ou outras ocorrências de natureza similar, deve, tão logo tome conhecimento do fato, providenciar, sem prejuízo da tramitação do adequado procedimento para apuração dos fatos:

I – instauração imediata de adequado procedimento apuratório;

II – comunicação do fato à autoridade policial para as providências cabíveis, nos termos do art. 6.º do Código de Processo Penal;

III – comunicação do fato ao juízo competente, solicitando a realização de exame de corpo de delito, se for o caso;

IV – comunicação do fato à Corregedoria-Geral do Sistema Penitenciário Federal, para que proceda, quando for o caso, ao acompanhamento do respectivo procedimento administrativo; e

V – comunicação à família da vítima ou pessoa por ela indicada.

TÍTULO X
DAS VISITAS E DA ENTREVISTA COM ADVOGADO

CAPÍTULO I
DAS VISITAS

Art. 91. As visitas têm a finalidade de preservar e estreitar as relações do preso com a sociedade, principalmente com sua família, parentes e companheiros.

Parágrafo único. O Departamento Penitenciário Nacional disporá sobre o procedimento de visitação.

Art. 92. O preso poderá receber visitas de parentes, do cônjuge ou do companheiro de comprovado vínculo afetivo, desde que devidamente autorizados.

§ 1.º As visitas comuns poderão ser realizadas uma vez por semana, exceto em caso de proximidade de datas festivas, quando o número poderá ser maior, a critério do diretor do estabelecimento penal federal.

§ 2.º O período de visitas é de três horas.

Art. 93. O preso recolhido ao pavilhão hospitalar ou enfermaria e impossibilitado de se locomover, ou em tratamento psiquiátrico, poderá receber visita no próprio local, a critério da autoridade médica.

Art. 94. As visitas comuns não poderão ser suspensas, excetuados os casos previstos em lei ou neste Regulamento.

Art. 95. A visita íntima tem por finalidade fortalecer as relações familiares do preso e será regulamentada pelo Ministério da Justiça.

- A Resolução n. 4, de 29-6-2011, do Conselho Nacional da Política Criminal e Penitenciária (CNPCP), regulamenta o direito à visita íntima a pessoa presa recolhida nos estabelecimentos prisionais, em ambiente reservado, com privacidade e inviolabilidade asseguradas às relações homoafetivas e heteroafetivas.
- A Portaria n. 718, de 28-8-2017 regulamenta a visita íntima no interior das Penitenciárias Federais.

Parágrafo único. É proibida a visita íntima nas celas de convivência dos presos.

CAPÍTULO II
DA ENTREVISTA COM ADVOGADO

Art. 96. As entrevistas com advogado deverão ser previamente agendadas, mediante requerimento, escrito ou oral, à direção do estabelecimento penal federal, que designará imediatamente data e horário para o atendimento reservado, dentro dos dez dias subsequentes.

§ 1.º Para a designação da data, a direção observará a fundamentação do pedido, a conveniência do estabelecimento penal federal, especialmente a segurança deste, do advogado, dos servidores, dos funcionários e dos presos.

§ 2.º Comprovada a urgência, a direção deverá, de imediato, autorizar a entrevista.

TÍTULO XI
DAS REVISTAS

Art. 97. A revista consiste no exame de pessoas e bens que venham a ter acesso ao estabelecimento penal federal, com a finalidade de detectar objetos, produtos ou substâncias não permitidos pela administração.

Parágrafo único. O Departamento Penitenciário Nacional disporá sobre o procedimento de revista.

TÍTULO XII
DO TRABALHO E DO CONTATO EXTERNO

Art. 98. Todo preso, salvo as exceções legais, deverá submeter-se ao trabalho, respeitadas suas condições individuais, habilidades e restrições de ordem de segurança e disciplina.

§ 1.º Será obrigatória a implantação de rotinas de trabalho aos presos em regime disciplinar diferenciado, desde que não comprometa a ordem e a disciplina do estabelecimento penal federal.

§ 2.º O trabalho aos presos em regime disciplinar diferenciado terá caráter remuneratório e laborterápico, sendo desenvolvido na própria cela ou em local adequado, desde que não haja contato com outros presos.

§ 3.º O desenvolvimento do trabalho não poderá comprometer os procedimentos de revista e vigilância, nem prejudicar o quadro funcional com escolta ou vigilância adicional.

Art. 99. O contato externo é requisito primordial no processo de reinserção social do preso, que não deve ser privado da comunicação com o mundo exterior na forma adequada e por intermédio de recurso permitido pela administração, preservada a ordem e a disciplina do estabelecimento penal federal.

Art. 100. A correspondência escrita entre o preso e seus familiares e afins será efetuada pelas vias regulamentares.

§ 1.º É livre a correspondência, condicionada a sua expedição e recepção às normas de segurança e disciplina do estabelecimento penal federal.

§ 2.º A troca de correspondência não poderá ser restringida ou suspensa a título de sanção disciplinar.

TÍTULO XIII
DAS DISPOSIÇÕES FINAIS E TRANSITÓRIAS

Art. 101. Serão disponibilizados ao estabelecimento penal federal meios para utilização de tecnologia da informação e comunicação, no que concerne à:

I – prontuários informatizados dos presos;

II – videoconferência para entrevista com presos, servidores e funcionários;

III – sistema de pecúlio informatizado;

IV – sistema de movimentação dos presos; e

V – sistema de procedimentos disciplinares dos presos e processo administrativo disciplinar do servidor.

Art. 102. O Departamento Penitenciário Nacional criará Grupo Permanente de Melhorias na Qualidade da Prestação do Serviço Penitenciário, que contará com a participação de um representante da Ouvidoria do Sistema Penitenciário, da Corregedoria-Geral do Sistema Penitenciário, da área de Reintegração Social, Trabalho e Ensino, da área de Informação e Inteligência, e da área de Saúde para estudar e implementar ações e metodologias de melhorias na prestação do serviço público no que concerne à administração do estabelecimento penal federal.

Parágrafo único. Poderão ser convidados a participar do grupo outros membros da estrutura do Departamento Penitenciário Nacional, da sociedade civil organizada envolvida com direitos humanos e com assuntos penitenciários ou de outros órgãos da União, dos Estados e do Distrito Federal.

Art. 103. O estabelecimento penal federal disciplinado por este Regulamento deverá dispor de Serviço de Atendimento ao Cidadão – SAC, a fim de auxiliar na obtenção de informações e orientações sobre os serviços prestados, inclusive aqueles atribuídos ao Sistema Penitenciário Federal.

Art. 104. As pessoas idosas, gestantes e portadores de necessidades especiais, tanto presos e familiares quanto visitantes, terão prioridade em todos os procedimentos adotados por este Regulamento.

Art. 105. O Ministério da Justiça editará atos normativos complementares para cumprimento deste Regulamento.

LEI N. 11.473, DE 10 DE MAIO DE 2007 (*)

Dispõe sobre cooperação federativa no âmbito da segurança pública e revoga a Lei n. 10.277, de 10 de setembro de 2001.

O Presidente da República

Faço saber que o Congresso Nacional decreta e eu sanciono a seguinte Lei:

Art. 1.º A União poderá firmar convênio com os Estados e o Distrito Federal para executar atividades e serviços imprescindíveis à preservação da ordem pública e da incolumidade das pessoas e do patrimônio.

...

Art. 3.º Consideram-se atividades e serviços imprescindíveis à preservação da ordem pública e da incolumidade das pessoas e do patrimônio, para os fins desta Lei:

I – o policiamento ostensivo;

II – o cumprimento de mandados de prisão;

III – o cumprimento de alvarás de soltura;

IV – a guarda, a vigilância e a custódia de presos;

• O art. 10, § 1.º, da Portaria n. 3.383, de 24-10-2013, do Ministério da Justiça, estabelece que as atividades de guarda, vigilância, escolta e custódia de presos, previstas neste inciso, serão executadas pela Força Nacional de Segurança Pública apenas em situações extraordinárias de grave crise no sistema penitenciário.

V – os serviços técnico-periciais, qualquer que seja sua modalidade;

VI – o registro e a investigação de ocorrências policiais;

•• Inciso VI com redação determinada pela Lei n. 13.500, de 26-10-2017.

VII – as atividades relacionadas à segurança dos grandes eventos.

•• Inciso VII acrescentado pela Lei n. 13.173, de 21-10-2015.

VIII – as atividades de inteligência de segurança pública;

•• Inciso VIII com redação determinada pela Lei n. 13.500, de 26-10-2017.

IX – a coordenação de ações e operações integradas de segurança pública; e

•• Inciso IX com redação determinada pela Lei n. 13.500, de 26-10-2017.

X – o apoio administrativo às atividades e serviços referidos nos incisos I, II, III, IV, V, VI, VII, VIII e IX deste artigo.

•• Inciso X com redação determinada pela Lei n. 13.500, de 26-10-2017.

Parágrafo único. (*Revogado pela Lei n. 13.500, de 26-10-2017.*)

Art. 4.º Os ajustes celebrados na forma do art. 1.º desta Lei deverão conter, essencialmente:

I – identificação do objeto;

II – identificação de metas;

III – definição das etapas ou fases de execução;

IV – plano de aplicação dos recursos financeiros;

V – cronograma de desembolso;

VI – previsão de início e fim da execução do objeto; e

VII – especificação do aporte de recursos, quando for o caso.

Parágrafo único. A União, por intermédio do Ministério da Justiça, poderá colocar à disposição dos Estados e do Distrito Federal, em caráter emergencial e provisório, servidores públicos federais, ocupantes de cargos congêneres e de formação técnica compatível, para execução do convênio de cooperação federativa de que trata esta Lei, sem ônus.

...

Art. 10. Esta Lei entra em vigor na data de sua publicação.

Art. 11. Fica revogada a Lei n. 10.277, de 10 de setembro de 2001.

Brasília, 10 de maio de 2007; 186.º da Independência e 119.º da República.

LUIZ INÁCIO LULA DA SILVA

(*) Publicada no *DOU*, de 11-5-2007.

LEI N. 11.636, DE 28 DE DEZEMBRO DE 2007 (*)

Dispõe sobre as custas judiciais devidas no âmbito do Superior Tribunal de Justiça.

O Presidente da República

Faço saber que o Congresso Nacional decreta e eu sanciono a seguinte Lei:

Art. 1.º Esta Lei dispõe sobre a incidência e a cobrança das custas devidas à União que tenham como fato gerador a prestação de serviços públicos de natureza forense, no âmbito do Superior Tribunal de Justiça, nos processos de competência originária ou recursal.

Art. 2.º Os valores e as hipóteses de incidência das custas são os constantes do Anexo desta Lei.

Parágrafo único. Os valores das custas judiciais do Superior Tribunal de Justiça constantes das Tabelas do Anexo desta Lei serão corrigidos anualmente pela variação do Índice Nacional de Preços ao Consumidor Amplo – IPCA, do IBGE, observado o disposto no art. 15 desta Lei.

Art. 3.º As custas previstas nesta Lei não excluem as despesas estabelecidas em legislação processual específica, inclusive o porte de remessa e retorno dos autos.

Art. 4.º O pagamento das custas deverá ser feito em bancos oficiais, mediante preenchimento de guia de recolhimento de receita da União, de conformidade com as normas estabelecidas pela Secretaria da Receita Federal do Ministério da Fazenda e por resolução do presidente do Superior Tribunal de Justiça.

• A Resolução n. 4, de 1.º-2-2013, dispõe sobre o pagamento de custas judiciais e porte de remessa e retorno de autos no âmbito do STJ.

Art. 5.º Exceto em caso de isenção legal, nenhum feito será distribuído sem o respectivo preparo, nem se praticarão nele atos processuais, salvo os que forem ordenados de ofício pelo relator.

Parágrafo único. O preparo compreende todos os atos do processo, inclusive a baixa dos autos.

Art. 6.º Quando autor e réu recorrerem, cada recurso estará sujeito a preparo integral e distinto, composto de custas e porte de remessa e retorno.

§ 1.º Se houver litisconsortes necessários, bastará que um dos recursos seja preparado para que todos sejam julgados, ainda que não coincidam suas pretensões.

§ 2.º Para efeito do disposto no § 1.º deste artigo, o assistente é equiparado ao litisconsorte.

§ 3.º O terceiro prejudicado que recorrer fará o preparo do seu recurso, independentemente do preparo dos recursos que, porventura, tenham sido interpostos pelo autor ou pelo réu.

Art. 7.º Não são devidas custas nos processos de *habeas data*, *habeas corpus* e recursos em *habeas corpus*, e nos demais processos criminais, salvo a ação penal privada.

Art. 8.º Não haverá restituição das custas quando se declinar da competência do Superior Tribunal de Justiça para outros órgãos jurisdicionais.

Art. 9.º Quando se tratar de feitos de competência originária, o comprovante do recolhimento das custas deverá ser apresentado na unidade competente do Superior Tribunal de Justiça, no ato de protocolo.

Art. 10. Quando se tratar de recurso, o recolhimento do preparo, composto de custas e porte de remessa e retorno, será feito no tribunal de origem, perante as suas secretarias e no prazo da sua interposição.

Parágrafo único. Nenhum recurso subirá ao Superior Tribunal de Justiça, salvo caso de isenção, sem a juntada aos autos do comprovante de recolhimento do preparo.

Art. 11. O abandono ou desistência do feito, ou a existência de transação que lhe ponha termo, em qualquer fase do processo, não dispensa a parte do pagamento das custas nem lhe dá o direito à restituição.

Art. 12. Extinto o processo, se a parte responsável pelo pagamento das custas ou porte de remessa e retorno, devidamente intimada, não o fizer dentro de 15 (quinze) dias, o responsável pela unidade administrativa competente do órgão julgador a que estiver afeto o processo encaminhará os elementos necessários ao relator e este à Procuradoria-Geral da Fazenda Nacional, para sua inscrição como dívida ativa da União.

Art. 13. A assistência judiciária, perante o Superior Tribunal de Justiça, será requerida ao presidente antes da distribuição, e, nos demais casos, ao relator.

Parágrafo único. Prevalecerá no Superior Tribunal de Justiça a assistência judiciária já concedida em outra instância.

Art. 14. O regimento interno do Superior Tribunal de Justiça disporá sobre os atos complementares necessários ao cumprimento desta Lei.

Art. 15. Esta Lei entra em vigor na data de sua publicação, produzindo efeitos respeitando-se o disposto nas alíneas *b* e *c* do inciso III do *caput* do art. 150 da Constituição Federal.

Brasília, 28 de dezembro de 2007; 186.º da Independência e 119.º da República.

LUIZ INÁCIO LULA DA SILVA

ANEXO
TABELA DE CUSTAS JUDICIAIS DO SUPERIOR TRIBUNAL DE JUSTIÇA

TABELA A
RECURSOS INTERPOSTOS EM INSTÂNCIA INFERIOR

(*) Publicada no *DOU*, de 28-12-2007 – edição extra.

RECURSO	VALOR (em R$)
I - Recurso em Mandado de Segurança	100,00
II - Recurso Especial	100,00
III - Apelação Cível (art. 105, inciso II, alínea "c", da Constituição Federal)	200,00

TABELA B
FEITOS DE COMPETÊNCIA ORIGINÁRIA

FEITO	VALOR (em R$)
I - Ação Penal	100,00
II - Ação Rescisória	200,00
III - Comunicação	50,00
IV - Conflito de Competência	50,00
V - Conflito de Atribuições	50,00
VI - Exceção de Impedimento	50,00
VII - Exceção de Suspeição	50,00
VIII - Exceção da Verdade	50,00
IX - Inquérito	50,00
X - Interpelação Judicial	50,00
XI - Intervenção Federal	50,00
XII - Mandado de Injunção	50,00
XIII - Mandado de Segurança:	
a) um impetrante	100,00
b) mais de um impetrante (cada excedente)	50,00
XIV - Medida Cautelar	200,00
XV - Petição	200,00
XVI - Reclamação	50,00
XVII - Representação	50,00
XVIII - Revisão Criminal	200,00
XIX - Suspensão de Liminar e de Sentença	200,00
XX - Suspensão de Segurança	100,00
XXI - Embargos de Divergência	50,00
XXII - Ação de Improbidade Administrativa	50,00
XXIII - Homologação de Sentença Estrangeira	100,00

LEI N. 11.671, DE 8 DE MAIO DE 2008 (*)

Dispõe sobre a transferência e inclusão de presos em estabelecimentos penais federais de segurança máxima e dá outras providências.

O Presidente da República

Faço saber que o Congresso Nacional decreta e eu sanciono a seguinte Lei:

Art. 1.º A inclusão de presos em estabelecimentos penais federais de segurança máxima e a transferência de presos de outros estabelecimentos para aqueles obedecerão ao disposto nesta Lei.

Art. 2.º A atividade jurisdicional de execução penal nos estabelecimentos penais federais será desenvolvida pelo juízo federal da seção ou subseção judiciária em que estiver localizado o estabelecimento penal federal de segurança máxima ao qual for recolhido o preso.

Art. 3.º Serão recolhidos em estabelecimentos penais federais de segurança máxima aqueles cuja medida se justifique no interesse da segurança pública ou do próprio preso, condenado ou provisório.

Art. 4.º A admissão do preso, condenado ou provisório, dependerá de decisão prévia e fundamentada do juízo federal competente, após receber os autos de transferência enviados pelo juízo responsável pela execução penal ou pela prisão provisória.

§ 1.º A execução penal da pena privativa de liberdade, no período em que durar a transferência, ficará a cargo do juízo federal competente.

§ 2.º Apenas a fiscalização da prisão provisória será deprecada, mediante carta precatória, pelo juízo de origem ao juízo federal competente, mantendo aquele juízo a competência para o processo e para os respectivos incidentes.

Art. 5.º São legitimados para requerer o processo de transferência, cujo início se dá com a admissibilidade pelo juiz da origem da necessidade da transferência do preso para estabelecimento penal federal de segurança máxima, a autoridade administrativa, o Ministério Público e o próprio preso.

§ 1.º Caberá à Defensoria Pública da União a assistência jurídica ao preso que estiver nos estabelecimentos penais federais de segurança máxima.

(*) Publicada no *DOU*, de 9-5-2008. Regulamentada pelo Decreto n. 6.877, de 18-6-2009.

§ 2.° Instruídos os autos do processo de transferência, serão ouvidos, no prazo de 5 (cinco) dias cada, quando não requerentes, a autoridade administrativa, o Ministério Público e a defesa, bem como o Departamento Penitenciário Nacional – DEPEN, a quem é facultado indicar o estabelecimento penal federal mais adequado.

§ 3.° A instrução dos autos do processo de transferência será disciplinada no regulamento para fiel execução desta Lei.

§ 4.° Na hipótese de imprescindibilidade de diligências complementares, o juiz federal ouvirá, no prazo de 5 (cinco) dias, o Ministério Público Federal e a defesa e, em seguida, decidirá acerca da transferência no mesmo prazo.

§ 5.° A decisão que admitir o preso no estabelecimento penal federal de segurança máxima indicará o período de permanência.

§ 6.° Havendo extrema necessidade, o juiz federal poderá autorizar a imediata transferência do preso e, após a instrução dos autos, na forma do § 2.° deste artigo, decidir pela manutenção ou revogação da medida adotada.

§ 7.° A autoridade policial será comunicada sobre a transferência do preso provisório quando a autorização da transferência ocorrer antes da conclusão do inquérito policial que presidir.

Art. 6.° Admitida a transferência do preso condenado, o juízo de origem deverá encaminhar ao juízo federal os autos da execução penal.

Art. 7.° Admitida a transferência do preso provisório, será suficiente a carta precatória remetida pelo juízo de origem, devidamente instruída, para que o juízo federal competente dê início à fiscalização da prisão no estabelecimento penal federal de segurança máxima.

Art. 8.° As visitas feitas pelo juiz responsável ou por membro do Ministério Público, às quais se referem os arts. 66 e 68 da Lei n. 7.210, de 11 de julho de 1984, serão registradas em livro próprio, mantido no respectivo estabelecimento.

• Citados dispositivos constam desta obra.

Art. 9.° Rejeitada a transferência, o juízo de origem poderá suscitar o conflito de competência perante o tribunal competente, que o apreciará em caráter prioritário.

Art. 10. A inclusão de preso em estabelecimento penal federal de segurança máxima será excepcional e por prazo determinado.

§ 1.° O período de permanência não poderá ser superior a 360 (trezentos e sessenta) dias, renovável, excepcionalmente, quando solicitado motivadamente pelo juízo de origem, observados os requisitos da transferência.

§ 2.° Decorrido o prazo, sem que seja feito, imediatamente após seu decurso, pedido de renovação da permanência do preso em estabelecimento penal federal de segurança máxima, ficará o juízo de origem obrigado a receber o preso no estabelecimento penal sob sua jurisdição.

§ 3.° Tendo havido pedido de renovação, o preso, recolhido no estabelecimento federal em que estiver, aguardará que o juízo federal profira decisão.

§ 4.° Aceita a renovação, o preso permanecerá no estabelecimento federal de segurança máxima em que estiver, retroagindo o termo inicial do prazo ao dia seguinte ao término do prazo anterior.

§ 5.° Rejeitada a renovação, o juízo de origem poderá suscitar o conflito de competência, que o tribunal apreciará em caráter prioritário.

§ 6.° Enquanto não decidido o conflito de competência em caso de renovação, o preso permanecerá no estabelecimento penal federal.

Art. 11. A lotação máxima do estabelecimento penal federal de segurança máxima não será ultrapassada.

§ 1.° O número de presos, sempre que possível, será mantido aquém do limite de vagas, para que delas o juízo federal competente possa dispor em casos emergenciais.

§ 2.° No julgamento dos conflitos de competência, o tribunal competente observará a vedação estabelecida no *caput* deste artigo.

Art. 12. Esta Lei entra em vigor na data de sua publicação.

Brasília, 8 de maio de 2008; 187.° da Independência e 120.° da República.

LUIZ INÁCIO LULA DA SILVA

LEI N. 11.705, DE 19 DE JUNHO DE 2008 (*)

Altera a Lei n. 9.503, de 23 de setembro de 1997, que institui o Código de Trânsito Brasileiro, e a Lei n. 9.294, de 15 de julho de 1996, que dispõe sobre as restrições ao uso e à propaganda de produtos fumígeros, bebidas alcoólicas, medicamentos, terapias e defensivos agrícolas, nos termos do § 4.° do art. 220 da Constituição Federal, para inibir o consumo de bebida alcoólica por condutor de veículo automotor, e dá outras providências.

O Presidente da República

Faço saber que o Congresso Nacional decreta e eu sanciono a seguinte Lei:

Art. 1.° Esta Lei altera dispositivos da Lei n. 9.503, de 23 de setembro de 1997, que institui o Código de Trânsito Brasileiro, com a finalidade de estabelecer alcoolemia 0 (zero) e de impor penalidades mais

(*) Publicada no *DOU*, de 20-6-2008. Regulamentada, no ponto que restringe a comercialização de bebidas alcoólicas em rodovias federais, pelo Decreto n. 6.489, de 19-6-2008. Onde constou *fumigero* acreditamos seja *fumígeno*, porém mantivemos a redação original da publicação oficial.

severas para o condutor que dirigir sob a influência do álcool, e da Lei n. 9.294, de 15 de julho de 1996, que dispõe sobre as restrições ao uso e à propaganda de produtos fumígeros, bebidas alcoólicas, medicamentos, terapias e defensivos agrícolas, nos termos do § 4.º do art. 220 da Constituição Federal, para obrigar os estabelecimentos comerciais em que se vendem ou oferecem bebidas alcoólicas a estampar, no recinto, aviso de que constitui crime dirigir sob a influência de álcool.

Art. 2.º São vedados, na faixa de domínio de rodovia federal ou em terrenos contíguos à faixa de domínio com acesso direto à rodovia, a venda varejista ou o oferecimento de bebidas alcoólicas para consumo no local.

§ 1.º A violação do disposto no *caput* deste artigo implica multa de R$ 1.500,00 (um mil e quinhentos reais).

§ 2.º Em caso de reincidência, dentro do prazo de 12 (doze) meses, a multa será aplicada em dobro, e suspensa a autorização de acesso à rodovia, pelo prazo de até 1 (um) ano.

§ 3.º Não se aplica o disposto neste artigo em área urbana, de acordo com a delimitação dada pela legislação de cada município ou do Distrito Federal.

Art. 3.º Ressalvado o disposto no § 3.º do art. 2.º desta Lei, o estabelecimento comercial situado na faixa de domínio de rodovia federal ou em terreno contíguo à faixa de domínio com acesso direto à rodovia, que inclua entre suas atividades a venda varejista ou o fornecimento de bebidas ou alimentos, deverá afixar, em local de ampla visibilidade, aviso da vedação de que trata o art. 2.º desta Lei.

Parágrafo único. O descumprimento do disposto no *caput* deste artigo implica multa de R$ 300,00 (trezentos reais).

Art. 4.º Competem à Polícia Rodoviária Federal a fiscalização e a aplicação das multas previstas nos arts. 2.º e 3.º desta Lei.

§ 1.º A União poderá firmar convênios com Estados, Municípios e com o Distrito Federal, a fim de que estes também possam exercer a fiscalização e aplicar as multas de que tratam os arts. 2.º e 3.º desta Lei.

§ 2.º Configurada a reincidência, a Polícia Rodoviária Federal ou ente conveniado comunicará o fato ao Departamento Nacional de Infraestrutura de Transportes – DNIT ou, quando se tratar de rodovia concedida, à Agência Nacional de Transportes Terrestres – ANTT, para a aplicação da penalidade de suspensão da autorização de acesso à rodovia.

Art. 5.º A Lei n. 9.503, de 23 de setembro de 1997, passa a vigorar com as seguintes modificações:

•• Alterações já processadas no diploma modificado.

Art. 6.º Consideram-se bebidas alcoólicas, para efeitos desta Lei, as bebidas potáveis que contenham álcool em sua composição, com grau de concentração igual ou superior a meio grau *Gay-Lussac*.

....

Art. 8.º Esta Lei entra em vigor na data de sua publicação.

Art. 9.º Fica revogado o inciso V do parágrafo único do art. 302 da Lei n. 9.503, de 23 de setembro de 1997.

Brasília, 16 de junho de 2008; 187.º da Independência e 120.º da República.

LUIZ INÁCIO LULA DA SILVA

DECRETO N. 6.488, DE 19 DE JUNHO DE 2008 (*)

Regulamenta os arts. 276 e 306 da Lei n. 9.503, de 23 de setembro de 1997 – Código de Trânsito Brasileiro, disciplinando a margem de tolerância de álcool no sangue e a equivalência entre os distintos testes de alcoolemia para efeitos de crime de trânsito.

O Presidente da República, no uso da atribuição que lhe confere o art. 84, inciso IV, da Constituição, e tendo em vista o disposto nos arts. 276 e 306 da Lei n. 9.503, de 23 de setembro de 1997 – Código de Trânsito Brasileiro, decreta:

Art. 1.º Qualquer concentração de álcool por litro de sangue sujeita o condutor às penalidades administrativas do art. 165 da Lei n. 9.503, de 23 de setembro de 1997 – Código de Trânsito Brasileiro, por dirigir sob a influência de álcool.

§ 1.º As margens de tolerância de álcool no sangue para casos específicos serão definidas em resolução do Conselho Nacional de Trânsito – CONTRAN, nos termos de proposta formulada pelo Ministro de Estado da Saúde.

§ 2.º Enquanto não editado o ato de que trata o § 1.º, a margem de tolerância será de duas decigramas por litro de sangue para todos os casos.

§ 3.º Na hipótese do § 2.º, caso a aferição da quantidade de álcool no sangue seja feito por meio de teste em aparelho de ar alveolar pulmonar (etilômetro), a margem de tolerância será de um décimo de miligrama por litro de ar expelido dos pulmões.

Art. 2.º Para os fins criminais de que trata o art. 306 da Lei n. 9.503, de 1997 – Código de Trânsito Brasileiro, a equivalência entre os distintos testes de alcoolemia é a seguinte:

I – exame de sangue: concentração igual ou superior a seis decigramas de álcool por litro de sangue; ou

II – teste em aparelho de ar alveolar pulmonar (etilômetro): concentração de álcool igual ou superior a três décimos de miligrama por litro de ar expelido dos pulmões.

(*) Publicado no *DOU*, de 20-6-2008.

Art. 3.º Este Decreto entra em vigor na data de sua publicação.

Brasília, 19 de junho de 2008; 187.º da Independência e 120.º da República.

LUIZ INÁCIO LULA DA SILVA

DECRETO N. 6.514, DE 22 DE JULHO DE 2008 (*)

Dispõe sobre as infrações e sanções administrativas ao meio ambiente, estabelece o processo administrativo federal para apuração destas infrações, e dá outras providências.

O Presidente da República, no uso das atribuições que lhe confere o art. 84, incisos IV e VI, alínea *a*, da Constituição, e tendo em vista o disposto no Capítulo VI da Lei n. 9.605, de 12 de fevereiro de 1998, e nas Leis n. 9.784, de 29 de janeiro de 1999, 8.005, de 22 de março de 1990, 9.873, de 23 de novembro de 1999, e 6.938, de 31 de agosto de 1981, decreta:

CAPÍTULO I
DAS INFRAÇÕES E SANÇÕES ADMINISTRATIVAS AO MEIO AMBIENTE

Seção I
Das Disposições Gerais

Art. 1.º Este Capítulo dispõe sobre as condutas infracionais ao meio ambiente e suas respectivas sanções administrativas.

Art. 2.º Considera-se infração administrativa ambiental, toda ação ou omissão que viole as regras jurídicas de uso, gozo, promoção, proteção e recuperação do meio ambiente, conforme o disposto na Seção III deste Capítulo.

Parágrafo único. O elenco constante da Seção III deste Capítulo não exclui a previsão de outras infrações previstas na legislação.

Art. 3.º As infrações administrativas são punidas com as seguintes sanções:

I – advertência;

II – multa simples;

III – multa diária;

IV – apreensão dos animais, produtos e subprodutos da fauna e flora e demais produtos e subprodutos objeto da infração, instrumentos, petrechos, equipamentos ou veículos de qualquer natureza utilizados na infração;

•• Inciso IV com redação determinada pelo Decreto n. 6.686, de 10-12-2008.

V – destruição ou inutilização do produto;

VI – suspensão de venda e fabricação do produto;

VII – embargo de obra ou atividade e suas respectivas áreas;

VIII – demolição de obra;

IX – suspensão parcial ou total das atividades; e

X – restritiva de direitos.

§ 1.º Os valores estabelecidos na Seção III deste Capítulo, quando não disposto de forma diferente, referem-se à multa simples e não impedem a aplicação cumulativa das demais sanções previstas neste Decreto.

§ 2.º A caracterização de negligência ou dolo será exigível nas hipóteses previstas nos incisos I e II do § 3.º do art. 72 da Lei n. 9.605, de 12 de fevereiro de 1998.

Art. 4.º O agente autuante, ao lavrar o auto de infração, indicará as sanções estabelecidas neste Decreto, observando:

•• *Caput* com redação determinada pelo Decreto n. 6.686, de 10-12-2008.

I – gravidade dos fatos, tendo em vista os motivos da infração e suas consequências para a saúde pública e para o meio ambiente;

II – antecedentes do infrator, quanto ao cumprimento da legislação de interesse ambiental; e

III – situação econômica do infrator.

§ 1.º Para a aplicação do disposto no inciso I, o órgão ou entidade ambiental estabelecerá de forma objetiva critérios complementares para o agravamento e atenuação das sanções administrativas.

•• § 1.º acrescentado pelo Decreto n. 6.686, de 10-12-*2008*.

§ 2.º As sanções aplicadas pelo agente autuante estarão sujeitas à confirmação pela autoridade julgadora.

•• § 2.º acrescentado pelo Decreto n. 6.686, de 10-12-2008.

Subseção I
Da advertência

Art. 5.º A sanção de advertência poderá ser aplicada, mediante a lavratura de auto de infração, para as infrações administrativas de menor lesividade ao meio ambiente, garantidos a ampla defesa e o contraditório.

§ 1.º Consideram-se infrações administrativas de menor lesividade ao meio ambiente aquelas em que a multa máxima cominada não ultrapasse o valor de R$ 1.000,00 (mil reais), ou que, no caso de multa por unidade de medida, a multa aplicável não exceda o valor referido.

§ 2.º Sem prejuízo do disposto no *caput*, caso o agente autuante constate a existência de irregularidades a serem sanadas, lavrará o auto de infração com a indicação da respectiva sanção de advertência, ocasião em que estabelecerá prazo para que o infrator sane tais irregularidades.

§ 3.º Sanadas as irregularidades no prazo concedido, o agente autuante certificará o ocorrido nos

(*) Publicado no *DOU*, de 23-7-2008.

autos e dará seguimento ao processo estabelecido no Capítulo II.

§ 4.º Caso o autuado, por negligência ou dolo, deixe de sanar as irregularidades, o agente autuante certificará o ocorrido e aplicará a sanção de multa relativa à infração praticada, independentemente da advertência.

Art. 6.º A sanção de advertência não excluirá a aplicação de outras sanções.

Art. 7.º Fica vedada a aplicação de nova sanção de advertência no período de três anos contados do julgamento da defesa da última advertência ou de outra penalidade aplicada.

Subseção II
Das multas

Art. 8.º A multa terá por base a unidade, hectare, metro cúbico, quilograma, metro de carvão-mdc, estéreo, metro quadrado, dúzia, estipe, cento, milheiros ou outra medida pertinente, de acordo com o objeto jurídico lesado.

Parágrafo único. O órgão ou entidade ambiental poderá especificar a unidade de medida aplicável para cada espécie de recurso ambiental objeto da infração.

Art. 9.º O valor da multa de que trata este Decreto será corrigido, periodicamente, com base nos índices estabelecidos na legislação pertinente, sendo o mínimo de R$ 50,00 (cinquenta reais) e o máximo de R$ 50.000.000,00 (cinquenta milhões de reais).

Art. 10. A multa diária será aplicada sempre que o cometimento da infração se prolongar no tempo.

§ 1.º Constatada a situação prevista no *caput*, o agente autuante lavrará auto de infração, indicando, além dos requisitos constantes do art. 97, o valor da multa-dia.

§ 2.º O valor da multa-dia deverá ser fixado de acordo com os critérios estabelecidos neste Decreto, não podendo ser inferior ao mínimo estabelecido no art. 9.º nem superior a dez por cento do valor da multa simples máxima cominada para a infração.

§ 3.º Lavrado o auto de infração, será aberto prazo de defesa nos termos estabelecidos no Capítulo II deste Decreto.

§ 4.º A multa diária deixará de ser aplicada a partir da data em que o autuado apresentar ao órgão ambiental documentos que comprovem a regularização da situação que deu causa à lavratura do auto de infração.

•• § 4.º com redação determinada pelo Decreto n. 6.686, de 10-12-2008.

§ 5.º Caso o agente autuante ou a autoridade competente verifique que a situação que deu causa à lavratura do auto de infração não foi regularizada, a multa diária voltará a ser imposta desde a data em que deixou de ser aplicada, sendo notificado o autuado, sem prejuízo da adoção de outras sanções previstas neste Decreto.

•• § 5.º com redação determinada pelo Decreto n. 6.686, de 10-12-2008.

§ 6.º Por ocasião do julgamento do auto de infração, a autoridade ambiental deverá, em caso de procedência da autuação, confirmar ou modificar o valor da multa-dia, decidir o período de sua aplicação e consolidar o montante devido pelo autuado para posterior execução.

•• § 6.º com redação determinada pelo Decreto n. 6.686, de 10-12-2008.

§ 7.º O valor da multa será consolidado e executado periodicamente após o julgamento final, nos casos em que a infração não tenha cessado.

•• § 7.º com redação determinada pelo Decreto n. 6.686, de 10-12-2008.

§ 8.º A celebração de termo de compromisso de reparação ou cessação dos danos encerrará a contagem da multa diária.

•• § 8.º acrescentado pelo Decreto n. 6.686, de 10-12-2008.

Art. 11. O cometimento de nova infração ambiental pelo mesmo infrator, no período de cinco anos, contados da lavratura de auto de infração anterior devidamente confirmado no julgamento de que trata o art. 124, implica:

I – aplicação da multa em triplo, no caso de cometimento da mesma infração; ou

II – aplicação da multa em dobro, no caso de cometimento de infração distinta.

§ 1.º O agravamento será apurado no procedimento da nova infração, do qual se fará constar, por cópia, o auto de infração anterior e o julgamento que o confirmou.

§ 2.º Antes do julgamento da nova infração, a autoridade ambiental deverá verificar a existência de auto de infração anterior confirmado em julgamento, para fins de aplicação do agravamento da nova penalidade.

§ 3.º Após o julgamento da nova infração, não será efetuado o agravamento da penalidade.

§ 4.º Constatada a existência de auto de infração anteriormente confirmado em julgamento, a autoridade ambiental deverá:

I – agravar a pena conforme disposto no *caput*;

II – notificar o autuado para que se manifeste sobre o agravamento da penalidade no prazo de dez dias; e

III – julgar a nova infração considerando o agravamento da penalidade.

§ 5.º O disposto no § 3.º não se aplica para fins de majoração do valor da multa, conforme previsão contida nos arts. 123 e 129.

•• § 5.º com redação determinada pelo Decreto n. 6.686, de 10-12-2008.

Art. 12. O pagamento de multa por infração ambiental imposta pelos Estados, Municípios, Distrito Federal ou Territórios substitui a aplicação de penalidade pecuniária pelo órgão federal, em decorrência do mesmo fato, respeitados os limites estabelecidos neste Decreto.

Parágrafo único. Somente o efetivo pagamento da multa será considerado para efeito da substituição de que trata o *caput*, não sendo admitida para esta finalidade a celebração de termo de compromisso de ajustamento de conduta ou outra forma de compromisso de regularização da infração ou composição de dano, salvo se deste também participar o órgão ambiental federal.

•• Parágrafo único com redação determinada pelo Decreto n. 6.686, de 10-12-2008.

Art. 13. Reverterão ao Fundo Nacional do Meio Ambiente – FNMA vinte por cento dos valores arrecadados em pagamento de multas aplicadas pela União, podendo o referido percentual ser alterado, a critério dos órgãos arrecadadores.

•• Artigo com redação determinada pelo Decreto n. 6.686, de 10-12-2008.

Subseção III

Das demais sanções administrativas

Art. 14. A sanção de apreensão de animais, produtos e subprodutos da fauna e flora, produtos e subprodutos objeto da infração, instrumentos, petrechos, equipamentos ou veículos e embarcações de qualquer natureza utilizados na infração reger-se-á pelo disposto nas Seções II, IV e VI do Capítulo II deste Decreto.

•• Artigo com redação determinada pelo Decreto n. 6.686, de 10-12-2008.

Art. 15. As sanções indicadas nos incisos V a IX do art. 3.º serão aplicadas quando o produto, a obra, a atividade ou o estabelecimento não estiverem obedecendo às determinações legais ou regulamentares.

Art. 15-A. O embargo de obra ou atividade restringe-se aos locais onde efetivamente caracterizou-se a infração ambiental, não alcançando as demais atividades realizadas em áreas não embargadas da propriedade ou posse ou não correlacionadas com a infração.

•• Artigo acrescentado pelo Decreto n. 6.686, de 10-12-2008.

Art. 15-B. A cessação das penalidades de suspensão e embargo dependerá de decisão da autoridade ambiental após a apresentação, por parte do autuado, de documentação que regularize a obra ou atividade.

•• Artigo acrescentado pelo Decreto n. 6.686, de 10-12-2008.

Art. 16. No caso de áreas irregularmente desmatadas ou queimadas, o agente autuante embargará quaisquer obras ou atividades nelas localizadas ou desenvolvidas, excetuando as atividades de subsistência.

•• *Caput* com redação determinada pelo Decreto n. 6.686, de 10-12-2008.

§ 1.º O agente autuante deverá colher todas as provas possíveis de autoria e materialidade, bem como da extensão do dano, apoiando-se em documentos, fotos e dados de localização, incluindo as coordenadas geográficas da área embargada, que deverão constar do respectivo auto de infração para posterior georreferenciamento.

•• § 1.º acrescentado pelo Decreto n. 6.686, de 10-12-2008.

§ 2.º Não se aplicará a penalidade de embargo de obra ou atividade, ou de área, nos casos em que a infração de que trata o *caput* se der fora da área de preservação permanente ou reserva legal, salvo quando se tratar de desmatamento não autorizado de mata nativa.

•• § 2.º acrescentado pelo Decreto n. 6.686, de 10-12-2008.

Art. 17. O embargo de área irregularmente explorada e objeto do Plano de Manejo Florestal Sustentável – PMFS não exonera seu detentor da execução de atividades de manutenção ou recuperação da floresta, na forma e prazos fixados no PMFS e no termo de responsabilidade de manutenção da floresta.

•• Artigo com redação determinada pelo Decreto n. 6.686, de 10-12-2008.

Art. 18. O descumprimento total ou parcial de embargo, sem prejuízo do disposto no art. 79, ensejará a aplicação cumulativa das seguintes sanções:

I – suspensão da atividade que originou a infração e da venda de produtos ou subprodutos criados ou produzidos na área ou local objeto do embargo infringido; e

II – cancelamento de registros, licenças ou autorizações de funcionamento da atividade econômica junto aos órgãos ambientais e de fiscalização.

•• Inciso II com redação determinada pelo Decreto n. 6.686, de 10-12-2008.

§ 1.º O órgão ou entidade ambiental promoverá a divulgação dos dados do imóvel rural, da área ou local embargado e do respectivo titular em lista oficial, resguardados os dados protegidos por legislação específica para efeitos do disposto no inciso III do art. 4.º da Lei n. 10.650, de 16 de abril de 2003, especificando o exato local da área embargada e informando que o auto de infração encontra-se julgado ou pendente de julgamento.

•• § 1.º com redação determinada pelo Decreto n. 6.686, de 10-12-2008.

§ 2.º A pedido do interessado, o órgão ambiental autuante emitirá certidão em que conste a atividade, a obra e a parte da área do imóvel que são objetos do embargo, conforme o caso.

•• § 2.º acrescentado pelo Decreto n. 6.686, de 10-12-2008.

Art. 19. A sanção de demolição de obra poderá ser aplicada pela autoridade ambiental, após o contraditório e ampla defesa, quando:

•• *Caput* com redação determinada pelo Decreto n. 6.686, de 10-12-2008.

I – verificada a construção de obra em área ambientalmente protegida em desacordo com a legislação ambiental; ou

II – quando a obra ou construção realizada não atenda às condicionantes da legislação ambiental e não seja passível de regularização.

§ 1.º A demolição poderá ser feita pela administração ou pelo infrator, em prazo assinalado, após o julgamento do auto de infração, sem prejuízo do disposto no art. 112.

§ 2.º As despesas para a realização da demolição correrão às custas do infrator, que será notificado para realizá-la ou para reembolsar aos cofres públicos os gastos que tenham sido efetuados pela administração.

§ 3.º Não será aplicada a penalidade de demolição quando, mediante laudo técnico, for comprovado que o desfazimento poderá trazer piores impactos ambientais que sua manutenção, caso em que a autoridade ambiental, mediante decisão fundamentada, deverá, sem prejuízo das demais sanções cabíveis, impor as medidas necessárias à cessação e mitigação do dano ambiental, observada a legislação em vigor.

•• § 3.º acrescentado pelo Decreto n. 6.686, de 10-12-2008.

Art. 20. As sanções restritivas de direito aplicáveis às pessoas físicas ou jurídicas são:

I – suspensão de registro, licença ou autorização;

•• Inciso I com redação determinada pelo Decreto n. 6.686, de 10-12-2008.

II – cancelamento de registro, licença ou autorização;

•• Inciso II com redação determinada pelo Decreto n. 6.686, de 10-12-2008.

III – perda ou restrição de incentivos e benefícios fiscais;

IV – perda ou suspensão da participação em linhas de financiamento em estabelecimentos oficiais de crédito; e

V – proibição de contratar com a administração pública.

§ 1.º A autoridade ambiental fixará o período de vigência das sanções previstas neste artigo, observando os seguintes prazos:

I – até três anos para a sanção prevista no inciso V;

II – até um ano para as demais sanções.

•• § 1.º com redação determinada pelo Decreto n. 6.686, de 10-12-2008.

§ 2.º Em qualquer caso, a extinção da sanção fica condicionada à regularização da conduta que deu origem ao auto de infração.

•• § 2.º acrescentado pelo Decreto n. 6.686, de 10-12-2008.

Seção II
Dos Prazos Prescricionais

Art. 21. Prescreve em cinco anos a ação da administração objetivando apurar a prática de infrações contra o meio ambiente, contada da data da prática do ato, ou, no caso de infração permanente ou continuada, do dia em que esta tiver cessado.

§ 1.º Considera-se iniciada a ação de apuração de infração ambiental pela administração com a lavratura do auto de infração.

§ 2.º Incide a prescrição no procedimento de apuração do auto de infração paralisado por mais de três anos, pendente de julgamento ou despacho, cujos autos serão arquivados de ofício ou mediante requerimento da parte interessada, sem prejuízo da apuração da responsabilidade funcional decorrente da paralisação.

•• § 2.º com redação determinada pelo Decreto n. 6.686, de 10-12-2008.

§ 3.º Quando o fato objeto da infração também constituir crime, a prescrição de que trata o *caput* reger-se-á pelo prazo previsto na lei penal.

§ 4.º A prescrição da pretensão punitiva da administração não elide a obrigação de reparar o dano ambiental.

•• § 4.º acrescentado pelo Decreto n. 6.686, de 10-12-2008.

Art. 22. Interrompe-se a prescrição:

I – pelo recebimento do auto de infração ou pela cientificação do infrator por qualquer outro meio, inclusive por edital;

II – por qualquer ato inequívoco da administração que importe apuração do fato; e

III – pela decisão condenatória recorrível.

Parágrafo único. Considera-se ato inequívoco da administração, para o efeito do que dispõe o inciso II, aqueles que impliquem instrução do processo.

Art. 23. O disposto neste Capítulo não se aplica aos procedimentos relativos a Taxa de Controle e Fiscalização Ambiental de que trata o art. 17-B da Lei n. 6.938, de 31 de agosto de 1981.

• A Lei n. 6.938, de 31-8-1981, dispõe sobre a Política Nacional do Meio Ambiente, seus fins e mecanismos de formulação e aplicação, e dá outras providências.

Seção III
Das Infrações Administrativas Cometidas Contra o Meio Ambiente

Subseção I
Das infrações contra a fauna

• *Vide* arts. 29 a 37 da Lei n. 9.605, de 12-2-1998 (crimes contra a fauna).

Art. 24. Matar, perseguir, caçar, apanhar, coletar, utilizar espécimes da fauna silvestre, nativos ou em rota migratória, sem a devida permissão, licença ou autorização da autoridade competente, ou em desacordo com a obtida:

Multa de:

I – R$ 500,00 (quinhentos reais) por indivíduo de espécie não constante de listas oficiais de risco ou ameaça de extinção;

II – R$ 5.000,00 (cinco mil reais), por indivíduo de espécie constante de listas oficiais de fauna brasileira ameaçada de extinção, inclusive da Convenção de Comércio Internacional das Espécies da Flora e Fauna Selvagens em Perigo de Extinção – CITES.

•• Inciso II acrescentado pelo Decreto n. 6.686, de 10-12-2008.

§ 1.º As multas serão aplicadas em dobro se a infração for praticada com finalidade de obter vantagem pecuniária.

§ 2.º Na impossibilidade de aplicação do critério de unidade por espécime para a fixação da multa, aplicar-se-á o valor de R$ 500,00 (quinhentos reais) por quilograma ou fração.

§ 3.º Incorre nas mesmas multas:

I – quem impede a procriação da fauna, sem licença, autorização ou em desacordo com a obtida;

II – quem modifica, danifica ou destrói ninho, abrigo ou criadouro natural; ou

III – quem vende, expõe à venda, exporta ou adquire, guarda, tem em cativeiro ou depósito, utiliza ou transporta ovos, larvas ou espécimes da fauna silvestre, nativa ou em rota migratória, bem como produtos e objetos dela oriundos, provenientes de criadouros não autorizados, sem a devida permissão, licença ou autorização da autoridade ambiental competente ou em desacordo com a obtida.

§ 4.º No caso de guarda doméstica de espécime silvestre não considerada ameaçada de extinção, pode a autoridade competente, considerando as circunstâncias, deixar de aplicar a multa, em analogia ao disposto no § 2.º do art. 29 da Lei n. 9.605, de 1998.

§ 5.º No caso de guarda de espécime silvestre, deve a autoridade competente deixar de aplicar as sanções previstas neste Decreto, quando o agente espontaneamente entregar os animais ao órgão ambiental competente.

§ 6.º Caso a quantidade ou espécie constatada no ato fiscalizatório esteja em desacordo com o autorizado pela autoridade ambiental competente, o agente autuante promoverá a autuação considerando a totalidade do objeto da fiscalização.

§ 7.º São espécimes da fauna silvestre, para os efeitos deste Decreto, todos os organismos incluídos no reino animal, pertencentes às espécies nativas, migratórias e quaisquer outras não exóticas, aquáticas ou terrestres, que tenham todo ou parte de seu ciclo original de vida ocorrendo dentro dos limites do território brasileiro ou em águas jurisdicionais brasileiras.

•• § 7.º com redação determinada pelo Decreto n. 6.686, de 10-12-2008.

§ 8.º A coleta de material destinado a fins científicos somente é considerada infração, nos termos deste artigo, quando se caracterizar, pelo seu resultado, como danosa ao meio ambiente.

•• § 8.º acrescentado pelo Decreto n. 6.686, de 10-12-2008.

§ 9.º A autoridade julgadora poderá, considerando a natureza dos animais, em razão de seu pequeno porte, aplicar multa de R$ 500,00 (quinhentos reais) a R$ 100.000,00 (cem mil reais) quando a contagem individual for de difícil execução ou quando, nesta situação, ocorrendo a contagem individual, a multa final restar desproporcional em relação à gravidade da infração e à capacidade econômica do infrator.

•• § 9.º acrescentado pelo Decreto n. 6.686, de 10-12-2008.

Art. 25. Introduzir espécime animal silvestre, nativo ou exótico, no País ou fora de sua área de distribuição natural, sem parecer técnico oficial favorável e licença expedida pela autoridade ambiental competente, quando exigível:

•• *Caput* com redação determinada pelo Decreto n. 6.686, de 10-12-2008.

Multa de R$ 2.000,00 (dois mil reais), com acréscimo por exemplar excedente de:

I – R$ 200,00 (duzentos reais), por indivíduo de espécie não constante em listas oficiais de espécies em risco ou ameaçadas de extinção;

II – R$ 5.000,00 (cinco mil reais), por indivíduo de espécie constante de listas oficiais de fauna brasileira ameaçada de extinção, inclusive da CITES.

•• Inciso II com redação determinada pelo Decreto n. 6.686, de 10-12-2008.

§ 1.º Entende-se por introdução de espécime animal no País, além do ato de ingresso nas fronteiras nacionais, a guarda e manutenção continuada a qualquer tempo.

§ 2.º Incorre nas mesmas penas quem reintroduz na natureza espécime da fauna silvestre sem parecer técnico oficial favorável e licença expedida pela autoridade ambiental competente, quando exigível.

•• § 2.º com redação determinada pelo Decreto n. 6.686, de 10-12-2008.

Art. 26. Exportar peles e couros de anfíbios e répteis em bruto, sem autorização da autoridade competente:

Multa de R$ 2.000,00 (dois mil reais), com acréscimo de:

I – R$ 200,00 (duzentos reais), por unidade não constante em listas oficiais de espécies em risco ou ameaçadas de extinção; ou

II – R$ 5.000,00 (cinco mil reais), por unidade constante de listas oficiais de fauna brasileira ameaçada de extinção, inclusive da CITES.

•• Inciso II com redação determinada pelo Decreto n. 6.686, de 10-12-2008.

Parágrafo único. Caso a quantidade ou espécie constatada no ato fiscalizatório esteja em desacordo com o autorizado pela autoridade ambiental competente, o agente autuante promoverá a autuação considerando a totalidade do objeto da fiscalização.

Art. 27. Praticar caça profissional no País:

Multa de R$ 5.000,00 (cinco mil reais), com acréscimo de:

I – R$ 500,00 (quinhentos reais), por indivíduo capturado; ou

•• Inciso I com redação determinada pelo Decreto n. 6.686, de 10-12-2008.

II – R$ 10.000,00 (dez mil reais), por indivíduo de espécie constante de listas oficiais de fauna brasileira ameaçada de extinção, inclusive da CITES.

•• Inciso II com redação determinada pelo Decreto n. 6.686, de 10-12-2008.

Art. 28. Comercializar produtos, instrumentos e objetos que impliquem a caça, perseguição, destruição ou apanha de espécimes da fauna silvestre:

Multa de R$ 1.000,00 (mil reais), com acréscimo de R$ 200,00 (duzentos reais), por unidade excedente.

Art. 29. Praticar ato de abuso, maus-tratos, ferir ou mutilar animais silvestres, domésticos ou domesticados, nativos ou exóticos:

Multa de R$ 500,00 (quinhentos reais) a R$ 3.000,00 (três mil reais) por indivíduo.

Art. 30. Molestar de forma intencional qualquer espécie de cetáceo, pinípede ou sirênio em águas jurisdicionais brasileiras:

Multa de R$ 2.500,00 (dois mil e quinhentos reais).

Art. 31. Deixar, o jardim zoológico e os criadouros autorizados, de ter o livro de registro do acervo faunístico ou mantê-lo de forma irregular:

Multa de R$ 500,00 (quinhentos reais) a R$ 5.000,00 (cinco mil reais).

Parágrafo único. Incorre na mesma multa quem deixa de manter registro de acervo faunístico e movimentação de plantel em sistemas informatizados de controle de fauna ou fornece dados inconsistentes ou fraudados.

Art. 32. Deixar, o comerciante, de apresentar declaração de estoque e valores oriundos de comércio de animais silvestres:

Multa de R$ 200,00 (duzentos reais) a R$ 10.000,00 (dez mil reais).

Art. 33. Explorar ou fazer uso comercial de imagem de animal silvestre mantido irregularmente em cativeiro ou em situação de abuso ou maus-tratos:

Multa de R$ 5.000,00 (cinco mil reais) a R$ 500.000,00 (quinhentos mil reais).

Parágrafo único. O disposto no *caput* não se aplica ao uso de imagem para fins jornalísticos, informativos, acadêmicos, de pesquisas científicas e educacionais.

Art. 34. Causar degradação em viveiros, açudes ou estação de aquicultura de domínio público:

Multa de R$ 5.000,00 (cinco mil reais) a R$ 500.000,00 (quinhentos mil reais).

Art. 35. Pescar em período ou local no qual a pesca seja proibida:

Multa de R$ 700,00 (setecentos reais) a R$ 100.000,00 (cem mil reais), com acréscimo de R$ 20,00 (vinte reais), por quilo ou fração do produto da pescaria, ou por espécime quando se tratar de produto de pesca para uso ornamental.

Parágrafo único. Incorre nas mesmas multas quem:

I – pesca espécies que devam ser preservadas ou espécimes com tamanhos inferiores aos permitidos;

II – pesca quantidades superiores às permitidas ou mediante a utilização de aparelhos, petrechos, técnicas e métodos não permitidos;

III – transporta, comercializa, beneficia ou industrializa espécimes provenientes da coleta, apanha e pesca proibida;

IV – transporta, conserva, beneficia, descaracteriza, industrializa ou comercializa pescados ou produtos originados da pesca, sem comprovante de origem ou autorização do órgão competente;

V – captura, extrai, coleta, transporta, comercializa ou exporta espécimes de espécies ornamentais oriundos da pesca, sem autorização do órgão competente ou em desacordo com a obtida; e

VI – deixa de apresentar declaração de estoque.

Art. 36. Pescar mediante a utilização de explosivos ou substâncias que, em contato com a água, produzam efeitos semelhantes, ou substâncias tóxicas, ou ainda, por outro meio proibido pela autoridade competente:

Multa de R$ 700,00 (setecentos reais) a R$ 100.000,00 (cem mil reais), com acréscimo de R$ 20,00 (vinte reais), por quilo ou fração do produto da pescaria.

Art. 37. Exercer a pesca sem prévio cadastro, inscrição, autorização, licença, permissão ou registro do órgão competente, ou em desacordo com o obtido:

Multa de R$ 300,00 (trezentos reais) a R$ 10.000,00 (dez mil reais), com acréscimo de R$ 20,00 (vinte reais) por quilo ou fração do produto da pesca, ou por espécime quando se tratar de produto de pesca para ornamentação.

Parágrafo único. Caso a quantidade ou espécie constatada no ato fiscalizatório esteja em desacordo com o autorizado pela autoridade ambiental competente, o agente autuante promoverá a autuação considerando a totalidade do objeto da fiscalização.

Art. 38. Importar ou exportar quaisquer espécies aquáticas, em qualquer estágio de desenvolvimento, bem como introduzir espécies nativas, exóticas ou não autóctones em águas jurisdicionais brasileiras, sem autorização ou licença do órgão competente, ou em desacordo com a obtida:

Multa de R$ 3.000,00 (três mil reais) a R$ 50.000,00 (cinquenta mil reais), com acréscimo de R$ 20,00 (vinte reais) por quilo ou fração do produto da pescaria, ou por espécime quando se tratar de espécies aquáticas, oriundas de produto de pesca para ornamentação.

§ 1.º Incorre na mesma multa quem introduzir espécies nativas ou exóticas em águas jurisdicionais brasileiras, sem autorização do órgão competente, ou em desacordo com a obtida.

§ 2.º A multa de que trata o *caput* será aplicada em dobro se houver dano ou destruição de recife de coral.

Art. 39. Explorar campos naturais de invertebrados aquáticos e algas, bem como recifes de coral sem autorização do órgão ambiental competente ou em desacordo com a obtida:

Multa de R$ 500,00 (quinhentos reais) a R$ 50.000,00 (cinquenta mil reais), com acréscimo de R$ 20,00 (vinte reais) por quilo ou espécime do produto.

Parágrafo único. Incorre nas mesmas multas quem:

I – utiliza, comercializa ou armazena invertebrados aquáticos, algas, ou recifes de coral ou subprodutos destes sem autorização do órgão competente ou em desacordo com a obtida; e

II – fundeia embarcações ou lança detritos de qualquer natureza sobre bancos de moluscos ou corais, devidamente demarcados em carta náutica.

Art. 40. A comercialização do produto da pesca de que trata esta Subseção agravará a penalidade da respectiva infração quando esta incidir sobre espécies sobre-explotadas ou ameaçadas de sobre-explotação, conforme regulamento do órgão ambiental competente, com o acréscimo de:

I – R$ 40,00 (quarenta reais) por quilo ou fração do produto da pesca de espécie constante das listas oficiais brasileiras de espécies ameaçadas de sobre-explotação; ou

II – R$ 60,00 (sessenta reais) por quilo ou fração do produto da pesca de espécie constante das listas oficiais brasileiras de espécies sobre-explotadas.

Art. 41. Deixar, os comandantes de embarcações destinadas à pesca, de preencher e entregar, ao fim de cada viagem ou semanalmente, os mapas fornecidos pelo órgão competente:

Multa: R$ 1.000,00 (mil reais).

Art. 42. Para os efeitos deste Decreto, considera-se pesca todo ato tendente a extrair, retirar, coletar, apanhar, apreender ou capturar espécimes dos grupos dos peixes, crustáceos, moluscos aquáticos e vegetais hidróbios suscetíveis ou não de aproveitamento econômico, ressalvadas as espécies ameaçadas de extinção, constantes nas listas oficiais da fauna e da flora.

Parágrafo único. Entende-se por ato tendente à pesca aquele em que o infrator esteja munido, equipado ou armado com petrechos de pesca, na área de pesca ou dirigindo-se a ela.

Subseção II
Das infrações contra a flora

• *Vide* arts. 38 a 53 da Lei n. 9.605, de 12-2-1998 (crimes contra a flora).

Art. 43. Destruir ou danificar florestas ou demais formas de vegetação natural ou utilizá-las com infringência das normas de proteção em área considerada de preservação permanente, sem autorização do órgão competente, quando exigível, ou em desacordo com a obtida:

•• *Caput* com redação determinada pelo Decreto n. 6.686, de 10-12-2008.

Multa de R$ 5.000,00 (cinco mil reais) a R$ 50.000,00 (cinquenta mil reais), por hectare ou fração.

Art. 44. Cortar árvores em área considerada de preservação permanente ou cuja espécie seja especialmente protegida, sem permissão da autoridade competente:

Multa de R$ 5.000,00 (cinco mil reais) a R$ 20.000,00 (vinte mil reais) por hectare ou fração, ou R$ 500,00 (quinhentos reais) por árvore, metro cúbico ou fração.

Art. 45. Extrair de florestas de domínio público ou áreas de preservação permanente, sem prévia autorização, pedra, areia, cal ou qualquer espécie de minerais:

Multa simples de R$ 5.000,00 (cinco mil reais) a R$ 50.000,00 (cinquenta mil reais) por hectare ou fração.

Art. 46. Transformar madeira oriunda de floresta ou demais formas de vegetação nativa em carvão, para fins industriais, energéticos ou para qualquer outra exploração, econômica ou não, sem licença ou em desacordo com as determinações legais:

Multa de R$ 500,00 (quinhentos reais), por metro cúbico de carvão-mdc.

Art. 47. Receber ou adquirir, para fins comerciais ou industriais, madeira serrada ou em tora, lenha, carvão ou outros produtos de origem vegetal, sem exigir a exibição de licença do vendedor, outorgada pela autoridade competente, e sem munir-se da via que deverá acompanhar o produto até final beneficiamento:

Multa de R$ 300,00 (trezentos reais) por unidade, estéreo, quilo, mdc ou metro cúbico aferido pelo método geométrico.

§ 1.º Incorre nas mesmas multas quem vende, expõe à venda, tem em depósito, transporta ou guarda madeira, lenha, carvão ou outros produtos de origem vegetal, sem licença válida para todo o tempo da viagem ou do armazenamento, outorgada pela autoridade competente ou em desacordo com a obtida.

§ 2.º Considera-se licença válida para todo o tempo da viagem ou do armazenamento aquela cuja autenticidade seja confirmada pelos sistemas de controle eletrônico oficiais, inclusive no que diz respeito à quantidade e espécie autorizada para transporte e armazenamento.

§ 3.º Nas infrações de transporte, caso a quantidade ou espécie constatada no ato fiscalizatório esteja em desacordo com o autorizado pela autoridade ambiental competente, o agente autuante promoverá a autuação considerando a totalidade do objeto da fiscalização.

•• § 3.º com redação determinada pelo Decreto n. 6.686, de 10-12-2008.

§ 4.º Para as demais infrações previstas neste artigo, o agente autuante promoverá a autuação considerando o volume integral de madeira, lenha, carvão ou outros produtos de origem vegetal que não guarde correspondência com aquele autorizado pela autoridade ambiental competente, em razão da quantidade ou espécie.

•• § 4.º acrescentado pelo Decreto n. 6.686, de 10-12-2008.

Art. 48. Impedir ou dificultar a regeneração natural de florestas ou demais formas de vegetação nativa em unidades de conservação ou outras áreas especialmente protegidas, quando couber, área de preservação permanente, reserva legal ou demais locais cuja regeneração tenha sido indicada pela autoridade ambiental competente:

Multa de R$ 5.000,00 (cinco mil reais), por hectare ou fração.

•• *Caput* com redação determinada pelo Decreto n. 6.686, de 10-12-2008.

Parágrafo único. O disposto no *caput* não se aplica para o uso permitido das áreas de preservação permanente.

•• Parágrafo único com redação determinada pelo Decreto n. 6.686, de 10-12-2008.

Art. 49. Destruir ou danificar florestas ou qualquer tipo de vegetação nativa, objeto de especial preservação, não passíveis de autorização para exploração ou supressão:

•• *Caput* com redação determinada pelo Decreto n. 6.686, de 10-12-2008.

Multa de R$ 6.000,00 (seis mil reais) por hectare ou fração.

Parágrafo único. A multa será acrescida de R$ 1.000,00 (mil reais) por hectare ou fração quando a situação prevista no *caput* se der em detrimento de vegetação primária ou secundária no estágio avançado ou médio de regeneração do bioma Mata Atlântica.

Art. 50. Destruir ou danificar florestas ou qualquer tipo de vegetação nativa ou de espécies nativas plantadas, objeto de especial preservação, sem autorização ou licença da autoridade ambiental competente:

Multa de R$ 5.000,00 (cinco mil reais) por hectare ou fração.

§ 1.º A multa será acrescida de R$ 500,00 (quinhentos reais) por hectare ou fração quando a situação prevista no *caput* se der em detrimento de vegetação secundária no estágio inicial de regeneração do bioma Mata Atlântica.

§ 2.º Para os fins dispostos no art. 49 e no *caput* deste artigo, são consideradas de especial preservação as florestas e demais formas de vegetação nativa que tenham regime jurídico próprio e especial de conservação ou preservação definido pela legislação.

Art. 51. Destruir, desmatar, danificar ou explorar floresta ou qualquer tipo de vegetação nativa ou de espécies nativas plantadas, em área de reserva legal ou servidão florestal, de domínio público ou privado, sem autorização prévia do órgão ambiental competente ou em desacordo com a concedida:

•• *Caput* com redação determinada pelo Decreto n. 6.686, de 10-12-2008.

Multa de R$ 5.000,00 (cinco mil reais) por hectare ou fração.

Art. 51-A. Executar manejo florestal sem autorização prévia do órgão ambiental competente, sem observar os requisitos técnicos estabelecidos em PMFS ou em desacordo com a autorização concedida:

Multa de R$ 1.000,00 (mil reais) por hectare ou fração.

•• Artigo acrescentado pelo Decreto n. 6.686, de 10-12-2008.

Art. 52. Desmatar, a corte raso, florestas ou demais formações nativas, fora da reserva legal, sem autorização da autoridade competente:

Multa de R$ 1.000,00 (mil reais) por hectare ou fração.

•• Multa determinada pelo Decreto n. 6.686, de 10-12-2008.

Art. 53. Explorar ou danificar floresta ou qualquer tipo de vegetação nativa ou de espécies nativas plantadas, localizada fora de área de reserva legal averbada, de domínio público ou privado, sem aprovação prévia do órgão ambiental competente ou em desacordo com a concedida:

Multa de R$ 300,00 (trezentos reais), por hectare ou fração, ou por unidade, estéreo, quilo, mdc ou metro cúbico.

Parágrafo único. Incide nas mesmas penas quem deixa de cumprir a reposição florestal obrigatória.

Art. 54. Adquirir, intermediar, transportar ou comercializar produto ou subproduto de origem animal ou vegetal produzido sobre área objeto de embargo:

Multa de R$ R$ 500,00 (quinhentos reais) por quilograma ou unidade.

Parágrafo único. A aplicação do disposto neste artigo dependerá de prévia divulgação dos dados do imóvel rural, da área ou local embargado e do respectivo titular de que trata o § 1.º do art. 18 e estará limitada à área onde efetivamente ocorreu o ilícito.

•• Parágrafo único com redação determinada pelo Decreto n. 6.686, de 10-12-2008.

Art. 55. Deixar de averbar a reserva legal:

•• Sobre a vigência deste artigo, *vide* art. 152 deste Decreto.

Penalidade de advertência e multa diária de R$ 50,00 (cinquenta reais) a R$ 500,00 (quinhentos reais) por hectare ou fração da área de reserva legal.

•• Multa determinada pelo Decreto n. 6.686, de 10-12-2008.

§ 1.º O autuado será advertido para que, no prazo de cento e oitenta dias, apresente termo de compromisso de regularização da reserva legal, na forma das alternativas previstas na Lei n. 4.771, de 15 de setembro de 1965.

•• § 1.º com redação determinada pelo Decreto n. 7.029, de 10-12-2009.

•• A Lei n. 4.771, de 15-9-1965, foi revogada pela Lei n. 12.651, de 25-5-2012, que passou a dispor sobre a matéria.

§ 2.º Durante o período previsto no § 1.º, a multa diária será suspensa.

•• § 2.º com redação determinada pelo Decreto n. 6.686, de 10-12-2008.

§ 3.º Caso o autuado não apresente o termo de compromisso previsto no § 1.º nos cento e vinte dias assinalados, deverá a autoridade ambiental cobrar a multa diária desde o dia da lavratura do auto de infração, na forma estipulada neste Decreto.

•• § 3.º acrescentado pelo Decreto n. 6.686, de 10-12-2008.

§ 4.º As sanções previstas neste artigo não serão aplicadas quando o prazo previsto não for cumprido por culpa imputável exclusivamente ao órgão ambiental.

•• § 4.º acrescentado pelo Decreto n. 6.686, de 10-12-2008.

§ 5.º O proprietário ou possuidor terá prazo de cento e vinte dias para averbar a localização, compensação ou desoneração da reserva legal, contados da emissão dos documentos por parte do órgão ambiental competente ou instituição habilitada.

•• § 5.º acrescentado pelo Decreto n. 7.029, de 10-12-2009.

§ 6.º No prazo a que se refere o § 5.º, as sanções previstas neste artigo não serão aplicadas.

•• § 6.º acrescentado pelo Decreto n. 7.029, de 10-12-2009.

Art. 56. Destruir, danificar, lesar ou maltratar, por qualquer modo ou meio, plantas de ornamentação de logradouros públicos ou em propriedade privada alheia:

Multa de R$ 100,00 (cem reais) a R$1.000,00 (mil reais) por unidade ou metro quadrado.

Art. 57. Comercializar, portar ou utilizar em floresta ou demais formas de vegetação, motosserra sem licença ou registro da autoridade ambiental competente:

Multa de R$ 1.000,00 (mil reais), por unidade.

Art. 58. Fazer uso de fogo em áreas agropastoris sem autorização do órgão competente ou em desacordo com a obtida:

Multa de R$ 1.000,00 (mil reais), por hectare ou fração.

Art. 59. Fabricar, vender, transportar ou soltar balões que possam provocar incêndios nas florestas e demais formas de vegetação, em áreas urbanas ou qualquer tipo de assentamento humano:

Multa de R$ 1.000,00 (mil reais) a R$ 10.000,00 (dez mil reais), por unidade.

Art. 60. As sanções administrativas previstas nesta Subseção serão aumentadas pela metade quando:

I – ressalvados os casos previstos nos arts. 46 e 58, a infração for consumada mediante uso de fogo ou provocação de incêndio; e

II – a vegetação destruída, danificada, utilizada ou explorada contiver espécies ameaçadas de extinção, constantes de lista oficial.

Art. 60-A. Nas hipóteses previstas nos arts. 50, 51, 52 e 53, em se tratando de espécies nativas plantadas, a autorização de corte poderá ser substituída pelo protocolo do pedido junto ao órgão ambiental competente, caso em que este será instado pelo agente de fiscalização a fazer as necessárias verificações quanto à real origem do material.

•• Artigo acrescentado pelo Decreto n. 6.686, de 10-12-2008.

Subseção III
Das infrações relativas à poluição e outras infrações ambientais

Art. 61. Causar poluição de qualquer natureza em níveis tais que resultem ou possam resultar em danos à saúde humana, ou que provoquem a mortandade de animais ou a destruição significativa da biodiversidade:

Multa de R$ 5.000,00 (cinco mil reais) a R$ 50.000.000,00 (cinquenta milhões de reais).

Parágrafo único. As multas e demais penalidades de que trata o *caput* serão aplicadas após laudo técnico elaborado pelo órgão ambiental competente, identificando a dimensão do dano decorrente da infração e em conformidade com a gradação do impacto.

Art. 62. Incorre nas mesmas multas do art. 61 quem:

I – tornar uma área, urbana ou rural, imprópria para ocupação humana;

II – causar poluição atmosférica que provoque a retirada, ainda que momentânea, dos habitantes das áreas afetadas ou que provoque, de forma recorrente, significativo desconforto respiratório ou olfativo devidamente atestado pelo agente autuante;

•• Inciso II com redação determinada pelo Decreto n. 6.686, de 10-12-2008.

III – causar poluição hídrica que torne necessária a interrupção do abastecimento público de água de uma comunidade;

IV – dificultar ou impedir o uso público das praias pelo lançamento de substâncias, efluentes, carreamento de materiais ou uso indevido dos recursos naturais;

V – lançar resíduos sólidos, líquidos ou gasosos ou detritos, óleos ou substâncias oleosas em desacordo com as exigências estabelecidas em leis ou atos normativos;

VI – deixar, aquele que tem obrigação, de dar destinação ambientalmente adequada a produtos, subprodutos, embalagens, resíduos ou substâncias quando assim determinar a lei ou ato normativo;

VII – deixar de adotar, quando assim o exigir a autoridade competente, medidas de precaução ou contenção em caso de risco ou de dano ambiental grave ou irreversível; e

VIII – provocar pela emissão de efluentes ou carreamento de materiais o perecimento de espécimes da biodiversidade.

Parágrafo único. As multas de que trata este artigo e demais penalidades serão aplicadas após laudo de constatação.

Art. 63. Executar pesquisa, lavra ou extração de minerais sem a competente autorização, permissão, concessão ou licença da autoridade ambiental competente ou em desacordo com a obtida:

Multa de R$ 1.500,00 (mil e quinhentos reais) a R$ 3.000,00 (três mil reais), por hectare ou fração.

Parágrafo único. Incorre nas mesmas multas quem deixa de recuperar a área pesquisada ou explorada, nos termos da autorização, permissão, licença, concessão ou determinação do órgão ambiental competente.

Art. 64. Produzir, processar, embalar, importar, exportar, comercializar, fornecer, transportar, armazenar, guardar, ter em depósito ou usar produto ou substância tóxica, perigosa ou nociva à saúde humana ou ao meio ambiente, em desacordo com as exigências estabelecidas em leis ou em seus regulamentos:

Multa de R$ 500,00 (quinhentos reais) a R$ 2.000.000,00 (dois milhões de reais).

§ 1.º Incorre nas mesmas penas quem abandona os produtos ou substâncias referidas no *caput*, descarta de forma irregular ou os utiliza em desacordo com as normas de segurança.

§ 2.º Se o produto ou a substância for nuclear ou radioativa, a multa é aumentada ao quíntuplo.

Art. 65. Deixar, o fabricante de veículos ou motores, de cumprir os requisitos de garantia ao atendimento dos limites vigentes de emissão de poluentes atmosféricos e de ruído, durante os prazos e quilometragens previstos na legislação:

Multa de R$ 100.000,00 (cem mil reais) a R$ 1.000.000,00 (um milhão de reais).

Art. 66. Construir, reformar, ampliar, instalar ou fazer funcionar estabelecimentos, atividades, obras ou serviços utilizadores de recursos ambientais, considerados efetiva ou potencialmente poluidores, sem licença ou autorização dos órgãos ambientais competentes, em desacordo com a licença obtida ou contrariando as normas legais e regulamentos pertinentes:

•• *Caput* com redação determinada pelo Decreto n. 6.686, de 10-12-2008.

Multa de R$ 500,00 (quinhentos reais) a R$ 10.000.000,00 (dez milhões de reais).

Parágrafo único. Incorre nas mesmas multas quem:

I – constrói, reforma, amplia, instala ou faz funcionar estabelecimento, obra ou serviço sujeito a licenciamento ambiental localizado em unidade de conservação ou em sua zona de amortecimento, ou em áreas de proteção de mananciais legalmente estabelecidas, sem anuência do respectivo órgão gestor; e

•• Inciso I com redação determinada pelo Decreto n. 6.686, de 10-12-2008.

II – deixa de atender a condicionantes estabelecidas na licença ambiental.

Art. 67. Disseminar doença ou praga ou espécies que possam causar dano à fauna, à flora ou aos ecossistemas:

•• *Caput* com redação determinada pelo Decreto n. 6.686, de 10-12-2008.

Multa de R$ 5.000,00 (cinco mil reais) a R$ 5.000.000,00 (cinco milhões de reais).

Art. 68. Conduzir, permitir ou autorizar a condução de veículo automotor em desacordo com os limites e exigências ambientais previstos na legislação:

Multa de R$ 1.000,00 (mil reais) a R$ 10.000,00 (dez mil reais).

Art. 69. Importar ou comercializar veículo automotor sem Licença para Uso da Configuração de Veículos ou Motor – LCVM expedida pela autoridade competente:

Multa de R$ 1.000,00 (mil reais) a R$ 10.000.000,00 (dez milhões de reais) e correção de todas as unidades de veículo ou motor que sofrerem alterações.

Art. 70. Importar pneu usado ou reformado em desacordo com a legislação:

Multa de R$ 400,00 (quatrocentos reais), por unidade.

§ 1.º Incorre na mesma multa quem comercializa, transporta, armazena, guarda ou mantém em depósito pneu usado ou reformado, importado nessas condições.

§ 2.º Ficam isentas do pagamento da multa a que se refere este artigo as importações de pneumáticos reformados classificados nas NCM 4012.1100, 4012.1200, 4012.1300 e 4012.1900, procedentes dos Estados Partes do MERCOSUL, ao amparo do Acordo de Complementação Econômica n. 18.

Art. 71. Alterar ou promover a conversão de qualquer item em veículos ou motores novos ou usados que provoque alterações nos limites e exigências ambientais previstas na legislação:

Multa de R$ 500,00 (quinhentos reais) a R$ 10.000,00 (dez mil reais), por veículo, e correção da irregularidade.

Subseção IV
Das infrações contra o ordenamento urbano e o patrimônio cultural

Art. 72. Destruir, inutilizar ou deteriorar:

I – bem especialmente protegido por lei, ato administrativo ou decisão judicial; ou

II – arquivo, registro, museu, biblioteca, pinacoteca, instalação científica ou similar protegido por lei, ato administrativo ou decisão judicial:

Multa de R$ 10.000,00 (dez mil reais) a R$ 500.000,00 (quinhentos mil reais).

Art. 73. Alterar o aspecto ou estrutura de edificação ou local especialmente protegido por lei, ato administrativo ou decisão judicial, em razão de seu valor paisagístico, ecológico, turístico, artístico, histórico, cultural, religioso, arqueológico, etnográfico ou monumental, sem autorização da autoridade competente ou em desacordo com a concedida:

Multa de R$ 10.000,00 (dez mil reais) a R$ 200.000,00 (duzentos mil reais).

Art. 74. Promover construção em solo não edificável, ou no seu entorno, assim considerado em razão de seu valor paisagístico, ecológico, artístico, turístico, histórico, cultural, religioso, arqueológico, etnográfico ou monumental, sem autorização da autoridade competente ou em desacordo com a concedida:

Multa de R$ 10.000,00 (dez mil reais) a R$ 100.000,00 (cem mil reais).

Art. 75. Pichar, grafitar ou por outro meio conspurcar edificação alheia ou monumento urbano:

Multa de R$ 1.000,00 (mil reais) a R$ 50.000,00 (cinquenta mil reais).

Parágrafo único. Se o ato for realizado em monumento ou coisa tombada, a multa é aplicada em dobro.

Subseção V
Das infrações administrativas contra a administração ambiental

Art. 76. Deixar de inscrever-se no Cadastro Técnico Federal de que trata o art. 17 da Lei 6.938, de 1981:

Multa de:

I – R$ 50,00 (cinquenta reais), se pessoa física;

II – R$ 150,00 (cento e cinquenta reais), se microempresa;

III – R$ 900,00 (novecentos reais), se empresa de pequeno porte;

IV – R$ 1.800,00 (mil e oitocentos reais), se empresa de médio porte; e

V – R$ 9.000,00 (nove mil reais), se empresa de grande porte.

Art. 77. Obstar ou dificultar a ação do Poder Público no exercício de atividades de fiscalização ambiental:

Multa de R$ 500,00 (quinhentos reais) a R$ 100.000,00 (cem mil reais).

Art. 78. Obstar ou dificultar a ação do órgão ambiental, ou de terceiro por ele encarregado, na coleta de dados para a execução de georreferenciamento de imóveis rurais para fins de fiscalização:

•• *Caput* com redação determinada pelo Decreto n. 6.686, de 10-12-2008.

Multa de R$ 100,00 (cem reais) a R$ 300,00 (trezentos reais) por hectare do imóvel.

Art. 79. Descumprir embargo de obra ou atividade e suas respectivas áreas:

Multa de R$ 10.000,00 (dez mil reais) a R$ 1.000.000,00 (um milhão de reais).

Art. 80. Deixar de atender a exigências legais ou regulamentares quando devidamente notificado pela autoridade ambiental competente no prazo concedido, visando à regularização, correção ou adoção de medidas de controle para cessar a degradação ambiental:

•• *Caput* com redação determinada pelo Decreto n. 6.686, de 10-12-2008.

Multa de R$ 1.000,00 (mil reais) a R$ 1.000.000,00 (um milhão de reais).

Art. 81. Deixar de apresentar relatórios ou informações ambientais nos prazos exigidos pela legislação ou, quando aplicável, naquele determinado pela autoridade ambiental:

Multa de R$ 1.000,00 (mil reais) a R$ 100.000,00 (cem mil reais).

Art. 82. Elaborar ou apresentar informação, estudo, laudo ou relatório ambiental total ou parcialmente falso, enganoso ou omisso, seja nos sistemas oficiais de controle, seja no licenciamento, na concessão florestal ou em qualquer outro procedimento administrativo ambiental:

Multa de R$ 1.500,00 (mil e quinhentos reais) a R$ 1.000.000,00 (um milhão de reais).

Art. 83. Deixar de cumprir compensação ambiental determinada por lei, na forma e no prazo exigidos pela autoridade ambiental:

Multa de R$ 10.000,00 (dez mil reais) a R$ 1.000.000,00 (um milhão de reais).

Subseção VI
Das infrações cometidas exclusivamente em unidades de conservação

Art. 84. Introduzir em unidade de conservação espécies alóctones:

Multa de R$ 2.000,00 (dois mil reais) a R$ 100.000,00 (cem mil reais).

§ 1.º Excetuam-se do disposto neste artigo as áreas de proteção ambiental, as florestas nacionais, as reservas extrativistas e as reservas de desenvolvimento sustentável, bem como os animais e plantas necessários à administração e às atividades das demais categorias de unidades de conservação, de acordo com o que se dispuser em regulamento e no plano de manejo da unidade.

§ 2.º Nas áreas particulares localizadas em refúgios de vida silvestre, monumentos naturais e reservas particulares do patrimônio natural podem ser criados animais domésticos e cultivadas plantas considerados compatíveis com as finalidades da unidade, de acordo com o que dispuser o seu plano de manejo.

Art. 85. Violar as limitações administrativas provisórias impostas às atividades efetiva ou potencialmente causadoras de degradação ambiental nas áreas delimitadas para realização de estudos com vistas à criação de unidade de conservação:

Multa de R$ 1.500,00 (mil e quinhentos reais) a R$ 1.000.000,00 (um milhão de reais).

Parágrafo único. Incorre nas mesmas multas quem explora a corte raso a floresta ou outras formas de vegetação nativa nas áreas definidas no *caput*.

Art. 86. Realizar pesquisa científica, envolvendo ou não coleta de material biológico, em unidade de conservação sem a devida autorização, quando esta for exigível:

Multa de R$ 500,00 (quinhentos reais) a R$ 10.000,00 (dez mil reais).

§ 1.° A multa será aplicada em dobro caso as atividades de pesquisa coloquem em risco demográfico as espécies integrantes dos ecossistemas protegidos.

§ 2.° Excetuam-se do disposto neste artigo as áreas de proteção ambiental e reservas particulares do patrimônio natural, quando as atividades de pesquisa científica não envolverem a coleta de material biológico.

Art. 87. Explorar comercialmente produtos ou subprodutos não madeireiros, ou ainda serviços obtidos ou desenvolvidos a partir de recursos naturais, biológicos, cênicos ou culturais em unidade de conservação sem autorização ou permissão do órgão gestor da unidade ou em desacordo com a obtida, quando esta for exigível:

•• *Caput* com redação determinada pelo Decreto n. 6.686, de 10-12-2008.

Multa de R$ 1.500,00 (mil e quinhentos reais) a R$ 100.000,00 (cem mil reais).

Parágrafo único. Excetuam-se do disposto neste artigo as áreas de proteção ambiental e reservas particulares do patrimônio natural.

Art. 88. Explorar ou fazer uso comercial de imagem de unidade de conservação sem autorização do órgão gestor da unidade ou em desacordo com a recebida:

Multa de R$ 5.000,00 (cinco mil reais) a R$ 2.000.000,00 (dois milhões de reais).

Parágrafo único. Excetuam-se do disposto neste artigo as áreas de proteção ambiental e reservas particulares do patrimônio natural.

Art. 89. Realizar liberação planejada ou cultivo de organismos geneticamente modificados em áreas de proteção ambiental, ou zonas de amortecimento das demais categorias de unidades de conservação, em desacordo com o estabelecido em seus respectivos planos de manejo, regulamentos ou recomendações da Comissão Técnica Nacional de Biossegurança – CTNBio:

Multa de R$ 1.500,00 (mil e quinhentos reais) a R$ 1.000.000,00 (um milhão de reais).

§ 1.° A multa será aumentada ao triplo se o ato ocorrer no interior de unidade de conservação de proteção integral.

§ 2.° A multa será aumentada ao quádruplo se o organismo geneticamente modificado, liberado ou cultivado irregularmente em unidade de conservação, possuir na área ancestral direto ou parente silvestre ou se representar risco à biodiversidade.

§ 3.° O Poder Executivo estabelecerá os limites para o plantio de organismos geneticamente modificados nas áreas que circundam as unidades de conservação até que seja fixada sua zona de amortecimento e aprovado o seu respectivo plano de manejo.

Art. 90. Realizar quaisquer atividades ou adotar conduta em desacordo com os objetivos da unidade de conservação, o seu plano de manejo e regulamentos:

Multa de R$ 500,00 (quinhentos reais) a R$ 10.000,00 (dez mil reais).

Art. 91. Causar dano à unidade de conservação:

•• *Caput* com redação determinada pelo Decreto n. 6.686, de 10-12-2008.

Multa de R$ 200,00 (duzentos reais) a R$ 100.000,00 (cem mil reais).

Art. 92. Penetrar em unidade de conservação conduzindo substâncias ou instrumentos próprios para caça, pesca ou para exploração de produtos ou subprodutos florestais e minerais, sem licença da autoridade competente, quando esta for exigível:

Multa de R$ 1.000,00 (mil reais) a R$ 10.000,00 (dez mil reais).

Parágrafo único. Incorre nas mesmas multas quem penetrar em unidade de conservação cuja visitação pública ou permanência sejam vedadas pelas normas aplicáveis ou ocorram em desacordo com a licença da autoridade competente.

Art. 93. As infrações previstas neste Decreto, exceto as dispostas nesta Subseção, quando forem cometidas ou afetarem unidade de conservação ou sua zona de amortecimento, terão os valores de suas respectivas multas aplicadas em dobro, ressalvados os casos em que a determinação de aumento do valor da multa seja superior a este.

CAPÍTULO II
DO PROCESSO ADMINISTRATIVO PARA APURAÇÃO DE INFRAÇÕES AMBIENTAIS

Seção I
Das Disposições Preliminares

Art. 94. Este Capítulo regula o processo administrativo federal para a apuração de infrações administrativas por condutas e atividades lesivas ao meio ambiente.

Parágrafo único. O objetivo deste Capítulo é dar unidade às normas legais esparsas que versam sobre procedimentos administrativos em matéria ambiental, bem como, nos termos do que dispõe o art. 84, inciso VI, alínea *a*, da Constituição, disciplinar as regras de funcionamento pelas quais a administração pública federal, de caráter ambiental, deverá pautar-se na condução do processo.

Art. 95. O processo será orientado pelos princípios da legalidade, finalidade, motivação, razoabilidade, proporcionalidade, moralidade, ampla defesa, contraditório, segurança jurídica, interesse público e eficiência, bem como pelos critérios mencionados no parágrafo único do art. 2.° da Lei n. 9.784, de 29 de janeiro de 1999.

• A Lei n. 9.784, de 29-1-1999, que regula o processo administrativo no âmbito da Administração Pública Federal, dispõe no parágrafo único de seu art. 2.º sobre os critérios que devem ser observados nos processos administrativos.

Seção II
Da Autuação

Art. 96. Constatada a ocorrência de infração administrativa ambiental, será lavrado auto de infração, do qual deverá ser dado ciência ao autuado, assegurando-se o contraditório e a ampla defesa.

§ 1.º O autuado será intimado da lavratura do auto de infração pelas seguintes formas:

I – pessoalmente;

II – por seu representante legal;

III – por carta registrada com aviso de recebimento;

IV – por edital, se estiver o infrator autuado em lugar incerto, não sabido ou se não for localizado no endereço.

•• § 1.º com redação determinada pelo Decreto n. 6.686, de 10-12-2008.

§ 2.º Caso o autuado se recuse a dar ciência do auto de infração, o agente autuante certificará o ocorrido na presença de duas testemunhas e o entregará ao autuado.

•• § 2.º com redação determinada pelo Decreto n. 6.686, de 10-12-2008.

§ 3.º Nos casos de evasão ou ausência do responsável pela infração administrativa, e inexistindo preposto identificado, o agente autuante aplicará o disposto no § 1.º, encaminhando o auto de infração por via postal com aviso de recebimento ou outro meio válido que assegure a sua ciência.

•• § 3.º acrescentado pelo Decreto n. 6.686, de 10-12-2008.

Art. 97. O auto de infração deverá ser lavrado em impresso próprio, com a identificação do autuado, a descrição clara e objetiva das infrações administrativas constatadas e a indicação dos respectivos dispositivos legais e regulamentares infringidos, não devendo conter emendas ou rasuras que comprometam sua validade.

Art. 98. O auto de infração será encaminhado à unidade administrativa responsável pela apuração da infração, oportunidade em que se fará a autuação processual no prazo máximo de cinco dias úteis, contados de seu recebimento, ressalvados os casos de força maior devidamente justificados.

Art. 99. O auto de infração que apresentar vício sanável poderá, a qualquer tempo, ser convalidado de ofício pela autoridade julgadora, mediante despacho saneador, após o pronunciamento do órgão da Procuradoria-Geral Federal que atua junto à respectiva unidade administrativa da entidade responsável pela autuação.

Parágrafo único. Constatado o vício sanável, sob alegação do autuado, o procedimento será anulado a partir da fase processual em que o vício foi produzido, reabrindo-se novo prazo para defesa, aproveitando-se os atos regularmente produzidos.

Art. 100. O auto de infração que apresentar vício insanável deverá ser declarado nulo pela autoridade julgadora competente, que determinará o arquivamento do processo, após o pronunciamento do órgão da Procuradoria-Geral Federal que atua junto à respectiva unidade administrativa da entidade responsável pela autuação.

§ 1.º Para os efeitos do *caput*, considera-se vício insanável aquele em que a correção da autuação implica modificação do fato descrito no auto de infração.

§ 2.º Nos casos em que o auto de infração for declarado nulo e estiver caracterizada a conduta ou atividade lesiva ao meio ambiente, deverá ser lavrado novo auto, observadas as regras relativas à prescrição.

§ 3.º O erro no enquadramento legal da infração não implica vício insanável, podendo ser alterado pela autoridade julgadora mediante decisão fundamentada que retifique o auto de infração.

•• § 3.º acrescentado pelo Decreto n. 6.686, de 10-12-2008.

Art. 101. Constatada a infração ambiental, o agente autuante, no uso do seu poder de polícia, poderá adotar as seguintes medidas administrativas:

I – apreensão;

II – embargo de obra ou atividade e suas respectivas áreas;

III – suspensão de venda ou fabricação de produto;

IV – suspensão parcial ou total de atividades;

V – destruição ou inutilização dos produtos, subprodutos e instrumentos da infração; e

VI – demolição.

§ 1.º As medidas de que trata este artigo têm como objetivo prevenir a ocorrência de novas infrações, resguardar a recuperação ambiental e garantir o resultado prático do processo administrativo.

§ 2.º A aplicação de tais medidas será lavrada em formulário próprio, sem emendas ou rasuras que comprometam sua validade, e deverá conter, além da indicação dos respectivos dispositivos legais e regulamentares infringidos, os motivos que ensejaram o agente autuante a assim proceder.

§ 3.º A administração ambiental estabelecerá os formulários específicos a que se refere o § 2.º.

§ 4.º O embargo de obra ou atividade restringe-se aos locais onde efetivamente caracterizou-se a infração ambiental, não alcançando as demais atividades realizadas em áreas não embargadas da propriedade ou posse ou não correlacionadas com a infração.

•• § 4.º acrescentado pelo Decreto n. 6.686, de 10-12-2008.

Art. 102. Os animais, produtos, subprodutos, instrumentos, petrechos, veículos de qualquer natureza referidos no inciso IV do art. 72 da Lei n. 9.605, de 1998, serão objeto da apreensão de que trata o inciso I do art. 101, salvo impossibilidade justificada.

Art. 103. Os animais domésticos e exóticos serão apreendidos quando:

I – forem encontrados no interior de unidade de conservação de proteção integral; ou

II – forem encontrados em área de preservação permanente ou quando impedirem a regeneração natural de vegetação em área cujo corte não tenha sido autorizado, desde que, em todos os casos, tenha havido prévio embargo.

§ 1.º Na hipótese prevista no inciso II, os proprietários deverão ser previamente notificados para que promovam a remoção dos animais do local no prazo assinalado pela autoridade competente.

§ 2.º Não será adotado o procedimento previsto no § 1.º quando não for possível identificar o proprietário dos animais apreendidos, seu preposto ou representante.

§ 3.º O disposto no *caput* não será aplicado quando a atividade tenha sido caracterizada como de baixo impacto e previamente autorizada, quando couber, nos termos da legislação em vigor.

•• § 3.º acrescentado pelo Decreto n. 6.686, de 10-12-2008.

Art. 104. A autoridade ambiental, mediante decisão fundamentada em que se demonstre a existência de interesse público relevante, poderá autorizar o uso do bem apreendido nas hipóteses em que não haja outro meio disponível para a consecução da respectiva ação fiscalizatória.

Parágrafo único. Os veículos de qualquer natureza que forem apreendidos poderão ser utilizados pela administração ambiental para fazer o deslocamento do material apreendido até local adequado ou para promover a recomposição do dano ambiental.

Art. 105. Os bens apreendidos deverão ficar sob a guarda do órgão ou entidade responsável pela fiscalização, podendo, excepcionalmente, ser confiados a fiel depositário, até o julgamento do processo administrativo.

Parágrafo único. Nos casos de anulação, cancelamento ou revogação da apreensão, o órgão ou a entidade ambiental responsável pela apreensão restituirá o bem no estado em que se encontra ou, na impossibilidade de fazê-lo, indenizará o proprietário pelo valor de avaliação consignado no termo de apreensão.

Art. 106. A critério da administração, o depósito de que trata o art. 105 poderá ser confiado:

I – a órgãos e entidades de caráter ambiental, beneficente, científico, cultural, educacional, hospitalar, penal e militar; ou

II – ao próprio autuado, desde que a posse dos bens ou animais não traga risco de utilização em novas infrações.

§ 1.º Os órgãos e entidades públicas que se encontrarem sob a condição de depositário serão preferencialmente contemplados no caso da destinação final do bem ser a doação.

§ 2.º Os bens confiados em depósito não poderão ser utilizados pelos depositários, salvo o uso lícito de veículos e embarcações pelo próprio autuado.

§ 3.º A entidade fiscalizadora poderá celebrar convênios ou acordos com os órgãos e entidades públicas para garantir, após a destinação final, o repasse de verbas de ressarcimento relativas aos custos do depósito.

Art. 107. Após a apreensão, a autoridade competente, levando-se em conta a natureza dos bens e animais apreendidos e considerando o risco de perecimento, procederá da seguinte forma:

I – os animais da fauna silvestre serão libertados em seu hábitat ou entregues a jardins zoológicos, fundações, entidades de caráter científico, centros de triagem, criadouros regulares ou entidades assemelhadas, desde que fiquem sob a responsabilidade de técnicos habilitados, podendo ainda, respeitados os regulamentos vigentes, serem entregues em guarda doméstica provisória;

•• Inciso I com redação determinada pelo Decreto n. 6.686, de 10-12-2008.

II – os animais domésticos ou exóticos mencionados no art. 103 poderão ser vendidos;

III – os produtos perecíveis e as madeiras sob risco iminente de perecimento serão avaliados e doados.

§ 1.º Os animais de que trata o inciso II, após avaliados, poderão ser doados, mediante decisão motivada da autoridade ambiental, sempre que sua guarda ou venda forem inviáveis econômica ou operacionalmente.

§ 2.º A doação a que se refere o § 1.º será feita às instituições mencionadas no art. 135.

§ 3.º O órgão ou entidade ambiental deverá estabelecer mecanismos que assegurem a indenização ao proprietário dos animais vendidos ou doados, pelo valor de avaliação consignado no termo de apreensão, caso esta não seja confirmada na decisão do processo administrativo.

§ 4.º Serão consideradas sob risco iminente de perecimento as madeiras que estejam acondicionadas a céu aberto ou que não puderem ser guardadas ou depositadas em locais próprios, sob vigilância, ou ainda quando inviável o transporte e guarda, atestados pelo agente autuante no documento de apreensão.

§ 5.º A libertação dos animais da fauna silvestre em seu hábitat natural deverá observar os critérios técnicos previamente estabelecidos pelo órgão ou entidade ambiental competente.

•• § 5.º acrescentado pelo Decreto n. 6.686, de 10-12-2008.

Art. 108. O embargo de obra ou atividade e suas respectivas áreas tem por objetivo impedir a continuidade do dano ambiental, propiciar a regeneração do meio ambiente e dar viabilidade à recuperação da área degradada, devendo restringir-se exclusivamente ao local onde verificou-se a prática do ilícito.

•• *Caput* com redação determinada pelo Decreto n. 6.686, de 10-12-2008.

§ 1.º No caso de descumprimento ou violação do embargo, a autoridade competente, além de adotar as medidas previstas nos arts. 18 e 79, deverá comunicar ao Ministério Público, no prazo máximo de setenta e duas horas, para que seja apurado o cometimento de infração penal.

•• § 1.º com redação determinada pelo Decreto n. 6.686, de 10-12-2008.

§ 2.º Nos casos em que o responsável pela infração administrativa ou o detentor do imóvel onde foi praticada a infração for indeterminado, desconhecido ou de domicílio indefinido, será realizada notificação da lavratura do termo de embargo mediante a publicação de seu extrato no *Diário Oficial da União*.

Art. 109. A suspensão de venda ou fabricação de produto constitui medida que visa a evitar a colocação no mercado de produtos e subprodutos oriundos de infração administrativa ao meio ambiente ou que tenha como objetivo interromper o uso contínuo de matéria-prima e subprodutos de origem ilegal.

Art. 110. A suspensão parcial ou total de atividades constitui medida que visa a impedir a continuidade de processos produtivos em desacordo com a legislação ambiental.

Art. 111. Os produtos, inclusive madeiras, subprodutos e instrumentos utilizados na prática da infração poderão ser destruídos ou inutilizados quando:

I – a medida for necessária para evitar o seu uso e aproveitamento indevidos nas situações em que o transporte e a guarda forem inviáveis em face das circunstâncias; ou

II – possam expor o meio ambiente a riscos significativos ou comprometer a segurança da população e dos agentes públicos envolvidos na fiscalização.

Parágrafo único. O termo de destruição ou inutilização deverá ser instruído com elementos que identifiquem as condições anteriores e posteriores à ação, bem como a avaliação dos bens destruídos.

Art. 112. A demolição de obra, edificação ou construção não habitada e utilizada diretamente para a infração ambiental dar-se-á excepcionalmente no ato da fiscalização nos casos em que se constatar que a ausência da demolição importa em iminente risco de agravamento do dano ambiental ou de graves riscos à saúde.

•• *Caput* com redação determinada pelo Decreto n. 6.686, de 10-12-2008.

§ 1.º A demolição poderá ser feita pelo agente autuante, por quem este autorizar ou pelo próprio infrator e deverá ser devidamente descrita e documentada, inclusive com fotografias.

•• § 1.º com redação determinada pelo Decreto n. 6.686, de 10-12-2008.

§ 2.º As despesas para a realização da demolição correrão às custas do infrator.

§ 3.º A demolição de que trata o *caput* não será realizada em edificações residenciais.

Seção III
Da Defesa

Art. 113. O autuado poderá, no prazo de vinte dias, contados da data da ciência da autuação, oferecer defesa contra o auto de infração.

§ 1.º O órgão ambiental responsável aplicará o desconto de trinta por cento de que trata o art. 3.º da Lei n. 8.005, de 22 de março de 1990, sempre que o autuado decidir efetuar o pagamento da penalidade no prazo previsto no *caput*.

• A Lei n. 8.005, de 22-3-1990, dispõe sobre a cobrança e a atualização dos créditos do Instituto Brasileiro do Meio Ambiente e dos Recursos Naturais Renováveis – IBAMA.

§ 2.º O órgão ambiental responsável concederá desconto de trinta por cento do valor corrigido da penalidade, nos termos do art. 4.º da Lei n. 8.005, de 1990, para os pagamentos realizados após o prazo do *caput* e no curso do processo pendente de julgamento.

Art. 114. A defesa poderá ser protocolizada em qualquer unidade administrativa do órgão ambiental que promoveu a autuação, que o encaminhará imediatamente à unidade responsável.

Art. 115. A defesa será formulada por escrito e deverá conter os fatos e fundamentos jurídicos que contrariem o disposto no auto de infração e termos que o acompanham, bem como a especificação das provas que o autuado pretende produzir a seu favor, devidamente justificadas.

Parágrafo único. Requerimentos formulados fora do prazo de defesa não serão conhecidos, podendo ser desentranhados dos autos conforme decisão da autoridade ambiental competente.

Art. 116. O autuado poderá ser representado por advogado ou procurador legalmente constituído, devendo, para tanto, anexar à defesa o respectivo instrumento de procuração.

Parágrafo único. O autuado poderá requerer prazo de até dez dias para a juntada do instrumento a que se refere o *caput*.

Art. 117. A defesa não será conhecida quando apresentada:

I – fora do prazo;

II – por quem não seja legitimado; ou

III – perante órgão ou entidade ambiental incompetente.

Seção IV
Da Instrução e Julgamento

Art. 118. Ao autuado caberá a prova dos fatos que tenha alegado, sem prejuízo do dever atribuído à autoridade julgadora para instrução do processo.

Art. 119. A autoridade julgadora poderá requisitar a produção de provas necessárias à sua convicção, bem como parecer técnico ou contradita do agente autuante, especificando o objeto a ser esclarecido.

§ 1.º O parecer técnico deverá ser elaborado no prazo máximo de dez dias, ressalvadas as situações devidamente justificadas.

§ 2.º A contradita deverá ser elaborada pelo agente autuante no prazo de cinco dias, contados a partir do recebimento do processo.

§ 3.º Entende-se por contradita, para efeito deste Decreto, as informações e esclarecimentos prestados pelo agente autuante necessários à elucidação dos fatos que originaram o auto de infração, ou das razões alegadas pelo autuado, facultado ao agente, nesta fase, opinar pelo acolhimento parcial ou total da defesa.

Art. 120. As provas propostas pelo autuado, quando impertinentes, desnecessárias ou protelatórias, poderão ser recusadas, mediante decisão fundamentada da autoridade julgadora competente.

Art. 121. O órgão da Procuradoria-Geral Federal, quando houver controvérsia jurídica, emitirá parecer fundamentado para a motivação da decisão da autoridade julgadora.

•• Artigo com redação determinada pelo Decreto n. 6.686, de 10-12-2008.

Art. 122. Encerrada a instrução, o autuado terá o direito de manifestar-se em alegações finais, no prazo máximo de dez dias.

Parágrafo único. A autoridade julgadora publicará em sua sede administrativa e em sítio na rede mundial de computadores a relação dos processos que entrarão na pauta de julgamento, para fins de apresentação de alegações finais pelos interessados.

•• Parágrafo único com redação determinada pelo Decreto n. 6.686, de 10-12-2008.

Art. 123. A decisão da autoridade julgadora não se vincula às sanções aplicadas pelo agente autuante, ou ao valor da multa, podendo, em decisão motivada, de ofício ou a requerimento do interessado, minorar, manter ou majorar o seu valor, respeitados os limites estabelecidos na legislação ambiental vigente.

•• *Caput* com redação determinada pelo Decreto n. 6.686, de 10-12-2008.

Parágrafo único. Nos casos de agravamento da penalidade, o autuado deverá ser cientificado antes da respectiva decisão, por meio de aviso de recebimento, para que se manifeste no prazo das alegações finais.

Art. 124. Oferecida ou não a defesa, a autoridade julgadora, no prazo de trinta dias, julgará o auto de infração, decidindo sobre a aplicação das penalidades.

§ 1.º Nos termos do que dispõe o art. 101, as medidas administrativas que forem aplicadas no momento da autuação deverão ser apreciadas no ato decisório, sob pena de ineficácia.

§ 2.º A inobservância do prazo para julgamento não torna nula a decisão da autoridade julgadora e o processo.

§ 3.º O órgão ou entidade ambiental competente indicará, em ato próprio, a autoridade administrativa responsável pelo julgamento da defesa, observando-se o disposto no art. 17 da Lei n. 9.784, de 1999.

• O art. 17 da Lei n. 9.784, de 29-1-1999, determina que, inexistindo competência legal específica, o processo administrativo deverá ser iniciado perante a autoridade de menor grau hierárquico para decidir.

Art. 125. A decisão deverá ser motivada, com a indicação dos fatos e fundamentos jurídicos em que se baseia.

Parágrafo único. A motivação deve ser explícita, clara e congruente, podendo consistir em declaração de concordância com fundamentos de anteriores pareceres, informações ou decisões, que, neste caso, serão parte integrante do ato decisório.

Art. 126. Julgado o auto de infração, o autuado será notificado por via postal com aviso de recebimento ou outro meio válido que assegure a certeza de sua ciência para pagar a multa no prazo de cinco dias, a partir do recebimento da notificação, ou para apresentar recurso.

Parágrafo único. O pagamento realizado no prazo disposto no *caput* contará com o desconto de trinta por cento do valor corrigido da penalidade, nos termos do art. 4.º da Lei n. 8.005, de 1990.

Seção V
Dos Recursos

Art. 127. Da decisão proferida pela autoridade julgadora caberá recurso no prazo de vinte dias.

•• *Caput* com redação determinada pelo Decreto n. 6.686, de 10-12-2008.

§ 1.º O recurso hierárquico de que trata este artigo será dirigido à autoridade administrativa julgadora que proferiu a decisão na defesa, a qual, se não a reconsiderar no prazo de cinco dias, o encaminhará à autoridade superior.

•• § 1.º com redação determinada pelo Decreto n. 6.686, de 10-12-2008.

§ 2.º O órgão ou entidade ambiental competente indicará, em ato próprio, a autoridade superior que será responsável pelo julgamento do recurso mencionado no *caput*.

•• § 2.º acrescentado pelo Decreto n. 6.686, de 10-12-2008.

Art. 127-A. A autoridade que proferiu a decisão na defesa recorrerá de ofício à autoridade superior nas hipóteses a serem definidas pelo órgão ou entidade ambiental.

Parágrafo único. O recurso de ofício será interposto mediante declaração na própria decisão.

•• Artigo acrescentado pelo Decreto n. 6.686, de 10-12-2008.

Art. 128. O recurso interposto na forma prevista no art. 127 não terá efeito suspensivo.

§ 1.º Na hipótese de justo receio de prejuízo de difícil ou incerta reparação, a autoridade recorrida ou a imediatamente superior poderá, de ofício ou a pedido do recorrente, conceder efeito suspensivo ao recurso.

§ 2.º Quando se tratar de penalidade de multa, o recurso de que trata o art. 127 terá efeito suspensivo quanto a esta penalidade.

Art. 129. A autoridade superior responsável pelo julgamento do recurso poderá confirmar, modificar, anular ou revogar, total ou parcialmente, a decisão recorrida.

•• *Caput* com redação determinada pelo Decreto n. 6.686, de 10-12-2008.

§ 1.º O recurso será interposto mediante declaração na própria decisão.

§ 2.º No caso de aplicação de multa, o recurso de ofício somente será cabível nas hipóteses a serem definidas pelo órgão ou entidade ambiental.

Art. 130. Da decisão proferida pela autoridade superior caberá recurso ao CONAMA, no prazo de vinte dias.

•• *Caput* com redação determinada pelo Decreto n. 6.686, de 10-12-2008.

§ 1.º O recurso de que trata este artigo será dirigido à autoridade superior que proferiu a decisão no recurso, a qual, se não a reconsiderar no prazo de cinco dias, e após exame prévio de admissibilidade, o encaminhará ao Presidente do CONAMA.

•• § 1.º com redação determinada pelo Decreto n. 6.686, de 10-12-2008.

§ 2.º A autoridade julgadora junto ao CONAMA não poderá modificar a penalidade aplicada para agravar a situação do recorrente.

•• § 2.º acrescentado pelo Decreto n. 6.686, de 10-12-2008.

§ 3.º O recurso interposto na forma prevista neste artigo não terá efeito suspensivo, salvo quanto à penalidade de multa.

•• § 3.º acrescentado pelo Decreto n. 6.686, de 10-12-2008.

§ 4.º Na hipótese de justo receio de prejuízo de difícil ou incerta reparação, a autoridade recorrida ou a imediatamente superior poderá, de ofício ou a pedido do recorrente, dar efeito suspensivo ao recurso.

•• § 4.º acrescentado pelo Decreto n. 6.686, de 10-12-2008.

§ 5.º O órgão ou entidade ambiental disciplinará os requisitos e procedimentos para o processamento do recurso previsto no *caput* deste artigo.

•• § 5.º acrescentado pelo Decreto n. 6.686, de 10-12-2008.

Art. 131. O recurso não será conhecido quando interposto:

I – fora do prazo;

II – perante órgão ambiental incompetente; ou

III – por quem não seja legitimado.

Art. 132. Após o julgamento, o CONAMA restituirá os processos ao órgão ambiental de origem, para que efetue a notificação do interessado, dando ciência da decisão proferida.

Art. 133. Havendo decisão confirmatória do auto de infração por parte do CONAMA, o interessado será notificado nos termos do art. 126.

Parágrafo único. As multas estarão sujeitas à atualização monetária desde a lavratura do auto de infração até o seu efetivo pagamento, sem prejuízo da aplicação de juros de mora e demais encargos conforme previsto em lei.

Seção VI
Do Procedimento Relativo à Destinação dos Bens e Animais Apreendidos

Art. 134. Após decisão que confirme o auto de infração, os bens e animais apreendidos que ainda não tenham sido objeto da destinação prevista no art. 107, não mais retornarão ao infrator, devendo ser destinados da seguinte forma:

I – os produtos perecíveis serão doados;

II – as madeiras poderão ser doadas a órgãos ou entidades públicas, vendidas ou utilizadas pela administração quando houver necessidade, conforme decisão motivada da autoridade competente;

•• Inciso II com redação determinada pelo Decreto n. 6.686, de 10-12-2008.

III – os produtos e subprodutos da fauna não perecíveis serão destruídos ou doados a instituições científicas, culturais ou educacionais;

IV – os instrumentos utilizados na prática da infração poderão ser destruídos, utilizados pela administração quando houver necessidade, doados ou vendidos, garantida a sua descaracterização, neste último caso, por meio da reciclagem quando o instrumento puder ser utilizado na prática de novas infrações;

V – os demais petrechos, equipamentos, veículos e embarcações descritos no inciso IV do art. 72 da Lei n. 9.605, de 1998, poderão ser utilizados pela administração quando houver necessidade, ou ainda vendidos, doados ou destruídos, conforme decisão motivada da autoridade ambiental;

VI – os animais domésticos e exóticos serão vendidos ou doados;

VII – os animais da fauna silvestre serão libertados em seu hábitat ou entregues a jardins zoológicos, fundações, centros de triagem, criadouros regulares ou entidades assemelhadas, desde que fiquem sob a responsabilidade de técnicos habilitados.

•• Inciso VII acrescentado pelo Decreto n. 6.686, de 10-12-2008.

Art. 135. Os bens apreendidos poderão ser doados pela autoridade competente para órgãos e entidades públicas de caráter científico, cultural, educacional, hospitalar, penal, militar e social, bem como para outras entidades sem fins lucrativos de caráter beneficente.

•• *Caput* com redação determinada pelo Decreto n. 6.686, de 10-12-2008.

Parágrafo único. Os produtos da fauna não perecíveis serão destruídos ou doados a instituições científicas, culturais ou educacionais.

Art. 136. Tratando-se de apreensão de substâncias ou produtos tóxicos, perigosos ou nocivos à saúde humana ou ao meio ambiente, as medidas a serem adotadas, inclusive a destruição, serão determinadas pelo órgão competente e correrão a expensas do infrator.

Art. 137. O termo de doação de bens apreendidos vedará a transferência a terceiros, a qualquer título, dos animais, produtos, subprodutos, instrumentos, petrechos, equipamentos, veículos e embarcações doados.

Parágrafo único. A autoridade ambiental poderá autorizar a transferência dos bens doados quando tal medida for considerada mais adequada à execução dos fins institucionais dos beneficiários.

Art. 138. Os bens sujeitos à venda serão submetidos a leilão, nos termos do § 5.º do art. 22 da Lei n. 8.666, de 21 de junho de 1993.

• O § 5.º do art. 22 da Lei n. 8.666, de 21-6-1993, define leilão como a modalidade de licitação entre quaisquer interessados para a venda de bens móveis inservíveis para a Administração ou de produtos legalmente apreendidos ou penhorados, ou para a alienação de bens imóveis da Administração Pública, a quem oferecer o maior lance, igual ou superior ao valor da avaliação.

Parágrafo único. Os custos operacionais de depósito, remoção, transporte, beneficiamento e demais encargos legais correrão à conta do adquirente.

Seção VII
Do Procedimento de Conversão de Multa Simples em Serviços de Preservação, Melhoria e Recuperação da Qualidade do Meio Ambiente

Art. 139. Fica instituído o Programa de Conversão de Multas Ambientais emitidas por órgãos e entidades da União, integrantes do Sistema Nacional do Meio Ambiente – Sisnama.

•• *Caput* com redação determinada pelo Decreto n. 9.179, de 23-10-2017.

Parágrafo único. A autoridade ambiental federal competente para a apuração da infração poderá converter a multa simples em serviços de preservação, melhoria e recuperação da qualidade do meio ambiente, observado o disposto no § 4.º do art. 72 da Lei n. 9.605, de 1998.

•• Parágrafo único acrescentado pelo Decreto n. 9.179, de 23-10-2017.

Art. 140. São considerados serviços de preservação, melhoria e recuperação da qualidade do meio ambiente, as ações, as atividades e as obras incluídas em projetos com, no mínimo, um dos seguintes objetivos:

•• *Caput* com redação determinada pelo Decreto n. 9.179, de 23-10-2017.

I – recuperação:

•• Inciso I, *caput*, com redação determinada pelo Decreto n. 9.179, de 23-10-2017.

a) de áreas degradadas para conservação da biodiversidade e conservação e melhoria da qualidade do meio ambiente;

•• Alínea *a* acrescentada pelo Decreto n. 9.179, de 23-10-2017.

b) de processos ecológicos essenciais;

•• Alínea *b* acrescentada pelo Decreto n. 9.179, de 23-10-2017.

c) de vegetação nativa para proteção; e

•• Alínea *c* acrescentada pelo Decreto n. 9.179, de 23-10-2017.

d) de áreas de recarga de aquíferos;

•• Alínea *d* acrescentada pelo Decreto n. 9.179, de 23-10-2017.

II – proteção e manejo de espécies da flora nativa e da fauna silvestre;

•• Inciso II com redação determinada pelo Decreto n. 9.179, de 23-10-2017.

III – monitoramento da qualidade do meio ambiente e desenvolvimento de indicadores ambientais;

•• Inciso III com redação determinada pelo Decreto n. 9.179, de 23-10-2017.

IV – mitigação ou adaptação às mudanças do clima;

•• Inciso IV com redação determinada pelo Decreto n. 9.179, de 23-10-2017.

V – manutenção de espaços públicos que tenham como objetivo a conservação, a proteção e a recuperação de espécies da flora nativa ou da fauna silvestre e de áreas verdes urbanas destinadas à proteção dos recursos hídricos;

•• Inciso V acrescentado pelo Decreto n. 9.179, de 23-10-2017.

VI – educação ambiental; ou

•• Inciso VI acrescentado pelo Decreto n. 9.179, de 23-10-2017.

VII – promoção da regularização fundiária de unidades de conservação.

•• Inciso VII acrescentado pelo Decreto n. 9.179, de 23-10-2017.

§ 1.º Na hipótese de os serviços a serem executados demandarem recuperação da vegetação nativa em imóvel rural, as áreas beneficiadas com a prestação de serviço objeto da conversão deverão estar inscritas no Cadastro Ambiental Rural - CAR.

•• § 1.º acrescentado pelo Decreto n. 9.179, de 23-10-2017.

§ 2.º O disposto no § 1.º não se aplica aos assentamentos de reforma agrária, aos territórios indígenas e quilombolas e às unidades de conservação, ressalvadas as Áreas de Proteção Ambiental.

•• § 2.º acrescentado pelo Decreto n. 9.179, de 23-10-2017.

Art. 140-A. Os órgãos federais de que trata esta Seção poderão realizar chamadas públicas para selecionar projetos apresentados por órgãos e entidades, públicas ou privadas, sem fins lucrativos, para execução dos serviços de que trata o art. 140, em áreas públicas ou privadas.

•• *Caput* acrescentado pelo Decreto n. 9.179, de 23-10-2017.

Parágrafo único. As chamadas públicas previstas no *caput* poderão ser realizadas de forma conjunta pelos órgãos federais de que trata a presente seção.

•• Parágrafo único acrescentado pelo Decreto n. 9.179, de 23-10-2017.

Art. 141. Não caberá conversão de multa para reparação de danos decorrentes das próprias infrações.

•• *Caput* com redação determinada pelo Decreto n. 9.179, de 23-10-2017.

I e II – (*Revogados pelo Decreto n. 9.179, de 23-10-2017.*)

Parágrafo único. (*Revogado pelo Decreto n. 9.179, de 23-10-2017.*)

Art. 142. O autuado poderá requerer a conversão de multa de que trata esta Seção até o momento da sua manifestação em alegações finais, na forma estabelecida no art. 122.

•• Artigo com redação determinada pelo Decreto n. 9.179, de 23-10-2017.

Art. 142-A. O autuado, ao pleitear a conversão de multa, deverá optar:

•• *Caput* acrescentado pelo Decreto n. 9.179, de 23-10-2017.

I – pela implementação, por seus meios, de serviço de preservação, melhoria e recuperação da qualidade do meio ambiente, no âmbito de, no mínimo, um dos objetivos previstos nos incisos I a VII do *caput* do art. 140; ou

•• Inciso I acrescentado pelo Decreto n. 9.179, de 23-10-2017.

II – pela adesão a projeto previamente selecionado pelo órgão federal emissor da multa, na forma estabelecida no art. 140-A, observados os objetivos previstos nos incisos I a VII do *caput* do art. 140.

•• Inciso II acrescentado pelo Decreto n. 9.179, de 23-10-2017.

§ 1.º Na hipótese prevista no inciso I do *caput*, o autuado respeitará as diretrizes definidas pelo órgão federal emissor da multa, o qual poderá admitir a participação de mais de um autuado na elaboração e na execução do projeto.

•• § 1.º acrescentado pelo Decreto n. 9.179, de 23-10-2017.

§ 2.º Na hipótese prevista no inciso II do *caput*, o autuado outorgará poderes ao órgão federal emissor da multa para escolha do projeto a ser contemplado.

•• § 2.º acrescentado pelo Decreto n. 9.179, de 23-10-2017.

Art. 143. O valor dos custos dos serviços de preservação, conservação, melhoria e recuperação da qualidade do meio ambiente será igual ou superior ao valor da multa convertida.

•• *Caput* com redação determinada pelo Decreto n. 9.179, de 23-10-2017.

§ 1.º Independentemente do valor da multa aplicada, o autuado fica obrigado a reparar integralmente o dano que tenha causado.

•• § 1.º com redação determinada pelo Decreto n. 9.179, de 23-10-2017.

§ 2.º A autoridade ambiental, ao deferir o pedido de conversão, aplicará sobre o valor da multa consolidada o desconto de:

•• § 2.º, *caput*, com redação determinada pelo Decreto n. 9.179, de 23-10-2017.

I – trinta e cinco por cento, na hipótese prevista no inciso I do *caput* do art. 142-A; ou

•• Inciso I acrescentado pelo Decreto n. 9.179, de 23-10-2017.

II – sessenta por cento, na hipótese prevista no inciso II do *caput* do art. 142-A.

•• Inciso II acrescentado pelo Decreto n. 9.179, de 23-10-2017.

§ 3.º Na hipótese prevista no inciso II do § 2.º, o valor consolidado nominal da multa a ser convertida poderá ser parcelado em até vinte e quatro parcelas mensais e sucessivas, sobre as quais incidirá reajuste mensal com base na variação do Índice Nacional de Preços ao Consumidor Amplo - IPCA.

•• § 3.º com redação determinada pelo Decreto n. 9.179, de 23-10-2017.

§ 4.º Os custos decorrentes de serviços bancários necessários à operacionalização da conversão de multa na modalidade prevista no inciso II do *caput* do art. 142-A serão deduzidos dos valores obtidos por meio dos rendimentos sobre os valores depositados em conta garantia até o limite dos referidos custos.

•• § 4.º acrescentado pelo Decreto n. 9.179, de 23-10-2017.

§ 5.º Na hipótese de os resultados dos rendimentos sobre os valores depositados em conta garantia não serem suficientes para a cobertura dos custos bancários, o autuado complementará o valor faltoso.

•• § 5.º acrescentado pelo Decreto n. 9.179, de 23-10-2017.

§ 6.º Na hipótese de os resultados dos rendimentos sobre os valores depositados em conta garantia ultrapassarem o valor devido aos custos bancários, o excedente será aplicado integralmente na prestação de serviços ambientais estabelecidos pelo órgão federal emissor da multa, conforme estabelecido no art. 140.

•• § 6.º acrescentado pelo Decreto n. 9.179, de 23-10-2017.

§ 7.º O valor resultante do desconto não poderá ser inferior ao valor mínimo legal aplicável à infração.

•• § 7.º acrescentado pelo Decreto n. 9.179, de 23-10-2017.

Art. 144. O requerimento de conversão de multa na modalidade prevista no inciso I do *caput* do art. 142-A será instruído com o projeto, conforme as diretrizes estabelecidas pelo órgão federal emissor da multa.

•• *Caput* com redação determinada pelo Decreto n. 9.179, de 23-10-2017.

§ 1.º Na hipótese de o autuado não dispor de projeto na data do requerimento, a autoridade julgadora, se provocada, poderá conceder prazo de até trinta dias para que o autuado apresente o documento referido.

•• § 1.º com redação determinada pelo Decreto n. 9.179, de 23-10-2017.

§ 2.º Antes de decidir sobre o pedido de conversão de multa, a autoridade julgadora poderá determinar ao autuado que proceda, em prazo predefinido, a emendas, revisões e ajustes no projeto, inclusive com o objetivo de adequá-lo ao valor consolidado da multa a ser convertida.

•• § 2.º com redação determinada pelo Decreto n. 9.179, de 23-10-2017.

§ 3.º O não atendimento por parte do autuado das situações previstas neste artigo implicará o indeferimento do pedido de conversão de multa.

•• § 3.º com redação determinada pelo Decreto n. 9.179, de 23-10-2017.

Art. 145. Por ocasião do julgamento do auto de infração, a autoridade julgadora deverá, em decisão única, julgar o auto de infração e o pedido de conversão da multa.

•• *Caput* com redação determinada pelo Decreto n. 9.179, de 23-10-2017.

§ 1.º A autoridade julgadora considerará as peculiaridades do caso concreto, os antecedentes do infrator e o efeito dissuasório da multa ambiental, e poderá, em decisão motivada, deferir ou não o pedido de conversão formulado pelo autuado, observado o disposto no art. 141.

•• § 1.º com redação determinada pelo Decreto n. 9.179, de 23-10-2017.

§ 2.º Na hipótese de deferimento do pedido de conversão, a autoridade julgadora notificará o autuado para comparecer à unidade administrativa indicada pelo órgão federal do emissor da multa para a assinatura do termo de compromisso de que trata o art. 146.

•• § 2.º com redação determinada pelo Decreto n. 9.179, de 23-10-2017.

§ 3.º O deferimento do pedido de conversão suspende o prazo para interposição de recurso hierárquico.

•• § 3.º com redação determinada pelo Decreto n. 9.179, de 23-10-2017.

§ 4.º Caberá recurso hierárquico da decisão que indeferir o pedido de conversão da multa aplicada, na forma estabelecida no art. 127.

•• § 4.º acrescentado pelo Decreto n. 9.179, de 23-10-2017.

Art. 146. Na hipótese de decisão favorável ao pedido, as partes celebrarão termo de compromisso, que estabelecerá os termos da vinculação do autuado ao objeto da conversão de multa pelo prazo de execução do projeto aprovado ou de sua cota-parte no projeto escolhido pelo órgão federal emissor da multa.

•• *Caput* com redação determinada pelo Decreto n. 9.179, de 23-10-2017.

I a V – (*Revogados pelo Decreto n. 9.179, de 23-10-2017.*)

§ 1.º O termo de compromisso conterá as seguintes cláusulas obrigatórias:

•• § 1.º, *caput*, com redação determinada pelo Decreto n. 9.179, de 23-10-2017.

I – nome, qualificação e endereço das partes compromissadas e de seus representantes legais;

•• Inciso I acrescentado pelo Decreto n. 9.179, de 23-10-2017.

II – serviço ambiental objeto da conversão;

•• Inciso II acrescentado pelo Decreto n. 9.179, de 23-10-2017.

III – prazo de vigência do compromisso, que será vinculado ao tempo necessário à conclusão do objeto da conversão que, em função de sua complexidade e das obrigações pactuadas, poderá variar entre o mínimo de noventa dias e o máximo de dez anos, admitida a prorrogação, desde que justificada;

•• Inciso III acrescentado pelo Decreto n. 9.179, de 23-10-2017.

IV – multa a ser aplicada em decorrência do não cumprimento das obrigações pactuadas;

•• Inciso IV acrescentado pelo Decreto n. 9.179, de 23-10-2017.

V – efeitos do descumprimento parcial ou total do objeto pactuado;

•• Inciso V acrescentado pelo Decreto n. 9.179, de 23-10-2017.

VI – reparação dos danos decorrentes da infração ambiental, caso existentes; e

•• Inciso VI acrescentado pelo Decreto n. 9.179, de 23-10-2017.

VII – foro competente para dirimir litígios entre as partes.

•• Inciso VII acrescentado pelo Decreto n. 9.179, de 23-10-2017.

§ 2.º Na hipótese da conversão prevista no inciso I do *caput* do art. 142-A, o termo de compromisso conterá:

•• § 2.º com redação determinada pelo Decreto n. 9.179, de 23-10-2017.

I – a descrição detalhada do objeto;

•• Inciso I acrescentado pelo Decreto n. 9.179, de 23-10-2017.

II – o valor do investimento previsto para sua execução;

•• Inciso II acrescentado pelo Decreto n. 9.179, de 23-10-2017.

III – as metas a serem atingidas; e

•• Inciso III acrescentado pelo Decreto n. 9.179, de 23-10-2017.

IV – o anexo com plano de trabalho, do qual constarão os cronogramas físico e financeiro de implementação do projeto aprovado.

•• Inciso IV acrescentado pelo Decreto n. 9.179, de 23-10-2017.

§ 3.º Na hipótese da conversão prevista no inciso II do *caput* do art. 142-A, o termo de compromisso deverá:

•• § 3.º com redação determinada pelo Decreto n. 9.179, de 23-10-2017.

I – ser instruído com comprovante de depósito integral ou de parcela em conta garantia em banco público, observado o previsto no § 3.º do art. 143, referente ao valor do projeto selecionado ou à respectiva cota-parte de projeto, nos termos definidos pelo órgão federal emissor da multa;

•• Inciso I acrescentado pelo Decreto n. 9.179, de 23-10-2017.

II – conter a outorga de poderes do autuado ao órgão federal emissor da multa para a escolha do projeto a ser apoiado;

•• Inciso II acrescentado pelo Decreto n. 9.179, de 23-10-2017.

III – contemplar a autorização do infrator ao banco público, detentor do depósito do valor da multa a ser convertida, para custear as despesas do projeto selecionado;

•• Inciso III acrescentado pelo Decreto n. 9.179, de 23-10-2017.

IV – prever a inclusão da entidade selecionada como signatária e suas obrigações para a execução do projeto contemplado; e

•• Inciso IV acrescentado pelo Decreto n. 9.179, de 23-10-2017.

V – estabelecer a vedação do levantamento, a qualquer tempo, pelo autuado ou pelo órgão federal emissor da multa, do valor depositado na conta garantia, na forma estabelecida no inciso I.

•• Inciso V acrescentado pelo Decreto n. 9.179, de 23-10-2017.

§ 4.º A assinatura do termo de compromisso suspende a exigibilidade da multa aplicada e implica renúncia ao direito de recorrer administrativamente.

•• § 4.º com redação determinada pelo Decreto n. 9.179, de 23-10-2017.

§ 5.º A celebração do termo de compromisso não põe fim ao processo administrativo e o órgão ambiental monitorará e avaliará, a qualquer tempo, o cumprimento das obrigações pactuadas.

•• § 5.º com redação determinada pelo Decreto n. 9.179, de 23-10-2017.

§ 6.º A efetiva conversão da multa se concretizará somente após a conclusão do objeto, parte integrante do projeto, a sua comprovação pelo executor e a aprovação pelo órgão federal emissor da multa.

•• § 6.º com redação determinada pelo Decreto n. 9.179, de 23-10-2017.

§ 7.º O termo de compromisso terá efeito nas esferas civil e administrativa.

•• § 7.º acrescentado pelo Decreto n. 9.179, de 23-10-2017.

§ 8.º O inadimplemento do termo de compromisso implica:

•• § 8.º, *caput*, acrescentado pelo Decreto n. 9.179, de 23-10-2017.

I – na esfera administrativa, a inscrição imediata do débito em dívida ativa para cobrança da multa resultante do auto de infração em seu valor integral, acrescido dos consectários legais incidentes; e

•• Inciso I acrescentado pelo Decreto n. 9.179, de 23-10-2017.

II – na esfera civil, a execução judicial imediata das obrigações pactuadas, tendo em vista seu caráter de título executivo extrajudicial.

•• Inciso II acrescentado pelo Decreto n. 9.179, de 23-10-2017.

§ 9.º Os recursos depositados pelo autuado na conta garantia referida no inciso I do § 3.º estão vinculados ao projeto e assegurarão o cumprimento da sua obrigação de prestar os serviços de preservação, melhoria e recuperação da qualidade do meio ambiente.

•• § 9.º acrescentado pelo Decreto n. 9.179, de 23-10-2017.

Art. 147. Os extratos dos termos de compromisso celebrados serão publicados no *Diário Oficial da União*.

•• Artigo com redação determinada pelo Decreto n. 9.179, de 23-10-2017.

Art. 148. O órgão federal emissor da multa definirá as diretrizes e os critérios para os projetos a que se refere esta Seção e a forma de acompanhamento e fiscalização da execução dos serviços prestados em decorrência das multas a serem convertidas.

•• *Caput* com redação determinada pelo Decreto n. 9.179, de 23-10-2017.

§ 1.º O órgão federal emissor da multa instituirá Câmara Consultiva Nacional para subsidiar a estratégia de implementação do Programa de Conversão de Multas Ambientais no que se refere às infrações apuradas por ele, e caberá à Câmara opinar a respeito de temas e áreas prioritárias a serem beneficiadas com os serviços decorrentes da conversão e sobre as estratégias de monitoramento, observadas as diretrizes da Política Nacional do Meio Ambiente.

•• § 1.º acrescentado pelo Decreto n. 9.179, de 23-10-2017.

§ 2.º A Câmara Consultiva Nacional será presidida pelo órgão federal emissor da multa e contemplará a participação, além de seus representantes, de representantes do Ministério do Meio Ambiente e de seus órgãos vinculados e da sociedade civil.

•• § 2.º acrescentado pelo Decreto n. 9.179, de 23-10-2017.

§ 3.º O órgão federal emissor da multa poderá criar câmaras regionais ou estaduais e grupos de trabalho direcionados a territórios, temas ou projetos específicos.

•• § 3.º acrescentado pelo Decreto n. 9.179, de 23-10-2017.

§ 4.º A composição e o funcionamento dos órgãos colegiados referidos neste artigo serão definidos em regulamento editado pelo órgão federal emissor da multa.

•• § 4.º acrescentado pelo Decreto n. 9.179, de 23-10-2017.

§ 5.º Os órgãos federais emissores de multa poderão estruturar, conjuntamente, câmaras regionais ou estaduais ou grupos de trabalho conforme proposto no § 3.º.

•• § 5.º acrescentado pelo Decreto n. 9.179, de 23-10-2017.

CAPÍTULO III
DAS DISPOSIÇÕES FINAIS

Art. 149. Os órgãos ambientais integrantes do Sistema Nacional do Meio Ambiente – SISNAMA ficam obrigados a dar, trimestralmente, publicidade das sanções administrativas aplicadas com fundamento neste Decreto:

•• *Caput* com redação determinada pelo Decreto n. 6.686, de 10-12-2008.

I – no Sistema Nacional de Informações Ambientais – SISNIMA, de que trata o art. 9.º, inciso VII, da Lei n. 6.938, de 1981; e

II – em seu sítio na rede mundial de computadores.

Parágrafo único. Quando da publicação das listas, nos termos do *caput*, o órgão ambiental deverá, obrigatoriamente, informar se os processos estão julgados em definitivo ou encontram-se pendentes de julgamento ou recurso.

•• Parágrafo único acrescentado pelo Decreto n. 6.686, de 10-12-2008.

Art. 150. Nos termos do que dispõe o § 1.º do art. 70 da Lei n. 9.605, de 1998, este Decreto se aplica, no que couber, à Capitania dos Portos do Comando da Marinha.

Art. 151. Os órgãos e entidades ambientais federais competentes estabelecerão, por meio de instrução normativa, os procedimentos administrativos complementares relativos à execução deste Decreto.

Art. 152. O disposto no art. 55 entrará em vigor em 11 de junho de 2012.

•• Artigo com redação determinada pelo Decreto n. 7.719, de 11-4-2012.

Art. 152-A. Os embargos impostos em decorrência da ocupação irregular de áreas de reserva legal não averbadas e cuja vegetação nativa tenha sido suprimida até 21 de dezembro de 2007, serão suspensos até 11 de dezembro de 2009, mediante o protocolo pelo interessado de pedido de regularização da reserva legal junto ao órgão ambiental competente.

•• *Caput* com redação determinada pelo Decreto n. 6.695, de 15-12-2008.

Parágrafo único. O disposto no *caput* não se aplica a desmatamentos irregulares ocorridos no Bioma Amazônia.

•• Parágrafo único acrescentado pelo Decreto n. 6.695, de 15-12-2008.

Art. 153. Ficam revogados os Decretos n. 3.179, de 21 de setembro de 1999, 3.919, de 14 de setembro de 2001, 4.592, de 11 de fevereiro de 2003, 5.523, de 25 de agosto de 2005, os arts. 26 e 27 do Decreto n. 5.975, de 30 de novembro de 2006, e os arts. 12 e 13 do Decreto n. 6.321, de 21 de dezembro de 2007.

Art. 154. Este Decreto entra em vigor na data de sua publicação.

Brasília, 22 de julho de 2008; 187.º da Independência e 120.º da República.

LUIZ INÁCIO LULA DA SILVA

LEI N. 12.016, DE 7 DE AGOSTO DE 2009 (*)

Disciplina o mandado de segurança individual e coletivo e dá outras providências.

O Presidente da República

Faço saber que o Congresso Nacional decreta e eu sanciono a seguinte Lei:

Art. 1.º Conceder-se-á mandado de segurança para proteger direito líquido e certo, não amparado por *habeas corpus* ou *habeas data*, sempre que, ilegalmente ou com abuso de poder, qualquer pessoa física ou jurídica sofrer violação ou houver justo receio de sofrê-la por parte de autoridade, seja de que categoria for e sejam quais forem as funções que exerça.

• *Vide* art. 5.º, LXVIII, LXIX e LXX, da CF.

• *Habeas corpus* e seu processo: arts. 647 e s. do CPP.

• *Habeas data: vide* Lei n. 9.507, de 12-11-1997.

• *Vide* Regimento Interno do STF, arts. 5.º, V, e 200 a 206.

§ 1.º Equiparam-se às autoridades, para os efeitos desta Lei, os representantes ou órgãos de partidos políticos e os administradores de entidades autárquicas, bem como os dirigentes de pessoas jurídicas ou as pessoas naturais no exercício de atribuições do poder público, somente no que disser respeito a essas atribuições.

• *Vide* Súmula 333 do STJ.

§ 2.º Não cabe mandado de segurança contra os atos de gestão comercial praticados pelos administradores de empresas públicas, de sociedade de economia mista e de concessionárias de serviço público.

§ 3.º Quando o direito ameaçado ou violado couber a várias pessoas, qualquer delas poderá requerer o mandado de segurança.

Art. 2.º Considerar-se-á federal a autoridade coatora se as consequências de ordem patrimonial do ato contra o qual se requer o mandado houverem de ser suportadas pela União ou entidade por ela controlada.

Art. 3.º O titular de direito líquido e certo decorrente de direito, em condições idênticas, de terceiro poderá impetrar mandado de segurança a favor do direito originário, se o seu titular não o fizer, no prazo de 30 (trinta) dias, quando notificado judicialmente.

Parágrafo único. O exercício do direito previsto no *caput* deste artigo submete-se ao prazo fixado no art. 23 desta Lei, contado da notificação.

Art. 4.º Em caso de urgência, é permitido, observados os requisitos legais, impetrar mandado de segurança por telegrama, radiograma, fax ou outro meio eletrônico de autenticidade comprovada.

§ 1.º Poderá o juiz, em caso de urgência, notificar a autoridade por telegrama, radiograma ou outro meio que assegure a autenticidade do documento e a imediata ciência pela autoridade.

§ 2.º O texto original da petição deverá ser apresentado nos 5 (cinco) dias úteis seguintes.

§ 3.º Para os fins deste artigo, em se tratando de documento eletrônico, serão observadas as regras da Infraestrutura de Chaves Públicas Brasileira – ICP-Brasil.

• A Medida Provisória n. 2.200-2, de 24-8-2001, institui a Infraestrutura de Chaves Públicas Brasileira – ICP-Brasil.

• *Vide* Lei n. 11.419, de 19-12-2006.

Art. 5.º Não se concederá mandado de segurança quando se tratar:

(*) Publicada no *DOU*, de 10-8-2009.

I – de ato do qual caiba recurso administrativo com efeito suspensivo, independentemente de caução;

• *Vide* Súmula 429 do STF.

II – de decisão judicial da qual caiba recurso com efeito suspensivo;

• *Vide* Súmula 267 do STF.

III – de decisão judicial transitada em julgado.

Parágrafo único. (*Vetado.*)

Art. 6.º A petição inicial, que deverá preencher os requisitos estabelecidos pela lei processual, será apresentada em 2 (duas) vias com os documentos que instruírem a primeira reproduzidos na segunda e indicará, além da autoridade coatora, a pessoa jurídica que esta integra, à qual se acha vinculada ou da qual exerce atribuições.

§ 1.º No caso em que o documento necessário à prova do alegado se ache em repartição ou estabelecimento público ou em poder de autoridade que se recuse a fornecê-lo por certidão ou de terceiro, o juiz ordenará, preliminarmente, por ofício, a exibição desse documento em original ou em cópia autêntica e marcará, para o cumprimento da ordem, o prazo de 10 (dez) dias. O escrivão extrairá cópias do documento para juntá-las à segunda via da petição.

§ 2.º Se a autoridade que tiver procedido dessa maneira for a própria coatora, a ordem far-se-á no próprio instrumento da notificação.

§ 3.º Considera-se autoridade coatora aquela que tenha praticado o ato impugnado ou da qual emane a ordem para a sua prática.

§ 4.º (*Vetado.*)

§ 5.º Denega-se o mandado de segurança nos casos previstos pelo art. 267 da Lei n. 5.869, de 11 de janeiro de 1973 – Código de Processo Civil.

• Citado art. 267 do CPC de 1973 tratava da extinção do processo sem resolução de mérito. Dispositivos correspondentes no CPC de 2015: art. 485.

§ 6.º O pedido de mandado de segurança poderá ser renovado dentro do prazo decadencial, se a decisão denegatória não lhe houver apreciado o mérito.

Art. 7.º Ao despachar a inicial, o juiz ordenará:

• Requisitos da petição inicial: art. 319 do CPC.

I – que se notifique o coator do conteúdo da petição inicial, enviando-lhe a segunda via apresentada com as cópias dos documentos, a fim de que, no prazo de 10 (dez) dias, preste as informações;

II – que se dê ciência do feito ao órgão de representação judicial da pessoa jurídica interessada, enviando-lhe cópia da inicial sem documentos, para que, querendo, ingresse no feito;

III – que se suspenda o ato que deu motivo ao pedido, quando houver fundamento relevante e do ato impugnado puder resultar a ineficácia da medida, caso seja finalmente deferida, sendo facultado exigir do impetrante caução, fiança ou depósito, com o objetivo de assegurar o ressarcimento à pessoa jurídica.

§ 1.º Da decisão do juiz de primeiro grau que conceder ou denegar a liminar caberá agravo de instrumento, observado o disposto na Lei n. 5.869, de 11 de janeiro de 1973 – Código de Processo Civil.

• Sobre agravo de instrumento no CPC de 2015: arts. 1.015 a 1.020.

§ 2.º Não será concedida medida liminar que tenha por objeto a compensação de créditos tributários, a entrega de mercadorias e bens provenientes do exterior, a reclassificação ou equiparação de servidores públicos e a concessão de aumento ou a extensão de vantagens ou pagamento de qualquer natureza.

• A Lei n. 2.770, de 4-5-1956, suprimiu a concessão de medidas liminares nas ações e procedimentos judiciais de qualquer natureza que visassem a liberação de bens, mercadorias ou coisas de procedência estrangeira.

• *Vide* Súmulas 212 e 213 do STJ.

§ 3.º Os efeitos da medida liminar, salvo se revogada ou cassada, persistirão até a prolação da sentença.

§ 4.º Deferida a medida liminar, o processo terá prioridade para julgamento.

§ 5.º As vedações relacionadas com a concessão de liminares previstas neste artigo se estendem à tutela antecipada a que se referem os arts. 273 e 461 da Lei n. 5.869, de 11 de janeiro de 1973 – Código de Processo Civil.

•• A referência é feita ao CPC de 1973. Sobre tutela provisória: arts. 294 a 311 do CPC de 2015.

Art. 8.º Será decretada a perempção ou caducidade da medida liminar *ex officio* ou a requerimento do Ministério Público quando, concedida a medida, o impetrante criar obstáculo ao normal andamento do processo ou deixar de promover, por mais de 3 (três) dias úteis, os atos e as diligências que lhe cumprirem.

Art. 9.º As autoridades administrativas, no prazo de 48 (quarenta e oito) horas da notificação da medida liminar, remeterão ao Ministério ou órgão a que se acham subordinadas e ao Advogado-Geral da União ou a quem tiver a representação judicial da União, do Estado, do Município ou da entidade apontada como coatora cópia autenticada do mandado notificatório, assim como indicações e elementos outros necessários às providências a serem tomadas para a eventual suspensão da medida e defesa do ato apontado como ilegal ou abusivo de poder.

Art. 10. A inicial será desde logo indeferida, por decisão motivada, quando não for o caso de mandado de segurança ou lhe faltar algum dos requisitos legais ou quando decorrido o prazo legal para a impetração.

§ 1.º Do indeferimento da inicial pelo juiz de primeiro grau caberá apelação e, quando a competência para o julgamento do mandado de segurança couber originariamente a um dos tribunais, do ato do relator caberá agravo para o órgão competente do tribunal que integre.

§ 2.º O ingresso de litisconsorte ativo não será admitido após o despacho da petição inicial.

Art. 11. Feitas as notificações, o serventuário em cujo cartório corra o feito juntará aos autos cópia autêntica dos ofícios endereçados ao coator e ao órgão de representação judicial da pessoa jurídica interessada, bem como a prova da entrega a estes ou da sua recusa em aceitá-los ou dar recibo e, no caso do art. 4.º desta Lei, a comprovação da remessa.

Art. 12. Findo o prazo a que se refere o inciso I do *caput* do art. 7.º desta Lei, o juiz ouvirá o representante do Ministério Público, que opinará, dentro do prazo improrrogável de 10 (dez) dias.

Parágrafo único. Com ou sem o parecer do Ministério Público, os autos serão conclusos ao juiz, para a decisão, a qual deverá ser necessariamente proferida em 30 (trinta) dias.

Art. 13. Concedido o mandado, o juiz transmitirá em ofício, por intermédio do oficial do juízo, ou pelo correio, mediante correspondência com aviso de recebimento, o inteiro teor da sentença à autoridade coatora e à pessoa jurídica interessada.

Parágrafo único. Em caso de urgência, poderá o juiz observar o disposto no art. 4.º desta Lei.

Art. 14. Da sentença, denegando ou concedendo o mandado, cabe apelação.

§ 1.º Concedida a segurança, a sentença estará sujeita obrigatoriamente ao duplo grau de jurisdição.

§ 2.º Estende-se à autoridade coatora o direito de recorrer.

§ 3.º A sentença que conceder o mandado de segurança pode ser executada provisoriamente, salvo nos casos em que for vedada a concessão da medida liminar.

§ 4.º O pagamento de vencimentos e vantagens pecuniárias assegurados em sentença concessiva de mandado de segurança a servidor público da administração direta ou autárquica federal, estadual e municipal somente será efetuado relativamente às prestações que se vencerem a contar da data do ajuizamento da inicial.

Art. 15. Quando, a requerimento de pessoa jurídica de direito público interessada ou do Ministério Público e para evitar grave lesão à ordem, à saúde, à segurança e à economia públicas, o presidente do tribunal ao qual couber o conhecimento do respectivo recurso suspender, em decisão fundamentada, a execução da liminar e da sentença, dessa decisão caberá agravo, sem efeito suspensivo, no prazo de 5 (cinco) dias, que será levado a julgamento na sessão seguinte à sua interposição.

• *Vide* Súmula 626 do STF.

§ 1.º Indeferido o pedido de suspensão ou provido o agravo a que se refere o *caput* deste artigo, caberá novo pedido de suspensão ao presidente do tribunal competente para conhecer de eventual recurso especial ou extraordinário.

§ 2.º É cabível também o pedido de suspensão a que se refere o § 1.º deste artigo, quando negado provimento a agravo de instrumento interposto contra a liminar a que se refere este artigo.

§ 3.º A interposição de agravo de instrumento contra liminar concedida nas ações movidas contra o poder público e seus agentes não prejudica nem condiciona o julgamento do pedido de suspensão a que se refere este artigo.

§ 4.º O presidente do tribunal poderá conferir ao pedido efeito suspensivo liminar se constatar, em juízo prévio, a plausibilidade do direito invocado e a urgência na concessão da medida.

§ 5.º As liminares cujo objeto seja idêntico poderão ser suspensas em uma única decisão, podendo o presidente do tribunal estender os efeitos da suspensão a liminares supervenientes, mediante simples aditamento do pedido original.

Art. 16. Nos casos de competência originária dos tribunais, caberá ao relator a instrução do processo, sendo assegurada a defesa oral na sessão do julgamento.

Parágrafo único. Da decisão do relator que conceder ou denegar a medida liminar caberá agravo ao órgão competente do tribunal que integre.

• *Vide* Súmula 622 do STF.

Art. 17. Nas decisões proferidas em mandado de segurança e nos respectivos recursos, quando não publicado, no prazo de 30 (trinta) dias, contado da data do julgamento, o acórdão será substituído pelas respectivas notas taquigráficas, independentemente de revisão.

Art. 18. Das decisões em mandado de segurança proferidas em única instância pelos tribunais cabe recurso especial e extraordinário, nos casos legalmente previstos, e recurso ordinário, quando a ordem for denegada.

Art. 19. A sentença ou o acórdão que denegar mandado de segurança, sem decidir o mérito, não impedirá que o requerente, por ação própria, pleiteie os seus direitos e os respectivos efeitos patrimoniais.

Art. 20. Os processos de mandado de segurança e os respectivos recursos terão prioridade sobre todos os atos judiciais, salvo *habeas corpus*.

§ 1.º Na instância superior, deverão ser levados a julgamento na primeira sessão que se seguir à data em que forem conclusos ao relator.

§ 2.º O prazo para a conclusão dos autos não poderá exceder de 5 (cinco) dias.

Art. 21. O mandado de segurança coletivo pode ser impetrado por partido político com representação no Congresso Nacional, na defesa de seus interesses legítimos relativos a seus integrantes ou à finalidade partidária, ou por organização sindical, entidade de classe ou associação legalmente constituída e em funcionamento há, pelo menos, 1 (um) ano, em defesa de direitos líquidos e certos da totalidade, ou de parte, dos seus membros ou associados, na forma dos seus estatutos e desde que pertinentes às suas finalidades, dispensada, para tanto, autorização especial.

• *Vide* art. 5.º, LXX, da CF.

• *Vide* Súmulas 629 e 630 do STF.

Parágrafo único. Os direitos protegidos pelo mandado de segurança coletivo podem ser:

• Defesa coletiva de direitos: *vide* art. 81, parágrafo único, da Lei n. 8.078, de 11-9-1990 (CDC).

I – coletivos, assim entendidos, para efeito desta Lei, os transindividuais, de natureza indivisível, de que seja titular grupo ou categoria de pessoas ligadas entre si ou com a parte contrária por uma relação jurídica básica;

II – individuais homogêneos, assim entendidos, para efeito desta Lei, os decorrentes de origem comum e da atividade ou situação específica da totalidade ou de parte dos associados ou membros do impetrante.

Art. 22. No mandado de segurança coletivo, a sentença fará coisa julgada limitadamente aos membros do grupo ou categoria substituídos pelo impetrante.

§ 1.º O mandado de segurança coletivo não induz litispendência para as ações individuais, mas os efeitos da coisa julgada não beneficiarão o impetrante a título individual se não requerer a desistência de seu mandado de segurança no prazo de 30 (trinta) dias a contar da ciência comprovada da impetração da segurança coletiva.

§ 2.º No mandado de segurança coletivo, a liminar só poderá ser concedida após a audiência do representante judicial da pessoa jurídica de direito público, que deverá se pronunciar no prazo de 72 (setenta e duas) horas.

Art. 23. O direito de requerer mandado de segurança extinguir-se-á decorridos 120 (cento e vinte) dias, contados da ciência, pelo interessado, do ato impugnado.

• *Vide* Súmula 632 do STF.

Art. 24. Aplicam-se ao mandado de segurança os arts. 46 a 49 da Lei n. 5.869, de 11 de janeiro de 1973 – Código de Processo Civil.

•• A referência é feita ao CPC de 1973. Sobre litisconsórcio: arts. 113 a 118 do CPC de 2015.

Art. 25. Não cabem, no processo de mandado de segurança, a interposição de embargos infringentes e a condenação ao pagamento dos honorários advocatícios, sem prejuízo da aplicação de sanções no caso de litigância de má-fé.

• *Vide* Súmulas 294, 512 e 597 do STF e 105 e 169 do STJ.

Art. 26. Constitui crime de desobediência, nos termos do art. 330 do Decreto-lei n. 2.848, de 7 de dezembro de 1940, o não cumprimento das decisões proferidas em mandado de segurança, sem prejuízo das sanções administrativas e da aplicação da Lei n. 1.079, de 10 de abril de 1950, quando cabíveis.

• *Vide* Lei n. 1.079, de 10-4-1950, que define os crimes de responsabilidade e regula o respectivo processo de julgamento.

Art. 27. Os regimentos dos tribunais e, no que couber, as leis de organização judiciária deverão ser adaptados às disposições desta Lei no prazo de 180 (cento e oitenta) dias, contado da sua publicação.

Art. 28. Esta Lei entra em vigor na data de sua publicação.

Art. 29. Revogam-se as Leis n. 1.533, de 31 de dezembro de 1951, 4.166, de 4 de dezembro de 1962, 4.348, de 26 de junho de 1964, 5.021, de 9 de junho de 1966; o art. 3.º da Lei n. 6.014, de 27 de dezembro de 1973, o art. 1.º da Lei n. 6.071, de 3 de julho de 1974, o art. 12 da Lei n. 6.978, de 19 de janeiro de 1982, e o art. 2.º da Lei n. 9.259, de 9 de janeiro de 1996.

Brasília, 7 de agosto de 2009; 188.º da Independência e 121.º da República.

Luiz Inácio Lula da Silva

LEI N. 12.030, DE 17 DE SETEMBRO DE 2009 (*)

Dispõe sobre as perícias oficiais e dá outras providências.

O Presidente da República

Faço saber que o Congresso Nacional decreta e eu sanciono a seguinte Lei:

Art. 1.º Esta Lei estabelece normas gerais para as perícias oficiais de natureza criminal.

Art. 2.º No exercício da atividade de perícia oficial de natureza criminal, é assegurado autonomia técnica, científica e funcional, exigido concurso público, com formação acadêmica específica, para o provimento do cargo de perito oficial.

Art. 3.º Em razão do exercício das atividades de perícia oficial de natureza criminal, os peritos de natureza criminal estão sujeitos a regime especial de trabalho, observada a legislação específica de cada ente a que se encontrem vinculados.

Art. 4.º (*Vetado.*)

Art. 5.º Observado o disposto na legislação específica de cada ente a que o perito se encontra vin-

(*) Publicada no *DOU*, de 18-9-2009. *Vide* arts. 159 e 160 do CPP.

culado, são peritos de natureza criminal os peritos criminais, peritos médico-legistas e peritos odontolegistas com formação superior específica detalhada em regulamento, de acordo com a necessidade de cada órgão e por área de atuação profissional.

Art. 6.º Esta Lei entra em vigor 90 (noventa) dias após a data de sua publicação.

Brasília, 17 de setembro de 2009; 188.º da Independência e 121.º da República.

Luís Inácio Lula da Silva

LEI N. 12.037, DE 1.º DE OUTUBRO DE 2009 (*)

Dispõe sobre a identificação criminal do civilmente identificado, regulamentando o art. 5.º, inciso LVIII, da Constituição Federal.

O Vice-Presidente da República, no exercício do cargo de Presidente da República

Faço saber que o Congresso Nacional decreta e eu sanciono a seguinte Lei:

Art. 1.º O civilmente identificado não será submetido a identificação criminal, salvo nos casos previstos nesta Lei.

Art. 2.º A identificação civil é atestada por qualquer dos seguintes documentos:

• *Vide* art. 5.º, LVIII, da CF.

I – carteira de identidade;

II – carteira de trabalho;

III – carteira profissional;

IV – passaporte;

V – carteira de identificação funcional;

VI – outro documento público que permita a identificação do indiciado.

Parágrafo único. Para as finalidades desta Lei, equiparam-se aos documentos de identificação civis os documentos de identificação militares.

Art. 3.º Embora apresentado documento de identificação, poderá ocorrer identificação criminal quando:

I – o documento apresentar rasura ou tiver indício de falsificação;

II – o documento apresentado for insuficiente para identificar cabalmente o indiciado;

III – o indiciado portar documentos de identidade distintos, com informações conflitantes entre si;

IV – a identificação criminal for essencial às investigações policiais, segundo despacho da autoridade judiciária competente, que decidirá de ofício ou mediante representação da autoridade policial, do Ministério Público ou da defesa;

V – constar de registros policiais o uso de outros nomes ou diferentes qualificações;

VI – o estado de conservação ou a distância temporal ou da localidade da expedição do documento apresentado impossibilite a completa identificação dos caracteres essenciais.

Parágrafo único. As cópias dos documentos apresentados deverão ser juntadas aos autos do inquérito, ou outra forma de investigação, ainda que consideradas insuficientes para identificar o indiciado.

Art. 4.º Quando houver necessidade de identificação criminal, a autoridade encarregada tomará as providências necessárias para evitar o constrangimento do identificado.

Art. 5.º A identificação criminal incluirá o processo datiloscópico e o fotográfico, que serão juntados aos autos da comunicação da prisão em flagrante, ou do inquérito policial ou outra forma de investigação.

Parágrafo único. Na hipótese do inciso IV do art. 3.º, a identificação criminal poderá incluir a coleta de material biológico para a obtenção do perfil genético.

•• Parágrafo único acrescentado pela Lei n. 12.654, de 28-5-2012.

• *Vide* art. 9.º-A da LEP.

Art. 5.º-A. Os dados relacionados à coleta do perfil genético deverão ser armazenados em banco de dados de perfis genéticos, gerenciado por unidade oficial de perícia criminal.

•• *Caput* acrescentado pela Lei n. 12.654, de 28-5-2012.

• *Vide* Decreto n. 7.950, de 12-3-2013, que institui o Banco Nacional de Perfis Genéticos e a Rede Integrada de Bancos de Perfis Genéticos.

• *Vide* art. 9.º-A da LEP.

§ 1.º As informações genéticas contidas nos bancos de dados de perfis genéticos não poderão revelar traços somáticos ou comportamentais das pessoas, exceto determinação genética de gênero, consoante as normas constitucionais e internacionais sobre direitos humanos, genoma humano e dados genéticos.

•• § 1.º acrescentado pela Lei n. 12.654, de 28-5-2012.

§ 2.º Os dados constantes dos bancos de dados de perfis genéticos terão caráter sigiloso, respondendo civil, penal e administrativamente aquele que permitir ou promover sua utilização para fins diversos dos previstos nesta Lei ou em decisão judicial.

•• § 2.º acrescentado pela Lei n. 12.654, de 28-5-2012.

§ 3.º As informações obtidas a partir da coincidência de perfis genéticos deverão ser consignadas em laudo pericial firmado por perito oficial devidamente habilitado.

•• § 3.º acrescentado pela Lei n. 12.654, de 28-5-2012.

Art. 6.º É vedado mencionar a identificação criminal do indiciado em atestados de antecedentes ou em informações não destinadas ao juízo criminal, antes do trânsito em julgado da sentença condenatória.

Art. 7.º No caso de não oferecimento da denúncia, ou sua rejeição, ou absolvição, é facultado ao

(*) Publicada no *DOU*, de 2-10-2009.

indiciado ou ao réu, após o arquivamento definitivo do inquérito, ou trânsito em julgado da sentença, requerer a retirada da identificação fotográfica do inquérito ou processo, desde que apresente provas de sua identificação civil.

Art. 7.º-A. A exclusão dos perfis genéticos dos bancos de dados ocorrerá no término do prazo estabelecido em lei para a prescrição do delito.

•• Artigo acrescentado pela Lei n. 12.654, de 28-5-2012.

Art. 7.º-B. A identificação do perfil genético será armazenada em banco de dados sigiloso, conforme regulamento a ser expedido pelo Poder Executivo.

•• Artigo acrescentado pela Lei n. 12.654, de 28-5-2012.

Art. 8.º Esta Lei entra em vigor na data de sua publicação.

Art. 9.º Revoga-se a Lei n. 10.054, de 7 de dezembro de 2000.

Brasília, 1.º de outubro de 2009; 188.º da Independência e 121.º da República.

José Alencar Gomes da Silva

RESOLUÇÃO N. 113, DE 20 DE ABRIL DE 2010 (*)

Dispõe sobre o procedimento relativo à execução de pena privativa de liberdade e de medida de segurança, e dá outras providências.

Considerando a necessidade de uniformizar procedimentos relativos à execução de pena privativa de liberdade e de medida de segurança, no âmbito dos Tribunais; considerando que o CNJ integra o Sistema de Informações Penitenciárias – INFOPEN, do Ministério da Justiça, o que dispensa a manutenção de sistema próprio de controle da população carcerária; considerando que compete ao juiz da execução penal emitir anualmente atestado de pena a cumprir, conforme o disposto no inciso X do art. 66 da Lei n. 7.210/1984, com as modificações introduzidas pela Lei n. 10.713/2003; considerando a necessidade de consolidar normas do CNJ em relação à execução de pena privativa de liberdade e de medida de segurança; considerando o deliberado pelo Plenário do Conselho Nacional de Justiça na 103.ª Sessão Ordinária, realizada em 20 de abril de 2010, nos autos do ATO 0002698-57.2010.2.00.0000; resolve:

DA EXECUÇÃO PENAL

Art. 1.º A sentença penal condenatória será executada nos termos da Lei n. 7.210, de 11 de julho de 1984, da lei de organização judiciária local e da presente Resolução, devendo compor o processo de execução, além da guia, no que couber, as seguintes peças e informações:

I – qualificação completa do executado;

II – interrogatório do executado na polícia e em juízo;

III – cópias da denúncia;

IV – cópia da sentença, voto(s) e acórdão(s) e respectivos termos de publicação, inclusive contendo, se for o caso, a menção expressa ao deferimento de detração que importe determinação do regime de cumprimento de pena mais benéfico do que seria não fosse a detração, pelo próprio juízo do processo de conhecimento, nos termos do art. 387, § 2.º, do Código de Processo Penal, acrescentado pela Lei n. 12.736/2012;

•• Inciso IV com redação determinada pela Resolução n. 180, de 3-10-2013.

V – informação sobre os endereços em que possa ser localizado, antecedentes criminais e grau de instrução;

VI – instrumentos de mandato, substabelecimentos, despachos de nomeação de defensores dativos ou de intimação da Defensoria Pública;

VII – certidões de trânsito em julgado da condenação para a acusação e para a defesa;

VIII – cópia do mandado de prisão temporária e/ou preventiva, com a respectiva certidão da data do cumprimento, bem como com a cópia de eventual alvará de soltura, também com a certidão da data do cumprimento da ordem de soltura, para cômputo da detração, caso, nesta última hipótese, esta já não tenha sido apreciada pelo juízo do processo de conhecimento para determinação do regime de cumprimento de pena, nos termos do art. 387, § 2.º, do Código de Processo Penal, acrescentado pela Lei n. 12.736/2012;

•• Inciso VIII com redação determinada pela Resolução n. 180, de 3-10-2013.

IX – nome e endereço do curador, se houver;

X – informações acerca do estabelecimento prisional em que o condenado encontra-se recolhido e para o qual deve ser removido, na hipótese de deferimento de detração que importe determinação do regime de cumprimento de pena mais benéfico do que haveria não fosse a detração, pelo próprio juízo do processo de conhecimento, nos termos do art. 387, § 2.º, do Código de Processo Penal, acrescentado pela Lei n. 12.736/2012;

•• Inciso X com redação determinada pela Resolução n. 180, de 3-10-2013.

XI – cópias da decisão de pronúncia e da certidão de preclusão em se tratando de condenação em crime doloso contra a vida;

XII – certidão carcerária;

XIII – cópias de outras peças do processo reputadas indispensáveis à adequada execução da pena.

(*) Publicada no *DJe,* de 26-4-2010. A Resolução n. 4, de 30-7-2010, do CNPCP, dispõe sobre as diretrizes nacionais de atenção aos pacientes judiciários e execução de medida de segurança.

Art. 2.º A guia de recolhimento para cumprimento da pena privativa de liberdade e a guia de internação para cumprimento de medida de segurança obedecerão aos modelos dos anexos e serão expedidas em duas vias, remetendo-se uma à autoridade administrativa que custodia o executado e a outra ao juízo da execução penal competente.

§ 1.º Estando preso o executado, a guia de recolhimento definitiva ou de internação será expedida ao juízo competente no prazo máximo de cinco dias, a contar do trânsito em julgado da sentença ou acórdão, ou do cumprimento do mandado de prisão ou de internação.

§ 2.º (*Revogado pela Resolução n. 116, de 3-8-2010.*)

§ 3.º Recebida a guia de recolhimento, que deverá conter, além do regime inicial fixado na sentença, informação sobre eventual detração modificativa do regime de cumprimento da pena, deferida pelo juízo do processo de conhecimento, nos lindes do art. 387, § 2.º, do Código de Processo Penal, acrescentado pela Lei n. 12.736/2012, o estabelecimento penal onde está preso o executado promoverá a sua imediata transferência à unidade penal adequada, salvo se por outro motivo ele estiver preso, assegurado o controle judicial posterior.

•• § 3.º com redação determinada pela Resolução n. 180, de 3-10-2013.

§ 4.º Expedida a guia de recolhimento definitiva, os autos da ação penal serão remetidos à distribuição para alteração da situação de parte para "arquivado" e baixa na autuação para posterior arquivamento.

Art. 3.º O Juiz competente para a execução da pena ordenará a formação do Processo de Execução Penal (PEP), a partir das peças referidas no art. 1.º.

§ 1.º Para cada réu condenado, formar-se-á um Processo de Execução Penal, individual e indivisível, reunindo todas as condenações que lhe forem impostas, inclusive aquelas que vierem a ocorrer no curso da execução.

§ 2.º Caso sobrevenha condenação após o cumprimento da pena e extinção do processo de execução anterior, será formado novo processo de execução penal.

§ 3.º Sobrevindo nova condenação no curso da execução, após o registro da respectiva guia de recolhimento, o juiz determinará a soma ou unificação da pena ao restante da que está sendo cumprida e fixará o novo regime de cumprimento, observada, quando for o caso, a detração ou remição.

Art. 4.º Os incidentes de execução de que trata a Lei de Execução Penal, o apenso do Roteiro de Pena, bem como os pedidos de progressão de regime, livramento condicional, remição e quaisquer outros iniciados de ofício, por intermédio de algum órgão da execução ou a requerimento da parte interessada poderão ser autuados separadamente e apensos aos autos do processo de execução.

•• *Caput* com redação determinada pela Resolução n. 116, de 3-8-2010.

Parágrafo único. No caso de se optar pela tramitação em separado, o primeiro apenso constituirá o Roteiro de Penas, no qual devem ser elaborados e atualizados os cálculos de liquidação da pena, juntadas certidões de feitos em curso, folhas de antecedentes e outros documentos que permitam o direcionamento dos atos a serem praticados, tais como requisição de atestado de conduta carcerária, comunicação de fuga e recaptura.

•• Parágrafo único com redação determinada pela Resolução n. 116, de 3-8-2010.

Art. 5.º Autuada a guia de recolhimento no juízo de execução, imediatamente deverá ser providenciado o cálculo de liquidação de pena com informações quanto ao término e provável data de benefício, tais como progressão de regime e livramento condicional.

§ 1.º Os cálculos serão homologados por decisão judicial, após manifestação da defesa e do Ministério Público.

§ 2.º Homologado o cálculo de liquidação, a secretaria deverá providenciar o agendamento da data do término do cumprimento da pena e das datas de implementação dos lapsos temporais para postulação dos benefícios previstos em lei, bem como o encaminhamento de duas cópias do cálculo ou seu extrato ao diretor do estabelecimento prisional, a primeira para ser entregue ao executado, servindo como atestado de pena a cumprir e a segunda para ser arquivada no prontuário do executado.

Art. 6.º Em cumprimento ao art. 1.º da Lei n. 7.210/84, o juízo da execução deverá, dentre as ações voltadas à integração social do condenado e do internado, e para que tenham acesso aos serviços sociais disponíveis, diligenciar para que sejam expedidos seus documentos pessoais, dentre os quais o CPF, que pode ser expedido de ofício, com base no art. 11, V, da Instrução Normativa RFB n. 864, de 25 de julho de 2008.

Art. 7.º Modificada a competência do juízo da execução, os autos serão remetidos ao juízo competente, excetuada a hipótese de agravo interposto e em processamento, caso em que a remessa dar-se-á após eventual juízo de retratação.

DA GUIA DE RECOLHIMENTO PROVISÓRIA

Art. 8.º Tratando-se de réu preso por sentença condenatória recorrível, será expedida guia de recolhimento provisória da pena privativa de liberdade, ainda que pendente recurso sem efeito suspensivo, devendo, nesse caso, o juízo da execução definir o agendamento dos benefícios cabíveis.

Art. 9.º A guia de recolhimento provisória será expedida ao Juízo da Execução Penal após o recebimento do recurso, independentemente de quem o interpôs, acompanhada, no que couber, das peças e informações previstas no art. 1.º.

§ 1.º A expedição da guia de recolhimento provisória será certificada nos autos do processo criminal.

§ 2.º Estando o processo em grau de recurso, sem expedição da guia de recolhimento provisória, às Secretarias desses órgãos caberão expedi-la e remetê-la ao juízo competente.

Art. 10. Sobrevindo decisão absolutória, o respectivo órgão prolator comunicará imediatamente o fato ao juízo competente para a execução, para anotação do cancelamento da guia.

Art. 11. Sobrevindo condenação transitada em julgado, o juízo de conhecimento encaminhará as peças complementares, nos termos do art. 1.º, ao juízo competente para a execução, que se incumbirá das providências cabíveis, também informando as alterações verificadas à autoridade administrativa.

DO ATESTADO DE PENA A CUMPRIR

Art. 12. A emissão de atestado de pena a cumprir e a respectiva entrega ao apenado, mediante recibo, deverão ocorrer:

I – no prazo de sessenta dias, a contar da data do início da execução da pena privativa de liberdade;

II – no prazo de sessenta dias, a contar da data do reinício do cumprimento da pena privativa de liberdade; e

III – para o apenado que já esteja cumprindo pena privativa de liberdade, até o último dia útil do mês de janeiro de cada ano.

Art. 13. Deverão constar do atestado anual de cumprimento de pena, dentre outras informações consideradas relevantes, as seguintes:

I – o montante da pena privativa de liberdade;

II – o regime prisional de cumprimento da pena;

III – a data do início do cumprimento da pena e a data, em tese, do término do cumprimento integral da pena; e

IV – a data a partir da qual o apenado, em tese, poderá postular a progressão do regime prisional e o livramento condicional.

DA EXECUÇÃO DE MEDIDA DE SEGURANÇA

Art. 14. A sentença penal absolutória que aplicar medida de segurança será executada nos termos da Lei n. 7.210, de 11 de julho de 1984, da Lei n. 10.216, de 6 de abril de 2001, da lei de organização judiciária local e da presente resolução, devendo compor o processo de execução, além da guia de internação ou de tratamento ambulatorial, as peças indicadas no art. 1.º dessa resolução, no que couber.

Art. 15. Transitada em julgado a sentença que aplicou medida de segurança, expedir-se-á guia de internação ou de tratamento ambulatorial em duas vias, remetendo-se uma delas à unidade hospitalar incumbida da execução e outra ao juízo da execução penal.

Art. 16. O juiz competente para a execução da medida de segurança ordenará a formação do processo de execução a partir das peças referidas no art. 1.º dessa resolução, no que couber.

Art. 17. O juiz competente para a execução da medida de segurança, sempre que possível buscará implementar políticas antimanicomiais, conforme sistemática da Lei n. 10.216, de 6 de abril de 2001.

DISPOSIÇÕES GERAIS

Art. 18. O juiz do processo de conhecimento expedirá ofícios ao Tribunal Regional Eleitoral com jurisdição sobre o domicílio eleitoral do apenado para os fins do art. 15, inciso III, da Constituição Federal.

Art. 19. A extinção da punibilidade e o cumprimento da pena deverão ser registrados no rol de culpados e comunicados ao Tribunal Regional Eleitoral para as providências do art. 15, III, da Constituição Federal. Após, os autos do Processo de Execução Penal serão arquivados, com baixa na distribuição e anotações quanto à situação da parte.

Art. 20. Todos os Juízos que receberem distribuição de comunicação de prisão em flagrante, de pedido de liberdade provisória, de inquérito com indiciado e de ação penal, depois de recebida a denúncia, deverão consultar o banco de dados de Processos de Execução Penal, e informar ao Juízo da Execução, quando constar Processo de Execução Penal (PEP) contra o preso, indiciado ou denunciado.

Art. 21. Os Juízos com processos em andamento que receberem a comunicação de novos antecedentes deverão comunicá-los imediatamente ao Juízo da Execução competente, para as providências cabíveis.

Art. 22. O Juízo que vier a exarar nova condenação contra o apenado, uma vez reconhecida a reincidência do réu, deverá comunicar esse fato ao Juízo da Condenação e da Execução para os fins dos arts. 95 e 117, inciso VI, do Código Penal.

Art. 23. Aplica-se a presente resolução, no que couber, aos sistemas eletrônicos de execução penal.

Art. 24. Os Tribunais e os juízos deverão adaptar sua legislação e práticas aos termos da presente resolução no prazo de até 60 dias.

Art. 25. Esta Resolução entra em vigor na data de sua publicação.

Art. 26. Ficam revogadas a Resolução n. 19, de 29 de agosto de 2006, a Resolução n. 29, de 27 de fevereiro de 2007, a Resolução n. 33, de 10 de abril de 2007, e a Resolução n. 57, de 24 de junho de 2008.

MINISTRO *GILMAR MENDES*

RESOLUÇÃO N. 137, DE 13 DE JULHO DE 2011 (*)

Regulamenta o banco de dados de mandados de prisão, nos termos do art. 289-A do CPP, acrescentado pela Lei n. 12.403, de 4 de maio de 2011, e dá outras providências.

O Presidente do Conselho Nacional de Justiça, no uso de suas atribuições constitucionais e regimentais;

Considerando que a Lei n. 12.403, de 4 de maio de 2011, determina a criação de banco de dados para registro dos mandados de prisão pelo Conselho Nacional de Justiça, na qualidade de órgão estratégico e central do sistema judicial, regulamentá-lo e mantê-lo (art. 289-A, *caput* e § 6.º, do Código de Processo Penal);

Considerando que uma das finalidades do banco de dados para registro dos mandados de prisão é facilitar-lhes o conhecimento por qualquer pessoa e o cumprimento de diligências por parte das autoridades policiais, assim como auxiliar os juízes no exercício de sua jurisdição;

Resolve:

Art. 1.º Fica instituído, no âmbito do Conselho Nacional de Justiça, nos termos do art. 289-A do Código de Processo Penal, o Banco Nacional de Mandados de Prisão – BNMP, para fins de registro dos mandados de prisão expedidos pelas autoridades judiciárias.

Art. 2.º O BNMP será disponibilizado na rede mundial de computadores, assegurado o direito de acesso às informações a toda e qualquer pessoa, independentemente de prévio cadastramento ou demonstração de interesse, sendo de responsabilidade do Conselho Nacional de Justiça a sua manutenção e disponibilidade.

• A Lei n. 12.527, de 18-11-2011, dispõe sobre os procedimentos a serem observados pela União, Estados, Distrito Federal e Municípios, com o fim de garantir o acesso a informações garantido constitucionalmente.

§ 1.º A informação do mandado de prisão, para fins de registro no Conselho Nacional de Justiça, será prestada, no prazo de 24 (vinte e quatro) horas a partir da expedição, diretamente pelos sistemas dos tribunais ao BNMP.

§ 2.º Na hipótese de o juiz determinar que o mandado de prisão seja expedido em caráter restrito, o prazo para inclusão no BNMP se iniciará após seu cumprimento ou quando afastado esse caráter por decisão judicial.

§ 3.º A responsabilidade pela atualização das informações do BNMP, assim como pelo conteúdo disponibilizado, é, exclusivamente, dos tribunais e das autoridades judiciárias responsáveis pela expedição dos mandados de prisão.

§ 4.º Cabe à autoridade policial que for dar cumprimento a mandado de prisão constante do BNMP averiguar sua autenticidade e assegurar a identidade da pessoa a ser presa.

§ 5.º Quaisquer esclarecimentos sobre as informações constantes do BNMP deverão ser solicitados, exclusiva e diretamente, ao órgão judiciário responsável pela expedição e registro do mandado de prisão.

Art. 3.º Cada mandado de prisão deverá referir-se a uma única pessoa e conterá, no mínimo, as seguintes informações:

I – seu número, composto pelo número do processo judicial, na forma da Resolução n. 65/2008 do CNJ, acrescido de um número sequencial de quatro dígitos;

•• A Resolução n. 65, de 16-12-2008, do CNJ, dispõe sobre a uniformização do número de processos nos órgãos do Poder Judiciário e dá outras providências.

II – o número do processo ou procedimento, na forma da Resolução n. 65/2008 do CNJ;

III – tipo e número do procedimento ou documento que originou o processo judicial em que foi expedido o mandado, conforme tabela a ser editada em portaria da Presidência do CNJ;

IV – nome do magistrado expedidor;

V – denominação do órgão judiciário em que foi expedido o mandado;

VI – qualificação da pessoa a que se refere o mandado de prisão;

VII – códigos nacionais dos assuntos criminais a que se refere o mandado;

VIII – espécie da prisão decretada;

IX – dispositivo da decisão que decretou a prisão;

X – prazo da prisão, quando se tratar de prisão temporária;

XI – pena imposta e regime de cumprimento da pena, quando se tratar de prisão decorrente de condenação criminal, recorrível ou definitiva;

XII – data limite presumida para cumprimento do mandado de prisão de acordo com a prescrição em abstrato ou em concreto;

XIII – o valor do montante da fiança arbitrada, quando for o caso; e

XIV – data e local da expedição.

§ 1.º São dados de qualificação da pessoa objeto da ordem de prisão, a serem incluídos, se disponíveis, ainda quando haja mais de um deles para a mesma pessoa:

I – nome;

II – alcunha;

III – filiação;

IV – data de nascimento;

V – naturalidade;

(*) Publicada no *DJe*, de 15-7-2011.

VI – sexo;

VII – cor;

VIII – profissão;

IX – endereço no qual pode ser encontrada;

X – características físicas relevantes, conforme parâmetros já existentes no INFOSEG;

XI – códigos identificadores de documentos oficiais;

XII – fotografia.

§ 2.º São espécies de prisão sujeitas a registro no BNMP:

I – temporária;

II – preventiva;

III – preventiva determinada ou mantida em decisão condenatória recorrível;

IV – definitiva;

V – para fins de deportação;

VI – para fins de extradição; e

VII – para fins de expulsão.

Art. 4.º A certidão referida no § 3.º do art. 289-A, do CPP, a ser expedida pelo Conselho Nacional de Justiça, deverá conter todos os elementos disponíveis enumerados no art. 3.º, *caput*, da presente Resolução.

Art. 5.º O tribunal de origem atualizará a informação de mandados de prisão registrados no BNMP no prazo de 24 (vinte e quatro) horas, a contar da revogação da prisão ou do conhecimento do cumprimento da ordem.

§ 1.º Cumprido o mandado de prisão ou no caso de prisão em flagrante delito de pessoa a respeito da qual esteja pendente de cumprimento mandado de prisão expedido por outra autoridade judiciária, o juízo que tomou conhecimento da prisão deverá comunicá-la às demais autoridades judiciárias, no prazo de 24 (vinte e quatro) horas.

§ 2.º No caso de conversão da prisão em flagrante em prisão preventiva, nos termos do art. 310, inciso II, do CPP (redação da Lei n. 12.403/11), a informação prestada pelo tribunal incluirá a circunstância de o mandado já estar cumprido.

Art. 6.º A prestação das informações relativas aos mandados de prisão será obrigatória aos tribunais a partir de seis meses contados da publicação da presente Resolução.

Art. 7.º Os mandados expedidos anteriormente à entrada em vigor da presente Resolução e ainda não cumpridos, se vigentes, deverão ser registrados no BNMP pela autoridade judiciária responsável, observados os requisitos do art. 2.º, no prazo máximo de 6 (seis) meses a partir da data de que trata o artigo anterior.

§ 1.º Os Tribunais, com o auxílio das Corregedorias Gerais, deverão, no prazo de 30 (trinta) dias, criar grupo de trabalho para cumprimento do disposto no *caput* deste artigo, com as seguintes atribuições:

I – coordenar e fiscalizar o cumprimento da presente Resolução, oferecendo apoio técnico operacional aos magistrados encarregados da expedição do mandado de prisão;

II – analisar e conferir a consistência das informações no banco de dados local e das informações encaminhadas ao BNMP;

III – apoiar os magistrados, em razão do disposto nos arts. 282, § 6.º, e 313 do Código do Processo Penal, na revisão da necessidade, ou não, da manutenção da prisão preventiva decretada.

Art. 8.º É garantida a consulta ao BNMP na rede mundial de computadores, em dias úteis, das 8h às 22h, até que o Conselho Nacional de Justiça seja dotado de estrutura apta ao seu funcionamento ininterrupto, inclusive em sábados, domingos e feriados.

Art. 9.º O Processo Judicial Eletrônico – PJe deverá conter função de edição de mandado de prisão com alimentação automática do BNMP, nos termos desta Resolução.

Art. 10. Os tribunais, no prazo de 6 (seis) meses, adaptarão os seus sistemas informatizados de tramitação processual a fim de permitir o envio automatizado das informações ao BNMP.

Parágrafo único. Os tribunais deverão apresentar, no prazo de 30 (dias), cronograma para cumprimento do *caput* deste artigo, atualizando-o mensalmente.

Art. 11. Cabe à Corregedoria Nacional de Justiça fiscalizar o cumprimento desta Resolução.

Art. 12. Fica incluído no art. 2.º da Resolução n. 121, de 2010, o inciso V, com a seguinte redação:

"V – os mandados de prisão registrados no BNMP".

•• A Resolução n. 121, de 5-10-2010, do CNJ, dispõe sobre a divulgação de dados processuais eletrônicos na rede mundial de computadores, expedição de certidões judiciais e dá outras providências.

Art. 13. Esta Resolução entra em vigor na data de sua publicação.

MINISTRO *CEZAR PELUSO*

DECRETO N. 7.627, DE 24 DE NOVEMBRO DE 2011 (*)

Regulamenta a monitoração eletrônica de pessoas prevista no Decreto-lei n. 3.689, de 3 de outubro de 1941 – Código de Processo Penal, e na Lei n. 7.210, de 11 de julho de 1984 – Lei de Execução Penal.

A Presidenta da República, no uso da atribuição que lhe confere o art. 84, inciso IV, da Constituição, e tendo em vista o disposto no inciso IX do art. 319 no Decreto-lei n. 3.689, de 3 de outubro de 1941 –

(*) Publicado no *DOU*, de 25-11-2011.

Código de Processo Penal, e nos arts. 146-B, 146-C e 146-D da Lei n. 7.210, de 11 de julho de 1984 – Lei de Execução Penal, decreta:

Art. 1.º Este Decreto regulamenta a monitoração eletrônica de pessoas prevista no inciso IX do art. 319 do Decreto-lei n. 3.689, de 3 de outubro de 1941 – Código de Processo Penal, e nos arts. 146-B, 146-C e 146-D da Lei n. 7.210, de 11 de julho de 1984 – Lei de Execução Penal.

Art. 2.º Considera-se monitoração eletrônica a vigilância telemática posicional à distância de pessoas presas sob medida cautelar ou condenadas por sentença transitada em julgado, executada por meios técnicos que permitam indicar a sua localização.

Art. 3.º A pessoa monitorada deverá receber documento no qual constem, de forma clara e expressa, seus direitos e os deveres a que estará sujeita, o período de vigilância e os procedimentos a serem observados durante a monitoração.

Art. 4.º A responsabilidade pela administração, execução e controle da monitoração eletrônica caberá aos órgãos de gestão penitenciária, cabendo-lhes ainda:

I – verificar o cumprimento dos deveres legais e das condições especificadas na decisão judicial que autorizar a monitoração eletrônica;

II – encaminhar relatório circunstanciado sobre a pessoa monitorada ao juiz competente na periodicidade estabelecida ou, a qualquer momento, quando por este determinado ou quando as circunstâncias assim o exigirem;

III – adequar e manter programas e equipes multiprofissionais de acompanhamento e apoio à pessoa monitorada condenada;

IV – orientar a pessoa monitorada no cumprimento de suas obrigações e auxiliá-la na reintegração social, se for o caso; e

V – comunicar, imediatamente, ao juiz competente sobre fato que possa dar causa à revogação da medida ou modificação de suas condições.

Parágrafo único. A elaboração e o envio de relatório circunstanciado poderão ser feitos por meio eletrônico certificado digitalmente pelo órgão competente.

Art. 5.º O equipamento de monitoração eletrônica deverá ser utilizado de modo a respeitar a integridade física, moral e social da pessoa monitorada.

Art. 6.º O sistema de monitoramento será estruturado de modo a preservar o sigilo dos dados e das informações da pessoa monitorada.

Art. 7.º O acesso aos dados e informações da pessoa monitorada ficará restrito aos servidores expressamente autorizados que tenham necessidade de conhecê-los em virtude de suas atribuições.

Art. 8.º Este Decreto entra em vigor na data de sua publicação.

Brasília, 24 de novembro de 2011; 190.º da Independência e 123.º da República.

DILMA ROUSSEFF

LEI N. 12.594, DE 18 DE JANEIRO DE 2012 (*)

Institui o Sistema Nacional de Atendimento Socioeducativo (Sinase), regulamenta a execução das medidas socioeducativas destinadas a adolescente que pratique ato infracional; e altera as Leis n. 8.069, de 13 de julho de 1990 (Estatuto da Criança e do Adolescente); 7.560, de 19 de dezembro de 1986, 7.998, de 11 de janeiro de 1990, 5.537, de 21 de novembro de 1968, 8.315, de 23 de dezembro de 1991, 8.706, de 14 de setembro de 1993, os Decretos-leis n. 4.048, de 22 de janeiro de 1942, 8.621, de 10 de janeiro de 1946, e a Consolidação das Leis do Trabalho (CLT), aprovada pelo Decreto-lei n. 5.452, de 1.º de maio de 1943.

A Presidenta da República

Faço saber que o Congresso Nacional decreta e eu sanciono a seguinte Lei:

TÍTULO I
DO SISTEMA NACIONAL DE ATENDIMENTO SOCIOEDUCATIVO (SINASE)

CAPÍTULO I
DISPOSIÇÕES GERAIS

Art. 1.º Esta Lei institui o Sistema Nacional de Atendimento Socioeducativo (Sinase) e regulamenta a execução das medidas destinadas a adolescente que pratique ato infracional.

§ 1.º Entende-se por Sinase o conjunto ordenado de princípios, regras e critérios que envolvem a execução de medidas socioeducativas, incluindo-se nele, por adesão, os sistemas estaduais, distrital e municipais, bem como todos os planos, políticas e programas específicos de atendimento a adolescente em conflito com a lei.

§ 2.º Entendem-se por medidas socioeducativas as previstas no art. 112 da Lei n. 8.069, de 13 de julho de 1990 (Estatuto da Criança e do Adolescente), as quais têm por objetivos:

I – a responsabilização do adolescente quanto às consequências lesivas do ato infracional, sempre que possível incentivando a sua reparação;

II – a integração social do adolescente e a garantia de seus direitos individuais e sociais, por meio do cumprimento de seu plano individual de atendimento; e

(*) Publicada no *DOU*, de 19-1-2012.

III – a desaprovação da conduta infracional, efetivando as disposições da sentença como parâmetro máximo de privação de liberdade ou restrição de direitos, observados os limites previstos em lei.

§ 3.º Entendem-se por programa de atendimento a organização e o funcionamento, por unidade, das condições necessárias para o cumprimento das medidas socioeducativas.

§ 4.º Entende-se por unidade a base física necessária para a organização e o funcionamento de programa de atendimento.

§ 5.º Entendem-se por entidade de atendimento a pessoa jurídica de direito público ou privado que instala e mantém a unidade e os recursos humanos e materiais necessários ao desenvolvimento de programas de atendimento.

....

TÍTULO II
DA EXECUÇÃO DAS MEDIDAS SOCIOEDUCATIVAS

CAPÍTULO I
DISPOSIÇÕES GERAIS

Art. 35. A execução das medidas socioeducativas reger-se-á pelos seguintes princípios:

I – legalidade, não podendo o adolescente receber tratamento mais gravoso do que o conferido ao adulto;

II – excepcionalidade da intervenção judicial e da imposição de medidas, favorecendo-se meios de autocomposição de conflitos;

III – prioridade a práticas ou medidas que sejam restaurativas e, sempre que possível, atendam às necessidades das vítimas;

IV – proporcionalidade em relação à ofensa cometida;

V – brevidade da medida em resposta ao ato cometido, em especial o respeito ao que dispõe o art. 122 da Lei n. 8.069, de 13 de julho de 1990 (Estatuto da Criança e do Adolescente);

VI – individualização, considerando-se a idade, capacidades e circunstâncias pessoais do adolescente;

VII – mínima intervenção, restrita ao necessário para a realização dos objetivos da medida;

VIII – não discriminação do adolescente, notadamente em razão de etnia, gênero, nacionalidade, classe social, orientação religiosa, política ou sexual, ou associação ou pertencimento a qualquer minoria ou *status*; e

IX – fortalecimento dos vínculos familiares e comunitários no processo socioeducativo.

CAPÍTULO II
DOS PROCEDIMENTOS

Art. 36. A competência para jurisdicionar a execução das medidas socioeducativas segue o determinado pelo art. 146 da Lei n. 8.069, de 13 de julho de 1990 (Estatuto da Criança e do Adolescente).

Art. 37. A defesa e o Ministério Público intervirão, sob pena de nulidade, no procedimento judicial de execução de medida socioeducativa, asseguradas aos seus membros as prerrogativas previstas na Lei n. 8.069, de 13 de julho de 1990 (Estatuto da Criança e do Adolescente), podendo requerer as providências necessárias para adequar a execução aos ditames legais e regulamentares.

Art. 38. As medidas de proteção, de advertência e de reparação do dano, quando aplicadas de forma isolada, serão executadas nos próprios autos do processo de conhecimento, respeitado o disposto nos arts. 143 e 144 da Lei n. 8.069, de 13 de julho de 1990 (Estatuto da Criança e do Adolescente).

Art. 39. Para aplicação das medidas socioeducativas de prestação de serviços à comunidade, liberdade assistida, semiliberdade ou internação, será constituído processo de execução para cada adolescente, respeitado o disposto nos arts. 143 e 144 da Lei n. 8.069, de 13 de julho de 1990 (Estatuto da Criança e do Adolescente), e com autuação das seguintes peças:

I – documentos de caráter pessoal do adolescente existentes no processo de conhecimento, especialmente os que comprovem sua idade; e

II – as indicadas pela autoridade judiciária, sempre que houver necessidade e, obrigatoriamente:

a) cópia da representação;

b) cópia da certidão de antecedentes;

c) cópia da sentença ou acórdão; e

d) cópia de estudos técnicos realizados durante a fase de conhecimento.

Parágrafo único. Procedimento idêntico será observado na hipótese de medida aplicada em sede de remissão, como forma de suspensão do processo.

• *Vide* art. 126 da Lei n. 8.069, de 13-7-1990 (ECA).

Art. 40. Autuadas as peças, a autoridade judiciária encaminhará, imediatamente, cópia integral do expediente ao órgão gestor do atendimento socioeducativo, solicitando designação do programa ou da unidade de cumprimento da medida.

Art. 41. A autoridade judiciária dará vistas da proposta de plano individual de que trata o art. 53 desta Lei ao defensor e ao Ministério Público pelo prazo sucessivo de 3 (três) dias, contados do recebimento da proposta encaminhada pela direção do programa de atendimento.

§ 1.º O defensor e o Ministério Público poderão requerer, e o Juiz da Execução poderá determinar, de ofício, a realização de qualquer avaliação ou perícia que entenderem necessárias para complementação do plano individual.

§ 2.º A impugnação ou complementação do plano individual, requerida pelo defensor ou pelo Ministério Público, deverá ser fundamentada, podendo a autoridade judiciária indeferi-la, se entender insuficiente a motivação.

§ 3.º Admitida a impugnação, ou se entender que o plano é inadequado, a autoridade judiciária designará, se necessário, audiência da qual cientificará o defensor, o Ministério Público, a direção do programa de atendimento, o adolescente e seus pais ou responsável.

§ 4.º A impugnação não suspenderá a execução do plano individual, salvo determinação judicial em contrário.

§ 5.º Findo o prazo sem impugnação, considerar-se-á o plano individual homologado.

Art. 42. As medidas socioeducativas de liberdade assistida, de semiliberdade e de internação deverão ser reavaliadas no máximo a cada 6 (seis) meses, podendo a autoridade judiciária, se necessário, designar audiência, no prazo máximo de 10 (dez) dias, cientificando o defensor, o Ministério Público, a direção do programa de atendimento, o adolescente e seus pais ou responsável.

§ 1.º A audiência será instruída com o relatório da equipe técnica do programa de atendimento sobre a evolução do plano de que trata o art. 52 desta Lei e com qualquer outro parecer técnico requerido pelas partes e deferido pela autoridade judiciária.

§ 2.º A gravidade do ato infracional, os antecedentes e o tempo de duração da medida não são fatores que, por si, justifiquem a não substituição da medida por outra menos grave.

§ 3.º Considera-se mais grave a internação, em relação a todas as demais medidas, e mais grave a semiliberdade, em relação às medidas de meio aberto.

Art. 43. A reavaliação da manutenção, da substituição ou da suspensão das medidas de meio aberto ou de privação da liberdade e do respectivo plano individual pode ser solicitada a qualquer tempo, a pedido da direção do programa de atendimento, do defensor, do Ministério Público, do adolescente, de seus pais ou responsável.

§ 1.º Justifica o pedido de reavaliação, entre outros motivos:

I – o desempenho adequado do adolescente com base no seu plano de atendimento individual, antes do prazo da reavaliação obrigatória;

II – a inadaptação do adolescente ao programa e o reiterado descumprimento das atividades do plano individual; e

III – a necessidade de modificação das atividades do plano individual que importem em maior restrição da liberdade do adolescente.

§ 2.º A autoridade judiciária poderá indeferir o pedido, de pronto, se entender insuficiente a motivação.

§ 3.º Admitido o processamento do pedido, a autoridade judiciária, se necessário, designará audiência, observando o princípio do § 1.º do art. 42 desta Lei.

§ 4.º A substituição por medida mais gravosa somente ocorrerá em situações excepcionais, após o devido processo legal, inclusive na hipótese do inciso III do art. 122 da Lei n. 8.069, de 13 de julho de 1990 (Estatuto da Criança e do Adolescente), e deve ser:

I – fundamentada em parecer técnico;

II – precedida de prévia audiência, e nos termos do § 1.º do art. 42 desta Lei.

Art. 44. Na hipótese de substituição da medida ou modificação das atividades do plano individual, a autoridade judiciária remeterá o inteiro teor da decisão à direção do programa de atendimento, assim como as peças que entender relevantes à nova situação jurídica do adolescente.

Parágrafo único. No caso de a substituição da medida importar em vinculação do adolescente a outro programa de atendimento, o plano individual e o histórico do cumprimento da medida deverão acompanhar a transferência.

Art. 45. Se, no transcurso da execução, sobrevier sentença de aplicação de nova medida, a autoridade judiciária procederá à unificação, ouvidos, previamente, o Ministério Público e o defensor, no prazo de 3 (três) dias sucessivos, decidindo-se em igual prazo.

§ 1.º É vedado à autoridade judiciária determinar reinício de cumprimento de medida socioeducativa, ou deixar de considerar os prazos máximos, e de liberação compulsória previstos na Lei n. 8.069, de 13 de julho de 1990 (Estatuto da Criança e do Adolescente), excetuada a hipótese de medida aplicada por ato infracional praticado durante a execução.

•• *Vide* arts. 117 e 121, §§ 3.º e 5.º, da Lei n. 8.069, de 13-7-1990 (ECA).

§ 2.º É vedado à autoridade judiciária aplicar nova medida de internação, por atos infracionais praticados anteriormente, a adolescente que já tenha concluído cumprimento de medida socioeducativa dessa natureza, ou que tenha sido transferido para cumprimento de medida menos rigorosa, sendo tais atos absorvidos por aqueles aos quais se impôs a medida socioeducativa extrema.

Art. 46. A medida socioeducativa será declarada extinta:

I – pela morte do adolescente;

II – pela realização de sua finalidade;

III – pela aplicação de pena privativa de liberdade, a ser cumprida em regime fechado ou semiaberto, em execução provisória ou definitiva;

IV – pela condição de doença grave, que torne o adolescente incapaz de submeter-se ao cumprimento da medida; e

V – nas demais hipóteses previstas em lei.

§ 1.º No caso de o maior de 18 (dezoito) anos, em cumprimento de medida socioeducativa, responder a processo-crime, caberá à autoridade judiciária decidir sobre eventual extinção da execução, cientificando da decisão o juízo criminal competente.

§ 2.º Em qualquer caso, o tempo de prisão cautelar não convertida em pena privativa de liberdade deve ser descontado do prazo de cumprimento da medida socioeducativa.

Art. 47. O mandado de busca e apreensão do adolescente terá vigência máxima de 6 (seis) meses, a contar da data da expedição, podendo, se necessário, ser renovado, fundamentadamente.

Art. 48. O defensor, o Ministério Público, o adolescente e seus pais ou responsável poderão postular revisão judicial de qualquer sanção disciplinar aplicada, podendo a autoridade judiciária suspender a execução da sanção até decisão final do incidente.

§ 1.º Postulada a revisão após ouvida a autoridade colegiada que aplicou a sanção e havendo provas a produzir em audiência, procederá o magistrado na forma do § 1.º do art. 42 desta Lei.

§ 2.º É vedada a aplicação de sanção disciplinar de isolamento a adolescente interno, exceto seja essa imprescindível para garantia da segurança de outros internos ou do próprio adolescente a quem seja imposta a sanção, sendo necessária ainda comunicação ao defensor, ao Ministério Público e à autoridade judiciária em até 24 (vinte e quatro) horas.

Capítulo III
DOS DIREITOS INDIVIDUAIS

Art. 49. São direitos do adolescente submetido ao cumprimento de medida socioeducativa, sem prejuízo de outros previstos em lei:

• *Vide* art. 111 da Lei n. 8.069, de 13-7-1990 (ECA).

I – ser acompanhado por seus pais ou responsável e por seu defensor, em qualquer fase do procedimento administrativo ou judicial;

II – ser incluído em programa de meio aberto quando inexistir vaga para o cumprimento de medida de privação da liberdade, exceto nos casos de ato infracional cometido mediante grave ameaça ou violência à pessoa, quando o adolescente deverá ser internado em Unidade mais próxima de seu local de residência;

III – ser respeitado em sua personalidade, intimidade, liberdade de pensamento e religião e em todos os direitos não expressamente limitados na sentença;

IV – peticionar, por escrito ou verbalmente, diretamente a qualquer autoridade ou órgão público, devendo, obrigatoriamente, ser respondido em até 15 (quinze) dias;

V – ser informado, inclusive por escrito, das normas de organização e funcionamento do programa de atendimento e também das previsões de natureza disciplinar;

VI – receber, sempre que solicitar, informações sobre a evolução de seu plano individual, participando, obrigatoriamente, de sua elaboração e, se for o caso, reavaliação;

VII – receber assistência integral à sua saúde, conforme o disposto no art. 60 desta Lei; e

VIII – ter atendimento garantido em creche e pré-escola aos filhos de 0 (zero) a 5 (cinco) anos.

§ 1.º As garantias processuais destinadas a adolescente autor de ato infracional previstas na Lei n. 8.069, de 13 de julho de 1990 (Estatuto da Criança e do Adolescente), aplicam-se integralmente na execução das medidas socioeducativas, inclusive no âmbito administrativo.

§ 2.º A oferta irregular de programas de atendimento socioeducativo em meio aberto não poderá ser invocada como motivo para aplicação ou manutenção de medida de privação da liberdade.

Art. 50. Sem prejuízo do disposto no § 1.º do art. 121 da Lei n. 8.069, de 13 de julho de 1990 (Estatuto da Criança e do Adolescente), a direção do programa de execução de medida de privação da liberdade poderá autorizar a saída, monitorada, do adolescente nos casos de tratamento médico, doença grave ou falecimento, devidamente comprovados, de pai, mãe, filho, cônjuge, companheiro ou irmão, com imediata comunicação ao juízo competente.

Art. 51. A decisão judicial relativa à execução de medida socioeducativa será proferida após manifestação do defensor e do Ministério Público.

....

Capítulo V
DA ATENÇÃO INTEGRAL À SAÚDE DE ADOLESCENTE EM CUMPRIMENTO DE MEDIDA SOCIOEDUCATIVA

....

Seção II
Do Atendimento a Adolescente com Transtorno Mental e com Dependência de Álcool e de Substância Psicoativa

Art 64. O adolescente em cumprimento de medida socioeducativa que apresente indícios de transtorno mental, de deficiência mental, ou associadas, deverá ser avaliado por equipe técnica multidisciplinar e multissetorial.

....

§ 4.º Excepcionalmente, o juiz poderá suspender a execução da medida socioeducativa, ouvidos o defensor e o Ministério Público, com vistas a incluir o adolescente em programa de atenção integral à saúde mental que melhor atenda aos objetivos terapêuticos estabelecidos para o seu caso específico.

§ 5.º Suspensa a execução da medida socioeducativa, o juiz designará o responsável por acompanhar e informar sobre a evolução do atendimento ao adolescente.

§ 6.º A suspensão da execução da medida socioeducativa será avaliada, no mínimo, a cada 6 (seis) meses.

....

Art. 65. Enquanto não cessada a jurisdição da Infância e Juventude, a autoridade judiciária, nas hipóteses tratadas no art. 64, poderá remeter cópia dos autos ao Ministério Público para eventual propositura de interdição e outras providências pertinentes.

....

CAPÍTULO VII
DOS REGIMES DISCIPLINARES

Art. 71. Todas as entidades de atendimento socioeducativo deverão, em seus respectivos regimentos, realizar a previsão de regime disciplinar que obedeça aos seguintes princípios:

I – tipificação explícita das infrações como leves, médias e graves e determinação das correspondentes sanções;

II – exigência da instauração formal de processo disciplinar para a aplicação de qualquer sanção, garantidos a ampla defesa e o contraditório;

III – obrigatoriedade de audiência do socioeducando nos casos em que seja necessária a instauração de processo disciplinar;

IV – sanção de duração determinada;

V – enumeração das causas ou circunstâncias que eximam, atenuem ou agravem a sanção a ser imposta ao socioeducando, bem como os requisitos para a extinção dessa;

VI – enumeração explícita das garantias de defesa;

VII – garantia de solicitação e rito de apreciação dos recursos cabíveis; e

VIII – apuração da falta disciplinar por comissão composta por, no mínimo, 3 (três) integrantes, sendo 1 (um), obrigatoriamente, oriundo da equipe técnica.

Art. 72. O regime disciplinar é independente da responsabilidade civil ou penal que advenha do ato cometido.

Art. 73. Nenhum socioeducando poderá desempenhar função ou tarefa de apuração disciplinar ou aplicação de sanção nas entidades de atendimento socioeducativo.

Art. 74. Não será aplicada sanção disciplinar sem expressa e anterior previsão legal ou regulamentar e o devido processo administrativo.

Art. 75. Não será aplicada sanção disciplinar ao socioeducando que tenha praticado a falta:

I – por coação irresistível ou por motivo de força maior;

II – em legítima defesa, própria ou de outrem.

....

TÍTULO III
DISPOSIÇÕES FINAIS E TRANSITÓRIAS

....

Art. 90. Esta Lei entra em vigor após decorridos 90 (noventa) dias de sua publicação oficial.

Brasília, 18 de janeiro de 2012; 191.º da Independência e 124.º da República.

DILMA ROUSSEFF

LEI N. 12.681, DE 4 DE JULHO DE 2012 (*)

Institui o Sistema Nacional de Informações de Segurança Pública, Prisionais e sobre Drogas – SINESP; altera as Leis n. 10.201, de 14 de fevereiro de 2001, e 11.530, de 24 de outubro de 2007, a Lei Complementar n. 79, de 7 de janeiro de 1994, e o Decreto-lei n. 3.689, de 3 de outubro de 1941 – Código de Processo Penal; e revoga dispositivo da Lei n. 10.201, de 14 de fevereiro de 2001.

A Presidenta da República

Faço saber que o Congresso Nacional decreta e eu sanciono a seguinte Lei:

Art. 1.º É instituído o Sistema Nacional de Informações de Segurança Pública, Prisionais e sobre Drogas – SINESP, com a finalidade de armazenar, tratar e integrar dados e informações para auxiliar na formulação, implementação, execução, acompanhamento e avaliação das políticas relacionadas com:

I – segurança pública;

II – sistema prisional e execução penal; e

• *Vide* Lei n. 7.210, de 11-7-1984 (LEP).

III – enfrentamento do tráfico de *crack* e outras drogas ilícitas.

• *Vide* Lei n. 11.343, de 23-8-2006 (Lei de Drogas).

Art. 2.º O Sinesp tem por objetivos:

I – proceder à coleta, análise, atualização, sistematização, integração e interpretação de dados e informações relativos às políticas de que trata o art. 1.º;

II – disponibilizar estudos, estatísticas, indicadores e outras informações para auxiliar na formulação, implementação, execução, monitoramento e avaliação de políticas públicas;

III – promover a integração das redes e sistemas de dados e informações de segurança pública, criminais, do sistema prisional e sobre drogas; e

IV – garantir a interoperabilidade dos sistemas de dados e informações, conforme os padrões definidos pelo Conselho Gestor.

Parágrafo único. O Sinesp adotará os padrões de integridade, disponibilidade, confidencialidade, confiabilidade e tempestividade estabelecidos para os sistemas informatizados do Governo Federal.

Art. 3.º Integram o Sinesp os Poderes Executivos da União, dos Estados e do Distrito Federal.

(*) Publicada no *DOU*, de 5-7-2012.

§ 1.º Os dados e informações de que trata esta Lei serão fornecidos e atualizados pelos integrantes do Sinesp, na forma disciplinada pelo Conselho Gestor.

§ 2.º O integrante que deixar de fornecer ou atualizar seus dados e informações no Sinesp não poderá receber recursos nem celebrar parcerias com a União para financiamento de programas, projetos ou ações de segurança pública e do sistema prisional, na forma do regulamento.

Art. 4.º Os Municípios, o Poder Judiciário, a Defensoria Pública e o Ministério Público poderão participar do Sinesp mediante adesão, na forma estabelecida pelo Conselho Gestor.

Art. 5.º O Sinesp contará com um Conselho Gestor, responsável pela administração, coordenação e formulação de diretrizes do Sistema.

• O Decreto n. 8.075, de 14-8-2013, dispõe sobre o Conselho Gestor do Sistema Nacional de Informações de Segurança Pública, Prisionais e sobre Drogas de que trata este artigo.

§ 1.º A composição, a organização, o funcionamento e as competências do Conselho Gestor serão definidos em regulamento.

§ 2.º Na composição do Conselho Gestor, será assegurada a representação dos integrantes do Sinesp.

§ 3.º O Conselho Gestor definirá os parâmetros de acesso aos dados e informações do Sinesp, observadas as regras de sigilo previstas na legislação específica.

§ 4.º O Conselho Gestor publicará, no mínimo 1 (uma) vez por ano, relatório de âmbito nacional que contemple estatísticas, indicadores e outras informações produzidas no âmbito do Sinesp.

Art. 6.º Constarão do Sinesp, sem prejuízo de outros a serem definidos pelo Conselho Gestor, dados e informações relativos a:

I – ocorrências criminais registradas e respectivas comunicações legais;

II – registro de armas de fogo;

• *Vide* Lei n. 10.826, de 22-12-2003 (Estatuto do Desarmamento).

III – entrada e saída de estrangeiros;

IV – pessoas desaparecidas;

V – execução penal e sistema prisional;

• *Vide* Lei n. 7.210, de 11-7-1984 (LEP).

VI – recursos humanos e materiais dos órgãos e entidades de segurança pública;

VII – condenações, penas, mandados de prisão e contramandados de prisão; e

VIII – repressão à produção, fabricação e tráfico de *crack* e outras drogas ilícitas e a crimes conexos, bem como apreensão de drogas ilícitas.

• *Vide* Lei n. 11.343, de 23-8-2006 (Lei de Drogas).

§ 1.º Na divulgação dos dados e informações, deverá ser preservada a identificação pessoal dos envolvidos.

§ 2.º Os dados e informações referentes à prevenção, tratamento e reinserção social de usuários e dependentes de *crack* e outras drogas ilícitas serão fornecidos, armazenados e tratados de forma agregada, de modo a preservar o sigilo, a confidencialidade e a identidade de usuários e dependentes, observada a natureza multidisciplinar e intersetorial prevista na legislação.

Art. 7.º Caberá ao Ministério da Justiça:

I – disponibilizar sistema padronizado, informatizado e seguro que permita o intercâmbio de informações entre os integrantes do Sinesp, observado o disposto no § 2.º do art. 6.º;

II – auditar periodicamente a infraestrutura tecnológica e a segurança dos processos, redes e sistemas; e

III – estabelecer cronograma para adequação dos integrantes do Sinesp às normas e procedimentos de funcionamento do Sistema.

Parágrafo único. O integrante que fornecer dados e informações atualizados no Sinesp antes do término dos prazos do cronograma previsto no inciso III do *caput* e de acordo com os parâmetros estabelecidos pelo Conselho Gestor poderá ter preferência no recebimento dos recursos e na celebração de parcerias com a União relacionados com os programas, projetos ou ações de segurança pública e prisionais, na forma do regulamento.

Art. 8.º A União poderá apoiar os Estados e o Distrito Federal na implementação do Sinesp.

Parágrafo único. O apoio da União poderá se estender aos participantes de que trata o art. 4.º, quando estes não dispuserem de condições técnicas e operacionais necessárias à implementação do Sinesp.

....

Art. 12. O parágrafo único do art. 20 do Decreto-lei n. 3.689, de 3 de outubro de 1941 – Código de Processo Penal, passa a vigorar com a seguinte redação:

•• Alteração já processada no diploma modificado.

Art. 13. Revoga-se a alínea *d* do inciso II do *caput* do art. 3.º da Lei n. 10.201, de 14 de fevereiro de 2001.

• A Lei n. 10.201, de 14-2-2001, institui o Fundo Nacional de Segurança Pública e dá outras providências.

Art. 14. Esta Lei entra em vigor na data de sua publicação.

Brasília, 4 de julho de 2012; 191.º da Independência e 124.º da República.

DILMA ROUSSEFF

LEI N. 12.694, DE 24 DE JULHO DE 2012 (*)

Dispõe sobre o processo e o julgamento colegiado em primeiro grau de jurisdição de cri-

(*) Publicada no *DOU*, de 25-7-2012. *Vide* Lei n. 12.850, de 2-8-2013, que define sobre a organização criminosa e dispõe sobre a investigação criminal, os meios de obtenção de prova, as infrações penais correlatas e o procedimento criminal.

mes praticados por organizações criminosas; altera o Decreto-lei n. 2.848, de 7 de dezembro de 1940 – Código Penal, o Decreto-lei n. 3.689, de 3 de outubro de 1941 – Código de Processo Penal, e as Leis n. 9.503, de 23 de setembro de 1997 – Código de Trânsito Brasileiro, e 10.826, de 22 de dezembro de 2003; e dá outras providências.

A Presidenta da República

Faço saber que o Congresso Nacional decreta e eu sanciono a seguinte Lei:

Art. 1.º Em processos ou procedimentos que tenham por objeto crimes praticados por organizações criminosas, o juiz poderá decidir pela formação de colegiado para a prática de qualquer ato processual, especialmente:

I – decretação de prisão ou de medidas assecuratórias;

• Medidas assecuratórias: *vide* arts. 125 a 144-A do CPP.

II – concessão de liberdade provisória ou revogação de prisão;

• Liberdade provisória: *vide* arts. 321 e s. do CPP.

III – sentença;

IV – progressão ou regressão de regime de cumprimento de pena;

• *Vide* arts. 110 e s. da Lei n. 7.210, de 11-7-1984 (LEP).

V – concessão de liberdade condicional;

• Livramento condicional: *vide* arts. 131 e s. da Lei n. 7.210, de 11-7-1984 (LEP).

VI – transferência de preso para estabelecimento prisional de segurança máxima; e

VII – inclusão do preso no regime disciplinar diferenciado.

•• *Vide* art. 52 da Lei n. 7.210, de 11-7-1984 (LEP).

§ 1.º O juiz poderá instaurar o colegiado, indicando os motivos e as circunstâncias que acarretam risco à sua integridade física em decisão fundamentada, da qual será dado conhecimento ao órgão correicional.

§ 2.º O colegiado será formado pelo juiz do processo e por 2 (dois) outros juízes escolhidos por sorteio eletrônico dentre aqueles de competência criminal em exercício no primeiro grau de jurisdição.

§ 3.º A competência do colegiado limita-se ao ato para o qual foi convocado.

§ 4.º As reuniões poderão ser sigilosas sempre que houver risco de que a publicidade resulte em prejuízo à eficácia da decisão judicial.

§ 5.º A reunião do colegiado composto por juízes domiciliados em cidades diversas poderá ser feita pela via eletrônica.

§ 6.º As decisões do colegiado, devidamente fundamentadas e firmadas, sem exceção, por todos os seus integrantes, serão publicadas sem qualquer referência a voto divergente de qualquer membro.

§ 7.º Os tribunais, no âmbito de suas competências, expedirão normas regulamentando a composição do colegiado e os procedimentos a serem adotados para o seu funcionamento.

Art. 2.º Para os efeitos desta Lei, considera-se organização criminosa a associação, de 3 (três) ou mais pessoas, estruturalmente ordenada e caracterizada pela divisão de tarefas, ainda que informalmente, com objetivo de obter, direta ou indiretamente, vantagem de qualquer natureza, mediante a prática de crimes cuja pena máxima seja igual ou superior a 4 (quatro) anos ou que sejam de caráter transnacional.

Art. 3.º Os tribunais, no âmbito de suas competências, são autorizados a tomar medidas para reforçar a segurança dos prédios da Justiça, especialmente:

I – controle de acesso, com identificação, aos seus prédios, especialmente aqueles com varas criminais, ou às áreas dos prédios com varas criminais;

II – instalação de câmeras de vigilância nos seus prédios, especialmente nas varas criminais e áreas adjacentes;

III – instalação de aparelhos detectores de metais, aos quais se devem submeter todos que queiram ter acesso aos seus prédios, especialmente às varas criminais ou às respectivas salas de audiência, ainda que exerçam qualquer cargo ou função pública, ressalvados os integrantes de missão policial, a escolta de presos e os agentes ou inspetores de segurança próprios.

....

Art. 5.º O Decreto-Lei n. 3.689, de 3 de outubro de 1941 – Código de Processo Penal, passa a vigorar acrescido do seguinte art. 144-A:

•• Alteração já processada no diploma modificado.

....

Art. 7.º O art. 6.º da Lei n. 10.826, de 22 de dezembro de 2003, passa a vigorar acrescido do seguinte inciso XI:

•• Alteração já processada no diploma modificado.

Art. 8.º A Lei n. 10.826, de 22 de dezembro de 2003, passa a vigorar acrescida do seguinte art. 7º-A:

•• Alteração já processada no diploma modificado.

Art. 9.º Diante de situação de risco, decorrente do exercício da função, das autoridades judiciais ou membros do Ministério Público e de seus familiares, o fato será comunicado à polícia judiciária, que avaliará a necessidade, o alcance e os parâmetros da proteção pessoal.

§ 1.º A proteção pessoal será prestada de acordo com a avaliação realizada pela polícia judiciária e após a comunicação à autoridade judicial ou ao membro do Ministério Público, conforme o caso:

• A Resolução n. 116, de 6-10-2014, do CNMP, estabelece regras gerais para a proteção pessoal de membros do Ministério Público e de seus familiares diante de situação de risco decorrente do exercício da função.

I – pela própria polícia judiciária;

II – pelos órgãos de segurança institucional;

III – por outras forças policiais;

IV – de forma conjunta pelos citados nos incisos I, II e III.

§ 2.º Será prestada proteção pessoal imediata nos casos urgentes, sem prejuízo da adequação da medida, segundo a avaliação a que se referem o *caput* e o § 1.º deste artigo.

§ 3.º A prestação de proteção pessoal será comunicada ao Conselho Nacional de Justiça ou ao Conselho Nacional do Ministério Público, conforme o caso.

§ 4.º Verificado o descumprimento dos procedimentos de segurança definidos pela polícia judiciária, esta encaminhará relatório ao Conselho Nacional de Justiça – CNJ ou ao Conselho Nacional do Ministério Público – CNMP.

Art. 10. Esta Lei entra em vigor após decorridos 90 (noventa) dias de sua publicação oficial.

Brasília, 24 de julho de 2012; 191.º da Independência e 124.º da República.

DILMA ROUSSEFF

LEI N. 12.714, DE 14 DE SETEMBRO DE 2012 (*)

Dispõe sobre o sistema de acompanhamento da execução das penas, da prisão cautelar e da medida de segurança.

A Presidenta da República

Faço saber que o Congresso Nacional decreta e eu sanciono a seguinte Lei:

Art. 1.º Os dados e as informações da execução da pena, da prisão cautelar e da medida de segurança deverão ser mantidos e atualizados em sistema informatizado de acompanhamento da execução da pena.

§ 1.º Os sistemas informatizados de que trata o *caput* serão, preferencialmente, de tipo aberto.

§ 2.º Considera-se sistema ou programa aberto aquele cuja licença de uso não restrinja sob nenhum aspecto a sua cessão, distribuição, utilização ou modificação, assegurando ao usuário o acesso irrestrito e sem custos adicionais ao seu código fonte e documentação associada, permitindo a sua modificação parcial ou total, garantindo-se os direitos autorais do programador.

§ 3.º Os dados e as informações previstos no *caput* serão acompanhados pelo magistrado, pelo representante do Ministério Público e pelo defensor e estarão disponíveis à pessoa presa ou custodiada.

§ 4.º O sistema de que trata o *caput* deverá permitir o cadastramento do defensor, dos representantes dos conselhos penitenciários estaduais e do Distrito Federal e dos conselhos da comunidade para acesso aos dados e informações.

Art. 2.º O sistema previsto no art. 1.º deverá conter o registro dos seguintes dados e informações:

I – nome, filiação, data de nascimento e sexo;

II – data da prisão ou da internação;

III – comunicação da prisão à família e ao defensor;

IV – tipo penal e pena em abstrato;

V – tempo de condenação ou da medida aplicada;

VI – dias de trabalho ou estudo;

VII – dias remidos;

VIII – atestado de comportamento carcerário expedido pelo diretor do estabelecimento prisional;

IX – faltas graves;

X – exame de cessação de periculosidade, no caso de medida de segurança; e

XI – utilização de equipamento de monitoração eletrônica pelo condenado.

Art. 3.º O lançamento dos dados ou das informações de que trata o art. 2.º ficará sob a responsabilidade:

I – da autoridade policial, por ocasião da prisão, quanto ao disposto nos incisos I a IV do *caput* do art. 2.º;

II – do magistrado que proferir a decisão ou acórdão, quanto ao disposto nos incisos V, VII e XI do *caput* do art. 2.º;

III – do diretor do estabelecimento prisional, quanto ao disposto nos incisos VI, VIII e IX do *caput* do art. 2.º; e

IV – do diretor da unidade de internação, quanto ao disposto no inciso X do *caput* do art. 2.º.

Parágrafo único. Os dados e informações previstos no inciso II do *caput* do art. 2.º poderão, a qualquer momento, ser revistos pelo magistrado.

Art. 4.º O sistema referido no art. 1.º deverá conter ferramentas que:

I – informem as datas estipuladas para:

a) conclusão do inquérito;

b) oferecimento da denúncia;

c) obtenção da progressão de regime;

d) concessão do livramento condicional;

e) realização do exame de cessação de periculosidade; e

f) enquadramento nas hipóteses de indulto ou de comutação de pena;

II – calculem a remição da pena; e

III – identifiquem a existência de outros processos em que tenha sido determinada a prisão do réu ou acusado.

§ 1.º O sistema deverá ser programado para informar tempestiva e automaticamente, por aviso eletrônico, as datas mencionadas no inciso I do *caput*:

I – ao magistrado responsável pela investigação criminal, processo penal ou execução da pena ou cumprimento da medida de segurança;

II – ao Ministério Público; e

III – ao defensor.

§ 2.º Recebido o aviso previsto no § 1.º, o magistrado verificará o cumprimento das condições legalmente previstas para soltura ou concessão de ou-

(*) Publicada no *DOU*, de 17-9-2012.

tros benefícios à pessoa presa ou custodiada e dará vista ao Ministério Público.

Art. 5.º O Poder Executivo federal instituirá sistema nacional, visando à interoperabilidade das bases de dados e informações dos sistemas informatizados instituídos pelos Estados e pelo Distrito Federal.

- A Portaria n. 795, de 25-6-2015, dispõe sobre as diretrizes para desenvolvimento e implantação do Sistema de Informações do Departamento Penitenciário Nacional – Sisdepen, previsto neste artigo.

Parágrafo único. A União poderá apoiar os Estados e o Distrito Federal no desenvolvimento, implementação e adequação de sistemas próprios que permitam interoperabilidade com o sistema nacional de que trata o *caput*.

Art. 6.º Esta Lei entra em vigor após decorridos 365 (trezentos e sessenta e cinco) dias de sua publicação oficial.

Brasília, 14 de setembro de 2012; 191.º da Independência e 124.º da República.

Dilma Roussef

DECRETO N. 7.950, DE 12 DE MARÇO DE 2013 (*)

Institui o Banco Nacional de Perfis Genéticos e a Rede Integrada de Bancos de Perfis Genéticos.

A Presidenta da República, no uso das atribuições que lhe confere o art. 84, *caput*, incisos IV e VI, alínea *a*, da Constituição, e tendo em vista o disposto na Lei n. 12.654, de 28 de maio de 2012, decreta:

Art. 1.º Ficam instituídos, no âmbito do Ministério da Justiça, o Banco Nacional de Perfis Genéticos e a Rede Integrada de Bancos de Perfis Genéticos.

§ 1.º O Banco Nacional de Perfis Genéticos tem como objetivo armazenar dados de perfis genéticos coletados para subsidiar ações destinadas à apuração de crimes.

- *Vide* art. 5.º-A da Lei n. 12.037, de 1.º-10-2009.

§ 2.º A Rede Integrada de Bancos de Perfis Genéticos tem como objetivo permitir o compartilhamento e a comparação de perfis genéticos constantes dos bancos de perfis genéticos da União, dos Estados e do Distrito Federal.

§ 3.º A adesão dos Estados e do Distrito Federal à Rede Integrada ocorrerá por meio de acordo de cooperação técnica celebrado entre a unidade federada e o Ministério da Justiça.

§ 4.º O Banco Nacional de Perfis Genéticos será instituído na unidade de perícia oficial do Ministério da Justiça, e administrado por perito criminal federal habilitado e com experiência comprovada em genética, designado pelo Ministro de Estado da Justiça.

(*) Publicado no *DOU*, de 13-3-2013.

Art. 2.º A Rede Integrada de Bancos de Perfis Genéticos contará com um Comitê Gestor, com a finalidade de promover a coordenação das ações dos órgãos gerenciadores de banco de dados de perfis genéticos e a integração dos dados nos âmbitos da União, dos Estados e do Distrito Federal, que será composto por representantes titulares e suplentes, indicados da seguinte forma:

I – cinco representantes do Ministério da Justiça;

II – um representante da Secretaria de Direitos Humanos da Presidência da República; e

III – cinco representantes dos Estados ou do Distrito Federal, sendo um representante de cada região geográfica.

§ 1.º O Comitê Gestor será coordenado por membro indicado nos termos do inciso I do *caput*, que ocupará a função de administrador do Banco Nacional de Perfis Genéticos.

§ 2.º Os representantes referidos nos incisos II e III do *caput* e seus suplentes serão indicados pelo dirigente máximo de seus respectivos órgãos.

§ 3.º Serão indicados peritos criminais habilitados aprovados pelas unidades federadas das regiões signatárias do acordo de cooperação, para a representação a que se refere o inciso III do *caput*.

§ 4.º Na ausência de entendimento entre as unidades da região geográfica, será adotado o revezamento entre os Estados e o Distrito Federal, por ordem alfabética, na forma do regimento interno do Comitê Gestor.

§ 5.º Serão convidados para participar das reuniões, sem direito a voto, um representante de cada um dos seguintes órgãos:

I – do Ministério Público;

II – da Defensoria Pública;

III – da Ordem dos Advogados do Brasil; e

IV – da Comissão Nacional de Ética em Pesquisa.

§ 6.º Compete ao Ministro de Estado da Justiça designar os membros do Comitê Gestor.

§ 7.º As deliberações do Comitê Gestor serão adotadas por maioria absoluta, admitido o voto do coordenador somente com a finalidade de desempate.

§ 8.º O mandato dos membros do Comitê Gestor será de dois anos, permitida uma única recondução por igual período.

Art. 3.º O Comitê Gestor poderá convidar especialistas e representantes de outros órgãos e entidades, públicas e privadas, para acompanhar as reuniões ou participar de suas atividades.

Art. 4.º A participação no Comitê Gestor será considerada prestação de serviço público relevante, não remunerada.

Art. 5.º Compete ao Comitê Gestor:

I – promover a padronização de procedimentos e técnicas de coleta, de análise de material genético, e de inclusão, armazenamento e manutenção dos perfis genéticos nos bancos de dados que compõem a Rede Integrada de Perfis Genéticos;

II – definir medidas e padrões que assegurem o respeito aos direitos e garantias individuais nos procedimentos de coleta, de análise e de inclusão, armazenamento e manutenção dos perfis genéticos nos bancos de dados;

• Direitos e garantias individuais: *vide* art. 5.º da CF.

III – definir medidas de segurança para garantir a confiabilidade e o sigilo dos dados;

• *Vide* art. 9.º-A, § 1.º, da Lei n. 7.210, de 11-7-1984 (LEP).

IV – definir os requisitos técnicos para a realização das auditorias no Banco Nacional de Perfis Genéticos e na Rede Integrada de Banco de Perfis Genéticos; e;

V – elaborar seu regimento interno.

Art. 6.º Compete ao Ministério da Justiça adotar as providências necessárias:

I – à preservação do sigilo da identificação e dos dados de perfis genéticos administrados no seu âmbito; e

II – à inclusão, no convênio celebrado com as unidades federadas, de cláusulas que atendam ao disposto no inciso I do *caput*.

Art. 7.º O perfil genético do identificado criminalmente será excluído do banco de dados no término do prazo estabelecido em lei para prescrição do delito, ou em data anterior definida em decisão judicial.

Art. 8.º O Banco Nacional de Perfis Genéticos poderá ser utilizado para a identificação de pessoas desaparecidas.

Parágrafo único. A comparação de amostras e perfis genéticos doados voluntariamente por parentes consanguíneos de pessoas desaparecidas serão utilizadas exclusivamente para a identificação da pessoa desaparecida, sendo vedado seu uso para outras finalidades.

Art. 9.º Compete ao Ministério da Justiça auditar periodicamente o Banco Nacional de Perfis Genéticos e a Rede Integrada de Bancos de Perfis Genéticos para averiguar se suas atividades estão em conformidade com este Decreto, na forma disposta no acordo de cooperação técnica de que trata o § 3.º do art. 1.º, observados os requisitos técnicos previstos no inciso IV do *caput* do art. 5.º.

Parágrafo único. Participarão da auditoria especialistas vinculados a instituições científicas ou de ensino superior sem fins lucrativos.

Art. 10. O Ministério da Justiça exercerá a função de Secretaria-Executiva do Comitê Gestor.

Art. 11. Este Decreto entra em vigor na data de sua publicação.

Brasília, 12 de março de 2013; 192.º da Independência e 125.º da República.

DILMA ROUSSEFF

LEI N. 12.830, DE 20 DE JUNHO DE 2013 (*)

Dispõe sobre a investigação criminal conduzida pelo delegado de polícia.

A Presidenta da República

Faço saber que o Congresso Nacional decreta e eu sanciono a seguinte Lei:

Art. 1.º Esta Lei dispõe sobre a investigação criminal conduzida pelo delegado de polícia.

Art. 2.º As funções de polícia judiciária e a apuração de infrações penais exercidas pelo delegado de polícia são de natureza jurídica, essenciais e exclusivas de Estado.

§ 1.º Ao delegado de polícia, na qualidade de autoridade policial, cabe a condução da investigação criminal por meio de inquérito policial ou outro procedimento previsto em lei, que tem como objetivo a apuração das circunstâncias, da materialidade e da autoria das infrações penais.

•• *Vide* arts. 5.º, § 5.º, 6.º, *caput*, e 13, *caput*, do CPP.

§ 2.º Durante a investigação criminal, cabe ao delegado de polícia a requisição de perícia, informações, documentos e dados que interessem à apuração dos fatos.

§ 3.º (*Vetado*).

§ 4.º O inquérito policial ou outro procedimento previsto em lei em curso somente poderá ser avocado ou redistribuído por superior hierárquico, mediante despacho fundamentado, por motivo de interesse público ou nas hipóteses de inobservância dos procedimentos previstos em regulamento da corporação que prejudique a eficácia da investigação.

§ 5.º A remoção do delegado de polícia dar-se-á somente por ato fundamentado.

§ 6.º O indiciamento, privativo do delegado de polícia, dar-se-á por ato fundamentado, mediante análise técnico-jurídica do fato, que deverá indicar a autoria, materialidade e suas circunstâncias.

Art. 3.º O cargo de delegado de polícia é privativo de bacharel em Direito, devendo-lhe ser dispensado o mesmo tratamento protocolar que recebem os magistrados, os membros da Defensoria Pública e do Ministério Público e os advogados.

Art. 4.º Esta Lei entra em vigor na data de sua publicação.

Brasília, 20 de junho de 2013; 192.º da Independência e 125.º da República.

DILMA ROUSSEFF

(*) Publicada no *DOU*, de 21-6-2013.

LEI N. 12.850, DE 2 DE AGOSTO DE 2013 (*)

Define organização criminosa e dispõe sobre a investigação criminal, os meios de obtenção da prova, infrações penais correlatas e o procedimento criminal; altera o Decreto-lei n. 2.848, de 7 de dezembro de 1940 (Código Penal); revoga a Lei n. 9.034, de 3 de maio de 1995; e dá outras providências.

A Presidenta da República

Faço saber que o Congresso Nacional decreta e eu sanciono a seguinte Lei:

Capítulo I
DA ORGANIZAÇÃO CRIMINOSA

• *Vide* Lei n. 12.694, de 24-7-2012, que dispõe sobre o processo e o julgamento colegiado em primeiro grau de jurisdição de crimes praticados por organizações criminosas.

Art. 1.º Esta Lei define organização criminosa e dispõe sobre a investigação criminal, os meios de obtenção da prova, infrações penais correlatas e o procedimento criminal a ser aplicado.

• O art. 2.º da Convenção das Nações Unidas contra o Crime Organizado Transnacional (Protocolo de Palermo), promulgada pelo Decreto n. 5.015, de 12-3-2004, define grupo criminoso organizado como o "grupo estruturado de três ou mais pessoas, existente há algum tempo e atuando concertadamente com o propósito de cometer uma ou mais infrações graves ou enunciadas na presente Convenção, com a intenção de obter, direta ou indiretamente, um benefício econômico ou outro benefício material".

§ 1.º Considera-se organização criminosa a associação de 4 (quatro) ou mais pessoas estruturalmente ordenada e caracterizada pela divisão de tarefas, ainda que informalmente, com objetivo de obter, direta ou indiretamente, vantagem de qualquer natureza, mediante a prática de infrações penais cujas penas máximas sejam superiores a 4 (quatro) anos, ou que sejam de caráter transnacional.

§ 2.º Esta Lei se aplica também:

I – às infrações penais previstas em tratado ou convenção internacional quando, iniciada a execução no País, o resultado tenha ou devesse ter ocorrido no estrangeiro, ou reciprocamente;

II – às organizações terroristas, entendidas como aquelas voltadas para a prática dos atos de terrorismo legalmente definidos.

•• Inciso II com redação determinada pela Lei n. 13.260, de 16-3-2016.

•• *Vide* Lei n. 13.260, de 16-3-2016, que dispõe sobre o conceito de organização terrorista.

Art. 2.º Promover, constituir, financiar ou integrar, pessoalmente ou por interposta pessoa, organização criminosa:

Pena – reclusão, de 3 (três) a 8 (oito) anos, e multa, sem prejuízo das penas correspondentes às demais infrações penais praticadas.

§ 1.º Nas mesmas penas incorre quem impede ou, de qualquer forma, embaraça a investigação de infração penal que envolva organização criminosa.

§ 2.º As penas aumentam-se até a metade se na atuação da organização criminosa houver emprego de arma de fogo.

§ 3.º A pena é agravada para quem exerce o comando, individual ou coletivo, da organização criminosa, ainda que não pratique pessoalmente atos de execução.

§ 4.º A pena é aumentada de 1/6 (um sexto) a 2/3 (dois terços):

I – se há participação de criança ou adolescente;

II – se há concurso de funcionário público, valendo-se a organização criminosa dessa condição para a prática de infração penal;

III – se o produto ou proveito da infração penal destinar-se, no todo ou em parte, ao exterior;

IV – se a organização criminosa mantém conexão com outras organizações criminosas independentes;

V – se as circunstâncias do fato evidenciarem a transnacionalidade da organização.

§ 5.º Se houver indícios suficientes de que o funcionário público integra organização criminosa, poderá o juiz determinar seu afastamento cautelar do cargo, emprego ou função, sem prejuízo da remuneração, quando a medida se fizer necessária à investigação ou instrução processual.

§ 6.º A condenação com trânsito em julgado acarretará ao funcionário público a perda do cargo, função, emprego ou mandato eletivo e a interdição para o exercício de função ou cargo público pelo prazo de 8 (oito) anos subsequentes ao cumprimento da pena.

§ 7.º Se houver indícios de participação de policial nos crimes de que trata esta Lei, a Corregedoria de Polícia instaurará inquérito policial e comunicará ao Ministério Público, que designará membro para acompanhar o feito até a sua conclusão.

Capítulo II
DA INVESTIGAÇÃO E DOS MEIOS DE OBTENÇÃO DA PROVA

Art. 3.º Em qualquer fase da persecução penal, serão permitidos, sem prejuízo de outros já previstos em lei, os seguintes meios de obtenção da prova:

• Provas: *vide* arts. 155 e s. do CPP.

I – colaboração premiada;

• *Vide* art. 14 da Lei n. 9.807, de 13-7-1999.

(*) Publicada no *DOU*, de 5-8-2013. O Decreto n. 5.015, de 12-3-2004, promulga a Convenção das Nações Unidas contra o Crime Organizado Transnacional. Os Decretos n. 5.016 e 5.017, de 12-3-2004, promulgam, respectivamente, os Protocolos Adicionais à Convenção das Nações Unidas contra o Crime de Tráfico de Migrantes por Via Terrestre, Marítima e Aérea, e à Prevenção, Repressão e Punição do Tráfico de Pessoas, em especial mulheres e crianças.

II – captação ambiental de sinais eletromagnéticos, ópticos ou acústicos;

III – ação controlada;

IV – acesso a registros de ligações telefônicas e telemáticas, a dados cadastrais constantes de bancos de dados públicos ou privados e a informações eleitorais ou comerciais;

V – interceptação de comunicações telefônicas e telemáticas, nos termos da legislação específica;

• *Vide* arts. 5.º, XII e LVI, 136, § 1.º, I, *b* e *c*, e 139, III, da CF.

• *Vide* Lei n. 9.296, de 24-7-1996.

VI – afastamento dos sigilos financeiro, bancário e fiscal, nos termos da legislação específica;

• *Vide* art. 1.º, IX, da LC n. 105, de 10-1-2001.

VII – infiltração, por policiais, em atividade de investigação, na forma do art. 11;

VIII – cooperação entre instituições e órgãos federais, distritais, estaduais e municipais na busca de provas e informações de interesse da investigação ou da instrução criminal.

§ 1.º Havendo necessidade justificada de manter sigilo sobre a capacidade investigatória, poderá ser dispensada licitação para contratação de serviços técnicos especializados, aquisição ou locação de equipamentos destinados à polícia judiciária para o rastreamento e obtenção de provas previstas nos incisos II e V.

•• § 1.º acrescentado pela Lei n. 13.097, de 19-1-2015.

§ 2.º No caso do § 1.º, fica dispensada a publicação de que trata o parágrafo único do art. 61 da Lei n. 8.666, de 21 de junho de 1993, devendo ser comunicado o órgão de controle interno da realização da contratação.

•• § 2.º acrescentado pela Lei n. 13.097, de 19-1-2015.

Seção I
Da Colaboração Premiada

• *Vide* art. 8.º, parágrafo único, da Lei n. 8.072, de 25-7-1990.

• *Vide* art. 14 da Lei n. 9.807, de 13-7-1999.

• *Vide* art. 49 da Lei n. 11.343, de 23-8-2006.

Art. 4.º O juiz poderá, a requerimento das partes, conceder o perdão judicial, reduzir em até 2/3 (dois terços) a pena privativa de liberdade ou substituí-la por restritiva de direitos daquele que tenha colaborado efetiva e voluntariamente com a investigação e com o processo criminal, desde que dessa colaboração advenha um ou mais dos seguintes resultados:

I – a identificação dos demais coautores e partícipes da organização criminosa e das infrações penais por eles praticadas;

II – a revelação da estrutura hierárquica e da divisão de tarefas da organização criminosa;

III – a prevenção de infrações penais decorrentes das atividades da organização criminosa;

IV – a recuperação total ou parcial do produto ou do proveito das infrações penais praticadas pela organização criminosa;

V – a localização de eventual vítima com a sua integridade física preservada.

§ 1.º Em qualquer caso, a concessão do benefício levará em conta a personalidade do colaborador, a natureza, as circunstâncias, a gravidade e a repercussão social do fato criminoso e a eficácia da colaboração.

§ 2.º Considerando a relevância da colaboração prestada, o Ministério Público, a qualquer tempo, e o delegado de polícia, nos autos do inquérito policial, com a manifestação do Ministério Público, poderão requerer ou representar ao juiz pela concessão de perdão judicial ao colaborador, ainda que esse benefício não tenha sido previsto na proposta inicial, aplicando-se, no que couber, o art. 28 do Decreto-lei n. 3.689, de 3 de outubro de 1941 (Código de Processo Penal).

§ 3.º O prazo para oferecimento de denúncia ou o processo, relativos ao colaborador, poderá ser suspenso por até 6 (seis) meses, prorrogáveis por igual período, até que sejam cumpridas as medidas de colaboração, suspendendo-se o respectivo prazo prescricional.

§ 4.º Nas mesmas hipóteses do *caput*, o Ministério Público poderá deixar de oferecer denúncia se o colaborador:

I – não for o líder da organização criminosa;

II – for o primeiro a prestar efetiva colaboração nos termos deste artigo.

§ 5.º Se a colaboração for posterior à sentença, a pena poderá ser reduzida até a metade ou será admitida a progressão de regime ainda que ausentes os requisitos objetivos.

§ 6.º O juiz não participará das negociações realizadas entre as partes para a formalização do acordo de colaboração, que ocorrerá entre o delegado de polícia, o investigado e o defensor, com a manifestação do Ministério Público, ou, conforme o caso, entre o Ministério Público e o investigado ou acusado e seu defensor.

§ 7.º Realizado o acordo na forma do § 6.º, o respectivo termo, acompanhado das declarações do colaborador e de cópia da investigação, será remetido ao juiz para homologação, o qual deverá verificar sua regularidade, legalidade e voluntariedade, podendo para este fim, sigilosamente, ouvir o colaborador, na presença de seu defensor.

§ 8.º O juiz poderá recusar homologação à proposta que não atender aos requisitos legais, ou adequá-la ao caso concreto.

§ 9.º Depois de homologado o acordo, o colaborador poderá, sempre acompanhado pelo seu defensor, ser ouvido pelo membro do Ministério Público ou pelo delegado de polícia responsável pelas investigações.

§ 10. As partes podem retratar-se da proposta, caso em que as provas autoincriminatórias produzidas pelo colaborador não poderão ser utilizadas exclusivamente em seu desfavor.

§ 11. A sentença apreciará os termos do acordo homologado e sua eficácia.

§ 12. Ainda que beneficiado por perdão judicial ou não denunciado, o colaborador poderá ser ouvido em juízo a requerimento das partes ou por iniciativa da autoridade judicial.

§ 13. Sempre que possível, o registro dos atos de colaboração será feito pelos meios ou recursos de gravação magnética, estenotipia, digital ou técnica similar, inclusive audiovisual, destinados a obter maior fidelidade das informações.

§ 14. Nos depoimentos que prestar, o colaborador renunciará, na presença de seu defensor, ao direito ao silêncio e estará sujeito ao compromisso legal de dizer a verdade.

§ 15. Em todos os atos de negociação, confirmação e execução da colaboração, o colaborador deverá estar assistido por defensor.

§ 16. Nenhuma sentença condenatória será proferida com fundamento apenas nas declarações de agente colaborador.

Art. 5.° São direitos do colaborador:

I – usufruir das medidas de proteção previstas na legislação específica;

II – ter nome, qualificação, imagem e demais informações pessoais preservados;

III – ser conduzido, em juízo, separadamente dos demais coautores e partícipes;

IV – participar das audiências sem contato visual com os outros acusados;

V – não ter sua identidade revelada pelos meios de comunicação, nem ser fotografado ou filmado, sem sua prévia autorização por escrito;

VI – cumprir pena em estabelecimento penal diverso dos demais corréus ou condenados.

Art. 6.° O termo de acordo da colaboração premiada deverá ser feito por escrito e conter:

I – o relato da colaboração e seus possíveis resultados;

II – as condições da proposta do Ministério Público ou do delegado de polícia;

III – a declaração de aceitação do colaborador e de seu defensor;

IV – as assinaturas do representante do Ministério Público ou do delegado de polícia, do colaborador e de seu defensor;

V – a especificação das medidas de proteção ao colaborador e à sua família, quando necessário.

Art. 7.° O pedido de homologação do acordo será sigilosamente distribuído, contendo apenas informações que não possam identificar o colaborador e o seu objeto.

§ 1.° As informações pormenorizadas da colaboração serão dirigidas diretamente ao juiz a que recair a distribuição, que decidirá no prazo de 48 (quarenta e oito) horas.

§ 2.° O acesso aos autos será restrito ao juiz, ao Ministério Público e ao delegado de polícia, como forma de garantir o êxito das investigações, assegurando-se ao defensor, no interesse do representado, amplo acesso aos elementos de prova que digam respeito ao exercício do direito de defesa, devidamente precedido de autorização judicial, ressalvados os referentes às diligências em andamento.

§ 3.° O acordo de colaboração premiada deixa de ser sigiloso assim que recebida a denúncia, observado o disposto no art. 5.°.

Seção II
Da Ação Controlada

Art. 8.° Consiste a ação controlada em retardar a intervenção policial ou administrativa relativa à ação praticada por organização criminosa ou a ela vinculada, desde que mantida sob observação e acompanhamento para que a medida legal se concretize no momento mais eficaz à formação de provas e obtenção de informações.

§ 1.° O retardamento da intervenção policial ou administrativa será previamente comunicado ao juiz competente que, se for o caso, estabelecerá os seus limites e comunicará ao Ministério Público.

§ 2.° A comunicação será sigilosamente distribuída de forma a não conter informações que possam indicar a operação a ser efetuada.

§ 3.° Até o encerramento da diligência, o acesso aos autos será restrito ao juiz, ao Ministério Público e ao delegado de polícia, como forma de garantir o êxito das investigações.

§ 4.° Ao término da diligência, elaborar-se-á auto circunstanciado acerca da ação controlada.

Art. 9.° Se a ação controlada envolver transposição de fronteiras, o retardamento da intervenção policial ou administrativa somente poderá ocorrer com a cooperação das autoridades dos países que figurem como provável itinerário ou destino do investigado, de modo a reduzir os riscos de fuga e extravio do produto, objeto, instrumento ou proveito do crime.

Seção III
Da Infiltração de Agentes

Art. 10. A infiltração de agentes de polícia em tarefas de investigação, representada pelo delegado de polícia ou requerida pelo Ministério Público, após manifestação técnica do delegado de polícia quando solicitada no curso de inquérito policial, será precedida de circunstanciada, motivada e sigilosa autorização judicial, que estabelecerá seus limites.

§ 1.° Na hipótese de representação do delegado de polícia, o juiz competente, antes de decidir, ouvirá o Ministério Público.

§ 2.° Será admitida a infiltração se houver indícios de infração penal de que trata o art. 1.° e se a prova não puder ser produzida por outros meios disponíveis.

§ 3.º A infiltração será autorizada pelo prazo de até 6 (seis) meses, sem prejuízo de eventuais renovações, desde que comprovada sua necessidade.

§ 4.º Findo o prazo previsto no § 3.º, o relatório circunstanciado será apresentado ao juiz competente, que imediatamente cientificará o Ministério Público.

§ 5.º No curso do inquérito policial, o delegado de polícia poderá determinar aos seus agentes, e o Ministério Público poderá requisitar, a qualquer tempo, relatório da atividade de infiltração.

Art. 11. O requerimento do Ministério Público ou a representação do delegado de polícia para a infiltração de agentes conterão a demonstração da necessidade da medida, o alcance das tarefas dos agentes e, quando possível, os nomes ou apelidos das pessoas investigadas e o local da infiltração.

Art. 12. O pedido de infiltração será sigilosamente distribuído, de forma a não conter informações que possam indicar a operação a ser efetivada ou identificar o agente que será infiltrado.

§ 1.º As informações quanto à necessidade da operação de infiltração serão dirigidas diretamente ao juiz competente, que decidirá no prazo de 24 (vinte e quatro) horas, após manifestação do Ministério Público na hipótese de representação do delegado de polícia, devendo-se adotar as medidas necessárias para o êxito das investigações e a segurança do agente infiltrado.

§ 2.º Os autos contendo as informações da operação de infiltração acompanharão a denúncia do Ministério Público, quando serão disponibilizados à defesa, assegurando-se a preservação da identidade do agente.

§ 3.º Havendo indícios seguros de que o agente infiltrado sofre risco iminente, a operação será sustada mediante requisição do Ministério Público ou pelo delegado de polícia, dando-se imediata ciência ao Ministério Público e à autoridade judicial.

Art. 13. O agente que não guardar, em sua atuação, a devida proporcionalidade com a finalidade da investigação, responderá pelos excessos praticados.

Parágrafo único. Não é punível, no âmbito da infiltração, a prática de crime pelo agente infiltrado no curso da investigação, quando inexigível conduta diversa.

Art. 14. São direitos do agente:

I – recusar ou fazer cessar a atuação infiltrada;

II – ter sua identidade alterada, aplicando-se, no que couber, o disposto no art. 9.º da Lei n. 9.807, de 13 de julho de 1999, bem como usufruir das medidas de proteção a testemunhas;

III – ter seu nome, sua qualificação, sua imagem, sua voz e demais informações pessoais preservadas durante a investigação e o processo criminal, salvo se houver decisão judicial em contrário;

IV – não ter sua identidade revelada, nem ser fotografado ou filmado pelos meios de comunicação, sem sua prévia autorização por escrito.

Seção IV
Do Acesso a Registros, Dados Cadastrais, Documentos e Informações

• *Vide* arts. 5.º, XII, 136, § 1.º, I, *b* e *c*, e 139, III, da CF.

Art. 15. O delegado de polícia e o Ministério Público terão acesso, independentemente de autorização judicial, apenas aos dados cadastrais do investigado que informem exclusivamente a qualificação pessoal, a filiação e o endereço mantidos pela Justiça Eleitoral, empresas telefônicas, instituições financeiras, provedores de internet e administradoras de cartão de crédito.

Art. 16. As empresas de transporte possibilitarão, pelo prazo de 5 (cinco) anos, acesso direto e permanente do juiz, do Ministério Público ou do delegado de polícia aos bancos de dados de reservas e registro de viagens.

Art. 17. As concessionárias de telefonia fixa ou móvel manterão, pelo prazo de 5 (cinco) anos, à disposição das autoridades mencionadas no art. 15, registros de identificação dos números dos terminais de origem e de destino das ligações telefônicas internacionais, interurbanas e locais.

Seção V
Dos Crimes Ocorridos na Investigação e na Obtenção da Prova

Art. 18. Revelar a identidade, fotografar ou filmar o colaborador, sem sua prévia autorização por escrito:

Pena – reclusão, de 1 (um) a 3 (três) anos, e multa.

Art. 19. Imputar falsamente, sob pretexto de colaboração com a Justiça, a prática de infração penal a pessoa que sabe ser inocente, ou revelar informações sobre a estrutura de organização criminosa que sabe inverídicas:

Pena – reclusão, de 1 (um) a 4 (quatro) anos, e multa.

Art. 20. Descumprir determinação de sigilo das investigações que envolvam a ação controlada e a infiltração de agentes:

Pena – reclusão, de 1 (um) a 4 (quatro) anos, e multa.

Art. 21. Recusar ou omitir dados cadastrais, registros, documentos e informações requisitadas pelo juiz, Ministério Público ou delegado de polícia, no curso de investigação ou do processo:

Pena – reclusão, de 6 (seis) meses a 2 (dois) anos, e multa.

Parágrafo único. Na mesma pena incorre quem, de forma indevida, se apossa, propala, divulga ou faz uso dos dados cadastrais de que trata esta Lei.

Capítulo III
DISPOSIÇÕES FINAIS

Art. 22. Os crimes previstos nesta Lei e as infrações penais conexas serão apurados mediante procedimento ordinário previsto no Decreto-lei n. 3.689, de 3 de outubro de 1941 (Código de Processo Penal), observado o disposto no parágrafo único deste artigo.

Parágrafo único. A instrução criminal deverá ser encerrada em prazo razoável, o qual não poderá exceder a 120 (cento e vinte) dias quando o réu estiver preso, prorrogáveis em até igual período, por decisão fundamentada, devidamente motivada pela complexidade da causa ou por fato procrastinatório atribuível ao réu.

Art. 23. O sigilo da investigação poderá ser decretado pela autoridade judicial competente, para garantia da celeridade e da eficácia das diligências investigatórias, assegurando-se ao defensor, no interesse do representado, amplo acesso aos elementos de prova que digam respeito ao exercício do direito de defesa, devidamente precedido de autorização judicial, ressalvados os referentes às diligências em andamento.

• *Vide* art. 5.º, XXXIII, da CF, regulamentado pela Lei n. 12.527, de 18-11-2011.

Parágrafo único. Determinado o depoimento do investigado, seu defensor terá assegurada a prévia vista dos autos, ainda que classificados como sigilosos, no prazo mínimo de 3 (três) dias que antecedem ao ato, podendo ser ampliado, a critério da autoridade responsável pela investigação.

• *Vide* art. 7.º, XV, do EAOAB.

....

Art. 26. Revoga-se a Lei n. 9.034, de 3 de maio de 1995.

Art. 27. Esta Lei entra em vigor após decorridos 45 (quarenta e cinco) dias de sua publicação oficial.

Brasília, 2 de agosto de 2013; 192.º da Independência e 125.º da República.

DILMA ROUSSEFF

LEI N. 13.170, DE 16 DE OUTUBRO DE 2015 (*)

Disciplina a ação de indisponibilidade de bens, direitos ou valores em decorrência de resolução do Conselho de Segurança das Nações Unidas – CSNU.

A Presidenta da República

Faço saber que o Congresso Nacional decreta e eu sanciono a seguinte Lei:

CAPÍTULO I
DISPOSIÇÕES GERAIS

Art. 1.º Esta Lei dispõe sobre a ação de indisponibilidade de bens, valores e direitos de posse ou propriedade e de todos os demais direitos, reais ou pessoais, de titularidade, direta ou indireta, das pessoas físicas ou jurídicas submetidas a esse tipo de sanção por resoluções do Conselho de Segurança das Nações Unidas – CSNU.

§ 1.º A ação de que trata esta Lei decorre do ato que incorporar ao ordenamento jurídico nacional a resolução do CSNU.

§ 2.º A declaração de indisponibilidade de bens, valores e direitos implicará a nulidade de quaisquer atos de disposição, ressalvados os direitos de terceiro de boa-fé.

§ 3.º Os recursos declarados indisponíveis poderão ser parcialmente liberados para o pagamento de despesas pessoais necessárias à subsistência do interessado e de sua família, para a garantia dos direitos individuais assegurados pela Constituição Federal ou para o cumprimento de disposições previstas em resoluções do CSNU.

§ 4.º As disposições desta Lei poderão ser usadas para atender a demandas de cooperação jurídica internacional advindas de outras jurisdições, em conformidade com a legislação nacional vigente.

Art. 2.º Os órgãos e as entidades fiscalizadores ou reguladores adotarão imediatamente as providências necessárias ao cumprimento das ordens judiciais relativas à indisponibilidade de bens, valores e direitos de que trata esta Lei perante as instituições e pessoas físicas sujeitas à sua regulação e à sua supervisão.

§ 1.º Para efeito do disposto neste artigo, consideram-se instituições sujeitas à regulação e à supervisão as instituições a que se refere o art. 9.º da Lei n. 9.613, de 3 de março de 1998.

§ 2.º As medidas previstas neste artigo também deverão ser adotadas, no que couber, pelas Corregedorias de Justiça dos Estados e do Distrito Federal, pela Agência Nacional de Aviação Civil – ANAC, pelo Departamento Nacional de Trânsito – DENATRAN, pelas Capitanias dos Portos, pela Agência Nacional de Telecomunicações – ANATEL e por outros órgãos de registro público competentes.

§ 3.º Os órgãos e as entidades fiscalizadores ou reguladores a que se refere o *caput* poderão, no âmbito das suas competências, editar as normas necessárias ao cumprimento das disposições desta Lei.

Art. 3.º O Ministério da Justiça comunicará ao Ministério das Relações Exteriores as providências adotadas no território nacional para cumprimento das sanções impostas por resoluções do CSNU.

Parágrafo único. O Ministério das Relações Exteriores comunicará ao CSNU as providências adotadas para o cumprimento das sanções a que se refere o *caput*.

CAPÍTULO II
DO PROCEDIMENTO E DA ADMINISTRAÇÃO DO BLOQUEIO

(*) Publicada no *DOU* de 19-10-2015.

Art. 4.º Incorporada a resolução do CSNU, o Ministério da Justiça comunicará à Advocacia-Geral da União que proporá, no prazo de vinte e quatro horas, ação de indisponibilidade de bens, valores e direitos.

Parágrafo único. Proposta a ação, que tramitará sob segredo de justiça, a Advocacia-Geral da União comunicará ao Ministério da Justiça.

Art. 5.º Recebida a petição inicial, o juiz decidirá a tutela provisória no prazo de vinte e quatro horas.

§ 1.º Executadas as medidas, o juiz determinará a intimação do interessado para, em dez dias, apresentar razões de fato e de direito que possam levar ao convencimento de que o bloqueio foi efetivado irregularmente.

§ 2.º O juiz comunicará imediatamente a todas as entidades previstas no art. 2.º, sem prejuízo de outras indicadas pelo autor, para que procedam ao imediato bloqueio dos bens, valores e direitos por elas identificados.

§ 3.º Efetivado o bloqueio, as instituições e pessoas físicas responsáveis deverão comunicar o fato, de imediato, ao órgão ou entidade fiscalizador ou regulador da sua atividade, ao juiz que determinou a medida, à Advocacia-Geral da União e ao Ministério da Justiça.

Art. 6.º Será procedida a alienação antecipada dos bens declarados indisponíveis para preservação do seu valor sempre que estes estiverem sujeitos a qualquer grau de deterioração ou depreciação ou quando houver dificuldade para sua manutenção.

§ 1.º O interessado será intimado da avaliação dos bens para, querendo, manifestar-se no prazo de dez dias.

§ 2.º Feita a avaliação e dirimidas eventuais divergências sobre o valor atribuído aos bens, será determinada a sua alienação em leilão ou pregão, preferencialmente eletrônico, por valor não inferior a 75% (setenta e cinco por cento) do valor atribuído pela avaliação.

§ 3.º Realizado o leilão ou pregão, a quantia apurada será depositada em conta bancária remunerada.

§ 4.º Serão deduzidos da quantia apurada no leilão ou pregão os tributos e multas incidentes sobre o bem alienado.

Art. 7.º Será designada pessoa qualificada para a administração, guarda ou custódia dos bens, valores e direitos bloqueados, quando necessário.

§ 1.º Aplicam-se à pessoa designada, no que couber, as disposições legais relativas ao administrador judicial.

§ 2.º Tratando-se de ativos financeiros, a sua administração caberá às instituições em que se encontrem, incidindo o bloqueio também dos juros e quaisquer outros frutos civis e rendimentos decorrentes do contrato.

Art. 8.º Será decretado o perdimento definitivo dos bens, valores e direitos em virtude de decisão condenatória transitada em julgado, em processo nacional ou estrangeiro.

Parágrafo único. A decisão transitada em julgado em processo estrangeiro que decretar o perdimento definitivo de bens ficará sujeita à homologação pelo Superior Tribunal de Justiça, nos termos da alínea *i* do inciso I do art. 105 da Constituição Federal.

Art. 9.º Em caso de expiração ou revogação da sanção pelo CSNU, a União solicitará imediatamente ao juiz o levantamento dos bens, valores ou direitos.

§ 1.º Para efeitos do disposto neste artigo, considera-se também como revogação da sanção a comunicação oficial emitida pelo Ministério das Relações Exteriores de que o nome de pessoa física ou jurídica foi excluído das resoluções do CSNU.

§ 2.º A efetivação do desbloqueio dos bens, valores ou direitos será comunicada imediatamente à autoridade judicial competente pelas instituições e pessoas físicas responsáveis.

CAPÍTULO III
DAS DESIGNAÇÕES NACIONAIS

Art. 10. O juiz providenciará a imediata intimação da União quanto ao cumprimento do disposto nos arts. 5.º, 7.º, 8.º e 9.º desta Lei, bem como de sentenças condenatórias relacionadas à prática de atos terroristas.

Parágrafo único. O Ministério da Justiça transmitirá o rol das informações de que trata o *caput* ao Ministério das Relações Exteriores, para que sejam encaminhadas ao CSNU, quando necessário.

CAPÍTULO IV
DISPOSIÇÕES FINAIS

Art. 11. Aplicam-se ao disposto nesta Lei, subsidiariamente, as normas do Código de Processo Civil.

Art. 12. Esta Lei entra em vigor após decorridos noventa dias de sua publicação oficial.

Brasília, 16 de outubro de 2015; 194.º da Independência e 127.º da República.

DILMA ROUSSEFF

LEI N. 13.188, DE 11 DE NOVEMBRO DE 2015 (*)

Dispõe sobre o direito de resposta ou retificação do ofendido em matéria divulgada, publicada ou transmitida por veículo de comunicação social.

A Presidenta da República

Faço saber que o Congresso Nacional decreta e eu sanciono a seguinte Lei:

Art. 1.º Esta Lei disciplina o exercício do direito de resposta ou retificação do ofendido em matéria

(*) Publicada no *DOU*, de 12-11-2015.

divulgada, publicada ou transmitida por veículo de comunicação social.

•• *Vide* art. 5.º, V, IX e X, da CF.

Art. 2.º Ao ofendido em matéria divulgada, publicada ou transmitida por veículo de comunicação social é assegurado o direito de resposta ou retificação, gratuito e proporcional ao agravo.

•• *Vide* art. 5.º, V, IX e X, da CF.

§ 1.º Para os efeitos desta Lei, considera-se matéria qualquer reportagem, nota ou notícia divulgada por veículo de comunicação social, independentemente do meio ou da plataforma de distribuição, publicação ou transmissão que utilize, cujo conteúdo atente, ainda que por equívoco de informação, contra a honra, a intimidade, a reputação, o conceito, o nome, a marca ou a imagem de pessoa física ou jurídica identificada ou passível de identificação.

§ 2.º São excluídos da definição de matéria estabelecida no § 1.º deste artigo os comentários realizados por usuários da internet nas páginas eletrônicas dos veículos de comunicação social.

§ 3.º A retratação ou retificação espontânea, ainda que a elas sejam conferidos os mesmos destaque, publicidade, periodicidade e dimensão do agravo, não impedem o exercício do direito de resposta pelo ofendido nem prejudicam a ação de reparação por dano moral.

Art. 3.º O direito de resposta ou retificação deve ser exercido no prazo decadencial de 60 (sessenta) dias, contado da data de cada divulgação, publicação ou transmissão da matéria ofensiva, mediante correspondência com aviso de recebimento encaminhada diretamente ao veículo de comunicação social ou, inexistindo pessoa jurídica constituída, a quem por ele responda, independentemente de quem seja o responsável intelectual pelo agravo.

§ 1.º O direito de resposta ou retificação poderá ser exercido, de forma individualizada, em face de todos os veículos de comunicação social que tenham divulgado, publicado, republicado, transmitido ou retransmitido o agravo original.

§ 2.º O direito de resposta ou retificação poderá ser exercido, também, conforme o caso:

I – pelo representante legal do ofendido incapaz ou da pessoa jurídica;

II – pelo cônjuge, descendente, ascendente ou irmão do ofendido que esteja ausente do País ou tenha falecido depois do agravo, mas antes de decorrido o prazo de decadência do direito de resposta ou retificação.

§ 3.º No caso de divulgação, publicação ou transmissão continuada e ininterrupta da mesma matéria ofensiva, o prazo será contado da data em que se iniciou o agravo.

Art. 4.º A resposta ou retificação atenderá, quanto à forma e à duração, ao seguinte:

I – praticado o agravo em mídia escrita ou na internet, terá a resposta ou retificação o destaque, a publicidade, a periodicidade e a dimensão da matéria que a ensejou;

II – praticado o agravo em mídia televisiva, terá a resposta ou retificação o destaque, a publicidade, a periodicidade e a duração da matéria que a ensejou;

III – praticado o agravo em mídia radiofônica, terá a resposta ou retificação o destaque, a publicidade, a periodicidade e a duração da matéria que a ensejou.

§ 1.º Se o agravo tiver sido divulgado, publicado, republicado, transmitido ou retransmitido em mídia escrita ou em cadeia de rádio ou televisão para mais de um Município ou Estado, será conferido proporcional alcance à divulgação da resposta ou retificação.

§ 2.º O ofendido poderá requerer que a resposta ou retificação seja divulgada, publicada ou transmitida nos mesmos espaço, dia da semana e horário do agravo.

§ 3.º A resposta ou retificação cuja divulgação, publicação ou transmissão não obedeça ao disposto nesta Lei é considerada inexistente.

§ 4.º Na delimitação do agravo, deverá ser considerado o contexto da informação ou matéria que gerou a ofensa.

Art. 5.º Se o veículo de comunicação social ou quem por ele responda não divulgar, publicar ou transmitir a resposta ou retificação no prazo de 7 (sete) dias, contado do recebimento do respectivo pedido, na forma do art. 3.º, restará caracterizado o interesse jurídico para a propositura de ação judicial.

§ 1.º É competente para conhecer do feito o juízo do domicílio do ofendido ou, se este assim o preferir, aquele do lugar onde o agravo tenha apresentado maior repercussão.

§ 2.º A ação de rito especial de que trata esta Lei será instruída com as provas do agravo e do pedido de resposta ou retificação não atendido, bem como com o texto da resposta ou retificação a ser divulgado, publicado ou transmitido, sob pena de inépcia da inicial, e processada no prazo máximo de 30 (trinta) dias, vedados:

I – a cumulação de pedidos;

II – a reconvenção;

III – o litisconsórcio, a assistência e a intervenção de terceiros.

§ 3.º (*Vetado*.)

•• O texto vetado dizia: "§ 3.º Tratando-se de veículo de mídia televisiva ou radiofônica, o ofendido poderá requerer o direito de dar a resposta ou fazer a retificação pessoalmente".

Art. 6.º Recebido o pedido de resposta ou retificação, o juiz, dentro de 24 (vinte e quatro) horas, mandará citar o responsável pelo veículo de comunicação social para que:

I – em igual prazo, apresente as razões pelas quais não o divulgou, publicou ou transmitiu;

II – no prazo de 3 (três) dias, ofereça contestação.

Parágrafo único. O agravo consistente em injúria não admitirá a prova da verdade.

• O art. 140 do CP define o crime de injúria.

Art. 7.º O juiz, nas 24 (vinte e quatro) horas seguintes à citação, tenha ou não se manifestado o responsável pelo veículo de comunicação, conhecerá do pedido e, havendo prova capaz de convencer sobre a verossimilhança da alegação ou justificado receio de ineficácia do provimento final, fixará desde logo as condições e a data para a veiculação, em prazo não superior a 10 (dez) dias, da resposta ou retificação.

§ 1.º Se o agravo tiver sido divulgado ou publicado por veículo de mídia impressa cuja circulação seja periódica, a resposta ou retificação será divulgada na edição seguinte à da ofensa ou, ainda, excepcionalmente, em edição extraordinária, apenas nos casos em que o prazo entre a ofensa e a próxima edição indique desproporcionalidade entre a ofensa e a resposta ou retificação.

§ 2.º A medida antecipatória a que se refere o *caput* deste artigo poderá ser reconsiderada ou modificada a qualquer momento, em decisão fundamentada.

§ 3.º O juiz poderá, a qualquer tempo, impor multa diária ao réu, independentemente de pedido do autor, bem como modificar-lhe o valor ou a periodicidade, caso verifique que se tornou insuficiente ou excessiva.

§ 4.º Para a efetivação da tutela específica de que trata esta Lei, poderá o juiz, de ofício ou mediante requerimento, adotar as medidas cabíveis para o cumprimento da decisão.

Art. 8.º Não será admitida a divulgação, publicação ou transmissão de resposta ou retificação que não tenha relação com as informações contidas na matéria a que pretende responder nem se enquadre no § 1.º do art. 2.º desta Lei.

Art. 9.º O juiz prolatará a sentença no prazo máximo de 30 (trinta) dias, contado do ajuizamento da ação, salvo na hipótese de conversão do pedido em reparação por perdas e danos.

Parágrafo único. As ações judiciais destinadas a garantir a efetividade do direito de resposta ou retificação previsto nesta Lei processam-se durante as férias forenses e não se suspendem pela superveniência delas.

Art. 10. Das decisões proferidas nos processos submetidos ao rito especial estabelecido nesta Lei, poderá ser concedido efeito suspensivo pelo tribunal competente, desde que constatadas, em juízo colegiado prévio, a plausibilidade do direito invocado e a urgência na concessão da medida.

Art. 11. A gratuidade da resposta ou retificação divulgada pelo veículo de comunicação, em caso de ação temerária, não abrange as custas processuais nem exime o autor do ônus da sucumbência.

Parágrafo único. Incluem-se entre os ônus da sucumbência os custos com a divulgação, publicação ou transmissão da resposta ou retificação, caso a decisão judicial favorável ao autor seja reformada em definitivo.

Art. 12. Os pedidos de reparação ou indenização por danos morais, materiais ou à imagem serão deduzidos em ação própria, salvo se o autor, desistindo expressamente da tutela específica de que trata esta Lei, os requerer, caso em que o processo seguirá pelo rito ordinário.

§ 1.º O ajuizamento de ação cível ou penal contra o veículo de comunicação ou seu responsável com fundamento na divulgação, publicação ou transmissão ofensiva não prejudica o exercício administrativo ou judicial do direito de resposta ou retificação previsto nesta Lei.

§ 2.º A reparação ou indenização dar-se-á sem prejuízo da multa a que se refere o § 3.º do art. 7.º.

....

Art. 14. Esta Lei entra em vigor na data de sua publicação.

Brasília, 11 de novembro de 2015; 194.º da Independência e 127.º da República.

Dilma Rousseff

LEI N. 13.260, DE 16 DE MARÇO DE 2016 (*)

Regulamenta o disposto no inciso XLIII do art. 5.º da Constituição Federal, disciplinando o terrorismo, tratando de disposições investigatórias e processuais e reformulando o conceito de organização terrorista; e altera as Leis n. 7.960, de 21 de dezembro de 1989, e 12.850, de 2 de agosto de 2013.

A Presidenta da República

Faço saber que o Congresso Nacional decreta e eu sanciono a seguinte Lei:

Art. 1.º Esta Lei regulamenta o disposto no inciso XLIII do art. 5.º da Constituição Federal, disciplinando o terrorismo, tratando de disposições investigatórias e processuais e reformulando o conceito de organização terrorista.

•• *Vide* Lei n. 12.850, de 2-8-2013, que dispõe sobre organização criminosa.

Art. 2.º O terrorismo consiste na prática por um ou mais indivíduos dos atos previstos neste artigo, por razões de xenofobia, discriminação ou preconceito de raça, cor, etnia e religião, quando cometi-

(*) Publicada no *DOU*, de 17-3-2016 – Edição Extra. O Decreto n. 5.015, de 12-3-2004, promulga a Convenção das Nações Unidas contra o Crime Organizado Transnacional.

dos com a finalidade de provocar terror social ou generalizado, expondo a perigo pessoa, patrimônio, a paz pública ou a incolumidade pública.

§ 1.º São atos de terrorismo:

I – usar ou ameaçar usar, transportar, guardar, portar ou trazer consigo explosivos, gases tóxicos, venenos, conteúdos biológicos, químicos, nucleares ou outros meios capazes de causar danos ou promover destruição em massa;

II e III – (*Vetados.*)

IV – sabotar o funcionamento ou apoderar-se, com violência, grave ameaça a pessoa ou servindo-se de mecanismos cibernéticos, do controle total ou parcial, ainda que de modo temporário, de meio de comunicação ou de transporte, de portos, aeroportos, estações ferroviárias ou rodoviárias, hospitais, casas de saúde, escolas, estádios esportivos, instalações públicas ou locais onde funcionem serviços públicos essenciais, instalações de geração ou transmissão de energia, instalações militares, instalações de exploração, refino e processamento de petróleo e gás e instituições bancárias e sua rede de atendimento;

V – atentar contra a vida ou a integridade física de pessoa:

Pena – reclusão, de doze a trinta anos, além das sanções correspondentes à ameaça ou à violência.

§ 2.º O disposto neste artigo não se aplica à conduta individual ou coletiva de pessoas em manifestações políticas, movimentos sociais, sindicais, religiosos, de classe ou de categoria profissional, direcionados por propósitos sociais ou reivindicatórios, visando a contestar, criticar, protestar ou apoiar, com o objetivo de defender direitos, garantias e liberdades constitucionais, sem prejuízo da tipificação penal contida em lei.

Art. 3.º Promover, constituir, integrar ou prestar auxílio, pessoalmente ou por interposta pessoa, a organização terrorista:

Pena – reclusão, de cinco a oito anos, e multa.

§§ 1.º e 2.º (*Vetados.*)

Art. 4.º (*Vetado.*)

Art. 5.º Realizar atos preparatórios de terrorismo com o propósito inequívoco de consumar tal delito:

Pena – a correspondente ao delito consumado, diminuída de um quarto até a metade.

§ 1.º Incorre nas mesmas penas o agente que, com o propósito de praticar atos de terrorismo:

I – recrutar, organizar, transportar ou municiar indivíduos que viajem para país distinto daquele de sua residência ou nacionalidade; ou

II – fornecer ou receber treinamento em país distinto daquele de sua residência ou nacionalidade.

§ 2.º Nas hipóteses do § 1.º, quando a conduta não envolver treinamento ou viagem para país distinto daquele de sua residência ou nacionalidade, a pena será a correspondente ao delito consumado, diminuída de metade a dois terços.

Art. 6.º Receber, prover, oferecer, obter, guardar, manter em depósito, solicitar, investir, de qualquer modo, direta ou indiretamente, recursos, ativos, bens, direitos, valores ou serviços de qualquer natureza, para o planejamento, a preparação ou a execução dos crimes previstos nesta Lei:

Pena – reclusão, de quinze a trinta anos.

Parágrafo único. Incorre na mesma pena quem oferecer ou receber, obtiver, guardar, mantiver em depósito, solicitar, investir ou de qualquer modo contribuir para a obtenção de ativo, bem ou recurso financeiro, com a finalidade de financiar, total ou parcialmente, pessoa, grupo de pessoas, associação, entidade, organização criminosa que tenha como atividade principal ou secundária, mesmo em caráter eventual, a prática dos crimes previstos nesta Lei.

Art. 7.º Salvo quando for elementar da prática de qualquer crime previsto nesta Lei, se de algum deles resultar lesão corporal grave, aumenta-se a pena de um terço, se resultar morte, aumenta-se a pena da metade.

Arts. 8.º e 9.º (*Vetados.*)

Art. 10. Mesmo antes de iniciada a execução do crime de terrorismo, na hipótese do art. 5.º desta Lei, aplicam-se as disposições do art. 15 do Decreto-lei n. 2.848, de 7 de dezembro de 1940 – Código Penal.

- O art. 15 do CP, que trata da desistência voluntária e do arrependimento eficaz, dispõe: "O agente que, voluntariamente, desiste de prosseguir na execução ou impede que o resultado se produza, só responde pelos atos já praticados".

Art. 11. Para todos os efeitos legais, considera-se que os crimes previstos nesta Lei são praticados contra o interesse da União, cabendo à Polícia Federal a investigação criminal, em sede de inquérito policial, e à Justiça Federal o seu processamento e julgamento, nos termos do inciso IV do art. 109 da Constituição Federal.

Parágrafo único. (*Vetado.*)

Art. 12. O juiz, de ofício, a requerimento do Ministério Público ou mediante representação do delegado de polícia, ouvido o Ministério Público em vinte e quatro horas, havendo indícios suficientes de crime previsto nesta Lei, poderá decretar, no curso da investigação ou da ação penal, medidas assecuratórias de bens, direitos ou valores do investigado ou acusado, ou existentes em nome de interpostas pessoas, que sejam instrumento, produto ou proveito dos crimes previstos nesta Lei.

§ 1.º Proceder-se-á à alienação antecipada para preservação do valor dos bens sempre que estiverem sujeitos a qualquer grau de deterioração ou depreciação, ou quando houver dificuldade para sua manutenção.

§ 2.º O juiz determinará a liberação, total ou parcial, dos bens, direitos e valores quando comprovada a licitude de sua origem e destinação, mantendo-se a constrição dos bens, direitos e valores necessários e suficientes à reparação dos danos e ao pagamento de prestações pecuniárias, multas e custas decorrentes da infração penal.

§ 3.º Nenhum pedido de liberação será conhecido sem o comparecimento pessoal do acusado ou de interposta pessoa a que se refere o *caput* deste artigo, podendo o juiz determinar a prática de atos necessários à conservação de bens, direitos ou valores, sem prejuízo do disposto no § 1.º.

§ 4.º Poderão ser decretadas medidas assecuratórias sobre bens, direitos ou valores para reparação do dano decorrente da infração penal antecedente ou da prevista nesta Lei ou para pagamento de prestação pecuniária, multa e custas.

Art. 13. Quando as circunstâncias o aconselharem, o juiz, ouvido o Ministério Público, nomeará pessoa física ou jurídica qualificada para a administração dos bens, direitos ou valores sujeitos a medidas assecuratórias, mediante termo de compromisso.

Art. 14. A pessoa responsável pela administração dos bens:

I – fará jus a uma remuneração, fixada pelo juiz, que será satisfeita preferencialmente com o produto dos bens objeto da administração;

II – prestará, por determinação judicial, informações periódicas da situação dos bens sob sua administração, bem como explicações e detalhamentos sobre investimentos e reinvestimentos realizados.

Parágrafo único. Os atos relativos à administração dos bens serão levados ao conhecimento do Ministério Público, que requererá o que entender cabível.

Art. 15. O juiz determinará, na hipótese de existência de tratado ou convenção internacional e por solicitação de autoridade estrangeira competente, medidas assecuratórias sobre bens, direitos ou valores oriundos de crimes descritos nesta Lei praticados no estrangeiro.

§ 1.º Aplica-se o disposto neste artigo, independentemente de tratado ou convenção internacional, quando houver reciprocidade do governo do país da autoridade solicitante.

§ 2.º Na falta de tratado ou convenção, os bens, direitos ou valores sujeitos a medidas assecuratórias por solicitação de autoridade estrangeira competente ou os recursos provenientes da sua alienação serão repartidos entre o Estado requerente e o Brasil, na proporção de metade, ressalvado o direito do lesado ou de terceiro de boa-fé.

Art. 16. Aplicam-se as disposições da Lei n. 12.850, de 2 agosto de 2013, para a investigação, processo e julgamento dos crimes previstos nesta Lei.

Art. 17. Aplicam-se as disposições da Lei n. 8.072, de 25 de julho de 1990, aos crimes previstos nesta Lei.

Art. 18. O inciso III do art. 1.º da Lei n. 7.960, de 21 de dezembro de 1989, passa a vigorar acrescido da seguinte alínea *p*:

•• Alteração já processada no diploma modificado.

Art. 19. O art. 1.º da Lei n. 12.850, de 2 de agosto de 2013, passa a vigorar com a seguinte alteração:

•• Alteração já processada no diploma modificado.

Art. 20. Esta Lei entra em vigor na data de sua publicação.

Brasília, 16 de março de 2016; 195.º da Independência e 128.º da República.

DILMA ROUSSEFF

LEI N. 13.300, DE 23 DE JUNHO DE 2016 (*)

Disciplina o processo e o julgamento dos mandados de injunção individual e coletivo e dá outras providências.

O Vice-Presidente da República, no exercício do cargo de Presidente da República

Faço saber que o Congresso Nacional decreta e eu sanciono a seguinte Lei:

Art. 1.º Esta Lei disciplina o processo e o julgamento dos mandados de injunção individual e coletivo, nos termos do inciso LXXI do art. 5.º da Constituição Federal.

Art. 2.º Conceder-se-á mandado de injunção sempre que a falta total ou parcial de norma regulamentadora torne inviável o exercício dos direitos e liberdades constitucionais e das prerrogativas inerentes à nacionalidade, à soberania e à cidadania.

Parágrafo único. Considera-se parcial a regulamentação quando forem insuficientes as normas editadas pelo órgão legislador competente.

Art. 3.º São legitimados para o mandado de injunção, como impetrantes, as pessoas naturais ou jurídicas que se afirmam titulares dos direitos, das liberdades ou das prerrogativas referidos no art. 2.º e, como impetrado, o Poder, o órgão ou a autoridade com atribuição para editar a norma regulamentadora.

Art. 4.º A petição inicial deverá preencher os requisitos estabelecidos pela lei processual e indicará, além do órgão impetrado, a pessoa jurídica que ele integra ou aquela a que está vinculado.

•• Os arts. 319 a 331 do CPC dispõem sobre petição inicial.

§ 1.º Quando não for transmitida por meio eletrônico, a petição inicial e os documentos que a instruem serão acompanhados de tantas vias quantos forem os impetrados.

§ 2.º Quando o documento necessário à prova do alegado encontrar-se em repartição ou estabelecimento público, em poder de autoridade ou de terceiro, havendo recusa em fornecê-lo por certidão, no original, ou em cópia autêntica, será ordenada, a pedido do impetrante, a exibição do documento

(*) Publicada no *DOU*, de 24-6-2016.

no prazo de 10 (dez) dias, devendo, nesse caso, ser juntada cópia à segunda via da petição.

§ 3.º Se a recusa em fornecer o documento for do impetrado, a ordem será feita no próprio instrumento da notificação.

Art. 5.º Recebida a petição inicial, será ordenada:

I – a notificação do impetrado sobre o conteúdo da petição inicial, devendo-lhe ser enviada a segunda via apresentada com as cópias dos documentos, a fim de que, no prazo de 10 (dez) dias, preste informações;

II – a ciência do ajuizamento da ação ao órgão de representação judicial da pessoa jurídica interessada, devendo-lhe ser enviada cópia da petição inicial, para que, querendo, ingresse no feito.

Art. 6.º A petição inicial será desde logo indeferida quando a impetração for manifestamente incabível ou manifestamente improcedente.

•• Os arts. 330 e 331 do CPC tratam sobre o indeferimento da petição inicial.

Parágrafo único. Da decisão de relator que indeferir a petição inicial, caberá agravo, em 5 (cinco) dias, para o órgão colegiado competente para o julgamento da impetração.

Art. 7.º Findo o prazo para apresentação das informações, será ouvido o Ministério Público, que opinará em 10 (dez) dias, após o que, com ou sem parecer, os autos serão conclusos para decisão.

Art. 8.º Reconhecido o estado de mora legislativa, será deferida a injunção para:

I – determinar prazo razoável para que o impetrado promova a edição da norma regulamentadora;

II – estabelecer as condições em que se dará o exercício dos direitos, das liberdades ou das prerrogativas reclamados ou, se for o caso, as condições em que poderá o interessado promover ação própria visando a exercê-los, caso não seja suprida a mora legislativa no prazo determinado.

Parágrafo único. Será dispensada a determinação a que se refere o inciso I do *caput* quando comprovado que o impetrado deixou de atender, em mandado de injunção anterior, ao prazo estabelecido para a edição da norma.

Art. 9.º A decisão terá eficácia subjetiva limitada às partes e produzirá efeitos até o advento da norma regulamentadora.

§ 1.º Poderá ser conferida eficácia *ultra partes* ou *erga omnes* à decisão, quando isso for inerente ou indispensável ao exercício do direito, da liberdade ou da prerrogativa objeto da impetração.

•• *Vide* art. 13, *caput*, desta Lei.

§ 2.º Transitada em julgado a decisão, seus efeitos poderão ser estendidos aos casos análogos por decisão monocrática do relator.

§ 3.º O indeferimento do pedido por insuficiência de prova não impede a renovação da impetração fundada em outros elementos probatórios.

•• Das provas no CPC: arts. 369 a 484.

Art. 10. Sem prejuízo dos efeitos já produzidos, a decisão poderá ser revista, a pedido de qualquer interessado, quando sobrevierem relevantes modificações das circunstâncias de fato ou de direito.

Parágrafo único. A ação de revisão observará, no que couber, o procedimento estabelecido nesta Lei.

Art. 11. A norma regulamentadora superveniente produzirá efeitos *ex nunc* em relação aos beneficiados por decisão transitada em julgado, salvo se a aplicação da norma editada lhes for mais favorável.

Parágrafo único. Estará prejudicada a impetração se a norma regulamentadora for editada antes da decisão, caso em que o processo será extinto sem resolução de mérito.

Art. 12. O mandado de injunção coletivo pode ser promovido:

I – pelo Ministério Público, quando a tutela requerida for especialmente relevante para a defesa da ordem jurídica, do regime democrático ou dos interesses sociais ou individuais indisponíveis;

•• *Vide* art. 129 da CF.

II – por partido político com representação no Congresso Nacional, para assegurar o exercício de direitos, liberdades e prerrogativas de seus integrantes ou relacionados com a finalidade partidária;

III – por organização sindical, entidade de classe ou associação legalmente constituída e em funcionamento há pelo menos 1 (um) ano, para assegurar o exercício de direitos, liberdades e prerrogativas em favor da totalidade ou de parte de seus membros ou associados, na forma de seus estatutos e desde que pertinentes a suas finalidades, dispensada, para tanto, autorização especial;

•• Das Organizações Sindicais na CLT: arts. 511 a 610.

IV – pela Defensoria Pública, quando a tutela requerida for especialmente relevante para a promoção dos direitos humanos e a defesa dos direitos individuais e coletivos dos necessitados, na forma do inciso LXXIV do art. 5.º da Constituição Federal.

•• Defensoria Pública: Lei Complementar n. 80, de 12-1-1994.

Parágrafo único. Os direitos, as liberdades e as prerrogativas protegidos por mandado de injunção coletivo são os pertencentes, indistintamente, a uma coletividade indeterminada de pessoas ou determinada por grupo, classe ou categoria.

Art. 13. No mandado de injunção coletivo, a sentença fará coisa julgada limitadamente às pessoas integrantes da coletividade, do grupo, da classe ou da categoria substituídos pelo impetrante, sem prejuízo do disposto nos §§ 1.º e 2.º do art. 9.º.

Parágrafo único. O mandado de injunção coletivo não induz litispendência em relação aos individuais, mas os efeitos da coisa julgada não beneficiarão o impetrante que não requerer a desistência da demanda individual no prazo de 30 (trinta) dias a contar da ciência comprovada da impetração coletiva.

Art. 14. Aplicam-se subsidiariamente ao mandado de injunção as normas do mandado de segurança, disciplinado pela Lei n. 12.016, de 7 de agosto de 2009, e do Código de Processo Civil, instituído pela Lei n. 5.869, de 11 de janeiro de 1973, e pela Lei n. 13.105, de 16 de março de 2015, observado o disposto em seus arts. 1.045 e 1.046.

Art. 15. Esta Lei entra em vigor na data de sua publicação.

Brasília, 23 de junho de 2016; 195.º da Independência e 128.º da República.

MICHEL TEMER

DECRETO N. 8.858, DE 26 DE SETEMBRO DE 2016 (*)

Regulamenta o disposto no art. 199 da Lei n. 7.210, de 11 de julho de 1984 – Lei de Execução Penal.

O Presidente da República, no uso da atribuição que lhe confere o art. 84, *caput*, inciso IV, da Constituição, e tendo em vista o disposto no art. 199 da Lei n. 7.210, de 11 de julho de 1984 – Lei de Execução Penal, decreta:

Art. 1.º O emprego de algemas observará o disposto neste Decreto e terá como diretrizes:

I – o inciso III do *caput* do art. 1.º e o inciso III do *caput* do art. 5.º da Constituição, que dispõem sobre a proteção e a promoção da dignidade da pessoa humana e sobre a proibição de submissão ao tratamento desumano e degradante;

II – a Resolução n. 2010/16, de 22 de julho de 2010, das Nações Unidas sobre o tratamento de mulheres presas e medidas não privativas de liberdade para mulheres infratoras (Regras de Bangkok); e

III – o Pacto de San José da Costa Rica, que determina o tratamento humanitário dos presos e, em especial, das mulheres em condição de vulnerabilidade.

Art. 2.º É permitido o emprego de algemas apenas em casos de resistência e de fundado receio de fuga ou de perigo à integridade física própria ou alheia, causado pelo preso ou por terceiros, justificada a sua excepcionalidade por escrito.

Art. 3.º É vedado emprego de algemas em mulheres presas em qualquer unidade do sistema penitenciário nacional durante o trabalho de parto, no trajeto da parturiente entre a unidade prisional e a unidade hospitalar e após o parto, durante o período em que se encontrar hospitalizada.

Art. 4.º Este Decreto entra em vigor na data de sua publicação.

Brasília, 26 de setembro de 2016; 195.º da Independência e 128.º da República.

MICHEL TEMER
Alexandre de Moraes

(*) Publicada no *DOU* de 27-9-2016.

LEI N. 13.344, DE 6 DE OUTUBRO DE 2016 (**)

Dispõe sobre prevenção e repressão ao tráfico interno e internacional de pessoas e sobre medidas de atenção às vítimas; altera a Lei n. 6.815, de 19 de agosto de 1980, o Decreto-lei n. 3.689, de 3 de outubro de 1941 (Código de Processo Penal), e o Decreto-lei n. 2.848, de 7 de dezembro de 1940 (Código Penal); e revoga dispositivos do Decreto-lei n. 2.848, de 7 de dezembro de 1940 (Código Penal).

O Presidente da República

Faço saber que o Congresso Nacional decreta e eu sanciono a seguinte Lei:

Art. 1.º Esta Lei dispõe sobre o tráfico de pessoas cometido no território nacional contra vítima brasileira ou estrangeira e no exterior contra vítima brasileira.

Parágrafo único. O enfrentamento ao tráfico de pessoas compreende a prevenção e a repressão desse delito, bem como a atenção às suas vítimas.

CAPÍTULO I
DOS PRINCÍPIOS E DAS DIRETRIZES

Art. 2.º O enfrentamento ao tráfico de pessoas atenderá aos seguintes princípios:

I – respeito à dignidade da pessoa humana;

II – promoção e garantia da cidadania e dos direitos humanos;

III – universalidade, indivisibilidade e interdependência;

IV – não discriminação por motivo de gênero, orientação sexual, origem étnica ou social, procedência, nacionalidade, atuação profissional, raça, religião, faixa etária, situação migratória ou outro *status*;

V – transversalidade das dimensões de gênero, orientação sexual, origem étnica ou social, procedência, raça e faixa etária nas políticas públicas;

VI – atenção integral às vítimas diretas e indiretas, independentemente de nacionalidade e de colaboração em investigações ou processos judiciais;

VII – proteção integral da criança e do adolescente.

Art. 3.º O enfrentamento ao tráfico de pessoas atenderá às seguintes diretrizes:

I – fortalecimento do pacto federativo, por meio da atuação conjunta e articulada das esferas de governo no âmbito das respectivas competências;

II – articulação com organizações governamentais e não governamentais nacionais e estrangeiras;

III – incentivo à participação da sociedade em instâncias de controle social e das entidades de classe

(**) Publicada no *DOU*, de 7-10-2016.

ou profissionais na discussão das políticas sobre tráfico de pessoas;

IV – estruturação da rede de enfrentamento ao tráfico de pessoas, envolvendo todas as esferas de governo e organizações da sociedade civil;

V – fortalecimento da atuação em áreas ou regiões de maior incidência do delito, como as de fronteira, portos, aeroportos, rodovias e estações rodoviárias e ferroviárias;

VI – estímulo à cooperação internacional;

VII – incentivo à realização de estudos e pesquisas e ao seu compartilhamento;

VIII – preservação do sigilo dos procedimentos administrativos e judiciais, nos termos da lei;

IX – gestão integrada para coordenação da política e dos planos nacionais de enfrentamento ao tráfico de pessoas.

CAPÍTULO II
DA PREVENÇÃO AO TRÁFICO DE PESSOAS

Art. 4.º A prevenção ao tráfico de pessoas dar-se-á por meio:

I – da implementação de medidas intersetoriais e integradas nas áreas de saúde, educação, trabalho, segurança pública, justiça, turismo, assistência social, desenvolvimento rural, esportes, comunicação, cultura e direitos humanos;

II – de campanhas socioeducativas e de conscientização, considerando as diferentes realidades e linguagens;

III – de incentivo à mobilização e à participação da sociedade civil; e

IV – de incentivo a projetos de prevenção ao tráfico de pessoas.

CAPÍTULO III
DA REPRESSÃO AO TRÁFICO DE PESSOAS

Art. 5.º A repressão ao tráfico de pessoas dar-se-á por meio:

I – da cooperação entre órgãos do sistema de justiça e segurança, nacionais e estrangeiros;

II – da integração de políticas e ações de repressão aos crimes correlatos e da responsabilização dos seus autores;

III – da formação de equipes conjuntas de investigação.

CAPÍTULO IV
DA PROTEÇÃO E DA ASSISTÊNCIA ÀS VÍTIMAS

Art. 6.º A proteção e o atendimento à vítima direta ou indireta do tráfico de pessoas compreendem:

I – assistência jurídica, social, de trabalho e emprego e de saúde;

II – acolhimento e abrigo provisório;

III – atenção às suas necessidades específicas, especialmente em relação a questões de gênero, orientação sexual, origem étnica ou social, procedência, nacionalidade, raça, religião, faixa etária, situação migratória, atuação profissional, diversidade cultural, linguagem, laços sociais e familiares ou outro *status*;

IV – preservação da intimidade e da identidade;

V – prevenção à revitimização no atendimento e nos procedimentos investigatórios e judiciais;

VI – atendimento humanizado;

VII – informação sobre procedimentos administrativos e judiciais.

§ 1.º A atenção às vítimas dar-se-á com a interrupção da situação de exploração ou violência, a sua reinserção social, a garantia de facilitação do acesso à educação, à cultura, à formação profissional e ao trabalho e, no caso de crianças e adolescentes, a busca de sua reinserção familiar e comunitária.

§ 2.º No exterior, a assistência imediata a vítimas brasileiras estará a cargo da rede consular brasileira e será prestada independentemente de sua situação migratória, ocupação ou outro *status*.

§ 3.º A assistência à saúde prevista no inciso I deste artigo deve compreender os aspectos de recuperação física e psicológica da vítima.

....

CAPÍTULO V
DISPOSIÇÕES PROCESSUAIS

Art. 8.º O juiz, de ofício, a requerimento do Ministério Público ou mediante representação do delegado de polícia, ouvido o Ministério Público, havendo indícios suficientes de infração penal, poderá decretar medidas assecuratórias relacionadas a bens, direitos ou valores pertencentes ao investigado ou acusado, ou existentes em nome de interpostas pessoas, que sejam instrumento, produto ou proveito do crime de tráfico de pessoas, procedendo-se na forma dos arts. 125 a 144-A do Decreto-Lei n. 3.689, de 3 de outubro de 1941 (Código de Processo Penal).

§ 1.º Proceder-se-á à alienação antecipada para preservação do valor dos bens sempre que estiverem sujeitos a qualquer grau de deterioração ou depreciação, ou quando houver dificuldade para sua manutenção.

§ 2.º O juiz determinará a liberação total ou parcial dos bens, direitos e valores quando comprovada a licitude de sua origem, mantendo-se a constrição dos bens, direitos e valores necessários e suficientes à reparação dos danos e ao pagamento de prestações pecuniárias, multas e custas decorrentes da infração penal.

§ 3.º Nenhum pedido de liberação será conhecido sem o comparecimento pessoal do acusado ou investigado, ou de interposta pessoa a que se refere o *caput*, podendo o juiz determinar a prática de atos necessários à conservação de bens, direitos ou valores, sem prejuízo do disposto no § 1.º.

§ 4.º Ao proferir a sentença de mérito, o juiz decidirá sobre o perdimento do produto, bem ou valor apreendido, sequestrado ou declarado indisponível.

Art. 9.º Aplica-se subsidiariamente, no que couber, o disposto na Lei n. 12.850, de 2 de agosto de 2013.

Art. 10. O Poder Público é autorizado a criar sistema de informações visando à coleta e à gestão de dados que orientem o enfrentamento ao tráfico de pessoas.

Art. 11. O Decreto-Lei n. 3.689, de 3 de outubro de 1941 (Código de Processo Penal), passa a vigorar acrescido dos seguintes arts. 13-A e 13-B:

•• Alterações já processadas no diploma modificado.

Art. 12. O inciso V do art. 83 do Decreto-Lei n. 2.848, de 7 de dezembro de 1940 (Código Penal), passa a vigorar com a seguinte redação:

•• Alteração já processada no diploma modificado.

....

Capítulo VI
DAS CAMPANHAS RELACIONADAS AO ENFRENTAMENTO AO TRÁFICO DE PESSOAS

Art. 14. É instituído o Dia Nacional de Enfrentamento ao Tráfico de Pessoas, a ser comemorado, anualmente, em 30 de julho.

Art. 15. Serão adotadas campanhas nacionais de enfrentamento ao tráfico de pessoas, a serem divulgadas em veículos de comunicação, visando à conscientização da sociedade sobre todas as modalidades de tráfico de pessoas.

Capítulo VII
DISPOSIÇÕES FINAIS

Art. 16. Revogam-se os arts. 231 e 231-A do Decreto-Lei n. 2.848, de 7 de dezembro de 1940 (Código Penal).

Art. 17. Esta Lei entra em vigor após decorridos 45 (quarenta e cinco) dias de sua publicação oficial.

Brasília, 6 de outubro de 2016; 195.º da Independência e 128.º da República.

Michel Temer

LEI N. 13.431, DE 4 DE ABRIL DE 2017 (*)

Estabelece o sistema de garantia de direitos da criança e do adolescente vítima ou testemunha de violência e altera a Lei n. 8.069, de 13 de julho de 1990 (Estatuto da Criança e do Adolescente).

O Presidente da República

Faço saber que o Congresso Nacional decreta e eu sanciono a seguinte Lei:

Título I
DISPOSIÇÕES GERAIS

Art. 1.º Esta Lei normatiza e organiza o sistema de garantia de direitos da criança e do adolescente vítima ou testemunha de violência, cria mecanismos para prevenir e coibir a violência, nos termos do art. 227 da Constituição Federal, da Convenção sobre os Direitos da Criança e seus protocolos adicionais, da Resolução n. 20/2005 do Conselho Econômico e Social das Nações Unidas e de outros diplomas internacionais, e estabelece medidas de assistência e proteção à criança e ao adolescente em situação de violência.

Art. 2.º A criança e o adolescente gozam dos direitos fundamentais inerentes à pessoa humana, sendo-lhes asseguradas a proteção integral e as oportunidades e facilidades para viver sem violência e preservar sua saúde física e mental e seu desenvolvimento moral, intelectual e social, e gozam de direitos específicos à sua condição de vítima ou testemunha.

Parágrafo único. A União, os Estados, o Distrito Federal e os Municípios desenvolverão políticas integradas e coordenadas que visem a garantir os direitos humanos da criança e do adolescente no âmbito das relações domésticas, familiares e sociais, para resguardá-los de toda forma de negligência, discriminação, exploração, violência, abuso, crueldade e opressão.

Art. 3.º Na aplicação e interpretação desta Lei, serão considerados os fins sociais a que ela se destina e, especialmente, as condições peculiares da criança e do adolescente como pessoas em desenvolvimento, às quais o Estado, a família e a sociedade devem assegurar a fruição dos direitos fundamentais com absoluta prioridade.

Parágrafo único. A aplicação desta Lei é facultativa para as vítimas e testemunhas de violência entre 18 (dezoito) e 21 (vinte e um) anos, conforme disposto no parágrafo único do art. 2.º da Lei n. 8.069, de 13 de julho de 1990 (Estatuto da Criança e do Adolescente).

Art. 4.º Para os efeitos desta Lei, sem prejuízo da tipificação das condutas criminosas, são formas de violência:

I – violência física, entendida como a ação infligida à criança ou ao adolescente que ofenda sua integridade ou saúde corporal ou que lhe cause sofrimento físico;

II – violência psicológica:

a) qualquer conduta de discriminação, depreciação ou desrespeito em relação à criança ou ao adolescen-

(*) Publicada no *DOU*, de 5-4-2017, em vigor 1 (um) ano após sua publicação.

te mediante ameaça, constrangimento, humilhação, manipulação, isolamento, agressão verbal e xingamento, ridicularização, indiferença, exploração ou intimidação sistemática (*bullying*) que possa comprometer seu desenvolvimento psíquico ou emocional;

• Vide Lei n. 13.185, de 6-11-2015, que institui o Programa de Combate à Intimidação Sistêmica (*bullying*).

b) o ato de alienação parental, assim entendido como a interferência na formação psicológica da criança ou do adolescente, promovida ou induzida por um dos genitores, pelos avós ou por quem os tenha sob sua autoridade, guarda ou vigilância, que leve ao repúdio de genitor ou que cause prejuízo ao estabelecimento ou à manutenção de vínculo com este;

• A Lei n. 12.318, de 26-8-2010, dispõe sobre alienação parental.

c) qualquer conduta que exponha a criança ou o adolescente, direta ou indiretamente, a crime violento contra membro de sua família ou de sua rede de apoio, independentemente do ambiente em que cometido, particularmente quando isto a torna testemunha;

III – violência sexual, entendida como qualquer conduta que constranja a criança ou o adolescente a praticar ou presenciar conjunção carnal ou qualquer outro ato libidinoso, inclusive exposição do corpo em foto ou vídeo por meio eletrônico ou não, que compreenda:

a) abuso sexual, entendido como toda ação que se utiliza da criança ou do adolescente para fins sexuais, seja conjunção carnal ou outro ato libidinoso, realizado de modo presencial ou por meio eletrônico, para estimulação sexual do agente ou de terceiro;

b) exploração sexual comercial, entendida como o uso da criança ou do adolescente em atividade sexual em troca de remuneração ou qualquer outra forma de compensação, de forma independente ou sob patrocínio, apoio ou incentivo de terceiro, seja de modo presencial ou por meio eletrônico;

c) tráfico de pessoas, entendido como o recrutamento, o transporte, a transferência, o alojamento ou o acolhimento da criança ou do adolescente, dentro do território nacional ou para o estrangeiro, com o fim de exploração sexual, mediante ameaça, uso de força ou outra forma de coação, rapto, fraude, engano, abuso de autoridade, aproveitamento de situação de vulnerabilidade ou entrega ou aceitação de pagamento, entre os casos previstos na legislação;

•• *Vide* Lei n. 13.344, de 6-10-2016, que dispõe sobre prevenção e repressão ao tráfico interno e internacional de pessoas.

•• *Vide* art. 239 do ECA.

IV – violência institucional, entendida como a praticada por instituição pública ou conveniada, inclusive quando gerar revitimização.

§ 1.º Para os efeitos desta Lei, a criança e o adolescente serão ouvidos sobre a situação de violência por meio de escuta especializada e depoimento especial.

§ 2.º Os órgãos de saúde, assistência social, educação, segurança pública e justiça adotarão os procedimentos necessários por ocasião da revelação espontânea da violência.

§ 3.º Na hipótese de revelação espontânea da violência, a criança e o adolescente serão chamados a confirmar os fatos na forma especificada no § 1.º deste artigo, salvo em caso de intervenções de saúde.

§ 4.º O não cumprimento do disposto nesta Lei implicará a aplicação das sanções previstas na Lei n. 8.069, de 13 de julho de 1990 (Estatuto da Criança e do Adolescente).

Título II
DOS DIREITOS E GARANTIAS

Art. 5.º A aplicação desta Lei, sem prejuízo dos princípios estabelecidos nas demais normas nacionais e internacionais de proteção dos direitos da criança e do adolescente, terá como base, entre outros, os direitos e garantias fundamentais da criança e do adolescente a:

I – receber prioridade absoluta e ter considerada a condição peculiar de pessoa em desenvolvimento;

II – receber tratamento digno e abrangente;

III – ter a intimidade e as condições pessoais protegidas quando vítima ou testemunha de violência;

IV – ser protegido contra qualquer tipo de discriminação, independentemente de classe, sexo, raça, etnia, renda, cultura, nível educacional, idade, religião, nacionalidade, procedência regional, regularidade migratória, deficiência ou qualquer outra condição sua, de seus pais ou de seus representantes legais;

V – receber informação adequada à sua etapa de desenvolvimento sobre direitos, inclusive sociais, serviços disponíveis, representação jurídica, medidas de proteção, reparação de danos e qualquer procedimento a que seja submetido;

VI – ser ouvido e expressar seus desejos e opiniões, assim como permanecer em silêncio;

VII – receber assistência qualificada jurídica e psicossocial especializada, que facilite a sua participação e o resguarde contra comportamento inadequado adotado pelos demais órgãos atuantes no processo;

VIII – ser resguardado e protegido de sofrimento, com direito a apoio, planejamento de sua participação, prioridade na tramitação do processo, celeridade processual, idoneidade do atendimento e limitação das intervenções;

IX – ser ouvido em horário que lhe for mais adequado e conveniente, sempre que possível;

X – ter segurança, com avaliação contínua sobre possibilidades de intimidação, ameaça e outras formas de violência;

XI – ser assistido por profissional capacitado e conhecer os profissionais que participam dos procedimentos de escuta especializada e depoimento especial;

XII – ser reparado quando seus direitos forem violados;

XIII – conviver em família e em comunidade;

XIV – ter as informações prestadas tratadas confidencialmente, sendo vedada a utilização ou o repasse a terceiro das declarações feitas pela criança e pelo adolescente vítima, salvo para os fins de assistência à saúde e de persecução penal;

XV – prestar declarações em formato adaptado à criança e ao adolescente com deficiência ou em idioma diverso do português.

Parágrafo único. O planejamento referido no inciso VIII, no caso de depoimento especial, será realizado entre os profissionais especializados e o juízo.

Art. 6.º A criança e o adolescente vítima ou testemunha de violência têm direito a pleitear, por meio de seu representante legal, medidas protetivas contra o autor da violência.

Parágrafo único. Os casos omissos nesta Lei serão interpretados à luz do disposto na Lei n. 8.069, de 13 de julho de 1990 (Estatuto da Criança e do Adolescente), na Lei n. 11.340, de 7 de agosto de 2006 (Lei Maria da Penha), e em normas conexas.

TÍTULO III
DA ESCUTA ESPECIALIZADA E DO DEPOIMENTO ESPECIAL

Art. 7.º Escuta especializada é o procedimento de entrevista sobre situação de violência com criança ou adolescente perante órgão da rede de proteção, limitado o relato estritamente ao necessário para o cumprimento de sua finalidade.

Art. 8.º Depoimento especial é o procedimento de oitiva de criança ou adolescente vítima ou testemunha de violência perante autoridade policial ou judiciária.

Art. 9.º A criança ou o adolescente será resguardado de qualquer contato, ainda que visual, com o suposto autor ou acusado, ou com outra pessoa que represente ameaça, coação ou constrangimento.

Art. 10. A escuta especializada e o depoimento especial serão realizados em local apropriado e acolhedor, com infraestrutura e espaço físico que garantam a privacidade da criança ou do adolescente vítima ou testemunha de violência.

Art. 11. O depoimento especial reger-se-á por protocolos e, sempre que possível, será realizado uma única vez, em sede de produção antecipada de prova judicial, garantida a ampla defesa do investigado.

§ 1.º O depoimento especial seguirá o rito cautelar de antecipação de prova:

I – quando a criança ou o adolescente tiver menos de 7 (sete) anos;

II – em caso de violência sexual.

§ 2.º Não será admitida a tomada de novo depoimento especial, salvo quando justificada a sua imprescindibilidade pela autoridade competente e houver a concordância da vítima ou da testemunha, ou de seu representante legal.

Art. 12. O depoimento especial será colhido conforme o seguinte procedimento:

I – os profissionais especializados esclarecerão a criança ou o adolescente sobre a tomada do depoimento especial, informando-lhe os seus direitos e os procedimentos a serem adotados e planejando sua participação, sendo vedada a leitura da denúncia ou de outras peças processuais;

II – é assegurada à criança ou ao adolescente a livre narrativa sobre a situação de violência, podendo o profissional especializado intervir quando necessário, utilizando técnicas que permitam a elucidação dos fatos;

III – no curso do processo judicial, o depoimento especial será transmitido em tempo real para a sala de audiência, preservado o sigilo;

IV – findo o procedimento previsto no inciso II deste artigo, o juiz, após consultar o Ministério Público, o defensor e os assistentes técnicos, avaliará a pertinência de perguntas complementares, organizadas em bloco;

V – o profissional especializado poderá adaptar as perguntas à linguagem de melhor compreensão da criança ou do adolescente;

VI – o depoimento especial será gravado em áudio e vídeo.

§ 1.º À vítima ou testemunha de violência é garantido o direito de prestar depoimento diretamente ao juiz, se assim o entender.

§ 2.º O juiz tomará todas as medidas apropriadas para a preservação da intimidade e da privacidade da vítima ou testemunha.

§ 3.º O profissional especializado comunicará ao juiz se verificar que a presença, na sala de audiência, do autor da violência pode prejudicar o depoimento especial ou colocar o depoente em situação de risco, caso em que, fazendo constar em termo, será autorizado o afastamento do imputado.

§ 4.º Nas hipóteses em que houver risco à vida ou à integridade física da vítima ou testemunha, o juiz tomará as medidas de proteção cabíveis, inclusive a restrição do disposto nos incisos III e VI deste artigo.

§ 5.º As condições de preservação e de segurança da mídia relativa ao depoimento da criança ou do adolescente serão objeto de regulamentação, de forma a garantir o direito à intimidade e à privacidade da vítima ou testemunha.

§ 6.º O depoimento especial tramitará em segredo de justiça.

TÍTULO IV
DA INTEGRAÇÃO DAS POLÍTICAS DE ATENDIMENTO

Capítulo I
DISPOSIÇÕES GERAIS

Art. 13. Qualquer pessoa que tenha conhecimento ou presencie ação ou omissão, praticada em local público ou privado, que constitua violência contra criança ou adolescente tem o dever de comunicar o fato imediatamente ao serviço de recebimento e monitoramento de denúncias, ao conselho tutelar ou à autoridade policial, os quais, por sua vez, cientificarão imediatamente o Ministério Público.

• *Vide* art. 245 do ECA.

Parágrafo único. A União, os Estados, o Distrito Federal e os Municípios poderão promover, periodicamente, campanhas de conscientização da sociedade, promovendo a identificação das violações de direitos e garantias de crianças e adolescentes e a divulgação dos serviços de proteção e dos fluxos de atendimento, como forma de evitar a violência institucional.

Art. 14. As políticas implementadas nos sistemas de justiça, segurança pública, assistência social, educação e saúde deverão adotar ações articuladas, coordenadas e efetivas voltadas ao acolhimento e ao atendimento integral às vítimas de violência.

§ 1.º As ações de que trata o *caput* observarão as seguintes diretrizes:

I – abrangência e integralidade, devendo comportar avaliação e atenção de todas as necessidades da vítima decorrentes da ofensa sofrida;

II – capacitação interdisciplinar continuada, preferencialmente conjunta, dos profissionais;

III – estabelecimento de mecanismos de informação, referência, contrarreferência e monitoramento;

IV – planejamento coordenado do atendimento e do acompanhamento, respeitadas as especificidades da vítima ou testemunha e de suas famílias;

V – celeridade do atendimento, que deve ser realizado imediatamente – ou tão logo quanto possível – após a revelação da violência;

VI – priorização do atendimento em razão da idade ou de eventual prejuízo ao desenvolvimento psicossocial, garantida a intervenção preventiva;

VII – mínima intervenção dos profissionais envolvidos; e

VIII – monitoramento e avaliação periódica das políticas de atendimento.

§ 2.º Nos casos de violência sexual, cabe ao responsável da rede de proteção garantir a urgência e a celeridade necessárias ao atendimento de saúde e à produção probatória, preservada a confidencialidade.

Art. 15. A União, os Estados, o Distrito Federal e os Municípios poderão criar serviços de atendimento, de ouvidoria ou de resposta, pelos meios de comunicação disponíveis, integrados às redes de proteção, para receber denúncias de violações de direitos de crianças e adolescentes.

Parágrafo único. As denúncias recebidas serão encaminhadas:

I – à autoridade policial do local dos fatos, para apuração;

II – ao conselho tutelar, para aplicação de medidas de proteção; e

III – ao Ministério Público, nos casos que forem de sua atribuição específica.

Art. 16. O poder público poderá criar programas, serviços ou equipamentos que proporcionem atenção e atendimento integral e interinstitucional às crianças e adolescentes vítimas ou testemunhas de violência, compostos por equipes multidisciplinares especializadas.

Parágrafo único. Os programas, serviços ou equipamentos públicos poderão contar com delegacias especializadas, serviços de saúde, perícia médico-legal, serviços socioassistenciais, varas especializadas, Ministério Público e Defensoria Pública, entre outros possíveis de integração, e deverão estabelecer parcerias em caso de indisponibilidade de serviços de atendimento.

Capítulo II
DA SAÚDE

Art. 17. A União, os Estados, o Distrito Federal e os Municípios poderão criar, no âmbito do Sistema Único de Saúde (SUS), serviços para atenção integral à criança e ao adolescente em situação de violência, de forma a garantir o atendimento acolhedor.

Art. 18. A coleta, guarda provisória e preservação de material com vestígios de violência serão realizadas pelo Instituto Médico Legal (IML) ou por serviço credenciado do sistema de saúde mais próximo, que entregará o material para perícia imediata, observado o disposto no art. 5.º desta Lei.

Capítulo III
DA ASSISTÊNCIA SOCIAL

Art. 19. A União, os Estados, o Distrito Federal e os Municípios poderão estabelecer, no âmbito do Sistema Único de Assistência Social (Suas), os seguintes procedimentos:

I – elaboração de plano individual e familiar de atendimento, valorizando a participação da criança e do adolescente e, sempre que possível, a preservação dos vínculos familiares;

II – atenção à vulnerabilidade indireta dos demais membros da família decorrente da situação de violência, e solicitação, quando necessário, aos órgãos competentes, de inclusão da vítima ou testemunha e de suas famílias nas políticas, programas e serviços existentes;

III – avaliação e atenção às situações de intimidação, ameaça, constrangimento ou discriminação decorrentes da vitimização, inclusive durante o trâmite do processo judicial, as quais deverão ser comunicadas imediatamente à autoridade judicial para tomada de providências; e

IV – representação ao Ministério Público, nos casos de falta de responsável legal com capacidade protetiva em razão da situação de violência, para colocação da criança ou do adolescente sob os cuidados da família extensa, de família substituta ou de serviço de acolhimento familiar ou, em sua falta, institucional.

CAPÍTULO IV
DA SEGURANÇA PÚBLICA

Art. 20. O poder público poderá criar delegacias especializadas no atendimento de crianças e adolescentes vítimas de violência.

§ 1.º Na elaboração de suas propostas orçamentárias, as unidades da Federação alocarão recursos para manutenção de equipes multidisciplinares destinadas a assessorar as delegacias especializadas.

§ 2.º Até a criação do órgão previsto no *caput* deste artigo, a vítima será encaminhada prioritariamente a delegacia especializada em temas de direitos humanos.

§ 3.º A tomada de depoimento especial da criança ou do adolescente vítima ou testemunha de violência observará o disposto no art. 14 desta Lei.

Art. 21. Constatado que a criança ou o adolescente está em risco, a autoridade policial requisitará à autoridade judicial responsável, em qualquer momento dos procedimentos de investigação e responsabilização dos suspeitos, as medidas de proteção pertinentes, entre as quais:

I – evitar o contato direto da criança ou do adolescente vítima ou testemunha de violência com o suposto autor da violência;

II – solicitar o afastamento cautelar do investigado da residência ou local de convivência, em se tratando de pessoa que tenha contato com a criança ou o adolescente;

III – requerer a prisão preventiva do investigado, quando houver suficientes indícios de ameaça à criança ou adolescente vítima ou testemunha de violência;

IV – solicitar aos órgãos socioassistenciais a inclusão da vítima e de sua família nos atendimentos a que têm direito;

V – requerer a inclusão da criança ou do adolescente em programa de proteção a vítimas ou testemunhas ameaçadas; e

• *Vide* Lei n. 9.807, de 13-7-1999.

VI – representar ao Ministério Público para que proponha ação cautelar de antecipação de prova, resguardados os pressupostos legais e as garantias previstas no art. 5.º desta Lei, sempre que a demora possa causar prejuízo ao desenvolvimento da criança ou do adolescente.

Art. 22. Os órgãos policiais envolvidos envidarão esforços investigativos para que o depoimento especial não seja o único meio de prova para o julgamento do réu.

CAPÍTULO V
DA JUSTIÇA

Art. 23. Os órgãos responsáveis pela organização judiciária poderão criar juizados ou varas especializadas em crimes contra a criança e o adolescente.

Parágrafo único. Até a implementação do disposto no *caput* deste artigo, o julgamento e a execução das causas decorrentes das práticas de violência ficarão, preferencialmente, a cargo dos juizados ou varas especializadas em violência doméstica e temas afins.

TÍTULO V
DOS CRIMES

Art. 24. Violar sigilo processual, permitindo que depoimento de criança ou adolescente seja assistido por pessoa estranha ao processo, sem autorização judicial e sem o consentimento do depoente ou de seu representante legal.

Pena – reclusão, de 1 (um) a 4 (quatro) anos, e multa.

TÍTULO VI
DISPOSIÇÕES FINAIS E TRANSITÓRIAS

....

Art. 26. Cabe ao poder público, no prazo máximo de 60 (sessenta) dias contado da entrada em vigor desta Lei, emanar atos normativos necessários à sua efetividade.

Art. 27. Cabe aos Estados, ao Distrito Federal e aos Municípios, no prazo máximo de 180 (cento e oitenta) dias contado da entrada em vigor desta Lei, estabelecer normas sobre o sistema de garantia de direitos da criança e do adolescente vítima ou testemunha de violência, no âmbito das respectivas competências.

Art. 28. Revoga-se o art. 248 da Lei n. 8.069, de 13 de julho de 1990 (Estatuto da Criança e do Adolescente).

Art. 29. Esta Lei entra em vigor após decorrido 1 (um) ano de sua publicação oficial.

Brasília, 4 de abril de 2017; 196.º da Independência e 129.º da República.

MICHEL TEMER

LEI N. 13.445, DE 24 DE MAIO DE 2017 (*)

Institui a Lei de Migração.

O Presidente da República

(*) Publicada no *DOU*, de 25-5-2017. Regulamentada pelo Decreto n. 9.199, de 20-11-2017. Deixamos de publicar a Tabela de Taxas e Emolumentos Consulares anexa a esta Lei por não atender a proposta da obra.

Legislação Complementar

Faço saber que o Congresso Nacional decreta e eu sanciono a seguinte Lei:

....

CAPÍTULO V

DAS MEDIDAS DE RETIRADA COMPULSÓRIA

....

Seção IV

Da Expulsão

Art. 54. A expulsão consiste em medida administrativa de retirada compulsória de migrante ou visitante do território nacional, conjugada com o impedimento de reingresso por prazo determinado.

§ 1.º Poderá dar causa à expulsão a condenação com sentença transitada em julgado relativa à prática de:

I – crime de genocídio, crime contra a humanidade, crime de guerra ou crime de agressão, nos termos definidos pelo Estatuto de Roma do Tribunal Penal Internacional, de 1998, promulgado pelo Decreto n. 4.388, de 25 de setembro de 2002; ou

II – crime comum doloso passível de pena privativa de liberdade, consideradas a gravidade e as possibilidades de ressocialização em território nacional.

§ 2.º Caberá à autoridade competente resolver sobre a expulsão, a duração do impedimento de reingresso e a suspensão ou a revogação dos efeitos da expulsão, observado o disposto nesta Lei.

§ 3.º O processamento da expulsão em caso de crime comum não prejudicará a progressão de regime, o cumprimento da pena, a suspensão condicional do processo, a comutação da pena ou a concessão de pena alternativa, de indulto coletivo ou individual, de anistia ou de quaisquer benefícios concedidos em igualdade de condições ao nacional brasileiro.

§ 4.º O prazo de vigência da medida de impedimento vinculada aos efeitos da expulsão será proporcional ao prazo total da pena aplicada e nunca será superior ao dobro de seu tempo.

Art. 55. Não se procederá à expulsão quando:

I – a medida configurar extradição inadmitida pela legislação brasileira;

II – o expulsando:

a) tiver filho brasileiro que esteja sob sua guarda ou dependência econômica ou socioafetiva ou tiver pessoa brasileira sob sua tutela;

b) tiver cônjuge ou companheiro residente no Brasil, sem discriminação alguma, reconhecido judicial ou legalmente;

c) tiver ingressado no Brasil até os 12 (doze) anos de idade, residindo desde então no País;

d) for pessoa com mais de 70 (setenta) anos que resida no País há mais de 10 (dez) anos, considerados a gravidade e o fundamento da expulsão; ou

e) (*vetada.*)

Art. 56. Regulamento definirá procedimentos para apresentação e processamento de pedidos de suspensão e de revogação dos efeitos das medidas de expulsão e de impedimento de ingresso e permanência em território nacional.

Art. 57. Regulamento disporá sobre condições especiais de autorização de residência para viabilizar medidas de ressocialização a migrante e a visitante em cumprimento de penas aplicadas ou executadas em território nacional.

Art. 58. No processo de expulsão serão garantidos o contraditório e a ampla defesa.

• *Vide* art. 5º, LV, da CF.

§ 1.º A Defensoria Pública da União será notificada da instauração de processo de expulsão, se não houver defensor constituído.

§ 2.º Caberá pedido de reconsideração da decisão sobre a expulsão no prazo de 10 (dez) dias, a contar da notificação pessoal do expulsando.

Art. 59. Será considerada regular a situação migratória do expulsando cujo processo esteja pendente de decisão, nas condições previstas no art. 55.

Art. 60. A existência de processo de expulsão não impede a saída voluntária do expulsando do País.

Seção V

Das Vedações

Art. 61. Não se procederá à repatriação, à deportação ou à expulsão coletivas.

Parágrafo único. Entende-se por repatriação, deportação ou expulsão coletiva aquela que não individualiza a situação migratória irregular de cada pessoa.

Art. 62. Não se procederá à repatriação, à deportação ou à expulsão de nenhum indivíduo quando subsistirem razões para acreditar que a medida poderá colocar em risco a vida ou a integridade pessoal.

....

CAPÍTULO VIII

DAS MEDIDAS DE COOPERAÇÃO

Seção I

Da Extradição

Art. 81. A extradição é a medida de cooperação internacional entre o Estado brasileiro e outro Estado pela qual se concede ou solicita a entrega de pessoa sobre quem recaia condenação criminal definitiva ou para fins de instrução de processo penal em curso.

§ 1.º A extradição será requerida por via diplomática ou pelas autoridades centrais designadas para esse fim.

§ 2.º A extradição e sua rotina de comunicação serão realizadas pelo órgão competente do Poder Executivo em coordenação com as autoridades judiciárias e policiais competentes.

Art. 82. Não se concederá a extradição quando:

•• *Vide* art. 5.º, LI, da CF.

I – o indivíduo cuja extradição é solicitada ao Brasil for brasileiro nato;

II – o fato que motivar o pedido não for considerado crime no Brasil ou no Estado requerente;

III – o Brasil for competente, segundo suas leis, para julgar o crime imputado ao extraditando;

IV – a lei brasileira impuser ao crime pena de prisão inferior a 2 (dois) anos;

V – o extraditando estiver respondendo a processo ou já houver sido condenado ou absolvido no Brasil pelo mesmo fato em que se fundar o pedido;

VI – a punibilidade estiver extinta pela prescrição, segundo a lei brasileira ou a do Estado requerente;

VII – o fato constituir crime político ou de opinião;

VIII – o extraditando tiver de responder, no Estado requerente, perante tribunal ou juízo de exceção; ou

IX – o extraditando for beneficiário de refúgio, nos termos da Lei n. 9.474, de 22 de julho de 1997, ou de asilo territorial.

§ 1.º A previsão constante do inciso VII do *caput* não impedirá a extradição quando o fato constituir, principalmente, infração à lei penal comum ou quando o crime comum, conexo ao delito político, constituir o fato principal.

§ 2.º Caberá à autoridade judiciária competente a apreciação do caráter da infração.

§ 3.º Para determinação da incidência do disposto no inciso I, será observada, nos casos de aquisição de outra nacionalidade por naturalização, a anterioridade do fato gerador da extradição.

§ 4.º O Supremo Tribunal Federal poderá deixar de considerar crime político o atentado contra chefe de Estado ou quaisquer autoridades, bem como crime contra a humanidade, crime de guerra, crime de genocídio e terrorismo.

§ 5.º Admite-se a extradição de brasileiro naturalizado, nas hipóteses previstas na Constituição Federal.

Art. 83. São condições para concessão da extradição:

I – ter sido o crime cometido no território do Estado requerente ou serem aplicáveis ao extraditando as leis penais desse Estado; e

II – estar o extraditando respondendo a processo investigatório ou a processo penal ou ter sido condenado pelas autoridades judiciárias do Estado requerente a pena privativa de liberdade.

Art. 84. Em caso de urgência, o Estado interessado na extradição poderá, previamente ou conjuntamente com a formalização do pedido extradicional, requerer, por via diplomática ou por meio de autoridade central do Poder Executivo, prisão cautelar com o objetivo de assegurar a executoriedade da medida de extradição que, após exame da presença dos pressupostos formais de admissibilidade exigidos nesta Lei ou em tratado, deverá representar à autoridade judicial competente, ouvido previamente o Ministério Público Federal.

§ 1.º O pedido de prisão cautelar deverá conter informação sobre o crime cometido e deverá ser fundamentado, podendo ser apresentado por correio, fax, mensagem eletrônica ou qualquer outro meio que assegure a comunicação por escrito.

§ 2.º O pedido de prisão cautelar poderá ser transmitido à autoridade competente para extradição no Brasil por meio de canal estabelecido com o ponto focal da Organização Internacional de Polícia Criminal (Interpol) no País, devidamente instruído com a documentação comprobatória da existência de ordem de prisão proferida por Estado estrangeiro, e, em caso de ausência de tratado, com a promessa de reciprocidade recebida por via diplomática.

§ 3.º Efetivada a prisão do extraditando, o pedido de extradição será encaminhado à autoridade judiciária competente.

§ 4.º Na ausência de disposição específica em tratado, o Estado estrangeiro deverá formalizar o pedido de extradição no prazo de 60 (sessenta) dias, contado da data em que tiver sido cientificado da prisão do extraditando.

§ 5.º Caso o pedido de extradição não seja apresentado no prazo previsto no § 4.º, o extraditando deverá ser posto em liberdade, não se admitindo novo pedido de prisão cautelar pelo mesmo fato sem que a extradição tenha sido devidamente requerida.

§ 6.º A prisão cautelar poderá ser prorrogada até o julgamento final da autoridade judiciária competente quanto à legalidade do pedido de extradição.

Art. 85. Quando mais de um Estado requerer a extradição da mesma pessoa, pelo mesmo fato, terá preferência o pedido daquele em cujo território a infração foi cometida.

§ 1.º Em caso de crimes diversos, terá preferência, sucessivamente:

I – o Estado requerente em cujo território tenha sido cometido o crime mais grave, segundo a lei brasileira;

II – o Estado que em primeiro lugar tenha pedido a entrega do extraditando, se a gravidade dos crimes for idêntica;

III – o Estado de origem, ou, em sua falta, o domiciliar do extraditando, se os pedidos forem simultâneos.

§ 2.º Nos casos não previstos nesta Lei, o órgão competente do Poder Executivo decidirá sobre a preferência do pedido, priorizando o Estado requerente que mantiver tratado de extradição com o Brasil.

§ 3.º Havendo tratado com algum dos Estados requerentes, prevalecerão suas normas no que diz respeito à preferência de que trata este artigo.

Art. 86. O Supremo Tribunal Federal, ouvido o Ministério Público, poderá autorizar prisão albergue ou domiciliar ou determinar que o extraditando responda ao processo de extradição em liberdade, com retenção do documento de viagem ou outras medidas cautelares necessárias, até o julgamento da extradição ou a entrega do extraditando, se pertinente, considerando a situação administrativa migratória, os antecedentes do extraditando e as circunstâncias do caso.

Art. 87. O extraditando poderá entregar-se voluntariamente ao Estado requerente, desde que o declare expressamente, esteja assistido por advogado e seja advertido de que tem direito ao processo judicial de extradição e à proteção que tal direito encerra, caso em que o pedido será decidido pelo Supremo Tribunal Federal.

Art. 88. Todo pedido que possa originar processo de extradição em face de Estado estrangeiro deverá ser encaminhado ao órgão competente do Poder Executivo diretamente pelo órgão do Poder Judiciário responsável pela decisão ou pelo processo penal que a fundamenta.

§ 1.º Compete a órgão do Poder Executivo o papel de orientação, de informação e de avaliação dos elementos formais de admissibilidade dos processos preparatórios para encaminhamento ao Estado requerido.

§ 2.º Compete aos órgãos do sistema de Justiça vinculados ao processo penal gerador de pedido de extradição a apresentação de todos os documentos, manifestações e demais elementos necessários para o processamento do pedido, inclusive suas traduções oficiais.

§ 3.º O pedido deverá ser instruído com cópia autêntica ou com o original da sentença condenatória ou da decisão penal proferida, conterá indicações precisas sobre o local, a data, a natureza e as circunstâncias do fato criminoso e a identidade do extraditando e será acompanhado de cópia dos textos legais sobre o crime, a competência, a pena e a prescrição.

§ 4.º O encaminhamento do pedido de extradição ao órgão competente do Poder Executivo confere autenticidade aos documentos.

Art. 89. O pedido de extradição originado de Estado estrangeiro será recebido pelo órgão competente do Poder Executivo e, após exame da presença dos pressupostos formais de admissibilidade exigidos nesta Lei ou em tratado, encaminhado à autoridade judiciária competente.

Parágrafo único. Não preenchidos os pressupostos referidos no *caput*, o pedido será arquivado mediante decisão fundamentada, sem prejuízo da possibilidade de renovação do pedido, devidamente instruído, uma vez superado o óbice apontado.

Art. 90. Nenhuma extradição será concedida sem prévio pronunciamento do Supremo Tribunal Federal sobre sua legalidade e procedência, não cabendo recurso da decisão.

Art. 91. Ao receber o pedido, o relator designará dia e hora para o interrogatório do extraditando e, conforme o caso, nomear-lhe-á curador ou advogado, se não o tiver.

§ 1.º A defesa, a ser apresentada no prazo de 10 (dez) dias contado da data do interrogatório, versará sobre a identidade da pessoa reclamada, defeito de forma de documento apresentado ou ilegalidade da extradição.

§ 2.º Não estando o processo devidamente instruído, o Tribunal, a requerimento do órgão do Ministério Público Federal correspondente, poderá converter o julgamento em diligência para suprir a falta.

§ 3.º Para suprir a falta referida no § 2.º, o Ministério Público Federal terá prazo improrrogável de 60 (sessenta) dias, após o qual o pedido será julgado independentemente da diligência.

§ 4.º O prazo referido no § 3.º será contado da data de notificação à missão diplomática do Estado requerente.

Art. 92. Julgada procedente a extradição e autorizada a entrega pelo órgão competente do Poder Executivo, será o ato comunicado por via diplomática ao Estado requerente, que, no prazo de 60 (sessenta) dias da comunicação, deverá retirar o extraditando do território nacional.

Art. 93. Se o Estado requerente não retirar o extraditando do território nacional no prazo previsto no art. 92, será ele posto em liberdade, sem prejuízo de outras medidas aplicáveis.

Art. 94. Negada a extradição em fase judicial, não se admitirá novo pedido baseado no mesmo fato.

Art. 95. Quando o extraditando estiver sendo processado ou tiver sido condenado, no Brasil, por crime punível com pena privativa de liberdade, a extradição será executada somente depois da conclusão do processo ou do cumprimento da pena, ressalvadas as hipóteses de liberação antecipada pelo Poder Judiciário e de determinação da transferência da pessoa condenada.

§ 1.º A entrega do extraditando será igualmente adiada se a efetivação da medida puser em risco sua vida em virtude de enfermidade grave comprovada por laudo médico oficial.

§ 2.º Quando o extraditando estiver sendo processado ou tiver sido condenado, no Brasil, por infração de menor potencial ofensivo, a entrega poderá ser imediatamente efetivada.

Art. 96. Não será efetivada a entrega do extraditando sem que o Estado requerente assuma o compromisso de:

I – não submeter o extraditando a prisão ou processo por fato anterior ao pedido de extradição;

II – computar o tempo da prisão que, no Brasil, foi imposta por força da extradição;

III – comutar a pena corporal, perpétua ou de morte em pena privativa de liberdade, respeitado o limite máximo de cumprimento de 30 (trinta) anos;

IV – não entregar o extraditando, sem consentimento do Brasil, a outro Estado que o reclame;

V – não considerar qualquer motivo político para agravar a pena; e

VI – não submeter o extraditando a tortura ou a outros tratamentos ou penas cruéis, desumanos ou degradantes.

Art. 97. A entrega do extraditando, de acordo com as leis brasileiras e respeitado o direito de terceiro, será feita com os objetos e instrumentos do crime encontrados em seu poder.

Parágrafo único. Os objetos e instrumentos referidos neste artigo poderão ser entregues independentemente da entrega do extraditando.

Art. 98. O extraditando que, depois de entregue ao Estado requerente, escapar à ação da Justiça e homiziar-se no Brasil, ou por ele transitar, será detido mediante pedido feito diretamente por via diplomática ou pela Interpol e novamente entregue, sem outras formalidades.

Art. 99. Salvo motivo de ordem pública, poderá ser permitido, pelo órgão competente do Poder Executivo, o trânsito no território nacional de pessoa extraditada por Estado estrangeiro, bem como o da respectiva guarda, mediante apresentação de documento comprobatório de concessão da medida.

Seção II
Da Transferência de Execução da Pena

Art. 100. Nas hipóteses em que couber solicitação de extradição executória, a autoridade competente poderá solicitar ou autorizar a transferência de execução da pena, desde que observado o princípio do *non bis in idem*.

Parágrafo único. Sem prejuízo do disposto no Decreto-lei n. 2.848, de 7 de dezembro de 1940 (Código Penal), a transferência de execução da pena será possível quando preenchidos os seguintes requisitos:

I – o condenado em território estrangeiro for nacional ou tiver residência habitual ou vínculo pessoal no Brasil;

II – a sentença tiver transitado em julgado;

III – a duração da condenação a cumprir ou que restar para cumprir for de, pelo menos, 1 (um) ano, na data de apresentação do pedido ao Estado da condenação;

IV – o fato que originou a condenação constituir infração penal perante a lei de ambas as partes; e

V – houver tratado ou promessa de reciprocidade.

Art. 101. O pedido de transferência de execução da pena de Estado estrangeiro será requerido por via diplomática ou por via de autoridades centrais.

§ 1.º O pedido será recebido pelo órgão competente do Poder Executivo e, após exame da presença dos pressupostos formais de admissibilidade exigidos nesta Lei ou em tratado, encaminhado ao Superior Tribunal de Justiça para decisão quanto à homologação.

§ 2.º Não preenchidos os pressupostos referidos no § 1.º, o pedido será arquivado mediante decisão fundamentada, sem prejuízo da possibilidade de renovação do pedido, devidamente instruído, uma vez superado o óbice apontado.

Art. 102. A forma do pedido de transferência de execução da pena e seu processamento serão definidos em regulamento.

Parágrafo único. Nos casos previstos nesta Seção, a execução penal será de competência da Justiça Federal.

Seção III
Da Transferência de Pessoa Condenada

Art. 103. A transferência de pessoa condenada poderá ser concedida quando o pedido se fundamentar em tratado ou houver promessa de reciprocidade.

§ 1.º O condenado no território nacional poderá ser transferido para seu país de nacionalidade ou país em que tiver residência habitual ou vínculo pessoal, desde que expresse interesse nesse sentido, a fim de cumprir pena a ele imposta pelo Estado brasileiro por sentença transitada em julgado.

§ 2.º A transferência de pessoa condenada no Brasil pode ser concedida juntamente com a aplicação de medida de impedimento de reingresso em território nacional, na forma de regulamento.

Art. 104. A transferência de pessoa condenada será possível quando preenchidos os seguintes requisitos:

I – o condenado no território de uma das partes for nacional ou tiver residência habitual ou vínculo pessoal no território da outra parte que justifique a transferência;

II – a sentença tiver transitado em julgado;

III – a duração da condenação a cumprir ou que restar para cumprir for de, pelo menos, 1 (um) ano, na data de apresentação do pedido ao Estado da condenação;

IV – o fato que originou a condenação constituir infração penal perante a lei de ambos os Estados;

V – houver manifestação de vontade do condenado ou, quando for o caso, de seu representante; e

VI – houver concordância de ambos os Estados.

Art. 105. A forma do pedido de transferência de pessoa condenada e seu processamento serão definidos em regulamento.

§ 1.º Nos casos previstos nesta Seção, a execução penal será de competência da Justiça Federal.

§ 2.º Não se procederá à transferência quando inadmitida a extradição.

§ 3.º (*Vetado*.)

Capítulo IX
DAS INFRAÇÕES E DAS PENALIDADES ADMINISTRATIVAS

Art. 106. Regulamento disporá sobre o procedimento de apuração das infrações administrativas e seu processamento e sobre a fixação e a atualização das multas, em observância ao disposto nesta Lei.

Art. 107. As infrações administrativas previstas neste Capítulo serão apuradas em processo administrativo próprio, assegurados o contraditório e a ampla defesa e observadas as disposições desta Lei.

§ 1.º O cometimento simultâneo de duas ou mais infrações importará cumulação das sanções cabíveis, respeitados os limites estabelecidos nos incisos V e VI do art. 108.

§ 2.º A multa atribuída por dia de atraso ou por excesso de permanência poderá ser convertida em redução equivalente do período de autorização de estada para o visto de visita, em caso de nova entrada no País.

Art. 108. O valor das multas tratadas neste Capítulo considerará:

I – as hipóteses individualizadas nesta Lei;

II – a condição econômica do infrator, a reincidência e a gravidade da infração;

III – a atualização periódica conforme estabelecido em regulamento;

IV – o valor mínimo individualizável de R$ 100,00 (cem reais);

V – o valor mínimo de R$ 100,00 (cem reais) e o máximo de R$ 10.000,00 (dez mil reais) para infrações cometidas por pessoa física;

VI – o valor mínimo de R$ 1.000,00 (mil reais) e o máximo de R$ 1.000.000,00 (um milhão de reais) para infrações cometidas por pessoa jurídica, por ato infracional.

Art. 109. Constitui infração, sujeitando o infrator às seguintes sanções:

I – entrar em território nacional sem estar autorizado:

Sanção: deportação, caso não saia do País ou não regularize a situação migratória no prazo fixado;

II – permanecer em território nacional depois de esgotado o prazo legal da documentação migratória:

Sanção: multa por dia de excesso e deportação, caso não saia do País ou não regularize a situação migratória no prazo fixado;

III – deixar de se registrar, dentro do prazo de 90 (noventa) dias do ingresso no País, quando for obrigatória a identificação civil:

Sanção: multa;

IV – deixar o imigrante de se registrar, para efeito de autorização de residência, dentro do prazo de 30 (trinta) dias, quando orientado a fazê-lo pelo órgão competente:

Sanção: multa por dia de atraso;

V – transportar para o Brasil pessoa que esteja sem documentação migratória regular:

Sanção: multa por pessoa transportada;

VI – deixar a empresa transportadora de atender a compromisso de manutenção da estada ou de promoção da saída do território nacional de quem tenha sido autorizado a ingresso condicional no Brasil por não possuir a devida documentação migratória:

Sanção: multa;

VII – furtar-se ao controle migratório, na entrada ou saída do território nacional:

Sanção: multa.

Art. 110. As penalidades aplicadas serão objeto de pedido de reconsideração e de recurso, nos termos de regulamento.

Parágrafo único. Serão respeitados o contraditório, a ampla defesa e a garantia de recurso, assim como a situação de hipossuficiência do migrante ou do visitante.

CAPÍTULO X
DISPOSIÇÕES FINAIS E TRANSITÓRIAS

....

Art. 125. Esta Lei entra em vigor após decorridos 180 (cento e oitenta) dias de sua publicação oficial.

Brasília, 24 de maio de 2017, 196.º da Independência e 129.º da República.

MICHEL TEMER

SÚMULAS DO SUPREMO TRIBUNAL FEDERAL (*)

•• *As Súmulas aqui constantes, até a de n. 611, foram promulgadas antes da Constituição Federal de 1988, que mudou a competência do STF.*

1. É vedada a expulsão de estrangeiro casado com brasileira, ou que tenha filho brasileiro dependente da economia paterna.

101. O mandado de segurança não substitui a ação popular.

145. Não há crime, quando a preparação do flagrante pela polícia torna impossível a sua consumação.

146. A prescrição da ação penal regula-se pela pena concretizada na sentença, quando não há recurso da acusação.

147. A prescrição de crime falimentar começa a correr da data em que deveria estar encerrada a falência, ou do trânsito em julgado da sentença que a encerrar ou que julgar cumprida a concordata.

• *Vide* Súmula 592 do STF.

155. É relativa a nulidade do processo criminal por falta de intimação da expedição de precatória para inquirição de testemunha.

• *Vide* Súmula 273 do STJ.

156. É absoluta a nulidade do julgamento, pelo júri, por falta de quesito obrigatório.

• *Vide* Súmulas 155 e 162 do STF.

160. É nula a decisão do tribunal que acolhe, contra o réu, nulidade não arguida no recurso da acusação, ressalvados os casos de recurso de ofício.

162. É absoluta a nulidade do julgamento pelo júri, quando os quesitos da defesa não precedem aos das circunstâncias agravantes.

206. É nulo o julgamento ulterior pelo júri com a participação de jurado que funcionou em julgamento anterior do mesmo processo.

• *Vide* art. 449, I, do CPP.

208. O assistente do Ministério Público não pode recorrer, extraordinariamente, de decisão concessiva de *habeas corpus*.

• *Vide* Súmula 210 do STF.

210. O assistente do Ministério Público pode recorrer, inclusive extraordinariamente, na ação penal, nos casos dos arts. 584, § 1.º, e 598 do Código de Processo Penal.

• *Vide* Súmula 208 do STF.

245. A imunidade parlamentar não se estende ao corréu sem essa prerrogativa.

246. Comprovado não ter havido fraude, não se configura o crime de emissão de cheque sem fundos.

• *Vide* Súmula 554 do STF.

248. É competente originariamente o STF, para mandado de segurança contra ato do TCU.

• *Vide* art. 102, I, *d*, da CF.

266. Não cabe mandado de segurança contra lei em tese.

267. Não cabe mandado de segurança contra ato judicial passível de recurso ou correição.

• *Vide* art. 5.º, II, da Lei n. 12.016, de 7-8-2009.

268. Não cabe mandado de segurança contra decisão judicial com trânsito em julgado.

269. O mandado de segurança não é substitutivo de ação de cobrança.

• *Vide* Súmula 271 do STF.

271. Concessão de mandado de segurança não produz efeitos patrimoniais em relação a período pretérito, os quais devem ser reclamados administrativamente ou pela via judicial própria.

• *Vide* Súmula 269 do STF.

272. Não se admite como ordinário recurso extraordinário de decisão denegatória de mandado de segurança.

279. Para simples reexame de prova não cabe recurso extraordinário.

280. Por ofensa a direito local não cabe recurso extraordinário.

281. É inadmissível o recurso extraordinário quando couber, na justiça de origem, recurso ordinário da decisão impugnada.

282. É inadmissível o recurso extraordinário quando não ventilada, na decisão recorrida, a questão federal suscitada.

283. É inadmissível o recurso extraordinário quando a decisão recorrida assenta em mais de um fundamento suficiente e o recurso não abrange todos eles.

284. É inadmissível o recurso extraordinário, quando a deficiência na sua fundamentação não permitir a exata compreensão da controvérsia.

286. Não se conhece do recurso extraordinário fundado em divergência jurisprudencial, quando a orientação do plenário do Supremo Tribunal Federal já se firmou no mesmo sentido da decisão recorrida.

(*) De acordo com o art. 8.º da Emenda Constitucional n. 45, de 8-12-2004 (Reforma do Judiciário), as atuais súmulas do STF somente produzirão efeito vinculante após sua confirmação por dois terços de seus integrantes e publicação na imprensa oficial.

ESPAÇO RESERVADO PARA USO DE GRAMPO

287. Nega-se provimento ao agravo quando a deficiência na sua fundamentação, ou na do recurso extraordinário, não permitir a exata compreensão da controvérsia.

288. Nega-se provimento a agravo para subida de recurso extraordinário quando faltar no traslado o despacho agravado, a decisão recorrida, a petição de recurso extraordinário ou qualquer peça essencial à compreensão da controvérsia.

• *Vide* Súmula 639 do STF.

289. O provimento do agravo por uma das Turmas do STF, ainda que sem ressalva, não prejudica a questão do cabimento do recurso extraordinário.

293. São inadmissíveis embargos infringentes contra decisão em matéria constitucional submetida ao plenário dos tribunais.

• *Vide* Súmula 455 do STF.

294. São inadmissíveis embargos infringentes contra decisão do STF em mandado de segurança.

• *Vide* Súmulas 597 do STF e 169 do STJ.

• *Vide* art. 25 da Lei n. 12.016, de 7-8-2009.

298. O legislador ordinário só pode sujeitar civis à Justiça Militar, em tempo de paz, nos crimes contra a segurança externa do País ou as instituições militares.

299. O recurso ordinário e o extraordinário interpostos no mesmo processo de mandado de segurança, ou de *habeas corpus*, serão julgados conjuntamente pelo tribunal pleno.

304. Decisão denegatória de mandado de segurança, não fazendo coisa julgada contra o impetrante, não impede o uso da ação própria.

310. Quando a intimação tiver lugar na sexta-feira, ou a publicação com efeito de intimação for feita nesse dia, o prazo judicial terá início na segunda-feira imediata, salvo se não houver expediente, caso em que começará no primeiro dia útil que se seguir.

• *Vide* Regimento Interno do STF, art. 104, § 3.º.

319. O prazo do recurso ordinário para o Supremo Tribunal Federal, em *habeas corpus* ou mandado de segurança, é de 5 (cinco) dias.

320. A apelação despachada pelo juiz no prazo legal, não fica prejudicada pela demora da juntada por culpa do cartório.

322. Não terá seguimento pedido ou recurso dirigido ao Supremo Tribunal Federal, quando manifestamente incabível, ou apresentado fora do prazo, ou quando for evidente a incompetência do tribunal.

330. O STF não é competente para conhecer de mandado de segurança contra atos dos tribunais de justiça dos Estados.

• *Vide* Súmula 624 do STF.

344. Sentença de primeira instância, concessiva de *habeas corpus*, em caso de crime praticado em detrimento de bens, serviços ou interesses da União, está sujeita a recurso *ex officio*.

351. É nula a citação por edital de réu preso na mesma unidade da Federação em que o juiz exerce a sua jurisdição.

352. Não é nulo o processo penal por falta de nomeação de curador ao réu menor que teve a assistência de defensor dativo.

356. O ponto omisso da decisão, sobre o qual não foram opostos embargos declaratórios, não pode ser objeto de recurso extraordinário, por faltar o requisito do pré-questionamento.

• *Vide* Súmula 282 do STF.

361. No processo penal, é nulo o exame realizado por um só perito, considerando-se impedido o que tiver funcionado, anteriormente, na diligência de apreensão.

•• *Vide* art. 159 do CPP.

366. Não é nula a citação por edital que indica o dispositivo da lei penal, embora não transcreva a denúncia ou queixa, ou não resuma os fatos em que se baseia.

367. Concede-se liberdade ao extraditando que não for retirado do País no prazo do art. 16 do Decreto-lei n. 394, de 28 de abril de 1938.

369. Julgados do mesmo tribunal não servem para fundamentar o recurso extraordinário por divergência jurisprudencial.

392. O prazo para recorrer de acórdão concessivo de segurança conta-se da publicação oficial de suas conclusões, e não da anterior ciência à autoridade para cumprimento da decisão.

• *Vide* Lei n. 12.016, de 7-8-2009.

393. Para requerer revisão criminal o condenado não é obrigado a recolher-se à prisão.

395. Não se conhece do recurso de *habeas corpus* cujo objeto seja resolver sobre o ônus das custas, por não estar mais em causa a liberdade de locomoção.

396. Para a ação penal por ofensa à honra, sendo admissível a exceção de verdade quanto ao desempenho de função pública, prevalece a competência especial por prerrogativa de função, ainda que já tenha cessado o exercício funcional do ofendido.

397. O poder de polícia da Câmara dos Deputados e do Senado Federal, em caso de crime cometido nas suas dependências, compreende, consoante o regimento, a prisão em flagrante do acusado e a realização do inquérito.

399. Não cabe recurso extraordinário por violação de lei federal, quando a ofensa alegada for a regimento de tribunal.

400. Decisão que deu razoável interpretação à lei, ainda que não seja a melhor, não autoriza recurso extraordinário pela letra *a* do art. 101, III, da Constituição Federal.

•• Refere-se a dispositivo da CF de 1946. *Vide* art. 102, III, da CF.

405. Denegado o mandado de segurança pela sentença, ou no julgamento do agravo dela interposto, fica sem efeito a liminar concedida, retroagindo os efeitos da decisão contrária.

422. A absolvição criminal não prejudica a medida de

segurança, quando couber, ainda que importe privação da liberdade.

423. Não transita em julgado a sentença por haver omitido o recurso *ex officio*, que se considera interposto *ex lege*.

428. Não fica prejudicada a apelação entregue em cartório no prazo legal, embora despachada tardiamente.

429. A existência de recurso administrativo com efeito suspensivo não impede o uso do mandado de segurança contra omissão da autoridade.

• *Vide* art. 5.°, I, da Lei n. 12.016, de 7-8-2009.

430. Pedido de reconsideração na via administrativa não interrompe o prazo para o mandado de segurança.

431. É nulo o julgamento de recurso criminal, na segunda instância, sem prévia intimação ou publicação da pauta, salvo em *habeas corpus*.

448. O prazo para o assistente recorrer, supletivamente, começa a correr imediatamente após o transcurso do prazo do Ministério Público.

•• O Tribunal Pleno, no julgamento do HC 50417 (*RTJ* 68/604), por maioria de votos, resolvendo questão de ordem, decidiu pela revisão preliminar da redação desta Súmula.

450. São devidos honorários de advogado sempre que vencedor o beneficiário de Justiça gratuita.

451. A competência especial por prerrogativa de função não se estende ao crime cometido após a cessação definitiva do exercício funcional.

453. Não se aplicam à segunda instância o art. 384 e parágrafo único do Código de Processo Penal, que possibilitam dar nova definição jurídica ao fato delituoso, em virtude de circunstância elementar não contida explícita ou implicitamente na denúncia ou queixa.

• O art. 384 do CPP foi alterado pela Lei n. 11.719, de 20-6-2008.

455. Da decisão que se seguir ao julgamento de constitucionalidade pelo tribunal pleno, são inadmissíveis embargos infringentes quanto à matéria constitucional.

• *Vide* Súmula 293 do STF.

456. O Supremo Tribunal Federal, conhecendo do recurso extraordinário, julgará a causa aplicando o direito à espécie.

474. Não há direito líquido e certo amparado pelo mandado de segurança, quando se escuda em lei cujos efeitos foram anulados por outra, declarada constitucional pelo STF.

491. É indenizável o acidente que cause a morte de filho menor, ainda que não exerça trabalho remunerado.

497. Quando se tratar de crime continuado, a prescrição regula-se pela pena imposta na sentença, não se computando o acréscimo decorrente da continuação.

498. Compete à Justiça dos Estados, em ambas as instâncias, o processo e o julgamento dos crimes contra a economia popular.

510. Praticado o ato por autoridade no exercício de competência delegada, contra ela cabe o mandado de segurança ou a medida judicial.

512. Não cabe condenação em honorários de advogado na ação de mandado de segurança.

• *Vide* Súmula 105 do STJ.

• *Vide* art. 25 da Lei n. 12.016, de 7-8-2009.

520. Não exige a lei que, para requerer o exame a que se refere o art. 777, do Código de Processo Penal, tenha o sentenciado cumprido mais de metade do prazo da medida de segurança imposta.

• *Vide* arts. 175 e s. da Lei n. 7.210, de 11-7-1984.

521. O foro competente para o processo e o julgamento dos crimes de estelionato, sob a modalidade da emissão dolosa de cheque sem provisão de fundos, é o do local onde se deu a recusa do pagamento pelo sacado.

• *Vide* Súmulas 246 e 554.

522. Salvo ocorrência de tráfico para o Exterior, quando, então, a competência será da Justiça Federal, compete à Justiça dos Estados o processo e julgamento dos crimes relativos a entorpecentes.

• *Vide* art. 70 da Lei n. 11.343, de 23-8-2006.

523. No processo penal, a falta da defesa constitui nulidade absoluta, mas a sua deficiência só o anulará se houver prova de prejuízo para o réu.

524. Arquivado o inquérito policial, por despacho do juiz, a requerimento do promotor de justiça, não pode a ação penal ser iniciada sem novas provas.

525. A medida de segurança não será aplicada em segunda instância, quando só o réu tenha recorrido.

526. Subsiste a competência do Supremo Tribunal Federal, para conhecer e julgar a apelação, nos crimes de Lei de Segurança Nacional, se houve sentença antes da vigência do Ato Institucional n. 2.

528. Se a decisão contiver partes autônomas, a admissão parcial, pelo presidente do tribunal *a quo*, de recurso extraordinário que sobre qualquer delas se manifestar, não limitará a apreciação de todas pelo Supremo Tribunal Federal, independentemente de interposição de agravo de instrumento.

554. O pagamento de cheque emitido sem provisão de fundos, após o recebimento da denúncia, não obsta ao prosseguimento da ação penal.

• *Vide* Súmula 246 do STF.

560. A extinção de punibilidade pelo pagamento do tributo devido estende-se ao crime de contrabando ou descaminho, por força do art. 18, § 2.°, do Decreto-lei n. 157/67.

•• O Decreto-lei n. 157, de 10-2-1967, concede estímulos fiscais à capitalização das empresas, reforça os incentivos à compra de ações e facilita o pagamento de débitos fiscais.

562. Na indenização de danos materiais decorrentes de ato ilícito cabe a atualização de seu valor, utilizando-se, para esse fim, dentre outros critérios, os índices de correção monetária.

564. A ausência de fundamentação do despacho de recebimento de denúncia por crime falimentar enseja nulidade processual, salvo se já houver sentença condenatória.

592. Nos crimes falimentares, aplicam-se as causas interruptivas da prescrição previstas no Código Penal.

• *Vide* Súmula 147 do STF.

594. Os direitos de queixa e de representação podem ser exercidos, independentemente, pelo ofendido ou por seu representante legal.

ESPAÇO RESERVADO PARA USO DE GRAMPO

• *Vide* art. 34 do CPP.

597. Não cabem embargos infringentes de acórdão que, em mandado de segurança, decidiu por maioria de votos a apelação.

• *Vide* Súmulas 294 do STF e 169 do STJ.

• *Vide* art. 25 da Lei n. 12.016, de 7-8-2009.

602. Nas causas criminais, o prazo de interposição de recurso extraordinário é de 10 (dez) dias.

•• *Vide* art. 26 da Lei n. 8.038, de 28-5-1990.

603. A competência para o processo e julgamento de latrocínio é do juiz singular e não do Tribunal do Júri.

606. Não cabe *habeas corpus* originário para o tribunal pleno de decisão de turma, ou do plenário, proferida em *habeas corpus* ou no respectivo recurso.

608. No crime de estupro, praticado mediante violência real, a ação penal é pública incondicionada.

609. É pública incondicionada a ação penal por crime de sonegação fiscal.

611. Transitada em julgado a sentença condenatória, compete ao juízo das execuções a aplicação de lei mais benigna.

622. Não cabe agravo regimental contra decisão do relator que concede ou indefere liminar em mandado de segurança.

• *Vide* art. 16, parágrafo único, da Lei n. 12.016, de 7-8-2009.

624. Não compete ao Supremo Tribunal Federal conhecer originariamente de mandado de segurança contra atos de outros tribunais.

• *Vide* Súmula 330 do STF.

625. Controvérsia sobre matéria de direito não impede concessão de mandado de segurança.

(*) 626. A suspensão da liminar em mandado de segurança, salvo determinação em contrário da decisão que a deferir, vigorará até o trânsito em julgado da decisão definitiva de concessão da segurança ou, havendo recurso, até a sua manutenção pelo Supremo Tribunal Federal, desde que o objeto da liminar deferida coincida, total ou parcialmente, com o da impetração.

• *Vide* art. 15, *caput*, da Lei n. 12.016, de 7-8-2009.

629. A impetração de mandado de segurança coletivo por entidade de classe em favor dos associados independe da autorização destes.

• *Vide* art. 21, *caput*, da Lei n. 12.016, de 7-8-2009.

630. A entidade de classe tem legitimação para o mandado de segurança ainda quando a pretensão veiculada interesse apenas a uma parte da respectiva categoria.

• *Vide* art. 21, *caput*, da Lei n. 12.016, de 7-8-2009.

631. Extingue-se o processo de mandado de segurança se o impetrante não promove, no prazo assinado, a citação do litisconsorte passivo necessário.

• Sobre litisconsórcio necessário: arts. 114 e 115 do CPC de 2015.

632. É constitucional lei que fixa o prazo de decadência para a impetração de mandado de segurança.

639. Aplica-se a Súmula 288 quando não constarem do traslado do agravo de instrumento as cópias das peças necessárias à verificação da tempestividade do recurso extraordinário não admitido pela decisão agravada.

640. É cabível recurso extraordinário contra decisão proferida por juiz de primeiro grau nas causas de alçada, ou por turma recursal de juizado especial cível e criminal.

• *Vide* Súmula 203 do STJ e Lei n. 9.099, de 26-9-1995.

654. A garantia da irretroatividade da lei, prevista no art. 5.º, XXXVI, da Constituição da República, não é invocável pela entidade estatal que a tenha editado.

655. A exceção prevista no art. 100, *caput*, da Constituição, em favor dos créditos de natureza alimentícia, não dispensa a expedição de precatório, limitando-se a isentá-los da observância da ordem cronológica dos precatórios decorrentes de condenações de outra natureza.

690. Compete ao Supremo Tribunal Federal o julgamento de *habeas corpus* contra decisão de turma recursal de juizados especiais criminais.

•• Súmula declarada superada pelo Tribunal Pleno, no julgamento do HC 86834 (*DJ* de 9-3-2007).

• *Vide* art. 102, I, *i*, da CF e Lei n. 9.099, de 26-9-1995.

691. Não compete ao Supremo Tribunal Federal conhecer de *habeas corpus* impetrado contra decisão do Relator que, em *habeas corpus* requerido a tribunal superior, indefere a liminar.

• *Vide* art. 102, I, *i*, da CF.

692. Não se conhece de *habeas corpus* contra omissão de relator de extradição, se fundado em fato ou direito estrangeiro cuja prova não constava dos autos, nem foi ele provocado a respeito.

693. Não cabe *habeas corpus* contra decisão condenatória a pena de multa, ou relativo a processo em curso por infração penal a que a pena pecuniária seja a única cominada.

694. Não cabe *habeas corpus* contra a imposição da pena de exclusão de militar ou de perda de patente ou de função pública.

• *Vide* art. 647 do CPP.

695. Não cabe *habeas corpus* quando já extinta a pena privativa de liberdade.

• *Vide* art. 659 do CPP.

696. Reunidos os pressupostos legais permissivos da suspensão condicional do processo, mas se recusando o Promotor de Justiça a propô-la, o Juiz, dissentindo, remeterá a questão ao Procurador-Geral, aplicando-se por analogia o art. 28 do Código de Processo Penal.

• *Vide* art. 89 da Lei n. 9.099, de 26-9-1995.

697. A proibição de liberdade provisória nos processos por crimes hediondos não veda o relaxamento da prisão processual por excesso de prazo.

•• Súmula prejudicada pela Lei n. 11.464, de 28-3-2007, que alterou a redação da Lei n. 8.072, de 25-7-1990, suprimindo a proibição da liberdade provisória nos crimes hediondos.

(*) As Súmulas seguintes foram promulgadas após a CF de 1988.

698. Não se estende aos demais crimes hediondos a admissibilidade de progressão no regime de execução da pena aplicada ao crime de tortura.

•• Súmula prejudicada pela Lei n. 11.464, de 28-3-2007, que alterou a redação da Lei n. 8.072, de 25-7-1990, permitindo a progressão de regime nos crimes hediondos.

699. O prazo para interposição de agravo, em processo penal, é de cinco dias, de acordo com a Lei n. 8.038/90, não se aplicando o disposto a respeito nas alterações da Lei n. 8.950/94 ao Código de Processo Civil.

700. É de cinco dias o prazo para interposição de agravo contra decisão do juiz da execução penal.

• *Vide* art. 197 da Lei n. 7.210, de 11-7-1984 (LEP).

701. No mandado de segurança impetrado pelo Ministério Público contra decisão proferida em processo penal, é obrigatória a citação do réu como litisconsorte passivo.

702. A competência do Tribunal de Justiça para julgar Prefeitos restringe-se aos crimes de competência da Justiça comum estadual; nos demais casos, a competência originária caberá ao respectivo tribunal de segundo grau.

• *Vide* Decreto-lei n. 201, de 27-2-1967.

703. A extinção do mandato do Prefeito não impede a instauração de processo pela prática dos crimes previstos no art. 1.º do Decreto-lei n. 201/67.

704. Não viola as garantias do juiz natural, da ampla defesa e do devido processo legal a atração por continência ou conexão do processo do corréu ao foro por prerrogativa de função de um dos denunciados.

• *Vide* arts. 79 e 84 do CPP e 5.º, LIII, LIV e LV, da CF.

705. A renúncia do réu ao direito de apelação, manifestada sem a assistência do defensor, não impede o conhecimento da apelação por este interposta.

706. É relativa a nulidade decorrente da inobservância da competência penal por prevenção.

• *Vide* arts. 75, parágrafo único, e 83 do CPP.

707. Constitui nulidade a falta de intimação do denunciado para oferecer contrarrazões ao recurso interposto da rejeição da denúncia, não a suprindo a nomeação de defensor dativo.

• *Vide* art. 588 do CPP.

708. É nulo o julgamento da apelação se, após a manifestação nos autos da renúncia do único defensor, o réu não foi previamente intimado para constituir outro.

• *Vide* arts. 261 e 564, III, *c*, do CPP.

709. Salvo quando nula a decisão de primeiro grau, o acórdão que provê o recurso contra a rejeição da denúncia vale, desde logo, pelo recebimento dela.

710. No processo penal, contam-se os prazos da data da intimação, e não da juntada aos autos do mandado ou da carta precatória ou de ordem.

711. A lei penal mais grave aplica-se ao crime continuado ou ao crime permanente, se a sua vigência é anterior à cessação da continuidade ou da permanência.

712. É nula a decisão que determina o desaforamento de processo da competência do Júri sem audiência da defesa.

• *Vide* arts. 427 e 428 do CPP.

713. O efeito devolutivo da apelação contra decisões do Júri é adstrito aos fundamentos da sua interposição.

714. É concorrente a legitimidade do ofendido, mediante queixa, e do Ministério Público, condicionada à representação do ofendido, para a ação penal por crime contra a honra de servidor público em razão do exercício de suas funções.

715. A pena unificada para atender ao limite de trinta anos de cumprimento, determinado pelo art. 75 do Código Penal, não é considerada para a concessão de outros benefícios, como o livramento condicional ou regime mais favorável de execução.

716. Admite-se a progressão de regime de cumprimento de pena ou a aplicação imediata de regime menos severo nela determinada, antes do trânsito em julgado da sentença condenatória.

• *Vide* art. 112 da Lei n. 7.210, de 11-7-1984 (LEP).

717. Não impede a progressão de regime de execução da pena, fixada em sentença não transitada em julgado, o fato de o réu se encontrar em prisão especial.

• *Vide* art. 295 do CPP.

718. A opinião do julgador sobre a gravidade em abstrato do crime não constitui motivação idônea para a imposição de regime mais severo do que o permitido segundo a pena aplicada.

719. A imposição do regime de cumprimento mais severo do que a pena aplicada permitir exige motivação idônea.

720. O art. 309 do Código de Trânsito Brasileiro, que reclama decorra do fato perigo de dano, derrogou o art. 32 da Lei das Contravenções Penais no tocante à direção sem habilitação em vias terrestres.

721. A competência constitucional do Tribunal do Júri prevalece sobre o foro por prerrogativa de função estabelecido exclusivamente pela Constituição estadual.

• *Vide* art. 5.º, XXXVIII, *d*, da CF.

722. São da competência legislativa da União a definição dos crimes de responsabilidade e o estabelecimento das respectivas normas de processo e julgamento.

723. Não se admite a suspensão condicional do processo por crime continuado, se a soma da pena mínima da infração mais grave com o aumento mínimo de um sexto for superior a um ano.

727. Não pode o magistrado deixar de encaminhar ao Supremo Tribunal Federal o agravo de instrumento interposto da decisão que não admite recurso extraordinário, ainda que referente a causa instaurada no âmbito dos juizados especiais.

731. Para fim da competência originária do Supremo

ESPAÇO RESERVADO PARA USO DE GRAMPO

Tribunal Federal, é de interesse geral da magistratura a questão de saber se, em face da LOMAN, os juízes têm direito à licença-prêmio.

734. Não cabe reclamação quando já houver transitado em julgado o ato judicial que se alega tenha desrespeitado decisão do Supremo Tribunal Federal.

• *Vide* art. 156 do Regimento Interno do STF.

735. Não cabe recurso extraordinário contra acórdão que defere medida liminar.

SÚMULAS VINCULANTES (*)

1. Ofende a garantia constitucional do ato jurídico perfeito a decisão que, sem ponderar as circunstâncias do caso concreto, desconsidera a validez e a eficácia de acordo constante de termo de adesão instituído pela Lei Complementar n. 110/2001.

• *Vide* art. 5.º, XXXVI, da CF.

2. É inconstitucional a lei ou ato normativo estadual ou distrital que disponha sobre sistemas de consórcios e sorteios, inclusive bingos e loterias.

• *Vide* art. 22, XX, da CF.

3. Nos processos perante o Tribunal de Contas da União asseguram-se o contraditório e a ampla defesa quando da decisão puder resultar anulação ou revogação de ato administrativo que beneficie o interessado, excetuada a apreciação da legalidade do ato de concessão inicial de aposentadoria, reforma e pensão.

• *Vide* arts. 5.º, LV, e 71, III, da CF.

4. Salvo nos casos previstos na Constituição, o salário mínimo não pode ser usado como indexador de base de cálculo de vantagem de servidor público ou de empregado, nem ser substituído por decisão judicial.

• *Vide* art. 7.º, IV, da CF.

5. A falta de defesa técnica por advogado no processo administrativo disciplinar não ofende a Constituição.

6. Não viola a Constituição o estabelecimento de remuneração inferior ao salário mínimo para as praças prestadoras de serviço militar inicial.

7. A norma do § 3.º do art. 192 da Constituição, revogada pela Emenda Constitucional n. 40/2003, que limitava a taxa de juros reais a 12% ao ano, tinha sua aplicação condicionada à edição de lei complementar.

8. São inconstitucionais o parágrafo único do art. 5.º do Decreto-lei n. 1.569/1977 e os arts. 45 e 46 da Lei n. 8.212/1991, que tratam de prescrição e decadência de crédito tributário.

9. O disposto no art. 127 da Lei n. 7.210/1984 (Lei de Execução Penal) foi recebido pela ordem constitucional vigente, e não se lhe aplica o limite temporal previsto no *caput* do art. 58.

10. Viola a cláusula de reserva de plenário (CF, art. 97) a decisão de órgão fracionário de Tribunal que, embora não declare expressamente a inconstitucionalidade de lei ou ato normativo do poder público, afasta sua incidência, no todo ou em parte.

11. Só é lícito o uso de algemas em casos de resistência e de fundado receio de fuga ou de perigo à integridade física própria ou alheia, por parte do preso ou de terceiros, justificada a excepcionalidade por escrito, sob pena de responsabilidade disciplinar, civil e penal do agente ou da autoridade e de nulidade da prisão ou do ato processual a que se refere, sem prejuízo da responsabilidade civil do Estado.

• *Vide* arts. 1.º, III, 5.º, III, X e XLIX, da CF.
• *Vide* art. 199 da LEP.
• *Vide* Decreto n. 8.858, de 26-9-2016.

12. A cobrança de taxa de matrícula nas universidades públicas viola o disposto no art. 206, IV, da Constituição Federal.

13. A nomeação de cônjuge, companheiro ou parente em linha reta, colateral ou por afinidade, até o terceiro grau, inclusive, da autoridade nomeante ou de servidor da mesma pessoa jurídica investido em cargo de direção, chefia ou assessoramento, para o exercício de cargo em comissão ou de confiança ou, ainda, de função gratificada na administração pública direta e indireta em qualquer dos Poderes da União, dos Estados, do Distrito Federal e dos Municípios, compreendido o ajuste mediante designações recíprocas, viola a Constituição Federal.

• *Vide* art. 37, *caput*, da CF.

14. É direito do defensor, no interesse do representado, ter acesso amplo aos elementos de prova que, já documentados em procedimento investigatório realizado por órgão com competência de polícia judiciária, digam respeito ao exercício do direito de defesa.

• *Vide* art. 5.º, LXIII, da CF.

15. O cálculo de gratificações e outras vantagens do servidor público não incide sobre o abono utilizado para se atingir o salário mínimo.

• *Vide* art. 7.º, IV, da CF.

16. Os arts. 7.º, IV, e 39, § 3.º (redação da EC n. 19/98), da Constituição, referem-se ao total da remuneração percebida pelo servidor público.

17. Durante o previsto no § 1.º do art. 100 da Constituição, não incidem juros de mora sobre os precatórios que nele sejam pagos.

18. A dissolução da sociedade ou do vínculo conjugal, no curso do mandato, não afasta a inelegibilidade prevista no § 7.º do art. 14 da Constituição Federal.

19. A taxa cobrada exclusivamente em razão dos serviços públicos de coleta, remoção e tratamento ou destinação de lixo ou resíduos provenientes de imóveis, não viola o art. 145, II, da Constituição Federal.

(*) As súmulas vinculantes estão previstas no art. 103-A da CF, acrescentado pela Emenda Constitucional n. 45, de 2004 (Reforma do Judiciário), e regulamentado pela Lei n. 11.417, de 19-12-2006.

ESPAÇO RESERVADO PARA USO DE GRAMPO

20. A Gratificação de Desempenho de Atividade Técnico-Administrativa – GDATA, instituída pela Lei n. 10.404/2002, deve ser deferida aos inativos nos valores correspondentes a 37,5 (trinta e sete vírgula cinco) pontos no período de fevereiro a maio de 2002 e, nos termos do art. 5.º, parágrafo único, da Lei n. 10.404/2002, no período de junho de 2002 até a conclusão dos efeitos do último ciclo de avaliação a que se refere o art. 1.º da Medida Provisória n. 198/2004, a partir da qual passa a ser de 60 (sessenta) pontos.

21. É inconstitucional a exigência de depósito ou arrolamento prévios de dinheiro ou bens para admissibilidade de recurso administrativo.

• *Vide* art. 5.º, XXXIV, *a*, e LV, da CF.

22. A Justiça do Trabalho é competente para processar e julgar as ações de indenização por danos morais e patrimoniais decorrentes de acidente de trabalho propostas por empregado contra empregador, inclusive aquelas que ainda não possuíam sentença de mérito em primeiro grau quando da promulgação da Emenda Constitucional n. 45/04.

23. A Justiça do Trabalho é competente para processar e julgar ação possessória ajuizada em decorrência do exercício do direito de greve pelos trabalhadores da iniciativa privada.

24. Não se tipifica crime material contra a ordem tributária, previsto no art. 1.º, incisos I a IV, da Lei n. 8.137/90, antes do lançamento definitivo do tributo.

25. É ilícita a prisão civil de depositário infiel, qualquer que seja a modalidade do depósito.

•• *Vide* art. 5.º, LXVII, e § 2.º, da CF.

• *Vide* art. 7.º, n. 7, do Decreto n. 678, de 6-11-1992 (Pacto de São José da Costa Rica).

26. Para efeito de progressão de regime no cumprimento de pena por crime hediondo, ou equiparado, o juízo da execução observará a inconstitucionalidade do art. 2.º da Lei n. 8.072, de 25 de julho de 1990, sem prejuízo de avaliar se o condenado preenche, ou não, os requisitos objetivos e subjetivos do benefício, podendo determinar, para tal fim, de modo fundamentado, a realização de exame criminológico.

• *Vide* art. 5.º, XLVI e XLVII, da CF.

• *Vide* arts. 33, § 3.º, e 59, do CP.

• *Vide* arts. 66, III, *b*, e 112 da Lei n. 7.210, de 11-7-1984 (LEP).

• *Vide* Lei n. 8.072, de 25-7-1990.

• *Vide* Súmula 439 do STJ.

27. Compete à Justiça estadual julgar causas entre consumidor e concessionária de serviço público de telefonia, quando a ANATEL não seja litisconsorte passiva necessária, assistente, nem opoente.

• *Vide* arts. 98, I, e 109, I, da CF.

28. É inconstitucional a exigência de depósito prévio como requisito de admissibilidade de ação judicial na qual se pretenda discutir a exigibilidade de crédito tributário.

29. É constitucional a adoção, no cálculo do valor de taxa, de um ou mais elementos da base de cálculo própria de determinado imposto, desde que não haja integral identidade entre uma base e outra.

•• Até a data de fechamento desta edição o STF mantinha suspensa a publicação da Súmula Vinculante 30.

31. É inconstitucional a incidência do Imposto sobre Serviços de Qualquer Natureza – ISS sobre operações de locação de bens móveis.

32. O ICMS não incide sobre alienação de salvados de sinistro pelas seguradoras.

33. Aplicam-se ao servidor público, no que couber, as regras do regime geral da previdência social sobre aposentadoria especial de que trata o art. 40, § 4.º, inciso III, da Constituição Federal, até a edição de lei complementar específica.

34. A Gratificação de Desempenho de Atividade de Seguridade Social e do Trabalho – GDASST, instituída pela Lei n. 10.483/2002, deve ser estendida aos inativos no valor correspondente a 60 (sessenta) pontos, desde o advento da Medida Provisória n. 198/2004, convertida na Lei n. 10.971/2004, quando tais inativos façam jus à paridade constitucional (EC 20/1998, 41/2003 e 47/2005).

35. A homologação da transação penal prevista no art. 76 da Lei n. 9.099/1995 não faz coisa julgada material e, descumpridas suas cláusulas, retoma-se a situação anterior, possibilitando-se ao Ministério Público a continuidade da persecução penal mediante oferecimento de denúncia ou requisição de inquérito policial.

36. Compete à Justiça Federal comum processar e julgar civil denunciado pelos crimes de falsificação e de uso de documento falso quando se tratar de falsificação da Caderneta de Inscrição e Registro (CIR) ou de Carteira de Habilitação de Amador (CHA), ainda que expedidas pela Marinha do Brasil.

37. Não cabe ao Poder Judiciário, que não tem função legislativa, aumentar vencimentos de servidores públicos sob o fundamento de isonomia.

•• Dispõe a Súmula 339 do STF: "Não cabe ao Poder Judiciário, que não tem função legislativa, aumentar vencimentos de servidores públicos sob fundamento de isonomia".

38. É competente o Município para fixar o horário de funcionamento de estabelecimento comercial.

• *Vide* art. 30, I, da CF.

39. Compete privativamente à União legislar sobre vencimentos dos membros das polícias civil e militar e do corpo de bombeiros militar do Distrito Federal.

• *Vide* art. 21, XIV, da CF.

40. A contribuição confederativa de que trata o art. 8.º, IV, da Constituição Federal, só é exigível dos filiados ao sindicato respectivo.

• *Vide* Súmula 666 do STF.

41. O serviço de iluminação pública não pode ser remunerado mediante taxa.

• *Vide* art. 145, II, da CF.

42. É inconstitucional a vinculação do reajuste de vencimentos de servidores estaduais ou municipais a índices federais de correção monetária.

• *Vide* arts. 30, I, e 37, XIII, da CF.

43. É inconstitucional toda modalidade de provimento que propicie ao servidor investir-se, sem prévia aprovação em concurso público destinado ao seu provimento, em cargo que não integra a carreira na qual anteriormente investido.

• *Vide* art. 37, II, da CF.

44. Só por lei se pode sujeitar a exame psicotécnico a habilitação de candidato a cargo público.

• *Vide* arts. 5.º, II, e 37, I, da CF.

45. A competência constitucional do Tribunal do Júri prevalece sobre o foro por prerrogativa de função estabelecido exclusivamente pela constituição estadual.

• *Vide* arts. 5.º, XXXVIII, *d*, e 125, § 1.º, da CF.

46. A definição dos crimes de responsabilidade e o estabelecimento das respectivas normas de processo e julgamento são da competência legislativa privativa da União.

• *Vide* arts. 22, I, e 85, parágrafo único, da CF.

47. Os honorários advocatícios incluídos na condenação ou destacados do montante principal devido ao credor consubstanciam verba de natureza alimentar cuja satisfação ocorrerá com a expedição de precatório ou requisição de pequeno valor, observada ordem especial restrita aos créditos dessa natureza.

• *Vide* art. 100, § 1.º, da CF.

48. Na entrada de mercadoria importada do exterior, é legítima a cobrança do ICMS por ocasião do desembaraço aduaneiro.

• *Vide* art. 155, § 2.º, IX, *a*, da CF.

49. Ofende o princípio da livre concorrência lei municipal que impede a instalação de estabelecimentos comerciais do mesmo ramo em determinada área.

• *Vide* arts. 170, IV, V, parágrafo único, e 173, § 4.º, da CF.

50. Norma legal que altera o prazo de recolhimento de obrigação tributária não se sujeita ao princípio da anterioridade.

• *Vide* art. 195, § 6.º, da CF.

51. O reajuste de 28,86%, concedido aos servidores militares pelas Leis n. 8.622/1993 e 8.627/1993, estende-se aos servidores civis do poder executivo, observadas as eventuais compensações decorrentes dos reajustes diferenciados concedidos pelos mesmos diplomas legais.

52. Ainda quando alugado a terceiros, permanece imune ao IPTU o imóvel pertencente a qualquer das entidades referidas pelo art. 150, VI, *c*, da Constituição Federal, desde que o valor dos aluguéis seja aplicado nas atividades para as quais tais entidades foram constituídas.

53. A competência da Justiça do Trabalho prevista no art. 114, VIII, da Constituição Federal alcança a execução de ofício das contribuições previdenciárias relativas ao objeto da condenação constante das sentenças que proferir e acordos por ela homologados.

54. A medida provisória não apreciada pelo Congresso Nacional podia, até a Emenda Constitucional n. 32/2001, ser reeditada dentro do seu prazo de eficácia de trinta dias, mantidos os efeitos de lei desde a primeira edição.

55. O direito ao auxílio-alimentação não se estende aos servidores inativos.

56. A falta de estabelecimento penal adequado não autoriza a manutenção do condenado em regime prisional mais gravoso, devendo-se observar, nessa hipótese, os parâmetros fixados no RE 641.320/RS.

• *Vide* arts. 1.º, III, e 5.º, XLVI, da CF.

ESPAÇO RESERVADO PARA USO DE GRAMPO

SÚMULAS DO TRIBUNAL FEDERAL DE RECURSOS

•• *As Súmulas aqui constantes, até a de n. 241, foram promulgadas antes da Constituição Federal de 1988, que extinguiu o TFR.*

19. Compete ao Tribunal Federal de Recursos julgar conflito de jurisdição entre auditor militar e juiz de direito dos Estados em que haja Tribunal Militar Estadual (Constituição Federal, art. 192).

•• *Vide* art. 105, I, *d*, da CF.

20. Compete à Justiça Militar Estadual processar e julgar os integrantes das polícias militares estaduais nos crimes militares (Código Penal Militar, art. 9.º).

23. O juízo da execução criminal é o competente para a aplicação de lei nova mais benigna a fato julgado por sentença condenatória irrecorrível.

30. Conexos os crimes praticados por policial militar e por civil, ou acusados estes como coautores pela mesma infração, compete à Justiça Militar Estadual processar e julgar o policial militar pelo crime militar (Código Penal Militar, art. 9.º) e à Justiça comum, o civil.

31. Compete à Justiça Estadual o processo e julgamento de crime de falsificação ou de uso de certificado de conclusão de curso de 1.º e 2.º graus, desde que não se refira a estabelecimento federal de ensino ou a falsidade não seja de assinatura de funcionário federal.

52. Compete à Justiça Federal o processo e julgamento unificado dos crimes conexos de competência federal e estadual, não se aplicando a regra do art. 78, II, *a*, do Código de Processo Penal.

54. Compete à Justiça Estadual de primeira instância processar e julgar crimes de tráfico internacional de entorpecentes, quando praticado o delito em comarca que não seja sede de vara do juízo federal.

55. Compete à Justiça comum o julgamento de militar das Forças Armadas que, não se encontrando numa das situações previstas no art. 9.º do Código Penal Militar, praticar delito contra integrante da Polícia Militar em função policial civil.

92. O pagamento dos tributos, para efeito de extinção de punibilidade (Decreto-lei n. 157, de 1967, art. 18, § 2.º; STF, Súmula 560), não elide a pena de perdimento de bens autorizada pelo Decreto-lei n. 1.455, de 1976, art. 23.

98. Compete à Justiça Federal processar e julgar os crimes praticados contra servidor público federal, no exercício de suas funções com estas relacionados.

103. Compete ao Tribunal Federal de Recursos processar e julgar, originariamente, mandado de segurança impetrado contra ato de órgão colegiado presidido por ministro de Estado.

115. Compete à Justiça Federal processar e julgar os crimes contra a organização do trabalho, quando tenham por objeto a organização geral do trabalho ou direitos dos trabalhadores considerados coletivamente.

• *Vide* art. 109, VI, da CF.

125. Compete à Justiça comum estadual processar e julgar ação penal instaurada em decorrência de acidente de trânsito envolvendo veículo da União, de autarquia ou de empresa pública federal.

138. A pena de perdimento de veículo, utilizado em contrabando ou descaminho, somente se justifica se demonstrada, em procedimento regular, a responsabilidade do seu proprietário na prática do ilícito.

199. Compete à Justiça Militar Estadual processar e julgar os crimes cometidos por policial militar, mediante uso de arma da corporação, mesmo que se encontre no exercício de policiamento civil.

200. Compete à Justiça Federal processar e julgar o crime de falsificação ou de uso de documento perante a Justiça do Trabalho.

203. O procedimento sumário previsto na Lei n. 1.508, de 1951, compreende também a iniciativa do Ministério Público para a ação penal, nas contravenções referentes à caça, conforme remissão feita pelo art. 34 da Lei n. 5.197, de 1967.

238. A saída de veículo furtado para o exterior não configura o crime de descaminho ou contrabando, competindo à Justiça Comum Estadual o processo e julgamento dos delitos dela decorrentes.

241. A extinção da punibilidade pela prescrição da pretensão punitiva prejudica o exame do mérito da apelação criminal.

ESPAÇO RESERVADO PARA USO DE GRAMPO

SÚMULAS DO SUPERIOR TRIBUNAL DE JUSTIÇA

3. Compete ao Tribunal Regional Federal dirimir conflito de competência verificado, na respectiva região, entre Juiz Federal e Juiz Estadual investido de jurisdição federal.

6. Compete à Justiça Comum Estadual processar e julgar delito decorrente de acidente de trânsito envolvendo viatura de Polícia Militar, salvo se autor e vítima forem policiais militares em situação de atividade.

7. A pretensão de simples reexame de prova não enseja recurso especial.

9. A exigência da prisão provisória, para apelar, não ofende a garantia constitucional da presunção de inocência.

•• *Vide* Súmula 347 do STJ.

17. Quando o falso se exaure no estelionato, sem mais potencialidade lesiva, é por este absorvido.

18. A sentença concessiva do perdão judicial é declaratória da extinção da punibilidade, não subsistindo qualquer efeito condenatório.

21. Pronunciado o réu, fica superada a alegação do constrangimento ilegal da prisão por excesso de prazo na instrução.

22. Não há conflito de competência entre o Tribunal de Justiça e Tribunal de Alçada do mesmo Estado-membro.

•• O art. 4.º da Emenda Constitucional n. 45, de 8-12-2004, estabelece a extinção dos Tribunais de Alçada, passando seus membros a integrar os Tribunais de Justiça dos respectivos Estados.

33. A incompetência relativa não pode ser declarada de ofício.

37. São cumuláveis as indenizações por dano material e dano moral oriundos do mesmo fato.

38. Compete à Justiça Estadual Comum, na vigência da Constituição de 1988, o processo por contravenção penal, ainda que praticada em detrimento de bens, serviços ou interesse da União ou de suas entidades.

40. Para obtenção dos benefícios de saída temporária e trabalho externo, considera-se o tempo de cumprimento da pena no regime fechado.

41. O Superior Tribunal de Justiça não tem competência para processar e julgar, originariamente, mandado de segurança contra ato de outros tribunais ou dos respectivos órgãos.

42. Compete à Justiça Comum Estadual processar e julgar as causas cíveis em que é parte sociedade de economia mista e os crimes praticados em seu detrimento.

47. Compete à Justiça Militar processar e julgar crime cometido por militar contra civil, com emprego de arma pertencente à corporação, mesmo não estando em serviço.

48. Compete ao juízo do local da obtenção da vantagem ilícita processar e julgar crime de estelionato cometido mediante falsificação de cheque.

52. Encerrada a instrução criminal, fica superada a alegação de constrangimento por excesso de prazo.

53. Compete à Justiça Comum Estadual processar e julgar civil acusado de prática de crime contra instituições militares estaduais.

59. Não há conflito de competência se já existe sentença com trânsito em julgado, proferida por um dos juízos conflitantes.

62. Compete à Justiça Estadual processar e julgar o crime de falsa anotação na Carteira de Trabalho e Previdência Social, atribuído à empresa privada.

64. Não constitui constrangimento ilegal o excesso de prazo na instrução, provocado pela defesa.

73. A utilização de papel-moeda grosseiramente falsificado configura, em tese, o crime de estelionato, da competência da Justiça Estadual.

74. Para efeitos penais, o reconhecimento da menoridade do réu requer prova por documento hábil.

75. Compete à Justiça Comum Estadual processar e julgar o policial militar por crime de promover ou facilitar a fuga de preso de estabelecimento penal.

78. Compete à Justiça Militar processar e julgar policial de corporação estadual, ainda que o delito tenha sido praticado em outra unidade federativa.

81. Não se concede fiança quando, em concurso material, a soma das penas mínimas cominadas for superior a dois anos de reclusão.

83. Não se conhece do recurso especial pela divergência quando a orientação do Tribunal se firmou no mesmo sentido da decisão recorrida.

86. Cabe recurso especial contra acórdão proferido no julgamento de agravo de instrumento.

90. Compete à Justiça Estadual Militar processar e julgar o policial militar pela prática do crime militar, e à Comum pela prática do crime comum simultâneo àquele.

99. O Ministério Público tem legitimidade para recorrer no processo em que oficiou como fiscal da lei, ainda que não haja recurso da parte.

104. Compete à Justiça Estadual o processo e julgamento dos crimes de falsificação e uso de documento falso relativo a estabelecimento particular de ensino.

ESPAÇO RESERVADO PARA USO DE GRAMPO

105. Na ação de mandado de segurança não se admite condenação em honorários advocatícios.

- *Vide* Súmula 512 do STF.
- *Vide* art. 25 da Lei n. 12.016, de 7-8-2009.

107. Compete à Justiça Comum Estadual processar e julgar crime de estelionato praticado mediante falsificação das guias de recolhimento das contribuições previdenciárias, quando não ocorrente lesão à autarquia federal.

122. Compete à Justiça Federal o processo e julgamento unificado dos crimes conexos de competência federal e estadual, não se aplicando a regra do art. 78, II, *a*, do Código de Processo Penal.

123. A decisão que admite, ou não, o recurso especial deve ser fundamentada, com o exame dos seus pressupostos gerais e constitucionais.

126. É inadmissível recurso especial, quando o acórdão recorrido assenta em fundamentos constitucional e infraconstitucional, qualquer deles suficiente, por si só, para mantê-lo, e a parte vencida não manifesta recurso extraordinário.

140. Compete à Justiça Comum Estadual processar e julgar crime em que o indígena figure como autor ou vítima.

147. Compete à Justiça Federal processar e julgar os crimes praticados contra funcionário público federal, quando relacionados com o exercício da função.

151 A competência para o processo e julgamento por crime de contrabando ou descaminho define-se pela prevenção do Juízo Federal do lugar da apreensão dos bens.

158. Não se presta a justificar embargos de divergência o dissídio com acórdão de Turma ou Seção que não mais tenha competência para matéria neles versada.

164. O prefeito municipal, após a extinção do mandato, continua sujeito a processo por crime previsto no art. 1.º do Decreto-lei n. 201, de 27 de fevereiro de 1967.

165. Compete à Justiça Federal processar e julgar crime de falso testemunho cometido no processo trabalhista.

169. São inadmissíveis embargos infringentes no processo de mandado de segurança.

- *Vide* Súmulas 294 e 597 do STF.
- *Vide* art. 25 da Lei n. 12.016, de 7-8-2009.

171. Cominadas cumulativamente, em lei especial, penas privativa de liberdade e pecuniária, é defeso a substituição da prisão por multa.

172. Compete à Justiça Comum processar e julgar militar por crime de abuso de autoridade, ainda que praticado em serviço.

177. O Superior Tribunal de Justiça é incompetente para processar e julgar, originariamente, mandado de segurança contra ato de órgão colegiado presidido por Ministro de Estado.

186. Nas indenizações por ato ilícito, os juros compostos somente são devidos por aquele que praticou o crime.

187. É deserto o recurso interposto para o Superior Tribunal de Justiça, quando o recorrente não recolhe, na origem, a importância das despesas de remessa e retorno dos autos.

191. A pronúncia é causa interruptiva da prescrição, ainda que o Tribunal do Júri venha a desclassificar o crime.

192. Compete ao Juízo das Execuções Penais do Estado a execução das penas impostas a sentenciados pela Justiça Federal, Militar ou Eleitoral, quando recolhidos a estabelecimentos sujeitos à administração estadual.

200. O Juízo Federal competente para processar e julgar acusado de crime de uso de passaporte falso é o do lugar onde o delito se consumou.

201. Os honorários advocatícios não podem ser fixados em salários mínimos.

202. A impetração de segurança por terceiro, contra ato judicial, não se condiciona à interposição de recurso.

203. Não cabe recurso especial contra decisão proferida por órgão de segundo grau dos Juizados Especiais.

•• Súmula com redação determinada pela Corte Especial do STJ, em sessão extraordinária de 23-5-2002, publicada no *DJU* de 3-6-2002.

- *Vide* Súmula 640 do STF.

206. A existência de vara privativa, instituída por lei estadual, não altera a competência territorial resultante das leis de processo.

207. É inadmissível recurso especial quando cabíveis embargos infringentes contra o acórdão proferido no tribunal de origem.

208. Compete à Justiça Federal processar e julgar prefeito municipal por desvio de verba sujeita a prestação de contas perante órgão federal.

209. Compete à Justiça Estadual processar e julgar prefeito por desvio de verba transferida e incorporada ao patrimônio municipal.

211. Inadmissível recurso especial quanto à questão que, a despeito da oposição de embargos declaratórios, não foi apreciada pelo tribunal *a quo*.

212. A compensação de créditos tributários não pode ser deferida em ação cautelar ou por medida liminar cautelar ou antecipatória.

•• Súmula com redação determinada pela Primeira Seção, na sessão ordinária de 11-5-2005.

- *Vide* art. 7.º, § 2.º, da Lei n. 12.016, de 7-8-2009.

213. O mandado de segurança constitui ação adequada para a declaração do direito à compensação tributária.

- *Vide* art. 7.º, § 2.º, da Lei n. 12.016, de 7-8-2009.

216. A tempestividade de recurso interposto no Superior Tribunal de Justiça é aferida pelo registro no protocolo da Secretaria e não pela data da entrega na agência do correio.

220. A reincidência não influi no prazo da prescrição da pretensão punitiva.

224. Excluído do feito o ente federal, cuja presença levara o Juiz Estadual a declinar da competência, deve o Juiz Federal restituir os autos e não suscitar conflito.

231. A incidência da circunstância atenuante não pode conduzir à redução da pena abaixo do mínimo legal.

234. A participação de membro do Ministério Público na fase investigatória criminal não acarreta o seu impedimento ou suspeição para o oferecimento da denúncia.

235. A conexão não determina a reunião dos processos, se um deles já foi julgado.

241. A reincidência penal não pode ser considerada como circunstância agravante e, simultaneamente, como circunstância judicial.

243. O benefício da suspensão do processo não é aplicável em relação às infrações penais cometidas em concurso material, concurso formal ou continuidade delitiva, quando a pena mínima cominada, seja pelo somatório, seja pela incidência da majorante, ultrapassar o limite de um (01) ano.

244. Compete ao foro local da recusa processar e julgar o crime de estelionato mediante cheque sem provisão de fundos.

265. É necessária a oitiva do menor infrator antes de decretar-se a regressão da medida socioeducativa.

267. A interposição de recurso, sem efeito suspensivo, contra decisão condenatória não obsta a expedição de mandado de prisão.

269. É admissível a adoção do regime prisional semiaberto aos reincidentes condenados a pena igual ou inferior a 4 (quatro) anos se favoráveis as circunstâncias judiciais.

273. Intimada a defesa da expedição da carta precatória, torna-se desnecessária intimação da data da audiência no juízo deprecado.

316. Cabem embargos de divergência contra acórdão que, em agravo regimental, decide recurso especial.

329. O Ministério Público tem legitimidade para propor ação civil pública em defesa do patrimônio público.

330. É desnecessária a resposta preliminar de que trata o art. 514 do Código de Processo Penal, na ação penal instruída por inquérito policial.

333. Cabe mandado de segurança contra ato praticado em licitação promovida por sociedade de economia mista ou empresa pública.

- *Vide* art. 1.º da Lei n. 12.016, de 7-8-2009.

337. É cabível a suspensão condicional do processo na desclassificação do crime e na procedência parcial da pretensão punitiva.

338. A prescrição penal é aplicável nas medidas socioeducativas.

341. A frequência a curso de ensino formal é causa de remição de parte do tempo de execução de pena sob regime fechado ou semiaberto.

- *Vide* art. 126 da Lei n. 7.210, de 11-7-1984 (LEP).

342. No procedimento para aplicação de medida socioeducativa, é nula a desistência de outras provas em face da confissão do adolescente.

347. O conhecimento de recurso de apelação do réu independe de sua prisão.

- *Vide* art. 387, parágrafo único, do CPP.

348. (*Cancelada pela Corte Especial, na sessão de 17-3-2010.*)

367. A competência estabelecida pela EC n. 45/2004 não alcança os processos já sentenciados.

374. Compete à Justiça Eleitoral processar e julgar a ação para anular débito decorrente de multa eleitoral.

376. Compete à turma recursal processar e julgar o mandado de segurança contra ato de juizado especial.

390. Nas decisões por maioria, em reexame necessário, não se admitem embargos infringentes.

415. O período de suspensão do prazo prescricional é regulado pelo máximo da pena cominada.

- *Vide* art. 366 do CPP.

428. Compete ao Tribunal Regional Federal decidir os conflitos de competência entre juizado especial federal e juízo federal da mesma seção judiciária.

429. A citação postal, quando autorizada por lei, exige o aviso de recebimento.

434. O pagamento da multa por infração de trânsito não inibe a discussão judicial do débito.

438. É inadmissível a extinção da punibilidade pela prescrição da pretensão punitiva com fundamento em pena hipotética, independentemente da existência ou sorte do processo penal.

439. Admite-se o exame criminológico pelas peculiaridades do caso, desde que em decisão motivada.

- *Vide* Súmula Vinculante 26.
- *Vide* art. 112 da Lei n. 7.210, de 11-7-1984 (LEP).

440. Fixada a pena-base no mínimo legal, é vedado o estabelecimento de regime prisional mais gravoso do que o cabível em razão da sanção imposta, com base apenas na gravidade abstrata do delito.

441. A falta grave não interrompe o prazo para obtenção de livramento condicional.

- *Vide* Súmula 535 do STJ.

442. É inadmissível aplicar, no furto qualificado, pelo concurso de agentes, a majorante do roubo.

443. O aumento na terceira fase de aplicação da pena no crime de roubo circunstanciado exige fundamentação concreta, não sendo suficiente para a sua exasperação a mera indicação do número de majorantes.

444. É vedada a utilização de inquéritos policiais e ações penais em curso para agravar a pena-base.

455. A decisão que determina a produção antecipada de provas com base no art. 366 do CPP deve ser concretamente fundamentada, não a justificando unicamente o mero decurso do tempo.

ESPAÇO RESERVADO PARA USO DE GRAMPO

460. É incabível o mandado de segurança para convalidar a compensação tributária realizada pelo contribuinte.

471. Os condenados por crimes hediondos ou assemelhados cometidos antes da vigência da Lei n. 11.464/2007 sujeitam-se ao disposto no art. 112 da Lei n. 7.210/1984 (Lei de Execução Penal) para a progressão de regime prisional.

481. Faz jus ao benefício da justiça gratuita a pessoa jurídica com ou sem fins lucrativos que demonstrar sua impossibilidade de arcar com os encargos processuais.

491. É inadmissível a chamada progressão *per saltum* de regime prisional.

• *Vide* art. 112 da Lei n. 7.210, de 11-7-1984 (LEP).

492. O ato infracional análogo ao tráfico de drogas, por si só, não conduz obrigatoriamente à imposição de medida socioeducativa de internação do adolescente.

• *Vide* art. 122 da Lei n. 8.069, de 13-7-1990 (ECA).

493. É inadmissível a fixação de pena substitutiva (art. 44 do CP) como condição especial ao regime aberto.

• *Vide* art. 115 da Lei n. 7.210, de 11-7-1984 (LEP).

501. É cabível a aplicação retroativa da Lei n. 11.343/2006, desde que o resultado da incidência das suas disposições, na íntegra, seja mais favorável ao réu do que o advindo da aplicação da Lei n. 6.368/1976, sendo vedada a combinação de leis.

511. É possível o reconhecimento do privilégio previsto no § 2.º do art. 155 do CP nos casos de crime de furto qualificado, se estiverem presentes a primariedade do agente, o pequeno valor da coisa e a qualificadora for de ordem objetiva.

513. A *abolitio criminis* temporária prevista na Lei n. 10.826/2003 aplica-se ao crime de posse de arma de fogo de uso permitido com numeração, marca ou qualquer outro sinal de identificação raspado, suprimido ou adulterado, praticado somente até 23-10-2005.

517. São devidos honorários advocatícios no cumprimento de sentença, haja ou não impugnação, depois de escoado o prazo para pagamento voluntário, que se inicia após a intimação do advogado da parte executada.

518. Para fins do art. 105, III, *a*, da Constituição Federal, não é cabível recurso especial fundado em alegada violação de enunciado de súmula.

519. Na hipótese de rejeição da impugnação ao cumprimento de sentença, não são cabíveis honorários advocatícios.

520. O benefício de saída temporária no âmbito da execução penal é ato jurisdicional insuscetível de delegação à autoridade administrativa do estabelecimento prisional.

521. A legitimidade para a execução fiscal de multa pendente de pagamento imposta em sentença condenatória é exclusiva da Procuradoria da Fazenda Pública.

522. A conduta de atribuir-se falsa identidade perante autoridade policial é típica, ainda que em situação de alegada autodefesa.

526. O reconhecimento de falta grave decorrente do cometimento de fato definido como crime doloso no cumprimento da pena prescinde do trânsito em julgado de sentença penal condenatória no processo penal instaurado para apuração do fato.

•• *Vide* arts. 52, *caput*, e 118, I, da LEP.

527. O tempo de duração da medida de segurança não deve ultrapassar o limite máximo da pena abstratamente cominada ao delito praticado.

• *Vide* arts. 5.º, XLVII, *b*, e LXXV, da CF.

528. Compete ao juiz federal do local da apreensão da droga remetida do exterior pela via postal processar e julgar o crime de tráfico internacional.

•• *Vide* art. 70 do CPP.

• *Vide* Lei n. 11.343, de 23-8-2006, arts. 33, *caput*, e 40, I.

533. Para o reconhecimento da prática de falta disciplinar no âmbito da execução penal, é imprescindível a instauração de procedimento administrativo pelo diretor do estabelecimento prisional, assegurado o direito de defesa, a ser realizado por advogado constituído ou defensor público nomeado.

•• *Vide* art. 5.º, XXXV, da CF.

• *Vide* arts. 15, 16, 47, 48, 53, 57, 59 e 118 da Lei n. 7.210, de 11-7-1984 (LEP).

534. A prática de falta grave interrompe a contagem do prazo para a progressão de regime de cumprimento de pena, o qual se reinicia a partir do cometimento dessa infração.

•• *Vide* arts. 50, 51, 53, 57, parágrafo único, 112, 118 e 127 da Lei n. 7.210, de 11-7-1984 (LEP).

535. A prática de falta grave não interrompe o prazo para fim de comutação de pena ou indulto.

•• *Vide* arts. 112, 127 e 142 da Lei n. 7.210, de 11-7-1984 (LEP).

•• *Vide* Súmula 441 do STJ.

536. A suspensão condicional do processo e a transação penal não se aplicam na hipótese de delitos sujeitos ao rito da Lei Maria da Penha.

•• *Vide* art. 226, § 8.º, da CF.

•• *Vide* arts. 76 e 89 da Lei n. 9.099, de 26-9-1995.

•• *Vide* art. 41 da Lei n. 11.340, de 7-8-2006.

542. A ação penal relativa ao crime de lesão corporal resultante de violência doméstica contra a mulher é pública incondicionada.

• *Vide* Lei n. 11.340, de 7-8-2006.

545. Quando a confissão for utilizada para a formação do convencimento do julgador, o réu fará jus à atenuante prevista no art. 65, III, *d*, do Código Penal.

546. A competência para processar e julgar o crime de uso de documento falso é firmada em razão da entidade ou órgão ao qual foi apresentado o documento público, não importando a qualificação do órgão expedidor.

• Vide art. 109, IV, da CF.

562. É possível a remição de parte do tempo de execução da pena quando o condenado, em regime fechado ou semiaberto, desempenha atividade laborativa, ainda que extramuros.

• *Vide* art. 126 da Lei n. 7.210, de 11-7-1984.

567. Sistema de vigilância realizado por monitoramento eletrônico ou por existência de segurança no interior de estabelecimento comercial, por si só, não torna impossível a configuração do crime de furto.

568. O relator, monocraticamente e no Superior Tribunal de Justiça, poderá dar ou negar provimento ao recurso quando houver entendimento dominante acerca do tema.

• *Vide* art. 105, III, *a* e *c*, da CF.

575. Constitui crime a conduta de permitir, confiar ou entregar a direção de veículo automotor a pessoa que não seja habilitada, ou que se encontre em qualquer das situações previstas no art. 310 do CTB, independentemente da ocorrência de lesão ou de perigo de dano concreto na condução do veículo.

582. Consuma-se o crime de roubo com a inversão da posse do bem mediante emprego de violência ou grave ameaça, ainda que por breve tempo e em seguida à perseguição imediata ao agente e recuperação da coisa roubada, sendo prescindível a posse mansa e pacífica ou desvigiada.

587. Para a incidência da majorante prevista no art. 40, V, da Lei n. 11.343/2006, é desnecessária a efetiva transposição de fronteiras entre estados da Federação, sendo suficiente a demonstração inequívoca da intenção de realizar o tráfico interestadual.

588. A prática de crime ou contravenção penal contra a mulher com violência ou grave ameaça no ambiente doméstico impossibilita a substituição da pena privativa de liberdade por restritiva de direitos.

589. É inaplicável o princípio da insignificância nos crimes ou contravenções penais praticados contra a mulher no âmbito das relações domésticas.

• *Vide* Lei n. 11.340, de 7-8-2006, que dispõe sobre violência doméstica (Lei Maria da Penha).

593. O crime de estupro de vulnerável se configura com a conjunção carnal ou prática de ato libidinoso com menor de 14 anos, sendo irrelevante eventual consentimento da vítima para a prática do ato, sua experiência sexual anterior ou existência de relacionamento amoroso com o agente.

594. O Ministério Público tem legitimidade ativa para ajuizar ação de alimentos em proveito de criança ou adolescente independentemente do exercício do poder familiar dos pais, ou do fato de o menor se encontrar nas situações de risco descritas no art. 98 do Estatuto da Criança e do Adolescente, ou de quaisquer outros questionamentos acerca da existência ou eficiência da Defensoria Pública na comarca.

599. O princípio da insignificância é inaplicável aos crimes contra a administração pública.

600. Para a configuração da violência doméstica e familiar prevista no art. 5.º da Lei n. 11.340/2006 (Lei Maria da Penha) não se exige a coabitação entre autor e vítima.

•• *Vide* art. 7.º da Lei n. 11.340, de 7-8-2006.

•• *Vide* art. 266, § 8.º, da CF.

Súmulas

ESPAÇO RESERVADO PARA USO DE GRAMPO

ÍNDICE ALFABÉTICO DA LEGISLAÇÃO COMPLEMENTAR E DAS SÚMULAS

ATO INFRACIONAL

ALGEMAS

ATO JUDICIAL

ATOS PROCESSUAIS

AUTOS DO PROCESSO

BANCO NACIONAL DE MANDADOS DE PRISÃO – BNMP

BEBIDAS ALCOÓLICAS

CAÇA

CÂMARA DOS DEPUTADOS E SENADO FEDERAL

CARTA PRECATÓRIA

CARTA ROGATÓRIA

CERTIDÕES

CERTIFICADO DE CONCLUSÃO DE CURSO DE 1.º E 2.º GRAUS

CHEQUE SEM FUNDOS

CIRCUNSTÂNCIAS AGRAVANTES

CITAÇÃO POR EDITAL

Índice

Índice

Índice

Índice

Índice

Índice

RECURSO *EX OFFICIO*

RECURSO EXTRAORDINÁRIO

RECURSO ORDINÁRIO

RECURSO ORDINÁRIO EM *HABEAS CORPUS*

RECURSO ORDINÁRIO EM MANDADO DE SEGURANÇA

RECURSO ORDINÁRIO PARA O SUPREMO TRIBUNAL FEDERAL

REGIMENTO INTERNO

REGIME PRISIONAL

REINCIDÊNCIA PENAL

REMIÇÃO DA PENA

SISTEMA NACIONAL DE ARMAS – SINARM

SISTEMA NACIONAL DE ATENDIMENTO SOCIOEDUCATIVO – SINASE

SISTEMA NACIONAL DE INFORMAÇÕES DE SEGURANÇA PÚBLICA, PRISIONAIS E SOBRE DROGAS – SINESP

SISTEMA NACIONAL DE POLÍTICAS PÚBLICAS SOBRE DROGAS – SISNAD

SONEGAÇÃO FISCAL

SÚMULAS

SÚMULAS VINCULANTES

TRÁFICO DE DROGAS

TRÁFICO DE PESSOAS

TRÁFICO INTERNACIONAL DE DROGAS

TRÁFICO INTERNO E INTERNACIONAL DE PESSOAS

TRANSAÇÃO PENAL

TRÂNSITO

TRANSPORTE DE PRESOS

TRIBUNAL DE JUSTIÇA

TRIBUNAL PENAL INTERNACIONAL

TRIBUNAL REGIONAL FEDERAL

UNIÃO

USO DE DOCUMENTO FALSO

VEREADORES

VIOLÊNCIA

VIOLÊNCIA DOMÉSTICA

VISTAS DOS AUTOS

VÍTIMA

ÍNDICE ALFABÉTICO-REMISSIVO DO CÓDIGO DE PROCESSO PENAL

Índice

Índice

Índice

Índice

Índice

Índice

Índice

(*) Denominação antiga substituída por Tribunais de Justiça.

Constituição Federal

EMENDA CONSTITUCIONAL N. 84, DE 2 DE DEZEMBRO DE 2014

[illegible]

EMENDA CONSTITUCIONAL N. 85, DE 26 DE FEVEREIRO DE 2015

[illegible] 219-A e 219-B

Altera [illegible] arts. [illegible] 200, [illegible]

ÍNDICE SISTEMÁTICO DA CONSTITUIÇÃO FEDERAL

Título V

Título VI

Título VII

Título VIII

ÍNDICE CRONOLÓGICO DAS EMENDAS CONSTITUCIONAIS

EMENDAS CONSTITUCIONAIS:

EMENDAS CONSTITUCIONAIS DE REVISÃO:

ÍNDICE CRONOLÓGICO DAS EMENDAS CONSTITUCIONAIS ALTERADORAS

EMENDA CONSTITUCIONAL N. 1, DE 31 DE MARÇO DE 1992
Altera os arts. 27 e 29.
•• *Vide* Emendas Constitucionais n. 19, de 4-6-1998, e n. 25, de 14-2-2000.

EMENDA CONSTITUCIONAL N. 3, DE 17 DE MARÇO DE 1993
Altera os arts. 40, 42, 102, 103, 150, 155, 156, 160 e 167.
Revoga o inciso IV e o § 4.º do art. 156.
•• *Vide* Emendas Constitucionais n. 18, de 5-2-1998, n. 20, de 15-12-1998, n. 29, de 13-9-2000, n. 33, de 11-12-2001, n. 37, de 12-6-2002, e n. 45, de 8-12-2004.

EMENDA CONSTITUCIONAL N. 4, DE 14 DE SETEMBRO DE 1993
Altera o art. 16.

EMENDA CONSTITUCIONAL DE REVISÃO N. 1, DE 1.º DE MARÇO DE 1994
Acrescenta os arts. 71, 72 e 73 ao ADCT.
•• *Vide* Emendas Constitucionais n. 10, de 4-3-1996, e n. 17, de 22-11-1997.

EMENDA CONSTITUCIONAL DE REVISÃO N. 2, DE 7 DE JUNHO DE 1994
Altera o art. 50.

EMENDA CONSTITUCIONAL DE REVISÃO N. 3, DE 7 DE JUNHO DE 1994
Altera o art. 12.
•• *Vide* Emenda Constitucional n. 54, de 20-9-2007.

EMENDA CONSTITUCIONAL DE REVISÃO N. 4, DE 7 DE JUNHO DE 1994
Altera o art. 14.

EMENDA CONSTITUCIONAL DE REVISÃO N. 5, DE 7 DE JUNHO DE 1994
Altera o art. 82.
•• *Vide* Emenda Constitucional n. 16, de 4-6-1997.

EMENDA CONSTITUCIONAL DE REVISÃO N. 6, DE 7 DE JUNHO DE 1994
Altera o art. 55.

EMENDA CONSTITUCIONAL N. 5, DE 15 DE AGOSTO DE 1995
Altera o art. 25.

EMENDA CONSTITUCIONAL N. 6, DE 15 DE AGOSTO DE 1995
Acrescenta o art. 246.
Altera os arts. 170 e 176.
Revoga o art. 171.
•• *Vide* Emendas Constitucionais n. 7, de 15-8-1995, e n. 32, de 11-9-2001.

EMENDA CONSTITUCIONAL N. 7, DE 15 DE AGOSTO DE 1995
Acrescenta o art. 246.
Altera o art. 178.
•• *Vide* Emenda Constitucional n. 32, de 11-9-2001.

EMENDA CONSTITUCIONAL N. 8, DE 15 DE AGOSTO DE 1995
Altera o art. 21.

EMENDA CONSTITUCIONAL N. 9, DE 9 DE NOVEMBRO DE 1995
Altera o art. 177.

EMENDA CONSTITUCIONAL N. 10, DE 4 DE MARÇO DE 1996
Altera os arts. 71 e 72 do ADCT.
•• *Vide* Emenda Constitucional n. 17, de 22-11-1997.

EMENDA CONSTITUCIONAL N. 11, DE 30 DE ABRIL DE 1996
Altera o art. 207.

EMENDA CONSTITUCIONAL N. 12, DE 15 DE AGOSTO DE 1996
Acrescenta o art. 74 ao ADCT.

EMENDA CONSTITUCIONAL N. 13, DE 21 DE AGOSTO DE 1996
Altera o art. 192.
•• *Vide* Emenda Constitucional n. 40, de 29-5-2003.

EMENDA CONSTITUCIONAL N. 14, DE 12 DE SETEMBRO DE 1996
Altera os arts. 34, 208, 211 e 212 da CF e 60 do ADCT.
•• *Vide* Emendas Constitucionais n. 29, de 13-9-2000, n. 53, de 19-12-2006, e n. 59, de 11-11-2009.

EMENDA CONSTITUCIONAL N. 15, DE 12 DE SETEMBRO DE 1996
Altera o art. 18.

EMENDA CONSTITUCIONAL N. 16, DE 4 DE JUNHO DE 1997
Altera os arts. 14, 28, 29, 77 e 82.

EMENDA CONSTITUCIONAL N. 17, DE 22 DE NOVEMBRO DE 1997
Altera os arts. 71 e 72 do ADCT.

EMENDA CONSTITUCIONAL N. 18, DE 5 DE FEVEREIRO DE 1998
Altera os arts. 37, 42, 61 e 142.
•• *Vide* Emendas Constitucionais n. 19, de 4-6-1998, n. 20, de 15-9-1998, n. 41, de 19-12-2003, e n. 77, de 11-2-2014.

EMENDA CONSTITUCIONAL N. 19, DE 4 DE JUNHO DE 1998
Acrescenta o art. 247.
Altera os arts. 21, 22, 27, 28, 29, 37, 38, 39, 41, 48, 49, 51, 52, 57, 70, 93, 95, 96, 127, 128, 132, 135, 144, 167, 169, 173, 206 e 241.
•• *Vide* Emendas Constitucionais n. 25, de 14-2-2000, n. 32, de 11-9-2001, n. 34, de 13-12-2001, n. 41, de 19-12-2003, n. 50, de 14-2-2006, e n. 53, de 19-12-2006.

EMENDA CONSTITUCIONAL N. 20, DE 15 DE DEZEMBRO DE 1998
Acrescenta os arts. 248, 249 e 250.
Altera os arts. 7.º , 37, 40, 42, 73, 93, 100, 114, 142, 167, 194, 195, 201 e 202.
Revoga o inciso II do § 2.º do art. 153.
•• *Vide* Emendas Constitucionais n. 30, de 13-9-2000, n. 41, de 19-12-2003, n. 45, de 8-12-2004, n. 47, de 5-7-2005, n. 62, de 9-12-2009, e n. 88, de 7-5-2015.

EMENDA CONSTITUCIONAL N. 21, DE 18 DE MARÇO DE 1999
Acrescenta o art. 75 ao ADCT.

EMENDA CONSTITUCIONAL N. 22, DE 18 DE MARÇO DE 1999
Altera os arts. 98, 102 e 105.
•• *Vide* Emendas Constitucionais n. 23, de 2-9-1999, e n. 45, de 8-12-2004.

EMENDA CONSTITUCIONAL N. 23, DE 2 DE SETEMBRO DE 1999
Altera os arts. 12, 52, 84, 91, 102 e 105.

EMENDA CONSTITUCIONAL N. 24, DE 9 DE DEZEMBRO DE 1999
Altera os arts. 111, 112, 113, 115 e 116.
Revoga o art. 117.
•• *Vide* Emenda Constitucional n. 45, de 8-12-2004.

EMENDA CONSTITUCIONAL N. 25, DE 14 DE FEVEREIRO DE 2000
Altera os arts. 29 e 29-A.
•• *Vide* Emenda Constitucional n. 58, de 23-9-2009.

EMENDA CONSTITUCIONAL N. 26, DE 14 DE FEVEREIRO DE 2000
Altera o art. 6.º.
•• *Vide* Emenda Constitucional n. 64, de 4-2-2010.

EMENDA CONSTITUCIONAL N. 27, DE 21 DE MARÇO DE 2000
Acrescenta o art. 76 ao ADCT.
•• *Vide* Emendas Constitucionais n. 42, de 19-12-2003, n. 56, de 20-12-2007, e n. 68, de 21-12-2011.

EMENDA CONSTITUCIONAL N. 28, DE 25 DE MAIO DE 2000
Altera o art. 7.º.
Revoga o art. 233.

EMENDA CONSTITUCIONAL N. 29, DE 13 DE SETEMBRO DE 2000
Acrescenta o art. 77 ao ADCT.
Altera os arts. 34, 35, 156, 160, 167 e 198.
•• *Vide* Emendas Constitucionais n. 42, de 19-12-2003, e n. 86, de 17-3-2015.

EMENDA CONSTITUCIONAL N. 30, DE 13 DE SETEMBRO DE 2000
Acrescenta o art. 78 ao ADCT.
Altera o art. 100.
•• *Vide* Emendas Constitucionais n. 37, de 12-7-2002, e n. 62, de 9-12-2009.

EMENDA CONSTITUCIONAL N. 31, DE 14 DE DEZEMBRO DE 2000
Acrescenta os arts. 79, 80, 81, 82 e 83 ao ADCT.
•• *Vide* Emenda Constitucional n. 42, de 19-12-2003.

EMENDA CONSTITUCIONAL N. 32, DE 11 DE SETEMBRO DE 2001
Altera os arts. 48, 57, 61, 62, 64, 66, 84, 88 e 246.
•• *Vide* Emenda Constitucional n. 50, de 14-2-2006.

EMENDA CONSTITUCIONAL N. 33, DE 11 DE DEZEMBRO DE 2001
Altera os arts. 149, 155 e 177.
•• *Vide* Emendas Constitucionais n. 41, de 19-12-2003, e n. 42, de 19-12-2003.

EMENDA CONSTITUCIONAL N. 34, DE 13 DE DEZEMBRO DE 2001
Altera o art. 37.

EMENDA CONSTITUCIONAL N. 35, DE 20 DE DEZEMBRO DE 2001
Altera o art. 53.

EMENDA CONSTITUCIONAL N. 36, DE 28 DE MAIO DE 2002
Altera o art. 222.

EMENDA CONSTITUCIONAL N. 37, DE 12 DE JUNHO DE 2002
Acrescenta os arts. 84, 85, 86, 87 e 88 ao ADCT.
Altera os arts. 100 e 156.
•• *Vide* Emendas Constitucionais n. 42, de 19-12-2003, e n. 62, de 9-12-2009.

EMENDA CONSTITUCIONAL N. 38, DE 12 DE JUNHO DE 2002
Acrescenta o art. 89 ao ADCT.
•• *Vide* Emenda Constitucional n. 60, de 11-11-2009.

EMENDA CONSTITUCIONAL N. 39, DE 19 DE DEZEMBRO DE 2002
Acrescenta o art. 149-A.

EMENDA CONSTITUCIONAL N. 40, DE 29 DE MAIO DE 2003
Altera os arts. 163 e 192 da CF, e 52 do ADCT.

EMENDA CONSTITUCIONAL N. 41, DE 19 DE DEZEMBRO DE 2003
Altera os arts. 37, 40, 42, 48, 96, 149 e 201.
Revoga o inciso IX do § 3.º do art. 142.
•• *Vide* Emenda Constitucional n. 47, de 5-7-2005.

EMENDA CONSTITUCIONAL N. 42, DE 19 DE DEZEMBRO DE 2003
Acrescenta os arts. 146-A à CF, e 90 a 94 ao ADCT.
Altera os arts. 37, 52, 146, 149, 150, 153, 155, 158, 159, 167, 170, 195, 204 e 216 da CF, e 76, 82 e 83 do ADCT.
Revoga o inciso II do § 3.º do art. 84 do ADCT.
•• *Vide* Emendas Constitucionais n. 44, de 30-6-2004, e n. 68, de 21-12-2011.

EMENDA CONSTITUCIONAL N. 43, DE 15 DE ABRIL DE 2004
Altera o art. 42 do ADCT.
•• *Vide* Emenda Constitucional n. 89, de 15-9-2015.

EMENDA CONSTITUCIONAL N. 44, DE 30 DE JUNHO DE 2004
Altera o art. 159.

EMENDA CONSTITUCIONAL N. 45, DE 8 DE DEZEMBRO DE 2004
Acrescenta os arts. 103-A, 103-B, 111-A e 130-A.
Altera os arts. 5.º , 36, 52, 92, 93, 95, 98, 99, 102, 103, 104, 105, 107, 109, 111, 112, 114, 115, 125, 126, 127, 128, 129, 134 e 168.
Revoga o inciso IV do art. 36, a alínea *h* do inciso I do art. 102, o § 4.º do art. 103 e os §§ 1.º a 3.º do art. 111.
•• *Vide* Emenda Constitucional n. 61, de 11-11-2009.

EMENDA CONSTITUCIONAL N. 46, DE 5 DE MAIO DE 2005
Altera o art. 20.

EMENDA CONSTITUCIONAL N. 47, DE 5 DE JULHO DE 2005
Altera os arts. 37, 40, 195 e 201.

EMENDA CONSTITUCIONAL N. 48, DE 10 DE AGOSTO DE 2005
Altera o art. 215.

EMENDA CONSTITUCIONAL N. 49, DE 8 DE FEVEREIRO DE 2006
Altera os arts. 21 e 177.

EMENDA CONSTITUCIONAL N. 50, DE 14 DE FEVEREIRO DE 2006
Altera o art. 57.

EMENDA CONSTITUCIONAL N. 51, DE 14 DE FEVEREIRO DE 2006
Altera o art. 198.
•• *Vide* Emenda Constitucional n. 63, de 4-2-2010.

EMENDA CONSTITUCIONAL N. 52, DE 8 DE MARÇO DE 2006
Altera o art. 17.
•• *Vide* Emenda Constitucional n. 97, de 4-10-2017.

EMENDA CONSTITUCIONAL N. 53, DE 19 DE DEZEMBRO DE 2006
Altera os arts. 7.º, 23, 30, 206, 208, 211 e 212 da CF e 60 do ADCT.

EMENDA CONSTITUCIONAL N. 54, DE 20 DE SETEMBRO DE 2007
Acrescenta o art. 95 ao ADCT.
Altera o art. 12.

EMENDA CONSTITUCIONAL N. 55, DE 20 DE SETEMBRO DE 2007
Altera o art. 159.
•• *Vide* Emenda Constitucional n. 84, de 2-12-2014.

EMENDA CONSTITUCIONAL N. 56, DE 20 DE DEZEMBRO DE 2007
Altera o art. 76 do ADCT.
•• *Vide* Emenda Constitucional n. 68, de 21-12-2011.

EMENDA CONSTITUCIONAL N. 57, DE 18 DE DEZEMBRO DE 2008
Acrescenta o art. 96 ao ADCT.

EMENDA CONSTITUCIONAL N. 58, DE 23 DE SETEMBRO DE 2009
Altera os arts. 29 e 29-A.

EMENDA CONSTITUCIONAL N. 59, DE 11 DE NOVEMBRO DE 2009
Altera os arts. 208, 211, 212 e 214 da CF e 76 do ADCT.
•• *Vide* Emenda Constitucional n. 68, de 21-12-2011.

EMENDA CONSTITUCIONAL N. 60, DE 11 DE NOVEMBRO DE 2009
Altera o art. 89 do ADCT.

EMENDA CONSTITUCIONAL N. 61, DE 11 DE NOVEMBRO DE 2009
Altera o art. 103-B.

EMENDA CONSTITUCIONAL N. 62, DE 9 DE DEZEMBRO DE 2009
Acrescenta o art. 97 ao ADCT.
Altera o art. 100.
•• *Vide* Emenda Constitucional n. 94, de 15-12-2016.

EMENDA CONSTITUCIONAL N. 63, DE 4 DE FEVEREIRO DE 2010
Altera o art. 198.

EMENDA CONSTITUCIONAL N. 64, DE 4 DE FEVEREIRO DE 2010
Altera o art. 6.º.
•• *Vide* Emenda Constitucional n. 90, de 15-9-2015.

EMENDA CONSTITUCIONAL N. 65, DE 13 DE JULHO DE 2010
Altera o art. 227.

EMENDA CONSTITUCIONAL N. 66, DE 13 DE JULHO DE 2010
Altera o art. 226.

EMENDA CONSTITUCIONAL N. 68, DE 21 DE DEZEMBRO DE 2011
Altera o art. 76 do ADCT.
•• *Vide* Emenda Constitucional n. 93, de 8-9-2016.

EMENDA CONSTITUCIONAL N. 69, DE 29 DE MARÇO DE 2012
Altera os arts. 21, 22 e 48.

EMENDA CONSTITUCIONAL N. 70, DE 29 DE MARÇO DE 2012
Acrescenta o art. 6.º-A à Emenda Constitucional n. 41, de 19-12-2003.

EMENDA CONSTITUCIONAL N. 71, DE 29 DE NOVEMBRO DE 2012
Acrescenta o art. 216-A.

EMENDA CONSTITUCIONAL N. 72, DE 2 DE ABRIL DE 2013
Altera o art. 7.º.

EMENDA CONSTITUCIONAL N. 73, DE 6 DE JUNHO DE 2013
Altera o art. 27 do ADCT.

EMENDA CONSTITUCIONAL N. 74, DE 6 DE AGOSTO DE 2013
Altera o art. 134.

EMENDA CONSTITUCIONAL N. 75, DE 15 DE OUTUBRO DE 2013
Altera o art. 150.

EMENDA CONSTITUCIONAL N. 76, DE 28 DE NOVEMBRO DE 2013
Altera os arts. 55 e 66.

EMENDA CONSTITUCIONAL N. 77, DE 11 DE FEVEREIRO DE 2014
Altera o art. 142.

EMENDA CONSTITUCIONAL N. 78, DE 14 DE MAIO DE 2014
Acrescenta o art. 54-A ao ADCT.

EMENDA CONSTITUCIONAL N. 79, DE 27 DE MAIO DE 2014
Altera o art. 31 da Emenda Constitucional n. 19, de 4-6-1998.

EMENDA CONSTITUCIONAL N. 80, DE 4 DE JUNHO DE 2014
Acrescenta o art. 98 ao ADCT.
Altera o Capítulo IV e o art. 134.

EMENDA CONSTITUCIONAL N. 81, DE 5 DE JUNHO DE 2014
Altera o art. 243.

EMENDA CONSTITUCIONAL N. 82, DE 16 DE JULHO DE 2014
Altera o art. 144.

EMENDA CONSTITUCIONAL N. 83, DE 5 DE AGOSTO DE 2014
Acrescenta o art. 92-A ao ADCT.

EMENDA CONSTITUCIONAL N. 84, DE 2 DE DEZEMBRO DE 2014
Altera o art. 159.

EMENDA CONSTITUCIONAL N. 85, DE 26 DE FEVEREIRO DE 2015
Acrescenta os arts. 219-A e 219-B.
Altera o Capítulo IV e os arts. 23, 24, 167, 200, 213, 218 e 219.

EMENDA CONSTITUCIONAL N. 86, DE 17 DE MARÇO DE 2015
Altera os arts. 165, 166 e 198.
Revoga o inciso IV do § 3.º do art. 198.

EMENDA CONSTITUCIONAL N. 87, DE 16 DE ABRIL DE 2015
Acrescenta o art. 99 ao ADCT.
Altera o art. 155.

EMENDA CONSTITUCIONAL N. 88, DE 7 DE MAIO DE 2015
Acrescenta o art. 100 ao ADCT.
Altera o art. 40.

EMENDA CONSTITUCIONAL N. 89, DE 15 DE SETEMBRO DE 2015
Altera o art. 42 do ADCT.

EMENDA CONSTITUCIONAL N. 90, DE 15 DE SETEMBRO DE 2015
Altera o art. 6.º.

EMENDA CONSTITUCIONAL N. 92, DE 12 DE JULHO DE 2016
Altera os arts. 92 e 111-A.

EMENDA CONSTITUCIONAL N. 93, DE 8 DE SETEMBRO DE 2016
Acrescenta os arts. 76-A e 76-B ao ADCT.
Altera o art. 76 do ADCT.
Revoga os §§ 1.º e 3.º do art. 76 do ADCT.

EMENDA CONSTITUCIONAL N. 94, DE 15 DE DEZEMBRO DE 2016
Acrescenta os arts. 101 a 105 ao ADCT.
Altera o art. 100.

EMENDA CONSTITUCIONAL N. 95, DE 15 DE DEZEMBRO DE 2016
Acrescenta os arts. 106 a 114 ao ADCT.

EMENDA CONSTITUCIONAL N. 96, DE 6 DE JUNHO DE 2017
Altera o art. 225.

EMENDA CONSTITUCIONAL N. 97, DE 4 DE OUTUBRO DE 2017
Altera o art. 17.

CONSTITUIÇÃO DA REPÚBLICA FEDERATIVA DO BRASIL (*)

PREÂMBULO

Nós, representantes do povo brasileiro, reunidos em Assembleia Nacional Constituinte para instituir um Estado Democrático, destinado a assegurar o exercício dos direitos sociais e individuais, a liberdade, a segurança, o bem-estar, o desenvolvimento, a igualdade e a justiça como valores supremos de uma sociedade fraterna, pluralista e sem preconceitos, fundada na harmonia social e comprometida, na ordem interna e internacional, com a solução pacífica das controvérsias, promulgamos, sob a proteção de Deus, a seguinte CONSTITUIÇÃO DA REPÚBLICA FEDERATIVA DO BRASIL.

TÍTULO I
DOS PRINCÍPIOS FUNDAMENTAIS

Art. 1.º A República Federativa do Brasil, formada pela união indissolúvel dos Estados e Municípios e do Distrito Federal, constitui-se em Estado Democrático de Direito e tem como fundamentos:

• *Vide* arts. 18, *caput,* e 60, § 4.º, I e II, da CF.

I – a soberania;

• *Vide* arts. 20, VI, 21, I e II, 49, II, 84, VII, VIII e XIX, da CF.

II – a cidadania;

• A Lei n. 9.265, de 12-2-1996, estabelece a gratuidade dos atos necessários ao exercício da cidadania.

• *Vide* arts. 5.º, XXXIV, LIV, LXXI, LXXIII e LXXVII, e 60, § 4.º, da CF.

• A Lei n. 10.835, de 8-1-2004, institui a renda básica da cidadania.

III – a dignidade da pessoa humana;

• *Vide* arts. 5.º, 34, VII, *b*, 226, § 7.º, 227 e 230, da CF.

• A Lei n. 11.340, de 7-8-2006, cria mecanismos para coibir a violência doméstica e familiar contra a mulher.

• *Vide* Súmulas Vinculantes 6, 11 e 14 do STF.

IV – os valores sociais do trabalho e da livre iniciativa;

• *Vide* arts. 6.º a 11 da CF.

V – o pluralismo político.

• *Vide* art. 17 da CF.

• A Lei n. 9.096, de 19-9-1995, dispõe sobre os partidos políticos.

Parágrafo único. Todo o poder emana do povo, que o exerce por meio de representantes eleitos ou diretamente, nos termos desta Constituição.

• *Vide* arts. 14 e 60, § 4.º, III, da CF.

• A Lei n. 9.709, de 18-11-1998, estabelece em seu art. 1.º que a soberania popular é exercida por sufrágio universal e pelo voto direto e secreto, com igual valor para todos.

Art. 2.º São Poderes da União, independentes e harmônicos entre si, o Legislativo, o Executivo e o Judiciário.

• *Vide* art. 60, § 4.º, III, da CF.

Art. 3.º Constituem objetivos fundamentais da República Federativa do Brasil:

I – construir uma sociedade livre, justa e solidária;

• O Decreto n. 99.710, de 21-11-1990, promulga a convenção sobre os direitos da criança.

• O Decreto n. 591, de 6-7-1992, promulga o pacto internacional sobre direitos econômicos, sociais e culturais.

II – garantir o desenvolvimento nacional;

• *Vide* arts. 23, parágrafo único, e 174, § 1.º, da CF

III – erradicar a pobreza e a marginalização e reduzir as desigualdades sociais e regionais;

• *Vide* art. 23, X, da CF.

• *Vide* arts. 79 a 82 do ADCT.

• Fundo de Combate e Erradicação da Pobreza: Lei Complementar n. 111, de 6-7-2001.

• O Decreto n. 6.047, de 22-2-2007, institui a Política Nacional de Desenvolvimento Regional – PNDR.

• O Decreto n. 7.492, de 2-6-2011, institui o Plano Brasil sem Miséria, com a finalidade de superar a situação de extrema pobreza da população em todo o território nacional.

IV – promover o bem de todos, sem preconceitos de origem, raça, sexo, cor, idade e quaisquer outras formas de discriminação.

• Crimes resultantes de preconceito de raça ou de cor: Lei n. 7.716, de 5-1-1989, e Lei n. 9.459, de 13-5-1997.

• O Decreto n. 4.886, de 20-11-2003, dispõe sobre a política nacional de promoção de igualdade racial – PNPIR.

• O Decreto n. 6.872, de 4-6-2009, aprova o Plano Nacional de Promoção da Igualdade Racial – PLANAPIR, e institui o seu Comitê de Articulação e Monitoramento.

• A Lei n. 12.288, de 20-7-2010, institui o Estatuto da Igualdade Racial.

• O Decreto n. 7.388, de 9-12-2010, dispõe sobre a composição, competência e funcionamento do conselho nacional de combate à discriminação – CNCD.

Art. 4.º A República Federativa do Brasil rege-se nas suas relações internacionais pelos seguintes princípios:

• *Vide* arts. 21, I, e 84, VII e VIII, da CF.

I – independência nacional;

• *Vide* arts. 78 e 91, § 1.º, IV, da CF.

II – prevalência dos direitos humanos;

• O Decreto n. 678, de 6-11-1992, promulgou a Convenção Americana sobre Direitos Humanos – Pacto de São José da Costa Rica.

III – autodeterminação dos povos;

IV – não intervenção;

V – igualdade entre os Estados;

VI – defesa da paz;

VII – solução pacífica dos conflitos;

VIII – repúdio ao terrorismo e ao racismo;

• *Vide* art. 5.º, XLII e XLIII, da CF.

• A Lei n. 7.716, de 5-1-1989, define os crimes resultantes de preconceito de raça ou de cor.

• O Decreto n. 5.639, de 26-12-2005, promulga a Convenção Interamericana contra o Terrorismo.

• A Lei n. 12.288, de 20-7-2010, institui o Estatuto da Igualdade Racial.

(*) Publicada no *Diário Oficial da União* n. 191-A, de 5-10-1988.

IX – cooperação entre os povos para o progresso da humanidade;

X – concessão de asilo político.

- O Decreto n. 55.929, de 14-4-1965, promulgou a Convenção sobre Asilo Territorial.
- A Lei n. 9.474, de 22-7-1997, estabelece o Estatuto dos Refugiados.

Parágrafo único. A República Federativa do Brasil buscará a integração econômica, política, social e cultural dos povos da América Latina, visando à formação de uma comunidade latino-americana de nações.

- O Decreto n. 350, de 21-11-1991, promulgou o Tratado de Assunção, que estabeleceu o Mercado Comum entre Brasil, Paraguai, Argentina e Uruguai – MERCOSUL.

TÍTULO II
DOS DIREITOS E GARANTIAS FUNDAMENTAIS

CAPÍTULO I
DOS DIREITOS E DEVERES INDIVIDUAIS E COLETIVOS

Art. 5.º Todos são iguais perante a lei, sem distinção de qualquer natureza, garantindo-se aos brasileiros e aos estrangeiros residentes no País a inviolabilidade do direito à vida, à liberdade, à igualdade, à segurança e à propriedade, nos termos seguintes:

- *Vide* art. 60, § 4.º, IV, da CF.
- A Lei n. 5.709, de 7-10-1971, dispõe sobre a aquisição de imóvel rural por estrangeiro.
- Estrangeiro: Lei n. 13.445, de 24-5-2017 (Lei de Migração) e Decreto n. 9.199, de 20-11-2017 (regulamento).
- Estatuto da Igualdade Racial: Lei n. 12.288, de 20-7-2010.

I – homens e mulheres são iguais em direitos e obrigações, nos termos desta Constituição;

- *Vide* arts. 143, § 2.º, e 226, § 5.º, da CF.
- Os arts. 372 e s. da CLT dispõem sobre a duração, condições do trabalho e da discriminação contra a mulher.
- A Lei n. 9.029, de 13-4-1995, proíbe a exigência de atestados de *gravidez* e esterilização, e outras práticas discriminatórias, para efeitos admissionais ou de permanência da relação jurídica de trabalho.
- Convenção sobre a eliminação de todas as formas de discriminação contra a mulher: Decreto n. 4.377, de 13-9-2002.

II – ninguém será obrigado a fazer ou deixar de fazer alguma coisa senão em virtude de lei;

- *Vide* arts. 14, § 1.º, I, e 143, da CF.
- *Vide* Súmula Vinculante 44 do STF.

III – ninguém será submetido a tortura nem a tratamento desumano ou degradante;

- Convenção contra a tortura e outros tratamentos ou penas cruéis, desumanos ou degradantes: Decreto n. 40, de 15-2-1991.
- A Lei n. 9.455, de 7-4-1997, define os crimes de tortura.
- A Lei n. 12.847, de 2-8-2013, institui o Sistema Nacional de Prevenção e Combate à Tortura.
- *Vide* Súmula Vinculante 11 do STF.

IV – é livre a manifestação do pensamento, sendo vedado o anonimato;

- *Vide* arts. 220 e s. da CF.

V – é assegurado o direito de resposta, proporcional ao agravo, além da indenização por dano material, moral ou à imagem;

- A Lei n. 13.188, de 11-11-2015, dispõe sobre o direito de resposta ou retificação do ofendido em matéria divulgada, publicada ou transmitida por veículo de comunicação social.

VI – é inviolável a liberdade de consciência e de crença, sendo assegurado o livre exercício dos cultos religiosos e garantida, na forma da lei, a proteção aos locais de culto e a suas liturgias;

- Crimes contra o sentimento religioso e contra o respeito aos mortos: arts. 208 a 212 do CP.

VII – é assegurada, nos termos da lei, a prestação de assistência religiosa nas entidades civis e militares de internação coletiva;

- A Lei n. 6.923, de 29-6-1981, dispõe sobre o serviço de Assistência Religiosa nas Forças Armadas.
- A Lei n. 9.982, de 14-7-2000, dispõe sobre a prestação de assistência religiosa nas entidades hospitalares públicas e privadas, bem como nos estabelecimentos prisionais civis e militares.

VIII – ninguém será privado de direitos por motivo de crença religiosa ou de convicção filosófica ou política, salvo se as invocar para eximir-se de obrigação legal a todos imposta e recusar-se a cumprir prestação alternativa, fixada em lei;

- *Vide* art. 143 da CF.

IX – é livre a expressão da atividade intelectual, artística, científica e de comunicação, independentemente de censura ou licença;

- LDA: Lei n. 5.988, de 14-12-1973, e Lei n. 9.610, de 19-2-1998.
- Lei de Proteção de Cultivares: Lei n. 9.456, de 25-4-1997, e Decreto n. 2.366, de 5-11-1997.
- Lei de Proteção da Propriedade Intelectual de Programa de Computador e sua comercialização no País: Lei n. 9.609, de 19-2-1998, e Decreto n. 2.556, de 20-4-1998.

X – são invioláveis a intimidade, a vida privada, a honra e a imagem das pessoas, assegurado o direito a indenização pelo dano material ou moral decorrente de sua violação;

- *Vide* art. 114, VI, da CF.
- *Vide* Súmula Vinculante 11 do STF.

XI – a casa é asilo inviolável do indivíduo, ninguém nela podendo penetrar sem consentimento do morador, salvo em caso de flagrante delito ou desastre, ou para prestar socorro, ou, durante o dia, por determinação judicial;

- Violação de domicílio no CP: art. 150, §§ 1.º a 5.º.
- Inviolabilidade do domicílio no CPP: art. 283.
- Do tempo e do lugar dos atos processuais no CPC: arts. 212 a 217.

XII – é inviolável o sigilo da correspondência e das comunicações telegráficas, de dados e das comunicações telefônicas, salvo, no último caso, por ordem judicial, nas hipóteses e na forma que a lei estabelecer para fins de investigação criminal ou instrução processual penal;

- •• A Lei n. 9.296, de 24-7-1996, regulamenta este inciso no tocante às comunicações telefônicas (Lei da Escuta Telefônica).
- *Vide* arts. 136, § 1.º, *b* e *c*, e 139, III, da CF.
- Violação de correspondência no CP: arts. 151 e 152.
- Serviços postais: Lei n. 6.538, de 22-6-1978.
- A Resolução n. 59 do CNJ, de 9-9-2008, disciplina e uniformiza as rotinas visando ao aperfeiçoamento do procedimento de interceptação das comunicações telefônicas e de sistemas de informática e telemática nos órgãos jurisdicionais do Poder Judiciário.

XIII – é livre o exercício de qualquer trabalho, ofício ou profissão, atendidas as qualificações profissionais que a lei estabelecer;

- *Vide* art. 170 da CF.

XIV – é assegurado a todos o acesso à informação e resguardado o sigilo da fonte, quando necessário ao exercício profissional;

- O art. 154 do CP dispõe sobre violação do segredo profissional.

XV – é livre a locomoção no território nacional em tempo de paz, podendo qualquer pessoa, nos termos da lei, nele entrar, permanecer ou dele sair com seus bens;

- *Vide* art. 139 da CF.

XVI – todos podem reunir-se pacificamente, sem armas, em locais abertos ao público, independentemente de autorização, desde que não frustrem outra reunião anteriormente convocada para o mesmo local, sendo apenas exigido prévio aviso à autoridade competente;

- *Vide* art. 139 da CF.

XVII – é plena a liberdade de associação para fins lícitos, vedada a de caráter paramilitar;

XVIII – a criação de associações e, na forma da lei, a de cooperativas independem de autorização, sendo vedada a interferência estatal em seu funcionamento;

- A Lei n. 5.764, de 16-12-1971, dispõe sobre o regime jurídico das cooperativas.
- A Lei n. 9.867, de 10-11-1999, dispõe sobre a criação e o funcionamento de Cooperativas Sociais, visando à integração social dos cidadãos.

XIX – as associações só poderão ser compulsoriamente dissolvidas ou ter suas atividades suspensas por decisão judicial, exigindo-se, no primeiro caso, o trânsito em julgado;

XX – ninguém poderá ser compelido a associar-se ou a permanecer associado;

XXI – as entidades associativas, quando expressamente autorizadas, têm legitimidade para representar seus filiados judicial ou extrajudicialmente;

- A Lei n. 7.347, de 24-7-1985, disciplina a ação civil pública.

XXII – é garantido o direito de propriedade;

- *Vide* art. 243 da CF.
- Propriedade no CC (Lei n. 10.406, de 10-1-2002): arts. 1.228 a 1.368.

XXIII – a propriedade atenderá a sua função social;

- *Vide* arts. 156, § 1.º, 170, III, 182, § 2.º, e 186 da CF.
- A Lei n. 4.504, de 30-11-1964, estabelece o Estatuto da Terra.

XXIV – a lei estabelecerá o procedimento para desapropriação por necessidade ou utilidade pública, ou por interesse social, mediante justa e prévia indenização em dinheiro, ressalvados os casos previstos nesta Constituição;

- Desapropriação: Decreto-lei n. 3.365, de 21-6-1941, Lei n. 4.132, de 10-9-1962, Lei n. 6.602, de 7-12-1978, Decreto-lei n. 1.075, de 22-1-1970, Lei n. 8.629, de 25-2-1993, Lei Complementar n. 76, de 6-7-1993, Lei n. 9.785, de 29-1-1999, e Lei n. 10.406, de 10-1-2002, art. 1.228, § 3.º.

XXV – no caso de iminente perigo público, a autoridade competente poderá usar de propriedade particular, assegurada ao proprietário indenização ulterior, se houver dano;

XXVI – a pequena propriedade rural, assim definida em lei, desde que trabalhada pela família, não será objeto de penhora para pagamento de débitos decorrentes de sua atividade produtiva, dispondo a lei sobre os meios de financiar o seu desenvolvimento;

- Estatuto da Terra: Lei n. 4.504, de 30-11-1964.
- O art. 4.º da Lei n. 8.629, de 25-2-1993, dispõe sobre a pequena propriedade rural.

XXVII – aos autores pertence o direito exclusivo de utilização, publicação ou reprodução de suas obras, transmissível aos herdeiros pelo tempo que a lei fixar;

- LDA: Lei n. 5.988, de 14-12-1973, e Lei n. 9.610, de 19-2-1998.
- Lei de Proteção de Cultivares: Lei n. 9.456, de 25-4-1997, e Decreto n. 2.366, de 5-11-1997.
- Lei de Proteção da Propriedade Intelectual do Programa de Computador e sua comercialização no país: Lei n. 9.609, de 19-2-1998, e Decreto n. 2.556, de 20-4-1998.

XXVIII – são assegurados, nos termos da lei:

a) a proteção às participações individuais em obras coletivas e à reprodução da imagem e voz humanas, inclusive nas atividades desportivas;

b) o direito de fiscalização do aproveitamento econômico das obras que criarem ou de que participarem aos criadores, aos intérpretes e às respectivas representações sindicais e associativas;

XXIX – a lei assegurará aos autores de inventos industriais privilégio temporário para sua utilização, bem como proteção às criações industriais, à propriedade das marcas, aos nomes de empresas e a outros signos distintivos, tendo em vista o interesse social e o desenvolvimento tecnológico e econômico do País;

- Propriedade Industrial: Lei n. 9.279, de 14-5-1996, e Decreto n. 2.553, de 16-4-1998.

XXX – é garantido o direito de herança;

- CC: direito das sucessões: arts. 1.784 e segs.; aceitação e renúncia da herança: arts. 1.804 e segs.; e herança jacente: arts. 1.819 e segs.
- Direitos dos companheiros a alimentos e à sucessão: Lei n. 8.971, de 29-12-1994, e CC, art. 1.790.

XXXI – a sucessão de bens de estrangeiros situados no País será regulada pela lei brasileira em benefício do cônjuge ou dos filhos brasileiros, sempre que não lhes seja mais favorável a lei pessoal do *de cujus*;

- LINDB (Decreto-lei n. 4.657, de 4-9-1942): art. 10, §§ 1.º e 2.º.

XXXII – o Estado promoverá, na forma da lei, a defesa do consumidor;

- Prevenção e repressão às infrações contra a ordem econômica: Lei n. 12.529, de 30-11-2011.
- O Decreto n. 2.181, de 20-3-1997, dispõe sobre a organização do SNDC, e estabelece normas gerais de aplicação das sanções administrativas previstas na Lei n. 8.078, de 11-9-1990 (CDC).
- As Portarias n. 4, de 13-3-1998, n. 3, de 19-3-1999, n. 3, de 15-3-2001, e n. 5, de 27-8-2002, da Secretaria de Direito Econômico, divulgam as cláusulas contratuais consideradas abusivas.

XXXIII – todos têm direito a receber dos órgãos públicos informações de seu interesse particular, ou de interesse coletivo ou geral, que serão prestadas no prazo da lei, sob pena de responsabilidade, ressalvadas aquelas cujo sigilo seja imprescindível à segurança da sociedade e do Estado;

•• A Lei n. 12.527, de 18-11-2011, regulamentada pelo Decreto n. 7.724, de 16-5-2012, regula o acesso a informações previsto neste inciso.

•• O Decreto n. 8.777, de 11-5-2016, institui a Política de Dados Abertos do Poder Executivo federal.

• *Vide* incisos LXXII e LXXVII deste artigo.

XXXIV – são a todos assegurados, independentemente do pagamento de taxas:

a) o direito de petição aos Poderes Públicos em defesa de direitos ou contra ilegalidade ou abuso de poder;

• *Vide* Súmula Vinculante 21 do STF.

b) a obtenção de certidões em repartições públicas, para defesa de direitos e esclarecimento de situações de interesse pessoal;

• A Lei n. 9.051, de 18-5-1995, dispõe sobre a expedição de certidões para a defesa de direitos e esclarecimentos de situações.

XXXV – a lei não excluirá da apreciação do Poder Judiciário lesão ou ameaça a direito;

• *Vide* Súmula Vinculante 28 do STF.

XXXVI – a lei não prejudicará o direito adquirido, o ato jurídico perfeito e a coisa julgada;

• LINDB (Decreto-lei n. 4.657, de 4-9-1942): art. 6.º.

XXXVII – não haverá juízo ou tribunal de exceção;

XXXVIII – é reconhecida a instituição do júri, com a organização que lhe der a lei, assegurados:

• Do processo dos crimes da competência do júri: arts. 406 e segs. do CPP.

• A Lei n. 11.697, de 13-6-2008, dispõe sobre a Organização Judiciária do Distrito Federal e dos Territórios. Sobre o Tribunal do Júri: arts. 18 e 19.

• *Vide* Súmula Vinculante 45 do STF.

a) a plenitude de defesa;

b) o sigilo das votações;

c) a soberania dos veredictos;

d) a competência para o julgamento dos crimes dolosos contra a vida;

XXXIX – não há crime sem lei anterior que o defina, nem pena sem prévia cominação legal;

• CP: art. 1.º.

XL – a lei penal não retroagirá, salvo para beneficiar o réu;

• CP: art. 2.º, parágrafo único.

• *Vide* Súmula Vinculante 26 do STF.

XLI – a lei punirá qualquer discriminação atentatória dos direitos e liberdades fundamentais;

• Crimes resultantes de preconceito de raça ou de cor: Lei n. 7.716, de 5-1-1989, e Lei n. 9.459, de 13-5-1997.

• A Lei n. 8.081, de 21-9-1990, estabelece os crimes e as penas aplicáveis aos atos discriminatórios ou de preconceito de raça, cor, religião, etnia ou procedência nacional, praticados pelos meios de comunicação ou por publicação de qualquer natureza.

XLII – a prática do racismo constitui crime inafiançável e imprescritível, sujeito à pena de reclusão, nos termos da lei;

• Estatuto da Igualdade Racial: Lei n. 12.288, de 20-7-2010.

XLIII – a lei considerará crimes inafiançáveis e insuscetíveis de graça ou anistia a prática da tortura, o tráfico ilícito de entorpecentes e drogas afins, o terrorismo e os definidos como crimes hediondos, por eles respondendo os mandantes, os executores e os que, podendo evitá-los, se omitirem;

•• Inciso regulamentado pela Lei n. 13.260, de 16-3-2016, que disciplina o terrorismo, trata de disposições investigatórias e processuais e reformula o conceito de organização terrorista.

• A Lei n. 9.455, de 7-4-1997, define os crimes de tortura.

• O Decreto n. 5.639, de 26-12-2005, promulga a Convenção Interamericana contra o Terrorismo.

• Drogas: Lei n. 11.343, de 23-8-2006.

XLIV – constitui crime inafiançável e imprescritível a ação de grupos armados, civis ou militares, contra a ordem constitucional e o Estado Democrático;

• Organizações criminosas: Lei n. 12.850, de 2-8-2013.

• O Decreto n. 5.015, de 12-3-2004, promulga a Convenção das Nações Unidas contra o Crime Organizado Transnacional.

XLV – nenhuma pena passará da pessoa do condenado, podendo a obrigação de reparar o dano e a decretação do perdimento de bens ser, nos termos da lei, estendidas aos sucessores e contra eles executadas, até o limite do valor do patrimônio transferido;

• Das penas no CP: arts. 32 e segs.

• CC: arts. 932 e 935.

XLVI – a lei regulará a individualização da pena e adotará, entre outras, as seguintes:

• Das penas no CP: arts. 32 e segs.

• A Lei n. 12.714, de 14-9-2012, dispõe sobre o acompanhamento da execução das penas, da prisão cautelar e da medida de segurança.

a) privação ou restrição da liberdade;

• CP: arts. 33 e segs.

b) perda de bens;

• CP: art. 43, II.

c) multa;

• CP: art. 49.

d) prestação social alternativa;

• CP: arts. 44 e 46.

e) suspensão ou interdição de direitos;

• CP: art. 47.

XLVII – não haverá penas:

• Das penas no CP: arts. 32 e segs.

a) de morte, salvo em caso de guerra declarada, nos termos do art. 84, XIX;

•• O CPM (Decreto-lei n. 1.001, de 21-10-1969) dispõe sobre pena de morte nos arts. 55 a 57.

b) de caráter perpétuo;

c) de trabalhos forçados;

d) de banimento;

e) cruéis;

XLVIII – a pena será cumprida em estabelecimentos distintos, de acordo com a natureza do delito, a idade e o sexo do apenado;

• Das penas no CP: arts. 32 e segs.

• Dos estabelecimentos penais: Lei n. 7.210, de 11-7-1984, arts. 82 a 104. A Lei n. 10.792, de 1.º-12-2003, altera a LEP, instituindo o regime disciplinar diferenciado e facultando à União, aos Estados, ao Distrito Federal e aos Territórios, a construção de Penitenciárias destinadas aos presos sujeitos a este regime.

XLIX – é assegurado aos presos o respeito à integridade física e moral;

• CP: art. 38.

• Transporte de presos: Lei n. 8.653, de 10-5-1993.

- LEP: Lei n. 7.210, de 11-7-1984, art. 40.
- *Vide* Súmula Vinculante 11 do STF.

L – às presidiárias serão asseguradas condições para que possam permanecer com seus filhos durante o período de amamentação;

- Da penitenciária de mulheres: Lei n. 7.210, de 11-7-1984, art. 89.
- A Lei n. 11.942, de 28-5-2009, altera a LEP (Lei n. 7.210, de 11-7-1984), para assegurar às mães presas e aos recém-nascidos condições mínimas de assistência.

LI – nenhum brasileiro será extraditado, salvo o naturalizado, em caso de crime comum, praticado antes da naturalização, ou de comprovado envolvimento em tráfico ilícito de entorpecentes e drogas afins, na forma da lei;

- *Vide* art. 12, II, da CF.

LII – não será concedida extradição de estrangeiro por crime político ou de opinião;

- Extradição: arts. 81 a 99 da Lei n. 13.445, de 24-5-2017 e art. 267, VII do Decreto n. 9.199, de 20-11-2017 (regulamento).
- O Decreto n. 98.961, de 15-2-1990, dispõe sobre a expulsão do estrangeiro condenado por tráfico de entorpecente e drogas afins.

LIII – ninguém será processado nem sentenciado senão pela autoridade competente;

LIV – ninguém será privado da liberdade ou de seus bens sem o devido processo legal;

LV – aos litigantes, em processo judicial ou administrativo, e aos acusados em geral são assegurados o contraditório e ampla defesa, com os meios e recursos a ela inerentes;

- *Vide* Súmulas Vinculantes 5, 14, 21 e 28 do STF.

LVI – são inadmissíveis, no processo, as provas obtidas por meios ilícitos;

- Das provas no CPP: arts. 155 e segs.
- Das provas no CPC: arts. 369 e segs.

LVII – ninguém será considerado culpado até o trânsito em julgado de sentença penal condenatória;

LVIII – o civilmente identificado não será submetido a identificação criminal, salvo nas hipóteses previstas em lei;

•• Inciso regulamentado pela Lei n. 12.037, de 1.º-10-2009.

LIX – será admitida ação privada nos crimes de ação pública, se esta não for intentada no prazo legal;

- Da ação penal privada subsidiária da pública: art. 100, § 3.º, do CP, e art. 29 do CPP.

LX – a lei só poderá restringir a publicidade dos atos processuais quando a defesa da intimidade ou o interesse social o exigirem;

- Do sigilo no inquérito policial: CPP, art. 20.
- Segredo de Justiça: CPC, art. 189.
- Sistema de transmissão de dados para a prática de atos processuais: Lei n. 9.800, de 26-5-1999.

LXI – ninguém será preso senão em flagrante delito ou por ordem escrita e fundamentada de autoridade judiciária competente, salvo nos casos de transgressão militar ou crime propriamente militar, definidos em lei;

- *Vide* inciso LVII deste artigo.
- O Decreto-lei n. 1.001, de 21-10-1969, estabelece o CPM.

LXII – a prisão de qualquer pessoa e o local onde se encontre serão comunicados imediatamente ao juiz competente e à família do preso ou à pessoa por ele indicada;

LXIII – o preso será informado de seus direitos, entre os quais o de permanecer calado, sendo-lhe assegurada a assistência da família e de advogado;

- *Vide* art. 136, § 3.º, IV, da CF.
- *Vide* Súmula Vinculante 14 do STF.

LXIV – o preso tem direito à identificação dos responsáveis por sua prisão ou por seu interrogatório policial;

LXV – a prisão ilegal será imediatamente relaxada pela autoridade judiciária;

LXVI – ninguém será levado à prisão ou nela mantido, quando a lei admitir a liberdade provisória, com ou sem fiança;

- Os arts. 321 e segs. do CPP dispõem sobre liberdade provisória.

LXVII – não haverá prisão civil por dívida, salvo a do responsável pelo inadimplemento voluntário e inescusável de obrigação alimentícia e a do depositário infiel;

•• O Decreto n. 592, de 6-7-1992 (Pacto Internacional sobre Direitos Civis e Políticos), dispõe em seu art. 11 que "ninguém poderá ser preso apenas por não poder cumprir com uma obrigação contratual".

•• O Decreto n. 678, de 6-11-1992 (Pacto de São José da Costa Rica), dispõe em seu art. 7.º, item 7, que ninguém deve ser detido por dívida, exceto no caso de inadimplemento de obrigação alimentar.

•• Pensão alimentícia: art. 19 da Lei n. 5.478, de 25-7-1968.

•• *Vide* Súmula Vinculante 25 do STF.

- Alienação fiduciária: Decreto-lei n. 911, de 1.º-10-1969, e Lei n. 9.514, de 20-11-1997.
- Depositário infiel: Lei n. 8.866, de 11-4-1994.

LXVIII – conceder-se-á *habeas corpus* sempre que alguém sofrer ou se achar ameaçado de sofrer violência ou coação em sua liberdade de locomoção, por ilegalidade ou abuso de poder;

- *Vide* art. 142, § 2.º, da CF.
- *Habeas corpus* e seu processo: arts. 647 e segs. do CPP.

LXIX – conceder-se-á mandado de segurança para proteger direito líquido e certo, não amparado por *habeas corpus* ou *habeas data*, quando o responsável pela ilegalidade ou abuso de poder for autoridade pública ou agente de pessoa jurídica no exercício de atribuições do Poder Público;

- Mandado de segurança: Lei n. 12.016, de 7-8-2009.
- *Habeas data:* Lei n. 9.507, de 12-11-1997.

LXX – o mandado de segurança coletivo pode ser impetrado por:

- Mandado de segurança coletivo: Lei n. 12.016, de 7-8-2009.

a) partido político com representação no Congresso Nacional;

b) organização sindical, entidade de classe ou associação legalmente constituída e em funcionamento há pelo menos um ano, em defesa dos interesses de seus membros ou associados;

LXXI – conceder-se-á mandado de injunção sempre que a falta de norma regulamentadora torne inviável o exercício dos direitos e liberdades constitucionais e das prerrogativas inerentes à nacionalidade, à soberania e à cidadania;

•• Mandado de Injunção individual e coletivo: Lei n. 13.300, de 23-6-2016.

LXXII – conceder-se-á *habeas data*:

• *Habeas data:* Lei n. 9.507, de 12-11-1997.

a) para assegurar o conhecimento de informações relativas à pessoa do impetrante, constantes de registros ou bancos de dados de entidades governamentais ou de caráter público;

b) para a retificação de dados, quando não se prefira fazê-lo por processo sigiloso, judicial ou administrativo;

LXXIII – qualquer cidadão é parte legítima para propor ação popular que vise a anular ato lesivo ao patrimônio público ou de entidade de que o Estado participe, à moralidade administrativa, ao meio ambiente e ao patrimônio histórico e cultural, ficando o autor, salvo comprovada má-fé, isento de custas judiciais e do ônus da sucumbência;

• Lei de Ação Popular: Lei n. 4.717, de 29-6-1965.

LXXIV – o Estado prestará assistência jurídica integral e gratuita aos que comprovarem insuficiência de recursos;

• Assistência judiciária: Lei n. 1.060, de 5-2-1950.

• Defensoria Pública: Lei Complementar n. 80, de 12-1-1994.

LXXV – o Estado indenizará o condenado por erro judiciário, assim como o que ficar preso além do tempo fixado na sentença;

LXXVI – são gratuitos para os reconhecidamente pobres, na forma da lei:

•• Inciso regulamentado pela Lei n. 9.265, de 12-2-1996.

• Lei n. 6.015, de 31-12-1973, art. 30 e parágrafos.

• Gratuidade dos atos necessários ao exercício da cidadania: Lei n. 9.534, de 10-12-1997.

a) o registro civil de nascimento;

• Do nascimento na LRP (Lei n. 6.015, de 31-12-1973): arts. 46 e 50 a 66.

• O Provimento n. 19, de 29-8-2012, do CNJ, assegura aos comprovadamente pobres a gratuidade da averbação do reconhecimento de paternidade e da respectiva certidão.

b) a certidão de óbito;

• Do óbito na LRP (Lei n. 6.015, de 31-12-1973): arts. 77 a 88.

LXXVII – são gratuitas as ações de *habeas corpus* e *habeas data*, e, na forma da lei, os atos necessários ao exercício da cidadania;

•• Inciso regulamentado pela Lei n. 9.265, de 12-2-1996.

LXXVIII – a todos, no âmbito judicial e administrativo, são assegurados a razoável duração do processo e os meios que garantam a celeridade de sua tramitação.

•• Inciso LXXVIII acrescentado pela Emenda Constitucional n. 45, de 8-12-2004.

§ 1.º As normas definidoras dos direitos e garantias fundamentais têm aplicação imediata.

§ 2.º Os direitos e garantias expressos nesta Constituição não excluem outros decorrentes do regime e dos princípios por ela adotados, ou dos tratados internacionais em que a República Federativa do Brasil seja parte.

•• *Vide* Súmula Vinculante 25 do STF.

§ 3.º Os tratados e convenções internacionais sobre direitos humanos que forem aprovados, em cada Casa do Congresso Nacional, em dois turnos, por três quintos dos votos dos respectivos membros, serão equivalentes às emendas constitucionais.

•• § 3.º acrescentado pela Emenda Constitucional n. 45, de 8-12-2004.

• O Decreto n. 6.949, de 25-8-2009, promulga a convenção internacional sobre os direitos das pessoas com deficiência e seu protocolo facultativo, aprovado pelo Congresso Nacional conforme o procedimento do § 3.º do artigo 5.º da CF.

§ 4.º O Brasil se submete à jurisdição de Tribunal Penal Internacional a cuja criação tenha manifestado adesão.

•• § 4.º acrescentado pela Emenda Constitucional n. 45, de 8-12-2004.

• O Decreto n. 4.388, de 25-9-2002, dispõe sobre o Tribunal Penal Internacional.

Capítulo II
DOS DIREITOS SOCIAIS

Art. 6.º São direitos sociais a educação, a saúde, a alimentação, o trabalho, a moradia, o transporte, o lazer, a segurança, a previdência social, a proteção à maternidade e à infância, a assistência aos desamparados, na forma desta Constituição.

•• Artigo com redação determinada pela Emenda Constitucional n. 90, de 15-9-2015.

• A Lei n. 10.216, de 6-4-2001, dispõe sobre a proteção e os direitos das pessoas portadoras de transtornos mentais e redireciona o modelo assistencial em saúde mental.

Art. 7.º São direitos dos trabalhadores urbanos e rurais, além de outros que visem à melhoria de sua condição social:

I – relação de emprego protegida contra despedida arbitrária ou sem justa causa, nos termos de lei complementar, que preverá indenização compensatória, dentre outros direitos;

II – seguro-desemprego, em caso de desemprego involuntário;

•• A Lei n. 7.998, de 11-1-1990, regulamenta o Programa do Seguro-Desemprego.

• Dispõem ainda sobre a matéria: Lei n. 8.019, de 11-4-1990, Lei n. 10.779, de 25-11-2003, e Lei Complementar n. 150, de 1.º-6-2015.

III – fundo de garantia do tempo de serviço;

• FGTS: Lei n. 8.036, de 11-5-1990 (disposições), regulamentada pelo Decreto n. 99.684, de 8-11-1990, Lei n. 8.844, de 20-1-1994 (fiscalização, apuração e cobrança judicial das contribuições e multas), Lei Complementar n. 150, de 1.º-6-2015 (empregado doméstico).

IV – salário mínimo, fixado em lei, nacionalmente unificado, capaz de atender a suas necessidades vitais básicas e às de sua família com moradia, alimentação, educação, saúde, lazer, vestuário, higiene, transporte e previdência social, com reajustes periódicos que lhe preservem o poder aquisitivo, sendo vedada sua vinculação para qualquer fim;

• A Lei n. 6.205, de 29-4-1975, estabelece a descaracterização do salário mínimo como fator de correção monetária.

• *Vide* Súmulas Vinculantes 4, 15 e 16 do STF.

• O Decreto n. 8.948, de 29-12-2016, estabelece que, a partir de 1.º-1-2017, o salário mínimo será de R$ 937,00 (novecentos e trinta e sete reais).

V – piso salarial proporcional à extensão e à complexidade do trabalho;

•• A Lei Complementar n. 103, de 14-7-2000, autoriza os Estados e o Distrito Federal a instituir o piso salarial a que se refere este inciso.

VI – irredutibilidade do salário, salvo o disposto em convenção ou acordo coletivo;

VII – garantia de salário, nunca inferior ao mínimo, para os que percebem remuneração variável;

VIII – décimo terceiro salário com base na remuneração integral ou no valor da aposentadoria;

• Décimo terceiro salário: Lei n. 4.090, de 13-7-1962, Lei n. 4.749, de 12-8-1965, Decreto n. 57.155, de 3-11-1965, e Decreto n. 63.912, de 26-12-1968.

IX – remuneração do trabalho noturno superior à do diurno;

• Trabalho noturno na CLT: art. 73 e §§ 1.º a 5.º.

X – proteção do salário na forma da lei, constituindo crime sua retenção dolosa;

XI – participação nos lucros, ou resultados, desvinculada da remuneração, e, excepcionalmente, participação na gestão da empresa, conforme definido em lei;

•• Regulamento: Lei n. 10.101, de 19-12-2000.

XII – salário-família pago em razão do dependente do trabalhador de baixa renda nos termos da lei;

•• Inciso XII com redação determinada pela Emenda Constitucional n. 20, de 15-12-1998.

• Salário-família: Lei n. 4.266, de 3-10-1963, Decreto n. 53.153, de 10-12-1963, Lei n. 8.213, de 24-7-1991, e Decreto n. 3.048, de 6-5-1999.

XIII – duração do trabalho normal não superior a oito horas diárias e quarenta e quatro semanais, facultada a compensação de horários e a redução da jornada, mediante acordo ou convenção coletiva de trabalho;

• Duração do trabalho na CLT: arts. 57 e segs. e 224 e segs.

XIV – jornada de seis horas para o trabalho realizado em turnos ininterruptos de revezamento, salvo negociação coletiva;

XV – repouso semanal remunerado, preferencialmente aos domingos;

• Repouso semanal: Lei n. 605, de 5-1-1949, Decreto n. 27.048, de 12-8-1949, e art. 67 da CLT.

XVI – remuneração do serviço extraordinário superior, no mínimo, em cinquenta por cento à do normal;

• Remuneração do serviço extraordinário na CLT: arts. 61, 142 e 227.

• A Lei n. 10.244, de 27-6-2001, revogando o art. 376 da CLT, passa a permitir a realização de horas extras por mulheres.

XVII – gozo de férias anuais remuneradas com, pelo menos, um terço a mais do que o salário normal;

• Férias na CLT: arts. 129 e segs.

XVIII – licença à gestante, sem prejuízo do emprego e do salário, com a duração de cento e vinte dias;

•• A Lei n. 11.770, de 9-9-2008, institui o Programa Empresa Cidadã, destinado a facultar a prorrogação por 60 dias da licença-maternidade, prevista neste inciso. Regulamentada pelo Decreto n. 7.052, de 23-12-2009.

• *Vide* art. 10, II, *b*, do ADCT.

• Salário-maternidade: arts. 71 a 73 da Lei n. 8.213, de 24-7-1991, regulamentada pelo Decreto n. 3.048, de 6-5-1999, arts. 93 a 103.

XIX – licença-paternidade, nos termos fixados em lei;

•• *Vide* art. 10, § 1.º, do ADCT.

•• A Lei n. 11.770, de 9-9-2008 (Programa Empresa Cidadã), alterada pela Lei n. 13.257, de 8-3-2016, faculta a prorrogação por 15 dias da licença-paternidade, mediante concessão de incentivo fiscal.

XX – proteção do mercado de trabalho da mulher, mediante incentivos específicos, nos termos da lei;

• Proteção ao trabalho da mulher na CLT: arts. 372 e segs.

• Convenção sobre a eliminação de todas as formas de discriminação contra a mulher: Decreto n. 4.377, de 13-9-2002.

XXI – aviso prévio proporcional ao tempo de serviço, sendo no mínimo de trinta dias, nos termos da lei;

•• Regulamento: Lei n. 12.506, de 11-10-2011.

• Aviso prévio na CLT: arts. 487 e segs.

XXII – redução dos riscos inerentes ao trabalho, por meio de normas de saúde, higiene e segurança;

• Segurança e medicina do trabalho: arts. 154 e segs. da CLT.

XXIII – adicional de remuneração para as atividades penosas, insalubres ou perigosas, na forma da lei;

• Atividades insalubres e perigosas na CLT: arts. 189 e segs.

XXIV – aposentadoria;

• O Decreto n. 3.048, de 6-5-1999, aprova o regulamento da Previdência Social.

• A Lei n. 8.213, de 24-7-1991, nos arts. 42 e segs., trata de aposentadoria.

XXV – assistência gratuita aos filhos e dependentes desde o nascimento até 5 (cinco) anos de idade em creches e pré-escolas;

•• Inciso XXV com redação determinada pela Emenda Constitucional n. 53, de 19-12-2006.

XXVI – reconhecimento das convenções e acordos coletivos de trabalho;

• Convenções coletivas de trabalho na CLT: arts. 611 e segs.

XXVII – proteção em face da automação, na forma da lei;

XXVIII – seguro contra acidentes de trabalho, a cargo do empregador, sem excluir a indenização a que este está obrigado, quando incorrer em dolo ou culpa;

• Acidente do trabalho: Lei n. 6.338, de 7-6-1976, Lei n. 8.212, de 24-7-1991, Lei n. 8.213, de 24-7-1991, e Decreto n. 3.048, de 6-5-1999.

XXIX – ação, quanto aos créditos resultantes das relações de trabalho, com prazo prescricional de cinco anos para os trabalhadores urbanos e rurais, até o limite de dois anos após a extinção do contrato de trabalho;

•• Inciso XXIX com redação determinada pela Emenda Constitucional n. 28, de 25-5-2000.

a) e *b*) (*Revogadas pela Emenda Constitucional n. 28, de 25-5-2000.*)

XXX – proibição de diferença de salários, de exercício de funções e de critério de admissão por motivo de sexo, idade, cor ou estado civil;

• Convenção sobre a eliminação de todas as formas de discriminação contra a mulher: Decreto n. 4.377, de 13-9-2002.

XXXI – proibição de qualquer discriminação no tocante a salário e critérios de admissão do trabalhador portador de deficiência;

• O Decreto n. 3.298, de 20-12-1999, consolida as normas de proteção à pessoa portadora de deficiência.

XXXII – proibição de distinção entre trabalho manual, técnico e intelectual ou entre os profissionais respectivos;

XXXIII – proibição de trabalho noturno, perigoso ou insalubre a menores de 18 (dezoito) e de qualquer trabalho a menores de 16 (dezesseis) anos, salvo na condição de aprendiz, a partir de 14 (quatorze) anos;

•• Inciso XXXIII com redação determinada pela Emenda Constitucional n. 20, de 15-12-1998.

• Proteção ao trabalho do menor na CLT: arts. 402 e segs.

• Do direito à profissionalização e à proteção do trabalho: arts. 60 a 69 da Lei n. 8.069, de 13-7-1990 (ECA).

XXXIV – igualdade de direitos entre o trabalhador com vínculo empregatício permanente e o trabalhador avulso.

Parágrafo único. São assegurados à categoria dos trabalhadores domésticos os direitos previstos nos incisos IV, VI, VII, VIII, X, XIII, XV, XVI, XVII, XVIII, XIX, XXI, XXII, XXIV, XXVI, XXX, XXXI e XXXIII e, atendidas as condições estabelecidas em lei e observada a simplificação do cumprimento das obrigações tributárias, principais e acessórias, decorrentes da relação de trabalho e suas peculiaridades, os previstos nos incisos I, II, III, IX, XII, XXV e XXVIII, bem como a sua integração à previdência social.

•• Parágrafo único com redação determinada pela Emenda Constitucional n. 72, de 2-4-2013.

• Empregado doméstico, FGTS e seguro-desemprego: Lei n. 7.195, de 12-6-1984, e Lei Complementar n. 150, de 1.º-6-2015.

• Salário-maternidade: arts. 93 a 103 do Decreto n. 3.048, de 6-5-1999.

Art. 8.º É livre a associação profissional ou sindical, observado o seguinte:

• Organização sindical na CLT: arts. 511 e segs.

I – a lei não poderá exigir autorização do Estado para a fundação de sindicato, ressalvado o registro no órgão competente, vedadas ao Poder Público a interferência e a intervenção na organização sindical;

II – é vedada a criação de mais de uma organização sindical, em qualquer grau, representativa de categoria profissional ou econômica, na mesma base territorial, que será definida pelos trabalhadores ou empregadores interessados, não podendo ser inferior à área de um Município;

III – ao sindicato cabe a defesa dos direitos e interesses coletivos ou individuais da categoria, inclusive em questões judiciais ou administrativas;

IV – a assembleia geral fixará a contribuição que, em se tratando de categoria profissional, será descontada em folha, para custeio do sistema confederativo da representação sindical respectiva, independentemente da contribuição prevista em lei;

•• *Vide* Súmula Vinculante 40 do STF.

V – ninguém será obrigado a filiar-se ou a manter-se filiado a sindicato;

• Atentado contra a liberdade de associação: art. 199 do CP.

• O Precedente Normativo n. 119, de 13-8-1998, publicado no *DJU*, de 20-8-1998, do TST, dispõe sobre contribuições sindicais.

VI – é obrigatória a participação dos sindicatos nas negociações coletivas de trabalho;

VII – o aposentado filiado tem direito a votar e ser votado nas organizações sindicais;

VIII – é vedada a dispensa do empregado sindicalizado a partir do registro da candidatura a cargo de direção ou representação sindical e, se eleito, ainda que suplente, até um ano após o final do mandato, salvo se cometer falta grave nos termos da lei.

Parágrafo único. As disposições deste artigo aplicam-se à organização de sindicatos rurais e de colônias de pescadores, atendidas as condições que a lei estabelecer.

•• Parágrafo regulamentado pela Lei n. 11.699, de 13-6-2008, que estabelece que as Colônias de Pescadores, as Federações Estaduais e a Confederação Nacional dos Pescadores ficam reconhecidas como órgãos de classe dos trabalhadores do setor artesanal da pesca, com forma e natureza jurídica próprias, obedecendo ao princípio da livre organização previsto neste artigo.

Art. 9.º É assegurado o direito de greve, competindo aos trabalhadores decidir sobre a oportunidade de exercê-lo e sobre os interesses que devam por meio dele defender.

• Greve: Lei n. 7.783, de 28-6-1989.

• *Vide* arts. 37, VII, 114, II e 142, § 3.º, IV, da CF.

§ 1.º A lei definirá os serviços ou atividades essenciais e disporá sobre o atendimento das necessidades inadiáveis da comunidade.

§ 2.º Os abusos cometidos sujeitam os responsáveis às penas da lei.

Art. 10. É assegurada a participação dos trabalhadores e empregadores nos colegiados dos órgãos públicos em que seus interesses profissionais ou previdenciários sejam objeto de discussão e deliberação.

Art. 11. Nas empresas de mais de duzentos empregados, é assegurada a eleição de um representante destes com a finalidade exclusiva de promover-lhes o entendimento direto com os empregadores.

Capítulo III
DA NACIONALIDADE

• O Decreto n. 4.246, de 22-5-2002, promulga a Convenção sobre o Estatuto dos Apátridas.

Art. 12. São brasileiros:

I – natos:

a) os nascidos na República Federativa do Brasil, ainda que de pais estrangeiros, desde que estes não estejam a serviço de seu país;

b) os nascidos no estrangeiro, de pai brasileiro ou mãe brasileira, desde que qualquer deles esteja a serviço da República Federativa do Brasil;

c) os nascidos no estrangeiro de pai brasileiro ou de mãe brasileira, desde que sejam registrados em repartição brasileira competente ou venham a residir na República Federativa do Brasil e optem, em qualquer tempo, depois de atingida a maioridade, pela nacionalidade brasileira;

•• Alínea *c* com redação determinada pela Emenda Constitucional n. 54, de 20-9-2007.

II – naturalizados:

• Naturalização: Lei n. 13.445, de 24-5-2017 (Lei de Migração) e arts. 218 a 246 do Decreto n. 9.199, de 20-11-2017 (regulamento).

a) os que, na forma da lei, adquiram a nacionalidade brasileira, exigidas aos originários de países de língua portuguesa apenas residência por um ano ininterrupto e idoneidade moral;

b) os estrangeiros de qualquer nacionalidade residentes na República Federativa do Brasil há mais de quinze anos ininterruptos e sem condenação penal, desde que requeiram a nacionalidade brasileira.

•• Alínea *b* com redação determinada pela Emenda Constitucional de Revisão n. 3, de 7-6-1994.

§ 1.º Aos portugueses com residência permanente no País, se houver reciprocidade em favor de brasileiros, serão atribuídos os direitos inerentes ao brasileiro, salvo os casos previstos nesta Constituição.

•• § 1.º com redação determinada pela Emenda Constitucional de Revisão n. 3, de 7-6-1994.

§ 2.º A lei não poderá estabelecer distinção entre brasileiros natos e naturalizados, salvo nos casos previstos nesta Constituição.

• O Decreto n. 3.927, de 19-9-2001, promulga o Tratado de Amizade, Cooperação e Consulta, entre a República Federativa do Brasil e a República Portuguesa.

§ 3.º São privativos de brasileiro nato os cargos:

I – de Presidente e Vice-Presidente da República;

II – de Presidente da Câmara dos Deputados;

III – de Presidente do Senado Federal;

IV – de Ministro do Supremo Tribunal Federal;

V – da carreira diplomática;

VI – de oficial das Forças Armadas;

• A Lei Complementar n. 97, de 9-6-1999, dispõe sobre as normas gerais para a organização, o preparo e o emprego das Forças Armadas.

VII – de Ministro de Estado da Defesa.

•• Inciso VII acrescentado pela Emenda Constitucional n. 23, de 2-9-1999.

§ 4.º Será declarada a perda da nacionalidade do brasileiro que:

•• O Decreto n. 3.453, de 9-5-2000, delega competência ao Ministro de Estado da Justiça para declarar a perda e a reaquisição da nacionalidade brasileira, na forma deste artigo.

I – tiver cancelada sua naturalização, por sentença judicial, em virtude de atividade nociva ao interesse nacional;

II – adquirir outra nacionalidade, salvo nos casos:

•• Inciso II, *caput*, acrescentado pela Emenda Constitucional de Revisão n. 3, de 7-6-1994.

a) de reconhecimento de nacionalidade originária pela lei estrangeira;

•• Alínea *a* acrescentada pela Emenda Constitucional de Revisão n. 3, de 7-6-1994.

b) de imposição de naturalização, pela norma estrangeira, ao brasileiro residente em Estado estrangeiro, como condição para permanência em seu território ou para o exercício de direitos civis.

•• Alínea *b* acrescentada pela Emenda Constitucional de Revisão n. 3, de 7-6-1994.

• A Lei n. 818, de 18-9-1949, regula a aquisição, a perda e a reaquisição da nacionalidade, bem como a perda dos direitos políticos.

Art. 13. A língua portuguesa é o idioma oficial da República Federativa do Brasil.

§ 1.º São símbolos da República Federativa do Brasil a bandeira, o hino, as armas e o selo nacionais.

• Apresentação e forma dos símbolos nacionais: Lei n. 5.700, de 1.º-9-1971.

§ 2.º Os Estados, o Distrito Federal e os Municípios poderão ter símbolos próprios.

Capítulo IV
DOS DIREITOS POLÍTICOS

Art. 14. A soberania popular será exercida pelo sufrágio universal e pelo voto direto e secreto, com valor igual para todos, e, nos termos da lei, mediante:

I – plebiscito;

•• Regulamento: Lei n. 9.709, de 18-11-1998.

II – referendo;

•• Regulamento: Lei n. 9.709, de 18-11-1998.

III – iniciativa popular.

•• Regulamento: Lei n. 9.709, de 18-11-1998.

§ 1.º O alistamento eleitoral e o voto são:

• Alistamento no CE (Lei n. 4.737, de 15-7-1965): arts. 42 e segs.

I – obrigatórios para os maiores de dezoito anos;

II – facultativos para:

a) os analfabetos;

b) os maiores de setenta anos;

c) os maiores de dezesseis e menores de dezoito anos.

§ 2.º Não podem alistar-se como eleitores os estrangeiros e, durante o período do serviço militar obrigatório, os conscritos.

§ 3.º São condições de elegibilidade, na forma da lei:

I – a nacionalidade brasileira;

II – o pleno exercício dos direitos políticos;

III – o alistamento eleitoral;

IV – o domicílio eleitoral na circunscrição;

V – a filiação partidária;

•• Regulamento: Lei n. 9.096, de 19-9-1995.

VI – a idade mínima de:

a) trinta e cinco anos para Presidente e Vice-Presidente da República e Senador;

b) trinta anos para Governador e Vice-Governador de Estado e do Distrito Federal;

c) vinte e um anos para Deputado Federal, Deputado Estadual ou Distrital, Prefeito, Vice-Prefeito e juiz de paz;

• Responsabilidade dos Prefeitos: Decreto-lei n. 201, de 27-2-1967.

d) dezoito anos para Vereador.

• Responsabilidade dos Vereadores: Decreto-lei n. 201, de 27-2-1967.

§ 4.º São inelegíveis os inalistáveis e os analfabetos.

§ 5.º O Presidente da República, os Governadores de Estado e do Distrito Federal, os Prefeitos e quem os houver sucedido ou substituído no curso dos mandatos poderão ser reeleitos para um único período subsequente.

•• § 5.º com redação determinada pela Emenda Constitucional n. 16, de 4-6-1997.

§ 6.º Para concorrerem a outros cargos, o Presidente da República, os Governadores de Estado e do Distrito Federal e os Prefeitos devem renunciar aos respectivos mandatos até seis meses antes do pleito.

§ 7.º São inelegíveis, no território de jurisdição do titular, o cônjuge e os parentes consanguíneos ou afins, até o segundo grau ou por adoção, do Presidente da República, de Governador de Estado ou Território, do Distrito Federal, de Prefeito ou de quem os haja substituído dentro dos seis meses anteriores ao pleito, salvo se já titular de mandato eletivo e candidato à reeleição.

• *Vide* Súmula Vinculante 18 do STF.

§ 8.º O militar alistável é elegível, atendidas as seguintes condições:

I – se contar menos de dez anos de serviço, deverá afastar-se da atividade;

II – se contar mais de dez anos de serviço, será agregado pela autoridade superior e, se eleito, passará automaticamente, no ato da diplomação, para a inatividade.

• *Vide* art. 42 da CF.

§ 9.º Lei complementar estabelecerá outros casos de inelegibilidade e os prazos de sua cessação, a fim de proteger a probidade administrativa, a moralidade para o exercício do mandato, considerada a vida pregressa do candidato, e a normalidade e legitimidade das eleições contra a influência do poder econômico ou o abuso do exercício de função, cargo ou emprego na administração direta ou indireta.

•• § 9.º com redação determinada pela Emenda Constitucional de Revisão n. 4, de 7-6-1994.

• Casos de inelegibilidade: Lei Complementar n. 64, de 18-5-1990.

§ 10. O mandato eletivo poderá ser impugnado ante a Justiça Eleitoral no prazo de quinze dias contados da diplomação, instruída a ação com provas de abuso do poder econômico, corrupção ou fraude.

§ 11. A ação de impugnação de mandato tramitará em segredo de justiça, respondendo o autor, na forma da lei, se temerária ou de manifesta má-fé.

Art. 15. É vedada a cassação de direitos políticos, cuja perda ou suspensão só se dará nos casos de:

• Lei Orgânica dos Partidos Políticos: Lei n. 9.096, de 19-9-1995.

I – cancelamento da naturalização por sentença transitada em julgado;

II – incapacidade civil absoluta;

III – condenação criminal transitada em julgado, enquanto durarem seus efeitos;

IV – recusa de cumprir obrigação a todos imposta ou prestação alternativa, nos termos do art. 5.º, VIII;

V – improbidade administrativa, nos termos do art. 37, § 4.º.

Art. 16. A lei que alterar o processo eleitoral entrará em vigor na data de sua publicação, não se aplicando à eleição que ocorra até 1 (um) ano da data de sua vigência.

•• Artigo com redação determinada pela Emenda Constitucional n. 4, de 14-9-1993.

Capítulo V
DOS PARTIDOS POLÍTICOS

Art. 17. É livre a criação, fusão, incorporação e extinção de partidos políticos, resguardados a soberania nacional, o regime democrático, o pluripartidarismo, os direitos fundamentais da pessoa humana e observados os seguintes preceitos:

•• Artigo regulamentado pela Lei n. 9.096, de 19-9-1995.

•• *Vide* Emenda Constitucional n. 91, de 18-2-2016, que dispõe sobre desfiliação partidária.

I – caráter nacional;

II – proibição de recebimento de recursos financeiros de entidade ou governo estrangeiros ou de subordinação a estes;

III – prestação de contas à Justiça Eleitoral;

IV – funcionamento parlamentar de acordo com a lei.

§ 1.º É assegurada aos partidos políticos autonomia para definir sua estrutura interna e estabelecer regras sobre escolha, formação e duração de seus órgãos permanentes e provisórios e sobre sua organização e funcionamento e para adotar os critérios de escolha e o regime de suas coligações nas eleições majoritárias, vedada a sua celebração nas eleições proporcionais, sem obrigatoriedade de vinculação entre as candidaturas em âmbito nacional, estadual, distrital ou municipal, devendo seus estatutos estabelecer normas de disciplina e fidelidade partidária.

•• § 1.º com redação determinada pela Emenda Constitucional n. 97, de 4-10-2017.

•• *Vide* art. 2.º da Emenda Constitucional n. 97, de 4-10-2017.

§ 2.º Os partidos políticos, após adquirirem personalidade jurídica, na forma da lei civil, registrarão seus estatutos no Tribunal Superior Eleitoral.

§ 3.º Somente terão direito a recursos do fundo partidário e acesso gratuito ao rádio e à televisão, na forma da lei, os partidos políticos que alternativamente:

•• § 3.º, *caput*, com redação determinada pela Emenda Constitucional n. 97, de 4-10-2017.

•• *Vide* art. 3.º da Emenda Constitucional n. 97, de 4-10-2017.

I – obtiverem, nas eleições para a Câmara dos Deputados, no mínimo, 3% (três por cento) dos votos válidos, distribuídos em pelo menos um terço das unidades da Federação, com um mínimo de 2% (dois por cento) dos votos válidos em cada uma delas; ou

•• Inciso I acrescentado pela Emenda Constitucional n. 97, de 4-10-2017.

II – tiverem elegido pelo menos quinze Deputados Federais distribuídos em pelo menos um terço das unidades da Federação.

•• Inciso II acrescentado pela Emenda Constitucional n. 97, de 4-10-2017.

• Os arts. 240 e s. do CE dispõem sobre a propaganda partidária.

§ 4.º É vedada a utilização pelos partidos políticos de organização paramilitar.

§ 5.º Ao eleito por partido que não preencher os requisitos previstos no § 3.º deste artigo é assegurado o mandato e facultada a filiação, sem perda do mandato, a outro partido que os tenha atingido, não sendo essa filiação considerada para fins de distribuição dos recursos do fundo partidário e de acesso gratuito ao tempo de rádio e de televisão.

•• § 5.º acrescentado pela Emenda Constitucional n. 97, de 4-10-2017.

Título III
DA ORGANIZAÇÃO DO ESTADO

Capítulo I
DA ORGANIZAÇÃO POLÍTICO-ADMINISTRATIVA

Art. 18. A organização político-administrativa da República Federativa do Brasil compreende a União, os Estados, o Distrito Federal e os Municípios, todos autônomos, nos termos desta Constituição.

§ 1.º Brasília é a Capital Federal.

§ 2.º Os Territórios Federais integram a União, e sua criação, transformação em Estado ou reintegração ao Estado de origem serão reguladas em lei complementar.

§ 3.º Os Estados podem incorporar-se entre si, subdividir-se ou desmembrar-se para se anexarem a outros, ou formarem novos Estados ou Territórios Federais, mediante aprovação da população diretamente interessada, através de plebiscito, e do Congresso Nacional, por lei complementar.

§ 4.º A criação, a incorporação, a fusão e o desmembramento de Municípios far-se-ão por lei estadual, dentro do período determinado por lei complementar federal, e dependerão de consulta prévia, mediante plebiscito, às populações dos Municípios envolvidos, após divulgação dos Estudos de Viabilidade Municipal, apresentados e publicados na forma da lei.

•• § 4.º com redação determinada pela Emenda Constitucional n. 15, de 12-9-1996.

• A Lei n. 10.521, de 18-7-2002, assegura a instalação de Municípios criados por Lei Estadual.

• *Vide* art. 96 do ADCT.

Art. 19. É vedado à União, aos Estados, ao Distrito Federal e aos Municípios:

I – estabelecer cultos religiosos ou igrejas, subvencioná-los, embaraçar-lhes o funcionamento ou manter com eles ou seus representantes relações de dependência ou aliança, ressalvada, na forma da lei, a colaboração de interesse público;

II – recusar fé aos documentos públicos;

III – criar distinções entre brasileiros ou preferências entre si.

Capítulo II
DA UNIÃO

Art. 20. São bens da União:

• Bens imóveis da União: Decreto-lei n. 9.760, de 5-9-1946, e Lei n. 9.636, de 15-5-1998.

• Bens públicos: Lei n. 10.406, de 10-1-2002 (CC), art. 99.

I – os que atualmente lhe pertencem e os que lhe vierem a ser atribuídos;

II – as terras devolutas indispensáveis à defesa das fronteiras, das fortificações e construções militares, das vias federais de comunicação e à preservação ambiental, definidas em lei;

• A Lei n. 6.383, de 7-12-1976, dispõe sobre o processo discriminatório de terras devolutas da União.

• A Lei n. 6.938, de 31-8-1981, dispõe sobre a Política Nacional do Meio Ambiente, seus fins e mecanismos de formulação e aplicação.

III – os lagos, rios e quaisquer correntes de água em terrenos de seu domínio, ou que banhem mais de um Estado, sirvam de limites com outros países, ou se estendam a território estrangeiro ou dele provenham, bem como os terrenos marginais e as praias fluviais;

• Política Marítima Nacional (PMN): Decreto n. 1.265, de 11-10-1994.

IV – as ilhas fluviais e lacustres nas zonas limítrofes com outros países; as praias marítimas; as ilhas oceânicas e as costeiras, excluídas, destas, as que contenham a sede de Municípios, exceto aquelas áreas afetadas ao serviço público e a unidade ambiental federal, e as referidas no art. 26, II;

•• Inciso IV com redação determinada pela Emenda Constitucional n. 46, de 5-5-2005.

• Política Marítima Nacional (PMN): Decreto n. 1.265, de 11-10-1994.

V – os recursos naturais da plataforma continental e da zona econômica exclusiva;

• A Lei n. 8.617, de 4-1-1993, dispõe sobre o mar territorial, a zona contígua, a zona econômica exclusiva e a plataforma continental brasileira.

• Política Marítima Nacional (PMN): Decreto n. 1.265, de 11-10-1994.

VI – o mar territorial;

VII – os terrenos de marinha e seus acrescidos;

VIII – os potenciais de energia hidráulica;

IX – os recursos minerais, inclusive os do subsolo;

X – as cavidades naturais subterrâneas e os sítios arqueológicos e pré-históricos;

XI – as terras tradicionalmente ocupadas pelos índios.

§ 1.º É assegurada, nos termos da lei, aos Estados, ao Distrito Federal e aos Municípios, bem como a órgãos da administração direta da União, participação no resultado da exploração de petróleo ou gás natural, de recursos hídricos para fins de geração de energia elétrica e de outros recursos minerais no respectivo território, plataforma continental, mar territorial ou zona econômica exclusiva, ou compensação financeira por essa exploração.

•• *Vide* art. 107, § 6.º, I, do ADCT.

•• *Vide* art. 3.º da Emenda Constitucional n. 86, de 17-3-2015.

•• *Vide* art. 198, § 2.º, I, da CF.

• A Lei n. 7.990, de 28-12-1989, institui, para os Estados, Distrito Federal e Municípios, compensação financeira pelo resultado da exploração de petróleo ou gás natural, de recursos hídricos para fins de geração de energia elétrica, de recursos minerais em seus respectivos territórios, plataforma continental, mar territorial ou zona econômica exclusiva.

• A Lei n. 8.001, de 13-3-1990, define os percentuais da distribuição da compensação financeira de que trata a Lei n. 7.990, de 28-12-1989.

• A Lei n. 9.427, de 26-12-1996, institui a Agência Nacional de Energia Elétrica – ANEEL, e disciplina o regime de concessões de serviços públicos de energia elétrica.

• A Lei n. 9.478, de 6-8-1997, dispõe sobre a Política Energética Nacional, as atividades relativas ao monopólio do petróleo, institui o Conselho Nacional de Política Energética e a Agência Nacional do Petróleo.

• A Lei n. 9.984, de 17-7-2000, dispõe sobre a Agência Nacional de Águas – ANA.

• A Lei n. 12.734, de 30-11-2012, modifica as Leis n. 9.478, de 6-8-1997, e n. 12.351, de 22-12-2010, para determinar novas regras de distribuição entre os entes da Federação dos *royalties* e da participação especial, devidos em função da exploração de petróleo, gás natural e outros hidrocarbonetos fluidos, e para aprimorar o marco regulatório sobre a exploração desses recursos no regime de partilha.

§ 2.º A faixa de até cento e cinquenta quilômetros de largura, ao longo das fronteiras terrestres, designada como faixa de fronteira, é considerada fundamental para defesa do território nacional, e sua ocupação e utilização serão reguladas em lei.

• A Lei n. 6.634, de 2-5-1979, dispõe sobre Faixa de Fronteira.

• O Decreto n. 7.496, de 8-6-2011, institui o Plano Estratégico de Fronteiras.

Art. 21. Compete à União:

I – manter relações com Estados estrangeiros e participar de organizações internacionais;

II – declarar a guerra e celebrar a paz;

III – assegurar a defesa nacional;

• O Decreto n. 6.703, de 18-12-2008, aprova a Estratégia Nacional de Defesa.

IV – permitir, nos casos previstos em lei complementar, que forças estrangeiras transitem pelo território nacional ou nele permaneçam temporariamente;

•• Regulamento: Lei Complementar n. 90, de 1.º-10-1997.

V – decretar o estado de sítio, o estado de defesa e a intervenção federal;

VI – autorizar e fiscalizar a produção e o comércio de material bélico;

VII – emitir moeda;

VIII – administrar as reservas cambiais do País e fiscalizar as operações de natureza financeira, especialmente as de crédito, câmbio e capitalização, bem como as de seguros e de previdência privada;

• A Lei n. 4.595, de 31-12-1964, dispõe sobre a política e as instituições monetárias, bancárias e creditícias e cria o Conselho Monetário Nacional.

• A Lei n. 4.728, de 14-7-1965, disciplina o mercado de capitais e estabelece medidas para o seu desenvolvimento.

• O Decreto-lei n. 73, de 21-11-1966, regulamentado pelo Decreto n. 60.459, de 13-3-1967, dispõe sobre o sistema nacional de seguros privados e regula as operações de seguros e resseguros.

• A Lei Complementar n. 108, de 29-5-2001, dispõe sobre a relação entre a União, os Estados, o Distrito Federal e os Municípios, suas autarquias, fundações, sociedades de economia mista e outras entidades públicas e suas respectivas entidades fechadas de previdência complementar, e dá outras providências.

• A Lei Complementar n. 109, de 29-5-2001, dispõe sobre o regime de previdência complementar e dá outras providências.

IX – elaborar e executar planos nacionais e regionais de ordenação do território e de desenvolvimento econômico e social;

X – manter o serviço postal e o correio aéreo nacional;

• Serviço postal: Lei n. 6.538, de 22-6-1978.

XI – explorar, diretamente ou mediante autorização, concessão ou permissão, os serviços de telecomunicações, nos termos da lei, que disporá sobre a organização dos serviços, a criação de um órgão regulador e outros aspectos institucionais;

•• Inciso XI com redação determinada pela Emenda Constitucional n. 8, de 15-8-1995.

• *Vide* art. 2.º da Emenda Constitucional n. 8, de 15-8-1995.

• Sobre concessão para exploração de serviços públicos de telecomunicações, trata a Lei n. 9.472, de 16-7-1997.

• Concessões e permissões de serviços públicos: Lei n. 8.987, de 13-2-1995.

• Serviços de Telecomunicações, organização e órgão regulador: Lei n. 9.295, de 19-7-1996.

• O Decreto n. 3.896, de 23-8-2001, dispõe sobre a regência dos serviços de telecomunicações, e dá outras providências.

XII – explorar, diretamente ou mediante autorização, concessão ou permissão:

a) os serviços de radiodifusão sonora e de sons e imagens;

•• Alínea *a* com redação determinada pela Emenda Constitucional n. 8, de 15-8-1995.

• Código Brasileiro de Telecomunicações: Lei n. 4.117, de 27-8-1962, e Lei n. 9.472, de 16-7-1997.

• A Lei n. 9.612, de 19-2-1998, institui o Serviço de Radiodifusão Comunitária, e o Decreto n. 2.615, de 3-6-1998, aprova seu regulamento.

b) os serviços e instalações de energia elétrica e o aproveitamento energético dos cursos de água, em articulação com os Estados onde se situam os potenciais hidroenergéticos;

• A Lei n. 9.427, de 26-12-1996, institui a Agência Nacional de Energia Elétrica – ANEEL, e disciplina o regime de concessões de serviços públicos de energia elétrica.

• A Lei n. 9.648, de 27-5-1998, regulamentada pelo Decreto n. 2.655, de 2-7-1998, autoriza o Poder Executivo a promover a reestruturação da Centrais Elétricas Brasileiras – ELETROBRAS e de suas subsidiárias.

c) a navegação aérea, aeroespacial e a infraestrutura aeroportuária;

• CBA: Lei n. 7.565, de 19-12-1986.

• A Lei n. 12.379, de 6-1-2011, dispõe sobre o Sistema Nacional de Viação – SNV, que é composto pelo Subsistema Aeroviário Federal.

d) os serviços de transporte ferroviário e aquaviário entre portos brasileiros e fronteiras nacionais, ou que transponham os limites de Estado ou Território;

• A Lei n. 9.432, de 8-1-1997, dispõe sobre a ordenação do transporte aquaviário.

• A Lei n. 12.379, de 6-1-2011, dispõe sobre o Sistema Nacional de Viação – SNV, que é composto pelos Subsistemas Ferroviário e Aquaviário Federais.

e) os serviços de transporte rodoviário interestadual e internacional de passageiros;

• A Lei n. 12.379, de 6-1-2011, dispõe sobre o Sistema Nacional de Viação – SNV, que é composto pelo Subsistema Rodoviário Federal.

f) os portos marítimos, fluviais e lacustres;

• Política Marítima Nacional (PMN): Decreto n. 1.265, de 11-10-1994.

XIII – organizar e manter o Poder Judiciário, o Ministério Público do Distrito Federal e dos Territórios e a Defensoria Pública dos Territórios;

•• Inciso XIII com redação determinada pela Emenda Constitucional n. 69, de 29-3-2012.

XIV – organizar e manter a polícia civil, a polícia militar e o corpo de bombeiros militar do Distrito Federal, bem como prestar assistência financeira ao Distrito Federal para a execução de serviços públicos, por meio de fundo próprio;

•• Inciso XIV com redação determinada pela Emenda Constitucional n. 19, de 4-6-1998.

•• *Vide* art. 107, § 6.º, I, do ADCT.

•• A Lei n. 10.633, de 27-12-2002, institui o Fundo Constitucional do Distrito Federal – FCDF, para atender o disposto neste inciso.

• *Vide* art. 25 da Emenda Constitucional n. 19, de 4-6-1998.

• *Vide* Súmula Vinculante 39 do STF.

XV – organizar e manter os serviços oficiais de estatística, geografia, geologia e cartografia de âmbito nacional;

XVI – exercer a classificação, para efeito indicativo, de diversões públicas e de programas de rádio e televisão;

XVII – conceder anistia;

XVIII – planejar e promover a defesa permanente contra as calamidades públicas, especialmente as secas e as inundações;

• A Lei n. 12.787, de 11-1-2013, dispõe sobre a política nacional de irrigação.

XIX – instituir sistema nacional de gerenciamento de recursos hídricos e definir critérios de outorga de direitos de seu uso;

•• Regulamento: Lei n. 9.433, de 8-1-1997.

XX – instituir diretrizes para o desenvolvimento urbano, inclusive habitação, saneamento básico e transportes urbanos;

• A Lei n. 11.445, de 5-1-2007, estabelece diretrizes nacionais para o saneamento básico.

• A Lei n. 13.425, de 30-3-2017, "Lei Boate Kiss", estabelece diretrizes gerais sobre medidas de prevenção e combate a incêndio e a desastres em estabelecimentos, edificações e áreas de reunião de público.

XXI – estabelecer princípios e diretrizes para o sistema nacional de viação;

• A Lei n. 12.379, de 6-1-2011, dispõe sobre o Sistema Nacional de Viação – SNV.

XXII – executar os serviços de polícia marítima, aeroportuária e de fronteiras;

•• Inciso XXII com redação determinada pela Emenda Constitucional n. 19, de 4-6-1998.

XXIII – explorar os serviços e instalações nucleares de qualquer natureza e exercer monopólio estatal sobre a pesquisa, a lavra, o enriquecimento e reprocessamento, a industrialização e o comércio de minérios nucleares e seus derivados, atendidos os seguintes princípios e condições:

• O Decreto-lei n. 1.982, de 28-12-1982, dispõe sobre o exercício das atividades nucleares incluídas no monopólio da União e o controle do desenvolvimento de pesquisas no campo da energia nuclear.

• O Decreto n. 911, de 3-9-1993, promulga a Convenção de Viena sobre responsabilidade civil por danos nucleares, de 21-5-1963.

• A Lei n. 10.308, de 20-11-2001, estabelece normas para o destino final dos rejeitos radioativos produzidos em território nacional, incluídos a seleção de locais, a construção, o licenciamento, a operação, a fiscalização, os custos, a indenização, a responsabilidade civil e as garantias referentes aos depósitos radioativos.

a) toda atividade nuclear em território nacional somente será admitida para fins pacíficos e mediante aprovação do Congresso Nacional;

b) sob regime de permissão, são autorizadas a comercialização e a utilização de radioisótopos para a pesquisa e usos médicos, agrícolas e industriais;

•• Alínea *b* com redação determinada pela Emenda Constitucional n. 49, de 8-2-2006.

c) sob regime de permissão, são autorizadas a produção, comercialização e utilização de radioisótopos de meia-vida igual ou inferior a duas horas;

•• Alínea *c* acrescentada pela Emenda Constitucional n. 49, de 8-2-2006.

d) a responsabilidade civil por danos nucleares independe da existência de culpa;

•• Primitiva alínea *c* renumerada pela Emenda Constitucional n. 49, de 8-2-2006.

• Responsabilidade civil por danos nucleares e responsabilidade criminal por atos relacionados com atividades nucleares: Lei n. 6.453, de 17-10-1977.

XXIV – organizar, manter e executar a inspeção do trabalho;

XXV – estabelecer as áreas e as condições para o exercício da atividade de garimpagem, em forma associativa.

• A Lei n. 7.805, de 18-7-1989, regulamentada pelo Decreto n. 98.812, de 9-1-1990, disciplina o regime de permissão de lavra garimpeira.

Art. 22. Compete privativamente à União legislar sobre:

I – direito civil, comercial, penal, processual, eleitoral, agrário, marítimo, aeronáutico, espacial e do trabalho;

• CC: Lei n. 10.406, de 10-1-2002, CCom: Lei n. 556, de 25-6-1850, CP: Decreto-lei n. 2.848, de 7-12-1940, CPC: Lei n. 13.105, de 16-3-2015, CPP: Decreto-lei n. 3.689, de 3-10-1941, CE: Lei n. 4.737, de 15-7-1965, CBA: Lei n. 7.565, de 19-12-1986, e CLT: Decreto-lei n. 5.452, de 1.º-5-1943.

• *Vide* Súmula Vinculante 46 do STF.

II – desapropriação;

• Desapropriação: Decreto-lei n. 3.365, de 21-6-1941, Lei n. 4.132, de 10-9-1962, Lei n. 6.602, de 7-12-1978, Decreto-lei n. 1.075, de 22-1-1970, Lei Complementar n. 76, de 6-7-1993, Lei n. 9.785, de 29-1-1999, e Lei n. 10.406, de 10-1-2002, art. 1.228, § 3.º.

III – requisições civis e militares, em caso de iminente perigo e em tempo de guerra;

IV – águas, energia, informática, telecomunicações e radiodifusão;

• Código Brasileiro de Telecomunicações: Lei n. 4.117, de 27-8-1962.

• A Lei n. 9.295, de 19-7-1996, dispõe sobre os serviços de telecomunicações e sua organização e órgão regulador.

• Organização dos Serviços de Telecomunicações: Lei n. 9.472, de 16-7-1997.

V – serviço postal;

• Serviço Postal: Lei n. 6.538, de 22-6-1978.

VI – sistema monetário e de medidas, títulos e garantias dos metais;

• Real: Lei n. 9.069, de 29-6-1995, e Lei n. 10.192, de 14-2-2001.

VII – política de crédito, câmbio, seguros e transferência de valores;

• *Vide* Súmula Vinculante 32 do STF.

VIII – comércio exterior e interestadual;

IX – diretrizes da política nacional de transportes;

• Conselho Nacional de Integração de Políticas de Transportes: Lei n. 10.233, de 5-6-2001, e Decretos n. 4.122 e 4.130, de 13-2-2002.

X – regime dos portos, navegação lacustre, fluvial, marítima, aérea e aeroespacial;

• Política Marítima Nacional (PMN): Decreto n. 1.265, de 11-10-1994.

• A Lei n. 9.277, de 10-5-1996, autoriza a União a delegar aos Municípios, Estados da Federação e ao Distrito Federal, a administração e exploração de rodovias e portos federais.

• A Lei n. 12.815, de 5-6-2013, dispõe sobre a exploração direta e indireta pela união de portos e instalações portuárias.

XI – trânsito e transporte;

• CTB: Lei n. 9.503, de 23-9-1997.

XII – jazidas, minas, outros recursos minerais e metalurgia;

• Código de Mineração: Decreto-lei n. 227, de 28-2-1967.

XIII – nacionalidade, cidadania e naturalização;

• Situação jurídica do estrangeiro no Brasil: Lei n. 13.445, de 24-5-2017 (Lei de Migração) e o Decreto n. 9.199, de 20-11-2017, que regulamenta esta lei.

• *Vide* art. 12 da CF.

XIV – populações indígenas;

• Estatuto do Índio: Lei n. 6.001, de 19-12-1973.

XV – emigração e imigração, entrada, extradição e expulsão de estrangeiros;

• Lei de Migração: Lei n. 13.445, de 24-5-2017 e o Decreto n. 9.199, de 20-11-2017, que regulamenta esta lei.

• O Decreto n. 840, de 22-6-1993, dispõe sobre a organização e o funcionamento do Conselho Nacional de Imigração.

• Estatuto dos Refugiados de 1951 (implementação): Lei n. 9.474, de 22-7-1997.

XVI – organização do sistema nacional de emprego e condições para o exercício de profissões;

XVII – organização judiciária, do Ministério Público do Distrito Federal e dos Territórios e da Defensoria Pública dos Territórios, bem como organização administrativa destes;

•• Inciso XVII com redação determinada pela Emenda Constitucional n. 69, de 29-3-2012.

• Organização, atribuições e Estatuto do Ministério Público da União: Lei Complementar n. 75, de 20-5-1993.

• Organização da DPU, do Distrito Federal e dos Territórios, com normas gerais para os Estados: Lei Complementar n. 80, de 12-1-1994.

XVIII – sistema estatístico, sistema cartográfico e de geologia nacionais;

XIX – sistemas de poupança, captação e garantia da poupança popular;

• Regras para a remuneração das cadernetas de poupança: Lei n. 8.177, de 1.º-3-1991, Lei n. 9.069, de 29-6-1995, e Lei n. 10.192, de 14-2-2001.

XX – sistemas de consórcios e sorteios;

• *Vide* Súmula Vinculante 2 do STF.

XXI – normas gerais de organização, efetivos, material bélico, garantias, convocação e mobilização das polícias militares e corpos de bombeiros militares;

XXII – competência da polícia federal e das polícias rodoviária e ferroviária federais;

• Policial Rodoviário Federal: Lei n. 9.654, de 2-6-1998.

XXIII – seguridade social;

• Lei Orgânica da Seguridade Social: Lei n. 8.212, de 24-7-1991, regulamentada pelo Decreto n. 3.048, de 6-5-1999.

XXIV – diretrizes e bases da educação nacional;

• Lei de Diretrizes e Bases da Educação Nacional: Lei n. 9.394, de 20-12-1996.

XXV – registros públicos;

• LRP: Lei n. 6.015, de 31-12-1973.

XXVI – atividades nucleares de qualquer natureza;

• A Lei n. 12.731, de 21-11-2012, institui o Sistema de Proteção ao Programa Nuclear Brasileiro – SIPRON.

XXVII – normas gerais de licitação e contratação, em todas as modalidades, para as administrações públicas diretas, autárquicas e fundacionais da União, Estados, Distrito Federal e Municípios, obedecido o disposto no art. 37, XXI, e para as empresas públicas e sociedades de economia mista, nos termos do art. 173, § 1.º, III;

•• Inciso XXVII com redação determinada pela Emenda Constitucional n. 19, de 4-6-1998.

• Estatuto Jurídico das Licitações e Contratos: Lei n. 8.666, de 21-6-1993.

• A Lei n. 10.520, de 17-7-2002, institui modalidade de licitação denominada pregão, para aquisição de bens e serviços comuns. Regulamento: Decreto n. 3.555, de 8-8-2000.

XXVIII – defesa territorial, defesa aeroespacial, defesa marítima, defesa civil e mobilização nacional;

• Sistema Nacional de Defesa Civil – SINDEC: Decreto n. 7.257, de 4-8-2010.

• A Lei n. 12.608, de 10-4-2012, institui a Política Nacional de Proteção e Defesa Civil – PNPDEC, dispõe sobre o Sistema Nacional de Proteção e Defesa Civil – SINPDEC e o Conselho Nacional de Proteção e Defesa Civil – CONPDEC e autoriza a criação de sistema de informações e monitoramento de desastres.

XXIX – propaganda comercial.

• Código de Proteção ao Consumidor: Lei n. 8.078, de 11-9-1990.

Parágrafo único. Lei complementar poderá autorizar os Estados a legislar sobre questões específicas das matérias relacionadas neste artigo.

Art. 23. É competência comum da União, dos Estados, do Distrito Federal e dos Municípios:

I – zelar pela guarda da Constituição, das leis e das instituições democráticas e conservar o patrimônio público;

II – cuidar da saúde e assistência pública, da proteção e garantia das pessoas portadoras de deficiência;

• Da proteção à pessoa portadora de deficiência: Lei n. 7.853, de 24-10-1989, regulamentada pelo Decreto n. 3.298, de 20-12-1999.

III – proteger os documentos, as obras e outros bens de valor histórico, artístico e cultural, os monumentos, as paisagens naturais notáveis e os sítios arqueológicos;

•• *Vide* nota ao parágrafo único deste artigo.

• O Decreto-lei n. 25, de 30-11-1937, organiza a proteção do patrimônio histórico e artístico nacional.

IV – impedir a evasão, a destruição e a descaracterização de obras de arte e de outros bens de valor histórico, artístico ou cultural;

V – proporcionar os meios de acesso à cultura, à educação, à ciência, à tecnologia, à pesquisa e à inovação;

•• Inciso V com redação determinada pela Emenda Constitucional n. 85, de 26-2-2015.

• *Vide* art. 212 da CF.

VI – proteger o meio ambiente e combater a poluição em qualquer de suas formas;

• Política nacional do meio ambiente, seus fins e mecanismos de formulação e aplicação: Lei n. 6.938, de 31-8-1981.

• Sanções penais e administrativas derivadas de condutas e atividades lesivas ao meio ambiente: Lei n. 9.605, de 12-2-1998. O Decreto n. 6.514, de 22-7-2008, dispõe sobre as infrações e sanções administrativas ao meio ambiente, estabelece o processo administrativo federal para apuração destas infrações.

• O Decreto n. 5.445, de 12-5-2005, promulga o Protocolo de Quioto.

VII – preservar as florestas, a fauna e a flora;

•• *Vide* nota ao parágrafo único deste artigo.

• Código de Caça: Lei n. 5.197, de 3-1-1967.

• Código Florestal: Lei n. 12.651, de 25-5-2012.

VIII – fomentar a produção agropecuária e organizar o abastecimento alimentar;

IX – promover programas de construção de moradias e a melhoria das condições habitacionais e de saneamento básico;

• A Lei n. 11.445, de 5-1-2007, estabelece diretrizes nacionais para o Saneamento Básico.

X – combater as causas da pobreza e os fatores de marginalização, promovendo a integração social dos setores desfavorecidos;

• A Lei Complementar n. 111, de 6-7-2001, dispõe sobre o Fundo de Combate e Erradicação da Pobreza, na forma prevista nos arts. 79, 80 e 81 do ADCT.

XI – registrar, acompanhar e fiscalizar as concessões de direitos de pesquisa e exploração de recursos hídricos e minerais em seus territórios;

• A Lei n. 9.433, de 8-1-1997, institui a Política Nacional de Recursos Hídricos e cria o Sistema Nacional de Gerenciamento de Recursos Hídricos.

XII – estabelecer e implantar política de educação para a segurança do trânsito.

• A Lei n. 9.503, de 23-9-1997, institui o CTB.

Parágrafo único. Leis complementares fixarão normas para a cooperação entre a União e os Estados, o Distrito Federal e os Municípios, tendo em vista o equilíbrio do desenvolvimento e do bem-estar em âmbito nacional.

•• Parágrafo único com redação determinada pela Emenda Constitucional n. 53, de 19-12-2006.

•• A Lei Complementar n. 140, de 8-12-2011, fixa normas, nos termos deste parágrafo único e dos incisos III, VI e VII do *caput* deste artigo, para a cooperação entre a União, os Estados, o Distrito Federal e os Municípios nas ações administrativas decorrentes do exercício da competência comum relativas à proteção das paisagens naturais notáveis, à proteção do meio ambiente, ao combate à poluição em qualquer de suas formas e à preservação das florestas, da fauna e da flora.

Art. 24. Compete à União, aos Estados e ao Distrito Federal legislar concorrentemente sobre:

I – direito tributário, financeiro, penitenciário, econômico e urbanístico;

• CTN: Lei n. 5.172, de 25-10-1966. Normas gerais de Direito Financeiro: Lei n. 4.320, de 17-3-1964. LEP: Lei n. 7.210, de 11-7-1984. LEF: Lei n. 6.830, de 22-9-1980.

II – orçamento;

III – juntas comerciais;

• Registro do Comércio e Juntas Comerciais: Lei n. 8.934, de 18-11-1994, e Decreto n. 1.800, de 30-1-1996.

IV – custas dos serviços forenses;

• A Lei n. 9.289, de 4-7-1996, dispõe sobre custas devidas na Justiça Federal.

V – produção e consumo;

VI – florestas, caça, pesca, fauna, conservação da natureza, defesa do solo e dos recursos naturais, proteção do meio ambiente e controle da poluição;

• Código de Caça: Lei n. 5.197, de 3-1-1967. Código da Pesca: Decreto-lei n. 221, de 28-2-1967. Código Florestal: Lei n. 12.651, de 25-5-2012.

• Lei de Crimes Ambientais: Lei n. 9.605, de 12-2-1998.

• O Decreto n. 6.514, de 22-7-2008, dispõe sobre as infrações e sanções administrativas ao meio ambiente e estabelece processo administrativo para apuração destas infrações.

• A Lei n. 11.959, de 29-6-2009, dispõe sobre a Política Nacional de Desenvolvimento Sustentável da Aquicultura e da Pesca e regula as atividades pesqueiras.

VII – proteção ao patrimônio histórico, cultural, artístico, turístico e paisagístico;

VIII – responsabilidade por dano ao meio ambiente, ao consumidor, a bens e direitos de valor artístico, estético, histórico, turístico e paisagístico;

• Lei de Crimes Ambientais: Lei n. 9.605, de 12-2-1998.

• Ação civil pública de responsabilidade por danos causados ao meio ambiente, ao consumidor, a bens e direitos de valor artístico, estético, histórico, turístico e paisagístico: Lei n. 7.347, de 24-7-1985, e Decreto n. 1.306, de 9-11-1994.

• Ministério Público: Lei n. 8.625, de 12-2-1993, e Lei Complementar n. 75, de 20-5-1993.

• SNDC: Decreto n. 2.181, de 20-3-1997.

IX – educação, cultura, ensino, desporto, ciência, tecnologia, pesquisa, desenvolvimento e inovação;

•• Inciso IX com redação determinada pela Emenda Constitucional n. 85, de 26-2-2015.

• Normas gerais sobre desportos: Lei n. 9.615, de 24-3-1998.

• Diretrizes e Bases da Educação Nacional (Lei Darcy Ribeiro): Lei n. 9.394, de 20-12-1996.

X – criação, funcionamento e processo do juizado de pequenas causas;

• Juizados Especiais Cíveis e Criminais no âmbito da Justiça Estadual: Lei n. 9.099, de 26-9-1995.

• Juizados Especiais Cíveis e Criminais no âmbito da Justiça Federal: Lei n. 10.259, de 12-7-2001.

• Juizados de Violência Doméstica e Familiar contra a Mulher: Lei n. 11.340, de 7-8-2006.

XI – procedimentos em matéria processual;

XII – previdência social, proteção e defesa da saúde;

• Proteção e defesa da saúde: Leis n. 8.080, de 19-9-1990, e n. 8.142, de 28-12-1990.

• Planos de Benefícios da Previdência Social: Lei n. 8.213, de 24-7-1991, regulamentada pelo Decreto n. 3.048, de 6-5-1999.

XIII – assistência jurídica e defensoria pública;

• Assistência judiciária: Lei n. 1.060, de 5-2-1950.

• Defensoria Pública: Lei Complementar n. 80, de 12-1-1994.

XIV – proteção e integração social das pessoas portadoras de deficiência;

• A Lei n. 7.853, de 24-10-1989, regulamentada pelo Decreto n. 3.298, de 20-12-1999, dispõe sobre o apoio às pessoas portadoras de deficiência.

XV – proteção à infância e à juventude;

• ECA: Lei n. 8.069, de 13-7-1990.

• A Lei n. 13.257, de 8-3-2016, dispõe sobre as políticas públicas para a primeira infância.

XVI – organização, garantias, direitos e deveres das polícias civis.

§ 1.º No âmbito da legislação concorrente, a competência da União limitar-se-á a estabelecer normas gerais.

§ 2.º A competência da União para legislar sobre normas gerais não exclui a competência suplementar dos Estados.

§ 3.º Inexistindo lei federal sobre normas gerais, os Estados exercerão a competência legislativa plena, para atender a suas peculiaridades.

§ 4.º A superveniência de lei federal sobre normas gerais suspende a eficácia da lei estadual, no que lhe for contrário.

Capítulo III
DOS ESTADOS FEDERADOS

Art. 25. Os Estados organizam-se e regem-se pelas Constituições e leis que adotarem, observados os princípios desta Constituição.

§ 1.º São reservadas aos Estados as competências que não lhes sejam vedadas por esta Constituição.

§ 2.º Cabe aos Estados explorar diretamente, ou mediante concessão, os serviços locais de gás canalizado, na forma da lei, vedada a edição de medida provisória para a sua regulamentação.

•• § 2.º com redação determinada pela Emenda Constitucional n. 5, de 15-8-1995.

§ 3.º Os Estados poderão, mediante lei complementar, instituir regiões metropolitanas, aglomerações urbanas e microrregiões, constituídas por agrupamentos de Municípios limítrofes, para integrar a organização, o planejamento e a execução de funções públicas de interesse comum.

Art. 26. Incluem-se entre os bens dos Estados:

I – as águas superficiais ou subterrâneas, fluentes, emergentes e em depósito, ressalvadas, neste caso, na forma da lei, as decorrentes de obras da União;

II – as áreas, nas ilhas oceânicas e costeiras, que estiverem no seu domínio, excluídas aquelas sob domínio da União, Municípios ou terceiros;

III – as ilhas fluviais e lacustres não pertencentes à União;

IV – as terras devolutas não compreendidas entre as da União.

Art. 27. O número de Deputados à Assembleia Legislativa corresponderá ao triplo da representação do Estado na Câmara dos Deputados e, atingido o número de trinta e seis, será acrescido de tantos quantos forem os Deputados Federais acima de doze.

§ 1.º Será de quatro anos o mandato dos Deputados Estaduais, aplicando-se-lhes as regras desta Constituição sobre sistema eleitoral, inviolabilidade, imunidades, remuneração, perda de mandato, licença, impedimentos e incorporação às Forças Armadas.

§ 2.º O subsídio dos Deputados Estaduais será fixado por lei de iniciativa da Assembleia Legislativa, na razão de, no máximo, 75% (setenta e cinco por cento) daquele estabelecido, em espécie, para os Deputados Federais, observado o que dispõem os arts. 39, § 4.º, 57, § 7.º, 150, II, 153, III, e 153, § 2.º, I.

•• § 2.º com redação determinada pela Emenda Constitucional n. 19, de 4-6-1998.

§ 3.º Compete às Assembleias Legislativas dispor sobre seu regimento interno, polícia e serviços administrativos de sua secretaria, e prover os respectivos cargos.

§ 4.º A lei disporá sobre a iniciativa popular no processo legislativo estadual.

Art. 28. A eleição do Governador e do Vice-Governador de Estado, para mandato de 4 (quatro) anos, realizar-se-á no primeiro domingo de outubro, em primeiro turno, e no último domingo de outubro, em segundo turno, se houver, do ano anterior ao do término do mandato de seus antecessores, e a posse ocorrerá em primeiro de janeiro do ano subsequente, observado, quanto ao mais, o disposto no art. 77.

•• *Caput* com redação determinada pela Emenda Constitucional n. 16, de 4-6-1997.

• Normas para as eleições: Lei n. 9.504, de 30-9-1997.

§ 1.º Perderá o mandato o Governador que assumir outro cargo ou função na administração pública direta ou indireta, ressalvada a posse em virtude de concurso público e observado o disposto no art. 38, I, IV e V.

•• Anterior parágrafo único transformado em § 1.º pela Emenda Constitucional n. 19, de 4-6-1998.

§ 2.º Os subsídios do Governador, do Vice-Governador e dos Secretários de Estado serão fixados por lei de iniciativa da Assembleia Legislativa, observado o que dispõem os arts. 37, XI, 39, § 4.º, 150, II, 153, III, e 153, § 2.º, I.

•• § 2.º acrescentado pela Emenda Constitucional n. 19, de 4-6-1998.

Capítulo IV
DOS MUNICÍPIOS

• *Vide* art. 96 do ADCT.

Art. 29. O Município reger-se-á por lei orgânica, votada em dois turnos, com o interstício mínimo de dez dias, e aprovada por dois terços dos membros da Câmara Municipal, que a promulgará, atendidos os princípios estabelecidos nesta Constituição, na Constituição do respectivo Estado e os seguintes preceitos:

• *Vide* Súmula Vinculante 42 do STF.

I – eleição do Prefeito, do Vice-Prefeito e dos Vereadores, para mandato de quatro anos, mediante pleito direto e simultâneo realizado em todo o País;

• Normas para as eleições: Lei n. 9.504, de 30-9-1997.

II – eleição do Prefeito e do Vice-Prefeito realizada no primeiro domingo de outubro do ano anterior ao término do mandato dos que devam suceder, aplicadas as regras do art. 77 no caso de Municípios com mais de duzentos mil eleitores;

•• Inciso II com redação determinada pela Emenda Constitucional n. 16, de 4-6-1997.

III – posse do Prefeito e do Vice-Prefeito no dia 1.º de janeiro do ano subsequente ao da eleição;

IV – para a composição das Câmaras Municipais, será observado o limite máximo de:

•• Inciso IV, *caput*, com redação determinada pela Emenda Constitucional n. 58, de 23-9-2009.

•• O STF, na ADI n. 4.307, de 11-4-2013 (*DOU* de 29-10-2013), declarou a inconstitucionalidade do inciso I do art. 3.º da Emenda Constitucional n. 58, de 23-9-2009, que determinava que as alterações feitas neste art. 29 produziram efeitos a partir do processo eleitoral de 2008.

a) 9 (nove) Vereadores, nos Municípios de até 15.000 (quinze mil) habitantes;

•• Alínea *a* com redação determinada pela Emenda Constitucional n. 58, de 23-9-2009.

b) 11 (onze) Vereadores, nos Municípios de mais de 15.000 (quinze mil) habitantes e de até 30.000 (trinta mil) habitantes;

•• Alínea *b* com redação determinada pela Emenda Constitucional n. 58, de 23-9-2009.

c) 13 (treze) Vereadores, nos Municípios com mais de 30.000 (trinta mil) habitantes e de até 50.000 (cinquenta mil) habitantes;

•• Alínea *c* com redação determinada pela Emenda Constitucional n. 58, de 23-9-2009.

d) 15 (quinze) Vereadores, nos Municípios de mais de 50.000 (cinquenta mil) habitantes e de até 80.000 (oitenta mil) habitantes;

•• Alínea *d* acrescentada pela Emenda Constitucional n. 58, de 23-9-2009.

e) 17 (dezessete) Vereadores, nos Municípios de mais de 80.000 (oitenta mil) habitantes e de até 120.000 (cento e vinte mil) habitantes;

•• Alínea *e* acrescentada pela Emenda Constitucional n. 58, de 23-9-2009.

f) 19 (dezenove) Vereadores, nos Municípios de mais de 120.000 (cento e vinte mil) habitantes e de até 160.000 (cento e sessenta mil) habitantes;

•• Alínea *f* acrescentada pela Emenda Constitucional n. 58, de 23-9-2009.

g) 21 (vinte e um) Vereadores, nos Municípios de mais de 160.000 (cento e sessenta mil) habitantes e de até 300.000 (trezentos mil) habitantes;

•• Alínea *g* acrescentada pela Emenda Constitucional n. 58, de 23-9-2009.

h) 23 (vinte e três) Vereadores, nos Municípios de mais de 300.000 (trezentos mil) habitantes e de até 450.000 (quatrocentos e cinquenta mil) habitantes;

•• Alínea *h* acrescentada pela Emenda Constitucional n. 58, de 23-9-2009.

i) 25 (vinte e cinco) Vereadores, nos Municípios de mais de 450.000 (quatrocentos e cinquenta mil) habitantes e de até 600.000 (seiscentos mil) habitantes;

•• Alínea *i* acrescentada pela Emenda Constitucional n. 58, de 23-9-2009.

j) 27 (vinte e sete) Vereadores, nos Municípios de mais de 600.000 (seiscentos mil) habitantes e de até 750.000 (setecentos e cinquenta mil) habitantes;

•• Alínea *j* acrescentada pela Emenda Constitucional n. 58, de 23-9-2009.

k) 29 (vinte e nove) Vereadores, nos Municípios de mais de 750.000 (setecentos e cinquenta mil) habitantes e de até 900.000 (novecentos mil) habitantes;

•• Alínea *k* acrescentada pela Emenda Constitucional n. 58, de 23-9-2009.

l) 31 (trinta e um) Vereadores, nos Municípios de mais de 900.000 (novecentos mil) habitantes e de até 1.050.000 (um milhão e cinquenta mil) habitantes;

•• Alínea *l* acrescentada pela Emenda Constitucional n. 58, de 23-9-2009.

m) 33 (trinta e três) Vereadores, nos Municípios de mais de 1.050.000 (um milhão e cinquenta mil) habitantes e de até 1.200.000 (um milhão e duzentos mil) habitantes;

•• Alínea *m* acrescentada pela Emenda Constitucional n. 58, de 23-9-2009.

n) 35 (trinta e cinco) Vereadores, nos Municípios de mais de 1.200.000 (um milhão e duzentos mil) habitantes e de até 1.350.000 (um milhão e trezentos e cinquenta mil) habitantes;

•• Alínea *n* acrescentada pela Emenda Constitucional n. 58, de 23-9-2009.

o) 37 (trinta e sete) Vereadores, nos Municípios de 1.350.000 (um milhão e trezentos e cinquenta mil) habitantes e de até 1.500.000 (um milhão e quinhentos mil) habitantes;

•• Alínea *o* acrescentada pela Emenda Constitucional n. 58, de 23-9-2009.

p) 39 (trinta e nove) Vereadores, nos Municípios de mais de 1.500.000 (um milhão e quinhentos mil) habitantes e de até 1.800.000 (um milhão e oitocentos mil) habitantes;

•• Alínea *p* acrescentada pela Emenda Constitucional n. 58, de 23-9-2009.

q) 41 (quarenta e um) Vereadores, nos Municípios de mais de 1.800.000 (um milhão e oitocentos mil) habitantes e de até 2.400.000 (dois milhões e quatrocentos mil) habitantes;

•• Alínea *q* acrescentada pela Emenda Constitucional n. 58, de 23-9-2009.

r) 43 (quarenta e três) Vereadores, nos Municípios de mais de 2.400.000 (dois milhões e quatrocentos mil) habitantes e de até 3.000.000 (três milhões) de habitantes;

•• Alínea *r* acrescentada pela Emenda Constitucional n. 58, de 23-9-2009.

s) 45 (quarenta e cinco) Vereadores, nos Municípios de mais de 3.000.000 (três milhões) de habitantes e de até 4.000.000 (quatro milhões) de habitantes;

•• Alínea *s* acrescentada pela Emenda Constitucional n. 58, de 23-9-2009.

t) 47 (quarenta e sete) Vereadores, nos Municípios de mais de 4.000.000 (quatro milhões) de habitantes e de até 5.000.000 (cinco milhões) de habitantes;

•• Alínea *t* acrescentada pela Emenda Constitucional n. 58, de 23-9-2009.

u) 49 (quarenta e nove) Vereadores, nos Municípios de mais de 5.000.000 (cinco milhões) de habitantes e de até 6.000.000 (seis milhões) de habitantes;

•• Alínea *u* acrescentada pela Emenda Constitucional n. 58, de 23-9-2009.

v) 51 (cinquenta e um) Vereadores, nos Municípios de mais de 6.000.000 (seis milhões) de habitantes e de até 7.000.000 (sete milhões) de habitantes;

•• Alínea *v* acrescentada pela Emenda Constitucional n. 58, de 23-9-2009.

w) 53 (cinquenta e três) Vereadores, nos Municípios de mais de 7.000.000 (sete milhões) de habitantes e de até 8.000.000 (oito milhões) de habitantes; e

•• Alínea *w* acrescentada pela Emenda Constitucional n. 58, de 23-9-2009.

x) 55 (cinquenta e cinco) Vereadores, nos Municípios de mais de 8.000.000 (oito milhões) de habitantes;

•• Alínea *x* acrescentada pela Emenda Constitucional n. 58, de 23-9-2009.

V – subsídios do Prefeito, do Vice-Prefeito e dos Secretários Municipais fixados por lei de iniciativa da Câmara Municipal, observado o que dispõem os arts. 37, XI, 39, § 4.º, 150, II, 153, III, e 153, § 2.º, I;

•• Inciso V com redação determinada pela Emenda Constitucional n. 19, de 4-6-1998.

VI – o subsídio dos Vereadores será fixado pelas respectivas Câmaras Municipais em cada legislatura para a subsequente, observado o que dispõe esta Constituição, observados os critérios estabelecidos na respectiva Lei Orgânica e os seguintes limites máximos:

•• Inciso VI, *caput*, com redação determinada pela Emenda Constitucional n. 25, de 14-2-2000.

a) em Municípios de até 10.000 (dez mil) habitantes, o subsídio máximo dos Vereadores corresponderá a 20% (vinte por cento) do subsídio dos Deputados Estaduais;

•• Alínea *a* acrescentada pela Emenda Constitucional n. 25, de 14-2-2000.

b) em Municípios de 10.001 (dez mil e um) a 50.000 (cinquenta mil) habitantes, o subsídio máximo dos Vereadores corresponderá a 30% (trinta por cento) do subsídio dos Deputados Estaduais;

•• Alínea *b* acrescentada pela Emenda Constitucional n. 25, de 14-2-2000.

c) em Municípios de 50.001 (cinquenta mil e um) a 100.000 (cem mil) habitantes, o subsídio máximo dos Vereadores corresponderá a 40% (quarenta por cento) do subsídio dos Deputados Estaduais;

•• Alínea *c* acrescentada pela Emenda Constitucional n. 25, de 14-2-2000.

d) em Municípios de 100.001 (cem mil e um) a 300.000 (trezentos mil) habitantes, o subsídio máximo dos Vereadores corresponderá a 50% (cinquenta por cento) do subsídio dos Deputados Estaduais;

•• Alínea *d* acrescentada pela Emenda Constitucional n. 25, de 14-2-2000.

e) em Municípios de 300.001 (trezentos mil e um) a 500.000 (quinhentos mil) habitantes, o subsídio máximo dos Vereadores corresponderá a 60% (sessenta por cento) do subsídio dos Deputados Estaduais;

•• Alínea *e* acrescentada pela Emenda Constitucional n. 25, de 14-2-2000.

f) em Municípios de mais de 500.000 (quinhentos mil) habitantes, o subsídio máximo dos Vereadores corresponderá a 75% (setenta e cinco por cento) do subsídio dos Deputados Estaduais;

•• Alínea *f* acrescentada pela Emenda Constitucional n. 25, de 14-2-2000.

VII – o total da despesa com a remuneração dos Vereadores não poderá ultrapassar o montante de 5% (cinco por cento) da receita do município;

•• Inciso VII acrescentado pela Emenda Constitucional n. 1, de 31-3-1992.

VIII – inviolabilidade dos Vereadores por suas opiniões, palavras e votos no exercício do mandato e na circunscrição do Município;

•• Inciso renumerado pela Emenda Constitucional n. 1, de 31-3-1992.

IX – proibições e incompatibilidades, no exercício da vereança, similares, no que couber, ao disposto nesta Constituição para os membros do Congresso Nacional e, na Constituição do respectivo Estado, para os membros da Assembleia Legislativa;

•• Inciso renumerado pela Emenda Constitucional n. 1, de 31-3-1992.

X – julgamento do Prefeito perante o Tribunal de Justiça;

•• Inciso renumerado pela Emenda Constitucional n. 1, de 31-3-1992.

• Responsabilidade de prefeitos e vereadores: Decreto-lei n. 201, de 27-2-1967.

XI – organização das funções legislativas e fiscalizadoras da Câmara Municipal;

•• Inciso renumerado pela Emenda Constitucional n. 1, de 31-3-1992.

XII – cooperação das associações representativas no planejamento municipal;

•• Inciso renumerado pela Emenda Constitucional n. 1, de 31-3-1992.

XIII – iniciativa popular de projetos de lei de interesse específico do Município, da cidade ou de bairros, através de manifestação de, pelo menos, cinco por cento do eleitorado;

•• Inciso renumerado pela Emenda Constitucional n. 1, de 31-3-1992.

XIV – perda do mandato do Prefeito, nos termos do art. 28, parágrafo único.

•• Inciso renumerado pela Emenda Constitucional n. 1, de 31-3-1992.

•• De acordo com a Emenda Constitucional n. 19, de 4-6-1998, a referência é ao art. 28, § 1.º.

Art. 29-A. O total da despesa do Poder Legislativo Municipal, incluídos os subsídios dos Vereadores e excluídos os gastos com inativos, não poderá ultrapassar os seguintes percentuais, relativos ao somatório da receita tributária e das transferências previstas no § 5.º do art. 153 e nos arts. 158 e 159, efetivamente realizado no exercício anterior:

•• *Caput* acrescentado pela Emenda Constitucional n. 25, de 14-2-2000.

I – 7% (sete por cento) para Municípios com população de até 100.000 (cem mil) habitantes;

•• Inciso I com redação determinada pela Emenda Constitucional n. 58, de 23-9-2009.

•• Sobre produção de efeitos deste inciso, *vide* art. 3.º, I, da Emenda Constitucional n. 58, de 23-9-2009 .

II – 6% (seis por cento) para Municípios com população entre 100.000 (cem mil) e 300.000 (trezentos mil) habitantes;

•• Inciso II com redação determinada pela Emenda Constitucional n. 58, de 23-9-2009.

•• Sobre produção de efeitos deste inciso, *vide* art. 3.º, I, da Emenda Constitucional n. 58, de 23-9-2009 .

III – 5% (cinco por cento) para Municípios com população entre 300.001 (trezentos mil e um) e 500.000 (quinhentos mil) habitantes;

•• Inciso III com redação determinada pela Emenda Constitucional n. 58, de 23-9-2009.

•• Sobre produção de efeitos deste inciso, *vide* art. 3.º, I, da Emenda Constitucional n. 58, de 23-9-2009.

IV – 4,5% (quatro inteiros e cinco décimos por cento) para Municípios com população entre 500.001 (quinhentos mil e um) e 3.000.000 (três milhões) de habitantes;

•• Inciso IV com redação determinada pela Emenda Constitucional n. 58, de 23-9-2009.

•• Sobre produção de efeitos deste inciso, *vide* art. 3.º, I, da Emenda Constitucional n. 58, de 23-9-2009.

V – 4% (quatro por cento) para Municípios com população entre 3.000.001 (três milhões e um) e 8.000.000 (oito milhões) de habitantes;

•• Inciso V acrescentado pela Emenda Constitucional n. 58, de 23-9-2009.

•• Sobre produção de efeitos deste inciso, *vide* art. 3.º, I, da Emenda Constitucional n. 58, de 23-9-2009.

VI – 3,5% (três inteiros e cinco décimos por cento) para Municípios com população acima de 8.000.001 (oito milhões e um) habitantes.

•• Inciso VI acrescentado pela Emenda Constitucional n. 58, de 23-9-2009.

•• Sobre produção de efeitos deste inciso, *vide* art. 3.º, I, da Emenda Constitucional n. 58, de 23-9-2009.

§ 1.º A Câmara Municipal não gastará mais de 70% (setenta por cento) de sua receita com folha de pagamento, incluído o gasto com o subsídio de seus Vereadores.

•• § 1.º acrescentado pela Emenda Constitucional n. 25, de 14-2-2000.

§ 2.º Constitui crime de responsabilidade do Prefeito Municipal:

•• § 2.º, *caput*, acrescentado pela Emenda Constitucional n. 25, de 14-2-2000.

I – efetuar repasse que supere os limites definidos neste artigo;

•• Inciso I acrescentado pela Emenda Constitucional n. 25, de 14-2-2000.

II – não enviar o repasse até o dia 20 (vinte) de cada mês; ou

•• Inciso II acrescentado pela Emenda Constitucional n. 25, de 14-2-2000.

III – enviá-lo a menor em relação à proporção fixada na Lei Orçamentária.

•• Inciso III acrescentado pela Emenda Constitucional n. 25, de 14-2-2000.

• A Lei Complementar n. 101, de 4-5-2000, dispõe sobre a responsabilidade fiscal. A Lei n. 10.028, de 19-10-2000, estabelece os crimes contra as finanças públicas.

§ 3.º Constitui crime de responsabilidade do Presidente da Câmara Municipal o desrespeito ao § 1.º deste artigo.

•• § 3.º acrescentado pela Emenda Constitucional n. 25, de 14-2-2000.

Art. 30. Compete aos Municípios:

I – legislar sobre assuntos de interesse local;

• *Vide* Súmulas Vinculantes 38 e 42 do STF.

II – suplementar a legislação federal e a estadual no que couber;

III – instituir e arrecadar os tributos de sua competência, bem como aplicar suas rendas, sem prejuízo da obrigatoriedade de prestar contas e publicar balancetes nos prazos fixados em lei;

IV – criar, organizar e suprimir distritos, observada a legislação estadual;

• *Vide* art. 96 do ADCT.

V – organizar e prestar, diretamente ou sob regime de concessão ou permissão, os serviços públicos de interesse local, incluído o de transporte coletivo, que tem caráter essencial;

• *Vide* art. 175 da CF.

VI – manter, com a cooperação técnica e financeira da União e do Estado, programas de educação infantil e de ensino fundamental;

•• Inciso VI com redação determinada pela Emenda Constitucional n. 53, de 19-12-2006.

VII – prestar, com a cooperação técnica e financeira da União e do Estado, serviços de atendimento à saúde da população;

VIII – promover, no que couber, adequado ordenamento territorial, mediante planejamento e controle do uso, do parcelamento e da ocupação do solo urbano;

IX – promover a proteção do patrimônio histórico-cultural local, observada a legislação e a ação fiscalizadora federal e estadual.

Art. 31. A fiscalização do Município será exercida pelo Poder Legislativo Municipal, mediante controle externo, e pelos sistemas de controle interno do Poder Executivo Municipal, na forma da lei.

§ 1.º O controle externo da Câmara Municipal será exercido com o auxílio dos Tribunais de Contas dos Estados ou do Município ou dos Conselhos ou Tribunais de Contas dos Municípios, onde houver.

§ 2.º O parecer prévio, emitido pelo órgão competente sobre as contas que o Prefeito deve anualmente prestar, só deixará de prevalecer por decisão de dois terços dos membros da Câmara Municipal.

§ 3.º As contas dos Municípios ficarão, durante 60 (sessenta) dias, anualmente, à disposição de qualquer contribuinte, para exame e apreciação, o qual poderá questionar-lhes a legitimidade, nos termos da lei.

§ 4.º É vedada a criação de Tribunais, Conselhos ou órgãos de Contas Municipais.

Capítulo V
DO DISTRITO FEDERAL E DOS TERRITÓRIOS

Seção I
Do Distrito Federal

Art. 32. O Distrito Federal, vedada sua divisão em Municípios, reger-se-á por lei orgânica, votada em dois turnos com interstício mínimo de dez dias, e aprovada por dois terços da Câmara Legislativa, que a promulgará, atendidos os princípios estabelecidos nesta Constituição.

§ 1.º Ao Distrito Federal são atribuídas as competências legislativas reservadas aos Estados e Municípios.

§ 2.º A eleição do Governador e do Vice-Governador, observadas as regras do art. 77, e dos Deputados Distritais coincidirá com a dos Governadores e Deputados Estaduais, para mandato de igual duração.

§ 3.º Aos Deputados Distritais e à Câmara Legislativa aplica-se o disposto no art. 27.

§ 4.º Lei federal disporá sobre a utilização, pelo Governo do Distrito Federal, das polícias civil e militar e do corpo de bombeiros militar.

Seção II
Dos Territórios

Art. 33. A lei disporá sobre a organização administrativa e judiciária dos Territórios.

§ 1.º Os Territórios poderão ser divididos em Municípios, aos quais se aplicará, no que couber, o disposto no Capítulo IV deste Título.

§ 2.º As contas do Governo do Território serão submetidas ao Congresso Nacional, com parecer prévio do Tribunal de Contas da União.

§ 3.º Nos Territórios Federais com mais de cem mil habitantes, além do Governador nomeado na forma desta Constituição, haverá órgãos judiciários de primeira e segunda instância, membros do Ministério Público e defensores públicos federais; a lei disporá sobre as eleições para a Câmara Territorial e sua competência deliberativa.

Capítulo VI
DA INTERVENÇÃO

Art. 34. A União não intervirá nos Estados nem no Distrito Federal, exceto para:

I – manter a integridade nacional;

II – repelir invasão estrangeira ou de uma unidade da Federação em outra;

III – por termo a grave comprometimento da ordem pública;

IV – garantir o livre exercício de qualquer dos Poderes nas unidades da Federação;

V – reorganizar as finanças da unidade da Federação que:

a) suspender o pagamento da dívida fundada por mais de dois anos consecutivos, salvo motivo de força maior;

b) deixar de entregar aos Municípios receitas tributárias fixadas nesta Constituição, dentro dos prazos estabelecidos em lei;

VI – prover a execução de lei federal, ordem ou decisão judicial;

VII – assegurar a observância dos seguintes princípios constitucionais:

a) forma republicana, sistema representativo e regime democrático;

b) direitos da pessoa humana;

c) autonomia municipal;

d) prestação de contas da administração pública, direta e indireta;

e) aplicação do mínimo exigido da receita resultante de impostos estaduais, compreendida a proveniente de transferências, na manutenção e desenvolvimento do ensino e nas ações e serviços públicos de saúde.

•• Alínea *e* com redação determinada pela Emenda Constitucional n. 29, de 13-9-2000.

• *Vide* art. 212 da CF.

Art. 35. O Estado não intervirá em seus Municípios, nem a União nos Municípios localizados em Território Federal, exceto quando:

I – deixar de ser paga, sem motivo de força maior, por dois anos consecutivos, a dívida fundada;

II – não forem prestadas contas devidas, na forma da lei;

III – não tiver sido aplicado o mínimo exigido da receita municipal na manutenção e desenvolvimento do ensino e nas ações e serviços públicos de saúde;

•• Inciso III com redação determinada pela Emenda Constitucional n. 29, de 13-9-2000.

• *Vide* art. 212 da CF.

IV – o Tribunal de Justiça der provimento a representação para assegurar a observância de princípios indicados na Constituição Estadual, ou para prover a execução de lei, de ordem ou de decisão judicial.

Art. 36. A decretação da intervenção dependerá:

I – no caso do art. 34, IV, de solicitação do Poder Legislativo ou do Poder Executivo coacto ou impedido, ou de requisição do Supremo Tribunal Federal, se a coação for exercida contra o Poder Judiciário;

II – no caso de desobediência a ordem ou decisão judiciária, de requisição do Supremo Tribunal Federal, do Superior Tribunal de Justiça ou do Tribunal Superior Eleitoral;

III – de provimento, pelo Supremo Tribunal Federal, de representação do Procurador-Geral da República, na hipótese do art. 34, VII, e no caso de recusa à execução de lei federal;

•• Inciso III com redação determinada pela Emenda Constitucional n. 45, de 8-12-2004.

•• Inciso III regulamentado pela Lei n. 12.562, de 23-12-2011.

IV – (*Revogado pela Emenda Constitucional n. 45, de 8-12-2004.*)

§ 1.º O decreto de intervenção, que especificará a amplitude, o prazo e as condições de execução e que, se couber, nomeará o interventor, será submetido à apreciação do Congresso Nacional ou da Assembleia Legislativa do Estado, no prazo de vinte e quatro horas.

§ 2.º Se não estiver funcionando o Congresso Nacional ou a Assembleia Legislativa, far-se-á convocação extraordinária, no mesmo prazo de vinte e quatro horas.

§ 3.º Nos casos do art. 34, VI e VII, ou do art. 35, IV, dispensada a apreciação pelo Congresso Nacional ou pela Assembleia Legislativa, o decreto limitar-se-á a suspender a execução do ato impugnado, se essa medida bastar ao restabelecimento da normalidade.

§ 4.º Cessados os motivos da intervenção, as autoridades afastadas de seus cargos a estes voltarão, salvo impedimento legal.

Capítulo VII
DA ADMINISTRAÇÃO PÚBLICA

• Regime jurídico dos servidores públicos civis da União, das Autarquias e das Fundações Públicas Federais: Lei n. 8.112, de 11-12-1990.

• A Lei n. 9.784, de 29-1-1999, regula o processo administrativo no âmbito da Administração Pública Federal.

Seção I
Disposições Gerais

Art. 37. A administração pública direta e indireta de qualquer dos Poderes da União, dos Estados, do Distrito Federal e dos Municípios obedecerá aos princípios de legalidade, impessoalidade, moralidade, publicidade e eficiência e, também, ao seguinte:

•• *Caput* com redação determinada pela Emenda Constitucional n. 19, de 4-6-1998.

• *Vide* Súmula Vinculante 13 do STF.

I – os cargos, empregos e funções públicas são acessíveis aos brasileiros que preencham os requisitos estabelecidos em lei, assim como aos estrangeiros, na forma da lei;

•• Inciso I com redação determinada pela Emenda Constitucional n. 19, de 4-6-1998.

• *Vide* Súmula Vinculante 44 do STF.

• A Lei n. 8.730, de 10-11-1993, estabelece a obrigatoriedade da declaração de bens e rendas para o exercício de cargos, empregos e funções nos Poderes Executivo, Legislativo e Judiciário.

II – a investidura em cargo ou emprego público depende de aprovação prévia em concurso público de provas ou de provas e títulos, de acordo com a natureza e a complexidade do cargo ou emprego, na forma prevista em lei, ressalvadas as nomeações para cargo em comissão declarado em lei de livre nomeação e exoneração;

•• Inciso II com redação determinada pela Emenda Constitucional n. 19, de 4-6-1998.

• *Vide* Súmula Vinculante 43 do STF.

III – o prazo de validade do concurso público será de até dois anos, prorrogável uma vez, por igual período;

• Disposição igual na Lei n. 8.112, de 11-12-1990, art. 12.

IV – durante o prazo improrrogável previsto no edital de convocação, aquele aprovado em concurso público de provas ou de provas e títulos será convocado com prioridade sobre novos concursados para assumir cargo ou emprego, na carreira;

V – as funções de confiança, exercidas exclusivamente por servidores ocupantes de cargo efetivo, e os cargos em comissão, a serem preenchidos por servidores de carreira nos casos, condições e percentuais mínimos previstos em lei, destinam-se apenas às atribuições de direção, chefia e assessoramento;

•• Inciso V com redação determinada pela Emenda Constitucional n. 19, de 4-6-1998.

VI – é garantido ao servidor público civil o direito à livre associação sindical;

VII – o direito de greve será exercido nos termos e nos limites definidos em lei específica;

•• Inciso VII com redação determinada pela Emenda Constitucional n. 19, de 4-6-1998.

• Paralisações dos serviços públicos federais: Decreto n. 1.480, de 3-5-1995.

VIII – a lei reservará percentual dos cargos e empregos públicos para as pessoas portadoras de deficiência e definirá os critérios de sua admissão;

IX – a lei estabelecerá os casos de contratação por tempo determinado para atender a necessidade temporária de excepcional interesse público;

• A Lei n. 8.745, de 9-12-1993, dispõe sobre a contratação por tempo determinado para atender a necessidade temporária de excepcional interesse público.

X – a remuneração dos servidores públicos e o subsídio de que trata o § 4.º do art. 39 somente poderão ser fixados ou alterados por lei específica, observada a iniciativa privativa em cada caso, assegurada revisão geral anual, sempre na mesma data e sem distinção de índices;

•• Inciso X com redação determinada pela Emenda Constitucional n. 19, de 4-6-1998.

•• A Lei n. 10.331, de 18-12-2001, regulamenta este inciso.

• *Vide* Súmulas Vinculantes 37 e 51 do STF.

XI – a remuneração e o subsídio dos ocupantes de cargos, funções e empregos públicos da administração direta, autárquica e fundacional, dos membros de qualquer dos Poderes da União, dos Estados, do Distrito Federal e dos Municípios, dos detentores de mandato eletivo e dos demais agentes políticos e os proventos, pensões ou outra espécie remuneratória, percebidos cumulativamente ou não, incluídas as vantagens pessoais ou de qualquer outra natureza, não poderão exceder o subsídio mensal, em espécie, dos Ministros do Supremo Tribunal Federal, aplicando-se como limite, nos Municípios, o subsídio do Prefeito, e nos Estados e no Distrito Federal, o subsídio mensal do Governador no âmbito do Poder Executivo, o subsídio dos Deputados Estaduais e Distritais no âmbito do Poder Legislativo e o subsídio dos Desembargadores do Tribunal de Justiça, limitado a noventa inteiros e vinte e cinco centésimos por cento do subsídio mensal, em espécie, dos Ministros do Supremo Tribunal Federal, no âmbito do Poder Judiciário, aplicável este limite aos membros do Ministério Público, aos Procuradores e aos Defensores Públicos;

•• Inciso XI com redação determinada pela Emenda Constitucional n. 41, de 19-12-2003.

•• Inciso regulamentado pela Lei n. 8.448, de 21-7-1992.

•• O STF, em liminar concedida em 28-2-2007, na ADI n. 3.854-1 (*DOU* de 8-3-2007), excluía "a submissão dos membros da magistratura estadual ao subteto de remuneração" de que trata este inciso.

•• A Lei n. 8.852, de 4-2-1994, dispõe sobre a aplicação deste inciso.

• A Lei n. 13.092, de 12-1-2015, dispõe sobre o subsídio do Procurador-Geral da República, referido neste inciso.

•• A Portaria n. 693, de 22-12-2015, define os parâmetros de conversão da retribuição no exterior em moeda nacional, para fins de verificação do limite remuneratório de que trata este inciso.

• *Vide* §§ 11 e 12 deste artigo e art. 4.º da Emenda Constitucional n. 47, de 5-7-2005.

XII – os vencimentos dos cargos do Poder Legislativo e do Poder Judiciário não poderão ser superiores aos pagos pelo Poder Executivo;

•• A Lei n. 8.852, de 4-2-1994, dispõe sobre a aplicação deste inciso.

XIII – é vedada a vinculação ou equiparação de quaisquer espécies remuneratórias para o efeito de remuneração de pessoal do serviço público;

•• Inciso XIII com redação determinada pela Emenda Constitucional n. 19, de 4-6-1998.

• *Vide* Súmula Vinculante 42 do STF.

XIV – os acréscimos pecuniários percebidos por servidor público não serão computados nem acumulados para fim de concessão de acréscimos ulteriores;

•• Inciso XIV com redação determinada pela Emenda Constitucional n. 19, de 4-6-1998.

XV – o subsídio e os vencimentos dos ocupantes de cargos e empregos públicos são irredutíveis, ressalvado o disposto nos incisos XI e XIV deste artigo e nos arts. 39, § 4.º, 150, II, 153, III, e 153, § 2.º, I;

•• Inciso XV com redação determinada pela Emenda Constitucional n. 19, de 4-6-1998.

XVI – é vedada a acumulação remunerada de cargos públicos, exceto, quando houver compatibilidade de horários, observado em qualquer caso o disposto no inciso XI:

•• Inciso XVI, *caput*, com redação determinada pela Emenda Constitucional n. 19, de 4-6-1998.

a) a de dois cargos de professor;

•• Alínea *a* com redação determinada pela Emenda Constitucional n. 19, de 4-6-1998.

b) a de um cargo de professor com outro, técnico ou científico;

•• Alínea *b* com redação determinada pela Emenda Constitucional n. 19, de 4-6-1998.

c) a de dois cargos ou empregos privativos de profissionais de saúde, com profissões regulamentadas;

•• Alínea *c* com redação determinada pela Emenda Constitucional n. 34, de 13-12-2001.

XVII – a proibição de acumular estende-se a empregos e funções e abrange autarquias, fundações, empresas públicas, sociedades de economia mista, suas subsidiárias, e sociedades controladas, direta ou indiretamente, pelo poder público;

•• Inciso XVII com redação determinada pela Emenda Constitucional n. 19, de 4-6-1998.

XVIII – a administração fazendária e seus servidores fiscais terão, dentro de suas áreas de competência e jurisdição, precedência sobre os demais setores administrativos, na forma da lei;

XIX – somente por lei específica poderá ser criada autarquia e autorizada a instituição de empresa pública, de sociedade de economia mista e de fundação, cabendo à lei complementar, neste último caso, definir as áreas de sua atuação;

•• Inciso XIX com redação determinada pela Emenda Constitucional n. 19, de 4-6-1998.

XX – depende de autorização legislativa, em cada caso, a criação de subsidiárias das entidades mencionadas no inciso anterior, assim como a participação de qualquer delas em empresa privada;

•• A Lei n. 13.303, de 30-6-2016, institui o Estatuto Jurídico das Empresas Públicas.

XXI – ressalvados os casos especificados na legislação, as obras, serviços, compras e alienações serão contratados mediante processo de licitação pública que assegure igualdade de condições a todos os concorrentes, com cláusulas que estabeleçam obrigações de pagamento, mantidas as condições efetivas da proposta, nos termos da lei, o qual somente permitirá as exigências de qualificação técnica e econômica indispensáveis à garantia do cumprimento das obrigações;

•• Regulamento: Lei n. 8.666, de 21-6-1993.

• A Lei n. 10.520, de 17-7-2002, institui modalidade de licitação denominada pregão, para aquisição de bens e serviços comuns, e dá outras providências. Regulamento: Decreto n. 3.555, de 8-8-2000.

XXII – as administrações tributárias da União, dos Estados, do Distrito Federal e dos Municípios, atividades essenciais ao funcionamento do Estado, exercidas por servidores de carreiras específicas, terão recursos prioritários para a realização de suas atividades e atuarão de forma integrada, inclusive com o compartilhamento de cadastros e de informações fiscais, na forma da lei ou convênio.

•• Inciso XXII acrescentado pela Emenda Constitucional n. 42, de 19-12-2003.

§ 1.º A publicidade dos atos, programas, obras, serviços e campanhas dos órgãos públicos deverá ter caráter educativo, informativo ou de orientação social, dela não podendo constar nomes, símbolos ou imagens que caracterizem promoção pessoal de autoridades ou servidores públicos.

• *Vide* art. 224 da CF.

• O Decreto n. 6.555, de 8-9-2008, dispõe sobre as ações de comunicação do Poder Executivo Federal.

§ 2.º A não observância do disposto nos incisos II e III implicará a nulidade do ato e a punição da autoridade responsável, nos termos da lei.

§ 3.º A lei disciplinará as formas de participação do usuário na administração pública direta e indireta, regulando especialmente:

•• § 3.º, *caput*, com redação determinada pela Emenda Constitucional n. 19, de 4-6-1998.

I – as reclamações relativas à prestação dos serviços públicos em geral, asseguradas a manutenção de serviço de atendimento ao usuário e a avaliação periódica, externa e interna, da qualidade dos serviços;

•• Inciso I acrescentado pela Emenda Constitucional n. 19, de 4-6-1998.

II – o acesso dos usuários a registros administrativos e a informações sobre atos de governo, observado o disposto no art. 5.°, X e XXXIII;

•• Inciso II acrescentado pela Emenda Constitucional n. 19, de 4-6-1998.

•• A Lei n. 12.527, de 18-11-2011, regulamentada pelo Decreto n. 7.724, de 16-5-2012, regula o acesso a informações previsto neste inciso.

•• O Decreto n. 8.777, de 11-5-2016, institui a Política de Dados Abertos do Poder Executivo federal.

III – a disciplina da representação contra o exercício negligente ou abusivo de cargo, emprego ou função na administração pública.

•• Inciso III acrescentado pela Emenda Constitucional n. 19, de 4-6-1998.

§ 4.° Os atos de improbidade administrativa importarão a suspensão dos direitos políticos, a perda da função pública, a indisponibilidade dos bens e o ressarcimento ao erário, na forma e gradação previstas em lei, sem prejuízo da ação penal cabível.

• Os arts. 312 e segs. do CP dispõem sobre os crimes praticados por funcionário público contra a administração em geral.

• A Lei n. 8.026, de 12-4-1990, dispõe sobre a aplicação da pena de demissão a funcionário público.

• A Lei n. 8.027, de 12-4-1990, dispõe sobre normas de conduta dos servidores públicos civis da União, autarquias e fundações públicas.

• Improbidade administrativa: Lei n. 8.429, de 2-6-1992.

• O Decreto n. 4.410, de 7-10-2002, promulga a Convenção Interamericana contra a Corrupção.

§ 5.° A lei estabelecerá os prazos de prescrição para ilícitos praticados por qualquer agente, servidor ou não, que causem prejuízos ao erário, ressalvadas as respectivas ações de ressarcimento.

§ 6.° As pessoas jurídicas de direito público e as de direito privado prestadoras de serviços públicos responderão pelos danos que seus agentes, nessa qualidade, causarem a terceiros, assegurado o direito de regresso contra o responsável nos casos de dolo ou culpa.

§ 7.° A lei disporá sobre os requisitos e as restrições ao ocupante de cargo ou emprego da administração direta e indireta que possibilite o acesso a informações privilegiadas.

•• § 7.° acrescentado pela Emenda Constitucional n. 19, de 4-6-1998.

§ 8.° A autonomia gerencial, orçamentária e financeira dos órgãos e entidades da administração direta e indireta poderá ser ampliada mediante contrato, a ser firmado entre seus administradores e o poder público, que tenha por objeto a fixação de metas de desempenho para o órgão ou entidade, cabendo à lei dispor sobre:

•• § 8.°, *caput*, acrescentado pela Emenda Constitucional n. 19, de 4-6-1998.

I – o prazo de duração do contrato;

•• Inciso I acrescentado pela Emenda Constitucional n. 19, de 4-6-1998.

II – os controles e critérios de avaliação de desempenho, direitos, obrigações e responsabilidade dos dirigentes;

•• Inciso II acrescentado pela Emenda Constitucional n. 19, de 4-6-1998.

III – a remuneração do pessoal.

•• Inciso III acrescentado pela Emenda Constitucional n. 19, de 4-6-1998.

§ 9.° O disposto no inciso XI aplica-se às empresas públicas e às sociedades de economia mista, e suas subsidiárias, que receberem recursos da União, dos Estados, do Distrito Federal ou dos Municípios para pagamento de despesas de pessoal ou de custeio em geral.

•• § 9.° acrescentado pela Emenda Constitucional n. 19, de 4-6-1998.

§ 10. É vedada a percepção simultânea de proventos de aposentadoria decorrentes do art. 40 ou dos arts. 42 e 142 com a remuneração de cargo, emprego ou função pública, ressalvados os cargos acumuláveis na forma desta Constituição, os cargos eletivos e os cargos em comissão declarados em lei de livre nomeação e exoneração.

•• § 10 acrescentado pela Emenda Constitucional n. 20, de 15-12-1998.

• *Vide* art. 11 da Emenda Constitucional n. 20, de 15-12-1998.

§ 11. Não serão computadas, para efeito dos limites remuneratórios de que trata o inciso XI do *caput* deste artigo, as parcelas de caráter indenizatório previstas em lei.

•• § 11 acrescentado pela Emenda Constitucional n. 47, de 5-7-2005, em vigor na data de sua publicação, com efeitos retroativos à data de vigência da Emenda Constitucional n. 41, de 19-12-2003.

§ 12. Para os fins do disposto no inciso XI do *caput* deste artigo, fica facultado aos Estados e ao Distrito Federal fixar, em seu âmbito, mediante emenda às respectivas Constituições e Lei Orgânica, como limite único, o subsídio mensal dos Desembargadores do respectivo Tribunal de Justiça, limitado a noventa inteiros e vinte e cinco centésimos por cento do subsídio mensal dos Ministros do Supremo Tribunal Federal, não se aplicando o disposto neste parágrafo aos subsídios dos Deputados Estaduais e Distritais e dos Vereadores.

•• § 12 acrescentado pela Emenda Constitucional n. 47, de 5-7-2005, em vigor na data de sua publicação, com efeitos retroativos à data de vigência da Emenda Constitucional n. 41, de 19-12-2003.

•• O STF, em liminar concedida em 28-2-2007, na ADI n. 3.854-1 (*DOU* de 8-3-2007), excluía "a submissão dos membros da magistratura estadual ao subteto de remuneração" de que trata este parágrafo.

Art. 38. Ao servidor público da administração direta, autárquica e fundacional, no exercício de mandato eletivo, aplicam-se as seguintes disposições:

•• *Caput* com redação determinada pela Emenda Constitucional n. 19, de 4-6-1998.

I – tratando-se de mandato eletivo federal, estadual ou distrital, ficará afastado de seu cargo, emprego ou função;

II – investido no mandato de Prefeito, será afastado do cargo, emprego ou função, sendo-lhe facultado optar pela sua remuneração;

III – investido no mandato de Vereador, havendo compatibilidade de horários, perceberá as vantagens de seu cargo, emprego ou função, sem prejuízo da remuneração do cargo eletivo, e, não havendo compatibilidade, será aplicada a norma do inciso anterior;

IV – em qualquer caso que exija o afastamento para o exercício de mandato eletivo, seu tempo de serviço será contado para todos os efeitos legais, exceto para promoção por merecimento;

V – para efeito de benefício previdenciário, no caso de afastamento, os valores serão determinados como se no exercício estivesse.

Seção II
Dos Servidores Públicos

•• Seção II com denominação determinada pela Emenda Constitucional n. 18, de 5-2-1998.

• Regime jurídico dos servidores públicos civis da União, das Autarquias e das Fundações Públicas Federais: Lei n. 8.112, de 11-12-1990.

• A Lei n. 8.026, de 12-4-1990, dispõe sobre a aplicação de pena de demissão a funcionário público.

• A Lei n. 8.027, de 12-4-1990, dispõe sobre normas de conduta dos servidores públicos civis da União, das Autarquias e das Fundações Públicas.

Art. 39. A União, os Estados, o Distrito Federal e os Municípios instituirão conselho de política de administração e remuneração de pessoal, integrado por servidores designados pelos respectivos Poderes.

•• *Caput* com redação determinada pela Emenda Constitucional n. 19, de 4-6-1998.

•• O STF, em liminar parcialmente concedida em 2-8-2007, na ADI n. 2.135-4 (*DOU* de 14-8-2007), suspende a eficácia do *caput* deste artigo. Com a decisão volta a vigorar a redação anterior: "A União, os Estados, o Distrito Federal e os Municípios instituirão, no âmbito de sua competência, regime jurídico único e planos de carreira para os servidores da administração pública direta, das autarquias e das fundações públicas".

§ 1.º A fixação dos padrões de vencimento e dos demais componentes do sistema remuneratório observará:

•• § 1.º, *caput*, com redação determinada pela Emenda Constitucional n. 19, de 4-6-1998.

•• § 1.º regulamentado pela Lei n. 8.448, de 21-7-1992.

•• A Lei n. 8.852, de 4-2-1994, dispõe sobre a aplicação deste parágrafo.

I – a natureza, o grau de responsabilidade e a complexidade dos cargos componentes de cada carreira;

•• Inciso I acrescentado pela Emenda Constitucional n. 19, de 4-6-1998.

II – os requisitos para a investidura;

•• Inciso II acrescentado pela Emenda Constitucional n. 19, de 4-6-1998.

III – as peculiaridades dos cargos.

•• Inciso III acrescentado pela Emenda Constitucional n. 19, de 4-6-1998.

§ 2.º A União, os Estados e o Distrito Federal manterão escolas de governo para a formação e o aperfeiçoamento dos servidores públicos, constituindo-se a participação nos cursos um dos requisitos para a promoção na carreira, facultada, para isso, a celebração de convênios ou contratos entre os entes federados.

•• § 2.º com redação determinada pela Emenda Constitucional n. 19, de 4-6-1998.

§ 3.º Aplica-se aos servidores ocupantes de cargo público o disposto no art. 7.º, IV, VII, VIII, IX, XII, XIII, XV, XVI, XVII, XVIII, XIX, XX, XXII e XXX, podendo a lei estabelecer requisitos diferenciados de admissão quando a natureza do cargo o exigir.

•• § 3.º acrescentado pela Emenda Constitucional n. 19, de 4-6-1998.

• *Vide* Súmula Vinculante 16 do STF.

§ 4.º O membro de Poder, o detentor de mandato eletivo, os Ministros de Estado e os Secretários Estaduais e Municipais serão remunerados exclusivamente por subsídio fixado em parcela única, vedado o acréscimo de qualquer gratificação, adicional, abono, prêmio, verba de representação ou outra espécie remuneratória, obedecido, em qualquer caso, o disposto no art. 37, X e XI.

•• § 4.º acrescentado pela Emenda Constitucional n. 19, de 4-6-1998.

• A Lei n. 13.092, de 12-1-2015, dispõe sobre o subsídio do Procurador-Geral da República, referido neste inciso.

§ 5.º Lei da União, dos Estados, do Distrito Federal e dos Municípios poderá estabelecer a relação entre a maior e a menor remuneração dos servidores públicos, obedecido, em qualquer caso, o disposto no art. 37, XI.

•• § 5.º acrescentado pela Emenda Constitucional n. 19, de 4-6-1998.

§ 6.º Os Poderes Executivo, Legislativo e Judiciário publicarão anualmente os valores do subsídio e da remuneração dos cargos e empregos públicos.

•• § 6.º acrescentado pela Emenda Constitucional n. 19, de 4-6-1998.

§ 7.º Lei da União, dos Estados, do Distrito Federal e dos Municípios disciplinará a aplicação de recursos orçamentários provenientes da economia com despesas correntes em cada órgão, autarquia e fundação, para aplicação no desenvolvimento de programas de qualidade e produtividade, treinamento e desenvolvimento, modernização, reaparelhamento e racionalização do serviço público, inclusive sob a forma de adicional ou prêmio de produtividade.

•• § 7.º acrescentado pela Emenda Constitucional n. 19, de 4-6-1998.

§ 8.º A remuneração dos servidores públicos organizados em carreira poderá ser fixada nos termos do § 4.º.

•• § 8.º acrescentado pela Emenda Constitucional n. 19, de 4-6-1998.

Art. 40. Aos servidores titulares de cargos efetivos da União, dos Estados, do Distrito Federal e dos Municípios, incluídas suas autarquias e fundações, é assegurado regime de previdência de caráter contributivo e solidário, mediante contribuição do respectivo ente público, dos servidores ativos e inativos e dos pensionistas, observados critérios que preservem o equilíbrio financeiro e atuarial e o disposto neste artigo.

•• *Caput* com redação determinada pela Emenda Constitucional n. 41, de 19-12-2003.

• *Vide* art. 3.º da Emenda Constitucional n. 47, de 5-7-2005.

§ 1.º Os servidores abrangidos pelo regime de previdência de que trata este artigo serão aposentados, calculados os seus proventos a partir dos valores fixados na forma dos §§ 3.º e 17:

•• § 1.º, *caput*, com redação determinada pela Emenda Constitucional n. 41, de 19-12-2003.

I – por invalidez permanente, sendo os proventos proporcionais ao tempo de contribuição, exceto se decorrente de acidente em serviço, moléstia profissional ou doença grave, contagiosa ou incurável, na forma da lei;

•• Inciso I com redação determinada pela Emenda Constitucional n. 41, de 19-12-2003.

•• *Vide* art. 6.º-A da Emenda Constitucional n. 41, de 19-12-2003.

• A Orientação Normativa n. 1, de 30-5-2012, da Secretaria de Políticas de Previdência Social, estabelece orientações para o cálculo e as revisões dos benefícios de aposentadoria por invalidez e das pensões deles decorrentes, concedidas pelos regimes próprios de previdência social para fins de cumprimento do disposto na Emenda Constitucional n. 70, de 29-3-2012.

II – compulsoriamente, com proventos proporcionais ao tempo de contribuição, aos 70 (setenta) anos de idade, ou aos 75 (setenta e cinco) anos de idade, na forma de lei complementar;

•• Inciso II com redação determinada pela Emenda Constitucional n. 88, de 7-5-2015.

•• *Vide* art. 100 do ADCT.

•• A Lei Complementar n. 152, de 3-12-2015, dispõe sobre a aposentadoria compulsória por idade, com proventos proporcionais, nos termos deste inciso.

III – voluntariamente, desde que cumprido tempo mínimo de dez anos de efetivo exercício no serviço público e cinco anos no cargo efetivo em que se dará a aposentadoria, observadas as seguintes condições:

•• Inciso III, *caput*, acrescentado pela Emenda Constitucional n. 20, de 15-12-1998.

•• *Vide* art. 2.º da Emenda Constitucional n. 41, de 19-12-2003, que dispõe sobre a aposentadoria voluntária.

a) sessenta anos de idade e trinta e cinco de contribuição, se homem, e cinquenta e cinco anos de idade e trinta de contribuição, se mulher;

•• Alínea *a* acrescentada pela Emenda Constitucional n. 20, de 15-12-1998.

• *Vide* art. 3.º , III, da Emenda Constitucional n. 47, de 5-7-2005.

b) sessenta e cinco anos de idade, se homem, e sessenta anos de idade, se mulher, com proventos proporcionais ao tempo de contribuição.

•• Alínea *b* acrescentada pela Emenda Constitucional n. 20, de 15-12-1998.

§ 2.º Os proventos de aposentadoria e as pensões, por ocasião de sua concessão, não poderão exceder a remuneração do respectivo servidor, no cargo efetivo em que se deu a aposentadoria ou que serviu de referência para a concessão da pensão.

•• § 2.º com redação determinada pela Emenda Constitucional n. 20, de 15-12-1998.

§ 3.º Para o cálculo dos proventos de aposentadoria, por ocasião da sua concessão, serão consideradas as remunerações utilizadas como base para as contribuições do servidor aos regimes de previdência de que tratam este artigo e o art. 201, na forma da lei.

•• § 3.º com redação determinada pela Emenda Constitucional n. 41, de 19-12-2003.

• A Lei n. 10.887, de 18-6-2004, dispõe sobre o cálculo dos proventos de aposentadoria dos servidores titulares de cargo efetivo de qualquer dos poderes, previsto neste parágrafo.

§ 4.º É vedada a adoção de requisitos e critérios diferenciados para a concessão de aposentadoria aos abrangidos pelo regime de que trata este artigo, ressalvados, nos termos definidos em leis complementares, os casos de servidores:

•• § 4.º, *caput*, com redação determinada pela Emenda Constitucional n. 47, de 5-7-2005, em vigor na data de sua publicação, com efeitos retroativos à data de vigência da Emenda Constitucional n. 41, de 19-12-2003.

I – portadores de deficiência;

•• Inciso I acrescentado pela Emenda Constitucional n. 47, de 5-7-2005, em vigor na data de sua publicação, com efeitos retroativos à data de vigência da Emenda Constitucional n. 41, de 19-12-2003.

II – que exerçam atividades de risco;

•• Inciso II acrescentado pela Emenda Constitucional n. 47, de 5-7-2005, em vigor na data de sua publicação, com efeitos retroativos à data de vigência da Emenda Constitucional n. 41, de 19-12-2003.

III – cujas atividades sejam exercidas sob condições especiais que prejudiquem a saúde ou a integridade física.

•• Inciso III acrescentado pela Emenda Constitucional n. 47, de 5-7-2005, em vigor na data de sua publicação, com efeitos retroativos à data de vigência da Emenda Constitucional n. 41, de 19-12-2003.

§ 5.º Os requisitos de idade e de tempo de contribuição serão reduzidos em 5 (cinco) anos, em relação ao disposto no § 1.º, III, *a*, para o professor que comprove exclusivamente tempo de efetivo exercício das funções de magistério na educação infantil e no ensino fundamental e médio.

•• § 5.º com redação determinada pela Emenda Constitucional n. 20, de 15-12-1998.

• *Vide* arts. 2.º, § 1.º, e 6.º, *caput*, da Emenda Constitucional n. 41, de 19-12-2003.

§ 6.º Ressalvadas as aposentadorias decorrentes dos cargos acumuláveis na forma desta Constituição, é vedada a percepção de mais de uma aposentadoria à conta do regime de previdência previsto neste artigo.

•• § 6.º com redação determinada pela Emenda Constitucional n. 20, de 15-12-1998.

§ 7.º Lei disporá sobre a concessão do benefício de pensão por morte, que será igual:

•• § 7.º, *caput*, com redação determinada pela Emenda Constitucional n. 41, de 19-12-2003.

I – ao valor da totalidade dos proventos do servidor falecido, até o limite máximo estabelecido para os benefícios do regime geral de previdência social de que trata o art. 201, acrescido de setenta por cento da parcela excedente a este limite, caso aposentado à data do óbito; ou

•• Inciso I acrescentado pela Emenda Constitucional n. 41, de 19-12-2003.

II – ao valor da totalidade da remuneração do servidor no cargo efetivo em que se deu o falecimento, até o limite máximo estabelecido para os benefícios do regime geral de previdência social de que trata o art. 201, acrescido de setenta por cento da parcela excedente a este limite, caso em atividade na data do óbito.

•• Inciso II acrescentado pela Emenda Constitucional n. 41, de 19-12-2003.

§ 8.º É assegurado o reajustamento dos benefícios para preservar-lhes, em caráter permanente, o valor real, conforme critérios estabelecidos em lei.

•• § 8.º com redação determinada pela Emenda Constitucional n. 41, de 19-12-2003.

• *Vide* Súmula Vinculante 20 do STF.

§ 9.º O tempo de contribuição federal, estadual ou municipal será contado para efeito de aposentadoria e o tempo de serviço correspondente para efeito de disponibilidade.

•• § 9.º acrescentado pela Emenda Constitucional n. 20, de 15-12-1998.

§ 10. A lei não poderá estabelecer qualquer forma de contagem de tempo de contribuição fictício.

•• § 10 acrescentado pela Emenda Constitucional n. 20, de 15-12-1998.

• *Vide* art. 4.º da Emenda Constitucional n. 20, de 15-12-1998.

§ 11. Aplica-se o limite fixado no art. 37, XI, à soma total dos proventos de inatividade, inclusive quando decorrentes da acumulação de cargos ou empregos públicos, bem como de outras atividades sujeitas a contribuição para o regime geral de previdência social, e ao montante resultante da adição de proventos de inatividade com remuneração de cargo acumulável na forma desta Constituição, cargo em comissão declarado em lei de livre nomeação e exoneração, e de cargo eletivo.

•• § 11 acrescentado pela Emenda Constitucional n. 20, de 15-12-1998.

§ 12. Além do disposto neste artigo, o regime de previdência dos servidores públicos titulares de cargo efetivo observará, no que couber, os requisitos e critérios fixados para o regime geral de previdência social.

•• § 12 acrescentado pela Emenda Constitucional n. 20, de 15-12-1998.

§ 13. Ao servidor ocupante, exclusivamente, de cargo em comissão declarado em lei de livre nomeação e exoneração bem como de outro cargo temporário ou de emprego público, aplica-se o regime geral de previdência social.

•• § 13 acrescentado pela Emenda Constitucional n. 20, de 15-12-1998.

§ 14. A União, os Estados, o Distrito Federal e os Municípios, desde que instituam regime de previdência complementar para os seus respectivos servidores titulares de cargo efetivo, poderão fixar, para o valor das aposentadorias e pensões a serem concedidas pelo regime de que trata este artigo, o limite máximo estabelecido para os benefícios do regime geral de previdência social de que trata o art. 201.

•• § 14 acrescentado pela Emenda Constitucional n. 20, de 15-12-1998.

•• A Lei n. 12.618, de 30-4-2012, institui o regime de previdência complementar para os servidores públicos federais titulares de cargo efetivo a que se refere este parágrafo.

• Previdência Complementar: Leis Complementares n. 108, de 29-5-2001, e 109, de 29-5-2001.

§ 15. O regime de previdência complementar de que trata o § 14 será instituído por lei de iniciativa do respectivo Poder Executivo, observado o disposto no art. 202 e seus parágrafos, no que couber, por intermédio de entidades fechadas de previdência complementar, de natureza pública, que oferecerão aos respectivos participantes planos de benefícios somente na modalidade de contribuição definida.

•• § 15 com redação determinada pela Emenda Constitucional n. 41, de 19-12-2003.

•• A Lei n. 12.618, de 30-4-2012, institui o regime de previdência complementar para os servidores públicos federais titulares de cargo efetivo a que se refere este parágrafo.

§ 16. Somente mediante sua prévia e expressa opção, o disposto nos §§ 14 e 15 poderá ser aplicado ao servidor que tiver ingressado no serviço público até a data da publicação do ato de instituição do correspondente regime de previdência complementar.

•• § 16 acrescentado pela Emenda Constitucional n. 20, de 15-12-1998.

•• A Lei n. 12.618, de 30-4-2012, institui o regime de previdência complementar para os servidores públicos federais titulares de cargo efetivo a que se refere este parágrafo.

§ 17. Todos os valores de remuneração considerados para o cálculo do benefício previsto no § 3.º serão devidamente atualizados, na forma da lei.

•• § 17 acrescentado pela Emenda Constitucional n. 41, de 19-12-2003.

• *Vide* art. 2.º da Emenda Constitucional n. 41, de 19-12-2003.

§ 18. Incidirá contribuição sobre os proventos de aposentadorias e pensões concedidas pelo regime de que trata este artigo que superem o limite máximo estabelecido para os benefícios do regime geral de previdência social de que trata o art. 201, com percentual igual ao estabelecido para os servidores titulares de cargos efetivos.

•• § 18 acrescentado pela Emenda Constitucional n. 41, de 19-12-2003.

§ 19. O servidor de que trata este artigo que tenha completado as exigências para aposentadoria voluntária estabelecidas no § 1.º, III, *a*, e que opte por permanecer em atividade fará jus a um abono de permanência equivalente ao valor da sua contribuição previdenciária até completar as exigências para aposentadoria compulsória contidas no § 1.º, II.

•• § 19 acrescentado pela Emenda Constitucional n. 41, de 19-12-2003.

§ 20. Fica vedada a existência de mais de um regime próprio de previdência social para os servidores titulares de cargos efetivos, e de mais de uma unidade gestora do respectivo regime em cada ente estatal, ressalvado o disposto no art. 142, § 3.º, X.

•• § 20 acrescentado pela Emenda Constitucional n. 41, de 19-12-2003.

§ 21. A contribuição prevista no § 18 deste artigo incidirá apenas sobre as parcelas de proventos de aposentadoria e de pensão que superem o dobro do limite máximo estabelecido para os benefícios do regime geral de previdência social de que trata o art. 201 desta Constituição, quando o beneficiário, na forma da lei, for portador de doença incapacitante.

•• § 21 acrescentado pela Emenda Constitucional n. 47, de 5-7-2005, em vigor na data de sua publicação, com efeitos retroativos à data de vigência da Emenda Constitucional n. 41, de 19-12-2003.

Art. 41. São estáveis após 3 (três) anos de efetivo exercício os servidores nomeados para cargo de provimento efetivo em virtude de concurso público.

•• *Caput* com redação determinada pela Emenda Constitucional n. 19, de 4-6-1998.

§ 1.º O servidor público estável só perderá o cargo:

•• § 1.º, *caput*, com redação determinada pela Emenda Constitucional n. 19, de 4-6-1998.

I – em virtude de sentença judicial transitada em julgado;

•• Inciso I acrescentado pela Emenda Constitucional n. 19, de 4-6-1998.

II – mediante processo administrativo em que lhe seja assegurada ampla defesa;

•• Inciso II acrescentado pela Emenda Constitucional n. 19, de 4-6-1998.

III – mediante procedimento de avaliação periódica de desempenho, na forma de lei complementar, assegurada ampla defesa.

•• Inciso III acrescentado pela Emenda Constitucional n. 19, de 4-6-1998.

•• *Vide* arts. 198, § 6.º, e 247 da CF.

§ 2.º Invalidada por sentença judicial a demissão do servidor estável, será ele reintegrado, e o eventual ocupante da vaga, se estável, reconduzido ao cargo de origem, sem direito a indenização, aproveitado em outro cargo ou posto em disponibilidade com remuneração proporcional ao tempo de serviço.

•• § 2.º com redação determinada pela Emenda Constitucional n. 19, de 4-6-1998.

§ 3.º Extinto o cargo ou declarada sua desnecessidade, o servidor estável ficará em disponibilidade, com remuneração proporcional ao tempo de serviço, até seu adequado aproveitamento em outro cargo.

•• § 3.º com redação determinada pela Emenda Constitucional n. 19, de 4-6-1998.

§ 4.º Como condição para a aquisição da estabilidade, é obrigatória a avaliação especial de desempenho por comissão instituída para essa finalidade.

•• § 4.º acrescentado pela Emenda Constitucional n. 19, de 4-6-1998.

• *Vide* art. 28 da Emenda Constitucional n. 19, de 4-6-1998.

Seção III
Dos Militares dos Estados, do Distrito Federal e dos Territórios

•• Seção III com denominação determinada pela Emenda Constitucional n. 18, de 5-2-1998.

Art. 42. Os membros das Polícias Militares e Corpos de Bombeiros Militares, instituições organizadas com base na hierarquia e disciplina, são militares dos Estados, do Distrito Federal e dos Territórios.

•• *Caput* com redação determinada pela Emenda Constitucional n. 18, de 5-2-1998.

• *Vide* art. 89 do ADCT.

§ 1.º Aplicam-se aos militares dos Estados, do Distrito Federal e dos Territórios, além do que vier a ser fixado em lei, as disposições do art. 14, § 8.º; do art. 40, § 9.º; e do art. 142, §§ 2.º e 3.º, cabendo a lei estadual específica dispor sobre as matérias do art. 142, § 3.º, X, sendo as patentes dos oficiais conferidas pelos respectivos governadores.

•• § 1.º com redação determinada pela Emenda Constitucional n. 20, de 15-12-1998.

§ 2.º Aos pensionistas dos militares dos Estados, do Distrito Federal e dos Territórios aplica-se o que for fixado em lei específica do respectivo ente estatal.

•• § 2.º com redação determinada pela Emenda Constitucional n. 41, de 19-12-2003.

Seção IV
Das Regiões

Art. 43. Para efeitos administrativos, a União poderá articular sua ação em um mesmo complexo geoeconômico e social, visando a seu desenvolvimento e à redução das desigualdades regionais.

§ 1.º Lei complementar disporá sobre:

I – as condições para integração de regiões em desenvolvimento;

II – a composição dos organismos regionais que executarão, na forma da lei, os planos regionais, integrantes dos planos nacionais de desenvolvimento econômico e social, aprovados juntamente com estes.

• A Lei Complementar n. 124, de 3-1-2007, institui a Superintendência do Desenvolvimento da Amazônia – SUDAM.

• A Lei Complementar n. 125, de 3-1-2007, institui a Superintendência do Desenvolvimento no Nordeste – SUDENE.

• A Lei Complementar n. 129, de 8-1-2009, institui, na forma deste artigo, a Superintendência do Desenvolvimento do Centro-Oeste – SUDECO, estabelece sua missão institucional, natureza jurídica, objetivos, área de atuação e instrumentos de ação.

• A Lei Complementar n. 134, de 14-1-2010, dispõe sobre a composição do Conselho de Administração da SUFRAMA.

• O Decreto n. 7.838, de 9-11-2012, aprova o regulamento do Fundo de Desenvolvimento do Nordeste – FDNE.

• O Decreto n. 7.839, de 9-11-2012, aprova o regulamento do Fundo de Desenvolvimento da Amazônia – FDA.

§ 2.º Os incentivos regionais compreenderão, além de outros, na forma da lei:

I – igualdade de tarifas, fretes, seguros e outros itens de custos e preços de responsabilidade do Poder Público;

II – juros favorecidos para financiamento de atividades prioritárias;

III – isenções, reduções ou diferimento temporário de tributos federais devidos por pessoas físicas ou jurídicas;

IV – prioridade para o aproveitamento econômico e social dos rios e das massas de água represadas ou represáveis nas regiões de baixa renda, sujeitas a secas periódicas.

§ 3.º Nas áreas a que se refere o § 2.º, IV, a União incentivará a recuperação de terras áridas e cooperará com os pequenos e médios proprietários rurais para o estabelecimento, em suas glebas, de fontes de água e de pequena irrigação.

TÍTULO IV
DA ORGANIZAÇÃO DOS PODERES

CAPÍTULO I
DO PODER LEGISLATIVO

Seção I
Do Congresso Nacional

Art. 44. O Poder Legislativo é exercido pelo Congresso Nacional, que se compõe da Câmara dos Deputados e do Senado Federal.

Parágrafo único. Cada legislatura terá a duração de quatro anos.

Art. 45. A Câmara dos Deputados compõe-se de representantes do povo, eleitos, pelo sistema proporcional, em cada Estado, em cada Território e no Distrito Federal.

§ 1.º O número total de deputados, bem como a representação por Estado e pelo Distrito Federal, será estabelecido por lei complementar, proporcionalmente à população, procedendo-se aos ajustes necessários, no ano anterior às eleições, para que nenhuma daquelas unidades da Federação tenha menos de oito ou mais de setenta Deputados.

• A Lei Complementar n. 78, de 30-12-1993, fixa o número de deputados.

§ 2.º Cada Território elegerá quatro Deputados.

Art. 46. O Senado Federal compõe-se de representantes dos Estados e do Distrito Federal, eleitos segundo o princípio majoritário.

§ 1.º Cada Estado e o Distrito Federal elegerão três Senadores, com mandato de oito anos.

§ 2.º A representação de cada Estado e do Distrito Federal será renovada de quatro em quatro anos, alternadamente, por um e dois terços.

§ 3.º Cada Senador será eleito com dois suplentes.

Art. 47. Salvo disposição constitucional em contrário, as deliberações de cada Casa e de suas Comissões serão tomadas por maioria dos votos, presente a maioria absoluta de seus membros.

Seção II
Das Atribuições do Congresso Nacional

Art. 48. Cabe ao Congresso Nacional, com a sanção do Presidente da República, não exigida esta para o especificado nos arts. 49, 51 e 52, dispor sobre todas as matérias de competência da União, especialmente sobre:

I – sistema tributário, arrecadação e distribuição de rendas;

II – plano plurianual, diretrizes orçamentárias, orçamento anual, operações de crédito, dívida pública e emissões de curso forçado;

III – fixação e modificação do efetivo das Forças Armadas;

IV – planos e programas nacionais, regionais e setoriais de desenvolvimento;

V – limites do território nacional, espaço aéreo e marítimo e bens do domínio da União;

VI – incorporação, subdivisão ou desmembramento de áreas de Territórios ou Estados, ouvidas as respectivas Assembleias Legislativas;

VII – transferência temporária da sede do Governo Federal;

VIII – concessão de anistia;

IX – organização administrativa, judiciária, do Ministério Público e da Defensoria Pública da União e dos Territórios e organização judiciária e do Ministério Público do Distrito Federal;

•• Inciso IX com redação determinada pela Emenda Constitucional n. 69, de 29-3-2012.

X – criação, transformação e extinção de cargos, empregos e funções públicas, observado o que estabelece o art. 84, VI, *b*;

•• Inciso X com redação determinada pela Emenda Constitucional n. 32, de 11-9-2001.

XI – criação e extinção de Ministérios e órgãos da administração pública;

•• Inciso XI com redação determinada pela Emenda Constitucional n. 32, de 11-9-2001.

XII – telecomunicações e radiodifusão;

• Código Brasileiro de Telecomunicações: Lei n. 4.117, de 27-8-1962.

• A Lei n. 9.295, de 19-7-1996, dispõe sobre os serviços de telecomunicações e sua organização.

• Organização dos Serviços de Telecomunicações: Lei n. 9.472, de 16-7-1997.

• Serviço de Radiodifusão Comunitária: Lei n. 9.612, de 19-2-1998.

XIII – matéria financeira, cambial e monetária, instituições financeiras e suas operações;

XIV – moeda, seus limites de emissão, e montante da dívida mobiliária federal;

XV – fixação do subsídio dos Ministros do Supremo Tribunal Federal, observado o que dispõem os arts. 39, § 4.°; 150, II; 153, III; e 153, § 2.°, I.

•• Inciso XV com redação determinada pela Emenda Constitucional n. 41, de 19-12-2003.

• Remuneração da Magistratura da União: Lei n. 10.474, de 27-6-2002.

• A Lei n. 13.091, de 12-1-2015, dispõe sobre a revisão do subsídio de Ministro do STF, referido neste artigo.

Art. 49. É da competência exclusiva do Congresso Nacional:

I – resolver definitivamente sobre tratados, acordos ou atos internacionais que acarretem encargos ou compromissos gravosos ao patrimônio nacional;

II – autorizar o Presidente da República a declarar guerra, a celebrar a paz, a permitir que forças estrangeiras transitem pelo território nacional ou nele permaneçam temporariamente, ressalvados os casos previstos em lei complementar;

III – autorizar o Presidente e o Vice-Presidente da República a se ausentarem do País, quando a ausência exceder a quinze dias;

IV – aprovar o estado de defesa e a intervenção federal, autorizar o estado de sítio, ou suspender qualquer uma dessas medidas;

V – sustar os atos normativos do Poder Executivo que exorbitem do poder regulamentar ou dos limites de delegação legislativa;

VI – mudar temporariamente sua sede;

VII – fixar idêntico subsídio para os Deputados Federais e os Senadores, observado o que dispõem os arts. 37, XI, 39, § 4.°, 150, II, 153, III, e 153, § 2.°, I;

•• Inciso VII com redação determinada pela Emenda Constitucional n. 19, de 4-6-1998.

VIII – fixar os subsídios do Presidente e do Vice-Presidente da República e dos Ministros de Estado, observado o que dispõem os arts. 37, XI, 39, § 4.°, 150, II, 153, III, e 153, § 2.°, I;

•• Inciso VIII com redação determinada pela Emenda Constitucional n. 19, de 4-6-1998.

IX – julgar anualmente as contas prestadas pelo Presidente da República e apreciar os relatórios sobre a execução dos planos de governo;

X – fiscalizar e controlar, diretamente, ou por qualquer de suas Casas, os atos do Poder Executivo, incluídos os da administração indireta;

XI – zelar pela preservação de sua competência legislativa em face da atribuição normativa dos outros Poderes;

XII – apreciar os atos de concessão e renovação de concessão de emissoras de rádio e televisão;

XIII – escolher dois terços dos membros do Tribunal de Contas da União;

• O Decreto Legislativo n. 6, de 22-4-1993, regulamenta a escolha de Ministros do TCU pelo Congresso Nacional.

XIV – aprovar iniciativas do Poder Executivo referentes a atividades nucleares;

XV – autorizar referendo e convocar plebiscito;

XVI – autorizar, em terras indígenas, a exploração e o aproveitamento de recursos hídricos e a pesquisa e lavra de riquezas minerais;

XVII – aprovar, previamente, a alienação ou concessão de terras públicas com área superior a dois mil e quinhentos hectares.

Art. 50. A Câmara dos Deputados e o Senado Federal, ou qualquer de suas Comissões, poderão convocar Ministro de Estado ou quaisquer titulares de órgãos diretamente subordinados à Presidência da República para prestarem, pessoalmente, informações sobre assunto previamente determinado, importando em crime de responsabilidade a ausência sem justificação adequada.

•• *Caput* com redação determinada pela Emenda Constitucional de Revisão n. 2, de 7-6-1994.

§ 1.º Os Ministros de Estado poderão comparecer ao Senado Federal, à Câmara dos Deputados, ou a qualquer de suas Comissões, por sua iniciativa e mediante entendimentos com a Mesa respectiva, para expor assunto de relevância de seu Ministério.

§ 2.º As Mesas da Câmara dos Deputados e do Senado Federal poderão encaminhar pedidos escritos de informação a Ministros de Estado ou a qualquer das pessoas referidas no *caput* deste artigo, importando em crime de responsabilidade a recusa, ou o não atendimento, no prazo de trinta dias, bem como a prestação de informações falsas.

•• § 2.º com redação determinada pela Emenda Constitucional de Revisão n. 2, de 7-6-1994.

Seção III
Da Câmara dos Deputados

Art. 51. Compete privativamente à Câmara dos Deputados:

I – autorizar, por dois terços de seus membros, a instauração de processo contra o Presidente e o Vice-Presidente da República e os Ministros de Estado;

II – proceder à tomada de contas do Presidente da República, quando não apresentadas ao Congresso Nacional dentro de sessenta dias após a abertura da sessão legislativa;

III – elaborar seu regimento interno;

IV – dispor sobre sua organização, funcionamento, polícia, criação, transformação ou extinção dos cargos, empregos e funções de seus serviços, e a iniciativa de lei para fixação da respectiva remuneração, observados os parâmetros estabelecidos na lei de diretrizes orçamentárias;

•• Inciso IV com redação determinada pela Emenda Constitucional n. 19, de 4-6-1998.

•• *Vide* art. 107, § 2.º, do ADCT.

V – eleger membros do Conselho da República, nos termos do art. 89, VII.

Seção IV
Do Senado Federal

Art. 52. Compete privativamente ao Senado Federal:

I – processar e julgar o Presidente e o Vice-Presidente da República nos crimes de responsabilidade, bem como os Ministros de Estado e os Comandantes da Marinha, do Exército e da Aeronáutica nos crimes da mesma natureza conexos com aqueles;

•• Inciso I com redação determinada pela Emenda Constitucional n. 23, de 2-9-1999.

• A Lei n. 1.079, de 10-4-1950, define os crimes de responsabilidade e regula o respectivo processo de julgamento.

II – processar e julgar os Ministros do Supremo Tribunal Federal, os membros do Conselho Nacional de Justiça e do Conselho Nacional do Ministério Público, o Procurador-Geral da República e o Advogado-Geral da União nos crimes de responsabilidade;

•• Inciso II com redação determinada pela Emenda Constitucional n. 45, de 8-12-2004.

• *Vide* Seção II do Capítulo IV do Título IV da CF, que passou a denominar-se "Da Advocacia Pública" (arts. 131 e 132).

III – aprovar previamente, por voto secreto, após arguição pública, a escolha de:

a) magistrados, nos casos estabelecidos nesta Constituição;

b) Ministros do Tribunal de Contas da União indicados pelo Presidente da República;

c) Governador de Território;

d) presidente e diretores do banco central;

e) Procurador-Geral da República;

f) titulares de outros cargos que a lei determinar;

IV – aprovar previamente, por voto secreto, após arguição em sessão secreta, a escolha dos chefes de missão diplomática de caráter permanente;

V – autorizar operações externas de natureza financeira, de interesse da União, dos Estados, do Distrito Federal, dos Territórios e dos Municípios;

•• A Resolução n. 48, de 21-12-2007, do Senado Federal, dispõe sobre as operações externas de natureza financeira, de que trata este artigo.

VI – fixar, por proposta do Presidente da República, limites globais para o montante da dívida consolidada da União, dos Estados, do Distrito Federal e dos Municípios;

•• A Resolução n. 40, de 20-12-2001, do Senado Federal, dispõe sobre os limites globais para o montante da dívida pública consolidada e da dívida mobiliária dos Estados, do Distrito Federal e dos Municípios, conforme fixado neste inciso e no inciso IX.

VII – dispor sobre limites globais e condições para as operações de crédito externo e interno da União, dos Estados, do Distrito Federal e dos Municípios, de suas autarquias e demais entidades controladas pelo Poder Público federal;

•• A Resolução n. 43, de 21-12-2001, do Senado Federal, dispõe sobre as operações de crédito interno e externo dos Estados, do Distrito Federal, e dos Municípios, inclusive concessão de garantias, seus limites e condições de autorização, e dá outras providências.

VIII – dispor sobre limites e condições para a concessão de garantia da União em operações de crédito externo e interno;

IX – estabelecer limites globais e condições para o montante da dívida mobiliária dos Estados, do Distrito Federal e dos Municípios;

•• *Vide* nota ao inciso VI deste artigo.

X – suspender a execução, no todo ou em parte, de lei declarada inconstitucional por decisão definitiva do Supremo Tribunal Federal;

XI – aprovar, por maioria absoluta e por voto secreto, a exoneração, de ofício, do Procurador-Geral da República antes do término de seu mandato;

XII – elaborar seu regimento interno;

XIII – dispor sobre sua organização, funcionamento, polícia, criação, transformação ou extinção dos cargos, empregos e funções de seus serviços, e a iniciativa de lei para fixação da respectiva remuneração, observados os parâmetros estabelecidos na lei de diretrizes orçamentárias;

•• Inciso XIII com redação determinada pela Emenda Constitucional n. 19, de 4-6-1998.

•• *Vide* art. 107, § 2.º, do ADCT.

XIV – eleger membros do Conselho da República, nos termos do art. 89, VII;

XV – avaliar periodicamente a funcionalidade do Sistema Tributário Nacional, em sua estrutura e seus componentes, e o desempenho das administrações tributárias da União, dos Estados e do Distrito Federal e dos Municípios.

•• Inciso XV acrescentado pela Emenda Constitucional n. 42, de 19-12-2003.

Parágrafo único. Nos casos previstos nos incisos I e II, funcionará como Presidente o do Supremo Tribunal Federal, limitando-se a condenação, que somente será proferida por dois terços dos votos do Senado Federal, à perda do cargo, com inabilitação, por oito anos, para o exercício de função pública, sem prejuízo das demais sanções judiciais cabíveis.

Seção V
Dos Deputados e dos Senadores

• Eleição: Lei n. 9.504, de 30-9-1997.

Art. 53. Os Deputados e Senadores são invioláveis, civil e penalmente, por quaisquer de suas opiniões, palavras e votos.

•• *Caput* com redação determinada pela Emenda Constitucional n. 35, de 20-12-2001.

§ 1.º Os Deputados e Senadores, desde a expedição do diploma, serão submetidos a julgamento perante o Supremo Tribunal Federal.

•• § 1.º com redação determinada pela Emenda Constitucional n. 35, de 20-12-2001.

§ 2.º Desde a expedição do diploma, os membros do Congresso Nacional não poderão ser presos, salvo em flagrante de crime inafiançável. Nesse caso, os autos serão remetidos dentro de vinte e quatro horas à Casa respectiva, para que, pelo voto da maioria de seus membros, resolva sobre a prisão.

•• § 2.º com redação determinada pela Emenda Constitucional n. 35, de 20-12-2001.

§ 3.º Recebida a denúncia contra o Senador ou Deputado, por crime ocorrido após a diplomação, o Supremo Tribunal Federal dará ciência à Casa respectiva, que, por iniciativa de partido político nela representado e pelo voto da maioria de seus membros, poderá, até a decisão final, sustar o andamento da ação.

•• § 3.º com redação determinada pela Emenda Constitucional n. 35, de 20-12-2001.

§ 4.º O pedido de sustação será apreciado pela Casa respectiva no prazo improrrogável de quarenta e cinco dias do seu recebimento pela Mesa Diretora.

•• § 4.º com redação determinada pela Emenda Constitucional n. 35, de 20-12-2001.

§ 5.º A sustação do processo suspende a prescrição, enquanto durar o mandato.

•• § 5.º com redação determinada pela Emenda Constitucional n. 35, de 20-12-2001.

§ 6.º Os Deputados e Senadores não serão obrigados a testemunhar sobre informações recebidas ou prestadas em razão do exercício do mandato, nem sobre as pessoas que lhes confiaram ou deles receberam informações.

•• § 6.º com redação determinada pela Emenda Constitucional n. 35, de 20-12-2001.

§ 7.º A incorporação às Forças Armadas de Deputados e Senadores, embora militares e ainda que em tempo de guerra, dependerá de prévia licença da Casa respectiva.

•• § 7.º com redação determinada pela Emenda Constitucional n. 35, de 20-12-2001.

§ 8.º As imunidades de Deputados ou Senadores subsistirão durante o estado de sítio, só podendo ser suspensas mediante o voto de dois terços dos membros da Casa respectiva, nos casos de atos praticados fora do recinto do Congresso Nacional, que sejam incompatíveis com a execução da medida.

•• § 8.º acrescentado pela Emenda Constitucional n. 35, de 20-12-2001.

Art. 54. Os Deputados e Senadores não poderão:

I – desde a expedição do diploma:

a) firmar ou manter contrato com pessoa jurídica de direito público, autarquia, empresa pública, sociedade de economia mista ou empresa concessionária de serviço público, salvo quando o contrato obedecer a cláusulas uniformes;

b) aceitar ou exercer cargo, função ou emprego remunerado, inclusive os de que sejam demissíveis *ad nutum*, nas entidades constantes da alínea anterior;

II – desde a posse:

a) ser proprietários, controladores ou diretores de empresa que goze de favor decorrente de contrato com pessoa jurídica de direito público, ou nela exercer função remunerada;

b) ocupar cargo ou função de que sejam demissíveis *ad nutum*, nas entidades referidas no inciso I, *a*;

c) patrocinar causa em que seja interessada qualquer das entidades a que se refere o inciso I, *a*;

d) ser titulares de mais de um cargo ou mandato público eletivo.

Art. 55. Perderá o mandato o Deputado ou Senador:

I – que infringir qualquer das proibições estabelecidas no artigo anterior;

• O Decreto Legislativo n. 16, de 24-3-1994, dispõe:

"Art. 1.º A renúncia de parlamentar sujeito a investigação por qualquer órgão do Poder Legislativo ou que tenha contra si procedimento já instaurado ou protocolado junto à Mesa da respectiva Casa, para apuração das faltas a que se referem os incisos I e II do art. 55 da CF, fica sujeita a condição suspensiva, só produzindo efeitos se a decisão final não concluir pela perda do mandato.

Parágrafo único. Sendo a decisão final pela perda do mandato parlamentar, a declaração da renúncia será arquivada".

II – cujo procedimento for declarado incompatível com o decoro parlamentar;

III – que deixar de comparecer, em cada sessão legislativa, à terça parte das sessões ordinárias da Casa a que pertencer, salvo licença ou missão por esta autorizada;

IV – que perder ou tiver suspensos os direitos políticos;

V – quando o decretar a Justiça Eleitoral, nos casos previstos nesta Constituição;

VI – que sofrer condenação criminal em sentença transitada em julgado.

§ 1.º É incompatível com o decoro parlamentar, além dos casos definidos no regimento interno, o abuso das prerrogativas asseguradas a membro do Congresso Nacional ou a percepção de vantagens indevidas.

§ 2.º Nos casos dos incisos I, II e VI, a perda do mandato será decidida pela Câmara dos Deputados ou pelo Senado federal, por maioria absoluta, mediante provocação da respectiva Mesa ou de partido político representado no Congresso Nacional, assegurada ampla defesa.

•• § 2.º com redação determinada pela Emenda Constitucional n. 76, de 28-11-2013.

§ 3.º Nos casos previstos nos incisos III a V, a perda será declarada pela Mesa da Casa respectiva, de ofício ou mediante provocação de qualquer de seus membros, ou de partido político representado no Congresso Nacional, assegurada ampla defesa.

§ 4.º A renúncia de parlamentar submetido a processo que vise ou possa levar à perda do mandato, nos termos deste artigo, terá seus efeitos suspensos até as deliberações finais de que tratam os §§ 2.º e 3.º.

•• § 4.º acrescentado pela Emenda Constitucional de Revisão n. 6, de 7-6-1994.

Art. 56. Não perderá o mandato o Deputado ou Senador:

I – investido no cargo de Ministro de Estado, Governador de Território, Secretário de Estado, do Distrito Federal, de Território, de Prefeitura de Capital ou chefe de missão diplomática temporária;

II – licenciado pela respectiva Casa por motivo de doença, ou para tratar, sem remuneração, de interesse particular, desde que, neste caso, o afastamento não ultrapasse cento e vinte dias por sessão legislativa.

§ 1.º O suplente será convocado nos casos de vaga, de investidura em funções previstas neste artigo ou de licença superior a cento e vinte dias.

§ 2.º Ocorrendo vaga e não havendo suplente, far-se-á eleição para preenchê-la se faltarem mais de quinze meses para o término do mandato.

§ 3.º Na hipótese do inciso I, o Deputado ou Senador poderá optar pela remuneração do mandato.

Seção VI
Das Reuniões

Art. 57. O Congresso Nacional reunir-se-á, anualmente, na Capital Federal, de 2 de fevereiro a 17 de julho e de 1.º de agosto a 22 de dezembro.

•• *Caput* com redação determinada pela Emenda Constitucional n. 50, de 14-2-2006.

§ 1.º As reuniões marcadas para essas datas serão transferidas para o primeiro dia útil subsequente, quando recaírem em sábados, domingos ou feriados.

§ 2.º A sessão legislativa não será interrompida sem a aprovação do projeto de lei de diretrizes orçamentárias.

§ 3.º Além de outros casos previstos nesta Constituição, a Câmara dos Deputados e o Senado Federal reunir-se-ão em sessão conjunta para:

I – inaugurar a sessão legislativa;

II – elaborar o regimento comum e regular a criação de serviços comuns às duas Casas;

III – receber o compromisso do Presidente e do Vice-Presidente da República;

IV – conhecer do veto e sobre ele deliberar.

§ 4.º Cada uma das Casas reunir-se-á em sessões preparatórias, a partir de 1.º de fevereiro, no primeiro ano da legislatura, para a posse de seus membros e eleição das respectivas Mesas, para mandato de 2 (dois) anos, vedada a recondução para o mesmo cargo na eleição imediatamente subsequente.

•• § 4.º com redação determinada pela Emenda Constitucional n. 50, de 14-2-2006.

§ 5.º A Mesa do Congresso Nacional será presidida pelo Presidente do Senado Federal, e os demais cargos serão exercidos, alternadamente, pelos ocupantes de cargos equivalentes na Câmara dos Deputados e no Senado Federal.

§ 6.º A convocação extraordinária do Congresso Nacional far-se-á:

I – pelo Presidente do Senado Federal, em caso de decretação de estado de defesa ou de intervenção federal, de pedido de autorização para a decretação de estado de sítio e para o compromisso e a posse do Presidente e do Vice-Presidente da República;

II – pelo Presidente da República, pelos Presidentes da Câmara dos Deputados e do Senado Federal ou a requerimento da maioria dos membros de ambas as Casas, em caso de urgência ou interesse público relevante, em todas as hipóteses deste inciso com a aprovação da maioria absoluta de cada uma das Casas do Congresso Nacional.

•• Inciso II com redação determinada pela Emenda Constitucional n. 50, de 14-2-2006.

§ 7.º Na sessão legislativa extraordinária, o Congresso Nacional somente deliberará sobre a matéria para a qual foi convocado, ressalvada a hipótese do § 8.º deste artigo, vedado o pagamento de parcela indenizatória, em razão da convocação.

•• § 7.º com redação determinada pela Emenda Constitucional n. 50, de 14-2-2006.

§ 8.º Havendo medidas provisórias em vigor na data de convocação extraordinária do Congresso Nacional, serão elas automaticamente incluídas na pauta da convocação.

•• § 8.º acrescentado pela Emenda Constitucional n. 32, de 11-9-2001.

Seção VII
Das Comissões

Art. 58. O Congresso Nacional e suas Casas terão comissões permanentes e temporárias, constituídas na forma e com as atribuições previstas no respectivo regimento ou no ato de que resultar sua criação.

§ 1.º Na constituição das Mesas e de cada Comissão, é assegurada, tanto quanto possível, a representação proporcional dos partidos ou dos blocos parlamentares que participam da respectiva Casa.

§ 2.º Às comissões, em razão da matéria de sua competência, cabe:

I – discutir e votar projeto de lei que dispensar, na forma do regimento, a competência do Plenário, salvo se houver recurso de um décimo dos membros da Casa;

II – realizar audiências públicas com entidades da sociedade civil;

III – convocar Ministros de Estado para prestar informações sobre assuntos inerentes a suas atribuições;

IV – receber petições, reclamações, representações ou queixas de qualquer pessoa contra atos ou omissões das autoridades ou entidades públicas;

V – solicitar depoimento de qualquer autoridade ou cidadão;

VI – apreciar programas de obras, planos nacionais, regionais e setoriais de desenvolvimento e sobre eles emitir parecer.

§ 3.º As comissões parlamentares de inquérito, que terão poderes de investigação próprios das autoridades judiciais, além de outros previstos nos regimentos das respectivas Casas, serão criadas pela Câmara dos Deputados e pelo Senado Federal, em conjunto ou separadamente, mediante requerimento de um terço de seus membros, para a apuração de fato determinado e por prazo certo, sendo suas conclusões, se for o caso, encaminhadas ao Ministério Público, para que promova a responsabilidade civil ou criminal dos infratores.

• A Lei n. 1.579, de 18-3-1952, dispõe sobre as Comissões Parlamentares de Inquérito.

• A Lei n. 10.001, de 4-9-2000, dispõe sobre a prioridade nos procedimentos a serem adotados pelo Ministério Público e por outros órgãos a respeito das conclusões das Comissões Parlamentares de Inquérito.

§ 4.º Durante o recesso, haverá uma Comissão representativa do Congresso Nacional, eleita por suas Casas na última sessão ordinária do período legislativo, com atribuições definidas no regimento comum, cuja composição reproduzirá, quanto possível, a proporcionalidade da representação partidária.

Seção VIII
Do Processo Legislativo

Subseção I
Disposição geral

Art. 59. O processo legislativo compreende a elaboração de:

•• *Vide* art. 114 do ADCT.

I – emendas à Constituição;

II – leis complementares;

III – leis ordinárias;

IV – leis delegadas;

V – medidas provisórias;

•• *Vide* art. 73 do ADCT.

VI – decretos legislativos;

VII – resoluções.

Parágrafo único. Lei complementar disporá sobre a elaboração, redação, alteração e consolidação das leis.

• A Lei Complementar n. 95, de 26-2-1998, regulamentada pelo Decreto n. 4.176, de 28-3-2002, dispõe sobre a elaboração, a redação, a alteração e a consolidação das leis, conforme determina este parágrafo único, e estabelece normas para a consolidação dos atos normativos.

Subseção II
Da emenda à Constituição

Art. 60. A Constituição poderá ser emendada mediante proposta:

I – de um terço, no mínimo, dos membros da Câmara dos Deputados ou do Senado Federal;

II – do Presidente da República;

III – de mais da metade das Assembleias Legislativas das unidades da Federação, manifestando-se, cada uma delas, pela maioria relativa de seus membros.

§ 1.º A Constituição não poderá ser emendada na vigência de intervenção federal, de estado de defesa ou de estado de sítio.

§ 2.º A proposta será discutida e votada em cada Casa do Congresso Nacional, em dois turnos, considerando-se aprovada se obtiver, em ambos, três quintos dos votos dos respectivos membros.

§ 3.º A emenda à Constituição será promulgada pelas Mesas da Câmara dos Deputados e do Senado Federal, com o respectivo número de ordem.

§ 4.º Não será objeto de deliberação a proposta de emenda tendente a abolir:

I – a forma federativa de Estado;

II – o voto direto, secreto, universal e periódico;

III – a separação dos Poderes;

IV – os direitos e garantias individuais.

§ 5.º A matéria constante de proposta de emenda rejeitada ou havida por prejudicada não pode ser objeto de nova proposta na mesma sessão legislativa.

Subseção III
Das leis

Art. 61. A iniciativa das leis complementares e ordinárias cabe a qualquer membro ou Comissão da Câmara dos Deputados, do Senado Federal ou do Congresso Nacional, ao Presidente da República, ao Supremo Tribunal Federal, aos Tribunais Superiores, ao Procurador-Geral da República e aos cidadãos, na forma e nos casos previstos nesta Constituição.

§ 1.º São de iniciativa privativa do Presidente da República as leis que:

I – fixem ou modifiquem os efetivos das Forças Armadas;

II – disponham sobre:

a) criação de cargos, funções ou empregos públicos na administração direta e autárquica ou aumento de sua remuneração;

b) organização administrativa e judiciária, matéria tributária e orçamentária, serviços públicos e pessoal da administração dos Territórios;

c) servidores públicos da União e Territórios, seu regime jurídico, provimento de cargos, estabilidade e aposentadoria;

•• Alínea *c* com redação determinada pela Emenda Constitucional n. 18, de 5-2-1998.

d) organização do Ministério Público e da Defensoria Pública da União, bem como normas gerais para a organização do Ministério Público e da Defensoria Pública dos Estados, do Distrito Federal e dos Territórios;

e) criação e extinção de Ministérios e órgãos da administração pública, observado o disposto no art. 84, VI;

•• Alínea *e* com redação determinada pela Emenda Constitucional n. 32, de 11-9-2001.

f) militares das Forças Armadas, seu regime jurídico, provimento de cargos, promoções, estabilidade, remuneração, reforma e transferência para a reserva.

•• Alínea *f* acrescentada pela Emenda Constitucional n. 18, de 5-2-1998.

§ 2.º A iniciativa popular pode ser exercida pela apresentação à Câmara dos Deputados de projeto de lei subscrito por, no mínimo, um por cento do eleitorado nacional, distribuído pelo menos por cinco Estados, com não menos de três décimos por cento dos eleitores de cada um deles.

Art. 62. Em caso de relevância e urgência, o Presidente da República poderá adotar medidas provisórias, com força de lei, devendo submetê-las de imediato ao Congresso Nacional.

•• *Caput* com redação determinada pela Emenda Constitucional n. 32, de 11-9-2001.

• *Vide* art. 2.º da Emenda Constitucional n. 32, de 11-9-2001.

§ 1.º É vedada a edição de medidas provisórias sobre matéria:

•• § 1.º, *caput*, acrescentado pela Emenda Constitucional n. 32, de 11-9-2001.

I – relativa a:

•• Inciso I, *caput*, acrescentado pela Emenda Constitucional n. 32, de 11-9-2001.

a) nacionalidade, cidadania, direitos políticos, partidos políticos e direito eleitoral;

•• Alínea *a* acrescentada pela Emenda Constitucional n. 32, de 11-9-2001.

b) direito penal, processual penal e processual civil;

•• Alínea *b* acrescentada pela Emenda Constitucional n. 32, de 11-9-2001.

c) organização do Poder Judiciário e do Ministério Público, a carreira e a garantia de seus membros;

•• Alínea *c* acrescentada pela Emenda Constitucional n. 32, de 11-9-2001.

d) planos plurianuais, diretrizes orçamentárias, orçamento e créditos adicionais e suplementares, ressalvado o previsto no art. 167, § 3.º;

•• Alínea *d* acrescentada pela Emenda Constitucional n. 32, de 11-9-2001.

II – que vise a detenção ou sequestro de bens, de poupança popular ou qualquer outro ativo financeiro;

•• Inciso II acrescentado pela Emenda Constitucional n. 32, de 11-9-2001.

III – reservada a lei complementar;

•• Inciso III acrescentado pela Emenda Constitucional n. 32, de 11-9-2001.

IV – já disciplinada em projeto de lei aprovado pelo Congresso Nacional e pendente de sanção ou veto do Presidente da República.

•• Inciso IV acrescentado pela Emenda Constitucional n. 32, de 11-9-2001.

§ 2.º Medida provisória que implique instituição ou majoração de impostos, exceto os previstos nos arts. 153, I, II, IV, V, e 154, II, só produzirá efeitos no exercício financeiro seguinte se houver sido convertida em lei até o último dia daquele em que foi editada.

•• § 2.º acrescentado pela Emenda Constitucional n. 32, de 11-9-2001.

§ 3.º As medidas provisórias, ressalvado o disposto nos §§ 11 e 12 perderão eficácia, desde a edição, se não forem convertidas em lei no prazo de sessenta dias, prorrogável, nos termos do § 7.º, uma vez por igual período, devendo o Congresso Nacional disciplinar, por decreto legislativo, as relações jurídicas delas decorrentes.

•• § 3.º acrescentado pela Emenda Constitucional n. 32, de 11-9-2001.

•• *Vide* Súmula Vinculante 54 do STF.

§ 4.º O prazo a que se refere o § 3.º contar-se-á da publicação da medida provisória, suspendendo-se durante os períodos de recesso do Congresso Nacional.

•• § 4.º acrescentado pela Emenda Constitucional n. 32, de 11-9-2001.

§ 5.º A deliberação de cada uma das Casas do Congresso Nacional sobre o mérito das medidas provisórias dependerá de juízo prévio sobre o atendimento de seus pressupostos constitucionais.

•• § 5.º acrescentado pela Emenda Constitucional n. 32, de 11-9-2001.

§ 6.º Se a medida provisória não for apreciada em até quarenta e cinco dias contados de sua publicação, entrará em regime de urgência, subsequentemente, em cada uma das Casas do Congresso Nacional, ficando sobrestadas, até que se ultime a votação, todas as demais deliberações legislativas da Casa em que estiver tramitando.

•• § 6.º acrescentado pela Emenda Constitucional n. 32, de 11-9-2001.

§ 7.º Prorrogar-se-á uma única vez por igual período a vigência de medida provisória que, no prazo de sessenta dias, contado de sua publicação, não tiver a sua votação encerrada nas duas Casas do Congresso Nacional.

•• § 7.º acrescentado pela Emenda Constitucional n. 32, de 11-9-2001.

§ 8.º As medidas provisórias terão sua votação iniciada na Câmara dos Deputados.

•• § 8.º acrescentado pela Emenda Constitucional n. 32, de 11-9-2001.

§ 9.º Caberá à comissão mista de Deputados e Senadores examinar as medidas provisórias e sobre elas emitir parecer, antes de serem apreciadas, em sessão separada, pelo plenário de cada uma das Casas do Congresso Nacional.

•• § 9.º acrescentado pela Emenda Constitucional n. 32, de 11-9-2001.

§ 10. É vedada a reedição, na mesma sessão legislativa, de medida provisória que tenha sido rejeitada ou que tenha perdido sua eficácia por decurso de prazo.

•• § 10 acrescentado pela Emenda Constitucional n. 32, de 11-9-2001.

§ 11. Não editado o decreto legislativo a que se refere o § 3.º até sessenta dias após a rejeição ou perda de eficácia de medida provisória, as relações jurídicas constituídas e decorrentes de atos praticados durante sua vigência conservar-se-ão por ela regidas.

•• § 11 acrescentado pela Emenda Constitucional n. 32, de 11-9-2001.

§ 12. Aprovado projeto de lei de conversão alterando o texto original da medida provisória, esta manter-se-á integralmente em vigor até que seja sancionado ou vetado o projeto.

•• § 12 acrescentado pela Emenda Constitucional n. 32, de 11-9-2001.

Art. 63. Não será admitido aumento da despesa prevista:

I – nos projetos de iniciativa exclusiva do Presidente da República, ressalvado o disposto no art. 166, §§ 3.º e 4.º;

II – nos projetos sobre organização dos serviços administrativos da Câmara dos Deputados, do Senado Federal, dos Tribunais Federais e do Ministério Público.

Art. 64. A discussão e votação dos projetos de lei de iniciativa do Presidente da República, do Supremo Tribunal Federal e dos Tribunais Superiores terão início na Câmara dos Deputados.

§ 1.º O Presidente da República poderá solicitar urgência para apreciação de projetos de sua iniciativa.

§ 2.º Se, no caso do § 1.º, a Câmara dos Deputados e o Senado Federal não se manifestarem sobre a proposição, cada qual sucessivamente, em até quarenta e cinco dias, sobrestar-se-ão todas as demais deliberações legislativas da respectiva Casa, com exceção das que tenham prazo constitucional determinado, até que se ultime a votação.

•• § 2.º com redação determinada pela Emenda Constitucional n. 32, de 11-9-2001.

§ 3.º A apreciação das emendas do Senado Federal pela Câmara dos Deputados far-se-á no prazo de dez dias, observado quanto ao mais o disposto no parágrafo anterior.

§ 4.º Os prazos do § 2.º não correm nos períodos de recesso do Congresso Nacional, nem se aplicam aos projetos de código.

Art. 65. O projeto de lei aprovado por uma Casa será revisto pela outra, em um só turno de discussão e votação, e enviado à sanção ou promulgação, se a Casa revisora o aprovar, ou arquivado, se o rejeitar.

Parágrafo único. Sendo o projeto emendado, voltará à Casa iniciadora.

Art. 66. A Casa na qual tenha sido concluída a votação enviará o projeto de lei ao Presidente da República, que, aquiescendo, o sancionará.

§ 1.º Se o Presidente da República considerar o projeto, no todo ou em parte, inconstitucional ou contrário ao interesse público, vetá-lo-á total ou parcialmente, no prazo de quinze dias úteis, contados da data do recebimento, e comunicará, dentro de quarenta e oito horas, ao Presidente do Senado Federal os motivos do veto.

§ 2.º O veto parcial somente abrangerá texto integral de artigo, de parágrafo, de inciso ou de alínea.

§ 3.º Decorrido o prazo de quinze dias, o silêncio do Presidente da República importará sanção.

§ 4.º O veto será apreciado em sessão conjunta, dentro de trinta dias a contar de seu recebimento, só podendo ser rejeitado pelo voto da maioria absoluta dos Deputados e Senadores.

•• § 4.º com redação determinada pela Emenda Constitucional n. 76, de 28-11-2013.

§ 5.º Se o veto não for mantido, será o projeto enviado, para promulgação, ao Presidente da República.

§ 6.º Esgotado sem deliberação o prazo estabelecido no § 4.º, o veto será colocado na ordem do dia da sessão imediata, sobrestadas as demais proposições, até sua votação final.

•• § 6.º com redação determinada pela Emenda Constitucional n. 32, de 11-9-2001.

§ 7.º Se a lei não for promulgada dentro de quarenta e oito horas pelo Presidente da República, nos casos dos §§ 3.º e 5.º, o Presidente do Senado a promulgará, e, se este não o fizer em igual prazo, caberá ao Vice-Presidente do Senado fazê-lo.

Art. 67. A matéria constante de projeto de lei rejeitado somente poderá constituir objeto de novo projeto, na mesma sessão legislativa, mediante proposta da maioria absoluta dos membros de qualquer das Casas do Congresso Nacional.

Art. 68. As leis delegadas serão elaboradas pelo Presidente da República, que deverá solicitar a delegação ao Congresso Nacional.

§ 1.º Não serão objeto de delegação os atos de competência exclusiva do Congresso Nacional, os de competência privativa da Câmara dos Deputados ou do Senado Federal, a matéria reservada à lei complementar, nem a legislação sobre:

I – organização do Poder Judiciário e do Ministério Público, a carreira e a garantia de seus membros;

II – nacionalidade, cidadania, direitos individuais, políticos e eleitorais;

III – planos plurianuais, diretrizes orçamentárias e orçamentos.

§ 2.º A delegação ao Presidente da República terá a forma de resolução do Congresso Nacional, que especificará seu conteúdo e os termos de seu exercício.

§ 3.º Se a resolução determinar a apreciação do projeto pelo Congresso Nacional, este a fará em votação única, vedada qualquer emenda.

Art. 69. As leis complementares serão aprovadas por maioria absoluta.

Seção IX
Da Fiscalização Contábil, Financeira e Orçamentária

• O Decreto n. 3.590, de 6-9-2000, estabelece o Sistema de Administração Financeira Federal.

• O Decreto n. 3.591, de 6-9-2000, dispõe sobre o Sistema de Controle Interno do Poder Executivo Federal.

• O Decreto n. 6.976, de 7-10-2009, disciplina o Sistema de Contabilidade Federal.

Art. 70. A fiscalização contábil, financeira, orçamentária, operacional e patrimonial da União e das entidades da administração direta e indireta, quanto à legalidade, legitimidade, economicidade, aplicação das subvenções e renúncia de receitas, será exercida pelo Congresso Nacional, mediante controle externo, e pelo sistema de controle interno de cada Poder.

Parágrafo único. Prestará contas qualquer pessoa física ou jurídica, pública ou privada, que utilize, arrecade, guarde, gerencie ou administre dinheiros, bens e valores públicos ou pelos quais a União responda, ou que, em nome desta, assuma obrigações de natureza pecuniária.

•• Parágrafo único com redação determinada pela Emenda Constitucional n. 19, de 4-6-1998.

Art. 71. O controle externo, a cargo do Congresso Nacional, será exercido com o auxílio do Tribunal de Contas da União, ao qual compete:

• A Lei n. 8.443, de 16-7-1992, dispõe sobre a Lei Orgânica do TCU.

• A Instrução Normativa n. 59, de 12-8-2009, do TCU, estabelece normas de tramitação e de acompanhamento das solicitações do Senado Federal acerca das resoluções de autorização das operações de crédito externo dos Estados, do Distrito Federal e dos Municípios, com garantia da União.

I – apreciar as contas prestadas anualmente pelo

Presidente da República, mediante parecer prévio que deverá ser elaborado em sessenta dias a contar de seu recebimento;

II – julgar as contas dos administradores e demais responsáveis por dinheiros, bens e valores públicos da administração direta e indireta, incluídas as fundações e sociedades instituídas e mantidas pelo Poder Público federal, e as contas daqueles que derem causa a perda, extravio ou outra irregularidade de que resulte prejuízo ao erário público;

III – apreciar, para fins de registro, a legalidade dos atos de admissão de pessoal, a qualquer título, na administração direta e indireta, incluídas as fundações instituídas e mantidas pelo Poder Público, excetuadas as nomeações para cargo de provimento em comissão, bem como a das concessões de aposentadorias, reformas e pensões, ressalvadas as melhorias posteriores que não alterem o fundamento legal do ato concessório;

- *Vide* Súmula Vinculante 3 do STF.
- A Instrução Normativa n. 55, de 24-10-2007, do TCU, dispõe sobre o envio e a tramitação, no âmbito do TCU, para fins de registro, de informações alusivas a atos de admissão de pessoal e de concessão de aposentadoria, reforma e pensão.

IV – realizar, por iniciativa própria, da Câmara dos Deputados, do Senado Federal, de Comissão técnica ou de inquérito, inspeções e auditorias de natureza contábil, financeira, orçamentária, operacional e patrimonial, nas unidades administrativas dos Poderes Legislativo, Executivo e Judiciário, e demais entidades referidas no inciso II;

V – fiscalizar as contas nacionais das empresas supranacionais de cujo capital social a União participe, de forma direta ou indireta, nos termos do tratado constitutivo;

VI – fiscalizar a aplicação de quaisquer recursos repassados pela União mediante convênio, acordo, ajuste ou outros instrumentos congêneres, a Estado, ao Distrito Federal ou a Município;

VII – prestar as informações solicitadas pelo Congresso Nacional, por qualquer de suas Casas, ou por qualquer das respectivas Comissões, sobre a fiscalização contábil, financeira, orçamentária, operacional e patrimonial e sobre resultados de auditorias e inspeções realizadas;

VIII – aplicar aos responsáveis, em caso de ilegalidade de despesa ou irregularidade de contas, as sanções previstas em lei, que estabelecerá, entre outras cominações, multa proporcional ao dano causado ao erário;

IX – assinar prazo para que o órgão ou entidade adote as providências necessárias ao exato cumprimento da lei, se verificada ilegalidade;

X – sustar, se não atendido, a execução do ato impugnado, comunicando a decisão à Câmara dos Deputados e ao Senado Federal;

XI – representar ao Poder competente sobre irregularidades ou abusos apurados.

§ 1.º No caso de contrato, o ato de sustação será adotado diretamente pelo Congresso Nacional, que solicitará, de imediato, ao Poder Executivo as medidas cabíveis.

§ 2.º Se o Congresso Nacional ou o Poder Executivo, no prazo de noventa dias, não efetivar as medidas previstas no parágrafo anterior, o Tribunal decidirá a respeito.

§ 3.º As decisões do Tribunal de que resulte imputação de débito ou multa terão eficácia de título executivo.

§ 4.º O Tribunal encaminhará ao Congresso Nacional, trimestral e anualmente, relatório de suas atividades.

Art. 72. A Comissão mista permanente a que se refere o art. 166, § 1.º, diante de indícios de despesas não autorizadas, ainda que sob a forma de investimentos não programados ou de subsídios não aprovados, poderá solicitar à autoridade governamental responsável que, no prazo de cinco dias, preste os esclarecimentos necessários.

- *Vide* art. 16, § 2.º, do ADCT.

§ 1.º Não prestados os esclarecimentos, ou considerados estes insuficientes, a Comissão solicitará ao Tribunal pronunciamento conclusivo sobre a matéria, no prazo de trinta dias.

§ 2.º Entendendo o Tribunal irregular a despesa, a Comissão, se julgar que o gasto possa causar dano irreparável ou grave lesão à economia pública, proporá ao Congresso Nacional sua sustação.

Art. 73. O Tribunal de Contas da União, integrado por nove Ministros, tem sede no Distrito Federal, quadro próprio de pessoal e jurisdição em todo o território nacional, exercendo, no que couber, as atribuições previstas no art. 96.

- A Lei n. 8.443, de 16-7-1992, dispõe sobre a Lei Orgânica do TCU.
- Regimento Interno do TCU: Resolução n. 155, de 4-12-2002.

§ 1.º Os Ministros do Tribunal de Contas da União serão nomeados dentre brasileiros que satisfaçam os seguintes requisitos:

I – mais de trinta e cinco e menos de sessenta e cinco anos de idade;

II – idoneidade moral e reputação ilibada;

III – notórios conhecimentos jurídicos, contábeis, econômicos e financeiros ou de administração pública;

IV – mais de dez anos de exercício de função ou de efetiva atividade profissional que exija os conhecimentos mencionados no inciso anterior.

- Escolha de Ministros do TCU: Decreto Legislativo n. 6, de 22-4-1993.

§ 2.º Os Ministros do Tribunal de Contas da União serão escolhidos:

I – um terço pelo Presidente da República, com aprovação do Senado Federal, sendo dois alternadamente dentre auditores e membros do Ministério Público junto ao Tribunal, indicados em lista tríplice pelo Tribunal, segundo os critérios de antiguidade e merecimento;

II – dois terços pelo Congresso Nacional.

§ 3.º Os Ministros do Tribunal de Contas da União terão as mesmas garantias, prerrogativas, impedimentos, vencimentos e vantagens dos Ministros do Superior Tribunal de Justiça, aplicando-se-lhes, quanto à aposentadoria e pensão, as normas constantes do art. 40.

•• § 3.º com redação determinada pela Emenda Constitucional n. 20, de 15-12-1998.

§ 4.º O auditor, quando em substituição a Ministro, terá as mesmas garantias e impedimentos do titular e, quando no exercício das demais atribuições da judicatura, as de juiz de Tribunal Regional Federal.

Art. 74. Os Poderes Legislativo, Executivo e Judiciário manterão, de forma integrada, sistema de controle interno com a finalidade de:

I – avaliar o cumprimento das metas previstas no plano plurianual, a execução dos programas de governo e dos orçamentos da União;

II – comprovar a legalidade e avaliar os resultados, quanto à eficácia e eficiência, da gestão orçamentária, financeira e patrimonial nos órgãos e entidades da administração federal, bem como da aplicação de recursos públicos por entidades de direito privado;

III – exercer o controle das operações de crédito, avais e garantias, bem como dos direitos e haveres da União;

IV – apoiar o controle externo no exercício de sua missão institucional.

§ 1.º Os responsáveis pelo controle interno, ao tomarem conhecimento de qualquer irregularidade ou ilegalidade, dela darão ciência ao Tribunal de Contas da União, sob pena de responsabilidade solidária.

• TCU: Lei n. 8.443, de 16-7-1992.

§ 2.º Qualquer cidadão, partido político, associação ou sindicato é parte legítima para, na forma da lei, denunciar irregularidades ou ilegalidades perante o Tribunal de Contas da União.

Art. 75. As normas estabelecidas nesta seção aplicam-se, no que couber, à organização, composição e fiscalização dos Tribunais de Contas dos Estados e do Distrito Federal, bem como dos Tribunais e Conselhos de Contas dos Municípios.

• *Vide* art. 31, § 4.º, da CF.

Parágrafo único. As Constituições estaduais disporão sobre os Tribunais de Contas respectivos, que serão integrados por sete Conselheiros.

CAPÍTULO II
DO PODER EXECUTIVO

Seção I
Do Presidente e do Vice-Presidente da República

• Organização da Presidência da República: Decreto n. 4.118, de 7-2-2002, e Lei n. 13.502, de 1.º-11-2017, 11.204, de 5-12-2005, 11.497, de 28-6-2007, 11.518, de 5-9-2007, e 11.958, de 26-6-2009.

Art. 76. O Poder Executivo é exercido pelo Presidente da República, auxiliado pelos Ministros de Estado.

Art. 77. A eleição do Presidente e do Vice-Presidente da República realizar-se-á, simultaneamente, no primeiro domingo de outubro, em primeiro turno, e no último domingo de outubro, em segundo turno, se houver, do ano anterior ao do término do mandato presidencial vigente.

•• *Caput* com redação determinada pela Emenda Constitucional n. 16, de 4-6-1997.

• Normas para as eleições: Lei n. 9.504, de 30-9-1997.

§ 1.º A eleição do Presidente da República importará a do Vice-Presidente com ele registrado.

§ 2.º Será considerado eleito Presidente o candidato que, registrado por partido político, obtiver a maioria absoluta de votos, não computados os em branco e os nulos.

§ 3.º Se nenhum candidato alcançar maioria absoluta na primeira votação, far-se-á nova eleição em até vinte dias após a proclamação do resultado, concorrendo os dois candidatos mais votados e considerando-se eleito aquele que obtiver a maioria dos votos válidos.

§ 4.º Se, antes de realizado o segundo turno, ocorrer morte, desistência ou impedimento legal de candidato, convocar-se-á, dentre os remanescentes, o de maior votação.

§ 5.º Se, na hipótese dos parágrafos anteriores, remanescer, em segundo lugar, mais de um candidato com a mesma votação, qualificar-se-á o mais idoso.

Art. 78. O Presidente e o Vice-Presidente da República tomarão posse em sessão do Congresso Nacional, prestando o compromisso de manter, defender e cumprir a Constituição, observar as leis, promover o bem geral do povo brasileiro, sustentar a união, a integridade e a independência do Brasil.

Parágrafo único. Se, decorridos dez dias da data fixada para a posse, o Presidente ou o Vice-Presidente, salvo motivo de força maior, não tiver assumido o cargo, este será declarado vago.

Art. 79. Substituirá o Presidente, no caso de impedimento, e suceder-lhe-á, no de vaga, o Vice-Presidente.

Parágrafo único. O Vice-Presidente da República, além de outras atribuições que lhe forem conferidas por lei complementar, auxiliará o Presidente, sempre que por ele convocado para missões especiais.

Art. 80. Em caso de impedimento do Presidente e do Vice-Presidente, ou vacância dos respectivos cargos, serão sucessivamente chamados ao exercício da Presidência o Presidente da Câmara dos Deputados, o do Senado Federal e o do Supremo Tribunal Federal.

Art. 81. Vagando os cargos de Presidente e Vice--Presidente da República, far-se-á eleição noventa dias depois de aberta a última vaga.

§ 1.º Ocorrendo a vacância nos últimos dois anos do período presidencial, a eleição para ambos os cargos será feita trinta dias depois da última vaga, pelo Congresso Nacional, na forma da lei.

§ 2.º Em qualquer dos casos, os eleitos deverão completar o período de seus antecessores.

Art. 82. O mandato do Presidente da República é de 4 (quatro) anos e terá início em primeiro de janeiro do ano seguinte ao da sua eleição.

•• Artigo com redação determinada pela Emenda Constitucional n. 16, de 4-6-1997.

Art. 83. O Presidente e o Vice-Presidente da República não poderão, sem licença do Congresso Nacional, ausentar-se do País por período superior a quinze dias, sob pena de perda do cargo.

Seção II
Das Atribuições do Presidente da República

Art. 84. Compete privativamente ao Presidente da República:

I – nomear e exonerar os Ministros de Estado;

II – exercer, com o auxílio dos Ministros de Estado, a direção superior da administração federal;

III – iniciar o processo legislativo, na forma e nos casos previstos nesta Constituição;

IV – sancionar, promulgar e fazer publicar as leis, bem como expedir decretos e regulamentos para sua fiel execução;

V – vetar projetos de lei, total ou parcialmente;

VI – dispor, mediante decreto, sobre:

•• Inciso VI, *caput*, com redação determinada pela Emenda Constitucional n. 32, de 11-9-2001.

• *Vide* art. 61, § 1.º, II, *e*.

a) organização e funcionamento da administração federal, quando não implicar aumento de despesa nem criação ou extinção de órgãos públicos;

•• Alínea *a* acrescentada pela Emenda Constitucional n. 32, de 11-9-2001.

b) extinção de funções ou cargos públicos, quando vagos;

•• Alínea *b* acrescentada pela Emenda Constitucional n. 32, de 11-9-2001.

• *Vide* art. 48, X.

VII – manter relações com Estados estrangeiros e acreditar seus representantes diplomáticos;

VIII – celebrar tratados, convenções e atos internacionais, sujeitos a referendo do Congresso Nacional;

IX – decretar o estado de defesa e o estado de sítio;

X – decretar e executar a intervenção federal;

XI – remeter mensagem e plano de governo ao Congresso Nacional por ocasião da abertura da sessão legislativa, expondo a situação do País e solicitando as providências que julgar necessárias;

XII – conceder indulto e comutar penas, com audiência, se necessário, dos órgãos instituídos em lei;

XIII – exercer o comando supremo das Forças Armadas, nomear os Comandantes da Marinha, do Exército e da Aeronáutica, promover seus oficiais-generais e nomeá-los para os cargos que lhes são privativos;

•• Inciso XIII com redação determinada pela Emenda Constitucional n. 23, de 2-9-1999.

• A Lei Complementar n. 97, de 9-6-1999, dispõe sobre as normas gerais para a organização, o preparo e o emprego das Forças Armadas.

XIV – nomear, após aprovação pelo Senado Federal, os Ministros do Supremo Tribunal Federal e dos Tribunais Superiores, os Governadores de Territórios, o Procurador-Geral da República, o presidente e os diretores do banco central e outros servidores, quando determinado em lei;

XV – nomear, observado o disposto no art. 73, os Ministros do Tribunal de Contas da União;

XVI – nomear os magistrados, nos casos previstos nesta Constituição, e o Advogado-Geral da União;

•• *Vide* Seção II do Capítulo IV do Título IV da CF, que passou a denominar-se "Da Advocacia Pública" (arts. 131 e 132).

XVII – nomear membros do Conselho da República, nos termos do art. 89, VII;

XVIII – convocar e presidir o Conselho da República e o Conselho de Defesa Nacional;

XIX – declarar guerra, no caso de agressão estrangeira, autorizado pelo Congresso Nacional ou referendado por ele, quando ocorrida no intervalo das sessões legislativas, e, nas mesmas condições, decretar, total ou parcialmente, a mobilização nacional;

•• A Lei n. 11.631, de 27-12-2007, regulamentada pelo Decreto n. 6.592, de 2-10-2008, dispõe sobre a mobilização nacional e cria o Sistema Nacional de Mobilização – SINAMOB.

XX – celebrar a paz, autorizado ou com o referendo do Congresso Nacional;

XXI – conferir condecorações e distinções honoríficas;

XXII – permitir, nos casos previstos em lei complementar, que forças estrangeiras transitem pelo território nacional ou nele permaneçam temporariamente;

•• Regulamento: Lei Complementar n. 90, de 1.º-10-1997.

XXIII – enviar ao Congresso Nacional o plano plurianual, o projeto de lei de diretrizes orçamentárias e as propostas de orçamento previstos nesta Constituição;

XXIV – prestar, anualmente, ao Congresso Nacional, dentro de sessenta dias após a abertura da sessão legislativa, as contas referentes ao exercício anterior;

XXV – prover e extinguir os cargos públicos federais, na forma da lei;

XXVI – editar medidas provisórias com força de lei, nos termos do art. 62;

XXVII – exercer outras atribuições previstas nesta Constituição.

Parágrafo único. O Presidente da República poderá delegar as atribuições mencionadas nos incisos VI, XII e XXV, primeira parte, aos Ministros de Estado, ao Procurador-Geral da República ou ao Advogado-Geral da União, que observarão os limites traçados nas respectivas delegações.

Seção III
Da Responsabilidade do Presidente da República

Art. 85. São crimes de responsabilidade os atos do Presidente da República que atentem contra a Constituição Federal e, especialmente, contra:

• A Lei n. 1.079, de 10-4-1950, define os crimes de responsabilidade e regula o respectivo processo de julgamento.

• A Lei n. 8.429, de 2-6-1992, dispõe sobre as sanções aplicáveis aos agentes públicos nos casos de enriquecimento ilícito no exercício de mandato, cargo, emprego ou função na administração pública direta, indireta ou fundacional e dá outras providências.

I – a existência da União;

II – o livre exercício do Poder Legislativo, do Poder Judiciário, do Ministério Público e dos Poderes constitucionais das unidades da Federação;

III – o exercício dos direitos políticos, individuais e sociais;

IV – a segurança interna do País;

• A Lei Complementar n. 90, de 1.º-10-1997, determina os casos em que forças estrangeiras possam transitar pelo território nacional ou nele permanecer temporariamente.

V – a probidade na administração;

VI – a lei orçamentária;

VII – o cumprimento das leis e das decisões judiciais.

Parágrafo único. Esses crimes serão definidos em lei especial, que estabelecerá as normas de processo e julgamento.

• *Vide* Súmula Vinculante 46 do STF.

Art. 86. Admitida a acusação contra o Presidente da República, por dois terços da Câmara dos Deputados, será ele submetido a julgamento perante o Supremo

Tribunal Federal, nas infrações penais comuns, ou perante o Senado Federal, nos crimes de responsabilidade.

§ 1.º O Presidente ficará suspenso de suas funções:

I – nas infrações penais comuns, se recebida a denúncia ou queixa-crime pelo Supremo Tribunal Federal;

II – nos crimes de responsabilidade, após a instauração do processo pelo Senado Federal.

§ 2.º Se, decorrido o prazo de cento e oitenta dias, o julgamento não estiver concluído, cessará o afastamento do Presidente, sem prejuízo do regular prosseguimento do processo.

§ 3.º Enquanto não sobrevier sentença condenatória, nas infrações comuns, o Presidente da República não estará sujeito a prisão.

§ 4.º O Presidente da República, na vigência de seu mandato, não pode ser responsabilizado por atos estranhos ao exercício de suas funções.

Seção IV
Dos Ministros de Estado

- Organização dos Ministérios: Decreto n. 4.118, de 7-2-2002, e Lei n. 13.502, de 1.º-11-2017, 10.869, de 13-5-2004, 11.204, de 5-12-2005, 11.497, de 28-6-2007, 11.518, de 5-9-2007, e 11.958, de 26-6-2009.

Art. 87. Os Ministros de Estado serão escolhidos dentre brasileiros maiores de vinte e um anos e no exercício dos direitos políticos.

Parágrafo único. Compete ao Ministro de Estado, além de outras atribuições estabelecidas nesta Constituição e na lei:

I – exercer a orientação, coordenação e supervisão dos órgãos e entidades da administração federal na área de sua competência e referendar os atos e decretos assinados pelo Presidente da República;

II – expedir instruções para a execução das leis, decretos e regulamentos;

III – apresentar ao Presidente da República relatório anual de sua gestão no Ministério;

IV – praticar os atos pertinentes às atribuições que lhe forem outorgadas ou delegadas pelo Presidente da República.

Art. 88. A lei disporá sobre a criação e extinção de Ministérios e órgãos da administração pública.

•• Artigo com redação determinada pela Emenda Constitucional n. 32, de 11-9-2001.

Seção V
Do Conselho da República e do Conselho de Defesa Nacional

Subseção I
Do Conselho da República

- A Lei n. 8.041, de 5-6-1990, dispõe sobre a organização e o funcionamento do Conselho da República.
- O Decreto n. 4.118, de 7-2-2002, em seu art. 14, dispõe sobre o Conselho da República.

Art. 89. O Conselho da República é órgão superior de consulta do Presidente da República, e dele participam:

I – o Vice-Presidente da República;

II – o Presidente da Câmara dos Deputados;

III – o Presidente do Senado Federal;

IV – os líderes da maioria e da minoria na Câmara dos Deputados;

V – os líderes da maioria e da minoria no Senado Federal;

- *Vide* arts. 51, V, 52, XIV, e 84, XIV, da CF.

VI – o Ministro da Justiça;

VII – seis cidadãos brasileiros natos, com mais de trinta e cinco anos de idade, sendo dois nomeados pelo Presidente da República, dois eleitos pelo Senado Federal e dois eleitos pela Câmara dos Deputados, todos com mandato de três anos, vedada a recondução.

Art. 90. Compete ao Conselho da República pronunciar-se sobre:

I – intervenção federal, estado de defesa e estado de sítio;

II – as questões relevantes para a estabilidade das instituições democráticas.

§ 1.º O Presidente da República poderá convocar Ministro de Estado para participar da reunião do Conselho, quando constar da pauta questão relacionada com o respectivo Ministério.

§ 2.º A lei regulará a organização e o funcionamento do Conselho da República.

- A Lei n. 8.041, de 5-6-1990, dispõe sobre a organização e o funcionamento do Conselho da República.

Subseção II
Do Conselho de Defesa Nacional

- Organização e funcionamento do Conselho de Defesa Nacional: Lei n. 8.183, de 11-4-1991.
- Regulamento do Conselho de Defesa Nacional: Decreto n. 893, de 12-8-1993.

Art. 91. O Conselho de Defesa Nacional é órgão de consulta do Presidente da República nos assuntos relacionados com a soberania nacional e a defesa do Estado democrático, e dele participam como membros natos:

I – o Vice-Presidente da República;

II – o Presidente da Câmara dos Deputados;

III – o Presidente do Senado Federal;

IV – o Ministro da Justiça;

V – o Ministro de Estado da Defesa;

•• Inciso V com redação determinada pela Emenda Constitucional n. 23, de 2-9-1999.

VI – o Ministro das Relações Exteriores;

VII – o Ministro do Planejamento;

VIII – os Comandantes da Marinha, do Exército e da Aeronáutica.

•• Inciso VIII acrescentado pela Emenda Constitucional n. 23, de 2-9-1999.

§ 1.º Compete ao Conselho de Defesa Nacional:

I – opinar nas hipóteses de declaração de guerra e de celebração da paz, nos termos desta Constituição;

II – opinar sobre a decretação do estado de defesa, do estado de sítio e da intervenção federal;

III – propor os critérios e condições de utilização de áreas indispensáveis à segurança do território nacional e opinar sobre seu efetivo uso, especialmente na faixa de fronteira e nas relacionadas com a preservação e a exploração dos recursos naturais de qualquer tipo;

IV – estudar, propor e acompanhar o desenvolvimento de iniciativas necessárias a garantir a independência nacional e a defesa do Estado democrático.

§ 2.º A lei regulará a organização e o funcionamento do Conselho de Defesa Nacional.

Capítulo III
DO PODER JUDICIÁRIO

Seção I
Disposições Gerais

Art. 92. São órgãos do Poder Judiciário:

I – o Supremo Tribunal Federal;

I-A – o Conselho Nacional de Justiça;

•• Inciso I-A acrescentado pela Emenda Constitucional n. 45, de 8-12-2004.

• *Vide* art. 5.º da Emenda Constitucional n. 45, de 8-12-2004.

II – o Superior Tribunal de Justiça;

II-A – o Tribunal Superior do Trabalho;

•• Inciso II-A acrescentado pela Emenda Constitucional n. 92, de 12-7-2016.

III – os Tribunais Regionais Federais e Juízes Federais;

IV – os Tribunais e Juízes do Trabalho;

V – os Tribunais e Juízes Eleitorais;

VI – os Tribunais e Juízes Militares;

VII – os Tribunais e Juízes dos Estados e do Distrito Federal e Territórios.

§ 1.º O Supremo Tribunal Federal, o Conselho Nacional de Justiça e os Tribunais Superiores têm sede na Capital Federal.

•• § 1.º acrescentado pela Emenda Constitucional n. 45, de 8-12-2004.

§ 2.º O Supremo Tribunal Federal e os Tribunais Superiores têm jurisdição em todo o território nacional.

•• § 2.º acrescentado pela Emenda Constitucional n. 45, de 8-12-2004.

Art. 93. Lei complementar, de iniciativa do Supremo Tribunal Federal, disporá sobre o Estatuto da Magistratura, observados os seguintes princípios:

• A Lei Complementar n. 35, de 14-3-1979, promulgada sob a vigência da ordem constitucional anterior, disporá sobre a Magistratura Nacional até o advento da norma prevista no *caput* deste artigo.

I – ingresso na carreira, cujo cargo inicial será o de juiz substituto, mediante concurso público de provas e títulos, com a participação da Ordem dos Advogados do Brasil em todas as fases, exigindo-se do bacharel em direito, no mínimo, três anos de atividade jurídica e obedecendo-se, nas nomeações, à ordem de classificação;

•• Inciso I com redação determinada pela Emenda Constitucional n. 45, de 8-12-2004.

II – promoção de entrância para entrância, alternadamente, por antiguidade e merecimento, atendidas as seguintes normas:

a) é obrigatória a promoção do juiz que figure por três vezes consecutivas ou cinco alternadas em lista de merecimento;

b) a promoção por merecimento pressupõe dois anos de exercício na respectiva entrância e integrar o juiz a primeira quinta parte da lista de antiguidade desta, salvo se não houver com tais requisitos quem aceite o lugar vago;

c) aferição do merecimento conforme o desempenho e pelos critérios objetivos de produtividade e presteza no exercício da jurisdição e pela frequência e aproveitamento em cursos oficiais ou reconhecidos de aperfeiçoamento;

•• Alínea *c* com redação determinada pela Emenda Constitucional n. 45, de 8-12-2004.

d) na apuração de antiguidade, o tribunal somente poderá recusar o juiz mais antigo pelo voto fundamentado de dois terços de seus membros, conforme procedimento próprio, e assegurada ampla defesa, repetindo-se a votação até fixar-se a indicação;

•• Alínea *d* com redação determinada pela Emenda Constitucional n. 45, de 8-12-2004.

e) não será promovido o juiz que, injustificadamente, retiver autos em seu poder além do prazo legal, não podendo devolvê-los ao cartório sem o devido despacho ou decisão;

•• Alínea *e* acrescentada pela Emenda Constitucional n. 45, de 8-12-2004.

III – o acesso aos tribunais de segundo grau far-se-á por antiguidade e merecimento, alternadamente, apurados na última ou única entrância;

•• Inciso III com redação determinada pela Emenda Constitucional n. 45, de 8-12-2004.

IV – previsão de cursos oficiais de preparação, aperfeiçoamento e promoção de magistrados, constituindo etapa obrigatória do processo de vitaliciamento a participação em curso oficial ou reconhecido por escola nacional de formação e aperfeiçoamento de magistrados;

•• Inciso IV com redação determinada pela Emenda Constitucional n. 45, de 8-12-2004.

V – o subsídio dos Ministros dos Tribunais Superiores corresponderá a 95% (noventa e cinco por cento) do subsídio mensal fixado para os Ministros do Supremo Tribunal Federal e os subsídios dos demais magistrados serão fixados em lei e escalonados, em nível federal e estadual, conforme as respectivas categorias da estrutura judiciária nacional, não podendo a diferença entre uma e outra ser superior a 10% (dez por cento) ou inferior a 5% (cinco por cento), nem exceder a 95% (noventa e cinco por cento) do subsídio mensal dos Ministros dos Tribunais Superiores, obedecido, em qualquer caso, o disposto nos arts. 37, XI, e 39, § 4.º;

•• Inciso V com redação determinada pela Emenda Constitucional n. 19, de 4-6-1998.

• A Lei n. 9.655, de 2-6-1998, altera o percentual de diferença entre a remuneração dos cargos de Ministros do STJ e dos Juízes da Justiça Federal de Primeiro e Segundo Graus.

VI – a aposentadoria dos magistrados e a pensão de seus dependentes observarão o disposto no art. 40;

•• Inciso VI com redação determinada pela Emenda Constitucional n. 20, de 15-12-1998.

VII – o juiz titular residirá na respectiva comarca, salvo autorização do tribunal;

•• Inciso VII com redação determinada pela Emenda Constitucional n. 45, de 8-12-2004.

VIII – o ato de remoção, disponibilidade e aposentadoria do magistrado, por interesse público, fundar-se-á em decisão por voto da maioria absoluta do respectivo tribunal ou do Conselho Nacional de Justiça, assegurada ampla defesa;

•• Inciso VIII com redação determinada pela Emenda Constitucional n. 45, de 8-12-2004.

VIII-A – a remoção a pedido ou a permuta de magistrados de comarca de igual entrância atenderá, no que couber, ao disposto nas alíneas *a*, *b*, *c* e *e* do inciso II;

•• Inciso VIII-A acrescentado pela Emenda Constitucional n. 45, de 8-12-2004.

IX – todos os julgamentos dos órgãos do Poder Judiciário serão públicos, e fundamentadas todas as decisões, sob pena de nulidade, podendo a lei limitar a presença, em determinados atos, às próprias partes e a seus advogados, ou somente a estes, em casos nos quais a preservação do direito à intimidade do interessado no sigilo não prejudique o interesse público à informação;

•• Inciso IX com redação determinada pela Emenda Constitucional n. 45, de 8-12-2004.

X – as decisões administrativas dos tribunais serão motivadas e em sessão pública, sendo as disciplinares tomadas pelo voto da maioria absoluta de seus membros;

•• Inciso X com redação determinada pela Emenda Constitucional n. 45, de 8-12-2004.

XI – nos tribunais com número superior a vinte e cinco julgadores, poderá ser constituído órgão especial, com o mínimo de onze e o máximo de vinte e cinco membros, para o exercício das atribuições administrativas e jurisdicionais delegadas da competência do tribunal pleno, provendo-se metade das vagas por antiguidade e a outra metade por eleição pelo tribunal pleno;

•• Inciso XI com redação determinada pela Emenda Constitucional n. 45, de 8-12-2004.

XII – a atividade jurisdicional será ininterrupta, sendo vedado férias coletivas nos juízos e tribunais de segundo grau, funcionando, nos dias em que não houver expediente forense normal, juízes em plantão permanente;

•• Inciso XII acrescentado pela Emenda Constitucional n. 45, de 8-12-2004.

XIII – o número de juízes na unidade jurisdicional será proporcional à efetiva demanda judicial e à respectiva população;

•• Inciso XIII acrescentado pela Emenda Constitucional n. 45, de 8-12-2004.

XIV – os servidores receberão delegação para a prática de atos de administração e atos de mero expediente sem caráter decisório;

•• Inciso XIV acrescentado pela Emenda Constitucional n. 45, de 8-12-2004.

XV – a distribuição de processos será imediata, em todos os graus de jurisdição.

•• Inciso XV acrescentado pela Emenda Constitucional n. 45, de 8-12-2004.

Art. 94. Um quinto dos lugares dos Tribunais Regionais Federais, dos Tribunais dos Estados, e do Distrito Federal e Territórios será composto de membros, do Ministério Público, com mais de dez anos de carreira, e de advogados de notório saber jurídico e de reputação ilibada, com mais de dez anos de efetiva atividade profissional, indicados em lista sêxtupla pelos órgãos de representação das respectivas classes.

Parágrafo único. Recebidas as indicações, o tribunal formará lista tríplice, enviando-a ao Poder Executivo, que, nos vinte dias subsequentes, escolherá um de seus integrantes para nomeação.

Art. 95. Os juízes gozam das seguintes garantias:

I – vitaliciedade, que, no primeiro grau, só será adquirida após dois anos de exercício, dependendo a perda do cargo, nesse período, de deliberação do tribunal a que o juiz estiver vinculado, e, nos demais casos, de sentença judicial transitada em julgado;

II – inamovibilidade, salvo por motivo de interesse público, na forma do art. 93, VIII;

III – irredutibilidade de subsídio, ressalvado o disposto nos arts. 37, X e XI, 39, § 4.º, 150, II, 153, III, e 153, § 2.º, I.

•• Inciso III com redação determinada pela Emenda Constitucional n. 19, de 4-6-1998.

Parágrafo único. Aos juízes é vedado:

I – exercer, ainda que em disponibilidade, outro cargo ou função, salvo uma de magistério;

II – receber, a qualquer título ou pretexto, custas ou participação em processo;

III – dedicar-se à atividade político-partidária;

IV – receber, a qualquer título ou pretexto, auxílios ou contribuições de pessoas físicas, entidades públicas ou privadas, ressalvadas as exceções previstas em lei;

•• Inciso IV acrescentado pela Emenda Constitucional n. 45, de 8-12-2004.

V – exercer a advocacia no juízo ou tribunal do qual se afastou, antes de decorridos três anos do afastamento do cargo por aposentadoria ou exoneração.

•• Inciso V acrescentado pela Emenda Constitucional n. 45, de 8-12-2004.

Art. 96. Compete privativamente:

I – aos tribunais:

a) eleger seus órgãos diretivos e elaborar seus regimentos internos, com observância das normas de processo e das garantias processuais das partes, dispondo sobre a competência e o funcionamento dos respectivos órgãos jurisdicionais e administrativos;

b) organizar suas secretarias e serviços auxiliares e os dos juízos que lhes forem vinculados, velando pelo exercício da atividade correicional respectiva;

c) prover, na forma prevista nesta Constituição, os cargos de juiz de carreira da respectiva jurisdição;

d) propor a criação de novas varas judiciárias;

e) prover, por concurso público de provas, ou de provas e títulos, obedecido o disposto no art. 169, parágrafo único, os cargos necessários à administração da Justiça, exceto os de confiança assim definidos em lei;

•• De acordo com alteração processada pela Emenda Constitucional n. 19, de 4-6-1998, a referência passa a ser ao art. 169, § 1.º.

f) conceder licença, férias e outros afastamentos a seus membros e aos juízes e servidores que lhes forem imediatamente vinculados;

II – ao Supremo Tribunal Federal, aos Tribunais Superiores e aos Tribunais de Justiça propor ao Poder Legislativo respectivo, observado o disposto no art. 169:

a) a alteração do número de membros dos tribunais inferiores;

b) a criação e a extinção de cargos e a remuneração dos seus serviços auxiliares e dos juízos que lhes forem vinculados, bem como a fixação do subsídio de seus membros e dos juízes, inclusive dos tribunais inferiores, onde houver;

•• Alínea *b* com redação determinada pela Emenda Constitucional n. 41, de 19-12-2003.

• Reestruturação das carreiras dos servidores do Poder Judiciário da União: Lei n. 10.475, de 27-6-2002.

c) a criação ou extinção dos tribunais inferiores;

d) a alteração da organização e da divisão judiciárias;

III – aos Tribunais de Justiça julgar os juízes estaduais e do Distrito Federal e Territórios, bem como os membros do Ministério Público, nos crimes comuns e de responsabilidade, ressalvada a competência da Justiça Eleitoral.

Art. 97. Somente pelo voto da maioria absoluta de seus membros ou dos membros do respectivo órgão especial poderão os tribunais declarar a inconstitucionalidade de lei ou ato normativo do Poder Público.

• *Vide* Súmula Vinculante 10 do STF.

Art. 98. A União, no Distrito Federal e nos Territórios, e os Estados criarão:

I – juizados especiais, providos por juízes togados, ou togados e leigos, competentes para a conciliação, o julgamento e a execução de causas cíveis de menor complexidade e infrações penais de menor potencial ofensivo, mediante os procedimentos oral e sumaríssimo, permitidos, nas hipóteses previstas em lei, a transação e o julgamento de recursos por turmas de juízes de primeiro grau;

• Juizados Especiais Cíveis e Criminais: Lei n. 9.099, de 26-9-1995.

• Juizados Especiais Cíveis e Criminais no âmbito da Justiça Federal: Lei n. 10.259, de 12-7-2001.

• Juizados de Violência Doméstica e Familiar contra a Mulher: Lei n. 11.340, de 7-8-2006.

• Juizados Especiais da Fazenda Pública: Lei n. 12.153, de 22-12-2009.

II – justiça de paz, remunerada, composta de cidadãos eleitos pelo voto direto, universal e secreto, com mandato de quatro anos e competência para, na forma da lei, celebrar casamentos, verificar, de ofício ou em face de impugnação apresentada, o processo de habilitação e exercer atribuições conciliatórias, sem caráter jurisdicional, além de outras previstas na legislação.

§ 1.° Lei federal disporá sobre a criação de juizados especiais no âmbito da Justiça Federal.

•• Anterior parágrafo único transformado em § 1.° pela Emenda Constitucional n. 45, de 8-12-2004.

• A Lei n. 10.259, de 12-7-2001, dispõe sobre a instituição dos Juizados Especiais Cíveis e Criminais no âmbito da Justiça Federal.

§ 2.° As custas e emolumentos serão destinados exclusivamente ao custeio dos serviços afetos às atividades específicas da Justiça.

•• § 2.° acrescentado pela Emenda Constitucional n. 45, de 8-12-2004.

Art. 99. Ao Poder Judiciário é assegurada autonomia administrativa e financeira.

§ 1.° Os tribunais elaborarão suas propostas orçamentárias dentro dos limites estipulados conjuntamente com os demais Poderes na lei de diretrizes orçamentárias.

•• *Vide* art. 107, § 2.°, do ADCT.

§ 2.° O encaminhamento da proposta, ouvidos os outros tribunais interessados, compete:

I – no âmbito da União, aos Presidentes do Supremo Tribunal Federal e dos Tribunais Superiores, com a aprovação dos respectivos tribunais;

II – no âmbito dos Estados e no do Distrito Federal e Territórios, aos Presidentes dos Tribunais de Justiça, com a aprovação dos respectivos tribunais.

§ 3.° Se os órgãos referidos no § 2.° não encaminharem as respectivas propostas orçamentárias dentro do prazo estabelecido na lei de diretrizes orçamentárias, o Poder Executivo considerará, para fins de consolidação da proposta orçamentária anual, os valores aprovados na lei orçamentária vigente, ajustados de acordo com os limites estipulados na forma do § 1.° deste artigo.

•• § 3.° acrescentado pela Emenda Constitucional n. 45, de 8-12-2004.

§ 4.° Se as propostas orçamentárias de que trata este artigo forem encaminhadas em desacordo com os limites estipulados na forma do § 1.°, o Poder Executivo procederá aos ajustes necessários para fins de consolidação da proposta orçamentária anual.

•• § 4.° acrescentado pela Emenda Constitucional n. 45, de 8-12-2004.

§ 5.° Durante a execução orçamentária do exercício, não poderá haver a realização de despesas ou a assunção de obrigações que extrapolem os limites estabelecidos na lei de diretrizes orçamentárias, exceto se previamente autorizadas, mediante a abertura de créditos suplementares ou especiais.

•• § 5.° acrescentado pela Emenda Constitucional n. 45, de 8-12-2004.

Art. 100. Os pagamentos devidos pelas Fazendas Públicas Federal, Estaduais, Distrital e Municipais, em virtude de sentença judiciária, far-se-ão exclusivamente na ordem cronológica de apresentação dos precatórios e à conta dos créditos respectivos, proibida a designação de casos ou de pessoas nas dotações orçamentárias e nos créditos adicionais abertos para este fim.

•• *Caput* com redação determinada pela Emenda Constitucional n. 62, de 9-12-2009.

•• *Vide* art. 4.° da Emenda Constitucional n. 62, de 9-12-2009.

• A Resolução n. 115, de 29-6-2010, do CNJ, dispõe sobre a Gestão de Precatórios no âmbito do Poder Judiciário.

§ 1.° Os débitos de natureza alimentícia compreendem aqueles decorrentes de salários, vencimentos, proventos, pensões e suas complementações, benefícios previdenciários e indenizações por morte ou por invalidez, fundadas em responsabilidade civil, em virtude de sentença judicial transitada em julgado, e serão pagos com preferência sobre todos os demais débitos, exceto sobre aqueles referidos no § 2.° deste artigo.

•• § 1.° com redação determinada pela Emenda Constitucional n. 62, de 9-12-2009.

• *Vide* Súmulas Vinculantes 17 e 47 do STF.

§ 2.° Os débitos de natureza alimentícia cujos titulares, originários ou por sucessão hereditária, tenham 60 (sessenta) anos de idade, ou sejam portadores de doença grave, ou pessoas com deficiência, assim definidos na forma da lei, serão pagos com preferência sobre todos os demais débitos, até o valor equivalente ao triplo fixado em lei para os fins do disposto no § 3.° deste artigo, admitido o fracionamento para essa finalidade, sendo que o restante será pago na ordem cronológica de apresentação do precatório.

•• § 2.° com redação determinada pela Emenda Constitucional n. 94, de 15-12-2016.

•• *Vide* art. 97, § 17, do ADCT.

§ 3.° O disposto no *caput* deste artigo relativamente à expedição de precatórios não se aplica aos pagamentos de obrigações definidas em leis como de pequeno valor que as Fazendas referidas devam fazer em virtude de sentença judicial transitada em julgado.

•• § 3.º com redação determinada pela Emenda Constitucional n. 62, de 9-12-2009.

§ 4.º Para os fins do disposto no § 3.º, poderão ser fixados, por leis próprias, valores distintos às entidades de direito público, segundo as diferentes capacidades econômicas, sendo o mínimo igual ao valor do maior benefício do regime geral de previdência social.

•• § 4.º com redação determinada pela Emenda Constitucional n. 62, de 9-12-2009.

•• *Vide* art. 97, § 12, do ADCT.

§ 5.º É obrigatória a inclusão, no orçamento das entidades de direito público, de verba necessária ao pagamento de seus débitos, oriundos de sentenças transitadas em julgado, constantes de precatórios judiciários apresentados até 1.º de julho, fazendo-se o pagamento até o final do exercício seguinte, quando terão seus valores atualizados monetariamente.

•• § 5.º com redação determinada pela Emenda Constitucional n. 62, de 9-12-2009.

§ 6.º As dotações orçamentárias e os créditos abertos serão consignados diretamente ao Poder Judiciário, cabendo ao Presidente do Tribunal que proferir a decisão exequenda determinar o pagamento integral e autorizar, a requerimento do credor e exclusivamente para os casos de preterimento de seu direito de precedência ou de não alocação orçamentária do valor necessário à satisfação do seu débito, o sequestro da quantia respectiva.

•• § 6.º com redação determinada pela Emenda Constitucional n. 62, de 9-12-2009.

§ 7.º O Presidente do Tribunal competente que, por ato comissivo ou omissivo, retardar ou tentar frustrar a liquidação regular de precatórios incorrerá em crime de responsabilidade e responderá, também, perante o Conselho Nacional de Justiça.

•• § 7.º acrescentado pela Emenda Constitucional n. 62, de 9-12-2009.

• Crimes de responsabilidade: Lei n. 1.079, de 10-4-1950.

§ 8.º É vedada a expedição de precatórios complementares ou suplementares de valor pago, bem como o fracionamento, repartição ou quebra do valor da execução para fins de enquadramento de parcela do total ao que dispõe o § 3.º deste artigo.

•• § 8.º acrescentado pela Emenda Constitucional n. 62, de 9-12-2009.

§ 9.º No momento da expedição dos precatórios, independentemente de regulamentação, deles deverá ser abatido, a título de compensação, valor correspondente aos débitos líquidos e certos, inscritos ou não em dívida ativa e constituídos contra o credor original pela Fazenda Pública devedora, incluídas parcelas vincendas de parcelamentos, ressalvados aqueles cuja execução esteja suspensa em virtude de contestação administrativa ou judicial.

•• § 9.º acrescentado pela Emenda Constitucional n. 62, de 9-12-2009.

•• A compensação de débitos perante a Fazenda Pública Federal, com créditos provenientes de precatórios, na forma prevista neste parágrafo, observará o disposto na Lei n. 12.431, de 24-6-2011.

• A Orientação Normativa n. 4, de 8-6-2010, do STJ, estabelece regra de transição para os procedimentos de compensação previstos nos §§ 9.º e 10 deste artigo.

§ 10. Antes da expedição dos precatórios, o Tribunal solicitará à Fazenda Pública devedora, para resposta em até 30 (trinta) dias, sob pena de perda do direito de abatimento, informação sobre os débitos que preencham as condições estabelecidas no § 9.º, para os fins nele previstos.

•• § 10 acrescentado pela Emenda Constitucional n. 62, de 9-12-2009.

•• *Vide* notas do parágrafo anterior.

§ 11. É facultada ao credor, conforme estabelecido em lei da entidade federativa devedora, a entrega de créditos em precatórios para compra de imóveis públicos do respectivo ente federado.

•• § 11 acrescentado pela Emenda Constitucional n. 62, de 9-12-2009.

§ 12. A partir da promulgação desta Emenda Constitucional, a atualização de valores de requisitórios, após sua expedição, até o efetivo pagamento, independentemente de sua natureza, será feita pelo índice oficial de remuneração básica da caderneta de poupança, e, para fins de compensação da mora, incidirão juros simples no mesmo percentual de juros incidentes sobre a caderneta de poupança, ficando excluída a incidência de juros compensatórios.

•• § 12 acrescentado pela Emenda Constitucional n. 62, de 9-12-2009.

•• O STF, no julgamento da ADI n. 4.425, de 14-3-2013 (*DJE* de 19-12-2013), julgou procedente a ação para declarar a inconstitucionalidade das expressões "índice oficial de remuneração básica da caderneta de poupança", e "independentemente de sua natureza", contidas na redação deste parágrafo.

• A Orientação Normativa n. 2, de 18-12-2009, do CJF, estabelece regra de transição para os procedimentos administrativos atinentes ao cumprimento deste parágrafo.

§ 13. O credor poderá ceder, total ou parcialmente, seus créditos em precatórios a terceiros, independentemente da concordância do devedor, não se aplicando ao cessionário o disposto nos §§ 2.º e 3.º.

•• § 13 acrescentado pela Emenda Constitucional n. 62, de 9-12-2009.

§ 14. A cessão de precatórios somente produzirá efeitos após comunicação, por meio de petição protocolizada, ao tribunal de origem e à entidade devedora.

•• § 14 acrescentado pela Emenda Constitucional n. 62, de 9-12-2009.

§ 15. Sem prejuízo do disposto neste artigo, lei complementar a esta Constituição Federal poderá estabelecer regime especial para pagamento de crédito de precatórios de Estados, Distrito Federal e Municípios, dispondo sobre vinculações à receita corrente líquida e forma e prazo de liquidação.

•• § 15 acrescentado pela Emenda Constitucional n. 62, de 9-12-2009.

•• O STF, no julgamento da ADI n. 4.425, de 14-3-2013 (*DJE* de 19-12-2013), julgou procedente a ação para declarar a inconstitucionalidade deste parágrafo.

•• *Vide* arts. 97 e 101 a 105 do ADCT.

§ 16. A seu critério exclusivo e na forma de lei, a União poderá assumir débitos, oriundos de precatórios, de Estados, Distrito Federal e Municípios, refinanciando-os diretamente.

•• § 16 acrescentado pela Emenda Constitucional n. 62, de 9-12-2009.

§ 17. A União, os Estados, o Distrito Federal e os Municípios aferirão mensalmente, em base anual, o comprometimento de suas respectivas receitas correntes líquidas com o pagamento de precatórios e obrigações de pequeno valor.

•• § 17 acrescentado pela Emenda Constitucional n. 94, de 15-12-2016.

§ 18. Entende-se como receita corrente líquida, para os fins de que trata o § 17, o somatório das receitas tributárias, patrimoniais, industriais, agropecuárias, de contribuições e de serviços, de transferências correntes e outras receitas correntes, incluindo as oriundas do § 1.º do art. 20 da Constituição Federal, verificado no período compreendido pelo segundo mês imediatamente anterior ao de referência e os 11 (onze) meses precedentes, excluídas as duplicidades, e deduzidas:

•• *Caput* acrescentado pela Emenda Constitucional n. 94, de 15-12-2016.

I – na União, as parcelas entregues aos Estados, ao Distrito Federal e aos Municípios por determinação constitucional;

•• Inciso I acrescentado pela Emenda Constitucional n. 94, de 15-12-2016.

II – nos Estados, as parcelas entregues aos Municípios por determinação constitucional;

•• Inciso II acrescentado pela Emenda Constitucional n. 94, de 15-12-2016.

III – na União, nos Estados, no Distrito Federal e nos Municípios, a contribuição dos servidores para custeio de seu sistema de previdência e assistência social e as receitas provenientes da compensação financeira referida no § 9.º do art. 201 da Constituição Federal.

•• Inciso III acrescentado pela Emenda Constitucional n. 94, de 15-12-2016.

§ 19. Caso o montante total de débitos decorrentes de condenações judiciais em precatórios e obrigações de pequeno valor, em período de 12 (doze) meses, ultrapasse a média do comprometimento percentual da receita corrente líquida nos 5 (cinco) anos imediatamente anteriores, a parcela que exceder esse percentual poderá ser financiada, excetuada dos limites de endividamento de que tratam os incisos VI e VII do art. 52 da Constituição Federal e de quaisquer outros limites de endividamento previstos, não se aplicando a esse financiamento a vedação de vinculação de receita prevista no inciso IV do art. 167 da Constituição Federal.

•• § 19 acrescentado pela Emenda Constitucional n. 94, de 15-12-2016.

§ 20. Caso haja precatório com valor superior a 15% (quinze por cento) do montante dos precatórios apresentados nos termos do § 5.º deste artigo, 15% (quinze por cento) do valor deste precatório serão pagos até o final do exercício seguinte e o restante em parcelas iguais nos cinco exercícios subsequentes, acrescidas de juros de mora e correção monetária, ou mediante acordos diretos, perante Juízos Auxiliares de Conciliação de Precatórios, com redução máxima de 40% (quarenta por cento) do valor do crédito atualizado, desde que em relação ao crédito não penda recurso ou defesa judicial e que sejam observados os requisitos definidos na regulamentação editada pelo ente federado.

•• § 20 acrescentado pela Emenda Constitucional n. 94, de 15-12-2016.

Seção II
Do Supremo Tribunal Federal

Art. 101. O Supremo Tribunal Federal compõe-se de onze Ministros, escolhidos dentre cidadãos com mais de trinta e cinco e menos de sessenta e cinco anos de idade, de notável saber jurídico e reputação ilibada.

Parágrafo único. Os Ministros do Supremo Tribunal Federal serão nomeados pelo Presidente da República, depois de aprovada a escolha pela maioria absoluta do Senado Federal.

Art. 102. Compete ao Supremo Tribunal Federal, precipuamente, a guarda da Constituição, cabendo-lhe:

• A Lei n. 8.038, de 28-5-1990, institui normas procedimentais para os processos que especifica, perante o STJ e o STF.

I – processar e julgar, originariamente:

a) a ação direta de inconstitucionalidade de lei ou ato normativo federal ou estadual e a ação declaratória de constitucionalidade de lei ou ato normativo federal;

•• Alínea *a* com redação determinada pela Emenda Constitucional n. 3, de 17-3-1993.

• O Decreto n. 2.346, de 10-10-1997, consolida as normas de procedimentos a serem observadas pela administração pública federal em razão de decisões judiciais.

• A Lei n. 9.868, de 10-11-1999, dispõe sobre o processo e julgamento na ADIN e ação declaratória de constitucionalidade perante o STF.

b) nas infrações penais comuns, o Presidente da República, o Vice-Presidente, os membros do Congresso Nacional, seus próprios Ministros e o Procurador-Geral da República;

c) nas infrações penais comuns e nos crimes de responsabilidade, os Ministros de Estado e os Comandantes da Marinha, do Exército e da Aeronáutica, ressalvado o disposto no art. 52, I, os membros dos Tribunais Superiores, os do Tribunal de Contas da União e os chefes de missão diplomática de caráter permanente;

•• Alínea *c* com redação determinada pela Emenda Constitucional n. 23, de 2-9-1999.

• A Lei n. 1.079, de 10-4-1950, define os crimes de responsabilidade e regula o respectivo processo de julgamento.

d) o *habeas corpus*, sendo paciente qualquer das pessoas referidas nas alíneas anteriores; o mandado de segurança e o *habeas data* contra atos do Presidente da República, das Mesas da Câmara dos Deputados e do Senado Federal, do Tribunal de Contas da União, do Procurador-Geral da República e do próprio Supremo Tribunal Federal;

e) o litígio entre Estado estrangeiro ou organismo internacional e a União, o Estado, o Distrito Federal ou o Território;

f) as causas e os conflitos entre a União e os Estados, a União e o Distrito Federal, ou entre uns e outros, inclusive as respectivas entidades da administração indireta;

g) a extradição solicitada por Estado estrangeiro;

h) (*Revogada pela Emenda Constitucional n. 45, de 8-12-2004.*)

i) o *habeas corpus*, quando o coator for Tribunal Superior ou quando o coator ou o paciente for autoridade ou funcionário cujos atos estejam sujeitos diretamente à jurisdição do Supremo Tribunal Federal, ou se trate de crime sujeito à mesma jurisdição em uma única instância;

•• Alínea *i* com redação determinada pela Emenda Constitucional n. 22, de 18-3-1999.

j) a revisão criminal e a ação rescisória de seus julgados;

• Da revisão criminal: arts. 621 e segs. do CPP.

• Da ação rescisória: arts. 966 e segs. do CPC.

l) a reclamação para a preservação de sua competência e garantia da autoridade de suas decisões;

m) a execução de sentença nas causas de sua competência originária, facultada a delegação de atribuições para a prática de atos processuais;

n) a ação em que todos os membros da magistratura sejam direta ou indiretamente interessados, e aquela em que mais da metade dos membros do tribunal de origem estejam impedidos ou sejam direta ou indiretamente interessados;

o) os conflitos de competência entre o Superior Tribunal de Justiça e quaisquer tribunais, entre Tribunais Superiores, ou entre estes e qualquer outro tribunal;

• *Vide* arts. 105, I, *d*, 108, I, *e*, e 114, V.

p) o pedido de medida cautelar das ações diretas de inconstitucionalidade;

q) o mandado de injunção, quando a elaboração da norma regulamentadora for atribuição do Presidente da República, do Congresso Nacional, da Câmara dos Deputados, do Senado Federal, das Mesas de uma dessas Casas Legislativas, do Tribunal de Contas da União, de um dos Tribunais Superiores, ou do próprio Supremo Tribunal Federal;

r) as ações contra o Conselho Nacional de Justiça e contra o Conselho Nacional do Ministério Público;

•• Alínea *r* acrescentada pela Emenda Constitucional n. 45, de 8-12-2004.

II – julgar, em recurso ordinário:

a) o *habeas corpus*, o mandado de segurança, o *habeas data* e o mandado de injunção decididos em única instância pelos Tribunais Superiores, se denegatória a decisão;

b) o crime político;

III – julgar, mediante recurso extraordinário, as causas decididas em única ou última instância, quando a decisão recorrida:

a) contrariar dispositivo desta Constituição;

b) declarar a inconstitucionalidade de tratado ou lei federal;

c) julgar válida lei ou ato de governo local contestado em face desta Constituição;

d) julgar válida lei local contestada em face de lei federal.

•• Alínea *d* acrescentada pela Emenda Constitucional n. 45, de 8-12-2004.

§ 1.º A arguição de descumprimento de preceito fundamental, decorrente desta Constituição, será apreciada pelo Supremo Tribunal Federal, na forma da lei.

•• § 1.º com redação determinada pela Emenda Constitucional n. 3, de 17-3-1993.

•• A Lei n. 9.882, de 3-12-1999, dispõe sobre o processo e julgamento da arguição de descumprimento de preceito fundamental, de que trata este parágrafo.

§ 2.º As decisões definitivas de mérito, proferidas pelo Supremo Tribunal Federal, nas ações diretas de inconstitucionalidade e nas ações declaratórias de constitucionalidade produzirão eficácia contra todos e efeito vinculante, relativamente aos demais órgãos do Poder Judiciário e à administração pública direta e indireta, nas esferas federal, estadual e municipal.

•• § 2.º com redação determinada pela Emenda Constitucional n. 45, de 8-12-2004.

§ 3.º No recurso extraordinário o recorrente deverá demonstrar a repercussão geral das questões constitucionais discutidas no caso, nos termos da lei, a fim de que o Tribunal examine a admissão do recurso, somente podendo recusá-lo pela manifestação de dois terços de seus membros.

•• § 3.º acrescentado pela Emenda Constitucional n. 45, de 8-12-2004.

•• § 3.º regulamentado pela Lei n. 11.418, de 19-12-2006.

Art. 103. Podem propor a ação direta de inconstitucionalidade e a ação declaratória de constitucionalidade:

•• *Caput* com redação determinada pela Emenda Constitucional n. 45, de 8-12-2004.

I – o Presidente da República;

II – a Mesa do Senado Federal;

III – a Mesa da Câmara dos Deputados;

IV – a Mesa de Assembleia Legislativa ou da Câmara Legislativa do Distrito Federal;

•• Inciso IV com redação determinada pela Emenda Constitucional n. 45, de 8-12-2004.

V – o Governador de Estado ou do Distrito Federal;

•• Inciso V com redação determinada pela Emenda Constitucional n. 45, de 8-12-2004.

VI – o Procurador-Geral da República;

VII – o Conselho Federal da Ordem dos Advogados do Brasil;

VIII – partido político com representação no Congresso Nacional;

IX – confederação sindical ou entidade de classe de âmbito nacional.

§ 1.º O Procurador-Geral da República deverá ser previamente ouvido nas ações de inconstitucionalidade e em todos os processos de competência do Supremo Tribunal Federal.

§ 2.º Declarada a inconstitucionalidade por omissão de medida para tornar efetiva norma constitucional, será dada ciência ao Poder competente para a adoção das providências necessárias e, em se tratando de órgão administrativo, para fazê-lo em trinta dias.

§ 3.º Quando o Supremo Tribunal Federal apreciar a inconstitucionalidade, em tese, de norma legal ou ato normativo, citará, previamente, o Advogado-Geral da União, que defenderá o ato ou texto impugnado.

§ 4.º (*Revogado pela Emenda Constitucional n. 45, de 8-12-2004.*)

Art. 103-A. O Supremo Tribunal Federal poderá, de ofício ou por provocação, mediante decisão de dois terços dos seus membros, após reiteradas decisões sobre matéria constitucional, aprovar súmula que, a partir de sua publicação na imprensa oficial, terá efeito vinculante em relação aos demais órgãos do Poder Judiciário e à administração pública direta e indireta, nas esferas federal, estadual e municipal, bem como proceder à sua revisão ou cancelamento, na forma estabelecida em lei.

•• *Caput* acrescentado pela Emenda Constitucional n. 45, de 8-12-2004.

•• Artigo regulamentado pela Lei n. 11.417, de 19-12-2006.

§ 1.º A súmula terá por objetivo a validade, a interpretação e a eficácia de normas determinadas, acerca das quais haja controvérsia atual entre órgãos judiciários ou entre esses e a administração pública que acarrete grave insegurança jurídica e relevante multiplicação de processos sobre questão idêntica.

•• § 1.º acrescentado pela Emenda Constitucional n. 45, de 8-12-2004.

§ 2.º Sem prejuízo do que vier a ser estabelecido em lei, a aprovação, revisão ou cancelamento de súmula poderá ser provocada por aqueles que podem propor a ação direta de inconstitucionalidade.

•• § 2.º acrescentado pela Emenda Constitucional n. 45, de 8-12-2004.

§ 3.º Do ato administrativo ou decisão judicial que contrariar a súmula aplicável ou que indevidamente a aplicar, caberá reclamação ao Supremo Tribunal Federal que, julgando-a procedente, anulará o ato administrativo ou cassará a decisão judicial reclamada, e determinará que outra seja proferida com ou sem a aplicação da súmula, conforme o caso.

•• § 3.º acrescentado pela Emenda Constitucional n. 45, de 8-12-2004.

Art. 103-B. O Conselho Nacional de Justiça compõe-se de 15 (quinze) membros com mandato de 2 (dois) anos, admitida 1 (uma) recondução, sendo:

•• *Caput* com redação determinada pela Emenda Constitucional n. 61, de 11-11-2009.

• A Resolução n. 67, de 3-3-2009, do CNJ, aprova o Regimento Interno do CNJ.

• A Portaria n. 34, de 30-5-2017, dispõe sobre a estrutura orgânica do CNJ.

I – o Presidente do Supremo Tribunal Federal;

•• Inciso I com redação determinada pela Emenda Constitucional n. 61, de 11-11-2009.

II – um Ministro do Superior Tribunal de Justiça, indicado pelo respectivo tribunal;

•• Inciso II acrescentado pela Emenda Constitucional n. 45, de 8-12-2004.

III – um Ministro do Tribunal Superior do Trabalho, indicado pelo respectivo tribunal;

•• Inciso III acrescentado pela Emenda Constitucional n. 45, de 8-12-2004.

IV – um desembargador de Tribunal de Justiça, indicado pelo Supremo Tribunal Federal;

•• Inciso IV acrescentado pela Emenda Constitucional n. 45, de 8-12-2004.

• A Resolução n. 503, de 23-5-2013, do STF, estabelece o procedimento de escolha e indicação, pelo STF, às vagas do CNJ, de que trata este inciso.

V – um juiz estadual, indicado pelo Supremo Tribunal Federal;

•• Inciso V acrescentado pela Emenda Constitucional n. 45, de 8-12-2004.

• A Resolução n. 503, de 23-5-2013, do STF, estabelece o procedimento de escolha e indicação, pelo STF, às vagas do CNJ, de que trata este inciso.

VI – um juiz de Tribunal Regional Federal, indicado pelo Superior Tribunal de Justiça;

•• Inciso VI acrescentado pela Emenda Constitucional n. 45, de 8-12-2004.

VII – um juiz federal, indicado pelo Superior Tribunal de Justiça;

•• Inciso VII acrescentado pela Emenda Constitucional n. 45, de 8-12-2004.

VIII – um juiz de Tribunal Regional do Trabalho, indicado pelo Tribunal Superior do Trabalho;

•• Inciso VIII acrescentado pela Emenda Constitucional n. 45, de 8-12-2004.

IX – um juiz do trabalho, indicado pelo Tribunal Superior do Trabalho;

•• Inciso IX acrescentado pela Emenda Constitucional n. 45, de 8-12-2004.

X – um membro do Ministério Público da União, indicado pelo Procurador-Geral da República;

•• Inciso X acrescentado pela Emenda Constitucional n. 45, de 8-12-2004.

XI – um membro do Ministério Público estadual, escolhido pelo Procurador-Geral da República dentre os nomes indicados pelo órgão competente de cada instituição estadual;

•• Inciso XI acrescentado pela Emenda Constitucional n. 45, de 8-12-2004.

XII – dois advogados, indicados pelo Conselho Federal da Ordem dos Advogados do Brasil;

•• Inciso XII acrescentado pela Emenda Constitucional n. 45, de 8-12-2004.

XIII – dois cidadãos, de notável saber jurídico e reputação ilibada, indicados um pela Câmara dos Deputados e outro pelo Senado Federal.

•• Inciso XIII acrescentado pela Emenda Constitucional n. 45, de 8-12-2004.

§ 1.º O Conselho será presidido pelo Presidente do Supremo Tribunal Federal e, nas suas ausências e impedimentos, pelo Vice-Presidente do Supremo Tribunal Federal.

•• § 1.º com redação determinada pela Emenda Constitucional n. 61, de 11-11-2009.

§ 2.º Os demais membros do Conselho serão nomeados pelo Presidente da República, depois de aprovada a escolha pela maioria absoluta do Senado Federal.

•• § 2.º com redação determinada pela Emenda Constitucional n. 61, de 11-11-2009.

§ 3.º Não efetuadas, no prazo legal, as indicações previstas neste artigo, caberá a escolha ao Supremo Tribunal Federal.

•• § 3.º acrescentado pela Emenda Constitucional n. 45, de 8-12-2004.

§ 4.º Compete ao Conselho o controle da atuação administrativa e financeira do Poder Judiciário e do cumprimento dos deveres funcionais dos juízes, cabendo-lhe, além de outras atribuições que lhe forem conferidas pelo Estatuto da Magistratura:

•• § 4.º, *caput*, acrescentado pela Emenda Constitucional n. 45, de 8-12-2004.

I – zelar pela autonomia do Poder Judiciário e pelo cumprimento do Estatuto da Magistratura, podendo expedir atos regulamentares, no âmbito de sua competência, ou recomendar providências;

•• Inciso I acrescentado pela Emenda Constitucional n. 45, de 8-12-2004.

II – zelar pela observância do art. 37 e apreciar, de ofício ou mediante provocação, a legalidade dos atos administrativos praticados por membros ou órgãos do Poder Judiciário, podendo desconstituí-los, revê-los ou fixar prazo para que se adotem as providências necessárias ao exato cumprimento da lei, sem prejuízo da competência do Tribunal de Contas da União;

•• Inciso II acrescentado pela Emenda Constitucional n. 45, de 8-12-2004.

III – receber e conhecer das reclamações contra membros ou órgãos do Poder Judiciário, inclusive contra seus serviços auxiliares, serventias e órgãos prestadores de serviços notariais e de registro que atuem por delegação do poder público ou oficializados, sem prejuízo da competência disciplinar e correicional dos tribunais, podendo avocar processos disciplinares em curso e determinar a remoção, a disponibilidade ou a aposentadoria com subsídios ou proventos proporcionais ao tempo de serviço e aplicar outras sanções administrativas, assegurada ampla defesa;

•• Inciso III acrescentado pela Emenda Constitucional n. 45, de 8-12-2004.

IV – representar ao Ministério Público, no caso de crime contra a administração pública ou de abuso de autoridade;

•• Inciso IV acrescentado pela Emenda Constitucional n. 45, de 8-12-2004.

V – rever, de ofício ou mediante provocação, os processos disciplinares de juízes e membros de tribunais julgados há menos de um ano;

•• Inciso V acrescentado pela Emenda Constitucional n. 45, de 8-12-2004.

VI – elaborar semestralmente relatório estatístico sobre processos e sentenças prolatadas, por unidade da Federação, nos diferentes órgãos do Poder Judiciário;

•• Inciso VI acrescentado pela Emenda Constitucional n. 45, de 8-12-2004.

VII – elaborar relatório anual, propondo as providências que julgar necessárias, sobre a situação do Poder Judiciário no País e as atividades do Conselho, o qual deve integrar mensagem do Presidente do Supremo Tribunal Federal a ser remetida ao Congresso Nacional, por ocasião da abertura da sessão legislativa.

•• Inciso VII acrescentado pela Emenda Constitucional n. 45, de 8-12-2004.

§ 5.º O Ministro do Superior Tribunal de Justiça exercerá a função de Ministro-Corregedor e ficará excluído da distribuição de processos no Tribunal, competindo-lhe, além das atribuições que lhe forem conferidas pelo Estatuto da Magistratura, as seguintes:

•• § 5.º, *caput*, acrescentado pela Emenda Constitucional n. 45, de 8-12-2004.

I – receber as reclamações e denúncias, de qualquer interessado, relativas aos magistrados e aos serviços judiciários;

•• Inciso I acrescentado pela Emenda Constitucional n. 45, de 8-12-2004.

II – exercer funções executivas do Conselho, de inspeção e de correição geral;

•• Inciso II acrescentado pela Emenda Constitucional n. 45, de 8-12-2004.

III – requisitar e designar magistrados, delegando-lhes atribuições, e requisitar servidores de juízos ou tribunais, inclusive nos Estados, Distrito Federal e Territórios.

•• Inciso III acrescentado pela Emenda Constitucional n. 45, de 8-12-2004.

§ 6.º Junto ao Conselho oficiarão o Procurador-Geral da República e o Presidente do Conselho Federal da Ordem dos Advogados do Brasil.

•• § 6.º acrescentado pela Emenda Constitucional n. 45, de 8-12-2004.

§ 7.º A União, inclusive no Distrito Federal e nos Territórios, criará ouvidorias de justiça, competentes para receber reclamações e denúncias de qualquer interessado contra membros ou órgãos do Poder Judiciário, ou contra seus serviços auxiliares, representando diretamente ao Conselho Nacional de Justiça.

•• § 7.º acrescentado pela Emenda Constitucional n. 45, de 8-12-2004.

Seção III
Do Superior Tribunal de Justiça

• A Lei n. 8.038, de 28-5-1990, institui normas procedimentais, para processos que especifica, perante o STJ e o STF.

Art. 104. O Superior Tribunal de Justiça compõe-se de, no mínimo, trinta e três Ministros.

Parágrafo único. Os Ministros do Superior Tribunal de Justiça serão nomeados pelo Presidente da República, dentre brasileiros com mais de trinta e cinco e menos de sessenta e cinco anos, de notável saber jurídico e reputação ilibada, depois de aprovada a escolha pela maioria absoluta do Senado Federal, sendo:

•• Parágrafo único, *caput*, com redação determinada pela Emenda Constitucional n. 45, de 8-12-2004.

I – um terço dentre juízes dos Tribunais Regionais Federais e um terço dentre desembargadores dos Tribunais de Justiça, indicados em lista tríplice elaborada pelo próprio Tribunal;

II – um terço, em partes iguais, dentre advogados e membros do Ministério Público Federal, Estadual, do Distrito Federal e Territórios, alternadamente, indicados na forma do art. 94.

Art. 105. Compete ao Superior Tribunal de Justiça:

• A Lei n. 8.038, de 28-5-1990, que institui normas procedimentais para os processos que especifica, perante o STJ e o STF.

I – processar e julgar, originariamente:

a) nos crimes comuns, os Governadores dos Estados e do Distrito Federal, e, nestes e nos de responsabilidade, os desembargadores dos Tribunais de Justiça dos Estados e do Distrito Federal, os membros dos Tribunais de Contas dos Estados e do Distrito Federal, os dos Tribunais Regionais Federais, dos Tribunais Regionais Eleitorais e do Trabalho, os membros dos Conselhos ou Tribunais de Contas dos Municípios e os do Ministério Público da União que oficiem perante tribunais;

b) os mandados de segurança e os *habeas data* contra ato de Ministro de Estado, dos Comandantes da Marinha, do Exército e da Aeronáutica ou do próprio Tribunal;

•• Alínea *b* com redação determinada pela Emenda Constitucional n. 23, de 2-9-1999.

c) os *habeas corpus*, quando o coator ou paciente for qualquer das pessoas mencionadas na alínea *a*, ou quando o coator for tribunal sujeito à sua jurisdição, Ministro de Estado ou Comandante da Marinha, do Exército ou da Aeronáutica, ressalvada a competência da Justiça Eleitoral;

•• Alínea *c* com redação determinada pela Emenda Constitucional n. 23, de 2-9-1999.

d) os conflitos de competência entre quaisquer tribunais, ressalvado o disposto no art. 102, I, *o*, bem como entre tribunal e juízes a ele não vinculados e entre juízes vinculados a tribunais diversos;

e) as revisões criminais e as ações rescisórias de seus julgados;

• Da revisão criminal: arts. 621 e segs. do CPP.

• Da ação rescisória: arts. 966 e segs. do CPC.

f) a reclamação para a preservação de sua competência e garantia da autoridade de suas decisões;

g) os conflitos de atribuições entre autoridades administrativas e judiciárias da União, ou entre autoridades judiciárias de um Estado e administrativas de outro ou do Distrito Federal, ou entre as deste e da União;

h) o mandado de injunção, quando a elaboração da norma regulamentadora for atribuição de órgão, entidade ou autoridade federal, da administração direta ou indireta, excetuados os casos de competência do Supremo Tribunal Federal e dos órgãos da Justiça Militar, da Justiça Eleitoral, da Justiça do Trabalho e da Justiça Federal;

i) a homologação de sentenças estrangeiras e a concessão de *exequatur* às cartas rogatórias;

•• Alínea *i* acrescentada pela Emenda Constitucional n. 45, de 8-12-2004.

II – julgar, em recurso ordinário:

a) os *habeas corpus* decididos em única ou última instância pelos Tribunais Regionais Federais ou pelos tribunais dos Estados, do Distrito Federal e Territórios, quando a decisão for denegatória;

b) os mandados de segurança decididos em única instância pelos Tribunais Regionais Federais ou pelos tribunais dos Estados, do Distrito Federal e Territórios, quando denegatória a decisão;

c) as causas em que forem partes Estado estrangeiro ou organismo internacional, de um lado, e, do outro, Município ou pessoa residente ou domiciliada no País;

III – julgar, em recurso especial, as causas decididas, em única ou última instância, pelos Tribunais Regionais Federais ou pelos tribunais dos Estados, do Distrito Federal e Territórios, quando a decisão recorrida:

a) contrariar tratado ou lei federal, ou negar-lhes vigência;

b) julgar válido ato de governo local contestado em face de lei federal;

•• Alínea *b* com redação determinada pela Emenda Constitucional n. 45, de 8-12-2004.

c) der a lei federal interpretação divergente da que lhe haja atribuído outro tribunal.

Parágrafo único. Funcionarão junto ao Superior Tribunal de Justiça:

•• Parágrafo único, *caput*, com redação determinada pela Emenda Constitucional n. 45, de 8-12-2004.

I – a Escola Nacional de Formação e Aperfeiçoamento de Magistrados, cabendo-lhe, dentre outras funções, regulamentar os cursos oficiais para o ingresso e promoção na carreira;

•• Inciso I acrescentado pela Emenda Constitucional n. 45, de 8-12-2004.

II – o Conselho da Justiça Federal, cabendo-lhe exercer, na forma da lei, a supervisão administrativa e orçamentária da Justiça Federal de primeiro e segundo graus, como órgão central do sistema e com poderes correicionais, cujas decisões terão caráter vinculante.

•• Inciso II acrescentado pela Emenda Constitucional n. 45, de 8-12-2004.

•• A Lei n. 11.798, de 29-10-2008, dispõe sobre a composição e a competência do CJF.

• A Resolução n. 42, de 19-12-2008, aprova o Regimento Interno do CJF.

• A Resolução n. 147, de 15-4-2011, institui o Código de Conduta do CJF de primeiro e segundo graus.

Seção IV
Dos Tribunais Regionais Federais e dos Juízes Federais

Art. 106. São órgãos da Justiça Federal:

I – os Tribunais Regionais Federais;

II – os Juízes Federais.

Art. 107. Os Tribunais Regionais Federais compõem-se de, no mínimo, sete juízes, recrutados, quando possível, na respectiva região e nomeados pelo Presidente da República dentre brasileiros com mais de trinta e menos de sessenta e cinco anos, sendo:

I – um quinto dentre advogados com mais de dez anos de efetiva atividade profissional e membros do Ministério Público Federal com mais de dez anos de carreira;

II – os demais, mediante promoção de juízes federais com mais de cinco anos de exercício, por antiguidade e merecimento, alternadamente.

§ 1.º A lei disciplinará a remoção ou a permuta de juízes dos Tribunais Regionais Federais e determinará sua jurisdição e sede.

•• Primitivo parágrafo único renumerado pela Emenda Constitucional n. 45, de 8-12-2004.

§ 2.º Os Tribunais Regionais Federais instalarão a justiça itinerante, com a realização de audiências e demais funções da atividade jurisdicional, nos limites territoriais da respectiva jurisdição, servindo-se de equipamentos públicos e comunitários.

•• § 2.º acrescentado pela Emenda Constitucional n. 45, de 8-12-2004.

§ 3.º Os Tribunais Regionais Federais poderão funcionar descentralizadamente, constituindo Câmaras regionais, a fim de assegurar o pleno acesso do jurisdicionado à justiça em todas as fases do processo.

•• § 3.º acrescentado pela Emenda Constitucional n. 45, de 8-12-2004.

Art. 108. Compete aos Tribunais Regionais Federais:

I – processar e julgar, originariamente:

a) os juízes federais da área de sua jurisdição, incluídos os da Justiça Militar e da Justiça do Trabalho, nos crimes comuns e de responsabilidade, e os membros do Ministério Público da União, ressalvada a competência da Justiça Eleitoral;

b) as revisões criminais e as ações rescisórias de julgados seus ou dos juízes federais da região;

• Da revisão criminal: arts. 621 e segs. do CPP.

• Da ação rescisória: arts. 966 e segs. do CPC.

c) os mandados de segurança e os *habeas data* contra ato do próprio Tribunal ou de juiz federal;

d) os *habeas corpus*, quando a autoridade coatora for juiz federal;

e) os conflitos de competência entre juízes federais vinculados ao Tribunal;

II – julgar, em grau de recurso, as causas decididas pelos juízes federais e pelos juízes estaduais no exercício da competência federal da área de sua jurisdição.

Art. 109. Aos juízes federais compete processar e julgar:

I – as causas em que a União, entidade autárquica ou empresa pública federal forem interessadas na condição de autoras, rés, assistentes ou oponentes, exceto as de falência, as de acidentes de trabalho e as sujeitas à Justiça Eleitoral e à Justiça do Trabalho;

• *Vide* Súmulas Vinculantes 22 e 27 do STF.

II – as causas entre Estado estrangeiro ou organismo internacional e Município ou pessoa domiciliada ou residente no País;

III – as causas fundadas em tratado ou contrato da União com Estado estrangeiro ou organismo internacional;

IV – os crimes políticos e as infrações penais praticadas em detrimento de bens, serviços ou interesse da União ou de suas entidades autárquicas ou empresas públicas, excluídas as contravenções e ressalvada a competência da Justiça Militar e da Justiça Eleitoral;

V – os crimes previstos em tratado ou convenção internacional, quando, iniciada a execução no País, o resultado tenha ou devesse ter ocorrido no estrangeiro, ou reciprocamente;

•• Tráfico internacional de pessoas para fins de exploração sexual: art. 231 do CP.

V-A – as causas relativas a direitos humanos a que se refere o § 5.º deste artigo;

•• Inciso V-A acrescentado pela Emenda Constitucional n. 45, de 8-12-2004.

VI – os crimes contra a organização do trabalho e, nos casos determinados por lei, contra o sistema financeiro e a ordem econômico-financeira;

• Dos crimes contra a organização do trabalho: arts. 197 a 207 do CP.

• Dos crimes contra o sistema financeiro: Lei n. 7.492, de 16-6-1986.

• Dos crimes contra a ordem econômica: Leis n. 8.137, de 27-12-1990, e n. 8.176, de 8-2-1991.

VII – os *habeas corpus*, em matéria criminal de sua competência ou quando o constrangimento provier de autoridade cujos atos não estejam diretamente sujeitos a outra jurisdição;

VIII – os mandados de segurança e os *habeas data* contra ato de autoridade federal, excetuados os casos de competência dos tribunais federais;

• Mandado de segurança: Lei n. 12.016, de 7-8-2009.

• *Habeas data*: Lei n. 9.507, de 12-11-1997.

IX – os crimes cometidos a bordo de navios ou aeronaves, ressalvada a competência da Justiça Militar;

X – os crimes de ingresso ou permanência irregular de estrangeiro, a execução de carta rogatória, após o *exequatur*, e de sentença estrangeira, após a homologação, as causas referentes à nacionalidade, inclusive a respectiva opção, e à naturalização;

XI – a disputa sobre direitos indígenas.

§ 1.º As causas em que a União for autora serão aforadas na seção judiciária onde tiver domicílio a outra parte.

§ 2.º As causas intentadas contra a União poderão ser aforadas na seção judiciária em que for domiciliado o autor, naquela onde houver ocorrido o ato ou fato que deu origem à demanda ou onde esteja situada a coisa, ou ainda, no Distrito Federal.

§ 3.º Serão processadas e julgadas na justiça estadual, no foro do domicílio dos segurados ou beneficiários, as causas em que forem parte instituição de previdência social e segurado, sempre que a comarca não seja sede de vara do juízo federal, e, se verificada essa condição, a lei poderá permitir que outras causas sejam também processadas e julgadas pela justiça estadual.

§ 4.º Na hipótese do parágrafo anterior, o recurso cabível será sempre para o Tribunal Regional Federal na área de jurisdição do juiz de primeiro grau.

§ 5.º Nas hipóteses de grave violação de direitos humanos, o Procurador-Geral da República, com a finalidade de assegurar o cumprimento de obrigações decorrentes de tratados internacionais de direitos humanos dos quais o Brasil seja parte, poderá suscitar, perante o Superior Tribunal de Justiça, em qualquer fase do inquérito ou processo, incidente de deslocamento de competência para a Justiça Federal.

•• § 5.º acrescentado pela Emenda Constitucional n. 45, de 8-12-2004.

Art. 110. Cada Estado, bem como o Distrito Federal, constituirá uma seção judiciária que terá por sede a respectiva Capital, e varas localizadas segundo o estabelecido em lei.

Parágrafo único. Nos Territórios Federais, a jurisdição e as atribuições cometidas aos juízes federais caberão aos juízes da justiça local, na forma da lei.

Seção V
Do Tribunal Superior do Trabalho, dos Tribunais Regionais do Trabalho e dos Juízes do Trabalho

•• Seção V com denominação determinada pela Emenda Constitucional n. 92, de 12-7-2016.

Art. 111. São órgãos da Justiça do Trabalho:

I – o Tribunal Superior do Trabalho;

II – os Tribunais Regionais do Trabalho;

III – Juízes do Trabalho.

•• Inciso III com redação determinada pela Emenda Constitucional n. 24, de 9-12-1999.

§§ 1.º a 3.º (*Revogados pela Emenda Constitucional n. 45, de 8-12-2004.*)

Art. 111-A. O Tribunal Superior do Trabalho compor-se-á de vinte e sete Ministros, escolhidos dentre brasileiros com mais de trinta e cinco anos e menos de sessenta e cinco anos, de notável saber jurídico e reputação ilibada, nomeados pelo Presidente da República após aprovação pela maioria absoluta do Senado Federal, sendo:

•• *Caput* com redação determinada pela Emenda Constitucional n. 92, de 12-7-2016.

I – um quinto dentre advogados com mais de dez anos de efetiva atividade profissional e membros do Ministério Público do Trabalho com mais de dez anos de efetivo exercício, observado o disposto no art. 94;

•• Inciso I acrescentado pela Emenda Constitucional n. 45, de 8-12-2004.

II – os demais dentre juízes dos Tribunais Regionais do Trabalho, oriundos da magistratura da carreira, indicados pelo próprio Tribunal Superior.

•• Inciso II acrescentado pela Emenda Constitucional n. 45, de 8-12-2004.

§ 1.º A lei disporá sobre a competência do Tribunal Superior do Trabalho.

•• § 1.º acrescentado pela Emenda Constitucional n. 45, de 8-12-2004.

§ 2.º Funcionarão junto ao Tribunal Superior do Trabalho:

•• § 2.º, *caput*, acrescentado pela Emenda Constitucional n. 45, de 8-12-2004.

I – a Escola Nacional de Formação e Aperfeiçoamento de Magistrados do Trabalho, cabendo-lhe, dentre outras funções, regulamentar os cursos oficiais para o ingresso e promoção na carreira;

•• Inciso I acrescentado pela Emenda Constitucional n. 45, de 8-12-2004.

• A Resolução Administrativa n. 1.407, de 7-6-2010, do TST, aprova o Regimento Interno do Conselho Superior da Justiça do Trabalho.

II – o Conselho Superior da Justiça do Trabalho, cabendo-lhe exercer, na forma da lei, a supervisão administrativa, orçamentária, financeira e patrimonial da Justiça do Trabalho de primeiro e segundo graus, como órgão central do sistema, cujas decisões terão efeito vinculante.

•• Inciso II acrescentado pela Emenda Constitucional n. 45, de 8-12-2004.

• *Vide* art. 6.º da Emenda Constitucional n. 45, de 8-12-2004.

§ 3.º Compete ao Tribunal Superior do Trabalho processar e julgar, originariamente, a reclamação para a preservação de sua competência e garantia da autoridade de suas decisões.

•• § 3.º acrescentado pela Emenda Constitucional n. 92, de 12-7-2016.

Art. 112. A lei criará varas da Justiça do Trabalho, podendo, nas comarcas não abrangidas por sua jurisdição, atribuí-la aos juízes de direito, com recurso para o respectivo Tribunal Regional do Trabalho.

•• Artigo com redação determinada pela Emenda Constitucional n. 45, de 8-12-2004.

Art. 113. A lei disporá sobre a constituição, investidura, jurisdição, competência, garantias e condições de exercício dos órgãos da Justiça do Trabalho.

•• Artigo com redação determinada pela Emenda Constitucional n. 24, de 9-12-1999.

Art. 114. Compete à Justiça do Trabalho processar e julgar:

•• *Caput* com redação determinada pela Emenda Constitucional n. 45, de 8-12-2004.

I – as ações oriundas da relação de trabalho, abrangidos os entes de direito público externo e da administração pública direta e indireta da União, dos Estados, do Distrito Federal e dos Municípios;

•• Inciso I acrescentado pela Emenda Constitucional n. 45, de 8-12-2004.

•• O STF, em 27-1-2005, concedeu liminar, com efeito *ex tunc*, na ADI n. 3.395-6 (*DJU* de 4-2-2005), atribuindo interpretação a este inciso nos seguintes termos:

"Suspendo, *ad referendum*, toda e qualquer interpretação dada ao inciso I do art. 114 da CF, na redação dada pela EC/45, que inclua na competência da justiça do trabalho, a '... apreciação ... de causas que ... sejam instauradas entre o Poder Público e seus servidores, a ele vinculados por típica relação de ordem estatutária ou de caráter jurídico-administrativo'".

•• O STF, em 1.º-2-2007, concedeu liminar, com efeito *ex tunc*, na ADI n. 3.684-0 (*DJU* de 3-8-2007), para atribuir interpretação conforme a CF a este inciso, declarando que, no âmbito da Justiça do Trabalho, não entra competência para processar e julgar ações penais.

II – as ações que envolvam exercício do direito de greve;

•• Inciso II acrescentado pela Emenda Constitucional n. 45, de 8-12-2004.

• A Lei n. 7.783, de 28-6-1989, dispõe sobre exercício do direito de greve.

III – as ações sobre representação sindical, entre sindicatos, entre sindicatos e trabalhadores, e entre sindicatos e empregadores;

•• Inciso III acrescentado pela Emenda Constitucional n. 45, de 8-12-2004.

IV – os mandados de segurança, *habeas corpus* e *habeas data*, quando o ato questionado envolver matéria sujeita à sua jurisdição;

•• Inciso IV acrescentado pela Emenda Constitucional n. 45, de 8-12-2004.

•• O STF, em 1.º-2-2007, concedeu liminar, com efeito *ex tunc*, na ADI n. 3.684-0 (*DJU* de 3-8-2007), para atribuir interpretação conforme a CF a este inciso, declarando que, no âmbito da Justiça do Trabalho, não entra competência para processar e julgar ações penais.

V – os conflitos de competência entre órgãos com jurisdição trabalhista, ressalvado o disposto no art. 102, I, *o*;

•• Inciso V acrescentado pela Emenda Constitucional n. 45, de 8-12-2004.

VI – as ações de indenização por dano moral ou patrimonial, decorrentes da relação de trabalho;

•• Inciso VI acrescentado pela Emenda Constitucional n. 45, de 8-12-2004.

• *Vide* art. 5.º, X, da CF.

VII – as ações relativas às penalidades administrativas impostas aos empregadores pelos órgãos de fiscalização das relações de trabalho;

•• Inciso VII acrescentado pela Emenda Constitucional n. 45, de 8-12-2004.

VIII – a execução, de ofício, das contribuições sociais previstas no art. 195, I, *a*, e II, e seus acréscimos legais, decorrentes das sentenças que proferir;

•• Inciso VIII acrescentado pela Emenda Constitucional n. 45, de 8-12-2004.

•• *Vide* Súmula Vinculante 53 do STF.

IX – outras controvérsias decorrentes da relação de trabalho, na forma da lei.

•• Inciso IX acrescentado pela Emenda Constitucional n. 45, de 8-12-2004.

•• O STF, em 1.º-2-2007, concedeu liminar, com efeito *ex tunc*, na ADI n. 3.684-0 (*DJU* de 3-8-2007), para atribuir interpretação conforme a CF a este inciso, declarando que, no âmbito da Justiça do Trabalho, não entra competência para processar e julgar ações penais.

§ 1.º Frustrada a negociação coletiva, as partes poderão eleger árbitros.

§ 2.º Recusando-se qualquer das partes à negociação coletiva ou à arbitragem, é facultado às mesmas, de comum acordo, ajuizar dissídio coletivo de natureza econômica, podendo a Justiça do Trabalho decidir o conflito, respeitadas as disposições mínimas legais de proteção ao trabalho, bem como as convencionadas anteriormente.

•• § 2.º com redação determinada pela Emenda Constitucional n. 45, de 8-12-2004.

§ 3.º Em caso de greve em atividade essencial, com possibilidade de lesão do interesse público, o Ministério Público do Trabalho poderá ajuizar dissídio coletivo, competindo à Justiça do Trabalho decidir o conflito.

•• § 3.º com redação determinada pela Emenda Constitucional n. 45, de 8-12-2004.

Art. 115. Os Tribunais Regionais do Trabalho compõem-se de, no mínimo, sete juízes, recrutados, quando possível, na respectiva região, e nomeados pelo Presidente da República dentre brasileiros com mais de trinta e menos de sessenta e cinco anos, sendo:

•• *Caput* com redação determinada pela Emenda Constitucional n. 45, de 8-12-2004.

I – um quinto dentre advogados com mais de dez anos de efetiva atividade profissional e membros do Ministério Público do Trabalho com mais de dez anos de efetivo exercício, observado o disposto no art. 94;

•• Inciso I acrescentado pela Emenda Constitucional n. 45, de 8-12-2004.

II – os demais, mediante promoção de juízes do trabalho por antiguidade e merecimento, alternadamente.

•• Inciso II acrescentado pela Emenda Constitucional n. 45, de 8-12-2004.

§ 1.° Os Tribunais Regionais do Trabalho instalarão a justiça itinerante, com a realização de audiências e demais funções de atividade jurisdicional, nos limites territoriais da respectiva jurisdição, servindo-se de equipamentos públicos e comunitários.

•• § 1.° acrescentado pela Emenda Constitucional n. 45, de 8-12-2004.

§ 2.° Os Tribunais Regionais do Trabalho poderão funcionar descentralizadamente, constituindo Câmaras regionais, a fim de assegurar o pleno acesso do jurisdicionado à justiça em todas as fases do processo.

•• § 2.° acrescentado pela Emenda Constitucional n. 45, de 8-12-2004.

Art. 116. Nas Varas do Trabalho, a jurisdição será exercida por um juiz singular.

•• *Caput* com redação determinada pela Emenda Constitucional n. 24, de 9-12-1999.

Parágrafo único. (*Revogado pela Emenda Constitucional n. 24, de 9-12-1999.*)

Art. 117. (*Revogado pela Emenda Constitucional n. 24, de 9-12-1999.*)

Seção VI
Dos Tribunais e Juízes Eleitorais

Art. 118. São órgãos da Justiça Eleitoral:

I – o Tribunal Superior Eleitoral;

II – os Tribunais Regionais Eleitorais;

III – os Juízes Eleitorais;

IV – as Juntas Eleitorais.

Art. 119. O Tribunal Superior Eleitoral compor-se-á, no mínimo, de sete membros, escolhidos:

I – mediante eleição, pelo voto secreto:

a) três juízes dentre os Ministros do Supremo Tribunal Federal;

b) dois juízes dentre os Ministros do Superior Tribunal de Justiça;

II – por nomeação do Presidente da República, dois juízes dentre seis advogados de notável saber jurídico e idoneidade moral, indicados pelo Supremo Tribunal Federal.

Parágrafo único. O Tribunal Superior Eleitoral elegerá seu Presidente e o Vice-Presidente dentre os Ministros do Supremo Tribunal Federal, e o Corregedor Eleitoral dentre os Ministros do Superior Tribunal de Justiça.

Art. 120. Haverá um Tribunal Regional Eleitoral na Capital de cada Estado e no Distrito Federal.

§ 1.° Os Tribunais Regionais Eleitorais compor-se-ão:

I – mediante eleição, pelo voto secreto:

a) de dois juízes dentre os desembargadores do Tribunal de Justiça;

b) de dois juízes, dentre juízes de direito, escolhidos pelo Tribunal de Justiça;

II – de um juiz do Tribunal Regional Federal com sede na Capital do Estado ou no Distrito Federal, ou, não havendo, de juiz federal, escolhido, em qualquer caso, pelo Tribunal Regional Federal respectivo;

III – por nomeação, pelo Presidente da República, de dois juízes dentre seis advogados de notável saber jurídico e idoneidade moral, indicados pelo Tribunal de Justiça.

§ 2.° O Tribunal Regional Eleitoral elegerá seu Presidente e o Vice-Presidente dentre os desembargadores.

Art. 121. Lei complementar disporá sobre a organização e competência dos tribunais, dos juízes de direito e das juntas eleitorais.

§ 1.° Os membros dos tribunais, os juízes de direito e os integrantes das juntas eleitorais, no exercício de suas funções, e no que lhes for aplicável, gozarão de plenas garantias e serão inamovíveis.

§ 2.° Os juízes dos tribunais eleitorais, salvo motivo justificado, servirão por dois anos, no mínimo, e nunca por mais de dois biênios consecutivos, sendo os substitutos escolhidos na mesma ocasião e pelo mesmo processo, em número igual para cada categoria.

§ 3.° São irrecorríveis as decisões do Tribunal Superior Eleitoral, salvo as que contrariarem esta Constituição e as denegatórias de *habeas corpus* ou mandado de segurança.

§ 4.° Das decisões dos Tribunais Regionais Eleitorais somente caberá recurso quando:

I – forem proferidas contra disposição expressa desta Constituição ou de lei;

II – ocorrer divergência na interpretação de lei entre dois ou mais tribunais eleitorais;

III – versarem sobre inelegibilidade ou expedição de diplomas nas eleições federais ou estaduais;

IV – anularem diplomas ou decretarem a perda de mandatos eletivos federais ou estaduais;

V – denegarem *habeas corpus*, mandado de segurança, *habeas data* ou mandado de injunção.

Seção VII
Dos Tribunais e Juízes Militares

Art. 122. São órgãos da Justiça Militar:

I – o Superior Tribunal Militar;

II – os Tribunais e Juízes Militares instituídos por lei.

Art. 123. O Superior Tribunal Militar compor-se-á de quinze Ministros vitalícios, nomeados pelo Presidente da República, depois de aprovada a indicação pelo Senado Federal, sendo três dentre oficiais-generais da Marinha, quatro dentre oficiais-generais do Exército, três dentre oficiais-generais da Aeronáutica, todos da ativa e do posto mais elevado da carreira, e cinco dentre civis.

Parágrafo único. Os Ministros civis serão escolhidos pelo Presidente da República dentre brasileiros maiores de trinta e cinco anos, sendo:

I – três dentre advogados de notório saber jurídico e conduta ilibada, com mais de dez anos de efetiva atividade profissional;

II – dois, por escolha paritária, dentre juízes auditores e membros do Ministério Público da Justiça Militar.

Art. 124. À Justiça Militar compete processar e julgar os crimes militares definidos em lei.

Parágrafo único. A lei disporá sobre a organização, o funcionamento e a competência, da Justiça Militar.

Seção VIII
Dos Tribunais e Juízes dos Estados

Art. 125. Os Estados organizarão sua Justiça, observados os princípios estabelecidos nesta Constituição.

§ 1.º A competência dos tribunais será definida na Constituição do Estado, sendo a lei de organização judiciária de iniciativa do Tribunal de Justiça.

•• *Vide* art. 70 do ADCT.

• *Vide* Súmula Vinculante 45 do STF.

§ 2.º Cabe aos Estados a instituição de representação de inconstitucionalidade de leis ou atos normativos estaduais ou municipais em face da Constituição Estadual, vedada a atribuição da legitimação para agir a um único órgão.

§ 3.º A lei estadual poderá criar, mediante proposta do Tribunal de Justiça, a Justiça Militar estadual, constituída, em primeiro grau, pelos juízes de direito e pelos Conselhos de Justiça e, em segundo grau, pelo próprio Tribunal de Justiça, ou por Tribunal de Justiça Militar nos Estados em que o efetivo militar seja superior a vinte mil integrantes.

•• § 3.º com redação determinada pela Emenda Constitucional n. 45, de 8-12-2004.

§ 4.º Compete à Justiça Militar estadual processar e julgar os militares dos Estados, nos crimes militares definidos em lei e as ações judiciais contra atos disciplinares militares, ressalvada a competência do júri quando a vítima for civil, cabendo ao tribunal competente decidir sobre a perda do posto e da patente dos oficiais e da graduação das praças.

•• § 4.º com redação determinada pela Emenda Constitucional n. 45, de 8-12-2004.

§ 5.º Compete aos juízes de direito do juízo militar processar e julgar, singularmente, os crimes militares cometidos contra civis e as ações judiciais contra atos disciplinares militares, cabendo ao Conselho de Justiça, sob a presidência de juiz de direito, processar e julgar os demais crimes militares.

•• § 5.º acrescentado pela Emenda Constitucional n. 45, de 8-12-2004.

§ 6.º O Tribunal de Justiça poderá funcionar descentralizadamente, constituindo Câmaras regionais, a fim de assegurar o pleno acesso do jurisdicionado à justiça em todas as fases do processo.

•• § 6.º acrescentado pela Emenda Constitucional n. 45, de 8-12-2004.

§ 7.º O Tribunal de Justiça instalará a justiça itinerante, com a realização de audiências e demais funções da atividade jurisdicional, nos limites territoriais da respectiva jurisdição, servindo-se de equipamentos públicos e comunitários.

•• § 7.º acrescentado pela Emenda Constitucional n. 45, de 8-12-2004.

Art. 126. Para dirimir conflitos fundiários, o Tribunal de Justiça proporá a criação de varas especializadas, com competência exclusiva para questões agrárias.

•• *Caput* com redação determinada pela Emenda Constitucional n. 45, de 8-12-2004.

Parágrafo único. Sempre que necessário à eficiente prestação jurisdicional, o juiz far-se-á presente no local do litígio.

Capítulo IV
DAS FUNÇÕES ESSENCIAIS À JUSTIÇA

Seção I
Do Ministério Público

• LONMP: Lei n. 8.625, de 12-2-1993.

• Organização, atribuições e Estatuto do Ministério Público da União: Lei Complementar n. 75, de 20-5-1993.

• A Lei n. 13.316, de 20-7-2016, dispõe sobre as carreiras dos servidores do Ministério Público da União.

• A Resolução n. 88, de 28-8-2012, do CNMP, dispõe sobre o atendimento ao público e aos advogados por parte dos membros do Ministério Público.

Art. 127. O Ministério Público é instituição permanente, essencial à função jurisdicional do Estado, incumbindo-lhe a defesa da ordem jurídica, do regime democrático e dos interesses sociais e individuais indisponíveis.

§ 1.º São princípios institucionais do Ministério Público a unidade, a indivisibilidade e a independência funcional.

§ 2.º Ao Ministério Público é assegurada autonomia funcional e administrativa, podendo, observado o disposto no art. 169, propor ao Poder Legislativo a criação e extinção de seus cargos e serviços auxiliares, provendo-os por concurso público de provas ou de provas e títulos, a política remuneratória e os planos de carreira; a lei disporá sobre sua organização e funcionamento.

•• § 2.º com redação determinada pela Emenda Constitucional n. 19, de 4-6-1998.

§ 3.º O Ministério Público elaborará sua proposta orçamentária dentro dos limites estabelecidos na lei de diretrizes orçamentárias.

•• *Vide* art. 107, § 2.º, do ADCT.

§ 4.º Se o Ministério Público não encaminhar a respectiva proposta orçamentária dentro do prazo estabelecido na lei de diretrizes orçamentárias, o Poder Executivo considerará, para fins de consolidação da proposta orçamentária anual, os valores aprovados na lei orçamentária vigente, ajustados de acordo com os limites estipulados na forma do § 3.º.

•• § 4.º acrescentado pela Emenda Constitucional n. 45, de 8-12-2004.

§ 5.º Se a proposta orçamentária de que trata este artigo for encaminhada em desacordo com os limites estipulados na forma do § 3.º, o Poder Executivo procederá aos ajustes necessários para fins de consolidação da proposta orçamentária anual.

•• § 5.º acrescentado pela Emenda Constitucional n. 45, de 8-12-2004.

§ 6.º Durante a execução orçamentária do exercício, não poderá haver a realização de despesas ou a assunção de obrigações que extrapolem os limites estabelecidos na lei de diretrizes orçamentárias, exceto se previamente autorizadas, mediante a abertura de créditos suplementares ou especiais.

•• § 6.º acrescentado pela Emenda Constitucional n. 45, de 8-12-2004.

Art. 128. O Ministério Público abrange:

I – o Ministério Público da União, que compreende:

a) o Ministério Público Federal;

b) o Ministério Público do Trabalho;

c) o Ministério Público Militar;

d) o Ministério Público do Distrito Federal e Territórios;

II – os Ministérios Públicos dos Estados.

§ 1.º O Ministério Público da União tem por chefe o Procurador-Geral da República, nomeado pelo Presidente da República dentre integrantes da carreira, maiores de trinta e cinco anos, após a aprovação de seu nome pela maioria absoluta dos membros do Senado Federal, para mandato de dois anos, permitida a recondução.

§ 2.º A destituição do Procurador-Geral da República, por iniciativa do Presidente da República, deverá ser precedida de autorização da maioria absoluta do Senado Federal.

§ 3.º Os Ministérios Públicos dos Estados e o do Distrito Federal e Territórios formarão lista tríplice dentre integrantes da carreira, na forma da lei respectiva, para escolha de seu Procurador-Geral, que será nomeado pelo Chefe do Poder Executivo, para mandato de dois anos, permitida uma recondução.

§ 4.º Os Procuradores-Gerais nos Estados e no Distrito Federal e Territórios poderão ser destituídos por deliberação da maioria absoluta do Poder Legislativo, na forma da lei complementar respectiva.

§ 5.º Leis complementares da União e dos Estados, cuja iniciativa é facultada aos respectivos Procuradores-Gerais, estabelecerão a organização, as atribuições e o estatuto de cada Ministério Público, observadas, relativamente a seus membros:

I – as seguintes garantias:

a) vitaliciedade, após dois anos de exercício, não podendo perder o cargo senão por sentença judicial transitada em julgado;

b) inamovibilidade, salvo por motivo de interesse público, mediante decisão do órgão colegiado competente do Ministério Público, pelo voto da maioria absoluta de seus membros, assegurada ampla defesa;

•• Alínea *b* com redação determinada pela Emenda Constitucional n. 45, de 8-12-2004.

c) irredutibilidade de subsídio, fixado na forma do art. 39, § 4.º, e ressalvado o disposto nos arts. 37, X e XI, 150, II, 153, III, 153, § 2.º, I;

•• Alínea *c* com redação determinada pela Emenda Constitucional n. 19, de 4-6-1998.

II – as seguintes vedações:

a) receber, a qualquer título e sob qualquer pretexto, honorários, percentagens ou custas processuais;

b) exercer a advocacia;

c) participar de sociedade comercial, na forma da lei;

d) exercer, ainda que em disponibilidade, qualquer outra função pública, salvo uma de magistério;

• A Resolução n. 73, de 15-6-2011, do CNMP, dispõe sobre o acúmulo do exercício das funções ministeriais com o exercício do magistério por membros do Ministério Público da União e dos Estados.

e) exercer atividade político-partidária;

•• Alínea *e* com redação determinada pela Emenda Constitucional n. 45, de 8-12-2004.

f) receber, a qualquer título ou pretexto, auxílios ou contribuições de pessoas físicas, entidades públicas ou privadas, ressalvadas as exceções previstas em lei.

•• Alínea *f* acrescentada pela Emenda Constitucional n. 45, de 8-12-2004.

§ 6.º Aplica-se aos membros do Ministério Público o disposto no art. 95, parágrafo único, V.

•• § 6.º acrescentado pela Emenda Constitucional n. 45, de 8-12-2004.

Art. 129. São funções institucionais do Ministério Público:

I – promover, privativamente, a ação penal pública, na forma da lei;

• O art. 100 do CP estabelece que a ação penal é pública, salvo quando a lei expressamente a declara privativa do ofendido.

II – zelar pelo efetivo respeito dos Poderes Públicos e dos serviços de relevância pública aos direitos assegurados nesta Constituição, promovendo as medidas necessárias a sua garantia;

III – promover o inquérito civil e a ação civil pública, para a proteção do patrimônio público e social, do meio ambiente e de outros interesses difusos e coletivos;

• A Lei n. 7.347, de 24-7-1985, disciplina a ação civil pública de responsabilidade por danos causados ao meio ambiente, ao consumidor, a bens e direitos de valor artístico, estético, histórico, turístico e paisagístico.

IV – promover a ação de inconstitucionalidade ou representação para fins de intervenção da União e dos Estados, nos casos previstos nesta Constituição;

V – defender judicialmente os direitos e interesses das populações indígenas;

VI – expedir notificações nos procedimentos administrativos de sua competência, requisitando informações e documentos para instruí-los, na forma da lei complementar respectiva;

VII – exercer o controle externo da atividade policial, na forma da lei complementar mencionada no artigo anterior;

• A Resolução n. 127, de 8-5-2012, regulamenta o controle externo da atividade policial no âmbito do Ministério Público Federal.

VIII – requisitar diligências investigatórias e a instauração de inquérito policial, indicados os fundamentos jurídicos de suas manifestações processuais;

IX – exercer outras funções que lhe forem conferidas, desde que compatíveis com sua finalidade, sendo-lhe vedada a representação judicial e a consultoria jurídica de entidades públicas.

§ 1.º A legitimação do Ministério Público para as ações civis previstas neste artigo não impede a de terceiros, nas mesmas hipóteses, segundo o disposto nesta Constituição e na lei.

§ 2.º As funções do Ministério Público só podem ser exercidas por integrantes da carreira, que deverão residir na comarca da respectiva lotação, salvo autorização do chefe da instituição.

•• § 2.º com redação determinada pela Emenda Constitucional n. 45, de 8-12-2004.

§ 3.º O ingresso na carreira do Ministério Público far-se-á mediante concurso público de provas e títulos, assegurada a participação da Ordem dos Advogados do Brasil em sua realização, exigindo-se do bacharel em direito, no mínimo, três anos de atividade jurídica e observando-se, nas nomeações, a ordem de classificação.

•• § 3.º com redação determinada pela Emenda Constitucional n. 45, de 8-12-2004.

•• A Resolução n. 40, de 26-5-2009, do CNMP, regulamenta o conceito de atividade jurídica citado neste parágrafo.

§ 4.º Aplica-se ao Ministério Público, no que couber, o disposto no art. 93.

•• § 4.º com redação determinada pela Emenda Constitucional n. 45, de 8-12-2004.

§ 5.º A distribuição de processos no Ministério Público será imediata.

•• § 5.º acrescentado pela Emenda Constitucional n. 45, de 8-12-2004.

Art. 130. Aos membros do Ministério Público junto aos Tribunais de Contas aplicam-se as disposições desta seção pertinentes a direitos, vedações e forma de investidura.

Art. 130-A. O Conselho Nacional do Ministério Público compõe-se de quatorze membros nomeados pelo Presidente da República, depois de aprovada a escolha pela maioria absoluta do Senado Federal, para um mandato de dois anos, admitida uma recondução, sendo:

•• *Caput* acrescentado pela Emenda Constitucional n. 45, de 8-12-2004.

I – o Procurador-Geral da República, que o preside;

•• Inciso I acrescentado pela Emenda Constitucional n. 45, de 8-12-2004.

II – quatro membros do Ministério Público da União, assegurada a representação de cada uma de suas carreiras;

•• Inciso II acrescentado pela Emenda Constitucional n. 45, de 8-12-2004.

III – três membros do Ministério Público dos Estados;

•• Inciso III acrescentado pela Emenda Constitucional n. 45, de 8-12-2004.

IV – dois juízes, indicados um pelo Supremo Tribunal Federal e outro pelo Superior Tribunal de Justiça;

•• Inciso IV acrescentado pela Emenda Constitucional n. 45, de 8-12-2004.

• A Resolução n. 504, de 23-5-2013, do STF, estabelece o procedimento de escolha e indicação, pelo STF, à vaga do CNMP, de que trata este inciso.

V – dois advogados, indicados pelo Conselho Federal da Ordem dos Advogados do Brasil;

•• Inciso V acrescentado pela Emenda Constitucional n. 45, de 8-12-2004.

VI – dois cidadãos de notável saber jurídico e reputação ilibada, indicados um pela Câmara dos Deputados e outro pelo Senado Federal.

•• Inciso VI acrescentado pela Emenda Constitucional n. 45, de 8-12-2004.

§ 1.º Os membros do Conselho oriundos do Ministério Público serão indicados pelos respectivos Ministérios Públicos, na forma da lei.

•• § 1.º acrescentado pela Emenda Constitucional n. 45, de 8-12-2004.

•• § 1.º regulamentado pela Lei n. 11.372, de 28-11-2006.

§ 2.º Compete ao Conselho Nacional do Ministério Público o controle da atuação administrativa e financeira do Ministério Público e do cumprimento dos deveres funcionais de seus membros, cabendo-lhe:

•• § 2.º, *caput*, acrescentado pela Emenda Constitucional n. 45, de 8-12-2004.

I – zelar pela autonomia funcional e administrativa do Ministério Público, podendo expedir atos regulamentares, no âmbito de sua competência, ou recomendar providências;

•• Inciso I acrescentado pela Emenda Constitucional n. 45, de 8-12-2004.

II – zelar pela observância do art. 37 e apreciar, de ofício ou mediante provocação, a legalidade dos atos administrativos praticados por membros ou órgãos do Ministério Público da União e dos Estados, podendo desconstituí-los, revê-los ou fixar prazo para que se adotem as providências necessárias ao exato cumprimento da lei, sem prejuízo da competência dos Tribunais de Contas;

•• Inciso II acrescentado pela Emenda Constitucional n. 45, de 8-12-2004.

III – receber e conhecer das reclamações contra membros ou órgãos do Ministério Público da União ou dos Estados, inclusive contra seus serviços auxiliares, sem prejuízo da competência disciplinar e correicional da instituição, podendo avocar processos disciplinares em curso, determinar a remoção, a disponibilidade ou a aposentadoria com subsídios ou proventos proporcionais ao tempo de serviço e aplicar outras sanções administrativas, assegurada ampla defesa;

•• Inciso III acrescentado pela Emenda Constitucional n. 45, de 8-12-2004.

IV – rever, de ofício ou mediante provocação, os processos disciplinares de membros do Ministério Público da União ou dos Estados julgados há menos de um ano;

•• Inciso IV acrescentado pela Emenda Constitucional n. 45, de 8-12-2004.

V – elaborar relatório anual, propondo as providências que julgar necessárias sobre a situação do Ministério Público no País e as atividades do Conselho, o qual deve integrar a mensagem prevista no art. 84, XI.

•• Inciso V acrescentado pela Emenda Constitucional n. 45, de 8-12-2004.

§ 3.º O Conselho escolherá, em votação secreta, um Corregedor nacional, dentre os membros do Ministério Público que o integram, vedada a recondução, competindo-lhe, além das atribuições que lhe forem conferidas pela lei, as seguintes:

•• § 3.º, *caput*, acrescentado pela Emenda Constitucional n. 45, de 8-12-2004.

I – receber reclamações e denúncias, de qualquer interessado, relativas aos membros do Ministério Público e dos seus serviços auxiliares;

•• Inciso I acrescentado pela Emenda Constitucional n. 45, de 8-12-2004.

II – exercer funções executivas do Conselho, de inspeção e correição geral;

•• Inciso II acrescentado pela Emenda Constitucional n. 45, de 8-12-2004.

III – requisitar e designar membros do Ministério Público, delegando-lhes atribuições, e requisitar servidores de órgãos do Ministério Público.

•• Inciso III acrescentado pela Emenda Constitucional n. 45, de 8-12-2004.

§ 4.º O Presidente do Conselho Federal da Ordem dos Advogados do Brasil oficiará junto ao Conselho.

•• § 4.º acrescentado pela Emenda Constitucional n. 45, de 8-12-2004.

§ 5.º Leis da União e dos Estados criarão ouvidorias do Ministério Público, competentes para receber reclamações e denúncias de qualquer interessado contra membros ou órgãos do Ministério Público, inclusive contra seus serviços auxiliares, representando diretamente ao Conselho Nacional do Ministério Público.

•• § 5.º acrescentado pela Emenda Constitucional n. 45, de 8-12-2004.

• A Portaria n. 82, de 19-7-2011, institui a Ouvidoria do CNMP.

Seção II
Da Advocacia Pública

•• Seção II com denominação determinada pela Emenda Constitucional n. 19, de 4-6-1998.

• Lei Orgânica da AGU: Lei Complementar n. 73, de 10-2-1993.

• Exercício das atribuições institucionais da AGU, em caráter emergencial e provisório: Lei n. 9.028, de 12-4-1995.

• Apuração de antiguidade nas carreiras de Advogado da União, de Procurador da Fazenda Nacional, de Procurador Federal e de Procurador do Banco Central: Decreto n. 7.737, de 25-5-2012.

Art. 131. A Advocacia-Geral da União é a instituição que, diretamente ou através de órgão vinculado, representa a União, judicial e extrajudicialmente, cabendo-lhe, nos termos da lei complementar que dispuser sobre sua organização e funcionamento, as atividades de consultoria e assessoramento jurídico do Poder Executivo.

• A Portaria n. 13, de 24-6-2015, disciplina os procedimentos relativos à representação extrajudicial da União.

• A Portaria n. 1, de 28-8-2015, dispõe sobre a aplicação do Guia do Fluxo Consultivo para o cumprimento das atividades de Consultoria Jurídica (CONJUR-MS/CGU/AGU) no âmbito do Ministério da Saúde.

§ 1.º A Advocacia-Geral da União tem por chefe o Advogado-Geral da União, de livre nomeação pelo Presidente da República dentre cidadãos maiores de trinta e cinco anos, de notável saber jurídico e reputação ilibada.

§ 2.º O ingresso nas classes iniciais das carreiras da instituição de que trata este artigo far-se-á mediante concurso público de provas e títulos.

§ 3.º Na execução da dívida ativa de natureza tributária, a representação da União cabe à Procuradoria-Geral da Fazenda Nacional, observado o disposto em lei.

Art. 132. Os Procuradores dos Estados e do Distrito Federal, organizados em carreira, na qual o ingresso dependerá de concurso público de provas e títulos, com a participação da Ordem dos Advogados do Brasil em todas as suas fases, exercerão a representação judicial e a consultoria jurídica das respectivas unidades federadas.

•• *Caput* com redação determinada pela Emenda Constitucional n. 19, de 4-6-1998.

Parágrafo único. Aos procuradores referidos neste artigo é assegurada estabilidade após 3 (três) anos de efetivo exercício, mediante avaliação de desempenho perante os órgãos próprios, após relatório circunstanciado das corregedorias.

•• Parágrafo único acrescentado pela Emenda Constitucional n. 19, de 4-6-1998.

Seção III
Da Advocacia

•• Seção III com redação determinada pela Emenda Constitucional n. 80, de 4-6-2014.

Art. 133. O advogado é indispensável à administração da justiça, sendo inviolável por seus atos e manifestações no exercício da profissão, nos limites da lei.

•• A Lei n. 8.906, de 4-7-1994 estabelece o Estatuto da OAB.

Seção IV
Da Defensoria Pública

•• Seção IV acrescentada pela Emenda Constitucional n. 80, de 4-6-2014.

Art. 134. A Defensoria Pública é instituição permanente, essencial à função jurisdicional do Estado, incumbindo-lhe, como expressão e instrumento do regime democrático, fundamentalmente, a orientação jurídica, a promoção dos direitos humanos e a defesa, em todos os graus, judicial e extrajudicial, dos direitos individuais e coletivos, de forma integral e gratuita, aos necessitados, na forma do inciso LXXIV do art. 5.º desta Constituição Federal.

•• *Caput* com redação determinada pela Emenda Constitucional n. 80, de 4-6-2014.

• Defensoria Pública: Lei Complementar n. 80, de 12-1-1994.

• A Portaria n. 88, de 14-2-2014, dispõe sobre o Regimento Interno da Defensoria Pública-Geral da União.

§ 1.º Lei Complementar organizará a Defensoria Pública da União e do Distrito Federal e dos Territórios e prescreverá normas gerais para sua organização nos Estados, em cargos de carreira, providos, na classe inicial, mediante concurso público de provas e títulos, assegurada a seus integrantes a garantia da inamovibilidade e vedado o exercício da advocacia fora das atribuições institucionais.

•• Primitivo parágrafo único transformado em § 1.º pela Emenda Constitucional n. 45, de 8-12-2004.

§ 2.º Às Defensorias Públicas Estaduais são asseguradas autonomia funcional e administrativa e a iniciativa de sua proposta orçamentária dentro dos limites estabelecidos na lei de diretrizes orçamentárias e subordinação ao disposto no art. 99, § 2.º.

•• § 2.º acrescentado pela Emenda Constitucional n. 45, de 8-12-2004.

§ 3.º Aplica-se o disposto no § 2.º às Defensorias Públicas da União e do Distrito Federal.

•• § 3.º acrescentado pela Emenda Constitucional n. 74, de 6-8-2013.

•• *Vide* art. 107, § 2.º, do ADCT.

§ 4.º São princípios institucionais da Defensoria Pública a unidade, a indivisibilidade e a independência funcional, aplicando-se também, no que couber, o disposto no art. 93 e no inciso II do art. 96 desta Constituição Federal.

•• § 4.º acrescentado pela Emenda Constitucional n. 80, de 4-6-2014.

Art. 135. Os servidores integrantes das carreiras disciplinadas nas Seções II e III deste Capítulo serão remunerados na forma do art. 39, § 4.º.

•• Artigo com redação determinada pela Emenda Constitucional n. 19, de 4-6-1998.

TÍTULO V
DA DEFESA DO ESTADO E DAS INSTITUIÇÕES DEMOCRÁTICAS

CAPÍTULO I
DO ESTADO DE DEFESA E DO ESTADO DE SÍTIO

Seção I
Do Estado de Defesa

Art. 136. O Presidente da República pode, ouvidos o Conselho da República e o Conselho de Defesa Nacional, decretar estado de Defesa para preservar ou prontamente restabelecer, em locais restritos e determinados, a ordem pública ou a paz social ameaçadas por grave e iminente instabilidade institucional ou atingidas por calamidades de grandes proporções na natureza.

- A Lei n. 8.041, de 5-6-1990, dispõe sobre a organização e o funcionamento do Conselho da República.
- A Lei n. 8.183, de 11-4-1991, dispõe sobre a organização do Conselho de Defesa Nacional. Regulamentada pelo Decreto n. 893, de 12-8-1993.

§ 1.º O decreto que instituir o estado de defesa determinará o tempo de sua duração, especificará as áreas a serem abrangidas e indicará, nos termos e limites da lei, as medidas coercitivas a vigorarem, dentre as seguintes:

I – restrições aos direitos de:

a) reunião, ainda que exercida no seio das associações;

b) sigilo de correspondência;

c) sigilo de comunicação telegráfica e telefônica;

II – ocupação e uso temporário de bens e serviços públicos, na hipótese de calamidade pública, respondendo a União pelos danos e custos decorrentes.

§ 2.º O tempo de duração do estado de defesa não será superior a trinta dias, podendo ser prorrogado uma vez, por igual período, se persistirem as razões que justificaram a sua decretação.

§ 3.º Na vigência do estado de defesa:

I – a prisão por crime contra o Estado, determinada pelo executor da medida, será por este comunicada imediatamente ao juiz competente, que a relaxará, se não for legal, facultado ao preso requerer exame de corpo de delito à autoridade policial;

II – a comunicação será acompanhada de declaração, pela autoridade, do estado físico e mental do detido no momento de sua autuação;

III – a prisão ou detenção de qualquer pessoa não poderá ser superior a dez dias, salvo quando autorizada pelo Poder Judiciário;

IV – é vedada a incomunicabilidade do preso.

§ 4.º Decretado o estado de defesa ou sua prorrogação, o Presidente da República, dentro de vinte e quatro horas, submeterá o ato com a respectiva justificação ao Congresso Nacional, que decidirá por maioria absoluta.

§ 5.º Se o Congresso Nacional estiver em recesso, será convocado, extraordinariamente, no prazo de cinco dias.

§ 6.º O Congresso Nacional apreciará o decreto dentro de dez dias contados de seu recebimento, devendo continuar funcionando enquanto vigorar o estado de defesa.

§ 7.º Rejeitado o decreto, cessa imediatamente o estado de defesa.

Seção II
Do Estado de Sítio

Art. 137. O Presidente da República pode, ouvidos o Conselho da República e o Conselho de Defesa Nacional, solicitar ao Congresso Nacional autorização para decretar o estado de sítio nos casos de:

I – comoção grave de repercussão nacional ou ocorrência de fatos que comprovem a ineficácia de medida tomada durante o estado de defesa;

II – declaração de estado de guerra ou resposta a agressão armada estrangeira.

Parágrafo único. O Presidente da República, ao solicitar autorização para decretar o estado de sítio ou sua prorrogação, relatará os motivos determinantes do pedido, devendo o Congresso Nacional decidir por maioria absoluta.

Art. 138. O decreto do estado de sítio indicará sua duração, as normas necessárias a sua execução e as garantias constitucionais que ficarão suspensas, e, depois de publicado, o Presidente da República designará o executor das medidas específicas e as áreas abrangidas.

§ 1.º O estado de sítio, no caso do art. 137, I, não poderá ser decretado por mais de trinta dias, nem prorrogado, de cada vez, por prazo superior; no do inciso II, poderá ser decretado por todo o tempo que perdurar a guerra ou a agressão armada estrangeira.

§ 2.º Solicitada autorização para decretar o estado de sítio durante o recesso parlamentar, o Presidente do Senado Federal, de imediato, convocará extraordinariamente o Congresso Nacional para se reunir dentro de cinco dias, a fim de apreciar o ato.

§ 3.º O Congresso Nacional permanecerá em funcionamento até o término das medidas coercitivas.

Art. 139. Na vigência do estado de sítio decretado com fundamento no art. 137, I, só poderão ser tomadas contra as pessoas as seguintes medidas:

I – obrigação de permanência em localidade determinada;

II – detenção em edifício não destinado a acusados ou condenados por crimes comuns;

III – restrições relativas à inviolabilidade da correspondência, ao sigilo das comunicações, à prestação de informações e à liberdade de imprensa, radiodifusão e televisão, na forma da lei;

IV – suspensão da liberdade de reunião;

V – busca e apreensão em domicílio;

VI – intervenção nas empresas de serviços públicos;

VII – requisição de bens.

Parágrafo único. Não se inclui nas restrições do inciso III a difusão de pronunciamentos de parlamentares efetuados em suas Casas Legislativas, desde que liberada pela respectiva Mesa.

Seção III
Disposições Gerais

Art. 140. A Mesa do Congresso Nacional, ouvidos os líderes partidários, designará Comissão composta de cinco de seus membros para acompanhar e fiscalizar a execução das medidas referentes ao estado de defesa e ao estado de sítio.

Art. 141. Cessado o estado de defesa ou o estado de sítio, cessarão também seus efeitos, sem prejuízo da responsabilidade pelos ilícitos cometidos por seus executores ou agentes.

Parágrafo único. Logo que cesse o estado de defesa ou o estado de sítio, as medidas aplicadas em sua vigência serão relatadas pelo Presidente da República, em mensagem ao Congresso Nacional, com especificação e justificação das providências adotadas, com relação nominal dos atingidos, e indicação das restrições aplicadas.

CAPÍTULO II
DAS FORÇAS ARMADAS

Art. 142. As Forças Armadas, constituídas pela Marinha, pelo Exército e pela Aeronáutica, são instituições nacionais permanentes e regulares, organizadas com base na hierarquia e na disciplina, sob a autoridade suprema do Presidente da República, e destinam-se à defesa da Pátria, à garantia dos poderes constitucionais e, por iniciativa de qualquer destes, da lei e da ordem.

§ 1.º Lei complementar estabelecerá as normas gerais a serem adotadas na organização, no preparo e no emprego das Forças Armadas.

• Organização, preparo e emprego das Forças Armadas: Lei Complementar n. 97, de 9-6-1999.

§ 2.º Não caberá *habeas corpus* em relação a punições disciplinares militares.

§ 3.º Os membros das Forças Armadas são denominados militares, aplicando-se-lhes, além das que vierem a ser fixadas em lei, as seguintes disposições:

•• § 3.º, *caput*, acrescentado pela Emenda Constitucional n. 18, de 5-2-1998.

• *Vide* art. 42, § 2.º, da CF.

I – as patentes, com prerrogativas, direitos e deveres a elas inerentes, são conferidas pelo Presidente da República e asseguradas em plenitude aos oficiais da ativa, da reserva ou reformados, sendo-lhes privativos os títulos e postos militares e, juntamente com os demais membros, o uso dos uniformes das Forças Armadas;

•• Inciso I acrescentado pela Emenda Constitucional n. 18, de 5-2-1998.

II – o militar em atividade que tomar posse em cargo ou emprego público civil permanente, ressalvada a hipótese prevista no art. 37, inciso XVI, alínea *c*, será transferido para a reserva, nos termos da lei;

•• Inciso II com redação determinada pela Emenda Constitucional n. 77, de 11-2-2014.

III – o militar da ativa que, de acordo com a lei, tomar posse em cargo, emprego ou função pública civil temporária, não eletiva, ainda que da administração indireta, ressalvada a hipótese prevista no art. 37, inciso XVI, alínea *c*, ficará agregado ao respectivo quadro e somente poderá, enquanto permanecer nessa situação, ser promovido por antiguidade, contando-se-lhe o tempo de serviço apenas para aquela promoção e transferência para a reserva, sendo depois de dois anos de afastamento, contínuos ou não, transferido para a reserva, nos termos da lei;

•• Inciso III com redação determinada pela Emenda Constitucional n. 77, de 11-2-2014.

IV – ao militar são proibidas a sindicalização e a greve;

•• Inciso IV acrescentado pela Emenda Constitucional n. 18, de 5-2-1998.

V – o militar, enquanto em serviço ativo, não pode estar filiado a partidos políticos;

•• Inciso V acrescentado pela Emenda Constitucional n. 18, de 5-2-1998.

VI – o oficial só perderá o posto e a patente se for julgado indigno do oficialato ou com ele incompatível, por decisão de tribunal militar de caráter permanente, em tempo de paz, ou de tribunal especial, em tempo de guerra;

•• Inciso VI acrescentado pela Emenda Constitucional n. 18, de 5-2-1998.

VII – o oficial condenado na justiça comum ou militar a pena privativa de liberdade superior a 2 (dois) anos, por sentença transitada em julgado, será submetido ao julgamento previsto no inciso anterior;

•• Inciso VII acrescentado pela Emenda Constitucional n. 18, de 5-2-1998.

VIII – aplica-se aos militares o disposto no art. 7.º, incisos VIII, XII, XVII, XVIII, XIX e XXV, e no art. 37, incisos XI, XIII, XIV e XV, bem como, na forma da lei e com prevalência da atividade militar, no art. 37, inciso XVI, alínea *c*;

•• Inciso VIII com redação determinada pela Emenda Constitucional n. 77, de 11-2-2014.

• *Vide* Súmula Vinculante 6 do STF.

IX – (*Revogado pela Emenda Constitucional n. 41, de 19-12-2003.*)

X – a lei disporá sobre o ingresso nas Forças Armadas, os limites de idade, a estabilidade e outras condições de transferência do militar para a inatividade, os direitos, os deveres, a remuneração, as prerrogativas e outras situações especiais dos militares, consideradas as peculiaridades de suas atividades, inclusive aquelas cumpridas por força de compromissos internacionais e de guerra.

•• Inciso X acrescentado pela Emenda Constitucional n. 18, de 5-2-1998.

• *Vide* art. 40, § 20, da CF.

Art. 143. O serviço militar é obrigatório nos termos da lei.

• Lei do Serviço Militar: Lei n. 4.375, de 17-8-1964, regulamentada pelo Decreto n. 57.654, de 20-1-1966.

§ 1.º Às Forças Armadas compete, na forma da lei, atribuir serviço alternativo aos que, em tempo de paz, após alistados, alegarem imperativo de consciência, entendendo-se como tal o decorrente de crença religiosa e de convicção filosófica ou política, para se eximirem de atividades de caráter essencialmente militar.

•• Regulamento: Lei n. 8.239, de 4-10-1991.

§ 2.º As mulheres e os eclesiásticos ficam isentos do serviço militar obrigatório em tempo de paz, sujeitos, porém, a outros encargos que a lei lhes atribuir.

•• Regulamento: Lei n. 8.239, de 4-10-1991.

CAPÍTULO III
DA SEGURANÇA PÚBLICA

•• A Lei n. 11.530, de 24-10-2007, institui o Programa Nacional de Segurança Pública com Cidadania – PRONASCI.

Art. 144. A segurança pública, dever do Estado, direito e responsabilidade de todos, é exercida para a preservação da ordem pública e da incolumidade das pessoas e do patrimônio, através dos seguintes órgãos:

I – polícia federal;

II – polícia rodoviária federal;

• Competência da Polícia Rodoviária Federal: Decreto n. 1.655, de 3-10-1995.

III – polícia ferroviária federal;

IV – polícias civis;

• Conselho Nacional de Segurança Pública – CONASP: Decreto n. 7.413, de 30-12-2010.

V – polícias militares e corpos de bombeiros militares.

§ 1.º A polícia federal, instituída por lei como órgão permanente, organizado e mantido pela União e estruturado em carreira, destina-se a:

•• § 1.º, *caput*, com redação determinada pela Emenda Constitucional n. 19, de 4-6-1998.

I – apurar infrações penais contra a ordem política e social ou em detrimento de bens, serviços e interesses da União ou de suas entidades autárquicas e empresas públicas, assim como outras infrações cuja prática tenha repercussão interestadual ou internacional e exija repressão uniforme, segundo se dispuser em lei;

• A Lei n. 8.137, de 27-12-1990, define crimes contra a ordem tributária, econômica e contra as relações de consumo (contra formação de cartel dispõe o art. 4.º, I e II).

• A Lei n. 10.446, de 8-5-2002, dispõe sobre infrações penais de repercussão interestadual ou internacional que exigem repressão uniforme, para os fins do disposto neste inciso.

II – prevenir e reprimir o tráfico ilícito de entorpecentes e drogas afins, o contrabando e o descaminho, sem prejuízo da ação fazendária e de outros órgãos públicos nas respectivas áreas de competência;

• Contrabando e Descaminho: Decreto n. 2.781, de 14-9-1998.

III – exercer as funções de polícia marítima, aeroportuária e de fronteiras;

•• Inciso III com redação determinada pela Emenda Constitucional n. 19, de 4-6-1998.

IV – exercer, com exclusividade, as funções de polícia judiciária da União.

§ 2.º A polícia rodoviária federal, órgão permanente, organizado e mantido pela União e estruturado em carreira, destina-se, na forma da lei, ao patrulhamento ostensivo das rodovias federais.

•• § 2.º com redação determinada pela Emenda Constitucional n. 19, de 4-6-1998.

• Policial Rodoviário Federal: Lei n. 9.654, de 2-6-1998.

§ 3.º A polícia ferroviária federal, órgão permanente, organizado e mantido pela União e estruturado em carreira, destina-se, na forma da lei, ao patrulhamento ostensivo das ferrovias federais.

•• § 3.º com redação determinada pela Emenda Constitucional n. 19, de 4-6-1998.

§ 4.º Às polícias civis, dirigidas por delegados de polícia de carreira, incumbem, ressalvada a competência da União, as funções de polícia judiciária e a apuração de infrações penais, exceto as militares.

§ 5.º Às polícias militares cabem a polícia ostensiva e a preservação da ordem pública; aos corpos de bombeiros militares, além das atribuições definidas em lei, incumbe a execução de atividades de defesa civil.

• A Lei n. 13.425, de 30-3-2017, "Lei Boate Kiss", estabelece diretrizes gerais sobre medidas de prevenção e combate a incêndio e a desastres em estabelecimentos, edificações e áreas de reunião de público.

§ 6.º As polícias militares e corpos de bombeiros militares, forças auxiliares e reserva do Exército, subordinam-se, juntamente com as polícias civis, aos Governadores dos Estados, do Distrito Federal e dos Territórios.

§ 7.º A lei disciplinará a organização e o funcionamento dos órgãos responsáveis pela segurança pública, de maneira a garantir a eficiência de suas atividades.

• Conselho Nacional de Segurança Pública – CONASP: Decreto n. 7.413, de 30-12-2010.

§ 8.º Os Municípios poderão constituir guardas municipais destinadas à proteção de seus bens, serviços e instalações, conforme dispuser a lei.

•• A Lei n. 13.022, de 8-8-2014, dispõe sobre o Estatuto Geral das Guardas Municipais.

§ 9.º A remuneração dos servidores policiais integrantes dos órgãos relacionados neste artigo será fixada na forma do § 4.º do art. 39.

•• § 9.º acrescentado pela Emenda Constitucional n. 19, de 4-6-1998.

§ 10. A segurança viária, exercida para a preservação da ordem pública e da incolumidade das pessoas e do seu patrimônio nas vias públicas:

•• § 10, *caput*, acrescentado pela Emenda Constitucional n. 82, de 16-7-2014.

I – compreende a educação, engenharia e fiscalização de trânsito, além de outras atividades previstas em lei, que assegurem ao cidadão o direito à mobilidade urbana eficiente; e

•• Inciso I acrescentado pela Emenda Constitucional n. 82, de 16-7-2014.

II – compete, no âmbito dos Estados, do Distrito Federal e dos Municípios, aos respectivos órgãos ou entidades executivos e seus agentes de trânsito, estruturados em Carreira, na forma da lei.

•• Inciso II acrescentado pela Emenda Constitucional n. 82, de 16-7-2014.

Título VI
DA TRIBUTAÇÃO E DO ORÇAMENTO

• CTN: Lei n. 5.172, de 25-10-1966.

Capítulo I
DO SISTEMA TRIBUTÁRIO NACIONAL

• Crimes contra a ordem tributária, econômica e contra as relações de consumo: Lei n. 8.137, de 27-12-1990.

• Crimes contra a ordem econômica: Lei n. 8.176, de 8-2-1991.

• O Decreto n. 2.730, de 10-8-1998, dispõe sobre o encaminhamento ao Ministério Público da representação fiscal para os crimes contra a ordem tributária.

Seção I
Dos Princípios Gerais

Art. 145. A União, os Estados, o Distrito Federal e os Municípios poderão instituir os seguintes tributos:

I – impostos;

II – taxas, em razão do exercício do poder de polícia ou pela utilização, efetiva ou potencial, de serviços públicos específicos e divisíveis, prestados ao contribuinte ou postos a sua disposição;

• *Vide* Súmulas Vinculantes 19 e 41 do STF.

III – contribuição de melhoria, decorrente de obras públicas.

• O Decreto-lei n. 195, de 24-2-1967, dispõe sobre a cobrança da contribuição de melhoria.

§ 1.º Sempre que possível, os impostos terão caráter pessoal e serão graduados segundo a capacidade econômica do contribuinte, facultado à administração tributária, especialmente para conferir efetividade a esses objetivos, identificar, respeitados os direitos individuais e nos termos da lei, o patrimônio, os rendimentos e as atividades econômicas do contribuinte.

• A Lei n. 8.021, de 12-4-1990, dispõe sobre a identificação do contribuinte para fins fiscais.

§ 2.º As taxas não poderão ter base de cálculo própria de impostos.

• *Vide* Súmula Vinculante 29 do STF.

Art. 146. Cabe à lei complementar:

I – dispor sobre conflitos de competência, em matéria tributária, entre a União, os Estados, o Distrito Federal e os Municípios;

II – regular as limitações constitucionais ao poder de tributar;

III – estabelecer normas gerais em matéria de legislação tributária, especialmente sobre:

a) definição de tributos e de suas espécies, bem como, em relação aos impostos discriminados nesta Constituição, a dos respectivos fatos geradores, bases de cálculo e contribuintes;

b) obrigação, lançamento, crédito, prescrição e decadência tributários;

c) adequado tratamento tributário ao ato cooperativo praticado pelas sociedades cooperativas;

d) definição de tratamento diferenciado e favorecido para as microempresas e para as empresas de pequeno porte, inclusive regimes especiais ou simplificados no caso do imposto previsto no art. 155, II, das contribuições previstas no art. 195, I e §§ 12 e 13, e da contribuição a que se refere o art. 239.

•• Alínea *d* acrescentada pela Emenda Constitucional n. 42, de 19-12-2003.

• A Lei Complementar n. 123, de 14-12-2006, institui o Regime Especial Unificado de Arrecadação de Tributos e Contribuições devidos pelas Microempresas e Empresas de Pequeno Porte – Simples Nacional.

• *Vide* art. 94 do ADCT.

Parágrafo único. A lei complementar de que trata o inciso III, *d*, também poderá instituir um regime único de arrecadação dos impostos e contribuições da União, dos Estados, do Distrito Federal e dos Municípios, observado que:

•• Parágrafo único, *caput*, acrescentado pela Emenda Constitucional n. 42, de 19-12-2003.

I – será opcional para o contribuinte;

•• Inciso I acrescentado pela Emenda Constitucional n. 42, de 19-12-2003.

II – poderão ser estabelecidas condições de enquadramento diferenciadas por Estado;

•• Inciso II acrescentado pela Emenda Constitucional n. 42, de 19-12-2003.

III – o recolhimento será unificado e centralizado e a distribuição da parcela de recursos pertencentes aos respectivos entes federados será imediata, vedada qualquer retenção ou condicionamento;

•• Inciso III acrescentado pela Emenda Constitucional n. 42, de 19-12-2003.

•• *Vide* art. 107, § 6.º, I, do ADCT.

IV – a arrecadação, a fiscalização e a cobrança poderão ser compartilhadas pelos entes federados, adotado cadastro nacional único de contribuintes.

•• Inciso IV acrescentado pela Emenda Constitucional n. 42, de 19-12-2003.

Art. 146-A. Lei complementar poderá estabelecer critérios especiais de tributação, com o objetivo de prevenir desequilíbrios da concorrência, sem prejuízo da competência de a União, por lei, estabelecer normas de igual objetivo.

•• Artigo acrescentado pela Emenda Constitucional n. 42, de 19-12-2003.

Art. 147. Competem à União, em Território Federal, os impostos estaduais e, se o Território não for dividido em Municípios, cumulativamente, os impostos municipais; ao Distrito Federal cabem os impostos municipais.

Art. 148. A União, mediante lei complementar, poderá instituir empréstimos compulsórios:

I – para atender a despesas extraordinárias, decorrentes de calamidade pública, de guerra externa ou sua iminência;

II – no caso de investimento público de caráter urgente e de relevante interesse nacional, observado o disposto no art. 150, III, *b*.

Parágrafo único. A aplicação dos recursos provenientes de empréstimo compulsório será vinculada à despesa que fundamentou sua instituição.

Art. 149. Compete exclusivamente à União instituir contribuições sociais, de intervenção no domínio econômico e de interesse das categorias profissionais ou econômicas, como instrumento de sua atuação nas respectivas áreas, observado o disposto nos arts. 146, III, e 150, I e III, e sem prejuízo do previsto no art. 195, § 6.º, relativamente às contribuições a que alude o dispositivo.

• A Lei n. 10.336, de 19-12-2001, institui a Contribuição de Intervenção no Domínio Econômico incidente sobre a importação e a comercialização de petróleo e seus derivados, gás natural e seus derivados e álcool etílico combustível – CIDE a que se refere este artigo.

§ 1.º Os Estados, o Distrito Federal e os Municípios instituirão contribuição, cobrada de seus servidores, para o custeio, em benefício destes, do regime previdenciário de que trata o art. 40, cuja alíquota não será inferior à da contribuição dos servidores titulares de cargos efetivos da União.

•• § 1.º com redação determinada pela Emenda Constitucional n. 41, de 19-12-2003.

§ 2.º As contribuições sociais e de intervenção no domínio econômico de que trata o *caput* deste artigo:

•• § 2.º, *caput*, acrescentado pela Emenda Constitucional n. 33, de 11-12-2001.

I – não incidirão sobre as receitas decorrentes de exportação;

•• Inciso I acrescentado pela Emenda Constitucional n. 33, de 11-12-2001.

II – incidirão também sobre a importação de produtos estrangeiros ou serviços;

•• Inciso II com redação determinada pela Emenda Constitucional n. 42, de 19-12-2003.

III – poderão ter alíquotas:

•• Inciso III, *caput*, acrescentado pela Emenda Constitucional n. 33, de 11-12-2001.

a) *ad valorem*, tendo por base o faturamento, a receita bruta ou o valor da operação e, no caso de importação, o valor aduaneiro;

•• Alínea *a* acrescentada pela Emenda Constitucional n. 33, de 11-12-2001.

b) específica, tendo por base a unidade de medida adotada.

•• Alínea *b* acrescentada pela Emenda Constitucional n. 33, de 11-12-2001.

§ 3.º A pessoa natural destinatária das operações de importação poderá ser equiparada a pessoa jurídica, na forma da lei.

•• § 3.º acrescentado pela Emenda Constitucional n. 33, de 11-12-2001.

§ 4.º A lei definirá as hipóteses em que as contribuições incidirão uma única vez.

•• § 4.º acrescentado pela Emenda Constitucional n. 33, de 11-12-2001.

Art. 149-A. Os Municípios e o Distrito Federal poderão instituir contribuição, na forma das respectivas leis, para o custeio do serviço de iluminação pública, observado o disposto no art. 150, I e III.

•• *Caput* acrescentado pela Emenda Constitucional n. 39, de 19-12-2002.

Parágrafo único. É facultada a cobrança da contribuição a que se refere o *caput*, na fatura de consumo de energia elétrica.

•• Parágrafo único acrescentado pela Emenda Constitucional n. 39, de 19-12-2002.

Seção II
Das Limitações do Poder de Tributar

Art. 150. Sem prejuízo de outras garantias asseguradas ao contribuinte, é vedado à União, aos Estados, ao Distrito Federal e aos Municípios:

I – exigir ou aumentar tributo sem lei que o estabeleça;

• *Vide* arts. 153, § 1.º, 155, § 4.º, IV, *c*, e 177, § 4.º, I, *b*, da CF.

II – instituir tratamento desigual entre contribuintes que se encontrem em situação equivalente, proibida qualquer distinção em razão de ocupação profissional ou função por eles exercida, independentemente da denominação jurídica dos rendimentos, títulos ou direitos;

• *Vide* art. 153, § 2.º, da CF.

III – cobrar tributos:

a) em relação a fatos geradores ocorridos antes do início da vigência da lei que os houver instituído ou aumentado;

b) no mesmo exercício financeiro em que haja sido publicada a lei que os instituiu ou aumentou;

• *Vide* art. 150, § 1.º, da CF.

c) antes de decorridos noventa dias da data em que haja sido publicada a lei que os instituiu ou aumentou, observado o disposto na alínea *b*;

•• Alínea *c* acrescentada pela Emenda Constitucional n. 42, de 19-12-2003.

IV – utilizar tributo com efeito de confisco;

V – estabelecer limitações ao tráfego de pessoas ou bens, por meio de tributos interestaduais ou intermunicipais, ressalvada a cobrança de pedágio pela utilização de vias conservadas pelo Poder Público;

VI – instituir impostos sobre:

a) patrimônio, renda ou serviços, uns dos outros;

• *Vide* art. 150, § 3.º, da CF.

b) templos de qualquer culto;

c) patrimônio, renda ou serviços dos partidos políticos, inclusive suas fundações, das entidades sindicais dos trabalhadores, das instituições de educação e de assistência social, sem fins lucrativos, atendidos os requisitos da lei;

•• *Vide* Súmula Vinculante 52 do STF.

d) livros, jornais, periódicos e o papel destinado a sua impressão;

e) fonogramas e videofonogramas musicais produzidos no Brasil contendo obras musicais ou literomusicais de autores brasileiros e/ou obras em geral interpretadas por artistas brasileiros bem como os suportes materiais ou arquivos digitais que os contenham, salvo na etapa de replicação industrial de mídias ópticas de leitura a *laser*.

•• Alínea *e* acrescentada pela Emenda Constitucional n. 75, de 15-10-2013.

§ 1.º A vedação do inciso III, *b*, não se aplica aos tributos previstos nos arts. 148, I, 153, I, II, IV e V; e 154, II; e a vedação do inciso III, *c*, não se aplica aos tributos previstos nos arts. 148, I, 153, I, II, III e V; e 154, II, nem à fixação da base de cálculo dos impostos previstos nos arts. 155, III, e 156, I.

•• § 1.º com redação determinada pela Emenda Constitucional n. 42, de 19-12-2003.

§ 2.º A vedação do inciso VI, *a*, é extensiva às autarquias e às fundações instituídas e mantidas pelo Poder Público, no que se refere ao patrimônio, à renda e aos serviços, vinculados a suas finalidades essenciais ou às delas decorrentes.

§ 3.º As vedações do inciso VI, *a*, e do parágrafo anterior não se aplicam ao patrimônio, à renda e aos serviços, relacionados com exploração de atividades econômicas regidas pelas normas aplicáveis a empreendimentos privados, ou em que haja contraprestação ou pagamento de preços ou tarifas pelo usuário, nem exonera o promitente comprador da obrigação de pagar imposto relativamente ao bem imóvel.

§ 4.º As vedações expressas no inciso VI, alíneas *b* e *c*, compreendem somente o patrimônio, a renda e os serviços, relacionados com as finalidades essenciais das entidades nelas mencionadas.

§ 5.º A lei determinará medidas para que os consumidores sejam esclarecidos acerca dos impostos que incidam sobre mercadorias e serviços.

•• Regulamento: Lei n. 12.741, de 8-12-2012.

§ 6.º Qualquer subsídio ou isenção, redução de base de cálculo, concessão de crédito presumido, anistia ou remissão, relativos a impostos, taxas ou contribuições, só poderá ser concedido mediante lei específica, federal, estadual ou municipal, que regule exclusivamente as matérias acima enumeradas ou o correspondente tributo ou contribuição, sem prejuízo do disposto no art. 155, § 2.º, XII, *g*.

•• § 6.º com redação determinada pela Emenda Constitucional n. 3, de 17-3-1993.

§ 7.º A lei poderá atribuir a sujeito passivo de obrigação tributária a condição de responsável pelo pagamento de imposto ou contribuição, cujo fato gerador deva ocorrer posteriormente, assegurada a imediata e preferencial restituição da quantia paga, caso não se realize o fato gerador presumido.

•• § 7.º acrescentado pela Emenda Constitucional n. 3, de 17-3-1993.

Art. 151. É vedado à União:

I – instituir tributo que não seja uniforme em todo o território nacional ou que implique distinção ou preferência em relação a Estado, ao Distrito Federal ou a Município, em detrimento de outro, admitida a concessão de incentivos fiscais destinados a promover o equilíbrio do desenvolvimento socioeconômico entre as diferentes regiões do País;

II – tributar a renda das obrigações da dívida pública dos Estados, do Distrito Federal e dos Municípios, bem como a remuneração e os proventos dos respectivos agentes públicos, em níveis superiores aos que fixar para suas obrigações e para seus agentes;

III – instituir isenções de tributos da competência dos Estados, do Distrito Federal ou dos Municípios.

Art. 152. É vedado aos Estados, ao Distrito Federal e aos Municípios estabelecer diferença tributária entre bens e serviços, de qualquer natureza, em razão de sua procedência ou destino.

Seção III
Dos Impostos da União

Art. 153. Compete à União instituir impostos sobre:

I – importação de produtos estrangeiros;

• *Vide* art. 62, § 2.º, da CF.

• Sobre o imposto de importação cuidam as Leis n. 7.810, de 30-8-1989, n. 8.032, de 12-4-1990, e n. 9.449, de 14-3-1997.

II – exportação, para o exterior, de produtos nacionais ou nacionalizados;

• *Vide* art. 62, § 2.º, da CF.

III – renda e proventos de qualquer natureza;

• O Decreto n. 3.000, de 26-3-1999, regulamenta a tributação, fiscalização, arrecadação e administração do Imposto sobre a Renda.

IV – produtos industrializados;

• *Vide* art. 62, § 2.º, da CF.

• O Decreto n. 7.212, de 15-6-2010, regulamenta a cobrança, fiscalização, arrecadação e administração do IPI.

V – operações de crédito, câmbio e seguro, ou relativas a títulos ou valores mobiliários;

• *Vide* art. 62, § 2.º, da CF.

• O Decreto n. 6.306, de 14-12-2007, regulamenta o Imposto sobre Operações de Crédito, Câmbio e Seguro, ou relativas a Títulos e Valores – IOF.

• *Vide* Súmula Vinculante 32 do STF.

VI – propriedade territorial rural;

• *Vide* § 4.º deste artigo.

• A Lei n. 9.393, de 19-12-1996, dispõe sobre o Imposto sobre a Propriedade Territorial Rural – ITR, e sobre o pagamento da Dívida representada por Títulos da Dívida Agrária.

• O Decreto n. 4.382, de 19-9-2002, regulamenta a tributação, fiscalização, arrecadação e administração do Imposto sobre a Propriedade Territorial Rural – ITR.

VII – grandes fortunas, nos termos de lei complementar.

§ 1.º É facultado ao Poder Executivo, atendidas as condições e os limites estabelecidos em lei, alterar as alíquotas dos impostos enumerados nos incisos I, II, IV e V.

§ 2.º O imposto previsto no inciso III:

I – será informado pelos critérios da generalidade, da universalidade e da progressividade, na forma da lei;

II – (*Revogado pela Emenda Constitucional n. 20, de 15-12-1998.*)

§ 3.º O imposto previsto no inciso IV:

I – será seletivo, em função da essencialidade do produto;

II – será não cumulativo, compensando-se o que for devido em cada operação com o montante cobrado nas anteriores;

III – não incidirá sobre produtos industrializados destinados ao exterior;

IV – terá reduzido seu impacto sobre a aquisição de bens de capital pelo contribuinte do imposto, na forma da lei.

•• Inciso IV acrescentado pela Emenda Constitucional n. 42, de 19-12-2003.

§ 4.º O imposto previsto no inciso VI do *caput*:

•• § 4.º, *caput*, com redação determinada pela Emenda Constitucional n. 42, de 19-12-2003.

I – será progressivo e terá suas alíquotas fixadas de forma a desestimular a manutenção de propriedades improdutivas;

•• Inciso I acrescentado pela Emenda Constitucional n. 42, de 19-12-2003.

II – não incidirá sobre pequenas glebas rurais, definidas em lei, quando as explore o proprietário que não possua outro imóvel;

•• Inciso II acrescentado pela Emenda Constitucional n. 42, de 19-12-2003.

• *Vide* art. 146, II, da CF.

III – será fiscalizado e cobrado pelos Municípios que assim optarem, na forma da lei, desde que não implique redução do imposto ou qualquer outra forma de renúncia fiscal.

•• Inciso III acrescentado pela Emenda Constitucional n. 42, de 19-12-2003.

•• Inciso III regulamentado pela Lei n. 11.250, de 27-12-2005.

• *Vide* art. 158, II, da CF.

§ 5.º O ouro, quando definido em lei como ativo financeiro ou instrumento cambial, sujeita-se exclusivamente à incidência do imposto de que trata o inciso V do *caput* deste artigo, devido na operação de origem; a alíquota mínima será de um por cento, assegurada a transferência do montante da arrecadação nos seguintes termos:

•• *Vide* art. 107, § 6.º, I, do ADCT.

I – trinta por cento para o Estado, o Distrito Federal ou o Território, conforme a origem;

II – setenta por cento para o Município de origem.

• A Lei n. 7.766, de 11-5-1989, dispõe sobre o ouro, ativo financeiro e sobre seu tratamento tributário.

• *Vide* arts. 72, § 3.º, 74, § 2.º, 75 e 76, § 1.º, do ADCT.

Art. 154. A União poderá instituir:

I – mediante lei complementar, impostos não previstos no artigo anterior, desde que sejam não cumulativos e não tenham fato gerador ou base de cálculo próprios dos discriminados nesta Constituição;

• *Vide* arts. 74, § 2.º, e 75 do ADCT.

II – na iminência ou no caso de guerra externa, impostos extraordinários, compreendidos ou não em sua competência tributária, os quais serão suprimidos, gradativamente, cessadas as causas de sua criação.

• *Vide* art. 62, § 2.º, da CF.

Seção IV
Dos Impostos dos Estados e do Distrito Federal

Art. 155. Compete aos Estados e ao Distrito Federal instituir impostos sobre:

•• *Caput* com redação determinada pela Emenda Constitucional n. 3, de 17-3-1993.

I – transmissão *causa mortis* e doação, de quaisquer bens ou direitos;

•• Inciso I com redação determinada pela Emenda Constitucional n. 3, de 17-3-1993.

• *Vide* § 1.º deste artigo.

II – operações relativas à circulação de mercadorias e sobre prestações de serviços de transporte interestadual e intermunicipal e de comunicação, ainda que as operações e as prestações se iniciem no exterior;

•• Inciso II com redação determinada pela Emenda Constitucional n. 3, de 17-3-1993.

• *Vide* § 2.º deste artigo.

• *Vide* art. 60, § 2.º, do ADCT.

• A Lei Complementar n. 114, de 16-12-2002, altera a legislação do imposto dos Estados e do Distrito Federal sobre operações relativas à circulação de mercadorias e sobre prestações de serviços de transporte interestadual e intermunicipal e de comunicação.

• *Vide* Súmula Vinculante 26 do STF.

III – propriedade de veículos automotores.

•• Inciso III com redação determinada pela Emenda Constitucional n. 3, de 17-3-1993.

• *Vide* § 6.º deste artigo.

§ 1.º O imposto previsto no inciso I:

•• § 1.º, *caput*, com redação determinada pela Emenda Constitucional n. 3, de 17-3-1993.

I – relativamente a bens imóveis e respectivos direitos, compete ao Estado da situação do bem, ou ao Distrito Federal;

II – relativamente a bens móveis, títulos e créditos, compete ao Estado onde se processar o inventário ou arrolamento, ou tiver domicílio o doador, ou ao Distrito Federal;

III – terá a competência para sua instituição regulada por lei complementar:

a) se o doador tiver domicílio ou residência no exterior;

b) se o *de cujus* possuía bens, era residente ou domiciliado ou teve o seu inventário processado no exterior;

IV – terá suas alíquotas máximas fixadas pelo Senado Federal.

§ 2.º O imposto previsto no inciso II atenderá ao seguinte:

•• § 2.º, *caput*, com redação determinada pela Emenda Constitucional n. 3, de 17-3-1993.

• O Decreto-lei n. 406, de 31-12-1968, estabelece normas gerais de Direito Financeiro, aplicáveis aos Impostos sobre Operações Relativas à Circulação de Mercadorias e sobre Serviços de Qualquer Natureza.

I – será não cumulativo, compensando-se o que for devido em cada operação relativa à circulação de mercadorias ou prestação de serviços com o montante cobrado nas anteriores pelo mesmo ou outro Estado ou pelo Distrito Federal;

II – a isenção ou não incidência, salvo determinação em contrário da legislação:

• A Lei Complementar n. 24, de 7-1-1975, dispõe sobre os Convênios para a concessão de isenções do Imposto sobre Operações Relativas à Circulação de Mercadorias.

• A Lei Complementar n. 87 (Lei Kandir), de 13-9-1996, dispõe sobre o Imposto dos Estados e do Distrito Federal, sobre Operações Relativas à Circulação de Mercadorias e sobre Prestações de Serviços de Transporte Interestadual e Intermunicipal e de Comunicação.

• *Vide* art. 155, § 2.º, X, *a*, da CF.

a) não implicará crédito para compensação com o montante devido nas operações ou prestações seguintes;

b) acarretará a anulação do crédito relativo às operações anteriores;

III – poderá ser seletivo, em função da essencialidade das mercadorias e dos serviços;

IV – resolução do Senado Federal, de iniciativa do Presidente da República ou de um terço dos Senadores, aprovada pela maioria absoluta de seus membros, estabelecerá as alíquotas aplicáveis às operações e prestações, interestaduais e de exportação;

V – é facultado ao Senado Federal:

a) estabelecer alíquotas mínimas nas operações internas, mediante resolução de iniciativa de um terço e aprovada pela maioria absoluta de seus membros;

b) fixar alíquotas máximas nas mesmas operações para resolver conflito específico que envolva interesse de Estados, mediante resolução de iniciativa da maioria absoluta e aprovada por dois terços de seus membros;

VI – salvo deliberação em contrário dos Estados e do Distrito Federal, nos termos do disposto no inciso XII, *g*, as alíquotas internas, nas operações relativas à circulação de mercadorias e nas prestações de serviços, não poderão ser inferiores às previstas para as operações interestaduais;

VII – nas operações e prestações que destinem bens e serviços a consumidor final, contribuinte ou não do imposto, localizado em outro Estado, adotar-se-á a alíquota interestadual e caberá ao Estado de localização do destinatário o imposto correspondente à diferença entre a alíquota interna do Estado destinatário e a alíquota interestadual;

•• Inciso VII, *caput*, com redação determinada pela Emenda Constitucional n. 87, de 16-4-2015, em vigor na data de sua publicação, produzindo efeitos no ano subsequente e após 90 (noventa) dias desta.

•• *Vide* art. 99 do ADCT.

a) e *b*) (*Revogadas pela Emenda Constitucional n. 87, de 16-4-2015, em vigor na data de sua publicação, produzindo efeitos no ano subsequente e após 90 (noventa) dias desta.*);

VIII – a responsabilidade pelo recolhimento do imposto correspondente à diferença entre a alíquota interna e a interestadual de que trata o inciso VII será atribuída:

•• Inciso VIII, *caput*, com redação determinada pela Emenda Constitucional n. 87, de 16-4-2015, em vigor na data de sua publicação, produzindo efeitos no ano subsequente e após 90 (noventa) dias desta.

a) ao destinatário, quando este for contribuinte do imposto;

•• Alínea *a* acrescentada pela Emenda Constitucional n. 87, de 16-4-2015, em vigor na data de sua publicação, produzindo efeitos no ano subsequente e após 90 (noventa) dias desta.

b) ao remetente, quando o destinatário não for contribuinte do imposto;

•• Alínea *b* acrescentada pela Emenda Constitucional n. 87, de 16-4-2015, em vigor na data de sua publicação, produzindo efeitos no ano subsequente e após 90 (noventa) dias desta.

IX – incidirá também:

a) sobre a entrada de bem ou mercadoria importados do exterior por pessoa física ou jurídica, ainda que não seja contribuinte habitual do imposto, qualquer que seja a sua finalidade, assim como sobre o serviço prestado no exterior, cabendo o imposto ao Estado onde estiver situado o domicílio ou o estabelecimento do destinatário da mercadoria, bem ou serviço;

•• Alínea *a* com redação determinada pela Emenda Constitucional n. 33, de 11-12-2001.

• *Vide* Súmula Vinculante 48 do STF.

b) sobre o valor total da operação, quando mercadorias forem fornecidas com serviços não compreendidos na competência tributária dos Municípios;

X – não incidirá:

a) sobre operações que destinem mercadorias para o exterior, nem sobre serviços prestados a destinatários no exterior, assegurada a manutenção e o aproveitamento do montante do imposto cobrado nas operações e prestações anteriores;

•• Alínea *a* com redação determinada pela Emenda Constitucional n. 42, de 19-12-2003.

• *Vide* art. 155, § 2.º, I, da CF.

b) sobre operações que destinem a outros Estados petróleo, inclusive lubrificantes, combustíveis líquidos e gasosos dele derivados, e energia elétrica;

c) sobre o ouro, nas hipóteses definidas no art. 153, § 5.º;

d) nas prestações de serviço de comunicação nas modalidades de radiodifusão sonora e de sons e imagens de recepção livre e gratuita;

•• Alínea *d* acrescentada pela Emenda Constitucional n. 42, de 19-12-2003.

XI – não compreenderá, em sua base de cálculo, o montante do imposto sobre produtos industrializados, quando a operação, realizada entre contribuintes e relativa a produto destinado à industrialização ou à comercialização, configure fato gerador dos dois impostos;

XII – cabe à lei complementar:

• *Vide* art. 4.º da Emenda Constitucional n. 42, de 19-12-2003.

a) definir seus contribuintes;

b) dispor sobre substituição tributária;

c) disciplinar o regime de compensação do imposto;

d) fixar, para efeito de sua cobrança e definição do estabelecimento responsável, o local das operações relativas à circulação de mercadorias e das prestações de serviços;

e) excluir da incidência do imposto, nas exportações para o exterior, serviços e outros produtos além dos mencionados no inciso X, *a*;

f) prever casos de manutenção de crédito, relativamente à remessa para outro Estado e exportação para o exterior, de serviços e de mercadorias;

g) regular a forma como, mediante deliberação dos Estados e do Distrito Federal, isenções, incentivos e benefícios fiscais serão concedidos e revogados;

h) definir os combustíveis e lubrificantes sobre os quais o imposto incidirá uma única vez, qualquer que seja a sua finalidade, hipótese em que não se aplicará o disposto no inciso X, *b*;

•• Alínea *h* acrescentada pela Emenda Constitucional n. 33, de 11-12-2001.

• *Vide* § 4.º deste artigo.

i) fixar a base de cálculo, de modo que o montante do imposto a integre, também na importação do exterior de bem, mercadoria ou serviço.

•• Alínea *i* acrescentada pela Emenda Constitucional n. 33, de 11-12-2001.

§ 3.º À exceção dos impostos de que tratam o inciso II do *caput* deste artigo e o art. 153, I e II, nenhum outro imposto poderá incidir sobre operações relativas a energia elétrica, serviços de telecomunicações, derivados de petróleo, combustíveis e minerais do País.

•• § 3.º com redação determinada pela Emenda Constitucional n. 33, de 11-12-2001.

§ 4.º Na hipótese do inciso XII, *h*, observar-se-á o seguinte:

•• § 4.º, *caput*, acrescentado pela Emenda Constitucional n. 33, de 11-12-2001.

I – nas operações com os lubrificantes e combustíveis derivados de petróleo, o imposto caberá ao Estado onde ocorrer o consumo;

•• Inciso I acrescentado pela Emenda Constitucional n. 33, de 11-12-2001.

II – nas operações interestaduais, entre contribuintes, com gás natural e seus derivados, e lubrificantes e combustíveis não incluídos no inciso I deste parágrafo, o imposto será repartido entre os Estados de origem e de destino, mantendo-se a mesma proporcionalidade que ocorre nas operações com as demais mercadorias;

•• Inciso II acrescentado pela Emenda Constitucional n. 33, de 11-12-2001.

III – nas operações interestaduais com gás natural e seus derivados, e lubrificantes e combustíveis não incluídos no inciso I deste parágrafo, destinadas a não contribuinte, o imposto caberá ao Estado de origem;

•• Inciso III acrescentado pela Emenda Constitucional n. 33, de 11-12-2001.

IV – as alíquotas do imposto serão definidas mediante deliberação dos Estados e Distrito Federal, nos termos do § 2.º, XII, *g*, observando-se o seguinte:

•• Inciso IV, *caput*, acrescentado pela Emenda Constitucional n. 33, de 11-12-2001.

a) serão uniformes em todo o território nacional, podendo ser diferenciadas por produto;

•• Alínea *a* acrescentada pela Emenda Constitucional n. 33, de 11-12-2001.

b) poderão ser específicas, por unidade de medida adotada, ou *ad valorem*, incidindo sobre o valor da operação ou sobre o preço que o produto ou seu similar alcançaria em uma venda em condições de livre concorrência;

•• Alínea *b* acrescentada pela Emenda Constitucional n. 33, de 11-12-2001.

c) poderão ser reduzidas e restabelecidas, não se lhes aplicando o disposto no art. 150, III, *b*.

•• Alínea *c* acrescentada pela Emenda Constitucional n. 33, de 11-12-2001.

§ 5.º As regras necessárias à aplicação do disposto no § 4.º, inclusive as relativas à apuração e à destinação do imposto, serão estabelecidas mediante deliberação dos Estados e do Distrito Federal, nos termos do § 2.º, XII, *g*.

•• § 5.º acrescentado pela Emenda Constitucional n. 33, de 11-12-2001.

§ 6.º O imposto previsto no inciso III:

•• § 6.º, *caput*, acrescentado pela Emenda Constitucional n. 42, de 19-12-2003.

I – terá alíquotas mínimas fixadas pelo Senado Federal;

•• Inciso I acrescentado pela Emenda Constitucional n. 42, de 19-12-2003.

II – poderá ter alíquotas diferenciadas em função do tipo e utilização.

•• Inciso II acrescentado pela Emenda Constitucional n. 42, de 19-12-2003.

Seção V
Dos Impostos dos Municípios

Art. 156. Compete aos Municípios instituir impostos sobre:

I – propriedade predial e territorial urbana;

II – transmissão *inter vivos*, a qualquer título, por ato oneroso, de bens imóveis, por natureza ou acessão física, e de direitos reais sobre imóveis, exceto os de garantia, bem como cessão de direitos a sua aquisição;

III – serviços de qualquer natureza, não compreendidos no art. 155, II, definidos em lei complementar;

•• Inciso III com redação determinada pela Emenda Constitucional n. 3, de 17-3-1993.

• A Lei Complementar n. 116, de 31-7-2003, dispõe sobre o Imposto Sobre Serviços de Qualquer Natureza, de competência dos Municípios e do Distrito Federal.

IV – (*Revogado pela Emenda Constitucional n. 3, de 17-3-1993.*)

§ 1.º Sem prejuízo da progressividade no tempo a que se refere o art. 182, § 4.º, II, o imposto previsto no inciso I poderá:

•• § 1.º, *caput*, com redação determinada pela Emenda Constitucional n. 29, de 13-9-2000.

I – ser progressivo em razão do valor do imóvel; e

•• Inciso I acrescentado pela Emenda Constitucional n. 29, de 13-9-2000.

II – ter alíquotas diferentes de acordo com a localização e o uso do imóvel.

•• Inciso II acrescentado pela Emenda Constitucional n. 29, de 13-9-2000.

§ 2.º O imposto previsto no inciso II:

I – não incide sobre a transmissão de bens ou direitos incorporados ao patrimônio de pessoa jurídica em realização de capital, nem sobre a transmissão de bens ou direitos decorrentes de fusão, incorporação, cisão ou extinção de pessoa jurídica, salvo se, nesses casos, a atividade preponderante do adquirente for a compra e venda desses bens ou direitos, locação de bens imóveis ou arrendamento mercantil;

II – compete ao Município da situação do bem.

§ 3.º Em relação ao imposto previsto no inciso III do *caput* deste artigo, cabe à lei complementar:

•• § 3.º, *caput*, com redação determinada pela Emenda Constitucional n. 37, de 12-6-2002.

I – fixar as suas alíquotas máximas e mínimas;

•• Inciso I com redação determinada pela Emenda Constitucional n. 37, de 12-6-2002.

• *Vide* art. 88 do ADCT.

II – excluir da sua incidência exportações de serviços para o exterior;

•• Inciso II com redação determinada pela Emenda Constitucional n. 3, de 17-3-1993.

III – regular a forma e as condições como isenções, incentivos e benefícios fiscais serão concedidos e revogados.

•• Inciso III acrescentado pela Emenda Constitucional n. 37, de 12-6-2002.

• *Vide* art. 88 do ADCT.

§ 4.º (*Revogado pela Emenda Constitucional n. 3, de 17-3-1993.*)

Seção VI
Da Repartição das Receitas Tributárias

Art. 157. Pertencem aos Estados e ao Distrito Federal:

•• *Vide* art. 107, § 6.º, I, do ADCT.

I – o produto da arrecadação do imposto da União sobre renda e proventos de qualquer natureza, incidente na fonte, sobre rendimentos pagos, a qualquer título, por eles, suas autarquias e pelas fundações que instituírem e mantiverem;

• Regulamento do imposto sobre a renda e proventos de qualquer natureza: Decreto n. 3.000, de 26-3-1999.

• *Vide* art. 76, § 1.º, do ADCT.

II – vinte por cento do produto da arrecadação do imposto que a União instituir no exercício da competência que lhe é atribuída pelo art. 154, I.

Art. 158. Pertencem aos Municípios:

• A Lei Complementar n. 63, de 11-1-1990, dispõe sobre critérios e prazos de crédito das parcelas do produto da arrecadação de impostos de competência dos Estados e de transferências por estes recebidas, pertencentes aos Municípios.

I – o produto da arrecadação do imposto da União sobre renda e proventos de qualquer natureza, incidente na fonte, sobre rendimentos pagos, a qualquer título, por eles, suas autarquias e pelas fundações que instituírem e mantiverem;

•• *Vide* art. 107, § 6.º, I, do ADCT.

• *Vide* art. 76, § 1.º, do ADCT.

II – cinquenta por cento do produto da arrecadação do imposto da União sobre a propriedade territorial rural, relativamente aos imóveis neles situados, cabendo a totalidade na hipótese da opção a que se refere o art. 153, § 4.º, III;

•• Inciso II com redação determinada pela Emenda Constitucional n. 42, de 19-12-2003.

•• *Vide* art. 107, § 6.º, I, do ADCT.

•• O Decreto n. 7.827, de 16-10-2012, regulamenta os procedimentos de condicionamento e restabelecimento de recursos provenientes das receitas de que trata este inciso.

• *Vide* arts. 72, § 4.º, e 76, § 1.º, do ADCT.

III – cinquenta por cento do produto da arrecadação do imposto do Estado sobre a propriedade de veículos automotores licenciados em seus territórios;

IV – vinte e cinco por cento do produto da arrecadação do imposto do Estado sobre operações relativas à circulação de mercadorias e sobre prestações de serviços de transporte interestadual e intermunicipal e de comunicação.

• *Vide* arts. 60, § 2.º, e 82, § 1.º, do ADCT.

Parágrafo único. As parcelas de receita pertencentes aos Municípios, mencionadas no inciso IV, serão creditadas conforme os seguintes critérios:

I – três quartos, no mínimo, na proporção do valor adicionado nas operações relativas à circulação de mercadorias e nas prestações de serviços, realizadas em seus territórios;

II – até um quarto, de acordo com o que dispuser lei estadual ou, no caso dos Territórios, lei federal.

Art. 159. A União entregará:

• Normas para cálculo, entrega e controle de liberações dos recursos dos Fundos de Participação: Lei Complementar n. 62, de 28-12-1989.

•• *Vide* art. 107, § 6.º, I, do ADCT.

• *Vide* arts. 72, §§ 2.º e 4.º, e 80, § 1.º, do ADCT.

I – do produto da arrecadação dos impostos sobre renda e proventos de qualquer natureza e sobre produtos industrializados, 49% (quarenta e nove por cento), na seguinte forma:

•• Inciso I, *caput*, com redação determinada pela Emenda Constitucional n. 84, de 2-12-2014.

•• *Vide* art. 2.º da Emenda Constitucional n. 55, de 20-9-2007.

• *Vide* art. 60, § 2.º, do ADCT.

• *Vide* art. 3.º da Emenda Constitucional n. 17, de 22-11-1997.

a) vinte e um inteiros e cinco décimos por cento ao Fundo de Participação dos Estados e do Distrito Federal;

•• O Decreto n. 7.827, de 16-10-2012, regulamenta os procedimentos de condicionamento e restabelecimento das transferências de recursos provenientes das receitas de que trata esta alínea.

• *Vide* art. 76, § 1.º, do ADCT.

b) vinte e dois inteiros e cinco décimos por cento ao Fundo de Participação dos Municípios;

•• O Decreto n. 7.827, de 16-10-2012, regulamenta os procedimentos de condicionamento e restabelecimento das transferências de recursos provenientes das receitas de que trata esta alínea.

• *Vide* art. 76, § 1.º, do ADCT.

• A Lei Complementar n. 91, de 22-12-1997, dispõe sobre a fixação dos coeficientes do Fundo de Participação dos Municípios.

c) três por cento, para aplicação em programas de financiamento ao setor produtivo das Regiões Norte, Nordeste e Centro-Oeste, através de suas instituições financeiras de caráter regional, de acordo com os planos regionais de desenvolvimento, ficando assegurada ao semiárido do Nordeste a metade dos recursos destinados à Região, na forma que a lei estabelecer;

•• Alínea *c* regulamentada pela Lei n. 7.827, de 27-9-1989.

d) um por cento ao Fundo de Participação dos Municípios, que será entregue no primeiro decêndio do mês de dezembro de cada ano;

•• Alínea *d* acrescentada pela Emenda Constitucional n. 55, de 20-9-2007.

•• *Vide* art. 2.º da Emenda Constitucional n. 55, de 20-9-2007.

e) 1% (um por cento) ao Fundo de Participação dos Municípios, que será entregue no primeiro decêndio do mês de julho de cada ano;

•• Alínea *e* acrescentada pela Emenda Constitucional n. 84, de 2-12-2014.

•• *Vide* art. 2.º da Emenda Constitucional n. 84, de 2-12-2014.

II – do produto da arrecadação do imposto sobre produtos industrializados, dez por cento aos Estados e ao Distrito Federal, proporcionalmente ao valor das respectivas exportações de produtos industrializados;

•• O Decreto n. 7.827, de 16-10-2012, regulamenta os procedimentos de condicionamento e restabelecimento de recursos provenientes das receitas de que trata este inciso.

• *Vide* arts. 60, § 2.º, e 76, § 1.º, do ADCT.

• A Lei n. 8.016, de 8-4-1990, dispõe sobre a entrega das quotas de participação dos Estados e do Distrito Federal na arrecadação do Imposto sobre Produtos Industrializados a que se refere este inciso.

III – do produto da arrecadação da contribuição de intervenção no domínio econômico prevista no art. 177, § 4.º, 29% (vinte e nove por cento) para os Estados e o Distrito Federal, distribuídos na forma da lei, observada a destinação a que se refere o inciso II, *c*, do referido parágrafo.

•• Inciso III com redação determinada pela Emenda Constitucional n. 44, de 30-6-2004.

•• *Vide* art. 93 do ADCT, que dispõe sobre a vigência deste inciso.

§ 1.º Para efeito de cálculo da entrega a ser efetuada de acordo com o previsto no inciso I, excluir-se-á a parcela da arrecadação do imposto de renda e proventos de qualquer natureza pertencente aos Estados, ao Distrito Federal e aos Municípios, nos termos do disposto nos arts. 157, I, e 158, I.

§ 2.º A nenhuma unidade federada poderá ser destinada parcela superior a vinte por cento do montante a que se refere o inciso II, devendo o eventual excedente ser distribuído entre os demais participantes, mantido, em relação a esses, o critério de partilha nele estabelecido.

• Normas para participação dos Estados e do Distrito Federal no produto da arrecadação do IPI, relativamente às exportações: Lei Complementar n. 61, de 26-12-1989.

§ 3.º Os Estados entregarão aos respectivos Municípios vinte e cinco por cento dos recursos que receberem nos termos do inciso II, observados os critérios estabelecidos no art. 158, parágrafo único, I e II.

• A Lei Complementar n. 63, de 11-1-1990, dispõe sobre critérios e prazos de crédito das parcelas do produto da arrecadação de impostos de competência dos Estados e de transferências por estes recebidas, pertencentes aos Municípios.

§ 4.º Do montante de recursos de que trata o inciso III que cabe a cada Estado, vinte e cinco por cento serão destinados aos seus Municípios, na forma da lei a que se refere o mencionado inciso.

•• § 4.º acrescentado pela Emenda Constitucional n. 42, de 19-12-2003.

•• *Vide* art. 93 do ADCT, que dispõe sobre a vigência deste parágrafo.

Art. 160. É vedada a retenção ou qualquer restrição à entrega e ao emprego dos recursos atribuídos, nesta seção, aos Estados, ao Distrito Federal e aos Municípios, neles compreendidos adicionais e acréscimos relativos a impostos.

• *Vide* art. 3.º da Emenda Constitucional n. 17, de 22-11-1997.

Parágrafo único. A vedação prevista neste artigo não impede a União e os Estados de condicionarem a entrega de recursos:

•• Parágrafo único, *caput*, com redação determinada pela Emenda Constitucional n. 29, de 13-9-2000.

I – ao pagamento de seus créditos, inclusive de suas autarquias;

•• Inciso I acrescentado pela Emenda Constitucional n. 29, de 13-9-2000.

II – ao cumprimento do disposto no art. 198, § 2.º, II e III.

•• Inciso II acrescentado pela Emenda Constitucional n. 29, de 13-9-2000.

Art. 161. Cabe à lei complementar:

I – definir valor adicionado para fins do disposto no art. 158, parágrafo único, I;

II – estabelecer normas sobre a entrega dos recursos de que trata o art. 159, especialmente sobre os critérios de rateio dos fundos previstos em seu inciso I, objetivando promover o equilíbrio socioeconômico entre Estados e entre Municípios;

III – dispor sobre o acompanhamento, pelos beneficiários, do cálculo das quotas e da liberação das participações previstas nos arts. 157, 158 e 159.

Parágrafo único. O Tribunal de Contas da União efetuará o cálculo das quotas referentes aos fundos de participação a que alude o inciso II.

Art. 162. A União, os Estados, o Distrito Federal e os Municípios divulgarão, até o último dia do mês subsequente ao da arrecadação, os montantes de cada um dos tributos arrecadados, os recursos recebidos, os valores de origem tributária entregues e a entregar e a expressão numérica dos critérios de rateio.

Parágrafo único. Os dados divulgados pela União serão discriminados por Estado e por Município; os dos Estados, por Município.

Capítulo II
DAS FINANÇAS PÚBLICAS

Seção I
Normas Gerais

Art. 163. Lei complementar disporá sobre:

• *Vide* art. 30 da Emenda Constitucional n. 19, de 4-6-1998.

I – finanças públicas;

• A Lei Complementar n. 101, de 4-5-2000, estabelece normas de finanças públicas voltadas para a responsabilidade na gestão fiscal e dá outras providências.

II – dívida pública externa e interna, incluída a das autarquias, fundações e demais entidades controladas pelo Poder Público;

III – concessão de garantias pelas entidades públicas;

IV – emissão e resgate de títulos da dívida pública;

V – fiscalização financeira da administração pública direta e indireta;

•• Inciso V com redação determinada pela Emenda Constitucional n. 40, de 29-5-2003.

VI – operações de câmbio realizadas por órgãos e entidades da União, dos Estados, do Distrito Federal e dos Municípios;

VII – compatibilização das funções das instituições oficiais de crédito da União, resguardadas as características e condições operacionais plenas das voltadas ao desenvolvimento regional.

• *Vide* art. 30 da Emenda Constitucional n. 19, de 4-6-1998.

Art. 164. A competência da União para emitir moeda será exercida exclusivamente pelo Banco Central.

§ 1.º É vedado ao banco central conceder, direta ou indiretamente, empréstimos ao Tesouro Nacional e a qualquer órgão ou entidade que não seja instituição financeira.

§ 2.º O Banco Central poderá comprar e vender títulos de emissão do Tesouro Nacional, com o objetivo de regular a oferta de moeda ou a taxa de juros.

§ 3.º As disponibilidades de caixa da União serão depositadas no Banco Central; as dos Estados, do Distrito Federal, dos Municípios e dos órgãos ou entidades do Poder Público e das empresas por ele controladas, em instituições financeiras oficiais, ressalvados os casos previstos em lei.

Seção II
Dos Orçamentos

Art. 165. Leis de iniciativa do Poder Executivo estabelecerão:

I – o plano plurianual;

II – as diretrizes orçamentárias;

III – os orçamentos anuais.

§ 1.º A lei que instituir o plano plurianual estabelecerá, de forma regionalizada, as diretrizes, objetivos e metas da administração pública federal para as despesas de capital e outras delas decorrentes e para as relativas aos programas de duração continuada.

• A Lei n. 12.593, de 18-1-2012, institui o Plano Plurianual da União para o período de 2012 a 2015.

§ 2.º A lei de diretrizes orçamentárias compreenderá as metas e prioridades da administração pública federal, incluindo as despesas de capital para o exercício financeiro subsequente, orientará a elaboração da lei orçamentária anual, disporá sobre as alterações na legislação tributária e estabelecerá a política de aplicação das agências financeiras oficiais de fomento.

§ 3.º O Poder Executivo publicará, até trinta dias após o encerramento de cada bimestre, relatório resumido da execução orçamentária.

§ 4.º Os planos e programas nacionais, regionais e setoriais previstos nesta Constituição serão elaborados em consonância com o plano plurianual e apreciados pelo Congresso Nacional.

• Programa Nacional de Desestatização: Lei n. 9.491, de 9-9-1997.

§ 5.º A lei orçamentária anual compreenderá:

• A Lei n. 13.414, de 10-1-2017, estima a receita e fixa a despesa da União para o exercício financeiro de 2017.

I – o orçamento fiscal referente aos Poderes da União, seus fundos, órgãos e entidades da administração direta e indireta, inclusive fundações instituídas e mantidas pelo Poder Público;

II – o orçamento de investimento das empresas em que a União, direta ou indiretamente, detenha a maioria do capital social com direito a voto;

III – o orçamento da seguridade social, abrangendo todas as entidades e órgãos a ela vinculados, da administração direta ou indireta, bem como os fundos e fundações instituídos e mantidos pelo Poder Público.

§ 6.º O projeto de lei orçamentária será acompanhado de demonstrativo regionalizado do efeito, sobre as receitas e despesas, decorrente de isenções, anistias, remissões, subsídios e benefícios de natureza financeira, tributária e creditícia.

§ 7.º Os orçamentos previstos no § 5.º, I e II, deste artigo, compatibilizados com o plano plurianual, terão entre suas funções a de reduzir desigualdades inter-regionais, segundo critério populacional.

• *Vide* art. 35 do ADCT.

§ 8.º A lei orçamentária anual não conterá dispositivo estranho à previsão da receita e à fixação da despesa, não se incluindo na proibição a autorização para abertura de créditos suplementares e contratação de operações de crédito, ainda que por antecipação de receita, nos termos da lei.

§ 9.º Cabe à lei complementar:

I – dispor sobre o exercício financeiro, a vigência, os prazos, a elaboração e a organização do plano plurianual, da lei de diretrizes orçamentárias e da lei orçamentária anual;

II – estabelecer normas de gestão financeira e patrimonial da administração direta e indireta, bem como condições para a instituição e funcionamento de fundos;

• *Vide* arts. 71, § 1.º, e 81, § 3.º, do ADCT.

III – dispor sobre critérios para a execução equitativa, além de procedimentos que serão adotados quando houver impedimentos legais e técnicos, cumprimento de restos a pagar e limitação das programações de caráter obrigatório, para a realização do disposto no § 11 do art. 166.

•• Inciso III acrescentado pela Emenda Constitucional n. 86, de 17-3-2015, produzindo efeitos a partir da execução orçamentária do exercício de 2014.

Art. 166. Os projetos de lei relativos ao plano plurianual, às diretrizes orçamentárias, ao orçamento anual e aos créditos adicionais serão apreciados pelas duas Casas do Congresso Nacional, na forma do regimento comum.

§ 1.º Caberá a uma Comissão mista permanente de Senadores e Deputados:

• A Resolução do Congresso Nacional n. 1, de 22-12-2006, dispõe sobre a Comissão Mista Permanente a que se refere este parágrafo, que passa a denominar-se Comissão Mista de Planos, Orçamentos Públicos e Fiscalização – CMO.

I – examinar e emitir parecer sobre os projetos referidos neste artigo e sobre as contas apresentadas anualmente pelo Presidente da República;

II – examinar e emitir parecer sobre os planos e programas nacionais, regionais e setoriais previstos nesta Constituição e exercer o acompanhamento e a fiscalização orçamentária, sem prejuízo da atuação das demais comissões do Congresso Nacional e de suas Casas, criadas de acordo com o art. 58.

§ 2.º As emendas serão apresentadas na Comissão mista, que sobre elas emitirá parecer, e apreciadas, na forma regimental, pelo Plenário das duas Casas do Congresso Nacional.

§ 3.º As emendas ao projeto de lei do orçamento anual ou aos projetos que o modifiquem somente podem ser aprovadas caso:

I – sejam compatíveis com o plano plurianual e com a lei de diretrizes orçamentárias;

II – indiquem os recursos necessários, admitidos apenas os provenientes de anulação de despesa, excluídas as que incidam sobre:

a) dotações para pessoal e seus encargos;

b) serviço da dívida;

c) transferências tributárias constitucionais para Estados, Municípios e Distrito Federal; ou

III – sejam relacionadas:

a) com a correção de erros ou omissões; ou

b) com os dispositivos do texto do projeto de lei.

§ 4.º As emendas ao projeto de lei de diretrizes orçamentárias não poderão ser aprovadas quando incompatíveis com o plano plurianual.

§ 5.º O Presidente da República poderá enviar mensagem ao Congresso Nacional para propor modificação nos projetos a que se refere este artigo enquanto não iniciada a votação, na Comissão mista, da parte cuja alteração é proposta.

§ 6.º Os projetos de lei do plano plurianual, das diretrizes orçamentárias e do orçamento anual serão enviados pelo Presidente da República ao Congresso Nacional, nos termos da lei complementar a que se refere o art. 165, § 9.º.

§ 7.º Aplicam-se aos projetos mencionados neste artigo, no que não contrariar o disposto nesta seção, as demais normas relativas ao processo legislativo.

§ 8.º Os recursos que, em decorrência de veto, emenda ou rejeição do projeto de lei orçamentária anual, ficarem sem despesas correspondentes poderão ser utilizados, conforme o caso, mediante créditos especiais ou suplementares, com prévia e específica autorização legislativa.

§ 9.º As emendas individuais ao projeto de lei orçamentária serão aprovadas no limite de 1,2% (um inteiro e dois décimos por cento) da receita corrente líquida prevista no projeto encaminhado pelo Poder Executivo, sendo que a metade deste percentual será destinada a ações e serviços públicos de saúde.

•• § 9.º acrescentado pela Emenda Constitucional n. 86, de 17-3-2015, produzindo efeitos a partir da execução orçamentária do exercício de 2014.

•• *Vide* art. 111 do ADCT.

§ 10. A execução do montante destinado a ações e serviços públicos de saúde previsto no § 9.º, inclusive custeio, será computada para fins do cumprimento do inciso I do § 2.º do art. 198, vedada a destinação para pagamento de pessoal ou encargos sociais.

•• § 10 acrescentado pela Emenda Constitucional n. 86, de 17-3-2015, produzindo efeitos a partir da execução orçamentária do exercício de 2014.

§ 11. É obrigatória a execução orçamentária e financeira das programações a que se refere o § 9.º deste artigo, em montante correspondente a 1,2% (um inteiro e dois décimos por cento) da receita corrente líquida realizada no exercício anterior, conforme os critérios para a execução equitativa da programação definidos na lei complementar prevista no § 9.º do art. 165.

•• § 11 acrescentado pela Emenda Constitucional n. 86, de 17-3-2015, produzindo efeitos a partir da execução orçamentária do exercício de 2014.

•• *Vide* art. 111 do ADCT.

§ 12. As programações orçamentárias previstas no § 9.º deste artigo não serão de execução obrigatória nos casos dos impedimentos de ordem técnica.

•• § 12 acrescentado pela Emenda Constitucional n. 86, de 17-3-2015, produzindo efeitos a partir da execução orçamentária do exercício de 2014.

§ 13. Quando a transferência obrigatória da União, para a execução da programação prevista no § 11 deste artigo, for destinada a Estados, ao Distrito Federal e a Municípios, independerá da adimplência do ente federativo destinatário e não integrará a base de cálculo da receita corrente líquida para fins de aplicação dos limites de despesa de pessoal de que trata o *caput* do art. 169.

•• § 13 acrescentado pela Emenda Constitucional n. 86, de 17-3-2015, produzindo efeitos a partir da execução orçamentária do exercício de 2014.

§ 14. No caso de impedimento de ordem técnica, no empenho de despesa que integre a programação, na forma do § 11 deste artigo, serão adotadas as seguintes medidas:

•• § 14, *caput*, acrescentado pela Emenda Constitucional n. 86, de 17-3-2015, produzindo efeitos a partir da execução orçamentária do exercício de 2014.

I – até 120 (cento e vinte) dias após a publicação da lei orçamentária, o Poder Executivo, o Poder Legislativo, o Poder Judiciário, o Ministério Público e a Defensoria Pública enviarão ao Poder Legislativo as justificativas do impedimento;

•• Inciso I acrescentado pela Emenda Constitucional n. 86, de 17-3-2015, produzindo efeitos a partir da execução orçamentária do exercício de 2014.

II – até 30 (trinta) dias após o término do prazo previsto no inciso I, o Poder Legislativo indicará ao Poder Executivo o remanejamento da programação cujo impedimento seja insuperável;

•• Inciso II acrescentado pela Emenda Constitucional n. 86, de 17-3-2015, produzindo efeitos a partir da execução orçamentária do exercício de 2014.

III – até 30 de setembro ou até 30 (trinta) dias após o prazo previsto no inciso II, o Poder Executivo encaminhará projeto de lei sobre o remanejamento da programação cujo impedimento seja insuperável;

•• Inciso III acrescentado pela Emenda Constitucional n. 86, de 17-3-2015, produzindo efeitos a partir da execução orçamentária do exercício de 2014.

IV – se, até 20 de novembro ou até 30 (trinta) dias após o término do prazo previsto no inciso III, o Congresso Nacional não deliberar sobre o projeto, o remanejamento será implementado por ato do Poder Executivo, nos termos previstos na lei orçamentária.

•• Inciso IV acrescentado pela Emenda Constitucional n. 86, de 17-3-2015, produzindo efeitos a partir da execução orçamentária do exercício de 2014.

§ 15. Após o prazo previsto no inciso IV do § 14, as programações orçamentárias previstas no § 11 não serão de execução obrigatória nos casos dos impedimentos justificados na notificação prevista no inciso I do § 14.

•• § 15 acrescentado pela Emenda Constitucional n. 86, de 17-3-2015, produzindo efeitos a partir da execução orçamentária do exercício de 2014.

§ 16. Os restos a pagar poderão ser considerados para fins de cumprimento da execução financeira prevista no § 11 deste artigo, até o limite de 0,6% (seis décimos por cento) da receita corrente líquida realizada no exercício anterior.

•• § 16 acrescentado pela Emenda Constitucional n. 86, de 17-3-2015, produzindo efeitos a partir da execução orçamentária do exercício de 2014.

§ 17. Se for verificado que a reestimativa da receita e da despesa poderá resultar no não cumprimento da meta de resultado fiscal estabelecida na lei de diretrizes orçamentárias, o montante previsto no § 11 deste artigo poderá ser reduzido em até a mesma proporção da limitação incidente sobre o conjunto das despesas discricionárias.

•• § 17 acrescentado pela Emenda Constitucional n. 86, de 17-3-2015, produzindo efeitos a partir da execução orçamentária do exercício de 2014.

§ 18. Considera-se equitativa a execução das programações de caráter obrigatório que atenda de forma igualitária e impessoal às emendas apresentadas, independentemente da autoria.

•• § 18 acrescentado pela Emenda Constitucional n. 86, de 17-3-2015, produzindo efeitos a partir da execução orçamentária do exercício de 2014.

Art. 167. São vedados:

I – o início de programas ou projetos não incluídos na lei orçamentária anual;

II – a realização de despesas ou a assunção de obrigações diretas que excedam os créditos orçamentários ou adicionais;

III – a realização de operações de créditos que excedam o montante das despesas de capital, ressalvadas as autorizadas mediante créditos suplementares ou especiais com finalidade precisa, aprovados pelo Poder Legislativo por maioria absoluta;

• *Vide* art. 37 do ADCT.

IV – a vinculação de receita de impostos a órgão, fundo ou despesa, ressalvadas a repartição do produto da arrecadação dos impostos a que se referem os arts. 158 e 159, a destinação de recursos para as ações e serviços públicos de saúde, para manutenção e desenvolvimento do ensino e para realização de atividades da administração tributária, como determinado, respectivamente, pelos arts. 198, § 2.º, 212 e 37, XXII, e a prestação de garantias às operações de crédito por antecipação de receita, previstas no art. 165, § 8.º, bem como o disposto no § 4.º deste artigo;

•• Inciso IV com redação determinada pela Emenda Constitucional n. 42, de 19-12-2003.

• *Vide* art. 80, § 1.º, do ADCT.

V – a abertura de crédito suplementar ou especial sem prévia autorização legislativa e sem indicação dos recursos correspondentes;

VI – a transposição, o remanejamento ou a transferência de recursos de uma categoria de programação para outra ou de um órgão para outro, sem prévia autorização legislativa;

VII – a concessão ou utilização de créditos ilimitados;

VIII – a utilização, sem autorização legislativa específica, de recursos dos orçamentos fiscal e da seguridade social para suprir necessidade ou cobrir déficit de empresas, fundações e fundos, inclusive dos mencionados no art. 165, § 5.º;

IX – a instituição de fundos de qualquer natureza, sem prévia autorização legislativa;

X – a transferência voluntária de recursos e a concessão de empréstimos, inclusive por antecipação de receita, pelos Governos Federal e Estaduais e suas instituições financeiras, para pagamento de despesas com pessoal ativo, inativo e pensionista, dos Estados, do Distrito Federal e dos Municípios;

•• Inciso X acrescentado pela Emenda Constitucional n. 19, de 4-6-1998.

XI – a utilização dos recursos provenientes das contribuições sociais de que trata o art. 195, I, *a*, e II, para a realização de despesas distintas do pagamento de benefícios do regime geral de previdência social de que trata o art. 201.

•• Inciso XI acrescentado pela Emenda Constitucional n. 20, de 15-12-1998.

§ 1.º Nenhum investimento cuja execução ultrapasse um exercício financeiro poderá ser iniciado sem prévia inclusão no plano plurianual, ou sem lei que autorize a inclusão, sob pena de crime de responsabilidade.

§ 2.º Os créditos especiais e extraordinários terão vigência no exercício financeiro em que forem autorizados, salvo se o ato de autorização for promulgado nos últimos quatro meses daquele exercício, caso em que, reabertos nos limites de seus saldos, serão incorporados ao orçamento do exercício financeiro subsequente.

§ 3.º A abertura de crédito extraordinário somente será admitida para atender a despesas imprevisíveis e urgentes, como as decorrentes de guerra, comoção interna ou calamidade pública, observado o disposto no art. 62.

•• *Vide* art. 107, § 6.º, II, do ADCT.

§ 4.º É permitida a vinculação de receitas próprias geradas pelos impostos a que se referem os arts. 155 e 156, e dos recursos de que tratam os arts. 157, 158 e 159, I, *a* e *b*, e II, para a prestação de garantia ou contragarantia à União e para pagamento de débitos para com esta.

•• § 4.º acrescentado pela Emenda Constitucional n. 3, de 17-3-1993.

§ 5.º A transposição, o remanejamento ou a transferência de recursos de uma categoria de programação para outra poderão ser admitidos, no âmbito das atividades de ciência, tecnologia e inovação, com o objetivo de viabilizar os resultados de projetos restritos a essas funções, mediante ato do Poder Executivo, sem necessidade da prévia autorização legislativa prevista no inciso VI deste artigo.

•• § 5.º acrescentado pela Emenda Constitucional n. 85, de 26-2-2015.

Art. 168. Os recursos correspondentes às dotações orçamentárias, compreendidos os créditos suplementares e especiais, destinados aos órgãos dos Poderes Legislativo e Judiciário, do Ministério Público e da Defensoria Pública, ser-lhes-ão entregues até o dia 20 de cada mês, em duodécimos, na forma da lei complementar a que se refere o art. 165, § 9.º.

•• Artigo com redação determinada pela Emenda Constitucional n. 45, de 8-12-2004.

Art. 169. A despesa com pessoal ativo e inativo da União, dos Estados, do Distrito Federal e dos Municípios não poderá exceder os limites estabelecidos em lei complementar.

•• *Caput* com redação mantida pela Emenda Constitucional n. 19, de 4-6-1998.

• Limites das despesas com o funcionalismo público: Lei Complementar n. 101, de 4-5-2000 (LRF).

§ 1.º A concessão de qualquer vantagem ou aumento de remuneração, a criação de cargos, empregos e funções ou alteração de estrutura de carreiras, bem como a admissão ou contratação de pessoal, a qualquer título, pelos órgãos e entidades da administração direta ou indireta, inclusive fundações instituídas e mantidas pelo Poder Público, só poderão ser feitas:

•• § 1.º, *caput*, com redação determinada pela Emenda Constitucional n. 19, de 4-6-1998.

I – se houver prévia dotação orçamentária suficiente para atender às projeções de despesa de pessoal e aos acréscimos dela decorrentes;

•• Inciso I com redação determinada pela Emenda Constitucional n. 19, de 4-6-1998.

II – se houver autorização específica na lei de diretrizes orçamentárias, ressalvadas as empresas públicas e as sociedades de economia mista.

•• Inciso II com redação determinada pela Emenda Constitucional n. 19, de 4-6-1998.

§ 2.º Decorrido o prazo estabelecido na lei complementar referida neste artigo para a adaptação aos parâmetros ali previstos, serão imediatamente suspensos todos os repasses de verbas federais ou estaduais aos Estados, ao Distrito Federal e aos Municípios que não observarem os referidos limites.

•• § 2.º acrescentado pela Emenda Constitucional n. 19, de 4-6-1998.

§ 3.º Para o cumprimento dos limites estabelecidos com base neste artigo, durante o prazo fixado na lei complementar referida no *caput*, a União, os Estados, o Distrito Federal e os Municípios adotarão as seguintes providências:

•• § 3.º, *caput*, acrescentado pela Emenda Constitucional n. 19, de 4-6-1998.

I – redução em pelo menos 20% (vinte por cento) das despesas com cargos em comissão e funções de confiança;

•• Inciso I acrescentado pela Emenda Constitucional n. 19, de 4-6-1998.

II – exoneração dos servidores não estáveis.

•• Inciso II acrescentado pela Emenda Constitucional n. 19, de 4-6-1998.

• *Vide* art. 33 da Emenda Constitucional n. 19, de 4-6-1998.

§ 4.º Se as medidas adotadas com base no parágrafo anterior não forem suficientes para assegurar o cumprimento da determinação da lei complementar referida neste artigo, o servidor estável poderá perder o cargo, desde que ato normativo motivado de cada um dos Poderes especifique a atividade funcional, o órgão ou unidade administrativa objeto da redução de pessoal.

•• § 4.º acrescentado pela Emenda Constitucional n. 19, de 4-6-1998.

• *Vide* art. 198, § 6.º, da CF.

§ 5.º O servidor que perder o cargo na forma do parágrafo anterior fará jus a indenização correspondente a um mês de remuneração por ano de serviço.

•• § 5.º acrescentado pela Emenda Constitucional n. 19, de 4-6-1998.

§ 6.º O cargo objeto da redução prevista nos parágrafos anteriores será considerado extinto, vedada a criação de cargo, emprego ou função com atribuições iguais ou assemelhadas pelo prazo de 4 (quatro) anos.

•• § 6.º acrescentado pela Emenda Constitucional n. 19, de 4-6-1998.

§ 7.º Lei federal disporá sobre as normas gerais a serem obedecidas na efetivação do disposto no § 4.º.

•• § 7.º acrescentado pela Emenda Constitucional n. 19, de 4-6-1998.

• *Vide* art. 247 da CF.

• A Lei n. 9.801, de 14-6-1999, dispõe sobre as normas gerais para perda de cargo público por excesso de despesa.

TÍTULO VII
DA ORDEM ECONÔMICA E FINANCEIRA

• Crimes contra a ordem tributária, econômica e contra as relações de consumo: Lei n. 8.137, de 27-12-1990.

• Crimes contra a ordem econômica: Lei n. 8.176, de 8-2-1991.

• Conselho Administrativo de Defesa Econômica – CADE: Lei n. 12.529, de 30-11-2011.

CAPÍTULO I
DOS PRINCÍPIOS GERAIS DA ATIVIDADE ECONÔMICA

Art. 170. A ordem econômica, fundada na valorização do trabalho humano e na livre iniciativa, tem por fim assegurar a todos existência digna, conforme os ditames da justiça social, observados os seguintes princípios:

I – soberania nacional;

II – propriedade privada;

III – função social da propriedade;

IV – livre concorrência;

• *Vide* Súmula Vinculante 49 do STF.

• Prevenção e repressão às infrações contra a ordem econômica: Lei n. 12.529, de 30-11-2011.

V – defesa do consumidor;

• *Vide* Súmula Vinculante 49 do STF.

• CDC: Lei n. 8.078, de 11-9-1990.

• SNDC: Decreto n. 2.181, de 20-3-1997.

- Prevenção e repressão às infrações contra a ordem econômica: Lei n. 12.529, de 30-11-2011.

VI – defesa do meio ambiente, inclusive mediante tratamento diferenciado conforme o impacto ambiental dos produtos e serviços e de seus processos de elaboração e prestação;

•• Inciso VI com redação determinada pela Emenda Constitucional n. 42, de 19-12-2003.

- Lei de Crimes Ambientais: Lei n. 9.605, de 12-2-1998.

VII – redução das desigualdades regionais e sociais;

VIII – busca do pleno emprego;

IX – tratamento favorecido para as empresas de pequeno porte constituídas sob as leis brasileiras e que tenham sua sede e administração no País.

•• Inciso IX com redação determinada pela Emenda Constitucional n. 6, de 15-8-1995.

- A Lei Complementar n. 123, de 14-12-2006, institui o Estatuto Nacional da Microempresa e da Empresa de Pequeno Porte.

Parágrafo único. É assegurado a todos o livre exercício de qualquer atividade econômica, independentemente de autorização de órgãos públicos, salvo nos casos previstos em lei.

- *Vide* Súmula Vinculante 49 do STF.

Art. 171. (*Revogado pela Emenda Constitucional n. 6, de 15-8-1995.*)

Art. 172. A lei disciplinará, com base no interesse nacional, os investimentos de capital estrangeiro, incentivará os reinvestimentos e regulará a remessa de lucros.

Art. 173. Ressalvados os casos previstos nesta Constituição, a exploração direta de atividade econômica pelo Estado só será permitida quando necessária aos imperativos da segurança nacional ou a relevante interesse coletivo, conforme definidos em lei.

§ 1.º A lei estabelecerá o estatuto jurídico da empresa pública, da sociedade de economia mista e de suas subsidiárias que explorem atividade econômica de produção ou comercialização de bens ou de prestação de serviços, dispondo sobre:

•• § 1.º, *caput*, com redação determinada pela Emenda Constitucional n. 19, de 4-6-1998.

•• A Lei n. 13.303, de 30-6-2016, institui o Estatuto Jurídico das Empresas Públicas.

I – sua função social e formas de fiscalização pelo Estado e pela sociedade;

•• Inciso I acrescentado pela Emenda Constitucional n. 19, de 4-6-1998.

II – a sujeição ao regime jurídico próprio das empresas privadas, inclusive quanto aos direitos e obrigações civis, comerciais, trabalhistas e tributários;

•• Inciso II acrescentado pela Emenda Constitucional n. 19, de 4-6-1998.

III – licitação e contratação de obras, serviços, compras e alienações, observados os princípios da administração pública;

•• Inciso III acrescentado pela Emenda Constitucional n. 19, de 4-6-1998.

IV – a constituição e o funcionamento dos conselhos de administração e fiscal, com a participação de acionistas minoritários;

•• Inciso IV acrescentado pela Emenda Constitucional n. 19, de 4-6-1998.

V – os mandatos, a avaliação de desempenho e a responsabilidade dos administradores.

•• Inciso V acrescentado pela Emenda Constitucional n. 19, de 4-6-1998.

§ 2.º As empresas públicas e as sociedades de economia mista não poderão gozar de privilégios fiscais não extensivos às do setor privado.

§ 3.º A lei regulamentará as relações da empresa pública com o Estado e a sociedade.

§ 4.º A lei reprimirá o abuso do poder econômico que vise à dominação dos mercados, à eliminação da concorrência e ao aumento arbitrário dos lucros.

- *Vide* Súmula Vinculante 49 do STF.
- Lei Antitruste e de infrações à ordem econômica: 12.529, de 30-11-2011.

§ 5.º A lei, sem prejuízo da responsabilidade individual dos dirigentes da pessoa jurídica, estabelecerá a responsabilidade desta, sujeitando-a às punições compatíveis com sua natureza, nos atos praticados contra a ordem econômica e financeira e contra a economia popular.

- Intervenção no domínio econômico para assegurar a livre distribuição de produto necessário ao consumo do povo: Lei Delegada n. 4, de 26-9-1962.

Art. 174. Como agente normativo e regulador da atividade econômica, o Estado exercerá, na forma da lei, as funções de fiscalização, incentivo e planejamento, sendo este determinante para o setor público e indicativo para o setor privado.

§ 1.º A lei estabelecerá as diretrizes e bases do planejamento do desenvolvimento nacional equilibrado, o qual incorporará e compatibilizará os planos nacionais e regionais de desenvolvimento.

§ 2.º A lei apoiará e estimulará o cooperativismo e outras formas de associativismo.

§ 3.º O Estado favorecerá a organização da atividade garimpeira em cooperativas, levando em conta a proteção do meio ambiente e a promoção econômico-social dos garimpeiros.

- A Lei n. 11.685, de 2-6-2008, institui o Estatuto do Garimpeiro.

§ 4.º As cooperativas a que se refere o parágrafo anterior terão prioridade na autorização ou concessão para pesquisa e lavra dos recursos e jazidas de minerais garimpáveis, nas áreas onde estejam atuando, e naquelas fixadas de acordo com o art. 21, XXV, na forma da lei.

Art. 175. Incumbe ao Poder Público, na forma da lei, diretamente ou sob regime de concessão ou permissão, sempre através de licitação, a prestação de serviços públicos.

•• Regime de concessão e permissão da prestação de serviços públicos previsto neste artigo: Lei n. 8.987, de 13-2-1995.

- Licitações e Contratos da Administração Pública: Lei n. 8.666, de 21-6-1993.
- Outorga e prorrogações das concessões e permissões de serviços públicos: Lei n. 9.074, de 7-7-1995.
- Parceria público-privada: Lei n. 11.079, de 30-12-2004.

Parágrafo único. A lei disporá sobre:

I – o regime das empresas concessionárias e permissionárias de serviços públicos, o caráter especial de seu contrato e de sua prorrogação, bem como as condições de caducidade, fiscalização e rescisão da concessão ou permissão;

II – os direitos dos usuários;

III – política tarifária;

IV – a obrigação de manter serviço adequado.

Art. 176. As jazidas, em lavra ou não, e demais recursos minerais e os potenciais de energia hidráulica constituem propriedade distinta da do solo, para efeito de exploração ou aproveitamento, e pertencem à União, garantida ao concessionário a propriedade do produto da lavra.

§ 1.º A pesquisa e a lavra de recursos minerais e o aproveitamento dos potenciais a que se refere o *caput* deste artigo somente poderão ser efetuados mediante autorização ou concessão da União, no interesse nacional, por brasileiros ou empresa constituída sob as leis brasileiras e que tenha sua sede e administração no País, na forma da lei, que estabelecerá as condições específicas quando essas atividades se desenvolverem em faixa de fronteira ou terras indígenas.

•• § 1.º com redação determinada pela Emenda Constitucional n. 6, de 15-8-1995.

§ 2.º É assegurada participação ao proprietário do solo nos resultados da lavra, na forma e no valor que dispuser a lei.

•• Regulamento: Lei n. 8.901, de 30-6-1994.

§ 3.º A autorização de pesquisa será sempre por prazo determinado, e as autorizações e concessões previstas neste artigo não poderão ser cedidas ou transferidas, total ou parcialmente, sem prévia anuência do poder concedente.

§ 4.º Não dependerá de autorização ou concessão o aproveitamento do potencial de energia renovável de capacidade reduzida.

Art. 177. Constituem monopólio da União:

I – a pesquisa e a lavra das jazidas de petróleo e gás natural e outros hidrocarbonetos fluidos;

• A Lei n. 11.909, de 4-3-2009, dispõe sobre as atividades relativas ao transporte de gás natural, de que trata este artigo.

II – a refinação do petróleo nacional ou estrangeiro;

• A Lei n. 9.478, de 6-8-1997, dispõe sobre a Política Energética Nacional, e as atividades relativas ao monopólio do petróleo, e institui o Conselho Nacional de Política Energética e a Agência Nacional do Petróleo.

III – a importação e exportação dos produtos e derivados básicos resultantes das atividades previstas nos incisos anteriores;

•• A Lei n. 11.909, de 4-3-2009, institui normas para a exploração das atividades econômicas de transporte de gás natural por meio de condutos e da importação e exportação de gás natural, de que tratam os incisos III e IV do *caput* deste artigo, bem como para a exploração das atividades de tratamento, processamento, estocagem, liquefação, regaseificação e comercialização de gás natural.

IV – o transporte marítimo do petróleo bruto de origem nacional ou de derivados básicos de petróleo produzidos no País, bem assim o transporte, por meio de conduto, de petróleo bruto, seus derivados e gás natural de qualquer origem;

•• *Vide* nota ao inciso anterior.

V – a pesquisa, a lavra, o enriquecimento, o reprocessamento, a industrialização e o comércio de minérios e minerais nucleares e seus derivados, com exceção dos radioisótopos cuja produção, comercialização e utilização poderão ser autorizadas sob regime de permissão, conforme as alíneas *b* e *c* do inciso XXIII do *caput* do art. 21 desta Constituição Federal.

•• Inciso V com redação determinada pela Emenda Constitucional n. 49, de 8-2-2006.

§ 1.º A União poderá contratar com empresas estatais ou privadas a realização das atividades previstas nos incisos I a IV deste artigo, observadas as condições estabelecidas em lei.

•• § 1.º com redação determinada pela Emenda Constitucional n. 9, de 9-11-1995.

§ 2.º A lei a que se refere o § 1.º disporá sobre:

•• § 2.º, *caput*, acrescentado pela Emenda Constitucional n. 9, de 9-11-1995.

• A Lei n. 9.478, de 6-8-1997, dispõe sobre a política energética nacional, as atividades relativas ao monopólio do petróleo, institui o Conselho Nacional de Política Energética e a Agência Nacional do Petróleo.

I – a garantia do fornecimento dos derivados de petróleo em todo o território nacional;

•• Inciso I acrescentado pela Emenda Constitucional n. 9, de 9-11-1995.

II – as condições de contratação;

•• Inciso II acrescentado pela Emenda Constitucional n. 9, de 9-11-1995.

III – a estrutura e atribuições do órgão regulador do monopólio da União.

•• Inciso III acrescentado pela Emenda Constitucional n. 9, de 9-11-1995.

§ 3.º A lei disporá sobre o transporte e a utilização de materiais radioativos no território nacional.

•• Primitivo § 2.º renumerado por determinação da Emenda Constitucional n. 9, de 9-11-1995.

§ 4.º A lei que instituir contribuição de intervenção no domínio econômico relativa às atividades de importação ou comercialização de petróleo e seus derivados, gás natural e seus derivados e álcool combustível deverá atender aos seguintes requisitos:

•• § 4.º, *caput*, acrescentado pela Emenda Constitucional n. 33, de 11-12-2001.

•• A Lei n. 10.336, de 19-12-2001, institui a Contribuição de Intervenção no Domínio Econômico incidente sobre a importação e a comercialização de petróleo e seus derivados, gás natural e seus derivados e álcool etílico combustível (CIDE) a que se refere este parágrafo.

I – a alíquota da contribuição poderá ser:

•• Inciso I, *caput*, acrescentado pela Emenda Constitucional n. 33, de 11-12-2001.

a) diferenciada por produto ou uso;

•• Alínea *a* acrescentada pela Emenda Constitucional n. 33, de 11-12-2001.

b) reduzida e restabelecida por ato do Poder Executivo, não se lhe aplicando o disposto no art. 150, III, *b*;

•• Alínea *b* acrescentada pela Emenda Constitucional n. 33, de 11-12-2001.

II – os recursos arrecadados serão destinados:

•• Inciso II, *caput*, acrescentado pela Emenda Constitucional n. 33, de 11-12-2001.

•• O STF, na ADI n. 2.925-8, de 19-12-2003 (*DOU* de 4-4-2005), dá interpretação conforme a CF a este inciso, "no sentido de que a abertura de crédito suplementar deve ser destinada às três finalidades enumeradas" nas alíneas a seguir.

a) ao pagamento de subsídios a preços ou transporte de álcool combustível, gás natural e seus derivados e derivados de petróleo;

•• Alínea *a* acrescentada pela Emenda Constitucional n. 33, de 11-12-2001.

b) ao financiamento de projetos ambientais relacionados com a indústria do petróleo e do gás;

•• Alínea *b* acrescentada pela Emenda Constitucional n. 33, de 11-12-2001.

c) ao financiamento de programas de infraestrutura de transportes.

•• Alínea *c* acrescentada pela Emenda Constitucional n. 33, de 11-12-2001.

•• *Vide* art. 159, III, da CF.

Art. 178. A lei disporá sobre a ordenação dos transportes aéreo, aquático e terrestre, devendo, quanto à ordenação do transporte internacional, observar os acordos firmados pela União, atendido o princípio da reciprocidade.

•• *Caput* com redação determinada pela Emenda Constitucional n. 7, de 15-8-1995.

• A Lei n. 9.611, de 19-2-1998, dispõe sobre o transporte multimodal de cargas.

• A Lei n. 10.233, de 5-6-2001, dispõe sobre a reestruturação dos transportes aquaviário e terrestre, cria o Conselho Nacional de Integração de Políticas de Transportes Terrestres, a Agência Nacional de Transportes Aquaviários e o Departamento Nacional de Infraestrutura de Transportes, e dá outras providências.

• O Decreto n. 5.910, de 27-9-2006, promulga a Convenção para a Unificação de Certas Regras Relativas ao Transporte Aéreo Internacional, celebrada em Montreal em 28-5-1999.

Parágrafo único. Na ordenação do transporte aquático, a lei estabelecerá as condições em que o transporte de mercadorias na cabotagem e a navegação interior poderão ser feitos por embarcações estrangeiras.

•• Parágrafo único com redação determinada pela Emenda Constitucional n. 7, de 15-8-1995.

Art. 179. A União, os Estados, o Distrito Federal e os Municípios dispensarão às microempresas e às empresas de pequeno porte, assim definidas em lei, tratamento jurídico diferenciado, visando a incentivá-las pela simplificação de suas obrigações administrativas, tributárias, previdenciárias e creditícias, ou pela eliminação ou redução destas por meio de lei.

• A Lei Complementar n. 123, de 14-12-2006, institui o Estatuto Nacional da Microempresa e da Empresa de Pequeno Porte.

Art. 180. A União, os Estados, o Distrito Federal e os Municípios promoverão e incentivarão o turismo como fator de desenvolvimento social e econômico.

• A Lei n. 11.771, de 17-9-2008, dispõe sobre a Política Nacional de Turismo, define as atribuições do Governo Federal no planejamento, desenvolvimento e estímulo ao setor turístico.

Art. 181. O atendimento de requisição de documento ou informação de natureza comercial, feita por autoridade administrativa ou judiciária estrangeira, a pessoa física ou jurídica residente ou domiciliada no País dependerá de autorização do Poder competente.

Capítulo II
DA POLÍTICA URBANA

Art. 182. A política de desenvolvimento urbano, executada pelo Poder Público municipal, conforme diretrizes gerais fixadas em lei, tem por objetivo ordenar o pleno desenvolvimento das funções sociais da cidade e garantir o bem-estar de seus habitantes.

•• Regulamento: Lei n. 10.257, de 10-7-2001.

• A Lei n. 13.425, de 30-3-2017, "Lei Boate Kiss", estabelece diretrizes gerais sobre medidas de prevenção e combate a incêndio e a desastres em estabelecimentos, edificações e áreas de reunião de público.

§ 1.º O plano diretor, aprovado pela Câmara Municipal, obrigatório para cidades com mais de vinte mil habitantes, é o instrumento básico da política de desenvolvimento e de expansão urbana.

§ 2.º A propriedade urbana cumpre sua função social quando atende às exigências fundamentais de ordenação da cidade expressas no plano diretor.

§ 3.º As desapropriações de imóveis urbanos serão feitas com prévia e justa indenização em dinheiro.

§ 4.º É facultado ao Poder Público municipal, mediante lei específica para área incluída no plano diretor, exigir, nos termos da lei federal, do proprietário do solo urbano não edificado, subutilizado ou não utilizado, que promova seu adequado aproveitamento, sob pena, sucessivamente, de:

I – parcelamento ou edificação compulsórios;

II – imposto sobre a propriedade predial e territorial urbana progressivo no tempo;

III – desapropriação com pagamento mediante títulos da dívida pública de emissão previamente aprovada pelo Senado Federal, com prazo de resgate de até dez anos, em parcelas anuais, iguais e sucessivas, assegurados o valor real da indenização e os juros legais.

Art. 183. Aquele que possuir como sua área urbana de até duzentos e cinquenta metros quadrados, por cinco anos, ininterruptamente e sem oposição, utilizando-a para sua moradia ou de sua família, adquirir-lhe-á o domínio, desde que não seja proprietário de outro imóvel urbano ou rural.

•• Regulamento: Lei n. 10.257, de 10-7-2001.

§ 1.º O título de domínio e a concessão de uso serão conferidos ao homem ou à mulher, ou a ambos, independentemente do estado civil.

•• A Medida Provisória n. 2.220, de 4-9-2001, dispõe sobre a concessão de uso especial, de que trata este parágrafo.

§ 2.º Esse direito não será reconhecido ao mesmo possuidor mais de uma vez.

§ 3.º Os imóveis públicos não serão adquiridos por usucapião.

• O CC dispõe em seu art. 102: " Os bens públicos não estão sujeitos a usucapião".

Capítulo III
DA POLÍTICA AGRÍCOLA E FUNDIÁRIA E DA REFORMA AGRÁRIA

•• Estatuto da Terra: Lei n. 4.504, de 30-11-1964.

•• Princípios da política agrícola: Lei n. 8.174, de 30-1-1991.

•• A Lei n. 8.629, de 25-2-1993, dispõe sobre a regulamentação dos dispositivos constitucionais relativos à reforma agrária prevista neste Capítulo.

Art. 184. Compete à União desapropriar por interesse social, para fins de reforma agrária, o imóvel rural que não esteja cumprindo sua função social, mediante prévia e justa indenização em títulos da dívida agrária, com cláusula de preservação do valor real, resgatáveis no prazo de até vinte anos, a partir do segundo ano de sua emissão, e cuja utilização será definida em lei.

§ 1.º As benfeitorias úteis e necessárias serão indenizadas em dinheiro.

§ 2.º O decreto que declarar o imóvel como de interesse social, para fins de reforma agrária, autoriza a União a propor a ação de desapropriação.

§ 3.º Cabe à lei complementar estabelecer procedimento contraditório especial, de rito sumário, para o processo judicial de desapropriação.

•• A Lei Complementar n. 76, de 6-7-1993, dispõe sobre o procedimento contraditório especial, de rito sumário, para o processo de desapropriação de imóvel rural, por interesse social, para fins de reforma agrária.

§ 4.º O orçamento fixará anualmente o volume total de títulos da dívida agrária, assim como o montante de recursos para atender ao programa de reforma agrária no exercício.

§ 5.º São isentas de impostos federais, estaduais e municipais as operações de transferência de imóveis desapropriados para fins de reforma agrária.

Art. 185. São insuscetíveis de desapropriação para fins de reforma agrária:

I – a pequena e média propriedade rural, assim definida em lei, desde que seu proprietário não possua outra;

II – a propriedade produtiva.

Parágrafo único. A lei garantirá tratamento especial à propriedade produtiva e fixará normas para o cumprimento dos requisitos relativos a sua função social.

Art. 186. A função social é cumprida quando a propriedade rural atende, simultaneamente, segundo critérios e graus de exigência estabelecidos em lei, aos seguintes requisitos:

I – aproveitamento racional e adequado;

II – utilização adequada dos recursos naturais disponíveis e preservação do meio ambiente;

III – observância das disposições que regulam as relações de trabalho;

IV – exploração que favoreça o bem-estar dos proprietários e dos trabalhadores.

Art. 187. A política agrícola será planejada e executada na forma da lei, com a participação efetiva do setor de produção, envolvendo produtores e trabalhadores rurais, bem como dos setores de comercialização, de armazenamento e de transportes, levando em conta, especialmente:

• A Lei n. 8.171, de 17-1-1991, dispõe sobre a Política Agrícola.

I – os instrumentos creditícios e fiscais;

II – os preços compatíveis com os custos de produção e a garantia de comercialização;

III – o incentivo à pesquisa e à tecnologia;

IV – a assistência técnica e extensão rural;

V – o seguro agrícola;

VI – o cooperativismo;

VII – a eletrificação rural e irrigação;

VIII – a habitação para o trabalhador rural.

§ 1.º Incluem-se no planejamento agrícola as atividades agroindustriais, agropecuárias, pesqueiras e florestais.

§ 2.º Serão compatibilizadas as ações de política agrícola e de reforma agrária.

Art. 188. A destinação de terras públicas e devolutas será compatibilizada com a política agrícola e com o plano nacional de reforma agrária.

§ 1.º A alienação ou a concessão, a qualquer título, de terras públicas com área superior a dois mil e quinhentos hectares a pessoa física ou jurídica, ainda que por interposta pessoa, dependerá de prévia aprovação do Congresso Nacional.

• A Instrução Normativa n. 63, de 11-10-2010, do Instituto Nacional de Colonização Agrícola, dispõe sobre o procedimento administrativo de ratificação das alienações e concessões de terras devolutas feitas pelos Estados na faixa de fronteira.

§ 2.º Excetuam-se do disposto no parágrafo anterior as alienações ou as concessões de terras públicas para fins de reforma agrária.

Art. 189. Os beneficiários da distribuição de imóveis rurais pela reforma agrária receberão títulos de domínio ou de concessão de uso, inegociáveis pelo prazo de dez anos.

Parágrafo único. O título de domínio e a concessão de uso serão conferidos ao homem ou à mulher, ou a ambos, independentemente do estado civil, nos termos e condições previstos em lei.

Art. 190. A lei regulará e limitará a aquisição ou o arrendamento de propriedade rural por pessoa física ou jurídica estrangeira e estabelecerá os casos que dependerão de autorização do Congresso Nacional.

Art. 191. Aquele que, não sendo proprietário de imóvel rural ou urbano, possua como seu, por cinco anos ininterruptos, sem oposição, área de terra, em zona rural, não superior a cinquenta hectares, tornando-a produtiva por seu trabalho ou de sua família, tendo nela sua moradia, adquirir-lhe-á a propriedade.

Parágrafo único. Os imóveis públicos não serão adquiridos por usucapião.

• O CC dispõe em seu art. 102: " Os bens públicos não estão sujeitos a usucapião".

Capítulo IV
DO SISTEMA FINANCEIRO NACIONAL

• Dos crimes contra o sistema financeiro: Lei n. 7.492, de 16-6-1986.

• A Lei n. 9.613, de 3-3-1998, dispõe sobre os crimes de lavagem ou ocultação de bens, direitos e valores, a prevenção da utilização do sistema financeiro para os ilícitos previstos nesta Lei e cria o COAF, cujo Estatuto foi aprovado pelo Decreto n. 2.799, de 8-10-1998.

Art. 192. O sistema financeiro nacional, estruturado de forma a promover o desenvolvimento equilibrado do País e a servir aos interesses da coletividade, em todas as partes que o compõem, abrangendo as cooperativas de crédito, será regulado por leis complementares que disporão, inclusive, sobre a participação do capital estrangeiro nas instituições que o integram.

•• *Caput* com redação determinada pela Emenda Constitucional n. 40, de 29-5-2003.

• O Decreto n. 8.652, de 28-1-2016, dispõe sobre o Conselho de Recursos do Sistema Financeiro Nacional.

I a III – (*Revogados pela Emenda Constitucional n. 40, de 29-5-2003.*)

a) e *b*) (*Revogadas pela Emenda Constitucional n. 40, de 29-5-2003.*)

IV a VIII – (*Revogados pela Emenda Constitucional n. 40, de 29-5-2003.*)

§§ 1.º a 3.º (*Revogados pela Emenda Constitucional n. 40, de 29-5-2003.*)

Título VIII
DA ORDEM SOCIAL

Capítulo I
DISPOSIÇÃO GERAL

Art. 193. A ordem social tem como base o primado do trabalho, e como objetivo o bem-estar e a justiça sociais.

Capítulo II
DA SEGURIDADE SOCIAL

• Organização da seguridade social, Plano de Custeio: Lei n. 8.212, de 24-7-1991, regulamentada pelo Decreto n. 3.048, de 6-5-1999.

Seção I
Disposições Gerais

Art. 194. A seguridade social compreende um conjunto integrado de ações de iniciativa dos Poderes Públicos e da sociedade, destinadas a assegurar os direitos relativos à saúde, à previdência e à assistência social.

Parágrafo único. Compete ao Poder Público, nos termos da lei, organizar a seguridade social, com base nos seguintes objetivos:

I – universalidade da cobertura e do atendimento;

II – uniformidade e equivalência dos benefícios e serviços às populações urbanas e rurais;

III – seletividade e distributividade na prestação dos benefícios e serviços;

IV – irredutibilidade do valor dos benefícios;

V – equidade na forma de participação no custeio;

VI – diversidade da base de financiamento;

VII – caráter democrático e descentralizado da administração, mediante gestão quadripartite, com participação dos trabalhadores, dos empregadores, dos aposentados e do Governo nos órgãos colegiados.

•• Inciso VII com redação determinada pela Emenda Constitucional n. 20, de 15-12-1998.

Art. 195. A seguridade social será financiada por toda a sociedade, de forma direta e indireta, nos termos da lei, mediante recursos provenientes dos orçamentos da União, dos Estados, do Distrito Federal e dos Municípios, e das seguintes contribuições sociais:

• *Vide* art. 240 da CF.

I – do empregador, da empresa e da entidade a ela equiparada na forma da lei, incidentes sobre:

•• Inciso I, *caput*, com redação determinada pela Emenda Constitucional n. 20, de 15-12-1998.

a) a folha de salários e demais rendimentos do trabalho pagos ou creditados, a qualquer título, à pessoa física que lhe preste serviço, mesmo sem vínculo empregatício;

•• Alínea *a* acrescentada pela Emenda Constitucional n. 20, de 15-12-1998.

• *Vide* art. 114, VIII, da CF.

b) a receita ou o faturamento;

•• Alínea *b* acrescentada pela Emenda Constitucional n. 20, de 15-12-1998.

c) o lucro;

•• Alínea *c* acrescentada pela Emenda Constitucional n. 20, de 15-12-1998.

II – do trabalhador e dos demais segurados da previdência social, não incidindo contribuição sobre aposentadoria e pensão concedidas pelo regime geral de previdência social de que trata o art. 201;

•• Inciso II com redação determinada pela Emenda Constitucional n. 20, de 15-12-1998.

III – sobre a receita de concursos de prognósticos;

IV – do importador de bens ou serviços do exterior, ou de quem a lei a ele equiparar.

•• Inciso IV acrescentado pela Emenda Constitucional n. 42, de 19-12-2003.

§ 1.º As receitas dos Estados, do Distrito Federal e dos Municípios destinadas à seguridade social constarão dos respectivos orçamentos, não integrando o orçamento da União.

§ 2.º A proposta de orçamento da seguridade social será elaborada de forma integrada pelos órgãos responsáveis pela saúde, previdência social e assistência social, tendo em vista as metas e prioridades estabelecidas na lei de diretrizes orçamentárias, assegurada a cada área a gestão de seus recursos.

§ 3.º A pessoa jurídica em débito com o sistema da seguridade social, como estabelecido em lei, não poderá contratar com o Poder Público nem dele receber benefícios ou incentivos fiscais ou creditícios.

§ 4.º A lei poderá instituir outras fontes destinadas a garantir a manutenção ou expansão da seguridade social, obedecido o disposto no art. 154, I.

• A Lei n. 9.876, de 26-11-1999, dispõe sobre a contribuição previdenciária do contribuinte individual e o cálculo do benefício.

§ 5.º Nenhum benefício ou serviço da seguridade social poderá ser criado, majorado ou estendido sem a correspondente fonte de custeio total.

§ 6.º As contribuições sociais de que trata este artigo só poderão ser exigidas após decorridos noventa dias da data da publicação da lei que as houver instituído ou modificado, não se lhes aplicando o disposto no art. 150, III, *b*.

• *Vide* arts. 74, § 4.º, e 75, § 1.º, do ADCT.

• *Vide* Súmula Vinculante 50 do STF.

§ 7.º São isentas de contribuição para a seguridade social as entidades beneficentes de assistência social que atendam às exigências estabelecidas em lei.

§ 8.º O produtor, o parceiro, o meeiro e o arrendatário rurais e o pescador artesanal, bem como os respectivos cônjuges, que exerçam suas atividades em regime de economia familiar, sem empregados permanentes, contribuirão para a seguridade social mediante a aplicação de uma alíquota sobre o resultado da comercialização da produção e farão jus aos benefícios nos termos da lei.

•• § 8.º com redação determinada pela Emenda Constitucional n. 20, de 15-12-1998.

§ 9.º As contribuições sociais previstas no inciso I do *caput* deste artigo poderão ter alíquotas ou bases de cálculo diferenciadas, em razão da atividade econômica, da utilização intensiva de mão de obra, do porte da empresa ou da condição estrutural do mercado de trabalho.

•• § 9.º com redação determinada pela Emenda Constitucional n. 47, de 5-7-2005, em vigor na data de sua publicação, com efeitos retroativos à data de vigência da Emenda Constitucional n. 41, de 19-12-2003 (*DOU* de 31-12-2003).

§ 10. A lei definirá os critérios de transferência de recursos para o sistema único de saúde e ações de assistência social da União para os Estados, o Distrito Federal e os Municípios, e dos Estados para os Municípios, observada a respectiva contrapartida de recursos.

•• § 10 acrescentado pela Emenda Constitucional n. 20, de 15-12-1998.

§ 11. É vedada a concessão de remissão ou anistia das contribuições sociais de que tratam os incisos I, *a*, e II deste artigo, para débitos em montante superior ao fixado em lei complementar.

•• § 11 acrescentado pela Emenda Constitucional n. 20, de 15-12-1998.

§ 12. A lei definirá os setores de atividade econômica para os quais as contribuições incidentes na forma dos incisos I, *b*; e IV do *caput*, serão não cumulativas.

•• § 12 acrescentado pela Emenda Constitucional n. 42, de 19-12-2003.

§ 13. Aplica-se o disposto no § 12 inclusive na hipótese de substituição gradual, total ou parcial, da contribuição incidente na forma do inciso I, *a*, pela incidente sobre a receita ou o faturamento.

•• § 13 acrescentado pela Emenda Constitucional n. 42, de 19-12-2003.

Seção II
Da Saúde

• Promoção gratuita da saúde por meio de organizações da sociedade civil de interesse público: Lei n. 9.790, de 23-3-1999.

- Fundo Nacional de Saúde: Decreto n. 3.964, de 10-10-2001.
- A Portaria n. 1.820, de 13-8-2009, do Ministério da Saúde, dispõe sobre os direitos e deveres dos usuários da saúde.
- A Lei n. 12.732, de 22-11-2012, dispõe sobre o primeiro tratamento de paciente com neoplasia maligna comprovada e estabelece prazo para seu início.

Art. 196. A saúde é direito de todos e dever do Estado, garantido mediante políticas sociais e econômicas que visem à redução do risco de doença e de outros agravos e ao acesso universal igualitário às ações e serviços para sua promoção, proteção e recuperação.

Art. 197. São de relevância pública as ações e serviços de saúde, cabendo ao Poder Público dispor, nos termos da lei, sobre sua regulamentação, fiscalização e controle, devendo sua execução ser feita diretamente ou através de terceiros e, também, por pessoa física ou jurídica de direito privado.

Art. 198. As ações e serviços públicos de saúde integram uma rede regionalizada e hierarquizada e constituem um sistema único, organizado de acordo com as seguintes diretrizes:

I – descentralização, com direção única em cada esfera de governo;

II – atendimento integral, com prioridade para as atividades preventivas, sem prejuízo dos serviços assistenciais;

III – participação da comunidade.

§ 1.º O sistema único de saúde será financiado, nos termos do art. 195, com recursos do orçamento da seguridade social, da União, dos Estados, do Distrito Federal e dos Municípios, além de outras fontes.

•• Primitivo parágrafo único renumerado pela Emenda Constitucional n. 29, de 13-9-2000.

§ 2.º A União, os Estados, o Distrito Federal e os Municípios aplicarão, anualmente, em ações e serviços públicos de saúde recursos mínimos derivados da aplicação de percentuais calculados sobre:

•• § 2.º, *caput*, acrescentado pela Emenda Constitucional n. 29, de 13-9-2000.

I – no caso da União, a receita corrente líquida do respectivo exercício financeiro, não podendo ser inferior a 15% (quinze por cento);

•• Inciso I com redação determinada pela Emenda Constitucional n. 86, de 17-3-2015, produzindo efeitos a partir da execução orçamentária do exercício de 2014.

•• *Vide* art. 110, I, do ADCT.

•• *Vide* art. 3.º da Emenda Constitucional n. 86, de 17-3-2015.

II – no caso dos Estados e do Distrito Federal, o produto da arrecadação dos impostos a que se refere o art. 155 e dos recursos de que tratam os arts. 157 e 159, I, *a*, e inciso II, deduzidas as parcelas que forem transferidas aos respectivos Municípios;

•• Inciso II acrescentado pela Emenda Constitucional n. 29, de 13-9-2000.

III – no caso dos Municípios e do Distrito Federal, o produto da arrecadação dos impostos a que se refere o art. 156 e dos recursos de que tratam os arts. 158 e 159, I, *b* e § 3.º.

•• Inciso III acrescentado pela Emenda Constitucional n. 29, de 13-9-2000.

§ 3.º Lei complementar, que será reavaliada pelo menos a cada cinco anos, estabelecerá:

•• § 3.º, *caput*, acrescentado pela Emenda Constitucional n. 29, de 13-9-2000.

•• § 3.º regulamentado pela Lei Complementar n. 141, de 13-1-2012.

I – os percentuais de que tratam os incisos II e III do § 2.º;

•• Inciso I com redação determinada pela Emenda Constitucional n. 86, de 17-3-2015, produzindo efeitos a partir da execução orçamentária do exercício de 2014.

II – os critérios de rateio dos recursos da União vinculados à saúde destinados aos Estados, ao Distrito Federal e aos Municípios, e dos Estados destinados a seus respectivos Municípios, objetivando a progressiva redução das disparidades regionais;

•• Inciso II acrescentado pela Emenda Constitucional n. 29, de 13-9-2000.

III – as normas de fiscalização, avaliação e controle das despesas com saúde nas esferas federal, estadual, distrital e municipal;

•• Inciso III acrescentado pela Emenda Constitucional n. 29, de 13-9-2000.

IV – (*Revogado pela Emenda Constitucional n. 86, de 17-3-2015, produzindo efeitos a partir da execução orçamentária do exercício de 2014.*)

§ 4.º Os gestores locais do sistema único de saúde poderão admitir agentes comunitários de saúde e agentes de combate às endemias por meio de processo seletivo público, de acordo com a natureza e complexidade de suas atribuições e requisitos específicos para sua atuação.

•• § 4.º acrescentado pela Emenda Constitucional n. 51, de 14-2-2006.

•• *Vide* art. 2.º, parágrafo único, da Emenda Constitucional n. 51, de 14-2-2006.

§ 5.º Lei federal disporá sobre o regime jurídico, o piso salarial profissional nacional, as diretrizes para os Planos de Carreira e a regulamentação das atividades de agente comunitário de saúde e agente de combate às endemias, competindo à União, nos termos da lei, prestar assistência financeira complementar aos Estados, ao Distrito Federal e aos Municípios, para o cumprimento do referido piso salarial.

•• § 5.º com redação determinada pela Emenda Constitucional n. 63, de 4-2-2010.

•• § 5.º regulamentado pela Lei n. 11.350, de 5-10-2006.

§ 6.º Além das hipóteses previstas no § 1.º do art. 41 e no § 4.º do art. 169 da Constituição Federal, o servidor que exerça funções equivalentes às de agente comunitário de saúde ou de agente de combate às endemias poderá perder o cargo em caso de descumprimento dos requisitos específicos, fixados em lei, para o seu exercício.

•• § 6.º acrescentado pela Emenda Constitucional n. 51, de 14-2-2006.

Art. 199. A assistência à saúde é livre à iniciativa privada.

- Planos e seguros privados de assistência à saúde: Lei n. 9.656, de 3-6-1998.

§ 1.º As instituições privadas poderão participar de forma complementar do sistema único de saúde, segundo diretrizes deste, mediante contrato de direito público ou convênio, tendo preferência as entidades filantrópicas e as sem fins lucrativos.

§ 2.º É vedada a destinação de recursos públicos para auxílios ou subvenções às instituições privadas com fins lucrativos.

§ 3.º É vedada a participação direta ou indireta de empresas ou capitais estrangeiros na assistência à saúde no País, salvo nos casos previstos em lei.

§ 4.º A lei disporá sobre as condições e os requisitos que facilitem a remoção de órgãos, tecidos e substâncias humanas para fins de transplante, pesquisa e tratamento, bem como a coleta, processamento e transfusão de sangue e seus derivados, sendo vedado todo tipo de comercialização.

•• Regulamento: Lei n. 10.205, de 21-3-2001.

• Lei n. 9.434, de 4-2-1997, e Decreto n. 9.175, de 18-10-2017: Remoção de órgãos, tecidos e partes do corpo humano para transplante e tratamento.

Art. 200. Ao sistema único de saúde compete, além de outras atribuições, nos termos da lei:

• SUS: Leis n. 8.080, de 19-9-1990, e n. 8.142, de 28-12-1990.

I – controlar e fiscalizar procedimentos, produtos e substâncias de interesse para a saúde e participar da produção de medicamentos, equipamentos, imunobiológicos, hemoderivados e outros insumos;

• As Leis n. 9.677, de 2-7-1998, e n. 9.695, de 20-8-1998, incluíram na classificação dos delitos considerados hediondos determinados crimes contra a saúde pública.

II – executar as ações de vigilância sanitária e epidemiológica, bem como as de saúde do trabalhador;

III – ordenar a formação de recursos humanos na área de saúde;

IV – participar da formulação da política e da execução das ações de saneamento básico;

V – incrementar, em sua área de atuação, o desenvolvimento científico e tecnológico e a inovação;

•• Inciso V com redação determinada pela Emenda Constitucional n. 85, de 26-2-2015.

VI – fiscalizar e inspecionar alimentos, compreendido o controle de seu teor nutricional, bem como bebidas e águas para consumo humano;

VII – participar do controle e fiscalização da produção, transporte, guarda e utilização de substâncias e produtos psicoativos, tóxicos e radioativos;

VIII – colaborar na proteção do meio ambiente, nele compreendido o do trabalho.

Seção III
Da Previdência Social

• Planos de benefícios da previdência social: Lei n. 8.213, de 24-7-1991, regulamentada pelo Decreto n. 3.048, de 6-5-1999.

Art. 201. A previdência social será organizada sob a forma de regime geral, de caráter contributivo e de filiação obrigatória, observados critérios que preservem o equilíbrio financeiro e atuarial, e atenderá, nos termos da lei, a:

•• *Caput* com redação determinada pela Emenda Constitucional n. 20, de 15-12-1998.

• *Vide* art. 14 da Emenda Constitucional n. 20, de 15-12-1998.

• *Vide* art. 4.º, parágrafo único, da Emenda Constitucional n. 41, de 19-12-2003.

I – cobertura dos eventos de doença, invalidez, morte e idade avançada;

•• Inciso I com redação determinada pela Emenda Constitucional n. 20, de 15-12-1998.

II – proteção à maternidade, especialmente à gestante;

•• Inciso II com redação determinada pela Emenda Constitucional n. 20, de 15-12-1998.

III – proteção ao trabalhador em situação de desemprego involuntário;

•• Inciso III com redação determinada pela Emenda Constitucional n. 20, de 15-12-1998.

•• A Lei n. 7.998, de 11-1-1990, regulamenta o Programa do Seguro-Desemprego, o Abono Salarial e institui o Fundo de Amparo ao Trabalhador.

IV – salário-família e auxílio-reclusão para os dependentes dos segurados de baixa renda;

•• Inciso IV com redação determinada pela Emenda Constitucional n. 20, de 15-12-1998.

V – pensão por morte do segurado, homem ou mulher, ao cônjuge ou companheiro e dependentes, observado o disposto no § 2.º.

•• Inciso V com redação determinada pela Emenda Constitucional n. 20, de 15-12-1998.

§ 1.º É vedada a adoção de requisitos e critérios diferenciados para a concessão de aposentadoria aos beneficiários do regime geral de previdência social, ressalvados os casos de atividades exercidas sob condições especiais que prejudiquem a saúde ou a integridade física e quando se tratar de segurados portadores de deficiência, nos termos definidos em lei complementar.

•• § 1.º com redação determinada pela Emenda Constitucional n. 47, de 5-7-2005, em vigor na data de sua publicação, com efeitos retroativos à data de vigência da Emenda Constitucional n. 41, de 19-12-2003.

•• § 1.º regulamentado pela Lei Complementar n. 142, de 8-5-2013, no tocante à aposentadoria da pessoa com deficiência segurada do Regime Geral de Previdência Social – RGPS.

• *Vide* art. 15 da Emenda Constitucional n. 20, de 15-12-1998.

§ 2.º Nenhum benefício que substitua o salário de contribuição ou o rendimento do trabalho do segurado terá valor mensal inferior ao salário mínimo.

•• § 2.º com redação determinada pela Emenda Constitucional n. 20, de 15-12-1998.

§ 3.º Todos os salários de contribuição considerados para o cálculo de benefício serão devidamente atualizados, na forma da lei.

•• § 3.º com redação determinada pela Emenda Constitucional n. 20, de 15-12-1998.

§ 4.º É assegurado o reajustamento dos benefícios para preservar-lhes, em caráter permanente, o valor real, conforme critérios definidos em lei.

•• § 4.º com redação determinada pela Emenda Constitucional n. 20, de 15-12-1998.

§ 5.º É vedada a filiação ao regime geral de previdência social, na qualidade de segurado facultativo, de pessoa participante de regime próprio de previdência.

•• § 5.º com redação determinada pela Emenda Constitucional n. 20, de 15-12-1998.

§ 6.º A gratificação natalina dos aposentados e pensionistas terá por base o valor dos proventos do mês de dezembro de cada ano.

•• § 6.º com redação determinada pela Emenda Constitucional n. 20, de 15-12-1998.

• Sobre gratificação de natal (13.º salário): Lei n. 4.090, de 13-7-1962, Lei n. 4.749, de 12-8-1965, Decreto n. 57.155, de 3-11-1965, e Decreto n. 63.912, de 26-12-1968.

§ 7.º É assegurada aposentadoria no regime geral de previdência social, nos termos da lei, obedecidas as seguintes condições:

•• § 7.º, *caput*, com redação determinada pela Emenda Constitucional n. 20, de 15-12-1998.

I – 35 (trinta e cinco) anos de contribuição, se homem, e 30 (trinta) anos de contribuição, se mulher;

•• Inciso I acrescentado pela Emenda Constitucional n. 20, de 15-12-1998.

II – 65 (sessenta e cinco) anos de idade, se homem, e 60 (sessenta) anos de idade, se mulher, reduzido em 5 (cinco) anos o limite para os trabalhadores rurais de ambos os sexos e para os que exerçam suas atividades em regime de economia familiar, nestes incluídos o produtor rural, o garimpeiro e o pescador artesanal.

•• Inciso II acrescentado pela Emenda Constitucional n. 20, de 15-12-1998.

• A Lei n. 11.685, de 2-6-2008, institui o Estatuto do Garimpeiro.

§ 8.º Os requisitos a que se refere o inciso I do parágrafo anterior serão reduzidos em 5 (cinco) anos, para o professor que comprove exclusivamente tempo de efetivo exercício das funções de magistério na educação infantil e no ensino fundamental e médio.

•• § 8.º com redação determinada pela Emenda Constitucional n. 20, de 15-12-1998.

§ 9.º Para efeito de aposentadoria, é assegurada a contagem recíproca do tempo de contribuição na administração pública e na atividade privada, rural e urbana, hipótese em que os diversos regimes de previdência social se compensarão financeiramente, segundo critérios estabelecidos em lei.

•• § 9.º acrescentado pela Emenda Constitucional n. 20, de 15-12-1998.

• A Lei n. 9.796, de 5-5-1999, dispõe sobre a compensação financeira entre o Regime Geral de Previdência Social e os Regimes de Previdência dos Servidores da União, dos Estados, do Distrito Federal e dos Municípios nos casos de contagem recíproca de tempo de contribuição para efeito de aposentadoria.

§ 10. Lei disciplinará a cobertura do risco de acidente do trabalho, a ser atendida concorrentemente pelo regime geral de previdência social e pelo setor privado.

•• § 10 acrescentado pela Emenda Constitucional n. 20, de 15-12-1998.

§ 11. Os ganhos habituais do empregado, a qualquer título, serão incorporados ao salário para efeito de contribuição previdenciária e consequente repercussão em benefícios, nos casos e na forma da lei.

•• § 11 acrescentado pela Emenda Constitucional n. 20, de 15-12-1998.

§ 12. Lei disporá sobre sistema especial de inclusão previdenciária para atender a trabalhadores de baixa renda e àqueles sem renda própria que se dediquem exclusivamente ao trabalho doméstico no âmbito de sua residência, desde que pertencentes a famílias de baixa renda, garantindo-lhes acesso a benefícios de valor igual a um salário mínimo.

•• § 12 com redação determinada pela Emenda Constitucional n. 47, de 5-7-2005, em vigor na data de sua publicação, com efeitos retroativos à data de vigência da Emenda Constitucional n. 41, de 19-12-2003.

§ 13. O sistema especial de inclusão previdenciária de que trata o § 12 deste artigo terá alíquotas e carências inferiores às vigentes para os demais segurados do regime geral de previdência social.

•• § 13 acrescentado pela Emenda Constitucional n. 47, de 5-7-2005, em vigor na data de sua publicação, com efeitos retroativos à data de vigência da Emenda Constitucional n. 41, de 19-12-2003.

Art. 202. O regime de previdência privada, de caráter complementar e organizado de forma autônoma em relação ao regime geral de previdência social, será facultativo, baseado na constituição de reservas que garantam o benefício contratado, e regulado por lei complementar.

•• *Caput* com redação determinada pela Emenda Constitucional n. 20, de 15-12-1998.

• *Vide* art. 7.º da Emenda Constitucional n. 20, de 15-12-1998.

• Regime de Previdência Complementar: Lei Complementar n. 109, de 29-5-2001.

§ 1.º A lei complementar de que trata este artigo assegurará ao participante de planos de benefícios de entidades de previdência privada o pleno acesso às informações relativas à gestão de seus respectivos planos.

•• § 1.º com redação determinada pela Emenda Constitucional n. 20, de 15-12-1998.

§ 2.º As contribuições do empregador, os benefícios e as condições contratuais previstas nos estatutos, regulamentos e planos de benefícios das entidades de previdência privada não integram o contrato de trabalho dos participantes, assim como, à exceção dos benefícios concedidos, não integram a remuneração dos participantes, nos termos da lei.

•• § 2.º com redação determinada pela Emenda Constitucional n. 20, de 15-12-1998.

§ 3.º É vedado o aporte de recursos a entidade de previdência privada pela União, Estados, Distrito Federal e Municípios, suas autarquias, fundações, empresas públicas, sociedades de economia mista e outras entidades públicas, salvo na qualidade de patrocinador, situação na qual, em hipótese alguma, sua contribuição normal poderá exceder a do segurado.

•• § 3.º acrescentado pela Emenda Constitucional n. 20, de 15-12-1998.

•• Regulamento: Lei Complementar n. 108, de 29-5-2001.

• *Vide* art. 5.º da Emenda Constitucional n. 20, de 15-12-1998.

§ 4.º Lei complementar disciplinará a relação entre a União, Estados, Distrito Federal ou Municípios, inclusive suas autarquias, fundações, sociedades de economia mista e empresas controladas direta ou indiretamente, enquanto patrocinadoras de entidades fechadas de previdência privada, e suas respectivas entidades fechadas de previdência privada.

•• § 4.º acrescentado pela Emenda Constitucional n. 20, de 15-12-1998.

•• Regulamento: Lei Complementar n. 108, de 29-5-2001.

•• *Vide* art. 40, § 14, da CF.

§ 5.º A lei complementar de que trata o parágrafo anterior aplicar-se-á, no que couber, às empresas privadas permissionárias ou concessionárias de prestação de serviços públicos, quando patrocinadoras de entidades fechadas de previdência privada.

•• § 5.º acrescentado pela Emenda Constitucional n. 20, de 15-12-1998.

•• Regulamento: Lei Complementar n. 108, de 29-5-2001.

§ 6.º A lei complementar a que se refere o § 4.º deste artigo estabelecerá os requisitos para a designação dos membros das diretorias das entidades fechadas de previdência privada e disciplinará a inserção dos participantes nos colegiados e instâncias de decisão em que seus interesses sejam objeto de discussão e deliberação.

•• § 6.º acrescentado pela Emenda Constitucional n. 20, de 15-12-1998.

•• Regulamento: Lei Complementar n. 108, de 29-5-2001.

Seção IV
Da Assistência Social

•• A Lei n. 8.742, de 7-12-1993, dispõe sobre a organização da Assistência Social.

Art. 203. A assistência social será prestada a quem dela necessitar, independentemente de contribuição à seguridade social, e tem por objetivos:

I – a proteção à família, à maternidade, à infância, à adolescência e à velhice;

II – o amparo às crianças e adolescentes carentes;

III – a promoção da integração ao mercado de trabalho;

IV – a habilitação e reabilitação das pessoas portadoras de deficiência e a promoção de sua integração à vida comunitária;

V – a garantia de um salário mínimo de benefício mensal à pessoa portadora de deficiência e ao idoso que comprovem não possuir meios de prover à própria manutenção ou de tê-la provida por sua família, conforme dispuser a lei.

• Estatuto do Idoso: Lei n. 10.741, de 1.º-10-2003.

Art. 204. As ações governamentais na área da assistência social serão realizadas com recursos do orçamento da seguridade social, previstos no art. 195, além de outras fontes, e organizadas com base nas seguintes diretrizes:

I – descentralização político-administrativa, cabendo a coordenação e as normas gerais à esfera federal e a coordenação e a execução dos respectivos programas às esferas estadual e municipal, bem como a entidades beneficentes e de assistência social;

II – participação da população, por meio de organizações representativas, na formulação das políticas e no controle das ações em todos os níveis.

Parágrafo único. É facultado aos Estados e ao Distrito Federal vincular a programa de apoio à inclusão e promoção social até cinco décimos por cento de sua receita tributária líquida, vedada a aplicação desses recursos no pagamento de:

•• Parágrafo único, *caput*, acrescentado pela Emenda Constitucional n. 42, de 19-12-2003.

I – despesas com pessoal e encargos sociais;

•• Inciso I acrescentado pela Emenda Constitucional n. 42, de 19-12-2003.

II – serviço da dívida;

•• Inciso II acrescentado pela Emenda Constitucional n. 42, de 19-12-2003.

III – qualquer outra despesa corrente não vinculada diretamente aos investimentos ou ações apoiados.

•• Inciso III acrescentado pela Emenda Constitucional n. 42, de 19-12-2003.

Capítulo III
DA EDUCAÇÃO, DA CULTURA E DO DESPORTO

• O art. 37, VII da Lei n. 13.502, de 1.º-11-2017, dispõe que compete ao Ministério da Educação: "VII – assistência financeira a famílias carentes para a escolarização de seus filhos ou dependentes".

Seção I
Da Educação

•• Lei de Diretrizes e Bases da Educação Nacional: Lei n. 9.394, de 20-12-1996.

• Salário-educação: Lei n. 9.766, de 18-12-1998.

• Promoção gratuita da educação através de organizações da sociedade civil de interesse público: Lei n. 9.790, de 23-3-1999.

• A Lei n. 11.274, de 6-2-2006, fixa a idade de 6 (seis) anos para o início do ensino fundamental obrigatório e altera para 9 (nove) anos seu período de duração.

Art. 205. A educação, direito de todos e dever do Estado e da família, será promovida e incentivada com a colaboração da sociedade, visando ao pleno desenvolvimento da pessoa, seu preparo para o exercício da cidadania e sua qualificação para o trabalho.

Art. 206. O ensino será ministrado com base nos seguintes princípios:

I – igualdade de condições para o acesso e permanência na escola;

• Estatuto da Igualdade Racial: Lei n. 12.288, de 20-7-2010.

II – liberdade de aprender, ensinar, pesquisar e divulgar o pensamento, a arte e o saber;

III – pluralismo de ideias e de concepções pedagógicas, e coexistência de instituições públicas e privadas de ensino;

IV – gratuidade do ensino público em estabelecimentos oficiais;

V – valorização dos profissionais da educação escolar, garantidos, na forma da lei, planos de carreira, com ingresso exclusivamente por concurso público de provas e títulos, aos das redes públicas;

•• Inciso V com redação determinada pela Emenda Constitucional n. 53, de 19-12-2006.

VI – gestão democrática do ensino público, na forma da lei;

VII – garantia de padrão de qualidade;

VIII – piso salarial profissional nacional para os profissionais da educação escolar pública, nos termos de lei federal.

•• Inciso VIII acrescentado pela Emenda Constitucional n. 53, de 19-12-2006.

Parágrafo único. A lei disporá sobre as categorias de trabalhadores considerados profissionais da educação básica e sobre a fixação de prazo para a elaboração ou adequação de seus planos de carreira, no âmbito da União, dos Estados, do Distrito Federal e dos Municípios.

•• Parágrafo único acrescentado pela Emenda Constitucional n. 53, de 19-12-2006.

Art. 207. As universidades gozam de autonomia didático-científica, administrativa e de gestão financeira e patrimonial, e obedecerão ao princípio de indissociabilidade entre ensino, pesquisa e extensão.

• O Decreto n. 5.773, de 9-5-2006, dispõe sobre o exercício das funções de regulação, supervisão e avaliação de instituições de educação superior e cursos superiores de graduação e sequenciais no sistema federal de ensino.

• O Decreto n. 7.233, de 19-7-2010, dispõe sobre procedimentos orçamentários e financeiros relacionados à autonomia universitária, e dá outras providências.

§ 1.º É facultado às universidades admitir professores, técnicos e cientistas estrangeiros, na forma da lei.

•• § 1.º acrescentado pela Emenda Constitucional n. 11, de 30-4-1996.

§ 2.º O disposto neste artigo aplica-se às instituições de pesquisa científica e tecnológica.

•• § 2.º acrescentado pela Emenda Constitucional n. 11, de 30-4-1996.

Art. 208. O dever do Estado com a educação será efetivado mediante a garantia de:

I – educação básica obrigatória e gratuita dos 4 (quatro) aos 17 (dezessete) anos de idade, assegurada inclusive sua oferta gratuita para todos os que a ela não tiveram acesso na idade própria;

•• Inciso I com redação determinada pela Emenda Constitucional n. 59, de 11-11-2009.

•• *Vide* art. 6.º da Emenda Constitucional n. 59, de 11-11-2009.

II – progressiva universalização do ensino médio gratuito;

•• Inciso II com redação determinada pela Emenda Constitucional n. 14, de 12-9-1996.

III – atendimento educacional especializado aos portadores de deficiência, preferencialmente na rede regular de ensino;

• A Lei n. 7.853, de 24-10-1989, regulamentada pelo Decreto n. 3.298, de 20-12-1999, consolida as normas de proteção à pessoa portadora de deficiência.

• A Lei n. 10.845, de 5-3-2004, institui o Programa de Complementação ao Atendimento Educacional especializado às pessoas portadoras de deficiência, e dá outras providências.

• O Decreto n. 7.611, de 17-11-2011, dispõe sobre a educação especial, o atendimento educacional especializado e dá outras providências.

IV – educação infantil, em creche e pré-escola, às crianças até 5 (cinco) anos de idade;

•• Inciso IV com redação determinada pela Emenda Constitucional n. 53, de 19-12-2006.

V – acesso aos níveis mais elevados do ensino, da pesquisa e da criação artística, segundo a capacidade de cada um;

VI – oferta de ensino noturno regular, adequado às condições do educando;

VII – atendimento ao educando, em todas as etapas da educação básica, por meio de programas suplementares de material didático-escolar, transporte, alimentação e assistência à saúde.

•• Inciso VII com redação determinada pela Emenda Constitucional n. 59, de 11-11-2009.

• A Lei n. 11.947, de 16-6-2009, dispõe sobre o atendimento da alimentação escolar e do Programa Dinheiro Direto na Escola aos alunos da educação básica.

§ 1.º O acesso ao ensino obrigatório e gratuito é direito público subjetivo.

§ 2.º O não oferecimento do ensino obrigatório pelo Poder Público, ou sua oferta irregular, importa responsabilidade da autoridade competente.

§ 3.º Compete ao Poder Público recensear os educandos no ensino fundamental, fazer-lhes a chamada e zelar, junto aos pais ou responsáveis, pela frequência à escola.

Art. 209. O ensino é livre à iniciativa privada, atendidas as seguintes condições:

I – cumprimento das normas gerais da educação nacional;

II – autorização e avaliação de qualidade pelo Poder Público.

Art. 210. Serão fixados conteúdos mínimos para o ensino fundamental, de maneira a assegurar formação básica comum e respeito aos valores culturais e artísticos, nacionais e regionais.

§ 1.º O ensino religioso, de matrícula facultativa, constituirá disciplina dos horários normais das escolas públicas de ensino fundamental.

§ 2.º O ensino fundamental regular será ministrado em língua portuguesa, assegurada às comunidades indígenas também a utilização de suas línguas maternas e processos próprios de aprendizagem.

Art. 211. A União, os Estados, o Distrito Federal e os Municípios organizarão em regime de colaboração seus sistemas de ensino.

• *Vide* art. 60 e §§ do ADCT.

§ 1.º A União organizará o sistema federal de ensino e o dos Territórios, financiará as instituições de ensino públicas federais e exercerá, em matéria educacional, função redistributiva e supletiva, de forma a garantir equalização de oportunidades educacionais e padrão mínimo de qualidade do ensino mediante assistência técnica e financeira aos Estados, ao Distrito Federal e aos Municípios.

•• § 1.º com redação determinada pela Emenda Constitucional n. 14, de 12-9-1996.

§ 2.º Os Municípios atuarão prioritariamente no ensino fundamental e na educação infantil.

•• § 2.º com redação determinada pela Emenda Constitucional n. 14, de 12-9-1996.

§ 3.º Os Estados e o Distrito Federal atuarão prioritariamente no ensino fundamental e médio.

•• § 3.º acrescentado pela Emenda Constitucional n. 14, de 12-9-1996.

§ 4.º Na organização de seus sistemas de ensino, a União, os Estados, o Distrito Federal e os Municípios definirão formas de colaboração, de modo a assegurar a universalização do ensino obrigatório.

•• § 4.º com redação determinada pela Emenda Constitucional n. 59, de 11-11-2009.

§ 5.º A educação básica pública atenderá prioritariamente ao ensino regular.

•• § 5.º acrescentado pela Emenda Constitucional n. 53, de 19-12-2006.

Art. 212. A União aplicará, anualmente, nunca menos de dezoito, e os Estados, o Distrito Federal e os Municípios vinte e cinco por cento, no mínimo, da receita resultante de impostos, compreendida a proveniente de transferências, na manutenção e desenvolvimento do ensino.

•• *Vide* art. 110, I, do ADCT.

• *Vide* arts. 60 e 72, §§ 2.º e 3.º, do ADCT.

• A Instrução Normativa n. 60, de 4-11-2009, do TCU, dispõe sobre os procedimentos para a fiscalização do cumprimento do disposto neste artigo.

§ 1.º A parcela da arrecadação de impostos transferida pela União aos Estados, ao Distrito Federal e aos Municípios, ou pelos Estados aos respectivos Municípios, não é considerada, para efeito do cálculo previsto neste artigo, receita do governo que a transferir.

§ 2.º Para efeito do cumprimento do disposto no *caput* deste artigo, serão considerados os sistemas de ensino federal, estadual e municipal e os recursos aplicados na forma do art. 213.

§ 3.º A distribuição dos recursos públicos assegurará prioridade ao atendimento das necessidades do ensino obrigatório, no que se refere a universalização, garantia de padrão de qualidade e equidade, nos termos do plano nacional de educação.

•• § 3.º com redação determinada pela Emenda Constitucional n. 59, de 11-11-2009.

§ 4.º Os programas suplementares de alimentação e assistência à saúde previstos no art. 208, VII, serão financiados com recursos provenientes de contribuições sociais e outros recursos orçamentários.

§ 5.º A educação básica pública terá como fonte adicional de financiamento a contribuição social do salário-educação, recolhida pelas empresas na forma da lei.

•• § 5.º com redação determinada pela Emenda Constitucional n. 53, de 19-12-2006.

•• § 5.º regulamentado pelo Decreto n. 6.003, de 28-12-2006.

• *Vide* art. 76, § 2.º, do ADCT.

• A Lei n. 9.766, de 18-12-1998, regulamenta o salário-educação.

§ 6.º As cotas estaduais e municipais da arrecadação da contribuição social do salário-educação serão distribuídas proporcionalmente ao número de alunos matriculados na educação básica nas respectivas redes públicas de ensino.

•• § 6.º acrescentado pela Emenda Constitucional n. 53, de 19-12-2006.

•• *Vide* art. 107, § 6.º, I, do ADCT.

Art. 213. Os recursos públicos serão destinados às escolas públicas, podendo ser dirigidos a escolas comunitárias, confessionais ou filantrópicas, definidas em lei, que:

• *Vide* art. 61 do ADCT.

I – comprovem finalidade não lucrativa e apliquem seus excedentes financeiros em educação;

II – assegurem a destinação de seu patrimônio a outra escola comunitária, filantrópica ou confessional, ou ao Poder Público, no caso de encerramento de suas atividades.

§ 1.º Os recursos de que trata este artigo poderão ser destinados a bolsas de estudo para o ensino fundamental e médio, na forma da lei, para os que demonstrarem insuficiência de recursos, quando houver falta de vagas e cursos regulares da rede pública na localidade da residência do educando, ficando o Poder Público obrigado a investir prioritariamente na expansão de sua rede na localidade.

§ 2.º As atividades de pesquisa, de extensão e de estímulo e fomento à inovação realizadas por universidades e/ou por instituições de educação profissional e tecnológica poderão receber apoio financeiro do Poder Público.

•• § 2.º com redação determinada pela Emenda Constitucional n. 85, de 26-2-2015.

Art. 214. A lei estabelecerá o plano nacional de educação, de duração decenal, com o objetivo de articular o sistema nacional de educação em regime de colaboração e definir diretrizes, objetivos, metas e estratégias de implementação para assegurar a manutenção e desenvolvimento do ensino em seus diversos níveis, etapas e modalidades por meio de ações integradas dos poderes públicos das diferentes esferas federativas que conduzam a:

•• *Caput* com redação determinada pela Emenda Constitucional n. 59, de 11-11-2009.

I – erradicação do analfabetismo;

II – universalização do atendimento escolar;

III – melhoria da qualidade do ensino;

IV – formação para o trabalho;

V – promoção humanística, científica e tecnológica do País;

VI – estabelecimento de meta de aplicação de recursos públicos em educação como proporção do produto interno bruto.

•• Inciso VI acrescentado pela Emenda Constitucional n. 59, de 11-11-2009.

Seção II
Da Cultura

• A Lei n. 8.313, de 23-12-1991, regulamentada pelo Decreto n. 5.761, de 27-4-2006, institui o Programa Nacional de Apoio à Cultura – PRONAC.

• A Lei n. 8.685, de 20-7-1993, cria mecanismo de fomento a atividade audiovisual.

Art. 215. O Estado garantirá a todos o pleno exercício dos direitos culturais e acesso às fontes da cultura nacional, e apoiará e incentivará a valorização e a difusão das manifestações culturais.

• A Lei n. 13.018, de 22-7-2014, institui a Política Nacional de Cultura Viva.

§ 1.º O Estado protegerá as manifestações das culturas populares, indígenas e afro-brasileiras, e das de outros grupos participantes do processo civilizatório nacional.

§ 2.º A lei disporá sobre a fixação de datas comemorativas de alta significação para os diferentes segmentos étnicos nacionais.

§ 3.º A lei estabelecerá o Plano Nacional de Cultura, de duração plurianual, visando ao desenvolvimento cultural do País e à integração das ações do poder público que conduzem à:

•• A Lei n. 12.343, de 2-12-2010, institui o Plano Nacional de Cultura – PNC, cria o Sistema Nacional de Informações e Indicadores Culturais – SNIC e dá outras providências.

I – defesa e valorização do patrimônio cultural brasileiro;

II – produção, promoção e difusão de bens culturais;

III – formação de pessoal qualificado para a gestão da cultura em suas múltiplas dimensões;

IV – democratização do acesso aos bens de cultura;

V – valorização da diversidade étnica e regional.

•• § 3.º acrescentado pela Emenda Constitucional n. 48, de 10-8-2005.

Art. 216. Constituem patrimônio cultural brasileiro os bens de natureza material e imaterial, tomados individualmente ou em conjunto, portadores de referência à identidade, à ação, à memória dos diferentes grupos formadores da sociedade brasileira, nos quais se incluem:

• A Lei n. 12.840, de 9-7-2013, dispõe sobre a destinação dos bens de valor cultural, artístico ou histórico aos museus.

I – as formas de expressão;

II – os modos de criar, fazer e viver;

III – as criações científicas, artísticas e tecnológicas;

IV – as obras, objetos, documentos, edificações e demais espaços destinados às manifestações artístico-culturais;

V – os conjuntos urbanos e sítios de valor histórico, paisagístico, artístico, arqueológico, paleontológico, ecológico e científico.

• A Lei n. 3.924, de 26-7-1961, dispõe sobre os monumentos arqueológicos e pré-históricos.

§ 1.º O Poder Público, com a colaboração da comunidade, promoverá e protegerá o patrimônio cultural brasileiro, por meio de inventários, registros, vigilância, tombamento e desapropriação, e de outras formas de acautelamento e preservação.

• A Lei n. 8.394, de 30-12-1991, regulamentada pelo Decreto n. 4.344, de 26-8-2002, dispõe sobre a preservação, organização e proteção dos acervos documentais privados dos presidentes da República.

§ 2.º Cabem à administração pública, na forma da lei, a gestão da documentação governamental e as providências para franquear sua consulta a quantos dela necessitem.

•• A Lei n. 12.527, de 18-11-2011, regulamentada pelo Decreto n. 7.724, de 16-5-2012, regula o acesso a informações previsto neste § 2.º.

•• O Decreto n. 8.777, de 11-5-2016, institui a Política de Dados Abertos do Poder Executivo federal.

§ 3.º A lei estabelecerá incentivos para a produção e o conhecimento de bens e valores culturais.

• As Leis n. 7.505, de 2-7-1986 (Lei Sarney), e n. 8.313, de 23-12-1991 (Lei Rouanet), dispõem sobre benefícios fiscais concedidos a operações de caráter cultural ou artístico.

§ 4.º Os danos e ameaças ao patrimônio cultural serão punidos, na forma da lei.

§ 5.º Ficam tombados todos os documentos e os sítios detentores de reminiscências históricas dos antigos quilombos.

§ 6.º É facultado aos Estados e ao Distrito Federal vincular a fundo estadual de fomento à cultura até cinco décimos por cento de sua receita tributária líquida, para o financiamento de programas e projetos culturais, vedada a aplicação desses recursos no pagamento de:

•• § 6.º, *caput*, acrescentado pela Emenda Constitucional n. 42, de 19-12-2003.

I – despesas com pessoal e encargos sociais;

•• Inciso I acrescentado pela Emenda Constitucional n. 42, de 19-12-2003.

II – serviço da dívida;

•• Inciso II acrescentado pela Emenda Constitucional n. 42, de 19-12-2003.

III – qualquer outra despesa corrente não vinculada diretamente aos investimentos ou ações apoiados.

•• Inciso III acrescentado pela Emenda Constitucional n. 42, de 19-12-2003.

Art. 216-A. O Sistema Nacional de Cultura, organizado em regime de colaboração, de forma descentralizada e participativa, institui um processo de gestão e promoção conjunta de políticas públicas de cultura, democráticas e permanentes, pactuadas entre os entes da Federação e a sociedade, tendo por objetivo promover o desenvolvimento humano, social e econômico com pleno exercício dos direitos culturais.

•• *Caput* acrescentado pela Emenda Constitucional n. 71, de 29-11-2012.

§ 1.º O Sistema Nacional de Cultura fundamenta-se na política nacional de cultura e nas suas diretrizes, estabelecidas no Plano Nacional de Cultura, e rege-se pelos seguintes princípios:

•• § 1.º, *caput*, acrescentado pela Emenda Constitucional n. 71, de 29 de novembro 2012.

I – diversidade das expressões culturais;

•• Inciso I acrescentado pela Emenda Constitucional n. 71, de 29-11-2012.

II – universalização do acesso aos bens e serviços culturais;

•• Inciso II acrescentado pela Emenda Constitucional n. 71, de 29-11-2012.

III – fomento à produção, difusão e circulação de conhecimento e bens culturais;

•• Inciso III acrescentado pela Emenda Constitucional n. 71, de 29 de novembro 2012.

IV – cooperação entre os entes federados, os agentes públicos e privados atuantes na área cultural;

•• Inciso IV acrescentado pela Emenda Constitucional n. 71, de 29-11-2012.

V – integração e interação na execução das políticas, programas, projetos e ações desenvolvidas;

•• Inciso V acrescentado pela Emenda Constitucional n. 71, de 29-11-2012.

VI – complementaridade nos papéis dos agentes culturais;

•• Inciso VI acrescentado pela Emenda Constitucional n. 71, de 29-11-2012.

VII – transversalidade das políticas culturais;

•• Inciso VII acrescentado pela Emenda Constitucional n. 71, de 29-11-2012.

VIII – autonomia dos entes federados e das instituições da sociedade civil;

•• Inciso VIII acrescentado pela Emenda Constitucional n. 71, de 29-11-2012.

IX – transparência e compartilhamento das informações;

•• Inciso IX acrescentado pela Emenda Constitucional n. 71, de 29-11-2012.

X – democratização dos processos decisórios com participação e controle social;

•• Inciso X acrescentado pela Emenda Constitucional n. 71, de 29-11-2012.

XI – descentralização articulada e pactuada da gestão, dos recursos e das ações;

•• Inciso XI acrescentado pela Emenda Constitucional n. 71, de 29-11-2012.

XII – ampliação progressiva dos recursos contidos nos orçamentos públicos para a cultura.

•• Inciso XII acrescentado pela Emenda Constitucional n. 71, de 29-11-2012.

§ 2.º Constitui a estrutura do Sistema Nacional de Cultura, nas respectivas esferas da Federação:

•• § 2.º, *caput*, acrescentado pela Emenda Constitucional n. 71, de 29-11-2012.

I – órgãos gestores da cultura;

•• Inciso I acrescentado pela Emenda Constitucional n. 71, de 29-11-2012.

II – conselhos de política cultural;

•• Inciso II acrescentado pela Emenda Constitucional n. 71, de 29-11-2012.

III – conferências de cultura;

•• Inciso III acrescentado pela Emenda Constitucional n. 71, de 29-11-2012.

IV – comissões intergestores;

•• Inciso IV acrescentado pela Emenda Constitucional n. 71, de 29-11-2012.

V – planos de cultura;

•• Inciso V acrescentado pela Emenda Constitucional n. 71, de 29-11-2012.

VI – sistemas de financiamento à cultura;

•• Inciso VI acrescentado pela Emenda Constitucional n. 71, de 29-11-2012.

VII – sistemas de informações e indicadores culturais;

•• Inciso VII acrescentado pela Emenda Constitucional n. 71, de 29-11-2012.

VIII – programas de formação na área da cultura; e

•• Inciso VIII acrescentado pela Emenda Constitucional n. 71, de 29-11-2012.

IX – sistemas setoriais de cultura.

•• Inciso IX acrescentado pela Emenda Constitucional n. 71, de 29-11-2012.

§ 3.º Lei federal disporá sobre a regulamentação do Sistema Nacional de Cultura, bem como de sua articulação com os demais sistemas nacionais ou políticas setoriais de governo.

•• § 3.º acrescentado pela Emenda Constitucional n. 71, de 29-11-2012.

§ 4.º Os Estados, o Distrito Federal e os Municípios organizarão seus respectivos sistemas de cultura em leis próprias.

•• § 4.º acrescentado pela Emenda Constitucional n. 71, de 29-11-2012.

Seção III
Do Desporto

• A Lei n. 9.615, de 24-3-1998, institui normas gerais sobre desportos.

• A Lei n. 11.438, de 29-12-2006, regulamentada pelo Decreto n. 6.180, de 3-8-2007, dispõe sobre incentivos e benefícios para fomentar as atividades de caráter desportivo.

Art. 217. É dever do Estado fomentar práticas desportivas formais e não formais, como direito de cada um, observados:

I – a autonomia das entidades desportivas dirigentes e associações, quanto a sua organização e funcionamento;

II – a destinação de recursos públicos para a promoção prioritária do desporto educacional e, em casos específicos, para a do desporto de alto rendimento;

III – o tratamento diferenciado para o desporto profissional e o não profissional;

IV – a proteção e o incentivo às manifestações desportivas de criação nacional.

§ 1.º O Poder Judiciário só admitirá ações relativas à disciplina e às competições desportivas após esgotarem-se as instâncias da justiça desportiva, reguladas em lei.

§ 2.º A justiça desportiva terá o prazo máximo de sessenta dias, contados da instauração do processo, para proferir decisão final.

§ 3.º O Poder Público incentivará o lazer, como forma de promoção social.

Capítulo IV
DA CIÊNCIA, TECNOLOGIA E INOVAÇÃO

•• Capítulo IV com denominação determinada pela Emenda Constitucional n. 85, de 26-2-2015.

• Conselho Nacional de Ciência e Tecnologia: Lei n. 9.257, de 9-1-1996.

Art. 218. O Estado promoverá e incentivará o desenvolvimento científico, a pesquisa, a capacitação científica e tecnológica e a inovação.

•• *Caput* com redação determinada pela Emenda Constitucional n. 85, de 26-2-2015.

• A Lei n. 10.973, de 2-12-2004, estabelece medidas de incentivo à inovação e à pesquisa científica e tecnológica no ambiente produtivo, com vistas à capacitação e ao alcance da autonomia tecnológica e ao desenvolvimento industrial do país, nos termos deste capítulo. Regulamento: Decreto n. 5.563, de 11-10-2005.

§ 1.º A pesquisa científica básica e tecnológica receberá tratamento prioritário do Estado, tendo em vista o bem público e o progresso da ciência, tecnologia e inovação.

•• § 1.º com redação determinada pela Emenda Constitucional n. 85, de 26-2-2015.

§ 2.º A pesquisa tecnológica voltar-se-á preponderantemente para a solução dos problemas brasileiros e para o desenvolvimento do sistema produtivo nacional e regional.

§ 3.º O Estado apoiará a formação de recursos humanos nas áreas de ciência, pesquisa, tecnologia e inovação, inclusive por meio do apoio às atividades de extensão tecnológica, e concederá aos que delas se ocupem meios e condições especiais de trabalho.

•• § 3.º com redação determinada pela Emenda Constitucional n. 85, de 26-2-2015.

§ 4.º A lei apoiará e estimulará as empresas que invistam em pesquisa, criação de tecnologia adequada ao País, formação e aperfeiçoamento de seus recursos humanos e que pratiquem sistemas de remuneração que assegurem ao empregado, desvinculada do salário, participação nos ganhos econômicos resultantes da produtividade de seu trabalho.

§ 5.º É facultado aos Estados e ao Distrito Federal vincular parcela de sua receita orçamentária a entidades públicas de fomento ao ensino e à pesquisa científica e tecnológica.

§ 6.º O Estado, na execução das atividades previstas no *caput*, estimulará a articulação entre entes, tanto públicos quanto privados, nas diversas esferas de governo.

•• § 6.º acrescentado pela Emenda Constitucional n. 85, de 26-2-2015.

§ 7.º O Estado promoverá e incentivará a atuação no exterior das instituições públicas de ciência, tecnologia e inovação, com vistas à execução das atividades previstas no *caput*.

•• § 7.º acrescentado pela Emenda Constitucional n. 85, de 26-2-2015.

Art. 219. O mercado interno integra o patrimônio nacional e será incentivado de modo a viabilizar o desenvolvimento cultural e socioeconômico, o bem-estar da população e a autonomia tecnológica do País, nos termos de lei federal.

Parágrafo único. O Estado estimulará a formação e o fortalecimento da inovação nas empresas, bem como nos demais entes, públicos ou privados, a constituição e a manutenção de parques e polos tecnológicos e de demais ambientes promotores da inovação, a atuação dos inventores independentes e a criação, absorção, difusão e transferência de tecnologia.

•• Parágrafo único acrescentado pela Emenda Constitucional n. 85, de 26-2-2015.

Art. 219-A. A União, os Estados, o Distrito Federal e os Municípios poderão firmar instrumentos de cooperação com órgãos e entidades públicos e com entidades privadas, inclusive para o compartilhamento de recursos humanos especializados e capacidade instalada, para a execução de projetos de pesquisa, de desenvolvimento científico e tecnológico e de inovação, mediante contrapartida financeira ou não financeira assumida pelo ente beneficiário, na forma da lei.

•• Artigo acrescentado pela Emenda Constitucional n. 85, de 26-2-2015.

Art. 219-B. O Sistema Nacional de Ciência, Tecnologia e Inovação (SNCTI) será organizado em regime de colaboração entre entes, tanto públicos quanto privados, com vistas a promover o desenvolvimento científico e tecnológico e a inovação.

•• *Caput* acrescentado pela Emenda Constitucional n. 85, de 26-2-2015.

§ 1.º Lei federal disporá sobre as normas gerais do SNCTI.

•• § 1.º acrescentado pela Emenda Constitucional n. 85, de 26-2-2015.

§ 2.º Os Estados, o Distrito Federal e os Municípios legislarão concorrentemente sobre suas peculiaridades.

•• § 2.º acrescentado pela Emenda Constitucional n. 85, de 26-2-2015.

Capítulo V
DA COMUNICAÇÃO SOCIAL

Art. 220. A manifestação do pensamento, a criação, a expressão e a informação, sob qualquer forma, processo ou veículo não sofrerão qualquer restrição, observado o disposto nesta Constituição.

• Código Brasileiro de Telecomunicações: Lei n. 4.117, de 27-8-1962.

• Organização dos Serviços de Telecomunicações: Lei n. 9.472, de 16-7-1997.

§ 1.º Nenhuma lei conterá dispositivo que possa constituir embaraço à plena liberdade de informação jornalística em qualquer veículo de comunicação social, observado o disposto no art. 5.º, IV, V, X, XIII e XIV.

§ 2.º É vedada toda e qualquer censura de natureza política, ideológica e artística.

§ 3.º Compete à lei federal:

I – regular as diversões e espetáculos públicos, cabendo ao Poder Público informar sobre a natureza deles, as faixas etárias a que não se recomendem, locais e horários em que sua apresentação se mostre inadequada;

• A Lei n. 10.359, de 27-12-2001, dispõe sobre a obrigatoriedade de novos aparelhos de televisão conterem dispositivo que possibilite o bloqueio temporário de recepção de programação inadequada.

• A Portaria n. 368, de 11-2-2014, do Ministério da Justiça, trata da classificação indicativa de diversões públicas.

II – estabelecer os meios legais que garantam à pessoa e à família a possibilidade de se defenderem de programas ou programações de rádio e televisão que contrariem o disposto no art. 221, bem como da propaganda de produtos, práticas e serviços que possam ser nocivos à saúde e ao meio ambiente.

§ 4.º A propaganda comercial de tabaco, bebidas alcoólicas, agrotóxicos, medicamentos e terapias estará sujeita a restrições legais, nos termos do inciso II do parágrafo anterior, e conterá, sempre que necessário, advertência sobre os malefícios decorrentes de seu uso.

• A Lei n. 9.294, de 15-7-1996, regulamentada pelo Decreto n. 2.018, de 1.º-10-1996, dispõe sobre as restrições ao uso e à propaganda de produtos fumígenos, bebidas alcoólicas, medicamentos, terapias e defensivos agrícolas aqui referidos.

• A Lei n. 11.705, de 19-6-2008 (Lei Seca), altera a Lei n. 9.503, de 23-9-1997 (CTB), com a finalidade de estabelecer alcoolemia zero e de impor penalidades mais severas para o condutor que dirigir sob a influência de álcool, e a Lei n. 9.294, de 15-7-1996, para obrigar os estabelecimentos comerciais em que se vendem ou oferecem bebidas alcoólicas a estampar no recinto, aviso de que constitui crime dirigir sob a influência de álcool.

§ 5.º Os meios de comunicação social não podem, direta ou indiretamente, ser objeto de monopólio ou oligopólio.

§ 6.º A publicação de veículo impresso de comunicação independe de licença de autoridade.

Art. 221. A produção e a programação das emissoras de rádio e televisão atenderão aos seguintes princípios:

I – preferência a finalidades educativas, artísticas, culturais e informativas;

II – promoção da cultura nacional e regional e estímulo à produção independente que objetive sua divulgação;

III – regionalização da produção cultural, artística e jornalística, conforme percentuais estabelecidos em lei;

IV – respeito aos valores éticos e sociais da pessoa e da família.

Art. 222. A propriedade de empresa jornalística e de radiodifusão sonora e de sons e imagens é privativa de brasileiros natos ou naturalizados há mais de 10 (dez) anos, ou de pessoas jurídicas constituídas sob as leis brasileiras e que tenham sede no País.

•• *Caput* com redação determinada pela Emenda Constitucional n. 36, de 28-5-2002.

§ 1.º Em qualquer caso, pelo menos 70% (setenta por cento) do capital total e do capital votante das empresas jornalísticas e de radiodifusão sonora e de sons e imagens deverá pertencer, direta ou indiretamente, a brasileiros natos ou naturalizados há mais de 10 (dez) anos, que exercerão obrigatoriamente a gestão das atividades e estabelecerão o conteúdo da programação.

•• § 1.º com redação determinada pela Emenda Constitucional n. 36, de 28-5-2002.

§ 2.º A responsabilidade editorial e as atividades de seleção e direção da programação veiculada são privativas de brasileiros natos ou naturalizados há mais de 10 (dez) anos, em qualquer meio de comunicação social.

•• § 2.º com redação determinada pela Emenda Constitucional n. 36, de 28-5-2002.

§ 3.º Os meios de comunicação social eletrônica, independentemente da tecnologia utilizada para a prestação do serviço, deverão observar os princípios enunciados no art. 221, na forma de lei específica, que também garantirá a prioridade de profissionais brasileiros na execução de produções nacionais.

•• § 3.º acrescentado pela Emenda Constitucional n. 36, de 28-5-2002.

§ 4.º Lei disciplinará a participação de capital estrangeiro nas empresas de que trata o § 1.º.

•• § 4.º acrescentado pela Emenda Constitucional n. 36, de 28-5-2002.

•• A Lei n. 10.610, de 20-12-2002, disciplina a participação de capital estrangeiro nas empresas jornalísticas e de radiodifusão sonora e de sons e imagens de que trata este parágrafo.

§ 5.º As alterações de controle societário das empresas de que trata o § 1.º serão comunicadas ao Congresso Nacional.

•• § 5.º acrescentado pela Emenda Constitucional n. 36, de 28-5-2002.

Art. 223. Compete ao Poder Executivo outorgar e renovar concessão, permissão e autorização para o serviço de radiodifusão sonora e de sons e imagens, observado o princípio da complementaridade dos sistemas privado, público e estatal.

• O Decreto n. 52.795, de 31-10-1963, aprova o Regulamento dos Serviços de Radiodifusão.

§ 1.º O Congresso Nacional apreciará o ato no prazo do art. 64, §§ 2.º e 4.º, a contar do recebimento da mensagem.

§ 2.º A não renovação da concessão ou permissão dependerá de aprovação de, no mínimo, dois quintos do Congresso Nacional, em votação nominal.

§ 3.º O ato de outorga ou renovação somente produzirá efeitos legais após deliberação do Congresso Nacional, na forma dos parágrafos anteriores.

§ 4.º O cancelamento da concessão ou permissão, antes de vencido o prazo, depende de decisão judicial.

§ 5.º O prazo da concessão ou permissão será de dez anos para as emissoras de rádio e de quinze para as de televisão.

Art. 224. Para os efeitos do disposto neste capítulo, o Congresso Nacional instituirá, como órgão auxiliar, o Conselho de Comunicação Social, na forma da lei.

•• A Lei n. 8.389, de 30-12-1991, institui o Conselho aqui referido.

Capítulo VI
DO MEIO AMBIENTE

• A Lei n. 7.735, de 22-2-1989, cria o Instituto Nacional do Meio Ambiente e dos Recursos Naturais Renováveis.

• A Lei n. 7.797, de 10-7-1989, cria o Fundo Nacional do Meio Ambiente.

• Agrotóxicos: Lei n. 7.802, de 11-7-1989. Regulamento: Decreto n. 4.074, de 4-1-2002.

• Lei de Crimes Ambientais: Lei n. 9.605, de 12-2-1998.

• Ministério do Meio Ambiente: Lei n. 13.502, de 1.º-11-2017, e Decreto n. 8.975, de 24-1-2017.

• Sobre a chancela da Paisagem Cultural Brasileira: Portaria n. 127, de 30-4-2009, do Instituto do Patrimônio Histórico e Artístico Nacional: IPHAN.

Art. 225. Todos têm direito ao meio ambiente ecologicamente equilibrado, bem de uso comum do povo e essencial à sadia qualidade de vida, impondo-se ao Poder Público e à coletividade o dever de defendê-lo e preservá-lo para as presentes e futuras gerações.

§ 1.º Para assegurar a efetividade desse direito, incumbe ao Poder Público:

I – preservar e restaurar os processos ecológicos essenciais e prover o manejo ecológico das espécies e ecossistemas;

•• Regulamento: Lei n. 9.985, de 18-7-2000.

II – preservar a diversidade e a integridade do patrimônio genético do País e fiscalizar as entidades dedicadas à pesquisa e manipulação de material genético;

•• Regulamento: Lei n. 9.985, de 18-7-2000, Lei n. 11.105, de 24-3-2005, e Lei n. 13.123, de 20-5-2015.

• O Decreto n. 5.705, de 16-2-2006, promulga o Protocolo de Cartagena sobre Biossegurança da Convenção sobre Diversidade Biológica.

III – definir, em todas as unidades da Federação, espaços territoriais e seus componentes a serem especialmente protegidos, sendo a alteração e a supressão permitidas somente através de lei, vedada qualquer utilização que comprometa a integridade dos atributos que justifiquem sua proteção;

•• Regulamento: Lei n. 9.985, de 18-7-2000,

IV – exigir, na forma da lei, para instalação de obra ou atividade potencialmente causadora de significativa degradação do meio ambiente, estudo prévio de impacto ambiental, a que se dará publicidade;

•• Regulamento: Lei n. 11.105, de 24-3-2005.

V – controlar a produção, a comercialização e o emprego de técnicas, métodos e substâncias que comportem risco para a vida, a qualidade de vida e o meio ambiente;

•• Regulamento: Lei n. 11.105, de 24-3-2005.

VI – promover a educação ambiental em todos os níveis de ensino e a conscientização pública para a preservação do meio ambiente;

• Lei de Educação Ambiental e instituição da Política Nacional de Educação Ambiental: Lei n. 9.795, de 27-4-1999, regulamentada pelo Decreto n. 4.281, de 25-6-2002.

VII – proteger a fauna e a flora, vedadas, na forma da lei, as práticas que coloquem em risco sua função ecológica, provoquem a extinção de espécies ou submetam os animais a crueldade.

•• Regulamento: Lei n. 9.985, de 18-7-2000, e Lei n. 11.794, de 8-10-2008.

• Código de Caça: Lei n. 5.197, de 3-1-1967.

• Crimes Ambientais: Lei n. 9.605, de 12-2-1998.

• Política Nacional de Desenvolvimento Sustentável da Aquicultura e da Pesca: Lei n. 11.959, de 29-6-2009.

• Código Florestal: Lei n. 12.651, de 25-5-2012.

§ 2.º Aquele que explorar recursos minerais fica obrigado a recuperar o meio ambiente degradado, de acordo com solução técnica exigida pelo órgão público competente, na forma da lei.

• Código de Mineração: Decreto-lei n. 227, de 28-2-1967.

§ 3.º As condutas e atividades consideradas lesivas ao meio ambiente sujeitarão os infratores, pessoas físicas ou jurídicas, a sanções penais e administrativas, independentemente da obrigação de reparar os danos causados.

• Crimes Ambientais, responsabilidade das pessoas físicas e jurídicas: Lei n. 9.605, de 12-2-1998, art. 3.º e parágrafo único. O Decreto n. 6.514, de 22-7-2008, dispõe as infrações e sanções administrativas ao meio ambiente, estabelece o processo administrativo federal para apuração destas infrações.

§ 4.º A Floresta Amazônica brasileira, a Mata Atlântica, a Serra do Mar, o Pantanal Mato-Grossense e a Zona Costeira são patrimônio nacional, e sua utilização far-se-á, na forma da lei, dentro de condições que assegurem a preservação do meio ambiente, inclusive quanto ao uso dos recursos naturais.

•• Regulamento: Lei n. 13.123, de 20-5-2015.

• A Lei n. 11.428, de 22-12-2006, regulamentada pelo Decreto n. 6.660, de 21-11-2008, dispõe sobre a utilização e proteção da vegetação nativa do Bioma Mata Atlântica.

• A Lei n. 11.952, de 25-6-2009, dispõe sobre a regularização fundiária das ocupações incidentes em terras situadas em áreas da União, no âmbito da Amazônia Legal.

§ 5.º São indisponíveis as terras devolutas ou arrecadadas pelos Estados, por ações discriminatórias, necessárias à proteção dos ecossistemas naturais.

• Terras devolutas: Decreto-lei n. 9.760, de 5-9-1946.

§ 6.º As usinas que operem com reator nuclear deverão ter sua localização definida em lei federal, sem o que não poderão ser instaladas.

§ 7.º Para fins do disposto na parte final do inciso VII do § 1.º deste artigo, não se consideram cruéis as práticas desportivas que utilizem animais, desde que sejam manifestações culturais, conforme o § 1.º do art. 215 desta Constituição Federal, registradas como bem de natureza imaterial integrante do patrimônio cultural brasileiro, devendo ser regulamentadas por lei específica que assegure o bem-estar dos animais envolvidos.

•• § 7.º acrescentado pela Emenda Constitucional n. 96, de 7-6-2017.

Capítulo VII
DA FAMÍLIA, DA CRIANÇA, DO ADOLESCENTE, DO JOVEM E DO IDOSO

•• Capítulo VII com denominação determinada pela Emenda Constitucional n. 65, de 13-7-2010.

• ECA: Lei n. 8.069, de 13-7-1990.

• Política Nacional do Idoso: Lei n. 8.842, de 4-1-1994, regulamentada pelo Decreto n. 1.948, de 3-7-1996.

• Estatuto do Idoso: Lei n. 10.741, de 1.º-10-2003.

Art. 226. A família, base da sociedade, tem especial proteção do Estado.

§ 1.° O casamento é civil e gratuita a celebração.

• Sobre o casamento: arts. 67 e segs. da Lei n. 6.015, de 31-12-1973, e arts. 1.511 e segs. do CC.

§ 2.° O casamento religioso tem efeito civil, nos termos da lei.

• Dos efeitos civis do casamento religioso: Lei n. 1.110, de 23-5-1950, e arts. 71 a 75 da Lei n. 6.015, de 31-12-1973.

§ 3.° Para efeito da proteção do Estado, é reconhecida a união estável entre o homem e a mulher como entidade familiar, devendo a lei facilitar sua conversão em casamento.

•• § 3.° regulamentado pela Lei n. 9.278, de 10-5-1996.

•• O STF, em 5-5-2011, declarou procedente a ADIN n. 4.277 e a Arguição de Descumprimento de Preceito Fundamental n. 132, com eficácia *erga omnes* e efeito vinculante, conferindo interpretação conforme a CF ao art. 1.723 do CC, a fim de declarar a aplicabilidade de regime da união estável às uniões entre pessoas do mesmo sexo.

•• A Resolução n. 175, de 14-5-2013, do CNJ, determina que é vedada às autoridades competentes a recusa de habilitação, celebração de casamento civil ou de conversão de união estável em casamento entre pessoas de mesmo sexo.

§ 4.° Entende-se, também, como entidade familiar a comunidade formada por qualquer dos pais e seus descendentes.

§ 5.° Os direitos e deveres referentes à sociedade conjugal são exercidos igualmente pelo homem e pela mulher.

• Direitos e deveres dos cônjuges: arts. 1.565 e segs. do CC.

§ 6.° O casamento civil pode ser dissolvido pelo divórcio.

•• § 6.° com redação determinada pela Emenda Constitucional n. 66, de 13-7-2010.

• Sobre a dissolução da sociedade conjugal: arts. 2.° e segs. da Lei n. 6.515, de 26-12-1977.

• Divórcio consensual, separação consensual e extinção consensual: art. 733 do CPC.

§ 7.° Fundado nos princípios da dignidade da pessoa humana e da paternidade responsável, o planejamento familiar é livre decisão do casal, competindo ao Estado propiciar recursos educacionais e científicos para o exercício desse direito, vedada qualquer forma coercitiva por parte de instituições oficiais ou privadas.

• Planejamento familiar: Lei n. 9.263, de 12-1-1996.

§ 8.° O Estado assegurará a assistência à família na pessoa de cada um dos que a integram, criando mecanismos para coibir a violência no âmbito de suas relações.

• Violência Doméstica e Familiar contra a Mulher: Lei n. 11.340, de 7-8-2006.

Art. 227. É dever da família, da sociedade e do Estado assegurar à criança, ao adolescente e ao jovem, com absoluta prioridade, o direito à vida, à saúde, à alimentação, à educação, ao lazer, à profissionalização, à cultura, à dignidade, ao respeito, à liberdade e à convivência familiar e comunitária, além de colocá-los a salvo de toda forma de negligência, discriminação, exploração, violência, crueldade e opressão.

•• *Caput* com redação determinada pela Emenda Constitucional n. 65, de 13-7-2010.

§ 1.° O Estado promoverá programas de assistência integral à saúde da criança, do adolescente e do jovem, admitida a participação de entidades não governamentais, mediante políticas específicas e obedecendo aos seguintes preceitos:

•• § 1.°, *caput*, com redação determinada pela Emenda Constitucional n. 65, de 13-7-2010.

• A Lei n. 8.642, de 31-3-1993, regulamentada pelo Decreto n. 1.056, de 11-2-1994, dispõe sobre a instituição do Programa Nacional de Atenção Integral à Criança e ao Adolescente – PRONAICA.

I – aplicação de percentual dos recursos públicos destinados à saúde na assistência materno-infantil;

II – criação de programas de prevenção e atendimento especializado para as pessoas portadoras de deficiência física, sensorial ou mental, bem como de integração social do adolescente e do jovem portador de deficiência, mediante o treinamento para o trabalho e a convivência, e a facilitação do acesso aos bens e serviços coletivos, com a eliminação de obstáculos arquitetônicos e de todas as formas de discriminação.

•• Inciso II com redação determinada pela Emenda Constitucional n. 65, de 13-7-2010.

• Direito à vida e à saúde no ECA: Lei n. 8.069, de 13-7-1990, arts. 7.° a 14.

• A Lei n. 7.853, de 24-10-1989, regulamentada pelo Decreto n. 3.298, de 20-12-1999, consolida as normas de proteção à pessoa portadora de deficiência.

• O Decreto n. 7.612, de 17-11-2011, institui o Plano Nacional dos Direitos da Pessoa com Deficiência – Plano Viver sem Limite.

• A Lei n. 13.146, de 6-7-2015, institui o Estatuto da Pessoa com Deficiência.

§ 2.° A lei disporá sobre normas de construção dos logradouros e dos edifícios de uso público e de fabricação de veículos de transporte coletivo, a fim de garantir acesso adequado às pessoas portadoras de deficiência.

§ 3.° O direito a proteção especial abrangerá os seguintes aspectos:

I – idade mínima de quatorze anos para admissão ao trabalho, observado o disposto no art. 7.°, XXXIII;

•• O art. 7.°, XXXIII, da CF, foi alterado pela Emenda Constitucional n. 20, de 15-12-1998, e agora fixa em dezesseis anos a idade mínima para admissão ao trabalho.

II – garantia de direitos previdenciários e trabalhistas;

III – garantia de acesso do trabalhador adolescente e jovem à escola;

•• Inciso III com redação determinada pela Emenda Constitucional n. 65, de 13-7-2010.

IV – garantia de pleno e formal conhecimento da atribuição de ato infracional, igualdade na relação processual e defesa técnica por profissional habilitado, segundo dispuser a legislação tutelar específica;

V – obediência aos princípios de brevidade, excepcionalidade e respeito à condição peculiar de pessoa em desenvolvimento, quando da aplicação de qualquer medida privativa da liberdade;

VI – estímulo do Poder Público, através de assistência jurídica, incentivos fiscais e subsídios, nos termos da lei, ao acolhimento, sob a forma de guarda, de criança ou adolescente órfão ou abandonado;

• ECA (Lei n. 8.069, de 13-7-1990): arts. 33 a 35 tratam da guarda.

VII – programas de prevenção e atendimento especializado à criança, ao adolescente e ao jovem dependente de entorpecentes e drogas afins.

•• Inciso VII com redação determinada pela Emenda Constitucional n. 65, de 13-7-2010.

§ 4.° A lei punirá severamente o abuso, a violência e a exploração sexual da criança e do adolescente.

• Crimes praticados contra as crianças: arts. 225 e segs. da Lei n. 8.069, de 13-7-1990.

• Crimes sexuais contra vulnerável: arts. 217-A a 218-B do CP.

• O Decreto n. 7.958, de 13-3-2013, estabelece diretrizes para o atendimento às vítimas de violência sexual pelos profissionais de segurança pública e da rede de atendimento do SUS.

§ 5.º A adoção será assistida pelo Poder Público, na forma da lei, que estabelecerá casos e condições de sua efetivação por parte de estrangeiros.

•• Lei Nacional da Adoção: Lei n. 12.010, de 3-8-2009.

• Adoção: Lei n. 8.069, de 13-7-1990, arts. 39 a 52-D, e CC, arts. 1.618 e 1.619.

• Convenção relativa à proteção das crianças e à cooperação em matéria de adoção internacional, concluída em Haia, em 29-5-1993: Decreto n. 3.087, de 21-6-1999.

§ 6.º Os filhos, havidos ou não da relação do casamento, ou por adoção, terão os mesmos direitos e qualificações, proibidas quaisquer designações discriminatórias relativas à filiação.

• Lei n. 8.069, de 13-7-1990, art. 41: efeitos da adoção.

• Lei n. 8.560, de 29-12-1992: investigação de paternidade dos filhos havidos fora do casamento.

• Lei n. 10.317, de 6-12-2001: gratuidade do exame de DNA nos casos que especifica.

• A Lei n. 11.804, de 5-11-2008, disciplina o direito a alimentos gravídicos e a forma como ele será exercido.

§ 7.º No atendimento dos direitos da criança e do adolescente levar-se-á em consideração o disposto no art. 204.

§ 8.º A lei estabelecerá:

•• § 8.º, *caput*, acrescentado pela Emenda Constitucional n. 65, de 13-7-2010.

I – o estatuto da juventude, destinado a regular os direitos dos jovens;

•• Inciso I acrescentado pela Emenda Constitucional n. 65, de 13-7-2010.

•• A Lei n. 12.852, de 5-8-2013, institui o Estatuto da Juventude.

II – o plano nacional de juventude, de duração decenal, visando à articulação das várias esferas do poder público para a execução de políticas públicas.

•• Inciso II acrescentado pela Emenda Constitucional n. 65, de 13-7-2010.

• O Decreto n. 9.025, de 5-4-2017, institui o Comitê Interministerial da Política de Juventude.

Art. 228. São penalmente inimputáveis os menores de dezoito anos, sujeitos às normas da legislação especial.

• Disposição idêntica no art. 27 do CP e no art. 104 do ECA.

• Os arts. 101 e 112 da Lei n. 8.069, de 13-7-1990, dispõem sobre as medidas de proteção e medidas socioeducativas aplicáveis à criança e ao adolescente infratores, respectivamente.

Art. 229. Os pais têm o dever de assistir, criar e educar os filhos menores, e os filhos maiores têm o dever de ajudar e amparar os pais na velhice, carência ou enfermidade.

• Dever de sustento, guarda e educação dos filhos menores: art. 22 da Lei n. 8.069, de 13-7-1990.

Art. 230. A família, a sociedade e o Estado têm o dever de amparar as pessoas idosas, assegurando sua participação na comunidade, defendendo sua dignidade e bem-estar e garantindo-lhes o direito à vida.

• Política Nacional do Idoso: Lei n. 8.842, de 4-1-1994, regulamentada pelo Decreto n. 1.948, de 3-7-1996.

• Prioridade na tramitação de procedimentos judiciais em que figure como parte ou interveniente pessoa com idade igual ou superior a 60 (sessenta) anos: art. 1.048 do CPC e art. 71 da Lei n. 10.741, de 1.º-10-2003 (Estatuto do Idoso).

§ 1.º Os programas de amparo aos idosos serão executados preferencialmente em seus lares.

§ 2.º Aos maiores de sessenta e cinco anos é garantida a gratuidade dos transportes coletivos urbanos.

Capítulo VIII
DOS ÍNDIOS

Art. 231. São reconhecidos aos índios sua organização social, costumes, línguas, crenças e tradições, e os direitos originários sobre as terras que tradicionalmente ocupam, competindo à União demarcá-las, proteger e fazer respeitar todos os seus bens.

• Estatuto do Índio: Lei n. 6.001, de 19-12-1973.

• Educação indígena no Brasil: Decreto n. 26, de 4-2-1991.

• O Decreto n. 7.747, de 5-6-2012, institui a Política Nacional de Gestão Territorial e Ambiental de Terras Indígenas – PNGATI.

• Atuação das Forças Armadas e da Polícia Federal nas terras indígenas: Decreto n. 4.412, de 7-10-2002.

• O Decreto n. 6.861, de 27-5-2009, dispõe sobre a Educação Escolar Indígena.

• A Resolução n. 5, de 22-6-2012, do Conselho Nacional de Educação, define Diretrizes Curriculares Nacionais para a Educação Escolar Indígena na Educação Básica.

• A Resolução Conjunta n. 3, de 19-4-2012, do CNJ e do CNMP, dispõe sobre o assento de nascimento de indígena no Registro Civil das Pessoas Naturais.

§ 1.º São terras tradicionalmente ocupadas pelos índios as por eles habitadas em caráter permanente, as utilizadas para suas atividades produtivas, as imprescindíveis à preservação dos recursos ambientais necessários a seu bem-estar e as necessárias a sua reprodução física e cultural, segundo seus usos, costumes e tradições.

§ 2.º As terras tradicionalmente ocupadas pelos índios destinam-se a sua posse permanente, cabendo-lhes o usufruto exclusivo das riquezas do solo, dos rios e dos lagos nelas existentes.

§ 3.º O aproveitamento dos recursos hídricos, incluídos os potenciais energéticos, a pesquisa e a lavra das riquezas minerais em terras indígenas só podem ser efetivados com autorização do Congresso Nacional, ouvidas as comunidades afetadas, ficando-lhes assegurada participação nos resultados da lavra, na forma da lei.

§ 4.º As terras de que trata este artigo são inalienáveis e indisponíveis, e os direitos sobre elas, imprescritíveis.

§ 5.º É vedada a remoção dos grupos indígenas de suas terras, salvo, *ad referendum* do Congresso Nacional, em caso de catástrofe ou epidemia que ponha em risco sua população, ou no interesse da soberania do País, após deliberação do Congresso Nacional, garantido, em qualquer hipótese, o retorno imediato logo que cesse o risco.

§ 6.º São nulos e extintos, não produzindo efeitos jurídicos, os atos que tenham por objeto a ocupação, o domínio e a posse das terras a que se refere este artigo, ou a exploração das riquezas naturais do solo, dos rios e dos lagos nelas existentes, ressalvado relevante interesse público da União, segundo o que dispuser lei complementar, não gerando a nulidade e a extinção direito a indenização ou ações contra a União, salvo, na forma da lei, quanto às benfeitorias derivadas da ocupação de boa-fé.

§ 7.º Não se aplica às terras indígenas o disposto no art. 174, §§ 3.º e 4.º.

Art. 232. Os índios, suas comunidades e organizações são partes legítimas para ingressar em juízo em defesa de seus direitos e interesses, intervindo o Ministério Público em todos os atos do processo.

Título IX
DAS DISPOSIÇÕES CONSTITUCIONAIS GERAIS

Art. 233. (*Revogado pela Emenda Constitucional n. 28, de 25-5-2000.*)

Art. 234. É vedado à União, direta ou indiretamente, assumir, em decorrência da criação de Estado, encargos referentes a despesas com pessoal inativo e com encargos e amortizações da dívida interna ou externa da administração pública, inclusive da indireta.

• *Vide* art. 13, § 6.º, do ADCT.

Art. 235. Nos dez primeiros anos da criação de Estado, serão observadas as seguintes normas básicas:

I – a Assembleia Legislativa será composta de dezessete Deputados se a população do Estado for inferior a seiscentos mil habitantes, e de vinte e quatro, se igual ou superior a esse número, até um milhão e quinhentos mil;

II – o Governo terá no máximo dez Secretarias;

III – o Tribunal de Contas terá três membros, nomeados, pelo Governador eleito, dentre brasileiros de comprovada idoneidade e notório saber;

IV – o Tribunal de Justiça terá sete Desembargadores;

V – os primeiros Desembargadores serão nomeados pelo Governador eleito, escolhidos da seguinte forma:

a) cinco dentre os magistrados com mais de trinta e cinco anos de idade, em exercício na área do novo Estado ou do Estado originário;

b) dois dentre promotores, nas mesmas condições, e advogados de comprovada idoneidade e saber jurídico, com dez anos, no mínimo, de exercício profissional, obedecido o procedimento fixado na Constituição;

VI – no caso de Estado proveniente de Território Federal, os cinco primeiros Desembargadores poderão ser escolhidos dentre juízes de direito de qualquer parte do País;

VII – em cada Comarca, o primeiro Juiz de Direito, o primeiro Promotor de Justiça e o primeiro Defensor Público serão nomeados pelo Governador eleito após concurso público de provas e títulos;

VIII – até a promulgação da Constituição Estadual, responderão pela Procuradoria-Geral, pela Advocacia-Geral e pela Defensoria-Geral do Estado advogados de notório saber, com trinta e cinco anos de idade, no mínimo, nomeados pelo Governador eleito e demissíveis *ad nutum*;

IX – se o novo Estado for resultado de transformação de Território Federal, a transferência de encargos financeiros da União para pagamento dos servidores optantes que pertenciam à Administração Federal ocorrerá da seguinte forma:

a) no sexto ano de instalação, o Estado assumirá vinte por cento dos encargos financeiros para fazer face ao pagamento dos servidores públicos, ficando ainda o restante sob a responsabilidade da União;

b) no sétimo ano, os encargos do Estado serão acrescidos de trinta por cento e, no oitavo, dos restantes cinquenta por cento;

X – as nomeações que se seguirem às primeiras, para os cargos mencionados neste artigo, serão disciplinadas na Constituição Estadual;

XI – as despesas orçamentárias com pessoal não poderão ultrapassar cinquenta por cento da receita do Estado.

Art. 236. Os serviços notariais e de registro são exercidos em caráter privado, por delegação do Poder Público.

•• Regulamento: Lei n. 8.935, de 18-11-1994.

• *Vide* art. 32 do ADCT.

• A Lei n. 11.789, de 2-10-2008, proíbe a inserção nas certidões de nascimento e de óbito de expressões que indiquem condição de pobreza ou semelhantes.

§ 1.º Lei regulará as atividades, disciplinará a responsabilidade civil e criminal dos notários, dos oficiais de registro e de seus prepostos, e definirá a fiscalização de seus atos pelo Poder Judiciário.

§ 2.º Lei federal estabelecerá normas gerais para fixação de emolumentos relativos aos atos praticados pelos serviços notariais e de registro.

•• Regulamento: Lei n. 10.169, de 29-12-2000.

§ 3.º O ingresso na atividade notarial e de registro depende de concurso público de provas e títulos, não se permitindo que qualquer serventia fique vaga, sem abertura de concurso de provimento ou de remoção, por mais de seis meses.

Art. 237. A fiscalização e o controle sobre o comércio exterior, essenciais à defesa dos interesses fazendários nacionais, serão exercidos pelo Ministério da Fazenda.

• O Decreto n. 2.781, de 14-9-1998, instituiu o Programa Nacional de Combate ao Contrabando e Descaminho.

Art. 238. A lei ordenará a venda e revenda de combustíveis de petróleo, álcool carburante e outros combustíveis derivados de matérias-primas renováveis, respeitados os princípios desta Constituição.

• A Lei n. 9.478, de 6-8-1997, dispõe sobre a Política Energética Nacional, as atividades relativas ao monopólio do petróleo e institui o Conselho Nacional de Política Energética e a Agência Nacional do Petróleo.

• A Lei n. 9.847, de 26-10-1999, disciplina a fiscalização das atividades relativas ao abastecimento nacional de combustíveis, de que trata a Lei n. 9.478, de 6-8-1997, e estabelece sanções administrativas.

Art. 239. A arrecadação decorrente das contribuições para o Programa de Integração Social, criado pela Lei Complementar n. 7, de 7 de setembro de 1970, e para o Programa de Formação do Patrimônio do Servidor Público, criado pela Lei Complementar n. 8, de 3 de dezembro de 1970, passa, a partir da promulgação desta Constituição, a financiar, nos termos que a lei dispuser, o programa do seguro-desemprego e o abono de que trata o § 3.º deste artigo.

•• A Lei n. 7.998, de 11-1-1990, regulamenta o Programa do Seguro-Desemprego, o Abono Salarial e institui o Fundo de Amparo ao Trabalhador – FAT.

• A Lei n. 9.715, de 25-11-1998, dispõe sobre as contribuições para os Programas de Integração Social e de Formação do Patrimônio do Servidor Público – PIS/PASEP.

• *Vide* art. 72, §§ 2.º e 3.º, do ADCT.

§ 1.º Dos recursos mencionados no *caput* deste artigo, pelo menos quarenta por cento serão destinados a financiar programas de desenvolvimento econômico, através do Banco Nacional de Desenvolvimento Econômico e Social, com critérios de remuneração que lhes preservem o valor.

§ 2.º Os patrimônios acumulados do Programa de Integração Social e do Programa de Formação do Patrimônio do Servidor Público são preservados, mantendo-se os critérios de saque nas situações previstas nas leis específicas, com exceção da retirada por motivo de casamento, ficando vedada a distribuição da arrecadação de que trata o *caput* deste artigo, para depósito nas contas individuais dos participantes.

§ 3.º Aos empregados que percebam de empregadores que contribuem para o Programa de Integração Social ou para o Programa de Formação do Patrimônio do Servidor Público até dois salários mínimos de remuneração mensal, é assegurado o pagamento de um salário mínimo anual, computado neste valor o rendimento das contas individuais, no caso daqueles que já participavam dos referidos programas, até a data da promulgação desta Constituição.

§ 4.º O financiamento do seguro-desemprego receberá uma contribuição adicional da empresa cujo índice de rotatividade da força de trabalho superar o índice médio da rotatividade do setor, na forma estabelecida por lei.

•• A Lei n. 7.998, de 11-1-1990, regula o Programa do Seguro-Desemprego, o Abono Salarial e institui o Fundo de Amparo ao Trabalhador – FAT.

Art. 240. Ficam ressalvadas do disposto no art. 195 as atuais contribuições compulsórias dos empregadores sobre a folha de salários, destinadas às entidades privadas de serviço social e de formação profissional vinculadas ao sistema sindical.

Art. 241. A União, os Estados, o Distrito Federal e os Municípios disciplinarão por meio de lei os consórcios públicos e os convênios de cooperação entre os entes federados, autorizando a gestão associada de serviços públicos, bem como a transferência total ou parcial de encargos, serviços, pessoal e bens essenciais à continuidade dos serviços transferidos.

•• Artigo com redação determinada pela Emenda Constitucional n. 19, de 4-6-1998.

•• Artigo regulamentado pela Lei n. 11.107, de 6-4-2005.

• A Lei n. 11.473, de 10-5-2007, dispõe sobre cooperação federativa no âmbito da segurança pública.

Art. 242. O princípio do art. 206, IV, não se aplica às instituições educacionais oficiais criadas por lei estadual ou municipal e existentes na data da promulgação desta Constituição, que não sejam total ou preponderantemente mantidas com recursos públicos.

§ 1.º O ensino da História do Brasil levará em conta as contribuições das diferentes culturas e etnias para a formação do povo brasileiro.

§ 2.º O Colégio Pedro II, localizado na cidade do Rio de Janeiro, será mantido na órbita federal.

Art. 243. As propriedades rurais e urbanas de qualquer região do País onde forem localizadas culturas ilegais de plantas psicotrópicas ou a exploração de trabalho escravo na forma da lei serão expropriadas e destinadas à reforma agrária e a programas de habitação popular, sem qualquer indenização ao proprietário e sem prejuízo de outras sanções previstas em lei, observado, no que couber, o disposto no art. 5º.

•• *Caput* com redação determinada pela Emenda Constitucional n. 81, de 5-6-2014.

• A Lei n. 8.257, de 26-11-1991, dispõe sobre a expropriação das glebas nas quais se localizem culturas ilegais de plantas psicotrópicas.

• O Decreto n. 577, de 24-6-1992, dispõe sobre a expropriação das glebas onde forem encontradas culturas ilegais de plantas psicotrópicas.

Parágrafo único. Todo e qualquer bem de valor econômico apreendido em decorrência do tráfico ilícito de entorpecentes e drogas afins e da exploração de trabalho escravo será confiscado e reverterá a fundo especial com destinação específica, na forma da lei.

•• Parágrafo único com redação determinada pela Emenda Constitucional n. 81, de 5-6-2014.

Art. 244. A lei disporá sobre a adaptação dos logradouros, dos edifícios de uso público e dos veículos de transporte coletivo atualmente existentes a fim de garantir acesso adequado às pessoas portadoras de deficiência, conforme o disposto no art. 227, § 2.º.

Art. 245. A lei disporá sobre hipóteses e condições em que o Poder Público dará assistência aos herdeiros e dependentes carentes de pessoas vitimadas por crime doloso, sem prejuízo da responsabilidade civil do autor do ilícito.

Art. 246. É vedada a adoção de medida provisória na regulamentação de artigo da Constituição cuja redação tenha sido alterada por meio de emenda promulgada entre 1.º de janeiro de 1995 até a promulgação desta emenda, inclusive.

•• Artigo com redação determinada pela Emenda Constitucional n. 32, de 11-9-2001.

Art. 247. As leis previstas no inciso III do § 1.º do art. 41 e no § 7.º do art. 169 estabelecerão critérios e garantias especiais para a perda do cargo pelo servidor público estável que, em decorrência das atribuições de seu cargo efetivo, desenvolva atividades exclusivas de Estado.

•• *Caput* acrescentado pela Emenda Constitucional n. 19, de 4-6-1998.

Parágrafo único. Na hipótese de insuficiência de desempenho, a perda do cargo somente ocorrerá mediante processo administrativo em que lhe sejam assegurados o contraditório e a ampla defesa.

•• Parágrafo único acrescentado pela Emenda Constitucional n. 19, de 4-6-1998.

Art. 248. Os benefícios pagos, a qualquer título, pelo órgão responsável pelo regime geral de previdência social, ainda que à conta do Tesouro Nacional, e os não sujeitos ao limite máximo de valor fixado para os benefícios concedidos por esse regime observarão os limites fixados no art. 37, XI.

•• Artigo acrescentado pela Emenda Constitucional n. 20, de 15-12-1998.

Art. 249. Com o objetivo de assegurar recursos para o pagamento de proventos de aposentadoria e pensões concedidas aos respectivos servidores e seus dependentes, em adição aos recursos dos respectivos tesouros, a União, os Estados, o Distrito Federal e os Municípios poderão constituir fundos integrados pelos recursos provenientes de contribuições e por bens, direitos e ativos de qualquer natureza, mediante lei que disporá sobre a natureza e administração desses fundos.

•• Artigo acrescentado pela Emenda Constitucional n. 20, de 15-12-1998.

Art. 250. Com o objetivo de assegurar recursos para o pagamento dos benefícios concedidos pelo regime geral de previdência social, em adição aos recursos de sua arrecadação, a União poderá constituir fundo integrado por bens, direitos e ativos de qualquer natureza, mediante lei que disporá sobre a natureza e administração desse fundo.

•• Artigo acrescentado pela Emenda Constitucional n. 20, de 15-12-1998.

ATO DAS DISPOSIÇÕES CONSTITUCIONAIS TRANSITÓRIAS

Art. 1.º O Presidente da República, o Presidente do Supremo Tribunal Federal e os membros do Congresso Nacional prestarão o compromisso de manter, defender e cumprir a Constituição, no ato e na data de sua promulgação.

Art. 2.º No dia 7 de setembro de 1993 o eleitorado definirá, através de plebiscito, a forma (república ou monarquia constitucional) e o sistema de governo (parlamentarismo ou presidencialismo) que devem vigorar no País.

• *Vide* Emenda Constitucional n. 2, de 25-8-1992.

§ 1.º Será assegurada gratuidade na livre divulgação dessas formas e sistemas, através dos meios de comunicação de massa cessionários de serviço público.

§ 2.º O Tribunal Superior Eleitoral, promulgada a Constituição, expedirá as normas regulamentadoras deste artigo.

Art. 3.º A revisão constitucional será realizada após cinco anos, contados da promulgação da Constituição, pelo voto da maioria absoluta dos membros do Congresso Nacional, em sessão unicameral.

Art. 4.º O mandato do atual Presidente da República terminará em 15 de março de 1990.

§ 1.º A primeira eleição para Presidente da República após a promulgação da Constituição será realizada no dia 15 de novembro de 1989, não se lhe aplicando o disposto no art. 16 da Constituição.

§ 2.º É assegurada a irredutibilidade da atual representação dos Estados e do Distrito Federal na Câmara dos Deputados.

§ 3.º Os mandatos dos Governadores e dos Vice-Governadores eleitos em 15 de novembro de 1986 terminarão em 15 de março de 1991.

§ 4.º Os mandatos dos atuais Prefeitos, Vice-Prefeitos e Vereadores terminarão no dia 1.º de janeiro de 1989, com a posse dos eleitos.

Art. 5.º Não se aplicam às eleições previstas para 15 de novembro de 1988 o disposto no art. 16 e as regras do art. 77 da Constituição.

§ 1.º Para as eleições de 15 de novembro de 1988 será exigido domicílio eleitoral na circunscrição pelo menos durante os quatro meses anteriores ao pleito, podendo os candidatos que preencham este requisito, atendidas as demais exigências da lei, ter seu registro efetivado pela Justiça Eleitoral após a promulgação da Constituição.

§ 2.º Na ausência de norma legal específica, caberá ao Tribunal Superior Eleitoral editar as normas necessárias à realização das eleições de 1988, respeitada a legislação vigente.

§ 3.º Os atuais parlamentares federais e estaduais eleitos Vice-Prefeitos, se convocados a exercer a função de Prefeito, não perderão o mandato parlamentar.

§ 4.º O número de vereadores por município será fixado, para a representação a ser eleita em 1988, pelo respectivo Tribunal Regional Eleitoral, respeitados os limites estipulados no art. 29, IV, da Constituição.

§ 5.º Para as eleições de 15 de novembro de 1988, ressalvados os que já exercem mandato eletivo, são inelegíveis para qualquer cargo, no território de jurisdição do titular, o cônjuge e os parentes por consanguinidade ou afinidade, até o segundo grau, ou por adoção, do Presidente da República, do Governador de Estado, do Governador do Distrito Federal e do Prefeito que tenham exercido mais da metade do mandato.

Art. 6.º Nos seis meses posteriores à promulgação da Constituição, parlamentares federais, reunidos em número não inferior a trinta, poderão requerer ao Tribunal Superior Eleitoral o registro de novo partido político, juntando ao requerimento o manifesto, o estatuto e o programa devidamente assinados pelos requerentes.

§ 1.º O registro provisório, que será concedido de plano pelo Tribunal Superior Eleitoral, nos termos deste artigo, defere ao novo partido todos os direitos, deveres e prerrogativas dos atuais, entre eles o de participar, sob legenda própria, das eleições que vierem a ser realizadas nos doze meses seguintes a sua formação.

§ 2.º O novo partido perderá automaticamente seu registro provisório se, no prazo de vinte e quatro meses, contados de sua formação, não obtiver registro definitivo no Tribunal Superior Eleitoral, na forma que a lei dispuser.

Art. 7.º O Brasil propugnará pela formação de um tribunal internacional dos direitos humanos.

• O Decreto n. 4.388, de 25-9-2002, promulga o Estatuto de Roma do Tribunal Penal Internacional.

Art. 8.º É concedida anistia aos que, no período de 18 de setembro de 1946 até a data da promulgação da Constituição, foram atingidos, em decorrência de motivação exclusivamente política, por atos de exceção, institucionais ou complementares, aos que foram abrangidos pelo Decreto Legislativo n. 18, de 15 de dezembro de 1961, e aos atingidos pelo Decreto-lei n. 864, de 12 de setembro de 1969, asseguradas as promoções, na inatividade, ao cargo, emprego, posto ou graduação a que teriam direito se estivessem em serviço ativo, obedecidos os prazos de permanência em atividade previstos nas leis e regulamentos vigentes, respeitadas as características e peculiaridades das carreiras dos servidores públicos civis e militares e observados os respectivos regimes jurídicos.

•• Regulamento: Lei n. 10.559, de 13-11-2002.

•• A Lei n. 12.528, de 18-11-2011, cria a Comissão Nacional da Verdade no âmbito da Casa Civil da Presidência da República, com a finalidade de examinar e esclarecer as graves violações de direitos humanos praticadas no período fixado neste artigo.

§ 1.º O disposto neste artigo somente gerará efeitos financeiros a partir da promulgação da Constituição, vedada a remuneração de qualquer espécie em caráter retroativo.

§ 2.º Ficam assegurados os benefícios estabelecidos neste artigo aos trabalhadores do setor privado, dirigentes e representantes sindicais que, por motivos exclusivamente políticos, tenham sido punidos, demitidos ou compelidos ao afastamento das atividades remuneradas que exerciam, bem como aos que foram impedidos de exercer atividades profissionais em virtude de pressões ostensivas ou expedientes oficiais sigilosos.

§ 3.º Aos cidadãos que foram impedidos de exercer, na vida civil, atividade profissional específica, em decorrência das Portarias Reservadas do Ministério da Aeronáutica n. S-50-GM5, de 19 de junho de 1964, e n. S-285-GM5 será concedida reparação de natureza econômica, na forma que dispuser lei de iniciativa do Congresso Nacional e a entrar em vigor no prazo de doze meses a contar da promulgação da Constituição.

§ 4.º Aos que, por força de atos institucionais, tenham exercido gratuitamente mandato eletivo de vereador serão computados, para efeito de aposentadoria no serviço público e previdência social, os respectivos períodos.

§ 5.º A anistia concedida nos termos deste artigo aplica-se aos servidores públicos civis e aos empregados em todos os níveis de governo ou em suas fundações, empresas públicas ou empresas mistas sob controle estatal, exceto nos Ministérios militares, que tenham sido punidos ou demitidos por atividades profissionais interrompidas em virtude de decisão de seus trabalhadores, bem como em decorrência do Decreto-lei n. 1.632, de 4 de agosto de 1978, ou por motivos exclusivamente políticos, assegurada a readmissão dos que foram atingidos a partir de 1979, observado o disposto no § 1.º.

• A Lei n. 7.783, de 28-6-1989, revoga o Decreto-lei n. 1.632, de 4-8-1978.

Art. 9.º Os que, por motivos exclusivamente políticos, foram cassados ou tiveram seus direitos políticos suspensos no período de 15 de julho a 31 de dezembro de 1969, por ato do então Presidente da República, poderão requerer ao Supremo Tribunal Federal o reconhecimento dos direitos e vantagens interrompidos pelos atos punitivos, desde que comprovem terem sido estes eivados de vício grave.

Parágrafo único. O Supremo Tribunal Federal proferirá a decisão no prazo de cento e vinte dias, a contar do pedido do interessado.

Art. 10. Até que seja promulgada a lei complementar a que se refere o art. 7.º, I, da Constituição:

I – fica limitada a proteção nele referida ao aumento, para quatro vezes, da porcentagem prevista no art. 6.º, *caput* e § 1.º, da Lei n. 5.107, de 13 de setembro de 1966;

•• Citada Lei foi revogada pela Lei n. 7.839, de 12-10-1989, e pela atual Lei de FGTS: Lei n. 8.036, de 11-5-1990.

II – fica vedada a dispensa arbitrária ou sem justa causa:

a) do empregado eleito para cargo de direção de comissões internas de prevenção de acidentes, desde o registro de sua candidatura até um ano após o final de seu mandato;

b) da empregada gestante, desde a confirmação da gravidez até cinco meses após o parto.

•• A Lei Complementar n. 146, de 25-6-2014, assegura o direito prescrito nesta alínea, nos casos em que ocorrer o falecimento da genitora, a quem detiver a guarda do seu filho.

§ 1.º Até que a lei venha a disciplinar o disposto no art. 7.º, XIX, da Constituição, o prazo da licença-paternidade a que se refere o inciso é de cinco dias.

•• A Lei n. 11.770, de 9-9-2008 (Programa Empresa Cidadã), alterada pela Lei n. 13.257, de 8-3-2016, prorroga por 15 (quinze) dias a duração da licença prevista neste § 1.º, mediante concessão de incentivo fiscal.

§ 2.º Até ulterior disposição legal, a cobrança das contribuições para o custeio das atividades dos sindicatos rurais será feita juntamente com a do imposto territorial rural, pelo mesmo órgão arrecadador.

§ 3.º Na primeira comprovação do cumprimento das obrigações trabalhistas pelo empregador rural, na forma do art. 233, após a promulgação da Constituição, será certificada perante a Justiça do Trabalho a regularidade do contrato e das atualizações das obrigações trabalhistas de todo o período.

•• O art. 233 da CF foi revogado pela Emenda Constitucional n. 28, de 25-5-2000.

Art. 11. Cada Assembleia Legislativa, com poderes constituintes, elaborará a Constituição do Estado, no prazo de um ano, contado da promulgação da Constituição Federal, obedecidos os princípios desta.

Parágrafo único. Promulgada a Constituição do Estado, caberá à Câmara Municipal, no prazo de seis meses, votar a Lei Orgânica respectiva, em dois turnos de discussão e votação, respeitado o disposto na Constituição Federal e na Constituição Estadual.

Art. 12. Será criada, dentro de noventa dias da promulgação da Constituição, Comissão de Estudos Territoriais, com dez membros indicados pelo Congresso Nacional e cinco pelo Poder Executivo, com a finalidade de apresentar estudos sobre o território nacional e anteprojetos relativos a novas unidades territoriais, notadamente na Amazônia Legal e em áreas pendentes de solução.

• A Lei n. 11.952, de 25-6-2009, dispõe sobre a regularização fundiária das ocupações incidentes em terras situadas em áreas da União, no âmbito da Amazônia Legal.

§ 1.º No prazo de um ano, a Comissão submeterá ao Congresso Nacional os resultados de seus estudos para, nos termos da Constituição, serem apreciados nos doze meses subsequentes, extinguindo-se logo após.

§ 2.º Os Estados e os Municípios deverão, no prazo de três anos, a contar da promulgação da Constituição, promover, mediante acordo ou arbitramento, a demarcação de suas linhas divisórias atualmente litigiosas, podendo para isso fazer alterações e compensações de área que atendam aos acidentes naturais, critérios históricos, conveniências administrativas e comodidade das populações limítrofes.

§ 3.º Havendo solicitação dos Estados e Municípios interessados, a União poderá encarregar-se dos trabalhos demarcatórios.

§ 4.º Se, decorrido o prazo de três anos, a contar da promulgação da Constituição, os trabalhos demarcatórios não tiverem sido concluídos, caberá à União determinar os limites das áreas litigiosas.

§ 5.º Ficam reconhecidos e homologados os atuais limites do Estado do Acre com os Estados do Amazonas e de Rondônia, conforme levantamentos cartográficos e geodésicos realizados pela Comissão Tripartite integrada por representantes dos Estados e dos serviços técnico-especializados do Instituto Brasileiro de Geografia e Estatística.

Art. 13. É criado o Estado do Tocantins, pelo desmembramento da área descrita neste artigo, dando-se sua instalação no quadragésimo sexto dia após a eleição prevista no § 3.º, mas não antes de 1.º de janeiro de 1989.

§ 1.º O Estado do Tocantins integra a Região Norte e limita-se com o Estado de Goiás pelas divisas norte dos Municípios de São Miguel do Araguaia, Porangatu, Formoso, Minaçu, Cavalcante, Monte Alegre de Goiás e Campos Belos, conservando a leste, norte e oeste as divisas atuais de Goiás com os Estados da Bahia, Piauí, Maranhão, Pará e Mato Grosso.

§ 2.º O Poder Executivo designará uma das cidades do Estado para sua Capital provisória até a aprovação da sede definitiva do governo pela Assembleia Constituinte.

§ 3.º O Governador, o Vice-Governador, os Senadores, os Deputados Federais e os Deputados Estaduais serão eleitos, em um único turno, até setenta e cinco dias após a promulgação da Constituição, mas não antes de 15 de novembro de 1988, a critério do Tribunal Superior Eleitoral, obedecidas, entre outras, as seguintes normas:

I – o prazo de filiação partidária dos candidatos será encerrado setenta e cinco dias antes da data das eleições;

II – as datas das convenções regionais partidárias destinadas a deliberar sobre coligações e escolha de candidatos, de apresentação de requerimento de registro dos candidatos escolhidos e dos demais procedimentos legais serão fixadas, em calendário especial, pela Justiça Eleitoral;

III – são inelegíveis os ocupantes de cargos estaduais ou municipais que não se tenham deles afastado, em caráter definitivo, setenta e cinco dias antes da data das eleições previstas neste parágrafo;

IV – ficam mantidos os atuais diretórios regionais dos partidos políticos do Estado de Goiás, cabendo às comissões executivas nacionais designar comissões provisórias no Estado do Tocantins, nos termos e para os fins previstos na lei.

§ 4.º Os mandatos do Governador, do Vice-Governador, dos Deputados Federais e Estaduais eleitos na forma do parágrafo anterior extinguir-se-ão concomitantemente aos das demais unidades da Federação; o mandato do Senador eleito menos votado extinguir-se-á nessa mesma oportunidade, e os dos outros dois, juntamente com os dos Senadores eleitos em 1986 nos demais Estados.

§ 5.º A Assembleia Estadual Constituinte será instalada no quadragésimo sexto dia da eleição de seus integrantes, mas não antes de 1.º de janeiro de 1989, sob a presidência do Presidente do Tribunal Regional Eleitoral do Estado de Goiás, e dará posse, na mesma data, ao Governador e ao Vice-Governador eleitos.

§ 6.º Aplicam-se à criação e instalação do Estado do Tocantins, no que couber, as normas legais disciplinadoras da divisão do Estado de Mato Grosso, observado o disposto no art. 234 da Constituição.

§ 7.º Fica o Estado de Goiás liberado dos débitos e encargos decorrentes de empreendimentos no território do novo Estado, e autorizada a União, a seu critério, a assumir os referidos débitos.

Art. 14. Os Territórios Federais de Roraima e do Amapá são transformados em Estados Federados, mantidos seus atuais limites geográficos.

§ 1.º A instalação dos Estados dar-se-á com a posse dos governadores eleitos em 1990.

§ 2.º Aplicam-se à transformação e instalação dos Estados de Roraima e Amapá as normas e critérios seguidos na criação do Estado de Rondônia, respeitado o disposto na Constituição e neste Ato.

§ 3.º O Presidente da República, até quarenta e cinco dias após a promulgação da Constituição, encaminhará à apreciação do Senado Federal os nomes dos governadores dos Estados de Roraima e do Amapá que exercerão o Poder Executivo até a instalação dos novos Estados com a posse dos governadores eleitos.

§ 4.º Enquanto não concretizada a transformação em Estados, nos termos deste artigo, os Territórios Federais de Roraima e do Amapá serão beneficiados pela transferência de recursos prevista nos arts. 159, I, *a*, da Constituição, e 34, § 2.º, II, deste Ato.

Art. 15. Fica extinto o Território Federal de Fernando de Noronha, sendo sua área reincorporada ao Estado de Pernambuco.

Art. 16. Até que se efetive o disposto no art. 32, § 2.º, da Constituição, caberá ao Presidente da República, com a aprovação do Senado Federal, indicar o Governador e o Vice-Governador do Distrito Federal.

§ 1.º A competência da Câmara Legislativa do Distrito Federal, até que se instale, será exercida pelo Senado Federal.

§ 2.º A fiscalização contábil, financeira, orçamentária, operacional e patrimonial do Distrito Federal, enquanto não for instalada a Câmara Legislativa, será exercida pelo Senado Federal, mediante controle externo, com o auxílio do Tribunal de Contas do Distrito Federal, observado o disposto no art. 72 da Constituição.

§ 3.º Incluem-se entre os bens do Distrito Federal aqueles que lhe vierem a ser atribuídos pela União na forma da lei.

Art. 17. Os vencimentos, a remuneração, as vantagens e os adicionais, bem como os proventos de aposentadoria que estejam sendo percebidos em desacordo com a Constituição serão imediatamente reduzidos aos limites dela decorrentes, não se admitindo, neste caso, invocação de direito adquirido ou percepção de excesso a qualquer título.

§ 1.º É assegurado o exercício cumulativo de dois cargos ou empregos privativos de médico que estejam sendo exercidos por médico militar na administração pública direta ou indireta.

§ 2.º É assegurado o exercício cumulativo de dois cargos ou empregos privativos de profissionais de saúde que estejam sendo exercidos na administração pública direta ou indireta.

• *Vide* art. 9.º da Emenda Constitucional n. 41, de 19-12-2003.

Art. 18. Ficam extintos os efeitos jurídicos de qualquer ato legislativo ou administrativo, lavrado a partir da instalação da Assembleia Nacional Constituinte, que tenha por objeto a concessão de estabilidade a servidor admitido sem concurso público, da administração direta ou indireta, inclusive das fundações instituídas e mantidas pelo Poder Público.

Art. 19. Os servidores públicos civis da União, dos Estados, do Distrito Federal e dos Municípios, da administração direta, autárquica e das fundações públicas, em exercício na data da promulgação da Constituição, há pelo menos cinco anos continuados, e que não tenham sido admitidos na forma regulada no art. 37, da Constituição, são considerados estáveis no serviço público.

§ 1.º O tempo de serviço dos servidores referidos neste artigo será contado como título quando se submeterem a concurso para fins de efetivação, na forma da lei.

§ 2.º O disposto neste artigo não se aplica aos ocupantes de cargos, funções e empregos de confiança ou em comissão, nem aos que a lei declare de livre exoneração, cujo tempo de serviço não será computado para os fins do *caput* deste artigo, exceto se se tratar de servidor.

§ 3.º O disposto neste artigo não se aplica aos professores de nível superior, nos termos da lei.

Art. 20. Dentro de cento e oitenta dias, proceder-se-á à revisão dos direitos dos servidores públicos inativos e pensionistas e à atualização dos proventos e pensões a eles devidos, a fim de ajustá-los ao disposto na Constituição.

• Regime Jurídico dos Servidores Políticos Civis da União, das Autarquias e das Fundações Públicas Federais: Lei n. 8.112, de 11-12-1990.

• Reforma Previdenciária: *vide* Emenda Constitucional n. 41, de 19-12-2003.

Art. 21. Os juízes togados de investidura limitada no tempo, admitidos mediante concurso público de provas e títulos e que estejam em exercício na data da promulgação da Constituição, adquirem estabilidade, observado o estágio probatório, e passam a compor quadro em extinção, mantidas as competências, prerrogativas e restrições da legislação a que se achavam submetidos, salvo as inerentes à transitoriedade da investidura.

Parágrafo único. A aposentadoria dos juízes de que trata este artigo regular-se-á pelas normas fixadas para os demais juízes estaduais.

Art. 22. É assegurado aos defensores públicos investidos na função até a data de instalação da Assembleia Nacional Constituinte o direito de opção pela carreira, com a observância das garantias e vedações previstas no art. 134, parágrafo único, da Constituição.

•• *Vide* atualmente art. 134, § 1.º, da CF.

Art. 23. Até que se edite a regulamentação do art. 21, XVI, da Constituição, os atuais ocupantes do cargo de censor federal continuarão exercendo funções com este compatíveis, no Departamento de Polícia Federal, observadas as disposições constitucionais.

• A Lei n. 9.688, de 6-7-1998, dispõe sobre a extinção dos cargos de Censor Federal e sobre o enquadramento de seus atuais ocupantes e dá outras providências.

Parágrafo único. A lei referida disporá sobre o aproveitamento dos censores federais, nos termos deste artigo.

Art. 24. A União, os Estados, o Distrito Federal e os Municípios editarão leis que estabeleçam critérios para a compatibilização de seus quadros de pessoal ao disposto no art. 39 da Constituição e à reforma administrativa dela decorrente, no prazo de dezoito meses, contados da sua promulgação.

Art. 25. Ficam revogados, a partir de cento e oitenta dias da promulgação da Constituição, sujeito este prazo a prorrogação por lei, todos os dispositivos legais que atribuam ou deleguem a órgão do Poder Executivo competência assinalada pela Constituição ao Congresso Nacional, especialmente no que tange a:

I – ação normativa;

II – alocação ou transferência de recursos de qualquer espécie.

§ 1.º Os decretos-leis em tramitação no Congresso Nacional e por este não apreciados até a promulgação da Constituição terão seus efeitos regulados da seguinte forma:

I – se editados até 2 de setembro de 1988, serão apreciados pelo Congresso Nacional no prazo de até cento e oitenta dias a contar da promulgação da Constituição, não computado o recesso parlamentar;

II – decorrido o prazo definido no inciso anterior, e não havendo apreciação, os decretos-leis ali mencionados serão considerados rejeitados;

III – nas hipóteses definidas nos incisos I e II, terão plena validade os atos praticados na vigência dos respectivos decretos-leis, podendo o Congresso Nacional, se necessário, legislar sobre os efeitos deles remanescentes.

§ 2.º Os decretos-leis editados entre 3 de setembro de 1988 e a promulgação da Constituição serão convertidos, nesta data, em medidas provisórias, aplicando-se-lhes as regras estabelecidas no art. 62, parágrafo único.

•• O art. 62 da CF foi alterado pela Emenda Constitucional n. 32, de 11-9-2001, que modificou a tramitação das Medidas Provisórias.

Art. 26. No prazo de um ano a contar da promulgação da Constituição, o Congresso Nacional promoverá, através de Comissão mista, exame analítico e pericial dos atos e fatos geradores do endividamento externo brasileiro.

§ 1.º A Comissão terá a força legal de Comissão parlamentar de inquérito para os fins de requisição e convocação, e atuará com o auxílio do Tribunal de Contas da União.

§ 2.º Apurada irregularidade, o Congresso Nacional proporá ao Poder Executivo a declaração de nulidade do ato e encaminhará o processo ao Ministério Público Federal, que formalizará, no prazo de sessenta dias, a ação cabível.

Art. 27. O Superior Tribunal de Justiça será instalado sob a Presidência do Supremo Tribunal Federal.

§ 1.º Até que se instale o Superior Tribunal de Justiça, o Supremo Tribunal Federal exercerá as atribuições e competências definidas na ordem constitucional precedente.

§ 2.º A composição inicial do Superior Tribunal de Justiça far-se-á:

I – pelo aproveitamento dos Ministros do Tribunal Federal de Recursos;

II – pela nomeação dos Ministros que sejam necessários para completar o número estabelecido na Constituição.

§ 3.º Para os efeitos do disposto na Constituição, os atuais Ministros do Tribunal Federal de Recursos serão considerados pertencentes à classe de que provieram, quando de sua nomeação.

§ 4.º Instalado o Tribunal, os Ministros aposentados do Tribunal Federal de Recursos tornar-se-ão, automaticamente, Ministros aposentados do Superior Tribunal de Justiça.

§ 5.º Os Ministros a que se refere o § 2.º, II, serão indicados em lista tríplice pelo Tribunal Federal de Recursos, observado o disposto no art. 104, parágrafo único, da Constituição.

§ 6.º Ficam criados cinco Tribunais Regionais Federais, a serem instalados no prazo de seis meses a contar da promulgação da Constituição, com a jurisdição e sede que lhes fixar o Tribunal Federal de Recursos, tendo em conta o número de processos e sua localização geográfica.

§ 7.º Até que se instalem os Tribunais Regionais Federais, o Tribunal Federal de Recursos exercerá a competência a eles atribuída em todo o território nacional, cabendo-lhe promover sua instalação e indicar os candidatos a todos os cargos da composição inicial, mediante lista tríplice, podendo desta constar juízes federais de qualquer região, observado o disposto no § 9.º.

§ 8.º É vedado, a partir da promulgação da Constituição, o provimento de vagas de Ministros do Tribunal Federal de Recursos.

§ 9.º Quando não houver juiz federal que conte o tempo mínimo previsto no art. 107, II, da Constituição, a promoção poderá contemplar juiz com menos de cinco anos no exercício do cargo.

§ 10. Compete à Justiça Federal julgar as ações nela propostas até a data da promulgação da Constituição, e aos Tribunais Regionais Federais bem como ao Superior Tribunal de Justiça julgar as ações rescisórias das decisões até então proferidas pela Justiça Federal, inclusive daquelas cuja matéria tenha passado à competência de outro ramo do Judiciário.

§ 11. São criados, ainda, os seguintes Tribunais Regionais Federais: o da 6.ª Região, com sede em Curitiba, Estado do Paraná, e jurisdição nos Estados do Paraná, Santa Catarina e Mato Grosso do Sul; o da 7.ª Região, com sede em Belo Horizonte, Estado de Minas Gerais, e jurisdição no Estado de Minas Gerais; o da 8.ª Região, com sede em Salvador, Estado da Bahia, e jurisdição nos Estados da Bahia e Sergipe; e o da 9.ª Região, com sede em Manaus, Estado do Amazonas, e jurisdição nos Estados do Amazonas, Acre, Rondônia e Roraima.

•• § 11 acrescentado pela Emenda Constitucional n. 73, de 6-6-2013.

Art. 28. Os juízes federais de que trata o art. 123, § 2.º, da Constituição de 1967, com a redação dada pela Emenda Constitucional n. 7, de 1977, ficam investidos na titularidade de varas na Seção Judiciária para a qual tenham sido nomeados ou designados; na inexistência de vagas, proceder-se-á ao desdobramento das varas existentes.

Parágrafo único. Para efeito de promoção por antiguidade, o tempo de serviço desses juízes será computado a partir do dia de sua posse.

Art. 29. Enquanto não aprovadas as leis complementares relativas ao Ministério Público e à Advocacia-Geral da União, o Ministério Público Federal, a Procuradoria-Geral da Fazenda Nacional, as Consultorias Jurídicas dos Ministérios, as Procuradorias e Departamentos Jurídicos de autarquias federais com representação própria e os membros das Procuradorias das Universidades fundacionais públicas continuarão a exercer suas atividades na área das respectivas atribuições.

• Lei Orgânica da AGU: Lei Complementar n. 73, de 10-2-1993.

• Organização, Atribuições e Estatuto do Ministério Público da União: Lei Complementar n. 75, de 20-5-1993.

§ 1.º O Presidente da República, no prazo de cento e vinte dias, encaminhará ao Congresso Nacional projeto de lei complementar dispondo sobre a organização e o funcionamento da Advocacia-Geral da União.

§ 2.º Aos atuais Procuradores da República, nos termos da lei complementar, será facultada a opção, de forma irretratável, entre as carreiras do Ministério Público Federal e da Advocacia-Geral da União.

§ 3.º Poderá optar pelo regime anterior, no que respeita às garantias e vantagens, o membro do Ministério Público admitido antes da promulgação da Constituição, observando-se, quanto às vedações, a situação jurídica na data desta.

• A Resolução n. 8, de 8-5-2006, do CNMP, dispõe sobre impedimentos e vedações ao exercício de advocacia por membros do Ministério Público com respaldo neste parágrafo.

§ 4.º Os atuais integrantes do quadro suplementar dos Ministérios Públicos do Trabalho e Militar que tenham adquirido estabilidade nessas funções passam a integrar o quadro da respectiva carreira.

§ 5.º Cabe à atual Procuradoria-Geral da Fazenda Nacional, diretamente ou por delegação, que pode ser ao Ministério Público Estadual, representar judicialmente a União nas causas de natureza fiscal, na área da respectiva competência, até a promulgação das leis complementares previstas neste artigo.

Art. 30. A legislação que criar a justiça de paz manterá os atuais juízes de paz até a posse dos novos titulares, assegurando-lhes os direitos e atribuições conferidos a estes, e designará o dia para a eleição prevista no art. 98, II, da Constituição.

Art. 31. Serão estatizadas as serventias do foro judicial, assim definidas em lei, respeitados os direitos dos atuais titulares.

Art. 32. O disposto no art. 236 não se aplica aos serviços notariais e de registro que já tenham sido oficializados pelo Poder Público, respeitando-se o direito de seus servidores.

Art. 33. Ressalvados os créditos de natureza alimentar, o valor dos precatórios judiciais pendentes de pagamento na data da promulgação da Constituição, incluído o remanescente de juros e correção monetária, poderá ser pago em moeda corrente, com atualização, em prestações anuais, iguais e sucessivas, no prazo máximo de oito anos, a partir de 1.º de julho de 1989, por decisão editada pelo Poder Executivo até cento e oitenta dias da promulgação da Constituição.

•• *Vide* art. 97, § 15, do ADCT.

Parágrafo único. Poderão as entidades devedoras, para o cumprimento do disposto neste artigo, emitir, em cada ano, no exato montante do dispêndio, títulos de dívida pública não computáveis para efeito do limite global de endividamento.

Art. 34. O sistema tributário nacional entrará em vigor a partir do primeiro dia do quinto mês seguinte ao da promulgação da Constituição, mantido, até então, o da Constituição de 1967, com a redação dada pela Emenda n. 1, de 1969, e pelas posteriores.

§ 1.º Entrarão em vigor com a promulgação da Constituição os arts. 148, 149, 150, 154, I, 156, III, e 159, I, *c*, revogadas as disposições em contrário da Constituição de 1967 e das Emendas que a modificaram, especialmente de seu art. 25, III.

§ 2.º O Fundo de Participação dos Estados e do Distrito Federal e o Fundo de Participação dos Municípios obedecerão às seguintes determinações:

I – a partir da promulgação da Constituição, os percentuais serão, respectivamente, de dezoito por cento e de vinte por cento, calculados sobre o produto da arrecadação dos impostos referidos no art. 153, III e IV, mantidos os atuais critérios de rateio até a entrada em vigor da lei complementar a que se refere o art. 161, II;

II – o percentual relativo ao Fundo de Participação dos Estados e do Distrito Federal será acrescido de um ponto percentual no exercício financeiro de 1989 e, a partir de 1990, inclusive, à razão de meio ponto por exercício, até 1992, inclusive, atingindo em 1993 o percentual estabelecido no art. 159, I, *a*;

III – o percentual relativo ao Fundo de Participação dos Municípios, a partir de 1989, inclusive, será elevado à razão de meio ponto percentual por exercício financeiro, até atingir o estabelecido no art. 159, I, *b*.

§ 3.º Promulgada a Constituição, a União, os Estados, o Distrito Federal e os Municípios poderão editar as leis necessárias à aplicação do sistema tributário nacional nela previsto.

§ 4.º As leis editadas nos termos do parágrafo anterior produzirão efeitos a partir da entrada em vigor do sistema tributário nacional previsto na Constituição.

§ 5.º Vigente o novo sistema tributário nacional, fica assegurada a aplicação da legislação anterior, no que não seja incompatível com ele e com a legislação referida nos §§ 3.º e 4.º.

§ 6.º Até 31 de dezembro de 1989, o disposto no art. 150, III, *b*, não se aplica aos impostos de que tratam os arts. 155, I, *a* e *b*, e 156, II e III, que podem ser cobrados trinta dias após a publicação da lei que os tenha instituído ou aumentado.

•• Com a alteração determinada pela Emenda Constitucional n. 3, de 17-3-1993, a referência ao art. 155, I, *a* e *b*, passou a ser ao art. 155, I e II da CF.

§ 7.º Até que sejam fixadas em lei complementar, as alíquotas máximas do imposto municipal sobre vendas a varejo de combustíveis líquidos e gasosos não excederão a três por cento.

§ 8.º Se, no prazo de sessenta dias contados da promulgação da Constituição, não for editada a lei complementar necessária à instituição do imposto de que trata o art. 155, I, *b*, os Estados e o Distrito Federal, mediante convênio celebrado nos termos da Lei Complementar n. 24, de 7 de janeiro de 1975, fixarão normas para regular provisoriamente a matéria.

•• Com a alteração determinada pela Emenda Constitucional n. 3, de 17-3-1993, a referência ao art. 155, I, *b*, passou a ser ao art. 155, II, da CF.

• A Lei Complementar n. 24, de 7-1-1975, dispõe sobre os convênios para a concessão de isenções do imposto sobre operações relativas à circulação de mercadorias.

• A Lei Complementar n. 87, de 13-9-1996, dispõe sobre o Imposto dos Estados e do Distrito Federal, sobre operações relativas à circulação de mercadorias e sobre prestações de serviços de transporte interestadual e intermunicipal e de comunicação (Lei Kandir).

§ 9.º Até que lei complementar disponha sobre a matéria, as empresas distribuidoras de energia elétrica, na condição de contribuintes ou de substitutos tributários, serão as responsáveis, por ocasião da saída do produto de seus estabelecimentos, ainda que destinado a outra unidade da Federação, pelo pagamento do imposto sobre operações relativas à circulação de mercadorias incidente sobre energia elétrica, desde a produção ou importação até a última operação, calculado o imposto sobre o preço então praticado na operação final e assegurado seu recolhimento ao Estado ou ao Distrito Federal, conforme o local onde deva ocorrer essa operação.

§ 10. Enquanto não entrar em vigor a lei prevista no art. 159, I, *c*, cuja promulgação se fará até 31 de dezembro de 1989, é assegurada a aplicação dos recursos previstos naquele dispositivo da seguinte maneira:

I – seis décimos por cento na Região Norte, através do Banco da Amazônia S.A.;

II – um inteiro e oito décimos por cento na Região Nordeste, através do Banco do Nordeste do Brasil S.A.;

III – seis décimos por cento na Região Centro-Oeste, através do Banco do Brasil S.A.

§ 11. Fica criado, nos termos da lei, o Banco de Desenvolvimento do Centro-Oeste, para dar cumprimento, na referida região, ao que determinam os arts. 159, I, *c*, e 192, § 2.º, da Constituição.

•• O § 2.º do art. 192 foi revogado pela Emenda Constitucional n. 40, de 29-5-2003.

§ 12. A urgência prevista no art. 148, II, não prejudica a cobrança do empréstimo compulsório instituído, em benefício das Centrais Elétricas Brasileiras S.A. (Eletrobrás), pela Lei n. 4.156, de 28 de novembro de 1962, com as alterações posteriores.

Art. 35. O disposto no art. 165, § 7.º, será cumprido de forma progressiva, no prazo de até dez anos, distribuindo-se os recursos entre as regiões macroeconômicas em razão proporcional à população, a partir da situação verificada no biênio 1986-87.

§ 1.º Para aplicação dos critérios de que trata este artigo, excluem-se das despesas totais as relativas:

I – aos projetos considerados prioritários no plano plurianual;

II – à segurança e defesa nacional;

III – à manutenção dos órgãos federais no Distrito Federal;

IV – ao Congresso Nacional, ao Tribunal de Contas da União e ao Poder Judiciário;

V – ao serviço da dívida da administração direta e indireta da União, inclusive fundações instituídas e mantidas pelo Poder Público federal.

§ 2.º Até a entrada em vigor da lei complementar a que se refere o art. 165, § 9.º, I e II, serão obedecidas as seguintes normas:

I – o projeto do plano plurianual, para vigência até o final do primeiro exercício financeiro do mandato presidencial subsequente, será encaminhado até quatro meses antes do encerramento do primeiro exercício financeiro e devolvido para sanção até o encerramento da sessão legislativa;

II – o projeto de lei de diretrizes orçamentárias será encaminhado até oito meses e meio antes do encerramento do exercício financeiro e devolvido para sanção até o encerramento do primeiro período da sessão legislativa;

III – o projeto de lei orçamentária da União será encaminhado até quatro meses antes do encerramento do exercício financeiro e devolvido para sanção até o encerramento da sessão legislativa.

Art. 36. Os fundos existentes na data da promulgação da Constituição, excetuados os resultantes de isenções fiscais que passem a integrar patrimônio privado e os que interessem à defesa nacional, extinguir-se-ão, se não forem ratificados pelo Congresso Nacional no prazo de dois anos.

Art. 37. A adaptação ao que estabelece o art. 167, III, deverá processar-se no prazo de cinco anos, reduzindo-se o excesso à base de, pelo menos, um quinto por ano.

Art. 38. Até a promulgação da lei complementar referida no art. 169, a União, os Estados, o Distrito Federal e os Municípios não poderão despender com pessoal mais do que sessenta e cinco por cento do valor das respectivas receitas correntes.

Parágrafo único. A União, os Estados, o Distrito Federal e os Municípios, quando a respectiva despesa de pessoal exceder o limite previsto neste artigo, deverão retornar àquele limite, reduzindo o percentual excedente à razão de um quinto por ano.

Art. 39. Para efeito do cumprimento das disposições constitucionais que impliquem variações de despesas e receitas da União, após a promulgação da Constituição, o Poder Executivo deverá elaborar e o Poder Legislativo apreciar projeto de revisão da lei orçamentária referente ao exercício financeiro de 1989.

Parágrafo único. O Congresso Nacional deverá votar no prazo de doze meses a lei complementar prevista no art. 161, II.

Art. 40. É mantida a Zona Franca de Manaus, com suas características de área livre de comércio, de exportação e importação, e de incentivos fiscais, pelo prazo de vinte e cinco anos, a partir da promulgação da Constituição.

•• *Vide* arts. 92 e 92-A do ADCT, que prorrogam o prazo fixado neste artigo.

Parágrafo único. Somente por lei federal podem ser modificados os critérios que disciplinaram ou venham a disciplinar a aprovação dos projetos na Zona Franca de Manaus.

Art. 41. Os Poderes Executivos da União, dos Estados, do Distrito Federal e dos Municípios reavaliarão todos os incentivos fiscais de natureza setorial ora em vigor, propondo aos Poderes Legislativos respectivos as medidas cabíveis.

§ 1.º Considerar-se-ão revogados após dois anos, a partir da data da promulgação da Constituição, os incentivos que não forem confirmados por lei.

§ 2.º A revogação não prejudicará os direitos que já tiverem sido adquiridos, àquela data, em relação a incentivos concedidos sob condição e com prazo certo.

§ 3.º Os incentivos concedidos por convênio entre Estados, celebrados nos termos do art. 23, § 6.º, da Constituição de 1967, com a redação da Emenda n. 1, de 17 de outubro de 1969, também deverão ser reavaliados e reconfirmados nos prazos deste artigo.

Art. 42. Durante 40 (quarenta) anos, a União aplicará dos recursos destinados à irrigação:

•• *Caput* com redação determinada pela Emenda Constitucional n. 89, de 15-9-2015.

I – 20% (vinte por cento) na Região Centro-Oeste;

•• Inciso I com redação determinada pela Emenda Constitucional n. 89, de 15-9-2015.

II – 50% (cinquenta por cento) na Região Nordeste, preferencialmente no Semiárido.

•• Inciso II com redação determinada pela Emenda Constitucional n. 89, de 15-9-2015.

Parágrafo único. Dos percentuais previstos nos incisos I e II do *caput*, no mínimo 50% (cinquenta por cento) serão destinados a projetos de irrigação que beneficiem agricultores familiares que atendam aos requisitos previstos em legislação específica.

•• Parágrafo único acrescentado pela Emenda Constitucional n. 89, de 15-9-2015.

Art. 43. Na data da promulgação da lei que disciplinar a pesquisa e a lavra de recursos e jazidas minerais, ou no prazo de um ano, a contar da promulgação da Constituição, tornar-se-ão sem efeito as autorizações, concessões e demais títulos atributivos de direitos minerários, caso os trabalhos de pesquisa ou de lavra não hajam sido comprovadamente iniciados nos prazos legais ou estejam inativos.

•• Regulamento: Lei n. 7.886, de 20-11-1989.

Art. 44. As atuais empresas brasileiras titulares de autorização de pesquisa, concessão de lavra de recursos minerais e de aproveitamento dos potenciais de energia hidráulica em vigor terão quatro anos, a partir da promulgação da Constituição, para cumprir os requisitos do art. 176, § 1.º.

§ 1.º Ressalvadas as disposições de interesse nacional previstas no texto constitucional, as empresas brasileiras ficarão dispensadas do cumprimento do disposto no art. 176, § 1.º, desde que, no prazo de até quatro anos da data da promulgação da Constituição, tenham o produto de sua lavra e beneficiamento destinado a industrialização no território nacional, em seus próprios estabelecimentos ou em empresa industrial controladora ou controlada.

§ 2.º Ficarão também dispensadas do cumprimento do disposto no art. 176, § 1.º, as empresas brasileiras titulares de concessão de energia hidráulica para uso em seu processo de industrialização.

§ 3.º As empresas brasileiras referidas no § 1.º somente poderão ter autorizações de pesquisa e concessões de lavra ou potenciais de energia hidráulica, desde que a energia e o produto da lavra sejam utilizados nos respectivos processos industriais.

Art. 45. Ficam excluídas do monopólio estabelecido pelo art. 177, II, da Constituição as refinarias em funcionamento no País amparadas pelo art. 43 e nas condições do art. 45 da Lei n. 2.004, de 3 de outubro de 1953.

•• A Lei n. 2.004, de 3-10-1953, foi revogada pela Lei n. 9.478, de 6-8-1997.

Parágrafo único. Ficam ressalvados da vedação do art. 177, § 1.º, os contratos de risco feitos com a Petróleo Brasileiro S.A. (Petrobrás), para pesquisa de petróleo, que estejam em vigor na data da promulgação da Constituição.

Art. 46. São sujeitos à correção monetária desde o vencimento, até seu efetivo pagamento, sem interrupção ou suspensão, os créditos junto a entidades submetidas aos regimes de intervenção ou liquidação extrajudicial, mesmo quando esses regimes sejam convertidos em falência.

Parágrafo único. O disposto neste artigo aplica-se também:

I – às operações realizadas posteriormente à decretação dos regimes referidos no *caput* deste artigo;

II – às operações de empréstimo, financiamento, refinanciamento, assistência financeira de liquidez, cessão ou sub-rogação de créditos ou cédulas hipotecárias, efetivação de garantia de depósitos do público ou de compra de obrigações passivas, inclusive as realizadas com recursos de fundos que tenham essas destinações;

III – aos créditos anteriores à promulgação da Constituição;

IV – aos créditos das entidades da administração pública anteriores à promulgação da Constituição, não liquidados até 1.º de janeiro de 1988.

Art. 47. Na liquidação dos débitos, inclusive suas renegociações e composições posteriores, ainda que ajuizados, decorrentes de quaisquer empréstimos concedidos por bancos e por instituições financeiras, não existirá correção monetária desde que o empréstimo tenha sido concedido:

I – aos micro e pequenos empresários ou seus estabelecimentos no período de 28 de fevereiro de 1986 a 28 de fevereiro de 1987;

II – aos mini, pequenos e médios produtores rurais no período de 28 de fevereiro de 1986 a 31 de dezembro de 1987, desde que relativos a crédito rural.

§ 1.º Consideram-se, para efeito deste artigo, microempresas as pessoas jurídicas e as firmas individuais com receitas anuais de até dez mil Obrigações do Tesouro Nacional, e pequenas empresas as pessoas jurídicas e as firmas individuais com receita anual de até vinte e cinco mil Obrigações do Tesouro Nacional.

§ 2.º A classificação de mini, pequeno e médio produtor rural será feita obedecendo-se às normas de crédito rural vigentes à época do contrato.

§ 3.º A isenção da correção monetária a que se refere este artigo só será concedida nos seguintes casos:

I – se a liquidação do débito inicial, acrescido de juros legais e taxas judiciais, vier a ser efetivada no prazo de noventa dias, a contar da data da promulgação da Constituição;

II – se a aplicação dos recursos não contrariar a finalidade do financiamento, cabendo o ônus da prova à instituição credora;

III – se não for demonstrado pela instituição credora que o mutuário dispõe de meios para o pagamento de seu débito, excluídos desta demonstração seu estabelecimento, a casa de moradia e os instrumentos de trabalho e produção;

IV – se o financiamento inicial não ultrapassar o limite de cinco mil Obrigações do Tesouro Nacional;

V – se o beneficiário não for proprietário de mais de cinco módulos rurais.

§ 4.º Os benefícios de que trata este artigo não se estendem aos débitos já quitados e aos devedores que sejam constituintes.

§ 5.º No caso de operações com prazos de vencimento posteriores à data-limite de liquidação da dívida, havendo interesse do mutuário, os bancos e as instituições financeiras promoverão, por instrumento próprio, alteração nas condições contratuais originais de forma a ajustá-las ao presente benefício.

§ 6.º A concessão do presente benefício por bancos comerciais privados em nenhuma hipótese acarretará ônus para o Poder Público, ainda que através de refinanciamento e repasse de recursos pelo banco central.

§ 7.º No caso de repasse a agentes financeiros oficiais ou cooperativas de crédito, o ônus recairá sobre a fonte de recursos originária.

Art. 48. O Congresso Nacional, dentro de cento e vinte dias da promulgação da Constituição, elaborará código de defesa do consumidor.

•• A Lei n. 8.078, de 11-9-1990, dispõe sobre a proteção do consumidor (CDC).

Art. 49. A lei disporá sobre o instituto da enfiteuse em imóveis urbanos, sendo facultada aos foreiros, no caso de sua extinção, a remição dos aforamentos mediante aquisição do domínio direto, na conformidade do que dispuserem os respectivos contratos.

§ 1.º Quando não existir cláusula contratual, serão adotados os critérios e bases hoje vigentes na legislação especial dos imóveis da União.

§ 2.º Os direitos dos atuais ocupantes inscritos ficam assegurados pela aplicação de outra modalidade de contrato.

•• § 2.º regulamentado pela Lei n. 9.636, de 15-5-1998.

§ 3.º A enfiteuse continuará sendo aplicada aos terrenos de marinha e seus acrescidos, situados na faixa de segurança, a partir da orla marítima.

§ 4.º Remido o foro, o antigo titular do domínio direto deverá, no prazo de noventa dias, sob pena de responsabilidade, confiar à guarda do registro de imóveis competente toda a documentação a ele relativa.

Art. 50. Lei agrícola a ser promulgada no prazo de um ano disporá, nos termos da Constituição, sobre os objetivos e instrumentos de política agrícola, prioridades, planejamento de safras, comercialização, abastecimento interno, mercado externo e instituição de crédito fundiário.

Art. 51. Serão revistos pelo Congresso Nacional, através de Comissão mista, nos três anos a contar da data da promulgação da Constituição, todas as doações, vendas e concessões de terras públicas com área superior a três mil hectares, realizadas no período de 1.º de janeiro de 1962 a 31 de dezembro de 1987.

§ 1.º No tocante às vendas, a revisão será feita com base exclusivamente no critério de legalidade da operação.

§ 2.º No caso de concessões e doações, a revisão obedecerá aos critérios de legalidade e de conveniência do interesse público.

§ 3.º Nas hipóteses previstas nos parágrafos anteriores, comprovada a ilegalidade, ou havendo interesse público, as terras reverterão ao patrimônio da União, dos Estados, do Distrito Federal ou dos Municípios.

Art. 52. Até que sejam fixadas as condições do art. 192, são vedados:

•• *Caput* com redação determinada pela Emenda Constitucional n. 40, de 29-5-2003.

I – a instalação, no País, de novas agências de instituições financeiras domiciliadas no exterior;

II – o aumento do percentual de participação, no capital de instituições financeiras com sede no País, de pessoas físicas ou jurídicas residentes ou domiciliadas no exterior.

Parágrafo único. A vedação a que se refere este artigo não se aplica às autorizações resultantes de acordos internacionais, de reciprocidade, ou de interesse do Governo brasileiro.

Art. 53. Ao ex-combatente que tenha efetivamente participado de operações bélicas durante a Segunda Guerra Mundial, nos termos da Lei n. 5.315, de 12 de setembro de 1967, serão assegurados os seguintes direitos:

• A Lei n. 8.059, de 4-7-1990, dispõe sobre a pensão especial devida aos ex-combatentes da Segunda Guerra Mundial e a seus dependentes.

I – aproveitamento no serviço público, sem a exigência de concurso, com estabilidade;

II – pensão especial correspondente à deixada por segundo-tenente das Forças Armadas, que poderá ser requerida a qualquer tempo, sendo inacumulável com quaisquer rendimentos recebidos dos cofres públicos, exceto os benefícios previdenciários, ressalvado o direito de opção;

III – em caso de morte, pensão à viúva ou companheira ou dependente, de forma proporcional, de valor igual à do inciso anterior;

IV – assistência médica, hospitalar e educacional gratuita, extensiva aos dependentes;

V – aposentadoria com proventos integrais aos vinte e cinco anos de serviço efetivo, em qualquer regime jurídico;

VI – prioridade na aquisição da casa própria, para os que não a possuam ou para suas viúvas ou companheiras.

Parágrafo único. A concessão da pensão especial do inciso II substitui, para todos os efeitos legais, qualquer outra pensão já concedida ao ex-combatente.

Art. 54. Os seringueiros recrutados nos termos do Decreto-lei n. 5.813, de 14 de setembro de 1943, e amparados pelo Decreto-lei n. 9.882, de 16 de setembro de 1946, receberão, quando carentes, pensão mensal vitalícia no valor de dois salários mínimos.

§ 1.º O benefício é estendido aos seringueiros que, atendendo a apelo do Governo brasileiro, contribuíram para o esforço de guerra, trabalhando na produção de borracha, na Região Amazônica, durante a Segunda Guerra Mundial.

§ 2.º Os benefícios estabelecidos neste artigo são transferíveis aos dependentes reconhecidamente carentes.

§ 3.º A concessão do benefício far-se-á conforme lei a ser proposta pelo Poder Executivo dentro de cento e cinquenta dias da promulgação da Constituição.

• Concessão do benefício previsto neste artigo: Lei n. 7.986, de 28-12-1989.

Art. 54-A. Os seringueiros de que trata o art. 54 deste Ato das Disposições Constitucionais Transitórias receberão indenização em parcela única, no valor de R$ 25.000,00 (vinte e cinco mil reais).

•• Artigo acrescentado pela Emenda Constitucional n. 78, de 14-5-2014.

Art. 55. Até que seja aprovada a lei de diretrizes orçamentárias, trinta por cento, no mínimo, do orçamento da seguridade social, excluído o seguro-desemprego, serão destinados ao setor de saúde.

Art. 56. Até que a lei disponha sobre o art. 195, I, a arrecadação decorrente de, no mínimo, cinco dos seis décimos percentuais correspondentes à alíquota da contribuição de que trata o Decreto-lei n. 1.940, de 25 de maio de 1982, alterada pelo Decreto-lei n. 2.049, de 1.º de agosto de 1983, pelo Decreto n. 91.236, de 8 de maio de 1985, e pela Lei n. 7.611, de 8 de julho de 1987, passa a integrar a receita da seguridade social, ressalvados, exclusivamente no exercício de 1988, os compromissos assumidos com programas e projetos em andamento.

Art. 57. Os débitos dos Estados e dos Municípios relativos às contribuições previdenciárias até 30 de junho de 1988 serão liquidados, com correção monetária em cento e vinte parcelas mensais, dispensados os juros e multas sobre eles incidentes, desde que os devedores requeiram o parcelamento e iniciem seu pagamento no prazo de cento e oitenta dias a contar da promulgação da Constituição.

§ 1.º O montante a ser pago em cada um dos dois primeiros anos não será inferior a cinco por cento do total do débito consolidado e atualizado, sendo o restante dividido em parcelas mensais de igual valor.

§ 2.º A liquidação poderá incluir pagamentos na forma de cessão de bens e prestação de serviços, nos termos da Lei n. 7.578, de 23 de dezembro de 1986.

§ 3.º Em garantia do cumprimento do parcelamento, os Estados e os Municípios consignarão, anualmente, nos respectivos orçamentos as dotações necessárias ao pagamento de seus débitos.

§ 4.º Descumprida qualquer das condições estabelecidas para concessão do parcelamento, o débito será considerado vencido em sua totalidade, sobre ele incidindo juros de mora; nesta hipótese, parcela dos recursos correspondentes aos Fundos de Participação, destinada aos Estados e Municípios devedores, será bloqueada e repassada à previdência social para pagamento de seus débitos.

Art. 58. Os benefícios de prestação continuada, mantidos pela previdência social na data da promulgação da Constituição, terão seus valores revistos, a fim de que seja restabelecido o poder aquisitivo, expresso em número de salários mínimos, que tinham na data de sua concessão, obedecendo-se a esse critério de atualização até a implantação do plano de custeio e benefícios referidos no artigo seguinte.

Parágrafo único. As prestações mensais dos benefícios atualizadas de acordo com este artigo serão devidas e pagas a partir do sétimo mês a contar da promulgação da Constituição.

Art. 59. Os projetos de lei relativos à organização da seguridade social e aos planos de custeio e de benefício serão apresentados no prazo máximo de seis meses da promulgação da Constituição ao Congresso Nacional, que terá seis meses para apreciá-los.

Parágrafo único. Aprovados pelo Congresso Nacional, os planos serão implantados progressivamente nos dezoito meses seguintes.

Art. 60. Até o 14.º (décimo quarto) ano a partir da promulgação desta Emenda Constitucional, os Estados, o Distrito Federal e os Municípios destinarão parte dos recursos a que se refere o *caput* do art. 212 da Constituição Federal à manutenção e desenvolvimento da educação básica e à remuneração condigna dos trabalhadores da educação, respeitadas as seguintes disposições:

•• *Caput* com redação determinada pela Emenda Constitucional n. 53, de 19-12-2006.

•• Artigo regulamentado pela Lei n. 11.494, de 20-6-2007.

•• *Vide* art. 3.º da Emenda Constitucional n. 53, de 19-12-2006.

I – a distribuição dos recursos e de responsabilidades entre o Distrito Federal, os Estados e seus Municípios é assegurada mediante a criação, no âmbito de cada Estado e do Distrito Federal, de um Fundo de Manutenção e Desenvolvimento da Educação Básica e de Valorização dos Profissionais da Educação – FUNDEB, de natureza contábil;

•• Inciso I acrescentado pela Emenda Constitucional n. 53, de 19-12-2006.

II – os Fundos referidos no inciso I do *caput* deste artigo serão constituídos por 20% (vinte por cento) dos recursos a que se referem os incisos I, II e III do art. 155; o inciso II do *caput* do art. 157; os incisos II, III e IV do *caput* do art. 158; e as alíneas *a* e *b* do inciso I e o inciso II do *caput* do art. 159, todos da Constituição Federal, e distribuídos entre cada Estado e seus Municípios, proporcionalmente ao número de alunos das diversas etapas e modalidades da educação básica presencial, matriculados nas respectivas redes, nos respectivos âmbitos de atuação prioritária estabelecidos nos §§ 2.º e 3.º do art. 211 da Constituição Federal;

•• Inciso II acrescentado pela Emenda Constitucional n. 53, de 19-12-2006.

III – observadas as garantias estabelecidas nos incisos I, II, III e IV do *caput* do art. 208 da Constituição Federal e as metas de universalização da educação básica estabelecidas no Plano Nacional de Educação, a lei disporá sobre:

•• Inciso III, *caput*, acrescentado pela Emenda Constitucional n. 53, de 19-12-2006.

a) a organização dos Fundos, a distribuição proporcional de seus recursos, as diferenças e as ponderações quanto ao valor anual por aluno entre etapas e modalidades da educação básica e tipos de estabelecimento de ensino;

•• Alínea *a* acrescentada pela Emenda Constitucional n. 53, de 19-12-2006.

b) a forma de cálculo do valor anual mínimo por aluno;

•• Alínea *b* acrescentada pela Emenda Constitucional n. 53, de 19-12-2006.

c) os percentuais máximos de apropriação dos recursos dos Fundos pelas diversas etapas e modalidades da educação básica, observados os arts. 208 e 214 da Constituição Federal, bem como as metas do Plano Nacional de Educação;

•• Alínea *c* acrescentada pela Emenda Constitucional n. 53, de 19-12-2006.

d) a fiscalização e o controle dos Fundos;

•• Alínea *d* acrescentada pela Emenda Constitucional n. 53, de 19-12-2006.

e) prazo para fixar, em lei específica, piso salarial profissional nacional para os profissionais do magistério público da educação básica;

•• Alínea *e* acrescentada pela Emenda Constitucional n. 53, de 19-12-2006.

•• Alínea *e* regulamentada pela Lei n. 11.738, de 16-7-2008, que fixa o valor deste piso salarial em R$ 950,00 (novecentos e cinquenta reais).

IV – os recursos recebidos à conta dos Fundos instituídos nos termos do inciso I do *caput* deste artigo serão aplicados pelos Estados e Municípios exclusivamente nos respectivos âmbitos de atuação prioritária, conforme estabelecido nos §§ 2.º e 3.º do art. 211 da Constituição Federal;

•• Inciso IV acrescentado pela Emenda Constitucional n. 53, de 19-12-2006.

V – a União complementará os recursos dos Fundos a que se refere o inciso II do *caput* deste artigo sempre que, no Distrito Federal e em cada Estado, o valor por aluno não alcançar o mínimo definido nacionalmente, fixado em observância ao disposto no inciso VII do *caput* deste artigo, vedada a utilização dos recursos a que se refere o § 5.º do art. 212 da Constituição Federal;

•• Inciso V acrescentado pela Emenda Constitucional n. 53, de 19-12-2006.

•• *Vide* art. 107, § 6.º, I, do ADCT.

VI – até 10% (dez por cento) da complementação da União prevista no inciso V do *caput* deste artigo poderá ser distribuída para os Fundos por meio de programas direcionados para a melhoria da qualidade da educação, na forma da lei a que se refere o inciso III do *caput* deste artigo;

•• Inciso VI acrescentado pela Emenda Constitucional n. 53, de 19-12-2006.

VII – a complementação da União de que trata o inciso V do *caput* deste artigo será de, no mínimo:

•• Inciso VII, *caput*, acrescentado pela Emenda Constitucional n. 53, de 19-12-2006.

•• *Vide* art. 107, § 6.º, I, do ADCT.

a) R$ 2.000.000.000,00 (dois bilhões de reais), no primeiro ano de vigência dos Fundos;

•• Alínea *a* acrescentada pela Emenda Constitucional n. 53, de 19-12-2006.

b) R$ 3.000.000.000,00 (três bilhões de reais), no segundo ano de vigência dos Fundos;

•• Alínea *b* acrescentada pela Emenda Constitucional n. 53, de 19-12-2006.

c) R$ 4.500.000.000,00 (quatro bilhões e quinhentos milhões de reais), no terceiro ano de vigência dos Fundos;

•• Alínea *c* acrescentada pela Emenda Constitucional n. 53, de 19-12-2006.

d) 10% (dez por cento) do total dos recursos a que se refere o inciso II do *caput* deste artigo, a partir do quarto ano de vigência dos Fundos;

•• Alínea *d* acrescentada pela Emenda Constitucional n. 53, de 19-12-2006.

VIII – a vinculação de recursos à manutenção e desenvolvimento do ensino estabelecida no art. 212 da Constituição Federal suportará, no máximo, 30% (trinta por cento) da complementação da União, considerando-se para os fins deste inciso os valores previstos no inciso VII do *caput* deste artigo;

•• Inciso VIII acrescentado pela Emenda Constitucional n. 53, de 19-12-2006.

IX – os valores a que se referem as alíneas *a*, *b*, e *c* do inciso VII do *caput* deste artigo serão atualizados, anualmente, a partir da promulgação desta Emenda

Constitucional, de forma a preservar, em caráter permanente, o valor real da complementação da União;

•• Inciso IX acrescentado pela Emenda Constitucional n. 53, de 19-12-2006.

X – aplica-se à complementação da União o disposto no art. 160 da Constituição Federal;

•• Inciso X acrescentado pela Emenda Constitucional n. 53, de 19-12-2006.

XI – o não cumprimento do disposto nos incisos V e VII do *caput* deste artigo importará crime de responsabilidade da autoridade competente;

•• Inciso XI acrescentado pela Emenda Constitucional n. 53, de 19-12-2006.

XII – proporção não inferior a 60% (sessenta por cento) de cada Fundo referido no inciso I do *caput* deste artigo será destinada ao pagamento dos profissionais do magistério da educação básica em efetivo exercício.

•• Inciso XII acrescentado pela Emenda Constitucional n. 53, de 19-12-2006.

§ 1.º A União, os Estados, o Distrito Federal e os Municípios deverão assegurar, no financiamento da educação básica, a melhoria da qualidade de ensino, de forma a garantir padrão mínimo definido nacionalmente.

•• § 1.º com redação determinada pela Emenda Constitucional n. 53, de 19-12-2006.

§ 2.º O valor por aluno do ensino fundamental, no Fundo de cada Estado e do Distrito Federal, não poderá ser inferior ao praticado no âmbito do Fundo de Manutenção e Desenvolvimento do Ensino Fundamental e de Valorização do Magistério – FUNDEF, no ano anterior à vigência desta Emenda Constitucional.

•• § 2.º com redação determinada pela Emenda Constitucional n. 53, de 19-12-2006.

§ 3.º O valor anual mínimo por aluno do ensino fundamental, no âmbito do Fundo de Manutenção e Desenvolvimento da Educação Básica e de Valorização dos Profissionais da Educação – FUNDEB, não poderá ser inferior ao valor mínimo fixado nacionalmente no ano anterior ao da vigência desta Emenda Constitucional.

•• § 3.º com redação determinada pela Emenda Constitucional n. 53, de 19-12-2006.

§ 4.º Para efeito de distribuição de recursos dos Fundos a que se refere o inciso I do *caput* deste artigo, levar-se-á em conta a totalidade das matrículas no ensino fundamental e considerar-se-á para a educação infantil, para o ensino médio e para a educação de jovens e adultos 1/3 (um terço) das matrículas no primeiro ano, 2/3 (dois terços) no segundo ano e sua totalidade a partir do terceiro ano.

•• § 4.º com redação determinada pela Emenda Constitucional n. 53, de 19-12-2006.

§ 5.º A porcentagem dos recursos de constituição dos Fundos, conforme o inciso II do *caput* deste artigo, será alcançada gradativamente nos primeiros 3 (três) anos de vigência dos Fundos, da seguinte forma:

•• § 5.º, *caput*, com redação determinada pela Emenda Constitucional n. 53, de 19-12-2006.

I – no caso dos impostos e transferências constantes do inciso II do *caput* do art. 155; do inciso IV do *caput* do art. 158; e das alíneas *a* e *b* do inciso I e do inciso II do *caput* do art. 159 da Constituição Federal:

•• Inciso I, *caput*, acrescentado pela Emenda Constitucional n. 53, de 19-12-2006.

a) 16,66% (dezesseis inteiros e sessenta e seis centésimos por cento), no primeiro ano;

•• Alínea *a* acrescentada pela Emenda Constitucional n. 53, de 19-12-2006.

b) 18,33% (dezoito inteiros e trinta e três centésimos por cento), no segundo ano;

•• Alínea *b* acrescentada pela Emenda Constitucional n. 53, de 19-12-2006.

c) 20% (vinte por cento), a partir do terceiro ano;

•• Alínea *c* acrescentada pela Emenda Constitucional n. 53, de 19-12-2006.

II – no caso dos impostos e transferências constantes dos incisos I e III do *caput* do art. 155; do inciso II do *caput* do art. 157; e dos incisos II e III do *caput* do art. 158 da Constituição Federal:

•• Inciso II, *caput*, acrescentado pela Emenda Constitucional n. 53, de 19-12-2006.

a) 6,66% (seis inteiros e sessenta e seis centésimos por cento), no primeiro ano;

•• Alínea *a* acrescentada pela Emenda Constitucional n. 53, de 19-12-2006.

b) 13,33% (treze inteiros e trinta e três centésimos por cento), no segundo ano;

•• Alínea *b* acrescentada pela Emenda Constitucional n. 53, de 19-12-2006.

c) 20% (vinte por cento), a partir do terceiro ano.

•• Alínea *c* acrescentada pela Emenda Constitucional n. 53, de 19-12-2006.

§§ 6.º e 7.º (*Revogados pela Emenda Constitucional n. 53, de 19-12-2006.*)

Art. 61. As entidades educacionais a que se refere o art. 213, bem como as fundações de ensino e pesquisa cuja criação tenha sido autorizada por lei, que preencham os requisitos dos incisos I e II do referido artigo e que, nos últimos três anos, tenham recebido recursos públicos, poderão continuar a recebê-los, salvo disposição legal em contrário.

Art. 62. A lei criará o Serviço Nacional de Aprendizagem Rural (SENAR) nos moldes da legislação relativa ao Serviço Nacional de Aprendizagem Industrial (SENAI) e ao Serviço Nacional de Aprendizagem do Comércio (SENAC), sem prejuízo das atribuições dos órgãos públicos que atuam na área.

• A Lei n. 8.315, de 23-12-1991, dispõe sobre a criação do Serviço Nacional de Aprendizagem Rural – SENAR.

Art. 63. É criada uma Comissão composta de nove membros, sendo três do Poder Legislativo, três do Poder Judiciário e três do Poder Executivo, para promover as comemorações do centenário da Proclamação da República e da promulgação da primeira Constituição republicana do País, podendo, a seu critério, desdobrar-se em tantas subcomissões quantas forem necessárias.

Parágrafo único. No desenvolvimento de suas atribuições, a Comissão promoverá estudos, debates e avaliações sobre a evolução política, social, econômica e cultural do País, podendo articular-se com os governos estaduais e municipais e com instituições públicas e privadas que desejem participar dos eventos.

Art. 64. A Imprensa Nacional e demais gráficas da União, dos Estados, do Distrito Federal e dos Municípios, da administração direta ou indireta, inclusive fundações instituídas e mantidas pelo Poder Público, promoverão edição popular do texto integral da Constituição, que será posta à disposição das escolas e dos cartórios, dos sindicatos, dos quartéis, das igrejas e de outras instituições representativas da comunidade, gratuitamente, de modo que cada cidadão brasileiro possa receber do Estado um exemplar da Constituição do Brasil.

Art. 65. O Poder Legislativo regulamentará, no prazo de doze meses, o art. 220, § 4.°.

Art. 66. São mantidas as concessões de serviços públicos de telecomunicações atualmente em vigor, nos termos da lei.

Art. 67. A União concluirá a demarcação das terras indígenas no prazo de cinco anos a partir da promulgação da Constituição.

Art. 68. Aos remanescentes das comunidades dos quilombos que estejam ocupando suas terras é reconhecida a propriedade definitiva, devendo o Estado emitir-lhes os títulos respectivos.

•• O Decreto n. 4.887, de 20-11-2003, regulamenta o procedimento para identificação, reconhecimento, delimitação, demarcação e titulação das terras ocupadas por remanescentes das comunidades dos quilombos de que trata este artigo.

•• O STF, em 18-4-2012, julgou procedente a ADIN n. 3.239, para declarar a inconstitucionalidade do Decreto n. 4.887, de 20-11-2003, que tratava da regulamentação do procedimento para identificação, reconhecimento, delimitação, demarcação e titulação das terras ocupadas por remanescentes das comunidades dos quilombos.

• A Instrução Normativa n. 73, de 17-5-2012, do Instituto Nacional de Colonização e Reforma Agrária – INCRA, estabelece critérios e procedimentos para a realização para a indenização de benfeitorias de boa-fé erigidos em terra pública visando a desintrusão em território quilombola.

Art. 69. Será permitido aos Estados manter consultorias jurídicas separadas de suas Procuradorias-Gerais ou Advocacias-Gerais, desde que, na data da promulgação da Constituição, tenham órgãos distintos para as respectivas funções.

Art. 70. Fica mantida a atual competência dos tribunais estaduais até que a mesma seja definida na Constituição do Estado, nos termos do art. 125, § 1.°, da Constituição.

Art. 71. É instituído, nos exercícios financeiros de 1994 e 1995, bem assim nos períodos de 1.° de janeiro de 1996 a 30 de junho de 1997 e 1.° de julho de 1997 a 31 de dezembro de 1999, o Fundo Social de Emergência, com o objetivo de saneamento financeiro da Fazenda Pública Federal e de estabilização econômica, cujos recursos serão aplicados prioritariamente no custeio das ações dos sistemas de saúde e educação, incluindo a complementação de recursos de que trata o § 3.° do art. 60 do Ato das Disposições Constitucionais Transitórias, benefícios previdenciários e auxílios assistenciais de prestação continuada, inclusive liquidação de passivo previdenciário, e despesas orçamentárias associadas a programas de relevante interesse econômico e social.

•• *Caput* com redação determinada pela Emenda Constitucional n. 17, de 22-11-1997.

§ 1.° Ao Fundo criado por este artigo não se aplica o disposto na parte final do inciso II do § 9.° do art. 165 da Constituição.

•• § 1.° acrescentado pela Emenda Constitucional n. 10, de 4-3-1996.

§ 2.° O Fundo criado por este artigo passa a ser denominado Fundo de Estabilização Fiscal a partir do início do exercício financeiro de 1996.

•• § 2.° acrescentado pela Emenda Constitucional n. 10, de 4-3-1996.

§ 3.° O Poder Executivo publicará demonstrativo da execução orçamentária, de periodicidade bimestral, no qual se discriminarão as fontes e usos do Fundo criado por este artigo.

•• § 3.° acrescentado pela Emenda Constitucional n. 10, de 4-3-1996.

Art. 72. Integram o Fundo Social de Emergência:

•• *Caput* acrescentado pela Emenda Constitucional de Revisão n. 1, de 1.°-3-1994.

I – o produto da arrecadação do imposto sobre renda e proventos de qualquer natureza incidente na fonte sobre pagamentos efetuados, a qualquer título, pela União, inclusive suas autarquias e fundações;

•• Inciso I acrescentado pela Emenda Constitucional de Revisão n. 1, de 1.°-3-1994.

II – a parcela do produto da arrecadação do imposto sobre renda e proventos de qualquer natureza e do imposto sobre operações de crédito, câmbio e seguro, ou relativas a títulos e valores mobiliários, decorrente das alterações produzidas pela Lei n. 8.894, de 21 de junho de 1994, e pelas Leis ns. 8.849 e 8.848, ambas de 28 de janeiro de 1994, e modificações posteriores;

•• Inciso II com redação determinada pela Emenda Constitucional n. 10, de 4-3-1996.

III – a parcela do produto da arrecadação resultante da elevação da alíquota da contribuição social sobre o lucro dos contribuintes a que se refere o § 1.° do art. 22 da Lei n. 8.212, de 24 de julho de 1991, a qual, nos exercícios financeiros de 1994 e 1995, bem assim no período de 1.° de janeiro de 1996 a 30 de junho de 1997, passa a ser de trinta por cento, sujeita a alteração por lei ordinária, mantidas as demais normas da Lei n. 7.689, de 15 de dezembro de 1988;

•• Inciso III com redação determinada pela Emenda Constitucional n. 10, de 4-3-1996.

IV – vinte por cento do produto da arrecadação de todos os impostos e contribuições da União, já instituídos ou a serem criados, excetuado o previsto nos incisos I, II e III, observado o disposto nos §§ 3.° e 4.°;

•• Inciso IV com redação determinada pela Emenda Constitucional n. 10, de 4-3-1996.

V – a parcela do produto da arrecadação da contribuição de que trata a Lei Complementar n. 7, de 7 de setembro de 1970, devida pelas pessoas jurídicas a que se refere o inciso III deste artigo, a qual será calculada, nos exercícios financeiros de 1994 e 1995, bem assim nos períodos de 1.° de janeiro de 1996 a 30 de junho de 1997 e de 1.° de julho de 1997 a 31 de dezembro de 1999, mediante aplicação da alíquota de setenta e cinco centésimos por cento, sujeita a alteração por lei ordinária posterior, sobre a receita bruta operacional, como definida na legislação do imposto sobre renda e proventos de qualquer natureza; e

•• Inciso V com redação determinada pela Emenda Constitucional n. 17, de 22-11-1997.

VI – outras receitas previstas em lei específica.

•• Inciso VI acrescentado pela Emenda Constitucional de Revisão n. 1, de 1.º-3-1994.

§ 1.º As alíquotas e a base de cálculo previstas nos incisos III e V aplicar-se-ão a partir do primeiro dia do mês seguinte aos noventa dias posteriores à promulgação desta Emenda.

•• § 1.º acrescentado pela Emenda Constitucional de Revisão n. 1, de 1.º-3-1994.

§ 2.º As parcelas de que tratam os incisos I, II, III e V serão previamente deduzidas da base de cálculo de qualquer vinculação ou participação constitucional ou legal, não se lhes aplicando o disposto nos arts. 159, 212 e 239 da Constituição.

•• § 2.º com redação determinada pela Emenda Constitucional n. 10, de 4-3-1996.

§ 3.º A parcela de que trata o inciso IV será previamente deduzida da base de cálculo das vinculações ou participações constitucionais previstas nos arts. 153, § 5.º, 157, II, 212 e 239 da Constituição.

•• § 3.º com redação determinada pela Emenda Constitucional n. 10, de 4-3-1996.

§ 4.º O disposto no parágrafo anterior não se aplica aos recursos previstos nos arts. 158, II, e 159 da Constituição.

•• § 4.º com redação determinada pela Emenda Constitucional n. 10, de 4-3-1996.

§ 5.º A parcela dos recursos provenientes do imposto sobre renda e proventos de qualquer natureza, destinada ao Fundo Social de Emergência, nos termos do inciso II deste artigo, não poderá exceder a cinco inteiros e seis décimos por cento do total do produto da sua arrecadação.

•• § 5.º com redação determinada pela Emenda Constitucional n. 10, de 4-3-1996.

Art. 73. Na regulação do Fundo Social de Emergência não poderá ser utilizado o instrumento previsto no inciso V do art. 59 da Constituição.

•• Artigo acrescentado pela Emenda Constitucional de Revisão n. 1, de 1.º-3-1994.

• *Vide* art. 71 do ADCT.

Art. 74. A União poderá instituir contribuição provisória sobre movimentação ou transmissão de valores e de créditos e direitos de natureza financeira.

•• *Caput* acrescentado pela Emenda Constitucional n. 12, de 15-8-1996.

• *Vide* Emendas Constitucionais n. 21, de 18-3-1999, e n. 37, de 12-6-2002.

§ 1.º A alíquota da contribuição de que trata este artigo não excederá a vinte e cinco centésimos por cento, facultado ao Poder Executivo reduzi-la ou restabelecê-la, total ou parcialmente, nas condições e limites fixados em lei.

•• § 1.º acrescentado pela Emenda Constitucional n. 12, de 15-8-1996.

•• Alíquota alterada pela Emenda Constitucional n. 21, de 18-3-1999.

§ 2.º À contribuição de que trata este artigo não se aplica o disposto nos arts. 153, § 5.º, e 154, I, da Constituição.

•• § 2.º acrescentado pela Emenda Constitucional n. 12, de 15-8-1996.

§ 3.º O produto da arrecadação da contribuição de que trata este artigo será destinado integralmente ao Fundo Nacional de Saúde, para financiamento das ações e serviços de saúde.

•• § 3.º acrescentado pela Emenda Constitucional n. 12, de 15-8-1996.

§ 4.º A contribuição de que trata este artigo terá sua exigibilidade subordinada ao disposto no art. 195, § 6.º, da Constituição, e não poderá ser cobrada por prazo superior a dois anos.

•• § 4.º acrescentado pela Emenda Constitucional n. 12, de 15-8-1996.

•• *Vide* arts. 75 e 84 do ADCT, que prorrogaram o prazo previsto neste parágrafo.

Art. 75. É prorrogada, por trinta e seis meses, a cobrança da contribuição provisória sobre movimentação ou transmissão de valores e de créditos e direitos de natureza financeira de que trata o art. 74, instituída pela Lei n. 9.311, de 24 de outubro de 1996, modificada pela Lei n. 9.539, de 12 de dezembro de 1997, cuja vigência é também prorrogada por idêntico prazo.

•• *Caput* acrescentado pela Emenda Constitucional n. 21, de 18-3-1999.

•• *Vide* art. 84 do ADCT, que prorrogou o prazo previsto neste artigo até 31-12-2004.

• Fundo de Combate e Erradicação da Pobreza: *vide* art. 80, I, do ADCT.

§ 1.º Observado o disposto no § 6.º do art. 195 da Constituição Federal, a alíquota da contribuição será de trinta e oito centésimos por cento, nos primeiros doze meses, e de trinta centésimos, nos meses subsequentes, facultado ao Poder Executivo reduzi-la total ou parcialmente, nos limites aqui definidos.

•• § 1.º acrescentado pela Emenda Constitucional n. 21, de 18-3-1999.

§ 2.º O resultado do aumento da arrecadação, decorrente da alteração da alíquota, nos exercícios financeiros de 1999, 2000 e 2001, será destinado ao custeio da previdência social.

•• § 2.º acrescentado pela Emenda Constitucional n. 21, de 18-3-1999.

§ 3.º É a União autorizada a emitir títulos da dívida pública interna, cujos recursos serão destinados ao custeio da saúde e da previdência social, em montante equivalente ao produto da arrecadação da contribuição, prevista e não realizada em 1999.

•• § 3.º acrescentado pela Emenda Constitucional n. 21, de 18-3-1999.

•• O STF, no julgamento da ADI n. 2.031-5, de 3-10-2002 (*DOU* de 11-10-2002), declarou a inconstitucionalidade deste parágrafo.

Art. 76. São desvinculados de órgão, fundo ou despesa, até 31 de dezembro de 2023, 30% (trinta por cento) da arrecadação da União relativa às contribuições sociais, sem prejuízo do pagamento das despesas do Regime Geral da Previdência Social, às contribuições de intervenção no domínio econômico e às taxas, já instituídas ou que vierem a ser criadas até a referida data.

•• *Caput* com redação determinada pela Emenda Constitucional n. 93, de 8-9-2016, produzindo efeitos a partir de 1.º-1-2016.

§ 1.º (*Revogado pela Emenda Constitucional n. 93, de 8-9-2016, produzindo efeitos a partir de 1.º-1-2016.*)

§ 2.º Excetua-se da desvinculação de que trata o *caput* a arrecadação da contribuição social do salário-educação a que se refere o § 5.º do art. 212 da Constituição Federal.

•• § 2.º com redação determinada pela Emenda Constitucional n. 68, de 21-12-2011.

§ 3.º (*Revogado pela Emenda Constitucional n. 93, de 8-9-2016, produzindo efeitos a partir de 1.º-1-2016.*)

Art. 76-A. São desvinculados de órgão, fundo ou despesa, até 31 de dezembro de 2023, 30% (trinta por cento) das receitas dos Estados e do Distrito Federal relativas a impostos, taxas e multas, já instituídos ou que vierem a ser criados até a referida data, seus adicionais e respectivos acréscimos legais, e outras receitas correntes.

•• *Caput* acrescentado pela Emenda Constitucional n. 93, de 8-9-2016, produzindo efeitos a partir de 1.º-1-2016.

Parágrafo único. Excetuam-se da desvinculação de que trata o *caput*:

•• Parágrafo único, *caput*, acrescentado pela Emenda Constitucional n. 93, de 8-9-2016, produzindo efeitos a partir de 1.º-1-2016.

I – recursos destinados ao financiamento das ações e serviços públicos de saúde e à manutenção e desenvolvimento do ensino de que tratam, respectivamente, os incisos II e III do § 2.º do art. 198 e o art. 212 da Constituição Federal;

•• Inciso I acrescentado pela Emenda Constitucional n. 93, de 8-9-2016, produzindo efeitos a partir de 1.º-1-2016.

II – receitas que pertencem aos Municípios decorrentes de transferências previstas na Constituição Federal;

•• Inciso II acrescentado pela Emenda Constitucional n. 93, de 8-9-2016, produzindo efeitos a partir de 1.º-1-2016.

III – receitas de contribuições previdenciárias e de assistência à saúde dos servidores;

•• Inciso III acrescentado pela Emenda Constitucional n. 93, de 8-9-2016, produzindo efeitos a partir de 1.º-1-2016.

IV – demais transferências obrigatórias e voluntárias entre entes da Federação com destinação especificada em lei;

•• Inciso IV acrescentado pela Emenda Constitucional n. 93, de 8-9-2016, produzindo efeitos a partir de 1.º-1-2016.

V – fundos instituídos pelo Poder Judiciário, pelos Tribunais de Contas, pelo Ministério Público, pelas Defensorias Públicas e pelas Procuradorias-Gerais dos Estados e do Distrito Federal.

•• Inciso V acrescentado pela Emenda Constitucional n. 93, de 8-9-2016, produzindo efeitos a partir de 1.º-1-2016.

Art. 76-B. São desvinculados de órgão, fundo ou despesa, até 31 de dezembro de 2023, 30% (trinta por cento) das receitas dos Municípios relativas a impostos, taxas e multas, já instituídos ou que vierem a ser criados até a referida data, seus adicionais e respectivos acréscimos legais, e outras receitas correntes.

•• *Caput* acrescentado pela Emenda Constitucional n. 93, de 8-9-2016, produzindo efeitos a partir de 1.º-1-2016.

Parágrafo único. Excetuam-se da desvinculação de que trata o *caput:*

•• Parágrafo único, *caput*, acrescentado pela Emenda Constitucional n. 93, de 8-9-2016, produzindo efeitos a partir de 1.º-1-2016.

I – recursos destinados ao financiamento das ações e serviços públicos de saúde e à manutenção e desenvolvimento do ensino de que tratam, respectivamente, os incisos II e III do § 2.º do art. 198 e o art. 212 da Constituição Federal;

•• Inciso I acrescentado pela Emenda Constitucional n. 93, de 8-9-2016, produzindo efeitos a partir de 1.º-1-2016.

II – receitas de contribuições previdenciárias e de assistência à saúde dos servidores;

•• Inciso II acrescentado pela Emenda Constitucional n. 93, de 8-9-2016, produzindo efeitos a partir de 1.º-1-2016.

III – transferências obrigatórias e voluntárias entre entes da Federação com destinação especificada em lei;

•• Inciso III acrescentado pela Emenda Constitucional n. 93, de 8-9-2016, produzindo efeitos a partir de 1.º-1-2016.

IV – fundos instituídos pelo Tribunal de Contas do Município.

•• Inciso IV acrescentado pela Emenda Constitucional n. 93, de 8-9-2016, produzindo efeitos a partir de 1.º-1-2016.

Art. 77. Até o exercício financeiro de 2004, os recursos mínimos aplicados nas ações e serviços públicos de saúde serão equivalentes:

•• *Caput* acrescentado pela Emenda Constitucional n. 29, de 13-9-2000.

I – no caso da União:

•• Inciso I, *caput*, acrescentado pela Emenda Constitucional n. 29, de 13-9-2000.

a) no ano 2000, o montante empenhado em ações e serviços públicos de saúde no exercício financeiro de 1999 acrescido de, no mínimo, cinco por cento;

•• Alínea *a* acrescentada pela Emenda Constitucional n. 29, de 13-9-2000.

b) do ano 2001 ao ano 2004, o valor apurado no ano anterior, corrigido pela variação nominal do Produto Interno Bruto – PIB;

•• Alínea *b* acrescentada pela Emenda Constitucional n. 29, de 13-9-2000.

II – no caso dos Estados e do Distrito Federal, doze por cento do produto da arrecadação dos impostos a que se refere o art. 155 e dos recursos de que tratam os arts. 157 e 159, I, *a*, e inciso II, deduzidas as parcelas que forem transferidas aos respectivos Municípios; e

•• Inciso II acrescentado pela Emenda Constitucional n. 29, de 13-9-2000.

III – no caso dos Municípios e do Distrito Federal, quinze por cento do produto da arrecadação dos impostos a que se refere o art. 156 e dos recursos de que tratam os arts. 158 e 159, I, *b* e § 3.º.

•• Inciso III acrescentado pela Emenda Constitucional n. 29, de 13-9-2000.

§ 1.º Os Estados, o Distrito Federal e os Municípios que apliquem percentuais inferiores aos fixados nos incisos II e III deverão elevá-los gradualmente, até o exercício financeiro de 2004, reduzida a diferença à razão de, pelo menos, um quinto por ano, sendo que, a partir de 2000, a aplicação será de pelo menos sete por cento.

•• § 1.º acrescentado pela Emenda Constitucional n. 29, de 13-9-2000.

§ 2.º Dos recursos da União apurados nos termos deste artigo, quinze por cento, no mínimo, serão aplicados nos Municípios, segundo o critério populacional, em ações e serviços básicos de saúde, na forma da lei.

•• § 2.º acrescentado pela Emenda Constitucional n. 29, de 13-9-2000.

§ 3.º Os recursos dos Estados, do Distrito Federal e dos Municípios destinados às ações e serviços públicos de saúde e os transferidos pela União para a mesma finalidade serão aplicados por meio de Fundo de Saúde que será acompanhado e fiscalizado por Conselho de

Saúde, sem prejuízo do disposto no art. 74 da Constituição Federal.

•• § 3.º acrescentado pela Emenda Constitucional n. 29, de 13-9-2000.

§ 4.º Na ausência da lei complementar a que se refere o art. 198, § 3.º, a partir do exercício financeiro de 2005, aplicar-se-á à União, aos Estados, ao Distrito Federal e aos Municípios o disposto neste artigo.

•• § 4.º acrescentado pela Emenda Constitucional n. 29, de 13-9-2000.

Art. 78. Ressalvados os créditos definidos em lei como de pequeno valor, os de natureza alimentícia, os de que trata o art. 33 deste Ato das Disposições Constitucionais Transitórias e suas complementações e os que já tiverem os seus respectivos recursos liberados ou depositados em juízo, os precatórios pendentes na data de promulgação desta Emenda e os que decorram de ações iniciais ajuizadas até 31 de dezembro de 1999 serão liquidados pelo seu valor real, em moeda corrente, acrescido de juros legais, em prestações anuais, iguais e sucessivas, no prazo máximo de dez anos, permitida a cessão dos créditos.

•• *Caput* acrescentado pela Emenda Constitucional n. 30, de 13-9-2000.

•• O STF, no julgamento das ADIs n. 2.356 e 2.362 (*DOU* de 7-12-2010), deferiu medida cautelar, em 25-11-2010, para suspender a eficácia do art. 2.º da Emenda Constitucional n. 30, de 13-9-2000, que introduziu este art. 78.

•• *Vide* art. 97, § 15, do ADCT.

§ 1.º É permitida a decomposição de parcelas, a critério do credor.

•• § 1.º acrescentado pela Emenda Constitucional n. 30, de 13-9-2000.

§ 2.º As prestações anuais a que se refere o *caput* deste artigo terão, se não liquidadas até o final do exercício a que se referem, poder liberatório do pagamento de tributos da entidade devedora.

•• § 2.º acrescentado pela Emenda Constitucional n. 30, de 13-9-2000.

•• *Vide* art. 6.º da Emenda Constitucional n. 62, de 9-12-2009.

§ 3.º O prazo referido no *caput* deste artigo fica reduzido para dois anos, nos casos de precatórios judiciais originários de desapropriação de imóvel residencial do credor, desde que comprovadamente único à época da imissão na posse.

•• § 3.º acrescentado pela Emenda Constitucional n. 30, de 13-9-2000.

§ 4.º O Presidente do Tribunal competente deverá, vencido o prazo ou em caso de omissão no orçamento, ou preterição ao direito de precedência, a requerimento do credor, requisitar ou determinar o sequestro de recursos financeiros da entidade executada, suficientes à satisfação da prestação.

•• § 4.º acrescentado pela Emenda Constitucional n. 30, de 13-9-2000.

Art. 79. É instituído, para vigorar até o ano de 2010, no âmbito do Poder Executivo Federal, o Fundo de Combate e Erradicação da Pobreza, a ser regulado por lei complementar com o objetivo de viabilizar a todos os brasileiros acesso a níveis dignos de subsistência, cujos recursos serão aplicados em ações suplementares de nutrição, habitação, educação, saúde, reforço de renda familiar e outros programas de relevante interesse social voltados para melhoria da qualidade de vida.

•• *Caput* acrescentado pela Emenda Constitucional n. 31, de 14-12-2000.

•• *Vide* Emenda Constitucional n. 67, de 22-12-2010, que prorroga por tempo indeterminado o prazo de vigência do Fundo de Combate e Erradicação da Pobreza.

•• Artigo regulamentado pela Lei Complementar n. 111, de 6-7-2001.

• *Vide* art. 4.º da Emenda Constitucional n. 42, de 19-12-2003.

Parágrafo único. O Fundo previsto neste artigo terá Conselho Consultivo e de Acompanhamento que conte com a participação de representantes da sociedade civil, nos termos da lei.

•• Parágrafo único acrescentado pela Emenda Constitucional n. 31, de 14-12-2000.

Art. 80. Compõem o Fundo de Combate e Erradicação da Pobreza:

•• *Caput* acrescentado pela Emenda Constitucional n. 31, de 14-12-2000.

•• Regulamento: Lei Complementar n. 111, de 6-7-2001.

I – a parcela do produto da arrecadação correspondente a um adicional de 0,08% (oito centésimos por cento), aplicável de 18 de junho de 2000 a 17 de junho de 2002, na alíquota da contribuição social de que trata o art. 75 do Ato das Disposições Constitucionais Transitórias;

•• Inciso I acrescentado pela Emenda Constitucional n. 31, de 14-12-2000.

•• *Vide* art. 84 do ADCT, que prorrogou o prazo previsto neste artigo até 31-12-2004.

II – a parcela do produto da arrecadação correspondente a um adicional de 5 (cinco) pontos percentuais na alíquota do Imposto sobre Produtos Industrializados – IPI, ou do imposto que vier a substituí-lo, incidente sobre produtos supérfluos e aplicável até a extinção do Fundo;

•• Inciso II acrescentado pela Emenda Constitucional n. 31, de 14-12-2000.

• *Vide* art. 83 do ADCT.

III – o produto da arrecadação do imposto de que trata o art. 153, VII, da Constituição;

•• Inciso III acrescentado pela Emenda Constitucional n. 31, de 14-12-2000.

IV – dotações orçamentárias;

•• Inciso IV acrescentado pela Emenda Constitucional n. 31, de 14-12-2000.

V – doações, de qualquer natureza, de pessoas físicas ou jurídicas do País ou do exterior;

•• Inciso V acrescentado pela Emenda Constitucional n. 31, de 14-12-2000.

VI – outras receitas, a serem definidas na regulamentação do referido Fundo.

•• Inciso VI acrescentado pela Emenda Constitucional n. 31, de 14-12-2000.

§ 1.º Aos recursos integrantes do Fundo de que trata este artigo não se aplica o disposto nos arts. 159 e 167, IV, da Constituição, assim como qualquer desvinculação de recursos orçamentários.

•• § 1.º acrescentado pela Emenda Constitucional n. 31, de 14-12-2000.

§ 2.º A arrecadação decorrente do disposto no inciso I deste artigo, no período compreendido entre 18 de junho de 2000 e o início da vigência da lei complementar a que se refere o art. 79, será integralmente repassada ao Fundo, preservado o seu valor real, em títulos públicos federais, progressivamente resgatáveis após 18 de junho de 2002, na forma da lei.

•• § 2.º acrescentado pela Emenda Constitucional n. 31, de 14-12-2000.

Art. 81. É instituído Fundo constituído pelos recursos recebidos pela União em decorrência da desestatização de sociedades de economia mista ou empresas públicas por ela controladas, direta ou indiretamente, quando a operação envolver a alienação do respectivo controle acionário a pessoa ou entidade não integrante da Administração Pública, ou de participação societária remanescente após a alienação, cujos rendimentos, gerados a partir de 18 de junho de 2002, reverterão ao Fundo de Combate e Erradicação da Pobreza.

•• *Caput* acrescentado pela Emenda Constitucional n. 31, de 14-12-2000.

•• Artigo regulamentado pela Lei Complementar n. 111, de 6-7-2001.

§ 1.° Caso o montante anual previsto nos rendimentos transferidos ao Fundo de Combate e Erradicação da Pobreza, na forma deste artigo, não alcance o valor de quatro bilhões de reais, far-se-á complementação na forma do art. 80, IV, do Ato das Disposições Constitucionais Transitórias.

•• § 1.° acrescentado pela Emenda Constitucional n. 31, de 14-12-2000.

§ 2.° Sem prejuízo do disposto no § 1.°, o Poder Executivo poderá destinar ao Fundo a que se refere este artigo outras receitas decorrentes da alienação de bens da União.

•• § 2.° acrescentado pela Emenda Constitucional n. 31, de 14-12-2000.

§ 3.° A constituição do Fundo a que se refere o *caput*, a transferência de recursos ao Fundo de Combate e Erradicação da Pobreza e as demais disposições referentes ao § 1.° deste artigo serão disciplinadas em lei, não se aplicando o disposto no art. 165, § 9.°, II, da Constituição.

•• § 3.° acrescentado pela Emenda Constitucional n. 31, de 14-12-2000.

Art. 82. Os Estados, o Distrito Federal e os Municípios devem instituir Fundos de Combate à Pobreza, com os recursos de que trata este artigo e outros que vierem a destinar, devendo os referidos Fundos ser geridos por entidades que contem com a participação da sociedade civil.

•• *Caput* acrescentado pela Emenda Constitucional n. 31, de 14-12-2000.

§ 1.° Para o financiamento dos Fundos Estaduais e Distrital, poderá ser criado adicional de até dois pontos percentuais na alíquota do Imposto sobre Circulação de Mercadorias e Serviços – ICMS, sobre os produtos e serviços supérfluos e nas condições definidas na lei complementar de que trata o art. 155, § 2.°, XII, da Constituição, não se aplicando, sobre este percentual, o disposto no art. 158, IV, da Constituição.

•• § 1.° com redação determinada pela Emenda Constitucional n. 42, de 19-12-2003.

§ 2.° Para o financiamento dos Fundos Municipais, poderá ser criado adicional de até 0,5 (meio) ponto percentual na alíquota do Imposto sobre serviços ou do imposto que vier a substituí-lo, sobre serviços supérfluos.

•• § 2.° acrescentado pela Emenda Constitucional n. 31, de 14-12-2000.

Art. 83. Lei federal definirá os produtos e serviços supérfluos a que se referem os arts. 80, II, e 82, § 2.°.

•• Artigo com redação determinada pela Emenda Constitucional n. 42, de 19-12-2003.

Art. 84. A contribuição provisória sobre movimentação ou transmissão de valores e de créditos e direitos de natureza financeira, prevista nos arts. 74, 75 e 80, I, deste Ato das Disposições Constitucionais Transitórias, será cobrada até 31 de dezembro de 2004.

•• *Caput* acrescentado pela Emenda Constitucional n. 37, de 12-6-2002.

•• *Vide* art. 90 do ADCT, que prorroga o prazo previsto neste artigo até 31-12-2007.

§ 1.° Fica prorrogada, até a data referida no *caput* deste artigo, a vigência da Lei n. 9.311, de 24 de outubro de 1996, e suas alterações.

•• § 1.° acrescentado pela Emenda Constitucional n. 37, de 12-6-2002.

§ 2.° Do produto da arrecadação da contribuição social de que trata este artigo será destinada a parcela correspondente à alíquota de:

•• § 2.°, *caput*, acrescentado pela Emenda Constitucional n. 37, de 12-6-2002.

I – vinte centésimos por cento ao Fundo Nacional de Saúde, para financiamento das ações e serviços de saúde;

•• Inciso I acrescentado pela Emenda Constitucional n. 37, de 12-6-2002.

II – dez centésimos por cento ao custeio da previdência social;

•• Inciso II acrescentado pela Emenda Constitucional n. 37, de 12-6-2002.

III – oito centésimos por cento ao Fundo de Combate e Erradicação da Pobreza, de que tratam os arts. 80 e 81 deste Ato das Disposições Constitucionais Transitórias.

•• Inciso III acrescentado pela Emenda Constitucional n. 37, de 12-6-2002.

§ 3.° A alíquota da contribuição de que trata este artigo será de:

•• § 3.°, *caput*, acrescentado pela Emenda Constitucional n. 37, de 12-6-2002.

I – trinta e oito centésimos por cento, nos exercícios financeiros de 2002 e 2003;

•• Inciso I acrescentado pela Emenda Constitucional n. 37, de 12-6-2002.

•• *Vide* art. 90, § 2.°, do ADCT, que mantém a alíquota de 0,38% até o exercício financeiro de 2007.

II – (*Revogado pela Emenda Constitucional n. 42, de 19-12-2003.*)

Art. 85. A contribuição a que se refere o art. 84 deste Ato das Disposições Constitucionais Transitórias não incidirá, a partir do 30.° (trigésimo) dia da data de publicação desta Emenda Constitucional, nos lançamentos:

•• *Caput* acrescentado pela Emenda Constitucional n. 37, de 12-6-2002.

I – em contas-correntes de depósito especialmente abertas e exclusivamente utilizadas para operações de:

•• Inciso I, *caput*, acrescentado pela Emenda Constitucional n. 37, de 12-6-2002.

a) câmaras e prestadoras de serviços de compensação e de liquidação de que trata o parágrafo único do art. 2.° da Lei n. 10.214, de 27 de março de 2001;

•• Alínea *a* acrescentada pela Emenda Constitucional n. 37, de 12-6-2002.

b) companhias securitizadoras de que trata a Lei n. 9.514, de 20 de novembro de 1997;

•• Alínea *b* acrescentada pela Emenda Constitucional n. 37, de 12-6-2002.

c) sociedades anônimas que tenham por objeto exclusivo a aquisição de créditos oriundos de operações praticadas no mercado financeiro;

•• Alínea *c* acrescentada pela Emenda Constitucional n. 37, de 12-6-2002.

II – em contas-correntes de depósito, relativos a:

•• Inciso II, *caput*, acrescentado pela Emenda Constitucional n. 37, de 12-6-2002.

a) operações de compra e venda de ações, realizadas em recintos ou sistemas de negociação de bolsas de valores e no mercado de balcão organizado;

•• Alínea *a* acrescentada pela Emenda Constitucional n. 37, de 12-6-2002.

b) contratos referenciados em ações ou índices de ações, em suas diversas modalidades, negociados em bolsas de valores, de mercadorias e de futuros;

•• Alínea *b* acrescentada pela Emenda Constitucional n. 37, de 12-6-2002.

III – em contas de investidores estrangeiros, relativos a entradas no País e a remessas para o exterior de recursos financeiros empregados, exclusivamente, em operações e contratos referidos no inciso II deste artigo.

•• Inciso III acrescentado pela Emenda Constitucional n. 37, de 12-6-2002.

§ 1.º O Poder Executivo disciplinará o disposto neste artigo no prazo de 30 (trinta) dias da data de publicação desta Emenda Constitucional.

•• § 1.º acrescentado pela Emenda Constitucional n. 37, de 12-6-2002.

§ 2.º O disposto no inciso I deste artigo aplica-se somente às operações relacionadas em ato do Poder Executivo, dentre aquelas que constituam o objeto social das referidas entidades.

•• § 2.º acrescentado pela Emenda Constitucional n. 37, de 12-6-2002.

§ 3.º O disposto no inciso II deste artigo aplica-se somente a operações e contratos efetuados por intermédio de instituições financeiras, sociedades corretoras de títulos e valores mobiliários, sociedades distribuidoras de títulos e valores mobiliários e sociedades corretoras de mercadorias.

•• § 3.º acrescentado pela Emenda Constitucional n. 37, de 12-6-2002.

Art. 86. Serão pagos conforme disposto no art. 100 da Constituição Federal, não se lhes aplicando a regra de parcelamento estabelecida no *caput* do art. 78 deste Ato das Disposições Constitucionais Transitórias, os débitos da Fazenda Federal, Estadual, Distrital ou Municipal oriundos de sentenças transitadas em julgado, que preencham, cumulativamente, as seguintes condições:

•• *Caput* acrescentado pela Emenda Constitucional n. 37, de 12-6-2002.

I – ter sido objeto de emissão de precatórios judiciários;

•• Inciso I acrescentado pela Emenda Constitucional n. 37, de 12-6-2002.

II – ter sido definidos como de pequeno valor pela lei de que trata o § 3.º do art. 100 da Constituição Federal ou pelo art. 87 deste Ato das Disposições Constitucionais Transitórias;

•• Inciso II acrescentado pela Emenda Constitucional n. 37, de 12-6-2002.

III – estar, total ou parcialmente, pendentes de pagamento na data da publicação desta Emenda Constitucional.

•• Inciso III acrescentado pela Emenda Constitucional n. 37, de 12-6-2002.

§ 1.º Os débitos a que se refere o *caput* deste artigo, ou os respectivos saldos, serão pagos na ordem cronológica de apresentação dos respectivos precatórios, com precedência sobre os de maior valor.

•• § 1.º acrescentado pela Emenda Constitucional n. 37, de 12-6-2002.

§ 2.º Os débitos a que se refere o *caput* deste artigo, se ainda não tiverem sido objeto de pagamento parcial, nos termos do art. 78 deste Ato das Disposições Constitucionais Transitórias, poderão ser pagos em duas parcelas anuais, se assim dispuser a lei.

•• § 2.º acrescentado pela Emenda Constitucional n. 37, de 12-6-2002.

§ 3.º Observada a ordem cronológica de sua apresentação, os débitos de natureza alimentícia previstos neste artigo terão precedência para pagamento sobre todos os demais.

•• § 3.º acrescentado pela Emenda Constitucional n. 37, de 12-6-2002.

Art. 87. Para efeito do que dispõem o § 3.º do art. 100 da Constituição Federal e o art. 78 deste Ato das Disposições Constitucionais Transitórias serão considerados de pequeno valor, até que se dê a publicação oficial das respectivas leis definidoras pelos entes da Federação, observado o disposto no § 4.º do art. 100 da Constituição Federal, os débitos ou obrigações consignados em precatório judiciário, que tenham valor igual ou inferior a:

•• *Caput* acrescentado pela Emenda Constitucional n. 37, de 12-6-2002.

I – 40 (quarenta) salários mínimos, perante a Fazenda dos Estados e do Distrito Federal;

•• Inciso I acrescentado pela Emenda Constitucional n. 37, de 12-6-2002.

II – 30 (trinta) salários mínimos, perante a Fazenda dos Municípios.

•• Inciso II acrescentado pela Emenda Constitucional n. 37, de 12-6-2002.

Parágrafo único. Se o valor da execução ultrapassar o estabelecido neste artigo, o pagamento far-se-á, sempre, por meio de precatório, sendo facultada à parte exequente a renúncia ao crédito do valor excedente, para que possa optar pelo pagamento do saldo sem o precatório, da forma prevista no § 3.º do art. 100.

•• Parágrafo único acrescentado pela Emenda Constitucional n. 37, de 12-6-2002.

Art. 88. Enquanto lei complementar não disciplinar o disposto nos incisos I e III do § 3.º do art. 156 da Constituição Federal, o imposto a que se refere o inciso III do *caput* do mesmo artigo:

•• *Caput* acrescentado pela Emenda Constitucional n. 37, de 12-6-2002.

I – terá alíquota mínima de dois por cento, exceto para os serviços a que se referem os itens 32, 33 e 34 da Lista de Serviços anexa ao Decreto-lei n. 406, de 31 de dezembro de 1968;

•• Inciso I acrescentado pela Emenda Constitucional n. 37, de 12-6-2002.

II – não será objeto de concessão de isenções, incentivos e benefícios fiscais, que resulte, direta ou indiretamente, na redução da alíquota mínima estabelecida no inciso I.

•• Inciso II acrescentado pela Emenda Constitucional n. 37, de 12-6-2002.

Art. 89. Os integrantes da carreira policial militar e os servidores municipais do ex-Território Federal de Rondônia que, comprovadamente, se encontravam no exercício regular de suas funções prestando serviço àquele ex-Território na data em que foi transformado em Estado, bem como os servidores e os policiais militares alcançados pelo disposto no art. 36 da Lei Complementar n. 41, de 22 de dezembro de 1981, e aqueles admitidos regularmente nos quadros do Estado de Rondônia até a data de posse do primeiro Governador eleito, em 15 de março de 1987, constituirão, mediante opção, quadro em extinção da administração federal, assegurados os direitos e as vantagens a eles inerentes, vedado o pagamento, a qualquer título, de diferenças remuneratórias.

•• *Caput* com redação determinada pela Emenda Constitucional n. 60, de 11-11-2009.

•• A inclusão em quadro de extinção, de que trata este artigo, deverá observar as disposições e normas estabelecidas nos arts. 86 a 102 da Lei n. 12.249, de 11-6-2010, regulamentada pelo Decreto n. 7.514, de 5-7-2011.

• A Lei Complementar n. 41, de 22-12-1981, criou o Estado de Rondônia.

§ 1.º Os membros da Polícia Militar continuarão prestando serviços ao Estado de Rondônia, na condição de cedidos, submetidos às corporações da Polícia Militar, observadas as atribuições de função compatíveis com o grau hierárquico.

•• § 1.º acrescentado pela Emenda Constitucional n. 60, de 11-11-2009.

§ 2.º Os servidores a que se refere o *caput* continuarão prestando serviços ao Estado de Rondônia na condição de cedidos, até seu aproveitamento em órgão ou entidade da administração federal direta, autárquica ou fundacional.

•• § 2.º acrescentado pela Emenda Constitucional n. 60, de 11-11-2009.

Art. 90. O prazo previsto no *caput* do art. 84 deste Ato das Disposições Constitucionais Transitórias fica prorrogado até 31 de dezembro de 2007.

•• *Caput* acrescentado pela Emenda Constitucional n. 42, de 19-12-2003.

§ 1.º Fica prorrogada, até a data referida no *caput* deste artigo, a vigência da Lei n. 9.311, de 24 de outubro de 1996, e suas alterações.

•• § 1.º acrescentado pela Emenda Constitucional n. 42, de 19-12-2003.

§ 2.º Até a data referida no *caput* deste artigo, a alíquota da contribuição de que trata o art. 84 deste Ato das Disposições Constitucionais Transitórias será de trinta e oito centésimos por cento.

•• § 2.º acrescentado pela Emenda Constitucional n. 42, de 19-12-2003.

Art. 91. A União entregará aos Estados e ao Distrito Federal o montante definido em lei complementar, de acordo com critérios, prazos e condições nela determinados, podendo considerar as exportações para o exterior de produtos primários e semielaborados, a relação entre as exportações e as importações, os créditos decorrentes de aquisições destinadas ao ativo permanente e a efetiva manutenção e aproveitamento do crédito do imposto a que se refere o art. 155, § 2.º, X, *a*.

•• *Caput* acrescentado pela Emenda Constitucional n. 42, de 19-12-2003.

§ 1.º Do montante de recursos que cabe a cada Estado, setenta e cinco por cento pertencem ao próprio Estado, e vinte e cinco por cento, aos seus Municípios, distribuídos segundo os critérios a que se refere o art. 158, parágrafo único, da Constituição.

•• § 1.º acrescentado pela Emenda Constitucional n. 42, de 19-12-2003.

§ 2.º A entrega de recursos prevista neste artigo perdurará, conforme definido em lei complementar, até que o imposto a que se refere o art. 155, II, tenha o produto de sua arrecadação destinado predominantemente, em proporção não inferior a oitenta por cento, ao Estado onde ocorrer o consumo das mercadorias, bens ou serviços.

•• § 2.º acrescentado pela Emenda Constitucional n. 42, de 19-12-2003.

§ 3.º Enquanto não for editada a lei complementar de que trata o *caput*, em substituição ao sistema de entrega de recursos nele previsto, permanecerá vigente o sistema de entrega de recursos previsto no art. 31 e Anexo da Lei Complementar n. 87, de 13 de setembro de 1996, com a redação dada pela Lei Complementar n. 115, de 26 de dezembro de 2002.

•• § 3.º acrescentado pela Emenda Constitucional n. 42, de 19-12-2003.

§ 4.º Os Estados e o Distrito Federal deverão apresentar à União, nos termos das instruções baixadas pelo Ministério da Fazenda, as informações relativas ao imposto de que trata o art. 155, II, declaradas pelos contribuintes que realizarem operações ou prestações com destino ao exterior.

•• § 4.º acrescentado pela Emenda Constitucional n. 42, de 19-12-2003.

Art. 92. São acrescidos dez anos ao prazo fixado no art. 40 deste Ato das Disposições Constitucionais Transitórias.

•• Artigo acrescentado pela Emenda Constitucional n. 42, de 19-12-2003.

•• *Vide* art. 92-A do ADCT.

Art. 92-A. São acrescidos 50 (cinquenta) anos ao prazo fixado pelo art. 92 deste Ato das Disposições Constitucionais Transitórias.

•• Artigo acrescentado pela Emenda Constitucional n. 83, de 5-8-2014.

Art. 93. A vigência do disposto no art. 159, III, e § 4.º, iniciará somente após a edição da lei de que trata o referido inciso III.

•• Artigo acrescentado pela Emenda Constitucional n. 42, de 19-12-2003.

Art. 94. Os regimes especiais de tributação para microempresas e empresas de pequeno porte próprios da União, dos Estados, do Distrito Federal e dos Municípios cessarão a partir da entrada em vigor do regime previsto no art. 146, III, *d*, da Constituição.

•• Artigo acrescentado pela Emenda Constitucional n. 42, de 19-12-2003.

• A Lei Complementar n. 123, de 14-12-2006, institui o Regime Especial Unificado de Arrecadação de Tributos e Contribuições devidos pelas Microempresas e Empresas de Pequeno Porte – Simples Nacional.

Art. 95. Os nascidos no estrangeiro entre 7 de junho de 1994 e a data da promulgação desta Emenda Constitucional, filhos de pai brasileiro ou mãe brasileira, poderão ser registrados em repartição diplomática ou consular brasileira competente ou em ofício de registro, se vierem a residir na República Federativa do Brasil.

•• Artigo acrescentado pela Emenda Constitucional n. 54, de 20-9-2007.

Art. 96. Ficam convalidados os atos de criação, fusão, incorporação e desmembramento de Municípios, cuja lei tenha sido publicada até 31 de dezembro de 2006, atendidos os requisitos estabelecidos na legislação do respectivo Estado à época de sua criação.

•• Artigo acrescentado pela Emenda Constitucional n. 57, de 18-12-2008.

Art. 97. Até que seja editada a lei complementar de que trata o § 15 do art. 100 da Constituição Federal, os Estados, o Distrito Federal e os Municípios que, na data de publicação desta Emenda Constitucional, estejam em mora na quitação de precatórios vencidos, relativos às suas administrações direta e indireta, inclusive os emitidos durante o período de vigência do regime especial instituído por este artigo, farão esses pagamentos de acordo com as normas a seguir estabelecidas, sendo inaplicável o disposto no art. 100 desta Constituição Federal, exceto em seus §§ 2.º, 3.º, 9.º, 10, 11, 12, 13 e 14, e sem prejuízo dos acordos de juízos conciliatórios já formalizados na data de promulgação desta Emenda Constitucional.

•• *Caput* acrescentado pela Emenda Constitucional n. 62, de 9-12-2009.

•• O STF, no julgamento da ADI n. 4.425, de 14-3-2013 (*DJE* de 19-12-2013), julgou procedente a ação para declarar a inconstitucionalidade deste artigo.

•• *Vide* art. 3.º da Emenda Constitucional n. 62, de 9-12-2009.

• A Resolução n. 115, de 29-6-2010, do CNJ, dispõe sobre a gestão de precatórios no âmbito do Poder Judiciário.

§ 1.º Os Estados, o Distrito Federal e os Municípios sujeitos ao regime especial de que trata este artigo optarão, por meio de ato do Poder Executivo:

•• § 1.º, *caput*, acrescentado pela Emenda Constitucional n. 62, de 9-12-2009.

I – pelo depósito em conta especial do valor referido pelo § 2.º deste artigo; ou

•• Inciso I acrescentado pela Emenda Constitucional n. 62, de 9-12-2009.

•• *Vide* art. 4.º, I, da Emenda Constitucional n. 62, de 9-12-2009.

II – pela adoção do regime especial pelo prazo de até 15 (quinze) anos, caso em que o percentual a ser depositado na conta especial a que se refere o § 2.º deste artigo corresponderá, anualmente, ao saldo total dos precatórios devidos, acrescido do índice oficial de remuneração básica da caderneta de poupança e de juros simples no mesmo percentual de juros incidentes sobre a caderneta de poupança para fins de compensação da mora, excluída a incidência de juros compensatórios, diminuído das amortizações e dividido pelo número de anos restantes no regime especial de pagamento.

•• Inciso II acrescentado pela Emenda Constitucional n. 62, de 9-12-2009.

•• *Vide* art. 4.º, II, da Emenda Constitucional n. 62, de 9-12-2009.

§ 2.º Para saldar os precatórios, vencidos e a vencer, pelo regime especial, os Estados, o Distrito Federal e os Municípios devedores depositarão mensalmente, em conta especial criada para tal fim, 1/12 (um doze avos) do valor calculado percentualmente sobre as respectivas receitas correntes líquidas, apuradas no segundo mês anterior ao mês de pagamento, sendo que esse percentual, calculado no momento de opção pelo regime e mantido fixo até o final do prazo a que se refere o § 14 deste artigo, será:

•• § 2.º, *caput*, acrescentado pela Emenda Constitucional n. 62, de 9-12-2009.

I – para os Estados e para o Distrito Federal:

a) de, no mínimo, 1,5% (um inteiro e cinco décimos por cento), para os Estados das regiões Norte, Nordeste e Centro-Oeste, além do Distrito Federal, ou cujo estoque de precatórios pendentes das suas administrações direta e indireta corresponder a até 35% (trinta e cinco por cento) do total da receita corrente líquida;

b) de, no mínimo, 2% (dois por cento), para os Estados das regiões Sul e Sudeste, cujo estoque de precatórios pendentes das suas administrações direta e indireta corresponder a mais de 35% (trinta e cinco por cento) da receita corrente líquida;

•• Inciso I acrescentado pela Emenda Constitucional n. 62, de 9-12-2009.

II – para Municípios:

a) de, no mínimo, 1% (um por cento), para Municípios das regiões Norte, Nordeste e Centro-Oeste, ou cujo estoque de precatórios pendentes das suas administrações direta e indireta corresponder a até 35% (trinta e cinco por cento) da receita corrente líquida;

b) de, no mínimo, 1,5% (um inteiro e cinco décimos por cento), para Municípios das regiões Sul e Sudeste, cujo estoque de precatórios pendentes das suas administrações direta e indireta corresponder a mais de 35% (trinta e cinco por cento) da receita corrente líquida.

•• Inciso II acrescentado pela Emenda Constitucional n. 62, de 9-12-2009.

§ 3.º Entende-se como receita corrente líquida, para os fins de que trata este artigo, o somatório das receitas tributárias, patrimoniais, industriais, agropecuárias, de contribuições e de serviços, transferências correntes e outras receitas correntes, incluindo as oriundas do § 1.º do art. 20 da Constituição Federal, verificado no período compreendido pelo mês de referência e os 11 (onze) meses anteriores, excluídas as duplicidades, e deduzidas:

•• § 3.º, *caput*, acrescentado pela Emenda Constitucional n. 62, de 9-12-2009.

I – nos Estados, as parcelas entregues aos Municípios por determinação constitucional;

•• Inciso I acrescentado pela Emenda Constitucional n. 62, de 9-12-2009.

II – nos Estados, no Distrito Federal e nos Municípios, a contribuição dos servidores para custeio do seu sistema de previdência e assistência social e as receitas provenientes da compensação financeira referida no § 9.º do art. 201 da Constituição Federal.

•• Inciso II acrescentado pela Emenda Constitucional n. 62, de 9-12-2009.

§ 4.º As contas especiais de que tratam os §§ 1.º e 2.º serão administradas pelo Tribunal de Justiça local, para pagamento de precatórios expedidos pelos tribunais.

•• § 4.º acrescentado pela Emenda Constitucional n. 62, de 9-12-2009.

§ 5.º Os recursos depositados nas contas especiais de que tratam os §§ 1.º e 2.º deste artigo não poderão retornar para Estados, Distrito Federal e Municípios devedores.

•• § 5.º acrescentado pela Emenda Constitucional n. 62, de 9-12-2009.

§ 6.º Pelo menos 50% (cinquenta por cento) dos recursos de que tratam os §§ 1.º e 2.º deste artigo serão utilizados para pagamento de precatórios em ordem cronológica de apresentação, respeitadas as preferências definidas no § 1.º, para os requisitórios do mesmo ano e no § 2.º do art. 100, para requisitórios de todos os anos.

•• § 6.º acrescentado pela Emenda Constitucional n. 62, de 9-12-2009.

§ 7.º Nos casos em que não se possa estabelecer a precedência cronológica entre 2 (dois) precatórios, pagar-se-á primeiramente o precatório de menor valor.

•• § 7.º acrescentado pela Emenda Constitucional n. 62, de 9-12-2009.

§ 8.º A aplicação dos recursos restantes dependerá de opção a ser exercida por Estados, Distrito Federal e Municípios devedores, por ato do Poder Executivo, obedecendo à seguinte forma, que poderá ser aplicada isoladamente ou simultaneamente:

•• § 8.º, *caput*, acrescentado pela Emenda Constitucional n. 62, de 9-12-2009.

I – destinados ao pagamento dos precatórios por meio do leilão;

•• Inciso I acrescentado pela Emenda Constitucional n. 62, de 9-12-2009.

II – destinados a pagamento a vista de precatórios não quitados na forma do § 6º e do inciso I, em ordem única e crescente de valor por precatório;

•• Inciso II acrescentado pela Emenda Constitucional n. 62, de 9-12-2009.

III – destinados a pagamento por acordo direto com os credores, na forma estabelecida por lei própria da entidade devedora, que poderá prever criação e forma de funcionamento de câmara de conciliação.

•• Inciso III acrescentado pela Emenda Constitucional n. 62, de 9-12-2009.

§ 9.º Os leilões de que trata o inciso I do § 8.º deste artigo:

•• § 9.º, *caput*, acrescentado pela Emenda Constitucional n. 62, de 9-12-2009.

I – serão realizados por meio de sistema eletrônico administrado por entidade autorizada pela Comissão de Valores Mobiliários ou pelo Banco Central do Brasil;

•• Inciso I acrescentado pela Emenda Constitucional n. 62, de 9-12-2009.

II – admitirão a habilitação de precatórios, ou parcela de cada precatório indicada pelo seu detentor, em relação aos quais não esteja pendente, no âmbito do Poder Judiciário, recurso ou impugnação de qualquer natureza, permitida por iniciativa do Poder Executivo a compensação com débitos líquidos e certos, inscritos ou não em dívida ativa e constituídos contra devedor originário pela Fazenda Pública devedora até a data da expedição do precatório, ressalvados aqueles cuja exigibilidade esteja suspensa nos termos da legislação, ou que já tenham sido objeto de abatimento nos termos do § 9.° do art. 100 da Constituição Federal;

•• Inciso II acrescentado pela Emenda Constitucional n. 62, de 9-12-2009.

III – ocorrerão por meio de oferta pública a todos os credores habilitados pelo respectivo ente federativo devedor;

•• Inciso III acrescentado pela Emenda Constitucional n. 62, de 9-12-2009.

IV – considerarão automaticamente habilitado o credor que satisfaça o que consta no inciso II;

•• Inciso IV acrescentado pela Emenda Constitucional n. 62, de 9-12-2009.

V – serão realizados tantas vezes quanto necessário em função do valor disponível;

•• Inciso V acrescentado pela Emenda Constitucional n. 62, de 9-12-2009.

VI – a competição por parcela do valor total ocorrerá a critério do credor, com deságio sobre o valor desta;

•• Inciso VI acrescentado pela Emenda Constitucional n. 62, de 9-12-2009.

VII – ocorrerão na modalidade deságio, associado ao maior volume ofertado cumulado ou não com o maior percentual de deságio, pelo maior percentual de deságio, podendo ser fixado valor máximo por credor, ou por outro critério a ser definido em edital;

•• Inciso VII acrescentado pela Emenda Constitucional n. 62, de 9-12-2009.

VIII – o mecanismo de formação de preço constará nos editais publicados para cada leilão;

•• Inciso VIII acrescentado pela Emenda Constitucional n. 62, de 9-12-2009.

IX – a quitação parcial dos precatórios será homologada pelo respectivo Tribunal que o expediu.

•• Inciso IX acrescentado pela Emenda Constitucional n. 62, de 9-12-2009.

§ 10. No caso de não liberação tempestiva dos recursos de que tratam o inciso II do § 1.° e os §§ 2.° e 6.° deste artigo:

•• § 10, *caput*, acrescentado pela Emenda Constitucional n. 62, de 9-12-2009.

I – haverá o sequestro de quantia nas contas de Estados, Distrito Federal e Municípios devedores, por ordem do Presidente do Tribunal referido no § 4.°, até o limite do valor não liberado;

•• Inciso I acrescentado pela Emenda Constitucional n. 62, de 9-12-2009.

II – constituir-se-á, alternativamente, por ordem do Presidente do Tribunal requerido, em favor dos credores de precatórios, contra Estados, Distrito Federal e Municípios devedores, direito líquido e certo, autoaplicável e independentemente de regulamentação, à compensação automática com débitos líquidos lançados por esta contra aqueles, e, havendo saldo em favor do credor, o valor terá automaticamente poder liberatório do pagamento de tributos de Estados, Distrito Federal e Municípios devedores, até onde se compensarem;

•• Inciso II acrescentado pela Emenda Constitucional n. 62, de 9-12-2009.

III – o chefe do Poder Executivo responderá na forma da legislação de responsabilidade fiscal e de improbidade administrativa;

•• Inciso III acrescentado pela Emenda Constitucional n. 62, de 9-12-2009.

IV – enquanto perdurar a omissão, a entidade devedora:

a) não poderá contrair empréstimo externo ou interno;

b) ficará impedida de receber transferências voluntárias;

•• Inciso IV acrescentado pela Emenda Constitucional n. 62, de 9-12-2009.

V – a União reterá os repasses relativos ao Fundo de Participação dos Estados e do Distrito Federal e ao Fundo de Participação dos Municípios, e os depositará nas contas especiais referidas no § 1.°, devendo sua utilização obedecer ao que prescreve o § 5.°, ambos deste artigo.

•• Inciso V acrescentado pela Emenda Constitucional n. 62, de 9-12-2009.

§ 11. No caso de precatórios relativos a diversos credores, em litisconsórcio, admite-se o desmembramento do valor, realizado pelo Tribunal de origem do precatório, por credor, e, por este, a habilitação do valor total a que tem direito, não se aplicando, neste caso, a regra do § 3.° do art. 100 da Constituição Federal.

•• § 11 acrescentado pela Emenda Constitucional n. 62, de 9-12-2009.

§ 12. Se a lei a que se refere o § 4.° do art. 100 não estiver publicada em até 180 (cento e oitenta) dias, contados da data de publicação desta Emenda Constitucional, será considerado, para os fins referidos, em relação a Estados, Distrito Federal e Municípios devedores, omissos na regulamentação, o valor de:

•• § 12, *caput*, acrescentado pela Emenda Constitucional n. 62, de 9-12-2009.

I – 40 (quarenta) salários mínimos para Estados e para o Distrito Federal;

•• Inciso I acrescentado pela Emenda Constitucional n. 62, de 9-12-2009.

II – 30 (trinta) salários mínimos para Municípios.

•• Inciso II acrescentado pela Emenda Constitucional n. 62, de 9-12-2009.

§ 13. Enquanto Estados, Distrito Federal e Municípios devedores estiverem realizando pagamentos de precatórios pelo regime especial, não poderão sofrer sequestro de valores, exceto no caso de não liberação tempestiva dos recursos de que tratam o inciso II do § 1.° e o § 2.° deste artigo.

•• § 13 acrescentado pela Emenda Constitucional n. 62, de 9-12-2009.

§ 14. O regime especial de pagamento de precatório previsto no inciso I do § 1.° vigorará enquanto o valor dos precatórios devidos for superior ao valor dos recursos vinculados, nos termos do § 2.°, ambos deste artigo, ou pelo prazo fixo de até 15 (quinze) anos, no caso da opção prevista no inciso II do § 1.°.

•• § 14 acrescentado pela Emenda Constitucional n. 62, de 9-12-2009.

§ 15. Os precatórios parcelados na forma do art. 33 ou do art. 78 deste Ato das Disposições Constitucionais Transitórias e ainda pendentes de pagamento ingressarão no regime especial com o valor atualizado das parcelas não pagas relativas a cada precatório, bem como o saldo dos acordos judiciais e extrajudiciais.

•• § 15 acrescentado pela Emenda Constitucional n. 62, de 9-12-2009.

§ 16. A partir da promulgação desta Emenda Constitucional, a atualização de valores de requisitórios, até o efetivo pagamento, independentemente de sua natureza, será feita pelo índice oficial de remuneração básica da caderneta de poupança, e, para fins de compensação da mora, incidirão juros simples no mesmo percentual de juros incidentes sobre a caderneta de poupança, ficando excluída a incidência de juros compensatórios.

•• § 16 acrescentado pela Emenda Constitucional n. 62, de 9-12-2009.

§ 17. O valor que exceder o limite previsto no § 2.° do art. 100 da Constituição Federal será pago, durante a vigência do regime especial, na forma prevista nos §§ 6.° e 7.° ou nos incisos I, II e III do § 8.° deste artigo, devendo os valores dispendidos para o atendimento do disposto no § 2.° do art. 100 da Constituição Federal serem computados para efeito do § 6.° deste artigo.

•• § 17 acrescentado pela Emenda Constitucional n. 62, de 9-12-2009.

§ 18. Durante a vigência do regime especial a que se refere este artigo, gozarão também da preferência a que se refere o § 6.° os titulares originais de precatórios que tenham completado 60 (sessenta) anos de idade até a data da promulgação desta Emenda Constitucional.

•• § 18 acrescentado pela Emenda Constitucional n. 62, de 9-12-2009.

Art. 98. O número de defensores públicos na unidade jurisdicional será proporcional à efetiva demanda pelo serviço da Defensoria Pública e à respectiva população.

•• *Caput* acrescentado pela Emenda Constitucional n. 80, de 4-6-2014.

§ 1.° No prazo de 8 (oito) anos, a União, os Estados e o Distrito Federal deverão contar com defensores públicos em todas as unidades jurisdicionais, observado o disposto no *caput* deste artigo.

•• § 1.° acrescentado pela Emenda Constitucional n. 80, de 4-6-2014.

§ 2.° Durante o decurso do prazo previsto no § 1.° deste artigo, a lotação dos defensores públicos ocorrerá, prioritariamente, atendendo as regiões com maiores índices de exclusão social e adensamento populacional.

•• § 2.° acrescentado pela Emenda Constitucional n. 80, de 4-6-2014.

Art. 99. Para efeito do disposto no inciso VII do § 2.° do art. 155, no caso de operações e prestações que destinem bens e serviços a consumidor final não contribuinte localizado em outro Estado, o imposto correspondente à diferença entre a alíquota interna e a interestadual será partilhado entre os Estados de origem e de destino, na seguinte proporção:

•• *Caput* acrescentado pela Emenda Constitucional n. 87, de 16-4-2015, em vigor na data de sua publicação, produzindo efeitos no ano subsequente e após 90 (noventa) dias desta.

I – para o ano de 2015: 20% (vinte por cento) para o Estado de destino e 80% (oitenta por cento) para o Estado de origem;

•• Inciso I acrescentado pela Emenda Constitucional n. 87, de 16-4-2015, em vigor na data de sua publicação, produzindo efeitos no ano subsequente e após 90 (noventa) dias desta.

II – para o ano de 2016: 40% (quarenta por cento) para o Estado de destino e 60% (sessenta por cento) para o Estado de origem;

•• Inciso II acrescentado pela Emenda Constitucional n. 87, de 16-4-2015, em vigor na data de sua publicação, produzindo efeitos no ano subsequente e após 90 (noventa) dias desta.

III – para o ano de 2017: 60% (sessenta por cento) para o Estado de destino e 40% (quarenta por cento) para o Estado de origem;

•• Inciso III acrescentado pela Emenda Constitucional n. 87, de 16-4-2015, em vigor na data de sua publicação, produzindo efeitos no ano subsequente e após 90 (noventa) dias desta.

IV – para o ano de 2018: 80% (oitenta por cento) para o Estado de destino e 20% (vinte por cento) para o Estado de origem;

•• Inciso IV acrescentado pela Emenda Constitucional n. 87, de 16-4-2015, em vigor na data de sua publicação, produzindo efeitos no ano subsequente e após 90 (noventa) dias desta.

V – a partir do ano de 2019: 100% (cem por cento) para o Estado de destino.

•• Inciso V acrescentado pela Emenda Constitucional n. 87, de 16-4-2015, em vigor na data de sua publicação, produzindo efeitos no ano subsequente e após 90 (noventa) dias desta.

Art. 100. Até que entre em vigor a lei complementar de que trata o inciso II do § 1.° do art. 40 da Constituição Federal, os Ministros do Supremo Tribunal Federal, dos Tribunais Superiores e do Tribunal de Contas da União aposentar-se-ão, compulsoriamente, aos 75 (setenta e cinco) anos de idade, nas condições do art. 52 da Constituição Federal.

•• Artigo acrescentado pela Emenda Constitucional n. 88, de 7-5-2015.

•• O STF no julgamento da ADI n. 5.316, de 21-5-2015 (*DOU* de 9-6-2015), deferiu medida cautelar para suspender a aplicação da expressão "nas condições do art. 52 da Constituição Federal", constante deste artigo.

Art. 101. Os Estados, o Distrito Federal e os Municípios que, em 25 de março de 2015, estiverem em mora com o pagamento de seus precatórios quitarão até 31 de dezembro de 2020 seus débitos vencidos e os que vencerão dentro desse período, depositando, mensalmente, em conta especial do Tribunal de Justiça local, sob única e exclusiva administração desse, 1/12 (um doze avos) do valor calculado percentualmente sobre as respectivas receitas correntes líquidas, apuradas no segundo mês anterior ao mês de pagamento, em percentual suficiente para a quitação de seus débitos e, ainda que variável, nunca inferior, em cada exercício, à média do comprometimento percentual da receita corrente líquida no período de 2012 a 2014, em conformidade com plano de pagamento a ser anualmente apresentado ao Tribunal de Justiça local.

•• *Caput* acrescentado pela Emenda Constitucional n. 94, de 15-12-2016.

§ 1.° Entende-se como receita corrente líquida, para os fins de que trata este artigo, o somatório das receitas tributárias, patrimoniais, industriais, agropecuárias, de contribuições e de serviços, de transferências correntes e outras receitas correntes, incluindo as oriundas do § 1.° do art. 20 da Constituição Federal, verificado no período compreendido pelo segundo mês imediatamente anterior ao de referência e os 11 (onze) meses precedentes, excluídas as duplicidades, e deduzidas:

•• § 1.°, *caput*, acrescentado pela Emenda Constitucional n. 94, de 15-12-2016.

I – nos Estados, as parcelas entregues aos Municípios por determinação constitucional;

•• Inciso I acrescentado pela Emenda Constitucional n. 94, de 15-12-2016.

II – nos Estados, no Distrito Federal e nos Municípios, a contribuição dos servidores para custeio de seu sistema de previdência e assistência social e as receitas provenientes da compensação financeira referida no § 9.° do art. 201 da Constituição Federal.

•• Inciso II acrescentado pela Emenda Constitucional n. 94, de 15-12-2016.

§ 2.° O débito de precatórios poderá ser pago mediante a utilização de recursos orçamentários próprios e dos seguintes instrumentos:

•• § 2.°, *caput*, acrescentado pela Emenda Constitucional n. 94, de 15-12-2016.

I – até 75% (setenta e cinco por cento) do montante dos depósitos judiciais e dos depósitos administrativos em dinheiro referentes a processos judiciais ou administrativos, tributários ou não tributários, nos quais o Estado, o

Distrito Federal ou os Municípios, ou suas autarquias, fundações e empresas estatais dependentes, sejam parte;

•• Inciso I acrescentado pela Emenda Constitucional n. 94, de 15-12-2016.

II – até 20% (vinte por cento) dos demais depósitos judiciais da localidade, sob jurisdição do respectivo Tribunal de Justiça, excetuados os destinados à quitação de créditos de natureza alimentícia, mediante instituição de fundo garantidor composto pela parcela restante dos depósitos judiciais, destinando-se:

•• Inciso II, *caput*, acrescentado pela Emenda Constitucional n. 94, de 15-12-2016.

a) no caso do Distrito Federal, 100% (cem por cento) desses recursos ao próprio Distrito Federal;

•• Alínea *a* acrescentada pela Emenda Constitucional n. 94, de 15-12-2016.

b) no caso dos Estados, 50% (cinquenta por cento) desses recursos ao próprio Estado e 50% (cinquenta por cento) a seus Municípios;

•• Alínea *b* acrescentada pela Emenda Constitucional n. 94, de 15-12-2016.

III – contratação de empréstimo, excetuado dos limites de endividamento de que tratam os incisos VI e VII do art. 52 da Constituição Federal e de quaisquer outros limites de endividamento previstos, não se aplicando a esse empréstimo a vedação de vinculação de receita prevista no inciso IV do art. 167 da Constituição Federal.

•• Inciso III acrescentado pela Emenda Constitucional n. 94, de 15-12-2016.

Art. 102. Enquanto viger o regime especial previsto nesta Emenda Constitucional, pelo menos 50% (cinquenta por cento) dos recursos que, nos termos do art. 101 deste Ato das Disposições Constitucionais Transitórias, forem destinados ao pagamento dos precatórios em mora serão utilizados no pagamento segundo a ordem cronológica de apresentação, respeitadas as preferências dos créditos alimentares, e, nessas, as relativas à idade, ao estado de saúde e à deficiência, nos termos do § 2.º do art. 100 da Constituição Federal, sobre todos os demais créditos de todos os anos.

•• *Caput* acrescentado pela Emenda Constitucional n. 94, de 15-12-2016.

Parágrafo único. A aplicação dos recursos remanescentes, por opção a ser exercida por Estados, Distrito Federal e Municípios, por ato do respectivo Poder Executivo, observada a ordem de preferência dos credores, poderá ser destinada ao pagamento mediante acordos diretos, perante Juízos Auxiliares de Conciliação de Precatórios, com redução máxima de 40% (quarenta por cento) do valor do crédito atualizado, desde que em relação ao crédito não penda recurso ou defesa judicial e que sejam observados os requisitos definidos na regulamentação editada pelo ente federado.

•• Parágrafo único acrescentado pela Emenda Constitucional n. 94, de 15-12-2016.

Art. 103. Enquanto os Estados, o Distrito Federal e os Municípios estiverem efetuando o pagamento da parcela mensal devida como previsto no *caput* do art. 101 deste Ato das Disposições Constitucionais Transitórias, nem eles, nem as respectivas autarquias, fundações e empresas estatais dependentes poderão sofrer sequestro de valores, exceto no caso de não liberação tempestiva dos recursos.

•• Artigo acrescentado pela Emenda Constitucional n. 94, de 15-12-2016.

Art. 104. Se os recursos referidos no art. 101 deste Ato das Disposições Constitucionais Transitórias para o pagamento de precatórios não forem tempestivamente liberados, no todo ou em parte:

•• *Caput* acrescentado pela Emenda Constitucional n. 94, de 15-12-2016.

I – o Presidente do Tribunal de Justiça local determinará o sequestro, até o limite do valor não liberado, das contas do ente federado inadimplente;

•• Inciso I acrescentado pela Emenda Constitucional n. 94, de 15-12-2016.

II – o chefe do Poder Executivo do ente federado inadimplente responderá, na forma da legislação de responsabilidade fiscal e de improbidade administrativa;

•• Inciso II acrescentado pela Emenda Constitucional n. 94, de 15-12-2016.

III – a União reterá os recursos referentes aos repasses ao Fundo de Participação dos Estados e do Distrito Federal e ao Fundo de Participação dos Municípios e os depositará na conta especial referida no art. 101 deste Ato das Disposições Constitucionais Transitórias, para utilização como nele previsto;

•• Inciso III acrescentado pela Emenda Constitucional n. 94, de 15-12-2016.

IV – os Estados reterão os repasses previstos no parágrafo único do art. 158 da Constituição Federal e os depositarão na conta especial referida no art. 101 deste Ato das Disposições Constitucionais Transitórias, para utilização como nele previsto.

•• Inciso IV acrescentado pela Emenda Constitucional n. 94, de 15-12-2016.

Parágrafo único. Enquanto perdurar a omissão, o ente federado não poderá contrair empréstimo externo ou interno, exceto para os fins previstos no § 2.º do art. 101 deste Ato das Disposições Constitucionais Transitórias, e ficará impedido de receber transferências voluntárias.

•• Parágrafo único acrescentado pela Emenda Constitucional n. 94, de 15-12-2016.

Art. 105. Enquanto viger o regime de pagamento de precatórios previsto no art. 101 deste Ato das Disposições Constitucionais Transitórias, é facultada aos credores de precatórios, próprios ou de terceiros, a compensação com débitos de natureza tributária ou de outra natureza que até 25 de março de 2015 tenham sido inscritos na dívida ativa dos Estados, do Distrito Federal ou dos Municípios, observados os requisitos definidos em lei própria do ente federado.

•• *Caput* acrescentado pela Emenda Constitucional n. 94, de 15-12-2016.

Parágrafo único. Não se aplica às compensações referidas no *caput* deste artigo qualquer tipo de vinculação, como as transferências a outros entes e as destinadas à educação, à saúde e a outras finalidades.

•• Parágrafo único acrescentado pela Emenda Constitucional n. 94, de 15-12-2016.

Art. 106. Fica instituído o Novo Regime Fiscal no âmbito dos Orçamentos Fiscal e da Seguridade Social da União, que vigorará por vinte exercícios financeiros, nos termos dos arts. 107 a 114 deste Ato das Disposições Constitucionais Transitórias.

•• Artigo acrescentado pela Emenda Constitucional n. 95, de 15-12-2016.

Art. 107. Ficam estabelecidos, para cada exercício, limites individualizados para as despesas primárias:

•• *Caput* acrescentado pela Emenda Constitucional n. 95, de 15-12-2016.

I – do Poder Executivo;

•• Inciso I acrescentado pela Emenda Constitucional n. 95, de 15-12-2016.

II – do Supremo Tribunal Federal, do Superior Tribunal de Justiça, do Conselho Nacional de Justiça, da Justiça do Trabalho, da Justiça Federal, da Justiça Militar da União, da Justiça Eleitoral e da Justiça do Distrito Federal e Territórios, no âmbito do Poder Judiciário;

•• Inciso II acrescentado pela Emenda Constitucional n. 95, de 15-12-2016.

III – do Senado Federal, da Câmara dos Deputados e do Tribunal de Contas da União, no âmbito do Poder Legislativo;

•• Inciso III acrescentado pela Emenda Constitucional n. 95, de 15-12-2016.

IV – do Ministério Público da União e do Conselho Nacional do Ministério Público; e

•• Inciso IV acrescentado pela Emenda Constitucional n. 95, de 15-12-2016.

V – da Defensoria Pública da União.

•• Inciso V acrescentado pela Emenda Constitucional n. 95, de 15-12-2016.

§ 1.º Cada um dos limites a que se refere o *caput* deste artigo equivalerá:

•• § 1.º, *caput*, acrescentado pela Emenda Constitucional n. 95, de 15-12-2016.

I – para o exercício de 2017, à despesa primária paga no exercício de 2016, incluídos os restos a pagar pagos e demais operações que afetam o resultado primário, corrigida em 7,2% (sete inteiros e dois décimos por cento); e

•• Inciso I acrescentado pela Emenda Constitucional n. 95, de 15-12-2016.

II – para os exercícios posteriores, ao valor do limite referente ao exercício imediatamente anterior, corrigido pela variação do Índice Nacional de Preços ao Consumidor Amplo – IPCA, publicado pelo Instituto Brasileiro de Geografia e Estatística, ou de outro índice que vier a substituí-lo, para o período de doze meses encerrado em junho do exercício anterior a que se refere a lei orçamentária.

•• Inciso II acrescentado pela Emenda Constitucional n. 95, de 15-12-2016.

•• *Vide* art. 103, *caput*, do ADCT.

§ 2.º Os limites estabelecidos na forma do inciso IV do *caput* do art. 51, do inciso XIII do *caput* do art. 52, do § 1.º do art. 99, do § 3.º do art. 127 e do § 3.º do art. 134 da Constituição Federal não poderão ser superiores aos estabelecidos nos termos deste artigo.

•• § 2.º acrescentado pela Emenda Constitucional n. 95, de 15-12-2016.

§ 3.º A mensagem que encaminhar o projeto de lei orçamentária demonstrará os valores máximos de programação compatíveis com os limites individualizados calculados na forma do § 1.º deste artigo, observados os §§ 7.º a 9.º deste artigo.

•• § 3.º acrescentado pela Emenda Constitucional n. 95, de 15-12-2016.

§ 4.º As despesas primárias autorizadas na lei orçamentária anual sujeitas aos limites de que trata este artigo não poderão exceder os valores máximos demonstrados nos termos do § 3.º deste artigo.

•• § 4.º acrescentado pela Emenda Constitucional n. 95, de 15-12-2016.

§ 5.º É vedada a abertura de crédito suplementar ou especial que amplie o montante total autorizado de despesa primária sujeita aos limites de que trata este artigo.

•• § 5.º acrescentado pela Emenda Constitucional n. 95, de 15-12-2016.

§ 6.º Não se incluem na base de cálculo e nos limites estabelecidos neste artigo:

•• § 6.º, *caput*, acrescentado pela Emenda Constitucional n. 95, de 15-12-2016.

I – transferências constitucionais estabelecidas no § 1.º do art. 20, no inciso III do parágrafo único do art. 146, no § 5.º do art. 153, no art. 157, nos incisos I e II do art. 158, no art. 159 e no § 6.º do art. 212, as despesas referentes ao inciso XIV do *caput* do art. 21, todos da Constituição Federal, e as complementações de que tratam os incisos V e VII do *caput* do art. 60, deste Ato das Disposições Constitucionais Transitórias;

•• Inciso I acrescentado pela Emenda Constitucional n. 95, de 15-12-2016.

II – créditos extraordinários a que se refere o § 3.º do art. 167 da Constituição Federal;

•• Inciso II acrescentado pela Emenda Constitucional n. 95, de 15-12-2016.

III – despesas não recorrentes da Justiça Eleitoral com a realização de eleições; e

•• Inciso III acrescentado pela Emenda Constitucional n. 95, de 15-12-2016.

IV – despesas com aumento de capital de empresas estatais não dependentes.

•• Inciso IV acrescentado pela Emenda Constitucional n. 95, de 15-12-2016.

§ 7.º Nos três primeiros exercícios financeiros da vigência do Novo Regime Fiscal, o Poder Executivo poderá compensar com redução equivalente na sua despesa primária, consoante os valores estabelecidos no projeto de lei orçamentária encaminhado pelo Poder Executivo no respectivo exercício, o excesso de despesas primárias em relação aos limites de que tratam os incisos II a V do *caput* deste artigo.

•• § 7.º acrescentado pela Emenda Constitucional n. 95, de 15-12-2016.

§ 8.º A compensação de que trata o § 7.º deste artigo não excederá a 0,25% (vinte e cinco centésimos por cento) do limite do Poder Executivo.

•• § 8.º acrescentado pela Emenda Constitucional n. 95, de 15-12-2016.

§ 9.º Respeitado o somatório em cada um dos incisos de II a IV do *caput* deste artigo, a lei de diretrizes orçamentárias poderá dispor sobre a compensação entre os limites individualizados dos órgãos elencados em cada inciso.

•• § 9.º acrescentado pela Emenda Constitucional n. 95, de 15-12-2016.

§ 10. Para fins de verificação do cumprimento dos limites de que trata este artigo, serão consideradas as despesas primárias pagas, incluídos os restos a pagar pagos e demais operações que afetam o resultado primário no exercício.

•• § 10 acrescentado pela Emenda Constitucional n. 95, de 15-12-2016.

§ 11. O pagamento de restos a pagar inscritos até 31 de dezembro de 2015 poderá ser excluído da verificação do cumprimento dos limites de que trata este artigo, até o excesso de resultado primário dos Orçamentos Fiscal e da Seguridade Social do exercício em relação à meta fixada na lei de diretrizes orçamentárias.

•• § 11 acrescentado pela Emenda Constitucional n. 95, de 15-12-2016.

Art. 108. O Presidente da República poderá propor, a partir do décimo exercício da vigência do Novo Regime Fiscal, projeto de lei complementar para alteração do método de correção dos limites a que se refere o inciso II do § 1.º do art. 107 deste Ato das Disposições Constitucionais Transitórias.

•• *Caput* acrescentado pela Emenda Constitucional n. 95, de 15-12-2016.

Parágrafo único. Será admitida apenas uma alteração do método de correção dos limites por mandato presidencial.

•• Parágrafo único acrescentado pela Emenda Constitucional n. 95, de 15-12-2016.

Art. 109. No caso de descumprimento de limite individualizado, aplicam-se, até o final do exercício de retorno das despesas aos respectivos limites, ao Poder Executivo ou a órgão elencado nos incisos II a V do *caput* do art. 107 deste Ato das Disposições Constitucionais Transitórias que o descumpriu, sem prejuízo de outras medidas, as seguintes vedações:

•• *Caput* acrescentado pela Emenda Constitucional n. 95, de 15-12-2016.

I – concessão, a qualquer título, de vantagem, aumento, reajuste ou adequação de remuneração de membros de Poder ou de órgão, de servidores e empregados públicos e militares, exceto dos derivados de sentença judicial transitada em julgado ou de determinação legal decorrente de atos anteriores à entrada em vigor desta Emenda Constitucional;

•• Inciso I acrescentado pela Emenda Constitucional n. 95, de 15-12-2016.

II – criação de cargo, emprego ou função que implique aumento de despesa;

•• Inciso II acrescentado pela Emenda Constitucional n. 95, de 15-12-2016.

III – alteração de estrutura de carreira que implique aumento de despesa;

•• Inciso III acrescentado pela Emenda Constitucional n. 95, de 15-12-2016.

IV – admissão ou contratação de pessoal, a qualquer título, ressalvadas as reposições de cargos de chefia e de direção que não acarretem aumento de despesa e aquelas decorrentes de vacâncias de cargos efetivos ou vitalícios;

•• Inciso IV acrescentado pela Emenda Constitucional n. 95, de 15-12-2016.

V – realização de concurso público, exceto para as reposições de vacâncias previstas no inciso IV;

•• Inciso V acrescentado pela Emenda Constitucional n. 95, de 15-12-2016.

VI – criação ou majoração de auxílios, vantagens, bônus, abonos, verbas de representação ou benefícios de qualquer natureza em favor de membros de Poder, do Ministério Público ou da Defensoria Pública e de servidores e empregados públicos e militares;

•• Inciso VI acrescentado pela Emenda Constitucional n. 95, de 15-12-2016.

VII – criação de despesa obrigatória; e

•• Inciso VII acrescentado pela Emenda Constitucional n. 95, de 15-12-2016.

VIII – adoção de medida que implique reajuste de despesa obrigatória acima da variação da inflação, observada a preservação do poder aquisitivo referida no inciso IV do *caput* do art. 7.º da Constituição Federal.

•• Inciso VIII acrescentado pela Emenda Constitucional n. 95, de 15-12-2016.

§ 1.º As vedações previstas nos incisos I, III e VI do *caput*, quando descumprido qualquer dos limites individualizados dos órgãos elencados nos incisos II, III e IV do *caput* do art. 107 deste Ato das Disposições Constitucionais Transitórias, aplicam-se ao conjunto dos órgãos referidos em cada inciso.

•• § 1.º acrescentado pela Emenda Constitucional n. 95, de 15-12-2016.

§ 2.º Adicionalmente ao disposto no *caput*, no caso de descumprimento do limite de que trata o inciso I do *caput* do art. 107 deste Ato das Disposições Constitucionais Transitórias, ficam vedadas:

•• § 2.º, *caput*, acrescentado pela Emenda Constitucional n. 95, de 15-12-2016.

I – a criação ou expansão de programas e linhas de financiamento, bem como a remissão, renegociação ou refinanciamento de dívidas que impliquem ampliação das despesas com subsídios e subvenções; e

•• Inciso I acrescentado pela Emenda Constitucional n. 95, de 15-12-2016.

II – a concessão ou a ampliação de incentivo ou benefício de natureza tributária.

•• Inciso II acrescentado pela Emenda Constitucional n. 95, de 15-12-2016.

§ 3.º No caso de descumprimento de qualquer dos limites individualizados de que trata o *caput* do art. 107 deste Ato das Disposições Constitucionais Transitórias, fica vedada a concessão da revisão geral prevista no inciso X do *caput* do art. 37 da Constituição Federal.

•• § 3.º acrescentado pela Emenda Constitucional n. 95, de 15-12-2016.

§ 4.º As vedações previstas neste artigo aplicam-se também a proposições legislativas.

•• § 4.º acrescentado pela Emenda Constitucional n. 95, de 15-12-2016.

Art. 110. Na vigência do Novo Regime Fiscal, as aplicações mínimas em ações e serviços públicos de saúde e em manutenção e desenvolvimento do ensino equivalerão:

•• *Caput* acrescentado pela Emenda Constitucional n. 95, de 15-12-2016.

I – no exercício de 2017, às aplicações mínimas calculadas nos termos do inciso I do § 2.º do art. 198 e do *caput* do art. 212, da Constituição Federal; e

•• Inciso I acrescentado pela Emenda Constitucional n. 95, de 15-12-2016.

II – nos exercícios posteriores, aos valores calculados para as aplicações mínimas do exercício imediatamente anterior, corrigidos na forma estabelecida pelo inciso II do § 1.º do art. 107 deste Ato das Disposições Constitucionais Transitórias.

•• Inciso II acrescentado pela Emenda Constitucional n. 95, de 15-12-2016.

Art. 111. A partir do exercício financeiro de 2018, até o último exercício de vigência do Novo Regime Fiscal, a aprovação e a execução previstas nos §§ 9.º e 11 do art. 166 da Constituição Federal corresponderão ao montante de execução obrigatória para o exercício de 2017, corrigido na forma estabelecida pelo inciso II do § 1.º do art. 107 deste Ato das Disposições Constitucionais Transitórias.

•• Artigo acrescentado pela Emenda Constitucional n. 95, de 15-12-2016.

Art. 112. As disposições introduzidas pelo Novo Regime Fiscal:

•• *Caput* acrescentado pela Emenda Constitucional n. 95, de 15-12-2016.

I – não constituirão obrigação de pagamento futuro pela União ou direitos de outrem sobre o erário; e

•• Inciso I acrescentado pela Emenda Constitucional n. 95, de 15-12-2016.

II – não revogam, dispensam ou suspendem o cumprimento de dispositivos constitucionais e legais que disponham sobre metas fiscais ou limites máximos de despesas.

•• Inciso II acrescentado pela Emenda Constitucional n. 95, de 15-12-2016.

Art. 113. A proposição legislativa que crie ou altere despesa obrigatória ou renúncia de receita deverá ser acompanhada da estimativa do seu impacto orçamentário e financeiro.

•• Artigo acrescentado pela Emenda Constitucional n. 95, de 15-12-2016.

Art. 114. A tramitação de proposição elencada no *caput* do art. 59 da Constituição Federal, ressalvada a referida no seu inciso V, quando acarretar aumento de despesa ou renúncia de receita, será suspensa por até vinte dias, a requerimento de um quinto dos membros da Casa, nos termos regimentais, para análise de sua compatibilidade com o Novo Regime Fiscal.

•• Artigo acrescentado pela Emenda Constitucional n. 95, de 15-12-2016.

Brasília, 5 de outubro de 1988.

Ulysses Guimarães

EMENDA CONSTITUCIONAL N. 1, DE 31 DE MARÇO DE 1992 (*)

Dispõe sobre a remuneração dos Deputados Estaduais e dos Vereadores.

As Mesas da Câmara dos Deputados e do Senado Federal, nos termos do § 3.º do art. 60, da Constituição Federal, promulgam a seguinte Emenda ao texto constitucional:

Art. 1.º O § 2.º do art. 27 da Constituição passa a vigorar com a seguinte redação:

•• Alteração prejudicada pela Emenda Constitucional n. 19, de 4-6-1998, que deu nova redação ao § 2.º do art. 27 da CF.

Art. 2.º São acrescentados ao art. 29 da Constituição os seguintes incisos, VI e VII, renumerando-se os demais:

•• Alteração prejudicada pela Emenda Constitucional n. 25, de 14-2-2000, que deu nova redação ao inciso VI do art. 29 da CF.

Art. 3.º Esta Emenda Constitucional entra em vigor na data de sua publicação.

Brasília, 31 de março de 1992.

A Mesa da Câmara dos Deputados
Deputado IBSEN PINHEIRO
Presidente

A Mesa do Senado Federal
Senador MAURO BENEVIDES
Presidente

EMENDA CONSTITUCIONAL N. 2, DE 25 DE AGOSTO DE 1992 (**)

Dispõe sobre o plebiscito previsto no art. 2.º do Ato das Disposições Constitucionais Transitórias.

As Mesas da Câmara dos Deputados e do Senado Federal, nos termos do § 3.º do art. 60 da Constituição Federal, promulgam a seguinte Emenda ao texto constitucional:

Artigo único. O plebiscito de que trata o art. 2.º do Ato das Disposições Constitucionais Transitórias realizar-se-á no dia 21 de abril de 1993.

§ 1.º A forma e o sistema de governo definidos pelo plebiscito terão vigência em 1.º de janeiro de 1995.

§ 2.º A lei poderá dispor sobre a realização do plebiscito, inclusive sobre a gratuidade da livre divulgação das formas e sistemas de governo, através dos meios de comunicação de massa concessionários ou permissionários de serviço público, assegurada igualdade de tempo e paridade de horários.

§ 3.º A norma constante do parágrafo anterior não exclui a competência do Tribunal Superior Eleitoral para expedir instruções necessárias à realização da consulta plebiscitária.

Brasília, em 25 de agosto de 1992.

A Mesa da Câmara dos Deputados
Deputado IBSEN PINHEIRO
Presidente

A Mesa do Senado Federal
Senador MAURO BENEVIDES
Presidente

EMENDA CONSTITUCIONAL N. 3, DE 17 DE MARÇO DE 1993 (***)

Altera dispositivos da Constituição Federal.

As Mesas da Câmara dos Deputados e do Senado Federal, nos termos do § 3.º do art. 60 da Constituição Federal, promulgam a seguinte Emenda ao texto constitucional:

Art. 1.º Os dispositivos da Constituição Federal abaixo enumerados passam a vigorar com as seguintes alterações:

•• Parte das alterações foram prejudicadas por Emendas Constitucionais posteriores: o art. 40, § 6.º, foi prejudicado pela Emenda Constitucional n. 20, de 15-12-1998; o art. 42, § 10, foi prejudicado pela Emenda Constitucional n. 18, de 5-2-1998; os arts. 102, § 2.º, e 103, § 4.º, foram prejudicados pela Emenda Constitucional n. 45, de 8-12-2004; o art. 155, § 3.º, foi prejudicado pela Emenda Constitucional n. 33, de 11-12-2001; o art. 156, § 3.º, *caput* e I, foi prejudicado pela Emenda Constitucional n. 37, de 12-6-2002; o art. 167, IV, foi prejudicado pela Emenda Constitucional n. 29, de 13-9-2000.

Art. 2.º A União poderá instituir, nos termos de lei complementar, com vigência até 31 de dezembro de 1994, imposto sobre movimentação ou transmissão de valores e de créditos e direitos de natureza financeira.

§ 1.º A alíquota do imposto de que trata este artigo não excederá a vinte e cinco centésimos por cento, facultado ao Poder Executivo reduzi-la ou restabelecê-la, total ou parcialmente, nas condições e limites fixados em lei.

§ 2.º Ao imposto de que trata este artigo não se aplica o art. 150, III, *b*, e VI, nem o disposto no § 5.º do art. 153 da Constituição.

§ 3.º O produto da arrecadação do imposto de que trata este artigo não se encontra sujeito a qualquer modalidade de repartição com outra entidade federada.

§ 4.º (*Revogado pela Emenda Constitucional de Revisão n. 1, de 1.º-3-1994.*)

Art. 3.º A eliminação do adicional ao imposto de renda, de competência dos Estados, decorrente desta Emenda Constitucional, somente produzirá efeitos a partir de 1.º de janeiro de 1996, reduzindo-se a corres-

(*) Publicada no *DOU* de 6-4-1992.

(**) Publicada no *DOU* de 1.º-9-1992.

(***) Publicada no *DOU* de 18-3-1993.

pondente alíquota, pelo menos, a dois e meio por cento no exercício financeiro de 1995.

Art. 4.º A eliminação do imposto sobre vendas a varejo de combustíveis líquidos e gasosos, de competência dos Municípios, decorrente desta Emenda Constitucional, somente produzirá efeitos a partir de 1.º de janeiro de 1996, reduzindo-se a correspondente alíquota, pelo menos, a um e meio por cento no exercício financeiro de 1995.

Art. 5.º Até 31 de dezembro de 1999, os Estados, o Distrito Federal e os Municípios somente poderão emitir títulos da dívida pública no montante necessário ao refinanciamento do principal devidamente atualizado de suas obrigações, representadas por essa espécie de títulos, ressalvado o disposto no art. 33, parágrafo único, do Ato das Disposições Constitucionais Transitórias.

Art. 6.º Revogam-se o inciso IV e o § 4.º do art. 156 da Constituição Federal.

Brasília, em 17 de março de 1993.

A Mesa da Câmara dos Deputados
Deputado INOCÊNCIO OLIVEIRA
Presidente

A Mesa do Senado Federal
Senador HUMBERTO LUCENA
Presidente

EMENDA CONSTITUCIONAL N. 4, DE 14 DE SETEMBRO DE 1993 (*)

Dá nova redação ao art. 16 da Constituição Federal.

As Mesas da Câmara dos Deputados e do Senado Federal, nos termos do § 3.º do art. 60 da Constituição Federal, promulgam a seguinte Emenda ao texto constitucional:

Artigo único. O art. 16 da Constituição Federal passa a vigorar com a seguinte redação:

•• Alteração já processada no diploma modificado.

Brasília, 14 de setembro de 1993.

A Mesa da Câmara dos Deputados
Deputado INOCÊNCIO OLIVEIRA
Presidente

A Mesa do Senado Federal
Senador HUMBERTO LUCENA
Presidente

EMENDA CONSTITUCIONAL DE REVISÃO N. 1, DE 1.º DE MARÇO DE 1994 (**)

Acrescenta os arts. 71, 72 e 73 ao Ato das Disposições Constitucionais Transitórias.

A Mesa do Congresso Nacional, nos termos do art. 60 da Constituição Federal, combinado com o art. 3.º do Ato das Disposições Constitucionais Transitórias, promulga a seguinte emenda constitucional:

Art. 1.º Ficam incluídos os arts. 71, 72 e 73 no Ato das Disposições Constitucionais Transitórias, com a seguinte redação:

•• Parte das alterações foram prejudicadas por Emendas Constitucionais posteriores: arts. 71, *caput*, 72, V, prejudicados pela Emenda Constitucional n. 17, de 22-11-1997; 71, parágrafo único, 72, II a IV e §§ 2.º a 5.º, prejudicados pela Emenda Constitucional n. 10, de 4-3-1996.

Art. 2.º Fica revogado o § 4.º do art. 2.º da Emenda Constitucional n. 3, de 1993.

Art. 3.º Esta Emenda entra em vigor na data de sua publicação.

Brasília, 1.º de março de 1994.

Humberto Lucena
Presidente

EMENDA CONSTITUCIONAL DE REVISÃO N. 2, DE 7 DE JUNHO DE 1994 (***)

Dá nova redação ao art. 50, caput *e § 2.º da Constituição Federal.*

A Mesa do Congresso Nacional, nos termos do art. 60 da Constituição Federal, combinado com o art. 3.º do Ato das Disposições Constitucionais Transitórias, promulga a seguinte emenda constitucional:

Art. 1.º É acrescentada a expressão "ou quaisquer titulares de órgãos diretamente subordinados à Presidência da República" ao texto do art. 50 da Constituição, que passa a vigorar com a redação seguinte:

•• Alteração já processada no diploma modificado.

Art. 2.º É acrescentada a expressão "ou a qualquer das pessoas referidas no *caput* deste artigo" ao § 2.º do art. 50, que passa a vigorar com a redação seguinte:

•• Alteração já processada no diploma modificado.

Art. 3.º Esta Emenda Constitucional entra em vigor na data de sua publicação.

Brasília, 7 de junho de 1994.

Humberto Lucena
Presidente

EMENDA CONSTITUCIONAL DE REVISÃO N. 3, DE 7 DE JUNHO DE 1994 (****)

Altera a alínea c *do inciso I, a alínea* b *do inciso II, o § 1.º e o inciso II do § 4.º do art. 12 da Constituição Federal.*

A Mesa do Congresso Nacional, nos termos do art. 60 da Constituição Federal, combinado com o art. 3.º do Ato das Disposições Constitucionais Transitórias, promulga a seguinte emenda constitucional:

(*) Publicada no *DOU* de 15-9-1993.

(**) Publicada no *DOU* de 2-3-1994.

(***) Publicada no *DOU* de 9-6-1994.

(****) Publicada no *DOU* de 9-6-1994.

Art. 1.º A alínea *c* do inciso I, a alínea *b* do inciso II, o § 1.º e o inciso II do § 4.º do art. 12 da Constituição Federal passam a vigorar com a seguinte redação:

•• Alteração prejudicada pela Emenda Constitucional n. 54, de 20-9-2007, que deu nova redação ao art. 12, I, *c*, da CF.

Art. 2.º Esta Emenda Constitucional entra em vigor na data de sua publicação.

Brasília, 7 de junho de 1994.

Humberto Lucena
Presidente

EMENDA CONSTITUCIONAL DE REVISÃO N. 4, DE 7 DE JUNHO DE 1994 (*)

Dá nova redação ao § 9.º do art. 14 da Constituição Federal.

A Mesa do Congresso Nacional, nos termos do art. 60 da Constituição Federal, combinado com o art. 3.º do Ato das Disposições Constitucionais Transitórias, promulga a seguinte emenda constitucional:

Art. 1.º São acrescentadas ao § 9.º do art. 14 da Constituição as expressões: "a probidade administrativa, a moralidade para o exercício do mandato, considerada a vida pregressa do candidato, e", após a expressão "a fim de proteger", passando o dispositivo a vigorar com a seguinte redação:

•• Alteração já processada no diploma modificado.

Art. 2.º Esta Emenda Constitucional entra em vigor na data de sua publicação.

Brasília, 7 de junho de 1994.

Humberto Lucena
Presidente

EMENDA CONSTITUCIONAL DE REVISÃO N. 5, DE 7 DE JUNHO DE 1994 (**)

Substitui a expressão cinco anos *por* quatro anos *no art. 82 da Constituição Federal.*

A Mesa do Congresso Nacional, nos termos do art. 60 da Constituição Federal, combinado com o art. 3.º do Ato das Disposições Constitucionais Transitórias, promulga a seguinte emenda constitucional:

Art. 1.º No art. 82 fica substituída a expressão "cinco anos" por "quatro anos".

•• Alteração prejudicada pela Emenda Constitucional n. 16, de 4-6-1997, que deu nova redação ao art. 82 da CF.

Art. 2.º Esta Emenda Constitucional entra em vigor no dia 1.º de janeiro de 1995.

Brasília, 7 de junho de 1994.

Humberto Lucena
Presidente

(*) Publicada no *DOU* de 9-6-1994.

(**) Publicada no *DOU* de 9-6-1994. *Vide* Emenda Constitucional n. 16, de 4-6-1997.

EMENDA CONSTITUCIONAL DE REVISÃO N. 6, DE 7 DE JUNHO DE 1994 (***)

Acrescenta § 4.º ao art. 55 da Constituição Federal.

A Mesa do Congresso Nacional, nos termos do art. 60 da Constituição Federal, combinado com o art. 3.º do Ato das Disposições Constitucionais Transitórias, promulga a seguinte emenda constitucional:

Art. 1.º Fica acrescido, no art. 55, o § 4.º, com a seguinte redação:

•• Alteração já processada no diploma modificado.

Art. 2.º Esta Emenda Constitucional entra em vigor na data de sua publicação.

Brasília, 7 de junho de 1994.

Humberto Lucena
Presidente

EMENDA CONSTITUCIONAL N. 5, DE 15 DE AGOSTO DE 1995 (****)

Altera o § 2.º do art. 25 da Constituição Federal.

As Mesas da Câmara dos Deputados e do Senado Federal, nos termos do § 3.º do art. 60 da Constituição Federal, promulgam a seguinte Emenda ao texto constitucional:

Artigo único. O § 2.º do art. 25 da Constituição Federal passa a vigorar com a seguinte redação:

•• Alteração já processada no diploma modificado.

Brasília, 15 de agosto de 1995.

Mesa da Câmara dos Deputados
Deputado LUÍS EDUARDO
Presidente

Mesa do Senado Federal
Senador JOSÉ SARNEY
Presidente

EMENDA CONSTITUCIONAL N. 6, DE 15 DE AGOSTO DE 1995 (*****)

Altera o inciso IX do art. 170, o art. 171 e o § 1.º do art. 176 da Constituição Federal.

As Mesas da Câmara dos Deputados e do Senado Federal, nos termos do § 3.º do art. 60 da Constituição Federal, promulgam a seguinte Emenda ao texto constitucional:

Art. 1.º O inciso IX do art. 170 e o § 1.º do art. 176 da Constituição Federal passam a vigorar com a seguinte redação:

•• Alterações já processadas no diploma modificado.

(***) Publicada no *DOU* de 9-6-1994.

(****) Publicada no *DOU* de 16-8-1995.

(*****) Publicada no *DOU* de 16-8-1995.

Art. 2.º Fica incluído o seguinte art. 246 no Título IX – "Das Disposições Constitucionais Gerais":

•• Alteração prejudicada pela Emenda Constitucional n. 32, de 11-9-2001, que deu nova redação ao art. 246 da CF.

Art. 3.º Fica revogado o art. 171 da Constituição Federal.

Brasília, 15 de agosto de 1995.

Mesa da Câmara dos Deputados
Deputado LUÍS EDUARDO
Presidente

Mesa do Senado Federal
Senador JOSÉ SARNEY
Presidente

EMENDA CONSTITUCIONAL N. 7, DE 15 DE AGOSTO DE 1995 (*)

Altera o art. 178 da Constituição Federal e dispõe sobre a adoção de Medidas Provisórias.

As Mesas da Câmara dos Deputados e do Senado Federal, nos termos do § 3.º do art. 60 da Constituição Federal, promulgam a seguinte Emenda ao texto constitucional:

Art. 1.º O art. 178 da Constituição Federal passa a vigorar com a seguinte redação:

•• Alteração já processada no diploma modificado.

Art. 2.º Fica incluído o seguinte art. 246 no Título IX – "Das Disposições Constitucionais Gerais":

•• Alteração prejudicada pela Emenda Constitucional n. 32, de 11-9-2001, que deu nova redação ao art. 246 da CF.

Brasília, 15 de agosto de 1995.

Mesa da Câmara dos Deputados
Deputado LUÍS EDUARDO
Presidente

Mesa do Senado Federal
Senador JOSÉ SARNEY
Presidente

EMENDA CONSTITUCIONAL N. 8, DE 15 DE AGOSTO DE 1995 (**)

Altera o inciso XI e a alínea a do inciso XII do art. 21 da Constituição Federal.

As Mesas da Câmara dos Deputados e do Senado Federal, nos termos do § 3.º do art. 60 da Constituição Federal, promulgam a seguinte Emenda ao texto constitucional:

Art. 1.º O inciso XI e a alínea *a* do inciso XII do art. 21 da Constituição Federal passam a vigorar com a seguinte redação:

•• Alterações já processadas no diploma modificado.

Art. 2.º É vedada a adoção de medida provisória para regulamentar o disposto no inciso XI do art. 21 com a redação dada por esta emenda constitucional.

Brasília, 15 de agosto de 1995.

Mesa da Câmara dos Deputados
Deputado LUÍS EDUARDO
Presidente

Mesa do Senado Federal
Senador JOSÉ SARNEY
Presidente

EMENDA CONSTITUCIONAL N. 9, DE 9 DE NOVEMBRO DE 1995 (***)

Dá nova redação ao art. 177 da Constituição Federal, alterando e inserindo parágrafos.

As Mesas da Câmara dos Deputados e do Senado Federal, nos termos do § 3.º do art. 60 da Constituição Federal, promulgam a seguinte Emenda ao texto constitucional:

Art. 1.º O § 1.º do art. 177 da Constituição Federal passa a vigorar com a seguinte redação:

•• Alteração já processada no diploma modificado.

Art. 2.º Inclua-se um parágrafo, a ser enumerado como § 2.º com a redação seguinte, passando o atual § 2.º para § 3.º, no art. 177 da Constituição Federal:

•• Alteração já processada no diploma modificado.

Art. 3.º É vedada a edição de medida provisória para a regulamentação da matéria prevista nos incisos I a IV e dos §§ 1.º e 2.º do art. 177 da Constituição Federal.

Brasília, 9 de novembro de 1995.

Mesa da Câmara dos Deputados
Deputado LUÍS EDUARDO
Presidente
Mesa do Senado Federal
Senador JOSÉ SARNEY
Presidente

EMENDA CONSTITUCIONAL N. 10, DE 4 DE MARÇO DE 1996 (****)

Altera os arts. 71 e 72 do Ato das Disposições Constitucionais Transitórias, introduzidos pela Emenda Constitucional de Revisão n. 1, de 1994.

As Mesas da Câmara dos Deputados e do Senado Federal, nos termos do § 3.º do art. 60 da Constituição Federal, promulgam a seguinte Emenda ao texto constitucional:

Art. 1.º O art. 71 do Ato das Disposições Constitucionais Transitórias passa a vigorar com a seguinte redação:

•• Alteração prejudicada pela Emenda Constitucional n. 17, de 22-11-1997, que deu nova redação ao *caput* do art. 71, do ADCT da CF.

(*) Publicada no *DOU* de 16-8-1995.
(**) Publicada no *DOU* de 16-8-1995.
(***) Publicada no *DOU* de 10-11-1995.
(****) Publicada no *DOU* de 7-3-1996.

Art. 2.º O art. 72 do Ato das Disposições Constitucionais Transitórias passa a vigorar com a seguinte redação:

•• Alteração prejudicada pela Emenda Constitucional n. 17, de 22-11-1997, que deu nova redação ao art. 72, V, do ADCT da CF.

Art. 3.º Esta Emenda Constitucional entra em vigor na data de sua publicação.

Brasília, 4 de março de 1996.

Mesa da Câmara dos Deputados
Deputado LUÍS EDUARDO
Presidente

Mesa do Senado Federal
Senador JOSÉ SARNEY
Presidente

EMENDA CONSTITUCIONAL N. 11, DE 30 DE ABRIL DE 1996 (*)

Permite a admissão de professores, técnicos e cientistas estrangeiros pelas universidades brasileiras e concede autonomia às instituições de pesquisa científica e tecnológica.

As Mesas da Câmara dos Deputados e do Senado Federal, nos termos do § 3.º do art. 60 da Constituição Federal, promulgam a seguinte Emenda ao texto constitucional:

Art. 1.º São acrescentados ao art. 207 da Constituição Federal dois parágrafos com a seguinte redação:

•• Alterações já processadas no diploma modificado.

Art. 2.º Esta Emenda entra em vigor na data de sua publicação.

Brasília, 30 de abril de 1996.

Mesa da Câmara dos Deputados
Deputado LUÍS EDUARDO
Presidente

Mesa do Senado Federal
Senador JOSÉ SARNEY
Presidente

EMENDA CONSTITUCIONAL N. 12, DE 15 DE AGOSTO DE 1996 (**)

Outorga competência à União, para instituir contribuição provisória sobre movimentação ou transmissão de valores e de créditos e direitos de natureza financeira.

As Mesas da Câmara dos Deputados e do Senado Federal promulgam, nos termos do § 3.º do art. 60 da Constituição Federal, a seguinte Emenda ao texto constitucional:

Artigo único. Fica incluído o art. 74 no Ato das Disposições Constitucionais Transitórias, com a seguinte redação:

•• Alteração já processada no diploma modificado.

Brasília, em 15 de agosto de 1996.

Mesa da Câmara dos Deputados
Deputado LUÍS EDUARDO
Presidente

Mesa do Senado Federal
Senador JOSÉ SARNEY
Presidente

EMENDA CONSTITUCIONAL N. 13, DE 21 DE AGOSTO DE 1996 (***)

Dá nova redação ao inciso II do art. 192 da Constituição Federal.

As Mesas da Câmara dos Deputados e do Senado Federal, nos termos do § 3.º do art. 60 da Constituição Federal, promulgam a seguinte Emenda ao texto constitucional:

Artigo único. O inciso II do art. 192 da Constituição Federal passa a vigorar com a seguinte redação:

•• Este inciso foi revogado pela Emenda Constitucional n. 40, de 29-5-2003.

Brasília, 21 de agosto de 1996.

Mesa da Câmara dos Deputados
Deputado LUÍS EDUARDO
Presidente

Mesa do Senado Federal
Senador JOSÉ SARNEY
Presidente

EMENDA CONSTITUCIONAL N. 14, DE 12 DE SETEMBRO DE 1996 (****)

Modifica os arts. 34, 208, 211 e 212 da Constituição Federal, e dá nova redação ao art. 60 do Ato das Disposições Constitucionais Transitórias.

As Mesas da Câmara dos Deputados e do Senado Federal, nos termos do § 3.º do art. 60 da Constituição Federal, promulgam a seguinte Emenda ao texto constitucional:

Art. 1.º É acrescentada no inciso VII do art. 34, da Constituição Federal, a alínea e, com a seguinte redação:

•• Alteração prejudicada pela Emenda Constitucional n. 29, de 13-9-2000, que deu nova redação à alínea e, do inciso VII, do art. 34, da CF.

Art. 2.º É dada nova redação aos incisos I e II do art. 208 da Constituição Federal nos seguintes termos:

•• Alteração parcialmente prejudicada pela Emenda Constitucional n. 59, de 11-11-2009, que deu nova redação ao art. 208, I, da CF.

Art. 3.º É dada nova redação aos §§ 1.º e 2.º do art. 211 da Constituição Federal e nele são inseridos mais dois parágrafos, passando a ter a seguinte redação:

(*) Publicada no *DOU* de 2-5-1996.
(**) Publicada no *DOU* de 16-8-1996.
(***) Publicada no *DOU* de 22-8-1996.
(****) Publicada no *DOU* de 13-9-1996.

•• Alteração parcialmente prejudicada pela Emenda Constitucional n. 59, de 11-11-2009, que deu nova redação ao art. 211, § 4.º, da CF.

Art. 4.º É dada nova redação ao § 5.º do art. 212 da Constituição Federal nos seguintes termos:

•• Alteração prejudicada pela Emenda Constitucional n. 53, de 19-12-2006, que deu nova redação ao § 5.º do art. 212 da CF.

Art. 5.º É alterado o art. 60 do Ato das Disposições Constitucionais Transitórias e nele são inseridos novos parágrafos, passando o artigo a ter a seguinte redação:

•• Alteração prejudicada pela Emenda Constitucional n. 53, de 19-12-2006, que deu nova redação ao art. 60 do ADCT.

•• *Vide* art. 3.º da Emenda Constitucional n. 53, de 19-12-2006.

Art. 6.º Esta Emenda entra em vigor em 1.º de janeiro do ano subsequente ao de sua promulgação.

Brasília, 12 de setembro de 1996.

Mesa da Câmara dos Deputados
Deputado LUÍS EDUARDO
Presidente

Mesa do Senado Federal
Senador JOSÉ SARNEY
Presidente

EMENDA CONSTITUCIONAL N. 15, DE 12 DE SETEMBRO DE 1996 (*)

Dá nova redação ao § 4.º do art. 18 da Constituição Federal.

As Mesas da Câmara dos Deputados e do Senado Federal, nos termos do § 3.º do art. 60 da Constituição Federal, promulgam a seguinte Emenda ao texto constitucional:

Artigo único. O § 4.º do art. 18 da Constituição Federal passa a vigorar com a seguinte redação:

•• Alteração já processada no diploma modificado.

Brasília, 12 de setembro de 1996.

Mesa da Câmara dos Deputados
Deputado LUÍS EDUARDO
Presidente
Mesa do Senado Federal
Senador JOSÉ SARNEY
Presidente

EMENDA CONSTITUCIONAL N. 16, DE 4 DE JUNHO DE 1997 (**)

Dá nova redação ao § 5.º do art. 14, ao caput *do art. 28, ao inciso II do art. 29, ao* caput *do art. 77 e ao art. 82 da Constituição Federal.*

As Mesas da Câmara dos Deputados e do Senado Federal, nos termos do § 3.º do art. 60 da Constituição Federal, promulgam a seguinte Emenda ao texto constitucional:

Art. 1.º O § 5.º do art. 14, o *caput* do art. 28, o inciso II do art. 29, o *caput* do art. 77 e o art. 82 da Constituição Federal passam a vigorar com a seguinte redação:

•• Alterações já processadas no diploma modificado.

Art. 2.º Esta Emenda Constitucional entra em vigor na data de sua publicação.

Brasília, 4 de junho de 1997.

Mesa da Câmara dos Deputados
Deputado MICHEL TEMER
Presidente

Mesa do Senado Federal
Senador ANTONIO CARLOS MAGALHÃES
Presidente

EMENDA CONSTITUCIONAL N. 17, DE 22 DE NOVEMBRO DE 1997 (***)

Altera dispositivos dos arts. 71 e 72 do Ato das Disposições Constitucionais Transitórias, introduzidos pela Emenda Constitucional de Revisão n. 1, de 1994.

As Mesas da Câmara dos Deputados e do Senado Federal, nos termos do § 3.º do art. 60 da Constituição Federal, promulgam a seguinte Emenda ao texto constitucional:

Art. 1.º O *caput* do art. 71 do Ato das Disposições Constitucionais Transitórias passa a vigorar com a seguinte redação:

•• Alteração já processada no diploma modificado.

Art. 2.º O inciso V do art. 72 do Ato das Disposições Constitucionais Transitórias passa a vigorar com a seguinte redação:

•• Alteração já processada no diploma modificado.

Art. 3.º A União repassará aos Municípios, do produto da arrecadação do Imposto sobre a Renda e Proventos de Qualquer Natureza, tal como considerado na constituição dos fundos de que trata o art. 159, I, da Constituição, excluída a parcela referida no art. 72, I, do Ato das Disposições Constitucionais Transitórias, os seguintes percentuais:

I – um inteiro e cinquenta e seis centésimos por cento, no período de 1.º de julho de 1997 a 31 de dezembro de 1997;

II – um inteiro e oitocentos e setenta e cinco milésimos por cento, no período de 1.º de janeiro de 1998 a 31 de dezembro de 1998;

III – dois inteiros e cinco décimos por cento, no período de 1.º de janeiro de 1999 a 31 de dezembro de 1999.

(*) Publicada no *DOU* de 13-9-1996. A Lei n. 10.521, de 18-7-2002, dispõe que é assegurada a instalação de Municípios cujo processo de criação teve início antes da promulgação desta Emenda Constitucional, desde que o resultado do plebiscito tenha sido favorável e que as leis de criação tenham obedecido à legislação anterior.

(**) Publicada no *DOU* de 5-6-1997.

(***) Publicada no *DOU* de 25-11-1997.

Parágrafo único. O repasse dos recursos de que trata este artigo obedecerá à mesma periodicidade e aos mesmos critérios de repartição e normas adotadas no Fundo de Participação dos Municípios, observado o disposto no art. 160 da Constituição.

Art. 4.º Os efeitos do disposto nos arts. 71 e 72 do Ato das Disposições Constitucionais Transitórias, com a redação dada pelos arts. 1.º e 2.º desta Emenda, são retroativos a 1.º de julho de 1997.

Parágrafo único. As parcelas de recursos destinados ao Fundo de Estabilização Fiscal e entregues na forma do art. 159, I, da Constituição, no período compreendido entre 1.º de julho de 1997 e a data de promulgação desta Emenda, serão deduzidas das cotas subsequentes, limitada a dedução a um décimo do valor total entregue em cada mês.

Art. 5.º Observado o disposto no artigo anterior, a União aplicará as disposições do art. 3.º desta Emenda retroativamente a 1.º de julho de 1997.

Art. 6.º Esta Emenda Constitucional entra em vigor na data de sua publicação.

Brasília, 22 de novembro de 1997.

Mesa da Câmara dos Deputados
Deputado MICHEL TEMER
Presidente
Mesa do Senado Federal
Senador ANTONIO CARLOS MAGALHÃES
Presidente

EMENDA CONSTITUCIONAL N. 18, DE 5 DE FEVEREIRO DE 1998 (*)

Dispõe sobre o regime constitucional dos militares.

As Mesas da Câmara dos Deputados e do Senado Federal, nos termos do § 3.º do art. 60 da Constituição Federal, promulgam a seguinte Emenda ao texto constitucional:

Art. 1.º O art. 37, XV, da Constituição passa a vigorar com a seguinte redação:

•• Alteração prejudicada pela Emenda Constitucional n. 19, de 4-6-1998, que deu nova redação ao inciso XV do art. 37 da CF.

Art. 2.º A Seção II do Capítulo VII do Título III da Constituição passa a denominar-se "DOS SERVIDORES PÚBLICOS" e a Seção III do Capítulo VII do Título III da Constituição Federal passa a denominar-se "DOS MILITARES DOS ESTADOS, DO DISTRITO FEDERAL E DOS TERRITÓRIOS", dando-se ao art. 42 a seguinte redação:

•• Alterações nos §§ 1.º e 2.º do art. 42 prejudicadas pela Emenda Constitucional n. 20, de 15-12-1998; e posteriormente no § 2.º do art. 42, pela Emenda Constitucional n. 41, de 19-12-2003.

Art. 3.º O inciso II do § 1.º do art. 61 da Constituição passa a vigorar com as seguintes alterações:

•• Alterações já processadas no diploma modificado.

Art. 4.º Acrescente-se o seguinte § 3.º ao art. 142 da Constituição:

•• Alteração no art. 142, IX, prejudicada pela Emenda Constitucional n. 20, de 15-12-1998, e II, III e VIII, do § 3.º do art. 142, prejudicados pela Emenda Constitucional n. 77, de 11-2-2014.

Art. 5.º Esta Emenda Constitucional entra em vigor na data de sua publicação.

Brasília, 5 de fevereiro de 1998.

Mesa da Câmara dos Deputados
Deputado MICHEL TEMER
Presidente
Mesa do Senado Federal
Senador ANTONIO CARLOS MAGALHÃES
Presidente

(*) Publicada no *DOU* de 6-2-1998. Retificada em 16-2-1998.

EMENDA CONSTITUCIONAL N. 19, DE 4 DE JUNHO DE 1998 (**)

Modifica o regime e dispõe sobre princípios e normas da Administração Pública, servidores e agentes políticos, controle de despesas e finanças públicas e custeio de atividades a cargo do Distrito Federal, e dá outras providências.

As Mesas da Câmara dos Deputados e do Senado Federal, nos termos do § 3.º do art. 60 da Constituição Federal, promulgam esta Emenda ao texto constitucional:

Art. 1.º Os incisos XIV e XXII do art. 21 e XXVII do art. 22 da Constituição Federal passam a vigorar com a seguinte redação:

•• Alterações já processadas no diploma modificado.

Art. 2.º O § 2.º do art. 27 e os incisos V e VI do art. 29 da Constituição Federal passam a vigorar com a seguinte redação, inserindo-se § 2.º no art. 28 e renumerando-se para § 1.º o atual parágrafo único:

•• Alteração no art. 29, VI, prejudicada pela Emenda Constitucional n. 25, de 14-2-2000.

Art. 3.º O *caput*, os incisos I, II, V, VII, X, XI, XIII, XIV, XV, XVI, XVII e XIX e o § 3.º do art. 37 da Constituição Federal passam a vigorar com a seguinte redação, acrescendo-se ao artigo os §§ 7.º a 9.º :

•• Alteração nos arts. 37, XI e XVI, *c*, prejudicada pelas Emendas Constitucionais n. 41, de 19-12-2003, e 34, de 13-12-2001, respectivamente.

Art. 4.º O *caput* do art. 38 da Constituição Federal passa a vigorar com a seguinte redação:

•• Alteração já processada no diploma modificado.

Art. 5.º O art. 39 da Constituição Federal passa a vigorar com a seguinte redação:

•• Alteração já processada no diploma modificado.

Art. 6.º O art. 41 da Constituição Federal passa a vigorar com a seguinte redação:

•• Alteração já processada no diploma modificado.

Art. 7.º O art. 48 da Constituição Federal passa a vigorar acrescido do seguinte inciso XV:

•• Alteração no art. 48, XV, prejudicada pela Emenda Constitucional n. 25, de 14-2-2000.

(**) Publicada no *DOU* de 5-6-1998.

Art. 8.º Os incisos VII e VIII do art. 49 da Constituição Federal passam a vigorar com a seguinte redação:

•• Alterações já processadas no diploma modificado.

Art. 9.º O inciso IV do art. 51 da Constituição Federal passa a vigorar com a seguinte redação:

•• Alteração já processada no diploma modificado.

Art. 10. O inciso XIII do art. 52 da Constituição Federal passa a vigorar com a seguinte redação:

•• Alteração já processada no diploma modificado.

Art. 11. O § 7.º do art. 57 da Constituição Federal passa a vigorar com a seguinte redação:

•• Alteração prejudicada pela Emenda Constitucional n. 32, de 11-9-2001, que deu nova redação ao § 7.º do art. 57 da CF.

Art. 12. O parágrafo único do art. 70 da Constituição Federal passa a vigorar com a seguinte redação:

•• Alteração já processada no diploma modificado.

Art. 13. O inciso V do art. 93, o inciso III do art. 95 e a alínea *b* do inciso II do art. 96 da Constituição Federal passam a vigorar com a seguinte redação:

•• Alteração no art. 96, II, *b*, prejudicada pela Emenda Constitucional n. 41, de 19-12-2003.

Art. 14. O § 2.º do art. 127 da Constituição Federal passa a vigorar com a seguinte redação:

•• Alteração já processada no diploma modificado.

Art. 15. A alínea *c* do inciso I do § 5.º do art. 128 da Constituição Federal passa a vigorar com a seguinte redação:

•• Alteração já processada no diploma modificado.

Art. 16. A Seção II do Capítulo IV do Título IV da Constituição Federal passa a denominar-se "DA ADVOCACIA PÚBLICA".

Art. 17. O art. 132 da Constituição Federal passa a vigorar com a seguinte redação:

•• Alteração já processada no diploma modificado.

Art. 18. O art. 135 da Constituição Federal passa a vigorar com a seguinte redação:

•• Alteração já processada no diploma modificado.

Art. 19. O § 1.º e seu inciso III e os §§ 2.º e 3.º do art. 144 da Constituição Federal passam a vigorar com a seguinte redação, inserindo-se no § 9.º:

•• Alterações já processadas no diploma modificado.

Art. 20. O *caput* do art. 167 da Constituição Federal passa a vigorar acrescido de inciso X, com a seguinte redação:

•• Alteração já processada no diploma modificado.

Art. 21. O art. 169 da Constituição Federal passa a vigorar com a seguinte redação:

•• Alteração já processada no diploma modificado.

Art. 22. O § 1.º do art. 173 da Constituição Federal passa a vigorar com a seguinte redação:

•• Alteração já processada no diploma modificado.

Art. 23. O inciso V do art. 206 da Constituição Federal passa a vigorar com a seguinte redação:

•• Alteração prejudicada pela Emenda Constitucional n. 53, de 19-12-2006, que deu nova redação ao inciso V do art. 206 da CF.

Art. 24. O art. 241 da Constituição Federal passa a vigorar com a seguinte redação:

•• Alteração já processada no diploma modificado.

Art. 25. Até a instituição do fundo a que se refere o inciso XIV do art. 21 da Constituição Federal, compete à União manter os atuais compromissos financeiros com a prestação de serviços públicos do Distrito Federal.

•• A Lei n. 10.633, de 27-12-2002, institui o Fundo Constitucional do Distrito Federal – FCDF, a que se refere o inciso XIV do art. 21 da CF.

Art. 26. No prazo de 2 (dois) anos da promulgação desta Emenda, as entidades da administração indireta terão seus estatutos revistos quanto à respectiva natureza jurídica, tendo em conta a finalidade e as competências efetivamente executadas.

Art. 27. O Congresso Nacional, dentro de 120 (cento e vinte) dias da promulgação desta Emenda, elaborará lei de defesa do usuário de serviços públicos.

Art. 28. É assegurado o prazo de 2 (dois) anos de efetivo exercício para aquisição da estabilidade aos atuais servidores em estágio probatório, sem prejuízo da avaliação a que se refere o § 4.º do art. 41 da Constituição Federal.

Art. 29. Os subsídios, vencimentos, remuneração, proventos da aposentadoria e pensões e quaisquer outras espécies remuneratórias adequar-se-ão, a partir da promulgação desta Emenda, aos limites decorrentes da Constituição Federal, não se admitindo a percepção de excesso a qualquer título.

Art. 30. O projeto de lei complementar a que se refere o art. 163 da Constituição Federal será apresentado pelo Poder Executivo ao Congresso Nacional no prazo máximo de 180 (cento e oitenta) dias da promulgação desta Emenda.

Art. 31. Os servidores públicos federais da administração direta e indireta, os servidores municipais e os integrantes da carreira policial militar dos ex-Territórios Federais do Amapá e de Roraima que comprovadamente encontravam-se no exercício regular de suas funções prestando serviços àqueles ex-Territórios na data em que foram transformados em Estados, os servidores e os policiais militares admitidos regularmente pelos governos dos Estados do Amapá e de Roraima no período entre a transformação e a efetiva instalação desses Estados em outubro de 1993 e, ainda, os servidores nesses Estados com vínculo funcional já reconhecido pela União integrarão, mediante opção, quadro em extinção da administração federal.

•• *Caput* com redação determinada pela Emenda Constitucional n. 79, de 27-5-2014.

§ 1.º O enquadramento referido no *caput* para os servidores ou para os policiais militares admitidos regularmente entre a transformação e a instalação dos Estados em outubro de 1993 deverá dar-se no cargo em que foram originariamente admitidos ou em cargo equivalente.

•• § 1.º com redação determinada pela Emenda Constitucional n. 79, de 27-5-2014.

§ 2.º Os integrantes da carreira policial militar a que se refere o *caput* continuarão prestando serviços aos respectivos Estados, na condição de cedidos, submetidos às disposições estatutárias a que estão sujeitas as corporações das respectivas Polícias Militares, observados as atribuições de função compatíveis com seu grau hierárquico e o direito às devidas promoções.

•• § 2.º com redação determinada pela Emenda Constitucional n. 79, de 27-5-2014.

§ 3.º Os servidores a que se refere o *caput* continuarão prestando serviços aos respectivos Estados e a seus Municípios, na condição de cedidos, até seu aproveitamento em órgão ou entidade da administração federal direta, autárquica ou fundacional.

•• § 3.º acrescentado pela Emenda Constitucional n. 79, de 27-5-2014.

Art. 32. A Constituição Federal passa a vigorar acrescida do seguinte artigo:

•• Alteração já processada no diploma modificado.

Art. 33. Consideram-se servidores não estáveis, para os fins do art. 169, § 3.º, II, da Constituição Federal aqueles admitidos na administração direta, autárquica e fundacional sem concurso público de provas ou de provas e títulos após o dia 5 de outubro de 1983.

Art. 34. Esta Emenda Constitucional entra em vigor na data de sua promulgação.

Brasília, 4 de junho de 1998.

Mesa da Câmara dos Deputados
Deputado MICHEL TEMER
Presidente

Mesa do Senado Federal
Senador ANTONIO CARLOS MAGALHÃES
Presidente

EMENDA CONSTITUCIONAL N. 20, DE 15 DE DEZEMBRO DE 1998 (*)

Modifica o sistema de previdência social, estabelece normas de transição e dá outras providências.

As Mesas da Câmara dos Deputados e do Senado Federal, nos termos do § 3.º do art. 60 da Constituição Federal, promulgam a seguinte Emenda ao texto constitucional:

Art. 1.º A Constituição Federal passa a vigorar com as seguintes alterações:

•• Parte das alterações foram prejudicadas por Emendas Constitucionais posteriores: arts. 40, *caput* e §§ 1.º, 3.º, 7.º, 8.º e 15, 42, § 2.º, 142, § 3.º, IX, prejudicados pela Emenda Constitucional n. 41, de 19-12-2003; arts. 40, § 4.º, 195, § 9.º, e 201, § 1.º, prejudicados pela Emenda Constitucional n. 47, de 5-7-2005; art. 100, § 3.º, prejudicado pelas Emendas Constitucionais n. 30, de 13-9-2000, e n. 62, de 9-12-2009; art. 114, § 3.º, prejudicado pela Emenda Constitucional n. 45, de 8-12-2004; art. 40, § 1.º, II, prejudicado pela Emenda Constitucional n. 88, de 7-5-2015.

Art. 2.º A Constituição Federal, nas Disposições Constitucionais Gerais, é acrescida dos seguintes artigos:

•• Alterações já processadas no diploma modificado.

Art. 3.º É assegurada a concessão de aposentadoria e pensão, a qualquer tempo, aos servidores públicos e aos segurados do regime geral de previdência social, bem como aos seus dependentes, que, até a data da publicação desta Emenda, tenham cumprido os requisitos para a obtenção destes benefícios, com base nos critérios da legislação então vigente.

§ 1.º O servidor de que trata este artigo, que tenha completado as exigências para aposentadoria integral e que opte por permanecer em atividade fará jus à isenção da contribuição previdenciária até completar as exigências para aposentadoria contidas no art. 40, § 1.º, III, *a*, da Constituição Federal.

§ 2.º Os proventos da aposentadoria a ser concedida aos servidores públicos referidos no *caput*, em termos integrais ou proporcionais ao tempo de serviço já exercido até a data de publicação desta Emenda, bem como as pensões de seus dependentes, serão calculados de acordo com a legislação em vigor à época em que foram atendidas as prescrições nela estabelecidas para a concessão destes benefícios ou nas condições da legislação vigente.

§ 3.º São mantidos todos os direitos e garantias assegurados nas disposições constitucionais vigentes à data de publicação desta Emenda aos servidores e militares, inativos e pensionistas, aos anistiados e aos ex-combatentes, assim como àqueles que já cumpriram, até aquela data, os requisitos para usufruírem tais direitos, observado o disposto no art. 37, XI, da Constituição Federal.

Art. 4.º Observado o disposto no art. 40, § 10, da Constituição Federal, o tempo de serviço considerado pela legislação vigente para efeito de aposentadoria, cumprido até que a lei discipline a matéria, será contado como tempo de contribuição.

•• *Vide* art. 2.º da Emenda Constitucional n. 41, de 19-12-2003.

Art. 5.º O disposto no art. 202, § 3.º, da Constituição Federal, quanto à exigência de paridade entre a contribuição da patrocinadora e a contribuição do segurado, terá vigência no prazo de 2 (dois) anos a partir da publicação desta Emenda, ou, caso ocorra antes, na data de publicação da lei complementar a que se refere o § 4.º do mesmo artigo.

•• A Lei Complementar n. 108, de 29-5-2001, dispõe sobre a relação entre a União, os Estados, o Distrito Federal e os Municípios, suas autarquias, fundações, sociedades de economia mista e outras entidades públicas e suas respectivas entidades fechadas de Previdência Complementar.

Art. 6.º As entidades fechadas de previdência privada patrocinadas por entidades públicas, inclusive empresas públicas e sociedades de economia mista, deverão rever, no prazo de 2 (dois) anos, a contar da publicação desta Emenda, seus planos de benefícios e serviços, de modo a ajustá-los atuarialmente a seus ativos, sob pena de intervenção, sendo seus dirigentes e os de suas respectivas patrocinadoras responsáveis civil e criminalmente pelo descumprimento do disposto neste artigo.

Art. 7.º Os projetos das leis complementares previstos no art. 202 da Constituição Federal deverão ser apresentados ao Congresso Nacional no prazo máximo de 90 (noventa) dias após a publicação desta Emenda.

•• Previdência Complementar: Leis Complementares n. 108 e 109, ambas de 29-5-2001.

Art. 8.º (*Revogado pela Emenda Constitucional n. 41, de 19-12-2003.*)

Art. 9.º Observado o disposto no art. 4.º desta Emenda e ressalvado o direito de opção a aposentadoria pelas normas por ela estabelecidas para o regime geral de previdência social, é assegurado o direito à aposentadoria ao segurado que se tenha filiado ao regime geral de previdência social, até a data de publicação desta Emenda, quando, cumulativamente, atender aos seguintes requisitos:

(*) Publicada no *DOU* de 16-12-1998.

I – contar com 53 (cinquenta e três) anos de idade, se homem, e 48 (quarenta e oito) anos de idade, se mulher; e

II – contar tempo de contribuição igual, no mínimo, à soma de:

a) 35 (trinta e cinco) anos, se homem, e 30 (trinta) anos, se mulher; e

b) um período adicional de contribuição equivalente a 20% (vinte por cento) do tempo que, na data da publicação desta Emenda, faltaria para atingir o limite de tempo constante da alínea anterior.

§ 1.º O segurado de que trata este artigo, desde que atendido o disposto no inciso I do *caput*, e observado o disposto no art. 4.º desta Emenda, pode aposentar-se com valores proporcionais ao tempo de contribuição, quando atendidas as seguintes condições:

I – contar tempo de contribuição igual, no mínimo, à soma de:

a) 30 (trinta) anos, se homem, e 25 (vinte e cinco) anos, se mulher; e

b) um período adicional de contribuição equivalente a 40% (quarenta por cento) do tempo que, na data da publicação desta Emenda, faltaria para atingir o limite de tempo constante da alínea anterior;

II – o valor da aposentadoria proporcional será equivalente a 70% (setenta por cento) do valor da aposentadoria a que se refere o *caput*, acrescido de 5% (cinco por cento) por ano de contribuição que supere a soma a que se refere o inciso anterior, até o limite de 100% (cem por cento).

§ 2.º O professor que, até a data da publicação desta Emenda, tenha exercido atividade de magistério e que opte por aposentar-se na forma do disposto no *caput*, terá o tempo de serviço exercido até a publicação desta Emenda contado com o acréscimo de 17% (dezessete por cento), se homem, e de 20% (vinte por cento), se mulher, desde que se aposente, exclusivamente, com tempo de efetivo exercício de atividade de magistério.

Art. 10. (*Revogado pela Emenda Constitucional n. 41, de 19-12-2003.*)

Art. 11. A vedação prevista no art. 37, § 10, da Constituição Federal, não se aplica aos membros de poder e aos inativos, servidores e militares, que, até a publicação desta Emenda, tenham ingressado novamente no serviço público por concurso público de provas ou de provas e títulos, e pelas demais formas previstas na Constituição Federal, sendo-lhes proibida a percepção de mais de uma aposentadoria pelo regime de previdência a que se refere o art. 40 da Constituição Federal, aplicando-se-lhes, em qualquer hipótese, o limite de que trata o § 11 deste mesmo artigo.

Art. 12. Até que produzam efeitos as leis que irão dispor sobre as contribuições de que trata o art. 195 da Constituição Federal, são exigíveis as estabelecidas em lei, destinadas ao custeio da seguridade social e dos diversos regimes previdenciários.

Art. 13. Até que a lei discipline o acesso ao salário-família e auxílio-reclusão para os servidores, segurados e seus dependentes, esses benefícios serão concedidos apenas àqueles que tenham renda bruta mensal igual ou inferior a R$ 360,00 (trezentos e sessenta reais), que, até a publicação da lei, serão corrigidos pelos mesmos índices aplicados aos benefícios do regime geral de previdência social.

Art. 14. O limite máximo para o valor dos benefícios do regime geral de previdência social de que trata o art. 201 da Constituição Federal é fixado em R$ 1.200,00 (um mil e duzentos reais), devendo, a partir da data da publicação desta Emenda, ser reajustado de forma a preservar, em caráter permanente, seu valor real, atualizado pelos mesmos índices aplicados aos benefícios do regime geral de previdência social.

•• A ADI n. 1.946-5, de 3-4-2003 (*DOU* de 5-6-2003), deu a este artigo, sem redução de texto, interpretação conforme a CF, para excluir sua aplicação ao salário da licença à gestante a que se refere o art. 7.º, XVIII, da CF.

•• Os benefícios previdenciários são reajustados anualmente por meio de ato administrativo do Ministro de Estado da Previdência Social.

Art. 15. Até que a lei complementar a que se refere o art. 201, § 1.º, da Constituição Federal, seja publicada, permanece em vigor o disposto nos arts. 57 e 58 da Lei n. 8.213, de 24 de julho de 1991, na redação vigente à data da publicação desta Emenda.

Art. 16. Esta Emenda Constitucional entra em vigor na data de sua publicação.

Art. 17. Revoga-se o inciso II do § 2.º do art. 153 da Constituição Federal.

Brasília, 15 de dezembro de 1998.

Mesa da Câmara dos Deputados
Deputado MICHEL TEMER
Presidente

Mesa do Senado Federal
Senador ANTONIO CARLOS MAGALHÃES
Presidente

EMENDA CONSTITUCIONAL N. 21, DE 18 DE MARÇO DE 1999 (*)

Prorroga, alterando a alíquota, a contribuição provisória sobre movimentação ou transmissão de valores e de créditos e de direitos de natureza financeira, a que se refere o art. 74 do Ato das Disposições Constitucionais Transitórias.

As Mesas da Câmara dos Deputados e do Senado Federal, nos termos do § 3.º do art. 60 da Constituição Federal, promulgam a seguinte Emenda ao texto constitucional:

Art. 1.º Fica incluído o art. 75 no Ato das Disposições Constitucionais Transitórias, com a seguinte redação:

•• Alteração já processada no diploma modificado.

Art. 2.º Esta Emenda entra em vigor na data de sua publicação.

Brasília, 18 de março de 1999.

Mesa da Câmara dos Deputados
Deputado MICHEL TEMER
Presidente

(*) Publicada no *DOU* de 19-3-1999.

Mesa do Senado Federal
Senador ANTONIO CARLOS MAGALHÃES
Presidente

EMENDA CONSTITUCIONAL N. 22, DE 18 DE MARÇO DE 1999 (*)

Acrescenta parágrafo único ao art. 98 e altera as alíneas i do inciso I do art. 102, e c do inciso I do art. 105 da Constituição Federal.

As Mesas da Câmara dos Deputados e do Senado Federal, nos termos do § 3.° do art. 60 da Constituição Federal, promulgam a seguinte Emenda ao texto constitucional:

Art. 1.° É acrescentado ao art. 98 da Constituição Federal o seguinte parágrafo único:

•• Este parágrafo único foi transformado em § 1.° pela Emenda Constitucional n. 45, de 8-12-2004.

Art. 2.° A alínea *i* do inciso I do art. 102 da Constituição Federal passa a vigorar com a seguinte redação:

•• Alteração já processada no diploma modificado.

Art. 3.° A alínea *c* do inciso I do art. 105 da Constituição Federal passa a vigorar com a seguinte redação:

•• Alteração prejudicada pela Emenda Constitucional n. 23, de 2-9-1999, que deu nova redação ao disposto nessa alínea.

Art. 4.° Esta Emenda Constitucional entra em vigor na data de sua publicação.

Brasília, 18 de março de 1999.

Mesa da Câmara dos Deputados
Deputado MICHEL TEMER
Presidente

Mesa do Senado Federal
Senador ANTONIO CARLOS MAGALHÃES
Presidente

EMENDA CONSTITUCIONAL N. 23, DE 2 DE SETEMBRO DE 1999 (**)

Altera os arts. 12, 52, 84, 91, 102 e 105 da Constituição Federal (criação do Ministério da Defesa).

As Mesas da Câmara dos Deputados e do Senado Federal, nos termos do § 3.° do art. 60 da Constituição Federal, promulgam a seguinte Emenda ao texto constitucional:

Art. 1.° Os arts. 12, 52, 84, 91, 102 e 105 da Constituição Federal, passam a vigorar com as seguintes alterações:

•• Alterações já processadas no diploma modificado.

Art. 2.° Esta Emenda Constitucional entra em vigor na data de sua publicação.

Brasília, 2 de setembro de 1999.

(*) Publicada no *DOU* de 19-3-1999.

(**) Publicada no *DOU* de 3-9-1999.

Mesa da Câmara dos Deputados
Deputado MICHEL TEMER
Presidente

Mesa do Senado Federal
Senador ANTONIO CARLOS MAGALHÃES
Presidente

EMENDA CONSTITUCIONAL N. 24, DE 9 DE DEZEMBRO DE 1999 (***)

Altera dispositivos da Constituição Federal pertinentes à representação classista na Justiça do Trabalho.

As Mesas da Câmara dos Deputados e do Senado Federal, nos termos do § 3.° do art. 60 da Constituição Federal, promulgam a seguinte Emenda ao texto constitucional:

Art. 1.° Os arts. 111, 112, 113, 115 e 116 da Constituição Federal passam a vigorar com a seguinte redação:

•• Parte das alterações foram prejudicadas por Emendas Constitucionais posteriores: arts. 111, §§ 1.° e 2.°, 112 e 115, prejudicados pela Emenda Constitucional n. 45, de 8-12-2004.

Art. 2.° É assegurado o cumprimento dos mandatos dos atuais ministros classistas temporários do Tribunal Superior do Trabalho e dos atuais juízes classistas temporários dos Tribunais Regionais do Trabalho e das Juntas de Conciliação e Julgamento.

Art. 3.° Esta Emenda Constitucional entra em vigor na data de sua publicação.

Art. 4.° Revoga-se o art. 117 da Constituição Federal.

Brasília, em 9 de dezembro de 1999.

Mesa da Câmara dos Deputados
Deputado MICHEL TEMER
Presidente

Mesa do Senado Federal
Senador ANTONIO CARLOS MAGALHÃES
Presidente

EMENDA CONSTITUCIONAL N. 25, DE 14 DE FEVEREIRO DE 2000 (****)

Altera o inciso VI do art. 29 e acrescenta o art. 29-A à Constituição Federal, que dispõem sobre limites de despesas com o Poder Legislativo Municipal.

As Mesas da Câmara dos Deputados e do Senado Federal, nos termos do § 3.° do art. 60 da Constituição Federal, promulgam a seguinte Emenda ao texto constitucional:

(***) Publicada no *DOU* de 10-12-1999.

(****) Publicada no *DOU* de 15-2-2000.

Art. 1.º O inciso VI do art. 29 da Constituição Federal passa a vigorar com a seguinte redação:

•• Alteração já processada no diploma modificado.

Art. 2.º A Constituição Federal passa a vigorar acrescida do seguinte art. 29-A:

•• Alteração já processada no diploma modificado.

•• Alteração parcialmente prejudicada pela Emenda Constitucional n. 58, de 23-9-2009, que deu nova redação ao art. 29-A, I a VI, da CF.

Art. 3.º Esta Emenda Constitucional entra em vigor em 1.º de janeiro de 2001.

Brasília, 14 de fevereiro de 2000.

Mesa da Câmara dos Deputados
Deputado MICHEL TEMER
Presidente

Mesa do Senado Federal
Senador ANTONIO CARLOS MAGALHÃES
Presidente

EMENDA CONSTITUCIONAL N. 26, DE 14 DE FEVEREIRO DE 2000 (*)

Altera a redação do art. 6.º da Constituição Federal.

As Mesas da Câmara dos Deputados e do Senado Federal, nos termos do § 3.º do art. 60 da Constituição Federal, promulgam a seguinte Emenda ao texto constitucional:

Art. 1.º O art. 6.º da Constituição Federal passa a vigorar com a seguinte redação:

•• Alteração já processada no diploma modificado.

•• Alteração prejudicada pela Emenda Constitucional n. 64, de 4-2-2010.

Art. 2.º Esta Emenda Constitucional entra em vigor na data de sua publicação.

Brasília, 14 de fevereiro de 2000.

Mesa da Câmara dos Deputados
Deputado MICHEL TEMER
Presidente

Mesa do Senado Federal
Senador ANTONIO CARLOS MAGALHÃES
Presidente

EMENDA CONSTITUCIONAL N. 27, DE 21 DE MARÇO DE 2000 (**)

Acrescenta o art. 76 ao Ato das Disposições Constitucionais Transitórias, instituindo a desvinculação de arrecadação de impostos e contribuições sociais da União.

As Mesas da Câmara dos Deputados e do Senado Federal, nos termos do § 3.º do art. 60 da Constituição Federal, promulgam a seguinte Emenda ao texto constitucional:

Art. 1.º É incluído o art. 76 ao Ato das Disposições Constitucionais Transitórias, com a seguinte redação:

•• Alteração no art. 76 do ADCT prejudicada pela Emenda Constitucional n. 68, de 21-12-2011.

Art. 2.º Esta Emenda Constitucional entra em vigor na data de sua publicação.

Brasília, 21 de março de 2000.

Mesa da Câmara dos Deputados
Deputado MICHEL TEMER
Presidente

Mesa do Senado Federal
Senador ANTONIO CARLOS MAGALHÃES
Presidente

EMENDA CONSTITUCIONAL N. 28, DE 25 DE MAIO DE 2000 (***)

Dá nova redação ao inciso XXIX do art. 7.º e revoga o art. 233 da Constituição Federal.

As Mesas da Câmara dos Deputados e do Senado Federal, nos termos do § 3.º do art. 60 da Constituição Federal, promulgam a seguinte Emenda ao texto constitucional:

Art. 1.º O inciso XXIX do art. 7.º da Constituição Federal passa a vigorar com a seguinte redação:

•• Alteração já processada no diploma modificado.

Art. 2.º Revoga-se o art. 233 da Constituição Federal.

Art. 3.º Esta Emenda Constitucional entra em vigor na data de sua publicação.

Brasília, em 25 de maio de 2000.

Mesa da Câmara dos Deputados
Deputado MICHEL TEMER
Presidente

Mesa do Senado Federal
Senador ANTONIO CARLOS MAGALHÃES
Presidente

EMENDA CONSTITUCIONAL N. 29, DE 13 DE SETEMBRO DE 2000 (****)

Altera os arts. 34, 35, 156, 160, 167 e 198 da Constituição Federal e acrescenta artigo ao Ato das Disposições Constitucionais Transitórias, para assegurar os recursos mínimos para o financiamento das ações e serviços públicos de saúde.

As Mesas da Câmara dos Deputados e do Senado Federal, nos termos do § 3.º do art. 60 da Constituição Federal, promulgam a seguinte Emenda ao texto constitucional:

(*) Publicada no *DOU* de 15-2-2000.

(**) Publicada no *DOU* de 22-3-2000.

(***) Publicada no *DOU* de 26-5-2000. Retificada em 29-5-2000.

(****) Publicada no *DOU* de 14-9-2000.

Art. 1.º A alínea *e* do inciso VII do art. 34 passa a vigorar com a seguinte redação:

•• Alteração já processada no diploma modificado.

Art. 2.º O inciso III do art. 35 passa a vigorar com a seguinte redação:

•• Alteração já processada no diploma modificado.

Art. 3.º O § 1.º do art. 156 da Constituição Federal passa a vigorar com a seguinte redação:

•• Alteração já processada no diploma modificado.

Art. 4.º O parágrafo único do art. 160 passa a vigorar com a seguinte redação:

•• Alteração já processada no diploma modificado.

Art. 5.º O inciso IV do art. 167 passa a vigorar com a seguinte redação:

•• Alteração prejudicada pela Emenda Constitucional n. 42, de 19-12-2003.

Art. 6.º O art. 198 passa a vigorar acrescido dos seguintes §§ 2.º e 3.º, numerando-se o atual parágrafo único como § 1.º:

•• Alteração já processada no diploma modificado.

•• Alteração parcialmente prejudicada pela Emenda Constitucional n. 86, de 17-3-2015, que deu nova redação ao art. 198, §§ 2.º, I, e 3.º, I.

Art. 7.º O Ato das Disposições Constitucionais Transitórias passa a vigorar acrescido do seguinte art. 77:

•• Alteração já processada no diploma modificado.

Art. 8.º Esta Emenda Constitucional entra em vigor na data de sua publicação.

Brasília, 13 de setembro de 2000.

Mesa da Câmara dos Deputados
Deputado MICHEL TEMER
Presidente
Mesa do Senado Federal
Senador ANTONIO CARLOS MAGALHÃES
Presidente

EMENDA CONSTITUCIONAL N. 30, DE 13 DE SETEMBRO DE 2000 (*)

Altera a redação do art. 100 da Constituição Federal e acrescenta o art. 78 no Ato das Disposições Constitucionais Transitórias, referente ao pagamento de precatórios judiciários.

As Mesas da Câmara dos Deputados e do Senado Federal, nos termos do § 3.º do art. 60 da Constituição Federal, promulgam a seguinte Emenda ao texto constitucional:

Art. 1.º O art. 100 da Constituição Federal passa a vigorar com a seguinte redação:

•• Alteração prejudicada pela Emenda Constitucional n. 62, de 9-12-2009, que deu nova redação ao art. 100 da CF.

Art. 2.º É acrescido, no Ato das Disposições Constitucionais Transitórias, o art. 78, com a seguinte redação:

•• Alteração já processada no diploma modificado.

•• O STF, nas ADINs n. 2.356 e 2.362, deferiu medida cautelar, em 25-11-2010, para suspender a eficácia deste art. 2.º, que introduziu o art. 78 ao ADCT.

(*) Publicada no *DOU* de 14-9-2000.

Art. 3.º Esta Emenda Constitucional entra em vigor na data de sua publicação.

Brasília, 13 de setembro de 2000.

Mesa da Câmara dos Deputados
Deputado MICHEL TEMER
Presidente
Mesa do Senado Federal
Senador ANTONIO CARLOS MAGALHÃES
Presidente

EMENDA CONSTITUCIONAL N. 31, DE 14 DE DEZEMBRO DE 2000 (**)

Altera o Ato das Disposições Constitucionais Transitórias, introduzindo artigos que criam o Fundo de Combate e Erradicação da Pobreza.

As Mesas da Câmara dos Deputados e do Senado Federal, nos termos do § 3.º do art. 60 da Constituição Federal, promulgam a seguinte emenda ao texto constitucional:

Art. 1.º A Constituição Federal, no Ato das Disposições Constitucionais Transitórias, é acrescida dos seguintes artigos:

•• Alteração nos arts. 82, § 1.º, e 83 prejudicada pela Emenda Constitucional n. 42, de 19-12-2003.

Art. 2.º Esta Emenda Constitucional entra em vigor na data de sua publicação.

Brasília, 14 de dezembro de 2000.

Mesa da Câmara dos Deputados
Deputado MICHEL TEMER
Presidente
Mesa do Senado Federal
Senador ANTONIO CARLOS MAGALHÃES
Presidente

EMENDA CONSTITUCIONAL N. 32, DE 11 DE SETEMBRO DE 2001 (***)

Altera dispositivos dos arts. 48, 57, 61, 62, 64, 66, 84, 88 e 246 da Constituição Federal, e dá outras providências.

As Mesas da Câmara dos Deputados e do Senado Federal, nos termos do § 3.º do art. 60 da Constituição Federal, promulgam a seguinte Emenda ao texto constitucional:

Art. 1.º Os arts. 48, 57, 61, 62, 64, 66, 84, 88 e 246 da Constituição Federal passam a vigorar com as seguintes alterações:

•• Alteração no art. 57, § 7.º, prejudicada pela Emenda Constitucional n. 50, de 14-2-2006.

Art. 2.º As medidas provisórias editadas em data anterior à da publicação desta emenda continuam em

(**) Publicada no *DOU* de 18-12-2000. *Vide* art. 4.º da Emenda Constitucional n. 42, de 19-12-2003.

(***) Publicada no *DOU* de 12-9-2001.

vigor até que medida provisória ulterior as revogue explicitamente ou até deliberação definitiva do Congresso Nacional.

Art. 3.º Esta Emenda Constitucional entra em vigor na data de sua publicação.

Brasília, 11 de setembro de 2001.

Mesa da Câmara dos Deputados
Deputado AÉCIO NEVES
Presidente

Mesa do Senado Federal
Senador EDISON LOBÃO
Presidente, Interino

EMENDA CONSTITUCIONAL N. 33, DE 11 DE DEZEMBRO DE 2001 (*)

Altera os arts. 149, 155 e 177 da Constituição Federal.

As Mesas da Câmara dos Deputados e do Senado Federal, nos termos do § 3.º do art. 60 da Constituição Federal, promulgam a seguinte Emenda ao texto constitucional:

Art. 1.º O art. 149 da Constituição Federal passa a vigorar acrescido dos seguintes parágrafos, renumerando-se o atual parágrafo único para § 1.º :

•• Alteração no art. 149, § 2.º, II, prejudicada pela Emenda Constitucional n. 42, de 19-12-2003.

Art. 2.º O art. 155 da Constituição Federal passa a vigorar com as seguintes alterações:

•• Alterações já processadas no diploma modificado.

Art. 3.º O art. 177 da Constituição Federal passa a vigorar acrescido do seguinte parágrafo:

•• Alteração já processada no diploma modificado.

Art. 4.º Enquanto não entrar em vigor a lei complementar de que trata o art. 155, § 2.º, XII, *h*, da Constituição Federal, os Estados e o Distrito Federal, mediante convênio celebrado nos termos do § 2.º, XII, *g*, do mesmo artigo, fixarão normas para regular provisoriamente a matéria.

Art. 5.º Esta Emenda Constitucional entra em vigor na data de sua promulgação.

Brasília, 11 de dezembro de 2001.

Mesa da Câmara dos Deputados
Deputado AÉCIO NEVES
Presidente
Mesa do Senado Federal
Senador RAMEZ TEBET
Presidente

EMENDA CONSTITUCIONAL N. 34, DE 13 DE DEZEMBRO DE 2001 (**)

Dá nova redação à alínea c *do inciso XVI do art. 37 da Constituição Federal.*

As Mesas da Câmara dos Deputados e do Senado Federal, nos termos do § 3.º do art. 60 da Constituição Federal, promulgam a seguinte Emenda ao texto constitucional:

Art. 1.º A alínea *c* do inciso XVI do art. 37 da Constituição Federal passa a vigorar com a seguinte redação:

•• Alteração já processada no diploma modificado.

Art. 2.º Esta Emenda Constitucional entra em vigor na data de sua publicação.

Brasília, 13 de dezembro de 2001.

Mesa da Câmara dos Deputados
Deputado AÉCIO NEVES
Presidente

Mesa do Senado Federal
Senador RAMEZ TEBET
Presidente

EMENDA CONSTITUCIONAL N. 35, DE 20 DE DEZEMBRO DE 2001 (***)

Dá nova redação ao art. 53 da Constituição Federal.

As Mesas da Câmara dos Deputados e do Senado Federal, nos termos do § 3.º do art. 60 da Constituição Federal, promulgam a seguinte Emenda ao texto constitucional:

Art. 1.º O art. 53 da Constituição Federal passa a vigorar com as seguintes alterações:

•• Alteração já processada no diploma modificado.

Art. 2.º Esta Emenda Constitucional entra em vigor na data de sua publicação.

Brasília, 20 de dezembro de 2001.

Mesa da Câmara dos Deputados
Deputado AÉCIO NEVES
Presidente

Mesa do Senado Federal
Senador RAMEZ TEBET
Presidente

EMENDA CONSTITUCIONAL N. 36, DE 28 DE MAIO DE 2002 (****)

Dá nova redação ao art. 222 da Constituição Federal, para permitir a participação de pessoas jurídicas no capital social de empresas jornalísticas e de radiodifusão sonora e de sons e imagens, nas condições que especifica.

As Mesas da Câmara dos Deputados e do Senado Federal, nos termos do § 3.º do art. 60 da Constituição Federal, promulgam a seguinte Emenda ao texto constitucional:

Art. 1.º O art. 222 da Constituição Federal passa a vigorar com a seguinte redação:

(*) Publicada no *DOU* de 12-12-2001.
(**) Publicada no *DOU* de 14-12-2001.
(***) Publicada no *DOU* de 21-12-2001.
(****) Publicada no *DOU* de 29-5-2002.

•• Alteração já processada no diploma modificado.

Art. 2.º Esta Emenda Constitucional entra em vigor na data de sua publicação.

Brasília, 28 de maio de 2002.

Mesa da Câmara dos Deputados
Deputado AÉCIO NEVES
Presidente

Mesa do Senado Federal
Senador RAMEZ TEBET
Presidente

EMENDA CONSTITUCIONAL N. 37, DE 12 DE JUNHO DE 2002 (*)

Altera os arts. 100 e 156 da Constituição Federal e acrescenta os arts. 84, 85, 86, 87 e 88 ao Ato das Disposições Constitucionais Transitórias.

As Mesas da Câmara dos Deputados e do Senado Federal, nos termos do § 3.º do art. 60 da Constituição Federal, promulgam a seguinte Emenda ao texto constitucional:

Art. 1.º O art. 100 da Constituição Federal passa a vigorar acrescido do seguinte § 4.º, renumerando-se os subsequentes:

•• Alteração prejudicada pela Emenda Constitucional n. 62, de 9-12-2009, que deu nova redação ao art. 100 da CF.

Art. 2.º O § 3.º do art. 156 da Constituição Federal passa a vigorar com a seguinte redação:

•• Alteração já processada no diploma modificado.

Art. 3.º O Ato das Disposições Constitucionais Transitórias passa a vigorar acrescido dos seguintes arts. 84, 85, 86, 87 e 88:

•• Alteração no art. 84, § 3.º, II, do ADCT, prejudicada pela Emenda Constitucional n. 42, de 19-12-2003.

Art. 4.º Esta Emenda Constitucional entra em vigor na data de sua publicação.

Brasília, em 12 de junho de 2002.

Mesa da Câmara dos Deputados
Deputado AÉCIO NEVES
Presidente

Mesa do Senado Federal
Senador RAMEZ TEBET
Presidente

EMENDA CONSTITUCIONAL N. 38, DE 12 DE JUNHO DE 2002 (**)

Acrescenta o art. 89 ao Ato das Disposições Constitucionais Transitórias, incorporando os Policiais Militares do extinto Território Federal de Rondônia aos Quadros da União.

As Mesas da Câmara dos Deputados e do Senado Federal, nos termos do § 3.º do art. 60 da Constituição Federal, promulgam a seguinte Emenda ao texto constitucional:

Art. 1.º O Ato das Disposições Constitucionais Transitórias passa a vigorar acrescido do seguinte art. 89:

•• Alteração prejudicada pela Emenda Constitucional n. 60, de 11-11-2009, que deu nova redação ao art. 89 do ADCT.

Art. 2.º Esta Emenda Constitucional entra em vigor na data de sua publicação.

Brasília, em 12 de junho de 2002.

Mesa da Câmara dos Deputados
Deputado AÉCIO NEVES
Presidente

Mesa do Senado Federal
Senador RAMEZ TEBET
Presidente

EMENDA CONSTITUCIONAL N. 39, DE 19 DE DEZEMBRO DE 2002 (***)

Acrescenta o art. 149-A à Constituição Federal (instituindo contribuição para custeio do serviço de iluminação pública nos Municípios e no Distrito Federal).

As Mesas da Câmara dos Deputados e do Senado Federal, nos termos do § 3.º do art. 60 da Constituição Federal, promulgam a seguinte Emenda ao texto constitucional:

Art. 1.º A Constituição Federal passa a vigorar acrescida do seguinte art. 149-A:

•• Alteração já processada no diploma modificado.

Art. 2.º Esta Emenda Constitucional entra em vigor na data de sua publicação.

Brasília, em 19 de dezembro de 2002.

Mesa da Câmara dos Deputados
Deputado EFRAIM MORAIS
Presidente

Mesa do Senado Federal
Senador RAMEZ TEBET
Presidente

EMENDA CONSTITUCIONAL N. 40, DE 29 DE MAIO DE 2003 (****)

Altera o inciso V do art. 163 e o art. 192 da Constituição Federal, e o caput do art. 52 do Ato das Disposições Constitucionais Transitórias.

As Mesas da Câmara dos Deputados e do Senado Federal, nos termos do § 3.º do art. 60 da Constituição Federal, promulgam a seguinte Emenda ao texto constitucional:

(*) Publicada no *DOU* de 13-6-2002.
(**) Publicada no *DOU* de 13-6-2002.
(***) Publicada no *DOU* de 20-12-2002.
(****) Publicada no *DOU* de 30-5-2003.

Art. 1.º O inciso V do art. 163 da Constituição Federal passa a vigorar com a seguinte redação:

•• Alteração já processada no diploma modificado.

Art. 2.º O art. 192 da Constituição Federal passa a vigorar com a seguinte redação:

•• Alteração já processada no diploma modificado.

Art. 3.º O *caput* do art. 52 do Ato das Disposições Constitucionais Transitórias passa a vigorar com a seguinte redação:

•• Alteração já processada no diploma modificado.

Art. 4.º Esta Emenda Constitucional entra em vigor na data de sua publicação.

Brasília, em 29 de maio de 2003.

Mesa da Câmara dos Deputados
Deputado JOÃO PAULO CUNHA
Presidente

Mesa do Senado Federal
Senador JOSÉ SARNEY
Presidente

EMENDA CONSTITUCIONAL N. 41, DE 19 DE DEZEMBRO DE 2003 (*)

Modifica os arts. 37, 40, 42, 48, 96, 149 e 201 da Constituição Federal, revoga o inciso IX do § 3.º do art. 142 da Constituição Federal e dispositivos da Emenda Constitucional n. 20, de 15 de dezembro de 1998, e dá outras providências.

As Mesas da Câmara dos Deputados e do Senado Federal, nos termos do § 3.º do art. 60 da Constituição Federal, promulgam a seguinte Emenda ao texto constitucional:

Art. 1.º A Constituição Federal passa a vigorar com as seguintes alterações:

•• Alteração no art. 201, § 12, prejudicada pela Emenda Constitucional n. 47, de 5-7-2005.

Art. 2.º Observado o disposto no art. 4.º da Emenda Constitucional n. 20, de 15 de dezembro de 1998, é assegurado o direito de opção pela aposentadoria voluntária com proventos calculados de acordo com o art. 40, §§ 3.º e 17, da Constituição Federal, àquele que tenha ingressado regularmente em cargo efetivo na Administração Pública direta, autárquica e fundacional, até a data de publicação daquela Emenda, quando o servidor, cumulativamente:

•• *Vide* art. 3.º da Emenda Constitucional n. 47, de 5-7-2005.

I – tiver cinquenta e três anos de idade, se homem, e quarenta e oito anos de idade, se mulher;

II – tiver cinco anos de efetivo exercício no cargo em que se der a aposentadoria;

III – contar tempo de contribuição igual, no mínimo, à soma de:

a) trinta e cinco anos, se homem, e trinta anos, se mulher; e

b) um período adicional de contribuição equivalente a vinte por cento do tempo que, na data de publicação daquela Emenda, faltaria para atingir o limite de tempo constante da alínea *a* deste inciso.

§ 1.º O servidor de que trata este artigo que cumprir as exigências para aposentadoria na forma do *caput* terá os seus proventos de inatividade reduzidos para cada ano antecipado em relação aos limites de idade estabelecidos pelo art. 40, § 1.º, III, *a*, e § 5.º da Constituição Federal, na seguinte proporção:

I – três inteiros e cinco décimos por cento, para aquele que completar as exigências para aposentadoria na forma do *caput* até 31 de dezembro de 2005;

II – cinco por cento, para aquele que completar as exigências para aposentadoria na forma do *caput* a partir de 1.º de janeiro de 2006.

§ 2.º Aplica-se ao magistrado e ao membro do Ministério Público e de Tribunal de Contas o disposto neste artigo.

§ 3.º Na aplicação do disposto no § 2.º deste artigo, o magistrado ou o membro do Ministério Público ou de Tribunal de Contas, se homem, terá o tempo de serviço exercido até a data de publicação da Emenda Constitucional n. 20, de 15 de dezembro de 1998, contado com acréscimo de dezessete por cento, observado o disposto no § 1.º deste artigo.

§ 4.º O professor, servidor da União, dos Estados, do Distrito Federal e dos Municípios, incluídas suas autarquias e fundações, que, até a data de publicação da Emenda Constitucional n. 20, de 15 de dezembro de 1998, tenha ingressado, regularmente, em cargo efetivo de magistério e que opte por aposentar-se na forma do disposto no *caput*, terá o tempo de serviço exercido até a publicação daquela Emenda contado com o acréscimo de dezessete por cento, se homem, e de vinte por cento, se mulher, desde que se aposente, exclusivamente, com tempo de efetivo exercício nas funções de magistério, observado o disposto no § 1.º .

§ 5.º O servidor de que trata este artigo, que tenha completado as exigências para aposentadoria voluntária estabelecidas no *caput*, e que opte por permanecer em atividade, fará jus a um abono de permanência equivalente ao valor da sua contribuição previdenciária até completar as exigências para aposentadoria compulsória contidas no art. 40, § 1.º, II, da Constituição Federal.

•• O Ato Declaratório Interpretativo n. 24, de 4-10-2004, da Secretaria da Receita Federal, dispõe sobre o abono de permanência a que se refere este parágrafo.

§ 6.º Às aposentadorias concedidas de acordo com este artigo aplica-se o disposto no art. 40, § 8.º, da Constituição Federal.

Art. 3.º É assegurada a concessão, a qualquer tempo, de aposentadoria aos servidores públicos, bem como pensão aos seus dependentes, que, até a data de publicação desta Emenda, tenham cumprido todos os requisitos para obtenção desses benefícios, com base nos critérios da legislação então vigente.

§ 1.º O servidor de que trata este artigo que opte por permanecer em atividade tendo completado as exigências para aposentadoria voluntária e que conte com, no mínimo, vinte e cinco anos de contribuição, se mulher, ou trinta anos de contribuição, se homem, fará jus a

(*) Publicada no *DOU* de 31-12-2003. A Lei n. 10.887, de 18-6-2004, dispõe sobre a aplicação de disposições desta Emenda Constitucional.

um abono de permanência equivalente ao valor da sua contribuição previdenciária até completar as exigências para aposentadoria compulsória contidas no art. 40, § 1.º, II, da Constituição Federal.

•• O Ato Declaratório Interpretativo n. 24, de 4-10-2004, da Secretaria da Receita Federal, dispõe sobre o abono de permanência a que se refere este parágrafo.

§ 2.º Os proventos da aposentadoria a ser concedida aos servidores públicos referidos no *caput*, em termos integrais ou proporcionais ao tempo de contribuição já exercido até a data de publicação desta Emenda, bem como as pensões de seus dependentes, serão calculados de acordo com a legislação em vigor à época em que foram atendidos os requisitos nela estabelecidos para a concessão desses benefícios ou nas condições da legislação vigente.

Art. 4.º Os servidores inativos e os pensionistas da União, dos Estados, do Distrito Federal e dos Municípios, incluídas suas autarquias e fundações, em gozo de benefícios na data de publicação desta Emenda, bem como os alcançados pelo disposto no seu art. 3.º, contribuirão para o custeio do regime de que trata o art. 40 da Constituição Federal com percentual igual ao estabelecido para os servidores titulares de cargos efetivos.

Parágrafo único. A contribuição previdenciária a que se refere o *caput* incidirá apenas sobre a parcela dos proventos e das pensões que supere:

I – cinquenta por cento do limite máximo estabelecido para os benefícios do regime geral de previdência social de que trata o art. 201 da Constituição Federal, para os servidores inativos e os pensionistas dos Estados, do Distrito Federal e dos Municípios;

•• O STF, nas ADIs n. 3.105-8, de 18-10-2006 (*DOU* de 9-3-2007), e 3.128-7, de 26-5-2004 (*DOU* de 19-9-2006), julgou inconstitucional a expressão "cinquenta por cento do" contida neste inciso, pelo que se aplica então à hipótese do art. 4.º desta EC o § 18 do art. 40 da CF.

II – sessenta por cento do limite máximo estabelecido para os benefícios do regime geral de previdência social de que trata o art. 201 da Constituição Federal, para os servidores inativos e os pensionistas da União.

•• O STF, nas ADIs n. 3.105-8, de 18-10-2006 (*DOU* de 9-3-2007), e 3.128-7, de 26-5-2004 (*DOU* de 19-9-2006), julgou inconstitucional a expressão "sessenta por cento do" contida neste inciso, pelo que se aplica então à hipótese do art. 4.º desta EC o § 18 do art. 40 da CF.

Art. 5.º O limite máximo para o valor dos benefícios do regime geral de previdência social de que trata o art. 201 da Constituição Federal é fixado em R$ 2.400,00 (dois mil e quatrocentos reais), devendo, a partir da data de publicação desta Emenda, ser reajustado de forma a preservar, em caráter permanente, seu valor real, atualizado pelos mesmos índices aplicados aos benefícios do regime geral de previdência social.

•• Os benefícios previdenciários são reajustados anualmente por meio de ato administrativo do Ministro de Estado da Previdência Social.

Art. 6.º Ressalvado o direito de opção à aposentadoria pelas normas estabelecidas pelo art. 40 da Constituição Federal ou pelas regras estabelecidas pelo art. 2.º desta Emenda, o servidor da União, dos Estados, do Distrito Federal e dos Municípios, incluídas suas autarquias e fundações, que tenha ingressado no serviço público até a data de publicação desta Emenda poderá aposentar-se com proventos integrais, que corresponderão à totalidade da remuneração do servidor no cargo efetivo em que se der a aposentadoria, na forma da lei, quando, observadas as reduções de idade e tempo de contribuição contidas no § 5.º do art. 40 da Constituição Federal, vier a preencher, cumulativamente, as seguintes condições:

•• *Vide* arts. 2.º e 3.º da Emenda Constitucional n. 47, de 5-7-2005.

I – sessenta anos de idade, se homem, e cinquenta e cinco anos de idade, se mulher;

II – trinta e cinco anos de contribuição, se homem, e trinta anos de contribuição, se mulher;

III – vinte anos de efetivo exercício no serviço público; e

IV – dez anos de carreira e cinco anos de efetivo exercício no cargo em que se der a aposentadoria.

Parágrafo único. (*Revogado pela Emenda Constitucional n. 47, de 5-7-2005, em vigor na data de sua publicação, com efeitos retroativos à data de vigência da Emenda Constitucional n. 41, de 19-12-2003.*)

Art. 6.º-A. O servidor da União, dos Estados, do Distrito Federal e dos Municípios, incluídas suas autarquias e fundações, que tenha ingressado no serviço público até a data de publicação desta Emenda Constitucional e que tenha se aposentado ou venha a se aposentar por invalidez permanente, com fundamento no inciso I do § 1.º do art. 40 da Constituição Federal, tem direito a proventos de aposentadoria calculados com base na remuneração do cargo efetivo em que se der a aposentadoria, na forma da lei, não sendo aplicáveis as disposições constantes dos §§ 3.º, 8.º e 17 do art. 40 da Constituição Federal.

•• *Caput* acrescentado pela Emenda Constitucional n. 70, de 29-3-2012.

Parágrafo único. Aplica-se ao valor dos proventos de aposentadorias concedidas com base no *caput* o disposto no art. 7.º desta Emenda Constitucional, observando-se igual critério de revisão às pensões derivadas dos proventos desses servidores.

•• Parágrafo único acrescentado pela Emenda Constitucional n. 70, de 29-3-2012.

Art. 7.º Observado o disposto no art. 37, XI, da Constituição Federal, os proventos de aposentadoria dos servidores públicos titulares de cargo efetivo e as pensões dos seus dependentes pagos pela União, Estados, Distrito Federal e Municípios, incluídas suas autarquias e fundações, em fruição na data de publicação desta Emenda, bem como os proventos de aposentadoria dos servidores e as pensões dos dependentes abrangidos pelo art. 3.º desta Emenda, serão revistos na mesma proporção e na mesma data, sempre que se modificar a remuneração dos servidores em atividade, sendo também estendidos aos aposentados e pensionistas quaisquer benefícios ou vantagens posteriormente concedidos aos servidores em atividade, inclusive quando decorrentes da transformação ou reclassificação do cargo ou função em que se deu a aposentadoria ou que serviu de referência para a concessão da pensão, na forma da lei.

•• *Vide* arts. 2.º e 3.º, parágrafo único, da Emenda Constitucional n. 47, de 5-7-2005.

Art. 8.º Até que seja fixado o valor do subsídio de que trata o art. 37, XI, da Constituição Federal, será considerado, para os fins do limite fixado naquele inciso, o valor da maior remuneração atribuída por lei na data de publicação desta Emenda a Ministro do Supremo Tribunal Federal, a título de vencimento, de representação mensal e da parcela recebida em razão de tempo de serviço, aplicando-se como limite, nos Municípios, o subsídio do Prefeito, e nos Estados e no Distrito Federal, o subsídio mensal do Governador no âmbito do Poder Executivo, o subsídio dos Deputados Estaduais e Distritais no âmbito do Poder Legislativo e o subsídio dos Desembargadores do Tribunal de Justiça, limitado a noventa inteiros e vinte e cinco centésimos por cento da maior remuneração mensal de Ministro do Supremo Tribunal Federal a que se refere este artigo, no âmbito do Poder Judiciário, aplicável este limite aos membros do Ministério Público, aos Procuradores e aos Defensores Públicos.

Art. 9.º Aplica-se o disposto no art. 17 do Ato das Disposições Constitucionais Transitórias aos vencimentos, remunerações e subsídios dos ocupantes de cargos, funções e empregos públicos da administração direta, autárquica e fundacional, dos membros de qualquer dos Poderes da União, dos Estados, do Distrito Federal e dos Municípios, dos detentores de mandato eletivo e dos demais agentes políticos e os proventos, pensões ou outra espécie remuneratória percebidos cumulativamente ou não, incluídas as vantagens pessoais ou de qualquer outra natureza.

Art. 10. Revogam-se o inciso IX do § 3.º do art. 142 da Constituição Federal, bem como os arts. 8.º e 10 da Emenda Constitucional n. 20, de 15 de dezembro de 1998.

Art. 11. Esta Emenda Constitucional entra em vigor na data de sua publicação.

Brasília, em 19 de dezembro de 2003.

Mesa da Câmara dos Deputados
Deputado JOÃO PAULO CUNHA
Presidente

Mesa do Senado Federal
Senador JOSÉ SARNEY
Presidente

EMENDA CONSTITUCIONAL N. 42, DE 19 DE DEZEMBRO DE 2003 (*)

Altera o Sistema Tributário Nacional e dá outras providências.

As Mesas da Câmara dos Deputados e do Senado Federal, nos termos do § 3.º do art. 60 da Constituição Federal, promulgam a seguinte Emenda ao texto constitucional:

Art. 1.º Os artigos da Constituição a seguir enumerados passam a vigorar com as seguintes alterações:

•• Alteração no art. 159, III, prejudicada pela Emenda Constitucional n. 47, de 5-7-2005.

Art. 2.º Os artigos do Ato das Disposições Constitucionais Transitórias a seguir enumerados passam a vigorar com as seguintes alterações:

•• Alteração no art. 76 do ADCT prejudicada pela Emenda Constitucional n. 68, de 21-12-2011.

Art. 3.º O Ato das Disposições Constitucionais Transitórias passa a vigorar acrescido dos seguintes artigos:

•• Alterações já processadas no diploma modificado.

Art. 4.º Os adicionais criados pelos Estados e pelo Distrito Federal até a data da promulgação desta Emenda, naquilo em que estiverem em desacordo com o previsto nesta Emenda, na Emenda Constitucional n. 31, de 14 de dezembro de 2000, ou na lei complementar de que trata o art. 155, § 2.º, XII, da Constituição, terão vigência, no máximo, até o prazo previsto no art. 79 do Ato das Disposições Constitucionais Transitórias.

•• *Vide* Emenda Constitucional n. 67, de 22-12-2010.

Art. 5.º O Poder Executivo, em até sessenta dias contados da data da promulgação desta Emenda, encaminhará ao Congresso Nacional projeto de lei, sob o regime de urgência constitucional, que disciplinará os benefícios fiscais para a capacitação do setor de tecnologia da informação, que vigerão até 2019 nas condições que estiverem em vigor no ato da aprovação desta Emenda.

Art. 6.º Fica revogado o inciso II do § 3.º do art. 84 do Ato das Disposições Constitucionais Transitórias.

Brasília, em 19 de dezembro de 2003.

Mesa da Câmara dos Deputados
Deputado JOÃO PAULO CUNHA
Presidente

Mesa do Senado Federal
Senador JOSÉ SARNEY
Presidente

(*) Publicada no *DOU* de 31-12-2003.

EMENDA CONSTITUCIONAL N. 43, DE 15 DE ABRIL DE 2004 (**)

Altera o art. 42 do Ato das Disposições Constitucionais Transitórias, prorrogando, por 10 (dez) anos, a aplicação, por parte da União, de percentuais mínimos do total dos recursos destinados à irrigação nas Regiões Centro-Oeste e Nordeste.

As Mesas da Câmara dos Deputados e do Senado Federal, nos termos do § 3.º do art. 60 da Constituição Federal, promulgam a seguinte Emenda ao texto constitucional:

Art. 1.º O *caput* do art. 42 do Ato das Disposições Constitucionais Transitórias passa a vigorar com a seguinte redação:

•• Alteração já processada no diploma modificado.

•• Alteração prejudicada pela Emenda Constitucional n. 89, de 15-9-2015, que deu nova redação ao art. 42 do ADCT.

Art. 2.º Esta Emenda Constitucional entra em vigor na data de sua publicação.

Brasília, 15 de abril de 2004.

(**) Publicada no *DOU* de 16-4-2004.

Mesa da Câmara dos Deputados
Deputado JOÃO PAULO CUNHA
Presidente

Mesa do Senado Federal
Senador JOSÉ SARNEY
Presidente

EMENDA CONSTITUCIONAL N. 44, DE 30 DE JUNHO DE 2004 (*)

Altera o Sistema Tributário Nacional e dá outras providências.

As Mesas da Câmara dos Deputados e do Senado Federal, nos termos do § 3.° do art. 60 da Constituição Federal, promulgam a seguinte Emenda ao texto constitucional:

Art. 1.° O inciso III do art. 159 da Constituição passa a vigorar com a seguinte redação:

•• Alteração já processada no diploma modificado.

Art. 2.° Esta Emenda à Constituição entra em vigor na data de sua publicação.

Brasília, 30 de junho de 2004.

Mesa da Câmara dos Deputados
Deputado JOÃO PAULO CUNHA
Presidente

Mesa do Senado Federal
Senador JOSÉ SARNEY
Presidente

EMENDA CONSTITUCIONAL N. 45, DE 8 DE DEZEMBRO DE 2004 (**)

Altera dispositivos dos arts. 5.°, 36, 52, 92, 93, 95, 98, 99, 102, 103, 104, 105, 107, 109, 111, 112, 114, 115, 125, 126, 127, 128, 129, 134 e 168 da Constituição Federal, e acrescenta os arts. 103-A, 103-B, 111-A e 130-A, e dá outras providências.

As Mesas da Câmara dos Deputados e do Senado Federal, nos termos do § 3.° do art. 60 da Constituição Federal, promulgam a seguinte Emenda ao texto constitucional:

Art. 1.° Os arts. 5.°, 36, 52, 92, 93, 95, 98, 99, 102, 103, 104, 105, 107, 109, 111, 112, 114, 115, 125, 126, 127, 128, 129, 134 e 168 da Constituição Federal passam a vigorar com a seguinte redação:

•• Alterações já processadas no diploma modificado.

Art. 2.° A Constituição Federal passa a vigorar acrescida dos seguintes arts. 103-A, 103-B, 111-A e 130-A:

•• Alteração parcialmente prejudicada pela Emenda Constitucional n. 61, de 11-11-2009, que deu nova redação ao art. 103-B da CF.

Art. 3.° A lei criará o Fundo de Garantia das Execuções Trabalhistas, integrado pelas multas decorrentes de condenações trabalhistas e administrativas oriundas da fiscalização do trabalho, além de outras receitas.

Art. 4.° Ficam extintos os tribunais de Alçada, onde houver, passando os seus membros a integrar os Tribunais de Justiça dos respectivos Estados, respeitadas a antiguidade e classe de origem.

Parágrafo único. No prazo de cento e oitenta dias, contado da promulgação desta Emenda, os Tribunais de Justiça, por ato administrativo, promoverão a integração dos membros dos tribunais extintos em seus quadros, fixando-lhes a competência e remetendo, em igual prazo, ao Poder Legislativo, proposta de alteração da organização e da divisão judiciária correspondentes, assegurados os direitos dos inativos e pensionistas e o aproveitamento dos servidores no Poder Judiciário estadual.

Art. 5.° O Conselho Nacional de Justiça e o Conselho Nacional do Ministério Público serão instalados no prazo de cento e oitenta dias a contar da promulgação desta Emenda, devendo a indicação ou escolha de seus membros ser efetuada até trinta dias antes do termo final.

•• A Resolução n. 7, de 27-4-2005, do Senado Federal, estabelece normas para apreciação das indicações para composição do CNJ e do CNMP.

§ 1.° Não efetuadas as indicações e escolha dos nomes para os Conselhos Nacional de Justiça e do Ministério Público dentro do prazo fixado no *caput* deste artigo, caberá, respectivamente, ao Supremo Tribunal Federal e ao Ministério Público da União realizá-las.

§ 2.° Até que entre em vigor o Estatuto da Magistratura, o Conselho Nacional de Justiça, mediante resolução, disciplinará seu funcionamento e definirá as atribuições do Ministro-Corregedor.

•• A Resolução n. 67, de 3-3-2009, aprova o Regimento Interno do CNJ.

• A Resolução n. 135, de 13-7-2011, do CNJ, dispõe sobre a uniformização de normas relativas ao procedimento administrativo disciplinar aplicável aos magistrados, acerca do rito e das penalidades.

Art. 6.° O Conselho Superior da Justiça do Trabalho será instalado no prazo de cento e oitenta dias, cabendo ao Tribunal Superior do Trabalho regulamentar seu funcionamento por resolução, enquanto não promulgada a lei a que se refere o art. 111-A, § 2.°, II.

• A Resolução Administrativa n. 1.407, de 7-6-2010, do TST, aprova o Regimento Interno do Conselho Superior da Justiça do Trabalho.

Art. 7.° O Congresso Nacional instalará, imediatamente após a promulgação desta Emenda Constitucional, comissão especial mista, destinada a elaborar, em cento e oitenta dias, os projetos de lei necessários à regulamentação da matéria nela tratada, bem como promover alterações na legislação federal objetivando tornar mais amplo o acesso à Justiça e mais célere a prestação jurisdicional.

Art. 8.° As atuais súmulas do Supremo Tribunal Federal somente produzirão efeito vinculante após sua confirmação por dois terços de seus integrantes e publicação na imprensa oficial.

Art. 9.° São revogados o inciso IV do art. 36; a alínea *h* do inciso I do art. 102; o § 4.° do art. 103; e os §§ 1.° a 3.° do art. 111.

(*) Publicada no *DOU* de 1.°-7-2004.

(**) Publicada no *DOU* de 31-12-2004.

Art. 10. Esta Emenda Constitucional entra em vigor na data de sua publicação.

Brasília, em 8 de dezembro de 2004.

Mesa da Câmara dos Deputados
Deputado JOÃO PAULO CUNHA
Presidente

Mesa do Senado Federal
Senador JOSÉ SARNEY
Presidente

EMENDA CONSTITUCIONAL N. 46, DE 5 DE MAIO DE 2005 (*)

Altera o inciso IV do art. 20 da Constituição Federal.

As Mesas da Câmara dos Deputados e do Senado Federal, nos termos do § 3.º do art. 60 da Constituição Federal, promulgam a seguinte Emenda ao texto constitucional:

Art. 1.º O inciso IV do art. 20 da Constituição Federal passa a vigorar com a seguinte redação:

•• Alteração já processada no diploma modificado.

Art. 2.º Esta Emenda Constitucional entra em vigor na data de sua publicação.

Brasília, em 5 de maio de 2005.

Mesa da Câmara dos Deputados
Deputado SEVERINO CAVALCANTI
Presidente

Mesa do Senado Federal
Senador RENAN CALHEIROS
Presidente

EMENDA CONSTITUCIONAL N. 47, DE 5 DE JULHO DE 2005 (**)

Altera os arts. 37, 40, 195 e 201 da Constituição Federal, para dispor sobre a previdência social, e dá outras providências.

As Mesas da Câmara dos Deputados e do Senado Federal, nos termos do § 3.º do art. 60 da Constituição Federal, promulgam a seguinte Emenda ao texto constitucional:

Art. 1.º Os arts. 37, 40, 195 e 201 da Constituição Federal passam a vigorar com a seguinte redação:

•• Alterações já processadas no diploma modificado.

Art. 2.º Aplica-se aos proventos de aposentadorias dos servidores públicos que se aposentarem na forma do *caput* do art. 6.º da Emenda Constitucional n. 41, de 2003, o disposto no art. 7.º da mesma Emenda.

Art. 3.º Ressalvado o direito de opção à aposentadoria pelas normas estabelecidas pelo art. 40 da Constituição Federal ou pelas regras estabelecidas pelos arts. 2.º e 6.º da Emenda Constitucional n. 41, de 2003, o servidor da União, dos Estados, do Distrito Federal e dos Municípios, incluídas suas autarquias e fundações, que tenha ingressado no serviço público até 16 de dezembro de 1998 poderá aposentar-se com proventos integrais, desde que preencha, cumulativamente, as seguintes condições:

I – trinta e cinco anos de contribuição, se homem, e trinta anos de contribuição, se mulher;

II – vinte e cinco anos de efetivo exercício no serviço público, quinze anos de carreira e cinco anos no cargo em que se der a aposentadoria;

III – idade mínima resultante da redução, relativamente aos limites do art. 40, § 1.º, inciso III, alínea *a*, da Constituição Federal, de um ano de idade para cada ano de contribuição que exceder a condição prevista no inciso I do *caput* deste artigo.

Parágrafo único. Aplica-se ao valor dos proventos de aposentadorias concedidas com base neste artigo o disposto no art. 7.º da Emenda Constitucional n. 41, de 2003, observando-se igual critério de revisão às pensões derivadas dos proventos de servidores falecidos que tenham se aposentado em conformidade com este artigo.

Art. 4.º Enquanto não editada a lei a que se refere o § 11 do art. 37 da Constituição Federal, não será computada, para efeito dos limites remuneratórios de que trata o inciso XI do *caput* do mesmo artigo, qualquer parcela de caráter indenizatório, assim definida pela legislação em vigor na data de publicação da Emenda Constitucional n. 41, de 2003.

Art. 5.º Revoga-se o parágrafo único do art. 6.º da Emenda Constitucional n. 41, de 19 de dezembro de 2003.

Art. 6.º Esta Emenda Constitucional entra em vigor na data de sua publicação, com efeitos retroativos à data de vigência da Emenda Constitucional n. 41, de 2003.

Brasília, em 5 de julho de 2005.

Mesa da Câmara dos Deputados
Deputado SEVERINO CAVALCANTI
Presidente

Mesa do Senado Federal
Senador RENAN CALHEIROS
Presidente

EMENDA CONSTITUCIONAL N. 48, DE 10 DE AGOSTO DE 2005 (***)

Acrescenta o § 3.º ao art. 215 da Constituição Federal, instituindo o Plano Nacional de Cultura.

As Mesas da Câmara dos Deputados e do Senado Federal, nos termos do art. 60 da Constituição Federal, promulgam a seguinte Emenda ao texto constitucional:

Art. 1.º O art. 215 da Constituição Federal passa a vigorar acrescido do seguinte § 3.º :

(*) Publicada no *DOU* de 6-5-2005.
(**) Publicada no *DOU* de 6-7-2005.
(***) Publicada no *DOU* de 11-8-2005.

•• Alteração já processada no diploma modificado.

Art. 2.º Esta Emenda Constitucional entra em vigor na data de sua publicação.

Brasília, em 10 de agosto de 2005.

Mesa da Câmara dos Deputados
Deputado SEVERINO CAVALCANTI
Presidente

Mesa do Senado Federal
Senador RENAN CALHEIROS
Presidente

EMENDA CONSTITUCIONAL N. 49, DE 8 DE FEVEREIRO DE 2006 (*)

Altera a redação da alínea b *e acrescenta alínea* c *ao inciso XXIII do* caput *do art. 21 e altera a redação do inciso V do* caput *do art. 177 da Constituição Federal para excluir do monopólio da União a produção, a comercialização e a utilização de radioisótopos de meia-vida curta, para usos médicos, agrícolas e industriais.*

As Mesas da Câmara dos Deputados e do Senado Federal, nos termos do art. 60 da Constituição Federal, promulgam a seguinte Emenda ao texto constitucional:

Art. 1.º O inciso XXIII do art. 21 da Constituição Federal passa a vigorar com a seguinte redação:

•• Alteração já processada no diploma modificado.

Art. 2.º O inciso V do *caput* do art. 177 da Constituição Federal passa a vigorar com a seguinte redação:

•• Alteração já processada no diploma modificado.

Art. 3.º Esta Emenda Constitucional entra em vigor na data de sua publicação.

Brasília, em 8 de fevereiro de 2006.

Mesa da Câmara dos Deputados
Deputado ALDO REBELO
Presidente

Mesa do Senado Federal
Senador RENAN CALHEIROS
Presidente

EMENDA CONSTITUCIONAL N. 50, DE 14 DE FEVEREIRO DE 2006 (**)

Modifica o art. 57 da Constituição Federal.

As Mesas da Câmara dos Deputados e do Senado Federal, nos termos do art. 60 da Constituição Federal, promulgam a seguinte Emenda ao texto constitucional:

Art. 1.º O art. 57 da Constituição Federal passa a vigorar com a seguinte redação:

•• Alteração já processada no diploma modificado.

Art. 2.º Esta Emenda Constitucional entra em vigor na data de sua publicação.

Brasília, em 14 de fevereiro de 2006.

Mesa da Câmara dos Deputados
Deputado ALDO REBELO
Presidente

Mesa do Senado Federal
Senador RENAN CALHEIROS
Presidente

EMENDA CONSTITUCIONAL N. 51, DE 14 DE FEVEREIRO DE 2006 (***)

Acrescenta os §§ 4.º, 5.º e 6.º ao art. 198 da Constituição Federal.

As Mesas da Câmara dos Deputados e do Senado Federal, nos termos do art. 60 da Constituição Federal, promulgam a seguinte Emenda ao texto constitucional:

Art. 1.º O art. 198 da Constituição Federal passa a vigorar acrescido dos seguintes §§ 4.º, 5.º e 6.º:

•• Alteração já processada no diploma modificado.

•• Alteração no § 5.º prejudicada pela Emenda Constitucional n. 63, de 4-2-2010.

Art. 2.º Após a promulgação da presente Emenda Constitucional, os agentes comunitários de saúde e os agentes de combate às endemias somente poderão ser contratados diretamente pelos Estados, pelo Distrito Federal ou pelos Municípios na forma do § 4.º do art. 198 da Constituição Federal, observado o limite de gasto estabelecido na Lei Complementar de que trata o art. 169 da Constituição Federal.

• A Lei n. 11.350, de 5-10-2006, dispõe sobre as atividades de agente comunitário de saúde e de agente de combate às endemias.

Parágrafo único. Os profissionais que, na data de promulgação desta Emenda e a qualquer título, desempenharem as atividades de agente comunitário de saúde ou de agente de combate às endemias, na forma da lei, ficam dispensados de se submeter ao processo seletivo público a que se refere o § 4.º do art. 198 da Constituição Federal, desde que tenham sido contratados a partir de anterior processo de Seleção Pública efetuado por órgãos ou entes da administração direta ou indireta de Estado, Distrito Federal ou Município ou por outras instituições com a efetiva supervisão e autorização da administração direta dos entes da federação.

•• A Lei n. 11.350, de 5-10-2006, dispõe sobre o aproveitamento de pessoal amparado por este parágrafo único.

Art. 3.º Esta Emenda Constitucional entra em vigor na data da sua publicação.

Brasília, em 14 de fevereiro de 2006.

Mesa da Câmara dos Deputados
Deputado ALDO REBELO
Presidente

Mesa do Senado Federal
Senador RENAN CALHEIROS
Presidente

(*) Publicada no *DOU* de 9-2-2006.
(**) Publicada no *DOU* de 15-2-2006.
(***) Publicada no *DOU* de 15-2-2006.

EMENDA CONSTITUCIONAL N. 52, DE 8 DE MARÇO DE 2006 (*)

Dá nova redação ao § 1.º do art. 17 da Constituição Federal para disciplinar as coligações eleitorais.

As Mesas da Câmara dos Deputados e do Senado Federal, nos termos do § 3.º do art. 60 da Constituição Federal, promulgam a seguinte Emenda ao texto constitucional:

Art. 1.º O § 1.º do art. 17 da Constituição Federal passa a vigorar com a seguinte redação:

•• Alteração já processada no diploma modificado.

Art. 2.º Esta Emenda Constitucional entra em vigor na data de sua publicação, aplicando-se às eleições que ocorrerão no ano de 2002.

•• Redação conforme publicação oficial.

•• O STF julgou procedente a ADI n. 3.685-8, em 22-3-2006 (*DOU* de 3-10-2008), para determinar que a alteração promovida por esta EC não se aplica às eleições de 2006, somente sendo aplicada após decorrido um ano da data de sua vigência.

Brasília, em 8 de março de 2006.

Mesa da Câmara dos Deputados
Deputado ALDO REBELO
Presidente

Mesa do Senado Federal
Senador RENAN CALHEIROS
Presidente

EMENDA CONSTITUCIONAL N. 53, DE 19 DE DEZEMBRO DE 2006 (**)

Dá nova redação aos arts. 7.º, 23, 30, 206, 208, 211 e 212 da Constituição Federal, e ao art. 60 do Ato das Disposições Constitucionais Transitórias.

As Mesas da Câmara dos Deputados e do Senado Federal, nos termos do § 3.º do art. 60 da Constituição Federal, promulgam a seguinte Emenda ao texto constitucional:

Art. 1.º A Constituição Federal passa a vigorar com as seguintes alterações:

•• Alterações já processadas no diploma modificado.

Art. 2.º O art. 60 do Ato das Disposições Constitucionais Transitórias passa a vigorar com a seguinte redação:

•• Alteração já processada no diploma modificado.

Art. 3.º Esta Emenda Constitucional entra em vigor na data de sua publicação, mantidos os efeitos do art. 60 do Ato das Disposições Constitucionais Transitórias, conforme estabelecido pela Emenda Constitucional n. 14, de 12 de setembro de 1996, até o início da vigência dos Fundos, nos termos desta Emenda Constitucional.

Brasília, em 19 de dezembro de 2006.

Mesa da Câmara dos Deputados
Deputado ALDO REBELO
Presidente

Mesa do Senado Federal
Senador RENAN CALHEIROS
Presidente

EMENDA CONSTITUCIONAL N. 54, DE 20 DE SETEMBRO DE 2007 (***)

Dá nova redação à alínea c do inciso I do art. 12 da Constituição Federal e acrescenta art. 95 ao Ato das Disposições Constitucionais Transitórias, assegurando o registro nos consulados de brasileiros nascidos no estrangeiro.

As Mesas da Câmara dos Deputados e do Senado Federal, nos termos do § 3.º do art. 60 da Constituição Federal, promulgam a seguinte Emenda ao texto constitucional:

Art. 1.º A alínea c do inciso I do art. 12 da Constituição Federal passa a vigorar com a seguinte redação:

•• Alteração já processada no diploma modificado.

Art. 2.º O Ato das Disposições Constitucionais Transitórias passa a vigorar acrescido do seguinte art. 95:

•• Alteração já processada no diploma modificado.

Art. 3.º Esta Emenda Constitucional entra em vigor na data de sua publicação.

Brasília, em 20 de setembro de 2007.

Mesa da Câmara dos Deputados
Deputado ARLINDO CHINAGLIA
Presidente

Mesa do Senado Federal
Senador RENAN CALHEIROS
Presidente

EMENDA CONSTITUCIONAL N. 55, DE 20 DE SETEMBRO DE 2007 (****)

Altera o art. 159 da Constituição Federal, aumentando a entrega de recursos pela União ao Fundo de Participação dos Municípios.

As Mesas da Câmara dos Deputados e do Senado Federal, nos termos do § 3.º do art. 60 da Constituição Federal, promulgam a seguinte Emenda ao texto constitucional:

Art. 1.º O art. 159 da Constituição Federal passa a vigorar com as seguintes alterações:

•• Alteração já processada no diploma modificado.

•• Alteração parcialmente prejudicada pela Emenda Constitucional n. 84, de 2-12-2014, que deu nova redação ao art. 159, I, *caput*.

Art. 2.º No exercício de 2007, as alterações do art. 159 da Constituição Federal previstas nesta Emenda Constitucional somente se aplicam sobre a arrecadação

(*) Publicada no *DOU* de 9-3-2006.
(**) Publicada no *DOU* de 20-12-2006.
(***) Publicada no *DOU* de 21-9-2007
(****) Publicada no *DOU* de 21-9-2007.

dos impostos sobre renda e proventos de qualquer natureza e sobre produtos industrializados realizada a partir de 1.º de setembro de 2007.

Art. 3.º Esta Emenda Constitucional entra em vigor na data de sua publicação.

Mesa da Câmara dos Deputados
Deputado ARLINDO CHINAGLIA
Presidente

Mesa do Senado Federal
Senador RENAN CALHEIROS
Presidente

EMENDA CONSTITUCIONAL N. 56, DE 20 DE DEZEMBRO DE 2007 (*)

Prorroga o prazo previsto no caput *do art. 76 do Ato das Disposições Constitucionais Transitórias e dá outras providências.*

As Mesas da Câmara dos Deputados e do Senado Federal, nos termos do § 3.º do art. 60 da Constituição Federal, promulgam a seguinte Emenda ao texto constitucional:

Art. 1.º O *caput* do art. 76 do Ato das Disposições Constitucionais Transitórias passa a vigorar com a seguinte redação:

•• Alteração prejudicada pela Emenda Constitucional n. 68, de 21-12-2011.

Art. 2.º Esta Emenda Constitucional entra em vigor na data da sua publicação.

Brasília, em 20 de dezembro de 2007.

Mesa da Câmara dos Deputados
Deputado ARLINDO CHINAGLIA
Presidente

Mesa do Senado Federal
Senador GARIBALDI ALVES FILHO
Presidente

EMENDA CONSTITUCIONAL N. 57, DE 18 DE DEZEMBRO DE 2008 (**)

Acrescenta artigo ao Ato das Disposições Constitucionais Transitórias para convalidar os atos de criação, fusão, incorporação e desmembramento de Municípios.

As Mesas da Câmara dos Deputados e do Senado Federal, nos termos do § 3.º do art. 60 da Constituição Federal, promulgam a seguinte Emenda ao texto constitucional:

Art. 1.º O Ato das Disposições Constitucionais Transitórias passa a vigorar acrescido do seguinte art. 96:

•• Alteração já processada no diploma modificado.

Art. 2.º Esta Emenda Constitucional entra em vigor na data de sua publicação.

Brasília, em 18 de dezembro de 2008.

Mesa da Câmara dos Deputados
Deputado ARLINDO CHINAGLIA
Presidente

Mesa do Senado Federal
Senador GARIBALDI ALVES FILHO
Presidente

EMENDA CONSTITUCIONAL N. 58, DE 23 DE SETEMBRO DE 2009 (***)

Altera a redação do inciso IV do caput *do art. 29 e do art. 29-A da Constituição Federal, tratando das disposições relativas à recomposição das Câmaras Municipais.*

As Mesas da Câmara dos Deputados e do Senado Federal, nos termos do § 3.º do art. 60 da Constituição Federal, promulgam a seguinte Emenda ao texto constitucional:

Art. 1.º O inciso IV do *caput* do art. 29 da Constituição Federal passa a vigorar com a seguinte redação:

•• Alteração já processada no diploma modificado.

Art. 2.º O art. 29-A da Constituição Federal passa a vigorar com a seguinte redação:

•• Alteração já processada no diploma modificado.

Art. 3.º Esta Emenda Constitucional entra em vigor na data de sua promulgação, produzindo efeitos:

I – o disposto no art. 1.º, a partir do processo eleitoral de 2008; e

•• O STF, na ADI n. 4.307, de 11-4-2013 (*DOU* de 29-10-2013), sustou os efeitos deste inciso.

II – o disposto no art. 2.º, a partir de 1.º de janeiro do ano subsequente ao da promulgação desta Emenda.

Brasília, em 23 de setembro de 2009.

Mesa da Câmara dos Deputados
Deputado MICHEL TEMER
Presidente

Mesa do Senado Federal
Senador JOSÉ SARNEY
Presidente

EMENDA CONSTITUCIONAL N. 59, DE 11 DE NOVEMBRO DE 2009 (****)

Acrescenta § 3.º ao art. 76 do Ato das Disposições Constitucionais Transitórias para reduzir, anualmente, a partir do exercício de 2009, o percentual da Desvinculação das Receitas da União incidente sobre os recursos destinados à manutenção e desenvolvimento do ensino de que trata o art. 212 da Constituição Federal, dá nova reda-

(*) Publicada no *DOU* de 21-12-2007.

(**) Publicada no *DOU* de 18-12-2008 – Edição extra.

(***) Publicada no *DOU* de 24-9-2009.

(****) Publicada no *DOU* de 12-11-2009.

ção aos incisos I e VII do art. 208, de forma a prever a obrigatoriedade do ensino de quatro a dezessete anos e ampliar a abrangência dos programas suplementares para todas as etapas da educação básica, e dá nova redação ao § 4.º do art. 211 e ao § 3.º do art. 212 e ao caput *do art. 214, com a inserção neste dispositivo de inciso VI.*

As Mesas da Câmara dos Deputados e do Senado Federal, nos termos do § 3.º do art. 60 da Constituição Federal, promulgam a seguinte Emenda ao texto constitucional:

Art. 1.º Os incisos I e VII do art. 208 da Constituição Federal, passam a vigorar com as seguintes alterações:

•• Alterações já processadas no diploma modificado.

Art. 2.º O § 4.º do art. 211 da Constituição Federal passa a vigorar com a seguinte redação:

•• Alteração já processada no diploma modificado.

Art. 3.º O § 3.º do art. 212 da Constituição Federal passa a vigorar com a seguinte redação:

•• Alteração já processada no diploma modificado.

Art. 4.º O *caput* do art. 214 da Constituição Federal passa a vigorar com a seguinte redação, acrescido do inciso VI:

•• Alterações já processadas no diploma modificado.

Art. 5.º O art. 76 do Ato das Disposições Constitucionais Transitórias passa a vigorar acrescido do seguinte § 3.º:

•• Alteração prejudicada pela Emenda Constitucional n. 68, de 21-12-2011.

Art. 6.º O disposto no inciso I do art. 208 da Constituição Federal deverá ser implementado progressivamente, até 2016, nos termos do Plano Nacional de Educação, com apoio técnico e financeiro da União.

Art. 7.º Esta Emenda Constitucional entra em vigor na data da sua publicação.

Brasília, em 11 de novembro de 2009.

Mesa da Câmara dos Deputados
Deputado MICHEL TEMER
Presidente

Mesa do Senado Federal
Senador JOSÉ SARNEY
Presidente

EMENDA CONSTITUCIONAL N. 60, DE 11 DE NOVEMBRO DE 2009 (*)

Altera o art. 89 do Ato das Disposições Constitucionais Transitórias para dispor sobre o quadro de servidores civis e militares do ex-Território Federal de Rondônia.

As Mesas da Câmara dos Deputados e do Senado Federal, nos termos do § 3.º do art. 60 da Constituição Federal, promulgam a seguinte Emenda ao texto constitucional:

(*) Publicada no *DOU* de 12-11-2009.

Art. 1.º O art. 89 do Ato das Disposições Constitucionais Transitórias passa a vigorar com a seguinte redação, vedado o pagamento, a qualquer título, em virtude de tal alteração, de ressarcimentos ou indenizações, de qualquer espécie, referentes a períodos anteriores à data de publicação desta Emenda Constitucional:

•• Alteração já processada no diploma modificado.

Art. 2.º Esta Emenda Constitucional entra em vigor na data de sua publicação, não produzindo efeitos retroativos.

Brasília, em 11 de novembro de 2009.

Mesa da Câmara dos Deputados
Deputado MICHEL TEMER
Presidente

Mesa do Senado Federal
Senador JOSÉ SARNEY
Presidente

EMENDA CONSTITUCIONAL N. 61, DE 11 DE NOVEMBRO DE 2009 (**)

Altera o art. 103-B da Constituição Federal, para modificar a composição do Conselho Nacional de Justiça.

As Mesas da Câmara dos Deputados e do Senado Federal, nos termos do § 3.º do art. 60 da Constituição Federal, promulgam a seguinte Emenda ao texto constitucional:

Art. 1.º O art. 103-B da Constituição Federal passa a vigorar com a seguinte redação:

•• Alteração já processada no diploma modificado.

Art. 2.º Esta Emenda Constitucional entra em vigor na data de sua publicação.

Brasília, em 11 de novembro de 2009.

Mesa da Câmara dos Deputados
Deputado MICHEL TEMER
Presidente

Mesa do Senado Federal
Senador JOSÉ SARNEY
Presidente

EMENDA CONSTITUCIONAL N. 62, DE 9 DE DEZEMBRO DE 2009 (***)

Altera o art. 100 da Constituição Federal e acrescenta o art. 97 ao Ato das Disposições Constitucionais Transitórias, instituindo regime especial de pagamento de precatórios pelos Estados, Distrito Federal e Municípios.

As Mesas da Câmara dos Deputados e do Senado Federal, nos termos do § 3.º do art. 60 da Constituição

(**) Publicada no *DOU* de 12-11-2009.
(***) Publicada no *DOU* de 10-12-2009.

Federal, promulgam a seguinte Emenda ao texto constitucional:

Art. 1.º O art. 100 da Constituição Federal passa a vigorar com a seguinte redação:

•• Alteração já processada no diploma modificado.

•• Alteração parcialmente prejudicada pela Emenda Constitucional n. 94, de 15-12-2016, que deu nova redação ao art. 100, § 2.º, da CF.

Art. 2.º O Ato das Disposições Constitucionais Transitórias passa a vigorar acrescido do seguinte art. 97:

•• Alteração já processada no diploma modificado.

Art. 3.º A implantação do regime de pagamento criado pelo art. 97 do Ato das Disposições Constitucionais Transitórias deverá ocorrer no prazo de até 90 (noventa dias), contados da data da publicação desta Emenda Constitucional.

Art. 4.º A entidade federativa voltará a observar somente o disposto no art. 100 da Constituição Federal:

I – no caso de opção pelo sistema previsto no inciso I do § 1.º do art. 97 do Ato das Disposições Constitucionais Transitórias, quando o valor dos precatórios devidos for inferior ao dos recursos destinados ao seu pagamento;

II – no caso de opção pelo sistema previsto no inciso II do § 1.º do art. 97 do Ato das Disposições Constitucionais Transitórias, ao final do prazo.

Art. 5.º Ficam convalidadas todas as cessões de precatórios efetuadas antes da promulgação desta Emenda Constitucional, independentemente da concordância da entidade devedora.

Art. 6.º Ficam também convalidadas todas as compensações de precatórios com tributos vencidos até 31 de outubro de 2009 da entidade devedora, efetuadas na forma do disposto no § 2.º do art. 78 do ADCT, realizadas antes da promulgação desta Emenda Constitucional.

Art. 7.º Esta Emenda Constitucional entra em vigor na data de sua publicação.

Brasília, em 9 de dezembro de 2009.

Mesa da Câmara dos Deputados

Deputado MICHEL TEMER

Presidente

Mesa do Senado Federal

Senador MARCONI PERILLO

1.º Vice-Presidente, no exercício da Presidência

EMENDA CONSTITUCIONAL N. 63, DE 4 DE FEVEREIRO DE 2010 (*)

Altera o § 5.º do art. 198 da Constituição Federal para dispor sobre piso salarial profissional nacional e diretrizes para os Planos de Carreira de agentes comunitários de saúde e de agentes de combate às endemias.

As Mesas da Câmara dos Deputados e do Senado Federal, nos termos do art. 60 da Constituição Federal, promulgam a seguinte Emenda ao texto constitucional:

Art. 1.º O § 5.º do art. 198 da Constituição Federal passa a vigorar com a seguinte redação:

•• Alteração já processada no diploma modificado.

Art. 2.º Esta Emenda Constitucional entra em vigor na data de sua publicação.

Brasília, em 4 de fevereiro de 2010.

Mesa da Câmara dos Deputados

Deputado MICHEL TEMER

Presidente

Mesa do Senado Federal

Senador JOSÉ SARNEY

Presidente

(*) Publicada no *DOU* de 5-2-2010.

EMENDA CONSTITUCIONAL N. 64, DE 4 DE FEVEREIRO DE 2010 (**)

Altera o art. 6.º da Constituição Federal, para introduzir a alimentação como direito social.

As Mesas da Câmara dos Deputados e do Senado Federal, nos termos do art. 60 da Constituição Federal, promulgam a seguinte Emenda ao texto constitucional:

Art. 1.º O art. 6.º da Constituição Federal passa a vigorar com a seguinte redação:

•• Alteração já processada no diploma modificado.

•• Alteração prejudicada pela Emenda Constitucional n. 90, de 15-9-2015, que deu nova redação ao art. 6.º da CF.

Art. 2.º Esta Emenda Constitucional entra em vigor na data de sua publicação.

Brasília, em 4 de fevereiro de 2010.

Mesa da Câmara dos Deputados

Deputado MICHEL TEMER

Presidente

Mesa do Senado Federal

Senador JOSÉ SARNEY

Presidente

EMENDA CONSTITUCIONAL N. 65, DE 13 DE JULHO DE 2010 (***)

Altera a denominação do Capítulo VII do Título VIII da Constituição Federal e modifica o seu art. 227, para cuidar dos interesses da juventude.

As Mesas da Câmara dos Deputados e do Senado Federal, nos termos do art. 60 da Constituição Federal, promulgam a seguinte Emenda ao texto constitucional:

Art. 1.º O Capítulo VII do Título VIII da Constituição Federal passa a denominar-se "Da Família, da Criança, do Adolescente, do Jovem e do Idoso".

Art. 2.º O art. 227 da Constituição Federal passa a vigorar com a seguinte redação:

•• Alteração já processada no diploma modificado.

(**) Publicada no *DOU* de 5-2-2010.

(***) Publicada no *DOU* de 14-7-2010.

Art. 3.º Esta Emenda Constitucional entra em vigor na data de sua publicação.

Brasília, em 13 de julho de 2010.

Mesa da Câmara dos Deputados
Deputado MICHEL TEMER
Presidente

Mesa do Senado Federal
Senador JOSÉ SARNEY
Presidente

EMENDA CONSTITUCIONAL N. 66, DE 13 DE JULHO DE 2010 (*)

Dá nova redação ao § 6.º do art. 226 da Constituição Federal, que dispõe sobre a dissolubilidade do casamento civil pelo divórcio, suprimindo o requisito de prévia separação judicial por mais de 1 (um) ano ou de comprovada separação de fato por mais de 2 (dois) anos.

As Mesas da Câmara dos Deputados e do Senado Federal, nos termos do art. 60 da Constituição Federal, promulgam a seguinte Emenda ao texto constitucional:

Art. 1.º O § 6.º do art. 226 da Constituição Federal passa a vigorar com a seguinte redação:

•• Alteração já processada no diploma modificado.

Art. 2.º Esta Emenda Constitucional entra em vigor na data de sua publicação.

Brasília, em 13 de julho de 2010.

Mesa da Câmara dos Deputados
Deputado MICHEL TEMER
Presidente

Mesa do Senado Federal
Senador JOSÉ SARNEY
Presidente

EMENDA CONSTITUCIONAL N. 67, DE 22 DE DEZEMBRO DE 2010 (**)

Prorroga, por tempo indeterminado, o prazo de vigência do Fundo de Combate e Erradicação da Pobreza.

As Mesas da Câmara dos Deputados e do Senado Federal, nos termos do § 3.º do art. 60 da Constituição Federal, promulgam a seguinte Emenda ao texto constitucional:

Art. 1.º Prorrogam-se, por tempo indeterminado, o prazo de vigência do Fundo de Combate e Erradicação da Pobreza a que se refere o *caput* do art. 79 do Ato das Disposições Constitucionais Transitórias e, igualmente, o prazo de vigência da Lei Complementar n. 111, de 6 de julho de 2001, que "Dispõe sobre o Fundo de Combate e Erradicação da Pobreza, na forma prevista nos arts. 79, 80 e 81 do Ato das Disposições Constitucionais Transitórias".

Art. 2.º Esta Emenda Constitucional entra em vigor na data de sua publicação.

Brasília, em 22 de dezembro de 2010.

Mesa da Câmara dos Deputados
Deputado MARCO MAIA
Presidente

Mesa do Senado Federal
Senador JOSÉ SARNEY
Presidente

EMENDA CONSTITUCIONAL N. 68, DE 21 DE DEZEMBRO DE 2011 (***)

Altera o art. 76 do Ato das Disposições Constitucionais Transitórias.

As Mesas da Câmara dos Deputados e do Senado Federal, nos termos do § 3.º do art. 60 da Constituição Federal, promulgam a seguinte Emenda ao texto constitucional:

Art. 1.º O art. 76 do Ato das Disposições Constitucionais Transitórias passa a vigorar com a seguinte redação:

•• Alteração prejudicada pela Emenda Constitucional n. 93, de 8-9-2016.

Art. 2.º Esta Emenda Constitucional entra em vigor na data da sua publicação.

Brasília, 21 de dezembro de 2011.

Mesa da Câmara dos Deputados
Deputado MARCO MAIA
Presidente

Mesa do Senado Federal
Senador JOSÉ SARNEY
Presidente

EMENDA CONSTITUCIONAL N. 69, DE 29 DE MARÇO DE 2012 (****)

Altera os arts. 21, 22 e 48 da Constituição Federal, para transferir da União para o Distrito Federal as atribuições de organizar e manter a Defensoria Pública do Distrito Federal.

As Mesas da Câmara dos Deputados e do Senado Federal, nos termos do art. 60 da Constituição Federal, promulgam a seguinte Emenda ao texto constitucional:

Art. 1.º Os arts. 21, 22 e 48 da Constituição Federal passam a vigorar com a seguinte redação:

•• Alterações já processadas no diploma modificado.

Art. 2.º Sem prejuízo dos preceitos estabelecidos na Lei Orgânica do Distrito Federal, aplicam-se à Defensoria Pública do Distrito Federal os mesmos princípios e regras que, nos termos da Constituição Federal, regem as Defensorias Públicas dos Estados.

Art. 3.º O Congresso Nacional e a Câmara Legislativa do Distrito Federal, imediatamente após a promul-

(*) Publicada no *DOU* de 14-7-2010.

(**) Publicada no *DOU* de 23-12-2010.

(***) Publicada no *DOU* de 22-12-2011.

(****) Publicada no *DOU* de 30-3-2012.

gação desta Emenda Constitucional e de acordo com suas competências, instalarão comissões especiais destinadas a elaborar, em 60 (sessenta) dias, os projetos de lei necessários à adequação da legislação infraconstitucional à matéria nela tratada.

•• O Ato n. 15, de 29-3-2012, do Congresso Nacional, institui a Comissão Mista Especial prevista neste artigo.

Art. 4.º Esta Emenda Constitucional entra em vigor na data de sua publicação, produzindo efeitos quanto ao disposto no art. 1.º após decorridos 120 (cento e vinte) dias de sua publicação oficial.

Brasília, 29 de março de 2012.

Mesa da Câmara dos Deputados
Deputado MARCO MAIA
Presidente

Mesa do Senado Federal
Senador JOSÉ SARNEY
Presidente

EMENDA CONSTITUCIONAL N. 70, DE 29 DE MARÇO DE 2012 (*)

Acrescenta art. 6.º-A à Emenda Constitucional n. 41, de 2003, para estabelecer critérios para o cálculo e a correção dos proventos da aposentadoria por invalidez dos servidores públicos que ingressaram no serviço público até a data da publicação daquela Emenda Constitucional.

As Mesas da Câmara dos Deputados e do Senado Federal, nos termos do § 3.º do art. 60 da Constituição Federal, promulgam a seguinte Emenda ao texto constitucional:

Art. 1º A Emenda Constitucional n. 41, de 19 de dezembro de 2003, passa a vigorar acrescida do seguinte art. 6.º-A:

•• Alteração já processada no diploma modificado.

Art. 2.º A União, os Estados, o Distrito Federal e os Municípios, assim como as respectivas autarquias e fundações, procederão, no prazo de 180 (cento e oitenta) dias da entrada em vigor desta Emenda Constitucional, à revisão das aposentadorias, e das pensões delas decorrentes, concedidas a partir de 1.º de janeiro de 2004, com base na redação dada ao § 1.º do art. 40 da Constituição Federal pela Emenda Constitucional n. 20, de 15 de dezembro de 1998, com efeitos financeiros a partir da data de promulgação desta Emenda Constitucional.

Art. 3.º Esta Emenda Constitucional entra em vigor na data de sua publicação.

Brasília, 29 de março de 2012.

Mesa da Câmara dos Deputados
Deputado MARCO MAIA
Presidente

Mesa do Senado Federal
Senador JOSÉ SARNEY
Presidente

(*) Publicada no *DOU* de 30-3-2012.

EMENDA CONSTITUCIONAL N. 71, DE 29 DE NOVEMBRO DE 2012 (**)

Acrescenta o art. 216-A à Constituição Federal para instituir o Sistema Nacional de Cultura.

As Mesas da Câmara dos Deputados e do Senado Federal, nos termos do § 3.º do art. 60 da Constituição Federal, promulgam a seguinte Emenda ao texto constitucional:

Art. 1.º A Constituição Federal passa a vigorar acrescida do seguinte art. 216-A:

•• Alteração já processada no diploma modificado.

Art. 2.º Esta Emenda Constitucional entra em vigor na data de sua publicação.

Brasília, em 29 de novembro de 2012.

Mesa da Câmara dos Deputados
Deputado MARCO MAIA
Presidente

Mesa do Senado Federal
Senador JOSÉ SARNEY
Presidente

EMENDA CONSTITUCIONAL N. 72, DE 2 DE ABRIL DE 2013 (***)

Altera a redação do parágrafo único do art. 7.º da Constituição Federal para estabelecer a igualdade de direitos trabalhistas entre os trabalhadores domésticos e os demais trabalhadores urbanos e rurais.

As Mesas da Câmara dos Deputados e do Senado Federal, nos termos do § 3.º do art. 60 da Constituição Federal, promulgam a seguinte Emenda ao texto constitucional:

Artigo único. O parágrafo único do art. 7.º da Constituição Federal passa a vigorar com a seguinte redação:

•• Alteração já processada no diploma modificado.

Brasília, em 2 de abril de 2013.

Mesa da Câmara dos Deputados
Deputado HENRIQUE EDUARDO ALVES
Presidente

Mesa do Senado Federal
Senador RENAN CALHEIROS
Presidente

EMENDA CONSTITUCIONAL N. 73, DE 6 DE JUNHO DE 2013 (****)

Cria os Tribunais Regionais Federais da 6.ª, 7.ª, 8.ª e 9.ª Regiões.

As Mesas da Câmara dos Deputados e do Senado Federal, nos termos do § 3.º do art. 60 da Constituição

(**) Publicada no *DOU* de 30-11-2012.
(***) Publicada no *DOU* de 3-4-2013.
(****) Publicada no *DOU* de 7-6-2013.

Federal, promulgam a seguinte Emenda ao texto constitucional:

Art. 1.º O art. 27 do Ato das Disposições Constitucionais Transitórias passa a vigorar acrescido do seguinte § 11:

•• Alteração já processada no diploma modificado.

Art. 2.º Os Tribunais Regionais Federais da 6.ª, 7.ª, 8.ª e 9.ª Regiões deverão ser instalados no prazo de 6 (seis) meses, a contar da promulgação desta Emenda Constitucional.

Art. 3.º Esta Emenda Constitucional entra em vigor na data de sua publicação.

Brasília, em 6 de junho de 2013.

Mesa da Câmara dos Deputados
Deputado ANDRÉ VARGAS
1.º Vice-Presidente no exercício da Presidência

Mesa do Senado Federal
Senador ROMERO JUCÁ
2.º Vice-Presidente no exercício da Presidência

EMENDA CONSTITUCIONAL N. 74, DE 6 DE AGOSTO DE 2013 (*)

Altera o art. 134 da Constituição Federal.

As Mesas da Câmara dos Deputados e do Senado Federal, nos termos do § 3.º do art. 60 da Constituição Federal, promulgam a seguinte Emenda ao texto constitucional:

Art. 1.º O art. 134 da Constituição Federal passa a vigorar acrescido do seguinte § 3.º:

•• Alteração já processada no diploma modificado.

Art. 2.º Esta Emenda Constitucional entra em vigor na data de sua publicação.

Brasília, em 6 de agosto de 2013.

Mesa da Câmara dos Deputados
Deputado HENRIQUE EDUARDO ALVES

Mesa do Senado Federal
Senador RENAN CALHEIROS

EMENDA CONSTITUCIONAL N. 75, DE 15 DE OUTUBRO DE 2013 (**)

Acrescenta alínea e ao inciso VI do art. 150 da Constituição Federal, instituindo imunidade tributária sobre fonogramas e videofonogramas musicais produzidos no Brasil contendo obras musicais ou literomusicais de autores brasileiros e/ou obras em geral interpretadas por artistas brasileiros bem como os suportes materiais ou arquivos digitais que os contenham.

As Mesas da Câmara dos Deputados e do Senado Federal, nos termos do art. 60 da Constituição Federal, promulgam a seguinte emenda ao texto constitucional.

Art. 1.º O inciso VI do art. 150 da Constituição Federal passa a vigorar acrescido da seguinte alínea *e*:

•• Alteração já processada no diploma modificado.

Art. 2.º Esta Emenda Constitucional entra em vigor na data de sua publicação.

Brasília, em 15 de outubro de 2013.

Mesa da Câmara dos Deputados
Deputado HENRIQUE EDUARDO ALVES
Presidente

Mesa do Senado Federal
Senador RENAN CALHEIROS
Presidente

EMENDA CONSTITUCIONAL N. 76, DE 28 DE NOVEMBRO DE 2013 (***)

Altera o § 2.º do art. 55 e o § 4.º do art. 66 da Constituição Federal, para abolir a votação secreta nos casos de perda de mandato de Deputado ou Senador e de apreciação de veto.

As Mesas da Câmara dos Deputados e do Senado Federal, nos termos do § 3.º do art. 60 da Constituição Federal, promulgam a seguinte Emenda ao texto constitucional:

Art. 1.º Os arts. 55 e 66 da Constituição Federal passam a vigorar com as seguintes alterações:

•• Alterações já processadas no diploma modificado.

Art. 2.º Esta Emenda Constitucional entra em vigor na data de sua publicação.

Brasília, em 28 de novembro de 2013.

Mesa da Câmara dos Deputados
Deputado HENRIQUE EDUARDO ALVES
Presidente

Mesa do Senado Federal
Senador RENAN CALHEIROS
Presidente

EMENDA CONSTITUCIONAL N. 77, DE 11 DE FEVEREIRO DE 2014 (****)

Altera os incisos II, III e VIII do § 3.º do art. 142 da Constituição Federal, para estender aos profissionais de saúde das Forças Armadas a possibilidade de cumulação de cargo a que se refere o art. 37, inciso XVI, alínea c.

As Mesas da Câmara dos Deputados e do Senado Federal, nos termos do § 3.º do art. 60 da Constituição Federal, promulgam a seguinte Emenda ao texto constitucional:

Artigo único. Os incisos II, III e VIII do § 3.º do art. 142 da Constituição Federal passam a vigorar com as seguintes alterações:

•• Alterações já processadas no diploma modificado.

(*) Publicada no *DOU* de 7-8-2013.
(**) Publicada no *DOU* de 16-10-2013.
(***) Publicada no *DOU* de 29-11-2013.
(****) Publicada no *DOU* de 12-2-2014.

Brasília, em 11 de fevereiro de 2014.

Mesa da Câmara dos Deputados
Deputado HENRIQUE EDUARDO ALVES
Presidente

Mesa do Senado Federal
Senador RENAN CALHEIROS
Presidente

EMENDA CONSTITUCIONAL N. 78, DE 14 DE MAIO DE 2014 (*)

Acrescenta art. 54-A ao Ato das Disposições Constitucionais Transitórias, para dispor sobre indenização devida aos seringueiros de que trata o art. 54 desse Ato.

As Mesas da Câmara dos Deputados e do Senado Federal, nos termos do § 3.° do art. 60 da Constituição Federal, promulgam a seguinte Emenda ao texto constitucional:

Art. 1.° O Ato das Disposições Constitucionais Transitórias passa a vigorar acrescido do seguinte art. 54-A:

•• Alteração já processada no diploma modificado.

Art. 2.° A indenização de que trata o art. 54-A do Ato das Disposições Constitucionais Transitórias somente se estende aos dependentes dos seringueiros que, na data de entrada em vigor desta Emenda Constitucional, detenham a condição de dependentes na forma do § 2.° do art. 54 do Ato das Disposições Constitucionais Transitórias, devendo o valor de R$ 25.000,00 (vinte e cinco mil reais) ser rateado entre os pensionistas na proporção de sua cota-parte na pensão.

Art. 3.° Esta Emenda Constitucional entra em vigor no exercício financeiro seguinte ao de sua publicação.

Brasília, em 14 de maio de 2014.

Mesa da Câmara dos Deputados
Deputado HENRIQUE EDUARDO ALVES
Presidente

Mesa do Senado Federal
Senador RENAN CALHEIROS
Presidente

EMENDA CONSTITUCIONAL N. 79, DE 27 DE MAIO DE 2014 (**)

Altera o art. 31 da Emenda Constitucional n. 19, de 4 de junho de 1998, para prever a inclusão, em quadro em extinção da Administração Federal, de servidores e policiais militares admitidos pelos Estados do Amapá e de Roraima, na fase de instalação dessas unidades federadas, e dá outras providências.

As Mesas da Câmara dos Deputados e do Senado Federal, nos termos do § 3.° do art. 60 da Constituição Federal, promulgam a seguinte Emenda ao texto constitucional:

Art. 1.° O art. 31 da Emenda Constitucional n. 19, de 4 de junho de 1998, passa a vigorar com a seguinte redação:

•• Alteração já processada no diploma modificado.

Art. 2.° Para fins do enquadramento disposto no *caput* do art. 31 da Emenda Constitucional n. 19, de 4 de junho de 1998, e no *caput* do art. 89 do Ato das Disposições Constitucionais Transitórias, é reconhecido o vínculo funcional, com a União, dos servidores regularmente admitidos nos quadros dos Municípios integrantes dos ex-Territórios do Amapá, de Roraima e de Rondônia em efetivo exercício na data de transformação desses ex-Territórios em Estados.

Art. 3.° Os servidores dos ex-Territórios do Amapá, de Roraima e de Rondônia incorporados a quadro em extinção da União serão enquadrados em cargos de atribuições equivalentes ou assemelhadas, integrantes de planos de cargos e carreiras da União, no nível de progressão alcançado, assegurados os direitos, vantagens e padrões remuneratórios a eles inerentes.

Art. 4.° Cabe à União, no prazo máximo de 180 (cento e oitenta) dias, contado a partir da data de publicação desta Emenda Constitucional, regulamentar o enquadramento de servidores estabelecido no art. 31 da Emenda Constitucional n. 19, de 4 de junho de 1998, e no art. 89 do Ato das Disposições Constitucionais Transitórias.

Parágrafo único. No caso de a União não regulamentar o enquadramento previsto no *caput*, o optante tem direito ao pagamento retroativo das diferenças remuneratórias desde a data do encerramento do prazo para a regulamentação referida neste artigo.

Art. 5.° A opção para incorporação em quadro em extinção da União, conforme disposto no art. 31 da Emenda Constitucional n. 19, de 4 de junho de 1998, e no art. 89 do Ato das Disposições Constitucionais Transitórias, deverá ser formalizada pelos servidores e policiais militares interessados perante a administração, no prazo máximo de 180 (cento e oitenta) dias, contado a partir da regulamentação prevista no art. 4.°.

Art. 6.° Os servidores admitidos regularmente que comprovadamente se encontravam no exercício de funções policiais nas Secretarias de Segurança Pública dos ex-Territórios do Amapá, de Roraima e de Rondônia na data em que foram transformados em Estados serão enquadrados no quadro da Polícia Civil dos ex-Territórios, no prazo de 180 (cento e oitenta) dias, assegurados os direitos, vantagens e padrões remuneratórios a eles inerentes.

Art. 7.° Aos servidores admitidos regularmente pela União nas Carreiras do Grupo Tributação, Arrecadação e Fiscalização de que trata a Lei n. 6.550, de 5 de julho

(*) Publicada no *DOU* de 15-5-2014.

(**) Publicada no *DOU* de 28-5-2014. A Lei n. 13.121, de 8-5-2015 (conversão da Medida Provisória n. 660, de 24-12-2014 – *DOU* de 24-11-2014 – Edição Extra, regulamentada pelo Decreto n. 8.365, de 24-11-2014), dispõe em seu art. 2.°, *caput* e § 1.°: "Art. 2.° O prazo para o exercício da opção de que trata a Emenda Constitucional n. 79, de 27 de maio de 2014, é de 180 (cento e oitenta) dias, contado da data de entrada em vigor da Medida Provisória n. 660, de 24 de novembro de 2014. § 1.° Os servidores e militares que já optaram pela inclusão em quadro em extinção da União, na forma do *caput* do art. 89 do Ato das Disposições Constitucionais Transitórias da Constituição Federal, ficam dispensados de apresentação de novo requerimento".

de 1978, cedidos aos Estados do Amapá, de Roraima e de Rondônia são assegurados os mesmos direitos remuneratórios auferidos pelos integrantes das Carreiras correspondentes do Grupo Tributação, Arrecadação e Fiscalização da União de que trata a Lei n. 5.645, de 10 de dezembro de 1970.

Art. 8.º Os proventos das aposentadorias, pensões, reformas e reservas remuneradas, originadas no período de outubro de 1988 a outubro de 1993, passam a ser mantidos pela União a partir da data de publicação desta Emenda Constitucional, vedado o pagamento, a qualquer título, de valores referentes a períodos anteriores a sua publicação.

Art. 9.º É vedado o pagamento, a qualquer título, em virtude das alterações promovidas por esta Emenda Constitucional, de remunerações, proventos, pensões ou indenizações referentes a períodos anteriores à data do enquadramento, salvo o disposto no parágrafo único do art. 4.º.

Art. 10. Esta Emenda Constitucional entra em vigor na data de sua publicação.

Brasília, em 27 de maio de 2014.

Mesa da Câmara dos Deputados
Deputado HENRIQUE EDUARDO ALVES
Presidente

Mesa do Senado Federal
Senador RENAN CALHEIROS
Presidente

EMENDA CONSTITUCIONAL N. 80, DE 4 DE JUNHO DE 2014 (*)

Altera o Capítulo IV – Das Funções Essenciais à Justiça, do Título IV – Da Organização dos Poderes, e acrescenta artigo ao Ato das Disposições Constitucionais Transitórias da Constituição Federal.

As Mesas da Câmara dos Deputados e do Senado Federal, nos termos do § 3.º do art. 60 da Constituição Federal, promulgam a seguinte Emenda ao texto constitucional:

Art. 1.º O Capítulo IV – Das Funções Essenciais à Justiça, do Título IV – Da Organização dos Poderes, passa a vigorar com as seguintes alterações:

•• Alteração já processada no diploma modificado.

Art. 2.º O Ato das Disposições Constitucionais Transitórias passa a vigorar acrescido do seguinte art. 98:

•• Alteração já processada no diploma modificado.

Art. 3.º Esta Emenda Constitucional entra em vigor na data de sua publicação.

Brasília, em 4 de junho de 2014.

Mesa da Câmara dos Deputados
Deputado HENRIQUE EDUARDO ALVES
Presidente

Mesa do Senado Federal
Senador RENAN CALHEIROS
Presidente

(*) Publicada no *DOU* de 5-6-2014.

EMENDA CONSTITUCIONAL N. 81, DE 5 DE JUNHO DE 2014 (**)

Dá nova redação ao art. 243 da Constituição Federal.

As Mesas da Câmara dos Deputados e do Senado Federal, nos termos do § 3.º do art. 60 da Constituição Federal, promulgam a seguinte Emenda ao texto constitucional:

Art. 1.º O art. 243 da Constituição Federal passa a vigorar com a seguinte redação:

•• Alteração já processada no diploma modificado.

Art. 2.º Esta Emenda Constitucional entra em vigor na data de sua publicação.

Brasília, em 5 de junho de 2014.

Mesa da Câmara dos Deputados
Deputado HENRIQUE EDUARDO ALVES
Presidente

Mesa do Senado Federal
Senador RENAN CALHEIROS
Presidente

EMENDA CONSTITUCIONAL N. 82, DE 16 DE JULHO DE 2014 (***)

Inclui o § 10 ao art. 144 da Constituição Federal, para disciplinar a segurança viária no âmbito dos Estados, do Distrito Federal e dos Municípios.

As Mesas da Câmara dos Deputados e do Senado Federal, nos termos do § 3.º do art. 60 da Constituição Federal, promulgam a seguinte Emenda ao texto constitucional:

Art. 1.º O art. 144 da Constituição Federal passa a vigorar acrescido do seguinte § 10:

•• Alteração já processada no diploma modificado.

Art. 2.º Esta Emenda Constitucional entra em vigor na data de sua publicação.

Brasília, em 16 de julho de 2014.

Mesa da Câmara dos Deputados
Deputado HENRIQUE EDUARDO ALVES
Presidente

Mesa do Senado Federal
Senador RENAN CALHEIROS
Presidente

EMENDA CONSTITUCIONAL N. 83, DE 5 DE AGOSTO DE 2014 (****)

Acrescenta o art. 92-A ao Ato das Disposições Constitucionais Transitórias – ADCT.

(**) Publicada no *DOU* de 6-6-2014.

(***) Publicada no *DOU* de 17-7-2014.

(****) Publicada no *DOU* de 6-8-2014.

As Mesas da Câmara dos Deputados e do Senado Federal, nos termos do § 3.º do art. 60 da Constituição Federal, promulgam a seguinte Emenda ao texto constitucional:

Art. 1.º O Ato das Disposições Constitucionais Transitórias passa a vigorar acrescido do seguinte art. 92-A:

•• Alteração já processada no diploma modificado.

Art. 2.º Esta Emenda Constitucional entra em vigor na data de sua publicação.

Brasília, em 5 de agosto de 2014.

Mesa da Câmara dos Deputados
Deputado HENRIQUE EDUARDO ALVES
Presidente

Mesa do Senado Federal
Senador RENAN CALHEIROS
Presidente

EMENDA CONSTITUCIONAL N. 84, DE 2 DE DEZEMBRO DE 2014 (*)

Altera o art. 159 da Constituição Federal para aumentar a entrega de recursos pela União para o Fundo de Participação dos Municípios.

As Mesas da Câmara dos Deputados e do Senado Federal, nos termos do § 3.º do art. 60 da Constituição Federal, promulgam a seguinte Emenda ao texto constitucional:

Art. 1.º O art. 159 da Constituição Federal passa a vigorar com a seguinte redação:

•• Alterações já processadas no diploma modificado.

Art. 2.º Para os fins do disposto na alínea e do inciso I do *caput* do art. 159 da Constituição Federal, a União entregará ao Fundo de Participação dos Municípios o percentual de 0,5% (cinco décimos por cento) do produto da arrecadação dos impostos sobre renda e proventos de qualquer natureza e sobre produtos industrializados no primeiro exercício em que esta Emenda Constitucional gerar efeitos financeiros, acrescentando-se 0,5% (cinco décimos por cento) a cada exercício, até que se alcance o percentual de 1% (um por cento).

Art. 3.º Esta Emenda Constitucional entra em vigor na data de sua publicação, com efeitos financeiros a partir de 1.º de janeiro do exercício subsequente.

Brasília, em 2 de dezembro de 2014.

Mesa da Câmara dos Deputados
Deputado HENRIQUE EDUARDO ALVES
Presidente

Mesa do Senado Federal
Senador RENAN CALHEIROS
Presidente

(*) Publicada no *DOU* de 3-12-2014.

EMENDA CONSTITUCIONAL N. 85, DE 26 DE FEVEREIRO DE 2015 (**)

Altera e adiciona dispositivos na Constituição Federal para atualizar o tratamento das atividades de ciência, tecnologia e inovação.

As Mesas da Câmara dos Deputados e do Senado Federal, nos termos do § 3.º do art. 60 da Constituição Federal, promulgam a seguinte Emenda ao texto constitucional:

Art. 1.º A Constituição Federal passa a vigorar com as seguintes alterações:

•• Alterações já processadas no diploma modificado.

Art. 2.º O Capítulo IV do Título VIII da Constituição Federal passa a vigorar acrescido dos seguintes arts. 219-A e 219-B:

•• Alterações já processadas no diploma modificado.

Art. 3.º Esta Emenda Constitucional entra em vigor na data de sua publicação.

Brasília, em 26 de fevereiro de 2015.

Mesa da Câmara dos Deputados
Deputado EDUARDO CUNHA
Presidente

Mesa do Senado Federal
Senador RENAN CALHEIROS
Presidente

EMENDA CONSTITUCIONAL N. 86, DE 17 DE MARÇO DE 2015 (***)

Altera os arts. 165, 166 e 198 da Constituição Federal, para tornar obrigatória a execução da programação orçamentária que especifica.

As Mesas da Câmara dos Deputados e do Senado Federal, nos termos do § 3.º do art. 60 da Constituição Federal, promulgam a seguinte Emenda ao texto constitucional:

Art. 1.º Os arts. 165, 166 e 198 da Constituição Federal passam a vigorar com as seguintes alterações:

•• Alterações já processadas no diploma modificado.

Art. 2.º (*Revogado pela Emenda Constitucional n. 95, de 15-12-2016.*)

Art. 3.º As despesas com ações e serviços públicos de saúde custeados com a parcela da União oriunda da participação no resultado ou da compensação financeira pela exploração de petróleo e gás natural, de que trata o § 1.º do art. 20 da Constituição Federal, serão computadas para fins de cumprimento do disposto no inciso I do § 2.º do art. 198 da Constituição Federal.

Art. 4.º Esta Emenda Constitucional entra em vigor na data de sua publicação e produzirá efeitos a partir da execução orçamentária do exercício de 2014.

(**) Publicada no *DOU* de 27-2-2015, e republicada em 3-3-2015.

(***) Publicada no *DOU* de 18-3-2015.

Art. 5.º Fica revogado o inciso IV do § 3.º do art. 198 da Constituição Federal.

Brasília, em 17 de março de 2015.

Mesa da Câmara dos Deputados
Deputado EDUARDO CUNHA
Presidente

Mesa do Senado Federal
Senador RENAN CALHEIROS
Presidente

EMENDA CONSTITUCIONAL N. 87, DE 16 DE ABRIL DE 2015 (*)

Altera o § 2.º do art. 155 da Constituição Federal e inclui o art. 99 no Ato das Disposições Constitucionais Transitórias, para tratar da sistemática de cobrança do imposto sobre operações relativas à circulação de mercadorias e sobre prestações de serviços de transporte interestadual e intermunicipal e de comunicação incidente sobre as operações e prestações que destinem bens e serviços a consumidor final, contribuinte ou não do imposto, localizado em outro Estado.

As Mesas da Câmara dos Deputados e do Senado Federal, nos termos do § 3.º do art. 60 da Constituição Federal, promulgam a seguinte Emenda ao texto constitucional:

Art. 1.º Os incisos VII e VIII do § 2.º do art. 155 da Constituição Federal passam a vigorar com as seguintes alterações:

•• Alterações já processadas no diploma modificado.

Art. 2.º O Ato das Disposições Constitucionais Transitórias passa a vigorar acrescido do seguinte art. 99:

•• Alteração já processada no diploma modificado.

Art. 3.º Esta Emenda Constitucional entra em vigor na data de sua publicação, produzindo efeitos no ano subsequente e após 90 (noventa) dias desta.

Brasília, em 16 de abril de 2015.

Mesa da Câmara dos Deputados
Deputado EDUARDO CUNHA
Presidente

Mesa do Senado Federal
Senador RENAN CALHEIROS
Presidente

EMENDA CONSTITUCIONAL N. 88, DE 7 DE MAIO DE 2015 (**)

Altera o art. 40 da Constituição Federal, relativamente ao limite de idade para a aposentadoria compulsória do servidor público em geral, e acrescenta dispositivo ao Ato das Disposições Constitucionais Transitórias.

As Mesas da Câmara dos Deputados e do Senado Federal, nos termos do § 3.º do art. 60 da Constituição Federal, promulgam a seguinte Emenda ao texto constitucional:

Art. 1.º O art. 40 da Constituição Federal passa a vigorar com a seguinte alteração:

•• Alteração já processada no diploma modificado.

Art. 2.º O Ato das Disposições Constitucionais Transitórias passa a vigorar acrescido do seguinte art. 100:

•• Alteração já processada no diploma modificado.

Art. 3.º Esta Emenda Constitucional entra em vigor na data de sua publicação.

Brasília, em 7 de maio de 2015.

Mesa da Câmara dos Deputados
Deputado EDUARDO CUNHA
Presidente

Mesa do Senado Federal
Senador RENAN CALHEIROS
Presidente

EMENDA CONSTITUCIONAL N. 89, DE 15 DE SETEMBRO DE 2015 (***)

Dá nova redação ao art. 42 do Ato das Disposições Constitucionais Transitórias, ampliando o prazo em que a União deverá destinar às Regiões Centro-Oeste e Nordeste percentuais mínimos dos recursos destinados à irrigação.

As Mesas da Câmara dos Deputados e do Senado Federal, nos termos do art. 60 da Constituição Federal, promulgam a seguinte Emenda ao texto constitucional:

Art. 1.º O art. 42 do Ato das Disposições Constitucionais Transitórias passa a vigorar com a seguinte redação:

•• Alteração já processada no diploma modificado.

Art. 2.º Esta Emenda Constitucional entra em vigor na data de sua publicação.

Brasília, em 15 de setembro de 2015.

Mesa da Câmara dos Deputados
Deputado EDUARDO CUNHA
Presidente

Mesa do Senado Federal
Senador RENAN CALHEIROS
Presidente

EMENDA CONSTITUCIONAL N. 90, DE 15 DE SETEMBRO DE 2015 (****)

Dá nova redação ao art. 6.º da Constituição Federal, para introduzir o transporte como direito social.

As Mesas da Câmara dos Deputados e do Senado Federal, nos termos do art. 60 da Constituição Federal, promulgam a seguinte Emenda ao texto constitucional:

(*) Publicada no *DOU* de 17-4-2015.

(**) Publicada no *DOU* de 8-5-2015.

(***) Publicada no *DOU* de 16-9-2015.

(****) Publicada no *DOU* de 16-9-2015.

Artigo único. O art. 6.º da Constituição Federal de 1988 passa a vigorar com a seguinte redação:

•• Alteração já processada no diploma modificado.

Brasília, em 15 de setembro de 2015.

Mesa da Câmara dos Deputados
Deputado EDUARDO CUNHA
Presidente

Mesa do Senado Federal
Senador RENAN CALHEIROS
Presidente

EMENDA CONSTITUCIONAL N. 91, DE 18 DE FEVEREIRO DE 2016 (*)

Altera a Constituição Federal para estabelecer a possibilidade, excepcional e em período determinado, de desfiliação partidária, sem prejuízo do mandato.

As Mesas da Câmara dos Deputados e do Senado Federal, nos termos do § 3.º do art. 60 da Constituição Federal, promulgam a seguinte Emenda ao texto constitucional:

Art. 1.º É facultado ao detentor de mandato eletivo desligar-se do partido pelo qual foi eleito nos trinta dias seguintes à promulgação desta Emenda Constitucional, sem prejuízo do mandato, não sendo essa desfiliação considerada para fins de distribuição dos recursos do Fundo Partidário e de acesso gratuito ao tempo de rádio e televisão.

• CE: Lei n. 4.737, de 15-7-1965.

• Lei dos Partidos Políticos: Lei n. 9.096, de 19-9-1995.

Art. 2.º Esta Emenda Constitucional entra em vigor na data de sua publicação.

Brasília, em 18 de fevereiro de 2016.

Mesa da Câmara dos Deputados
Deputado EDUARDO CUNHA
Presidente

Mesa do Senado Federal
Senador RENAN CALHEIROS
Presidente

EMENDA CONSTITUCIONAL N. 92, DE 12 DE JULHO DE 2016 (**)

Altera os arts. 92 e 111-A da Constituição Federal, para explicitar o Tribunal Superior do Trabalho como órgão do Poder Judiciário, alterar os requisitos para o provimento dos cargos de Ministros daquele Tribunal e modificar-lhe a competência.

As Mesas da Câmara dos Deputados e do Senado Federal, nos termos do § 3.º do art. 60 da Constituição Federal, promulgam a seguinte Emenda ao texto constitucional:

Art. 1.º Os arts. 92 e 111-A da Constituição Federal passam a vigorar com as seguintes alterações:

•• Alterações já processadas no diploma modificado.

Art. 2.º Esta Emenda Constitucional entra em vigor na data de sua publicação.

Brasília, em 12 de julho de 2016.

Mesa da Câmara dos Deputados
Deputado WALDIR MARANHÃO
1.º Vice-Presidente, no exercício da Presidência

Mesa do Senado Federal
Senador RENAN CALHEIROS
Presidente

EMENDA CONSTITUCIONAL N. 93, DE 8 DE SETEMBRO DE 2016 (***)

Altera o Ato das Disposições Constitucionais Transitórias para prorrogar a desvinculação de receitas da União e estabelecer a desvinculação de receitas dos Estados, Distrito Federal e Municípios.

As Mesas da Câmara dos Deputados e do Senado Federal, nos termos do § 3.º do art. 60 da Constituição Federal, promulgam a seguinte Emenda ao texto constitucional:

Art. 1.º O art. 76 do Ato das Disposições Constitucionais Transitórias passa a vigorar com a seguinte redação:

•• Alteração já processada no diploma modificado.

Art. 2.º O Ato das Disposições Constitucionais Transitórias passa a vigorar acrescido dos seguintes arts. 76-A e 76-B:

•• Alteração já processada no diploma modificado.

Art. 3.º Esta Emenda Constitucional entra em vigor na data de sua publicação, produzindo efeitos a partir de 1.º de janeiro de 2016.

Brasília, em 8 de setembro de 2016.

Mesa da Câmara dos Deputados
Deputado RODRIGO MAIA
Presidente

Mesa do Senado Federal
Senador RENAN CALHEIROS
Presidente

EMENDA CONSTITUCIONAL N. 94, DE 15 DE DEZEMBRO DE 2016 (****)

Altera o art. 100 da Constituição Federal, para dispor sobre o regime de pagamento de

(*) Publicada no *DOU* de 19-2-2016.

(**) Publicada no *DOU* de 13-7-2016.

(***) Publicada no *DOU* de 9-9-2016, Edição Extra.

(****) Publicada no *DOU* de 16-12-2016.

débitos públicos decorrentes de condenações judiciais; e acrescenta dispositivos ao Ato das Disposições Constitucionais Transitórias, para instituir regime especial de pagamento para os casos em mora.

As Mesas da Câmara dos Deputados e do Senado Federal, nos termos do § 3.º do art. 60 da Constituição Federal, promulgam a seguinte Emenda ao texto constitucional:

Art. 1.º O art. 100 da Constituição Federal passa a vigorar com a seguinte redação:

•• Alterações já processadas no diploma modificado.

Art. 2.º O Ato das Disposições Constitucionais Transitórias passa a vigorar acrescido dos seguintes arts. 101 a 105:

•• Alterações já processadas no diploma modificado.

Art. 3.º Esta Emenda Constitucional entra em vigor na data de sua publicação.

Brasília, em 15 de dezembro de 2016.

Mesa da Câmara dos Deputados
Deputado RODRIGO MAIA
Presidente

Mesa do Senado Federal
Senador RENAN CALHEIROS
Presidente

EMENDA CONSTITUCIONAL N. 95, DE 15 DE DEZEMBRO DE 2016 (*)

Altera o Ato das Disposições Constitucionais Transitórias, para instituir o Novo Regime Fiscal, e dá outras providências.

As Mesas da Câmara dos Deputados e do Senado Federal, nos termos do § 3.º do art. 60 da Constituição Federal, promulgam a seguinte Emenda ao texto constitucional:

Art. 1.º O Ato das Disposições Constitucionais Transitórias passa a vigorar acrescido dos seguintes arts. 106, 107, 108, 109, 110, 111, 112, 113 e 114:

•• Alterações já processadas no diploma modificado.

Art. 2.º Esta Emenda Constitucional entra em vigor na data de sua promulgação.

Art. 3.º Fica revogado o art. 2.º da Emenda Constitucional n. 86, de 17 de março de 2015.

Brasília, em 15 de dezembro de 2016.

Mesa da Câmara dos Deputados
Deputado RODRIGO MAIA
Presidente

Mesa do Senado Federal
Senador RENAN CALHEIROS
Presidente

(*) Publicada no *DOU* de 16-12-2016.

EMENDA CONSTITUCIONAL N. 96, DE 6 DE JUNHO DE 2017 (**)

Acrescenta § 7.º ao art. 225 da Constituição Federal para determinar que práticas desportivas que utilizem animais não são consideradas cruéis, nas condições que especifica.

As Mesas da Câmara dos Deputados e do Senado Federal, nos termos do § 3.º do art. 60 da Constituição Federal, promulgam a seguinte Emenda ao texto constitucional:

Art. 1.º O art. 225 da Constituição Federal passa a vigorar acrescido do seguinte § 7.º:

•• Alteração já processada no diploma modificado.

Art. 2.º Esta Emenda Constitucional entra em vigor na data de sua publicação.

Brasília, em 6 de junho de 2017.

Mesa da Câmara dos Deputados
Deputado RODRIGO MAIA
Presidente

Mesa do Senado Federal
Senador EUNÍCIO OLIVEIRA
Presidente

EMENDA CONSTITUCIONAL N. 97, DE 4 DE OUTUBRO DE 2017 (***)

Altera a Constituição Federal para vedar as coligações partidárias nas eleições proporcionais, estabelecer normas sobre acesso dos partidos políticos aos recursos do fundo partidário e ao tempo de propaganda gratuito no rádio e na televisão e dispor sobre regras de transição.

As Mesas da Câmara dos Deputados e do Senado Federal, nos termos do § 3.º do art. 60 da Constituição Federal, promulgam a seguinte Emenda ao texto constitucional:

Art. 1.º A Constituição Federal passa a vigorar com as seguintes alterações:

•• Alterações já processadas no diploma modificado.

Art. 2.º A vedação à celebração de coligações nas eleições proporcionais, prevista no § 1.º do art. 17 da Constituição Federal, aplicar-se-á a partir das eleições de 2020.

Art. 3.º O disposto no § 3.º do art. 17 da Constituição Federal quanto ao acesso dos partidos políticos aos recursos do fundo partidário e à propaganda gratuita no rádio e na televisão aplicar-se-á a partir das eleições de 2030.

Parágrafo único. Terão acesso aos recursos do fundo partidário e à propaganda gratuita no rádio e na televisão os partidos políticos que:

I – na legislatura seguinte às eleições de 2018:

(**) Publicada no *DOU* de 7-6-2017.

(***) Publicada no *DOU* de 5-10-2017.

a) obtiverem, nas eleições para a Câmara dos Deputados, no mínimo, 1,5% (um e meio por cento) dos votos válidos, distribuídos em pelo menos um terço das unidades da Federação, com um mínimo de 1% (um por cento) dos votos válidos em cada uma delas; ou

b) tiverem elegido pelo menos nove Deputados Federais distribuídos em pelo menos um terço das unidades da Federação;

II – na legislatura seguinte às eleições de 2022:

a) obtiverem, nas eleições para a Câmara dos Deputados, no mínimo, 2% (dois por cento) dos votos válidos, distribuídos em pelo menos um terço das unidades da Federação, com um mínimo de 1% (um por cento) dos votos válidos em cada uma delas; ou

b) tiverem elegido pelo menos onze Deputados Federais distribuídos em pelo menos um terço das unidades da Federação;

III – na legislatura seguinte às eleições de 2026:

a) obtiverem, nas eleições para a Câmara dos Deputados, no mínimo, 2,5% (dois e meio por cento) dos votos válidos, distribuídos em pelo menos um terço das unidades da Federação, com um mínimo de 1,5% (um e meio por cento) dos votos válidos em cada uma delas; ou

b) tiverem elegido pelo menos treze Deputados Federais distribuídos em pelo menos um terço das unidades da Federação.

Art. 4.º Esta Emenda Constitucional entra em vigor na data de sua publicação.

Brasília, em 4 de outubro de 2017.

Mesa da Câmara dos Deputados
Deputado RODRIGO MAIA
Presidente

Mesa do Senado Federal
Senador EUNÍCIO OLIVEIRA
Presidente

ÍNDICE ALFABÉTICO-REMISSIVO DA CONSTITUIÇÃO FEDERAL

ÍNDICE ALFABÉTICO-REMISSIVO DO ATO DAS DISPOSIÇÕES CONSTITUCIONAIS TRANSITÓRIAS